KB268734

司馬遷史記成語大辭典

사마천 사기 성어대사전

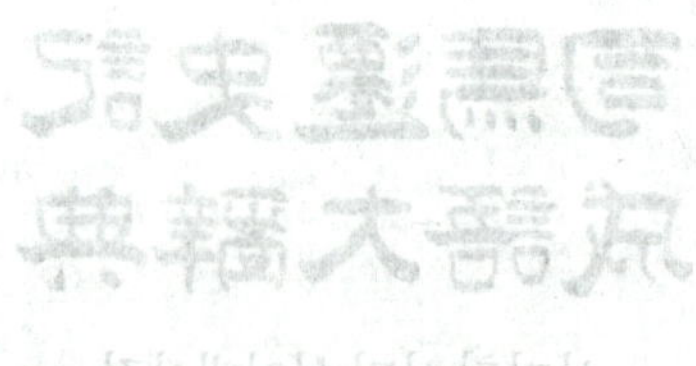

편저자 김영수(金瑛洙)

이 책의 편저자 김영수는 지난 30여 년 동안 사마천(司馬遷)과 《사기(史記)》, 그리고 중국을 연구하고 30년 가까이 중국 현장을 150차례 이상 탐방해 온 사마천과 《사기》에 관한 당대 최고의 전문가이다. 저자는 지금도 사마천과 중국의 역사와 그 현장을 지속적으로 답사하며 미진한 부분을 계속 보완하는 연구를 하고 있다.

주요 저서와 역서로는 《완역 사기》 시리즈를 비롯하여 《역사의 등불 사마천, 피로 쓴 사기》 《사마천과 사기에 대한 모든 것 1 : 사마천, 삶이 역사가 되다》 《절대역사서 사기 – 사마천과 사기에 대한 모든 것 2》가 있다.

최근에는 《용인 66계명》 《리더십 학습노트 66계명》 《리더의 망치》 《성공하는 리더의 역사공부(원제 : 리더의 역사공부)》 《리더와 인재, 제대로 감별해야 한다》 《사기, 정치와 권력을 말하다》 《사마천 다이어리북 366》 《인간의 길》 《백전백승 경쟁전략 백전기략》 《삼십육계(개정증보판)》 《알고 쓰자 고사성어(개정증보판)》 《사마천 사기 100문 100답》과 '간신(奸臣)' 3부작인 《간신 : 간신론》 《간신 : 간신전》 《간신 : 간신학》 《정치, 역사를 만나다》 등을 펴냈다.

이 밖에 《오십에 읽는 사기》 《제왕의 사람들》 《난세에 답하다》 《사마천, 인간의 길을 묻다》 《제자백가, 경제를 말하다》 《사마천과 노블레스 오블리주》 《막료학》 《모략학》 등이 있다.

저자 연락처
이메일 _ allchina21@naver.com / 페이스북 _ Young Soo Kim
유튜브 _ 김영수의 '좀 알자, 중국' / 블로그 _ '김영수의 사기세계' / 밴드 _ '좀 알자, 중국'

＊표지 제목 서체 : 쉐인성 선생(封面標題 : 薛引生 先生)

司馬遷 史記
成語大辭典

사마천 사기 성어대사전

한국사마천학회 김영수 엮고 지음
韓國司馬遷學會 金瑛洙 編著

창해

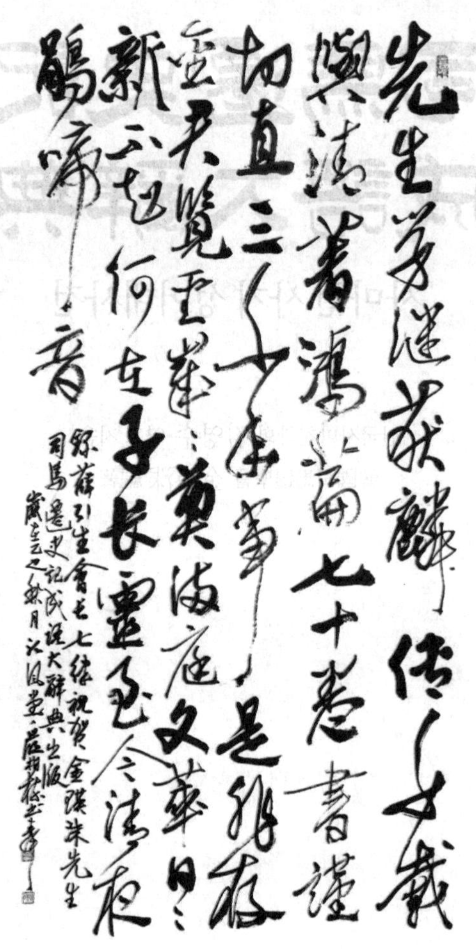

先生學繼獲麟傳，千載輿清著鴻篇．

七十卷書謹切直，三千年事是非存．

金君覽聖歲歲奠，滿庭文萃日日新．

不知何在子長靈，至今清夜鵑啼音．

김영수 선생의 《사마천사기성어대사전》 출간을 축하하는 칠언율시

춘추의 전통을 이은 사마천의 역사학

수천 년 이래 탁월하고 방대한 저술로 남았네.

70권 열전, 간절하고 정의롭게 기록하니

3천 년 역사의 시비가 보존되었네.

어진 김군, 해마다 성현의 예로 추모하니

뜰에 가득한 문장 날로 새롭게 빛나네.

자장의 영혼 어디 있는지 알 수 없지만

맑은 밤 두견새 슬피 우는 소리 지금도 들리네.

을사년 가을

- 축시를 쓴 쉐인셩(薛引生) 선생은 한성 사람으로 현재 중국 사기연구회 상임이사이며, 섬서성 사마천연구회 3·4대 부회장, 섬서성 한성시사마천학회 7·8대 회장을 지냈다. 사마천과 《사기》 관련하여 많은 글과 저서를 남겼다.
- 축시의 글씨를 쓴 옌바이동(嚴柏棟) 선생은 중국 서법가협회 회원, 섬서성 서법가협회 이사, 한성시 서법가협회 주석으로 활동하고 있다.

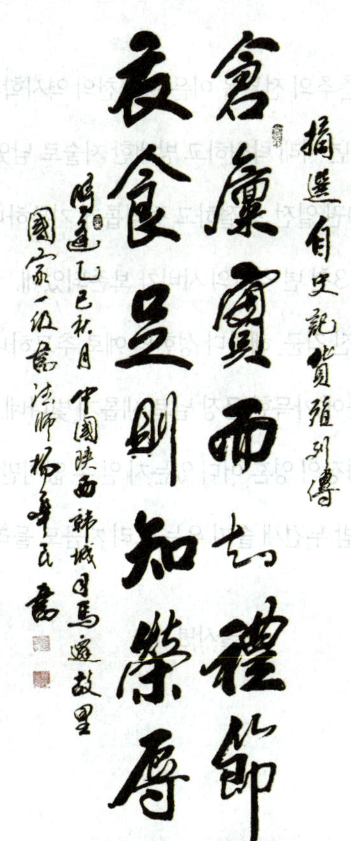

〈화식열전〉에 인용된 관중(管仲)의 명언과 〈상군열전〉의 명언이다.

'창고가 차야 예절을 알고, 입고 먹는 것이 넉넉해야 영예와 치욕을 안다.'

'그 자리가 아닌데 차지하고 있는 것을 자리를 탐한다고 하고,
자기 명성이 아닌데 그 명성을 갖고 있는 것을 명성을 탐한다고 한다.'

‘非其位而居之曰貪位, 非其名而有之曰貪名.’

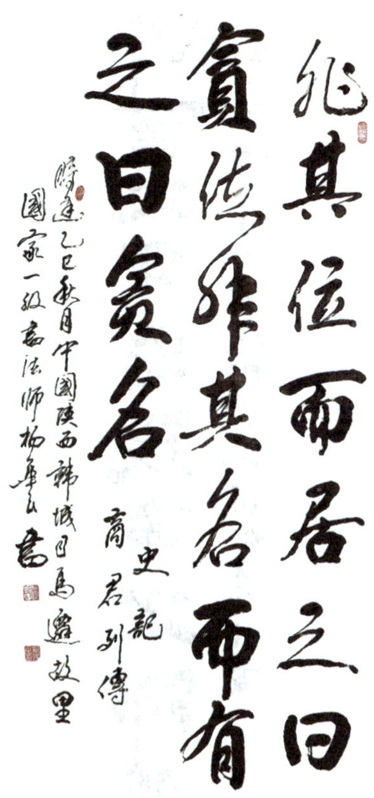

글씨를 쓴 양화민(楊華民) 선생은 한성 출신으로 2014년 3월 중국 문화부에 의해 ‘국가일급서법사(國家一級書法師)’로 지정된 국가급 서예가이다.

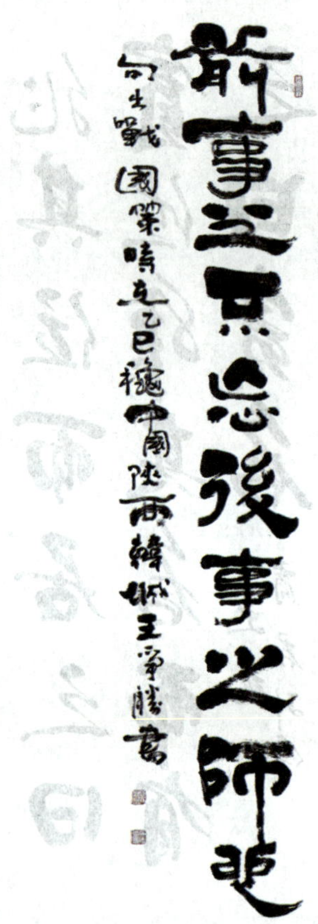

첫 명언은 〈태사공자서〉에서 사마천이 남긴 것이고,
두 번째는 《전국책》에 나오는 명언이다.

'지난 일을 잊지 않는 것은 다가올 일의 스승이 된다.'

'하늘과 인간의 관계를 탐구하고,
과거와 현재의 변화를 관통하여 일가의 말씀을 이루다.'

글씨를 쓴 왕쩡성(王爭勝) 선생은 한성 사람이다. 공군 출신의 퇴역 군인으로 지금은 북경 왕희지서화원(王義之書畫院) 원사연구원, 한성시서법가협회 회원으로 활동하고 있다.

'令之不行, 政之不立; 行而不順, 民將棄上.'

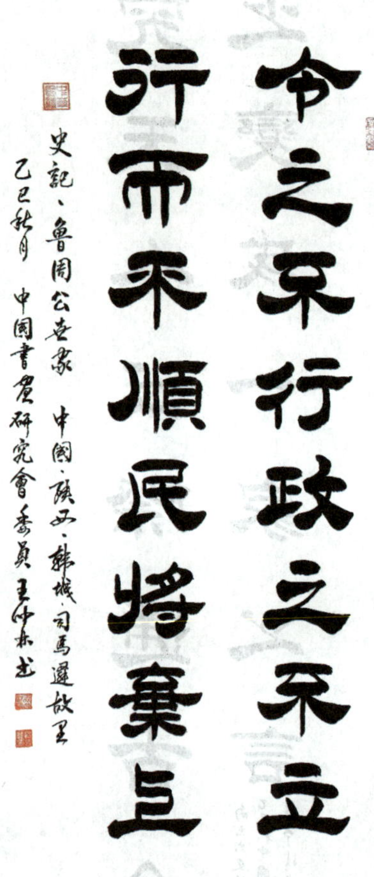

〈노주공세가〉와 〈태사공자서〉의 두 명언이다.

'명령이 집행되지 않으면 정치가 바로 서지 못하며,
집행하되 순리에 따르지 않으면 백성들이 군주를 버린다.'

'예의란 어떤 일이 발생하기 전에 막는 것이고,
법이란 사건이 발생한 다음에 적용하는 것이다.
그래서 법의 적용 효과는 쉽게 보이는 반면, 예의 예방 효력은 알기가 어렵다.'

'禮禁未然之, 法施已然之後; 法之所爲用者易見,
而禮之所爲禁者難知.'

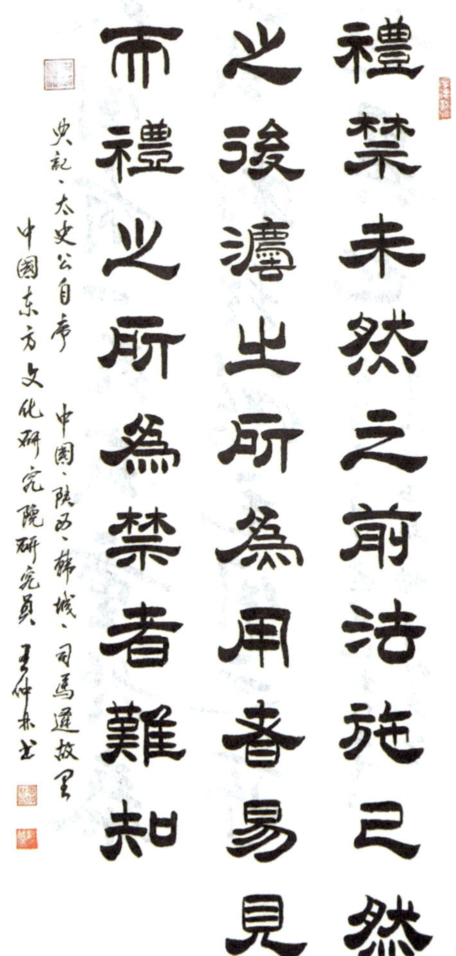

글씨를 쓴 왕쭝린(王仲林) 선생은 한성이 낳은 청대의 명인 왕걸(王杰, 1725~1805)의 후손
이다. 서예 관련 전국 규모의 행사에 출품하는 국내외로 명성이 높은 서예가이다.

‘人固有一死, 或重于泰山, 或輕于鴻毛, 用之所趨異也.’

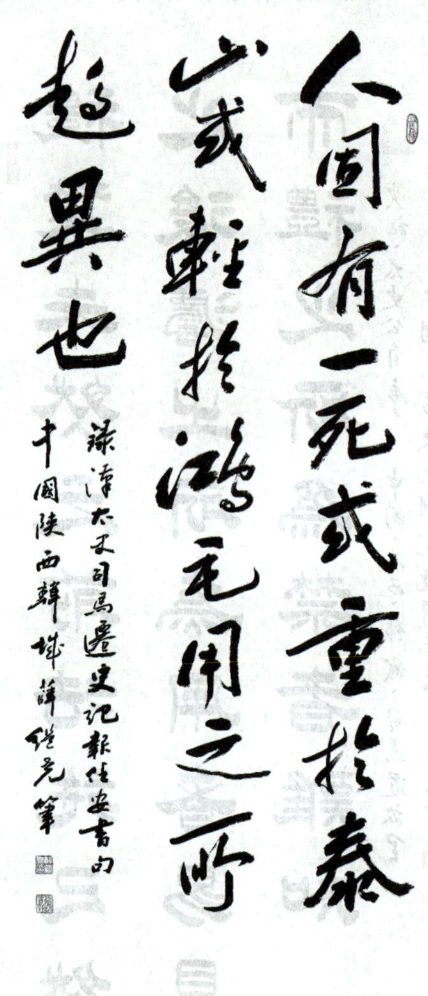

<보임안서>와 <오제본기>에서 사마천이 남긴 명언이다.

‘사람은 누구나 한 번은 죽습니다. 어떤 죽음은 태산보다 무겁고,
어떤 죽음은 새털보다 가볍습니다. 죽음을 사용하는 방향이 다르기 때문입니다.’

‘배우길 좋아하고 깊이 생각하면 마음으로 그 뜻을 알게 됩니다.’

'好學深思, 心知其意.'

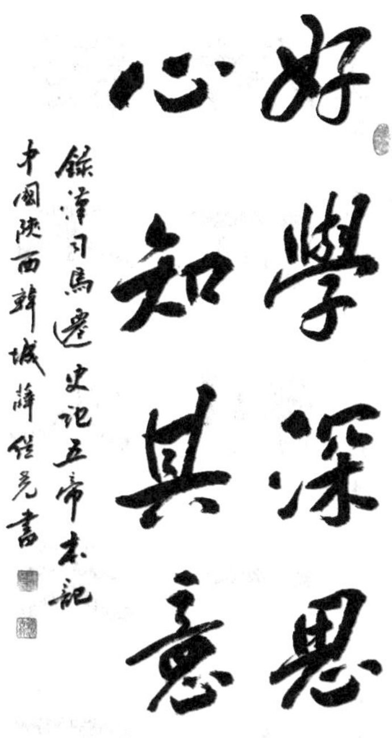

___

글씨를 쓴 쉐지야오(薛繼耀) 선생은 사마천 고향 사람으로 반세기 가까이 글씨 쓰기를 게을리 하지 않는 국가 1급 미술가(서예), 동방예술천지 고문 등을 맡아 활동하고 있다.

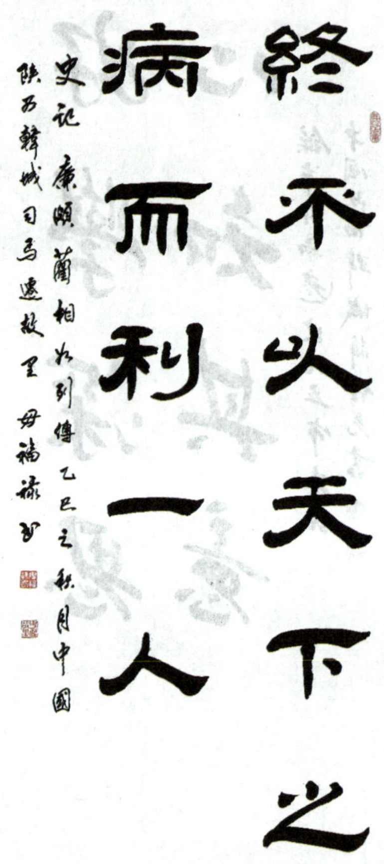

〈오제본기〉와 〈염파인상여열전〉의 명언이다.

'한 사람의 이익을 위해 천하가 손해 볼 수 없다, 결코!'

'나라의 급한 일이 먼저이고, 사사로운 원한은 나중이다.'

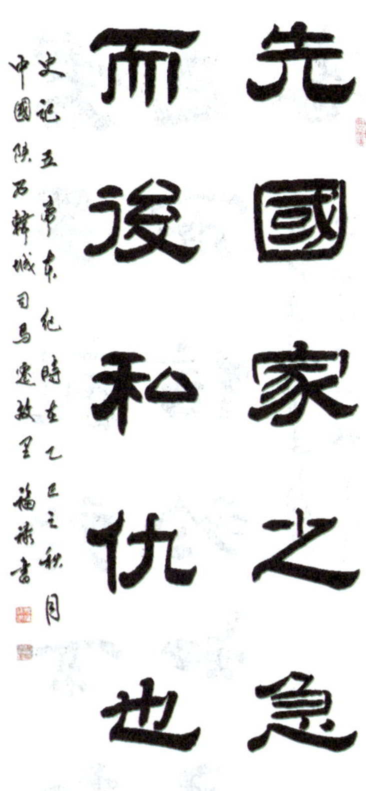

글씨를 쓴 우푸루(毋福祿) 선생은 한성 출신으로 40년 넘게 교육계에 종사했다. 수십 년 고된 연습을 거쳐 나름의 서체를 이루었다. 섬서성 서화가협회 회원 등의 직함으로 활동하고 있다.

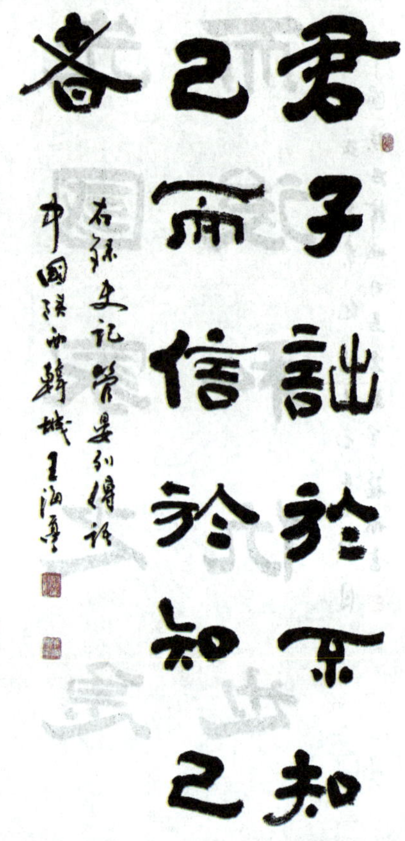

〈관안열전〉과 〈골계열전〉의 명언이다.

'군자는 자기를 알아주지 않는 자에게는 자신의 뜻을 굽히지만,
자기를 알아주는 자에게는 자기 뜻을 나타낸다.'
'궁에서 종을 치면 밖에서 그 소리가 들리고,
학이 구고(九皐)에서 우니 소리가 하늘에 들린다.'

'鼓鐘于宮, 聲聞于外; 鶴鳴九皐, 聲聞於天.'

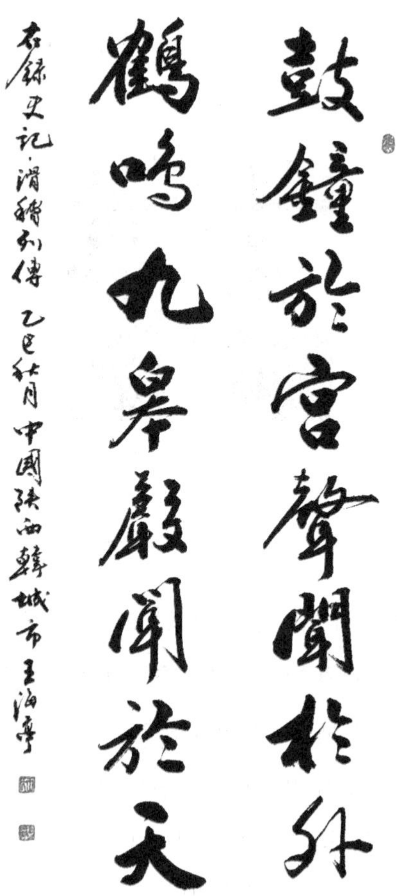

글씨를 쓴 왕하이팅(王海亭) 션생은 한성 사람으로 어려서부터 셔화를 좋아하여 모든 서체에 능한 서예가이다. 글씨는 부드럽고 소탈한 풍격이다. 현재 섬서성 서화가협회 회원으로 활동하고 있다.

국력과 문화의 척도, 사전(辭典)

김형진(金亨珍, 세종텔레콤 회장)

위대한 역사가인 사마천의 피와 땀의 결과물인 《사기》에 수록된 1,400항목이 넘는 성어가 사전으로 엮여 나왔습니다. 세계 최초가 아닌가 합니다. 이 소중하고 기쁜 작업의 성과를 여러분께 보고하게 되어 참으로 영광스럽습니다. 지난 30년 넘게 사마천과 《사기》를 공부하면서 이 방대한 사전을 편찬한 김영수 교수와 한국사마천학회 여러분들의 노고에 존경의 마음을 전합니다.

인류가 언어를 사용하고 이어 문자를 발명하면서 문명은 크게 진화했습니다. 인간의 생각과 사상은 물론 심리까지 표현하는 수단으로서 문자는 인류의 역사를 획기적으로 변화시켰습니다. 문자 사용이 심화되고 이를 대량으로 전파할 수 있는 종이가 발명되면서 인류의 문명은 또 한 차례 크게 도약했습니다. 이로써 지식과 정보가 대량으로 축적되었고, 마침내 이를 하나의 책으로 묶기 시작했습니다. 이어서 관련한 정보와 지식을 망라하여 수록한 사전(辭典)이 출현하기에 이르렀습니다.

사전의 출간은 역사적으로 한 나라 국력의 척도이기도 했습니다. 국력의 뚜렷한 척도는 군사력과 경제력이었지만, 한 나라의 번영을 상징하는 가장 중요한 척도이자 지표는 사전의 출간이었습니다. 사전의 나라로 불리는 중국의 경우 최초의 자전(字典)이라 할 수 있는 허신(許愼)의 《설문해자(說文解字)》는 중국다운 문화가 정착한 동한 시기에 출간되었습니다. 중국 역사상 최고의 전성기였던 당나라 때는 제도사 사전인 두우(杜佑)의 《통전(通典)》을 비롯하여 《당육전(唐六典)》 등이 편찬되었고, 사대부의 시대였던 송나라 때는 《태평어람(太平御覽)》, 《책부원귀(冊府元龜)》 등 대규모 사전들이 속속 편찬되었습니다. 이런 사전 편찬의 전통은 명·청시대로 이어졌고, 여러분도 잘 아시는 청나라 전성기이자 중국 역사상 최고 전성기인 강희·옹정·건륭 때는 《강희자전(康熙字典)》을 비롯하여 《고금도서집성(古今圖書集成)》, 《사고전서(四庫全書)》 같은 역사상 유례가 없는 대규모 사전 편찬이 이루어졌습니다.

사전 편찬은 우리 조선시대의 전성기라 할 수 있는 세종과 영·정조 때도 마찬가지였습니다. 세종 때는 즉위 10년 이후 사전류를 포함한 《효행록》으로부터 《고려사》까지 24종의 대형 도서 편찬이 있었습니다. 영·정조 때는 상고시대부터 조선에 이르는 문물제도 등을 집대성한 《증보문헌비고(增補文獻備考)》가 편찬되었습니다. 중국과 조선은 국난 시기에도 각종 서적을 비롯한 사전 편찬을 멈추지 않았습니다.

인공지능 시대가 왔습니다. 인류 역사상 유례가 없는 혁신이 곳곳에서 광속으로 진행되고 있습니다. 지식과 정보는 세계적 차원으로 개방되고 해방되고 있습니다. 그럼에도 불구하고 고급 지식과 정보에 대한 접근까지는 상당한 시간이 걸릴 것으로 예상합니다. 특히 글자 하나에 엄청난 지식과 정보를 함축하고 있는 한자와 한문으로 기록된 서적을 비롯한 사전의 지식과 정보는 인공지능이 따라잡기에는 현재로서는 역부족입니다. 이런 점에서 기존의 사전들이 담고 있는 정보를 번역하고 해설하는 작업은 물론 디지털과 결합한 새로운 개념의 창의적인 사전들이 계속 출간되어야 할 것입니다.

이런 점에서 한국사마천학회 김영수 교수를 비롯한 학회 회원들의 집단지성이 발휘된 《사마천사기성어대사전》의 출간은 큰 의미를 갖습니다. 이 사전은 풀이를 넘어 해당 성어와 관련한 역사 사례, 전달하고자 하는 메시지, 교훈, 현대적 의미까지 언급하고 있을 뿐만 아니라 핵심 키워드까지 딸려 있어 각계각층의 리더들이 상황에 맞게 활용할 수 있는 획기적인 성과입니다. 또 30년 가까이 중국 역사현장을 탐방하면서 취재한 내용과 현장 사진을 비롯하여 지도·초상화·표까지 아주 입체적으로 구성되어 있는 남다른 사전이기도 합니다.

무엇보다 인류 역사상 가장 뛰어나면서도 침통한 역사서를 남긴 사마천의 정신과 언어를 오늘에 되살려 전달하고 있다는 점에서 기존 사전의 범주와 한계를 뛰어넘는 새로운 경지를 개척했다고 평가하고 싶습니다. 사마천의 슬픈 삶과 그의 피와 땀의 결실인 《사기》에 대해서는 부록으로 실린 김영수 교수의 글을 읽어 주십시오.

이 사전은 한·중·일은 물론 세계적으로 사마천 《사기》에 관한 최초의 전문적인 업적입니다. 《사기》 52만 6,500자에 알알이 박혀 있는 사마천의 역사관과 그 정신세계 및 차원 높은 언어를 만끽할 수 있는 아주 특별한 책이기도 합니다. 자랑스럽게 이 책을 여러분께 소개 드리는 바입니다. 많은 분들이 소중하게 소장하여 생활 속에서 언어의 격과 삶의 질을 높이는 자양분으로 삼길 권합니다. 이 사전 하나가 여러분의 삶을 바꿀 지도 모릅니다.

2026년 1월

김형진 배상

辞典：国力的尺度

－金亨珍(世宗电信 SEJONG Telecom 会长)

伟大的史学家司马迁以毕生心血铸就的《史记》，其中收录的1400余项成语在全球范围内首次被系统编纂成词典，正式与读者见面。能够在此向各位汇报这一珍贵且令人欣喜的成果，我深感荣幸。在此，谨向过去三十余载潜心研究司马迁与《史记》，并成功编纂这部鸿篇巨制的金瑛洙教授，以及韩国司马迁学会的诸位同仁，致以最崇高的敬意。

自人类使用语言到发明文字，文明进程便实现了一次巨大飞跃。文字，作为表达思想、观念乃至情感的重要载体，为人类历史带来了划时代的变革。随着文字应用的日益深化，以及能够大规模承载与传播文字的纸张的发明，人类文明再次迈出跨越性的一步。知识与信息得以大量积累，并逐步被整理编纂成书。由此，汇聚各方面知识与信息的辞典也应运而生。

在历史长河中，辞典的编纂与出版，常被视为衡量一个国家综合国力的重要标尺。军事与经济实力固然是国力最显见的标志，然而，辞典的出版，才最深刻地象征着一个国家文化的成熟与繁荣。被誉为"辞典之国"的中国，其第一部字典——许慎所著的《说文解字》，正是在华夏文化根基稳固的东汉时期得以问世；至国力鼎盛的大唐，则有杜佑编纂的制度史巨著《通典》及《唐六典》等；到了士大夫文化兴盛的宋代，大型类书如《太平御览》《册府元龟》等也相继编撰完成。这一绵延不绝的辞典编纂传统，一直延续至明清两代。在众所周知的清朝鼎盛期——即中国历史上尤为辉煌的康雍乾时代，更编纂了《康熙字典》以及《古今图书集成》《四库全书》等规模空前的典籍。

辞典编纂的传统在韩国朝鲜王朝的鼎盛时期——即世宗、英祖与正祖时代，同样如此。世宗大王在位十年后，便主持编纂了包括《孝行录》《高丽史》在内的二十四部大型典籍；英祖与正祖时期，则汇编了涵盖上古至朝鲜典章制度的《增补文献备考》。尤为值得一提的是，无论是中国还是朝鲜，即便在国家面临艰难困苦的时期，也从未中断过包括各类书籍在内的辞典编纂事业。

人工智能时代已然来临，人类文明正经历着前所未有的革新，这些变革在各领域以惊人的速度推进。知识边界被不断拓宽，信息在全球范围内加速流通与共享。然而，要真正实现对高质量、深层次知识与信息的普遍获取与理解，预计仍需要相当漫长的过程。特别是那些由汉字与汉文承载的典籍与辞典，其中蕴含的广博智慧与深厚文化，是目前人工智能技术尚难以完全触及的领域。因此，我们不仅需要继续深耕、解读和传播传统辞典中蕴藏的宝贵信息，更应积极推动辞典编纂与数字技术的深度融合，致力于开发具备创新理念与实践价值的新型辞典。

在此时代背景下，由韩国司马迁学会金瑛洙教授主持，凝聚学会集体智慧编纂而成的《司马迁史记成语大辞典》，其出版具有里程碑式的意义。这部辞典不仅突破了传统辞书仅提供释义的局限，更对每一个成语追根溯源，阐述其背后的史实案例、核心思想、历史教训以及在当下的现实意义，并贴心地附上关键词索引，堪称一部可供社会各界人士，在不同情境下灵活运用的典范之作。同时，它也开创了一种独特的编纂风格，融入了编者近三十年来实地探访中国历史遗迹的采访实录、现场照片，并辅以地图、肖像画、图表等多种视觉元素，使内容得以生动、立体地呈现在读者面前。

尤为重要的是，它成功捕捉并再现了那位在人类历史上留下最卓越却也最悲壮史章的司马迁的精神内核与语言魅力。正因如此，可以说这部辞典成功突破了现有辞书的框架与局限, 开辟了全新的学术境界。若希望深入了解司马迁充满悲剧色彩的人生轨迹及其毕生心血凝聚的《史记》, 敬请参阅附录中金瑛洙教授撰写的专文。

这部《司马迁史记成语大辞典》, 是韩国、中国、日本乃至全世界范围内, 首部专门针对司马迁《史记》成语进行系统研究的大型专业辞书。它更是一部能够引导读者沉浸于《史记》五十二万六千五百字之中, 深刻体悟司马迁的历史哲学、精神天地及其精妙语言的特色读物。我在此满怀自豪地向各位郑重推荐此书。诚挚希望您能将其珍藏, 并视之为提升语言修养与生活品味的良师益友。或许, 这一部辞典, 真能为您开启一段不同以往的人生旅程。

2026年 1月

金亨珍 敬上

중국어 번역 : 이화여자대학교 통번역대학원 김천향(金天香) 강사

축《사마천사기성어대사전》 출판

다이빙(戴兵, 중국주대한민국특명전권대사)

《사기》는 중국의 《이십사사(二十四史)》 중 으뜸으로, 그 웅장한 서사와 탁월한 문체는 중국 역사학의 기초를 마련했으며, 동아시아 문명 발전에 깊은 영향을 미쳤습니다. 중·한 양국은 모두 한자와 유교 문화권에 속하고, 지리적으로 가까우며 문화적으로 통하며 정서를 함께 공감하고 있습니다. 《사기》와 그 안에 담긴 학문적 정신과 인문적 정서는 여러 세대에 걸쳐 양국의 많은 지식인들에게 깊은 영향을 주었습니다.

김영수 한국사마천학회 이사장님은 한국의 유명한 한학자로, 사마천학회를 창립하고 오랜 기간 중국 역사 문화를 전파하는 데 힘써 왔습니다. 김 이사장님은 학문에 부단히 정진하고 저술이 등신대(等身大)에 이를 정도로 많으며, 개인적으로 아주 존경하고 있습니다.

김영수 이사장님이 이번에 편찬하신 《사마천사기성어대사전(司馬遷史記成語大辭典)》은 《사기》에서 1,432개의 성어를 선정하여, 언어의 아름다움과 역사학의 정신을 연결시키고, 한국 사람들이 《사기》를 연구하고 중국 역사 문화를 이해하는 데 새로운 길을 열어주었습니다. 더불어, 한국에서의 한자 문화의 계승과 발전, 중·한 인문 교류에도 역시 새로운 활력을 불어넣었습니다.

　최근, 시진핑(習近平) 주석은 APEC 정상회의에 참석하고 한국 국빈 방문을 성공적으로 마쳤습니다. 이재명(李在明) 대통령과 일련의 중요한 공감대를 이루어 중·한 전략적 협력 동반자 관계의 새로운 장을 열었습니다. 중·한 양국 관계가 중요한 전환기를 맞이하는 이 시점에서, 이번 책의 출판이 양국 문화와 감정의 공감대를 더욱 증진시키고, 중·한 우호의 기초를 더욱 다지는 데 큰 도움이 되기를 바랍니다.

2025년 11월

贺《司马迁史记成语大辞典》出版

– 中国驻大韩民国特命全权大使 戴兵

　　作为中国《二十四史》之首的《史记》，以恢弘叙事和卓绝文采，奠定了中国史学的根基，也深刻影响了东亚文明发展。中韩同属汉字、儒学文化圈，地理相近、文化相通、情感共融。《史记》及其所蕴含的治学精神与人文情怀，深深影响着两国一代又一代仁人志士。

　　金瑛洙理事长是韩国著名汉学家，专门创立韩国司马迁学会，长期致力于传扬中国历史文化，躬耕不辍、著作等身，令人敬佩。金理事长此次专门编纂《司马迁〈史记〉成语大辞典》，精选《史记》中1,432条成语，贯通语言之美与史学之魂，为韩国人民学习研究《史记》、了解中国历史文化提供了新路径，也为汉字文化在韩传承发展和中韩人文交流注入了新活力。

　　不久前习近平主席赴韩国出席APEC会议并对韩国进行国事访问取得圆满成功，同李在明总统达成一系列重要共识，引领中韩战略合作伙伴关系展现新气象、开辟新局面。值此中韩关系承前启后的关键阶段，希望此书出版有助于增进中韩文化和情感共鸣，进一步夯实中韩友好根基。

2026年11月

정신문화 보고(寶庫)로서의 역할을 기대하며

이석연(李石淵, 대통령직속 국민통합위원장, 전 법제처장)

내가 무척 좋아하고 애용하는 한자 성어가 있습니다. 항상 가슴에 새기면서 강연 시간에도 곧잘 인용합니다.

도리불언(桃李不言), 하자성혜(下自成蹊).
복숭아나무와 자두나무는 말이 없었지만, 그 아래 절로 큰길이 난다.(《이장군열전》)

부지기군(不知其君), 시기소사(視其所使).
그 군주가 어떤 사람인지 모르겠으면, 그가 쓰는 사람을 보라.(《위공자열전》)

백두여신(白頭如新), 경개여고(傾蓋如故).
머리카락이 허옇게 될 때까지 만났는데 여전히 낯선 사람이 있고, 잠깐 우산을 같이 썼는데 오래 사귄 것 같은 사람이 있다.(《노중련추양열전》)

모두 《사기》 열전에 나오는 명구로 곱씹을수록 우리 인생사와 세상사에 깊은 울림과 교훈을 주는 만고의 절창입니다.

이처럼 사마천의 《사기》에는 우리가 언제 어떤 상황에서도 활용할 수 있는 인생의 지혜가 무궁무진합니다. 그리고 인간으로서 경험할 수 있는 것, 생각하고 상상할 수 있는 것의 대부분이 생생한 실화와 함께 담겨 있습니다. 그것들은 현재진행형이기도 합니다. 절대권력 앞에서 바른말을 한 죄로 황제의 노여움을 받아 생식기를 절단당하는 궁형(宮刑)에 처해지는 치욕과 수모를 겪으면서도 불굴의 의지로 살아남아 《사기》의 집필을 끝내고 홀연히 사라진 사나이, 그의 기구한 인생 역정이 청년시절부터 지금까지도 나를 매료시키고 있습니다. 때문에 《사기》 전편에는 인간에 대한 사마천의 고뇌가 면면히 흐르고 있습니다. 내가 삶의 역경과 선택의 순간마다 사마천과 《사기》를 생각하고 그에게 배우려고 한 이유가 여기에 있습니다.

《사기》에 담긴 사상의 원칙을 한 글자로 요약하자면 나는 직(直)이라고 말하겠습니다. 한자 '直'은 '곧다, 바르다'를 뜻합니다. '直'은 '十(열 십)'과 '目(눈 목)'과 'ㄴ(숨을 은)'의 합자(合字)로, '열 개의 눈으로 숨어 있는 것을 바르게 본다'는 뜻을 함의하고 있습니다. 열 개의 눈이란 어느 한 곳에 고착된 편벽한 시선이 아닌 만물의 변화와 이치를 꿰뚫어 볼 수 있는 폭넓은 시선에 대한 은유라고 볼 수 있습니다.

직(直)의 정신은 허위를 찌르는 창(槍)과 같습니다. 바른 것을 바르다 하고 그른 것을 그르다하는 일격의 정신이 지금 우리에게 요구되는 삶의 자세가 아닐까? 내가 "거짓의 아름다움을 추구하지 않고, 악을 숨기지 않는다"는 "불허미(不虛美), 불은악(不隱惡)"이라는 사마천의 《사기》 집필의 정신을 견지하려고 하는 이유도 여기에 있습니다. 헛된 영화를 추구하지 않고 악을 용인하지 않는 것, 그것이 바로 직(直)의 혜안이며, 사마천이 《사기》를 통해 우리에게 전하고자 했던 세계관이라고 확신하기 때문입니다.

금번 김영수 교수에 의해서 수십 년의 작업 끝에 대작 《사마천사기성어대사전》이 세상에 나왔습니다. 김 교수는 오로지 한길을 걸으면서 사마천과《사기》연구에 일생을 바쳐온 학자입니다. 지난 30년 동안 중국의 역사현장을 150차례 이상 다녀와 이를 바탕으로 수십 권의 사마천과《사기》관련 저작을 출간했습니다. 특유의 유려한 문체와 감칠맛 나는 표현을 통해 책의 행간마다 처세의 교훈과 삶의 지혜라는 성찬을 우리에게 차려 주곤 했습니다.

이번 발간되는《사마천사기성어대사전》은 사마천에 의해서 복원된 3,000년 통사《사기》에서 비롯된 사자성어·고사성어·명언명구 등의 성어를 집대성한, 한자와 한문을 사용하는 한·중·일은 물론 세계를 통틀어 최초의 사전입니다. 아울러 우리의 정신문화와 지적 수준을 한 단계 높인 쾌거이기도 합니다.

케이-팝(K-Pop)을 필두로 케이-컬쳐(K-Culture), 케이-푸드(K-Food)가 세계 사람들을 매료시키고 있습니다. 한 나라의 국력과 국격의 척도는 문화입니다. 그리고 그것들을 뒷받침하는 원천은 수준 높은 콘텐츠입니다. 그런 점에서 이 사전은 케이-콘텐츠(K-Contents)의 수준과 격을 보여주는 획기적인 지표가 될 것입니다.

이 책이 사마천과《사기》를 연구하는 학도는 물론 일반인에게 널리 활용되어 정신문화의 보고(寶庫)로서의 역할을 하기를 기대합니다.

2026년 1월

정중하게 추천 드립니다

쉐인셩(薛引生)

 김영수 교수가 편찬한 《사마천사기성어대사전(司馬遷史記成語大辭典)》이 출간된다니 정말 기쁘고 축하할 일입니다!

 저와 김영수 교수는 20년 오랜 친구 사이입니다. 2006년 역사학의 성인(聖人) '사성(史聖)' 사마천의 고향인 중국 섬서성 한성시(韓城市)가 거행하는 '사마천대제(司馬遷大祭)'의 주최 측에서 제게는 처음으로 김영수 교수와 사마천과 《사기》를 사랑하는 20여 명의 한국 손님들이 제사에 참석하길 원한다고 소개했습니다. 이와 함께 김 교수가 이미 여러 차례 한성에 와서 사마천의 고향인 지천진 서촌 등지를 탐방했다는 사실도 알려주었습니다. 저는 흔쾌히 환영의 뜻을 전했고, 이렇게 해서 우리는 '문화를 통해 서로 교류'하는 친구가 되어 깊은 우의를 나누기 시작했습니다.

 그 뒤 저는 김영수 교수의 사마천과 《사기》에 관한 여러 권의 연구 저작물을 읽으면서 김영수 교수가 중국문화를 깊게 연구하는 전문가임을 알 수 있었습니다. 특히 《사기》에 대한 연구는 그 양도 방대할 뿐만 아니라, 그 깊이도 대단했습니다. 2011

년 10월 14일부터 19일까지 저는 한국사마천학회의 초청을 받아 한성시 사마천학회 일행 18명을 인솔하여 서울을 방문했습니다. 김 교수와 한국사마천학회 회원들은 정말 기쁘게 우리 일행을 맞이했습니다. 저는 환영 연회에서 '탐색·교류·우정'이란 제목으로 강연을 했습니다.

이후 우리의 교류는 더욱 많아지고 깊어졌으며, 그 내용도 풍부해졌습니다. 2025년 3월 30일 김 교수는 단체를 인솔하여 사마천대제에 참석했습니다. 김 교수는 저를 만나 《사마천사기성어대사전》을 편찬 중이라고 말하면서 추천서를 부탁했습니다. 제가 이 요청을 어찌 거절하겠습니까?

김 교수의 이 작업은 3천 년 통사 《사기》의 성어(사자성어, 전고성어, 명언명구 등) 사전입니다. 이 사전은 한국에서 처음일 뿐만 아니라 전 세계적으로 보기 드문 성과이기도 합니다. 사마천은 《사기》에서 '일가(一家)의 말씀을 이루고 싶다'는 점을 강조했습니다. '말씀'이란 논의이자 이상이자 주장입니다. 사마천의 '일가의 말씀'은 《사기》 속에 녹아들어 철학·인생·사회·정치·경제·군사·문화·윤리·도덕 각 영역에 대한 사마천의 관점을 나타내고 있습니다. 그 내용은 대단히 풍부합니다. 동시에 사마천은 '언어의 거장'이기도 합니다. 《사기》의 문장 행간에는 수많은 사자성어와 절묘한 언어 및 인생의 깊은 철학적 이치가 함축되어 있습니다. 이는 여러 방면에서 유익한 교훈과 통찰력을 주는 우리 인생 수양의 좌우명으로 삼기에 충분합니다.

이번 김영수 교수가 정리하고 편찬한 《사마천사기성어대사전》은 《사기》의 사상적 내용의 일부입니다. 폭넓은 역사 내용을 다루고 있으며, 그중에는 많은 전고가 포함되어 있습니다. 사전에 소개된 많은 역사 인물들은 마치 읽는 사람의 바로 곁에 있는 듯한 착각을 불어 일으킬 정도로 생생합니다. 독자들은 자신도 모르는 사이에 이들과 대화하면서 많은 가르침을 받을 수 있을 것입니다. 과거를 통해 현재를 비추어 보는 경험은 대단히 뜻깊은 일이 아닐 수 없습니다.

이 사전은 사실상 《사기》에서 걸러낸 사마천의 어록입니다. 사전은 하나의 성어
―한국어 번역문―논평으로 구성되어 읽을수록 깊이를 더해 가면서 감상할 수 있
는 체제로서 《사기》의 지식을 보급하는 새로운 형식이라 할 수 있습니다. 성어들은
하나하나가 모두 독립성을 갖고 있어 문장의 의의와 사상적 내용을 읽으면서 독자
들은 생각을 발휘하여 언어 속에 감추어져 있는 사상의 불꽃에 불을 붙일 수 있습니
다. 이렇게 해서 독자들 나름의 창조적 해석과 새로운 의미 부여를 통해 스스로의
성정을 도야함으로써 《사기》의 성어를 영원히 시들지 않는 상록수로 지켜낼 것입니
다. 사전에 수록된 《사기》의 성어는 1,400항목이 훨씬 넘습니다. 양도 양이지만 모
든 항목이 참신한 방식으로 해설되고 꾸며져 있어 독자들의 시선을 충분히 사로잡
을 수 있을 것입니다.

김영수 교수의 이 사전은 동료 학자들의 다음과 같은 평가와 딱 어울립니다.

"이 사전은 해석을 뛰어넘어 성어와 관련한 역사적 사례를 제시하고, 새로운 중국
(어) 정보를 전달하는 획기적인 의의를 갖는다. 중요한 표현과 관련된 정보까지 딸
려 있어 각계각층의 지도자들이 다양하게 활용할 수 있는, 선구적이고 창의적인 성
과라 감히 말할 수 있다."

'늙은 말이 여전히 천 리를 달리고 싶다'는 말이 있듯이 《사기》를 평생 아끼고 사
랑하여 끊임없이 글을 쓰고 성과를 냈지만 지치지 않는 김영수 교수의 연구정신은
저에게도 큰 격려가 됩니다. 이에 저는 정중하게 《사마천사기성어대사전》을 모두에
게 추천합니다. 확실히 읽을 가치가 있고, 소중하게 소장할 가치가 있습니다.

2025년 8월 중국 섬서성 한성에서

• 추천사를 쓴 쉐인성 선생은 한성 사람으로 현재 중국 사기연구회 상임이사이며 섬서성 사마천연구회 3·4대 부회장, 섬서성 한성시사마천학회 7·8대 회장을 지냈다. 사마천과 《사기》 관련하여 많은 글과 저서를 남겼다. 한국어 번역은 김영수가 맡았다.

얻기 어려운 아름다운 작품
김영수 선생의《司馬遷史記成語大辭典》을 읽고

짱잔민(張占民)

2025년 여름 끝머리에 김영수 선생이《사마천사기성어대사전(司馬遷史記成語大辭典)》원고를 보내며 서문을 부탁했다. 30년 가까운 교류와 의리를 나눈 사이라 기쁜 마음으로 받아들였다. 보내온 자료와 본문을 단숨에 읽었다. 정말이지 자료와 학술적 가치는 물론 누구나 읽을 수 있는 대중성이 하나가 된 대단히 뛰어난 공구서임을 실감했다. 동시에 사마천과《사기》를 공부하고 연구하는 데 창조적 의의를 갖춘 역작으로, 읽고 감상하고 소장할 가치가 충분하다는 생각이 바로 들었다.

김 선생과의 우정과 교류는 20세기 1990년대 말로 거슬러 올라간다. 기억하기로 섬서성 문물국 문물여행사 까오후이셴(高惠賢) 대표가 전화로 김 선생이 서안에 왔는데, 나의 책《진용종횡담(秦俑縱橫談)》시리즈를 한국어로 출판하려니 만나서 상의를 하고 싶다고 연락해왔다. 섬서성역사박물관에서 바로 만남이 이루어졌고, 우리는 서로 오랜 친구를 만난 것처럼 반가워했다. 김 선생은 이목구비가 뚜렷하고 짙은 눈썹에 큰 눈이 인상적이었다. 소박한 복장에 만면에 미소를 머금고 있었다. 중국, 특히 중국 역사와 문화에 조예가 깊은 학자 기질이 다분했다. 출간 협상은 식사 자리에서 바로 계약이 체결될 정도로 허심탄회하게 이루어졌다. 이렇게 해서 30년 가까운 교류와 우정이 시작되었다.

김 선생은 평생 사마천과 《사기》를 공부하고 연구하면서 관련 저서와 번역서를 수십 종 가까이 출간하여 국제적으로 보아도 남다른 성과를 이루었다. 그는 한국 학계에서 사마천과 《사기》 연구의 수준을 새로운 단계로 끌어올려 사마천과 《사기》 연구와 전파에 탁월한 공을 세웠다. 이는 한·중 문화학술 교류사에 의미 있는 한 페이지로 남을 것이다. 이런 점에서 김 선생은 내가 진심으로 존경하는 학자이자 친구이다.

김 선생은 사마천 역사연구의 정수를 깊게 이해하는 학자로서 특히 현장 답사를 중시한다. 집필을 위해 그는 중국 현지를 지금까지 150차례 이상 다녔다. 나 역시 김 선생과 함께 섬서성과 산서성 경내의 역사 유적을 여러 차례 탐방했다. 대부분 《사기》와 관련한 인물·사건·고사·전장 유지들이었다. 그중에서도 섬서성 북쪽 수덕의 부소묘와 몽염묘를 비롯하여 진 장성, 진 직도유지 답사는 매우 인상적이었다. 이밖에 섬서성 보계와 봉상의 진나라 도성유지와 강태공 조어대 유지, 부풍의 주원 유지, 주나라의 선조인 공유묘와 순화현의 운릉 유지, 홍평의 한 무제 무릉과 이부인묘, 서안 부근의 패릉·양릉·두릉 등 한나라 때 유지를 두루 답사했던 기억이 지금도 새롭다.

김 선생의 사마천 고향에 대한 사랑은 더욱 남다르다. 그는 수십 차례 사마천이 태어나 성장한 이곳을 찾아 사마천의 생활 환경, 성장 배경을 몸과 마음으로 느꼈다. 나도 몇 차례 선생과 함께 사마천 사당과 무덤을 비롯하여 선영, 사당, 사마조묘, 사마근묘, 화지, 사마서원, 삼의묘 유지를 찾았다. 이와 함께 위나라 장성유지, 한원대전 전장 유지, 협려궁 궁전유지 등지도 살펴보았다. 이처럼 김 선생의 발길은 섬서성 경내의 주·진·한 문물고적 유지 대부분에 미쳤다.

김 선생의 부지런한 공부와 연구는 사마천으로부터 깊은 영향을 받았다. 대학과 연구소와 학회 활동을 하면서 연구와 강의를 병행했고, 30년 가까이 수십 종에 수백만 자에 이르는 저서를 출간했으니 그 부지런함과 노력에 감탄하지 않을 수 없다. 함께 현장을 탐방하면서 나는 내 눈으로 김 선생의 공부하는 자세를 직접 목격했다. 현장에 도착하면 사진 촬영을 비롯하여 유지 주위의 지리환경을 비롯한 이런저런 정보를 늘 가지고 다니는 수첩에 상세히 기록했고, 숙소로 돌아오면 이 자료들을 바로바로 컴퓨터에 정리했다. 이와 함께 현지의 학자나 관련 전문가들과 교류하면서 학술적 시야를 더욱 넓혔다. 김 선생은 태사공의 '만 권의 책을 읽고, 만 리를 여행하라'는 '독만권서(讀萬卷書), 행만리로(行萬里路)'의 학문하는 전통을 그대로 물려받았고, 그 정신은 내 공부의 모범이 되기도 했다.

《사마천사기성어대사전(司馬遷史記成語大辭典)》은 자료와 항목의 선정이 정밀하고 시야가 참신한 책이다. 수록한 항목이 1,400항목을 훌쩍 넘고 본문과 부록의 글자 수가 200만 자를 넘는 방대한 분량의 참고서이다. 현장 사진을 비롯한 도판이 1천 컷이 넘고 상세하고 친절한 찾아보기를 갖춘, 도판과 문장이 다 함께 풍부한, 감히 학술 대작이라 부를 만하다. 여기에는 평생을 사마천과 《사기》를 연구해온 김 선생의 심혈과 지혜가 응축되어 있다.

나는 평소 《사기》가 《좌전》, 《한서》, 23사 등 다른 역사서와 구별되는 까닭은 《사기》에는 사상이 있고, 영혼이 있는 명실상부 '일가(一家)의 말씀'이기 때문이라고 생각해왔다. 《사기》의 정수는 사실 사마천이 창작한 성어와 '태사공왈' 부분이다. 특히 130권 모두에 딸려 있는 '태사공왈'은 많은 성어를 포함하고 있다. 여기에는 역사 인물과 역사 사건에 대한 화룡점정(畵龍點睛)의 평가가 함축되어 사마천의 인생관·가치관·역사관을 반영한다. 이는 곧 사마천이라는 위대한 인격의 생생한 묘사이기도 하다.

예를 들어 지금도 입에 오르내리는 '인욕부중(忍辱負重)', '화복상의(禍福相依)', '전
패위성(轉敗爲成), 전화위복(轉禍爲福)', '낙극생비(樂極生悲)', '도리불언(桃李不言), 하
자성혜(下自成蹊)', '천하희희(天下熙熙), 개위이래(皆爲利來), 천하양양(天下攘攘), 개위
이왕(皆爲利往)', '쟁명우조(爭名于朝), 쟁리우시(爭利于市)', '거세개탁유아독청(擧世皆
濁唯我獨淸), 중인개취유아독성(衆人皆醉唯我獨醒)' 등과 같은 성어와 명언에는 인생
의 철리와 인생의 지혜가 흘러넘친다. 김 선생의 이번 작품은 바로 《사기》의 핵심
내용을 고르고 걸러서 처음으로 《사기》의 성어를 한데 모아 독자들에게 선보이는
《사기》 연구 방면의 이정표가 될 것으로 확신한다.

《사마천사기성어대사전(司馬遷史記成語大辭典)》은 충실한 자료와 독특한 체제라는
면에서 독보적이라 할 만하다. 1,400항목이 넘는 성어들은 출처가 분명하고 설명은
친절하며, 매 항목 끝에 추가된 김 선생 나름의 독특한 평가와 관점은 각계각층의
리더들에게 교훈과 계시를 줄 수 있을 것이다. 《사마천사기성어대사전(司馬遷史記成
語大辭典)》은 앞으로 한·중·일을 비롯한 한자문화권의 연구자와 문사철을 사랑하는
많은 사람들의 관심과 사랑을 받을 것으로 확신한다.

2025년 8월 26일
고도(古都) 서안(西安)에서 張占民

• 추천사를 써주신 짱잔민 선생은 섬서성고고연구소 연구원과 진릉고고대 자료대장을 지낸 학자다.
지난 수십 년 동안 진시황, 진시황릉, 병마용갱 조사와 발굴 및 연구에 종사한 이 분야 최고의 전문
가로서 《진용종횡담(秦俑縱橫談)》 시리즈와 여러 권의 저서 및 보고서를 냈다. 《진용종횡담》 시리즈
를 모아 김영수가 2012년 국내에서 《제국의 빛과 그늘》이란 제목으로 편역 출간했다.

차례

일러두기 ─────────────

- 이 책에 수록된 인물들의 생졸 연도는 上海辭書出版社에서 출간된 《中國歷史大辭典》(2007년)을 따랐다.

- 참고로 밝힌 인물들의 나이는 모두 만(滿) 나이다.

- 수록된 사진들은 대부분 지난 30년 중국의 역사현장을 답사하며 편찬자가 직접 찍은 것들이다. 찍은 연
  도를 밝혔다. 지난 30년의 역사 기록으로 보아주었으면 한다. 이밖에 중국의 포털 바이두에서 내려받은
  것이 일부 있다.

- 초상화를 비롯한 도판들도 편찬자가 지난 30년 중국 현지에서 구입한 자료들을 일일이 스캔하여 디지털
  로 바꾼 것들이다.

- 지도는 이 사전의 편집 디자이너가 직접 그렸다.

- 지명은 가능한 현재 지명을 (   ) 안에 표기했다. 몇 개의 성시가 겹치는 지명은 주요 지명만 표기했다.

- 사마천 생애를 그린 두 종류의 기록화는 작고하신 정전정(程全庭) 선생의 화책(画冊), 《사마천저사기화집
  (司馬遷著史記画集)》을 스캔한 것과 역시 작고하신 진혜랑(秦惠浪) 선생의 기록화로 사마천생평관(司馬遷
  生平館)에 걸려 있는 그림을 편찬자가 촬영한 사진이다. 모두 한성(韓城) 분들이다.

- 인명과 지명의 한자는 한국의 독자들을 고려하여 번자체로 표기했고, 한자음도 병음자모가 아닌 우리식
  으로 표기했다. 다만, 일부 현대 인명은 병음자모로 표기했다.

가거도사벽립(家居徒四壁立)

네 벽만 있는 집에서 살다.
– 권117 〈사마상여열전〉

가거도사벽립은 한나라 무제 때의 문장가 사마상여(司馬相如, 기원전 179~기원전 118)의 젊은 날 일화에서 나온 성어이다. 사마상여는 사마천(司馬遷, 기원전 145~기원전 약 90)과 함께 '양사마(兩司馬)'로 불리는 한나라 최고의 문장가이다.

사마상여는 양(梁)나라 효왕(孝王, ?~기원전 144)의 문객으로 있다가 그가 죽자 고향인 사천성 성도(成都)로 돌아와 하는 일 없이 날을 보내고 있었다. 성도 부근 임공(臨邛)의 현령 왕길(王吉)이 사마상여를 잘 보아 그를 잘 모셨다. 상여는 왕길을 귀찮아했지만 그럴수록 왕길은 사마상여를 더 깍듯이 대했다.

한번은 임공의 최고 부자인 탁왕손(卓王孫)과 정정(程鄭) 두 사람이 큰 연회를 베풀어 왕길을 초대했다. 왕길이 사마상여에게 사람을 보내 초대했으나 상여는 사양했다. 왕길은 연회 음식에는 손도 대지 않고 직접 상여를 찾아갔고, 상여는 마지못해 연회에 참석했다. 분위기가 무르익자 왕길은 상여에게 거문고 연주를 청했다. 상여는 극구 사양했지만 강권에 못 이겨 두 곡 정도를 연주했다.

사마상여의 언행은 차분하고 의젓했으며, 아름답고 품위가 있었다. 탁왕손에게는 젊어서 과부가 된 탁문군(卓文君)이라는 딸이 있었는데, 그녀가 이런 상여를 몰래 지켜보다가 그만 마음을 빼앗겼다. 상여 역시 현령과의 관계를 짐짓 과시하며 거문고 연주로 탁문군의 마음을 사로잡으려 했고, 이렇게 공교롭게 두 사람의 마음이 통했다. 눈이 맞은 두 사람은 그날 밤으로 야반도주(夜半逃走)했다. 두 사람은 상여의 집으로 도망쳤는데, 문군이 보니 상여의 집은 **네 벽을 제외하고는 아무것도 없었다**고 할 정도로 궁색했다. 문군은 자신의 수레 따위를 팔아 돈을 장만한 다음, 임공으로 가서 술집 한 채를 사서 우물을 파고 술장사를 시작했다. 〈사마상여열전〉의 해당 대목은 다음과 같다. 참고로 원문을 함께 인용해둔다.

"문군은 밤에 사마상여에게로 도망쳐 나왔다. 상여는 바로 함께 성도로 달려 돌아왔다. **사는 집을 보니 네 벽만이 있을 뿐**이었다."

"문군야망분상여(文君夜亡奔相如), 상여내여치귀성도(相如乃與馳歸成都). **가거도사벽립(家居徒四壁立)**."

'가거도사벽립(家居徒四壁立)'은 '가도사벽(家徒四壁)' 네 글자로 줄여서 많이 쓴다. 매우 빈궁하여 아무것도 없는 것을 비유하는 표현인데, '가도입벽(家徒立壁)'이라고도 쓴다. '집이라곤 벽밖에 서 있지 않다'는 뜻이다. 청나라 때 문학가 심복(沈復, 1763~1832)의 소설 《부생육기(浮生六記)》〈규방기락(閨房記樂)〉에 "네 살 때 아버지를 여의고, 어머니 김씨와 동생 극창(克昌)이 '집이라곤 벽밖에 없는' 곳에서 살았다"는 대목에 이 표현이 보인다. 이 성어는 후대의 문학 작품 등에 많은 영감을 주어 아주 다양한 파생어들이 나타났다.

비슷한 뜻을 가진 성어로는 '일빈여세(一貧如洗)', '불명일전(不名一錢)' 등이 있다. '일빈여세'는 '씻은 듯이 가난하다'는 뜻이고, '불명일전' '한 푼이랄 것도 없다', 즉 땡전 한 닢 없을 정도로 가난하다는 뜻이다. 전자는 관한경(關漢卿, 약 1220~약 1300)의 희곡 《두아원(竇娥寃)》이 그 출전이고, 후자는 《사기》 권125 〈영행열전(佞幸列傳)〉이 그 출전이다.

당시 잔칫집에 사마상여가 나타나자 '그 자리에 있던 모든 사람이 놀라 뒤로 자빠졌다'고 한다. 상여가 그 정도로 잘생겼기 때문이다. 여기서 '일좌진경(一坐盡傾)'이란 사자성어도 파생되었다. 사마상여와 탁문군의 러브 스토리를 나타낸 그림이다.(2017년)

키워드 : 애정, 가난, 청빈

가공송덕(歌功頌德)

공적과 덕행을 칭송하다.

누군가를 크게 칭송한다는 뜻의 **가공송덕**이 나오는 관련 대목을 먼저 인용한다.

> "백성들은 모두 **노래를 부르며, 그의 덕을 칭송**하였다."
>
> "민개가락지(民皆歌樂之), 송기덕(頌其德)."

'가공송덕'은 바로 위 대목을 네 글자로 줄인 성어이다. 관련 내용을 보면 이렇다.

중국 상고사의 세 왕조인 하(夏)·상(商, 또는 은殷)·주(周)를 흔히 '삼대(三代)'라 부른다. 주의 선조 고공단보(古公亶父) 때 훈육(薰鬻)과 융적(戎狄)이 땅과 백성을 요구해왔다. 백성들이 화가 나서 싸우자고 했지만, 고공단보는 이렇게 말했다.

> "백성이 군주를 세우는 것은 이익이 되기 때문이오. 지금 융적이 우리를 공격하는 까닭도 우리 땅과 백성 때문이오. 백성이 내게 있든 저들에게 있든 뭐가 다르겠소? 백성들이 나 때문에 싸우려는 것은 아비나 아들을 죽여 그들의 군주가 되는 것이니 나로서는 차마 못하겠소."

고공단보는 자신을 따르는 사람들과 함께 기산(岐山, 섬서성 기산현)으로 옮겼다. 그러자 기산 지역의 백성들은 물론 다른 지역 사람들까지 고공단보에게로 귀의해왔다. **백성들은 모두 노래를 부르며, 그의 덕을 칭송하였다.** 기산은 훗날 주나라 건국의 기반이 되었다.

백성과 땅을 스스럼없이 내준 고공단보의 행동에 대해서는 당연히 다른 평가가 따를 수 있다. 하지만 백성을 진정으로 아끼는 그의 마음만큼은 인정할 수 있다. 통치자와 리더가 사리사욕 때문에 사람을 아끼지 않고 마구 부리고 소모하는 일이 여전히 벌어지고 있기 때문이다.

'가공송덕'과 비슷한 성어로 '비석을 세우고 전기를 마련하여' 칭송한다는 '수비입전(樹碑立傳)'과 그 공적과 덕이 '영원히 썩지 않는다'는 '영수불후(永垂不朽)'가 있다. '수비입전'은 소설가 파금(巴金, 1904~2005)의 《수상록(隨想錄)》 47에, '영수불후'는 명나라 때의 판타지소설 《봉신연의(封神演義)》 74회에 보인다. 반대되는 뜻의 성어로는 '입(말)으로 죽이고, 붓으로 친다'는 '구주필벌(口誅筆伐)'이 있다. 이 표현은 근대의 학자 양계초(梁啓超, 1873~1929)의 〈반대복벽전(反對復辟電)〉이란 글에 보인다.

참고로 고공단보는 주의 시조인 후직(后稷)의 12대손이고, 주 문왕(文王)의 할아버지다. 문왕의 아들 주 무왕(武王)이 은(상)을 멸망시킨 해를 기원전 1046년으로 보고 있으므로 고공단보가 활동한 시기는 기원전 12세기로 추정할 수 있다.

키워드 : 통치, 백성, 애민, 공덕

사진은 주나라의 근거지였던 섬서성 기산 부풍(扶風)의 주원(周原) 유지에 설립한 박물관이다.(2009년)

가관(嘉觀)

눈앞의 아름다운 경관.
― 권6 〈진시황본기〉

일상에서 '가관(可觀)이다'라는 표현을 자주 쓴다. '볼만하다'는 뜻이고, '아름답다'는 뜻도 들어 있다. 또 비교적 높은 수준이나 정도에 이른 것을 가리키기도 한다. 이를테면 '그 성과가 볼만하다'는 식이다. 우리의 경우 대개는 비꼬거나 비아냥거릴 때 자주 쓴다. 다분히 부정적인 의미의 단어로 바뀐 셈이다. 중국어의 경우는 부정적이거나 비아냥거리는 뉘앙스가 없다. 같은 단어가 서로 다른 환경의 실생활에서 사용되면서 그 뜻이 변용된 경우라 할 것이다.

사마천의 《사기》에도 **가관**이란 단어가 나오는데, 한 글자가 다르다. '가(嘉)'를 쓰기 때문이다. 뜻도 **눈앞의 아름다운 경관**으로 아주 다르다. 이 단어는 〈진시황본기〉의 다음 대목에서 나온다.

"따르던 신하들이 **눈앞의 아름다운 경관**을 바라보며 황제의 빛나는 공업을 회상하고 그 옛날 진나라의 모습을 떠올리며 칭송하였다."

"종신**가관**(從臣嘉觀), 원념휴열(原念休烈), 추송본시(追誦本始)."

기원전 221년 천하통일 후 3년이 지난 진시황 29년인 기원전 218년, 시황은 동쪽으로 행차했다가 하남성 양무현(陽武縣) 박랑사(博浪沙)에서 장량(張良, ?~기원전 190)이 고용한 자객 창해역사(滄海力士)의 습격을 받았다. 창해역사가 수레를 잘못 고른 탓에 시황은 위기에서 벗어났지만, 놀란 시황은 전국에 대대적인 수색과 수배령을 내렸다.

장량은 도망자 신분이 되어 각지를 떠돌다 유방(劉邦, 기원전 256~기원전 196)을 만나 그의 참모가 되었다.('박랑사' 항목 참고)

시황은 동쪽 순시를 계속하여 지부산(之罘山)에 올라 자신의 공덕을 찬양하는 글을 비석에 새겨 세우게 했다. 위 대목은 그 비문 내용의 첫 부분이다.

참고로 진시황은 생전에 모두 세 차례의 암살 위기를 넘겼다. 천하통일 이전에 자객 형가(荊軻, ?~기원전 227)와 형가의 친구인 악사 고점리(高漸離)의 암살 시도가 있었고, 통일 이후 장량이 고용한 창해역사의 암살 시도가 있었다.

진시황은 기원전 221년 38세의 나이로 천하를 통일한 뒤 49세에 세상을 떠날 때까지 모두 다섯 차례 천하를 순시했고, 그때마다 순시한 곳의 산에다 공적비를 남겼다. 사진은 부분이나마 유일하게 남아 있는 태산에 올라 남긴 태산각석비의 모습이다.(글은 이사가 썼다고 한다. 2003년)

키워드 : 통치, 공덕, 찬양

가급인족(家給人足)

모든 집 모든 사람이 풍족하다.

– 권68 〈상군열전〉

〈상군열전〉은 역대 중국의 최고 개혁가로 평가하는 상앙(商鞅, 기원전 약 390~기원전 338)의 전기이다. 상앙은 약소국이었던 위(衛)나라 지역 출신으로 진(秦)나라로 건너와 나라는 크지만 난맥상에 빠져 있던 진나라를 전면 개혁하여 천하통일의 기틀을 놓았다. 사마천은 상앙에 대해 결코 좋은 평가를 내리지 않았지만, 그의 개혁만큼은 충분히 긍정했다. 특히 그의 개혁 성과에 대해 다음과 같은 평가를 남겼다.

상앙은 자신을 믿고 지원하던 효공(孝公)이 죽자 기득권 세력에 의해 반역으로 몰려 도주했지만, 자신이 만든 법에 걸려 붙잡혀 사지와 머리를 찢는 거열형(車裂刑)을 받고 죽었다. 상앙의 초상화이다.

"길에 물건이 떨어져도 줍지 않았고, 산에는 도적이 없어졌으며, **모든 집 모든 사람이 풍족**해졌다."

"도불습유(道不拾遺), 산무도적(山無盜賊), **가급인족(家給人足)**."

특히 앞 대목 '도불습유'는 상앙의 개혁 성과를 상징하는 대표적인 사자성어로 남아 있다.('도불습유' 항목 참고) 상앙은 개혁정치가 백성들의 믿음을 얻어야 한다는 인식에서 나무 기둥을 옮겨 백성의 믿음을 얻는 '입목득신(立木得信)'의 성어도 아울러 남겼다.('상앙사목' 항목 참고) 한편 권112 〈평진후주보열전〉에도 아래처럼 같은 뜻의 대목이 있다.

"이것이 바로 모든 집 모든 사람이 풍족하여 형벌이 필요 없게 되는 근본이 아니겠는가?"

"사내가급인족(斯乃家給人足), 형착지본야여(刑錯之本也歟)?"

이와 관련하여 《진서(晉書)》〈도간전(陶侃傳)〉과 《남제서(南齊書)》〈유준전(劉悛傳)〉 등에는 '호급인족(戶給人足)', '인급가족(人給家足)', '가급민족(家給民足)', '인족가급(人足家給)' 등과 같이 약간 변형되어 나타나기도 한다.

키워드 : 정치, 개혁, 성과

가누천금(家累千金), 좌불수당(坐不垂堂)

천금을 쌓아 놓은 집에서는 집이 무너질까봐 가장자리에 앉지 않는다.
– 권117 〈사마상여열전〉

'좌불수당' 항목을 참고하면 된다.

키워드 : 상황, 위험, 회피

가도벌괵(假道伐虢)

길을 빌려 괵을 치다.
– 권39 〈진세가〉

가도벌괵은 2천 년 넘게 군사를 비롯한 여러 방면에서 활용되어 온 모략이다. 실용적 병법서이자 처세서라 할 수 있는 《삼십육계(三十六計)》에서는 혼전계(混戰計)'에 '가도벌괵'이란 네 글자를 차용하고 있다. '가도벌괵'의 원전은 《좌전》(기원전 658년 희공僖公 2년조)에 나오는 아주 유명한 고사이다.

기원전 658년 춘추시대 진(晉)나라의 대부 순식(荀息, 생졸 미상)이 괵(虢)을 치기 위해 굴(屈)에서 나는 명마와 수극(垂棘)에서 나는 귀한 옥을 뇌물로 써서 우(虞)로부터 길을 빌리려고 했다. 진 헌공(獻公, 재위 기원전 677~기원전 651)은 "그것들은 내 보물들이다"라며 난색을 표명했다. 그러자 순식은 "우나라가 만약 길을 빌려주기만 한다면, 보물을 외부의 창고에 넣어 두는 것이나 마찬가지입니다"라고 말했다.

"그렇지만 우나라에는 궁지기(宮之奇)가 있지 않은가?"

"궁지기는 위인이 나약해서 강력하게 얘기하지 못할 것입니다. 게다가 임금과는 어려서부터 함께 자라서 스스럼이 없는 사이이기 때문에 충고한다 해도 임금이 듣지 않을 것입니다."

헌공은 순식으로 하여금 이 보물들을 뇌물로 삼아 우나라의 길을 빌리도록 했다. 순식은 우나라 임금에게 가서 이렇게 말했다.

"지난날 기(冀, 지금의 산서성 하진河津 동북)가 무도해서 전령(顚軨, 지금의 산서성 평륙平陸 동북)의 고개를 넘고 명(郹, 평륙 동북 20리)의 삼문산(三門山)까지 공격해서 기를 이미 병든 신세로 만들 수 있게 된 것은 오로지 그 나라 임금 덕분이었습니다. 그런데 지금 괵이 무도하게 당신 나라를 발판으로 우리의 남쪽 국경을 침범하고 있습니다. **괵을 치도록 길을 빌려**주십시오."

우공이 이를 허락하는 한편, 또 앞장서서 괵을 치기를 희망했다. 궁지기가 충고했으나 순식의 예상대로 듣지 않았다. 여름, 진의 순식과 이극(里克)이 군사를 거느리고 우나라 군대와 함께 괵을 치고 하양을 쳐 없앴다.

괵과 우는 진과 이웃한 작은 나라들이었다. 진은 이 두 나라를 모두 손아귀에 넣으려고 먼저 괵을

'가도벌괵'으로 두 마리의 토끼를 다 차지한 진나라 헌공을 나타낸 조형물이다.(2014년)

공격할 계획을 세웠다. 그런데 진의 군대가 괵으로 가려면 먼저 우를 거쳐야만 했다. 만약 우가 진을 막거나 괵과 연합하여 진에 맞선다면 진이 강하다 해도 성공하기 어렵다. 헌공은 대부 순식의 꾀를 받아 들여 뇌물로 우의 임금을 꼬드겨 길을 빌리는 데 성공했다. 그렇게 해서 큰 힘들이지 않고 괵을 멸망시켰다.

진의 군대는 승리를 거두고 돌아오는 길에 군대를 정돈한다는 구실로 우에 잠시 주둔했다. 우는 의심하지 않고 경계를 전혀 하지 않았다. 진의 군대는 갑자기 군대를 동원하여 단숨에 우까지 멸망시켰다. 우의 임금은 포로로 잡혔고, 뇌물로 주었던 귀중한 명마와 옥은 다시 진 헌공의 손으로 돌아갔다. 헌공은 "그사이에 옥은 더 좋아진 것 같고, 말은 이빨이 더 길어진 것 같구나!"라며 웃었다.

《좌전》 장공(莊公) 10년(기원전 684년) 조항과 《사기》 권35 〈관채세가〉에 나오는 또 다른 사례를 보자. 춘추시대 초기 제후국들은 주(周) 왕실의 힘이 빠진 상황에서 서로 자기 세력을 넓히기 위해 열을 올렸다. 남방의 강국 초(楚)나라 문왕(文王)도 국력을 크게 키우고 있었고, 한수(漢水) 동쪽의 작은 나라들이 속속 초나라에 굴복하여 조공을 바쳤다. 당시 소국들 중 채(蔡)는 동방의 강국 제(齊)나라와 혼인 관계를 맺고는 초나라에 고분고분하게 굴지 않았다. 초 문왕은 이를 마음에 담아 두고 채나라를 없앨 기회를 엿보고 있었다.

채나라는 또 다른 소국 식(息)이란 나라와 사이가 아주 좋았다. 두 나라의 군주는 모두 진(陳)나라 여자를 부인으로 맞아들여 늘 서로 왕래했다. 한번은 식나라 군주의 부인인 식부인이 채나라를 지나가면서 대접을 잘 받고 돌아왔다. 그런데 어찌 된 일인지 식부인은 남편에게 채나라 군주에 대한 욕을 잔뜩 늘어놓았다. 알고 봤더니 식사 자리에서 채나라 군주가 처제인 식부인을 희롱한 것이었다.

화가 난 식나라 군주는 채나라 군주에게 이를 갈았으나 힘이 없어 어찌할 바를 몰랐다. 그러다 문득 강국 초나라를 생각해내고 초나라로 사람을 보내 한 가지 제안을 했다. 그 제안이란 다름 아닌 일부러 자기 나라를 공격해 달라는 것이었다. 그러면 채나라에 구원을 요청할 것이고, 구원하러 온 채나라를 그 틈에 함께 공격하겠다는 의도였다.

초나라 문왕은 속으로 뛸 듯이 기뻤다. 호박이 넝쿨 채 굴러들어온 꼴이었기 때문이다. 초나라는 즉각 식나라를 공격했고, 그 뒤의 일은 예상대로였다. 초나라는 식나라의 길을 빌려 채나라를 깨부수고, 그 군주마저 잡아 돌아가는 큰 성과를 올렸다.

포로로 잡힌 채나라 군주가 진상을 알고는 식나라 군주에 대해 이를 갈았다. 생각 끝에 채나라 군주는 초나라 문왕에게 식부인의 미모에 대한 칭찬을 잔뜩 늘어놓았다. 여자를 밝히던 문왕인지라 그 말에 혹해서는 식나라 도성을 순시한다는 명목으로 식나라를 방문했다.

문왕의 의도를 모르는 식나라는 은인이나 다름없는 초나라 문왕을 극진히 환대했다. 술자리에서 문왕은 식부인을 찾으며, 나와서 술 한 잔 정도는 따라야 하는 것이 예의 아니겠냐고 능청을 떨었다. 식나라 군주는 하는 수 없이 식부인을 불렀다. 식부인을 본 문왕은 그만 넋이 나갔다. 이튿날 문왕은 환대에 대한 답례로 술자리를 베풀어 그 자리에서 식나라 군주를 잡고는 가볍게 식나라를 멸망시켰다.

식나라 군주는 홧김에 자신이 나서서 초나라에 길을 빌려 주어 채나라를 멸망시켜 원한을 갚았지만, 그 자신도 나라를 잃었다. 식부인은 초나라로 잡혀가 문왕의 아내가 되어 자식을 둘이나 낳았지만, 평생 말을 하지 않고 살았다고 한다. 자신의 입이 멸국이라는 화를 초래한 것에 대한 죄책감 때문이었을까?

다음은 《삼국지연의(三國志演義)》의 사례다. 유비(劉備)는 손권(孫權)으로부터 형주(荊州)를 빌리고, 나아가 손권의 누이를 아내로 맞이하기까지 했다. 오나라는 형주의 반환을 위해 노숙(魯肅)을 유비에게로 보냈다. 유비는 제갈량(諸葛亮)이 일러준 대로 노숙 앞에서 엉엉 울었다. 당황해 하는 노숙에게 제갈량은 당초 사천을 취하고 나면 형주를 돌려주기로 했는데, 사천의 주인이 유비의 동생뻘이니 이러지도 저러지도 못해 저러는 것이니 돌아가 말해달라고 신신당부를 했다.

식부인은 서시(西施)·제문강(齊文姜)·하희(夏姬)와 함께 춘추시대 4대 미녀의 한 사람으로 꼽힌다.

돌아온 노숙은 손권에게 이를 보고했다. 주유(周瑜)는 제갈량의 수를 금세 간파하고는 다시 형주로 가서 오나라가 사천 지역을 빼앗아 줄 테니, 그때 형주를 돌려주면 된다고 전하게 했다. 제갈량은 주유가 '가도벌괵' 계책을 쓰려 한다는 것을 알았다. 자칫 사천 정벌을 위해 길을 빌러 주었다가는 사천은커녕 형주마저 빼앗길 것이 뻔했다.

제갈량은 일단 주유의 제안을 받아들이겠다며 노숙을 돌려보낸 뒤, 주유의 군대가 오자 복병으로 기습을 가했다. 주유는 길을 빌리기는커녕 도리어 공격을 당하고는 강동으로 후퇴했다. '가도벌괵'의 계책이 실패로 돌아간 뒤, 주유는 화병이 나서 그만 요절했다.

'가도벌괵'은 전통적으로 군사 전략의 일환이었다. 그러나 현대 경영에서도 활용되곤 하는데, 그 의미가 다양하게 변용되었다. 상대를 없애기 위한 '가도'가 아닌 윈-윈(win-win)을 위한 '가도'로 바뀌고 있다. 또 약자에게 '가도'하는 것이 아닌 강자에게 '가도'하여 동업자나 거래처와 함께 이익을 창출하는 전략으로 바뀌고 있다. 그런가 하면 1대1의 '가도'가 아닌 '다자간 가도'로 전략적 의미를 넓혀가고 있다. 따라서 경영자는 상황에 따라 다양한 '가도벌괵'을 구사할 수 있어야 한다.('순망치한' 항목 참고)

참고로 '가도벌괵'을 현대 경영에 활용한 사례를 소개해 둔다. 홍콩의 선박왕 포옥강(包玉剛, 1918~1991 / 홍콩 이름 유에 콩 파오)은 남다른 사업적 안목으로 성공한 기업인이었다. 경제 호황기에 그는 고객들을 위해 선박 수송비를 낮추어 고객의 신뢰와 금융기관의 신용도를 동시에 확보하는 독특한 경영 방식으로 주위를 놀라게 했다.

포옥강은 여기서 한 걸음 더 나아가 고객사들과 함께 은행에서 장기 저리로 대출을 받아 좋은 선박을 함께 구매했다. 이렇게 해서 한결 순조롭게 화물을 전 세계 각지로 운송할 수 있게 한 것이다.

홍콩의 선박왕 포옥강은 글로벌 경영인이었다. 사진은 영국 마가렛 대처 수상과 함께 찍은 것이다.

　포옥강의 이 같은 경영전략은 이후 불어 닥친 석유 파동 등 메카톤급 세계 경제위기를 무사히 잘 넘기는 든든한 기반으로 작용했다. 고객들은 공동투자로 미리 사 둔 선박을 통해 전과 별 차이 없는 수송비로 화물을 보낼 수 있었다. 포옥강의 이 같은 경영전략은 '가도벌괵'에 비유할 수 있다.

　포옥강은 평소 확실하게 얻어둔 신용을 바탕으로 은행과 금융권으로부터 길을 빌리는 '가도'를 통해 안정적으로 좋은 선박을 구입하는 '벌괵'을 함께 활용하여 경제 위기를 극복할 수 있었다. 단기 이익을 포기하고 장기적 안목으로 사업을 성공으로 이끌 수 있다는 포옥강의 사업 전략과 믿음이 길을 빌릴 수 있게 했다.

　《삼십육계》에서는 '가도벌괵'을 '혼전계'의 마지막 제6계이자 전체 제24계에 편입시켰는데, 그 뜻은 먼저 갑을 발판으로 을을 소멸한다는 목적을 달성한 뒤, 다시 갑마저 소멸시킨다는 데 있다. 또는 상대방에 대해 길을 빌려 달라는 구실로 상대방의 견실한 힘을 소모시키기도 한다. 《삼십육계》의 풀이에 따르면, 기세를 타고 병력을 순조롭게 침투시켜 적을 통제하고 갑자기 습격을 가하기 위한 것인데, 곤란한 입장에 처했을 때 남의 말을 가볍게 믿어서는 안 된다는 경고도 함께 내포하고 있다.

　우나라의 임금은 이 이치를 모르고 적을 친구로 여긴 탓에 나라를 멸망으로 몰아넣었다. 진 헌공이 이 모략으로 두 나라를 한꺼번에 멸망시킨 것은 두고두고 경종을 울리는 본보기로 남아 있다. 고대 군벌들이 서로를 집어삼키려는 전쟁에서는 각자 자기의 이익에서 출발하기 때문에, 진짜로 오래 연합할 생각은 없고 진짜 지원할 생각도 없으면서 일시적으로 연합하고 지원하는 일이 다반사였다. 이 모략이 흔히 사용된 것도 이 때문이었다. 관련한 유명한 고사성어로 '순망치한(脣亡齒寒)'이 있다. ('순망치한' 항목 참고)

　오늘날 '가도벌괵'은 포옥강의 사례에서 보았다시피 윈윈하는 모략으로 재해석해야 한다. 누군가로부터 길을 빌렸거나 사소한 도움이라도 받았다면 그에 맞는 보상이 따라야 한다.

키워드 : 군사, 속임수, 빌리기, 윈윈

가도사벽(家徒四壁)

집에는 네 벽 뿐.
– 권117 〈사마상여열전〉

'가거도사벽립' 항목을 참고하면 된다.

키워드 : 애정, 가난, 청빈

가빈즉사양처(家貧則思良妻), 국난즉사양상(國亂則思良相)

집이 가난해지면 좋은 아내가 생각나고, 나라가 어지러우면 훌륭한 재상이 그리워진다.
– 권44 〈위세가〉

전국시대 초기 위(魏)나라를 개혁하여 강국의 반열에 올려놓은 문후(文侯, ?~기원전 396)는 경제 전문가 이극(李克, 생졸 미상)에게 다음과 같은 말로 위나라 재상이 될 만한 인물을 추천해 줄 것을 요청했다.

"선생께서는 일찍이 과인을 가르치면서 말하길 **집안이 가난해지면 좋은 아내가 생각나고, 나라가 어지러워지면 훌륭한 재상이 그리워진다**고 하셨습니다. 지금, 위나라의 재상을 임명함에 성자(成子) 아니면 적황(翟璜)인데 두 사람은 어떻습니까?"

이극은 문후에게 자신의 조언을 기다릴 필요 없이 사람을 기용할 때는 다음 다섯 가지를 살피라고 했다.

첫째, 평소에는 어떤 사람을 가까이하는지 살피고(거시기소친居視其所親)
둘째, 부귀할 때에는 왕래하는 사람을 살피고(부시기소여富視其所與)

셋째, 관직에 있을 때는 그가 추천하는 사람을 살피고(달시기소거達視其所擧)

넷째, 곤궁할 때는 그가 하지 않는 일을 살피고(궁시기소불위窮視其所不爲)

다섯째, 어려울 때는 그가 취하지 않는 것을 살피십시오.(빈시기소불취貧視其所不取)

그러면서 이극은 인재의 추천이 나라 경영에 얼마나 중요한가를 강조했다. 위기상황이 닥치면 인재가 아쉬운 법이다. 사마천은 공자의 말을 인용하여 이렇게 말했다.

"날이 추워진 뒤라야 소나무와 잣나무의 푸르름을 알고, 세상이 어지럽고 더러워져야 깨끗한 선비가 드러나는 것인가?"(제61 〈백이열전〉)

"세한연후지송백지후조야(歲寒然後知松柏之後凋也), 거세혼탁청사내현(擧世混濁清士乃見)."

이 명언은 인재의 중요성을 비유하고 있는데, 때로는 어려울 때 꼭 필요한 사람이 없는 것을 한탄하는 경우에 쓰이기도 한다. 또 집안이나 나라가 잘나갈 때는 일쑤 어진 아내와 좋은 재상을 안중에 두지 않다가 정작 어려워진 다음 후회할 때도 인용할 수 있다. 그러나 이런 것들보다 더 중요하게는 인재를 제대로 알아보지 못하고, 기용하지 못하는 개탄스러운 상황을 초래해서는 안 된다는 의미를 읽어야 한다.('세한연후지송백지후조야' 항목 참고)

전국시대는 중국 역사상 가장 격렬하고 전면적인 개혁의 시대였고, 이를 견인한 사람이 위문후였다.(2014년)

키워드 : 정치, 인재, 재상

가수우인(假手于人)

남의 손을 빌리다.

– 권37 〈위강숙세가〉

가수우인이란 타인의 손, 즉 **남의 힘을 빌린다**는 뜻이다. 내 힘으로 안 되거나 부족할 때는 다른 사람의 힘을 빌려서 문제를 해결하거나 해결하라는 뜻이다. 명말청초의 유명한 군사 이론가인 게훤(揭暄, 1613~1695)의 《병경백자(兵經百字)》라는 병법서의 '차자(借字)' 항목을 보면 "내가 하기 어려운 것은 남의 손을 빌리면 된다. 굳이 손수 행할 필요 없이 앉아서 이득을 누리면 되는 것이다"라는 대목이 있다.

적의 힘을 이용하거나 타인의 힘을 사용하여 상대를 물리치며, 자신의 병력은 움직이지 않고 '(자신의) 병력을 무디게 하지 않으면서 이익을 완전히 보전한다'는 목적을 달성하라는 것이다. '가수우인'은 아래 〈위강숙세가〉의 관련 내용에서 사자성어로 파생되었다.

기원전 719년 춘추시대 위(衛)나라의 주우(州吁, ?~기원전 719)는 계모에게서 태어난 형 환공(桓公, ?~기원전 719)을 죽이고 왕위를 빼앗았다. 주우는 백성들이 따르지 않을까 겁이 나서 자신의 친한 친구 석후(石厚, ?~기원전 719)로 하여금 석후의 아버지 석작(石碏, 생졸 미상)을 찾아가 대책을 강구하도록 했다. 석작은 위나라의 원로 신하로 퇴직하여 집에 있다가 이 사건의 전모를 전해들은 다음, **다른 사람의 손을 빌어** 이 반역자들을 제거하리라 마음먹었다.

"군주의 자리를 안정시키는 일은 그리 어렵지 않다. 주우가 주(周) 천자에게 인사를 드리고 합법적 지위를 인정받기만 한다면 백성들도 아무 소리 못할 것이다."

아버지의 이 같은 말에 아들 석후는 어떻게 하면 천자를 만날 수 있는가 물었다.

"진(陳)나라 군주 환공(桓公)이 주 천자의 총애를 받고 있다. 진과 위 두 나라는 아주 화목한 사이이니 먼저 진나라 환공을 찾아가 환공이 나서서 일을 처리해 달라고 부탁하면 틀림없이 성사될 것이다.”

그런 다음 석작은 편지를 써서 몰래 진나라 환공에게 보내 주우가 주군(환공)을 죽이고 자리를 탈취하였으며, 아들 석후가 주우를 도와 악행을 일삼은 죄상을 낱낱이 고했다. 그러면서 자신은 이미 늙고 힘이 없으니 환공이 이 기회에 그들을 제거하길 원한다고 했다. 편지를 받은 진나라 환공은 깊은 공감을 표시했다.

이윽고 주우와 석후가 환공을 찾아오자 환공은 즉각 그들을 잡아들이고, 바로 위나라에 소식을 전했다. 위나라에서는 사람을 보내 주우와 석후를 처형했다. 뒷날 위나라 선공(宣公, ?~기원전 700)은 대의를 위해 자신의 친자식마저도 희생한 석작의 ‘대의멸친(大義滅親)’ 정신을 높이 사서 그를 국노(國老)로 받들었다. 그로부터 위나라의 정치는 순조로웠다.

석작은 ‘대의멸친’의 상징으로 지금도 많은 사람의 입에 오르내리고 있다. 또 석작은 위나라를 혼란에 빠뜨린 주우와 자신의 아들을 제거하기 위해 진나라 환공의 힘을 빌리는 ‘가수우인’의 책략을 구사하는 사례를 남겼다.

현대 사회, 특히 경영에서도 자기 손이 아닌 타인의 손을 빌려 경쟁 상대를 꺾거나 제거하는 사례가 갈수록 늘어나고 있다. 실용적 병법서 《삼십육계》에는 이와 유사한 계책으로 ‘남의 칼로 상대를 제거한다’는 ‘차도살인(借刀殺人)’이 있다.

참고 주우는 춘추시대 역사를 기록한 《좌전》에서 처음으로 군주를 시해한 인물로 기록되어 있다. 춘추전국시대에 오면 신하가 군주를 내쫓거나 죽이는 ‘축군살군(逐君殺君)’ 현상이 잦았다. 기원전 7세기만 한정해도 40차례 이상 발생했다. 기원전 6세기에도 약 40차례 발생했다. 이런 현상은 극렬한 사회적 변화상을 반영하는 것으로, 신분계층과 신분질서에 근본적인 변혁이 이루어지고 있음을 보여주고 있다.(통계치는 백양柏楊, 《중국인사강中國人史綱》을 참고)

키워드 : 정변, 책략, 대의멸친

가여동환(可與同患), 난여처안(難與處安)

근심은 함께할 수 있어도 편안함은 함께하기 어렵다.

– 권41 〈월왕구천세가〉

춘추시대 후반기는 동남방의 오와 월의 쟁패가 주축을 이루었다. '오월동주(吳越同舟)', '와신상담(臥薪嘗膽)' 등으로 대변되는 이 두 나라의 쟁패는 약 반세기를 끌었고, 기원전 473년 오나라 왕 부차(夫差, ?~기원전 473)의 자결과 오나라의 멸망으로 대단원의 막을 내렸다. 이 긴 싸움을 승리로 이끈 월나라 구천(勾踐, ?~기원전 465)은 공신들에 대한 논공행상을 시행하여 가장 큰 공을 세운 범려(范蠡, 생졸 미상)를 상장군(上將軍)에 임명했다. 범려는 "큰 명성 아래에서는 오래 머물기 어렵고(대명지하大名之下, 난이구거難以久居), 구천이란 사람은 **근심은 함께할 수 있어도 편안함은 함께하기 어렵다**"며 배를 타고 월나라를 떠났다.

범려는 떠나면서 동고동락했던 동료 문종(文種, ?~기원전 472)에게 편지를 보내 함께 물러나자고 권했다. 그 편지에서 범려가 월왕 구천에 대해 내린 평가가 바로 이 명언을 포함한 아래 대목이었다.

배를 타고 월나라를 떠나는 범려의 모습이다.

"날던 새가 다 잡히면 좋은 활은 감추고(비조진飛鳥盡, 양궁장良弓藏), 약은 토끼가 죽으면 사냥개는 삶기는(교토사狡兔死, 주구팽走狗烹) 법이오. 월왕(구천)은 (중략) **근심과 어려움은 함께할 수 있어도 편안함은 함께할 수 없는** 사람이오."

힘들고 어려울 때는 그것을 헤쳐 나가는데 온 힘을 쏟다 보면 사람이 제대로 안 보이는 경우가 있다. 다시 말해 난관을 극복하고 부귀영화를 얻고 나서야 사람의 진면목이 드러난다는 것이다. 당초 구천은 오나라에 패배한 다음 20년 넘게 오나라에 눌려 살면서 '와신상담'했다. 범려와 문종은 있는 힘을 다해 이런 구천을 도와 오나라를 멸망시켰다. 범려는 그러면서도 주군 구천의 성격을 정확하게 파악하고 있었고, 그 때문에 절정기에 모든 것을 털고 떠날 수 있었다. 문종은 설마 하며 머뭇거렸고, 결국 자결을 강요받고 원통하게 죽었다. **가여동환, 난여처안**은 범려의 통찰력이 돋보이는 명언이라 하겠다. ('성공지하, 불가구처' 항목 참고)

키워드 : 인간관계, 본성, 진퇴

가중연성(價重連城)

성 몇 개보다 값이 더 나간다.

– 권81 〈염파인상여열전〉

성 몇 개보다 더 값나가는 보물이 있다면 어떤 보물일까? 전국시대 성 15개에 버금가는 보물이 있었다고 하니 '화씨벽(和氏璧)'이 그것이었다. 전국시대 말기 조(趙)나라 혜문왕(惠文王, ?~기원전 266)이 초(楚)나라에서 만든 화씨벽을 얻었다. 화씨벽은 전설적인 보배로 초나라 사람 변화(卞和)가 두 발을 잃어가며 다듬어 완성한 보물 중의 보물인 옥을 말한다. 화씨벽은 변화의 이름을 딴 옥이란 뜻이다. 먼저 초나라 화씨벽에 얽힌 이야기를 소개한다.

변화는 초산(楚山)에서 옥을 발견하여 여왕(厲王)에게 바쳤다. 왕이 감정사에게 옥을 감정하게 하니 옥이 아니라 돌이라 했다. 화가 난 여왕은 변화의 왼쪽 발을 베게 했다. 무왕(武王)이 즉위한 뒤 다시 옥이라며 바쳤지만, 다시 돌로 감정을 받아 이번에는 오른쪽 발을 절단 당했다. 문왕(文王)이 즉위하자 변화는 옥을 가슴에 품은 채 초산 아래에서 3일 밤낮을 대성통곡했다. 문왕은 그 옥을 가져다 다듬게 하니 천하에

고대 중국에서 가장 귀한 보석은 옥이었다. 옥은 여러 형태로 다듬어졌는데 둥글고 가운데 둥근 구멍이 뚫린 것은 벽옥이라 했다.(2020년, 형주박물관)

둘도 없는 보물이었다. 이름을 화씨벽이라 했다.

이처럼 귀한 화씨벽을 조나라 혜문왕이 얻었다는 소식을 들은 강대국 진나라의 소양왕(昭襄王, 기원전 324~기원전 251)은 조왕에게 편지를 보내 진나라 15개 성과 화씨벽을 바꾸자고 했다. 바로 여기서 **가중연성**이란 성어가 나왔다. 조왕은 진왕의 속셈을 뻔히 알면서도 옥을 줄 수밖에 없었다. 강대국 진의 심기를 건드렸다간 무슨 화를 당할 줄 모르는 상황이었기 때문이다.

이때 진나라로 벽옥을 가져가는 중대한 임무를 맡은 인물이 인상여(藺相如, 생졸 미상)였고, 인상여는 옥에 흠집 하나 내지 않고 고스란히 조나라로 되가져 왔다. 여기서 '옥을 온전하게 조나라로 가지고 돌아왔다'는 '완벽귀조(完璧歸趙)'라는 고사가 탄생했고, 이후 인상여의 활약상을 대변하는 성어가 되었다. 그리고 우리가 별 생각 없이 일상에서 흔히 사용하는 '완벽'이란 단어도 여기서 나왔다.('완벽귀조' 항목 참고)

옥은 고대사회에서 가장 귀한 보물로 취급되었다. 진나라가 15개 성과 바꾸겠다고 한 것만 보아도 옥이 당시 얼마나 소중한 보물이었는지 알 수 있다. 오늘날 도시 15개에 버금가는 보물이 있다면 어떤 보물일까? 사람, 즉 인재(人才)가 아닐까 싶다. '가중연성'은 '가치연성(價値連城)'으로도 쓰며 뜻은 같다. 출전도 〈염파인상여열전〉으로 같다.('완벽' 항목 참고)

키워드 : 보물, 가치

가탁왕명(假托王命)

거짓으로 왕명을 빙자하다.
– 권42 〈정세가〉

거짓으로 핑계를 대거나 어떤 사물 따위를 빌려 자신의 감정이나 의중을 은근히 나타내는 것을 '가탁'이라고 한다. 따라서 **가탁왕명**은 **왕의 명령을 빌린다는 뜻이자, 왕의 명령을 빙자하여 모종의 권위를 세운다**는 뜻이다. 이와 관련한 역사 사례가 《좌전》과 《사기》 권42 〈정세가〉에 있고, 이런 사례들의 핵심을 요약하여 '가탁왕명'이란 성어를 만들어 냈다.

왕조체제 아래에서 황제의 권한은 지존무상(至尊無上)이었다. 누구든 황제의 눈에 들기만 하면 그 자신도 엄청난 힘을 가지게 된다. 춘추시대 주(周) 천자는 이미 지난날의 절대적인 권위를 잃은 지 오래였지만, 제후국들은 패권을 쟁탈하는 과정에서 갖은 수단을 동원해서 주 왕실의 영향력을 이용하려 했다. 천자가 갖고 있는 명분을 이용하자는 것이었다. 보다 구체적으로는 주 왕실을 지킨다는 기치를 앞장세워 자신의 패업을 달성하려 했다.

춘추 초기 정(鄭)나라 장공(莊公, ?~기원전 701)은 송(宋)나라를 정벌하고 싶었다. 그러나 송은 나라도 크고 그 지위도 높은 지라, 주 천자의 명의를 빌리고 제후국들의 지지를 얻어야만 했다. 장공은 제족(祭足)을 데리고 주 천자를 조회하여 주 천자가 정나라를 신임한다는 인상을 심으려 했다.

주 천자 환왕(桓王, ?~기원전 697)은 장공을 싫어하던 터라 일부러 장공을 골탕 먹이려 연회도 베풀어주지 않았다. 대신 수레 열 대 분량의 별 쓸모도 없는 기장쌀만 보내 가뭄 때 쓰라고 했다. 환왕의 냉대를 받은 장공은 괜히 왔다며 후회했다. 그러자 동행했던 제

'가탁왕명'을 절묘하게 활용한 춘추 초기 정나라의 국군 장공의 석상이다.(2014년)

족이 주 천자로부터 받은 수레 열 대 분량의 기장쌀을 가지고 '천자의 은총'이란 글을 짓고, 기장쌀을 실은 수레들을 비단으로 덮어 마치 보물인 양 꾸몄다. 장공 일행은 주나라 서울 낙양(洛陽)을 떠나면서 천자가 내려 주신 것이라 선전했다. 그러면서 '송나라는 오랫동안 조공도 바치지 않고 있으니 내가 친히 천자의 명을 받아 병사를 이끌고 송을 정벌하리라'며 큰소리를 치라고 명했다. 사람들은 모두 이 허풍을 진짜로 믿었다.

이 소식이 송나라에 전해지자 송나라 상공(殤公, ?~기원전 710)은 사태가 심상치 않다고 느끼고, 정나라와 강화를 맺으려 했다. 장공은 이에 응하지 않고 동시에 천자의 이름으로 제나라와 노나라에 명하여 정나라가 송나라를 정벌하는 데 동참하라고 했다. 장공은 마침내 삼국 연합군을 이끌고 '천자의 뜻을 받들어 죄를 다스린다'는 기치 아래 송을 정벌하여 파죽지세로 고(郜)와 방(防) 두 성을 취했다.

정나라 장공은 천자의 명을 빙자하여 송나라를 정벌하는 목적을 달성했고, 정나라는 춘추 초기에 가장 강성한 제후국이 되었다. 이후 제(齊)나라 환공(桓公), 진(晉)나라 문공(文公) 등도 패업을 이루는 과정에서 '주를 떠받드는' '존주(尊周, 또는 존왕尊王)'의 기치를 버리지 않았다.

이후 '가탁왕명'은 정치와 외교 등 여러 방면에서 활용되는 모략으로서 끊임없이 진화를 거듭했다. 예를 들어 제 환공과 진 문공의 '왕(주 천자)을 받들고 오랑캐를 물리친다'는 '존왕양이(尊王攘夷)'와 동한 말기 조조(曹操, 155~220)의 '천자를 끼고 제후를 호령한다'는 '협천자이령제후(挾天子以令諸侯)'도 '가탁왕명'을 발전적으로 운용한 경우라 할 수 있다.

키워드 : 정치, 외교, 명분

가화안국(嫁禍安國)

화를 (남에게) 미루어 (내) 나라를 안정시키다.

– 권70 〈장의열전〉

　자신에게 닥쳤거나 닥칠 재앙이나 불행 및 허물을 남에게 떠넘기는 것을 '가화우인(嫁禍于人)'이라 한다. '가화우인'은 《전국책(戰國策)》〈조책(趙策)〉이 그 출전이고, 《사기》권43 〈조세가〉에는 '재앙을 조나라에 떠넘긴다'는 '가화어조(嫁禍於趙)'가 나온다.

　가화안국은 재난을 다른 나라에 떠넘김으로써 내 나라를 안정시킨다는 뜻인데, 전국시대를 풍미한 양대 유세가 중 한 사람인 장의(張儀, ?~기원전 309)가 위(魏)나라에 가서 유세한 장면에서 나온다.

　장의는 자신의 동문이자 맞수인 소진(蘇秦, 생졸 미상)이 내세운 합종(合縱)에 맞서 연횡(連橫)이라는 큰 외교 책략을 제시했다. 간략하게 말해, 합종이란 당시 가장 강대한

전국시대는 무한경쟁의 시대였다. 따라서 7국의 정세에 대한 치밀하고 정확한 분석과 파악이 성패를 가르는 중요한 요인이었다. 장의는 이 점에 있어서 최고의 전문가였다. 지도는 장의의 6국 유세도이다.

진나라에 맞서 나머지 여섯 나라가 연합하자는 책략이었고, 연횡은 이 연합을 각개 격파하는 책략이었다.('합종연횡' 항목 참고) 연횡의 핵심은 6국과 따로 외교관계를 맺어 그들의 이해관계를 이용하여 서로를 갈라놓는 데 있었다. 이에 따라 장의는 6국을 돌면서 그 군주들을 대상으로 유세를 벌였는데, 그의 설득력 넘치는 언변술은 지금 보아도 놀라움을 금할 수 없다. 해당 장면의 하나를 기록을 통해 보자.

"대왕을 위한 계책으로는 (위나라는) 진나라를 섬기는 것이 최상입니다. 진나라를 섬기면 초나라와 한나라는 감히 움직이지 못할 것이 분명합니다. 초나라와 한나라의 근심이 없다면 대왕께서는 '베개를 높이 하고 편히 주무실 수 있고(고침이와高枕而臥)', 나라에는 아무런 근심이 없을 것이 분명합니다.

진나라가 약화시키고자 하는 나라는 초나라가 단연 우선입니다. 초나라를 약화시킬 수 있는 나라로는 위(魏)나라만한 나라가 없습니다. (중략) 위나라의 군대를 모조리 동원해 남쪽으로 초나라를 친다면 분명 승리할 것입니다. 초나라의 땅을 떼어 위나라에 보태고, 초나라가 쇠퇴해져 진나라에 귀속하게 되면, **화를 다른 나라로 돌리고 (위나라는) 편안해질 것**(가화안국嫁禍安國)이니 이것이 최선의 길입니다. 대왕께서 신이 올리는 말씀을 따르지 않는다면 진나라는 군대를 동원하여 동쪽으로 위나라를 칠 것이니, 그때가서는 진나라를 섬기려고 해도 섬길 수 없을 것입니다."

장의의 유세와 언변에 관해서는 '고침이와', '중구삭금', '합종연횡' 항목 등을 참고하면 되고, 보다 세부적인 항목은 찾아보기(인물)를 보면 된다.

참고 소진과 장의는 그 존재 여부조차 신비한 기인(奇人) 귀곡자(鬼谷子, 생졸 미상) 문하에서 동문수학했다고 전해진다. 두 사람은 귀곡자로부터 언변을 기본으로 하는 유세술을 비롯하여 군사·정치·외교는 물론 오늘날의 심리학에 해당하는 췌마술(揣摩術)까지 배웠다고 한다. 중국에서 귀곡자는 유세가의 다른 표현인 종횡가(縱橫家)의 원조로 평가받고 있다. 종횡가란 춘추전국이라는 특수한 시대를 배경으로 출현한 제자백가의 한 파이자, 여러 나라를 다니면서 남다른 언변으로 당시 국제정세를 분석한 책략을 각국의 군주들에게 제시하여 권세를 얻으려 했던 일군의 사람들을 가리킨다. 《사기》에는 소진과 장의를 비롯하여 진진(陳軫)·사마조(司馬錯)·범수(范睢)·채택(蔡澤) 등 여러 사람이 등장한다. 특히 소진과 장의는 동문수학한 사이이면서도 서로 다른 관점과 책략으로 선의의 경쟁을 했다. 이 때문에 이 두 사람은 오늘날 경영에서 말하는 친구(friend)와 적(enemy)의 합성어인 프레너미(frenemy) 관계의 전형적인 사례로 볼 수 있다.

키워드 : 외교, 종횡가, 유세, 언변, 미루기

각

각득기소편(各得其所便), 민개락기생(民皆樂其生)

사람마다 각자의 편익을 얻게 되면서 백성들이 모두 자신들의 생활에 만족했다.
– 권119 〈순리열전〉

사마천은 고대 관리들을 두 유형으로 나누었다. 백성을 위해 맡은 바 책임을 다하며 좋은 성과를 남긴 순리(循吏)와 사욕을 위해 법을 악용하여 가혹하게 백성을 착취한 혹리(酷吏)였다. 그리고 이들의 행적을 〈순리열전〉과 〈혹리열전〉에 남겼다.

〈순리열전〉의 첫 인물은 춘추시대 초나라의 재상 손숙오(孫叔敖, 생졸 미상)이다. 손숙오는 장왕(莊王, ?~기원전 591)을 보좌하며 좋은 정책으로 백성들을 잘 이끌었다. 그의 훌륭한 보좌 덕분에 장왕은 남방의 초나라를 일약 강대국으로 키우며 중원까지 넘보기에 이르렀다. 손숙오는 또한 평생 깨끗하게 공직을 수행했다. 때문에 기록으로 남은 중국 역사상 최초의 청백리(淸白吏)로 평가받고 있다.

각득기소편, 민개락기생이란 명언은 손숙오의 정치와 정책이 얼마나 좋은 결과를 낳았는지를 잘 보여준다. 관련한 대목을 소개하면 다음과 같다.

손숙오는 초나라의 처사(處士)였다. 재상 우구(虞丘)가 장왕에게 자신의 후임자로

손숙오는 기술자이기도 했다. 특히 수리사업의 전문가였
다. 사진은 수리사업을 지휘하는 손숙오의 모습을 나타낸
조형물이다.(호북성 무한시武漢市 동호풍경구東湖風景區에 조
성되어 있는 초나라 역사 조형물의 일부이다. 2002년)

그를 추천했다. 그는 석 달 만에 초나라의 재상이 되었는데, 정책을 실행하고 백성을 선도했다. 그 결과 관료들이 평화로이 단합하고, 풍습은 아주 훌륭하게 유지되었다. 정치가 느슨해도 단속하는 대로 지켜졌고, 사사로이 갈취하는 하급 관리가 없었으며, 도적 떼도 생기지 않았다. 가을과 겨울에 백성들에게 산의 벌목을 권장했고, 봄과 여름에는 강물을 이용해 운반하게 했다. **사람마다 각자의 편익을 얻게 되면서 백성들이 모두 자신들의 생활에 만족하기 시작했다.**

'사람마다 각자의 편익을 얻었다'는 것은 각자가 자신에게 맞는 직업을 찾았다는 뜻이다. 백성들은 당연히 즐거운 생활을 꾸릴 수 있게 되었다. 이 명언은 재상으로서 손숙오의 정치와 정책을 칭찬하는 말이지만, 다른 측면에서는 고대 백성들이 바라던 이상적 사회의 모습을 반영하고 있다.

키워드 : 정치, 정책, 직업, 생활

각여기의(各如其意)

모두가 그 뜻대로 되기를 바라다.
－권84 〈굴원가생열전〉

한나라 초기 문제(文帝, 기원전 202~기원전 157) 때 가의(賈誼, 기원전 200~기원전 168)라는 젊고 뛰어난 정치가가 있었다. 그는 달력을 고치고, 관료들의 옷 색깔을 바꾸고,

관직 이름을 새로 정하고, 예악을 일으키고, 제도를 확립하고, 법률의 초안을 도맡아 작성하는 등 이제 막 출발한 한나라의 제도와 문물을 정비하는 데 크게 기여했다.

가의는 스무 살 약관의 나이로 박사(博士)가 되어 황제가 내리는 명령과 논의사항들에 대해 척척 대답하여 다른 신하들조차 **모두가 그(가의와 자기들) 뜻대로 되었으면 하고 바랄** 정도였다. 그러면서 가의를 따를 자가 없다고 입을 모았다. 가의의 남다른 천재성을 잘 보여주는 대목이다. 하지만 그의 천재성만큼이나 시기와 질투도 만만치 않았고, 결국 조정에서 쫓겨나 서른둘의 나이로 요절했다. 그런데 가의의 비극에는 가의 자신의 독선(獨善)도 적지 않게 작용했다는 평이다.

누군가가 뛰어나면 우리는 자기도 모르는 사이에 질투심을 갖게 된다. 하지만 한편으로는 그 사람의 탁월함과 뜻에 동화되어 그 사람이 제안한 대로 일이 되었으면 하고 바란다. 천재나 위대한 인물들이 갖는 능력을 인정하고 그것에 승복하는 것이다. 이것이 바로 진정한 권위(權威)다. 능력과 권위를 동시에 갖춘 인물도 있지만, 권위는 능력과는 달리 끊임없는 '자기통제(自己統制, Self-control)'를 필요로 한다는 점에서 능력과 권위는 왕왕 상반된 특성을 보인다.

우리 사회에도 능력은 뛰어나지만 권위를 갖추지 못하는 인재들이 많다. 이러한 인재들을 인정하고 달래는 사회 분위기도 필요하지만, 이들의 생명력을 오랫동안 지켜줄 수 있는 교육과 통제 기능을 사회와 집단지성이 기꺼이 맡아야 한다. 이렇게 집단지성과 사회의 순기능(順機能)이 제대로 발휘되어야만 수많은 보통 사람들이 천재의 권위에 기꺼이 승복할 수 있다. 가의의 천재성과 그 비극적 결말이 갖는 모순과 이중성이 지금 우리에게 던지는 교훈이다.

키워드 : 인재, 능력, 권위, 인정

가의는 천재들이 갖는 약점을 잘 보여주는 인물이다. 그는 자신의 능력을 한껏 뽐냈고, 이것이 최고 권력자와 수구 기득권들의 심기를 크게 건드렸다. 오늘날 세상은 2천 년 전과는 크게 다르지만 인간의 속성은 그만큼 달라지지 않았다는 사실에 여전히 주목할 필요가 있다. 가의의 초상화이다.

각자위전(各自爲戰)

각자 스스로를 위해 싸우다.
– 권7 〈항우본기〉

기원전 202년, 약 5년을 끌어온 초한쟁패가 막바지에 이르렀다. 승부의 시계추는 유방(劉邦, 기원전 256~기원전 195)의 극적인 역전승으로 끝나는 듯했다. 유방은 항우(項羽, 기원전 232~기원전 202)를 양하(陽夏, 하남성 태강太康) 남쪽까지 추격하여 궁지로 몰았다. 유방은 최후의 일격을 위해 한

초한쟁패는 막바지까지 긴장의 연속이었다. 한신과 팽월이 마지막 순간 유방을 돕지 않았더라면 승패는 알 수 없었다. 사진은 당시 유방과 항우가 나누었던 경계 지점인 홍구(鴻溝, 하남성 형양滎陽)의 모습이다.(2009년)

신(韓信, ?~기원전 196), 팽월(彭越, ?~기원전 196)과 항우에 대한 총공격 날짜를 약속했다. 그러나 두 사람의 군대는 오지 않았고, 그 틈에 항우가 반격을 가해 유방은 크게 패했다. 다잡은 승기를 놓친 유방은 진지로 물러나 참호를 깊이 파고 수비에 들어갔다. 유방은 참모 장량(張良)에게 대책을 물었다. 장량은 한신과 팽월이 오지 않은 것은 자신들이 얻을 대가가 무엇인지 확실하지 않기 때문이라면서 다음과 같은 대책을 내놓았다.

"군왕(유방)께서는 진군(陳郡) 동쪽에서 바닷가까지를 모두 한신에게 주고, 수양(睢陽) 이북에서 곡성(穀城)까지를 팽월에게 주어 **각자 스스로를 위해 싸우게** 하면 초를 쉽게 무찌를 수 있습니다."

장량의 대책은 정확했다. 유방은 장량의 말대로 두 사람에게 땅을 주기로 약속했다. 두 사람은 바로 군대를 움직여 항우를 총공격했고, 항우는 사면초가(四面楚歌)에 몰려 해하(垓下)에서 스스로 목숨을 끊었다.('사면초가', '해하가' 항목 참고)

누군가의 도움이 필요하거나 누군가의 행동을 끌어내려면 속된 말로 당근이 있어야 한다. 그것도 확실한 대가가 뒤따라야 한다. 장량은 이 점을 제대로 간파했다. 그가 역대 최고의 참모로 평가 받는 것도 이런 점 때문이다. 또 한 가지 지적할 점은 한신과 팽월의 태도였다. 두 사람은 가장 결정적인 순간에 확실한 대가를 요구하며 참전을 늦추었다. 이런 태도는 유방의 마음에 큰 섭섭함을 남겼다. 건국 이후 이들을 공신에 봉했지만 결국 반역으로 몰아 제거한 것도 이들에 대한 의구심, 자신에 대한 충성심에 강한 의심을 품은 결과였다.

각자위전은 각자 독립된 단위가 되어 싸움에 나서는 것을 가리키는 성어이다. 또 적에 의해 아군과 고립되어 각자 알아서 싸우는 상황을 나타내기도 한다.

키워드 : 상황, 역할, 대가

각종기지(各從其志)

각자 자신의 의지에 따라 행하다.
− 권61 〈백이열전〉

사마천은 열전 70권의 첫 편을 임금 자리를 서로 양보하다 나라를 버리고 새로 들어선 주(周)나라를 섬길 수 없다며 수양산(首陽山)에 들어가 굶어 죽은 백이(伯夷)와 숙제(叔齊) 형제의 고사로 시작했다. 그러면서 이 두 사람의 고고한 정신을 높이 평가했다. 그러나 이 두 사람의 처신에 대해서는 그 뒤 많은 비판과 논쟁이 따랐다. 조선시대 사육신의 한 사람이었던 성삼문(1418~1456)은 두 형제가 뜯어 먹었다는 수양산의 그 고사리(또는 야생 완두콩)는 누구 땅에서 난 것이냐며 조롱까지 했다.

사마천도 이런 시비를 몰랐던 것 같지 않다. 그래서 남의 눈치 보지 않고, 남에게 어떤 해를 주지 않으면서 **각자 자신의 의지에 따라 행한 행동**의 값어치가 중요한 것 아니냐며 이렇게 말했다.

"공자는 말한다. '도가 같지
않으면 함께 일을 꾀하지 않는
다(도부동道不同, 불상위모不相爲
謀)'는 이 말은 '각자 뜻에 따른
다'는 것이다. 그래서 공자는
'부귀가 구해서 얻을 수 있는
것이라면, 내 비록 남의 말채
찍을 잡는 천한 일이라도 기꺼
이 할 것이다. 하지만 만약 구
해도 얻을 수 없는 것이라면,

백이와 숙제의 처신은 역사상 두고두고 말들이 많았다. 혹자는 '정신의 귀족'이란 말로 비꼬기도 했다. 주관적 의지의 표현을 객관이란 애매한 잣대로 평가하지만 않는다면, 이 두 사람의 자유 의지는 우선 존중되어야 할 것 같다. 그림은 수양산에 숨은 백이와 숙제 형제의 모습을 그린 〈채미도(采薇圖)〉로 송나라 때의 화가 이당(李唐, 1066~1150)의 작품이다.

나는 내가 좋아하는 바에 따라 도를 행하고 덕을 닦을 뿐이다'라고도 했다."

내 의지대로 산다는 것은 말은 쉽지만 실천하기란 여간 어려운 일이 아니다. 하지만 인간은 존엄하다. 인간은 자기 의지에 따라 행동하고 살아갈 권리가 있다. 세인의 공허한 평가에 초연할 수 있는 대범함으로 훗날 청사(靑史)에 어떤 사람으로 남을 것인가를 걱정하고, 후손들에게 부끄럽지 않은 모습으로 남을 수 있을 것인가를 걱정할 뿐이다.

인생은 양자택일이 아니다. 수많은 선택이 늘 우리 앞에 놓여 있고, 우리는 그중에서 하나 또는 여럿을 자기 의지대로 고르고, 또 그 선택에 책임을 지며 살아간다. 여기에서 중요한 것은 나약한 객관(客觀)이 아니라, 확고한 주관(主觀)이다. 객관이라는 실체 없는 그늘에 비겁하게 숨으려 하지 말고 투명한 주관에 의지해 자신의 운명을 개척해나갈 뿐이다. **각종기지**를 말한 사마천이나 '도가 같지 않으면 함께 일을 꾀하지 않는다'는 공자의 말뜻도 이와 다르지 않다.

키워드 : 의지, 주관, 운명

각포소은(刻暴少恩)

각박하게 은혜를 베풀지 않다.

– 권65 〈손자오기열전〉

각포소은은 춘추전국 병법가와 명장들의 열전인 〈손자오기열전〉에 수록된 명장 오기(吳起, ?~기원전 381)에 대한 사마천의 논평 중 한 대목이다. 사마천은 법가 계통의 인물에 대해 그다지 호감을 갖지 않았다. 〈상군열전〉에서는 상앙(商鞅)을 가리켜 '천자각박(天資刻薄)', 즉 '천성이 각박하고' 은혜를 베풀지 않았다고 지적했고, 〈원앙조조열전(袁盎晁錯列傳)〉의 조조(晁錯, 기원전 약 200~기원전 154)에 대해서는 강직하지만 '각박하게 굴다가(각심刻深)' 원망을 많이 샀다는 평을 남겼다.

사마천이 표현한 '각포'·'각박'·'각심'은 인정이 없고 모질다는 뜻의 단어들이다.

키워드 : 천성, 각박

간

간뇌도지(肝腦塗地)

간과 뇌가 땅바닥에 쏟아지다.

– 권99 〈유경숙손통열전〉

유방은 초한쟁패 끝에 항우를 물리치고 한 왕조를 세웠다. 그때가 기원전 202년이었고, 유방은 황제로 즉위했다. 이가 한의 개국 군주 고조(高祖)다. 도읍지 선정 문제가 자연스럽게 떠올랐다. 많은 신하들이 동주(東周)의 수백 년 도읍이었던 낙양(洛陽)을 제시했다. 고조는 머뭇거리며 결정을 내리지 못했다. 그해 고조는 도읍지 선정을 위해 낙양을 순시했다. 이때 누경(婁敬, 생졸 미상)이라는 사람이 뵙기를 청하여 낙양 천도의 부적절함을 다음과 같이 지적했다.

"폐하께서 천하를 얻으신 경우는 주나라와 다릅니다. 주나라 왕실은 그 선조 때부터 오랫동안 덕을 쌓았기에 사람들이 기꺼이 따랐고, 따라서 많은 살육이 없이도 천하를 얻을 수 있었습니다. 그러나 폐하께서는 풍현(豊縣)의 패읍(沛邑)에서 일어나 3천 명의 기병을 이끌고 무수한 전쟁을 치르면서 촉·한 땅을 석권하고, 삼진(三秦)을 평정하고, 항우와 더불어 형양(滎陽)에서 교전하고, 성고(成皐)의 요충지를 장악하기 위해 70차례의 큰 전투와 40차례의 작은 전투를 치렀습니다. 이 때문에 천하의 무고한 백성들의 **간과 뇌가 땅바닥에 쏟아졌고**, 아비와 자식의 '뼈가 함께 들판에 뒹굴기(포골중야暴骨中野)'가 이루 헤아릴 수 없을 지경이었습니다. 통곡 소리가 아직 끊이지 않고 다친 사람이 아직 일어나지 못하고 있는데, 주 왕실 때의 융성함과 비교하려 하시니 소인은 그래서는 안 된다고 가만히 생각해 봅니다."

고조는 누경의 간곡한 충언와 장량의 만류로 낙양으로의 천도를 포기하고 바로 관중(關中, 지금의 서안西安 일대)을 도읍으로 삼았다. 누경은 낙양을 도읍으로 삼으려는 고조의 의중을 헤아리고 이를 만류하면서 초한 쟁패 과정에서 백성들이 당한 고통을 **간뇌도지** 등과 같은 생생한 묘사를 동원하여 설득력을 높였다.

'간뇌도지'는 인민 군중이 전란 속에서 피 흘리며 끔찍하게 죽은 상황을 과장되게 표현한 성어이다. 그 뒤 생명의 희생을 나타내는 성어로도 많이 쓰인다. 비슷한 뜻을 가진 성어로는 '간뇌도지' 바로 뒤에 따라오는 '포골중야'가 있다.

누경은 도읍지 선정과 관련하여 세운 공으로 황실과 같은 유(劉)씨 성을 하사 받았다. 누경의 초상화이다.

키워드 : 전란, 백성, 희생, 고통

간신재조(奸臣在朝), 국지잔야(國之殘也) ; 참신재중(讒臣在中), 주지두야(主之蠹也)

간신이 조정에 있으면 나라가 망가지고, 헐뜯는 신하가 곁에 있으면 군주를 해치는 벌레가 된다.
– 권43 〈조세가〉

7국이 무한경쟁에 돌입했던 전국시대는 개혁의 시대이기도 했다.(전국시대는 대체로 기원전 5세기 중엽부터 진시황이 천하를 통일하는 기원전 221년 이전까지 약 250년이다.) 위(魏)나라 문후(文侯, 재위 기원전 445~기원전 396)를 필두로 진(秦)나라 효공(孝公, 기원전 381~기원전 338), 조(趙)나라 무령왕(武靈王, 재위 기원전 325~기원전 295)이 자기 나라를 전면 개혁하여 앞장서 나갔다.

이들 중 조나라 무령왕의 개혁은 '호복기사(胡服騎射)'로 상징된다.('호복기사' 항목 참고) 복장을 오랑캐 복장으로 간편하게 바꾸고, 말을 타고 활을 쏘는 군대 개편을 뜻하는 '호복기사'는 훗날 전면 개혁의 상징이 되었다. 이런 개혁으로 조나라는 단숨에 전국 7웅의 선두로 나설 수 있었다. 그러나 말년에 접어든 무령왕은 건장한 맏아들 태자 장(章)을 놔두고 장의 동생 하(何)에게 왕위를 선양(禪讓)하는 어처구니없는 짓을 저질렀다. 무령왕은 상왕으로 물러났지만 조정 대신들은 태자 장과 새로운 왕 하를 둘러싸고 정쟁과 암투에 휩싸였다.

하루아침에 왕위를 빼앗긴 태자 장은 전불례(田不禮) 등과 함께 쿠데타를 일으켰으나 무령왕의 숙부인 공자 성(成)에 의해 진압 당했다. 전불례는 죽고, 장은 아버지 무령왕이 있는 사구궁(沙丘宮)으로 도망쳤다. 무령왕은 장을 보호하려 했으나 장은 잡혀 죽었다. 공자 성은 내친 김에 무령왕이 머물고 있는 궁을 완전히 고립시켰고, 무령왕은 굶어 죽었다. 일대 개혁 영웅의 비참한 최후였다.

당초 비의(肥義)라는 신하는 태자 장과 전불례 등을 경계하라며 **간신이 조정에 있으면 나라가 망가지고, 헐뜯는 신하가 곁에 있으면 군주를 해치는 벌레가 된다**라고 경고했는데, 바로 이 명언이 그의 경고 중 한 구절이다.

역사는 여실히 입증하고 있다. 나라가 흥하는 데는 열 충신으로도 모자라지만, 나

무령왕은 사구궁에서 완전히 갇혀 굶어 죽는 비참한 최후를
맞이했다. 사진은 지금의 하북성 형대시(邢臺市)에 남아 있는
사구궁 유지의 모습이다.(2010년)

라를 망치는 데는 간신 하나면 충분하다는 사실을. 총명하고 과감했던 무령왕은 만년에 자기 후계자 문제에서 치명적인 실수를 저질렀고, 이후 조나라는 더 이상 기를 펴지 못했다.

키워드 : 통치(자), 간신, 참언, 망국

간자복야(諫者福也), 유자적야(諛者賊也)

충언과 직언은 복이요, 아부와 아첨은 재앙이다.
– 권128 〈귀책열전〉

춘추시대(?) 송나라 원왕(元王)이 거북 한 마리를 얻어 죽인 다음, 그 껍질로 전쟁과 길흉화복의 점을 치는 데 썼다. 당초 원왕은 이 신령스러운 거북을 놓아주려 하면서 이렇게 말했다.

"이 거북은 대단히 신령스러워 하늘에서 내려와 깊은 못으로 떨어져 환난을 겪으면서 과인을 어질고 후덕하며 신의가 있는 사람으로 여겼기 때문에 나에게 찾아와 구원을 요청한 것이다. 과인이 만일 놓아주지 않으면 어부와 무엇이 다르겠는가? 어부는 살코기로 이익을 얻고자 하고, 과인은 거북의 신묘한 능력을 탐한다면 아랫사람은 어질지 못하게 되고, 윗사람은 덕을 잃게 된다. 군주와 신하가 예를 갖추지 못한다면 어떻게 복을 얻을 수 있겠나? 과인이 어찌 거북을 놓아주지 않을 수 있겠는가!"

그러나 박사 위평(衛平)은 온갖 궤변과 감언이설로 기어코 이 신물을 거두어 점을 쳐서 공을 이루고 명성을 높이라 했다. 원왕은 다음과 같은 말로 위평의 꼬드김을 물리쳤다.

"그렇지 않소. 내가 듣기로 **충언과 직언은 복이고, 아부와 아첨은 재앙**이라 했소. 남의 임금 된 자가 아첨을 받아주는 것은 어리석고 미혹되기 때문이요. 그렇지만 화는 함부로 오지도 않고(화불망지禍不妄至), 복도 공연히 오지 않소(복불도래福不徒來)."

원왕은 위평의 끈질긴 설득에 넘어가 결국 거북을 잡아 점을 치는 도구로 만들어 전쟁 등에 앞서 점을 쳐서 매번 승리를 거두었다. 원왕은 무엇이 올바른 행동인가를 알면서도 위평의 혓바닥에 놀아났다.

원왕은 복과 화가 그냥 오는 것이 아니라고 했다. 그럼에도 끝내 위평의 아부를 물리치지 못했다. 그냥 말뿐이었다. 세상에 완전한 것은 없거늘 점에 의존하는 일이야말로 어리석은 짓이고, 이런 이치를 알고 있었음에도 원왕은 그 유혹, 즉 아부와 아첨의 유혹에 빠졌다. 그의 말대로 **충언과 직언은 복이고, 아부와 아첨은 재앙**이 아닐 수 없다.('귀소', '귀촉망' 항목 참고)

거북의 배 껍데기는 3천 년 넘어 전부터 중요한 일을 점치는 도구였다. 은나라 마지막 도읍 은허의 발굴로 생생하게 입증되었다.(사진은 은허박물관에 전시되어 있는 점을 친 거북 배 껍데기이다. 2017년)

키워드 : 통치, 군신, 충언, 직언, 아부, 아첨

갈석궁(碣石宮)

갈석궁.
— 권74 〈맹자순경열전〉

갈석궁은 진시황(기원전 259~기원전 210) 때문에 유명해졌다. 진시황이 천하를 순시하면서 갈석산에 올랐다가 갈석문(碣石門)을 세웠다는 기록이 있고, 또 진시황이 동쪽으로 순시하면서 머물렀던 행궁 유적지가 발견·발굴되었기 때문이다. 갈석궁에 대한 기록은 진시황 이전 전국시대 후기의 연(燕)나라 소왕(昭王, ?~기원전 279)과 관련하여 나타나고 있다. 《사기》 권74 〈맹자순경열전〉의 그 대목을 보면 이렇다.

"추연(鄒衍)이 조나라를 방문하자 평원군(平原君)은 옆으로 걸어가면서 '옷자락으로 바닥을 쓸고' 갈 정도였다. 연나라를 방문하자 소왕이 앞서 가면서 '빗자루로 길을 쓸었고', 제자의 자리에 앉아서 가르침을 청했다. 또 **갈석궁**을 지어 머무르게 하면서 몸소 찾아가 스승으로 섬겼다."

연나라 소왕은 쇠락하는 연나라를 중흥시킨 왕으로 유명하다. 그는 현자 곽외(郭隗)의 충고를 받아들여 천하의 인재들을 극진하게 우대하는 정책을 펼쳤다. 그 결과 타국의 인재들까지 앞을 다투어 연나라로 달려오는 상황이 연출되었다. 여기서 '인재가 연나라로 달려온다'는 '사쟁추연(士爭趨燕)'이란 고사성어가 나왔다.('사쟁추연' 항목 참고)

위 기록에 보이는 추연(기원전 약 305~기원전 240)은 음양오행설을 앞세워 천하의 제후들에게 유세한 인물인데, 그가 연나라를 찾아오자 소왕은 빗자루로 길을 쓸고 나갈 정도로 그를 우대했다는 것이다. 나아가 스스로를 제자로 자청하며 추연을 위해 갈석궁을 지어주었다. 소왕은 또한 인재를 우대하는 것이 연나라를 중흥시킬 수 있는 최선책이라고 충고한 곽외를 '황금대(黃金臺)'에 모셨다. 이후 '황금대'나 '갈석궁'은 인재에 대한 우대를 실제로 보여준 단어들이 되었다.

역사적으로 갈석(또는 갈석산·갈석궁 등)은 중국 왕조의 동쪽 경계를 가리키는 중요한 지명이 되었다. 훗날 천하를 통일한 진나라의 강역은 "동쪽으로 동해(東海)·조선(朝鮮)에까지,

갈석산은 고대 중국과 조선의 국경과 관련하여 중요한 단서가 되는 지명이다. 학계는 이 산의 위치를 놓고 치열하면서도 소모적인 논쟁을 벌이고 있다. 진·한 당시의 관련 기록을 꼼꼼히 살피면 실마리는 충분히 얻을 수 있을 것이다. 사진은 진황도 갈석산의 모습이다.(2009년)

서쪽으로 임조(臨洮)·강중(羌中)에까지, 남쪽으로 북향호(北嚮戶)에까지, 북쪽으로 황하를 의지하여 요새를 쌓아 음산(陰山)을 넘어 요동(遼東)에까지 이르렀다." 진나라의 영토가 동쪽으로 바닷가와 고조선에까지 이르렀다는 기록인데, 동쪽 바닷가와 가까운 갈석산이 바다와 고조선의 위치를 추정하게 하는 중요한 지명이 된 것이다.

연나라 소왕 때의 갈석궁은 당시 연나라의 도읍이었던 계(薊, 지금의 북경 근처)에서 멀지 않은 곳이었을 것이다. 추연이라는 인재를 북경에서 수백 km나 떨어진 갈석산 부근에다 궁을 지어 주었을 리가 없기 때문이다. 따라서 연나라 소왕 때의 갈석과 진시황 때의 갈석을 하나로 볼 수 없다. 그렇다면 갈석이란 명칭의 유래와 그 의미에 대해 좀 더 따져보아야 할 것이다.

지금까지 갈석산 주변에서 진나라 때 행궁 유지가 발견된 곳은 갈석산과 가까운 하북성 진황도시(秦皇島市) 북대하(北戴河)와 요녕성 수중현(綏中縣) 두 곳이다. 북대하와 수중현은 40km 가량 떨어져 있다. 이 두 곳이 모두 진시황시대의 행궁 유적지라면 당시 진나라의 동쪽 경계를 추정하는 중요한 지표가 될 것이고, 따라서 우리 고대사의 가장 첨예한 논쟁거리인 고조선의 서쪽 경계 문제를 풀 수 있는 중요한 실마리가 될 것이다.

키워드 : 통치, 정책, 인재, 우대

갈의불완(褐衣不完)

제대로 된 삼베옷도 얻어 입지 못하다.
– 권76 〈평원군우경열전〉

　전국시대 말기인 기원전 3세기 강대국 진나라가 조나라의 수도 한단(邯鄲)을 포위하자, 조나라의 운명은 풍전등화의 위기에 빠졌다. 남은 유일한 희망은 조나라의 실력자 평원군(平原君, ?~기원전 251) 뿐이었다. 평원군은 한단의 구원을 놓고 망설였다. 이때 한단의 말단 관리의 아들 이동(李同, ?~기원전 257)이란 자가 평원군을 설득하여 마침내 결사대를 조직하여 한단을 구원했다. 이동은 무슨 말로 망설이는 평원군을 설득했을까?

　갈의불완이란 위 성어는 이동이 평원군을 설득하면서 한단의 백성들이 처한 비참한 상황을 설명하는 대목의 일부분이다. 그 뒤 이 성어는 백성들의 고달픈 삶을 묘사할 때 흔히 사용되었다. '사흘에 피죽 한 그릇도 못 얻어먹은 듯하다'는 우리 속담과 아주 비슷한 뜻이다. 이동이 말한 당시 한단 백성들의 힘겨운 상황은 다음과 같이 기록되어 있다.

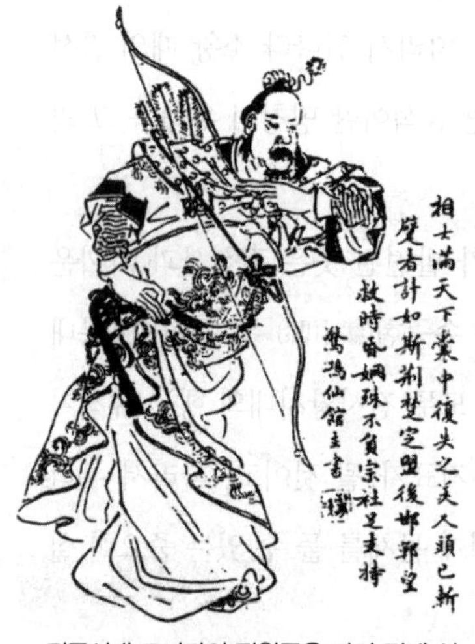

전국시대 조나라의 평원군은 자기 집에 식객을 3천이나 거느릴 정도의 권세가였다. 그는 이 식객들의 능력을 활용하여 조나라를 위기에서 구했다. 평원군의 초상화이다.

"한단의 백성들은 '땔나무가 없어서 사람 뼈를 태우고, 굶주리다 못해 자식을 서로 바꿔 먹고(취골역자이식炊骨易子而食)' 있을 정도로 급박합니다. 그런데 주군의 후궁은 백 명을 넘고, 처첩들은 비단옷에 쌀밥과 고기반찬을 남깁니다. 백성들은 **제대로 된 삼베옷 하나 얻어 입지 못하며** 죽도 실컷 먹지 못할 정도입니다."

　이동은 백성과 권력자 평원군 식구의 전혀 상반된 상황과 처지를 실감나게 비교하여 자신이 전하고자 하는 뜻을 강조함으로써 설득력을 높였다. 평원군은 이동의 충언을 기꺼이 받아들여 자신의 재산을 내놓는 한편, 식솔들까지 동원하여 함께 싸움에 나섰다.

세상은 불평등하고 불공평하다. 많은 사람이 평등과 공평을 갈망하지만, 인간 능력의 개인차와 불합리한 사회체제 때문에 이의 실현은 어쩌면 영원히 불가능할 지도 모른다. 하지만 불평등과 불공평의 본질을 인식하고 모두가 보다 나은 삶을 위해 노력한다면 불평등과 불공평은 절대적인 것이 아니라 상대적인 것이라는 발견할 수 있다. 위를 향해 달려가는 것과 동시에 아래를 내려다 볼 줄 아는 참된 인간성의 회복이 중요하다는 것을 깨우친다면, 불평등과 불공평은 그저 글자로만 남게 될 것이다.

이때 중요한 전제 조건의 하나는 '고귀한 만큼 책임과 의무를 다하는' '노블레스 오블리주'의 실천이다. 이동과 평원군은 지금으로부터 무려 2천 수백 년 전에 이 이치를 인식하고 있었다.

키워드 : 통치자, 노블레스 오블리주, 자기희생

갈택후어(竭澤涸漁), 복소훼란(覆巢毀卵)

연못을 말려 물고기를 잡고, 둥지를 엎어 알을 깨다.
– 권47 〈공자세가〉

춘추시대 유가(儒家)의 창시자인 공자(孔子, 기원전 551~기원전 479)는 기원전 496년인 55세 때 천하를 주유하기 시작하여 13년만인 기원전 484년 67세에 조국인 노(魯)나라로 돌아왔다. 60세 전후 공자는 위(衛)나라에서 벼슬을 하려고 했으나 뜻을 이루지 못했다.

공자는 다시 서방의 대국 진(晉)나라로 가서 실세 조간자(趙簡子, ?~기원전 476)를 만나려 했다. 공자는 황하를 건너기 위해 황하 근처에 이르렀다. 여기서 공자는 두 명독(竇鳴犢)과 순화(舜華)가 죽은 곳이라는 이야기를 듣고는 "아름다운 황하여, 흘러

사마천은 권1 〈오제본기〉에서
황제 부락의 성장에는 염제 신
농씨 부락의 쇠퇴가 있었다고
언급했다. 그 뒤 두 부락은 치열
하게 싸웠고 황제 부락의 승리
로 황제는 천자로 추대되었다.
사진은 섬서성 보계시(寶鷄市)에
남아 있는 염제릉이다.(2014년)

흘러넘치는구나! 이 구(丘, 공자의 이름)가 여기를 건너지 못하다니 운명이로다!"라고 탄식했다. 공자를 수행하던 제자 자공(子貢, 기원전 520~?)이 나서며 "무슨 말씀인지 감히 묻습니다"라고 했다. 공자는 이렇게 말했다.

"두명독과 순화는 진(晉)나라의 훌륭한 대부였다. 조간자가 뜻을 얻지 못하다가 이 두 사람을 얻은 뒤 정권을 잡았다. 자신의 뜻을 이루고 나자 그들을 죽였다. 이 구(丘, 공자의 이름)가 듣기에 배를 갈라 뱃속의 새끼까지 죽이면 기린(麒麟)이 교외에 이르지 않고, **연못을 말려 물고기를 잡으면** 교룡(蛟龍)이 음양의 조화를 부리지 않으며, **둥지를 엎어 알을 깨면** 봉황(鳳凰)이 날지 않는다고 했다. 왜 그렇겠느냐? 군자는 같은 부류를 상하게 하는 일을 꺼린다. 새나 짐승조차 의롭지 못한 일을 피할 줄 아는데 하물며 나야 오죽하겠느냐?"

노나라의 도읍이었던 산동성 곡부시(曲阜市)의 천하를 주유하는 공자의 모습을 나타낸 천하주유 조형물이다. 지금은 철거되어 없다.(2009년)

공자는 진나라 행을 포기하고 추향(陬鄕)으로 돌아와 두명독과 순화를 애도하는 〈추조(陬操)〉라는 노래를 지었다. 그런 다음 다시 위나라로 돌아와 거백옥(蘧伯玉)의 집에 머물렀다.

갈택후어, 복소훼란은 훗날 눈앞의 이익에만 집착하여 결과와 앞날의 이익은 돌보지 않고 여지없이 모조리 다 가져가는 짓을 비유하는 명언이 되었다. 당초 진나라로 가서 몸을 맡기려 했지만 두명독과 순화의 죽음을 떠올리면서 이를 단념한 공자의 선택과 결단이 돋보이는 장면이라 하겠다. 나아가 공자는 이때의 심경을 노래로 지어 회고하기까지 했다.

키워드 : 이익, 집착, 결단

감라작상(甘羅作相)

감라가 상(재상)이 되다.
– 권71 〈저리자감무열전〉

감라(생졸 미상)는 진나라의 대장 감무(甘茂, 생졸 미상, 기원전 4세기 후반)의 손자로 열두 살 때 당시 진나라의 상(相, 재상) 여불위(呂不韋, ?~기원전 235)를 모시다가 조나라에 사신으로 가서 조나라로 하여금 연나라를 공격하도록 설득하는 공을 세웠다. 진왕(훗날 진시황)은 감라를 상경(上卿)에 봉했고, 그 뒤 진나라의 상이 되었다.

감라가 재상이 되었다는 **감라작상**은 훗날 어린 나이에 출세한 것을 비유하는 전고가 되었다. 감라에 대해서는 '소년감라' 항목에서 자세히 살펴보았다.

키워드 : 인재, 소년

감문지양(監門之養)

문지기의 (궁핍하고 고된) 생활.
– 권6 〈진시황본기〉

요(堯)와 순(舜)임금은 전설 시대의 제왕들이지만 중국인은 물론 한자문화권에서는 가장 이상적인 성군(聖君)의 표상으로 깊게 새겨져 있다. 기록상 이 두 제왕은 모든 면에서 솔선수범이었다. 사마천은 《사기》 130권의 첫 권인 〈오제본기〉에서 요임금의 인품을 다음과 같이 기록하고 있다.

"하늘처럼 인자하고 신처럼 지혜로웠다. (중략) 부귀했지만 교만하지 않았고, 고귀하면서도 게으르지 않았다."

또한 〈진시황본기〉에는 이 두 사람의 소박한 생활 모습이 이렇게 묘사되어 있다.

"요·순은 나무를 베어다가 깎지도 않은 채로 서까래를 만들었고, 짚으로 지붕을 이으면서 처마 끝도 잘라내지 않았으며, 질그릇에 밥을 담아 먹고 질그릇에 물을 담아 마셨다. 설사 **문지기의 생활**도 이보다 궁핍하지는 않을 것이다."

"요순채연불괄(堯舜采椽不刮), 모차부전(茅茨不翦), 반토(飯土), 철토형(啜土形). **수감문지양(雖監門之養)**, 불각어차(不觳於此)."

요·순이 만고의 성군으로 추앙받고 있는 까닭은 단지 그들의 인품 때문이 아니다. 겉모습을 꾸미지 않고 호화로운 생활을 극구 피했던 실제 생활에서의 소박함도 크게 작용하고 있다. 요(위)와 순(아래)의 초상화이다.

권87 〈이사열전〉에도 〈진시황본기〉와 같은 내용이 인용되어 있는데, 바로 이어 "입으로는 문지기의 생활처럼 음식을 먹고"(구식감문지양口食監門之養)라는 대목이 한 번 더 나온다. **감문지양**은 전설 시대 요·순 임금의 고된 근검절약 생활을 **문지기의 궁핍한 생활**과 비유하는 성어로 〈진시황본기〉에는 법가 사상을 대표하는 한비자(韓非子)의 말로 인용되어 있다.

지도자의 언행은 그의 지위나 권세에 비례하여 주목을 받을 수밖에 없다. 생활 모습 역시 마찬가지이다. '감문지양'은 지도자의 소박한 생활을 가리키는 성어지만 그 이면에는 지도자의 진솔한 솔선수범이 다른 사람에게 미치는 영향력이 얼마나 심각한 지를 내포하고 있다. ('부이불교' 항목 참고)

키워드 : 통치자, 생활, 근검, 소박

감사지사(敢死之士)

죽기를 각오한 군사, 즉 결사대.
– 권76 〈평원군우경열전〉

'죽음을 각오한 군대'를 흔히 '결사대(決死隊)'라 부른다. 대개 가장 힘든 전투 임무를 완성하는 군대를 가리킨다. 중국에서 '결사대'라는 이 단어는 〈장개석(蔣介石)의 쌍십절 연설을 평한다(評蔣介石在雙十節的演說)〉는 모택동(毛澤東)의 1944년 10월 11일 다음 글에서 나왔다.

"그러나 그(장개석)는 선전에 능숙하여 화중(華中) 지역의 신사군(新四軍)과 산서(山西)의 '결사대'를 반역이라 했다."

이 '결사대'와 뜻이 같은 단어로 **감사지사**가 있다. 그 출전은 〈평원군우경열전〉의 다음 대목이다.

"이에 평원군은 그(이동)의 말을 좇아 행하니 **죽음을 각오한 군사** 3,000명을 얻게 되었다."
"어시평원군종지(於是平原君從之), **득감사지사**삼천인(得敢死之士三千人)."

전국시대 말기 조나라가 강대국 진(秦)나라의 공격을 받아 수도 한단(邯鄲)이 포위당한 상황에서 젊은 이동(李同)이 유력자 평원군(平原君)에게 나라가 망하면 부귀영화가 무슨 소용이냐며 국가 리더로서 책임과 의무를 다하라고 충고했다.('갈의불완' 항목 참고) 평원군이 이동의 말을 받아들이자 결사대 3천이 나섰고, 이동이 이들과 함께 진나라 군대에 저항하자 진나라 군대는 30리나 물러났다. 이동은 이 전투에서 장렬하게 싸우다 전사했고, 평원군은 그의 공을 기리기 위해 이동의 아버지를 후에 봉했다.

춘추시대 오(吳)나라와 월(越)나라가 전쟁을 벌였을 때, 월나라 왕 구천(勾踐)은 죽기를 각오한 병사들을 앞줄에 배치하여 크게 고함을 지르며 목을 그어 자살하게 함으로써 오나라 군대를 깜짝 놀라게 만들었다. 바로 자기 눈앞에 뿜어져 나오는 피를 본 오나라 병사들은 혼비백산(魂飛魄散)했고, 월나라 군대는 그 틈에 오나라 군대를 맹공하여 대승을 거두었다. 여기서 죽기를 각오한 병사들은 '사사(死士)'로 불렸다.

백성과 나라를 위하는 일편단심, 즉 충정이 투철한 사람은 나라가 위급하면 분연히 떨치고 일어나 기꺼이 사지로 뛰어든다. 반면 늘 자기 것만 챙기고 기득권 유지에 급급한 자들은 심하면 나라까지 팔아먹는다. 역사는 인간의 진면목을 시험대에 올리곤 한다. 역사의 평가를 두려워해야 하는 까닭이다. 나라의 녹을 먹는 지도자들은 더더욱 두려워해야 한다.

구천은 사사, 즉 결사대를 이용하여 전쟁에서 승리를 거둔 가장 이른 사례를 남기고 있다. 사진은 중국 절강성(浙江省) 소흥(紹興)박물관에 조성되어 있는 월왕 구천의 모습이다.(2002년)

키워드 : 군사, 결사대, 보국(報國)

감심(甘心)

만족하다 / 마음이 풀리다 / 갈망하다 / 바라다.
– 권40 〈초세가〉

전국시대 말기 천하통일을 위한 행보에 박차를 가하고 있던 진(秦)나라는 막강한 군사력으로 동방 6국을 압도하고 있었다. 진나라는 교묘한 외교 책략을 함께 구사하여 6국이 서로 힘을 합치는 합종(合縱)을 와해시켰다. 특히 남방의 강국 초나라에 대해서는 초나라 조정의 주요 인사들을 포섭하여 친진파(親秦派) 역할을 하게 했다. 이런 외교 책략을 주도한 인물이 바로 동방 6국을 외교 전략으로 각개격파하자는 연횡책(連橫策)을 제안한 장의(張儀, ?~기원전 309)였다.

이 때문에 초나라는 장의에 대해 이를 갈고 있었다. 장의에 대한 원한이 얼마나 깊었으면 기원전 311년 진나라가 다시 초나라와 화친하고자 사신을 보내 한중(漢中, 섬서성 한중)을 절반으로 나누자는 제안을 초나라 회왕(懷王, ?~기원전 296)은 일언지하에 거절하고, "장의를 원할 뿐 땅은 원하지 않는다!"라고 했다. 장의가 이를 듣고는 초나라로 가길 자청했다. 진나라 혜문왕(惠文王, 기원전 356~기원전 311)은 이렇게 물었다.

"초나라 왕은 그대를 잡아야만 **마음이 풀릴** 터인데(초차감심우자楚且**甘心**于子) 어쩌면 좋겠소?"

바로 이 대목에서 **감심**이란 단어가 나왔다. '달다'는 뜻의 '감'은 여기서는 '마음을 달콤하게 하다'는 동사로 쓰이고 있다. 즉, 누군가의 마음을 달콤하게 만들면 만족하게 될 것이고 쌓였던 분도 풀리지 않겠는가? 그래서 '감심'은 **만족하다** 또는 **마음이 풀리다**는 뜻을 가진 단어가 되었다.

초나라로 간 장의는 바로 붙잡혀 옥에 갇혔다. 그러나 장의에게는 마련해둔 대책이 있었다. 일찌감치 심어 둔 초나라 조정의 대신 근상(靳尙, ?~기원전 311)으로 하여금 초나라 왕이 총애하는 정수(鄭袖)라는 여자를 움직이게 하여 옥에서 풀려난 것은 물론, 노잣돈까지 두둑하게 챙겨 귀국했다.

한편 '감심'이 **무엇인가를 갈망한다**는 뜻으로도 쓰이는 경우가 있는데, 권28 〈봉선서〉에 보면 방사(方士)들이 한 무제(武帝)를 농락하기 위해 신선과 불사약 등을 거론하며 세상에 임금 된 사람치고 이를 '갈망'하지 않은 사람은 없었다고 말한다. 여기서 '감심'이란 단어가 쓰이고 있다. 마음으로

전국시대 최고의 유세가 장의(왼쪽)는 상대의 심리를 꿰뚫는 언변술로 합종을 와해시키고 진나라 천하통일에 큰 역할을 했다.(그림은 장의가 유세하는 모습이다.)

무엇인가를 간절하게 바라거나 탐낸다는 의미이다.

키워드 : 감정, 만족, 갈망

감어수자견면지용(鑒於水者見面之容), 감어인자지길여흉(鑒於人者知吉與凶)

물에 비추면 얼굴의 모습을 볼 수 있고, 사람에 비추면 길흉을 알 수 있다.

– 권79 〈범수채택열전〉

전국시대 진나라가 비약적으로 발전할 수 있었던 데는 외국 출신 두 사람의 역할이 컸다. 한 사람은 옛 위(衛)나라 출신으로 효공(孝公, 기원전 381~기원전 338)을 도와 전면 개혁에 성공한 상앙(商鞅, 기원전 약 390~기원전 338)이었고, 또 한 사람은 소양왕(昭襄王, 기원전 324~기원전 251)을 보좌하여 '원교근공(遠交近攻)'이라는 외교정책을 수립한 또 다른 위(魏)나라 출신인 범수(范睢, ?~기원전 255)였다. 두 사람은 대내외정책 방면에서 진의 천하통일에 크게 기여했다.

범수는 위나라에서 죽을 고비를 넘기고 진나라로 건너와 천신만고 끝에 소양왕을 만났다. 소양왕은 당초 범수와의 면담을 거절했으나 범수의 거듭된 요청과 환관 경감(景監)의 끈질긴 중개로 만남은 간신히 이루어졌다. 범수의 진면목을 확인한 소왕은 '다섯 번이나 무릎을 꿇는' '오궤(五跪)'의 예로 그의 고견을 경청했다.('오궤' 항목 참고) 이후 소왕은 범수를 재상으로 삼는 등 최고의 대우로 그를 기용했다.

기원전 306년에 즉위한 소양왕은 기원전 251년까지 55년 동안 오래 재위하면서 천하통일의 2차 기반을 닦았다. 19세의 어린 나이에 즉위한 소양왕은 즉위 중반까지만 해도 태후와 외척에게 휘둘리는 등 내성에서 적시 않은 어려움을 겪었다. 그러던 중 기원전 270년 책략가 범수를 전격 기용함으로써 외척 세력을 물리치고 대외확장에 박차를 가할 수 있었다. 범수는 소왕에게 '원교근공(遠交近攻)'이란 외교책략을 제안하여 소진(蘇秦)의 제안으로 구축된 '합종(合縱)'이라는 6국 연합책을 각개격파할 수 있었다.

범수가 소왕을 만나기까지는 많은 우여곡절이 있었다. 면담 요청은 거듭 거절당했고, 무려 1년을 넘어 기다린 범수는 마지막으로 소왕에게 편지를 올려 자신의 생각과 주장을 전했다. 이 편지의 마지막 부분에다 범수는 자신의 말이 '한마디라도 쓸모가 없으면 죽여 달라'고 했다. 소왕은 이 편지에 마음이 움직여 범수를 만났다. 이렇게 해서 범수는 진나라의 재상이 되어 부와 권세를 누렸지만, 외국 출신의 범수에 대한 진나라 기득권 세력의 견제는 만만치 않았다. 그러던 어느 날 옛 연(燕)나라 출신의 채택(蔡澤, 생졸 미상)이란 유세가가 범수를 찾아와 잘나갈 때가 물러날 때라며 범수의 퇴진을 권했다. 범수가 언짢아하며 반발하자, 채택은 다음과 같은 말들로 자신의 논리를 강화했다.

권세에 취해 자신과 나라를 망친 사례를 역사는 너무도 생생하게 보여준다. 이에 비해 최고 절정기에 모든 것을 버리고 물러난 사례는 극소수다. 인성의 약점을 극복한 사람이 그만큼 적었다는 뜻이다. 사진은 적당한 때 흔쾌히 물러났던 장량의 사당에 남아 있는 '지지(知止)'라는 바위 글씨다. '멈출 줄 알아야 한다'는 뜻이다.(2010년)

"명성(名聲)과 공명(功名)을 모두 다 이루는 것이 가장 좋고, 공명은 후대에 모범이 되나 명성을 보전하지 못한 것이 그다음이며, 공명은 치욕을 당하고 명성만 보전한 것은 가장 못한 것입니다."

"저는 **물을 거울로 삼는 사람은 자신의 얼굴 생김새를 알 수 있고, 사람을 거울로 하는 사람은 자기 자신의 길흉을 알 수 있다**라고 들었습니다. 또 옛 책에는 '공업(功業)을 이룩한 곳에서는 오래 머물지 말라(성공지하成功之下, 불가구처不可久處)'라고 했습니다."

채택의 충고에 정신이 든 범수는 다음과 같은 말로 그의 건의를 받아들였다.

"좋은 말씀이오. 나 역시 '욕심을 부리며 그칠 줄을 모르면 그 욕심 부린 것조차 잃게 되고, 차지하기만 하고 만족할 줄 모르면 가진 것조차 잃는다'라는 것을 알고 있소. 다행히 선생께서 내게 가르쳐주셨으니 삼가 가르침을 따르겠소."

범수는 채택의 말대로 병을 핑계로 재상 자리에서 물러났고, 편안하게 생을 마감할 수 있었다.('욕이부지지족~' 항목 참고)

범수는 죽을 고비를 넘기며 진나라로 건너와 소왕에게 유세하여 출세했다. 외국 출신으로서 그는 진나라 내부의 피 튀기는 정쟁에서도 잇달아 승리하며 승승장구했다. 그의 권세는 영원할 것처럼 보였다. 그럼에도 범수는 채택의 충고를 기꺼이 받아들였다. 성공의 정점이 곧 내리막의 시작이라는 인간사 이치를 받아들인 범수의 지혜가 돋보이는 장면이었다.

역사상 현명한 통치자들은 자신의 얼굴을 비추는 동거울 '동감(銅鑒)', 자신의 언행을 지적해주는 사람 거울 '인감(人鑒)', 나라의 흥망성쇠를 비추는 역사의 거울 '사감(史鑒)'을 '삼감(三鑒)'이라 부르며 중시했다. 위 명구 역시 이런 점을 지적하고 있다. 특히, 과거 역사를 통해 통치와 정책의 득실 및 흥망성쇠의 이치를 깨우치게 하는 역사의 거울을 중시하고 두려워했다.

지도자가 이런 이치를 알면 밝아지고 투명해진다. 중국의 리더십에서는 이를 '명기(明己)'라 한다. 자신을 밝고 투명하게 한다는 뜻이다. 명기를 위한 방법은 많지만 역대로 좋은 리더들은 이구동성으로 독서, 특히 함께 읽기인 '공독(共讀)'을 강조한다. 그래서 '군주가 밝아지면 신하는 곧아진다(군명신직君明臣直)'고 했던 것이다. 쇠를 제대로 때려서 좋은 연장을 만들려면 망치가 단단해야 하듯이, 제대로 된 리더십은 리더 자신이 밝고 투명해야 한다는 조건을 무엇보다 요구한다. '군명신직'은《자치통감(資治通鑑)》,《봉신연의(封神演義)》등 여러 전적에 보이는데, 오래전부터 내려오는 격언으로 추정한다.

키워드 : 처세, 성찰, 진퇴

감언호사(甘言好辭)

달콤하고 듣기 좋은 말.

들기에 좋은 말을 '감언(甘言)'이라 한다. '달콤한 말'이란 뜻이다. 우리는 대개 뒤에 '이설(利說)'을 붙여 '감언이설(甘言利說)'로 많이 쓴다. 그 사전적 의미는 '남의 비위에 맞도록 꾸민 달콤한 말과 이로운 조건을 내세워 꾀는 말'이다. '감언이설'은 주로 우리가 많이 쓰고 중국에서는 쓰지 않는 사자성어이다.(중국 포털 바이두에는 '감언이설'을 우리식 사자성어로 소개하고 있다.)

이 '감언이설'과 거의 같은 뜻을 가진 사자성어가 사마천 《사기》에는 **감언호사**로 나온다. 관련 대목은 다음과 같다.

"군신(群臣)과 제후들은 국토가 협소한 것은 헤아리지 않고 합종을 주장하는 유세객들의 **달콤하고 듣기 좋은 말**에 현혹되어 한패가 되어서는 서로 말을 꾸며대면서 '나의 계책을 따르면 강성해져서 천하의 패자가 될 수 있다'고 큰소리를 칩니다."

"부군신제후불료지지과(夫群臣諸侯不料地之寡), 이청종인지**감언호사**(而聽從人之**甘言好辭**), 비주이상식야(比周以相飾也), 개분왈 '청오계가이강패천하'(皆奮曰'聽吾計可以彊霸天下')."

이상은 유세가 장의가 한나라 왕을 설득하는 대목에서 나온 것인데, 바로 이어서 장의는 '감언호사'와 비슷한 뜻으로 '수유지설(須臾之說)'이란 표현도 함께 쓰고 있다. '아부하는 말'이란 뜻이다. 한 대목에서 비슷하지만 다른 표현으로 유세의 설득력을 높이는 유세가 특유의 수법을 구사하고 있다. 이 대목의 원전은 《전국책(戰國策)》〈한책(韓策)〉이다.

당나라 초기의 천재 시인 왕발(王勃, 650~676 또는 684)은 《평대비략론(平臺秘略論)》〈포객(褒客)〉이란 시에서 "편벽지위식기적(便辟脂韋飾其迹), 감언교사운기변(甘言巧辭

권력자에게 '감언호사' '수유지설'로 유세하는 장의의 모습을 그린 그림이다.(출처:《도독경전손자병법圖讀經典孫子兵法》)

運其辯)"이라 하여 '감언교사'로 살짝 바꿔 쓰고 있다. 그 뜻은 "달콤하고 부드러운 말로 그 행적을 꾸미고, 달콤하고 교묘하게 그 말을 운용하다"이다.

'감언호사'는 분명 듣기에 좋다. 그래서 귀가 얇은 사람은 홀리기 쉽다. 그 말에 진정성이 담겨 있는지를 제대로 살피려면 그 사람의 평소 언행에 유의할 필요가 있다. 이를 소홀히 하고 '감언호사'에 넘어가 큰일을 그르친 사례가 수없이 많았다는 사실을 유념해야 한다.

'감언호사'는 '말은 꿀처럼 달콤하지만 뱃속에 칼을 감추고' 있는 '구밀복검(口蜜腹劍)'과 '웃음 속에 비수를 감추고 있는' '소리장도(笑裏藏刀)'로 무장한 간신들에게 예외 없이 나타나는 공통된 특징이기도 하다. '구밀복검'은 《자치통감》이 그 출전으로, 당나라 현종(玄宗) 때의 간신 이임보(李林甫, ?~752)의 별칭이라 한다. '소리장도'는 《신당서(新唐書)》가 그 출전이고, 당나라 태종(太宗) 때의 간신 이의부(李義府, 614~666)의 별칭이다.

키워드 : 언어, 감언이설, 유혹, 아부

감조유적(減灶誘敵)

취사용 아궁이를 줄이며 적을 유인하다.
– 권65 〈손자오기열전〉

〈손자오기열전〉은 역사상 최고의 병법서로 꼽히는 《손자병법(孫子兵法)》을 저술한 손무(孫武, 생졸 미상)와 그 후손으로 알려진 손빈(孫臏, 기원전 약 378~기원전 310) 및 명장

오기(吳起, ?~기원전 381) 이렇게 세 사람의 전기다. 1970년대 초까지는 손자하면 손무한 사람으로만 알고 있었으나, 고고학 발굴에 의해 역시 손자로 불리던 손빈과 그가 남긴 《손빈병법(孫臏兵法)》이 따로 존재했다는 사실이 밝혀졌다.

손빈은 전국시대 군사 전문가로 제나라 아(阿, 지금의 산동성 양곡陽谷 동북) 출신이고, 손무의 후예로 전한다. 훗날 일생의 맞수 위(魏)나라 출신의 방연(龐涓, ?~기원전 342)과는 동문수학한 사이였지만 그의 모함을 받아 무릎 뼈를 발라내는 '빈형(臏刑)'을 받고 불구가 되었다. 그의 이름 '빈(臏)'도 바로 여기에서 땄다.

손빈은 방연의 마수에서 탈출하여 제나라 위왕(威王, ?~기원전 320) 때, 장군 전기(田忌, 생졸 미상)의 추천을 받아 제나라의 군사(軍師, 군사고문)가 되었다. 계릉(桂陵, 하남성 장원長垣 서북)과 마릉(馬陵, 산동성 신현莘縣)전투에서 '위위구조(圍魏救趙, 위나라를 포위하여 조나라의 포위를 풀다)' 등의 전략을 구사하여 승리함으로써 방연을 자살하게 만들고 강국 위를 굴복시켰다. 손빈은 그를 위해 특수 제작한 마차에 앉아 전투를 지휘했다고 한다. 방연은 죽으면서 "아! 내가 이 더벅머리 촌놈의 명성을 높여주는구나"라고 탄식했다. 이 두 전투를 통해 손빈의 명성은 천하를 울렸다.('위위구조' 항목 참고)

감조유적은 기원전 342년 손빈이 불구대천(不俱戴天) 원수인 방연의 군대와 마릉에서 싸우면서 구사한 전술의 하나이다. 해당 내용을 간략하게 소개하면 이렇다.

위나라와 조나라가 한나라를 공격하자 한나라는 제나라에 위급함을 알려 왔다. 제나라는 위나라의 도성인 대량(大梁, 하남성 개봉)을 바로 공격했다. 위나라 장수 방연은 이 소식을 듣고 한나라에 대한 공격을 풀고 대량을 구하기 위해 달려왔다. 손빈은 제나라 군대가 위나라 땅에 들어가면 **취사용 아궁이를 줄여가며 적을 유인**하라고 했다. 방연은 제나라 군대가 겁을 먹었다고 오판하여 보병을 버리고 기병만 데리고 서둘러 추격했다. 손빈은 일찌감치 마릉에 복병을 숨겨놓고 방연을 기다렸다. 방연은 눈치 채지 못하고 무턱대고 추격하다가 복병에 걸려 대패했다. 방연은 손빈을 질투하며 자결했다.

마릉은 무려 20년 넘는 세월을 참고 기다려 온 손빈의 복수를 마무리하는 전투지였다. 그림은 이 전투를 나타낸 것이다.(그림은 1972년 《손빈병법》 죽간이 발굴된 산동성 임기시臨沂市 은작산한묘銀雀山漢墓 유지에 세워진 박물관에 전시되어 있다.)

젊은 날 손빈은 동문수학한 친구에게 배신당하고 '빈형'이란 형벌까지 받아 앉은뱅이 불구가 되었다. 그는 인생의 가장 깊은 골짜기에 빠졌으며, 가장 비열한 인간을 경험했다. 하지만 죽음보다 더한 고통을 극복하고 사무치는 원한에서 힘을 얻어 새롭게 태어났다.

손빈은 절묘한 작전으로 자신에게 더할 수 없는 고통을 안겨준 원수에게 당당하게 복수했으며, 자신의 군사 경험을 원숙한 병법으로 정리해냈다. 그의 삶과 실전 경험이 반영된 《손빈병법》은 이런 점에서 《손자병법》을 앞지른다는 평가도 있다. 군사 모략가로서 손빈은 전쟁은 민심의 지지 여부에서 승부가 판가름 난다고 단정한다. 탁월한 인식이다. 그는 자신의 실전 경험을 종합하고 분석한 끝에 전쟁에서의 일반적 규칙을 도출해냈다. 그의 병법이 지금도 유용한 까닭이 바로 여기에 있다고 하겠다.

키워드 : 군사, 전술, 유인

참고자료 은작산(銀雀山) · 금작산(金雀山) 한묘(漢墓)

산동성 임기시(臨沂市) 동남쪽에 위치하며, 동쪽 기수(沂水) 북쪽에는 성벽이 남아 있다. 두 산이 동서로 대치하고 있는데, 전설에 따르면 일찍이 산 언덕에 노란색과 흰색의 꽃 두 가지가 두루 피었는데 그 모양이 꼭 참새 같아서 은작산과 금작산이란 이름을 얻었다고 한다. 묘장은 대부분 서한 전기에 해당한다.

1972년 은작산 1호 한묘에서 죽간 및 죽간 조각 4,942매가 출토되었는데, 대부분 병서였다. 그중에는 1,700년 동안 실전되었던 《손빈병법》을 비롯하여 《손자병법》,

《육도(六韜)》,《울료자(尉繚子)》,《관자(管子)》,《안자(晏子)》,《묵자(墨子)》 등 선진시대 고적과 《상구경(相狗經)》 등이 나왔다. 이밖에도 음양서와 풍수지리 등 잡다한 점복서 단편들이 나왔다. 이 발견으로 역사상 손무의 존재 유무, 손무가 손빈인가 아닌가 하는 문제,《손자병법》의 진위문제 등이 한꺼번에 해결되었다.

2호 한묘에서는 한 원광(元光) 원년(기원전 134년) 달력을 기록한 죽간 32매가 나왔는데, 지금까지 발견된 중국에서 가장 오래된 달력이다. 이 중대한 발견으로 중국 고대 군사학 자료가 풍부해졌으며, 고대사 연구자료가 충실해졌다. 또한 고문자학·교열학 및 역법 연구 등에도 중요한 의미를 갖는다.

1976년 금작산 9호 한묘에서는 관 뚜껑 부분에서 색을 칠한 비단 그림이 나왔다. 길이 200cm 폭 42cm의 이 그림은 하늘·인간·지하 세 부분으로 나누어져 있으며, 화면 중앙에다 주인의 생활 모습을 묘사했다. 이런 비단 그림은 호남성 장사시(長沙市) 마왕퇴(馬王堆) 한묘에서 나온 비단 그림 이후 장강 이북에서는 처음 발견된 것이다.

죽간이 나온 원래 자리에다 박물관을 세워 1989년에 개방했다. 이 발굴은 1949년 신중국 이후 10대 고고 발굴의 하나로 선정되었고, 2021년에는 전국 100년 100대 고고 발굴의 하나로 선정되었다.

은작산 한묘 유지에 설립한 '은작산한묘죽간박물관(銀雀山漢墓竹簡博物館)'의 입구.(2013년)

감천묘수(甘泉妙手)

감천궁의 오묘함 / 병을 잘 치료하는 신군(神君).

– 권12 〈무제본기〉

감천은 한나라 제7대 황제인 무제(武帝, 기원전 156~기원전 87) 때의 행궁(行宮)인 **감**

무제가 자주 행차했던 감천궁은 그의 미신 숭배와 밀접한 관련이 있는 곳이다. 섬서성 순화현(淳化縣)에 그 터가 남아 있다.(2009년)

천궁(甘泉宮)을 가리키며, **묘수**는 오묘·신기·교묘하다는 뜻이다. 훗날 두 단어를 합쳐 **병을 잘 치료하는 신군**을 가리키는 용어가 되었다. '신군(神君)'이란 무당 등에 접신한 귀신을 말하는데, 용한 무당을 가리키는 단어이기도 하다.

한나라 무제는 귀신을 비롯하여 신선·불로장생 등과 같은 미신에 심취했다. 그래서 사방 산천에 제사를 드리러 수시로 행차했다. 이를 이용하여 각지의 방사(方士)들이 무제를 기만하는 일이 아주 많았다. 사마천은 무제의 이런 행태를 신랄하게 비난했다. '감천묘수'와 관련한 대목은 다음과 같다.

문성(文星, 방사)이 죽은 이듬해(기원전 118년), 천자가 정호(鼎湖)에서 병이 났는데 심하였다. 무의(巫醫, 무당)가 갖은 방법을 다 써 보았으나 낫지 않았다. 유수발근(游水發根)이란 자가 "상군(上郡)에 한 무당이 있는데 병을 앓으면 귀신이 그 몸에 달라붙는다고 합니다"라고 아뢰었다. 주상이 불러 그에게 감천궁에서 제사를 지내게 했다. 이윽고 무당이 병이 나자 사람을 시켜 신군에게 (천자의 병에 대해) 물어보게 했다. 신군이 "천자는 병을 걱정하지 마시오. 병이 조금 낫거든 억지로라도 감천궁에 와서 나를 만나시오"라고 하였다. 병에 차도가 있어 감천궁으로 행차하니, 병이 정말 나았다.

이 때문에 무제는 그 뒤로 자주 감천궁에 자주 행차했고, 이 때문에 오랜 기간에 걸쳐 비축되었던 국력이 크게 소모되었다.

키워드 : 미신, 방사

강간약지(强干弱枝)

줄기는 강하고 가지와 잎은 약하다.
– 권17 〈한흥이래제후왕연표〉

한나라 무제(武帝, 기원전 156~기원전 87)는 주보언(主父偃, ?~기원전 126) 등의 제안에 따라 중앙집권을 강화하기 위해 '추은령(推恩令)'을 실행했다. 이해가 기원전 127년으로 무제가 즉위한 지 14년째였다. 추은령은 중앙을 위협하는 지방의 왕과 제후의 세력을 약화시키기 위한 조치로 큰아들은 물론 다른 아들들에까지 땅과 작위를 물려받을 수 있게 하여 지방 세력을 분산·약화시키는 조치였다. 이를 나무에 비유하

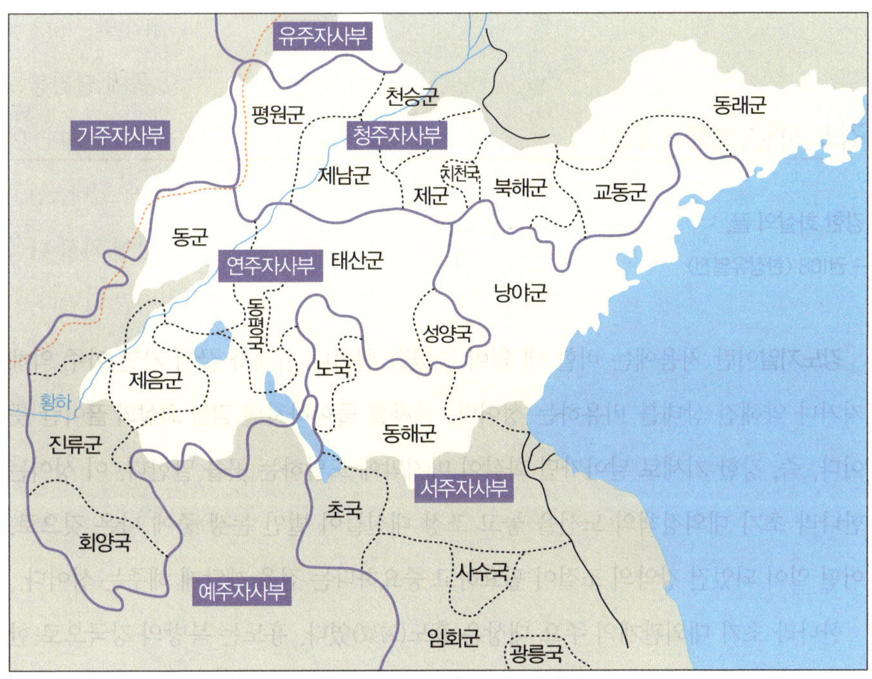

서한시대 산동 지역 지방 군국의 분포도이다.

자면 뿌리와 줄기는 튼튼하고, 가지와 잎은 연약한 것과 같다고 하겠다. 이와 관련한 내용은 다음과 같다.

"한나라의 군은 모두 89개로 그 모습은 마치 '개의 이빨이 단단히 맞물린' 것 같고, 조정은 천하의 요새를 장악함으로써 **뿌리와 줄기는 강하게 하고, 가지와 잎을 약하게** 한 것처럼 존비(尊卑)가 분명해지고 모든 일이 각각 제자리를 찾았다."

무제의 중앙집권 강화로 전국의 군국은 103개(왕국 20, 군 83)로 늘어났다. 이로써 제후는 군현에 포위당해 철저하게 약화되었다. 위 대목에서 뿌리와 줄기는 중앙 정부를, 가지와 잎은 지방 제후 세력을 가리킨다. **강간약지**는 원문의 '강본간(强本干), 약지엽(弱枝葉)'을 줄인 것이다.

키워드 : 통치, 중앙집권

강노지말(强弩之末)

강한 화살의 끝.
– 권108 〈한장유열전〉

강노지말이란 처음에는 비할 데 없이 강했던 힘이나 기세가 끝에 가면 아주 약해지거나 약해진 상태를 비유하는 성어다. 글자를 풀이하자면 **강한 화살의 끝**이란 뜻이다. 즉, 강한 기세로 날아가던 화살이 마지막에 도달하는 곳을 말한다. 이 성어는 한나라 초기 대외정책의 노선을 놓고 조정 대신들이 벌인 논쟁 중에 나온 것으로, 이떤 일이 되었건 강약의 조절이 필요하고 중요하다는 점을 깨닫게 해주는 성어다.

한나라 초기 대외관계의 주요 대상은 흉노(匈奴)였다. 흉노는 북방의 강국으로 한 고조 유방(劉邦)을 한때 사지에 몰아넣었던 적이 있었다. 기원전 200년에 있었던 '평성(平城)전투'였는데, 고조는 이 전투 이후 대신들에게 흉노와는 절대 정면으로 부딪치지 말라고 당부했다고 한다.

그 뒤 한이 나라의 기틀을 잡고 힘을 비축해가면서 대 흉노 정책을 놓고 강경론자와 온건론자가 맞서기 시작했다. 강경론자의 대표는 왕회(王恢, ?~기원전 133)였고, 온건론자를 대변하는 인물은 한안국(韓安國, ?~기원전 127)이었다. 한안국은 지략과 충성으로 한나라 조정을 이끈 사람으로 재물을 탐내기는 했으나, 그가 추천한 인물들은 하나같이 청렴결백할 정도로 사람을 보는 눈도 뛰어났다.

이런 한안국이 흉노 정책에 강경한 입장

촉오동맹을 위해 동오에 사신으로 가서 여러 사람들을 정확한 논리로 설득하는 제갈량의 모습을 그린 그림이다.(출처 : 《도독경전손자병법圖讀經典孫子兵法》)

을 보이는 왕회 등을 설득하면서 "제아무리 **기세가 힘찬 활에서 나온 화살도 마지막에는 힘이 떨어져** 비단에 구멍조차 내지 못한다"는 비유를 들어 아무리 강한 자도 마지막에는 결국 쇠퇴하고 만다는 점을 지적하면서, 강경일변도의 정책을 은근히 비판하고 강약의 조절이 중요하다는 점을 강조했다. 삼국시대 제갈량(諸葛亮, 181~234)도 '강노지말'이란 이 성어를 인용한 바 있다. 제갈량은 조조(曹操, 155~220)에게 쫓겨 위태로워진 유비(劉備, 161~223)를 돕기 위해 손권(孫權, 182~252)을 찾아가 이렇게 설득했다.

"우리가 아무리 패했다고 하지만 되돌아온 군사 등을 합치면 정예군사가 그래도 1만 명은 됩니다. 조조의 군사는 먼 길을 원정하느라고 지친 상태입니다. 하루 밤낮으로 300리를 강행군했다고 하니, 이것이야말로 '강한 화살이 마지막에는 얇은 천도 뚫지 못한다'는 말 아니겠습니까? 더구나 조조의 군사는 수전(水戰)에 익숙하지 못합니다. 몇 만의 병력만 내어 우리와 협력하면 반드시 조조를 격파할 수 있습니다."

손권은 제갈량에게 설득당해 군사를 일으켰다. 그 결과 촉과 오 연합군은 '적벽(赤壁)전투'에서 화공으로 조조의 100만 대군을 대파할 수 있었다.(208년)

놀음판에서 흔히 하는 말 중에 '첫 끗발이 개 끗발이다'라는 비속어가 있다. 어떤 경우가 되었건 처음의 기세를 끝까지 유지하기란 여간 힘들지 않다. 그래서 강약의 조절은 자신의 페이스를 조절하면서 상대방의 반응을 살핀다는 전략·전술의 기본기로 통한다.

실력이 딸릴수록 서두른다. 바탕이 없는 상태에서 서두르면 기세는 금세 꺾인다. 이런 현상은 특히 정치와 선거판에서 무수히 나타난다. 당연히 패할 수밖에 없다. 무슨 일이든 중심을 잡고 차분하게 현상을 바로 보는 일부터 시작해야 한다. 이런 점에서 '급할수록 돌아가라'는 말은 음미할수록 그 의미가 깊다. '강하기만 한 화살의 끝'은 땅에 떨어지는 길밖에 없다.

키워드 : 군사, 전략, 전술, 강온

강동부형(江東父兄)

강동의 부형.
– 권7 〈항우본기〉

기원전 202년 초한쟁패의 막바지, 항우(項羽, 기원전 232~기원전 202)는 해하(垓下, 안휘성 방부시蚌埠市 고진현固鎭縣)에 방어벽을 구축하고 있었다. 한밤이 되자 사방에서 고향 초나라의 노래가 들려왔다.('사면초가' 항목 참고) 항우는 자다 말고 일어나 사랑하는 여인 우희(虞姬)와 술을 마신 다음 이별의 노래를 나누었다.('해하가', '패왕별희' 항목 참고)

항우는 자신을 따르는 800명을 데리고 포위망을 뚫었지만 유방의 추격병이 뒤를 쫓았다. 오강(烏江, 강소성 소주시蘇州市 오강구)에 이르자 오강의 정장(亭長)은 자신이 준비해 놓은 배를 타고 강동(江東)으로 가서 재기하라라고 권했다. 항우는 쓴웃음을 지으며 이렇게 말했다.

"하늘이 나를 망하게 하려는데 내가 건너서 무얼 하겠는가? 게다가 강동의 젊은이 8천이 나와 함께 강을 건너 서쪽으로 갔다가 지금 한 사람도 돌아오지 못하였다. 설사 **강동의 부형**들이 불쌍히 여겨 나를 왕으로 삼는다 한들 내가 무슨 면목으로 그들을 대하겠는가? 그들이 말하지 않는다 해도 이 항적(項籍, 적은 항우의 이름)의 마음이 부끄럽지 않을 수 있겠는가?"

항우는 강동의 자제 8천을 이끌고 봉기에 나섰고, 한순간 천하를 석권했다. 그러나 유방을 이기지 못하고 막바지에 몰렸다. 이 순간 자신의 근거지였던 강동으로 돌아가 재기하라는 권유가 있었지만 항우는 **강동의 부형**들에게 면목이 없다며 거절한 다음 스스로 목을 그어 자결했다.

항우는 죽는 순간까지 자신의 잘못을 깨닫지 못했는지, 아니면 잘못을 인정하기 싫었는지 하늘을 탓하고 자신의 체면을 앞세워 재기의 기회를 걷어찼다. '강동의 부형'은 강동 지역 젊은이들의 부모와 형제를 가리키며, 이들 강동의 젊은이 8천이 항우의 봉기에 따라나섰다. 항우는 이 부형들 볼 면목이 없다며 강동으로 가지 않고 자결을 택했다. 자신을 위해 목숨을 버린 8천 젊은 자제들과 그 부모와 형제들을 생각한 항우의 심경을 헤아리지 못할 바는 아니다.

항우가 마지막 순간 건너려 했던 오강의 모습이다.(2010년)

키워드 : 후회, 체면

강려자용(剛戾自用)

고집이 세고 자기 멋대로이다.
– 권6 〈진시황본기〉

사마천은 상당히 길고 상세한 진시황의 전기 〈진시황본기〉를 남겼다. 사마천은 진시황의 천하통일을 긍정적으로 평가했다. 다만 진시황의 성격 등 개인 신상에 관해서는 자신의 의견을 밝히는 대신 다른 관련 인물들의 입을 빌려 소개하고 있는데, 그중 진시황을 속인 방사로 추정되는 후생(侯生, 생졸 미상)이란 자가 역시 방사인 노생(盧生, 생졸 미상)과 일을 꾸미며 이렇게 말했다.

"시황이란 위인은 천성이 **고집이 세고 자기 멋대로**라 남의 말을 듣지 않는다. 제후 출신으로서 천하를 합병하여 무엇이든 하고 싶은 대로 할 수 있게 되니, 옛날이든 지금이든 자신을 따를 자가 없다고 생각하고 있다."

그러면서 후생은 진시황의 독단적인 일처리에 관해 또 이렇게 말했다.

"천하의 크고 작은 일들이 죄다 주상에 의해 결정되니, 주상은 '읽어야 할 문서의 무게를 달아서 매일 양을 정해놓고(형단량서衡石量書)' 그 양을 채우지 못하면 쉬지도 못할 지경이다. 권세를 탐하는 것이 이와 같으니 선약(仙藥)을 구해주어서는 안 될 것이다."

후생은 이렇게 진시황을 비방한 다음 도망쳐버렸다. 시황이 그 소식을 듣고는 크게 성을 내며 이렇게 말했다.

"내가 노생 등을 존중하여 아주 후하게 대해 주었거늘 이제 와서 나를 비방하며 내 부덕함을 가중시키고 있다. 사람을 시켜 함양(咸陽)에 있는 이런 방사 부류들을 조사했더니 요망한 말로 백성들의 마음을 어지럽히는 자들도 있더라.”

진시황은 어사(御史)에게 이런 부류들을 모조리 심문하게 하니 이자들은 서로 끌고 들어가며 고발했다. 시황이 몸소 법을 어긴 자들 460여 명을 골라내 모조리 함양에다 파묻었다. 그리고는 천하에 이 사실을 알려 후세의 경계로 삼게 했다. 유배된 자들을 더 징발하여 변방으로 보냈다. 이 사건이 기원전 212년에 터진 '갱유(坑儒)'였다.

후생과 노생의 비방은 방사들에 대한 진시황의 분노를 촉발했고, 결국 이들 460여 명을 잡아들여 산채로 파묻어 죽이는 '갱유'의 참극으로 이어졌다. 이 과정에서 방사들은 서로를 고자질하는 추태를 보였다. '갱유'는 한 해 전인 기원전 213년 단행된 서적을 불태운 분서(焚書)와 함께 진시황의 대표적인 폭정으로 꼽혔다. 특히 '갱유'는 말 그대로 유생들을 파묻어 죽인 것으로 알려져 왔지만, 실은 자신을 속이고 거금을 갈취한 방사들을 파묻은 사건이었다. 이 점은 바로잡아야 할 필요가 있겠다.

강려자용은 진시황의 독단적인 성격을 가리키는 성어였지만, 훗날 자기 멋대로 고집을 부리거나 일을 독단적으로 처리하는 사람을 가리키는 용어로 정착했다. '강퍅자용(剛愎自用)'으로도 많이 쓴다.('강퍅'이란 단어의 출처이다.) 다만 이것이 진시황에게 사기를 친 방사의 입에서 나온 자의적 평가였다는 점도 지적해둔다.('분서갱유', '형단량서' 항목 참고)

진시황은 일 중독자였다. 그것이 그의 건강을 해쳤고, 건강에 대한 과도한 집착이 장생불로(長生不老)에 매달리게 했다. 사진은 진시황릉 앞에 조성되었던 일에 열중하고 있는 진시황의 모습이다. 지금은 철거되고 없다.(2009년)

키워드 : 통치자, 성격

강본간(强本干), 약지엽(弱枝葉)

줄기는 강하고, 가지와 잎은 약하다.
— 권17 〈한흥이래제후왕연표〉

'강간약지' 항목에서 살펴보았듯이 한나라는 무제가 제후왕의 자식들에게까지 땅을 주어 제후왕들의 권력을 약화시키는 '추은령(推恩令)'을 실행한 이후 전국적으로 군국(郡國)이 설치되었다. 군이 83개, 왕국이 20개 총 103개가 설치되었다. 제후들은 군현에 포위된 형세가 되어 그 힘이 크게 약화되었다.

위 대목은 그 당시의 상황을 설명하면서 이 군국들이 "제후국 사이사이에 얽히고 설켜 마치 '개의 이빨처럼 단단히 맞물린(견아상제犬牙相制)' 듯했기 때문에", 마치 **줄기가 강하고 가지와 잎이 약하듯** 중앙의 힘은 강화되고 제후는 약해졌다는 것이다. 이렇게 해서 높고 낮은 등급이 분명해지고 모든 일이 제자리를 찾았다고 했다.

나무의 줄기, 즉 몸통이 튼튼해야 잎이 무성해지듯이 가정에서 가장이, 나라에서 중앙 정부가 든든하게 버텨주어야 집안과 나라가 평안해진다는 뜻으로 이해하면 무난할 것 같다. 줄여서 '강간약지(强干弱枝)'라 한다. ('강간약지' 항목 참고)

키워드 : 통치, 중앙집권

강본약말(强本弱末)

뿌리는 강하게 하고, 가지와 잎은 약하게 한다.
— 권99 〈유경숙손통열전〉

'본(本)'은 풀이나 나무의 뿌리와 줄기를 가리키는 글사이고, '말(末)'은 끝이나 꼭대기 및 마지막을 뜻하는데, 뿌리와 줄기에 대해 가지와 잎을 가리키기도 한다. 그리고 이 두 글자를 가지고 다른 것을 비유하기도 했는데, '본'은 나라의 중앙정부, 산업에서의 농업을 가리켰다. 반면 '말'은 지방 세력과 상업을 가리켰다.

〈유경숙손통열전〉에 나오는 **강본약말**은 중앙정부의 힘을 강화시키고 지방 세력은 약화시킨다는 뜻으로 쓰고 있다. 먼저 관련 대목을 보자.

"지금 폐하께서 관중(關中)에 도읍을 정하기는 했으나 실상 인구가 너무 적고, 북쪽으로는 흉노와 너무 가까이 접해 있고, 동쪽으로는 (망한) 6국의 왕족이 남아 있어 그들 종족의 세력이 매우 강해 변란이라도 있는 날에는 폐하께서는 '베개를 높이 하고 편안하게 주무실(고침이와高枕而臥)' 수 없으실 것입니다.

신이 바라건대 폐하께서는 제나라의 전씨(田氏), 초나라의 소(昭)·굴(屈)·경씨(景氏), 연·조·한·위의 왕족들 후손을 비롯하여 호걸과 명문가 사람들을 관중으로 이주시켜 살게 하십시오. 그렇게 하면 아무 일 없을 때에는 흉노에 대비할 수 있고, 제후들이 변란을 일으켰을 때에는 그들을 이끌고 동쪽으로 가서서 정벌하기에 충분할 것입니다. 이것이 바로 나라의 **근본은 튼튼히 하고 말단을 약화시키는 방법**입니다."

누경(婁敬, 유경劉敬, 생졸 미상)은 기원전 202년 고조 유방에게 관중(關中)을 도읍으로 삼으라고 건의한 인물이다. 흉노와의 외교에서도 큰 성과를 거두었다. 위 대목은 그가 흉노에 사신으로 다녀온 다음 고조에게 중앙정부의 힘을 강화하라며 제안한 방법의 일부이다.

누경은 과거 진나라에 망한 6국 귀족의 힘이 남아 있기 때문에 중앙정부에 위협이 될 수 있다고 판단했다. 이들을 수도로 이주시켜 중앙정부의 힘을 강화하고 지방 세력을 약화시키는 한편, 유사시에 이들을 흉노 정벌이나 지방의 반란 진압 등에 동원할 수 있다고 보았다. 고조는 좋다고 말하고, 누경을 보

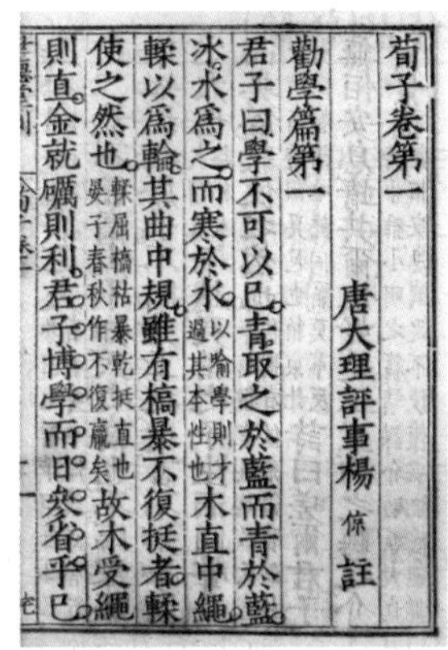

고대사회의 산업과 경제는 거의 전적으로 농업이 주도했다. 이로써 '본말'이란 단어가 중앙정부와 지방 세력 외에 농업과 상업을 가리키는 단어로 정착했다. 사진은 경제에 있어서 농업의 중요성 강조하고 있는 유가사상을 집대성한 《순자》의 판본이다.

내 그가 말한 대로 10만여 명을 관중에 이주시키게 했다.

'본말'은 앞서 말한 대로 농업과 상업을 가리키기도 했다. 춘추전국시대의 관중(管仲)·이괴(李悝)·상앙(商鞅) 등은 모두 국가경제의 기본은 농업이기 때문에 농업을 중시해야 한다는 말들을 남겼다. 또 '말'은 상업 외에 사치 상품의 생산과 유통을 가리키기도 했다. 관련하여 비슷한 표현으로는 '중본억말(重本抑末)', '중농억상(重農抑商)' 등이 있다. '농천하지본(農天下之本)'이란 말도 같은 맥락에서 나왔다. 이 구절은 권 10 〈효문본기〉에 보인다.

유가사상을 집대성한 순자(荀子, 기원전 약 313~기원전 238)도 《순자(荀子)》 〈천론(天論)〉 편에서 유가의 주장대로 농업을 중시하며 '강본절용(强本節用)'이란 말을 남겼다. '본(농업)을 강화하고 비용을 절약한다'는 뜻이다.('고침이와', '농천하지본' 항목 참고)

키워드 : 통치, 중앙집권

강안(强顔)

두꺼운 얼굴.
– 《한서》 〈사마천전〉에 수록된 〈보임안서(報任安書)〉

서한시대의 목록학자 유향(劉向, 기원전 79 또는 77~기원전 8 또는 6)이 편집한 고대 비범한 여성들의 이야기책인 《열녀전(烈女傳)》 〈변통전(辯通傳)〉에 보면 전국시대 제나라의 추녀 무염녀(無鹽女) 이야기가 나온다. 무염읍 출신으로 흔히 무염녀로 불리운 그녀는 이름이 종리춘(鍾離春)이었고, 너무 못생겨 남자들이 외면한 탓에 마흔이 넘도록 시집을 못 가고 있었다. 그녀가 얼마나 못 생겼는지에 대해서는 《열녀전》에 이렇게 기록되어 있다.

"절구통 같은 머리, 푹 들어간 눈, 손발가락은 길쭉 울퉁불퉁, 들창코에 목젖이 튀어나왔고, 목 뒤는 두툼하게 살이 쪘고, 머리칼은 듬성듬성했다. 허리는 굽고, 가슴은 튀어나왔으며, 피부는 옻칠을 한 듯 검었다.”

하지만 누구보다 지혜로웠던 무염녀는 제나라 선왕(宣王, ?~기원전 301)을 찾아가 국정에 대해 충고하여 선왕의 왕비가 된다. 당초 무염녀가 궁에 찾아가 왕 뵙기를 청하자 대신들은 모두 낄낄거렸고, 그중 한 대신은 “그 여자 정말 천하에 낯짝 두꺼운 여자일세(차천하강안여자야此天下强顏女子也)”라며 비아냥거렸다. 여기서 **강안(强顏)** 이란 단어가 나왔다. **얼굴이 너무 두꺼워 부끄러움을 모른다**는 뜻으로 ‘후안무치(厚顏無恥)’와 상통한다.

20세기 초 중국이 제국주의 열강에 침탈을 당하고 있을 때 이종오(李宗吾, 1879~1943)란 학자는 중국이 이렇게 약해진 것은 유교의 체면 문화 때문이라면서 ‘두꺼운 낯짝, 검은 심장’으로 무장해야 한다는 ‘후흑학(厚黑學)’을 제창하여 큰 반응을 얻은 바 있다. 얼굴이 못생겼다고 그냥 포기하고 주저앉았더라면 무염녀는 그저 추녀의 하나로 이름도 없이 사라졌을 것이다. 그녀의 ‘강안’이 있었기에 그나마 제나라 선왕 때는 정치와 문화가 활기를 찾았다.

사마천은 입사 동기 임안(任安, ?~기원전 91)에게 보낸 편지 〈보임안서(報任安書)〉에서 자신이 당한 궁형의 치욕을 떠올리면서 “이러고도 치욕이 아니라고 하면 **뻔뻔한(강안强顏)** 것으로 사람들이 어찌 인정하겠습니까?”라고 했다. 여기서 ‘강안’은 뻔뻔한 얼굴이나 태도를 말하므로 ‘후안무치’에 가깝다. 무염녀처럼 ‘강안’이 아닌데도 뻔뻔한 인간들이 너무 많은 세상이다. 외모가 아니라 내면의 뻔뻔함이 문제의 근원이다.

이밖에 하는 수 없이, 마지못해, 억지로 웃음을 지어보이는 것을 ‘강안위소(强顏爲笑)’라고 하는데, 청나라 때 사람 포송령(蒲

무염녀는 ‘강안’이란 외모 때문에 조롱을 당했지만 그것으로 나라를 구했다. 뻔뻔함은 상황과 필요에 따라 다른 평기를 받을 수 있다. 그림은 무염녀의 고사를 나타낸 벽돌 그림이다.

松齡, 1640~1715)의 괴기소설 《요재지이(聊齋志異)》에 보인다.

키워드 : 외모, 후안무치

강장대옥(康莊大屋)

사통팔달의 큰길과 큰 집.
— 권74 〈맹자순경열전〉

전국시대 제나라 위왕(威王, ?~기원전 320)은 천하의 학자들을 우대하기로 이름난 군주였다. 특히 그는 제나라 직하(稷下, 산동성 치박시淄博市 임치구臨淄區)라는 곳에 학궁(學宮), 즉 아카데미를 지어 학자들을 초빙하여 학문을 연구하고 토론하게 하는 학술후원자 역할을 톡톡히 해냈다. 이곳을 '직하학궁(稷下學宮)'이라 불렀다. 유가의 사상을 집대성한 순자(荀子, 기원전 약 313~기원전 238)는 이곳의 책임자, 즉 좨주(祭酒)를 두 차례나 지냈다고 한다. 오늘날로 말하자면 아카데미의 학장과 같은 자리였다.

〈맹자순경열전〉에는 위왕이 이 학자들을 어떻게 우대했는지를 잘 보여주는 다음과 같은 대목이 눈길을 끈다.

"제나라 왕이 그러한 것을 좋아해 순우곤(淳于髡, 생졸 미상)을 비롯하여 모든 사람을 열대부(列大夫)라 이름하고, 그들을 위해 **사통팔달의 번화한 거리에 저택을 짓고 높은 문과 커다란 집에 살게** 하면서 그들을 존경하고 총애했다. 천하의 제후들과 빈객들을 두루 모시고는 제나라는 천하의 어진 선비들을 초빙했다고 말하게 했다."

위왕이 이들을 위해 '사통팔달의 번화한 거리에 저택을 짓고, 높은 문과 커다란 집에 살게 했다'는 위 대목에서 '강장지구(康莊之衢), 고문대옥(高門大屋)'이란 성어가 나왔고, 이를 줄여서 **강장대옥** 또는 '강장대도'라 한다. 역대 주석에 따르면 '강(康)'은 다섯 방향으로 훤하게 트였다는 뜻이고, '장(莊)'은 여섯 방향으로 훤하게 트였다는 뜻이다. 즉, 사통팔달의 큰 거리를 말한다.

예술과 학문 등 문화 방면에 대한 투자, 즉 메세나 정신은 한 나라의 수준을 가늠하는 잣대가 된다. 직하학궁에서는 제자백가가 일어났고, 문예부흥 르네상스도 이 정신에 입각한 후원으로 일어났다.('조롱' 항목 참고)

'강장대옥'은 직하학궁의 번성을 표현하는 표현이다. 사진은 직하학궁의 유지이다(산동성 치박시 임치구, 2015년)

참고 메세나(Mecenat)는 문화예술이나 스포츠 방면에 대한 기업의 지원 활동을 뜻하는 프랑스어이다. 고대 로마의 정치가 가이우스 킬리나우스 마에케나스(Gaius Cilnius Maecenas)의 이름에서 유래했다. 당시 마에케나스는 예술가들과 친교를 맺으며 창작 활동을 적극적으로 후원한 것으로 알려져 있다.

오늘날 메세나는 기업들이 문화예술에 대한 지원을 통해 사회에 공헌하고 국가 경쟁력에 이바지하는 활동을 통칭하는 용어로 자리 잡았다. 기업 이익의 사회 환원이기도 하며, 단순히 예술을 지원하는 차원을 넘어 건전한 기업문화의 뿌리를 튼튼히 하는 뜻 있는 활동이기도 하다.

마에케나스는 기원전 68년에 태어나 기원전 8년에 세상을 떠났다. 전국시대 제나라 위왕은 기원전 약 318년에 태어났다. 마에케나스보다 250년 앞선다. 따라서 위왕이 세운 직하학궁은 세계 최초의 국가적 차원의 메세나 정신의 실천 사례라 할 수 있다.

직하학궁은 또 플라톤이 아테네에 세운 학술원인 아카데미와 비교하기도 한다. 참고로 플라톤은 제 위왕보다 약 100년 전에 태어났다.(플라톤의 생졸 연도에 대해서는 몇 가지 설이 있다. 대체로 기원전 428년 전후에 태어나 기원전 348년 전후에 세상을 떠난 것으로 본다.)

키워드 : 학술, 학궁, 아카데미, 후원

강태공조어(姜太公釣魚)

강태공이 물고기를 낚다.
— 권32 〈제태공세가〉

명나라 때 사람 허중림(許仲琳, 약 1560~
약 1603)이 지은 신마(神魔, 판타지)소설
《봉신연의(封神演義)》의 주인공은 강태
공(姜太公, 기원전 11세기)이다. 이 소설에
서 강태공은 온갖 신출귀몰한 도술을
구사하고 있다. 이 때문에 강태공이란
실존 인물은 더욱 더 신비화되었다. 그
는 은말주초(殷末周初) 주 문왕(文王)과

주나라 건국의 주역인 강태공과 관련한 유적으로 가장 대표적인 것이 섬서성 보계시의 조어대이다. 사진은 조어대 유적의 봉신궁 입구이다.(2009년)

그 아들 무왕(武王)을 도와 기원전 1046년 은(상)나라를 멸망시키고, 주나라를 건국하는 데 결정적인 공을 세운 인물이다. 뛰어난 정치가이자 군사가였고, 주나라 건국의 공으로 지금의 산동 지역을 봉지로 받아 제(齊)나라를 세운 개국 군주이기도 했다.

강태공은 산동 바닷가 출신이었지만 일찍이 집을 나와 천하를 떠돌며 정세를 살피며 때를 기다렸고, 위수(渭水) 주변 반계(磻溪)라는 곳에서 낚싯바늘 없는 낚싯대를 드리우고 있다가 문왕을 만났다. 이 때문에 강태공은 낚시와 관련한 고사를 많이 남겼다. 본 항목인 **강태공조어**가 대표적이고, '위수 가에서 낚싯대를 드리우다'는 '위빈수조(渭濱垂釣)'와 '반계에서 낚싯대를 드리우다'는 '반계수조(磻溪垂釣)' 등이 있다. 모두 뛰어난 인재가 자신을 기용할 때를 기다리고 있는 것을 비유하는 성어들이다.

강태공의 낚시와 관련 유적도 여러 군데 남아 있는데, 섬서성 보계시(寶鷄市)의 '조어대(釣魚臺)'가 가장 대표적이다. 강태공과 관련해서는 많은 고사성어와 명언명구가 남아 있기 때문에 해당 항목들을 참고하기 바란다.('백어입주', '태공망' 등 항목 참고)

키워드 : 기회, 기다림

개과자신(改過自新)

잘못을 고치고 착한 길로 가다.
– 권10 〈효문본기〉

서한 제3대 황제인 문제(文帝, 기원전 202~기원전 157)는 중국 역사상 최고의 명군 중한 사람으로 꼽힌다. 특히 그는 각종 악법을 폐지하는 선정(善政)을 베풀어 백성들의존경과 사랑을 받았다. 연좌제(連坐制)를 비롯하여 비방제(誹謗罪)를 폐지했고, 죄수에게 가하던 육형(肉刑), 즉 고문(拷問)도 폐지했다. 심지어 관청 등에서 황제를 칭송하고 복을 비는 행동까지 못하게 했다. 참으로 겸손한 통치자였다. **개과자신**은 육형을 폐지하라는 문제의 조서에 나오는 한 대목인데 그 부분을 한번 보자.

"지금 법에 육형이 세 가지나 있는데도 간악한 행동이그치지 않으니 그 잘못이 어디에 있단 말인가? 짐의 덕이박하고 교화가 밝지 못해서가 아니겠는가? 내가 참으로부끄럽다. 무릇 교화의 방법이 좋지 못하여 어리석은 백성들이 죄에 빠지는 것이다. 《시(詩)》에 '다정하고 자상한군자여, 백성의 부모로다'하였다. 그런데 지금은 잘못이있으면 교화를 베풀기도 전에 형벌을 가하니 **잘못을 고치고 착한 길로 가고자** 하여도 그럴 방법이 없다. (중략) 육형을 없애도록 하여라!"

한 문제는 중국 역사상 보기드물게 여러 악법을 폐지한군주로 남아 있다. 특히 효녀제영의 간청으로 육형을 폐지한 일은 적지 않은 감동을준다. 제영의 초상화이다.

문제의 육형 폐지는 제영(緹縈)의 극진한 효심이 계기가되었다. 태창령(太倉令) 순우공(淳于公)이 죄를 지어 벌을 받게 되자 그의 딸 제영이 울면서 아버지를 따라 장안으로 와서는 대신 죄를 받게 해 달라는 감동적인 글을 올렸다. 이 글을 본 문제는 바로 육형 폐지를 명령했다.

한 문제는 기원전 179년 즉위하자마자 연좌제 폐지를 시작으로 이듬해인 기원전 178년 비방죄 폐지, 기원전 167년 육형 폐지, 기원전 156년의 태형(笞刑) 줄이기 등으로 이어졌다. 지금으로부터 약 2,200년 전 개명한 한 군주의 악법 폐지는 많은 것을 생각하게 한다. 아직도 폐지되지 않고 우리 사회에 남아 있는 유령 같은 악법들이 떠오르기 때문이다. 법의 제정도 중요하지만 나쁜 법과 쓸모없는 법을 폐지하는 일도 그 못지않게 필요하고 중요하다.

키워드 : 통치자, 악법폐지

개과회정(改過悔正)

잘못을 뉘우치고 바른길을 가다.
– 권60 〈삼왕세가〉

'잘못을 고치고 착한 쪽으로 간다'는 '개과천선(改過遷善)'은 일상에서 자주 쓰는 고사성어의 하나이다. 이 사자성어는 중국 고대의 철학서이자 훗날 점복서로 활용된 《주역(周易)》의 '익(益)'이란 괘에 대한 설명의 다음 대목을 네 글자로 줄인 것이다.

"군자는 좋고 착한 것을 보면 바로 그 쪽으로 가고, 잘못이 있으면 바로 고친다."
"군자이견선즉천(君子以見善則遷), 유과즉개(有過則改)."

《사기》에 '개관천선'과 같은 뜻을 가진 싱어는 〈삼왕세가〉에 보이는 **개과회정**과 〈효문본기〉에 보이는 '개과자신(改過自新)'이 있다.('개과자신' 항목 참고) 〈삼왕세가〉의 관련 대목은 다음과 같다.

“대장군 곽광이 국정을 보좌하면서 공경대신들과 의논하길 ‘연왕(燕王) 단(旦)은 잘못을 고쳐 **바른 길로 나아가지** 않고 변함없이 나쁜 짓을 저지르고 있소’라고 했다. 이에 엄격한 법으로 바로 판결하여 죽음이란 벌을 내렸다.”

곽광(霍光, ?~기원전 68)은 무제 때 명장으로 이름을 떨쳤던 곽거병(霍去病, ?~기원전 117)의 배다른 동생이다. 무제가 죽은 다음 대사마(大司馬) 대장군의 신분으로 어린 황제 소제(昭帝, 기원전 94~기원전 74)를 보필하며 국정을 주도했다. 이 공으로 박육후(博陸侯)에 봉해졌다. 곽광은 기원전 80년 소제의 형인 연왕 단의 반란을 기회로 정적들을 제거하고 실권을 장악했다. 위 대목은 곽광이 연왕 단을 처단하기 위해 조정 대신들과 논의한 대목의 하나이다.(시기로 보아 이 부분은 훗날 보태어진 것이다. 사마천이 《사기》를 완성한 때는 기원전 90년 전후이기 때문이다.)

곽광은 소제에 이어 선제(宣帝)의 즉위에까지 영향력을 발휘하는 등 엄청난 권력을 누렸으나 그가 죽자 선제는 그 집안을 반역죄로 몰아 몰살했다.(2008년)

키워드 : 자성, 개과

개목(丐沐)

머리 감을 물을 구걸하다.
– 권49 〈외척세가〉

서한 문제(文帝)의 황후였던 두(竇)황후(?~기원전 135)는 어릴 때 집안 형편이 어려워 형제들과 생이별을 했다. 동생 광국(廣國)은 남의 집에 팔려가서 죽을 고비를 넘

두 황후는 어릴 적 형제들과 생이별을 했다가 기적적으로 재회했다. 사진은 두황후의 무덤이다.(2009년)

기며 고생고생을 했다. 당시 광국은 산에서 숯을 구웠는데, 어느 날 숙소가 있는 절벽이 무너져 100여 명이 압사하고 광국만 살아남았다. 그래서 점을 쳐보았더니 귀하게 될 상이라는 점괘가 나왔다. 광국은 서울 장안(長安)으로 무작정 올라갔다.

이 무렵 두황후가 새로 즉위했다. 광국이 듣자하니 황후의 고향이 관진(觀津)이고 성이 두씨(竇氏)라 하였다. 광국이 집을 떠날 때 어리긴 했지만 고향과 성명, 그리고 누이와 뽕잎을 따다가 나무에서 떨어진 일 등을 기억해내고는 이를 글로 올렸다. 황후가 이 일을 황제인 문제와 상의했다. 문제가 광국을 불러들여 물었더니 그 당시 상황과 같았다. 문제는 좀 더 분명한 증거를 요구했다. 광국은 이렇게 말했다.

"(당시) 누이는 제가 서쪽으로 갈 때 저와 역참의 숙소에서 헤어졌는데, **머리 감을 물을 얻어다가** 제 머리를 감겨주었으며(개목목아丐沐沐我), 또 밥을 구해 저를 먹인(청식반아請食飯我) 다음 헤어졌습니다."

두황후는 광국을 붙들고 눈물 콧물이 뒤범벅이 되도록 통곡을 했다. 좌우의 시종과 신하들 모두 엎드려 통곡하니 황후와 그 동생의 재회가 더욱 비장했다. 이렇게 해서 두황후는 어릴 때 헤어졌던 형제들을 다 찾아내서 장안으로 올라와 살게 했다.

'개목'은 낯선 단어다. '개(丐)'는 빌어먹다, 구걸하다는 뜻이다. 무협소설에 나오는 거지들의 집단인 개방(丐幇)을 떠올리면 쉽게 이해가 될 것이다. '목(沐)'은 머리를 감는다는 뜻이다. 흔히 목욕(沐浴)이란 두 글자로 몸을 씻는다는 뜻을 나타내는데, 실은 '목'은 머리를 감는다는 뜻이고, '욕'은 몸을 씻는다는 뜻이다. 엄밀히 말해 목욕은 머리를 감고 몸을 씻는 것이다. 옛날에는 목욕이 일상화되지 않아 머리를 감거나 몸을 씻는 날을 정해놓았다고 한다. 어떤 학자는 '목'을 쌀 씻은 뜨물이라고도 한다.

두 황후와 그 동생 두광국의 일화에서 나온 '개목'은 훗날 어린 동생이나 아이를 아끼는 비유의 뜻으로 사용되었다.

개심(槪心)

관심을 갖다 / 관심.
– 권79 〈범수채택열전〉

위(魏)나라 출신의 유세가 범수(范雎, ?~기원전 255)는 자기 나라에서 인정은커녕 권력자의 시기와 질투 때문에 거의 죽다가 간신히 살아났다. 범수는 정안평(鄭安平)의 도움으로 위나라를 탈출하여 서방 진나라로 건너왔다. 범수는 장록(張祿)으로 이름을 바꾸고 사람을 넣어 진나라 소양왕(昭襄王, 기원전 324~기원전 251)을 만나고자 했다. 그러나 얼마 전까지 유세가들 때문에 골머리를 앓았던 진나라인지라 면담을 받아들이지 않았다.

시간은 흘러 해를 넘겼다. 범수는 마지막으로 소양왕에게 글을 올렸다. 글을 통해 소양왕의 마음을 움직여 보려는 심산이었다. **개심**이라는 낯선 이 단어는 범수가 소양왕에게 보낸 편지에서 나왔는데 동사로 쓰일 경우는 **관심을 갖다**가 되고, 명사일 경우는 **관심**에 가깝다. 해당 대목을 먼저 보자.

당시 소양왕은 외척 세력의 국정 간섭 등으로 상당한 어려움에 처해 있었다. 범수는 진나라의 이런 상황을 정확하게 지적하며 소양왕을 설득하여 중용되었다. 드라마 속의 진 소양왕 캐릭터이다.

"저는 이렇게 들었습니다. 대부의 땅을 부유하게 해줄 인재는 나라 안에서 찾고, 제후의 나라를 부강하게 해줄 아는 인재는 천하에서 찾는다고. 천하에 영명한 군주가 있으면 다른 제후들이 마음대로 인재를 얻을 수 없다는 것은 무엇 때문입니까? 이것은 영명한 군주가 그와 같은 인재를 제후들로부터 빼앗아오기 때문입니다. 뛰어난 의사는 병자의 생과 사를 알아낼 수 있고, 훌륭한 군주는 일의 성패를 알아낼 수 있습니다. 이익이 된다고 생각하시면 즉시 그것을 실행하고, 해가 된다고 생각하시면 즉시 버리고, 의심이 가시면 조금씩만 그것을 실행해보는 것입니다. (중략) 추측컨대 대왕께서 지금껏 저를 내버려두신 것은 제가 어리석어서 대왕의 마음이 제게 **관심**이 없어서입니까, 아니면 저를 소개시켜준 신하의 지위가 비천해 믿으실 수 없어서입니까? 만약 이 두 가지 모두가 아니라면 대왕께서 구경 다니시고 남는 틈에라도 대왕을 뵈올 수 있는 영광을 주시기를 바랍니다. 만약 소인이 드리는 말씀에 한마디라도 쓸모없는 것이 있다면 죽음이라도 달게 받겠습니다."

　범수의 글은 소양왕의 마음을 움직였고, 두 사람은 마침내 만날 수 있었다. 글은 설득력이 대단히 높다. 특히 범수가 편지의 마지막 죽음을 불사하겠다고 극언한 대목이 소양왕의 마음을 크게 움직였고, 이로써 소양왕은 범수에게 '개심', 즉 관심을 가졌다.('감어수자견면지용~' 항목 참고)

키워드 : 감정, 관심

개원천리(豈遠千里)

어찌 천 리를 멀다 하겠는가?
- 권34 〈연소공세가〉

　기원전 1046년 건국된 주나라는 각지에 제후국을 세웠다. 그중 동북 지역에 건국된 연(燕)나라는 역사가 오랜 제후국이었지만 국력이 약소하여 주변 강국들에게 시달림을 당했다. 전국시대 말기에 즉위한 젊은 소왕(昭王, ?~기원전 279)은 나라를 중흥시키기 위한 적극적인 행보에 나섰다. 무엇보다 소왕은 천하의 인재들을 모시는 데 온 힘을 기울였다.

개원천리는 제대로 인재를 모시기만 한다면 인재들이 **천 리를 멀다 않고** 달려올 것이라는 대목에서 나왔다. 우리가 흔히 사용하는 '천 리를 멀다 하지 않는다'는 '불원천리(不遠千里)'와 같은 뜻이다. ('불원천리'는 《맹자》〈양혜왕〉 상편에 나온다.) 이 대목은 소왕과 은자 곽외(郭隗, 생졸 미상)의 대화 중 일부인데 관련 장면을 보자.

연나라 소왕은 나라가 망하기 직전에 왕위에 올랐기 때문에 공손한 태도로 많은 예물을 갖추어 현자들을 널리 초빙했다. 그는 현자 곽외에게 이렇게 말했다.

"제나라가 우리가 혼란에 빠진 틈을 이용해 기습적으로 공격을 가해 와서 나라가 거의 망할 지경에 이르렀소. 우리는 국토가 좁고 힘이 약하기 때문에 이 상태로는 원수를 갚을 수 없다는 사실을 익히 잘 알고 있소. 그러나 유능한 인재를 얻어서 함께 국가를 다스리는 데 매진해 선왕의 치욕을 말끔히 씻는 것이 과인의 소망이오. 그대가 만약 마땅한 사람을 만나게 되면 일러주시오. 과인이 직접 찾아가서 모셔오겠소."

은자 곽외는 좋은 인재를 예를 다하여 후하게 대접하면 아무리 멀어도 제 발로 찾아 올 것이라고 말하며 별다른 재주 없는 자신을 먼저 대우할 것을 제안했다. 과연 그의 말대로 천하의 인재들이 '앞을 다투어 연나라로 달려왔다.' 전국 중후기 연나라 도성 유지인 하도(下都, 지금의 하북성 보정시 保定市 역현易縣) 유적지 전시관에 걸려 있는 곽외의 모습이다.(2013년)

곽외는 "임금께서 유능한 인재를 초빙할 생각이 있으시다면 '먼저 저 곽외부터 시작하십시오(선종외시先從隗始).' 그러면 저보다 현명한 사람들이 **어찌 천 리 먼 길을 마다하겠습니까?**"라고 대답했다. 소왕은 곽외에게 집을 마련해 주고 스승으로 모셨다. 그러자 군사 전략가인 악의(樂毅)가 위(魏)에서 달려왔고, 음양오행에 해박한 추연(鄒衍)이 제나라에서 달려왔으며, 힘이 세기로 이름 난 극신(劇辛)이 조(趙)나라에서 귀순해 오는 등 '많은 인재들이 앞을 다투어 연나라로 몰려왔다(사쟁추연士爭趨燕).' 연왕은 사람이 죽으면 일일이 찾아가 애도를 표하고, 유족들을 위문하는 등 신하와 더불어 기쁨과 슬픔을 같이했다.

연 소왕은 이런 열린 인재정책으로 국력을 키워 숙적 제나라를 공격하여 제나라를 거의 멸망 직전까지 몰아붙였다. 인재에 대한 지도자의 진심어린 대우와 기용이 나라의 흥망성쇠와 직결된다는 관점은 사마천 인재관의 가장 중요한 핵심이다. 연 소왕의 사례는 이 점을 생생한 사례로 보여주고 있다.

키워드 : 통치(자), 정책, 인재, 우대

개위리(皆爲利)

모든 것이 이익을 위해.
– 권129 〈화식열전〉

사마천은 〈화식열전〉, 〈평준서〉 등을 통해 지금 보아도 놀라운 경제사상을 펼치고 있다. 그중에서도 **개위리** 사상이 특별히 눈길을 끈다. '개위리'란 사람들의 행위가 **모두 이익을 꾀하려는 목적을 위해서**라는 뜻이다. '개위리'를 직역하자면 '모든 것이 이익을 위해' 정도가 된다. 사마천은 인간의 본성은 자신의 욕망을 만족시키려 하고, 이는 예로부터 예외가 없었다고 보았다. 사마천은 이렇게 말한다.

"신농씨(神農氏) 이전에 대해서는 나는 모른다. 《시경》이나 《서경》에 기술된 우(虞, 순임금)·하(夏) 이후라면 눈과 귀는 가능한 아름다운 소리와 좋은 모습을 듣고 보려 하며, 입은 고기와 같이 맛난 것을 먹고 싶어 하고, 몸은 편하고 즐거운 것을 찾으며, 마음은 권세와 능력이 가져다 준 영광을 뽐내려 한다. 이런 습속이 백성들에게 젖어 든 지는 오래라 집집마다 이런저런 말로 알려주려 해도 끝내 교화할 수는 없다.”

사마천은 이런 인식에 기초하여 ‘모든 것이 이익을 위해’ 행동한다는 ‘개위리’ 사상을 다음과 같은 명구로 생생하게 드러내고 있다.

사마천은 춘추전국 당시 도성의 번화함에 대해 도성으로 들어가는 “사람들이 흘리는 땀이 비가 되어 내릴” 정도였다고 묘사했다. 경제와 시장의 활기를 극적으로 반영하는 대목이다. 제나라 도성이었던 임치(臨淄)는 2천 수백 년 전에 인구가 이미 수십만을 넘었다. 사진은 당시 임치를 복원한 모형이다.(산동성 치박시淄博市 관중기념관 내 2015년)

“천하가 희희낙락하는 것도 **모두 이익을 위해** 몰려들고, 천하가 소란스러운 것도 **모두 이익을 위해** 떠나기 때문이다.”

사마천이 제기한 ‘개위리’ 사상은 이익을 위해 움직이는 인간의 본성을 정확하게 간파하여 이를 긍정함으로써 돈과 이익을 천시하고 배척하는 유가의 위선적 경제관에 정면으로 도전할 수 있는 단단한 논리를 제공하는 혁명적 선도자가 되었다.(‘천하희희, 개위리’ 항목 참고)

키워드 : 경제, 이익, 본성

개포과야재(豈匏瓜也哉), 언능계이불식(焉能繫而不食)?

어찌 담에 매달려 있기만 하고, 먹지도 못하는 표주박과 같을 수 있나?
– 권47 〈공자세가〉

오랫동안 우리에게 공자(孔子, 기원전 551~기원전 479)는 ‘공자님’으로 상징되는 근엄한 스승의 이미지가 강했다. 그러나 공자와 그 제자들의 언행록인 《논어(論語)》를 읽다보면 유머 감각 넘치는 공자의 모습을 발견할 수 있다. 중국의 이름난 수필가 임어당(林語堂, 1895~1976)은 공자의 이런 유머러스한 모습을 가장 잘 포착하여 여러 편의 글을 남겼다. 〈공자의 유머〉라는 글이 대표적인데 그 요점을 간추려 본다.

공자의 유머는 자연스럽다. 그리고 《논어(論語)》에는 유머러스한 공자의 말이 많다. 공자는 실제로 많은 곳을 돌아다니며 정감 넘치고 이치에 합당한 얘기를 많이 했기 때문이다. 공자는 당연히 인정미가 넘치는 사람이기도 했다. 그는 공손하면서 편안했고, 위엄이 있으면서 사납지 않았다. 천 리 밖까지 찬바람이 쌩쌩 도는 도덕군자인양 점잔을 빼는 그런 사람이 결코 아니었다.

《논어》에는 공자의 인간미가 물씬 풍긴다. 《논어》의 멋을 알려면 먼저 공자가 제자들에게 한 말들을 음미해야 한다. 그중에는 유유자적하면서 한 말, 솔직담백한 말, 외부인에 대해서는 전혀 신경 쓰지 않고 한 말, 그냥 나오는 대로 내뱉은 말, 유머러스한 말, 심지어는 농담 및 욕까지 다양하기 짝이 없다.

개포과야재, 언능계이불식에도 공자의 이런 유머 감각이 잘 드러난다. 사마천은 《논어》〈양화(陽貨)〉 편을 인용하고 있다. 당시 진(晉)나라 중모(中牟)를 다스리고 있던 필힐(肸肸)이란 자가 공자를 초청했고, 공자는 가려고 있다. 제자 자로(子路)가 필힐은 반란을 일으킨 자로서 선생님의 평소 말씀대로라면 가지 말아야 하는 것 아니냐고 반론을 제기했다. 공자는 "갈아도 엷어지지 않는 것을 굳다고 하지 않을 수 있겠느냐? 검은 물감을 들여도 검어지지 않는 것을 희다고 하지 않을 수 있겠느냐?"고 반문하면서 이렇게 말했다.

"내가 어찌 담에 매달려 있기만 하고, 먹지도 못하는 표주박과 같을 수 있나?"

이 대목에 관해서는 역대로 해석이 분분하지만 공자의 유미 감각이 넘치는 다른 사례들로 미루어 볼 때 역시 공자의 유머로 보아야 문맥이 잘 풀린다. 물론 이 말 속에는 자신을 알아주지 못하는 현실에 대한 야유(揶揄)의 분위기도 풍긴다. 또 〈양화〉

편에는 다른 편들보다 공자의 유머와 관련한 대목들이 특히 많은데 그중 하나만 더 소개한다.

공자가 무성(武城) 지방에 갔는데 현악기와 노래 소리가 들려왔다. 공자는 빙그레 웃으며, "닭 잡는 데 어찌 소 잡는 칼을 쓰는고(살계언용우도殺鷄焉用牛刀)?"라고 했다. 그러자 자유(子游)가 이렇게 말했다.

"전에 선생님께서 '군자가 도를 배우면 백성을 사랑하게 되고, 소인이 도를 배우면 백성을 부리기 쉽다'고 하셨습니다."

공자는 "애들아, 언(偃, 자유)의 말이 옳다. 아까 한 말은 농담이었다"라고 했다.

이렇듯 《논어》는 공자와 제자들이 사적으로 나눈 대화체 실록(實錄)으로 새삼 공자의 진면목을 확인할 수 있는 귀중한 기록이 아닐 수 없다. 《논어》는 진지함과 가벼운 이야기가 적당히 섞인 조용하고도 차분한 실록이다. 이 한적한 대화체 실록으로부터 우리는 공자의 진면목을 편한 마음으로 살펴볼 수 있다.

정감과 유머 넘치는 공자의 모습을 제대로 발견한 수필가 임어당.

키워드 : 언어, 논어, 유머

중국인들은 '염황자손'으로 자처한다. 염제와 황제
는 우리의 단군과 같은 위상이다. 사진은 황제의
고향으로 알려져 있는 하남성 신정시(新鄭市) 황제
사당에 조성되어 있는 황제상이다.(2013년)

갱뇨(更溺)

돌아가며 오줌을 누다.
– 권79 〈범수채택열전〉

전국시대 위나라의 유세가 범수(范雎, ?~기원전 255)는 중대부 수고(須賈)의 질투와 모함 때문에 위나라 공자 위제(魏齊)에게 모진 고문과 치욕을 당했다. 위제는 자신의 손님들을 시켜 만신창이가 되어 변소 간에 버려진 범수에게 오줌을 누게 하는 견딜 수 없는 수모(受侮)까지 주었다.

이 대목에서 **돌아가며 오줌을 누다**는 **갱뇨**라는 표현이 나왔다. 누군가에게 엄청난 수모를 주는 행동을 비유한다. 원문에는 '갱뇨수(更溺雎)'로 나온다. '돌아가며 범수에게 오줌을 누었다'는 뜻이다.(자세한 경위는 '애자필보' 항목 참고) 참고로 범수는 범저(范雎)로도 많이 쓰는데, 이 사전에서는 상대적으로 쉬운 발음인 '수'를 택하여 범수로 통일했다.

키워드 : 인간, 모욕, 수모

갱힐후(羹頡侯)

갱힐후.
– 권50 〈초원왕세가〉

한 고조 유방은 젊은 날 생계를 팽개치고 건달 생활을 했다. 늘 사고를 치고 숨어 다니면서 틈만 나면 친구들과 큰형수에게 가서 밥 따위를 얻어먹었다. 큰형은 일찍 죽고 없었다. 형수는 늘 얻어먹고 다니는 이런 시동생이 미워서 친구들과 찾아오면 음식을 다 먹은 것처럼 주걱으로 솥을 긁어댔다. 유방이 솥 안을 보니까 죽이 아직 남아 있었다. 이 때문에 유방은 큰형수를 원망했다.

훗날 황제가 된 유방은 형제와 그 자식들에게 작위를 내렸는데, 큰형의 아들 유신(劉信, 생졸 미상)만 쏙 빼놓았다. 큰형수에 대한 감정의 앙금 때문이었다. 유방의 아버지 태공이 어째서 다른 조카들에게는 다 작위를 주면서 큰형의 아들만 빼놓았냐고 하자 유방은, "제가 봉하는 것을 잊은 것이 아니라 그 어미가 후덕하지 못해서입니다"라며 큰형수에 대한 섭섭함을 드러냈다. 그리고는 조카 유신에게 작위를 내렸는데, 그 이름이 **갱힐후(羹頡侯)**였다.

'갱힐'이란 우리나라 경상도에서 말하는 '갱시기' 비슷한 것으로, 죽은 죽인데 죽도 밥도 아닌 종류다. 젊은 날 죽이 남아 있는데도 주기 싫어 솥을 긁어댔던 형수에 대한 섭섭함을 경멸조의 이름을 붙여 드러낸 것이다. 유방의 뒤끝은 알아주어야 한다.

원나라 때 학자인 진부(陳孚, 1240~1303)는 한나라의 명장 한신(韓信, ?~기원전 196)에게 먹을 것을 주었던 빨래하는 아주머니 표모(漂母)의 무덤을 찾아 이런 시를 남겼다.

천금으로 표모에게 은혜 갚은 일을 웃지 마라.
한나라 황가에는 갱힐후도 있다.

진부는 어려울 때 밥을 먹여 준 표모에게 천금으로 은혜를 갚고 표모의 무덤까지 만들어준 한신의 보은(報恩)과 유방이 큰형님의 아들을 '갱힐후'라는 조롱조의 이름을 붙여 제후에 봉한 일을 빗대어 풍자했다.(한신과 표모에 관해서는 '표모반신', '일반천금' 항목 참고) 기록에 큰형수는 '거수(巨嫂)'로 표현되어 있는데, '구수(丘嫂)'·'대수(大嫂)'·'장수(長嫂)'로도 쓴다. 다 큰형수란 뜻이다. 이 일화에서 '큰형수의 죽'이란 뜻의 '구수갱힐(丘嫂羹頡)'이란 재미난 성어가 파생되어 인색한 사람을 조롱하는 전고가 되었다.

<hr>

키워드 : 언어, 별칭, 조롱

거가즉치천금(居家則致千金), 거관즉지경상(居官則至卿相), 차포의 지극야(此布衣之極也)

집안에서는 천금의 재산을 이루었고, 벼슬로는 재상에 이르렀으니 보통 사람(평민)으로는 가장 높은 곳까지 가다.

– 권41 〈월왕구천세가〉

약 반세기에 걸친 오월쟁패에서 월왕 구천(勾踐, ?~기원전 465)을 도와 오나라를 멸망시키는 데 큰 공을 세운 범려(范蠡, 생졸 미상)는 이후 치이자피(鴟夷子皮)로 이름을 바꾸고 숨어 살면서 해변에서 농사를 잘 지어 많은 재산을 모았다.('치이자피' 항목 참고) 재산이 늘고 큰 성공을 거두자 명성이 사방으로 퍼져 나갔다. 제나라에서 그를 재상으로 삼으려 청하자 범려는 오히려 한숨을 지으며, **"집안에서는 천금의 재산을 이루었고, 벼슬로는 재상에 이르렀으니 보통 사람으로는 가장 높은 곳까지 간 셈이다!"**라고 탄식한 다음 이렇게 덧붙였다고 한다.

"이렇게 귀한 이름을 오래 가지고 있으면 상서롭지 못하다."

"구수존명불상(久受尊名不祥)."

범려는 그곳을 떠나 정도(定陶, 산동성 정도)라는 곳으로 이주하여 다시 사업을 벌여 크게 성공했다. 이 때문에 범려를 도주공(陶朱公)이란 별칭으로 부르기도 한다. 그런 점에서 위 명언은 진퇴의 경지를 가장 잘 보여준 범려의 처세술이 돋보이는 명언이기도 하나. 범려 이후 가장 명예로운 퇴진을 결단한 인물은 시한 건국에 결정적인 역할을 하여 소하(蕭何)·한신(韓信)과 함께 '서한삼걸(西漢三杰)'로 꼽히는 장량(張良, ?~기원전 190)이다. 그에게 늘 따라다니는 표현들 또한 '성공불거(成功不居)'니, '공성용퇴(功成勇退)'니 하는 것들이다. 전자는 '성공한 자리에는 머물지 말라'는 뜻이고, 후자는 '공을 이루었으면 용감하게 물러나라'는 뜻이다. 범려는 부귀영화를 미련 없이 버리고 떠나면서 자신의 할 일이 끝났거나 자기 역할이 더 이상 필요가 없을 때는 물러나야 한다고 했다. 그 결단을 내리지 못하면 자칫 '토사구팽(兎死狗烹)' 당하기 일쑤다. ('구수존명불상' 항목 참고)

범려가 마지막 정착한 산동성 정도에는 그가 살았다고 전하는 마을을 비롯하여 무덤과 석상 등이 조성되어 있다. 사진은 범려가 살았다는 마을 범점(范店)이다. (2010년)

키워드 : 처세, 진퇴

거관수법(居官守法)

관직에 있는 몸으로 법을 지키다.

– 권68 〈상군열전〉

열강이 약육강식의 논리로 무한패권을 다투던 전국시대 7웅 중 진(秦)나라는 뒤늦게 경쟁에 뛰어든 나라였다. 이 진나라를 비약적으로 발전시킨 인물들 중에서 가장 대표적인 인물을 들라면 상앙(商鞅, 기원전 약 390~기원전 338)을 꼽아야 할 것이다. 그는 이른바 '변법(變法)'이라는 개혁정치를 통해 진의 부국강병(富國强兵)을 실현했다. ('변법' 항목 참고)

상앙은 위(衛)나라 지역 출신이어서 위앙(衛鞅)이라고 불렸으며, 훗날 상(商) 지방을 봉지로 받았기 때문에 상앙 또는 상군(商君)으로도 불렸다. 상앙은 진나라로 건너와 진나라 효공(孝公, 기원전 381~기원전 338)을 만나 '제왕의 도'를 이야기했는데, 처음에는 이야기가 재미없어 효공이 꾸벅꾸벅 졸 정도였다고 한다. 그러나 거듭 몇 차례 만나면서 효공은 차츰 상앙의 이야기에 빠져들었고, 마침내 그를 등용했다. 상앙은 즉시 변법을 추진하려 했으나 수구세력인 감용(甘龍)과 두지(杜摯) 등의 반대에 부딪쳤다. 진나라 조정은 변법의 시행을 놓고 일대 논쟁을 벌였다.

이 논쟁은 개혁과 보수의 논쟁이자, 진나라가 강국으로 가느냐 마느냐 하는 갈림길에 서 있었던 장면이어서 볼만하다. 대화체로 재구성했다.

상앙 어떤 일을 하면서 자꾸 의심하면 명성도 공도 얻을 수 없습니다. 남보다 뛰어난 행동을 하는 사람은 예로부터 비난을 받아왔습니다. 어리석은 자는 일의 성과에 대해 어둡고, 지혜로운 사람은 일의 징조가 나타나기 전에 예견합니다. (중략) 성인은 나라를 부강하게 할 수 있다면 낡은 옛 법을 지키지 않으며, 진실로 백성을 이롭게 할 수 있다면 예에 따르지 않습니다.(상앙은 우선 변법의 필요성과 추진에 따른 과감성을 역설한다.)

효공 옳은 말이오.(상앙의 제왕학과 부국강병의 논리에 설득 당한 효공은 어디까지나 상앙 편이다.)

감용 그렇지 않습니다. 성인은 백성들의 풍속을 바꾸지 않고 잘 이끌어 가르치며, 지혜로운 사람은 법을 바꾸지 않고 잘 이용하여 다스립니다. (중략) 이미 있는 법에 따라 다스리면 관리들은 익숙하고 백성들은 안심합니다.(감용은 수구파의 논리를 대변한다. 논리적으로는 나무랄 데 없다.)

상앙 그것은 세상에서 흔히 하는 통속적인 소리입니다. 평범한 사람들은 옛 풍속에 안주하고, 학자들은 자신이 듣고 보는 것에 빠집니다. **관리가 되어 법을 지키게 하는 것**(거관수법居官守法)이라면 이 두 유형의 사람이 적격입니다. 허나 법 밖의 일을 함께 논의할 수 없는 자들입니다. (중략) 지혜로운 사람은 법을 만들고 어리석은 사람은 법에 제약을 받으며, 현명한 사람은 예를 바꾸고 쓸모없는 자는 예에 얽매입니다.(상앙의 논리는 공격적이며 설득력이 강하다. 감용의 논리로는 대응하기 힘들어 보인다.)

두지 이익이 백 배 이상이 아니면 법은 바꾸지 않는 것이며, 공이 열 배 이상이 아니면 그릇을 바꾸지 않습니다. 옛것을 본받으면 허물이 없고, 예에 따르면 사악함이 없습니다.(두지라는 자가 감용을 거들고 나섰다. 변법의 실리적인 면을 추궁하고 나섰다. 그러나 논리는 감용과 다를 것이 없다.)

상앙 세상을 다스리는 데는 한 가지 길만 있는 것이 아닙니다. 나라에 편하고 이익이 된다면 옛 법을 고집하지 않습니다. 은나라의 탕왕(湯王)도 주나라의 무왕(武王)도 옛 제도에 따르지 않고 스스로 왕자가 되었습니다. 반면 걸(桀)·주(紂)는 예를 바꾸지 않았는데도 망했습니다. 옛 제도와 어긋난다고 해서 비난할 일이 아니며, 예에 쫓는다고 해서 칭찬할 것도 못됩니다.(상앙은 구체적인 사례를 든 다음, 변법은 싫고 좋고의 문제가 아니고 시빗거리도 아닌 필요와 당위의 문제라는 점을 환기시킴으로써 논쟁에 못을 박았다.)

"세상을 다스리는 데는 한 가지 길만 있는 것이 아니다. 나라에 편하고 이익이 된다면 옛 법을 고집하지 않는다."

상앙의 이 말은 역대 개혁가들의 금과옥조가 되었다. 개혁은 역사의 조류에 순응하는 것이자 새로운 세력(계층)의 발전과 이익을 대변하는 것이므로, 기득권 세력의 반대와 저항에 부딪칠 수밖에 없다. 특히 개혁의 본질이 '이익(기득권)의 재분배'에 있기 때문에 수구 기득권의 반발은 늘 상상을 초월할 정도로 강력했다. 상앙 역시 낡은 귀족 세력에 의해 '사지가 찢기는' '거열형(車裂刑)'을 받고 죽임을 당했다. 하지만 그가 내세우고 실행한 변법은 진을 부강하게 만드는 기초가 되었고, 나아가서는 진이 천하를 통일하는 데 큰 작용을 했다. 개혁을 두려워하는 자는 시대에 적응하지 못하고 도태되었고, 개혁에 저항하는 자는 역사의 심판을 받고 퇴출되었다.

'관리가 되어 법을 지킨다'는 '거관수법'은 그 글자 뜻만으로는 하등의 비판적인 의미가 없다. 그러나 상앙의 논리대로라면 이런 자들은 결코 개혁의 주체가 될 수 없다. 보다 적극적이고 독창적으로 일을 추진해야만 제도와 사회를 바꿀 수 있다. 이렇게 보면 상앙이 말한 '거관수법'은 일하지 않고 자리만 지키는 '복지부동(伏地不動)'의 관리들에 가깝다.('거열', '변법' 항목 참고)

상앙의 개혁에서 주목되는 것들 중 하나는 도량형의 통일이었다. 이것이 훗날 진시황 통일 정책의 기초였다. 사진은 함양박물관에 소장되어 있는 상앙 때 만들어진 통일된 '상앙 됫박'이다.(2009년)

키워드 : 관료, 수구

거기양단(去其兩短), 습기양장(襲其兩長)

양쪽의 단점을 버리고, 양쪽의 장점을 취하다.
– 권56 〈진승상세가〉

초한쟁패 과정에서 유방은 항우보다 먼저 진나라 도성 함양(咸陽, 섬서성 서안시西安市 함양구)에 입성하여 진나라를 멸망시키는 전과를 올렸다. 그때가 기원전 206년이었다. 화가 난 항우는 유방을 공격하려고 40만 대군을 집결시켰다. 유방의 군대는 10만에 지나지 않았다. 유방은 항우가 있는 홍문(鴻門)으로 가서 항우에게 무릎을 꿇었다. 이 장면이 저 유명한 '홍문연(鴻門宴)'이다. 항우의 참모 범증(范增)은 이참에 유방을 죽이라고 했지만, 항우는 결단을 내리지 못했다. 유방은 변소에 간다는 핑계로 홍문을 빠져나와 목숨을 건졌다.(자세한 과정은 '홍문연' 항목 참고)

이렇게 항우는 천하 대권을 거머쥐고 각지 봉기군의 우두머리들을 왕으로 봉했다. 유방은 한왕(漢王)이 되어 한중(漢中, 섬서성 한중시)으로 들어갔다. 한중은 들어가긴 쉬워도 나오기가 매우 어려운 곳이었다. 항우는 일부러 유방을 한중으로 쫓아 보냈다.

기원전 205년, 유방은 한신의 계책에 따라 '겉으로 잔도를 수리하는 척하며 몰래 진창(陳倉, 섬서성 보계시寶鷄市 진창구)을 습격(명수잔도明修棧道, 암도진창暗渡陳倉)'하여 마침내 한중을 나와 항우와 다시 대결에 들어갔다.('명수잔도, 암도진창' 항목 참고) 본격적인 초한쟁패가 시작되었다. 한신의 활약으로 전세는 균형을 이루었지만, 팽성(彭城)에서 항우에게 대패하여 형양(滎陽)으로 물러났으나 다시 항우의 군대에 포위를 당했다.(기원전 204년)

항우는 식량 보급로를 끊는 등 유방을 세차게 몰아붙였다. 유방은 강화를 요청했지만 항우는 당연히 받아들이지 않았다. 겁이 난 유방은 진평(陳平, ?~기원전 178)에게 대책을 물었다. 본 항목 **거기양단, 습기양장**은 진평이 항우와 유방의 장단점을 비교해가며 포위를 풀 수 있는 대책을 올리는 장면에서 나왔다. 해당 대목을 보자.

"항왕의 사람됨이 사람을 공경하고 사랑해 청렴하고 지조 있고, 예를 좋아하는 선비들이 대부분 그에게로 귀순했습니다. 그러나 논공행상(論功行賞)을 하고 작위와 봉지를 내리는 데에는 오히려 너무 인색해 선비들이 또 그것 때문에 그에게 완전히 붙지 않습니다. 그런데 지금 대왕께서는 오만하고 예의를 가볍게 여겨 청렴하고 절개 있는 사람들은 오지 않으나, 작위와 봉지를 아낌없이 내리시니 청렴함과 절개를 돌아보지 않고 이익을 탐하기를 부끄러워하지 않는 자들이 대부분 대왕의 한나라로 귀순했습니다. 만약 **양쪽의 단점을 버리고 양쪽의 장점을 취하신다면** 손만 휘저어도 쉽게 천하를 평정하실 수 있을 것입니다.”

유방은 팽성전투에서 패했고, 천하의 패권은 항우에게로 넘어갈 판이었다. 진평은 이 상황에서도 침착하게 양쪽의 장단점을 정확하게 분석하여 전화위복의 기회로 삼았다. 그림은 진승의 무덤(하남성 영성시 永城市) 앞쪽에 조성되어 있는 자료관 내 팽성전투의 상황을 나타낸 것이다.(2017년)

그러면서 진평은 항우와 항우의 핵심 책사 범증(范增, 기원전 277~기원전 204)의 사이를 갈라놓는 이간책을 제시했고, 기신(紀信)이 유방으로 변장하여 성을 나가 항우의 군사들을 유인하는 사이 유방은 서쪽 문을 통해 형양성을 빠져나왔다. 기신은 붙잡혀 삶겨 죽었다.('기신광초' 항목 참고)

위기 상황에서 진평이 올린 대책은 정확했다. 진평은 일찍이 항우 진영에 있다가 유방에게 건너왔기 때문에 항우의 장단점을 비교적 정확하게 파악하고 있었다. 특히 이간책은 그대로 들어맞아 범증은 항우 곁을 떠나다 울화병으로 죽었다. 이로써 초한쟁패의 저울추는 유방에게로 기울었다.

누군가와 경쟁하고 있을 때 가장 기본적인 전략 전술은 나와 상대의 장단점을 정확하게 파악하는 것이다. 그런 다음 진평이 말한 대로 단점은 버리고, 장점을 취한다면 승리의 확률은 훨씬 높아질 것이다. 손무가 말한 '상대를 알고 나를 알면 백 번 싸워도 위태롭지 않다'는 '지피지기(知彼知己), 백전불태(百戰不殆)'가 바로 이런 뜻이다.

키워드 : 통치, 군사, 용인, 장단점, 지피지기

거상(据床)

침상에 걸터앉다.
– 권97 〈역생육고열전〉

진나라 말기에서 초한쟁패에 이르는 과정에서 뛰어난 언변으로 유방을 도와 작지 않은 역할을 해낸 유세객 역이기(酈食其, ?~기원전 203)가 처음 유방을 찾아왔을 때의 상황에 대해서는 '고양주도(高陽酒徒)' 항목에서 살펴보았다. ('고양주도' 항목 참고)

당시 역이기가 안내를 받아 고양(高陽)의 객사에 머무르고 있는 유방을 만났다. 유방은 다리를 벌리고 **침상에 걸터앉아** 두 여자로부터 발을 씻기고 있었다. 아주 오만한 자세였다. 역이기가 들어왔음에도 여전히 그런 자세였다. 이런 모습을 본 역이기는 두 손을 모았다가 내리는 예만 갖추고 절을 하지 않았다. 그리고는 이렇게 말했다. 두 사람의 대화다.

"공은 진나라를 도와 제후들을 치려하십니까? 아니면, 제후들을 이끌고 진나라를 치려하십니까?"

"이 '미친 선비 놈(수유豎儒)'아! 천하가 진나라에게 고초를 당한 지가 오래되었다. 그래서 제후들이 서로 협력해 진나라를 치려고 하는데, 네 놈이 어찌 진나라를 도와 다른 제후들을 친다고 말하는가?"

"공이 진정으로 군중을 모으고 의병을 합쳐서 저 무도한 진나라를 없애고자 하신 다면, 이런 오만불손한 태도로 나이든 사람을 만나서는 안 됩니다."

이 말에 유방은 발 씻기를 멈추고 일어나서 의관을 단정히 한 다음, 역이기를 상석에 앉게 해서는 사과했다.('수유' 항목 참고) 유방은 '침상에 걸터앉아' 발이 씻기는 오만한 태도로 역이기를 대했고, **침상에 걸터앉는다**는 뜻의 **거상**이라는 단어가 여기에서 비롯되었다. 원문에는 '거상(倨床)'으로 되어 있으며, 뜻은 매한가지다. 훗날 이 단어는 상대를 깔보는 오만한 태도로 실례를 범하는 행동을 가리키게 되었다.

키워드 : 대인관계, 거만, 실례

역이기와 육고의 행적을 기록한 〈역생육고열전〉의 첫 부분으로 《사기》 판본들 중 가장 오래되었고, 또 서체가 아름답다는 송나라 때의 '황선부(黃善夫) 판본'이다.

거세혼탁(擧世混濁), 유아독청(唯我獨淸) ; 중인개취(衆人皆醉), 유아독성(唯我獨醒)

세상이 온통 흐린 데 나만 맑고, 사람들 모두 취했는 데 나 혼자 깨어 있구나.
– 권84 〈굴원가생열전〉

이 천고의 명언은 전국시대 초나라의 애국시인 굴원(屈原, 기원전 339~기원전 278)이 못난 통치자와 근상(靳尙)을 비롯한 조정의 간신들에게 모함을 받아 쫓겨난 뒤 멱라수(汨羅水)에 이르러 어부와 나눈 대화 중에 나왔다. 멱라수를 거닐던 굴원은 혼잣말로 이렇게 말했다.

"세상이 온통 흐린 데 나만 맑고, 사람들 모두 취했는 데 나 혼자 깨어 있구나!"
"거세혼탁(擧世混濁), 유아독청(唯我獨淸) ; 중인개취(衆人皆醉), 유아독성(唯我獨醒)!"

굴원은 전국시대 말기 천하가 소용돌이치는 시대를 살았다. 조국 초나라는 타국과의 경쟁에서 계속 뒤처지고 있었다. 무능한 통치자와 부패한 기득권, 그리고 사악한 간신들이 권력을 좌우하다 보니 국력은 갈수록 쇠퇴하고 백성들은 생계를 꾸리지 못해 신음했다. 강직한 굴원은 나라와 백성을 위해 부패한 세력에 맞서 싸웠지만 역부족이었다. 결국 간신의 모함으로 조정에서 쫓겨났다. 오갈 데 없는 신세가 된 굴원은 멱라수에 이르러 한숨을 내쉬며 조국을 걱정하다 끝내 돌을 품은 채 멱라수로 걸어 들어가 서서히 가라 앉아 자결했다. 그 당시 굴원과 어부가 나눈 대화다.

어부 아니, 당신은 삼려대부(三閭大夫)가 아니시오? 헌데 어찌하여 여기까지 오셨소?
굴원 세상은 온통 흐린 데 나만 홀로 맑고, 모두가 취했는 데 나만 깨어 있어서, 이렇게 쫓겨난 것이라오.

어부 대저 성인은 어떤 대상이나 사물에 얽매이지 않고 세상과 더불어 밀고 밀리는 것이오. 온 세상이 혼탁하다면서 어째서 그 흐름을 따라 그 물결을 뒤바꾸지 않고, 모든 사람이 다 취했다면서 어째서 술지게미를 먹고 그 모주를 마시지 않는 것이오? 대체 무슨 까닭으로 아름다운 옥과 같은 재능을 가지고도 내쫓기는 신세가 되었단 말입니까?
굴원 듣자하니 '머리를 막 감은 사람은 갓에 앉은 먼지를 털어 내며(신목자필탄관新沐者必彈冠), 새로 몸을 씻은 사람은 옷에 묻은 티끌을 떨어버린다(신욕자필진의新浴者必振衣)' 했소. 깨끗한 모습을 가진 사람이 때 끼고 더러워진 것을 어떻게 받고 견딜 수 있단 말이오? 차라리 장강에 몸을 던져 물고기의 뱃속에서 장례를 지낼지언정 어찌 희고 깨끗한 몸으로 세상의 먼지를 뒤집어쓴단 말이오?

결벽(潔癖)에 가까운 굴원의 사고방식에 의문을 품는 사람들이 적지 않았다. 어부는 바로 그런 사람들을 대변한다. 어부의 말인 즉, 물이 너무 맑으면 고기가 못 살며, 마음에 들지 않는다고 박차고 나오는 행위는 시세를 모르는 것 아니냐는 비아냥이다. 어부의 논리에 일리가 없는 것은 아니지만, 이는 시세를 따를 것이냐 깨끗하게 남을 것이냐의 양자택일이 아니라, 정도의 문제이자 경계의 문제다. 어느 선에서 어느 정도 시세에 따를 것이며, 어느 선 어느 정도에서 발을 뺄 것이냐 하는 것이다. 지혜 없이는 불가능한 판단이며, 원칙 없이는 통제하기 어려운 경지라 할 것이다. 굴원의 딜레마도 거기에 있었던 것은 아닐는지?

'거세혼탁, 유아독청'과 '중인개취, 유아독성'은 혼탁한 세상에서 홀로 깨어 있는 참다운 지성인을 비유하는 명언이자, 혼탁한 세상과 세태에서 제 정신을 유지하기가 얼마나 어려운 가를 굴원의 자결을 통해 잘 보여주는 가슴 아픈 외침이기도 하다. ('멱라수', '회석자침' 항목 참고)

굴원은 망해가는 조국 초나라와 함께 멱라수에 몸을 가라앉혀 스러져갔다. 굴원의 초상화이다.

키워드 : 우국, 지조, 고결

거시기소친(居視其所親)

평소 때 어떤 사람과 친한가를 살피다.
– 권44 〈위세가〉

전국시대 위나라의 개혁 군주 문후(文侯, ?~기원전 396)가 이극(李克)에게 "선생께서 일찍이 과인에게 '집안이 가난해지면 좋은 아내가 생각나고(가빈즉사양처家貧則思良妻), 나라가 어지러우면 좋은 재상이 생각난다(국난즉사양상國亂則思良相)'는 가르침을 주셨습니다. 지금 (재상으로) 삼을만한 사람으로는 성자(成子) 아니면 적황(翟璜)인데, 두 사람이 어떻습니까?"라고 물었다.

이 대목은 '가빈즉사양처' 항목에서 살펴본 바 있으나 한 번 더 인용했다. 이 물음에 이극은 다음과 같이 다섯 가지 기준을 제시하여 문후가 재상을 바르게 선택할 수 있게 했다. 위 명구를 포함하여 나머지 네 기준까지 원문과 함께 소개한다. (편의상 숫자를 표기해둔다.)

"①평소 때 어떤 사람을 가까이하는가를 살피고, ②부귀할 때 어떤 자와 어울리는가를 보고, ③잘나갈 때 어떤 사람을 추천하는가를 보고, ④궁할 때 어떤 일을 하지 않는가를 살피고, ⑤가난할 때 어떤 것을 취하지 않는지를 살피십시오."

"①**거시기소친(居視其所親)**, ②부시기소여(富視其所與), ③달시기소거(達視其所舉), ④궁시기소불(窮視其所不爲), ⑤빈시기소불취(貧視其所不取)."

이극이 제시한 다섯 가지 인간 관찰법의 기준 내지 원칙은 지금 적용해도 손색이 없다. 이극의 석상이다.(북경시 밀운구密雲區 중화법제공원中華法制公園, 2009년)

이극이 제시한 이 다섯 가지 기준은 오늘날 적용해도 전혀 문제가 없을 정도로 간결하고 명쾌하다. 3세기 삼국시대 사람 유소(劉劭, 생졸 미상)는 《인물지(人物志)》라는 매우 독특한 책에서 권력자는 사사로운 감정으로 일을 처리하는 탓에 사람의 식별에 편견과 오류가 발생한다고 강조하면서 그런 편견 내지 오류를 다음 일곱 가지, 즉 '칠류(七謬)'로 개괄했다.

첫째, 행동거지를 살핌에 편견의 오류.

둘째, 사물을 접함에 좋고 싫음의 감정.

셋째, 마음을 헤아림에 크고 작은 착오.

넷째, 본질을 논함에 빠르고 늦음의 의혹.

다섯째, 다른 종류를 같은 종류로 보는 혐의.

여섯째, 재목을 논함에 과장이나 축소의 잘못.

일곱째, 기이한 것에 대한 극단적 치우침의 실수.

그 사람의 과거를 보면 현재가 보이고, 과거와 현재를 보면 미래가 보인다. 그럼에도 한 사람에 대한 평가는 여전히 엇갈리고 있다. 사람들의 눈과 귀를 가리는 나쁜 자들이 많기 때문이다. 이제 이런 자들도 가려내야 한다. 집단지성의 시대를 맞이하여 그 흐름은 이미 대세가 되었다. ('가빈즉사양처, 국난즉사양처' 항목 참고)

키워드 : 지인(知人), 관찰법

거실(居室)

거실 / 특별 감옥.
–《한서》〈사마천전〉에 인용된 〈보임안서(報任安書)〉

흔히 주거 공간을 뜻하는 **거실**이란 단어에는 뜻밖에 여러 뜻이 포함되어 있다. 그리고 그 유래도 대단히 오래다. 이 단어의 뜻을 알아본다.

첫째, 주방이나 주택을 뜻한다. 《예기(禮記)》와 《후한서(後漢書)》 등에 이 뜻으로 사용된 기록들이 보인다.

둘째, 부부가 함께 기거한다는 뜻으로 쓰인 경우다. 《맹자(孟子)》〈만장萬章〉 하〉에 보면 "남녀가 함께 기거하는 것은 인륜의 대사이다"라는 대목이 나온다.

셋째, 집에서 기거하며 날을 보낸다는 뜻으로 쓰이기도 한다. 《논어》 등에 그 사례가 보인다.

넷째, 매우 특이한 뜻으로 사용된 경우인데 한나라 때 소부(少府)라는 관청에 소속된 관리를 가리키는데, 대부분은 그에 소속되어 있는 범죄자를 구류시키는 관서를 가리킨다. 본 항목의 '거실'은 바로 이 뜻이다.

'거실'은 사마천이 입사 동기인 임안에게 보낸 편지 〈보임안서〉에 보인다.

"강후(絳侯, 주발周勃)는 여(呂)씨들을 타도하여 권력이 5패를 능가했으나 청실(靑室,

《사기》에 이어 두 번째 정사이자 서한의 역사 《한서》를 남긴 반고(班固, 32~92)는 사마천의 전기인 〈사마천전〉에다 〈보임안서〉라는 귀중한 편지를 남겼다. 사진은 섬서성 보계시(寶鷄市) 부풍현(扶風縣)에 남아 있는 반고의 무덤이다.(2024년 ©김바다)

수도에 있는 고급 감옥)에 갇혔습니다. 위기후(魏其侯)는 대장의 몸으로 붉은 죄수복을 입고 목과 손발에는 쇠고랑이 채워졌습니다. 계포(季布)는 주가의 집에서 목에 칼을 쓴 노예가 되었습니다. 관부(灌夫)는 **거실**에서 치욕을 당했습니다.”

'거실'은 무제(武帝) 때 '보궁(保宮)'이란 이름으로 바뀌었는데, 대체로 높은 신분의 죄인을 구류하는 장소를 가리킨다.

키워드 : 특별 감옥

거열(車裂)

수레로 (사지를) 찢어 죽이다. 또는 그 형벌.
– 권5 〈진본기〉 ; 권68 〈상군열전〉

거열이란 **수레로 찢는다**는 뜻이고, 거열형은 사지를 네 대의 수레에 매달아 말이나 소로 하여금 사방으로 끌게 하여 사지를 찢어 죽이는 참혹한 형벌을 말한다. 이 형벌의 원형은 《주례(周禮)》에 보이는 '거환(車轘)'으로 춘추시대부터 시행되었다고 할 수 있다.

온몸을 조각낸다는 점에서는 '능지처참(陵遲處斬)'과 같지만, 말이나 소의 힘을 사용한다는 점에서 다르다. 나중에는 다섯 마리의 말이나 소에 사지와 머리까지 묶어 다섯 방향으로 끌어 찢어 죽이는 '오마분시(五馬分屍)' 또는 '오우분시(五牛分屍)'라는 더 지독한 형벌도 나왔다.

〈진본기〉와 〈상군열전〉에는 중국 역사 상 최고의 개혁가로 평가받는 상앙(商鞅)이 이 형벌을 받고 죽은 것으로 나온다. 상앙 은 개혁을 지지하던 효공이 죽고, 새로운 군주인 혜왕(惠王)이 즉위하자 위기를 느끼 고 도망가다가 붙잡혀 반역죄로 처형되었 다. 상앙은 개혁 정치를 밀어붙이면서 법 을 어긴 혜왕(당시 태자)조차 봐주지 않고 처 벌함으로써 혜왕의 미움을 샀기 때문이었

거열은 지독히 비인간적인 고대 혹형의 하나였다. 그림은 거열형에 끌려 나가는 모습이다.

다.(태자 신분이라 직접 처벌하지는 않고, 태자의 스승의 얼굴에 뜸을 뜨는 경형黥刑을 가했다.) 먼 저 〈진본기〉의 해당 기록이다.

"그 때문에 반란죄로 몰려서 결국 **거열형(車裂刑)**을 받고 도성에서 백성들에게 본보 기로 보였다."

〈상군열전〉의 해당 기록은 다음과 같다.

"진 혜왕은 상군(상앙)을 '거열형'에 처하고 조리를 돌리고는, '상앙처럼 모반하지 말라'고 했다. 마침내 상군의 집안을 멸족시켰다."

오랜 세월 동안 지속된 전제 왕권체제에서 통치자와 관료들은 정적을 해치기 위 해 수많은 혹형들을 발명해냈는데, 대표적인 10대 혹형으로는 아래 표에서 보는 바 와 같이 열 가지가 있다. 사마천이 당한 궁형(宮刑)도 그 안에 포함되어 있다. 혹형 은 그 자체가 역사의 어두운 면이자 인권유린의 단면이었다.

이름	내용	참고사항
박피(剝皮)	살가죽을 벗기는 혹형으로, 처음에는 처형한 다음 벗겼으나 갈수록 잔인해져 산 채로 살가죽을 벗기는 경우가 많아졌다.	명 태조 주원장이 이 혹형을 선호했다고 한다.
요참(腰斬)	허리를 잘라 죽이는 혹형으로 거대한 작두로 몸통을 둘로 잘라버린다. 몸통을 잘린 사람은 한동안 죽지 않은 채 극도의 고통 속에서 몸부림친다.	진나라의 승상 이사(李斯)가 이 형벌을 받고 처형되었다.
오마분시 (五馬分屍) 거열(車裂)	손과 발, 그리고 머리를 밧줄로 묶은 다음 다섯 마리의 말을 다섯 방향으로 달리게 하여 몸통을 여섯 등분하는 지독한 형벌이다. 여러 대의 수레에 사지를 매달아 끌기도 했기 때문에 거열이라고도 한다.	전국시대 개혁가 상앙(商鞅)이 이 혹형으로 죽었다고 전한다.
능지(凌遲)	1,000번의 칼질을 가해 죽인다는 혹형인데, 당초에는 죽인 다음 포를 떠서 젓갈을 담갔다고 한다. 공자의 제자인 자로가 이 혹형으로 죽었고, 명나라 때 가장 성행했다.	1,000번을 못 채우고 일찍 죽으면 사형 집행인도 함께 죽였다고 한다.
액수(縊首)	목을 졸라 죽이는 혹형으로 교수형과 비슷하나 중국의 이 형벌은 단순히 밧줄을 목에 걸어 매달아 죽이는 것이 아니라 활줄을 목에 건 다음 뒤에서 당겨 죽인다.	송나라 때의 명장 악비(岳飛) 부자가 풍파정(風波亭)에서 이렇게 죽었다고 한다.
청군입옹 (請君入甕)	고사성어가 된 이 혹형은 큰 항아리에 죄수를 넣은 다음 불을 때서 찌거나 태워서 죽이는 잔인한 혹형이다.	당나라 때 이 청군입옹을 비롯해 수많은 혹형을 창안한 내준신(來俊臣) 자신이 이 혹형으로 죽었다.
궁형(宮刑)	엄형(閹刑)·엄할(閹割)이라고도 한다. 생식기를 거세하는 형벌이다.	사마천이 이 형벌을 자청했다.
월형(刖刑) 빈형(臏刑)	견해가 많지만 대체로 무릎 아래를 잘라버리거나 무릎 뼈를 발라내는 혹형으로 알려져 있다.	전국시대 손빈(孫臏)이 동문 수학한 방연(龐涓)의 독수에 걸려 이 형벌을 받았다.
삽침(揷針)	손톱에 바늘을 꽂는 혹형으로 그 고통은 이루 말할 수 없다고 한다. 훗날 고문의 한 방법으로 활용되었다.	주로 여자들에게 가한 혹형이었다고 한다.
활매(活埋)	산 채로 땅에 파묻는 혹형으로 시간과 힘을 절약할 수 있어 옛날부터 사용되었다.	현대전, 특히 일제가 많이 사용했다.

위에 든 '10대 혹형' 외에도 삶아 죽이는 팽형(烹刑), 배를 가르는 할복(割腹), 돌을 매달아 물에 빠뜨려 죽이는 침하(沈河), 독약을 먹여 죽이는 독살(毒殺), 혀를 자르는 절설(截舌), 눈알을 파내는 알안(挖眼) 등 수많은 혹형들이 기록에 남아 있다.

키워드 : 형벌, 혹형

거일반삼(擧一反三)

하나를 들면 셋으로 반응하다.

– 권47 〈공자세가〉

거일반삼의 원전은 유가(儒家)의 창시자 공자(孔子, 기원전 551~기원전 479)와 제자들의 언행록인 《논어》〈술이(述而)〉 편의 아래 대목이다. 사마천은 〈공자세가〉에 이를 인용했다.

선생님께서 이렇게 말씀하셨다.

"배우려고 분발하지 않으면 깨우쳐 주지 않으며, 하고자 하는 말에 애를 태우지 않으면 입을 틔워 주지 않으며, **한 귀퉁이를 들어 보여 나머지 세 귀퉁이를 가지고 반응해 오지 않으면**(거일우불이삼우반擧一隅不以三隅反) 반복하지 않는다."

'거일반삼'은 어떤 일 하나로 유추를 통해 다른 일을 미루어 아는 것을 비유한다.

공자는 제자들과 더불어 대화를 즐겨 했다. 이 대화에서 제자들은 배움이 무엇이냐고 가르침을 청했고, 공자는 위와 같이 말했다. 공자는 무엇인가를 가르치고 문제를 던진 다음 제자가 적극적으로 그 가르침과 문제에 매달려 해답을 찾으려 애쓰지 않고, 생각에 생각을 거듭하지 않고, 하나의 실마리를 통해 여러 해답으로 반응을 보이지 않으면 더 이상 가르치지 않았다.

무엇인가를 알려면 사람과 사물의 접촉 및 소통을 통해 배우고 깨우쳐야 한다. 학습 과정에서 어떤 사물 하나를 통해 다른 사물을 알고 배워야만 시야를 보다 넓히고 학식을 높일 수 있

공자도 소크라테스도 제자들과 격이 없는 대화를 즐겨 했다. 오늘날 우리 교육에서도 참고하기에 충분하다. 그림은 제자들을 대상으로 강학과 대화를 나누는 공자의 모습이다.

다. 오늘날 보아도 공자의 이런 가르침이 갖는 의미가 매우 깊다.

키워드 : 가르침, 배움, 대화, 예시

거정(擧鼎)

정(세발솥)을 들다.
— 권5 〈진본기〉

〈진본기〉에 보면 진나라 왕이 힘센 장사들과 힘자랑을 하다 정강이뼈가 부러져 죽었다는 황당한 내용이 보인다. 대체 이 왕이 누구일까? 이 어처구니없는 해프닝의 주인공은 다름 아닌 진(秦)나라 27대 군주인 무왕(武王, 기원전 328~기원전 307)이었다.

무왕은 힘이 세어 힘겨루기를 좋아했다. 이 때문에 힘깨나 쓰는 역사(力士) 임비(任鄙)·오획(烏獲)·맹열(孟說) 등이 모두 벼슬을 얻었다. 무왕은 재위 4년째인 기원전 307년 맹열과 **무거운 세발솥 정(鼎)을 들어 올리는** 시합을 하다가 정강이뼈가 부러져 그해 8월에 그만 죽고 말았다. 참으로 어처구니없는 일이었다. 이 일로 맹열은 그 가족까지 모두 죽임을 당했다.

정을 들어 올린다는 **거정**이란 단어가 이 이야기에서 비롯되었고, '정을 들어 올리다 정강이뼈가 부러졌다'는 '거정절빈(擧鼎絶臏)'이란 사자성어도 함께 나왔다. 무모하게 힘자랑하다 큰일을 당하는 경우를 비유하는 표현이다.

무왕은 진나라가 천하통일에 박차를 가하던 시기에 즉위하여 의욕적으로 대외정책을 펼쳤다.

역사 기록을 보면 자신의 힘을 뽐낸 권력자들이 종종 있었다. 은나라 마지막 임금 주는 힘이 남달라 맹수와 싸울 정도였다고 한다. 무왕은 힘자랑하다가 목숨까지 잃었다. 사진은 진 무왕의 무덤(추정)이다.(2010년)

죽기 한 해 전인 기원전 308년에는 우승상 감무(甘茂)에게 "내가 좁은 길로 다니는 수레를 타고 삼천(三川, 낙양 일대를 가리키는 지명인데, 황하黃河·이수伊水·낙수洛水 세 강과 걸쳐 있어 이렇게 부른다)을 지나 (천자가 있는) 주(周)의 도성 낙양을 구경할 수만 있다면 죽어도 여한이 없겠다!"고 했을 정도로 동방 진출에 대단히 의욕을 불태웠다. 하지만 참으로 어처구니없게도 신하들과 힘자랑하다가 죽었다. 다행히 뒤를 이은 이복동생 소양왕(昭襄王, 기원전 325~기원전 251)이 진의 대업을 잘 계승했기에 망정이지 자칫 왕위 계승에 문제가 발생하거나 못난 군주가 즉위했더라면 진나라의 천하통일에 상당한 지장이 생겼을 지 모를 일이었다.

흥미로운 사실은 무왕이 일찍 죽고 이복동생 소양왕이 즉위함으로써 진나라 왕실의 왕위 계승에 변동이 생겼다는 것이다. 소양왕의 후임으로 무왕 소생이 아닌 소양왕의 아들인 안국군(安國君)이 효문왕(孝文王)으로 즉위했다가 기원전 250년 그해에 바로 죽고, 안국군의 여러 아들 중 하나인 자초(子楚)가 뒤를 이어 장양왕(莊襄王, 기원전 281~기원전 247)이 되었는데, 이 자초가 다름 아닌 진시황의 아버지였다. 자초는 당초 왕위 계승과는 거리가 멀었다. 게다가 조나라에 인질로 가 있었던 고단한 처지였다. 거상 여불위(呂不韋)가 자초의 가치를 알아보고 공을 들여 자초의 몸값을 올리고, 내친김에 진나라 정계에 로비를 벌인 끝에 왕위에 앉혔다.('기화가거' 항목 참고) 무왕의 어처구니없는 죽음이 뜻하지 않게 정치적으로 심각하고 중대한 변화를 일으킴으로써 그로부터 약 반세기 뒤인 기원전 247년 진시황이 12세의 어린 나이에 왕으로 즉위하게 되었다.

'솥 들어올리기' '거정' 하면 빼놓을 수 없는 인물이 항우(項羽)다. 〈항우본기〉에 보면 항우는 "키가 8척에 힘은 솥을 들어 올릴 수 있었다"고 나온다. 여기서는 '거정' 대신 '강정(扛鼎)'이란 단어를 썼는데 뜻은 같다. 다만 '항우강정'은 힘이 장사이거나 그런 사람을 비유하는 표현이다. 역사적 사실을 놓고 보면 어느 쪽이든 힘만 쓰는 사람과 힘자랑하는 사람에 대한 조롱끼가 느껴진다.('발산강정' 항목 참고)

키워드 : 힘자랑, 무모함

거정절빈(擧鼎絶臏)

솥을 들다 정강이뼈가 부러지다.

— 권5 〈진본기〉

'거정' 항목을 참고하면 된다.

키워드 : 자기자랑, 힘자랑

거종사모(擧踵思慕), 약고한지망우(若枯旱之望雨)

발꿈치를 들고 그리워하기를 마치 말라비틀어진 나무가 비를 갈망하는 것 같다.

— 권117 〈사마상여열전〉

사마상여는 무제를 모시면서 말보나는 글을 통해 자신의 생각을 돌려 나타내길 즐겨했다. 무제는 이런 사마상여를 상당히 아꼈다. 사마상여의 초상화이다.(2005년)

서한시대의 명문장가 사마상여는 파촉(巴蜀)으로 불리는 서남이(西南夷, 오늘날 사천·운남 지역) 지역에 사신으로 가서 그 지역 여론 주도층인 부로(父老)들과 대화를 나누었다. 촉의 부로들은 대부분 서남이와 교통하는 일은 소용이 없다고 했고, 조정 대신들도 대체로 같은 생각이었다. 사마상여는 황제 무제에게 이를 솔직히 말하고자 했으나 서남이와 교통하겠다는 계획이 이미 섰으므로 감히 말을 올리지 못했다. 사마상여는 자신의 장기인 문장을 지어 자신의 뜻을 알리고자 했다. 사마상여는 촉 지역 부로들이 하는 말을 빌려 황제를 풍자하는 한편, 사신의 임무를 수행한 자신의 취지를 서남이 지역의 백성에게 알려 이들을 교화하고자 하는 천자의 뜻을 알게 하려고 했다.

거종사모, 약고한지망우라는 명언은 바로 사마상여가 올린 글에 나오는 한 대목이다. 천자의 성덕을 기대하는 사방 이민족의 갈망을 이렇게 빗대어 표현한 것이다. **누군가를 사모하거나 무엇인가를 바라는 마음이 다 말라비틀어진 나무나 풀이 비를 기다리는 것**처럼 아주 절박한 심정을 잘 나타내고 있다.

키워드 : 감정, 기대, 갈망

거지일세(居之一歲), 종지이곡(種之以穀) ; 십세(十歲), 수지이목(樹之以木) ; 백세(百歲), 내지이덕(來之以德)

1년을 살려거든 곡식을 심고, 10년을 살려거든 나무를 심고, 100년을 살려거든 덕을 베풀라.
– 권129 〈화식열전〉

《사기》 130권, 특히 저주받은 명편 제129권 〈화식열전〉에 반영된 사마천의 경제사상은 인간의 성실한 노력을 강조하는 건전한 사상적 기초를 확보하고 있다. 부가 인간의 사회적 신분과 권력까지 담보할 수 있는 원천이긴 하지만 정당하게 획득하지 않은 부에 대한 경계도 잊지 않고 있다. 즉 간악한 짓으로 치부하는 것을 부끄럽게 여겼으며, 근검절약하고 노력하는 길이 부자가 되는 길이라는 점을 분명히 했다.

《사기》의 경제사상에서 가장 돋보이는 대목은 역시 부의 추구에 대한 인간의 욕망을 솔직히 인정하면서, 각자의 능력에 따라 부의 축적 정도가 달라진다고 본 것이다. 건전한 경쟁을 통한 치부는 당연하다고 여겼다. 그리고 그렇게 축적된 부를 통해 사회적으로 권세

史記卷一百二十九

漢　太史令　司馬遷　撰

宋中郞外兵曹參軍裴駰集解

唐國子博士弘文館學士司馬貞索隱

唐諸王侍讀率府長史張守節正義

貨殖列傳第六十九

老子曰至治之極鄰國相望　鷄狗之聲相聞民各甘其食美其服安其俗樂其業至老死不相往來必用此爲務輓近世塗民耳目則幾無行矣

〈화식열전〉은 2천 년 동안 숱한 비난에 시달렸다. 지금은 '〈화식열전〉을 읽지 않고 《사기》를 읽었다 하지 말라'는 평가를 들을 정도로 최고의 명편이 되었다. 건륭제 시기의 판본 〈화식열전〉의 첫 부분이다.

를 누리고 안락한 생활을 영위하는 것 역시 정당하다고 했다.

"빈부의 이치란 누가 빼앗거나 줄 수 있는 것이 아니다. 재주 있는 자는 여유 있고, 능력 없는 자는 모자라는 것이다."

사마천은 치부에 따른 철학적 고려도 잊지 않았다. 다음 대목이 대표적이다.

"속담에 '백 리 먼 곳에 나가 땔나무를 팔지 말고(백리불판초百里不販樵), 천 리 먼 곳에 나가 곡식을 팔지 말라(천리불판적千里不販糴)'고 했다. 또 **1년을 살려거든 곡식을 심고, 10년을 살려거든 나무를 심고, 100년을 살려거든 덕을 베풀어야** 한다."

키워드 : 경제, 치부, 욕망, 은덕

거직착제왕(擧直錯諸枉), 즉왕자직(則枉者直)

곧은 사람을 천거하여 굽은 사람들과 섞이게 하면 굽은 사람들도 곧아진다.
– 권47 〈공자세가〉

유가의 창시자 공자는 기원전 496년 55세 때 천하를 주유하기 시작하여 13년만인 기원전 484년 67세 때 조국인 노나라로 돌아왔다. 공자가 돌아오자 노나라 군주 애공(哀公, 재위 기원전 494~기원전 468)이 공자에게 정치에 관해서 물었다. 공자는 "정치는 신하(인재)를 선발하는 데 있습니다"라고 대답했다.

노나라의 권세가인 계강자(季康子)가 정치에 대해 묻자 **"곧은 사람을 천거하여 굽은 사람들과 섞이게 하면 굽은 사람들도 곧아집니다"**라고 했다. 계강자가 도둑을 걱정하자 공자는 "그대가 욕심을 부리지 않으면 상을 주면서 훔치라고 해도 훔치지 않을 것이오"라고 면박을 주었다. 노나라는 끝내 공자를 기용하지 못했고, 공자 역시 벼슬을 구걸하지 않았다.

애공 통치기 노나라는 공실의 권위가 무너져 유력한 집안들이 실권을 휘둘렀다. 그중에서도 계손씨(季孫氏)와 숙손씨(叔孫氏)가 가장 강력했다. 계강자는 계손씨 집안의 실세였다. 애공은 공자가 천하주유에서 돌아오자 그를 기용할 마음으로 정치에 대해 물었으나 계강자 등의 눈치를 보지 않을 수 없었다. 계강자도 공자를 떠보기 위해 정치에 대해 물었다. 공자는 당시 노나라 상황을 잘 알고 있었고, 계강자에게 당신이 잘 하면 도적을 걱정할 필요가 없다는 식으로 면박

공자는 정치에 큰 관심을 가지고 관직에 나가고 싶었지만 그의 벼슬살이는 순탄치 않았다. 초상화는 노나라에서 대사구(大司寇) 벼슬을 할 당시의 공자 모습이다.

을 주었다. 계강자는 당연히 공자를 탐탁하게 생각하지 않았을 것이고, 공자의 기용은 이루어지지 못했다. 만년의 공자 역시 굳이 벼슬에 마음을 두지 않고 제자들을 가르치는데 있는 힘을 다했다.

정치의 기본은 좋은 인재를 기용하는 것이다. 사마천은 "(나라의) 안정과 위기는 어떤 정책을 내는가에 달려 있고, 존속과 멸망은 어떤 인재를 기용하는가에 달려 있다"고 단언했다.('안위재출령, 존망재소용' 항목 참고)

키워드 : 통치, 용인, 인재

거취지분(去就之分)

오고 가는 것을 가리다 / 거취에 대한 분별력.
– 《한서》〈사마천전〉의 〈보임안서〉

오고 가는 것을 제대로 잘 가려서 처신하는 경우를 대개 **거취가 분명하다**고 말한다. 이를 나타내는 사자성어가 **거취지분**이다. 나아가고 물러나는 '진퇴(進退)'가 분명

하다는 표현도 같은 뜻이다.

　사마천은 죽음보다 치욕스러운 궁형을 자청한 다음 혼신의 힘을 다하여 역사서 《사기》를 완성했다. 그리고 미루어 두었던 입사 동기인 임안(任安, ?~기원전 91)의 편지에 답장을 보냈다. 이 편지가 〈보임안서〉이다.('보임안서' 항목 참고) 이 편지에는 궁형을 전후로 한 사마천 개인사와 궁형 이후의 처절한 심경이 가슴 아프게 묘사되어 있다. '거취지분'도 그중 한 부분에 해당한다. 편지의 해당 대목을 보면 이렇다.

"삶에 애착을 가지고 죽기 싫어하며, 부모를 생각하고 처자를 돌보려는 것은 인지상정입니다. 그러나 의리에 자극을 받으면 그렇게 되지 않는 것이 부득이합니다. 저는 불행하게도 일찍 부모님을 여의었고, 가까운 형제도 없이 홀로 외로이 살아왔습니다. 소경(임안)께서는 제가 처자식을 어떻게 대하는지 보셨습니까? 진정한 용사라 하여 명분뿐인 절개 때문에 꼭 죽는 것은 아니며, 비겁한 사람이라 하여 의리를 위하여 목숨을 기꺼이 버리는 경우가 왜 없겠습니까? 제가 비록 비겁하고 나약하여 구차하게 목숨을 부지하였지만 **거취에 대한 분별력**은 있습니다. 몸이 속박되는 치욕 속에 스스로를 어떻게 밀어 넣겠습니까?"

사마천의 '거취'는 생사의 갈림길 그 자체였다. 이 절체절명의 기로에서 명확한 분별력을 가지기란 결코 쉬운 일이 아니다. 그런 짐에서 사마천의 선택은 어떤 위대한 선택보다 더 위대했다. 그림은 옥중에서 집필하고 있는 사마천의 모습이다.(사마천 일대기 그림은 정전정화책程全庭画册, 《사마천저사기화집司馬遷著史記画集》)

사마천은 생사의 갈림길에서 구차하고 치욕스러울 수도 있는 삶의 길을 선택했다. 자신에게 미처 다 하지 못한 일, 즉 역사서의 완성이라는 시대가 자신에게 부여한 사명이자 필생의 업이 남아 있었기 때문이다. 사마천에게 거취는 그저 어떤 일이나 자리에 나가고 물러나는 것이 아니라 삶과 죽음의 갈림길이라는 거취였다. 그리고 그는 처절하지만 위대한 선택, 거취에 대한 분별력을 발휘하여 그보다 더 위대한 역사서를 남겼다.

키워드 : 처세, 거취, 진퇴, 선택, 결단

걸견폐요(桀犬吠堯)

걸임금의 개가 요임금을 보고 짖다.
– 권83 〈노중련추양열전〉

경제(景帝, 기원전 188~기원전 141) 집권기의 한나라는 기원전 202년 건국 이후 약 반세기만에 큰 병목 위기를 맞았다. 지방의 왕국인 오(吳)와 초(楚)를 중심으로 무려 7개 나라가 중앙정부에 반기를 든 것이다. 기원전 154년에 터진 '오초칠국의 난'이었다.

이 반란에 강력한 양(梁)나라는 가담하지 않고 중앙정부 편을 들었다. 난이 평정된 뒤 양나라 효왕(孝王, ?~기원전 144)의 위상은 중앙 황실에 버금갈 정도로 커졌고, 이에 따라 천하의 인재들이 양나라로 몰려 들었다. 이때 들어온 인재들 중에 제(齊)나라 출신의 추양(鄒陽, 생졸 미상)이 있었다. 그는 문장가이자 유세가의 풍모를 지닌 인물로서 양나라 여기저기를 떠돌면서 오나라 출신의 장기(莊忌), 회음(淮陰) 출신 목생(牧生) 등과 사귀었다.

추양의 명성은 점점 양나라로 퍼져나갔다. 추양은 기회를 봐서 양 효왕에게 글을 올렸다. 글의 내용이 무엇인지를 알 수 없지만, 나중에 효왕에게 보낸 다른 글로 볼 때 충분히 효왕의 마음에 들었을 것이다. 그런데 훼방꾼이 등장했다. 효왕의 측근으로 총애를 한 몸에 받고 있던 양승(羊勝)과 공손궤(公孫詭)가 추양을 질투하여 효왕 앞에서 그를 헐뜯었다. 이들이 추양을 어떻게 모함했는지는 기록에 남아 있지 않다.

효왕이 성을 내며 추양을 법관에게 넘겨 죽이려 했다고 한 것을 보면 대단히 악의적인 모함이 있었음은 분명해 보인다. 추양은 졸지에 영문도 모른 채 옥에 갇혀 죽을 날만 기다리는 신세가 되었다. 추양은 객지를 떠돌다 억울하게 죽는다면 죽어서도 오명이 남게 될지도 모르는 이런 상황을 견딜 수 없었다. 생각 끝에 추양은 붓을 들어 효왕에게 편지를 썼다. 이 글이 바로 〈옥중상양왕서(獄中上梁王書)〉라는 천고의 명문이다. '옥중에서 양왕에게 올리는 글'이란 뜻이다.

결견폐요는 이 편지의 한 대목에 등장하는 유명한 성어인데, 원문은 **걸지구가사폐요**(桀之狗可使吠堯)이고 줄여서 '걸견폐요'라 한다. 그리고 바로 뒤따라 나오는 '척지객가사자유(跖之客可使刺由)'도 함께 유명한데 줄여서 '척객자유(跖客刺由)'라 한다. 해당 대목을 읽기에 앞서 이 두 대목에 대해 간단히 설명하면 이렇다.

추양의 옥중 편지는 한마디로 표현하자면 '종횡무진(縱橫無盡)'이다. 고금을 넘나드는 해박한 지식과 화려한 문장력은 이를 더욱 돋보이게 한다. 추양은 화려하게 꾸미고 자신을 과시하길 좋아했던 양 효왕의 취향에 맞추어 글을 쓴 것으로 보인다. 전체적으로 볼 때 문장은 전국시대 유세가의 웅변을 방불케 한다. 사진은 추양의 석상이다.(출처 : 바이두)

걸임금은 천하의 폭군이고, 요임금은 천하의 성군이다. 그렇다고 해서 걸이 기르는 개가 성군 요를 알아보고 짖지 않는 것은 아니다. 또 잘 길들이면 얼마든지 요임금을 향해 짖게 만들 수 있다. 척은 《장자(莊子)》 등에 나오는 사람의 간을 꺼내 회를 쳐서 먹는다는 도척(盜跖)이다. 유는 임금 자리도 사양한 은자 허유(許由)를 말한다. 허유가 제아무리 어진 사람이라 해도 '도척은 얼마든지 자객을 사주하여 허유를 찔러 죽일 수 있다'는 뜻이다. 즉, 상대를 어떤 마음으로 얼마만큼 대하느냐가 중요하다는 뜻이다. 그 대목을 보자.

"임금이 진실로 교만한 마음을 버리고 보답할 뜻을 품어 속마음을 꺼내 참된 마음을 보여주며, 간담(肝膽)을 털어 덕을 넉넉히 베풀고 기쁨과 어려움을 선비와 함께하고 선비에게 인색하게 굴지 않으면, 포악한 **걸왕(桀王)의 개라도 요 임금에게 짖어대게** 할 수 있고, '도척(盜跖)의 식객들은 그의 명에 따라 허유(許由)를 찔러 죽일 수'도 있을 것입니다."

추양은 다양한 역사적 사례를 들어가며 자신의 진심을 전하는 한편, 자신은 모함을 당한 억울한 사람이라는 점도 드러냈다. 이 글이 양 효왕에게 올라가자, 효왕은 사람을 보내 추양을 풀어준 뒤, 그를 상객(上客)으로 삼았다.('백두여신' 항목 참고)

<hr>

키워드 : 감정, 글, 정성

걸해골(乞骸骨)

해골을 돌려 달라.
– 권7 〈항우본기〉

걸해골(乞骸骨)은 **해골을 돌려 달라고 간청한다**는 뜻이다. 자리에서 물러나 은퇴하고 싶을 때 이렇게 말하는 경우가 있다. 간곡한 사직(辭職)의 의지를 비유하는 표현이라고 보면 된다. 초한쟁패 때 항우는 진평의 이간계에 빠져 책사 범증(范增, 기원전 277~기원전 204)을 의심하기에 이른다. 범증은 천하의 대세가 이미 유방 쪽으로 기울었음을 직감하고는 "**해골을 내려 주시면** 평범한 사람으로 돌아가겠다(원사해골귀졸오願賜骸骨歸卒伍)"라며 사직을 요청했다. 여기서 '해골을 내리다'는 '사해골(賜骸骨)'이란 표현이 나왔고, 이것이 '걸해골'로 변한 것이다. 고향으로 돌아가던 범증은 화를 견디지 못하고 도중에 세상을 떠났다. 항우에게 '해골을 내려 달라'고 청한 말 그대로 해골이 된 것이다.

범증의 예에서만 보면 '걸해골'은 '죽기를 간청하다'는 뜻에 더 가까워 보인다. 봉건 왕조체제에서 신하는 자신의 몸을 군주와 사직에 바친 존재이기 때문에 대부분

혼신의 힘을 다했다. 그러니 '해골을 돌려 달라'는 말이 딱 들어맞는다. 강직한 선비의 결기가 느껴지는 표현이기도 하다.

범증에게 이 말은 원했건 그렇지 않건 그의 마지막 유언 아닌 유언이 되었다. 노구를 이끌고 난세에 뛰어들어 항우의 숙부 항량(項梁, ?~기원전 208)과 그 조카 항우를 위해 전력을 다해 보좌했던 범증, 그런 자신의 충정을 헤아리지 못하는 젊은 주군 항우, 범증은 자신이 할 일은 더 이상 없다고 판단했다. 그렇게 보면 '해골을 돌려 달라'는 '걸해골'은 죽음만큼은 내 의지로 결정하겠다는 뜻을 함축하고 있는 의미심장한 단어로 보아도 무방할 것 같다. 어쨌거나 범증에게는 참 얄궂은 생의 마지막 말이 되었다.

키워드 : 사직, 죽음

항우는 사람을 아끼는 것 같았지만 실은 믿지 못했다. 범증 한 사람도 제대로 챙기지 못했고, 그 결과는 말하지 않아도 뻔했다. 범증은 항우의 이런 단점을 잘 알고 있었지만 역부족이었다. 서안시 임동구(臨潼區) 홍문연 유지에 서 있는 범증의 상이다.(2016년)

검

검수(黔首)

(진나라의) 인민, 백성.
– 권6 〈진시황본기〉

진시황은 즉위 26년째인 기원전 221년 6국을 병합함으로써 마침내 천하를 통일했다. 그의 나이 38세였다. 그해 진시황은 대신들에게 황제의 호칭을 비롯한 통일 제국과 관련한 각종 호칭들을 바꾸거나 새로 짓게 하는 한편, 문자 통일 등 각종 통일 정책을 시행하도록 했다. 이때 종래 '민(民)'으로 불리던 보통 백성들에 대한 호칭을 **검수(黔首)**로 바꾸게 했다. 관련 대목은 "민(民)을 검수(黔首)로 바꾸어 부르게 하고 전국에 큰 잔치를 베풀었다"이다. 즉, **인민이나 백성을 가리키는 진나라 때의 명칭이 '검수'였다.**

검수의 글자 뜻은 **검은 머리**다. 진나라가 검은색을 숭상한 관계로 이렇게 부르기로 한 것이다. 통일된 진나라는 복장으로 검은색을 숭상했고, 평민들은 머리에 검은색 두건을 둘렀기 때문이다. 사실 검수는 전국시대부터 백성과 같은 뜻으로 널리 사용되어 오다가 진시황 때 통일된 천하에 통용되는 용어로 확정했다.

진시황을 도와 천하를 통일하는 데 적지 않은 공을 세운 이사(李斯, ?~기원전 208)도 진시황에게 올린 글 〈간축객서(諫逐客書)〉에서 '검수'를 언급하고 있다.('간축객서'는 '객을 내쫓으라는 명령에 대해 아뢰는 글'이란 뜻이다. 객은 진나라에 와서 활동하고 있는 외국 출신의 인재들을 말한다.)

진시황 28년인 기원전 219년 태산(泰山)에 세운 진시황의 공적비 비문에는 '검수'와 같은 뜻의 단어로 '여민(黎民)'이 사용되고 있고, 32년인 기원전 215년에 세운 갈석산(碣石山) 공적비에는 '여서(黎庶)'로 나온다.(검과 여는 모두 검다는 뜻이다. 즉, 여민과 여서는 같은 뜻의 단어들이다.) 재위 31년인 기원전 216년에는 '검수'에게 실제 농지를 소유할 수 있도록 하는 율령을 반포했다. 이로써 '검수'는 토지를 소유한 자영농이 되었다.

진나라는 검은색을 나라 색깔로 정했다. 복장과 두건은 물론 진시황이 타는 마차, 장병들 복장도 모두 검은색이었다. 이를 잘 보여주는 영화가 형가의 진시황 암살을 소재로 한 〈영웅(英雄, Hero)〉(2002)이다. 영화의 포스터이다.

키워드 : 호칭, 백성, 민, 여서

계간이기(揭竿而起)

죽창을 치켜들고 일어나다.
– 권48 〈진섭세가〉

죽창과 깃발, 그리고 깃대는 농민봉기나 민중봉기의 상징물이다. 비록 죽창으로 시작하지만 민중의 힘은 성난 파도보다 더 사납고 무섭다. 역대 위정자들은 이런 민중의 힘을 알면서도 얕보았다. '권력'의 저차원적 의미에만 빠져 권력의 본질을 외면한 무지와 오만 때문이었다. 보다 근본적인 원인은 그들이 민중을 아끼고 두려워하지 않는, 즉 민중에 대한 자세가 처음부터 잘못 잡혀 있었기 때문이다.

전국시대를 마감하고 최초로 천하를 통일한 진나라는 진시황(秦始皇, 기원전 259~기원전 210)이 죽은 뒤 사방에서 터진 농민봉기 때문에 통일 후 불과 15년만인 기원전 206년에 망했다. 개미구멍이 댐 둑을 무너뜨린 것이다. 진은 망하고, 유방의 한이 다시 전국을 재통일했다.(기원전 202년) 한나라 초기 가의(賈誼, 기원전 200~기원전 168)라는 젊은 정치가이자 사상가는 〈과진론(過秦論)〉이란 전문적인 논문을 써서 진이 망한 원인을 상세하게 분석했다. **게간이기**는 바로 가의의 〈과진론〉이란 논문의 마지막 부분에 나온다. 가의는 이렇게 말한다.

'게간이기'는 농민봉기를 상징하는 성어이다. 죽창으로 시작된 민중의 분노와 봉기가 정권을 무너뜨렸기 때문이다. 사진은 진섭의 무덤(하남성 영성시) 앞 광장에 조성되어 있는 봉기 모습이다.(2017년)

"그들은 나무를 베어 병기를 만들었고, **죽창을 치켜들고 일어나자** 천하의 백성들이 비바람

같이 모여들고 호응하여 봉기하였다. 양식을 지고 그림자가 형체를 따르듯 봉기에 가담하였으며, 효산(崤山) 그리고 함곡관(函谷關) 동쪽의 드넓은 지역의 제후들이 동시에 봉기를 일으켜 마침내 진 왕실을 멸망시켰다.”

진나라 말기 농민봉기의 선봉장은 진섭(陳涉, ?~기원전 208 / 진승陳勝)이었는데, 가의는 〈과진론〉 마지막 대목에서 “진승 한 사람이 난을 일으킴으로써 진나라 일곱 종묘가 모조리 파괴되었다”라는 말로 진승의 봉기가 진 멸망의 도화선이 되었음을 분명하게 밝혔다. 사마천도 이 민중봉기의 중요성을 충분히 인식하여 하찮은 신분의 진승을 대담하게 주로 왕·제후급 인물들에 관한 기록인 ‘세가(世家)’에 포함시키는 파격을 감행했다. 이 때문에 후대 고지식한 학자들로부터 격렬한 비난을 들었다.
　민중의 진정한 힘은 민중의 자각에서 나온다. 일시적인 분노도 필요하지만 상황을 직시하고 올바른 방향을 결정할 수 있는 역량을 길러야 한다. 예로부터 민중을 팔지 않고 민중을 속이지 않은 통치자는 거의 없었다. 민중은 이제 권력의 속성과 통치 자체의 모순을 직시하여 냉정하게 판단하고 행동해야 한다. 통치자나 권력을 향해 민중들을 사랑하고 두려워하라고 외치기에 앞서 민중들이 민중들을 사랑하고 두려워할 줄 알아야 한다.
　청나라 초기, 사상가이자 고증학의 선구자였던 고염무(顧炎武, 1613~1682)는 “천하의 흥망은 보통 사람(백성)들에게 책임이 있다(천하흥망天下興亡, 필부유책匹夫有責)”라고 외쳤다. 귀담아 들어야 할 고언(苦言)이 아닐 수 없다.

키워드 : 민중봉기, 죽창, 자각

격부가오오(擊岳歌烏烏)

질장구를 두드리고 어야디야 노래를 부르다.
– 권87 〈이사열전〉

기원전 237년, 한나라에서 보낸 수리 전문가 정국(鄭國, 생졸 미상)이 실은 진나라 내부를 이간질하고, 제방과 운하를 쌓아 진나라의 국력을 소모시키려 건너온 간첩이라는 보고가 올라왔다. 진나라 본토 출신의 신하들이 벌떼 같이 들고 일어났다. 진왕 정(政, 훗날 진시황)도 이참에 자신의 권력을 기반을 다질 겸 진나라에 들어와 벼슬을 하거나 식객으로 있는 외국 출신의 인재들을 모두 내쫓으라는 '축객령(逐客令)'을 전격 단행했다. 전국적으로 대대적인 수색도 병행되었다.

이 사건보다 10여 년 전인 기원전 250년 무렵 초(楚)나라 상채(上蔡) 출신의 지식인 이사(李斯, ?~기원전 208)는 풍운의 꿈을 품고 강한 진나라로 건너와 어느 시점인가 당시 실세였던 여불위(呂不韋, ?~기원전 235) 집안의 식객이 되었다. 기원전 246년, 정이 진왕이 되자 이사는 장사(長史) 벼슬에 임명되고 객경(客卿)으로 대우받았다. 이사의 출세가도가 눈앞에 펼쳐지는 순간이었다.

그런데 이해 기원전 237년, 이사의 뒷배 여불위가 면직되고, 바로 이어 외국 출신의 인재들을 내쫓으라는 '축객령(逐客令)'이 내려졌다. 이사의 출세가도가 갑작스럽게 막혔을 뿐만 아니라 쫓겨날 판이었다. 이사는 고심 끝에 붓을 들었다. 자신이 잘하는 글로 젊고 야심찬 군주 진왕 정을 설득하기로 했다. 이 글이 중국 역사상 최고의 명문들 중 하나로 꼽히는 〈간축객서(諫逐客書)〉이다. 〈객경을 내치라는 명령에 대해 올리는 글〉이다. 본 항목 **격부가오오**는 이사가 이 글 중에서 진나라의 음악과 여러 나라의 음악에 대해 언급하는 대목을 축약한 것인데, 그 대목을 보면 이렇다.

"대저 질항아리와 **질장구를
두드리거나** 쟁을 타며 넓적다
리를 치면서, **어야디야 노래를
불러** 귀를 즐겁게 하는 것이
참다운 진나라의 음악 소리입
니다. 정(鄭)·위(衛)·상간(桑
間)·소(昭)·우(虞)·무(武)·상
(象) 등은 다른 나라의 음악들

<간축객서>를 올리는 이사의 모습을 그린 기록화이다.(2008년)

입니다. 지금 질항아리와 질장구를 두드리던 것(진의 음악)을 버리고 정·위의 음악을
취하며, 쟁을 타던 것을 물리치고 소·우의 음악을 받아들인 까닭이 무엇이겠습니
까? 당장 마음이 즐겁고, 눈에 보기에 좋기 때문일 따름입니다. 그러나 지금 인재를
얻는 데는 그렇지 않습니다. 사람됨이 옳은 지 그른 지를 묻지 않고, 굽은 지 곧은 지
를 따지지 않고, 진나라 사람이 아니면 돌려보낸다고 하여 빈객들을 축출하려고 합
니다. 그렇다면 이는 여색·음악·주옥 등은 소중히 여기면서 인재는 경시하는 것입
니다. 이는 큰 나라로 군림하면서 제후들을 다스리는 방법이 아닙니다."

이사의 〈간축객서〉에 대해서는 '태산불양토양(泰山不讓土壤), 하해불택세류(河海不擇
細流)'라는 명언 항목에서 더 살펴보았다. 이사의 글을 본 진왕은 축객령을 취소했다.

키워드 : 문장, 명문, 음악, 노래

견미이지청탁(見微而知淸濁)

미세한 것을 보고 장차 맑고 흐린 것을 안다.
– 권31 〈오태백세가〉

견미이지청탁과 같은 뜻을 가진 사자성어가 '견미지저(見微知著)'인데, 권38 〈송미자세가〉에 나온다. 관련 고사는 똑같아 여기서 함께 소개한다.

기록에는 은나라 말기 세 현자, 즉 '삼현(三賢)' 또는 '삼인(三仁)'이 있었다고 한다. 기자(箕子)·미자(微子)·비간(比干)이 그들이었다. 이 명언은 그중 기자의 이야기에서 비롯되었다. 기자가 주(紂)임금이 귀하디귀한 상아 젓가락을 식사 때 사용하는 것을 보고는 "그가 상아로 만든 젓가락을 사용했으니 틀림없이 옥으로 만든 잔을 사용할 것이고, 옥으로 만든 잔을 쓴다면 틀림없이 먼 곳의 진기하고 괴이한 물건을 차지하고자 할 것이다. 수레와 말, 그리고 궁실도 점점 이렇게 되어 돌이킬 수 없을 것이다"라며 은나라의 멸망을 예언했다. 여기서 나온 사자성어가 '견미지저'이다. 같은 책 〈오태백세가〉에는 '견미이지청탁(見微而知淸濁)'으로 약간 다르게 나오지만 뜻은 한가지다. **미세한 것을 보고 맑음과 흐림, 즉 장차 드러날 것을 안다**는 뜻이다.

기자는 직관(直觀)으로 은나라의 멸망을 예견했다. 직관은 이렇게 미래에 대한 정확한 예측으로까지 발전할 수 있다. 물론 정확한 직관은 많은 경험과 식견이 바탕 되어야 한다. 하나를 보면 열을 알고, 바닷물이 짠 지는 한 점만 찍어 맛보면 된다. 바닷물을 다 마시고도 어떤 맛인지

조선(고조선)과도 관련이 있는 기자는 은나라 말기의 현자로 주임금의 폭정을 목격하고는 멸망을 예견하면서 미치광이 노릇으로 자신을 숨기기도 했다. 기자의 초상화이다.

모르는 사람이 생각보다 많다. 리더의 리더십과 관련하여 이 직관을 중시하는 논리가 많이 등장하는데, 직관이 미래 예견력으로 연결되기 때문일 것이다.

이 성어는 동한 시기의 사학자 원강(袁康, 40년 전후 활동)이 지은 《월절서(越絶書)》에도 보이는데, "그러므로 성인은 미세한 것에서 드러날 것을 알고, 처음을 보고 끝을 안다고 했다"라고 하여 후반부에는 '처음을 보고 끝을 안다'는 '도시지종(睹始知終)'이란 네 글자가 첨가되었다. '도시지종'은 흔히 '견시지종(見始知終)'으로 많이 쓴다.

키워드 : 통찰력, 예견, 직관

견미지저(見微知著)

미세한 것을 보고 드러날 것을 알다.
– 권38 〈송미자세가〉

'견미이지청탁' 항목을 참고하면 된다.

키워드 : 통찰력, 예견, 직관

견아상제(犬牙相制)

개의 이빨처럼 서로 맞물려 견제하다.
– 권10 〈효문본기〉

기원전 180년 실제로 권력을 휘둘렀던 여(呂)태후가 세상을 떠났다. 공신들은 즉시 반격을 가해 여씨 잔당들을 단숨에 제거했다. 일찍 세상을 떠난 혜제(惠帝, 기원전 210~기원전 188)에게 후사가 없었기 때문에 공신들은 누구를 황제로 옹립할 것인가를 논의했다. 그 결과 대(代) 지역의 왕으로 있던 고조의 서장자(庶長子) 유항(劉恒, 기원전 202~기원전 157)을 추대하기로 했다. 승상(丞相) 진평(陳平)과 태위(太尉) 주발(周勃) 등은 대왕을 영접하러 사람을 보냈다.

대왕 유항은 선뜻 판단을 내리지 못해 좌우의 측근 신하들 및 낭중령(郎中令) 장무(張武) 등에게 물었다. 장무 등이 의논 끝에 공신들은 믿을 수 없기 때문에 병을 핑계로 변화를 관망하라고 건의했다. 중위(中尉) 송창(宋昌)의 견해는 달랐다. 그는 한나라의 건국과 그 이후의 과정을 정확하게 분석한 다음, 이렇게 말했다.

"고제(고조 유방)께서 자제들을 왕에 봉하실 때 그 땅들은 마치 **개의 이빨처럼 단단히 물려** 있었습니다. 이것이 이른바 반석(盤石)과 같은 종법(宗法) 통치로서, 천하는 그 강력함에 복종하였습니다."

송창은 지금 남아 있는 고조의 아들로는 회남왕(淮南王)과 대왕뿐이고, 공신들은 연장자에 어질고 효성스러운 대왕에 대한 민심을 따라 모시고자 하는 것이니 의심하지 말라며 추대를 받아들이라고 권했다.

대왕 유항은 왕후의 동생 박소(薄昭)를 강후(絳侯) 주발에게 보내 그 의중을 확인하게 했고, 공신들의 의중을 확실하게 파악한 박소의 보고에 따라 장안으로 출발했다.

견아상제는 해당 대목 바로 뒤에 따라나오는 '반석'과 합쳐 '견아반석(犬牙盤石)'이라고도 쓴다. '개의 이빨처럼 단단히 맞물려 반석처럼 튼튼하다'는 뜻이다. 권17 〈한흥이래제후왕연표〉에는 '견아상임(犬牙相臨)'이란 표현이 보이는데 뜻은 같다. '견아상제'는 '견아상착(犬牙相錯)', '견아교착(犬牙交錯)'으로도 쓴다.

키워드 : 정권, 안정

견양파모(牽羊把茅)

양을 끌고 풀(깃발)을 쥐다.
– 권38 〈송미자세가〉

견양파모는 **양을 끌고 풀을 쥐다**라는 뜻이다. 누군가에게 항복할 때의 행위이다. 양은 군대에 바치는 것이고, 풀을 쥐는 것은 항복을 청하는 것으로 풀이한다. 기록에 따라서는 풀을 소꼬리가 달린 깃발로 보기도 한다. 어느 쪽이든 항복을 청할 때의 형식이다. 또 항복을 하러 나서는 사람은 웃통을 벗고, 등 뒤로 손을 묶고 무릎으로 기어야 한다. 이와 관련해서는 〈송미자세가〉의 아래 기록이 보인다.

"주 무왕이 (은) 주왕을 토벌하여 은을 물리치자 미자(微子)는 바로 제사 그릇을 들고 군문으로 가서는 '웃통을 벗고 등 뒤로 손을 묶은 다음(육단면박肉袒面縛)', (사람을 시켜) 왼편으로는 **양을 끌고(견양牽羊)** 오른편으로는 **소꼬리를 장식한 깃발을 쥐게(파모把茅)** 하였다. 그러고는 '무릎으로 기어(슬행膝行)' 앞으로 나와 아뢰었다."

위는 무왕(武王)이 은 주왕(紂王)을 토벌하여 은나라를 멸망시키자, 은나라를 떠났던 주왕의 배다른 형인 미자가 돌아와 정식으로 항복 의식을 치르는 장면이다. 무왕은 항복을 받아들인 뒤, 미자를 석방하고 이전의 자리를 회복시켜 망한 은나라 백성들의 마음을 다독거렸다. 항복 의식을 나타내는 '견양파모'는 '육단'과 결합하여 '견양육단(牽羊肉袒)', '육단견양(肉袒牽羊)'으로도 표현한다. 참고로 '육단'은 누군가에게 잘못하여 사과할 때의 행위를 나타내기도 한다. ('육단' 항목 참고)

주나라 건국 이후 미자는 무왕에 의해 제후국 송나라의 시조가 되었다. 그는 기자(箕子)·비간(比干)과 함께 은나라 말기의 삼현(三賢) 또는 삼인(三仁)의 한 사람으로 꼽힌다. 미자의 초상화이다.

키워드 : 항복, 의식

견인질직(堅忍質直)

단단하고 곧은 성품.
– 권96 〈장승상열전〉

유방(劉邦)이 절대 열세를 딛고 항우(項羽)를 물리쳐 천하를 재통일할 수 있었던 것은 유능한 인재들을 적재적소에 잘 기용했기 때문이라는 평가가 늘 뒤따른다. 이런 인재들 대부분이 같은 고향 출신의 친구들이었는데, 소하(蕭何)·조참(曹參)·주발(周勃)·번쾌(樊噲)·노관(盧綰) 등이 그들이었다.

유방과 같은 고향 출신으로 어사대부 주창(周昌, ?~기원전 192)이란 인물이 있었다. 그는 사람 됨됨이가 강직하여 앞뒤 가리지 않고 바른 소리를 잘했기 때문에 재상에 오른 소하와 조참은 물론 다른 신하들에 이르기까지 모두 그에게 몸을 낮추어 존중했다고 한다. **견인질직**은 이런 주창의 성품을 나타내는 대목에서 나온다.

유방은 정비인 여태후 몸에서 난 태자보다 후궁 척희(戚姬, ?~기원전 194)의 아들 조왕(趙王) 여의(如意, 기원전 205~기원전 194)를 무척 아끼고 사랑하여 만년에 심지어는 여의를 태자에 앉히려고까지 했다. 주창을 비롯한 공신들의 강력한 만류로 뜻을 꺾기는 했지만, 유방은 자신이 죽고 난 다음 척희와 여의의 신변이 걱정되었다.

말을 더듬었던 주창은 곧은 성품으로 한 왕조 초기 불안했던 정국을 안정시키는 데 나름의 역할을 다 했다. 주창의 초상화이다.(출처: 바이두)

유방은 생전에 당시 10살 난 여의를 조왕(趙王)에 임명하고 그를 보좌할 든든한 인물을 물색했다. 이렇게 해서 추천된 인물이 바로 주창이었다. 주창을 추천한 사람은 "사람이 **단단하고 곧은 성품**이어서 여태후와 태자는 물론 대신들이 평소부터 그를 존경하고 두려워합니다"라고 했다.

정쟁에 휘말리고 싶지 않았던 주창은 상국(相國) 자리를 완강하게 거절했지만 친구(?) 유방의 간곡한 부탁도 있고 해서 결국 어린 조왕을 보좌하기에 이르렀다. 그리고 얼마 후 유방이 세상을 떠났다. 기원전

195년 여태후는 즉각 척희의 두 눈을 파내고 귀를 멀게 해서 돼지우리에 가두어 돼지와 함께 살게 하면서 '돼지인간' '인체(人彘)'로 부르게 했다.('인체' 항목 참고) 이어 조왕을 죽이기 위해 조왕을 여러 차례 장안으로 소환했다. 주창은 조왕을 보내지 않았다. 여태후는 주창을 먼저 소환한 다음, 다시 조왕을 소환하여 조왕을 독살했다. 주창은 이 일로 병을 핑계대고 은퇴했다가 3년 만에 세상을 떠났다.

왕조체제에서 벼슬살이를 제대로, 그리고 편안하게 하기란 참으로 힘들었다. 더욱이 주창처럼 강직한 성품의 인물은 현군을 만나지 않는 한 제명에 벼슬살이를 끝내기가 여간 힘든 것이 아니었다. 현실에서 비상한 상황, 어려운 상황일수록 주창과 같은 '견인질직'의 성품을 가진 사람이 더욱 필요하다. 평소 주위 인재들을 눈여겨 살펴야 한다.('기기애애' 항목 참고)

키워드 : 성품, 강직

견자(犬子)

개새끼, 개똥이, 강아지.
– 권117 〈사마상여열전〉

먼저 **견자**라는 단어가 나오는 대목을 보면 이렇다.

"그래서 부모가 **견자(犬子)**라는 이름으로 그를 불렀다."

'견자'는 글자 그대로 개의 새끼, 즉 강아지다. 다른 문헌들에는 그런 뜻으로 쓰이고 있다. 그런데 서한시대의 유명한 문장가 사마상여(司馬相如, 기원전 179~기원전 117)의 전기에 그의 어릴 적 이름이 '견자'로 기록되어 있어 적지 않은 뒷이야기를 남겼다. 앞뒤 관련 대목을 더 보면 이렇다.

"사마상여는 촉군(蜀郡) 성도(成都) 사람으로 자를 장경(長卿)이라 했다. 어릴 때 책 읽기를 좋아하고 격검(擊劍)을 배웠다. 그래서 그 부모는 '견자라는 이름으로 그를 불렀다.' 상여는 학업을 마치자 인상여(藺相如)의 사람됨을 흠모하여 이름을 상여(相如)로 고쳤다."

사마상여의 부모가 왜 아들 이름을 '견자'로 불렀는지는 아리송하다. 어릴 때부터 책 읽기를 좋아하고 검술을 배웠다는 대목에 바로 이어서 이 구절이 나오는데, 아마 아들이 잘 자라라는 마음에서 천한 단어로 이름을 지은 것이 아닐까 한다. 우리도 옛날에 아이의 어릴 적 이름으로 '개똥이'란 단어를 많이 사용한 것을 보면, 병이 많고 유아 사망률이 높았던 시절에 아이가 오래 건강하게 자라길 바라는 마음에서 일부러 천한 뜻의 단어를 골라 이름처럼 불렀던 것 같다. 이는 '천한 이름이 건강하게 잘산다'는 고대 미신의 반영이라 할 것이다.

사마상여가 훗날 당대 최고의 문장가로 이름을 떨친 것은 물론 후대 역사와 문화에 상당한 영향력을 남기게 되면서 '견자'는 많은 사람들이 자기 아들에 대한 겸칭으로 널리 사용하기에 이르렀다. 사마상여의 명성에 기대어 자식이 유명한 사람이 되길 바라는 마음을 '견자'라는 사마상여의 어릴 적 이름에 투영하여 너나없이 유행처럼 사용하게 된 것이다.

물론 '견자'는 자기가 미워하거나 싫어하는 남의 집 자식을 비하하는 뜻으로도 사용되었다. 사마상여 자신도 이런 점을 생각했던지 어느 정도 성장해서는 자신의 이름

사마상여의 어릴 적 이름은 '견자'였고, 커가면서 이 이름을 창피하게 여겨 '견자'는 스스로 이름을 상여로 바꾸었다. 사마상여 이야기를 다룬 만화책의 표지이다.

을 전국시대 조나라의 유명한 인물 인상여(藺相如, 생졸 미상)의 이름을 따서 상여로 바꾸었다. 사마상여가 인상여의 이름을 딴 데는 나름대로 속내가 있었던 것으로 추측된다. 사마천의 기록에 따르면 사마상여는 말을 잘 못하고 더듬었다. 당대 최고의 문장가가 말솜씨는 영 서툴렀다. 법가 사상을 집대성한 한비자(韓非子, 기원전 280~기원전 233)도 말 더듬이었다고 하니 글과 말을 둘 다 잘하기가 참 어려운 모양이다.

사마상여는 이런 자신의 약점 때문에 말 잘하기로 둘째가라 하면 서운해 할 인상여가 몹시 부러웠던지 그의 이름을 딴 것이 아닐까 하는 추측을 해보게 된다. 여기서 '모인상여(慕藺相如)', 즉 '인상여를 사모한다'는 사자성어가 파생되었다. 누군가를 자신의 멘토로 삼는 것을 비유하는 고사성어가 되었다.

'견자'는 사마상여의 명성으로 인해 많은 사람들이 이를 따라 했지만 정작 사마상여는 이 이름이 싫어서 인상여의 이름을 따랐다. 하기야 누군들 개새끼 아니면 강아지를 뜻하는 이름을 좋아하겠는가?

키워드 : 이름, 별칭, 미신

견직염정(堅直廉正), 무소아피(無所阿避)

굳세고, 곧고, 깨끗하고, 반듯해서 아부하거나 피하지 않다.
– 권119 〈순리열전〉

사마천은 《사기》 130권 중에 공직자들에 대한 전문적인 기록을 두 편 남겼다. 좋은 공직자 '순리(循吏)'들의 행적을 기록한 권119 〈순리열전〉, 백성들을 가혹하게 다룬 공직자 혹리(酷吏)들의 행적을 기록한 권 122 〈혹리열전〉이 그것이다.

견직염정, 무소아피라는 이 명구는 〈순리열전〉에 등장하는 춘추시대 초나라의 재상 석사(石奢, 생졸 미상)라는 공직자의 성품을 나타낸 것이다. 참고로 먼저 〈순리열전〉에 소개되어 있는 순리들을 일람표로 만들어 보았다.

이름	시대(국적) 관직	주요 행적	참고
손숙오 (孫叔敖)	춘추(초) 처사, 재상	지도층의 솔선수범과 백성들의 자발적 감화를 중시.	세 번 기용, 세 번 파면
자산 (子産)	춘추(정) 대부, 재상	약자의 생존 논리와 외교 중시. 지속적이고 변함없는 정책. 최초로 법을 공포.	어질고 노숙한 정치가
공의휴 (公儀休)	전국(노) 박사, 재상	고귀한 만큼 책임과 의무를 다하라. 법과 정도를 따름.	노블레스 오블리주
석사 (石奢)	춘추(초) 재상	살인죄를 지은 아버지를 도주하게 하고 스스로 목숨을 끊음.	대의멸친
이리 (李離)	춘추(진) 사법관	무고한 사람을 죽게 하자 그 책임을 지고 칼로 자결함.	법 앞에서는 만민이 평등

표에서 보다시피 석사는 춘추시대 초나라의 재상을 지낸 순리이다. 그는 아버지가 살인죄를 짓자 차마 아버지를 죽게 할 수 없다며 아버지를 도망시킨 다음, 아버지를 대신하여 자신의 목숨을 끊어 속죄했다. 지금 보아서는 다소 지나친 감이 있지만 '정의 앞에서는 친인척의 정이라도 끊는다'는 '대의멸친(大義滅親)'의 자세는 충분히 본받아야 할 것이다.('대의멸친'의 출처는 《좌전》 은공 4년 조이다.) 공직자로서 석사의 이런 자세는 **굳세고, 곧고, 깨끗하고, 반듯해서 아부하거나 피하지 않는,** 즉 '견직염정, 무소아피'라는 그의 성품 때문일 것이다.

키워드 : 관리, 청백리, 청렴, 강직

견호모이불견기첩(見毫毛而不見其睫)

(눈은) 가는 터럭까지 보지만, 자기 속눈썹은 못 본다.
– 권41 〈월왕구천세가〉

전국시대 월나라 왕 무강(無彊, 생졸 미상)은 군사를 일으켜 북으로 제나라, 서쪽으로 초나라를 정벌하여 중원에서 힘을 다투고자 했다. 제나라 위왕(威王, ?~기원전 320)은 사신을 보내 월왕을 설득하게 했다. 사신은 이 두 나라를 정벌하려면 중원의 국가인 한나라와 위나라의 도움을 받아야 하거늘, 이들이 돕지도 않는데 어째서 이 두 나라를 중시하냐고 물으면서 이렇게 말했다.

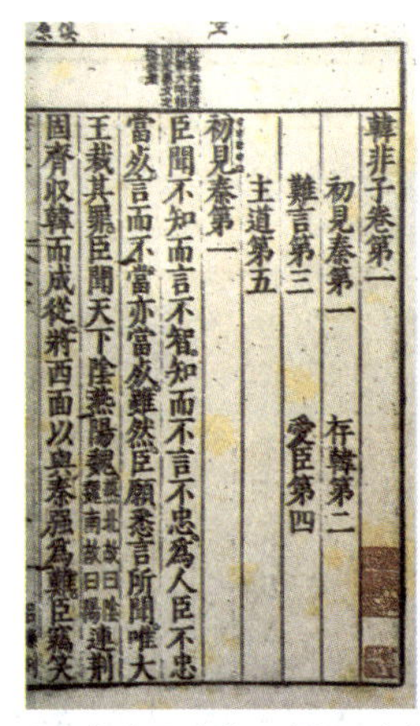

《사기》에 등장하는 많은 고사의 출처들 중 하나가 《한비자》이다. 도판은 《한비자》 명나라 때 판본이다.

"월나라가 망하지 않은 것이 행운입니다! 저는 그런 식으로 보는 지혜라면 인정할 수 없습니다. **눈은 터럭까지 보지만, 자기 속눈썹은 못 봅니다.** 지금 왕께서 한과 위의 실책을 알면서도 월나라 자신의 잘못을 알지 못하는 것, 이것이 (방금 말씀드린) '눈이 사물을 보는 이치', 즉 '목론(目論)'이란 것입니다. 왕께서 한과 위를 대하는 것은 힘을 다하게 하는 것도 아니고, 군을 합쳐 동맹하자는 것도 아닌 그저 초의 병력을 분산시켜 달라는 정도입니다. 초의 병력이 이미 흩어졌는데 한과 위에 무엇을 더 바란단 말입니까?"

제나라 사신의 교묘한 설득에 월왕 무강은 제나라를 포기하고 초나라를 정벌했지만 대패하여 자신도 죽었다. 이로써 월나라는 멸망의 길을 걸었다.

옛 사람들은 흔히 눈의 이런 특징을 활용하여 남의 문제는 잘 살피면서 정작 자신의 결점은 보지 못하는 것을 비유하곤 했다. 《한비자》(〈유로喩老〉 편)에 보면 "100보 밖은 볼 수 있으면서 그 속눈썹은 보지 못한다"는 대목이 나온다. 《성경》〈마태복음〉에 나오는 "어찌하여 형제의 눈 속에 있는 티는 보고 네 눈 안에 있는 들보는 깨닫지 못하느냐!"는 대목도 이와 비슷한 뜻의 말씀이다.

키워드 : 이치, 자기결점

하남성 언사(偃師)의 이리두(二里頭) 유지는 하(夏) 왕조의 실체를 확인시켜 줄 중요한 유지로, 하 왕조의 도성으로 추정하고 있다.(권2 〈하본기〉) 대규모 발굴이 계속 진행되어 하 왕조의 실체가 서서히 모습을 드러내고 있다. 사진은 2009년 이리두 유지의 모습이다.

緑林(녹림)

바르게 대답을 듣는다
—〈근사교훈동몽훈〉

결말(結袜)

버선 대님을 묶다.
— 권102 〈장석지풍당열전〉

서한 문제(文帝) 때(기원전 202~기원전 157)의 장석지(張釋之, 생졸 미상)란 인물은 황제의 명령이라도 법과 맞지 않으면 법대로 처리했던 강직한 사법관이었다. 그는 황제의 면전에서 "법이란 황제와 천하 백성들이 함께 공평하게 누리는 것입니다(법자천자소여천하공공야法者天子所與天下公共也)"라는 유명한 말을 남겼다. "장석지가 정위(廷尉, 사법 책임자)가 되자 천하에 억울한 백성이 없었다"고 칭송할 정도였다. 장석지는 은자 왕생(王生)과 관련하여 재미난 일화가 전한다.

왕생은 '억지로 일삼지 않고 다스린다'는 '무위이치(無爲而治)'를 표방한 황로학술(黃老學術)에 뛰어난 사람이었다. 왕생이 언젠가 궁중에 불려온 적이 있는데, 고관대작들이 죄다 모여 있었다. 왕생은 나이가 많았었는데, 고관대작들을 쭉 훑어 본 다음 "내 버선 대님이 풀어졌네"라더니 고개를 돌려 장석지를 보면서, "내 버선 대님 좀 매주겠소?"라고 했다. 모두들 바짝 긴장했다. 아무리 나이가 많다지만 하필이면 법 집행이 엄하고 강직한 장석지에게 무례한 부탁을 했기 때문이다.

장석지는 아무 말 없이 꿇어앉아서 왕생의 대님을 매어주었다. 그 뒤 어떤 자가 왕생에게 왜 장석지에게 그런 모욕을 주었냐고 물었다. 왕생은 이렇게 대답했다.

"나는 나이도 많고 지위도 보잘것없다. 그러니 장 정위에게 줄 수 있는 것이 아무것도 없다. 장 정위는 지금 천하의 명신으로 소문이 자자하지 않은가? 그래서 일부러 장석지로 하여금 한순간 무릎을 꿇고 **내 버선 대님을 매어주는** 굴욕을 참게 하여 그에게 도움이 되고자 한 것이다."

공경들이 이 말을 듣고는 왕생의 현명함을 칭찬했고, 장석지에 대한 존경심이 더욱 깊어졌다. 문제가 세상을 뜨고 아들 경제(景帝)가 즉위한 뒤, 장석지는 정치적으로 곤경에 처했다. 이때 왕생이 나서 경제의 마음을 풀 수 있는 비책을 알려주어 곤경을 면할 수 있었다.

결말은 귀한 신분의 사람이 나이 많은 사람을 공경하는 것을 비유하는 단어이다. 때로는 초야에 묻혀 사는 고고한 현자들이 권력자나 귀한 신분의 인물을 멸시하는 것을 비유하는 전고로 쓰이기도 한다.

키워드 : 처세, 겸손, 명성

결목현문(抉目懸門)

눈알을 파내 문에 걸다.
– 권66 〈오자서열전〉

등장인물이 4천 명이 넘는다는 《사기》 130권의 인물들 중 누구보다 극적이고 파란만장한 삶을 살다 간 인물을 들라면 단연 오자서(伍子胥, ?~기원전 484)를 첫 손가락에 꼽을 것 같다. 오자서는 이름을 원(員)이라 했다. 그는 춘추 말기 초(楚)나라에서 오(吳)나라로 망명하여 공자 광(光)과 손을 잡고, 오왕 요(僚)를 죽이고 왕위를 빼앗는 일을 도왔다. 이렇게 왕이 된 공자 광이 합려(闔閭, ?~기원전 496)이다.

오자서는 왕이 된 합려를 도와 군대를 정비한 다음 단숨에 초의 수도 영(郢, 지금의 호북성 강릉 북쪽)을 공격하여 함락시키고, 아버지와 형을 죽인 초 평왕(平王)의 '시체를 파내 채찍질을 가했다.'(여기서 저 유명한 복수의 대명사 '굴묘편시掘墓鞭尸'란 사자성어가 나왔다. '굴묘편시' 항목 참고)

합려가 죽고 그 아들 부차(夫差, ?~기원전 473) 때는 대부가 되어 국사에 참여했다. 그러나 대외적으로 대립관계에 있던 월과의 화의를 반대하고, 북쪽으로 올라가 패권을 다투어서는 안 된다는 주장을 내세우다 오왕 부차와 점차 멀어졌다. 그러던 중 제나라에 사신으로 가서 포씨(鮑氏)에게 자신의 아들을 당부했는데, 이 일을 알게 된 간신 백비(伯嚭, ?~기원전 473)가 반역으로 오자서를 모함했다. 백비의 말만 믿은 오왕 부차는 분노하여 그에게 자살을 명령했다.

오자서는 죽기에 앞서 자신이 죽고 나면 "내 두 눈알을 뽑아 오나라 (고소성) 동문 위에 걸어 월나라 도적놈들이 오나라를 멸망시키는 꼴을 똑똑히 보게 해달라(결오목현오동문지상抉吾目懸吳東門之上, 이관월구지입멸오야以觀越寇之入滅吳也)"는 저주의 유언을 남겼다.

오자서의 삶은 원한과 복수, 그리고 저주로 점철된 파란만장 그 자체였다. 그로부터 얼마 뒤 오나라는 결국 월나라에게 망했다.(기원전 473년) 오왕 부차는 오자서의 충고를 듣지 않아 나라가 망하게 되었다며, 죽어서 오자서를 볼 '면목이 없으니(무면목 無面目)' 천으로 얼굴을 가리게 한 다음 목숨을 끊었다고 한다.

오자서는 '은혜와 원수는 대를 물려서라도 갚는다'는 중국인 특유의 '은원관(恩怨觀)'을 대변하는 인물이다. 사진은 락앤락 소수(蘇州) 공장 앞에 조성되어 있는 오자서 동상이다. 락앤락은 소주에 공장을 세우면서 오자서 동상을 함께 세워 기업을 홍보하는 현지화 전략으로 크게 성공했다.(2010년 사진으로 락앤락 홍보부 제공)

'눈알을 파내 성문에 걸어라'는 뜻의 **결안현문(抉眼懸門)** 또는 **결목현문(抉目懸門)**은 지독한 저주의 사자성어가 되었고, 줄여서 '결안(抉眼)'이나 '결목(抉目)'이라고도 한다. 모두 듣기만 해도 서늘한 저주의 기운이 흘러넘치는 단어가 되었다.

공자의 제자 증자(曾子)는 "새가 죽으려 하면 그 울음이 슬프고, 사람이 죽음을 앞두면 그 말이 착해진다(조지장사기명야애鳥之將死其鳴也哀 ; 인지장사기언야선人之將死其言也善)"고 했는데, 오자서를 보면 그게 아닌 것 같다. 하기야 자결을 강요받은 상황에서 어떻게 좋은 말이 나오겠는가 만은.

사마천은 오자서의 복수와 저주를 두고 "원한이 사람에게 미치는 해독이 정말 심하다!"면서도 오자서가 "작은 의를 버리고 큰 치욕을 씻어 후세에 이름을 남겼다"고 평가했다. 그러면서도 사마천은 슬프다고 했다. 오자서의 최후를 곰곰이 생각하노라면 사마천의 말대로 그의 원한과 복수의 드라마는 슬프다. 인간이 마음이 어디까지 미칠 수 있는지 정말이지 상상하기 어렵다.

'결목현문'은 '오원결목(伍員抉目)', '오서결목(伍胥抉目)'이라고도 표현한다. 이밖에 동문안(東門眼), 결목동문(抉目東門), 현문결목(懸門抉目) 등 많은 성어와 용어들이 파생되어 나왔다. 어느 쪽이든 충신이 모함을 당해 목숨을 잃는 전고가 되었다.('굴묘편시' 항목 참고)

키워드 : 죽음, 원한, 저주

결승천리(決勝千里)

천 리 밖의 승부를 결정하다.
- 권8 〈고조본기〉

초한쟁패에서 항우를 물리치고 천하를 통일한 고조 유방은 기원전 202년 어느 날 낙양 남궁 낙성식 축하연 자리에서 불쑥 이런 말을 꺼냈다.

"경들은 숨김없이 말하라, 내가 천하를 얻은 까닭과 항우가 천하를 잃은 까닭이 무엇인가?"

고기(高起)와 왕릉(王陵)이 대답했다.

"폐하께선 성을 쳐서 공략하여 공을 세운 사람에게 그 땅을 주어 천하 사람들과 이익을 함께하셨습니다. 항우는 의심과 질투가 많아 싸움에 이겨도 성을 주지 않았고, 땅을 얻어도 나눠 주는 일이 없었습니다. 이것이 폐하께서 천하를 얻고 항우가 천하를 잃은 이유인 줄 아옵니다."

고조는 고개를 저으면서 말했다.

"경들은 하나만 알고 둘은 모른다. 대체로 '산가지를 군막 안에서 움직여(운주유악 運籌帷幄)' **천 리 밖의 승부를 결정짓는**(결승천리決勝千里) 일은 내가 자방(장량)만 못하고, 나라를 편안히 하고 백성을 어루만져 주며 군대의 보급을 끊어지지 않게 하는 것은 내가 소하만 못하며, 백만의 군사를 거느리고 싸우면 반드시 이기고 치면 반드시 빼앗는 것은 내가 한신만 못하다. 이 세 사람은 모두 뛰어난 인걸인데 나는 그들을 제대로 쓸 수가 있었다. 이것이 바로 내가 천하를 차지할 수 있었던 까닭이다. 항우는 범증 한 사람이 있었을 뿐이었는데, 그 하나마저도 제대로 쓰지 못했다. 이것이 항우가 나에게 패한 이유이다."

위 장면이 그 유명한 유방의 '삼불여(三不如)'이다. '(내가) 세 사람, 즉 장량·소하·한신만 못하다'는 뜻의 '삼불여'는 유방의 인재관을 가장 잘 보여준다. 이는 '인재의 기용이 나라의 흥망과 직결된다(존망재소용存亡在所用)'는 사마천의 인재관과 그대로 통한다.('안위재출령, 존망재소용' 항목 참고)

'결승천리'는 앞의 '운주유악'과 합쳐 '운주유악, 결승천리'의 여덟 글자로 많이 쓴다. 전략가 장량의 뛰어난 능력을 칭찬하는 명언이다. '운주유악'은 글자대로라면 군막 안에서 산가지를 던져 승부를 예측한다는 뜻이지만, 실제로는 군막 안에서 전략과 전술

낙양 남궁에서 공신들과 초한쟁패의 승부에 대해 대화하는 유방과 공신들의 모습이다. 최고 리더가 자신의 성공과 상대의 패배를 분석케 한 드문 사례이다. 사진은 유방의 고향인 강소성 패현(沛縣) 가풍대(歌風臺) 전시관 내의 기록화이다.(2007년)

을 수립한다는 말이다. 앞뒤 여덟 글자를 네 글자로 줄여서 '운주결승(運籌決勝)'이라
고도 한다. 좀 더 자세한 내용은 '삼불여' 항목을 참고하면 된다.

키워드 : 인재, 용인, 서한삼걸

결일자웅(決一雌雄)

암컷과 수컷(승부)을 결정하다.
– 권7 〈항우본기〉

흔히들 '자웅을 가린다'고 한다. '자웅'이란 '암컷과 수컷'을 말한다. 여기서 **결일자
웅**이란 사자성어가 나왔다. 글자대로라면 **암컷과 수컷 중 하나를 결정한다**라는 뜻이
고, 실제로는 실력이 가장 센 두 사람이나 두 집단의 승부를 가린다는 비유이다. 이
고사성어가 나온 배경이 흥미롭다.

기원전 203년 초한쟁패가 막바지로 치닫고 있었다. 절대 우세였던 항우는 유방
의 반격과 팽월의 식량 보급로 차단 등으로 수세에 몰렸다. 항우는 포로로 잡은 유
방의 아버지 태공(太公)을 삶아 죽이겠다며 협박했다. 유방은 "기어이 삶아야겠다면
내게도 고깃국 한 그릇을 나누어 주기 바란다(분아일배갱分我一杯羹)!"고 능청을 떨었
다.(분아일배갱' 항목 참고) 항우는 끝내 태공을 죽이지 못했고, 쌍방은 대치 국면에 접
어들었다. 장병들과 백성들은 지쳐갔다. 참다못한 항우는 유방과 면담을 청하여 이
렇게 제안했다.

"천하가 여러 해 동안 고통을 받고 있는 것은 우리 두 사람 때문이다. 나와 한왕
(유방)이 **겨루어 자웅을 가림으로써** 애꿎은 백성들을 힘들게 하지 말자."

항우의 느닷없는 제안에 유방은 비웃음을 날리며, "나는 머리로 싸우지 힘으로 싸

항우는 성급하게 유방을 협박하다가 되치기를 당했다. 리더의 기본자질 가운데 하나가 웬만한 상황에서 당황하지 않는 멘탈이다. 그림은 유방이 아버지 태공을 삶아 죽이겠다고 협박하는 장면이다. 유방의 고향인 강소성 패현(沛縣) 가풍대(歌風臺) 전시관 내의 기록화이다.(2007년)

우지 않는다(오녕투지吾寧鬪智, 불능투력不能鬪力)"는 말로 항우를 약 올렸다.('오녕투지,~' 항목 참고) '결일자웅'은 항우의 선부른 언행과 이후 초한쟁패의 승부를 예상하게 한다. 반면 유방은 항우의 신경을 긁으면서 항우가 빈틈을 보이도록 유도했다. 초한쟁패의 승부는 크게는 인재들의 능력이 갈랐고, 세부적으로는 유방과 항우 두 사람의 자질, 즉 리더십도 큰 작용을 했다.

키워드 : 승부, 담판

겸

겸용병포(兼容幷包)

두루 포용하다.

– 권117 〈사마상여열전〉

한 무제 때의 저명한 문장가 사마상여는 한나라의 남서쪽 서남이(西南夷) 지역과 이민족을 교회하러 간 적이 있었다. 그는 이를 위해 서남이 지역 이민족들을 설득하기 위한 글을 썼다. 이 글이 〈유촉문(諭蜀文)〉이라는 글이다.('유촉문' 항목 참고) '촉, 즉 서남이 지역의 사람들을 깨우치는 글'이란 뜻이다. **겸용병포**는 그중에 나오는 성어이다. 이 네 글자를 두 글자씩 나누어 보면 '합친다'는 뜻의 '겸병'과 '끌어안는다'는 뜻의 '포용'으로 이루어져 있다. 각 방면의 모든 것을 다 받아들이고 포괄한다는 뜻을 담고 있다. 해당 글은 이렇다.

"현명한 군주가 즉위하면 어찌 작은 일에만 얽매여 좁은 기량과 습속에 젖고, 책과 전통에만 길들여져 세상 즐거움을 얻는 것에만 머물겠습니까? 틀림없이 숭고하고 원대한 전통을 세우고 논의하여 만세의 모범이 되려 할 것입니다. 따라서 **모든 것을 포용하고** 부지런히 천지와 나란히 하려는 생각을 합니다. 하물며 《시경》에서, '넓은 하늘 아래 왕의 땅 아닌 곳 없고(보천지하막비왕토普天之下莫非王土), 온 땅덩이 위에 왕의 신하 아닌 자 없다(솔토지빈막비왕신率土之濱莫非王臣)'라고 하지 않았습니까?"

서남이 지역 교화를 위한 사마상여의 문장은 〈사마상여열전〉에 상세히 수록되어 있다. '거종사모, 약고한지망우' 항목에서도 살펴보았다.

키워드 : 통치, 교화, 포용

경

경개여고(傾蓋如故)

잠깐 우산을 함께 받쳐 들었지만 오랜 사이 같다.
– 권83 〈노중련추양열전〉

인간관계의 오묘함에 관한 이 천고의 명언은 흔히 바로 앞의 '머리카락이 허옇게 쇠도록 보고 살았는데 낯선 사람 같다'는 뜻의 '백두여신(白頭如新)'과 붙여서 쓴다.

자세한 설명은 '백두여신' 항목을 참고하면 된다.

키워드 : 인간관계, 감정

경국(傾國)

나라를 기울게 하다.
– 권7 〈항우본기〉

서한 무제(武帝) 때 무제를 곁에서 섬기며 사랑을 받았던 궁중 연예인 중에 이연년 (李延年, ?~기원전 101)이라는 인물이 있었다. 음악적 소질과 재능이 풍부하여 노래와 춤이 능했으며, 새로운 곡을 만들거나 편곡할 때마다 사람들을 감동시켰기 때문에 무제의 큰 사랑을 받았다. 어느 날 이연년은 무제의 어전(御殿)에서 춤을 추면서 다음과 같은 노래를 불렀다.

북방의 한 아름다운 여인
세상에 둘 없이 홀로 섰네.
한 번 고개 짓하면 성(城)이 기울고
두 번 고개 짓하면 **나라가 기운다네.**
성을 잃고 나라가 기우는 일이야 어이 모르랴마는
그런 가인은 두 번 얻기 어려우리.

노래를 다 들은 무제는 한숨을 내쉬며 말했다.

"아아, 이 세상에 그런 여인이 있을까?"
"이연년에겐 누이가 있답니다."

옆에 있던 무제의 누나 평양 공주(平陽公主)가 귓속말로 소곤거렸다. 귀가 번쩍 뜨인 무제는 이연년의 누이를 불러들이게 했다. 그녀는 비길 데 없이 아름답고 춤을 잘 추었다. 무제는 한눈에 그녀의 포로가 되었다.

이 이야기는 《한서(漢書)》에 실려 있는데, 늘그막에 접어든 무제의 총애를 한 몸에 받고 꽃다운 나이로 세상을 떠나 무제로 하여금 애모(哀慕)의 정을 금치 못하게 만든 〈이부인전(李夫人傳)〉의 일부이다.

당초 **경국**이란 단어는 한 나라를 진동시킬 만큼 아름다운 미모를 비유했다. 여기에 봉건적 남성 중심의 사고방식이 가미되어 미모로 통치자를 홀려 '나라를 위태롭게 한다'는 의미가 추가되었다. 이로부터 '경국지색(傾國之色)'이란 사자성어가 파생되었다. 《사기》에는 이 단어가 남자를 대상으로 사용되고 있다.

〈항우본기〉에는 항우의 볼모가 되어 난처한 처지에 놓인 것을 고조 유방의 부모 처자를 후공(侯公)이 그 능란한 변설로 되찾아 왔을 때, 유방이 다음과 같이 말한 것으로 기록돼 있다.

"허참, 천하의 변사(辯士)로다. 그 변설이면 **나라도 기울게** 하리라."

한 고조 유방의 이 말이 '경국'의 어원이 되었다고도 한다. 비슷한 뜻의 단어와 성어로는 '경성(傾城)', '경성지미(傾城之美)', '경성지색(傾城之色)', '일고경성(一顧傾城)' 등이 있다. 이런 기록보다 앞선 '경국'의 출처는 《안자춘추(晏子春秋)》〈간상(諫上)〉(10) 편이다.

'경국지색' 이부인은 한 무제가 가장 아끼고 사랑한 여인이었다. 이부인의 초상화이다.

키워드 : 여성, 미모, 망국

경려자불가이치국(輕慮者不可以治國), 독지자불가이존군(獨智者不可以存君)

생각이 가벼워서는 나라를 다스릴 수 없고, 혼자 잘나서는 군주를 보존할 수 없다.
– 권88 〈몽염열전〉

기원전 210년 진시황이 갑자기 죽자 조고(趙高, ?~기원전 207)는 승상 이사(李斯, ?~기원전 208)를 설득하여 진시황의 유서를 조작하고 작은아들 호해(胡亥)를 2세 황제 자리에 앉혔다. 큰아들 부소(扶蘇)에게는 불경죄 따위를 씌워 자결하게 했다. 실권은 조고의 손안에 들어갔고, 국정은 엉망이 되었다. 조고는 이사까지 처형하고 권력을 독점했다. 위 명구는 호해가 조고의 말만 듣고 명장 몽염(蒙恬)·몽의(蒙毅) 형제까지 옥에 가두고 죽이려 하자, 부소의 아들로 알려진 자영(子嬰, ?~기원전 206)이 호해에게 한 충고의 일부다. 그 부분을 소개하면 이렇다.

"신이 듣건대, 과거 조왕(趙王) 천(遷)은 어진 신하 이목(李牧)을 죽이고 안추(顔聚)를 등용했으며, 연왕(燕王) 희(喜)는 남몰래 형가(荊軻)의 계책을 써서 진(秦)나라와의 약속을 저버렸으며, 제왕(齊王) 건(建)은 전대의 충신들을 죽이고 후승(后勝)의 건의를 받아들였다고 합니다. 이 세 임금은 모두가 각기 옛것을 바꾸었다가 그 나라를 잃고 재앙이 자기 몸에까지 미쳤습니다. 지금 몽씨 집안은 진나라의 대신이며, 책사들입니다. 그런데 폐하께서 하루아침에 이들을 버리려고 하시니, 신은 안 된다는 생각이 들었습니다. 신이 듣건대, **생각이 가벼워서는 나라를 다스릴 수 없고, 혼자 잘나서는 군주를 보존할 수 없다**고 합니다. 충신을 죽이고 절조 없는 사람을 세운다면, 이는 안으로는 뭇 신하들을 서로 불신하게 만들고 밖으로는 전쟁을 치르는 군사들의 마음을 흐트러뜨리게 만드니, 신은 안 된다는 생각이 은근히 듭니다."

이 명언이 던지는 핵심은 이렇다. 어떤 문제를 주도면밀하게 생각하지 못하는 사람은 나라를 다스리는 무거운 책임을 감당할 수 없고, 무엇이든 내가 옳다고 생각하는 사람은 군주를 지키는 일을 맡을 수 없다. 호해는 당연히 듣지 않았고, 몽의는 처형당하고 몽염은 자결했다. 그 뒤 조고는 호해마저 죽이고 자영을 황제로 옹립했지만, 자영은 꾀를 내어 조고를 죽였다. 한번 무너지기 시작한 진나라는 오래 버티지 못하고 기원전 206년 멸망했다.('지록위마' 항목 참고)

키워드 : 통치, 경솔, 독단

경려천모(輕慮淺謀)

생각이 가볍고 계획이 천박하다.
– 권43 〈조세가〉

전국시대 조나라의 군주 무령왕(武靈王, ?~기원전 295)은 복장을 북방의 이민족처럼 간편하게 바꾸고 말을 타고 활을 쏘는, 이른바 '호복기사(胡服騎射)' 개혁을 단행하여 조나라를 강대국으로 변모시켰다. 그러나 시간이 흐를수록 무령왕의 개혁은 엉뚱한 방향으로 흘렀다. 아직 나이가 있음에도 왕위를 작은아들에게 넘기고 자신은 주보(主父)라 하여 상왕으로 물러나는 말도 안 되는 행동을 보였다.

이 때문에 조정의 신하들은 어처구니없이 왕위를 놓친 큰아들 장(章)을 지지하는 쪽과 새로 즉위한 왕을 지지하는 쪽으로 나뉘어 정쟁을 벌였다. 대신 이태(李兌)는 조정의 중신인 비의(肥義)에게 큰아들 장과 그를 부추기는 전불례(田不禮) 등이 장차 반역할 것이라며, 미리 막을 것을 권했다. 비의가 선뜻 나서지 않자 이태는 이렇게 경고했다.

"공자 장이 사람이 강하고 마음이 교만한 데다 무리가 많고, 욕심이 크니 사사로운 야심이 있지 않겠습니까? 전불례란 위인도 잔인하고 교만합니다. 두 사람이 함께 만났으니 틀림없이 반란 음모를 꾸미며 의외의 요행을 바랄 것입니다. 무릇 소인이 욕심을 품으면 **생각이 가볍고 계획이 천박하여** 오로지 그 이익만 보지 그 피해는 돌아보지 않습니다. 같은 부류가 서로를 밀어주니 죄다 재앙의 문으로 들어설 것입니다. 제가 보기에 분명 멀지 않았습니다."

조나라는 이태의 예언대로 격렬한 정쟁이 벌어졌고, 주보 무령왕은 굶어서 죽었다. 조나라는 이후 더는 힘을 발휘하지 못하고 쇠퇴해갔다.

경려천모는 앞뒤까지 합쳐 한 문장으로 읽어야 제 맛이다. 그 대목을 원문과 함께 인용해둔다.

"무릇 소인이 욕심을 품으면 생각이 가볍고 계획이 천박하여 오로지 그 이익만 보지 그 피해는 돌아보지 않습니다. 같은 부류가 서로를 밀어주니 죄다 재앙의 문으로 들어설 것입니다."

"부소인유욕(夫小人有欲), 경려천모(輕慮淺謀), 도견기리이불고기해(徒見其利而不顧其害), 동류상추(同類相推), 구입화문(俱入禍門)."

키워드 : 처세, 이해관계, 패거리, 경솔

경사방급(耕事方急), 일일부작(一日不作), 백일불식(百日不食)

농사일이 급한 데 하루 일하지 않으면 100일을 먹지 못한다.
– 권40 〈초세가〉

'일일부작, 백일불식' 항목을 참고하면 된다.

키워드 : 경제, 농업, 노동, 생활

경상(傾商)

상나라를 기울게 하다.

– 권31 〈제태공세가〉

상(殷)나라는 중국 역사상 두 번째 왕조로 기록되어 있다. 상(商)이란 도읍에서 출발하여 마지막 도읍이 은(殷)이었기 때문에 상은 또는 은상이라고도 한다. 《사기》에는 권3 〈은본기〉가 마련되어 있다. 대략 기원전 1600년 무렵에 건국하여 기원전 1046년에 망한 것으로 추정한다.

상나라의 마지막 군주는 주(紂)였는데 주지육림(酒池肉林)으로 대변되는 폭군의 대명사였다. 당시 서방 주(周) 부락의 지도자 서백(西伯) 창(昌, 훗날 문왕으로 추존됨)은 위수(渭水)에서 낚시를 하고 있던(실은 자신을 낚아 줄 사람을 기다리고 있던) 강태공(姜太公)을 참모로 모셔 상나라를 무너뜨릴 계획을 세웠다. 이런 일련의 계책들이 대부분 강태공에게서 나왔기 때문에 훗날 용병술이나 기묘한 책략을 말할 때, 늘 강태공을 거론했다고 한다. 강태공이 지었다고 전하는 《육도(六韜)》는 바로 이런 책략을 대화체로 기록한 통치 방략서이자 병법서의 원조로 평가하고 있다.

강태공은 동해 바닷가 출신으로 다양한 직업과 경력을 거친 지략가였다. 그는 마지막으로 주 서백을 주군으로 선택했다. 그 뒤 천하대세의 흐름을 정확하게 간파하여 서백에게 상나라를 무너뜨릴 계책을 제안했다. 그에 따라 서백은 대내외적으로 덕정을 베풀어 민심을 얻는 한편, 상나라에 대해서는 주임금의 사치 향락을 부추기고, 군신간의 사이를 갈라놓은 이간책을 시행했다. 이런 일련의 책략을 **상나라를 기울게 한다**는 뜻의 **경상(傾商)**으로 표현했다. 안팎으로 상나라를 서서히 무너뜨리겠다는 책략이었다.

강태공과 서백의 '경상' 책략으로 상나라는 안팎으로 고립무원의 처지에 놓이게 되었다. 주임금의 폭정은 도를 더해갔다. 이런 상황을 주시하고 있던 강태공은 이어 '멸상(滅商)'의 단계로 책략의 강도를 높였다. 이에 따라 서백의 아들 희발(姬發, 무왕의 이름) 11년인 기원전 1046년 마침내 상나라를 멸망시켰다. 당시 날씨도 좋지 않고 점

강태공은 주나라 건국의 일등공신이었다. 그는 천하정세를 정확하게 분석하여 '경상'에서 '멸상'으로 이어지는 책략을 제시하여 상나라를 무너뜨렸다. 이 공으로 그는 자신의 출신 지역인 산동 땅을 봉지로 받아 제나라를 건국하여 그 시조가 되었다. 역대 강태공의 초상화 중 가장 잘 알려진 초상화이다. 튀어나온 이마와 날카로운 눈매가 인상적이다.

괘도 불길했지만 강태공은 미신 따위 때문에 때를 놓칠 수 없다며 '멸상'을 강행했고, 상나라는 힘 한 번 제대로 써보지 못한 채 무너졌다. 강태공의 '경상'으로 이미 내부가 붕괴된 상태였기 때문이다.

'경상'은 상나라를 서서히 기울게 하여 무너뜨리는 책략이다. 상대를 꺾기 위해서는 먼저 상대를 제대로 파악하여 그 허점을 적절히 공략하면 큰 힘 들이지 않고 제풀에 무너지게 만들 수 있다. 강태공의 차원 높은 책략을 '경상'이란 단어에서 확인하게 된다. 사마천은 강태공이 지금의 산동성 지역을 봉지로 받아 제나라를 연 역사를 〈제태공세가〉에 비교적 상세히 기술했고, 〈태사공자서〉에서는 〈제태공세가〉를 저술한 동기에 대해 "상보(尙父, 강태공에 대한 존칭)의 지혜를 높이 평가"했기 때문이라고 했다. '경상'을 비롯한 강태공이 주나라 건국과 초기 국가 정비에 기여한 공적에 주목한 것이다.

키워드 : 통치, 대외정책, 책략, 이간

경위지사(傾危之士)

(나라를) 위험에 빠뜨릴 사람.

– 권70 〈장의열전〉

전국시대를 주름잡았던 두 명의 유세가라면 대개 소진(蘇秦, 생졸 미상)과 장의(張儀, ?~기원전 309)를 든다. 그들은 천하를 제 안방 드나들 듯 넘나들며 '세 치의 혀를 놀려(도삼촌설掉三寸舌)' 각국의 군주들에게 유세했다.('도삼촌설'의 출처는 권92 〈회음후열전)이다.) 소진은 '합종(合縱)'이라는 거시적인 '6국 연합책'을 들고 나와 신흥 강국 진나라에 대응하려 했으며, 장의는 이 연합책을 각개격파하여 천하를 통일하려는 '연횡(連橫)'을 외쳤다.

이 두 사람에 대한 《사기》의 기록은 분량 면에서도 상당한 비중을 차지한다. 그만큼 이 두 사람의 논리와 역할 및 그 영향이 컸다는 것을 말해준다. 이 두 사람에 대한 사마천의 평가는 그리 곱지만은 않다. 사마천은 〈소진열전〉에서는 소진에 대한 세상 사람들의 논의가 너무 악평 일변도이라고 지적한 다음, 자신은 소진의 행적의 선후만을 있는 그대로 기록한다면서 중립적인 입장을 보였다. 하지만 〈장의열전〉에서는 노골적으로 이 두 사람을 진짜 **위험한 인물들**이라고 평가했다.

두 사람에 대한 사마천의 평가는 아주 간단명료하여 뭐라 말하기가 쑥스러울 정도다. 다만 그의 평가가 정곡을 찔렀느냐를 넘어서서, 소진과 장의의 파란만장한 생애 이면에서 꿈틀거렸던 격렬한 시대적 변화와 그 변화를 몸으로 부딪치며 진단하고 주도하려 했던 풍운아들의 삶만큼은 대단히 극적이다.

한 시대를 변혁하려는 인물치고 위험하지 않은 인물이 어디 있겠는가? 영향력이 크면 위험도 그만큼 큰 법이다. 봉건시대에는 더더욱 그랬다. 오늘날 어떤 인물을 택할 것인가는 집단지성으로 무장한 일반 시민들의 몫으로 넘어왔다. 우리는 과거 역사 속 그런 인물들이 빚어냈던 극적인 시대의 변화상과 행적을 통해 역사의 규율과 지혜를 배우고, 나아가 내 삶의 올바른 지표를 만들어낸다. 아울러 그 통찰력으로 자기 삶을 개척하고 필요할 때 올바른 지도자를 선택한다.

경위지사는 '경국지색(傾國之色)'과 비교해보면 흥미롭다. 둘 다 나라를 기울게 할 정도로 위험한 사람을 가리키지만 주로 전자는 남

천하가 통일을 향해 가는 길목에서 유세가들은 그 시간을 단축하고 늦추고 했다. 소진과 장의는 그런 유세가들을 대변하는 상징적인 인물이었다. 사진은 낙양의 소진 고향 마을 작은 의료원 내에 설립되어 있는 소진연구회의 간판이다.(1999년)

자를, 후자는 여자를 가리킨다는 점에서 차이를 보인다. 또 전자는 세 치의 혀로 후자는 미모를 주요 무기로 삼는다는 차이도 있다. ('합종연횡' 항목 참고)

참고 소진·장의 두 사람의 생졸 연도에 대해서는 학계에서 논쟁 중이다. 소진이 사망한 연도에 대해서는 기원전 약 284년, 또는 317년 설이 있다. 사마천은 소진이 장의보다 먼저 세상을 떠난 것으로 기록했으나 최근 연구 성과에 따르면 소진이 나중에 죽었다는 주장도 있다.

키워드 : 유세가, 언변

경지상형(景之象形), 향지응성(響之應聲)

그림자는 형체를 따르고, 메아리(울림)는 소리에 응답한다.
– 권24 〈악서〉

기원전 1046년 주나라가 건국된 이래 국가의 통치질서를 상징하고 대변한 것은 예악(禮樂)이었다. 예악의 교육은 궁극적으로는 국가 통치질서의 본질을 배우는 것이었다. 공자는 자신의 시대가 혼란한 것은 주나라가 세운 예악이 붕괴되었기 때문이라는 결론을 얻었고, 그 자신 평생을 정통 예악의 회복을 위해 천하를 떠돌며 노력했다. 사마천은 특별히 〈악서〉 한 편을 마련하여 음악의 중요성을 강조하고 있는데 **경지상형, 향지성응**은 그 핵심을 잘 드러내는 명언이다. 특히 좋은 소리, 즉 좋은 음악은 인간의 선악에까지 영향을 준다고 했다. 해당 대목은 다음와 같다.

공자는 제나라 음악인 '소(韶)'를 듣고는 석 달 동안 고기 맛을 잊었다고 할 정도로 음악에 조예가 깊었다. 이릴 때부터 음악 교육에 정성을 들인 어머니 안징재(顏徵在)의 영향이 컸다고 할 것이다. 사진은 공자가 제나라 음악 '소'를 들었던 장소인 산동성 치박시(淄博市) 임치구(臨淄區)의 '공자문소처(孔子聞韶處)'의 모습이다. (2010년)

"무릇 음(소리)은 사람의 마음에서 일어난다. 하늘이 사람과 서로 통하는 바는 마치 **그림자가 형체를 따르고, 메아리가 소리에 응답**하는 것과 같다. 따라서 선(善)을 행하는 사람에게는 하늘이 복으로 보답하고, 악(惡)을 행하는 사람에게는 하늘이 재앙을 내리니 자연스럽다."

"범음유어인심(凡音由於人心), 천지여인유이상통(天之與人有以相通), **여경지형상(如景之象形), 향지응성(響之應聲)**. 고위선자천보지이복(故爲善者天報之以福), 위악자천여지이앙(爲惡者天與之以殃), 그자연야(其自然者也)."

키워드 : 통치, 예악, 질서

경행행지(景行行止)

큰길은 따라간다.
— 권47 〈공자세가〉

큰길은 따라간다는 **경행행지**는 바로 앞의 '높은 산은 우러러 본다'는 '고산앙지(高山仰止)'와 함께 쓴다. 원래 출전은 《시경》이다. 상세한 설명은 '고산앙지' 항목에서 다룬다.('고산앙지' 항목 참고)

키워드 : 인간, 존경

계구우후(鷄口牛後)

닭의 머리, 소의 꼬리.
– 권69 〈소진열전〉

닭의 머리, 소의 꼬리라는 뜻의 **계구우후**는 닭의 머리를 닭의 주둥이로, 소의 꼬리를 소의 엉덩이로 보기도 한다. 어느 쪽이든 작아도 우두머리가 되어야지, 아무리 커도 말단은 되지 말라는 비유이다. 그래서 '닭대가리가 될지언정 소꼬리는 되지 말라'는 다소 강하게 번역하기도 한다.

이 사자성어는 유세가 소진의 입에서 나왔다. 소진은 당시 서방의 강력한 진(秦)나라에 대항하기 위한 합종책(合縱策)을 들고 나와 나머지 6국인 한·위·조·연·제·초나라를 방문했다. 한나라 선혜왕(宣惠王, ?~기원전 312)을 만난 자리에서 소진은 이렇게 말했다.

"한나라는 지세가 견고한 데다 군사도 강병으로 알려져 있습니다. 그런데 싸우지도 않고 진나라를 섬긴다면 천하의 웃음거리가 될 것입니다. 게다가 진나라는 한 치의 땅도 남겨놓지 않고 계속 땅을 떼어달라고 요구할 것입니다. 하오니 이번 기회에 6국이 남북으로 손을 잡는 합종책(合縱策)으로 진나라의 동진책(東進策)을 막고 국토를 보전하십시오. **닭대가리가 될지언정, 소꼬리는 되지 말라**(영위계구寧爲鷄口, 물위우후勿爲牛後)라는 옛말도 있지 않습니까?"

소진의 말을 들은 선혜왕은 그의 합종책에 진직으로 찬동했다. 이런 식으로 6국의 군왕들을 설득하는 데 성공한 소진은 마침내 여섯 나라의 재상을 겸임하기에 이르렀다.

조선시대 실학자 이익(李瀷, 1681~1763)은《성호사설(星湖僿說)》에서 '계구우후'에 대해 다음과 같은 설명을 남긴 바 있다.

"계구(鷄口)란 닭의 입으로 들어가는 것이니 비록 작더라도 내 소유가 되는 것이요, 우후(牛後)는 소의 뒷구멍으로 나오는 것이니 비록 크다 하더라도 천하게 여기고 싫어하는 것이다."

또 서한시대 학자 유향(劉向, 기원전 79 또는 77~기원전 8 또는 6)의《신서(新序)》를 보면 "초 혜왕이 개미를 먹고 배탈이 났는데, 영윤(令尹)이 축하 인사를 올렸다. 이날 저녁에 혜왕의 용변으로 개미가 나오자 병이 나았다"고 하였는데, 이것은 바로 용변을 뒤로 본 것이니 마땅한 고증이다.

'계구우후'는 '영위계구(寧爲鷄口), 물위우후(勿爲牛後)'를 줄인 말이다. '차라리 닭의 대가리(주둥이)가 될지언정 소의 꼬리(엉덩이)는 되지 말라'는 뜻이다. 아무리 작은 모임이나 조직이라도 대가리, 즉 우두머리가 아무리 큰 조직의 말단보다는 낫다는 비유로 상당히 자극적인 사자성어이다. 그도 그럴 것이 당대 최고의 유세가 소진이 자신의 합종책을 관철시키고자 권력자들을 설득하는 과정에서 나온 것임을 감안한다면 충분히 이해간다. 최고 권력자들의 자존심을 건드려야만 합종책이 나름 효과를 볼 수 있었기 때문이다.

키워드 : 유세, 도발, 자존심

유세가 소진의 초상화이다. 책 보따리를 작대기에 꿴 모습이 인상적이다.

계구지성상문(鷄狗之聲相聞), 노사불상왕래(老死不相往來)

닭과 개 울음소리가 서로 들리지만, 늙어 죽을 때까지 서로 오가지 않는다.

– 권129 〈화식열전〉

도가(道家)의 창시자로 알려져 있는 노자(老子, 생졸 미상 기원전 6세기)가 그리는 유토피아를 개괄하고 있는 이 유명한 명언은 《노자》 제 80장에 나오지만 원문과는 다소 차이가 있다. 《노자》의 원문을 독자들이 이해하기 편하게 의역해서 인용해둔다.

"(유토피아는) 땅은 작고 사람은 적다.(소국과민小國寡民) 문명의 이기가 있어도 쓰지 않고, 백성들이 목숨을 소중히 여기며 멀리 떠돌지 않게 한다. 배나 수레가 있어도 타고 다닐 필요가 없고, 무기가 있어도 쓸 필요가 없다. 사람들은 (문자를 버리고) 다시 새끼줄을 엮어 뜻을 나타낸다. 사람들은 맛있게 먹고, 잘 입고, 편히 살고, 멋대로 즐긴다. 이웃나라와 서로 마주보고 있어 **닭과 개 울음소리가 서로 들리지만, 늙어 죽을 때까지 서로 오가지 않는다.**"

노자가 추구하고 바라는 사회는 아주 오래전의 원시사회였다. 노자의 환상은 전쟁이 빈번하고 생활이 불안했던 춘추시대 상황에 대한 환멸을 어느 정도 반영하고 있다. 백성들에 대한 통치 계급의 착취가 잔혹할수록 백성들은 착취가 덜한 안정된 사회를 갈망하기 때문이다.

노자 사상과 철학의 핵심을 이루는 '도'는 사회발전의 최고 단계이기도 했다. 그의 이러한 사상은 지나치게 과거회귀 내지 복고적이라는 비판 또한 면키 어렵다. 그림은 명나라 때의 화가 장로(張路, 1464~1538)가 그린 〈노자기우도(老子騎牛圖)〉이다.

도가의 창시자인 노자에 대해서는 역대로 논쟁이 끊이질 않았다. 실존 자체에 대한 논쟁부터 태어나고 죽은 연도에 대한 논쟁, 공자와의 만남 여부, 그가 남겼다고 하는 5천 자의

《도덕경》의 저술 여부에 대한 논쟁 등 여러 가지가 있다. 사마천도 〈노자한비열전〉에서 이런 문제들의 일부를 언급했고, 이 때문에 후대에 여러 논쟁의 빌미를 제공했다. 그럼에도 불구하고 〈공자세가〉에는 두 사람의 만남과 노자에 대한 공자의 인상평 등이 상당히 상세히 기록되어 있어 굳이 실존 여부를 부정할 것까지는 없어 보인다. 생졸 연도에 대한 논쟁은 이를 뒷받침할 만한 고고학 발굴 성과가 나오기 전까지는 해결되기 어려울 것이다.

키워드 : 이상향, 교류, 소국과민

계명구도(鷄鳴狗盜)

닭 울음과 개 흉내로 훔치다.
– 권75 〈맹상군열전〉

춘추시대 말기를 풍미했던 '4공자'의 한 사람으로 수천 명의 식객을 거느렸던 풍운아 맹상군(孟嘗君, 생졸 미상)에게는 흰여우의 털가죽으로 만든 귀한 갖옷이 있었다. 값이 천금이나 나가는 천하에 둘도 없는 보물이었다. 진나라에 사신으로 간 맹상군은 이 보물을 진나라 소양왕(昭襄王, 기원전 324~기원전 251)에게 선물로 바쳤다.(소양왕은 소왕으로 많이 쓴다.)

당시 맹상군은 제나라 왕의 강압에 못 이겨 진나라에 사신으로 갔다가 붙잡혀 있는 신세였다. 진나라를 빠져나갈 궁리를 한 끝에 소양왕이 총애하는 첩에게 연줄을 댈 수 있었다. 이 첩은 하필이면 소양왕에게 바친 그 흰여우 털옷을 요구하고 나섰다. 난처해진 맹상군은 식객들에게 좋은 수가 없겠냐고 물었다.

그런데 뜻밖에 식객들 중에서 가장 보잘것없는 재주를 가진 자가 나서 자기가 그 옷을 가지고 오겠노라 큰소리를 치는 것이 아닌가? 그는 그날 밤으로 진나라 궁궐에 들어가서 흰여우 털옷을 훔쳐가지고 돌아왔다. 맹상군은 이 옷을 소양왕의 첩에게 바쳤고, 첩은 소양왕에게 맹상군을 놓아주라고 간청했다. 소양왕은 애첩의 말대로 맹상군을 놓아주었다. 맹상군은 이름을 바꾸고 말을 달려 국경의 관문인 함곡관

(函谷關)에 이르렀다. 소양왕
은 맹상군을 풀어준 것을 후
회하여 사람을 보내 맹상군
을 뒤쫓게 했다. 진나라 법
에 닭이 울어야 관문을 열고
사람을 내보내게 되어 있었
다. 닭이 울려면 아직 멀었
고, 과연 맹상군은 관을 빠
져나갈 수 있을까? 안절부

'계명구도'는 아무리 하잘것없는 재주라도 상황에 따라 결정적인
역할을 할 수 있다는 점을 잘 보여주는 고사이다. 그림은 맹상군 무
덤 입구에 있는 '계명구도'를 나타낸 것이다.(2013년)

절못하고 있는 맹상군 앞에 역시 식객들 중에서도 가장 말석에 있던 한 인물이 나서
맹상군을 무사히 빠져나갈 수 있게 해주었다.

과연 식객의 말석에 있던 이 두 무명씨가 무슨 수로 갖옷을 훔칠 수 있었으며, 또
맹상군을 무사히 탈출시켰을까? 여기에 소개하는 성어가 바로 그 답이다. 이 두 사
람은 각각 **개 흉내와 닭 울음소리를 흉내 내는 재주**를 갖고 있었다. 한 사람은 개소리
를 흉내 내서 개구멍을 통해 진나라 궁궐의 창고에 몰래 들어갈 수 있었고, 또 한 사
람은 닭소리를 흉내 내서 다른 닭들도 모두 따라 울게 함으로써 관의 문을 열게 했
던 것이다. 평소 이 두 사람은 다른 식객들이 함께하길 꺼려 할 정도로 보잘것없는
존재였다. 하지만 가장 중요할 때 그 하찮게 여겼던 재주로 맹상군을 구출했으니 모
두들 탄복하지 않을 수 없었다. 이상이 계명구도의 고사였다.

'굼벵이도 꾸부리는 재주가 있다'는 우리 속담이 있다. 사람이나 사물은 모두 제각
기 쓰일 데가 있고, 또 필요할 때가 있는 법이다. 곧 저마다 타고난 능력이다. 문제
는 그 능력을 어디다 어떻게 활용하느냐 하는 것이다. 그것은 결국 사회적 여건과
제도, 그리고 나쁜 것이 아니라면 어떤 능력이라도 편견 없이 인정할 줄 아는 분위
기가 뒷받침될 때 의미를 갖는다.('식객삼천' 항목 참고)

키워드 : 재능, 상황

192

계문(戒門)

문에 들어오는 것을 막다.

주보언(主父偃, ?~기원전 126)은 한나라 무제 때의 대신이었다. 그는 야망이 대단했던 무제의 뜻을 받들어 제후들의 권력을 약화시키는 '추은령(推恩令)'과 황제의 권력에 위협이 된다고 생각하는 인물들을 다른 곳으로 집단 이주시키는 정책 등을 통해 상당한 신임을 얻었다. 또 제왕(齊王)이 누이와 간통한 사건을 트집 잡아 제왕을 자살하게 만드는 등, 특히 제후왕을 비롯한 귀족들에 대한 각박한 법 집행으로 많은 원망을 들었다.

주보언이 황제의 신임을 믿고 이렇듯 각박한 법 집행을 밀고 나가자 권문귀족이나 대신들은 주보언의 입이 두려워 그에게 엄청난 뇌물을 주면서 그의 비위 맞추었다. 한번은 누군가 주보언에게 횡포가 지나치다고 직언하자, 주보언은 이렇게 말했다고 한다.

"나는 젊어서부터 40여 년 동안이나 여기저기를 떠돌아다녔지만 뜻을 이루지 못했다. 부모는 자식으로 여기지 않았고, 형제는 거두어주지 않았으며, 빈객들은 나를 버렸다. 내가 이렇게 오랜 어려움을 겪었다. 사내대장부가 살아생전 '오정식(五鼎食)'을 먹지 못한다면, 죽어서 오정에 삶아질 뿐이다. '날은 저물고 갈 길은 멀다.' 때문에 '순서를 뒤바꾸어 서두르는 것'이다."

주보언은 일찍이 제나라 지역의 유생들을 찾아다니며 유가 학술을 배우려 했으나 누구도 그를 따뜻하게 맞아주지 않았다. 요새 말로 왕따를 당했다. 집안도 가난하여 어디서 돈을 빌릴 여력조차 없었다고 한다. 그는 이런 세태와 인심에 큰 한을 품었고, 그러니 그의 입에서 위와 같은 말이 나온 것도 이해가 간다.

주보언이 말한 '오정식'이란 '다섯 개 솥에다 고기를 담아 먹는다'는 뜻인데, 그만

주보언의 처신은 많은 것을 생각하게 한다. 주보언과 비슷한 상황에 직면하는 경우가 많기 때문이다. 주보언의 초상화이다.(출처 : 바이두)

큼 출세하여 잘 먹고 잘산다는 의미이다. 그러면서 그 정도로 살지 못할 바에야 그 솥에 삶겨 죽는 것이 낫다고 큰소리를 쳤다. 주보언은 춘추시대 오자서(伍子胥)가 남긴 '날은 저무는데 갈 길은 멀다'는 '일모도원(日暮途遠)'과 '일의 순서를 바꾸어 거꾸로 한다'는 '도행역시(倒行逆施)'를 인용하고 있는데, 그의 열전에는 '도행역시'가 '도행포시(倒行暴施)'로 글자 하나가 다르게 기록되어 있다. 뜻은 같다.

주보언은 훗날 승상이 되어 출세한 다음 집안사람과 동네 사람들을 모아 놓고는 500금을 나누어 주면서, "옛날 내가 궁했을 때 형제는 내게 먹을 것 입을 것을 도와주지 않았고, 빈객들은 우리 집과는 발을 끊었다. 이제 내가 제나라 재상이 되자 나를 보러 '천 리를 마다 않고 오는' 자도 있다. 내가 너희들과 절교하니 다시는 **내 집 문에 발을 들이밀지 마라!**"라고 했다.

주보언이 한 말의 마지막 대목에서 **계문(戒門)**이란 단어가 파생되었다. **집 대문에 들어오는 것을 경계한다**는 뜻이다. 절교를 비유기도 하고, 부귀해지자 사람들에게 교만하게 구는 것을 비유하기도 한다.

주보언의 심경을 이해 못하는 바는 아니나, 그가 세상과 주변 사람들에게 너무 지나친 한을 품고 각박하게 대처한 것은 아닐까? 주보언의 이런 횡포에 사람들은 그의 뇌물 수수와 과거 행적을 뒷조사하여 이를 빌미로 황제에게 끊임없이 그의 처벌을 주장했고, 결국 가족과 함께 처형당하는 최후를 맞이했다. 호언장담대로 그는 출세하여 '오정식'과 같은 호사를 한껏 누리다가 극적으로 생을 마감했다. 이래저래 '계문'이란 단어가 의미심장하게 보인다.('오정식' 항목 참고)

키워드 : 치세, 교만, 절교

계상(計相)

계산에 밝은 관리, 계상.
— 권96 〈장승상열전〉

서한 초기 하남(河南) 양무(陽武) 사람 장창(張蒼, ?~기원전 152)은 진(秦)나라가 멸망하기 전에 어사(御史)라는 벼슬을 지냈다. 유방(劉邦)이 봉기하자 거기에 가담했고, 한나라가 건국된 뒤 상산(常山) 군수가 되었다. 대(代)와 조(趙) 지역의 승상이 된 다음에는 반란을 일으킨 장도(臧荼, ?~기원전 202)를 공격하는 데 공을 세웠고, 고조(高祖) 6년인 기원전 201년 북평후(北平侯)에 봉해졌다.

장창은 장도의 반란 때 고조를 수행해서 직접 장도를 공격하여 무찌르는 데 공을 세워 여러 요직을 거쳤다. 그런 그도 일찍이 죄를 짓고 사형을 받게 되어 옷을 벗었던 적이 있는데, 그의 살결이 얼마나 희었던지 황제가 이를 기이하게 여겨 살려 주었다는 믿기 어려운 일화도 전해온다.(이 일화에 대해서는 '호비' 항목 참고)

장창은 의리가 있는 인물이었다. 일찍이 목숨을 구해준 왕릉(王陵, ?~기원전 181)의 은혜를 갚기 위해 높은 관직에 오른 뒤로는 왕릉을 아버지처럼 모셨고, 왕릉이 죽은 뒤에는 5일에 하루 휴가 때면 왕릉의 부인을 찾아가 맛있는 음식을 올린 다음 집으로 돌아갔다.

장창은 음악·역법·고서 등에 정통했을 뿐만 아니라 재정·통계·산술(算術)에도 조예가 깊어 《구장산술(九章算術)》이란 고대 수학서를 교정했다. 또 신체의 일부에 상처를 내거나 자르는 육형(肉刑)의 폐지를 주장하여 백성의 인권을 보호하기도 했다. 문하의 제자로는 한나라 초기의 천재 정치가이자 학자인 가의(賈誼, 기원전

장창은 한나라 초기 아주 독특하고 기이한 이력을 가진 인물이다. 무엇보다 재정 전문가로서 수학책을 저술한 점은 기억할 만하다. 사진은 산서성 임분시(臨汾市) 안택현(安澤縣) 순자문화원(荀子文化院)에 조성되어 있는 장창의 소상이다.(2009년)

200~기원전 168)가 있었다.

장창은 만년에 나이와 병으로 은퇴하여 집에서 살았는데, 이가 다 빠져 여자 젖으로만 연명했다. 그래서 여자들을 유모로 삼아서 젖을 제공하게 했다고 한다. 일찍부터 100명이 넘는 처첩을 거느렸는데, 임신하여 아이를 낳으면 가까이하지 않았다. 100살을 넘어 104세까지 살다가 죽었다고 한다.

장창이 지낸 여러 벼슬 중에 **계상(計相)**과 '주계(主計)'란 것이 있다. 장창이 활동한 한나라 때 만들어진 벼슬로서 당나라 때까지 그 이름이 보인다. 이후 이와 관련한 고정되고 공인된 벼슬 이름으로는 송나라 때 만들어진 삼사사(三司使)가 있었다.

'계상'은 산술과 재정, 그리고 통계 등 경제 부문에서 조예가 깊었던 장창을 염두에 두고 만든 벼슬로 추정된다. '계상'은 훗날 나라 살림을 비롯하여 나라 경제를 책임진 사람을 가리키는 단어로 정착했다. 그 안에는 경제와 나라 살림을 잘 꾸린 재상이란 뜻도 내포되어 있다. 장창이 문제 때 재상까지 지내면서 '문경지치(文景之治)'라는 한나라 전성기의 기초를 닦았기 때문일 것이다.

키워드 : 재정, 계산

계심여원(計深慮遠)

셈이 깊고 멀리 생각하다.

– 권117 〈사마상여열전〉

계심여원은 앞서 '겸용병포' 항목 등에서 살펴본 파·촉 지역 서남이 이민족을 교화하기 위해 반포한 사마상여의 글 〈유파촉격(喩巴蜀檄)〉(〈파촉 지역에 고하는 격문〉)에서 나온 성어이다.(유촉문 항목 참고) 많이 사용하는 비슷한 성어로 '심모원려(深謀遠慮)'가 있다. 해당 대목을 인용해둔다. 참고로 '심모원려'는 〈진시황본기〉에 딸려 있는 서한 초기의 문장가이자 정치가인 가의(賈誼)의 〈과진론(過秦論)〉이 그 출처이다.

"저 변방의 무사가 봉수(烽燧)가 피어올랐다고 들으면 모두 활과 무기를 들고 땀흘리며 다른 사람에게 뒤질세라 달려간다. 시퍼런 적의 칼날과 날아오는 화살을 두려워하지 않는 것이 옳다고 생각하기에 뒤돌아보지 않고 발꿈치를 돌리지 않는다. 그들은 마치 사사로운 원수를 갚는 것처럼 노여움을 품는다. 저들인들 죽는 것을 좋아하고 사는 것을 마다하겠는가? 그들인들 호적에 없는 백성으로 파·촉의 사람들과 다른 군주를 모시고 싶겠는가? 그들은 **셈이 깊고 멀리 생각하여** 나라의 위급함이 먼저이며, 신하로서의 도리를 다하는 것을 기쁘게 생각하기 때문이다."

관련하여 '거종사모, 약고한지망우', '겸용병포' 등의 항목을 참고하면 된다.

키워드 : 생각, 미래, 심모원려

계연지책(計然之策)

계연의 계책.
- 권129 〈화식열전〉

춘추시대 후반 오월쟁패 과정에서 월왕 구천을 도와 오나라를 멸망시키는 데 가장 큰 공을 세운 인물은 범려(范蠡, 생졸 미상)였다. 전설에 따르면 범려의 스승은 계연(計然, 생졸 미상)이었는데, 범려는 계연에게 일곱 개의 모략을 배웠다고 한다.('칠책오성' 항목 참고) **계연의 이 일곱 가지 뛰어난 모략**을 가리키는 성어가 바로 **계연지책** 또는 '계연칠책(計然七策)'이다. 민간과 다른 기록들에 전하는 바에 따르면 계연은 월왕 구천에게 '경상칠책(經商七策)'을 건의했고 한다. 내용인즉, 생산을 늘리고 시장경제를 발전시키면 월나라가 빠르게 부유해질 수 있다는 주장으로 그 구체적인 내용은 다음과 같다.('귀상즉반천', '물천즉징귀' 등 항목 참고)

① 상품이 생산되는 계절과 사회적 수요와의 관계를 파악하여, 시장의 수요와 공급

의 균형을 명확히 해 둔다.

② 해와 달, 즉 계절이 농업에 영향을 미치는 점을 감안하여, 자연의 규칙을 파악하고 수해와 가뭄에 대비한다.

③ 식량의 가격은 1두 30~80전 사이를 오르내리는 것이 적당하다. 가격이 너무 낮으면 농민들이 파산하고, 토지가 황폐해진다. 또한 가격이 너무 높으면 상인들이 손해를 보고, 시장이 얼어붙는다.

④ 물가정책이 이치에 맞아야 농민과 상인 둘 다 이익을 볼 수 있고, 국가도 세수의 안정을 유지할 수 있다.

⑤ 매점(買占)을 할 때는 확실한 상품, 즉 장기보존에 강하고 쉽게 팔리는 것을 골라서 파손과 재고를 피한다. 부패하기 쉽고, 파손되기 쉬운 물건은 매점이나 장기보존을 피하고 비싸게 팔아 치운다.

⑥ 물가의 움직임을 파악해, 값이 상한에 이르면 사 두었던 물건을 분토(糞土), 즉 쓰레기 버리듯 내다 팔아라.

⑦ 물가가 바닥이다 싶으면 보석처럼 재빠르게 사들여라. 금전은 유통되어야 이윤이 생긴다.

키워드 : 경제, 정책, 물가, 유통

계장안출(計將安出)

어떤 계책을 낼 것인가?
– 권97 〈역생육고열전〉

유방은 봉기 후 패공(沛公)으로 추대되어 본격적으로 초한쟁패에 나섰다. 유방이 고양(高陽) 지역의 객사에 머물고 있을 때, 유세가 역이기(酈食其. ?~기원전 203)가 유방을 찾아왔다. 역이기가 객사에 왔을 때 유방은 '침상에 걸터앉아' 두 여자에게 발을 씻기고 있었다.('거상' 항목 참고) 유방의 오만한 자세에 역이기는 그런 자세로 어떻게 진나라를 치겠냐고 직언했다. 유방은 버럭 욕을 했지만, 역이기는 조금도 흐트러짐 없이 천하정세를 분석하여 유방을 감탄케 했다. 유방은 그렇다면 **어떤 계책을 낼 수 있냐**고 물었다. 역이기는 지금 전력으로는 진나라에 맞서기 어려우니 자신이 천하의 요충지인 진류(陳留, 하남성 개봉시開封市 상부구祥符區)에 가서 항복을 받아내겠다고 했다. 유방은 역이기를 사신으로 보내고, 자신은 군대를 이끌고서 그의 뒤를 따라가서 마침내 진류를 항복시켰다. 유방은 역이기를 광야군(廣野君)에 봉했다.

계장안출은 구체적인 계책이나 방법을 어떻게 낼 것인가를 묻는 성어이다. '안(安)'은 '어떻게'라는 뜻의 의문사이다.

키워드 : 정세, 분석, 계책

계찰괘검(季札掛劍)

계찰이 (자신의) 검을 걸어 놓다.
- 권31 〈오태백세가〉

계찰(季札, 생졸 미상)은 춘추시대 오나라 왕 수몽(壽夢, 재위 기원전 585~기원전 561)의 막내아들로 어질고 유능하기로 천하에 이름을 떨쳤다. 음악에도 조예가 깊어 각국의 음악에 정통했다고 한다. 오나라의 정신적 지주로서 조정과 백성들의 존경을 한 몸에 받았던 명사이기도 했다.

기원전 550년 무렵 계찰은 노(魯)나라와 진(晉)나라에 사신으로 파견되어 가는 길에 서(徐)라는 작은 나라를 지나게 되었다. 서의 국군은 계찰이 차고 있는 검이 마음에 들었으나 차마 달라고 할 수가 없었다. 계찰은 그의 마음을 눈치 챘지만, 큰 나라에 사신으로 가는 신분이라 검을 풀어 그에게 줄 수 없었다. 당시 귀족은 검을 차는 '패검(佩劍)'이 하나의 예절이었기 때문이다.

계찰이 자신의 검을 나무에 매다는 '계찰괘
검'을 나타낸 그림이다.

임무를 마친 계찰이 돌아오는 길에 다시 서나라를 들렀는데, 안타깝게도 그사이 국군이 세상을 떠났다. 계찰은 그의 무덤을 찾아 무덤 옆 나무에 **자신의 검을 걸어 놓았다.** 시종이 죽은 사람에게 검이 무슨 소용이냐고 묻자, 계찰은 "그렇지 않다. 당초 내가 그에게 검을 줄 마음을 먹었다. 그러니 그가 죽었다고 해서 마음을 바꿀 수 있겠는가?"라고 했다. 사마천은 이런 계찰을 두고 다음과 같은 논평을 남겼다.

"연릉계자(延陵季子)의 어질고 덕성스러운 마음과 도의(道義)의 끝없는 경지를 사모한다. 조그마한 흔적을 보면 곧 사물의 깨끗함과 혼탁함을 알 수 있다. 어찌 그를 견문이 넓고 학식이 풍부한 군자라 아니하겠는가."

계찰괘검은 약속과 신의의 중요성을 나타내는 고사성어이다. 특히 속으로 한 약속이라도 지켜야 한다는 것을 감동적인 고사로 전하고 있다. 말로 내뱉지 않고 마음속으로 한 약속이라도 지켜야 한다는 계찰의 말이 조금은 고지식하게 들리지만, 약속을 헌신짝처럼 내팽개치는 현실에 대한 경종으로 받아들이기에 충분하다. '계찰괘검'은 또 중국인 특유의 은혜와 원수에 대한 관념, 즉 '은원관(恩怨觀)'을 잘 나타내는 고사이기도 하다.

키워드 : 신의, 약속

계출무료(計出無聊)

어쩔 수 없는 상황에서 나온 계책.
- 권106 〈오왕비열전〉

한 문제(文帝) 때 오나라의 태자가 조회하여 황태자(훗날 경제)와 술을 마시며 쌍륙(雙陸) 놀이(체스판 비슷한 놀이판에 말들을 올려놓고 주사위를 굴려 길을 찾아가는 놀이)를 했다. 그런데 오나라 태자를 비롯하여 태자의 선생들은 하나같이 경박하고 교만했다. 주사위 놀이에서도 이런 기질이 나와 황태자와 싸움이 벌어졌다. 화가 난 황태자는 놀이판을 던졌고, 오나라 태자가 그 놀이판에 맞아 그만 죽었다.

조정은 오나라 태자의 시신을 오나라로 보내 장례를 치르게 했다. 성이 난 오나라 왕 유비(劉濞, 기원전 215~기원전 154)는 같은 유씨인데 장안에서 죽었으면 장안에서 장례를 치르는 것이 마땅하다며 시신을 장안으로 돌려보냈다.

오왕은 이후 병을 핑계로 조회하지 않는 등 신하의 예를 갖추지 않았다. 조정은 이 사실을 파악했고, 오나라 사신이 올 때마다 이들을 잡아 문책했다. 그 뒤 가을 정기적으로 입조해야 할 때가 왔지만 오왕은 오지 않고 다른 사람을 보냈다. 황제가 직접 이를 문책하자 사신은 오왕이 문책 받을 일이 두렵고, 자식을 잃는 등 **어쩔 수 없는 상황에서 꾀를 내게 된** 것이라 변명했다. 그러면서 용서를 구했다. 문제는 그때까지 잡아 두었던 사신을 모두 돌려보내고 오왕에게는 나이가 있으니 입조하지 않아도 된다며 지팡이를 내렸다. 그러나 오왕 비는 끝내 중앙 조정에 반기를 드는 반란을 일으켰다. 이 사건이 경제 즉위 3년 기원전 154년에 터진 '오초칠국의 난'이다.

계출무료는 어쩔 수 없는 상황에서 나오는 꾀나 계책을 말한다. 원문에는 '계내무료(計乃無聊)'로 되어 있지만 알기 쉬운 '출(出)'로 바꾸어 많이 쓰고 있다. 일상에서 많이 쓰는 '궁여지책(窮餘之策)'과 비슷한 뜻의 성어이다. '궁여지책'은 우리식 성어로 추정한다.

키워드 : 상황, 궁여지책

은(殷. 상商)의 마지막 도읍지 은허(殷墟, 하남성 안양시
安陽市)와 엄청난 양의 갑골(문)이 발굴됨으로써 권3
〈은본기〉의 기록이 얼마나 정확한 지가 입증되었다.
유지는 궁전구·제사구·왕릉구로 크게 나누어져 있
다. 대부분 도굴되었으나 쇠퇴해가던 은을 중흥시킨
무정(武丁)의 아내이자 여전사였던 부호(婦好)의 무덤
은 온전하게 발굴되어 전시되고 있다. 사진은 부호묘
로 가는 길의 모습이다. 갈 양쪽의 석조물들은 부호
무덤에서 나온 유물들의 형상이다.(2009년)

계포일낙(季布一諾)

계포의 한 번 약속.
— 권100 〈계포난포열전〉

계포일낙은 **계포의 한 번 약속** 또는 **계포의 승낙 한마디**란 뜻으로 약속의 중요성 내지 한 번 약속은 반드시 지키는 것을 비유하는 성어이다. 한나라 초기 계포(季布, 생졸 미상)라는 인물의 고사에서 비롯되었다.

초(楚)나라 출신인 계포는 젊었을 때부터 의협심 넘치는 인물로 유명했다. 그는 한 번 승낙하거나 약속한 말은 무슨 일이 있어도 지켰다. 초한쟁패 때 서초패왕 항우(項羽)가 한왕 유방(劉邦)과 천하를 걸고 싸웠을 때 초의 대장으로서 유방을 여러 차례 괴롭혔다. 이 때문에 유방은 계포에 대한 원한이 대단했다. 유방은 항우를 물리치고 천하를 얻은 다음 계포에 대해 천금의 현상금을 걸고 전국 방방곡곡(坊坊曲曲) 수배령을 내렸다. 계포는 쫓기는 몸이 되었지만 그를 아는 사람들은 감히 계포를 팔려 하지 않았다. 오히려 유방에게 계포를 추천했다. 계포는 유방을 만나 당당하게 자신의 생각을 밝혔고, 유방은 그간의 감정을 풀고 그에게 낭중(郎中)이란 벼슬을 주었다. 혜제(惠帝) 때는 중랑장으로 승진했다.

당시 흉노의 우두머리 선우(單于)가 여태후를 깔보는 불손하기 짝이 없는 편지를 조정에 보내온 적이 있었다. 격노한 여태후는 장군들을 불러들여 흉노를 공격하라며 울분을 터뜨렸다. 여태후의 총애를 받고 있던 상장군 번쾌(樊噲, ?~기원전 189)는 "제가 10만 병력을 이끌고 흉노 놈들을 무찔러 버리겠습니다!"라고 큰소리를 쳤다. 여태후의 안색만 살피고 있던 무장들은 이구동성으로 "그게 좋은 줄로 아룁니다"라며 맞장구를 쳤다. 그때 "번쾌의 목을 잘라야 합니다!"라고 고함을 치르고 나서는 사람이 있었으니, 다름 아닌 계포였다. 계포는 이렇게 상황을 분석했다.

"고조 황제께서 40만이란 군대를 거느리고도 평성(平城)에서 그들에게 포위당한 적이 있지 않았는가? 그런데 지금 번쾌가 말하기를 10만으로 요절을 내겠다고? 이거 정말 큰소리도 이만저만이 아니군! 다른 사람은 모두 눈먼 장님인 줄 아는가? 진이 망한 것은 오랑캐와 시비를 벌인 데다 진승 등이 그 허점을 노리고 일어섰기 때문이다. 그들에게 입은 상처가 오늘까지도 다 아물지 않고 있는데, 번쾌는 주상께 아첨하여 천하의 동요를 불러일으키려는 자다!"

모두들 얼굴이 새파랗게 질렸다. 계포의 목숨도 이제 끝장이라고 생각했다. 그러나 여태후는 화를 내지 않고 폐회를 명했고, 다시는 흉노 토벌을 입에 담지 않았다.

약속의 대명사 '계포일낙'이란 고사성어를 남긴 계포의 초상화로 항우의 고향인 강소성 숙천시(宿遷市) 항왕성에 전시되어 있다.(2014년)

또 이런 일도 있었다. 초나라 사람으로 아첨을 잘하고 권세욕과 금전욕이 강한 조구(曹丘)라는 자가 있었는데, 황제의 숙부인 두장군(竇長君)을 찾아가 소개장을 써달라고 말했다. 두장군은 "계장군은 자네를 좋아하지 않는 모양이야. 가지 않는 편이 좋지 않을까?"라며 말렸으나 조구는 억지로 졸라 소개장을 얻은 뒤 계포에게 편지로 찾아가 뵙겠다는 점을 알려놓고 방문했다. 계포가 상투 끝까지 화가 치밀어 기다리고 있을 때 찾아간 조구는 인사가 끝나자 입을 열었다.

"초나라 사람들은 황금 백 근을 얻는 것이 **계포의 한 번 약속**을 얻는 것만 못하다고 말하는데, 도대체 어떻게 해서 그렇게 유명하게 되셨습니까? 원래 우리는 동향인이기도 하니 제가 당신의 일을 두루 선전하고 다니면 지금 겨우 양과 초나라 정도밖에 알려지지 않고 있습니다만, 머지않아 당신의 이름이 천하에 퍼질 것입니다."

그러자 조구를 못된 사람으로 취급하던 계포도 마음이 풀려 그를 빈객으로서 극진히 대접했다. 이 조구로 인해 계포의 이름은 더욱더 천하에 널리 알려지게 되었다.

약속의 중요성과 가치를 비유하는 '계포일낙'과 비슷한 뜻을 가진 성어들로는 '일낙천금(一諾千金, 한 번 약속이 천금보다 더 중하다)'과 '남아일언중천금(男兒一言重千金, 남자의 말 한마디가 천금보다 중하다)' 등이 있다. '계포일낙'은 우리 고등학교 한문 교과서에도 실려 있다.

키워드 : 신의, 약속, 가치

계해(計偕)

계리와 함께 가다.
– 권121 〈유림열전〉

공손홍(公孫弘)은 한 고조 7년(기원전 200년)에 태어나 한 무제 원수(元狩) 2년(기원전 121년) 79세로 세상을 떠난 한나라 초기의 유학자이자 관료였다. 치천군(淄川國, 지금의 산동성 수광현壽光縣 일대) 출신이다. 젊었을 때 형벌과 감옥을 주관하는 관리직에 있다가 죄를 지어 면직되었다. 집안이 가난하여 바닷가에서 돼지를 치면서 생계를 유지해 나갔다.('공손목시' 항목 참고) 나이 40이 되어서야 유가의 경전인 《춘추》와 제자백가의 학설을 배우기 시작했다.

젊은 나이에 즉위한 무제는 전국적으로 인재를 물색하고 뛰어난 문학 인재들을 선발했다. 당시 공손홍은 이미 60세의 노인이었다. 고향 사람들은 '유능하고 어진' 현량(賢良)의 명목으로 공손홍을 추천했고, 공손홍은 경성에 올라와 박사가 되었다. 그가 박사가 될 수 있었던 것은 무제에게 올린 대책이 큰 역할을 했는데, 그 핵심은 체계적이고 꼼꼼하게 관리들을 교화할 수 있는 유학자들을 중용하라는 것이었다.

공손홍이 올린 대책 중에 **계해(計偕)**라는 단어가 보이는데 2천 석 녹봉의 인재들을 기용하되, "가능성이 있는 자를 신중히 가려내어 **계리(計吏)와 함께** 태상(太常)에게로 보내어 제자들과 똑같이 학업을 받게 하는 것입니다"라는 대목의 **계리와 함께**가 바로 그것이다. '계'의 뜻은 '계산하다', '따지다' 등이고, '계리'는 주현(州縣)의 장부를 관장하는 관리다. '해'는 '함께'라는 뜻이다. 지방에서 1년 동안 시험을 쳐서 능력 있는 인재들을 선발하고, 계리가 이들을 데리고 태상에게로 가서 학업, 즉 관리가 되는 실무 교육을 받게 한다는 것이다. 이로부터 '계해'는 지방에서 1차로 시험을 거쳐 선발된 예비 관리가 서울로 올라가 시험을 치른다는 뜻의 단어가 되었다.

키워드 : 관리, 시험

고

고굉(股肱)

팔다리, 신하.
— 권24 〈악서(樂書)〉 ; 권2 〈하본기〉 외

일찍이 전설시대 제왕의 통치 때부터 군주를 보필하는 신하를 가리켜 **고굉이목(股肱耳目)**이라 했다. 글자대로 **다리와 팔, 귀와 눈**이란 뜻이다. 《상서(尚書)》〈익직(益稷)〉 편에 보이고, 권2 〈하본기〉에도 나온다. 당나라 때 학자 공영달(孔穎達, 574~648)은 이에 대해 "군주는 원수이고, 신하는 '고굉이목'으로 대체로 한 몸이다(군위원수君爲元首, 신위고굉이목臣爲股肱耳目, 대체여일신야大體如一身也)"라는 주석을 달았다. 이렇게 해서 '고굉'은 군주를 보필하는 유능하고 힘 있는 대신을 가리키는 용어가 되었다.

리더에게는 튼튼한 팔다리와 같은 인재가 반드시 있어야 한다. 이런 팔다리에 문제가 발생하면 조직은 물론 나라까지 문제가 발생한다. 사마천은 권24 〈악서(樂書)〉에서 "고굉과 같은 신하가 불량하면 모든 일이 엉망이 된다(고굉불량股肱不良, 만사타괴萬事墮壞)"라고 지적했다. '고굉지신(股肱之臣)'이란 용어는 이로부터 파생되어 나왔다.

사진은 국사를 의논하고 있는 환공(왼쪽)과 관중의 모습을 형상화한 조형물로서 산동성 치박시(淄博市) 관중 묘역에 조성되어 있는 기념관에 있다.(2010년)

명나라 때 사람 풍몽룡(馮夢龍, 1574~1646)의 역사소설 《동주열국지(東周列國志)》에 보면, 춘추시대 최초의 패주라는 대업을 성취한 제나라 환공(桓公)이 자신을 전심전력으로 보필한 관중(管仲)을 두고 "과인에게 있어 중보(仲父, 관중에 대한 존칭)는 몸의 팔다리와 같소. 팔다리가 있어야 비로소 몸이 만들어지듯 중보가 있어야 군주가 존재하는 것이오. 소인이 어찌 알겠소?"라고 말한 대목에서 '팔다리', 즉 '고굉'은 군주를 보필하는 신하를 비유하고 있다.

또 이와는 전혀 다르게 권100 〈계포난포열전(季布欒布列傳)〉에 보면, "하동 지역은 나의 팔다리와 같은 군이다(하동오고굉군河東吾股肱郡)"라 하여 지리적 위치상 중요한 곳을 비유하는 용어로 사용되기도 했다.

키워드 : 군주, 신하, 관계

고굉불량(股肱不良), 만사타괴(萬事墮壞)

고굉(팔다리)과 같은 신하가 불량하면 모든 일이 엉망이 된다.
– 권24 〈악서〉

'고굉' 항목을 참고하면 된다.

키워드 : 군주, 신하, 관계

고목후주(枯木朽株)

죽은 나무, 썩은 그루터기.
– 권117 〈사마상여열전〉

이 성어는 늙고 쓸모없는 사람이나 쇠약한 힘을 비유할 때 쓴다. 원래는 한 무제 때의 문장가 사마상여가 사냥을 너무 좋아하는 황제를 말리면서, 갑작스러운 변을 당하면 **죽은 나무나 썩은 그루터기**도 피해를 줄 수 있다고 충고한 대목에서 나온다.

"지금 폐하께서는 위험도 마다 않고 맹수를 사냥하러 다니십니다. 그러다 갑자기 생각지도 못했던 곳에서 사나운 맹수라도 만나 공격을 받는다면, 수레는 바퀴를 돌릴 겨를이 없고 사람은 재주를 부릴 틈도 없을 것입니다. 이런 때는 **죽은 나무나 썩은 그루터기**도 해가 될 수 있습니다."

말라죽은 나무나 썩은 그루터기는 사실 쓸모가 없다. 하지만 특별한 상황에서는 이런 것들이 필요할 때가 있다. 사회적으로 보자면 말라죽은 나무나 썩은 그루터기와 같은 존재들은 그 사회의 효율성을 떨어뜨리는 역기능(逆機能)으로 작용한다.

하지만 사회체제가 이런 존재들을 적절하게 잘 이용한다면 그들의 역기능이 순기능(順機能)으로 전환될 수도 있다. 지금 우리 사회가 몸살을 앓고 있는 세대 간의 갈등, 노령자 퇴출 문제도 사회의 순기능과 역기능이라는 실용적 관계 속에서 파악해야 한다. 고목나무를 이용해 쓸모 있는 무엇인가를 만들어 내거나, 그 자체로 사회교육의 자료로 활용할 수 있다면 이처럼 극심한 갈등은 피할 수 있을 것이다.

'계명구도'에서 다룬 것처럼 평소에

사마상여는 당대 최고의 문장가로 이름을 떨쳤고, 황제에게 충언을 올릴 때도 수려한 문장을 통해서였다. 사마상여의 석상이다.(출처: 바이두)

하찮은 재주가 위기 상황에서 결정적인 역할을 했듯이, 죽은 나무와 썩은 그루터기 역시 상황에 따라서는 얼마든지 쓸모가 있다. 더욱이 그 쓸모가 해가 되기도 한다. 죽은 나무와 썩은 그루터기를 그냥 내팽개친다면 사마상여의 말대로 유사시 피해를 줄 수 있는 위협의 대상이 되지 말라는 법도 없을 것이다. 늙지 않고, 죽지 않는 생명체가 어디 있던가?

키워드 : 인간, 쓸모

고산앙지(高山仰止), 경행행지(景行行止)

높은 산은 우러러보고 큰길은 따라간다.

– 권47 〈공자세가〉

사마천이 공자에게 보낸 '고산앙지'라는 찬사는 이제 사마천에게 바치는 찬사가 되었다. 공자의 고향인 곡부(曲阜) 공자문화원의 '고산앙지' 패방이다.(2015년)

사마천은 자신의 사상에 가장 큰 영향을 준 인물로 공자를 꼽았고, 특히 '직설(直說)'과 '포폄(褒貶)'을 가장 큰 특징으로 하는 《춘추(春秋)》의 역사관(이를 춘추필법이라 한다)을 높이 평가했다. 공자에 대한 사마천의 논평이다.

"《시경》에 '**높은 산은 우러러보고 큰길은 따라간다**(고산앙지高山仰止, 경행행지景行行止)'라는 말이 있다. 내가 그 경지에 이르지는 못했지만 마음은 늘 그를 간절히 그리워하고 있다. 나는 공자의 저술을 읽고 그가 얼마나 위대한 사람인가를 상상할 수 있었다."

특히 사마천은 공자가 《춘추》를 편찬할
때의 모습을 이렇게 묘사한다.

"공자께서는 지나간 소송 건을 심리할
때도 문장에 다른 사람과 의논해야 할 것
이 있으면 결코 혼자서 판단하는 법이 없
었다. 그런데 《춘추》를 저술할 때에는 기

공자가 만년에 정리한 《춘추경전》의 판본이다.

록할 것은 결단코 기록하고 삭제할 것은 삭제했다. (문장이 뛰어난) 자하(子夏) 같은 제
자도 단 한마디 거들 수가 없었다."

《춘추》는 천하를 떠돌며 자신의 사상을 펼쳐보려던 공자가 뜻을 이루지 못하고
고향인 곡부(曲阜)로 돌아와 제자들을 가르치다 죽기 얼마 전 노(魯)나라 연대기를
중심으로 춘추시대(기원전 722~481) 여러 나라의 정치사 등을 정리한 역사책이다.

공자는 《춘추》를 지으면서 기록해야 할 것은 결단코 기록하고, 삭제할 것은 무슨
일이 있어도 삭제했다. 이것이 훗날 큰 영향을 미친 '춘추필법'이라는 역사서술의 기
본자세다. 이렇게 집필한 《춘추》에 공자가 애착을 가진 것은 당연했다. 제자들에게
춘추의 뜻을 전수한 뒤, "후세에 나를 알아주는 사람이 있다면 춘추 때문일 것이며,
나를 비난하는 사람이 있다면 그 역시 춘추 때문일 것이다!"라고 말했을 정도다. 사
마천은 공자의 길을 가고자 했다. 그 역시 자신의 역사서를 공자의 《춘추》에 비교했
다.('불능찬일구' 항목 참고)

참고 춘추필법(春秋筆法)

《좌전》 성공(成公) 14년(기원전 557년) 조항을 보면 이런 대목이 있다.

"《춘추》의 기록은 간략하지만 뜻이 드러나 있고, 사실을 기록하지만 뜻이 깊고, 완곡하지만 도리를
갖추었고, 사실을 있는 대로 기록하되 왜곡하지 않고, '악을 징계하고 선을 권장하니' 성인이 아니면
누가 이렇게 할 수 있겠는가?"

《좌전》은 '징악권선(懲惡勸善)'으로 표현했고, 훗날 '권선징악'으로 앞뒤를 바꾸었을 뿐이다. 오늘날

'권선징악'은 어느 분야에서든 적용이 가능한 보편적인 사자성어로 정착했지만, 당초에는 역사가의 서술 태도와 기준을 나타내는 표현이었다. 이를 다른 말로 '포폄(褒貶)'이라 한다. '칭찬할 일은 칭찬하고 비판할 일은 비판한다'는 뜻이다.

《춘추》의 이와 같은 역사 서술 태도는 춘추시대 역사가들의 기본자질이었고, 《춘추》를 편찬한 공자를 비롯하여 역대 중국의 역사기술은 물론 한자문화권의 역사 서술 태도에도 큰 영향을 미쳤다. 춘추필법의 대표적인 사례 하나를 소개한다.

기원전 607년 춘추시대 진(晉)나라의 실권자 조돈(趙盾)의 사촌 조천(趙穿)이 영공(靈公)을 시해했다. 당시 조돈은 망명하려다가 이 소식을 듣고는 다시 돌아와 조정을 장악했다. 그러자 사관(史官) 동호(董狐)가 "조돈이 그 임금을 죽였다"라고 직필했다. 조돈이 항의하자, 동호는 "당신은 나라의 실권자로서 국경을 넘어 망명하지 않았고, 돌아와 하수인(조천)을 처형하지도 않았으니 그 책임을 당신이 아니면 누가 지겠소?"라고 맞섰다. 여기서 '동호직필(董狐直筆)'이라는 고사성어가 나왔다. 사관 '동호의 곧은 붓', '동호가 곧이곧대로 기록하다'라는 뜻이다.

'권선징악'·'포폄'·'동호직필'은 동양 역사기술의 기본정신으로 자리 잡았고, 공자는 만년에 《춘추》를 정리하면서 이런 정신을 실천했다. 이것이 이른바 '춘추필법(春秋筆法)'이다.

키워드 : 역사가, 역사서, 필법, 사관

고소이망대(顧小而忘大), 후필유해(後必有害)

작은 것에 매여 큰일을 잊는다면 뒷날 반드시 해가 돌아온다.
– 권87 〈이사열전〉

기원전 210년 진시황이 갑자기 죽자 조고는 작은아들 호해에게 큰아들 부소를 죽이고, 황제 자리를 빼앗으라고 부추겼다. 그는 상나라 탕임금이 하나라 마지막 임금 걸을 추방한 일, 주나라 무왕이 은나라 주임금을 토벌한 일 등 군주 자리를 빼앗은 역사적 사실을 끌어다 견강부회하고 왜곡 날조하여 호해의 마음을 흔들었다. 당시 조고가 호해의 마음을 유혹하는 대목은 사실에 대한 왜곡이 넘쳐나지만 설득력은 대단하다. 관련 대목을 인용해본다.

"작은 것에 매여 큰일을 잊는다면 뒷날 반드시 해가 돌아옵니다(고소이망대顧小而忘大, 후필 유해後必有害). 의심하고 머뭇거리면 뒷날 반드시 후회할 것입니다(호의유예狐疑猶豫, 후 필유회後必有悔). 과감하게 결행하면 귀신도 피할 것이며, 성공할 것입니다. 공자(호 해)께서는 어서 이 문제에 대해 결단을 내리십시오."

위 조고의 말에서 **고소이망대, 후필유해**라는 명구가 나왔고, 바로 따라나오는 '호의 유예, 후필유회' 역시 대구로 인용하는 명구가 되었다. 조고가 호해와 승상 이사를 설득하는 내용에 관해서는 '단이감행', '하견지만' 등의 항목을 참고하면 된다.

키워드 : 언어, 설득

고양주도(高陽酒徒)

고양의 술꾼.
– 권97 〈역생육고열전〉

초한쟁패 때의 유세가 역이기(酈食其, ?~기원전 203)는 진류(陳留, 지금의 하남성 개봉시 開封市 상부구祥符區) 고양(高陽) 사람이다. 그는 독서를 좋아했으나 집안이 가난하여 '뜻을 얻지 못하고 여기저기를 떠돌았다(낙백落魄).' 먹고 입는 것을 해결할 직업도 못 찾다가 어느 마을의 성문을 관리하는 말단 관리가 되었다. 사람들은 그를 무시하 며 '미치광이 선생' '광생(狂生)'이라 불렀다.

유방이 군대를 이끌고 진류(陳留)를 지나갈 때 역생은 군영을 찾아 유방을 만나고 자 청했다. 전령이 들어가 유방에게 전했으나 유방은 유생 따위를 만날 겨를이 없다 며 만남을 거절했다. 전령이 나와 유방의 뜻을 전하자 역생은 눈을 부릅뜨고 검을 잡더니 전령에게 이렇게 꾸짖었다.

당나라 시인 이백은 '고양주도'라는 성어를 인용하여 〈양보음〉이란 뛰어난 시를 남겼다. 사진은 당나라 때의 명찰 대안탑 앞에 조성되어 있는 당나라 거리의 이백 조형물이다.(2012년)

"다시 들어가 봐라! 다시 들어가서 패공께 나는 **고양의 술꾼**이지 유생이 아니라고 전하라!"

전령은 겁을 먹고 역생이 준 명함(첩자帖子)을 떨어뜨렸다. 전령은 명함을 주워 다시 들어가 유방에게 역생의 말을 그대로 아뢰자, 유방은 맨발로 창을 잡고는 바로 "손님을 들어오시게 하라"고 했다.('계장안출' 항목 참고) 이후 역생은 남다른 언변으로 제나라를 힘 들이지 않고 평정하는 데 결정적인 역할을 해냈다.('설권제성' 항목 참고)

역생이 말한 **고양의 술꾼 고양주도**는 이후 술을 좋아하는 자유분방한 사람을 가리키는 성어가 되었다. 역이기처럼 술꾼이었던 이백(李白, 701~762)은 자신의 시 〈양보음(梁甫吟)〉에서 '고양주도'와 '광생'을 언급하기도 했는데, 해당 대목은 아래와 같다.

그대는 보지 못했는가?
고양 땅 술꾼이 초야에서 일어나
산동에서 코가 큰 유방에게 길게 절하고
문에 들어가 절도 하지 않고 웅변을 토하니
두 여인이 발 씻기를 그치고 바람처럼 물러난 일을.
동쪽 제나라 72개 성과
초나라와 한나라를 마치 바람에 넘어지는 쑥대처럼 휘둘렀다.
뜻을 얻지 못한 '미치광이'도 오히려 이러했거늘
하물며 군웅들과 견주어야 할 장사임에야!

키워드 : 인간, 처세, 인재, 자유분방

214

고옥건령(高屋建瓴)

지붕에 거꾸로 매달린 병 / 높은 곳에서 아래를 내려다본다.
– 권8 〈고조본기〉

고옥건령은 언뜻 알기 어려운 단어다. '고옥'은 '높은 집'을 말한다. '고옥'은 다른 뜻이 없지만 '건령'에 대해서는 역대로 해설이 적지 않았다. 대체로 **높은 집 처마 끝의 거꾸로 매달린 물을 담는 병**, 즉 물받이 병을 가리킨다. 따라서 **높은 곳에서 아래를 내려다본다**는 모습으로 그 형세를 막을 수 없다는 뜻으로 풀이한다.

기원전 201년, 한신(韓信, ?~기원전 196)이 모반을 꾀한다는 밀고가 날아들자 고조 유방은 한신을 잡아들이고 천하에 대사면령을 내렸다. 전긍(田肯, 내력 미상)이란 자가 축하를 틈타 이런 말을 올렸다.

"폐하께서는 한신을 사로잡고 관중에 도읍을 하셨습니다. (중략) 지세가 유리하기 때문에 제후들에게 무력을 사용하는 것이 마치 **높은 집 처마 끝의 물받이 병에서 물이 떨어지는 것과 같습니다**. (중략) 친자제가 아니면 제나라 왕으로 삼아서는 안 됩니다."

《사기》 연구가인 한조기(韓兆琦, 1933~) 선생의 《사기전증(史記箋證)》에 의하면, 서한 패교(霸橋) 지구에서 '패릉과씨령(霸陵過氏瓴)'이란 기물이 출토되었다. 이 기물은 가운데는 비어 있고, 한쪽은 크고 한쪽은 작은, 처마 끝의 물받이용 기물로 판명되었다. 이로써 '고옥건령'에 대해 '높은 집 처마 끝의 물받이 병'으로 해석할 수 있게 되었다.

키워드 : 형세, 기세

고유지지(膏腴之地)

기름진 땅.
– 권6 〈진시황본기〉

고유지지는 〈진시황본기〉에 딸린 가의(賈誼)의 〈과진론(過秦論)〉에 보이는 **기름진 땅**이란 뜻의 단어이다. 관련 대목은 이렇다.

"(진) 효공(孝公)이 죽자 혜왕(惠王)과 무왕(武王)이 사업과 정책을 이어받아 남으로 한중(漢中)을, 서로는 파(巴)와 촉(蜀)을, 동으로는 **기름진 땅**을, 북으로는 요충지가 될 만한 군을 차지하였다."

가의는 동쪽, 대체로 지금의 하남과 산동 지역을 '기름진 땅'으로 표현했다. 〈양효왕세가〉에도 '고유지'란 표현이 보인다. '고유지지'의 출처는 《전국책》이다.(〈조책〉 4 ; 〈진책〉 2)

키워드 : 지형, 지질

고재질족(高材疾足)

키가 크고 발이 빠르다.
– 권92 〈회음후열전〉

기원전 196년, 고조 유방은 한신(韓信)을 모반으로 몰아 처형한 다음 한신에게 '천하삼분(天下三分)'을 권했던 책사 괴통(蒯通, 생졸 미상)에 대한 체포령을 내렸다. 얼마 되지 않아 괴통은 붙잡혀 왔다.('토사구팽' 항목 참고) 괴통은 원통하다고 항변했다. 유방이 무엇이 원통하냐고 묻자 괴통은 이렇게 말했다.

"진나라의 기강이 해이해지자 산동(山東)이 크게 어지러워지고, 성이 다른 자들(제후)이 함께 일어나자 영웅준걸들이 까마귀 떼처럼 모여 들었습니다. '진나라가 그 사슴을 잃어버리자(진실기록秦失其鹿)', 천하가 모두 그 사슴을 쫓았습니다(천하공축지天下共逐之). 그리하여 **키가 크고 발이 빠른 자**가 먼저 그 사슴을 잡았습니다. '도척(盜跖)의 개가 요(堯)임금을 보고 짖는(척구폐요跖狗吠堯)' 까닭은 요임금이 어질지 않아서가 아닙니다. 그 개의 주인이 아니기 때문에 짖은 것입니다. 그때 신은 오직 한신만 알았을 뿐이지 폐하를 알지 못했습니다. 게다가 천하에는 칼끝을 날카롭게 갈아서 폐하께서 하신 일을 자기도 해보려고 하는 사람들이 많았습니다. 그들은 힘이 모자랐을 뿐입니다. 폐하께서는 그들을 모두 삶아 죽이시겠습니까?"

유방은 괴통을 살려주었다. 괴통은 초한쟁패 당시를 누구든 능력이 있으면 패권을 쫓는 상황이라고 진단하면서 '고재질족'이란 표현을 썼다. 또 패권을 사슴에 비유했는데, 여기서 '사슴을 쫓는다'는 '축록(逐鹿)'이란 단어도 나왔다.

키워드 : 난세, 패권, 쟁패

고종우궁(鼓鐘于宮), 성문우외(聲聞于外)

궁에서 종을 치면 밖에서 그 소리가 들린다.
– 권126 〈골계열전〉

한 무제 때의 기인 동방삭(東方朔, 기원전 154~기원전 93)의 기이한 언행에 대해 궁정 신하들이 말이 많았다. 뛰어난 재능을 갖고도 왜 그렇게 살고 있냐는 비아냥이 대부분이었다. 동방삭은 지금은 시대가 달라졌고, 자신은 저잣거리에 숨어 사는 사람이라면서 이렇게 반박했다. ('삼천독', '피세조정지간' 항목 참고)

성세(盛世)의 동방삭은 무제의 전성기에 잠복되어 있는 위기를 인식하고 있었던 기인이었다. 동방삭의 초상화이다.

"그러므로 시대가 다르면 일도 다르다는 것이오. 그렇기는 하지만 어찌 수신(修身)하는 일에 힘쓰지 않겠소? 《시경》에 이르기를, **'궁에서 종(鐘)을 치면 밖에서 그 소리가 들리고**, 학이 구고(九皋), 깊은 연못에서 우니 소리가 하늘에 들린다' 라고 했소. 진실로 몸을 닦을 수 있다면 어찌 부귀영화를 걱정하리오! 강태공이 몸소 인의를 베푸니 72세에 문왕(文王)을 만나 그 포부를 이루어 제나라에 봉해졌고, 7백 년이 되도록 그 나라가 끊어지지 않았소. 이것이 바로 선비가 밤낮으로 부지런히 학문을 닦으며 도를 행하는 것을 감히 멈추지 못하는 까닭이오."

동방삭의 반박에 모두가 입을 다물었다. 동방삭이 인용한 《시경》의 대목 '궁에서 종(鐘)을 치면 밖에서 그 소리가 들리고, 학이 구고(九皋)에서 우니 소리가 하늘에 들린다'는 '고종우궁(鼓鐘于宮), 성문우외(聲聞于外) ; 학명구고(鶴鳴九皋), 성문어천(聲聞於天)'은 한 사람의 고고한 인품과 수양은 어디에 있든 알려지므로 한시라도 자기수양을 게을리 하지 않는다는 뜻이다.

키워드 : 인간, 처세, 자기수양, 인품

고침이와(高枕而臥)

베개를 높이 하여 편히 잠을 자다.
— 권70 〈장의열전〉 ; 권99 〈유경숙손통열전〉

고침이와는 '고침안면(高枕安眠)'과 같은 뜻의 성어이다. **베개를 높이 하여 편안하게**

잠을 잔다는 뜻이다. 마음이 한가하고 여유가 있어 아무런 근심이 없는 상태를 비유하는 성어이다. 이 성어는 '가화우인' 항목에서 소개했듯이 전국시대 최고의 유세가 소진(蘇秦)과 장의(張儀)의 유세 과정에서 비롯되었다.

전국시대 말엽은 당대 최고의 유세가이자 동문수학한 친구이자 경쟁상대였던 소진과 장의가 맹활약하던 때였다. 소진은 합종(合縱)을 외치며 진(秦)나라를 제외한 6개국이 동맹하여 진나라에 대항할 것을 설득했다. 반면 장의는 연횡(連橫)을 제창하여 여섯 나라가 각각 동맹해서 진나라를 따르라고 주장했다.('합종연횡' 항목 참고)

장의는 진나라의 무력을 배경으로 이웃 나라들을 침략했다. 진나라 혜문왕 10년(기원전 328년), 위(魏)나라를 공격한 것을 계기로 장의는 위나라의 재상이 되었다. 이어 위나라 양왕(襄王)과 애왕(哀王)에게 연횡을 따를 것을 권했으나 받아들여지지 않았다. 진나라는 본보기로 삼아 한(韓)나라를 토벌하여 8만의 군사를 죽임으로써 제후들을 떨게 했다. 장의는 그 기회를 잡아 다시 위나라 애왕을 설득했다.

장의는 우선 위나라는 천 리 사방의 땅이 없고, 병졸도 30만을 넘지 못하는 약소국이라는 것을 지적했다. 이어 열국의 통로가 될 가능성이 많다는 것과, 남쪽은 초(楚), 서쪽은 한, 북쪽은 조(趙), 동쪽은 제(齊)와 국경을 접하고 있어서 그 어떤 나라와 동맹을 맺는다 해도 다른 나라의 원한을 사게 되므로 그런 방법은 사분오열이라고 설득했다. 장의는 합종을 비난한 다음, 형제의 맹방을 맺었다 한들 친형제끼리도 금전상의 다툼이 생기는 것을 보면 합종은 허울 좋은 속임수라고 말하며, 진나라를 섬기지 않으면 어떻게 될지 아느냐고 위협했다. 즉, 진나라가 위나라와 조나라의 길을 끊고 한나라에 권유해서 함께 위나라를 공격할 것이라고 했다.

계속해서 장의는 진나라를 섬길 경우 얻을 수 있는 이로움에 대해 이야기하면서 위나라 양왕을 구슬렸다. 진나라를 섬기면 초나라와 한나라는 감히 움직이지 못한다. 초나라와 한나라의 걱정이 없어지면 대왕은 **베개를 높이 베고 편히 누워 잘 수 있으니** 반드시 근심이 없어질 것이다. 또한 진나라의 목적은 초나라에 있으므로 위나라와 함께 초나라를 공격하여 초나라 땅을 나누어 가지라고 설득했다.

소진과 장의는 천하 정세를 면밀히 분석하고 이 정보를 바탕으로 자기들만의 전

그림은 장의가 유세하는 모습을 그린 그림이다.

략을 제시했다. 이 과정에서 이들은 절묘한 언변술로 각국의 군주들을 설득했다. 초기에는 소진의 합종이 우위를 차지했지만, 6국의 동맹이 이해관계 때문에 결속력이 약해지면서 장의의 연횡이 주효하기 시작했다.

'고침이와'는 권55 〈유후세가〉에도 보인다. 고조 유방이 만년에 느닷없이 태자를 폐위하려고 하자, 여태후는 은퇴한 공신 장량(張良)을 찾아가 사직이 위태로운 상황에서 '베개를 높이 베고 편히 잠 잘 수' 있냐며 대책을 강구해달라고 부탁한 대목이다. '고침이와'는 '고침안와(高枕安臥)', '고침안면(高枕安眠)'이라고도 쓰며, 걱정 없다는 '무우'와 합쳐 '고침무우(高枕無憂)'로도 쓴다. '걱정 없이 베개를 높이 하여 편히 잔다'는 뜻이다.

키워드 : 국제관계, 외교, 유세가, 유세술

곡

곡량(谷量)

골짜기로 헤아리다.
— 권129 〈화식열전〉

〈화식열전〉은 30여 명에 이르는 역대 부자와 사업가들의 다양한 치부법과 상술 등이 소개되어 있는 특별한 기록이다. 그중 여성으로 추정되는 오지(烏氏) 지역 나(倮)

라는 사업가에 관한 내용이 유난히 눈길을 끈다. 먼저 〈화식열전〉의 관련 기록이다.

"오지 지방의 나(倮)는 목축업으로 치부했는데, 이를 밑천 삼아 진기한 물건이나 옷감 따위를 사서 융족(戎族)의 왕에게 바쳐 그 보상으로 열 배에 해당하는 가축을 받아 사업의 규모를 점점 불려 나갔다. 그가 키운 가축이 어느 정도였는가 하면, '가축을 셀 때 마리 단위로 세는 것이 아니라 가축이 있는 **골짜기를 헤아려야만**' 했다. 진시황은 이런 나씨를 군(君)의 작위를 받은 자들과 동등하게 대우했고, 정기적으로 다른 대신들과 함께 조정에 들어와 조회에 참석하는 특권까지 부여했다."

위 기록은 〈화식열전〉에 기록된 오지 지역의 나씨라는 상인에 대한 내용 전부이다. 몇 줄에 불과한 기록이지만 중국 상인의 역사에서 대단히 중요한 내용과 의미를 담고 있어 주목하지 않을 수 없다.

우선 나씨라는 상인의 성별 문제다. 역대로 논쟁이 많았지만 여성으로 인정하는 주장들이 많다. 중국의 사극에서도 나씨를 여성 사업가로 등장시키고 있다.

다음으로 오지라는 지역이 갖는 의미다. 오지는 지금의 영하회족자치구(寧夏回族自治區) 일부, 감숙성(甘肅省) 일부를 포함하는 지역으로 고대에는 주로 고원(固原)으로 불렸다. 당시는 진시황이 천하를 통일한 기원전 221년 전후로 진나라 서쪽의 중요한 요충지였다. 특히 융족은 오래전부터 진나라와 관계를 가져온 중요한 외교 상대였다.(진나라는 일찍이 기원전 7세기 목공 때 갖은 방법으로 융의 인재 유여由餘를 진나라로 데려와 융 지역을 평정한 바 있다.) 이 오지에는 서방 이민족을 지칭하는 융족(戎族)의 한 갈래인 오지융(烏氏戎)이 있었고, 상인 나씨는 이 오지융 사람으로서 융과 한족의 습속을 다 잘 알고 있었던 것으로 추정한다.

오지 나씨는 융과 진에 각각 모자라는, 다시 말해 서로 필요로 하는 상품을 가지고 자신의 사업 기반을 넓혔다. 융에서 나는 말을 비롯한 가축은 진나라에 필요한 물품이었다. 특히 말은 운송과 전투에 필수였다. 유목 지역에서 나는 이 가축들은 양과 질에서 뛰어났고, 오지 나씨는 융과의 관계를 이용하여 가축들을 대량 확보하여 중원에 내다 팔아 크게 치부했다. 그녀의 사업(목축업) 규모는 상상을 초월했다. 사마천은 그녀의 목장에서 기르는 가축은 마리 단위가 아닌 골짜기 수로 헤아렸다고 할 정도였으니 그 어마어마한 규모에 혀를 내두를 뿐이다.

한편 오지 나씨는 중원의 문물을 융족에 공급했다. 주로 생활용품 위주였을 것으로 추정하는데, 특히 융족에게는 절대 부족한 옷감과 진기한 문물을 융족의 우두머리에게 적극 공급하여 그의 신임을 샀다. 말하자면 일종의 뇌물을 제공한 것인데, 나씨에 대한 융족 우두머리의 우대 정도를 보면 이 뇌물 공세가 얼마나 주효했는가를 알 수 있다. 융족의 우두머리는 나씨가 제공하는 중원 문물의 값어치에 열 배에 해당하는 가축을 대가로 주었기 때문이다.

나씨에 대한 우대는 융족뿐만 아니었다. 융족이 주로 물질적으로 그녀를 우대했다면, 진시황은 나씨의 명예를 한껏 높여주는 파격적인 우대를 아끼지 않았다. 진시황은 나씨를 군(君)의 작위를 받은 자들과 동등하게 대우했을 뿐만 아니라, 정기적으로 다른 대신들과 함께 조정에 들어와 조회에 참석하는 특권까지 부여했다. 진시황이 나씨를 이처럼 우대한 데는 진나라의 통일 정책과 경제의 관계에서 비롯된 경제인(상인) 우대와 관련이 있다. 이 문제는 아래에서 좀 더 살펴보자.

중국 역사상 최초의 통일 제국을 건설한 진시황의 이미지는 사상과 언론탄압의 대명사인 '분서갱유(焚書坑儒)'와 각종 통일 정책으로 상징된다고 할 수 있다. 통일 사업으로는 화폐·문자·도량형의 통일이 주요 사업이었다. 진시황은 이런 통일 사업을 실질적으로 뒷받침하는 교통망 구축에 심혈을 기울였는데, 무려 다섯 종류에 달하는 도로망 구축이 가장 중요했다. 군사 전용 도로와 황제 전용 도로를 비롯한 다섯 종류의 도로망은 통일된 화폐·문자·도량형을 전국으로 빠르게 전파하는 네트워크 구실을 했다.

무리한 측면이 없지는 않았지만 그의 토목 사업, 그중에서도 도로 건설은 경제를 염두에 둔 장기적 안목에서 나온 국책 사업이었던 셈이다. 이런 점에서 진시황의 교통망 구축 사업은 재평가될 필요가 있다. 통신망이 역참(驛站)과 봉수대(烽燧臺) 정도로 국한되어 있던 시대에 여러 용도의 도로를 중심으로 한 교통망 구축은 정책 시행을 위한 절대적으로 필요한 인프라였다. 또 각지의 생산품을 전국적인 규모로 전달하기 위해서도 반드시 구축해야 할 국가적 차원의 사업이기도 했다.

다양한 형태로 구축된 도로망을 따라 통일된 화폐와 문자, 그리고 도량형이 보급되고, 각지의 다양한 산물이 전국적 규모로 교환됨으로써 국가 경제의 활성화에 지대한 역할을 하게 된 것이다. 진시황의 도로망 구축은 7배 가까이 커진 통일 제국의 경제 활성화를 위해 반드시 필요한 사업이었고, 동시에 각종 통일 사업을 효율적으로 빠르게 완수하는 데 절대적으로 필요한 인프라였다.

진나라는 또 진시황의 통일 이전부터 점령 지역의 사업가들을 타 지역으로 이주시켜 지역 경제를 활성화하는 매우 앞선 경제 정책을 선보였다. 여기에는 진시황의 생부로 추정되는 대상인 출신의 여불위(呂不韋, ?~기원전 235)의 역할이 절대적이었다. 이런 경제 정책은 훗날 진시황에게도 영향을 주어 진시황이 기업가들을 우대하는 모습으로 나타났고, 오지 나씨와 별도로 살펴볼 파(巴, 사천성과 중경重慶 지역) 지역의 여성 사업가 과부 청(淸) 등이 대표적인 사례였다.

사마천이 〈화식열전〉에다 독립된 전기를 마련한 상인은 30명에 이른다. 물론 분량의 차이는 있긴 하지만 참으로 귀중한 기록이다. 이 중 춘추 말기에서 진나라 멸망까지 약 200년에 걸친 인물은 8명에 지나지 않는다. 범려·자공·계연·백규·의돈·곽종과 지금 소개하고 있는 오지 나씨와 과부 청이다. 특히 오지 나씨는 목축업과 상업으로 크게 치부하여 황제의 우대까지 받았는데, 이는 역사상 유례를 찾기 힘든 일이었다. 다른 각도에서 보자면 나씨가 목축업과 그리고 상업에서 그만큼 영향이 컸다는 것을 말한다. 여기에는 오지라는 지리적 위치도 적지 않은 역할을 했다.

상업과 상인의 역사라는 각도에서 살펴보아도 오지 나씨의 존재는 대단히 주목할 만하다. 목장주이자 상인으로서 오지 나씨가 그처럼 높은 정치적 지위를 가진 것은 극히 이례적이다. 춘추 중기까지 상인은 관청에 소속된 지위가 아주 낮은 부류였다. 춘추 중기 이후 각국의 치열한 개혁 열풍과 생존경쟁으로 인해 경제가 중시되었다. 이로써 경제는 비약적으로 발전했고, 상공업에 종사하던 상인들은 관청의 속박에서 벗어나 독립 경영으로 치부하기 시작했다. 여기에 상업자본이 등장하여 거대한 기업형 상공업도 속속 나타났다.

반면 이 때문에 각국의 적지 않은 정치가와 군주들이 상인에 대해 경계심을 갖고 이들의 성장과 발전을 억제하기 시작했다. 상인이 농민과 수공업을 착취하여 치부함으로써 나라와 군주의 이익을 해친다고 보았기 때문이다. 특히 진나라 개혁을 성공적으로 이끈 법가 사상가 상앙(商鞅, 기원전 약 390~기원전 338)은 대표적 인물이었다. 대상인들의 억제를 주장하면서 상앙 같은 정치가들이 내세운 논리가 바로 '중본억말(重本抑末)'이었다. 근본이 되는 산업인 농업을 중시하고 곁가지인 상업은 억제해야 한다는 논리였다.

천하를 통일한 진나라의 경제정책의 기조도 어디까지나 '중본억말'이었다. 그럼에도 불구하고 오지 나씨가 이렇게 특별한 우대를 받을 수 있었던 까닭은 무엇일까? 우선 생각해볼 수 있는 것은 진나라 경제에 대한 그녀의 공헌이다. 그녀는 진나라 정부와 진시황이 필요로 하는 군마(軍馬)를 비롯한 여러 가지 물자를 공급했다. 그다음은 진나라에게 있어 오지라는 지역이 갖는 의미다. 서부 지역의 경제와 외교에 있어서 오지라는 지역은 대단히 중요한 의미를 갖고 있었기 때문이다. 따라서 이 지역을 기반으로 활동하고 있는 오지 나씨의 존재는 경제는 물론 외교적으로도 중요할 수밖에 없었다.

오지 나씨의 목축업이 '골짜기를 단위'로 하는 그 규모를 헤아릴 정도로 발전할 수 있었던 데에는 위와 같은 배경 외에 진나라가 시행한 정책과도 관련이 있다. 진나라는 진시황 때 소와 말을 전문 관리하는 기구인 태복시(太僕寺)를 설치했고, '구원율(廄苑律)'이나 '우양율(牛羊律)' 같은 법률 형태로 목축업의 발전을 보장하기도 했다. 오지 나씨의 목축업 규모를 말할 때 **골짜기를 헤아리다**는 **곡량**은 산 계곡의 숫자를 가지고 소나 말 같은 가축의 수를 헤아릴 정도로 아주 많은 것을 비유한다.

여성 상인으로 나오는 사극 속 오지 나씨의 모습이다.(출처 : 바이두)

키워드 : 경제, 상인, 여성, 목축업, 정책

곡이불읍(哭而不泣)

곡은 하되 눈물은 흘리지 않는다.
– 권9 〈여태후본기〉

기원전 188년 서한 왕조의 2대 황제 혜제(惠帝)가 세상을 떠났다.(기원전 210년 출생, 기원전 195년 즉위) 혜제의 생모 여태후는 아들의 죽음을 보고 받고는 **"곡은 하되 눈물은 흘리지 않았다."** 대신들은 여태후의 의중을 몰랐다. 장량의 아들인 15세의 장벽강(張辟彊)은 여태후의 마음을 헤아리고 승상 진평에게 태후가 공신들을 꺼려 하기 때문이라며, 여씨들을 입궁시켜 벼슬을 주게 하라고 조언했다.

진평은 태후에게 여씨 집안사람들에게 벼슬을 내리십사 건의했고, 여태후는 기뻐하며 그제야 슬피 울었다. 이로써 여태후와 여씨 집안이 권력을 장악했다.

곡이불읍은 마음에 무엇인가 맺힌 것이 있거나 걸리는 바가 있어 곡만 하고 눈물을 흘리지 않음으로써 자신의 마음을 은근히 드러내는 것을 비유하는 성어이다.

키워드 : 감정, 슬픔, 의중

곡종주아(曲終奏雅)

(음탕한) 곡을 다 마친 뒤에 우아한 음악을 연주하다.
– 권117 〈사마상여열전〉

《사기》총 130권 각 편 끝에 딸린 사마천의 논평, 즉 '태사공왈(太史公曰)'은 《사기》의 또 다른 백미(白眉)이자 《사기》를 깊고 흥미롭게 읽는데 없어서는 안 될 소금과 같은 역할을 한다. 열전 70권의 '태사공왈'은 해당 인물의 행적을 중심으로 비교적 담담하게 서술하고 있는 본문과는 달리 사마천의 취사선택과 사물과 인간에 대한 시비관·선호도 등을 엿볼 수 있는 귀중한 자료다.

'태사공왈'로 시작되는 사마천의 논평은 간결하면서 요령을 얻고 있다. 특히 남의 말을 빌려 인물에 대한 평가를 대신하는 경우도 있는데, 이는 인용의 묘미를 만끽하게 해준다. 위 성어 **곡종주아**는 한나라 초기의 문장가였던 사마상여(司馬相如)라는 인물을 평가하면서 양웅(揚雄, 기원전 53~기원후 18)의 말을 인용한 것으로 되어 있으나 양웅이 사마천보다 후대 사람이라 이 부분은 다른 사람이 보탠 것으로 보인다.

사마상여에 대한 열전의 분량은 어느 누구보다 많은 편이다. 이는 사마상여의 문장을 여기저기 소개했기 때문이기도 하지만, 상여에 대한 사마천 개인의 호감에서 비롯된 것은 아닐까 하는 의심을 살 정도로 분량이 많다. 사마상여에 대한 사마천 자신의 직접적인 평가가 있었을 것인데 무슨 까닭에서인지 양웅의 논평으로 대체되었다. 그럼에도 양웅의 위 평가는 사마상여의 문장이 갖는 특징과 장점을 아주 간결하면서 정확하게 지적한 것으로 본다. 사마천의 평가도 크게 다르지 않았을 것 같다.

사마상여는 상당히 많은 글을 남겼는데, 그 글이 과장이 많고 말이 많았다. 하지만 풍자와 유머를 잃지 않았으며, 소박한 면도 적지 않았던 모양이다. 그래서 양웅은 "화려하고 사치스러운 상여의 문장은 칭찬이 백이라면 풍자와 비유는 하나 정도였다. 이는 마치 정나라와 위나라의 **음탕한 음악을 질탕하게 연주하고 난 다음 우아한 음악을 연주하는 것**과 같다. 이는 어쩌면 본래의 뜻을 훼손하는 것은 아닐런지!"라며 사마상여의 글을 다소 비판적으로 평가했다.

양웅의 이 평가 다음에, "나는 양웅의 말이 거론할 만한 가치가 있다고 생각해서 인용하여 이 편을 저술한다"라는 대목이 따라나온다. 이 역시 누군가 양웅의 이름과 그 논평을 빌려 덧붙인 것인데, 굴원과 사마상여의 문장을 좋아했던 양웅

사마상여는 문장뿐만 아니라 음악에도 조예가 깊었다. 사천의 부호 탁왕손(卓王孫)의 잔치에서 딸 탁문군(卓文君)과 한 번에 눈이 맞아 야반도주할 수 있었던 것도 그의 거문고 연주 덕분이었다. 그림은 사마상여의 고향인 성도(成都)의 한 상점에 그려져 있는 거문고를 연주하는 사마상여와 이를 훔쳐보는 탁문군의 모습이다.(2010년)

이고 보면 이 대목을 인용하고 덧붙인 사람은 사마천과 양웅이 보여준 정신세계의
경지를 동일시한 것이 아닌가 한다.

키워드 : 문장, 경지, 예술

곡학아세(曲學阿世)

왜곡된 학설이나 학문으로 세상에 아첨하다.
– 권121 〈유림열전〉

곡학아세, 유명한 고사성어이다. 비슷한 성어로는 '자신의 뜻을 굽혀 남의 비위를
맞춘다'는 뜻의 '곡의봉영(曲意逢迎)'이 있다. '곡의봉영'은 남송 중기 때의 시인이자
문인인 엽소옹(葉紹翁, 1194~1269)의 《사조문견록(四朝聞見錄)》이란 책에 보이고, 《삼
국연의(三國演義)》에도 등장한다.

사이비 지식인들에 대한 이 따끔한 충고는 한나라 초기 경제(景帝, 기원전 188~기원
전 141) 때의 박사 원고생(轅固生, 생졸 미상)이 공손홍(公孫弘, 기원전 200~기원전 121)에게
"(그대는) 바른 학문으로 바른말을 하는데 힘써야지, **왜곡된 학문으로 세상에 아첨**하는
일이 없도록 해야 할 것이오!"라고 꾸짖은 장면에서 나왔다.

공손홍은 60세 늦깎이로 박사가 된 입지전적인 인물이다. 논리와 법에 정통하여
어사대부 벼슬까지 올랐고, 훗날 평진후(平津侯)에 봉해질 정도로 처세에 능한 인물
이었다. 이런 그가 원고생이라면 두려워 어쩔 줄 몰랐다고 한다. 원고생은 제(齊)나
라 지역 출신으로《시경(詩經)》에 정통했고, 적어도《시경》을 말하는 사람 치고 원고
생에 뿌리를 두지 않은 자가 없을 정도였다고 한다.

원고생이 현자를 구하던 무제에 의해 부름을 받았을 때는 그의 나이 90이었는데,
이때 함께 부름을 받은 공손홍에게 바로 이 말로 앞으로의 처신에 대한 경계로 삼도
록 충고했다. 공손홍은 원고생의 인품에 감동하여 그에게 사죄하고 기꺼이 그의 제

'곡학아세'란 절묘한 표현으로 사이비 지식인을 꾸짖은 원고생의 모습이다.(출처 : 바이두)

자로 자청했다.

또 원고생의 강직하고 숨김없는 성격을 드러내 주는 다음과 같은 일화가 있다. 경제의 어머니인 두(竇)태후는 노자(老子)와 상고시대 황제(黃帝)를 숭상하는 황로학(黃老學)의 열렬한 지지자였다. 두태후가 하루는 박사 원고생을 불러 물었다.

"그대는 노자를 어떻게 생각하는지요?"

"노자는 머슴이나 노예와 같은 보잘것없는 인물입니다. 그가 말한 것은 다 멋대로 떠들어댄 말에 지나지 않습니다. 적어도 천하를 논하는 사람이라면 문제시할 가치가 있는 사람도 책도 아닙니다."

이 말에 격노한 두태후는 원고생을 멧돼지 우리 안에 넣어서 물려 죽도록 했다. 경제는 유가 사상에 대해서는 별로 이해가 없는 터였지만, 그래도 지나치다고 생각했는지 예리한 칼을 원고생에게 주어 돼지를 찌르고 목숨을 건질 수 있게 하였다. 이 말을 들은 두태후는 더 이상 원고생을 벌하지 않았다.

'곡학아세'는 배운 것을 나쁜 쪽으로 돌려 세상에 아첨한다는 뜻으로, 평소의 자기 소신·철학 등을 굽혀 시세에 아첨함을 말한다. 자신이 배운 전문지식이나 학벌 따위를 미끼삼아 각종 권력에 아부하고 꼬리를 치는 온갖 출세지상주의 사이비들이 날뛰고 있는 현상에 대한 경고의 일침이기도 하다. 이런 현상은 수천 년 시공을 초월하여 지금 사회에서도 다반사로 벌어지고 있다. 때로는 권력이 1인에게 집중되어 있던 왕조체제보다 더한 것 같아 씁쓸하고 안타깝고 안쓰럽다.

키워드 : 학문, 왜곡, 처세, 매명(賣名)

228

골개이후(骨皆己朽), 독기언재이(獨其言在耳)

뼈가 다 썩고 나면 남는 것은 그 말 뿐이다.

– 권63 〈노자한비열전〉

〈공자세가〉, 〈노자한비열전〉, 〈중니제자열전〉과 《장자》 등의 기록에 따르면 공자가 노자를 만난 것은 확실해 보인다. 그 시기에 대해서는 여러 설이 있지만 기원전 521년 이후, 공자의 나이 30세 이후로 본다. 당시 공자는 제자인 남궁경숙(南宮敬叔)에게 "주나라의 도서관장으로 있는 노담(老聃, 노자)이란 사람이 고금의 일에 정통하고, 예악의 원류를 잘 알고, 도덕의 요령에 밝다고 하더라. 내가 그를 찾아가 가르침을 받자고 하는데 너도 같이 가겠는가?"라고 물었다. 남궁경숙은 흔쾌히 대답하고 노나라 국군에게 허락을 요청했다. 노나라 국군은 그의 요청을 받아들여 말 두 필과 수레 한 대, 그리고 시종과 마부를 한 명씩 딸려 보내 공자를 모시게 했다.

노자는 공자가 먼 길을 마다하지 않고 자신을 찾아온 것에 기뻐하며 그에게 가르침을 준 뒤, 대부 장홍(萇弘)을 소개했다. 장홍은 예악에 능통하였는데 공자에게 음악의 음률과 이론 등을 일러주었다. 또한 공자를 데리고 신에게 제사를 지내는 의식과 묘회(廟會)의 의례를 참관시키고, 지역을 교화하는 모습을 살피게 했다. 〈노자한비열전〉을 보면 당시 노자는 공자에게 다음과 같은 뼈아픈 충고를 남겼다.

"그대가 말하는 사람들이란 그 **육신과 뼈는 이미 모두 썩고 그 말만 남아 있는 것** 아니오? 군자는 때를 얻으면 벼슬에 나가고,

공자와 노자가 만난 일화는 후대에도 많은 관심을 불러 일으켰다. 두 사람의 만남을 나타낸 한나라 때 벽돌 그림이다.(왼쪽이 노자)

때를 얻지 못하면 쑥부쟁이처럼 날려 다니는 것이오. 내가 듣기에 좋은 장사꾼은 (물건을) 깊이 숨겨 마치 없는 것처럼 하고, 덕이 가득 찬 군자의 모습은 어리석어 보인다고 했소. 그대는 교만한 기색과 가득 찬 욕심, 남을 꺾으려는 자세와 욕망을 버리시오. 이런 것들은 하나 같이 그대의 몸에 도움이 못 되오. 내가 그대에게 할 말은 이것뿐이오!"

공자는 노자와 헤어져 돌아와서는 제자들에게 이렇게 말했다.

"새, 내가 알기로는 날 수 있다. 물고기, 내가 알기로는 헤엄칠 수 있다. 짐승, 내가 알기로는 달릴 수 있다. 달리는 것은 그물로 잡을 수 있고, 헤엄치는 것은 낚을 수 있으며, 나르는 것은 활로 쏠 수 있다. 용이라면 내가 알 수 없다. 바람과 구름을 타고 하늘을 나르니 말이다. 내가 오늘 노자를 보니 용과 같았다!"

노자가 공자에게 던진 충고 **골개이후, 독기언재이**는 훗날 사람은 언젠가는 죽지만, 그가 남긴 말(문장)과 정신은 후대에 남아 영향을 미친다는 뜻의 명언으로 많이 인용되고 있다. 참고로 유가와 도가를 대표하는 공자와 노자 두 사람에 관한 기본 정보를 하나의 표로 정리해보았다.

	공자	노자	비고
생졸(나이)	기원전 551~479(72)	기원전 571(?)~471(?)	노자 생졸 미상
국적(고향)	노(魯, 산동성 곡부)	초(楚, 고현苦縣, 하남성 녹읍현鹿邑縣 동북 태청궁진)	노자 출신지 논쟁
학파	유가의 창시자	도가의 창시자	도가학파 논쟁
제자(학통)	안회·자로·자공 등 70여 명 자사 – 맹자 / 순자	장자, 노장사상을 정립	노자의 법통은 없음
주요경전	《논어》(약 15,000자)	《노자도덕경》(약 5,000자)	《노자》 판본
관련유적	삼공(三孔, 공묘·공부·공림)을 비롯하여 대부분 잔존	녹읍현을 고리로 확정 최근 태청궁 대대적 정비사업	장자 고리에 대한 논쟁

	육덕(六德, 知信聖仁義忠)	자연숭상, 변증법적 요소와	
주요 특징	육행(六行, 孝友睦姻任恤)	무신론적 경향, 청정무위,	선명한 차이
	육예(六藝, 禮樂射御書數)	투쟁 반대 등	
사회관 인생관	적극적, 긍정적, 현실적, 정치적, 상호관계, 대동사회	소극적, 염세적, 냉소적, 방관적, 개인적, 무간섭	크게 정치(유가)와 문화 예술(도가)로 갈라짐
영향	정치·사회에 지대한 영향 기득권 보수화 경향 – 지배 이데올로기화	문화·예술·종교에 영향 자유화 창조적 정신세계 – 개인수양과 종교적 색채	
핵심 사상	예악(禮樂), 인의(仁義)	무위자연(無爲自然)	

키워드 : 인간, 죽음, 말, 글

골경지신(骨鯁之臣)

충직한 신하.

– 권86 〈자객열전〉

'골경'이란 '생선의 곧은 등뼈'를 말한다. 이로부터 남에게 굽히지 않는 강직함을 비유하는 단어가 되었다. 따라서 **골경지신**은 **충직한 신하**를 가리키는 표현이다. 오월 쟁패 과정에서 훗날 오왕 합려(闔閭, ?~기원전 496)가 되는 공자 광(光)은 형인 오왕 요(僚)를 죽이고, 왕위를 차지하기 위해 오자서(伍子胥)가 소개한 자객 전제(專諸)와 상의한다. 이때 전제가 이렇게 말했다.

"왕 요를 죽일 수 있습니다. 그의 어머니는 늙었고, 아들은 어립니다. 또 두 동생은 군사를 거느리고 초나라를 치러 갔는데, 초나라는 그들이 돌아올 길을 끊어버렸습니다. 지금 오나라는 밖으로는 초나라에게 곤란을 당하고, 조정 내부에는 **충직한 신하**가 없는 상황이오니 우리를 어찌할 수 없을 것입니다."

이렇게 해서 두 사람은 굳은 결의를 맺었고, 얼마 뒤 전제는 오왕 요를 살해했다.

'골경지신'은 조정이나 나라의 중추(中樞)가 되는 강직한 신하를 뜻하는데, 당나라의 문장가 한유(韓愈, 768~824)의 〈쟁신론(諍臣論)〉에 인용되어 널리 알려지기에 이르렀다.

키워드 : 군주, 신하, 직신(直臣)

골계(滑稽)

풍자, 해학, 익살.

– 권126 〈골계열전〉

〈골계열전〉은 아주 특별한 기록이다. **골계**는 풍자(諷刺)를 비롯하여 해학(諧謔) · 익살(匿殺) 등을 모두 포괄하는 단어이다. 대체로 익살에 가깝고 영어로는 풍자로 번역되는 새타이어(satire)나 유머(humor) 또는 코믹(comic)에 가깝다. 사마천은 역사서에다 이례적으로 〈골계열전〉을 따로 마련하여 이 방면에서 돋보이는 행적을 남긴 사람들을 소개했다. '골계'는 훗날 미학 용어로 '골계미(滑稽美)'를 탄생시키기도 했다.

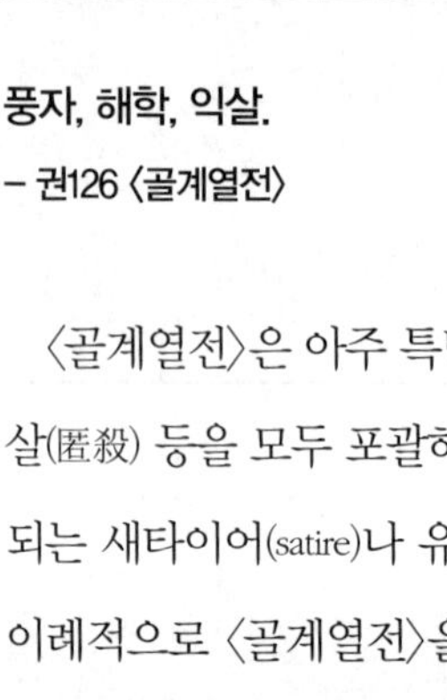
史記卷一百二十六
漢 太 史 令司馬遷 撰
宋 中 郎 外 兵 曹 參 軍 裴 駰集解
唐 國 子 博 士 弘 文 館 學 士 司 馬 貞索隱
唐 諸 王 侍 讀 率 府 長 史 張 守 節正義
滑稽列傳第六十六

누구보다 처절한 슬픔을 겪은 사마천임에도 웃음과 유머의 중요성을 놓치지 않고 〈골계열전〉을 남겼다. 〈골계열전〉의 첫 부분이다.(건륭제 시기의 판본)

〈골계열전〉은 하층민을 대상으로 한 대표적 문장으로 사마천의 뜨거운 애정과 민주사상, 진보적 성향이 두드러진 열전이라는 평이다. 사람보다 말을 더 아꼈던 초 장왕(莊王)에게 '말을 위해 국빈장을 치러주라'고 비꼰 우맹(優孟) 등의 고사를 통해 하층민들이 국가와 백성을 위해 보여준 탁월한 용기와 기막힌 착상을 생동감 넘치게 보여준다. 풍자와 해학이 흘러넘치는 이 문장은 후대 《세설신어(世說新語)》와 같은 잘 알려져 있지 않거나 숨겨진 이야기를 주로 다룬 단편소설의 앞길을 열어준 문학사의 창조이다. 후반부 저소손(褚少孫, 생졸 미상 동한시대)이 보탠 부분이 적지 않은데, 전체적으로 사마천의 문장과는 격이 다르다는 평가다.

〈골계열전〉은 말하자면 유머리스트들의 이야기이자 이들의 충고를 수용한 통치자들의 감성을 잘 보여주는 기록이기도 하다. 사마천이 소개하고 있는 최고의 유머리스트들로는 순우곤(淳于髡)을 비롯하여 연예인 우맹(優孟)과 우전(優旃) 이 세 사람인데, 순우곤은 데릴사위였고 우전은 난쟁이였다. 여기서 '우'는 접두사로 연예인·배우를 나타낸다. 우맹과 우전은 배우 맹, 배우 전인 셈이다. 이들은 모두 보잘것없고 천시 당하던 사람들이었다. 하지만 날카로운 풍자와 여유가 넘치는 해학으로 수천 년 동안 그들만의 존재 가치를 확실하게 전하고 있다. 〈골계열전〉에 등장하는 인물들을 하나의 표로 정리해 보았다.(굵은 줄 아래 곽사인 이하는 저소손이 보완한 인물들이다.)

이름	시대 (국적/통치자)	신분	주요 행적(고사)	기타
순우곤	전국 (제 위왕)	외교관	왕에게 늘 유머와 풍자로 직간함. 술의 속성과 영향에 대해 직언하여 왕의 술자리를 돌보게 됨. '불비불명(不飛不鳴)'.	데릴사위, 외교관
우맹	춘추 (초 장왕)	배우(악인)	말을 지나치게 아낀 왕에게 익살맞게 직언하여 호화스러운 장례를 중단시킴. '우맹의관(優孟衣冠)'.	청백리 손숙오와의 우정
우전	진 (시황, 2세)	배우(광대)	진시황과 2세에게 직언하여 무리한 공사를 중지시킴.	난쟁이
곽사인 (郭舍人)	한 무제	배우(광대)	세도를 부리다 쫓겨날 뻔한 무제의 유모를 잔꾀로 도와 구해줌.	이치에 맞지 않는 말로 무제를 기쁘게 함.
동방삭 (東方朔)	한 무제	문장가	시류와 인심, 그리고 세태를 해학 넘치는 풍자로 비꼼.	삼천갑자동방삭
동곽(東郭) 선생	한 무제 (제)	방사	무제가 총애하는 왕부인에게 접근하여 도움을 청하라고 대장군 위청을 설득해 결국은 자신도 벼슬을 받음.	자신의 출세에 권세가를 이용.
순우곤	전국 (제 위왕)	데릴사위, 외교관	고니를 고의로 날려 보낸 뒤 언변으로 초나라 왕을 감동시켜 외교관계를 잘 풀어냄.	사마천의 기록으로 추정.
왕선생 (王先生)	한 무제	문서담당 하급관리	북해태수에게 황제를 대하는 요령을 훈수하여 자신도 벼슬을 받음.	권세가를 출세에 이용함.
서문표 (西門豹)	전국 (위 문후)	태수	익살스러운 방법으로 업(鄴) 지역의 악습을 과감하게 제거함. '삼불기(三不欺)'.	'백성이 감히 속이지 못함'.

참고로 중국어에서 '골계(滑稽)'를 뜻하는 글자들로는 골계돌제(滑稽突梯)·회해(詼諧)·학(謔)·학랑(謔浪)·조롱(嘲弄)·풍(諷)·초(誚)·기(譏)·해락(奚落)·조간(調侃)·취소(取笑)·개완소(開玩笑)·희언(戲言)·맹랑(孟浪)·황당(荒唐)·알고(挖苦)·야유(揶揄)·초피(俏皮)·악작학(惡作謔)·방고측격(旁敲側擊) 따위가 있다. 그러나 하나같이 날카롭거나 황당하다는 뜻을 지닌 글자들이어서, 너그럽고 편안하며 차분한 '유머'의 뜻을 제대로 나타내지는 못한다.('담언미중역가이해분' 항목 참고)

키워드 : 언어, 유머, 풍자

공

공거상서(公車上書)

수레를 타고 가서 글을 올리다.
– 권126 〈골계열전〉

공거상서는 중국 근대사의 변법자강(變法自疆, 법을 바꾸고 스스로를 강하게 만들다) 개혁운동으로 이름을 떨쳤던 강유위(康有爲, 1858~1927) 때문에 많이 알려진 단어다.

1895년 강유위 나이 37세 당시는 청이 일본과의 갑오전쟁에서 패하여 '마관조약(馬關條約, 시모노세키조약)'을 체결하는 수모를 당하고 있었다. 강유위는 제자 양계초(梁啓超, 1873~1929)와 함께 18개 성의 회시(會試) 응시자 1,300여 명과 연계하여 '만언서(萬言書)'를 올렸다. 여기서 그는 조약 거부·천도·변법을 주장했는데, 역사에서는 이를 '공거상서(公車上書)'라 한다. 그러나 이 글은 황제에게 전달되지

'공거상서'라는 용어를 세상에 널리 알린 강유위.

234

못했다.

'공거'는 과거 시험을 보기 위해 수험생들이 도성으로 갈 때 타던 수레를 말한다. '상서'는 글을 올린다는 뜻인데, 주로 조정이나 황제에게 올리는 행위나 글을 가리킨다. 한나라 때 '공거'는 관직의 하나로서 궁궐 사마문(司馬門)의 경비를 관할했다. 천자에게 아뢸 일이나 천자의 부름이 있으면 이곳을 거쳐 처리되었다. '공거상서'의 출처는 《사기》 〈골계열전〉의 동방삭(東方朔)에 관한 다음 부분이다.

"동방삭이 처음 장안에 들어와 **공거(公車)에서 글을 올렸다.** 모두 3천 개의 주독(奏牘)을 썼다."

동방삭이 목간으로 올린 이 글을 한 무제는 두 달을 걸려 다 읽고, 그를 불러 곁에 두었다. 이에 대해서는 '삼천독' 항목에서 살펴보았다.('삼천독' 항목 참고)

키워드 : 대책, 건의

공고진주(功高震主)

세운 공이 주군을 떨게 하다.
– 권92 〈회음후열전〉

초한쟁패 막바지 때 한신의 책사 괴통(蒯通, 생졸 미상)은 한신(韓信, ?~기원전 196)에게 '삼분천하(三分天下)'하여 자립할 것을 권했다. 한신은 망설이다 결국 괴통의 건의를 물리쳤다. **공고진주**는 당시 괴통이 한신을 설득하는 과정에서 나온 명언이다. 당시 머뭇거리는 한신에게 괴통은 '사람 마음은 헤아리기 어렵다'며 이렇게 말했다.('인심난측' 항목 참고)

"(월나라) 대부 문종은 범려와 함께 망해가는 월나라를 지키며 월왕 구천을 패자(覇者)로 만드는 공을 세우고 이름을 날렸지만, 자기 몸은 죽게 되었습니다. (사냥하던) '토끼가 잡히면 사냥개는 쓸모없어져 삶아 먹히게(토사구팽兎死狗烹)' 마련입니다. 교우관계로 말한다면 족하와 한왕은 장이와 성안군보다 더 친하지 못하며, 충성과 신의로 말하더라도 대부 문종과 범려의 월왕 구천에 대한 것만 못합니다. 이 두 가지의 일은 거울로 삼을 만합니다. 족하께서는 깊이 생각해보십시오. 또 신이 들으니 **'용기와 지략이 군주를 떨게 하는 자는 몸이 위태롭고, 공로가 천하를 덮는 자는 상을 받지 못한다'**고 합니다."

괴통이 한 말 중의 마지막 단락 '용기와 지략이 군주를 떨게 하는 자는 몸이 위태롭고, 공로가 천하를 덮는 자는 상을 받지 못한다'는 대목을 줄여 훗날 '공고진주', '불상지공(不賞之功)'과 같은 사자성어가 나왔다. '불상지공'은 '상을 받지 못하는 공로', 즉 상을 줄 수 없을 정도로의 큰 공을 가리킨다. 왕왕 이 둘을 대구로 인용하곤 한다.('불상지공', '시지불행, 반수기앙', '용략진주자신위', '토사구팽' 등 항목 참고)

키워드 : 공업, 공신, 군주

공손목시(公孫牧豕)

공손홍이 돼지를 치다.
– 권112 〈평진후주보열전〉

공손홍은 한나라 초기의 주요 인물이었다. 그는 젊었을 때 집이 가난하여 돼지를 치며 생활했고, 나이 40이 넘어서야 《춘추(春秋)》 등 여러 경전의 학설을 배웠다. 여기서 **공손홍이 돼지를 치다**는 **공손목시**라는 성어가 나왔고, 훗날 출신이 비천한 선비를 가리키는 전고가 되었다.

공손홍은 관리가 된 뒤에도 매우 검소하게 자기 단속을 잘했다. 잠을 잘 때는 '베이불을 덮고', 식사 때는 고기반찬에 신경을 쓰지 않았다. 여기서 '공손포피(公孫布被)'라는 성어도 나왔다. '공손홍이 베 이불을 덮다'는 뜻으로 생활이 검소한 관리를 비유한다. 공손홍은 상당히 비중 있는 인물이기 때문에 좀 더 상세히 소개해둔다.

공손홍은 한 고조 7년(기원전 200년)에 태어나 한 무제 원수(元狩) 2년(기원전 121년) 79세로 세상을 떠난 한나라 초기의 유학자이자 관료였다. 치천군(淄川國, 지금의 산동성 유방濰坊, 동영東營 일대) 출신이다. 젊었을 때 형벌과 감옥을 주관하는 관리직에 있다가 죄를 지어 면직되었다. 집안이 가난하여 바닷가에서 돼지를 치면서 생계를 유지해 나갔다. 나이 40세에 이르러서야 유가의 경전인 《춘추》와 제자백가의 학설을 배우기 시작했다. 젊은 나이에 즉위한 무제는 야심이 큰 군주였다. 그는 전국적으로 인재를 물색하고 뛰어난 문학 인재들을 선발했다. 당시 공손홍은 이미 60세의 노인이었다. 고향 사람들은 '유능하고 어진' '현량(賢良)'의 명목으로 공손홍을 추천했고, 공손홍은 경성에 올라와 박사(博士)가 되었다.

한번은 무제가 공손홍을 흉노에 사신으로 보냈다. 공손홍이 돌아와 상황을 보고했는데, 보고서를 본 무제는 마음에 들지 않아 공손홍을 무능하다고 여겼다. 공손홍은 병을 핑계로 낙향했다. 원광(元光) 5년(기원전 130년), 무제는 전국에 인재를 모집하였는데, 치천 사람들은 다시 공손홍을 추천하였다. 공손홍은 다른 사람을 추천하라며 사양했지만 고향 사람들의 의지는 완강했다. 이렇게 해서 공손홍은 두 번째로 경성에 올라왔다. 그의 나이 70이었다. 그는 태상(太常)의 관저에서 문장을 지어 황제가 하문한 치국의 방법에 대해 다음과 같은 대책을 올렸다.

"임명된 관리는 직책을 나누어 다스려야 합니다. 쓸데없는 말을 하지 않아야 일이 잘될 수 있습니다. 쓸모없는 그릇은 만들지 않아야 세금 부담을 줄일 수 있습니다. 백성의 시간과 힘을 빼앗거나 방해하지 않아야 백성들이 부유해 질 수 있습니다. 덕이 있는 사람은 나아가고, 덕이 없는 사람은 물러나야 조정의 존엄을 세울 수 있습니다. 공 있는 사람은 올라가고 공 없는 사람은 물러나야 여러 대신들이 주저하지 않고 제 의견을 말할 수 있습니다. 죄를 다스려야 간사함이 그칠 수 있고, 현명한 사람에게 상을 내려야 신하들이 아래 사람에게 충고할 수 있습니다. 이 여덟 가지가 백성을 다스리는 근본입니다."

공손홍은 유가의 이론과 법가의 이론을 버무려 대책을 올렸는데, 무제의 욕구에 딱 맞았다. 태상은 공손홍의 대책을 하급으로 평가했지만, 무제는 공손홍의 대책을 보고 나서 크게 만족해하며 1등으로 정했다. 그리고 그를 즉시 불러들여 박사로 임명하고, 금마문(金馬門)이라 하였다.('금마문'은 천자의 명령이나 부름을 기다리는 문의 이름이다. 이로부터 조정이나 조정에 들어와 벼슬하는 입사를 가리키는 대명사로 쓰이기도 했다.)

당시 한 무제는 파촉(巴蜀) 인민들을 시켜 서남이(西南夷)로 통하는 길을 개통하려 하였다. 이 때문에 파촉 백성들이 어려움을 많이 겪었다. 무제는 공손홍을 보내어 시찰하게 하였다. 돌아온 뒤 그는 서남이를 개통하는 것은 큰 도움이 없다며, 반대하는 태도를 취하였다. 한 무제는 그의 의견을 받아들이지 않았다.

공손홍이 조정회의에서 주로 한 일은 어떠한 사안이든 그것을 분석한 다음 여러 가지 방법을 제시하여 황제가 선택하도록 하였으며, 다른 사람과는 조정에서 논쟁하려 하지 않았다. 그는 행동이 신중하고 사람됨이 독실하고 후덕하였으며, 관점도 명확했다. 또 문화와 법률, 관리의 사무도 익숙할 뿐만 아니라 유가의 학술에도 정통했다. 무제는 그에 대해 매우 만족해하면서 여러 차례 발탁했고, 1년이 못되어 좌내사(左內史) 자리에 올랐다.

공손홍은 한나라 무제 때 조정의 상당히 비중 있는 인물로 교육 방면에 적지 않은 업적을 남겼다. 그러나 그의 위선적인 처세에 대해서는 비판이 많았다. 강직한 학자였던 원고생(轅固生)은 공손홍을 두고 '곡학아세'하는 사람이라는 비판을 남겼다. 사진은 한 무제와 이야기를 나누는 공손홍을 그린 그림으로 그의 고향 마을 담벼락에 그려져 있다.(2013년)

공손홍은 황제에게 올린 일이 황제의 반대에 부딪치면 절대 황제에게 맞서지 않고, 황제의 심기가 편안한 틈을 타서 뵙기를 청하여 아뢰었다. 이런 식으로 황제의 신임을 얻었다. 한번은 대신들과 함께 황제에게 무슨 일을 아뢰자고 약속했다. 그러나 정작 황제 앞에서 공손홍은 말을 꺼내지 않고 황제의 말에 그대로 순종하여 약속을 어겼다. 급암(汲黯)은 그 자리에서 다음과 같이 공손홍을 꾸짖었다.

"제나라 사람들은 대부분이 교활하고 냉혹하다더니 그 말이 맞구려. 당신은 신하들과 약속을 해놓고 지금은 반대의 태도를 취하니 이는 충성스럽지 못한 행동이오!"

무제가 무슨 일이냐며 묻자, 공손홍은 이렇게 답했다.

"저 공손홍을 잘 아는 사람이라면 저의 이런 행동을 충성스럽다고 할 것이나, 저를 잘 모르는 사람이라면 충성스럽지 못하고 여길 것입니다."

무제는 공손홍의 말에 넘어가 공손홍에 대한 나쁜 말을 들어도 그를 더 잘 대해주었다. 공손홍은 또한 사람 됨됨이가 해학적이고 학식이 넓었다. 군주가 아는 것이 많지 못하거나 신하가 검약하지 못하면 스스로를 해친다고 여겼다. 계모를 봉양함에 있어서도 매우 효성스러웠고, 계모가 세상을 떠난 뒤 삼 년이나 상복을 입었다. 그는 내사의 자리에 몇 년 동안 있다가 어사대부(御史大夫)로 승진했다.

당시 동쪽에 창해군(蒼海郡)을 설립하고, 북쪽에는 삭방군(朔方郡)을 쌓았는데, 공손홍은 여러 차례 간언하여 이는 나라를 궁핍하게 만드는 쓸모가 없는 땅이라고 말하면서 땅을 넓히는 정책을 멈추십사 청했다. 무제는 명을 내려 주매신(朱買臣, ?~기원전 115) 등으로 하여금 삭방군을 세우는 좋은 점, 열 가지를 설명하게 하여 공손홍을 난처하게 하였다. 공손홍은 더는 반박하지 못하고 다음과 같이 사죄했다.

"산동 사람인 저는 삭방군을 세우는 이점이 이렇게 많은 줄 몰랐습니다. 하지만 서남이와 창해군을 세우는 것은 그만두고 삭방군만 세울 것을 바랍니다."

강직한 급암은 이런 공손홍을 두고, "공손홍이 삼공(三公)의 자리에 녹봉도 아주 많으면서 '베 이불을 덮는' 것은 사람을 기만하는 짓"이라고 비난했다. 무제가 이에 대해 묻자 공손홍은 이렇게 말하였다.

"급암이 말이 사실입니다. 구경(九卿) 중에서 저와 사이가 가장 깊은 사람은 급암 뿐입니다. 오늘 조정에서 저를 나무란 것은 정곡을 찔렀습니다. 삼공이 베 이불을 덮는다는 것은 확실히 위선적이고 기만하는 행위로서 온갖 수단을 부려 명예를 추구하기 위해서입니다. 신이 듣건대 관중(管仲)은 제나라 재상으로 있으면서 집이 세 채나 되고 임금처럼 사치스러운 생활을 했지만 환공(桓公)을 보좌하여 패업을 이루었고, 안영(晏嬰)은 경공(景公)의 재상으로 있으면서 고기도 먹지 않고 아내도 비단 옷을 입지 않았기에 제나라는 크게 다스려졌습니다. 급암이 말하지 않았더라면 폐하께서는 이 일을 모르셨을 겁니다."

무제는 공손홍의 이 말을 듣고 그가 자신을 낮추는 겸양하는 미덕을 갖추었다고 생각하여 더욱 마음에 들어 했다. 원삭 5년(기원전 124년)에 그는 설택(薛澤)을 대신하여 승상이 되었다. 무제는 특별히 조서를 내려 공손홍을 평진후(平津侯)로 봉했다.

당시 무제는 안팎으로 많은 일을 추진했기 때문에 인재들이 필요했다. 그래서 여러 차례 천하의 인재를 구한다는 조서를 내렸다. 공손홍은 평민으로서 현량으로 추천되어 정부에 들어갔고, 몇 년 사이에 높은 지위에 올라 승상으로 되고 후작으로 봉해졌다. 그는 천하의 인재들을 추천하기 위해 객방(客房)을 만들어 사방의 유능한 인재들을 모았다. 그들의 고견을 듣고 나라의 정책에 참여하게 추천했다. 그러면서 자신은 고기반찬 하나에 잡곡을 식사로 삼고, 녹봉은 전부 친지와 빈객들을 대접하는 데 썼다.

공손홍은 겉으로 보기에는 너그럽고 대범한 것 같았으나 실제로는 매우 각박한 사람이기도 했다. 자기와 갈등이 있는 사람이면 누구를 막론하고 겉으로는 좋은 척하다가 기회를 잡아 보복했다. 주보언(主父偃)을 죽게 만들고, 동중서(董仲舒)를 지방으로 내치게 만든 것도 모두 그였다. 무제에게 삭방군을 세울 것을 건의한 주동자는 주보언이었고, 주매신이 제안한 견해 열 가지 좋은 점을 설명하여 공손홍을 난처하게 만든 사람 역시 주보언이었다. 이 일로 공손홍은 주보언에게 원한을 품었다.

주보언은 중앙에서 제나라로 가서 재상이 되었는데, 거기서 제나라 왕의 죄상을 적발했다. 제나라 왕은 그 일로 자살했다. 조나라 왕은 상서를 올려 주보언이 제후 왕들로부터 뇌물을 받고 제나라 왕을 핍박하여 자살하게 하였다고 고발하였다. 무제는 대노하여 주보언을 옥에 가두고 조사하게 했다. 주보언은 뇌물 받은 것은 인정했지만, 제나라 왕을 자살하게 만들지는 않았다고 했다. 무제는 그를 죽일 생각이 없었으나 공손홍이 나서 주보언을 강력하게 비난함으로써 결국 주보언을 죽였다.

동중서는 큰 유학자였다. 동중서는 공손홍과는 달리 황제에게 아부할 줄 몰랐기에 명성은 공손홍보다 높았지만 벼슬은 공손홍보다 높지 않았다. 동중서는 공손홍을 두고 아부 밖에 할 줄 모르는 위인이라고 비판했다. 공손홍은 부끄럽고 화가 나서 계략을 꾸며 동중서를 해쳤다. 당시 교서왕(膠西王)은 무제의 형이었는데 오만한 성격에 법을 무시하는 등 횡포가 심했다. 중앙정부는 이를 조사하러 관리를 보냈으나 교서왕은 이들을 모두 죽였다. 공손홍은 무제에게 동중서를 교서왕의 재상으로 추천했다. 말이 추천이지 사실은 교서왕의 힘을 빌려 동중서를 죽이려 한 것이다.

그 뒤 회남왕(淮南王)과 형산왕(衡山王)이 역모를 일으켜 역모의 참여자를 급히 조사하고 있을 때 공손홍은 병이 심했다. 그는 제후 왕들의 반역에 따른 책임추궁이 두려워 무제에게 사직의 글을 올렸으나 받아들여지지 않았다. 그 뒤 병이 낫자 다시 자기 자리로 돌아왔다. 그는 어사대부와 승상의 자리를 전후 6년 가까이 지켰고, 79세까지 장수를 누리고 세상을 떠났다.

공손홍은 《춘추》에 정통하여 승상의 자리에 오르고 후작으로 봉해졌다. 그러자 천하의 학자들이 바람에 쏠리듯 그를 따랐다. 공손홍은 박사에게 제자 50명을 가르치도록 안배하고, 그들의 요역을 면제를 건의하여 더욱 더 인심을 얻었다. 태상은

18세 이상의 용모가 단정한 사람을 뽑아 박사의 제자로 삼게 했다. 전국의 관리들은 문학을 즐기고 윗사람을 공경하며, 정교를 따르고 향리에 순종하며, 출입할 때 예의에 어긋나지 않는 사람에 주목하여 상관에게 추천했다. 태상은 다시 그중에서 쓸 만한 사람을 뽑아 중앙에 보고하러 가는 '관리에 딸려 경성으로 올려 보내'('계해' 항목 참고) 태상의 관저에 머물게 했다. 그들은 박사의 제자들과 같은 대우을 받으며 태상의 가르침을 받았다. 그렇게 일정한 시험을 거쳐 예비 관료가 되었다. 물론 시험을 통과하지 못하면 집으로 돌려보냈다. 이후 학문이 상당하고 인품이 점잖고 고상한 관리들이 많이 배출되었다. 이런 점에서 공손홍의 공은 충분히 인정할 만하다.('곡학아세' 항목 참고)

키워드 : 인재, 출신, 빈천, 출세

공의퇴식(公儀退食)

공의휴가 먹을 것을 물리치다.
– 권119 〈순리열전〉

〈순리열전〉은 청렴하고 강직한 공직자들을 소개하고 있는 기록이다. 그중 한 사람으로 공자의 고향인 노나라(지금의 산동성 곡부曲阜)에서 재상을 지낸 공의휴(公儀休, 생졸 미상)가 있었다.(전국시대 인물로 추정한다.) 공의휴는 박사 출신으로 능력과 덕망을 인정받아 재상의 자리에까지 오른 인물로, 자기 나름대로 아래 다섯 가지 원칙을 가지고 재상의 일을 훌륭히 해냈다.

첫째, 법을 숭상한다.
둘째, 이치에 따른다.
셋째, 변칙적으로 사무를 바꾸지 않는다.

넷째, 공직자는 일반 서민과 이익을 다투지 않는다.

다섯째, 특히 고위직 공직자는 사소한 이익을 탐하지 않는다.

공의휴가 이런 원칙을 가지고 재상 자리를 수행한 결과, 모든 관리들의 행동이 단정해졌다고 한다. 공의휴의 청렴결백과 관련하여 이런 일화가 남아 있다. 공의휴는 생선을 좋아했다. 한번은 누군가 그에게 생선을 선물했다. 공의휴는 그것을 받지 않고 돌려보냈다. 그러자 그 사람은 생선을 좋아한다고 해서 성의를 담아 보냈는데, 왜 돌려보냈냐고 볼멘소리를 했다. 공의휴는 이렇게 답햇다.

"생선을 좋아하기 때문에 받을 수 없다. 재상인 내가 생선 정도는 충분히 살 수 있다. 그런데 생선을 받았다가 재상 자리에서 쫓겨나면 누가 다시 내게 생선을 보내겠는가?"

《한비자》〈외저설우하〉 편에는 공의휴가 생선을 받지 않은 이유가 좀 더 구체적으로 기록되어 있다.

"내가 다른 사람이 보낸 물고기를 받게 되면 세상 사람들에게 굽히게 될 것이고, 그런 태도를 가지면 법을 왜곡시킬 수밖에 없다. 법을 왜곡하면 재상 자리에서 물러나게 된다. 자리에서 물러나면 내가 물고기를 아무리 좋아해도 내게 물고기를 보낼 리 없고, 나 또한 물고기를 살 수 없을 것이다. 물고기를 받지 않으면 재상 자리에서 물러나지 않을 것이고, 이후로도 오래 나 스스로 물고기를 사서 먹을 수 있지 않겠는가?"

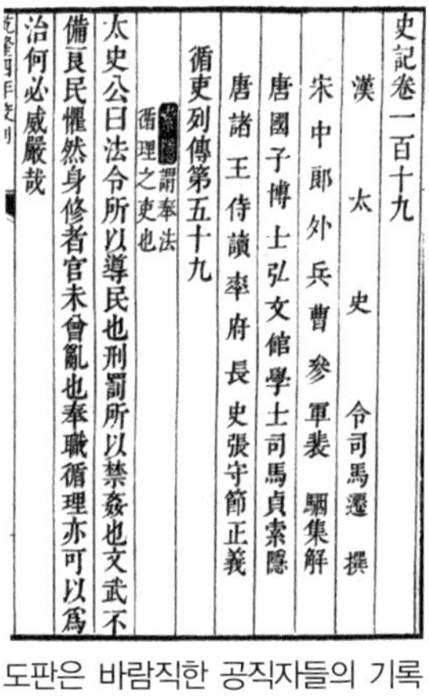

생선 선물이 계속 들어온다는 것은 결국 자신이 청렴하게 재상 자리를 지키고 있다는 확실한 징표가

도판은 바람직한 공직자들의 기록은 〈순리열전〉의 첫 부분으로 청나라 건륭제 때 판본이다.

될 것이라는 말이었다. 계속 돌려보내긴 하겠지만.

이런 일도 있었다. 하루는 퇴근하여 집에 돌아와 밥을 먹는데 채소가 너무 맛있었다. 그래서 누구 집 채소가 이렇게 맛있는지 알고 봤더니, 다름 아닌 자기 집 밭의 채소였다. 공의휴는 바로 자기 집 텃밭에서 나는 채소를 다 뽑아 버리게 했다. 또 자기 집에서 짠 베가 질이 뛰어난 것을 보고는 당장 베 짜는 아낙을 내보내고 베틀을 태웠다. 그러면서 그는 이렇게 말했다.

"우리 집 채소가 이렇게 맛있고, 우리 집 베가 이렇게 좋다면 다른 농부와 베 짜는 사람들은 자신들의 물건을 어디다 팔아야 한단 말인가?"

청렴결백한 공직자로서 공의휴의 이런 일화는 큰 교훈을 남겼고, 여기서 **공의휴가 먹을 것(생선)을 물리치다**는 **공의퇴식**이란 성어도 나왔다. 아무리 사소한 것이라도 뇌물은 사양한다는 뜻이다.

키워드 : 공직자, 청렴, 청백리

공인공구(功人功狗)

사람의 공, 개의 공.
— 권8 〈고조본기〉

아주 특이한 사자성어인데 두 글자씩 순서를 바꿔 '인공구공(人功狗功)'으로도 쓴다. 또 앞뒤 두 글자를 바꾸어 '공구공인(功狗功人)'이라고도 쓰는데, 뜻은 다 한가지다. 여기에는 재미있는 스토리가 있다.

유방은 절대 열세의 전력을 뒤집어 항우를 꺾고 천하를 평정했다. 그때가 기원전 202년이었고, 항우와 천하를 놓고 쟁패한 지 5년 만이었다. 천하 평정의 다음 수순은 공을 세운 사람들에 대한 논공행상(論功行賞)이었다. 모두들 한자리를 기대하며 황제 유방의 입만 바라보고 있었다. 결과가 발표되었고, 가장 관심의 대상이었던 1등 공신은 유방과 같은 고향 출신이자 친구로서 한 왕조 초대 승상이 된 소하(蕭何, ?~기원전 193)로 결정되었다. 적지 않은 반발이 뒤따랐다. 상에 대한 기대는 늘 자기가 한 역할보다 크기 마련이다. 특히, 전방에서 목숨을 걸고 싸운 무장들의 불만과 반발은 거의 반란을 일으킬 지경에까지 이르렀다. 그들이 보기에 소하는 후방에서 별로 하는 일 없이 편히 지냈기 때문이었다.

이런 분위기를 감지한 유방은 이들의 불만에 일일이 대응하며 이렇게 말했다. 잠시 유방과 공신들의 대화를 들어보자.

유방 그대들이 사냥을 아는가?

공신 물론 압니다.

유방 사냥에서 짐승이나 토끼를 쫓아가 죽이는 것은 사냥개지만, 개의 줄을 놓아 (짐승이 있는) 방향을 지시하는 것은 사람이다. 그대들은 짐승을 잡았을 뿐이니 **사냥개의 공로**와 같다. 그러나 소하로 말하자면 개의 줄을 놓아 방향을 지시하는 사람이니 **사냥꾼의 공로**와 같다.

이 대목에서 사냥개의 공로란 뜻의 **구공(狗功)**과 사냥꾼의 공로란 뜻의 **인공(人功)**이란 단어가 나왔다. 특히 유방은 '개의 줄을 놓아 사냥감이 있는 곳을 지시'한다는 뜻의 '발종지시(發踪指示)'를 두 번이나 반복하며 '줄을 놓아 사냥감이 있는 곳을 지시하는' 사냥꾼의 역할을 강조했다. 즉, 사냥개와 사냥꾼 중 누가 더 큰 상을 받아야 하는가라는 유방의 쾌도난마(快刀亂麻) 같은 논리다. 공신들은 입을 다물 수밖에 없었다. 여기서 그 유명한 유방의 '사냥꾼과 사냥개' 논리가 탄생했다.

지금이라고 덜 하지는 않겠지만 고대 사회에 있어서 이른바 막료(幕僚, 참모)의 역할은 참으로 중요했다. 유방은 이 점을 누구보다 잘 알고 있었기 때문에 주저 없이 소하를 일등공신으로 꼽았던 것이다. 유방은 과연 최고 리더로서 손색이 없는 인물이었다. 유방은 '사람(사냥꾼)이 세운 공'과 '개(사냥개)가 세운 공'을 어찌 비교할 수 있느냐며, 저 유명한 사냥꾼과 사냥개 논리로 이들의 불만을 잠재웠다. 후방에서 끊임없이 전쟁 물자를 공급한 소하는 사냥꾼이고, 이 물자를 가지고 전쟁을 수행한 무장들은 사냥개라는 뜻이었다. 유방은 사냥개와 사냥꾼이란 알아듣기 쉬운 비유로 인재의 역할과 비중을 간명하게 설명했던 것이다.

키워드 : 논공행상, 공신, 등급

공자난성이이패(功者難成而易敗), 시자난득이이실(時者難得而易失)

공이란 이루기는 어려워도 실패하기 쉽고, 시간(기회)은 얻기는 어려워도 잃기 쉽다.
– 권92 〈회음후열전〉

초한쟁패 당시 한신의 책사였던 괴통이 한신에게 '삼분천하'를 권하면서 이렇게 말했다.

"공이란 이루기는 어려워도 실패하기 쉽고, 시간(기회)은 얻기는 어려워도 잃기 쉽습니다. 기회라는 것이 두 번은 오지 않으니 잘 생각하십시오."

괴통과 그가 한신을 설득하는 명장면에 대해서는 '지자결지단야(知者決之斷也), 의자사지해야(疑者事之害也)' 항목에서 상세히 살펴보았다. '공고진주' 등 관련한 항목들을 함께 참고하면 되겠다. 그리고 뒤 구절 '시자난득이이실'은 〈제태공세가〉에 나오는 강태공의 '시난득이이실'과 같은 뜻이다. 괴통이 강태공의 말을 인용했거나 오래전부터 내려오는 격언을 차용한 것이 아닌가 한다.

키워드 : 정세, 기회, 시기

공화(共和)

함께 조화(調和)를 이루는 정치.
– 권4 〈주본기〉

    1인 전제정치와 반대되는 말로 '공화정치'란 말이 있고, 또 우리에게는 공화국, 민주공화국 등의 용어로 익숙한 **공화**란 단어가 있다. 공화는 서양에서는 공화제(共和制)로 많이 쓰이는데 라틴어의 '리퍼블리카respublica'에서 유래했다. '공공(公共)의 사무(事務)'란 뜻이다.

    동양에서 '공화(共和)'는 《사기》〈주본기〉에서 유래되었는데, 그 의미를 둘러싸고 이런저런 견해가 있었다. 우선 관련 대목을 요약해보면 이렇다.

    주나라 여왕(厲王, ?~기원전 828)이 포악한 정치를 펼치자 나라사람 '국인(國人)'이 들고일어나 여왕을 몰아내는 이른바 '국인반정(國人反正)'(기원전 842년)이 있었다. 소공(召公)은 태자 정(靖)을 자신의 집에 숨겨 놓고 주공(周公)과 함께 정치를 대행하게 되니 이를 '공화'라 한다. 그로부터 태자 정이 성장하여 선왕(宣王)으로 즉위하는 기원전 828년까지 13년 동안 공화정치가 이루어졌다.

    〈주본기〉의 공화는 **소공과 주공이 함께 정치를 주관**했다는 뜻으로 쓰이고 있다. 중국의 역사학자 곽말약(郭沫若, 1892~1978)은 《죽서기년(竹書紀年)》, 《장자(莊子)》, 《여씨춘추(呂氏春秋)》의 기록에 의거해, 공화는 소공과 주공이 '함께 조화를 이루어'(共和) 정치를 행했다는 뜻이 아니라, '공백(共伯)'이란 인물의 이름이 화(和)'였기 때문에 '공'과 '화'가 합쳐져 비롯되었다고 밝혔다.(이와 같은 견해를 《한서》를 저술한 반고班固도 일찍이 제기한 바 있다.) 그러면서 곽말약은 공화정치는 노예의 노동력을 이용하여 땅을 개척하여 사유재산으로

주 여왕 때의 국인반정은 기원전 842년에 일어났고, 이해부터 명확한 연도가 기록에 남기 시작했다. 사진은 주 여왕 때 만들어진 제사 그릇의 일종인 청동 궤(簋)이다.(이 청동기는 1978년 섬서성 부풍현扶風縣에서 출토된 것으로 중국 밖으로 나갈 수 없는 유물로 지정되어 있다. 12행 124자의 명문에 의거해 여왕 때 문물로 확인되었다.)

불린 신흥 지주세력이 보수 세력을 일시적으로 누른 결과이며, 여왕의 포악한 정치란 보수 세력의 이익을 위해 신흥세력을 억압한 것을 뜻한다고 했다.

여태껏 그렇게 써온 단어를 하루아침에 버릴 수는 없겠지만, '공화'가 새로운 정치나 정치세력이라는 뜻을 내포하고 있기 때문에 앞으로도 계속 좋은 뜻으로 쓰일 것이다. 참고로 중국 역사에서 사건의 구체적인 연도가 확실하게 나타나기 시작한 해가 기원전 842년부터였다.

키워드 : 정치, 공화

과

과가진이간가각(過可振而諫可覺)

잘못을 하면 바로잡을 수 있고, 바른말을 들으면 잘못을 깨달을 수 있다.
– 권88 〈몽염열전〉

기원전 210년 진시황이 49세의 나이로 갑자기 세상을 떠났다. 간신 조고(趙高, ?~기원전 207)는 유서를 조작하고 승상 이사(李斯)와 작은 아들 호해(胡亥)를 꼬드겨 큰아들 부소(扶蘇)를 자살하게 한 다음, 호해를 2세 황제로 앉혔다. 조고는 이어 자신의 권력 장악에 걸림돌이 되는 장군 몽염(蒙恬, ?~기원전 210)을 제거하려고 호해를 부추겨 몽염에게 자살을 명했다. 몽염은 2세가 보낸 사신에게 그 옛날 걸·주가 충직한 신하를 죽인 결과, 몸은 죽고 나라가 망한 교훈을 본받아서 직언을 받아들이고 잘못을 보완하여 나라를 구하길 희망했다. 당시 몽염은 사신에게 이런 말을 했다.

"그래서 신은 **잘못을 저지르면 바로잡을 수 있고, 바른말을 들으면 잘못을 깨달을 수**

있다는 말씀을 드리고 싶습니다. 신이 이런 말을 올리는 것은 허물을 면하려는 것이 아니라 바른말을 올리고 죽으려는 것일 뿐입니다. 부디 폐하께서는 만인을 위해 이 치를 따르소서.”

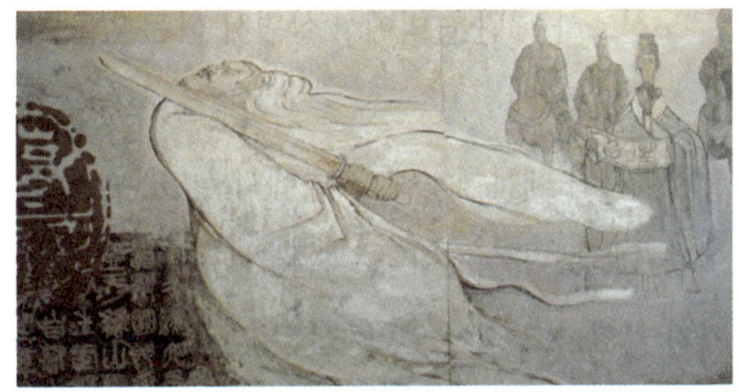

몽염의 자결 장면을 그린 그림으로 서안 곡강지(曲江池) 진2세유지 공원 호해묘 옆에 조성되어 있는 박물관 내의 기록화이다.(2025년 ⓒ김바다)

사신은 자신은 명령에 따를 뿐이라며 몽염의 말을 무시했고, 몽염은 자결했다. 몽염이 남긴 '과가진이간가각'이란 명언은 잘못을 하더라도 직언이나 충고를 듣고 바로 깨달으면 그 잘못을 바로잡을 수 있다는 뜻이다.

키워드 : 실수, 충고, 깨달음

과기가문이불입(過其家門而不入)

집 문 앞을 지나면서도 들어가지 않다.
– 권2 〈하본기〉

하나라의 시조 우(禹)는 임금이 되기 전에 황하의 물길을 다스리는 치수사업에 종사했다. 아버지 곤(鯀)이 9년 동안 치수사업에 매달렸지만 실패하여 우산(羽山)에서 처형당하자, 우는 그 사업을 이어받아 무려 13년 동안 '노신초사(勞身焦思)' 치수에 전념했다.

'노신초사'는 흔히 노심초사(勞心焦思)라고 하는데, 본래는 '노신초사'로 표현되어 있다. 마음과 몸이 힘들다는 뜻이다. 당시 상황을 〈하본기〉는 이렇게 기록했다.('노신초사' 항목 참고)

"노신초사 13년을 밖에서 살면서 **집 문 앞을 지나면서도 들어가지 않았다.**"

치수사업 때문에 13년을 밖에서 살았는데, 어쩌다 집 앞을 지나면서도 집 안에 들어가지 못했다는 것이다. 다른 기록에는 집 앞을 세 번이나 지나쳤지만 안으로 들어가지 않았다고 되어 있다. **집 문 앞을 지나면서도 들어가지 않았다**는 뜻의 **과기가문이불입**이라는 이 대목에서 '삼과이불입문(三過而不入門)', 줄여서 '삼과불입(三過不入)', '과문불입(過門不入)' 등과 같은 고사성어가 나왔다. 우는 또 치수사업과 관련해서 이런 말을 직접 했다.

"저는 매일 부지런히 일할 것만 생각합니다. 도산씨(塗山氏)의 여자를 아내로 맞이한 지 나흘 만에 집을 떠나 아들 계(啓)가 태어나는 것도 보지 못했고 돌보지도 못했습니다. 하지만 물과 땅을 다스릴 수 있었습니다."

이와 관련해서 '십년미감기가(十年未闞其家)'라는 표현도 있다. '십 년 동안 자기 집에 들어가지 않았다'는 뜻이다. 우는 스스로 13년 동안 집 밖에 나가 살았는데, 그래서 대략 10년이란 표현으로 오랫동안 집에 들어가지 못했음을 표현했다. 이 표현의 출처는 전국시대 정치가인 시교(尸佼, 생졸 미상)의 저서로 추정하는 《시자(尸子)》이다. 다른 기록에 따르면 13년 동안 '노신초사'하며 치수에 매달린 결과 우의 몸에도 변화가 생겼다고 한다. 손발에서 손발톱이 더 이상 나지 않았고, 정강이에서는 털이 나지 않았다. 직접 괭이와 삽을 들고 함께 일하고, 허구한 날 황토 물에 들어가야 하니 손톱과 발톱, 털이 다 빠져 더는 나지 않았다. 힘들게 일하고 오래 걷다 보니 허리를 제대로 펼 수 없게

우임금의 황하에 대한 치수사업은 훗날 많은 전설을 낳았고, 황하가 흐르는 지역에 사당이 들어섰다. 사진은 황하가 지나는 사마천의 고향인 섬서성 한성시에 세워져 있는 대우의 사당이다.(2017년)

되었고, 걸음걸이도 달라졌다. 여기서 '우의 걸음걸이'라는 뜻을 가진 우보(禹步)라는 단어까지 나왔다. ('우보'라는 표현 역시 《시자》가 그 출처이다.)

키워드 : 리더, 공사구분

과시(瓜時)

오이가 익을 때.
– 권32 〈제태공세가〉

춘추시대 초기 산동반도에 위치한 제나라의 통치자 양공(襄公, ?~기원전 686)은 사생활이 대단히 문란했다. 배다른 여동생과 사통을 했고, 여동생이 노나라 국군 환공(桓公)에게 시집을 간 뒤에도 간통을 저질러 국제적으로 물의를 일으켰다. 약속도 잘 지키지 않아서 대부 연칭(連稱)과 관지보(管至父)에게 군대를 이끌고 규구(葵丘)라는 먼 지방에 주둔케 하면서 다음 해 **오이가 익을 때**면 다른 사람과 교대시켜 주겠다고 한 언약을 지키지 않았다. 《사기》〈제태공세가〉의 이 내용은 다음과 같다.

"12년(기원전 686년), 당초 양공은 대부 연칭과 관지보로 하여금 규구에 주둔케 하면서 '오이가 익을 때 갔다가 다시 오이가 익으면 교대해주기로 하였다.(과시이왕瓜時而往, 급과이대及瓜而代)' 주둔한 지 한 해를 넘겨 **오이가 익을 때**가 지났으나 양공은 군사를 보내 교대해 주지 않았다."

약속을 지키지 않는 양공에 앙심을 품은 연칭과 관지보는 역시 양공과 사이가 좋지 않던 공손무지(公孫無知)와 안팎으로 결탁했고, 결국 반란을 일으켜 양공을 죽였다.(기원전 686년) 이 사건은 양공의 폭정을 피해 외국에 나가 있던 양공의 동생들을 서둘러 귀국하게 만들었다. 누구든 먼저 귀국하여 국군 자리에 앉으면 되는 상황이

정치를 어지럽힌 양공의 상황을 그린 관중기념관 내의 기록화이다.(2010년)

었기 때문이다. 이때 노나라로 피신해 있던 공자 규(糾)를 모신 인물이 관중(管仲)이었고, 공자 소백(小白)을 모신 인물이 바로 포숙(鮑叔)이었다. 이 두 공자가 다툰 끝에 소백이 국군의 자리에 오르니 이가 환공(桓公, ?~기원전 643)이다.

관중은 포숙의 도움으로 죽음을 면한 것은 물론 환공으로부터 제나라의 재상 자리를 제안 받아 국정을 주도하게 된다. 물론 포숙의 고귀한 양보가 있었기에 가능했다. 관중은 그 뒤 40년 동안 제나라를 크게 발전시키고 부강하게 만들어 환공을 춘추시대 최초의 패주로 만들었다. '관포지교(管鮑之交)'는 이 과정에서 나온 유명한 고사성어이다.

'오이가 익을 때'라는 뜻의 '과시'라는 단어는 이런 고사를 모르면 전혀 짐작이 가지 않는 단어인데, 구체적으로 기한을 정한 약속을 가리키는 재미있는 단어이기도 하다. 또 약속을 지키지 않은 양공의 결말이 의미심장하다. '과시'는 원문의 '과시이왕(瓜時而往), 급과이대(及瓜而代)'를 줄인 것이다.

키워드 : 약속, 기한

과염선치(寡廉鮮恥)

염치를 모른다.

– 권117 〈사마상여열전〉

과염선치의 한자를 그대로 풀이하자면 **염치가 드물다**는 뜻이다. 치(恥) 자는 부끄럽다는 뜻을 가진 치(耻)와 뜻이 같다. 이 글자가 아주 흥미롭다. 가만히 들여다보면

252

귀를 뜻하는 '耳' 자와 마음을 뜻하는 '心' 자가 합쳐진 글자임을 알 수 있다. '마음의 소리'가 곧 '부끄러움'이란 뜻이다. 의미심장하다. 자신의 내면 깊숙한 곳에서 들려오는 마음의 소리(부끄러움)를 들을 수 있는 사람이 곧 양심적인 사람일 것이다. 그렇지 못한 사람은 '마음의 귀머거리'라 할 수 있겠다.

'과염선치'는 한 무제 당시 변방이었던 서남이(西南夷) 지역이 한나라가 무력을 앞세워 침입해올 지 모른다는 불안으로 동요하자 문장가 사마상여(司馬相如, 기원전 179~기원전 118)에게 작성하게 한 격문에 잠깐 등장한다.('유촉문' 항목 참고) 사마상여는 피촉 지역에 대한 교화가 제대로 이루어지지 못하는 원인을 지적하며 이렇게 말한다.

"그러나 그것은 그 한 사람만의 잘못이 아니다. 먼저 아버지와 형님이 가르치지 않아 아들과 동생의 행동이 신중하지 못한 것이며(부형지교불선父兄之敎不先, 자제지솔불근야子弟之率不謹也), 백성들은 **염치를 몰라** 풍속이 튼튼하지 않은 것이다."

사마상여는 서남이 지역을 시찰한 뒤, 이 지역의 교화가 제대로 이루어지지 않은 원인을 분석했다. 당시 변방이던 서남이 지역이 한나라가 무력을 앞세워 침입해올 지 모른다는 불안감에 동요하자 무제는 그 동요를 가라앉히고자 문장가 사마상여에게 격문을 작성하게 했다.

동양, 특히 중국은 역사상 백성들에 대한 교화를 대단히 중시했다. 교화는 한 지역은 물론 나아가 나라 전체의 풍속에 영향을 미치기 때문이다. 유가에서는 교화의 기본적인 방법으로 덕(德)을 제시한다. 이른바 '이덕화인(以德化人)'이다. 그렇다면 '덕'이란 무엇인가? 글자를 뜯어보면 '여러 사람의 마음을 얻는다'는 형상이다. '득인심(得人心)'이 바로 '덕'이다. 그래서 동양에서는 박덕(薄德)을 아주 좋지 않은 자질로 인식했다. 특히 리더가 박덕하면 백성이 고달파진다. 백성을 교화하려

'부끄러움을 아는' '지치(知恥)'를 강조한 사상가 왕부지(王夫之)의 흉상으로 호남성 장사시 악록서원 내에 있다.(2002년)

면 통치자에게 무엇보다 덕이 있어야 한다는 말이다.

키워드 : 교화, 덕치, 염치

과진론(過秦論)

과진론.
– 권6 〈진시황본기〉

  중국 역사상 최초의 본격적인 역사평론이라 할 수 있는 '진의 잘못을 논한' 〈과진론〉은 사마천이 〈진시황본기〉 뒤에 인용함으로써 널리 알려졌다. 〈진시황본기〉는 진시황이란 한 인물을 축으로 약 40년 동안 천하가 어떻게 격동 속으로 빠져드는가를 잘 보여주고 있다. 정작 주인공 진시황과 그 후계자들은 이 같은 천하대세의 변화를 간파하지 못해 멸망을 자초했다.

  한나라 초기 정치가 가의(賈誼, 기원전200~기원전168)는 〈과진론〉을 써서 '언로가 막히면 나라가 상한다는 것을 모르고', '과거를 거울삼지' 못하고, '얻는 것과 지키는 것의 방법이 다르다'는 것도 모르고, '일의 처음과 끝의 변화를 보고 존망의 낌새를 살필 줄' 몰랐기에 '그 멸망이 서서 기다릴 수 있을 정도로 빨리 찾아왔다'고 총평했다.

  〈과진론〉은 한 나라의 흥기와 멸망 및 그 원인을 역사적으로 분석하고 비판한 특별한 문장이다. 특히 사실에 근거하고 대비를 통해 논증하는 방법은 대단히 뛰어나다. 여기에 천재 정치가 가의의 문장력이 더해짐으로써 힘이 넘치고 변화가 뚜렷하여 단조로움을 돌파했다는 평이다.

  가의의 〈과진론〉은 진의 멸망을 분석한 뛰어난 논문이지만 그 자체로 한계가 뚜렷한 문장이기도 하다. 진이 전격적으로 채택한 군현제를 비판하면서 시대에 뒤떨어진 봉건제를 옹호한 대목 등이 대표적이다. 이것이 전적으로 사마천의 견해와 일치한다고 할 수는 없겠지만, 〈과진론〉의 논평을 높이 평가한 사마천이고 보면 그

혐의에서 자유로울 수는 없을 것이다. 이런 점들을 감안하면서 〈과진론〉을 비판적으로 읽어야 할 것이다.(용폐지, 상국야, '취수부동술' 등 항목 참고)

키워드 : 문장, 역사논평, 흥망성쇠

과하지욕(胯下之辱)

가랑이 밑을 기는 치욕.
– 권92 〈회음후열전〉

과하지욕은 지금의 강소성 회음(淮陰) 출신으로 한 왕조를 개국하는 데 가장 큰 공을 세워 훗날 '서한삼걸'의 한 사람으로 꼽혔던 한신(韓信, ?~기원전 196)의 일생에서 가장 극적인 일화로 전한다. **가랑이 밑을 기는 치욕**이란 뜻의 '과하지욕'은 '가랑이 밑을 기는 치욕을 당했다'는 뜻으로 '과하수욕(胯下受辱)'이라고도 한다. 관련하여 한신의 젊은 날 모습을 재현해본다.

한신은 젊었을 때 집이 가난하고 안정된 직업 없이 이곳저곳을 떠돌며 살았다. 돈도 없고 할 일도 없이 늘 동냥하며 다녔다. 한번은 주린 배를 움켜쥐고 현성을 휘감아 도는 호성하 아래에서 낚시질을 하고 있었다. 그런데 마침 바로 옆에서 빨래를 하는 아낙들 중 하나가 덩치는 우람한 장정인데 굶주림에 당장이라도 쓰러질 것 같은 한신이 가여웠던지 먹을 것을 나누어 주었다. 아낙은 그날 이후 한 달 가까이 계속 먹을 것을 한신에게 나누어 주었다.(이 일화에서 '빨래하는 아주머니가 한신에게 밥을 주다'는 '표모반신漂母飯信'의 고사가 나왔다.) 아낙의 착한 마음에 감동한 한신은 "훗날 반드시 보답하겠소!"라며 고마워했다. 아낙은 생긴 것은 왕손처럼 생긴 멀쩡한 젊은이가 왜 그러고 다니냐며, "굶주려 쓰러질 것 같은 당신이 불쌍하여 음식을 가져다준 것이지 보답을 바라고 그런 것이 아니야. 나는 그저 네가 훗날 쓸모 있는 당당한 대장부가 되기를 바랄 뿐이야!"라며 격려성 핀잔을 주었다.

아낙의 말에 한신은 마음이 무거웠다. 아낙과 헤어진 뒤 한신은 성 안으로 발걸음을 옮겼다. 그런데 어디선가 갑자기 "야! 거기 너, 멈춰!"라는 고함 소리가 들려왔다. 한신이 소리가 나는 곳으로 얼굴을 돌려보니, 거리를 메운 많은 사람들 중 거만하고 사나와 보이는 한 청년(백정)이 팔짱을 끼고 버티고 선 채 한신이 지날 길을 가로막고 있는 것이 아닌가? 한신이 상대하기 싫어하자 청년은 더 사납게 굴었다. 그는 한신이 등에 메고 있는 검을 가리키며, "네놈이 큰 덩치에 보검까지 메고 있지만 아무 짝에 쓸모없는 겁쟁이에 지나지 않아!"라며 노골적으로 시비를 걸었다. 주위에는 어느 샌가 구경꾼들이 잔뜩 몰려들어 있었다.

많은 사람들이 지켜보자 청년은 더욱 기고만장해서 "한신 이놈아! 자, 용기가 있으면 그 검으로 나를 찔러봐라. 만약 나를 찌르지 못하겠다면 내 가랑이 밑을 기어 지나가야 할 것이야!"라면서 두 다리를 벌리고 자세를 취했다. 분위기가 갈수록 고조되자 구경꾼들은 침을 삼키며 한신의 반응을 기다렸다. 한참을 말없이 서 있던 한신은 이윽고 거구의 몸을 굽히더니 가만가만 젊은 백정의 가랑이 밑을 기기 시작했다. 순간 구경꾼들의 수군거리는 소리와 비웃음이 사방에서 들려왔다.

훗날 한신은 진 왕조의 폭정에 저항하는 봉기에 가담하여 먼저 항우의 부하로 있다가 유방에게로 옮겨가 장군으로 중용되어 대군을 이끌고 승승장구했다. 천하를 평정한 유방은 한신의 공을 크게 인정하여 그를 왕에 봉했다.

한신은 '금의환향(錦衣還鄉)'했다. 고향으로 돌아온 그는 자신에게 밥을 준 아낙과 가랑이를 기는 '과하지욕'의 수모를 준 소년의 행방을 탐문케 했다. 주위 사람들은 아낙은 크게 횡재하겠지만, 그 소년은 이제 죽은 목숨이라며 웅성거렸다.

탐문 끝에 아낙과 소년을 찾아냈고, 인근 마을 사람들도 함께 불려왔다. 한신은 아낙에게 천금을 주어 여생을 편하게 지낼 수 있게 해주었다.(한신이 빨래하는 아주머니에게 천금으로 은혜를 갚은 일은 '일반천금'이란 고사성어로 남았고, 회음에는 이 아주머니가 세상을 떠나자 한신이 아주머니를 위해 매우 큰 무덤을 만들어 주었다는 전설이 전한다. '표모묘'라는 실제 무덤이 남아 있다.) 이제 한신을 욕보였던 소년 차례가 되었다. 지난날 기세등등하게 한신에게 수모를 주었던 소년은 초왕 한신 앞에 무릎을 꿇었다. 한신은 그 소년

을 가리키며 주위 사람들에게 "이 사람
은 장사다. 예전에 나에게 수모를 주었
을 때, 나는 그를 얼마든지 죽일 수 있
었다. 하지만 아무것도 모르는 젊은이
를 죽인들 뭐가 득이 되겠는가? 그래서
그 수모를 참은 것이다. 나는 오늘 이
장사를 중위에 임명하여 도적 잡는 일
을 맡기겠다"라고 했다. 뜻밖의 결정에

한신의 고향인 강소성 회음시(淮陰市)에는 한신이 청
년의 가랑이 밑을 기었다는 장소가 남아 있다. 당시
에는 그곳에 다리가 있었다고 한다. 사진이 바로 그
곳으로 '과하교'라는 편액이 눈에 띈다.(2010년)

무릎을 꿇은 채 처벌만 기다리던 청년은 자신의 귀를 의심했고, 주위의 백성들도 놀
라움에 감탄을 금치 못했다. 한신의 부하들도 한신을 더욱 신뢰하고 충성을 다하여
섬기게 되었다. 한신은 과거의 원한을 따지지 않고 덕으로 그 원한을 갚음으로써 도
량이 큰 대장군의 품위를 분명하게 보여주었다. 이상의 일화는 한신이 왜 천군만마
를 자유자재로 이끄는 대장군이 되었는지 충분히 짐작할 수 있게 한다.

그런데 사마천은 한신의 젊은 날 이 일화들을 소개하면서 일반적인 관점과는 달
리 한신의 오만한 성격을 은연중에 드러내고 있다. 사마천은 특히 한신이 그 청년의
가랑이 밑을 기기에 앞서 '한참 그 청년을 빤히 쳐다보았다'는 대목을 남기고 있다.
이는 청년을 경멸하는 한신의 오만한 성격을 은근히 나타내는 장면으로 보아야 할
것이다. 즉, '네놈 정도야 한 주먹도 안 되겠지만 큰 뜻을 품은 내가 참는다'는 한신
의 속마음을 이렇게 전달한 것이다. 또 그 청년에서 벼슬을 준 것도 통 큰 아량이 아
니라 청년에게 모욕을 준 것으로도 볼 수 있다.

이상은 한신의 오만한 성격을 간접적으로 보여주는 기록들이다. 사마천은 삼족이
죽임을 당한 한신의 비극적이고 억울한 결말의 원인들 중 하나가 한신의 오만한 성
격에 있었음을 이런 방식으로 곳곳에 암시하고 있다. 이런 점에서 〈회음후열전〉의
기록과 일화들은 꼼꼼하게 전후 맥락을 잘 살피면서 읽어야 할 필요가 있다.

키워드 : 치욕, 감수, 대장부

사마천은 성공과 실패로 영웅을 논하지 않았다. 항우에 대한 안타까움과 애정은 사마천의 이런 인식을 잘 보여준다.(권7 〈항우본기〉) 사진은 항우의 고향인 강소성 숙천(宿遷)에 조성되어 있는 항왕성(項王城) 입구 항우의 동상이다.

관구이랑(灌口二郎)

관구의 두 남자.
– 권29 〈하거서〉 ; 《한서》 〈구혁지(溝洫志)〉

　전국시대 진(秦)나라 소양왕(昭襄王, 기원전 324~기원전 251) 때 촉군(蜀郡, 지금의 사천성 지역)의 군수 이빙(李氷, 생졸 미상)은 수해를 막기 위해 민강(岷江)을 안팎 두 길로 나누는 치수사업을 벌여 도강언(都江堰)이란 제방을 완성했다. 도강언의 완성으로 사천 지역은 수해를 피했을 뿐만 아니라 어마어마하게 늘어난 평원을 통해 풍성한 양식을 확보할 수 있었다.

　당시 치수사업은 이빙과 그의 둘째 아들 이랑(李郎)이 이끌었다. 민간 전설에는 두 사람이 관구(灌口)에서 치수 일을 하고 있을 때 용이 행패를 부려 백성들에게 피해를 주었다고 한다. 이빙과 이랑은 용을 잡아 가두고 치수사업을 완수했다. 훗날 촉 지역 사람들은 이 두 사람의 공적을 기리기 위해 사당을 세우고 **관구이랑**이라 불렀다. 관구이랑은 역대 소설에 신으로 끊임없이 등장한다.

　도강언 수리공사는 중국 역사상 가장 성공한 수리사업으로서 중대한 사건의 하나로 꼽힌다. 참고로 도강언에 대해 좀 더 알아본다.

　이빙은 중국인들 사이에 하천의 신, 수리공사의 할아버지, 즉 '천조(川祖)'로 받들어지고 있다. 그는 아들 이랑 등의 도움을 받으며 대규모 수리공사를 진행하여 성공적으로 마쳤는데, 이 모든 수리공정을 총칭하여 도강언이

세계 수리공정의 쾌거로 평가받는 도강언의 모습이다.(2024년)

라 불렀다. 도강언은 민강을 내외 두 부분으로 나누어 물길과 수량 등을 조절함으로써 성도(成都) 평원의 농경지에 물을 댈 수 있게 했다. 이로부터 촉군의 기름진 땅 천 리는 '육지의 바다' '육해(陸海)'라는 별명으로 불렸다.

도강언에 세워져 있는 이빙·이랑 부자를 모신 사당 이왕묘 (二王廟) 입구이다.(2024년)

　예로부터 안팎으로 '진천(鎭川)의 보배'라는 명성이 자자한 대형 수리공사의 역사적 현장인 도강언은 아미산(峨眉山)·청성산(靑城山)과 함께 사천성 3대 경관으로 불린다. 도강언은 무려 2,000년 넘게 인류를 위해 매우 유익한 역할을 해온 세계적으로 유명한 수리공정이다. 도강언은 무려 9,500㎢에 이르는 넓디넓은 성도평원을 '기름진 땅이 천 리에 뻗쳐 있는데, 가뭄과 홍수를 인간이 다스려 굶주림을 모르며 흉년이 없는' '하늘이 내린 땅'으로 만들었다. 이 때문에 '천고에 빛나는' '진천의 보배'라는 명예를 얻었다.

　도강언의 수리공사 과정은 어취(魚嘴)·비사언(飛沙堰)·보병구(寶瓶口)의 세 부분을 유기적으로 결합시켜 자동으로 물을 나누고, 모래와 자갈을 밀어내고, 물을 끌어들이고 빼내는 문제를 과학적으로 해결했다. 이렇게 해서 '물을 끌어들여 논밭에 물을 대고 홍수를 분산시킴으로써 재앙을 없애는' 효과를 거두었다. 이 시설은 세계 수리건축사의 일대 쾌거이자 중국 고대 노동자들의 자랑스런 성취가가 아닐 수 없다. 1949년 신중국이 성립한 뒤 1971년 수리 부문에서 당대 과학기술을 채용하여 도강언에 대한 개조를 마무리함으로써 관개 면적은 해방 전 12개 현 288만 무에서 40여 개 지역 1,200만 무(약 80억㎡)로 늘어났다.

　관구이랑은 **관구의 두 남자**란 뜻으로 이빙과 그 아들 이랑을 가리키는데, 도강언 수리공사를 이끈 두 사람에 대한 칭송의 표현으로 보면 된다.

키워드 : 수리공사, 도강언

관리도치(冠履倒置)

모자와 신발을 바꿔 쓰고 신다 / 위아래가 바뀌다.

– 권121 〈유림열전〉

한나라 초기 경제(景帝)의 서자인 청하왕(淸河王) 유승(劉乘, ?~기원전 136)에게는 강직한 학자로서 스승 역할을 했던 태부(太傅) 원고생(轅固生, 생졸 미상)이란 인물이 있었다.(원고생은 당시 위선적인 유학자 공손홍公孫弘을 향해 '배운 것을 왜곡해서 세상에 아부'하지 말라고 혼쭐을 냈던 인물로 잘 알려져 있다. '곡학아세' 항목 참고) 그는 원래 제나라 출신으로 시를 잘 짓고 노래를 잘해서 경제 때 박사로 임명되었다. 그 뒤 유승의 스승이 되어 보좌했는데, 조정에 있을 때 한번은 경제 앞에서 황생(黃生, 생졸 미상)과 설전을 벌인 적이 있다. 이 대목이 아주 흥미로운데 〈유림열전〉의 관련 대목을 보면 이렇다.

황생 상나라 탕왕(湯王)과 주나라 무왕(武王)이 왕위를 얻은 것은 결코 천명이 아니라 군주를 죽인 결과입니다.

원고생 그렇지 않습니다. 하나라 걸(桀)과 상나라 주(紂)임금의 포악무도함이 조정을 혼란으로 빠뜨렸고, 천하 백성의 인심이 탕과 무왕에게로 돌아갔습니다. 탕과 무왕은 천하의 민심으로 걸과 주를 죽인 것입니다. 걸과 주 치하의 백성들은 그들을 위해 목숨을 걸려 하지 않고 탕과 무왕에게로 귀순했고, 탕과 무왕은 하는 수 없이 국군의 자리에 올랐습니다. 이것이 천명을 받은 것이 아니라면 무엇이란 말입니까?

황생 '모자가 아무리 낡았다 해도 그것은 결국 머리에 써야 하고, 신발이 아무리 새 것이라 해도 결국은 발에다 신어야' 합니다. 왜 그런가? 위아래의 위치가 분명하게 나누어져 있기 때문입니다. 걸과 주가 황음무도하긴 했지만 그들은 어디까지 국군이었고, 탕과 무왕이 아무리 훌륭하다 해도 그들은 어디까지 신하였습니다. 모름지기 임금에게 덕을 잃은 행동이 있다 하더라도 신하는 정면으로 그 잘못을 지적하지 않는 법입니다. 그래야 천자의 권위가 존중받고 지켜지는 것입니다. 그런데 국군이 잘못했다 해서 그들을 죽이고, 나아가 그 자리를 대신 차지해서 천자 노릇을 했다면 이것이야말로 국군을 죽인 것이 아니고 무엇이란 말입니까?

원고생 그렇다면 우리 고조 황제께서 진나라 군주를 대신하여 천자 자리에 오른 것
도 잘못이란 말입니까?

원고생의 말에 조정은 분위기가 싸늘해졌다. 한참을 침묵하던 경제가 말했다.

"고기를 먹을 때 독이 있는 말의 간을 먹지 않는 것은 고기 맛을 몰라서가 아니고,
학문을 하면서 탕과 무왕이 천명을 받았는가 아닌가를 논하지 않는다 해서 어리석
다고는 할 수 없소."

두 사람의 논쟁은 이렇게 끝이 났고, 학자들은 더 이상 공개적으로 천명을 받고 군
주를 죽인 일을 거론하지 않았다. 황생이 말한 '모자가 아무리 낡았다 해도 결국 머
리에 써야 하고, 신발이 아무리 새것이라 해도 결국 발에 신어야 한다'는 대목에서
관리도치라는 성어가 파생되어 **위아래가 바뀌거나 존비(尊卑)의 구분**이 없음을 비유하게
되었다. '관리도치'라는 표현은 《후한서(後漢書)》 〈양사전(楊賜傳)〉에도 보인다.

키워드 : 이치, 존비귀천, 도치

관부매좌(灌夫罵座)

관부가 자리에 있는 사람들을 욕하다.
− 권107 〈위기무안후열전〉

한 무제 때의 장군 관부(?~기원전 131)는 성격이 불같고 술을 좋아했다. 그는 여러
일로 승상 전분(田蚡, ?~기원전 130)과 사이가 좋지 않았다. 한번은 종실에서 전분의
혼례를 축하하기 위한 술자리를 마련했다. 관부가 전분에게 술을 따라주자 전분은

잔만 채우고 마시지 않았다. 기분이 상한 관부는 이어 관현(灌賢)에게 술을 따르려 했다. 그때 관현은 서궁의 위위(衛尉) 정불식(程不識)과 귓속말을 주고받느라 관부를 무시했다. 마침내 관부의 성질이 폭발하여 관현을 향해 이렇게 욕을 퍼부었다.

"평소에는 정불식이 '한 푼의 가치도 없다'고 비방하더니, 오늘은 어른이 축배를 권하는데 계집애처럼 소곤댄단 말인가!"

이렇게 한바탕 욕을 퍼부은 관부는 그 자리를 떠버렸다. 전분도 화가 나서 관부가 자리에 참석한 대신들을 욕보였다고 꾸짖었다. 이 일로 결국 두 사람은 더 사이가 벌어졌고, 결국 서로를 모함하다가 관부는 처형되었다. 이 어처구니없는 일화에서 **관부가 자리에 있는 사람, 즉 술자리에 있는 사람들을 욕하다**는 **관부매좌**라는 성어가 나왔다. 술기운을 빌려 다른 사람에 대한 불만을 터뜨리는 것을 비유한다.

키워드 : 관계, 술자리, 주사(酒邪)

관수폐(冠雖敝), 필가우수(必加于首) ; 이수신(履雖新), 필관우족(必關于足)

모자가 아무리 낡았다 해도 결국 머리에 써야 하고, 신발이 아무리 새것이라 해도 결국 발에 신어야 한다.

－ 권121 〈유림열전〉

'관리도치' 항목에 소개한 원고생과 황생의 논쟁 중 황생이 한 말의 일부다. 사람과 사물에는 위아래가 있고, 존비가 나누어져 있다는 논리를 대변하는 비유의 표현이다.

키워드 : 이치, 존비귀천, 도치

관언불청(寬言不聽), 간내불생(奸乃不生)

빈말을 듣지 않으면 간사한 자가 생기지 않는다.
– 권130 〈태사공자서〉

사마천은 〈태사공자서〉에서 아버지 사마담의 〈논육가요지〉라는 문장을 수록하여 제자백가 중 대표적인 6가의 장단점을 비교했다.(이에 대해서는 '논육가요지' 항목 참고) 이 문장의 끝부분을 보면 도가(道家)의 입장에서 군주가 취할 수 있는 가장 이상적인 자세, 즉 오늘날로 보자면 바람직한 리더십을 제시하고 있다. 지금 우리 현실에 적용해도 하나 어색하지 않을 정도다.

위 **빈말을 듣지 않으면 간사한 자가 생기지 않는다**는 명언은 바로 그 대목의 일부인데 관련 문장 한 단락을 전부 인용해본다.

"군주는 여러 신하들을 모두 소집하여 각자에게 맞는 일을 주어 능력을 발휘하게 한다. 실제 행동과 말이 일치하는 것을 '바르다'는 뜻에서 '단(端)'이라 하고, 실질과 말이 일치하지 않는 것을 '비어 있다'는 뜻에서 '관(寬)'이라 한다. **빈말을 듣지 않으면 간사한 자가 생기지 않고,** 어진 이와 불초한 자가 절로 가려지며, 흑백이 절로 모습을 드러낸다. 그런 다음 군주가 현명한 자를 기용하면 무슨 일인들 이루지 못하겠는가? 이렇게 하면 큰 도에 부합하게 되고, 원기가 두루 충만하여 온 천하를 환하게 비추게 되지만, 결국은 다시 청정무위(淸靜無爲)의 경지로 되돌아간다."

이 명언은 도가 사상의 장점을 언급한 대목의 일부이지만, 정치에서 리더가 귀담아 들어야 할 경구이기도 하다. 간사한 자, 즉 간신은 언제 어디서나 권력자의 귓가에 대고 듣기 좋은 달콤한 빈말을 속삭여 홀리기 때문이다.

키워드 : 리더십, 경청(傾聽), 편청(偏聽), 간신

관포지교(管鮑之交)

관중과 포숙의 우정.
– 권62 〈관안열전〉

《사기》에는 우정을 비롯해 인간관계와 관련된 성어가 자주 등장한다. 사마천은 임안에게 보낸 편지에서 자신을 알아주는 지기(知己)의 소중함을 강조하며, 자신의 연주를 알아주었던 종자기(鍾子期)가 죽자 백아가 거문고 줄을 끊고 다시는 연주하지 않았다는 '백아절현(伯牙絶絃)'의 고사를 애틋하게 전하고 있다.('백아절현', '종신불부고금' 항목 참고) 이 밖에도 《사기》 전편에는 모든 것을 초월한 인간관계의 최고 경지를 보여주는 우정 이야기가 적지 않다.

먼저 우정뿐만 아니라 리더십과 인재 기용에 관해서도 많은 것을 생각하게 하는 '관포지교'를 들 수 있다. **관포지교**는 관중(管仲, ?~기원전 645)과 포숙(鮑叔, 생졸 미상)의 관계를 빗대어 친구간의 깊은 우정을 가리키는, 우정의 대명사라 할 정도로 널리 알려진 고사성어이다.

제나라의 관중과 포숙은 젊어서 함께 장사를 한 친구 사이였다. 정치에 발을 들인 뒤 관중은 공자 규(糾)를 보좌했고, 포숙은 공자 소백(小白)을 보좌하게 되었다. 폭정과 문란한 생활을 일삼던 양공이 피살되자 두 공자는 왕위를 놓고 서로 싸워, 공자 규는 피살되고 그를 돕던 관중도 잡혔다. 이 과정에서 관중은 공자 소백을 활로 쏘아 죽이려고 했고, 소백은 관중을 원수로 여겼다. 포숙은 환공(桓公, 즉 소백)에게 모든 면에서 관중이 자신이 뛰어나다면서 관중의 능력을 상세히 설명한 다음, 그를 재상으로 발탁할 것을 권했다. 환공은 관중을 재상으로 기용했고, 관중은 환공을 도와 제나라가 춘추시대 패자(霸者)가 되는데 결정적인 공을 세웠다.

관중은 포숙의 우정을 두고, "나를 낳아주신 이는 부모님이지만(생아자부모生我者父母), 나를 알아준 사람은 포숙이었다(지아자포자知我者鮑子)"라고 술회했다. **관중과 포숙의 우정**에 버금가는 우정을 나타내는 성어로는 전국시대 조나라의 염파와 인상여가 보여준 '목숨을 내놓을 수 있는 우정'이란 뜻의 '문경지교(刎頸之交)'도 있다.

참다운 우정처럼 아름다운 인간관계가 있는 반면, 변질된 우정보다 더 추한 인간관계도 없다. 우정을 소중하게 가꾸고 공을 들여야만 하는 까닭도 여기에 있다. 사랑의 절반은 노력이라는 말이 있듯이, 우정에는 세심한 배려가 뒷받침되어야 한다. 이런 점에서 관중에 대한 포숙의 배려는 가슴 찡하다. 관중은 이렇게 말한다.

"일찍이 가난했을 적에 포숙과 함께 장사를 하였는데, 이익을 나눌 때면 나는 몫을 더 많이 가지곤 하였으나 포숙은 나를 욕심쟁이라고 말하지 않았다. 내가 가난한 것을 알고 있었기 때문이다. 또 그의 명성을 올리게 하기 위해 계획한 일이 도리어 그를 궁지로 몰아넣는 결과가 되었으나, 그는 나를 어리석은 자로 취급하지 않았다. 시운에 따라 이로울 때도 이롭지 않을 때도 있다는 것을 알고 있었기 때문이다. 또 나는 몇 번이고 벼슬길에 나갔으나 그때마다 쫓겨났다. 그러나 그는 나를 무능하다고 하지 않았다. 내가 시운을 타지 못했다는 것을 알고 있었기 때문이다. 또 싸움터로 나갔을 때마다 도망쳐 왔으나, 나를 겁쟁이로 여기지 않았다. 내게 늙은 어머니가 있음을 알고 있었기 때문이다. 공자 규가 후계자 다툼에서 패했을 때 동료인 소홀(召忽)은 싸움에서 죽고 나는 잡히어 욕된 몸이 되었는데, 그는 나를 파렴치하다고 하지 않았다. 내가 작은 일에 부끄러워하지 않고 공명을 천하에 알리지 못하는 것을 부끄러워하는 줄 알고 있었기 때문이다. 나를 낳아준 이는 부모이지만 나를 알아준 이는 포숙이다."

사마천은 이들의 우정이 갖는 가치와 포숙의 양보를 높이 평가하면서 "세상 사람들은 관중의 현명함을 칭찬하기보다 오히려 포숙이 정확하게 사람을 알아보는 눈이 밝은 것을 더 칭찬하였다"고 했다.

포숙은 관중과 원수지간이나 마찬가지인 제나라 환공에게 관중을 추천했고, 자신은 기꺼이 관중 밑에서 일했다. 관중의 보좌를 받은 환공은 춘추시대 패자(覇者)가 되었다. '관포지교'는 단순히 관중과 포숙 두 사람의 우정의 차원에만 머무르지 않는다. 두 사람의 우정을 바탕으로 하여 포숙의 허심탄회한 양보, 그리고 백성과 나라를 위한 관중의 헌신적인 노력이 합쳐져 제나라를 '부민부국(富民富國)'으로 이끈 위대한 인간관계의 결실이었다. 서로 사소한 결점을 인정하는 마음 없이 참다운 우정이 싹틀 수는 없는 법이다. 옛날부터 참다운 우정을 나타내는 성어들이 많았다. 잘 알려진 것들을 소개하면 다음과 같다.

• **포의지교(布衣之交)** 보통 백성들간에 이루어지는 친구와의 우정을 가리키는 말로, 이 성어 역시 《사기》〈염파인상여열전〉에 보인다. "신은 보잘것없는 백성들과 사귈 때도 속이는 일이 없었거늘 하물며 큰 나라야!"

• **막역지교(莫逆之交)** 흔히 '막역한 사이'라고 말한다. 서로 뜻이 통해 거슬리는 일이 없는 사이란 뜻이다. 출전은 《장자(莊子)》〈대종사大宗師〉)이다.

• **저구지교(杵臼之交)** 절구공이와 절구의 관계라는 뜻으로 서로 없어서는 안 될 절친한 친구 사이나, 절구공이와 절구 같이 보잘것없지만 이를 꺼리지 않고 친구를 사귈 때도 쓰는 성어다. 출전은 《후한서》〈오우전(吳祐傳)〉이다.

• **거립지교(車笠之交)** 한 사람은 수레를 타고 다니고 한 사람은 패랭이를 쓰고 다닐 정도로 차이가 나지만, 이런 것들을 마음에 두지 않고 절친하게 지내는 친구 사이를 일컫는 성어다. 《태평어람(太平御覽)》이란 책에 인용된 주처(周處)의 《풍토기(風土記)》에 보인다.

• **망년지교(忘年之交)** 글자 뜻 그대로 나이를 초월한 깊은 우정이나 친구 사이를 가리키는 성어이다. 《남사(南史)》〈하손전(何遜傳)〉이 그 출전이다.

• **총각지교(總角之交)** '총각'은 원래 위로 뻗친 어린아이의 머리카락 모양을 가리키는 말인데, 이로부터 습관적으로 어린 시절을 가리키는 말이 되었다. 우리말의 총각도 여기에서 나온 것으로 보인다. 따라서 이 성어는 어릴 때부터 친하게 지내던 친구 사이를 가리킨다. '총각'이란 단어의 출전은 《시경》〈제풍齊風〉 '포전甫田')이며, 《진서(晉書)》〈하소전(何邵傳)〉에 '총각지호(總角之好)'란 표현이 보인다.

• **죽마지교(竹馬之交)** 우리에겐 '죽마지우'나 '죽마고우'란 성어로 널리 알려져 있다. 어릴 적 대나무로 만든 말을 타고 놀던 친구와 그때의 우정을 가리키는 성어다. 《후한

서》〈곽급전(郭伋傳)〉과 당나라 때의 시
인 두목(杜牧)의 〈두추낭(杜秋娘)〉이란 시
에도 단편적으로 보인다.

이밖에도 물과 물고기의 관계처럼 친
밀한 우정이나 친구 사이를 나타내는 '수
어지교(水魚之交)'(《삼국지》〈제갈량전〉), 어
렵고 가난할 때 함께 한 친구는 잊을 수
없고 조강지처(糟糠之妻)는 버려서는 안
된다는 말에서 나온 '가난할 때의 친구'라
는 뜻의 '빈천지교(貧賤之交)'(《후한서》〈송홍
전〉;《남사》〈유준전〉)도 참다운 우정을 뜻하
는 성어들이다. 그런가 하면 자신의 마음

'관포지교'는 우정이란 사적 관계를 백성과 나라를
위한 공적 관계로 승화시킨 고사로서 영원히 빛날
것이다. 그림은 《동주열국지》의 삽화로 관포지교
에 등장하는 인물들이다.(왼쪽부터 포숙과 관중이고,
맨 오른쪽은 〈자객열전〉에 등장하는 조말이다. 앉은 이가
환공이다.)

을 잘 헤아리는 친구를 '지우(知友)'라 하는데, 그보다 한 차원 높은 '지음(知音)'이라
는 아주 고상한 표현도 있다.

옛날 사람들은 참된 친구를 사우(師友)라 불렀다. 스승 같은 친구라는 뜻이다. 또
"그 사람이 어떤 사람인지 알고 싶으면 그 친구를 보라(부지기인不知知其人, 시기우視
其友)"는 말도 전한다.(〈장석지풍당열전〉) 진정한 우정이야말로 일체를 초월할 수 있는
인간관계의 최고 경지다. 물론 그만큼 유지하기 어려운 관계이기도 하다. 사마천은
이런 관계를 갈망했고, 그래서 《사기》 곳곳에 오랜 시간 변치 않는 아름다운 관계들
을 감동적으로 전하고 있다. '관포지교'는 우리 고등학교 한문 교과서에도 소개되어
있다.

키워드 : 인간관계, 우정

관혈(箸穴)

대롱 구멍과 좁은 틈.
– 권105 〈편작창공열전〉

'기사회생' 항목에서 언급한 바 있어 간략하게 소개한다. 괵나라의 태자가 죽을병이 들었다. 마침 그곳을 지나던 명의 편작(扁鵲, 생졸 미상)이 자신이 태자를 살릴 수 있다고 했다. 괵의 중서자는 나름 의술 등에 일가견이 있었다. 그는 자신의 실력을 과신하여 편작의 말을 믿지 않았다. 편작은 하늘을 우러러 탄식을 하며 이렇게 말했다.

"그대의 처방은 **대롱 구멍으로 하늘을 보는 것과 같고, 좁은 틈으로 문양을 보려는 것과 같소이다.**"

여기서 **대롱 구멍과 좁은 틈**을 뜻하는 **관혈**이란 단어가 나와 편협한 식견을 비유하게 되었다. '이관규천(以管窺天)'이란 네 글자로도 많이 쓴다. '대롱 구멍을 통해 하늘을 본다'는 뜻이다.('기사회생', '통견증결' 항목 참고)

키워드 : 처방, 식견, 편협

관후속진(貫朽粟陳)

(동전을 꿰는) 끈이 썩고, 곡식이 넘쳐나다.
– 권30 〈평준서〉

한나라는 기원전 202년 개국 이후 고조 – 혜제(여태후) 통치 기간에 백성들을 쉬게 하고 인구를 늘리는 '휴양생식(休養生息)'의 정책을 통해 경제를 회복시켰다. 이런 기조는 문제(文帝, 재위 기원전 180~기원전 157)와 경제(景帝, 재위 기원전 157~기원전 141) 2대약 40년 동안 계속되었다. 그 결과 이른바 '문경지치(文景之治)'의 발전기를 거치면서 경제는 대부분 회복되고 국력은 크게 신장되어 무제 때에 이르러서는 최고 전성기를 맞이했다. 〈평준서〉에는 당시의 상황을 다음과 같이 생생하게 전하고 있다.

"각 군과 현의 곡식창고는 꽉 찼고, 정부 창고에는 많은 재화가 보관되어 있었다. 경사(京師, 장안)의 금고에 보관되어 있는 돈은 쌓여서 억만금이나 되었는데, **돈을 묶은 끈이 썩어서 셀 수조차 없었다.** 태창(太倉)의 양식은 묵은 곡식이 **나날이 늘어 층층으로 쌓아도 넘쳐나서** 결국에는 노천에 모아두었다가 썩어서 먹지 못할 지경이 되었다."

위 대목에서 '돈을 묶는 끈이 썩었다'는 뜻의 '관후'와 '곡식이 넘쳐난다' 뜻의 '속진'을 합쳐 **관후속진**이란 성어가 만들어졌다. 재물이나 양식이 아주 풍족한 상태를 말한다. ('진진상인' 항목 참고)

무제 때 주조되기 시작하여 당나라 '개원통보(開元通寶)'가 주조되기 전까지 약 800년 가까이 유통된 오수전(五銖錢) 꾸러미의 모습으로 한 무제 당시의 실물이다. '수(銖)'는 무게 단위로 한 냥의 1/240이다.

키워드 : 경제, 재정, 풍족

광부지언성인택언(狂夫之言聖人擇焉)

미친 자의 말을 성인은 가려 듣는다.

– 권92 〈회음후열전〉

초한쟁패 과정에서 전국시대 조나라의 명장 이목(李牧, ?~기원전 229)의 손자 광무군(廣武君) 이좌거(李左車, 생졸 미상)를 사로잡은 한신은 그에게 조언을 청했다. 이좌거는 사양했지만 거듭된 한신의 부탁으로 자신의 생각을 털어 놓았다. 그러면서 자신의 말을 **미친 자의 말, 광부지언**에 비유하며 잘 가려서 들으라고 했다.

누군가의 이야기를 들을 때는 그중 합리적인 부분을 가려서 들으면 됐지 누가 어떤 사람이냐를 따질 필요 없다는 뜻도 들어 있다. 자세한 내용은 '지자천려일실, 우자천려일득' 항목을 참고하면 된다.

키워드 : 언어, 경청, 분별

광양자자(洸洋自恣)

말이 황당하고 제멋대로다.
– 권63 〈노자한비자열전〉

중국 사상사의 내용과 질을 풍요롭게 만드는 인물들 중 한 사람을 들라면 꽤 많은 사람들이 장자(莊子, 기원전 약 369~기원전 286)를 추천한다. 그는 맹자(孟子, 기원전 372~기원전 289)와 거의 같은 시대를 살았던 기인(奇人)으로 노자(老子)의 설을 근본으로 삼아 유가의 사상을 집중적으로 비난하고 야유했다.

장자의 사상과 삶은 현실도피와 허무주의 경향이 짙었으나 인간의 절대자유를 강조했다는 점에서 높은 평가를 받고 있다. 특히 《장자(莊子)》 33편은 무한한 상상력이 흘러넘치고, 은유와 비유 등 문학적 요소가 물씬 풍기는 귀중한 고전이다.

사마천은 장자에 대해 노자를 소개한 뒤끝에다 상대적으로 아주 짤막하게 소개하는 것에 그쳤는데, 사마천은 장자를 평가하면서 **광양자자**란 표현을 동원하여 장자의 정신세계를 나타냈다. 장자는 부귀와 명예를 아주 천박하게 여겼던 인물이었다. 장자는 이렇게 말한다.

"내 차라리 더러운 시궁창에서 놀면서 스스로 즐거워할지언정 군주에게 몸을 속박 당하는 짓은 하지 않을 것이다. 죽을 때까지 벼슬하지 않고 내가 내 마음을 유쾌하게 하면서 살 것이다."

일찍이 중국의 철학가 풍우란(馮友蘭, 1895~1990)은 장자 철학의 매력을 이렇게 이야기한 적이 있다.

사마천이 '광양자자'라는 성어로 그 정신세계를 표현했던 장자의 초상화이다.

"장주(莊周, 장자)의 철학은 뜻을 얻지 못한 사람에게 뜻을 얻게 해주는 것이 결코 아니며, 여의치 못한 사람에게 뜻대로 할 수 있게 해주는 것도 결코 아니다. 장주의 철학은 문제를 해결할 수 없다. 하지만 그의 철학은 사람들에게 정신적 경지를 준다. 이런 정신적 경지를 얻은 사람에게는 문제는 문제가 되지 않으며, 문제를 해결할 수는 없어도 문제를 없앨 수는 있다. 사실 인생에 있어서 이런 문제들은 해결은 불가능하지만 없앨 수 있는 것들이다."

그런가 하면 유명한 수필가 임어당(林語堂, 1895~1976)은 장자를 '중국 유머의 시조'라고 했다. 장자의 말은 황당무계하고 제멋대로였지만 자유로왔다. 그 행동은 괴팍하여 누구도 훌륭한 인재라고 인정하지 않았지만, 그는 자기 세계 안에서 무한정 자유를 누렸다. 장자의 삶이 보편적인 삶이 아니고 또 그렇게 되어서도 안 되겠지만, 그가 그토록 사랑해마지 않았던 절대자유의 추구는 온갖 스트레스에 찌든 우리네 삶에서 시원한 청량제 역할을 충분히 해내고 있다. 이것이 장자의 매력이다.

키워드 : 제자백가, 도가, 노장, 자유분방

광일장구(曠日長久)

시간이 너무 오래 걸리다.
– 권86 〈자객열전〉

전국시대 말기 연(燕)나라 태자 단(丹, ?~기원전 226)은 어릴 적 조(趙)나라에 인질로 가 있다가 진(秦)나라 정(政, 훗날 진시황)을 만나 함께 놀았다. 당시 정은 아버지 자초(子楚, 훗날 장양왕莊襄王)가 조나라에 인질로 와 있다가 여불위(呂不韋)의 주선으로 조희(趙姬)와 결혼하여 낳았기 때문에 조나라에 있었다.(정이 태어난 해는 기원전 259년이다.)

정은 여덟 살 때 진나라로 귀국했고, 단은 얼마 뒤 다시 진나라에 인질로 갔다. 당시 정은 12세의 나이로 진나라 왕이 되어 있었다. 진왕 정은 과거 어릴 적 관계는 아랑곳 않고 연나라 태자 단을 푸대접했다. 이 때문에 단은 정에게 앙심을 품었고, 귀국한 다음 진왕 정을 암살할 계획을 세웠다.

그러던 중 진나라 장군 번오기(樊於期, ?~기원전 227)가 진왕과 사이가 틀어져 연나라로 망명해왔다. 태자 단은 주위의 반대를 물리치고 번오기의 망명을 받아들이기로 했다. 당시 태부 국무(鞠武, 생졸 미상)가 강력하게 반대했는데, 이 의견에 대해 태자 단은 이렇게 반박했다.

"태부의 계책은 **시간이 너무 오래 걸립니다.** 내 마음은 근심으로 어지러우니 잠시도 견딜 수가 없소. 그뿐만이 아니라, 저 번 장군은 천하에 몸 둘 곳을 잃고서 나에게 몸을 맡겼는데, 내가 포악한 진나라의 협박을 받을 수 있다고 해서 불쌍한 친구를 저버리고 흉노로 보낼 수는 없소. 만일 흉노로 보낸다면 그것은 내 운명이 끝날 때에나 그렇게 될 것이오. 태부께서는 다시 고려해 보기를 바라오."

태자 단이 한 말 중에서 **시간이 너무 오래 걸린다**는 **광일장구**의 성어가 나왔다. 원문은 '광일미구(曠日彌久)'이지만 훗날 다소 쉬운 '광일장구'로 바꾸어 많이 쓴다. '광일미구'에서 '광'과 '미' 모두 '길다'는 뜻이다.

괴

괴대불경(閎大不經)

(그 논의가) 너무 크고 종잡을 수 없다.
– 권74 〈맹자순경열전〉

괴대불경은 전국시대 제나라 출신의 음양가(陰陽家)를 대표하는 추연(鄒衍, 기원전 약 305~기원전 240)의 관점을 소개하는 다음 대목에서 나왔다.

"추연은 나라를 가진 자가 갈수록 음탕과 사치에 빠져 더는 덕을 숭상하지 않고, 〈대아(大雅)〉에서처럼 자신의 몸을 가지런히 하여 백성들에게까지 그 덕을 펼치지 못하는 것을 목격했다. 이에 음양의 변화를 깊이 관찰하여 괴이한 설을 제기하고 〈종시(終始)〉, 〈대성(大聖)〉 편 등 10만여 자의 문장을 지었다. 그 논의가 **너무 크고 종잡을 수 없는데,** 먼저 작은 사물들로 실험한 다음 그것을 크게 넓혀나가 무한에까지 이른다."

'괴대불경'은 그 언어나 논의 또는 논리가 너무 넓고 멀어서 보통의 이치에 부합하지 않고 근거가 없는 황당무계에 가깝다는 뜻이다.

교군필호리(驕君必好利), 이망국지신필탐어재(而亡國之臣必貪於財)

교만한 군주는 반드시 이익을 밝히고, 망국의 신하는 재물을 탐내기 마련이다.
– 권69 〈소진열전〉

전국시대 최고의 유세가 소진(蘇秦)에게는 소대(蘇代)와 소려(蘇厲)라는 형제가 있었다.(누가 형이고 동생인지는 확실치 않다.) 소진이 죽은 뒤 생전에 제나라를 은밀히 멸망시키려 한 음모가 있었고, 그 배후에 연나라 있다는 사실이 밝혀졌다. 이 때문에 제나라와 연나라의 관계가 냉랭해졌다. 연나라가 이를 걱정하자 소대는 연나라 왕을 만나 유세가 특유의 언변으로 국제 정세와 제나라 왕에 대해 분석하면서 **교만한 군주는 반드시 이익을 밝히고, 망국의 신하는 재물을 탐내기 마련입니다**라는 말로 연나라 왕을 안심시켰다.

나라를 망치는 군주와 신하의 공통점은 사리사욕에서 비롯된 탐욕이다. 모든 일과 문제를 철저히 자신의 이익에 맞추어 계산한다. 그 과정에서 나라는 망가지고 백성은 허덕인다. 그래서 예로부터 나라 잘되게 하는 데는 열 충신으로도 모자라지만, 나라 망치는 데는 혼군이나 큰 간신 하나면 충분하다고 했다. 더욱이 혼군과 간신이 짝을 이루면 그 정도와 피해는 상상을 초월한다.

〈소진열전〉에는 소진의 형제인 소대와 소려의 간략한 전기가 딸려 있다. 소씨 집안의 형제 모두가 유세가로 활약했다. 사진은 드라마 속의 소대의 모습이다.(출처 : 바이두)

키워드 : 혼군, 간신, 탐욕, 사리사욕

교동(狡童)

악동(惡童).
– 권38 〈송미자세가〉

기원전 1046년 은(商)나라가 망한 뒤, 은 말기의 삼인(三仁, 기자·미자·비간)의 한 사람인 기자(箕子)는 주 왕실에 조회를 드리러 은나라의 마지막 도읍 은허(殷墟)를 지나다가 무너진 궁실과 거기서 피가 자라고 있는 것에 느끼는 바가 있었다. 기자는 상심하여 통곡하고 싶었으나 차마 그러지 못했다. 또 울고 싶었으나 아녀자 같아서 대신 〈맥수가(麥秀歌)〉를 지어 노래를 부르니 그 가사는 이러하였다.

보리 이삭은 피어나고,
벼와 기장은 무성하구나.
저 **교동(狡童)**아,
나와 가까이 지내지 못했구나!

기자의 〈맥수가〉에 등장하는 **교동**은 **교활한 아이**란 뜻인데, 일상에서 많이 쓰는 '악동'으로 보면 되겠다. '철부지'로 풀이하기도 한다. 기자가 말한 '교동'은 은나라의 마지막 임금 주왕(紂王)이다. 은의 유민들이 이 노래를 듣고는 모두 눈물을 흘렸다. 〈맥수가〉는 《시경(詩經)》〈정풍(鄭風)〉 '교동(狡童)'이란 노래가 그 원전이다.

키워드 : 감정, 회한, 노래

교발기중(巧發奇中)

교묘한 말로 잘 알아맞히다.

– 권30 〈봉선서〉

한 무제는 집권 기간(재위 기원전 141~기원전 87) 내내 방사(方士)와 신선술(神仙術) 등 미신에 심취했다. 이 때문에 전국의 방사들이 무제를 찾아와 자신의 방술 따위를 자랑하며 총애와 부귀를 구걸했다. 이런 방사들 중 이소군(李少君)이란 자는 자신의 나이와 성장 과정을 숨기고는 늘 70살이라고 떠들면서 귀신을 부리고, 늙는 것도 늦출 수 있다고 큰소리를 쳤다. 사람들은 이런 그에게 홀려 돈이며, 먹을 것을 갖다 바쳤다.

소군의 특기 중 하나는 **교묘한 말로 일을 잘 알아맞히는** 것이었다. 이런 기술 때문에 한 무제를 만날 수 있었고, 크게 우대를 받았다. 그러나 얼마 뒤 소군은 병으로 죽었다. 무제는 그가 하늘로 올라간 것으로 여겼고, 이 때문에 황당한 방사들이 더욱 더 극성을 부렸다.

교발기중은 분위기나 눈치를 살펴 그에 맞추어 말을 하기 때문에 잘 맞아떨어지는 것을 뜻한다. 또는 판단을 잘 내려 어떤 일을 잘 대응하는 것을 가리키기도 한다.

키워드 : 미신, 방사, 교언(巧言)

교자유여(巧者有餘), 졸자부족(拙者不足)

영리한 자는 남기고, 서툰 자는 모자란다.

– 권129 〈화식열전〉

빈부(貧富)의 문제는 어쩌면 영원히 해결하지 못할 인간사회의 가장 오랜 숙제와 같다. 사유재산이 등장하면서 나타난 빈부의 차이는 사회의 불평등을 낳았고, 이를 해결하기 위해 국가는 수없는 시행착오를 반복해오고 있다.

사마천은 2,100여 년 전에 이런 빈부 현상에 주목하여 사회의 빈부 차이는 정상적인 현상임을 인정하면서 기본적으로 그 자체로 자연스럽다고 인식했다. 이에 대한 그의 기본 사상은 "빈부의 이치는 빼앗거나 줄 수 있는 것이 아니다(빈부지도貧富之道, 막지탈여莫之奪與)"는 것이었다.('빈부지도, 막지탈여' 항목 참고)

사마천은 사람들이 입고, 먹고, 살고, 보내고, 맞이하고, 죽고, 장례를 치르는 데 필요한 모든 것이 농업·공업·상업·임업·어업 등 각종 경제활동을 통해 함께 제공되는 것이라고 했다. 따라서 이런 경제활동을 통해 사람들이 서로 의존하는 동시에 이를 통해 이익을 추구하는 자신의 욕망을 만족시키는 일이야말로 이치에 맞고 자연스러운 것으로 보았다. 다만, 지적 능력을 비롯하여 사람마다 개인차가 있기 때문에 빈부차가 날 뿐이고, 이 역시 지극히 자연스러운 현상이라는 인식이었다. 이런 인식에서 사마천은 〈화식열전〉에서 다음과 같은 명언을 남겼다.

"빈부의 이치란 누가 빼앗거나 부여해 줄 수 없는 것이어서 **영리한 자는 남기고, 서툰 자는 모자란다.**"

키워드 : 경제, 빈부, 차이

교족이대(翹足以待)

발꿈치를 들고 기다리다.

– 권8 〈고조본기〉

기원전 195년 4월, 한 왕조를 건국한 고조 유방이 장락궁(長樂宮)에서 세상을 떠났다. 그러나 여태후는 나흘이 지나도록 발상하지 않고 있었다. 여태후는 유방과 함께 봉기하여 공신이 된 조정 대신들이 어린 황제(혜제)를 섬기지 않고 반역하지 않을까 불안하다며, 심이기(審食其, ?~기원전 177)에게 공신들을 모두 없애야 되는 것 아니냐고 상의했다. 누군가 이 일을 장군 역상(酈商, ?~기원전 180)에게 알리니, 역상은 심이기를 찾아가 이렇게 말했다.

"진평(陳平)과 관영(灌嬰)이 10만을 이끌고 형양을 지키고 있고, 번쾌(樊噲)와 주발(周勃)은 20만으로 연(燕)과 대(代)를 평정했습니다. 황제께서 돌아가시고, 장수들을 모조리 죽이려 한다는 소식을 이들이 들으면 틀림없이 군대를 합쳐 관중을 공격할 것입니다. 대신들까지 안에서 모반한다면 멸망은 **발꿈치를 들고 기다리는** 꼴이 될 것입니다."

심이기가 들어가 여태후에게 이 말을 전했고, 여태후는 바로 발상하고 천하에 대사면령을 내렸다. **발꿈치를 들고 기다리다**는 뜻의 **교족이대**는 어떤 일이나 상황이 아주 빠르게 이루어지거나 변화하는 것을 생동감 넘치게 비유한 성어다. 흔히 쓰는 '눈 깜짝할 사이', 즉 '순식간(瞬息間)'과 비슷하다.

키워드 : 시간, 순간

교주고슬(膠柱鼓瑟)

거문고 발에 아교풀을 칠하여 고정시켜 놓고 거문고를 타다.
– 권81 〈염파인상여열전〉

중국사 전체를 통틀어 가장 비극적인 전투를 들라면 전국시대 말에 벌어졌던 장평(長平)전투였다. 이 전투는 산서성 고평(高平) 서북부 장평이란 곳에서 기원전 262년부터 2년간에 걸쳐 진(秦)과 조(趙) 사이에 벌어졌다. 이 전투에서 진은 무려 40만의 조나라 군사를 생매장시켜 죽였다. 조나라의 국력은 이 전투를 계기로 완전 추락했다. 그런데 이 비극은 놀랍게도 한 군사 전문가(?)의 어설픈 전략 때문에 빚어졌다.

교주교슬이라는 대단히 비유적인 위 성어는 이런 전대미문의 비극을 함축적으로 암시하고 있다.

　기원전 262년, 소진의 합종책을 깨고 천하통일을 향해 승승장구하던 진나라는 대군을 이끌고 장평에 진을 쳐서 조를 공격하기 시작했다. 조나라의 명장 염파(廉頗, 생졸 미상)는 늙고 병든 몸을 이끌고 성을 굳게 지킨 채 나가 싸우지 않았다. 전투는 지지부진 소강상태에 접어들었다. 진의 명장 백기(白起, ?~기원전 257)는 조나라 효성왕(孝成王, ?~기원전 245)에게 이간책을 썼다. 즉, 진나라가 두려워하는 것은 조사(趙奢)의 아들 조괄(趙括, ?~기원전 260)이 대장군이 되는 것이라는 이간술로 염파를 대장군 자리에서 몰아내려는 의도였다. 귀가 얇은 효성왕은 염파를 대신해 조괄을 장수로 삼으려 했다. 그러자 병이 위독하여 자기 몸 하나 제대로 가누지 못하는 인상여(藺相如, 생졸 미상)가 나서서 이렇게 충간했다.

　"왕께서는 명성만 듣고 조괄을 기용하려 하십니다. 이는 **거문고 발에 아교를 칠해 발을 고정시켜 놓고 거문고를 타려는** 것과 같습니다. 조괄은 거저 그 아버지가 남긴 글을 잘 읽었을 뿐이지, 임기응변에는 무지한 자입니다."

　효성왕은 듣지 않았다. 조괄은 어려서부터 병법에 능했으나 아버지 조사(趙奢, 생졸 미상)는 결코 아들을 칭찬하는 법이 없었다. 조괄의 어머니가 그 이유를 묻자, 조사는 "싸움이란 죽음의 땅이다. 조괄은 그것을 너무 쉽게 말한다. 조나라가 조괄을 장수로 삼지 않으면 그만이지만, 만약 장수로 삼는다면 조나라 군대는 이 아이 때문에 망할 것이다"라고 예견했다. 아버지 조사는 조괄의 자질을 알고 있었다. 조괄이 장수가 되어 출정하려 할 때, 그 어머니가 왕에게 글을 올려 아들을 장수로 삼지 말 것을 청했다. 임금이 그 까닭을 묻자 어머니는 이렇게 대답했다.

　"아이의 아버지(조사)가 장군이었을 때는 몸소 밥과 마실 것을 권하여 먹게 한 사람이 몇 십 명이었으며, 벗은 수백 명이었습니다. 왕과 종실에서 내리신 상은 모두

'교주고슬'은 비극적인 장평전투와 관련이 있는 고사성어이다.
그림은 〈장평전투도〉이다.(2008년)

부하 장수와 사대부들에게 나누어주었으며, 명령을 받은 날에는 집안일을 묻지 않았습니다. 그런데 지금 제 아들 괄은 하루 아침에 장수가 되어 동쪽을 향해 앉아서 부하들의 인사를 받는데, 부하들이 감히 얼굴을 들고 바라보지 못할 정도로 거만합니다. 왕께서 내리신 비단과 돈은 집에다 쌓아 놓습니다. 하루가 멀다 하고 땅과 집을 사들입니다. 아비와 비교하여 어떻다고 생각하십니까? 부자의 마음씀씀이가 이렇게 다르니 왕께서는 부디 보내지 마시옵소서."

부모만큼 자식을 잘 아는 사람도 없다고 한다. 어머니가 이 정도로 만류했으면 효성왕은 자신의 결정을 다시 한 번 생각했어야 한다. 그런데도 진나라 백기가 구사한 이간술에 판단력을 잃고는 원래 결정을 밀어붙였다. 조괄은 출정하자마자 전투에 나섰고, 백기는 우회전략으로 일부러 패한 척 도망가다가 후방을 공격하여 대승을 거두었다. 조나라 군대는 항복했고, 조괄은 전투 중 화살에 맞아 전사했다. 백기는 항복한 조나라 군사 40여만 명을 생매장했다.

'거문고 줄을 받치고 있는 발을 고정'시키면 음을 조절할 수 없다. 융통성 없는 교과서식 사고방식으로는 급변하는 상황에 유효적절하게 대응할 수 없다. 군사에서 임기응변은 절대적이다. 더욱이 도상전술(圖上戰術)에만 능한 풋내기를 대장군에 임명했으니, 효성왕도 조괄과 다를 바 없는 어리석은 군주라 하지 않을 수 없다. ('조모', '지상담병' 항목 참고)

키워드 : 군사, 전략전술, 불통

교지(嚙指)

손가락을 깨물다.

- 권89 〈장이진여열전〉

초한쟁패 때 진섭(진승) 밑에 있다가 유방을 도운 인물로 장이(張耳, ?~기원전 202)가 있었다. 그는 진섭을 도운 공으로 조왕(趙王)이 되었고, 그가 죽은 뒤에는 아들 장오(張敖, ?~기원전 182)가 뒤를 이었다. 유방은 여태후가 낳은 노원(魯元) 공주를 장오에게 시집보냈다.

한 7년인 기원전 200년, 고조는 평성(平城)에서 돌아오던 중 조나라를 지나가게 되었다. 조왕 장오는 아침저녁으로 겉옷을 벗고 몸소 음식을 바치는 등 지극히 공손한 예로 장인 유방을 모셨다. 그러나 유방은 두 발을 쩍 벌린 채 장오를 꾸짖는 등 너무 가볍게 대했다. 오래전부터 장이의 빈객으로 기개가 넘치는 조나라 재상 관고(貫高)와 조오(趙午) 등이 화가 나서 유방을 죽이겠다고 나섰다. 장오는 깜짝 놀라며 자기의 **손가락을 물어** 피를 내어 보이면서 이들을 말렸다. 관고 등은 이듬해 백인(柏人)이란 곳에 사람을 숨겨 놓고는 기어이 유방을 암살하려다 실패했다.(이에 대해서는 '백인' 항목 참고)

장오가 '손가락을 물어' 피를 내면서까지 관고 등을 말린 일화에서 **교지**라는 단어가 나왔고, 훗날 이 단어는 지극한 정성과 배반하지 않겠다는 맹서 등을 비유하게 되었다.

키워드 : 관계, 맹서

교토삼굴(狡兔三窟)

약은 토끼는 굴을 세 군데 마련한다.
– 권75 〈맹상군열전〉

약은(영리한) 토끼는 굴을 세 개 마련해둔다'는 **교토삼굴**의 유명한 고사성어가 나온 원전은 《전국책(戰國策)》이고, 사마천은 〈맹상군열전〉에서 이를 다시 인용했다. 해당 대목은 이렇다.

"약은 토끼는 굴을 세 군데 마련하여 죽음으로부터 피합니다. 지금 공께서는 하나의 굴밖에 없기 때문에 발 뻗고 편히 주무시지 못하는 것입니다. 공께서는 두 개의 굴을 더 파십시오."

약은 토끼는 맹수나 사람으로부터의 해를 피하기 위해 예비로 자신의 몸을 숨길 수 있는 굴을 여러 개 만든다고 한다. '교토삼굴은' 제나라 사람으로 맹상군(孟嘗君, 생졸 미상)의 식객으로 있던 풍환(馮驩, 생졸 미상)이 맹상군의 정치적 지위를 공고히 하기 위해 마련한 책략이었다. 실제로 이 책략은 이미 권세와 지위를 가지고 있는 통치자에게 스스로 훗날을 준비하라는 의미로 받아들여졌고, 이후 정치 책략을 대표하는 사자성어로 정착했다.

맹상군은 성이 전(田)이고, 이름은 문(文)으로 제나라 귀족이었다. 지금의 산동성 등현(滕縣) 동남쪽에 해당하는 설(薛) 지방을 봉지로 받았고, 맹상군은 그의 봉호(封號)였다. 그는 전국시대에 조나라의 평원군(平原君), 초나라의 춘신군(春申君), 위나라의 신릉군(信陵君)과 함께 4공자 또는 4군 중 하나로 크게 이름을 날렸다. 그의 집안에는 늘 수천 명의 식객들이 북적댈 정도로 명성이 대단했다.

풍환은 원래 몸에 보검 한 자루만 지닌 궁색하기 짝이 없는 부랑자와 같은 존재였다. 그는 사람을 중간에 내세워 맹상군의 식객이 되고자 했다. 맹상군이 그를 면담하는 자리에서 무얼 좋아하는지 묻자, 그는 좋아하는 것이 없다고 대답했고, 또 잘하는 것이 무엇이냐고 묻자, 잘하는 것도 없다고 대답했다. 맹상군은 싱긋이 웃으며 식객이 되려는 그의 청을 허락했다고 한다.

풍환에게는 별다른 재주가 없었기 때문에 주위 사람들은 모두 그를 무시하여 가장 등급이 낮은 식객으로 취급하면서 형편없는 음식만 주었다. 풍환은 분을 못 이겨 여러 차례 검을 휘두르고 노래를 부르며, 소란을 피우기도 했다. 맹상군은 그런 그를 하등 식객에서 중등 식객으로 올려 주었고, 얼마 되지 않아 다시 상등 식객으로 우대해 주었다. 맹상군으로부터 신임을 얻은 풍환은 맹상군에게 보답을 해야겠다고 결심했고, 그에 대한 나름대로의 준비를 해 나갔다.

얼마 뒤, 제나라 민왕(閔王)은 헛소문을 믿고 맹상군을 상국(相國)의 직위에서 파면했다. 맹상군은 자신의 봉지인 설 땅으로 돌아오는 수밖에 없었다. 그나마 맹상군은 자신의 봉지에서는 인심을 얻은 터라 백성들이 너나없이 맹상군을 환영했다.('풍환시의' 항목 참고) 바로 여기서 풍환은 "**교활한 토끼는 굴을 세 군데 마련**하여 죽음을 면합니다. 지금 공께서는 하나의 굴밖에 없기 때문에 발 뻗고 편히 주무시지 못하는 것입니다. 공께서는 두 개의 굴을 더 파십시오"라는 얘기를 들려준다.

당시 맹상군은 여러 나라를 통해 매우 두터운 신망을 얻고 있던 인물이었고, 각국은 천하를 손에 넣기 위해 인재를 목마르게 찾고 있는 상황이었다. 풍환은 수레 50승과 금 500근을 가지고 위나라 수도인 대량(大梁, 지금의 하남성 개봉開封)으로 가서 혜왕(惠王)을 설득했다. 누구든지 먼저 맹상군을 얻기만 한다면 부국강병을 이루어 천하의 주인이 될 것이라며. 혜왕은 즉시 원래의 재상을 대장군에 임명하는 한편, 황금 1천근과 수레 100승을 보내 맹상군을 재상의 직으로 초빙했다.

풍환은 혜왕의 사신이 도착하기 전에 돌아와 이 사실을 맹상군에게 알렸다. 그러면서 혜왕이 보낸 예물들은 아주 귀중하고, 사신도 높은 직책에 있는 인물인지라 이 사실을 제나라 민왕에게도 알려야 한다고 했다. 혜왕의 사신은 세 차례나 맹상군을 찾아왔으나 맹상군은 풍환의 꾀에 따라 한사코 초빙을 거절했다. 제나라 민왕도 곧 이러한 사실을 알게 되었고, 혹 맹상군이 다른 사람을 위해 일하면 어쩌나 하는 걱정이 들어 서둘러 많은 재물과 함께 맹상군을 다시 중용했다.

여기서 풍환은 다시 맹상군을 위해 또 하나의 예비 조치를 건의했다. 즉, 제나라 민왕으로 하여금 맹상군의 봉지인 설 지방에 종묘를 세워 선왕 때부터 전해 오는 제기(祭器)를 모시도록 했다. 이로써 맹상군의 정치적 지위는 더욱 굳어졌다. 종묘가 완성되자 풍환은 비로소 맹상군에게 이제 세 개의 토끼 굴이 모두 완성되었으니 발 뻗고 편히 주무시라고 했다. 쓸쓸하고 고단한 신세에 처했던 맹상군이 풍환의 꾀로 정치적으로 보다 안정된 지위를 확보할 수 있었다.

'교토삼굴'은 풍환이 맹상군의 정치적 지위를 공고히 하기 위해 구사한 모략이다. 역사라는 긴 강물의 흐름 속에서 이 모략은 많은 고관이나 귀한 지위에 있는 사람들에 의해 중시되어 왔다. '교토삼굴'은 일이란 뿌리째 잘라서는 안 되며, 뒷길을 여러 갈래 남겨 놓아야 한다는 말과 같은 맥락의 책략이다.

풍환이 맹상군을 위해 마련한 첫 번째 굴이 정치적인 원대한 식견에서 나온 것으로 맹상군이 쫓겨난 뒤 돌아갈 곳이 없을 때를 대비해 준비한 것이라면, 나중에 마련한 나머지 두 개의 굴은 순전히 수완을 활용한 것이다. 이 같은 정치모략은 당시 부패한 정치판에서는 확실히 중시되었다. 그렇다고 쓸모 있는 점이 전혀 없는 모략은 아니다. 예를 들어 첫 번째 판 굴은 민심을 얻는 자가 천하를 얻는다는 정치적 기본 원칙을 잘 반영하고 있기 때문이다. 아무리 권세가 높다 해도 민심에 기초를 두지 않으면 끝내는 버티지 못하고 쓰러진다.

'교토삼굴'은 원래 토끼라는 연약한 동물이 자연계의 천적에 대항하여 생존을 위해 마련한 본능적인 모략이었지만, 이것이 점차 인간사회에 차용되었다. 그러나 이 말은 토끼처럼 그렇게 여러 군데 편안한 집을 만들어 놓으라는 뜻이 결코 아니다. 어떤 일을 도모하거나 정책을 결정할 때 여러 수를 준비해서 예측 불가능한 의외의 사태에 대비하라는 뜻이지,

'식객삼천'으로 명성을 떨쳤던 제나라의 유력자 맹상군의 무덤으로 산동성 등주시(藤州市) 등현(藤縣) 설국고성(薛國古城) 유지에 남아 있다.(2013년)

노름꾼처럼 밑천까지 홀랑 다 걸고 마지막 단판 승부를 걸거나 오로지 한 가지 길만을 사수해서는 안 된다.

실제로 《전국책(戰國策)》에 이 모략이 기록되기 훨씬 전부터 '교토삼굴'이란 꾀는 여러 사람들에 의해 활용되었다. 춘추시대 제나라 관중(管仲)·포숙(鮑叔)·소홀(召忽) 이 세 사람은 서로 사이가 좋아 힘을 합쳐 제나라를 다스리고자 했다. 당시 제나라 양공에게는 공자 규(糾)와 소백(小白)이란 배다른 두 동생이 있었다. 소홀은 공자 규가 왕위를 계승할 것이라 확신하고 관중과 포숙에게 이렇게 말했다.

"제나라로 말하자면 우리 세 사람은 큰 솥의 세 다리와 같아 하나라도 없어서는 안 된다. 공자 소백이 이미 왕위를 계승할 수 없음이 분명해지고 있으니, 우리 세 사람 모두가 아예 공자 규를 보좌하자!"

이에 대해 관중은 이런 의견을 제기했다.

"그건 안 된다. 나라의 백성들은 모두 공자 규의 어머니와 공자 규를 싫어하고 있다. 소백은 어머니가 없어 사람들은 그를 동정하고 있다. 누가 왕위를 계승할지는 현재로서는 말하기 어렵다. 우리 중 누구 하나는 공자 소백을 지지하지 않으면 안 된다. 장차 제나라가 두 사람 중 하나에 의해 통치될 것은 분명하니까. 우리는 앞뒤 두 길을 모두 준비해야 한다. 그래야 일이 순조로울 것이다."

마침내 그들은 포숙이 공자 소백을, 관중과 소홀이 공자 규를 보좌하기로 결정했다. 과연 사태는 관중이 예상한 대로였다. 공자 소백은 공자 규를 죽이고 왕위를 계승했으며, 자신을 지지하지 않았던 관중을 제거하려 했다. 공자 소백의 중요한 참모 역할을 했던 포숙이 중간에서 알선함으로써 관중은 해를 당하지 않았음은 물론, 오히려 제나라의 재상으로 발탁되었다. 우리가 너무도 잘 아는 관중과 포숙의 우정을 말하는 '관포지교(管鮑之交)'의 고사는 이 과정에서 나왔다. 관중의 '교토삼굴'의 꾀는 두고두고 미담으로 전해져 내려온다.

이와는 반대로 눈앞의 이익만 쫓다가 불리한 상황이 조성될 수 있는 가능성을 보지 못하는 사람은 오로지 자기 생각만 앞서 객관적 상황이나 조건은 고려하지 않고 일을 처리하다가 된서리를 맞곤 한다. 앞 사람들의 성공적인 경험과 실패의 교훈을 본받아 지금은 늘 어디서나 '유비무환', '미연에 방지하라', '여러 경우를 대비하라', '여지를 남겨 놓아라' 등등의 말을 강조하고 있고, 사실 그것이 매우 현명한 처신임은 두 말 할 것 없다.('계명구도' 항목 참고)

키워드 : 정치, 책략, 대비

구

구가이강국(苟可以强國), 불법기고(不法其故)

진정으로 나라를 강하게 할 수 있다면, 낡은 습속을 따르지 않는다.
– 권68 〈상군열전〉

이 대목은 〈상군열전〉의 명 구절이다. 이어지는 구절은 다음과 같다.

"진정으로 백성을 이롭게 할 수 있다면, 낡은 예법을 고집하지 않는다(구가이이민苟可以利民, 불순기례不循其禮)."

이 명언은 중국 역사상 최고의 개혁가로 평가받는 상앙(商鞅)의 입에서 나왔다. 상앙은 작고 약했던 위(衛)나라 지역 출신으로 진나라로 건너와 진나라의 전면 개혁을 주도했다. 이를 변법(變法)이라 하는데, 변법 개혁은 나라를 강하게 하고 백성을 이

롭게 하는 것을 목적으로 한다. 상앙은 변법 개혁
이 성공하기 위해서는 낡은 습속이나 예법 따위
에 매여서는 안 된다고 진단했다. 위 대목에 이어
상앙은 이렇게 지적했다.

최고의 개혁가 상앙은 개혁의 본질은 바
꾸고 바뀌는 데 있다는 점을 통찰했다.
상앙을 나타낸 조형물이다.(2014년)

"지자작법(智者作法), 우자제언(愚者制焉) ; 현자
갱예(賢者更禮), 불초자구언(不肖者拘焉)."

그 뜻을 풀이하면 다음과 같다.

"지혜로운 자는 법을 만들고, 어리석은 자는 법
에 통제 당한다. 현명한 자는 예를 바꾸고, 못난 자는 거기에 구속당한다."

변법 개혁을 위해서는 위아래가 모두 능동적이고 적극적으로 예법을 시세에 맞게
바꾸고 고쳐야지, 낡은 예법이나 제도에 안주하거나 그것을 고집해서는 안 된다는
지적이다. 개혁의 본질은 불합리하고 불필요한 법과 제도를 바꾸고 바뀌는 데 있다.

키워드 : 정치, 개혁, 변법

구감유양(狗監揄揚)

구감의 칭찬을 받다 / 추천을 받다.

– 권117 〈사마상여열전〉

구감유양에서 '구감'은 관직 이름으로 한나라 때 황제의 사냥개를 관리하던 자리
다. '유양'은 누군가를 칭찬한다는 뜻이다. 합쳐 **구감이 칭찬하다** 또는 **구감의 칭찬을**

받다는 뜻인데, '양득의' 항목에서 살펴본 바와 같이 한나라 무제 때 구감 벼슬에 있던 양득의가 사마상여를 추천했다. 이 사실에서 '구감의 칭찬을 받다' 또는 '구감이 칭찬하다'는 '구감유양'이란 성어가 나와 누군가를 추천한다, 또는 누군가로부터 칭찬을 받거나, 추천을 얻는다는 뜻으로 인용되었다. ('양득의' 항목 참고)

키워드 : 관직, 인재, 추천

구과불섬(救過不贍)

잘못을 저지르지 않으려는 데 급급하다.
– 권122 〈혹리열전〉

사마천은 주로 한나라 무제 통치기에 법을 제멋대로 가혹하게 집행했던 관리들의 행적을 〈혹리열전〉으로 남겼다. ('불입언이복비', '서옥', '원서' 등 항목 참고) 그리고 마지막 논평 부분인 '태사공왈'에서 이들의 특징과 문제점들을 간략하게 요약했다. 초기 혹리들의 법 집행은 지나치리만큼 엄격하고 청렴했지만, 시간이 흐를수록 자신의 직무를 벗어나 권력자의 심기에 맞추어 법을 집행하거나 사리사욕을 위해 멋대로 간교하게 법을 집행하는 자들이 늘었다고 지적했다.

사마천은 이런 풍토가 전국에 만연했음에도 불구하고 조정의 대신들은 녹봉과 자리에만 연연하여 **잘못을 저지르지 않으려는 데 급급했다**고 비판했다. 여기서 **구과불섬**이란 성어가 파생되었다. 소신대로 일하지 못하고 사소한 잘못이라도 저지르지 않으려고 몸을 사리는 보신형(保身形), 또는 복지부동(伏地不動)하는 벼슬아치들을 비꼬는 표현이라 하겠다.

키워드 : 관리, 처신, 보신

구덕(九德)

아홉 가지의 덕.

– 권2 〈하본기〉

<하본기〉에서 가장 돋보이는 부분은 순(舜)임금과 당시 형벌과 감옥을 관리하던 고요(皐陶)와의 통치 담론이다. 특히, 고요는 구덕론(九德論)을 제기하며 통치자의 자질을 강조하고 있는데, 오늘날 리더십 이론과 견주어도 논리의 정교함이나 포괄성 등에서 전혀 손색이 없다.

당시 고요가 언급한 '구덕'은 리더의 리더십 항목으로 오늘날에도 충분히 활용할 수 있다. 그림은 고요의 초상화이다.

이 담론에서 순을 비롯한 몇몇 중신들의 토론은 통치자와 신하의 역할과 책임 등을 심도 있게 언급하고 있으며, 특히 자식에게 자리를 물려줄 것이냐, 아니면 어질고 유능한 인재에게 물려줄 것이냐를 놓고 상당히 격렬한 충돌이 오가고 있다. 그 결과 순은 자신의 아들인 단주(丹朱)에게 자리를 물려주지 않을 것임을 천명한다. 당시 고요가 내세운 **구덕**을 원문과 함께 간략하게 정리해둔다. 이 아홉 항목은 접속사 '而'에 대한 해석에 따라 그 의미가 약간씩 달라질 수 있다. 예컨대 '관이율'은 '너그러우면서 엄격함', '너그러우면서도 엄격함', '너그럽지만 엄격함'으로 해석할 수 있기 때문이다.

1. 관이율(寬而栗) : 너그러우면서 엄격함.

2. 유이립(柔而立) : 부드러우면서 주관이 뚜렷함.

3. 원이공(愿而共) : 사람과 잘 지내면서 장중함.

4. 치이경(治而敬) : 나라를 다스릴 능력이 있으면서 신중함.

5. 요이의(擾而毅) : 순종하면서 내면은 견고함.(확고함)

6. 직이온(直而溫) : 정직하면서 온화함.

7. 간이염(簡而廉) : 간결하면서 구차하지 않음.(자질구레한 일에 매이지 않음.)

8. 강이실(剛而實) : 굳세면서 착실함.

9. 강이의(强而義) : 강하면서 도의를 지킴.

키워드 : 통치, 리더, 리더십

구막대우비천(垢莫大于卑賤), 비막심우궁곤(悲莫甚于窮困)

비천함보다 더 큰 부끄러움은 없으며, 빈궁함보다 더 깊은 슬픔은 없다.

– 권87 〈이사열전〉

　진시황을 도와 천하를 통일하는 데 큰 역할을 한 이사(李斯, ?~기원전 208)의 일대기는 〈이사열전〉에 마치 한 편의 드라마 각본처럼 남아 있다. 이 기록 전편을 관통하는 주제를 들라면 '출세 지상주의자 이사의 영욕과 최후' 정도가 되겠다.('단이감행', '태산불양토양' 등 항목 참고)

　사마천은 〈이사열전〉 다섯 곳에서 이사의 탄식을 기록했는데, 이 탄식은 이사의 영욕을 상징하는 절묘한 장치로 읽힌다. 그중 이사가 스승 순자(荀子, 기원전 약 313~기원전 238)의 문하를 떠나면서 남긴 말은 출세욕에 찌들대로 찌든 이사의 정신세계를 대변하는 명장면의 하나라 할 수 있다. 그 대목은 다음과 같다.

이사의 출신지인 하남성 상채(上蔡)에 남아 있는 이사의 무덤이다.(2014년)

"비천함보다 더 큰 부끄러움은 없으며, 빈궁함보다 더 깊은 슬픔은 없습니다. 오랫동안 비천한 지위와 고달픈 처지에 놓여 있으면서 세상의 부귀를 비난하고 영리를 증오하며 자기 힘으로 실행하지 않는 것에 의지하려는 것이 선비의 마음은 아닐 것입니다."

이사의 이런 출세욕은 진시황이 죽은 뒤 간신 조고의 유혹에 넘어가 진시황의 유서를 조작하는 무혈 쿠데타에 동참하고, 이어 조고에게 배척당한 뒤 결국 아들과 함께 허리가 잘리는 '요참(腰斬)'으로 최후를 맞이하는 과정을 관통하고 있다.('동문황견' 항목 참고)

키워드 : 인간, 출세, 영욕

구문견속(拘文牽俗)

문서에 구속 받고, 습속에 매이다.
— 권117 〈사마상여열전〉

한 무제는 파촉으로 불리는 서남 지역, 즉 '서남이(西南夷)'에 대한 교화를 위해 사신을 보냈다. 사신은 서남이 지역의 원로들과 대화를 나누었다. 원로들은 그동안의 사업 때문에 백성들이 지치고 경제적으로도 많은 손해가 났다며 항의했다. 사신은 다음과 같은 말로 달랬다

"또 어진 군주가 즉위하면, 어찌 작은 일 때문에 **문서에 구속 받고, 습속에 얽매여** 책으로 익힌 것만 따르고 전통에 젖어 세상 즐거운 일만 얻으려 하겠습니까? 반드시 숭고하고 원대한 전통을 세우고, 이를 논의하여 만세의 모범이 되려고 합니다. 이 때문에 만국을 끌어안고 하늘과 땅의 이치를 깊게 생각하는 것입니다."

구문견속은 기존의 법조문이나 습속 등 이런저런 틀에 얽매인다는 뜻으로, 이 때문에 앞으로 나아가지 못하거나 큰 뜻을 펼칠 수 없다는 의미를 함축하고 있다.

키워드 : 통치, 습속, 구속

구사부상(救死扶傷)

죽거나 부상당한 자를 구조하다.
– 〈보임안서〉

　사마천은 입사 동기인 임안에게 보낸 편지 〈보임안서〉에서 자신이 젊은 장수 이릉(李陵, ?~기원전 74)을 변호하게 된 경위를 상세히 설명했다. 당시 이릉은 5천이 채 되지 않는 보병을 이끌고 흉노 진영 깊숙이 들어가 열흘 넘게 사투를 벌여 아군 5천의 절반이 넘는 흉노군을 죽였다. 그 결과 흉노 군대는 "죽거나 부상당한 사상자를 구조할 엄두를 내지 못했고", 흉노의 장수들은 두려움에 떨었다고 한다.

　여기서 **구사부상**, 즉 **죽거나 부상당한 사람을 구조한다**는 뜻의 성어가 나왔고, 훗날 환자를 돌보기 위해 전심전력을 다하는 의사의 자세나 그런 정신을 형용하는 경우에 많이 인용하게 되었다.

키워드 : 전투, 사상(死傷), 구조

구설(口舌)

입과 혀 / 말.
– 권55 〈유후세가〉, 권81 〈염파인상여열전〉

　구설은 말이 나오는 기관인 **입과 혀**를 가리키는 단어다. 따라서 자연스럽게 **말과 언어**를 뜻하게 되었다. 여기서 다시 **말로 인한 오해와 다툼**이란 뜻도 파생되었다. 많이 쓰는 '구설수(口舌數)'는 '다른 사람들의 입에 오르내려 어려움을 겪게 될 운수'라는 뜻이다.

　《사기》에 '구설'이란 표현은 〈유후세가〉와 〈염파인상여열전〉에 보인다. 고조 유방이 말년에 태자를 교체하려고 하자 여태후는 불안하여 오라비 여택(呂澤)을 시켜 장

량에게 도움을 청하게 했다. 장량은 황실의 집안일에 자신이 무슨 도움이 되겠냐며
사양했다. 여택이 강력하게 대책을 세워달라고 하자 장량은, "이 일은 '말로 다투기'
어렵다"고 했다. 그리고는 조야(朝野) 모두로부터 존경을 받고 있는 상산사호(商山四
皓)에게 편지를 쓴 다음, 이를 들고 그들을 찾아가게 했다.('상산사호' 항목 참고) 여기서
'구설쟁(口舌爭, 말다툼)'이란 표현이 나왔다.

〈염파인상여열전〉에서는 명장 염파(廉頗)가 인상여(藺相如)의 승진을 못마땅해 하
며, "인상여는 거저 '입과 혀(구설口舌)'를 잘 놀려 내 윗자리에 올랐다"고 했다. 여기
서 '구설'은 '말솜씨'를 뜻하지만 염파의 어투는 다소 경멸조다. 흔히 하는 '혀를 잘
놀리다'에 가깝다.('문경지교', '부형청죄' 항목 참고)

키워드 : 언어, 언쟁, 입, 혀

구수존명불상(久受尊名不祥)

귀한 이름(명성)을 오래 가지고 있으면 상서롭지 못하다.
- 권41 〈월왕구천세가〉

월나라의 공신 범려(范蠡, 생졸 미상)는 기원전 473년 오나라를 멸망시키고 월왕 구
천(勾踐, ?~기원전 464)을 패주로 만들었다. 범려는 너무 커진 자신의 명성을 지키기 어
렵다고 판단하여 나라의 반을 나누어주겠다는 구천의 제안도 물리치고 모든 것을 버
리고 떠났다. '치이자피(鴟夷子皮)'로 이름을 바꾸고 숨어 살던 범려는 해변에서 농사
를 잘 지어 많은 재산을 모았다.('치이자피' 항목 참고) 이를 알게 된 제나라 왕은 그를 재
상으로 삼으려 했다. 범려는 탄식을 하며 바로 이 명언 **귀한 명성을 오래 지니고 있으면
상서롭지 못하다**는 말을 내뱉었다. 범려는 재상 자리를 거절하고 재산을 주위 사람들
에게 나누어 준 다음, 또 한 번 몰래 도망을 쳐서는 도(陶, 산동성 정도定陶)에 정착했다.
여기서 그는 이름을 도주공(陶朱公)으로 또 한 번 바꾸었다.('도주지부' 항목 참고)

부귀와 영화를 오래 누리다 보면 화가 미치는 경우가 많다. 부귀와 영화는 사람을 교만하게 만들고, 주위 사람들의 시기와 질투를 불러일으키기 쉽기 때문이다. 부유하면서 교만하지 않기란 무척 어려운 경지다.

범려는 진퇴가 분명했던 인물이다. 명성이란 자신이 만드는 것도 아니고, 힘으로 빼앗을 수 있는 것도 아니다.

귀한 명성은 오래 유지될 수 없음을 잘 알았던 범려는 전설에 따르면 자신과 월나라를 위해 희생했던 서시(西施)를 데리고 떠났다고 한다. 그림은 절강성 가흥시(嘉興市) 범려호공원(范蠡湖公園)에 전시되어 있는 월나라를 떠나는 범려와 서시의 모습이다.(2007년)

진정한 명예는 타인의 마음에 의해 결정된다. 이 이치를 누구보다 잘 알았던 범려는 헛된 명성을 가지려 하지 않았고, 그 결과 편안한 여생을 보낼 수 있었다.

범려와 함께 월나라를 중흥시켰던 일등 공신 문종(文種, 생졸 미상)은 범려가 '토사구팽(兎死狗烹)'을 언급하며 함께 떠날 것을 권했으나 때를 놓쳐 월왕 구천의 눈 밖에 났고, 결국 구천이 보낸 검으로 자결했다. 문종의 경우를 범려와 비교해 볼 때, '진퇴의 관건'은 '시기의 선택'과 '결단'에 있는 것 같다.

키워드 : 명성, 진퇴, 결단

구수힐갱(丘嫂頡羹)

큰형수의 죽.
– 권50 〈초원왕세가〉

구수는 큰형수란 뜻이고, **힐갱**은 먹을 것으로 대개 죽으로 번역한다. 합쳐 **큰형수의 죽**이란 재미난 성어이다. 훗날 이 성어는 인색하거나 그런 사람을 놀리는 비유의 표현으로 사용하게 되었다. 이에 대해서는 '갱힐후' 항목을 참고하면 된다.

키워드 : 관계, 인색, 보복

구양(驅羊)

양을 몰다.

– 권1 〈오제본기〉

구양은 글자 그대로 **양을 몰아내다**는 뜻이 있고, 비슷하게 '양을 치다'는 뜻도 있다. 〈오제본기〉에는 백성을 양에 비유하여 '백성을 다스린다'는 뜻으로 쓰고 있다. '백성을 치다', 즉 '백성을 양처럼 돌보며 다스린다'는 '목민(牧民)'도 이런 맥락에서 나온 단어다. '목민'은 백성을 다스리는 관리라는 뜻의 '목민관(牧民官)'을 가리키기도 한다. 또 가축 치는 일을 직업으로 하는 사람이란 뜻도 있다.

'목민'의 출처는 《국어(國語)》(〈노어魯語〉 상)와 춘추시대 제나라의 명재상 관중(管仲)의 저서로 알려진 치국방략서 《관자(管子)》의 첫 편 〈목민〉이다. 조선시대 실학자 정약용의 저서 《목민심서(牧民心書)》의 제목은 여기서 따온 것이다.

키워드 : 통치, 백성, 목민

구양공호(驅洋攻虎)

양 떼를 몰아 호랑이를 공격하다.

– 권70 〈장의열전〉

전국시대를 풍미한 천하의 유세가이자 자신과 동문수학한 소진(蘇秦)이 죽었다는 소식을 접한 장의(張儀)는 본격적으로 '연횡(連橫)'을 추진해 나갔다. 이에 앞서 장의는 초나라 회왕(懷王, ?~기원전 296)에게 원한을 산 일이 있었는데, 이를 해결하려고

초 회왕은 진나라와 장의의 외교 책략에 걸려들어 결국 진나라에 억류되었다가 진나라에서 죽었다. 사진은 호북성 무한 동호 풍경구에 조성되어 있는 초 회왕의 석상이다.(2002년)

자청해서 초나라에 사신으로 갔다가 옥에 갇히는 곤경에 처한다. 장의는 초나라의 충신 굴원(屈原)을 모함하여 조정에서 내쫓은 초왕의 애첩 정수(鄭袖)와 간신 근상(靳尙)의 도움을 받아 빠져나온다. 사실 정수와 근상은 장의가 진즉 매수해둔 사람들이었다. 장의가 소진의 죽음을 접한 것은 바로 초나라 감옥에서 나오는 날이었다. 장의는 떠나기에 앞서 다시 초왕을 찾아가 연횡책을 설명하며 초왕을 이렇게 설득했다.

"진나라에는 호랑이 같은 용맹한 군대가 100여만, 전차가 1,000승, 군마가 1만 필에 곡식은 산더미처럼 쌓여 있는 데다, 법령은 분명하여 병사들은 어떤 어려움도 감수하고 죽을 각오로 맞섭니다. 군주는 현명하면서 엄하고, 장수들은 지략과 용기를 겸비하고 있습니다. 진이 굳이 출병하지 않아도 상산(常山)의 험준한 지형을 손에 넣기만 하면 천하의 척추가 꺾이고 말 것입니다. 그러니 진에 빨리 굴복하지 않으면 멸망은 빨리 닥칠 것입니다. 이른바 합종이란 것은 **양 떼를 몰아 호랑이를 공격하자**는 것과 다를 바 없는 논리입니다. 호랑이와 양이 적수가 된다고 생각하십니까? 지금 왕께서 맹호와 동맹하지 않고, 양 떼와 동맹을 맺고 있으니, 이는 왕의 정책이 잘못된 것이 아니고 무엇이란 말입니까?"

양을 몰아 호랑이를 공격한다는 **구양공호**라는 성어는 위에서 보다시피 장의가 강대국 진에 맞서려는 초왕의 무모함을 이 성어를 빌어 비유하는 장면에서 나왔다. 우리 속담의 '계란으로 바위를 친다'는 것과 아주 비슷한 뜻의 성어다. 무모한 짓을 비유할 때 많이 사용한다.

키워드 : 외교, 합종, 무모(無謀)

구우일모(九牛一毛)

아홉 마리 소에서 털 한 올.

– 〈보임안서〉

구우일모는 아주 쉬운 네 글자로 이루어졌지만 그 의미는 그 어떤 고사성어보다 깊고 처절하다. 이 천고제일(千古第一)의 고사성어는 사마천(司馬遷)이 친구 임안(任安)에게 보낸 편지 〈보임안서〉 중에 보인다. 억울하게 사형을 선고받고 말할 수 없이 치욕스러운 궁형을 자청하고라도 살아나야만 했던 절박한 심경과 역사서 완성에 대한 집념을 잘 보여주는 이 편지는 동한 시기의 역사가 반고(班固, 32~91)가 편찬한, 《사기》 다음으로 꼽히는 두 번째 정사(正史)《한서》〈사마천전〉에 실려 있다. 해당 부분을 먼저 본다.

"그러니 제가 법에 굴복하여 죽임을 당한다 해도 **아홉 마리 소에서 털 오라기 하나**가 없어지는 것과 같고, 땅강아지나 개미 같은 미물과도 하등 다를 것이 없습니다. 게다가 세상은 절개를 위해 죽은 사람처럼 취급하기는커녕 죄가 너무 커서 어쩔 수 없이 죽었다고 여길 것입니다. 왜 그렇겠습니까? 평소에 제가 해 놓은 것이 그렇게 만들기 때문입니다. '사람은 누구나 한 번 죽지만 어떤 죽음은 태산보다 무겁고, 어떤 죽음은 새털보다 가볍습니다. 이는 죽음을 사용하는 방향이 다르기 때문입니다.' 사람으로서 최상은 조상을 욕되게 하지 않는 것이며, 그다음이 자신을 욕되게 하지 않는 것이며, 그다음이 자신의 도리와 체면을 욕되이 하지 않는 것이며, 그다음이 자신의 언행을 욕되이 하지 않는 것입니다. 그다음은 몸이 속박되어 치욕을 당하는 것이요, 그다음은 죄수복을 입고 치욕을 당하는 것이며, 그다음은 손발이 묶이고 매를 맞는 치욕을 당하는 것이며, 그다음은 머리를 삭발당하고 쇠고랑을 차는 치욕을 당하는 것이며, 그다음은 발이 잘리고 신체를 훼손당하는 치욕이며, 가장 못한 것이 극형 중의 극형인 '부형(腐刑, 궁형)'을 당하는 것입니다."

사마천은 이 편지에서 자신이 지금 이대로 법에 따라 죽는다면, 그것은 '아홉 마리 소에서 털 한 올 뽑는 것'에 지나지 않을 정도로 미미하고 보잘것없는 것 아니냐고 했다. 곧이어 그렇게 죽는 것은 땅강아지나 개미의 죽음과 무엇이 다르냐고 반문하고 있다. 그가 삶에 대해 그토록 강하게 집착한 까닭은 역사서 완성이라는 일생의 숙원을 끝내지 못했기 때문이다. 삶에 대한 애착을 '아홉 마리 소의 털 한 올'이라는 성어를 사용하여 극적으로 드러내려 한 사마천의 심경이 참으로 눈물 겹다. '죽음은 인간의 정신을 집중하게 만든다.' 아주 하잘것없는 존재나 물건을 비유하는 '구우일모'라는 성어의 이면에서 우리는 한 위대한 역사가의 진솔한 인간성을 읽어낼 수 있다.

죽음보다 치욕스러운 궁형을 자청하고 혼신의 힘을 기울여 역사서를 저술한 사마천이다. 그림은 섬서성 한성시 사마천 사당 내의 기록화 일부이다.(2011년)

'구우일모'는 아주 하잘것없는 것을 비유하는 과장법이 돋보이는 사자성어이다. 비슷한 사자성어로는 '조족지혈(鳥足之血)', 즉 '새 발의 피'가 있지만 '구우일모'의 극적인 표현법에는 미치지 못한다. '조족지혈'은 '새 발의 피'라는 우리 속담을 한자로 바꾼 우리식 성어로 조선 후기의 학자 홍만종(1643~1725)의 《순오지(旬五志)》에 수록되어 있다. 《순오지》는 고사와 일화·시화·양생술·속담 등을 수록한 잡록(雜錄, 백과전서)이다.

키워드 : 생사, 미미함, 과장법

구절회장(九折回腸)

장이 (하루에도) 아홉 번이나 뒤틀리다.
– 〈보임안서〉

'회장구전' 항목을 참고하면 된다.

키워드 : 궁형, 육신, 정신, 고통, 극심(極甚)

구정(九鼎)

아홉 개의 큰 세발솥.
– 권4 〈주본기〉 ; 권12 〈효무본기〉

하(夏) 왕조의 시조 우(禹)임금은 아홉 개의 세발 달린 큰 가마솥, **구정(九鼎)**을 주조했다. 이는 우임금이 전국의 강역을 아홉 개의 주, 구주(九州)로 편제한 것과 같은 맥락이다. 숫자 '구(九)'는 더는 보탤 수 없는 가장 큰 수로 극수(極數)라 한다. 이 '구정'은 하 왕조의 다음 왕조들인 상(商)·주(周) 때까지 국보로 전해졌다고 한다.(하·상·주를 가리켜 '삼대三代'라 부른다.) 이로써 '구정'은 나라의 보물일 뿐만 아니라, 국가 최고의 권력이나 권력자를 상징하는 용어가 되었다. 그리고 훗날 '구정'은 천자만이 주조할 수 있는 기물이 되었다. 참고로 중국의 청동기 문화에 관해 알아보고자 한다.

중국은 청동기의 나라다. 전 세계적으로 유례가 없을 정도로 질과 양 모두에서 단연 돋보인다. 중국 전역 어떤 박물관을 가도 거대한 세발솥인 정(鼎)을 비롯하여 매우 정교하고 다양한 종류의 청동기들이 눈길을 사로잡는다. 특히 시대가 오래된 청동기일수록 보기에 정교하고 규모도 크다. 후대의 청동기는 어떤 면에서 퇴보했다고 해도 할 말이 없을 정도로 상대적으로 빈약하다. 중국 청동기 문화의 묘한 매력이자 수수께끼가 아닐 수 없다.

청동기는 중국 고대문화를 구성하는 가장 중요한 부분이다. 고고학계는 인류가 사용한 생산공구의 발전단계에 따라 시대를 나누는데, 가장 이른 석기시대와 비교적 늦은 철기시대 사이에 청동시대가 존재한다. 이 시대는 노예제 사회였기 때문에 청동시대는 노예사회를 대신하는 명칭이기도 하다. 그렇다면 청동문화는 노예사회가 창조한 문화를 가리키며, 중국 역사에서 하·상·주(춘추시기 포함) 3대의 문화를 가리킨다.

일반적으로 중국의 노예사회는 하 왕조로부터 시작하여 상·서주·춘추를 거쳐 전국시대에 이르러 봉건사회에 진입하기까지 전후 약 1,500년의 역사를 가진다. 이 1,500년에서 하 왕조는 노예제사회를 처음 세운 시기에 해당하며, 상과 서주 전기는 노예제 사회가 발달한 시기였으며, 서주 후기와 춘추시대는 노예제 사회가 쇠퇴한 시기였다. 이 과정이 청동문화의 생산 및 발전과정과 서로 맞물린다. 이 역사 시기를 간단하게 도표로 나타내면 아래와 같다.

하(夏)	기원전 약 21세기~기원전 약 16세기	
상(商)	기원전 약 16세기~기원전 약 11세기	노예제 사회. 상은 후기 은(殷)으로 천도, 상은이라 부름.
서주(西周)	기원전 약 1046세기~기원전 771년	
춘추(春秋)	기원전 770년~기원전 476년(또는 기원전 403)	
전국(戰國)	기원전 475년~기원전 221년	봉건사회 개시

하·상 시기에 중국 고대 청동기술은 생산과 발전을 거쳐 점차 전성기로 들어섰다. 그 전체 발전과정은 대체로 다음 세 단계로 나누어 볼 수 있다.

첫 단계는 하 왕조에서 상 왕조 초기에 이르는 발명기로 의식적으로 청동기를 생산하기 시작한 단계였다. 둘째 단계는 상 왕조 중기의 발전기로 청동기 생산이 점차 대형화되고 복잡해지면서 사회 여러 방면에 응용되기 시작한 단계였다. 마지막 단계는 상 왕조 후기에 서주 초기에 이르는 전성기로 중국 고대 청동기 발전사의 최고봉이자 사회 각 생산부문에서 폭넓게 응용된 단계였다.

역사 기록에 따르면 일찍이 하 왕조 이전에 이미 동으로 만든 무기와 정(鼎, 세발의 전형적인 청동기)을 주조했다고 한다. 고고학 관계자들은 지금으로부터 5,000~4,300

년 전의 감숙성 마가요(馬家窯)와 마창(馬廠) 문화유지에서 청동으로 만든 도(刀)를 발견했다. 또 하나라 문화로 인정받고 있는 하남성 언사(偃師) 이리두(二里頭) 유형의 문화유지와 무덤에서도 청동으로 만든 술잔(작爵)·송곳(추錐)·작은칼(소도小刀) 등이 발견되었다. 이는 하 왕조가 확실히 청동시대로 진입했음을 뜻한다.

상 왕조의 청동기 문화는 전기의 경우 하남성 정주(鄭州) 이리강(二里崗)으로 대표되는데, 이리두 문화를 직접 계승한 기초 위에서 크게 발전한 문화다. 주조기술이 높아지고, 기물의 종류도 늘었으며, 조형(造型)도 정확하다.

기물의 두께가 얇아지고 기물의 장식으로는 거친 동물문과 기하문 등과 같은 문양장식이 보인다. 하지만 명문은 아직 아주 적다. 기물의 종류를 놓고 볼 때 이리강에서 발견된 것으로는 정(鼎)·역(鬲)·가(斝)·뢰(罍)·호(壺)·고(觚)·화(盉)·월(鉞)·과(戈)·모(矛) 등 다양한데, 이는 하 왕조 때의 종류를 훨씬 뛰어넘는 것이다.

조형으로 보자면, 1974년 정주시 장채남가(張寨南街) 두령(杜嶺)의 흙 언덕에서 출토된 두 건의 방정(方鼎)이 전형적인 기물이다. 둘 모두 큰 귀(손잡이)가 똑바로 서있고, 배 부분은 방형이다. 두령 1·2호로 불리는 이 방정 중 큰 것이 1호정인데, 아가리와 배 부분이 모두 장방형이고, 네 개의 둥근 다리는 속이 비어 있다. 배 부분의 표면에는 도철문과 젖꼭지 문양이 장식되어 있지만, 명문은 없다. 전체 높이는 100cm에 길이는 62.5cm, 폭 61cm, 무게 약 86.4kg이다. 이 기물은 상 왕조 전기 청동기로서는 무게가 많이 나가는 중기(重器)이자 보기 드문 것이다.

이밖에 정주 남관외(南關外)와 자형산(紫荊山)에서 상 왕조 초기의 동기를 주조하던 유지 두 곳이 발견되었는데, 그중 남관외 유지의 면적은 1,000㎡ 이상에 흙으로 구워 만든 거푸집 조각이 1,000개 이상 발견되었다. 복원한 결과 기형으로는 주로 정(鼎)·역(鬲)·작

구정은 당초 천자만이 주조할 수 있는 상징물이었지만, 후대로 갈수록 천자의 권위가 떨어지면서 제후 왕들도 주조했다.(2005년)

(爵)·가(斝)·고(觚)·촉(鏃)·궐(鐝)이었다. 수량이 가장 많은 것은 촉과 궐의 거푸집이었다. 자형산 유지에서는 주로 도(刀)와 궐의 거푸집이 발견되었다. 이 두 곳의 기물 종류가 다르다는 것은 당시 수공업 내부에 이미 분업이 이루어졌음을 말한다.

기원전 1300년 무렵 반경(盤庚)이 은(殷, 지금의 하남성 안양安陽 은허殷墟)으로 천도한 뒤 사회경제는 빠른 속도로 발전했다. 상 왕조 후기와 서주 전기의 청동기 제조 수준은 더 높은 수준에 이르렀다. 구체적으로는 기물의 종류가 많아지고 수량도 커졌다. 조형이 장중해지고, 문양은 화려하고 정교해졌다. 생산 규모가 커졌음은 말할 것 없다. 당시의 문양 장식으로는 새·매미·누에 등과 같은 새로운 문양이 등장했고, 대개 번개무늬를 바탕에 깔았다. 조상에 대한 제사와 왕에게 상을 받은 내용 등의 명문을 주조한 기물도 나타났다. 이러한 변화는 당시 사회상황과 관계가 있다. 예컨대 누에 문양과 출토된 누에 실물을 비교해보면 당시 양잠업의 출현을 알 수 있고, 새나 매미 문양은 상 왕조의 방국(方國) 또는 부족의 토템을 융합한 것일 수 있다.

많은 명문은 당시 사회의 정치·경제·종교 제도의 실제 기록이며, 명문의 출현 자체가 당시 사회·경제·문화의 발달을 입증한다. 명문은 또 갑골문(甲骨文)과 함께 금문(金文)이 당시에 통용되던 문자라는 점을 나타낸다. 이러한 점들은 당시 과학기술과 문화의 교류와 발전에 큰 추진력으로 작용했을 것이다. 주조 규모도 상 왕조 전기에 비해 훨씬 커졌다. 안양 부근에 발견된 효민둔(孝民屯) 야동(冶銅) 유지는 면적이 1만㎡가 넘고, 발견된 거푸집만 수천 조각에 이른다. 1976년 낙양 북쪽 교외에서 발견된 서주 전기의 야동 유지는 면적이 무려 28만㎡에 이른다.

1939년 은허에서 출토된 '사모무(司母戊, 최근 명문 연구에 따라 후모무后母戊로 정정되었다)' 방정은 당시 청동 주조의 수준을 대표한다. 이 네발 솥은 장방형에 바로 선 귀(손잡이)가 인상적이다. 기둥 같은 다리에 도철문(饕餮紋)이 장식되어 있어 위압감을 주며, 배 부분 안쪽에는 '후모무' 세 글자가 주조되어 있었다. 전체 높이만 133cm에, 길이 110cm, 너비 78cm, 무게 875kg로 중국은 물론 세계에서 가장 크고 무거운 청동기로 꼽힌다.

이 방정은 흙을 구워 만든 거푸집(틀)으로 주조한 것인데, 솥을 통째로 주조했다.

주형(鑄型)은 배 부분의 복범(腹范), 끝부분의 정범(頂范), 가운데에 세우는 심(芯), 거푸집 전체를 떠받치는 자리에 해당하는 저좌(底座), 쇳물을 붓는 입구는 요구(澆口)로 이루어져 있다. 손잡이는 나중에 주조하여 아가리 둘레에 붙였는데, 안쪽의 구멍이 흙으로 만든 심을 고정시키는 자리다. 이 솥의 합금 성분을 보면, 동 84.77%, 주석 11.64%, 아연 2.79%다. 합쳐서 14.43%에 이르는 주석과 아연의 양은 어느 정도의 강도를 필요로 하는 청동 용기에 비교적 적당하다.

이렇게 두껍고 무겁고 복잡한 문양의 기물을 주조하려면 고도의 기술과 대량의 노동력이 뒷받침되지 않으면 불가능하다. 당시의 기본적인 용광로 하나가 대체로 12,700g, 즉 12.7kg의 동을 녹일 수 있었는데, 875kg의 사모무 방정을 주조하려면 용광로만 78개가 필요했을 것으로 추정하고 있다. 그것도 동시에 동을 녹여야 한다. 용광로 하나에 3,4명의 인력이 필요한 걸로 계산하면 노동력만 200~300명이 필요했다. 이 인력이 동시에 또 일사불란하게 78개의 용광로를 조작해야만 한다. 여기에 거푸집 제작 등과 같은 보조 노동력까지 합친다면 그 수와 규모는 훨씬 늘어날 것이다. 그야말로 장관이었을 것이다.

출토된 청동기 수량으로 보자면 그 수를 헤아리기 힘들 정도다. 그중에서도 상·주시대의 것이 가장 많다. 완전한 통계는 아니지만 명문을 가진 청동기만 해도 신중국 성립(1949년) 이전과 이후에 각각 5,6천 건 이상이 발견되었다. 상 왕조의 청동기는 명문을 주조하지 않는 경우가 많았기 때문에 그 실제 수량은 놀라운 것이다. 청동기가 출토된 지점으로 보면 북송 이래로 장성 내외와 강·남북에서 모두 발견되고 있다. 이 역시 상·주 시기의 통치범위와 각지 청동문화의 수준을 반영하고 있다.

서주 중기 이후 노예제가 쇠퇴의 길을 걸으면서 청동기도 새로운 특징을 보이기 시작한다. 우선 기물이 단순하고 가볍게 제작되었으며, 기물의 종류 가운데 작(爵)·고(觚) 같은 술

무게 875kg의 중국 최대이자 세계 최대의 청동기인 '후모무' 방정이다.(2012년)

잔이 점차 사라지고, 대신 보(簠)·수(盨)·이(匜) 등이 새롭게 나타났다. 문양 장식도 전보다 훨씬 간단하고 거칠다. 대신 장편의 명문이 많아지는데 어떤 것은 3,4백 자나 된다. 모공정(毛公鼎)의 명문은 무려 497자다. 명문의 내용은 조상에 대한 제사를 비롯하여 정벌·기공(紀功)·책명(冊命)·상사(賞賜)·소송(訴訟) 등이다. 이런 새로운 특징들은 당시 사회상황, 특히 노예와 노예주 두 계급 사이에 발생한 모순을 반영한다. 한편 사회 생산력이 계속 발전하면서 청동 주조공예도 더욱 진보하여 기물은 두껍고 무거운 것에서 얇고 가벼운 것으로 바뀌었다. 문양은 복잡하고 구체적인 것에서 간단하고 추상적으로 변화했다.

철제 날이 붙어 있는 동월(銅鉞)의 출현은 제련기술이 한 차원 진전했음을 나타낸다. 한편 노예주의 생활이 더욱 호화스럽고 사치스러워지면서 노예주의 향유를 위한 청동기가 과거의 예기를 대체했다. 예컨대 보(簠)·수(盨) 같은 청동기는 양식(糧食)만을 담아두는 식기이며, 이(匜)는 귀족의 세수를 위한 물 담는 기물이다. 각지에서 출토된 청동기 종류를 분석해보면 귀족의 생활을 위한 용구·예기·악기·병기 등과 같은 잡기가 절대 다수를 차지한 반면, 생산 공구의 수량은 아주 적었다.

그리고 소량의 생산 공구는 대부분 수공업 방면이나 다수를 차지하는 농업생산자들이 사용했다. 그리고 생산 공구는 여전히 둔중한 석기와 목기 위주였으니 노예의 처지를 상상할 수 있을 것이다. 사회적 지위의 이 같은 극단적 불평등은 노예들의 반항과 투쟁을 불러일으키지 않을 수 없었다. 은허에서 나온 갑골문을 보면 노예의 도망이나 노예주의 창고를 불태운 사건 등과 같은 기록이 많이 나오는 것도 이의 반영이다.

서주에 오면 이런 투쟁은 더욱 격렬해진다. 서주 후기 선왕(宣王, 재위 기원전 828~기원전 782) 때 만들어진 한 청동기에는 157자의 명문이 보이는데, 선왕이 신하들에게 여왕(厲王) 때 노예와 평민이 일으킨 폭동(기원전 841년의 국인國人 반정을 가리킨다)의 역사적 교훈을 기억하라고 훈계한 내용이다. 이는 서주 시기에 노예주에 대한 노예와 평민의 반항과 투쟁이 대단히 격렬했음을 반영하며, 동시에 노예주 통치의 동요를 반영하기도 한다.

  춘추시대는 중국 노예제가 봉건제로 전환하는 시기였다. 주 왕실이 이미 사방 제후에 대한 통제력을 잃었고, 그 경제력과 공주(共主)로서의 지위도 크게 손상되었다. 따라서 이 시기 주 왕실에서 주조한 청동기는 줄어들 수밖에 없었다. 반면에 제후국은 각종 정교하고 아름다운 청동기를 대량으로 주조했다. 이에 따라 홍동(紅銅)이나 녹송석(綠松石, 터키석)을 상감하는 기술이 나타났고, 금은을 입히는 기술도 출현했다. 장강과 회수 유역에서는 초충(草蟲) 서체로 쓴 명문도 눈에 띈다. 이는 춘추시대 청동공예의 새로운 성취였다.

  전국과 진·한 이후로는 철기와 칠기, 그리고 자기가 보편적으로 사용되면서 청동기는 주도적 위치를 잃어갔다. 하지만 청동기는 여전히 생활 속

서주 초기의 청동기인 '대우정(大盂鼎)'과 291자의 명문이다.

에서 새롭게 발전했다. 청동기는 그 하나하나가 모두 거울처럼 청동시대의 면모를 비추며 찬란한 청동문화를 구성하고 있다. 이처럼 찬란한 청동문화가 고도로 발달한 중국 청동시대를 충분히 체현하고 있다.

  청동기, 특히 정(鼎)과 같은 대형 청동기는 국가 권력기구와 권력 자체의 상징물로 여겨진다. 고대 문헌 곳곳에서 정(鼎)의 행방을 묻는 '문정(問鼎)'의 기록을 볼 수 있는 것도 이 때문이다. 그중에서도 구정(九鼎)은 최고 권력, 왕권 나아가 한 나라의 상징으로 인식되었다. ('문정' 항목 참고)

___

키워드 : 청동기, 최고 권력, 천자, 상징물

〈항우본기〉는 많은 대목이 명장면이다. 항우가 사랑하는 여인 우희(虞姬)와 이별하는 '패왕별희(覇王別姬)' 장면은 훗날 문화·문학·예술 분야의 소재가 되었다. 한 가지 지적할 점은 문학 등에서와는 달리 〈항우본기〉에서 우희의 자결 장면은 없다. 사진은 우희의 고향으로 전하는 안휘성 영벽(靈壁)에 남아있는 우희의 무덤이다.(2010년)

구정대려(九鼎大呂)

구정과 대려 / 최고의 권력(자)과 권위.
– 권76 〈평원군우경열전〉

'구정'은 앞 항목에서 보았듯이 국가와 최고 권력을 상징하는 기물로 천자만이 주조할 수 있었다. '대려'는 고대의 악기인 종(鐘)을 가리키는데, 역시 나라의 보물로 삼았다. **구정대려**는 전국시대 조나라의 권력자 평원군(平原君)이 초나라에 사신으로 가서 모수(毛遂)의 맹활약으로 합종을 성공시킨 다음, 이렇게 말한 대목에서 나온다.

"내가 다시는 인재를 고르지 못하겠소. 내가 많으면 천명, 적어도 백여 명의 인재를 고르면서 나 스스로 천하의 인재들 중 한 사람도 잃지 않았다고 여겼는데, 지금 나는 하마터면 모수 선생을 잃을 뻔했소. 모수 선생이 처음 초나라에 가서 조나라를 **구정**(九鼎)**과 대려**(大呂)보다 무겁게 만들었소. 모수 선생의 '세 치의 혀는 백만의 군사보다도 강했소.' 내가 감히 다시는 인재를 고르지 않겠소."

'구정대려'는 나라의 가장 큰 보물을 상징적으로 가리키는 단어로, 최고 권력 내지 권위를 뜻한다. 모수가 초나라에서 조나라의 권위를 제대로 세웠다는 뜻이다. 관련하여 '모수자천' 항목을 참고하면 된다.

키워드 : 청동기, 상징물, 최고 권력, 천자

구정윤사(九鼎淪泗)

구정이 사수에 가라앉다.

– 권28 〈봉선서〉

기원전 221년 진나라가 천하를 통일한 다음, 주나라의 '구정(九鼎)'은 진나라 차지가 되었다. 〈봉선서〉에 보면 언젠가 어떤 사람이 "송나라 태구(太丘)의 사단(社壇)이 무너질 때 **구정이 팽성(彭城)의 사수(泗水) 속으로 가라앉았다**"고 말했다는 대목이 있다.

진시황이 지방을 순시할 때 팽성(彭城)을 지나면서 1천 명을 동원하여 이 사수에 가라앉았다는 '구정'을 찾게 했으나 찾지 못했다. 훗날 이를 **구정윤사**로 표현하여, 제왕(국가)의 기틀(자리)이 가라앉아 망하여 다른 곳으로 옮겨가는 것을 비유하게 되었다. '구정윤사'는 '출주정(出周鼎)', '이주정(移周鼎)', '일주정(逸周鼎)', '구정윤(九鼎淪)', '윤사정(淪泗鼎)'으로도 쓴다.

키워드 : 청동기, 권력, 상징물, 멸망

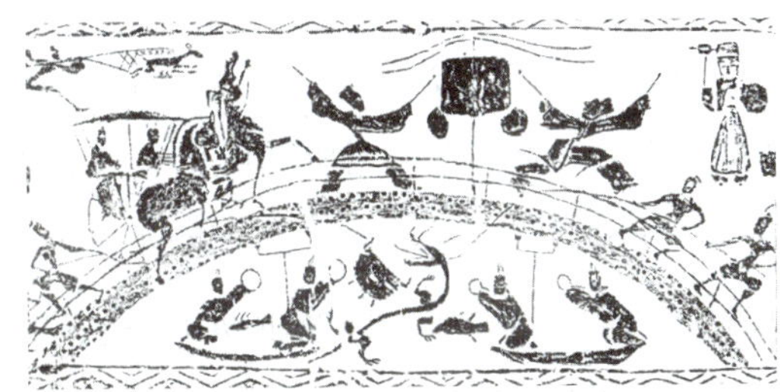

물에 가라앉아 있는 정을 끌어올리는 모습을 나타낸 벽돌 그림이다.

구주(九主)

아홉 유형의 군주.

– 권3 〈은본기〉

역사상 성공한 리더의 뒤에는 거의 예외 없이 특출 난 참모가 있었다. 춘추시대 제나라 환공(桓公)을 도와 제나라를 부민부국으로 만들고 환공을 최초의 패자(霸者)로 이끌었던 관중(管仲)이 대표적인 경우이다. 더욱이 환공과 관중 사이는 원수지간이었다. 정권을 놓고 다투던 중 관중이 환공을 암살하려 한 적이 있기 때문이다. 그러나 환공은 포숙(鮑叔)의 건의를 받아들여 지난날의 원한을 잊고 관중을 용서한 것은 물론, 재상으로 전격 발탁했다. 포숙의 사심 없는 양보와 환공의 통 큰 포용력, 관중의 재능이 결합함으로써 제나라는 제후국들을 호령하는 최강국이 될 수 있었다.

상나라를 건국한 탕(湯)임금도 역대 명군의 반열에 올라 있는 리더다. 탕에게는 이윤(伊尹)이라는 뛰어난 참모가 있었다. 탕은 이윤을 모시기 위해 다섯 차례나 찾아가 발탁했다는 이야기가 전한다. 유명한 '오청이윤(五請伊尹)'이란 고사다. ('오반' 항목 참고)

탕임금과 이윤에 관한 설화는 이밖에도 여러 가지가 전하는데, 가장 흥미로운 것이 '이윤부정(伊尹負鼎)'이다. ('부정조' 항목 참고) 글자대로 풀이하자면, '이윤이 솥을 짊어졌다'는 뜻이다. 고대 세발 달린 솥을 정(鼎)이라 했는데, 고기 같은 것을 넣고 삶는 조리 기구로 사용되었다. 이윤이 요리사 출신이었다는 이야기에서 비롯된 고사다.

이 설화에 따르면 이윤은 자신의 큰 뜻을 펼칠 수 있는 리더로 탕을 마음에 두었다. 그러나 좀처럼 탕을 만날 수가 없었다. 생각다 못한 이윤은 탕에 접근하기 위해 요리 기구를 전부 싸들고 탕의 아내가 될 유신씨(有莘氏)의 혼수품에 딸려가는 노예가 되어 따라갔다. (이윤도 유신 부락 출신이며, 역대 이윤의 초상화는 대부분 세발솥을 들고 있는 모습으로 그려진 것도 그가 요리사 출신이었음을 보여주는 것이다.)

이렇게 탕에게로 온 이윤은 훌륭한 요리 솜씨로 일단 탕의 마음을 사로잡았다. 그리고는 기회가 있을 때마다 요리의 방법에 비유해서 나라를 다스리는 도를 탕에게 이야기했다. 당시 이윤이 탕에게 들려준 치국의 도는 다음과 같았다.

"나라를 다스리는 것과 맛있는 요리를 만드는 것은 같은 이치입니다. 모든 요리는 그에 맞는 요리법을 필요로 합니다. 나라를 다스리는 것도 다스리는 방법을 알아야 합니다. 음식을 만들 때 솥 안에서 일어나는 미묘한 변화는 쉽게 보이지 않습니다. 조미료는 언제 넣어야 하며, 얼마나 써야 하는지 등이 모두 알맞아야 합니다. 정치도 마찬가지입니다. 시국의 발전에 어떻게 순응할 것이며, 어떤 법도를 시행할 것이냐는 모두 형세에 대한 관찰이 전제되어야 합니다. 이는 요리를 할 때 불의 온도와 화력의 정도를 통제하는 것과 같은 이치입니다. 공을 성취하고 천하를 얻으려면 조건이 무르익은 상황에서 시기를 잘 파악하여 과감하게 결단할 줄 알아야 합니다.”

이윤은 정치의 요체란 정세 변화에 대한 정확한 인식에 있다고 보았다. 정세 변화의 기미를 제대로 파악하면 그에 맞추어 적절한 시기에 적절한 정책을 과감하게 실행할 수 있다는 것이다. 이렇게 이윤은 요리법을 치국의 도에 비유하면서 탕임금에게 통치와 치국의 본질을 강론했고, 이윤의 수준 높은 정치론에 감명 받은 탕은 그를 재상에 임명하여 국정 전반을 이끌게 했다. 이렇게 해서 이윤은 중국 역사상 리더를 가장 효과적으로 보필한 최초의 성공한 재상으로 남게 되었다.

권3 〈은본기〉에 나오는 이윤과 탕임금의 관련 기록을 살펴보면, 이윤이 탕의 신하가 된 다음 **소왕(素王)**과 **구주(九主)**에 대해 논했다는 대목이 눈에 띤다. 그것이 어떤 내용인지에 대해서는 더 이상의 언급은 없다. 훗날 《사기》에 주석을 단 많은 사람들이 이런저런 자료들을 끌어다 ‘구주’에 대해 비교적 상세한 내용을 보탰고, 이것이 이윤의 ‘구주론’이 되었다.(《사기색은史記索隱》,《사기집해史記集解》,《별록別錄》등)

특히 한나라 때 학자 유향(劉向, 기원전 약 79~기원전 8)의 《별록(別錄)》이 가장 상세하며, 후대의 기록들은 대부분 유향의 주석을 인용하고 있다. 유향이 말하는 이윤의 ‘구주’란 법군(法君)·전군(專君)·수군(授君)·노군(勞君)·등군(等君)·기군(寄君)·파군(破君)·고군(固君)·삼세사군(三歲社君)의 아홉 가지 유형의 리더다. 우선 이 아홉 유형의 리더들이 갖는 특징을 보기 쉽게 표로 정리했다(314쪽).

이 ‘구주’를 좀 더 설명해 보면 이렇다. 우선 ‘법군’은 비상한 시기에 필요한 리더의 유형이긴 하지만, ‘전군’으로 흐를 위험성이 큰 유형이다. ‘기군’과 ‘파군’은 망국의 리더로 최악이며, ‘수군’은 무능력한 리더의 전형이다. ‘고군’은 자기수양은 등한시한 채 무력으로 주변을 위협하거나 정복하려는 유형으로 매우 위험한 리더다. ‘삼세사군’은 어린 나이에 통치자가 된 리더로, 어떤 대신이 보필하느냐에 따라 리더의 자질이나 리더십이 전혀 다르게 나타날 수 있는 유형이다. 가장 바람직한 리더의 유형으로는 백성들을 위해 노심초사 부지런히 일하는 ‘노군’과 모든 사람을 공평하게 대하며 논공행상 역시 원만하게 처리하는 ‘등군’을 들 수 있다.

리더 유형	특징(현대 유형)	대표적인 리더	비고
법군(法君)	엄격하게 법을 적용하는 리더.(엄격형)	진 효공, 진시황	▲
전군(專君)	독단적이고 인재를 배척하는 리더.(독단형)	한 선제	×
노군(勞君)	천하를 위해 부지런히 일하는 리더.(근면형)	하우, 후직	●
수군(授君)	권력을 신하에게 넘겨준 리더.(무능형)	연왕 쾌	×
등군(等君)	논공행상이 공평한 리더.(평등평)	한 고조 유방	●
기군(畜君)	백성을 고달프게 하면서 교만하게 굴어 패망을 눈앞에 둔 리더.(교만형)	하걸, 은주	×
파군(破君)	적을 경시하다 몸은 죽고, 나라는 망친 리더.(망국형)	오왕 유비	×
고군(固君)	덕과 수양은 무시한 채 무력만 중시하는 리더.(저돌형)	지백	×
삼세사군 (三歲社君)	어린 나이에 리더가 됨.(유아형)	주 성왕, 한 소왕	◎

● 바람직한 리더 / ▲ 중간 정도의 리더 / × 나쁜 리더 / ◎ 판단 유보

이상 '구주'의 내용을 보면 대단히 실용적인 리더십 이론가로서 이윤의 모습이 그려진다. 이윤은 이 아홉 가지 유형의 리더 외에 '소왕(素王)'을 언급했다고 하는데, 소왕이란 말 그대로 '무관의 제왕'을 말한다. 이윤은 제왕은 아니었지만 덕망이 높아 모든 사람으로부터 존경을 받았던 사람을 예로 들며, 탕임금에게 리더로서 갖추어야 할 자질을 강론한 것 같다. 그러면서 보다 구체적으로 역대 리더들을 아홉 가지 유형으로 분류하며 그 장단점을 상세히 피력하여 탕임금의 통치 철학을 정립하는 데 이론적 근거를 제공한 것이 아닌가 추측된다.

이윤이 제시하고 있는 리더의 유형은 수천 년이 지난 오늘날 리더 유형으로 치환해도 별 무리가 없을 정도로 참신하다. 특히 아홉 가지 리더의 유형은 조건과 환경, 자기수양 여부에 따라 언제든지 바뀔 수 있다는 사실을 잊어서는 안 된다. 또한 나쁜 리더에 속하는 유형들은 대개 리더 한 몸에 여러 유형이 한꺼번에 겹쳐져 나타난다. '법군'과 '전군'의 경계는 사실 종이 한 장 차이나 마찬가지다. 그래서 이윤은 '구주'와 함께 '소왕'을 거론하며 고매한 인품과 덕을 갖춘 인물들을 본받거나, 이런 인물의

도움을 받아 자신의 언행을 바로 잡으라고 충고한 것인지 모른다.

모든 사람이 주체적으로 리더의 삶을 살아야 한다고들 한다. 누구든 리더가 될 수 있는 세상이다. 하지만 시대를 막론하고 리더에게 요구되었던 가장 기본적인 자질은 '자신을 아는' 능력이었다. 자신의 능력과 한계, 장단점을 정확하

중국사 최초의 명재상으로 전하는 이윤은 알아듣기 쉬운 언어로 통치의 본질과 리더의 자질론을 설파하여 탕임금을 명군의 길로 이끌었다. 사진은 하남성 상구시(商丘市) 우성현(虞城縣)에 있는 이윤의 무덤이다.(2017년)

게 아는 것이야말로 좋은 리더로 성장하고 발전할 수 있는 필수불가결한 단계다. 이 단계가 빠지거나 제대로 거치지 않을 경우, 리더는 나쁜 길로 빠지기 십상이다. 이런 점에서 이윤의 '구주론'은 리더의 유형론이자 리더의 변화 내지 변질의 단계까지 보여주는 의미심장한 리더십 이론이라 할 수 있다.

키워드 : 통치, 리더, 리더십, 리더 유형

구천인지제(究天人之際), 통고금지변(通古今之變), 성일가지언(成一家之言)

천지자연(공간)과 인류 사회(인간)의 관계를 탐구하고, 과거와 현재(시간)의 변화를 꿰뚫어, 일가의 말씀(문장)을 이루고자 했습니다.

– 권130 〈태자공자서〉

사마천의 역사 서술 방법과 목적, 그리고 역사관을 가장 잘 나타내는 명구다. **구천인지제**는 공간을, **통고금지변**은 시간을 가리킨다. 역사는 시간과 공간에서 벌어지는 인간 활동의 총합이다. 시간과 공간 속에서 벌어지는 인간의 총체적 활동과 그

역사서 집필에 몰두하고 있는 사마천의 모습을 그린 기록화이다.

변화를 통찰하는 것이야말로 역사가의 책무이며, 역사가는 이를 통해 자신의 역사관, 즉 **성일가지언**을 표출하는 것이다.

마지막 '성일가지언'은 후대 역사가들이 특별히 주목해야 할 대목이다. 역사가의 연구는 단순히 사료의 나열이나 해석이 아닌 사료(史料, hiatorical data)의 이면에 침잠되어 있는 사실(事實, fact)과 그 너머의 진실(眞實, truth)을 찾아 자신의 목소리(말과 문장)를 내는 행위여야 한다는 점을 간결하게 지적하고 있기 때문이다. 사마천은 자기만의 역사관을 말하고 싶었던 것이다. 사마천의 이런 역사 서술(연구) 방법과 역사관은 '칭찬할 것은 칭찬하고, 비판할 것은 비판한다'는 춘추필법의 '포폄(褒貶)' 자세를 뛰어넘는 획기적인 것이었다. 동양 역사학, 역사연구, 역사정신의 이정표라 할 수 있다.('술왕사, 사래자', '전사지불망, 후사지사야' 항목 참고)

키워드 : 역사, 역사학, 역사가, 사관, 객관, 주관, 사료, 사실, 진실

구합제후(九合諸侯), 일광천하(一匡天下)

아홉 차례 제후들을 불러 모으고, 한 번에 천하를 바로잡았다.
– 권32 〈제태공세가〉 ; 권129 〈화식열전〉

춘추시대는 주 왕실의 권위와 힘이 약해지고 제후국들이 위세를 떨쳤다. 춘추 초기인 기원전 7세기부터 다섯 제후가 천자를 대신하여 번갈아 가며 천하를 호령했다. 이 다섯 제후를 '춘추오패(春秋五霸)'라 부른다.

'춘추오패'의 첫 주자는 '관포지교(管鮑之交)'의 두 주인공인 관중(管仲)과 포숙(鮑叔)

의 보좌를 받아 국군에 오른 제나라의 환공(桓公)이었다. 환공은 '주 왕실을 받들고 오랑캐를 물리친다'는 '존왕양이(尊王攘夷)'를 기치로 내걸고 천하의 제후들을 호령했는데, 이를 대변하는 것이 바로 **구합제후, 일광천하**이다.

《좌전》에 따르면 환공이 제후들을 불러 모아 회맹(會盟)한 횟수는 모두 11차례에 이른다. 사마천은 이를 극수인 아홉 '九'로 환공의 위세를 나타냈을 뿐이다. 이 표현은 당시 제나라와 환공의 위세가 어떠했는지를 잘 보여준다 하겠다. '구합제후'는 《논어》〈헌문(憲問)〉 편에도 보인다. 〈평진후주보열전〉에는 이 여덟 글자를 '구합일광(九合一匡)'으로 압축하여 표현하고 있다. 사마천은 이를 〈제태공세가〉는 물론 다른 곳도 아닌 〈화식열전〉에서도 언급하고 있다. 사마천은 제나라와 환공이 이렇듯 천하에 위세를 떨칠 수 있었던 실질적인 배경을 경제에서 찾았던 것이다. 이를 입증하기 위해 사마천은 제나라의 경제 상황을 이렇게 묘사했다.

"강태공이 방직 등 부녀자들이 할 일을 장려하여 공예의 기술을 높게 끌어올리고, 생선과 소금을 유통시키니 물자와 사람들이 모두 제나라로 몰려들었는데, 마치 엽전 꾸러미가 꿰진 듯, 수레바퀴살이 중심으로 모여들 듯 집중되었다. 제나라는 천하에 모자와 허리띠, 옷과 신을 공급하니 동해와 태산 사이에 있는 제후들은 옷깃을 여미고 제나라에 조회하게 되었다."

제나라는 강태공 이후 잠시 쇠퇴했지만, 환공 때 다시 강태공 때의 경제정책을 부활시켜 상공업을 장려함으로써 당시 가장 부유한 나라가 되었다. 그 결과 '구합제후, 일광천하'하는 위세를 천하에 떨쳤고, 관중은 다른 나라의 국군들보다 훨씬 더 부유하게 살았다. 제나라는 그 뒤로도 수백 년 동안 강대국으로서의 면모를 잃지 않았는데, 이것이 다 관중·포숙·환공

제나라의 수도였던 산동성 임치에 조성되어 있는 관중기념관 내의 관중 소상이다. (2010년)

이 함께 이루어 놓은 경제력 덕분이었다고 사마천은 지적한다. 요컨대 진정한 국력은 경제력에서 나오며, 그 전제 조건은 백성들을 부유하게 하는 '부민(富民)'에 있다는 것이다. 참으로 탁월한 경제관이 아닐 수 없다.

키워드 : 춘추시대, 회맹, 패주, 경제력

구합취용(苟合取容)

구차한 변명으로 제 몸 지키기에만 힘쓰다.
– 〈보임안서〉

구합취용은 어려울 때 자기 한 몸만 챙기는 비겁한 행동이나 그런 사람들을 비유하는 성어이다. 아주 어려운 위기 상황이나 나라가 망하려 할 때 나타나는 현상들이 있다. 바로 자기만 살겠다고 친구를 팔고, 의리를 저버리고, 잘못을 인정하지 않고 구차한 변명으로 위기를 모면하려는 사람들이 갑자기 많아지는 현상이다. 이를 망국의 징조라 부른다.

구차한 변명으로 제 몸 지키기에만 힘을 쓴다는 '구합취용'이란 성어는 사마천이 친구 임안(任安)에게 보낸 편지인 〈보임안서〉(〈보임소경서(報任少卿書)〉라고도 한다)에 보이는데, 당시 조정 대신들의 처신을 비꼰 말이다. 이 말은 사마천의 열전을 싣고 있는 반고(班固)의 《한서(漢書)》〈제갈풍전(諸葛豊傳)〉에도 보이는데, 그 내용이 절절해서 잠시 인용해 보겠다.

사마천은 자신이 당한 수모를 통해 세태의 비정함을 절감했다. 그래서 자기 몸보신에만 급급한 권력층들의 비열함을 '구합취용'이란 표현으로 지적했다. 그림은 섬서성 한성시 사마천 사당 내의 기록화 일부이다.(2011년)

"가난한 선비에겐 오히려 죽음도 함께할 '문경지교(刎頸之交)'가 있거늘 지금 사해를 감싸고도 남을 큰 나라에 목숨으로 절개와 지조를 지키는 신하는 단 한 명도 없고, 그저 끼리끼리 패거리를 짓고 모조리 '구차한 언행으로 제 몸보신에만 열을 올리면서' … 사사로운 이익만 생각하니 나라를 망치는 정치로다!"

'구합취용'은 사사로운 이익만 탐하는 권력자들을 겨냥한 성어이기도 하다. 사마천은 자신이 죽음보다 치욕스러운 궁형(宮刑)을 당했는데도 어느 누구 하나 나서 변호해 주지 않는 조정 대신들의 행태에 크게 실망하여, 훗날 친구 임안에게 보낸 편지에서 당시의 심경을 드러냈던 것이다.

키워드 : 세태, 권력층, 보신

구화양비(救火揚沸)

불을 끄려고 끓는 물을 퍼내다.
– 권122 〈혹리열전〉

'동족방뇨(凍足放尿)'란 성어가 있다. 말 그대로 '언 발에 오줌누기'란 뜻이다. 추운 겨울에 언 발을 녹이기 위해 오줌을 누면 당장은 언 발이 녹겠지만, 그 뒤에는 어떻게 되겠는가? 더 꽁꽁 얼어붙기밖에 더하겠는가? 당장 눈앞에 보이는 문제를 해결하기 위해 성급하게 급한 불만 *끄고 보자*는 사고방식이나 일 처리를 비꼴 때 '동족방뇨'란 표현을 쓰곤 한다. '동족방뇨'는 '언 발에 오줌누기'라는 우리 속담을 한자로 바꾼 우리식 성어이다. (《선조실록》, 《백언해》, 《동한역어》)

구화양비는 '동족방뇨'와 비슷한 뜻의 성어이다. 이 성어는 《사기》 중에서 가혹한 정치를 일삼았던 관리들의 행적을 모아놓은 〈혹리열전〉 처음 부분에 보인다. 사마천은 당시 관리들의 정치가 마치 **불을 끄려고 끓는 물을 퍼내려는** 것처럼 급했다며, "백

史記卷一百二十二

漢　太史令司馬遷　撰

宋中郎外兵曹參軍裴駰集解

唐國子博士弘文館學士司馬貞索隱

唐諸王侍讀率府長史張守節正義

酷吏列傳第六十二

孔子曰導之以政齊之以刑民免而無恥

導之以德齊之以禮有恥且格

不德是以有德下德不失德是以無德法令滋章盜賊

多有太史公曰信哉是言也法令者治之具而非制治

'구화양비'의 출전인 〈혹리열전〉의 첫 부분이다.(청 건륭제 때의 판본)

성을 다스리는 근본은 가혹한 법에 있는 것이 아니라 도덕에 있다"고 지적한다.

사마천은 "법이란 통치의 도구일 뿐, 맑고 흐림을 제어하고 다스리는 근원은 아니다"라고 말하면서, 법망이 아무리 엄격해도 그것을 빠져나가는 관리들은 언제나 존재했음을 지적했다. 그리고 나라가 잘 다스려질 때의 법망은 둥글고 소박하며, 배를 삼킬 만한 물고기가 빠져나갈 수 있을 정도로 관대하고 허술하다고 했다.

공자는 "법으로써 이끌고 형벌로 모든 것을 고르게 하려 한다면 백성들은 법망을 뚫고 형벌을 피하는 것을 부끄럽게 여기지 않을 것이다. 그러나 덕으로 인도하고 예로 고르게 한다면 부정을 부끄럽게 알아 바르게 될 것이다"라고 지적했다. 한편 노자는 "법령이 많아질수록 도적은 늘어난다"고 비꼬았다. 사마천은 이런 말들을 참으로 진리라고 못 박으며, 다음과 같이 적고 있다.

당시의 관리들이란 '불을 꺼서 물이 더 끓지 않도록 하는 것'이 아니라 불은 그대로 둔 채 물이 더 끓지 않게 하려고만 드는 식의 정치를 했다. 만용을 부리거나 혹독한 사람이 아니고서야 어떻게 그 임무를 견뎌내며 즐거워할 수 있었겠는가? 도덕을 말하는 사람들 역시 그 직무에 빠져 있을 따름이었다. 그러니 공자가 "송사를 듣는 것은 나도 남과 다를 바 없다. 그러나 나는 반드시 송사가 일어나지 않게끔 할 수 있다"고 했고, 노자가 "못난 선비는 도를 듣고도 크게 웃기만 한다"고 했는데, 이것은 모두 허튼소리가 아니다.

한나라가 일어나 모난 것을 깨서 둥글게 만들고, 조각한 장식을 깎아 소박하게 만들었으며, 법망은 배를 삼킬 만한 큰 물고기도 빠져나갈 수 있을 정도로 관대했다. 그럼에도 관리의 정치는 단순하여 간악한 데에 이르지 않았으며, 백성들을 편하게 잘 다스렸다. 이렇게 볼 것 같으면 백성을 다스리는 근본은 가혹한 법령에 있는 것이 아니라 덕에 있는 것이다.

사마천의 말이 다소 추상적으로 들리기도 하지만, 오늘날 우리 사회에서 벌어지는 현상과 견주어 곰곰이 생각해 보면, 아주 적절한 지적이 아닐 수 없다.

사실 법망이 허술해서 부정부패가 만연한 것도 아니요, 법이 느슨해서 사회 곳곳에 구멍이 뚫린 것도 아니지 않는가? 도덕이 허술하고 윤리에 구멍이 뚫렸기 때문이 아닌가? 세상이 온통 돈과 이익을 쫓고만 있기 때문이다. 이익이 보이면 급하게 서두르고, 이익이 없으면 질질 끈다. 책임을 추궁하면 후다닥 서둘러 땜질하여 눈에 보이는 곳만 치장한다. 사마천이 말하는 '구화양비'는 이런 것들을 지적하기 위한 절묘한 비유이다.

키워드 : 통치, 법망, 허점, 임시처방

구화호명(篝火狐鳴)

도깨비불을 피워 놓고 여우로 하여금 소리 지르게 하다.
– 권48 〈진섭세가〉

구화호명은 여론을 조작하는 것을 비유하는 흥미로운 고사성어이다. 여기에는 중요한 역사적 배경이 있다.

진(秦)나라 말기 폭정을 견디다 못한 농민들이 농기구와 죽창을 무기로 삼아 곳곳에서 들고일어났다. 그 과정에서 이들을 이끄는 지도자들이 탄생했다. 진승(陳勝, ?~기원전 208)은 농민 지도자들 중에서도 가장 두드러진 인물이었다. 사마천은 이 일개 농민 지도자를 주로 제후 왕들의 행적을 기록하는 세가(世家) 편에 넣는 대담함을 보였다. 〈진섭세가〉는 이렇게 해서 탄생했다.

기원전 209년 진승은 친구 오광(吳廣)과 함께 봉기하여 파죽지세로 전국 각지로 세력을 뻗쳤다. 최초의 통일제국 진나라 멸망의 발단은 바로 진승의 봉기였다.

봉기를 결심한 진승은 오광과 함께 거사 성공 여부에 대해 점을 치러갔다가 점쟁

중국사 최초의 농민 봉기군 수령 진승은 대중들을 대상으로 여론을 조성할 줄 알았다. '구화호명'이 그것이다. 진승묘 전시관에 조성되어 있는 진승 일대기 중 '구화호명' 장면이다.(2017년)

이로부터 귀신에게 점을 쳐야만 한다는 점괘를 듣게 된다. 진승은 이 점괘를 먼저 귀신인 척해서 사람들로부터 믿음을 사라는 뜻으로 해석했다. 진승은 사람들에게 위엄과 신임을 얻기 위해 오광을 시켜 몇 가지 일을 꾸미게 하는데, 이 성어는 그 일 가운데 하나다.

진승은 먼저 붉은 광물질로 비단 위에 '진승왕(陳勝王)'이라 써서 물고기 배에 몰래 쑤셔 넣은 다음, 병사들에게 이 물고기를 사서 먹게 했다. 병사들은 물고기 뱃속에서 나온 글을 보고는 기이하게 생각했다. 진승은 또 오광을 시켜 야밤에 숲속에 있는 사당에 가서 **도깨비불을 피워 놓고 여우로 위장하여 큰 소리로** '초나라가 크게 일어나 진승이 왕이 된다'고 외치게 했다. 이렇게 해서 진승은 사람들의 주목을 받기 시작했다.

큰일을 앞둔 상황에서 민심의 향방을 주도하기 위한 여론형성은 필수적일 수 있다. 이를 달리 말하자면 '여론조작'이라 할 수 있는데, 역대로 유능한 지도자치고 여론에 관심을 두지 않은 사람은 없었다. 요즈음 식으로 말하자면 지도자의 '이미지 창출'이다. 지금으로부터 약 2,100여 년 전 일개 농민 봉기군의 우두머리가 벌인 여론조작치고는 상당히 고단수라 하지 않을 수 없다.

이런 예언성 문장은 그 뒤로도 아주 오랫동안 정치에 활용되었다. 우리 역사에도 자주 등장하는 '李씨가 왕이 된다'는 '목자위왕(木子爲王)'이니, '趙씨가 왕이 되려 한다'는 '주초위왕(走肖爲王)'이니 하는 참언도 다 이런 여론조작의 일환이었다. 다만 이런 여론조작이 갖는 문제의 본질은 어디까지나 저들이 내세운 명분의 정당성 여부에 있음을 알아야 할 것이다.('계간이기', '연작안지홍곡지지', '왕후장상영유종호' 항목 참고)

키워드 : 농민봉기, 여론조성, 미신

구회모인(久懷慕藺)

인상여를 사모한 지 오래다.
— 권117 〈사마상여열전〉

이 고사성어는 우정의 대명사 '문경지교(刎頸之交)'의 주인공인 전국시대 조나라의 외교가 인상여(藺相如)와 관련이 있다.

구회모인은 **오랫동안 인상여를 사모해왔다**는 뜻이다. 인상여를 누가 그렇게 오랫동안 사모해 왔을까? 그 주인공은 다름 아닌 한나라 초기 부(賦)라는 문장을 잘 지어 이름을 널리 떨쳤던 사마상여이다. 사마상여의 어릴 때 이름은 부모가 붙여준 '강아지', 즉 '견자(犬子)'였다.('견자' 항목 참고) 글을 배운 뒤 사마상여는 자신의 이름이 마음에 들지 않았던지 평소 깊이 사모하던 인상여의 이름을 따서 '상여(相如)'로 고쳤다. 인상여를 닮겠다는 뜻이자, 인상여와 함께하고 싶다는 바람까지 들어 있는 이름이다. 여기서 '모인상여(慕藺相如)' 또는 사마상여의 자인 장경(長卿)을 넣어 '장경모인(長卿慕藺)'라는 사자성어도 함께 나왔다. '인상여를 사모한다', '장경(사마상여)이 인상여를 사모한다'는 뜻으로 '구회모인'과 같은 의미의 성어이다.

누군가를 존경하고 사모하다 못해 그 사람의 이름까지 본 딸 정도라면 존경과 사모의 정도가 어느 정도인지 알 만하다. 역사소설 《항우와 유방》을 쓴 일본의 국민작가 시바료타로(1923~1996)는 사마천을 너무 존경한 나머지 성을 아예 '사마(司馬)'로 바꾸고, 거기에다 사마천을 존경하지만 그를 따라잡기에는 너무 멀다고 해서 '료(遼)'자를 하나 더 붙여서 '사마료태랑(司馬遼太郎)'이라 했다. 그의 본명은 후쿠다 데이이치(福田定一)이었다. 이름을 지을 때 이런 점까지 고려하다니 사마상여도 시바료타로도 다 대단한 사람들이다. 존경하고 사모할 사람이 많은 세상이 좋은 세상 아닐까?

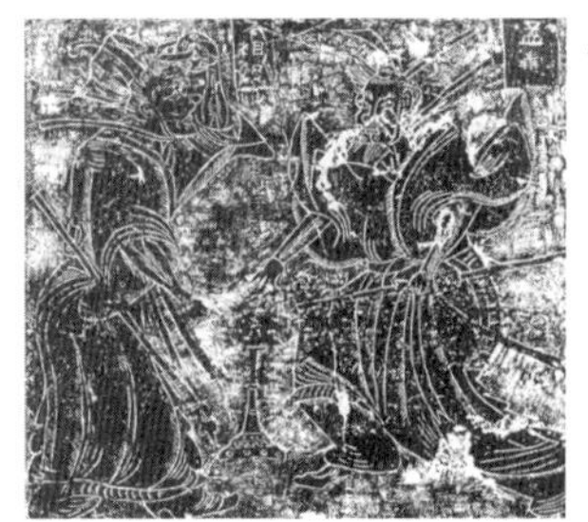

인상여를 나타낸 벽돌 그림의 일부이다.(왼쪽이 인상여이다.)

키워드 : 인간, 존경, 흠모

구회장(九回腸)

장이 아홉 번 뒤틀리다.
– 〈보임안서〉

'구절회장', '회장구전' 항목을 참고하면 된다.

키워드 : 궁형, 육신, 정신, 고통, 극심(極甚)

구흘(口吃)

말더듬이 / 말을 더듬다.
– 권63 〈노자한비열전〉 ; 권117 〈사마상여열전〉 외

《사기》에 나오는 인물들에 대한 사마천이 관찰과 묘사는 대단히 특별하다. 그 사람의 가장 두드러진 특징이나 특성을 잘 잡아냈기 때문이다. 그중에서도 문장은 남달랐지만 말을 잘하지 했던 법가 사상가 한비자(韓非子, 기원전 약 280~기원전 233)와 한나라 초기의 걸출한 문장가 사마상여(司馬相如)에 대해서는 "말을 더듬었다"고 했다. 이 두 사람의 이런 특징을 사마천은 '**구흘**'이란 단어로 묘사했다. **말을 더듬다, 말더듬이**란 뜻이다. 한비자에 대해서는 이렇게 소개했다.

"한비는 한(韓)나라 공자로서 형명(刑名)과 법술(法術)의 학설을 좋아했으나, 학설의 근본은 황로(黃老) 사상에 있었다. 한비는 **말더듬이**로 태어나 변론에는 서툴렀으나 저술에는 뛰어났다. 이사(李斯)와 더불어 순경(荀卿, 순자)에게서 공부했는데, 이사는 스스로 한비보다 못하다고 인정했다."

다음은 사마상여에 대한 소개 부분이다.

"상여는 **말은 어눌했으나** 글은 잘 지었다. 평소 그는 소갈병(消渴病)을 앓고 있었다. 그는 탁문군(卓文君)과 혼인해 재물이 풍족했다. 그는 나아가 벼슬을 하기는 했으나 일찍이 공경(公卿)이나 국가의 일에 참여하지 않았다. 질병을 핑계 삼아 한가하게 살면서 관직과 작위를 바라지 않았다."

이밖에도 사마천은 자신이 직접 만난 적이 있는 한나라 초기의 명장 이광(李廣)에 대해 "말은 잘하지 못했다(구불능도사口不能道辭)"고 묘사한 바 있다.(권109 〈이장군열전〉, '도리불언, 하자성혜' 항목 참고) 그런가 하면 고조 유방이 태자를 바꾸려고 하자, 이를 막기 위해 나선 주창(周昌)이 막상 유방 앞에서 말을 제대로 하지 못하고 더듬는 장면을 '기기(期期)'라는 특이한 단어로 묘사하기도 했다.(권96 〈장승상열전〉, '기기애애' 항목 참고)

이상의 기록들을 볼 때 사마천은 말만 잘하는 사람에 대해 반감을 갖고 있었던 것 같다. 반면 말을 더듬거나 말을 잘 못하지만 그 때문에 남다른 재능이나 인품이 가려진 사람들을 제대로 드러내려 했던 것 같기도 하다.

키워드 : 인간, 특성, 단점, 장애

국

국군강대(國君强大), 유덕자창(有德者昌) ; 약소(弱小), 식사자망(飾詐者亡)

나라의 군주가 강대하고 덕이 있으면 창성하고, 군주가 약소하고 또 잘못을 가리고 속이면 망한다.
– 권27 〈천관서〉

이 말은 군주가 강력하면 덕이 있는 유능한 인재가 기용되고, 군주가 힘이 없으면

〈천관서〉는 고대 중국 천문학·점성학·역사학·철학 등을 망라한 종합전서이자 중국 특유의 별자리 체계를 수립한 귀중한 편이다. 명나라 가정(嘉定) 연간의 판본인 〈천관서〉의 첫 부분이다.

간사한 자들이 설쳐 나라를 망친다는 뜻이다.

사마천은 나라의 군주는 백성의 생활에 관심을 가져야 할 뿐만 아니라 하늘의 기상 변화에도 주의를 기울여야 한다고 말한다. 만약 이변이 생기면 스스로 덕을 닦는, 다시 말해 자신을 되돌아보는 것이 최상이고, 그다음은 정치를 개혁하며, 그다음은 구체적으로 백성을 구제해야 한다.

고대 사회에서는 이밖에도 신에게 제사를 올려 재해가 사라지길 기도했다. 사마천은 이 모든 것보다 최악은 아무 일도 하지 않는 것이라고 일침을 가했다. 제사를 거론하기는 했지만, 사마천은 하늘에 모든 것을 맡기는 당시 천명관(天命觀)을 돌파하여 군주의 행위가 나라의 흥망에 미치는 작용과 심각성을 강조했다는 점에서 큰 의의를 가진다.

키워드 : 통치, 리더, 리더십

국사무쌍(國士無雙)

둘도 없는 나라의 인재.

– 권92 〈회음후열전〉

국사무쌍은 조직이나 나라의 운명을 좌우할 정도로 대단한 인재를 일컫는 사자성어이다. **나라의 둘도 없는 인재**라는 뜻이다.

기원전 206년, 최초의 통일제국 진(秦)이 불과 15년 만에 멸망하고, 초패왕 항우(項羽)와 한왕 유방(劉邦)이 천하를 두고 다투었다. 기원전 206년 진나라가 망한 뒤 일어난 '홍문연(鴻門宴)'을 계기로 항우는 천하의 패권을 장악했고, 유방은 항우의 위

세에 눌려 한중(漢中)이란 벽지로
숨듯이 물러났다. 이때 유방 밑에
항우를 떠나온 한신(韓信)이 있었
다.('홍문연' 항목 참고)

　당초 한신은 항우 밑에 있었으
나 자신이 올린 건의가 번번이 무
시당하자 항우를 떠나 유방에게로
왔다. 유방은 항우보다는 한신을
우대했지만, 별반 다르지 않았다.

소하는 한신이 '국사무쌍'임을 알아보았고, 그가 도망가자 밤
새 뒤를 쫓아 데려와 유방에게 추천했다. 그림은 소하가 한
신을 뒤쫓는 〈소하추한신〉이란 그림이다.(2010년)

그러다 우연히 부장 하후영(夏侯嬰, ?~기원전 172)의 눈에 들어 군량을 담당하는 자리
로 승진했다. 그 뒤 다시 승상 소하(蕭何)와 알게 되었다. 한신은 대망을 품고 있었으
며, 그에 걸 맞는 재능을 감추고 있었다. 소하는 그것을 알아보았고, 유방에게 몇 차
례 한신을 추천했다. 의기소침해 있던 유방은 소하의 말에 귀를 기울이지 않았다.

　그 무렵, 유방을 따르는 부장들 중에 고향과 가족 생각에 도망치는 자가 속출했
다. 유방의 군영이 흔들리기 시작했다. 그 도망병들 중에는 한신도 있었다. 포부가
컸던 한신은 그 정도 자리에 만족할 수 없었기 때문이다. 한신이 도망쳤다는 보고를
받자 소하는 급히 그 뒤를 쫓았다. 그런데 소하도 도망쳤다고 지레짐작을 한 자가
있어 유방에게 그 보고가 전해졌다. 유방은 '좌우의 팔을 잃은' 듯 낙담했고, 노여움
또한 컸다. 이틀쯤 지나 소하가 돌아왔다. 소하를 본 유방은 '기쁘기도 하고, 성이
나기도' 해서 소하에게서 이렇게 말했다.

"승상인 자가 왜 도망을 쳤나?"
"도망친 것이 아닙니다. 도망친 자를 쫓아갔었습니다."
"누구를?"
"한신입니다."
"뭐 한신? 지금까지 부장으로서 도망친 자가 열 명 정도나 되는데, 경은 그중 한

사람이라도 뒤쫓은 일이 있는가? 그런데 이름도 없는 한신의 뒤를 쫓다니, 거짓말 이겠지?”

“이제까지 도망친 부장들 정도의 인물이라면 얼마든지 찾아낼 수 있습니다. 주공 께선 이름도 없는 한신이라고 하시지만, 그것은 한신을 모르시기 때문입니다. 한신 은 실로 **국사무쌍**이라고 칭찬할 만한 인물입니다. 주공께서 이 파촉을 영유하시는 걸 로 만족하신다면 한신이란 인물은 필요하지 않습니다. 만약 동방으로 진출해서 천하 를 다투기를 희망하신다면, 한신 외에는 같이 전략을 꾀할 사람이 없습니다. 한신이 필요한지 아닌지는 주공이 천하를 바라시는지, 아닌지에 따라 결정될 것입니다.”

이렇게 해서 한신은 한의 대장군이 되었고, 실제로 소하가 장담했던 것처럼 '국사 무쌍'의 재능을 마음껏 발휘하여 수세에 몰려 있던 유방을 도와 항우에 적극 맞설 수 있게 했다.

'국사무쌍'은 천하에 둘도 없는 인재를 가리키는 표현이다. 오늘날에는 다양한 분 야에 이런 인재를 가진 조직이나 나라가 발전하고 성공한다. 이 사건에서 '소하가 한신을 뒤쫓다'는 '소하추한신(蕭何追韓信)'이란 성어도 파생되었다. ('소하월하추한신', '한계야창' 항목 참고)

키워드 : 인재, 발군, 군계일학

국유현상양장(國有賢相良將), 민지사표야(民之師表也)

나라의 유능한 재상과 좋은 장수는 백성의 본보기다.

— 권130 〈태사공자서〉

사마천은 《사기》 130권의 마지막이자 자서전으로 실질적인 서문에 해당하는 〈태 사공자서〉에서 130권 각 권의 취지와 요지를 기록했다. 그중 10편의 표 중 마지막은 〈한흥이래장상명신연표〉이다.

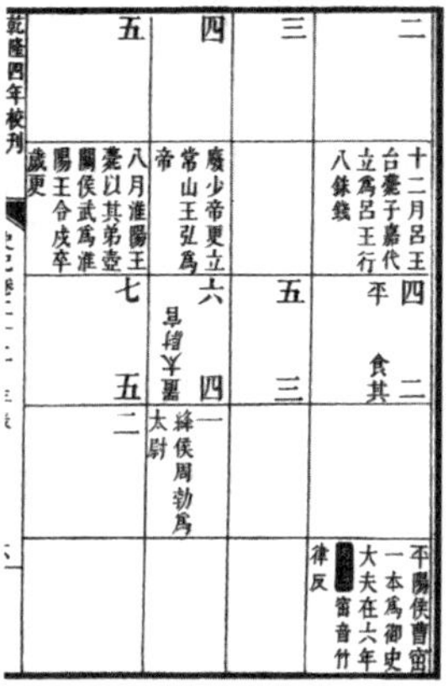
乾隆四年校刊

二	三	四	五
十二月呂王台薨子嘉代立爲呂王行八銖錢		廢少帝更立常山王弘爲帝	八月淮陽王薨以其弟壺關侯武爲淮陽王令戍卒歲更
四 平 食其 二	五 三	六 置太尉官 四	七 五
		一 絳侯周勃爲太尉	二
平陽侯曹窋 一本爲御史大夫在六年 [illegible] 窋音竹律反			

〈한흥이래장상명신연표〉의 부분

이 연표는 고조 원년(기원전 206)부터 성제 홍가 원년(기원전 20)까지 장상명신(將相名臣)의 임면과 사망 등의 변화를 개관하여 열전에 미처 기록하지 못한 사건이나 행적 등을 보완했다.

5칸을 만들어 연도, 대사기, 재상 자리, 장수 자리, 어사대부 자리의 상황 변화를 일목요연하게 보여준다. 특히 대사기는 역사발전 과정의 실마리를 찾아 파악하게 만들었으며, 중요한 장상명신의 신상변화는 위의 칸 좌하에다 글자를 거꾸로 써서 금세 알아 볼 수 있게 했다. 이는 사마천의 남다른 독창성을 보여주는 동시에 사마천의 의도가 내포된 것으로 평가받고 있다. 10표 중 유일하게 서문이 없는 편이고, 후대에 보완한 부분이 있다. 사마천은 이 표를 수록한 취지를 이렇게 말했다.

"**나라의 유능한 재상과 좋은 장수는 백성의 본보기다.** 한나라가 개국한 이래 장수와 재상, 그리고 이름난 신하들의 행적을 살펴 잘한 사람은 그 치적을 기록하고, 그렇지 못한 자라도 그 사실을 분명히 밝혔다."

첫 문장에서 사마천은 나라를 지탱하는 몸통으로서 유능한 재상과 좋은 장수를 꼽았고, 이는 인재가 나라의 흥망을 결정한다는 사마천의 인재관을 반영하고 있다.

키워드 : 국가, 인재, 명장, 양상

국지장흥(國之將興), 필유정상(必有禎祥)

나라가 흥하려면 반드시 좋은 조짐이 나타난다.

– 권50 〈초원왕세가〉 ; 권112 〈평진후주보열전〉

춘추시대 제나라의 명재상 안자(晏子, ?~기원전 500)는 인재가 있는데도 알아보지 못하고, 알아보고도 기용하지 않고, 기용하고도 맡기지 않는 세 가지 상서롭지 못한 징조를 '국유삼불상(國有三不祥)'이라고 했다.(《안자춘추》)

조직이나 나라의 경영이 얼마나 잘되고 있느냐 여부를 따지는 여러 가지 잣대들 중에서 가장 중요한 것이 인재에 대한 처우다. 사마천은 인재를 흥망의 절대 조건으로 보았다. 사마천은 **나라가 흥하려면 반드시 좋은 조짐이 나타난다**는 **국지장흥필유정상** 이란 말을 두 군데서 하고 있다. 관련 대목을 보자.

"나라가 흥하려면 반드시 좋은 조짐이 있기 마련이니 군자는 기용되고, 소인은 쫓겨난다. 나라가 망하려면 어진 이는 숨고, 나라를 어지럽히는 난신은 귀하신 몸이 된다. '(나라의) 안위는 정령(政令, 정책과 명령)에 달려 있고, 존망은 용인(用人)에 달려 있다'는 이 말이 정말 옳구나!"

"**국지장흥**(國之將興), **필유정상**(必有禎祥), 군자용이소인퇴(君子用而小人退) ; 국지장망(國之將亡), 현인은(賢人隱), 난신귀(亂臣貴). 안위재출령(安危在出令), 존망재소용(存亡在所用)."

젊은 장수이자 나라를 떠받칠 인재라고 판단한 이릉(李陵)을 변호하다가 억울하게 옥에 갇히고 궁형까지 당한 사마천은 인재가 나라의 흥망을 결정한다고 단언했다.(그림은 이릉을 변호하다 감옥으로 끌려가는 사마천을 그린 기록화이다.)

사마천이 같은 말을 두 번이나 반복한 것은 무엇보다 인재의 중요성을 강조하기 위해서였다. 이를 달리 말하자면 제대로 인정받지 못하거나 억압받은 인재, 심지어는 평생 한을 품고 사라져간 불우한 인재들의 억울한 목소리를 대변하는 것이기도 하다. 사마천 역시 이릉이란 나라의 기둥이 될 젊은 장수이자 인재를 변호하다가 억울한 변을 당하지 않았던가?

인재가 경쟁력인 시대다. 이는 수천 년 동안 변치 않은 진리에 가까운 명제였다. 그럼에도 불구하고 수많은 인재들이 기회도 갖지 못한 채 멸멸했다. 인재를 시기하고, 질투하고, 모함한 못난 권력자나 그에 기생한 소인배들 때문이었다.

인재를 이유 없이 탄압하거나 말도 안 되는 조건들을 내세우며, 그들의 기회를 박탈할 경우 돌아오는 후환은 나라의 멸망으로까지 나타났음을 수많은 역사적 사례들이 입증하고 있다.('안위재출령, 존망재소용' 항목 참고)

키워드 : 국가, 흥망, 정책, 용인, 인재

군

군경절축(群輕折軸)

가벼운 사람도 떼를 지어 타면 수레의 축이 부러진다.
– 권70 〈장의열전〉

'적우침주,'군경절축~' 항목을 참고하면 된다.

키워드 : 여론, 비방, 반복, 위력

군능제명위의(君能制命爲義), 신능승명위신(臣能承命爲信)

군주는 의로움으로 명령을 내릴 수 있어야 하고, 신하는 그 명을 믿음으로 받든다.
– 권42 〈정세가〉

춘추시대 초나라 장왕(莊王)이 송나라를 공격하자 진(晉)나라는 해양(解揚)이란 장사를 보내 초나라를 속이고, 송나라에게는 항복하지 말라고 권하도록 했다. 장왕은 장왕대로 해양에게 많은 상을 내리며 송나라에 가서 항복을 권하도록 했다. 해양은 약속해놓고 정작 송나라에 가서는 진나라가 도우러 올 것이니 조금만 더 버티라고 했다. 장왕과의 약속을 어긴 것이다. 장왕이 해양을 죽이려 하자 해양은, **"군주는 의로움으로 명령을 내릴 수 있어야 하고, 신하는 그 명을 믿음으로 받들어야 합니다"**라고 말한 다음, 자신은 자기 임금의 명령을 성사시키려 했을 뿐이라고 했다.

이어 해양은 초나라 장병들을 돌아보면서, "신하된 자들은 충성을 다하면 죽는다는 것을 잊지 않도록 하라!"고 외쳤다. 해양의 말인 즉 신하된 몸으로 자기 군주를 위해 충성을 다하면 지금 나처럼 죽임을 당하니, 너희도 너희 군주에게 충성하면 나처럼 죽는 수가 있다는 말이었다. 장왕은 해양의 말뜻을 알아들었고, 그의 충성심과 용기, 그리고 당당한 논리에 감복하여 그를 살려서 돌려보냈다.

중국 역사상 최고의 명군으로 꼽히는 당 태종은 늘 리더의 정당함을 강조했다. 리더가 정당하지 못하면 그 어떤 명령도 명분을 얻지 못한다. 당 태종의 초상화이다.

당나라 태종(太宗, 598~649)이 한 인재를 놓고 판단을 내리지 못하고 있자, 어떤 자가 속임수로 그를 한번 떠보라고 건의했다. 당 태종은 군주가 바르지 못한 방법으로 사람을 대하면 누가 그 군주를 따르겠냐며 호통을 쳤다고 한다. '물의 근원이 흐린 데 그 흐름이 어찌 맑을 수 있겠는가'라는 말도 같은 뜻이다.

'군명신직(君明臣直)'이라 했다.(출처《자치통감資治通鑑》,《봉신연의封神演義》 등) 군주가 밝으면, 즉 깨어 있으면 신하는 정직해진다는 뜻이다. 리더가 밝다는 것은 숨김이 없고, 거짓말 하지 않고, 꼼수를 부리지 않는다는 말이다. 꼼수는 꼼수로 되돌아온다. 법망이 아무리 촘촘해도 위에서부터 법을 어기면 백성들은 어떤 수를 써서라도 그 법망을 피한다. 정당하지 못하면 속임을 당하고, 심하면 무시당할 수밖에 없다.

키워드 : 통치, 리더, 리더십, 군신

군명유소불수(君命有所不受)

군주의 명령이라도 받지 않는다.
- 권64 〈사마양저열전〉

이 명언의 원전은 《손자병법(孫子兵法)》이다. 고대 전쟁은 교통·통신 수단이 낙후되어 있었기 때문에 군주는 순간적으로 변하는 전장의 상황을 제때제때에 파악할 수 없다. 승리를 위해서는 전쟁 상황의 변화에 맞추어 전선의 지휘관이 변화된 상황에 근거하여 알아서 지휘해야만 한다. 전장의 실제 상황과 맞지 않는 명령을 군주가 내리고, 장수가 이를 기계적으로 받아들였다가는 패배는 불을 보듯 뻔했다.

물론 정상적인 상황에서라면 부하는 상관에게 복종해야 한다. 그렇지 않으면 의지와 행동이 통일되지 않는다. 따라서 **군주의 명령을 받지 않을 수 있다는 군명유소불수**에는 원칙이 있고, 조건이 따른다. 즉, 그것이 항명의 구실이 되어서는 결코 안 된다는 것이다. 《손자병법》 〈지형(地形)〉 편에서는 이렇게 말하고 있다.

"전쟁의 상황으로 보아 반드시 승리할 것으로 예견되면, 군주가 싸우지 말라고 하더라도 꼭 싸워야 한다. 전쟁의 상황으로 보아 승리할 수 없다고 판단되면, 군주가 반드시 싸우라고 하더라도 싸우지 말아야 한다. 장수는 공명(功名) 때문에 진격하는 것이 아니고, 벌을 피하려고 후퇴하는 것도 아니기 때문이다. 오로지 백성을 보호하고 나라의 이익에 합치하기를 바랄 뿐이다. 이런 장수야말로 나라의 큰 보배다.”

기원전 6세기 활동했던 제나라의 명장 사마양저(司馬穰苴, 생졸 미상)에 관한 전기가 〈사마양저열전〉이다. 사마양저 역시 《손자병법》의 이 구절과 같은 “장수가 군에 있으면 군주의 명이라도 받지 않을 수 있다(장재군將在軍, 군명유소불수君令有所不受)”라는 말을 남기고 있다.

손무(孫武)도 사마양저도 ‘군명유소불수’의 원칙으로 ‘국가의 이익에 합치할 때’ 즉, 전체 전쟁 국면으로 보아 유리한가 여부를 기준으로 삼았다. 전선의 지휘관이 스스로 판단하기에 ‘군주의 명령을 받아들일 수 없는’ 상황일 때는 조치를 취한 다음 당연히 보고해야 한다.

‘군명유소불수’의 원칙은 나라와 국민의 이익에 부합해야 하며, 전쟁의 전체 국면이 유리해야 한다. 고대 전쟁에서는 전선과 군주간의 의사전달이나 의사소통이 매우 곤란했기 때문에 이 ‘군명유소불수’를 강조한 것은 대단히 중요한 의의를 갖는다.

현대에 와서는 정찰·통신 기구가 크게 발전해서 전쟁의 심도와 넓이가 고대 전쟁과는 비교도 안 될 정도며, 전쟁의 지휘는 더욱 집중·통일되어 가고 있다. 이는 충분히 주목해야 할 점이다. 전쟁의 전체 국면에 관한 전략·전투 행동의 확정과 정책 결정은 반드시 통일되어야 한다.

이 원칙이 오늘날 리더들에게 던져 줄 수 있는 메시지는 전쟁(기업 간의 경쟁을 포함한)의 상황이란 순식간에 변하는 것임에도 불구하고 그런 변화를 제대로 알지 못한 채 융통성 없이 기계적으로 명령을 집행해서는 안 된다는 것이다.

출정 시간에 늦은 왕의 측근 장고(莊賈)의 목을 가차 없이 베어 군령의 지엄함을 보여준 사마양저는 장수의 자율권을 일찍 주장한 명장이었다. 그림은 군법을 어긴 장고(莊賈)를 처벌하는 사마양저의 모습이다.

키워드 : 군대, 장수, 권한, 위임

군욕리즉대부욕리(君欲利則大夫欲利)

군주가 이익을 욕심내면 대부들도 이익에 욕심을 낸다.

– 권44 〈위세가〉

전국시대 위(魏)나라 혜왕(惠王, 기원전 400~기원전 319)은 전쟁에서 여러 차례 고배를 마신 뒤 현자들을 초빙해 고견을 들었다. 맹자(孟子, 기원전 약 372~기원전 289)도 그중 한 사람이었다. 혜왕은 자기 때문에 나라가 텅 비고 선왕과 종묘사직에 욕을 보였다며 나라에 이로운 말씀을 부탁한다고 했다. 맹자는 "국군께서는 그렇게 이익만 말씀하시면 안 됩니다"며 다음과 같이 말했다. 뒤의 문장도 원문과 함께 제시해둔다.

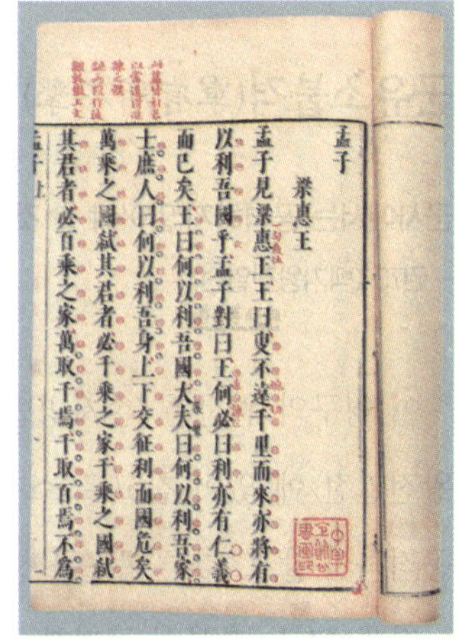

인의를 중시한 맹자의 사상은 《맹자》 〈양혜왕〉 편에 잘 나타나 있다. 해당 편의 판본이다. 양 혜왕은 위 혜왕이다. 위나라의 도성이 대량(大梁)이었기 때문에 '위' 대신 '양'을 쓰기도 한다.

"군주가 이익을 욕심내면 대부들도 이익을 욕심내고, 대부가 이익에 욕심을 내면 백성들도 이익에 욕심을 냅니다. 위아래가 서로 이익을 다투면 나라가 위태로워집니다."

"대부욕리즉서인욕리(大夫欲利則庶人欲利), 상하쟁리(上下爭利), 국즉위의(國則危矣)."

맹자는 위와 같이 말한 다음, "나라의 군주에게는 인의가 있을 뿐인데 하필 이익입니까?"라고 잘라 말했다. 모든 문제의 원인이 인의(仁義)의 정치를 펼치지 못한 데 있다고 지적한 것이다. 인의를 극도로 중시했던 맹자의 진면목이 잘 드러나는 장면이다.

리더가 사사로운 욕심을 부리면 그 밑의 사람들도 그럴 것이고, 결국은 너나없이 모두 사사로운 욕심에 빠져 서로 싸우게 되어 나라가 위태로워질 수밖에 없다. 그래서 사마천은 정치의 수준을 5단계로 나누어 분석하면서 '가장 못난 정치란 백성들과

다투는 정치'라고 했던 것이다. ('선자인지' 항목 참고)

키워드 : 통치, 통치자, 탐욕, 위기

군유소불격(軍有所不擊)

군사에서는 공격하지 말아야 할 것이 있다.
– 권73 〈백기왕전열전〉

이 명구의 원전은 《손자병법》〈구변(九變)〉 편이지만, 그 대표적인 사례가 〈백기왕전열전〉에 있어 참고로 소개한다. **군유소불격**은 진공할 수 있는 적에 대해 곧장 공격하지 말고, 다른 목표를 선택하라는 권고가 담긴 표현이다.

전쟁에서는 충분히 공격할 수 있으나 할 수 없거나 하지 말아야 하는 상황이 일어난다. 예컨대 적을 막다른 골목까지 몰고 갔으나 방어하는 적이 죽을힘을 다해 반항해 올 가능성이 있기 때문에 잠시 공격하지 않고, 적의 마음이 흐트러지면 다시 공격하는 경우 등이다. 소수의 적을 만나 뒤엉키게 되면 현실적으로 보아 싸우지 않는 것이 낫다. 적이 강하고 내 쪽이 약해 당장 공격할 수 없다면 기회를 봐서 야금야금 적을 먹어 들어가는 방법을 취하는 것이 좋다.

전쟁터에서는 공격해야 할 때와 공격해서는 안 되는 경우가 늘 함께한다. 그러나 공격하지 않을 경우라도 그 목적은 최종적으로 적을 섬멸하는 데 있다. 만약 그저 공격만을 위해 병사들을 분산시키면 수동적인 처지에 빠질 수밖에 없다.

〈백기왕전열전〉에 기록된 유명한 장평(長平)전투가 좋은 보기가 될 것 같다. 진나라 장수 백기(白起)는 조의 장수 조괄(趙括)을 포위권으로 유인해 놓고도 곧장

장평전투에서 백기는 '군유소불격'을 실천하여 완벽한 승리를 거두었다. 백기의 초상화이다.

공격하지 않고 적의 원군이 올 것을 예상해서 도로와 식량 보급로를 끊었다. 그렇게 해서 무려 46일 동안 조군을 굶겼다. 그 결과 조군은 서로 서로를 잡아먹는 차마 말로는 못할 극한 상황까지 몰려 항복하고 말았다.

'군유소불격'은 변화·발전하는 상황을 잘 파악해서 과감하게 방침을 세우는 것은 물론, 실행해온 계획을 바꾸는 것까지 포함하는 군사 모략이다. 본래 당면한 적을 공격할 수 있어 공격의 결심을 굳히고 계획도 세웠지만, 그 결심과 계획을 실행으로 옮기는 과정에서 상황 변화(또는 정찰 결과나 판단 착오, 나아가서는 적이 나의 의도를 알고 부서를 변화시키거나 함정을 판 경우 등등)를 발견했다면, 적의 변화에 따라 내 쪽도 변화시켜 잠시 공격을 멈추라는 제안이다.

키워드 : 군사, 전략, 상황, 변화, 신중

군자교절불출악성(君子交絶不出惡聲), 충신거국불결기명(忠臣去國不潔其名)

군자는 절교를 하더라도 나쁜 말을 하지 않으며, 충신은 나라를 떠나더라도 명성을 깨끗이 하지 않는다.

– 권80 〈악의열전〉

전국시대 조나라의 명장 악의(樂毅, 생졸 미상)가 남긴 명언이다. 악의는 연나라 소왕(昭王, ?~기원전 279)의 초빙으로 연나라로 건너와 제나라 정벌에 나섰다. 제나라를 거의 멸망시킬 즈음 소왕이 갑자기 세상을 떠나고, 평소 악의를 탐탁지 않게 여기던 아들 혜왕(惠王)이 즉위했다. 악의는 혜왕의 미움을 받아 결국 장군 자리에서 쫓겨났다. 제나라와 전투하던 외중에 이런 일을 당한 악의는 조나라로 돌아왔다.

악의가 떠나자 제나라 장수 전단(田單, 생졸 미상)은 이간계로 군심이 흩어진 연나라 군대를 교란시킨 다음, '화우진(火牛陣)'으로 연나라를 대파했다. ('화우진' 항목 참고)

악의가 연나라 혜왕에게 보낸 편지는 〈답연혜왕서(答燕惠王書)〉라 하여 역대 최고의 명문 중 하나로 꼽는다. 중국 산동성 거현(莒縣)의 고속도로 휴게소에 세워져 있는 악의의 상이다.(2013년)

결과적으로 연나라는 다 이긴 전쟁에서 패했고, 혜왕은 악의를 원망하며 편지를 보내 서운함을 나타냈다. 악의는 **"군자는 절교를 하더라도 (친구에 관한) 나쁜 말을 하지 않으며, 충신은 나라를 떠나더라도 자기 명성을 깨끗이 하지 않습니다"**라며 답장을 보냈다.

여기서 '자기 명성을 깨끗이 하지 않는다'는 말은 자기 명성을 위해 자신의 거취나 행위에 대해 변명하지 않는다는 뜻이다. 자신이 몸담았던 조직을 나오면서 온갖 저주와 악담을 퍼붓는 못된 인성을 가진 자들은 악의의 이 말을 곰곰이 되새겨 보기 바란다. 악의는 자기 잘못이 아닌 왕의 그릇된 판단으로 장군직을 박탈당했지만 아무런 변명도 하지 않았다.

근거 없이 감정에 치우쳐 자신을 욕하거나 원망하는 사람에게는 변명은 통하지 않는다는 점을 악의는 잘 알고 있었다. 섣부른 변명은 그 사람과 하나 다를 것 없는 인격체로 손가락질 받기 쉽기 때문이다.

키워드 : 관계, 처신, 변명, 담백

군자굴어부지기이신어지기자(君子詘於不知己而信於知己者)

군자는 자기를 알아주지 않는 자에게는 자신의 뜻을 굽히지만, 자기를 알아주는 자에게는 자기 뜻을 나타낸다.

– 권62 〈관안열전〉

춘추시대 제나라의 명재상 안자(晏子, ?~기원전 500)는 죄수로 끌려가던 현자 월석보(越石父)를 구해주었다. 월석보는 불과 반나절 만에 절교를 선언했다. 안자가 정중하게 사죄하며 영문을 물었다. 월석보는 자신을 알아주고도 예를 갖추어 대접하지 않으니, 차라리 죄수의 몸이 낫다며 이렇게 말했다.

"군자는 자기를 알아주지 않는 자에게는 자신의 뜻을 굽히지만, 자기를 알아주는 자에게는 자기 뜻을 나타냅니다."

얼핏 듣기에는 앞뒤가 안 맞고 뒤바뀐 것 같지만, 잘 음미하면 매우 의미심장하다. 자신을 알아주지 않는 자에게 자신을 굽힌다는 말은, 알아주지도 않는데 자신의 뜻과 믿음을 나타낼 필요가 없다는 뜻이다. 깨달은 바가 있어 안자는 월석보를 상객으로 대우했다. 흔히 자신을 알아주는 사람에게 몸을 굽힐 것 같고, 또 그렇게들 한다. 월석보의 말을 가만히 새겨보라. 자신을 알아주는 사람에게 당당하게 자신의 뜻을 펼칠 수 있어야 하지 않겠는가? 알아준다는 말에는 서로 대등한 관계를 전제로 깔고 있어야 한다. 진정한 인간관계는 무조건 복종을 강요하고 복종하는 관계가 아니기 때문이다.

키워드 : 인간관계, 복종, 지기(知己)

군책군력(群策群力)

여럿의 책략과 힘을 한데 모은다.
– 권7 〈항우본기〉

군책군력은 여러 사람의 머리와 힘을 한데 모아 일과 문제를 해결하는 것을 말한다. 이 말은 한나라 때 양웅(揚雄, 기원전 53~18)이 지은 《법언(法言)》〈중려(重黎)〉 편에 나오지만, 그 역사적 배경이 〈항우본기〉와 관련이 있기 때문에 함께 소개한다.

진나라 말기 초와 한이 천하를 놓고 겨루었지만 결국은 절대 열세였던 유방의 한이 승리했다. 초패왕 항우는 해하(垓下) 싸움에서 패하여 오강(烏江)에서 자살했다.(기원전 202년) 그는 죽기 전에 끝까지 자기 곁에 남은 28명의 기병들에게 이런 말을 남겼다.

"내가 군사를 일으킨 지 8년, 스스로 실전에 참가한 것이 70여 차례나 된다. 나와 상대한 자는 모두 쳐부수었고, 공격하면 모두 항복했다. 나는 한 번도 패배라는 것을 모르고 지내 왔다. 그래서 천하의 패자로 군림할 수 있었다. 그런데 이제 와서 이렇게 궁색해지다니, 이는 하늘이 나를 버린 것이지 내가 싸움을 못했기 때문은 아니다. 오늘은 죽음을 각오하고 너희들을 위해 통쾌하게 싸워 반드시 세 번 승리해 보이겠다. 너희들을 위해 이 포위망을 뚫고 적장을 베고 군기를 찢어 버림으로써 하늘이 나를 버린 것임을 똑똑히 보여 주겠다."

항우는 유방의 병사들을 여럿 베고 포위를 뚫었지만 동쪽 오강까지 쫓겼다. 더는 갈 곳이 없었다. 오강의 선착장에는 정장(亭長)이 나룻배를 준비하고 기다리고 있다가 항왕에게 말했다.

"강동(江東)은 비록 땅이 좁기는 하지만 땅은 사방 천 리, 인구가 수십 만입니다. 거기에서 다시 왕이 되시기에 부족함이 없을 것입니다. 자, 어서 배에 오르십시오. 지금 이곳에 있는 배는 이 한 척뿐입니다. 한나라 군사가 뒤쫓아 오더라도 강을 건널 수 없을 것입니다."

항왕은 쓴웃음을 지으면서 이렇게 말했다.

"아니다, 하늘이 나를 버렸는데 내가 강을 건넌들 무슨 소용이 있겠나? 강동으로 말하자면, 일찍이 내가 그곳 강동 젊은이 8천 명을 이끌고 서쪽으로 진격했다. 그런데 지금 다 죽고 나 혼자만 남았다. 설령 강동의 부모들이 나를 불쌍히 여겨 왕으로 삼아 준다 해도, 내가 무슨 얼굴로 그들을 대할 수 있겠는가? 그들이 입으로 말하지 않는다 해도 나 자신이 부끄러워 견딜 수 없다.”

양웅은 유방과 항우의 흥망을 평하면서 이렇게 말하고 있다. 초와 한이 서로 다투다 한이 이기고 초가 망한 것은 “한은 여러 사람의 책략을 다 짜냈고, 그 책략들을 여러 사람들이 힘을 남김없이 끌어 모았다는 차이 때문이다.” 양웅은 한왕 유방이 여러 사람의 지혜와 힘을 최대한으로 발휘한 반면, 항우는 한 사람의 '평범한 용기'에만 의존하여 부하들의 적극성과 그들의 건의

항우는 '군책군력'하지 못했고, 그것이 그의 실패와 죽음으로 이어졌다. 사진은 섬서성 서안시 임동구(臨潼區) 홍문연 유지에 세워져 있는 세발솥을 드는 '항우거정(項羽擧鼎)' 상이다. 받침돌에 새겨져 있는 글은 이청조의 작품 〈하일절구(夏日絶句)〉의 항우 관련 시 구절이다. 시의 내용은 아래 참고자료에 소개해 둔다.

를 제대로 활용하지 못하는 바람에 실패한 것인데, '하늘이 나를 망하게 했다'는 말이 대체 무슨 소리냐고 지적한 것이다.

양웅의 이 지적은 훗날 '군책군력'이란 성어로 바뀌었고, 다시 리더가 단 한순간이라도 소홀히 해서는 안 되는 중요한 모략으로 자리를 잡기에 이르렀다. '한 울타리에 말죽통이 세 개요, 한 영웅 밑에 파(派)가 세 개'라는 중국 속담이 있다. 군중의 지혜를 충분히 발휘하지 못하거나, 여러 사람의 힘을 빌리지 않고 그저 '자기 혼자의 능력'만 믿는 리더라면 리더로서의 자격이 없다.

키워드 : 리더, 리더십, 집단지성

송나라 때의 여류 시인 이청조(李淸照, 1084~1155년)는 불우한 삶을 살았다. 1127년 금의 침입으로 송은 고종 황제부터 남쪽으로 도망쳤다. 그녀도 남편과 함께 남방으로 피했다. 이때 그녀는 적을 보기만 하면 도망치기에 여념이 없던 황제를 비롯한 조정 지배층의 비겁함을 강동으로 돌아가 재기하라는 지지자들의 애원을 물리치고 의연하게 자결을 택한 서초패왕 항우(項羽)에 빗대어 호되게 나무랐다.

살아서 호걸이더니
죽어서도 저승 영웅이 되었구나.
지금도 항우를 생각하노라면
강동으로 되돌아갈 마음 없으리!

항우의 자결을 빗대어 송의 황제와 간신들을 신랄하게 비난한 이청조의 초상화이다.

이청조는 이 난리통에 남편과 함께 공들여 수집했던 글과 그림, 그리고 귀중한 금석문을 대부분 잃어버렸다. 설상가상으로 남편마저 병으로 세상을 떠나면서 그녀는 항주·월주·금화 일대를 떠돌다가 고독하게 인생을 마감했다.

군호지즉신위지(君好之則臣爲之), 상행지즉민종지(上行之則民從之)

군주가 무엇인가를 좋아하면 신하들은 그것을 위해 무엇인가를 하고, 윗사람들이 무엇인가를 행하면 백성들이 그것을 따라 한다.

– 권24 〈악서〉

위 명언은 전국시대 위(魏)나라 문후(文侯, ?~기원전 396)와 공자의 제자 자하(子夏, 기원전 507~?)의 음악에 관한 대화에서 나온다. 문후가 어떤 음악은 지루하고 어떤 음악에는 빠지게 되느냐고 묻자, 자하는 음악에 빠지는 것은 그 음악에 빠졌기 때문이라고 했다. 따라서 군주는 자신이 좋아하고 싫어하는 것에 대한 태도가 신중해야 한다고 하면서 위와 같이 말했다.

춘추시대 제나라 환공(桓公)

초나라 영왕이 '탐연세요'는 전국을 다이어트 열풍으로 몰아넣었다. 이를 나타낸 그림이다.

이 자주색 옷을 좋아하자 처음에는 신하들이, 이어 백성들이 모두 자주색 옷을 입는 통에 옷감과 염료의 값이 폭등했다. 관중(管仲)은 환공에게 자주색 옷이 싫다는 것을 공개적으로 밝히게 해서 물가를 안정시켰다. 여기서 '환공이 자주색을 싫어하다'는 '환공오자(桓公惡紫)'의 고사성어가 나왔다.

춘추시대 초나라 영왕(靈王)은 가는 허리의 여자를 유난히 좋아했다. 그러자 궁중의 여자는 물론 남자들까지 살을 빼려 했고, 심지어 전국적으로 다이어트 열풍이 불어 굶어 죽는 사람까지 생겼다. 이 고사에서 '탐연세요(貪戀細腰)'라는 성어까지 나왔다. '가는 허리를 유난히 좋아한다'는 뜻이다.

아랫사람은 윗사람의 말은 물론 행동을 보고 따른다고 했다. 그래서 리더의 언행은 '소리 없는 명령'이란 말까지 나왔다. 풀은 바람을 따라 눕는다. '환공오자'와 '탐연세요'의 출처는 《한비자》이다.

키워드 : 리더, 기호, 취향, 모방

굴묘편시(掘墓鞭屍)

무덤을 파헤쳐 시신에다 채찍질을 하다.
– 권66 〈오자서열전〉

《사기》 130권 전편에 걸쳐 원한과 복수에 관련한 가장 극적인 장면이 바로 **무덤을 파헤쳐 시신에다 채찍질을 한다**는 **굴묘편시**이다. 이 장면을 연출한 주인공인 오자서(伍子胥, ?~기원전 484)가 왜 이런 극단적인 행동을 보였는가에 대한 과정을 〈오자서열전〉과 다른 기록들을 참고해서 자세히 복원해 본다. 관련 항목으로 '도행역시(倒行逆施)', '인중자승천(人衆者勝天)', '일모도원(日暮途遠)', '진정지곡(秦庭之哭)' 등이 있으니 함께 참고할 수 있다.

기원전 529년, 초나라 평왕(平王)이 쿠데타를 통해 즉위한 다음, 아들 미건(羋建)을 태자로 세웠다. 평왕은 진(秦)과 연합하여 진(晉)을 제압하기 위해 자신의 아들 미건을 진(秦)나라 국군의 여동생 맹영(孟嬴)과 결혼을 시키려 했다. 맹영, 이 여인은 훗날 역사소설 《동주열국지(東周列國志)》 등에 무상공주(無祥公主)라는 이름으로 등장한다. ('무상공주'란 '좋을 것 없는 공주'란 뜻이다.)

기원전 526년, 평왕은 대신 비무극(費無極)을 보내 맹영을 맞아들이게 했다. 비무극, 이자는 총명함이 지나친 야심에 찬 정객으로 재상 자리에 오르는데 혈안이 되어 있었다. 비무극은 맹영을 초나라의 수도 영도(郢都, 호북성 강릉江陵)로 맞아들인 다음, 엉뚱하게 평왕 앞에서 맹영의 미모를 침이 마르도록 칭찬했다. 천하에 둘도 없는 절세미인인 이 여자를 아들에게 주지 말고 평왕 자신이 맞아들이라고 꼬드겼다. 평왕은 마지못한 척 비무극의 건의를 받아들였다.

비무극은 진국의 호송 대신에게 초 왕국의 풍속은 신부가 먼저 황궁에 가서 시아버지에게 인사를 드려야 정식 혼례를 거행할 수 있다고 눙을 쳤다. 맹영은 황궁으로 들어갔고, 기다리고 있던 시아버지 평왕은 그녀를 보내주지 않았다. 그리고는 맹영을 대신해서 제나라 여자를 태자에게 시집보냈다. 왕비가 된 맹영은 1년 뒤 아들 미진(半軫, 훗날 소왕昭王)을 낳았고, 추문도 서서히 새어나가기 시작했다.

태자 건을 두려워한 비무극은 다시 평왕을 끌어들여 태자를 변경으로 보내라고 부추겼다. 태자의 아내가 될 여자를 가로챈 평왕은 태자의 얼굴을 보기가 껄끄러웠고, 평왕은 결국 태자를 북방 성보(城父)로 보내 변경을 지키게 했다. 그러자 비무극은 태자가 반란을 꾀한다고 모함하여 태자를 죽이고, 맹영이 낳은 어린 미진을 태자로 바꾸어야 한다고 건의했다.

기원전 522년, 평왕은 태자의 스승인 오사(伍奢, 오자서의 아버지)를 불러들여 "태자가 반란을 꾀한다고 하는데, 당신은 어째서 조사하지 않는 것인가?"라고 물었다. 비무극의 의도를 간파한 오사는 "대왕께서는 이미 며느리를 빼앗으셨습니다. 그런데 지금 또 아들을 죽이려 하니 어떻게 그러실 수 있습니까!"라며 정면으로 반박했다. 오사의 이 말은 평왕의 아킬레스건을 건드린 것이나 마찬가지였다. 불 같이 성이 난 평왕은 오사를 옥에 가두었다. 성보에서 이 소식을 들은 태자 건은 송나라로 도망쳤다. 평왕은 마침내 순조롭게(?) 어린 미진을 태자로 삼고 비무극을 태자의 스승에 임명했다. 관례상 태자가 등극하면 스승이 재상을 담당하므로 오랫동안 꿈꿔 왔던 비무극의 꿈이 이제 다 이루어진 셈이었다.

한편 오사는 죽을 수밖에 없는 처지에 놓였다. 큰아들 오상(伍尙)과 둘째 아들 오자서는 모두 남다른 지혜를 지닌 인물들이었다. 이를 잘 알고 있는 평왕은 오사에게 두 아들이 입궁하면 모두를 사면해주겠다며, 두 아들 앞으로 한 통의 편지를 보내게 했다. 오사는 편지를 썼다. 편지를 받아 본 큰아들 오상은 매우 기뻐했다. 그는 정치를 모르는 사람이었다. 오자서는 "저는 어리석은 군주와 포악한 군주는 누가 되었건 믿지 않습니다"라며 경계심을 늦추지 않았다.

형제의 생각은 갈라졌다. 오상은 사신을 따라 영도로 갔고, 오자서는 도망쳤다. 오상이 도성에 도착하자마자 부자는 동시에 처형되었다. 오자서는 송나라로 도망쳐 태자 건과 합류했으나, 때마침 송나라에 내란이 일어나 다시 정나라로 도망쳤다. 정

오자서가 초나라를 빠져나오는 극적인 과정과 관련하여 훗날 많은 설화가 생겨났다. 그림은 자신을 구해준 어부에게 오자서가 자신의 검으로 답례하는 모습이다.

나라에서 태자는 실패한 쿠데타에 연루되어 죽었다. 오자서는 태자와 제나라 여자 사이에서 태어난 네 살짜리 미승(羋勝)을 끌어안고 간신히 위기에서 벗어날 수 있었다. 천하는 넓었지만 정작 갈 데가 없었다. 오자서는 초나라 배후의 신흥 강국 오나라가 마침 초나라와 맞서고 있기 때문에 자신을 받아들 수 있을 것으로 생각했다.

정나라에서 오나라 수도 고소(姑蘇)까지는 항공 거리로 720km나 될 뿐만 아니라 초 왕국의 땅을 지나지 않으면 안 되었다. 죽음의 기운이 사방에 깔린 험난한 여정이었다. 오자서는 미승을 안고 오와 초의 경계인 소관(昭關)에 이르렀다. 오자서는 여기서 도망자 오자서를 잡는 자에게는 현상금을 준다는 방을 보게 되었다. 분위기는 삼엄했고 사람들의 눈초리는 심상치 않았다. 오자서는 교외 들판에 숨어 노숙했다. 이곳을 뚫고 나갈 방법이 없는 것 같았다. 그런데 오자서의 고민과 걱정이 얼마나 극심했던지 그날 하룻밤 사이에 머리카락이 모두 하얗게 새버렸다. 이 백발 때문에 오자서의 얼굴은 자연스럽게 변장한 것처럼 변했고, 가까스로 국경을 빠져나올 수 있었다.

당시 오나라는 진(晉)나라의 계획적인 원조를 받으면서 점차 강력한 나라로 바뀌고 있었다. 초는 동쪽 경계선을 공격에서 수비로 전환하여 일찌감치 변경을 따라 큰 성 세 개를 잇달아 쌓았다. 주래(州來)·거소(居巢)·종리(鍾離)가 그것들이었다. 이를 통해 오의 서진을 막자는 의도였다. 하지만 초의 낡은 군대로는 현대화된 오의 군대를 막아낼 수 없었다. 세 개의 성이 연속적으로 오의 수중에 들어갔고, 초의 강역이 개국 이래 처음으로 줄어드는 치욕을 경험해야만 했다.

기원전 522년 오자서는 오나라로 망명하는 데 성공했다. 이 무렵 오자서는 고독과 굶주림에 지쳐 고소성(姑蘇城) 길거리에서 구걸하는 거지로 전락해 있었다. 막강한 초나라 왕에게 복수하는 일은 이제 불가능해 보였다. 거렁뱅이에게 그것은 환상이자 몽상에 지나지 않았다. 게다가 오나라 내부의 권력투쟁이 바야흐로 폭발 직전이었다. 그러니 외국에서 온 거지를 위해 강대국을 공격한다는 것은 어불성설 그 자체였다. 오자서의 앞길은 깜깜 바로 그것이었다. 이 무렵 오자서는 이렇게 떠돌다 끝내는 길거리에 쓰러져 죽을 것 같다는 생각에 사로잡혀 있었다.

하지만 하늘은 그를 버리지 않았다. 오나라 공자 광(光)이 그를 받아들여 약간의 땅을 주어 농사짓고 살도록 배려한 것이다. 광은 오자서의 재능을 잘 알고 있었고, 이내 그를 측근으로 끌어들여 은밀하고 중요한 일을 함께 꾀하도록 했다.

그로부터 6년 뒤인 기원전 516년 초의 평왕이 죽고, 맹영의 아들 미진이 뒤를 이었다.(소왕昭王) 오자서는 가슴을 치며 통곡했다. 복수할 상대와 기회를 잃어버렸기 때문이다. 이듬해(기원전 515) 광은 오자서와 오자서의 추천을 받은 자객 전제(專諸) 등의 힘을 빌려 정변을 일으켜서 국왕 요(僚)를 찔러 죽였다.('어복장도' 항목 참고) 오광은 국왕(이가 오왕 합려闔閭)의 자리에 올랐고, 오자서는 재상에 임명되었다. 이해에 초나라의 비무극이 수도 영도에서 분노한 군중들에게 맞아 죽었다. 가족들도 모조리 도살되었다.

초 평왕과 간신 비무극이 벌인 이 추잡한 사건을 '신대(新臺) 추문'이라 부르는데, 이 추문 사건으로부터 20년이 지난 기원전 506년(오사가 피살되고, 오자서가 소관을 넘은 지 16년이 벌써 지난 해), 오나라는 마침내 초나라를 향해 유례가 없는 대규모 총공격을 일으켰다. 합려 자신이 총사령관이 되고, 오자서는 참모총장을 맡았다. 오나라 수도 고소성에서 초나라 수도 영도까지는 직선거리로 800km나 된다. 오의 수군은 각각 장강과 회하를 거슬러 올라갔고, 육군은 소관에서 서쪽을 향해 들이쳤다. 세 길로 나누어 초를 공격한 대군은 파죽지세로 영도로 진격했고, 초 소왕은 도망쳤다.

오자서는 영도에 진입한 뒤, 평왕의 시체를 파내 자기 손으로 시체가 갈라질 때까지 채찍질을 쳤다. 이것이 중국 역사상 저 유명한 오자서가 무덤에서 시체를 파내 채찍으로 친 '굴묘편시' 사건이다.(일설에는 오자서가 평왕의 시신에다 채찍질을 300번 가했다고 한다.) 수천 년 동안 사람들은 때가 되면 오자서의 이런 험난한 영웅적 사적에 대해 감탄하고 칭송해왔다.

수도를 점령하긴 했지만 오나라는 초나라를 병합할 힘이 모자랐다. 초의 땅이 너무 컸기 때문이다. 이듬해(기원전 505) 초의 대신 신포서(申包胥)가 진(秦)나라의 전차 500량을 이끌고 영도를 향해 구원에 나섰다. 여기에 오나라에서 내란까지 터졌다. 합려의 동생 부개(夫槪)가 그의 직속 부대를 이끌고 지름길로 회군하여 수도 고소를 습격하려 했다. 합려는 철수하는 수밖에 없었다. 물론 빼앗은 금은보화를 잔뜩 싣고.

신포서는 존경할만한 초나라의 애국지사였다. 전하는 이야기에 따르면 진나라 국군은 당초 구원병 파견을 거절했는데, 신포서가 '궁궐 문 앞에서 7일 밤낮을 물 한 모금 마시지 않고 통곡'하는 바람에 그의 충심에 감동하여 파병을 결정했다고 한다.(여기서 진나라 궁정 뜰에서 곡하다'는 뜻의 '진정지곡秦庭之哭', 또는 '진나라 궁정 뜰에서 통곡하여 병사를 빌리다'는 뜻의 '곡정차병哭庭借兵'과 같은 고사성어가 탄생했다. '진정지곡' 항목 참고)

소왕은 나라를 회복했지만 망국에 가까운 대재앙을 겪은 뒤라 그 여파를 감당하지 못한 채 수도를 영도에서 북쪽으로 120km 떨어진 약성(鄀城)으로 옮겼다. 장기간에 걸친 초나라의 패권은 이것으로 끝났다. 오나라, 춘추오패 중의 마지막 패자는 이 싸움으로 일약 패권을 확정할 수 있었다. 그리고 이 대하드라마의 중심에 오자서가 있었다.

키워드 : 인간관계, 원한, 복수

굴수수서(屈首受書)

머리를 처박고 책을 읽다.
— 권69 〈소진열전〉

전국시대의 이름난 유세가였던 소진은 당초 농사나 장사 같은 정상적인 직업이나 일에는 관심을 가지지 않고 각지를 떠돌며 권력자에게 자신의 지식과 식견을 팔아 출세하고자 했다. 그러나 처참하게 실패하고 낙향했다. 가족들조차 그를 비웃었다.

소진은 부끄러워 스스로 상심하여 방을 잠그고 나오지 않으면서 읽었던 책들을 꺼내 훑어보더니 "내가 **머리를 처박고 이 책들을 읽었지만** 존중과 영예를 얻을 수 없다면 아무리 많이 읽었어도 무슨 쓸모가 있겠는가?"라 하고는 주나라 때 책으로 알려진 《음부(陰符)》를 꺼내 책상에 파묻혀 그것을 읽었다.

이렇게 하길 1년 뒤 소진은 마침내 상대의 마음을 헤아리는 방법을 깨닫고는 "이것이면 지금 군주들에게 유세할 수 있겠다!"라면서 천하 각지를 돌며 유세에 나섰고, 6국의 공동 재상이 되어 금의환향했다.

소진은 한 차례 실패한 뒤, 초인적인 각오로 공부에 열중했다고 한다. 이 때문에 소진의 지독한 공부법이 후대에 널리 전해졌는데, **머리를 처박고 책을 읽다는 굴수수서** 외에도 '머리카락을 대들보에 매달고' 공부했다는 '두현량(頭懸梁)', '허벅지를 송곳으로 찔러가며' 공부했다는 '추자고(錐刺股)' 등과 같은 일화를 남겼다. '두현량, 추자고'는 '현량자고'로 줄여 표현하기도 한다. '두현령, 추자고'의 출처는 《전국책》(〈진책〉 1)이다.

머리카락을 대들보에 매달고 공부에 열중하는 소진의 모습을 나타낸 조형물이다. 이 조형물은 귀곡자(鬼谷子)가 소진을 비롯한 많은 인재를 가르친 곳으로 전하는 하남성 운몽산(雲蒙山)의 귀곡자 관련 유적지 안에 있다. 이곳은 현재 '천하제일군교', 즉 천하제일 군사학교라는 이름으로 불린다.(2013년)

키워드 : 공부, 고학(苦學)

권8 〈고조본기〉는 평민 출신으로 중국 역사상 최초
의 제왕이 된 유방의 일대기이다. 내용은 마치 한
편의 단편소설을 방불케 한다. 사진은 유방의 고향
인 강소성 패현(沛縣) 한고조원묘(漢高祖原廟)의 중
심 건축인 낙패전(樂沛殿) 모습이다.(2014년)

굴원침상(屈原沈湘)

굴원이 상강(멱라수)에 몸을 가라앉히다.
- 권84 굴원가생열전

전국시대 말기 초나라의 애국 시인 굴원은 망해가는 초나라의 국세를 만회하려고 무던 애를 썼다. 간신들에 홀려 있던 어리석은 회왕(懷王)은 굴원을 외면했고, 끝내 굴원을 조정에서 내쫓았다. 낙담한 굴원은 돌을 품고 멱라수(汨羅水)에 몸을 가라앉혀 자결했다. 이에 대해서는 '회석자침(懷石自沈)' 항목에서 자세히 살펴보았다.

훗날 굴원이 멱라수에서 자결한 이 사실에서 많은 성어가 파생되어 '자침멱라(自沈汨羅)'나 **굴원침상** 등이 나왔다. '굴원침상'은 **굴원이 상강(湘江)에 몸을 가라앉혔다**는 뜻인데, 멱라수가 상강의 갈래이기 때문이다.

키워드 : 울분, 자결

궁

궁곤불능욕신하지(窮困不能辱身下志), 비인야(非人也)

어려울 때 자신의 몸과 뜻을 굽히지 못하면 사람(사내대장부)이라 할 수가 없다.
- 권100 〈계포난포열전〉

난포(欒布, ?~기원전 145)는 초한쟁패 때 유방을 여러 차례 곤경으로 몰았고, 나중에는 유방에 맞서 반란을 일으켰던 팽월(彭越)을 섬겼다. 유방이 그를 잡아들여 죽이려 하자, 그는 당당하게 당시 상황에서는 그것이 최선이었으니 빨리 삶아죽이라며 다음과 같은 말로 대들었다. 원문을 함께 인용해둔다.

"어려울 때 자신의 몸과 뜻을 굽히지 못하면 사람(사내대장부)이라 할 수 없고, 부귀를 누리 때 만족하지 못하면 현명한 사람이 아니올시다."

"궁곤불능욕신하지(窮困不能辱身下志), 비인야(非人也) ; 부귀불능쾌의(富貴不能快意), 비현야(非賢也)."

유방은 그를 살려주었고, 그는 훗날 연나라 재상까지 지내며 한 왕조를 위해 힘을 다했다. 위 구절은 난포의 인생관 내지 처세철학이라 할 수 있다. 사마천은 그를 '열사(烈士)'로 평가했다.

사마천의 생사관에서 지금 우리가 배워야 할 점은, 참아야 할 때 참아야 한다는 것이다. 마찬가지로 굽혀야 할 때는 굽혀야 한다. 남에게 굽히는 것이 아니라 스스로에게 자존심을 굽혀야 한다. 사마천이 죽음보다 치욕스러운 궁형을 자청한 것도 이런 생사관을 터득했기 때문이다. 해야 할 일, 미처 다 하지 못한 말들이 남았기에 그는 그 치욕을 감수했다. '죽는 것이 어려운 것이 아니라 죽음에 어떻게 대처하느냐가 어려운 것'이라는 그의 말이 큰 울림으로 다가온다.

사마천은 죽음보다 치욕스러운 궁형을 자청할 수밖에 없었던 자신의 처지에 비추어 난포의 생사관을 높이 평가했다. 사진은 드라마 속 난포의 모습이다.(출처 : 바이두)

키워드 : 처세, 생사관, 인욕, 열사

궁수저서(窮愁著書)

곤궁하고 시름에 겨워 책을 쓰다.

– 권76 〈평원군우경열전〉

역사상 힘들고 고난에 처했을 때 분발하여 책을 쓴 사람들이 적지 않았다. 주 문

유리성에 갇혀 8괘를 64괘로 풀이한 주 문왕을 나타내는 조형물이다.(하남성 안양시 유리성, 2004년)

왕은 유리성(羑里城)에 7년 동안 갇혀 있으면서 8괘를 64괘로 풀이하여 《주역(周易)》을 남길 수 있었고, 좌구명(左丘明)은 실명하고도 《좌전(左傳)》이란 역사책을 썼다. 사마천은 성기를 자르는 궁형(宮刑)을 당하고도 역사서 《사기》를 완성해냈다.

곤경에서 남을 원망하거나 자신을 책망하지 않고 분발하여 위대한 저서를 남겼던 것이다. 이를 '발분저술(發憤著述)'이라고 한다. '울분을 저술에 쏟는다'는 뜻이다. 이와 비슷한 성어가 **궁지에 몰리고 시름겨울 때 책을 짓다**는 뜻의 **궁수저서**이다. 삶에서 뜻을 얻지 못해 힘들거나 곤경에 처했을 때, 책을 읽고 글을 쓰는 방식으로 시름과 울분을 발산하는 것을 형용하는 전고인데, 그 출전은 권76 〈평원군우경열전〉이다.(참고로 갈홍의 《포박자抱朴子》〈교제交際〉 편에는 '발분저론發憤著論'이란 표현이 보인다.)

전국시대 조나라의 유력자 평원군(平原君)에게 유세하여 벼슬을 얻었던 우경(虞卿)은 자신과 친했던 위제(魏齊) 때문에 조나라를 떠나 위나라 수도 대량(大梁)으로 도망쳐서 궁하게 살았다. 그 뒤 위제는 범수와 진나라의 압박 때문에 자살했고, 우경은 더 이상 재기하지 못했다. 우경은 낙담하지 않고 나라의 득실을 풍자한 8편으로 이루어진 《우씨춘추(虞氏春秋)》를 저술했다. 사마천은 우경에게 그런 '고통과 근심이 없었더라면 저술을 남기지 못했을 것'이라고 했다.

'궁수저서'는 다양한 형식으로 전해져 '궁수유작(窮愁有作)', '궁수한간(窮愁汗簡)'으로도 쓰였다. 평원군 우경이 책을 쓴 사실에 입각해 '우경서(虞卿書)'라는 표현도 나왔다. 이 표현을 빌려 당나라 문장가 한유(韓愈, 768~824)는 "은근한 말로 사양하지 못했다고 나무라지 말라. 우경이 바로 책을 남기지 않았던가?"라는 시를 남기기도 했다.

키워드 : 곤궁, 발분저술

궁형(宮刑)

성기를 자르는 형벌.
– 〈보임안서〉; 권130 〈태사공자서〉

궁형은 남성의 성기를 제거하는 중국 10대 혹형 중 가장 잔인한 형벌이다. 궁형은 다른 말로 '부형(腐刑)'이라고 하는데, 생식기를 자르고 나면 상처에서 살이 썩는 냄새가 나기 때문에 이런 이름이 생겼다. 육체적 고통은 물론 극심한 정신적 고통과 두고두고 엄청난 트라우마를 동반하기 때문에 죽음보다 치욕스러운 형벌로 여겼다. 젊은 장수 이릉(李陵)을 변호하다 한 무제의 심기를 건드려 뜻하지 않게 사형을 선고받은 사마천은 미처 다 마치지 못한 역사서를 완성하기 위해 이 궁형을 자청하여 사형을 면제받았다.

기록에 따르면 궁형은 일찍이 전설 시대인 요·순 때부터 있었다고 하나 확인할 수 없다. 당초 궁형은 남성과 여성 모두에게 가해진 형벌이었다. 일부일처제라는 혼인질서를 지키기 위해 부정한 짓을 저지른 남녀의 생식기를 자르고 틀어막는 형벌이었다. 이것이 시간이 지날수록 하나의 잔인한 혹형으로 변했고, 그 대상도 주로 남성에 한정되었다.

봉건적 전통사회에서 생식기는 머리와 함께 가장 소중한 기관으로 인식되었다. 머리는 생명의 중추로 개체의 생존을 결정하는 것이며, 생식기는 후손을 번식하는 임무를 지고 있는 것으로 군체의 생존과 연결된다. 이런 생식기를 훼손한다는 것은 엄중한 사건이 아닐 수 없었다. 이 때문에 일찍부터 그 잔인성을 의식하여 폐지를 주장하는 목소리가 적지 않았고, 실제로 사마천이 궁형을 당한 시점으로부터 약 70여 년 전인 문제 13년(기원전 167년)에 궁형을 폐지하라는 조치가 취해졌다. 하지만 얼마 지나지 않아 경제 때

'궁형'을 당한 뒤 사마천의 모습을 그린 그림이다.

다시 부활했다.

궁형은 당초 사형을 대체하는 형벌이었으나 그 뒤 사형이 아닌 다른 죄들에도 적용되었다. 무제 때 오면 사마천을 비롯하여 적지 않은 사람들이 궁형을 당했다는 기록이 보이는데, 가장 대표적인 인물이 사마천을 비롯하여 음악가 이연년(李延年), 혹리 장안세(張安世)의 형이었던 장하(張賀) 등이었다.

이후 궁형은 형벌로서 뿐만 아니라 자진해서 생식기를 자르는 자궁(自宮)의 경향이 많아졌다. 황제가 거느리는 많은 궁녀들의 성적 호기심과 접촉을 막기 위해 궁궐에서 일하는 남성들에게 이 자궁을 강요했기 때문이다. 이들이 바로 환관(宦官)·태감(太監)·내시(內侍) 등으로 불리면서 왕조체제 하에서 없어서는 안 될 존재로 기능했다. 이들은 황제와 궁궐의 주요한 인물들을 가까이서 모시면서 여러 부정적인 역할을 도맡음으로써 역사에 어두운 부분을 장식하게 되었다. 이런 잔인한 혹형과 관례로 인한 비정상적 통치가 수시로 나타났고, 훗날 동한과 명 왕조는 태감(환관)들에 의해 나라가 좌우되는 중국 역사상 가장 암울했던 시대를 겪지 않으면 안 되었다.

키워드 : 형벌, 극형, 생식기, 부형(腐刑)

권

권토중래(捲土重來)

흙먼지를 일으키며 다시 오다.
– 권7 〈항우본기〉

권토중래의 출처는 당나라 시인 두목(杜牧, 803~853)의 〈제오강정(題烏江亭)〉이란 시의 한 구절이다. 오강은 항우가 최후를 마친 장소다. 두목은 이곳의 정자에서 당시 항우의 자결을 떠올리며 이런 시를 남겼다.

병가의 승패란 기약할 수 없는 일
부끄러움을 참을 줄 아는 것이 사나이라네.
강동 젊은이 중에는 뛰어난 인재가 많았으니
흙먼지 일으키며 다시 왔더라면 어찌 되었을까?

두목은 당시 항우가 자결하지 않고 다시 재기했더라면 하는 안타까움을 이런 시로 남겼다. 〈항우본기〉에는 오강의 정장이 "강동이 작기는 하지만 땅이 사방 천 리요, 백성들의 수가 수십만이니 왕이 되시기에 충분한 곳입니다"라며 항우에게 재기를 권하는 대목이 있다.

이후 '흙먼지를 일으키며 다시 온다'는 '권토중래'는 고난 또는 실패를 딛고 재기하는 모습을 비유하는 유명한 성어가 되었다. 비슷한 뜻을 가진 성어로는 '동산에서 다시 일어나다'는 '동산재기(東山再起)'가 있다. 출처는 역사서인 《진서(晉書)》의 〈사안전(謝安傳)〉인데, 사안이 동산에 숨어 있다가 다시 재상이 된 일을 가리킨다. 《사기》에는 〈한안국전〉에 보이는 '다 탄 재에 다시 불이 붙다'는 '사회부연(死灰復燃)'이 있다.('사회부연' 항목 참고) 항우가 오강에서 자결하는 대목에 관해서는 '비가강개' 항목을 참고 참고하면 된다.

항우의 최후를 쓸쓸히 전하고 있는 오강의 모습이다. (2010년)

키워드 : 승패, 재기

귀불가언(貴不可言)

귀하기가 말로 할 수 없다.
– 권8 〈고조본기〉

한나라의 개국 황제 유방은 젊은 날부터 '술과 여자 좋아하는' 건달이었다. 사마천은 〈고조본기〉 첫 부분에서 대놓고 '호주색(好酒色)'이라 했다. 사마천은 유방의 고향인 지금의 강소성 패현(沛縣)을 직접 찾아 유방이 잘 가던 술집 두 군데를 찾아냈고, 나아가 술집 여주인 왕온(王媼)과 무부(武負)의 이름을 남겼다. 훗날 유방은 명망 높은 여공(呂公)을 만나 그 딸 여치(呂雉, 훗날 여태후)를 아내로 맞이했지만, 집안일과 자식은 아내에게 맡겨둔 채 여전히 건달 생활을 이어나갔다.

그는 당시 정장(亭長)이란 동네 치안을 담당하는 말단 벼슬에 있었는데, 휴가 때 집으로 돌아와 밭에 나가 본 적이 있었다. 이때 아내 여치는 두 아이와 밭에서 김을 매고 있었다. 지나가던 노인 하나가 물을 마시고 싶다 하여 여치가 물은 물론 먹을 것까지 대접하자 노인은 감사의 표시로 여치와 아이들의 관상을 봐주며, 아주 귀한 몸이 될 것이라 했다.

노인이 떠나고 곁채에 있었던 유방이 나와 이 이야기를 듣고는 노인을 쫓아가 자신의 관상도 봐달라고 하자 노인은 이렇게 말했다.

"조금 전 부인과 아이들 모두 당신을 닮았습니다. 당신의 상은 **귀하기가 말로 할 수 없습니다.**"

젊은 날 유방의 생활은 술과 여자, 그리고 친구들이었다. 친구들과 어울려 술 마시는 유방의 모습을 그린 패현 가풍대의 기록화이다.(2007년)

귀불가언은 고대에 누군가의 관상을 보고 그 사람의 앞날을 예측할 때 쓰는 상투적인 말이었다. 이 성어는 뒤에 《수호전》, 《삼국연의》 등 많은 문학작품에 차용되었다.

키워드 : 관상, 귀인(貴人)

귀상극즉반천(貴上極則反賤), 천하극즉반귀(賤下極則反貴)

비싼 것이 극에 이르면 값이 떨어지기 시작하고, 싼 것이 극에 이르면 값이 오르기 시작한다.
– 권129 〈화식열전〉

지금으로부터 약 2,500년 전 춘추시대 경제 사상가 계연(計然, 생졸 미상)은 상품경제의 발전을 적극 주장하여 "재물과 화폐가 물 흐르듯 흐르게 해야 한다(재폐욕기행여유수財幣欲其行如流水)"고 했다. 이것이야말로 재화를 생산하여 나라를 부유하게 만드는 길이라고 주장했다.

상업과 상품거래에 대해 아주 높은 식견과 사상을 보여준 계연은 물자교환의 과정에서 어떻게 하면 이익을 남겨 돈을 벌고 재부를 축적할 수 있는가에 대해 깊이 연구했다. 물품(상품)이란 교환을 통해 가치가 커진다고 주장했다.

상인은 교환과정에서 얻어야 할 이윤을 취하는 사람이다. 계연이 제시하는 재화를 축적하고 돈을 버는 방법은 대단히 실질적이다. 그와 동시에 그의 경제관에는 깊은 경제철학과 경영윤리 및 학문까지 담겨 있다. 그는 다음과 같이 말한다.

"재부를 축적하는 이치는 다음과 같다. 첫째, 화물의 질을 중시해야 한다. 둘째, 자금이 유통되지 않고 쌓이는 것을 막아야 한다. 물건을 사고팔 때 쉽게 부패하고 변질하는 물품은 제때에 내다 팔아야지, 더 나은 가격을 받겠다고 묵혀 두는 모험을 해서는 안 된다."

계연은 아마 중국사 최초의 사업가이자 경제 이론가일 것이다. 그의 경영철학은 합리적일 뿐만 아니라 윤리적 차원에까지 이르고 있다. 계연의 초상화이다.

계연의 경제사상이 보여주는 높은 수준은 상품의 가격에 따른 변증법적 관계를 통찰했다는 점에서 잘 드러난다. 다시 말해 상품의 가격은 시장에서의 교환, 공급과 수요의 변화상황에 따라 유동적일 수밖에 없다는 점을 철저하게 인식한 것이다. 따라서 그는 상품의 과잉공급이나 부족한 상황에 대해 연구하여, 물가가 오르고 내리는 기본적 규칙과 이치를 잘 이해해야 한다는 점을 특별히 강조한다.

그는 사물이 극에 달하면 반드시 반대쪽으로 이동한다는 원리와 시장교환의 일반적 규칙에 근거하여 **비싼 것이 극에 이르면 싸지고, 싼 것이 극에 이르면 비싸진다**는 과학적 결론을 얻어냈다. 상업 종사자들에게 시기와 시장상황을 잘 파악해야 한다고 분명히 경고하고, 매매를 위해서는 머리를 써야 할 뿐만 아니라 용기가 있어야 한다고 강조한다. 그래야만 거름을 비싸게 팔 수 있고, 진주를 싼값에 살 수 있다.

계연의 사상에서 오늘날 기업인이 정말 귀담아야 들어야 말은 '물건 값이 오르면 오물(쓰레기)을 버리듯 내다 팔고, 물건 값이 떨어지면 옥(보석)을 사들이듯 사들여라'는 것이다. 이에 대해서는 '귀출여분토(貴出如糞土), 천취여주옥(賤取如珠玉)' 항목에서 상세히 이야기했다.

물건의 싸고 비싸고는 절대적인 것도 영구적인 것도 아니다. 상대적이고 늘 변화한다. 관건은 시기를 장악하는 데 있다. 계연은 '남고 모자란 것을 알면 싸고 비싼 것을 알 수 있다'는 경영전략을 제기한다. 이는 경영의 요점이자 누구나 쉽게 알 수 있는 이치다. 다만 이 탁월하고 보편적인 이론이자 규칙이 2,500년 전에 나왔다는 사실이 놀라울 뿐이다.

키워드 : 경제, 경영, 시기, 경영윤리

귀소(龜巢)

거북의 집 / 연잎.

– 권128 〈귀책열전〉

〈귀책열전〉은 점복(占卜)의 역사와 그 작용 및 무제시대 각종 폐단을 유물론적 시각과 비판적 어조로 서술한 특이한 열전이다. 각지의 다양한 점복 활동의 발전사를 개괄하고, 그 배경과 사회적 원인도 분석했다.

또 무제시대 대외정벌을 위한 점복, 권력 투쟁에 동원된 '무고지화(巫蠱之禍, 저주로 인한 재앙)'로 인한 작용 및 그에 이용된 점복자

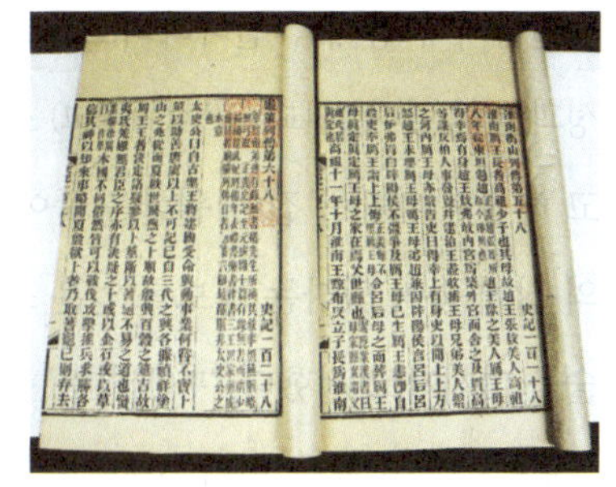

점복에 관한 기록을 통해 무제시대 미신의 풍조를 신랄하게 비판하고 있는 〈귀책열전〉의 첫 부분(사진 왼쪽)이다.(2019년)

들의 죄악에 대해서도 비판하고 있다. 연구자들에 따라 서문 부분만 사마천의 글로 인정하는 견해도 있다. 〈귀책열전〉의 내용 중에는 신령스러운 거북 이야기가 상당히 비중 있게 등장하는데 관련 대목을 보면 이렇다.

"신령스러운 거북은 강남의 가림(嘉林) 속에 산다. 가림은 범이나 늑대와 같은 맹수가 없고, 올빼미와 같은 나쁜 새도 없으며, 독충이나 해충도 없고, 들불도 여기까지는 미치지 못한다. 여기가 도끼로 나무를 벨 수 없는, 즉 좋은 숲이라는 곳이다. 신령스러운 거북은 이 가림에서 늘 아름다운 연잎 위에 집을 짓고 산다."

거북의 둥지, 거북의 집이란 뜻의 **귀소**가 여기서 나왔고, 훗날 '귀소'하면 거북이 집을 지은 **연잎**의 대명사로 사용하게 되었다.(간자복야, 유자적야 항목 참고)

키워드 : 미신, 점복, 거북

귀이위교자(貴而爲交者), 위천야(爲賤也)

귀한 사람이 친구를 사귀는 것은 천했을 때를 잊지 않기 위함이다.
– 권79 〈범수채택열전〉

전국시대 강대국 진나라의 소양왕(소왕)은 범수를 중용하여 외교 방면 등에서 큰 성과를 올렸다.('원교근공' 항목 참고) 소양왕은 범수가 위나라에 있을 때 범수를 모함하고 해쳤던 위제를 잡아 원한을 풀어주려 했다. 당시 위제가 조나라의 유력자 평원군의 집에 숨어 있다는 정보를 얻은 소양왕은 평원군에게 편지를 보내 열흘 동안 함께 술을 마시자고 청했다.('평원십일음' 항목 참고)

평원군은 소왕을 만나 술자리를 가졌다. 소왕은 위제를 내놓지 않으면 돌려보내지 않겠다고 위협했다. 평원군은 다음과 같은 말로 소왕의 요구를 거절했다.

"귀한 사람이 친구를 사귀는 것은 천했을 때를 잊지 않기 위함이며, 부유한 사람이 친구를 사귀는 것은 가난했을 때를 잊지 않기 위함입니다."

평원군이 이 말에서 '**귀이위교자(貴而爲交者), 위천야(爲賤也)** ; 부이위교자(富而爲交者), 위빈야(爲貧也)'라는 명언이 나왔다. 이 대목은 '귀한 사람이 친구를 사귀는 것은 천해졌을 때 도움을 받기 위한 것이고, 부유한 사람이 친구를 사귀는 것은 가난으로 떨어졌을 때 도움을 받기 위함이다'라는 식으로 번역하기도 한다.

키워드 : 인간관계, 교제, 부귀빈천

귀촉망(龜觸網)

거북이 그물에 걸리다.

– 권128 〈귀책열전〉

‘간자복야, 유자적야’ 항목에서 살펴보았듯이 송나라 원왕(元王, 춘추시대 송 원공으로 추정)은 신령스러운 거북을 얻어 중대한 일의 길흉을 점쳤다. 〈귀책열전〉에는 원왕이 이 거북을 얻게 된 경위와 그 이후의 일을 아주 장황하게 기록하고 있는데 거북을 얻게 된 경위는 이렇다.

송 원왕 2년, 장강(長江)의 신이 신령스러운 거북을 황하의 신에게 심부름을 보냈다. 거북이 천양(泉陽)에 이르렀을 때, 예저(豫且)라는 어부가 그물로 거북을 잡아 바구니 속에 넣어두었다. 그런데 원왕의 꿈에 이 거북이 나타나 이렇게 말했다.

“저는 장강 신의 명령으로 황하 신에게 심부름 가던 길이었는데, 제가 가는 길목에 그물이 쳐져 있어, 천양 지방에 사는 예저에게 잡혀 도망칠 수가 없게 되었습니다. 곤경에 빠졌으나 하소연할 사람이 아무도 없습니다. 대왕께서 평소 덕과 의리가 있다 하여 이렇게 찾아와 도움을 청합니다.”

꿈에서 깬 원왕은 박사 위평(衛平)에게 해몽을 부탁했고, 그 이후의 상황은 ‘간자복야, 유자적야’ 항목에서 살펴본 바와 같다.

〈귀책열전〉에만 보이는 원왕은 춘추시대 송나라의 제26대 국군 원공으로 추정된다. 기원전 531년부터 기원전 517년까지 재위했다. 당시 원왕이 이 신령스러운 거북을 얻었는지는 확실치 않다. 이 기록은 저소손이 보충해 넣은 것이기도 하다. 원왕은 이

고대, 특히 은(商)나라는 점복이 일상이었다. 여러 종류의 짐승 뼈로 점을 치고 그 점괘를 그 뼈에 새기거나 써놓았다. 이것이 복골(卜骨)이다. 중요한 일이나 큰일이 있으면 거북 배 껍데기로 점을 치고 그 내용을 새겼다. 이를 다른 말로 갑골문(甲骨文)이라 한다. 사진은 점을 친 거북 배껍데기에 새긴 갑골문이다.

거북을 풀어주려 했으나, 박사 위평이란 자가 끈질기게 설득하여 결국 거북을 죽여 그 껍데기로 점을 치는 도구로 삼았다.('귀소' 항목 참고)

원왕의 꿈에 나타난 거북이 자신이 그물에 걸려 잡혔다는 대목에서 **귀촉망**(龜觸網)이란 단어가 나왔다. **거북이 그물에 걸렸다**는 뜻으로 몸이 올가미에 묶여 꼼짝하지 못하듯이 어딘가에 얽매여 자유롭지 못한 몸이나 처지를 비유한다.

키워드 : 미신, 점복, 거북

귀출여분토(貴出如糞土), 천취여주옥(賤取如珠玉)

상품이 비싸지면 쓰레기처럼 내다 팔고, 값이 떨어지면 옥구슬을 사들이듯이 사들여라.
– 권129 〈화식열전〉

춘추시대 경제 사상가 계연의 경제론과 상인관에서 가장 빛나는 대목은 그가 상인의 이윤 추구를 긍정했을 뿐만 아니라, 나아가 상인이 시장에서의 물가 안정에 일정하게 책임을 져야 한다고 주장한 것이다. 그는 이렇게 말했다.

"상품이 비싸지면 쓰레기처럼 내다 팔고(귀출여분토貴出如糞土), 값이 떨어지면 귀한 옥구슬을 사들이듯이 사들여라(천취여주옥賤取如珠玉)."

가격이 오른다고 그것을 꿰어 찬 채 더 오르길 기다리지 말 것이며, 가격이 떨어진다고 더 떨어지길 기다리지 말고 적당한 값으로 사들이라는 것이다. 요컨대 재물이 되었건, 자금이 되었건, 물이 흘러가듯 원활하게 유통시켜야만 물가도 안정을 찾는다는 것이다. 또 상인은 이런 기본을 지켜서 서민의 물가가 안정적으로 유지되는 데 책임감을 느껴야 한다. 이는 경제 윤리에 가까운 논리로 대단히 귀중하다.

사마천은 계연의 경제관과 상인 윤리관을 대단히 높이 평가했다. 이 같은 평가는 계연의 경제 전략을 전폭 수용한 월나라가 춘추오패의 하나로 위세를 떨친 것으로 충분히 입증되었다. 아래는 당시 월나라의 상황에 대한 사마천의 기록이다.

"이렇게 계연의 방법대로 10년간 다스리고 나자 나라가 부강해졌고, 병사들에게는 풍족한 돈과 물건을 주게 되었다. 그러자 병사들은 갈증 난 사람이 마실 물을 얻은 것처럼 적의 돌과 화살을 향해서 용감하게 진격하게 되었고, 결국 구천은 강한 오나라에 복수하여 천하에 군대의 위력을 떨치고 '오패(五覇)'의 하나로 불리게 되었다."

계연의 경제사상에 대해서는 '귀상극즉반천, 천하극즉반귀' 항목을 함께 참고하면 된다.

키워드 : 경제, 경영, 물가, 경영윤리

규

규소절자불능성영명(規小節者不能成榮名), 오소치자불능입대공(惡小耻者不能立大功)

작은 예절에 얽매어 있는 사람은 영광스러운 명성을 이룰 수 없고, 작은 치욕을 못 견디는 사람은 큰 공을 세울 수 없다.

– 권83 〈노중련추양열전〉

전국시대 말기 제나라의 처사이자 유세가였던 노중련(魯仲連, 생졸 미상)이 요성(聊城)에서 버티고 있는 연나라 장수를 설득하는 대목에서 나온 명언이다. 유세가의 화려한 언변을 잘 보여주는 구절이기도 하다. 노중련은 자신이 성공시킨 일에 대한 대

노중련 고향 마을로 전하는 산동성 치평현(茌平縣)에 남아 있는 사당의 모습이다.(2013년)

가를 바라지 않는 특이한 유세가였는데, 어쩌면 자신의 일에 대한 이런 허심탄회한 자세가 그의 언변에 진실성을 더했는지 모르겠다.(이에 대해서는 '지자불배시이기리' 항목 참고)

노중련은 과거 춘추시대 제나라의 관중(管仲)이 죄수의 몸으로 끌려오는 것을 참았고, 노나라의 장수 조말(曹沫)이 전투에서 패했음에도 이에 굴하지 않고 제나라 환공을 위협하여 빼앗긴 땅을 되찾았던 사건 등 구차한 예절에 매이지 않고 작은 굴욕쯤은 거뜬히 참아낸 고사를 거론하면서, 작은 체면과 사소한 치욕 때문에 목숨을 버리지 말라고 충고했다. 다시 공명을 세워 영원히 칭송을 듣고, 명예를 세워 만세의 공을 남기라는 격려도 잊지 않았다.

사마천은 작은 치욕을 참고 큰일을 이룬 인물들의 사례를 많이 남겼다. 노중련이 언급한 관중과 조말이 그랬고, 초한쟁패의 영웅으로 한나라 건국에 결정적인 공을 세운 명장 한신도 젊은 날 싸움을 걸어온 젊은이의 가랑이 밑을 기는 치욕을 참아냈다.('과하지욕' 항목 참고) 사소한 시비와 치욕에 발끈해서 큰 뜻을 이루지 못한다면 진정한 장부가 아니다.

키워드 : 인간관계, 일처리, 영욕, 인욕(忍辱)

규합지중(糾合之衆)

긁어모은 무리.

– 권97 〈역생육고열전〉

진나라 말기에서 초한쟁패에 이르는 과정에서 뛰어난 언변으로 유방을 도와 작지 않은 역할을 해낸 유세객 역이기(酈食其, ?~기원전 203)는 유방을 만나 다시 일어난 6국 합종연횡의 형세를 분석하여 유방의 관심을 끌었다. 유방은 역이기에게 음식을 대접하며 앞으로의 대책을 물었다. 역이기는 이렇게 말했다.

"공께서는 **긁어모은 무리들**과 일어나시고, 뿔뿔이 흩어진 병사를 모으셨지만 그 수 또한 만 명을 넘지 않습니다. 이러한 병력으로 강한 진나라를 치려하시니 이는 '호랑이의 입에 뛰어드는' 격입니다. 진류(陳留)는 천하의 요충지이며, 사통오달의 지역으로, 현재 성 안에는 많은 식량을 비축해놓고 있습니다. 소인이 진류의 현령과 친분이 있으니, 제가 사신으로서 가서 공께 항복하게 만들겠습니다. 만일 그가 제 말을 듣지 않는다면 공께서 군대를 일으켜 성을 공격하십시오. 제가 성 안에서 내응하겠습니다."

유방은 역이기의 말대로 사신을 보낸 다음, 군대를 이끌고 뒤따라가서 진류를 항복시켰다. 그리고는 역이기를 광야군(廣野君)에 봉했다. ('거상', '고양주도' 항목 참고)

역이기가 유방에게 올린 대책 중에 나오는 **규합지중**은 **여기저기서 모은 무리**라는 뜻으로 일반적으로 많이 알려진 '오합지졸(烏合之卒)'과 비슷한 뜻이다. '오합지중(烏合之衆)'으로도 쓴다.

키워드 : 군사, 무리, 오합지졸

균천광락(釣天廣樂)

하늘 한가운데와 온갖 음악.
– 권43 〈조세가〉

춘추시대 후기 진(晉)나라의 실권자 조간자(趙簡子, ?~기원전 476)가 병이 나서 5일 동안 사람을 알아보지 못할 정도가 되었다. 대부들은 모두 걱정이 태산이었는데 명의 편작(扁鵲)이 진찰을 하고는 혈맥이 정상이라며 옛날 목공(穆公) 때도 비슷한 일이 있었고, 3일 안에 깨어날 것이라고 했다. 편작의 말대로 이틀하고 한나절이 지나자 조간자가 깨어나서는 대부들에게 이런 말을 했다.

전국시대 말기 진나라의 실권자로서 훗날 조나라 건국의 기틀을 놓았던 조간자의 조형물이다.(출처 : 바이두)

"내가 상제가 사는 곳에 갔는데 아주 즐거웠소. 여러 신들과 **하늘 한가운데**에서 노닐었고, **온갖 악기로 연주되는 웅장하고 아름다운 음악**과 모든 춤 '만무(萬舞)'를 듣고 보았는데, 삼대(三代)의 음악과 같지는 않았으나 그 소리가 사람의 마음을 감동시켰소."

동안우(董安于)는 이 말을 적어 기록으로 보관했다. 그가 편작의 말을 조간자에게 보고하니 조간자는 편작에게 밭 4만 무(畝)를 내렸다. 조간자가 꿈에서 노닐었다는 하늘 **한가운데**를 **균천**이라 하고, **온갖 음악과 춤**을 **광락**이라 한다. 훗날 이 둘을 붙여서 **균천광락**이란 사자성어를 만들어 **궁정의 음악**, 또는 **천상의 고상한 음악**을 가리키기에 이르렀다.

근

근근간간(勤勤懇懇)

너무 간절하다.

– 〈보임안서〉

사마천이 입사 동기 임안(任安)에 보낸 편지에 대한 답장 〈보임안서〉는 다음과 같이 시작된다.

"지난 번 보내 주신 편지에서 저에게 사람들과의 관계를 원만히 하고 유능한 인재를 밀어주는 것을 책무로 여기라는 가르침을 주셨습니다. 그 말씀의 뜻과 기운이 **너무 간절하였습니다.** 아마도 제가 소경(少卿, 임안)의 말씀에 귀를 기울이지 않고 속된 사람들의 말에 따른다고 생각하시어 나무라신 것이 아닌가 합니다만, 저는 결코 그렇지 않습니다."

위 대목의 **너무 간절하였습니다**가 **근근간간**이다. 아주 간절한 모습이나 마음을 형용하는 표현이다. 또 수고를 마다않고 매우 진지하고 성실하게 어떤 일에 임할 때도 쓴다. 이 표현은 한나라 때 학자 양웅(揚雄, 기원전 53~기원후 18)의 〈극진미신론(劇秦美新論)〉이란 문장에도 보인다. ('보임안서' 항목 참고)

키워드 : 마음, 간절함

근수관약(勤守管籥)

삼가 열쇠와 자물통을 잘 지키다.

– 권53 〈소상국세가〉

사마천은 한나라의 첫 승상이었던 소하
(蕭何, ?~기원전 193)의 일생을 기록한 〈소
상국세가〉에서 마지막 부분 '태사공왈'에
서 다음과 같은 논평을 남겼다.

"상국 소하는 진나라 때 도필리(刀筆吏)
로서 무슨 특별한 행적 없이 평범했다.
한이 일어나자 해와 달의 후광에 힘입어
소하는 **삼가 열쇠와 자물통을 잘 지켰고**, 진
나라 법에 고통 받는 인민들을 위해 순리
에 따라 새로운 정책을 시행했다. 회음후

기원전 206년 유방이 함양성에 진입하자 소하는 진나라의 각종 기록과 문서를 확보했고, 이는 그 뒤 한의 재정과 군사력 보강에 결정적인 역할을 했다. 그림은 당시 진나라 문서를 확보하는 소하의 모습이다.(2007년)

(한신)와 경포 등이 죽임을 당한 뒤, 소하의 공적은 더욱 더 빛나게 드러났다. 그 지
위는 신하들 중 으뜸이었고, 명성은 후대에게까지 전해지니 굉요(閎天)나 산의생(散
宜生) 등의 공적에 비할 만하다."

사마천은 한의 건국에 소하의 역할을 대단히 높이 평가하여 주 문왕을 보좌했던
굉요와 산의생에 비교했다. **열쇠와 자물통을 잘 지켰다**는 근수관약은 그 뒤 나라 살림
을 잘 돌본다는 뜻의 성어가 되었다.

키워드 : 재상, 국정, 살림

금도문군(琴挑文君)

거문고로 문군을 도발하다.

− 권117 사마상여열전

사마상여가 성도의 부상 탁왕손의 잔치에 가서 거문고 연주로 그 딸 탁문군의 마음을 사로잡은 일을 **금도문군** 또는 '금심상도'라 한다.(자세한 내용은 '금심상도' 항목 참고)

키워드 : 남녀, 애정, 유혹

금상(今上)

지금의 황제.

− 권6 〈진시황본기〉

그 당대 황제를 가리켜 **금상**이라 했다. 〈진시황본기〉에 보이며, 사마천은 자기 당대의 황제였던 무제의 전기를 〈금상본기(今上本紀)〉라 했다.(〈금상본기〉는 〈효무본기〉로도 많이 쓴다.)

키워드 : 제왕, 호칭

금성천리(金城千里)

천 리나 뻗친 튼튼한 성.
– 권6 〈진시황본기〉

금성천리는 권력(정권)이나 집안의 기초가 매우 튼튼한 것을 비유할 때 쓰는 성어다. 쇠처럼 단단한 성이 천 리나 뻗쳐 있으니 얼마나 든든하겠는가? 이 말은 한나라 초기의 젊은 학자 가의(賈誼)가 진의 흥망성쇠를 전문적으로 분석한 〈과진론(過秦論)〉에 나온다. 이 글은 〈진시황본기〉에 딸려 있는 명문으로 해당 대목은 다음과 같다.

"진시황은 마음속으로 관중(關中)의 **견고함은 천 리 길이의 철벽 성과 같으니,** 자손만대로 제왕이 되게 할 위업이라고 여겼다."

천하통일이라는 위업을 달성한 진시황으로서는 진 황실의 기반이 그야말로 '금성천리'와 같아 자손만대 복을 누리며 살 수 있을 것으로 확신했을 법하다. 하지만 어처구니없게도 반석과 같던 진은 그가 죽은 뒤 불과 5년 만인 기원전 206년 유방이 이끄는 농민 봉기군에 멸망했다. 가의는 '금성천리'라는 표현과는 아주 대조적으로 진을 무너뜨린 진승에 대해 이렇게 묘사하고 있다.

'금성천리'라는 성어를 구사한 가의의 저서 《신서(新書)》 판본이다.

"진승은 깨진 항아리 주둥이로 창을 삼고 새끼를 늘어뜨려 문을 대신할 정도로 가난하고 보잘것없는 집안의 자식이었으며… 재능은 보통 사람에도 미치지 못했으며…."

진나라는 이렇듯 보잘것없는 진승의 죽창과 깨진 항아리 조각으로 만든 창날 앞에 무릎을 꿇었다. 가의는 그 원인을 진이 인의를 베풀지 않았고, 천하를 취할 때와 그것을 지킬 때의 형세가 달랐기 때문이라고 진단했다.

순식간에 무너질 수도 있는 '금성천리'를 지켜주는 진정한 힘은 무엇이며, 어디에서 나오는 것인지 곰곰이 생각해 볼 일이다. 비슷한 성어로는 '철벽 성과 끓는 물을 채운 못'이란 뜻의 '금성탕지(金城湯池)'가 있다. '금성탕지'의 출처는 《한서》 〈괴통전〉이다.

키워드 : 정권, 기반

금심상도(琴心相挑)

거문고 연주로 서로의 마음을 도발하다.
– 권117 〈사마상여열전〉

문장으로 한 시대를 풍미했던 사마상여(司馬相如)는 젊은 날 아주 특별한 애정 경력을 가진 풍류인이었다. (이에 대해서는 '가거도사벽립' 항목 참고)

한번은 사천 임공(臨邛) 지역의 부호 탁씨(卓氏) 집안의 초청을 받아 잔치에 거의 반강제로 참석한 일이 있었다. 주위의 강권에 못 이겨 사마상여는 거문고 실력을 선보였고, 이를 훔쳐보던 탁씨의 딸 문군(文君)은 사마상여의 자태에 반해 버렸다. 탁문군은 시종을 넣어 만남을 청했고, 사마상여도 탁문군에게 마음이 끌려 당장 그날 밤으로 야반도주를 했다. 2천여 년 전에 일어난 기가 막힌 애정행각이었다.

탁씨 집안은 발칵 뒤집혔고, 다시는 딸을 보지 않겠노라 선언했다. 살길이 막막해진 두 사람은 탁문군이 챙겨 온 패물 따위를 처분하여 우물을 파고 술집을 차렸다. 사마상여는 직접 술을 나르고, 술상을 치웠다. ('독비곤' 항목 참고) 얼마 뒤 사마상여는 황제의 부름을 받아 장안으로 올라가 벼슬을 받았고, 그사이 탁씨 마음도 풀려 넉넉한 생활을 누릴 수 있게 되었다.

금심상도(琴心相挑)는 거문고 연주 소리에 자신의 마음을 담아 전함으로써 상대의 마음을 도발하겠다는 발칙한 애정의 표현이다. 동시에 낭만과 격조가 있는 애정 표

거문고를 연주하는 사마상여와 이를 훔쳐보는 문군의 모습을 그린 성도의 한 상점을 장식하고 있는 그림이다.(2010년)

현이라고도 하겠다. '이금심도지(以琴心挑之)'라고도 하고, 거문고 연주로 문군의 마음을 도발했다 해서 '금도문군'이라고도 한다.

훗날 사람들은 이 고사와 성어를 가지고 남녀의 애정을 나타냈는데, 대개 남자가 구애하는 전고로 활용했다. 당나라 말기의 문인 나규(羅虯, 생졸 미상)는 그 당시 상여가 문군이 자신을 훔쳐보고 있다는 것을 몰랐다면, 아마 거문고 연주를 하지 않았을 것이라는 그럴 듯한 상상력을 발휘하기도 했다. 또 지역에는 당시 사마상여가 연주한 곡이 〈봉구황(鳳求凰)〉으로 전해오는데 이 역시 '수컷 새가 암컷 새를 찾는다'는 즉, 짝을 찾는다는 뜻의 곡조이다.

키워드 : 남녀, 애정, 유혹

금옥장교(金屋藏嬌)

금으로 지은 집에 아교를 모시다.
– 권49 〈외척세가〉

《좌전》에 "여자는 미추에 관계없이 일단 궁궐에 들어가기만 하면 질투를 받는다"는 말이 있다. 절대 권력자 황제를 둘러싼 시기와 질투는 관리들의 전유물이 아니었다. 오히려 후궁들 사이에서 더 치열했다. 사마천은 〈외척세가〉를 비롯하여 여러 편에서 궁중 투쟁의 실상을 기록으로 남겼다.

금으로 만든 집에 아교(阿嬌, 훗날 진陳 황후)를 모시다는 **금옥장교**는 후궁들 사이에 벌어

374

진 궁중 투쟁의 모습을 잘 반영하는 성어로 전한다. 다른 기록들을 함께 참고하여 이를 재구성해 보았다.

기원전 157년 한 문제(文帝)가 세상을 뜨고, 두(竇)황후의 큰아들 유계(劉啓)가 순조롭게 자리를 물려받아 서한 왕조의 제4대 황제 경제(景帝, 기원전 188~기원전 141)가 됨으로써 두황후는 두태후가 되었다. 경제는 효성이 지극한 황제였던지라 어머니 두태후의 말이라면 거역하는 법이 없었다고 한다. 경제는 율희(栗姬)라는 미인을 사랑하여 그녀와의 사이에서 유영(劉榮)이란 아들을 낳아 태자로 삼았으나, 율희를 황후로 봉하지는 않고 있었다. 이밖에 왕씨와의 사이에서 아들 유철(劉徹, 훗날 무제)을 두었고, 다른 후궁들과의 사이에서도 많은 아들을 두었다.(경제는 14명의 아들을 두었다.)

두태후는 자식들을 끔찍이도 사랑했다. 특히 작은아들인 양(梁) 효왕(孝王)을 애지중지했는데, 심지어 황제 자리를 작은아들에게 물려주었으면 좋겠다고 말할 정도였다.(언젠가 술자리에서 경제는 술김에 어머니 두태후의 기분을 맞추어주려고 훗날 자신이 죽으면 황제 자리를 동생인 유무劉武, 즉 양 효왕에게 물려주겠다고 농담을 했다가 곤욕을 치르게 된다.) 큰딸 유표(劉嫖)에 대한 사랑도 만만치 않아 훗날 죽으면서 자신의 전 재산을 딸에게 물려주라는 유언을 남기기도 했다.

유표는 경제의 누나로 장공주(長公主)라 불렸다.(황제와 오누이 사이의 공주를 이렇게 불렀다. 그리고 황제의 고모들은 대장공주라 부르는 것이 관례였는데, 대개 큰 공주나 왕공주 정도로 이해하면 될 것 같다.) 유표는 아들을 낳지 못하고 아교(阿嬌)라는 딸 하나를 두었는데, 이 딸이 말 그대로 금지옥엽(金枝玉葉)이었다.

장공주는 어머니 두태후와 황제인 동생 경제를 등에 업고 궁중에서 막강한 위세를 과시하며 다녔다. 특히 동생 경제를 위해 아름다운 미녀들을 공급하는 뚜쟁이 역할을 자청했다. 누구든 장공주를 거치지 않고서는 황제에게 후궁을 소개하거나 들일 수 없었다. 그러다 보니 율희처럼 경제의 사랑을 받고 있던 후궁들의 미움을 살 수밖에 없었다.

장공주는 야심도 대단하여 딸 아교를 황태자인 유영에게 시집보내 황후로 만들 심산이었다. 장공주는 황태자의 생모인 율희를 직접 찾아가 혼사를 거론했다. 후궁

큰아들 유계(경제)가 순조롭게 황위를 계승함으로써 두태후는 날개를 달았고, 궁중 암투는 더 복잡하게 전개되었다. 사진은 한 경제와 왕황후 무덤이 있는 양릉(陽陵)이다.(2011년)

의 지존인 두태후의 외동딸이자 황제의 누나인 자신이 직접 청혼을 하고 나서는데 어떻게 거절할 수 있겠냐는 자신감에서 위풍당당하게 율희를 찾은 것이었다. 그러나 율희는 이 제안을 한마디로 거절했다. 장공주의 딸인 아교가 마음에 들지 않아서가 아니라, 다른 여자들을 황제에게 소개하여 자신으로부터 황제의 사랑을 빼앗아가는 장공주의 행태가 괘씸했기 때문이었다.

장공주는 큰 충격을 받았다. 궁중의 실세인 자신의 체면이 무참히 구겨졌기 때문이다. 장공주는 율희에게 원한을 품었다. 하지만 장공주는 경솔하게 보복을 가하는 그런 여인이 아니었다. 충격은 받았지만 결코 좌절하지 않고 전략을 수정했다. 장공주는 다른 대상을 물색했고, 그 결과 왕부인의 소생인 유철을 골랐다.

왕부인의 이해관계도 장공주와 맞아떨어졌다. 유철을 낳긴 했지만 든든한 후원 세력이 없던 차에 장공주의 혼인 제안이 들어왔고, 재빨리 주판알을 퉁긴 결과 손해 날 것이 없는 거래라고 판단하여 적극 혼사를 받아들였다. 당시 유철은 아직 어린애였는데, 장공주는 유철에게 아교를 아내로 맞이할 생각이 있냐고 협박과 다를 바 없는 제안을 했다. 그런데 유철은 한술 더 떠 '아교와 결혼하면 금으로 된 집에 모시겠노라' 호언장담을 하여 장공주는 물론 이 이야기를 전해들은 경제와 두태후의 마음을 기쁘게 했다. 바로 여기서 '금옥장교(金屋藏嬌)'라는 고사성어가 나왔다.

경제는 이들의 혼사를 허락했고, 죽이 맞은 장공주와 왕부인은 내친김에 다음 단계의 작전에 돌입하게 된다. 다음 단계의 작전이란 물을 것도 없이 지금의 황태자를 폐위시키고, 그 자리에 유철을 앉히는 것이었다.

먼저 장공주가 나섰다. 경제의 신임을 이용하여 태자 유영의 어머니인 율희를 헐뜯는 한편, 율희의 시기심을 부추기는 심리전을 구사했다. 이와 함께 율희가 황후가 되는 날에는 다른 후궁들이 모조리 '인체(人彘)'가 될 것이라며 경제를 불안하게 만들었다. '인체'란 말 그대로 '사람돼지'란 뜻이다. 지난날 여태후가 남편 유방이 죽은 뒤 유방이 아끼던 척희(戚姬)의 손발을 자르고, 눈알을 파내고, 귀를 멀게 한 뒤 돼지우리에 넣어 죽게 만든 사건을 말한다. 당시 이 사건은 궁중 전체를 공포에 떨게 했을 뿐만 아니라, 두고두고 끔찍한 사건의 표본으로 전해오고 있었다.

장공주의 경고에 겁이 난 경제가 하루는 율희에게 황후가 된 뒤 자신이 죽으면 여태후처럼 다른 후궁들을 괴롭히지 말라고 부탁했다. 율희는 아무 말도 하지 않았다. 하루가 멀다 하고 다른 미인들을 공급하는 장공주는 물론 그녀와 어울려 음모를 꾸미는 왕부인에 대한 증오가 뼈에 사무쳐 있던 율희는 경제의 부탁에 도리어 화가 났던 것이다. 그런데 이것이 치명적인 실수가 되었다. 시기와 질투에만 사로잡혀 황제가 왜 이런 말을 하는지 다시 생각해 보지 않았던 것이다. 이런 면에서 율희는 장공주나 왕부인에 비하면 하수였다.

장공주에 이어 왕부인이 나섰다. 왕부인은 율희에 대한 경제의 사랑이 흔들리고 있다는 사실을 확인하고는 사람을 사주하여 율희를 황후로 삼으라는 청을 올리도록 했다. 그렇지 않아도 율희에게 잔뜩 화가 나 있던 경제는 노발대발하며 그자의 목을 베게 하고, 급기야 태자 유영까지 폐하여 임강왕(臨江王)으로 내쳐버렸다. 율희의 원한은 더욱 깊어졌고, 그럴수록 경제와의 거리는 더욱더 멀어졌다. 율희는 우울증에 시달리다 죽었다.

이렇게 해서 왕부인은 황후가 되고, 그 소생인 유철은 황태자가 되었다. 장공주의 야심과 한판 도박이 크게 성공하는 순간이었다. 경제가 세상을 뜨고, 유철이 그 뒤를 이으니 이가 바로 무제다. 이제 왕부인은 황태후로서, 장공주는 황제의 장모로서, 그 딸 아교는 황후(진황후)로서 더할 수 없는 부귀영화를 누리기에 이르렀다. 그리고 이 암투의 최대 승리자는 누가 뭐라 해도 뚜쟁이 장공주 유표였다.

성공과 더불어 불행의 그림자도 함께 찾아들었다. 무제에게는 평양(平陽)공주라는 누이가 있었는데, 이 장공주께서도 고모인 유표를 본받아서(?) 뚜쟁이로 나섰다. 평양공주 역시 미녀들을 동생에게 주선했고, 그중에 위자부(衛子夫)라는 미인이 무제의 마음을 사로잡게 된다. 그 결과 황후인 장공주의 딸 아교는 점점 고독한 신세가 되어갔다. 나이도 무제보다 위였으니 미모도 점점 시들해졌다.

어머니 장공주의 정교한 계획에 따라 황후의 자리까지 오른 아교 진(陳)황후는 시들어버린 황제의 사랑을 애타게 기다리다 못해 목을 매는 자살 소동까지 벌였다. 그럴수록 무제의 마음은 더 멀어져만 갔다. 대개 사내들은 여자들이 이런 식으로 나오면 더 냉정해지기 마련이다. 갈 데까지 간 진황후는 무당을 동원하여 위자부를 저주하기에 이르고, 이 사실을 알게 된 무제는 당시 독하기로 이름난 법관 장탕(張湯)을 시켜 이 사건을 조사하게 했다. 그 결과 300여 명이 걸려들어 목이 잘리는 참극이 발생했다.

진황후도 자유로울 수 없었다. 황후 옥새를 빼앗기고는 싸늘한 냉궁으로 쫓겨났다. 하지만 진황후는 끝까지 포기하지 않고 당대 최고의 문장가인 사마상여(司馬相如)에게 자신의 애틋한 마음을 나타낸 글을 짓게 하여 무제에게 보내는 마지막 투혼(?)을 발휘했다. 하지만 그 뒤로도 진황후는 죽을 때까지 무제의 얼굴을 보지 못했다. '금으로 만든 집에다 고이 모시겠다'는 '금옥장교'의 약속은 결국 이런 참혹한 배신으로 돌아왔다. 그리고 이 고사성어 역시 가련한 여인의 심경을 대변하는 말로 그 의미가 바뀌었다.

창과 칼이 부딪치지 않았을 뿐 후궁들의 암투는 실제로 궁정 쿠데타였다. 태자를 내쫓고, 그 어미를 죽게 만들었다. 황제 자리의 주인이 바뀌었다. 권력욕에 불탔던 장공주와 거기에 길들여져 아무 생각 없이 어머니가 짜놓은 각본대로 움직였던 아교의 이야기는 한나라 초기 황실의 병목 위기 상황과 그대로 맞물려 있는 여성들의 정치투쟁에 다름 아니었다.

장공주 유표의 선택은 당시 상황에서는 최선이었다고 할 수 있다. 딸은 쓸쓸히 죽어갔지만, 정작 장공주의 말년은 또 한 번 사람들을 놀라게 하는 한 편의 드라마를 연출했다. 말년의 장공주는 젊은 정부 동언(董偃)과 사랑에 빠진다. 당시 그녀의 나이는 50세였고 동언은 18세였다. 장공주는 동언의 체면 유지비로 천문학적인 돈을 쏟아 부으며 그와의 사랑에 목을 맸다. 그런데 안타깝게도 동언이 서른을 넘기지 못하고 요절했다. 속이 상한 장공주도 몇 년 뒤 동언을 따라 세상을 떠나버렸다. 죽음을 맞는 마지막 순간까지도 장공주는 세상을 놀라게 했다.

경제의 무덤 오른쪽에 위치한 왕황후의 무덤이다.(2011년)

먼저 간 남편은 아랑곳 않고 젊은 정부 동언의 무덤 옆에 묻어달라는 유언을 남겼던 것이다.

자식의 부귀영화와 권력을 향해 질주했던 장공주 유표는 마지막 순간 나이를 초월한 사랑을 선택했다. 혹자는 그녀를 여성판 여불위라고 한다. 하지만 출세와 사업을 위해 자신의 애첩을 다른 남자에게 바친 여불위와 사랑하는 사람을 위해 모든 것을 다 바친 유표는 엄연히 달라 보인다. 그녀는 마치 사랑이 생명의 전부인양 자신의 최후를 그렇게 불살랐다.

후궁 암투의 본질은 궁중의 정치투쟁이다. 두태후의 기연(奇緣)에서 비롯된 한나라 초기 황실 내부의 정쟁은 이렇게 유표의 애틋한 애정으로 일단락되었다. 그리고 한나라의 기틀도 어느 정도 반석에 올랐다. 식상한 얘기지만, 궁중의 암투를 보면 천하를 다스리는 것은 남자지만, 그 남자를 다스리는 것은 여자라는 말이 실감날 수밖에 없다.

사마천은 고조 유방의 후궁들 중 총애를 받지 못한 자만이 편안하게 살아남을 수 있었다고 했지만, 그만큼 단조로운 삶이라는 평가를 피하기는 어려울 것 같다. 그와는 대조적으로 권력과 부귀를 위해 모험을 마다하지 않은 여인들의 치열한 삶은 그런 만큼 극적이었기 때문에 역사의 조명을 받은 것이 아니겠는가? 참고로 서한 초기 황실의 관계도를 제시해둔다.

키워드 : 권력, 권력자, 후궁, 궁중암투

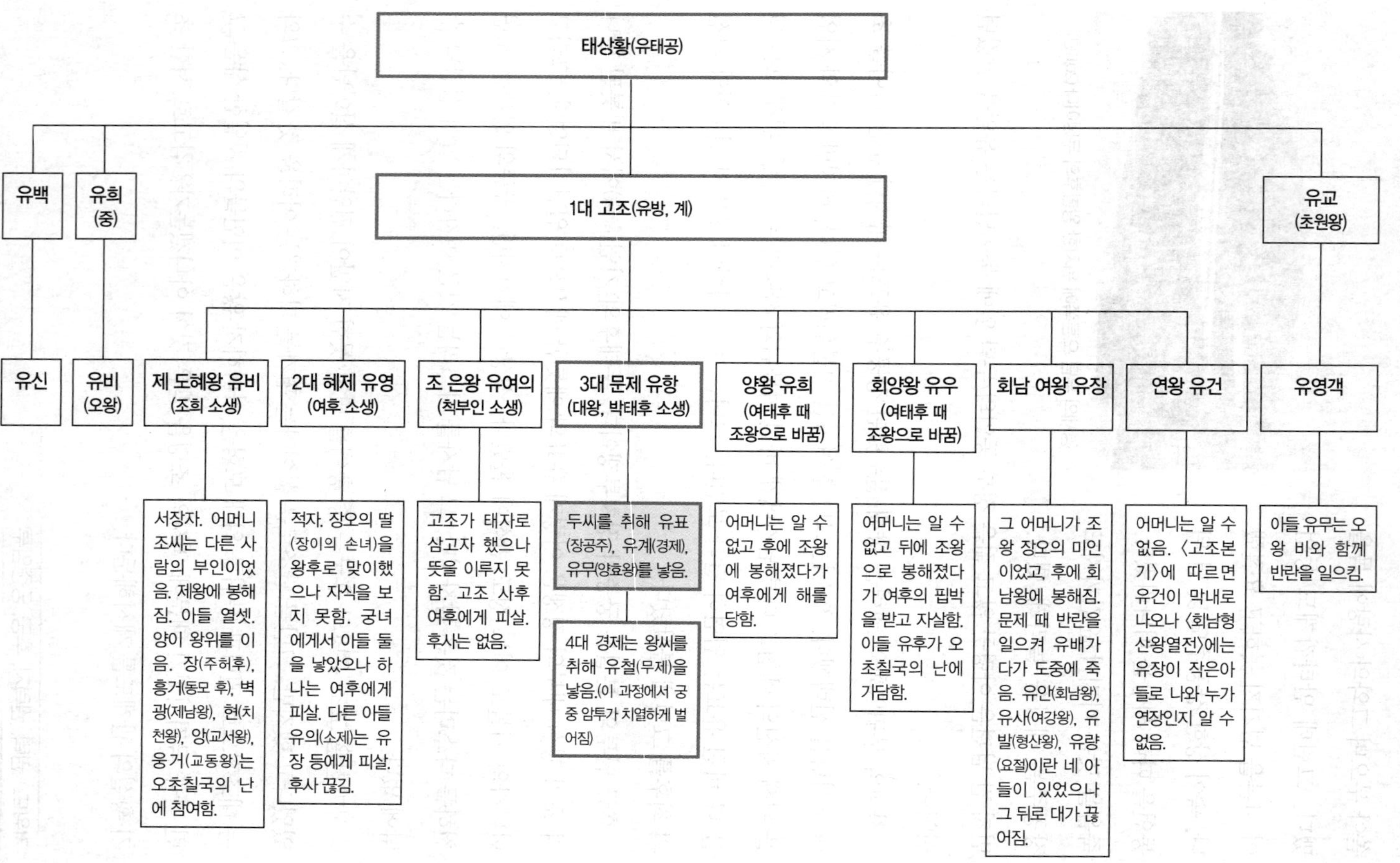

태상황(유태공)
1대 고조(유방, 계)
유백
유희 (중)
유교 (초원왕)
유신
유비 (오왕)
제 도혜왕 유비 (조희 소생)
2대 혜제 유영 (여후 소생)
조 은왕 유여의 (척부인 소생)
3대 문제 유항 (대왕, 박태후 소생)
양왕 유희 (여태후 때 조왕으로 바꿈)
회양왕 유우 (여태후 때 조왕으로 바꿈)
회남 여왕 유장
연왕 유건
유영객
서장자. 어머니 조씨는 다른 사람의 부인이었음. 제왕에 봉해짐. 아들 열셋. 양이 왕위를 이음. 장(주허후), 흥거(동모 후), 벽광(제남왕), 현(치천왕), 앙(교서왕), 웅거(교동왕)는 오초칠국의 난에 참여함.
적자. 장오의 딸(장이의 손녀)을 왕후로 맞이했으나 자식을 보지 못함. 궁녀에게서 아들 둘을 낳았으나 하나는 여후에게 피살. 다른 아들 유의(소제)는 유장 등에게 피살. 후사 끊김.
고조가 태자로 삼고자 했으나 뜻을 이루지 못함. 고조 사후 여후에게 피살. 후사는 없음.
두씨를 취해 유표(장공주), 유계(경제), 유무(양효왕)를 낳음.
4대 경제는 왕씨를 취해 유철(무제)을 낳음.(이 과정에서 궁중 암투가 치열하게 벌어짐)
어머니는 알 수 없고 후에 조왕에 봉해졌다가 여후에게 해를 당함.
어머니는 알 수 없고 뒤에 조왕으로 봉해졌다가 여후의 핍박을 받고 자살함. 아들 유후가 오초칠국의 난에 가담함.
그 어머니가 조왕 장오의 미인이었고, 후에 회남왕에 봉해짐. 문제 때 반란을 일으켜 유배가다가 도중에 죽음. 유안(회남왕), 유사(여강왕), 유발(형산왕), 유량(요절)이란 네 아들이 있었으나 그 뒤로 대가 끊어짐.
어머니는 알 수 없음. 〈고조본기〉에 따르면 유건이 막내로 나오나 〈회남형산왕열전〉에는 유장이 작은아들로 나와 누가 연장인지 알 수 없음.
아들 유무는 오왕 비와 함께 반란을 일으킴.

급봉이시(及鋒而試)

기세가 왕성할 때 쓰다.

– 권8 고조본기

기원전 206년 홍문연(鴻門宴)에서 간신히 살아남은 유방은 항우의 분봉에 따라 한 중(漢中)을 봉지로 받아 한왕(漢王)이 되어 한중으로 들어갔다.('홍문연' 항목 참고) 한중 은 한 번 들어가면 나오기가 거의 불가능한 지역이었다. 좁은 길목인 진창(陳倉)만 막으면 오갈 데가 없기 때문이다. 유방은 장량의 권유에 따라 건너온 잔도를 모두 불태워 항우에게 한중에서 나길 뜻이 없음을 보여주었다.('화소잔도' 항목 참고)

한중에서의 생활은 별일은 없었지만, 다른 곳으로 나갈 수 없는 처지라 장병들은 향수병에 걸려 도망가는 자가 속출했다. 소하의 추천으로 대장군에 임명된 한신(韓 信)은 한왕(유방)에게 이런 대책을 올렸다.

"항우는 공로가 있는 부장들을 모두 왕에 봉했는데, 유독 대왕(大王)만을 남정(南鄭) 에 머물게 했으니 이는 유배시킨 것과 다름없습니다. 우리 군대의 장병들은 모두 산 동 사람이라 밤낮으로 발꿈치를 세운 채 고향으로 돌아가기를 바라고 있습니다. 그 러니 그들이 동쪽으로 돌아가고자 하는 **기세가 왕성할 때를 맞추어 쓰신다면** 큰 공적 을 이룰 수 있습니다. 천하가 평정되어 백성들이 모두 평안해지면 다시는 그들을 이 용할 수가 없으니, 차라리 계책을 세워 동쪽으로 나가 천하의 패권을 쟁취하십시오."

한신의 제안대로 유방은 '잔도를 수리하는 척하면서 진창으로 들이닥쳐' 결국 관 중으로 나오는 데 성공했다.('명수잔도, 암도진창' 항목 참고) 이로써 초한쟁패가 본격적 으로 시작되었다.

한신이 건의한 위 대책 중 '기세가 왕성할 때를 맞추어 쓰신다면'이란 대목에서 '급봉이시'라는 성어가 나왔다. 훗날 이 성어는 누군가 일을 몹시 하고자 할 때를 맞추어 그 사람을 기용하라는 뜻이 되었다. 또 그런 기회를 잘 타서 일을 하라는 뜻으로도 인용한다.

키워드 : 기세, 시기, 기회, 용인

급인지곤(急人之困)

다른 사람의 어려움을 나서서 돕다.
– 권77 〈위공자열전〉

기원전 257년, 진나라가 조나라의 도성 한단(邯鄲)을 포위했다. 조나라의 실력자 평원군은 위나라의 신릉군에게 구원을 요청했다. 신릉군은 평원군의 처남이었다. 신릉군이 망설이자 평원군은 편지를 보내 자신이 신릉군의 누이와 결혼한 까닭은 신릉군이 평소 **다른 사람의 어려움을 나서서 돕는** 성품이었기 때문이라며 누이가 불쌍하지 않으냐고 나무랐다. 신릉군은 위왕에게 조나라 구원을 청했으나 거절당했다. 신릉군은 군대를 동원할 수 있는 '병부(兵符)'를 훔친 다음, 직접 식객들과 함께 군대를 동원하여 조나라를 도왔다.('절부구조' 항목 참고) 이 일로 신릉군은 위나라로 돌아오지 못하고 조나라에 머물게 되었다.

급인지곤은 신릉군의 성품을 나타내는 성어지만 훗날 다른 사람의 어려움을 외면하지 않고 주동적으로 나서 돕는 행동을 가리키는 뜻으로 쓰이고 있다.

키워드 : 곤경, 도움

급찰(給札)

찰(札)을 내리다 / 특혜를 베풀다.
– 권117 〈사마상여열전〉

　‘양득의’와 ‘자허오유’ 항목에서 보았듯이 한 무제는 사마상여의 〈자허부〉를 읽고 이 글을 쓴 사람을 보고 싶다고 했다. 곁에 있던 양득의가 사마상여를 소개했다. 무제는 사마상여를 불러들여 〈자허부〉에 관한 이야기를 나누었다. 사마상여는 〈자허부〉는 제후에 빗댄 글이라 부족하다고 했고, 무제는 사마상여가 편하게 글을 쓸 수 있도록 상서(尙書)에게 명령하여 사마상여에게 **찰(札)을 내리게 했다.** 이것이 **급찰**이다.

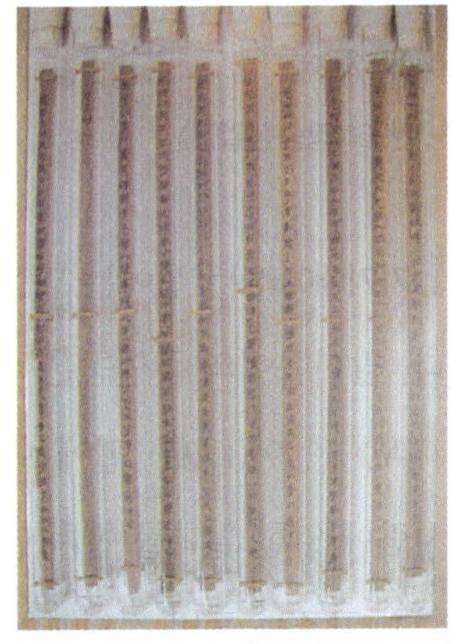

산동성 임기(臨沂) 은작산(銀雀山) 한나라 무덤에서 발굴된 《손빈병법》 죽간의 모습.

　당시에는 종이가 발명되기 전이라 글을 쓰려면 목간이나 죽간이 필요했다. 글을 쓸 수 있는 죽간과 목간은 비용도 그렇고 구하기가 쉽지 않았다. 무제는 사마상여가 편하게 글을 쓸 수 있게 특별히 목간과 붓 따위를 내렸던 것이다. ‘찰’은 목간이나 죽간을 가리킨다. 이로부터 ‘급찰’은 조정에서 문인에게 베푸는 특별한 혜택을 가리키는 용어가 되었다.

키워드 : 문장, 목간, 특혜

기기애애(期期艾艾)

에에, 저저.

– 권96 〈장승상열전〉

기기애애라는 성어는 말을 더듬는 사람의 모습을 비유한 특이한 성어라 할 수 있다. 말더듬이의 주인공은 〈장승상열전〉의 주창(周昌, ?~기원전 192)과 《세설신어(世說新語)》〈언어(言語)〉 편에 보이는 등애(鄧艾, 197~264)라는 인물이며, 이 성어는 이 두 사람에 얽힌 일화를 합쳐 만들었다.

한 고조는 후비 척희(戚姬)의 몸에서 난 여의(如意, 기원전 201~기원전 194)란 어린 아들을 아주 사랑하여 훗날 혜제(惠帝, 기원전 210~기원전 188)로 즉위하는 태자 유영(劉盈)을 폐위시키려 했다. 조정은 이 문제로 뒤숭숭해졌다. 강직하기로 이름난 주창이 과감하게 나서 태자 폐위의 부당성을 지적하고자 했다. 주창은 황제에게 면담을 요청했고, 분위기는 그야말로 초긴장 그 자체였다. 나라의 장래가 걸린 중대한 만남이었기 때문에 더욱 그랬다. 그런데 이 중대한 순간에 주창은 심하게 말을 더듬었다.

"시, 신은 마 말을 자 잘 못합니다. 그 그러나 시 신은 그 그 일이 저 절대 안 되 된다는 것을 아 알고 있습니다.…"

주창의 성품을 잘 아는 고조는 잔뜩 긴장하고 있다가 심하게 말을 더듬는 주창의 모습에 그만 껄껄 웃고 말았다. 그리고는 태자 폐위 건을 중지했다.(물론 다른 이유도 작용했다. 이에 대해서는 '상산사호' 항목 참고) 혜제의 어머니 여태후는 무릎을 꿇고 앉아서 주창에게 감사를 표시했다.

등애는 삼국시대 위나라의 명장이었다. 등애는 말을 더듬는 약점이 있었는데, 일쑤 자신의 이름자인 '애'를 자주 반복했다. 한번은 낙양에서 사마소(司馬昭)가 소집한 회의에 참석하여 이야기를 나누다가 예의 '애'를 반복했다. 사마소가 농담으로 "대체 '애'를 몇 번이나 했는지 아시오?"라고 묻자 등애도 지지 않고 "봉황아 봉황아, 봉황은 하나 밖에 더 있습니까?"라고 반문했다.

삼국시대 위나라의 명장 등애는 자기 이름자인 '애'를 반복하면서 말을 더듬었다고 한다. 사진은 삼국 시기 촉의 유비(劉備)가 숨을 거둔 백제성(白帝城) 유적의 전시관에 조성되어 있는 등애의 상이다.(2012년)

다른 기록에 따르면 등애의 호가 복란(伏鸞)이었는데 복란은 봉황의 다른 이름이었다. 그래서 등애는 《논어》〈미자〉 편에 나오는 춘추시대 접여(接輿)라는 은자의 노래 구절을 인용하여 사마소의 놀림에 응수하는 한편, 자신을 봉황에 빗대었다는 것이다. 그 뒤 이 두 개의 고사가 하나로 합쳐져 '기기애애'로 변했고, 말을 더듬거나 더듬는 사람을 비유하는 성어가 되었다.

어눌한 행동과 말은 그 자체로 보면 답답하지만, 의외로 긴장을 누그러뜨리는 효과를 발휘하기도 한다. 또 이것이 언어의 묘미이다. 당시 주창이 청산유수처럼 말을 줄줄 토해냈다면 고조의 반감을 사기 십상이었을 것이고, 사태는 더욱 심각한 쪽으로 흘렀을지 모른다. 강직하기로 이름난 주창이 자신의 주장을 내세우며 말을 더듬었으니 긴장된 분위기는 순식간에 반전되었고, 그것이 고조로 하여금 사태에 대해 차분하게 다시 생각할 수 있는 여유를 준 것이 아닌가 한다.

'기기애애'는 말을 더듬는 모습을 나타낸 재미난 성어이지만, 거기에는 위와 같은 나름대로 의미 있는 역사적 사실이 배경으로 자리 잡고 있다.

키워드 : 언어, 언변, 어눌

기기언(奇其言)

그 말을 기특하게 여기다.
— 권92 〈회음후열전〉

  '서한삼걸'의 한 사람인 명장 한신은 당초 항우의 숙부 항량을 따라 봉기에 가담했다. 항량이 전사한 뒤에는 항우 밑에 있었다. 한신은 항우에게 천하형세에 대한 자신의 생각을 몇 차례 올렸으나 거들떠보지도 않았다. 한신은 다시 유방에게 건너와 한중으로 같이 들어갔다. 상황은 항우 때와 크게 달라지지 않았다. 그러다 무슨 일인가로 법을 어겨 목이 잘리게 되었다. 같이 잡힌 13명의 목이 모두 잘리고, 한신의 차례가 되었다. 한신이 머리를 쳐들고 주위를 보다가 등공(滕公, ?~기원전 172 하후영 夏侯嬰)을 발견하고는 이렇게 항변했다.

  "왕(유방)께서는 천하를 취하지 않으실 것입니까? 어찌 장사를 죽이려고 하십니까!"

  등공은 '그 말을 기특하게 여기고, 그 모습이 장하다고 생각하여' 한신을 죽이지 않고 풀어주었다. 등공이 한신과 이야기를 나누어 보니 여간한 인물이 아니어서 몹시 기뻐하며 유방에게 한신을 추천했다. 유방은 한신을 치속도위(治粟都尉)로 승진시켰지만 여전히 특별하게 생각하지는 않았다. 그 뒤 한신은 소하와 가까워졌고, 소하는 여러 차례 유방에게 한신을 추천했지만, 유방은 귀담아 듣지 않았다. 한신은 다시 유방에게서 도망쳤고, 이를 안 소하가 그를 쫓아가 데려왔다.(이에 대해서는 '소하월하추한신' 항목 참고)

  당시 등공 하후영이 한신의 항변을 듣고 그의 말을 기특하게 여겼다는 대목에서 **기기언**이란 성어가 나왔고, 이어지는 '그 모습이 장하다고 여겼다'는 '장기모(壯其貌)'와 함께 붙여 쓰기도 한다.

키워드 : 언행, 기행(奇行), 인재

기도임술(棄道任術)

왕도를 버리고 패도의 방법을 쓰다.

– 권68 〈상군열전〉

중국 역사상 최고의 개혁가로 평가하는 상앙(商鞅)은 진나라로 건너와 효공(孝公)에게 개혁의 필요성과 당위성을 설득했다. 환관 경감(京監)의 주선으로 몇 차례의 만남 끝에 효공은 상앙에게 진나라 개혁을 주도하도록 했다. 경감이 상앙에게 어떻게 효공을 설득했냐고 묻자, 상앙은 이런 말을 남겼다.

"제가 국군께 제왕의 도를 가지고 삼대와 비교했더니 국군께서 '너무 멀어서 내가 기다릴 수가 없소이다. 그리고 현명한 군주라면 그 자신의 당대에 천하에 그 명성을 드러내야지, 어찌 느릿느릿 수백 년을 기다려 제왕이 될 수 있겠소이까'라고 하시더이다. 그래서 제가 '나라를 강하게 만드는 방법'을 국군께 말씀드렸더니 국군께서 크게 기뻐하셨습니다."

상앙이 말한 '나라를 강하게 만드는 방법', 즉 '강국지술(强國之術)'이란 대목에서 **기도임술**이란 네 글자가 파생되었다. 통치자가 **왕도(王道)가 아닌 패도(覇道)를 시행**하는 것을 가리키는 성어이다. 이 성어를 처음 쓴 사람은 서진(西晉)의 육기(陸機, 261~303)인데, 그는 〈오등론(五等論)〉이란 글에서 진나라 망한 것은 '기도임술' 때문이고, 그것은 자업자득이었다며 상앙을 비판적으로 평가했다. 당초 상앙의 '강국지술'을 '기도임술'로 보아 이런 평을 남겼다.

키워드 : 개혁, 강국, 방법

기사회생(起死回生)

죽다 다시 살아나다.
– 권105 〈편작창공열전〉

　자주 인용되는 **기사회생**이란 성어는 **죽을 목숨을 다시 살려낸다**는 뜻으로, 위기에 처한 상황에서 구원하여 사태를 호전시키는 것을 비유한다. 이 성어의 유래는 죽은 사람도 살린다는 전국시대 초기의 편작(扁鵲, 생졸 미상)과 관련되어 있다.

　전설적인 명의였던 편작은 젊어서 남의 객사에서 관리자 일을 하다가 장상군(長桑君)이라는 신비한 은자를 만났다. 편작은 장상군을 정중하게 잘 대했다. 10년 뒤 장상군은 편작을 살짝 불러 사람의 오장육부를 다 들여다 볼 수 있는 비전의 의술을 전수했다. 이렇게 해서 편작은 의사가 되었고, 여러 나라를 다니면서 환자를 돌보았다.

　한번은 편작이 괵(虢)나라에 갔을 때, 마침 괵나라 태자가 병에 걸려 죽었다. 의술을 좋아하는 중서자(中庶子)의 안내로 궁중에 들어가 태자를 진찰한 편작은 침(鍼)으로 몸에 있는 주요한 혈을 찔렀다. 한참 지나자 태자가 소생하였다. 편작은 약제를 섞어 달여 만든 고약과 같은 것을 양 겨드랑이 아래에 번갈아 붙이게 했다. 태자가 자리에서 일어나 앉자, 다시 음과 양을 조절하여 탕약을 스무 날 동안 마시게 하자 태자의 몸은 원래대로 돌아왔다.

　이 일로 세상 사람들은 편작은 죽은 사람도 살려낼 수 있다고 했다. 편작은 "나는 죽은 사람을 살려내지는 못한다. 다만 스스로 살 수 있는 사람을 내가 일어나게 해 준 것뿐이다"라고 하였다. 당나라 때 고병(高騈, 821~887)이 펴낸 《여선전(女仙傳)》을 보면 태현녀(太玄女)가 "서른여섯 가지 의술을 행하니 매우 잘 들어 죽은 자도 살려냈으며, 구한 사람이 무수히 많았다"라고 하였다.

벽돌 그림에서 편작은 새의 형상으로 많이 나타난다. 이름자에 까치 작(鵲)이 있어서 그렇다. 편작이 침을 놓고 있는 모습의 벽돌 그림이다.

　신의(神醫) 편작 고사에서 비롯된 '기사회생'은 거의 죽을 뻔했다가 다시 살아난 경우를 가리키는 성어가 되어 여러 문헌에 다양한 방식으로 기록되었고, 또한 인구에 널리 회자되었다. '기사회생'이란 네 글자가 그대로 보이는 문헌은 《여씨춘추(呂氏春秋)》이다.

키워드 : 의사, 의술, 회생

기서연검(棄書捐劍)

책과 검을 버리다.
– 권7 〈항우본기〉

사마천은 한 인물의 전기에서 그 인물과 관련한 인상적인 일화(逸話, episode)를 앞부분에 기록하여 훗날의 중요한 사건이나 한 사람의 운명을 암시함으로써 독자들에게 묘한 여운을 남기는 절묘한 필치를 보여주고 있다. 예를 들어 고조 유방의 경우는 앞부분에 '호주색(好酒色)'과 관련한 몇 개의 일화를 소개하여 유방에 대해 강렬한 인상을 남겼다.(유방의 일대기 전체를 꼼꼼히 살피면 유방이 죽기 전까지 중요한 고비마다 술과 술자리가 등장하는 기가 막힌 장치를 발견할 수 있다. '호주색' 항목 등 참고)

유방의 라이벌이었던 항우와 관련한 일화도 매우 인상적이다. 항우는 어렸을 때부터 숙부 항량(項梁) 밑에서 자랐다. 항량은 이런 항우를 위해 글을 가르치고, 검술도 가르쳤지만 모두 중간에 포기했다. 항량이 화를 내자 항우는 이렇게 말했다.

"글은 이름을 쓸 줄 아는 것으로 충분하고, 검은 한 사람만 상대하는 것으로 배울 것이 못 되니 만 명을 대적할 수 있는 것을 배우겠습니다."

숙부 항량은 항우에게 병법을 가르쳤다. 항우는 아주 좋아했으나 역시 그 뜻만 대략 알고는 끝까지 배우려 하지 않았다. 항우가 글 배우기와 검술을 중도에 포기한

이 일화에서 **기서연검**이란 성어가 파생되어 훗날 큰 뜻을 품은 사람은 자잘한 일은 돌아보지 않는 것을 비유하게 되었다. 바로 따라나오는 '만 명을 대적한다'는 '만인적(萬人敵)' 역시 품고 있는 큰 뜻이나 큰 뜻을 품은 사람을 비유하는 단어가 되었다.

또 항우가 한 말에서 '이름만 쓸 줄 안다'는 뜻의 '기성명(記姓名)'이란 단어도 나왔다. 겨우 이름 정도만 쓸 줄 아는 보잘것없는 학식을 비유한다.

이 대목을 잘 음미해보면 사마천은 항우가 큰 뜻을 품었기 때문에 글공부와 검술을 포기했다기보다는 무슨 일이든 끝을 보지 못하는 항우의 기질을 은연중에 드러낸 것이 아닌가 한다. 배우고 싶다고 한 병법조차 포기한 항우이기 때문이다.

강소성 숙천시(宿遷市) 항우의 고향에 조성되어 있는 항왕성 앞의 항우 동상이다.(2014년)

키워드 : 공부, 중도포기, 기질, 대의(大意)

기시(棄市)

저자에 내버리다 / 혹형.
– 권6 〈진시황본기〉

기시는 사람이 많이 모이는 시장에서 사형을 집행하는 혹형을 말한다. 이렇게 해서 대중들에게 내보이는 형벌이다. 사람을 죽여 저자에 버려, 즉 저자에 전시하여 여러 사람이 함께 죄인을 보게 하는 혹형이자 악형의 하나이다.

이 형벌은 《예기(禮記)》에 관련 내용이 보인다. '기시'는 사형의 일종으로 상주(商周) 때부터 있었다. 또 고고학 발굴에 따르면 호북성 운몽(雲夢) 수호지(睡虎地) 진나라 무덤에서 출토된 죽간에 진나라의 사형 종류들 중 이 '기시'가 포함되어 있었다. 당시 진나라 사형으로는 '기시' 외에 개혁가 상앙이 받은 사지를 찢는 거열(車裂), 이사가 받은 허리를 자르는 요참(腰斬), 잘린 목을 높은 곳에 매다는 효수(梟首) 등이 있었다. 자세한 내용은 '우어기시', '거열', '요참' 항목을 참고하면 된다.

키워드 : 형벌, 사형, 혹형, 악형

기신광초(紀信誑楚)

기신이 초나라 군대를 환호하게 하다.
- 권8 〈고조본기〉

기원전 203년 형양(滎陽, 하남성 형양시)에 주둔하고 있던 유방은 항우 군대의 포위에다 식량까지 떨어져 더 이상 버티기 힘들게 되었다. 한의 군대는 한밤에 아녀자 2천 명에게 갑옷을 입혀 동문으로 내보냈다. 초나라 군대가 사방에서 이를 공격했고, 이 틈에 장군 기신(紀信, ?~기원전 204)이 한왕(유방)의 수레를 타고 한왕인 것처럼 위장하여 항복함으로써 초나라 군대를 속였다. 초나라 군대는 모두 만세를 부르며 성 동쪽으로 몰려와 구경했다. 이 틈에 유방은 기병 수십 기를 데리고 서쪽 문을 통해 빠져나갔다. 기신은 항우 군대에게 붙잡혔다. 항우는 기신을 회유했으나 기신은 이를 거부했고, 항우는 기신을 불태워 죽였다.

기신이 유방을 위해 유방처럼 변장하여 자신을 희생하고 유방을 구한 이 사건에서 **기신광초**라는 성어가 갈라져 나왔다. 글자 뜻은 **기신이 초를** (미친 듯이) **환호하게 만들다**는 것이고, 훗날 우두머리를 대신해서 희생하여 위기에서 벗어나게 만드는 계책을 가리키게 되었다.

키워드 : 위장, 희생, 탈출

기해지거(祁奚之擧)

인재를 추천함에 있어서 역대로 '외거불피구(外擧不避仇), 내거불피친(內擧不避親)'이란 유명한 명언이 있다. '외부에서 사람을 추천하되 원수라 해서 피하지 말고, 내부에서 사람을 추천하되 친인척이라 해서 피하지 말라'는 뜻이다. 이와 관련해서 《좌전》 등에는 다음과 같은 고사가 전한다. 이야기는 춘추시대 진(晉)나라에서 시작된다.

도공(悼公) 3년인 기원전 570년, 중군위(中軍尉) 기해(祁奚, 생졸 미상)는 자신의 나이를 생각해서 은퇴를 요청했다. 도공은 후임으로 누가 좋은가를 물었다. 기해는 놀랍게도 "제 원수이긴 하지만 해호(解狐)가 적임자입니다"라며 해호를 추천했다. 도공은 해호를 후임으로 임명하려 했으나 공교롭게 해호가 병으로 세상을 떴다. 도공은 다시 기해에게 후임을 추천하라고 했더니, 기해는 또 한 번 예상 밖으로 "오(午)도 괜찮습니다"라며 자신의 아들 기오(祁午)를 추천했다. 얼마 뒤 중군부위(中軍副尉) 양설직(羊舌職)마저 죽자 기해는 양설직의 아들 양설적(羊舌赤)을 추천하여 아버지의 자리를 잇게 했다. 도공은 기해의 아들 기오를 중군위에, 양설적을 중군부위에 임명했다. 《좌전》에서는 이 일을 두고 다음과 같이 논평했다.

"군자가 말하기를 기해는 적합한 인재를 추천했다고 할 수 있다. 원수라고 모함하지 않고 추천했으며, 이것저것 비교하지 않고 자식을 세웠으니 불편부당(不偏不黨)하다 할 것이다."

《좌전》은 또 《상서》의 한 대목을 인용한 다음, "어느 한쪽을 특별히 편들지 않는다. 군왕의 덕은 공평무사하다. 이것이 바로 기해의 생각이기도 했다"고 했다. 요컨대 사사로운 욕심을 버리고 당파를 짓지 않아야 나라를 제대로 다스릴 수 있다는 말이 아니겠는가? 이 일과 관련하여 사마천도 이렇게 논평했다.

"기해는 당파를 짓지 않고 공평했다. 외부에서 인재를 선발함에 자신의 원수라 해서 피하지 않았고, 내부에서 인재를 선발함에 자기 아들이라 해서 피하지 않았다."

여기서 말하는 '외부에서 인재를 선발함에 그 사람이 자신의 원수라 해서 피하지 않았고, 내부에서 인재를 선발함에 자기 아들이라 해서 피하지 않았다'는 대목이 '외거불피구, 내거불피친'이다. 기해가 사심 없이 일편단심으로 나라를 위해 인재를 추천한 것을 칭찬한 말이다.

기해는 사심 없이 인재를 선발하고 추천했을 뿐만 아니라, 인재를 아끼고 보호하기도 했다. 평공(晉平公) 8년인 기원전 550년, 공경 범앙(范鞅)은 대부 난영(欒盈)과 사이가 벌어지자 아버지인 범선자(范宣子)를 선동하여 난씨를 제거하고자 했다. 당시 진의 대권이 범선자에게 있던 터라 난영은 하는 수 없이 초로 망명했다. 범선자는 평소 난영과 사이가 좋았던 기유(箕遺)·황연(黃淵)·양설호(羊舌虎) 등을 살해하고, 양설호의 형인 양설적과 양설힐(梁舌肹) 등을 감금했다. 누군가 양설힐에게 당신이 이 죄를 덮어 쓰기는 너무나 억울하다며 불평을 토로했지만, 양설힐은 "대부 기해 그 사람만이 이 문제를 해결할 수 있소"라고 말했다. 그 까닭을 묻자 양설힐은 이렇게 대답했다.

"기 대부는 외부에서 인재를 발탁함에 그 사람이 적이나 원수라도 편견을 가지지 않았고, 내부에서 인재를 뽑을 때는 자신의 인척이라 해서 피하지 않았는데 자신만 빠져 나가려 하겠소이까?《시경》에도 '자신을 자각하고 덕을 행하면 사방이 그를 따른다'고 하지 않았소."

양설적·양설힐 형제가 곤경에 처했다는 사실을 알게 된 기해는 급히 범선자를 만나 덕행을 강조하는 경전을 인용하여 그의 마음을 누그러뜨리는 한편, 능력 있는 인재를 사소한 잘못으로 처벌한다면 훗날 나라를 배신하여 큰 문제를 일으킬 것이라며 그를 적극 설득했다. 범선자는 기해의 말이 옳다고 생각하고 바로 평공(平公)을

그림은 기해가 양설씨 집안사람을 구하는 장면으로 《동주열국지》 삽화의 하나이다.(아래)

찾아가 양설적과 양설힐의 석방을 요청했다. 범선자가 자신의 말을 들을 것 같다고 판단한 기해는 양설힐을 만나보지 않고 그냥 집으로 돌아왔다.

사람들은 '외거불피구, 내거불피친'을 몸소 실천한 기해의 훌륭한 품성을 칭송해마지 않으면서 인재를 뽑고 추천하는 모범적 사례로 꼽았고, 양설적과 양설힐을 아끼고 지킨 이야기는 그 뒤로 널리 알려졌다.

인척이 되었건 원수가 되었건 그 사람이 그 자리에 맞는 인재라서 회피하지 않고 공평무사하게 대하면 천하 사람들이 따를 것이다. 사실 가장 가까운 사람이나 원한이 깊은 사람일수록 위험하다. 오늘날 사회에서는 특히 그렇다. 자칫 인척을 잘못 기용하여 갖은 폐단을 초래하는 경우가 적지 않기 때문이다. 인척을 기용한 사람의 자리가 높을수록 그 폐해는 더욱 커진다. 따라서 이 경우에는 사사로운 감정과 이해관계를 초월한 공평무사한 태도가 절대적인 전제조건이 된다.

기해의 사례는 용인과 관련하여 대단히 의미심장한 문제를 남겼다. 사실 인척을 요직에 기용하기는 쉬워도, 원수를 발탁하기는 무척 어렵다. 인간의 합리적 이성과 충동적 감성 사이에서 발생하는 모순을 조절할 수 있는 절묘한 균형감각을 요구하기 때문이다. 이런 균형감각은 원수나 인척의 기용 문제에만 적용되는 것이 아니라, 사람을 쓰는 용인(用人)과 관련된 거의 모든 문제에 적용되어야 할 필수 조건이다.

이 이야기에서 파생된 사자성어가 **기해의 천거**라는 뜻의 **기해지거**이다. 사심 없이 인재를 추천했던 기해의 태도를 칭찬하는 뜻이 담겨 있다.

키워드 : 인재, 용인, 무사(無私)

기화가거(奇貨可居)

얻기 힘든 귀한 물건은 차지해 두어라.
- 권85 〈여불위열전〉

　여불위(呂不韋, ?~기원전 235)는 역대로 논쟁이 많은 인물이다. 진시황의 생부 논쟁, 장사꾼에서 큰 정치가로의 변신 등 그의 일생 자체가 드라마보다 더 드라마 같았다. **기화가거**는 여불위가 정치에 본격적으로 뛰어들기에 앞서 아버지와 나눈 대화에서 나온 유명한 고사성어이다.

　여불위는 원래 위(衛)나라 복양(濮陽, 지금의 하남성 복양시) 사람이었다. 한(韓)나라에서 장사를 하면서 보잘것없는 물건을 사들인 다음 비싸게 파는 방식으로 돈을 벌어 '집에다 천금을 쌓아 둘(가누천금家累千金)' 정도의 대상인이 되었다. 진(秦)나라 소양왕 42년(기원전 265년) 무렵 여불위는 조나라 도성 한단(邯鄲)에서 장사를 하다가 진나라에서 인질로 보낸 공자 이인(異人), 즉 자초(子楚)를 만나게 된다. 당시 이인의 처지는 아주 형편없었다. 여불위는 즉시 **신기한 물건(?)은 확보해 두라**는 '기화가거'에 착안하여, 이인을 이용해서 엄청난 정치적 투기를 실행하기로 결심했다.

　여불위는 자신이 데리고 있던 예쁘고 요염하며 춤과 노래를 잘하는 조희(趙姬)를 이인에게 주었다. 그때 조희는 이미 임신 2개월이었다. 조희가 낳은 아들 정(政)이 훗날 천하를 통일한 진시황이다. 여불위는 다시 이인의 이름을 자초로 바꾸는 등 일련의 정치적 도박을 감행하여 자초를 장양왕(莊襄王)으로 즉위시켰다. 조희는 태후가 되고 정은 태자가 되었다. 여불위는 상국(相國)이 되고, '문신후(文信侯)'에 봉해짐과 동시에 남전(藍田, 지금의 섬서성 남전현 서쪽) 땅 12개 현이 식읍(食邑)으로 주어졌다. 그리고 뒤에 다시 하남성 낙양(지금의 낙양 부근) 지역 10만 호를 식읍으로 받는 등 진나라 정권은 완전히 여불위의 손아귀에 들어갔다.('이색사인자, 색쇠이애이' 항목 참고)

　이상이 여불위가 장사를 하던 시절 활용해온 '기화가거'의 수완이 정치에까지 활용되었음을 잘 보여주는 역사적 사실이다. 여불위로 보자면, 이 모략을 운용해서 확실히 엄청난 부와 명예를 동시에 거머쥐었다. 이 같은 여불위의 사고방식의 일단은 일찍이 그의 아버지와 나눈 한 대화에서도 엿볼 수 있다.

여불위 아버지 농사를 지으면 이윤이 최대 몇 배나 남겠습니까?

아버지 많으면 열 배 정도 되지 않겠니.

여불위 보석 같은 것을 팔면요?

아버지 백 배는 되겠지.

여불위 그럼 임금을 세워 나라를 다스리는 것은요?

아버지 그야 따질 수 없지.

비즈니스 세계에서는 이 성어가 귀한 물건은 빨리 사 두었다가 값이 좋을 때 팔라는 투자의 의미로 활용된다. 춘추시대의 상인이자 경제학자였던 계연(計然)은 "귀한 것이 극에 달하면 보잘것없어지고, 보잘것없는 것이 극에 달하면 귀해진다"고 했다. 어떤 사물이 극에 달하면 반드시 그 반대쪽을 향해 움직인다는 말이다. 물건은 값이 비쌀 때 내다 팔고, 값이 쌀 때는 사들여야 한다.('귀상극즉반천~' 항목 참고)

투자가치가 있는 어떤 물건을 사 두려면 경영자는 시장이 돌아가는 상황을 이해하고 있어야 할 뿐 아니라, 어느 정도의 역사적 지식과 문화적 소양을 갖추고 있어야 한다. 이처럼 '기화가거'는 분명 효과적인 경영모략이긴 하지만, 경영자가 '기화'를 식별할 수 있는 혜안을 갖추고 있어야만 어떤 '물건'이 '차지'할 가치가 있는가를 결정할 수 있다.

오늘날 이 성어를 긍정적으로 이해한다면, 투자가치에 대한 안목이라고 할 수 있다. 즉, 적극적인 투자에 앞서 투자할 만한 가치가 있는 것을 고르는 안목의 차원으로 이해할 수 있다.

여불위는 장사꾼의 안목으로 '기화가거'를 가지고 정치적 투기로까지 연계시켜 큰 성공을 거두었다.(2013년 사진으로 진시황릉 앞에 조성되어 있었으나, 지금은 철거되었다.)

키워드 : 경제, 투자, 가치, 안목

기회지형(棄灰之刑)

재를 버리면 받는 처벌.
– 권87 〈이사열전〉

중국 역사에서 서방의 낙후되어 있던 진나라가 천하를 통일을 이룰 수 있었던 여러 요인 가운데 가장 중요한 것은 상앙(商鞅)의 변법(變法) 개혁이었다.('변법' 항목 등 참고) 상앙의 개혁에서는 법을 바꾸는 '변법'이 핵심이었는데, 바뀐 법에는 가혹한 조항과 악법이 적지 않았다. 백성들의 생활 구석구석을 감시하는 법 조항도 적지 않았는데 그중 하나가 **기회지형**이었다.

'기회지형'은 **길에다 재를 버리면 처벌한다**는 법이다. 이 법은 진나라 때 처음 생긴 것이 아니라 은나라 때부터 있었던 것으로 보인다. 《한비자》(〈내저설〉 상)에 기록이 남아 있기 때문이다. 《사기정의(史記正義)》의 주석을 참고하면, 은나라 법에는 길에다 재를 버리면 손을 잘랐다고 한다. 공자의 제자 자공(子貢)이 너무 심한 처벌이 아니냐고 하자, 공자는 자칫 재에 불씨가 남아 불이 나면 사람들이 화가 나서 서로 싸울 것 아니냐며, 그래서 그렇게 처벌한다고 답했다. 진나라 법에서 '기회지형'의 처벌은 먹물을 매긴 실을 바늘에 꿰어 얼굴에 뜸을 들여 죄수임을 나타내는 '경형(黥刑)'에 처했다.

키워드 : 개혁, 변법, 혹형

기원전 202년 천하를 재통일하고 기원전 195년 세상을 떠난 한 고조 장릉의 무덤 원경이다. 오른쪽 두 개의 봉분은 경제와 왕황후의 합장릉인 양릉이다.(섬서성 함양시 동쪽 2009년)

낙극생비(樂極生悲)

쾌락이 극에 이르면 슬퍼진다.
– 권126 〈골계열전〉

〈골계열전〉을 보면 술을 좋아하는 제나라의 위왕(威王, ?~기원전 320)이 유머리스트(humorist) 순우곤(淳于髡)과 술에 관해 대화하는 장면이 있다. 이 자리에서 순우곤은 **주극생란**(酒極生亂), **낙극생비**(樂極生悲)라는 술과 관련한 명언을 남겼다.

술이 극에 이르면 난리가 나고, 쾌락이 극에 이르면 슬퍼진다는 뜻이다. 이와 술에 대해서는 '주극생난(酒極生亂)' 항목에서 자세히 살핀 바 있다.

키워드 : 권력자, 기호(嗜好), 술

낙락대자(犖犖大者)

아주 뚜렷하고 명확하게 크게 드러나다.
– 권27 〈천관서〉

사마천은 별자리, 천체의 운행, 기상 이변 등을 기록한 〈천관서〉를 남겼다. 그리고 그 취지에 대해 이렇게 말했다.

"별과 기상에 관한 서적은 흔히 길흉화복의 내용이 섞여 있어 황당하고 근거가 없다. … 서적을 모아 일월성신의 운행에 관해 논하고 그 순서대로 운행하는 법도를 조사하여 〈천관서〉를 지었다."

〈천관서〉는 그 내용과 진위 여부에 약간의 시비는 있지만, 천문학 종합 전서로 중국 특유의 별자리 체계를 수립한 대단히 의미 있는 기록이다. 〈천관서〉에 따르면 통치자는 반드시 상하 1천 년의 역사를 이해하고 고찰해야 하며, 거기에 천상 변화에 따른 통찰이 필요하다는 인식을 반영하고 있다. 사마천은 이것을 곧 덕정(德政)의 한 근거로 본다. 그중에서 한나라가 대외정벌에 나설 때마다 하늘에 이상한 변화와 조짐이 있었다면서 이런 기록을 남겼다.

고대 천체의 운행, 기상의 변화 등을 체계적으로 기록한 명나라 때 판본 〈천관서〉의 첫 부분이다.

"조선(朝鮮)이 함락될 때는 혜성 같은 별빛이 남하성(南河星)과 북하성(北河星)의 중심을 비추었다. 병사를 일으켜 대완(大宛)을 정벌할 때는 혜성 같은 별빛이 초요성(招搖星, 목동자리 네 번째 별)을 비추었다. 이러한 것들은 천상(天象)에 **뚜렷하고 명확하게 크게 드러나는** 이변들이다. 소소하고 잘 드러나지 않는 작은 이변들은 이루 다 말할 수가 없다. 이로써 보건대, 천상에 징조가 먼저 나타난 다음 인간 세상이 그 징표를 드러내지 않는 경우는 없었다."

하늘에 **뚜렷하고 명확하게 크게 드러난다**는 **낙락대자**라는 성어가 여기에서 나왔다.

키워드 : 천문, 관상(觀象), 별자리, 징조

낙백(落魄)

뜻을 이루지 못하고 여기저기를 떠돌다.
- 권97 〈역생육고열전〉

'고양주도' 항목에서 보았듯이 역이기는 집이 가난하여 **뜻을 이루지 못하고 여기저기를 떠돌다** 유방을 만나 재능을 떨칠 기회를 얻었다. 여기서 **낙백**이란 표현이 나왔다. 대개 뜻을 이루지 못하고 곤궁하게 지내거나, 매이지 않고 여기저기를 떠도는 처지, 넋을 잃다 등의 뜻을 갖고 있다. 대체로 처량한 신세를 비유한다. 역이기의 경우는 첫 번째 뜻에 해당한다.

키워드 : 실의(失意), 전전(展轉)

낙선호시(樂善好施)

착한 일을 즐겨하고 베풀기를 좋아하다.
- 권24 〈악서〉

고대에는 예악(禮樂)이라 하여 겉으로 나타나는 행동을 교화하는 예의(예절)와 내면의 정신을 정화하는 음악을 통치의 중요한 방법으로 삼았다. 사마천은 〈예서〉와 〈악서〉를 각각 따로 남겼다. 〈악서〉는 그 진위 여부를 놓고 논란이 있지만, 서문은 사마천의 문장으로 인정하고 있다.

〈악서〉는 음악과 정치교화의 밀접한 관계를 강조하는 한편, 음악의 기원과 사회적 기능, 예의와의 관계, 교화작용, 전통적인 예악제도 등에 관하여 서술한 중국 최초의 음악 이론서로 분량 또한 상당하다. 〈악서〉에는 오음(五音)인 궁(宮)·상(商)·각(角)·치(徵)·우(羽)의 작용을 언급한 다음과 같은 대목이 있다.

"그러므로 '궁음'을 들으면 사람들은 평화롭고 여유 있고 넓어지고, '상음'을 들으면 사람들은 반듯하면서 의를 좋아한다. '각음'을 들으면 사람들은 측은지심(惻隱之心)을 가지고 사람을 사랑하게 되고, '치음'을 들으면 사람들은 **착한 일을 즐겨하고 베풀기를 좋아한다.** '우음'을 들으면 사람은 용모와 태도가 단정하

음악은 행위규범인 예의와 함께 고대 통치(정치)에 있어서 가장 중요한 교화 수단이었다. 사진은 초나라 음악을 연주하는 모습이다.(2002년)

고 가지런해져 예를 좋아하게 된다. 예의란 바깥에서 들어오고, 음악은 안에서 나간다. 따라서 군자는 잠시라도 예를 떠날 수 없다. 잠시라도 예를 떠나면 포악하고 태만한 행위 때문에 바깥이 궁하게 한다. 그러므로 음악을 즐기는 것이 곧 군자가 의를 기르는 것이다."

'오음' 중 네 번째 '치음'을 들으면 사람의 마음이 착해져 착한 일을 즐겨하고 베풀기를 좋아해진다는 대목에서 **낙선호시**라는 성어가 나왔다.('종선여류, 시혜불권' 항목 참고)

키워드 : 통치, 예악, 음악, 교화

낙이망반(樂而忘返)

즐거운 나머지 돌아가는 것을 잊다.

– 권5 〈진본기〉

중국 역사상 최초의 통일제국인 진나라의 먼 조상인 비창(費昌)은 상나라 때 탕(湯)임금의 수레를 몰았다. 그 후손인 조보(趙父)도 말을 잘 몰아 주나라 목왕(穆王)

의 총애를 받았다. 한번은 목왕이 네 필의 명마를 얻어 서쪽으로 순수를 나가 너무 **즐거운 나머지 돌아가는 것을 잊었다**가 서언왕(徐偃王)의 반란이 일어났다. 조보가 수레를 몰아 하루에 천 리를 달려 난을 평정했다. 목왕은 조성(趙城)을 봉지로 내렸고, 이때부터 조보의 집안은 조라는 성씨를 갖게 되었다. 진(秦)나라의 후손이 이 조보 집안에서 나왔고, 이 때문에 후대 기록에 진시황의 성명을 조정(趙政)으로 기록하기도 했다.

주 목왕이 서쪽 지방에 갔다가 무엇인가 즐거운 일에 빠져 나라로 돌아오는 것을 잊었다는 이 고사에서 **낙이망반**이라는 성어가 나왔다. **너무 즐거워 집에 가는 것을 잊었다**는 뜻이고, 이로부터 '낙이망반'은 어떤 일에 푹 빠져 헤어 나오지 못하는 것을 비유하게 되었다.

키워드 : 쾌락, 탐닉(耽溺)

난

난공입사(欒公立社)

난공(난포)을 위해 사당을 세우다.

– 권100 〈계포난포열전〉

〈계포난포열전〉은 초한쟁패 기간과 한나라 초기에 활동한 계포(季布, 생졸 미상)와 난포(欒布, ?~기원전 145)의 전기이다. 난포(欒布)는 양왕(梁王) 팽월(彭越, ?~기원전 196)과 깊은 관계였다. 서한 정권 초기 팽월이 반란 혐의로 장안으로 소환되어 삼족과 함께 처형당했다. 유방은 참수한 팽월의 머리를 낙양 저잣거리에 전시하게 한 다음, 누구든 난포를 위해 그의 머리를 거두는 자가 있으면 처형하겠다는 엄명을 내렸다.

　　당시 팽월의 명을 받고 제나라에 사신으로 갔던 난포는 돌아오자마자 바로 팽월의 머리 아래에 엎드려 다녀온 일을 보고한 다음, 통곡하고 그의 머리를 수습하여 제사를 올렸다. 관리가 난포를 잡아 유방에게 보고했다. 유방은 팽월과 함께 모반을 꾀한 것 아니냐며 삶아 죽이라고 명했다. 난포는 조금도 굴하지 않고 초한쟁패 당시 팽월이 세운 공을 하나하나 되새긴 다음, 명확한 증거도 없이 그런 식으로 모반의 죄를 씌워 공신을 죽이면 어쩌자는 것이냐며 이렇게 말했다.

　　"신이 걱정하는 바는 공신들마다 스스로 위태롭다고 느끼지 않을까 하는 것입니다. 이제 팽왕이 죽었으니 신은 살아 있는 것보다 죽는 것이 났습니다. 어서 삶아서 죽이십시오."

　　난포의 용기에 유방은 마음을 바꾸어 그를 도위(都尉)에 임명했고, 난포는 군에서 많은 공을 세웠다. 이런 공적으로 난포는 유후(兪侯)라는 작위를 받았고, 이어 연(燕)의 국상이 되었다. 연과 제 지역의 사람들은 난포를 위해 사당을 세워 '난공사(欒公社)'라 불렀다. 여기서 **난공입사**라는 성어가 나와 **공신을 위해 제사를 드리는** 전고가 되었다.('궁곤불능욕신하지~' 항목 참고)

키워드 : 공로, 사당, 제사

남비(攬轡)

고삐를 잡다.
– 권101 〈원앙조조열전〉

원앙(袁盎, ?~기원전 148)은 한나라 초기의 대신으로 성품이 강직하고 재능이 많았다. 남다른 식견으로 문제(文帝)에게 많은 충언을 올려 그의 신임을 받았다.

한번은 문제가 패릉(霸陵, 섬서성 서안시 파교구灞橋區)에서 서쪽으로 가파른 산비탈을 말을 달려 내려가려고 했다. 원앙은 자신의 말을 몰아 황제가 탄 마차와 나란히 열을 맞춘 다음, 황제가 탄 마차의 **고삐를 잡았다.** 문제가 겁이 나서 그러는 것이냐고 묻자, 원앙은 이렇게 말했다.

"신은 이렇게 들었습니다. '천금을 가진 부잣집의 아들은 마루 끝에 앉지 아니하고, 백금을 가진 부잣집의 아들은 난간에 기대어 서지 않으며, 현명한 군주는 위험을 무릅쓰면서 요행을 바라지 않는다.' 지금 폐하께서 여섯 마리의 말이 끄는 수레를 몰아 가파른 산비탈을 달려 내려가려고 하시는데, 만일 말이 놀라 수레가 부서진다면 폐하께서는 몸을 가벼이 하신 것은 둘째 치고, 종묘와 태후를 무슨 면목으로 대하시겠습니까?"

문제는 수레를 멈추었다. 원앙이 말한 '몸을 가벼이 한다'는 것은 다친다는 뜻이다. 이 일화에서 **고삐를 잡다**는 **남비**라는 단어가 나왔고, 훗날 군왕에게 위험을 알려 어떤 행동을 멈추게 한다는 뜻의 전고가 되었다. ('좌불수당' 항목 참고)

키워드 : 권력자, 경고, 몸조심

낭사(囊沙)

모래주머니.

– 권92 〈회음후열전〉

　기원전 204년, 초한쟁패가 한창일 때의 일이다. 한신(韓信)은 과거 제나라의 도읍인 임치(臨淄, 산동성 치박시 임치구)를 평정하고 동쪽으로 제왕을 뒤쫓았다. 항우는 용저(龍且)에게 20만 대군을 주고 제나라를 구원하게 했다.

　이렇게 해서 제·초와 한은 유수(濰水)를 사이에 두고 진을 쳤다. 한신은 밤중에 1만여 개의 **모래주머니**를 만들어 상류를 막은 다음, 군대를 이끌고 강을 건너 용저를 공격했다. 전투가 벌어지자 한신은 거짓으로 패한 척 달아났고, 용저는 한신의 군대를 추격하여 강을 건너기 시작했다. 이때 한신은 상류를 막은 모래주머니를 모두 치우게 했다. 물살이 급하게 용저의 군대를 덮쳤다. 절반도 건너지 못한 상황에서 용저의 군대는 강물에 휩쓸렸고, 이 틈에 한신은 대대적인 반격을 가해 용저를 죽이고, 초나라 군대를 대파했다.

　한신은 내친 김에 제왕 전광(田廣, 생졸 미상)을 포로로 잡았고, 왕을 잃은 제나라는 전횡(田橫, ?~기원전 202)을 다시 제왕으로 옹립했다. 한신은 관영(灌嬰)으로 하여금 전횡을 공격하게 했고, 전횡은 팽월에게로 달아났다. 한신은 제나라 지역을 완전히 평정했다.

　유수전투에서 한신이 사용한 모래주머니 전술은 훗날 **낭사**라는 단어로 표현되어 기지(機智)로 적을 격파하는 계책을 나타나게 되었다.

키워드 : 초한쟁패, 전투, 전술

낭중지추(囊中之錐)

자루 속의 송곳.
– 권76 〈평원군우경열전〉

낭중지추는 **자루 속에 들어 있는 송곳**이란 뜻의 유명한 고사성어이다. 뾰족한 송곳이 자루 안에 있으면 자루를 뚫고 삐져나오기 마련이다. 이를 사람에 비유할 때는 재능이 아주 빼어난 사람은 숨어 있어도 저절로 남의 눈에 드러난다는 의미이다. '추처낭중(錐處囊中)'으로도 쓴다. 이 고사성어의 유래와 고사는 다음과 같다.

전국시대 말엽, 당시 초강대국 진(秦)나라의 공격을 받은 조(趙)나라 혜문왕(惠文王)은 자신의 동생이자 재상인 평원군(平原君, ?~기원전 251)을 남방의 강국 초(楚)나라에 보내 구원병을 청하기로 했다. 평원군은 3,000명에 이르는 자신의 식객들 중 문무를 겸비한 20명을 수행원으로 선발하여 동행시키기로 했다. 19명까지는 어렵지 않게 뽑았으나 나머지 한 명을 뽑지 못한 채 고심하고 있었다. 이때 모수(毛遂, 생졸 미상)라는 식객이 나서며 자신을 데려가 달라고 청했다.(여기서 '모수가 자신을 추천하다'는 뜻의 '모수자천'이란 고사성어가 유래되었다. '모수자천' 항목 참고) 평원군은 어이없어 하며 모수에게 자신의 집에 온 지 얼마나 되었느냐고 되물었다. 두 사람의 대화다.

"3년이 됩니다."

"재능이 뛰어난 사람은 마치 **자루 속의 송곳** 끝이 밖으로 삐져나오듯이 남의 눈에 드러나는 법이오. 그런데 내 집에 온 지 3년이나 되었다는 그대는 단 한 번도 이름이 드러난 일이 없지 않소?"

"군께서 이제까지 저를 단 한 번도 자루 속에 넣어 주시지 않았기 때문입니다. 하지만 이번에 자루 속에 넣어 주신다면 (송곳) 끝뿐이 아니라 그 자루까지 드러내 보이겠습니다."

　모수의 재치 있고 뼈 있는 답변에 만족한 평원군은 그를 수행원으로 뽑았다. 나머지 19인이 모두 모수를 경멸의 눈으로 보면서 서로서로 눈짓을 나누었으나, 드러내놓고 비웃지는 못했다. 그러나 일행이 초나라에 도착하기도 전에 모수는 자신의 화려한 언변과 용기로 모두를 굴복시켰다.

모수는 자신을 추천하는 '모수자천'으로 수행원의 일원이 되어 '낭중지추'처럼 두각을 나타내며 큰 공을 세웠다. 사진은 산동성 조장시(棗莊市)에 남아 있는 모수의 무덤이다.(2013년)

　초나라에 도착한 평원군과 그 일행은 초나라와 합종을 종일토록 논하였으나 결정을 짓지 못했다. 평원군과 19인은 모수에게 당상에 올라 초나라 왕을 설득하게 하였다. 모수는 칼자루를 잡고 계단을 뛰어올라가 초나라 왕을 협박과 논리를 곁들여 설득함으로써 조나라와 합종 맹약을 무사히 성사시킬 수 있었다. 조나라로 돌아온 평원군은 다음과 같이 탄식한 다음 모수를 상객(上客)으로 삼았다.

　"내가 다시는 사람을 함부로 논평하지 않겠다. 지금까지 나는 천하의 인물을 잘못 본 적이 없다고 자부했다. 그런데 이번에 모수 선생을 잘못 보았다. 모수는 단 한 번 초나라에 가서 조나라의 위신을 세웠다. 또 '세 치 혀로 백만의 군사보다 강한 역할'을 했다. 내가 감히 다시는 인물을 평하지 않을 것이다."

　'낭중지추'는 우리 고등학교 한문 교과서에도 소개되어 있다.('삼촌설' 항목 참고)

키워드 : 인재, 안목, 두각

낭혈사천(囊血射天)

주머니에 피를 넣고 하늘을 쏘다.
- 권3 〈은본기〉 ; 권38 〈송미자세가〉

상나라 말기에 해당하는 28대 왕 무을(武乙)은 폭정으로 그 악명을 남기고 있다. 특히 기발한 놀이를 발명하여 광분한 권력자로 유명하다. 무을이 나고 죽은 해는 알 수 없다.('하상주단대공정'에 따르면 사망한 해는 기원전 1113년이고, 상나라가 망한 해는 기원전 1046년) 경정(庚丁)의 아들로 경정이 죽은 뒤 즉위했다. 문헌 기록에는 4년 간 재위했다고 나온다.('단대공정'의 결과인 35년과는 큰 차이가 난다.) 전설에 따르면 벼락을 맞아 위수(渭水) 유역에서 죽었다고 한다. 전사했다는 설도 있다. 죽어서 은(殷, 상의 마지막 도읍으로 지금의 하남성 안양시安陽市 은허殷墟)에 묻혔다.

무을이 재위하는 동안 무당 세력이 커져 늘 하늘의 뜻을 핑계로 왕의 행동까지 통제했다. 무을은 방법을 생각해 내 이들의 권력에 맞섰다. 한번은 장인에게 위엄이 넘치는 나무 인형 하나를 깎게 하여 의관을 반듯하게 입힌 다음 천신(天神)으로 삼게 했다. 그러고는 천신과 자신이 도박을 하겠다며, 신하(무당) 하나를 나무 인형, 즉 천신으로 삼아 자신과 도박을 하도록 명령했다. 신하는 이런 무을이 무서워 점차 물러나게 되었고, 마침내 크게 패했다. 무을은 판을 엎은 다음 나무 인형을 가리키면서 크게 웃으며, 이렇게 큰소리를 쳤다.

"이것이 천신이라면 어째서 내게 질 수 있는가? 이렇게 영험하지 못한 것이 어떻게 천신이란 말인가?"

무을은 나무 인형을 때리도록 명령했다. 또 한번은 가죽 주머니를 만들게 해서 그 속에 짐승의 피를 가득 채우게 했다. 이 주머니를 나무에 매단 다음, 무을은 직접 화살로 주머니를 쏘았다. 주머니가 터지고 피가 솟구쳤다. 무을은 활을 내던지며, "오늘 내가 하늘에 구멍을 냈다!"라며 크게 웃었다.

이런 황당한 짓으로 무을은 마침내 무당의 세력을 크게 꺾었다. 상대적으로 왕권은 크게 올라갔다. 당시 서방의 나라들이 연합하여 상을 공격해오자 무을은 정벌에 나서 수천을 포로로 잡았다.

그 뒤 무을은 황하(黃河)와 위수(渭水) 사이에서 사냥을 나갔다가 벼락에 맞아 죽었다고 한다. 일부 학자들은 이 설이 무을에게 원한을 품은 무당들이 무을을 깎아내리기 위해 만들어낸 것으로 본다. 무을이 만년에 자주 위수 유역에서 군대를 동원했다는 자료로 볼 때, 서방 방국(方國)의 부락을 정벌하던 중에 죽었을 가능성이 있다.

무을이 **가죽 주머니에 짐승의 피를 가득 담아 화살로 주머니를 쏘며 하늘을 쏘았다**고 의기양양해 했던 이 사실에서 **낭혈사천**이란 성어가 나왔다. 이 성어는 이후 도리를 모르고 미친 듯 하늘의 뜻을 어기는 폭정을 가리키기에 이르렀다.

'낭혈사천'과 같은 짓을 반복한 사례가 또 있었다. 전국시대 송나라의 강왕(康王, 재위 기원전 329~기원전 286년) 언(偃)이 그 주인공이다. 그는 매일 조회 때마다 문무 관리들로 하여금 큰 소리로 '만세(萬世)'를 외치게 했다. 어전에서 만세 소리가 들리면 어전 밖에 있는 하급 관리들도 정확하게 맞추어 일제히 '만세'를 외쳤다. 이어 궁문 밖에 엎드려 있던 시위와 강제 동원된 사람들도 미친 듯 '만세'를 부르는데, 그 함성이 천지를 울리고도 남을 정도였다고 한다.

만세 놀이뿐만 아니라 강왕은 '하늘을 쏜다'는 '사천(射天)'이란 황당한 놀이도 발명했다. 소의 피를 가득 채운 가죽 주머니를 높은 장대에 매달아 놓고 활로 쏘는 놀이인데, 명중되면 피가 사방으로 튀고 아부꾼들은 기다렸다는 듯이 전국의 백성들에게 "우리 국왕께서 하늘을 쏘아 이기셨다! 하늘조차 화살에 맞아 피를 흘렸도다! 믿지 못하겠으면 직접 와서 전리품을 눈으로 확인하라!"며 발광을 했다.

강왕은 '만세 놀이'와 '사천 놀이'

상(은)의 마지막 도읍지였던 은허(하남성 안양시安陽市)는 크게 궁전구역과 제사구역으로 나누어져 있다. 사진은 제사구역이다.(2009년)

를 발명한 것 말고도 여러 황당한 짓거리에 흥미를 보였다. 아무리 술을 마셔도 취하지 않는다는 '불취(不醉)'와, 입에 올리기도 더러운 '불설(不泄, 배설하지 않는다)'이라는 놀이도 발명했다고 《동주열국지》는 전한다. 이 때문에 강왕은 동방의 히틀러라는 오명까지 얻었다. 역대 권력자들의 색다른 취향이자 광분에 가까운 놀이의 하나로서 '낭혈사천'은 많은 문인들의 글에 남아 그 악명을 전하고 있다.

키워드 : 권력자, 기행(奇行), 엽기(獵奇)

노

노고공고(勞苦功高)

힘들게 수고하여 큰 공을 세우다.
– 권7 〈항우본기〉

기원전 206년, 함양에 먼저 입성한 유방은 늦게 도착한 항우가 자신을 공격하려 한다는 정보를 입수하고는 측근들을 거느리고 항우를 찾아갔다. 여기서 저 유명한 홍문연(鴻門宴)이라는 세기의 술자리가 벌어졌다. 이 자리에서 항우의 책사 범증(范增, 기원전 277~기원전 204)은 세 차례나 유방을 죽이라고 신호를 보냈지만, 항우는 망설이며 실행하지 못했다.('옥결' 항목 참고) 범증은 항장(項莊)을 시켜 칼춤을 추다가 기회를 봐서 유방을 찔러 죽이라고 했다. 장량에게 신세를 진 적이 있는 항백(項伯)이 나서 함께 칼춤을 추며 항백을 막았지만 분위기는 심상치 않았다. 장량이 막사 밖으로 나와 번쾌(樊噲, ?~기원전 189)에게 상황을 이야기했고, 번쾌는 방패로 수비병을 쳐서 넘어뜨린 다음 막사 안으로 들어가 항우에게 따졌다.

번쾌가 당시 항우에게 따지며 한 말 가운데 **노고공고**라는 대목이 있다. **힘들게 수**

고하여 큰 공을 세운 유방에게 이럴 수 있냐는 항변이었다. 칼춤은 중단되었고, 항우는 번쾌에게 술을 권했다. 이 틈에 유방은 볼일을 본다며 막사를 나와 장량만 남겨둔 채 다른 측근들과 샛길로 빠져나왔다.

위급한 상황임을 안 번쾌가 방패와 칼을 들고 막사 안으로 들어가는 모습을 그린 그림으로 홍문연 유지(서안시西安市 임동구臨潼區) 전시관에 있다.(2008년)

'노고공고'는 어렵고 힘들 때 있는 힘을 다해 공을 세운 사람이나, 그런 일을 표현하는 성어이다. 홍문연과 당시의 자세한 상황에 대해서는 '홍문연'을 비롯하여 '발지목열', '항장무검, 의재패공' 항목 등을 참고하면 된다.

키워드 : 공로, 공신

노련도해(魯連蹈海)

노중련이 바다로 뛰어들다.

– 권83 〈노중련추양열전〉

전국시대 말기 제나라 출신의 유세가 노중련(魯仲連, 생졸 미상)이 조나라에 있을 때, 진나라가 조나라를 포위하는 위급한 상황이 터졌다. 그러자 위나라가 진나라를 '왕(王)'보다 한 등급 위인 '제(帝)'로 떠받들려 한다는 이야기가 들려왔다. 노중련은 조나라의 실세 평원군을 만나 대책을 물었다. 평원군도 자신의 힘으로는 어쩔 수 없다며 발을 빼려 했다.

노중련은 이 일을 맡은 위나라의 객이라는 신원연(新垣衍)의 행방을 묻고는 평원군을 통해 자신을 만나지 않으려는 신원연을 기어코 만났다. 신원연을 만난 노중련은 말이 없었다. 그러자 신원연이 먼저 입을 열어 조나라에 남아 있는 사람들은 모두 평원군에게 무엇인가를 바라기 때문인데, 당신은 바라는 것도 없으면서 왜 떠나지 않냐고 물었다. 노중련은 진나라의 술수와 잔인함을 지적한 다음, "저들 진나라가 일단 멋대로 제왕이 되어 천하를 다스리게 되면 이 노중련은 차라리 '동해에 빠져 죽을지언정' 결코 진나라의 백성이 될 수 없습니다!"라며 결연한 의지를 내보였다.

　노중련은 끝내 신원연을 설득하여 진나라를 '제'로 받들려는 계획을 포기시켰다. 그는 당시 천하정세와 생생한 역사적 사례, 그리고 조나라와 위나라의 형세 등을 상세히 분석하여 신원연을 설득했다. 이 소식을 들은 진나라는 군대를 철수시켰다.

노중련은 우리나라 강화 노씨의 시조로 족보에 기재되어 있다. 사진은 강화 노씨 문중의 노동필 선생과 노중련 고향(산동성 치평현茌平縣) 사람들이 교류하는 모습이다.(사진 제공 : 노동필, 우측에서 네 번째 2017년)

노중련이 신원연을 설득하며 던진 **노중련은 차라리 동해에 빠져 죽을지언정**이라는 대목에서 **노련도해**라는 성어가 파생되었다. 이 성어는 죽을지언정 강적에게 굽힐 수 없다는 기개와 정조를 상징하게 되었다.('노련사상', '백인교전, 불구유시' 항목 참고)

키워드 : 결심, 죽음

노련사상(魯連辭賞)

노중련이 상을 사양하다.
－ 권83 〈노중련추양열전〉

　'백인교전, 불구유시' 항목에서 전국시대 유세가 노중련의 어린 시절 일화를 살펴본 바 있다. 어른이 되어서도 노중련은 매사에 옳은 일을 위하여 바른말로 대처했고, 남의 어려움과 얽히고설킨 분쟁을 푸는 일에 최선을 다했다. 더욱이 그는 문제를 해결한 다음, 어떤 보답도 바라지 않는 고상한 절조와 지조를 지켰다.

일찍이 진나라 군대가 조나라 한단(邯鄲)을 포위 공격하여 조나라는 매우 위급한 상황에 처했다. 이때 노중련은 뛰어난 변론으로 조나라가 진나라에 굴복하고 황제의 나라로 받들자는 위나라의 사신 신원연(新垣衍)을 설복시켰다.('노련도해' 항목 참고)

2017년 노중련의 무덤을 정비하는 공사가 진행되었다. 당시의 모습이다.(사진 제공 : 노동필)

절체절명의 위기에서 벗어난 조나라가 노중련에게 관직을 주고 거금을 하사하려 했으나 노중련은 모두 거절하고 떠났다. 당시 조나라의 실세 평원군은 노중련의 공을 크게 평가하여 그에게 벼슬을 내리고자 했으나, 노중련은 세 차례나 사양했다. 평원군은 또 술자리를 마련하여 앞으로 나가 술잔을 올리며 천금으로 노중련의 장수를 축하하자, 노중련은 웃으며 이렇게 말했다.

"천하의 선비가 귀한 까닭은 다른 사람의 걱정을 덜어주고, 재난을 없애주며, 다툼을 풀어주고도 보상을 받지 않기 때문입니다. 주고받는 것은 상인들의 일이지요. 저는 차마 그렇게는 못합니다."

이런 말을 남기고 노중련은 평원군과 작별한 다음, 평생 다시는 만나지 않았다고 한다. 이 일화에서 **노련삼사(魯連三辭)**라는 성어가 나왔다. **노중련이 상(벼슬)을 세 번이나 사양하다**는 뜻이다. '노련삼사'는 '노련사상'과 함께 훗날 큰 공을 세우고도 높은 자리를 탐하지 않고, 의리를 중시한 반면 이익을 가볍게 여기는 행동을 칭송하는 성어가 되었다.

노중련은 전국시대를 풍미했던 다른 여느 유세가와는 격이 다른 인물이었다. 특히 그는 보수와 명예에 초연했던 진정한 전문가로서의 면모를 후세에 남기고 있다.

키워드 : 공로, 보상, 사양

노룡(老龍)

늙은 용 / 노자.
‒ 권63 〈노자한비열전〉

여전히 논쟁 중에 있지만 공자(孔子)가 낙양(洛陽)으로 노자(老子)를 찾아가 만난 일화는 역대로 많은 관심을 불러일으키기에 충분했다. 사마천은 〈노자한비열전〉에 두 사람의 만남을 기록했고, 다른 기록에도 부분적으로 이들의 만남이 기록되어 있다.

속된 말로 '세기의 만남'이라 할 수 있는 공자와 노자의 역사적 만남을 《사기》의 〈노자한비열전〉을 비롯하여 〈공자세가〉, 〈중니제자열전〉과 《장자》 등에 단편적으로 남은 기록들을 종합하여 상세하게 재구성해 보았다.

기원전 518년(추정) 어느 날, 공자는 제자인 남궁경숙(南宮敬叔)에게 "주나라의 도서관장으로 있는 노담(老聃, 노자)이란 분이 고금의 일에 정통하고, 예악의 원류를 잘 알고, 도덕의 요령에 밝다고 하더이다. 내가 그를 찾아가 가르침을 받자고 하는데 그대도 같이 가겠소?"고 물었다. 남궁경숙은 흔쾌히 대답하고 노나라 국군에게 허락을 요청했다. 노나라 국군은 말 두 필과 수레 한 대, 그리고 시종과 마부를 한 명씩 딸려 보내 공자를 모시게 했다.

노자는 공자가 먼 길을 마다하지 않고 자신을 찾아온 것을 보고 기뻐하며 그에게 가르침을 준 다음, 대부 장홍(萇弘)을 소개했다. 장홍은 예악에 아주 능통하였는데 공자에게 음악의 음률과 이론 등을 일러주었다. 그는 또 공자를 데리고 신에게 제사를 지내는 의식을 참관시키고, 지역을 교화하는 모습을 살피게 하고, 묘회(廟會)의 의례도 참관하게 했다. 많은 것을 보고 들은 공자는 감격해마지 않았다. 며칠을 머문 공자가 노자에게 작별 인사를 하자 노자는 관사 밖까지 나와 공자를 배웅하면서 다음과 같은 말을 들려주었다.

"내가 듣자하니 부귀한 사람은 사람을 떠나보낼 때 재물로 떠나보내고, 어진 사람은 말로 떠나보낸다고 합니다. 나는 부귀하지 못하나 인자로 자처하길 좋아하니, '총명하고 깊게 관찰하는 사람에게는 죽음의 위험이 따르는데 이는 남을 잘 비판하기 때문이다. 많은 지식을 지니고 재능이 뛰어난 사람은 그 몸이 위태로운데 이는 남의 결점을 잘 지적해내기 때문이다. 자식 된 자는 아버지뻘 되는 사람 앞에서 자기를 낮추고, 신하된 자는 임금 앞에서 자기를 치켜세우지 않는 법이다'는 말로 그대를 떠나보내겠습니다."

공자가 황하(黃河)에 이르자 강물이 마치 천군만마가 내달리듯 사납게 흘렀고, 그 소리는 호랑이가 울부짖는 것 같았다. 강물을 한참 바라보던 공자는 자신도 모르게 "잘도 흘러가는구나, 낮밤도 없이! 황하의 물이 쉬지 않고 솟구치듯 인생도 끝없이 흘러가는구나. 강물이 어디로 흘러가는지 모르듯이 우리 인생도 어디로 돌아갈 지 알 수 없구나!"라고 탄식했다. 공자의 이 말을 들은 노자는 이렇게 말했다.

"하늘과 땅 사이에 있는 인생이란 하늘과 땅과 한 몸입니다. 하늘과 땅이란 자연스러운 사물이고, 인생도 마찬가지입니다. 인간에게 유년·소년·장년·노년의 변화가 있는 것은 마치 하늘과 땅 사이에 봄·여름·가을·겨울이 바뀌는 것과 같거늘 무엇이 서글픕니까? 자연에서 태어나 자연에서 죽으니 자연에 맡기면 본성이 어지럽지 않지만, 자연에 맡기지 않고 인의(仁義) 속에서 분주하게 왔다 갔다 하면 본성이 매이게 됩니다. 공명을 마음에 두면 초초한 감정이 생기고, 이익과 욕심을 마음에 두면 번뇌의 감정만 늘어나는 법입니다."

위대한 두 사상가의 만남을 기념하기 위해 낙양에는 '공자입주문례비'가 세워졌다. 비에는 정확하게 '공자가 주나라에 들어와 예악을 물으려고 이곳에 이르렀다'는 뜻의 '孔子入周問禮樂至此' 아홉 글자가 새겨져 있다. 비는 낙양 노성(老城) 동관대가(東關大街) 북쪽 옛 문묘 앞에 서 있다. 높이는 5.8m에 폭은 5.4m다. 청나라 옹정(雍正) 5년인 1727년 하남부윤 장한(張漢)과 낙양현령 곽조정(郭朝鼎)이 세웠다. 현재 비의 상태는 완전한 편이며, 하남성중점문물보호단위의 하나로 지정되어 있다.(1999년)

공자는 이렇게 해명했다.

"저는 큰길이 아니면 다니지 않았습니다. 인의를 베풀지 않으면 전쟁이 끊이지 않고, 나라가 어지러워져 다스려지지 않습니다. 잠깐인 인생에서 세상에 공을 세울 수 없고 사람들을 위하지 못함이 한탄스럽습니다."

이윽고 노자는 호탕하게 흐르는 황하를 가리키며 "당신은 어째서 물의 덕행을 배우지 않습니까?"라고 묻자, 공자는 "물에 무슨 덕행이 있습니까?"라고 되물었다. 노자는 이렇게 대답했다.

"선(善)의 높은 경지는 마치 물과 같습니다. 물의 선이란 만물을 이롭게 하면서도 다투지 않고 뭇사람이 싫어하는 곳에 처하는 것입니다. 이것이 곧 겸손하게 낮은 곳에 처하는 덕입니다. 그러므로 강과 바다가 모든 계곡의 왕이 될 수 있는 것은 자신을 기꺼이 아래에 두기 때문입니다. 천하에 물보다 연약한 것은 없습니다. 하지만 아무리 단단하고 센 것도 물을 이겨낼 수 없습니다. 이것이 바로 유연함의 덕입니다. 때문에 유약함이 강함을 이기는 것입니다. 무유(無有)이기 때문에 무간(無間)에 스며들 수 있고, 말로 가르치지 않아도 무위(無爲)의 유익함을 알 수 있는 것입니다."

이 말에 공자는 크게 깨달으며 이렇게 말했다.

"선생의 말씀에 제 막힌 마음이 확 트였습니다. 모든 사람들이 위에 있으려 하는데 물은 아래에 처하고, 모두가 쉬운 것만 찾을 때 물은 험한 곳에 처하고, 모두가 깨끗한 것만 찾을 때 물은 더러운 곳에 처합니다. 사람들이 싫어하는 것을 물이 다 받아들이는데 누가 그와 다투겠습니까? 이것이 바로 높은 경지의 선이라는 것이지요."

노자는 머리를 끄덕이며, 이렇게 말했다.

　"당신은 정말 가르칠만한 사람이오! 세상 사람과 다투지 않으면 천하에 당신과 다툴 사람은 없을 것이니, 이것이 바로 물의 덕을 본받는 것이오. 이렇듯 물은 도(道)에 가깝습니다. 도가 어디에나 있듯 물이 이롭게 하지 않는 것은 없습니다. 높은 곳을 피하고 낮은 곳으로 흐르며, 거꾸로 가는 법이 없이 잘 처신하지요. 고여 있는 물은 겉으로 보기에는 깨끗하고 고요하지만, 그 깊이를 누구도 짐작할 수 없는 연못이 됩니다. 덜어주면서도 마르지 않고, 베풀고도 대가를 바라지 않으니 훌륭한 인(仁)이 됩니다. 둥근 것을 만나면 돌아가고 각진 것을 만나면 꺾이고, 막히면 멈추고 터지면 흘러가니 믿음을 잘 지키는 것입니다. 더러운 것들을 깨끗하게 씻어주고, 높고 낮은 것을 고르게 하니 사물을 잘 다스리는 것입니다. (사물을) 실으면 뜨고, 비추면 맑아지고, 공격하면 아무리 강한 것이라도 당해낼 수 없으니 잘 활용하는 것입니다. 밤낮없이 흐르되 차면 물러나니, 때를 잘 기다리는 것입니다. 그러므로 성인은 어제든지 흘러가고, 현자는 때에 맞추어 변화하고, 통달한 사람은 하늘에 순응하며 살아가는 것입니다. 이제 돌아가면 언행에 교만함을 없애고, 용모에 욕심을 없애야 할 것입니다. 그렇지 않으면 사람이 도착도 하지 않았는데 소리가 먼저 들리고, 몸이 아직 당도하지도 않았는데 바람이 먼저 불어 소문만 무성해질 것입니다. 이는 호랑이가 대로를 걷는 것과 같으니, 누가 당신을 쓰려 하겠습니까?"

　공자는 "선생의 참된 말씀이 정말 제 마음 속 깊이 와닿습니다. 오늘 많은 것을 배웠고 평생 잊지 못할 것입니다. 선생의 말씀에 따라 부지런히 힘써서 은혜에 보답하겠습니다"라는 말로 노자와 작별한 다음, 남궁경숙과 함께 마차에 올라 서운한 마음으로 노나라로 돌아왔다. 공자가 노나라에 돌아오자 제자들은 너나없이 "선생님께서 노자를 만나셨다는데 그렇습니까?"라고 물었다. 공자가 그렇다고 하자 제자들은 그가 어떤 사람이냐고 이구동성으로 물었다. 공자는 이렇게 말했다.

　"새는 잘 날고, 물고기는 헤엄을 잘 치고, 짐승은 잘 달린다는 것을 내가 잘 안다. 그래서 짐승은 그물로 잡고, 물고기는 낚시로 낚고, 새는 화살로 잡을 수 있다. 그러나 용은 구름과 바람을 타고 하늘로 오르니, 내가 용에 대해 아는 것이 아무것도 없다. 이번에 내가 노자를 만나 보았는데, 그야말로 용과 같은 사람이더라!"

공자는 노자를 용에 비유했고, 여기서 **노룡**이란 단어가 나와 노자를 가리키기에 이르렀다. 참고로 두 사람의 신상명세를 표로 만들어 제시해 둔다.

	공자	노자	비고
생졸(나이)	기원전 551~479(72)	생졸 미상	노자 생졸 미상
국적(고향)	노(魯, 산동성 곡부)	초(楚, 고현苦縣, 하남성 녹읍현鹿邑縣 동북 태청궁진)	노자 출신지 논쟁
학파	유가의 창시자	도가의 창시자	도가학파 논쟁
제자(학통)	안회·자로·자공 등 70여 명 자사 – 맹자 / 순자	장자, 노장사상을 정립	노자의 법통은 없음
주요 경전	《논어》(약 16,000자)	《노자도덕경》(약 5,000자)	《노자》 판본
관련 유적	삼공(三孔, 공묘·공부·공림)을 비롯하여 대부분 잔존.	녹읍현을 고리로 확정. 최근 대대적 정비사업.	장자 고리에 대한 논쟁
주요 특징	육덕(六德, 知信聖仁義忠) 육행(六行, 孝友睦姻任恤) 육예(六藝, 禮樂射御書數)	자연숭상, 변증법적 요소와 무신론적 경향, 청정무위 투쟁 반대 등	선명한 차이
사회관 인생관	적극적, 긍정적, 현실적, 정치적, 상호관계, 대동사회	소극적, 염세적, 냉소적, 방관적, 개인적, 무간섭	정치와 문화 예술로 갈라짐
영향	정치·사회에 지대한 영향 기득권 보수화 경향 – 지배 이데올로기화	문화·예술·종교에 영향 자유화 창조적 정신세계 – 개인수양과 종교적 색채	
핵심 사상	예악(禮樂), 인의(仁義)	무위자연(無爲自然)	

키워드 : 제자백가, 도가, 유가, 창시자, 만남

노발충관(怒髮冲冠)

화가 나서 곤두선 머리털이 모자를 뚫고 나오다.
– 권81 〈염파인상여열전〉

전국시대 조나라의 외교관 인상여(藺相如, 생졸 미상)가 천하의 보물 화씨벽(和氏璧)을 가지고 강대국 진나라에 사신으로 갔을 때의 일이다. 당초 진나라는 이 화씨벽을 성 15개와 바꾸자고 했다.('가중연성' 항목 참고) 이는 당연히 성의 없는 허풍에 지나지 않았다. 힘만 믿고 화씨벽을 거저 가지겠다는 의도였다.

인상여는 진나라 소양왕에게 화씨벽을 바쳤으나 소양왕은 궁녀들과 희희낙락 화씨벽을 이리저리 돌리며 구경만 할뿐 성 이야기는 꺼내지 않았다. 인상여는 화씨벽에 하자(瑕疵)가 있는데 자기가 찾아 주겠다며 화씨벽을 다시 돌려받은 다음, 기둥에 기대어 성을 주겠다는 약속을 하지 않으면 화씨벽을 던져 깨고 자신도 기둥에 머리를 박아 죽겠다고 위협했다.('하자' 항목 참고)

이때 인상여의 모습은 마치 **화가 나서 곤두선 머리털이 모자를 뚫고 나올** 기세였다. 소양왕은 놀라 약속을 했다. 인상여는 닷새 동안 목욕재계한 다음 화씨벽을 받으라 하고는 숙소로 돌아와 사람을 시켜 화씨벽을 조나라로 돌려보냈다.(이하 자세한 줄거리는 '완벽' 항목 참고)

키워드 : 감정, 분노

노신초사(勞身焦思)

몸과 마음을 수고롭게 하다.
– 권2 〈하본기〉

중국 역사에서 최초의 국가이자 왕조로 인정받는 하(夏)를 건국한 우(禹)임금은 임

백성들과 더불어 '노신초사' 치수사업에 몰두한 우임금을 그린 기록화이다.(2009년)

금이 되기 전 순(舜)임금에 의해 황하의 홍수를 다스리는 치수사업의 주관자로 임명되었다. 우는 아버지 곤(鯀)이 9년에 걸친 치수사업에 실패하여 죽임을 당한 경험이 있기 때문에 조심조심 사업에 임했다. 〈하본기〉에는 당시 우임금의 상황을 "노신초사 13년을 밖에서 살면서 집 문 앞을 지나면서도 들어가지 못했다"고 기록하고 있다.

여기서 **노신초사**란 사자성어가 유래했는데, **몸과 마음을 모두 수고롭게 했다**는 뜻이다. 즉, 온 몸과 마음을 그 일에 집중하여 힘들게 일하느라 몸과 마음이 힘들고 지쳤다는 것이다. 흔히들 '노심초사(勞心焦思)'라고 쓰는데, 이는 정확한 표현이 아니다. 또 어디서 비롯된 용어인지 출처를 제대로 밝히지 않은 채 쓰고 있다.

'노심초사'와 '노신초사'는 같은 뜻을 가진 성어이다. '노신초사'는 앞서 말한 대로 〈하본기〉가 그 출전이고, '노심초사'는 당나라 때의 시인 두보(杜甫, 712~770)의 〈억석이수(憶昔二首)〉라는 두 수의 시 중 첫 번째 시에서 유래되었다.

치수사업을 위해 '노신초사'하며 집에도 들어가지 못하고 객지 생활을 한 우임금의 행적에 대해서는 역대로 많은 논평이 따랐다. 외지 생활을 한 기간부터 몇 차례나 집 문 앞을 지나면서도 들어가지 못했는가 등등에 대해 이런저런 설이 있었다.

《맹자》에서는 우가 '집 앞을 세 번이나 지나면서도 집에 들어가지 못했다'는 '삼과기문이불입(三過其門而不入)'을 언급하여 후대에 영향을 주었다. 줄여서 '삼과불입(三過不入)'이라고 많이 쓴다. '노신초사'는 우리 초등학교 국어 책 등에는 '노심초사'로 소개되어 있다.('과기가문이불입' 항목 참고)

키워드 : 노고(勞苦), 고심(苦心)

422

노이요지(怒而撓之)

화를 끓어오르게 하다.

– 권39 〈진세가〉; 권7 〈항우본기〉

화를 끓어오르게 하다는 뜻을 가진 **노이요지**는 군사상 심리전의 하나로 출처는 《손자병법》 〈시계(始計)〉 편이다. 여기에는 이른바 '궤도(詭道) 12법'이 제시되어 있는데, 그중 하나가 '노이요지'이다. 《사기》에는 권39 〈진세가〉와 권7 〈항우본기〉에 그 활용 사례가 수록되어 있어 이 항목을 따로 소개한다.

'노이요지'는 적장의 조급한 성격, 강한 자존심 따위와 같은 특징에 맞추어서 '장수를 자극하는' '격장법(激將法)'을 운용하여 고의로 도발·자극·유인함으로써, 상대방으로 하여금 지구전의 의도를 버리게 만들거나, 객관적 상황을 무시하고 감정적으로 일을 처리하게 하거나, 또 맹목적인 행동을 저질러 불리한 조건에서 결전을 치르게 만드는 모략이다.

기원전 632년 진(晉)과 초(楚)의 성복(城濮)전투에서 초군이 패배한 원인의 하나는, 초군의 주장이 진군의 감정 자극술에 말려들어 충동적으로 행동한 결과 형세가 대단히 불리한 상황에서 결전을 치렀기 때문이다. 당시 초나라의 장수 자옥(子玉)은 주전파였다. 초 성왕은 진 문공(文公)이 대단히 신중하고 백성의 어려움을 몸소 보살피는 인물이므로 맞싸워서는 이길 수 없다고 말하면서, 자옥에게 절대 진군과 바로 맞붙어 싸우지 말라고 경고했다. 그러나 자옥은 자신의 고집을 굽히지 않았다. 초 성왕도 어쩔 수 없이 천여 명의 병력으로 자옥을 지원하면서 요행히 승리하길 기대했다.

자옥은 완춘(宛春)을 진에 사신으로 보냈다. 진군의 주장 선진(先軫)은 꾀를 내서 은밀히 조(曹)와 위

'노이요지' 책략을 잘 구사하여 '성복 전투'에서 남방의 강국 초나라를 물리친 선진의 모습을 나타낸 조형물이다.(2014년)

(衛)를 꼬드겨 조와 위가 초나라와 국교를 끊도록 하는 동시에, 완춘을 붙잡아 돌려 보내지 않음으로써 초를 자극했다. 초군의 주장 자옥은 화가 머리끝까지 뻗쳐 진군을 공격했다. 진군은 '퇴피삼사(退避三舍, 피군삼사避君三舍)'의 모략으로 미리 눈여겨보아 둔 유리한 전투지 성복까지 90리를 후퇴했다.('퇴피삼사' 항목 참고) 초군의 장수들은 추격을 멈추자고 했으나 자옥은 듣지 않았고, 결과는 처참한 패배로 끝났다. 자옥은 자살로 패전의 책임을 대신했다.

기원전 204년 10월, 초패왕 항우는 동쪽으로 팽성을 공격했고, 초의 장수 조구(曹咎)와 사마흔(司馬欣)은 성고(城皋)를 거점으로 수비하고 있었다. 유방은 모사 역이기(酈食其)의 꾀에 따라 군을 이끌고 강을 건너 성고에 있는 초군에 도전했다. 초의 장수 조구는 처음에는 항우의 경고대로 나가 싸우지 않았다. 그러나 한군의 집요한 욕설과 자극을 견디지 못하고, 벼락 같이 화를 내며 끝내 출격했다. 초군이 막 사수(汜水)를 건너려 할 때, 한군이 도중에서 공격을 가해 초군을 대파했다. 조구와 사마흔은 사수에서 스스로 목숨을 끊어 물고기 밥이 되었다.

너무 곧으면 부러지기 마련이고, 지나치게 바르면 굽기 마련이다. 《관미자(觀微子)》를 보면, "군자는 남이 참지 못하는 것을 참으며, 남이 용서하지 못하는 것을 용서하고, 남이 거처하지 못하는 곳에 거처한다"라는 대목이 있다. 남이 견디지 못하는 것을 견디는 자라야 남이 하지 못하는 것을 할 수 있다. 멀리 내다볼 수 있는 지혜가 있어야만 수준 높은 모략을 실행할 수 있고, 이익은 쫓고 손해는 피할 수 있다. 일시적인 감정에 지배되어서는 이룰 수 없는 경지다. 적의 '도전장'이나 열 사람의 '격장법'을 모두 못 본 척, 못 들은 척 외면할 수 있어야지, 그것 때문에 섣불리 움직여서는 안 된다. 이러한 자제력이 있어야만 용기와 지혜를 겸비한 장수라 할 수 있다. 자옥처럼 '건드리기만 해도 펄쩍 뛰는' 얄팍한 무부(武夫) 수준의 장수는 모략가와 함께 거론할 수 없다.

소동파(蘇東坡, 1037~1101)는 유방의 참모 장량을 논한 〈유후론(留侯論)〉이란 글에서 항우와 같은 쓸데없는 용기에 대해 이렇게 말했다.

"필부는 욕을 먹으면 칼을 빼 들고 온몸으로 부딪쳐 싸운다. 이것은 용기라 할 수 없다."

이와 반대로 '갑작스런 상황이 닥쳐도 놀라지 않고, 까닭 없이 화를 내지 않는' 경지야말로 진정한 영웅본색이라 할 수 있다. 전쟁에서는 예기치 않은 갖가지 복잡한 상황이 일어난다. 인간은 감정에 좌우되는 동물이다. 총명한 리더는 상대를 자극해서 상대를 불리한 조건에서 싸우도록 만드는 데 능하다. 반면 자신은 리더로서의 수양을 강화해서 급한 상황에서도 침착하게 서두르지 않는다. 이렇게 해야 상대가 아무리 강하게, 또 교묘하게 자극을 가해 오더라도 '끓어오르는 화'를 누르고, 침착·냉정하게 문제를 되돌아볼 수 있다.

키워드 : 군사, 격장술, 조급함, 분노

녹

녹록무위(碌碌無爲)

별 다른 능력이 없어 하는 일이 없다.
– 권122 〈혹리열전〉

사마천은 한나라 때 혹리 열 사람의 행적을 집중적으로 소개한 〈혹리열전〉의 마지막 논평에서 혹리들이 나타나 법망이 촘촘하게 정비되고, 형벌이 더욱 엄격해졌음에도 관리들의 일처리는 혼란스럽고, 퇴보를 면치 못했다고 지적하면서 그 원인을 이렇게 꼬집었다.

"(조정의 대신들인) 구경(九卿)들은 녹봉은 받으면서도 **별 다른 능력이 없어 하는 일 없이** 자리 지키는 데만 급급했다."

그러면서 잘못을 저지르지 않는 데만 온 신경을 썼으니 법령은 따질 것조차 없었다고 잘라 말했다. 사마천의 이 논평에서 **녹록무위**라는 성어가 나왔고, 이로부터 일도 하지 않고 그냥 자리만 지키는 데 급급한 무능한 공직자를 가리키게 되었다.

키워드 : 관리, 무능

녹사수수(鹿死誰手)

사슴이 누구 손에 잡힐지?
– 권7 〈항우본기〉 ; 권8 〈고조본기〉

녹사수수의 정확한 출처는 《사기》가 아니다. 《진서(晉書)》〈석륵전(石勒傳)〉이 출처이다. 이 기록에서 석륵은 "내가 만약 고황(高皇, 고조 유방)을 섬겼더라면 한신이나 팽월과 채찍을 들고 앞을 다투었을 것이다"라고 말하면서, **사슴이 누구 손에 죽을지 아무도 모른다**는 말을 덧붙였다. 석륵은 초한쟁패 당시의 상황을 이렇게 표현한 것이다.

여기서 '녹사수수'란 성어가 나왔고, 정권(권력)이 누구 손에 들어갈지 알 수 없다는 뜻으로 사용되었다. 지금은 운동경기를 비롯한 각종 경쟁에서 마지막 승자가 누가 될지 알 수 없다는 뜻으로도 많이 쓴다.

키워드 : 초한쟁패, 승부

논공행봉(論功行封)

공을 따져 상을 내리다.
– 권53 〈소상국세가〉

기원전 202년 항우를 꺾고 황제가 된 유방은 이듬해인 기원전 201년 공신들에게 땅과 벼슬을 내리는 대대적인 '논공행상(論功行賞)'을 시행했다. 소하의 일대기인 〈소상국세가〉에는 이를 **논공행봉**이라 표현했는데, 일반적으로 '논공행상'을 많이 쓴다.

'논공행상'의 출전은 대체로 《한비자》〈팔설(八說)〉 편으로 보는데, 거기에는 '계공행상(計功行賞)'으로 되어 있다. 당시 유방은 소하를 1등 공신으로 정했다.(이에 대해서는 '삼불여', '공인공구' 항목 참고)

키워드 : 공로, 논공행상

논열시비(論列是非)

사실을 가려 시비를 따진다.
– 〈보임안서〉

사마천은 입사 동기인 임안에게 보낸 답장 편지인 〈보임안서〉에서 궁형을 당한 이후의 심경을 곳곳에서 토로했다. 이 편지에서 사마천은 임안이 과거 편지에서 인재를 추천하라고 한 대목에 맞추어 당시 자신의 처지를 이렇게 밝히고 있다.

"지금 이지러진 몸으로 뒤치다꺼리나 하는 천한 노예가 되어 비천함 속에 빠져 있는 주제에 새삼 머리를 치켜들고 눈썹을 펴서 **시비를 논하려 한다면,** 이것이야말로 조정을 업신여기고 같은 시대의 선비를 욕되게 하는 일이 아니고 무엇이겠습니까?"

이 대목에서 **사실을 가려 시비를 논한다,** 즉 '사실에 입각하여 옳고 그른 것을 따진다'는 뜻의 **논열시비**라는 성어가 나왔다. '논'은 따진다, 논한다는 뜻이고, '열'은 사실을 나열한다는 뜻으로 본다.('보임안서', '앙수신미' 항목 참고)

키워드 : 시비, 판단

논육가지요지(論六家之要旨)

육가의 요지를 논하다.
– 권130 〈태사공자서〉

육가의 요지를 논하다는 뜻의 **논육가지요지**는 사마천의 아버지 사마담(司馬談, ?~기원전 110)의 유명한 논문이다. 흔히 〈논육가요지(論六家要旨)〉로 많이 쓴다. 기원전 139년 사마담은 무제를 앞세워 다른 학파의 사상을 배척하면서 1가 독주체제로 나아가려는 유가 사상에 맞서 도가 계통의 황로(黃老) 사상을 변호하고 다른 학파들의 요지를 설파했다. 이것이 〈논육가요지〉이다. 사마천은 그 전문을 《사기》의 맨 마지막 편인 권130 〈태사공자서〉에 실어 사상가로서 아버지의 면모를 소개하고 있다.

〈논육가요지〉는 춘추전국시대 사상계의 활발한 동향을 대변하는 '제자백가(諸子百家)'를 여섯

사마천이 역사가로 성장하는 데 절대적인 영향을 미친 아버지 사마담이다.(어린 사마천을 가르치고 있는 사마담의 모습을 그린 기록화이다.)

개의 대표적인 사상으로 압축하여 그 장단점을 논한 최초의 제자백가 논평이라 할 수 있다. 이 논문에서 사마담은 도가(황로) 사상을 상대적으로 높이 평가하면서 다른 5가의 장단점을 논하고 있다. 사마담이 논평한 6가의 요지, 장단점 등을 간략하게 아래에 표로 제시한다.('제자백가' 항목 참고)

요지와 주요 학파	특징 및 장점	단점
전체 요지	6가는 모두 세상을 다스리는 것을 목적으로 하고 있지만, 추구하는 이론이 서로 달라 잘 살핀 것도 있고, 그렇지 못한 것도 있다. 정신은 생명의 근본이고 육체는 생명의 도구다. 이 둘의 조화만이 천하를 다스리는 길이다.	
음양가	사시(四時) 운행의 큰 순서에 맞춰 일을 해야 한다는 점은 놓칠 수 없는 점이다.	금기와 구속이 많고, 사람을 두렵게 하는 요소가 많다.
유가	군신·부자·부부·장유의 구별이 분명한 점은 바꿀 수 없는 점이다.	학설이 너무 광범위해서 요점이 모자라 애를 써도 효과가 적다.
묵가	경제에 대한 관심과 비용 절감을 주장한 점은 버릴 수 없다.	지나친 검약을 강조하여 지키기가 어렵고 다 실천할 수 없다.
법가	군신 상하의 직분을 정확하게 규정한 점은 고칠 수 없는 장점이다.	엄하기만 하고 은혜와 인정이 모자란다.
명가	명분과 실질의 관계를 바로잡은 점은 잘 살펴야 할 부분이다.	명분에 얽매여 실질을 잃기 쉽다.
도가	여러 학파의 장점을 취하여 시세와 더불어 순응·발전하며, 요지는 간명하면서도 쉬워 적은 노력으로도 큰 효과를 거둘 수 있다.	

키워드 : 제자백가, 6가, 논평, 도가

농천하지본(農天下之本)

농업은 천하의 근본이다.
– 권10 〈효문본기〉

　예로부터 '농자천하지대본(農者天下之大本)'이란 말을 많이 썼고, 지금도 쓰고 있다. **농사가 천하의 큰 근본**이란 뜻이다. 고대에는 농업이 가장 중요한 생산기반이자 경제활동이었기 때문에 이를 '본(本)'이라 했다. 반면 상업은 '말(末)'이라 했다. '말'에는 상업에 대한 차별의 뜻이 들어 있다. 이처럼 '본말'이란 단어는 당초 농업과 상업을 가리켰다.

　'농자천하지대본'은 〈효문본기〉의 **농천하지본**에서 나왔다. 한 문제는 어진 명군으로 각종 악법과 육형(고문)을 폐지하는 등 선정에 힘을 썼다. 즉위 2년째인 기원전 178년 문제는 '농사는 천하의 근본'이니 '적전(籍田, 황제가 직접 씨를 뿌리고 수확하는 농지)'을 열어 황제가 직접 농사를 지어 종묘의 제수로 쓰겠다고 했다.

키워드 : 경제, 농업, 근본

누란지위(累卵之危)

알을 쌓아 놓은 듯한 위태로움.

– 권79 〈범수채택열전〉

누란지위는 알을 (겹겹이) **쌓아 놓은 듯한 위태로움**이라는 뜻으로, 매우 위태로운 형세를 비유하는 고사성이다. 흔히들 '나라가 누란지위에 처했다'라던가 '지금 우리 상황이 말하자면 누란지위와 같다' 등으로 쓸 수 있다. 여기에는 다음과 같은 고사가 전한다.

전국시대 위(魏)나라 사람 범수(范雎, ?~기원전 255)는 중대부(中大夫) 수고(須賈) 밑에 있었다. 언변이 뛰어난 범수는 수고를 수행하여 제(齊)나라에 사신으로 가게 되었다. 제나라 양왕(襄王)이 범수의 재능을 어떻게 알았는지 황금 10근에 술과 소고기를 보냈다. 범수는 괜한 오해를 살까봐 이를 거절했으나, 수고는 범수가 위나라의 기밀을 제나라에 알렸기 때문에 그런 대우를 받았다며 범수를 의심했다. 이는 수고의 질투심에서 비롯된 것이었다.

귀국한 수고는 재상 위제에게 범수를 모함했고, 위제는 사람을 시켜 범수를 고문했다. 극심한 고문으로 갈비뼈와 이가 부러진 범수는 살아남기 위해 죽은 척했고, 위제는 범수를 가마니에 말아 변소간에 갖다 버리게 했다. 위제는 술에 취한 식객들에게 범수의 몸에다 오줌을 갈기게 하는 더러운 수모까지 주었다. 범수는 간수를 설득하여 간신히 변소간에서 빠져나와 몸을 피했다. 위제가 뒤늦게 사방을 뒤지게 했지만 범수는 정안평(鄭安平)이란 사람의 도움을 받아 숨어 지내며, 이름도 장록(張綠)으로 고쳤다.

범수는 위나라를 떠나 당시 가장 강력한 진나라로 건너갔다. 여기서 범수는 1년을 기다린 끝에 어렵게 진나라 소양왕을 만났다. 범수는 자신에게 관심을 집중시키

'누란지위'라는 말로 진 소왕의 이목을 집중시켜 '원교근공' 책략을 소왕에게 올리는 범수를 그린 기록화이다.(2008년)

기 위해 일부러 당시 진나라의 정세를 과장해서 마치 **계란을 쌓아 놓은 것보다 위태롭**다고 했다. 소양왕은 범수에게 주목했고, 범수는 이를 이용하여 자신의 계책을 소왕에게 상세히 이야기함으로써 중용되었다.

당시 범수가 소왕에게 제시한 여러 가지 책략들 중 외교책략으로 가장 유명한 것이 '원교근공(遠交近攻)'이었다. 진나라는 이를 적극 채용하여 '먼 나라와 사이좋게 지내면서 가까운 나라부터 공략'하여 결국 천하를 통일할 수 있었다. 진나라에서 중용된 범수는 훗날 자신에게 모욕을 주고 죽이려 한 위제를 자살하게 만들고, 진나라에 사신으로 온 수고에게 갖은 수모를 다 가함으로써 확실하게 복수했다. 여기서 범수로 대변되는 중국인 특유의 복수관인 '애자필보(睚眦必報)'라는 유명한 성어가 유래되기었다. '노려보기만 해도 보복한다'는 뜻이다.('애자필보' 항목 참고)

누란지위와 비슷한 뜻을 가진 성어로는 '바람 앞의 등불'이라는 뜻의 '풍전등화(風前燈火)'가 유명하며, 이밖에 '백척간두(百尺竿頭)', '일촉즉발(一觸卽發)' 등이 많이 쓰인다. '풍전등화'는 일본식 성어로 추정한다. '백척간두'는 당나라 때 시인 오융(吳融, 850~903)의 〈상인(商人)〉이란 작품에 보인다. '일촉즉발'은 송나라 때 사람 장영(張詠, 946~1015)의 《괴애집(乖崖集)》을 그 출전으로 본다. '누란지위'는 우리 고등학교 교과서에도 소개되어 있다.

키워드 : 형세, 위기

누망지어(漏網之魚)

그물을 빠져나간 물고기.
– 권122 〈혹리열전〉

'급하기가 상가 집 개 같고, 빠르기가 그물을 빠져나가는 물고기 같다'는 속담이 있다. 옛날부터 그물은 '법의 적용 범위'를 비유하는 상징물로 자주 거론되어 왔다.

강의 물고기를 다 잡을 듯이 촘촘히 그물을 치고 있는 어부를 보고는 그물의 세 면을 거두게 한 다음, 자기에게로 오고 싶어 하는 고기만 잡게 해달라고 했다는 상(商)나라 탕(湯)임금의 고사는 너무 각박한 법망에 대한 은근한 야유의 분위기마저 풍긴다.('망개삼면' 항목 참고)

지금 우리 사회의 법망은 어떤가? 힘없고 돈 없는 사람들만 걸리고, 힘 있고 돈 가진 거물은 다 빠져나가는 '모순의 그물'은 아닌지? 기준 없이 필요한 대로 마음에 안 드는 자만 잡아내는 '무원칙의 그물'은 아닌지? 그래서 그물눈이 멋대로 커졌다 작아졌다 하는 '마술의 그물'은 아닌지?

누망지어는 한나라 초기의 법망에 대해 논평하는 대목에서 나왔는데, 그 뜻이 여간 의미심장하지 않다. 그 대목을 한번 들어보자.

"한이 흥기하여 모난 것을 깨서 둥글게 만들고, 조각한 장식을 깎아 소박하게 만들었으며, '법망은 배를 삼킬만한 큰 **물고기도 빠져나갈** 수 있을' 정도로 너그러웠다. 그런데도 관리의 정치는 단순하여 간악한 데에 이르지 않았으며, 백성들을 편하게 잘 다스렸다. 이렇게 볼 것 같으면 백성을 다스리는 근본은 가혹한 법령에 있는 것이 아니라, 덕에 있는 것이다."

백성을 다스리는 근본이 법에 있지 않고 덕에 있다고 하면 사람들은 무슨 뜬구름 잡는 소리냐고 반문할 지 모른다. 하지만 잠깐만 생각해보자. 법이 느슨해서 사회질서가 어지러워지는가? 원칙을 무시한 법 적용과 권력만을 추구하거나 권력에 빌붙으려는 자들이 법을 우습게 본 결과 아닌가? 원칙은 어디에서 나오는가? 그것은 한 사람의 가치관에서 비롯되어 인격에 의해 유지되는 것이다. 가치관과 인격의 바탕은 도덕이 아니고 무엇이겠가? 실용만 추구하다 보면 삶의 질을 잃듯이, 덕이 아닌 가혹한 법으로만 다스리다 보면 민심을 잃고 원망만 살뿐이다.

배를 삼킬만한 큰 물고기도 빠져나갈 수 있을 정도의 법망은 느슨하다는 것만으로는 그 의미가 충분치 않다. 그러한 법망은 '덕망(德網)'이라 불러야 옳을 것이다.

상나라 시조 탕임금은 늘 너그러운 법 집행을 강조함으로써 천하의 민심을 사로잡았다. 그러자 사람들은 탕의 덕이 금수에게까지 미쳤다고 칭찬을 아끼지 않았다. 탕임금의 초상화이다.

키워드 : 통치, 법, 법망

능

능잡미염(凌雜米鹽)

쌀이나 소금 알갱이처럼 자질구레하다.

– 권27 〈천관서〉

사마천은 기상변화와 천문관측에 관한 전문적인 기록인 〈천관서〉 논평에서 근래에 이런저런 사람들이 옛 전적에 근거하여 천문변화를 논하면서 조짐을 예측하고 점을 친 결과가 모두 자질구레했다며 이렇게 말했다.

"그들의 점과 징험함은 문란하고 잡다하다 하며 **쌀이나 소금 알갱이처럼 자질구레한**

것이었다.”

위 대목에서 ‘쌀이나 소금 알갱이처럼 자질구레하다’는 뜻의 **능잡미염**이란 성어가 나왔다. 지금 이 성어는 ‘엉성하고 여기저기 흩어진 모습’이나 ‘아주 사소한 것’을 형용하기도 한다.

키워드 : 점복, 사소함, 엉성함

능행지자(能行之者), 미필능언(未必能言) ; 능언지자(能言之者), 미필능행(未必能行)

행동을 잘하는 사람이 말까지 꼭 잘하는 것은 아니며, 말을 잘하는 사람이 행동까지 꼭 잘하는 것은 아니다.

– 권65 〈손자오기열전〉

사마천이 〈손자오기열전〉의 논평에 인용한 격언이다. 뛰어난 능력을 가졌고 또 훌륭한 병법서를 남겼음에도 손빈(孫臏)은 젊은 날 동문수학한 친구 방연(龐涓)에게 속아 다리를 잘리는 형벌을 당했고, 명장 오기(吳起) 또한 각박하게 굴다가 살해당한 사실을 빗댄 말이기도 하다.

언행의 일치만큼 어려운 일도 없다. 말과 글이 다 함께 그 행동에 들어맞기란 더 힘들다. 그래서 선현들은 쉼 없는 자기수양을 강조했다.

이와 함께 사마천은 말을 더듬거나 말을 못한 인물들의 고귀하고 격조 높은 행동에 대해서도

남다른 재능의 손빈은 동문수학한 방연에게 모함당해 두 발이 잘리는 수모를 당했다. 앉은뱅이 손빈의 모습이다.

빼놓지 않고 언급했다. 부하들을 자기 몸처럼 아꼈던 한나라 초기의 명장 이광(李廣, ?~기원전 119) 장군은 어눌했고, 사마천과 같은 시대 사람이었던 문장가 사마상여(司馬相如)는 말을 더듬었다. 또 법가 사상을 집대성한 한비자(韓非子)도 말을 더듬었다. 이들은 말을 더듬고, 말을 잘 못했지만 고귀한 행동, 뛰어난 문장, 위대한 사상을 후대에 남겼다. 즉, 말을 못하거나 더듬는다고 행동을 못하는 것은 결코 아니다. 그런가 하면 태자를 폐위시키려던 고조 유방의 처사에 반대하던 주창(周昌)은 결정적인 순간에 말을 더듬었는데, 그것이 오히려 고조의 고집을 단념시키는 계기로 작용하기도 했다.

말의 묘미는 말을 잘하는 데 있는 것이 아니라, 상대의 마음을 움직일 수 있는 진정성을 얼마나 담아내느냐에 있는 것 같다. 이렇게 보면 말을 못하는 것과 행동을 못하는 것의 차이는 절로 드러난다.('구흘', '기기애애' 항목 참고)

키워드 : 언행, 언변, 행동, 인격, 진정성

다다익선(多多益善)

많으면 많을수록 좋다.
– 권92 〈회음후열전〉

많으면 많을수록 좋다는 **다다익선**은 그 뜻이 좋아 2천 년 넘는 세월 동안 수많은 사람들이 인용했고, 또 헤아릴 수 없을 정도로 많은 사람들의 입에 오르내렸다. 하지만 이 성어의 유래를 알고 나면 함부로 입에 올리기 어려울 것이다. 이 성어의 유래를 알아본다.

서한을 건국한 유방은 기원전 202년 천하를 재통일한 뒤, 얼마 되지 않은 어느 날 명장 한신과 대화를 나누었다. 한신은 유방이 항우를 물리치는데 결정적인 역할을 했던 명장으로 장량·소하와 함께 '서한삼걸'로 꼽히는 인물이었다.

유방은 장수로서 한신의 능력을 높이 평가했다. 그래서 농담 반 진담 반으로 한신에게 "내가 군사를 거느린다면 얼마나 거느릴 수 있는가?"라고 물었다. 명장 한신의 대답이 궁금했던 모양이다. 한신은 별 생각 없이 "폐하께서는 10만 명이면 충분합니다"라고 답했다. 유방은 은근히 기분이 나빴다. 이번에는 다소 까칠하게, "그러는 그대는 얼마나 거느릴 수 있는가?"라고 물었다.

이 대목에서 한신은 유방의 의도를 눈치 챘어야 하는데, 정무감각이 부족한 순진한 무장 한신은 이 질문에도 솔직히 대답했다.

한신의 일대기인 〈회음후열전〉에는 오만한 한신의 성격이 곳곳에 드러나 있다. '다다익선' 역시 그런 사례의 하나이다. 한신의 초상화이다.

"신은 많으면 많을수록 좋습니다."

‘다다익선’이 바로 이 대목에서 나왔다. 유방은 마음이 상했다. 그래서 요즘 식으로 하자면 “그렇게 잘난 놈이 왜 내 밑에 있냐?”는 식으로 다그쳤다. 한신은 그제야 아차 싶었다. 말을 잘못한 것이다. 그래서 서둘러 “폐하는 장수를 잘 다루는 장수이십니다”라는 말로 유방의 기분을 맞추려고 했다. 여기서 ‘선장장(善將將)’이란 단어가 나왔고, 훗날 ‘장수 위의 장수’라는 뜻을 가진 ‘장상지장(將上之將)’이란 사자성어가 갈라져 나왔다.

한신은 적절하게 둘러댔지만 상해버린 유방의 마음은 돌릴 수 없었다. 그로부터 얼마 뒤, 한신은 모반이란 죄를 뒤집어쓰고 삼족을 멸하는 처참한 형벌을 받고 죽었다. 죽기에 앞서 한신은 저 유명한 ‘토사구팽(兎死狗烹)’이란 사자성어를 남기면서 형장의 이슬로 사라졌다. ‘다다익선’ 뒤로 ‘토사구팽’의 그림자가 어른거리고 있었던 것이다.

‘다다익선’은 한신의 오만한 성격을 대변하는 사자성어이다. 함부로 사용해서는 곤란해질 수 있다. 특히, 이 고사를 잘 알고 있는 사람이나, 중국인들에게 섣불리 사용했다가는 건방지고 오만한 사람이라는 인상을 줄 수도 있다.(‘선장장’, ‘장상지장’ 항목 참고) ‘다다익선’은 우리 초등학교 사회 교과서 등에 소개되어 있다.

키워드 : 대화, 응대, 오만

다재다예(多材多藝)

여러 방면에서 재능과 실력이 뛰어나다.
– 권33 〈노주공세가〉

같은 뜻의 ‘다재다능(多才多能)’이란 사자성어를 많이 쓰지만 원래는 **다재다예**다. 원전은 《상서(尙書)》이고, 《사기》에서는 〈노주공세가〉에 두 번 거푸 쓰이고 있다. 해당 내용을 보면 이렇다.

기원전 1046년, 주 부락의 우두머리 희발(姬發, 훗날 주 무왕)은 은나라를 정벌하여 멸망시키고 주나라를 세웠다. 그로부터 2년 뒤 무왕이 병이 났다. 무왕의 동생 주공(周公) 희단(姬旦)은 축문(祝文)을 지어 무왕의 건강을 기원했다. 이 기원문에서 주공은 자신이 형님 무왕을 대신하여 목숨을 바치겠다고 했다. 얼마 뒤 무왕의 건강은 회복되었다.

이 축문에서 주공은 자신은 무왕에 비해 '다재다예'하기에 귀신을 잘 섬길 수 있다며, 자신이 무왕의 병을 대신하겠다고 했다. '다재다예'는 문무를 겸비한 뛰어난 재능을 주로 가리킨다.

주공 단은 예악을 정비하는 등 주나라 건국 초기 정권 안정에 크게 기여했다. 훗날 공자는 꿈에서도 주공을 그리워했다. 주공의 초상화이다.

키워드 : 인재, 재능

단

단대(丹·臺)

단대.
− 권129 〈화식열전〉

진시황이 유독 존중했던 여성 사업가 과부 청(淸)은 가업으로 단사(丹砂) 광산을 물려받아 사업을 독점하여 큰 부를 축적했다. 진시황은 혼자 몸으로 정절을 지키면서 사업을 성공시킨 청을 상객으로 우대했고, 그녀를 위해 기념관인 '여회청대(女懷淸臺)'까지 지어 주었다. ('여회청대' 항목 참고)

단사(cinnabar)는 진사(辰砂)·주사(朱砂) 등으로 불리며 강한 중독성의 수은을 정제할 수 있는 광물로 고대부터 연단의 중요 원료였다. 호남성 진주(辰州)의 단사가 가장 품질이 좋다고 알려져 있고, 진사라는 단어도 진주에서 비롯되었다고 한다. 단사의 모습이다.

'단사'는 수은 황화물(HgS)로 수은(水銀, Hg)을 정제하는 가장 일반적인 광석이다. 진시황은 기원전 221년 만 38세 나이에 천하를 통일했다. 그 뒤 건강에 이상이 생겨 여러 약물을 복용했는데, 이 단사에서 추출한 수은이 약물을 제조하는 데 꼭 필요했던 것으로 보인다. 청은 바로 이 단사를 독점적으로 제공하여 진시황의 눈에 들었던 것 같다. 훗날 그녀의 사업 기반이었던 '단사'에서 '단(丹)'자를, '여회청대'에서 '대(臺)'자를 딴 **단대**라는 단어가 파생되어 **과부 청의 풍부한 자산**을 비유하기에 이르렀다.

키워드 : 광산업, 광물질, 단사, 자산

단소정한(短小精悍)

몸집은 작지만 영명하고 강인하다.

– 권124 〈유협열전〉

사마천은 18세 때 유협 곽해(郭解)를 우연히 만나 그로부터 큰 인상을 받았다. 사마천이 〈유협열전〉을 구상하는 데 영향을 준 사람이 바로 곽해였다. 사마천은 이런 곽해에 대한 인상을 **단소정한**으로 표현했다. **몸집은 작지만 영명하고 강인하다**는 뜻이다. 이 표현을 문장이나 말에 적용하면 간결하지만 힘이 있다는 뜻이 된다. ('인모영명, 개유기호' 항목 참고)

키워드 : 외모, 인상

단수(斷袖)

소매 자락을 자르다 / 동성애를 은유.

– 《한서(漢書)》〈동현전(董賢傳)〉

단수(斷袖)는 동성애에 대한 은유적 표현이다. 《사기》에 이 표현은 나오지 않지만, 동성애를 암시하는 기록이 있어 참고로 관련 내용을 남긴다. 먼저 《한서》의 관련 내용을 살펴본다.

한나라 애제(哀帝, 기원전 25~기원전 1) 때 동현(董賢)이란 미모가 뛰어난 미소년이 있었다. 황제인 애제가 그를 사랑하여 침식을 함께했다. 어느 날 아침, 애제가 잠에서 깨 몸을 일으키려는데 동현의 몸이 애제의 옷소매 자락을 누르고 있었다. 애제는 동현이 깰까 봐 자신의 **소매 자락을 자르고** 침대에서 빠져나왔다.

이렇게 해서 '단수'는 남자를 좋아하는 남자를 비유하는 단어가 되었고, 그런 취향을 '단수벽(斷袖癖)'이라 했다. 동성애나 그런 취향을 가리키는 말이다. 또 제왕의 특별한 은총을 묘사할 때 쓰이기도 했다.

역사 기록에서 동성애는 주로 권력자들의 취향으로 적지 않게 보인다. 남조시대 권력자 유신(庚信, 513~581)은 어린 소소(蕭韶)를 사랑하여 '단수의 기쁨(단수환斷袖歡)'을 누렸는데, 소소의 입고 먹는 것을 모두 유신이 대주었다고 한다.

봉건사회에서 '단수 취향'은 워낙 특이한 것이라서 다양한 단어를 파생시켰다. '단수지호(斷袖之好)'나 '단수지계(斷袖之契, 단수의 인연)'와 같은 사자성어로부터 '전수(剪袖)'와 같은 글자만 바뀐 단어 등이 기록에 보인다.

문학 작품에도 심심찮게 보인다. 청나라 때 소설가 포송령(蒲松齡, 1640~1715)이 창작한 괴기 소설집 《요재지이(聊齋志異)》에 하생(何生)이란 남색가가 등장하는데, 그의 취향을 코를 막게 하는 추한 것으로 묘사하고 있다. 포송령은 '단수'와 함께 '분도(分桃)'도 거론하고 있다. '복숭아를 나누다'는 뜻인데, 《사기》〈노자한비열전〉에 위(衛)나라 영공(靈公)이 미소년 미자하(彌子瑕)를 사랑하여 미자하가 먹다 남은 복숭아를 주어도 자신을 사랑해서 그런 것이라며 좋아했다는 고사에서 나온 것이다. 이것

'단수'는 동성애를 비유하는 흥미로운 단어이다. 그림은 애제와 동현의 '단수' 장면이다.(2017년)

이 저 유명한 '먹다 남은 복숭아', 즉 '식여도(食餘桃)'가 나왔고, '분도'는 그 파생어다.('식여도' 항목 참고)

춘추시대 '식여도'의 고사는 동성애를 암시하는 가장 오랜 기록이다. 이 이야기를 기록한 한비자(韓非子)는 인간의 애정은 언제든 변질될 수 있다며 권력자의 심기를 헤아리는 어려움이라는 민감한 문제를 끌어냈다. 하지만 한비자의 의도와는 또 다르게 '식여도'는 '단수'와 함께 동성애를 가리키는 대표적인 단어가 되었다.

《사기》에는 권력자의 각별한 총애를 받았던 남총(男寵)들의 기록인 〈영행열전〉에 황제와 침식을 같이 했다는, 즉 동성애를 암시하는 대목들이 남아 있다. 〈영행열전〉은 훗날 송나라 이후 중국 정사에 거의 빠지지 않고 수록되는 〈간신열전〉의 선구가 되는 기록이기도 하다.

동성애가 오늘날만의 문제가 아니라 수천 년 전부터 있었다는 기록이 적지 않다. 그러나 어느 시대가 되었건 사회적 문제의 하나로 정면 취급된 적은 없었다. 지금 우리 사회가 이에 관한 진지한 접근과 논의를 필요로 하고 있다.

키워드 : 애정, 동성애

단이감행(斷而敢行)

자르고 앞으로 나아가다.
– 권87 〈이사열전〉

기원전 210년 진시황의 갑작스러운 죽음은 천하를 순식간에 소용돌이로 몰아넣었다. 진시황이 차지하는 비중이 그만큼 컸기 때문이다. 이는 달리 말해 그의 공백으로 인한 혼란도 그가 차지했던 비중만큼, 아니 그 이상으로 막대할 것이라는 예상을 가능케 했다. 진시황은 하루에 처리할 일의 양을 정해놓고 그 양을 채우지 못하면 자지도 먹지도 않을 정도의 일벌레였고, 또 일에 관한 한 엄청난 욕심을 보인 친정형(親政形) 군주의 전형이었다.('형단양서' 항목 참고) 그런 그가 사구(沙丘, 하북성 형대시邢台市 광종廣宗)라는 곳에서 급사했다.

당시 죽음을 예감한 진시황은 환관 조고(趙高)에게 유언을 남기고, 그 유언을 전할 전령을 불러들였다. 그러나 전령의 도착을 기다리지 못하고 진시황은 숨을 거두었다. 유언을 전해들은 인물은 조고(趙高) 한 사람뿐이었다. 유언장은 조고가 감추었다. 오래 살기를 그토록 갈망했던 진시황이 단 몇 분을 더 버티지 못하는 바람에 천하의 역사가 뒤바뀌었다. 진시황의 죽음은 역사라는 눈으로 보면 꽤 긍정적인 사건이었지만, 그의 죽음이 가져다 준 혼란과 그로 인한 수많은 희생을 생각하노라면 조금 빨랐다는 아쉬움도 없지 않다.

역사의 운명은 약삭빠른 환관 조고의 손에 넘어갔다. 조고는 유언장에 진시황의 후계자로 지목된, 그러나 자신과 껄끄러운 관계에 있는 큰아들 부소(扶蘇) 대신 만만한 상대인 작은아들 호해(胡亥)를 선택했다. 자신의 영달에 눈이 먼 조고로서는 당연한 선택이었다. 그는 호해를 찾아 설득을 시작한다.

과감한 결단과 실행이란 뜻의 **단이감행**(斷而敢行)이란 성어는 조고가 머뭇거리는 호해를 설득하는 과정에서 나왔다. 아버지 진시황의 유언을 어길 수 없다며 버티는 호해에게 조고는 큰일을 할 때는 작은 일은 염두에 두지 않고, 덕이 있는 자라면 받아야 할 것을 사양하지 않는 것이라며 호해를 부추기며 다그친다.

진시황의 갑작스러운 죽음이 조고에게 기회를 주었다. 또 그보다 앞서 진즉 후계자를 정해놓지 않은 진시황의 실책이 이 기회의 실현 가능성을 더 높였다. 역사의 결과는 늘 과정의 축적이다. 사진은 서안시 곡강구의 진이세호해릉유지공원 내 전시관에 걸려 있는 진시황의 유언을 받드는 조고의 모습이다.(2025년 ⓒ김바다)

"작은 것에 매여 큰일을 잊는다면 뒷날 반드시 해가 돌아옵니다. 의심하고 머뭇거리면 뒷날 반드시 후회합니다. **과감하게 결행하면** 귀신도 피할 것이며, 성공할 것입니다. 공자께서는 어서 이 문제에 대해 결단을 내리십시오."

호해는 승상 이사(李斯)와 상의해서 결정하라며 틈을 만들어 주었고, 조고는 이사마저 설득하여 마침내 천하의 대권을 손아귀에 넣었다.

역사는 수많은 원인과 결과들이 오랜 시간을 거치면서 쌓이고 쌓여 그 내용을 구성하지만, '순간의 판단과 선택' 또한 역사의 변화에 중요하게 작용한다. 진시황이 몇 분만 더 숨을 쉬었더라면, 호해가 그리고 이사가 조고에게 농락당하지 않았더라면, 큰아들 부소와 장군 몽염(蒙恬)이 그렇게 쉽게 순순히 목숨을 끊고 군권을 내놓지 않았더라면…. 어떤 면에서 역사는 아쉬움 덩어리다. 하지만 바르고 현명한 판단은 늘 역사의 내용을 풍요롭게 만들고 인류사에 희망을 준다. 판단과 선택, 그리고 결행은 늘 역사와 함께 역사의 내용을 구성하며, 나아가서는 역사의 방향을 바꾼다. 그것은 늘 우리들의 몫이었고, 지금도 마찬가지다.

키워드 : 역사, 판단, 선택, 결행

담

담언미중역가이해분(談言微中亦可以解紛)

말이 미묘하고 잘 들어맞으면 다툼을 해결할 수 있다.
– 권125 〈골계열전〉

〈골계열전〉은 역사서에서는 찾아보기 어려운 유머와 웃음, 그리고 그것을 구사했던 유머리스트들에 대한 아주 특별한 기록이다. 사마천은 유머와 적절한 말로 권력자에게 충고하여 얽힌 문제를 해결했던 인물들을 위해 〈골계열전〉을 마련했다.

골계(滑稽)는 원래 술을 계속 따를 수 있게 돌아가는 술그릇을 가리킨다. 여기서 빠르고 재치 있고 유창한 말솜씨를 비유하는 단어가 되었고, 문학이나 미술 방면에서 '골계미(滑稽美)'라는 용어까지 파생되었다.('골계' 항목 참고)

말이 미묘하고 잘 들어맞으면 다툼을 해결할 수 있다는 **담언미중역가이해분**이란 이 명언은 〈골계열전〉 서문에 나오는 사마천의 말이다. 보통 인간으로서는 겪기 힘든 궁형이라는 지독히 수치스러운 고통을 자청한 그가 웃음과 유머를 다룬 〈골계열전〉을 남겼다는 사실 자체가 역설이 아닐 수 없다. 극심한 고통 속에서도 인간으로서 잃지 말아야 할 웃음과 유머에 관한 이야기를 남긴 그의 마음과 배려에 절로 깊은 존경심을 품게 된다.

사마천은 천시 받던 배우나 연예인의 재치 있고 의미심장한 말솜씨조차 높이 평가했고, 이들 역시 다양한 인재의 범주에 속할 수 있다고 보았다. 아울러 그런 재능을 가진 이들의 말이 상황과 상대에게 맞으면 해결하지 못할 일이 없다고 인식했다.

사마천은 〈골계열전〉에서 독재자의 대명사인 진시황과 그 아들 2세 황제 호해조차 이들 유머리스트들의 유머에 마음을 풀고 웃었던 사례를 소개한다. 세상사가 엄숙한 예의범절과 딱딱한 권위에만 의존해서는 무미건조하다는 지적으로도 이해할 수 있다.

참고로 〈골계열전〉의 뒷부분 곽사인(郭舍人) 이하 마지막 서문표(西門豹)까지는 사마천 사후 얼마 뒤 저소손(褚少孫, 생졸 미상)이 보탠 내용이다.

〈골계열전〉에 등장하는 유머리스트의 한 사람인 제나라 사람 순우곤(淳于髡)의 모습으로 관중기념관에 걸려 있다.(2015년)

키워드 : 언어, 유머

사마천과 '애증의 관계'였던 무제는 한 왕조의 전성기를 구가했다.(권12 〈효무본기〉) 유가를 통치 이데올로기로 확정했고, 대외적으로는 서역(실크로드) 개척 등으로 강역을 넓혔다. 그러나 이 전성기의 이면에는 많은 모순과 위기가 도사리고 있었다. 사진은 무제의 통치를 나타낸 조형물로서 섬서성 한성시 사마천광장에 조성되어 있다.(2017년)

당단부단(當斷不斷), 반수기란(反受其亂)

잘라야 할 때 자르지 못하면 되려 화를 당한다.

– 권52 〈제도혜왕세가〉 ; 권78 〈춘신군열전〉

중국 역사상 최초의 통일 제국 진(秦, 기원전 221~기원전 206)을 이어 중국을 다시 통일한 한(漢, 기원전 202~기원전 8)은 초기에 내란으로 많이 시달렸다. 각지에 왕으로 봉해진 공신들과 왕실의 인척들이 너나없이 황제 자리를 노리며 반란을 꾀했다. 거기에 고조 유방(劉邦)의 아내 여(呂)태후까지 권력욕을 내보이는 등 그야말로 황실은 바람 잘 날이 없었다.

2대 황제 혜제(惠帝) 때 실권을 휘둘렀던 여태후가 기원전 180년에 죽자 대권의 판도는 더욱 오리무중으로 빠졌다. 제나라 애왕(哀王)은 여씨 일가를 제거하기 위해 군대를 일으키고자 했다. 이를 안 재상 소평(召平)이 먼저 군대를 일으켜 제나라 왕궁을 포위했다. 모든 계획이 물거품으로 돌아갈 위기 상황에서 위발(魏勃)이 나서 한나라 조정으로부터 군대 동원령을 상징하는 호부(虎符)가 내려오지 않았다며 자신이 제나라 왕궁을 지키겠노라 나섰다. 소평은 위발의 말을 믿고 군대를 그에게 넘겼다. 위발은 즉각 군사를 소평에게로 돌렸고, 사태가 글렀다고 판단한 소평은 스스로 목숨을 끊었다.

소평은 죽으면서 "오호라! 도가에서 말하길 **잘라야 할 때 자르지 못하면 되려 화를 입는다**고 하더니, 지금 내 꼴이 바로 그 꼴이구나!"라고 탄식했다고 한다. 이처럼 위 성어는 소평이 죽으면서 한 말에서 비롯되었다.

《사기》에는 때를 놓쳐 몸을 망친 인물들에 대한 이야기가 적지 않다. 유방을 도와 항우를 물리치는 데 가장 큰 공을 세운 명장 한신(韓信)이 그랬고, 월나라의 대부 문종(文種)이 그랬다. 반면에 범려(范蠡)와 장량(張良)은 적절한 시기에 물러나 몸과 마음이 모두 편한 상태에서 삶을 마감할 수 있었다. 어느 경우나 핵심은 '욕심'과 '미련'이라는 인성(人性)의 약점을 극복할 수 있느냐에 있다.

'쇠는 달구어졌을 때 때려야 한다'는 서양 격언도 있듯이, 기회는 왔을 때 잡아야 한다. 기회의 중요성을 지적하는 말들이다. 그러나 그에 앞서 기회를 기회인 줄 아는 지혜로운 눈을 먼저 갖추어야 한다. 물론 기회를 잡는 방법도 정당해야 한다.

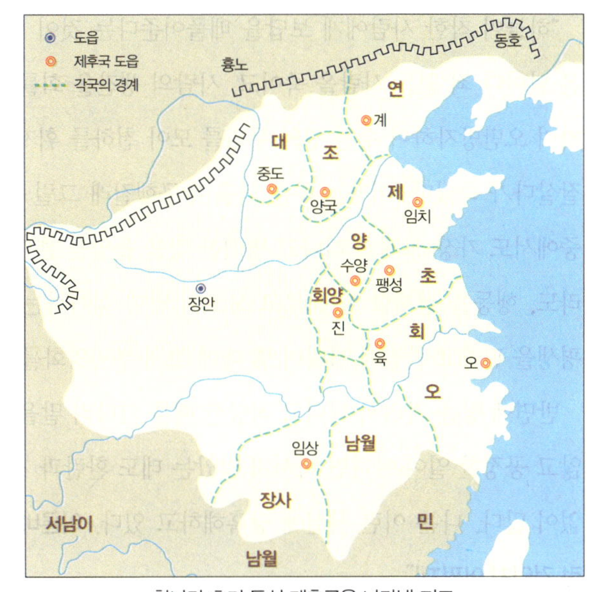

한나라 초기 동성 제후국을 나타낸 지도.

<hr>

키워드 : 기회, 결단, 망설임

당소위천도시야비야(儻所謂天道是邪非邪)

대체 하늘의 도라는 것이 정말로 이런 것인지?

– 권61 〈백이열전〉

당소위천도시야비야는 정의로운 인물들이 바른 대우를 받지 못하거나 불행하게 죽는 부조리한 상황을 두고 사마천이 **하늘의 도**를 끌어다 내뱉은 탄식이다. 사마천은 열전의 첫 권인 〈백이열전〉에서 착한 자와 어진 자들이 곤경에 처해 살며 재앙을 만나 허덕이고 있는 현상을 '하늘의 도'라는 표현을 써서 심각하게 토로하고 있다.

"하늘이 착한 사람에게 보답을 베풀어준다는 것이 어찌 이 모양인가? 도척(盜跖)은 날마다 죄 없는 사람을 죽이고, 사람의 생간을 회를 쳐서 먹었다. 포악하고 잔인하며 오만방자하여 수천 명의 무리를 모아 천하를 휘저으며 돌아다녔으나 오래도록 잘살다가 죽었다. 이자는 무슨 덕을 추구했길래 그럴 수 있었나? 이는 그런 사례들 중에서도 가장 크게 드러나고 명백한 것을 들었을 뿐이다. 최근의 사례를 살펴보더라도, 행동을 절제할 줄 모르고 오로지 남이 싫어하는 나쁜 짓만 골라서 하는 데도 평생을 편하고 즐겁게 지내며 몇 대에 걸쳐 부귀영화를 누리고 산 자가 있었다.

반면에 땅을 가려서 디디고 적당한 때를 기다려 말을 하며, 큰길이 아니면 다니지 않고 공정한 일이 아니면 나서지 않았는 데도 환란과 재앙을 만난 사람이 헤아릴 수 없이 많다. 나는 이런 사실에 당혹해하고 있다. **이른바 하늘의 도라는 것이 정말로 이런 것인지 어쩐지!**"

그러면서 사마천은 "날이 추워진 뒤라야 소나무와 전나무의 푸르름을 실감하고, 세상이 어지럽고 더러워져야 깨끗한 선비가 드러나는 것인가?"라고 덧붙였다.

'당소위천도시야비야(儻所謂天道是邪非邪)', '대체 하늘의 도라는 것이 정말로 이런 것인지'는 재능과 능력, 그리고 좋은 품성을 가지고도 세상에서 외면당하고 박해받는 인재들에 대한 탄식을 담은 명구이다. 사회적 불합리에 대한 사마천의 강한 비판 정신이 돋보이는 대목이기도 하다. 사마천이 말하는 '천도'를 '세상사 이치' 또는 '사회적 정의'와 같은 용어로 바꾸어 보면 한결 실감이 나는 명구로 다가온다.

고귀한 정신을 가지고도 굶어 죽은 백이와 숙제를 대변하여 사마천은 '당소위천도시야비야(儻所謂天道是邪非邪)'라는 탄식을 남겼다. 그림은 백이와 숙제가 수양산에서 고사리를 뜯으며 힘겹게 살아가는 모습을 그린 송나라 때 화가 이당(李唐, 1066~1150)의 〈채미도(采薇圖)〉이다.

키워드 : 천도, 공평, 불공평

대거불교(大車不較), 불능재기상임(不能載其常任)

큰 수레일지라도 균형을 바로잡지 않으면 본래 실을 수 있는 양도 싣지 못한다.
– 권46 〈전경중완세가〉

순우곤(淳于髡, 생졸 미상)은 제나라 위왕(威王, ?~기원전 320) 때 활동한 유명한 변사(辯士)였다.('유곤', '주극생란' 등 항목 참고) 당시 추기(騶忌)가 위왕을 만난 지 석 달 만에 재상이 되자 순우곤은 추기의 능력을 떠보기 위해 그를 찾아갔다. 추기는 겸손하고 공경한 태도로 거처에서 나와 직접 순우곤을 맞이하였다. 〈전경중완세가〉에는 당시 두 사람의 대화가 흥미롭게 기록되어 있다. 순우곤이 먼저 입을 열었다.

"돼지기름을 가시나무에 발라서 바퀴 축에다가 칠하는 것은 바퀴의 회전을 원활하게 하기 위함인데, 만약에 구멍을 각이 지게 뚫으면 돌아가지를 않습니다."

"삼가 가르침을 받겠습니다. 측근들로 하여금 잘 받들도록 하겠습니다."

"활을 만들 때 잘 마른 나무에 아교를 칠하는 것은 잘 맞게 하기 위함인데, 공간이 비고 틈새가 생기면 메울 수가 없습니다."

"삼가 가르침을 받겠습니다. 스스로를 백성과 거리가 없도록 하겠습니다."

"늑대 가죽옷이 해어졌다고, 누런 개가죽으로 기우면 안 됩니다."

"삼가 가르침을 받겠습니다. (사람을) 기용할 때에는 군자를 선택하게 하고, 잡다한 소인배가 그 속에 끼지 못하게 하겠습니다."

"큰 수레일지라도 균형을 바로잡지 않으면 본래 실을 수 있는 양도 싣지 못하고, 현악기는 음을 맞춰 놓지 않으면 5음을 이룰 수 없습니다."

"삼가 가르침을 받겠습니다. 법률을 잘 다듬고, 간사한 관리들을 잘 감독하겠습니다."

대화를 마친 순우곤이 급히 나가면서 대문에 이르러서 하인들에게 "내가 다섯 가지 비유를 했는데 질문에 대답한 말들이 모두 꼭 맞는 대답이었으니, 이 사람은 멀지 않아서 상을 받을 것이다"라고 했다. 1년 뒤 추기는 하비(下邳) 땅을 봉지로 받고 성후(成侯)에 봉해졌다.

순우곤은 다섯 개의 비유를 통해 추기가 과연 재상 자리를 제대로 해낼 수 있을 것인가를 시험했고, 추기는 순우곤의 의중을 바로 헤아려 적절하게 대응했다. 순우곤의 마지막 다섯 번째 비유인 **대거불교(大車不較), 불능재기상임(不能載其常任)**은 바로 뒤이어 나오는 '금슬불교(琴瑟不較), 불능성기오음(不能成其五音)'과 대구를 이루는 명언이다.

두 사람의 대화를 가만히 음미해 보면 정말 절묘하다 하지 않을 수 없다. 언어의 묘미를 만끽할 수 있다. 먼저 순우곤은 상투적인 인사말로 대화의 문을 연다. 군주에 대한 신하의 예를 운운한 것이 바로 그것이다. 추기의 대응 역시 평범했다. 순우곤은 이런 상투적인 말을 통해 추기의 진정성을 파악한 것으로 보인다.

다음으로 순우곤은 유머러스한 비유를 통해 추기가 공직을 수행하면서 유의해야 할 점을 환기시키고 있다. 순우곤은 바퀴 축에 돼지기름을 바르는 것은 바퀴가 잘 돌아가게 하기 위한 것인데, 바퀴 구멍을 네모나게 만들면 아무리 기름을 칠해도 바퀴가 제대로 돌아갈 수 없다는 비유를 들었다. 추기는 측근들로 하여금 잘 받들게 하겠다고 응대했다. 요컨대 순우곤은 조직의 원활한 시스템을 주문했고, 추기는 그 의미를 간파했다.

순우곤의 다음 비유는 '소통(疏通)'의 문제였다. 독선과 인의 장막 등에 막혀 민심과 거리를 두게 되면 통치의 효과를 기대할 수 없다. 추기는 순우곤의 비유를 바로 알아듣고 백성들과 멀어지지 않도록 하겠다고 대답했다.

자신의 비유를 추기가 충분히 알아듣고 있음을 파악한 순우곤은, 보다 자극적인 비유이자 유머러스한 표현을 구사하며 인재문제를 들고 나왔다. 늑대 가죽은 유능한 인재를, 개가죽은 소인배를 가리킨다. 추기는 유능한 인재를 기용하고 소인배는 멀리하겠다고 응대했다.

끝으로 순우곤은 수레와 악기에 대한 보다 차원 높은 비유를 통해 균형 잡힌 조직 관리와 공직자의 몸가짐을 주문함으로써 자신이 하고 싶은 말을 정리했다. 이번에도 추기는 그 의미를 정확하게 파악했다.

사실 이 정도 수준의 유머와 비유가 통하는 조직이나 사회라면 더 이상 바랄 것이 없을 것이다. 통치도 마찬가지다. 순우곤의 충고를 받아들인 위왕은 그 뒤 36년 동안 아무도 제나라를 넘보지 못하는 강국으로 키웠다. 수준 높은 유머를 구사할 줄 알았던 순우곤과 그것을 흔쾌히 받아들일 줄 알았던 추기와 위왕 모두 성공했다. 이것이 바로 유머의 힘이다. 순우곤의 일화가 〈골계열전〉에도 실린 것도 이 때문이다.

키워드 : 통치, 정치, 요령, 비유

대계패돈(戴鷄佩豚)

수탉의 깃으로 꾸민 갓과 멧돼지의 가죽으로 만든 띠.
– 권67 〈중니제자열전〉

공자의 많은 제자들 가운데 자로(子路, 기원전 542~기원전 480)는 캐릭터가 아주 독특한 인물이었다. 그는 성격이 거칠고 힘쓰기를 좋아했다. 자신이 용맹하다는 것을 나타내기 위해 **수탉의 깃으로 꾸민 갓을 쓰고, 멧돼지의 가죽을 벗겨 만든 띠를** 두르고 다녔다고 한다. **대계패돈**이란 성어는 자로의 이런 모습을 형용하는 대목에서 나왔다.

출전은 공자의 제자들 전기인 〈중니제자열전〉인데, 중국 최초의 유물주의 학자로 꼽히는 왕충(王充, 27~약 97)의 뛰어난 저서 《논형(論衡)》에도 "세상에서는 자로를 두고 의젓하지 못하고, 보잘것없는 인물이라고 평가한다. 공자의 문하에 들어가기 전에는 '수탉의 깃으로 꾸민 갓에 멧돼지 가죽으로 만든 띠'를 하고 다니며, 예의는 없이 용맹하기만 했다고 한다"라는 대목이 보인다.

수탉이나 멧돼지는 싸우기를 좋아하는 성품을 타고났다고 한다. 사람 중에도 그

공자의 수제자들 중 가장 독특한
캐릭터였던 자로의 초상화이다.

런 성질을 타고난 사람들이 있고, 그런 사람을 형용하는 성어로 '대계패돈'이 흔히 입에 오르내렸다.

진짜 용기는 내면에서 나오지 겉모양에서 나오지 않는다. 속된 말로 '폼만 잡고' 다니며 약자를 괴롭히는 깡패들의 용기는 아무 짝에 쓸데없는 만용에 지나지 않는다. 자로도 스승 공자에게 늘 이 점을 지적 받고 꾸지람을 듣곤 했으며, 결국은 앞뒤 돌보지 않는 조급한 성격 때문에 비명횡사했다. 물론 자로의 강직한 성품은 따로 평가해야 할 것이다.

키워드 : 성품, 기질, 외모

대류불연(大謬不然)

(일이) 뜻과는 달리 크게 잘못되다.

– 〈보임안서〉

사마천은 〈보임안서〉에서 자신이 젊은 장수 이릉을 변호하게 된 경위를 밝히고 있다.(보임안서' 항목 참고) 그중 당시 자신의 상황을 나타낸 다음과 같은 대목이 있다.

"또 일의 시작과 끝이 쉽게 밝혀지는 것이 아닙니다. 저는 젊어서 어떤 것에도 얽매이지 않는 정신세계에 자부심을 가졌었지만, 자라면서 고향 마을에서 어떤 칭찬도 들은 바 없었습니다. 요행히 주상께서 선친을 봐서 저의 보잘것없는 재주로나마 궁궐 안을 드나들 수 있게 해주셨습니다. '대야를 머리에 인 채 하늘을 볼' 수 없기에 빈객과의 사귐을 끊고 집안일도 돌보지 않고 밤낮없이 미미한 재능이나마 오로지 한 마음으로 직무에 최선을 다해 주상의 눈에 들고자 했습니다. 그러나 일은 저의 **뜻과는 달리 크게 잘못되고** 말았습니다!"

마지막 대목의 '크게 잘못되다'에서 **대류불연**이란 성어가 나왔고, 일이 자신의 생각과는 달리 잘못되어도 아주 크게 잘못되었다는 뜻으로 쓰이고 있다.('대분망천' 항목 참고)

키워드 : 의지, 어긋남

대명지하(大名之下), 난이구거(難以久居)

큰 명성 아래서는 오래 머물기 어렵다.
— 권41 〈월왕구천세가〉

오월쟁패에서 월나라 구천은 '와신상담' 끝에 오나라를 멸망시켰다.(기원전 473년) 이 과정에서 가장 큰 공을 세운 범려는 **큰 명성 아래서는 오래 머물기 어렵고**, 구천은 "근심은 함께할 수 있어도 편안함은 함께하기 어려운(가여동환可與同患, 난여처안難與處安)" 사람이라면서 배를 타고 떠났다. 이와 관련해서는 '와신상담'을 비롯하여 '토사구팽', '가여동환, 난여처안' 등과 같은 항목에서 살펴보았으니 참고하면 된다.

이 명언과 같은 뜻을 가진 명언으로는 역시 범려가 말한 "귀한 이름(명성)을 오래 가지고 있으면 상서롭지 못하다"는 뜻의 '구수존명불상(久受尊名不祥)'이 있다.('구수존명불상' 항목 참고)

키워드 : 처세, 명성, 진퇴

대분망천(戴盆望天)

대야를 이고 하늘을 올려다본다.
– 〈보임안서〉

대야를 머리에 이고 하늘을 올려다봐서는 하늘을 볼 수 없다. 하늘이 보이지 않기 때문이다. 하늘을 보려면 머리에 이고 있는 대야를 내려놓던지, 대야를 아예 머리에 이지 않던지 해야 한다.

대분망천은 곰곰이 새기면 깊은 속뜻을 품고 있는 성어다. 서로 대립되거나 모순 되는 몇 가지 일을 동시에 돌볼 수는 없다는 이치를 지적하고 때문이다. 그리고 대야를 머리에 인 채, 다시 말해 편견과 오만으로 가득 찬 마음으로 사람과 사물을 대하려는 어리석은 태도를 비꼬는 명언이기도 하다.

이 성어는 사마천이 입사 동기 임안(任安, ?~기원전 91)이 모반에 연루되어 사형을 기다리고 있을 때 보낸 편지, 즉 〈보임안서〉 중에서 자신의 관직 생활을 되돌아보며 당시 자신의 모습을 전하는 대목에서 나온다.

사마천이 말하는 '대분망천'에는 많은 의미가 내포되어 있다. 저술에 몰두하고 있는 사마천을 그린 기록화의 한 장면이다.

"저는 젊어서 어떤 것에도 얽매이지 않는 정신세계에 자부심을 가졌었지만, 자라면서 고향 마을에서 어떤 칭찬도 들은 바 없었습니다. 그런데 요행히 주상께서 선친을 봐서 저의 보잘것없는 재주로나마 궁궐 안을 드나들 수 있게 해주셨습니다. **대야를 머리에 인 채 하늘을 볼 수 없기에 빈객과의 사귐도 끊고 집안일도 돌보지 않고 밤낮없이 미미한 재능이나마 오로지 한 마음으로 직무에 최선을 다해 주상의 눈에 들고자 했습니다. 그러나 일은 저의 뜻과는 달리 크게 잘못되고 말았습니다."

사마천은 두 가지 일을 동시에 할 수 없기에 친지와의 만남도 끊고 집안일도 팽개친 채 오로지 황제를 위해 조정 일에만 몰두했던 자신의 모습을 '대야를 머리에 인 채로는 하늘을 보는' 것으로 비유했다.

이 성어는 당초 주위의 다른 것들을 모두 잊거나 무시한 채 한 가지 일에만 몰두하는 모습을 과장법으로 나타낸 것이다. 그러나 그 뒤 사람과 사물의 한 면만 보는 삐뚤어진 관점을 비판하는 의미로 발전했다. 편견과 오만을 가진 채 사물을 보거나 사람을 대해서는 본질을 통찰할 수 없음은 물론 자신이 원하는 바를 결코 이룰 수 없다.('보임안서' 항목 참고)

키워드 : 처세, 일, 몰두

대소절영(大笑絶纓)

크게 웃자 갓끈이 끊어지다.
– 권126 〈골계열전〉

전국시대 제나라 사람으로 외교에서 큰 활약을 보인 순우곤(淳于髡)은 익살스럽고 변설에 능해 여러 번 제후에게 사신으로 나갔으나 굽히거나 욕되게 행동하지 않았다.

제나라 위왕(威王) 8년인 기원전 349년, 초나라가 군대를 대거 동원해 공격해왔다. 위왕이 순우곤에게 조나라로 가서 구원병을 청하게 했는데, 황금 1백 근과 마차 10대를 예물로 가지고 가게 했다. 순우곤이 하늘을 우러르며 **크게 웃자 갓끈이 모두 끊어졌다.** 왕이 "선생은 이것을 적다고 생각하오?"라고 하자, 곤은 "어찌 감히요"라고 했다. 왕이 "웃은 데는 무슨 까닭이 있겠지요?"라고 하자 곤이 이렇게 말했다.

"어제 신이 동쪽에서 오다가 길가에서 풍년을 비는 자를 보았습니다. 돼지 발 하나와 술 한 잔을 손에 잡고 빌기를 '높은 밭에서는 그릇에 가득, 낮은 밭에서는 수레에 가득, 오곡이여 풍성하게 우리 집에 넘쳐라'라고 하더군요. 손에 쥔 것은 그렇게 보잘것없으면서 원하는 바는 그렇게 사치스러워 신이 웃은 것입니다."

제 위왕은 당초의 예물보다 10배 이상을 늘려 주었다. 조나라 왕은 정예 병사 10만 명과 전차 1천 대를 내주었다. 이 이야기를 들은 초나라는 그날 밤으로 철수했다. 이후 **대소절영**은 어떤 일이 아주 가소로운 경우를 비유하는 성어가 되었다.

또 풍년을 비는 자의 축원과 축원에 나오는 그릇[구籩]과 수레[차車]를 따서 '축구차(祝籩車)'라는 단어가 파생되어, 아주 작은 대가로 아주 큰 것을 바라는 것을 비유하게 되었다. 순우곤이 '하늘을 우러러 크게 웃었다'는 대목에서 '앙천대소(仰天大笑)'라는 사자성어도 나왔다.

키워드 : 웃음, 큰웃음, 비웃음

대역무도(大逆無道)

대역무도.
– 권8 〈고조본기〉 ; 권124 〈유협열전〉

봉건체제에서 통치자들이 신하들에게 덧씌울 수 있는 가장 큰 죄목을 들라면 역시 **대역무도**가 될 것이다. '대역(大逆)'이란 **군주와 아비, 종묘사직을 거스른다**는 뜻이고, '무도(無道)'는 **봉건제도의 도덕 표준에서 벗어나 있다**는 뜻이다. 요컨대 그 어떤 죄와도 비교가 안될 만큼 큰 죄를 지었을 때 '대역무도'라 한다. 봉건적 전제통치 체제 밑에서 이 말은 통치권에 도전하는 언행을 억누르고자 할 때 상투적으로 사용하는 아주 포괄적인 용어로 그 의미가 확대되었다. 지금은 저지른 죄악이 아주 클 때 상징적으로 인용하는 성어가 되었다.

《사기》에서 이 성어의 출전은 〈고조본기〉와 〈유협열전〉이다. 〈고조본기〉의 해당 내용을 소개한다. 천하의 패권을 다투던 유방과 항우는 승부가 좀처럼 나지 않자 광무산(廣武山, 지금의 하남성 형양현 북쪽) 계곡을 사이에 두고 면담을 했다. 항우는 유방과 1대 1로 승부를 겨루고자 했으나, 유방은 항우의 죄상을 꼬치꼬치 열 가지로 열거하면서 항우의 약을 올렸다. 이때 유방의 입에서 나온 마지막 열 번째 항우의 죄상이 바로 '대역무도'였다. 마지막 열 번째가 가장 무거운 죄였음을 알 수 있다. 그 내용을 들어보자.

"신하된 자로서 자기 군주를 살해하고, 이미 항복한 자를 죽이고, 공정하게 정치를 하지 않고, 약속을 어기고 신의를 저버렸으니 이는 천하가 용납하지 못할 **대역무도**한 죄다!"

'대역무도' 죄는 구체적이거나 뚜렷한 증거가 있는 것이 아닌 매우 추상적이다. 그러나 그 속에는 인간으로 취급할 수 없다는 그 어느 것보다 심한 야유가 들어 있다. 항우는 이 말에 불 같이 화를 내며 활을 쏘아 유방의 가슴을 맞추었다. 유방은 짐짓 발을 만지면서 "저 역적이 내 발가락을 맞추었구나!"라고 능청을 떨었다고 한다. '대역무도'는 《한서》에서는 '대역불도(大逆不道)'로도 나타나는데 뜻은 한가지다.

항우를 향해 '대역무도'란 말을 내뱉은 유방의 석상이다. (2014년)

대음인(大陰人)

성기가 큰 사람.

— 권85 〈여불위열전〉

진시황의 생모는 한때 거상 여불위(呂不韋)의 여자였던 조희(趙姬)다. 진시황의 아버지 자초(子楚, 훗날 장양왕莊襄王)는 젊은 날 조나라에 인질로 가 있을 때 여불위의 도움을 많이 받았다. 이때 여불위의 집에 갔다가 조희를 보고는 마음에 들어 조희를 요구했다. 여불위는 자초에게 조희를 내주었는데, 당시 조희는 임신 초기였다. 이렇게 해서 태어난 이가 바로 진시황이다.(진시황의 생부가 자초인가, 여불위인가를 둘러싼 논쟁은 아직 완전히 해결되지 않고 있다.)

자초는 여불위의 도움으로 진나라로 돌아갔고, 조희와 어린 진시황은 여불위의 보살핌을 받으며 조나라 수도 한단에 남아 있었다. 후에 진시황의 나이 여덟 살 때 모자는 역시 여불위의 도움으로 진나라로 돌아갈 수 있었다. 여불위의 정치 투자는 엄청난 성공을 거두어 기원전 250년 자초가 장양왕으로 즉위했고, 장양왕이 재위 3년 만에 세상을 뜨는 통에 12세의 진시황이 왕이 되었다. 그때가 기원전 247년이었다.

조희는 태후로서 왕실의 어른이 되었다. 아직 젊은 나이였던 조희는 욕정을 참지 못하여 한때 자신이 모셨던 여불위를 침실로 끌어들여 사통(私通) 관계를 가졌다. 부담을 느낀 여불위는 수소문 끝에 노애(嫪毐)라는 정력이 뛰어난 자를 찾아 환관으로 속여 조태후의 침실로 들여보내기로 했다. 여불위는 먼저 노애를 자기 집에 데려다 놓고 밤마다 기상천외(奇想天外)한 짓을 벌였는데, 노애의 성기에 수레바퀴를 매다는 공연을 했다. 이 일은 곧 조태후의 귀에까지 들어갔다. 태후는 여불위를 불러 궁금증을 표현했고, 여불위는 환관으로 속여 노애를 태후에게로 보냈던 것이다.

사마천은 〈이사열전〉에서 이 과정을 비교적 상세히 기록하면서 노애에 대해 **대음인**이란 표현을 썼다. **음경(陰莖), 즉 성기가 큰 사람**이란 뜻이다.

키워드 : 신체, 성기(性器), 음란

"

대직약굴(大直若詘), 도고위사(道固委蛇)

아주 곧은 것은 굽은 것 같고, 길이란 원래 뱀처럼 구불구불하다.
– 권99 〈유경숙손통열전〉

사마천은 한나라 초기의 정치가 유경(劉敬, 생졸 미상)과 유학자 숙손통(叔孫通, 생졸 미상)의 사적을 한 곳에 넣어 기록했다. 이런 형식을 합전(合傳)이라 하는데, 〈유경숙손통열전〉도 그중 한 편이다. 이 편은 사마천의 풍자와 조롱이 돋보이는 열전으로 꼽힌다.

유경은 도읍지 결정에 합리적 논리를 제공했다. 또 흉노와의 전투에서 곤경을 해결하여 화친외교의 틀을 놓은 공으로 '유'씨 성을 하사받았다. (유경의 원래 성은 누婁였다.) 사마천은 유경의 재능과 식견을 긍정하면서도 그의 갑작스러운 출세를 운으로 보고 평가를 유보했다.

숙손통은 사마천이 가장 혐오하는 인물 중 하나로, 기회주의적이고 이중인격자인 유자 숙손통과 유방의 공생관계를 예리하게 분석한다. 아울러 이득이 없을 때는 선생 숙손통을 욕하다 권세를 얻자 일제히 그를 성인으로 추켜세우는 제자들의 행태 속에서 숙손통의 인간됨을 파악하게 만드는 교묘한 풍자와 절묘한 안배도 돋보인다.

사마천은 논평 마지막 부분에서 노자《도덕경》45장의 **아주 곧은 것은 굽은 것처럼 보인다**는 **대직약굴**을 인용한 다음, 이어 **길이란 원래 뱀처럼 구불구불한 것이다**는 **도고위사**라는 표현으로 이 두 사람의 처세를 비유했다.

키워드 : 처세, 방법, 행운

숙손통은 한나라 초기 궁정 의례를 제정하는 데 큰 역할을 했다. 그림은 그의 고향 설현(薛縣, 지금의 산동성 조장시棗莊市) 마을 담장에 그려져 있는 것이다.(2013년)

대풍가(大風歌)

대풍가.

– 권8 〈고조본기〉

기원전 202년 유방은 황제로 즉위했다. '삼불여' 항목에서 비교적 상세히 살펴보았듯이 유방이 열세를 딛고 항우를 물리친 데는 그를 도운 인재들의 역할이 결정적이었다. 물론 이들의 능력을 허심탄회하게 인정하고 받아들인 유방의 인재 존중이란 리더십이 뒷받침되어 있었다. 황제로 즉위한 뒤 유방의 인재관은 이전의 인재 활용 경험 등을 기반으로 더욱 더 깊이를 가지게 되었다. 유방은 자신의 재위 말년에 반포한 조서에서 "내가 천자가 되어 천하를 다스린 지 벌써 12년이 되었다. 지금까지 나는 천하의 호걸·선비·현자·대부들과 함께 천하를 다스리고 나라를 안정시켰다"고 회고한 바 있다.

여기 소개하는 〈대풍가〉라는 노래는 인재에 대한 그의 갈망이 세상을 떠나기 직전까지도 흔들리지 않았음을 잘 보여준다. 이런 점에서 유방의 인재관을 좀 더 살펴보면 리더와 인재의 함수관계에 대한 차원 높은 이해에 도움이 될 것이다.

유방이 중용한 인재들은 사회의 하층민 출신들이 많았다. 가장 귀한 신분의 출신인 장량도 몰락한 귀족이었고, 명장 한신은 떠돌이였다. 맹장 주발은 북을 두드리고 악기를 불던 딴따라 출신이었고, 번쾌는 개를 잡아 고기를 파는 백정이었으며, 관영은 옷감 장사였고, 누경은 마부였으며, 진평은 떠돌이 유세가였다. 역이기는 몰락한 지식인이었고, 경포는 죄인이었다. 바로 이런 사람들이 진·한 교체기에 고조 유방을 보좌하여 천하 통일의 대업을 이룩했다.

유방은 서한 왕조를 건립한 뒤에도 이들에게 권력을 맡겨 나라와 백성들을 다스리게 함으로써 중국 역사상 최초의 평민 재상과 장수들이 나라를 다스리는 국면을 열었다. 이런 평민 출신의 재상과 장수들이 함께 노력한 결과 유씨 천하는 비교적 일찍 안정을 찾았고, 붕괴된 사회경제도 빠른 시간에 활기를 찾았다.

여기서 특별히 언급하고 싶은 것은 한 고조 유방이 반포한 바 있는 〈하주군구현조(下州郡求賢詔)〉라는 조서다. 이 조서는 중국 역사상 군주가 인재를 구한다는 최초의 공식 조서로서 의미가 크다. 한 고조 11년인 기원전 196년 2월에 발표된 이 조서의 내용은 다음과 같았다.

"무릇 왕들 중에는 주 문왕을 따를 사람이 없고, 제후로는 제 환공을 능가할 사람 없다. 이들은 모두 유능한 인재를 기용함으로써 이름을 남겼다. 그렇다고 현명하고 뛰어난 인재가 옛날 사람에게만 한정되리오? 주인이 인재를 맞아들이지 않으려 하니 인재가 어떻게 나오겠는가? 지금 짐은 하늘의 뜻을 받들어 천하를 통일하였으니, 이룩한 대업을 대대손손 잇기 위해 후손들은 종묘를 세워 제사를 받들기 바란다. 유능한 인재가 내게 와서 나와 함께 천하를 평정했거늘 어찌 나와 함께 천하를 안정시키지 않을 소냐? 현명하고 유능한 인재로서 나와 함께하겠다면 누가 되었건 짐은 그를 존중하겠노라. 이에 짐의 뜻을 천하에 알리노라.

어사대부는 상국에게 상국은 제후왕에게 어사중은 군수에게 알려 각각의 관할 구역 내에 있는 유능한 인재를 추천하여 나라를 위해 봉사하도록 하라. 이 성지는 각 기관에 보내라. 유능한 사람이 있는 데도 추천하지 않은 경우가 발각되면 담당자에게 책임을 물을 것이다. 다만 늙고 병든 자는 추천하지 말라."

조서가 반포된 시기는 한 고조 말년으로 사회가 이미 어느 정도 안정되었지만, 유방은 여전히 유능한 인재들을 갈망하고 있었음을 알 수 있다. 현대 인재학이란 각도에서 볼 때 이 조서에 나타난 몇 가지 원칙은 대단히 중요하다.

첫째, 무릇 왕업이든 패업이든, 천하를 평정하든 안정시키든 모두 인재가 있어야만 성공할 수 있다. 어느 경우든 인재가 결정적 요인이다.

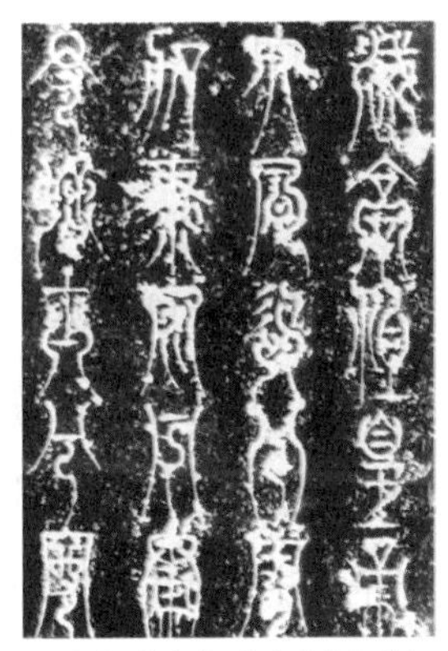

유방이 말년에 남긴 〈대풍가〉는 역대로 비석에 거듭 새겨져 전해 오고 있다.

둘째, 시대마다 그 시대가 요구하거나 그에 상응하는 인재들이 있기 마련이다. 강산은 인재가 나타나기를 기다리고, 장강의 뒷 물이 앞 물을 밀어내는 법이다. 뒷사람이 앞사람만 못하다는 법은 없다. 유방이 '현명하고 뛰어난 인재가 옛날 사람에게만 한정되리오'라고 한 것이 바로 그 말이다.

셋째, 인재를 기용하여 그 재능을 발휘하게 하는데 있어서 관건은 인재를 등용하는 사람에 있다. 그렇지 않으면 아무리 뛰어난 인재라도 어찌 나올 수 있겠는가?

넷째, 인재의 선발은 반드시 제도화되어야 한다.

조서가 반포된 이듬해인 기원전 195년 한 고조는 영포(경포)의 반란을 평정하고 돌아오는 길에 고향 패현(沛縣, 강소성 서주시徐州市 패현)을 지나게 되었다. 유방은 술자리를 마련하여 고향 사람들을 초청했다. 이 자리에서 고조는 감개무량에 젖어 호방하면서도 의미심장한 〈대풍가(大風歌)〉를 불렀다.

큰 바람이 몰아치니 구름이 날아오르고
대풍기혜운비양(大風起兮雲飛揚),
위엄을 천하에 떨치며 고향에 돌아왔구나.
위가해내혜귀고향(威加海內兮歸故鄕),
어찌하면 용맹한 인재를 얻어 천하를 지킬까?
안득맹사혜수사방(安得猛士兮守四方)?

당시 유방은 만취했다. 그러나 그의 머릿속에는 자신이 공명을 이룩하여 이름을 날리고, 나아가서는 한 왕조를 오래도록 안정시키려면 갈 길이 아직 멀기 때문에 용맹한 인재를 얻어 함께 애쓰지 않으면 안 된다는 생각으로 꽉 차 있었었다. 〈대풍가〉를 부르며 인재를 갈망하던 유방은 이때 입은 부상을 회복하지 못하였다. 임종을 앞둔 그는 천하 안정의 중임을 주발 등에게 잘 안배한 뒤 눈을 감았다.

당나라 때 시인 장계(章碣, 836~905)는 〈분서갱(焚書坑)〉이란 시에서 "분서갱유의 잿더미가 아직 식지 않았는데 산동에서 반란이 터지니, 유방이나 항우나 원래 공부하지 않은 자들이었다네!"라고 했다. 이는 인재를 등용하는 사람이 굳이 많은 지식을 가질 필요가 없다는 뜻이기도 하다. 많이 배우지 않더라도 좋은 인재를 제대로 기용하여 그 재능을 활용할 줄 아는 사람이 큰 리더라 할 것이다. 한 고조 유방은 이런 면에서 그 어떤 리더보다 뛰어났다.

키워드 : 리더, 인재, 갈망

대행불고세근(大行不顧細謹), 대례불사소양(大禮不辭小讓)

큰일에서는 자잘한 것은 따지지 않고, 큰 예의에서는 작은 나무람 정도는 겁내지 않는다.
– 권7 〈항우본기〉

기원전 207년에서 기원전 202년까지 햇수로 약 6년에 걸친 초한쟁패에서 유방과 항우의 운명을 결정적으로 바꾸어 놓은 술자리 홍문연(鴻門宴, 기원전 206년)에서 유방은 목숨의 위험을 느끼고 용변을 핑계로 자리를 빠져나왔다. 항우는 진평(陳平)을 보내 유방을 찾았다. 유방이 "바로 나오느라 작별 인사도 하지 않았는데 어찌하면 좋겠는가?"라고 하자 번쾌(樊噲)는, **"큰일에서는 자잘한 것은 따지지 않고, 큰 예의에서는 작은 나무람 정도는 겁내지 않는 것입니다!"**라고 한 다음, "지금 '저들은 칼과 도마이고, 우리는 물고기 신세'인데 무슨 작별 인사를 하십니까?"라며 얼른 자리를 뜨라고 권했다. ('아위어육' 항목 참고)

번쾌의 말과 거의 비슷한 표현이 권87 〈이사열전〉과 권97 〈역생육고열전〉에도 나오는 것으로 보아 널리 전해오

항우와 유방 두 사람의 운명뿐만 아니라 역사의 방향까지 바꾸어 놓았던 홍문연의 옛 터에는 당시 용변을 핑계로 자리를 빠져나왔던 것과 관련이 있을 것으로 추정되는 화장실 유적만 남아 있다.(다른 건축과 조형물은 모두 후대에 만든 것이다. 2012년)

는 관용구로 추정된다. 급하거나 중요한 일이 있을 때는 자잘한 격식 따위는 따지지 않는다는 뜻이다.

유방은 번쾌의 말에 따라 수행원들을 데리고 샛길로 자기 군영으로 도망쳤고, 장량이 남아서 뒷수습을 했다. 만약 이때 유방이 머뭇거리다 홍문을 빠져나오지 못했더라면 초한쟁패의 역사는 달리 쓰였을 것이다. 춘추시대 오자서(伍子胥)는 갈 길이 멀고 여유가 없을 때는 '일의 순리를 거슬러 할 수도 있다'는 '도행역시(倒行逆施)'라는 표현을 쓴 바 있다. 문제는 큰일과 작은 일을 가려내는 분별력이다.

키워드 : 상황, 격식, 임기응변

대희과망(大喜過望)

기대 밖이라 크게 기뻐하다.
– 권101 〈경포열전〉

기대 이상으로 결과가 좋으면 기뻐하는 것이 인지상정이다. 이럴 때 쓰는 성어가 바로 **대희과망**이다. 이 성어에는 다음과 같은 고사가 딸려 있다.

초한쟁패 당시 경포(黥布, ?~기원전 196)는 뛰어난 무장으로 처음에는 항우 밑에 있다가 유방에게로 도망 와 몸을 맡겼다. 경포가 유방에게 몸을 맡기려고 유방 군영을 찾은 장면을 한번 보자.

"회남왕이 찾아왔을 때, 한왕 유방은 평상에 걸터앉아 시종에게 발을 씻기고 있다가 그대로 경포를 불러 인사를 올리게 했다. 경포는 매우 성이 나서 한나라로 온 것을 후회하고 자살까지 생각했다. (경포가) 유방의 막사를 나와 숙소에 이르니 숙소의 장막과 음식, 그리고 시종 등이 한왕의 거처와 다를 바 없었다. **경포는 바라던 것보다 과분한 대접에 아주 기뻐했다.**"

기대 밖의 과분한 대접이라면 의심해 보아야 한다. 상대가 진정으로 무엇을 바라는지 모르기 때문이다. 경포는 허례허식을 좋아한 인물이었던 모양이다. 유방에 의해 회남왕(淮南王)으로까지 봉해졌지만 사랑하는 첩을 의심하고 질투한 나머지 결국은 모반죄로 죽임을 당하고 나라까지 잃었다.

경포는 유방으로부터 뜻밖의 대접을 받고 유방을 도왔지만 끝내 모반죄로 몰려 죽임을 당했다. 경포의 초상화이다.

사마천은 "경포는 늘 살육에 앞장 선 인물이었고, 전공이 제후들 중에서도 으뜸이었다. 그래서 왕이 될 수 있었으나, 그 자신은 세상의 저주를 벗어나지 못했다. 사랑하는 여자 때문에 화를 입었고, 질투가 난(亂)을 낳았고, 마침내 나라도 망했다"는 함축적인 말로 경포를 평가했다.

키워드 : 대우, 우대, 의외

덕

덕지휴명(德之休明), 수소필중(雖小必重), 기간회혼란(其姦回昏亂), 수대필경(雖大必輕)

덕이 선하고 밝으면 (세발솥 정이) 아무리 작아도 무게가 나가지만, 간사하고 어리석고 어지러우면 아무리 커도 무게가 나가지 않습니다.

– 권40 〈초세가〉

춘추시대 남방의 강대국 초나라의 웅주(雄主) 장왕(莊王, ?~기원전 591)이 중원 천자의 나라 주(周)를 넘보기 위해 천자의 상징물인 구정(九鼎)에 대해 물었다. 주 왕실의 대신 왕손만(王孫滿)은 "덕이 중요하지 솥이 중요한 것이 아닙니다"라며 위와 같은 말로 당당하게 대응했다. 장왕은 더 이상 말하지 않고 돌아갔다. 여기서 천하대세의 행방이나 천하 패권의 추세를 넌지시 묻는다는 '문정(問鼎)' 또는 '문구정(問九鼎)'이란 용어가 파생되었다.

전국시대 위(魏)나라의 개혁 군주 문후(文侯, ?~기원전 396)는 학자인 단간목(段干木)의 집을 지날 때면 단간목이 집에 있든 없던 꼭 마차에서 내려 공손하게 절을 했다. 이 이야기를 들은 이웃나라들이 감히 위나라를 넘보지 못했다. 위나라가 지식인을 존중하고 상하가 굳게 단결되어 있다고 판단했기 때문이다.

국력은 나라의 크기와 비례하지 않는다. 물론 군사력의 크기와도 비례하지 않는다. 백성의 마음이 얼마나 위정자에게 가 있느냐와 비례할 뿐이다. 그래서 민심을 잃으면 아무것도 남는 것이 없다고 하는 것이다. 이 명구와 관련하여 좀 더 상세한 내용은 '구정', '문정' 항목을 참고하면 된다.

키워드 : 국력, 리더, 권위

도

도거지여(刀鋸之餘)

궁형을 받은 사람.
― 권39 〈진세가〉

춘추시대 북방의 강국 진(晉)나라 문공(文公, 기원전 약 697~기원전 628)은 19년 망명 생활 끝에 국군 자리에 올랐다. 그 사이 혜공(惠公)과 회공(懷公) 두 국군이 내란으로 죽거나 쫓겨났다. 문공이 진나라의 내란을 수습하고 귀국하여 국군 자리에 오르자 회공 때의 대신들이 죽임을 당할까 두려워 궁을 불사르고 문공을 시해할 계획을 세웠다. 문공은 이를 알지 못했다. 이때 과거 문공을 살해하려고 했던 환관 이제(履鞮)가 그들의 음모를 알고 이러한 일을 문공에게 알려 과거 자신의 죄를 갚으려고 문공을 알현하기를 청했다.

문공은 그를 접견하지 않고 사람을 보내 "포성에서는 네가 과인의 옷소매를 베었지. 그 뒤 과인이 적(翟)의 군왕과 사냥을 갔을 때, 너는 혜공을 위해 과인을 추적하고 과인을 죽이려고 했다. 혜공이 너에게 3일의 기한을 주었는데 너는 하루 만에 이르렀으니 어찌 그리 빨랐느냐? 너는 그 일을 잊었느냐!"라며 나무랐다. 이제는 이렇게 말했다.

"저는 **궁형을 받은 사람**으로서 감히 두 마음으로 주군을 섬기거나 주인을 배반할 수 없었사옵니다. 그래서 주군께 죄를 지었던 것이옵니다."

'궁형을 받은 사람'이란 이제의 말에서 **도거지여**라는 성어가 나왔다. '도거'는 칼과 톱이란 뜻으로 형구를 가리킨다. 이후 '도거지여'는 궁형을 당한 환관을 가리키는 단어가 되었다. 〈원앙조조열전〉에는 '도거여인(刀鋸餘人)'이란 표현이 있는데, 같은 뜻이다.

키워드 : 형벌, 궁형, 환관

도고익안(道高益安)

도는 높을수록 안전하다.
— 권127 〈일자열전〉

'안분지족(安分知足)'이란 성어가 있다. 글자대로라면 '제 분수를 알아 만족한다'는

'도고익안, 세고익위'는 한나라 초기의 이름난 지식인이자 정치가였던 가의(賈誼)에게서 나왔다.(2013년)

뜻이다. 분수에 맞게 살면 편안하다는 것이다. '행복은 만족에 달려 있다'는 서양 속담이 있다. 그럴 듯하게 들리지만 문제는 만족의 정도다. 그 욕구를 충족시켜야만 행복할 수 있다는 서양식 논리를 깔고 있는 속담이다. 그러나 동양인의 사고방식은 좀 다르다. 그래서인지 누군가는 이 서양 속담을 '행복은 만족해 두는데 있다'고 번역하기도 했다. 어떻게 사는 것이 편안하게 사는 것인가? 지금 같은 세상에서는 열이면 열 사나운 목소리로 돈을 들고 나올 것 같다. 하지만 과연 그럴까?

도는 높을수록 안전하고, 권세는 높을수록 위험하다는 뜻의 **도고익안(道高益安), 세고익위(勢高益危)**라는 천고의 명언은 지금으로부터 약 2천 200년 전 한나라 초기의 천재 정치가 가의(賈誼, 기원전 200~기원전 168)의 입에서 나왔다.

그는 어느 날 송충(宋忠)과 함께 장안에 나갔다가 우연히 한 점쟁이를 만났다. 그런데 하잘것없는 이 점쟁이의 정신세계는 평온함 그 자체였다. 가의와 송충은 이 점쟁이를 정치판에서 늘 위태롭게 살아가는 자신들과 비교하며, "도는 높을수록 안전하고, 권세는 높을수록 위험하구나!"라며 한숨을 쉬었다. 가의는 한 걸음 더 나아가 "눈에 확 띄는 권세를 가지면 몸을 망치는 것은 시간문제로다!"라는 말로 탄식했다.

가의가 말한 '도(道)'는 무엇일까? '분수를 아는 것', 혹 이것이 '도'가 아닐는지? '분수(分手)'란? 글자 그대로 '손을 나누는' 것, 움켜쥐고만 있지 말고 나누는 것, 이것이 분수의 진짜 뜻이고, 이런 이치를 아는 것이 곧 '도'를 아는 것 아닐까?

키워드 : 권세, 위태로움, 도(道), 안정, 분수

470

도궁비수현(圖窮匕首見)

지도가 다 펼쳐지자 비수가 나타나다.

– 권86 〈자객열전〉

〈자객열전〉은 진시황을 암살하려 했던 형가(荊軻)를 중심으로 조말(曹沫)·전제(專諸)·예양(豫讓)·섭정(攝政)까지 모두 다섯 자객의 행적을 협의(俠義)라는 정신을 축으로 전개한 아주 특별한 기록이다. 다섯 사람의 개성을 다각도로 여러 층면을 상호 대비시켜 가며 생생하게 장면을 묘사한 소설적 성격이 가장 강한 편이다. 〈유협열전〉과 함께 후대 소설, 특히 무협소설에 크고 깊은 영향을 주었다.

〈자객열전〉은 사회 신분적으로는 춘추시대 귀족 중심의 주종관계에서 탈피하여 개인적 은원관계에 따른 변화된 전국시대 인간관계를 반영한다. 사마천은 이 다섯 자객들 중 영웅적 기질과 영광스러운 협의정신으로 융화된 형가와 친구들의 형상을 압도적으로 많은 약 3/5 분량으로 두드러지게 그렸다.

‘역수가’ 항목에서 보았듯이 형가는 진시황을 암살하기 위해 연나라와 진나라의 경계인 역수(易水)를 건넜다. 당시 형가는 진시황의 의심을 피하기 위해 연나라 독항(督亢, 지금의 하북성 탁현涿縣 동쪽) 지역을 진나라에 바치겠다며 그 지도를 예물로 준비했다. 그리고는 치명적인 독을 묻힌 비수를 지도 두루마리 끝에 감추었다.

진시황을 만난 형가는 지도를 바친 다음 독항 지역에 대해 설명하기 위해 지도를 펼쳤고, **지도의 끝부분에 이르자 비수가 나타났다.** 형가는 비수로 진시황을 찔렀으나 소매 자락만 베고 말았다. 진시황은 몸을 돌려 도망쳤고, 형가는 진시황과 마치 숨바꼭질을 하듯 대전을 돌았다. 형가는 비수를 던졌으나 이마저 구리 기둥에 가서 맞았고, 그 틈

형가가 진시황을 찌르려 하자 옆에 있던 시의(侍醫)가 약상자를 던져 시간을 버는 장면을 나타낸 그림이다.(2008년)

에 검을 뽑은 진시황이 형가의 다리를 베었고, 달려온 병사들에게 죽임을 당했다.

형가가 독항의 **지도를 펼치자 그 끝부분에서 비수가 나타났다**는 **도궁비수현**은 이후 '일이나 상황이 마지막 단계에 이르렀다'는 비유적 표현으로 많이 사용하고 있다. 또는 어떤 일이나 상황의 진상 또는 진의가 드러났다는 비유로도 쓴다. '도궁비현' 네 글자로 줄여서도 많이 쓴다. 참고로 《사기》에 등장하는 다섯 자객(굵은 글씨로 표시)을 비롯하여 그밖에 자객으로 분류할 수 있는 인물들의 신상명세를 표로 만들었다.

자객명(국적)	시대(사건 연도)	행적	관련 인물 외
조말(曹沫) 노(魯)	기원전 7세기 (681년)	용맹과 힘. 가(柯) 회맹에서 제 환공을 비수로 위협하여 빼앗긴 땅을 돌려받음.	노 장공, 제 환공, 관중
전제(專諸) 오(吳)	기원전 6세기 (515년)	오자서의 추천으로 공자 광(光, 합려闔閭)을 도와 오왕 요(僚)를 죽임.	오나라의 왕위계승 어복장검(魚腹藏劍)
요리(要離)	기원전 6세기	오자서의 추천으로 합려(공자 광)를 도와 요의 아들 경기(慶忌)를 암살하고 돌아와 자살함.	사간계(死間計) 〈오태백세가〉 영화 〈무간도〉
예양(豫讓) 진(晉)	기원전 5세기 (453년)	자신을 국사(國士)로 우대한 지백(智伯)을 위해 조양자(趙襄子)를 죽이려다 실패하여 자결함.	범씨, 중항씨, 친구. 사위지기자사(士爲知己者死)
섭정(攝政) 위(魏)	기원전 4세기 (374년)	백정인 자신을 깊이 알고 대우한 엄중자(嚴仲子)를 위해 한(韓)의 재상 협루(俠累)를 죽이고 자결함.	어머니와 누이 영화 〈대자객〉
형가(荊軻) 위(衛)	기원전 3세기 (227년)	연 태자 단(丹)의 부탁으로 진시황을 암살하려다 실패하고 살해됨.(역수가)	개섭, 노구천, 고점리, 전광, 국무, 번오기, 진무양, 익명의 친구, 하무저, 영화 〈영웅〉
고점리(高漸離) 연(燕?)	기원전 3세기 (227년 이후)	축 연주의 전문가로 친구 형가에 이어 진시황을 암살하려다 실패하여 살해됨.	형가, 송자의 주막집
창해역사 (滄海力士)	기원전 218년	장량(張良)이 기용한 역사로 진시황의 수레를 습격했으나 실패함.	수배자 신세가 된 장량과 유방의 만남. 〈유후세가〉

키워드 : 자객, 협의, 협객, 무협소설

도동해이사이(蹈東海而死耳)

동해에 뛰어들어 빠져죽다.

– 권83 〈노중련추양열전〉

동해에 뛰어들어 빠져죽다는 뜻의 **도동해이사이**는 전국시대 제나라 출신의 유세가 노중련이 위나라 사람 신원연을 설득하는 중에 나온 말이다. 이에 대해서는 '노련도해' 항목에서 살펴본 바 있다. 이름만 따서 '중련도해(仲連蹈海)'라고도 한다.('노련도해', '노련사상' 항목 참고)

키워드 : 유세가, 언변

도로이목(道路以目)

길에서 만나면 눈으로 뜻을 나누다.

– 권4 〈주본기〉

주나라 여왕(厲王, ?~기원전 828)은 탐욕스러운 폭군으로 유명했다. 그는 즉위하자 자신이 총애하는 특정인에게 온갖 특혜를 다 주고 백성들에게는 가혹한 세금을 물렸다. 충신들이 나서서 충고했지만 전혀 듣지 않았다. 왕의 행동은 포악하고 교만하여 나라 사람들이 왕을 비방했다.

소공(召公)이 나서서 "백성들은 그런 통치는 견디지 못합니다"라고 충고했다. 그러자 여왕이 노하여 위(衛)나라 무당을 불러다 비방하는 자들을 감시하게 하고, 보고를 받아 그들을 죽였다. 비방하는 사람은 줄어들었지만 제후들이 조회하지 않았다. 여왕이 더욱 엄하

사진은 주 여왕 시기에 만들어진 청동 궤(簋, 제사용 그릇의 일종)이다.

게 단속하자 나라 사람들은 감히 말은 못하고 **길에서 만나면 눈으로 뜻을 나누었다.**

여왕은 소공에게 "내가 비방을 없앴다. 결국 감히 말하는 자가 없어졌다!"며 기뻐했지만, 여왕은 기원전 841년 나라 사람들에게 쫓겨나서 기원전 828년 타지에서 쓸쓸히 죽음을 맞이했다. 이후 주나라의 정치는 '공화정(共和政)'으로 바뀌었다. 또 기원전 841년 이 해부터 중국 역사에서 연도가 확실하게 기록되기 시작했다.('공화' 항목 참고)

도로이목은 언론 탄압을 비유하는 절묘한 고사성어이다. 또 언론을 탄압한 역사상 대표적인 악법으로 진시황 때 만들어진 '우어기시(偶語棄市, 길을 가다 서로 만나 이야기를 나누면 공개사형에 처한다)', 한나라 무제 때 만들어진 '복비법(腹誹法, 속으로 비난해도 처벌한다)' 등과 함께 2천 년 넘게 지탄의 대상이 되어 왔다.('복비', '우어기시' 항목 참고)

이런 악법은 우리 주위에서 벌어졌던 어처구니없는 '사이버 테러방지법' 소동과도 일맥상통한다. 예로부터 못난 통치자나 독재자들은 대개 이런 악법의 유혹을 벗어나지 못하나 보다. 문제는 그들의 최후가 어땠는지 하는 것이다. 현명한 통치자는 역사에서 배운다.

키워드 : 통치, 통치자, 언론탄압, 악법

도리불언(桃李不言), 하자성혜(下自成蹊)

복숭아나무와 자두나무는 말이 없지만, 그 아래로 절로 큰길이 난다.
― 권109 〈이장군열전〉

《사기》 130권 전체를 통해 사마천이 사랑하고 존경한 인물이 한둘이 아니다. 한나라 초기 불운의 명장 이광(李廣, ?~기원전 119)도 그중 한 사람으로 젊은 날 사마천이 직접 만난 적이 있다.

복숭아나무와 자두나무는 말이 없지만, 그 아래로 절로 큰길이 난다는 도리불언, 하자성혜의 위 명언은 사마천이 이광의 인품과 정신세계를 칭송하기 위해 인용한 민간 속담이다. 이광은 사마천이 워낙 존경한 인물일 뿐만 아니라 역대 무장의 모범으로 남아 있다. 이런 점에서 이광의 일생은 한 인간에 대한 사마천의 관심을 넘어 역사적으로 충분히 살펴볼 가치가 있다. 비운의 명장 이광의 생애 전반을 상세히 소개한다.

솔선수범한 맹장

한나라 초기의 명장 이광은 기마와 활쏘기의 명수로 이름을 날렸다. 그는 문제(文帝)와 경제(景帝)를 거쳐 무제(武帝)시대에 이르기까지 거의 평생을 흉노와의 전쟁에 바친 역전의 맹장이었다. 흉노는 이광의 용맹함과 지략을 두려워했고, 한나라 병사들은 누구나 명망 높은 이광과 함께 전투에 나가길 희망했다.

이광은 명문가의 후손이었다. 이광의 고조부는 전국시대 막바지 자객 형가(荊軻)를 사주하여 진시황을 암살하려다 실패한 연나라 태자 단(丹)을 요동까지 추격하여 잡아 죽인 명장 이신(李信, 생졸 미상)이었다. 그 뒤 가세가 기울어 이광 세대에 와서는 평민 집안이 되다시피 했다.

이광에 대해서는 그가 아직 젊었을 때부터 적진을 뚫고 들어가고 맨손으로 맹호를 때려잡은 따위의 무용담이 널리 유행했는데, 문제는 아주 안타까운 말투로 "안타깝구나! 이광 그대는 때를 잘못 만나서. 만약 고조 때 태어났더라면 1만 호를 받는 만호후가 되고도 남았을 텐데!"라며 혀를 끌끌 찼다고 한다.

경제 때 흉노가 상군(上郡)을 대거 침입하자 천자는 환관 하나를 이광에게 보내 군사에 관한 일을 배워 흉노를 물리치게 했다. 이 환관은 수십 명의 기병을 데리고 말을 달리다 우연히 흉노 사람 세 명과 맞닥뜨렸다. 쌍방은 바로 교전에 들어갔고, 흉노 사람들은 몸을 돌려 환관에게 화살을 쏘았다. 환관이 거느리는 기병들이 거의 다 죽었다. 환관은 이광에게로 도망쳐 왔다. 이야기를 들은 이광은 "이는 틀림

한나라 벽돌 그림에 묘사된 말을 타고 활을 쏘는 이광의 모습.

없이 흉노의 명사수들이다"라 하고는 100명의 기병을 뽑아 그 흉노 세 사람을 추격했다. 흉노 세 사람은 말도 없이 걸어서 가고 있었다. 몇 십 리를 갔을까, 이광은 자신의 기병들에게 좌우로 흩어져 길 양쪽을 에워싸도록 했다. 그리고는 자신이 직접 활을 쏘아 두 명을 죽이고 하나는 사로잡았다. 과연 흉노의 명사수들이었다.

이광은 자신의 말을 매어 둔 다음, 먼 곳을 살피니 수천 명에 이르는 흉노 기병들이 몰려오고 있었다. 이광의 기병을 본 흉노 기병들은 자신들을 유인하는 병사들로 생각하여 모두들 깜짝 놀라 산 위로 뛰어 올라가 진을 쳤다. 이광의 기병들도 깜짝 놀라 말을 돌려 도망치려 했다. 이광은 부하들에게 이렇게 말했다.

"우리는 저쪽 대군들로부터 수십 리 떨어져 있다. 현재 정황으로 볼 때 우리 기병들 중 하나만 달아나도 흉노는 바로 추격해올 것이고, 우리는 순식간에 전멸당할 수 있다. 지금은 일단 말을 멈추고 가만히 있으면 저들은 자신들을 유인하려는 대군으로 착각하여 감히 공격해 오지 못할 것이다."

그런 다음 이광은 기병들에게 전진하라고 명령했고, 기병들은 흉노군이 진을 치고 있는 곳에서 불과 2리 정도 밖에 떨어지지 않은 곳까지 전진했다. 이광은 놀랍게도 "모두들 말안장을 풀어 내려놓는다!"라는 명령을 내렸다. 부하들은 "저렇게 많은 적병을 코앞에 두고 안장을 풀었다가 긴급한 상황이라도 발생하면 어쩝니까?"라며 불안해했다. 이광은 "적들은 당초 우리가 도망칠 것이라 생각했다가 우리가 도망은 커녕 말안장을 푸는 것을 보게 되면 우리가 자신들을 유인하기 위한 병사라는 것을 더 확실히 믿게 될 것이다"라고 설명해주었다.

아니나 다를까, 흉노는 감히 공격하지 못했다. 백마를 탄 흉노의 장교 하나가 진지를 나와 자신의 병사들을 감독하는 모습이 보이자, 이광은 즉시 십여 명의 기병들과 함께 달려가 그 장교를 쏘아 죽인 다음, 다시 자신의 기병대로 돌아와 말안장을 풀었다. 그리고는 병사들에게 모두 말을 풀어 놓고 편안하게 누워 쉬게 했다.

날이 저물어 갈 때까지도 흉노군은 고개를 갸웃거리며 감히 진군하지 못했다. 밤이 되자 흉노군은 한의 군대가 근처에 복병을 숨겨 놓았다가 기습을 할 것이라 판단하여 병사들을 수습하여 철수해버렸다. 다음 날 아침, 이광은 군영으로 되돌아왔다.

관운과 세월

몇 년 뒤 무제가 즉위했다. 이 무렵 이광은 이미 나라와 백성이 인정하는 명장의 꽃이 되어 있었다. 새로운 황제, 새로운 기상과 함께 이광은 마침내 변방에서 도성으로 돌아와 무제에 의해 미앙궁(未央宮) 금위군 책임자로 임명되었다. 그러나 오랜 변방 생활을 끝낸 이광은 이미 중년을 지나 노년으로 접어들고 있었다.

이광을 이야기할 때 참고해야 할 인물이 있는데, 바로 사촌동생 이채(李蔡)다. 이채는 능력이란 면에서 보자면 이광과는 비교도 안 될 정도로 한참 아래였지만 경제 때 이미 연봉 2천 석의 고관이 되었고, 무제 때도 순풍에 돛을 단듯 승진을 거듭하여 삼공의 반열에 올랐다. 이광의 부하들 중에서도 후작을 받는 자가 있었다.

이광은 무언가 실질적인 것으로 자신을 증명해야만 했다. 한 왕조에서 작위를 받거나 땅을 받는 것 외에 개인의 성공을 나타낼 수 있는 것이 어디 있단 말인가? 반평생을 분투한 이광이 여전히 연봉 천 석 자리에 불과했으니, 그의 심경이 어떠했겠는가?

무제는 문제와 경제 때의 소극적 정책에서 벗어나 언제든지 능력을 과시하려는 정책을 적극 밀어붙였고, 이광은 여기서 다시 한 번 희망의 빛을 보았다. 그러나 이광은 그러고도 4년을 더 기다린 끝에 정식으로 위위에서 장군으로 승진하여 군대를 이끌고 안문관(雁門關)을 나와 흉노를 공격할 수 있었다. 그러나 뒤늦게 찾아온 이 기회가 이광에게 도리어 치욕을 가져다주었다.

흉노의 전력은 절대 우세했고, 이광은 포로로 잡혔다. 포로로 잡힌 이광은 밧줄로 엮은 우리에 갇힌 채 두 명의 흉노 병사가 모는 말에 매달려 끌려갔다. 이 얼마나 치욕스럽고 기가 막힌 장면인가? 이광은 죽은 척하며 곁눈질로 옆쪽의 좋은 말을 타고 가는 흉노 소년을 눈여겨보다가 갑자기 흉노 소년의 말 위로 뛰어올라 소년을 밀어내고 말을 빼앗아 수십 리를 정신없이 달린 끝에, 자신의 병사들을 만나 군영으로 되돌아올 수 있었다. 흉노는 기병 수백 명을 출동시켜 이광의 뒤를 쫓았다. 이광은 도망치면서 흉노 소년의 활로 추격해오는 기병들을 쏘면서 천신만고 끝에 장안으로 돌아왔다. 그러나 이광을 기다리고 있는 것은 추궁이었다. 그는 사형을 판결 받았고, 돈으로 사형을 면하는 속전(贖錢)을 낸 다음 평민으로 강등되었다.

재기와 정치 군인들의 시기

세월은 사람을 기다려주지 않는다. 위대한 시대에 이광은 그저 시간만 축내고 있었다. 몇 년 뒤, 흉노가 다시 요서(遼西)를 침범해왔다. 이광이 다시 무제의 시야에 들어왔고, 우북평(右北平) 태수에 임명되었다. 오랜 세월 동안 쌓여온 이광의 명성 때문에 흉노는 섣불리 다가서지 못하고 관망만 했다. 얼마 뒤 이광은 우장군에 임명되어 대장군 위청(衛靑)의 군대를 따라 흉노 정벌에 나섰으나 안타깝게도 별다른 공을 세우지 못하고 돌아왔다. 이광 자신은 알고 있었다. 증명이 너무나 필요하다는 사실을. 그는 늘 입버릇처럼 이렇게 말해왔다.

"나 이광은 한 왕조가 흉노를 공격한 이래 단 한 번도 참전하지 않은 적 없다. 그러나 각 부대의 교위 이하 군관들은 재능이 나에 비해 한참 못 미치는 데도 흉노를 공격한 공으로 후작을 받은 자만 수십 명에 이른다. 나 이광이 남들만 못하진 않은데 봉지를 받을만한 공을 세우지 못했다. 왜 그런가?"

2년 뒤 운명의 신이 다시 문을 두드렸다. 한 왕조의 장군들 중 후발 주자이지만 황제의 총애를 한 몸에 받고 있는 대장군 위청(衛靑)과 표기장군 곽거병(霍去病)이 대군을 거느리고 보무도 당당하게 흉노 정벌에 나선 것이다. 이광은 여러 차례 자신도 출전할 수 있게 해달라고 요청했다. 무제는 이광의 나이를 내세우며 허락하지 않다가 한참만에야 전장군에 임명하여 출정할 수 있게 했다. 그해가 기원전 119년이었다.

변방을 나선 뒤 위청은 적병을 잡아 흉노의 우두머리인 선우(單于)가 머무르고 있는 위치를 알아냈다. 그리고는 자신이 직접 정예병을 이끌고 선우를 추격하면서 이광에게는 우장군과 합류하여 동쪽에서 공격하라고 명령했다. 그러나 동쪽 길은 우회하는 너무 먼 길인 데다 풀도 물도 부족한 곳이라 우장군과 합류하여 갈 수가 없었다. 이광은 직접 나서 이렇게 요청했다.

"저의 직무는 전장군입니다. 그런데 지금 대장군께서는 제게 동쪽 길로 출병하라 하십니다. 소년 때부터 흉노와 싸워 온 제가 오늘에서야 비로소 선우와 대적할 기회를 가졌으니 원컨대 선봉에 서서 선우와 결전을 벌일 수 있게 해주십시오."

대장군 위청은 진즉 황제로부터 은밀하게 경고를 들은 바 있다. 즉, 이광이 나이는 많고 운이 좋지 않으니 선우와 대적하지 못하게 하라는 것이었다. 그때 공손오(公孫敖)는 후작에서 막 밀려났다가 대장군을 따라 출정하면서 중장군에 임명되었다. 대장군은 공손오와 함께 선우에 대적할 생각으로 일부러 전장군 이광의 임무를 변경했다. 이광은 그래도 내부 정황을 어느 정도 아는 터라 대장군에게 한사코 명령을 거두어 달라고 요구했다.

대장군은 이광의 요구를 받아들이지 않았다. 대신 장사(長史)에게 공문을 작성하게 하여 이광의 막부로 보내 "공문의 지시대로 서둘러 우장군 부대가 있는 곳으로 가라"고 명령했다. 속이 상한 이광은 대장군에게 보고도 않고 길을 떠났다. 부글부글 끓어오르는 속을 삭히며, 이광은 병사들을 수습하여 우장군 조이기(趙食其)와 합류하여 동쪽 길을 나섰다.

그러나 향도조차 없는 군대는 수시로 길을 잃었고, 그 결과 대장군 뒤에 처지게 되었다. 대장군 위청은 선우와 교전을 시작했고, 선우는 도망쳤다. 위청은 별다른 전과 없이 군대를 돌렸다. 대장

이광의 무덤 앞에 조성되어 있는 자료관 내의 이광의 상이다.(2016년)

군은 남쪽으로 사막을 건너다 전장군 이광과 우장군 조이기를 만났다. 대장군에게 인사를 드린 이광은 자기 군영으로 돌아왔고, 대장군 위청은 장사를 보내 식량과 술을 이광에게 내리게 하는 한편, 길을 잃은 상황을 묻고는 이 상황을 천자에게 상세히 보고하라고 했다. 이광은 대답하지 않았다. 대장군 위청은 장사를 보내 이광 막부의 부하들을 불러다 문책하면서 대질 심문을 하게 했다. 이광은 "교위들에게 무슨 죄가 있나? 내가 길을 잃은 것이지. 지금 내가 직접 대장군 막부로 가서 대질 심문을 받겠다!"며 나섰다.

한을 품은 명장의 자결

대장군 막부에 도착한 이광은 자신의 부하들에게 비장한 어투로 이렇게 말했다.

"나는 소년 시절부터 흉노와 크고 작은 전투를 70여 차례나 치렀다. 지금 다행히 대장군과 함께 출정하여 선우의 군대와 교전할 수 있게 되었는데, 대장군이 길을 돌아오게 조치하는 바람에 내가 길을 잃었으니 이 어찌 하늘의 뜻이 아니겠는가? 하물며 이미 60이 넘은 나이에 어찌 도필리(刀筆吏, 옥리)에게 수모를 당할 수 있겠느냐!"

이광은 칼을 꺼내 스스로를 찔렀다. 매화 꽃잎 떨어지듯 선혈이 땅 위로 뿌려졌다. 훗날 당나라 시인 왕창령(王昌齡, 698~756)은 〈출새(出塞)〉라는 시에서 이광을 다음과 같이 회고했다.

용성에 비장군이 있기만 해도,
오랑캐의 말이 음산을 넘지 못하는구나.
그대는 보지 못했는가,
사막에서 고군분투하는 모습을.
지금도 이장군을 추억하노라.

또 왕유(王維, 약 693~761)는 〈노장행(老將行)〉이란 시에서 위청과 이광을 한데 두고 "위청의 불패는 천행이라지만, 이광이 공을 세우지 못한 것은 무슨 기이한 인연이란 말인가?"라며 아쉬워 했다. 사마천은 《논어》의 말을 인용하여 다음과 같은 의미심장한 말로 이광을 칭찬했다.

"자신의 몸가짐이 바르면 명령을 내리지 않아도 시행되며, 자신의 몸가짐이 바르지 않으면 명령을 내려도 따르지 않는다고 했는데, 이는 이 장군을 두고 하는 말이 아니겠는가?"

그런 뒤 사마천은 무언가 말을 다 하지 못한 듯 깊은 정감을 실어 이렇게 탄식했다.

"내가 이광 장군을 본 적이 있는데 성실하고 순박하기가 시골 사람 같았으며, 말도 잘 못했다. 그가 죽자 천하 사람들은 그를 알건 모르건 모두 그를 위해 슬퍼했다. 속담에 이르기를 **복숭아나무와 자두나무는 말이 없지만, 그 아래로 절로 큰길이 난다**(도리불언桃李不言, 하자성혜下自成蹊)고 했다. 이 말은 사소해 보이지만 큰 이치를 비유하는 말이다."

사마천이 이렇게 두 번 세 번 경의를 표시한 인물들로 한나라 시기의 인물은 없다.

명장의 품격

이광은 위인이 솔직담백했다. 받은 상은 모두 부하들에게 나눠주고 병사들과 함께 먹고 잤다. 40년 동안 여러 자리를 전전했지만 평생 재산 따위를 모으는 일에는 관심조차 두지 않아 재산은 거의 남기지 않았다. 행군 중에 병사들이 모두 물을 마시기 전에는 물 근처에도 가지 않았고, 병사들이 모두 먹지 않으면 밥 한 숟갈 입에 넣지 않았다. 병사들에게는 가혹하지 않고 너그럽게 대했다. 그는 말재주도 없고, 말을 많이 하는 것을 싫어했지만, 병사들은 기꺼이 그의 명령에 따랐고, 그를 존경했다.

그는 60이 넘은 고령을 무릅쓰고 흉노와의 전투에 참가했다가 수세에 몰렸고, 이 때문에 정치군인들의 박해를 받고는 자결했다. 당시 모든 장수들과 병사들은 비통하게 울부짖었고, 이 소식을 들은 백성들도 슬픔을 참지 못했다. 심지어 평생의 숙적이었던 흉노 사람들조차 그의 죽음을 애도했다.

복숭아나무와 자두나무는 자신을 선전하지는 않지만, 그 나무 아래를 지나는 사람이 끊이지 않기 때문에 나무 아래로 자연스럽게 길이 생겨난다. 아름답고 향기로운 꽃을 피우고, 달고 맛있는 열매를 맺으며 묵묵히 사람들을 위해 공헌하기 때문에 떠벌리지 않아도 저절로 사람들에게 환영을 받는다.

리더십으로 보자면 '도리불언'은 '말없는 가르침'을 가리킨다. 리더가 끊임없이 부하를 교육시키는 '말에 의한 교육' 외에, 말하지 않고 부하를 깨우칠 수 있는 가르침도 매우 중요하다. 자신의 몸을 원칙으로 삼아 부하들과 동고동락하고 운명을 같이하면서, 부하들을 자기 주위로 단단히 단결하도록 주의를 환기시키면, 부하들은 불속이라도 뛰어들고 목숨을 바쳐 충성을 다한다. 청산유수와 같은 능란한 말재주로 지지를 얻는 것도 좋지만, 떠벌리지 않고 '도리불언'의 방법을 실천해야만 대중을 제대로 설득할 수 있다.

부하들을 자기 몸처럼 아꼈던 명장 이광은 강직한 성품 때문에 늙도록 승진도 못하고 정치군인들의 구박을 받았다. 이들은 이광의 사소한 실수를 구실 삼아 부하 장병들을 군법에 회부했다. 이광은 부하들을 위해 자신이 책임지겠다면서 말도 안 되는 죄목으로 가혹한 혹리들에게 심문당하는 것이 수치스러워 스스로 목숨을 끊어 군인의 명예를 지켰다. 이런 이광을 사마천은 다른 정치군인들과 구별하여 '이장군(李

2016년 15년 만에 다시 찾은 명장 이광의 무덤은 15년 전보다 더 많은 생각을 하게 만들었다. 우리의 현실이 그 사이 더 많이 안 좋아졌기 때문이리라.

將軍)'으로 높여 부르면서 그에 관한 열전을 남겼다.(황제의 총애를 받은 정치군인들의 전기는 모두 벼슬 이름을 붙여 '이장군'과 구별했다.)

이광의 일생과 인품, 그리고 그의 죽음은 많은 생각을 하게 한다. 일신의 영달에만 목을 맨 채 온갖 불법과 편법을 밥 먹듯이 하고, 잘못은 아랫사람에게 떠넘기고 책임회피에만 급급한 지도층과 정치군인들의 일그러진 추한 모습이 떠오르기 때문이다. 더 큰 문제는 이런 지도층들의 부끄러움을 모르는 도덕 불감증이다.

《성리대전(性理大全)》을 보면 "사람을 가르치려면 반드시 부끄러움을 먼저 가르쳐야 한다. 부끄러움이 없으면 못할 짓이 없다"고 했다. 자신의 언행이 남과 사회에 피해를 주는 것을 부끄러워할 줄 알아야만 그릇된 언행을 일삼지 않는다는 것이다. 이 대목에서 계시를 받은 청나라 때의 학자 고염무(顧炎武, 1613~1682)는 한 걸음 더 나아가 "청렴하지 않으면 안 받는 것이 없고(불렴즉무소불취不廉則無所不取), 부끄러워할 줄 모르면 못할 짓이 없다(불치즉무소불위不恥則無所不爲)"고 했다. 우리 사회에 이런 자들이 천지에 널리게 된 것은 부끄러움을 가르치지 않는 우리의 자업자득이다.

최근 사마천이 이광 장군을 두고 인용한 속담 '도리불언(桃李不言), 하자성혜(下自成蹊)'를 거론하는 정치가들이 종종 눈에 띤다. 빈말로 끝나지 않길 바란다.

평생 헛된 명예를 욕심 부리지 않고 한길을 걷는 고고한 인품을 가진 사람은 존경을 받을 수밖에 없다. 아랫사람을 자기 몸처럼 아끼고 넉넉한 가슴으로 품어주는 그런 사람은 스스로 뭐라 하지 않아도 오래도록 타인의 칭송을 받기 마련이다. 지금 우리 사회는 이광과 같은 지도자, 이광과 같은 군인을 갈망하고 있다. 그런 사람을 주변에서 좀체 찾아볼 수 없는 현실이 안타까울 뿐이다. 군과 군인들에 대한 불신이 팽배한 지금 새삼 이광의 죽음을 떠올려본다.

키워드 : 군인, 명장, 리더십, 인품

여태후에 위세에 눌려 기를 펴지 못하고
요절한 비운의 황제 2대 혜제의 무덤인
안릉(安陵)의 원경이다.(2009년)

도백지자(陶白之資)

범려와 백규의 자본 / 부상의 든든한 자본(밑천).
– 권129 〈화식열전〉

춘추시대 월나라의 군사가이자 정치가였던 범려(范蠡, 생졸 미상)는 월왕 구천(勾踐)을 도와 오나라를 멸망시킨 뒤 절정기에 모든 것을 버리고 월나라를 떠났다. 그리고 이름을 치이자피(鴟夷子皮)와 도주공(陶朱公)으로 두 번이나 바꾸면서 사업가로 변신했다.('도주지부', '치이자피' 항목 참고) 그는 세 차례 큰돈을 벌어 주변에 나누어 주었다.('삼치천금' 항목 참고) 당시 그의 부는 천하에 으뜸이었다고 한다.

또한 춘추시대 주나라 출신 백규(白圭, 생졸 미상)는 '남이 버리면(팔면) 나는 취하고(사들이고), 남이 취하면(사들이면) 나는 버린다(판다)'는 남다른 경영철학으로 크게 성공을 거두었다.('인기아취, 인취아여' 항목 참고) 전국시대 의돈(猗頓)이란 사업가는 생필품인 소금에 주목하여 그 사업으로 큰돈을 벌었다.

사마천은 〈화식열전〉에서 약 30명의 부자들 이야기를 생생하게 전하고 있다. 〈화식열전〉은 지난 2천 년 가까이 보수적인 유학자들로부터 많은 비판을 받아온 기록이지만 지금은 〈화식열전〉을 읽지 않고는 《사기》를 읽었다고 하지 말라는 평가를 듣는 명편이다.

훗날 사람들은 이 부자들 중에서 범려와 백규의 이름을 빌려 **도백지자**라는 성어를 만들었다. 도주공과 백규, 즉 **범려와 백규의 자본**이란 뜻으로, '부상(富商)의 거대한 자본(밑천)'을 가리키게 되었다.

키워드 : 경제, 거상, 자본

도부동(道不同), 불상위모(不相爲謀)

길이 다르면 함께 꾀하지 않는다.

– 권61 〈백이열전〉

　　〈백이열전〉은 열전 70권의 첫 권으로 상징적인 의미가 크다. 존재조차 의심받고 있는 '창백한 정신의 귀족' 백이와 숙제를 열전의 첫머리로 올린 사마천의 의도가 의미심장하다는 평가다. 권력과 이익 때문에 백성을 희생시키는 현실정치와는 뚜렷한 대조를 이룬 백이와 숙제 두 형제의 '양보'를 부각시키고, 사람을 기만하는 '천도(天道)'와 '미신(迷信)'에 대한 강한 부정을 통해 사마천 자신의 불우한 처지를 투영하고 있다. 〈백이열전〉은 〈유협열전〉과 더불어 서정성이 가장 강한 문장으로 평가받는다.

실크로드의 오아시스인 돈황(燉煌)에서 발견된 문서들 중 하나인 〈백이열전〉의 사마천 논평 부분이다. (2016년)

　　열전의 첫 권인 〈백이열전〉 논평 부분에서 사마천은 공자의 말을 다수 인용하고 있다. 그중 하나가 **도부동, 불상위모**다. 관련 대목은 이렇다.

"공자가 **길이 다르면 서로 도모하지 않는다**고 했듯이 각자의 뜻에 따를 뿐이다. 그래서 '부귀가 구해서 얻을 수 있는 것이라면 채찍을 잡는 일이라도 내가 하겠지만, 구해서 되는 것이 아니라면 내가 좋아하는 것을 따르겠다'고 한 것이다.

'날이 추워진 뒤라야 소나무와 잣나무가 늦게 시드는 것을 알게 된다.'

세상이 온통 흐린 다음에야 깨끗한 선비가 나타난다. 누구는 저것을 중시하고 누구는 이것을 경시하기 때문 아니겠는가?"

가는 길이나 하고자 하는 뜻이 다르면, 굳이 함께하려고 애쓸 필요 없다. '도부동,

불상위모'는 이런 이치를 뜻하는 명언이다.('세한연후지송백지후조야' 항목 참고)

키워드 : 천도, 길, 동이(同異), 도모(圖謀)

도부지용(陶缶之勇)

항아리를 두드리게 만드는 용기.
– 권81 〈염파인상여열전〉

소양왕에게 항아리를 두드리게 만든 민지회맹의 모습을 그린 그림이다.(조나라 도성이었던 하북성 한단시邯鄲市 고성 전시관 2010년)

'완벽귀조' 항목에서 인상여(藺相如, 생졸 미상)의 죽음도 불사하는 용기 있는 행적을 살펴본 바 있다. 그 뒤 진나라 소양왕(昭襄王)은 조나라 혜문왕(惠文王)에게 정상회담을 요구했고, 두 나라 왕은 기원전 279년 민지(澠池)에서 회맹했다.(이를 '민지지회澠池之會' 또는 '민지회맹澠池會盟'이라 한다.) 이 자리에서 소양왕은 혜문왕을 욕보이기 위해 거문고를 연주하게 했다. 그리고는 사관에게 이를 기록으로 남기게 했다.

혜문왕을 수행했던 인상여는 이를 보고는 일국의 왕이 연주를 하는데 반주가 없을 수 없다며, 소양왕에게 옆에 있는 '항아리를 두드리며' 장단을 맞추게 했다. 그런 다음 이 사실도 기록으로 남기게 했다.

인상여는 이렇게 해서 강대국 진나라의 무리한 요구에 당당하게 맞서 조나라와 혜문왕의 체면을 지켜냈다. 여기서 **항아리를 두드리게 만드는 용기**라는 뜻의 **도부지용**이란 성어가 파생했고, 훗날 큰 지혜와 용기를 가리키는 전고가 되었다.

키워드 : 외교, 용기, 체면

도불습유(道不拾遺)

길에 떨어진 물건을 줍지 않다.
– 권47 〈공자세가〉 ; 권68 〈상군열전〉

도불습유는 나라가 잘 다스려져 백성들이 **길에 떨어진 남의 물건을 주워 가지지 않는다**는 뜻이다. 법이 잘 지켜져 나라가 잘 다스려지는 것을 비유하는 고사성어이다. 또 남의 물건을 주워가면 처벌을 받기 때문에 주워가지 않는다는 뜻도 포함되어 있는데, 이때는 엄격한 법이나 법집행의 엄격함을 비유한다.

전국시대인 기원전 361년, 서방의 진(秦)나라에 젊고 개혁적인 군주 효공(孝公)이 즉위했다. 개혁에 관한 최고의 이론가이자 법가 사상가였던 상앙(商鞅, 기원전 약 390~기원전 338)은 자신을 알아주지 못하는 위(魏)나라를 떠나 진으로 들어와 효공의 측근인 환관 경감(景監)에게 접근해서 효공에게 추천을 받으려고 했다. 상앙은 법치주의에 의해 부국강병을 꾀할 것을 설명할 생각이었다. 효공은 상앙에게 별 관심을 보이지 않았다. 그러나 몇 차례 만남 끝에 효공은 상앙의 변론에 완전히 매료되었고, 그를 개혁을 주관하는 좌서장(左庶長)이란 자리에 임명했다. 이로써 상앙은 진나라의 변법개혁에 박차를 가하게 되었다.

상앙은 치안유지부터 시작하여 계속 엄중한 법령을 공표해 나갔다. 오호(五戶)·십호(十戶)마다 연대책임을 지우는 십오제와 연좌법을 만들고, 범죄자는 물론 이를 알고 고발하지 않은 자도 똑같이 다스렸으며, 범인을 숨긴 자가 있을 때에는 적에 투항한 자와 같은 형을 과하고, 범죄를 고발한 자에 대해서는 적의 목을 벤 자와 같은 상을 주고, 법을 위반하는 자는 전부 중죄로 다스렸다.

신상필벌(信賞必罰)의 원칙을 확고하게 집행하여 군에 있어서는 전공이 있는 자에게 큰 상을 주고,

역사상 가장 완벽하게 개혁을 성공시킨 인물로 꼽히는 상앙의 변법개혁을 나타낸 조형물이다.(북경시 중화법제공원 2009년)

투항에 대해서는 엄벌에 처했다. 한편 국내에서의 사사로운 싸움을 엄금하고, 전투에서 세운 공의 크기에 따라 작위를 주었다. 또 생산을 장려하되 일을 게을리하는 자, 이윤만 탐내는 상인을 벌했다. 이렇게 해서 법은 일체를 뛰어넘는 절대적인 기준이 되었다.

한번은 태자가 법을 어겼다. 상앙은 "태자라 해도 법에 저촉된 이상 벌을 받아야 한다"라며 태자 대신 보육관인 공자 건(虔, 훗날 혜왕惠王)을 벌하고, 사부인 공손가는 뜸을 뜨는 형벌에 처했다. 이 사실이 알려지자 진의 백성들은 법 집행의 삼엄함에 겁을 먹고 떨었다. 또 처음 상앙을 좋지 않게 보고 변법에 반대하던 자가 "정말 훌륭한 법이군요"라고 아첨을 하자, 상앙은 곧 "법을 비평하는 자"라고 하여 역시 처벌했다고 한다.

상앙이 변법(變法)을 시행한 지 10년, 엄격한 법 집행으로 모든 백성이 철저하게 법을 지켜 '길에 떨어진 물건을 줍는 자가 없고', 산적이 없어졌다. 집집마다 생활이 넉넉해지고 일손도 많아졌다. 또 백성은 적과의 싸움에서는 용감하게 싸웠으나, 사사로운 싸움에는 겁을 내게 되어 나라 안이 잘 다스려졌다.

'도불습유'의 사례는 상앙 이전 춘추시대 정나라의 국정을 주도했던 정자산(鄭子産, ?~기원전 522)에게서도 발견된다. 정자산이 국정을 주도하기를 5년 동안 하니, 나라 안에 도둑이 없어지고, **길에 물건이 떨어져 있어도 주워 가는 사람이 없고**, 복숭아와 대추가 거리를 덮도록 무성해도 따는 사람이 없고, 송곳과 칼이 땅에 떨어져 있어도 사흘이면 돌아오게 되었다. 자산이 이와 같이 계속 3년 동안 변함없이 실행하니, 굶주리는 백성이 없게 되었다.

'도불습유'가 약간 다른 차원으로 쓰인 경우도 있다. 공자와 관련된 이야기이다. 노나라 정공 14년, 56세가 된 공자는 대사구(大司寇, 법무장관)에 임명되어 직무를 보았다. 그로부터 3개월이 지나자 공자의 덕화정책은 노나라 구석구석에까지 미쳤다. 양이나 돼지를 팔 때 에누리를 하지 않고, 남녀가 보행할 때 길을 달리해서 문란해지는 일이 없고, 사람들은 '길에 떨어진 것을 줍지 않고', 다른 나라 사람들이 노나라에 오면 그 대우에 크게 만족했다. 상앙의 가혹한 법치정책과 공자의 덕화정책은 크게 상반되는 정치였지만, 두 가지 모두 '도불습유'의 대표적인 사례를 남기고 있다.

조선 왕조의 문인 안정복(安鼎福 1712~1791)의 《순암집(順菴集)》에 기재된 〈광주부 경안면 2리 동약(廣州府慶安面二里洞約)〉에는 다음과 같은 내용이 있다.

"남의 물건을 보면 털끝만큼의 욕심도 내지 않으며, 길에 떨어진 물건이 있으면 반드시 주인을 찾아서 돌려준다. 옛사람이 풍속의 아름다움에 대하여 논하기를, '길에 떨어진 물건을 줍지 않는다' 하였다. 천 년이 지난 뒤에 이 글을 읽으면서도 항상 북받치는 마음을 갖게 되는데, 직접 그런 일을 본 사람이라면 오죽하겠는가!"

키워드 : 개혁, 개혁가, 변법

도비불고(掉臂不顧)

팔을 흔들며 뒤를 돌아보지 않는다.
– 권75 〈맹상군열전〉

'교토삼굴' 항목에서 보았듯이 전국시대 후기 제나라의 맹상군은 식객을 3천이나 거느린 실력자였다. 왕은 맹상군의 위세에 경계심을 품고 그를 파면했고, 식객들은 맹상군의 곁을 떠났다. 얼마나 뒤 식객 풍환의 계책으로 맹상군은 다시 직위를 회복했다. 떠난 식객들이 다시 돌아왔고, 풍환은 이들을 맞이했다. 맹상군은 떠났던 식객들에 대한 서운한 마음을 감추지 못하고 그들의 얼굴에 침을 뱉어 욕을 보일 것이라며 울분을 토했다. 풍환은 세상사 이치가 그런 것이라며, 이렇게 비유했다.

"군께서는 아침 시장에 모이는 사람들을 보지 못하셨습니까? 날이 밝으면 어깨를 비비고 다투며 문으로 들어가는데, 날이 저문 뒤에는 시장을 지나는 사람들이 **팔을 흔들며 뒤도 돌아보지 않습니다.** 이는 아침을 좋아하고 저녁을 미워하기 때문이 아니라, 기대하는 물건이 그 안에는 없기 때문입니다. 이제 군께서 지위를 잃으니 빈객들이 다 떠나갔었지만, 이를 가지고 빈객들을 원망하면서 일부러 그들의 길을 끊을 필요는 없습니다. 군께서는 예전처럼 빈객들을 대우하시기를 바랍니다.”

맹상군은 풍환의 말을 따랐다. 풍환이 말한 '팔을 흔들며 뒤를 돌아보지 않는다'는 '도비불고'는 원하는 것을 이루었거나 얻고자 하는 것을 얻고 나면 다른 것에서 관심을 두지 않는다는 비유이다. ('교토삼굴' 항목 참고)

키워드 : 이해관계

도삼촌설(掉三寸舌)

세 치의 혀를 놀리다.
– 권92 〈회음후열전〉

《사기》는 깊고 날카로운 경구(警句)와 격언(格言)의 보물창고다. 10cm가 채 안 되는 '세 치의 혀'로 천하를 마음대로 요리하는 유세가들의 활약상을 생생하게 전달하는가 하면, 결국 그 '세 치의 혀' 때문에 파란만장한 삶을 비극적으로 마감하는 극적인 장면들도 적지 않다.

드라마 〈초한전기(楚漢傳奇)〉의 책사 괴통의 모습이다.(출처:바이두)

한신(韓信, ?~기원전 196)은 진나라 말기 초·한이 천하를 다투던 초한쟁패 때의 명장이자 한나라 개국공신이다. 유방이 항우와 치열하게 싸우고 있을 당시 한신이 어느 편에 붙느냐에 따라 항우와 유방 사이에 유지되고 있던 팽팽한 힘의 균형은 깨어질 판이었다. 말하자면 한신은 천하 정세를 좌우할 수 있는 캐스팅보트(casting vote), 즉 '우이(牛耳)'를 쥐고 있는 셈이었다. 한신이 이렇게 자신의 주가를 높일 수 있었던 데에는 괴통(蒯通)이라는 참모의 역할이 있었다. 괴통은 제나라가 유방에게 함락되었다는 소문만 듣고 제나라 공격을 망설이는 한신을 설득하여 제나라를 치게 하고, 결국 한신을 제왕으로 세웠다. **도삼촌설**이란 성어는 제나라를 공격하도록 한신을 설득하는 괴통의 입에서 나왔다. 괴통의 말을 들어보자.

"장군은 조서를 받고 제나라를 공격하는 것입니다. 헌데 한왕(유방)이 몰래 밀사를 보내 제나라의 항복을 받았다고 합니다. 그러나 장군께 제나라 공격을 중지하라는 조서는 없지 않습니까? 그러니 어찌 제나라 공격을 중지할 수 있겠습니까? (제나라로부터 항복을 받아냈다는) 역생(酈生, 역이기)이란 자는 한낱 변사에 지나지 않습니다. 이 자는 (권력자의) 수레를 붙들고 엎드린 채 **세 치의 혀를 놀려** 제나라 70여 개 성을 항복시켰다고 합니다. 장군께서는 수만 군대를 이끄는 장수로 한 해가 넘었는데도 겨우 조나라 50여 개 성을 평정하셨을 뿐입니다. 장수로 몇 년을 있었는데 한낱 보잘것없는 유생의 공만 못하단 말입니까?"

한신은 괴통의 '세 치의 혀'에 넘어가 제나라를 공격하여 제왕이 되었지만, 괴통의 '세 치 혀'를 끝까지 믿지 못하고 우유부단하게 처신하다가 숙청당했다. '세 치의 혀'는 사람을 죽이기도 하고, 살리기도 할뿐만 아니라 천하의 정세도 좌우할 수 있는, 날 없는 무시무시한 무기다. 인간의 모든 화복(禍福)의 뿌리도 알고 보면 이 '세 치의 혀'에 있다. 그래서인지 불가(佛家)에는 '입을 여는 것이 곧 잘못이다'라는 '개구즉착(開口卽錯)'이란 입조심 경구가 있다.

말과 글을 조심해야 하는 상황은 예나 지금이나 다를 바 없지만, 지금은 말과 글로 '곡학아세(曲學阿世)'하는 자들이 너무 많아 이 경고의 본뜻이 무색할 정도다.

키워드 : 언변, 유세가, 혀, 설화(舌禍)

도유소불유(途有所不由)

거치지 말아야 할 길이 있다.
– 권57 〈강후주발세가〉

이 명구는 《사기》에 직접 나오지는 않지만, 관련 있는 사례가 〈강후주발세가〉에 나와 소개한다. 역사상 최고의 병법서로 평가받는 《손자병법》 〈구지(九地)〉 편에 보면 "길이라도 **거치지 말아야 할 길이 있다**"라는 대목이 있다. 또 《십일가주손자(十一家注孫子)》 〈구변(九變)〉 편에서는 "길이 가깝긴 하지만 험하다면 기습이나 복병과 같은 돌발 상황이 있을지 모르니 통과하지 않는다"고 풀이했다. 이는 정상적인 상황이라면 당연히 거쳐 가야 할 길을 거치지 않고 돌아가야 하거나 난관이 많은 길을 선택하여 적의 예상을 빗나가게 하는 전략의 하나로 활용할 수 있다.

기원전 154년 한나라 초기, 장수 주아부(周亞夫, ?~기원전 143)는 군대를 이끌고 장안을 출발해서 동쪽의 오·초 반란군에 대한 공격에 나섰다. 장안 동쪽인 패상(覇上)에 이르렀을 때, 주아부는 조섭(趙涉)의 건의에 따라 오·초가 효산(崤山, 지금의 하남성 낙녕洛寧 서북)과 민지(澠池, 지금의 하남성 민지) 사이에 배치해 놓은 첩자와 복병을 피하기 위해, 원래 효산과 민지를 지나 곧장 낙양으로 쳐들어간다는 단거리 작전 노선을 바꾸어 이틀 가량 더 걸리는 먼 길을 돌아가기로 했다. 그 결과 순조롭게 낙양에 주둔하는 한편, 형양을 점령하여 오초칠국의 난을 평정할 수 있는 유리한 조건을 창출해 냈다.

47년 동한(東漢)의 광무제(光武帝) 유수(劉秀)는 마원(馬援)·마무(馬武)·경서(耿舒) 등으로 하여금 4만 군사를 이끌고 오계(五溪, 지금의 호남성과 귀주貴州 경계 지점)를 공격하게 했다. 임향(臨鄕, 무릉현武陵縣 고성산古城山)에서 공교롭게 오계의 군사와 마주쳤다. 양군은 서둘러 교전에 들어갔고, 그 결과 오계의 군은 대

전략상 단 한 번의 판단 잘못으로 목숨까지 잃은 명장 마원은 병법 모략에서 말하는 가지 말아야 할 길을 가는 바람에 대세를 그르쳤다. 군사와 병법에서 지형은 지금도 아주 중요한 요소다. 마원의 초상화이다.

패하여 도주했다. 마원은 승기를 몰아 오계의 소굴을 뿌리 뽑을 작정이었다.

오계의 본거지로 가는 데는 두 길이 있었다. 하나는 호두산(壺頭山)을 지나는 길로, 가깝긴 하지만 어려운 길이었다. 또 하나는 충현(充縣)을 지나는 노선으로, 길이 평탄하여 행군하기 쉬웠지만 다소 멀었다. 부장 경서는 멀지만 평탄한 충현 길로 가자고 주장했다. 마원은 시간이 많이 걸리고, 식량이 너무 많이 든다고 판단하여 호두산을 통과하는 길로 전진하겠다고 광무제에게 보고했다. 마원은 부대를 이끌고 호두산으로부터 적진 깊숙이 전진했다. 한군이 호두산에 들어서기가 무섭게 적의 매복권에 빠졌다. 오계의 군은 높고 험준한 곳에 자리 잡고 있다가 갑자기 북을 울리고, 고함을 지르며 공격을 가했다. 한군으로서는 당해 낼 수도, 도망갈 수도 없는 꼴이 되었다. 하는 수없이 적당한 곳을 찾아 진을 치고 주둔하는 수밖에 없었다. 때는 푹푹 찌는 더운 여름인 데다가 이 지방의 기후와 물에 병사들이 익숙하지 않아 적지 않은 병사들이 죽어 갔다.

마원은 부대를 둘로 나누어 한 부대는 진영을 지키게 하고, 또 한 부대는 절벽에 동굴을 파서 더위를 피해 적의 포위를 뚫고 자신들의 역량을 충분히 발휘할 수 있는 평원에서 오계의 군을 물리치고자 했다. 그러나 양군은 그로부터도 몇 달을 더 대치했고, 이 기간에 한군은 오계의 습격을 여러 차례 받아서 탈진했다. 마원도 병에 걸려 목숨을 잃었다. 마원은 전쟁터에서 숱하게 공을 세운 명장이었지만, 단 한 번 노선을 잘못 선택하는 바람에 전력 면에서 우세한 군대를 적의 수중에 내던졌고, 게다가 '싸워 이기기도 전에 자신이 먼저 죽었으니' 어찌 안타까운 일이 아니겠는가?

도유소불유는 임기응변책에 속한다. 상황에 따라 변화가 생기면 지휘관은 제때에 과감하게 행동 방향과 노선을 바꾸어 전쟁터에서 생겨나는 '갈라진 틈' 사이에서 무사히 생존하여 주도권을 장악할 수 있어야 한다. 이른바 '갈라진 틈'은 접합부, 방어가 약한 지대, 방어벽이 없는 지대에서 많이 생겨나며, 또 일반적으로 돌파에 불리하다고 생각하는 지형 또는 상대방의 예비 부대와 일선 부대 사이의 아직 메우지 못한 간격 지대 등에서 생겨날 수 있다. 그러나 변화하는 전쟁터에서 이런 '갈라진 틈'은 언제든지 상대방이 메울 수 있다. 따라서 시간과 공간이라는 중대한 지점에서 적의 의표를 찔러야만 비로소 슬그머니 왔다가 이내 사라지는 전쟁터의 이런 '갈라진 틈'을 승리를 향해 거쳐 가는 '통로'로 바꿀 수 있다.

키워드 : 군사, 전략, 임기응변, 우회

도인(道引)

(호흡과 신체 운동을 결합한) 양생술(養生術).
– 권55 〈유후세가〉

서한삼걸의 한 사람으로 개국공신인 장량(張良, ?~기원전 190)은 평소 몸이 허약하여 양생술의 일종인 **도인**과 곡기를 끊는 '벽곡(辟穀)'으로 건강을 지켰다고 한다. 장량의 이런 건강 관리법을 〈유후세가〉에서는 '도인불식곡(道引不食穀)'으로 표현했다. 이와 함께 장량은 1년 넘게 '두문불출(杜門不出)'했다고 한다.

'도인(道引)'은 '도인(導引)'과 같다. '도'는 호흡운동을 가리키며, '인'은 주로 팔다리를 움직이는 신체 운동을 말한다. 오늘날로 보자면 맨손체조와 같다. '불식곡'은 '벽곡'을 말한다. 훗날 동한시대의 의사 화타(華佗, 약 145~208)가 다섯 종류의 동물(호랑이·사슴·곰·원숭이·새)의 동작을 모방해서 창안했다고 하는 '오금희(五禽戲)'도 이런 '도인술'의 전통을 이은 것으로 본다.

'도인'은 1972년에서 1974년까지 3년에 걸쳐 세 차례 발굴된 한나라 초기 장사국(長沙國) 승상 대후(軑侯) 이창(利蒼)의 가족묘인 마왕퇴(馬王堆) 한묘의 비단 그림에 그 실제 모습이 확인되어 세간의 이목을 끌었다.

그림은 장량 사당의 장량이 공을 이룬 뒤 '도인벽곡'을 위해 떠나는 모습이다.

도주지부(陶朱之富)

도주공(범려)의 부.

– 권129 〈화식열전〉

도주지부는 **도주공(陶朱公)**의 **부(富)**란 뜻으로 엄청난 부나 부자를 가리키는 용어이다. 종종 도주 대신 의돈(猗頓)을 넣어 '의돈지부(猗頓之富)'라고도 한다. 도주공은 춘추 말기 월나라의 정치가이자 군사가로서 월왕 구천을 보좌하여 오나라 부차를 물리치고 오나라를 멸망시키는 데 가장 큰 공을 세운 인물인 범려가 스스로 바꾼 세 번째 이름이다.(처음 그가 바꾼 두 번 째 이름은 '치이자피鴟夷子皮'였다. 해당 항목 참고)

기원전 497년, 월왕 구천은 범려의 만류에도 불구하고 섣불리 오나라를 공격했다가 회계산(會稽山)에서 오왕 부차에게 크게 패했다. 구천은 범려의 간언을 듣지 않았던 것을 후회하고 그에게 조언을 구했다. 범려는 어떠한 굴욕이라도 참고 화해를 청하고, 시간을 벌어 재기의 기회를 엿볼 것을 권했다. 구천은 범려의 말을 받아들여 오나라에 항복했다. 이후 범려는 구천을 도와 오로지 부국강병에 힘써 20년 뒤에 마침내 오나라를 멸망시키고 '회계의 치욕'을 씻었으며, 천하의 패자가 되게 했다.

구천이 패자가 되자 범려는 상장군이 되었다. 그러나 범려는 "구천과는 어려움은 같이 해도 태평세월은 함께하기 어렵다"며 가족을 데리고 제나라 바닷가 지역으로 이주하였다. 그는 이름을 '치이자피'로 바꾸고, 사업가로 변신하여 큰 부를 축적했다.

제나라에서 이 소식을 듣고는 범려를 재상으로 맞이하고자 했다. 범려는 부와 권력을 동시에 갖는 것은 좋을 것 없다면서 다시 그곳을 떠나 도(陶, 하남성 정도定陶)로 이주했다. 교통의 요충지인 도에서 범려는 다시 장사를 시작했다. 그러면서 이름을 주(朱)로 바꾸고, 도(陶) 지역의 교역 상황을 잘 파악하여 물자를 교역함으로써 다시 큰 부를 축적하였다. 사람들은 이런 범려를 도주공(陶朱公)이라 불렀다.

세 차례 직업을 바꾸고도 모두 성공하여 인생 삼모작을 완벽하게 경영했다는 범려는 오늘날 기업 경영인들의 멘토 역할을 하고 있다. 범려가 마지막으로 정착한 산동성 정도(定陶)에 남아 있는 그의 무덤이다.(2010년)

기록에 따르면 사업에 종사한 19년 동안 범려는 세 차례나 큰 부를 쌓았고, 또 매번 자신의 재물 따위를 주위에 기부하는 노블레스 오블리주를 실천했다.('삼취삼산' 항목 참고) 만년에 범려는 자신의 사업을 후손들에게 맡겼고, 후손들 역시 부를 더욱 늘렸다고 한다.

의돈은 전국시대 때 노나라 사람으로 소금과 목축으로 부를 쌓아 왕이나 공후들을 능가하는 생활을 했다. 이 때문에 당시 사람들은 부 하면 도주공과 의돈을 꼽았다는 것이다. 특히, 범려는 훗날 상신(商神), 즉 '상업(경영)의 신'으로 추앙되었고, 지금도 화교 등 사업하는 사람들은 범려를 수호신처럼 모신다. '도주지부'에는 사업(경영)을 하려면 범려처럼 하라는 의미가 내포되어 있다.('도백지자' 항목 참고)

키워드 : 경제, 치부, 부상(富商)

도치간과(倒置干戈)

방패와 창을 뒤집어 두다.
― 권55 〈유후세가〉

기원전 204년 초한쟁패가 한창일 때 항우는 형양(滎陽)에서 유방을 포위했다. 형세가 다급해지자 유세객 역이기(酈食其)는 다른 여섯 나라들을 제후왕으로 삼아 나라를 다시 세울 수 있게 설득하면 유방의 한을 도와 항우의 초를 약화시킬 수 있을 것이라 제안했다. 역이기는 이를 보증하는 징표로 여섯 개의 관인(官印)을 만들어 주자고 했다. 유방은 역이기에게 이 일을 맡기고 바로 관인을 만들라고 명했다.

역이기가 출발하기에 앞서 장량이 외지에서 돌아와 이 이야기를 듣고는 젓가락을 빌려 당시 형세를 짚어가며 역이기의 제안이 불가능한 여덟 가지 까닭을 하나하나 따졌다.('유후차저' 항목 참고) **방패와 창을 뒤집어 두다**는 **도치간과**는 이 중 다섯 번째 까닭의 한 대목이다.

"은나라를 치는 일이 끝나자 주 무왕은 전차를 일반 수레로 만들고, **방패와 창을 뒤집어** 창고에 넣고 호랑이 가죽으로 덮어씌워 천하에 더 이상 병기를 사용하지 않겠다는 뜻을 보였습니다. 지금 대왕께서는 무력을 버리고 교화를 베풀며 다시는 병기를 사용하지 않으실 수 있겠습니까?"

장량이 제시한 여덟 가지 불가론을 다 들은 유방은 역이기를 욕하며, 관인을 녹여버리게 했다. '도치간과'는 전쟁이 끝나 더 이상 무기가 필요 없다는 의지를 널리 나타내는 뜻을 가진 성어로 평화를 상징하기도 한다.

키워드 : 형세, 판단

도필지리(刀筆之吏)

도필리.
― 권53 〈소상국세가〉

진나라가 천하를 통일할 수 있었던 요인은 여러 가지가 있겠지만 엄격한 법집행이 큰 몫을 했다. 상앙(商鞅)이 변법개혁을 실시한 이후 엄격한 법집행의 부산물로 법에 정통한 이른바 '법리(法吏)'들이 많이 출현한 것은 당연했다. 이들 법리는 법에 정통해야 함은 물론 각종 문서를 작성할 줄 알아야 했다. 당시에는 죽간이나 목간에

도필리 출신으로 유방을 보좌하여 승상의 자리에까지 오른 소하의 초상화이다.

다 글자를 쓰거나 새겼기 때문에 법리들은 늘 붓이나 칼을 가지고 다녔다. 여기에서 **도필리(刀筆吏)**란 이름이 생겨났다.(죽간이나 목간에 붓으로 판결문 따위를 쓰는 데 간혹 틀리게 쓰면 칼로 긁어내고 다시 썼기 때문에 붓과 칼을 같이 지니고 다녔다.) 법리는 통상 각종 범죄사건을 다루었으므로 옥리(獄吏)라는 이름으로도 불렸다. 결국 법리·도필리·옥리는 한 뿌리인 셈이다.

'도필리'란 말은 서한삼걸의 한 사람인 소하(蕭何, ?~기원전 193)의 전기인 〈소상국세가〉에 보인다. 유방이 천하를 재통일하는 데 결정적인 역할을 한 소하는 그 공을 인정받아 승상이 되는데, 사실 소하는 유방과 봉기하기 전에 진나라에서 '도필리'를 지냈다. 진나라는 법리들을 상당히 존중했고, 한나라 초기만 해도 법리 출신의 관리들이 조정에 꽤 많이 발탁되어 일을 했던 것 같다.

한 무제 이후 유가(儒家)가 모든 사상을 물리치고 독보적인 존재로 인정받으면서 법리, 즉 도필리들은 유교적 소양을 갖춘 유생형(儒生形) 관리들로 대체되었다. 사마천이 《사기》를 구성하면서 〈혹리열전〉을 편성한 것도 역사와 더불어 부침을 거듭한 법리들의 행적을 밝히고 싶었기 때문일 것이다. 특히 사마천은 청렴한 도필리와 부패한 도필리를 선명하게 대비시킴으로써 법리의 본분을 강조하고 있다. 그런데 법리가 부패하여 변질하면 무엇이라 부를까? 흔히 '탐관오리(貪官汚吏)'라는 말로 부르지만, '속리(俗吏)'라는 간결한 표현도 있다.

키워드 : 관리, 법관

도행역시(倒行逆施)

순리에 따르지 않고 거꾸로 시행하다.

– 권66 〈오자서열전〉

춘추시대 초나라 사람 오자서(伍子胥, ?~기원전 484)는 아버지와 형이 평왕(平王)에게 억울하게 살해당하자 오나라로 도망가서 태자 광(光, 합려闔閭)을 도와 왕위에 오르게 한 뒤, 초나라를 쳐서 원수를 갚는다. 이때 오자서는 아버지와 형님을 죽인 평왕의 무덤을 찾아 시체를 파내어 시체에 매질을 했다.(여기서 유명한 '굴묘편시堀墓鞭屍'라는 고사성어가 유래되었다. 해당 항목 참고) 오자서의 친구이자 초나라 대신 신포서(申包胥)는 오자서의 행위를 두고 하늘의 뜻을 어기는 것이라고 나무랐다. 오자서는 저 유명한 "날은 저물어 가는데 갈 길은 멀다(일모도원日暮途遠)"는 말에 뒤이어, "그래서 내가 **순리에 따르지 않고 순리를 거슬러가며 거꾸로 이런 행동을 하는** 것이다"라고 했다.('일모도원' 항목 참고)

사람이 다급하면 정상적인 방법이나 규칙을 무시하고 무리한 행동을 할 수도 있다. 이를 '파격(破格)'이라고도 하는데, 본질을 벗어나지 않은 '파격'은 신선하다고 한다. 예술에서는 '파격미'라는 용어까지 있다. 그러나 틀을 벗어난 그러한 행동에도 정도(定度)는 있는 법이다. 오자서의 원한을 이해 못할 바는 아니지만, 지금의 관점에서 보자면 죽은 시체까지 파헤쳐 매질을 가한 것은 누가 뭐라 해도 적절한 행동은 아닐 것이다.

우리나라 조선시대에도 정치적 이유로 죽은 시체를 파헤쳐 토막을 냈다는 '부관참시(剖棺斬屍)'의 기록이 더러 보인다. 어느 쪽이나 봉건 전제정치 체제가 만들어낸 대표적인 야만적 행위의 한가지라 하겠다.

'급할수록 돌아가라'는 격언이 있다. 이

절박한 원한과 복수 때문에 '도행역시'할 수밖에 없었던 오자서였다.(강소성 소주시 오자서 사당 내의 오자서 상이다. 2008년)

말은 결국 편법이나 순리에 어긋난 방법을 쓰지 말고 바른길을 택해 가라는 뜻이다. 급하면 질러가려는 인성의 약점을 잘 파악하고 제동을 거는 좋은 말이다.

키워드 : 상황, 편법

도행포시(倒行暴施)

순리에 따르지 않고 거꾸로 서둘러 일을 하다.
– 권112 〈평진후주보열전〉

오자서의 '도행역시'와 같은 뜻의 **도행포시**가 있다. 한나라 무제 때의 대신 주보언(主父偃, ?~기원전 126)의 입에서 나왔다. 주보언은 위황후(衛皇后)를 옹립하고 연왕(燕王) 유정국(劉定國)의 음행을 적발하는 공을 세워 조정에서 그 권세가 대단했다. 대신들은 주보언의 입이 두려워 수천 금의 뇌물을 갖다 바쳤다. 이런 주보언에게 누군가 횡포가 지나치다고 하자 주보언은 이렇게 말했다.

"나는 젊어서부터 40여 년 유세하며 여기저기를 돌아다녔지만, 뜻을 이루지 못했다. 부모는 자식으로 여기지 않았고, 형제는 거두어주지 않았으며, 빈객들은 나를 버렸다. 나는 오랜 세월 어려움을 겪었다. 대장부가 살아생전 '오정식(五鼎食)'을 먹지 못한다면, 죽어서 오정에 삶아질 뿐이다. '날은 저물고 갈 길은 멀다.' 때문에 **순서를 뒤바꾸어 서두르는 것이다.**"

주보언은 춘추시대 오자서의 행적을 알고 있었던 것처럼 '날은 저물고 갈 길은 멀다'는 '일모도원'을 언급했다. 뒤이어 주보언은 오자서의 '도행역시'를 한 글자만 달리해서 '도행포시'라 했다. '포'는 급하다, 서두른다는 뜻이다. '도행역시'와 뜻은 같다. '일모도원, 도행역시'는 오자서 이전 오래전부터 전해오는 속담이나 격언의 하

나가 아니었나 짐작한다. ('계문', '오정식', '도행역시' 항목 참고)

키워드 : 상황, 편법

도혹교우(導惑敎愚), 언불염다(言不厭多)

미혹한 사람을 이끌고 어리석은 자를 가르쳐 주며, 말 많은 것을 싫어하지 않다.
– 권127 〈일자열전〉

'도고익안' 항목에서 한나라 초기의 정치가 가의가 시내에 나갔다가 점쟁이를 만난 일을 언급했다. 당시 가의는 점쟁이와 제법 긴 이야기를 나누었다. 점쟁이는 유세가를 비유로 들면서 말을 많이 할 수밖에 없는 점치는 사람의 역할에 대해 다음과 같이 말했다.

"공들은 유세가들을 보지 못했습니까? 이들은 꼭 무슨 일을 생각하고 계획을 세웁니다. 그러나 말 한마디로 군주의 마음을 기쁘게 할 수는 없는 것입니다. 그래서 그들은 반드시 선왕을 일컫고 옛날을 언급합니다. 일을 생각하고 방책을 세울 때는 선왕의 공적을 꾸미고, 실패나 폐해를 말함으로써 군주의 마음을 두렵게 하거나 기쁘게 함으로써 자기의 욕망을 채우려 합니다. 말이 많고 과장이란 면에서 이들보다 더한 사람은 없을 겁니다. 그러나 나라를 부강하게 하고, 공을 이루고, 임금에게 충성을 다하려고 한다면 이런 방법이 아니라면 이룰 수 없습니다. 지금 점을 치는 복자는 **미혹한 사람을 이끌고 어리석은 자를 가르쳐 주는** 사람입니다. 대체로 어리석고 미혹된 사람을 어찌 말 한마디로 알게 할 수 있습니까! 그러기에 점치는 사람은 **말 많은 것을 싫어하지 않는 것입니다.**"

점쟁이의 위 말 중에서 '미혹한 사람을 이끌고 어리석은 자를 가르쳐 준다'는 대목과 '말 많은 것을 싫어하지 않는다'는 대목을 합쳐 **도혹교우, 언불염다**로 흔히 점쟁이나 유세가의 특징 또는 역할을 가리키는 성어로 인용한다.

키워드 : 점복, 점쟁이, 말

도회인생(韜晦人生)

감추면서 살다.
– 권103 〈만석장숙열전〉 ; 권126 〈골계열전〉

도회인생이란 '도회'를 인생의 원칙으로 삼아 살아간다는 뜻이다. '도회'라는 단어에서 '도(韜)'는 칼집이란 뜻이고, '회(晦)'는 감춘다는 뜻이다. 즉, 자신의 정체를 칼집에 칼을 감추듯 감춘다는 것이다. 이 성어가 《사기》에 직접 등장하는 것은 아니지만, 실제로 '도회인생'을 살았던 인물들이 있기 때문에 이 항목으로 소개한다. ('도회'의 출처는 《양서梁書》를 비롯한 여러 문헌이며, '도'는 강태공이 남겼다고 하는 치국방략서 《육도六韜》에 쓰였다.)

한나라 경제(景帝) 때 낭중령(郞中令) 중에 주문(周文)이라는 남자가 있었다. 처음 그는 문제(文帝)의 건강과 병을 담당하는 어의(御醫)였다가 훗날 태자의 전문의가 되었다. 그 태자가 바로 경제였다. 경제는 즉위하자 주문을 낭중령으로 승진시켰다. 주문은 말을 매우 신중하게 하는 인물이었다. 늘 여기저기를 기운 허름한 옷을 입고 다니며, 일부러 깔끔하지 못한 것처럼 보였다. 경제는 그에 대해서만큼은 아주 편안한 마음을 가지고 있었고, 심지어는 침실까지 마음대로 드나들며 방사(房事) 때에도 자신의 곁에서 시중을 들게 할 정도였다.

경제는 신하들이 제기한 의견들에 대해 수시로 주문에게 물었는데, 그때마다 "폐하께서 판단하옵소서"라고 대답하며, 남에 대해서는 결코 이러쿵저러쿵하지 않았다. 경제는 두 번씩이나 그의 집을 친히 방문하여 경의를 표시했다. 그가 장안에서 양릉(陽陵)으로 거처를 옮기자 황제는 그에게 재물을 보냈지만 모두 거절했다. 제후와 군신들도 물건을 보내왔으나 모두 받지 않았다. 오래지 않아 중병으로 사직하고 2,000석의 녹봉을 받아 고향으로 돌아가 노후를 보냈다. 주문은 궁중 어의로 최고 권력자의 총애를 받았지만, 그는 철저히 스스로를 절제하면서 '도회인생'의 삶을 실천했다.

같은 한나라 시대 사회가 안정되고 번성했던 무제 시절 궁중의 문서를 담당하던 동방삭(東方朔, 기원전 154~기원전 93)이란 인물이 있었다. 그도 '도회인생'의 시조로 불릴 만한 인물로서 역대로 많은 사람들의 입에 오르내렸다. 동방삭은 장편의 글을 올려 무제의 눈에 들게 되었는데, 당시 무제는 그의 글을 붓으로 표시해 가며 두 달에 걸쳐 꼼꼼하게 다 읽었다고 한다.('삼천독' 항목 참고)

그는 무제의 시종이 되어 무제의 신변에서 그를 보좌했다. 무제는 그를 무척 좋아해서 자주 그와 같이 식사를 했다. 먹고 남은 고기나 음식이 있으면 동방삭은 모두 옷소매 사이에 넣어 가지고 나갔다. 비단옷이 더러워지는 것도 아랑곳 하지 않았다. 무제가 개인적으로 비단을 하사하면 그는 그것을 어깨에 메고 나갔다. 황제로부터 하사 받은 돈과 비단으로 장안의 미녀를 아내로 맞아들이곤 했는데, 1년이면 버리고 새 아내를 맞아들였다. 사람들은 이런 그를 '미치광이'라고 불렀다.

동료들이 때로 그를 대신해 일을 처리할라치면 무제는 언제나 "이 일을 동방삭에게 맡기면 너희들보다 훨씬 잘하겠다!"며 나무랐다. 누군가가 동방삭에게 이렇게 물은 적이 있었다.

"소진과 장의는 모두 후세에 이름을 남겼소. 그런데 선생처럼 학문과 식견이 뛰어난 분이 어째서 그

처세의 기본은 말 그대로 대세(큰 흐름)에 자신을 맡기는 것이다. 이것이 곧 정치적 지혜이며, 적극적인 의미를 내포한 인생 전략이기도 하다. 이 전략은 정확한 상황인식과 확고한 주관을 요구하기 때문이다. 이런 점에서 동방삭은 '도회술'에 관한 한 대가였다.(2014년)

렇게 독특한 방식으로 살며 벼슬 승진에는 신경도 쓰지 않으시니 무슨 까닭입니까?"

동방삭은 진지한 태도로 이렇게 대답했다.

"당신들이 그 이치를 몰라서 그래. 소진이나 장의가 지금 시대에 태어나 산다면 나처럼 시랑 벼슬조차 얻지 못했을 것이야. 자고로 '천하에 재해가 없다면 비록 성인이 있다 한들 그 재주를 펼칠 길이 없고, 위아래가 화합하고 뜻을 같이한다면 어진 이가 있다 해도 공을 세울 길이 없으리라'는 말이 있지 않은가? 시대가 변하면 상황도 변하는 법, 재야에 묻혀 있지만 천하의 큰 인물도 안중에 없는 것은 태평기라 그러하거늘 무엇이 의심스럽단 말인가?"

주문과 동방삭은 **자신의 본 모습을 숨기면서 살았던** '도회인생'을 처세술로 삼았다. 이들은 남에게 보이기 위해 그렇게 처신한 것이 아니었다. 지혜로운 처세였다. 이런 '도회인생'의 처세는 현대사회에서도 권할 만한 측면이 있다. 주문의 청렴함, 꾸밈없이 대세와 조화를 꾀하는 동방삭의 처신 등이 그것이다. 그들은 당시의 역사적 조건 하에서 사람들의 인생철학을 존중하고 따르고자 한 현명하고 지혜로운 두뇌를 가진 인물들이었다.

주문의 청렴함과 근면은 그로 하여금 오랫동안 관료 사회에서 깨끗한 이름을 유지하게 했으며, 동방삭의 명쾌한 것 같으면서도 모호하고, 모호한 것 같으면서도 명쾌한 태도는 보통 사람으로는 따를 수 없는 처세의 태도였다.

키워드 : 처세, 도회술

독당일면(獨當一面)

혼자 한 방면을 감당하다.

– 권55 〈유후세가〉

　역사적으로 천하 '대권(大權)'을 얻는 과정은 험난하고 파란만장했다. 그 여정은 많은 인물들의 의리와 배신, 그리고 죽음으로 점철되어 있었다. '대권'의 길에는 인재(人才)가 빠질 수 없다. 누가 쓸모 있는 인재를 많이 모시고, 또 그들을 적재적소에 투입하여 효율을 극대화하느냐에 따라 승부가 갈라졌다. 그런 인재들 중에서도 정세 전반을 냉정하게 분석하고 적절한 판단을 내려 종합적인 계획(masterplan)을 짜는 '참모(參謀, 막료幕僚)'와, 그 계획을 실행으로 옮기는 '장수(將帥)'가 가장 중요했다.

　초한쟁패 당시 유방이 당초의 절대 열세를 극복하고 끝내 천하 대권을 차지할 수 있었던 것은 이 두 가지 인적 요소를 갖추었기 때문이다. 참모는 흔히 장자방(張子房)으로 많이 알려진 장량(張良)이었고, 장수는 명장 한신(韓信)이었다.

　기원전 204년 팽성(彭城)전투에서 참패한 유방은 전체적으로 전열을 다시 가다듬을 필요성을 절감했다. 지친 몸을 이끌고 말에서 내린 유방은 말안장에 기댄 채 장량에게 지나가는 말처럼, "내가 함곡관 동쪽을 상으로 떼어 주려고 한다. 그렇다면 누가 나와 함께 천하통일의 대업을 이룰 수 있겠는가?"라고 물었다. 장량의 대답이다.

장량은 한신의 능력을 정확하게 파악하여 적어도 어느 한 방면을 충분히 책임질 수 있는 인재라 하였다. 한신을 추천하는 그림으로 왼쪽이 장량이다.

　"구강왕(九江王) 경포(黥布)는 초나라의 맹장이

나 항왕과 사이가 좋지 않고, 팽월(彭越)은 제왕 전영과 더불어 반란을 일으켰으니 이 두 사람을 급히 써야 합니다. 그리고 대왕의 장수들 중에는 오직 한신이 큰일을 맡기면 **한 방면을 감당**할 수 있습니다. 그 지역을 떼어서 상으로 주고자 하신다면, 이 세 사람에게 주어야만 초나라를 깨뜨릴 수 있을 것입니다."

사마천은 장량의 말 다음에 이렇게 덧붙였다.

"그리하여 마침내 초나라를 격파할 수 있었던 것은 바로 이 세 사람의 힘 때문이었다."

'재상 뱃속은 배 한 척을 몰고 다닐 수 있어야 한다'는 중국 속담이 있다. 큰일을 맡기면 한 방면의 중책을 너끈히 감당할 수 있는 인재의 역할을 비유한 속담이고, 사마천도 이 점을 흔쾌히 인정했다. 하지만 막사에 앉아 천 리 밖 일을 좌지우지했던 막료 장량의 존재를 잊어서는 안 된다. 그는 한 방면의 중책을 감당해내는 그런 정도의 인재가 결코 아니었다. 한신 없는 유방과 장량 없는 유방의 경우를 굳이 상정해 보지 않더라도, 통찰력 넘치는 지혜로운 '장자방'이 절실하다.

키워드 : 인재, 역할, 자리, 일, 감당

독배천금(犢背千金)

목간의 뒷면이 천금.
– 권57 〈강후주발세가〉

한 문제 때인 기원전 176년, 개국 공신 강후(絳侯) 주발(周勃)이 반역을 꾀한다는 밀고가 올라갔다. 문제는 사법을 담당하고 있는 벼슬 정위(廷尉)에게 처리하게 했다. 정위는 그 일을 장안으로 내려보내 주발을 체포하여 다스리게 했다. 주발은 겁이 나서 어떻게 말해야 할지 몰랐다. 옥리(獄吏)가 갈수록 주발에게 더 모욕을 주자 주발은 옥리에게 '천금(千金)'을 주었다. 옥리는 '목간의 뒷면' '독배(牘背)'에다 "공주를 증인으로 삼으라"라고

주발의 아들 주아부도 훗날 애매한 반역 혐의로 옥에 갇혀 닷새 동안 식음을 전폐하며 억울함을 호소하다가 피를 토하고 죽었다. 사진은 하남성 신향시(新鄕市)에 남아 있는 주발과 주아부를 모신 사당이다.(2010년)

써서는 주발에게 보여주었다. 공주는 문제의 딸로 주발의 맏아들 승지(勝之)의 아내였다. 이 때문에 옥리는 공주를 끌어다 증인으로 삼으라고 한 것이다.

주발은 자신과 친분이 있는 박(薄)태후의 친인척 박소(薄昭)에게도 청탁을 넣었다. 이렇게 해서 주발은 간신히 풀려났다. 옥에서 나온 주발은 "내가 일찍이 백만 대군을 거느렸지만, 옥리가 이렇게 대단한 줄 어찌 알았으랴!"라고 탄식했다.

주발은 천금을 주고 옥리에게 곤경에서 빠져나갈 방법을 샀다. 당시는 종이가 발명되기 전이라 법을 담당하고 있는 관리, 즉 옥리들은 목간이나 죽간을 허리춤에 차고 다니며 범죄와 관련한 내용을 쓰거나 새겼다. 여기서 옥리들의 별칭인 '도필리(刀筆吏)'가 나왔다. 이 옥리는 천금을 받고 자신이 갖고 있던 목간의 뒷면에다 공주를 이용하라는 방법을 새겨줌으로써 주발이 빠져나갈 수 있게 한 것이다.

이 사례로부터 **목간의 뒷면이 천금**이라는 **독배천금**이란 사자성어가 나왔다. 이후 '독배천금'은 억울한 옥살이나 억울한 일을 당한 것을 비유하는 전고가 되었다. 또 엄청난 대가를 치르고 간신히 억울한 일에서 벗어난 것을 비유하기도 한다.

키워드 : 무고, 곤경, 대가

독비곤(犢鼻褌)

잠방이 / 짧은 바지.
– 권117 〈사마상여열전〉

독비곤은 아주 독특하고 재미난 단어다. '독(犢)'은 송아지를 가리키는 글자다. '비(鼻)'는 코를 말하며, '곤(褌)'은 잠방이다. 잠방이는 무릎까지만 있는 짧은 바지로 반바지보다는 긴 편인데 대개 농사를 짓거나 일을 할 때 입는 간편한 옷으로 보면 된다. '독비곤'은 모양이 **송아지 코처럼 생긴 바지**가 되는데, 상상이 잘 안 간다. 그런데 중국 한나라 때 벽돌 그림에서 독비곤이 확인되었다. 모양도 몇 가지가 있다. 일본 씨름 선수들이 입는 훈도시에 가까운 독비곤, 우리 잠방이에 가까운 독비곤 등이 있다.

'독비곤'은 기록에서도 확인된다. 바로 〈사마상여열전〉의 주인공인 한나라 무제 때의 문장가이자 풍류남아 사마상여(司馬相如) 때문에 '독비곤'은 더 유명해졌다. 사마상여는 젊은 과부 탁문군(卓文君)과 첫 만남에서 눈이 맞아 야반도주한 스캔들의 주인공이기도 했다.('가거도사벽립' 항목 참고) 탁문군의 아버지는 당시 사천성 지역에서 알아주는 거부 탁왕손(卓王孫)이었는데, 딸이 직업도 없는 건달과 야반도주하자 화가 나서 딸이 굶어죽던 말던 신경을 쓰지 않았다. 탁문군은 생계 때문에 집에서 나올 때 가져온 패물 따위를 팔아서 우물을 파고 술집을 차렸다.

부잣집의 귀한 딸을 고생시키게 된 사마상여는 아내가 술집을 차리자 그냥 보고만 있을 수 없어 팔을 걷어붙이고 아내를 도왔다. 그때 사마상여의 모습을 사마천은 이렇게 묘사하고 있다.

"사마상여는 문군과 함께 임공(臨邛)으로 이사를 갔다. 그는 수레며, 말이며, 가진 것을 모두 팔아 술집 한 채를 사서 술을 팔았다. 문군은 노(鑪)에 앉아 술을 팔고, 상여 자신은 **독비곤(犢鼻褌)**을 입고 일꾼들과 함께 잡일을 하고 시장에서 술잔을 닦았다. 이 소문을 들은 탁왕손은 부끄러워 문을 닫고 나가지 않았다."

바로 여기서 '독비곤'이 나온다. 당대의 풍류남아
이자 뛰어난 문장가였던 사마상여가 짧은 바지를 입
고 술잔을 닦고, 음식을 나르는 모습을 상상해보면
절로 미소가 지어진다. 사마상여의 모습도 그렇지만
독비곤을 입은 풍류아의 모습이 더 인상적으로 다가
오기 때문일 것이다.

남자가 집안일을 돕는 것이야 이제 보편적 현상
이 되었지만, 그래도 부엌일을 꺼려 하는 남성들이
있다면 2,100여 년 전 사마상여의 독비곤을 떠올려
보기 바란다. 즐거운 마음으로 아내를 위해 봉사하
는 모습의 상징으로서 독비곤은 아주 생생하고 참
신한 단어가 아닐 수 없다.

호인(胡人)이 입은 '독비곤'을 보여주
는 한나라 때 벽돌 그림이다.

키워드 : 복장, 잠방이, 외조

독서격검(讀書擊劍)

책을 읽고 검술을 익히다.

– 권7 〈항우본기〉 ; 권117 〈사마상여열전〉

책을 읽고 검술을 익히다는 뜻의 **독서격검**은 문무를 겸비한 고대 남성들의 모습을
형용하는 전고이다.

초한쟁패의 주인공 항적(項籍), 즉 항우(項羽)는 어릴 때 글을 배웠으나 끝내지 못
했고, 검술을 배웠으나 이 또한 마치지 못했다. 숙부 항량(項梁)이 성을 내자 항우는,
"글은 이름을 쓸 줄 아는 것으로 족하고, 검은 한 사람만 상대하는 것으로 배울 것
이 못되니 만 명을 대적할 수 있는 것을 배우겠습니다"라고 했다. 항량은 항적에게

병법을 가르쳤다. 항적은 아주 좋아했으나 역시 그 뜻만 대략 알고는 끝까지 배우려 하지 않았다.

한나라 무제 때 기인 동방삭(東方朔)도 독서와 검술을 함께 배웠다. 그는 15세에 검술을 배웠고, 16세 때 《시》와 《서》 등 경전을 읽었는데, 무려 22만 자를 외울 정도였다.(《한서》 〈동방삭전〉) 같은 시대 사람인 문장가 사마상여(司馬相如)도 젊은 날 책 읽고 검술을 배웠다고 하니, '독서격검'은 당시 지식인들이 갖추어야 할 문무겸비(文武兼備)와 같은 기본기였던 모양이다.

항우는 글과 검, 무엇을 배워도 마무리하지 못했지만 '독서격검'은 훗날 문무를 겸비한 지식인을 가리키는 말로 활용되었다. '서검(書劍, 책과 검)', '독서마검(讀書磨劍, 책을 읽고 검을 갈다)'으로 표현하기도 한다. 현대 중국어에서 '격검'은 '펜싱(Fencing)'의 중문 표기이다.

한 무제 때의 기인 동방삭은 문무를 겸비했다고 한다. 훗날 신선으로도 묘사된 동방삭의 문장으로 알려져 있는 〈답객난〉의 일부이다.

키워드 : 독서, 무술, 문무겸비

독약고우구이우병(毒藥苦于口利于病)

독한 약은 입에는 쓰지만, 병에는 이롭다.
– 권118 〈회남형산열전〉

한나라 초기 회남왕(淮南王) 유안(劉安, 기원전 179~기원전 122)에게는 불해(不害)라는 서자가 있었다. 왕과 왕후, 그리고 태자는 모두 불해를 자식이나 형제로 여기지 않을 정도로 미워했다. 불해에게는 재능이 뛰어나고 기개가 있는 건(建)란 아들이 있었다. 건은 태자가 자기 아비 불해를 보살피지 않는 것을 원망했다. 건은 다른 사람과 몰래 결탁해 태자를 해치려고 했지만, 일이 발각되어 태자에게 매질을 당했다.

기원전 123년, 건은 한나라 조정에서 보낸 중위(中尉)를 태자가 죽이려 한다는 음모를 알게 되었다. 건은 평소 친분이 있던 수춘현(壽春縣)의 장지(莊芷)를 시켜 황제에게 이런 글을 올리게 했다.

"독한 약은 입에 쓰지만 병에는 이롭고, 충언은 귀에 거슬리지만 행동에는 이롭습니다(충언역우이이우행忠言逆于耳利于行). 지금 회남왕의 손자인 건은 재능이 뛰어나지만, 회남왕의 왕후 도(荼)와 그녀의 아들인 태자 천(遷)이 늘 건을 시기해 해치려고 합니다. 건의 아비 불해는 죄가 없는데도, 제멋대로 여러 차례 잡아 가두고 그를 죽이려고 했습니다. 지금 건이 있으니 불러 물어보시면 회남의 은밀한 일을 다 아실 수 있습니다."

황제는 이 글을 읽고 사법을 담당하고 있는 정위(廷尉)에게 처리하게 했다. 건이 올린 글 앞에 나오는 '독약고우구이우병, 충언역우이이우행'을 권55 〈유후세가〉에서 장량이 똑같이 말하고 있다. 아마 오래전부터 전해오는 격언으로 보인다. 훗날 '독약'은 '좋은 약'이란 뜻의 '양약(良藥)'으로 바꾸어 많이 활용한다. ('양약고구' 항목 참고)

키워드 : 충언, 양약, 독약, 질병, 행동

독취귀선(獨取貴善)

혼자만 비싼 것을 선호하다.

― 권129 〈화식열전〉

중국 역사상 최초의 통일 제국 진나라는 기원전 210년 진시황이 갑자기 죽자 급속도로 무너졌다. 그로부터 5년 뒤인 기원전 206년, 진나라는 통일 후 불과 15년 만에 망했다. 진시황 사후 천하는 다시 혼란에 빠졌고, 기원전 207년 이후 항우와 유방의 약 5년에 걸친 이른바 초한쟁패의 막이 올랐다. 기원전 202년 유방이 다시 천하를 통일하여 한나라시대가 시작되었다.

당시 진나라가 망할 무렵, 전국 각지의 호걸들과 관리들은 귀한 보석 따위를 챙겨 도망쳤다. 그런데 이 와중에 옮기기도 힘든 식량을 대량 챙긴 사람이 있었으니 선곡(宣曲) 지방의 임씨(任氏)였다. 초한쟁패가 본격적으로 시작되자 군사를 먹일 식량이 그 어떤 것보다 귀해졌다. 보석 따위는 아무짝에 쓸모가 없었고, 식량은 1석에 만 전이나 나갔다. 임씨는 비축해둔 식량을 팔아 거부가 되었다. 천하 형세를 잘 파악해서 성공한 대표적인 사례였다.

임씨는 이를 밑천으로 농사와 목축 사업을 벌여 자신의 부를 더욱 불려 몇 대가 지나도록 그 부를 유지했고, 심지어 천자조차 그를 존중할 정도가 되었다. 임씨가 자신의 사업에서 크게 성공한 비결은 시세를 잘 파악한 외에 생활에 가장 기본이 되는 식량을 사업의 핵심으로 삼았던 데 있었다. 게다가 그는 사치와 방탕에 빠지기 쉬운 부자들의 허영에서 벗어나 근검절약했다.

또 한 가지 그의 사업 비결에서 주목할 만한 것은 자신의 사업 영역인 농업과 목축에 **필요한 물품이라면 비싼 값을 주고라도 샀다**는 사실이다. 이것이 **독취귀선**이다. 다른 사람들은 가능한 싼 것을 사려고 했지만, 임씨는 **혼자만 비싼 것을 선호**했다. 말하자면 생산량을 안정되게 확보해 줄 좋은 씨앗과 건강한 가축 생산을 위한 좋은 품종이라면 아무리 돈이 들어도 사들인 것이다. 그 자신은 집에서 나는 식량과 고기가 아니면 먹지 않았고, 공적인 일이 끝나기 전에는 술과 고기를 입에 대지 않을 정도로 철저한 사업가였지만, 자기 사업의 신용을 보증하는 일에는 아낌없이 투자했다. 남다른 사업 능력은 물론 참으로 정직하고 양심적인 사업가였다.

상품의 질을 확보하기 위해 비싼 씨앗과 품종에 아낌없이 투자했던 선곡 임씨는 자기관리에도 철저했던 사업가였다. 《사기》 〈화식열전〉의 선곡 임씨를 기록하고 있는 부분이다.

키워드 : 경제, 경영, 안목, 투자

동고락(同苦樂)

함께 고통과 즐거움을 나누다.
– 권41 〈월왕구천세가〉

기원전 494년 오월쟁패에서 오나라는 오자서(伍子胥)의 활약 등으로 월나라를 꺾었다. 월왕 구천(勾踐)은 부인과 범려(范蠡)를 데리고 오나라에 와서 왕 부차(夫差)에게 무릎을 꿇고 신하로 복종하겠다며 항복했다. 구천은 부인·범려와 함께 오나라에 남아 무려 3년 동안 오왕 부차를 모셨다.

기원전 491년, 월왕 구천은 귀국했다. 구천은 이후 '와신상담(臥薪嘗膽)'하며 재기에 몰두했다.('와신상담' 항목 참고) 구천은 지난날의 패배를 교훈삼아 20년 넘게 인구를 늘리고 국력을 키웠다.('십년생취' 항목 참고) 기원전 484년, 오왕 부차는 패주의 위세를 과시하기 위해 제나라를 치려 했다. 오자서는 월나라의 상황을 언급하며, 다음과 같은 말로 반대했다.

"안 됩니다. 신이 듣건대, 구천은 식사 때 두 가지 이상 맛난 반찬을 먹지 않으며, 백성과 더불어 **고통과 즐거움을 함께한다**고 합니다. 이자가 죽지 않으면 반드시 우리나라에 화근이 됩니다. 우리에게 월나라는 뱃속의 큰 질병과 같으며, 제나라는 피부병인 옴 정도에 불과합니다. 바라건대, 왕께서는 제나라는 놔두고, 월나라를 먼저 공격하시기 바랍니다."

부차는 오자서의 말을 듣지 않았고, 간신 백비(伯嚭)의 모함에 빠져 오자서에게 자결을 강요했다. 오자서의 말 중에 나오는 **고통과 즐거움을 함께한다**는 **동고락**이란 표현은 다른 기록들을 보면 '단맛과 쓴맛을 함께한다'는 '동감공고(同甘共苦)'로 많이 나

오월쟁패의 승부는 실력을 기르면서 참고 기다린 월나라의 승리로 끝났다. 재기와 설욕을 다짐하고 있는 월왕 구천의 모습이다.(2010년)

온다.(우리는 '동고동락'이란 표현을 많이 쓴다.) '동감공고'의 사례들을 소개해본다.

《회남자(淮南子)》〈병략훈(兵略訓)〉에 "장수는 병사들과 '동감공고'하며 배고픔도 추위도 함께 해야 한다. 그럼으로써 병사들은 죽을힘을 다한다"는 대목이 있다. 《의시육언(醫時六言)》〈장편(將篇)〉(권1)에는 "위급한 정세에서는 상하가 함께 운명을 같이하는 것이다. 장수가 병사와 '동감공고'하며 함께 수고하고 쉬고, 병과 상처를 위문하고 어루만지는 것이 마치 집안의 아버지와 아들 사이 같아야 민심이 비로소 돌아온다"고 했다. 또 이런 대목도 있다.

"무릇 장수된 자의 도리는 부하들과 '동감공고'하는 데 있다. 위험한 처지에서 혼자만 살자고 부하들을 버려서는 안 되며, 난관에 임해서 구차하게 빠져나가려 해서는 안 된다. 두루두루 서로 지키며 공생공사(共生共死)해야 한다. 이렇게 한다면 삼군의 병사들이 어떻게 자신을 잊겠는가!"

《황석공삼략(黃石公三略)》〈상략(上略)〉에는 이런 대목이 보인다.

"무릇 장수된 자가 병사들과 음식의 맛을 같이하고, 안전과 위험을 함께해야만 적에게 위협을 더할 수 있다."

다음은 《무경요략(武經要略)》의 관련 대목이다.

"병사와 '동감공고'하여 여러 사람의 마음을 얻으면 (따르는 자는) 많아지며, 그 반대로 여러 사람의 마음을 잃으면 (따르는 자는) 적어진다."

또 《기효신서(紀效新書)》〈기효혹문(紀效或問)〉(1권)에는 이런 구절이 있다.

"이른바 음식 맛을 함께한다는 말은, 비단 어렵고 힘들 때만이 아니라 평상시에도 그렇게 한다는 것이다."

《울료자(尉繚子)》〈전위(戰威)〉(제4)에서는 이렇게 말하고 있다.

"병사를 수고롭게 하려면 장수 자신이 앞장서야 한다. 축축한 더운 여름에 깔개를 깔지 않으며, 추운 겨울에 속옷을 더 껴입지 않으며, 험한 곳은 먼저 발을 디디며, 병사들의 우물이 만들어진 다음에 물을 마시며, 병사들의 밥이 다 된 다음 밥을 먹으며, 병사들의 보루가 완성된 뒤 막사를 지으며, 일하거나 쉬는 것을 반드시 함께 해야 한다. 이렇게 하면 병사들은 전쟁이 길어져도 그 힘이 무디어지지 않는다."

이밖에도 《국어(國語)》(〈제어(齊語)〉)에서는 "함께 '동감공고'하고 '공생공사'하면, 지킴에 있어서는 튼튼하고 싸움에 있어서는 강하다"고 했다. 이밖에 《병뢰(兵壘)》,《연병실기(練兵實紀)》,《병경백자(兵經百字)》 등과 같은 책에도 '동감공고'에 대한 언급이 있다. 이렇듯 '동감공고'는 군을 다스리고 부하를 통솔하는 가장 기본이 되는 원칙으로 역대 군사 전문가들이 모두 중요하게 여겼다. 《황석공삼략》〈상략〉에서는 이를 '장수의 기본 예의'라는 뜻의 '장례(將禮)'라 했다. 이런 사례도 보인다.

월나라 왕 구천이 군대를 이끌고 전쟁에 나서자 누군가가 술을 한 소쿠리 보내왔다. 구천은 그 술을 냇물에 쏟아 흐르게 한 다음, 병사들과 함께 그 흐르는 물을 마셨다고 한다. 술 한 소쿠리를 냇물에 쏟아 봐야 술맛이 제대로 날 리 없겠지만, 장수들과 병사들은 모두 장군이 자기와 함께 '동감공고'한다는데 감격하고 흥분해서 기꺼이 죽을힘을 다해 싸우고자 했다. 그러면서 구천은 《황석공삼략》〈상략〉 '군참(軍

識)'의 다음과 같은 말을 인용하고 있다.

"병사들의 우물이 아직 준비가 되지 않았는데 장수가 목마르다고 해서는 안 되며, 병사들의 막사가 만들어지지 않았는데 장수가 피로하다고 해서는 안 된다. 병사들의 취사용 솥에 불을 지피지도 않았는데 장수가 배고프다고 해서는 안 되며, 겨울에 겉옷을 껴입지 않고, 여름에 부채를 잡지 않으며, 비가 와도 덮개를 펴지 않는다. 이를 장수의 예라고 한다."

용병의 가장 중요한 요점은 장수와 병사의 '동감공고'(동고동락)과 '공생공사'에 있다. 그것으로 병사들을 감화시켜 그들로 하여금 자발적으로 전투에 나서게 해서 살아도 함께 죽어도 함께하면서 적과 싸운다는 목적을 달성한다.

기원전 279년, 과거 작은 즉묵(卽墨)이란 성에서 노약한 잔병으로 강력한 연나라 대군을 물리친 바 있는 제나라의 명장 전단(田單)은 보잘것없는 적읍(狄邑) 하나를 놓고 3개월 동안 함락시키지 못하고 고전하고 있었다. 전단은 노중련(魯仲連)에게 그 원인을 물었다. 노중련은 이렇게 대답했다.

"즉묵에서 싸울 때는 앉으면 가마니를 짜고, 서 있을 때는 호미를 들고 일을 하면서 병사들의 본보기가 되었습니다. 장수에게 희생할 결심이 있으면 병사들은 구차하게 살려는 마음을 갖지 않습니다. 그 옛날 장군이 연나라 대군을 물리친 원동력은 바로 거기에 있었습니다. 그런데 지금은 상국이 되어 많은 세금을 거두고, 금띠를 두르고, 화려한 수레를 타고 다니면서 그저 향락만 쫓고 희생의 마음이 전혀 없으니, 병사들이 어떻게 장군과 함께 죽을힘을 다하겠습니까?"

이 말을 들은 전단은 크게 깨달은 바가 있었다. 다음 날, 그는 말을 타고 북을 울리며 병사들의 사기를 높이고 전쟁터로 나갔다. 그는 자신의 몸을 돌보지 않고 화살과 돌이 빗발치는 곳에서 직접 북채를 잡고 병사들을 지휘했다. 이렇게 제나라 군은 용감하게 싸워 이내 적읍을 점령했다.

75년 한나라 장군 경공(耿恭)은 유중성(柳中城, 지금의 신강성 선선鄯善 서쪽)을 지키고 있었다. 그때 마침 명제(明帝)가 세상을 떠나고 장제(章帝)가 즉위하는 국가 대사가 발생하는 바람에 구원병이 파견되지 못했다. 흉노군과 반란군은 연합하여 경공을 공격했고, 상황은 대단히 위험해져 갔다. 경공은 침착하게 적을 막아냈다. 경공과 병사들은 서로 '공생공사'의 정신으로 뭉쳤다. 먹을 것이 다 떨어지자 가죽으로 된 활집을 삶아 먹으면서도 결코 흩어지지 않았다. 수십 명밖에 남지 않았지만 완강하게 저항한 결과, 이듬해 마침내 구원병이 도착하여 적을 물리치고 개선했다. 이때 살아남은 사람은 13인에 지나지 않았다.

병사들과 '동감공고', 즉 '동고동락'하면 군에서 가장 중요하고 필요한 믿음을 얻을 수 있다. 말하자면 한 사람의 마음으로 만인의 마음을 얻어 일치단결하여 용감하게 싸울 수 있다. 이런 역사적 사례는 매우 많다. 역대 뛰어난 장수들은 모두가 이를 군을 다스리고 작전에 임하는 기본 원칙의 하나로 여겼다.

과거의 리더들은 인심을 얻기 위해 이 방법을 통치 영역에서도 활용했는데, 그 목적은 당연히 통치 계급의 이익을 위한 것이었다. 그렇다고 이 원칙의 의미와 가치가 달라지지 않는다. 군대는 물론 모든 조직을 이끄는 기본 규칙으로서 '동고락'은 오히려 평화 시기에 더욱 적극적이고 현실적인 의의를 갖는다.

키워드 : 통치, 군사, 장수, 동고동락, 민심

동공일체(同功一體)

같은 공을 세운 한 몸.

– 권91 〈경포열전〉

서한 초기 초한쟁패에서 공을 세운 공신들이 잇따라 반란을 일으켰다. 회남왕 영포(英布, ?~기원전 196)는 한신·팽월과 함께 서한 3대 명장으로 꼽힐 정도로 역할이 컸다.(영포는 경포라고도 한다.) 그러나 한신이 토사구팽을 당한 뒤 신변의 위협을 느껴 기원전 196년 반란을 일으켰다. 고조 유방은 장수들을 불러 대책을 물었다. 모두들 당장 군대를 동원해 잡아 죽여야 한다고 목소리를 높였다. 공신 여음후(汝陰侯) 등공(滕公)은 이 일을 알고는 과거 초나라 영윤(令尹)이었던 사람을 불러 그의 생각을 물었다. 영윤은 영포가 배반하는 것은 당연하다고 했고, 등공은 다시 그 까닭을 물었다. 영윤은 이렇게 말했다.

"황상께서 지난해에 팽월을 죽이고, 그 전해에는 한신을 죽였습니다. 이 세 사람들은 **같이 공을 세운 한 몸**과 같은 사람들입니다. 영포는 화가 자신에게 미치지나 않을까 의심하여 반란을 꾀하는 것입니다."

초나라 출신의 영윤은 초한쟁패 당시 팽월·한신·영포가 펼친 활약과 이들의 출신 등을 살핀 끝에 이들을 한 몸과 같은 존재들로 보았다. 여기서 **같은 공을 세운 한 몸**이란 뜻의 **동공일체**란 성어가 나왔다. 세운 공로(역할)와 지위가 똑같다는 의미다.

키워드 : 공로, 공신, 공통점

동곽리(東郭履)

동곽의 신발.

— 권126 〈골계열전〉

한나라 무제 때 제나라 지역 출신의 방사 동곽(東郭)은 벼슬을 받기 위해 궁궐 문 앞에서 공거(公車, 공문을 실어 전달하는 수레)를 오랫동안 기다리고 있었다. 마침 대장군 위청(衛靑)이 황제에게 황금 1천 근을 상으로 받고, 궁궐 문을 나서고 있었다. 동곽은 수레를 막고 상금으로 받은 황금의 절반을 무제가 총애하는 왕부인에게 바치면 더 큰 총애를 얻을 것이라고 일러주었다.

위청은 동곽의 말대로 했고, 이를 알게 된 무제는 위청에게 누구의 말을 듣고 그와 같은 행동을 했냐고 물었다. 위청은 동곽이라 답했고, 무제는 바로 조서를 내려 동곽을 도위(都尉)에 임명했다.

당초 동곽은 오랫동안 조서를 기다리면서 굶주림과 추위에 떨었다. 그 때문에 옷은 해지고 신발도 성치 않았다. 눈길을 걸으면 신발의 윗부분은 있어도 바닥이 없어 맨살이 땅에 닿았다. 길 가던 사람들이 이를 보고 웃자 동곽은 혼잣말로 이렇게 말했다.

"누군가 신을 신고 눈길을 가는데, 그것을 보는 사람에게 위는 신발이고, 아래는 사람의 발이라는 것을 어찌 알게 한단 말인가?"

동곽의 마음은 담담했다. 그가 출세하자 가난할 때는 거들떠보지도 않던 사람들이 서로 다투어 달라붙었다고 한다. 사마천은 속담을 인용하여 이렇게 탄식했다.

"속담에 '말을 감정할 때는 (몸에 붙은) 파리 때문에 잘못 보고, 선비를 평가할 때는 가난 때문에 잘못 본다'고 하더니 이를 두고 한 말이 아닌가?"

이 일화에서 **동곽의 신발**이라는 뜻의 **동곽리**란 단어로 어려운 처지를 형용하게 되었다.

키워드 : 처지, 행색, 오판

동귀이수도(同歸而殊途)

귀착점은 같은데 가는 길은 다 다르다.
– 권130 〈태사공자서〉

서로의 학술을 강론하는 모습을 그린 〈제자백가도〉이다.
(2017년)

이 대목은 바로 앞의 '천하는 하나인데 생각은 각양각색이고'라는 뜻의 '천하일치이백려(天下一致而百慮)'라는 대목과 함께 학문이나 학파가 추구하는 궁극의 목적은 같지만, 그 목적을 이루기 위한 방법은 다 다르다는 점을 말하는 명언이다. 원전은 《주역》〈계사(繫辭)〉(하)이다.

사마천은 《사기》의 마지막 편인 권130 〈태사공자서〉에 아버지 사마담의 〈논육가요지(論六家要旨)〉라는 제자백가 주요 여섯 학파의 장단점을 논한 논문을 전편 수록했는데, 그 첫 대목에서 **천하는 하나인데 생각은 각양각색이고, 귀착점은 같은데 가는 길은 다 다르다**는 《주역》의 대목을 인용했다. 그러면서 사마천은 이렇게 말했다.

"음양가·유가·묵가·명가·법가·도덕가들은 다 같이 세상을 잘 다스리는 일에 힘쓰지만 그들이 따르는 논리는 길이 달라 이해가 되는 것도 있고, 그렇지 않은 것도 있다."

사마천은 《주역》을 끌어다 제자백가, 특히 주요 6가가 추구하는 궁극적인 목적은 같은데 그 방법이 다르다는 점을 지적했다.

키워드 : 학파, 사상, 방법, 목적, 귀착점

동남동녀(童男童女)

어린 남자아이와 여자아이.

– 권6 〈진시황본기〉

기원전 221년 천하를 통일할 당시 진시황의 나이는 38세였다. 이후 진시황은 자신의 업적에 도취하여 불로장생(不老長生)에 집착하기 시작했다. 그러자 전국의 방사(方士)들이 진시황을 기만했다. 화가 난 진시황은 방사들과 유생들을 생매장하는 갱유(坑儒)라는 폭정을 단행했다.('분서갱유' 항목 참고) 진시황에게 신선과

훗날 전설에 따르면 서불은 바다로 나가 돌아오지 않고 제주도에서 불로초를 구해 돌아갔다고 한다. 일설에는 일본으로 갔다고도 한다. 사진은 제주 서귀포에 조성한 서복기념관 입구 서복의 석상이다.

불사약을 구해오겠다고 큰소리를 친 방사 중에 옛 제나라 지역 출신의 서불(徐市, 또는 서복徐福)이란 자가 있었다. 그는 진시황에게 다음과 같은 글을 올렸다.

"바다에 삼신산(三神山, 봉래蓬萊·방장方丈·영주瀛州)이 있는데, 그곳에 신선이 살고 있습니다. 청하옵건대 목욕재계하고 **어린 남자아이와 여자아이**를 데리고 신선을 찾게 해주십시오."

이렇게 해서 서불은 어린 남자아이와 여자아이 수천을 선발하여 바다로 나가 신선을 찾았다. 서불은 돌아오지 않았다. 훗날 서불이 배를 타고 나가 도착한 곳이 제주도 서귀포라는 전설과 일부 기록이 있고, 이를 근거로 제주 서귀포에는 서복기념관이 설립되었다. 서불이 데리고 나간 어린아이들을 **동남동녀**라 표현했다.

키워드 : 미신, 신선, 불로장생, 방사

동명상조(同明相照), 동류상구(同類相求)

빛이 나는 물체는 서로를 비추고, 같은 종류의 사물은 서로를 이끈다.
– 권61 〈백이열전〉

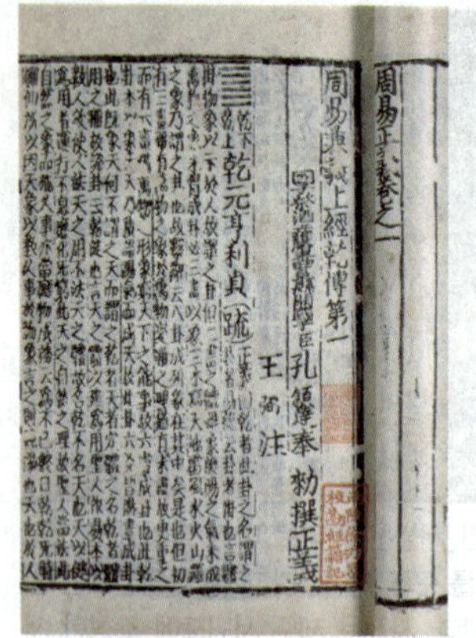

《사기》에는 《역경》이 많이 인용되어 있다. 삼국 시기의 저명한 천재 경학가(經學家)인 왕필(王弼, 227~249)이 주석을 단 《주역》 판본이다.

사마천은 〈백이열전〉에서 백이와 숙제 형제의 고고한 절개를 칭송했다. 그러면서 이들의 행적이 세상에 알려지게 된 것은 공자가 이들을 찬양했기 때문이라고 하면서 이렇게 말했다.

공자는 "군자는 죽은 뒤 명성이 드러나지 않는 것을 가장 싫어한다"고 했다. 가의(賈誼)는 "탐욕스러운 자는 재물에 죽고, 열사는 명성에 죽고, 과시하길 좋아하는 자는 권세에 죽고, 보통 사람은 목숨을 탐한다"고 했다.

그러면서 이런 말들도 덧붙였다.

"빛이 나는 물체는 서로를 비추고, 같은 종류의 사물은 서로를 이끈다."
"구름은 용을 따르고, 바람은 호랑이를 따른다. 성인이 있어야 만물이 뚜렷해진다."

위 두 구절은 모두 《역경(易經)》 〈건괘〉를 인용한 것인데, 몇 글자를 바꾸었다. 아무리 뛰어난 인물이라도 눈 밝은 현자의 칭찬이 있어야 그 이름이 뚜렷하게 드러난다는 비유이다. 바로 뒤의 대목도 마찬가지다. ('세한연후지송백지후조야' 항목 참고)

키워드 : 명성, 상호작용

동문황견(東門黃犬)

동쪽 문의 누렁이.

– 권87 〈이사열전〉

기원전 210년 진시황이 천하 순시 도중 갑자기 세상을 떠나자 천하는 이내 혼란에 빠졌다. 간신 조고(趙高)는 실권자인 승상 이사(李斯)를 몰아붙여 큰아들 부소(扶蘇)와 명장 몽염(蒙恬)을 죽이고, 무능한 둘째 아들 호해(胡亥)를 황제 자리에 앉히는 데 성공했다. 권력의 무게 추는 조고로 넘어갔고, 이사는 부귀영화를 지키는데 급급해 조고에게 질질 끌려다니다 결국은 반역죄로 허리가 잘리는 형벌로 비참하게 죽었다. 중국 역사상 처음으로 대 통일제국을 이룩한 진나라의 갖가지 제도와 정책을 마련한 천하통일의 일등 공신 이사의 최후는 참으로 씁쓸하기 짝이 없었다.

평생을 권력과 권력자만을 뒤쫓았던 해바라기 성향을 가진 관리의 전형적인 인물로서 이사의 행적이 우리에게 던지는 교훈은 만만치 않다. 사마천은 이사를 충성스러운 신하라고 평가하는 일부 세상 사람들의 얄팍한 눈과 귀를 비웃으면서, 높은 자리에 있으면서 아첨과 구차한 행동으로 일관하며 권력만을 뒤쫓는 이사의 내면과 정신세계를 날카롭게 폭로했다.

이사는 형장으로 끌려 나가면서도 권세에 대한 미련을 버리지 못했다. **동문황견**, 즉 **동쪽 문의 누렁이**라는 이 알쏭달쏭한 성어는 다름 아닌 이사가 죽기 전에 남긴 최후의 한마디였다. 권력은 마약과도 같다는 속설을 실감나게 하는 이사의 마지막 자기고백을 들어보자.

이사는 옥에서 끌려 나와 아들과 함께 형장으로 가면서 아들을 돌아보고 이렇게 말했다.

사냥개 누렁이를 데리고 동문을 나서던 이사야말로 권력과 권력자의 '주구(走狗)'였다. 사진은 호해 무덤 앞 자료관에 조성되어 있던 이사의 상으로 지금은 철거되고 없다.(2008년)

"나와 네가 다시 누렁이를 이끌고 함께 상채(上蔡)의 동쪽 문을 나와 토끼를 잡으러 가고 싶어도 더 이상 그럴 수 없구나!"

애비와 아들은 서로 울었고, 마침내 삼족이 멸문을 당했다.

'누런 개' '누렁이'는 권세와 부귀를 상징하는 동시에, 의식도 철학도 없이 권력의 꽁무니만을 뒤쫓아 다니는 개 같은 정치인과 관료를 상징하기도 한다. 상채는 이사의 고향이고, '동쪽 문'은 아들과 함께 사냥개(누런 개)를 이끌고 사냥을 나서던 문이었는데, 역시 권력의 상징인 궁궐 문을 비유하는 말이다. 토끼는 사냥감이자 권력이 가져다주는 부귀영화를 의미한다. 관리(정치가)로서 관직에 몸담으면서 권력을 쫓다가 화가 닥치면 빠져나오고 싶어도 안 된다. 왜냐하면 빠져나오려는 그 순간은 이미 때가 늦기 때문이다. 옳지 못한 길로는 아예 들어서지 말아야지 한 치라도 발을 들여놓았다면 패가망신은 시간문제다.

동쪽 문의 누런 개는 자기철학 없이 오로지 출세만을 위해 권력의 꽁무니를 쫓는 관리나 정치인을 상징하는 참으로 절묘한 비유가 아닐 수 없다. 이사의 최후는 여러모로 착잡한 생각을 들게 한다. **동문황견**은 '누렁이를 탄식하다'는 뜻의 '탄황견(嘆黃犬)'으로도 쓰는데, 관료판에서 신세를 망치고 뒤늦게 후회한다는 뜻을 담고 있는 전고가 되었다.

키워드 : 권력, 출세주의자, 탄식

특별 참고자료 **이사의 탄식과 최후**

〈이사열전〉은 사마천이 정성을 들여 구성한 출세지상주의자 이사의 전기이다. 사마천은 다섯 곳에다 이사의 다섯 차례 탄식을 배치하여 그의 최후를 암시하는 절묘한 구상을 선보이고 있다. 이 부분을 좀 더 분석해 보았다.

통일제국 최초의 승상

중국 역사에서 이사(李斯)는 그 지명도가 아주 높은 인물이다. 그가 진시황에게 올린 〈간축객서(諫逐客書)〉라는 문장은 천하의 명문으로 남아 있다. 말하자면 그는 당대 최고의 지식인이라 할 수 있을 정도로 학식이 뛰어났다. 그는 빈털털이 지식인에서 진시황을 도와 최초의 통일 제국을 이룩하고 끝내 '일인지하(一人之下), 만인지상(萬人之上)'의 재상이 된 말 그대로 입신양명의 표본이었다. 그는 또 자신의 손으로 일군 통일 제국을 자신의 손으로 망쳐버린 역사의 죄인이기도 했다. 통일 제국의 문물과 제도를 자신의 손으로 구석구석 정비한 제국의 뛰어난 설계자였으나, 결국은 저잣거리에서 허리가 잘리는 형벌을 받고 처참하게 죽은 비극의 주인공이었다.

평민 출신의 별 볼일 없었던 지식인으로서 중국 역사상 최초의 통일 제국의 재상이 되기까지, 휴가 나온 자식을 위한 잔치에 수천에 이르는 수레와 말이 몰릴 정도로 부귀영화를 누렸던 화려한 삶에서 삼족이 멸족당하는 처절한 최후까지, 이사의 인생 유전은 말 그대로 한 편의 드라마였다. 이 때문에 이사의 영욕과 부침은 2천 년 넘게 수많은 사람들의 입에 오르내리며 이런저런 평가를 낳았다.

〈이사열전〉을 중심으로 관련 기록인 〈진시황본기〉 등을 통해 이사의 인생을 전체적으로 개괄해보면, 입신출세를 위해 노력했던 야심만만한 이사가 황제에 버금가는 막강한 권력을 얻고 난 다음 서서히 변질되고 급기야는 자신과 삼족 나아가서는 자신의 손으로 일군 제국을 망치는 모습을 읽어낼 수 있다. 그 과정에는 최초의 통일 제국의 탄생이라는 역사적인 순간도 있었고, 최초의 황제 진시황의 죽음도 있었으며, 최초의 농민봉기로 평가받는 진승(陳勝)의 봉기도 있었다. 이사의 삶은 그 자체로 역사였고, 그런 만큼 다양한 역사적 평가가 뒤따랐다.

그런데 이사의 행적을 두고 지난 2천 년 동안 수많은 사람들이 하나같이 품었던 의문 가운데 하나는 누구보다 많이 배우고 영리했던 그가 어째서 저급하고 비열한 인격의 소유자였던 조고(趙高)에게 넘어가 자신의 손으로 세운 제국을 망쳤는가 하는 것이었다. 말하자면 이사의 행적을 놓고 한 인간의 내면세계에 대한 심도 있는 역사적 성찰이 끊임없이 이루어져 왔다.

이사의 탄식

사마천은 이사의 삶과 그 삶의 질적인 변화 과정을 〈이사열전〉에서 비교적 상세히 남겼는데, 기록을 찬찬히 들여다보면 흥미롭게 이사가 평생 다섯 번 탄식한 대목들을 발견할 수 있다. 이 다섯 번의 탄식을 통해 이사의 인생관과 그것의 변질 과정에 대한 실마리를 얻을 수 있다. 나아가서는 인생에 대한 이사의 성찰에 어떤 문제가 있었는가도 파악할 수 있을 것이다.(탄식 대목을 숫자로 표시해둔다.)

이사의 첫 번째 탄식은 젊은 날 말단 관리 노릇을 할 때 변소간에 사는 쥐와 곳간에 사는 쥐가 사람이나 동물을 보고 보인 대조적인 반응 때문이었다. 변소의 쥐는 사람이나 개가 접근하면 깜짝깜짝 놀라고 두려워한 반면, 곳간에 사는 쥐는 사람이나 동물을 전혀 겁내지 않았다. 이 모습을 본 이사는 이렇게 탄식했다.

① "사람의 잘나고 못난 것도 쥐와 같으니, 어떤 환경에 처했느냐에 달렸을 뿐이다!"

이를 계기로 이사는 입신출세에 강렬한 욕망을 갖기에 이른다. 두 번째 탄식은 통일 제국 진나라의 재상이 되어 막강한 권력과 부귀영화를 누리고 있을 때 나왔다. 이사의 아들 이유(李由)가 휴가를 내서 집으로 오자 이사는 잔치를 열었다. 이 자리에는 고관들은 물론 문무백관들이 모두 참석하여 축하를 올렸는데, 하객들이 끌고 온 수레와 말이 수천을 헤아릴 정도였다. 이사는 자신의 부귀가 극도에 도달했다면서 이렇게 탄식했다.

② "만물이 극에 이르면 쇠퇴하거늘, 내가 어디서 멈추어야 할 지 난감하구나!"

현재 자신이 누리고 있는 이 엄청난 부귀와 권력에 대해 두려움을 느끼면서 그 종착점을 예상하고 있는 이사의 모습은 지식인의 전형적인, 하지만 다분히 얄팍한 자기성찰의 모습이었다.

기원전 210년 진시황의 갑작스러운 죽음은 나름대로 자신의 미래를 성찰하고 있던 지식인 이사의 인생 항로를 급선회시킨 사건이었다. 조고의 회유를 뿌리치지 못하고 무혈 쿠데타에 가담한 이사는 다음과 같이 탄식하며 눈물을 흘렸다.

③ "아아! 어지러운 세상을 만나 나 홀로 죽을 수도 없고, 대체 어디에다 이 목숨을 맡긴단 말인가!"

이사의 세 번째 탄식이었다. 이 탄식은 권력과 부귀에 연연해하는 이사의 자기합리화에 다름 없었다. 유서 조작으로 태자와 그 측근들을 해치고 어리석은 호해(胡亥)를 황제에 앉힌 조고는 무소불위의 권력을 휘둘렀다. 호해는 완전히 조고의 손아귀에서 놀아나는 꼭두각시가 되었고, 이사는 서서히 권력의 중심에서 밀려나기 시작했다.

이사는 호해에게 글과 말을 통해 조고의 문제점을 일일이 지적하면서 조고가 장차 변란을 일으킬 것이라고 경고했다. 호해는 이사의 경고를 무시하고 되레 조고에게 이 일을 알렸고, 조고는 이사의 아들이 반란군과 내통한 혐의가 있다며 이사를 모반으로 몰았다. 이사는 포박되어 감옥에 갇혔고, ④ 이사는 어리석은 호해를 원망하며 네 번째 탄식을 내뱉었다. 하지만 이미 때는 많이 늦었다.

이사의 마지막 탄식은 '동문황견' 항목에서 살펴본 대로 처형에 앞서 있었다. 형장으로 끌려가면서 이사는 둘째 아들에게 ⑤ "내 너와 함께 누렁이를 데리고 고향 상채 동쪽 교외로 나가 예전처럼 토끼 사냥이나 하려고 했는데, 다 허사가 되었구나!"며 아들을 끌어안고 통곡했다.

이사에 대한 평가

이사의 일생은 사실 처음부터 끝까지 사리사욕으로 가득 차 있었다. 다만 이사의

최초의 통일제국 진의 멸망에 직간접으로 관여한 세 사람은 무혈 쿠데타의 주역 조고를 비롯하여 호해와 이사였다. 사진은 이사(중앙), 호해(왼쪽), 조고(오른쪽)의 조형물이다.(곡강진이세릉유지공원에 조성되어 있다. 2025년)

주관적 요구와 진나라(진시황)의 객관적 필요성(천하통일 등)이 맞아떨어져 진시황을 보좌하면서 적지 않은 공을 세웠고, 그 대가로 큰 권력과 부귀영화를 누렸을 뿐이다. 하지만 객관적 필요성이 사라지고 이사의 개인적 욕망만 남은 상태에서 이사에게는 자신의 욕망을 충족시켜 줄 수 있는 길이면 그것이 어떤 길이든 상관이 없었다. 조고와 손을 잡는 것은 사실 시간 문제였을 뿐이다.

이사, 그는 변소간에 살면서 여기저기 눈치나 보는 그런 쥐새끼에서 곳간의 쥐새끼로 변신하는 데는 성공했지만 결국은 쥐새끼를 벗어나지 못했다. 어쩌면 변소간에 살면서 곡식을 먹는 그런 쥐새끼였는지 모른다. 숭고한 가치관은 뒷전으로 한 채, 인간의 잘나고 못나고를 그가 처한 상황(물질 환경)으로만 재단하려한 저급한 인생관에 사로잡혀 오로지 사사로운 부귀와 영화만을 위해 평생을 눈치 보며 살았던 서글픈 지식인 이사의 모습 위로 오늘날 일그러질 대로 일그러진 우리 지식인들의 모습이 겹쳐진다. 동시에 이사의 삐뚤어진 자기성찰이 한 개인은 물론 나라까지 망쳤다는 엄연한 사실에 등골이 서늘해진다.

동시조의(東市朝衣)

조회복을 입고 동쪽 저잣거리로 가다.

– 권101 〈원앙조조열전〉

한나라의 도읍이었던 장안 동쪽 저잣거리 '동시(東市)'는 죄인을 처형하는 형장으로도 활용되었다. 그리고 대신들을 처형할 때는 조회 때 입는 조복(朝服)을 입혀 끌고 갔기 때문에 **동시조의**는 **대신의 처형**을 뜻하는 성어가 되었다.

《사기》에 '동시조의'의 주인공이 된 인물은 조조(鼂錯, 기원전 약 200~기원전 154)라는 대신이었다. 그는 경제(景帝)의 태자 시절에 총애를 받으며 개혁세력의 선봉장으로 떠올랐다. 경제는 그를 '지혜 주머니' '지낭(智囊)'이라고 불렀다. 경제의 전폭적인 신임 아래 조조는 제후의 권력과 각종 특권을 박탈하는 과감한 개혁정책을 밀고 나갔다. 그 결과 제후와 귀족들의 원망을 샀고, 이들의 압력에 굴복한 경제는 결국 그를 처형했다. 조조의 개혁정치가 얼마나 과격했던지 그의 아버지는 장차 자신에게 화가 미치고 조씨 가문이 망하는 것을 볼 수 없다면서 스스로 목숨을 끊을 정도였다.

하지만 훗날 등공(鄧公)에 의해 조조가 실천에 옮기고자 했던 개혁정치의 실효성이 재평가되었고, 경제도 그의 죽음을 안타까워했다. 사마천은 "옛 것을 바꾸고 떳떳한 것을 어지럽히는 자는 죽지 않으면 망한다"는 격언을 인용해 조조의 과격하고 섣부른 개혁정치를 비판했다.

조조가 주장한 개혁정치의 실상에 대해서는 전문적인 연구가 있어야겠지만, 그가 수구세력의 집단적 반발에 부딪쳐 희생된 것은 틀림없다. 지금 현실을 놓고 볼 때 약 2,200년 전의 조조의 죽음은 안타깝기도 하고, 또 동시에 개혁의 본질이 무엇인가 하는 문제에 대해 적지 않은 생각을 하게 만든다.

키워드 : 처형, 절차, 장소

동심병력(同心幷力)

한마음으로 힘을 합치다.
– 권6 〈진시황본기〉

〈진시황본기〉 뒤에는 진나라의 멸망 원인을 분석한 한나라 초기의 정치가 가의(賈誼)의 명문장 〈과진론(過秦論)〉이 딸려 있다. 다음은 그중 한 대목이다.

"일찍이 천하가 **한마음으로 힘을 합쳐** 진나라를 공격한 바 있다. 당시 유능하고 지혜로운 자들이 한데 모여들었고, 훌륭한 장수는 군대를 이끌고 능력 있는 재상은 그 꾀를 나누었지만 험준한 지세에 막혀 전진하지 못했다."

여기서 **동심병력**이란 성어가 나와 어떤 상황이나 공동의 적을 앞두고 마음과 힘을 합친다는 뜻으로 인용되었다. 우리는 대개 '합심협력(合心協力)' 네 글자를 많이 쓴다. 《삼국연의》 제1회를 보면 같은 뜻의 '협력동심(協力同心)'이란 표현이 보이고, 많은 전적에는 앞뒤 두 글자를 바꾸어 '동심협력'으로 많이 썼다.('과진론' 항목 참고)

키워드 : 협동

동엽희(桐葉戲)

오동나무 잎 놀이.
– 권39 〈진세가〉

'천자무희언' 항목에서 언급한 주 성왕(成王)은 훗날 진(晉)나라의 시조가 되는 동생 당숙우(唐叔虞)와 어린 시절 함께 놀면서 오동나무 잎을 홀(笏)처럼 만들어 제후로 봉하겠다는 놀이를 했다. 옆에 있던 사관이 날을 잡아 정식으로 제후에 봉하라고 했다. 성왕이 장난이었을 뿐이라고 하자, 사관은 '천자에게 농담은 없습니다'라고 했고, 성왕은 당숙우를 진나라에 봉했다.('천자무희언' 항목 참고)

이 이야기에서 **오동나무 잎 놀이 동엽희**란 단어가 나왔고, '오동나무 잎으로 동생을 (제후에) 봉하다'는

동엽봉제로 진나라에 봉해진 당숙우의 조형물이다.

'동엽봉제(桐葉封弟)'도 나왔다. '동엽봉제'는 '동엽지봉(桐葉之封)'으로도 쓴다. 제왕이 제후를 봉한다는 뜻의 성어들이다. 참고로 '홀'이란 국가의 중요한 의례에서 관료들이 손에 드는 상아나 나무 등으로 만든 좁고 긴 판(板)을 말한다. 황제나 왕의 것은 규(圭), 문무관리들의 것은 홀(笏)이라 하여 구별한다.

키워드 : 통치, 통치자, 분봉

동오상조(同惡相助), 동호상류(同好相留)

미워하는 자가 같으면 서로 돕고, 좋아하는 것이 같으면 서로 붙든다.
– 권106 〈오왕비열전〉

한나라 초기 때 오왕(吳王) 비(濞, 기원전 215~기원전 154)의 세력이 강대했다. 중앙 정부는 오왕의 세력을 계속 깎아나갔다. 오왕은 반란을 꾀하면서 자신과 함께할 세력들을 파악한 끝에 교서왕(膠西王)에게 주목했다. 오왕은 중대부(中大夫) 응고(應高)를 교서왕에게 보내 반란에 동참할 것을 제안했다. 응고는 교서왕을 만나 다음과 같이 말했다. 뒤따라오는 대목과 원문을 같이 인용해둔다.

"**미워하는 자가 같으면 서로 돕고, 좋아하는 것이 같으면 서로 붙들며**, 뜻을 같이하면 함께 이루고, 욕망이 같으면 같이 달려가며, 이익을 같이하면 생사를 같이 한다."
"**동오상조(同惡相助)**, **동호상류(同好相留)**, 동정상성(同情相成), 동욕상추(同欲相趨), 동리상사(同利相死)."

그러면서 응고는 오나라나 교서나 같은 처지임을 강조하여 교서왕을 끌어들이는 데 성공했다. 위 대목은 반란 동참을 권하는 말이기는 하지만, 인간의 심리를 정확하게 꿰뚫는 강한 설득력을 보여주고 있다.

누군가를 자기 쪽으로 끌어들일 수 있는 가장 강력은 유인책은 이익(利益)이다. 그러기 위해서는 먼저 이해(利害)관계를 상대에게 확실하게 밝혀야 한다. 모든 인간관계는 이해관계의 범주에서 크게 벗어나지 않는다. 이 관계에 다양한 요소가 작용하게 되는데, 전통사회에서 뜻있는 사람들은 '이(利)'에다 '의(義)'를 결합시켜 '의리(義理)'가 아닌 '의리관(義利觀)'을 제기했다. 정신적 차원의 '의(義)'와 물질적 차원의 '이(利)'가 결코 모순되거나 충돌하는 개념이 아니라는 것이다. 동양적 가치관에서 돌봐준다고 하면 그 사람의 물질적 생활까지를 포함하는 뜻을 내포하고 있다.

키워드 : 관계, 이해관계, 욕망

동조정변(東朝廷辯)

동궁에서 변론하다.
— 권107 〈위기무안후열전〉

'한상지만' 항목에 상세히 소개되어 있는 위기후(魏其侯) 두영(竇嬰, ?~기원전 131)과 관부(灌夫, ?~기원전 131)는 절친한 사이었다. 그러다 실세인 승상 전분(田蚡, ?~기원전 130)과 사이가 틀어져 관부가 구속되는 상황이 터졌다. 두영은 관부를 구하려고 애를 썼다. 두영은 조용히 글을 올렸고, 무제는 두영을 불러들여 자초지종을 물었다. 두영은 관부가 술에 취해 저지른 실수이기 때문에 처벌할 만한 일이 아니라며 상세히 아뢰었다. 무제는 그 말이 일리가 있다고 판단하여 두영에게 음식을 내린 다음, "동궁(東宮)에 가서 조정에서 공개적으로 그를 해명하라"고 했다. 여기서 **동조정변**이란 성어가 나왔고, 훗날 **공개된 장소에서 변론한다**는 뜻으로 인용되고 있다.

키워드 : 공식해명, 변론

동지(僮指)

노비의 손가락 / 노비.
– 권129 〈화식열전〉

〈화식열전〉을 보면 '동수지천(僮手指千)'이라는 흥미로운 단어가 나온다. '동(僮)'은 노비나 하인이란 뜻이고, '수지(手指)'는 손가락을 말한다. 글자대로라면 '노비의 손가락이 천 개'라는 뜻이 된다.

옛날에는 빈손으로 하루를 보내지 않고 무슨 일이든 몸을 움직여 해야 했다. 몸을 움직일 때 꼭 필요한 것이 손가락이다. 또한 손가락으로 소나 말의 발굽과 구별했다고 한다. 따라서 **동지**는 **노비**를 가리키거나 **노비의 수**를 가리키는 단어가 되었다.

키워드 : 노비, 단어

두

두구회족(杜口裹足)

입은 막고 발은 묶다.
– 권79 〈범수채택열전〉

위(魏)나라 출신의 유세가 범수(范睢, ?~기원전 255)는 진나라에 건너와 소양왕(昭襄王)에게 태후와 외척이 권력을 휘두르는 진나라의 상황에 대해 직언하며 왕권을 강화하라는 방책을 제시했다. 또 '원교근공'을 제안하여 진나라의 기본 외교정책으로 확립했다.('누란지위', '원교근공' 항목 등 참고) 범수는 진나라의 재상이 되어 부귀를 누렸다.

범수는 소양왕에게 유세하면서 은의 주임금이 충직한 기자 등의 직언을 받아들이지 않고 내친 사례를 들면서, 그렇게 하면 인재들은 **입은 막고 발은 묶어** 진나라로 오지 않을 것이라고 했다. 여기서 **두구회족**이라는 사자성어가 나와 인재가 스스로를 단속하거나 인재를 억압하는 뜻으로 인용하고 있다.

키워드 : 탄압, 인재

두문불출(杜門不出)

문을 걸어 잠그고 나가지 않다.
– 권68 〈상앙열전〉 ; 권81 〈염파인상여열전〉 ; 권117 〈사마상여열전〉

일상에서 심심찮게 쓰는 **두문불출**의 원전은 《국어(國語)》(〈진어(晉語)〉1)의 "헐뜯는 말이 더욱 더 많아지자 호돌(狐突)은 **문을 닫아걸고 나오지 않았다**"는 대목이다.

호돌(?~기원전 637)은 춘추시대 북방의 강국 진(晉)나라의 대부였다. 정쟁의 와중에서 공자 중이(重耳)를 보좌하여 19년 망명 생활 끝에 중이가 진나라 국군으로 즉위하는데 큰 공을 세웠다. 나아가 중이를 춘추오패의 한 사람인 문공(文公)으로 우뚝 서게 하는데 공을 세웠다. 그런 그를 시기하여 헐뜯는 사람들이 많아지자 호돌은 변명을 하거나 이들을 공격하는 대신 문을 잠그고 나오지 않음으로써 여론을 가라앉혔다.

《사기》에는 〈상군열전〉, 〈염파인상여열전〉, 〈사마상여열전〉 등에 '두문불출'이란 성어가 보인다. 〈상군열전〉에는 진(秦)나라의 공자 건(虔, 훗날 혜왕惠王)이 개혁가 상앙(商鞅, 기원전 약 390~기원전 338)과의 갈등 때문에 8년 동안 '두문불출'했다고 되어 있다. 상앙은 이 갈등 때문에 공자 건이 왕으로 즉위한 뒤 반역에 몰려 도망 다니다 붙잡혀 '(네 대의) 수레로 사지를 찢는' '거열형(車裂刑)'으로 죽었다.

〈염파인상여열전〉의 '두문불출'에는 이런 사실이 깔려 있다. 조나라는 북방의 흉노 때문에 골머리를 앓았다. 조나라의 명장 이목(李牧, ?~기원전 229)은 맞서 싸우지 않고 힘을 기르면서 수비에 들어갔다. 조나라 왕 천(遷)은 이목에게 출전을 재촉했으나 이목은 꿈쩍하지 않았다. 조왕은 이목의 병권을 빼앗았다. 이목이 물러나자 북방의 흉노가 바로 조나라를 공격했다. 조나라를 거듭 패했고, 하는 수 없이 이목에게 사람을 보내 출전을 재촉했다. 이목은 병을 핑계로 '두문불출'했다. 조왕은 이목의 조건을 들어주고 그를 다시 기용하여 흉노의 침공을 물리칠 수 있었다.

그 뒤 기원전 229년, 진(秦)나라가 조나라를 공격해왔다. 진나라 장수 왕전(王翦)은 이목이 있는 한 승리할 수 없다고 판단하여 반간계를 구사했다. 조왕은 진(秦)나라의 이간책에 놀아나 다시 이목의 군

'두문불출'이란 성어를 남긴 조나라의 명장 이목의 상이다.(2010년)

권을 박탈했다. 이목은 스스로 목숨을 끊었다. 그로부터 불과 1년 뒤인 기원전 228년 조나라는 멸망했다.(참고로 이목은 진나라의 왕전과 백기白起, 같은 조나라의 염파廉頗와 함께 전국시대 4대 명장으로 꼽힌다.)

〈사마상여열전〉에 보이는 '두문불출'의 이야기는 이렇다. 촉(蜀, 지금의 사천성) 지역의 큰 부자 탁왕손(卓王孫)의 딸이자 젊어서 과부가 된 탁문군(卓文君)이 직업도 없는 글쟁이 사마상여(司馬相如)에게 첫눈에 반해 야반도주하자 이런 딸이 부끄러워 '두문불출'했다고 나온다. 탁왕손은 나중에 주위의 설득으로 딸을 용서하고, 재산을 나누어 주었다고 한다.('가거도사벽립' 항목 등 참고)

탁문군과 사마상여의 러브 스토리는 어떤 면에서는 셰익스피어의 《로미오와 줄리엣》보다 더 극적이다. 다만 소설이 아닌 사실이고, 결말이 해피엔딩이란 점에서 차이가 있다. 두 이야기의 시차도 무려 1,800년 가까이 난다. 사마상여는 기원전 179년에 태어나 기원전 117년에 세상을 떠났고, 셰익스피어는 1564년에 태어나 1616년에 세상을 떠났으며 《로미오와 줄리엣》은 1590년 무렵 썼다고 한다.

키워드 : 관계, 단절

섬서성 기산(岐山)은 주 부락의 근거지로서 관련한 유적이 속속 확인되고 있다.(권4 〈주본기〉) 사진은 주 왕조의 문물제도를 정비하고 초기 정권의 안정에 큰 역할을 한 무왕의 동생 주공 단의 석상이다.(섬서성 기산현岐山縣 2009년)

두우지육(杜郵之戮)

두우에서의 죽음.

– 권73 〈백기왕전열전〉

전국시대 말기 진나라 명장 백기(白起, ?~기원전 257)는 기원전 260년 조나라와의 장평전투를 대승으로 이끌었다. 그 뒤 재상 범수(范雎)와 사이가 점점 벌어졌고, 결국 소양왕(昭襄王)에게 배척당했다. 백기는 자신의 말을 믿어주지 않는 소양왕에게 섭섭함을 품었다.

기원전 257년 초와 위의 연합군이 진나라를 공격해왔다. 소양왕은 백기에게 출전을 명했으나 백기는 병을 핑계로 나서지 않았다. 소양왕은 백기의 불만을 알고는 크게 노하여 그를 사병으로 강등시킨 다음, 도성 함양을 떠나라고 명령했다. 백기가 두우(杜郵)에 이르렀을 때, 진나라가 전투에서 패했다는 소식이 전해졌다. 소양왕과 범수는 명령 불복종을 이유로 백기에게 검을 내리며 자결을 강요했다. 백기는 자결했고, 진나라 사람들은 백기를 가엾게 여겨 사당을 세워주었다.

이 사건에서 **두우에서의 죽음**이라는 **두우지육**이라는 사자성어가 나왔다. 충신이 무고하게 죽임을 당하는 것을 비유하는 전고가 되었다.

백기는 염파(廉頗)·이목(李牧)·왕전(王翦)과 함께 전국시대 4대 명장의 한 사람으로 장평에서 조나라 군대 40만을 생매장시킨 사건으로 유명하다. 백기의 초상화이다.

키워드 : 명장, 죽음, 무고

두족이처(頭足異處)

머리와 다리가 다른 곳에 가 있다.

– 권92 〈회음후열전〉

두족이처란 죽어 있는 상태를 말하는 끔찍한 성어인데, 처참하게 죽어서 머리와 다리가 따로 떨어져 있는 것을 말한다. 자연사가 아닌 비정상적인 죽음에는 크게 자살과 타살 두 종류가 있고, 타살에는 법을 어겨 공식적으로 피살되는 사형이 있다. 고대사회의 사형 중에서도 가장 일반적인 것이 목을 매달아 죽이는 교수형과 목을 베어 죽이는 참수형이었다.

고대사회의 형벌제도는 어느 나라가 되었건 기본적으로는 복수제도(復讐制度)였다. 그리고 체벌(體罰)이 형벌의 주류를 이루고 있었다. 형벌 중에서도 가장 심한 것을 극형이라 했는데, 바로 사형이었다. 오늘날에는 사형을 야만적인 제도로 보고 폐지하자는 목소리가 높고, 또 실제로 사형을 인정하지 않는 나라가 많다. 하지만 고대사회에서 사형은 형벌의 아주 보편적인 형태였고, 그 종류나 방법도 잔인했다.

머리와 다리가 따로 떨어지는 형벌이라면 참수형보다 좀 더 잔인한 능지처참(陵遲處斬)이나 거열형(車裂刑)일 것이다.('거열' 항목 참고) 능지처참은 머리·몸·손·발을 잘라 죽이는 극형이었고, 거열형은 사지를 수레에 묶어 말로 하여금 수레를 끌게 해서 사지를 찢어 죽이는 극형이었다. 이밖에도 차마 말로 할 수 없는 극형들이 적지 않았다. 《사기》에서 '두족이처'는 〈회음후열전〉의 다음 대목에서 비롯되었다.

"한왕(유방)이 병사를 빌려 동쪽으로 내려가 성안군(成安君) 진여(陳餘)를 지수(泜水) 남쪽에서 죽여 **머리와 다리를 다른 곳에 버리니** 마침내 천하의 웃음거리가 되었다."

《사기》보다 앞선 기록인 굴원(屈原)의 《초사(楚辞)》 〈국상(國殤)〉에는 "수신이혜심부징(首身離兮心不懲)"이란 대목이 보인다. 여기서 '두족이처'와 비슷한 뜻이 '수신이혜'이고, 뒤 세 글자까지 합쳐 번역하면 "비록 머리와 몸은 떨어져 있지만 장한 마음은 변하지 않는다"는 뜻이 된다.

'두족이처'는 이런 고대사회의 잔인한 극형을 대변하는 성어라 할 수 있는데, 그렇다면 오늘날 범죄와 형벌제도는 과연 고대보다 덜 잔인하다고 할 수 있는지? 한번 생각해 볼 문제다. 형벌의 외형은 고대가 지금보다 훨씬 더 잔인하다고 할 수 있지만, 범죄의 수법이나 내용을 가지고 따지자면 고대사회의 범죄는 지금과 비교도 안 될 정도로 단순했다. 그렇다면 고대나 지금 모두 형벌제도와 그 적용에 문제가 있는 것이 아닌가?('궁형' 항목 참고)

키워드 : 형벌, 범죄, 사형, 혹형

두회기렴(頭會箕斂)

사람 수에 맞추어 세금을 거두다.
– 권89 〈장이진여열전〉

두회기렴은 사람의 머릿수에 맞추어 됫박에 해당하는 '기(箕)'라는 도구를 이용하여 곡물을 세금으로 거두어 가는 것을 말한다. 〈장이진여열전〉에는 이렇게 세금을 거두어 군비에 충당했다는 대목이 보인다. 《회남자(淮南子)》〈범론훈(氾論訓)〉에는 '두회기부(頭會箕賦)'로 나온다. 뜻은 같다.

키워드 : 세금, 인두세, 징수

득국오난(得國五難)

나라를 얻는 다섯 가지 어려움.
– 권40 〈초세가〉

춘추시대인 기원전 560년 남방 초나라의 공왕(共王)이 죽자 여러 왕자들 사이에 정쟁이 벌어졌다. 공왕에게는 총애하는 아들 다섯이 있었지만, 적자를 세우지 않고 귀신들에게 제사를 올려 귀신이 결정하면 그에게 사직을 맡기려 하였다. 공왕은 몰래 실내에다 벽옥을 감추어 두고는 다섯 공자를 불러 목욕재계하게 한 다음 안으로 들여보냈다.

훗날 강왕(康王)이 되는 맏아들 소(昭)는 벽옥을 뛰어넘었고, 영왕(靈王)이 되는 둘째 위(圍)는 팔로 벽옥을 눌렀으며, 자비(子比)와 자석(子晳)은 벽옥에서 멀리 떨어졌다. 당시 가장 어렸던 기질(棄疾, 훗날 평왕平王)은 다른 사람 품에 안긴 채 절을 했는데, 벽옥의 한가운데를 눌렀다.

결과적으로 강왕은 장자의 지위로 즉위하였으나 그 아들에 이르러 자리를 빼앗겼고, 위는 영왕이 되었으나 시해 당했고, 자비는 열흘 남짓 왕 노릇을 했고, 자석은 왕위에 오르지도 못하고 죽임을 당했다. 네 아들이 모두 후손이 끊어졌다. 유독 기질만이 훗날 자리에 올라 초의 제사를 이어 갔으니 마치 귀신의 뜻에 부합한 것 같다.(이가 평왕이다)

강왕을 이은 영왕의 정치는 포악했다. 이런 상황에서 공자 자비가 망명지 진(晉)나라에서 돌아와 정쟁에 뛰어들 준비를 했다. 진나라 조정 대신 한선자(韓宣子)가 숙향(叔向, 생졸 미상)에게 "자비가 성공하겠습니까?"라고 물었다. 숙향은 "못할 겁니다"라고 잘라 말했다. 선자가 "저들이 같은 증오심을 가지고 서로를 필요로 하는 것이 마치 시장에서 물건을 사고파는 것 같은데 어째서 안 된다는 겁니까?"라고 물었다.

숙향은 이렇게 대답했다.

"함께 어울려 잘 지내는 사람도 없는데 누구와 함께 미워합니까? **나라를 얻는 데는 다섯 가지 어려움**이 있습니다. 총애하는 자는 있는데 인재가 없는 것이 그 하나요, 인재는 있는데 지지 세력이 없는 것이 그 둘이요, 지지 세력은 있는데 책략이 없는 것이 그 셋이요, 책략은 있으나 백성이 없는 것이 그 넷이요, 백성은 있으나 덕이 없는 것이 그 다섯입니다. 자비는 진나라에 13년을 있었지만 그를 따르는 자들 중 학식이 넓고 깊은 사람이 있다는 소리를 듣지 못했으니 인재가 없다는 말입니다. 가족은 없고 친척은 배반했으니 지지 세력이 없다는 말입니다. 기회가 아닌 데도 움직이려 하니 책략이 없다는 말입니다. 종신토록 (국외에) 매여 있었으니 백성이 없다는 말입니다. 망명하고 있는 데도 아무도 그를 생각하지 않으니 덕이 없다는 말입니다."

숙향의 말대로 자비는 왕위에 오르긴 했으나 불과 열흘 남짓 권력에서 밀려났다.

숙향(본명 양설힐羊舌肹)은 춘추시대의 큰 정치가였다. 그가 제시한 '득국오난'은 지금 정치에서도 충분히 참고할 만하다.(2010년)

나라를 얻는 데 따르는 다섯 가지 어려움을 거론한 숙향의 지적은 지금 정치가나 리더들을 평가하는 의미 있는 기준이 될 수도 있겠다는 생각이다. 숙향이 말한 **나라를 얻는 다섯 가지 어려움**은 훗날 **득국오난**이란 성어로 정리되었고, 나라를 다스리는 권력자들이 반드시 귀담아 들어야 할 경계의 말씀으로 전하고 있다.

키워드 : 나라, 국민, 인재, 세력, 책략, 민심

득시무태(得時無怠)

때가 왔을 때 꾸물거려서는 안 된다.
– 권87 〈이사열전〉

득시무태는 기회가 왔는데 게으름 때문에 이를 놓치는 일이 있어서는 안 된다는 뜻이다. 출세 지상주의자 이사(李斯)가 스승 순자(荀子)에게 문하를 떠나 진나라로 가서 유세하겠다며 한 말이다. 당대의 유학자 순자 문하에서 한비자와 함께 공부한 이사는 공부보다 출세가 더 급했다. 학업을 마친 이사는 진나라를 제외한 나머지 6국은 가망이 없다고 당시의 천하 정세를 판단하여 진나라로 가겠다면서 스승 순자에게 **때가 왔을 때 꾸물거려서는 안 됩니다**라며 이렇게 말했다.

"지금은 바야흐로 제후들이 서로 다투고 있는 때라 유세가들이 일을 주도합니다. 지금 진왕은 '제(帝)'로 칭하며 천하를 합병하여 다스리려고 합니다. 이는 평민들이 내달릴 때이자 유세가들이 활약할 시기입니다. 비천한 자리에 있으면서 계획을 세워 실행하지 않는 것은 짐승이 고기를 바라만 보는 것이고, 사람 얼굴을 하고 억지로 살아가는 것일 뿐입니다. 그러니 비천함보다 더 큰 부끄러움은 없고, 곤궁함보다 더 심한 슬픔은 없습니다. 오랫동안 비천한 자리와 곤궁한 처지에 있으면서 세상을 비난하고 이익을 미워하며, 스스로를 하지 않는 것에 맡기는 것은 뜻있는 사람의 마음이 아닙니다. 저는 서쪽 진왕에게 유세하고자 합니다."

때가 왔을 때 이를 즉시 잡으라는 이사의 말에 잘못된 점은 없지만, 출세에 강한 집념을 보이고 있는 것만은 분명하다.('구막대우비천~' 항목 참고) 이사는 출세하여 한껏 부귀영화를 누렸지만 그 부귀영화에 매달려 그릇된 선택을 했고, 결국 허리가 잘리는 혹형으로 비참한 최후를 맞이했다.(이사의 최후에 대해서는 '동문황견' 항목 참고)

키워드 : 시기, 결단

득인자흥(得人者興), 실인자붕(失人者崩)

사람을 얻으면 흥하고, 사람을 잃으면 무너진다.
– 권68 〈상군열전〉

　득인자흥, 실인자붕은 많은 사람들의 입에 오르내리는 명언이다. 여기서 말하는 사람이란 민심(民心)을 가리킨다. 즉, **민심의 지지를 얻는 사람은 흥하지만, 민심을 잃으면 무너진다**는 뜻이다. 지금은 이 대목의 사람은 인재를 가리키며, 따라서 인재를 얻으면 흥하고, 인재를 잃으면 망한다는 식으로 활용하기도 한다.

　'득인자흥, 실인자붕'은 진나라 효공과 함께 변법 개혁을 주도한 상앙이 지나치게 독단적으로 흐르자 조량(趙良)이 찾아와 상앙에게 충고하는 장면에서 나온 말이다. 당시 조량은 이 명구를 《시경》에 나오는 것으로 인용하고 있지만, 지금 판본에 이 대목은 보이지 않는다.

　조량은 상앙이 민심을 얻지 못했다며, 이 구절을 인용하여 은퇴를 권했다. 당시 기득권층의 격렬한 반발에 직면하고 있던 상앙에게 조량은 주로 기득권층의 입장에서 물러날 것을 권했다. 상앙은 당연히 거부했고, 효공이 죽으면서 반대파에게 반역으로 몰려 거열형(車裂刑)을 받고 죽었다. (상앙과 변법 개혁에 대해서는 '거열', '도불습유', '위법지폐, 일지차재', '작법자폐' 등 항목 참고)

키워드 : 사람, 민심, 흥망성쇠

등가동산(鄧家銅山)

등씨 집안의 동 광산.
– 권125 〈영행열전〉

한 문제 때 황제의 배를 몰던 등통(鄧通)은 문제의 꿈 때문에 총애를 받았다. 등통은 문제의 몸에 종기가 나자 피고름을 입으로 빨 정도로 문제를 극진히 모셨다. 어느 날 문제가 관상을 보는 사람을 불러 관상을 보다가 등통의 관상까지 보게 했다. 관상쟁이는 뜻밖에 등통이 굶어 죽을상이라고 했다. 문제는 등통에서 화폐를 주조할 수 있는 특권과 화폐 주조의 원료가 나는 동 광산까지 주었다. 이 동 광산을 **등가동산**이라 불렀다. 등통은 상상을 초월하는 부를 누렸지만, 이 때문에 '등통전(鄧通錢, 또는 등씨전)'이란 악화(惡貨)가 천하에 퍼져 경제를 어지럽혔다.

등통이 문제의 종기를 입으로 빨았던 당시 태자(훗날 경제)가 병문안을 왔다. 문제는 태자에게도 종기를 빨게 했고, 이 때문에 태자는 등통을 미워했다. 경제가 즉위하자 등통은 궁에서 나가 숨다시피 했으나 결국은 모든 재산을 빼앗기고 이 집 저 집을 떠돌다가 쓸쓸하게 죽었다. 관상가의 예언(?)이 맞은 셈이었다. 훗날 '등통전(등씨전)'과 '등가동산'은 재원 또는 치부의 밑천을 가리키는 용어가 되었다.

등통이 자기 동광에서 주조한 '등씨 반량전(半兩錢)'이다.

키워드 : 자본, 광산

등단배장(登壇拜將)

단에 올라 대장군에 임명되다.
– 권92 〈회음후열전〉

　기원전 206년 홍문연(鴻門宴) 이후 항우는 천하의 패권을 장악하고 각지에 제후왕을 봉했다. 유방은 한왕에 봉해져 한중으로 들어갔다. 여기서 유방은 소하의 추천을 받아 날을 잡고 특별히 단을 만들어 한신을 대장군에 임명했다. 이를 **등단배장**이라 한다. '소하월하추한신', '한신등단' 항목에서 상세히 살펴보았다.

키워드 : 인재, 임명, 우대

등용문(登龍門)

용문에 오르다.
– 권130 〈태사공자서〉

　과거 입시 학원의 이름으로 **등용문**을 많이 내건 까닭은 이 단어가 과거 급제를 비유하기 때문인데, 이 단어에 얽힌 유래를 아는 사람은 거의 없는 것 같다. 《후한서(後漢書)》〈이응전(李膺傳)〉의 주석에는 이 단어의 유래가 지금의 섬서성(陝西省)과 산서성(山西省)의 경계에 있는 나루터 하진(河津)에서 유래되었음을 전한다. 황하가 거세게 흐르는 이곳의 물살을 헤치고 상류로 오르는 물고기는 용이 된다는 전설이 전해 온다는 것이다. 그래서 '등용문'이란 단어가 생겼고, 명

'등용문'의 전설이 내려오는 섬서성과 산서성의 경계인 황하 용문의 모습이다. 등용문 전설을 상징하는 잉어 조형물이 눈길을 끈다.(2025년)

망이 높은 사람을 비유하는 단어가 되었다가 이후 과거 급제를 비유하는 단어로도 의미가 확대되었다.

'용문'이란 단어는 《후한서》 이전에도 있었다. 위대한 역사가 사마천이 자서전 〈태사공자서〉에서 "나 천은 용문에서 태어났다. 황하의 북쪽, 용문산의 남쪽에서 농사를 짓고 가축을 키우며 자랐다"라고 하였다. 이로써 황하 나루인 하진(河津)의 별명이 '용문'이 되었다. 용문산에서 유래한 것 같다.

역사학자이자 문학가인 곽말약(郭沫若, 1892~1978)은 훗날 이러한 시로 사마천을 찬양했다.

곽말약의 시를 새긴 비석으로 사마천 사당 앞에 세워져 있다. (2012년)

용문의 신령스러운 기운이

사람 중에서 용을 길러냈구나.

전례 없는 풍부한 학식과

견줄 자 없는 문장이여.

인재를 안타까워하다 치욕스런 형벌을 받고

그 기세로 붉은 무지개를 토해냈구나.

그 공과 업적, 공자의 뒤를 이어

천추에 길이 남을 태사공이여!

사마천은 자신이 용문에서 태어났다고 했고, 그 자신이 역사학의 거대한 용이 되었다. 지명에서 전설이, 또는 전설에서 지명이 탄생했고, 이런 인문 정신의 세례를 받고 인재가 탄생한다.

키워드 : 출세, 급제, 지명

마릉서수(馬陵書樹)

마릉의 나무에 글씨를 쓰다.
- 권65 〈손자오기열전〉

'감조유적'과 '빈각' 항목에서 소개한 손빈(孫臏, 기원전 약 378~기원전 310)과 방연(龐涓, ?~기원전 342)이 벌인 마지막 대결을 '마릉(馬陵)전투'라 한다. 이 부분을 좀 더 소개한다. 전국시대 위(魏)나라 혜왕(惠王) 16년인 기원전 354년, 장군 방연은 8만의 군사를 거느리고 조(趙)나라를 공격하여 그 수도인 한단(邯鄲)을 포위했다. 조나라는 제(齊)나라에 구원을 요청했다. 제나라 위왕(威王)은 전기(田忌)를 주장(主將)에, 손빈을 군사(軍師)로 임명하여 조나라를 구원케 했다.

군사 손빈은 원래 방연과 더불어 귀곡자(鬼谷子, 생졸 미상) 문하에서 병법 등을 동문수학했으나 방연이 먼저 하산하여 위나라 장군이 되었다. 그 뒤 손빈도 하산하여 친구인 방연을 찾아 위나라로 갔다. 방연은 손빈의 재능이 자신보다 월등한 점을 시기하여 혜왕에게 손빈을 모함하고, 그의 무릎 아래를 발라내는 형벌로 불구자로 만들었다.('빈각' 항목 참고) 얼굴에는 죄수임을 나타내는 묵형(墨刑)을 가해 다시는 벼슬길에 오르지 못하게 했다.

얼마 뒤 방연의 극악무도한 음모를 알게 된 손빈은 제나라 사신이 위나라에 온 틈을 타서 탈출시켜 줄 것을 요청했다. 제나라 사신은 귀국 길에 오르면서 일행의 수레에 손빈을 감추어 태우고 돌아갔다. 손빈을 만난 제나라 위왕은 전기의 추천과 병법에 관한 손빈의 탁월한 식견에 탄복하여 군사로 삼았다.

제나라 구원군이 출정하기에 앞서 주장 전기는 조나라 도성 한단으로 진격하여 포위를 풀자고 했다. 손빈은 이를 말리며, 다음과 같이 건의했다.

"뒤죽박죽으로 얽힌 물건을 풀 때는 주먹으로 내리쳐서는 안 됩니다. 또 남의 싸움을 뜯어 말리는 사람이 창검을 들고 싸움판에 뛰어들어 싸우는 법도 없습니다. 지금 우리가 해야 할 일은 한단의 포위를 풀어 쌍방을 물러서게 만드는 것입니다. 아군이 위나라의 요충지를 목표로 골라 공격을 가한다면, 한단을 포위한 위군의 작전 계획에 제동이 걸려 우리가 굳이 뛰어들지 않더라도 스스로 포위를 풀게 될 것입니다. 현재 위나라는 전국의 정예병이 국외에 나가 있기 때문에 국내에는 노약한 병력밖에 없습니다. 전군을 이끌고 위나라 수도인 대량(大梁)으로 빠르게 진격한다면, 위군은 본국의 위기를 구하고자 한단의 공격을 중단하고 서둘러 회군할 것입니다. 이렇게 하면 한 번의 작전으로 조나라의 포위를 풀어 주고, 또 가만히 앉아서 위군을 지치게 만들 수 있습니다."

주장 전기는 손빈의 계책을 택하여 위나라의 도성 대량을 바로 공격했다.(이를 《삼십육계》에서는 승전계이자 제2계에 넣어 '위위구조圍魏救趙'라는 성어로 압축했다. '위의 수도 대량성을 바로 포위하여 조나라를 구한다'는 뜻이다. 해당 항목 참고) 이듬해 10월, 과연 위나라 방연의 군대는 한단성을 포기하고 급히 회군했다.

그 뒤 혜왕 28년인 기원전 342년, 위나라는 장군 방연에게 한나라를 공격하게 했다. 한나라 소후(昭侯)도 제나라에 사신을 급파하여 구원을 요청했다. 제나라는 이번에도 손빈의 건의를 받아들여 한나라가 거의 망할 때까지 위나라와 싸우게 한 다음, 다시 위나라 도성 대량을 공격했다.

위나라 장군 방연은 제나라 군대가 또다시 본국 수도로 진격한다는 보고를 받고는 공격을 중단하고 급거 귀국했다. 한편, 본국의 혜왕도 전국의 잔여 병력을 총동원하여 태

손빈이 계릉과 마릉전투에서 보여준 전략과 전술은 흔히 '위나라를 포위하여 조나라를 구한다'는 '위위구조(圍魏救趙)'로 잘 알려져 있지만, 그 핵심은 방연과 위나라 군대에 대한 손빈의 정확한 분석과 예지였다. 사진은 '마릉전투'가 벌어졌던 현장의 모습이다.(산동성 담성현郯城縣, 2013년)

자 신(申)에게 제나라 군을 막도록 했다. 손빈은 방연의 군대가 한나라 지역에서 철수하여 제나라 군대의 뒤를 추격한다는 정보를 듣고는 유인책을 건의했다.

제나라 군대는 위나라 경내에 진입한 첫날에는 숙영지에 취사용 아궁이를 10만 개를 만들게 하고, 다음 날은 5만 개로 줄였으며, 사흘 째 되는 날에는 3만 개로 줄이게 하면서 행군했다.('감조유적' 항목 참고)

한편 제나라 군대를 뒤쫓아온 방연은 제나라 군대의 취사용 아궁이 수가 매일 절반씩 줄어든다는 사실을 발견하고 "내가 제나라 병사들이 모두 겁쟁이라는 사실을 진즉 알고 있었다만, 우리 경내에 들어온 지 불과 사흘 만에 전 병력의 절반이나 도망칠 줄은 몰랐구나!"라며 기뻐했다. 그리고는 즉시 중무장한 보병 부대 대신 정예 기병만으로 하루에 이틀 노정으로 급행군하여 제나라 군의 뒤를 바짝 추격했다.

손빈은 추격 부대의 행군 속도와 거리를 예상하여 그들이 그날 저녁 무렵 마릉(馬陵)에 이를 것으로 추정했다. 마릉은 산비탈이 좁고, 험준한 데다 도로의 양측에도 깎아지른 절벽이 병풍처럼 둘러 쳐져 있어 복병을 숨겨두기에 알맞은 곳이었다. 손빈은 도로 곁 큰 나무 한 그루를 찍어내어 껍질을 벗기게 한 다음, 그 곁에 "방연이 이 나무 아래에서 죽는다!"라고 써서 길 한가운데에 세워 놓았다. 그리고는 1만 명의 궁수를 도로 양측에 매복시키고 "날이 저물어 이곳에서 누구든지 횃불을 밝히면, 그 불빛을 향해 일제히 사격을 가하라!"는 명령을 내렸다.

손빈의 예상대로 방연이 이끄는 추격 부대는 해가 지고 날이 어두워질 무렵 마릉에 당도했다. 방연은 길 한가운데에 희뿌연 나무 말뚝이 세워져 있는 것을 발견하고는 나무토막에 쓰인 글자를 읽기 위해 횃불을 밝히라고 지시했다. 방연이 그 내용을 미처 다 읽어 내려가기도 전에 1만여 명의 궁수대가 횃불을 목표로 일제히 화살을 날렸다. 위나라 군대는 혼비백산 일대 혼란이 일어났다. 방연은 자신의 지혜와 재능이 다하여 작전을 실패로 몰아넣었음을 통감하고, 마침내 칼로 목을 찔러 자결했다. 방연은 죽으면서 "내가 이 더벅머리 촌놈을 유명하게 만들어 주는구나!"라며 탄식했다. 제나라 군은 승세를 휘몰아 진격하여 위나라 군대마저 대파하고 태자 신까지 사로잡는 완승을 거두었다.

군을 동원하여 적을 토벌하기 위해서는 작전을 수행할 지역을 자세히 알아야 한다. 아군이 전투지역에 도착하면 반드시 적군이 전장에 도착할 시기를 정확히 예측해야 한다. 그런 다음 적을 맞아 싸우면 승리한다. 맞붙어 싸울 지역과 맞서

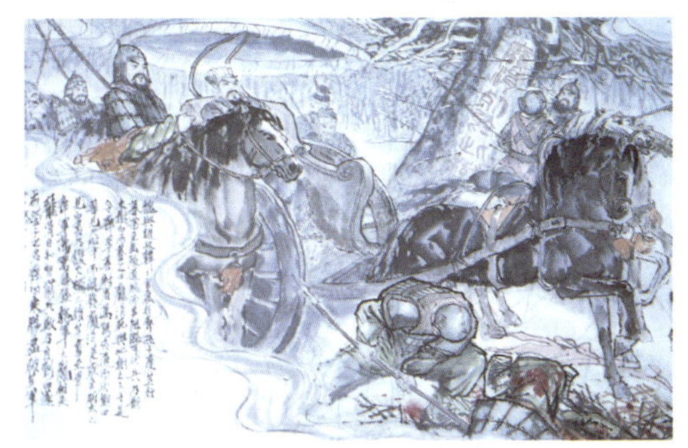

마릉전투와 방연의 최후를 나타낸 그림으로 산동성 임기시 은작 한묘죽간박물관에 전시되어 있다.(2007년)

싸울 시기를 미리 알고 있으면 적의 의도에 대한 대비를 철저히 할 수 있고, 수비태세도 튼튼히 할 수 있다. 그래서 《손자병법》에 "교전할 지역과 시기를 미리 잘 알고 있다면 어찌 천 리 밖이라 할지라도 적과 싸우기를 두려워하랴!"고 했다.

손빈이 마릉의 큰 나무 껍질을 벗기고 거기에다 '방연이 이 나무 아래에서 죽는다'라는 글자를 쓴 대목에서 **마릉에서 나무에 글을 쓰다**는 뜻의 **마릉서수**라는 성어가 나왔다. 훗날 이 성어는 '절묘한 계산으로 적을 물리치고 승리를 거둔다'는 전고가 되었다.

키워드 : 군사, 전투, 유인, 심리전

마상득지(馬上得之), 마상치지(馬上治之)

말 위에서 천하를 얻어 말 위에서 천하를 다스린다.

– 권97 〈역생육고열전〉

원래는 '말 위에서 천하를 얻었다고 해서, 어찌 말 위에서 천하를 다스릴 수 있겠는가'라는 말에서 파생된 명언이다.

최초의 통일국가 진나라가 통일을 이룬지 불과 15년 만인 기원전 206년에 망하

문무겸전의 중요성을 정확하게 지적한 육고의 초상화이다.

고, 어지럽던 천하가 한나라에 의해 다시 통일되고 난 다음의 일이다. 육고(陸賈)는 고조 유방을 곁에서 모시면서 틈만 나면 《시경》과 《서경》을 좋은 책이라고 이야기하며 고조에게 학문에 관심을 가질 것을 권했다. 고조는 "일찍이 내가 말 위에서 천하를 얻었다. 그런데 어찌 그 따위를 보라 한단 말인가!"라며 육고의 충고를 무시했다. 이때 육고가 바로 "말 위에서 천하를 얻었다고 해서, 어찌 말 위에서 천하를 다스릴 수 있겠습니까?"라는 말을 한다. 그러면서 육고는 "문과 무를 아울러 쓰는 것이야말로 나라를 오래 유지하는 비결입니다"라고 충고했다.

마상득지에서 '之'는 대명사로 '천하(天下)'를 가리킨다. 이 때문에 '마상득지'는 '마상득천하'로도 쓴다. '마상득지'는 훗날 무공(武功)으로 나라를 세운다는 뜻의 전고가 되었다.

말 위에서 얻은 천하를 말 위에서 다스릴 수는 없다. '武'는 '文'이 뒷받침하지 않으면 오래갈 수 없다. 예로부터 '文'과 '武'의 겸비는 이상적인 인간상(남성상)의 본질적 요소로 인식되었다. 그러나 문무의 겸비는 오르기 힘든 경지였다. 문은 인간을 회의론자로 만들기 쉽고, 무는 인간을 잔인하게 만들기 쉽다. 이 양자를 조화하려면 상당한 수양이 필요하다.

문은 복잡하며 무는 단순하다고 말할 수 있다. 문은 의리(義理, 대의명분)를 강화시켜 줄 수도 약화시켜 줄 수도 있다. 무는 의리를 유지시켜주는 힘이 된다. 문이 보기에 무는 무모하며, 무가 보기에 문은 위태롭다. 양자는 일단 모순된다. 문은 선을 추구하기 쉬워 보이고, 무는 악을 추구하기 쉬워 보인다. 반면에 문은 교활해지기 쉽지만, 무는 투박하다. 따라서 양자를 상호보완하여 둘 모두를 갖출 때, 무예도 인문도 교양도 보다 나은 경지에 오를 수 있다.

현대사회에서 문과 무를 초월하는 개념(실제)은 '돈'이다. 돈이 모든 것의 기준을 무력화시킨다. 이 때문에 인문학이 빈사 상태에 빠지고, 철학이 질식당한다. 인문학에 의해 철학적으로 뒷받침되지 않는 과학발전이나 경제발전은 결국 인간성 파괴를 가져올 뿐이다. 문으로 무의 무모함을 제약해야 하고, 무로 문의 나약함을 보완해야 한다. 지금 우리의 현실에서 필요한 지혜다.

당나라 후기인 9세기 후반에 활동한 시인 임관(林寬, 생졸 미상)은 〈가풍대(歌風臺)〉라는 시에서 "말 위에서 천하를 얻었다고 말하지 말라. 예로부터 영웅들은 시(詩)를 다 알고 있었다"라고 했다.

키워드 : 통치, 통치자, 소양, 문무겸비

마생각(馬生角)

말에 뿔이 나다.
– 권86 〈자객열전〉

사마천은 〈자객열전〉에 기록된 다섯 사람 중 형가에 대한 기록을 가장 자세히 많이 남겼다. 이는 그 당시 현장에 있었던 사람과 관련된 인물로부터 직접 들은 내용들이기 때문이다. 항간에는 형가에 대한 이런저런 믿지 못할 전설들이 많이 떠돌았다. 이에 대해 사마천은 논평에서 이렇게 말했다.

"형가에 관한 세상의 이야기 가운데 태자 단의 운명을 일컬어 '하늘에서 곡식이 비처럼 내리고(천우속天雨粟), **말의 머리에 뿔이 돋아났다(마생각馬生角)**'라고 하는데, 이는 너무 지나친 것이다. 또한 형가가 진왕에게 상처를 입혔다는 말도 모두 거짓이다."

《사기색은(史記索隱)》이란 주석서를 남긴 당나라 학자 사마정(司馬貞, 697~732)은 《연단자(燕丹子)》을 인용하여 "태자 단이 귀국을 부탁하자 진왕은 '까마귀 머리가 하

태자 단이 형가 일행을 떠나보낸 곳으로 전하는 하북성 역현(易縣) 당호촌(塘湖村)에 세운 '송형형기(送荊陘記)' 비석이다.(2009년)

얗게 되고(오두백烏頭白), 말에 뿔이 나면 허락하겠다'라고 했다는 기록을 남겼다. **마생각**은 '천우속', '오두백'과 함께 모두 불가능한 일을 비유하는 성어가 되었다. 또는 갖은 역경을 겪고 고통을 견딘다는 뜻으로도 인용되곤 한다.

연나라 태자 단은 조나라에 인질로 가 있을 때 조나라 도성 한단에서 어린 진왕을 만나 함께 놀았고, 그 뒤 진나라에 인질로 갔다. 그때 진왕은 이미 왕이 되어 있었다. 태자 단이 옛정을 생각하여 귀국시켜 달라고 요청했으나 진왕이 거절했다는 것이다. 이 때문에 단은 형가에게 진왕을 죽여 달라고 청탁했다. 이에 대해서는 '도궁비수현', '역수가', '풍소소혜' 항목 등을 참고하면 된다.

키워드 : 일, 불가능

마치도증(馬齒徒增)

말 이빨이 길어지다.

– 권39 〈진세가〉

'가도벌괵' 항목에서 살펴보았듯이 진 헌공은 순식의 계책에 따라 '가도벌괵'의 모략으로 괵을 친 다음, 우나라까지 멸망시켰다. 당시 헌공은 우의 임금을 꼬드기기 위해 여러 가지 예물을 보냈는데, 그중에는 자신의 명마도 포함되어 있었다.('가도벌괵', '순망치한' 항목 참고)

우나라를 멸망시키고 헌공은 자신의 명마를 되찾았다. 헌공은 "그사이에 옥은 더 좋아진 것 같고, **말은 이빨이 더 길어진 것 같구나!**"며 웃었다. 여기서 **마치도증, 말 이빨이 길어지다**는 뜻의 성어가 나왔다.

'마치도증'은 안 보는 사이 나이가 들거나 생물이 컸다는 뜻인데, 훗날 그냥 나이만 먹었다거나 학업이나 사업에 별다른 성과가 없음을 비유하기도 한다.

키워드 : 성장, 성과

만

만부실일(萬不失一)

만에 하나도 어긋나지 않다 / 절대 실수하지 않다.
– 〈회음후열전〉

기원전 206년 12월, '홍문연(鴻門宴)'을 기점으로 항우에게 거의 다 기울었던 초한쟁패의 상황은 한신의 등장으로 크게 요동을 쳤다. 그로부터 8개월 뒤인 기원전 206년 8월, 유방은 한신의 '명수잔도(明修棧道), 암도진창(暗渡陳倉)' 계책을 받아들여 한중을 나와 삼진(三秦), 즉 관중(關中)을 평정했다. (당시 달력은 한 해의 시작이 10월이었다.) 항우의 절대 우세가 흔들리기 시작했고, 초와 한은 일진일퇴를 거듭했다. 기원전 203년, 한신이 제나라 지역을 격파하자 위기를 느낀 항우는 무섭(武涉)을 보내 한신에게 천하삼분을 제안했다. ('삼분천하' 항목 참고)

무섭이 떠나자 제나라 사람 괴통(蒯通)이 천하 대권의 향방이 한신에게 달렸음을 알고는 한신에게 관상(觀相)을 가지고 유세했다. 한신이 호기심을 가지고 관상 보는 법을 묻자 괴통은 이렇게 답했다.

"귀하게 되느냐 비천하게 되느냐는 골상(骨相)에 달려 있고, 걱정거리가 생기느냐 기쁜 일이 생기느냐는 얼굴 모양과 얼굴빛에 달렸으며, 성공과 실패는 결단에 달려 있습니다. 이러한 것을 참고하면 **만에 하나라도 어긋나지 않습니다.**"

괴통은 자신의 말을 강조하고 설득력을 높이기 위해 **만부실일**이라는 과장법을 동원하여 한신에게 유세했다. 우리가 흔히 '만에 하나라도 잘못이 있어서는 안 된다'라고 하는 말이 바로 '만부실일'이다. 절대 실수하지 않거나 잘못이 없다는 것을 강조하는 과장된 표현이다.

키워드 : 성패, 실수

만사일생(萬死一生)

만 번을 죽고 한 번 살다 / 살아날 가능성이 거의 없음을 비유.
- 〈보임안서〉

사마천은 〈보임안서〉에서 당시 중과부적(衆寡不敵)으로 흉노에 항복한 이릉을 비난하던 조정 신하들의 행태를 강하게 꾸짖은 바 있다. 그중 한 대목이다.

"무릇 신하된 자로서 **만 번을 죽는다** 하여도 자신의 생명을 조금도 돌보지 않고 나라의 위급함을 구하려는 행동이야말로 갸륵한 것입니다. 그런데 그의 행동 가운데 하나가 마땅찮다고 해서 자기 몸 하나 보전하고 처자를 보호하는 데 급급한 신하들이 우르르 달려들어 사소한 잘못을 크게 부풀리니 참으로 분통이 터지지 않을 수 없습니다."

이 글 첫 문장에서 **만사일생**이란 성어가 나왔다. 죽을 가능성이 대단히 높은 상황을 비유하거나 목숨을 잃을 위험을 무릅쓰는 것을 가리키기도 한다. 대개는 '구사일생(九死一生)'이란 표현을 많이 쓰는데, 극적 효과를 위한 훨씬 과장된 표현이라 할 수 있다. '구사일생'의 출전은 굴원의 작품 〈이소(離騷)〉이다.('구사일생' 항목 참고)

키워드 : 생사, 죽음

만석군(萬石君)

만석군 / 큰 부자.
– 권103 〈만석장숙열전〉

권103 〈만석장숙열전〉은 석분(石奮, ?~기원전 124)을 비롯한 그 네 아들과 위관(衛綰)·직불의(直不疑)·주문(周文)·장숙(張叔) 등의 행적을 한데 모은 합전이다. 한 문제 이후 무제 당시까지 이른바 '장자(長者)'로 불리던 이들의 늘 '공경스럽고 삼가는' 공근(恭謹)'한 모습들을 집중적으로 모아놓은 특이한 열전이다.

그러나 사마천은 이들 '장자'의 이면에 감추어진 비열한 영혼과 노예근성을 날카롭게 비판하고, 나아가 봉건 전제주의의 본질을 철저하게 폭로한다. 석분 등의 '공근'한 모습이란 실제로는 자신의 몸을 지키기 위해 귀머거리 벙어리 행세를 한 것임을 간파했기 때문이다. 이는 무제의 전제정치가 빚어낸 공포의 반영이기도 했다. '공근'의 배후에는 법을 가혹하게 적용하는 무제의 잔인한 성격과 그에 따른 공포정치가 감추어져 있다고 본 것이다.

지존으로 추앙된 유학이 고유한 비판정신을 잃고 통치자의 도구로 전락한 '덕치(德治)'의 진상도 폭로한다. 이 열전은 여러 인물을 따로 다루고 있지만 그 내용과 주제는 혼연일체가 된 문장임을 느끼게 하며, 생생한 인물묘사를 통한 사마천의 풍자적 재능이 돋보인다.

먼저 석분에게는 문장력이나 학문은 없었지만 공경심과 신중함은 그와 견줄만한 사람이 없었다. 오로지 황제의 심기와 눈치를 헤아려 고분고분하게 굴어 높은 벼슬에 올랐다. 그 자식들도 이런 아버지를 닮아 하나 같이 아버지처럼 처신하며 벼슬살이를 했다. 석분과 네 아들은 모두 2천 석의 녹봉을 받았다. 따라서 이들이 받는 녹봉을 다 합치면 1만 석에 이르렀기 때문에 석분은 **만석군(萬石君)**으로 불렸다.(우리가 일상에서 일쑤 입에 올리는 '만석군'이란 단어가 여기서 나왔다.) 관련 기록은 다음과 같다.

"석분의 맏아들은 석건(石建), 둘째 아들은 석갑(石甲), 셋째 아들은 석을(石乙), 넷째 아들은 석경(石慶)인데 모두 품행이 착하고 부모에게 효성스럽게 순종하며 일을 처리하는 것이 신중했다. 관직은 모두가 2천 석의 지위에 달했다. 당시 경제는 말했다. '석군(石君)과 네 아들들은 모두 2천 석의 지위에 해당하니 신하의 존귀와 영예가 한 집에 집중되어 있구나'라고 하면서 석분을 **만석군**이라 불렀다."

이후 '만석군'은 곡식 만 석을 생산하거나 가진 큰 부자 또는 큰 부잣집을 가리키는 단어로 정착했다. ('휘수수마' 항목 참고)

키워드 : 부귀, 부잣집

만인지적(萬人之敵)

만인을 대적하다.
– 권7 〈항우본기〉

'독서격검' 항목에서 항우의 젊은 날 공부에 관한 일화를 소개한 바 있다. 항우는 글공부, 검술 공부를 모두 중간에 그만두었다. 항우를 가르치던 숙부 항량이 이를 지적하자 항우는 **만인을 대적할 수 있는 것**을 배우고 싶다고 했다. 항량은 병법을 가르쳤다. 항우는 이마저도 끝까지 하지 않았다.

항우의 항변에서 **만인을 대적하다**는 뜻의 **만인지적**이란 성어가 나왔고, 이는 많은 사람을 상대할 수 있는 무공과 용기를 가리키게 되었다. 《삼국지》〈촉지〉에도 관우와 장비의 무공을 '만인지적'으로 표현했다.

항우는 '만인지적'을 거론하며 큰소리를 쳤지만 '만인지적'에 필요한 병법마저 끝까지 배우지 않았다. 이 일화는 표면적으로는 무슨 일이든 끝까지 하지 못하는 항우의 기질을 나타내고 있지만, 사마천은 이 일화를 통해 항우의 최후까지 암시하고 있는 듯하다. 사마천은 무엇이든 끝장을 보지 못하고 중간에 포기하는 항우의 기질이 해하전투에서 '사면초가'에 몰렸을 때 강동으로 돌아가 재기하라는 권유도 물리치고 자결함으로써 모든 것을 포기하는 것으로 이어졌다고 본 것이다.

검을 휘두르고 있는 항우의 모습이다.

키워드 : 무공, 병법, 문무

말

말혈음읍(沫血飲泣), 갱장공권(更張空拳)

피로 얼굴을 씻고 눈물을 삼키며 맨주먹을 불끈 쥐다.
– 《한서》〈사마천전〉에 인용된 〈보임안서〉

기원전 99년 사마천 나이 46세 때 사마천 일생에서 가장 침통하고 억울한 사건, 이른바 '이릉지화(李陵之禍)'가 터졌다. 젊은 장수 이릉이 중과부적으로 흉노에 항복하자 조정 신하들은 그때까지의 얼굴을 바꾸어 이릉을 비난하기 시작했다. 무제는 심기가 불편했고, 사마천에게도 의견을 물었다. 사마천은 이릉을 적극 변호했으나 이것이 오히려 황제의 심기를 건드려 옥에 갇혔다.

피로 얼굴을 씻고 눈물을 삼키며 맨주먹을 불끈 쥔다는 말협음읍, 갱장공권은 사마천이 이릉을 변호하는 대목에서 나온 명구다. 적과 싸우다 열세에 놓였음에도 '비장한 각오로 전의를 다지는' 것을 비유한 성어다. 이 대목은 사마천이 48세 나이로 궁형을 자청하고 감옥에서 풀려난 다음, 미루어 두었던 입사 동기이자 반란에 연루되어 처형을 앞두고 있는 임안에게 보낸 답신 〈보임안서〉에 보인다. 다소 길지만 당시 이릉이 처했던 상황, 이릉이라는 젊은 인재를 아끼는 사마천의 인재관 및 이에 얽힌 사마천의 심경을 이해할 수 있는 중요한 대목이라 소개한다.

"이릉은 5천이 채 되지 않는 보병을 이끌고 오랑캐 땅 깊숙이 들어가 왕정을 활보하면서 마치 호랑이 입에 미끼를 들이대듯 강한 오랑캐에게 마구 도전하여 수만 군대와 맞서서 선우(單于)와 열흘 넘게 계속 싸운 결과 아군 수의 반 이상이나 되는 적을 죽였습니다. 오랑캐들은 사상자를 구조할 엄두도 못 냈고, 흉노의 군장들은 모두 두려움에 떨었습니다. 그리하여 좌·우 현왕(賢王)을 불러들이고 활을 쏠 줄 아는 사람은 모조리 징발하여 온 나라 전체가 이릉을 공격하며 포위했습니다. 그렇게 싸우길 천 리를 전전했으나 화살은 다 떨어지고 길은 막힌 데다 구원병도 오지 않으니 죽고 다치는 병사들이 쌓여갔습니다. 그러나 이릉이 큰 소리로 군사들을 격려하면 모두들 눈물을 흘리며 몸을 일으켜 **피로 얼굴을 씻고 눈물을 삼키며 맨주먹으**

이릉을 변호하고 있는 사마천의 모습을 그린 기록화이다.

로 칼날에 맞서 북쪽을 향해 죽음으로 적과 싸웠습니다.

이릉이 아직 적에게 항복하기 전에 사신의 보고를 접한 조정의 공경왕후들은 모두 술잔을 들어 황제께 축하를 올렸습니다. 며칠 뒤 이릉이 패했다는 소식이 전해지자 주상께서는 식욕을 잃으셨고, 조정 회의에서도 불편한 기색이 역력했습니다. 대신들은 걱정과 두려움 때문에 어찌할 바를 몰랐습니다. 저는 제 자신의 비천함도 헤아리지 않고 주상의 슬픔과 번뇌를 보고는 정말 저의 어리석은 충성을 다하려고 가만히 이런 생각을 했습니다. 사실 이릉이 평소 사대부들에게 좋은 것은 양보하고, 귀한 것은 나눠주어 기꺼이 목숨을 바칠 사람을 얻은 것을 보면 옛날 명장도 따르지 못할 정도입니다. 몸은 비록 패했지만 그 마음은 적당한 기회에 나라에 보답하고자 했을 것입니다. 일은 이미 어쩔 수 없게 되었지만, 그의 패배 못지않게 공로 역시 천하에 드러내기 충분합니다. 저는 이런 생각을 갖고 아뢰고자 했으나 아뢸 길이 없었는데, 마침 주상께서 하문하셔서 곧 이러한 뜻으로 이릉의 공적을 추천함으로써 주상의 생각을 넓혀 드리고, 평소 이릉을 고깝게 보던 다른 신하들의 비방을 막아보고자 하였습니다."

키워드 : 형세, 울분, 용기

망

망개삼면(網開三面)

세 면의 그물을 거두다.

– 권3 〈은본기〉

망개삼면은 은(상)나라의 개국 군주인 성탕(成湯, 또는 상탕商湯 기원전 16세기)의 덕정을

상나라를 건국한 성탕은 덕정의 상징으로 꼽히는 명군이다. 성탕의 초사황이다.

상징적으로 보여주는 성어이다. 성탕은 이름을 리(履), 또는 천을(天乙)이라 했다. 한번은 탕임금이 사냥을 나갔다가 들판에 사방으로 그물을 쳐놓고 금수를 잡으려는 사람을 보았다. 그러면서 이 사람은 "천하 동서남북 사방의 금수들은 모두 내 그물 안으로 들어오너라!"라고 빌고 있었다.

이 말을 들은 성탕은 "아이고, 모두 잡아 죽이려 하는가!"라고 탄식하며 바로 **그물의 세 면을 거두고 한 면만 남기게** 한 다음 "오른쪽으로 가려는 짐승은 오른쪽으로 가게 하고, 왼쪽으로 가려는 짐승은 왼쪽으로 가게 하라. 오른쪽도 왼쪽도 아닌 놈만 내 그물로 들어오너라!"라고 빌었다.

이 이야기를 들은 제후들은 입을 모아 "탕의 은덕이 참으로 끝이 없구나. 금수에게조차 미치다니!"라며 감탄하고는 앞을 다투어 성탕에게로 귀의했다.

위는 성탕의 덕을 상징적으로 보여주는 고사로 '망개삼면'이라 한다. '망개삼면'은 통치철학의 일환으로 너그러운 덕정을 베푸는 것을 비유하는 성어가 되었다. 법보다는 덕으로 통치할 것을 강조한 말이다. 가혹한 법망(法網)이 아닌 너그러운 덕망(德網)의 정치를 염원하는 백성들의 마음을 반영한 것으로, 백성의 '마음을 공략하는 것을 앞세우되(공심위상攻心爲上)', '덕으로 사람을 따르게 하라(이덕복인以德服人)'는 수준 높은 통치술을 제시하고 있다. '공심위상'의 출처는 《삼국지》 권39 〈촉지〉이며, '이덕복인'의 출처는 《맹자》 〈공손추장구상〉이다. 참고로 현대 중국어에 보이는 '망개일면(網開一面)'은 '조금 봐준다'는 뜻이다.

키워드 : 통치, 법치, 덕치, 덕정

망라천하방실구문(罔羅天下放失舊聞)

천하에 흩어진 오랜 이야기들을 두루 모으다.

– 권130 〈태사공자서〉

사마천은 장장 3천 년에 이르는 방대한 통사를 저술하면서 그 나름의 원칙과 방법을 정했다. 그중 《사기》의 마지막 권이자 자서전에 해당하는 권130 〈태사공자서〉의 한 대목인데, 역사서를 반드시 완성하라는 아버지 사마담의 유언 바로 다음에 보이는 아래 대목이다. 원문과 함께 제시해 둔다.

"**천하에 흩어진 오랜 이야기들을 두루 모아** 제왕들이 일어나게 된 자취를 살폈는데, 그 처음과 끝을 탐구하고 그 흥망성쇠를 보되 사실에 근거하여 결론을 지었다."

"**망라천하방실구문(罔羅天下放失舊聞)**, 왕적소흥(王迹所興), 원시찰종(原始察終), 견성관쇠(見盛觀衰), 논고지행사(論考之行事)."

기록에 의하면 사마천은 13세 때부터 아버지를 따라 역사 현장을 찾았고, 19세 때는 혼자 2,3년에 걸쳐 수천 년 역사를 통해 남겨진 유적을 일일이 찾았다. 그 과정에서 많은 사람들을 만나 이야기를 듣고 자료를 수집했다. 그것이 바로 **망라천하방실구문**이다. 이 자료를 바탕으로 역대 제왕들의 흥망성쇠를 탐구하되 사실에 근거하여 자기 나름의 견해를 남겼다. 이는 역사서 서술의 방법이자 원칙인 동시에 역사가의 기본자세이기도 하다. 관련하여 사마천은 〈보임안서〉에서는 다음과 같은 천고의 명언을 남겼다.

"천지자연과 인류 사회의 관계를 탐구하고, 과거와 현재의 변화를 꿰뚫어 일가의 문장을 이루고자 했습니다."

"구천인지제(究天人之際), 통고금지변(通古今之變), 성일가지언(成一家之言)."

2009년 사마천 제사는 마지막 민간 제사로 치러졌고, 2010년부터 국가 제사가 되었다. 사진은 마지막 민간 제사 때 무대에 마련된 사마천의 모습이다. 이 모습은 사마천 사당 안에 모셔져 있는 송나라 때의 소상을 그대로 옮긴 것이다.(2009년)

이 역시 사마천의 역사 서술 방법과 목적, 그리고 사관을 잘 나타내는 명구다. 시간과 공간 속에서 벌어지는 인간의 총체적 활동과 그 변화를 통찰하는 것이야말로 역사 연구의 기본이며, 역사가는 이를 통해 자신의 역사관을 표출하는 것이다.

키워드 : 역사, 역사가, 역사관, 연구방법

망루탄주(網漏呑舟)

법망이 배를 삼킨다.

– 권122 〈혹리열전〉

사마천의 법의식은 남다르다. 그는 "법령이란 정치적인 도구이지만 정치의 맑음과 흐림을 다스리는 근본적인 제도가 아니"라면서 "법령이 세밀해질수록 도적은 그만큼 더 많아진다"고 단언했다. 법령으로 모든 일을 처리할 수 없고, 도덕과 윤리 및 예의에 대한 사람들의 인식 수준에 따라 범죄의 많고 적음이 결정된다는 의미다. 그러면서 당시 한 무제 통치기의 가혹한 법령과 이를 집행하는 혹리들의 폐단을 한나라 초기와 대비하여 부각시켰다. 다음 대목이 바로 그것이다.

"한나라가 건국된 뒤 고조는 가혹한 형벌을 없애고 법을 간단하게 했고, 번다한 것을 버리고 소박한 것을 취했는데, '**법망은 배를 삼킬** 만한 큰 고기도 빠져나갈 수 있을 정도로' 너그럽고 간략하게 만들었다. 그리하여 관리의 다스림은 순박하고 인정이 두텁게 되었고, 백성들도 모두 태평무사한 생활을 영위하게 되었다. 이를 살펴보면, 나라의 정치는 군주의 관대함과 후덕함에 달려 있는 것이지 엄혹한 법령에 달려있는 것이 아니다.”

망루탄주는 느슨한 법령을 가리키는 성어이지만, 그 핵심은 덕치가 잘 베풀어진다면 이런 느슨한 법망으로도 통치는 잘된다는 것을 비유하고 있다. 사마천의 법의식을 잘 나타내는 명언이라 하겠다.

키워드 : 통치, 법치, 법망, 덕치

망명(亡命)

호적에서 이름이 없어지다 / 도망가다.
- 권89 〈장이진여열전〉

망명은 전통적으로 ‘무명(無名)’과 같은 뜻으로 풀이한다. 호적에서 이름이 없어졌고, 이 때문에 갈 곳 없이 떠돈다는 뜻이 보태졌다. 이후 도망간다는 뜻도 생겼고, 목숨을 돌보지 않고 달려든다는 뜻도 있다. 〈장이진여열전〉에 보이는 ‘망명’은 호적에서 이름이 없어져 떠돈다는 뜻으로 쓰이고 있다. 해당 대목은 다음과 같다.

“장이(張耳)는 대량(大梁)사람이다. 어릴 적에 위공자(魏公子) 무기(毌忌)를 추종해 그의 빈객이 된 적이 있었다. 장이는 일찍이 **망명**하여 외황(外黃)에서 떠돌았다.”

‘망명’은 오늘날 정치적 이유 등으로 다른 나라로 도망간다는 뜻으로 많이 사용한다.

키워드 : 처지, 유랑

망전필위(忘戰必危)

전쟁을 잊으면 반드시 위기가 온다.

— 권112 〈평진후주보열전〉

주보언(主父偃, ?~기원전 126)은 제나라 땅 임치(臨菑) 사람으로 오랫동안 뜻을 이루지 못하다가 조정에 올린 상소문이 무제의 눈에 들어 발탁되었다. 아침에 올린 상소문을 무제가 읽고 그날 저녁에 그를 불렀다고 한다. 그가 올린 상소문은 당시 한나라 정책에 관한 아홉 가지 건의 사항이었다. 여덟 가지는 율령에 관한 것이고, 나머지 하나가 흉노 정벌에 관한 건의였다. 상소의 첫 부분이 대외적으로 가장 강한 상대이자 위협이었던 흉노에 대한 언급이었고, 아래는 그중 그 첫 부분이다.

"《사마법(司馬法)》에 '나라가 제아무리 커도 전쟁을 좋아하면 망할 수밖에 없고, 천하가 비록 태평하더라도 **전쟁을 잊으면 반드시 위기가 온다**'라고 했습니다."

사마천이 인용한 《사마법》은 춘추시대 제나라의 군사가 사마양저(司馬穰苴, 생졸 미상)의 병법서로 《사마양저병법》이라고도 한다. 위 대목은 이 병법서의 한 대목으로 후대에 널리 인용되었다. 시진핑 주석이 미국을 방문하여 미국을 겨냥하여 이 대목을 인용하기도 했다. 참고로 그 원문을 인용해둔다.

"국수대(國雖大), 호전필망(好戰必亡) ; 천하수평(天下雖平), **망전필위(忘戰必危).**"

키워드 : 전쟁, 호전, 위기

망진삼호(亡秦三戶)

세 집만 남아도 진나라를 멸망시킨다.
– 권7 〈항우본기〉

기원전 209년 일어난 중국 역사상 최초의 농민봉기를 이끌었던 진승(陳勝)은 이듬해인 기원전 208년 1년 만에 피살당했다. 거의 동시에 항량(項梁)과 항우(項羽)도 봉기했다.(항량은 항우의 숙부다.) 이때 거소(居巢) 출신의 범증(范增, 기원전 277~기원전 204)이 70의 나이로 항량을 찾아와 다음과 같은 말로 유세했다.

"진승의 실패는 당연한 것이오. 진이 6국을 멸망시킬 때 초나라는 잘못이 전혀 없었소. 회왕(懷王)이 진나라에 들어갔다가 돌아오지 못한 뒤로 초나라 사람들은 지금까지도 회왕을 가엾게 생각하고 있소. 그래서 초 남공(南公)은 **초나라에 세 집만 남아도 진나라를 멸망시킬 나라는 초나라다**라고 했던 것이오."

범증은 초 회왕의 핏줄을 찾아 왕으로 세울 것을 건의했고, 이렇게 해서 민간에서 양을 치고 있던 회왕의 손자 심(審)을 찾아 다시 회왕으로 세웠다.

범증의 말 가운데 **초나라에 세 집만 남아도 진나라를 멸망시킬 나라는 초나라**라는 대목에서 **망진삼호**라는 성어가 나왔다. 훗날 이 성어는 포악한 강자를 두려워 않고 일어나 암흑 통치를 뒤엎는 것을 가리키기에 이르렀다. '삼호망진(三戶亡秦)'으로도 쓴다.

키워드 : 폭정, 저항

매국(賣國)

나라를 팔다.
– 권69 〈소진열전〉

나라를 판다는 뜻의 **매국**은 〈소진열전〉에 보인다. 소진이 제나라에서 유세하자 누군가 소진을 헐뜯으며 다음과 같이 말했다.

"(소진은) 오른쪽 왼쪽을 왔다 갔다 하며 **나라를 팔고,** 이랬다저랬다 하는 자로 장차 난을 일으킬 것입니다."

소진은 누명 쓸 것이 두려워 연나라로 갔고, 연나라 왕은 소진을 전과 같이 우대했다고 한다.

키워드 : 유세, 매국

매반불망(每飯不忘)

밥 먹을 때마다 잊지 않다.
– 권 102 〈장석지풍당열전〉

한 문제가 풍당(馮唐, 생졸 미상)이란 장수와 대화를 나누면서 이런 말을 했다.

"내가 대(代)에 있을 때 나의 상식감(尙食監, 왕의 식사를 담당하는 관리) 고거(高祛)는

여러 차례 나에게 조나라 장수 이제(李齊)의 현능함을 칭송했으며, 거록(鉅鹿) 아래
에서 악전고투한 이야기들을 들려주었소. 지금도 나는 **밥 먹을 때마다 거록을 생각하
지 않는 일이 없다오.** 그대는 이제라는 이 사람을 아는가?"

풍당은 자기 집안 이야기와 전국시대 조나라의 명장 이목(李牧)과 염파(廉頗) 이야
기를 들려주었다. 문제와 풍당 사이에 오간 이 대화에서 **늘 잊지 않는다**는 비유의 **매
반불망**이란 성어가 나왔다.

키워드 : 사람, 기억

매사이문(昧死以聞)

죽음을 무릅쓰고 아뢰다.
– 권43 〈조세가〉

전국시대 말기인 기원전 255년 조나라 효성왕(孝成王)이 즉위하고 태후가 섭정하
자 진나라가 이 틈에 공격하여 성 세 개를 차지했다. 효성왕은 제나라에 도움을 청
했다. 제나라는 태후가 사랑하는 장안군(長安君)을 인질로 요구했다. 대신들이 태후
에게 요청했지만, 태후는 이 이야기를 꺼내는 사람이 있으면 얼굴에 침을 뱉겠다며
단호히 거부했다.

좌사(左師) 촉룡(觸龍)이 태후를 찾아가 태후를 설득했는데, 이때 촉룡은 **매사이문,
즉 죽음을 무릅쓰고 아뢴다**는 말로 태후의 마음을 열었다. 이 일화는 어떤 일을 두고
자신의 고집을 굽히지 않는 사람을 설득하는 요령을 아주 잘 보여주는 사례로 알려
져 있다. 관련 기록을 정리하여 가능한 구어체로 풀어 소개한다. (이 일화는 《전국책》 〈조
책〉에도 실려 있다.)

태후는 화난 얼굴로 촉룡을 맞이했다. 촉룡이 장안군을 인질로 보내자는 말을 꺼낼 것으로 지레짐작했기 때문이다. 촉룡은 천천히 걸어 들어와 태후에게 사죄하며 이렇게 말했다.

"다리에 병이 나 빨리 걸을 수가 없습니다. 꽤 오래 뵙질 못했군요. 제 생각으로는 태후의 옥체도 혹 불편하시지나 않을까 걱정이 되어 이렇게 뵙고자 했습니다."

"나도 가마에 의지해 거동하는 형편입니다."

"식사량은 줄지 않으셨는지요?"

"죽만 겨우 먹지요."

"저는 무엇보다 식욕이 없어 억지로라도 매일 조금 걷습니다. 그렇게 해서 간신히 식욕을 돌려놓아 이제 몸도 좀 나은 것 같습니다."

"나는 못할 것 같소."

이런 일상적인 대화가 오고가자 태후의 마음은 조금씩 풀렸다. 이때를 놓치지 않고 촉룡은 다음과 같은 말을 꺼냈다.

"제 아들놈 중에 서기(舒祺)란 놈이 있는데, 제일 어리고 버릇도 없지요. 제가 나이가 자꾸 들어 갈수록 그놈이 유별나게 가엾어지는군요. 원하옵건대 궁중의 호위병으로나마 쓸 수 있다면 채용해 주십시오. 신, **죽음을 무릅쓰고 태후께 간청**드립니다."

"그야 어려울 것 없지요. 그래 지금 몇 살입니까?"

"열다섯입니다. 어리긴 하지만 제가 죽기 전에 태후께 부탁드리고 싶습니다."

"남자가 어찌 그리 자식을 사랑합니까?"

"모성애보다 더 지독할 것입니다."

"아무리 그래도 모성애만 하겠습니까?"

"제가 보기에는 태후께서는 아들 장안군보다 연후(燕后, 연나라로 시집간 공주)를 더 사랑하는 것 같습니다만…."

"무슨 그런 말씀을! 아무리 그래도 장안군을 아끼는 것만 하겠습니까?"

"아닐 것입니다. 부모가 자식을 사랑하는 척도는 그 자식의 장래를 얼마나 깊게 멀리 내다보고 계획을 세우느냐에 달려 있다고 봅니다. 태후께서 연후를 시집보낼 때, 그 뒤꿈치를 잡고 우시면서 슬퍼하셨습니다. 이 얼마나 연후를 아끼신 것입니까? 떠난 다음에도 하루도 생각하지 않는 날이 없고, 또 '제발 잘못되어 돌아오는 일이 없도록 해주십사'라며 기도를 드리시니, 이야말로 장구한 계획을 비는 것 아니겠습니까? 다시 말해 연후의 자식이 왕위를 이어 받길 원하시는 것이지요?"

"그야 그렇지요."

"지금 3대 이전부터 조나라가 건국될 때까지 조나라 임금의 자손이나 제후로 그 자리를 대대로 이어 온 사람이 있습니까?"

"없지요."

"어찌 조나라뿐이겠습니까? 다른 제후의 자손들 중에서라도 3대 이전을 지켜 내려오는 자가 있습니까?"

"들어보지 못했습니다만."

"이는 왜냐하면 가까운 화는 자신에게 미치지만, 먼 화는 자손에게 미치기 때문이지요. 임금의 자손이 다 나빠 그런 것은 아닙니다. 지위만 높고 공이 없거나 봉록만 넉넉히 받고 노력하지 않으며, 재물 따위만 긁어모아 꼭꼭 지키고 있기 때문이지요. 지금 태후께서는 장안군에게 기름진 땅과 많은 재물만 주었지, 나라를 위해 공을 세울 기회는 주지 않고 계십니다. 이러다 어느 날 갑자기 임금이 세상을 떠나기라도 하면 장안군이 조나라를 지탱할 수 있으리라 보십니까? 제 생각으로는 장안군을 생각하시는 태후의 계획은 짧고도 얕습니다. 자식을 사랑하면 미리 고생을 시켜야 합니다. 그래서 제가 연후보다 장안군을 덜 사랑하신다고 말씀드린 것입니다."

"아! 그렇군요. 내 그대가 시키는 대로 따르겠소."

멀고 긴 우회 도로가 목표에 이르는 가장 짧은 길이 될 수 있다. 정면으로 대놓고 말하는 것이 막힐 때는 옆이나 뒤로 돌아서 말한다. 즉, 꼬불꼬불한 작은 길을 통해 깊숙이 파고드는 것이다. 말을 많이 해야 하는 것처럼 보이지만, 사실은 '단도직입 (單刀直入)'으로도 기대하기 힘든 효과를 거둘 때가 있다.

권력자에게 가족 문제가 공공의 이익과 개인의 감정 사이에서 충돌을 일으킬 때, 특히 자식 문제라면 판단력이 흐려지기 일쑤다. 촉룡은 그 이치를 매우 정확하게 알고 있었다. 그는 조태후 감정의 흐름을 따르되 상대가 거부감을 갖지 않게 이성적 논리로 그 흐름을 유지시켜 자신의 논리를 수긍하고 받아들이게 만들었다.

키워드 : 충고, 간접, 우회

맥

맥수지탄(麥秀之嘆)

보리밭을 지나며 탄식하다.
– 권38 〈송미자세가〉

중국사에서 폭군의 대명사를 꼽으라면 으레 걸(桀)과 주(紂)를 든다. 걸은 하나라의 마지막 임금이었고, 주는 은나라의 마지막 임금이었다. 주임금은 포악함과 잔인함으로 악명을 떨쳤다. 자신의 숙부뻘 되는 비간(比干)이 바른 소리를 자주 하자 성인의 심장에는 구멍이 일곱 개 나 있다더라 하면서 그의 '심장을 도려내서(적심摘心)' 죽일 정도였다.('시간' 항목 참고)

비간과 함께 은나라 말기 삼현(三賢, 또는 삼인三仁)으로 꼽힌 인물로는 기자(箕子)와 미자(微子)가 있었다. 이 세 사람의 행적은 왕조 말기에 처해 각각 그 처신의 방식이 달라 눈길을 끈다. 공자는 이 세 사람을 두고 "미자는 은나라의 주왕을 떠났고, 기자는 노예가 되었으며, 비간은 바른 소리를 하다가 죽임을 당했다. 은 왕조에는 이처럼 세 어진 사람이 있었다"고 했다.

맥수지탄이란 고사성어는 머리를 풀어헤치고 미친 척하다가 붙잡혀 노예가 된 기자에게서 나온 탄식이다. 그는 노예 신세에서 풀려난 뒤, 거문고를 뜯으며 슬픔에 잠겨 '기자조(箕子操)'라는 노래를 불렀다. 또

주왕이 비간의 심장을 꺼냈다는 적심대 유지의 '삼인사(三仁祠)'이다.(2009년)

은이 망한 뒤 주나라 무왕이 자신을 조선(朝鮮)에 봉하자, 기자는 무왕에게 인사를 드리러 가던 중 보리만 무성한 채 폐허로 남은 은나라 도읍지를 보고는 내심 슬픈 생각이 들어 소리 내어 울고 싶었으나 차마 울지 못하고 '맥수'라는 시를 지어 심경을 대변했다고 한다. 이것이 〈맥수가〉다. 그 노래의 가사는 다음과 같았다.

보리는 끝이 뾰족하게 잘 자랐고,
벼와 기장은 싹이 올라 파릇하구나.
철부지야!
나하고 사이좋게 지냈더라면…

철부지란 폭군 주왕을 가리킨다. 이 노래를 듣고 은나라 백성들이 너나없이 눈물을 흘렸다고 한다. 이렇게 해서 '맥수지탄'이나 '맥수가'는 망국의 설움을 비유하는 성어가 되었다.('교동' 항목 참고)

키워드 : 망국, 회한, 설움

멱라수(汨羅水)

멱라수.
– 권84 〈굴원가생열전〉

전국시대 초나라의 애국 시인 굴원은 무능한 왕과 부패한 지배층 때문에 망해가는 조국의 현실을 차마 맨 정신으로 볼 수 없어 **멱라수**에 몸을 가라앉혀 자결했다. 그가 멱라수에 몸을 가라앉힌 날이 음력 5월 5일이었고, 단오(端午)가 여기서 유래했다고 한다.(민간전설에는 오자서가 죽은 날도 음력 5월 5일이었다고 한다.)

멱라수 주위 어부들은 삼려대부 굴원이 멱라수에 몸을 던졌다는 소식을 전해듣고는 모두 나와 배를 저어 굴원의 시신을 찾아 헤맸다. 단오날 용머리가 달린 배를 젓는 용주(龍舟) 경주가 여기서 비롯되었다고 전한다.

굴원은 세상이 어차피 그런데 뭘 그렇게 꼬장꼬장하게 살려고 하느냐는 한 어부의 충고 아닌 충고에 대해 이렇게 답했다고 한다. 두 사람의 대화다.

"세상이 온통 흐린 데 나 홀로 깨끗하고, 모두가 취했는 데 나만 깨어 있어 쫓겨났습니다."(거세혼탁이아독청擧世混濁而我獨淸, 중인개취이아독성衆人皆醉而我獨醒)

"세상이 온통 흐리다면 왜 그를 따라 흘러가지 않습니까? 모두가 취했다면 왜 함께 마셔 취하지 않으십니까? 아름다운 옥처럼 고결한 뜻을 가졌으면서 어째서 내쫓기셨습니까?"

"내가 듣기에 새로 머리를 감은 사람은 관의 먼지를 털어서 쓰고, 새로 목욕을 한 사람은 옷의 티끌을 털어서 입는다 했소.(신목자필탄관新沐者必彈冠, 신욕자필진의新浴者必振衣) 사람이라면 누가 자신의 깨끗한 몸에 더러운 때를 입히려 하겠소? 차라리 강에 몸을 던져 물고기 뱃속에서 장사 지내는 것이 낫지! 또 깨끗한 몸으로 어찌 속세의 더러운 티끌을 뒤집어쓰겠소?"

그리고는 돌을 품고 멱라수에 몸을 가라앉혔는데, 사마천은 〈굴원가생열전〉에서 이 대목을 "어시회석수자침멱라이사(於是懷石遂自沈汨羅以死)"라 기록했다. 뜻을 풀이하자면, "그리하여 마침내 돌을 끌어안고 스스로 멱라수에 가라앉아 죽었다"가 된다. 사마천은 굴원이 돌을 안고 죽은 대목에서 흔히 쓰는 '抱'가 아닌 '懷'라는 글자를 썼다. 이는 단순히 끌어안은 것이 아니라 가슴에 품었다는 뜻이다. 굴원의 당시 심경을 글자 하나에 압축하여 담은 것이다. 또 물에 빠져 죽은 대목도 몸을 던진다는 '投'를 쓰지 않고 가라앉는다는 뜻의 '沈'자를 썼다. 말하자면 굴원은 멱라수에 뛰어든 것이 아니라 돌을 가슴에 품고 강 속으로 서서히 걸어 들어가 가라앉은 것이다.

사마천은 글자 몇 개를 달리 운용하여 굴원의 죽음에 극적 요소를 더했다. 굴원이 품고 함께 가라앉은 돌의 무게는 굴원의 삶의 무게이자 울분의 무게이자 회한의 무게였다. 자신의 힘으로는 어찌할 수 없는 국운의 쇠락 앞에서 굴원은 그렇게 돌을 품은 채 멱라수 속으로 서서히 가라앉음으로써 부조리한 세상과 부패하고 타락한 못난 초나라 왕과 부패한 지배층에 항거한 것이다. 이는 마치 소설가 노신(魯迅, 1881~1936)의 소설집 《눌함(吶喊)》을 떠올리게 한다.('눌함'은 질러도 소리가 나오지 않는 고함이란 뜻이다.) 너무나 기가 막히고 안타까워 소리를 질러 보지만 소리는 목에 걸려 나오지 않는 답답한 마음, 굴원은 그렇게 오늘날 우리 시대상과 쓸쓸하게 만나고 있다.('회석자침' 항목 참고)

굴원의 울분과 회한을 간직하고 있는 멱라수 모습이다. 멱라수는 호남성 경내를 흐르는 강으로 그 주변에 굴원의 사당인 굴자사(屈子祠)가 있다.(2002년)

키워드 : 죽음, 회한, 자결

면여관옥(面如冠玉)

얼굴이 관옥처럼 곱다.

– 권56 〈진승상세가〉

'진평분육' 항목 등에서 진평(陳平, ?~기원전 178)에 대해 비교적 상세히 알아본 바 있다. 진평은 알아주는 미남이었다. 적당히 살이 찌고 피부도 고왔던 모양이다. 진평은 당초 항우 밑에 있다가 유방에게 넘어왔다. 유방은 그를 우대했다. 유방과 같은 고향 출신인 측근 주발과 관영 등이 이를 시기하여 진평을 헐뜯었다. 여기에 또 한 번 진평의 외모에 대한 묘사가 나오는데, 해당 대목은 이렇다.

"진평이 **미남자이긴 하지만 관을 장식하는 옥일 뿐**이고, 그 안에는 아무것도 없습니다."

그러면서 진평이 형수와 부적절한 관계를 가졌다는 등 그를 모함했다. 유방은 진평을 불러 자초지종을 물었고, 진평은 솔직한 말로 유방의 마음을 더 확실하게 잡았다.

유방의 측근들이 유방을 헐뜯으며 비유로 든 '관옥(管玉)'은 옛날 벼슬아치들의 모자에 다는 장식물인데, 겉으로 빛이 나는 등 보기에는 좋지만 속은 비어 있었다고 한다. 우리 속담의 '속빈 강정'과 비슷한 뜻이다. 여기서 **면여관옥**이란 사자성어가 파생되었고, 나중에는 남자의 미모를 형용하는 성어가 되었다.

키워드 : 사람, 외모, 남자

면유습(俛有拾), 앙유취(仰有取)

엎드리면 줍는 것이 있고, 고개를 쳐들면 얻는 것이 있다.

— 권129 〈화식열전〉

〈화식열전〉에는 각각 비중은 다르지만 약 30명의 상인들과 그 치부법이 소개되어 있다. 흥미로운 점은 이 상인들의 직업이 실로 다양하다는 사실이다. 전국시대 이래로 각국이 가장 중요하게 취급했던 소금과 철로 대규모 사업을 운영한 대상인부터 목축업자, 유통업자, 고리대금업자, 대장장이, 화장품 장사, 술장사, 순대 장사, 수의사 등등 다양했다.

그중에서 지금의 산동성 동부 조(曹) 지역에서 성공한 병씨(邴氏)는 대장장이로 시작하여 몇 만 금의 부를 축적하는 거부가 되었다. 그는 대장장이로 돈을 모아 행상을 하면서 동시에 고리대금업도 했는데, 자기 지역뿐만 아니라 여러 군과 나라를 돌면서 돈을 빌려주었을 정도로 사업 범위가 넓었다.

병씨가 활동한 지역은 춘추시대 노나라에 속했는데, 이 지역 사람들은 평소 검소하고 절약하는 풍습이 몸에 배어 있어 다른 지역 사람들로부터 자린고비라는 소리를 들었다. 병씨는 특히 더 그랬던 모양이다. 어느 정도였는가 하면, 평소 집안사람들에게 **엎드리면 줍는 것이 있고, 고개를 쳐들면 얻는 것이 있어야 한다**며 이를 꼭 지키겠다는 약속까지 받아냈다고 한다. 움직였다 하면 반드시 무엇인가를 얻든지, 돈을 벌든지 하라는 가훈 아닌 가훈이었던 셈이다.

병씨의 치부는 여기서 한 걸음 더 나아가 이 지역 사람들의 풍습에까지 영향을 주었다. 노나라는 공자의 고향으로 예로부터 학문을 중시하고 예절에 밝았지만 전국시대를 거치면서 그 문화전통이 퇴색하더니 한나라 때 오면 완전히 달라졌다. 여기에 병씨가 한몫을 했는데, 그가 이런저런 방

병씨의 근거지였던 산동성에서 발견된 병씨 명문이 새겨진 벽돌의 탁본이다.

법으로 엄청난 부를 쌓는 걸 본 사람들이 학문을 버리고, 장사에 종사하는 사람들이 많아졌기 때문이다. 사마천은 그 모두가 병씨의 영향 때문이라고 잘라 말했다. 한 상인의 성공이 지역의 풍토까지 바꾼 사례였다.

면유습, 앙유취는 언제 어디서든지 무엇인가를 얻으라는 뜻으로 '앙취면습(仰取俛拾)' 또는 '앙취부습(仰取俯拾)' 네 글자로 줄여서 표현하기도 한다. 대부분 근검절약하고 재산을 잘 모으는 것을 형용한다.

키워드 : 경제, 상인, 경영, 근검절약

면유퇴방(面諛退謗)

앞에서는 아첨하고 돌아서서 비방한다.
- 권2 〈하본기〉

리더(당시 통치자)의 자질과 관련하여 무려 4천 년 전에 심각한 토론(논쟁)이 있었다. 사마천은 〈하본기〉에 이 장면을 상당히 긴 기록으로 남겼다. 이 흥미로운 리더십 토론에 참여한 사람은 당시 최고 통치자였던 순(舜)임금을 비롯하여 우(禹)와 백이(伯夷), 그리고 고요(皐陶) 이상 네 사람이었다.

먼저 고요는 통치자가 "진심으로 도덕에 따라 일에 임하면 계획한 일이 분명해지고 보필하는 사람들은 화합할 것"이라는 말로 말문을 열었다. 고요가 지적한 '도덕(道德)'이란 '덕정(德政)을 펼친다'는 뜻이다.

순이 그 방법을 묻자, 고요는 통치자의 자기수양을 강조하면서 "따라서 가까운 곳은 물론 먼 곳까지 잘 다스릴 수 있느냐 여부는 모두 (리더) 자신에게 달려 있습니다"라고 한 다음, "아! (천하를 다스린다는 것은) 사람을 알고 백성을 편하게 하는 데 있습니다"라는 감탄조로 자신의 심경을 마무리했다.

고요는 사람을 아는 '지인(知人)'과 백성을 편하게 하는 '안민(安民)'을 리더가 갖추어야 할 가장 중요한 자질로 꼽았는데, 사실 이 두 개념은 별개의 것이 아니라 떼려야 뗄 수 없는 관계이다. 즉, 사람을 알아서 제대로 기용해야 백성을 편하게 할 수 있다는 말이다.

'지인'과 '안민'은 오늘날 리더십 항목으로 뽑아도 손색이 없다. 사람을 제대로 보고 기용하여 백성과 조직원들을 안심시키는 일이야말로 나라와 조직의 발전을 위한 핵심이기 때문이다. 아주 평범하고 쉬운 네 글자 속에 통치의 본질과 리더의 자질과 관련한 핵심이 함축되어 있다.

이어 발언에 나선 사람은 우였다. 그는 먼저 '지인'과 '안민'은 성군이었던 요임금도 이르기 어려운 경지라는 말로 고요의 발언을 우회적으로 비판하면서, 그렇게만 할 수 있다면 백성들이 우러러보며 따르게 할 수 있다고 했다. 그러자 고요는 좀 더 구체적으로 리더가 일을 처리하는데 필요한 아홉 가지 덕행, 즉 '구덕(九德)'의 리더십을 설명한다.('구덕' 항목 참고)

고요의 '9덕론'이 제시되자 순은 우에게도 고견을 물었다. 우는 "제가 무슨 말을 하겠습니까? 저는 매일 부지런히 일할 것만 생각하고 있습니다"라는 다소 맥 빠진 말로 발을 빼려 했다. 기회를 엿보고 있던 고요는 도대체 '부지런히 일할 것만 생각한다'는 것이 무슨 말이냐며 우를 압박하고 나섰다. 여기서부터 토론은 까칠한 논쟁으로 발전한다.

고요의 힐난에 우는 자신의 치수사업 경험을 회고하면서 오로지 백성들만을 위해 애쓴 점을 이야기하자, 그제야 고요는 그런 것이 바로 리더의 미덕이라며 수긍했다. 이어 우는 순에게 훌륭한 신하들이 보필하는 큰 복이 있을 것이라며 축하했고, 순은 모두를 자신의 팔다리와 같은 신하, 즉 '고굉지신(股肱之臣)'이라며 이들을 칭찬한 다음, "나에게 치우친 점

중국인이 성군으로 받드는 순임금은 신하들과의 자유로운 토론에서 '면유퇴방'을 강조했는데, 이는 현대 조직 생활에서도 귀담아 들을 가치가 있다. 사진은 산동성 제남 역산(歷山, 순이 임금이 되기 전 도자기를 구우며 살던 곳)의 순임금 사당 안에 조성되어 있는 순임금의 상이다.(2008년)

이 있으면 그대들이 나를 바로잡아 주어야 하오. 보는 **앞에서는 아첨하다가 뒤돌아서서 비방**해서는 안 될 것이오"라고 당부했다. 바로 여기서 **면유퇴방**(面談退謗)이란 성어가 나왔다.('고굉' 항목 참고)

이어 순은 자신의 아들인 단주(丹朱)는 교만하고 방종하며 주색잡기 등 놀기를 좋아해서 후계자로서 자격이 없음을 선언한다. 우는 자신은 치수사업을 위해 결혼한 지 4일 만에 집을 나섰기 때문에 태어난 아들 얼굴도 보지 못했다며 자신의 어려움을 피력했다. 순은 우의 공로 때문에 자신의 덕행이 빛이 난다며 우를 칭찬했고, 고요도 백성들이 모두 우를 본받도록 하라는 명령을 내림으로써 사실상 우를 순의 후계자로 인정하는 것으로 토론을 마무리했다.

이 토론에서 고요는 통치자(리더)의 자질을 힘주어 강조했고, 순임금은 '앞에서 아부하고 뒤에서 비방하는' 신하가 되지 말라고 경고했다. 조직을 이끄는 리더라면 조직 안에 '면유퇴방'하는 이런 성향의 사람이 있는지, 행여 내가 그런 사람의 아부에 홀리지는 않는지 철저히 자신을 점검할 필요가 있다.

키워드 : 통치자, 군신, 아부, 비방

면절(綿蕝)

풀을 엮어 기둥 따위를 세우다.
– 권99 〈유경숙손통열전〉

기원전 202년 유방이 서한의 개국 황제로 즉위했지만, 군신 사이의 예절은 과거 건달 시절과 크게 달라지지 않았다. 심지어 신하들은 술을 마시면 서로의 공을 다투었고, 술에 취해서는 함부로 큰 소리를 질렀으며, 심지어 검을 뽑아들고 기둥을 치기도 했다. 황제 유방의 체면은 말이 아니었다. 이를 눈치 챈 숙손통은 군신의 예절을 바로잡자고 건의하여 유방의 허락을 얻었다.

숙손통은 전통 예절이 잘 남아 있는 공자의 고향 노나라 지역에 가서 노나라의 유생 30여 명을 모집했다. 노나라 유생 몇몇이 거절하자 숙손통은 웃으며, "당신들은 참으로 고루한 선비들이구려. 시대의 변화를 모르고 있으니"라고 면박을 주었다.

숙손통은 모집한 30명의 유생들과 황제의 좌우에서 학문을 하는 사람들, 그리고 자신의 제자 1백여 명과 함께 야외에다 **풀로 기둥 따위를 세워** 한 달 넘게 예식을 가르쳤다. 한 달 뒤 숙손통은 고조 유방 앞에서 시범을 보였고, 이어 장락궁(長樂宮)이 완공되자 그해 10월 신하들과 일사분란하고 엄숙한 조회를 거행했다. 만족한 고조는 "오늘에야 황제의 고귀함을 알겠다!"며 기뻐했다.

숙손통이 일행들과 야외에 풀을 엮어 기둥 따위를 세워놓고 의례를 가르친 이 대목에서 **면절**이란 단어가 나왔다. 임시 시설물 같은 것을 가리킨다고 보면 된다. 원문에는 '면최(綿蕞)'로 되어 있으나 지금은 '면절'로 많이 쓰고 뜻은 같다. '풀을 엮어 기둥 따위를 세운다'는 뜻이고, 훗날 조정의 의례를 제정한다는 뜻의 전고가 되었다.

키워드 : 통치, 의례

면절정쟁(面折廷爭)

대놓고 반박하고 조정에서 주장을 굽히지 않다.
— 권9 〈여태후본기〉

기원전 195년 고조 유방이 죽고, 마음 여린 혜제가 즉위했다. 실권은 여태후에게로 넘어갔다. 태후는 여씨 집안사람들을 요직에 앉히려 했고, 공신들은 '유씨가 아닌 자가 왕이 되면 천하가 함께 그를 공격한다'는 고조와의 맹서를 들어 반대하고 나섰다. 여태후는 조회에서 진평과 주발에게 의견을 물었고, 이들은 태후의 비위에 맞추어 문제될 것이 없다고 했다.

조회를 마치고 나오자 강직한 왕릉이 진평과 주발을 나무랐다. 진평과 주발은 이렇게 말했다.

"대놓고 반박하고 조정에서 주장을 굽히지 않는 점에서는 우리가 그대만 못하오. 하지만 사직을 보전하고 유씨 후손을 안정시키는 일이라면 그대가 우리만 못하오."

왕릉은 말이 없었고, 여태후는 여씨들을 대거 중요한 자리에 앉혔다. 진평과 주발 등은 여태후가 죽은 뒤, 일거에 여씨 세력을 제거하고 대왕(代王) 유항(劉恒)을 옹립했다. 이가 문제(文帝)다.

면절정쟁은 상대, 특히 권력자 앞에서 자신의 뜻을 굽히지 않고 다투는 강직한 신하나 그런 언행을 뜻하는 성어이다. 그 뒤 성품이 강직하여 굽힐 줄 모르는 사람이나 그런 언행을 두루 가리키는 표현이 되었다.

키워드 : 사람, 강직, 직언, 직신(直臣)

명

명당(明堂)

명당.
– 권130 〈태사공자서〉

명당은 고대 천자가 정치와 교화를 행하던 장소로, 조회를 비롯하여 제사·포상·교육 등이 이곳에서 거행되었다. '명당'이란 단어의 원전은 《맹자》 〈양혜왕〉(하편)이다.

'명당'은 그 활동 범위와 중요성 때문에 제왕이 세운 건축물 중에서 가장 웅장하게 지었다. 고대인들은 명당이 위로는 하늘과 통하고, 아래로는 만물을 통치하는 곳으

로 인식했다. 역대 제왕들이 태산에서 하늘과 땅에
드리는 제사 '봉선(封禪)' 의식을 거행할 때도 명당
이 가장 중요한 장소였다.

풍수에서 명당은 주로 혈(穴) 앞의 땅의 기운, 즉
지기(地氣)가 모이는 곳을 가리킨다. 동양의학에서
명당의 의미는 세 가지다. 첫째는 눈으로 진단하는
부위로 코를 가리킨다. 둘째는 인체 경맥(經脈)의
공혈도(孔穴圖)를 말하는데, 과거에는 이를 명당도
또는 명당 공혈도라 했다. 셋째는 머리 부분의 혈
인 상성혈(上星穴)을 가리킨다. 이밖에 명당은 관상
용어로도 사용되고, 때로는 사투리라는 뜻으로 사용되기도 한다.

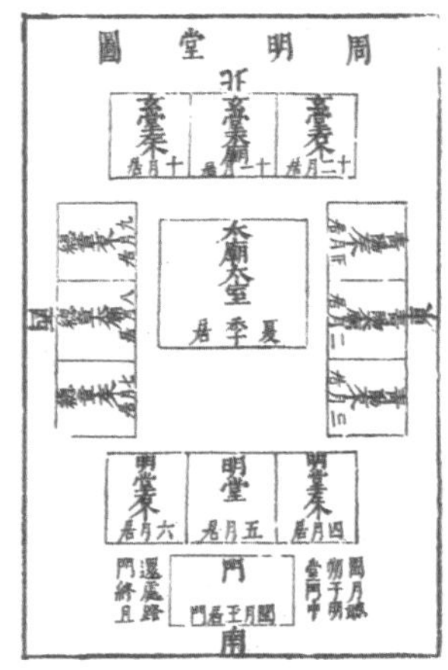

《주례》에 수록되어 있는 명당의 배
치도이다.

키워드 : 통치, 교화, 의례, 풍수, 명당

명독탄(鳴犢嘆)

명독의 죽음을 탄식하다.

− 권47 〈공자세가〉

공자는 기원전 497년 그의 나이 54세부터 천하를 주유하기 시작하여 기원전 484년
67세 때 고향인 노나라로 돌아왔다. 13년에 걸친 대장정이었다. 이 13년 동안 공자가
거친 나라와 지역을 〈공자세가〉 등을 참고하여 시간 순으로 나타내면 다음과 같다.

노(魯) → 위(衛) → 광(匡) → 포(蒲) → 위(衛) → 조(曹) → 송(宋) → 정(鄭) → 진(陳) → 위
(衛) → 노(魯) → 위(衛) → 진(陳) → 채(蔡) → 섭(葉) → 채(蔡) → 성보지야(成父之野) → 초
(楚) → 위(衛) → 노(魯)

공자가 노나라를 떠나 처음 간 곳은 위(衛)나라였다. 여기서 등용되지 못하자 공자는 서쪽으로 가서 진(晉)의 실세 조간자(趙簡子)를 만나려 했다.

공자의 일행이 진나라로 건너가기 위해 황하의 나루터에 이르렀을 때, 그곳이 두명독(竇鳴犢)과 순화(舜華)가 죽은 곳이라는 이야기를 들었다. 공자는 "아름다운 황하여, 흘러 흘러넘치는구나! 이 구(丘, 공자의 이름)가 여기를 건너지 못하다니 운명이로다!"라고 탄식했다. 자공이 성큼 나서며, "무슨 말씀인지 감히 묻습니다"라고 했다. 공자는 이렇게 말했다.

"두명독과 순화는 진(晉)의 훌륭한 대부였다. 조간자가 뜻을 얻지 못하다가 이 두 사람을 얻은 뒤 정권을 잡았다. 자신의 뜻을 이루고 나자 그들을 죽였다. 이 구가 들

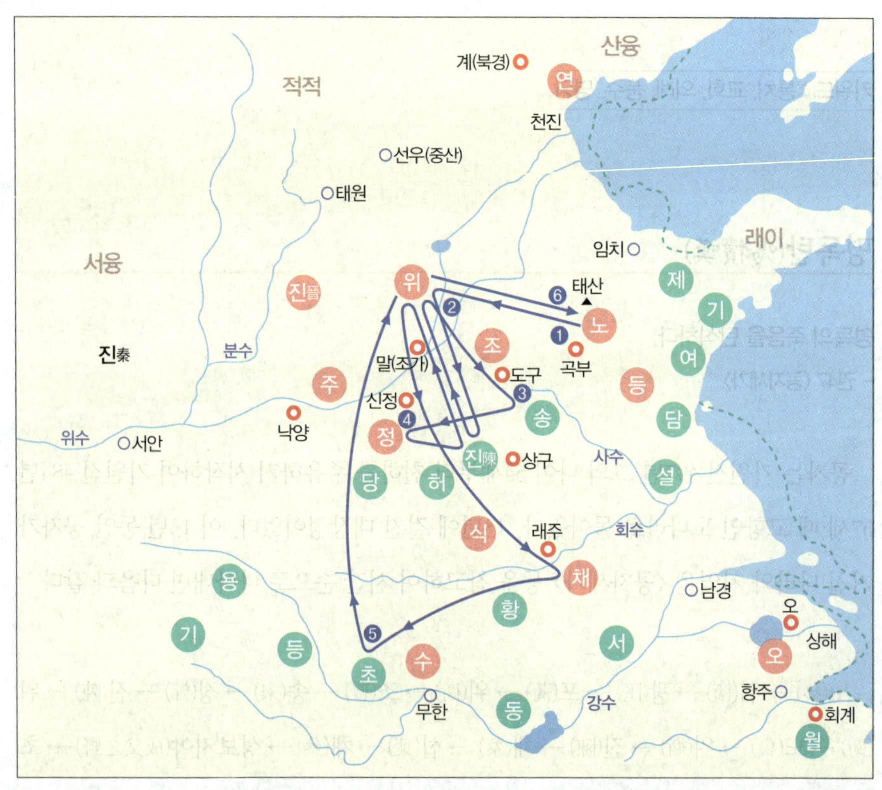

공자의 천하주유도

기에 배를 갈라 뱃속의 새끼까지 죽이면 기린이 교외에 이르지 않고, 연못을 말려 물고기를 잡으면 교룡이 음양의 조화를 부리지 않으며, 둥지를 엎어 알을 깨면 봉황이 날지 않는다고 했다. 왜 그렇겠느냐? 군자는 같은 부류를 상하게 하는 일을 꺼린다. 새나 짐승조차 의롭지 못한 일을 피할 줄 아는데, 하물며 나야 오죽하겠느냐?”

공자가 **명독과 순화의 죽음을 탄식**했다는 이 이야기에서 **명독탄**이란 표현이 나와서 해를 당한 어진 사람에 대한 탄식을 일컫게 되었다.

키워드 : 현자, 죽음, 탄식

명불허립(名不虛立)

명성이 거저 세워진 것이 아니다.
– 권121 〈유협열전〉

〈유협열전〉은 봉건시대, 특히 사마천 당대의 통치자 및 기득권 계급을 격렬하게 비판한 전투성이 가장 강한 열전으로 꼽힌다. 사마천은 법제를 파괴하면서까지 자신들의 원칙을 지킨 곽해(郭解)를 비롯한 유협들을 칭송하는 한편, 그들을 해친 공손홍 등 한대 유생들의 비열한 행위를 비난한다.

문제 이래 끊임없이 박해를 받아 무제 때 철저하게 소멸된 반체제 인사들이라 할 유협들의 행적을 칭송한 사마천의 용기가 돋보이는 기록으로 전투성과 함께 문학적 서정성이 넘치는 명편이다. 이 때문에 이 한 편을 놓고 지난 2천 년 동안 지배계급과 수구세력의 끊임없는 비난과 논쟁이 따랐다.

사마천은 〈유협열전〉에 대한 논평을 마지막이 아닌 앞에 올려놓았다. 그리고 그 첫 대목을 유협을 유학자와 똑같이 취급하여 비난했던 한비자의 말을 인용한 다음, 그에 대해 반박하는 것으로 시작하고 있다. 이어 사마천은 역대 유협들의 행적을 다음과 같은 말로 긍정했다.

"그 행위가 반드시 정의에 의거하지는 못했지만, 그들의 말에는 신용이 있었고, 행동은 과감했으며, 이미 승낙한 일은 성의를 다했다. 또한 자신의 몸을 버리고 남의 고난에 뛰어들 때에는 생사를 돌보지 않았다. 그러면서도 자신의 능력을 자랑하지 않았고, 그 공덕을 내세우는 것을 오히려 수치로 삼았다. 아마 이 밖에도 찬미할 점이 많을 것이다."

그리고는 한나라 때의 이름난 유협들인 주가(朱家)·전중(田仲)·왕공(王公)·극맹(劇孟)·곽해(郭解) 등의 이름을 열거한 뒤 다시 한 번 이와 같이 이들의 행적을 칭찬했다.

"이들이 당시 법망에 저촉되는 때도 있었지만, 개인적으로 의리가 있고 청렴하고 겸손함을 보여 칭찬하기 충분했다. 그들의 '**명성이 거저 세워진 것이 아니며(명불허립名不虛立)**, 뜻있는 사람이 그냥 추종했을 리도 없다(사불허부士不虛附).' 유협들은 패를 지어 세력을 결성하여 재산을 모아 가난한 사람들을 부리고, 폭력으로 약한 자를 억누르거나 마음대로 쾌락을 즐기는 것을 가장 부끄러운 일이라고 여겼다. 그런데도 세속에서는 그 진의를 모르고 주가·곽해 등을 포악한 무리들과 함께 취급하고 비웃었으니 어찌 통탄하지 않을 수 있는가!"

유협에 대한 사마천의 위 논평에서 '명불허립, 사불허부'란 명구가 나왔다. **명불허립**은 우리가 흔히 쓰는 '명불허전(名不虛傳)'과 같은 뜻이다. 이 '명불허립'에서 '명불허전'이 나왔는데 《삼국연의(三國演義)》, 《홍루몽(紅樓夢)》 등에 보인다.

키워드 : 명성, 추종

명산사업(名山事業)

명산에 보관하여 사업이 길이 전해지다.

– 권130 〈태사공자서〉

〈보임안서〉에서 사마천은 3천 년 역사서 《사기》를 완성한 다음, 정본은 명산에 보관해두겠다고 했다.('장지명산' 항목 참고) 그리고 〈태사공자서〉에서도 이렇게 말했다.

"정본은 명산에 보관하고, 부본은 경사에 남겨 훗날 성인군자들을 기다리고자 한다."
"장지명산(藏之名山), 부재경사(副在京師), 사후세성인군자(俟後世聖人君子)."

위는 역사서 완성이라는 위대하고 험난하고 처절한 여정을 마친 사마천의 심경을 잘 나타내는 대목이다. 사마천의 이런 역사서 완성 과정을 두고 훗날 **명산사업**이란 표현이 나왔다. 사마천의 말대로 명산에 정본을 잘 보관하여 자신의 사업, 즉 역사서 편찬과 그 결과물인 역사서가 길이 전해지길 바라는 마음을 이렇게 압축한 것이다.

수년 전 사마천의 고향인 섬서성 한성시(韓城市)에서 정본을 보관했다는 명산에 대한 관련 보도가 전해졌지만, 아직 명산이 어디인지 확인된 바 없다. 물론 역사서도 발견되지 않았다.

《사기》는 사마천 사후 금서조치가 내려졌던 것 같다. 그 뒤 약 반세기 만에 외손자 양운(楊惲, ?~기원전 54)이 선제(宣帝)의 허락을 받아 세상에 빛을 보게 하면서 사마천의 소원이 이루어졌다. 이로 보아 《사기》의 정본이 사마천의 집, 구체적으로 딸 사마영(司馬英)의 집에 보관되어 있었던 것일 수도 있다.

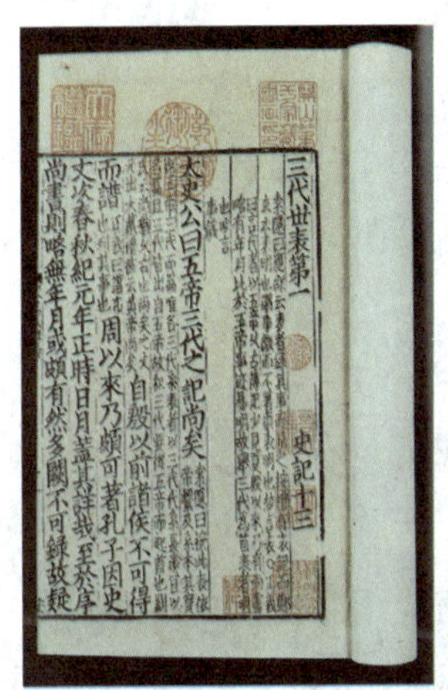

현존하는 《사기》 판본 중 가장 오래된 것은 송나라 때의 황선부(黃善夫) 판본으로 삼가주가 함께 딸려 있고, 글자체가 매우 아름답다. 사진은 황선부 판본 〈삼대세표〉의 첫 부분이다.

키워드 : 필생, 사업

한 무제의 무덤인 무릉(茂陵)은 섬서성 흥평
(興平)에 남아 있다. 가까운 곳에 총애했던
이부인의 무덤을 비롯하여, 흉노 토벌의 주
역인 곽거병과 위청의 무덤도 있다. 사진은
멀리서 본 무릉의 모습이다.(2009년)

前方施工
车辆慢行

명성과실(名聲過實)

명성이 실제를 앞지르다.
– 권93 〈한신노관열전〉

　'칭찬만 들리는 사람은 일단 의심해보라'는 말이 있다. 이 말의 속뜻에는 명성이란 것이 흔히 실제보다 부풀려지기 마련이기 때문에 그 명성만으로 사람을 쉽사리 판단하지 말라는 경고가 담겨 있다. 사마천도 이런 이치를 제대로 간파하고 있었다. 그는 한나라 초기 반란을 일으켰던 진희(陳豨, ?~기원전 206)란 인물을 평가하면서 세간에서 말하는 명성의 허구를 다음과 같이 꼬집고 있다.

　"진희는 양나라 사람이었다. 그는 젊었을 때 위공자 신릉군을 자주 칭찬하면서 그를 사모했다. 군대를 거느리고 변경을 지킬 때도 빈객을 불러 모으고 몸을 낮추어 선비들을 대접하니 **명성이 실제를 앞질렀다**. 주창(周昌)은 이 점을 의심하였다. 그래서 보니 많은 결점이 드러났다. 진희는 자신에게 화가 미칠 것을 두려워하던 차에 간사한 무리들의 말을 받아들여 급기야는 대역무도한 행동에 빠졌다. 아아, 서글프다! 무릇 어떤 계책이 성숙한가 설익었는가 하는 점이 사람의 성패에 이다지도 깊게 작용하는구나!"

　사마천의 마지막 말이 무릎을 치며 감탄을 하게 만든다. 어떤 일에 대한 계획과 대책은 얼마나 철저한 준비를 거쳤느냐, 또 수많은 경우의 수를 따져 세운 것이냐에 따라 그 질이 판가름 나며 나아가서는 그 일의 성패를 결정한다. 당연한 이치다. 그런데 주위를 보면 아직까지도 무대책이 대책이라며 밀어붙이기 식으로 일을 처리하는 경향이 적지 않다. 그 일이 개인적인 것이라면 그 결과도 개인의 차원으로 끝나겠지만, 만약 그 일이 국가와 민족의 이익, 기업과 조직의 이익과 관계된 것이라면 정책은 아무리 성숙해도 지나침이 없다. 나라를 거덜 내고도 최선을 다했다고 강변하는 뻔뻔한 자들의 배짱은 어디에서 오는 것인가? 그 역시 그런 똥배짱에 변변한 대책 하나 마련해 두지 못한 우리들 자신의 무신경과 무대책 때문이 아닐까? '머리는 차갑게, 가슴은 뜨겁게!' 우리들에게 필요한 따끔한 일침이다.

명성과실은 오늘날처럼 SNS를 비롯한 다양한 언로가 열린 세상에서도 여전히 하나의 사회현상으로 자리 잡고 있다. 집단지성의 시대가 되었다고 하지만 지성이 올바른 방향을 찾기란 여간 힘들어 보이지 않는다. '명성과실'의 '사이비(似而非)'들이 너무 많이 설치기 때문이기도 하다.

키워드 : 명성, 실제, 허명(虛名)

명수잔도(明修棧道), 암도진창(暗渡陳倉)

겉으로 잔도를 수리하는 척하면서 몰래 진창을 건너다.

– 권8 〈고조본기〉

기원전 210년 진시황의 갑작스러운 죽음으로 진나라는 급속도로 무너지기 시작하여 기원전 206년 멸망했다. 초한쟁패 초반 패권을 쥔 항우는 파(巴)·촉(蜀)과 한중(漢中, 지금의 산서성 서남 산지), 이 세 군을 유방에게 주어 한왕으로 봉하고, 남정(南鄭)을 도읍으로 삼도록 했다. 항우는 이렇게 해서 유방을 한쪽으로 치우친 산간 분지 지역에 가두어 놓고, 요충지인 관중은 세 부분으로 나누어 진에서 항복해 온 장수 장한(章邯)·사마흔(司馬欣)·동예(董翳)에게 각각 줌으로써 유방이 동쪽으로 세력을 뻗쳐 나갈 수 있는 출로를 막았다. 항우는 스스로를 초패왕이라 하고 아홉 군을 차지했다. 이어 장강 중·하류와 회하 유역 일대의 넓고 비옥한 땅을 점령하고는 팽성(彭城, 지금의 강소성 徐州)을 도성으로 삼았다.

천하를 차지하고 싶은 큰 야심을 가진 유방으로서는 항우의 이런 속셈이 마땅할 리 없었다. 하지만 실력이 약한 유방은 어쩔 수 없이 병사를 이끌고 서쪽을 거슬러 올라 남정으로 갔다. 유방은 장량의 계책을 받아들여 거쳐 온 잔도(棧道)를 모조리

불태워 못쓰게 만들어 버렸다. 이것이 이른바 '화소잔도(火燒棧道)'다.

잔도란 험준한 절벽에 나무를 박고 깔아 만들어 놓은 길을 말한다. 잔도를 불태워 버린 목적은 방어에 유리하도록 하자는 데 있었지만, 그보다 더 중요한 목적은 항우에게 있었다. 즉, 유방이 자신의 근거지에서 더 이상 밖으로 나올 의사가 없다는 것을 항우에게 보여 줌으로써 유방 자신에 대한 경계를 늦추자는 것이었다.

남정에 도착한 유방은 부장들 중에 출중한 군사가가 있음을 발견했다.(실은 소하가 한신을 발견하고는 추천했다.) 그가 바로 한신이었다. 유방은 한신을 대장으로 삼아 그에게 동쪽으로 세력을 뻗쳐 천하를 손아귀에 넣을 수 있는 근거지와 그에 따른 군사 작전을 마련할 것을 부탁했다.

한신의 첫 단계 계획은 먼저 관중을 차지하여 동쪽으로 나갈 수 있는 길을 열어 초를 공격할 근거지를 마련하자는 것이었다. 한신은 병사 수백 명을 보내 지난번 불태워 버린 잔도를 복구하도록 했다. 관중 서부 지구를 지키고 있던 장한은 이 소식을 듣고는 웃음을 참지 못하며 "그러게 누가 너희들 더러 잔도를 불태우라고 했더냐? 그게 얼마나 큰일인데 겨우 병사 몇 백이 달려들다니, 어느 세월에 다 복구하겠는가?"라며 비웃었다. 장한은 유방과 한신의 행동에 대해 전혀 개의치 않았다.

그러나 얼마 후 장한은 급한 보고를 받았다. 유방의 군대가 이미 관중에 들어와 진창(陳倉, 지금의 섬서성 보계寶鶏 동쪽)을 점령했으며, 그곳 장수는 피살되었다는 것이었다. 장한은 이 보고를 믿지 않으려 했다. 그러나 이 보고가 사실로 밝혀지자 허둥지둥 전열을 가다듬어 방어를 서둘렀지만, 이미 때는 늦었다. 장한은 자살을 강요받았고, 관중 동쪽을 지키던 사마흔과 북부의 동예도 잇달아 항복했다. 이른바 '삼진(三秦)'으로 불리던 관중 지구는 이렇게 해서 순식간에

파·촉 지역은 지형이 험준하여 길을 내기가 거의 불가능했다. 이 때문에 절벽에 구멍을 내서 기둥을 박고 발판을 만드는 '잔도'를 만들었다. 사진은 유방이 5개월 머물렀던 한중 석문(石門)의 복원된 잔도의 모습이다.(2007년)

유방의 손아귀에 들어갔다.

　한신은 잔도를 복구하여 그곳을 통해 출격하려는 태세를 취했지만, 실제로는 유방이 이끄는 주력군이 몰래 작은 길을 따라 진창을 습격하여 장한이 대비하지 않은 틈을 타서 승리를 거머쥐었다. 잔도 복구는 장한을 속이기 위한 미끼였다. 이것이 **겉으로는 잔도를 복구하는 척하면서, 몰래 진창을 건넌다**는 뜻의 **명수잔도, 암도진창**이란 고사의 유래다.

　'명(明)'과 '암(暗)'은 군사에 있어서 '기정(奇正)' 관계를 반영한다. 정상적인 용병 원칙으로 자기 쪽의 행동을 판단하도록 유도할 수 있어야만 비로소 '출기제승(出奇制勝)'과 '기선제압(機先制壓)'이란 목적을 이룰 수 있다. 따라서 '암도진창'은 '명수잔도'로 적의 주의력을 분산시켜야만 가능하다.

　지금은 바둑 용어로 더 유명해져버린 '성동격서(聲東擊西)'란 성어도 이와 거의 같은 뜻이다. 상대방의 주의를 딴 데로 돌려놓고 요충지를 기습하는 전략이란 면에서 더욱 그렇다. 군사 외에 다른 일에서도 이런 전략이 필요한 지, 필요하다면 어떻게 적용할 것인지 연구할 가치가 있다. 참고로 '성동격서'의 출처는 《회남자(淮南子)》〈병략훈(兵略訓)〉을 비롯한 여러 문헌에 보이고, 《삼십육계》에는 제6계이자 승전계 제6계에 들어 있다.

키워드 : 군사, 전술, 기만, 양동(陽動), 기습

명자원견어미맹(明者遠見於未萌)

사물의 변화를 잘 보는 사람은 싹이 트기 전에 미리 본다.

– 권117 〈사마상여열전〉

　한 무제가 사냥에 너무 빠져 있자 사마상여는 글을 올려 맹수 따위를 사냥하는 것은 위험하니 자중할 것을 당부하면서 다음과 같이 말했다. 뒤 이어 나오는 문장까지 원문을 함께 소개한다.

  "사물의 변화를 잘 보는 사람은 싹이 트기 전에 미리 보며, 지혜로운 자는 보이지 않을 때 위험을 피합니다. 화란 본디 안 보이는 곳곳에 숨어 있다가 사람이 소홀히 하는 틈을 타 나타납니다."

  "명자원견어미맹이지자피위어무형(**明者遠見於未萌**而智者避危於無形), 화고다장어은미이발어인지소홀자(禍固多藏於隱微而發於人之所忽者)."

  그런 다음 사마상여는 '집에 천금이 쌓여 있으면 집 가장자리에 앉지 않는다(가누천금家累千金, 좌불수당坐不垂堂)'는 속담을 인용하여 한 번 더 사냥을 자제하라고 일렀다. 사마상여의 설득력 넘치는 문장이다.

  죽은 사람도 살린다는 신의(神醫) 편작(扁鵲)은 최고의 의사란 병을 미연에 예방하는 의사라고 잘라 말했다. 자르고 째고 하면서 중병만 고치는 자신은 사람들이 보기에는 명의 같지만 실은 가장 수준이 낮은 의사라 했다. 현대 경영에 있어서도 미래의 상황을 예견하는 통찰력과 치밀한 정보력을 갖춘 리더를 요구하는 것도 같은 맥락이다. 달무리가 서리고 새들이 낮게 날면 비가 올 징조라는 말은 선인들의 풍부한 경험에서 나온 지혜로서 여전히 귀담아 들을 가치가 있다.

  은나라 주왕이 식사 때 아주 귀한 상아 젓가락을 사용하는 것을 본 기자는 은나라의 멸망을 예언했다고 한다. 여기서 '미미한 것을 보고 장차 드러날 것을 안다'는 '견미지저(見微知著)'라는 고사성어가 나왔다.('견미지저' 항목 참고) 동한 때 사람인 마융(馬融, 79~166)의《충경(忠經)》〈충간(忠諫)〉 편에 보면 "문제가 아직 드러나지 않을 때 하는 간언이 최상이요, 이미 드러난 뒤 하는 간언은 그다음이요, 이미 영향을 미치고 있을 때 하는 간언은 최하이다"라는 대목이 있는데, 다 같은 맥락이다.

키워드 : 조짐, 통찰, 예견

명주불오절간이박관(明主不惡切諫以博觀)

현명한 군주는 간절한 간언을 꺼리지 않고 두루 살핀다.

– 권112 〈평진후주보열전〉

한나라 초기 옛 제나라 지역 출신 주보언(主父偃, ?~기원전 126)은 공부에 비해 운이 없었다. 제후들에게 유세하고 다녔으나 늘 박대를 당했다. 주보언은 아예 황제에게 글을 올렸는데, 이 상서가 한 무제의 마음을 끌어 그날 저녁으로 황제를 만났다. 황제는 주보언의 식견을 높이 평가하여 그를 낭중(郎中, 예비 관료)에 임명했다. 주보언은 몇 차례 상소를 올려 치국방략의 방법을 피력했고, 1년 사이에 네 번이나 승진하는 파격적인 대우를 받았다. 나라를 위한 충고와 대책을 기꺼이 수용하고자 했던 무제의 통치 스타일이 주보언에게 기회를 준 것이다. '명주불오절간이박관'이란 위 명언은 주보언이 올린 상소의 한 대목인데 뒤 문장과 함께 원문도 인용해둔다.

"현명한 군주는 간절한 간언을 꺼리지 않고 두루 살피고, 충신은 무거운 형벌을 피하지 않고 사실대로 간언합니다."

"명주불오절간이박관(明主不惡切諫以博觀), 충신불감피중주이직간(忠臣不敢避重誅以直諫)."

앞부분의 '명주'와 뒷부분의 '충신'이 대구를 이루면서 글의 힘과 설득력을 더욱 높여주고 있다. 또 이 한 쌍과 대척점에 있는 존재가 '암주(暗主)'와 '간신(奸臣)'이다.

나라를 흥하게 하고 백성들을 부유하게 만드는 군주는 행여 사람들이 자신에게 좋은 말과 바른말을 하지 않을까 걱정한다. 반면 나라를 망쳐먹을 군주는 행여 누가 자신에 대해 이러쿵저러쿵 말하지 않을까를 걱정한다. 즉, 바른말과 충고를 흔쾌히 수용하는 '납간(納諫)'이 곧 좋고 나쁜 리더를 가르는 중요한 지표가 된다.

'군명신직(君明臣直)'이라 했다. '군주가 현명하면 신하가 정직해진다'는 뜻이다. 주보언의 말과 정확하게 맞아 떨어진다. 충직한 신하는 군주의 안색과 심기를 거스르는 한이 있어도 직언하는 반면, 간신들은 오로지 군주의 안색과 심기만 살펴 그에 맞춰 아부하고 굽실거린다. 혼군과 간신은 나라를 망치는 숙주와 기생충의 관계이다.(주보언에 대해서는 '계문' 항목 참고)

참고로 '군명신직'의 출처는 《봉신연의(封神演義)》의 '군명즉신직(君明則臣直)'이고, 《자치통감》에는 '군인즉신직(君仁則臣直)'이란 비슷한 뜻의 표현이 있다.

키워드 : 통치자, 리더십, 현명, 겸청(兼聽), 납간(納諫)

명주암투(明珠暗投)

밝은 구슬을 밤에 던지다.
– 권83 〈노중련추양열전〉

아무리 밝게 빛나는 귀한 구슬이라도 캄캄한 밤에 지나가는 사람에게 느닷없이 던졌다고 하자. 십중팔구는 화를 내거나 심하면 싸움까지 벌어질 것이다. 이처럼 아무런 까닭 없이 갑자기 자기 앞에 나타나면 그것이 귀한 것일지라도 사람들은 당황하고 거부반응을 보인다. 반면에 휘고 구부러져서 아무짝에 쓸모없어 보이는 나무 둥치가 귀한 집 그릇이 될 수 있는 것은 그것을 다듬고 장식했기 때문이다.

이처럼 사물과 인간관계는 어떤 이유나 인연이 개입되어야만 관계를 가질 수 있다. 인재도 인연을 만나야 그 재능을 마음껏 발휘할 수 있다. 인재 발굴과 인재 후원을 위한 사회적 분위기와 제도적 장치는 시대를 막론하고 중요하고 필요하다. 이런 점에서 **명주암투**가 던지는 교훈이 만만치 않다. 밝게 빛나는 명주와 같은 인재를 야밤에 아무 데나 갖다 던져버리는 일이 여전하기 때문이다.

우리 사회를 주도하는 지도자급 인물들에 대해 지연과 학연을 초월한 편견 없는 공평무사한 사고방식을 요구하는 것은 이 사회를 윤택하게 해줄 인재들을 제대로 발굴하고 지원해야 할 책임이 바로 그들에게 있기 때문이다. 이 점에 대해 전국시대

추양(鄒陽)이란 사람은 이렇게 비유하고 있다.

"몸과 마음을 다 바쳐 충성과 신의를 펼쳐서 임금의 정치를 보필하고자 하는데, 임금은 칼을 어루만지며 흘겨본다. 바로 이것이 뜻 있는 가난한 선비들을 마른나무나 썩은 그루터기만도 못한 재목으로 만드는 것이다."

인재들로 하여금 자기 능력의 한계를 한탄하게 할지언정 세상을 원망하게 해서는 안 된다. 그들의 원망이 쌓이면 세상은 분노로 이글거리는 눈들에 시달려야 하고, 그러면 사람들의 삶이 고달파진다.

키워드 : 인재, 재능, 소외, 원망

명주입정(明主立政), 유공자부득불상(有功者不得不賞)

영명한 군주가 나라를 다스리게 되면, 공이 있는 사람은 반드시 상을 받게 된다.
– 권79 〈범수채택열전〉

전국시대 말 강대국 진나라로 건너와 소양왕을 만난 위나라 출신 범수는 태후와 외척이 정치를 농단하고 있는 진나라의 상황을 있는 그대로 지적하면서 이 때문에 나라에 진짜 공을 세운 인재들이 대접을 받지 못한다는 진단을 내놓았다. 그러면서 현명한 리더 밑에서는 실적을 내는 사람이 부와 자리를 보장받는다는 평범한 이치를 가지고 소양왕에게 군주의 위신을 세워 진나라를 개혁하라고 충고했다. 이 명언과 바로 그 뒷부분을 원문과 함께 인용해둔다.

"영명한 군주가 나라를 다스리게 되면, 공이 있는 사람은 반드시 상을 받게 되고, 능력이 있는 사람은 반드시 관직을 얻게 됩니다. 또 공로가 큰 사람은 그 녹봉이 후하고, 공로가 많은 사람은 그 벼슬이 높으며, 백성을 잘 다스리는 사람은 그 관직이 높아집니다."

"명주입정(明主立政), 유공자부득불상(有功者不得不賞), 유능자부득불관(有能者不得不官), 노대자기녹후(勞大者其祿厚), 공다자기작존(功多者其爵尊), 능치중자기관대(能治衆者其官大)."

아랫사람의 공을 있는 그대로 인정해주는 것을 '위공(委功)'이라 한다. 반대로 아랫사람의 공을 가로채는 것을 '남공(攬功)'이라 한다. 남의 공을 빼앗아 (자기) 손에 쥔다는 뜻이다. 리더의 영명함 여부가 여기서도 갈라진다. 위 대목은 범수가 소양왕을 만나기 전에 올린 편지의 일부이다.

소양왕은 범수의 편지에 마음이 움직여 범수를 만났고, 다섯 차례 무릎을 꿇는 '오궤(五跪)'의 지극한 예로 범수의 충언을 경청했다.('오궤' 항목 참고) 그 결과 범수는 그 뒤 진나라의 외교전략의 핵심이 된 '원교근공(遠交近攻)'을 내놓았다.('원교근공' 항목 참고) 천하통일의 밑돌이 놓이는 장면이었다.

키워드 : 리더, 공적, 포상, 위공

모

모설(毛薛)

모공과 설공.
– 권77 〈위공자열전〉

전국시대 4공자의 한 사람이었던 위공자(魏公子) 신릉군(信陵君, ?~기원전 243)은 숨어 있는 인재들을 직접 찾아 모시기 위해 애를 썼다. 위나라 대량성(大梁城) 이문(夷門)의 문지기로 숨어 있던 후영(侯嬴)을 모셔오기 위해 직접 마차를 몰고 나간 이야기는 '허좌이대' 항목에서 소개했다.

신릉군이 모셔온 은자들 중에 **모공(毛公)**과 **설공(薛公)**이 있었다. 이 두 사람은 친하게 지내는 사이였다. 모공은 도박꾼 무리에 숨어 있었고, 설공은 술을 파는 집에 숨어 지내고 있었다. 신릉군은 이 소문을 듣고 두 사람을 만나고자 했으나 두 사람은 몸을 숨긴 채 신릉군을 만나려 하지 않았다. 신릉군은 이들이 있는 곳을 기어이 알아내서 몰래 이들을 찾아갔다. 신릉군은 두 사람을 만나 몹시 기뻐했다.

당시 신릉군은 배다른 형님인 위나라 안리왕(安釐王)과 사이가 좋지 않아 조나라에 머물고 있었는데, 조국 위나라가 진나라의 침공을 받는 일이 발생했다.('절부구조' 항목 참고) 안리왕이 돌아오라고 했지만, 신릉군은 단호히 거절했다. 이때 모공과 설공 두 사람이 솔직한 말로 신릉군에게 귀국을 설득했고, 신릉군은 귀국하여 진나라를 물리쳤다.

모공과 설공 두 사람의 성을 딴 **모설**이란 단어가 위 이야기에서 나왔다. 남다른 재능으로 소중하게 대우 받는 평민의 인재를 두루 가리키는 표현이다.

키워드 : 인재, 보통 사람, 우대

모수자천(毛遂自薦)

모수가 자신을 추천하다.
– 권76 〈평원군우경열전〉

모수가 자신을 추천하다는 **모수자천**은 한자문화권에서 널리 알려진 유명한 고사성어이다. 이에 얽힌 이야기는 조나라의 실력자 평원군(平原君)과 관련이 있다. 조나라 효성왕(孝成王) 8년인 기원전 258년에 강대국 진이 조의 수도 한단을 포위하는 다급한 상황이 벌어졌다. 효성왕은 평원군을 초에 보내 구원을 요청케 했다. 평원군은 문무를 겸비한 20명의 수행 인원과 함께 초나라로 가서 구원을 부탁하되 안 되면 죽음을 각오하고 초왕을 압박하여 동맹을 맺고 출병하게 만들 작정이었다. 말하자면 '문'으로 성사되지 않으면 '무'로 압박하여 반드시 임무를 수행하겠다는 계획이었다. 생사가 달린 중대한 임무인지라 수행 인원을 자신의 식객들 중 가장 뛰어난 사람들에서 뽑아야 했는데, 아무리 골라도 19명밖에 되지 않아 한 사람이 모자랐다.

이때 **모수(毛遂)라는 식객이 스스로를 추천**하면서 평원군을 수행하겠다고 했다. 평원군은 그가 식객으로 3년이나 있으면서 좀체 두각을 내지 못했는데, 이번 출사를 감당할 수 있을지 의심스러웠다. 낌새를 챈 모수는 "신은 오늘 저를 자루에 넣어주실 원합니다. 저를 자루에 넣어주셨더라면 진즉에 주머니를 뚫고나와 두각을 나타냈을 겁니다. 송곳은 뾰족하여 언제든지 뚫고 나옵니다"라고 말했다. 모수는 자신을 송곳과 자루에 비유하여 평원군을 설득했고, 그의 말재주에 감탄한 평원군을 그를 수행원의 일원으로 선발했다. 뾰족한 송곳을 자루에 넣으면 언젠가는 뚫고 나오기 마련이다.('낭중지추' 항목 참고)

초를 향해 가는 길에 당초 모수를 비웃던 수행 인원들은 모수의 말솜씨에 점점 감탄했다. 초나라에 도착한 평원군은 초왕과 양국이 연합하여 진에 대항하는 일의 중요성을 한나절 내내 설명했지만 초왕을 설득시키지 못했다.

수행 인원들은 한 목소리로 모수가 나서도록 했다. 모수는 장검을 들고 대전으로 성큼 들어갔다. 이 모습을 본 초왕은 화난 목소리로 그를 꾸짖었다. 모수는 눈 하나 깜짝 않고 검을 그대로 든 채, 한 걸음 더 초왕 앞으로 다가가 초왕의 기세를 꺾으면서 이렇게 기염을 토했다.

"대왕께서 지금 저를 꾸짖는 것은 강한 초나라의 힘을 믿고 그러는 것이겠지만, 지금 10보 이내 거리에서는 대왕이 믿는 초나라의 힘은 아무 소용없습니다. 대왕의 목숨은 제 손에 달려 있습니다!"

모수는 그러면서 현재의 상황을 분석하며 이렇게 입을 열었다.

"지금 초나라는 5,000리나 되는 땅에 100만이 넘는 군대를 갖고 있습니다. 초의 강력함은 천하에 누구도 따를 수 없습니다."

모수는 이렇게 초나라의 우월성을 지적하면서도 "진의 장군 백기(白起)가 세 번이나 초왕의 선조를 능욕한 것은 백세가 지나더라도 잊을 수 없는 원한으로 우리 조나라가 보기에도 치욕스러운 데 어째서 대왕은 아무렇지 않은 겁니까?"라는 질문으로 초나라의 나약함을 비웃었다. 끝으로 그는 "연맹은 초나라에 유리한 것이지 조나라에 유리한 것이 아니"라는 점을 강조하는 등 강온 양면책을 동시에 구사하며 이치를 따졌다. 초왕은 모수의 분석에 동의하면서 "나라를 생각한다면 연맹이 백 번 옳다!"고 했다. 모수는 초왕이 말을 바꿀까 걱정이 돼서 다시 한 번 다짐을 받았고, 초왕은 재차 다짐을 확인했다.

모수는 지체 없이 초왕의 시종들에게 닭·개·말의 피를 가져오게 했다. 모수는 쟁반을 들고 꿇어앉아서는 "대왕께서 먼저 피를 입술에 바르고 연맹을 맹서하십시오. 그럼 우리 왕과 소인도 따를 것입니다"라고 말했다.('삽혈' 항목 참고) 이로써 조와 초는 군사 동맹을 맺어 진에 항거하게 되었다. 초왕은 춘신군에게 군대를 거느리고 조를 돕게 했다. 평원군이 초로 떠나기에 앞서 세웠던 두 번째 방안이 성과를 거둔 것이다.

재능을 가진 모수는 평원군 식객들 틈에 3년 동안 섞여 있었건만, 평원군이 그의 진면목을 알아보지 못했다. 만약 모수가 스스로를 추천하지 않았더라면 늙어 죽을 때까지 두각을 나타내지 못했을 것이다. 평원군은 유능한 선비를 우대하기로 이름난 정치가였다. 그런 평원군 밑에 있으면서 두각을 나타내지 못하는 형편이라면 천하에 흩어져 있으면서 이름을 내지 못하는 숨은 인재들이야 말해서 무엇하겠는가?

봉건 전제사회에서 두각을 드러내지 못하고 파묻힌 인재의 수가 얼마나 되었겠는가는 짐작하고도 남을 것이다. 그렇다면 정보사회인 오늘날에는 이런 상황이 벌어지지 않을까? 아무리 정보사회라 해도 그 나라의 체제와 사회적 분위기가 갖추어져

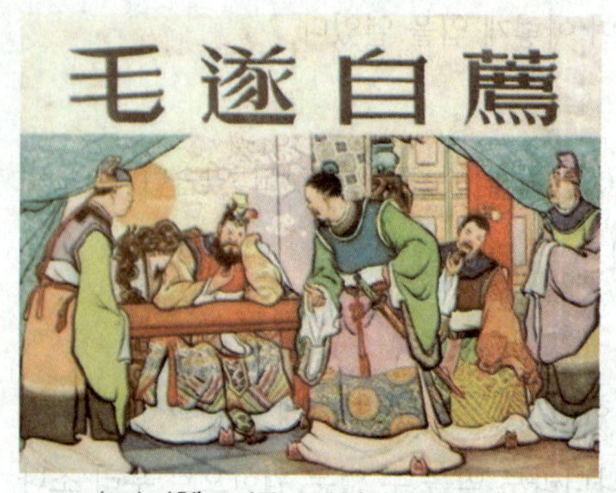
'모수자천' 고사를 그린 만화의 표지이다.

있지 않고 경쟁이 공정하지 못하다면 이런 후진적이고 봉건적인 현상은 얼마든지 벌어질 수 있다. 그리고 그것은 결국 국가경제와 문화사업의 발전을 가로막는 결정적 요인이 된다.

드러난 인재를 지원하는 것도 중요하지만, 숨어 있는 인재들이 나타날 수 있는 문을 다방면에 걸쳐 열어놓는 일이 더욱 중요하다. 자존심을 먹고사는 인재들이 자존심을 다치지 않고 등장할 수 있는 개방된 사회 분위기와 자유, 그리고 여러 통로가 필요한 것이다.

조국으로 돌아온 평원군은 인재를 알아보는 일이 얼마나 어려운 것인가를 실감하고는 "나의 식객이 수천이나 되길래 천하의 인재를 다 거둔 줄 알았는데, 이번에 자칫 잘못했으면 선생을 잃을 뻔했소이다!"라며 한탄했다. 그리고는 모수를 상경(上卿)으로 우대했다.

모수자천(毛遂自薦)의 고사는 자신의 가치를 정확하게 인식하고, 때가 오면 스스로를 추천할 줄 알아야 한다는 점을 잘 보여준다. 아울러 이런 인재를 알아보고 등용할 줄 아는 사람도 필요하며, 나아가서는 이 둘이 잘 결합되어야만 더 큰 작용을 발휘할 수 있다는 점을 시사하고 있다.

모수는 자천을 타천으로 승화시켰다. 다가온 기회를 놓치지 않는 것은 물론, 자신의 진가를 확실히 드러내야 하는 것, 이는 모든 인재들에게 요구되는 관문 같은 것임을 알아야 할 것이다. 자신의 능력을 과신하여 목을 길게 뺀 채 알아주기만을 기다리는 것으로는 부족하다.

사람을 쓰는 용인의 과정에는 추천과 발탁이란 필연적 과정이 따른다. 추천은 타천이 대부분이지만 모수의 경우에서 보다시피 자천도 있다. 상황에 따라서는 자천이 유효한 경우도 적지 않을 것이다. 오늘날 인재 채용에서 자기만의 특별한 이력서나 포트폴리오를 제출하는 것도 따지고 보면 '자천'의 한 형태라 할 수 있다. '모수자천'은 우리 고등학교 한문 교과서에도 실려 있다.

키워드 : 인재, 추천, 기회

특별 참고자료 '모수자천' 그 뒷이야기

모수의 이야기는 이상으로 끝났지만 사마천의 이야기는 이동(李同)이라는 인물의 스토리로 이어진다. 초나라의 구원군이 도착하기도 전에 한단은 거의 함락당할 위기에 몰렸다. 죽은 사람의 뼈로 밥을 짓고 아이를 바꾸어 먹는 지경이었다. 이때 이동은 평원군에게 위기에 빠진 나라를 구하려면 노블리스 오블리제를 실천하지 않으면 안 된다고 설득하여, 평원군의 식솔과 가산을 총동원하여 결사대를 조직하게 만들었다. 이동은 3천 결사대를 이끌다 장렬하게 전사했다. 한단의 포위는 이렇게 해서 풀렸다.

그로부터 얼마 뒤 평원군은 무탈하게 생을 마감했다. 그러나 사마천은 평원군이 사사로운 이익 때문에 조나라 군사 40만이 장평에서 생매장 당해 죽는 처참한 결과를 초래하는 단초를 제공했다며 비판했다. 모수를 알아보지 못한 평원군의 한계를 사마천은 이런 식으로 밝혔다.

'자천'은 어떤 경우든 그 시대의 고민을 반영한다. 그런 점에서 '모수자천'이란 고사는 모수의 성공 스토리가 아니라 전국시대가 낳은 뒷맛 씁쓸한 드라마로 봐야 제대로 보일 것이다. 그래서인지 언열산(鄢烈山, 1952~)이란 작가는 모수의 성공 스토리 뒤에다 모수의 비극적인 죽음을 슬쩍 덧붙여 〈모수의 죽음〉이란 글로 발표함으로써 있지도 않은 모수의 죽음을 둘러싸고 한바탕 허망한 논쟁을 불러일으켰다.

언열산이 말하는 모수의 죽음은 이렇다. 조나라가 진나라의 공격을 받아 피폐해진 틈을 타서 연나라가 침공해왔다. 조정 안팎에서는 세 치의 혀로 초나라 왕을 위협하여 합종을 성사시킨 모수를 장수로 삼아야 한다며 추천했다. 모수는 자신은 무장이 아니라며 극구 사양했다. 그러나 모수의 성공 스토리에 감동(?)을 받은 조나라 왕은 고집을 꺾지 않았다.

모수는 억지로 군대를 이끌고 앞장서 나가 싸웠다. 결과는 참패였다. 부하들을 잃은 모수는 면목이 없다며 산속에 들어가 스스로 목숨을 끊었다. '자천'을 통해 자신의 진면목을 확실하게 보여준 모수는 이렇게 어이없게 죽었다. 물론 이상은 언열산이 만들어낸 창작이다. 그럼에도 모수자천의 이 번외편은 많은 것을 생각하게 한다.

모수는 스스로를 추천했기 때문에 능력을 확실하게 보여주어야만 했다. 외교적 결례를 무릅쓰고 초나라 왕을 겁박하는 오버액션이 나왔던 것도 그 때문이 아닐까? 즉 화려한 데뷔에 따른 과도한 부담감이 오버액션을 낳았고, 그런데 그것이 뜻밖의 결과를 낳자 주위의 과도한 기대감이 모수에게로 집중되었던 것이다. 언열산이란 작가는 어쩌면 이런 주위의 과도한 기대감이 모수를 죽음으로 몰아넣었다는 말을 하고 싶었는지 모른다. 인재를 죽이는 여러 가지 방법 중 하나로 작가는 과도한 기대감을 제기한 것이다.

다른 각도에서 보자면 모수의 기다림이 대중의 기대와 비례하지 않은 결과이며, 동시에 출세와 공명만을 위한 기다림의 한계와 결말이 어떤 것인가를 보여주는 것이 아닌가 하는 생각도 하게 된다.

한 사람의 능력으로 대세에 얼마나 맞설 수 있나? 잘해야 대세를 다소 늦출 수는 있겠지만, 어쩌면 그런 일시적 맞섬들이 오히려 대세의 필연성을 강화시키는 작용을 하는 것은 아닌지? 그렇다고 대세에 무기력하게 굴복하는 것은 더더욱 의미가 없을 것이다. 대세를 막을 수는 없겠지만 앞으로의 방향 설정에 영향을 줄 수 있고, 어쩌면 그 방향성이 역사를 상대적으로 나은 쪽으로 이끌 수 있기 때문이다. 그렇다면 끊임없이 대세에 의문을 품고 문제를 제기하고 그 대세가 옳은 방향이 아니라면 그에 맞서 저항해야만 한다. 모든 기다림이 바로 이런 저항과 함께 진행되었다는 사실에 유의할 필요가 있다.

역사의 큰 흐름에서 보면 평원군과 모수는 천하통일이라는 대세에 맞섰던 역사의 주인공들이다. 평원군은 모수의 진면목을 몰랐다며 자신을 한탄했지만, 모수를 알아보았다한들 대세를 막지는 못했을 것이다. 하지만 커다란 시대의 흐름 속에서 이들은 나름의 개성을 드러내며 대세의 내용을 한결 풍부하게 만들고 있는 것만은 틀림없는 사실이다. '모수자천'은 이런 점에서 씁쓸하지만 대단히 흥미로운 스토리임이 분명하다.

＊언열산은 '공민(公民)'을 자처하는 중국의 현대작가로 해외에서는 '중국공공지식분자(中國公共知識分子) 100인의 한 사람'으로 꼽힌다. 《일개인적경전(一个人的经典)》이란 작품으로 제3회 '노신문학상(魯迅文學賞)'을 수상하였다. 대표작으로 주건국(朱健國)과 공저인 《중국제일사상범－이지전(中國第一思想犯－李贄傳)》이 있다.

〈모수의 죽음〉이란 글로 '인재의 딜레마'를 둘러싸고 한 차례 논쟁을 불러일으켰던 작가 언열산.

모언화야(貌言華也), 지언실야(至言實也) ; 고언약야(苦言藥也), 감언질야(甘言疾也)

꾸미는 말은 꽃이고, 지극한 말은 열매이며, 쓴소리는 약이고, 달콤한 말은 질병이다.
– 권68 〈상군열전〉

진나라에 건너와 효공(孝公)의 전폭적인 지지를 받아 실시된 상앙(商鞅)의 변법(變法) 개혁에 대해 기득권 내에서 반대의 목소리가 높아지자 조량(趙良)이 찾아와 상앙에게 충고했다. 상앙은 다음과 같은 격언을 인용하여 조량의 충고를 받아들일 준비가 되어 있다며 조량과의 교류를 청했다.

"꾸미는 말은 꽃이고, 지극한 말은 열매이며, 쓴소리는 약이고, 달콤한 말은 질병이다."
"모언화야(貌言華也), 지언실야(至言實也) ; 고언약야(苦言藥也), 감언질야(甘言疾也)."

조량은 자신의 충고를 받아들이지도 않을 것이면서 괜히 해보는 말이라고 일축하고는, 상앙의 '멸망이 발뒤꿈치를 들고 기다리고 있을(망가교족이대亡可翹足而待)' 정도로 코앞에 닥쳤다고 경고했다.

조량은 기득권 세력을 대변하는 인물로서 그의 논리는 비교적 합리적이었다. 상앙의 개혁 속도와 정도가 기득권 세력의 분노를 사고 있는 현실을 냉정하게 짚어주었다. 상앙은 아랑곳하지 않았다. 사마천은 이런 상앙을 두고 각박하다고 평가하면서 그것이 상앙을 죽음으로 내몰았다고 진단했다. 사마천은 개혁에는 기본적으로 찬동했지만 그에 따른 수단과 방법, 그리고 설득을 대단히 중시했다.

개혁은 실질적인 결과가 따라야 한다. 입으로만 개혁을 외쳐봤자 백성들을 피곤하게 만들 뿐이다. 상앙의 의중 또한 마찬가지였다. 그래서 실속 없는 꾸미는 말을 꽃에, 실질적인 결과를 열매에 비유한 것이다. 개혁은 성과를 내야 한다. 그러기 위해서는 위아래 모두가 입이 아닌 손을 보태야 한다. 그러려면 개혁의 필요성과 당위성을 가능한 많은 사람에게 설득시켜야 한다.

키워드 : 개혁, 성과, 실질

모원부실(謀遠不失)

먼 앞날을 내다보고 일을 꾀하면 실수가 없다.
- 권87 〈이사열전〉

기원전 210년 진시황이 사구에서 급사했다. 진시황의 유서를 갖고 있던 조고는 작은아들 호해를 설득하여 유서를 조작하기로 했다. 그리고는 승상 이사를 찾아 그를 설득했다. 처음 이사는 완강하게 반대했다. 조고는 이사의 라이벌인 몽염(蒙恬)을 끌어들여 이사의 자존심을 건드렸다. 당시 조고가 이사를 자극하며 던진 말이다.

"당신은 능력 면에서 몽염과 비교해 누가 낫다고 생각하시오? 공로 면에서는 몽염과 비교해 누가 더 높습니까? 계책 면에서 몽염과 비교해 누가 **멀리 내다보고 일을 꾀하여 실수하지 않습니까?** 몽염과 비교해 천하에 원한을 누가 덜 졌습니까? 큰아들

(부소)과의 관계가 오래되고 신임하기로는 몽염과 비교해 누가 낫습니까?”

이사는 결국 조고의 회유에 넘어갔다. 유서는 조작되어 큰아들 부소와 몽염은 자결을 명령받고 죽었다. 호해는 2세 황제로 즉위했고, 진나라는 빠른 속도로 멸망의 길을 걸었다. 조고가 이사를 설득하는 과정에서 나온 **모원부실**은 ‘먼 앞날을 내다보고 일을 꾀하면 실수가 없다’는 뜻으로, ‘멀리 내다보고 일을 꾀하고 깊게 생각한다’는 ‘원모심려(遠謀深慮)’라는 표현과 비슷하다. ‘원모심려’의 출전은 가의의 〈과진론〉이다.

키워드 : 일, 도모, 방법

모초지간(茅焦之諫)

모초의 직언.
– 권6 〈진시황본기〉

훗날 중국 역사상 최초의 황제가 되는 진시황은 기원전 247년 12세에 왕으로 즉위했다.(당시는 진왕으로 불렸고, 그의 이름은 정政이었다.) 권력은 어릴 때부터 자신을 돌봐준 여불위(呂不韋)에게로 넘어갔고, 젊은 나이에 과부가 된 생모 조(趙)태후는 여불위의 주선으로 노애(嫪毐)란 자를 침실로 끌어들여 간음을 일삼았다. 심지어 둘 사이에 아들이 둘이나 태어났다.

기원전 238년, 진왕 정이 21세가 되어 정치에 관여하기 시작하자 노애와 조태후는 둘 사이의 어린 아들을 왕으로 앉히려고 반란을 일으켰다. 이들의 동태를 살피고 있던 진왕 정은 단숨에 반란을 진압했다. 산 채로 잡으면 100만 전, 죽이면 50만 전이라는 엄청난 현상금을 내걸었고, 노애는 바로 잡혔다. 진왕 정은 노애를 사지를 찢는 거열형(車裂刑)으로 죽이고, 생모 조태후는 옹(雍)의 별궁으로 내쳤다. 이듬해인 기원전 237년에는 노애의 반란에 연루된 여불위(呂不韋)를 면직시켰다. 이해에 제나라와 조나라에서 온 사신에게 술자리를 베풀었는데, 제나라 사신 모초(茅焦)가 진왕 정에게 "진나라가 천하를 마음에 두고 있거늘 대왕께서 어머니를 유배시켰으니 소문을 들은 제후들이 진나라를 배신할까 두렵습니다"라고 건의했다. 진왕 정은 태후를 옹에서 도성 함양(咸陽)으로 다시 맞아들여 감천궁(甘泉宮)에서 살게 했다.

유향(劉向)의 《설원(說苑)》〈정간(正諫)〉 편에 보면, 노애의 반란을 진압한 다음 진왕 정은 조태후에 대해 이야기를 꺼내는 사람은 모조리 죽였다고 한다. 그렇게 해서 죽은 사람이 27명에 이르렀다. 그럼에도 **모초는 옷을 벗고 엎드려 죽기를 각오로 직언을 올렸다.** 여기서 **모초지간**이란 성어가 나왔고, 죽음을 각오하고 직언하는 신하를 비유하는 전고가 되었다.

키워드 : 직언, 직신

목

목도심초(目挑心招)

눈짓으로 도발하고 마음으로 유혹하다.
– 권129 〈화식열전〉

인간은 이해관계(利害關係)에 민감하다. 좀 더 심하게 말하자면 이해관계 속에 파묻혀 산다. 지금까지 우리는 이해관계에 대해 다소 위선적이고 이중적인 자세를 취해 왔다. 한편으로는 이해, 특히 이익을 갈망하면서 또 한편으로는 그것을 천시했다. 이런 이중적 태도는 어려운 일을 당했을 때 우리를 더욱 힘들게 만든다. 그보다 더 심각한 문제는 그 때문에 우리의 인식과 가치관이 파탄날 수도 있다는 사실이다.

올바른 이해관계는 이해(理解)가 전제되어야 한다. 이해(理解)는 관계를 맺는 서로에게 대한 이해일 뿐만 아니라, 이해(利害)와 그 본질에 대한 이해(理解)를 뜻하기도 한다. 인간관계를 순리대로 풀기 위해서는 이해(利害)에 대한 솔직한 자세와 진지한 접근이 필요하다.

사마천은 《사기》를 저술하면서 인간의 이해관계를 경제와 연계시켜 아주 솔직하고 대담한 경제관과 전문적인 경제론을 남겼다. 하나는 경제정책과 이론을 주로 다룬 〈평준서〉이고, 또 하나는 경제와 이해관계 및 부자들의 치부에 대한 구체적실례들을 모은 〈화식열전〉이다. 이 두 편에는 경제와 인간의 이해관계, 부와 사회적 관계, 인간관

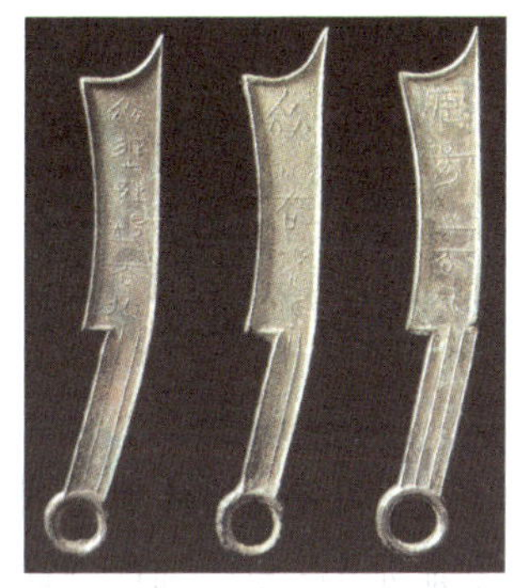

〈화식열전〉은 저주받은 명편으로 불릴 만큼 2천 년 동안 많은 비난에 시달렸다. 지금은 〈화식열전〉을 읽지 않고 《사기》를 읽었다고 하지 말라는 평가가 따른다. 사진은 전국시대 제나라의 화폐인 도폐(刀幣), 일명 '명도전(明刀錢)'이다.

계에 있어서 이해가 차지하는 비중 등에 대한 사마천의 번득이는 식견과 논리가 흘러넘친다. **목도심초**라는 이 성어는 이해를 쫓는 인간의 세태를 여자가 남자를 홀리는 것에 비유하고 있다. 사마천의 말을 좀 더 들어보자.

"조나라 미인과 정나라 미인이 예쁘게 화장을 하고 거문고를 손에 잡은 채, 긴 소매를 흔들고 사뿐한 발걸음으로 **눈짓으로 도발하고 마음으로 유혹하기** 위해 천 리를 멀다 않고 달려오며, 늙고 젊음을 가리지 않는 것은 돈 많은 곳으로 달려가기 위함이다."

사마천의 지적을 솔직하게 인정하고 받아들여야 할 것이다. 우리는 무엇 때문에 보다 나은 삶을 추구하려 하는가? 이해(利害) 관계의 궁극적인 목적이 세상과 인간에 대한 올바른 이해(理解)에 있다는 것만 놓치지 않는다면, 이해관계에 대한 우리들의 이중적 태도에 대한 솔직한 시인은 바로 후련함으로 승화될 것이다. 떳떳하게 이해관계를 추구할 때 정당한 권리도 보장받을 수 있다.

사마천은 〈화식열전〉에서 돈이 갖는 위력에 대해 실감나는 사례와 비유를 기록으

로 남겼다. 그는 부(富)란, 특히 부에 대한 추구는 본성이라서 배우거나 가르치지 않아도 다 할 줄 안다고 했다. 고상해 보이는 현자가 조정에서 정치와 정책을 논하는 것도, 은자랍시고 동굴에 숨는 따위로 자신의 명성을 은근히 드러내려고 하는 것도 결국 부귀를 위한 것 아니겠냐고 비꼰다. 그러면서 다음과 같은 다양한 예를 들었다.

"군인이 전쟁에서 맨 앞에 서서 적의 성에 오르려는 것도, 강도질도, 도굴과 위조 화폐 제작도 모두 재물 때문이다. 관리가 엄중한 형벌을 무릅쓰고 농간을 부려 문서와 도장을 조작하는 것도 다 뇌물 때문이다. 도박·경마·투견·투계에 열중하는 것 역시 돈 때문이다. 이는 마치 상인이 돈을 많이 벌어 놓고도 더 벌고 싶어 하는 것과 다를 바 없다."

"또 돈 많은 부잣집 귀공자들이 온몸을 치장하고 화려한 마차를 끌고 다니는 것 역시 자신의 부귀를 뽐내려는 것이다. 의사나 도사, 여러 기술로 먹고사는 사람들이 노심초사하며 재능을 다하는 것 또한 경제적인 수입을 중시하기 때문이다."

사마천은 이렇게 부를 추구하는 다양한 직업의 사람들을 소개하면서 이렇게 결론지었다.

"이렇게 자기가 아는 것과 온 힘을 다 짜내서 일을 해내려는 것은 결국 최선을 다해 재물을 얻기 위한 것이다."

부에 대한 추구는 인간의 본성이라 막을 수 없다는 것이 사마천의 기본 입장이다. 다만 사마천은 그 수단과 방법이 정당해야 한다는 점도 함께 강조하고 있다.

키워드 : 경제, 이해관계, 치부, 돈

목론(目論)

눈으로 논하다.

– 권41 〈월왕구천세가〉

눈으로 (사물의 이치를) **논하다**는 뜻의 **목론**은 '목론지견(目論之見)'이란 네 글자로도 많이 인용한다. 이 단어와 성어는 '견호모이불견기첩(見毫毛而不見其睫)' 항목에서 살펴본 바 있다.(제나라 사신이 월왕 무강에게 올린 말의 한 대목이다.) '견호모이불견기첩'은 '(눈은) 가는 터럭까지 보면서도 자기 속눈썹은 못 본다'는 뜻이며, 흔히 '목불견첩(目不見睫)'이란 네 글자로 줄여서 많이 인용한다.

이 명언은 남의 문제는 잘 살피면서 정작 자신의 결점은 보지 못하는 것을 비유하며, 이런 자기만의 입장으로 본질에서 벗어나 사람이나 사물의 이치를 논하는 것을 '목론'이란 단어로 절묘하게 표현했다.

키워드 : 논의, 결점, 허점

목불규원(目不窺園)

3년 동안 정원을 엿보지 않다.

– 권121 〈유림열전〉

한나라 무제 때의 유학자 동중서(董仲舒, 기원전 179~기원전 104)는 천명론(天命論)에 입각한 통치 이데올로기 확립에 큰 영향을 미쳤다. 그러나 사마천은 동중서의 사상과 역할을 크게 평가하지 않았다. 이 때문에 동중서의 영향력에도 불구하고 그에 관한 별도의 열전을 마련하지 않고, 〈유림열전〉에 넣어 여러 학자들과 함께 소개했다. 뿐만 아니라 그 분량도 적은 편이다.

〈유림열전〉에는 동중서가 제자들과 유가 경전을 공부할 때의 모습을 **3년 동안 동**

동중서의 상이다.(2017년)

중서는 정원을 보지 않았다(삼년동중서불관어사원三年董仲舒不觀於舍園)고 묘사했다. 여기서 **삼년불규원**(三年不窺園)이란 성어가 나왔다. 이렇게 해서 문을 걸어 잠근 채 장기간 전심전력으로 공부하는 것을 비유하는 고사성어가 탄생했다. 줄여서 '목불규원'으로 쓴다.

이로부터 훗날 '불규원포(不窺園圃)', '불규원정(不窺園井)', '절규원(絶窺園, 정원을 끊다)', '불리전원(不履田園, 정원을 밟지 않다)' 등 여러 형식으로 공부에 전심전력하는 모습을 나타내기에 이르렀다. 도연명(陶淵明, 365~427)을 비롯한 많은 문인이 이 고사를 빌려 공부를 권하거나 격려하는 문장을 남겼다. 동중서의 공부와 관련해서는 '휘장을 내리고 독서하다'는 '하유강송(下帷講誦)', 또는 '하유독서(下帷讀書)'라는 고사도 남겼다.('하유독서' 항목 참고)

키워드 : 공부, 독서, 고학(苦學)

목앵부도(木罌瓨渡)

항아리 모양의 통나무를 강을 타고 건너다.

– 권92 〈회음후열전〉

기원전 205년, 유방의 한은 팽성(彭城)에서 항우의 초에 크게 패했다. 차지했던 관중 지역도 다시 항우에게 넘어갈 상황이었다. 제나라와 조나라도 유방을 배신하고 항우에게 붙었다. 이어 위왕(魏王) 표(豹)가 어버이 문병 차 귀국하겠다고 청한 뒤, 돌아가서는 바로 하관(河關)을 폐쇄하고 유방을 배반했다. 위왕 표는 항우와 화친하는 맹약을 맺었다. 유방이 역생(酈生, 역이기)을 보내 구슬렸으나 소용없었다.

유방은 한신을 좌승상으로 삼아 위나라를 치게 했다. 위왕 표는 포판(蒲坂)의 수비를 강화하고, 임진(臨晉)의 물길을 막았다. 한신은 대군을 거느린 것처럼 위장하고 배들이 줄지어 임진에서 황하를 건널 것처럼 꾸몄다. 그러면서 하양(夏陽)에서 **항아리 모양의 통나무로 강을 건너** 위의 도읍인 안읍(安邑)을 습격했다. 한신은 위왕 표를 사로잡고 위나라를 평정했다. 유방은 위나라를 하동군(河東郡)으로 만들었다.

명장 한신은 초한쟁패에서 항우 밑에 있다가 유방에게 건너왔다. 이로써 항우에게로 거의 다 기울었던 천하의 패권이 큰 변화를 맞이했다. 한신은 유방이 위기에 몰릴 때마다 기발한 전략과 전술로 승리를 거두었다. **목앵부도**는 배반한 위나라를 수습한 군사 전문가 한신의 뛰어난 전술을 잘 보여주는 사례였다.('배수지진' 항목 참고)

키워드 : 군사, 전술

목자진열(目眥盡裂)

눈꼬리가 찢어지다.
– 권7 〈항우본기〉

'홍문연' 항목에서 상세히 살펴본 바가 있듯이 당시 상황이 위태롭게 돌아가자 번쾌는 막사 안으로 쳐들어가 항우에게 따졌다. 이때 번쾌의 모습을 사마천은 **머리카락은 하늘로 곤두서고, 눈꼬리는 찢어질 것 같았다**(두발상지목자진열頭髮上指目眥盡裂)고 묘사했다. 이 원문 여덟 글자 '두발상지목자진열'을 각각 네 글자씩 나누어 '두발상지'와 '목자진열'로 나타낸다. 어느 쪽이든 몹시 화가 나 있거나 흥분한 상태를 형용하는 표현이다. 비슷한 뜻의 성어로 '노발충관(怒髮衝冠, 화가 나서 머리카락이 모자를 치다)', '두발충관(頭髮衝冠)' 등이 있다.('노발충관', '발지목렬' 항목 참고)

키워드 : 감정, 분노, 흥분

목후이관(沐猴而冠)

원숭이가 모자를 쓴 꼴.
– 권7 〈항우본기〉

기원전 206년 항우는 유방에 이어 함양성에 입성하여 성을 불 지르고 살육을 일삼았다. 항우는 대업을 위한 큰 그림을 그리지 못하고 '금의환향(錦衣還鄕, 비단옷을 입고 고향으로 돌아가다)'하여 자신의 위업을 자랑하고 싶어 했다. 누군가가 "사람들이 말하길 초나라 사람은 **원숭이가 모자를 쓴 꼴**이라고 하더니 그 말이 사실이었구나!"라며 항우를 비꼬았다. 이 말을 전해들은 항우는 그 사람을 삶아 죽였다.

《한서》〈항적전〉에는 그 누군가를 한생(韓生)이라고 밝혔다. 한생이 지목한 초나라 사람이란 바로 항우를 가리킨다. 이 대목에서 **목후이관**이란 유명한 사자성어가 비롯되었다. 훗날 이 성어는 안목이 짧고, 그저 겉으로 드러내는 것만 좋아해서 큰일을 이루지 못하는 것을 비유하기에 이르렀다. '목후이관'에서 목(沐)은 머리를 감는다는 뜻이다. 이 때문에 '머리를 감은 원숭이가 모자를 쓴 꼴'로 번역하기도 하지만, '목후'는 대부분 원숭이를 뜻하는 '미후(獼猴)'로 본다.

키워드 : 안목, 과시

몽득부열(夢得傅說)

꿈에서 부열을 얻다.

– 권3 〈은본기〉

쇠퇴해가던 은나라를 중흥시킨 왕 무정(武丁)은 부열(傅說)이란 인재를 얻기 위해 자신의 꿈을 이용했다. 여기서 **꿈에서 부열을 얻다**는 **몽득부열**이란 성어가 나왔다. 관련한 고사는 '탁몽용부열(托夢用傅說)' 항목에서 상세히 살펴보았다. '야몽득성인(夜夢得聖人, 밤중 꿈에서 성인을 얻다)'이라고도 한다.

'몽득부열'은 자신에게 필요한 유능한 인재를 얻기 위해서라면 나름 치밀한 준비와 배려가 필요하다는 점을 잘 보여준다.('삼년불언' 항목 참고)

키워드 : 인재, 구현(求賢), 방법

무가내하(無可奈何)

어쩔 수가 없다.

– 권4 〈주본기〉

주나라 유왕(幽王) 때 포(褒) 지역의 사람들이 유왕에게 죄를 지어 추궁을 당하자 어릴 때 버려졌다가 포에서 자란 아리따운 포사(褒姒)를 바쳤다. 기원전 779년 재위

3년째인 유왕이 후궁에 행차했다가 포사를 보고는 총애하게 되었다. 포사가 아들 백복(伯服)을 낳자 왕후인 신씨(申氏)와 태자(훗날 평왕平王)를 폐하고, 포사와 백복을 왕후와 태자로 삼았다. 태사(太史) 백양(伯陽)이 이렇게 탄식했다.

"화근이 무르익었으니 **어쩔 수가 없구나!**"

무가내하는 사람의 힘으로는 더 이상 손쓸 방법이 없을 때 쓰는 감탄사이다. 백양의 예언대로 주 유왕은 웃지 않는 포사를 웃게 하려고 적이 쳐들어왔을 때나 피우는 봉화를 피우는 놀이에 열중했다.

기원전 771년 왕후 신씨의 아버지인 신후(申侯)는 견융(犬戎)과 함께 주나라를 공격했다. 제후들은 아무도 구원하러 오지 않았고, 주나라는 망했다.('봉수대고' 항목 참고) 유왕과 포사는 죽임을 당했고, 태자가 난을 수습한 다음 이듬해인 기원전 770년 도읍을 낙양(洛陽)으로 옮겼다. 이때부터를 역사서에는 동주(東周), 또는 춘추(春秋) 시대라 부른다. '무가내하'는 《장자(莊子)》 〈인간세(人間世)〉에도 보인다.

키워드 : 상황, 무기력

무국요맹자(無國要孟子)

맹자를 원하는 나라가 없다.
– 권74 〈맹자순경열전〉

공자의 유가 학통을 이었다고 하는 맹자(孟子, 기원전 약 372~기원전 289) 역시 공자처럼 여러 나라를 떠돌며 자신의 사상을 전파했지만 여의치 않았다. 그는 먼저 제나라 선왕(宣王)에게 유세해 섬기고자 했으나 선왕이 그를 등용하지 않았다.

이어 양(梁), 즉 위(魏)나라에 갔으나 혜왕(惠王) 역시 맹자의 말을 듣지 않았다.(위

나라의 도성이 대량大梁이었던 관계로 위
나라를 양나라로 기록하는 경우가 많다.《맹
자》〈양혜왕〉 편이 그 한 예이다.) 맹자의
말이 현실과 동떨어진, 당시 상황과
맞지 않는다고 생각했기 때문이다.

맹자 당시는 군사 전문가와 유세가
들의 전성기라 요·순시대와 덕정을
이야기하는 맹자의 사상을 뜬구름 잡는다고 여겼다. 맹자는 은거하여 제자 만장(萬
章) 등과 함께《시경(詩經)》과《서경(書經)》을 순서에 따라 편집하고, 공자의 뜻을 이어
《맹자》 7편을 저술했다.

뜻을 이루지 못한 맹자의 처지를 빗대어 훗날 **맹자를 원하는 나라가 없다**는 **무국요
맹자**라는 성어가 나왔다. 성현의 좌절을 뜻하는 전고이자, 이를 빌려 자신을 알아주
는 사람을 만나기 어렵다는 비유로 쓰기도 한다.

《맹자》에는 각국의 군주들과 나눈 대화가 많이 기록되어 있다. 특히 위(양)나라 혜왕과의 대화는 〈양혜왕〉이란 제목으로 맨 앞에 두 편으로 나누어 기록했다.(2015년)

키워드 : 현자, 좌절, 불운

무금(廡金)

회랑에 방치한 돈.
– 권107 〈위기무안후열전〉

한 문제의 황후 두씨(竇氏)의 조카였던 외척 두영(竇嬰, ?~기원전 131)은 경제 때 대
장군에 임명되고 천금을 하사 받았다. 두영은 이 상금을 자기 집 낭무(廊廡), 즉 복
도 회랑에 그냥 두고 군대의 관리들이 알아서 가져다 쓰게 했다.

여기서 **회랑에 방치한 돈**이란 뜻의 **무금**이라는 재미있는 단어가 나왔다. 그 뒤로
'무금'은 재물을 가볍게 여겨 잘 베푼다는 뜻의 전고가 되었다.

무단향곡(武斷鄕曲)

마을에서 힘을 믿고 함부로 행패를 부리다.
– 권30 〈평준서〉

청나라 판본 〈평준서〉의 첫 부분
이다.

권129 〈화식열전〉과 함께 경제에 관한 전문 기록인 권30 〈평준서〉는 주로 경제정책과 관련한 제도의 변화를 기록하고 있다. 사마천은 〈평준서〉를 남긴 동기에 대해 이렇게 말했다.

"화폐의 유통은 농상(農商)의 교역을 원활하게 하기 위한 것이다. 그러나 지나치면 꾀를 부리고, 재산만 늘리려 하며, 다투어 투기하고 이익만 쫓기 때문에 백성들이 농사를 버리고 장사 쪽으로만 몰려간다. 이런 사태의 변화를 관찰하기 위해 〈평준서〉를 지었다."

〈평준서〉는 탁월한 경제이론 전문 문장으로 평가한다. 사마천은 경제발전이 국가부강의 기초이며, 경제가 계급과 집안의 정치동향을 결정한다고 지적했다. 아울러 무제가 추진한 강권정책을 비판하면서, 개인 상공업의 자유로운 발전을 주장하고 관영 상공업을 반대했다. 〈화식열전〉, 〈혹리열전〉 등과 함께 읽어야 더욱 생동감 넘친다. 〈평준서〉의 한 대목에서 사마천은 한나라 초기 문제와 경제를 거치면서 축적된 부와 튼튼한 경제력이 무제 때 와서 어떻게 무너지는가를 보여주고 있다.

"당시 법망은 관대하고 부자들은 부족함이 없자 그들은 부를 빙자해 오만방자한 짓을 저질렀는데, 어떤 사람은 남의 토지를 차지하기까지 했다. 또한 부호들은 **마을에서 힘을 믿고 함부로 행패를 부렸으며,** 봉읍(封邑)의 토지를 받은 종실(宗室)과 공경대부(公卿大夫) 이하 모두가 사치를 다투니 주택이나 거마·관복 등이 죄다 분수를 넘어 한계가 없을 정도였다. 모든 사물이란 번성하면 쇠퇴한다. 원래 이렇게 변화하는 것이다."

무단향곡은 한 마을에서 권세를 가진 자들이 그 권세를 믿고 함부로 날뛰며 행패 부리는 것을 나타낸 성어이다. 지역 토호 세력의 행패를 비유한 것으로 보면 된다.

키워드 : 토호, 권세, 행패

무망지복(毋望之福)

바라지 않던 복.
– 권78 〈춘신군열전〉

춘신군(春申君)은 전국시대 4공자의 한 사람으로 초나라의 유력자였다. 사마천은 그의 단독 열전으로 〈춘신군열전〉을 마련하여 지략을 갖춘 변사이자 지혜와 용기를 겸비한 춘신군 황헐(黃歇, 기원전 314~기원전 238)의 행적을 소개했다. 사마천은 춘신군의 성격을 있는 그대로 남김없이 폭로한다. 특히 이원(李園)이란 측근에게 속아 죽임을 당하는 춘신군의 어리석음까지 드러냈다.

이 사건은 '이원의 여동생'이란 뜻의 '이원여

《동주열국지》 삽화에 보이는 춘신군의 모습이다.

제(李園女弟)'라는 고사로 전한다. '이원여제'는 이원이 춘신군의 아이를 임신한 자신의 여동생을 후사가 없는 초왕의 후궁으로 보내 권력을 얻은 다음, 춘신군을 살해하는 사건을 표현한 고사다. 4공자의 기록들인 〈맹상군열전〉, 〈평원군우경열전〉, 〈위공자열전〉을 함께 참고하면 좋다.

무망지복은 이원의 꿍꿍이를 눈치 챈 춘신군의 측근 주영(朱英)이 고열왕(考烈王)의 병중에 틈을 타 춘신군에게 충고하는 대목에서 나온 성어인데 해당 대목은 이렇다.

"인간 세상에는 **바라지 않던 복**이 올 수도 있고, 바라지 않는 불행이 올 수도 있습니다. 지금 공은 생각지도 못하는 화와 복이 일어날 수 있는 상황에 있으면서 언제 돌아가실지 모르는 임금을 섬기고 계십니다. 그러니 어떤 상황에서든 그런 화를 막을 수 있는 인재를 구하지 않으시렵니까?"

주영은 이런 말로 춘신군의 관심을 끈 다음, 이원을 조심할 것과 자신을 기용하여 이원을 막게 해달라고 충고했다. 춘신군은 듣지 않았고, 주영은 후환이 두려워 달아났다. 춘신군은 결국 이원에게 살해당했다.

키워드 : 화복, 의외(意外)

무면목(無面目)

면목이 없다.
– 권66 〈오자서열전〉

약 반세기에 걸친 오월쟁패에서 패해 나라를 망친 오왕 부차(夫差, ?~기원전 473)는 자결하기에 앞서 자신의 얼굴을 천으로 가려달라고 하면서 "죽어 지하에서 오자서를 볼 **면목이 없다**"고 했다. 평소 월나라에 대한 경계를 늦추지 말 것과 기회가 올 때

마다 월나라를 없애라고 충고한 오자서의 말을 듣지 않은 사실에 대한 후회의 말이었다. 여기서 **면목이 없다**는 **무면목**이란 성어가 나왔다.

《사기》에는 '무면목'이란 표현이 〈오자서열전〉 외에 권31 〈오태백세가〉에도 보인다. 역시 오나라의 멸망과 관련하여 부차의 후회를 기록한 부분이다. 또 권7 〈항우본기〉에도 '무면목'이 나온다. 항우가 해하(垓下)에서 패하여 오강(烏江)에 이르러 강동으로 건너가 재기하라는 권유를 물리치며 "강동의 부형(어른)들을 볼 면목이 없다"라고 한 대목이 그것이다. 대개 '무면목견강동부로(無面目見江東父老)'로 많이 표현한다.('강동부형' 항목 참고)

부차는 아버지 합려가 이룬 패권을 지키지 못하고 나라를 망쳤다. 충직한 오자서를 죽게 하고 간신 백비를 가까이 한 것이 가장 큰 원인이었다. 강소성 무석시(無錫市) 오태백(吳泰伯) 사당 내 부차의 상이다.(2010년)

키워드 : 후회, 체면

무문교저(舞文巧詆)

글을 교묘하게 꾸며 죄에 빠뜨리다.
– 권122 〈혹리열전〉

글을 교묘하게 꾸며 백성들을 죄에 빠뜨리는 **무문교저**는 법조문을 조작하여 자신의 욕망과 권력을 갈취하는 가혹한 법관 '혹리(酷吏)'들의 행태를 지적하는 성어이다. 참고로 '무문교저'는 2018년 〈교수신문〉이 선정한 올해의 사자성어이기도 하다.('무문농법' 항목 참고)

키워드 : 문장, 조작, 농단

무문농법(舞文弄法)

붓을 놀려 글로 법을 농단하다.
– 권129 〈화식열전〉

　관리들이 법률 지식을 악용하여 법 조항을 자기 입맛이나 권력자의 구미에 맞게 조작함으로써 사사로운 이익을 챙기고, 나아가 백성들에게 해를 끼치는 것을 지적한 사자성어이다. 앞서 소개한 '무문교저'와 같은 뜻이다. '무문왕법(舞文枉法)' 또는 '무문농묵(舞文弄墨)'《수서》〈왕충전〉)이라고도 한다.

키워드 : 문장, 조작, 농단, 피해

무방지민(無方之民)

예법을 모르는 사람.
– 권23 〈예서〉

　'무방지민'의 출처는 《예기(禮記)》〈경해(經解)〉 편이고, 사마천은 〈예서〉에서 이를 같은 뜻으로 쓰고 있다. 해당 대목은 다음과 같다.

　"그러나 예를 법으로 삼지 않는 자는 예가 부족하니 이를 일러 **예법을 모르는 방정(方正)하지 못한 사람**이라고 하고, 예를 법으로 삼으면 예가 충족해지니 이를 일러 방정한 사람이라고 한다."

　〈예서〉는 "각 시대의 '인성(人性)'에 가깝도록 하고 왕도와 통하게 한다'는 예의 요지는 서로 통한

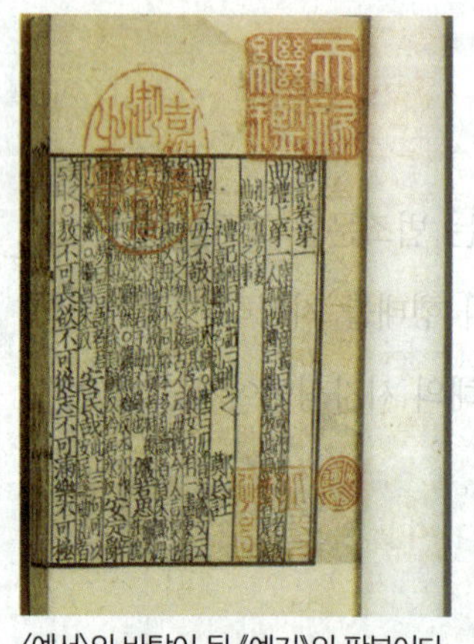

〈예서〉의 바탕이 된 《예기》의 판본이다.

다"는 취지에서 마련된 한 편이다. 글을 쓴 사람에 대한 논란이 많지만 사마천의 학술사상 체계를 이해하는 데 중요한 한 편이다. 유가예제의 기본관점과 정치관을 바탕으로 학술사상에서는 순자(荀子)의 영향이 크며, 서주~서한에 이르는 예제의 변화를 회고하면서 역사 진화관과 변증법 사상을 잘 보여준다. 또 여덟 편의 서 가운데에 〈예서〉를 맨 처음에 올려 통일왕조의 통치 질서를 상징적으로 대변했다.

키워드 : 예제, 예법

무쌍(無雙)

둘도 없다.

– 권92 〈회음후열전〉

흔히 '천하무쌍'이란 표현을 많이 인용한다. '천하에 둘도 없다'는 뜻이다. 항우를 물리치는 데 결정적인 공을 세운 한신을 두고 소하는 일찍이 '국사무쌍(國士無雙)'이라고 표현했다. 한신을 '온 나라를 통틀어 둘도 없는 인재'로 지목한 것이다. 참고삼아 **무쌍**이란 단어가 나오는 다른 기록들을 살펴본다.('국사무쌍' 항목 참고)

《동관한기(東觀漢記)》(〈황향전〉)에 보면 동한 시기의 효자로 이름을 남긴 황향(黃香, 약 68~122)의 행적이 나온다. 황향은 열두 살 나이에 온갖 서적을 독파한 천재로 이름을 떨쳤다. 먹고 입을 것이 없을 정도로 가난했지만, 주위의 도움조차 뿌리칠 정도로 지조 또한 대단했다. 황제가 이런 이야기를 듣고 황향에게 《회남자》와 《맹자》를 내려 주면서 동관(東觀)에 들어와서 읽지 못한 책을 읽도록 특별히 배려했다. 그러면서 황제는 황향을 '천하무쌍(天下無雙), 강하황동(江夏黃童)'이라며 칭찬을 아끼지 않았다. '천하에 둘도 없는 강하 지방의 황 어린이'란 뜻이다.

송나라 때 문인 황정견(黃庭堅, 1045~1105)은 이 고사를 두고 "조서를 내려 '무쌍'에게 동관에 와서 보지 못한 책을 보도록 허락하셨네"라는 시를 남기기도 했다. 황향과 관련한 이 고사는 '무쌍(無雙)', '무쌍황동(無雙黃童)', '강하무쌍(江夏無雙)', '강하황동(江夏黃童)', '황동(黃童)', '무쌍사(無雙士)' 등 재능이 출중한 인재를 비유하는 여러 파생어를 만들어 냈다.

이상은 널리 알려진 '군계일학(群鷄一鶴)'과 비슷한 뜻의 성어들이다. '군계일학'의 출처는 《진서(晉書)》〈혜소전(嵇紹傳)〉과 《세설신어(世說新語)》〈용지(容止)〉 편 등이다. 참고로 중국에서는 '군계일학'보다 '계군일학(鷄群一鶴)'을 많이 인용한다.

키워드 : 인재, 출중

무위자화(無爲自化)

아무것도 하지 않으면 절로 교화된다.
— 권63 〈노자한비열전〉

도가의 창시자 노자의 전기는 한비자와 한 편에 기록되어 있어 한비자 사상의 뿌리가 도가에 있음을 나타내고 있다. 노자의 초상화이다.

무위자화의 출처는 《노자》 제57장의 "따라서 성인은 이렇게 말했다. '내가 아무것도 하지 않지만 백성은 절로 교화된다(아무위이민자화我無爲而民自化)"이다. 사마천은 〈노자한비열전〉에서 도가와 유가의 상호배척을 지적하면서 이렇게 말하고 있다.

"도가 같지 않으면 서로 상의하지 않는다고 했는데, 이런 것을 두고 하는 말인가? 이이(李耳, 노자)는 '아무것도 하지 않지만 절로 교화되고(무위자화無爲自化), 청정하면 알아서 반듯해진다(청정자정淸靜自正)'고 했다."

도가의 핵심 사상의 하나인 '무위(無爲)'에 대한 해석은 분분하지만 '억지로 일삼지 않는다'는 뜻으로 보면 무난할 것이다.

키워드 : 도가, 노자, 무위, 교화

무입추지지(無立錐之地)

송곳 꽂을 땅도 없다.
– 권118 〈회남형산열전〉

한나라 건국 초인 기원전 196년 고조 유방은 회남왕(淮南王) 경포(黥布)가 반란을 일으키자 이를 진압하고 막내아들 유장(劉長)을 회남왕으로 삼았다. 유장도 반란을 꾀하다 왕에서 폐위되었다. 유장은 먹기를 거부하고 굶어 죽었다. 그 아들 유안(劉安, 기원전 179~기원전 122)이 자리를 물려받았지만, 그 역시 반란을 꾀했다. 당시 측근 오피(伍被)가 강력하게 말렸지만, 유안은 다음과 같은 말로 오피의 충고를 물리쳤다.

"진승과 오광은 **송곳을 꽂을 땅이 없이도** 천 명의 무리를 모을 수 있었고, 대택(大澤)에서 일어나 팔을 휘둘러 크게 호령하자 천하가 호응했으며, 서쪽으로 희수(戲水)에 이르자 군사가 120만 명이나 되었소. 우리나라가 비록 작으나 군사로 삼을 수 있는 자가 10만 명에 이르며, 이들은 죄를 지어 변방에 간 무리도 아니고, 또 낫·끌·창 자루를 쥔 상황도 아니오. 공은 무엇으로 화만 있고 복은 없다고 말하는가?"

유안의 모반은 결국 발각되었고, 유안은 자살했다. **무입추지지**는 유안의 말대로라면 아주 좁은 땅을 가리키지만 훗날 대단히 빈곤한 처지를 비유하는 성어로도 많이 사용되었다. 《순자》〈유효(儒效)〉 편에는 '무치추지지(無置錐之地)'로 나온다. 우리는 대개 '입추(立錐)의 여지(餘地)가 없다'는 식으로 많이 사용한다. 권55 〈유후세가〉에도 '무입추지지'라는 표현이 보인다. 《장자》 〈도척(盜跖)〉 편에도 '무치추지지(無置錐之地)'라는 같은 뜻의 표현이 보인다.

키워드 : 처지, 곤궁

무편무당(毋偏毋黨), 왕도탕탕(王道蕩蕩)

사사로움 때문에 한쪽으로 기울지 않아야만 성왕의 길이 넓어진다.
– 권38 〈송미자세가〉

주 무왕은 은나라를 멸망시킨 다음, 기자(箕子)를 찾아가 통치의 이치에 대해 자문을 구했다. 기자는 특별히 '사사로움에 치우치지 말 것'을 강조하면서 이렇게 말했다. 아래에 원문도 함께 인용해둔다.

미자·비간과 함께 은나라 말기 삼인(三仁, 또는 삼현三賢)의 한 사람이었던 기자는 주나라 초기 무왕에게 통치의 이치를 자문하기도 했다. 사진은 기자의 상이다.(2009년)

"사사로움 때문에 한쪽으로 기울지 마십시오! 그래야만 성왕의 길은 넓어집니다. 사사로움 때문에 한쪽으로 기울지 마십시오! 그래야만 성왕의 길은 평탄해집니다. 배반하지 말 것이며, 간사한 쪽으로도 기울지 마십시오! 그래야만 성왕의 길은 정직해집니다."

"무편무당(毋偏毋黨), 왕도탕탕(王道蕩蕩). 무당무편(毋党毋偏), 왕도평평(王道平平). 무반무측(毋反毋側), 왕도정직(王道正直)."

무왕은 기자를 조선에 봉하고 신하로 대하지 않았다고 한다. 기자가 무왕에게 이야기한 통치

628

의 이치를 '홍범구등(鴻範九等)'이라 한다. 《상서》에는 '홍범구주(洪範九疇)'로 되어 있다. 중국 하나라 우임금이 남겼다는 정치 이념 내지 통치 방략을 말한다. 홍범은 큰법을 말하고, 구주는 그에 딸리는 9개 조항 내지 범주를 가리킨다. 요컨대 '9개 조항의 큰 법'이라는 뜻이다. 우왕이 홍수를 다스릴 때 하늘로부터 받은 낙서(洛書)를 보고 만들었다고 한다. '홍범구등'은 내용이 많고 어렵기 때문에 하나의 표로 만들어제시해둔다.

구등(九等)	구성	내용	응용
오행(五行) 다섯 가지 천지운행	수(水, 물)	아래로 젖어듬	짠맛
	화(火, 불)	위로 타오름	쓴맛
	목(木, 나무)	굽고 곧음	신맛
	금(金, 쇠)	모양을 바꿈	매운맛
	토(土, 흙)	뿌리고 거둠	단맛
오사(五事) 다섯 가지 일	모(貌, 몸가짐)	공손	엄숙해짐
	언(言, 말)	이치	다스림
	시(視, 보기)	밝음	지혜로워짐
	청(聽, 듣기)	총명	일을 꾀함
	사(思, 생각)	통달	성인(聖人)이 됨
팔정(八政) 8항목의 정무	식(食)	농업 생산	여덟 항목의 정무를 관장하는 관직 이름이기도 함
	화(貨)	수공업 생산과 상업 무역	
	사(祀)	종묘 제사	
	사공(司空)	내무와 민정	
	사도(司徒)	문화와 교육	
	사구(司寇)	공안과 사법	
	빈(賓)	내빈과 외무	
	사(師)	군사활동	
오기(五紀) 다섯 가지 시간 기록법	세(歲)	1년	
	월(月)	1달	
	일(日)	1일	
	성신(星辰)	28수와 해와 달	
	역수(曆數)	역법	사시와 절기를 추산

황극(皇極) 제왕의 법칙	제왕의 최고 법칙을 말함	제왕이 법칙을 지키고, 인재를 두루 기용하며, 공평하게 제왕의 길을 따를 것	
삼덕(三德) 제왕의 세 가지 덕성	정직(正直)	정직과 강력함과 유순함을 상황에 맞게 활용	
	강극(剛克)		
	유극(柔克)		
계의(稽疑) 문제를 살피는 점복법	우(雨)	비	복(卜)
	제(濟)	개임	
	체(涕)	구름	
	무(霧)	안개	
	극(克)	음양 상호침범	
	정(貞)	내괘(內卦)	점(占)
	회(悔)	외괘(外卦)	
서징(庶徵) 각종 징조	우(雨) 비	경건하고 엄숙한 군왕의 자태	군왕이 조건을 갖추면 때 맞춰 내리고, 비추고, 따뜻해지고, 추워지고, 불어옴
	양(陽) 맑음	잘 이루어지는 군왕의 통치	
	오(奧) 따뜻함	현명하고 지혜로운 군왕	
	한(寒) 추움	깊고 멀리 내다보는 군왕	
	풍(風) 바람	통달한 식견의 군왕	
향용오복 (向用五福) 다섯 가지 복	수(壽)	목숨	사람으로서 다섯 가지 복을 누리게 함
	부(富)	부귀	
	강녕(康寧)	건강·태평	
	유호덕(攸好德)	미덕·실천	
	고종명(考終命)	장수·선종	
외용육극 (畏用六極) 여섯 가지 재난을 운용	흉단절(凶短折)	일찍 죽음	여섯 가지 재난을 운용하여 위엄을 과시함
	질(疾)	질병	
	우(憂)	근심·걱정	
	빈(貧)	가난	
	악(惡)	추함	
	약(弱)	허약함	

키워드 : 통치, 정도(正道), 무사(無私)

문가라작(門可羅雀)

그물을 던져 참새를 잡을 만큼 문 앞이 널찍하다.
– 권120 〈급정열전〉

정승집 개가 죽으면 조문객들로 문전성시(門前成市)를 이루지만, 정작 정승이 죽으면 상갓집이 썰렁해진다는 씁쓸한 격언이 있다. **문가라작**이란 성어가 바로 그런 뜻이다. 사마천은 한나라 초기의 관리였던 급암(汲黯)과 정당시(鄭當時)에 대한 열전인 〈급정열전〉을 마무리한 뒤 이들의 행적을 평가하면서 이렇게 말한다.

"급암과 정당시가 세도가 있을 때는 빈객이 열 배나 되었건만, 세도가 없어지니 그게 아니었다. 현명했다고 하는 급암과 정당시가 이러할진대 다른 자들이야 말해서 무엇하랴! 책공(翟公)이란 사람이 이런 말을 했다. 처음 책공이 정위 벼슬에 오르자 축하객들로 대문이 미어질 정도였는데, 자리에서 물러날 즈음에는 **문 밖에 참새 그물을 칠** 정도였다. 책공이 다시 정위가 되자 빈객들은 전처럼 북적댔다. 그래서 책공은 문에다 큼지막하게 '한 번 태어나고 죽음으로써 서로의 정을 알게 되고, 한 번 가난해졌다가 부귀해짐으로써 사람 사귀는 태도를 알게 되며, 한 번 귀했다가 천해짐으로써 사람 사귀는 정이 환히 드러나는구나' 이렇게 써 붙였다고 한다."

세상인심, 세태에 대해서는 많은 사람들이 이런저런 말을 남겼다. 세상사나 인심의 본질이야 예나 지금이나 별반 다를 것이 없는데, 논객이나 정객들이 자신의 처지에 따라 이렇게 이야기했다가 저렇게 떠들어댔기 때문이다. 장자(莊子)는 아예 "인심은 산천보다 위험하며, 하늘을 알기보다 더 예측하기 어렵다"며 일찌감치 인심에 관한 언급을 피했다. 장자의 현명함이 돋보인다. 인심은 실체도 없이 내 처지에 따

라 왔다 갔다 하기 때문이다.('일사일생, 내지교정', '후래거상' 항목 참고)

키워드 : 세태, 인심

문경지교(刎頸之交)

목숨을 내놓을 수 있는 우정.
– 권81 〈염파인상여열전〉 ; 권89 〈장이진여열전〉

《사기》 전편을 통해 '관포지교(管鮑之交)'와 함께 우정에 관한 가장 널리 알려진 성어이다. '문경'은 '목을 내놓는다'는 뜻이다. 이 성어는 기원전 3세기 초 전국시대 조나라를 실질적으로 이끌었던 두 인물, 염파와 인상여의 관계에서 나왔다.

진나라의 무리한 요구를 굳센 용기와 훌륭한 지혜로 막아낸 공으로 인상여는 파격적인 승진을 거듭한다.('완벽' 항목) 전장에서 숱한 난관을 헤치며 많은 공을 쌓아온 염파로서는 이런 인상여가 못마땅했다. 염파는 인상여를 만나면 혼쭐을 내겠다며 큰소리를 쳤다. 이런 염파를 인상여는 계속 피해 다녔다.('회차항' 항목) 인상여 집에서 일하는 노비들은 자기 주인이 염파에 비해 조금도 떨어질 것이 없는 데도 주인이 염파를 피해만 다니는 것에 불만을 품었다. 인상여는 그렇지 않아도 나라 사정이 어려운데 자신마저 염파와 다투었다간 나라를 멸망으로 이끌지 모른다며, 자신이 염파를 피하는 진심을 털어놓았다. 이 말을 전해들은 염파는 소인배처럼 인상여를 시기하고 질투했던 자신이 부끄러워 '한쪽 어깨를 드러내고 가시나무를 짊어진 채 인상여를 찾아 잘못을 사죄'하기에 이른다.('부형청죄' 항목) 극적으로 오해를 푼 두 사람은 **목숨을 내놓을 수 있는, 즉 생사를 같이하는 친구**가 되었다.

문경지교라는 표현은 〈장이진여열전〉에도 보이는데, 장이와 진여는 '문경지교'로 출발하였으나 나중에는 서로를 죽이고 싶어 하는 원수지간이 되었다. 우정의 최고 경지라 할 수 있는 '문경지교'로 맺어진 친구 사이도 인간의 변덕스러운 마음에는 어찔 수 없나보다. 사마천은 이를 두고 '권력을 다투게 되자 서로 죽이려 했으니 어찌 권세와 사리사욕 때문이 아니겠는가'라는 말로 날카롭게 비꼬았다.

'문경지교'는 '관포지교'와 함께 참된 우정의 대명사와도 같다. 친구가 없는 세상은 황야나 다름없다. 참다운 친구를 가질 수 없다면, 그것은 차라리 비참한 고독만도 못하다고 할 수 있다. 생사는

염파와 인상여가 남긴 '문경지교'는 '관포지교'와 함께 참된 우정, 공사를 가릴 줄 아는 친구 사이를 대표하는 고사성어가 되었다. 사진은 염파(좌)와 인상여의 소상이다.(2010년)

그만두고라도 '동고동락(同苦同樂)'할 수 있는 친구라도 있었으면 하는 세상이다.

명나라 후기 소준(蘇浚, 1542~1599)이란 성리학자가 편찬한 《계명우기(鷄鳴偶記)》라는 책에 보면 옛날 사람들은 친구를 다음과 같이 네 종류로 나누고 있다.

첫째는 서로 잘못을 바로잡아주고 도의(道義)를 위해 노력하는 친구 사이로 이를 외우(畏友)라 한다.

둘째는 밀우(密友)로 힘들 때 서로 돕고 생사를 같이하는 친구 사이를 가리킨다.

셋째는 좋은 일과 노는 데만 잘 어울리는 친구로 일우(昵友)라 한다.

끝으로 적우(賊友)는 이익을 보면 서로 싸우고, 근심거리가 있으면 서로 미루는 사이를 말한다.

내 친구는 어떤 유형에 속하며, 나는 과연 친구에게 어떤 유형일까?

키워드 : 인간관계, 우정

권17 〈한흥이래제후왕연표〉는 기원전 202년 건국 후 105년 동안 한나라의 역사와 권력투쟁 등에서 큰 비중을 차지했던 제후왕국의 발전상황을 6개 표로 정리한 연표다. 특히 숙청된 공신들에 대한 동정과 통치자들에 대한 비판적 입장을 풍자와 암시로 지적하고 있다. 사진은 서한 초기 팽성(彭城, 지금의 강소성 서주) 지역을 통치했던 초나라 왕의 수의(壽衣)인 '금실 따위로 옥을 엮어 만든 옷' '금루옥의(金縷玉衣)'의 모습이다(서주박물관, 2014년)

문군당로(文君當壚)

탁문군이 술집을 차리다.

– 권117 〈사마상여열전〉

한나라 무제 때의 문장가 사마상여는 젊은 날 성도(成都) 지역의 큰 부자 탁왕손(卓王孫)의 잔치에 갔다가 그의 딸 탁문군과 첫눈에 반해 야반도주한 특별한 러브 스토리를 남겼다.('가거도사벽립', '금심상도', '독비곤' 등 항목 참고)

그러나 두 사람의 신혼은 마냥 행복한 것이 아니었다. 사마상여가 가진 것이라고는 집의 네 벽 밖에 없을 정도('가거도사벽립')로 가난했기 때문이다. 문군은 타고 온 마차와 패물 따위를 팔아 술집을 차렸다. 이것이 **문군당로**라는 성어의 출처이다. 이를 '문군고주(文君賈酒)'라고도 하는데, '문군이 술을 팔다'는 뜻으로 모두 젊은 여자가 술을 판다는 전고가 되었다.

사마상여와 문군의 놀라운 러브 스토리는 많은 성어를 파생시켰는데, '탁문군과 사마상여'의 성과 이름을 줄여 '문군사마(文君司馬)'라는 네 글자로 서로 사랑하는 연인 또는 부부를 뜻하게 되었다. 또 '문군신과(文君新寡)'라는 네 글자는 '젊은 과부 탁문군'이란 뜻인데, 문군이 사마상여를 만나 야반도주할 당시 그녀는 이미 남편을 잃은 과부였기 때문이다.

탁문군이 술집을 차렸던 장소로 지금의 사천성 공래시(邛崍市) 문군고리(文君故里)에 남아 있다.(2011년)

키워드 : 부부, 신혼, 술집

문동무서(文東武西)

문관은 동쪽, 무관은 서쪽.
– 권99 〈유경숙손통열전〉

한나라 초기 조정은 예의와 질서가 잡혀 있지 않았다. 황제 앞에서도 거친 언행이 예사였다. 고조 유방이 이를 못마땅해 하자 유자 숙손통(叔孫通)은 30명의 유자들을 모집하고, 조정의 학문하는 사람들과 자신의 제자 100명을 동원하여 한 달 동안 의례를 가르치고 연습했다.

기원전 200년 장락궁(長樂宮)이 완성되자 숙손통은 문무백관을 거느리고 고조 유방에게 예를 올렸고, 고조는 "이제야 황제 귀한 줄 알겠다"며 숙손통을 칭찬했다. 이렇게 해서 궁중 의례가 갖추어졌고, 숙손통은 태상(太常)에 임명되었다.

숙손통이 의례를 거행할 당시 **문관은 동쪽**에 서서 서쪽을 바라보고, **무관은 서쪽**에 나열해서 동쪽을 바라보게 했기 때문에 **문동무서**라는 성어가 나왔다. 이후 '문동무서'는 문무백관의 위치가 되었다.('면절' 항목 참고)

키워드 : 의례, 문관, 무관, 위치

문무병용(文武幷用)

문과 무를 함께 쓰다.
– 권97 〈역생육고열전〉

'마상득지, 마상치지' 항목에서 살펴본 바대로 육고는 고조 유방에게 나라를 세우는 과정에서는 무가 중요하지만, 나라를 세우고 나면 **문과 무를 함께 써야** 나라의 큰 두 기둥이 서는 것이라 강조하면서 **문무병용**을 건의했다.

육고의 요지는 간단했다. 개인이건 나라건 문무겸비(文武兼備)가 필요하다는 것이었다. 육고의 충언을 잔소리로 받아들인 유방이 '마상득지(馬上得之)'를 들고 나오자 육고는 유방의 말을 그대로 활용하여 '마상치지(馬上治之)'로 되받아쳤다. 거침없는 직언에 고조는 기분이 상했지만 육고에게 "진나라가 천하를 잃고 내가 천하를 얻은 까닭과 고대 국가들이 성공하고 실패한 원인을 밝혀보아라"라고 명령했다. 육고는 모두 12편의 글을 써서 흥망성쇠의 이치를 밝히니 이 책이 《신어(新語)》이다. 당시 황제와 문무백관은 한 편이 완성되어 발표될 때마다 만세를 불렀다고 한다.('마상득지, 마상치지' 항목 참고)

진나라 멸망과 유방이 천하를 얻기까지의 과정과 그 원인 등을 기록한 《신어》의 판본이다.

키워드 : 문무겸비

문불야관(門不夜關)

밤에도 대문을 잠그지 않다.

– 권119 〈순리열전〉

문불야관은 밤에 대문을 잠그지 않아도 될 만큼 치안이나 질서가 잘 유지되는 상태를 비유하는 성어다. 이 성어는 춘추시대를 대표하는 개혁 정치가의 한 사람이었던 정자산(鄭子産, ?~기원전 522)의 정치를 칭찬하는 대목에서 나온다.

정치가의 이상적인 정치나 정책을 대변하는 표현 중에 '삼불기(三不欺)'라는 것이 있다. 이는 관과 리(관리), 관과 민(관민)의 특수한 관계를 잘 보여주는 중국 정치의 오랜 전통으로, '속이지 않는' 세 가지 경우를 가리키는 말이다.

이 특별한 용어는 〈순리열전〉의 "정자산이 정나라를 다스리니 민이 속이지 못했으며, 복자천(宓子賤)이 선보현(單父縣)을 다스리니 민이 차마 속이지 않았으며, 서문표(西門豹)가 업현(鄴縣)을 다스리니 감히 속이지 않았다"고 한 대목에서 나왔다. 다 같이 '속이지 않는' 것인데, 어떤 경우는 '하지 못하고', 어떤 경우는 '차마 못하고', 또 어떤 경우는 '감히 하지 않는' 차이가 나는가?(자세한 내용은 '삼불기' 항목 참고)

이 이야기가 시사하는 바가 매우 크고 깊다. 오늘날 정치가들이나 관리들도 귀담아 들어야 할 대목이다. '속이지 못하는' 것은 정치가나 관리가 어질고 현명하여 사람들이 그를 사랑하고 믿기 때문이며, '차마 속이지 못하는' 것은 그가 깨끗하고 간섭하지 않는 자세로 다스려 사람들이 그를 마음으로 생각하기 때문이다. 또 '감히 속이지 못하는' 것은 위엄과 엄격함으로 사람들이 그를 두려워하기 때문이다.

정자산과 그의 정치는 위 세 유형 중에서도 첫 번째 '속이지 못한다'에 속했다. 밤에 문을 걸어 잠그지 않아도 될 정도였으니 그의 정치가 얼마나 어질고 현명했는지 알 수 있다. 사마천은 정자산의 5년 간에 걸친 정책과 업적을 차례로 기록하고 있다. 그 내용을 요약하면 이렇다.

"자산이 재상이 된 지 1년 만에 더벅머리 아이들이 버릇없이 까부는 일을 없앴고, 노인들이 무거운 짐을 들고 다니지 않도록 했으며, 어린아이들이 밭갈이 등 노동에 동원되는 일이 없어졌다. 2년째가 되자 시장에서 물건 값을 깎는 일이 없어졌다. 3년이 되자 **밤에 문을 잠그지 않아도** 괜찮았고, 4년이 지나자 밭 갈던 농기구를 그대로 둔 채 집에 돌아와도 아무 일이 없었다. 5년이 지나자 군대를 일으킬 일이 없어졌고, 상복 입는 기간을 명령하지 않아도 백성들이 알아서 잘했다."

자산은 정치적으로 공평무사한 관용의 태도로 임했고, 법제 면에서는 법률을 정비하는 개혁조치로 백성들의 생활을 편리하게 만들었다. 경제 면에서는 개인의 땅을 인정하고 밭의 경계를 새로 나누게 했다. 그러니 사람들은 속일 필요도 없었고, '속일 수 없었다.' 그에 대한 평가는 궁중 내란으로 그를

사마천이 최고의 경지에 오른 정치를 보여준 인물로 꼽은 정자산은 죽어 장례치를 돈이 없어 시신을 광주리에 담아 야산에 묻었다고 할 정도로 청렴한 인물이었다. 정자산의 초상화이다.

죽이려 했을 때 정적조차도 '그는 어진 사람으로 자산 없는 정나라는 생각할 수 없다'며, 그를 죽이지 못하게 했다는 일화에서도 충분히 엿볼 수 있다.

권력은 권력을 행사하는 주체와 그것을 받아들이는 객체 사이의 지배(명령)와 복종의 관계다. 이 관계는 헤겔이 말한 대로 모순과 대립을 지양하고 고차원적 인식에 이르는 변증법적 관계이며, 또 현실적으로는 '속임을 당하지 않고' '속이지 못하고' '속이지 않는' 관계들로 나타났다. 기원전 6세기 인물인 자산은 '현명함'과 '지혜', 그리고 '개혁'으로 정치를 이끌어, 이 숨 막히는 권력구조와 권력관계를 슬기롭게 이끈 정치 관료의 모범으로 평가받고 있다.

키워드 : 정치, 통치, 통치가, 방식

문성(文成)

방사 소옹.
– 권12 〈효무본기〉 ; 권28 〈봉선서〉

한 무제는 미신에 심취하여 신선과 불로장생을 앞세운 방사(方士)들에게 속아 그들에게 돈을 내리는 것은 물론 특별한 이름의 관직이나 작위까지 내렸다.

기원전 120년 제나라 지역 출신의 소옹(少翁)이란 자가 귀신을 부르는 방술이 있다며 무제를 만났다. 무제가 총애하던 왕부인이 죽자 소옹은 방술로 한밤에 왕부인과 부엌신의 형상 따위를 불러들이니 무제는 장막을 통해 이를 보았다. 그리고는 소옹을 '문성장군(文成將軍)'에 봉하고, 큰 상을 내리는 한편 그를 손님의 예로 대우했다.

무제가 소옹에게 내린 '문성장군'이란 이름에서 **문성**이 떨어져 나와 **방사 소옹**을 가리키는 단어가 되었고, 훗날 방사들을 비유하기도 했다.

키워드 : 미신, 방사

문소미문(聞所未聞)

지금껏 들어본 적이 없는 것을 듣다.

– 권97 〈역생육고열전〉

한나라 초기 남방의 남월왕(南越王) 위타(尉佗, 기원전 약 240~기원전 137)가 중앙 조정의 명을 듣지 않았다. 고조 유방은 육고(陸賈)를 보내 위타를 달랬다. 육고는 중원 출신인 위타에게 천하정세를 비롯하여 한나라의 크기와 위세 등을 자세히 이야기했고, 위타는 육고를 머무르게 하고는 몇 달 동안 술 마시고

한나라 초기 이성 제후국 분포도이다. 맨 아래 남쪽에 남월이 있다.

대화했다. 그런 다음 위타는 다음과 같이 말하며 중앙에 복속하겠다고 했다.

"남월에는 더불어 이야기를 나눌 사람이 없소. 그대가 이곳에 온 뒤로 나에게 매일 **지금껏 들어본 적이 없던 것을 듣게** 해주었소."

원문은 '문소불문(聞所不聞)'으로 되어 있으나 지금은 **'문소미문'**으로 많이 쓴다. 과거에는 들어보지 못했거나 경험하지 못한 것을 새롭게 알게 되었다는 의미다.

키워드 : 경험, 과문(寡聞)

문신단발(文身斷髮)

문신을 하고 머리카락을 자르다.

– 권31 〈오태백세가〉

문신을 하고 머리카락을 자르다는 **문신단발**(文身斷髮)은 중국의 동남 지역인 고대 형초(荊楚)나 남월(南越) 지역의 습속이다. 몸에 각종 문양을 새기고 머리를 짧게 자르는 것을 말한다. 전하기로는 물속에 사는 교룡(蛟龍)을 피하기 위해서라고 한다.

오나라를 세운 시조 태백(太伯)과 중옹(仲雍)은 원래 주(周) 부락 태왕(太王)의 첫째와 둘째 아들이었다. 그런데 셋째 아들 계력(季歷)에게는 현명하고 뛰어난 아들 창(昌, 훗날 주 문왕)이 있었다. 태백과 중옹은 아버지 태왕의 자리가 셋째 계력에게 물려지고, 다시 조카 창에게 자리가 돌아갈 수 있게 임금 자리를 양보했다. 두 사람은 자신들의 의지를 확실하게 보여주기 위해 주 부락을 떠나 먼 동남쪽 형만(荊蠻)으로 달아났다. 나아가 두 사람은 이 지역의 습속에 따라 '문신을 하고 머리카락을 잘라' 주와의 관계를 완전히 단절했음을 보여주었다.

이후 태백은 형만 지역 백성들의 추대를 받아 그들의 지도자가 되었다. 태백이 죽고, 중옹이 그 뒤를 이어 오(吳)나라를 건국했다.

강소성 무석(無錫)에 남아 있는 태백 사당 내의 '문신단발' 관련 그림(위)이다. 아래 그림은 태백과 중옹이 형만 지역(훗날 오)으로 도망 오는 모습이다.(2005년)

키워드 : 풍속, 동남방

문익(文鷁)

물새 모양의 뱃머리를 한 배.
— 권117 〈사마상여열전〉

젊은 날 사마상여가 양나라 효왕(孝王)의 객으로 있을 때 올린 〈자허부(子虛賦)〉라는 문장 중에 이런 대목이 있다.

"사냥놀이에 지치면 맑은 못에서 노닙니다. **뱃머리를 물새 모양으로 그린 배**를 띄우고, 계수나무 삿대를 올리고, 새털로 장식한 포장을 치고 날개로 장식한 덮개를 세우고 대모(玳瑁, 바다거북)를 그물질하며 자패(紫貝, 조개의 일종)를 낚습니다."

위의 '물새 모양을 그린 배'를 **문익**이라 하는데, 대개 뱃머리 장식이다. 훗날 '문익'은 배를 가리키는 용어가 되었다.

키워드 : 배, 뱃머리, 장식

문정(問鼎)

세발솥에 관해 묻다.
— 권4 〈주본기〉 ; 권40 〈초세가〉

문정은 특별한 단어이다. 글자대로라면 솥, 그중에서도 **세 개의 발을 가진 청동 정(鼎)을 묻는다**는 뜻이다. 이 단어에는 '정'을 묻는 사람의 의중이 담겨 있다.

중국은 예로부터 '정'을 천하·최고권력·천자 등 가장 높고 귀한 존재나 지고무상한 힘을 상징하는 기물로 삼았다. 그리고 고대 최고 통치자는 이 정을 크게 만들어 자신의 권위를 과시했는데, 특별히 아홉 개를 만들어 천자 자체를 상징하는 기물로

구정은 권력·권위·천하·최고통치자를 상징하는 기물이었고, 이와 관련하여 '문정' 등과 같은 흥미로운 단어들이 파생되었다. 사진은 낙양 동주마차박물관 광장에 전시되어 있는 초 장왕과 왕손만의 모습이다.(2018년)

신성시했다. 중국 최초의 왕조로 인정받고 있는 하(夏, 21세기~16세기 기원전)를 세운 우(禹)임금은 아홉 개의 정을 만들어 구주(九州, 천하를 뜻하는 고어)에 나누어줌으로써 자신의 권위를 과시했다고 한다. 따라서 '문정' 또는 '문구정(問九鼎)'이라 하면 천하 권력(권력자)의 상황이나 행방 등을 묻는 것이 된다. 이로부터 '문정'은 천하 패권에 대한 야심을 비유하는 단어가 되었다. 《좌전(左傳)》(선공 3년)에도 같은 내용이 보인다. 이 성어는 '솥의 무게를 묻는 속셈'라는 뜻의 '문정지심(問鼎之心)'이란 성어를 파생시키기도 했다. (《진서晉書》〈왕돈전王敦傳〉)

《사기》에서 '문정' 또는 '문구정'은 〈주본기〉에 보이고, '정의 무게를 묻다'는 '문정경중(問鼎輕重)'도 같은 뜻의 성어인데 〈초세가〉에 나온다. 〈초세가〉 '문정경중'에 관한 고사는 다음과 같다.

기원전 606년 초나라 장왕(莊王)이 육혼(陸渾) 지방의 융족(戎族)을 정벌하러 나섰다. 천자의 나라 주(周)의 도읍을 지나는 길에 장왕은 낙양(洛陽) 부근에서 열병식을 거행하면서, 주 천자가 보란 듯이 자신의 힘을 뽐냈다. 당시 이미 이름뿐인 천자로 전락해있던 주 천자는 하는 수없이 대신 왕손만(王孫滿)을 보내 초나라 군대를 위로했다. 왕손만이 도착하자 장왕은 "주 왕실에는 대대로 전해져 내려오는 정(鼎)이 있다는데 얼마나 크고 얼마나 무겁소?"라고 물었다.

왕권의 상징인 정의 무게를 묻는다는 것은 왕권에 대한 모욕이자 도전인 셈이었다. 왕손만은 주 왕실의 대신답게 지혜로왔다. 그는 이 기회를 틈타 장왕에게 점잖게 이렇게 권유했다.

"주 왕실의 덕이 비록 쇠퇴하긴 했지만, 천명은 아직 바뀌지 않았습니다. 그러니 정의 무게를 묻는 것은 옳지 못합니다."

이 말에 장왕은 곧 물러갔다. 장왕은 '날지도 않고 울지도 않는' '불비불명(不飛不鳴)'의 고사로도 잘 알려진 인물로서 기회를 기다릴 줄 아는 통치자였다.('불비불명' 항목 참고)

자신의 의도나 속셈을 우회적으로 나타내고자 할 때 비유법을 동원하기 마련이다. '문정'은 그런 비유의 전형적인 본보기라 할 만하다. 나아가 이 단어는 타인의 능력·지위 등에 대해 의심을 품고 그 책임을 추궁한다는 의미도 담고 있다.

키워드 : 천하, 권력, 의중

물

물금태성(物禁太盛)

사물이 지나치게 번성하는 것을 막다.

– 권87 〈이사열전〉

이사는 진시황이 죽은 다음, 조고·호해와 유서를 조작하여 진시황의 큰아들 부소와 그 후견인 몽염을 자결케 했다. 이사는 진나라의 승상이라는 자리를 지키면서 부귀영화를 누렸다. 그의 장남인 이유(李由)는 삼천군(三川郡)의 군수가 되었고, 다른 아들들은 모두 진나라의 공주와 결혼했다. 딸들도 귀한 집안의 공자들에게 시집갔다.

언젠가 이유가 휴가를 얻어 함양에 왔다. 이사는 술자리를 베풀었고, 조정의 문무백관들이 모두 참석하여 이사에게 축하를 올렸다. 대문과 뜰에는 수천 대의 마차가 가득 찼다. 이를 본 이사는 한숨을 쉬며 이렇게 탄식했다.

"아아! 내가 **사물이 지나치게 번성하는 것을 막아야 한다**는 순경(荀卿, 순자)의 말씀을 들은 적이 있다. 이사 이 몸은 상채(上蔡)에서 태어나 민가에서 자란 백성일 뿐인데, 폐하께서 나의 재능이 모자람을 알지 못하시고 발탁하시어 지금에 이르도록 해주셨다. 지금 신하들 가운데 나보다 윗자리에 있는 자가 없으니 부귀가 극도에 달했다고 말할 수 있겠다. 만물이 극도에 이르면 쇠퇴하거늘, 내가 어디서 멈추어야 할 바를 모르겠구나!"

사마천은 〈이사열전〉에서 이 장면을 포함하여 모두 다섯 차례에 이르는 이사의 탄식을 배치하여 그의 운명을 암시했다. ('동문황견' 항목 참고)

키워드 : 사물, 성쇠(盛衰)

물성이쇠(物盛而衰), 시극이전(時極而轉)

사물은 번성하면 쇠퇴하고, 때가 극에 이르면 바뀐다.
– 권30 〈평준서〉

사마천은 이 말에 뒤이어 이것이야말로 '변화의 당연한 이치이다'라고 단언했다. 사마천의 사관을 잘 드러내는 명언이다.

순환론(循環論) 역사관은 자칫 잘못하면 숙명론으로 빠지기 쉽다는 약점을 가지고 있다. 그러나 지나간 역사를 되돌아보면, 인간은 참으로 놀랍고 어리석게도 같은 잘못을 되풀이 해왔음을 발견하게 된다. 사마천은 이런 인간사 변화의 지극히 당연한 이치로 번성과 쇠퇴의 논리를 내세운 것 아닐까?

사마천의 이 명언은 경제에 관한 전문적인 이론을 내세운 〈평준서〉에 나온다. 특히, 경제가 번성하여 동전을 엮은 줄이 썩을 정도로 창고에는 돈이 남아돌고, 너나없이 사치풍조에 젖어 있는 당대의 상황을 직시한 다음, 준엄한 어조로 **사물은 번성**

하면 쇠퇴하고, 때가 극에 이르면 바뀐다라고 경고하고 있다.

흥망성쇠, 성공과 실패는 돌고 돈다. 성공은 무엇을 얻을 것인가가 중요한 것이 아니라, 무엇을 버림으로써 그것을 얻을 것인가가 더욱 중요하다. 잘살기 위해서는 노력과 절약이라는 대가가 필요하고, 그보다 더 잘살기 위해서는 부당하고 부정한 욕망을 포기하거나 기꺼이 버릴 줄 아는 남보다 나은 도덕성이 요구된다. 그리고 이 모든 것에 앞서 지나온 삶과 한 걸음 더 나아가서는 인간사의 흔적을 냉철하게 되짚어 보는 역사의식이 발동되어야 한다. 사마천이 지금 이 시대에 던지는 냉철한 경고이자, 따뜻한 충고다.

키워드 : 사물, 이치, 성쇠(盛衰), 반전(反轉)

물천지징귀(物賤之徵貴), 귀지징천(貴之徵賤)

물가가 내리는 것은 오를 징조이고, 오르는 것은 내릴 징조이다.

– 권129 〈화식열전〉

사마천의 경제관은 오늘날로 보자면 자유 시장경제에 가깝다. 국가의 개입을 기본적으로 반대하며, 각 분야에 종사하는 사람들이 알아서 농수산물과 공산품을 생산하면 상인이 이를 유통시킨다면서 이렇게 말한다.

"농민이 먹을 것을 생산하고, 어부나 사냥꾼이 물고기와 육류를 생산하고, 기술자가 생활에 필요한 물품을 만들면 상인은 이것들을 유통시킨다. 이렇게 각자 알아서 하는 일을 정책이나

소와 개를 도살하는 모습을 나타낸 한나라 벽돌 그림이다.

교화로 징발하거나 약속한다고 되는 것인가? 사람은 각자 자기 능력에 맞추어 있는 힘을 다해 원하는 것을 얻는다."

바로 이어 사마천은 다음과 같이 말한다.

"물가가 내리는 것은 오를 징조이고, 오르는 것은 내릴 징조이다. 따라서 사람마다 자기 일에 힘쓰고 각자 즐겁게 일하면 마치 물이 낮은 곳으로 흐르는 것처럼 밤낮없이 흐르게 된다. 부르지 않아도 알아서 몰려들고, 억지로 구하지 않아도 알아서 만들어낸다. 이것이 어찌 이치에 맞는 것이 아니며, 자연스러움의 징표가 아니겠는가!"

사마천은 기본적으로 물가의 등락도 수요와 공급의 이치에 따라 조정되기 때문에 강제적으로 개입할 필요가 없다는 입장이다. 다만, 물가의 등락을 나쁜 쪽으로 이용하여 폭리를 취하는 '탐상(貪商)' 또는 '간상(奸商)'에 대해서는 강하게 비판하면서 제대로 된 상인이라면 서민들의 물가 안정에 나름 책임을 져야 한다고 했다. 사마천이 서민의 물가 안정에 큰 관심과 노력을 기울였던 계연(計然)이란 상인이자 경제 전문가를 〈화식열전〉의 맨 처음에 소개한 것도 이 때문일 것이다.

키워드 : 경제, 상인, 물가, 등락

미녀자(美女者), 악녀지구(惡女之仇)

미녀는 나쁜(못난) 여자의 원수다.
– 권49 〈외척세가〉 ; 권83 〈노중련추양열전〉 ; 권105 〈편작창공열전〉

　지고무상한 전제 왕권 체제에서 궁정은 겉으로는 금빛 찬란하지만 어떤 면에서는 가장 어두운 인간지옥이기도 했다. 이 궁정에서 여자들, 즉 황후를 포함한 후궁들은 제왕의 마음을 얻어 부귀를 누리기 위해 필사적으로 투쟁했다. 사마천은 궁중 여성들의 이런 처지를 다음과 같은 말로 간명하게 핵심을 짚어냈다.(이 부분은 저소손이 보완한 것인데, 저소손이 인용한 옛날 책이 어떤 책인지는 알 수 없다. 저소손이 인용한 이 대목은 〈외척세가〉 외에 〈노중련추양열전〉, 〈편작창공열전〉에도 인용되어 있기 때문에 사마천의 의중에서 크게 벗어나지 않은 대목으로 보인다.)

　"옛날 책에 '여자는 잘생겼든 못 생겼든 집 안으로 들어가면 시기를 당하고, 선비는 유능하건 못났건 조정에 들어가면 질투를 받는다(여무미오女無美惡, 입실견투入室見妒; 사무현불초士無賢不肖, 입조견질入朝見嫉)'고 했다. **미녀는 나쁜 여자(추녀)의 원수**란 말이 이런 것 아니겠는가?"

　이 대목은 〈외척세가〉의 한 대목인데, '외척(外戚)'이란 이름이 붙어 있지만 실제로는 주로 '후비(后妃)'들을 기록하고 외척은 딸려 언급되어 있다. 사마천은 서한 왕조 초기 고조에서 무제에 이르기까지 몇몇 후비의 사적을 기록하는 것으로 통치 계급의 진짜 얼굴을 덮고 있는 가면을 벗겨내고, 황제의 총애를 얻고 권력을 쟁취하기 위한 궁정 내부의 사활을 건 투쟁을 폭로했다.

　〈외척세가〉는 한 초기 황후와 비빈들의 행적을 주로 기록한 편으로서 그 내용이

궁중에서 후궁의 운명은 겉으로는 황제가 쥐고 있었지만 그 안에서는 후궁들의 살벌한 투쟁이 매일 펼쳐졌다. 4대 미녀 중 한 사람인 왕소군(王昭君)은 끝내 황제의 은총(?)을 입지 못해 흉노 선우의 아내로 보내졌다. 그림은 왕소군이 흉노로 떠나기 전에 황제인 원제(元帝)에게 인사를 드리는 모습이다. 원제는 이때 처음 왕소군을 보고는 궁중 미녀들의 얼굴을 그려 바치는 화공을 죽였다고 한다.(2016년)

사상적으로 심각하다. 특히 여성의 정치참여와 관련한 최초의 기록으로, 여성이 궁중 정치에 중대한 영향을 미친다는 점을 강조했다. 나아가 궁중 여성들의 운명과 그 운명을 좌우하는 황제의 존재를 비판적으로 의심하기까지 한다. 이 같은 통찰을 통해 사마천은 궁정 내의 모순과 투쟁을 초래한 근본 원인까지 찾고 있다.

키워드 : 궁중, 후궁, 암투

미방(弭謗)

비방을 없애다.
– 권4 〈주본기〉

미방은 **비방을 없애거나 비방을 막는다**는 뜻이다. 주 여왕이 자신을 비방하는 백성들의 입을 막기 위해 위(衛)나라 무당을 기용하여 이를 막았다고 한다. 자세한 내용은 '도로이목' 항목을 참고하면 된다.

키워드 : 유언비어, 비방, 탄압

미생지신(尾生之信)

미생의 믿음(약속).

– 권83 〈노중련추양열전〉

  잘 알려진 사자성어 **미생지신**은 **미생의 믿음**(약속)이란 뜻으로, 우직하게 약속을 굳게 지키는 경우를 비유한다. 때로는 융통성 없이 약속에 매달리는 경우나 그런 고지식한 사람을 비유하기도 한다.

  《사기》에서 우직하게 약속을 굳게 지킨다는 것과 비슷한 뜻을 가진 성어로는 '계찰괘검(季札掛劍)', '계포일락(季布一諾)' 등이 있다. 또 융통성 없이 약속에 집착하거나 고지식한 사람이란 뜻과 비슷한 성어는 '교주고슬(膠柱鼓瑟)'이 있다.('교주고슬' 항목 참고) 이밖에 '금석맹약(金石盟約, 쇠나 돌같이 단단하고 굳센 약속)'과 '금석지약(金石之約)' 등도 있다. 《사기》에서 '미생지신'은 소진이 언급했고, 출처는 《장자》〈도척(盜跖)〉 편이다. '미생지신'과 관련해서는 이런 이야기가 전해온다.

  노나라의 미생이라는 사람은 일단 남과 약속을 하면 어떤 일이 있어도 지키는 성격의 소유자였다. 어느 날, 자신이 사랑하는 여자와 다리 아래에서 만나기로 약속했는데, 여자는 그 시간에 나타나질 않았다. '조금 더 조금 더' 하고 기다리고 있던 중 소나기가 쏟아져 개울물이 갑자기 불어났다. 미생은 '이 다리에서 만나기로 약속했으니, 이 자리를 떠날 수는 없다'며 그 자리에서 다리 기둥을 붙잡고 버텼으나 급류에 휘말려 떠내려갔다.

  역대로 미생의 행동에 대해 긍정과 부정적인 평가가 엇갈린다. 장자는 〈도척(盜跖)〉 편에서 아주 극렬하게 미생을 비난했다.

  "미생 같은 자는 책형(磔刑, 찢어 죽이는 가혹한 형벌)된 개, 물에 쓸린 돼지, 깨어진 사발을 한 손에 들고 걸식하는 거지와 같으며, 사소한 명목에 끌려 진짜 귀중한 목숨을 소홀히 하는 자이며, 참다운 삶의 도리를 모르는 어리석은 놈이니라!"

장자는 미생의 어리석음을 규탄하면서 이는 신의에 얽매인 데서 오는 비극이라 했다. 반면 전국시대 유세가로 유명한 소진은 연나라 왕에게 자기의 주장을 역설하면서 미생의 이야기를 꺼내고는 신의가 두터운 사나이의 본보기로 칭찬했다.

조선시대 실학자 정약용(丁若鏞 1762~1836)은 〈오학론(五學論)〉에서 "역경에 빠져 뜻을 얻지 못한 사람은 아무리 증삼(曾參)이나 미생 같은 훌륭한 행실이 있고, 저리자(樗里子)와 서수(犀首) 같은 훌륭한 지혜를 지녔다 해도 대개가 실의에 빠져 초췌한 모습으로 슬픈 한을 안은 채 죽어가고 만다. 아, 이 얼마나 고르지 못한 일인가!"라고 한탄했다.

키워드 : 믿음, 약속, 고지식

미수염(美鬚髯)

멋진 구레나룻 수염.
– 권8 〈고조본기〉

〈고조본기〉 앞부분에 보면 다음과 같은 고조 유방의 외모에 대한 묘사가 있다.

"고조는 콧날이 오똑하고 이마가 튀어나온 것이 용의 얼굴을 닮은 모습에 **멋진 구레나룻 수염**을 길렀다. 왼쪽 허벅지에는 72개의 검은 점이 있었다. 어질고 사람을 좋아했으며, 베풀기를 좋아하고 마음이 트여 있었다. 도량이 컸으나 생계를 위한 직업에는 관심이 없었다."

'콧날이 오똑하고 이마가 튀어나온' 부분은 '융준(隆準)'으로, 용의 얼굴은 '용안

(龍顔)’으로 표현되어 있다. **미수염(美須髯)은 멋
진 구레나룻 수염**을 뜻하는 단어이다. 소설《삼
국지연의》의 주인공들 중 한 사람인 관우(關羽,
160~220)도 멋진 수염을 기르고 있어 ‘미염공(美
髯公)’이란 별명을 얻었다. 또 훗날 제왕의 얼굴
을 비유하는 ‘용안’이란 단어는 이 대목에서 비
롯되었다.(‘용안’ 항목 참고)

키워드 : 외모, 수염

'미염공'이란 별명으로도 잘 알려진 관우
의 상이다.(낙양 관림關林, 2010년)

미여관옥(美如冠玉)

아름답기가 모자를 장식하는 옥 같다.

– 권56 〈진승상세가〉

옛날에는 모자가 신분의 표지이자 부귀의 상징이었다. 그래서 모자에 매다는 옥
장식에는 특히 신경을 써서 아름답고 귀한 옥을 달려고 애를 썼다. 모자는 여자가
쓰는 모자와 남자가 쓰는 모자가 구별되었는데, 남자의 모자를 주로 관(冠)이라 했
다. 따라서 위 성어는 정확히는 **아름답기가 남자 모자를 장식하는 옥 같다**고 해야 할 것
이고, 여기서 남자의 미모를 비유하는 성어로 정착되었다. ‘기생오라비 같이 생겼
다’는 우리 속담과 비슷한 뜻이라고나 할까?

그 옛날에도 이 성어는 우리 속담처럼 좋은 뜻으로 쓰이지 않았던 것 같다. 이 성
어는 유방과 의기투합한 진평(陳平)이 유방의 총애를 받아 승승장구 승진하자 이를
시기한 측근 주발(周勃)과 관영(灌嬰) 등이 진평을 헐뜯는 말 중에서 나왔기 때문이다.

하지만 이 성어가 나타나게 된 상황이 그래서 그렇지, 그 뜻대로라면 얼마든지 좋
은 뜻으로 사용할 수 있을 것이다. 또 여성은 물론 남성에게도 얼마든지 사용할 수

있는 좋은 뜻의 성어다. '아름답기가 옥 같습니다.' 이 정도의 칭찬이면 누구의 마음
이던지 움직일 수 있을 것도 같다.

키워드 : 외모, 미모

미연향풍(靡然鄕風)

한쪽으로 쏠려 풍조가 되다.
– 권121 〈유림열전〉

한 무제는 즉위 후 사상적으로 유가 하나만을 받들고 다른 사상이나 학파를 내치
는 '독존유술(獨尊儒術)'과 '파출백가(罷黜百家)' 정책을 실시했다. 이 때문에 사상과
학문이 **유가 쪽으로 확 쏠려 하나의 풍조**가 되었다.

〈유림열전〉에는 이런 두드러진 풍조를 **미연향풍**으로 표현했다. 이로써 유가는 국
가의 통치 이데올로기로 확정되어 유교(儒敎)가 되었고, 이후 2천 년 동안 중국은 물
론 한자문화권의 나라에까지 큰 영향을 주었다. '미연향풍'은 특정한 쪽으로 어떤 경
향이나 움직임이 쏠려 두드러진 효과를 냄으로써 그것이 하나의 유행 내지 풍조가
되는 현상을 비유한다.

키워드 : 풍조, 유행

미인(美人)

미인.
— 권9 〈여태후본기〉

　　미인은 일반적으로 아름다운 사람(주로 여성)을 뜻하는 보통명사이지만, 고대 궁정에서는 후궁 비빈들에게 내리는 벼슬 등급의 하나였다. 서한시대에 '미인'은 비빈을 부르던 벼슬 이름의 하나로 등급은 2천 석에 상당했다. 서한 초기(대체로 무제 당시) 비빈의 등급을 표로 나타내면 아래와 같다. 기원전 3세기 진나라 때는 황후 바로 아래에 첩여·경아·용화는 없고 부인(夫人)이 있었다.

등급	명칭	지위와 작위 비교	비고
최고	황후(皇后)	황제	
1	첩여(婕妤)	재상, 친왕	
2	경아(婞娥)	상경, 열후	
3	용화(容花)	2천 석, 관중후	2천 석은 부재상급
4	충의(充衣)	2천 석, 대상조	2천 석은 장관급, 대상조는 문관 최고위로 1품
5	미인(美人)	1천 석, 소상조	1천 석은 큰 지방의 장관급, 소상조는 문관 제2등급으로 2품
6	양인(良人)	1천 석, 중갱	1천 석은 큰 지방의 장관급, 중갱은 문관 제3등급으로 3품
7	팔자(八子)	1천 석, 좌갱	1천 석은 큰 지방의 장관급, 좌갱은 문관 제4등급으로 4품
8	칠자(七子)	8백 석, 우서장	8백 석은 큰 지방의 차관급, 우서장은 문관 제5등급으로 5품
9	장사(長使)	8백 석, 좌서장	8백 석은 큰 지방의 차관급, 좌서장은 문관 제6등급으로 6품
10	소사(少使)	6백 석, 오대부	6백 석은 작은 지방의 장관급, 오대부는 문관 제7등급으로 7품

키워드 : 후궁, 등급

민불료생(民不聊生)

백성이 살아갈 수 없다.
– 권78 〈춘신군열전〉

전국시대 말기인 기원전 278년, 진나라는 초나라 수도 영(郢, 호북성 강릉江陵 서북)을 공격했다. 초 경양왕(頃襄王)은 도읍을 진현(陳縣, 하남성 회양淮陽)으로 옮겼다. 이 해에 애국 시인 굴원(屈原)이 멱라수(汨羅水)에 자신의 몸을 가라앉혀 자결한 것으로 보인다.('회석자침' 항목 참고)

기원전 277년 진나라 장수 백기(白起)는 다시 초나라를 공격하여 무군(巫郡)을 비롯하여 장강 남쪽의 땅을 빼앗았다. 진은 이 땅에다 검중군(黔中郡)을 설치했다. 초나라는 심각한 위기에 몰렸다.

기원전 273년, 진나라는 한·위와 함께 다시 초나라를 공격하려 했다. 다급해진 초나라는 춘신군(春申君) 황헐(黃歇)을 진나라에 보내 진 소양왕을 설득하게 했다. 춘신군은 한·위 두 나라는 오랫동안 진나라에 공격을 당해 진나라에 대한 원한이 깊기 때문에 이 두 나라를 없애지 않는 한 후환이 될 것이라고 강조했다. 소양왕은 춘신군의 말을 받아들여 군대를 물리고 초나라와 화친을 맹약했다.

춘신군은 진 소양왕에게 유세하는 과정에서 **백성이 생계를 유지할 수 없다**는 뜻의 **민불료생**이란 표현을 썼는데, 이 표현은 《좌전》에 보이는 '백성들이 목숨(생활)을 감당할 수 없다'는 '민불감명(民不堪命)'과 비슷한 뜻이다. 백성이 외적의 침입이나 극심한 착취 등으로 생계를 유지할 수 없을 때 흔히 쓰는 표현이다.

키워드 : 백성, 생계

민이식위천(民以食爲天)

백성은 먹는 것을 하늘로 여긴다.

– 권97 〈역생육고열전〉

진나라 말기 초한쟁패 당시 역이기(酈食其, ?~기원전 203)라는 유생이 있었다. 그는 언변이 뛰어나고 학문의 깊이가 상당했다. 유방을 만난 그는 요충지인 진류(陳留)를 차지할 수 있는 계책을 올려 광야군(廣野君)에 봉해졌다. 그 뒤 초한쟁패가 한창일 때 역이기는 진나라 때 조성된 함곡관 동쪽의 최대 식량 창고인 오창(敖倉)을 고수할 것을 주장했다. 유방은 역이기의 건의에 따라 오창을 고수했고, 이것이 유방이 항우를 꺾는 데 중요한 역할을 해냈다.

당시 역이기는 유방에게 "왕 노릇을 하는 사람은 백성을 하늘로 여기고(왕자이민위천王者以民爲天), **백성은 먹을 것을 하늘처럼 생각한다(민이식위천民以食爲天)**"는 말로 오창의 중요성을 강조한 바 있다. 유방은 이 건의를 그대로 수용했다. 반면 항우는 눈앞의 승리에만 집착한 나머지 오창을 소홀히 했고, 결과는 대역전패였다.

민심이 천심이라고들 한다. 민심은 추상적이지만 먹는 것은 구체적이고 현실적인 것이다. 다시 말해 민심의 소재는 먹는 것, 즉 생활에 있다. 그래서 맹자는 백성에게 꾸준히 유지할 수 있는 일(직업, 재산)이 있어야 국가의 정책을 따르는 마음이 생긴다고 했다. 이것이 맹자의 이른바 '항산(恒産)이 있어야 항심(恒心)이 생긴다'는 논리다. 항우가 눈앞의 승리에만 급급하여 백성들이 하늘로 여기는 식량이 있는 오창을 무시한 것은 결국 민심을 소홀히 한 하책이었다.

훗날 '민이식위천'은 '식천(食天)'으로 줄여서 많이 인용하여 생존에 가장 중요한 사물을 비유하게 되었다.

키워드 : 백성, 생존, 음식, 하늘

박랑사(博浪沙)

박랑사(지명).
– 권55 유후세가

한신(韓信)·소하(蕭何)와 함께 '서한삼걸(西漢三傑)'의 한 사람인 장량(張良, ?~기원전 190)은 유방의 책사로 초한쟁패 과정에서 결정적인 역할을 했다. 그의 이력과 관련하여 잘 알려지지 않은 사실 하나가 있다. 그가 젊은 날 가산을 털어 동방의 창해군(倉海君)을 찾아 힘센 역사(力士) 한 사람을 추천 받아 진시황을 암살하려 한 것이다. 당시 장량은 동생이 죽었음에도 장례조차 제대로 치러주지 않고 가산을 털어 자객을 기용했다.(창해군을 사람이 아닌 지명으로 보기도 한다.)

장량과 창해의 역사는 120근(약 30kg)이나 나가는 철퇴를 만들어 진시황의 동방 순시 때 그가 탄 마차를 저격했다. 그러나 마차를 잘못 골라 다른 마차를 박살내는 데 그쳤다. 진시황은 전국에 수배령을 내렸고, 장량은 이름을 바꾸고 하비(下邳)로 달아나 숨었다.

장량이 창해의 역사와 함께 진시황을 저격한 지명이 〈유후세가〉에 남아 있는데, 바로 **박랑사**다. 박랑사는 하남성 원양현(原陽縣) 동쪽 교외에 해당하는데, 지금 이름은 '고박랑사(古博浪沙)'이다. 이 역사적인 장소에는 관련한 비석과 작은 규모의 사당이 남아 있다. 당시 천하를 떠들썩하게 했던 사건의 중대성과 심각성을 생각하노라면 역사의 흔적은 그저 무정할 뿐이다.

고박랑사 유지의 비석이다. 강희제 연간에 세운 것으로 높이 2.35, 폭 0.75미터이고, 정자를 세우고 유리를 씌워 보호하고 있다. 근처에는 관련한 다른 비석들도 남아 있다.(2018년)

진시황에 대한 박랑사의 암살 사건은 '박랑비추(博浪飛椎)'라는 사자성어로도 전한다. '박랑사에서 철퇴를 날리다'는 뜻이다. 장량이 찾은 동방 창해군의 존재에 대한 이야기도 많지만 확실한 것은 없다. 특이한 사실은 한국 강원도 강릉시에 '창해역사비'가 남아 있다는 점이다. 과거부터 창해라는 지명을 강원도 강릉 주위로 비정한 경우가 있었고, 그래서 창해역사는 강릉 출신이라는 전설이 전해 오고 있기 때문이다. 조선 후기에 창해역사와 관련한 비를 세우려는 움직임이 있었으나 성사되지 못했고, 1991년 비석을 세웠다.

한국 강원도 강릉시의 '창해역사비' 모습이다.(2025년)

키워드 : 암살, 역사(力士), 지명

박물세고(薄物細故)

가볍고 자질구레한 일.
— 권110 〈흉노열전〉

기원전 162년, 한나라 문제는 흉노의 선우(單于, 흉노의 우두머리에 대한 호칭)에게 편지를 보냈다. 문제는 흉노와의 외교관계를 평화를 기조로 한 화친을 견지해왔다. 그러나 흉노는 종종 변경을 침범했다. 문제는 이해에 사신을 보내면서 편지를 보내 항의하고 꾸짖었다. 그 편지의 한 대목이다.

"짐이 지난 일을 돌이켜 생각해보건대 그것은 **하찮고 작은 일들**이었고, 모신(謀臣)들의 계획이 잘못되었기 때문인지라 어느 것이나 형제로서의 친목을 벌어지게 할 정도의 것은 아니었소."

문제가 말한 **하찮고 작은 일들**에서 **박물세고**라는 성어가 나왔는데, 가볍고 자질구레한 일을 가리키게 되었다.

키워드 : 사소(些少), 경미(輕微)

박우지맹불가이파기슬(搏牛之虻不可以破蟣蝨)

소 등에 붙은 등에는 손바닥으로 쳐서 죽일 수 있지만, 털 속에 있는 이를 죽일 수는 없다.
– 권7 〈항우본기〉

초한쟁패에서 항우(項羽)는 기원전 207년 터진 거록(鉅鹿)전투를 통해 일거에 천하의 주도권을 움켜쥐었다. 이 전투 이전에 항우는 상장군 송의(宋義, ?~기원전 208) 휘하에 있었다. 당시 상장군 송의가 무려 46일을 군영에 머물면서 진격하지 않자 항우가 항의했다. 송의는 진나라를 물리치려면 진의 장수 장한(章邯)과 직접 맞붙어 싸워 힘을 빼서는 안 된다는 자신의 뜻을 **소 등에 붙은 등에는 손바닥으로 쳐서 죽일 수 있지만, 털 속에 있는 이를 죽일 수는 없다**는 비유로 나타냈다. 항우는 송의를 죽이고, 군권을 빼앗아 거록에서 진의 군대를 대파했다.

송의의 말이 상당히 어렵지만 대체로 상대 전력의 중점을 정확하게 집중 공격하여 무너뜨리지 못할 바엔 공격하지 않는 쪽이 낫다는 것으로 이해할 수 있다. 논리적으로 문제가 없는 말이지만 상대의 전력을 정확하게 파악하지 못한 상황에서는 일단 가볍게 상대를 건드려보는 시도가 필요하다. 또 마냥 전투를 끌 수 없는 상황이라면 항우처럼 과감하게 공격에 나서야 한다. 어느 쪽이든 상대방 전력에 대한 정확한 파악이 요구된다 하겠다.

개혁에도 이 비유적인 표현이 적용될 수 있겠다. 제대로 개혁을 하려면 손바닥으로 눈에 보이는 파리 정도를 잡는 것에 그쳐서는 '언 발에 오줌 누는 격(동족방뇨凍足放尿)'이 되어 또 다른 폐단을 불러온다. 털 속에 박힌 이까지 찾아내서 박멸하는 식의 전면 개혁이 필요하다는 뜻이다. '동족방뇨'는 '언 발에 오줌 누기'라는 우리 속담을 한자로 바꾼 우리식 성어이다.

키워드 : 군사, 공격법

박이과요(博而寡要), 노이소공(勞而少功)

너무 방대하여 요점을 파악하기 힘들고, 애는 쓰지만 얻는 것이 적다.
– 권130 〈태사공자서〉

사마천은 자서전인 〈태사공자서〉에다 아버지 사마담의 중요한 논문 〈논육가요지〉 전문을 수록했다.('논육가요지' 항목 참고) 이 논문에는 제자백가 중 유력한 6가인 음양가·유가·묵가·법가·명가·도가의 장단점을 지적하고 있다. **박이과요, 노이소공**은 유가의 단점을 지적하는 대목에서 나왔고, 그 해당 단락은 다음과 같다.

"유가의 학설은 **너무 방대하여 요점을 파악하기 힘들다. 애는 쓰지만 얻는 것이 적기** 때문에 학설을 다 추종하기 어렵다. 그러나 군신(君臣) 사이에 예를 세우고, 부부(夫婦)와 장유(長幼)의 구별을 가지런히 한 점은 바꾸어서는 안 된다."

'박이과요'는 학식이 아주 풍부하지만 요령을 얻지 못한다는 뜻이다. '노이소공'은 '박이과요'의 결과로 애는 많이 쓰지만 얻는 것이 적다는 뜻이다.

키워드 : 학술, 유가, 방대, 노고(勞苦)

박지소이귀효자(博之所以貴梟者), 편즉식(便則食), 불편즉지(不便則止)

'박'에서 '효'가 귀한 것은 유리하면 (상대의) 말을 잡아먹어 버리고, 불리하면 멈출 수 있기 때문이다.
— 권44 〈위세가〉

기원전 277년에 즉위한 위나라의 안리왕(安釐王)은 즉위한 이듬해부터 계속 진나라의 침공을 받았다. 진나라 군대가 도성인 대량성(大梁城) 근처까지 진격할 정도였다. 한과 조가 구원병을 보냈지만 재위 4년째인 기원전 273년에는 진나라가 이 세 나라를 모두 격파하고 15만 명을 죽였다. 위나라 장수 단간자(段干子)는 남양(南陽)을 내주고 휴전을 청하자고 제안했다.

유세가 소대(蘇代)는 단간자가 벼슬을 노리고 그런 말을 하는 것이라며 반대 의견을 내면서 "이는 '마치 장작을 안고서 불을 끄러 가는 것(포신구화抱薪救火)'이니, 장작이 모두 타지 않으면 불은 꺼지지 않을 것입니다"라고 했다. 안리왕은 소대의 말을 인정하면서도 이미 정해진 일이라고 하자, 소대는 이렇게 말했다.

'박'은 '육박(六博)'과 비슷한 놀이로 추정한다. 그림은 '육박' 놀이를 하는 모습을 나타낸 한나라 때의 벽돌 그림이다.(중앙)

"왕께서는 **박(博)이란 놀이에서 효(梟)를 중시하는 것을** 보지 못하셨습니까? **유리하면 말을 잡아먹어 버리고, 불리하면 멈출 수 있기** 때문입니다. 지금 왕께서 말씀하시기를 '일이 이미 행해졌으니, 다시 바꿀 수는 없다'라고 하시면, 이는 왕께서 지혜를 쓰심이 놀이에서 효(梟)를 사용하는 지혜만도 못한 것 아닙니까?"

안리왕은 소대의 말을 받아들이지 않았고, 진나라는 계속 위나라를 공략했다. 소대는 장기나 체스 비슷한 '박'이라는 고대의 놀이판에서 중요한 '효'의 작용을 가지고 안리왕을 설득했다. 이 명구는 놀이판이나 싸움판 등에서 판의 형세에 큰 영향을 미치는 사람이나 요

소의 중요성을 강조하고 있다. ('포신구화' 항목 참고)

박호무위(泊乎無爲), 담호자지(澹乎自持)

아무 일없이 태연하고 담담하다.

— 권117 〈사마상여열전〉

한나라 무제 때의 문장가 사마상여는 무제에게 올린 〈유렵부(游獵賦)〉라는 글에서 초왕이 양운대(陽雲臺)에 올랐을 때 모습을 두고 '박호무위, 담호자지'로 표현했다. 앞뒤 모두 편안하고 차분한 심경을 가리키는 표현이다. 지금은 억지로 일삼지 않고 스스로의 언행을 차분히 잘 유지해야만 담담하고 편안한 심경을 지킬 수 있다는 뜻으로 사용한다.

반

반경행권(反經行權)

변칙으로 권력에 맞서다.

— 권130 〈태사공자서〉

기원전 195년, 한 고조 유방이 세상을 떠난 뒤, 실권은 유방의 아내이자 강력한 후

원자였던 여태후가 장악했다. 여씨
집안의 형제들이 요직을 차지했고,
천하는 말 그대로 여씨 천하가 되
었다. 그 뒤 여태후는 제례를 지내
고 돌아오던 중 '창견(蒼犬)', 즉 '푸른
개' 같은 괴물과 부딪치는 바람에 겨
드랑이에 병이 생겼고, 결국 그 때문
에 세상을 떠났다.('창견' 항목 참고)

섬서성 함양시에 남아 있는 여태후 무덤의 원경이다. 고
조 유방의 무덤인 장릉에서 동남쪽으로 280m 떨어진 곳
이다.(2009년)

친아들 혜제(惠帝)가 천자 자리에 오른 뒤 남편 유방이 총애했던 척부인을 눈과 귀
를 멀게 하여 돼지우리에 가두어 죽이고, 그 아들 여의마저 독살한 다음, 16년 동안
실권을 휘둘렀던 여태후가 겨드랑이의 종기 하나를 이기지 못했다.('인체' 항목 참고)

당시 병세가 악화되자 여태후는 자신의 사후가 걱정이 되어서 형제 여록(呂祿)과
여산(呂産)을 불러 다음과 같은 유언을 남긴다.

"고제(유방)께서 천하를 평정한 다음 대신들과 '유씨가 아닌 자가 왕이 되려 하면
천하가 함께 그를 토벌할 것이다'라고 맹세했다. 그런데 지금 여씨가 왕이 되었으니
대신들은 속으로 불만이 대단할 것이다. 내가 죽으면 황제가 아직 어리므로 대신들
이 난을 일으킬 것이다. 너희들은 꼭 병권을 장악하여 황궁을 지키고 나를 위해 장
사를 지내지 말 것이며, 다른 자들에게 제압당하지 않도록 하라."

여태후의 신신당부에도 불구하고 염려는 현실로 나타났다. 여태후가 세상을 떠난
지 1년이 채 안되어 여씨 일족은 모두 멸문지화를 당했다. 이 과정에서 가장 눈부신
공을 세운 인물이 진평(陳平)과 주발(周勃)이었다. 진평과 주발은 여태후가 실권을 장
악하자 여태후의 심기를 건드리지 않고 몸을 사리면서 틈을 엿보고 있다가 단숨에
여씨 일족을 제압했다. 사마천은 이때 주발이 사용한 방법을 두고 **변칙으로 권력에 맞
섰다**고 평가했다.('반경행권'의 원래 출처는 《춘추공양전春秋公羊傳》 환공桓公 11년조이다.)

상황에 따라서는 정상적인 방법이나 수단이 통하지 않을 수 있다. 이런 때는 변칙적인 방법이 오히려 쓸모가 있는데, 이를 '임기응변(臨機應變)'이라 한다. 하지만 변칙이 유용하다 해서 자주 쓰면 정당성을 잃기 쉽다. '급할수록 돌아가라'는 격언을 함께 염두에 두고 행동해야 한다.

키워드 : 상황, 정세, 변칙, 임기응변

반석지종(盤石之宗)

반석과 같은 굳은 종실.
– 권10 〈효문본기〉

기원전 180년, 실권을 휘두르던 여태후가 세상을 떠나자 진평과 주발 등을 중심으로 한 공신들은 여씨 세력을 단숨에 제거했다.('반경행권' 항목 참고) 공신들은 지체 없이 고조의 아들 중 가장 나이가 많고 인자한 대왕(代王) 유항(劉恒)을 옹립했다. 이가 문제(文帝)이다. 당시 유항의 신하들은 공신들의 속셈을 알 수 없으니 병을 핑계로 가지 말고 상황을 지켜보자고 건의했다. 송창(宋昌)은 유씨 집안은 **반석과 같은 굳은 종실**이 있고, 천하의 인심을 얻고 있기 때문에 의심할 필요가 없다고 했다.

문제는 왕후 박씨의 동생인 박소(薄昭)를 보내 주발을 만나게 하여 공신들의 의사를 확인하게 한 다음, 장안으로 출발했다. 장안 근교에서 문제는 다시 송창을 먼저 장안으로 보내 상황을 한 번 더 살피게 한 다음, 황제 자리에 올랐다.

반석지종은 기반이 튼튼한 종실을 가리키는 성어이다. 훗날 이 성어는 집안·조직·정부 등의 기초가 튼튼한 경우를 비유하게 되었다.

키워드 : 정권, 안정

반청지위총(反聽之謂聰), 내시지위명(內視之謂明), 자승지위강(自勝之謂强)

남의 말을 돌이켜 듣는 것을 '총(聰)'이라 하고, 안을 들여다보는 것은 '명(明)'이라 하며, 자신을 이기는 것을 '강(强)'이라 합니다.

– 권68 〈상군열전〉

상앙의 변법 개혁이 너무 급하고 반발이 거세어지자 조량(趙良)이 상앙(商鞅)을 찾아와 던진 충고의 한 대목이다. 독단적으로 변법 개혁을 밀어붙이는 상앙에 대해 불만이 많았던 수구 기득권 세력을 대변하는 조량은 상앙을 찾아와 스스로를 돌아보고 충고를 받아들여 물러날 것을 권했다.('모언화야, 지언실야' 항목 참고) 상앙은 이를 받아들이지 않았고, 상앙의 강력한 후원자인 효공(孝公)이 죽자 반대파들은 상앙을 반역으로 몰아 죽였다.

개혁에 실패하는 여러 가지 요인들 중 하나를 조량은 비교적 정확하게 지적하고 있다. 조량은 개혁으로 인해 불이익을 당하는 세력들을 설득하지 못하면 개혁은 성공할 수 없다고 보면서 상앙에게 자신의 언행을 되돌아볼 것을 충고했다. 상앙은 물론 인정하지 않았다. 상앙은 결국 희생되었지만 개혁에 따른 열매는 상앙을 죽인 혜왕(惠王)이 고스란히 따먹었다. 그의 개혁이 그만큼 철저했고, 또 진나라에 필요했다는 의미이기도 하다.

이 명언의 마지막 대목은 노자의 《도덕경》에도 보이는데, '자승자강(自勝者强)'으로 되어 있다. 뜻은 같다. 또 앞 두 문장 **반청지위총(反聽之謂聰), 내시지위명(內視之謂明)**은 〈오제본기〉의 "귀가 밝아 먼 곳의 일을 알고, 눈이 밝아 미세한 곳까지 살피다"는 "총이지원(聰以知遠), 명이찰미(明以察微)"와 함께 '총명'이란 단어의 출처이기도 하다.('총이지원, 명이찰미' 항목 참고)

키워드 : 통치자, 정치가, 총명

발검논공(拔劍論功)

검을 뽑아들고 공을 따지다.

– 권99 〈유경숙손통열전〉

기원전 202년, 유방이 항우를 물리치고 황제가 되었지만, 논공행상은 좀처럼 해결되지 않았다. 마치 난이라도 일으킬 기세였기에 유방은 걱정이 많았다. 〈유경숙손통열전〉은 서로 공을 다투는 공신들의 행태를 이렇게 기록했다.

그 뒤 유방은 소하를 1등 공신으로 선포했다. 유방은 소하와 다른 공신들을 사냥꾼과 사냥개에 비교하면서 '인공(人功, 사람이 세운 공)'과 '구공(狗功, 사냥개가 세운 공)'이란 논리로 공신들의 불만을 잠재웠다.('인공, 구공' 항목 참고)

당시 공신들은 술에 취해 검으로 궁궐의 기둥을 치면서 거칠게 대들었다고 한다. 여기서 '발검격주(拔劍擊柱)'라는 사자성어와 나왔고, 훗날 신하들의 무례한 태도를 가리키는 뜻으로 인용되었다. 그리고 **검을 뽑아 들고 공을 따진다**는 뜻의 **발검논공**이 파생되었다.

키워드 : 논공행상, 불만, 무례

발기역치(拔旗易幟)

깃발을 뽑아 다른 깃발로 바꾸다.

– 권92 〈회음후열전〉

명장 한신은 기원전 205년 정형(井陘)에서 조왕(趙王)·진여(陳餘)의 군대와 싸우면

깃발은 군사 작전을 비롯하여 군대 전체에 미치는 영향을 대단히 컸다. 그림은 한신이 유방에 합류하는 장면이다.(2014년)

서 '배수진(背水陣)'으로 대승을 거두었다.('배수지진' 항목 참고) 당시 한신은 조나라 군사가 성을 나온 틈을 타서 성에 꽂힌 조의 깃발을 한의 깃발로 바꿔 꽂게 했다. 이것이 **발기역치**이다. '발치역치'로 쓰기도 한다.('발치역치' 항목 참고) **(조의) 깃발을 뽑아 (한의) 깃발로 바꾸다**는 뜻이다.

고대 전투에서 깃발은 군대의 사기에 큰 영향을 미치는 장비였다. 따라서 깃발을 뽑히거나 잃으면 사기는 크게 떨어질 수밖에 없었다. 훗날 이 성어는 이것으로 저것을 대신하거나 남의 것을 빼앗아 내 것으로 삼는다는 비유로 많이 쓰인다.

키워드 : 군사, 전투, 전술, 역습

발난세반지정(撥亂世反之正)

난세를 다스려 정도를 회복하다.
— 권8 〈고조본기〉

기원전 196년 고조 유방이 세상을 떠났다. 문무대신들은 태자 유영(劉盈)을 황제로 옹립하고, 이를 아뢰기 위해 태상황묘(太上皇廟)에 이르렀다. 대신들이 일제히 "고조께서는 미천한 평민 출신으로 **난세를 다스리시어 정도(正道)를 회복**하고 천하를 평정해 한의 태조가 되셨으니 공로가 가장 높사옵니다!"라고 외친 다음, 존호를 고황제(高皇帝)라 했다. 이어 태자가 즉위하니 이가 혜제다.

발난세반지정은 흔히 '발난반정(撥亂反正)' 네 글자로 줄여서 많이 쓴다. 어지러운 세상을 다스려 정상을 되찾는다는 뜻으로, 새로운 정권의 출발을 비유하기도 한다. '발난반정'의 출처는 《좌전》 애공 14년조의 "발난세(撥亂世), 반제정(反諸正)'이다. 뜻은 같다.

발몽진락(發蒙振落)

먼지를 털어내듯, 낙엽을 떨어내다.
– 권120 〈급정열전〉

기원전 206년 최초의 통일제국 진이 불과 15년 만에 망했다. 그리고 약 7년에 걸친 혼란 끝에 기원전 202년 유방의 한이 중국을 다시 통일했다. 한나라 초기 조정은 실무에 능했던 장탕(張湯) 등으로 대표되는 법리(法吏) 또는 도필리(刀筆吏), 그리고 급암(汲黯) 등을 대표로 하는 무위(無爲)의 정치를 표방한 황로파(黃老派) 및 공손홍(公孫弘) 등으로 대표되는 중도파가 공존하는 모습을 보였다. 이 세 파 중에서 무위이화(無爲而化)를 내세운 황로파가 주류를 이루었지만, 실무형인 법리들의 존재도 무시할 수 없었다.

급암(?~기원전 112)은 무위의 정치를 실현하려 한 황로학 신봉자이면서도 강직한 성품의 소유자였다. 특히 바른말을 잘하기로 이름 나 있었다. 회남왕(淮南王)이 모반을 꾀하면서도 강직한 급암 때문에 머뭇거릴 정도였다. **발몽진락**은 바로 회남왕이 급암을 설득하는 일이 얼마나 어려운가를 토로하는 대목에서 나왔다. 회남왕은 이 대목에서 급암을 공손홍과 비교하고 있는데, 한나라 초기 활약했던 대표적인 두 인물의 성향을 짐작할 수 있게 하는 대목이다.

"그(급암)는 바른말 하기를 좋아하고 충절을 지켜 기꺼이 의리에 죽을 위인이니,

한나라 초기 조정에서 강직하고 청렴하기로 이름난 급암의 초상화이다.

옳지 않은 일을 가지고 그를 유혹하기는 어렵다. 반면 승상 공손홍을 설득하는 일은 **쌓인 먼저를 털고 낙엽을 떨어내는** 것처럼 쉽지만 말이다.”

급암은 강직하긴 했지만 그 강직함 때문에 황제와 대신들에게 따돌림을 받아 점차 조정 대신의 반열에서 소외당했다. 이와는 대조적으로 약삭빠른 공손홍은 승승장구 승진하여 대신 그룹에 진입했다.

약삭빠른 사람은 언제나 이익 앞에 판단이 흐려진다. 얼핏 생각하기에 약은 사람을 설득하는 일이 어려울 것 같지만 그렇지 않다. 강직한 사람은 도리에 어긋나거나 옳지 않으면 결코 타협하거나 설득당하지 않는다. 반면 약은 사람은 이익만 들이대면 이내 자기 주관을 내팽개친다. 단기전이라면 약은 사람이 유리할지 모르나 장기전이라면 소신을 굽히지 않는 강직함이 유리하다. 나라의 통치는 물론 인간의 삶도 누가 뭐라 해도 장기전이다.

키워드 : 인간, 성품, 강직, 경박, 이익

발산강정(拔山扛鼎)

산을 뽑고 가마솥을 들다.
– 권7 〈항우본기〉

기원전 202년, 항우와 유방의 초한쟁패가 막바지로 접어들고 있었다. 두 사람은 홍구(鴻溝)를 경계로 휴전하기로 했다. 유방은 장량의 건의에 따라 이를 어기고 한신과 팽월의 군대까지 동원하여 항우를 공격했다. 항우는 해하(垓下)에 방어벽을 쳤지만 완전 포위당했다. 장량과 한신은 ‘사면초가(四面楚歌)’로 항우를 압박했다.(‘사면초

가' 항목 참고)

　심란한 항우는 밤중에 일어나 전장에 늘 데리고 다니는 우희(虞姬)와 술을 마시며 비통한 심정으로 노래를 불렀다.

힘은 산을 뽑고 기개는 세상을 덮고도 남건만

역발산혜기개세(力拔山兮氣蓋世),

때가 불리하고 추 또한 달리려 하지 않는구나!

시불리혜추불서(時不利兮騅不逝)!

추가 달리려 하지 않으니 어찌할 거나

추불서혜가내하(騅不逝兮可奈何),

우여, 우여! 그대는 또 어찌할 거나!

우혜우혜내약하(虞兮虞兮奈若何)!

　이 노래를 훗날 〈해하가(垓下歌)〉라 하고, 항우와 우희의 이별 장면을 '패왕별희(霸王別姬)'라 했다. '패왕, 즉 항우가 우희와 이별하다'는 뜻이다. 이 '패왕별희' 장면은 훗날 문학과 영화 등 여러 예술 작품으로 재탄생했다.

　발산강정은 이 〈해하가〉의 '역발산'에서 두 글자를 따고, '강정', 즉 '가마솥을 들어올릴' 정도로 힘이 장사였던 항우의 형상을 나타낸 두 글자 '강정'을 붙인 사자성어이다. '역발산기개세'로 많이 쓰고, '발산개세(拔山蓋世)'로 줄여서 쓰기도 한다. 또 '항우가 세발솥을 들다'는 뜻의 '항우거정(項羽擧鼎)'이란 사자성어도 파생되었다.('거정' 항목 참고)

항우가 네 발의 정을 들어 올리는 모습을 나타낸 조형물이다.(2010년)

키워드 : 기세, 힘, 장사

하·은·주 삼대의 연대는 너무 오래전이라 고찰할 수 없어 족보나 연보 같은 옛 기록들에 근거하여 대략적으로 추정한 편이 권13〈삼대세표〉이다. 사진은 하 왕조의 첫 임금인 우임금의 사당과 무덤이 있는 절강성 소흥(紹興)의 대우릉(大禹陵) 광장이다. 왼쪽 산 위에 대우의 상이 보인다. 당시 관련 행사로 많은 사람이 몰려 있다.(2010년)

발종지시(發踪指示)

흔적을 찾아 뒤쫓을 방향을 지시하다.
– 권53 〈소상국세가〉

기원전 202년 초한쟁패를 승리로 이끌고 황제로 즉위한 한의 유방은 논공행상을 시행했다. 후방의 정치와 행정 및 전쟁 물자 공급을 책임졌던 소하(蕭何)에게 가장 큰상을 내리자 다른 공신들이 노골적으로 불만을 터뜨린다. 유방은 그들의 불만을 일일이 반박하면서 다음과 같이 말했다.('인공, 구공' 항목 참고)

유방 그대들이 사냥을 아는가?

공신들 물론 압니다.

유방 사냥에서 짐승이나 토끼를 쫓아가 죽이는 것은 사냥개지만, **개의 줄을 놓아 짐승이 있는 방향을 지시**하는 것은 사람이다. 그대들은 짐승을 잡았을 뿐이니 그 공로는 사냥개의 그것과 같다. 소하로 말하자면 개의 줄을 놓아 목표물을 잡아오도록 지시하는 사람이니, 공로는 사냥꾼과 같다. 더욱이 그대들은 혼자 아니면 두세 명이 나를 따랐을 뿐이나 소하는 온 집안 식구 수십 명이 전부 나를 따라서 전쟁을 치렀다. 이 공로를 잊어서는 안 될 것이야!

최고 권력자에게 청렴하고 부지런하며 능력 있는 2인자의 보필은 천군만마보다 더 큰 힘이 된다. 유방에게 소하가 그랬고, 춘추시대 초나라 장왕에게 손숙오가 그랬으며, 모택동에게 주은래가 그랬다. 사진은 주은래의 흉상이다.(2007년)

지금도 마찬가지이지만 고대에 있어서 이른바 막료(幕僚, 참모)의 역할은 매우 중요했다. 유방도 이 점을 누구보다 잘 알고 있었기 때문에 주저 없이 소하를 일등공신으로 꼽았다. 유방은 과연 최고 통치자로서 손색이 없는 인물이었다.

누구나 1인자가 되려고 하는 세상이다. 그러나 불안한 1인자보다는 확실한 2인자가 더 필요하다. 중국 현대사에 있어서 주은래(周恩來,

1898~1976) 없는 모택동(毛澤東, 1893~1976)은 상상할 수 없다. 1인자는 모택동이었고, 주은래는 2인자였지만 중국 사람들은 주은래를 가장 존경하고 사랑한다. 정치가 되었건, 사업이 되었건, 결국 어떻게 살았고 어떤 역할을 제대로 해냈느냐가 핵심이다. 1인자니 2인자니 하는 구분 자체가 무의미하다. '모두가 맡은 바 자기 역할에 충실할 때 세상이 밝아진다'는 말이 새삼스럽다.

키워드 : 논공행상, 사냥꾼, 사냥개, 참모

발지목열(發指目裂)

머리카락이 곤두서고 눈꼬리는 찢어질 대로 찢어지다.
– 권7 〈항우본기〉

얼마나 화가 났으면 머리카락이 삐죽삐죽 서고 치켜 올라간 눈꼬리가 찢어질 정도일까? **발지목열**은 아주 성난 모습을 묘사할 때 인용하는 고사성어다. 당당한 모습을 표현할 때도 인용할 수 있다. 이 성어는 유방이 죽음 직전에서 가까스로 살아 나온 '홍문의 만찬', 즉 '홍문지연(鴻門之宴)' 대목에서 나왔다. ('목자진열' 항목 참고) 이와 비슷한 성어로는 '곤두선 머리털이 모자를 뚫고 나올 기세'라는 뜻의 '노발충관(怒髮衝冠)'도 있다. (권81 〈염파인상여열전〉 해당 항목 참고)

봉기 초반 유방의 전력은 항우에 비해 절대적으로 열세였기 때문에 막강한 전력을 가진 항우의 명령에 따르지 않을 수 없었다. 그런데 진나라의 수도 함양에 유방이 먼저 입성하는 바람에 항우의 자존심이 많이 구겨졌다. 피 흘리지 않고 항복을 받아내 함양을 함락시킴으로써 진나라를 멸망시킨 유방의 공을 그냥 넘길 수도 없는 노릇이라, 항우는 유방을 만찬에 초대하여 그의 공로를 치하하고자 했다. 유방은 유방대로 항우를 제쳐놓고 함양에 먼저 입성한 것에 대해 사죄하기 위해 백여 명을 거느리고 홍문으로 왔다. 이렇게 해서 '홍문의 만찬'이 벌어졌다.

홍문연에서 번쾌는 상황이 심상치 않게 돌아가자 방패로 호위병들을 쓰러뜨린 다음 막사 안으로 들어가 항우에게 이치를 따지며 주군 유방에게 시간을 벌어주었다.(홍문연유지 전시관 그림)

이때 항우의 모사 범증은 뒷일을 생각해서 항장에게 검무를 추면서 기회를 보아 유방을 죽이라고 했다. 항장은 검무를 자청하여 춤을 추면서 유방을 찌를 기회를 노렸다. 과거 장량에게 큰 신세를 진 바 있는 항백(항우의 숙부)이 나서 항장과 어울려 같이 검무를 추면서 유방을 보호했다. 사태는 점점 험악하게 흘러가고 있었다.

장량으로부터 위급한 상황을 전해들은 번쾌는 검과 방패를 들고 유방이 있는 항우의 진영으로 달려갔다. 수비병들을 방패로 내리쳐 쓰러뜨린 다음 장막을 젖히고 들어선 번쾌는 항우를 사납게 노려보았는데, 그때의 모습이 마치 **머리카락은 위로 곤두서고 눈꼬리는 찢어질 대로 찢어져 있었다**고 한다.

번쾌의 정면 돌파로 유방은 측간을 다녀오는 척하면서 항우의 막사를 빠져나갔고, 뒷일은 장량이 수습했다. 주군을 구하겠다는 마음 하나로 천하의 맹장 항우를 코앞에 두고 당당하게 노려보는 번쾌의 모습은 화가 나 있었다고는 하지만 참으로 늠름했다.

이 장면은 국익이 걸린 외교에서 간도 쓸개도 다 내던지는 졸속 판단과 결정을 서슴지 않았던 못난 통치자의 무지함과 무모함이 떠올라 안타깝다. 1998년 당시 중국의 국가 주석이었던 강택민(江澤民, 1926~2022)이 경제대국 일본을 방문해 연일 일본 제국주의 망령과 잘못된 과거사를 질타했던 모습이 신선하다 못해 몹시 부러웠다. 어렵다고 비굴해지면 남에게 끌려다닌다.

키워드 : 격노

발치역치(拔幟易幟)

깃발을 뽑아 깃발을 바꾸다.

– 권92 〈회음후열전〉

　'배수지진'과 '발기역치' 항목에서 이미 살펴보았듯이 한신은 조나라 진영의 깃발을 뽑고 한나라 깃발로 바꾸게 하는 전술로 조나라 군심을 흩트렸다. 이를 **발치역치**로 표현하거나 좀 더 구체적으로 '발조치역한치(拔趙幟易漢幟)'로도 쓴다. '조나라 깃발을 뽑아 한나라 깃발로 바꾸다'는 뜻이다. 이 성어는 이 역사적 사실을 가리킬 뿐만 아니라, '이름을 바꾸어 무엇인가를 대신하는' 것을 비유하기도 한다.(자세한 상황은 '배수지진'을 참고)

키워드 : 군사, 전투, 전술, 역습

방

방민지구(防民之口), 심어방수(甚於防水)

백성의 입을 막기란 물을 막기보다 더 심각하다.

– 권4 〈주본기〉

　주나라 여왕(厲王, ?~기원전 828)은 사치·방탕한 생활을 하며 강압적인 수단으로 언론을 통제했다. 백성들은 드러내놓고 말하지 못하고 눈짓으로 뜻을 나누었다.('도로이목' 항목 참고) 민심은 갈수록 악화되었다. 대신 소공(召公)은 여왕에게 정치의 잘못을 지적했다. **방민지구, 심어방수**라는 이 명언은 바로 이때 소공이 한 말의 일부분이다. 여왕은 소공의 충정을 받아들이지 않았고, 기원전 841년 '국인반정(國人反正)'

으로 쫓거나 타지에서 쓸쓸히 세상을 떠났다. 당시 소공이 여왕에게 던진 충고의 내용은 다음과 같았다.

"그것은 말을 못하게 막은 것입니다. **백성의 입을 막는 일은 물(홍수)을 막는 것보다 심각합니다.** 막힌 물이 터지면 피해가 엄청난 것처럼 백성들 또한 같습니다. 따라서 물을 다스리는 자는 물길을 터 주고, 백성을 다스리는 자는 말을 하도록 이끌어야 합니다. (중략) 백성에게 있어서 입은 대지에 산천이 있어서 거기서 사용할 재화가 나오는 것과 같고, 대지에 평야·습지·옥토 따위가 있어 거기서 입고 먹는 것이 나오는 것과 같습니다. 백성들로 하여금 실컷 말하게 하면 정치의 잘잘못이 다 드러납니다. 좋은 일을 실행하고 나쁜 일은 방지하는 것, 이것이 바로 재물을 생산하여 입고 먹는 것에 쓰는 방법입니다. 백성들은 속으로 생각한 다음 입으로 말하며, 충분히 생각한 다음 행동으로 옮깁니다. 그런 그들의 입을 막는 일이 얼마나 오래가겠습니까?"

말은 전염병처럼 퍼지는 속성을 갖고 있다. '발 없는 말이 천 리 간다'는 우리 속담도 있듯이, 말의 위력은 우리의 상상을 초월한다. 말이 발을 달면 여론(輿論)이 된다. 특히 언론이 통제를 당하면 유언비어(流言蜚語)가 횡행한다. 그래서 예로부터 통치자들은 늘 여론에 주의를 기울였고, 때로는 여론을 조작하기도 했다.

주 여왕은 백성의 입, 즉 민심과 여론을 제대로 헤아리지 못하고 무조건 탄압으로 일관하다가 왕 자리에서 쫓겨나는 수모를 당했다.

지금까지 여론은 신문과 방송, 이른바 언론이 주도해왔다. 그러나 언론은 백성들의 심기(心氣)를 제대로 전달하지 못하고 있다. 권력의 눈치를 보며 길들여졌고, 그러다 보니 그 자신이 권력의 앞잡이가 되거나, 부스러기 권력을 누리면서 완전히 타락했다. 이제 이 명언은 권력이 아닌 언론이 심각하게 귀를 기울여야 할 것이다. 오늘날 현실은 집단지성이 이미 타락한 언론을 심판하고 있다. 누가 대상이 되었건, 어느 시대가 되었건, **백성의 입을 막는 일은 홍**

수를 막는 것보다 어렵다.

참고로 《논어》 〈안연〉 편에 "네 마리 말이 이끄는 마차도 혀를 따르지 못한다"는 '사불급설(駟不及舌)'이란 표현이 있다. 말이 일단 입에서 나가면 그 속도는 네 마리 말이 끄는 수레도 못 따른다는 뜻이다. 말이 퍼져나가는 속도와 그 위력을 비유한 성어이다. 이는 훗날 '일언기출(一言既出), 사마난추(駟馬難追)'라는 성어로 정착되었다.

키워드 : 여론, 말, 전파, 위력

방약무인(傍若無人)

곁에 아무도 없는 것처럼 여기다.
– 권86 〈자객열전〉

방약무인은 **곁에 아무도 없는 것처럼 여긴다**는 뜻으로, 주위에 있는 다른 사람을 전혀 의식하지 않고 제멋대로 행동하는 것을 비유한다. 〈자객열전〉이 그 출전으로 관련 이야기는 이렇다. 자주 쓰는 '안하무인(眼下無人)'과 같은 뜻이다.

위(衛)나라 사람인 형가(荊軻)는 성격이 침착하고 생각이 깊으며, 문학과 무예에 능했다. 또 애주가이기도 했다. 그는 정치에 관심이 많아 청운을 품고 위(魏)나라의 원군(元君)에게 국정에 대한 자신의 포부와 건의를 피력했지만 받아들여지지 않자 연(燕)나라 및 여러 나라를 떠돌아다니며 현자나 호걸들과 사귀기를 즐겼다. 그 가운데 한 사람이 연나라에서 사귄 축(筑)이란 악기의 명연주자인 고점리(高漸離)였다. 이 두 사람은 뜻이 잘 맞아 금방 친한 사이가 되었다. 두 사람이 만나 술판을 벌여 취기가 돌면 고점리는 축을 켜고, 형가는 이에 맞추어 춤을 추며 '고성방가(高聲放歌)'했다. 그러다가 처량한 신세에 감정이 복받치면 서로 얼싸안고 울기도 웃기도 했다. 이때 이 모습은 **마치 곁에 아무도 없는 것처럼(방약무인傍若無人)** 보였다.

이후 형가는 연나라 태자 단(丹)의 간곡한 부탁으로 진왕 정(政, 훗날 진시황)을 암살

하러 나섰다. 암살은 실패했고, 형가는 그 자리에서 피살되었다.('도궁비수현' 항목 참고)

원래 방약무인은 아무 거리낌 없는 당당한 태도를 가리켰다. 그러나 시간이 흐르면서 뜻이 달라져 천방지축으로 날뛰면서 무례하거나 교만한 태도를 비유할 때 인용되곤 한다. 비슷한 뜻을 가진 성어로는 '오만불손(傲慢不遜)', '안하무인(眼下無人)', '안중무인(眼中無人)' 등이 있다. '오만불손'은 《한서》〈소망지전(蕭望之傳)〉이 그 출처이고, '안하무인'은 중국에서는 '안저무인(眼底無人)'으로 쓰며 그 출처는 명나라 말기 문학가 능몽초(凌濛初, 1580~1644)가 펴낸 화본소설집(話本小說集)《이각박안경기(二刻拍案驚奇)》이다. '안중무인'은 중국에서는 '목중무인(目中無人)'으로 쓴다. 출처는 명나라 말의 소설가 풍몽룡(馮夢龍, 1574~1646)의 역사소설 《동주열국지(東周列國志)》이다.

'목중무인'이란 표현을 남긴 풍몽룡의 석상이다.(복건성 영덕시 寧德市 수녕현壽寧縣 남산정경구 自然保護區, 출처 : 바이두)

키워드 : 태도, 무례, 교만

방예원착(方枘圓鑿)

네모난 쐐기와 둥근 구멍.
– 권74 〈맹자순경열전〉

〈맹자순경열전〉은 전국시대 중·후기 학술 발전사를 간명하게 압축하고 요약한 전기다. 맹자와 순자의 사상적 차이에도 불구하고 이들의 사상이 개인과 사회에 대해 나름 큰 영향을 남겼다는 점에서 이 둘을 함께 기술한 사마천의 식견이 돋보인다. 사마천은 두 사람의 행적과 사상을 통해 학술의 독립정신과 학자의 독립인격을 강조한다. 당대 통치자(무제)를 위한 통치도구로 이용당하는 유가학설에 예리한 비판의 붓끝을 겨눈 한 편이기도 하다.

이 편에는 음양가를 대표하는 추연(騶衍)의 행적도 기록되어 있다. 그런데 공자나 맹자와는 달리 추연은 가는 곳마다 환대를 받았다. 사마천은 이를 비교하면서 공자와 맹자는 자신들의 주장과 학설을 가지고 권력자에 아부하지 않았다고 강조한 다음 이런 비유를 들었다.

"네모난 쐐기를 둥근 구멍에 박으려고 하니 안으로 들어갈 수 있겠는가!"

방예원착에서 '방예'는 '네모난 쐐기'를 말하고, '원착'은 쐐기가 들어가는 '둥근 구멍', 즉 장부를 말한다. 무엇인가 서로 들어맞지 않거나 크게 차이가 나는 것을 비유하는 성어이다. 전국시대 초나라의 문장가 송옥(宋玉, 기원전 298~기원전 222)이 지었다고 하는 〈구변(九辨)〉이란 글에는 '원착방예'로 나온다.

키워드 : 부적합, 차이

방우리이행(放于利而行), 다원(多怨)

이익에만 따라 행동하면 원망이 많아진다.
– 권74 〈맹자순경열전〉

〈맹자순경열전〉에 대한 사마천의 논평은 마지막이 아닌 첫 부분에 나온다. 특히 맹자가 위나라 혜왕(惠王)을 방문하여 나눈 《맹자》의 첫 편 첫 대목인 〈양혜왕〉에 기록된 대화에 초점을 맞추고 있다. 〈양혜왕〉 편의 대화는 《맹자》 전편을 통해 가장 유명한 대목이다. 그 대목을 소개하면 이렇다.

맹자가 위(양)의 혜왕을 찾아가니 혜왕이 "노인께서 천 리를 멀다 않고 오셨으니

맹자는 후대에 공자의 법통을 직접 이었다는 평가에 따라 '아성(亞聖)'으로 존중되었다. 사진은 맹자의 사당 맹묘(孟廟)의 아성전이다.(2003년)

앞으로 우리나라에 이로움이 있겠습니까?"라고 물었다. 맹자는 "임금께서는 어찌 꼭 이로움을 말씀하십니까? 인의(仁義)가 있을 따름입니다. 임금께서 '어떻게 하면 내 나라를 이롭게 할까'라고 하면 고관들은 '어떻게 하면 내 집을 이롭게 할까'하고, 백성들은 '어떻게 하면 내 몸을 이롭게 할까'합니다. 이렇게 위아래가 서로 이로움만 따지면 그 나라는 위태로워집니다.

사마천은 이 대목에 초점을 맞추어 이렇게 말하고 있다.

"내가 《맹자》를 읽다가 양 혜왕이 '어떻게 하면 우리나라를 이롭게 할 수 있겠습니까'라고 질문한 대목에 이르면 책을 덮고 탄식하지 않은 적이 없었다. 아! 이익이라는 것이 참으로 어지러움의 시작이구나! 공자께서 이익에 대해 거의 말씀하지 않았던 것은 늘 그것(어지러움)의 근원을 막기 위함이었다. 이 때문에 **이익에만 따라 행동하면 원망이 많아진다**라고 했던 것이다. 천자로부터 서민에 이르기까지 이익만 밝히다 생긴 병폐가 어찌 다르겠는가!"

방우리이행, 다원은 나라, 특히 권력자와 지배층이 이익만 밝히면 부가 위로만 쏠려 아래의 백성들은 결과적으로 굶주리기 때문에 원망이 많아진다는 뜻이다. 이 지적은 오늘날에도 별반 다르지 않다는 점에서 통찰력 넘치는 명언이라 할 수 있다.

키워드 : 이익, 맹목, 추구, 원망

방이류취(方以類聚), 물이군분(物以群分)

사람과 사물은 같은 부류끼리 모이고 나뉜다.
– 권24 〈악서〉

사마천은 〈악서〉를 통해 하늘이 높고 땅은 낮다는 천지의 존비관념을 가지고 군신의 상하관계를 확정하는 논리를 펼쳤다. 이렇게 해서 귀천이 구별되는 등급과 지위도 확정된다는 것이다. 이것이 곧 고대 사회질서의 근간이다. 그러면서 사마천은 **사람과 사물은 같은 부류끼리 모이고 나뉜다**는 《역》의 **방이류취, 물이군분** 대목을 인용했다.

'방이류취, 물이군분'의 출처는 《역(易)》〈계사(繫辭)〉(상)이다. 지금은 '물이류취(物以類聚), 인이군분(人以群分)'으로 많이 쓴다. 뜻은 같다.

키워드 : 인간, 사물, 부류

배

배난해분(排難解紛)

어려움을 없애고 다툼을 풀다.
– 권83 〈노중련추양열전〉

전국시대 제나라 출신의 유세가 노중련(魯仲連)이 조나라를 방문했을 때, 진나라가 조나라를 공격해왔다. 조나라는 위나라에 구원을 청했다. 위왕은 객장군(客將軍) 신원연(新垣衍)을 조나라로 보내 유력자 평원군(平原君) 조승(趙勝)을 거쳐 조나라 효성왕에게 진나라의 비위를 맞추는 식으로 진나라 군대를 물러가게 하라는 건의를 올리게 했다. 평원군은 망설였다. 노중련이 나서 신원연을 찾아가 그 부당함을 설득했다. 그러는 사이 마침 위나라 신릉군(信陵君)이 구원병을 보내와 진나라 군대는 물러갔다.

이렇게 위기를 모면하자 조나라의 실력자 평원군은 노중련에게 봉지를 하사하고자 했으나, 노중련은 세 번이나 사양하며 끝내 받지 않았다. 평원군은 술자리를 마련했다. 술이 한창 무르익자 평원군은 노중련 앞으로 나아가 천금을 주며 복을 빌었다. 노중련은 웃으면서 이렇게 말했다.

"천하의 선비가 귀한 까닭은 다른 사람의 걱정을 덜고 **어려움을 없애주며 다툼을 풀어주고** 보상을 받지 않기 때문입니다. 보상을 받는 일은 장사꾼이 하는 짓입니다. 저는 그런 짓은 차마 하지 못합니다."

노중련은 평원군에게 작별 인사를 한 다음, 그 자리를 떠나 다시는 그를 만나지 않았다. 노중련이 말한 '다른 사람의 걱정을 덜고 어려움을 없애주며 다툼을 푼다'는 '위인배환석난해분란(爲人排患釋難解紛亂)'을 줄여서 훗날 **배난해분(排難解紛)**으로 많이 썼다. 이 대목의 출전은 《전국책》(〈조책〉 3)이다.('노련도해', '노련사상' 항목 참고)

키워드 : 문제, 난제, 해결

배반낭자(杯盤狼藉)

이리저리 어지럽게 흩어진 모습.
– 권126 〈골계열전〉

이리저리 아무렇게나 흩어져 있는 어지러운 모습이나 상황을 이르는 성어에 **배반낭자**(杯盤狼藉)라는 것이 있다. 우리는 흔히 앞 두 글자를 떼고 그냥 '낭자'라는 단어를 즐겨 쓴다. '배반'이란 음식을 다 먹고 난 뒤 잔과 접시를 이리저리 어지럽게 흩어 놓은 모양을 뜻하고, '낭자'는 이리 떼가 풀 더미 위에서 잠을 잔 다음 풀을 마구 흩어

잠잔 흔적을 없앴다는 설에서 나왔다. 그 뒤로 '낭자'는 어지럽게 흩어진 모양을 형용하는 단어로 사용되었다.

오늘날로 보자면 코미디언(유머리스트)들의 전기라 할 수 있는 〈골계열전〉에서 이 말은 주량이 얼마나 되느냐고 묻는 제나라 위왕(威王, ?~기원전 320)의 물음에 순우곤(淳于髡)이 "신은 한 말을 마셔도 취하고 한 섬을 마셔도 취합니다"라고 대답한 다음, 술자리가 길어지고 깊어지면 그 자리는 '배반낭자'해진다고 언급했다. 순우곤은 이 말을 한 다음 "술이 극도에 이르면 어지러워지고(주극생란酒極生亂), 즐거움이 극도에 이르면 슬퍼진다(낙극생비樂極生悲)"는 절묘한 표현으로 위왕의 마음을 움직인 다음, 세상사 모든 일이 그와 같다고 말을 맺는다. 사마천은 이 말을 받아 "사물이란 극도에 이르러서는 안 되며, 극도에 이르면 반드시 쇠퇴한다는 점을 말한 것이다"라고 논평을 덧붙였다.

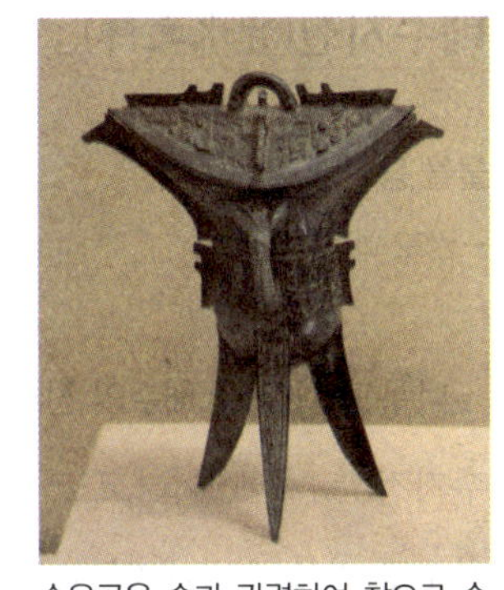

순우곤은 술과 관련하여 참으로 속 깊은 통찰력을 보여주고 있다. 술이 인간의 몸과 마음에 어떤 영향을 미치는가를 잘 알고 있었다. 동서고금을 막론하고 술이 권력자와 관계될 때 그 파급력은 상상을 초월했다. 사진은 고대의 술잔이다.(2009년)

순우곤의 말이 다분히 철학적이긴 하지만, 그 요점은 인간이나 사물에 대한 자세를 지적하는 데 있다. 대상과 상황에 따라 유연한 자세가 필요하지만 어느 경우가 되었건 극에 이르러서는 안 된다는 것이다. '즐거움이 극도에 이르면 슬퍼진다'는 순우곤의 말은 아무리 되씹어도 그 맛이 여간 아니다. 극단적 쾌락에 몸을 맡기고, 그 쾌락이 끝나면 그것을 참지 못해 각종 약물과 또 다른 극단적 쾌락을 찾는 사람들이 이런 이치를 하루라도 일찍 깨달을 수 있다면 얼마나 좋을까?('주극생란, 낙극생비' 항목 참고)

키워드 : 상태, 어지러움, 흩어짐

배수지진(背水之陣)

물을 등지고 진을 치다.

– 권92 회음후열전

　너무도 유명한 **배수의 진**이란 성어이다. **물을 등진 채 진을 치고 싸운다**는 뜻으로 '배수지전(背水之戰)'이라고도 한다. 앞으로 나아갈 수도 물러설 수도 없기 때문에 죽을 각오로 싸울 수밖에 없는 상황을 고의로 만들어내는 전술을 가리키기도 한다.

　이 전술은 한나라의 개국공신인 명장 한신(韓信, ?~기원전 196)이 수만 명의 군사로 20만 조(趙)의 대군을 완파한 정형(井陘)전투에서 파격적으로 구사했다. 한신은 수적으로 열세임을 알고는 물을 등지고 진을 쳐서 적을 유인했다. 그런 다음 적의 진지가 비어 있는 틈을 타서 날랜 기병 2천으로 하여금 적진에 한의 깃발을 꽂도록 조치를 취했다.('발기역치' 항목 참고) 당황한 조나라 군대가 자신들의 진영으로 돌아가려고 우왕좌왕하는 사이 앞뒤에서 협공을 가하니 조나라 군대는 지리멸렬로 대패했다.

명장 한신은 정형전투에서 기존의 병법이 제시한 원칙과는 반대로 물을 등지고 싸우는 필사의 전술로 대승을 거두었다. 전투는 상황에 따라 정공법으로는 통하지 않는 경우가 적지 않다.(2014년)

한신은 적장 성안군(成安君)의 목을 베고, 조왕 헐(歇)도 사로잡는 눈부신 전과를 올렸다.

　도망갈 수도 없는 상황에서 한군의 군대는 필사적으로 싸워 조나라 군사들을 물리쳤고, 퇴각하려는 조나라 군사는 자신들의 진지에 꽂혀 있는 한나라 붉은 깃발에 경악해 전의를 잃고 대패했다. 전투가 끝난 뒤 장수들은 한신에게 기존의 병법과는 반대되는 이런 전술에 당황했다면서, 대체 무슨 전술이냐고 물었다. 한신은 "사지에 빠진 다음에라야 살아 나올 수 있고, 망할 수밖에 없는 땅에 버려둔 뒤라야 생존할 수 있다"는 《손자병법》을 상기시켰다.

　어려운 상황이라고 해서 밀리기만 해서는 승리할 수 없다. 표면적인 전력으로 보아 가망 없다고 판단하면, 차라리 공격적으로 나가는 것이 효과적일 수 있다. 어렵다고 무조건 수세를 인정하고 밀리기 시작하면 계속 밀리고, 끝내는 만회할 길이 없어진다.

'배수지진'은 '배수위진(背水爲陣)'으로 쓰기도 하고, '배수일전(背水一戰)'이라 하여 물을 등지고 한바탕 싸운다는 뜻으로도 쓴다.('회식' 항목 참고) '배수지진'은 우리 고등학교 한문 교과서에 소개되어 있다.

키워드 : 군사, 전투, 전술, 역발상

백

백구과극(白駒過隙)

백마가 틈 사이를 지나가다.
– 권55 〈유후세가〉

서한 개국의 일등공신 중 한 사람인 장량은 평소 건강이 좋지 않아 '곡기를 피하는' '벽곡(辟穀)'을 배워 곡식을 먹지 않았고, 오늘날 말하는 기공(氣功) 체조 같은 도인술(導引術)로 몸을 가볍게 했다.('도인' 항목 참고) 기원전 195년 유방이 세상을 떠나고 실권을 잡은 여태후는 유방 말년에 있었던 태자 폐위 소동을 막아준 장량에게 몹시 고마워했는데, 그가 곡식을 끊고 있다는 사실을 알고는 이렇게 그를 위로했다.

"인간 세상사란 것이 **백마가 틈 사이를 지나가는** 것 아니겠소? 어째서 이렇게 사서 고생을 하십니까."

그러면서 식사를 하라고 권했다. 장량은 하는 수 없이 억지로 먹었다고 한다. 장량은 '벽곡'과 '도인'과 같은 건강관리 때문에 얼굴이 여성 같이 고왔다고도 한다.('이모취인' 항목 참고)

여태후가 말한 **백마가 틈 사이를 지나다**는 백구과극은 세월이나 시간이 아주 빠르게 지나가는 것을 비유한다. 출처는《장자》〈지북유(知北遊)〉편이다.

백규지점(白圭之玷), 상가마야(尚可磨也) ; 사언지점(斯言之玷), 불가위야(不可爲也)

백옥의 흠은 갈아 없앨 수 있으나, 말이 잘못되면 어쩔 수가 없다.
– 권39 〈진세가〉

춘추시대 진(晉)나라 헌공(獻公, ?~기원전 651)은 융족(戎族) 출신의 후궁 여희(驪姬)를 총애하다가 적장자 신생(申生)을 죽게 만드는 등 국정을 어지럽혔다. 다른 공자들은 외국으로 망명했다. 기원전 651년 헌공이 죽자 결국 내란이 터져 여희를 비롯하여 그녀와 그녀의 여동생이 낳은 두 아들이 모두 살해되었다. 대신 순식(荀息)은 헌공이 죽기 전에 이 두 아들을 지키겠다고 약속했으나 이를 지키지 못했다. 순식은 헌공과 이 두 어린 아들을 따라 죽었다. 사람들은 당시 여론을 대변하는 군자의 입을 빌려 이렇게 말했다.

"《시》에서 말하기를 **백옥의 흠은 갈아 없앨 수 있으나, 말이 잘못되면 어쩔 수가 없다**라 했으니, 순식을 두고 한 말이 아닌가? 자신의 말을 어기지 않았으니. 당초

여희 등 젊은 후궁을 총애하다가 내란의 빌미를 제공한 진 헌공의 무덤이다.(산서성 운성시運城市 강현縣縣 소재, 2012년)

헌공이 여융을 정벌하면서 점을 쳤는데, '치아가 화근이다'라 했다. 여융을 격파하고 여희를 얻어 예뻐했으나 결국은 그것으로 진나라가 어지러워졌다."

군자가 인용한 대목은 《시경》〈대아(大雅)〉 '억(抑)'에 나온다. 한 번 내뱉은 말은 바로잡기기 어렵다는 뜻으로, 뒤이어 나오는 '치아위화(齒牙爲禍)'도 같은 맥락이다. 순식이 헌공에게 한 맹서의 말 때문에 목숨을 잃은 것을 안타깝게 생각하여 반어법으로 인용한 것으로 보인다.

키워드 : 말, 화근

백두여신(白頭如新), 경개여고(傾蓋如故)

머리카락이 하얗게 새도록 알았지만 여전히 낯설고, 잠깐 우산(양산)을 함께 받쳐 들었지만 오랜 사이 같다.
― 권83 〈노중련추양열전〉

한나라 초기, 제나라 출신의 지식인 추양(鄒陽, 생졸 미상)은 일찍부터 양(梁)나라를 떠돌다 양 효왕(孝王)의 문객이 되었다. 그런데 그의 재능을 시기한 양승(羊勝) 등이 효왕에게 추양을 모함했다. 자초지종(自初至終)을 캐지 않고 화부터 낸 효왕은 추양을 옥리에게 넘겨 죽이려 했다. 오명을 쓰고 죽을 수 없었던 추양은 효왕에게 편지를 썼는데, 이 옥중 편지가 〈옥중상양왕서(獄中上梁王書)〉라는 명문이다.(이 편지에 대해서는 부록으로 마련한 '사기의 문장' 편에서 상세히 소개했다.) 편지에서 추양은 미묘한 인간관계를 속담을 인용해 설파했다. 그 대목을 한번 보자.

"속담에 **머리가 하얗게 샐 때까지 사귀었는 데도 처음 만난 사람처럼 낯선가 하면, 길에서 우연히 만나 우산(양산)을 기울인 채 잠시 이야기하고도 오래된 사람 같은 경우가 있다는**

말이 있습니다. 이런 말이 나오게 된 것은 한 사람을 잘 아느냐 모르느냐 하는 차이 때문입니다.”

이 편지에서 추양은 충신과 간신, 어리석은 군주와 현명한 군주의 언행을 비교하고 의로운 인재를 알아보는 눈을 가지라며 자신을 죽이려는 효왕의 잘못을 지적하고 나섰다. 추양은 죽음을 앞두고도 비굴하게 애원하지 않고 당당한 어조로 인간관계의 모순과 묘미를 언급하며 사람을 아는 일이 얼마나 어렵고 중요한가를 설득력 넘치는 문장으로 전개해나갔다. 이 글에 감동받은 효왕은 추양을 풀어주고, 그를 더욱 우대했다.

추양은 이 말을 통해 사람을 제대로 알고 이해하는 일이 쉽지 않음을 비유하고 있다. ‘열 길 물속은 알아도 한 길도 안 되는 사람 마음은 모른다’는 우리 속담이 있다. 사람을 제대로 알고 이해하기가 얼마나 어려운가를 잘 말해주는 속담이다. 인간을 잘 알고 이해하는 사람이야말로 참으로 강한 사람이라 할 수 있을 것이다.

오랫동안 잘 지내던 사람이 어느 날 갑자기 전혀 낯선 사람처럼 느껴진 적 있는가? 반대로 별로 친하지 않았던 사람 혹은 몇 번 보지 않은 사람이 느닷없이 아주 오래된 친구나 연인처럼 느껴진 적은 없는가? 사마상여와 탁문군은 첫눈에 반해 그날 밤으로 야반도주(夜半逃走)하는 사랑의 도피행각을 감행했다. 반면 수십 년을 살고도 서로를 잘 모르겠다며, 성격이 너무 다르다며 헤어지는 경우도 많다. 장이와 진여는 처음 목숨을 내놓아도 아깝지 않을 ‘문경지교(刎頸之交)’의 우정을 나누었으나 결국은 원수지간이 되었다.

인간관계의 깊은 정도가 시간에 비례하지 않는다는 것을 갈수록 실감하며 살고 있다. ‘하룻밤을 지내도 만리장성을 쌓는다’는 속담도, ‘평생을 만

양 효왕은 한순간 소인배의 헐뜯음에 넘어가 추양을 옥에 가두었지만 폐부를 울리는 추양의 글에 금세 정신이 들어 그를 풀어 주고 우대했다. ‘백두여신, 경개여고’는 추양의 글 전체를 통해 가장 의미심장한 명언이다. 사진은 발굴된 양 효왕의 무덤 안에 복원된 효왕의 상이다.(하남성 영성시永城市 망탕산芒碭山 소재, 2018년)

났는 데도 처음 보는 사람처럼 낯설고, 우연히 만나 양산을 기울인 채 잠시 이야기를 나누었는 데도 오랜 친구처럼 생각된다'는 속담도 관계의 정도가 결코 시간의 양에 비례하지 않음을 담담하게 지적하고 있다. 어느 날 돌연 거울에 비친 내 모습이 낯선 사람처럼 느껴진다면 어떤 마음이 들까?

키워드 : 인간, 관계, 시간

백량연(柏梁宴)

백량의 연회.
– 권12 〈효무본기〉

신선숭배와 방술 등 미신에 심취해 있던 무제는 기원전 115년 **백량대**(柏梁臺)를 짓고, 건장궁(建章宮)에는 감로수(甘露水)를 받기 위한 접시인 승노반(承露盤)을 신선이 손으로 떠받치고 있는 형상인 '선인장(仙人掌)'으로 만들어 구리 기둥 '동주(銅柱)'에 올렸다.

후대 기록에 따르면 백량대는 장안성 북문 안에 있었고, 이곳에서 황제가 신하들과 더불어 술자리를 베풀어 시를 지어 주고받았다고 한다. 여기에서 **백량연**이란 단어가 나왔고, **군주와 신하가 술과 문장을 주고받는 모임**을 가리키게 되었다. '백량배(柏梁杯)', '백량전(柏梁殿)' 등과 같은 단어가 파생되었고, 역대 시인 묵객들의 작품에도 많이 등장하고 있다.

키워드 : 궁궐, 군신, 신선, 연회

백리불판초(百里不販樵), 천리불판적(千里不販糴)

백 리 밖에서 땔나무를 팔지 말고, 천 리 밖에서 양식을 팔지 말라.
– 권129 〈화식열전〉

사마천은 〈화식열전〉의 한 대목에서 속담을 인용하여 **백 리 밖에서 땔나무를 팔지 말고, 천 리 밖에서 양식을 팔지 말라**고 했다. 이 구절의 의미에 대해서는 역대로 해석이 분분했는데, 대체로 다음 두 가지로 요약된다.

우선 경제적인 면에서의 해석이다. 땔나무를 백 리 밖까지 져다 내다 파는 것은 경제 수익이란 면에서 수지가 맞지 않는다는 것이다. 식량도 마찬가지다. 천 리 밖까지 식량을 내다 파는 것은 운송비를 포함하여 인건비가 만만치 않기 때문에 대단히 비경제적이라는 해석이다. 충분히 일리 있는 해석이다.

두 번째는 시장 윤리라는 면에서의 해석이다. 땔나무를 해가지고 백 리 밖까지 나가 파는 것은 그곳 시장에서 통용되는 그 나름의 시장 작동의 원리에 어긋난다는 상행위이다. 쉽게 말해 남의 동네 상인이 와서 물건을 파는 행위를 시장의 유통을 어지럽히는 행위로는 본 것이다. 식량 판매는 더 그렇다. 만약 천 리 멀다 않고 식량을 가져와서 다른 시장에서 팔 경우, 특히 그 식량의 질과 값이 시장에서 일반적으로 허용되는 것과 현격하게 차이가 날 경우 당연히 그 시장의 상인과 구매자에게 영향을 줄 수밖에 없다는 논리다. 말하자면 상도의에 어긋난다는 해석인 셈이다.

어느 쪽 해석이든 나름 일리가 있어 보인다. 더욱이 상품의 유통기한이나 보존기한 등을 고려한다면 땔나무를 백 리나 지고 나가서 파는 행위나, 식량을 천 리나 지고 나가 파는 행위는 결코 합리적이지 못하다. 이동 중에 땔나무나 식량이 비에 젖거나 다른 이유로 썩거나 하면 상품 가치가 떨어지고 쓸모가 없어질 수도 있기 때문이다. 이 속담 바로 뒤이어 사마천은 다음과 같은 오묘한 말을 덧붙이고 있다.

"1년을 살려거든 곡식을 심고, 10년을 살려거든 나무를 심고, 100년을 살려거든 덕을 베풀어야 한다. 덕이라는 것은 사람과 사물의 관계를 말한다."

사람과 사물의 관계를 바로 이어주는 것이 덕을 베푸는 실천이라는 말로 들린다.('거지일세, 종지이곡' 항목 참고)

키워드 : 경제, 판매, 상도의

백모인(白茅人)

술사 / 방사 / 도사.
– 권28 〈봉선서〉 ; 권12 〈효무본기〉

한나라 무제는 도사(道士)·방사(方士)·신선(神仙) 따위에 빠져 이들에게 여러 차례 속았다. 〈봉선서〉는 무제의 이런 미신숭배에 관한 내용들로 채워져 있다. 특히 무제 시기의 치적을 기록한 〈효무본기〉는 〈봉선서〉의 내용을 그대로 인용하고 있어 역대로 위작설을 비롯하여 본기 기록 자체가 폐기되었을 것이라는 주장 등이 나왔다. 어떤 학자는 사마천이 무제의 이런 어처구니없는 미신숭배를 조롱하기 위해 일부러 〈봉선서〉 기록을 본기에 그대로 갖다 넣었다고 추정하기도 한다.

백모인은 무제의 이런 미신숭배를 잘 나타내는 단어다. 관련한 내용을 보면 이렇다. 방사 난대(欒大)라는 자가 무제를 만나 자신은 바다를 오가며 신선들을 보았고, 자기 스승이 말하길 "황금을 만들 수도 있고, 황하의 터진 둑도 막을 수 있으며, 불사약도 얻을 수 있고, 선인(仙人)도 오게 할 수 있다"고 했다. 무제는 난대를 '오리(五利)장군'에 봉하고 2천 호를 내렸다. 그러자 공주를 비롯하여 장군과 재상 이하 신하들이

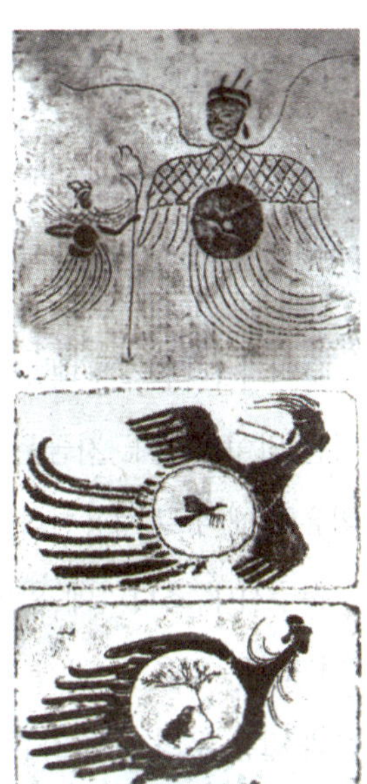

벽돌 그림은 날개를 단 우인의 모습으로 당시 미신 풍속의 단면을 보여준다.

줄줄이 난대의 집을 찾아가 술자리를 베풀고 이런저런 재물을 갖다 바쳤다.

무제는 또 난대에게 '천도장군(天道將軍)'이라 새긴 옥도장을 날개옷을 입은 사람을 시켜 밤에 '백모(白茅)' 위에서 주도록 했다. 난대도 날개옷을 입고 백모 위에서 도장을 받았다. 이 때문에 난대를 **백모인(白茅人)**이라 부르기도 했다.

여기서 '백모인'이 유래했는데, '백모'는 다년생 야생초로 제사 때 예물로 사용되었다. 이후 '백모인'은 **술사(術士)나 방사를 가리키는 단어**가 되었다. 또 도사나 방사들이 입은 날개옷, 즉 '우의(羽衣)'는 주로 새털로 만들었는데, 훗날 **도사의 옷을 가리키는 용어**가 되었다. 신선은 날아다닐 수 있다는 속설 때문에 날개옷이라 불렀다. 또 여기서 신선을 뜻하는 '우인(羽人)'이란 단어도 나왔다. 난대의 사기 행각은 오래지 않아 들통이 났고, 난대는 죽임을 당했다.

키워드 : 미신, 신선, 방사

백발백중(百發百中)

백 번 쏘아 백 번 다 맞추다.
- 권4 〈주본기〉

우리가 흔히 쓰는 **백발백중**은 **백 번 쏘아 백 번 맞힌다**는 뜻으로 당초 활쏘기에 해당하는 말이었으나, 지금은 일이나 계획하고 있던 바가 생각했던 대로 다 들어맞음을 비유할 때 주로 사용한다. 관련 고사는 이렇다.

춘추시대 초나라에 활의 명수인 양유기(養由基, 생졸 미상)라는 사람이 있었는데, "버드나무 잎을 백 보 떨어진 곳에서 **백 번 쏘아 백 번을 다 맞혔다.**" 《전국책》에는 다음과 같은 무명 시절 양유기의 일화도 남아 있다.

초나라에 장왕(莊王)이 즉위하자 영윤(令尹, 재상)이었던 두월초(斗越椒)가 반란을 일으켰다. 장왕이 대외 정벌을 나간 사이 반란을 일으킨 두월초는 장왕이 돌아오는

694

길을 막고 서로 대치했다. 초나라 장병들
은 두월초의 탁월한 활솜씨를 두려워하고
있었다.

자신의 활솜씨에 남다른 자신감을 갖고
있는 두월초는 활을 높이 들고는 "내게 맞
설 놈이 누구냐?"고 큰소리를 쳤다. 그러
자 이름도 없는 양유기가 나서 "많은 군
사를 힘들게 하지 말고 둘이서 활로 승부
를 결정하자"고 제안했다. 두월초는 거절

호북성 무한(武漢) 동호(東湖)에 조성되어 있는 초
문화 광장의 양유기(아래) 조형물이다.(2002년)

하지 못하고, 각각 세 번씩 활을 쏘아 승부를 결정하기로 했다. 두월초는 자기가 먼
저 쏘겠다고 했다. 먼저 쏘아 죽여 버리면 제아무리 명사수라도 무슨 소용이 있겠느
냐는 생각에서였다. 양유기는 흔쾌히 이 조건을 받아들였다. 두월초가 첫 발을 날렸
으나 양유기는 화살을 쳐서 떨어뜨렸다. 두 번째 화살은 몸을 기울여 피했다. 두월
초가 몸을 피하다니 비겁한 것 아니냐고 억지를 썼다. 양유기는 그럼 마지막 화살은
피하지 않겠다고 했고, 결국 날아오는 화살을 이로 물었다. 그리고는 "나는 단 한
발로 승부를 결정짓겠다!"라고 했다.

양유기는 활에 화살을 메기는 척하면서 먼저 빈 줄을 퉁겨 소리를 내보냈다. 그
소리에 두월초는 화살이 날아오는 줄 알고 몸을 옆으로 기울였다. 순간 양유기는 두
월초의 머리를 향해 진짜 화살을 날렸고, 화살은 두월초의 머리에 명중했다. 반란은
이렇게 두 사람의 활쏘기 실력 대결로 끝이 났다.

'백발백중'과 관련해서는 '백 보 밖에서 버드나무를 뚫는다'는 '백보천류(百步穿柳)',
또는 '백보천양(百步穿楊)'이라는 사자성어도 함께 나왔다. ('좌지우출左支右絀' 항목 참고)

키워드 : 궁수, 실력

백아절현(伯牙絶絃)

백아가 거문고 줄을 끊다.

– 보임안서

백아절현은 죽은 친구를 진정으로 애도하기 위해 자신이 연주하던 **거문고 줄을 끊어** 다시는 연주하지 않겠다는 결심을 나타내는 고사성어이다. 《열자(列子)》라는 전국시대 도가 계통의 책에서 나왔는데, 사마천이 〈보임안서(報任安書)〉에서 이 성어를 언급함으로써 널리 알려졌다. 훗날 명나라 때 소설가 풍몽룡(馮夢龍, 1574~1646)은 이 고사를 바탕으로 〈유백아가 거문고를 버림으로써 친구의 우정에 보답하다〉, 즉 〈유백아솔금사지음(兪伯牙捧琴謝知音)〉이라는 작품을 《경세통언(警世通言)》에 수록하기도 했다.(《경세통언》은 풍몽룡의 백화체 단편소설집이다.)

춘추시대, 거문고 연주의 명수로 이름 높은 귀족 백아(伯牙) 곁에는 그 소리를 누구보다 잘 감상해 주는 농사꾼 친구 종자기(鍾子期)가 있었다. 두 사람은 신분을 초월하여 음악으로 깊은 우정을 나누었다. 두 사람은 마음이 통하는 연주자와 감상자로서 세상에 둘도 없는 우정을 나누었으나 불행히도 종자기가 병으로 먼저 세상을 떠났다. 절망한 **백아는 종자기의 무덤을 찾아 자신의 거문고 줄을 끊어 다시는 연주하지 않겠다고 결심**했다. 백아는 이 세상에 더는 자신의 거문고 연주 '소리를 알아줄', 즉 '지음(知音)'의 친구는 없다고 생각했기 때문이다. 이후 '지음'은 절친한 친구를 가리키는 단어가 되었고, 이로써 친구가 연주하는 악기 소리를 듣고 친구의 마음까지 헤아릴 수 있는 최고의 경지를 나타내게 되었다.

'관포지교(管鮑之交)'의 주인공 관중은 진정한 친구 포숙의 배려로 목숨을 건지고 재상 자리까지 양보 받았다. 이런 포숙의 고귀한 정신에

백아와 종자기의 깊은 우정의 고사를 간직하고 있는 고금대(古琴臺, 호북성 무한시武漢市)의 백아와 종자기 조형물이다.(2006년)

깊이 감동한 관중은 "날 낳아주신 분은 부모지만, 날 알아준 사람은 포숙이었다(생아자부모生我者父母, 지아자포자야知我者鮑子也)"고 했다. 두 사람 역시 '지음'의 경지에 오른 우정을 나눈 사이였다. '백아절현'은 우리 고등학교 한문 교과서에도 소개되어 있다.('관포지교', '문교지교', '지음' 항목 참고)

키워드 : 인간관계, 우정, 지기(知己)

백어입주(白魚入舟)

흰 물고기가 배 안으로 뛰어들다.
– 권4 〈주본기〉

은(殷)나라 정벌을 앞둔 주(周) 무왕(武王, 기원전 11세기 무렵)이 황하를 건너고 있는데, 난데없이 **흰 물고기가 배 안으로 뛰어올라** 왔다. 이를 두고 사람들은 주 무왕이 은의 주(紂)임금을 멸망시킬 좋은 징조라며 그럴듯하게 갖다 붙였다. 이로부터 **백어입주**는 일이 성공하거나 전쟁에서 승리할 길조를 비유하는 성어가 되었다.

사람들은 어떤 큰일을 앞두고 사소한 일이라도 특별한 의미를 부여한다. 또 어떤 일은 절대 하지 않는 금기(禁忌)의 행동, 흔히 하는 말로 징크스(Jinx, 불길한 징후)에 따른 별난 행동도 많이 보여준다. 징조는 이러한 인간의 약한 인성(人性)에서 비롯된다. 징조는 한 걸음 더 나아가 한 나라의 흥망을 예고하는 것으로까지 확대된다. 그리고 징조는 여론 형성의 방법이나 수단으로도 활용된다.

21세기 AI시대에도 비합리적인 금기와 징조는 여전히 위세를 떨치고 있다. 그러나 불길한 징조든 상서로운 징조든 결국은 각자 하기 나름이다. 자신이 할 수 있는 최선을 다한 다음 담담하게 결과를 기다릴 줄 아는 사람에게는 어떤 현상도 아름답고 좋게 보일 수 있다.

무왕은 배 위로 뛰어 올라온 물고기를 손수 몸을 굽혀 집어 들고는 제사를 올렸

다. 흰색을 숭상한 은나라를 정벌하기에 앞서 흰 물고기를 바쳐 제사를 지낸 것이
다. 다시 말해 주어진 기회를 놓치지 않고 살렸다. 우리는 노력해서 잡은 기회만 살
릴 줄 알았지, 자기도 모르게 다가온 기회에 대해서는 둔감한 편이다. 기회는 우리
주변 도처에 웅크리고 있다. 열린 마음과 편견 없는 의식으로 기회를 잡아야 한다.

백어입주는 '백어약입(白魚躍入)'이라고도 하는데, 금문(今文) 《상서(尙書)》에 보인다.

키워드 : 징조, 길조

백이산하(百二山河)

험준한 산과 강.

− 권12 〈고조본기〉

기원전 201년, 유방이 황제로 즉위한 이듬해 12월에 누군가 한신이 반란을 꾀하
고 있다는 보고를 올렸다. 유방은 진평의 꾀를 써서 운몽(雲夢)으로 행차한다고 속여
유방을 맞이하러 나온 한신을 붙잡았다. 그리고 천하에 대사면령을 내렸다. 이때 전
궁(田肯)이란 자가 축하를 올리는 틈을 타서 유방에게 옛 제나라 지역의 중요성을 말
하면서 제나라 지역에 한신처럼 성이 다른 공신을 왕으로 봉해서는 안 된다면서, 망
한 진나라의 지리적 형세를 끌어다 비교하여 이렇게 말했다.

"폐하께서는 한신을 사로잡고 관중에 도읍하셨습니다. 진나라는 지리 형세가 뛰
어나 험준한 황하와 효산을 띠처럼 두르고 있는 것이 다른 제후국과는 천 리나 차이
가 납니다. **군사 100만 명이라면 진나라는 그 절반**이면 됩니다."

위 대목은 진나라 지세의 이점을 강조한 내용이다. '군사 100만 명이라면 진나라
는 그 절반'의 원문은 '지극백만(持戟百萬), 진득백이언(秦得百二焉)'이다. 이 대목은

역대로 가장 논란이 많았던 부분이며, 아직도 정론은 없다. 국내의 대표적인 번역서는 《사기집해(史記集解)》에 인용된 소림(蘇林 생졸 미상)이란 학자의 견해에 따라 '병력 100만이 와도 2만의 군사로 막을 수 있습니다'로 풀이하고 있는데, 다소 지나친 감이 없지 않다. 고염무(顧炎武, 1613~1682)는 옛 사람들은 두 배를 이(二)로 표시했으므로 '백이(百二)'는 '200배다'라고 해석했다. 이 역시 지나친 해석으로 보인다. 최근 중국 학계는 '백이'를 '백의 절반'으로 해석하고 있는데, 비교적 합리적이다. 이밖에 '둘로 백을 당해내다'로 풀이하는 경우도 있다. 어떤 해석이 되었건 **진나라 지리적 형세의 이점**을 말한다는 점에서는 크게 다르지 않다. 훗날 '백이'와 '산하'를 결합시킨 **백이산하**나 '백이지세(百二之勢)'와 같은 사자성어들이 나왔다. 모두 험준한 산과 강의 지세를 가리킨다.

키워드 : 형세, 지세, 험준

백인(柏人)

백인(지명).
— 권89 〈장이진여열전〉

기원전 199년, 고조 유방이 동원(東垣)에서 돌아오는 길에 조(趙)나라에 들렀다. 이에 앞서 관고(貫高) 등은 고조가 머무르게 될 **백인(柏人)**이라는 곳의 숙소 벽 안에 사람을 숨겼다가 고조를 암살하려 했다. 고조가 자신들이 모시고 있는 조왕 장오(張敖)를 심하게 무시하는 등 모욕을 주었기 때문이다. 장오는 고조의 딸인 노원(魯元) 공주의 남편, 즉 고조의 사위였다.

고조가 이곳 숙소에 도착했는데, 어쩐 일인지 '심장이 떨렸다(심동心動).' 고조는 "이곳 현의 이름이 무엇이냐?"고 물었고, '백인'이라는 답이 돌아왔다. 고조는 "백인이라면 사람을 압박한다는 '박인(迫人)'이란 뜻 아닌가?"라며 그곳을 떠났다.

고조는 '백인'이란 지명을 '박인'과 연계시켜 뭔가 찜찜하다며 그곳에 묵지 않았다. 이렇게 해서 고조 암살 사건은 미수에 그쳤다. 그러나 이 일이 새어나가 조왕 장오와 관고 등이 모두 체포되었고, 10여 명이 잇따라 자결하려 했다. 관고는 조왕

장안으로 압송되는 관고의 모습을 그린 그림이다.

을 지키기 위해 이들을 말리며 자진해서 나섰고, 조왕과 함께 장안으로 압송되었다. 그러자 빈객 10여 명도 머리를 깎고 목에 칼을 쓴 채 조왕을 따라나섰다. 관고는 모진 고문에도 조왕의 결백을 주장하여 조왕을 살렸다. '백인'은 유방에 대한 암살 사건과 관련이 있는 지명이지만, 훗날 권력자가 행차를 멈추고 경계를 높인다는 의미가 내포된 단어가 되었다.('교지' 항목 참고)

키워드 : 조짐, 경계(警戒)

백인교전(白刃交前), 불구유시(不救流矢)

창칼이 눈앞에서 부딪치는 상황에서는 멀리서 날아드는 화살은 피할 수 없다.
— 권83 〈노중련추양열전〉

노중련(생졸 미상)은 제나라 출신의 유세가(遊說家)였다. 노중련은 소년 시절 스승 서겁(徐劫)에게 배웠는데, 총명하고 뛰어난 변론은 물론 기개도 대단히 높아서 사람들이 '천리구(千里駒)', 즉 '천리마(千里馬)'라며 칭찬했다.

어린 시절의 노중련과 관련하여 이런 일화가 전한다. 제나라의 변사 중에 전파(田巴)라고 불리는 사람이 있었다. 그는 온갖 자리에 초청을 받아서 유창한 말솜씨를 뽐냈는데, 쓸데없는 소리에 실속은 없는 그런 자였다. 하지만 그를 압도하는 사람이

없었기 때문에 늘 자신이 제일 잘난 줄 알고 의기양양했다.

　노중련은 전파를 만나게 해달라고 스승 서겁을 졸랐다. 서겁은 말렸지만 노중련이 한사코 고집하는 바람에 날을 잡아 12세의 제자 노중련을 데리고 전파를 만났다. 전파는 애송이 노중련을 멸시하는 기색이 역력했다. 노중련은 정색을 하더니 단도직입적으로 이렇게 말했다.

　"전 선생님, 저는 '집 안의 쓰레기도 치우지 못했는데 들판의 잡초를 돌볼 겨를이 어디 있으며, **창칼이 눈앞에서 부딪치는 상황에서 멀리서 쏘아대는 화살을 무슨 수로 방비한단 말인가?**' 이런 말을 들은 바 있습니다. 왜 이렇게 말하겠습니까? 이는 어떤 일을 말할 때에 완급(緩急)과 경중(輕重)이 있어야 한다는 뜻일 것입니다. 급한 일을 놔두고 덜 급한 일을 먼저 한다면 어찌 되겠습니까? 지금 우리나라의 형세가 대단히 위급합니다. 초나라 군사가 남양(南陽)에 진을 치고 있고, 조나라가 고당(高唐)을 공격하고 있으며, 연나라 십만 대군이 요성(聊城)을 떠나지 않고 있어 나라가 금방이라도 망할 지경에 이르러 있습니다. 선생께서는 이러한 형세에 대해 어떤 의견을 가지고 계십니까? 또 어떤 방법으로 이 문제를 해결할 수 있다고 생각하십니까?"

　전파는 순간 말문이 막혀서 얼굴과 귀가 다 빨개졌다. 그러더니 풀 죽은 목소리로 "방법이 없지"라고 했다. 노중련은 미소를 띠면서 "선생의 담론이 나라와 백성에 쓸모가 없다면 뭣하러 그렇게 장황하게 떠벌리십니까? 이는 마치 고양이 머리를 가지고 올빼미 울음소리를 내는 것처럼 사람들은 들을수록 싫증을 낼 것입니다. 청컨대, 선생은 다시는 쓸데없는 이야기를 하지 말아주십시오"라고 했다.

　전파는 부끄러워 "네 말이 맞다! 네 말

산동성 치평현(茌平縣) 노중련 사당 안에 모셔져 있는 노중련의 상이다.(2014년)

이 맞다!"며 입을 닫았다. 이튿날 전파는 서겁을 방문하여 "당신의 어린 제자는 천리마가 아니라 하늘을 날아다니는 '비일(飛逸)'과 같소이다"라며 칭찬을 아끼지 않았다. '비일'은 고대 준마의 이름으로 하루에 1만 리를 갈 수 있고, 뛰어다니는 것이 마치 토끼와 같다고 해서 붙여진 이름이다. 전파는 '비일(飛逸)'이란 표현으로 어린 노중련을 비유하여 칭찬하고 그에게 감복했다.

어린 노중련의 말인 즉, 한시가 급한 상황에서는 이런저런 쓸모없는 말이 아닌 해결 방법을 내놓아야 한다는 것이었다. '노력보다 중요한 것이 방법이다'라는 말도 같은 맥락이다.

키워드 : 상황, 위급

백홍관일(白虹貫日)

흰 무지개가 해를 관통하다.
— 권83 〈노중련추양열전〉

고대에는 이상한 기상(氣象) 변화를 흉조(凶兆)로 인식했다. **흰 무지개가 해를 관통하다**는 **백홍관일**은 《전국책》 〈위책〉(4)의 다음 대목에 나온다.

"전제(專諸)가 오왕 요(僚)를 찌를 때 혜성이 달을 덮쳤고, 섭정(聶政)이 한괴(韓傀)를 찌를 때 **흰 무지개가 해를 관통했다.**"

'백홍관일'은 《사기》 〈노중련추양열전〉의 다음 대목에도 보인다.

"지난날 형가가 연나라 태자 단의 의로움을 따르자 **흰 무지개가 해를 관통했다.**"

그런데 위 대목들의 '백홍관일'은 흉조가 아니라 정성이 하늘까지 감동시켰다는 뜻을 담고 있다.

키워드 : 징조, 기상, 흉조, 정성, 감천

벌

벌가자기칙불원(伐柯者其則不遠)

나무를 베어 도끼자루를 만들려면 그 본이 멀리 있지 않다.
– 권41 〈월왕구천세가〉

기원전 478년 월나라는 오나라에 대한 마지막 총공세에 나섰다. 월은 오를 3년 동안 포위하여 오왕 부차(夫差)를 고소산(姑蘇山)으로 몰아넣었다. 부차는 사신을 보내 월왕 구천(勾踐)에게 사죄하며 항복을 청했다. 구천은 이를 받아들이려 했으나 범려(范蠡)는 강력하게 반대하며 이렇게 말했다.

"회계(會稽)에서의 사건은 하늘이 월나라를 오나라에 준 것인데, 당시 오나라가 취하지 않았습니다. 지금은 오나라를 월나라에 주려는 것인데, 어찌 하늘을 거스를 수 있겠습니까? (중략) 하늘이 주시는 데도 받지 않으면 오히려 화를 받는다고 했습니다. **나무를 베어 도끼자루를 만들려면 그 본이 멀지 않거늘**이라는 말이 있듯이, 왕께서 회계에서의 재앙을 잊으신 것은 아니겠지요?"

범려가 말한 '회계에서의 사건'이란 회계에서 월나라가 오나라에 패하여 망할 뻔한 일을 가리킨다. 범려가 인용한 **나무를 베어 도끼자루를 만들려면 그 본이 멀리 있지**

오나라의 도성이었던 고소성(姑蘇城)의 모습이다. 강소성 소주(蘇州)에 남아 있다.(2008년)

않거늘이란 대목은 《시경》〈빈풍(豳風)〉의 한 구절로 지난날의 교훈이 멀리 있지 않다는 비유이다. 구천은 범려의 충고를 받아들였고, 오나라는 마침내 멸망했다.(기원전 473년)

키워드 : 과거, 역사, 교훈

벌공긍능(伐功矜能)

공을 자랑하고 유능함을 떠벌리다.
– 권130 〈태사공자서〉; 권119 〈순리열전〉; 권124 〈유협열전〉

노자 《도덕경》 제 24장에 "자벌자무공(自伐者無功), 자긍자부장(自矜者不長)"이라는 대목이 있다. "자신의 공을 스스로 떠드는 자는 공을 세울 수 없고, 스스로를 크다고 자부하는 자는 오래 발전할 수 없다"는 뜻이다. 사마천은 이를 **벌공긍능(伐功矜能)**의 네 글자로 압축하면서 오만함을 버려야만 사람 마음을 얻을 수 있다고 지적했다.

2천 년 전 사마천이 그렸던 바람직한 관리상은 어땠을까? 사마천은 이런 관리상을 〈순리열전〉에 소개했는데, 〈순리열전〉을 짓게 된 동기를 마지막 권이자 자신의 서문인 〈태사공자서〉를 통해 다음과 같이 밝히고 있다.

"법을 받들고 이치에 따르는 벼슬아치는 **공을 자랑하지 않고, 유능함을 떠벌리지도** 않는다. 백성들의 입에 오르내리지 않으며, 잘못도 범하지 않는다. 그래서 여기 〈순리열전〉을 짓는다."

'벌공긍능'은 〈태사공자서〉 외에 〈순리열전〉과 〈유협열전〉에도 보인다. 또 〈항우본기〉에는 '자긍공벌(自矜功伐)'이란 같은 뜻의 표현이 있다. 〈유협열전〉에는 '불긍기능(不矜其能), 수벌기덕(羞伐其德)'이란 표현이 보인다. '자기 능력을 뽐내지 않고, 그 덕을 자랑하길 부끄러워한다'는 뜻이다. '벌공긍능'이나 '자긍공벌' 모두 대체로 자신의 공이나 능력을 떠벌린다는 뜻이다. 그 안에는 허황되게 자기 자랑이나 큰소리 치지 말고 직분에 충실하라는 경고가 담겨 있다.('자긍공벌' 항목 참고)

키워드 : 교만, 자랑

법

법령이도민(法令以導民), 형벌이금간(刑罰以禁奸)

법령이란 백성을 (좋은 쪽으로) 이끄는 것이고, 형벌은 간악한 짓을 금하는 것이다.
– 권119 〈순리열전〉

〈순리열전〉은 춘추시대 정치가 손숙오·자산·공의휴·석사·이리 5인의 합전이다. 백성을 아끼고 청렴결백하여 '순리(循吏)'로 불린 이들을 통해 사마천은 자신의 정치·경제사상을 드러냈다. 한 무제 때 단행된 소금과 철의 전매, 주류 전매, 화폐의 잦은 변경, 평균·균수법 등과 같은 국가정책이 백성들의 이익을 침범하는 나쁜 영향과 현상을 '순리'들의 교화와 덕치를 통해 대비시키고 있다. 나아가 사마천은 정치의 본질은 법 집행의 엄격하고 가혹함에 있는 것이 아니라 도덕에 있다는 결론에 이른다. 형식과 내용 면에서는 선진시대 제자백가의 산문적 특징이 뚜렷한 열전이라는 평가를 받고 있다.

사마천은 〈순리열전〉에 대한 논평을 맨 앞에 넣었고, 이를 통해 법의 본질에 대한 통찰을 잘 보여주고 있다. 다음은 그 논평의 전문이다.

"법령이란 백성을 (착한 쪽으로) 이끄는 것이고, 형벌이란 간악한 짓을 금하는 것이다. 정법(政法)과 형벌이 완비되어 있지 않으면 선량한 백성들은 두려워서 스스로 몸조심을 하면서 단속한다. 그러나 관리된 자의 행위가 단정하면 기강이 결코 문란한 적이 없었다. 오로지 관리가 직분을 다하고 원칙을 따르는 것 또한 천하를 잘 다스리기 위함이다. 어찌 꼭 엄한 형벌과 법만 내세워서야 되겠는가?"

키워드 : 공직자, 법, 형벌

법자천자소여천하공공야(法者天子所與天下公共也)

법률이란 황제와 천하 사람들이 모두 함께 지켜야 하는 것이다.
– 권102 〈장석지풍당열전〉

한나라 문제(文帝) 때의 일이다. 문제의 행차가 다리를 건너가는데, 누군가 뛰쳐나와 마차를 끄는 황제의 말을 놀라게 한 사건이 있었다. 놀란 황제가 그자를 장석지(張釋之)에게 넘겨 처벌하게 했다. 장석지는 가벼운 벌금형으로 일을 마무리 지으려 했다. 황제가 노하여 꾸짖자 장석지는 **"법률이란 황제와 천하 사람들이 모두 함께 지켜야 하는 것입니다"**는 말로 자신의 소신을 굽히지 않았다. 그 정도는 벌금형에 지나지 않는다는 것이었다. 문제는 장석지의 견해를 받아들였다.

일찍이 강태공은 《육도(六韜)》에서 "천하는 한 사람의 천하가 아니라, 천하 사람의 천하다"라는 유명한 말을 남긴 바 있다. 참으로 명쾌하고 따끔한 지적이다. 백성들과 함께 누리려 하는 자만이 법도 함께 지킬 수 있다. 법치를 입버릇처럼 달고 다니면서 하는 행태는 왕조체제의 제왕만도 못한 리더들이 넘쳐나는 현실이다. 법을 우습게 여기고 법 위에 군림하려는 리더들의 공통점은 백성들을 우습게 여긴다는 사실이다. 그런 자들에게는 부와 권력에 대한 사사로운 탐욕만 존재할 뿐이고, 백성들은 그저 그들의 부와 권력을 떠받치는 도구에 지나지 않는다.

키워드 : 법치, 통치자, 백성

법자치지정야(法者治之正也)

법이란 다스림의 바른 원칙이다.
– 권10 〈효문본기〉

여태후 사후 여씨 세력들을 제거한 공신들은 당시 대왕(代王)으로 있던 유항(劉恒)을 황제로 추대했다. 이가 문제(文帝, 기원전 202~기원전 157)이다. 문제는 즉위하자마자 연좌제(連坐制)를 폐지하는 등 종래의 악법들을 폐지하는 데 힘을 기울였다. 그러면서 법에 대한 자신의 기본적인 인식인 **법이란 다스림의 바른 원칙**이란 소신을 분명하게 드러냈다. 대신들이 문제의 조치에 반대를 나타내자 문제는, 제대로 된 관리라면 백성들을 착한 쪽으로 이끌어야지 무조건 법으로 다스려서는 안 된다며 자신의 의지를 확고하게 밝혔다. 명군으로서의 면모가 유감없이 드러나는 대목이다.

법은 무엇인가를 금하기 위한 조치이다. 무엇인가는 겉으로 드러나는 인간의 행위이다. 금지와 처벌의 원칙은 정당해야 한다. 아울러 범법의 대상과 그 사정을 파악할 줄 알아야 한다. 그래야 공정하게 법을 집행할 수 있고, 무조건 처벌이 아닌 사람을 착한 쪽으로 이끌 수 있다.

문제는 범법 행위의 이면에 잠재되어 있는 백성들의 마음을 헤아릴 줄 알았던 군주였다. 법이 행위를 통제할 순 있어도 마음까지 통제할 수 없기 때문이다. 그래서 중국사 최초의 왕조 하나라를 세운 우임금은 '백성이 죄를 짓는 것은 나 한 사람 때문(백성유죄재여일인百姓有罪在予一人)'이라고 했다. ('법정즉민각, 죄당즉민종' 항목 참고) '백성유죄재여일인'의 출전은 《상서》〈태서(泰誓)〉 편이고, 이후 여러 전적에 비슷한 표현으로 인용되었다.

키워드 : 법치, 원칙, 정당

법정즉민각(法正則民慤), 죄당즉민종(罪當則民從)

법이 바르면 백성이 성실해지고, 죗값이 정당하면 백성이 따른다.
– 권10 〈효문본기〉

중국 역사상 명군의 한 사람으로 평가 받는 서한의 문제는 각종 악법들을 폐지했다. 그중 연좌제를 폐지하면서 문제는 "법을 어겨 죗값을 치렀는 데도 죄 없는 부모와 처자를 함께 연좌시켜 관노로 삼으니, 짐은 결코 받아들일 수 없다"며 연좌제 폐지를 논의하라고 했다. 거의 모든 관리들이 반대하고 나섰으나 문제는 다시 다음과 같은 말로 이들을 설득했다.

문제의 각종 악법 폐지는 역사상 아주 귀한 사례로 남아 있다. 법은 만드는 것도 중요하지만 악법 등 백성에게 해가 되는 법을 폐지하는 일도 중요하다. 사진은 문제의 악법 폐지를 나타낸 조형물이다.(북경시 밀운구 密雲區 중화법제공원 내, 2009년)

"짐이 듣기에 **법이 바르면 백성이 성실해지고, 죗값이 정당하면 백성이 따른다**고 했다. 목민관이라면 그들을 착한 쪽으로 이끌어야 하거늘 이끌지도 못하고 바르지 못한 법으로 죄를 다스리니, 이는 오히려 백성에게 해를 끼치는 포악한 짓이다. 어찌 법으로 금할 수 있겠는가? 짐은 연좌제의 좋은 점을 보지 못하였으니 그에 대해 좀 더 따져보라."

법에 대한 문제에 인식은 2,200년 전이라는 시차를 생각할 때 믿을 수 없을 정도로 명확했다. 특히 법의 원칙에 대한 다음과 같은 인식은 본 받아야 할 통찰이 아닐 수 없다. 원문과 함께 소개해둔다.

"법이란 다스림의 원칙(통치의 바른길)으로 포악함을 막고 사람들을 착한 쪽으로 이끄는 것이다."

"법자치지정야(法者治之正也), 소이금포이솔선인야(所以禁暴而率善人也)."

문제는 선정을 많이 베풀기로 이름난 제왕이었고, 또 공정한 법 집행이야말로 나라를 정상 궤도에 올려놓는 보증이라고 인식했다. 그래야만 백성들이 법을 믿고 법을 지킨다고 보았기 때문이다. 문제가 역사상 가장 선하고 현명한 통치자의 한 사람이라는 평가를 받고 있는 것도 법의 본질을 제대로 통찰한 이런 인식 때문이다.

키워드 : 법치, 정당, 추종

법지불행자상범야(法之不行自上犯也)

법이 지켜지지 않는 것은 위에서 법을 어기기 때문이다.
– 권68 〈상군열전〉

상앙은 진나라를 개혁하면서 백성들이 법을 믿지 않는 까닭은 기득권층이 법을 지키지 않기 때문이라고 분석했다. 이런 상앙의 인식을 잘 보여준 명언이 **법지불행자상범야**이다. 귀하신 몸들이 법을 무시하고 어기는 현상이 다반사라 백성들이 법을 믿지 않는다고 파악한 상앙은 남문에다 나무 기둥을 세워 놓고, 이를 옮긴 사람에게 거액의 상금을 그 자리에서 줌으로써 법과 정책에 대한 백성들의 신뢰를 얻어냈다. 이것이 '나무 기둥을 세워 믿음을 얻는다'는 '입목득신(立木得信)', 또는 '기둥을 옮겨 믿음을 얻는다'는 '사목득신(徙木得信)'의 고사다.

상앙의 개혁에 대한 백성들의 신뢰는 법을 어긴 태자의 스승들을 가차 없이 처벌함으로써 더욱 높아졌다. 더욱이 자신의 개혁을 비난하던 자들이 한순간 태도를 바꾸어 칭송하자 이런 자들 때문에 개혁의 본질이 흐려진다며 역시 처벌했다. 상앙의 조치가 다소 지나친 감은 없지 않으나 상황에 따라서 이보다 더한 개혁도 필요할 것이다.

개혁의 본질은 바꾸고 고치는 데 있다. 그러나 어설프게 바꾸거나 고쳐서는 역효과를 낸다. 호시탐탐 개혁을 저지하려고 노리는 수구 기득권 세력은 이 허술한 틈을 파고들어 개혁을 엉망으로 만들 뿐만 아니라 역사의 시계를 후퇴시킨다. 개혁은 철저할수록 좋다. 그러려면 기득권 세력부터 확실하게 다잡아야 한다.('법지불행자우귀척' 항목 참고)

키워드 : 법집행, 기득권, 준수

법지불행자우귀척(法之不行自于貴戚)

법이 제대로 시행되지 않는 것은 권력을 가진 귀한 자들 때문이다.
– 권5 〈진본기〉

상앙이 변법 개혁을 시행하면서 지위고하를 막론하고 엄격하게 법을 집행하겠다는 의지를 나타낸 명언이다. '위 대들보가 삐뚤어지면 아래 대들보도 휜다'는 속담이 있듯이, 법률 제도를 만들고 이를 집행하는 주체인 상층부 통치계급 자체가 모범이 되어 법을 준수하지 않으면서 백성들에게 법을 지키라고 할 수 없다. 이 대목은 〈상군열전〉에서는 **법지불행자상범지(法之不行自上犯之)** 즉 **법이 시행되지 않는 것은 위에서부터 법을 어기기 때문이다**로 약간 바뀌어 나타나는데 뜻은 똑같다.('법지불행자상범야' 항목 참고)

상앙은 법과 정책의 실행은 백성들의 믿음이 없이는 불가능하다고 인식했다. 그는 백성들의 신뢰를 얻기 위해 성문 앞에 나무 기둥을 세워 그것을 옮기는 사람에게 상금을 주겠다는 다

상앙은 법이 신뢰를 얻지 못하는 까닭은 부와 권력을 가진 자들이 앞장 서서 법을 무시하고 어기기 때문이라는 점을 정확하게 인식하고 있었다. 따라서 그의 변법 개혁은 권세를 가진 자들부터 시작되었고, 그 결과 진나라는 완전 변모할 수 있었다. 그의 개혁이 천하통일의 주춧돌을 놓았다는 평가가 나오는 까닭이다. 사진은 상앙의 봉지였던 섬서성 상현(商縣)의 상앙광장에 서 있는 상앙의 상이다.

소 황당한 일을 벌였다. 평소 법과 정책에 신뢰를 갖고 있지 않던 백성들은 콧방귀
를 뀌었다. 상앙은 상금을 올렸다. 누군가 별 생각 없이 기둥을 옮기자, 상앙은 바
로 그 자리에서 상금을 주어 약속을 지키는 모습을 보였다.

상앙은 이렇게 해서 백성들의 믿음을 얻어 변법 개혁을 강력하게 추진해 나갈 수
있었다. 이 고사에서 '입목득신(立木得信, 나무 기둥을 세워 믿음을 얻다)', '신목(信木, 신뢰
의 나무 기둥)', '이목득신(以木得信, 나무 기둥으로 믿음을 얻다)', '이목여금(移木與金, 나무 기
둥을 옮기자 상금을 주다)', '사목득신(徙木得信, 나무 기둥을 옮겨 믿음을 얻다)' 등과 같은 다
양한 성어들이 파생되었다. 모두 법과 정책에 대한 백성의 신뢰가 중요하다는 의미
를 담고 있다.

송나라 때 사람 사량좌(謝良佐, 1050~1103)의 《상채어록(上蔡語錄)》(권2)에 보면 "불
혁기구(不革其舊), 안능종신(安能從新)?"이란 구절이 있다. "낡은 것을 혁파하지 않고
어찌 새롭게 출발할 수 있겠는가?"라는 뜻이다. 낡은 것을 바꾸거나 없애야만 새로
운 국면을 열 수 있다는 지적인데, 그에 앞서 낡은 것의 혁파를 위해서는 문제가 어
디 있는지를 찾아내야 한다.

키워드 : 법집행, 기득권, 준수

변

변고난상(變古亂常)

옛것을 바꾸어 떳떳한 도리를 어지럽히다.

– 권101 〈원앙조조열전〉

기원전 202년 한나라 건국 이후 고조 유방은 친인척들을 각지의 제후왕으로 봉했

다. 시간이 흐를수록 제후왕들의 세력이 커져 중앙정부에 위협이 되었다. 경제(景帝) 때 와서 조조(晁錯, 기원전 200~기원전 154) 등이 이들의 세력을 깎아내리자는 '삭번(削藩)'을 들고 나섰다. '삭번'이란 '울타리를 깎는다'는 뜻이다. 중앙의 울타리에 해당하는 지방 세력이 너무 커지고 있기 때문에 이 울타리를 없애거나 낮추어 힘을 빼야 한다는 것이었다.

이 '삭번' 조치에 대해 오·초가 주동이 된 일곱 개 제후왕들이 중앙에 반기를 들었다. 이것이 기원전 154년에 터진 '오초칠국의 난'이다. 경제는 7국의 요구대로 조조를 죽여 반란을 무마하려 했으나, 7국은 그것으로 만족하지 않고 중앙 정부를 공격해왔다. 결국 중앙과 지방의 무력충돌로 이어졌고, 개국 공신 주발(周勃)의 아들 주아부(周亞夫)의 활약으로 반란은 진압되었다.

사마천은 조조의 전기를 원앙와 함께 〈원앙조조열전〉에 수록했고, 조조의 행적에 대한 논평을 다음과 같이 기록했다.

"조조가 가령(家令)이었을 때 여러 차례 진언을 했으나 받아들여지지 않았다. 그러나 그 뒤에 권력을 마음대로 할 수 있게 되자 법을 많이 고쳤다. 그는 제후들이 반란을 일으키자 그 반란을 급히 바로잡는 데 힘을 쓰지 않고 사적인 원한을 갚으려다 도리어 자신을 망쳤다. 옛말에 **옛것을 바꾸고 떳떳한 도리를 어지럽히면** 죽거나 멸망한다'라고 했으니, 이는 조조와 같은 사람들을 두고 한 말이 아니겠는가!"

사마천이 인용한 **옛것을 바꾸고 떳떳한 도리를 어지럽힌다**라는 옛말을 **변고난상**이라 한다. 정상적인 규칙을 바꾸고 어지럽힌다는 뜻이다.

키워드 : 개변

변명역성(變名易姓)

이름과 성을 바꾸다.

– 권129 〈화식열전〉

오월쟁패의 주역으로 월나라 구천을 도와 오나라를 멸망시키는 데 가장 큰 공을 세운 사람은 범려였다. 그는 대업을 이룬 다음 부귀영화를 마다하고 월나라를 떠나 사업가로 변신했다. 떠나면서 범려는 이름을 두 차례 바꾼다. 〈화식열전〉에는 이를 **변명역성**이란 성어로 표현했다.

범려가 처음으로 바꾼 이름은 치이자피(鴟夷子皮)였다. '치이자피'에 대해서는 명확한 설이 없는데, 중국 지식사전에는 '소가죽으로 만든 술을 담는 용기'와 범려의 별칭으로 설명되어 있다.

오월쟁패 때 범려의 경쟁상대이자 맞수였던 오자서는 간신 백비의 모함과 여기에 넘어간 어리석은 왕 부차 때문에 자결을 강요받고 죽었다. 당시 오자서는 죽기에 앞서 자신이 죽으면 눈알을 뽑아 오나라 고소성(姑蘇城) 성문에 걸어달라고 유언했다. 죽어서도 오나라의 멸망을 두 눈으로 똑똑히 보겠다는 부차에 대한 저주였다.('결목' 항목 참고) 이에 화가 난 부차는 오자서의 시신을 말가죽에 싸서 전당강(錢塘江)에 버리도록 했다. 이 말가죽을 '치이자피'라 했다.('치이자피' 항목 참고)

그렇다면 범려가 '치이자피'로 '변명역성'한 것은 오자서에게 바치는 오마주(Hommage)가 아니었을까.(오마주란 간단하게 말해 존경·존중을 뜻하는 프랑스어이다.) 경쟁 상대였지만 누구보다 뛰어났던 오자서의 죽음을 애도하는 한편, 자신의 이름을 그렇게 바꿈으로써 그에 대한 안타까움과 존경심을 나타내고자 한 것으로 추정해 본다.

키워드 : 개명, 추모

변법(變法)

법을 바꾸다.
— 권5 〈진본기〉

법을 바꾼다는 **변법(變法)**은 중국 옛 기록에서 개혁을 상징하는 단어다. 전국시대 진나라 효공이 적극적인 개혁정책을 표방하며 널리 인재를 구한다는 '구현령(求賢令)'을 공표하자, 위(衛)나라 출신의 상앙(商鞅, 공손앙公孫鞅 또는 위앙)이 찾아와 효공에게 유세하여 "법을 바꾸고 형벌을 고치는(변법수형變法修刑)" 것을 골자로 하는 변법 개혁을 시작했다. 이로부터 '변법'은 전면 개혁을 뜻하는 단어가 되었다.

변법이란 단어가 출현하는 가장 오랜 기록은 상앙의 저술로 전하는 《상군서(商君書)》〈갱법(更法)〉 편의 다음 대목이다. 사마천은 〈상군열전〉에서 이 기록의 일부를 인용하고 있다.

"지금 나는 **법을 바꾸어(변법變法)** 다스리고, 예를 바꾸어 백성을 교화하고 싶다. 아마 천하가 나를 두고 수군거릴 것이다."

중국 역사에서 춘추전국시대는 개혁의 시대였다. 무한경쟁으로 돌입하는 전국시대는 변법으로 상징되는 개혁이 속속 이루어졌다. 대표적인 것이 위나라 이괴(李悝)의 변법, 초나라 오기(吳起)의 변법, 제나라 추기(鄒忌)의 변법, 한나라 신불해(申不害)의 변법 등이 있었다. 물론 상앙의 변법 개혁이 가장 전면적이고 철저했고, 그 결과 진나라는 가장 강력한 나라가 되었다.

전국시대부터 청나라, 그리고 개혁개방에 이르기까지 약 2,500년에 걸친 변법개혁의 역사는 중국사에서 중대한 의미를 갖는다. 사진은 중국의 이런 변법개혁과 법제의 변천과정을 각종 조형물로 만들어 공원으로 개방한 중화법제공원이다.(북경시 밀운구, 2009년)

그 이후 중국 역사에 나타난 주요한 변법 개혁으로는 송나라 때 왕안석(王安石, 1021~1086)의 변법, 명나라 장거정(張居正, 1525~1582)의 개혁, 청나라 때 무술변법(戊戌變法, 1898) 등이 있다.('법지불행자우귀척法之不行自于貴戚' 항목 참고)

변장자자호(卞莊子刺虎)

변장자가 호랑이를 찌르다.
– 권70 〈장의열전〉

전국시대 말 진나라 혜왕(惠王, ?~기원전 311)은 동쪽의 한·위와 치열하게 싸웠다. 뿐만 아니라 한과 위도 서로 싸웠다. 한과 위의 전쟁이 1년 넘게 끝나지 않고 있던 상황에서 혜왕이 개입하려고 신하들에게 의견을 물었다. 의견은 둘로 갈라져 결판이 나지 않았다. 혜왕은 유세가 진진(陳軫, 생졸 미상)에게 자문을 구했다. 진진은 춘추시대 노나라 변읍(卞邑)의 대부였던 변장자 일화를 들려주며 개입하지 말라고 충고했다. 변장자의 일화는 《전국책》(〈진책〉 2)에도 보이는데 내용은 이렇다.

호랑이 두 마리가 소를 잡아먹으려는 모습을 본 **변장자가 호랑이를 칼로 찔러** 잡으려 했다. 객관에서 심부름하는 아이가 "호랑이 두 마리가 소를 잡아먹으려 합니다. 먹어 봐서 맛이 좋으면 분명히 서로 다툴 것입니다. 다투게 되면 서로 싸울 것은 뻔하고, 서로 싸우게 되면 센 놈은 상처를 입고, 약한 놈은 죽게 됩니다. 상처를 입은 놈을 찔러 죽이면 한꺼번에 두 마리 호랑이를 잡을 수 있습니다"라고 했다. 변장자는 아이의 말에 일리가 있다고 생각해서 기다렸다가 상처 입은 '호랑이를 찔러' 단번에 호랑이 두 마리를 잡았다.

진 혜왕은 진진의 말뜻을 알아듣고 개입하지 않았다. 결국 한 나라는 타격을 입었고, 나머지 한 나라는 크게 패했다. 진나라가 이 틈에 타격을 입은 나라를 공격하여 크게 무찔렀다.

이후 **변장자자호**는 두 적이 서로 싸워 모두 패하거나 상처를 입은 틈을 타서 공격을 가해 둘 모두를 없애는 경우를 가리키는 성어가 되었다. 《삼국지》〈장기전(張旣傳)〉에도 **"변장자가 호랑이를 찌른** 것처럼 앉아서 그 시신만 거두면 된다"는 대목이 보인다.

의미만 놓고 보면 '일거양득(一擧兩得, 한 번에 둘을 얻다)', '일전쌍조(一箭雙鵰, 화살 하나로 수리 두 마리를 잡다)' 등과 비슷하다. 우리가 즐겨 쓰는 '어부지리(漁父之利)', 또는 '어옹지리(漁翁之利)'나 '어옹득리(漁翁得利)'도 비슷한 뜻의 성어이다. '일거양득'의 출처는 《전국책》〈진책(秦策)〉(2)이고, '일전쌍조'는 《북사(北史)》〈장손성전(長孫晟傳)〉이다. '어부지리', '어옹지리', '어옹득리'의 출처는 《전국책》〈연책(燕策)〉(2)이다.

키워드 : 상황, 관망, 이득

변치지성(變徵之聲)

비장한 '치' 곡조로 바뀌는 소리.
– 권86 〈자객열전〉

자객 형가(荊軻)는 진시황을 암살하기 위해 길을 떠나면서 연나라와 진나라의 경계인 역수(易水)를 건넜다. 형가를 사주한 연나라 태자 단(丹)과 이 일을 아는 사람들이 모두 흰 상복을 입고 나와 배웅했다. 형가의 친구 고점리(高漸離)는 자신의 악기 축(筑)을 들고 나와 이별의 노래를 연주하고 형가가 이에 화답했다. 노래가 **치 곡조로 바뀌며 비장해지자** 모두들 눈물을 흘리며 앞으로 나와 함께 노래를 불렀다.

역수에서의 비장한 이별 모습을 나타낸 조형물이다.(하북성 진황도시秦皇島市 진시황 구선처求仙處, 2009년)

이 노래를 〈역수가(易水歌)〉라 한다.('역수가', '풍소소혜~' 항목)

중국의 악기 연주에 있어서 전통적인 오성음계를 궁(宮) − 상(商) − 각(角) − 치(徵) − 우(羽)라 한다. 음계가 변할 때마다 곡조가 바뀌는데, '치' 곡조는 주로 비장한 소리를 내는 곡조라 한다. **변치지성**이 바로 이를 나타낸 표현이다.

키워드 : 음악, 연주, 변곡(變曲), 비장(悲壯)

변풍역속(變風易俗)

풍속을 바꾸다.
− 권112 〈평진후주보열전〉

한 무제는 지식인들에게 자신의 정책을 비롯하여 당시 정국과 시정 등에 대한 글을 올리라고 장려했다. 이런 글을 '대책(對策)'이라 했다. 기원전 127년 주보언(主父偃)이 글을 올리자 무제가 바로 그를 소환했다. 주보언이 올린 글에는 국정 전반에 관한 아홉 가지 대책이 제시되어 있었는데 여덟 가지가 율령, 나머지 하나가 흉노에 대한 것이었다.

이 무렵 주보언과 거의 동시에 무제에게 글을 올린 사람들 중에 서악(徐樂)과 엄안(嚴安)도 있었다. 엄안은 처음 성이 장(莊)이었다. 기원전 158년에서 기원전 87년 사이에 그 행적이 보인다. 과거 제나라 땅이었던 임치(臨淄, 산동성 치박시淄博市 임치구) 출신이다. 무제 초기 승상 아래 벼슬인 사(史)로 있다가 원광(元光) 연간(기원전 134~기원전 129)에 흉노 공격이 실익이 없다는 위의 글을 올려 무제의 눈에 들었다. 이로써 낭중(郎中) 벼슬을 받았고, 기마령(騎馬令) 벼슬로 생을 마감했다.

엄안의 대책은 다른 사람들과는 달리 현실 상황에 충실한 글이다. 흔히 볼 수 있는 최고 권력자 황제를 의식한 아부성 대목은 거의 찾아볼 수 없다. 화려하고 수사가 많은 서악의 글보다는 다소 무미건조하지만, 생생하고 상세한 역사적 사례로 논리를 강화시키고 있는 점이 눈에 띤다. 엄안 역시 서악과 마찬가지로 가까운 진나라의 멸망을 생생한 사례로 들어 자신의 뜻을 효과적으로 강화하는 수법을 동원했다. **변풍역속**은 진나라 정책의 단점을 비판한 다음 대목에 나온다.

"그때 진나라가 형벌과 세금을 줄이고 요역을 덜어주며, 인의를 숭상하고 권세와 이익을 천시하고, 후박한 것을 숭상하고 약삭빠른 기교를 나쁘게 여겨 **풍속을 바꿔서** 천하를 교화했다면 분명 대대로 편안했을 것입니다."

'변풍역속'은 대개 낡은 습속이나 기풍 따위를 바꾼다는 뜻으로 개혁 과정에서 나타나는 정책 또는 조치의 하나이다.(서악과 엄안의 문장에 대해서는 부록으로 마련한 '사기의 문장'에서 상세히 다루었다.)

키워드 : 개혁, 변역, 풍속

변협(骿脇)

통갈비뼈.
– 권39 〈진세가〉

변협이란 단어에 대해서는 역대로 많은 해석이 있었지만, 대체로 **갈비뼈가 통째로 붙은 기형의 가슴 모양**을 가리키는 것으로 본다. 춘추시대 진(晉) 문공(文公) 중이(重耳)의 가슴이 이런 기형이었다고 한다. 일설에는 문공은 갈비뼈뿐만 아니라 눈동자도 전설 속 요임금처럼 두 개여서 할아버지 무공이 '중이'라는 이름을 지어주었다고 한다. 문공의 '변협'은 어릴 때 침대에서 가슴으로 떨어져 그 충격 때문에 갈비뼈가 붙어버렸다는 설도 있다.

〈진세가〉에는 망명 중이던 중이가 기원전 637년 무렵 조(曹)나라를 지나게 되었을 때, 조나라 공공(共公)이 무례하게 목욕하는 중이의 '변협'을 훔쳐보았다. 당시 조나라의 대부 희부기(釐負羈)가 이를 말렸으나 공공은 듣지 않았고, 이 때문에 훗날 조나라는 진나라로부터 보복을 당했다.

키워드 : 인체, 갈비뼈, 기형

변화유시(變化有時)

변화에는 때가 있다.
− 권6 〈진시황본기〉

사마천은 〈진시황본기〉에서 진나라의 멸망에 대해 논평하며 가의(賈誼)의 〈과진론(過秦論)〉을 인용해 700년 넘게 존속했던 주나라와 단명한 진나라를 이렇게 비교했다.

"주나라는 봉건제가 바른길을 걸었기 때문에 천년 동안 명맥이 끊어지지 않았다. 진나라는 본말을 모두 잃었기 때문에 오래가지 못했다. 이렇게 볼 때 안정과 위기의 방략은 그 차이가 뚜렷하다. 속담에 '지난 일을 잊지 않는 것이 나중 일의 스승이 될 수 있다(전사지불망前事之不忘, 후사지사야後事之師也)'고 했다. 이 때문에 군자가 나라를 다스릴 때는 상고시대를 보고 현재에 시험해 보았다. 인정과 사리를 참작하여 성쇠의 이치를 살피며, 권위와 객관적 형세가 적합한 지를 헤아렸다. 또 순리에 맞게 거취를 결정하고, **때에 맞게 변화**하였기 때문에 오래가고 사직도 편안했다."

변화유시는 변화에도 때가 있다는 것으로 때에 맞추어 변화하고 개혁한다는 뜻이다. 아무 때나 무조건 변혁해서는 효과가 나지 않는다는 점을 지적하고 있다.

키워드 : 개혁, 변화, 시기

권18 〈고조공신후자연표〉는 기원전 202년 유방이 황제로 즉위한 이래 재위 12년 동안 봉해진 143명의 공신들이 그 뒤 100여 년 사이에 어떻게 쇠퇴해 갔나를 일목요연하게 제시하고 있다. 사진은 기원전 201년 1차로 공신에 봉해진 무양후(舞陽侯) 번쾌(樊噲, ?~기원전 189)의 무덤이다.(하남성 무양현, 2018년)

병구즉변생(兵久則變生), 사고즉려역(事苦則慮易)

군대를 오래 동원하면 변란이 발생하고, (군사들은) 하는 일이 고되면 마음을 바꾸어 먹게 된다.
– 권112 〈평진후주보열전〉

주보언은 무제에게 올린 흉노에 관한 대책(對策)을 통해 파격적으로 발탁된 인물이다.(이에 대해서는 '오정식' 항목 등 참고) 그가 올린 글의 한 대목이다.

"멀리 우(순)·하·은·주의 전통을 살피지 않고 가까운 시대의 잘못을 따르는 것, 이는 신이 매우 우려하는 것이며, 또한 백성들이 괴롭게 여기는 바입니다. 더욱이 **군대를 오래 동원하면 변란이 생기고, (군사들은) 하는 일이 고되면 마음을 바꾸어** 먹게 마련입니다."

이 대목은 전쟁이 길어지거나 적과 너무 오래 대치하면서 병사들을 힘들게 하면 다른 마음을 품고 난을 일으킬 수 있다는 경고이다. 그러면서 주보언은 사람들은 평안한 생활을 바라기 마련이므로 섣불리 전쟁을 일으켜 백성의 부담을 높이지 말라고 경고했다. 백성을 지나치게 압박하면 반항할 수밖에 없다며 진나라 말기의 변란을 예로 들었다.

키워드 : 군사, 전쟁, 장기, 대치, 변란

병상태자(兵相駘藉)

병사들이 서로를 짓밟다.

– 권27 〈천관서〉

천문관측에 관한 전문 기록인 〈천관서〉에는 진나라 말기 혜성이 나타났다는 기록이 있다. 관련한 대목은 이렇다.

"진시황 때에는 15년 사이에 혜성이 네 차례 출현했는데, 출현 시간이 오랜 것은 80일에 이르렀고, 꼬리가 긴 것은 온 하늘을 가로지를 정도였다. 그 뒤 진나라는 무력으로 여섯 나라를 끝내 멸망시켜 중국을 통일하고 밖으로는 사방의 이민족들을 내쫓았다. 죽은 사람이 마치 난마(亂麻)처럼 뒤얽혔다. 이 때문에 진섭(陳涉)이 여러 무리를 아울러 들고 일어났으며, 그 뒤 30여 년 동안 '병사들이 서로 짓밟고' 짓밟히기를 이루 헤아릴 수 없이 했으니, 치우(蚩尤) 이래 이와 같은 일은 한 번도 없었다."

'병상태자'는 군대가 서로를 짓밟는다는 뜻인데, 혼란 중에 자기편끼리 서로 밟고 밟히는 상황도 이렇게 표현할 수 있다.

키워드 : 난세, 전란, 살상

병연이불해(兵連而不解), 천하고기노(天下苦其勞)

전쟁이 끊이지 않아 천하가 힘들게 고통을 받다.

– 권30 〈평준서〉

서한의 대흉노 관계는 무제 때 들어와 화친에서 갈등과 충돌로 돌아섰다. 특히 기원전 134년 마읍(馬邑)에다 군대를 매복시켜 흉노를 기습하려다 실패한 '마읍 사건'

으로 두 나라의 관계는 악화일로를 걸었다. 사마천은 〈평준서〉에서 이 과정을 포함하여 무제의 무리한 대외정책이 몰고 온 여러 문제점을 지적했다. 이 때문에 해마다 **전쟁이 끊이지 않아 천하가 힘들게 고통을 받았다.** 백성의 생활은 피폐해지고, 경제는 부진을 면치 못했다. 전쟁이 오래되면 결국은 백성들에게 피해가 돌아간다는 뜻의 명구이다.

키워드 : 전쟁, 백성, 고통

병유언지적(屏流言之迹), 새붕당지문(塞朋黨之門)

유언비어의 통로와 당파의 문을 막는다.
– 권69 〈소진열전〉

전국시대 유세가 소진은 6국을 돌며 강력한 진나라에 맞서자는 합종(合縱)을 주장했다. 합종은 성사되었고, 소진은 6국의 공동 재상이 되었다. 소진은 6국의 형세를 정확하게 분석하는 한편 각국 군주의 심리를 자극하는 유세술을 동원하여 합종을 이루어냈다. 아래는 조나라 유세 당시 숙후(肅侯, ?~기원전 326)를 설득하는 한 대목이다.

"신은 '현명한 군주는 의심을 끊고 헐뜯는 말을 버리며(절의거참絶疑去讒), **유언비어의 통로와 당파의 문을 막는다**'고 들었습니다."

소진은 현명한 군주라면 내부에 도움이 되지 않는 말들과 사사로운 이익만 꾀하는 당파 짓는 일을 우선 막아야 할 필요성을 위와 같은 말로 강조했다. 이 말은 나라뿐만 아니라 조직을 이끄는 리더들도 충분히 귀담아 들을 필요가 있다.

키워드 : 조직, 유언비어, 당파, 예방

병자흉기야(兵者凶器也), 전자역덕야(戰者逆德也), 쟁자사지말야(爭者事之末也)

군대는 흉기이고, 전쟁은 덕을 거스르는 일이며, 싸움은 모든 일의 맨 마지막입니다.
– 권41 〈월왕구천세가〉

오월쟁패 때 오왕 부차는 기원전 496년 월나라와 벌인 취리(檇李)전투에서 부상으로 죽은 아버지 합려의 복수를 위해 군대를 훈련시켰다. 이 소식을 들은 월왕 구천은 먼저 군대를 일으켜 선수를 치려 했다. 오나라와 월나라 군대의 전력을 잘 알고 있는 범려는 구천을 말리며, 위와 같은 지극한 말로 간언했다. 관련 대목을 원문과 함께 소개하면 이렇다.

“**군대는 흉기이고, 전쟁은 덕을 거스르는 일이며, 싸움은 모든 일의 맨 마지막입니다.** 음모로 덕을 거스르고, 흉기를 즐겨 사용하여 자신의 몸을 보잘것없는 곳에 시험하려는 것은 상제께서 금할 뿐만 아니라 행동으로 옮겨도 이로울 것이 없습니다.”

“**병자흉기야(兵者凶器也), 전자역덕야(戰者逆德也), 쟁자사지말야(爭者事之末也).** 음모역덕(陰謀逆德), 호용흉기(好用凶器), 시신어소말(試身於所末), 상제금지(上帝禁之), 행자불리(行者不利).”

구천은 범려의 간언을 듣지 않고 무리하게 부차를 공격하다 크게 패했다. 두 나라의 전력을 정확하게 헤아린 끝에 나온 범려의 충고를 듣지 않은 결과였다. 구천은 스스로 볼모가 되어 부차를 3년이나 섬기는 수모를 당했다.

시진핑 주석은 2015년 미국을 방문하여 일성으로 ‘국수대(國雖大), 호전필망(好戰必亡)’을 말했다. 《사마

전쟁은 불가피할 때 벌이는 마지막 수단이다. 역사는 그저 땅을 빼앗고 재물을 차지하기 위해 전쟁을 벌인 자는 틀림없이 망한다는 준엄한 원칙을 보여준다. 시 주석은 역사가 남긴 통찰력 넘치는 고전을 인용하여 이 점을 지적했다. 한 잡지에 실린 시 주석의 캐리커처이다.

법(司馬法)》이란 병법서에 나오는 명구로 '나라가 제 아무리 커도 전쟁을 좋아하면 망할 수밖에 없다'는 뜻이다. 그러면서 《사기》〈이장군열전〉에 나오는 '복숭아나무와 자두나무는 말이 없지만, 그 아래로 절로 큰길이 난다'는 뜻의 '도리불언(桃李不言), 하자성혜(下自成蹊)'라는 중국의 오랜 속담을 함께 거론했다.('도리불언~' 항목 참고) 앞의 명구는 미국을, 뒤의 명구는 중국을 염두에 둔 비유였다.

힘은 필요하다. 한 나라에 강력한 군대 또한 당연히 필요하다. 하지만 강력한 군대로 전쟁을 함부로 일삼는 것과는 다른 문제다. 힘은 전쟁을 막기 위한 필수 조건이자 상대적 조건이기도 하다. 이 점을 잘 헤아려야 무모한 전쟁을 막을 수 있다.

키워드 : 군대, 최후수단

병좌지삭(兵挫地削)

군대는 꺾이고, 땅은 깎이다.

— 권84 〈굴원가생열전〉

전국시대 초나라의 정치가이자 시인이었던 굴원(屈原, 기원전 339~기원전 278)은 못난 회왕(懷王)과 간신들의 모함으로 조정에서 쫓겨났다. 굴원은 충정심에서 거듭 글을 올려 회왕에게 간했으나 회왕은 듣지 않았다. 회왕은 또 유세가 장의(張儀)에게 속아 진나라에게 땅을 빼앗기는 등 거듭 수모를 당했다. 이런 과정을 기록한 다음 사마천은 이렇게 논평했다.

"회왕은 충신을 분별할 줄 몰랐다. 안으로 (미녀) 정수(鄭袖)에게 홀렸고, 밖으로 장의(張儀)에게 속았다. 굴원을 멀리하고 상관대부(근상)와 영윤 자란(子蘭)을 신임했다. **군대는 꺾이고 땅은 깎이어** 여섯 개의 군을 잃었고, 몸은 진나라에서 객사해 천하의 웃음거리가 되었다. 사람을 제대로 알아보지 못해 화를 입은 것이다. 《역(易)》에 말하기를 '우물물이 맑아도 와서 마시지 않는구나. 내 마음이 슬픈 것은 이 물은 마실 수 있는 물이기 때문이로다. 왕이 현명하다면 그 복을 받는 법이다'라 했다. 왕이 밝지 못하니, 어찌 복을 받을 수 있겠는가!"

사마천이 말한 상관대부 근상과 영윤 자란은 회왕 측근의 간신들을 가리킨다. **병좌지삭**은 다른 나라와의 싸움에서 거듭 패하여 땅을 빼앗기는 상황을 나타내는 성어이다.

키워드 : 전쟁, 패배, 침탈

보

보과습유(補過拾遺)

잘못을 보충하고, 흘린 것을 줍다.
− 권120 〈급정열전〉

한 무제 통치기(재위 기원전 141~기원전 87)는 후반으로 갈수록 여러 방면에서 파탄을 드러냈다. 특히 당시 통용 화폐인 오수전(五銖錢)을 개인이 불법으로 마구 찍어내는 통해 경제와 재정 문제가 심각해졌다. 가짜 화폐의 불법 유통은 초(楚) 지역이 가장 심각했다. 무제는 초 지역의 길목에 해당하는 회양(淮陽)을 다스려 이 문제를 해결하기로 하고 병으로 쉬고 있는 강직한 급암(汲黯)을 불러들였다. 무제는 급암을 태수로 임명하겠다고 했으나, 급암은 병을 핑계로 사양했다. 무제도 물러서지 않았다. 급암은 눈물을 흘리며, 다음과 같은 말로 거듭 사양했다.

"신은 스스로 산골짜기에 묻힐 때까지 다시는 폐하를 못 뵐 줄 알았고, 폐하께서 다시 신을 부르실 줄은 생각조차 못했습니다. 신에게는 천한 지병이 있어 군 하나를 맡을 능력이 없사옵니다. 바라옵건대 신으로 하여금 중랑(中郎)이 되어 궁궐을 출입하며 **잘못을 보충하고 흘린 것을 줍도록** 해주십시오. 이것이 신의 소원이옵니다."

그러나 무제의 의지는 확고했고, 급암은 마지못해 회양 태수로 부임했다. 급암은 회양을 안정시켰고, 7년 뒤인 기원전 122년 세상을 떠났다. **보과습유**는 과거 자신의 잘못을 바로잡는다는 뜻인데, 대개 신하가 군주의 곁에 있고 싶다는 속마음을 비유할 때 쓴다.('와리회양' 항목 참고)

키워드 : 군신, 자리, 유지(維持)

보임안서(報任安書)

임안에게 드리는 답장.
-《한서》 권62 〈사마천전〉

기원전 91년(사마천 54세), 사마천과 입사 동기인 익주자사(益州刺史) 임안(任安, ?~기원전 91)이 태자 유거(劉据)의 무고(巫蠱, 저주) 사건에 연루되어 사형을 선고 받고 옥에 갇혀 처형을 기다리는 사건이 발생했다. 임안은 자가 소경(少卿)이고, 형양(滎陽)의 가난한 선비였다. 대장군 위청(衛靑)의 문객으로 지내다 무제 때 파격적으로 기용되어 북군사자호군(北軍使者護軍)을 거쳐 익주자사(益州刺史)라는 요직에까지 올랐다.(권104 〈전숙열전〉에 딸린 저소손이 보완해 넣은 〈임안전〉)

임안은 익주자사 시절 사마천에게 편지를 보내 유능한 인재를 추천할 것을 권고한 바 있다. 사마천은 궁형을 당한 뒤 감옥에서 나와 황제 신변에서 기밀이나 문서를 담당하는 중서령(中書令)으로 있었다. 보기에는 귀하고 높은 자리 같지만, 실은 거세당한 환관이 담당하는 수치스러운 자리였다. 이런저런 사정으로 차일피일 답장을 미루던 사마천은 임안의 투옥과 사형을 기다리고 있다는 소식을 들었다. 사마천은 사형 선고까지 받고 궁형을 자청하여 목숨을 부지한 자신의 처지를 회상하며 착잡한 심경으로 답장을 썼다. 그 답장이 바로 **2,397자의 〈임안에게 드리는 답장〉 〈보임안서〉**이다.(〈보임소경서報任少卿書〉라고도 한다.)

이 글은 《한서》 권62 〈사마천전〉에 실린 임안에게 보낸 편지다. 《사기》의 마지막 편인 제130 〈태사공자서〉와 함께 사마천의 삶과 정신세계, 특히 치욕을 딛고 《사기》를 저술하는 데 결정적인 역할을 하게 되는 사마천의 감동적인 '생사관(生死觀)'을 이해하는 데 없어서는 안 될 절대적으로 중요한 자료다. 이 글은 죽음보다 치욕스러운 궁형을 자청할 수밖에 없었던 깊고 슬픈 사연을 축으로 《사기》의 완성에 대한 사마천의 초인적 집념, 삶과 죽음에 대한 깊은 통찰이 아로새겨진 명문 중의 명문이다. 이 편지는 대체로 다섯 단락으로 나누어져 있으며, 그 전체적인 요지를 정리하면 아래와 같다.

- 사마천은 이 편지에서 우선 자신이 궁형을 받게 된 억울한 감정을 비장하게 토로한다.
- 이와 관련하여 충직한 장수들에 대한 황제와 그 충복들의 각박한 대우와 혹리들의 잔인함을 공격하고, 인정과 세태의 비정함, 특히 지배층의 삐뚤어진 기풍에 대해 울분과 절망을 깊게 표출한다. 나아가 진위도 파악되지 않은 소문만 믿고 이릉의 가족을 몰살한 무제의 잔혹한 면모도 고발하고 있다.
- 옥에 갇혀 있을 때의 상황과 그때 당한 육체적 정신적 고통을 통해 인간 세상의 가장 살벌하고 음침한 면을 묘사하여 강압(독재) 통치의 진상을 폭로한다.
- 시류에 따라 줏대 없이 흔들리고, 권력자의 심기에 좌우되는 지배층에 대한 비분과 절망을 유감없이 드러내고 있다. 또 그 자신이 극형을 선고 받았을 때 정치·경제적 지원은커녕 말 한마디 해주는 사람이 없었다는 사실에 큰 충격을 받고, 인심과 세태의 본질을 고민한 결과 인간과 세상을 한 차원 높고 깊게 인식하기에 이르렀다.

• 깊고 고통스러운 사색의 과정을 통해 새롭게 인식한 삶과 죽음에 관한 통찰은 궁극적으로 사마천의 생사관을 결정했으며, 나아가 개인의 치욕과 울분을 뛰어넘고 역사서를 완성하게 된 원동력으로 작용하고 있음을 알 수 있다.

• 문장 면에서는 구조와 순서가 앞뒤로 긴밀하게 호응되도록 잘 짜여 있으며, 논리성을 강화하고 기세를 두드러지게 하기 위해 과장법도 아낌없이 구사하여 서정성을 높였다.

• '복수(復讐)'의 요소를 띠고 있는 그의 발분, 삶에 대한 애착, 목적을 향한 불굴의 의지 등이 자신의 일에 대한 절대적 자신감과 책임감, 그리고 정의감으로 승화하여 읽는 이의 심금을 울린다.

〈보임안서〉는 사마천의 개인적 감정을 많이 담고 있다. 사마천은 영원히 풀릴 수 없고 결코 보상받을 수 없는 자신이 당한 억울함을 하소연하고 있다. 문장에 감정 표출이 많고, 때로는 분노와 울분도 터져 나온다. 따라서 문장 전체를 흐르는 기조는 '억울함'이다. 이런 억울함은 사마천이 이 편지에서 자신의 치욕을 대변하는 '욕(辱)'이란 글자를 무려 18회나 반복하고 있다는 점에서도 잘 드러난다.('치恥' 자도 두 번 사용되고 있다.) 온몸과 가슴, 그리고 영혼에까지 가득 찬 울분과 억울함을 격정적으로, 그러나 절제된, 처절하지만 우아한 문장으로 승화시키고 있다.

문장은 다양한 표현법을 자유자재로 구사한다. 때로는 고의로 과장법을 동원하여 사마천 자신의 심경과 전달하고자 하는 뜻을 강조하는데, 뼛속을 저미는 칼날 같은 서늘한 문장과 그 수사는 잠들어 있는 인간의 본질과 존엄성을 일깨워준다. 풍부한 감정, 알기 쉬운 표현, 변화무쌍한 문장 형식을 마음껏 종횡으로 구사하면서도 주제를 끝까지 놓치지 않는다. 《사기》의 문장에 비해 격하고 침통하며, 거리낌 없고 힘차다. 그러면서도 기품을 잃지 않는다. 혹자는 '힘이 넘치는 울분에 찬 문장'이라고도 하고, 또 누구는 '비바람을 일으키며 달리는 교룡(蛟龍)의 힘을 느끼게 하는 필력'이라고 평가한다.

〈보임안서〉는 명언이 많기로 유명하며, 지난 수천 년 중국을 대표하는 산문 대열에서 단 한 번도 빠지지 않은 '절대 문장'으로 평가 받는다. 편지의 내용은 고통과 비애로 가득 차 있지만, 읽는 이는 그를 통해 절망이나 소극적 감정에만 머무르지 않고 오히려 당당한 기세와 충만한 지신감, 그리고 그 무엇으로도 꺾을 수 없는 강렬한 의지를 느낄 수 있다. 자신에게 주어진 시대적 소명을 기꺼이 짊어지려는 역사가이자 참된 지식인 사마천의 자유의지가 곳곳에서 살아 숨 쉰다. 그러기에 한 글자 한 글자가 구구절절 가슴을 저민다.

《사기》의 완성을 위해 혼신의 힘을 다하고 있는 사마천의 모습을 그린 기록화.

〈보임안서〉는 《사기》의 마지막 편인 제130 〈태사공자서〉와 함께 읽으면 궁형을 전후로 한 저간의 사정과 사마천의 삶, 나아가 사마천의 정신세계를 더 깊게 이해할 수 있다. 따라서 두 편의 문장은 130권 《사기》의 서문에 해당한다고 할 수 있다. 임안에 대해서는 제104 〈전숙열전〉의 저소손이 보충한 부분을 참고하면 된다. 여기에는 사마천의 입사 동기인 임안·전인과 사마천의 관계가 비교적 상세히 기록되어 있다. 한편, 사마천의 생사관과 관련해서는 제100 〈계포난포열전〉과 제81 〈염파인상열전〉을 함께 참고하면 좋다.(〈보임안서〉에 관해서는 부록으로 마련한 '사기의 문장' 부분에서 좀 더 상세히 소개했다.)

키워드 : 편지, 임안, 명문, 절대문장

복비(腹誹)

속으로 비방하다.
– 권30 〈평준서〉

속으로 비방하다는 **복비**는 한 무제 때인 기원전 117년 이를 처벌하는 법으로 제정됨으로써 악명을 떨쳤다.('불입언이복비' 항목 참고) 이 법이 만들어지자 권력자에게 직언하는 사람은 없어지고 그저 비위만 맞추려고 아부하는 자들만 늘었다고 한다. 권107 〈위기무안후열전〉에는 '복비심방(腹誹心謗)'이란 표현도 보인다. '뱃속과 마음으로 비방한다'는 뜻으로 '복비'보다 더 강한 표현이다.

송나라 때 학자 범준(范浚, 1102~1150)의 〈진책(進策)〉이란 글에 보면 "복비지분(腹誹之憤), 심어지척(甚於指斥)"이란 대목이 있다. "마음속의 분노가 대놓고 나무라는 것보다 지독하다"는 뜻이다. 그다음 대목은 "눈빛으로 조롱하는 것이 대놓고 비방하는 것보다 더 아프다(목어지기目語之譏, 절어면방切於面謗)"이다. 그러면서 범준은 "천하의 언로를 막아 놓고 자신을 기만하는 것보다는 천하의 언로를 이용하여 스스로를 다스리는 것만 못하다"라고 했다.

백성의 이글거리는 분노의 눈빛을 두려워할 줄 알아야 한다. 제방의 둑은 그냥 터지지 않는다. 물이 가득 차서 넘쳐야만 터진다. 그 전에 물길을 터서 다른 곳으로 흐르게 해야 한다. 백성도 마찬가지다. 사마천은 〈주본기〉에서 "백성의 입을 막는 것은 홍수를 막는 것보다 더 어렵고 힘들다"는 명언을 남겼다.('방민지구, 심어방수' 항목 참고) 독재와 강압 정치가 백성을 침묵하게 할 수는 있지만, 속으로 비방하는 '복비(腹誹)'와 눈으로 조롱하는 '목어(目語)'를 막을 수는 없다. 통치자는 늘 눈과 귀를 열어 놓아야 한다. 그래서 리더에게 눈과 귀가 밝다는 뜻을 가진 총명(聰明)과 영명(英明)이라는 리더십을 요구하는 것이다.

복사석수(蝮蛇螫手), 장사해완(壯士解腕)

독사가 손을 물면 장사는 팔을 자른다.

– 권94 〈전담열전〉

기원전 210년 진시황이 죽고 천하는 혼란에 빠졌다. 기원전 209년 진승(陳勝)이 앞장서 봉기했으나 실패했다. 그러나 봉기는 각지에서 터져 나왔고, 항량(項梁)이 조카 항우와 함께 봉기를 주도했다. 항량은 파죽지세의 기세로 각지를 공략해 나갔다. 그러나 진나라의 군사력은 결코 만만치 않았다. 여기에 항량의 오만과 방심까지 겹쳐 진나라 장수 장한(章邯)에게 패하여 전사했다.(기원전 208년)

항량의 패배에는 조나라와 제나라의 비협조도 한몫을 했다. 당시 항량은 장한을 추격했지만 장한의 병력이 더 강했다. 항량은 조나라와 제나라에 사신을 보내 함께 공격하자고 했다. 제나라의 실권자 전영(田榮)은 초나라로 도망간 제나라 왕 전가(田假)와 조나라로 도망친 제나라 재상 전각(田角)을 죽이면 돕겠다고 했다. 초나라와 조나라는 이를 거절했다. 그러자 전영이 보낸 제나라 사신이 다음과 같은 말로 설득했다.

"독사가 손을 물면 손을 자르고, 발을 물으면 발을 자릅니다(복사수즉참수蝮蛇手則斬手, 석족즉참족螫足則斬足). 왜 그렇겠습니까? 몸에 해를 끼치기 때문입니다. 지금 전가 등은 초나라와 조나라의 손발이 아닌데 어째서 못 죽인단 말입니까? 진나라가 다시 천하의 호응을 얻으면 반란을 일으킨 자의 무덤까지 파헤칠 것입니다."

두 나라는 끝내 전영의 요구를 받아들이지 않았고, 앞서 말한 대로 항량은 전사했다. 항우가 달려가 조나라를 구원했지만 이 일로 전영을 원망하게 되었다.

제나라 사신이 한 말에서 훗날 **복사석수, 장사해완**이라는 명구가 파생되어 나왔다. '장사해완'은 '장사단완(壯士斷腕)'이라고 많이 쓴다. 위급한 상황에 직면하면 작은 것은 버리고 큰 것을 보전한다는 것을 비유한다.

키워드 : 상황, 취사선택

복상지음(濮上之音)

퇴폐스럽고 음탕한 음악 소리.
– 권24 〈악서〉

사마천은 〈악서〉에서 과거 여러 나라의 음악이 갖고 있는 특성을 비롯하여 나라가 망하려 할 때의 음악 소리 등에 대해 자세히 논평했다. 특히 오음이 고르지 않고 마구 섞여 혼란해지면, 그 나라의 멸망이 멀지 않았다고 경고했다. 그러면서 **복상지음**이란 성어로 진(晉)나라가 멸망한 이유의 하나로 들었다. '복(濮)'은 '복수(濮水)'라는 강을 말한다. '복상지음'과 관련해서는 다음과 같은 역사적 사실이 기록에 남아 있다.

춘추 말기 진나라 평공(平公)은 성 밖에 호화로운 궁전을 지었다. 위(衛)나라 영공(靈公)이 악사 연(涓)을 데리고 축하하러 와서는 복수 가에서 음악을 연주했다. 진나라의 악사 광(曠)은 바로 연주를 멈추게 하면서, 상나라 말기 악사 연(延)이 주(紂)임금을 위해 '복상지음'을 연주하자 주임금은 그 음악에 완전히 빠졌다고 경고했다. 3년 뒤 평공은 여색을 탐하다 죽었다고 한다.

춘추시대 진나라 악사 광은 악사였을 뿐만 아니라 시대를 꿰뚫는 남다른 통찰력을 가진 현인이자 음악의 성인이란 뜻의 '악성(樂聖)'으로 추앙받고 있다. 그는 당시 이미 '백성이 귀하고 군주는 가볍다'는 '민귀군경(民貴君輕)'을 주장했다. 사광의 모습을 나타낸 조형물로 사광은 앞을 못 보는 맹인이었다고 한다.(2011년)

'복상지음'이란 곡조는 퇴폐하고 방탕한 소리를 특징으로 하기 때문에 망국의 징조를 비유하는 성어가 되었다. '복상지음'의 출전은 《예기》〈악기(樂記)〉 편이고, 사마천은 〈악서〉에 이를 인용했다.

키워드 : 음악, 퇴폐, 음란, 망조

복생장벽(伏生藏壁)

복생이 벽에다 (책을) 숨겨두다.
– 권121 〈유림열전〉

한나라가 병목 위기를 넘기고 안정된 기반을 구축하자 문화와 학술 방면이 크게 활기를 띠었다. 한번은 공자의 옛집을 수리하다가 벽 속에서 《상서》, 《예》, 《논어》, 《효경》 등의 죽간을 발견했다. 이로써 유가 경전을 연구하고 토론하는 경학의 기풍이 크게 일어났다.

사마천은 〈유림열전〉을 통해 한나라 초기, 특히 무제 시기의 이런 유가 학술사상과 연구 상황을 비교적 상세히 기록하고 있다. 정부는 '분서갱유(焚書坑儒)'를 피해 몰래 숨겨 놓은 책들을 수집하여 궁궐 도서관에 소장했다. '분서갱유' 때 책을 숨겨 놓은 사람들 중에는 진나라 때 박사를 지낸 복생(伏生, 생졸 미상)이 있었다. 복생은 제남(濟南) 출신으로 황제인 문제가 《상서》의 전문가를 찾을 때 주목을 받았다. 당시 그는 나이가 90이 넘어 거동이 불편했다. 문제는 사람을 복생에게 보내 《상서》를 전수받게 했다.

공자의 옛집에서 유가 경전이 발견되었다. 관련 유적이 공자의 사당인 공묘(孔廟) 동쪽에 남아 있다. 공자 옛집의 우물이 있었던 '공택고정(孔宅故井)' 바로 옆에 있고, 이를 '노벽(魯壁)'이라 부른다.(2004년)

　복생은 '분서갱유' 때 《상서》를 벽에 숨겨 놓았었다. 초한쟁패 때 여기저기를 떠돌다 한나라가 들어서자 다시 그 책을 찾았으나 몇 십 편이 없어지고 28편만을 구해서 제나라와 노나라 지역의 유학자들에게 가르치고 있었다. 이 덕분에 유가의 중요한 경전인 《상서》의 학맥과 학풍이 이어질 수 있었다. 이로부터 **복생이** (책, 즉 유가경전을) **벽에 숨겨 놓다**는 **복생장벽**이라는 성어가 나왔고, 훗날 경전을 전수한다는 뜻의 전고가 되었다. 복생은 100세까지 장수했다고 전한다.

키워드 : 학술, 경전, 전수

복식수재(卜式輸財)

복식이 재산을 내놓다.
– 권30 〈평준서〉

　복식이 자신의 재산을 내놓다는 **복식수재**는 고귀한 만큼 의무를 다한다는 '노블레스 오블리주'의 한 사례로 남아 있다.

　복식은 하남 출신의 서한시대 사람이다. 양을 잘 길러서 부자가 되었다. 무제 때 흉노가 자주 변경을 침략하자 그는 조정에 글을 올려 자기 재산의 절반을 조정에 헌납했다. 무제가 관직을 주려고 했으나 사양하고 받지 않았다. 그 뒤에도 가난한 농민들을 위해 20만 전을 쓰니 조정에서 그 소식을 듣고 마침내 중용했다. 벼슬은 중랑(中郎)이 되었고, 이어 어

자신의 재산을 나라에 내놓은 '노블레스 오블리주'를 실천한 한나라 때 사람 복식의 초상화이다.

사대부(禦使大夫)까지 승진하여 관내후(關內侯)로 봉해졌다. 복식은 그 뒤 소금과 철을 국가가 전매하는 것에 반대하다 태자태부(太子太傅)로 좌천되었다.

736

《한서》〈복식전〉에는 '복식수변(卜式輸邊)'으로 나온다. '복식이 (자기 재산의 절반을) 변방으로 보냈다'는 뜻이다. '집안(재산)의 절반으로 변방을 도왔다'는 뜻의 '수가반조변(輸家半助邊)'이라고도 쓴다.

키워드 : 노블레스 오블리주, 기부

복심(腹心)

진실한 마음.
— 권79 〈범수채택열전〉

복심은 '심복'으로도 많이 쓴다. **가장 가까운 사람을 비유**하는 단어로 그 출처는 《시경》〈주남(周南)〉〈토치(兎置)〉라는 노래에서 나왔다. 〈범수채택열전〉에서 범수와 채택의 대화 도중 범수가 이 '복심'이란 표현을 꺼내는데, 《시경》과 달리 **진실한 마음**이란 뜻으로 쓰이고 있다. 이와 같은 뜻의 '복심'은 《좌전》 선공(宣公) 12년 조에 보인다. 이밖에 '복심'은 '근본'이나 중요한 핵심을 가리키기도 한다.

키워드 : 마음, 진심

복심지질(腹心之疾)

뱃속의 질병.
— 권41 〈월왕구천세가〉

'뱃속의 질병'이란 뜻의 '복심지질'의 출처는 《전국책》〈위책(魏策)〉이다. 《사기》에는 〈월왕구천세가〉에 이 표현이 보인다. 월나라를 굴복시킨 오나라 왕 부차는 3년 동안 자신을 모시던 월왕 구천을 돌려보낸 뒤, 북방의 강국 제나라를 공격하려고 했다. 오자서(伍子胥)는 **뱃속의 질병**과 같은 월나라를 놓아두고 한낱 부스럼 정도에 지나지 않는 제나라를 공격하는 일은 위험하다고 경고했다.

부차는 오자서의 충고를 듣지 않고 제나라를 공격하여 승리했다. 부차와 그 측근들은 오자서를 비판했다. 그사이 월나라는 '와신상담(臥薪嘗膽)' 재기에 온힘을 쏟아 반격했고, 결국 오나라는 멸망했다. 오자서는 부차의 강요로 자결했다. **복심지질**은 치명적인 질병이란 뜻인데, 이로부터 가장 중요한 급소나 가장 큰 근심거리를 가리키는 비유가 되었다.

키워드 : 질병, 급소, 치명

복자다언과엄이득인정(卜者多言夸嚴以得人情)

점치는 자는 과장되고, 많은 말로 사람의 마음을 얻는다.
– 권127 〈일자열전〉

〈일자열전〉은 점복(占卜) 일을 하는 사람들에 대한 기록이다. 사마천의 문장이 아닌 것으로 고증된 10편 가운데 하나로 보지만, 작품 자체의 사상과 예술적 가치 및 후세 문학에 미친 영향은 과소평가될 수 없다. 특히 점쟁이 사마계주의 입을 빌어 관료사회의 추악함과 험악함을 폭로하는 두려움 없는 비판정신이 넘친다. 이런 점은 사마천의 사상과 일맥상통한다.

전체적으로 봉건사회 전제주의에 대한 사마천의 냉철하고 깨어 있는 인식이 체현되어 있다. 또 선악이 바뀌고 흑백이 뒤섞이는 사회현실에 대한 하층민의 불만적 정서가 반영되어 있다는 평가다. 〈일자열전〉에는 점복의 본질에 대한 통찰력 넘치는 명언이 곳곳에 나타난다. 다음 대목은 그중 대표적이다.

"세상에서 모두 말하기를 '**점치는 자는 과장되고, 많은 말로 사람의 마음을 얻고,** 허황된 자리와 많은 녹봉 따위로 사람의 마음을 들뜨게 하며, 제멋대로 재앙을 말해서 사람의 마음을 상하게 하고, 교묘하게 귀신을 들먹여 사람의 재물을 죄다 뜯어내며, 많은 사례를 요구하여 사사로운 주머니를 채운다'라고 한다."

위 대목에서 '**복자다언과엄이득인정**(卜者多言夸嚴以得人情)'은 점쟁이들이 사람들의 마음을 홀리는 가장 흔한 수법이다. 말을 많이 해서 판단을 흐리게 하고, 과장된 말로 위협한다. 그 나머지 대목들도 다 점쟁이들의 수법을 말한다.

키워드 : 점복, 점쟁이, 수법

본

본말상순(本末相順)

뿌리와 가지가 서로 엉키지 않다.
– 권23 〈예서〉

사마천은 〈예서〉의 논평, 즉 태사공 왈을 통해 제대로 된 예를 법도로 삼으면 결국은 천하가 잘 다스려진다고 했다. 그 까닭은 누구도 보태거나 덜어낼 수 없어 '뿌리와 가지가 서로 엉키지 않듯이' 형세에 자연스럽게 맞추고 '처음과 끝이 서로 호응'하기 때문이다. 이렇게 되면 문물과 제도로 차등이 나뉘고, 시비선악도 나누어지니 천하가 잘 다스려진다는 것이다. 여기서 **뿌리와 가지가 서로 엉키지 않는다**는 **본말상순**이라는 성어가 나왔다.

대개 뒤이어 나오는 '처음과 끝이 서로 호응한다'는 '시종상응(始終相應)'과 함께 쓴

다. 문물과 제도가 제대로 잘 갖추어져 있음을 비유한다. ('무방지민' 항목 참고)

키워드 : 문물, 제도, 완비

봉공수법(奉公守法)

공적인 일을 앞세우고 법을 지키다.

– 권81 〈염파인상여열전〉

무능한 공직자들의 처신을 비꼬는 말로 '바닥에 엎드린 채 움직이지 않는다'는 '복지부동(伏地不動)'이란 우리식 표현이 있다. 여기에 '바짝 엎드린 채 눈알만 굴린다'는 뜻의 '복지동안(伏地動眼)'이란 표현까지 나왔다. 무능한 공직자와 공직 사회 전반의 무사안일(無事安逸)을 꼬집는 신조어들이다.

《사기》〈염파인상여열전〉에는 이런 불량한 풍조와는 달리 권력과 세도가의 위협에도 굴하지 않고 자신의 직분을 당당히 지켜낸 세금 징수관에 관한 일화가 전하고 있어 '밥(국민의 세금)만 축내는' 밥통 같은 공직자들의 처신에 경종을 울린다.

전국시대에는 권력가가 천하의 유능한 인재들을 '식객(食客)'이라 하여 자기 밑에 거느리는 풍조가 유행했다. 이런 권력가들 가운데서도 조나라의 평원군, 초나라의 춘신군, 위나라의 신릉군, 제나라의 맹상군이 '4공자'로 가장 이름을 날렸다. 이들은 적게는 수백에서 많게는 수천 명의 식객을 거느리며 세력과 명성을 떨쳤다. ('식객삼천' 항목 참고)

이 이야기는 이들 중 평원군과 관련이 있다. 조나라에 조사(趙奢, 생졸 미상)라는 말단 세금 징수관이 있었다. 권력가 평원군의 집에서 세금을 내지 않자 조사는 평원군 밑에서 일하는 사람 아홉을 법대로 처형했다. 평원군은 성이 나서 그를 죽이려 했다. 조사는 **봉공수법**을 강조하면서 평원군에게 이렇게 말했다.

"당신은 조나라의 귀공자입니다. 그런 당신의 집을 그대로 두고 세금을 내지 않게 한다면 법이 피해를 입게 됩니다. 법이 침범을 당하면 나라가 약해집니다. 나라가 약해지면 제후들이 시비를 걸어올 것입니다. 제후들이 싸움을 걸어오면 나라가 없어질 지도 모릅니다. 그렇게 되면 당신이 부귀를 누릴 수 있겠습니까? 당신이 귀한 존재임에도 불구하고 **법에 따라 잘 받들어서** (나라에 세금을 낸다면) 위아래 모두가 평안해질 것입니다. 위아래가 평안해지면 나라가 강해질 것입니다. 나라가 강해지면 조나라는 튼튼해집니다. 당신은 귀하신 권력가입니다. 그러니 천하인들 어찌 당신을 가볍게 여길 수 있겠습니까?"

지도층이 솔선수범해야 한다는 당연한 논리이며, 기본적인 소양을 갖춘 사람이라면 누구나 할 수 있는 말이다. 그런데도 우리 공직자들의 처신은 여기에서 한참 거리가 멀다. 그러니 2천 수백 년 전 일이지만 권세에 기죽지 않고 '봉공수법(奉公守法)'하는 당당한 말단 관리의 모습이 신선한 충격으로 다가온다. 이를 허심탄회하게 받아들인 평원군의 태도도 인상적이다. 평원군은 조사를 왕에게 추천했고, 왕은 그에게 국가의 세금 전체를 총괄하는 일을 맡겼다. 물론 그는 일을 잘해냈다. 조사는 그 뒤 명장으로도 큰 활약을 했다.

'봉공수법'은 원문의 "봉공여법즉상하평(奉公如法則上下平), 상하평즉국강(上下平則國疆)"에서 보는 것처럼 '봉공여법'으로 되어 있지만, 지금은 '봉공수법' 네 글자를 많이 쓴다. 이 대목은 "법에 따라 잘 받들어서 (나라에 세금을 낸다면) 위아래 모두가 평안해질 것입

조사는 나라의 세금을 총괄하는 일뿐만 아니라 장수로서도 큰 활약과 명성을 떨쳤다.(2010년)

니다. 위아래가 평안해지면 나라가 강해질 것입니다"라는 뜻이다.(조사趙奢에 관해서
는 '양서투혈' 항목 참고)

봉복대소(捧腹大笑)

배를 움켜쥐고 크게 웃다.
― 권127 〈일자열전〉

봉복대소는 점쟁이들의 이야기를 다룬 〈일자열전〉에 보이는 사자성어이다. 너무
웃겨 '배를 끌어안고 쓰러진다'는 뜻의 '포복절도(抱腹絶倒)'나, 하도 웃겨서 '허리가
꺾이고 배가 아플 정도'라는 뜻의 '요절복통(腰折腹痛)'과 같은 뜻의 성어라 할 수 있
다. '배꼽을 잡고 웃는다'는 말과도 통한다.

서한시대 장안의 점쟁이 사마계주(司馬季主)는 용한 재주를 가지고 있으면서 공명
을 추구하지 않고, 왜 그렇게 천한 일을 하고 있느냐는 송충과 가의의 지적에 **배를
움켜쥐고 크게 웃으며** 이렇게 말했다.

"지금 그대들이 말하는 유능한 자란 죄다 부끄러워해야 한다. 몸을 낮추어 앞으로
나아가 아첨을 일삼으며, 권세와 이익으로 서로를 이끌고, 당파를 만들어 옳은 것을
배척함으로써 높은 명예를 추구하고, 나라의 녹봉을 받으면서도 사리사욕을 채운다."

가의와 송충은 부끄러워 어쩔 줄 몰라 하면서 "도는 높을수록 몸이 편해지고(도
고익안道高益安), 권세는 높을수록 위태롭구나(세고익위勢高益危)"라며 한숨을 내쉬었
다.('도고익안' 항목 참고) 뜻있는 사람을 '봉복대소(捧腹大笑)'하게 만드는 천하고 가소로
운 자가 설쳐대는 세태는 예나 지금이나 별반 달라진 것이 없다.

참고로 우리가 많이 쓰는 '포복절도'는 일본식 성어로 교토 지역의 사투리를 한문으로 바꾼 것이라 한다. 또 '포복절도'보다 더 많이 쓰는 '요절복통'은 출처가 분명치 않은데, 우리식 성어로 추정된다. 비슷한 뜻의 성어로 '하늘을 우러러 크게 웃는다'는 '앙천대소(仰天大笑)'가 있다. '앙천대소'는 〈골계열전〉에 나온다.('대소절영' 항목 참고)

키워드 : 웃음, 폭소, 세태

봉선(封禪)

하늘과 땅에 드리는 제사.
― 권130 〈태사공자서〉 외

태산에 올라 하늘에 제사를 올리는 제천 의식을 '봉'이라 하며, 태산 아래 작은 봉우리를 골라 땅에 제사를 드리는 의식을 '선'이라 한다. 역대 제왕들은 자신의 권위와 정권의 정통성을 과시하기 위한 활동의 하나로 이 의식을 끊임없이 시행했다. 백성들은 이로 인해 막대한 피해를 입었다.《관자》의 〈봉선〉 편이 그 출전으로 보인다. 사마천은 〈봉선서〉 한 편을 따로 마련하여 역대 권력자들의 이런 허황된 행위를 폭로하고 있다.

사마천은 〈봉선서〉를 남긴 동기에 대해 "여러 신들, 명산, 대천의 제례에 대해서 그 근본을 탐색하여 〈봉선서〉를 지었다"고 했다. 〈봉선서〉는 상고시대로부터 한 무제까지 3천 년 동안 제왕들이 제사 드린 활동을 기록한 것으로, 미신이나 천

봉선은 태산에서 거행되었다. 진시황은 직접 태산을 올랐지만 다른 황제들은 대부분 태산 아래 동악묘(東岳廟), 즉 대묘(岱廟)라는 사당에서 제사를 올렸다. 대묘는 역대로 그 규모가 확장되어 매우 큰 규모로 남아 있다. '대묘'의 '岱'는 태산의 '泰'와 같은 뜻의 글자다. 그래서 '태묘'라 부르기도 한다.(2003년)

명 따위를 부정했던 사마천의 천도관(天道觀)을 이해하는 데 중요한 부분이다. 사마천은 봉선이 갖는 의미와 허구성 및 낭비성을 비판적으로 지적한다. 아울러 한 무제의 허황된 탐욕, 사기꾼과 다를 바 없는 방사들의 정체를 백일하에 폭로한다.

〈봉선서〉는 사마천의 소박한 유물주의 사상과 강렬한 회의(懷疑) 정신을 확인할 수 있는 중요한 한 편이다. 특히 무제의 기록인 〈효무본기〉 내용 전체를 〈봉선서〉에서 그대로 가져와 안배함으로써 미신과 신선 따위에 열을 올렸던 무제의 행태를 확실하게 조롱했다.(〈효무본기〉에 대해서는 훗날 검열에 걸려 삭제 당했기 때문에 〈봉선서〉의 기록을 가져다 편집했다는 주장이 있다.)

봉선의 기원은 대체로 춘추시대로 본다. 봉선이 하나의 제도로 정착한 뒤에는 천자(天子), 즉 지존무상(至尊無上)의 황제만이 드릴 수 있는 제사가 되었지만, 춘추시대에는 천하를 주도했던 제후도 이 제사를 드리고자 했다. 제나라 환공이 대표적인 경우였다. 진나라가 천하를 통일한 이후 진시황은 봉선을 위해 태산(泰山)에 올랐다. 중국이 역대로 신성시하는 오악(五嶽), 즉 동악 태산을 비롯하여 서악 화산(華山), 남악 형산(衡山), 북악 항산(恒山), 중악 숭산(嵩山) 중 동악 태산이 제일 신성시되었기 때문에 가장 큰 제사인 봉선은 대대로 태산에서 거행되었다.

한나라 무제도 봉선 제사에 열을 올렸다. 당시 봉선에 따르는 의식과 절차 등을 놓고 조정의 신하들이 한바탕 논쟁을 벌이기도 했다. 사마천의 아버지 태사령 사마담은 이 때문에 봉선 의식에 배제되었고, 그때의 울화병이 겹쳐 세상을 떠났다. 사마천은 아버지의 임종을 지킨 다음, 바로 황제를 수행하여 봉선제에 참가했다. 이 과정은 〈태사공자서〉에 기록되어 있다.

봉선제 외에 교사(郊祀)라는 제사도 있었다. 이 역시 천자가 하늘과 땅에 지내던 제사를 말한다. 하지와 동지에 교외에 나가 지낸다. '교천제지(郊天祭地)'라는 말도 여기서 생겨났다.('일불가급' 항목 참고)

키워드 : 제사, 천지, 미신, 과시

봉수대고(烽燧大鼓)

봉홧불과 큰북.

– 권4 〈주본기〉

봉화(烽火)와 북은 고대 변경에서 적의 침략 등 긴급 상황을 알릴 때 사용한 도구들이다. 긴급 시에는 봉화를 올리고, 큰북을 쳤다. 봉화는 낮이면 연기로, 밤에는 불빛으로 알렸다.

〈주본기〉의 **봉수대고**에는 어처구니없는 사건 하나가 엮여 있다. 이 사건은 훗날 문학작품의 소재가 되기도 했다. 기원전 8세기 초 주(周) 유왕(幽王)은 젊은 후궁 포사(褒姒)의 웃는 모습 보기를 그렇게 좋아했다. 포사가 평소 잘 웃지 않았기 때문에 유왕은 그녀의 웃음에 더 집착했다. 다른 기록에 따르면 포사가 하도 웃질 않자 유왕은 포사를 웃게 하는 사람에게 천금이란 거금을 현상금으로 내걸고 아이디어를 공모하기까지 했다. 여기서 저 유명한 '천금매소(千金買笑)'라는 사자성어가 탄생했다. '천금으로 웃음을 산다'는 뜻이다.[이 고사의 원전은 《여씨춘추》이다. 나아가 이 사자성어에서 '일소천금(一笑千金)', 즉 '한 번 웃음에 천금을 대가로 치렀다'는 성어와 '포녀(포사)가 주나라를 홀렸다'는 '포녀혹주(褒女惑周)' 등이 파생되었다.]

갖은 방법이 동원되었으나 포사는 좀처럼 웃지 않았다. 급기야 어떤 자가 봉화 놀이를 제안했다. 유왕은 **봉수와 큰북**을 마련하여 적이 쳐들어와 봉화를 올리는 것처럼 한바탕 법석을 떨었다. 제후들이 놀라서 군대를 이끌고 서둘러 달려왔으나 적은 보이지 않았다. 모두들 허탈해 하지 않을 수 없었다. 그런데 포사가 이 모습을 보고는 크게 웃었다. 유왕은 너무 좋아라 했다. 그 뒤 유왕은 틈만 나며 봉화를 올려 포사를 웃게 했다. 모르긴 해도 포사

유왕이 포사를 웃게 하려고 수시로 봉화를 올렸던 여산(驪山, 섬서성 서안시 임동구)의 봉수대의 현재 모습이다.(2020년)

는 하도 어이가 없어 웃었을 것이다. 자기 하나 웃기려고 긴급할 때나 피우는 봉화까지 피우며 난리법석을 떨었으니 말이다.

　유왕은 간사하고 아부를 잘하며 이익만 밝히는 괵석보(虢石父)를 요직에 앉혀 백성들을 착취했다. 유왕은 포사에 빠져 급기야 왕후 신씨(申氏)를 폐하고 태자까지 내쳤다. 왕후의 아버지 신후(申侯)가 이민족인 견융(犬戎)과 결탁하여 유왕을 공격했다. 유왕이 봉화를 올려 제후의 군대를 불렀으나 여러 차례 속았던 제후들은 오지 않았다. 신후와 견융은 여산(驪山) 아래에서 유왕을 잡아서 죽이고, 포사는 포로로 잡아갔다.(일설에는 포사도 붙잡혀 목이 잘렸다고 한다.) 그해가 기원전 771년이었고, 《이솝 우화》에 나오는 '늑대와 양치기' 중국판이라 할 수 있는 포사와 봉화 놀이는 이렇게 어이없는 비극으로 끝났다.

　역사에서는 유왕이 내친 태자가 왕으로 즉위하여 난국을 수습한 다음, 동쪽 낙읍(洛邑, 지금의 낙양)으로 천도했다고 되어 있다. 이가 평왕(平王, ?~기원전 720)이다. 그리고 천도한 그해 기원전 770년을 기점으로 그 이전까지를 서주(西周), 그 이후를 동주(東周)라 부르며 시대를 구분한다. 또 50년 가까운 시차는 있지만 기원전 722년부터 시작되는 노나라의 역사책인 《춘추(春秋)》를 빌려 춘추시대의 시작이라고도 한다.

　'봉수대고'는 유왕의 유치한 봉화 놀이의 결과가 주나라의 역사를 바꾸었고, 중국 역사를 바꾼 희대의 사건을 상징적으로 보여주는 성어로 남아 있다.('천금' 항목 참고)

키워드 : 상황, 긴급, 신호, 놀이, 망국

부곽전(負郭田)

도성 근교의 좋은 땅.
– 권69 〈소진열전〉

소진은 전국 말기에 합종을 제창하여 6국 전체를 대표하는 총재상이 되었다. 그의 금의환향은 왕의 행차를 방불케 했다. 그 옛날 자신을 비웃던 친척들은 소진의 얼굴을 제대로 쳐다보지 못할 정도로 비굴하게 굽실거렸다. 소진은 크게 한숨을 내쉬며 "(친인척도 이런데) 하물며 다른 사람들이야 오죽하겠는가! 만약 그 옛날 나에게 **낙양성 가까운 곳에 좋은 땅** 약간만 있었더라면, 내가 어찌 지금처럼 6국의 재상을 대표할 수 있었겠는가?"라고 말했다.

소진이 말한 '낙양성 가까운 곳의 좋은 땅'을 **부곽전**이라 한다. '부(負)'는 등에 지다, 드러눕다는 뜻이다. 즉, 외곽의 누울 수 있는 기름진 좋은 땅이나 넉넉한 재산을 가리킨다. ('부귀즉친척외구지~' 항목 참고)

키워드 : 땅, 비지(肥地), 재산

부귀다사(富貴多士), 빈천과우(貧賤寡友)

부귀할 때는 사람이 모여들고, 가난하고 천해지면 벗이 줄어든다.
– 권75 〈맹상군열전〉

세상인심을 함축적으로 반영하는 명언이다. 수천 명의 식객을 거느리던 맹상군(孟嘗君, 생졸 미상)이 어느 날 제나라 왕으로부터 파면을 당하자 식객들은 맹상군의 곁을 떠났다. 맹상군이 그들을 원망하자 그의 곁에 유일하게 남아 있던 풍환(馮驩, 또는 풍훤)이 이런 말을 한다. 이 부분이 아주 볼만하다. 맹상군과 풍환 두 사람의 대화를 한번 들어보자.

맹상군 이 몸이 늘 빈객을 좋아하여 손님을 대우하는 일에 실수가 없었으며, 때문에 식객이 3천여 명에 이르렀던 것은 선생께서도 잘 아시는 바요. 그런데 내가 파면되자 빈객들은 나를 저버리고 모두 떠나 돌보는 자 하나 없었소. 이제 선생의 힘을 빌려 지위를 회복했는데, 빈객들이 무슨 면목으로 나를 다시 볼 수 있단 말이오? 만약 나를 다시 보려는 자가 있다면 나는 그자의 낯짝에 침을 뱉어 욕보이겠소.

풍환 대체로 세상의 일과 사물에는 반드시 그렇게 되는 것과 본래부터 그런 것이 있다는 것 아십니까?

맹상군 이 몸이 어리석어 무슨 말씀인지 잘 모르겠소.

풍환 살아 있는 것이 언젠가 죽는다는 것은 사물의 필연적인 이치입니다. **부귀할 때는 사람이 많이 모여들고, 가난하고 천해지면 벗이 줄어드는** 것은 본래부터 일이 그러하기 때문입니다. 군께서는 아침에 저자로 몰려가는 사람들을 보지 못하셨습니까? 이른 아침에는 어깨를 비벼가며 서로 저 먼저 가려고 다투어 문안으로 들어갑니다. 그런데 해가 저문 뒤에는 팔을 휘휘 저으며 저자는 돌아보지도 않고 그냥 지나갑니다. 아침에는 좋았는데, 저녁에는 싫어서가 아닙니다. 기대하는 물건이 거기에 없기 때문입니다. 군께서 벼슬을 잃었기 때문에 손들이 다 떠난 것입니다. 이를 두고 선비들을 원망하여 빈객이 돌아오려는 길을 막는 것은 안 됩니다. 군께서 빈객들을 전처럼 대우하기를 바랄 뿐입니다.

어려울 때는 다들 떠나갔다가 좋아지자 다시 돌아오려는 얄팍한 인심의 빈객들을 그래도 다시 대우하라는 풍환의 마지막 말에서 문득 비애(悲哀)를 느낀다. '학문이 깊어질수록 도는 얕아지고, 세상을 겪을수록 인심은 야박해진다'는 말이 있듯이, 인간의 얄팍한 의리를 날카롭게 꼬집고 있기 때문이다. 사마천은 이를 두고 '세상사가 참으로 다 그렇다'며 한숨을 내쉬었다.

키워드 : 세상사, 인심, 비애

부귀자송인이재(富貴者送人以財), 인인자송인이언(仁人者送人以言)

부유하고 귀한 자는 재물로 사람을 떠나보내고, 어진 자는 말로 떠나보낸다.

– 권47 〈공자세가〉

기원전 538년 남궁경숙(南宮敬叔)이 노나라 국군에게 "공자와 함께 주(周)로 가고 싶습니다"라고 청했다. 노의 국군은 수레 한 대와 말 두 마리에

공자와 노자의 만남을 나타낸 한나라 때의 벽돌 그림.

시종 하나를 동행케 했다. 이렇게 공자는 주에 가서 노자(老子)을 만나 예를 물었다고 한다. 인사를 하고 떠나려하자 노자는 이런 말로 공자와 작별했다.

"내가 들으니 **부유하고 귀한 자는 재물로 사람을 떠나보내고, 어진 자는 말로 떠나보낸다고 합디다.** 나는 부귀하지 못하나 인자로 자처하길 좋아하니 '총명하고 깊게 관찰하는 사람에게는 죽음의 위험이 따르는데, 이는 남을 잘 비판하기 때문이다. 많은 지식을 지니고 재능이 뛰어난 사람은 그 몸이 위태로운데 이는 남의 결점을 잘 지적해내기 때문이다. 자식 된 자는 아버지뻘 되는 사람 앞에서 자기를 낮추고, 신하 된 자는 임금 앞에서 자기를 치켜세우지 않는 법이다'는 말로 그대를 떠나보내겠습니다."

공자가 노자를 만난 일에 대해서는 역대로 많은 논쟁이 있었다. 참고로 이 세기의

만남을 아래에서 자세히 살펴보았다. '노룡' 항목의 내용과 중복되지만 한 번 더 소개한다.

키워드 : 만남, 이별, 재물, 말

특별 참고자료 공자와 노자의 만남

기원전 518년(추정) 어느 날, 공자는 제자인 남궁경숙(南宮敬叔)에게 "주나라의 도서관장으로 있는 노담(老聃, 노자)이란 사람이 고금의 일에 정통하고, 예악의 원류를 잘 알고, 도덕의 요령에 밝다고 하더라. 내가 그를 찾아가 가르침을 받자고 하는데 너도 같이 가겠느냐?"고 물었다. 남궁경숙은 흔쾌히 대답하고 노나라 국군에게 허락을 요청했다. 노나라 국군은 그의 요청을 승낙하고 말 두 필과 수레 한 대, 그리고 시종과 마부를 한 명씩 딸려 보내 공자를 모시게 했다.

노자는 공자가 먼 길을 마다하지 않고 자신을 찾아온 것을 보고 기뻐하며 그에게 가르침을 준 다음, 대부 장홍(萇弘)을 소개했다. 장홍은 예악에 능통했고, 공자에게 음악의 음률과 이론 등을 일러 주었다. 그는 또 공자를 데리고 신에게 제사를 지내는 의식을 참관시키고, 지역을 교화하는 모습을 살피게 하고, 묘회(廟會)의 의례를 참관하게 했다. 많은 것을 보고 배운 공자는 감격해마지 않았다. 며칠을 머문 공자가 노자에게 작별 인사를 하자 노자는 관사 밖까지 나와 공자를 배웅하면서 다음과 같은 말을 들려주었다.

"내가 듣자하니 '부귀한 사람은 사람을 떠나보낼 때 재물로 떠나보내고, 어진 사람은 말로 떠나보낸다'고 합디다. 나는 부귀하지 못하나 인자로 자처하길 좋아하니 '총명하고 깊게 관찰하는 사람에게는 죽음의 위험이 따르는데, 이는 남을 잘 비판하기 때문이다. 많은 지식을 지니고 재능이 뛰어난 사람은 그 몸이 위태로운데 이는 남의 결점을 잘 지적해내기 때문이다. 자식 된 자는 아버지뻘 되는 사람 앞에서 자기를 낮추고, 신하된 자는 임금 앞에서 자기를 치켜세우지 않는 법이다'는 말로 그대를 떠나보내겠습니다."

공자가 황하에 이르자 강물이 마치 천군만마가 내달리듯 사납게 흘렀고, 그 소리는 호랑이가 울부짖는 것 같았다. 강물을 한참 바라보던 공자는 자신도 모르게 "잘도 흘러가는구나, 낮밤도 없이! 황하의 물이 쉬지 않고 솟구치듯 인생도 끝없이 흘러가는구나. 강물이 어디로 흘러가는지 모르듯이 우리 인생도 어디로 돌아갈 지 알 수 없구나!"라고 탄식했다. 공자의 이 말을 들은 노자는 이렇게 말했다.

"하늘과 땅 사이에 있는 인생이란 하늘과 땅과 한 몸입니다. 하늘과 땅이란 자연스러운 사물이고, 인생도 마찬가지입니다. 인간에게 유년·소년·장년·노년의 변화가 있는 것은 마치 하늘과 땅 사이에 봄·여름·가을·겨울이 바뀌는 것과 같거늘 무엇이 서글픕니까? 자연에서 태어나 자연에서 죽으니 자연에 맡기면 본성이 어지럽지 않고, 자연에 맡기지 않고 인의(仁義) 속에서 분주하게 왔다 갔다 하면 본성이 매이게 됩니다. 공명을 마음에 두면 초조한 감정이 생기고, 이익과 욕심을 마음에 두면 번뇌의 감정만 늘어나는 법입니다."

공자는 이렇게 해명했다.

"저는 큰길이 아니면 다니지 않았습니다. 인의를 베풀지 않으면 전쟁이 끊이지 않고, 나라가 어지러워져 다스려지지 않습니다. 따라서 잠깐인 인생에서 세상에 공을 세우지 못하고, 사람들을 위하지 못함이 한탄스럽습니다."

노자는 호탕하게 흐르는 황하를 가리키며 "당신은 어째서 물의 덕행을 배우지 않습니까?"라고 묻자, 공자는 "물에 무슨 덕행이 있습니까?"라고 되물었다. 노자는 이렇게 대답했다.

"선(善)의 높은 경지는 마치 물과 같습니다. '물의 선'이란 만물을 이롭게 하면서도 다투지 않고 뭇사람이 싫어하는 곳에 처하는 것입니다. 이것이 곧 겸손하게 낮은 곳에 처하는 덕입니다. 그러므로 강과 바다가 모든 계곡의 왕이 될 수 있는 것은 자신을 기꺼이 아래에 두기 때문입니다. 천하에 물보다 연약한 것은 없습니다. 하지만 아무리 단단하고 센 것도 물을 이겨낼 수 없습니다. 이것이 바로 유연함의 덕입니다. 때문에 유약함이 강함을 이깁니다. 무유(無有)이기 때문에 무간(無間)에 스며들 수 있고, 말로 가르치지 않아도 무위(無爲)의 유익함을 알 수 있는 것입니다."

이 말에 공자는 크게 깨달은 바가 있어 이렇게 말했다.

"선생의 말씀이 막힌 제 마음을 확 트이게 하였습니다. 모든 사람이 위에 있으려고 하는데 유독 물은 아래에 처하고, 뭇사람들이 쉬운 것만 찾을 때 물은 험한 곳에 처하고, 모두가 깨끗한 것만 찾을 때 물만 더러운 곳에 처합니다. 뭇사람들이 싫어하는 것을 물이 다 받아들이는데, 누가 그와 다투겠습니까? 이것이 바로 높은 경지의 선이라는 것이지요."

노자는 머리를 끄덕이며 이렇게 말했다.

"당신은 정말 가르칠만한 사람이오! 세상 사람과 다투지 않으면 천하에 당신과 다툴 사람은 없을 것이니 이것이 바로 물의 덕을 본받는 것이오. 이렇듯 물은 도(道)에 가깝습니다. 도가 어디에나 있듯, 물이 이롭게 하지 않는 것은 없습니다. 높은 곳을 피하여 낮은 곳으로 흐르며, 거꾸로 가는 법이 없이 잘 처신하지요. 고여 있는 물은 겉으로 보기에는 깨끗하고 고요하지만 그 깊이를 누구도 짐작할 수 없는 연못이 됩니다. 덜어주면서도 마르지 않고, 베풀면서도 대가를 바라지 않으니 훌륭한 인(仁)이 됩니다. 둥근 것을 만나면 돌아가고, 각진 것을 만나면 꺾이고, 막히면 멈추고, 터지면 흘러가니 믿음을 잘 지키는 것입니다. 더러운 것들을 깨끗하게 씻어주고, 높고 낮은 것을 고르게 하니 사물을 잘 다스립니다. (사물을) 실으면 뜨고, 비추면 맑아지며, 공격하면 아무리 강한 것이라도 당해낼 수 없으니 잘 활용하는 것입니다. 밤낮없이 흐르되 차면 물러나니 때를 잘 기다립니다. 그러므로 성인은 언제든지 흘러가고, 현자는 때에 맞추어 변화하고, 통달한 사람은 하늘에 순응하며 살아갑니다. 이제 돌아가면 언행에 교만함을 없애고, 용모에 욕심을 제거해야 할 것입니다. 그렇지 않으면 사람이 도착도 하지 않았는데 소리가 먼저 들리고, 몸이 아직 당도하지도 않았는데 바람이 먼저 불어 소문만 무성해질 것입니다. 이는 호랑이가 대로를 걷는 것과 같으니 누가 당신을 쓰려 하겠습니까?"

공자는 "선생의 참된 말씀이 정말 제 마음 속 깊이 와 닿습니다. 오늘 많은 것을 배웠고 평생 잊지 못할 것입니다. 선생의 말씀에 따라 부지런히 힘써서 선생의 은혜에 보답하겠습니다"라는 말로 노자와 작별한 다음, 남궁경숙과 함께 마차에 올라 서운한 마음으로 노나라로 돌아왔다. 공자가 노나라에 돌아오자 제자들은 너나없이 "선생님께서 노자를 만나셨다고 하던데 그렇습니까?"라고 물었다. 공자가 그렇다고 하자 제자들은 그가 어떤 사람이냐고 이구동성으로 물었다. 공자는 말했다.

"새는 잘 날고, 물고기는 헤엄을 잘 치고, 짐승은 잘 달린다는 것을 내가 잘 안다. 그래서 짐승은 그물로 잡고, 물고기는 낚시로 낚고, 새는 화살로 잡을 수 있다. 그러나 용은 구름과 바람을 타고 하늘로 오르니, 내가 용에 대해서는 아무것도 모른다. 이번에 내가 노자를 만나보았는데, 그야말로 용과 같은 사람이더라!"

이상 공자와 노자의 역사적 만남에 관한 내용은 《사기》〈공자세가〉와 〈중니제자열전〉을 비롯하여 《장자》 등에 단편적으로 남은 기록들을 종합하여

노자의 고향으로 알려진 하남성 주구시 녹읍 태청궁 광장에 조성되어 있는 노자 조형물이다. (2018년)

재구성한 것이다. 이상 기록들을 미루어 볼 때, 두 사람의 만남은 사실이었던 것 같다. 〈공자세가〉는 공자가 노자를 만나고 돌아오자 제자가 더 많이 늘었다고 했다.

키워드 : 사상계, 도가, 유가, 거목, 만남

부귀즉친척외구지(富貴則親戚畏懼之), 빈천즉경이지(貧賤則輕易之)

부귀하면 친척도 두려워하고, 가난하고 천하면 깔본다.

– 권69 〈소진열전〉

〈맹상군열전〉에서 풍환이 했던 말인 '부귀다사(富貴多士), 빈천과우(貧賤寡友)', 즉 '부귀할 때는 사람이 모여들고, 가난하고 천해지면 벗이 줄어든다'와 같은 뜻의 명언이다. 무명 시절에는 욕하고 깔보던 아내와 형수가 출세한 자신을 보고는 굽신거리자 소진(蘇秦, 생몰 미상)이 탄식을 하며 뱉은 말이다. 세상의 인심이라는 것이 다 그런 것인지, 소진의 탄식은 그 시절이나 지금이나 다를 바 없다. 과학과 산업은 눈이 핑핑 돌 정도로 발전했지만, 인간은 그에 맞추어 현명해지기 보다는 옛날보다 더 어리석어진 것은 아닌가 싶다.

소진은 전국 말기 합종책(合縱策)이라는 외교정책이자 천하정세의 큰 구상을 앞세워 '6국이 연합하여 강대국 진나라에 맞서야 한다'고 주장한 유세가였다. 요즘으로 말하자면 국제 외교 전문 로비스트(lobbyist)와 비슷했다.

그는 젊어서 형제와 형수, 그리고 심지어는 아내에게 쓸데없는 공부만 한다고 괄시(恝視)를 당했다. 그러나 불굴의 의지로 공부한 끝에 마침내 6국 전

소진은 인심과 세태의 냉랭함을 일찍이 체험했고, 이 때문에 인간의 심리상태를 깊게 공부하고 연구하여 자신의 유세에 활용했다. 사진은 낙양에 남아 있는 소진의 무덤이다.(1999년)

체를 대표하는 총재상이 되어 금의환향하게 되었다. 그러자 그 옛날 비웃던 친척들조차 소진의 얼굴을 제대로 쳐다보지 못할 정도로 비굴하게 굽실거렸다. 소진은 크게 한숨을 내쉬며 이 말을 뱉은 다음 곧이어, "(친인척도 이런데) 하물며 다른 세상 사람들이야 오죽하겠는가! 만약 그 옛날 나에게 낙양성 가까운 곳에 좋은 땅 약간만 있었더라면, 내가 어찌 지금처럼 6국의 재상을 대표할 수 있었겠는가?"라고 탄식했다.('부곽전' 항옥 참고)

소진의 말속에서 인심의 야속함 외에 우리가 배워야 할 또 한 가지는 출세와 성공에는 거의 예외 없이 고난이 뒤따른다는 점이다. 고난 속에서 꽃피운 성공이기에 더 값진 것 아닌가? '겨울의 추위가 심한 해일수록 오는 봄의 나뭇잎은 한층 푸르다.' ('합종연횡' 항목 참고)

키워드 : 세태, 인심, 부귀, 빈천

부기미(附驥尾)

천리마의 꼬리에 붙다.
– 권61 〈백이열전〉 ; 권95 〈번역등관열전〉

〈백이열전〉에서 사마천은 백이와 숙제 형제의 명성, 공자의 제자 안연(顔淵)의 이름이 어찌 세상에 알려지게 되었냐면서 이런 논평을 남긴 바 있다.

"백이와 숙제가 어진 사람들이긴 했지만, 공자가 있어서 그 이름이 더욱 드러났다. 안연이 공부에 독실하긴 했지만, **천리마 꼬리에 붙음**으로써 그 행동이 더욱 뚜렷해졌다. 동굴 속 선비들의 진퇴도 이와 같았지만 그 명성은 연기처럼 사라져 입에 오르지 않았으니 서글프구나! 골목에 사는 보통 사람으로 덕행을 갈고 닦아 명성을 세우고자 한다면 청운의 선비에 붙지 않고서야 어찌 후세에 명성을 남길 수 있겠는가?"

또 보잘것없는 신분으로 개를 잡아 팔고, 옷감을 팔고, 상여 앞에서 피리나 불던 유방의 고향 친구들이 나라의 공신이 된 것 역시 '천리마의 꼬리에 붙었기' 때문이라고 했다. 백이와 숙제, 그리고 안연은 공자가 있음으로 해서, 번쾌와 관영 등 유방의 고향 친구들은 유방이 황제가 됨으로써 그 행적이 길이 남게 되었다는 말이다. 사마천은 '천리마 꼬리에 붙어' 천 리를 간다는 생생한 비유로 이 점을 강조했다. 여기서 **부기미**, '부인기미(附人驥尾)', '부기지미(附驥之尾)'와 같은 성어가 나왔다. 모두 뛰어난 사람의 뒤를 따르면 덕을 본다는 비유적 표현들이다.

훗날 문장에는 파리를 뜻하는 '창승(蒼蠅)'이란 단어가 더 붙어 '파리가 날아봤자 멀리 못 가지만, 천리마 꼬리에 붙으면 천 리를 간다'는 식으로 표현하기도 했다. 여기서 '파리가 천리마 꼬리를 따른다'는 '승수기미(蠅隨驥尾)'라는 성어도 나왔다.

키워드 : 명성, 현자, 추종

부노선구(負弩先驅)

쇠뇌를 지고 앞장서 가다.
− 권117 〈사마상여열전〉

한 무제 건원(建元) 연간(기원전 140~기원전 135)에 사마상여(司馬相如)는 서남이(西南夷) 지역(지금의 사천성, 운남성 일부로 촉蜀이라 부름)을 개척하여 군현을 두자고 건의했다. 무제는 상여를 중랑장(中郞將)으로 삼아 서남이 지역에 특사로 보냈다. 촉 지역에 도착하자 태수가 교외까지 나와 상여를 맞이했는데, **쇠뇌를 지고 (말을 타고) 앞장서 갔다.** 여기에서 **부노선구**라는 성어가 나왔고, 귀빈을 맞이하는 극진한 예를 비유하는 전고가 되었다. '부노전구(負弩先驅)'로도 쓰며, 줄여서 '부노'라고도 쓴다.

키워드 : 귀빈, 환대

부당불편(不黨不偏), 왕도편편(王道便便)

당파도 없고 한쪽에 치우치지도 않으니, 성왕의 도는 끝없이 넓고 크도다.
– 권102 〈장석지풍당열전〉

사마천은 한나라 문제 때 직간으로 유명했던 장석지(張釋之)와 때를 만나지 못해 불우했던 명장 풍당(馮唐)의 전기인 〈장석지풍당열전〉 논평에서 이 두 사람의 인품과 행동을 칭찬하면서 "그 사람을 잘 모르겠으면 그 친구를 보라(부지기인不知其人, 시기우視其友)"는 속담을 인용했다. 그리고 《서경(書經)》을 인용하여 이렇게 말했다.

"《서경》에 '한쪽에 치우치지 않고 당파도 만들지 않으니 성왕(聖王)의 도는 평탄하고 크게 뚫려 있다. **당파도 없고 한쪽에 치우치지도 않으니, 성왕의 도는 끝없이 넓고 크도다**'라 했다. 장계와 풍공은 모두 이 뜻에 가깝다."

사마천이 인용한 《서경》의 원문은 "불편부당(不偏不黨), 왕도탕탕(王道蕩蕩) ; **부당불편(不黨不偏), 왕도편편(王道便便)**"이다. 이 대목은 《묵자》(〈겸애〉 하)에도 인용되어 있는 있는데, 그 출처가 《주시(周詩)》로 되어 있어 차이가 난다. '불편부당'은 갈홍(葛洪)의 《포박자(抱朴子)》에도 보인다.

키워드 : 통치, 왕도

부득요령(不得要領)

요령을 얻지 못하다.
– 권123 〈대완열전〉

무언가 핵심을 제대로 잡지 못하고 있는 상태나 사물의 요점, 또는 관건을 파악하

장건을 시작으로 비단길 개척의 역사가 열렸고, 장안은 그 거점으로 번성했다. 한나라 장안성 유지의 모습이다.(2011년)

지 못하는 경우를 비유할 때 **요령을 얻지 못하고 있다**고 한다. 요(要)는 허리를 뜻하는 요(腰)와 같은 뜻이고, 요령은 옷의 허리 부분과 옷깃을 말한다. 옷에서 가장 중요한 부분을 가리키는 단어다. 이 말은 서역 개척에 큰 역할을 한 장건(張騫, ?~기원전 114)이 대월지(大月氏)에 도착하여 뜻한 바를 제대로 이루지 못하고 되돌아 온 사실을 서술한 대목에서 나온다.

진에 이어 중국을 다시 통일한 한나라는 정권 초기 서북 지역의 강적 흉노 세력 때문에 골머리를 앓았다. 한은 흉노를 효율적으로 대처하기 위해 변방, 특히 서쪽 변경 지역에 대한 개척을 게을리 할 수 없었다. '서역(西域) 개척사'는 이렇게 시작되었고, 그 과정에서 장건이라는 인물이 탄생했다.

장건은 기원전 138년 서역의 대월지에 사신으로 파견되었으나, 도중에 흉노에 잡혀 10여 년간 구금 생활을 했다. 천신만고 끝에 탈출하여 귀국하지 않고 대완(大宛)·강거(康居)·대하(大夏) 등을 거쳐 마침내 대월지에 도착했다. 월지의 정황을 살피고 귀국하는 도중에 장건은 다시 흉노에 1년 정도 억류되었으나 끝내 귀국에 성공했다. 그리고 기원전 119년에는 서역의 오손(烏孫)에 파견되어 양국의 외교관계를 수립했다.

장건의 서역 개척사는 '비단길(silk road)' 개척과 개통이라는 동서양 문물 교류사에 신기원을 마련했다. 서역을 비롯한 서방의 문물이 중국으로 수입되었으며, 중국이 대외에 알려지는 결정적인 계기가 되었다. 중국의 선진 문물도 실크로드를 통해 중앙아시아·중동·유럽에까지 전해졌다. 당시 한나라의 수도 장안(長安, 오늘날의 서안)은 서역으로 출발하는 기점이 되어 동서 문명 교류의 중심 도시가 되었다.

키워드 : 요령

758

부로휴약(扶老携弱)

나이든 사람을 부축하고, 어린아이들을 데리고 오다.

– 권4 〈주본기〉

'가공송덕' 항목에서 보았다시피 주나라의 선조인 고공단보의 덕에 감화된 주변 사람들이 고공단보가 이주한 기산(岐山) 주위로 몰려들었다. 원래 따랐던 백성들은 물론 다른 지역 사람들까지 몰려와 주 부락은 더욱 커졌고, 나아가 주 왕국 건설의 기틀이 닦였다. 당시 빈(豳) 지역 사람들은 부락 전체가 고공단보에게로 몰려왔다. 이 모습을 〈주본기〉는 **부로휴약**이라 했다. **나이든 사람을 부축하고, 어린 아이들을 데리고 왔다**는 뜻이다. '부로휴약'은 백성들의 마음을 얻는 덕정이나 그런 사람을 비유하기도 한다.('가공송덕' 항목 참고)

고공단보는 주 부락의 시조인 후직(后稷)과 중시조에 해당하는 공유(公劉)의 유업을 이어받아 주 부락을 크게 발전시켰다고 한다. 사진은 섬서성 빈현(豳縣)에 남아 있는 공유의 무덤이다.(2009년)

키워드 : 민심, 백성, 귀순

부륜추각(扶輪推轂)

수레바퀴를 잡고 밀다.

– 권51 〈형연세가〉

기원전 188년 서한 2대 황제 혜제가 죽은 뒤, 권력은 여태후가 장악했다. 여태후는 자신의 친인척인 여씨들을 요직에 앉히고 싶었으나 위세가 여전한 공신들의 눈치가 보여 실행하지 못하고 있었다. 이때 제나라 출신 전생(田生)이 여태후의 신임을 받고 있던 대알자(大謁者) 장자경(張子卿)에게 여씨의 측근으로 자리를 보전하고 싶다면 하루라도 빨리 여씨들을 왕으로 봉하는 청을 올리라고 권했다. 그러면서 고조 유방이 천하를 얻을 당시 여씨 집안의 도움이 없었다면 어찌 천하를 얻을 수 있었겠 냐며, **수레바퀴를 잡고 밀면서** 고조를 도왔다는 비유를 들었다.

'수레바퀴를 잡고 밀었다'는 **부륜추각**이란 표현이 여기서 비롯되었는데, 〈형연세 가〉에는 '추각'만 나온다. '부륜'과 '추각'은 다 비슷한 뜻이다. '부륜추각'이 붙어서 하나의 성어로 나오기는 《남제서(南齊書)》〈악지(樂志)〉이다. 이로써 '부륜추각'은 어 려울 때 온 힘을 다해 돕는 것을 비유하는 성어가 되었다.

키워드 : 상황, 고생, 도움

부모국(父母國)

부모의 나라 / 조국.
– 권67 〈중니제자열전〉

춘추시대 후기 제나라는 전(田)씨 집안이 강(姜)씨의 공실을 누르고 권력을 장악해 갔다. 당시 제나라의 전상(田常)이 난을 일으키고자 했으나, 제나라의 큰 집안인 고 씨(高氏)·국씨(國氏)·포씨(鮑氏)·안씨(顔氏)의 세력이 두려웠다. 전상은 이 집안들의 군대를 다 합쳐 이웃 노나라를 쳐서 관심을 외부로 돌리고자 했다. 이 소식을 들은 공자는 제자들을 모아 놓고 이렇게 호소했다.

"이 노나라는 조상의 무덤이 있는 **부모의 나라**다. 나라가 위태한데 어찌 너희들이 나서지 않을 수 있겠는가?"

자로(子路)·자장(子張)·자석(子石)이 차례로 나서 역할을 하겠노라 청했지만 허락 하지 않다가 자공(子貢)이 나서자 비로소 허락했다. 자공은 다섯 나라를 돌며 유세하여 노나라의 위기를 해결했다.

'조국(祖國)'을 가리키는 **부모국**
의 출처는 《맹자》〈만장〉(하) 편이
다. 참고로 자공은 위(衛)나라 출
신으로 공자의 72명 수제자 중 유
일한 상인이었고, 자신의 재력으
로 공자를 앞뒤에서 후원했다. 또
거상의 신분으로 각국을 돌며 외
교가(유세가)로서의 역할도 크게 해냈다.('분정항례' 항목 참고)

《사기》에 자공의 행적은 〈중니제자열전〉과 〈화식열전〉에 상
당히 비중 있게 기록되어 있다. 분량 면에서는 공자의 수제자
모두를 합친 것보다 많다. 공자와 유가 학파에 있어서 자공의
비중이 그만큼 컸다는 방증이다. 그림은 외지로 떠나기에 앞
서 스승 공자에게 인사를 드리는 자공의 모습이다.

키워드 : 조국, 부모, 자공

부부단서(剖符丹書)

부부단서 / 표창.
– 〈보임안서〉

부부단서는 공이 있는 사람이나 집안에 내려주는 조정의 증서로, 표창을 의미하는
용어다. '부부'는 대나무·나무·금속 따위를 둘로 나누어 조정(제왕)과 수상자가 각각
하나씩 나누어 가진다는 뜻이고, 그 내용을 대개 붉은 글씨로 썼기 때문에 '단서'라
한다.

사마천은 〈보임안서〉에서 궁형을 당하게 된 경위를 말하며 자신의 집안, 특히 아
버지 사마담의 처지를 언급한 바 있는데, '부부단서'는 아래 대목에서 나온다.

"저의 선친께서는 조정으로부터 '부부단서'와 같은 표창을 받는 특별한 공적을 남

기지 못했습니다. 천문과 역법에 관한 일을 관장하였지만, 점쟁이나 무당에 가까웠습니다. 주상께서는 악사나 배우처럼 희롱의 대상으로 여기셨고, 세상 사람들도 깔보기는 마찬가지였습니다."

사마천이 궁형이라는 치욕을 당할 당시 누구 하나 나서 사마천을 변호하지 않았다. 사마천은 이 때문에 세태의 싸늘함을 절감했는데, 그 이유 중 하나가 자신과 자기 집안의 이런 처지 때문이었다고 말한 것이다.

키워드 : 공로, 표창, 증서

부부지제(夫婦之際), 인도지대륜(人道之大倫)

남편과 아내의 관계는 인간의 가장 큰 도덕규범이다.
– 권49 〈외척세가〉

전통적인 예제(禮制)에 있어서 부부관계의 핵심을 짚은 **부부지제, 인도지대륜**은 〈외척세가〉의 다음 대목에서 나왔다.

"**남편과 아내의 관계는 인간의 가장 큰 도덕규범**이다. 따라서 예제의 쓰임에서 혼인을 가장 신중하게 대해야 한다."

가정은 사회의 세포이고, 부부는 가정의 핵심이다. 따라서 부부관계는 가장 크고 중요한 인륜이라는 요지이다.

키워드 : 인륜, 부부

부상대고(富商大賈)

부유하고 큰 상인.
– 권129 〈화식열전〉

　기원전 207년에서 기원전 202년까지 약 5년에 걸친 초한쟁패로 민생은 도탄에 빠졌고 생산 기반은 무너졌다. 항우를 꺾고 한나라를 건국한 고조 유방은 백성들을 쉬게 하고 인구와 생산을 늘리는 '휴양생식(休養生息)'을 국가정책의 기조로 삼았다. 유방이 죽은 뒤 실권을 쥔 여태후도 이 정책 기조를 계속 유지하여 한나라의 경제는 서서히 회복되었고, 백성들의 생활도 안정을 찾아갔다.('휴양생식'이란 성어의 출처는 당나라 때 문장가 한유韓愈의 〈평준서비平準西碑〉이다. 〈한비韓碑〉로도 불린다.)

　그 뒤를 이은 문제와 경제 때도 이 정책은 흔들림 없이 지속되어 경제는 창고의 식량이 썩고 동전을 꿴 노끈이 삭아서 끊어질 정도로 크게 발전했다. 사마천은 〈화식열전〉에서 당시의 경제 상황을 다음과 같이 묘사했다.

　"한나라가 일어나 천하를 통일한 다음 관문과 교량을 개방하고, 산림·하천·연못 개발에 대한 금지를 늦추고 풀어주었다. 그러자 **부유하고 큰 상인**들이 천하를 두루 돌게 되었고, 교역하는 물자는 유통되지 않는 곳이 없었으므로 원하는 것을 모두 얻을 수 있게 되었다."

　전국시대 중·후기 이후 막대한 자본이 상업에 투자되면서 거상들이 등장했다. 이른바 상업자본이 본격적으로 출현했다. 진나라의 천하통일 이후에도 이런 거상들이 적지 않았는데, 특히 소금과 철을 주업으로 하는 거상들이 많이 등장했다. 그러다 진 말기 이후 한나라 초기까지 오랜 혼란 때문에 경제와 상인이 크게 위축되었지만, 한나라 초기 '휴양생식'을 기조로 한 경제 정책상의 규제완화와 자유방임 정책 덕분에 상업과 경제는 크게 발전했고, 위에서 말하는 **부상대고**들이 대거 출현할 수 있었다.

　고대 중국에서 상인을 나타내는 글자는 '상(商)'과 '고(賈)' 두 가지였다. '상'은 상나라에서 유래한 단어로 상나라가 망한 다음, 그 유민들이 상업 활동에 많이 종사했기 때문에 '상인(商人)'이라 불렀다. 그 뒤 '고'란 단어가 나타났는데, '상인'들은 대개 여기저기를 떠돌면서 장사를 했기 때문에 '상'하면 이동하면서 장사하는 사람을 가리키는 단어가 되었고, 좌판을 벌리거나 가게를 차려 장사하는 사람을 '고'라 불러 서로 구분하였다. 이런 구분이 꽤 오랫동안 사용되었지만, 지금은 학술적인 구분이 아니면 다 '상'으로 통용한다.

키워드 : 경제, 상인, 부상(富商), 거상(巨商)

부상십즉비하지(富相什則卑下之)

부(재산)가 열 배면 그 사람을 헐뜯는다.

– 권129 〈화식열전〉

한나라 무제는 한나라 건국 이후 100년 가까이 유지해왔던 백성들을 쉬게 하면서 인구를 늘리는 '휴양생식'의 정책 기조를 바꾸어 상업과 경제 각 분야에 적극 개입하기 시작했다. 화친(和親) 정책으로 유지되어 온 흉노와의 평화관계도 바뀌어 흉노에 대해 강경책을 취함으로써 전쟁이 잦아졌다. 그동안 비축되었던 재정과 식량은 점점 고갈되어 바닥을 드러냈다. 무제는 전쟁 비용을 마련하기 위해 경제에 더 간섭했다. 소금과 철을 국가가 전매하는 전매사업으로 바꾼 것이 대표적인 사례 중 하나였다.('부상대고' 항목 참고)

국가가 경제와 관련된 금지와 통제 정책을 적극 시행함으로써 상인들이 억압받고, 빈부의 격차가 심해지는 폐단이 나타났다. 특히 상인은 신분상 불이익을 받았고, 여러가지 악법으로 재산을 몰수당하는 등 갖가지 수모를 겪어야만 했다. 그중에서도 같은 상인들끼리 서로 재산을 고발하게 하여 몰수하는 '고민령(告緡令)'이라는 지독한 악법까지 동원되었다.

법령은 갈수록 촘촘해졌지만 법망을 빠져나가는 수단과 방법은 더욱 더 간악해졌다. 점점 커진 빈부격차로 인해 좋지 못한 현상들이 생겼고, 그 현상들 중 하나를 사마천은 다음과 같이 적나라하게 묘사하고 있다.

"무릇 보통 사람들은 다른 사람의 **재산이 자기보다 열 배 부자이면 그를 헐 뜯고**(부상집즉비하지富相什則卑下之), 백 배가 되면 그를 두려워하며(백즉외탄지佰則畏憚之), 천 배가 되면 그의 일을 해주고(천즉역千則役), 만 배가 되면 부림을 당한다(만즉복萬則僕)."

〈화식열전〉은 부(재물·재산)와 세태를 연관지어 현실을 깊게 통찰한 대목이 많아 지금 보아도 여간 참신하지 않다. 그림은 한나라 때 귀족의 생활 모습을 나타낸 벽돌 그림이다.

사마천은 그러면서 그것이 사물의 이치라고 씁쓸하게 말한다. 이 대목을 오늘날에 적용해도 하등 어색할 것이 없어 보인다. 부와 세태의 관계는 2천 년 전이나 지금이나 별반 달라지지 않았다. 분배의 문제가 세계적인 관심사로 떠오르고 있는 것도 이를 반증하는 것이 아니겠는가? 참고로 '부가 열 배면 그 사람을 헐뜯는다'는 대목을 '부가 열 배면 그 사람에게 몸을 낮춘다'로 해석하기도 하는데, 뒤따라오는 대목들을 보면 아무래도 전자가 현실적으로 맞는 것 같다.

키워드 : 경제, 빈부, 격차

제2대 황제 혜제에서 경제에 이르는 시기 개국공신들 중 누락된 자, 그 밖의 종친들에게 작위와 땅을 내린 상황과 변화를 서술하고 있는 기록이 권19 〈혜경간후자연표〉이다. 성이 다른 이성(異姓) 제후왕으로 봉해진 8명이 장사왕을 제외하고 모두 모반죄로 처형당하게 되는 당시 정치적 상황의 내재적 관계를 간파한다. 혜제 통치기는 사실상 여태후 통치기였다. 사진은 사마천광장에 조성되어 있는 여태후 통치기의 모습을 나타낸 조각상이다.(섬서성 한성시, 2014년)

부신독서(負薪讀書)

장작을 짊어진 채 책을 읽다.

– 권112 〈평진후주보열전〉 ; 권122 〈혹리열전〉 ; 《한서》 〈주매신전〉

한 무제시대에는 기라성 같은 인재가 줄줄이 나타났는데, 주매신(朱買臣, ?~기원전 115)도 역사서에 이름을 남긴 인물의 하나다. 주매신은 미천한 출신이었다. 이런 그가 두각을 나타낼 수 있었던 것은 틀에 매이지 않았던 무제의 인재 기용책의 덕을 적지 않게 보았기 때문이다. 주매신과 관련해서는 〈평진후주보열전〉, 〈혹리열전〉에 짧게 언급되어 있으나 《한서》에는 단독 열전이 남이 있다. 이를 바탕으로 그의 행적을 정리해둔다.

젊은 날 주매신이 아내를 내쫓은 일은 널리 전해오는 일화다. 역사 기록에 따르면 주매신 부부의 이혼은 주매신이 아닌 아내가 나서서 제기한 것으로 되어 있다. 주매신은 집이 가난했는데도 집안 살림에는 별로 신경을 쓰지 않고 책읽기에만 열중했다. 어려운 살림 때문에 주매신은 땔나무를 해서 그것을 팔아 생계를 유지했다. 나무를 해서 동네로 내려올 때 주매신은 **나뭇단을 어깨에 짊어진 채 큰 소리로 책을 읽었다.**(여기서 '부신독서'라는 성어가 나왔다.) 아내는 동네 사람들이 흉을 볼까봐 이를 말렸지만, 주매신은 더 큰 소리로 책을 읽었다. 아내는 이런 수모를 참지 못하고 주매신에게 헤어질 것을 요구했고, 말릴 수 없음을 안 주매신은 이를 받아들였다.

그로부터 몇 년 뒤 주매신은 수도 장안으로 올라갔다. 그도 당시 다른 사대부들처럼 황제인 무제에게 자신의 뜻과 포부를 밝히는 글을 올렸다. 한참을 기다렸지만 회신은 없었다. 다행히 같은 고향 출신인 엄조(嚴助)의 추천으로 무제를 만날 수 있게 되었다. 주매신은 이 자리에서 《춘추》와

주매신 부부를 그린 그림이다. 땔나무가 옆에 보인다.

《초사(楚辭)》 등에 대해 이야기했고, 무제는 그의 식견을 높이 평가하여 황제 측근에서 황제를 섬기는 자리인 중대부(中大夫)에 임명했다.

무제가 발탁한 유가 경전을 중심으로 공부하고 문장을 잘 쓰는 이른바 '문학(文學)' 선비들은 궁중에서 내조(內朝)를 형성했고, 승상을 중심으로 한 문무백관은 이에 상응하는 외조(外朝)를 구성하게 되었다. 중요한 일이 있을 때면 무제는 내조의 문학 선비들에게 자신들의 의견을 가지고 외조 관리들과 논의하라고 했다. 중대부 시중이었던 주매신은 당연히 내조의 대열에 포함되어 있었다.

한번은 북방에 삭방군(朔防郡)을 설치하는 필요성에 대해 토론이 벌어졌는데, 주매신은 자신의 정교한 논리로 승상 공손홍(公孫弘)을 굴복시켜 단번에 두각을 나타냈다. 또 당시 동월(東越) 지역에서 툭하면 반란이 일어나 골치가 아팠다. 이에 대해 주매신은 바닷길을 통해 동월을 정벌하자고 건의했다. 무제는 주매신의 건의를 받아들여 그를 회계(會稽, 지금의 절강성 소흥紹興) 지방 태수로 임명했다. 주매신은 마침내 금의환향하게 되었다. 그는 네 필의 말이 이끄는 화려한 수레를 타고 회계에 도착했다. 관청에서는 백성들을 동원하여 길을 수리하게 하고, 백 대가 넘는 수레로 주매신을 맞이하게 했다.

도중에 주매신은 전처와 전처의 새 남편이 길을 수리하고 있는 것을 보게 되었다. 주매신은 수레를 세우게 한 다음, 두 사람을 수레 뒤에 앉히고 태수부까지 데리고 와서 먹을 것을 주었다. 한 달 뒤 주매신의 전처가 스스로 목숨을 끊었다. 주매신은 그 남편을 불러 장례비를 주며 잘 묻어주게 했다. 주매신은 또 고향 사람들과 과거 자신을 보살펴주었던 사람들을 찾아 후하게 보답했다. 1년 뒤 주매신은 군대를 이끌고 장군 한열(韓說)과 함께 동월을 공격하여 공을 세웠다. 이 일로 주매신은 주작도위(主爵都尉)로 승진했다.

자신의 재능을 아꼈던 무제의 총애에 힘입어 주매신은 생계조차 막막하던 미천한 신분에서 천자를 섬기는 신하가 되었다. 그러나 그가 법을 위반하자 무제는 주매신을 봐주지 않았다. 이 때문에 그는 두 번이나 파직 당했다. 그 뒤 주매신 등 승상부에 있는 세 명의 장사(長史)들이 사법부의 장관 어사대부 장탕(張湯)과 권력을 놓고 싸워 장탕을 자살하게 만들었다. 이 일로 주매신 등도 죄를 얻어 처형당했다.

금의환향한 주매신이 길을 닦고 있는 전처와 그 남편을 자신의 수레에 태운 것은 결과적으로 전처에게 수모를 주는 행위였고, 전처는 이 치욕을 견디지 못하고 자살했다. 급작스러운 출세에 편승하여 그저 자신의 위세를 과시하는 데만 마음이 팔려 있었기 때문에 상대의 반응은 전혀 고려하지 않은 결과라 할 것이다.

벼락출세한 미천한 출신들의 말로가 좋지 않았던 경우가 적지 않다. 이는 자신의 출신이나 과거에 너무 얽매여 주변 사람들을 각박하게 대하거나, 벼락출세에 어리둥절해서 사치와 향락에 빠지는 등 자기 생활을 바뀐 환경에 맞추어 합리적으로 재조정하지 못한 결과다. 이는 고생을 많이 했거나 너무 오래 기다린 끝에 갑자기 큰 자리에 앉은 인재들이 흔히 범하는 잘못이다. 깊이 생각하여 자신의 능력을 최대한 발휘하면서도 변화된 주위 상황을 적절하게 조절하는 처신이 필요하다.

키워드 : 공부, 고생

부신지병(負薪之病)

장작을 짊어진 듯한 병 / 지병(持病).
– 권112 〈평진후주보열전〉

'부신'은 '장작을 등에 짊어진다'는 뜻의 단어이다. 한나라 때 관리인 주매신은 어려운 시절 산에서 나무를 해서 그것을 짊어지고 내려오면서 책을 읽었다고 한다. 여기서 '부신독서(負薪讀書)'라는 성어가 나왔다.('부신독서' 항목 참고)

그런데 '부신'이 비유적으로 쓰일 때가 있는데, **부신지병**(負薪之病) 또는 '부신지질(負薪之疾)'이 대표적인 경우다. **몸에 장작을 짊어지고 있는 것 같은 질병**이란 뜻이다. 평소 앓고 있는 '지병(持病)'과 비슷한 뜻의 성어이다. '부신지질'은 《예기》 〈곡례〉(상편)에 보이는 다음 대목에서 비롯되었다.

770

군주가 선비에게 활을 쏘라고 할 때 쏠 수 없으면 병이 있다고 사양하는데 "모(某)에게 '부신지질'이 있습니다"라고 말한다.

관련하여 《맹자》 〈공손추〉(하)에는 맹중자가 "어제 왕의 명이 있었지만 (몸이) '불편하여서(부신지우負薪之憂)' 나아가지 못했으나"라고 말한 대목이 있다. 여기서는 '부신지우'라는 표현을 썼다. 같은 뜻이다. 훗날 '부신지질'은 선비가 자칭 병이 있다고 말할 때 표현하는 성어로서 자리에서 물러나고 싶다는 의중을 내포하고 있다.

《사기》에는 〈평진후주보열전〉에 공손홍(公孫弘)과 관련하여 똑같은 뜻의 '부신지병'이란 표현이 보이는데, 관련 대목은 다음과 같다. 공손홍이 병을 핑계로 물러날 것을 요청하는 대목이다.

"평소 '부신지병(負薪之病)'이 있어서 충정을 다하기도 전에 쓰러져 성덕(盛德)에 보답도 못하고 소임을 다하지 못할까 두렵습니다. 바라옵건대 제후의 도장을 반납하고 물러나 유능한 인재에게 길을 터주고자 합니다."

키워드 : 신체, 질병, 지병, 퇴직

부심탁간(剖心坼肝)

심장을 가르고, 쓸개를 열다.
— 권83 〈노중련추양전〉

한나라 초기 제후 왕국 가운데 양(梁)나라의 위세가 대단했다. 경제적으로도 풍요로웠다. 이 때문에 많은 인재들이 양나라로 몰려들었다. 중앙 조정의 벼슬까지 내던지고 달려온 사람도 있었다. 한나라 초기를 대표하는 문장가였던 사마상여(司馬相如)도 젊은 날 양나라에 와서 활동했다. 그는 효왕이 죽자 〈자허부(子虛賦)〉라는 문장을 지었는데, 이 문장이 한 무제의 눈에 들어 중앙 조정에서 벼슬을 받았다. 이밖에 매승(枚乘)·장기(莊忌) 등과 같은 이름난 문장가들도 양나라로 들어와, 말하자면 문학 집단을 형성했다. 양나라의 위세는 중앙 황실을 능가할 정도였다. 이와 동시에 권력자 옆에 기생하며 자기와 다른 사람들을 배척하고 모함하는 무리들도 자연스럽게 생겨나기 시작했다.

양나라로 들어온 인재들 중에 제(齊)나라 출신의 추양(鄒陽, 생졸 미상)이 있었다. 그는 문장가이자 유세가의 풍모를 지난 인물로서 양나라 여기저기를 떠돌면서 오(吳)나라 출신의 장기(莊忌)와 회음(淮陰) 출신 목생(牧生) 등과 같은 무리와 사귀었다. 추양의 명성은 점점 양나라로 퍼져나갔다. 추양은 기회를 봐서 양 효왕에게 글을 올렸다. 글의 내용이 무엇인지는 알 수 없지만, 나중에 효왕에게 보낸 글로 볼 때 효왕의 마음을 충분히 사로잡았을 것이다. 그런데 훼방꾼이 등장했다. 효왕의 측근으로 총애를 한 몸에 받고 있던 양승(羊勝)과 공손궤(公孫詭)가 추양을 질투하여 효왕 앞에서 그를 헐뜯었다.

이 때문에 추양은 영문도 모른 채 졸지에 옥에 갇혀 죽을 날만 기다리는 신세가 되었다. 추양은 객지를 떠돌다 이렇게 억울하게 죽어 오명이 남게 되는 상황을 견딜 수 없었다. 생각 끝에 추양은 붓을 들어 효왕에게 편지를 썼다. 이 편지 글이 〈옥중상양왕서(獄中上梁王書)〉(또는 〈보양왕서報梁王書〉)라는 명문이다. '옥중에서 양왕에게 올리는 글'이란 뜻이다. 이 글 중에 이런 대목이 있다.

"이는 '두 임금과 두 신하가 각각 **심장과 간을 열고 서로 믿기** 때문이니(양주이신兩主二臣, 부심탁간상신剖心坼肝相信)', 어찌 근거도 없는 말에 마음이 흔들리겠습니까?"

여기서 **부심탁간**이란 성어가 나왔고, 후에는 '간' 대신 쓸개에 해당하는 '담(膽)'을 써서 '부심탁담(剖心坼膽)'으로도 표현했다. 서로의 심장·간·쓸개를 내놓을 정도로 굳건한 믿음이나 그런 관계를 비유하는 성어다. 널리 사용하는 비슷한 뜻의 성어로 '간담상조(肝膽相照)'가 있다. '간담상조'의 출처는 당나라 때 문장가 한유(韓愈, 768~824)의 〈유자후묘지명(柳子厚墓誌銘)〉이다.('옥중상양왕서'에 대해서는 부록으로 마련한

‘사기의 문장’에서 상세히 다루었다.)

키워드 : 관계, 믿음, 확고

부열관중(富埒関中)

관중의 부와 맞먹다.
– 권129 〈화식열전〉

한나라는 경제(景帝, 기원전 187~기원전 141) 때 이르러 ‘오초칠국(吳楚七國)의 난’이란 엄중한 병목 위기에 직면했다. 이때가 기원전 154년이었다. 제후들은 중앙정부와 반란 세력 중 어느 한 편을 들어야만 하는 선택의 기로에 섰다. 중앙 정부 편에 선 제후들은 반란군을 토벌하는 군에 가담하기 위해서 군자금이 필요했고, 이 때문에 막대한 이자가 드는 돈을 빌릴 수밖에 없었다.

문제는 돈놀이를 하는 사람들은 중앙 정부군이 승리할 수 있을지 장담할 수 없었기 때문에 누구도 선뜻 빌려 주려고 하지 않았다. 반란군이 승리하는 날에는 자칫 원금도 못 찾을 뿐만 아니라 목숨까지 위험했기 때문이다. 그런데 무염씨(無鹽氏)는 천금을 풀어 이자를 원금의 10배로 해 중앙 정부에 빌려주었다. 석 달 뒤 반란은 평정되었고, 무염씨는 불과 반 년 만에 원금의 열 배에 이르는 이자를 받는 어마어마한 수익을 냈다. 이렇게 쌓인 무염씨의 **부는 관중과 맞먹을 정도**가 되었다.

무염씨는 다른 모든 사업가들이 모두 망설이거나 포기했을 때 과감하게 자신의 전 재산인 천금을 군자금으로 빌려주는 도박을 감행했다. 물론 열 배의 이자라는 조건이 걸리긴 했지만 그것은 성공했을 때나 의미 있는 숫자에 다름 아니었다. 반란 진압이 실패하면 완전 빈털터리가 되는 것이다. 그렇다면 무염씨의 투자는 그야말로 투기이자 도박 아닌가?

무염씨가 이렇듯 위험천만한 투자를 결행하면서 당시의 형세를 분석하지 않았을

리 없다. 이런 합리적인 전제에서 그가 과연 어떤 점을 근거로 정부군이 반란을 진압할 것으로 예상했을지 추측해봄으로써 무염씨의 성공 비결을 귀납해보자.

우선 경험의 작용이다. 중앙 정부의 1차 병목 위기였던 기원전 180년 여씨 세력의 제거로부터 기원전 154년 오초칠국의 난까지 30년이 채 되지 않았다. 당시 공신들과 유씨 제후왕들은 일거에 여씨 세력을 완전히 소탕함으로써 병목 위기를 넘겼다. 이런 실제 역사 경험이 무염씨의 판단에 영향을 주었을 것이다.

다음으로는 여씨 세력을 평정한 뒤 즉위한 황제 문제(文帝)의 통치에 대한 민심의 동향이다. 문제는 인정(仁政)과 덕정(德政)으로 나라와 백성들의 삶을 안정시켰다. 생산은 안정되었고, 백성들의 삶은 갈수록 부유해졌다. 따라서 간신히 안정을 찾은 서한 왕조라는 체제를 전복시켜 봐야 백성들에게 하등 도움이 될 수 없었다.

요컨대 민심의 향배였다. 진나라가 멸망하고 초한쟁패라는 오랜 혼란기를 겪은 백성들은 무엇보다 안정을 갈망했다. 중앙 정부와 통치자에 큰 문제가 없는 상황에서 터진 오초칠국의 난은 지배층 내부의 문제일 뿐이었다. 따라서 백성들은 중앙 정부를 물심양면으로 지지할 수밖에 없었다.

무염씨는 이상과 같은 점들을 정확하게 파악했던 것으로 보인다. 이는 오늘날 투자가들이 가능한 모든 위험 요인과 성공 요인들을 철두철미 분석한 다음 투자하는 것과 별반 다르지 않았다. 참고로 무염씨를 여성으로 보는 견해도 있다. 전국시대 제나라 선왕(宣王, ?~기원전 301) 때 같은 이름의 여성이 기록에 남아 있기 때문이다.(이에 대해서는 '강안' 항목 참고)

키워드 : 재부, 투자, 분석, 판단, 모험

부열천자(富埒天子)

부(재산)가 천자와 맞먹다.

– 권30 〈평준서〉

한나라 초기 문제(文帝) 때 불량 화폐가 시중에 많이 돌고, 개인이 화폐를 주조하는 것까지 허용되었다. 오왕(吳王) 유비(劉濞)는 제후에 불과했으나, 동 광산이 있어 멋대로 돈을 주조하여 그 **부가 천자와 맞먹을** 정도가 되었고, 급기야 이를 밑천으로 반란까지 일으켰다. 이 반란이 기원전 154년에 터진 '오초칠국의 난'이었다.

문제의 총애를 받던 등통(鄧通)은 대부(大夫)에 불과했으나 점쟁이가 등통이 나중에 굶어죽을 상이라 하자 문제는 그에게 동 광산을 주었다. 등통이 동으로 돈을 멋대로 주조하니 그 재산이 오왕을 뛰어넘었다. 당시 오나라에는 이른바 '등씨전'이 온 나라에 유통되었다. 문제를 이어 즉위한 경제는 이런 악화가 국가 경제 전체에 미치는 심각한 영향을 막기 위해 개인이 화폐를 주조하는 일을 금지했다.

부열천자는 개인의 부(재산)가 천자(나라)와 맞먹을 정도로 대단한 부유하다는 비유로서, 한나라 초기 정비되지 않았던 화폐 정책 때문에 개인이 막대한 부를 축적하여 경제를 어지럽히는 폐단을 암시하고 있다.

키워드 : 경제, 화폐, 재부

부유고세지명(夫有高世之名), 필유유속지루(必有遺俗之累)

무릇 세속을 초월하는 명성을 얻은 사람은 세속 소인배의 비난을 받을 수밖에 없다.

– 권43 〈조세가〉

전국시대 조나라의 군주인 무령왕은 '오랑캐 옷을 입고 말을 탄 채 활을 쏘는' '호복기사(胡服騎射)'로 상징되는 개혁을 단행하여 조나라를 일약 강국으로 끌어올렸다.

당시 기득권 수구세력은 이 개혁에 강력하게 반발했다. 무령왕은 위의 말로 자신의 개혁의지를 분명히 했다.

세상을 뛰어넘을 정도로 명성이 남다른 사람은 흔히 세속으로부터 비판을 받는다. 마찬가지로 낡은 습속을 과감하게 버리는 사람은 그 습속에 길들여져 있거나 얽매여 있는 사람들로부터 비난을 받을 수밖에 없다는 뜻이다.('경려천모' 항목 등 참고)

키워드 : 개혁, 개혁가, 세속, 비난

부의숙당(扶義俶儻), 불령이실시(不令己失時), 입공명우천하(立功名于天下)

정의롭게 행동하고 자잘한 일에 매이지 않으면서 시기를 놓치지 않고 세상에 공명을 세우다.
– 권130 〈태사공자서〉

사마천은 《사기》 130권의 마지막 권인 〈태사공자서〉에서 130권 각각의 요지와 각 권을 쓰게 된 동기 등을 간략하게 밝힌 바 있다. 또 본기를 비롯하여 표·서·세가·열전의 다섯 체제 요지도 밝혔다. 위의 명구는 《사기》 130권 중 절반이 넘는 70권을 차지하고 있는 열전의 요지다.

열전 70권은 실로 다양한 인간상, 이들의 생동감 넘치는 활약, 진지하면서 변화무상한 인간관계 등을 의미심장한 배열과 대비로 망라한 전기문학의 백미이다. 장구한 역사 속 인간 군상의 여러 측면을 파노라마처럼 펼친 장쾌한 대하 서사시로서도 손색이 없다. 여기에 외국과 주변 소수민족의 상황까지 기록하여 명실상부 세계사의 면모까지 갖추고 있다.

열전에는 사마천이 아니었다면 이름조차 남겨지지 못했을 수많은 보통 사람들의 행적이 아로새겨져 있다. 사마천은 이들의 행적을 남긴 까닭은 **정의롭게 행동하고 자잘한 일에 매이지 않으면서 시기를 놓치지 않고 세상에 공명을 세웠다**고 판단했기 때문이다. 이런 점에서 이 명언은 역사의 주체이자 역사를 움직이는 원동력이 바로 이런 수많은 보통 사람들이라는 사마천의 확고하고 깨어 있는 역사관을 반영하고 있는 명언이 아닐 수 없다.

키워드 : 역사, 인간, 주체, 평민, 정의, 공명

부이무교(富而無驕), 빈이무첨(貧而無諂)

부유하지만 교만하지 않고, 가난하지만 아첨하지 않는다.
– 권67 〈중니제자열전〉

《논어》 〈학이〉 편에 공자와 수제자 자공 사이의 다음과 같은 대화가 있다.

자공 가난하지만 아첨하지 않고, 부유하지만 교만하지 않으면 어떻습니까?"
공자 그 정도면 괜찮다. 하지만 가난하지만 즐길 줄 알고, 부유하면서 예의를 지킬
　　　줄 아는 것이 낫겠지."
자공왈(子貢曰) 빈이무첨(貧而無諂), 부이무교(富而無驕), 하여(何如)?
자왈(子曰) 가야(可也), 미약빈이락(未若貧而樂), 부이호례자야(富而好禮者也). (〈학이〉 15)

　사마천은 공자의 제자들을 기록한 〈중니제자열전〉에 이 부분을 인용하면서 문장의 순서를 바꾸었다.
　자공은 공자의 제자들 중 상업에 종사한 특이한 인물이다. 그것도 한 나라의 군주들과 대등하게 예를 나누는 대상인이었다. ('분정항례' 항목 참고) 그는 스승 공자를 앞뒤에서 모시고 다니며 여러 나라 권력자들과의 만남을 주선한 것으로 보인다. 《논어》에는 그와 스승이 나눈 대화가 가장 많다.
　자공의 이력으로 미루어 질문의 핵심은 '부유하지만 교만하지 않으면 어떠냐'에

공자의 제자들 중 자공은 유일한 상인 출신이다. 사마천은 〈화식열전〉에서 공자가 천하에 이름을 알릴 수 있었던 것은 자공이 앞뒤에서 모셨기 때문이라고 했다. 자공이 자신의 경제력으로 스승을 모셨던 것이다. 자공의 초상화이다.

있는 것 같다. 공자는 제자가 말한 경지보다 한 차원 더 높은 경지를 일러 주는 것으로 자공의 의중을 헤아렸다. 자공은 스승의 말뜻을 바로 알아들어 《시경》의 한 대목을 인용했고, 스승은 함께 시를 이야기할 수 있겠다며 제자를 인정했다.

가난하면 남의 눈치를 보며 구차해지기 쉽다. 부유하면 교만이 절로 찾아들어 무례해지기 쉽다. 사실 보통 사람으로 가난하지만 구차해지지 않고, 부유하다고 무례하지 않기도 쉬운 경지는 아니다. 그래서 공자도 그 정도면 괜찮다고 인정한 것이다. 스승은 제자들이 한 걸음 더 나아가도록 눈과 마음을 열어주는 사람이다. '가난하다고 기죽지 말고 즐길 수 있어야 하고, 부유하다고 무례하게 굴지 말고 예의를 지키라'고 말이다.

키워드 : 빈부, 교만, 무례, 아첨, 겸손, 당당

부이불교(富而不驕), 귀이불서(貴而不舒)

부귀하면서 뻐기지 않고, 게으르지도 않다.
– 권1 〈오제본기〉

《사기》 130권의 첫 권은 전설 속 다섯 제왕들의 기록인 〈오제본기〉다. 황제부터 제전욱·제곡·제요·제순 이렇게 다섯 제왕의 치적을 기록하고 있다. 사마천은 이들 다섯 제왕이 보여준 최고 통치자의 자질을 인상 깊게 남겼다. 이들의 자질과 치적을 간단하게 정리하면 다음의 표와 같다.

오제	리더십과 노블레스 오블리주	권력계승 방법
황제 (黃帝)	견문, 사리분별, 덕, 사랑, 경청, 관찰, 근검절약, 존망의 이치 탐구, 거처없이 떠돎	손자에게 계승
제전욱 (帝顓頊)	침착, 지략, 사리분별	조카에게 계승
제곡 (帝嚳)	은덕, 이타, 세심한 관찰력, 백성의 절박한 요구를 잘 헤아림, 인자+위엄, 은혜, 신의, 절약, 고상한 인품과 덕, 깨끗한 자기수양, 평민 복장	작은아들에게 계승
제요 (帝堯)	인자, 지혜, 친근, 겸손, 덕, 화목, 공명정대, 다양한 인재 기용, 정확한 평가	민간에서 순을 발탁하여 선양함
제순 (帝舜)	치국의 방법 설파, 신중한 법집행 강조, 고의적 범죄와 중범은 엄벌, 정치 실적에 따른 엄정한 상벌, 끊임없는 업무 순시, 노동과 상업 종사, 다양하고 체계적인 인재 등용, 사방의 민의 파악, 덕정, 충고 수용, 아첨꾼을 멀리함	치수에 공을 세운 우에게 선양함

불이불교, 귀이불서라는 위 명구는 〈오제본기〉에서 가장 중요한 비중을 차지하고 있는 요임금의 인품을 나타낸 것인데, 관련 내용을 요약해 보면 이렇다.

요임금은 "하늘처럼 인자하고 신처럼 지혜로웠다"고 한다(이런 표현은 전설 시대의 제왕에 대한 묘사라는 점을 감안하자). 그러면서 "부귀하면서 뻐기지도 않았고, 게으르지도 않았다", "하늘과 인간에 순응하는 미덕으로 구족을 화목"하게 했다고 했다.

정치에 대해서는 "백관들에게 각자의 직무에 엄격할 것을 요구하였고, 모든 일이 활기를 띠며 잘 돌아갔다." 상벌과 관련해서는 "고의가 아닌 과실은 사면하고, 뉘우치지 않으면 엄하게 징벌했다." 법 집행에 대해서는 "신중하라, 신중하라! 법과 형벌은 신중하게 집행하여야 한다"며 신중함을 강조했다. 이후 민간에서 순을 발탁해 임금 자리를 넘겨주고 "28년 만에 세상을 떠났다." 요임금이 세상을 떠나자 "백성들은 부모를 잃은 듯 슬

〈오제본기〉의 다섯 제왕 중 요임금은 중국 역사와 최고 통치자의 인식에 있어서 대단히 중요한 자리를 차지하고 있다. 특히 백성들이 갈망하는 성군의 모범으로 추앙되면서 수천 년 동안 큰 영향을 남겼다. 사진은 산서성 임분(臨汾)에 남아 있는 요임금 사당 요묘(堯廟)에 모셔져 있는 요임금의 상이다.(2019년)

퍼하였다”고 했다.

키워드 : 권력자, 성군, 자질

부인지인(婦人之仁)

아녀자의 어짊(약한 마음).
– 권92 〈회음후열전〉

초한쟁패의 명장 한신은 한때 항우 밑에 있다가 유방에게로 건너왔다. 홍문연 이후 한중에 거의 갇혀 있었던 유방은 소하의 추천을 받아 한신을 대장군으로 삼았다.(‘홍문연’, ‘소하월하추한신’ 항목 참고) 한신은 유방에게 한중을 빠져나갈 묘책의 하나로 ‘명수잔도(明修棧道), 암도진창(暗渡陳倉)’을 건의했다.(‘명수잔도, 암도진창’ 항목 참고) ‘겉으로 (들어올 때 불태웠던) 잔도를 수리하는 척하면서 몰래 진창으로 들이닥치라’는 것이었다. 그러면서 한신은 항우와 유방의 전력과 기질 등을 하나하나 비교했는데, 항우에 대해서는 이런 평가를 내렸다.

“항왕이 성내어 큰 소리로 꾸짖으면 천 사람이 모두 엎드리지만, 어진 장수를 믿으면서도 병권을 맡기지 못하니 이는 ‘필부의 용기(필부지용匹夫之勇)’일 따름입니다. 항왕이 사람을 대하는 태도는 공경스럽고 자애로우며 말씨도 부드럽습니다. 누가 병에 걸리면 눈물을 흘리며 음식을 나누어줍니다. 그러나 자기가 부리는 사람이 공을 이루어 마땅히 상을 주어야 할 때에 이르러서는, 그 ‘인장의 모서리가 다 닳을(인완폐印刓敝)’ 때까지 차마 내주지를 못합니다. 이는 이른바 **아녀자의 어짊(부인지인婦人之仁)**일 뿐입니다.”

이처럼 한신은 항우의 성격까지 비교적 정확하게 파악하고 있었다. ‘부인지인’은 우유부단하고 작은 일에 집착하는 성격을 비유한다. 대개 '필부지용'과 함께 사용한다.('인완폐', '필부지용' 항목 참고)

키워드 : 성격, 우유부단, 주저(躊躇)

부자필용기승(富者必用奇勝)

부자는 반드시 남다른 방법으로 성공한다.
– 권129 〈화식열전〉

사마천은 〈화식열전〉을 통해 부자의 길, 즉 치부의 방법을 논하고 있다. 근검절약과 부지런히 일하는 것이 부자가 되는 바른길이란 전제 하에서 사마천은 **부자는 반드시 남다른 방법으로 성공한다**고 단언했다. 그러면서 다양한 업종에서 성공을 거둔 상인들을 하나하나 거론한다.

농사는 치부법으로는 크게 수지가 맞는 업종이 아니지만 진양(秦揚)이란 부자는 농사에 전력하여 한 주에서 제일가는 부자가 되었다. 전숙(田叔)이란 자는 도굴로 자금을 마련하여 사업을 일으켰다. 옹낙성(雍樂成)은 남들이 부끄럽게 여기는 행상으로 부자가 되었고, 환발(桓發)은 도박으로 돈을 모아 부자가 되었다. 옹백(雍伯)은 여성 화장품의 하나인 연지(臙脂)를 팔아 천금을 모았다. 장씨(張氏)는 술장사로 무려 천만금을 벌었고, 질씨(郅氏)는 칼 가는 기술로 엄청난 부를 모아 제후들이나 쓰는 세발솥을 반찬 그릇으로 늘어놓고 식사를 했다.

곱창과 순대를 팔아 수레를 몰고 자신을 호위하는 수행원을 거느릴 정도로 큰

부자들은 어떤 업종에 종사하든 예외 없이 남다른 자기만의 방법으로 치부했다. 도면은 술을 담는 모습을 나타낸 벽돌 그림이다.

부를 쌓은 탁씨(濁氏), 말의 병을 잘 고치는 수의사로 치부하여 편종 연주를 들으며 식사를 한 장리(張里) 등 그야말로 실로 다양한 업종에서 다양한 방법으로 치부한 상인들이 소개되어 있다. 사마천은 이들이 이 같은 부와 명예, 그리고 사회적으로 높은 신분을 누릴 수 있었던 것은 "모두가 하나같이 성실한 마음으로 최선을 다했기 때문이다"고 결론을 내렸다.

역사상 바르게 성공한 모든 상인들은 예외 없이 사마천이 지적한 대로 모두가 성실한 마음으로 근검절약하고 부지런히 자기 일에 최선을 다했다. 참고로 〈화식열전〉에 수록된 경제인(부상)들과 그들의 경영관 내지 치부법을 하나의 표로 정리했다.

이름	시대(국적, 활동지)	사업분야	경영관(치부비결)	비고
계연(計然)	춘추, 월(越)	경제 이론	상품 가격과 수급간의 건전한 관계와 규칙 제기.	범려의 스승으로 전함.
범려(范蠡)	춘추, 월(越)	정치, 기업	정치와 경제 모두에서 성공. 부의 사회 환원 실천.	상신(商神)으로 추앙.
자공(子貢)	춘추, 위(衛)	외교, 기업	대규모 상단을 이끌고 유력자와 대등하게 거래. 홍보의 중요성 인식.	공자를 후원 유상(儒商)의 원조.
백규(白圭)	전국, 주(周)	경제 이론, 사업	종합적인 경제이론과 상도·상덕의 실천 강조.	최고의 경제 이론가.
의돈(猗頓)	전국, 노(魯?)	사업	소금과 제철로 치부. 왕과 대등한 부를 누림.	
곽종(郭縱)	전국, 조(趙)			
나(倮)	전국, 진(秦) 오지(烏氏)	축산업	목축업을 통해 변방 이민족과 교역하여 치부함.	진시황의 특별 대우. 여성(?)
청(淸)	진(秦), 파(巴)	광산업	단사광을 개발하여 이익을 독점한 과부 사업가.	진시황의 각별한 존중. 여성
탁씨(卓氏)	한(漢), 촉(蜀)	제철업	지역의 특성과 값싼 노동력에 주목하여 성공함.	노비 1천을 거느림.
정정(程鄭)	한(漢), 촉(蜀)	제철업	포로 출신으로 이민족과 교역하여 성공함.	탁씨와 같은 지역 동종업.
공씨(孔氏)	한(漢), 남양(南陽)	제철업	접대의 귀재로 대규모 수레와 마차로 크게 거래.	'유한공자'라는 별명.
병씨(邴氏)	한(漢), 조(曹)	물류와 고리대금업	대장장이에서 행상을 거쳐 고리대금업으로 치부함.	자린고비

조한(刁閒)	한(漢), 제(齊)	정보유통업	똑똑한 노예들을 각지로 보내 사업을 하게 함.	인재중시.
사사(師史)	한(漢), 주(周)	유통, 프랜차이즈, 다단계	대규모의 수레로 이동식 기업을 차려 치부함.	사업에 자부심을 가짐.
임씨(任氏)	한(漢), 선곡(宣曲)	농업과 목축	기초 산업에 충실하게 매진하여 크게 성공함.	원산지 산물을 중시.
교요(橋姚)	한(漢), ?	가축과 곡식	변경 개척 때 여러 종의 동물과 곡식의 씨앗을 얻음.	특수 상황에서의 치부.
무염씨(無鹽氏)	한(漢), ?	자금대출	오초칠국의 난 때 정부에 10배 이자로 자금을 대출하여 크게 환수.	관중 전체와 맞먹는 부. 여성(?)
전색(田嗇)	한(漢), 관중(關中)	?	관중의 부유한 상인과 대상인 집안인 전씨 집안.	상인 집안.
전란(田蘭)	한(漢), 관중	?	관중의 부유한 상인과 대상인 집안인 전씨 집안.	상인 집안.
위가(韋家)	한(漢), ?			
율씨(栗氏)	한(漢), ?		수만금을 소유한 거부들.	지역의 갑부들.
두씨(竇氏)	한(漢), 안릉(安陵) 두(杜)			
진양(秦揚)	한(漢), ?	농사	주에서 제일가는 부호.	단일 업종.
전숙(田叔)	한(漢)	도굴업	사업의 발판으로 삼음.	
환발(渙發)	한(漢)	도박	도박으로 부자가 됨.	
옹낙성(雍樂成)	한(漢)	행상	천한 일로 천시하는 행상으로 부자가 됨.	
옹백(雍伯)	한(漢)	화장품업	연지를 팔아 천금을 벌다.	
장씨(張氏)	한(漢)	주류업	술장사로 천만금을 범.	
질씨(郅氏)	한(漢)	칼 가는 일	패도(佩刀)의 유행을 잘 살펴 치부.	제후에 버금가는 생활.
탁씨(濁氏)	한(漢)	순대, 곱창	천한 장사로 크게 치부.	수행원 거느리는 생활.
장리(張里)	한(漢)	수의사	말을 고치는 의술로 치부.	제후에 버금가는 생활.

키워드 : 치부, 방법, 특별, 기발, 기본

부자혹루거만(富者或累巨萬), 빈자불염조강(貧者不厭糟糠)

부자는 억만금을 모으기도 했고, 가난한 사람은 술지게미조차 마다하지 않았다.

– 권30 〈평준서〉

사마천은 경제를 전문으로 다룬 〈평준서〉 마지막 논평에서 빈부의 차이를 다음과 같은 말로 실감나게 묘사했다.

"따라서 백성들 중 어떤 **부자는 억만금을 모았고**, 반면에 어떤 **가난한 자는 조강**(糟糠, 술지게미)**조차도 마다하지 않았다.**"

'빈부의 차이'는 2천 년 전이나 지금이나 하나 달라진 바 없다. 사유재산이 생기면서 인류의 역사는 줄곧 불평등·불공평·불공정의 역사였음을 잘 보여준다. 사마천은 이런 역사의 불합리한 점들을 정확하게 인식했고, 이런 인식을 경제와 경제인을 전문으로 다룬 〈평준서〉와 〈화식열전〉을 통해 심각하게 나타냈다.('화식' 항목 참고)

키워드 : 빈부, 격차

부정조(負鼎俎)

세발솥과 도마를 등에 짊어지다.

– 권3 〈은본기〉

부정조(負鼎俎)는 요리에 필요한 **취사용 솥과 도마 따위를 짊어지다**는 뜻으로 상(은)나라 건국의 공신이자 재상인 이윤(伊尹)이 처음 탕을 만나왔을 때 이런 것들을 등에 메고 왔다는 데서 유래한 용어이다. 민간 전설에 따르면 이윤은 정치에 투신하기 전에는 요리사였다고 한다.

탕을 만난 이윤은 요리를 하는 과정과 요령, 음식의 맛 등으로 통치의 이치를 비유하여 탕을 감동시켰다. 여기서 '이윤이 솥을 메다'는 '이윤부정(伊尹負鼎)'이란 고사성어도 나왔고, '부정지재(負鼎之才)'라 하여 '솥을 짊어진 인재'란 표현으로, 이윤과 그가 세운 공을 가리키기도 한다. 또 '이윤이 솥을 지고 스스로 찾아왔다' 하여 '이윤하정자진(伊尹荷鼎自進)'이라는 성어로도 쓴다. 여기에는 인재가 자신을 알아줄 주군을 찾는다는 뜻도 내포되어 있다.

또 탕임금은 이윤을 모시기 위해 다섯 번이나 그를 찾았는데, 다섯 번째는 자신이 직접 수레를 몰고 이윤을 청하러 갔다. 여기서 '다섯 번 이윤을 초청하다'는 '오청이윤(五請伊尹)'이란 사자성어가 나왔다. ('오반' 항목 참고)

민간에서는 이윤을 요리의 신으로도 받든다. 이 때문에 이윤의 초상화에는 취사용 세발솥을 함께 그리는데 오른쪽 겨드랑이에 조리용 세발솥을 끼고 있다.

키워드 : 요리, 요리사, 인재

부족괘치(不足掛齒)

입에 올릴 가치도 없다.
– 권99 〈유경숙손통열전〉

'괘치(掛齒)'란 '입에 담는다'는 뜻으로, 어떤 일을 입에 올리는 것, 즉 거론하는 것을 가리키는 단어다. 이와 비슷한 단어로 '괘념(掛念)'이 있다. '마음에 담아둔다'는 뜻으로, 흔히 '괘념치 말라'라는 말로 표현된다. 괘(掛)는 걸어둔다는 뜻이고, 족(足)은 가치가 있다는 뜻이다.

진나라 말기인 기원전 209년 진승(陳勝)의 봉기를 비롯한 농민봉기가 전국적으로 일어났다. 진 2세는 신하들을 불러 모아 상황을 보고 받았다. 대부분 반란이니 군대를 출동시키라고 했다. 숙손통은 쥐새끼나 개 같은 좀도둑들이니 **입에 올릴 가치도 없다**면서 2세의 비위를 맞추었다. 숙손통은 상을 받았고, 반란이라고 주장한 사람들은 파면 당했다.

조정에서 물러나와 거처로 돌아온 숙손통에게 여러 사람들이 "선생은 어쩜 그렇게 아첨을 잘하냐"며 비꼬았다. 숙손통은 "너희들이 잘 모르고 하는 소리다. 하마터면 호랑이 입에서 벗어나지 못했을 것이다!"라면서 가슴을 쓸어내린 다음, 바로 진나라에서 도망쳤다. 진나라가 더 이상 가망이 없다는 것을 숙손통은 알았고, 위기를 모면하기 위해 그렇게 둘러댔던 것이다. 그 뒤 숙손통은 유방을 도와 한나라의 제도를 정비하는 데 큰 역할을 했다.

이 성어는 훗날에도 많이 인용되었는데, 무능한 사람을 극단적으로 평가할 때도 쓰이곤 했다. '하족괘치(何足掛齒)'로도 쓰는데, 원문의 표현은 '하족치지치아간(何足置之齒牙間)'이다. 원문을 직역하자면 '이빨 사이에 둘 가치가 있겠는가' 정도가 되는데, 역시 입에 올릴 가치가 없다는 비유이다.

《수호전》 제87회에 보면 "그런 무능한 졸장은 입에 올릴 가치도 없다"는 대목이 보인다. '헤아릴 가치도 없다'는 '부족괘수(不足掛數)'로도 쓰는데, 같은 뜻이다.

키워드 : 거론, 무가치, 무능

부족여모(不足與謀)

함께 일을 꾀하기 부족하다.
– 권7 〈항우본기〉

기원전 206년, 유방은 함양에 먼저 진입했다. 진나라 마지막 황제 자영은 유방에게 항복했다. 이로써 진나라는 기원전 221년 천하를 통일한 뒤 불과 15년 만에 망했다. 뒤늦게 함양성에 접근한 항우는 불같이 성을 내며 유방을 공격하려 했다. 이렇게 해서 패상(覇上)을 경계로 두 군대가 대치에 들어갔다.

전력이 절대 열세였던 유방은 장량의 건의에 따라 측근 몇 명을 데리고 홍문으로 항우를 찾아가 항복하다시피 했다. 이 자리가 유명한 '홍문연'이다. 항우의 책사인 범증은 이참에 유방을 죽이라고 세 차례나 신호를 보냈지만 항우는 결행하지 못했다.('옥결' 항목 참고) 그사이 유방은 술자리를 빠져나왔고, 장량이 뒷수습을 했다. 항우의 참모 범증은 "어린아이(항우)와 **함께 일을 꾀하는 것이 아닌데!**"라고 탄식하며 항우의 패배를 예견했다. 여기서 **부족여모**라는 성어가 나왔다. 식견과 결단력 등이 부족하여 함께 큰일을 도모할 수 없음을 '수자(竪子)', 즉 '어린아이'에 비유한 성어이다. (자세한 내용은 '홍문연' 항목 참고)

항우의 책사 범증은 여러 차례 유방을 제거하라고 항우에게 권했다. 유방의 잠재적 역량을 간파했기 때문이다. 사진은 홍문연 유지에 세워져 있는 범증의 상이다.(2016년)

키워드 : 거사, 결단력, 부족

부지기인(不知其人), 시기우(視其友)

그 사람이 어떤 사람인지 모르겠거든 그 친구를 보라.
– 권102 〈장석지풍당열전〉

〈장석지풍당열전〉은 한나라 초기 관리로서 황제에게 직간을 서슴지 않았던 문관 장석지(張釋之, 생졸 미상)와 문제·경제 때의 무장 풍당(馮唐, 생졸 미상) 두 사람의 기록이다. 이 두 사람의 행적을 기록한 다음 사마천은 다음과 같은 자신의 논평을 남겼는데, 위 명구는 그중에 나온다. 사마천은 이를 '어(語)'에 나온다고만 했는데 《공자가어(孔子家語)》〈육본(六本)〉 편에 "그 아들을 모르겠거든 그 아비를 보고, 그 사람을 모르

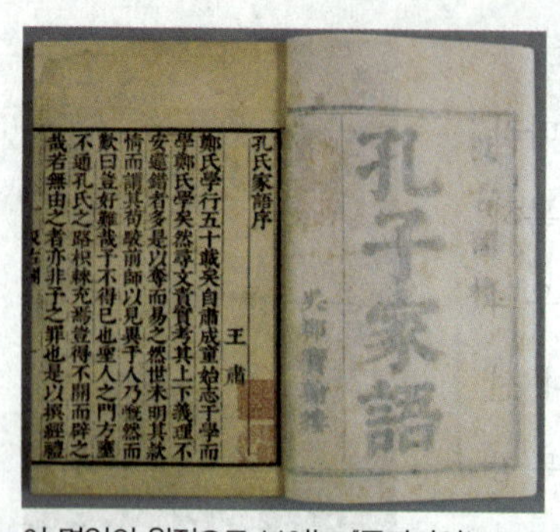

이 명언의 원전으로 보이는 《공자가어(孔子家語)》의 판본이다.

겠거든 그 친구를 보고, 그 군주를 모르겠거든 그가 부리는 사람을 보고, 그 땅을 모르겠거든 그 풀과 나무를 보라"는 대목이 있는 것으로 보아 '어'는 《공자가어》를 가리키는 것 같다. 〈전숙열전〉에도 이와 같은 대목이 보인다. 사마천의 논평이다.

"장석지는 덕망이 있는 장자(長者)에 대해 담론하면서 스스로 엄격하게 법도를 지키고 권문세가와 귀족의 뜻에 일방적으로 영합하지 않았다. 풍당의 장수 임용에 관한 담론은 매우 음미할 만한 것이다! **그 사람을 모르겠거든 그 친구를 보라**고 하는 구절이 있다. 두 사람을 칭송한 것은 조정에 기록해둘 만하다."

인간은 환경의 동물이다. 맹자 어머니가 아들을 위해 세 번 이사한 '맹모삼천(孟母三遷)'의 고사는 이를 잘 말해준다.('맹모삼천' 고사의 출처는 《열녀전列女傳》과 《삼자경三字經》 등이다.) 또 인간은 집단을 이루며 사는 동물로서 대부분 자신과 비슷한 부류와 어울린다. 따라서 한 사람에 대한 평가도 그 사람이 속해 있는 조직, 주로 만나는 사람을 보고 내리는 경우가 많을 수밖에 없다. 이런 점을 요령 있게 지적하는 명구다.

한편 권104 〈전숙열전〉에도 비슷하게 다음과 같은 대목이 보이는데 마지막 대목 '부지기군(不知其君), 시기소사(視其所使)'는 인재와 리더의 함수관계를 지적하는 명언이다. 리더에 대한 평가가 그와 함께 일하는 인재에 의해 결정된다는 의미이다. 해당 대목을 원문과 함께 소개해둔다.

"그 자식을 모르겠거든 그 아비를 보고, 그 사람을 모르겠거든 그 벗을 보고, 그 군주를 모르겠거든 그가 기용하는 사람을 보라."

"부지기자(不知其子), 시기부(視其父) ; 부지기인(不知其人), 시기우(視其友) ; 부지기군(不知其君), 시기소사(視其所使)."

장석지에 관해서는 '결말(結袜)' 항목을 참고하면 된다.

부지불의(不知不疑)

모르면 의심하지 않다.
– 권43 〈조세가〉

전국시대 조나라의 개혁 군주 무령왕은 '오랑캐 옷을 입고 말을 타고 활을 쏘는' '호복기사(胡服騎射)'로 상징되는 강력한 개혁으로 조나라를 일약 강대국으로 끌어올렸다.('호복기사' 항목 참고) 무령왕의 개혁은 많은 사람, 특히 기득권 세력의 강력한 반대에 부딪쳤다. 무령왕은 이런 반대 세력을 대표하는 숙부 공자 성(成)을 끈질기게 설득하여 개혁에 박차를 가했다.('이서어자부진마지정' 항목 참고)

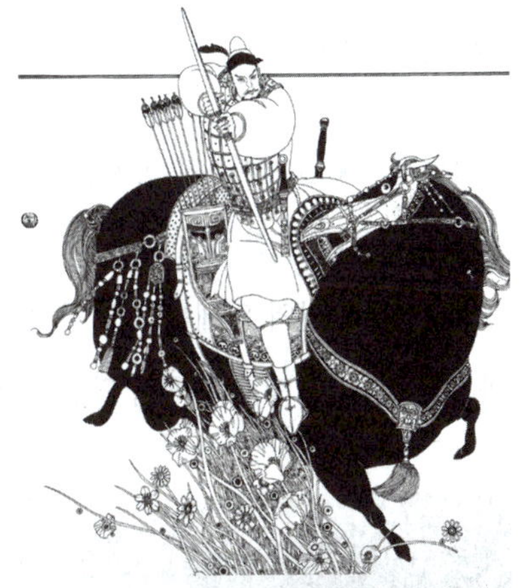

'호복기사'로 상징되는 조 무령왕의 모습을 그린 그림이다.

무령왕이 공자 성을 설득하는 다음 대목은 개혁의 당위성과 필요성을 잘 보여주는 장면인데, '부지불의'라는 성어가 여기서 나왔다.

"학자는 같은 스승에게서 배우지만 습속은 다릅니다. 중국은 예의는 같지만 교화는 다 다릅니다. 하물며 산속의 편리함이야 오죽하겠습니까. 따라서 거취의 변화는 아무리 지혜로운 자라도 한 가지만을 강구할 수는 없습니다. 지역마다 다른 복장을 성현이라도 일치시킬 수 없는 것입니다. 구석진 곳일수록 이상한 것이 많고, 왜곡된 학문일수록 궤변이 많습니다. **모르면 의심하지 않고,** 자기와 달라도 비난하지 않아야 공정하고 가장 좋은 것을 추구할 수 있습니다. 지금 숙부께서는 습속 그 자체를 말씀하신 것이고, 저는 습속을 만드는 이치를 말한 것입니다."

키워드 : 차이, 의심

부진일등(不盡一等)

마지막 한 계단을 오르지 않다.

– 권47 〈공자세가〉

기원전 500년, 51세의 공자는 노나라 사법을 책임진 대사구(大司寇)의 신분으로 강대국 제나라와 협곡(夾谷)에서 회맹을 가졌다. 이 자리에서 제나라 경공(景公, ?~기원전 490)은 자신의 위세를 과시하기 위해 담당관에게 미리 오랑캐의 음악을 연주하게 지시했다. 회맹 자리에서 담당관이 음악 연주를 청하자 깃발·활·창·검·방패 따위를 든 무리가 북을 치고 고함을 지르며 달려 나왔다.

이를 본 공자는 잰걸음으로 다가가 단을 한 계단씩 올라 **마지막 계단은 오르지 않은** 채 소매를 휘두르며, "우리 두 국군께서 좋게 만나셨는데 어찌 이곳에 오랑캐 음악이란 말인가? 담당관에게 명령을 내리십시오!"라고 했다. 담당관이 물

제나라 경공은 춘추시대 제나라의 군주로 명재상의 안영의 보좌를 받으며, 강국으로서 제나라의 위신을 지켜냈다는 평가를 받는다. 사진은 경공 시기 제나라 마차갱 유지의 모습이다.(2010년)

러가게 했으나 가지 않자 (공자는) 좌우로 안자(晏子)와 경공을 훑어보았다. 경공은 부끄러운 마음이 들어 손을 저어 물러가게 했다.

얼마 뒤 제나라 담당관이 다시 빠른 걸음으로 다가와 궁중 음악을 연주하길 청했다. 경공이 허락하자 광대며 난쟁이들이 재주를 부리며 앞으로 나왔다. 공자가 다시 잰걸음으로 다가가 한 계단씩 올라 **마지막 계단은 오르지 않은** 채, "소인들로서 제후를 현혹하는 자는 그 죄가 죽음뿐이다! 담당관에게 명하십시오!"라고 했다. 담당관이 법에 따라 허리를 잘랐다.

경공은 두려우면서도 감탄했다. 귀국한 경공은 침범했던 노나라의 운(鄆)·문양(汶陽)·구음(龜陰)의 땅을 돌려주는 것으로 잘못을 사죄했다.

공자가 회맹을 위해 마련한 단의 세 계단 중 마지막 계단을 오르지 않고 제나라의 무례함을 꾸짖으며 막은 행동은 **부진일등**이란 네 글자로 요약되어 결연한 의지를 비유하는 성어가 되었다.

키워드 : 상황, 결연(決然), 의지

부현사지처세야(夫賢士之處世也), 비약추지처낭중(譬若錐之處囊中), 기말입견(其末立見)

무릇 유능한 인재의 처세는 마치 송곳이 자루 속에 있는 것 같아 그 끝이 쉽게 드러난다.

– 권76 〈평원군우경열전〉

전국시대 4공자의 한 사람이었던 조나라의 평원군(平原君, ?~기원전 251)은 다양한 인재들을 우대했다. 이 때문에 그의 집에 기거하는 식객이 수천 명에 이르렀다. 진나라가 조나라를 공격하자 왕은 평원군을 초나라로 보내 구원을 요청하도록 했다. 평원군은 식객들 중 용기 있고 문무를 겸비한 20명을 수행원으로 삼고자 했다. 19명은 어렵사리 뽑았으나 나머지 한 명을 채우기가 쉽지 않았다. 그때 모수(毛遂)라는 자가 스스로를 추천하며 평원군을 수행하겠다고 했다. 평원군은 3년 동안 자신의 식객으로 있으면서 별 다른 능력을 보지 못했다면서 다음과 같은 말로 모수의 능력에 의문을 제기했다.

"무릇 유능한 인재의 처세는 마치 송곳이 자루 속에 있는 것 같아 그 끝이 쉽게 드러나는 법이오."

'모수는 자기 스스로를 추천하며' 끝내 평원군을 설득했고, 평원군을 수행하여 결정적인 공을 세운다. 이 대목에서 '자루(주머니) 속의 송곳'이란 뜻으로 뛰어난 재능을 가진 인재는 자루에 든 송곳처럼 바로 삐져나오기 마련이라는 '낭중지추(囊中之錐)'의 사자성어가 나왔다. 또 '자기를 자기가 추천한다'는 뜻의 성어인 '모수자천(毛遂自薦)'도 여기에서 나왔다.

인재는 쉽사리 눈에 띄는 법이다. '닭 무리 속의 학 한 마리'라는 뜻의 '군계일학(群鷄一鶴)'이라는 성어도 있지 않은가? 요즈음 흔히 하는 말로 튀기 마련이다. 그러나 튀는 인재도 있지만 진흙 속에 파묻혀 때가 오기를 기다리는 보배도 있다. 튀는 인재를 잘 보살피고 격려하는 정책 못지않게, 숨어 있는 인재가 세상의 빛을 볼 수 있도록 배려하는 인재 발굴정책도 중요하다. 천재와 대기만성의 인재가 공존하는 세상이 좋은 세상이다.('낭중지추', '모수자천' 항목 참고) 참고로 '군계일학'은 '학립계군(鶴立鷄群)', '계군일학(鷄群一鶴)'이라고도 쓰며, 출처는 《진서(晉書)》〈혜소전(嵇紹傳)〉과 《세설신어(世說新語)》〈용지(容止)〉 편이다.

'군계일학'의 주인공인 혜소(嵇紹, 253~304)의 초상화이다.

키워드 : 인재, 발군(拔群)

부형(腐刑)

궁형의 다른 이름.
– 〈보임안서〉

부형은 궁형의 다른 이름이다. 생식기를 자르고 나면 며칠 이내 상처에서 살이 썩는 냄새가 나기 때문에 이런 이름이 생겼다. 자세한 내용은 '궁형'과 '잠실' 항목을 참고하면 된다.

키워드 : 형벌, 극형, 궁형

부형지교불선(父兄之敎不先), 자제지솔불근(子弟之率不謹)

부형의 가르침이 앞서지 않으면, 자제의 행동이 신중치 못하게 된다.
– 권117 〈사마상여열전〉

한 무제가 서남이 지역을 다스리는 과정에서 그들을 교화하기 위해 사마상여에게 짓게 한 격문 중에 나오는 한 구절로 '과염선치' 항목에서 소개한 바 있다. 해당 항목을 참고하면 된다.

키워드 : 교육, 솔선수범

부형청죄(負荊請罪)

가시나무를 짊어지고 죄를 청하다.
– 권81 〈염파인상여열전〉

  전국시대 조나라의 장수 염파는 인상여의 진의를 제대로 알지 못하고 인상여를 욕하며 시기하고 질투했다. 그러다 인상여가 나라를 위해 일부러 피한다는 사실을 알고는 부끄러워 어쩔 줄 몰라 하며 웃통을 벗고 **가시나무를 짊어진 채** (인상여를 찾아가) **잘못을 빌었다.** 그렇게 해서 두 사람은 서로를 위해 목숨을 내놓을 수 있는 우정, 즉 문경지교(刎頸之交)의 사이가 되었다.('문경지교' 항목 참고)

  부형청죄는 자신의 잘못을 인정하고 사과(謝過)하는 가장 진솔하고 확실한 행동을 나타내는 성어이다. 사과에도 정석이 있다고 한다. 일반적으로 '사과의 4원칙'을 말한다. 첫째, 무엇을 잘못했는지 구체적 내용을 분명히 밝힌다.(내용) 둘째, 사과의 태도는 진심에서 우러나야 한다.(진정성) 셋째, 사과는 빨라야 한다.(시기) 넷째, 두 번 다시 같은 실수나 잘못을 하지 않을 것임을 확실히 해야 한다.(개선)

염파의 진심에서 나온 '부형청죄'를 그린 그림이다.(2010년)

키워드 : 관계, 오해, 사과, 진심

북면칭신(北面稱臣)

북쪽을 향하여 신하를 칭하다.

– 권97 〈역생육고열전〉

고대에 군주는 남쪽을 향해 앉고, 신하가 군주를 만날 때는 군주가 있는 북쪽을 향하는 것이 관례였다. 여기서 **북면칭신**이란 성어가 나왔다. 즉, **신하로 복종한다**는 뜻이다. 그러나 오늘날 이 성어는 어떤 방면에서 누군가를 따르지 못해 기꺼이 자신의

남월은 지금의 광동성 광주시(廣州市)를 거점으로 한 이민족 정권이었다. 사진은 남월왕묘 박물관에 발굴 전시되어 있는 남월 문왕(文王)의 무덤 구조이다.(2006년)

부족함이나 패배를 인정한다는 뜻으로 사용한다. 출처는 육고(陸賈)가 한나라 조정에 복종하지 않는 남월왕(南越王) 위타(尉他)를 찾아가 설득하는 과정에서 나온 〈역생육고열전〉의 다음 대목이다.

"귀하께서는 마땅히 교외에 나와서 사신을 영접하고 **북면(北面)하여 신하됨을 고해야** 할 터인데도 이제 막 들어서서 아직 안정되지 못한 남월을 믿고 이처럼 강경하게 나오십니다. 한나라 조정에서 이런 사실을 안다면 귀하 선조의 묘를 파내어 불태우고, 귀하의 종족을 모두 없앨 것이며, 부장 한 사람에게 10만의 군대를 이끌게 해 월나라를 공격하게 할 것입니다. 그렇게 되면 월나라 사람들이 귀하를 죽여서 한나라에 항복할 것이니, 이는 손을 뒤집는 것처럼 쉬운 일입니다."

이렇게 '북면'은 신하의 위치를 가리키는데, 그 출처는 《주례(周禮)》〈하관(夏官)〉이

고, 《사기》에는 권4 〈주본기〉에도 보인다.

키워드 : 관계, 군신, 위치

북비지음(北鄙之音)

퇴폐적이고 저속한 음악.
− 권24 〈악서〉

　퇴폐적이고 속된 음악을 뜻하는 **북비지음**이란 성어는 '북비지악(北鄙之樂)', 또는 '북비지성(北鄙之聲)'이라고도 한다. 사마천은 이와 관련하여, "옛날에 순(舜)임금은 다섯줄의 금(琴)을 타며 '남풍(南風)'이란 시를 노래해서 천하를 다스렸고, 주(紂)임금은 **퇴폐적이고 저속한 음악**에 빠져 나라와 자기 몸을 망쳤다"라고 말하고 있다.

　공자는 일찍이 시(詩) 300편을 한마디로 압축하여 표현한다면 '사무사(思無邪)', 즉 생각에 사악함이 없는 것이라 했다. 옛날 시는 노래였고, 음악과 어우러지는 것이었다. 음악에 사악한 기운이 없다는 말이다.

　나라의 전반적인 기운과 풍조를 가늠하는 중요한 요소 가운데 하나가 음악이라고 한다. 기운이 힘차고 풍조가 건전하다면 그 나라의 음악 또한 씩씩하고 서정적이어서 듣는 사람의 마음을 편하게 해준다. 반면에 그 나라의 기운이 쇠퇴하고 풍조가 퇴폐적이라면 음악은 듣는 사람의 마음을 혼란스럽게 만든다. 음악의 사회적 기능을 함축적으로 지적한 성어다.

사진은 실크로드의 오아시스 도시 돈황(燉煌)의 막고굴(莫高窟) 벽화를 근거로 삼아 돌로 조성한 비파를 등 뒤로 돌려 연주하는 서역의 무희 석상이다.(2005년)

키워드 : 음악, 사회, 기능

북주호(北走胡), 남주월(南走越)

북으로는 호로 도망가고, 남으로는 월로 도망간다.
– 권100 〈계포난포열전〉

북주호, 남주월은 재능 있는 사람이 등용되지 못하고 다른 나라로 도망가 몸을 맡기는 것을 비유하는 재미난 성어이다. 초나라 출신 계포(季布)는 항적(項籍, 항우) 밑에서 장수로 있으면서 한왕 유방을 여러 번 괴롭혔다. 항우를 꺾고 황제가 된 유방은 계포를 잡아들이라면서 현상금을 걸었다. 계포는 주가(朱家)의 집에 숨어 있었는데, 주가가 여음후(汝陰侯) 등공(滕公)을 만나 계포의 됨됨이를 일러주어 유방으로 하여금 계포에 대한 체포령을 철회하도록 했다. 바로 이 대목에서 주가는 "천하를 얻고 난 다음 천자가 사사로운 원한 때문에 인재를 잡으려 든다면, 인재들은 **북으로는 호, 남으로는 초나라로 다 달아나고 말 것**"이라고 말했다. 여기서 '북주호, 남주월'이란 명구가 비롯되었다.

진정으로 인재를 필요로 한다면 지난날의 잘잘못을 따지지 않는 대범한 포용력이 필요하다. 제나라 환공이 자신을 죽이려 한 관중을 기꺼이 기용했듯이. 물론 옥과 돌을 가릴 줄 아는 눈과, 파렴치한 죄를 범한 자는 아무리 재능이 뛰어나도 내칠 줄 아는 원칙은 가지고 있어야 한다.

키워드 : 인재, 유출, 포용

분불고신(奮不顧身)

자신의 몸을 돌보지 않고 분발하다.
– 〈보임안서〉

　사마천은 흉노에 항복한 이릉을 변호하고 나섰다가 큰 화를 입었다.('이릉지화' 항목 참고) 사마천이 기꺼이 이릉을 변호한 까닭은 그의 됨됨이에 대한 확신이 있었기 때문이다. 〈보임안서〉에서 사마천은 자신이 평소 관찰한 이릉에 대해 이렇게 말했다.

　"제가 그 사람됨을 살펴보니 스스로를 지킬 줄 아는 지조 있는 선비였습니다. (중략) 또 **자신의 몸을 돌보지 않고 분발하여** 나라의 위급함에 몸을 바칠 생각을 늘 하고 있었습니다. 그가 평소 쌓아 둔 바를 보면, 나라의 큰 선비로서의 기풍이 있다고 저는 생각하였습니다."

　사마천이 말한 '자신의 몸을 돌보지 않고 분발한다'는 대목에서 **분불고신**이란 성어가 나와 자신의 목숨조차 아끼지 않고 떨치고 일어나 나아가는 모습을 비유하게 되었다. 비슷한 뜻의 성어로는 '의로운 일에는 뒤돌아보지 않는다'는 뜻의 '의무반고(義無反顧)' 등이 있다. '의무반고'는 〈사마상여열전〉이 그 출처이다.

키워드 : 인성, 분발, 희생

분서갱유(焚書坑儒)

책을 불사르고 유생(방사)을 땅에 파묻다.

– 권6 〈진시황본기〉

악명 높은 **분서갱유**는 진시황이 이사의 건의를 받아들여 실행한 무자비한 언론탄압 정책과 유학자(?)들을 박해한 사건을 일컫는 성어이다. 〈진시황본기〉에는 책을 불태우게 한 '분서'와 그를 어겼을 때 내린 가혹한 형벌에 관한 내용만 있을 뿐 유생, 주로 진시황을 속인 방사들을 산 채로 매장한 '갱유' 부분은 따로 보인다. '분서갱유'가 함께 나타난 것은 사마천보다 조금 먼저 태어난 한나라 초기의 학자 공안국(孔安國, 생졸 미상)의 《상서(尚書)》 '서문'이 처음이다. 사마천은 이 공안국의 기록을 보았을 수도 있다. 참고로 '분서'는 기원전 213년 진시황 34년에 있었고, '갱유'는 그 이듬해인 기원전 212년에 있었다.

역사상 진시황의 언론통제와 사상탄압 정책은 사상유례가 없을 정도로 무자비했던 것으로 알려지고 있다. 그중에서도 사상 **서적을 압수해 불태우고 유생이 일부 포함된 방사들을 산 채로 파묻은** '분서갱유(焚書坑儒)'가 가장 악명 높았다고 한다. 각국의 역사서, 민간에 개인적으로 보관해 오던 책과 제자백가의 저작들은 모두 압수되어 재로 변했다. 당시 분서를 면한 책은 주로 "백성들에게 꼭 필요한 의약서·점복서·농업에 관한 책과 진(秦)나라 역사서" 뿐이었다.

진시황의 이런 강압정책은 격렬한 저항에 부딪쳤다. 진시황은 유가에서 주장하는 복고주의 이론이 '백성을 홀리는 사악한 주장'이라 생각하여, 이런 주장을 펼치는 사람도 반동으로 몰아 박해를 가했다. 진시황의 언론통제는 당시로서는 어쩔

진시황의 '분서갱유'는 지독한 사상 탄압이 분명했지만 훗날 유학자들이 부풀린 측면도 없지 않다. 특히 '갱유'의 대상은 대부분 진시황을 속여 엄청난 돈과 재물을 갈취한 방사들이었기 때문이다. 사진은 유생들(실제로는 방사들)을 파묻었다고 전하는 갱유곡에 세워져 있는 비석이다.(2009년)

수 없는 조치였다고 평가하는 사람도 있지만, 언론통제는 진의 국가체제를 전혀 탄력성 없는 것으로 만들었고, 끝내는 진을 무너뜨리는 중요한 원인의 하나가 되었다.

언론통제는 우리에게도 결코 낯설지 않은 말이다. 언론통제는 유언비어를 난무하게 만들고, 결국은 사회혼란을 초래하는 원인이 된다. 말과 글이 통하지 않는 세상은 삭막한 세상이며, 말과 글이 막힌 세상은 암흑이다. 말과 글이 통하지 않으면 사람들은 주먹을 들며, 말과 글이 막히면 사람들은 말과 글 대신 흉기를 잡는다. 어느 쪽이나 분노에 찬 눈빛은 같다.('우어기시偶語棄市' 항목 참고)

키워드 : 통치, 언론, 사상, 탄압

분섬지중(分陝之重)

섬 지역을 나누어 다스리는 중책.
– 권34 〈연소공세가〉

주나라를 건국한 무왕(武王)이 죽고(기원전 약 1043년), 성왕(成王)이 즉위한 다음 연나라를 봉지를 받은 소공(召公)은 삼공(三公)의 한 사람이 되어 섬(陝, 오늘날 섬서성 동쪽 일대) 지역을 나누어 서쪽은 소공이, 동쪽은 주공(周公)이 다스리게 되었다. 훗날 도연명(陶淵明, 약 356~427)은 《진고정서대장군장사맹부군전(晋故征西大將軍長史孟府君傳)》이란 글에서 이 사실에 근거하여 **분섬지중**이란 표현을 썼고, 이것이 사자성어가 되었다. 조정에서 비중 있는 신하에게 중요한 지역을 맡긴다는 뜻이다.

키워드 : 통치, 중신(重臣), 중책

분아일배갱(分我一杯羹)

내게도 죽 한 그릇 나눠다오!
– 권7 〈항우본기〉

　기원전 206년, 한신의 계책으로 한중을 나온 유방은 항우와 본격적으로 천하 패권을 다투기 시작했다.('명수잔도, 암도진창' 항목 참고) 승승장구하던 유방은 팽성(彭城)에서 몸과 마음이 풀어져 술에 빠졌다. 항우의 공격으로 유방 진영은 거의 전멸 위기에 몰렸다가 간신히 몸만 빠져나온다.('기신광초' 항목 참고) 이 와중에 유방은 아버지를 비롯하여 아내 여치(呂雉)와 서로 헤어졌고, 이들은 항우의 포로가 되었다.

　당시 유방은 항우 군사에게 쫓겨 도망하는 중에 말이 잘 달리지 못하자 아들 유영(훗날 혜제)과 딸(노원공주)을 세 차례나 마차에서 밀어내 떨어뜨렸다고 한다. 등공(滕公, 하후영)이 이들을 구하기는 했지만, 마차가 무거워 잘 달리지 못한다고 자식마저 밀어낸 유방의 잔인함에 놀라움을 금할 수 없는 대목이다.

　유방의 냉혹함은 여기에서 그치지 않는다. 유방과 손잡은 팽월(彭越)이 조나라의 군량을 탈취하여 항우의 심기를 건드리자, 항우는 유방의 아버지를 높은 도마 위에 올려놓고 삶아 죽이겠노라 유방을 협박한다. 유방은 태연하게 다 삶거든 자기한테도 한 그릇 나눠 달라고 능청 아닌 능청을 떨었다. 다 삶거든 **내게도 죽 한 그릇 나눠다오**라는 뜻의 **분아일배갱**이란 성어는 여기에서 나왔다.

　사마천은 유방의 일생을 기록한 〈고조본기〉 첫머리에서 고조는 "사람이 어질어 다른 사람을 사랑하고 남에게 베풀기를 좋아했으며, 탁 트인 마음에 한없이 넓은 도량을 갖고 있었다"라고 칭찬하고 있다. 다른 기록

항우는 포로로 잡은 유방의 아버지 태공을 삶아 죽이겠다며 유방을 협박했으나 유방은 눈 하나 깜짝하지 않고 다 삶으면 한 그릇 보내라며 능청을 떨었다. 항우는 결국 태공을 죽이지 못했다. 그 장면을 그린 기록화이다.(2007년)

을 참조하여 인용한 대목인지 어쩐지는 몰라도 태연자약하게 자기 아버지를 삶은 인육탕을 한 그릇 나눠 달라는 자식으로서 유방의 모습과는 결코 어울릴 수 없는 말이다. 게다가 자식마저 수레에서 밀어낼 정도로 잔혹한 아비로서의 유방을 생각하노라면 〈고조본기〉 앞부분의 기록은 왠지 어색하다. 물론 사마천은 이런 유방의 이중적 모습을 감추지 않고 있는 그대로 기록으로 남겼다.

인자함과 잔혹함을 동시에 갖추고 있어야만 진정한 영웅이 되는 것인가? 아니면 난세의 영웅들이 보편적으로 이런 인면수심(人面獸心)의 양면성을 갖추고 있는 것인가? 인간은 시대적 산물인가, 아니면 시대를 이끄는 주체인가? 천하의 대권을 향해 달려가고 있던 유방에게 가족은 거추장스러운 존재였던가? 그도 저도 아니면 누구라도 살아남아야 했기에 눈물을 머금고 내렸던 고육지책(苦肉之策)이었던가?

사마천은 유방의 두 얼굴을 〈고조본기〉와 유방의 라이벌이었던 〈항우본기〉에 나누어 기록함으로써 많은 생각을 하게 만든다. 유방이 처했던 상황이 그대로 우리에게 닥친다면 우리는 과연 어떻게 행동할까? '분아일배갱'은 사자성어로 '분아배갱(分我杯羹)' 또는 '일배갱(一杯羹)'으로 쓰기도 한다.

키워드 : 상황, 대처, 태연

분정항례(分庭抗禮)

뜰을 사이에 두고 대등하게 예를 나누다.
- 권129 〈화식열전〉

만년에 고향 곡부로 돌아와 교육사업에 헌신한 공자의 문하에는 많았을 때는 3천 명이 몰렸다고 한다. 그중 수제자만도 70여 명에 이르렀다. 이들 중 가장 특별한 존재를 들라면 자공(子貢, 기원전 520~?)을 꼽겠다. 공자의 제자들 중 유일한 상인 출신이었기 때문이다. 게다가 거상이었다. 공자는 이런 자공의 후원을 받아 천하를 주유할 수 있었다.

공자의 언행록인 《논어(論語)》에 보면 상인 자공의 면모를 잘 보여주는 대목들이 있는데, 다음 대목이 가장 눈길을 끈다. 이 대목은 공자가 자공에게 "너도 미워하는 것이 있나?"고 묻자 자공이 한 대답이다.

"남의 생각을 훔쳐서 자신의 지혜로 삼는 자를 미워하며, 불손함을 용기라고 생각하는 자를 미워하며, 남의 비밀을 들추어내며 그것을 정직이라고 생각하는 자를 미워합니다."

첫 부분을 오늘날 관점에서 해석하자면, 자공은 남의 아이디어를 훔치는 것을 미워했다는 것이다. 그리고 정당하고 정직하게 사업에 임했음도 알 수 있다. 또 〈중니제자열전〉에는 사업가 자공의 치부법을 이렇게 소개하고 있다.

"자공은 시세를 보아 물건을 사고 팔아 이익 챙기는 것을 좋아했기 때문에 때를 봐가며 그때그때 재물을 굴렸다."

사업가 자공은 알아주는 거상이자 거부였다. 이 때문에 각국 군왕들과도 관계가 깊었는데, 이들을 만날 때는 궁정 **뜰을 사이에 두고 대등하게 예를 나눌** 정도였다. 월나라 왕 구천은 자공의 방문을 앞두고 길을 쓸게 하고 자신이 직접 나가 수레를 몰아 숙소로 모셨을 정도였다. 이런 위상 때문에 자공은 외교가로도 크게 활약했다.

자공은 큰 상인으로 각국을 다니며 사업을 하는 한편 외교

스승 공자의 무덤 옆에 여막을 치고 6년 상을 지내는 자공과 제자들을 그린 그림이다.(왼쪽 위 여막 안에 있는 제자가 자공)

가 역할도 훌륭히 해냈다. 상인으로서 그는 창의성을 존중했고, 자신의 재력으로 스승 공자를 앞뒤로 모시면서 평생 후원했다. 공자가 세상을 뜨자 혼자만 6년 상을 지내며 유가 학파가 당대 최고의 학파로 자리 잡는데 결정적인 역할을 해냈다. 또 이 6년 사이에 유가의 제1 경전이자 스승 공자와 제자들의 언행록인 《논어》 편찬을 주도했던 것으로 보인다.

실제로 《논어》에는 공자와 자공의 대화가 다른 제자들에 비해 가장 많은 70차례 이상 기록되어 있다. 사업가 자공이 실천한 노블레스 오블리주는 그가 각국의 군왕들과 대등한 예를 나눌 수 있었던 것이 결코 우연이나 과장이 아니었음을 여실히 입증하고 있다.

키워드 : 자공, 거상, 우대

불

불가동년이어(不可同年而語)

함께 거론할 수 없다.
– 권6 〈진시황본기〉

불가동년이어는 〈진시황본기〉에 인용된 가의의 명문장 〈과진론〉의 한 대목이다. 기원전 210년 진시황이 죽자 전국 각지에서 옛 전국시대 제후국들이 잇따라 봉기했다. 그 물꼬를 튼 사람이 진승(진섭)이었다.

당시 산동의 나라들과 진승의 땅 크기를 비교하고 권력을 헤아려 본다면 **함께 거론할 수 없을** 정도로 진승의 세력은 보잘것없었다. 하지만 진나라를 무너뜨리는 결정적인 역할을 한 사람이 바로 진승이었다. 가의는 이 점을 지적하면서 진섭의 역할을 이렇게 말했다.

"한낱 평범한 사내(진승) 하나가 난을 일으키자 황제의 종묘가 무너지고 남의 손에 죽임을 당하여 비웃음거리가 되었으니 어찌 된 일인가? 인의를 베풀지 않은 데다 '공격할 때와 지킬 때의 형세가 다르기(공수지세이야攻守之勢異也)' 때문이다."

'불가동년이어'는 서로 차이가 너무 많이 나서 함께 이야기할 수 없다는 뜻이다. 같은 뜻으로 좀더 강조하기 위해 '불가동일이어(不可同日而語)'로도 쓴다.('취수부동술' 항목 참고)

가의와 사마천은 중국 역사상 최초의 농민봉기를 이끈 진승의 역사적 역할을 매우 높게 평가했다. 그림은 진승의 봉기 현장을 탐방한 젊은 사마천의 모습을 그린 기록화이다.

키워드 : 상황, 비교, 차이

불가승계(不可勝計)

수를 헤아릴 수 없다.
– 권7 〈항우본기〉 ; 권92 〈회음후열전〉 ; 권112 〈평진후주보열전〉

불가승계는 너무 많아 **수를 헤아릴 수 없다**는 뜻으로 '불가승수(不可勝數)'로도 쓴다. '불가승계'의 출처는 《전국책》〈한책〉(1)이다. 옛 기록에는 대개 사망자 수가 많을 경우에 많이 쓰이고 있다.

키워드 : 계산, 다수

불가승도(不可勝道)

차마 말로 다 못한다.
– 권58 〈양효왕세가〉

이 성어는 차마 '그 수를 다 헤아릴 수 없을 만큼 많다'는 뜻의 '불가승수(不可勝數)'와 짝을 이룬다. '불가승수'는 《묵자(墨子)》에 그 예가 보인다. ('불가승계' 항목 참고)

'불가승도'라는 이 성어는 한나라 문제(文帝, 기원전 202~기원전 157)의 둘째 아들이었던 양(梁) 효왕(孝王)과 관련이 있다. 효왕의 어머니 두(竇)태후가 유별나게 효왕을 사랑했다. 기록에는 "양 효왕은 두태후의 작은아들로 매우 총애를 받았으며, 하사받은 재물이 **이루 말할 수 없을** 정도로 많았다"고 했다.

두태후는 효왕이 정치적으로 곤경에 처할 때마다 단식농성으로 큰아들 경제(景帝)에게 시위하여 작은아들 효왕을 구했으며, 효왕도 어려운 일이 있으면 수시로 어머니 두태후에게 도움을 요청했다. 효왕은 효성이 지극하여 어머니가 병이 났다는 소식을 들으면 먹는 것도 자는 것도 잊은 채 걱정을 했다고 한다. 그 어머니에 그 아들이었다.

부모가 자식을 차별 없이 사랑한다는 것을 비유해서 '열 손가락 깨물어 안 아픈 손가락 없다'는 우리 속담이 있다. 틀린 말은 아닌 것 같지만, 자식 중에서도 유난히 애정이 더 가는 자식이 있는 것도 인지상정(人之常情)인 것 같다. 지나친 사랑과 과잉보호는 자식의 장래를 망친다는 말도 있다. 효왕과 두태후의 관계는 흡사 아득한 옛날 지나친 모정과 마마보이의 전형을 보는 것 같아 흥미롭다.

효왕은 나이 40을 전후해서 열병에 걸려 어머니보다 먼저 세상을 떠났다. 이 소식을 들은 두태후는 통곡하며 비탄에 잠겨 먹지도 못했다고 한다. 그 슬픔을 어찌 '이루 말로 다 할 수 있었겠는가(불가승도不可勝道)?' '불가승도'는 '불가승언(不可勝言)'과 같은 뜻이다. '불가승언'은 권123 〈대완열전〉에 보인다.

키워드 : 감정, 극심

불강기지(不降其志), 불욕기신(不辱其身)

자신의 뜻을 낮추지 않고, 자신의 몸을 욕되게 하지 않다.

— 권47 〈공자세가〉

〈공자세가〉는 공자의 전기다. 여기에는 《논어》의 기록 외에 공자의 말씀도 적지 않아 사료로서의 가치가 크다. 그중에 공자가 말년에 가장 아끼던 제자 안연이 먼저 세상을 떠나자 자신의 죽음을 예감하며 남긴 탄식을 비롯한 여러 감회도 남아 있다.

안연이 죽자 공자는 "하늘이 내 목숨을 원하는구나!"라고 탄식했다. 또 서쪽 사냥에서 때아닌 기린(麒麟)이 잡히자 "나의 길도 이제 다 했구나"라며, "나를 알아주지 않는구나!"라고 탄식했다.('획린' 항목 참고) 자공이 그 까닭을 묻자 "하늘을 원망하지 않고, 사람도 원망하지 않으면서 아래로부터 배워서 위로 통달했으니 하늘만이 나를 알아주지 않겠느냐?"라고 했다. 그러면서 공자는 역대 현자나 은자들을 거론하며 논평했는데, 백이와 숙제에 대해 이렇게 말했다.

"자신의 뜻을 낮추지 않고, 자신의 몸을 욕되게 하지 않았으니 백이와 숙제가 아니겠는가!"

그런 다음 "나는 그들과 달라서 '굳이 되는 것도 안 되는 것도 없다(무가무불가無可無不可)'"라고 하더니 다시 "아니다, 아니다! 군자는 세상에서 사라진 뒤 이름이 거론되지 않을 것을 걱정한다. 나의 길이 행해지지 못했으니 내가 무엇으로 후세에 나를 보여줄 것인가?"라고 말한 다음, 《춘추》를 편찬하는 일에 몰두했다.

불강기지(不降其志), 불욕기신(不辱其身)은 백이와 숙제 형제의 지조에 대한 표현으로 《논어》 제18장 〈미자〉 편에 보인다. 부조리한 현실과 타협하지 않는 은자의 고결한 지조, 확고한 신념을 뜻한다.

키워드 : 성품, 지조, 신념, 불굴

불경지담(不經之談)

일반적인 도리나 이치에 맞지 않는 말.
– 권74 〈맹자순경열전〉

〈맹자순경열전〉은 맹자와 순자를 비롯하여 추연·순우곤·신도 등 여러 사람의 합전이다. 그중 추연의 주장과 사상에 대해 사마천은 "그 말들이 멀고 크고 종잡을 수 없어서 **일반적인 도리에 맞지 않으나**(불경不經), 먼저 작은 사물을 검증하고 난 다음, 그것을 추론해 확대해나가 무한한 곳까지 이르렀다"고 평하고 있다.

이 대목에서 '불경'이란 단어가 나왔고, 여기에서 다시 **불경지담**이란 성어가 파생되었다. '경(經)'은 일반적인 도리나 이치 및 법칙을 가리킨다. '불경지담'은 이런 것에서 벗어난 황당무계(荒唐無稽)하고 근거가 없는 말이란 뜻으로 쓰이고 있다. '황당무계'의 출처는 청나라 말기인 1902년부터 1903년 사이 〈신소설(新小說)〉이란 잡지에 연재된 영남우의여사(嶺南羽衣女士)란 필명의 개혁소설 《동구여호걸(東歐女豪杰)》(제3회)로 알려져 있다. '영남우의여사'는 무술변법(戊戌變法)의 주역 강유위(康有爲, 1858~1927)의 수제자이자 소설가 나보(羅普, 1876~1949)의 필명으로 추정한다.

키워드 : 언어, 주장, 황당무계

불교이민종기화(不敎而民從其化)

가르치지 않아도 백성이 그 교화에 따르다.
– 권119 〈순리열전〉

사마천은 백성들을 위해 자신의 직분을 다한 유능하고 선량한 관리들을 〈순리열전〉에 배치했다. 관리들이 자신의 직책에 충실하고 세상 이치에 따라 일을 처리하면 백성과 나라에 도움이 된다면서, 순리의 긍정적인 작용을 이렇게 말했다.

"가르치지 않아도 백성이 그 교화에 따른다(불교이민종기화不教而民從其化). 가까이 있는 사람은 그 모습을 보고 본받을 것이며(근자시이효지近者視而效之), 멀리 있는 사람은 사방에서 그를 바라보며 따른다(원자사면망이법지遠者四面望而法之)."

위 대목은 초나라 장왕 때의 청백리 명재상 손숙오(孫叔敖)를 칭찬한 대목이다.('각득기소편' 항목 참고)

<hr>

키워드 : 순리(循吏), 교화

불궤우법(不軌于法)

법에 어긋나다.
— 권17 〈한흥이래제후왕연표〉

〈한흥이래제후왕연표〉는 기원전 202년 나라를 세운 이후 약 100년 동안의 한나라 역사에서 제후왕국의 발전상황을 6개 표로 정리한 연표다. 특히 분봉의 역사와 초기 분봉의 변화를 객관적으로 제시했다. 제거된 공신들에 대한 동정과 통치자들에 대한 비판적 입장을 풍자와 암시로 지적하고 있다. 바로 이어 나오는 〈고조공신후자연표〉와 함께 읽으면 한나라 초기 역사가 보다 잘 정리된다. 사마천은 논평을 통해 한나라 초기 100년 상황을 다음과 같이 언급하고 있다.

"한나라가 천하를 평정하고 100년 동안, 황실의 친척들은 서로 멀어져갔으며, 어떤 제후들은 교만하고 사치하여 간사한 신하의 말에 젖어들고 반란을 꾀하기도 하였다. 이들 중에는 크게는 반역을 일으키는 자도 있었고, 작게는 **국법을 무시하여 몸**

을 위태롭게 하고 나라를 잃는 자도 있었다."

위 대목 '국법을 무시하다'를 **불궤우법**이란 성어로 만들어 법을 어기거나 나라의
법도를 지키지 않고 범죄 행위를 저지르는 것을 나타낸다.

키워드 : 국법, 무시, 불법

불기이회(不期而會)

기약하지 않았는데 모이다.
- 권16 〈진초지제월표〉

기약하지 않았는데 우연히 만난 경우나, 약속하지 않았는데도 알아서 모인 경우
를 가리키는 성어가 **불기이회**다. 출전은 《곡량전(穀梁傳)》 은공(隱公) 8년조(기원전 715
년)이며, 《사기》에는 〈진초지제월표〉에서 주 무왕이 은 주왕을 치기 위해 나서자 약
속도 없이 800 제후가 알아서 모였다는 대목에 보인다.

키워드 : 기약, 모임

불능찬일구(不能贊一句)

단 한마디도 거들 수 없다.
- 권47 〈공자세가〉

흔히 좋은 문장을 보면 흠잡을 데가 없다고 한다. 또는 어디 한 글자 손댈 곳이 없
다고도 한다. 사마천은 〈공자세가〉에서 공자가 지은 《춘추(春秋)》의 문장을 두고 학

문과 문장이 뛰어난 자하(子夏) 같은 제자도 **단 한마디 거들 수 없을** 정도였다고 칭찬했다.

《춘추》는 천하를 떠돌며 자신의 사상을 펼쳐보려던 공자가 뜻을 이루지 못하고 고향인 곡부(曲阜)로 돌아와 제자들을 가르치다 죽기 얼마 전 노(魯)나라 연대기를 중심으로 춘추시대(기원전 722~기원전 481)

《춘추》는 기본적으로 노나라의 역사책이지만 이후 역사서 집필의 기본 정신과 자세에 큰 영향을 미쳤다. 《춘추》 판본이다.

여러 나라의 정치사 등을 정리한 역사책이다. 공자는 《춘추》를 지으면서 기록해야 할 것은 결단코 기록하고, 삭제할 것은 무슨 일이 있어도 삭제했다. 이렇게 '춘추필법(春秋筆法)'이라는 역사서술의 기본자세를 확립했다. 또 '칭찬할 것은 칭찬하고, 비판할 것은 비판한다'는 '포폄(褒貶)'의 원칙도 지켰다.

공자는 《춘추》에 상당한 애착을 가졌다. 제자들에게 춘추의 뜻을 전수한 뒤 "후세에 나를 알아주는 사람이 있다면 《춘추》 때문일 것이며, 나를 비난하는 사람이 있다면 그 역시 《춘추》 때문일 것이다"라고 말했을 정도다.

불능찬일구는 잘된 문장을 칭찬하는 말이지만, 때로는 자신의 능력이 모자라 의견을 제기하지 못하거나 별로 할 말이 없을 경우에 겸손의 말로 인용하기도 한다. 같은 뜻의 '불능찬일사(不能贊一辭)' 또는 한 글자를 더 줄여서 '불찬일사(不贊一詞)'로 쓰기도 한다.

키워드 : 문장, 완벽

세가 30권의 첫 권인 권31 〈오태백세가〉는 뛰어난 동생 계력과
그 아들 희창(주 문왕)이 자리를 물려받도록 하기 위해 강남 야만
족의 땅으로 피해 간 태백과 중옹 형제의 행적, 그들이 오나라
를 건립한 과정 및 멸망까지를 기록한 세가의 첫 편이다. 왕위
를 양보한 무사(無私)의 정신을 높이 평가한 사마천은 본기의 첫
편(요·순·우), 열전의 첫 편(백이·숙제), 그리고 세가 첫 편에 모두
에 '양위(讓位)' 고사를 의미심장하게 안배하고 있다. 사진은 오
나라의 시조 오태백의 사당과 무덤이 있는 유지에 조성된 오태
백 광장의 모습이다.(강소성 무석시(無錫市), 2014년)

불명일전(不名一錢)

돈이라 이름 붙일 수 있는 것은 단 한 푼도 없다.

— 권125 〈영행열전〉

'땡전 한 닢 없다'는 우리말이 있다. 궁한 처지나 상황을 극적으로 표현한 말이다. 이와 비슷한 뜻의 성어로 **불명일전**이란 표현이 《사기》에 보인다.

사마천은 《사기》 총 130편 중 70편을 인간 군상의 적나라한 모습을 사실적으로 묘사한 열전에 할애했는데, 그중에는 임금에게 아부하여 귀여움을 차지한 인물들의 행적을 모은 〈영행열전〉이 있다. '불명일전'이 이곳에 보인다.

황제의 놀이터에서 배를 잘 몰던 등통(鄧通)이란 자가 있었다. 어느 날 한나라 문제(文帝)는 하늘로 오르려고 무던 애를 쓰고 있던 차에 등 쪽이 터진 옷을 입고 있는 누런 모자의 사내가 등을 밀어주어 하늘에 오르는 꿈을 꾸었다. 꿈에서 깬 문제가 그 사내를 찾았는데 등통이라는 자였다. 문제는 그날부터 등통을 총애했고, 등통도 문제를 지극 정성으로 섬겼다. 문제의 종기까지 입으로 빨 정도였다.

그러던 어느 날 문제는 관상쟁이에게 등통의 관상을 보게 했더니 가난해서 굶어 죽을 팔자라고 했다. 문제는 당치도 않다면서 등통에게 촉(蜀) 지방의 동광(銅鑛)을 주어 스스로 돈을 주조할 수 있는 특전을 베풀었다. 이렇게 해서 이른바 등씨전(鄧氏錢, 또는 등통전)이란 악화(惡貨)가 전국에 통용되어 경제에 악영향을 주었다. 등통의 부는 당연히 극에 달했다.

태자(훗날 경제)는 이런 등통을 좋지 않게 생각했다. 얼마 뒤 문제가 죽고 태자가 즉위하니 등통은 화를 피하기 위해 직책을 버리고 집에 들어앉았다. 그러나 등통이 돈을 빼돌린다는 밀고가 사실로 확인되고, 등통의 가산은 전부 몰수되었다. 장(長)공주가 재정적으로 도와주었으나 그 즉시 몰수당해 비녀 하나 몸에 지닐 수 없게 되었다. 등통은 **돈이라 이름할 수 있는 것은 한 푼도 얻지 못하고** 남의 집에 빌붙어 살다가 죽었다.

노력해서 모으지 않은 부는 가치를 가지지 못한다. 이른바 졸부들의 행태를 보면 의미 없는 돈의 가치가 어떤 것인지 잘 알 수 있다. 등통의 생애는 여러 모로 뜻하는 바가 적지 않다. '돈을 버는 것이 기술이라면, 돈을 쓰는 것은 예술이다'라는 말이 있듯이 자기 힘으로 벌어 값어치 있게 써야 돈 값을 한다.

'불명일전'은 권107 〈위기무안후열전〉에 나오는 '불치일전(不直一錢)'을 비롯하여 '불치일전(不値一錢)', '일전부치(一錢不値)'와 같은 뜻이다.

키워드 : 무가치(無價値)

불모지지(不毛之地)

버려진 땅.
– 권42 〈정세가〉

일상에서 많이 쓰는 **불모의 땅 불모지지**는 척박하여 작물이 자랄 수 없는 땅을 가리키며, 때로는 **버려진 땅**을 일컫는다. 여기의 '모(毛)'는 작물이나 초목을 가리킨다. 출전은 《공양전(公羊傳)》 선공(宣公) 12년(기원전 597년) 조이다.

《사기》에서 '불모지지'는 〈정세가〉에 나온다. 기원전 597년, 초나라 장왕(莊王)이 정나라를 토벌하자 정나라는 도성을 내주고 투항했다. 이때 정나라 양공(襄公)이 투항의 변으로 "군왕께서 (주 왕실의) 여왕(厲王)·선왕(宣王)과 (저희) 환공(桓公)·무공(武公)을 잊지 않으셨다면, 불쌍해서라도 차마 그분들의 사직을 끊을 수 없을 것이니 **불모의 땅**이라도 내리시어 잘못을 고치고 다시 군왕을 섬기는 것, 그것이 이 몸의 소원이긴 합니다만 감히 그렇게 되리라고는 바라지 않겠습니다. 마음에 있는 말을 감히 털어놓았던 것이고, 그저 명을 받들 뿐입니다"라고 말한 대목에 보인다.

키워드 : 땅, 척박

불별친소(不別親疎), 불수귀천(不殊貴賤), 일단우법(一斷于法)

가깝고 먼 관계를 구분하지 않고, 귀하고 천하고를 구분하지 않으며, 오로지 법에 따라 단죄한다.
– 권130 〈태사공자서〉

사마천은 마지막 권인 〈태사공자서〉에 아버지 사마담의 논문인 〈논육가요지〉를 수록했다.('논육가요지' 항목 참고) 여기서 사마담은 법가 사상의 단점을 다음과 같이 지적했는데, 위는 그중 한 대목이다. 아래 구절과 함께 인용한다.

"법가는 **가깝고 먼 관계를 구분하지 않고, 귀하고 천하고를 구분하지 않는다. 오로지 법에 따라 단죄**하기 때문에 가까운 사람을 가깝게 대하고, 존귀한 사람을 존귀하게 대하는 감정이 단절된다. 한때의 계책은 될 수 있을지 몰라도 오래 사용할 수 없다."

이 때문에 법가는 역대로 너무 엄하고 각박하다는 평가를 받았다. 그러나 사마담이 말한 대로 상황과 필요에 따라, 특히 개혁의 시기에는 '한때의 계책'으로 오로지 법에 따라 시행해야 한다.

키워드 : 제자백가, 사마담, 법가, 단점

불봉공즉법삭(不奉公則法削), 법삭즉국약(法削則國弱)

공익과 법을 받들지 않으면 법이 힘을 못 쓰고, 법이 힘을 못 쓰면 나라의 힘이 약해진다.
– 권81 〈염파인상여열전〉

전국시대 조나라의 실력자 평원군에게 말단 세무관 조사(趙奢)가 지도층의 솔선수범을 강조하면서 한 명언이다. 그에 얽힌 일화는 이렇다.

세금을 거두는데 평원군의 집안에서 세금을 내려 하지 않아 조사는 법대로 다스려 평원군 집에서 일하는 자 아홉을 죽였다. 평원군이 노하여 조사를 죽이려 했다. 조사는 이렇게 말했다.

"군께서는 조나라의 귀한 공자이십니다. 지금 군의 집안이 **공익과 법을 받들지 않으면 법이 힘을 못 쓰고, 법이 힘을 못 쓰면 나라의 힘이 약해집니다.** 나라가 약해지면 제후들이 군대를 일으키고, 제후들이 군대를 일으키면 조나라는 없어질 터인데 군께서는 이 부를 어떻게 누리시렵니까? 귀하신 군께서 **공적인 일을 법처럼 받들면** 상하가 평안해지고, 상하가 평안해지면 나라가 강해지며, 나라가 강해지면 조나라는 튼튼해질 터이니 군과 같은 귀한 공실의 인척을 천하가 어찌 깔보겠습니까?"

조사의 따끔한 일침을 평원군은 흔쾌히 받아들이는 한편, 그를 왕에게 추천했다. 왕은 조사에게 나라 세금의 일을 맡겼다. 그 뒤 나라의 세금이 공평해지니 백성은 부유해지고 국고는 충실해졌다.

조사는 권세를 가진 지배층이 앞장서서 법을 지키고 공익을 우선해야지만 나라가 제대로 설 수 있다고 지적했다.('봉공수법' 항목 참고) 조사는 그 뒤 무장으로서도 큰 공을 세웠다. 〈염파인상여열전〉은 조사는 물론 앞부분 염파와 인상여 행적에서도 '선공후사(先公後私)'의 정신이 강조되고 있어 이것이 전편의 주제인 것으로 보인다. 사마천이 특별히 이 점을 강조하고 싶었던 것 같다.

키워드 : 공직자, 자세, 준법, 공익

불분불계(不憤不啓)

분발하지 않으면 열어주지 않는다.

– 권47 〈공자세가〉

〈공자세가〉에는 《논어》의 대목이 많이 인용되어 있다. 그중 공자의 교육방식에 대한 다음 구절도 잘 알려져 있다.

"분발하지 않으면 열어주지 않고, 말하지 않으면 계발해주지 않는다. 한 귀퉁이를 들어 보여주었는데, 나머지 세 귀퉁이를 유추하지 못하면 반복하지 않는다."

"불분불계(不憤不啓), 불비불발(不悱不發). 불이삼우반(不以三隅反), 즉불부야(則不復也)."(〈술이〉)

위는 공자의 교육 방식을 잘 보여주는 대목이다. 가르침을 받아들이는 학생의 주동성과 적극성을 자극하고 격려하는 것이 중요하다는 의미를 담고 있다.

공자는 은행나무 아래서 제자들과 많은 대화를 나누었다고 한다. 훗날 향교나 서원에 은행나무를 심은 연유이다. 사진은 이를 기념하는 공자의 사당인 공묘 내의 행단(杏壇) 자리이다.(2003년)

공자가 말하는 '분(憤)'이란 학생이 문제를 해결할 때 어디에서부터 손을 써야 할지 몰라 급한 심리상태를 가리키는데, 이럴 때에는 그에게 어떻게 사고를 펼칠 것인가를 가르쳐야 한다. 이것이 바로 '계(啓)'이다. 다음으로 '비(悱)'란 학생이 초보적으로 문제에 대하여 알고 있으면서도 말로써 표현해 내지 못할 때의 고통스러운 심리상태를 가리키는데, 이럴 때에는 그를 도와 맥락과 순서를 알게 하고 정확한 언어로 설명해 주어야 한다. 이것이 바로 '발(發)'이다.

공자의 '계발식(啓發式) 교육'은 우리 교육

에도 꼭 필요한 방법으로 귀담아 듣고 실천해 볼 가치가 충분하다. 공자는 제자들과 이런 방식으로 교육하고 토론함으로써 기라성 같은 당대 최고의 인재들을 키워낼 수 있었다. ('거일반삼' 항목 참고)

키워드 : 교육, 계발, 자극, 분발

불비불명(不飛不鳴)

날지도 않고 울지도 않는다.

– 권126 〈골계열전〉 ; 권40 〈초세가〉

날지도 않고 울지도 않는다는 **불비불명**은 아무 일도 하지 않고 게으름을 피우는 것을 비유하는 성어이다. 그러나 담긴 뜻은 다르다. 원전은 《한비자》〈유로(喩老)〉 편이고, 관련 고사는 이렇다. 춘추시대 남방의 강국 초나라의 장왕(莊王, ?~기원전 591)은 임금 자리에 오르고도 '3년이나 나라 일을 돌보지 않고' 향락에만 빠졌다. ('삼년불언' 항목 참고) 보다 못한 강직한 신하 오거(伍擧)가 장왕을 만나 대화를 나누었는데, '불비불명'은 이 대화 중에 오거가 장왕에게 낸 수수께끼였다. 두 사람의 대화를 보자.

"3년을 '날지도 울지도 않는' 새가 있다면, 대체 그 새는 어떤 새입니까?"

"3년을 날지 않았다면 장차 '날았다 하면 하늘을 찌를 듯이 날 것이며(일비충천―飛冲天)', 3년을 울지 않았다면 '울었다 하면 세상 사람을 깜짝 놀라게 할 것(일명경인―鳴驚人)'이오. 무슨 말인지 알았으니 그만 물러가도록 하오."

그러나 몇 달이 지나도 장왕은 여전히 방탕한 생활에서 벗어나지 못했다. 곁에서 장왕을 모시던 대신 소종(蘇從)이 참지 못하고 장왕에게 바른말로 충고했다. 장왕이 이렇게 말했다.

"만약 그대 말을 듣지 않겠다면?"

"이 몸이 죽어 군주가 현명해진다면 무엇을 더 바라겠습니까?"

그 뒤로부터 장왕은 놀이를 중단하고 오로지 정무에만 힘을 쏟기 시작했다. 사실 장왕은 3년 동안 은밀히 조정의 분위기와 신하들의 면면을 살피고 있었다. 오거와 소종이 장왕의 의중을 헤아렸고, 장왕은 마침내 떨치고 일어났다. 이어 오거와 소종을 재상으로 발탁함으로써 백성들로부터 호평을 받았다. 초나라의 국력은 하루가 다르게 강해져 단숨에 정나라를 정벌하여 천하의 패자가 되었다. 이와 거의 같은 이야기가 제나라 위왕(威王)과 순우곤(淳于髡)의 대화에서도 나온다.

이 고사에서 우리는 장왕의 기다림뿐만 아니라, 그러한 장왕의 가능성을 믿고 기다린 오거와 소종의 기다림도 눈여겨보아야 한다. 사람을 쉽게 포기하지 않는 자세야말로 참으로 소중하기 때문이다.

사람은 때를 기다릴 줄 알아야 한다. 그리고 기다림 속에는 늘 상황의 변화를 주시하는 예리한 눈빛이 번득이고 있어야 한다. 준비하지 않는 기다림은 부질없는 시간낭비에 지나지 않는다. 높이 날기 위해 새가 날개를 추스리고, 멀리 뛰기 위해 개구리가 몸을 한껏 움츠리듯 모든 일에는 만반의 준비가 있어야 한다. 성공할 확률을 높이는 것도 중요하지만, 실패할 확률을 줄이는 일도 매우 중요하다. 결국 준비에서 판가름 난다. 그리하여 '한 번 날았다 하면 반드시 하늘까지 이르러야' 할 것이다. 바로 한비자가 말한 '비필충천(飛必冲天)'이다. ('삼년불언' 항목 참고)

장왕의 '불비불명'은 때를 기다리는 리더의 자세와 관련하여 많은 뒷이야기를 남겼다. 호북성 무한 동호에 조성되어 있는 초나라 문화광장의 장왕 조형물이다.(2002년)

키워드 : 통치, 리더십, 기다림, 준비, 도약

불비우마지력(不費牛馬之力)

소나 말의 힘을 들이지 않다.
– 권70 〈장의열전〉

‘구양공호’ 항목에서 보았듯이 장의는 초나라 감옥에서 풀려난 뒤, 초나라 회왕 앞에서 진나라의 국력 등을 유세하며 진나라와 동맹해야 살 길이 있다고 강조했다. 이 유세에서 장의는 진나라의 지리 형세를 장황하게 언급하면서 다음과 같이 말했다.

"진나라는 서쪽으로 파(巴)와 촉(蜀)을 차지하고 있어 큰 배에 양식을 싣고 문산(汶山)을 출발해 강을 타고 내려와 초나라에 이르기까지 3천여 리입니다. 배를 두 척씩 짝지우고 병졸들을 태우는데, 매 짝마다 병사 50명씩과 석 달분의 군량을 싣고 물결을 타고 내려온다면, 하루에 3백 리는 갈 수 있습니다. 거리가 멀기는 하지만 **소나 말의 힘을 들이지 않고도** 열흘 이내에 (초나라의) 간관(扞關)에 이를 것입니다."

장의는 이렇게 되면 초나라 북부가 고립되고, 석 달이면 초나라는 위기에 처할 것이라고 위협했다. ‘소나 말의 힘을 들이지 않는다’는 **불비우마지력**은 큰 힘을 들이지 않고 일을 손쉽게 이룰 수 있음을 비유하는 성어이다. (‘원교근공’ 항목 전국시대 지도 참고)

키워드 : 형세, 용이(容易)

불상지공(不賞之功)

상을 받지 못하는 공적.
– 권92 〈회음후열전〉

명장 한신의 모사 괴통이 ‘삼분천하’를 권하면서 한신을 설득하는 대목의 한 구절이다. 괴통은 주군을 떨게 할 만큼 너무 '큰 공을 세운 사람은 상을 받지 못하고' 숙청당하기 쉬우니 자립하라고 했다. 한신은 망설였지만 결국 결단하지 못했다.

불상지공은 **상을 받지 못하는 공**, 또는 '상이라 할 수 없는 공'으로 풀이되지만, 진정한 의미는 어떤 상으로도 감당하기 어려울 정도로 큰 공적을 말한다. 이에 대해서는 '용략진주자신위' 항목 등에서 살펴보았으니 참고 바란다. ('공고진주' 항목 참고)

키워드 : 공적, 논공행상

불성삼와(不成三瓦)

석 장의 기와를 빼놓다.

― 권128 〈귀책열전〉

불성삼와라는 묘한 뜻의 성어는 아래 인용한 〈귀책열전〉의 한 대목에서 나왔다.

"황금에도 흠이 있고, 백옥에도 티가 있다. 일에는 서둘러야 할 것이 있고, 천천히 할 것이 있으며, 사물에는 구속되는 경우도 있고, 또 의지해야 하는 경우도 있다. 그물에는 촘촘한 것이 있는가 하면 성긴 것도 있다. 사람에게는 귀하게 여길 것이 있는가 하면 그렇지 못한 것도 있다. 어찌 모든 것이 들어맞을 수 있고, 물건이 어찌 모두 완전할 수 있겠는가? 하늘조차도 완전하지 못하거늘. 그러므로 세상에 집을 만들되 **기와 석 장을 빼놓은 채** 덮어서 완전치 못한 하늘에 응수한다. 천하에는 계급이 있고, 물건은 완전치 못한 채로 세상에 나오는 것이다."

다분히 철학적인 뜻을 내포하고 있는 '불성삼와'라는 성어는 완벽한 일과 사물이란 있을 수 없다는 아주 평범한, 그러나 음미할수록 깊은 맛이 나는 진리에 가까운 말이다.

불수소절이치공명불현우천하(不羞小節而恥功名不顯于天下)

작은 절개를 지키는 것에는 부끄러움을 느끼지 않지만, 천하에 공명을 드러내지 못하는 것을 부끄러워하다.

– 권62 〈관안열전〉

　포숙의 고귀한 양보를 받아 약 40년 동안 재상을 지내면서 제나라를 부민부국으로 이끈 관중은 훗날 지난날을 회고하는 말을 남겼다. 젊었을 적 포숙과 함께 장사를 한 일, 정쟁의 와중에 패하여 죄인이 된 일 등을 언급한 다음, '날 낳아주신 분은 부모지만 날 알아준 사람은 포숙이었다'는 말로 포숙에 대한 경의를 표했다.('생아자부모, 지아자포자야' 항목 참고) 여기서 관중은 죄인이 되어서도 죽지 않은 까닭에 대해 이렇게 고백했다.

　"공자 규가 패하자 소홀(召忽)은 죽고 나는 죄수가 되어 굴욕을 당했지만, 포숙은 나를 부끄러움을 모른다고 생각하지 않았다. 내가 **작은 절개를 지키는 것에는 부끄러움을 느끼지 않지만, 천하에 공명을 드러내지 못하는 것을 부끄러워한다**는 것을 알았기 때문이다."

　위 대목과 관련한 내용을 춘추시대 기본 사료인 《좌전》에서는 찾을 수 없다. 따라서 당시 관중이 이런 말을 남긴 것이 사실인지를 대조할 다른 기록이 없는 셈이다. 이 대목은 사마천의 사상과 정신세계를 잘 반영하고 있다. 그는 〈보임안서〉에서 다음과 같은 말을 남겼다.

　"진정한 용사라 하여 명분뿐인 절개 때문에 꼭 죽는 것은 아니며, 비겁한 사람이

관중은 정쟁의 와중에서 공자 소백(훗날 환공)을 활로 쏘아 죽이려 했다. 이를 나타낸 벽돌 그림이다.

라 하여도 의리를 위하여 목숨을 가볍게 버리는 경우가 왜 없겠습니까? 제가 비록 비겁하고 나약하여 구차하게 목숨을 부지하였지만, 거취에 대한 분별력은 있습니다. 어떻게 몸이 속박되는 치욕 속에 스스로를 밀어 넣겠습니까?”

사마천은 사소한 치욕을 참지 못하고 죽는 것은 진정한 용기가 아니라 했다. 할 일, 해야 할 일이 있기에 이런 치욕을 참고 큰일과 옳은 일을 성취하는 것이야말로 진정한 용기라는 것이다. 사마천의 이런 생사관과 진퇴에 대한 인식은 《사기》 곳곳에 짙게 반영되어 있다. 〈노중련추양열전〉, 〈오자서열전〉, 〈계포난포열전〉이 대표적이다. ('관포지교' 항목 등 참고)

키워드 : 생사관, 절개, 치욕, 인욕

불승배표(不勝杯杓)

술을 이기지 못하다.
– 권7 〈항우본기〉

초한쟁패 와중인 기원전 206년, 유방은 함양성에 먼저 진입했고, 진나라는 천하통일 15년 만에 망했다. 늦게 함양 가까이에 이른 항우는 화가 나서 40만 대군으로 10만의 유방과 결전을 치르고자 했다. 유방은 홍문(鴻門)으로 가서 항우를 만나 고개를 숙였다.('홍문연' 항목 참고) 항우의 책사 범증은 이참에 유방을 죽이라며 세 차례나 옥결(玉玦)을 들어 신호를 보냈으나, 항우는 결단을 내리지 못했다.('옥결' 항목 참고)

범증은 항장에게 축하를 위한 칼춤을 추는 척하다가 유방을 찌르라고 했다. 그러자 장량과 관계가 깊었던 항백이 나서 함께 칼춤을 추며 이를 막았다.('항장무검, 의재패공' 항목 참고) 상황이 험악하게 돌아가자 장량은 막사를 나와 번쾌에게 이를 알렸다. 번쾌는 호위병을 방패로 쓰러뜨리고 막사 안으로 들어가 항우에게 따져 물었다.('발지목렬' 항목 참고) 이 틈에 유방은 측간을 다녀오겠다며 막사를 빠져나와 샛길로 자기 군영으로 돌아갔다.

유방이 보이지 않자 항우는 행방을 물었고, 장량은 **술을 이기지 못해** 작별 인사도 하지 못하고 먼저 돌아갔다고 둘러댄 다음 상황을 수습했다. 이렇게 세기의 술자리 홍문연은 마무리되었다. 장량이 유방을 위해 둘러댄 **불승배표**에서 '배표'는 술잔을 말하는 단어다. '불승배표'는 주량이 약해 술을 이기지 못함을 나타내는 성어이다.

키워드 : 주량(酒量), 숙취(宿醉)

불식대체(不識大體)

큰 국면을 이해하지 못하다.
– 권76 〈평원군우경열전〉

사마천은 전국시대 4공자의 한 사람이었던 평원군의 행적을 논평하면서 "평원군은 혼란한 시대에 새가 하늘 높이 나는 것처럼 뛰어난 재주를 가진 공자였다"고 높이 평가했다. 반면 "그는 (나라를 다스리는) 커다란 이치를 보지 못했다"면서 항간에서 말하는 '이익은 지혜를 어둡게 만든다'는 속담을 인용했다.('이령지혼' 항목 참고)

사마천이 평한 '큰 이치를 보지 못했다'는 대목에서 '미도대체(未睹大體)'라는 표현이 나왔다. 이 표현이 훗날 **불식대체**로 글자만 바뀌어 많이 인용되고 활용되었다.

큰 국면의 이치를 제대로 파악하지 못한다는 비판의 의미를 담고 있다. 사마천은 평원군의 이런 짧은 생각 때문에 장평전투에서 조나라 군사 40만이 생매장 당한 비극을 그 근거로 제시했다.

키워드 : 대국(大局), 대체(大體), 파악

불식마간(不食馬肝)

말의 간을 먹지 않다.
– 권121 〈유림열전〉

한나라 초기 경제(景帝)의 서자인 청하왕(淸河王) 유승(劉乘, ?~기원전 136)에게는 강직한 학자로서 스승 역할을 했던 태부(太傅) 원고생(轅固生, 생졸 미상)이란 인물이 있었다.(원고생에 대해서는 '곡학아세' 항목 참고)

원고생은 원래 제나라 출신으로 시를 잘 짓고 노래를 잘해서 경제 때 박사로 임명되었다. 그 뒤 유승의 스승이 되어 보좌했는데, 조정에 있을 때 경제 앞에서 황생(黃生)과 설전을 벌인 적이 있다. 〈유림열전〉의 해당 장면을 대화체로 옮겨 보았다.

황생 상나라 탕(湯)과 주나라 무왕(武王)이 왕위를 얻은 것은 결코 천명이 아니라 군주를 죽인 결과입니다.

원고생 그렇지 않습니다. 하나라 걸(桀)과 상나라 주(紂)임금의 포악무도함이 조정을 혼란으로 빠뜨렸고, 천하 백성의 인심이 탕과 무왕에게로 돌아갔습니다. 탕과 무왕은 바로 천하의 민심으로 걸과 주를 죽인 것입니다. 걸과 주 치하의 백성들은 그들을 위해 목숨을 걸려 하지 않았고, 그래서 탕과 무왕에게로 귀순했습니다. 탕과 무왕은 하는 수 없이 국군의 자리에 올랐습니다. 이것이 천명을 받은 것이 아니라면 무엇이란 말입니까?

 '모자가 아무리 낡았다 해도 결국 머리에 써야 하고, 신발이 아무리 새것이라 해도 결국은 발에다 신어야' 합니다. 왜 그런가? 위아래의 위치가 분명하게 나누어져 있기 때문입니다. 걸과 주가 황음무도하긴 했지만 그들은 어디까지나 국군이었고, 탕과 무왕이 아무리 훌륭하다 해도 그들은 어디까지나 신하였습니다. 모름지기 임금에게 덕을 잃은 행동이 있다 하더라도 신하는 정면으로 그 잘못을 지적하지 않는 법입니다. 그래야 천자의 권위가 존중받고 지켜지는 것입니다. 국군이 잘못했다 해서 그들을 죽이고, 나아가서는 그 자리를 대신 차지해서 천자 노릇을 했다면 이것이야말로 국군을 죽인 것이 아니고 무엇이란 말이니까?

원고생 그렇다면 우리 고조 황제께서 진나라 군주를 대신하여 천자 자리에 오른 것도 잘못이란 말입니까?

원고생의 이 말에 조정은 한순간 무거운 침묵이 흘렀다. 분위기가 싸늘해진 것이다. 이윽고 경제가 이렇게 말했다.

"고기를 먹을 때 독이 있는 **말의 간을 먹지 않는** 것은 고기 맛을 몰라서가 아니고, 학문을 하면서 탕과 무왕이 천명을 받았는가 아닌가를 논하지 않는다 해서 어리석다고는 할 수 없소."

두 사람의 논쟁은 이렇게 끝이 났고, 학자들은 더 이상 공개적으로 천명을 받고 군주를 죽인 일에 대해서는 거론하지 않았다. 통치자가 형편없으면 백성은 그를 내쫓을 권리가 있다. 이런 원고생의 관점은 '백성이 귀하고 군주는 가볍다'는 맹자의 민주사상에 근거를 두고 있다. 한 경제는 이 설전의 중재자로서 겉으로는 객관적 입장을 견지했지만, 사실은 황생의 편을 든 것이었다. 경제가 말한 '불식마간'은 그 뒤 언급하거나 토론하지 말아야 할 (민감한) 주제는 피하라는 뜻의 성어가 되었다.

키워드 : 토론, 주제, 회피

불식주속(不食周粟)

주의 곡식을 먹지 않다.
- 권61 〈백이열전〉

열전의 첫 권은 〈백이열전〉이다. 고죽국(孤竹國)의 왕자 백이(伯夷)와 숙제(叔齊) 형제가 서로 왕위를 양보하다가 은나라가 주나라에 망하자 **주나라에서 나는 곡식을 먹을 수 없다**며 수양산(首陽山)에 들어가 고사리를 뜯어 먹다가 굶어 죽었다는 내용이 핵심이다. 〈백이열전〉의 해당 기록을 살펴보자.

백이와 숙제는 고죽 국군의 두 아들이었다. 아버지는 동생 숙제를 세우고 싶어 했다. 아버지가 죽자 숙제는 형 백이에게 양보했다. 백이는 "아버지의 명이다"라 하고는 달아났다. 숙제 역시 자리에 오르려 하지 않고 도망갔다. 나라 사람들이 가운데 아들을 세웠다. 이 무렵 백이와 숙제는 서백(西伯) 창(昌, 훗날 주 문왕)이 노인을 잘 모신다는 말을 듣고는 가서 기대려 했다. 도착해 보니 서백은 죽고, 무왕(武王)이 나무로 만든 신주를 싣고 문왕(文王)으로 추존한 다음 동쪽으로 주(紂)를 토벌하려 했다. 백이와 숙제는 말머리를 막아서서는 "아버지가 죽어 장례도 치르지 않았는데 창칼을 들다니 효라 할 수 있겠소이까? 신하로서 군주를 죽이는 것을 인이라 할 수 있겠소이까?"라고 했다. 좌우에서 이들을 죽이려 하자 강태공(姜太公)이 "의로운 분들이다"라 하고는 한쪽으로 모시게 했다.

무왕은 은의 난리를 평정했고 천하가 주를 받들었지만, 백이와 숙제는 이를 부끄럽게 여겨 '주의 곡식을 먹지 않고' 수양산에 숨어 고사리를 따서 먹었다. 굶어 죽기에 앞서 노래를 지었는데 그 가사는 이렇다.

저 서산(西山)에 올라

그 고사리를 뜯는다.

폭력을 폭력으로 바꾸고도

그 잘못을 알지 못하는구나!

신농(神農)·우(虞)·하(夏)는 이미 사라졌으니

우리는 어디로 돌아갈까나?

아, 우리는 죽음의 길로 간다.

가련한 운명이여!

마침내 수양산에서 굶어 죽었다. 이렇게 볼 때 원망한 것인가, 아닌가?

　백이 형제가 부른 위 노래를 훗날 〈채미가(采薇歌)〉라 했다. 〈채미가〉와 '주에서 나는 곡식을 먹지 않았다'는 '불식주속'은 세상에 울분을 품고 은거하여 지조와 절개를 지키는 은자의 정신세계를 상징하는 전고가 되었다.('당소위천도시야비야', '채미가' 항목 참고)

키워드 : 절개, 지조

불약이동회(不約而同會)

약속하지 않고도 같이 모이다.

－ 권112 〈평진후주보열전〉

　한 무제 때 당시 정책의 득실과 대책에 대한 글, 즉 '대책(對策)'을 올리는 사람이 많았다. 무제가 이런 형식을 좋아했고, 이 대책으로 출세한 사람이 적지 않았다. 엄안(嚴安)도 그중 하나였다. 엄안은 당초 성이 장(莊)이었다. 기원전 128년에서 기원전 87년 사이에 그 행적이 보인다. 훗날 동한의 황제 명제(明帝)의 성과 이름이 유장(劉莊)이었기 때문에 이를 피하여 엄씨 성으로 바꾸어 썼다. 과거 제나라 땅이었던 임치(臨淄, 산동성 치박시淄博市 임치구) 출신이다. 무제 초기 승상 아래 사(史) 벼슬에 있다가 원광(元光) 연간(기원전 134~기원전 129)에 흉노 공격이 실익이 없다는 글을 올려 무제의 눈에 들었다. 이로써 낭중 벼슬을 받았고, 기마령(騎馬令) 벼슬로 생을 마감했다.

당시 엄안이 올린 글 중에 진나라 말기 각지의 봉기 상황을 언급하면서 "도모하지 않았는데도 모두 함께 일어났고(불모이구기不謀而俱起), **약속하지 않았는데도 함께 모였습니다**(불약이동회不約而同會)"라는 대목이 있다. 여기서 '불약이동회'라는 성어가 나와 서로 약속하지 않았지만, 알아서 함께 모여 뜻을 같이 했다는 것을 나타내게 되었다. 앞의 '불모이구기'와 대구를 이루어 함께 인용하기도 한다.

키워드 : 형세, 기약, 회동

불염조강(不厭糟糠)

술지게미조차 마다하지 않다.
– 권30 〈평준서〉

술을 담그고 남은 지게미를 '조강'이라 한다. **불염조강**은 술은 마시지 못하더라도 지게미라도 먹을 수 있다면 기꺼이 먹는다는 뜻으로 가난한 사람의 처지를 비유한다. 가난하고 어려웠던 시절을 동고동락한 아내를 '조강'에 빗대어 '조강지처(糟糠之妻)'라는 표현이 나왔다. '조강지처'의 출전은 《후한서》 〈송홍전(宋弘傳)〉이다. ('부자혹 루거만, 빈자불염조강' 항목 참고)

키워드 : 처지, 가난

불오절간이박관(不惡切諫以博觀), 불피중주이직간(不避重誅以直諫)

(현명한 군주는) 간절한 간언을 꺼리지 않고 두루 살피고, (충신은) 무거운 형벌을 피하지 않고 사실대로 간언한다.

– 권112 〈평진후주보열전〉

주보언이 한 무제에게 올린 글에 나오는 명언으로 자세한 내용은 '명주불오절간이박관' 항목 참고하라.

키워드 : 군신, 간언, 직언

불원천리(不遠千里)

천 리를 멀다 하지 않다.

– 권76 〈평원군우경열전〉

전국시대 4공자의 한 사람인 평원군에게는 민가가 내려다보이는 전망 좋은 곳에 망루를 포함한 큰 집이 있었다. 평원군의 애첩이 이 집의 망루에서 민간의 곱사등이에 발을 저는 장애인이 물을 긷는 모습을 구경하다가 큰 소리로 웃었다. 이튿날 절름발이는 평원군의 집을 찾아와 이렇게 말했다.

"저는 공께서 인재를 좋아한다고 들었습니다. 그래서 인재들이 **천 리를 멀다 하지 않고** 오는데, 이는 공께서 인재를 귀하게 여기는 반면 첩 따위는 천하게 여기기 때문일 것입니다. 저는 불행하게 허리가 굽은 병이 있는데, 공의 첩이 저를 내려다보며 비웃었습니다. 저를 비웃은 자의 머리를 원합니다."

평원군은 절름발이 앞에서는 그러겠노라 했지만, 한 번 웃었다는 이유로 애첩을 죽이라니 너무 한 것 아니냐며 약속을 지키지 않았다. 그런데 그 뒤 1년 사이에 식객들이 하나둘 떠나더니 그 수가 절반을 넘었다. 평원군이 알 수 없다는 듯이 그 까닭을 물었더니, 식객 하나가 절름발이와의 약속을 지키지 않았기 때문이라고 했다. 평원군은 결국 애첩의 목을 베어 절름발이를 찾아가 건네며 사과했고, 떠난 식객들이 다시 모여들었다.

절름발이는 평원군에게 인재들이 모이는 까닭은 평원군이 인재를 아끼기 때문이라면서 **불원천리**를 언급했다. 누군가 먼 길을 마다 않고 기꺼이 찾는 것은 자신이 원하는 것이나 자신을 알아주는 사람이 있기 때문이다. 전국시대 4공자 문하에 수천 명의 식객(인재)이 북적거린 까닭이다. 같은 뜻의 성어로 〈연소공세가〉에 보이는 '개원천리'가 있다.(해당 항목 참고)

키워드 : 리더십, 인재, 자원(自願)

불유여력(不遺餘力)

있는 힘을 남기지 않다.
– 권76 〈평원군우경열전〉

기원전 260년, 진나라와 조나라가 장평(長平)에서 싸웠으나 조나라는 이기지 못했고, 도위(都尉) 한 명까지 잃었다. 조나라 효성왕(孝成王)은 여전히 진나라와 싸우겠다며 누창(樓昌)과 우경(虞卿)에게 의견을 물었다. 누창은 진나라와 강화하자고 주장했고, 우경은 강력한 진나라는 **있는 힘을 남기지 않고** 조나라를 치려 할 것이니 초나라와 위나라를 끌어들여 진나라에 맞서 합종하는 것처럼 보여야 한다고 주장했다.

효성왕은 우경의 말을 듣지 않고 기어이 사신을 진나라로 보내 강화를 시도했다. 진나라의 실세 범수(范睢)는 승리를 축하하러 온 사람들에게 조나라 사신을 보여주며 망신을 주면서 강화를 받아들이지 않았다. 조나라는 결국 장평에서 처참하게 패하여 천하의 웃음거리가 되었다.

우경은 당시 정세를 정확하게 파악한 다음 다른 나라들을 끌어들여 과거 소진이 실행했던 합종으로 진나라에 맞서지 않으면 전력상 조나라 혼자로는 절대 이길 수 없다고 분석했다. 그 이유로 우경은 진나라가 **불유여력**, 즉 '있는 힘을 남기지 않고' 상대하기 때문이라고 했다. '불유여력'은 있는 힘을 하나 남기지 않고 다 쏟아 붓는 다는 강조의 뜻으로 많이 쓴다.

키워드 : 형세, 전력(全力)

불입언이복비(不入言而腹誹)

입으로 내뱉지 못하고 속으로 비난하다.

– 권30 〈평준서〉

한 무제 때의 가혹한 법집행으로 이름 난 장탕(張湯)이 안이(顔異)란 조정 대신과 사이가 벌어졌다. 그런데 누군가 안이를 고발했고, 이 사건이 장탕에게 떨어졌다.

안이가 한번은 손님과 대화를 나누었다. 손님이 법령이 처음 반포되면 많은 사람 들이 불편함을 느껴 적응하지 못한다고 하자, 안이는 아무 말 없이 입술만 조금 움 직였다. 이 일이 장탕의 귀에까지 들어갔고, 장탕은 황제에게 글을 올려 안이가 구 경(九卿)의 높은 신분으로 법령의 불편함을 발견했음에도 보고하지 않고 **마음속으로 몰래 비방했다**고 했다.

안이는 처벌을 받았고, 이로부터 '속으로 비난한다'는 '복비'를 죄로 다스리는 '복 비법(腹誹法)'이 생겨났다. '복비법'은 우연히 만나 대화를 나누어도 목을 잘랐다는 진나라 때의 악법인 '우어기시(偶語棄市)'와 함께 전형적인 악법의 대명사로 꼽힌다.

키워드 : 악법, 비방

불측지연(不測之淵)

깊이를 알 수 없는 연못 / 예측할 수 없는 위험.
– 권101 〈원앙조조열전〉

불측지연은 〈원앙조조열전〉에 나온다. 한나라 초기 반란을 꾀하다 발각되어 유배 가던 회남왕(淮南王) 유장(劉長, 기원전 198~기원전 174)이 먹기를 거부하고 죽자, 한 문제는 동생을 죽게 했다며 먹고 마시기를 끊고 자신을 탓했다. 원앙은 다음과 같은 말로 문제를 위로했다.

"여씨 일족들이 정권을 쥐고 대신들이 정치를 전횡하고 있을 때 폐하께서는 대(代)에서 여섯 대의 수레를 타고 **그 깊이를 알 수 없는 연못**으로 달려오셨습니다. 이는 용맹한 맹분(孟賁)과 하육(夏育)이라도 폐하에게는 미치지 못할 것입니다."

원앙이 말한 '그 깊이를 알 수 없는 연못'은 혼란에 빠진 도성 장안을 비유한 것이다. 여태후가 죽고 조정이 혼란에 빠지자 공신들은 당시 대(代)의 왕으로 있던 문제를 추대했고, 문제는 언제 어떻게 변할지 모르는 도성으로 들어왔다. 원앙은 바로 이 사실을 들어 문제의 심기를 다독거리는 한편, 죽은 회남왕의 아들들을 왕으로 봉하여 회남왕의 가족들을 위로하는 쪽으로 문제를 이끌었다. 원앙은 이 일로 더 명성이 높아졌다. '불측지연'은 가의의 〈과진론〉에도 보인다.

키워드 : 판단, 예측불가, 위험

834

불치일전(不直一錢)

단 한 푼의 값어치도 안 나간다.
– 권107 〈위기무안후열전〉

불치일전은 사람이나 어떤 물건의 품격과 질이 아주 떨어져 값어치가 없을 때 쓰는 성어다. '직(直)' 자는 '치(值)'와 같아, 흔히 '불치일전(不值一錢)'으로도 쓴다.

한나라 문제 때 관부(灌夫)가 승상 전분(田蚡)의 집에서 벌어진 술자리에 갔다가 자신이 돌리는 술잔을 외면하고 옆에 있던 정불식(程不識)이란 자와 귓속말을 속닥거리던 임여후(臨汝侯)를 욕하면서 내뱉은 말이다. ('관부매좌' 항목 참고)

"평소 때는 정불식이 **단 한 푼의 값어치도 안 나가는** 인간이라고 헐뜯으며 다니더니, 지금 윗사람이 술잔을 올리는 데도 계집아이 같이 귀엣말을 속삭이고 있다니!"

사람이나 물건을 평할 때 이보다 더한 악평은 없을 것이다. 무엇이 되었건 간에 제값을 못한다는 것은 결국 쓸모없다는 말에 다름 아니기 때문이다. 따라서 이 말은 잘 생각해서 가려가며 써야 한다. 특히 지식인들은 남의 논문이나 연구를 평가하면서 '일고의 가치도 없다'느니 하는 극언을 서슴지 않는데, 여간 위험한 말이 아니다. 반면 자신의 설에 대해서는 '재론의 여지가 없다'느니 하면서 자화자찬하는 경우도 마찬가지로 위험천만이다.

가려 쓴다고 손해 볼 것이 없는 것이 '말'이다. 말의 값어치는 말을 하는 사람의 '입'에 달려 있고, 그 입은 곧 그 사람의 인격과 교양을 가늠하는 잣대가 된다.

키워드 : 인간, 사물, 쓸모, 가치

불치하교(不恥下交)

아랫사람과 사귀는 것을 부끄러워 않다.
– 권77 〈위공자열전〉

사마천은 전국시대 '식객삼천'으로 명성을 떨친 4공자(신릉군·평원군·맹상군·춘신군) 중 신릉군을 가장 높이 평가했다. 신릉군은 특히 신분이 높고 낮음을 따지지 않고 좋은 인재를 직접 찾아가서 사귀기로 유명했다. 사마천은 신릉군의 이런 인품을 **불치하교**로 표현했다. 이 표현은 공자가 '아랫사람에게 묻는 것을 부끄러워하지 않았다'는 '불치하문(不恥下問)'을 떠올리게 한다. '불치하문'의 출처는 《논어》 〈공야장〉 편이다.('허좌이대' 항목 등 참고)

키워드 : 관계, 사교, 인품

불편부당(不偏不黨), 왕도탕탕(王道蕩蕩)

당파도 없고 한쪽에 치우치지도 않으니, 성왕의 도는 끝없이 넓고 크도다.
– 권102 〈장석지풍당열전〉

불편부당, 왕도탕탕은 '부당불편, 왕도편편'과 같은 뜻이다. '부당불편, 왕도편편' 항목을 참고하면 된다.

키워드 : 통치, 왕도

불한이율(不寒而栗)

춥지 않은 데도 떨린다.

– 권122 〈혹리열전〉

공포 영화의 한 장면을 연상시키는 이 성어는 아주 무시무시한 분위기를 형용할 때 흔히 인용한다. 이 성어는 가혹한 관리들의 행적을 정리한 〈혹리열전(酷吏列傳)〉이 그 출처이다.

의종(義縱)이란 혹리가 정양군(定襄郡) 태수로 부임하자마자 옥에 갇혀 있는 죄인 2백여 명을 비롯하여 그들과 관련된 2백여 명, 도합 400여 명에 이르는 자들을 불시에 잡아들여 사형수를 탈옥시키려 했다는 죄명을 씌워 모조리 죽여 버린 사건이 있었다. 이 일이 있은 뒤 "군내의 백성들은 **춥지도 않은 데 몸을 떨었고,** 약은 사람들은 관리들의 앞잡이가 되어 공무를 도왔다." 바로 이 대목이 이 성어의 출처이다.

'춥지도 않은 데 떨린다'는 **불한이율(不寒而栗)**은 아주 혹독하게 법을 적용하여 집행하는 혹리들이나 그들의 정치를 빗대어 하는 말이다. 법치만능이라는 환상과 착각에 빠져 있는 오늘날 법 집행자들과 정치가들이 귀담아 들어야 할 대목이다. 모름지기 법(法)은 간략하고 알기 쉬워야 하며, 그 집행은 물 흐르듯 순리에 따라야 한다.

역대 통치자들은 통치의 효율성 때문에 혹리들을 선호하는 경향을 보였다. 그러나 역사적으로 볼 때 혹리들의 역사는 대부분 권력남용과 부정부패로 얼룩져 있는 것 또한 사실이다. 잠시 통치효과는 있을지 모르나 긴 시간을 필요로 하는 합리적인 통치에는 맞지 않다는 것을 역사가 입증한다.

법을 엄격하게 적용하는 것과 가혹하게 적용하는 것은 큰 차이가 있다. 사마천도 한나라 초기 혹리들에 대해 논평하면서 진정한 혹리들은 강직한 성품과 청렴함을 갖추었다고 했다. 그러면서 점차 그러한 혹

혹리들의 전기를 다룬 〈혹리열전〉은 법에 대한 사마천의 인식이 얼마나 깊은가를 잘 보여주는 명편이다.

리들이 줄어드는 것은 정치가 도리어 쇠퇴하고 있기 때문이라며 따끔한 일침을 가하고 있다. 통치의 큰 줄거리를 잡는 정치가 유연해야 법을 집행하는 관리들의 처신도 여유를 가진다는 점을 사마천은 이미 2천 년 전에 간파하고 있었다.

"법령은 정치의 도구에 불과할 뿐 정치의 맑고 흐림을 좌우하는 근원이 결코 아니다!"

키워드 : 통치, 법치, 가혹

비

비가강개(悲歌慷慨)

격분하여 부르는 비장한 노래.
– 권7 〈항우본기〉 ; 권129 〈화식열전〉

비가강개는 사면초가(四面楚歌)에 빠져 오갈 데 없는 항우가 밤중에 술을 마시며 스스로 시를 지어 읊었을 때의 심경을 나타낸 성어이다. '비분강개(悲憤慷慨)'로도 많이 쓰는데, '비분강개'는 우리식 성어로 추정된다. 당시 항우가 부른 노래는 이렇다. 이 노래를 〈해하가(垓下歌)〉라 한다. 해하전투가 항우의 마지막 전투였기 때문이다.

힘은 산을 뽑을 수 있고, 기개는 세상을 덮건만
때가 불리하여 (준마) 추(騅)도 달리지 않는구나.
추가 달리지 않으니 어찌해야 하는가?
우(虞)여 우여, 그대를 어찌할 거나?

항우가 이 노래를 부르고 또 부르니 항우의 연인 우희(虞姬)도 따라 불렀다. 항우의 뺨으로 두 줄기 눈물이 흘러내렸다. 모두가 눈물을 흘리며 차마 얼굴을 쳐다보지 못했다. 항우는 말을 몰아 포위망을 뚫고 오강(烏江)까지 이르렀으나 추격군을 따돌리지 못하고 스스로 목숨을 끊었다.(민간 설화에는 우희도 따라 목숨을 끊었다고 하는데, 〈항우본기〉에는 우희가 자결하는 대목은 없다.) 이것이 바로 역사상 저 유명한 초패왕 항우가 사랑하는 우희와 (죽음으로) 이별하는 '패왕별희(覇王別姬)'의 장면이다.

항우는 목숨을 끊기 전에 "하늘이 나를 망하게 하는 것이지, 내가 싸움을 잘하지 못한 죄가 결코 아니다!"라며 하늘을 원망했다. 사마천은 이를 두고 죽으면서도 자신의 잘못을 깨닫지 못했다며 비판했다. 그래서인지 **비가강개**는 왕왕 앞뒤 따져보지 않고 그저 감정만 앞세워 흥분하여 외치는 소리라는 뜻으로도 비유된다.('패왕별희', '해하가' 항목 참고)

'패왕별희'는 《사기》 전편을 통해 가장 극적인 장면의 하나이지만 항우가 자신이 패배한 원인을 제대로 인식하지 못하고 있음을 보여주는 대목이기도 하다. 사진은 해하 전투 유적지 부근에 조성되어 있는 '패왕별희' 석상이다. 이 석상 역시 우희가 항우에 앞서 자결한 것으로 알고 이렇게 만들었다.(2010년)

키워드 : 감정, 격분, 비장

비권양력(比權量力)

권력의 크기를 비교하다.

– 권6 〈진시황본기〉

사마천은 〈진시황본기〉 말미에 최초의 통일 국가 진나라가 불과 15년 만에 멸망한 원인을 상세히 분석한 한나라 초기의 유명한 정치가 가의(賈誼, 기원전 200~기원전 168)의 명문 〈과진론(過秦論)〉을 인용했다. **권력의 크기를 비교한다**는 뜻의 **비권양력**은

이 글 아래 대목에 나온다.

"산동의 나라들과 진섭의 '땅 크기를 비교하고 권력을 재어 본다면' 함께 거론할 수 없을 것이다. 그러나 진나라는 작은 땅과 천승의 권력을 가지고도 같은 서열인 8주의 제후를 불러들여 100년 넘게 조회하게 했다. 그런 다음 천하를 한 집안으로 만들고 효산과 함곡관을 궁전으로 삼았다. 그런데 한낱 평범한 사내(진섭) 하나가 난을 일으키자 황제의 종묘가 무너지고 남의 손에 죽임을 당하여 천하의 비웃음거리가 되었으니 어찐 된 일인가? 인의를 베풀지 않은 데다 공격할 때와 지킬 때의 형세가 달랐기 때문이다."

키워드 : 형세, 권력, 비교

비기엽이상기지(庇其葉而傷其枝)

잎을 지키려다 가지를 상하게 하다.
– 권120 〈급정열전〉

강직하고 바른말을 서슴지 않았던 급암(汲黯)은 무제로부터 '사직을 지킬 신하', 즉 '사직지신(社稷之臣)'이라는 칭찬을 받기는 했지만 수시로 바른말을 해서 무제의 마음을 불편하게 했다. 기원전 121년 흉노의 혼야왕(渾邪王)이 무리를 이끌고 항복하겠다는 뜻을 밝혔다. 무제는 환영하며 마차 2만 대를 마련하여 이들을 맞이하게 했다. 그러나 말이 부족하여 백성들로부터 징발하려 하자 백성들은 말을 감추었다. 무제는 노하여 장안령(長安令)을 죽이려 했다. 급암이 이에 반대하며 백성들 편에 섰다.

혼야왕이 장안에 도착하자 상인들이 흉노와 밀거래를 벌였다. 이 때문에 500명이 적발되어 사형을 당하게 되었다. 급암이 다시 나서 지금까지 많은 백성들이 흉노와의 전쟁 때문에 목숨과 재산을 잃었기에, 이들이 항복해오면 목숨을 잃은 백성들에게 노비로 나누어 주어도 시원찮을 일인데, 이들을 우대하는 것은 마땅치 않다고 직언했다. 그러면서 급암은 애매한 법으로 500명을 죽이려는 것은 **잎을 지키기 위해 가지를 상하게 하는** 일이라는 비유를 들어 반대했다.

무제는 급암의 건의를 받아들이지 않았다. 그로부터 얼마 뒤 급암은 사소하게 법을 어겼고, 이 때문에 파면되었다. 급암은 사면은 받았지만 전원으로 은퇴했다. **비기엽이상기지**는 사소한 일 때문에 큰일을 그르치는 것을 비유한다. 흔히 말하는 '본말이 뒤바뀌었다'는 '본말전도(本末顚倒)'와 같은 뜻으로 일처리가 적당하지 못함을 가리킨다. 중국에서는 '본말전도'보다 '본말도치(本末倒置)'를 많이 쓴다. '본말도치'의 출처는 송나라 주희(朱熹, 1130~1200)의 〈답여백공(答呂伯恭)〉이란 문장이다.(급암에 대해서는 '후래거상' 등 항목 참고)

키워드 : 대사(大事), 본말, 전도

비기위이거지왈탐위(非其位而居之曰貪位), 비기명이유지왈탐명(非其名而有之曰貪名)

그 자리가 아닌데 그 자리를 차지하고 있는 것을 탐위(貪位)라 하고, 가져서는 안 될 명성을 갖고 있는 것을 탐명(貪名)이라 한다.

– 권68 〈상군열전〉

상앙은 조국 위나라를 떠나 진나라로 건너와 '변법' 개혁을 실행하여 재상 자리에까지 올랐다. 상앙이 재상에 오른 지 10년, 그의 개혁에 불만을 품고 원망하는 사람(특히 국군의 종실 친인척들)이 많아졌다. 이에 조량(趙良)이 상앙을 찾아왔다. 상앙이 조량과 잘 지내고 싶다고 하자 조량은 자신은 그럴 마음이 없다면서 격언을 인용하여 **그 자리가 아닌데 그 자리를 차지하고 있는 것을 탐위(貪位)라 하고, 가져서는 안 될 명성을 갖고 있는 것을 탐명(貪名)이라고 합니다**라며 상앙의 제안을 물리쳤다.

비기위이거지왈탐위, 비기명이유지왈탐명은 자격이 없는 사람이 벼슬과 명성을 누리고 있는 것은 옳지 못하다는 뜻의 오랜 격언으로 보인다. 조량 자신은 벼슬과 명성에 욕심이 없다는 뜻을 이 격언을 인용하여 드러내면서 상앙을 은근히 비난한 것이다.('변법' 항목 등 참고)

키워드 : 탐욕, 자리, 명성

비기지(非其地), 수지불생(樹之不生) ; 비기의(非其意), 교지불성(敎之不成)

그 땅이 아니면 나무가 자랄 수 없고, 그 뜻이 아니면 가르쳐도 성과가 없다.
– 권127 〈일자열전〉

〈일자열전〉은 사마천의 문장이 아닌 것으로 고증된 10편 가운데 하나다. 그러나 작품 자체의 사상과 예술적 가치 및 후세 문학에 미친 영향은 과소평가될 수 없다. 점쟁이 사마계주의 입을 빌어 관료사회의 추악함과 험악함을 폭로하는 두려움 없는 비판정신이 넘친다. 봉건사회 전제주의에 대한 사마천의 냉철하고 깨어 있는 인식이 반영되어 있다는 평가도 있다. 선악이 바뀌고 흑백이 뒤섞이는 사회현실에 대한 하층민의 불만적 정서가 표출되어 있다. 내용과 형식 면에서 '도가(道家)'와 어느 정도 연원관계에 있는 '산문(散文)'류의 문장이라 할 수 있다.

이 열전의 끝머리에는 저소손이 보탠 문장이 있는데, 그중 **그 땅이 아니면 나무가 자랄 수 없고, 그 뜻이 아니면 가르쳐도 성과가 없다**는 대목이 있다. 출처는 서한 말기의 학자 유향(劉向, 기원전 77~기원전 6)의 대표작 《설원(說苑)》 〈잡설(雜說)〉 편이다. 땅의 질에 맞지 않는 나무를 심으면 제대로 자라지 않듯이, 자식을 가르칠 때도 자식이 좋아하는 것에 맞추어야지 무턱대고 가르치면 효과가 없다는 뜻이다. 그러면서 저소손은 '한 집을 일으키고 자식을 가르치는 모습을 보면 그 사람됨을 알 수 있듯이 자식에게 알맞은 삶을 찾아주는 부모라면 훌륭한 어버이라 할 수 있다'는 대목을 인용하고 있다. 자녀 교육과 관련하여 좋은 계시를 주는 대목이다.

키워드 : 교육, 자녀, 자질

비량지흔(卑梁之釁)

비량의 싸움.
– 권40 〈초세가〉

'흔(釁)'이란 어려운 글자를 가진 이 성어는 글자대로 풀이하자면 **비량의 싸움**이다. '아이 싸움이 어른 싸움 된다'는 우리 속담과 그 뜻이 비슷하다. '흔'은 거의 쓰지 않는 글자로서 명사로는 '피'를, 동사로는 '피를 바르다'는 뜻을 갖고 있다. 이 성어는 '피를 보는 싸움'을 뜻한다.

비량은 오(吳)나라 변경의 조그만 마을이었다. 이 마을의 아이들이 초(楚)나라 변경의 '종리(鍾離)'라는 마을의 아이들과 '뽕나무 잎을 서로 차지하려고 싸웠다.' 처음 두 집안이 싸우다 비량 마을의 일가가 죽임을 당하였다. 화가 난 비량의 대부가 병사를 보내 종리 마을을 공격했다. 초나라 왕이 이 소식을 듣고 크게 화를 내고는 비량을 초토화시켰다. 이번에는 오나라 왕이 대노하여 군대를 보내어 초나라 태자 건(建)의 모친이 비량과 가까운 거소(居巢)에 살고 있는 것을 핑계로 공자 광(光)으로 하여금 종리와 거소를 공격했다.

비량지흔은 이후 작은 싸움이 엉뚱하게 큰 싸움으로 비화(飛火)하는 경우를 비유하게 되었다. 여기서 '뽕나무 잎을 다투었다'는 '쟁상(爭桑)'이란 단어도 파생되었다. 이 단어는 훗날 변경에서 일어나는 불편하고 사소한 일을 가리키게 되었다.

작은 이익에 눈이 어두워져 큰 이익을 돌보지 않고 대책 없이 일을 벌이거나 싸움을 벌이는 경우를 흔히 보게 된다. 아이 싸움이 어른 싸움으로 번지면 그 과정에서 많은 것을 잃게 된다. 작은 이익은 누구나 볼 수 있다. 그러나 작은 이익 속에 큰 손실이 숨어 있음을 보지 못한다. 마찬가지로 큰 이익은 아무나 보지 못한다. 능력과 역량의 차이는 결국 형세를 읽는 혜안(慧眼)에서 난다.

키워드 : 분쟁, 확대, 비화

비례후폐(卑禮厚弊)

공손한 예절과 후한 예물.

– 권44 〈위세가〉

비례후폐는 극진한 대우로 사람을 초빙하는 경우를 비유하는 성어이다. 자신을 낮추는 공손한 예절과 후한 예물로 인재를 모시는 것을 말한다. 전국시대 위(魏)나라 혜왕(惠王, 기원전 400~기원전 319)은 전쟁에서 여러 차례 고배를 마시고 나서야 '비례후폐'의 방식으로 현자들을 초빙했다. 그 당시 초빙된 인물들로는 맹자를 비롯하여 음양가의 대표적인 인물인 제나라의 추연(鄒衍), 박학다식하기로 유명한 역시 제나라의 순우곤(淳于髡) 등이 있었다. 당시 혜왕과 맹자가 나눈 대화의 한 대목이다.

혜왕 이 몸이 능력이 없어 세 번이나 장병을 잃고 태자는 포로로 잡혔으며, 장수가 전사했소이다. 이 때문에 나라가 텅 비고 선왕과 종묘사직에 욕을 보였으니 부끄럽기 짝이 없소이다. 노인장께서 천 리를 멀다 않고 우리나라를 찾아주셨으니 장차 이 나라에 이로움이 있겠지요?
맹자 왕께서는 이익을 말하지 마십시오. 왕께서 이익을 바라면 대부들도 바라고, 백성들도 바랄 것이 뻔합니다. 위아래가 서로 이익을 다투면 나라가 위태로워집니다. 왕이 되는 데는 인(仁)과 의(義)가 있을 뿐, 어찌 이익을 바라십니까?

인재를 초빙한 궁극적인 목적이 어디 있느냐를 놓고 두 사람이 차이를 보이고 있는 대목이기도 하다. 맹자의 인의는 결국 더 큰 이익을 가리킨다. 혜왕은 맹자의 충고를 제대로 수용하지 못했다. 다만 그가 **공손한 예절과 후한 예물**로 인재를 초빙한 방식과 자세는 그대로 본받을 수 있다. 어떤 면에서 인재들은 자존심을 먹고사는 존재들이다. 그런 그들을 끌어들이는 가장 중요한 기본은 그들의 능력을 전적으로 인정하는 '정중한 자세'일 것이다. '비신후폐(卑身厚幣)', '예현하사(禮賢下士)'도 같은 뜻의 성어이다. ('사쟁추연' 항목 참고)

키워드 : 인재, 예우, 방식

비론제속(卑論儕俗), 여세침부(與世沈浮)

비천한 논리로 세속에 맞추어 세상과 더불어 부침하다.
– 권124 〈유협열전〉

〈유협열전〉에는 사마천의 논평이 앞부분에 배치되어 있다. 〈유협열전〉은 당시 통치자와 지배계층을 격렬하게 비판한 전투성이 가장 강한 열전으로 꼽힌다. 사마천은 치외법권 지대에서 자신의 원칙을 지킨 곽해를 비롯한 유협들을 칭송한 반면, 그들을 해친 공손홍 등 당시 유생들의 비열한 행위를 비난했다. 문제 이래 끊임없이 박해를 받아 무제 때 철저하게 소멸된 치외법권 지대의 반체제 인사들인 유협의 행적을 칭송한 사마천의 용기가 돋보이는 열전으로 서정성이 넘친다.

사마천은 〈태사공자서〉에서 〈유협열전〉을 남긴 취지에 대해 다음과 같이 말했다.

"곤경에 처한 사람을 구하고, 빈곤한 사람을 구제하는 일은 어진 사람의 자세다. 믿음을 잃지 않고 약속을 저버리지 않는 것은 의로운 사람이 취하는 행동이다. 이에 제64 〈유협열전〉을 지었다."

이런 관점을 바탕으로 〈유협열전〉 서문에서는 이렇게 말했다.

"지금 배운 것에 얽매이거나 보잘것없는 의리를 끌어안고 오래도록 세상과 고립되어 사는 것이 어찌 **비천한 논리로 세속에 맞추어 세상과 더불어 부침하며** 명성을 얻는 것과 같을 수가 있겠는가! 그러나 평민의 무리로서 주고받고 약속을 지키고, 천 리를 마다 않고 의리를 위해 목숨을 돌보지 않는다면 이 역시 나름 장점이 있고, 의미 있는 일 아니겠는가? 따라서 뜻있는 자가 곤경 속에서도 소명을 떠맡고 있다면 이들이야말로 이른바 현자나 호걸이 아니겠는가?"

'비천한 논리로 세속에 맞추어 세상과 더불어 부침하다'는 **비론제속, 여세침부**는 자신의 뜻이나 언행을 세속의 기준에 맞추어 떨어뜨림으로써 세속의 비위를 맞추어 부귀와 명성을 얻으려는 자들에 대한 비판의 뜻을 가진 성어이다. 사마천은 이런 자들보다 평민 출신으로 신의와 약속을 지키는 사람, 즉 유협들이 훨씬 낫다고 한 것이다.

키워드 : 처신, 세속, 언행, 명성, 아부

비목지어(比目之魚), 비익지조(比翼之鳥)

서로의 눈이 되어주는 비목어와 서로의 날개가 되어주는 비익조.
– 권28 〈봉선서〉

왼쪽 눈과 오른쪽 눈만 있는 **비목어**라는 물고기 두 마리가 있다. 이 둘은 서로 붙어 있어야만 헤엄을 칠 수 있다. 전설에 따르면 서해 바다에 **비익조**라는 새가 있었다. 이 새는 각각 한쪽 날개 밖에 없어 함께 붙어 날아야 날 수 있었다. 훗날 사람들은 이 물고기와 새를 생사를 같이하는 남녀 사이의 깊은 정과 사랑에 비유했다.

'비목어'나 '비익조'는 뿌리가 다른 나뭇가지가 서로 엉켜 마치 한 나무같은 '연리지'를 떠올리게 한다. '연리지'는 동한시대 채옹(蔡邕, 132~192)의 지극한 효성에서 비롯된 고사를 담고 있다. 채옹은 어머니가 돌아가자 시묘살이를 시작했고, 어머니 무덤 옆에 있던 두 그루의 나무가 언제부터인지 가지가 서로 붙어 한 나무처럼 되었다고 한다.(《후한서》〈채옹전〉) 이후 이런 나무를 '연리지(連理枝)'라 불렀다. '비목어'와 '비익조'가 남녀의 깊은 사랑을 비유한다면, '연리지'는 지극한 효성을 비유하다가 점차 돈독한 부부애를 상징하기에 이르렀다.

'비익조'는 암수가 한 몸이라 '겸(鶼)'이라고도 부르고, '비목어'는 '접(鰈)'이라고도 부른다. 여기서 '서겸동접(西鶼東鰈)'이란 성어가 나왔고, 사해의 진기한 사물을 가리키는 용어가 되었다. 출처는 양나라 때 유협(劉勰)이 편찬한 문학평론서 《문심조룡(文心雕龍)》〈봉선(封禪)〉 편이다.

키워드 : 암수, 남녀, 애정

'비목어', '비익조', '연리지'는 모두 돈독하고 애틋한 사랑을 상징하는 동식물이다. 사진은 제주도의 연리지이다.

비물연류(比物連類)

같은 종류의 사물을 여기저기로 연관시킨다.
– 권83 〈노중련추양열전〉

비물연류는 서한시대 임치(臨淄, 지금의 산동성 치박) 출신의 문학가 추양(鄒陽)에 대한 사마천의 다음과 같은 평가에서 나왔다.

"추양은 말이 비록 불손하기는 하나 **사물을 연결시켜 비교해가며 예를 든 것**은 사 줄

만하다. 또 굳세게 흔들리지 않았다고 할 수 있다."

이 성어와 같은 뜻으로 《한비자》〈난언(難言)〉에도 '연류비물(連類比物)'이란 표현이 보인다. 논리로 상대를 설득시키려 할 때 가장 필요한 방법 가운데 하나는 여러 사물과 상황을 서로 연결시켜 비교하는 것이다. 논리학에서 말하는 귀납법과 연역법도 마찬가지다. 일찍이 추양이 보여주었던 기교 역시 이런 것이었다. 추양이 올린 상소문 가운데 한 구절을 소개한다.

"지금 저 천하의 베옷 입고 구차하게 살고 있는 선비들은 요·순임금의 통치술을 가슴에 안고, 이윤과 관중의 말솜씨를 지녔으며, 관용봉이나 비간의 뜻을 품고 지금 임금에게 충성을 다하고자 하지만, 몸이 천한 자리에 있기 때문에 다듬고 깎고 치장할 만한 근거가 없습니다. 정신과 생각을 다하여 충성과 믿음성을 펼쳐서 임금의 정치를 보필하고자 하지만, 임금은 칼을 어루만지며 그들을 흘겨보고 있습니다. 바로 이 때문에 베옷 입은 가난한 선비들이 마른나무나 썩은 그루터기와 같은 대접조차 받지 못하는 것입니다."

선비들에게 걸맞는 대우를 하지 못하고 있는 양왕(梁王)을 적절한 비유로 설득하고 있는 점이 눈길을 끈다. 거기에 당당함을 잃지 않는 강한 논조도 돋보인다.

키워드 : 언어, 논리, 비유, 비교

비방지목(誹謗之木)

비방을 위한 나무 팻말.

– 권10 〈효문본기〉

중국의 궁궐이나 제왕의 무덤 또는 다리 앞에 보면 한백옥(漢白玉)이란 중국산 대리석으로 만든 장대한 기둥 한 쌍을 보게 된다. 꿈틀대는 용과 구름 문양 따위가 화려하게 조각되어 있는 이 기둥들 중에서도 자금성의 것이 가장 대표적인데, 이를 '화표(華表)'라 부른다. 말하자면 특정 장소의 표지이자 장

화표는 무한 권력의 상징처럼 보이지만 그 기원을 따지고 올라가면 권력에 대한 깊은 성찰과 조우하게 된다. 사진은 자금성 입구의 화표 모습이다.(2009년)

식인 셈인데, 그 내력을 따지고 들면 아주 의미심장한 이야기와 만나게 된다.

한 고조 유방 사망 후 여태후는 어린 아들 혜제를 대신해 권력을 행사했다. 자신의 인척들을 대거 왕에 봉하는 등 여씨 일가에 의한 독재를 고집했다. 그녀가 죽자 공신들은 즉각 반격에 나서 여씨 일족들을 제거하고 다시 유씨 황제를 세우기에 이른다. 공신들에 의해 지목된 황제는 유방의 서장자(庶長子)로 지금의 하북성과 내몽고 경계 지역인 대(代)의 왕으로 있던 유항(劉恒)이었다. 이가 바로 문제(文帝)다.

문제는 그의 아들 경제와 함께 중국 역사상 최고 전성기의 하나로 꼽히는 소위 '문경지치(文景之治)'의 시대를 여는 데 큰 역할을 했다. 문제는 기원전 180년 22세의 나이로 즉위하여 기원전 157년 45세의 나이로 세상을 뜰 때까지 24년 동안 재위하면서 주목할 만한 업적을 많이 남겼다. 그 업적 가운데 지금 보아도 참신한 것은 각종 악법의 폐지다. 문제의 악법 폐지를 좀 더 상세히 살펴본다.

문제는 기원전 197년 연좌제를 폐지할 것을 제의한다. 담당 관리들은 오랫동안 존속해 온 법을 갑자기 폐지하면 혼란이 생기므로 그대로 두자며 반대하고 나섰다.

문제는 다음과 같은 논리로 대응했다.

"법이란 다스림의 근거다. 포악한 짓을 못하게 하여 착한 쪽으로 이끄는 것이다. 죄를 지어 이미 벌을 받았는데, 죄 없는 부모·처자식·형제까지 연좌시켜 벌을 주는 것에 나는 찬성할 수 없다."

"법이 바르면 백성이 충성을 다하고, 죄를 정당하게 처벌하면 백성이 복종한다고 했다. 또 관리는 백성을 잘 다스려 착한 쪽으로 이끌어야 하거늘, 백성을 바로 이끌지도 못하고 게다가 바르지 못한 법으로 죄를 다스린다면, 이는 백성에게 해를 끼쳐 난폭한 짓을 하게 만드는 것이니, 이렇게 해서 어떻게 나쁜 짓을 못하게 하겠는가? 나는 연좌제 어디에 좋은 점이 있는지 모르겠으니 자세히 연구해 보길 바란다."

이밖에 문제는 아비의 죄를 대신 받겠다는 효녀 제영(緹縈)의 간곡한 청을 받아들여 신체의 일부를 자르거나 못쓰게 하는 육형(肉刑)을 폐지했으며, 혹형 중에서 가장 비인간적이고 치욕적이어서 죽음보다 더한 형벌로 악명이 높은 궁형(宮刑)도 폐지했다.('자신' 항목 참고) 그가 육형을 폐지하게 하면서 발표한 조서이다.

"지금 법에 육형이 세 가지나 있음에도 범죄는 그치지 않고 있으니 문제가 대체 어디에 있는가? 짐의 덕이 모자라고 교화가 제대로 되지 못해서 아니겠는가? 교화의 방법이 훌륭하지 못해 어린 백성들을 그런 범죄의 길로 빠지게 하고 있으니 몹시 부끄럽다. (중략) 지금 백성들에게 잘못이 있으면 교화도 해보지 않고 먼저 형벌을 가해 버리니, 행여 잘못을 고쳐 좋은 일을 하고자 해도 그럴 기회가 없어지니 짐은 이것이 몹시 안타깝다. 팔다리를 잘리고, 피부와 근육이 상해 죽을 때까지 회복되지 않으니 얼마나 고통스럽겠는가? 이 얼마나 부도덕한 일이며, 이것이 어찌 또 백성의 부모된 자의 바람이겠는가? 육형을 폐지하도록 하라!"

문제의 이러한 정치 철학은 백성을 아끼고 민심을 우선하는 정책에 고스란히 반영되어 나타났다. 천지신에게 제사를 지내면서 백성들은 놔두고 황제의 복만 비는 행위를 중지시킨 일이나, 백성에게 조금이라도 불편한 일이 있으면 바로 없애서 백성을 이롭게 하는 행정의 실현 등이 그런 것들이었다.

백성을 아끼는 문제의 마음은 그가 죽기 전에 남긴 유언에도 고스란히 나타나 있다. 그는 천하 만물 중에 죽지 않는 것이 어디 있냐며, "죽음이란 천지의 이치요, 생명체의 자연스러움이니 짐의 죽음이라고 해서 어찌 유별나게 슬프겠는가!"라고 유언의 말문을 열었다. 그리고는 자신의 장례 때문에 백성의 생업에 지장이 가지 않도록 각별히 주의할 것을 신신당부하면서 3일장을 명령했다. 아마 3일장의 효시가 아닌가 싶다. 간편한 상복과 간소한 곡을 부탁했고, 심지어 장례 기간에 백성들이 제사를 지내거나 혼례를 치르거나 고기를 먹는 것 등을 금지시키지 않도록 했다. 매장이 끝나면 부인(夫人, 후궁의 관직) 이하 등급에 해당하는 후궁들은 모두 집으로 돌려보내 정상적인 생활인이 되게 했다.

한나라 초기, 공신들의 모반이 이어지고 여태후가 집권하는 동안 문제는 민간에서 비교적 차분한 생활을 보냈다. 이때의 경험이 훗날 백성을 위하는 통치 철학을 형성하게 만든 것으로 보인다. 물론 그의 후덕한 성품도 크게 작용했을 것이다. 문제의 이 같은 '위민(爲民)' 통치는 무엇보다 끊임없는 자기성찰의 산물이었음을 지적하지 않을 수 없다. 그가 즉위 초기에 전국적으로 내린 '여론 수렴령'과 이어 단행한 '비방죄(誹謗罪)' 폐지에 따른 **비방목(誹謗木)** 언급은 문제의 자기성찰의 경지가 어느 정도였는지를 잘 보여준다. 먼저 전국에 내린 여론 수렴령의 요지다.

역대 최고의 명군으로 꼽히는 문제의 상이다.(2014년)

"하늘이 백성들을 나게 한 다음 비로소 그들을 위해 임금을 두어 돌보고 다스리게 했으며, 임금이 부덕하여 정치를 제대로 하지 못하면 하늘이 재앙의 징후를 보여 경고했다고 들었다."

"각지에 이 명령이 내려가면 짐의 과실은 물론 지혜·식견·생각이 미치지 못했던 점들을 깊이 생각하여 짐에게 알려줄 것이며, 재주와 덕이 뛰어나고 직언할 수 있는 인재를 발탁하여 짐의 모자란 점을 바로잡아주기 바란다."

다음은 '비방죄' 폐지 명령의 요지다.

"옛날 선왕들이 천하를 다스릴 때 조정에는 올바른 진언을 위한 깃발 즉, '진선지정(進善之旌)'과 비평을 위한 나무 팻말 즉, **비방지목(誹謗之木)**을 만들어 다스림의 올바른 길을 소통시키고 직언하는 사람들이 나설 수 있게 했다. 그런데 지금 법을 보면 비방과 유언비어에 대한 처벌이 있는데, 이는 신하들로 하여금 마음에 있는 바를 다 쏟아내지 못하게 하는 것이며, 황제에게는 자신의 과실을 지적받을 기회를 없애는 것이다. 그러니 먼 곳의 유능한 인재들을 무슨 수로 오게 하겠는가? 이 죄목을 없애도록 하라!"

이상의 조치들은 백성들과 인재들에게 자유로운 생각을 마음껏 발표할 수 있게 함으로써 자신의 잘못을 바로잡겠다는 의지에서 나왔다. 이것이 한 문제가 보여준 정치철학이자 자기성찰의 경지다. 이 경지에서 문제는 덕으로 백성들을 교화하는데 힘쓸 수 있었고, 그 결과 전국의 인구는 늘고 경제는 부유해졌으며, 예의와 염치를 아는 풍토가 조성되었다.

한때 지고무상한 권력을 누렸던 권력자가 살았던 으리으리한 궁궐이나 아득한 무덤 앞에 위압적으로 서 있는 한 쌍의 화표가 다름 아닌 '비방목'에서 기원한다는 사실을 아는 사람은 거의 없다. 약 2,200년 전 백성만을 위하는 '위민(爲民)' 정치를 실천하기 위해 요·순시대의 '비방목'을 거론하며 자신에 대한 솔직한 비판을 갈망했던 한 문제의 성찰은 정치와 통치자의 본질을 깊게 되새기게 한다. (한문유미' 항목 참고)

키워드 : 통치, 리더십, 언론, 악법, 폐지

비법불언(非法不言), 비도불행(非道不行)

법도가 아니면 말하지 않고, 법도가 아니면 행하지 않는다.

– 권58 〈양효왕세가〉

〈양효왕세가〉은 '오초칠국의 난'을 진압하는 데 결정적인 공을 세운 양 효왕이 어떤 과정을 통해 자기세력을 과시하고 끝내는 반역에 이르는가를 경제와 두태후, 양 효왕 모자·형제 사이의 복잡한 갈등과 모순을 통해 생생하게 기록한 편이다. 사마천은 이를 통해 한 초기 황실 내부의 격렬한 투쟁 상황을 이해하는 데 중요한 인식을 제공한다. 한 황실은 이런 모순과 갈등, 즉 병목 위기를 겪고 정치적 안정을 이루었다. 〈위기무안후열전〉, 〈한장유열전〉, 〈원앙조조열전〉을 함께 참고하면 당시 상황을 보다 더 잘 이해할 수 있다.

〈양효왕세가〉 말미에는 저소손의 보충 문장이 딸려 있는데, 저소손은 통치자의 언행이 궁중 투쟁을 일으킨다면서 **"법도가 아니면 말하지 않고, 법도가 아니면 행하지 않는다"**는 《효경(孝經)》 〈경대부장(卿大夫章)〉의 구절을 인용하여 통치자는 언행에 신중을 기해야 한다고 지적했다.

키워드 : 리더, 언행, 신중

비신후폐(卑身厚幣)

낮춘 몸과 후한 예물.

– 권34 〈연소공세가〉

전국시대 연나라 소왕(昭王)은 쇠약해진 국력을 회복하기 위해 천하의 인재들을 모시기로 했다. ('황금대' 등 참고) 소공은 **자신의 몸을 한껏 낮추고 후한 예물**로 인재를 극진히 모셨다. 그러자 '인재들이 앞을 다투어 연나라로 달려왔다'고 한다. ('사쟁추연' 항

목 참고) **비신후폐**는 '비례후폐'와 같은 뜻이다. ('비례후폐' 항목 참고)

비아막능위(非我莫能爲)

내가 아니면 할 수 없다.
– 권84 〈굴원가생열전〉

전국시대 초나라의 외교관이자 애국 시인 굴원(屈原)은 못난 회왕(懷王)과 간신 근상(靳尙) 등의 모함 때문에 조정에서 쫓겨났다. 특히 상관대부 근상은 왕 앞에서 늘 굴원을 헐뜯고 모함했는데, 굴원의 유능함을 시기하고 질투했기 때문이다. 근상은 굴원이 초안한 법령을 자신의 것으로 하려다가 굴원에게 면박을 당했다. 근상은 왕에게 다음과 같은 말로 굴원을 모함했다.

"대왕께서 굴평(屈平, 평은 굴원의 이름)에게 법령을 만들게 하신 일을 모르는 자가 없는데, 법령이 나올 때마다 굴평은 **내가 아니면 할 수 없다**며 자랑을 늘어놓고 있습니다."

이 말에 넘어간 회왕은 화를 내며 굴원을 멀리 했고, 결국 그를 조정에서 내쳤다.

'내가 아니면 할 수 없다'는 **비아막능위**는 자신감의 표현이지만, 근상이 헐뜯은 대로 교만함을 나타내는 성어로도 사용된다. ('거세혼탁, 유아독청' 등 항목 참고)

비연성장(斐然成章)

문장(모습)이 아름답다.

– 권47 〈공자세가〉

비연성장은 《논어》 〈공야장〉 편에서 나왔고, 사마천은 〈공자세가〉에 이를 인용했다. 해당 대목은 이렇다.

"공자께서 진(陳)나라에 계실 때 '돌아가자, 돌아가자. 내 향당(마을)의 젊은이들이 꿈에 부풀어 **아름다운 문장(모습)을 이루어**냈는데 내가 그것을 마무리할 줄 몰랐다'고 말씀하셨다."

역대로 이 부분에 대한 해석이 많았다. 공자가 고향인 노나라를 떠난 것은 기원전 497년 55세 때였고, 돌아온 때는 기원전 484년 67세였다. 위 대목은 대체로 공자 나이 60세 때로 추정한다. 이때부터 노나라로 돌아올 생각을 하고 있었던 것 같다. 돌아가 젊은이들과 함께 자신의 모든 것을 정리하고 싶다는 마음을 나타낸 것으로 보인다.

'비연성장'은 문채(文彩)가 풍부하고 아름답다는 뜻인데, 무엇을 훌륭하게 이루어낸 모습을 나타내기도 한다.

오랜 유랑에 지친 공자는 고향으로 돌아가고 싶어 했다. 사진은 공자의 고향 마을이 있었던 곡부 궐리(闕里)의 모습이다.(2009년)

키워드 : 문장, 문채

비영등무(蜚英騰茂)

명성과 사업이 날로 번창하다.

— 권117 〈사마상여열전〉

사마상여는 만년에 소갈병 등으로 벼슬에서 물러난 다음 무릉(茂陵)의 집에서 살았다. 무제는 상여가 위독하다는 것을 알고는 소충(所忠)을 시켜 상여가 남긴 책을 가지고 오게 했다. 상여는 이미 죽었고, 집에는 책이 단 한 권도 없었다. 사마상여의 아내 탁문군은 다른 사람들이 다 가져가서 없다고 했다. 그러면서 사마상여가 죽기에 앞서 황실에서 사람이 오면 주라고 했다면서 문장 한 편을 내주었다.

상여가 남긴 글은 천자가 하늘과 땅에 드리는 제사인 '봉선(封禪)'에 관한 내용이었다. 이 글에 따라 대사마(大司馬)는 무제의 업적을 **비영등무**로 칭송하면서 봉선 제사를 올릴 것을 제안했다. '비영등무'는 **명성과 해낸 실제 업적이 세상에 널리 알려져 번창함**을 비유한다. '英'은 명성을, '茂'는 실제 사업이나 일을 가리킨다. '비'와 '등'은 모두 날리다, 또는 번창하다는 뜻이다. '비성등실(飛聲騰實)'이라고도 쓴다.

키워드 : 치적, 칭송

비예구립(睥睨久立)

곁눈질을 하면서 오랫동안 서 있다.

— 권77 〈위공자열전〉

전국시대 4공자의 한 사람이었던 위(魏)나라의 신릉군(信陵君, ?~기원전 243) 위무기(魏無忌)는 인재를 존중했다. 그 인재가 어질거나 불초하거나를 막론하고 겸손한 예로 교류했다. 자신이 부귀하다고 교만하게 대하지도 않았다. 특히 위나라 도성 대량성(大梁城)의 동쪽 문인 이문(夷門)에서 문지기를 하고 있는 은자(隱者) 후영(侯嬴)을

모시기 위해 자신이 직접 수레를 몰고 나갔다.('불치하교', '허좌이대' 항목 참고)

후영은 신릉군의 태도와 진심을 떠보기 위해 일부러 친구인 백정 주해(朱亥)를 만나고 가자면서 마차를 저잣거리로 몰게 했다. 주해 집에 들어간 후영은 신릉군의 모습을 **곁눈질 하면서 한참을 그곳에 서 있었다.** 그렇게 신릉군의 자세가 어떤 지를 살핀 것이다. 이 대목에서 **비예구립**이라는 성어가 나왔다. '비예'는 곁눈질을 한다는 뜻의 단어다. 당시 신릉군은 한 치의 흐트러짐 없이 공경한 자세로 말고삐를 잡은 채 후영을 기다렸다. 이후 '비예구립'은 누군가의 행동거지를 유심히 살피는 모습을 비유하는 성어가 되었다.

키워드 : 관찰

비장군(飛將軍)

비장군(이광 장군의 별칭).
– 권109 〈이장군열전〉

비장군은 한나라 초기의 명장 이광(李廣, ?~기원전 119)의 별칭이다. 이 별칭은 적군인 흉노가 붙여준 것이다. 이광이 우북평(右北平)에 오자 이를 들은 흉노는 그를 **날아다니는 장군** '비장군'이라 부르고 몇 년 동안 그를 피하며 감히 우북평으로 들어오지 못했다고 한다. 이광에 대한 흉노 사람의 존경어린 표현으로 볼 수 있다. 동작이 빠르고 용감하게 잘 싸운다는 뜻이 포함되어 있다. 이광에 관해서는 '도리불언, 하자성혜' 항목을 참고하면 된다.

키워드 : 장수, 별칭

비조진(蜚鳥盡), 양궁장(良弓藏) ; 교토사(狡兔死), 주구팽(走狗烹)

날던 새가 다 잡히면 좋은 활은 거두어들이고, 약은 토끼가 죽으면 사냥개는 삶긴다.
– 권41 〈월왕구천세〉

관련한 구체적인 내용은 '토사구팽(兔死狗烹)' 항목을 참고하면 된다.

키워드 : 공신, 숙청

비지무심고론(卑之無甚高論)

쉽고 요령 있게, 너무 고상한 논의는 하지 말라.
– 권102 〈장석지풍당열전〉

비지무심고론은 지나치게 고상하고 어려운 논의가 아닌 현실적으로 실행 가능한 쉬운 말로 하라는 뜻의 성어이다. 자신의 무능함을 한탄하고 벼슬을 버리고 낙향하려는 장석지(張釋之)에게 한나라 문제(文帝, 기원전 202~기원전 157)가 한 말이다. 백성들에게는 쉽고도 요령 있는 말로 설득하고 명령을 내려야 빨리 실행에 옮겨질 수 있는 뜻의 이 말로 장석지에게 충고했다.

우리가 잘 알고 있는 고사성어 가운데 '우이독경(牛耳讀經)'이란 것이 있다. '소귀에 경 읽기', 즉 무식한 사람에게 경을 읽어 줘봐야 소용없다는 뜻으로 풀이한다. 이 성어는 본래의 뜻이 어떠했는지는 모르겠지만, 대체로 유식한 사람이 무식한 사람을 비꼬거나 무시할 때 인용하곤 했다. 중국에는 같은 뜻의 성어로 '대우탄금(對牛彈琴)'이 있는데, 글깨나 배웠다고 인민 대중들이 알아듣지도 못하는 어려운 말만 잔뜩 늘어놓는 사람들을 비꼴 때 쓰기도 한다. 가만히 생각해보면 이것이 본래의 뜻에 가까울 것 같다.

많이 그리고 제대로 배운 사람의 말이나 글은 쉽다. 어줍잖게 배운 사람들이 유식함을 뽐내기 위해 어려운 용어와 미사여구를 동원하여 학문의 얄팍함을 감추려 하는 법이다.

행정이나 법률 용어가 너무 어려워 일반 국민들이 간단한 서류 한 장 작성하는데도 애를 먹는다는 이야기를 언제부터 들었는지 모른다. 그런데도 여전한 모양이다. 약 2천 년 전 중국의 황제 입에서 나온 이 말은 여러모로 시사하는 바가 많다. 진정한 권위는 백성들이 모르는 어려운 용어나 격식에서 나오는 것이 아니라, 백성들에게 쉽고 가깝게 다가갈수록 더욱 커지는 법이다.

참고로 '우이독경'은 우리 속담을 한문으로 바꾸어 모아놓은 《백언해》, 《이담속찬》, 《동언해》, 《동한역어》 등에 수록되어 있다. 중국에서는 같은 뜻의 성어로 '소 앞에서 거문고를 연주한다'는 '대우탄금'을 많이 쓴다. '대우탄금'의 출처는 한나라 때 학자 모융(牟融, ?~79)이 편찬한 《이혹론(理惑論)》이고, 그 안의 다음과 같은 우화에서 '대우탄금'이란 사자성어로 압축되어 파생되었다.

"전국시대 공명의(公明儀)란 음악가가 있었다. 그는 작곡과 연주 모두에 뛰어났고, 칠현금을 특별히 잘 연주하여 많은 사람들이 그 연주를 즐기며 그를 아꼈다. 그는 부지런히 일하는 소에게도 자신의 연주를 들려주었는데, 소는 연주에는 아랑곳 않고 풀만 뜯었다. 공명의는 소가 연주를 듣지 못하는 것이 아니라, 자신이 연주한 '청각(淸角)'이라는 곡조가 쇠귀에 맞지 않다고 생각했다. 그리고는 모기나 등애(곤충)의 소리, 젖을 먹고 있는 송아지의 울음소리를 흉내냈더니 소가 반응 보이면서 귀를 새운 채 거문고 연주를 들었다."

키워드 : 논의, 평이, 요령

권22 〈한흥이래장상명신연표〉는 고조 원년(기원
전 206)부터 성제 홍가 원년(기원전 20)까지 장수,
재상, 훌륭한 신하들의 임명과 면직 및 사망 등의
변화를 개관하여 열전의 보완 작용을 하고 있다.
5칸을 만들어 연도, 큰 역사적 사건, 재상 자리,
장수 자리, 어사대부 자리의 상황이 어떻게 변했
는지를 일목요연하게 보여준다. 사진은 섬서성
한중(漢中) 석문(石門)에 조성되어 있는 유방과 공
신 소하(왼쪽)·한신의 석상이다.(2010년)

비지지난야(非知之難也), 처지즉난의(處知則難矣)

알기가 어려운 것이 아니라, 아는 것을 처리하기가 어렵다.
– 권63 〈노자한비열전〉

〈노자한비열전〉은 노자와 한비자 두 사람의 합전이다. 한비자 전기에는 《한비자》의 대목이 많이 인용되어 있다. 특히 권력자를 대상으로 한 유세의 어려움을 전문적으로 논한 〈세난〉 편의 대목이 집중 인용되었다. 한비자는 "(유세에 있어서) 설득의 어려움은 설득하려는 상대의 마음을 잘 헤아려 내가 설득하려는 것을 그에게 맞출 수 있느냐에 있다"고 말한다.('세지난, 재지소세지심' 항목 참고) 이 편에서 한비자는 다음과 같은 송나라 부자(富者) 이야기를 들려준다.

비가 내려 부잣집의 담장이 무너졌다. 아들이 허물어진 담장을 수리하지 않으면 도둑이 들 것이라고 경고했다. 이웃 노인도 아들과 같은 말을 했다. 얼마 뒤 진짜 도둑이 들었다. 부자는 자신의 아들은 지혜롭다고 여긴 반면, 이웃 노인을 도둑으로 의심했다. 이 이야기 끝에 한비자는 "(참으로) 알기가 어려운 것이 아니라, 아는 것을 처리하기가 어렵다"고 지적했다.

아들이든 노인이든 누구든 허물어진 담장을 보면 도둑이 들 수 있다고 생각한다. 문제는 누가 이런 생각을 입 밖으로 내느냐에 따라 그 말을 들은 사람의 반응이 때로는 크게 달라진다는 사실이다. 무엇인가를 아는 것이 문제가 아니라, 그 아는 것을 어떻게 활용하고 처리하느냐가 관건이라는 뜻이다. 같은 뜻이라도 이렇게 말하는 것과 저렇게 말하는 것이 달라질 수 있기 때문이다. 그것도 아주 많이 달라질 수 있다.

한비자는 중국 사상사의 뜨거운 감자와 같은 존재다. 그의 저서는 제왕학의 교과서로 불릴만큼 큰 영향을 주었지만 드러내놓고 그를 앞세우지 못했다. 그의 주장과 사상이 그만큼 민감하기 때문이다. 한비자의 초상화이다.

키워드 : 사물, 인지, 처리, 방식

비항도허(批亢搗虛)

목을 움켜쥐고 비어 있는 곳을 공격하다.
– 권65 〈손자오기열전〉

비항도허는 **목을 움켜쥐고 빈 곳을 공격한다**는 뜻의 성어이다. 상대의 가장 중요한 곳과 방어하지 않고 있는 요해(要害)를 공격하라는 병법의 하나이다.

전국시대 강국 위나라가 조나라를 공격하자 조나라는 제나라에 구원을 청했다. 대책을 논의하는 자리에서 손빈은 "어지럽게 얽힌 것은 주먹으로 쳐서는 안 되고(잡난분규자불공권雜亂紛糾者不控捲)", "목을 움켜쥐고 비어 있는 곳을 쳐야 한다"고 했다. 그러면서 먼 조나라까지 구원병을 보내지 말고, 바로 위나라 도성인 대량을 치라고 했다. 이것이 바로 '위나라를 포위하여 조나라를 구한다'는 '위위구조(圍魏救趙)' 전략이었다.('위위구조' 항목 참고)

키워드 : 요해, 공격

비호비비(非虎非羆)

호랑이도 곰도 아니다.
– 권32 〈제태공세가〉

훗날 주 문왕으로 추존된 서백(西伯)은 여상(呂尙, 강태공)을 만나 큰 힘을 얻었다. 여상은 서백의 아들 무왕을 도와 끝내 은나라를 멸망시켰다.

서백이 여상을 만난 것은 사냥 때였다. 사냥에 앞서 점을 쳤더니 "얻을 것은 용도 이무기도, **호랑이도 곰도 아닌** 패왕을 보좌할 신하를 얻을 것이다"는 괘를 얻었다. 여기서 **비호비비**라는 표현이 나와 뛰어난 인재를 얻을 길조(吉兆)를 비유하게 되었다. 글자를 바꾸어 '비웅입몽(飛熊入夢)'이라고도 쓴다. '비웅이 꿈에 나타났다'는 뜻인데,

'비호비비'와 같은 의미다.

키워드 : 길조, 인재

빈

빈각(臏脚)

무릎뼈를 발라내다.
- 〈보임안서〉

‘빈(臏)’은 무릎뼈를 말하고, 빈각은 무릎뼈를 발라내는 혹형인데 **빈형**(臏刑)으로 많이 불렸다. 최근 고증에 따르면 **빈각**은 두 발을 자르는 ‘월형(刖刑)’과 같다고 한다.

‘빈형’을 당하고도 불굴의 의지로 재기하여 자신을 해친 원수에게 복수한 인물로 전국시대 군사전문가 손빈(孫臏)이 있었다. 사마천은 손빈을 비롯하여 육체적 정신적 고통을 극복하고 책을 저술하여 그 이름을 남긴 사람들로부터 큰 용기를 얻었다. 이들의 행적은 사마천이 극한 고통을 이겨내고 《사기》를 완성하는 데 큰 힘이 되었다. 사마천은 〈보임안서〉에서 이렇게 말했다.

손빈은 동문수학한 방연의 계략에 빠져 발을 잘리는 형벌을 당했다. 그는 사지에서 간신히 빠져나와 장장 20여 년 만에 방연에게 복수했다. 사진은 발이 없는 손빈을 위해 특수 제작한 바퀴 달린 수레에 앉아 있는 손빈의 모습이다.

“예로부터 부귀하였지만 이름이 사라진

경우는 헤아릴 수 없이 많았으며, 오로지 남다르고 비상한 사람만이 일컬어졌습니다. 문왕은 갇힌 상태에서 《역》을 풀이하였으며, 공자는 곤경에 빠져 《춘추》를 지었습니다. 굴원은 쫓겨나서 《이소》를 썼으며, 좌구명은 눈을 잃은 뒤에 《국어》를 지었습니다. 손빈은 **발이 잘리는 빈각을 당하고도** 《병법》을 남겼으며 (중략) 이 사람들은 모두 마음속에 그 무엇이 맺혀 있었지만 그것을 밝힐 길이 없었기 때문에 '지난 일을 서술하여 후세 사람들이 자신의 뜻을 볼 수 있게 한(술왕사述往事, 사래자思來者)' 것입니다."

키워드 : 형벌, 혹형

빈계지신(牝鷄之晨), 유가지색(惟家之索)

암탉이 새벽에 울면 집안이 망한다.
– 권4 〈주본기〉

이 악명 높은 명언은 앞 구절까지 포함해서 살펴야 한다. 원전은 《상서(尚書)》 〈주서(周書)〉 편의 '목서(牧誓)'이다. 전체 문장은 **빈계무신(牝鷄無晨), 빈계지신(牝鷄之晨), 유가지색(惟家之索)**이다. 뜻인 즉 "암탉은 새벽에 울지 않는다. 암탉이 새벽에 울면 집안이 망한다"이다. 이 명언은 주 무왕이 은의 주임금을 치면서 옛 속담을 인용하여 제후들에게 한 말이다. 은 말기, 나라 일에 달기(妲己) 등 아녀자가 간섭한 것을 비유해서 한 말이다. 그 뒤 오랫동안 이 말은 여성을 천시하는 속담의 대명사로 많은 사람들이 입에 오르내렸지만, 사실은 주임금에 대한 비난이지 여성에 대한 비하가 아니다.

무왕의 말을 곰곰이 다시 되씹어 보면 여성을 천시하는 뜻이 아님을 어렵지 않게 알 수 있다. 무왕은 주임금이 정치를 보좌하는 신하들의 말은 듣지 않고, 부인의 말에만 따라서 조상에게 지내는 제사는 그만두고 나라를 어지럽혔다고 했다. 그러면

하나라 때의 말희, 은나라 때의 달기는 못난 임금 때문에 망국의 화근으로 몰렸다. 이후 여성을 천시하는 유교의 삐뚤어진 인식 때문에 이들에 대한 비난은 더 심해졌다. 사진은 달기의 무덤이다.(2009년)

서 주임금의 실정을 열거했다. 이는 주임금에 대한 비난이지 여성에 대한 비난이 아니었다.

문제는 이 말을 인용해온 우리의 정서와 풍토에 있다. 언제부터 인용되었는지 확실히 알 수 없지만, 성리학의 말단에 매몰된 남존여비 의식에 억눌려온 사회적 분위기 속에서 자연스럽게 수용되었을 것이다. 본래의 뜻을 되돌려 주어야겠다.

키워드 : 여성, 비하

빈녀분광(貧女分光)

가난한 여인과 빛을 나누다.
– 권71 〈저리자감무열전〉

전국시대 진나라의 장수 감무(甘茂)가 모함을 받고 제나라로 도망쳐 와서 제나라에서 활약하고 있던 유세가 소대(蘇代, 소진의 동생)를 만났다. 소대가 제나라를 위해 진나라에 사신으로 가게 되자 감무는 자신과 진나라에 남아 있는 처자식을 구해달라고 사정했다. 이때 감무는 다음과 같은 속담을 인용하여 자신의 처지를 강조했다.

"가난한 여인과 부유한 여인이 함께 길쌈을 했는데, 가난한 여인이 말하기를 '나는 촛불을 살만한 돈이 없습니다. 그런데 그대의 촛불에는 다행히 남는 빛이 있으니, 저에게 그 **남는 빛을 나누어주십시오.** 그대의 밝음을 덜지 않고서도 한 사람이 편익을 얻을 수 있습니다'라 했다고 합니다."

감무가 인용한 이 대목에서 **빈녀분광**이란 성어가 파생되었다. 자신에게 남는 것을 다른 사람에게 나눠주는 것을 비유하거나, 남는 것을 괜히 낭비할 필요가 없다는 뜻으로 인용되기도 한다.

키워드 : 나눔, 도움, 공유

빈부지도(貧富之道), 막지탈여(莫之奪與)

빈부의 이치는 빼앗거나 줄 수 있는 것이 아니다.

– 권129 〈화식열전〉

빈부의 문제는 인류사회의 가장 오랜 숙제와 같다. 사유재산이 등장하면서 나타난 빈부의 차이는 개인과 사회, 나아가 나라 간의 불평등을 낳았다. 이를 해결하기 위해 국가는 수없는 시행착오를 반복했고 지금도 여전하다.

사마천은 2,100여 년 전에 이런 빈부 현상에 주목하여 사회의 빈부 차이는 보편적 현상임을 인식했다. 이에 대한 그의 기본 사상은 **빈부의 이치는 빼앗거나 줄 수 있는 것이 아니다**(빈부지도貧富之道, 막지탈여莫之奪與)는 것이었다. 다시 말해 가난한 사람을 억지로 구제할 필요 없고, 부유한 자의 것을 빼앗아서도 안 된다는 주장이다.

사마천은 사람들이 입고, 먹고, 살고, 보내고, 맞이하고, 죽고, 장례를 치르는 데 필요한 모든 것이 농업·공업·상업·임업·어업 등 각종 경제활동을 통해 함께 제공되는 것이라고 했다. 따라서 이런 경제활동을 통해 사람들이 서로 의존하는 동시에 이를 통해 이익을 추구하는 자신의 욕망을 만족시키는 일이야말로 이치에 맞고 자연스러운 것으로 보았다. 다만, 지적 능력을 비롯하여 사람마다 개인차가 있기 때문에 빈부차가 날 뿐이고, 이는 지극히 자연스러운 현상이라는 인식이었다.

사마천이 말하는 '빈부의 이치는 빼앗거나 줄 수 있는 것이 아니다'는 인식은 실질상 '모든 것이 다 이익을 위해서'라는 '개위리(皆爲利)' 사상을 뒷받침한다. 동시에 농업을 중시하면서 상업을 가볍게 여기는 '경상(輕商)' 정책에 반대하며, 농업과 상업을 함께 중시할 것을 요구하는 '농상병중(農商幷重)' 사상을 함께 반영하고 있다.

사마천은 인간의 경제활동이 국가의 간섭 없이 자연스럽게 이루어지면 빈부의 차이는 어느 정도 발생할 수 있지만, 그 차이가 지나치지 않다면 심각한 사회문제를 일으키거나 국가의 안위를 위협하지 않는다고 인식했다.('개위리' 항목 참고)

키워드 : 경제, 빈부, 차이

빈천자교인(貧賤者驕人)

가난하고 천한 사람이 남에게 교만하게 굴다.
– 권44 〈위세가〉

전국시대 초기 강대국이었던 위나라의 문후(文侯, ?~기원전 396)는 전자방(田子方)을 스승으로 모시는 등 학자들을 크게 우대했다. 한번은 태자 자격(子擊, 훗날 무후武侯)이 전자방을 조가(朝歌)에서 만났다. 자격은 수레를 한쪽으로 비키게 하고는 내려서 인사를 했다. 전자방은 태자에게 예를 갖추지 않았다. 자격은 "부귀한 사람이 남에게 교만합니까? 아니면 가난하고 천한 사람이 남에게 교만합니까?"라고 물었다. 자방은 "당연히 **가난하고 천한 사람이 남에게 교만하지요**"라고 대꾸한 다음, 이렇게 덧붙였다.

"무릇 제후가 남에게 교만하면 나라를 잃고, 대부가 남에게 교만하면 그 집안을 잃지요. 가난하고 천한 자는 행동이 서로 맞지 않고 말이 받아들여지지 않으면 신발을 벗어 던지듯이 미련 없이 떠납니다."

태자 자격은 불쾌해 했다. 훗날 **빈천자교인**은 부귀와 권세를 경멸하는 태도를 가리키는 성어가 되었다. '빈천자교인'은 '빈천교인' 네 글자로 줄여서 많이 쓴다.

키워드 : 빈천, 교만, 부귀, 경멸

빙

빙청옥결(氷淸玉潔)

얼음처럼 맑고 옥처럼 깨끗한 인품.

─ 〈여지준서(與摯峻書)〉

　사마천의 교우관계는 비교적 단순했던 것 같다. 다만 입사 동기이자 친구인 임안에게 보낸 편지 등을 보면 그가 우정의 가치를 얼마나 소중하게 생각했는지 잘 알수 있다. 또 '관포지교(管鮑之交)', '문경지교(刎頸之交)', '백아절현(伯牙絶絃)' 등 주옥같은 고사성어를 통해서도 사마천이 어떤 인간관계의 경지를 갈망했는지 충분히 엿볼수 있다. 정작 그 자신은 이런 경지의 우정을 나누지 못한 것 같다.

　사마천의 문장은 《사기》와 〈보임안서〉가 전부인 것으로 알려져 왔다. 그러나 은자인 〈지준에게 드리는 글〉, 즉 〈여지준서(與摯峻書)〉와 〈때를 잘못 만난 선비를 슬퍼하는 글〉〈비사불우부(悲士不遇賦)〉가 더 남아서 전한다. 앞의 것은 황보밀(皇甫謐, 215~282)이 편찬한 《고사전(高士傳)》에, 뒤의 것은 《예문유취(藝文類聚)》(당나라 때 편찬된 44개 방면의 대표적인 글을 모아 놓은 유서類書)에 각각 사마천의 문장으로 수록되어 있다. 이 중 〈여지준서〉를 보면 사마천은 고고한 인품의 지준과 상당히 깊은 우정을 나누었던 것이 아닌가 한다. 《사기》의 문장은 아니지만, 귀한 문장이라 따로 소개한다. 먼저 사마천이 지준에게 보낸 편지의 번역문이다.

"저는 군자가 귀하게 여기는 인생의 바른길은 다음 세 가지가 있다고 들었습니다. '사람으로서 최고의 가치 기준은 덕행을 수립하는 입덕(立德)이요, 그다음은 책을 써서 자기 주장을 세우는 입언(立言)이며, 그다음은 공업을 세우는 입공(立功)이다.' 그대의 재능은 누구보다 뛰어나며 넓고 큰 뜻을 갖고 있습니다. 스스로를 잘 수양하여 **빙청옥결과 같은 고상한 인품과 덕**을 갖추고 계십니다. 생활의 사소한 일로 자신의 명성에 영향을 주지 않으니 그 자체로 충분히 귀중하다고 할 것입니다. 허나 가장 높은 가치 기준인 덕행을 수립하는 입덕의 경지에는 도달하지 못했습니다. 선생께서는 이 점을 헤아려 주시기 바랍니다."

이 편지 중 '고상한 인품과 덕'으로 표현된 부분의 원문이 '빙청옥결'이다. 한 사람의 인품이 얼음과 옥처럼 고상하고 순결하며, 하는 일은 광명정대하다는 뜻의 성어이다. 사마천은 지준의 인품을 이렇게 칭찬했다.

〈여지준서〉가 언제 작성되었는지는 분명치 않다. 다만 사마천이 은자이자 자신의 소중한 친구인 지준에게 조정에 들어와 덕행을 펼치라고 권유한 것으로 보아 궁형을 당하기 전인 태사령으로 근무하고 있을 때가 아닌가 한다. 이런 추정은 〈보임안서〉에서 임안이 자신에게 유능한 인재를 추천하라고 충고한 일을 상기하면서 궁형을 당해 일그러진 몸이 무슨 힘이 있어 인재를 추천하겠냐고 반문한 것을 보아도 충분히 긍정할 만하다.

지준은 자가 백준(伯峻)에 장안 사람이다. 배움을 좋아하고 자신의 몸을 깨끗하게 지켜낸 지조 높은 선비였다. 사마천과 격 없는 우정을 나누었는데, 편지의 내용으로 보아 사마천은 평소 그의 인품을 상당히 흠모했던 것 같다. 지준은 뛰어난 학식에도 불구하고 출사를 거부한 채 산속에 은거하고 있었다. 당시 태사령으로 자신의 능력을 한껏 발휘하고 있던 사마천은 이때야말로 지준 같은 인재가 세상에 나와 능력을 발휘해야 한다고 생각하여 이 편지를 보낸 것으로 보인다.

편지에서 사마천은 인생의 세 가지 목표를 입공(立功, 또는 입신立身), 입언(立言), 입덕(立德)의 '삼립(三立)'으로 정의하면서 지준의 덕행을 높이 평가하는 한편 그의 입사를 강력하게 권하고 있다. 사마천의 이 같은 권유에 지준은 다음과 같은 답장을 남겼다. 차원 높은 우정과는 별도로 두 사람의 서로 다른 인생관이 잘 드러난다. 물론 궁형 이후 크게 달라진 사마천의 생사관을 염두에 두고 읽어야 할 것이다.

"저는 옛 군자들은 자신의 힘을 헤아려 일을 행하고 덕을 가늠하여 처세한다고 들었습니다. 그렇기 때문에 회한이나 우려는 절로 몸을 감추는 것입니다. 이익은 절로 들어오지 않으며, 명성도 슬그머니 얻어지는 것이 아닙니다. 한 왕조가 들어선 이래 제왕의 바른길을 실행하여 지금 잘 드러나고 있습니다. 능력 있는 사람은 달려가 능력을 발휘하고, 재능 없는 사람은 알아서 산림으로 은거한다 해도 때에 어긋나지 않습니다. 《역경》에 '군주에게 명령이 서 있으면 소인은 중용될 수 없다'고 했습니다. 저는 그저 늙어 죽을 때까지 자유롭게 살면 그만입니다."

《사기》와 〈보임안서〉 외에 사마천의 귀중한 문장을 수록하고 있는 《고사전》과 《예문유취》 판본이다.

키워드 : 인품, 고결

사구호보(射鉤呼父)

허리띠 걸쇠를 쏘고 중보라 불리다.

— 권32 〈제태공세가〉

당나라 시인 두목(杜牧, 803~852)은 〈두추낭(杜秋娘)〉이란 시에서 이런 구절을 남겼다.

"허리띠 걸쇠를 쏜 다음 중보라 불리고, 낚시하던 늙은이가 왕의 스승이 되었구나."

"사구후호보(射鉤後呼父), 조옹왕자사(釣翁王者師)."

앞부분은 춘추시대 제나라의 관중(管仲)이 정쟁의 와중에 공자 소백(小白, 훗날 환공 桓公)을 활로 쏘아 죽이려다 허리띠 걸쇠, 즉 버클을 맞추는 바람에 환공을 죽이지 못했으나 환공은 이 일을 마음에 두지 않고 관중을 재상으로 임명했을 뿐만 아니라 그를 중보(仲父)로 높여 부른 사실을 말한다. 그리고 뒷부분은 주나라 건국의 1등 공신인 강태공(姜太公)이 바늘도 없는 낚싯대로 낚시를 하다가 주 문왕(文王)을 만나 문왕의 왕사(王師)가 된 일을 말한다.(당시 '사'는 군사를 비롯하여 국정 전반을 책임지는 자리였다.) 강태공은 문왕의 뒤를 이은 무왕 때 은나라를 멸망시키고 주나라를 건국하는데 큰 공을 세웠다.

《사기》〈제태공세가〉에는 관중이 환공에게 활을 쏜 일, 환공이 이 일을 문제 삼지 않고 환공을 기용한 일 등이 간략하게 기록되어 있다. 두목은 바로 이 일을 소재로 삼아 '사구후호보'라는 구절을 남겼고, 사람들은 한

환공과 관중의 고사를 빌려 '사구호보'라는 성어를 만들어 낸 당나라의 시인 두목.

글자를 빼고 **사구호보** 네 글자의 성어로 사람을 기용할 때 지난날의 안 좋은 감정을 버리고 재능만으로 판단한다는 전고로 삼았다. 묵은 안 좋은 감정이나 원한을 푸는 것을 '석원(釋怨)'이라 한다. '석원'의 출처는 진(晉)나라 반악(潘岳, 247~300)의 〈사치부(射雉賦)〉라는 문장이다.

키워드 : 관계, 원한, 석원

사단(事端)

일의 발단 / 사고.
– 권4 〈주본기〉

전국시대 말기인 기원전 273년, 강국 진나라가 화양(華陽)에서의 맹약을 파기했다. 화양의 맹약은 그해 진나라가 한나라의 화양에서 위·조를 공격하여 한을 구원한 전투 이후 맺은 협약이었다. 이 때문에 명맥만 남은 동주는 큰 위기에 몰렸다. 동주의 대신 마범(馬犯)이 나서 서주의 왕에게 위나라로 하여금 주나라에 성을 쌓게 하겠다고 한 다음, 위나라로 가서 위왕에게는 서주의 구정(九鼎)을 위왕에게 주도록 설득하겠다고 했다. 위왕은 군대를 보내 서주를 지키게 했다. 그러자 마범은 진나라로 가서 위나라가 서주에 와 있는 것은 진나라를 공격하려는 것이라며 진나라를 자극했다.

마범은 다시 위왕에게 서주의 왕이 병중이라 구정을 얻어내는 일은 허락부터 받고 다시 알리겠다고 하였다. 그리고 위나라가 군대를 서주로 보낸 탓에 다른 나라들이 위나라를 의심하고 있으니 병사들로 하여금 성을 쌓게 하여 의심을 피하고 **사단**을 감추는 것이 좋겠다고 했다. 이렇게 해서 마범은 위나라의 군대를 빌려 서주에 성을 쌓게 했다.

마범은 서주의 위기를 해결하기 위해 강력한 진나라와 그 상대인 위나라 사이를 오가며 교묘한 유세와 외교로 힘 들이지 않고 서주에 성을 쌓았다. 당시 마범이 위

왕을 설득할 때 '사단'이란 단어가 나왔다. 사단은 일, 또는 어떤 **일의 시작**을 가리키
는 단어였으나 지금은 사고(事故) 또는 다툼을 가리키는 경우가 많다.

사마씨(司馬氏)

사마씨.

— 권130 〈태사공자서〉 ; 권40 〈초세가〉

사마는 사마천의 성씨다. 이 성씨는 군사(軍事)를 주관하는 관직 이름에서 비롯
되었다. '사마'에서 '사(司)'는 벼슬을 가리킨다. 뒤의 '마(馬)'는 고대 전쟁에서 중요
한 역할을 한 말에서 비롯되었고, 사마는 실제로는 말을 전문적으로 책임지고 관리
하던 벼슬로 대단히 중요한 군직이었다. '사마'는 은상시대부터 사도(司徒)·사공(司
空)·사사(司士)·사구(司寇)와 함께 다섯 관직으로 불렸고 그 지위는 6경에 상당했다.
  사마천의 선조들이 천문과 지리를 관장하던 일을 그만두고 대체로 주나라 때 이
후 군사를 담당하면서 성을 사마로 바꾼 것으로 보인다.
  사마천은 자서전 성격의 〈태사공자서〉 첫 부분에서 집안 내력을 이야기하고 있는
데, 전설 시대 천문을 담당하던 먼 조상들을 이야기한 다음 사마씨의 변동을 이렇게
소개하고 있다.

"그러다가 주 선왕(宣王, ?~기원전782) 때 와서 여(黎, 전욱제顓頊帝 때 천문을 담당한 먼
조상)의 후손들은 그 자리에서 물러나 군사 일을 담당하는 **사마씨**가 되었다. 그 뒤 사
마씨는 대대로 주나라의 역사를 주관하게 되었다."

사면초가(四面楚歌)

사방에서 초나라 노래가 들리다.

– 권7 〈항우본기〉

    사면초가는 역사상 유명한 고사다. 군사 방면으로 보자면 상대의 심리를 공격하는 전략인 '공심계(攻心計)'에 속한다. 이 고사는 항우와 유방이 천하를 다투던 초한쟁패의 막바지인 기원전 202년 해하(垓下)전투에서 비롯되었다. 〈항우본기〉에 기록된 당시 상황을 요약해서 소개하면 이렇다.

    항우의 군대는 해하 아래에 성벽을 쌓았다. 군대는 줄었고, 식량은 다 떨어졌다. 게다가 유방의 한군과 여러 제후들의 군대가 성벽을 몇 겹으로 포위하고 있는 상황이었다. 이윽고 밤이 깊어지자 **사방에서 초나라의 노래**가 들려오는 것이 아닌가? 항우는 깜짝 놀라면서 "한군이 이미 초나라 땅을 점령했단 말인가? 어찌하여 초나라 사람이 이다지도 많단 말인가?"라며 고개를 떨구었다.

    한신(또는 장량)은 '사면초가'의 전략으로 초나라 병사들의 향수를 부추겼고, 초나라 병사들의 심리상태는 혼란에 빠졌다. 병사들은 하나둘 군영을 이탈하여 도망치기 시작했다. 고향을 떠나온 8천여 명의 아들과 형제들은 애간장을 녹이는 고향의 노래 때문에 전투력을 완전히 상실했다. 항우와 여러 해 동고동락해 온 장군들마저 슬그머니 말 한마디 없이 떠났다. 숙부 항백(項伯)마저 도망치듯 떠났다. 항우는 '사면초가' 속에서 사랑하는 우희(虞姬)와 이별하고 오강(烏江)에서 칼을 뽑아 자결했다.

    심리전 모략의 가장 성공한 대표적인 본보기로 '사면초가'는 이후 수많은 사람들의 입에 오르내렸다. 항우와 우희의 애틋한 이별가 '패왕

'사면초가'는 심리전의 고전으로 오랫동안 차용되어 왔다. 그림은 장량이 사면초가를 전술을 구사할 때 피리를 부는 모습이다.(2014년)

별희(覇王別姬)'와 함께.

　전투력과 집단 전체의 사기(士氣)는 뗄 수 없는 관계이며, 사기는 또 사병들의 정서(情緒)와 관계된다. 각종 수단을 동원해서 상대의 정서를 흩어 놓는 한편, 아군의 사기를 고무시키는 것은 장수들이 전략을 구사할 때 항상 중시하는 내용이다. 《손자병법》〈구지(九地)〉 편을 보면 "산지(散地, 자기 땅)에서는 전투하지 말아야 하며, 경지(輕地, 적의 국경에 들어가긴 했으나, 깊숙이 들어가지 않은 곳)에서는 머무르지 말아야 한다"는 대목이 있다.

　이 부분을 좀 더 설명하면 이렇다. 자기 경내에서 전투를 벌이는 것은 적절하지 않다. 병사들이 집에서 멀리 있지 않기 때문에 굳이 죽을힘을 다해 진격하려는 마음을 갖지 않는다. 물러나면 돌아갈 곳이 있다고 여겨 싸우면서도 군심이 흩어지기 쉽다. 또 적국의 국경 깊숙이 들어가지 않은 곳에서 머무르는 것은 옳지 않다. 본국과 멀지 않기 때문에 집과 고향 생각을 하기 쉽기 때문이다. 고향을 생각하는 정서가 사기에 영향을 미치기 때문에 예로부터 전략가들이 이를 매우 중시했다.

　《삼국지연의(三國志演義)》에는 여몽(呂蒙, 178~220)이 형양(荊襄)전투에서 이 '사면초가'를 모방하여 승리를 거둔 일이 기록되어 있다. 여몽은 촉군 병사들의 가족과 친척들을 동원하여 산 위에서 부모형제의 이름을 부르면서 고함을 지르게 하여 군심을 동요시켰다. 형주의 병사들은 너나없이 부모 형제를 부르며 울부짖었다. 군심은 이미 흩어졌고 모두 자기를 부르는 목소리를 쫓아 떠나갔다. 관우(關羽)는 쉴 새 없이 고함을 질러 댔으나 남은 부하는 300여 명에 지나지 않았다. 천하에 위세를 떨치던 관우 역시 측근들마저 다 떠나 버린 외롭고 쓸쓸한 항우와 같은 신세가 되었다. '사면초가'는 우리 초등학교 국어 교과서, 고등학교 한문 교과서 등에 소개되어 있다.

키워드 : 군사, 전술, 군심, 심리전, 사기

사미이지박(辭微而指博)

문장이 미묘하고 뜻하는 바가 크고 넓다.
– 권121 〈유림열전〉

　〈유림열전〉은 유가의 학통을 이은 유림들의 전기다. 공자 이래 유학이 발전하고 탄압 받다가 결국은 독존의 지위에 오르는 과정을 다룬 열전이다. 사마천은 유가의 창시자 공자와 그의 학설이 학술과 문화에 기여한 공헌에 큰 존경을 표하면서도 그 뒤 유가가 진취적인 색깔을 포기하고 통치자에 철저히 복무하는 통치(자)의 시녀로 전락했음을 함께 비판한다. 특히 '곡학아세(曲學阿世)'하는 위선적 유자들을 조롱하는 반면, 정도를 걷는 유자들에 존경을 나타낸 기록으로 의미가 남다르다. 〈위기무안후열전〉, 〈평진후주보열전〉, 〈순리열전〉, 〈혹리열전〉, 〈유협열전〉 등을 함께 참고하면 좋다.

　〈유림열전〉의 사마천 논평은 맨 앞부분에 나온다. 여기서 사마천은 공자가 만년에 《춘추》를 편찬한 부분을 이렇게 기록했다.

　"노나라 사관(史官)의 기록을 바탕으로 《춘추》를 지어 임금의 법도로 삼았다. 《춘추》는 **그 언어(문장)가 미묘하고 그 뜻하는 바가 대단히 크고 넓어** 후세 학자들은 대부분 이를 본받아 기록하고 있다."

　위 대목에서 《춘추》의 가장 큰 특징을 가리키는 **사미이지박**이란 성어가 나왔다. 언어, 즉 문장은 미묘하고 그 내용이 뜻하는 바가 대의(大義)에 충실하다는 의미로 해석할 수 있다.

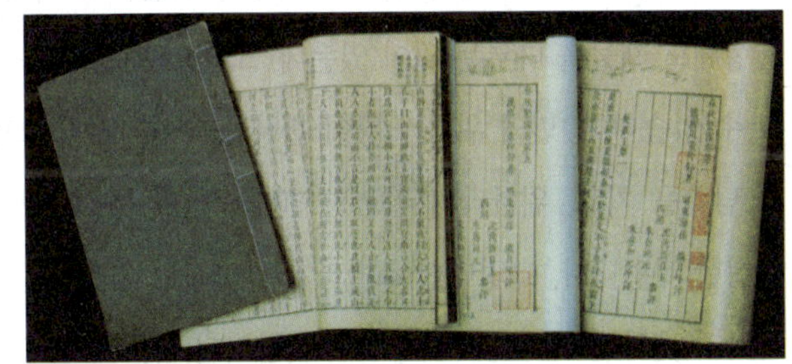

공자의 《춘추》에 함축되어 있는 역사비판의 정신을 밝히려는 '춘추공양학'의 철학적 근거를 확립했다는 동중서의 《춘추번로》 판본이다.

키워드 : 문장, 대의, 미묘

사분오열(四分五裂)

넷으로 나뉘고, 다섯으로 갈라지다.
– 권70 〈장의열전〉

진 혜문왕 3년(기원전 322년), 장의는 거짓으로 진나라 재상을 사직하고 위나라에 투항했다. 목적은 위나라로 하여금 진나라를 섬기게 한 다음, 다른 제후들도 본받게 하려는 연횡책(連橫策) 때문이었다. 위 양왕은 장의의 의견을 따르려고 하지 않았다.

기원전 319년 위 양왕이 죽고 애왕이 즉위했다. 애왕 역시 진나라에게 굴복하길 거부했고, 진나라는 위나라를 대거 공격하여 대파했다. 이 기회를 이용하여 장의는 위 애왕을 설득하러 나섰다. 장의는 위나라의 상황을 다음과 같이 분석했다.

"위나라의 토지는 천 리도 못되고, 사졸은 30만 명에 불과합니다. 지세는 사방이 평탄하여 높은 산이나 큰 하천이 없어 제후들이 사면팔방에서 공격하기 쉽습니다. 위나라의 지세는 본래부터 전쟁터입니다. 남쪽으로 위나라가 초나라와 친하게 지내고, 제나라와 친하게 지내지 않으면 제나라는 위나라의 동쪽을 칠 것입니다. 동쪽으로 제나라와 친하고, 조나라와 친하지 않으면 조나라가 위나라의 북쪽을 칠 것입니다. 한나라와 화합하지 못하면 한나라는 서쪽을 칠 것입니다. 초나라와 친하게 지내지 못하면, 초나라는 남쪽을 칠 것입니다. 이는 이른바 **사분오열**되는 지리적 위치 때문입니다. 각국 제후로서 합종의 맹약을 하는 것은 국가를 안정시키고, 군주를 존엄하게 하고, 군대를 강대하게 하여 이름과 위엄을 드러내고자 하는 겁니다. 그러나 친형제도 재물을 다투는 일이 있는데, 소진이 거짓과 속임수로 계획한 모략은 성공할 수 없습니다. 만약 위나라 왕이 진나라를 섬기지 않으면 진나라가 출병하여 황하의 남쪽을 치고, 위나라의 권(卷)·연(衍)·연(燕)·산조(酸棗)를 점거하여 양진(陽晉)을 위협할 것입니다. 그렇다면 조나라가 남하하여 위나라를 도울 수 없고, 조나라가 남하하지 못하면 위나라도 북상하지 못합니다. 위나라가 북상하여 조나라와 연계되지 못하면 합종의 길은 끊어지고 맙니다. 합종이 끊어지면 위나라가 위태로움이 없기를 원하는 것은 불가능한 일입니다. 만약 진나라가 한나라를 설복하여 함께 위나라를 공격한다면, 위나라의 멸망은 시간문제입니다."

위는 장의의 유세술에서 아주 돋보이는 대목의 하나이다. 장의는 위협과 이익으로 겁도 주고 회유하기도 하여 애왕의 마음을 움직이게 만들었다. 위나라는 합종의 맹약으로 진나라에게 대항하는 정책을 버리고, 장의를 통해 진나라와의 사이가 좋아지게 되었다. 위나라를 흔드는 목적을 이루자 장의는 위나라 재상을 사임하고, 다시 진나라로 돌아가서 재상이 되었다.

장의가 위 애왕을 설득하는 과정에서 '사분오열'이란 성어가 나왔다. **넷으로 나뉘고, 다섯으로 갈라진다**는 뜻으로 여러 개로 쪼개져 통일을 이루지 못하는 형세나 상황을 가리킨다. 원전은 《전국책》〈위책〉이다.('원교근공' 항목 전국시대 형세도 참고)

키워드 : 형세, 분열

사양장랑(使羊將狼)

양에게 이리를 이끌게 하다.
– 권55 〈유후세가〉

한나라 건국 11년째인 기원전 196년, 경포(黥布)가 반란을 일으켰다. 고조 유방이 마침 병중이라 태자 유영(劉盈, 훗날 혜제)을 장수로 삼아 치게 했다. 이때 태자를 모시고 있는 상산사호(商山四皓)는 여택(呂澤)의 동생 건성후(建成侯) 여석지(呂釋之)를 찾아, 태자가 유방을 모셨던 장수들과 함께 토벌에 나가는 것은 **양에게 이리를 이끌게 하는 것**과 다름없어 태자는 공을 세우지 못할 것이라며 이를 말리라고 했다.('상산사호' 항목 참고) 여석지는 형님 여택에게 이를 알렸고, 여택은 태자의 모후인 여태후를 찾아 이를 전했다. 여태후는 눈물로 고조 유방에게 간청해서 태자의 출정을 취소시켰다.

이후 **사양장랑**은 군대나 조직을 이끌기 어려움을 비유하는 성어가 되었다. 때로는 어진 사람이 야심이 큰 사나운 사람을 부리려 하는 좋지 않은 일을 비유하기도 한다.

키워드 : 군사, 통솔, 무모함

사위지기자사(士爲知己者死), 여위열기자용(女爲悅己者容)

뜻있는 사람은 자신을 알아주는 사람을 위해 목숨을 바치고, 여자는 자신을 기쁘게 해주는 사람을 위해 얼굴을 꾸민다.

– 권86 〈자객열전〉

자객 예양(豫讓)이 남긴 절개와 지조로 충만한 명언이다. 춘추시대 말기 진(晉)나라의 실권을 좌우하던 지백(知伯)이 조양자(趙襄子)를 비롯한 연합세력에게 잡혀 죽었다. 처참하게 살해된 지백의 참모들 중 예양(豫讓)이란 인물이 있었다. 그는 일찍이 범씨(范氏)와 중항씨(中行氏)를 섬겼으나 제대로 기용되지 못하고 지백에게까지 흘러들어왔다. 지백은 그를 국사(國士)급으로 높이 평가하고 우대했다. 지백이 죽자 가신들은 놀란 짐승들이 흩어지듯 뿔뿔이 도망쳤다. 예양도 산속으로 숨어야 하는 신세가 되었다. 예양은 말없이 하늘을 우러러보며 이렇게 탄식했다.

"오호라! 뜻있는 사람은 자기를 알아주는 사람을 위해 죽고, 여자는 자기를 기쁘게 해주는 사람을 위해 얼굴을 꾸민다고 했다. 지백이 나를 알아주었으니, 그를 위해 죽음으로 복수하여 보답하는 것이 내 혼백에게 부끄럽지 않으리!"

예양은 자신의 얼굴까지 망가뜨려가며 두 차례 조양자를 죽이고자 했으나 뜻을 이루지 못하고 잡혔다. 죽음을 눈앞에 두고 예양은 조양자에게 옷이라도 찔러 지백의 원한을 갚게 해달라고 부탁해 조양자의 옷을 세 번 찌른 다음, 스스로 목숨을 끊

었다. ('삼약격지' 항목 참고)

"조나라의 뜻있는 인물들은 이 이야기를 듣고 모두 눈시울을 적셨다."

예양의 절개는 무모해 보이지만 그 무모함에는 우리가 잊고 있거나 잃어버린 로망이 살아 숨 쉬고 있어 심장을 뛰게 한다. 사진은 처음 조양자를 죽이려고 몸을 숨기고 있었던 다리, 즉 훗날의 예양교가 있었던 곳으로 산서성 태원시(太原市)에 남아 있다.(2007년)

사마천은 위 구절로 이 감동적인 스토리를 끝맺고 있다. 지백은 천하의 모든 사람에게 버림을 받았지만, 예양은 그 때문에 은혜와 의리를 저버리지 않고 자신의 생명으로 자신을 알아준 지백의 은혜에 보답하려 했던 것이다.

'뜻있는 사람은 자기를 알아주는 사람을 위해 죽고, 여자는 자신을 기쁘게 해주는 사람을 위해 얼굴을 꾸민다.' 예양이 남긴 이 말은 당시 유행하던 속담이나 격언 같은 것으로, 그 나름의 확고한 뜻과 절개를 갖춘 지사의 기본 미덕이었다. 물론 봉건시대의 미덕이 오늘날에는 황당한 것이 될 수도 있다. 자신을 알아주는 사람에게 충성을 다하는 것이야 나무랄 것 없지만, 그 사람이 역사의 흐름에 순응할 줄 아는 사람이냐 아니냐를 가리지 않고 무조건 충성하는 것은 어리석음이다. 이런 점에서 예양의 충절은 오늘날 관점으로 새롭게 평가해야 한다. 그럼에도 불구하고 배신과 배은망덕이 판을 치는 세태에 대한 의미있는 귀감이 될 만하다.

이 명언은 같은 〈자객열전〉의 섭정 누이 섭영도 언급했고, 사마천은 〈보임안서〉에서 인용한 바 있다.

키워드 : 지사, 지조, 의리

사이밀성(事以密成), 어이설패(語以泄敗)

일은 비밀을 유지해야 성공하고, 말은 새어나가면 실패한다.
– 권63 〈노자한비열전〉

한비자는 권력자가 자신의 의중을 철저히 감추어야 한다는 점을 강조했다.

이 명구의 출처는 유세의 어려움을 전문적으로 논한 《한비자》 〈세난〉 편이다. 사마천은 이를 한비자의 열전에 인용했다. 해당 대목은 이렇다.

"일이란 비밀을 유지해야 성공하고, 말은 새어나가면 실패한다. 꼭 내가 누설하지 않더라도 대화하는 중에 숨겨진 일을 (자기도 모르게) 은근히 내비칠 수 있다. 이러면 신변이 위태로워진다."

한비자는 유세의 대상인 권력자의 성향을 모르는 상황에서는 특히 말조심해야 한다는 점을 이렇게 강조하고 있다.

키워드 : 일, 비밀, 누설

사쟁추연(士爭趨燕)

인재가 다투어 연나라로 달려오다.
– 권34 〈연소공세가〉

필요한 인재를 구하기 위한 방법과 방식은 수천 년 전 고대부터 다양하게 제시되었다. 전국시대 연나라 소왕(昭王, ?~기원전 279)은 나라를 중흥시키기 위해 인재를 갈망했다. 그는 현자 곽외(郭隗)를 찾아 고견을 물었다. 《전국책》(〈연책〉1) 기록에 따르면 곽외는 명마를 구하기 위해 죽은 말 뼈다귀를 천금에 사 왔다는 '천금매골(千金買骨, 또는 '천금시골千金市骨)'의 고사를 들려주며, 좋은 인재를 모시는 방법을 알려 주었다. 소왕은 '자신의 몸을 낮추고 후한 예물을 베푸는' '비신후폐(卑身厚幣)'로 인재를 청했다.('비신후폐' 항목 참고) 그러자 **인재들이 천 리 멀다 않고 앞을 다투어 연나라로 달려왔고** 여기서 '개원천리(豈遠千里, 불원천리不遠千里)'와 **사쟁추연(士爭趨燕)**이란 성어가 탄생했다.

연나라 중흥을 위해 인재를 적극 모셨던 소왕의 초상화이다.(2009년)

앞서 곽외는 '먼저 자신 곽외부터 시작하시라'는 '선종외시(先從隗始)'라는 말로 자신을 먼저 기용할 것을 연왕에게 암시했고, 소왕은 곽외를 위해 궁을 지어 모셨다.('선종외시' 항목 참고) 일설에는 황금으로 지은 집에 모셨다고도 한다. 여기서 '황금대(黃金臺)'라는 표현이 나왔다.('황금대' 항목 참고) 사마천이 기록한 궁을 황금대로 부른 것은 남조 시기(420~589)로 추정한다.

당나라 때 사람 이면(李勉, 717~788)은 고위직에 있으면서도 늘 자신의 몸을 낮추고 시종 진심으로 갖은 예를 다하여 인재를 대했다고 한다. 여기서 '몸을 낮추는 예로 현자와 인재를 대한다'는 뜻의 '예현하사(禮賢下士)'라는 성어도 파생되었다.('개원천리', '옹혜', '비례후폐' 항목 참고)

키워드 : 인재, 우대, 자원(自願)

사전지국(四戰之國)

사방으로 싸움이 일어나는 나라.
– 권34 〈연소공세가〉 ; 권80 〈악의열전〉

사전지국은 '사전지지(四戰之地)'로도 나온다. 사방으로 싸움이 일어날 수 있는 지역이나 나라를 가리킨다. 즉, 지세가 평탄하여 적의 공격을 막기 어렵다는 뜻이다. 《사기》에는 전국시대 조나라가 이런 지세여서 모두 조나라를 지목하는 비유로 쓰이고 있다. 〈악의열전〉을 보면 "조나라는 **사방으로 싸움이 일어나는** '사전지국'이라 백성들이 전쟁에 익숙하니 정벌할 수 없다"는 대목이 있다. 《상군서》와 《동주열국지》 등에도 같은 표현이 보인다.

키워드 : 형세, 평지, 전쟁

사족(蛇足)

뱀의 발 / 쓸데없는 언행.
– 권40 〈초세가〉 ; 《전국책》 〈제책〉

사족은 유명한 단어로 네 글자로는 '화사첨족(畫蛇添足)'이라 한다. '뱀의 발을 더 그린다'는 뜻의 사자성어인데, 일반적으로 **뱀의 발**이란 뜻의 '사족(蛇足)'으로 더 많이 알려져 있다. 쓸데없는 군일을 하다가 도리어 실패하거나 일을 그르치는 것을 비유하는 성어이다. 《전국책》에 관련 이야기가 기록되어 있다.

기원전 323년 초나라와 제나라의 전쟁을 막기 위해 유세가 진진(陳軫)은 초나라 장수 소양(昭陽)에게 유세하면서 이런 이야기를 끼워 넣었다.

전국시대 초나라 회왕(懷王) 때 어떤 인색한 사람이 제사를 지낸 뒤 여러 하인들 앞에 술 한 잔을 내놓으면서 나누어 마시라고 했다. 한 하인이 이렇게 제안했다.

"여러 사람이 나누어 마신다면 간에 기별도 안 갈 테니, 땅바닥에 뱀을 제일 먼저 그리는 사람이 혼자 다 마시기로 하는 게 어떻겠나?"

모두들 그 하인의 말에 찬성하고는 제각기 땅바닥에 뱀을 그리기 시작했다. 이윽고 뱀을 다 그린 한 하인이 술잔을 집어 들고 말했다.

"이 술은 내가 마시게 됐네. 어떤가, 멋진 뱀이지? 발도 있고."

그때 막 뱀을 그린 다른 하인이 재빨리 그 술잔을 빼앗아 단숨에 마셔 버렸다. 그리고 이렇게 말했다.

"세상에 발 달린 뱀이 어디 있나!"

술잔을 빼앗긴 하인은 공연히 쓸데없는 짓을 했다고 후회했지만, 소용이 없었다. 진진은 소양에게 제나라를 공격하는 일은 '뱀의 발을 그리는 것'과 같이 아무런 이득이 되지 않는다고 설득했고, 소양은 공격을 그만두었다.

비슷한 뜻을 가진 성어로 '집 위에 또 집을 짓는다'는 '옥상가옥(屋上架屋)'을 많이 쓴다. 《안씨가훈(顔氏家訓)》에는 '집 아래 다시 집을 짓는다'는 '옥하가옥(屋下架屋)'과 '상 위에 또 상을 설치하다'는 '상상시상(床上施床)'이란 표현이 나오는데, 모두 같은 뜻이다. '상상시상'은 '마루 위에 마루를 또 놓는다'는 '상상안상(牀上安牀)'으로도 쓴다. '옥상가옥'의 출처는 알 수 없는데, 《안씨가훈》의 '옥하가옥'에서 파생된 것으로 보인다.

키워드 : 일, 헛일

사주(使酒)

술김에 기세를 부리다.
– 권107 〈위기무안후열전〉

한 무제 때의 장군 관부는 성격이 강직하여 남에게 아부하길 좋아하지 않았다. 또 술을 좋아했는데, 술에 취하면 술주정을 부렸다. 사마천은 이런 관부의 술버릇을 **사주(使酒)**로 표현했다. 좋지 않은 술버릇을 가리키는 표현으로 우리는 '주사(酒邪)'를 많이 쓰는데, '사주'와 비슷한 뜻이다. '사주'는 앞뒤 글자를 바꾸어 '주사(酒使)'로도 쓴다. '술에 부림을 당한다'는 뜻이다. 관부와 관련한 술자리에 대해서는 '관부매좌' 항목을 참고하면 된다.

키워드 : 술, 술버릇

사직지신(社稷之臣)

사직(나라)을 지킬 신하.
– 권120 〈급정열전〉

한 무제가 강직한 급암을 가리켜 **사직을 지킬 신하**라 평가한 대목에서 나온 표현이다. 출전은 《논어》 〈계씨(季氏)〉 편이다. 다만 〈계씨〉 편의 **사직지신**은 종주국인 노나라, 즉 사직에 소속된 신하의 나라라는 뜻으로 쓰이고 있다. 이로부터 군주와 신하의 관계에서 한 나라를 떠받칠 정도로 중요한 신하라는 뜻으로 그 의미가 확대되었다.('후래거상' 항목 등 참고)

키워드 : 군신, 중신(重臣)

사통오달(四通五達)

사방으로 다섯 곳이 뚫려 있다.
– 권97 〈역생육고열전〉

사통오달은 유세가 역이기가 유방에게 진류(陳留, 지금의 하남성 개봉시開封市 진류진陳留鎭)의 지세를 묘사하면서 든 비유이다. 모든 방향으로 길이 뚫려 있는, 교통이 아주 편리한 지역을 말한다. 이로부터 '사통오달(四通五達)'이란 표현도 나왔고, 지금은 '사통팔달'을 많이 쓰고 있다.

'사통팔달'은 역사책인 《진서(晉書)》(〈모용덕재기慕容德載記〉)와 《주자어류(朱子語類)》 같은 책을 비롯하여 소식(蘇軾), 임칙서(林則徐) 등 명인들의 문장에도 등장하는 성어이다. 대부분 **막힘이 없이 사방팔방으로 훤히 뚫린 길이나 그런 지형**을 가리킨다. 그러나 《주자어류》에서는 책을 읽을 때 어느 한쪽에 치우치지 말고 '사통팔달'로 보아야 막힘이 없어 진보할 수 있다고 해서 '두루두루 읽어라'는 뜻으로 사용하고 있다.

'사통팔달'의 지형은 교통, 특히 경제교역에는 대단히 유리한 조건이지만 군사적으로는 불리하다. 사방에서 적의 공격을 받을 수 있기 때문이다. 그래서 역대 기록을 살펴보면 도읍을 선정할 때 '사통팔달'의 지역은 피하라고 했다. 《진서》에서도 "활대(滑臺)는 사통팔달이라 제왕의 거처가 못된다"라고 했다.

지금 세계의 통신망은 전기선이 필요 없는 시대로 빠르게 진입하고 있다. '사통팔달' 정도가 아니라 전방위로 모든 정보가 오가는 놀라운 시대가 되었다.

'사통팔달'은 당초 교통의 편리를 가리키는 성어였지만, '사리(事理)가 두루 통한다'는 비유로도 사용한다. '사통팔달'은 또 두 글자씩 바꾸어 '팔달사통'으로 쓰기도 한다. 비슷한 뜻을 가진 성어로는 '훤히 뚫려 막힘없이 오갈 수 있다'는 뜻의 신조어로 '창행무저(暢行無阻)'와 '육통사달(六通四達)' 등이 있다. 반대되는 뜻을 가진

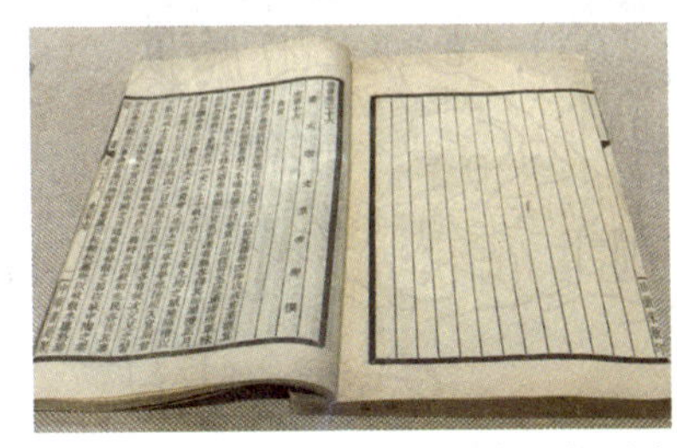

'사통팔달'이란 성어가 출처인 《진서》의 판본이다.

성어로는 '물이 새고 통하지 않는다'는 '수설불통(水泄不通)'이나 '막다른 길'이란 뜻의 '궁도말로(窮途末路)' 등이 있다. '수설불통'의 출처는 《경덕전등록(景德傳燈錄)》이고, '궁도말로'의 출처는 《오월춘추(吳越春秋)》이다.('거상', '떨권제성', '이기하제국' 항목 참고)

키워드 : 형세, 지세, 통달

사평득재천하(使平得宰天下), 역여시육의(亦如是肉矣)

진평으로 하여금 천하의 재상을 시켜도 고기를 나누듯 잘할 텐데.
– 권56 〈진승상세가〉

이 명언은 유방을 도와 천하를 통일하는 데 결정적인 역할을 한 책략가 진평(陳平, ?~기원전 178)이 젊은 날 자신의 야심을 토로한 대목으로 유명하다. 부잣집 과부와 결혼에 성공한 진평은 마을의 명망가가 되었고, 그는 자신의 포부를 펼칠 수 있는 든든한 뒷배 하나를 확보했다.

책략가 진평의 야심을 잘 엿볼 수 있는 일화가 또 하나 전하는데, 바로 위 명구와 관련한 일이다. 진평이 마을의 제사를 주관하게 되었는데, 제사가 끝난 뒤 고기를 공평하게 잘 나누었다. 마을 어른들은 진씨네 젊은이가 제사 주관을 참 잘한다고 칭찬했다. 이 말에 진평은 "아! 안타깝구나. 이 **진평을 천하의 재상으로 삼으면, 고기를 나누듯 천하도 공평하게 다스릴 텐데…**"라고 탄식했다.

진평은 자신의 야심은 천하에 있다면서 이 말을 내뱉었다. 뜻을 펼치지 못하고 있는 자신

'진평분육'의 고사를 그린 그림이다.

의 처지에 대한 안타까움이 배어 있는 말이지만, 그 못지않게 오만에 가까운 자신감을 느끼게 된다. 진평은 훗날 서한의 재상이 되었다.

진평은 진나라 말기 난세에서 활약하며 유방을 도와 천하를 재통일하는 데 큰 공을 세운 책략가 중의 책략가였다. 그의 자질에서 가장 돋보이는 부분은 균형 감각이었는데, 이 구절도 그의 탁월한 균형감각을 은근히 암시하고 있는 것 같아 흥미롭다. 진평은 권력의 본질도 힘의 균형에 있다는 점을 잘 체득하고 있었던 뛰어난 정치가였다.

이 일화는 훗날 '진평분육(陳平分肉)'이란 사자성어를 파생시켰고, 나아가 고기를 골고루 잘 나누듯이 천하 형세도 잘 살펴서 무난하게 다스린 재상 진평의 진면목을 대변하는 성어가 되었다.('진평분육' 항목 참고)

키워드 : 야망, 재상

사현능이불용(士賢能而不用), 유국자지치(有國者之恥)

유능한 인재가 있는데 기용하지 않는 것은 나라를 가진 자의 수치다.
– 권130 〈태사공자서〉

사마천의 인재관을 잘 보여주는 명언이다. 〈태사공자서〉에는 상대부(上大夫) 호수(壺遂)와의 대화가 기록되어 있다. 호수는 사마천의 역사서를 《춘추》와 비교하면서 질문을 던졌다. 그중 한 질문으로 호수는 공자가 《춘추》를 편찬한 시대는 영명한 군주가 없어 유능한 인재가 기용되지 못했고, 그래서 공자가 예의의 득실을 논단하고 제왕의 법전을 만들고자 《춘추》를 지었다면서, 지금은 영명한 천자를 만나 모든 것이 다 잘 갖추어져 있는데 왜 역사서를 쓰려는 것이며, 또 그것으로 밝히고자 하는 것이 무엇이냐는 것이었다. 상당히 도전적인 질문이었다. 이에 대해 사마천은 "**유능한 인재가 있는데 기용하지 않는 것은 나라를 가진 자의 수치입니다**"라고 말하면서 아래와 같이 응수했다.

　"지금 주상께서는 확실히 영명하십니다. 그런데도 그 성덕이 온 나라에 널리 퍼져 백성들에게 알려지지 못한다면, 이는 담당 관리의 잘못입니다. 마찬가지로 제가 그 자리를 관장하면서 영명하고 성스러운 황제의 업적을 기록하지 않거나 공신과 세가, 어진 대부들의 공업을 서술하지 않고 없앰으로써 아버지의 유언을 실추시킨다면 그보다 더 큰 죄는 없을 것입니다. 제가 옛 사건들을 서술하는 것은 지난 인물들의 행적을 정리하려는 것이지 창작을 하려는 것이 아닙니다."

　사마천은 이렇게 에둘러 황제인 무제를 치켜세우면서 자신이 역사서를 기술하려는 의도를 밝혔다. 그러면서 "유능한 인재가 있는데 기용하지 않는 것은 나라를 가진 자의 수치다"라는 말로 자신이 생각하는 진정한 인재들을 역사서에 수록하려는 의지를 내비쳤다. 두 사람의 문답은 얼핏 보면 평범한 대화처럼 보이지만 실은 상당히 날이 선 설전에 가까운 대화였다. 나라의 흥망을 인재와 연계시키면서 인재의 중요성을 강조하는 사마천의 통찰력이 돋보이는 명언이라 하겠다.

키워드 : 통치자, 용인, 인재, 설전

사회부연(死灰復燃)

꺼진 재가 다시 불붙다.
— 권108 〈한장유열전〉

　한나라 초기 양 효왕(孝王)은 황제이자 형인 경제(景帝) 못지않은 권세를 휘두르며 안팎으로 물의를 일으켰다. 이 일로 경제는 효왕을 몹시 못마땅하게 생각했고, 형제 사이가 벌어지기 시작했다. 이때 이 두 사람의 관계를 화해시킨 인물이 한안국(韓安

國)이었다. 지방에 있던 한안국은 이 일로 중앙 조정에 발탁되었다.

그 뒤 한안국이 무슨 일로 법을 어겨 죄를 받게 되었는데, 몽현(蒙縣)의 옥리 전갑(田甲)이란 자가 한안국에게 모욕을 주었다. 이 성어는 바로 이때 한안국이 옥리 전갑에게 한 말이다. 〈한장유열전〉의 이 대목은 자못 유머러스하다.

한안국 꺼진 재라고 어찌 다시 타지 않겠는가?

전갑 다시 탄다면 내가 거기에 오줌을 누겠소!

그 뒤 한안국은 풀려나 고위관직으로 복직되었다. **꺼진 재에 다시 불이 붙어 타오른** 것이었다. 한안국을 모욕했던 옥리 전갑은 겁을 먹고 도망쳤다. 한안국은 "전갑이 직무에 복귀하지 않으면 일족을 모조리 죽여 버리겠다!"고 했다. 전갑이 어깨를 드러낸 채 한안국에게 사죄했다. 한안국은 껄껄 웃으며 이렇게 말했다고 한다.

"오줌을 누라. 내가 너 같은 무리와 더불어 지난날을 따질 수 있겠는가?"

《사기》에는 수많은 인간 군상들의 행적이 생동감 넘치게 묘사되어 있다. 그들의 행적을 통해 얻는 지혜는 값으로 따질 수 없을 만큼 귀중하다. 그런가 하면 위 한안국의 일화처럼 긴장을 풀고 빙그레 미소를 짓게 하는 가벼운 대목들도 적지 않다. 이를 통해 삶을 지혜를 얻을 수 있다고 말할 수 있는 것도 이 때문이다.

'꺼진 재가 다시 불붙다'는 **사회부연**은 훗날 권세를 잃는 사람이 다시 권세를 얻거나, 활동이 멈춘 사물이 다시 움직이는 것을 비유하게 되었다.

키워드 : 실세(失勢), 재기, 부활

삭목위리(削木爲吏)

나무를 깎아 관리라 하다.

– 〈보임안서〉

사마천은 이릉을 변호하다 옥에 갇히고 반역죄에 몰려 사형을 선고받았다. 당시 상황을 사마천은 "그러므로 땅에 선을 긋고 감옥이라며 들어가라 하면 기세상 들어갈 수 없습니다. **나무를 깎아 관리(형리)라 하면서** 심문을 한다 하여도 대답할 수 없습니다"라고 했다. 여기서 **삭목위리**라는 성어가 나왔다. 형리의 위압적이고 흉포한 모욕을 견딜 수 없음을 비유한다.('인고유일사' 항목 참고)

키워드 : 형리, 위압

산시(刪詩)

시를 깎다(줄이다).

– 권47 〈공자세가〉

기원전 484년 67세의 나이로 천하주유를 끝내고 고향 곡부로 돌아온 공자는 고대 전적들을 정리하는 작업을 시작했다. 《주역(周易)》을 읽고 또 읽어 책을 엮은 가죽을 세 번이나 갈았다.('위편삼절' 항목 참고) 또 《춘추(春秋)》를 저술했다. 《춘추》는 춘추시대 노나라의 역사를 기록한 책이다. 《춘추》는 천하를 떠돌며 자신의 정치사상을 펼쳐보려던 공자가 뜻을 이루지 못하고 고향인 곡부(曲阜)로 돌아와 제자들을 가르치다 세상을 떠나기 얼마 전, 노(魯)나라 연대기를 중심으로 춘추시대(기원전 722~기원전 481) 여러 나라의 정치사 등을 정리한 역사책이다.

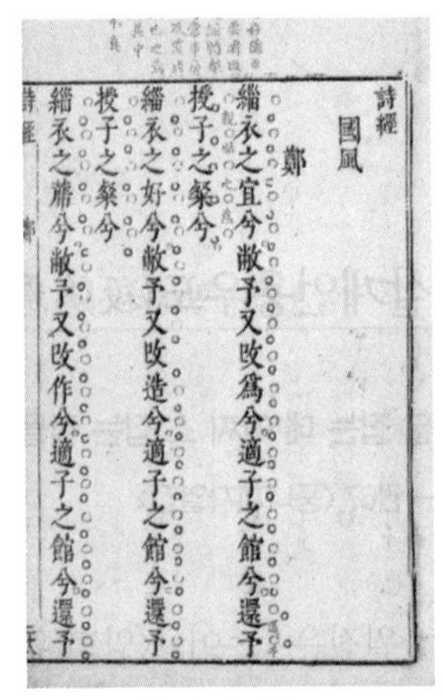

공자가 3천 편의 시가를 300편으로 정리했다는 《시경》의 판본이다.

공자는 《춘추》를 편찬하면서 기록해야 할 것은 결단코 기록하고, 삭제할 것은 무슨 일이 있어도 삭제했다. 이렇게 해서 '춘추필법(春秋筆法)'이라는 역사서술의 기본자세를 확립했다. 공자 자신도《춘추》에 상당한 애착을 가졌다. 제자들에게 《춘추》의 뜻을 전수한 뒤 "후세에 나를 알아주는 사람이 있다면《춘추》때문일 것이며, 나를 비난하는 사람이 있다면 그 역시《춘추》때문일 것이다"라고 말했을 정도다.

사마천은 〈공자세가〉에서 공자가 지은《춘추》의 문장을 두고 학문과 문장이 뛰어난 자하(子夏) 같은 제자들도 '단 한마디 거들 수 없을' 정도였다고 칭찬하고 있다.('불능찬일구' 항목 참고)

공자가 정리한 고대 전적들 중에는 훗날 《시경(詩經)》으로 불리며 유가의 주요 경전이 된 《시(詩)》도 있었다. 당시 공자는 3천여 수의 《시》 가운데 유가의 예의에 맞지 않는 것들을 빼내고 약 300수로 정리했다고 한다. 《논어》 〈위정(爲政)〉 편에서 공자는 "시 300편을 한마디로 개괄하면 '생각에 사악함이 없다'이다"라고 했다. 훗날 공자의 이 일을 가리켜 **산시**라 했고, 나아가 **시(노래 가사)를 깎고 고르는 작업**을 두루 가리키기에 이르렀다.

키워드 : 문화, 전적(典籍), 정리(整理)

살계언용우도(殺鷄焉用牛刀)

닭 잡는 데 어찌 소 잡는 칼을 쓰랴?
– 권67 〈중니제자열전〉

원전은 《논어》〈양화(陽貨)〉 편이다. 많은 사람들이 우리 속담인 줄 잘못 알고 있다. 《논어》의 관련 대목은 이렇다.(《논어》에는 '살계'가 '할계割鷄'로 나오는데 뜻은 같다.)

"공자가 무성(武城)을 지나다가 연주와 노래 소리를 들었다. 공자는 싱긋이 웃으며, **닭을 잡는 데 어찌 소 잡는 칼을 쓰는가**라고 했다."

여기에는 사연이 있다. 공자의 수제자들 중 한 사람으로 문학에 뛰어났던 자유(子游, 기원전 506~?)는 공자의 가르침 중에서 예악을 중시했다. 그 뒤 자유가 무성(武城)의 관리가 되었다. 무성은 작은 읍이었지만 자유는 스승의 가르침에 따라 예악으로 백성들을 이끌고자 그들에게 늘 악기를 연주하고 노래를 부르게 했다.

자유는 스승의 가르침에 충실했다. 다만 가르침 자체에 얽매여 응용이 지나쳤던 것 같다. 자하의 초상화이다.

공자가 제자들과 이 무성을 지나다가 악기 연주와 노래 소리를 듣고는 싱긋이 웃으면서, "닭을 잡는 데 어찌 소 잡는 칼을 쓰는가?"라고 했다. 공자의 말인즉 무성처럼 작은 지방에 예악이란 큰 도를 가르치는 것은 마치 '소 잡는 데 쓰는 칼로 닭을 잡으려는 것'과 같다는 뜻이었다. 자유는 공자에게 스승의 가르침에 따라 예악을 베풀고 있는데, 어찌 안 된단 말씀이냐고 되물었다.

자유의 이 말에 공자는 문득 느끼는 바가 있어 몸을

돌려 따르던 제자들에게 자유를 배우라고 했다. 공자의 말에 잘못은 없었지만 지나친 감이 없지 않았다. 그래서 공자도 얼른 자신이 말이 지나쳤다는 것을 깨닫고 자유를 배우라는 말로 상황을 수습했다. 혹자는 공자의 이 말을 유머로 해석한다. 공자는 자유의 반문에 자유의 말이 옳다면서, "방금 내가 한 말은 농담이었다"고 덧붙였기 때문이다.

《논어》에는 이런 공자의 유머를 곳곳에서 확인할 수 있다. 일찍이 수필가 임어당(林語堂, 1895~1976)은 공자의 유머에 주목하여 여러 편의 관련한 글을 남겼다.

소 잡는 칼로 닭을 잡을 수 있다. 하지만 효용이란 면으로 보자면 무리한 일이다. 반대로 닭 잡는 칼로 소를 잡을 수도 있다. 이는 효용이 더 떨어질 뿐만 아니라 더 힘이 든다. 공자의 말인 즉 일과 상황에 맞는 방법과 수단을 강구하라는 것이다.

참고로 공자의 유머와 관련한 임어당의 글로는 〈공자의 유머〉, 〈동서문화의 유머〉, 〈사디즘과 공자 숭배〉, 〈공자를 생각하며〉, 〈다시 공자의 정을 말한다〉 등이 있다.

키워드 : 언어, 유머, 정도

살신성명(殺身成名)

자기 몸을 죽여 이름을 이루다.

– 권79 〈범수채택열전〉

진나라로 건너와 '원교근공(遠交近攻)'의 외교책략을 제시하여 응후(應侯)라는 작위까지 받고 실세가 된 범수(范睢)와 연나라 지역 출신의 유세객 채택(蔡澤)이 만났다.('원교근공' 항목 참고) 채택은 다양한 역사적 사례를 들어가며 절정기에 물러나지 못해 화를 당한 경우, 현명하게 물러나 말년을 편안하게 보낸 경우 등을 지적했다. 범수에게 지금 자리에서 물러나라는 암시였다.('욕이부지지족' 항목 참고) 범수는 다음과 같이 말한 뒤, 채택의 권유에 따라 자리에서 물러나 몸을 보전했다.

"그러므로 군자는 절의를 지키기 위해 몸을 어려움에 맡기고, 정의를 위해서는 죽음조차 두려워하지 않소. 살아서 치욕을 당하느니 차라리 죽어서의 영광을 택하는 것이지요. 선비는 본래 **자기 몸을 죽여 이름을 이루는 것**이며, 정의를 위해서는 죽음도 사양하지 않는 것이오."

범수의 이 말에서 **살신성명**이란 성어가 나왔다. '이름을 이루다'라는 말은 죽음으로 '이름을 남긴다'는 뜻이기도 하다. '살신성명'은 《한서》〈유협전〉에도 보이는 성어이다.

키워드 : 죽음, 살신, 명성

살처구장(殺妻求將)

아내를 죽이고, 장수 자리를 구하다.
– 권65 〈손자오기열전〉

자신의 아내를 죽여 가면서까지 장군 자리에 집착해서 '살처구장(殺妻求將)'이란 고사성어까지 만들어낸 오기(吳起, ?~기원전 381)는 약 2,300년 동안 논쟁을 몰고 다닌 논쟁적 인물이었다. 그의 생애를 간략하게 요약해본다.

오기는 전국시대 군사전문가로 위(衛)나라 좌지(左氏, 산동성 조현曹縣) 지역 출신이다. 노(魯)나라에서 장수로서 제나라의 군대를 대파했으나 모함을 받고 다시 위(魏)나라로 가서 이괴(李悝)의 개혁정치를 보좌하여 군비를 정돈하여 문후(文侯, 기원전 472~기원전 396)에 의해 중용되었다. 서하(西河) 군수를 거치면서 명성을 크게 떨쳤다.

문후의 아들 무후(武侯) 때 구세력 왕조(王錯) 등에게 배척되어 초(楚)나라로 망명했다. 초나라 도왕(悼王, ?~기원전 381)은 오기를 완(宛)의 군수에 임명했고, 얼마 되지 않아 영윤(令尹)으로 발탁되었다. 초나라를 돕는 동안 그는 법령을 분명하게 집행하여 무능하고 남아도는 관리들을 줄였다. 또 기득권 귀족들이 변경에다 개간한 땅에 세금을 물려 그 비용으로 전투병을 훈련시키도록 했다. 남쪽으로 양(揚)·월(越)을 수습하고, 북방으로 진(陳)·채(蔡)·삼진(三晉, 한·조·위)을 물리쳤으며, 서쪽으로 진(秦)을 정벌하는 등 시들어가던 초나라의 국력을 강화시켰다.

그러나 도왕이 죽은 뒤 종실 대신들이 난을 일으키자 죽음을 직감한 오기는 왕궁으로 들어와 죽은 도왕의 시체에 엎드려 종실 대신들이 보낸 자객들이 쏜 화살에 맞아 죽었다. 오기의 죽음과 함께 도왕의 시체도 수많은 화살에 훼손되었다. 새로 즉위한 왕(숙왕肅王)은 이 일에 연관된 자들을 잡아들여 모두 처형했다. 그는 죽으면서도 자신을 해치고자 한 정적들을 제거하는 절묘한 기지를 발휘하여 후세 사람들을 감탄시켰다.

《한서》〈예문지〉에 따르면 병법서 《오기(吳起)》 48편이 있었다 하나 일찌감치 없어졌다. 지금 《오자(吳子)》 6편이 남아 있으나 그나마 후대 사람이 그의 이름을 빌린 것으로 본다.

이상이 오기의 간략한 생애였다. 오기는 춘추시대의 손무와 더불어 전국시대를 대표하는 군사전문가로 꼽힌다. 여러 나라를 돌면서 각국의 개혁을 주도했으나 수구파라는 장애물을 넘지 못했던 비운의 정치가이자 군사전문가였다.

오기는 당초 고국 위나라에서 자신을 모욕하는 자들을 죽인 죄로 수배를 받아 노나라로 도망을 갔다. 제나라 출신 여자와 결혼한 오기는 노나라 군대에 줄을 대려 애를 썼으나, 노나라 수구 세력들은 오기의 능력을 시샘하여 오기를 기용해봤자 제나라 출신의 아내 때문에 도움이 안 될 것이라고 트집을 잡았다. 당시 노나라의 주요 상대는 제나라였기 때문이다. 오기는 아내를 죽여 자신의 의지를 확인시켰다. 바로 여기서 **살처구장**이란 악명 높은 고사성어가 나왔는데, 다른 기록들을 면밀히 검토해보면 '살처구장'은 사실이 아니라, 오기를 시기하고 질투한 자들이 꾸며낸 모함일 가능성이 큰 것으로 보인다.

노나라는 오기를 장수로 기용하여 제나라와의 전투에서 승리를 거두었다. 그러자 이번에는 오기가 **아내를 죽이면서까지 장수 자리를 탐냈으니** 무슨 짓이든 못하겠냐며 다시 오기를 헐뜯었다. 오기는 참담한 심경으로 서쪽 위나라로 갔다.

개혁 군주 위나라 문후는 오기의 단점보다는 장점에 주목하여 그에게 당시 위나라 경쟁국이었던 진(秦)나라를 방어하는 중책을 맡겼다. 오기는 진나라의 동진을 완벽하게 막아냈다. 60차례가 넘는 전투에서 단 한 번도 패하지 않았다. 이로써 그에게는 '늘 이기는 장군'이란 뜻의 '상승장군(常勝將軍)'이란 명예로운 별명이 따랐다.

문후가 죽고 무후가 집권하면서 오기는 다시 수구세력의 견제에 시달리다 결국 초나라로 망명했다. 초나라 도왕은 오기의 개혁정치를 지지했지만 도왕이 죽자 또다시 수구 세력의 공격을 받아 암살당했다. 이는 앞서 말한 바와 같다.

파란만장한 개혁가, 국경을 초월한 구조조정의 전문가, 무패의 전략·전술가로 평가받는 오기의 삶은 비참한 최후에도 불구하고 빛난다. 그는 여러 나라를 전전하며 개혁을 주도했다. 그의 개혁은 늘 수구세력의 완강한 저항에 부딪쳤다. 그만큼 그의 개혁이 본질적이었기 때문이다. 그의 개혁은 변혁의 시대에 부합했고, 각국 군주들은 그를 이용하여 자국을 개혁했다. 그리고는 쓸모가 없어지면 그를 내쳤다. 하지만 오기는 자신의 역할을 기꺼이 받아들였다. 오늘날로 보자면 그는 개혁 전담 CEO와 같은 존재였다.

군사전문가로서 오기는 더욱 빛을 발했다. 무엇보다 그는 군대에서 병사들의 교육과 정신무장을 강조했다. 즉, 의식 있는 군대, 장수의 작전과 전략을 충분히 이해하고 있는 군대가 전쟁에서 승리할 수 있다는 확고한 믿음 때문이었다. 또 오기의 군사모략이 다른 것들에 비해 한 차원은 높다는 평가를 듣는 까닭은 군사와 정치의 관계를 심각하게 인식했기 때문이다. 그는 국가의 안위와 성쇠는 정치의 질에 달려 있다고 단언한다. 정곡을 찌른 말이다.

오기는 정치와 군사 방면에서 가는 곳마다 개혁을 주도했다. 그러나 그의

초나라 도왕의 시신 앞에서 화살을 맞고 있는 오기의 모습을 나타낸 호북성 무한 동호 초문화 광장의 석조물이다.(2002년)

개혁 철학은 늘 토착 수구세력의 반발에 부딪쳤다. 하지만 그의 개혁사상은 전국시대 전반에 적지 않은 영향을 주었고, 그것이 병법서에 반영되어 그 일부가 지금까지 전한다. 오기는 '살처구장'이란 논쟁적 고사성어의 주인공으로 늘 냉온탕을 오가는 평가에 시달려 왔지만, 그가 추구했던 개혁철학과 정치와 군사가 둘이 아니라는 관점은 지금도 그 의미를 심각하게 받아들일 가치가 충분하다고 하겠다.('주중적국', '함혈연창' 항목 참고)

이런저런 논쟁이나 시비와는 별개로 오기의 '살처구장'은 훗날 명리를 추구하기 위해 잔인한 짓도 서슴지 않으며 도리를 해치는 일이나 사람을 비유하기에 이르렀다.

키워드 : 살인, 명리, 추구

삼걸(三杰)

세 사람의 뛰어난 인재.
– 권8 〈고조본기〉

삼걸은 대개 '서한삼걸(西漢三杰)'로 많이 쓴다. **서한을 세운 세 사람의 뛰어난 인재**라는 뜻이다. 초한쟁패에서 유방을 도와 항우를 꺾는 데 결정적인 공을 세운 세 사람을 가리킨다. 소하·장량·한신 세 사람이었다. 유방은 이 세 사람을 '삼걸'로 부르면서 자신은 이 세 사람을 얻었기 때문에 항우를 꺾을 수 있었다며 승리의 공을 '삼걸'에게 돌렸다. 관련 내용은 '삼불여' 항목에서 자세히 소개한 바 있다.

키워드 : 공적, 인재, 인걸

삼귀(三歸)

부유함.

– 권62 〈관안열전〉

삼귀(三歸)의 원전은 《논어》〈팔일(八佾)〉 편이고, 그 해석에 대해서는 역대로 설이 분분했다. '삼귀'에는 대개 '반점(反坫)'을 붙여 '삼귀반점'으로 많이 쓴다. 먼저 '삼귀'에 대해서는 관중이 세 집안의 여자를 아내로 맞아들였다는 설, 자기 집에다 높은 대(臺)를 세 곳이나 소유했다는 설, 전

남다른 경륜과 능력으로 춘추시대 전반기 최고의 정치가로 평가 받는 제나라 재상 관중의 무덤이다.(산동성 치박시 淄博市 임치구臨淄區)(2010년)

국 상공업자들에서 거둔 세금의 3/10이라는 설 등이 있다. 《관자》, 《한서》, 《안자춘추》 등의 관련 기록으로 볼 때, 관중이 나라와 백성을 위해 세운 공에 대한 상으로 세금의 3/10에 해당하는 부를 받았다는 설에 무게가 실리고 있다.

한편 '반점'에서 점(坫)은 고대 제후들의 집안에 갖춘 대청 두 기둥 사이에 설치한 대(臺)를 가리킨다. 대개 손님을 맞이하여 술로 예를 갖춘 다음 술잔을 올려놓는 자리를 말하며, 이런 의식을 '반점'이라 불렀다. 공자는 〈팔일〉 편에서 관중이 제후도 아닌데 집에 이런 설비를 갖춘 것을 비판한 바 있다. 어느 쪽이나 부유함을 가리키는 표현이다.

키워드 : 부귀, 사치

삼년불관우사원(三年不觀于舍園)

3년 동안 정원을 보지 않다.
– 권121 〈유림열전〉

한나라 무제 때의 대학자 동중서(董仲舒, 기원전 179~기원전 104)의 공부하는 모습을 비유하는 명구이다. 《한서》에는 **삼년불규원(三年不窺園)**, 즉 **3년 동안 정원을 엿보지 않았다**는 표현으로 나온다. 어느 쪽이나 문을 단단히 걸어 잠근 채 장기간 전심전력으로 공부하는 모습을 비유하는 고사성어다. ('목불규원' 항목 참고)

이 성어는 훗날 '불규원포(不窺園圃)', '불규원정(不窺園井)', '절규원(絶窺園)', '불리전원(不履田園)' 등 여러 표현으로 파생되어 고군분투 공부에 임하는 모습을 나타내기에 이르렀다. 전원시인 도연명(陶淵明, 365~427)을 비롯한 많은 문인들이 이 고사를 빌려 공부를 권하거나 자신의 공부를 격려하는 문장을 남겼다.

〈유림열전〉에는 동중서의 공부하는 자세를 '하유독서(下帷讀書)'로 표현하기도 했다. '휘장을 내리고 독서하다'는 뜻인데, 역시 문을 걸어 잠그고 손님도 사절한 채 전심전력을 다해 공부하는 것을 가리키는 고사성어다. ('하유독서' 항목 참고)

키워드 : 학문, 공부, 고학

삼년불언(三年不言)

3년 동안 말하지 않다.
– 권3 〈은본기〉 ; 권40 〈초세가〉

무려 **3년 동안 말이 없거나 말하지 않았다**는 **삼년불언**은 중국 역사에서 여러 차례 등장하는 통치자의 전형적인 통치술의 하나다. 일찍이 은나라 무정(武丁)이 '삼년불언' 끝에 부열(傅說)이란 인재를 얻은 고사가 이와 관련한 최초의 사례라 할 수 있다. ('탁

'삼년불언'의 리더십을 남긴 상 무정(위)과 그가 기용한 인재 부 열(아래)의 초상화이다.

몽용부열' 항목 참고)

춘추시대 초나라의 대신 오거(伍擧)가 장왕(莊王)에게 낸 '삼 년을 울지도 않고 날지도 않는' 새는 어떤 새냐는 수수께끼에서 유래한 '불비불명(不飛不鳴)'의 고사성어도 장왕이 즉위 후 3년 동안 정사는 돌보지 않고 놀기만 한 데서 비롯되었다.('불비불명' 항목 참고)

전국시대 제나라 위왕(威王)도 비슷한 일화를 남기고 있다.(일설에는 위왕의 경우는 9년 동안 말하지 않았다고 하는데, 이는 과장이 심하다.)

3년이란 숫자는 실제 3년이 아니라 시간이 상당히 길었다는 뜻이다. 그리고 통치자가 즉위 후 3년씩이나 정사를 돌보지 않았다는 것은 실제로 정치에 무관심한 것이 아니라 조용히 주도면밀하게 조정의 분위기를 살피며 큰일을 준비했다는 뜻이다. 실제로 이 고사를 남긴 군주들은 대부분 큰 뜻을 품은 채 자신의 진면목을 숨기면서 나라와 조정의 상황을 면밀히 살핀 끝에, 때가 되었다고 판단하면 떨치고 일어나 나라를 전면 개혁했다. 무정은 쇠퇴해가던 은나라를 중흥시켰고, 장왕은 초나라를 일약 강대국으로 끌어 올렸으며, 위왕도 제나라의 위상을 크게 떨쳤다.

'삼년불언'은 이후 큰 뜻을 품은 중국 지도자들의 상징처럼 자리 잡았다. 1980년 이후 전면 개혁개방을 선언한 등소평(鄧小平, 1904~1997)도 오랜 세월 '도광양회(韜光養晦)'의 책략으로 중국을 이끈 바 있다. '도광양회'란 '빛을 감추고 어둠 속에서 실력을 기른다'는 뜻이다. 여기서 빛이란 자신의 진면목이나 실력을 가리킨다. 언젠가 떨쳐 일어나기 위해 조용히 자신의 의중을 감춘

개혁개방의 주역 등소평의 '도광양회'는 현대판 '삼년불언'이었다. 과거 역사에서 배우고자 하는 중국 지도자들의 보편적 특성을 알 수 있다.(2010년)

채 힘을 기른다는 것이다. '때를 살피고 형세를 헤아린다'는 '심시탁세(審時度勢)'란 표현도 비슷한 뜻이다. '도광양회'의 출전은 《구당서(舊唐書)》〈선종기(宣宗紀)〉이다. '심시탁세'는 당나라 때 사람 여온(呂溫, 772~811)의 〈제갈무후묘기(諸葛武侯廟記)〉이다. '삼년불언', '도광양회', '심세탁시'는 이런 점에서 일맥상통하며, 중국 지도자의 리더십이기도 하다. '심시탁세'는 '심세탁시(審勢度時)'로도 쓴다.

키워드 : 통치, 기다림, 형세, 시기

삼득상이불희(三得相而不喜), 삼거상이불회(三去相而不悔)

세 번 재상 자리에 올랐으나 기뻐하지 않았고, 세 번 재상 자리에서 물러났으나 아까워하지 않았다.
– 권119 〈순리열전〉

춘추시대 초나라 장왕 때의 명재상이자 청백리의 표본이었던 손숙오(孫叔敖)는 재상 자리에 세 번 나아갔고, 또 세 번 물러났다. 손숙오는 일희일비하지 않았다. 아까워하지 않은 것은 자신의 잘못 때문에 파면된 것이 아니라는 것을 알았기 때문이고, 기뻐하지 않은 것은 자신의 능력으로 기용되었다는 것을 알았기 때문이다. 위 명구는 줄여서 '삼득삼거(三得三去)' 네 글자로 표현하기도 한다.(손숙오에 관한 보다 상세한 내용은 '우맹의관' 항목 참고)

키워드 : 진퇴, 초연(超然)

권21 〈건원이래왕자후자연표〉는 한 무제 때 봉한 왕제후 163명을 표로 나열하여 저 유명한 '추은령'의 실시 상황을 반영하고 있다. 권17 〈한흥이래제후왕연표〉와 함께 살피면 서한 100여 년간에 걸친 분봉의 상황, 끊임없이 강화된 중앙집권의 과정을 일목요연하게 볼 수 있다. 사진은 한 무제의 무덤인 무릉(茂陵) 앞에 조성된 박물관 내의 한 무제와 문무대신들을 나타낸 목각이다. 오른쪽 아래 붓을 쥐고 있는 사마천의 모습도 보인다.(섬서성 무릉현 '무릉박물관', 2024년)

삼령오신(三令五申)

세 번 명령하고, 다섯 번 설명하다.
– 권65 〈손자오기열전〉

삼령오신이란 사자성어는 춘추시대 군사전문가 손무(孫武, 생졸 미상)가 오왕 합려(闔閭, ?~기원전 496)를 만나는 역사적인 장면에서 나왔다. 당시 손무는 합려 앞에서 궁녀를 대상으로 군사 훈련의 시범을 보였다. 그 대목을 보자.

손자는 이름이 무(武)인데 제나라 사람이다. 병법에 특기를 가지고 오나라 왕 합려를 만나 이야기를 나누었다.

"그대가 저술한 13편의 병서는 나도 읽어 잘 알고 있소. 가능하다면 시험 삼아 실제로 군을 지휘해 볼 수 있겠소?"

"좋습니다."

"그렇다면 여자들도 괜찮소?"

"물론입니다."

이리하여 궁중의 미녀들을 180명 뽑았다. 손무는 이들을 두 부대로 나누고, 왕이 아끼는 두 사람을 주장(主將)으로 삼아 대원들에게 모두 창을 들게 한 다음, 이렇게 명령했다.

"너희들은 가슴과 손, 그리고 등이 어디에 있는지 알고 있지?"

"압니다."

"그러면 '앞으로' 하면 가슴을 보고, '좌로' 하면 왼손을 보고, '우로' 하면 오른손을 보고, '뒤로' 하면 등을 보아라."

"알겠습니다."

이렇게 약속된 바를 선언하고는, 큰 도끼(주장이 가지는 권한의 상징물로 명령을 어기면 이것으로 벤다)를 놓고 **명령을 세 번 되풀이하고, 다섯 번 설명했다.** 그런 다음 북을 쳐서 '우로' 하고 호령했다. 그러나 궁녀들은 웃고 있을 뿐이었다.

"약속이 분명치 않고 호령이 철저하지 못한 것은 주장의 책임이다."

손무는 자신의 잘못으로 돌리고, 다시 '세 번 명령에 다섯 차례 설명'을 한 다음, 북을 쳐서 '좌로'라고 호령했다. 이번에도 궁녀들은 웃고만 있었다.

"약속이 분명치 않고 호령이 철저하지 못한 것은 대장의 책임이다. 그러나 이미 약속이 분명한 데도 법대로 따르지 않는다는 것은 지휘자인 주장의 책임이다."

손무는 이렇게 말하고 좌우 두 대장의 목을 베려 했다. 오나라 왕 합려가 보고 있다가 깜짝 놀라 전령을 보내, "장군이 용병에 능하다는 것을 알겠소. 그러나 내게 그 두 사람이 없으면 음식을 먹어도 맛을 모르는 신세가 될 터이니 제발 베지는 마시오!"라고 부탁했다.

"신이 이미 명을 받아 장군이 되어 진중에 있는 이상 임금의 명이라도 들을 수 없습니다."

손무는 이렇게 말하고 주장 둘의 목을 베어 본보기를 보인 다음, 다른 두 사람을 대장으로 삼았다. 다시 북을 울리자 궁녀들은 좌·우·전·후 무릎을 꿇고 일어나는 동작이 모두 규칙에 들어맞았고, 감히 웃거나 소리 내는 사람은 하나도 없었다. 손무는 전령을 보내 왕에게 보고했다.

"군병은 이미 정돈되었습니다. 왕께서 몸소 내려 오셔서 시험 삼아 열병하심이 어떠하신지요. 왕께서는 부리고 싶으신 대로 물이면 물, 불이면 불에라도 뛰어들게 할 수 있을 것이옵니다.”

“장군은 피곤할 테니 숙소로 돌아가셔서 휴식을 취하시오. 나는 내려가서 볼 마음이 없으니.”

“왕께서는 용병의 이론만 좋아하실 뿐, 그것을 실제로 응용하시지는 못하시는 것 같습니다.”

합려는 손무의 용병 능력을 알게 되고 마침내 그를 장군으로 기용했다. 오나라가 서쪽으로 강력한 초나라를 꺾어 그 도읍인 영(郢)에 진입하고, 북으로는 제나라와 진나라를 위협하여 제후들 사이에서 그 명성을 떨칠 수 있었던 것은 손무의 힘이 컸다.

리더가 자신의 계획을 펼칠 때 아랫사람들이 한결같이 ‘그 말과 계획을 잘 따르는’ 것은 결코 아니다. 이미 정해진 결심과 방침을 관철하려면 늘 ‘세 번 명령하고, 다섯 번 설명한다’는 **삼령오신**의 방법을 채용해야 한다. 한 번으로 안 되면 두 번, 두 번으로 안 되면 세 번, 이렇게 어떤 정책과 책략을 설명하여 여러 사람의 이해와 지지를 얻고 동시에 적극적으로 집행해야만, 소수의 반대가 있어도 ‘대세의 흐름’으로 장애 없이 전체 국면을 이끌어 나갈 수 있다. 이것이 정책을 추진하고 ‘대세를 창출해 내는’ 중요한 방법이다.

손무가 궁녀들을 대상으로 군령 시범을 보이는 그림이다.(은작산한묘죽간박물관 전시관, 2003년) 손무의 ‘삼령오신’은 군대나 조직의 기강을 잡기 위한 기본적인 방법의 하나다.

키워드 : 명령, 반복, 설명, 설득

삼분천하(三分天下)

천하를 세 등분하다.
– 권92 〈회음후열전〉

기원전 207년부터 본격화된 초한쟁패의 와중에 한신의 역할과 비중이 커지면서 한신이 어느 쪽 편을 드는 가에 따라 승부의 저울추가 기울 태세였다. 한신의 참모인 괴통은 신하의 '공이 주군을 떨게 할(공고진주功高震主)' 정도로 크면 그 결말이 좋지 않다며, 이참에 독립하여 **천하를 셋으로 나누**라고 권했다. 여기서 **삼분천하**라는 성어가 나왔다. '삼분천하'는 제갈량에게서 나온 것으로 많이 알려져 있지만, 그에 앞서 괴통을 비롯한 몇몇 사람이 이미 언급한 바 있다. 관련하여 자세한 내용은 '공고진주', '토사구팽' 항목 등을 참고하라.

키워드 : 형세, 분할, 독립

삼불기(三不欺)

속이지 않는 세 가지.
– 권126 〈골계열전〉

중국 역사에서 유능한 공직자로 이름을 떨친 세 인물과 관련하여 **삼불기**(三不欺)라는 공직자의 공무 수행 방식과 차원을 논평한 유명한 이야기가 있다. '삼불기'란 **속이지 않는 세 가지 경우**라는 뜻인데, 이제 소개할 세 인물이 공무를 처리하던 방식과 그 결과를 나타내는 표현이기도 하다.

'삼불기'에 대해서는 〈골계열전〉 끝부분에 '전해오는 말'로 기록되어 있는데, 먼저 그 부분을 보자.

"전하는 말에 따르면 '정자산(鄭子産)이 정나라를 다스리자 백성들이 그를 **속일 수 없었고**, 복자천(宓子賤)이 선보(單父) 지방을 다스리자 백성들이 **차마 그를 속이지 못했으며**, 서문표(西門豹)가 업(鄴) 지역을 다스리자 백성들이 **감히 그를 속이지 못했다**'고 한다. 세 사람의 재능 가운데 누가 가장 뛰어난 것일까? 다스리는 이치를 아는 사람이라면 당연히 가릴 수 있을 것이다."

다 같이 '속이지 않는' 것인데 '속일 수가 없고(불능기不能欺)', '차마 속이지 못하고(불인기不忍欺)', '감히 속이지 못하는(불감기不敢欺)' '삼불기'의 차이점이 무엇일까? 사마천은 '다스리는 이치를 아는 사람이라면' 당연히 그 우열을 가릴 수 있을 것이라고 했지만 그 차이를 가리기가 쉽지 않아 보인다. 우선 세 사람의 일처리 방식에 대해 살펴본다.

'속일 수 없었던' 정자산(鄭子産)

정자산(?~기원전 522년)은 춘추시대 정나라 사람으로 공자보다 약 30년 연상이다. 정나라 귀족 집안 출신으로 20년 가까이 재상을 지냈다. 그는 끊이지 않는 내부 정쟁과 강대국 틈바구니에 끼어 늘 좌고우면(左顧右眄)하며 불안에 떨던 약소국 정나라를 무탈하게 잘 다스린 것으로 유명하다. 특히 정나라를 작지만 단단한 고슴도치 같은 나라로 바꾸었다. 그의 정치력과 정책을 간략하게 살펴본다.

교육 장소인 향교가 정쟁의 장소로 변하자 주변의 빗발치는 폐지 건의에도 불구하고 여론 수렴의 장소로 재활용하는 지혜를 발휘하여 향교를 존속시켰는데, 이는 그의 어진 성품을 나타냈다는 평가를 받고 있다. 개인 재산의 합법성을 인정하고 농지 정리를 단행했는데, 이는 그의 유능함을 잘 보여주는 정책이었다. 또 형법서를 청동 솥에 주조하여 성문법으로 발표한 개혁 정치는 자산의 결단과 현명함을 잘 보여주는 행적이다.

자산은 이렇게 어짐과 현명함, 그리고 유능함으로 정책을 수행했고, 이 때문에 백성들이 그를 '속일 수 없었던' 것이다. 자산처럼 유능하고 인덕을 실천하는 사리 밝은 사람에 대해서는 속일 필요도 기회도 명분도 없었다. 이것이 바로 자산의 정치 스타일이 가져온 결과였다. 심지어 궁정 쿠데타가 터져 자산을 죽이려 하자 누군가 나서 그는 '어진 사람'이므로 그가 없는 정나라는 생각할 수 없으니, 까닭 없이 그를 죽여서는 안 된다고 만류할 정도로 신망이 두터웠다. 요컨대 '자산은 속일 필요가 없는' 사람이었기에 '속일 수 없었던' 것이다.

정치의 본질에 관한 성찰로써 자산은 "정권을 잡으면 반드시 인덕으로 다스려야 합니다. 정권이 무엇으로 튼튼해지는지 잊어서는 안 됩니다"는 뼈있는 말을 남겼다. 정권은 백성이 있음으로 해서, 기업은 소비자가 있음으로 해서 튼튼해지는 법이다. 물론 그 사이에 '믿음'이 빠져서는 안 된다.

'차마 속이지 못한' 복자천(宓子賤)

복자천(기원전 521~?)은 지금의 산동성 곡부의 노나라 출신으로 공자와 동향이자 공문 72제자 중 한 사람이었다. 그는 선보(單父)라는 지방을 다스릴 때 한가하게 비파나 뜯으면서 자기 방에서 나오지 않았지만, 선보 지방은 잘 다스려졌다고 한다. 그가 시행한 정치의 방법은 든든하고 친근감 있게, 존경하는 마음으로 어진 정치를 베풀면서, 정성과 충직 그리고 믿음을 다하는 것이었다. 또 측근에게 권한을 대폭 위임하는 스타일이기도 했다.

복자천이 선보의 수령으로 간 지 3년이 되던 해, 스승 공자가 제자를 보내 자천의 정치하는 모습을 살피게 했다. 제자가 선보에 도착해서 물고기를 잡는 어부를 보았는데, 잡은 물고기를 다 놓아주고 있었다. 그 까닭을 물었더니 어부는 우리 수령께서 물고기 요리를 좋아하시기 때문에 차마 잡아먹을 마음이 나지 않아 놓아주는 것이라고 대답했다. 돌아와 이 사실을 알리자 공자는 "내가 일찍이 그(자천)에게 이것에 정성을 다하면 저것에 나타난다"고 한 적이 있는데, 자천이 이 이치를 깨달아 정치를 잘하고 있다고 칭찬했다.

　정통 유가의 한 사람으로서 유가의 덕목에 따라 어진 정치를 추구했던 복자천은 백성들로 하여금 '차마 속이지 못하게' 만드는 결과를 낳았다. 이런 통치가 다름 아닌 '인자무적(仁者無敵)' 아니겠는가?

'감히 속이지 못한' 서문표(西門豹)

　서문표는 기원전 5세기 전국 초기 위(魏)나라의 행정전문가로서 업(鄴)을 잘 다스린 행적으로 이름을 남겼다. 업현에 부임한 서문표는 원로들을 모아놓고 백성들의 고통에 대한 의견을 청취했다. 원로들은 매년 업현의 향관을 비롯한 대소 관리들과 토호들이 백성들로부터 100만 전이 넘는 막대한 돈을 징수하여 그중 30만 전 가까이를 물의 신 하백(河伯)에게 제물을 바치는데, 쓰고 나머지는 무당들과 함께 착복하기 때문에 백성들의 생활이 여간 어렵지 않다고 하소연했다. 게다가 하백신에게 처녀를 함께 바치다 보니 딸 가진 집안의 부모들 걱정이 이만저만이 아니라고 고발했다.

　서문표는 하백에게 제사를 지내는 날, 대소 관리들을 모두 거느리고 강으로 가서는 하백에게 바칠 처녀가 못생겼다며 대신 무당을 하백에게 보내 잘 말씀드리라며 강물에 빠뜨렸다. 무당은 당연히 돌아오지 못했다. 서문표는 무당의 제자들을 차례로 물속에 던져 무당의 행방을 알아오게 했고, 그 다음에는 토호와 관리들을 차례로 물에 빠뜨리게 했다. 관리들과 토호, 그리고 무당들은 서문표에게 납작 엎드려 잘못을 빌었고, 서문표는 단칼에 악습을 제거했다.

　서문표의 통치 스타일은 모든 사람이 보는 앞에서 비정상적인 방법이나 수단을 거리낌 없이 동원하여 위엄을 과시함으로써 관민들을 놀라게 만드는 것이었다. 위세에 눌린 관민들이 서문표를 '감히 속이지 못하는' 것은 당연했다. 법가의 인물이었던 서

'삼불기'의 리더십은 시대와 상황에 따라 그 필요성이 각각 다르게 나타날 수 있다. 초상화는 '불감기'의 강력한 통치를 보여준 서문표이다.

문표는 대체로 강제라는 방법과 사나운 수단으로 관민들을 통치했고, 그 결과 관민들은 '감히 그를 속일 수 없었던' 것이다.

사마천은 은연중에 '속일 수 없었던' 정자산의 통치 스타일을 염두에 두고 다스리는 이치를 아는 사람이라면 세 사람의 우열을 가릴 수 있을 것이라고 했지만, 현실적으로 세 사람의 정치 스타일 중 딱 잘라 어느 쪽이 더 낫고, 어느 쪽이 못하다고 할 수 없을 것 같다. 시대와 상황에 따라 방법은 늘 변하고, 또 변해야 하기 때문에 그렇다. 그러나 세 사람 모두에게 나타나는 한 가지 공통된 점은 모두가 백성들의 '신뢰'를 얻었다는 사실이다. 처음부터 신뢰를 바탕으로 정치를 시행했거나, 정치를 통해 신뢰를 얻었거나를 막론하고 정치에 있어서 백성의 신뢰는 절대적이라는 점을 곰곰이 되새겨야 할 것이다. 참고로 이 세 사람의 통치 모델과 그 모방자들을 표로 제시해둔다.

인물	오리지널 모델	모방자
정자산	불능기(不能欺) : 자산이 정나라를 다스리자 백성들이 속일 수 없었다.	(한나라) 주박은 새로운 관직을 임명할 때마다 '순간적으로 기발한 계책을 내세워' '속일 수 없음'을 분명히 했다.
복자천	불인기(不忍欺) : 복자천이 선보를 다스리자 백성들이 차마 속이지 못했다.	(한나라) 한연수는 좌풍익에 있으면서 각 현에 은혜와 믿음으로 정치를 펼치니 더 이상 고발장을 내는 백성이 없었고, 지극한 정성으로 정책을 추진하니 관민이 차마 속이지 못했다.
서문표	불감기(不敢欺) : 서문표가 업을 다스리자 백성들이 감히 속이지 못했다.	(청나라) 원자재는 율수 등지에서 수령으로 있으면서 언론 청취 기구를 두어 도적질 등 나쁜 짓을 일삼는 자들의 이름을 알아내서 방을 붙여 공표했다. 3년 동안 법을 어기지 않으면 방에서 이름을 빼주기로 약속하니 나쁜 자들이 모두 그에 따랐다.

'삼불기'는 리더의 통치 방식과 그에 반응하는 백성과의 관계를 절묘하게 반영하고 있다. 어느 쪽이 되었건 '속이지 않는다'는 것을 바탕으로 깔고 있다. 또 이 세 가지 모델의 통치술이 권력이란 문제의 본질을 건드리고 있다는 사실도 성찰하지 않을 수 없다. 왜냐하면 '속이지 않는다'가 비록 같거나 비슷한 형태로 표현될 수는 있지만, '속임'에는 여러 가지 형식이 있을 수 있기 때문이다. 특히 백성은 차치하고

통치자가 백성을 속이려 들면 방법도 대책도 없을 뿐만 아니라, 전혀 다른 차원의 훨씬 심각한 문제로 비화된다. 이 경우는 재앙이다. 요컨대 '삼불기'는 통치자의 정직함을 절대적 전제로 깔고 있는 명제이다.

정자산 권력은 권력 주체와 객체 사이의 지배와 복종의 관계로 정의할 수 있다. 그것이 현실에서는 '속임을 당하지 않고', '속이지 못하고', '속이지 않는' 관계로 표현된다. 자산은 현명함과 지혜, 그리고 개혁으로 정치를 수행함으로써 이 숨 막히는 관계를 슬기롭게 헤쳐나간 정치 관료의 모범이었다.

복자천 정치가의 가장 큰 덕목은 신뢰다. 복자천은 정성·충직·믿음의 정치를 실행함으로써 관리와 백성들이 '차마 그를 속이지 못했다.'

서문표 하백신에게 처녀를 바치는 악습을 단칼에 없앤 서문표의 일처리 방식은 폭력으로 폭력을 제거하는 '이폭제폭(以暴除暴)'에 가깝다. 백성들이 '감히 속이지 못한' 것이 당연했다. 그런데 흥미롭게도 사마천은 서문표를 코미디언과 유머에 대한 기록인 〈골계열전〉에 안배함으로써 일반 상식의 허를 찔렀다.(이 부분은 후대 저소손이 보완한 것으로 보는데, 사마천의 의중을 충분히 제대로 반영하고 있어 그대로 소개했다.)

키워드 : 통치, 리더십, 차이

삼불여(三不如)

세 사람만 못하다.
– 권8 〈고조본기〉

삼불여(三不如)는 **세 사람만 못하다**는 뜻을 가진 단순한 표현이지만, 그와 관련한 역사적 사실을 살펴보면 대단히 중요하고 의미심장한 의미를 내포하고 있다. 특히 인재에 대한 리더의 자세를 성찰해볼 수 있는 값진 사례이다. 약 2,200년 전 서한의 개국 황제, 최고 통치자의 입에서 나온 '삼불여'를 중심으로 시간을 돌려 이 역사적 장면을 재연해본다. 편의상 몇 개의 소주제를 달아 상세히 분석해본다.

2천 년 전 술자리에 등장한 성공의 원인 분석과 인재

기원전 202년 5월, 한나라 낙양(洛陽) 남궁(南宮)에서 술자리가 벌어졌다. 이 자리는 얼마 전 황제로 추대된 유방(劉邦)을 위한 축하연이었다. 이 술자리에서 유방은 뜻밖에 공신들에게 항우(項羽)가 자신에게 패한 원인과 자신이 승리한 원인을 분석해보라고 제안했다. 공신들은 각자의 생각을 밝혔다. 유방과 같은 고향 출신의 공신들인 고기(高起)와 왕릉(王陵)은 이렇게 대답했다.

"폐하께서는 오만하여 남을 업신여기고, 항우는 인자하여 남을 사랑할 줄 압니다. 하지만 폐하는 사람을 보내 성을 공격하게 해서 점령하면 그곳을 그 사람에게 나누어줌으로써 천하와 더불어 이익을 함께하셨습니다. 반면에 항우는 어질고 능력 있는 사람을 시기하여 공을 세우면 그를 미워하고, 어진 자를 의심하여 싸움에서 승리해도 그에게 공을 돌리지 않고 땅을 얻고도 그 이익을 나눠주지 않았습니다. 항우는 이 때문에 천하를 잃었습니다."

다 듣고 난 유방은 다음과 같이 자신의 분석을 내놓았다. 이 장면이 바로 '세 사람만 못하다', 즉 '삼불여' 장면이다. 그 장면으로 돌아가보자.

"공들은 하나만 알고 둘은 모른다. 군막 안에서 계책을 짜서 천 리 밖 승부를 결정하는 일이라면 **나는 자방(子房, 장량張良)만 못하다.** 나라를 안정시키고 백성을 달래고 전방에 식량을 공급하고 양식 운반로가 끊어지지 않게 하는 일이라면 **내가 소하(蕭何)만 못하다.** 백만 대군을 통솔하여 싸웠다하면 반드시 승리하고, 공격했다하면 틀림없이 손에 넣는 것이라면 **내가 한신(韓信)만 못하다.** 이 세 사람은 모두 인걸이고(삼걸三

기원전 202년 한나라 낙양 남궁에서 벌어진 술자리는 놀랍게도 인재에 관한 토론으로 분위기가 크게 달아올랐고, 그 결과 지금 보아도 참신한 인재관이 도출되었다. 그림은 당시 장면을 그린 기록화이다.(강소성 패현 유방의 사당, 2007년)

杰), 내가 이들을 쓸 수 있었다. 이것이 내가 천하를 얻은 까닭이다. 항우는 범증(范增) 한 사람인데도 믿고 쓰지 못했으니 이것이 내게 덜미를 잡힌 까닭이다."

사마천은 한나라를 건국한 고조 유방의 전기이자 한나라 초기 역사인 《사기》 권8 〈고조본기〉에서 최고 권력자 유방의 입을 빌려 '내가 (누구만) 못하다'는 뜻의 '오불여(吾不如)'란 단어를 세 번이나 반복함으로써 세 인재의 능력과 그 중요성을 한껏 부각시켰다. 이 세 사람이 저 유명한 '서한삼걸(西漢三杰)'이다. 유방은 자신의 성공과 항우의 실패가 '인재'와 그 인재를 기용하는 '용인'이란 문제에서 결판났다는 점을 정확하게 인식하고 있었다. 유방이 중국 역사상 최고의 리더로서 평가받는 까닭도 이와 같은 그의 남다른 인재관 내지 용인관 때문이다.

유방의 인재들과 인재관

유방이나 공신들은 초한쟁패 승패의 원인에 대해 그 나름의 인식을 보였다. 그러나 모두 인재의 포용과 대우의 중요성을 강조하고 있다. 유방이 다양한 인재를 초빙하고 이들의 능력과 지혜를 잘 활용하였기 때문에 최후의 승리자가 될 수 있었다고 본 것이다.

황제로 즉위한 유방의 인재관은 이전의 인재 활용 경험 등을 기반으로 더욱 더 깊이를 가지게 되었다. 유방은 자신의 재위 말년에 반포한 조서에서 "내가 천자가 되어 천하를 다스린 지 벌써 12년이 되었다. 지금까지 나는 천하의 호걸·선비·현자·대부들과 함께 천하를 다스리고 나라를 안정시켰다"고 회고한 바 있다.

유방이 중용한 인재들은 사회의 하층민 출신들이 많았다. 가장 귀한 신분의 출신인 장량도 몰락한 귀족이었고, 명장 한신은 유랑자였다. 맹장 주발(周勃)은 북을 두드리고 피리를 불던 딴따라 출신이었고, 주발 못지 않은 맹장 번쾌(樊噲)는 개를 잡아 고기를 파는 백정이었다. 유방의 수레를 책임진 관영(灌嬰)은 옷감 장사였고, 도읍지 선정에 공을 세운 누경(婁敬)은 마부였으며, 유방이 위기 때마다 기발한 계책을 냈던 진평(陳平)은 떠돌이 유세가였다. 역이기(酈食其)는 몰락한 지식인이었고, 경포(黥布)는 죄인이었다. 바로 이런 사람들이 진·한 교체기에 유방을 보좌하여 천하 통일의 대업을 이룩했다.

유방은 서한 왕조를 건립한 뒤에 이들에게 권력을 맡겨 나라와 백성들을 다스리게 함으로써 중국 역사상 최초의 평민 재상과 장수들이 나라를 다스리는 국면을 열었다. 이런 평민 출신의 재상과 장수들이 함께 노력한 결과 유씨 천하는 일찍 안정을 찾았고, 붕괴된 사회경제도 활기를 찾을 수 있었다.

여기서 특별히 언급할 것은 고조 유방이 반포한 바 있는 〈하주군구현조(下州郡求賢詔)〉라는 조서다. 이 조서는 중국 역사상 군주가 인재를 구한다는 최초의 조서였다. 한 조조 11년인 기원전 196년 2월에 발표된 이 조서의 내용은 다음과 같았다.

"무릇 왕들 중에는 주 문왕을 따를 사람이 없고, 제후로는 제 환공을 능가할 사람 없다. 이들은 모두 유능한 인재를 기용함으로써 이름을 남겼다. 그리고 현명하고 뛰어난 인재가 옛날 사람에게만 한정되리오? 주인이 인재를 맞아들이지 않으려 한다면, 인재가 어떻게 나오겠는가? 지금 짐은 하늘의 뜻을 받들어 천하를 통일하였으니 이룩한 대업을 대대손손 잇기 위해 후손들은 종묘를 세워 제사를 받들기 바란다. 유능한 인재가 내게 와서 나와 함께 천하를 평정했거늘 어찌 나와 함께 천하를 안정시키지 않겠는가? 현명하고 유능한 인재로서 나와 함께하겠다면 누가 되었건 짐은 그를 존중하겠노라. 이에 천하에 짐의 뜻을 알리노라.

어사대부는 상국에게, 상국은 제후 왕에게, 어사중은 군수에게 알려 각각의 관할 구역 내에 있는 유능한 인재를 추천하여 나라를 위해 봉사하도록 하라. 이 성지는 각 기관에 보내라. 유능한 사람이 있는 데도 추천하지 않은 경우가 발각되면 담당자에게 책임을 물을 것이다. 다만 늙거나 병든 자는 추천하지 말라."

조서가 반포된 시기는 고조 말년으로 사회는 이미 어느 정도 안정되었지만, 유방은 여전히 유능한 인재들을 갈망하고 있었음을 알 수 있다.

유방의 인재관 분석

인재학이란 각도에서 볼 때 유방의 이 조서에 나타난 몇 가지 원칙은 대단히 중요하다.

첫째, 무릇 왕업이든 패업이든, 천하를 평정하든 안정시키든 모두 인재가 있어야만 성공할 수 있다. 어느 경우든 인재가 결정적 요인이다.

둘째, 시대마다 그 시대가 요구하거나 그에 상응하는 인재들이 있기 마련이다. 강산은 인재가 나타나기를 기다리고, 장강의 뒷물이 앞 물을 밀어내는 법이다. 뒷사람이 앞사람만 못하다는 법은 없다. 유방이 '현명하고 뛰어난 인재가 옛날 사람에게만 한정되리오?'라고 한 것이 바로 그 말이다.

셋째, 인재를 기용하여 그 재능을 발휘하게 하는데 있어서 관건은 인재를 등용하는 자에 있다. 그렇지 않으면 아무리 뛰어난 인재라도 어찌 나올 수 있겠는가?

초한쟁패는 인재의 경쟁이었다. 유방이 보좌한 인재는 출신 성분이 다양했을 뿐만 아니라 각자의 재능을 충분히 발휘할 수 있는 기회를 가졌다. 일본의 소설가 시바 료타로는 자신의 소설 《항우와 유방》에서 유방의 이런 리더십을 '허(虛)의 리더십'으로 표현했다. 마음이 넓게 비어 있어 어떤 인재든지 포용할 수 있었다는 뜻이다. 사진은 유방을 보좌한 인재들로 조참과 진평(위), 왕릉과 주발이다.(2017년)

넷째, 인재의 선발은 반드시 제도화되어야 한다.

조서가 반포된 이듬해인 기원전 196년 고조는 영포(경포)의 반란을 평정시키고 돌아오는 길에 고향 패현을 지나게 되었다. 그는 술자리를 마련하여 고향 사람들을 초청했다. 이 자리에서 고조는 감개무량에 젖어 호방하면서 의미심장하게 〈대풍가(大風歌)〉를 불렀다.

큰 바람이 몰아치니 구름이 날아오르고
위엄을 천하에 떨치며 고향에 돌아왔구나.
어찌하면 용맹한 인재를 얻어 천하를 지킬까?

당시 유방은 만취했다. 그러나 그의 머릿속에는 자신이 공명을 이룩하여 이름을 날리고, 나아가서는 한 왕조를 오래도록 안정시키려면 책임이 무겁고 갈 길이 아직 멀기 때문에 용맹한 인재를 얻어 함께 애쓰지 않으면 안 된다는 생각으로 꽉 차 있었었다. 〈대풍가〉를 부르며 인재를 갈망하던 고조는 이듬해인 기원전 195년 임종을 앞두고 천하 안정의 중임을 조참·주발 등에게 잘 안배한 다음 세상을 떴다.

당나라 때 시인 장게(章碣, 836~905)는 〈분서갱(焚書坑)〉이란 시에서 "분서갱유의 잿더미가 아직 식지 않았는데 산동에서 반란이 터지니, 유방이나 항우나 원래 공부하지 않은 자들이었다네"라고 했다. 이는 인재를 등용하는 사람이 굳이 많은 지식을 가질 필요가 없다는

유방은 죽는 순간까지 인재를 갈망했다. 한나라가 병목 위기를 넘기고 200년 넘게 장수할 수 있었던 것은 유방이 확보한 인재들의 역할 때문이었다. 사진은 유방의 고향 강소성 패현 그의 사당 앞에 조성된 〈대풍가〉를 부르는 유방의 모습이다.(2007년)

뜻이기도 하다. 많이 배우지 않더라도 인재를 제대로 기용하여 그 재능을 활용할 줄 아는 사람이 큰 리더라 할 것이다. 한 고조 유방은 이런 면에서 그 어떤 리더보다 뛰어났다.

나보다 훨씬 나은 인재를 모셔라

실패의 원인을 분석하는 경우는 많아도 성공 원인을 분석하는 일은 드물다. 성공의 원인을 분석하여 지속적으로 발전할 수 있는 동력으로 삼으면 큰 도움이 될 수 있다. 성공은 완성형이 아니라 현재 진행형이기 때문에 더욱 그렇다. 이런 점에서 유방의 '삼불여'는 자신의 성공 요인을 인재와 용인에서 찾은 번득이는 통찰력을 보여주는 귀중한 역사적 사례가 아닐 수 없다.

훌륭한 목수는 좋은 연장을 쓰는 법이다. 마찬가지로 뛰어난 리더는 좋은 인재와 함께한다. 《열자(列子)》에 보면 "나라를 다스리는 어려움은 인재를 알아보는 데 있지, 자신의 유능함에 있지 않다"는 날카로운 지적이 눈에 박힌다. 리더는 자기 잘만 맛에 도취되지 말고 뛰어난 인재를 찾아 그와 함께하라는 말이다.

현대 인재학에서 나온 표어들 중 하나로 '인재는 데려다 쓰는 존재가 아니라, 모셔와 그 말을 따라야 하는 존재다'라는 것이 있다. 인재는 대부분 자유로운 영혼이다. 자존심도 강하다. 그들을 기용하고도 장점을 살리지 못하면 언제든 떠난다. 리더는 적어도 특정 분야에서는 자신보다 훨씬 뛰어난 인재를 모셔올 줄 알아야 한다. '(내가) 세 사람만 못하다'는 유방의 '삼불여'는 오늘날 리더에게 꼭 필요한 리더십의 지점을 정확하게 가리키고 있다. 그것도 무려 2,200년 전에.

키워드 : 리더, 리더십, 인재, 인정, 포용

삼사(三舍)

사흘 행군 거리.
– 권39 〈진세가〉

'사(舍)'는 울타리나 집을 가리키는 글자다. 동사로 쓰일 때는 '버리다' '한쪽으로 치우다'는 뜻이다. 군대 용어로 '사'는 병사들이 숙박하는 막사를 말하는데, '일사(一舍)'라 하면 하루를 잔다는 뜻이다. 고대 병사들이 하루를 숙박하려면 대개 30리를 행군했다고 한다. 따라서 **삼사**는 **사흘 숙박**을 말하고, 거리로는 **사흘 행군 거리**인 90리에 해당한다.

이 단어는 기원전 632년 춘추시대 진나라와 초나라의 성복(城濮)전투에서 진 문공(文公)이 망명시절 자신을 잘 대우해준 초나라 성왕(成王)과의 약속을 지키기 위해 진나라 군대를 사흘거리, 즉 90리 뒤로 물리고 싸웠다는 '퇴피삼사'에서 비롯되었다. 자세한 내용은 '퇴피삼사(退避三舍)' 항목을 함께 참고하면 된다.

키워드 : 군사, 하루, 행군, 숙박

삼세위장(三世爲將)

3대가 장수를 지내다.
– 권73 〈백기왕전열전〉

〈백기왕전열전〉은 여러 면에서 공통점을 가진 진나라 역사상 이름난 두 명장이자 천하통일의 주역이었던 백기(白起, ?~기원전 257)와 왕전(王翦, 생졸 미상)의 전기다. 이 열전은 두 사람의 공통점과 함께 서로 다른 기질로 인해 최후가 완전히 달라지는 과정을 절묘하게 묘사하고 있다. 사마천은 무력의 남용에 반대하면서, 두 무장의 일생을 통치자의 잔혹함, 전제군주와 신하간의 긴장관계 속에서 생생하게 묘사했다.('두

백기는 강한 자존심 때문에 진시황의 미움을 받아 자결했다. 반면 왕전은 유연하게 처세하여 일생을 편하게 마칠 수 있었다. 사진은 진시황릉 앞에 조성되어 있었던 왕전의 형상이다.(2013년 사진으로 지금은 철거되고 없다.)

왕전의 집안은 아들 왕분(王賁, 생졸 미상), 손자 왕리(王離, 생졸 미상)까지 3대가 장수를 지냈다. 손자 왕리 때 진시황이 죽고 천하가 혼란에 빠졌다. 진승(陳勝)을 시작으로 각지에서 진나라에 반기를 드는 봉기가 터졌고, 왕리는 진나라 장수로 이 봉기를 진압하러 나섰다.

당시 진승이 봉기를 일으키자 진 2세는 왕리에게 진승을 따르던 조왕(趙王)과 장이(張耳)를 공격하게 하여 거록(巨鹿)에서 포위했다. 누군가가 "왕리는 진의 명장이다. 지금 강력한 진의 군대를 거느리고서 새로 지은 조나라 성을 공격하니 틀림없이 승리할 것이다"라고 예상했다. 그러자 한 식객이 이에 동의하지 않으면서 다음과 같이 말했다.

"그렇지 않다. 무릇 **3대째 장수**를 지내는 사람은 틀림없이 패한다. 왜 반드시 패하는가? 전쟁에 나가 죽인 사람이 많기 때문에 그 후손들에게 좋지 않다. 지금 왕리가 3대째 장수 아닌가?"

그로부터 얼마 되지 않아 항우(項羽)가 조나라를 구원하여 진의 군대를 격파하고, 아니나 다를까 왕리를 포로로 잡으니 왕리의 군대는 마침내 제후들에게 항복했다.

식객이 말한 '3대째 장수'라는 대목에서 **삼세위장**이란 성어가 나왔고, 훗날 인과응보(因果應報)를 가리키는 전고가 되었다.

키워드 : 무장, 집안, 세습, 후과(後果)

삼신산(三神山)

신선이 사는 세 곳의 산.
– 권6 〈진시황본기〉

제주도 서귀포에 조성되어 있는 서복기념관 전시관 내의 조형물이다.(2010년)

중국에서는 오래전부터 바다 중에 신선이 산다는 세 개의 산이자 섬에 관한 전설이 전해져 왔다. 기록으로는 〈진시황본기〉에 구체적으로 등장하고 있다. 기원전 221년, 진시황은 38세의 나이로 천하를 통일했다. 그런데 통일 이후 진시황의 건강에 이상이 생겼다. 불로장생을 갈망하던 진시황은 이후 신선과 선약 등 미신에 빠졌다. 전국 각지에서 방사들이 경쟁적으로 진시황을 찾아와 선약과 신선 이야기로 진시황을 기만했다.

이런 방사들 중 대표적인 인물이 제나라 출신의 서불(徐市, 생졸 미상)이었다. 그는 바다 중에 **봉래(蓬萊)·방장(方丈)·영주(瀛洲)**라는 **삼신산**이 있는데, 그곳에 신선이 산다는 글을 올렸다. 진시황은 그에게 동남동녀 3천과 큰 배를 주어 신선과 선약을 찾게 했다. 서불은 배를 타고 나가 다시는 돌아오지 않았다.

서불의 행방에 대해서는 그 뒤 여러 전설이 나왔고, 그중 하나가 제주 서귀포(西歸浦)를 거쳐 일본으로 갔다는 설이다. 이 때문에 제주도 서귀포에는 서복(徐福)기념관이 설립되었다.(서복은 서불과 같은 인물) 서귀포에는 지명을 비롯하여 서불과 관련한 흔적이 남아 있

정방폭포와 폭포 옆 석벽에 새겨져 있었던 '서불과지' 석각의 서복기념관 사진이다.(2010년)

다. 서귀포란 지명도 '(서불이) 서쪽으로 돌아간 포구'라는 뜻이라고 한다. 또 서불이 정방폭포를 보고는 절벽에 '서불이 여기를 지나가다'는 뜻의 '서불과지(徐市過之)'라는 글자를 새기고 돌아갔다는 전설도 있다. '서불과지'라는 글자는 조선시대에 탁본까지 뜨는 등 실재했던 듯하나 지금은 확인할 수 없다. 지금 볼 수 있는 '서불과지'는 관광을 위해 따로 새겼다. (남해군에도 서불과 진시황의 큰아들 부소 관련 유적이 있다.)

키워드 : 미신, 불로장생, 신산(神山)

삼약격지(三躍擊之)

세 번 뛰어 올라 찌르다.
— 권86 〈자객열전〉

'사위지기자사~' 항목에서 보았듯이 자객 예양은 두 차례 조양자 암살에 실패한 뒤 스스로 목숨을 끊었다. 예양은 자결에 앞서 조양자에게 겉옷을 빌려 세 차례 찌르는 것으로 자신을 알아준 지백의 은혜를 갚았다. 당시 예양은 **세 번 펄쩍 뛰어오르면서 칼로 조양자의 옷에 구멍을 냈다.** 이를 **삼약격지**라 하여 장렬한 행동을 비유한다.

예양이 칼로 조양자의 옷을 찌르는 장면을 그린 그림이다.

키워드 : 보은, 암살, 장렬함

삼유시(三遺矢)

세 번 변(오줌)을 지리다.
– 권81 〈염파인상여열전〉

　삼유시는 '염파선반(廉頗善飯)' 항목에서 살펴보았듯이, 기원전 236년 조나라 사신이 염파의 근황을 살피고 돌아온 다음 조나라 도양왕(悼襄王)에게 올린 보고에서 나오는 독특한 단어이다.('염파선반' 항목 참고) '변(오줌)'을 화살 '시(矢)'에 비유한 점이 눈길을 끈다. '시(矢)'는 변(오줌)을 뜻하는 '시(屎)'의 음을 따서 간접적으로 표현한 것이다.

　당시 사신은 염파와 사이가 나빴던 곽개(郭開)라는 자의 뇌물을 받고는 여전히 건장한 염파를 '변(오줌)을 지리는' 늙은이로 보고하여 염파를 다시 기용하려던 도양왕의 마음을 돌렸다. '삼유시'는 '삼시'로 줄여서 쓰기도 한다. 또 염파가 '밥 한 끼 식사하는 중에 세 번 오줌을 지리다'는 '일반삼유시(一飯三遺矢)'로 쓰기도 한다.('일반삼유시' 항목 참고) 건강 상태가 좋지 않음을 비유한다.

키워드 : 건강, 소변

삼인의지(三人疑之), 기모구의(其母懼矣)

세 사람이 의심하니 그 어머니도 두려워하다.
– 권71 〈저리자감무열전〉

　거듭된 거짓말이나 유언비어(流言蜚語)의 위력을 나타내는 명언이다. 효자로 이름난 증삼(曾參)이 사람을 죽였다는 말을 세 번씩이나 듣자, 두 번까지는 전혀 동요가 없던 어머니가 짜던 베틀 북을 내던지고 담을 넘어 달아났다는 이야기에서 나온다.

　이 이야기는 전국시대 진나라의 감무(甘茂)가 기원전 308년 무왕(武王)의 명령을 받고 한나라를 공격하러 나서면서, 식양(息壤)이란 곳에서 무왕에게 자신을 의심하는 자들을 물리치고 자신을 믿겠다고 맹서하게 하면서 사례로 든 고사이다. 당시 감무는 위의 이야기를 들려준 다음, 이렇게 덧붙였다.

"증삼은 어진 사람이었고, 어머니는 증삼을 굳게 믿었지만, **세 사람이 증삼을 의심하니 그 어머니조차 두려웠던** 것입니다. 어질기로 말하면 신은 증삼만 못하고, 신을 믿는 왕의 마음 또한 증삼에 대한 어머니의 믿음만 못합니다. 게다가 신을 의심하는 사람이 세 사람만은 아니지 않습니까. 신은 대왕께서 베틀 북을 던질까 두렵습니다."

그럼에도 불구하고 무왕은 감무를 의심했고, 감무는 무왕에게 식양에서 한 맹서를 잊었냐며 당시를 상기시켰다고 한다. '식양의 맹서'(식양지서息壤之誓)라는 성어는 여기에서 비롯되었다.('식양지서' 항목 참고)《전국책》에 나오는 '세 사람이면 (없는) 호랑이도 만들어낸다'는 '삼인성호(三人成虎)'란 성어도 비슷한 뜻이다.

유언비어는 퍼져 나갈수록 더욱 그럴듯하게 들리는 경향이 있다. 반복되는 유언비어는 왕왕 굳은 믿음마저도 흔들리게 한다. 유언비어가 인성의 약점을 교묘하게 파고들기 때문이다. 유언비어는 정치에서 정략적으로 활용되기도 하지만, 독재정권이 늘 유언비어에 시달리는 것은 역설적이다. 이런 점에서 '세 사람이 의심하니, 그 어머니조차 두려워하다'는 이 명언은 다분히 정치적인 냄새가 난다.

키워드 : 언론, 유언비어, 반복

삼전삼주(三戰三走)

세 번 전투에 나가 세 번 도망치다.
– 권62 〈관안열전〉

'관포지교'의 주인공 관중은 자신을 알아준 지음(知音) 포숙과의 우정을 다음과 같이 회고한 바 있다.

"내가 **세 번 전투에 나가 세 번 도망**쳤지만 포숙은 나를 겁쟁이로 생각하지 않았다. 내게 늙은 어머니가 계시다는 것을 알았기 때문이다."

관중과 포숙에 관해서는 '관포지교', '생아자부모' 항목을 참고하면 된다.

키워드 : 고백, 탈영

삼착(三捉)

(머리카락을) 세 번 움켜쥐다.
– 권33 〈노주공세가〉

삼착은 주나라를 건국한 무왕(武王)의 동생이자 노(魯)나라의 시조인 주공(周公)이 손님(인재)을 맞이하는 자세와 태도를 보여주는 표현이다. 주공은 머리를 감는데 손님이 찾아와 감던 머리카락을 움켜쥔 채 나와 맞이하길 세 번, 밥을 먹다가 손님이 찾아와 먹던 것을 뱉어내고 맞이하길 세 번씩이나 했다고 한다. 여기서 '일목삼착, 일반삼토'라는 유명한 명언이 나왔다. 이에 대해서는 '일목삼착'과 '일반삼토' 해당 항목에서 각각 자세히 살펴보았다. '일목삼착'은 '삼착'으로 줄여서 표현하기도 한다.

키워드 : 인재, 접대, 자세

삼척검(三尺劍)

세 자의 검.
– 권8 〈고조본기〉

고조 유방은 기원전 202년 황제로 즉위한 뒤 계속 터지는 반란을 평정하느라 심신이 지쳤다. 특히 기원전 195년 경포(黥布)의 반란을 진압하다 화살에 맞아 부상을 입었다. 돌아온 뒤로 부상이 도져 용한 의원을 불렀다. 유방은 의원에게 병세를 묻자 의원은 치료할 수 있다고 답했다. 유방은 의원을 이렇게 나무랐다.

"내가 보잘것없는 신분으로 **석 자의 검**을 들고 천하를 얻었으니 이 어찌 천명이 아니겠는가? 인명은 재천이라 편작인들 무슨 도움이 되겠느냐?"

이보다 앞서 유방은 책 좀 읽으라는 육고(陸賈)의 충고에 '말 위에서 천하를 얻었다'고 큰소리를 친 바 있다.('마상득지, 마상치지' 항목 참고) 이와 마찬가지로 '석 자의 검' 역시 '무공(武功)'이나 무와 관련된 일을 가리킨다. 참고로 고대의 검의 길이가 대체로 석 자 안팎이어서 이렇게 말했던 것으로 보인다.

키워드 : 무공(武功)

삼천객(三千客)

식객 3천.
– 권78 〈춘신군열전〉 외

전국시대 사공자(신릉군·맹상군·춘신군·평원군)는 모두 자기 집에 식객을 3천 명이나 거느렸다고 한다. 여기서 '식객삼천'이란 성어가 나왔고, 줄여서 **삼천객**이라고도 쓴

다. ('식객삼천' 항목 참고)

키워드 : 양사(養士), 인재

삼천독(三千牘)

3천 조각의 목간.
― 권126 〈골계열전〉

동양에서는 한 세대를 대체로 30년으로 본다. 그리고 한 사람의 삶을 한 갑자(甲子) 60년으로 계산해왔다. 한 갑자 60년이면 삶이 대체로 마무리된다고 본 것이다. 그래서 60년째를 새로운 갑자가 돌아왔다는 뜻에서 회갑(回甲) 또는 환갑(還甲)이라고 했다. 수명이 크게 늘어난 오늘날과는 맞지 않는 셈법이지만, 수천 년 동안 이 숫자와 갑자는 동양인의 인생 주기를 대변하는 시간이었다.

도교의 신 가운데 삼천갑자, 즉 18만 년을 산 신선이 있다. 이 신선은 본래 인간이었다가 훗날 도교의 신으로 편입되었다. 바로 '삼천갑자(三千甲子)' 동방삭(東方朔, 기원전 154~기원전 93)이다. ('삼천갑자'를 3천 년으로 해석하기도 하는데, 어느 쪽이든 장수를 나타낸다.)

'삼천갑자' 동방삭은 서한시대를 대표하는 문장 형식이라 할 수 있는 사부(辭賦)의 전문가로 자는 만천(曼倩), 평원(平原) 염차(厭次, 지금의 산동성 혜민惠民) 사람이다. 야심만만한 무제가 즉위하여 사방으로 인재를 구할 때 동방삭은 글을 올려 스스로를 추천함으로써 낭(郎)이 되었다. 당시 동방삭이 올린 글은 양이 너무 많아 수레에 싣고 가서 두 사람이 가까스로 무제에게 올렸다고 한다. 무제는 동방삭이 올린 목간을 두 달 걸려 다 읽었다고 한다. 그 뒤 동방삭은 상시랑·태중대부 등의 벼슬을 거쳤다.

동방삭은 성격이 유머스럽고 말솜씨가 뛰어났으며, 지혜롭고 익살스러워 늘 무제 앞에서 우스갯소리로 무제를 즐겁게 했다. 그러면서도 "황제의 기분을 잘 살펴 때에 맞춰 적절하게 바른 소리를 했다"고 한다. 한번은 호화스럽고 사치스러운 것을 좋아했던 무제가 상림원(上林園)이란 정원을 꾸몄다. 동방삭은 상림원을 조성한 것은 "백성의 기름진 땅을 뺏는 일로 위로는 나라의 수입을 줄이고, 아래로는 농사와 누에치기의 기초를 해치는 것입니다. 이미 되어 있는 일을 버리고 잘못된 길로 나가는 일"이라며 바른 소리를 했다.

그는 일찍이 정치의 득실을 논하면서 농업과 군사를 함께 고려하는 부국강병의 계책을 황제에게 아뢰었지만, 무제는 그를 늘 곁에 두면서도 크게 기용하지 않았다. 동방삭은 〈답객난(答客難)〉, 〈비유선생론(非有先生論)〉과 같은 글을 써서 자신의 뜻을 밝히고, 마음속의 불만을 드러내기도 했다.

〈답객난〉은 주객의 문답형식으로 한 무제의 대일통(大一統)이라는 시대임에도 '잘나고 못나고'의 구별이 없으며, 재능이 있다 해도 펼치지 못하니 '기용되면 호랑이요, 그렇지 못하면 쥐새끼'라 하여 인재에 대한 통치자의 무분별을 폭로함과 동시에 자신의 불평을 토해냈다. 이 글은 표현이 시원하고 논의의 깊이도 있어 《문심조룡(文心雕龍)》이란 전문적인 문예 평론서를 남긴 육조시대 양나라의 뛰어난 평론가 유협(劉勰, 약 465~?)으로부터 높은 평가를 받았다. 서한 말기의 학자 양웅(揚雄, 기원전 53~18)의 〈해조(解嘲)〉, 동한의 역사학자 반고(班固, 32~92)의 〈답빈희(答賓戱)〉, 동한시대의 유명한 과학자 장형(張衡, 78~139)의 〈응간(應間)〉 등은 모두 그의 글을 모방한 작품들이다.

〈비유선생론〉은 오(吳)에서 관리 노릇을 하는 비유 선생이란 인물을 허구로 지어내 그의 입을 빌려 쓴 글이다. 3년 동안 말도 하지 않고 있는 비유 선생에게 오왕이 그 까닭을 묻자, 비유 선생은 마침내 그 기회를 이용하여 역사상 수많았던 논쟁과 그로 인해 당했던 수난의 고사를 들려줌으로써 오왕에게 허심탄회하게 바른 소리를 받아들일 것을 충고하고 있다. 그 글이 쉬우면서 의미심장하여 감동적이라는 평이다.

동방삭은 유머와 재치, 그리고 장수의 대명사로 오랜 세월 사람들의 사랑을 받아 온 인물이다.(실제로 동방삭은 61세까지 살았다.) 그는 서한 무제 시기의 강력한 군주제와 막강한 국력을 자랑하던 시대를 살면서 그 시대가 안고 있는 각종 모순과 문제점을 꿰뚫어 보면서 풍자와 해학으로 시대상을 진단했던 현인이었다. 그런 시대에 어떻게 처세해야 되는가를 잘 알고 있었던 인물이라 할 수 있다. 또 그가 아들에게 남긴 '이치에 맞게 살라'는 편지는 그 시대상의 반영일 뿐만 아니라, 그 시대를 나름의 방식으로 살고자 했던 동방삭의 처세사상의 압축이라는 평가를 받고 있다.

동방삭은 또 당대가 알아주는 기인(奇人)이었다. 언행에 거침이 없었다. 박학다식하고 깊이 있는 학식에도 불구하고 벼슬은 늘 제자리였지만 전혀 개의치 않았다. 자신의 이런 기이한 행동을 동료들이 비난하자 그는 "나는 말하자면 조정 한가운데 숨어 세상을 피하는 사람이라 할 수 있지. 옛 사람은 깊은 산속에 숨어 세상을 피했지만…"라고 말하면서 다음과 같은 노래를 불렀다.('피세조정지간' 항목 참고)

세속에 젖어
세상을 금마문 안에서 피한다네.
궁전 안에서도 세상을 피해 몸을 온전히 숨길 수 있거늘
하필 깊은 산속 풀로 엮는 집이랴!

출세지상주의자들이 넘쳐나던 서한 최고 황금기 한복판에서 동방삭은 처신의 이치를 깨달았다. 그래서 그는 지금으로부터 2,200여 년 전 당시로서는 세계에서 가장 번화했던 장안이란 국제도시에 살면서 스스로 '숨어 산다'고 말할 수 있었다.

은나라 말기 폭군 주(紂)임금 당시 동방 고죽국의 두 왕자 백이(伯夷)와 숙제(叔齊)는 서로 왕위를 양보하다 결국 나라를 버리고 도망쳤다. 주 무왕(武王)이 주임금을 정벌하려고 하자 두 사람은 무왕의 말고삐를 붙들고 말렸으나 뜻을 이루지 못했다. 형제는 주나라 땅에서 나는 양식을 먹는 것조차 부끄럽다며 수양산에 들어가 고사리를 캐먹다 끝내 굶어 죽었

한 시대를 자신의 방식으로 살고자 했던 동방삭에게서 우리는 시대를 꿰뚫는 안목과 그에 맞는 처세법을 배운다. 사진은 동방삭의 무덤이다.(2013년)

다. 동방삭은 이 두 사람의 처세를 두고 고지식하다며 안쓰럽게 평가했다. 동방삭은 "날카로움을 다 드러내면 위험을 당하기 마련이고, 뛰어난 명성은 꾸민 경우가 많다. 많은 사람들로부터 명망을 얻으면 평생 바쁘고, 스스로 고고함을 자처하는 사람은 주위와 조화하지 못한다"라고 했다.

동방삭은 현명한 사람의 가장 좋은 처세법은 장점에 맞추어 일의 변화에 따라 변화하는 것이라고 말한다. 나가고 물러남에 원칙이 있고, 매사에 여지를 남겨야 한다는 것이다. 동방삭의 이런 처세는 지혜의 경지에 올랐고, 훗날 도교에서는 그를 신으로 모셔 '삼천갑자'라는 별칭을 부여하기에 이르렀다.

동방삭이 당시 무제에게 올린 글이 목간으로 무려 3천 조각이었다고 한다. 여기서 **삼천독**이란 용어가 나왔고, 훗날 황제에게 올린 장편의 글을 가리키게 되었다. 동방삭의 성을 따서 '동방독', '독삼천' 등으로도 표현한다. ('공거상서' 항목 참고)

키워드 : 간독(簡牘), 문장, 장문

삼천제자(三千弟子)

3천 명의 제자.
― 권47 〈공자세가〉

공자는 67세 때 천하주유를 끝내고 고향인 노나라 곡부로 돌아와 교육사업에 힘을 쏟았다. 공자 문하에는 많은 제자가 몰렸고, 사마천은 공자의 제자들에 대해 이런 기록을 남겼다.

"공자는 시(詩)·서(書)·예(禮)·악(樂)을 가르쳤는데, **제자가 3천 명**에 육예(六藝)에 통달한 자가 72명이나 되었다. 또 안탁추(顔濁鄒) 같이 수업만 받은 사람은 더 많았다."

3천이란 숫자는 다소 부풀린 것으로 보
기도 한다.《맹자》〈공손추(公孫丑)〉 편과
《한비자》〈오두(五蠹)〉 편에는 제자 70명
이라고만 언급되어 있기 때문이다. 많은
수를 막연히 3천이라고 한 상투적인 표현
일 수도 있겠다. **삼천제자**는 훗날 제자가
아주 많음을 나타내거나 문파나 학파의
번성함을 비유하기도 한다.

공자와 그 제자들을 나타낸 그림이다.(2017년)

키워드 : 학파, 제자, 번성

삼천주리(三千珠履)

구슬로 장식된 신발을 신은 3천 명.
– 권78 〈춘신군열전〉

'식객삼천' 항목에서 살펴보았듯이 전국시대 후기 여러 나라의 유력자들 중 신릉
군(위)·맹상군(제)·평원군(조)·춘신군(초)으로 대표되는 4공자는 제각각 많으면 3천
에 이르는 식객들을 거느렸다.('식객삼천' 항목 참고) 특히 초나라 춘신군의 식객들은 가
장 후한 대접을 받았던 것으로 보인다. 또 4공자는 자신의 위세를 과시하여 상대의
기를 죽이려고도 했던 모양이다. 관련하여 〈춘신군열전〉에 이런 흥미로운 기록이
남아 있다.

조나라의 평원군이 춘신군에게 사람(식객들로 추정)을 보내자, 춘신군은 그들을 고
급 관사에 머무르게 했다. 평원군이 보낸 사신들은 초나라에 오면서 자신들을 뽐내
려고 머리에는 귀한 거북이 껍테기로 만든 비녀인 대모잠(玳瑁簪)을 꽂고 구슬과 옥
등으로 장식한 칼집을 차고 춘신군의 식객들을 만났다. 그런데 3천이 넘는 춘신군

의 식객들 중 상급 식객들은 죄다 구슬로 장식된 신발을 신고 조나라 식객들을 맞이했다. 조나라 식객들은 몹시 부끄러워했다.

이 일화에서 **구슬로 장식된 신발을 신은 3천 명의 식객**이란 뜻의 **삼천주리** 또는 '삼천주리객'이란 성어가 나와 권세가의 집안에 즐비한 식객들을 가리키는 용어가 되었다. 당시 4공자와 그 식객들의 위세가 어느 정도였는지를 잘 보여주는 일화다.

키워드 : 권세가, 식객, 위세, 과시

삼촌설(三寸舌)

세 치의 혀.

– 권55 〈유후세가권〉 ; 권76 〈평원군우경열전〉 ; 권92 〈회음후열전〉

옛 문헌에 혀의 길이는 거의 다 '삼촌'으로 나온다. 세 치, 약 7cm 안팎이다. 《사기》에도 여러 곳에 **세 치의 혀**란 **삼촌설** 또는 '삼촌지설'이 보인다. 대개 말 잘하는 유세가를 비유하며, 때로는 말만 잘한다는 비아냥의 뜻으로도 쓰고 있다.

〈유후세가〉에서는 장량이 스스로를 두고 "**세 치의 혀**로 황제의 군사(軍師)가 되어 식읍이 만 호에 이르고 지위가 제후의 반열에 올랐으니, 이는 평민으로서는 최고의 지위로 나 장량으로서는 매우 만족스럽다. 이제 원컨대 세속의 일일랑 떨쳐 버리고 적송자(赤松子)를 따라 고고히 노닐고자 한다"며 은퇴를 시사했다.

〈회음후열전〉에는 한신의 모사 괴통이 역이기를 두고 '세 치의 혀를 놀려' 제나라 70여 개 성을 항복시켰다고 말하는 대목이 보인다. 〈평원군우경열전〉에도 '삼촌지설'이 보이는데 이에 대해서는 '삼촌지설, 강우백만지사' 항목을 참고하면 된다.

키워드 : 인체, 혀, 언변

삼촌지설(三寸之舌), 강우백만지사(强于百萬之師)

세 치의 혀가 백만 대군보다 강하다.
– 권76 〈평원군우경열전〉

'모수자천' 항목에서 살펴보았듯이 모수는 초나라 왕 앞에서 당당하게 당시 국제 정세의 이해관계를 밝혀 초나라의 도움을 끌어냈다. 당초 모수를 깔보았던 식객들과 평원군은 모수의 활약에 모두 감탄했고, 평원군은 앞으로 다시는 사람에 대해 이러 쿵저러쿵 평가하지 않겠다면서 모수의 **세 치 혀가 백만 대군보다 강하다**고 인정했다.

싸움은 대부분 말싸움으로 시작된다. 개인이건 국가건 거의 비슷하다. 상대를 자극하는 말싸움이 진짜 싸움, 심하면 전쟁으로 커지는 경우는 역사적으로 그 사례가 없지 않았다.('비량지흔' 항목 참고) 이는 달리 말해 다툼은 애당초 말로 해결할 수 있다는 뜻이기도 하다. 이런 점에서 모수의 언변이 갖는 의의는 결코 만만치 않다. 외교는 거의 대부분 말싸움이고, 그 말싸움을 통해 문제가 해결되거나 문제가 커진다. '세 치의 혀'가 그래서 중요하다.('모수자천' 항목 참고)

키워드 : 인체, 혀, 언변, 위력

삼치천금(三致千金), 삼취삼산(三聚三散)

세 번 천금을 모으고, 세 번 모아 세 번을 나누다.
– 권129 〈화식열전〉

홍콩의 유력 일간지 〈명보(明報)〉의 사주이자 홍콩 100대 부자에 드는 무협소설가 김용(金庸, 1924~2018 본명 사량용査良鏞)은 언젠가 역사 인물들 중 누구를 가장 좋아하냐는 네티즌들의 질문에 범려(范蠡)와 장량(張良) 꼽은 적이 있다.

범려는 춘추시대 월나라 왕 구천을 보좌하여 숙적 오나라를 멸망시키는 데 가장 큰 공을 세웠다. 그는 정치가이자 군사전문가로서 춘추시대 막바지를 화려하게 수놓은 유명 인물이었다. 정작 김용은 정치가나 군사가로서의 범려가 아니라 사업가 범려를 존경했다.

범려는 오나라를 멸망시킨 다음 천하를 함께 나누자는 구천의 제안도 뿌리친 채 월나라를 떠났다.(그가 떠나면서 남긴 유명한 고사성어가 바로 저 유명한 '토끼를 잡으면 사냥개는 삶긴다'는 '토사구팽兔死狗烹'이었다.) 그리고는 놀랍게도 제나라 지역에서 기업형 농업에 종사하여 천금을 벌었다.

그리고 다시 제나라를 떠나 도(陶, 산동성 정도定陶)라는 지역에 정착하여 교역과 유통업으로 다시 천금을 모았다. 범려는 이렇게 세 차례에 걸쳐 모두 거금을 모았다. 그는 세 차례에 걸쳐 모은 재산을 이웃과 친인척들에게 나누어주었다. 여기서 **삼치천금(三致千金)과 삼취삼산(三聚三散)**이란 고사성어가 나왔다. 범려가 **세 번이나 천금을 모았고, 세 번 모은 재산을 세 번 나누었다**는 뜻이다. 이렇게 해서 부자가 사회적 책임감을 가지고 자신의 재산을 유용하게 베푸는 노블레스 오블리주(Noblesse Oblige)의 선행을 비유하는 성어가 되었고, 범려는 중국인이 가장 이상적인 모델로 내세우는 상인으로 자리 잡았다. 작가이자 사업가로서 크게 성공한 김용이 범려를 멘토로 지목한 것도 이 때문이었다.

사마천은 《사기》 제129 〈화식열전〉에서 범려의 '삼치천금'을 언급하면서 다음과 같은 총평을 남긴 바 있다.

"부자하면 모두가 도주공(범려)을 입에 올렸다."
"언부자개칭도주공(言富者皆稱陶朱公)."

요컨대 범려가 부자의 대명사가 되었다는 뜻이다. 훗날 중국 상인들은 공자의 제자로 큰 사업가였던 자공을 함께 거론하며 '도주사업(陶朱事業), 자공생애(子貢生涯)'라는 격언을 만들어냈다. '도주공(범려)의 사업과 자공의 삶'이란 뜻이다.

범려는 자신의 재산을 사회에 환원하는, 오늘날로 말하자면 기업의 사회적 책임

감을 실천했다. 자공은 자신의 부로 스승 공자와 유가 학파를 지원하는 문화 후원자
로서의 모습을 역사에 선명하게 남겨 놓았
다. 따라서 위 격언은 모두 치부와 함께 노
블레스 오블리주를 실천하여 진정한 부자의
모습을 보여준 두 사람에 대한 존경의 뜻이
담겨 있는 의미심장한 격언이다. 범려와 자
공, 지금 우리 사회가 정말 필요로 하는 기
업인의 모습이기도 하다.

기업인의 사회적 책임을 실천한 상성(商聖) 범려를 존경한다고 한 무협소설 작가이자 홍콩의 사업가 김용(金庸)의 생전의 모습으로, 필자가 홍콩의 그의 사무실에 만났을 때 찍은 사진이다.(2003년, 사진: 고성미)

키워드 : 경제, 기업가, 재산, 환원

삼토(三吐)

세 번 뱉어내다.
– 권33 〈노주공세가〉

주 무왕의 동생이자 노나라의 시조 주공 단이 손님을 맞느라 한 번 식사 중에 **먹던 것을 세 번 뱉어냈다**는 일화에서 비롯된 단어다. 머리카락을 세 번 움켜쥐었다는 '삼착(三捉)'과 함께 '삼착삼토', '삼토삼착'으로도 많이 쓴다. 자세한 내용은 '일목삼착(一沐三捉), 일반삼토(一飯三吐)' 항목을 참고하면 된다.

키워드 : 인재, 접대, 자세

삼패지욕(三敗之辱)

세 번 패한 치욕.
– 권32 〈제태공세가〉

기원전 681년 제나라 환공은 노나라를 쳐서 패배시켰다. 노나라는 땅을 바치며 평화를 청했고, 두 나라는 이를 위한 회맹을 가졌다. 이 자리에서 노나라의 패장 조말(曹沫)이 비수로 환공을 협박하여 빼앗은 땅을 돌려달라고 요구했다. 환공은 협박에 못 이겨 약속했다가 나중에 이를 지키려 하지 않았다. 관중은 제후들에 대한 신뢰를 위해서 땅을 돌려주라고 했고, 제나라는 조말이 **세 번 패하여** 잃은 땅을 돌려주었다.

이 사실은 《전국책》 〈제책〉에도 실려 있다. 여기서 **삼패지욕**이란 성어가 나와 처음에는 패했지만 나중에 설욕했다는 전고로 인용되고 있다.

키워드 : 전투, 패배, 설욕

상

상가지견(喪家之犬)

상갓집 개 / 집 잃은 개.
– 권47 공자세가

도덕군자의 대명사처럼 평가받는 공자의 언행에는 뜻밖에 유머러스한 대목이 적지 않다. 그중에서도 가장 인상적인 것이 〈공자세가〉에 보이는 다음 대목이다. **상갓집 개**란 뜻의 **상가지견**이라는 성어의 출전이기도 하다.

공자가 정(鄭)나라에 갔다가 제자들과 길이 어긋나 서로를 잃었다. 공자는 홀로 동문에 서 있었다. 정나라 사람 하나가 자공에게 "동문에 웬 사람이 서 있는데, 이마는 요(堯)임금 같고, 목은 고요(皋陶) 같았으며, 어깨는 자산(子産) 같았습니다. 다만 허리 아래로는 우(禹)임금보다 약 세 치 가량 못 미친 것 같았는데, 그 초라한 몰골이 영락없는 **상갓집 개** 같아 보였습니다"라고 일러주었다. 그 뒤 이 이야기를 들은 공자는 껄껄 웃으며 "모습은 아니다만, 상갓집 개 같다는 말은 옳다, 옳고말고!"라고 했다.

이 얼마나 유머 넘치는 공자의 모습인가! '초췌한 꼴이 상갓집 개 같다'는 험담을 공자는 담담하게 받아들이고 화 내지 않았다. 이것이 전혀 찬바람 돌지 않는 경지에 오른 유머이다. 옆 사람도 웃고 자신도 웃는다. 그 모습은 참으로 친근하며 함께 마주 앉아 식사를 할 때처럼 평화스럽다. 이 경지는 사람들로 하여금 연민의 정을 품지 말라고 강요할 수 없는 감정과도 같다. 공자가 제자들과 한가하게 나눈 익살과 해학이 넘치는 대화는《논어》곳곳에서 볼 수 있다.

여기서 공자가 정나라를 찾았을 때 그 지역 사람으로부터 들었던 모욕적 언사라고도 할 수 있는 '상가지견' 또는 '상가지구(喪家之狗)'에 대한 해석의 문제를 짚고 넘어가지 않을 수 없다. 지금까지의 주석과 국내 번역본 대부분은 '상가지구'를 '상갓집 개'로 해석해왔다. 이는 초기《사기》에 주석을 단 남조 유송(劉宋) 시기(420~479) 배인(배인裴駰, 생졸 미상)의《사기집해(史記集解)》에서 삼국시대 위(魏)나라 왕숙(王肅, 195~256)의 말을 인용한 데서 시작된다. 왕숙은 "'상가지구'란 (상갓집) 주인이 애통하고 황망한 나머지 음식을 얻어먹지 못한 개가 풀이 죽어 있는 모습"으로 해석하면서, 이를 "어지러운 세상에 태어나 그 도

공자는 천하를 주유했고, 여러 차례 궁지에 몰리기도 했다. '상가지구'는 공자의 이런 삶을 생생하게 보여주는 사례라 하겠다. 사진은 공자의 고향인 산동성 곡부시(曲阜市)에 세워져 있던 공자의 천하주유 조형물이다.(2003년)

(道)가 행해지지 않아 뜻을 얻지 못하고 초라해진 공자의 모습"과 대비시켰다. 즉, 상갓집 주인이 경황이 없어 기르는 개에게 먹을 것을 주지 못해 행색이 초라해졌다는 풀이로서, 공자의 행색이 그 개와 비슷하다는 조롱으로 해석한 것이다. 비슷하지만 또 다른 해석은 평소 개를 돌보아 주던 주인이 죽었다는 것이다. 그래서 개밥을 줄 사람이 없어져 불쌍하고 처량한 꼴이 되었다는 풀이인 셈이다. 어느 쪽이든 '상가지구'를 '상갓집 개'로 풀이한 것이다.

그러나 일부 학자들은 '상(喪)'을 동사로 보고 '상'이란 글자에 '잃다'는 '실(失)'의 뜻이 있음에 유의했다. 그럴 경우 '상가지구'는 **집 잃은 개**란 뜻이 된다. 사실 상갓집에는 음식이 넘쳐난다. 개가 구걸할 수도 있고, 문상객들이 오가며 먹을 것 던져 줄 수도 있다. 음식을 얻어먹지 못한 '상갓집 개'보다는 '집 잃은 개'의 행색을 당시 공자의 처지에 빗대는 것이 합리적이지 않을까 한다.(국내에서도 박원호 선생이 2012년 5월 15일자 〈교수신문〉에서 이 설을 지지한 바 있다. 자세한 것은 박원호 선생의 글을 참고하기 바란다.)

어느 쪽이 되었건 '상가지견', '상가지구'는 오갈 데 없고 의지가지없는 신세나 그런 상황 또는 당황하여 어쩔 바를 모르는 사람을 비유하는 성어가 되었다.

키워드 : 처지, 신세, 초라

상견한만(相見恨晩)

서로 늦게 만난 것을 한스러워하다.
– 권112 〈평진후주보열전〉

'한상지만(恨相之晩)'과 같은 뜻의 **상견한만**은 〈평진후주보열전〉에 보인다. 한 무제가 즉위할 무렵 서한 왕조는 초기 60~70년의 휴식과 기본 생업을 발전시키는 데 힘을 쓴 끝에 재통일에 따른 어지럽던 사회경제가 회복 발전단계에 들어서 있었다. 지주계급과 봉건국가를 지탱하는 재정도 눈에 띄게 늘어갔다. 동시에 아버지 경제(景

帝) 때 터진 병목 위기인 '오초칠국(吳楚七國)의 난'을 무난히 수습하면서 동성(同姓) 제후왕의 세력도 크게 약해졌다. 이를 바탕으로 무제는 통일된 봉건국가를 튼튼히 하고 전제주의 중앙집권을 강화하기 위해 여러 방면에서 정력적인 활동을 펼쳤다.

원삭(元朔) 2년(기원전 127) 무제는 주보언(主父偃)의 건의를 받아들여 제후왕들이 맏 아들 외에도 땅을 나누어 자제들을 봉할 수 있게 하는 조치를 취했다. 이를 추은령 (推恩令)이라 한다.('강간약지' 항목 참고)

무제는 젊어서부터 천하의 인재들을 두루 자기 곁에 두고 싶어 했다. 자신의 통치 철학을 구현해줄 인재들이 필요했기 때문이지만, 야망이 크고 자기과시가 심했던 무제 개인의 성향과도 관련이 적지 않았다. 즉위 3년째 18세인 기원전 138년부터 인 재를 대거 초청하거나 선발하기 시작했다. 이때 발탁된 인재들로는 장조(莊助)·주 매신(朱買臣)·동방삭(東方朔)·사마상여(司馬相如) 등이었다. 그 뒤 무제는 20세 때인 기원전 136년 오경박사(五經博士)를 두어 더 많은 인재들을 발탁하기 시작했다. 아울 러 천하의 인재들을 대상으로 나라의 정책에 대한 대책을 글로 올리게 했다. 주보언 을 비롯하여 많은 인재들이 글을 올려 조정으로 대거 발탁되었다. 이 무렵 주보언과 거의 동시에 무제에게 글을 올린 사람들 중에 서악(徐樂)과 엄안(嚴安)도 있었다. 당 시 무제는 이들이 올린 글을 보고는 이렇게 반응했다.

"그대들은 모두들 어디에 있었는가? 어째서 이제야 얼굴을 보게 되었단 말인가!"

그리고는 이 세 사람을 낭중(郎中)으로 임명했다. 특히 주보언에 대해서는 1년 사 이에 네 차례나 승진시키는 파격적인 인사를 단행했다. 무제가 이 세 사람을 만난 자리의 "어째서 이제야 얼굴을 보게 되었단 말인가?"라는 말에서 **서로 늦게 만난 곳 을 한스러워 한다**는 **상견한만**이란 성어가 파생되었고, 훗날 한 번 보고도 의기투합하 여 오래된 사이 같음을 형용하게 되었다.('한상지만' 항목 참고)

키워드 : 리더, 갈망, 인재

상군지배(相君之背)

그대의 등을 보다.
– 권92 〈회음후열전〉

초한쟁패 막바지 천하 패권의 향배는 한신의 거취에 달려 있었다. 항우는 한신에게 무섭이란 사람을 보내 유방을 배신하고 자신과 손잡고 천하를 셋으로 나눌 것을 권했다. 한신은 이를 거절했다. 무섭이 간 뒤 한신의 모사 괴통도 한신에게 천하삼분을 권했다.('삼분천하' 항목 참고) 당시 괴통은 관상(觀相)으로 한신의 관심을 끌었는데, 그는 먼저 이렇게 말했다.

"귀해지느냐 천해지느냐는 골상(骨相)에 달려 있고, 걱정거리가 생기느냐 기쁜 일이 생기느냐는 얼굴 모양과 얼굴빛에 달렸으며, 성공과 실패는 결단에 달려 있습니다. 이러한 것을 참고하면 만에 하나라도 어긋나지 않습니다."

그런 다음 괴통은 "그대의 얼굴을 보면(상면相面) 제후에 지나지 않을 뿐더러 그나마 위태로워 불안합니다. 그러나 **그대의 등을 보면**(상배相背) 고귀하기 이를 데 없습니다"라고 했다.

괴통은 '面'과 '背'라는 두 글자를 이용하여 한신에게 유방을 앞에서 도우면 제후 정도는 되겠지만 그나마 불안하고, 유방을 등지면, 즉 배신하여 천하삼분하면 크게 귀해질 것임을 암시한 것이다. **상군지배**는 누군가를 배신하라는 암시였다.

괴통이 한신에게 천하삼분을 권하는 장면은 그 언어와 묘사가 대단히 뛰어나다. 한신은 한순간 마음이 흔들렸지만, 괴통의 권유를 받아들이지 못했다. 유방이 천하를 얻은 뒤 한신은 모반죄를 뒤집어쓰고 삼족이 멸족당하는 비참한 최후를 맞이했다.('토사구팽', '공고진주' 항목 등 참고)

키워드 : 관상, 배신

상득익창(相得益彰)

서로에게 이득이 되면 더욱 드러난다.
– 권61 〈백이열전〉

사마천은 〈백이열전〉에서 고죽국의 백이·숙제 형제와 공자의 제자 안연이 훗날 그 이름을 남길 수 있었던 것은 공자가 이들을 언급했기 때문이라면서 이렇게 논평한 바 있다.

"백이와 숙제가 비록 어진 사람들이긴 했지만 공자가 있어서 그 이름이 '더욱 드러났다(익창益彰).' 안연이 공부에 독실하긴 했지만, '천리마 꼬리에 붙음'으로써 그 행동이 '더욱 뚜렷해졌다(익현益顯)'. 동굴 속 선비들의 진퇴도 이와 같았지만 그 명성은 연기처럼 사라져 입에 오르지 않았으니 서글프구나! 골목에 사는 보통 사람으로서 덕행을 갈고 닦아 명성을 세우고자 한다면, 청운의 선비에 붙지 않고서야 어찌 후세에 명성을 남길 수 있겠는가?"

여기서 **상득익창**이란 성어가 파생되었다. **서로에게 이득이 되면 더욱 드러난다**는 뜻이다. 오늘날 용어로 비유하자면 '윈윈' 정도가 된다. ('부기미' 항목 참고)

키워드 : 관계, 상호(相好), 이익

상문쇄소(相門洒掃)

재상집 문 앞에서 물 뿌리고 쓸다.
– 권52 〈제도혜왕세가〉

한나라 초기 때 제나라에서 중위(中尉) 벼슬을 했던 위발(魏勃, 생졸 미상)이란 인물이 있었다. 그는 제나라 왕의 신임을 크게 받았고, 여태후가 죽은 뒤 여씨 세력을 평정하는 데 큰 역할을 했다. 그러나 훗날 함부로 군대를 동원했다가 관영(灌嬰)에 의해 파직을 당했다.

위발이 제나라에서 벼슬을 할 수 있었던 것은 젊었을 때의 일 때문이었다. 위발은 당시 제나라 국상(國相)이었던 조참(曹參)을 만나려고 했으나 집이 가난하여 자기 힘으로는 연결할 수가 없었다. 그래서 늘 아침 일찍 혼자서 조참의 집 문 앞을 쓸었다. 국상의 집을 관리하는 사인(舍人)이 이를 괴이하게 여겨 무슨 일인가 싶어 몰래 엿보다가 위발을 만났다. 위발이 "상국을 뵙고자 하는데 인연이 없어 당신을 위해 청소를 해서 뵙고자 한 것이오"라고 했다.

사인은 위발을 조참에게 소개했고, 위발은 조참의 사인이 되었다. 이후 다시 조참의 추천으로 제나라 도혜왕(悼惠枉)의 내사(內史)가 되었다. 위발은 도혜왕이 죽고 애왕(哀王)이 즉위한 뒤로는 국상보다 더 큰 권력을 행사했다.

위발이 조참을 만나기 위해 조참 집안의 일을 관할하는 사인을 대신해 **국상의 집 문 앞에서 물을 뿌리고 마당을 쓴** 일화에서 **상문쇄소**라는 성어가 나왔고, 훗날 벼슬을 구하는 기술이나 방법 등을 가리키는 용어가 되었다.('소문구견' 항목 참고)

키워드 : 구직(求職), 방법

상문유상(相門有相)

재상집에 재상 있다.

– 권75 〈맹상군열전〉

'재상집에서 재상난다'는 말이 있다. 출처는 〈맹상군열전〉의 다음 대목이다.

"전문(田文, 맹상군)은 '장수 집안에 반드시 장수가 있고', **재상 집안에 반드시 재상이**

있다고 들었다."

여기서 '장문유장(將門有將)'과 **상문유상(相門有相)**이란 성어가 나왔고, 훗날 좋은 집 안에서 뛰어난 자제가 나온다는 것을 두루 가리키기에 이르렀다.

키워드 : 가문, 자손

상산사호(商山四皓)

상산의 네 은자.
– 권55 〈유후세가〉

상산사호는 진나라 말기 **상산에 은거해 있던 네 명의 은사(隱士)**로서 동원공(東園公)· 하황공(夏黃公)·기리계(綺里季)·녹리 선생(角里先生)을 말한다. 이들은 모두 수염과 눈썹이 하얀 노인들이었고, 조야로부터 존경을 받는 현자들이기도 했다.

유방은 오래전부터 이 상산사호를 모시려 애를 썼으나 상산사호는 유방이 무례하다 하여 초빙에 응하지 않았다. 유방이 말년에 여태후 소생의 태자 유영(劉盈, 훗날 혜제)을 폐하고, 젊은 척희(戚姬)에게서 난 어린 여의(如意)를 앉히려 하자 여태후는 장량(張良)을 찾아가 도움을 요청했다. 장량은 편지를 써서 여태후의 오라비 여택(呂澤)으로 하여금 자신의 이름을 대고 상산 사호를 찾아가 도움을 청하게 했다. 상산사호는 산을 나와 태자 유영을 모시기에 이르렀다.

조야 모두로부터 존경을 받고 있는 '상산 사호'가 태자를 호위하자 유방은 태자를 바꾸겠다는 마음을 포기했다. 그림은 상 산사호의 모습이다.

우연히 태자부를 지나던 유방은 태자를 극진히 모시고 있는 상산사호를 본 뒤 민심이 태자에게로 기울었다고 판단하여 태자 폐위를 포기했다. 또 유방은 영포(英布)의 모반을 토벌하러 나서면서 태자를 동행시키려 했다. 상산사호는 의견을 모아 태자는 수도에 남아 국내를 안정시켜야 한다고 유방을 설득하라고 여태후에게 일러주었다. 여태후는 유방을 설득했고, 유방은 이를 받아들여 태자를 장안에 남게 했다.

이상의 사실은 기본적으로 〈유후세가〉에 기록되어 있고, 훗날 황보밀(皇甫謐, 215~282)이 편찬한 《고사전(高士傳)》에도 남아 있다. '상산사호'는 이후 '나이가 많으면서 명망이 높고 학식이 남다른 숨어 있는 은사(隱士)'를 가리키는 단어가 되었다.

키워드 : 현자, 은사, 명망

상앙사목(商鞅徙木)

상앙이 나무를 옮기게 하다.

– 권68 〈상군열전〉

상앙(商鞅, 기원전 약 390~기원전 338)은 전국시대의 개혁가이자 중국 역사상 최고의 개혁가로 평가하는 인물이다. 그는 약소했던 위(衛)나라 지역 출신으로 청운의 꿈을 품고 진나라 건너와 효공(孝公)을 만났다. 효공은 그의 개혁 의지를 믿고 '변법'으로 상징되는 진나라의 전면 개혁을 맡겼다. 상앙이 주도한 진나라의 변법 개혁은 진나라는 물론 전국시대 역사발전을 크게 촉진했다.

상앙의 개혁은 철저한 법 집행이 가장 큰 특징이었고, 이는 정치뿐만 아니라 경제·군사·교육 방면에도 큰 영향을 미쳤다. 진나라는 상앙의 개혁으로 낡은 풍속을 고치고 부국강병을 이룩했다. 훗날 천하통일의 주역 가운데 한 사람이었던 이사(李斯)는 〈간축객서(諫逐客書)〉에서 "효공이 상앙의 변법으로 낡은 풍속을 고치니 백성이 번성하고 나라가 부강해졌다"고 평가했다.

상앙의 개혁정치는 전면적이었다. 정치와 제도개혁은 물론 생활개혁과 의식개혁에 이르기까지 바꿀 수 있는 것은 다 바꾸었다. 흔히들 진시황이 시행한 것으로 알고 있는 문자 통일, 화폐 통일, 도량형 통일 등도 실은 모두 상앙이 제안한 정

상앙의 변법 개혁을 나타낸 조형물로 섬서성 한성시 사마천광장에 조성되어 있다.(2017년)

책이었다. 통일 정권을 뒷받침하는 군현제라는 행정개혁도 상앙의 작품이며, 인구를 늘리기 위해 부모와 장성한 자식을 한 집에 살지 못하게 하는 생활개혁 역시 상앙의 머리에서 나왔다.

개혁을 위한 모든 법령이 만들어지자 상앙은 포고에 앞서 백성들의 신뢰를 얻기 위한 행사를 연출했다. 3장 길이의 나무 기둥을 도성 남문에 세워 놓고 이것을 북문으로 옮기는 사람에게 금 10냥을 상금으로 준다는 포고령을 내렸다. 헛소리라며 백성들이 거들떠보지도 않자 상앙은 50냥으로 상금을 올렸고, 재미삼아 기둥을 옮긴 한 백성에게 그 자리에서 상금을 주었다. 이로써 백성들의 마음은 서서히 상앙의 법령을 신뢰하는 쪽으로 옮겨갔다. 이것이 '나무 기둥을 세워 믿음을 얻는다'는 '입목득신(立木得信)' 또는 '기둥을 옮겨 믿음을 얻는다'는 '사목득신(徙木得信)'이다. 이를 또 **상앙이 나무를 옮기게 하다**는 뜻의 **상앙사목(商鞅徙木)**이라고 표현하는데, 훗날 법이나 명령이 내려졌으면 반드시 실행하여 백성의 믿음을 얻어야 한다는 전고가 되었다.('법지불행자상범야' 항목 참고)

'상앙사목'은 이밖에도 '사목지신(徙木之信)', '사목위신(徙木爲信)', '사목입신(徙木立信)', '이목건신(移木建信)', '신목(信木)' 등과 같은 다양한 파생어를 낳았다. 상앙의 이 일화는 2014년 중국의 국가주석 시진핑이 언급하여 주목을 끈 바 있다.

키워드 : 정책, 개혁, 신뢰, 약속

상여병갈(相如病渴)

상여가 소갈병을 앓다.
– 권117 〈사마상여열전〉

한나라 때의 유명한 문장가 사마상여(司馬相如)는 젊어서 부잣집 딸 탁문군(卓文君)과 아름다운 사랑을 꽃피우는 등 말 그대로 낭만적인 삶을 살았다.('가거도사벽', '심도' 등 항목 참고) 이런 사마상여에게 나름 말 못할 사정이 있었는데, 다름 아닌 평생 '소갈병(消渴病)'을 달고 살았다. 다행히 탁문군을 만나 생계 걱정을 덜자 그는 벼슬에 대한 관심을 버리고 병을 핑계로 한가하게 살았다.

사마상여가 앓았던 소갈병에서 **상여병갈**이란 성어가 파생되었고, 이는 문인(지식인)이 병이 생겨 벼슬 등에 뜻을 버리고 한가하게 사는 것을 비유하게 되었다. '소갈병'이란 음식을 자주 먹고 갈증이 나며, 오줌을 자주 누는 증상의 병으로 당뇨병에 가깝다고 한다.

키워드 : 문인, 질병, 한가(閑暇)

상인위중(相引爲重)

서로 끌어주며 중시하다.
– 권107 〈위기무안후열전〉

'한상지만' 항목에서 살펴보았듯이 한나라 경제와 무제 때 인물인 위기후(魏其侯) 두영(竇嬰)과 무장 관부(灌夫)는 마치 아버지와 아들 사이처럼 아주 가깝게 지냈다. 이들은 **서로를 끌어주며 중시했다**고 한다. 여기서 **상인위중**이란 성어가 나왔다. 행동으로는 만나면 서로의 손을 잡고 자리로 이끌며 애지중지했다. 이 두 사람이 만난 다음 얼마나 의기투합(意氣投合)했으면 이제야 만난 것이 한스럽다고 했겠는가? '상

인위중'은 서로를 아주 아끼는 것을 비유한다. ('한상지만' 항목 참고)

키워드 : 관계, 의기투합, 중시

상제병론(相提幷論)

두 가지를 함께 거론하다.
− 권107 〈위기무안후열전〉

한 경제 때인 기원전 150년 궁중 암투 때문에 경제가 아끼던 율희(栗姬)가 낳은 태자 유영(劉榮)이 폐위 당했다. 율희도 경제의 총애를 잃고 우울하게 세상을 떠났다. 위기후(魏其侯) 두영은 태자를 지키지 못한 것과 태자를 폐위한 경제에게 불만을 품고 집으로 돌아가 입조하지 않았다. 주위에서 입조를 권유했지만, 두영은 완강하게 버텼다. 그러던 중 상수(商遂)란 자가 두영을 만나 황제의 마음을 바꾸려고 노력하지도 않고, 태자를 지키지 못해 따라 죽지도 않은 채 이렇게 집에서 여자를 끼고 놀고 있으니, 이는 비유컨대 **두 가지 일을 함께 거론(평가)하자면** 황제의 잘못을 일부러 드러내는 것이라 할 수 있다고 충고했다. 이 말에 두영은 입조했다.

상제병론의 원문은 '상제이론(相提而論)'인데 훗날 '상제병론'으로 바꾸어 많이 인용하고 있다. 서로 다른 두 가지 사안이나 일을 구별하지 않고 함께 섞어 거론하거나 논평하는 것을 말한다.

키워드 : 평가, 상호비교

진 2세 원년(기원전 209) 7월부터 한 고조 5년(기원전 202) 9월까지 총 90개월 동안 일어난 중대사를 달별로 정리한 특별한 연표가 권16 〈진초지제월표〉이다. 이 기간(약 8년)에 천하 정세는 복잡하고 변화가 많아서 상세하게 9개 틀의 월표로 정리했다. 사진은 최초의 통일제국 진나라를 15년 만에 몰락시키는 계기를 마련한 중국 역사상 최초의 농민봉기를 이끈 진승의 무덤 입구이다.(하남성 영성시永城市 2017년)

상지불하(相持不下)

서로 떨어지지 않는 상태를 유지하다.
— 권7 〈항우본기〉 ; 권92 〈회음후열전〉

상지불하는 둘 중 어느 쪽도 아래로 떨어지지 않고 균형을 유지하고 있다는 뜻인데, 《사기》에서는 모두 항우의 초와 유방의 한이 벌이는 쟁패의 승부가 나지 않고 있다는 뜻으로 쓰이고 있다. 〈항우본기〉에는 초와 한이 오래도록 (승부가) 결정 나지 않고 서로 버티고 있다는 뜻으로 '상지미결(相持未決)'로 표현했고, 〈회음후열전〉에는 '상지불하'로 나온다. 어느 쪽이든 **승부가 나지 않고 유지되고 있는 상황**을 가리킨다. 참고로 초한쟁패는 본격적인 경쟁이 시작된 기원전 206년부터 유방이 최종 승리하는 기원전 202년까지 5년간 지속되었다.

키워드 : 승부, 균형

상지한만(相知恨晚)

서로 늦게 알게 된 것을 아쉽게 여기다.
— 권107 〈위기무안후열전〉

'상견한만', '한상지만'과 같은 뜻으로 〈위기무안후열전〉의 '한상지만'을 이렇게 변형해서 쓰기도 한다. ('한상지만' 항목 참고)

키워드 : 리더, 갈망, 인재

상채견황견(上蔡牽黃犬)

상채에서 누렁이를 끌고 다니다.
– 권87 〈이사열전〉

상채는 이사의 고향(지금의 하남성 상채현)이다. 이사가 조고의 모함으로 아들과 함께 처형당할 때 옛날 이곳에서 누렁이를 데리고 사냥 다니던 일을 회상한 바 있다.('동문황견' 항목 참고) 훗날 송나라 때 시인 육유(陸游, 1125~1210)는 〈시문고후(詩文稿後)〉라는 시에서 **상채견황견**이란 표현으로 이 일을 언급했다. 자신의 처지를 한탄하면서 과거 좋았던 추억을 회상하는 것을 비유한다.

키워드 : 과거, 추억, 회상, 회한

생

생아자부모(生我者父母), 지아자포자야(知我者鮑子也)

나를 낳아준 분은 부모이지만, 나를 알아준 사람은 포숙이다.
– 권62 〈관안열전〉

춘추시대 동방의 제나라를 당시 최고 강대국으로 이끄는 데 가장 큰 역할을 한 관중(管仲)과 포숙(鮑叔)을 상징하는 사자성어는 '관포지교(管鮑之交)'이다. 포숙은 환공을 설득하여 정쟁에서 패하여 죽을 위기에 처한 친구 관중을 살리고, 나아가 자신에게 돌아올 재상 자리마저 관중에게 양보했다. 한 나라의 정치를 맡아 백성들을 위해 좋은 정책을 실행하는 면에서는 관중이 자신보다 낫다는 것을 알았기 때문이다.

관중은 훗날 이런 포숙을 두고 **나를 낳아준 분은 부모지만, 나를 알아준 사람은 포숙**

포숙의 무덤은 관중의 무덤에 비하면 초라하다. 관중의 업적과 남겨 놓은 것이 많기 때문에 당연하다. 하지만 사마천은 포숙의 위대한 정신을 놓치지 않고 관중의 입을 빌어 위의 명구를 남겨 놓았다. 사진은 산동성 제남시(濟南市)에 남아 있는 포숙의 무덤이다.(2015년)

이다는 말로 포숙의 고귀한 양보 정신을 칭송했다. 원문의 '포자(鮑子)'는 포숙을 가리키는데 아들 '자'를 넣은 것은 존칭의 뜻이다. 관중을 관자, 공구를 공자라 존칭한 것과 같은 맥락이다.

포숙이라는 한 사람의 위대한 양보, 즉 유능한 관중에게 내 자리를 양보한다는 '양현(讓賢)'은 제나라를 '부민부국(富民富國)'으로 이끄는 견인차 역할을 했다. 관중은 포숙의 양보를 받아 제나라를 부강하게 만들면서 부국의 원천이 부민에 있다는 '부민부국'을 강조했고, 또 실제로 이를 실현했다.

사마천은 포숙의 이 고귀한 '양현'의 실천을 그냥 지나칠 수가 없었다. 그래서 위 관중의 입을 빌려 포숙의 존재를 드러냈고, 또 "세상 사람들은 관중보다 포숙을 더 칭찬했다"는 세간의 평가를 덧붙여 포숙이 실천한 고귀한 가치를 강조했다. 제나라를 이끌었던 관중을 위한 전기는 마련했지만, 포숙에게는 별도의 전기를 마련할 수 없었던 사마천은 이렇게라도 포숙과 그의 양보가 갖는 소중함을 드러내려 했다.

키워드 : 우정, 지기(知己), 양보

서문투무(西門投巫)

서문표가 무당을 (강물에) 던지다.
– 권126 〈골계열전〉

'삼불기' 항목에서 기원전 5세기 전국시대 초기 위(魏)나라의 정치가로 업(鄴) 지역을 엄하게 다스려 '감히 속이지 못했다'는 '불감기(不敢欺)'의 사례를 남긴 서문표(西門豹)를 소개한 바 있다. 당시 서문표는 매년 물의 신인 하백(河伯)에게 처녀를 바치는 악습과 이 행사를 빌미로 백성들로부터 엄청난 돈을 갈취하는 관리와 무당들을 차례로 물에 던짐으로써 이 악폐를 단숨에 이를 제거했다. 여기서 **서문표가 무당을 (강물에) 던지다**는 **서문투무**라는 성어가 나왔고, 훗날 미신에 반대하고 백성을 위해 피해를 없애는 관리를 칭송하는 전고가 되었다.('삼불기' 항목 참고)

키워드 : 악습, 폐해, 제거, 관리

서수(犀首)

서수 / 일없이 술을 많이 마시는 사람.
– 권70 〈장의열전〉

전국시대를 풍미했던 대표적인 유세가 하면 대개는 소진(蘇秦)과 장의(張儀) 두 사람을 꼽는다. 〈장의열전〉에는 장의뿐만 아니라 진진(陳軫, 생졸 미상)과 서수(犀首, 생졸 미상)라는 두 유세가와 관련한 내용이 적지 않다. 이 두 사람은 장의와 사이가 좋지 않았다.

진진이 진나라에 와서 유세했지만 혜왕(惠王)은 1년을 끌다가 결국 장의를 재상으로 등용했다. 진진은 초나라로 갔다. 초나라도 그를 중용하지 않고 진나라에 사신으로 보냈다. 진진은 가는 길에 위(魏)나라에 들러서 서수를 만나보고자 했으나, 서수는 핑계를 대면서 만나주지 않았다. 진진이 일이 있어 왔는데 만나주지 않으니 바로 가겠다고 했고, 서수는 진진을 만났다. 서수를 만난 진진은 "그대는 어째서 그렇게 술을 즐겨 마시는 거요?"라고 물었다. 서수는 "할 일이 없기 때문이오"라고 답했다.

진진은 "그렇다면 내가 공에게 일에 넌더리가 나도록 해드릴까?"라고 했다. 서수가 그 방법을 묻자, 진진은 그 방법을 알려주었다. 진진이 알려준 방법은 서수를 이용하여 연·조·제의 합종을 이끌어내는 것이었다. 당시 초나라는 전수(田需)가 제안한 합종에 대해 망설이고 있던 터라 진진은 서수를 이용하여 다른 나라의 합종을 이끌어냄으로써 초나라를 자극하려 한 것이다. 초나라는 과연 전수의 합종설을 포기했고, 진진은 마침내 당당하게 진나라로 갔다.

진진과 서수의 대화를 소재삼아 훗날 사람들은 **서수**라는 이름으로 **일없이 술을 많이 마시는 사람**을 가리키는 단어로 활용했다.

키워드 : 술꾼, 별칭

서수획린(西狩獲麟)

서쪽으로 사냥 갔다 기린을 잡다.
– 권130 〈태사공자서〉

'획린' 항목을 참고하면 된다.

키워드 : 조짐

서옥(鼠獄)

쥐새끼를 재판하다 / 꾀가 출중하다.
– 권122 〈혹리열전〉

〈혹리열전〉은 지독한 관리, 즉 '혹리(酷吏)'들의 행태들을 모아 놓은 독특하고 흥미로운 한 편이다. 혹리란 오늘날로 보자면 검사와 법관들에 해당하는데, 이들은 주로 권세가·토호·상인들을 대상으로 가차 없이 법집행을 행사했다. 뿐만 아니라 어떤 혹리들은 최고 권력자의 의중을 헤아려 그에 맞추어 법을 집행했는가 하면, 나쁜 혹리들은 상인과 결탁하여 법을 어지럽히기도 했다. 오늘날로 비유하자면 권력자의 눈치를 보고 그 비위를 맞추어 법을 집행하는 정치 검찰이자 정치 법관들이라 할 수 있다.

혹리들 가운데 가장 유명한 인물은 조우(趙禹)와 함께 불법을 보고도 신고하지 않으면 처벌하는 불고지죄(不告知罪)에 해당하는 '견지법(見知法)'이란 악법을 만든 장탕(張湯)이다. 〈혹리열전〉에서 차지하는 분량도 가장 많다. 여기에는 장탕이 혹리가 되는 데 가장 큰 자극을 준 어릴 적 경험이 소개되어 있는데, 사마천이 대체 어디서 이런 이야기를 채록했는지 절로 감탄하게 만드는 흥미로운 일화다.

장탕이 어린 시절에 아버지가 외출하면서 '곡간을 잘 지키라'는 분부를 내렸다. 장탕이 창고 지키기를 소홀히 한 틈을 타 쥐가 음식을 먹어치웠다. 아버지가 돌아와 장탕에게 매질을 했다. 장탕은 온 집안을 뒤져 기어이 쥐를 잡아서 꽁꽁 묶어 놓은 다음, 쥐를 탄핵하고 영장을 발부하여 진술서를 작성했다. 그리고는 법조문에 근거하여 고문을 가하고 끝내는 몸뚱이를 찢어 죽이는 책형(磔刑)을 판결했다. 장탕은 판결문을 직접 작성했는데, 그 판결문을 본 아

혹리의 본보기인 장탕의 무덤은 2002년 서안시(西安市) 장안구(長安區) 서북정법대학(西北政法大學) 공사 중에 발견되어 세간의 주목을 받은 바 있다.(2017년)

버지는 기가 막혔다. 마치 노련한 형리가 직접 작성한 것 같았기 때문이다. 이렇게 장탕은 어릴 적부터 혹리로 성장할 기본자질을 타고났던 것 같다.('원서' 항목 참고)

장탕이 음식을 훔쳐 먹은 쥐새끼를 잡아 법에 따라 처분한 이 일화에서 **서옥**이라는 흥미로운 단어가 나왔고, 훗날 이 단어는 지혜가 출중하다는 전고로 인용되고 있다. 참고로 〈혹리열전〉에 소개되어 있는 관리들에 관한 기본 내용을 하나의 표로 정리했다.(모두 한나라시대 인물이고, 무제 때가 대부분이다.)

이름	벼슬	특징	비고
급암(汲黯)	알자, 도위	직언과 큰 정치, 강직함. 사직지신으로 평가받음.	천자도 예를 갖추게 만듦.
정당시 (鄭當時)	태자사인	인재추천, 청렴결백. 급암과 정신적 교류.	5일제 근무의 효시.
질도(郅都)	중랑장	용감·기개·공정·청렴. 보라매라는 별명으로 불림.	경제의 태자 임강왕의 자살 사건으로 처형.
영성(寧成)	낭관	각박·간교·상관압도·부하핍박. 혹리의 전형으로 꼽힘.	거부가 되어 그 권위가 태수를 능가.
주양유 (周陽由)	태수	외척 특권. 난폭·잔혹·오만방자. 법을 왜곡해서 적용함. 법질서가 더욱 문란해짐.	기시형으로 죽음.
조우(趙禹)	중도관	불고지죄에 해당하는 '견지법(見知法)'으로 법의 집행을 각박하게 만듦.	불고지죄의 효시
장탕(張湯)	장안현리	판결문의 명수. 황제 심기 파악에 능숙. 탈세 고발 법인 '고민령(告緡令)'으로 상인들과 호족들 압박.	어릴 때 쥐새끼 판결. 자살
의종(義縱)	중랑	강도질, 과감하고 신속한 일처리, 무자비. 영성을 처벌하는 악연. 질도를 모범으로 삼음.	지방관 감찰직 '직지(直指)' 벼슬 출현. 기시형으로 죽음.
왕온서 (王溫舒)	어사	죄인 살상에 희열을 느낌. 법조문 왜곡으로 권세에 아부. 범죄자 체포수가 미달일 경우 관리를 죽이는 '침명법(沈命法)'을 제정함. 실적 조작이 만연함.	기혈(嗜血) 심리. 자살, 5족 멸족.
윤제(尹齊)	어사	직선적 성격. 지나치게 엄하고 가혹하여 관리 통솔에 실패.	원수가 시체를 불태우려 함.
양복(楊僕)	어사	과감하고 흉포함. 윤제를 모범으로 삼음.	고조선 정벌에 참가.
감선(減宣)	어사	어려운 사건 해결. 작은 일에 충실하여 큰 일 처리.	자살
두주(杜周)	정위	신중하여 결단이 느림. 관대해 보이나 냉혹함이 골수에 박힘.	자식들 역시 흉포하고 잔혹함.

풍당(馮當)	촉 태수	포악하고 남을 학대함.	
이정(李貞)	광한	멋대로 사람의 사지를 찢음.	혹리들의 대거 출현과 서한 정치의 난맥상을 드러냄.
미복(彌僕)	동군	톱으로 목을 자름.	
낙벽(駱璧)	천수	억지 자백을 잘 받아냄.	
저광(褚廣)	하동	인명을 마구 살상함.	
무기(無忌)	경조	지독하기가 독사, 흉포하기가 매와 같음.	
은주(殷周)	풍익		
염봉(閻奉)	수형도위	구타, 뇌물 수수.	

이상 혹리들은 모두 서한시대의 인물들인데, 사마천은 초기 강직하고 직언을 잘 했던 반듯한 혹리들이 시간이 지날수록, 특히 사마천 당대인 한 무제 때 오면 법을 자의적으로 해석하고 집행하는 것은 물론 각종 악법을 만들어내서 백성들을 못 살 게 구는 저질의 못된 혹리들로 변질되어 가는 과정을 잘 보여주고 있다.

위 표에서 앞 두 인물은 〈혹리열전〉에는 소개되어 있지 않지만 대체로 혹리의 모 범으로 꼽는다. 급암과 정당시는 권120 〈급정열전〉에 함께 수록된 인물인데, 바로 앞 편이 좋은 관리들을 다룬 〈순리열전〉이어서 〈혹리열전〉으로 넘어가는 과도기적 인물임을 암시하고 있다.('구화양비' 항목 참고)

키워드 : 사법, 혹리, 일화

서절구도(鼠竊狗盜)

쥐새끼와 개새끼의 절도.

– 권99 〈유경숙손통열전〉

'부족괘치' 항목에서 보았듯이 한나라 초기의 유학자 숙손통(叔孫通)은 당초 진나 라 때 박사를 지냈다. 진승의 봉기가 터지자 2세 황제 호해는 박사와 선비들에게 이 일에 대해 물었다. 다들 반역으로 심각한 사건이니 군대를 보내 서둘러 진압하라고 했다. 2세의 성난 얼굴을 본 숙손통은 그들은 "그저 도적들로서 **쥐새끼나 개새끼가 (물건을) 훔치는** 것에 지나지 않습니다"며 2세의 비위를 맞추었다. 2세는 마음이 풀려 숙손통에게 상을 내렸고, 궁중을 나온 숙손통은 하마터면 호랑이 입에 들어갈 뻔했다며 서둘러 항우에게로 도망갔다. 그 뒤 숙손통은 다시 유방에게로 갔다.

서절구도는 앞뒤를 바꾸어 '구도서절(狗盜鼠竊)'이라고도 쓰며, 개나 쥐가 먹을 것을 물어가듯 아주 보잘것없는 절도(竊盜) 따위를 가리키는 성어로 쓰인다.

키워드 : 절도

서하지통(西河之痛)

서하에서의 고통.

– 권67 〈중니제자열전〉

기원전 479년 공자가 72세의 나이로 세상을 떠났다. 공자의 제자들 중 자하(子夏, 기원전 507~?)는 서하(西河), 즉 위(魏)나라로 건너가 학생들을 가르치는 한편 최고 권력자 문후(文侯)의 스승이 되었다. 그런데 자식이 먼저 세상을 떠났다. 자하는 너무 슬피 통곡하다가 실명(失明)했다.

자하가 **서하에서 자식을 잃은 슬픔과 고통**을 두고 훗날 **서하지통**이란 성어가 나왔다. 아주 깊고 큰 슬픔, 특히 자식을 잃은 슬픔을 비유한다. '통포서하(痛抱西河)'나 '포통서하(抱痛西河)'로도 쓴다.

자하는 위나라로 건너가 문후의 스승이 되는 등 크게 존중을 받았으나 자식을 잃는 아픔을 겪었다.

키워드 : 감정, 죽음, 고통, 슬픔, 자식

석교지의(石交之義)

돌처럼 단단한 우정의 의리.

– 권69 〈소진열전〉

　전국시대 말기 소진은 연나라를 공격하여 10개의 성을 빼앗은 제나라를 찾아 성을 돌려주길 권하면서 다음과 같은 말로 설득했다.

　"대왕께서 만일 저의 계책을 받아들이시겠다면 연나라의 성 10개를 돌려주셔야 합니다. 연나라는 이유없이 성 10개를 돌려받게 되면 틀림없이 기뻐할 것입니다. 진나라 왕은 대왕께서 자기 때문에 연나라의 성 10개를 돌려주었음을 알고 또한 틀림없이 좋아할 것입니다. 이는 원수를 버리고 **돌처럼 단단한 우정**을 얻는 것입니다."

　소진은 '돌처럼 단단한 우정'이란 뜻의 '석교'를 언급했고, 여기에서 **석교지의**라는 성어가 파생되었다.

키워드 : 관계, 우정

석권(席卷)

돗자리를 말다 / 세력(기세)이 거침없이 휩쓸다.

– 권6 〈진시황본기〉

　어떤 지역이나 큰 자리 따위를 거침없이 차지하는 행동이나 모습을 마치 **돗자리를**

(둘둘) **만다**는 것에 비유하여 **석권**이란 단어를 많이 쓴다. 〈진시황본기〉에 인용된 가의(賈誼)의 〈과진론(過秦論)〉에 보면 효공(孝公) 때 진나라의 기세를 묘사하면서 '석권천하(席卷天下)'라는 표현을 썼다. '거침없이 천하를 휩쓸다'는 뜻이다. '석권'이란 단어는 《전국책》〈초책〉에 보인다.

키워드 : 상황, 정세, 기세

석실금궤(石室金櫃)

석실과 금궤.
– 권130 〈태사공자서〉

석실금궤란 국가 문서를 보관하는 도서관을 가리키는 단어로 〈태사공자서〉 다음 대목에 나온다.

"태사공(아버지 사마담)이 세상을 떠난 3년 뒤, 천은 태사령이 되어 사관의 기록과 **석실과 금궤**에 소장된 서적들을 읽기 시작했다."

사마천은 기원전 108년 아버지 사마담의 3년 상을 마치고 아버지의 뒤를 이어 태사령에 취임하면서 본격적으로 각종 기록과 황가 도서관, 즉 석실과 금궤에 소장되어 있는 서적들을 읽으면서 역사서 집필을 준비했다. 그때 그의 나이 37세였다.

석실은 돌(주로 벽돌)로 만든 방을 말하며, 금궤는 석실 안에 둔 금속(일반적으로 황동)으로 만든 상자 같은 것이다. 금궤에는 특별히 소중한 문서를 보관했던 것 같다.

키워드 : 황실, 도서관

선국가지급이후사구야(先國家之急而後私仇也)

나라의 급한 일이 먼저이고, 사사로운 원한은 나중이다.

— 권81 〈염파인상여열전〉

전국시대 막바지 조나라에서 있었던 일이다. 갑자기 등장한 인상여(藺相如)의 고속 승진을 달가워하지 않던 명장 염파(廉頗)는 주위 사람들에게 인상여를 욕보이려고 열을 올렸다. 이런 염파를 인상여는 계속 피해 다녔다. 식솔들이 불평하자 인상여는 조나라가 위기 상황인데 '두 마리 호랑이가 서로 싸우면(양호공투兩虎共鬪)' 나라꼴이 어찌 되겠냐며 **"나라의 급한 일이 먼저이고, 사사로운 원한은 나중이다"**라고 했다.

이 말을 전해들은 염파는 부끄러워하며 '웃통을 벗고 가시나무를 짊어지고 와서 사과했다(부형청죄負荊請罪).' 이로써 두 사람은 묵은 감정을 풀고 '목숨을 내놓아도 아깝지 않은 우정(刎頸之交문경지교)'을 나누는 사이가 되었다. 인상여의 위 명언에서 **선공후사(先公後私)**라는 사자성어가 파생되었다.

《사기》 전체를 대표하는 우정의 고사성어로는 '관포지교'와 '문경지교'가 있다. 이 두 고사성어를 관통하는 공통된 메시지를 하나 들라면 누가 뭐라 해도 '공심(公心)'이다. 포숙은 제나라와 백성을 위해 관중에게 재상 자리를 양보했고, 환공 역시 제나라를 위해 자신을 죽이려 한 관중을 용서하고 포숙의 제안을 받아들였다. 사회 지도층에 이런 '공심'이 기본으로 정착하면 사회 전체의 기풍이 좋은 쪽으로 바뀐다. 그럼에도 '선공후사'는커녕 '선사후

인상여의 무덤 소재지에 대해서는 하북성 한단시(邯鄲市), 산서성 고현(古縣), 서안시 임동구(臨潼區)의 세 곳을 두고 논쟁이 있다. 사진은 산서성 고현에 남아 있는 인상여의 무덤이다.(2015년)

공(先私後公)'과 아예 '선사무공(先私無公)'하는 사회 지도층이 너무 많다.('문경지교', '부형청죄', '양호공투' 항목 등 참고)

키워드 : 공직, 공사, 분별

선산누각(仙山樓閣)

신선이 사는 산과 집.
– 권28 〈봉선서〉

역대 제왕들의 제사 활동을 주로 기록한 〈봉선서〉에는 권력자들이 불로장생을 위해 벌인 여러 미신 행각들이 많이 기록되어 있다. 그중 한 대목이다.

"제나라의 위왕(威王)과 선왕(宣王), 연나라의 소왕(昭王) 시절부터 사람들을 바다로 내보내 봉래(蓬萊)·방장(方丈)·영주(瀛洲)를 찾도록 하였다. 이 삼신산(三神山)은 전설에 따르면 발해(渤海) 중에 있어 그 거리는 멀지 않으나, 신선들이 배가 도착하는 것을 걱정하여 바로 바람을 일으켜 배를 산에서부터 밀어낸다고 한다. 일찍이 어떤 사람이 이곳에 가보았는데, 여러 선인들과 불로장생의 약이 모두 그곳에 있었다고 한다. 그곳의 물체와 새·짐승들은 모두 백색이며, 황금과 백은(白銀)으로 궁전이 지어져 있다. 도달하기 전에 그곳을 바라다보면 마치 한 자락의 백운(白雲)과 같으며, 도달하기 직전에서 보면 삼신산이 바닷물 아래에 있는 듯하다. 그리고 막상 배를 대려고

바다로 나가 선산을 찾는 방사와 진시황의 모습을 그린 그림이다.(제주도 서복기념관, 2020년)

하면 매번 바람이 밀어내어 결국은 도달할 수 없게 된다고 한다. 속세의 군주들은 그곳에 관심을 가지지 않는 자가 없었다. 진시황이 천하를 통일하고 해상에 도착하자 이 전설에 관해 말하는 방사들이 헤아릴 수가 없을 정도로 많았다."

이런 대목에서 신선이 사는 산이란 뜻의 **선산**(仙山)과 그들이 사는 집인 **누각**(樓閣)을 합쳐 **선산누각**이라 불렀다. 훗날 시인들도 이 단어를 많이 활용했다. 이로부터 '선산누각'을 신선이 사는 선경(仙境)이라 부르면서 범상치 않은 기이하고 환상적인 경계나 경치를 형용하곤 했다.('삼신산' 항목 참고)

키워드 : 미신, 신선, 선경

선삽(先歃)

먼저 피를 바르다.
– 권5 〈진본기〉

기원전 771년 주나라는 유왕(幽王)의 어리석은 통치와 내분, 그리고 이민족의 침입으로 유왕과 포사(褒姒)가 피살되고 수도가 점령당해 나라가 망했다.('봉수대고', '천금매소' 항목 참고) 유왕의 아들 평왕(平王)은 이듬해인 기원전 770년 도읍을 동쪽 낙양(洛陽)으로 옮겨 주 왕실을 재건했다. 왕실의 권위는 추락했고, 각지의 제후국들이 왕실을 압도하는 현상이 벌어졌다. 이때부터를 춘추시대라 부른다. 역사학계에서는 동주(東周)시대라 한다.

제후국들 중 가장 강력한 나라가 주 왕실을 보호하고 오랑캐를 물리친다는 '존왕양이(尊王攘夷)'를 명분으로 내걸고 천하의 주도권을 행사하려 했다. 이 주도권을 패권(覇權), 주도권을 잡은 제후를 패주(覇主)라 불렀다. 패권 싸움은 대부분 무력으로 결정되었고, 그 패권을 인정하고 패주는 뽑는 의식이 뒤따랐다. 이를 '회맹(會盟)'이

기원전 482년 춘추시대 마지막 패주를 결정하는 회맹이 벌어졌던 황지 회맹이 유지이다.(2014년)

라 했다. 이 회맹에서 '맹주(盟主)', 즉 패주가 공식적으로 결정되었다. 주 천자는 이 회맹의 결과를 사후 추인하는 역할에만 머물렀다.

회맹의 마지막 순서는 맹주가 희생(犧牲)으로 바치는 소의 귀, 즉 '우이(牛耳)'를 잘라 그 피를 먼저 입술에 바르고, 회맹에 참석한 제후들이 돌아가며 **피를 입에 바르는 삽혈(歃血)**한 다음, 맹서의 문서를 읽는 것으로 끝난다. 이때 소의 피를 먼저 입에 바르는 것을 '선삽(先歃)'이라 했다. 따라서 '우이를 잡다', '피를 먼저 바르다'는 모두 주도권을 잡거나 우두머리가 된다는 뜻을 함축하고 있다.

'선삽'은 〈진본기〉 혜공 9년인 기원전 482년 항목의 "진(晉)나라 정공(定公)과 오왕 부차(夫差)가 황지(黃池) 회맹에서 맹주를 다투었는데, 결국 오왕이 피를 먼저 발랐다. 오나라가 강성해져 중국(중원의 제후국)을 깔보았다"는 대목에 보인다. 당시 오나라의 기세가 대단하여 황지에서 맹주로 추대된 사실을 말하고 있다. 부차는 춘추시대 다섯 패주, 즉 오패(五霸)의 마지막이었다.

키워드 : 회맹, 맹주, 삽혈, 주도권

선선오악(善善惡惡)

선은 장려하고, 악은 미워하다.
– 권130 〈태사공자서〉

〈태사공자서〉에는 상대부 호수(壺遂)와 사마천의 대화가 꽤 길게 인용되어 있다. 호수는 사마천이 역사서를 편찬한 까닭에 대해 상당히 공세적으로 물었는데, 먼저 공자가 《춘추》를 편찬한 까닭을 물었다. 사마천은 《춘추》의 대의를 설명하며 답했다.

"《춘추》는 위로는 삼왕의 도를 밝히고, 아래로는 인간사의 기강을 가리고, 의심나는 바는 구별하고, 시비를 밝히며, 결정하지 못하고 있는 것을 결정하게 하고, **선은 장려하고 악은 미워하며**, 유능한 사람은 존중하고 못난 자는 물리치고, 망한 나라의 이름은 보존하게 하며, 끊어진 세대의 후손은 찾아 잇게 하고, 모자란 곳은 메워 주고, 못 쓰게 된 것은 다시 일으켜 세우는 바, 이것이 큰 왕도입니다."

《춘추》 필법의 핵심은 '포폄(褒貶)'이다. '칭찬할 것은 칭찬하고, 비판할 것은 비판하는' 자세를 말한다. 사마천은 **선선오악**이라는 네 글자로 그 요지를 달리 표현했다. 많이 쓰는 '권선징악(勸善懲惡)'과 같은 뜻이다. '권선징악'의 출전은 《좌전》 성공(成公) 24년(기원전 557) 항목이고, 원문은 '징악권선'으로 되어 있다.

키워드 : 역사, 필법, 포폄

선성후실(先聲後實)

먼저 소리치고, 나중에 실전을 벌이다.
– 권92 〈회음후열전〉

기원전 204년 초한쟁패 당시 명장 한신(韓信)이 정형(井陘)전투에서 조나라를 격파한 뒤 광무군(廣武君) 이좌거(李左車)를 사로잡아 그에게 다음 행보에 대해 자문을 구했다. 광무군은 "용병에 **소리를 먼저 치고, 실전은 나중에 한다**는 것이 바로 이런 경우를 말하는 것입니다"라며 지금의 기세와 위엄으로 연나라를 압박하라고 건의했다. 이것이 **선성후실**이다.

무엇인가를 이용하여 상대를 속이는 방법으로 가장 간단한 것은 말(대화·설전)이다. 대개는 일부러 큰소리를 치거나 그와는 반대로 엄살 등을 통해 상대로 하여금 내 의도를 제대로 간파하지 못하게, 말하자면 장애물을 하나 설치하는 것이다. 말을 통해 상대를 기만하는 모략의 하나로 '먼저 목소리를 높이고, 나중에 실력을 드러낸다'는 '선성후실(先聲後實)'이 바로 이것이다.

요컨대, 작전 중에 먼저 기세와 위엄으로 적의 사기를 무너뜨린 뒤, 다시 실력으로 섬멸한다는 것이다. '선성(先聲)'에서 소리 '성'은 기세와 위엄 등 겉으로 드러나는 모습을 가리킨다. '후실(後實)'에서 '실'은 군대의 진짜 역량을 가리킨다. 군대의 진짜 역량을 발휘하기에 앞서 기세와 위엄으로 상대를 제압할 수 있어야 한다.

키워드 : 형세, 기세, 기선

선시선종(善始善終)

처음과 끝이 다 좋다.
– 권80 〈악의열전〉

선시선종은 〈악의열전〉에 나오는 아래 구절의 끝부분을 줄인 성어다.

"일을 잘 꾸민다고 해서 반드시 그 일을 성사시키는 것은 아니며, **시작이 좋다고 해서 끝이 반드시 좋은 것은 아니다.**"
"선작자불필선성(善作者不必善成), **선시자불필선종(善始者不必善終).**"

'선시선종'은 '처음과 끝이 다 좋다'는 뜻으로, 일이나 상황이 완전하게 마무리되는 것을 비유한다.('선작자불필선성, 선시자불필선종' 항목 참고)

키워드 : 일, 시작, 마무리, 결과

선우(單于)

선우(흉노의 최고 우두머리).
– 〈보임안서〉 ; 권110 〈흉노열전〉 ; 《한서》 〈흉노전〉

 선우는 **흉노 최고 우두머리**를 일컫는 호칭이다. 선우는 밑으로 여러 왕을 두었다. 이 왕들은 평화기에는 번왕(藩王)이나 제후(諸侯)처럼 부락을 다스리고, 전쟁 때는 장수가 되어 싸웠다. 선우는 왕중왕(王中王), 즉 중국의 천자 또는 황제에 해당하는 흉노제국의 대군주다. 《한서》 〈흉노전〉에 따르면 선우의 전체 호칭은 '탱리고도선우(撐犁孤塗單于)'이다. '탱리'는 하늘, '고도'는 아들, '선우'는 광대함을 뜻한다. 합쳐 보면 '위대한 하늘의 아들'이라는 뜻이다. 이는 중국이 군주를 천자(天子), 즉 하늘의 아들이라고 불렀던 것과 유사하다.

 역대 선우 중 가장 큰 업적을 세운 선우는 묵돌(冒頓, ?~기원전 174) 선우이다. 흉노는 묵돌 선우 시기에 남쪽으로는 중국 한나라 고조(유방)의 군대를 격파하고 항복을 받아내어 매년 공주와 공물을 받았으며, 동쪽으로는 동호(東胡)를 격파하였고, 서쪽으로는 월지국(月氏國)을 토벌하여 동서에 이르는 광대한 흉노제국을 건설하였다.

 선우는 흉노의 지배 가문인 연제씨(攣鞮氏)에서 나왔다. 초기에는 장자 계승을 원칙으로 하였으나, 이치사(伊稚斜, ?~기원전 114) 선우가 조카를 대신해 계승한 이후로는 장자 계승의 원칙을 지키지 않았다.

 현대의 언어학자들은 투르크어와 몽골어 등에서 '탱리고도선우'라는 명칭의 뜻을 찾으려 노력해 왔다. 몇몇 학자들은 '탱리'를 하늘을 뜻하는 투르크어의 tengri(텡그리), '고도'를 아들을 뜻하는 퉁구스어 quto(쿠토)와 연관 지어 해석하고 있다. 역사학자이자 민속학자 이능화(1869~1943)는 '탱리'란 곧 둥근 하늘을 의미한다고 주장했다.

 흉노의 뒤를 이은 유목 부족들인 유연(柔然)·돌궐(突厥) 등은 선우라는 명칭을 쓰지 않고, 카간(칸, 한자로 가한可汗)이라는 명칭을 사용하였다. 또한 이후 흉노 이외에 선우라는 표현을 내세운 유목 국가가 없으며(오환烏桓과 선비鮮卑가 단기적으로 사용한 경우는 있음), 흉노의 언어 자체도 규명되지 않았기 때문에 '선우'의 어원은 여전히 명확하지 않은 채 남아 있다.

사마천은 〈보임안서〉에서 이릉이 5천 보병으로 흉노의 수만 군대에 맞서 '선우'와 열흘 넘게 싸웠다고 기록했다.

키워드 : 흉노, 우두머리, 호칭

선자인지(善者因之)

최선은 흘러가는 대로 내버려 두는 것이다.
– 권129 〈화식열전〉

사마천은 인간의 경제활동에 국가가 얼마나 간여하고 통제할 것인가에 대해 깊은 통찰력을 보여준다. 이와 관련하여 사마천은 다음과 같은 주장을 내세웠다. 편의상 번호를 붙여 보았다.

"①**최선은 흘러가는 대로 내버려 두는 것이고**(선자인지善者因之), ②그다음은 이익으로 이끄는 것이고(기차이도지其次利道之), ③그다음은 가르쳐 깨우치는 것이며(기차교회지其次敎誨之), ④그다음은 가지런히 바로잡는 것이고(기차정제지其次整齊之), ⑤최하는 백성들과 다투는 것이다(최하여지쟁最下與之爭)."

사마천은 국가의 경제정책으로 최선은 '흘러가는 대로 내버려 두는 것'이라 했다. 이를 간략하에 **선인(善因)** 사상이라 할 수 있겠다. 사마천이 거시적 경제정책에 있어서 자연방임 정책을 취하는 것이 옳다고 주장한 것은 사회경제 활동은 본질적으로 인간의 의지로 바꾸거나 돌릴 수 없는 객관적 과정이라고 인식했기 때문이다.

당시 사회경제 상황이나 경제정책과 연관지어 보자면 사마천의 이런 주장은 한 무제 때 국가가 강력하게 개입한 경제통제와 소금과 철의 국가전매로 대표되는 경제정책에 대한 불만과 비판의 표시이기도 했다.

'선인' 사상은 백성들이 국가의 노역이나 세금 등에 시달리지 않고 자유롭게 경제 활동을 영위하면서 인구를 늘리고, 생산력을 높일 수 있었던 한나라 초기의 방임적 경제정책으로 돌아갈 것을 요구한 사마천의 경제사상을 적절하게 반영하고 있다.

키워드 : 통치, 정책, 방법, 수준

선작자불필선성(善作者不必善成), 선시자불필선종(善始者不必善終)

일을 잘 꾸민다고 해서 반드시 그 일을 성사시키는 것은 아니며, 시작이 좋다고 해서 끝이 반드시 좋은 것은 아니다.

― 권80 〈악의열전〉

전국시대 조나라의 명장 악의(樂毅)는 자신을 내친 연나라 혜왕(惠王)에게 보낸 답장에서 춘추시대 오나라의 충신 오자서(伍子胥)의 충정이 합려(闔閭) 때는 잘 통했으나 그 아들 부차(夫差) 때는 받아들여지지 않아 결국 스스로 목숨을 끊은 사실을 들면서, 두 군주가 사람을 받아들이는 아량이란 면에서 차이가 있다는 점을 오자서가 미처 알지 못했다면서 이렇게 말했다.

"일을 잘 꾸민다고 해서 반드시 그 일을 성사시키는 것은 아니며, 시작이 좋다고 해서 끝이 반드시 좋은 것은 아니다."

"선작자불필선성(善作者不必善成), 선시자불필선종(善始者不必善終)."

악의는 자신을 끝까지 믿어 주었던 혜왕의 아버지 소왕(昭王)을 합려에 비유하는 한편, 간신배의 말에 휘둘려 자신을 내친 혜왕을 부차에 비유하면서 은근히 혜왕을 비난했다.

뒷부분에 나오는 '시작과 끝이 다 좋다'는 뜻의 '선시선종(善始善終)'하기란 참 어렵고 힘들다.(《순자》〈예론禮論〉 편에는 '종시구선終始俱善'이란 표현으로 나온다. 뜻은 같다.) 악의는 합려와 부차의 아량의 차이로 보았지만, 좀 더 파고들면 오자서가 합려와 부차 부자의 세대차를 충분히 고려하지 못했던 것으로 보인다. 생사고락을 같이 했던 합려는 오자서의 충고를 몸과 마음으로 받아들일 수 있었다. 세대도 같은 세대였다. 하지만 부차는 한 세대 아래의 젊은 리더였다. 오자서의 충고가 잔소리로 들릴 소지가 다분했다. 산전수전 다 겪은 오자서가 세대차에서 오는 괴리감을 왜 인식하지 못했을까 하는 아쉬움이 있다. 원칙이 아닌 방법이란 면에서 상황과 사람에 따라 유연하게 탄력적으로 운용하는 지혜가 필요하다.('군자교절불출악성' 등 악의 관련 항목 참고)

키워드 : 일, 시작, 마무리, 결과

선장장(善將將)

장수를 잘 다루는 장수.
– 권92 〈회음후열전〉

선장장은 고조 유방과 명장 한신의 대화 중에 나온 표현이다. 이에 대해서는 '다다익선' 항목을 참고하면 된다. '선장장'은 훗날 '장상지장(將上之將)'이란 사자성어로 변형되어 많이 쓰였다. '장수 위의 장수'란 뜻으로 '선장장'과 같다. 한 글자를 더 줄여서 '장수의 장수', 또는 '장수를 이끄는 리더'라는 뜻의 '장장(將將)'으로도 쓴다.

키워드 : 통치자, 리더십

선종외시(先從隈始)

먼저 곽외부터 시작하다.

– 권34 〈연소공세가〉

전국시대 연나라 소왕은 쇠퇴해가는 나라를 중흥시키기 위해 천하의 뛰어난 인재를 적극 모셨다.('개원천리' 항목 참고) 이를 위해 소왕은 현자 곽외의 자문을 구했다. 곽외는 '천금으로 죽은 명마의 뼈다귀를 사 온(천금시골千金市骨, 또는 천금매골千金買骨)' 고사를 들려주며 좋은 인재를 모시기 위해서는 그보다 못한 인재를 먼저 우대해야 한다고 암시하면서 **저 곽외부터 먼저 시작**하십사 권했다. 이것이 **선종외시**이다. 이로부터 '선종외시'는 인재 기용의 기본적인 방법을 비유하는 성어가 되었다.

소왕은 곽외를 황금으로 지은 집, '황금대(黃金臺)'에 모셨다. 그러자 천하의 인재들이 앞을 다투어 연나라로 달려왔다. 여기서 '사쟁추연(土爭趨燕)'이란 성어도 나왔고, 소왕이 곽외를 스승으로 모셨다는 '사곽외(師郭隈)'라는 성어도 나왔다.('황금대', '사쟁추연' 등 항목 참고)

키워드 : 인재, 용인, 우대, 방법

선즉제인(先卽制人)

먼저 출발해서 상대를 제압하다.

– 권7 〈항우본기〉

선즉제인은 '선발제인(先發制人)'으로 많이 쓴다. 기선제압(機先制壓)을 위해 먼저 손을 쓰는 선수(先手)의 중요성을 뜻하는 유명한 성어이다. 〈항우본기〉에서는 '선즉제인'이라 했는데, 해당 대목의 내용은 이렇다.

기원전 209년 9월, 진승(陳勝)·오광(吳廣) 등 농민 봉기군이 진나라에 대항해 일어

났다. 회계군(會稽郡)의 군수 은통(殷通)도 이러한 정세를 틈타 봉기하여 권력을 잡고
자 항우의 숙부 항량(項梁)을 찾아가 이렇게 말했다.

"진나라의 기운은 다했다. 장강 북안에서는 이미 봉기군이 일어났다. 듣자 하니
'선수를 치면 상대를 제압하고, 뒤쳐지면 상대에게 제압당한다'고 했으니….."

항량과 조카 항우도 진작부터 봉기할 생각이었는데, 은통이 먼저 이야기를 꺼낸
것이다. 은통의 밑에 들어갈 수 없다고 생각한 두 사람은 은통을 죽이고, 권력의 상
징인 도장을 빼앗았다. 이어 회계군의 젊은이 8천 명을 통솔하여 '진을 반대하고 초
를 부흥한다'는 기치를 높이 들었다. 항우의 봉기가 초반 무서운 기세로 천하를 압
도할 수 있었던 것은 '선즉제인'의 이치를 정확하게 알았기 때문이었다.
　관련한 기록들을 좀 더 살펴본다. 항우의 전기인 《한서》〈항적전〉 중에도 "선수를
치면 상대를 제압하고, 뒤쳐지면 상대에게 제압당한다"는 말이 보인다. 병법서인
《병경백자(兵經百字)》의 '선(先)' 항목에는 이런 대목이 있다.

"병에는 선천(先天)·선기(先機)·선수(先手)·선성(先聲)이 있다. … 그중에서 선천의
활용이 최선이다. 선을 활용할 수 있는 자는 모든 것을 제대로 펼 수 있다."

《병경백자》는 '선'을 으뜸으로 꼽고 있다. 여기서 말하는 '선'이 곧 '선발제인'의 뜻
이다. 전쟁에서는 '선발제인'을 가장 중요하게 인식하고 있다. 누구든지 '선발제인'
의 비결을 장악하기만 한다면 주도권을 확실하게 움켜쥘 수 있기 때문이다. 《좌전》
선공 12년 조에도 내가 먼저 적을 치는 것이 낫지 적이 먼저 나를 치게 하지 않겠다
며, '선발제인'은 적의 의도를 깰 수 있기 때문에 선수를 쳐야 한다는 대목이 있다.
　《병뢰(兵壘)》라는 병법서에도 "병가는 선수를 쳐야 상대의 마음을 빼앗을 수 있다"
고 했다. 역시 '선발제인' 할 수 있어야 적의 의도를 깰 수 있음을 지적한 말이다. 동
서고금을 막론하고 정치·경제·군사 등 여러 영역에서 '선발제인'의 수단을 활용하

여 큰 성공을 거둔 예는 헤아릴 수 없이 많다.

'선수는 강하고, 후수는 재난을 부른다'는 중국의 오랜 격언은 나름대로 일리가 있는 말이다. 군사상 '선발제인'을 운용한 사례들은 많기도 하고 또 대단히 전형적이다. 그러나 정치에서 '선발제인'을 운용한 사례는 더 많고, 더 보편적이다. 사람들이 흔히 말하는 '먼저 앉는 놈이 임자다'라던가, '악당에게 예고란 없다' 등등은 모두 정치상 '선발제인'의 정수를 표현한 것들이다.

음모가들이 '피를 뒤집어씌우는' 음모를 사용하듯 여론이란 도구를 이용하여 정직한 사람들에게 돌연 기습을 가한다. 상대방은 미처 진상도 모른 채 어느새 몸과 마음의 자유를 빼앗긴다. 그런 상태에서는 변명의 기회도 반격의 능력도 모두 잃고 만다. 이 모두가 '선발제인'의 방법을 운용함으로써 얻는 효과다.

항우의 봉기와 초반 성공에는 숙부 항량의 역할이 매우 컸다. 숙부는 어릴 때부터 항우를 교육시키고, 단련시켰다. 항량의 상이다.(2010년)

키워드 : 군사, 전투, 선수, 제압

설권제성(舌卷齊城)

허로 제나라를 석권하다.
– 권92 〈회음후열전〉

허로 제나라를 석권하다는 **설권제성**은 초한쟁패 과정에서 나온 성어로 그 당시 상황

유방을 만나는 역이기의 모습이다. 당시 유방은 무례하게 역이기를 대했다가 역이기의 따끔한 충고를 듣고는 바로 자세를 바로잡고 역이기를 예우했다.(2017년)

을 보면 이렇다.

기원전 206년, 한중을 나온 유방은 한신의 눈부신 활약으로 본격적인 초한쟁패에 나설 수 있었다.('명수잔도, 암도진창' 항목 참고) 당시 한신의 모사 괴통은 동방의 가장 큰 나라인 제나라를 공격하라고 권했다. 한신은 공격과 동시에 유세에 능한 역이기(酈食其)를 보내 제왕 전광(田廣)을 설득하여 항복을 받아내게 했다. 전광은 역이기의 유세를 받아들여 경계를 풀었다. 괴통은 이참에 제나라를 기습하라고 부추겼다. 한신은 무방비의 제나라를 공격하여 단숨에 제나라를 손에 넣었고, 역이기에 속은 전광은 역이기를 삶아 죽였다.

〈회음후열전〉의 '설권제성'은 역이기란 유세가가 세 치의 혀로만 제나라의 항복을 받은 것에 대한 시기와 질투에서 비롯된 표현이지만, 힘 들이지 않고 말로 상대를 굴복시키는 인재의 색다른 능력을 비유한다고도 할 수 있다. 여기서 '세치의 혀를 놀리다'는 '삼촌지설(三寸之舌)' 또는 줄여서 '혀를 놀리다'는 '도설(掉舌)'이란 말로 공을 세우는 것을 비유하는 단어들이 파생되었다. '설권제성'은 또 같은 뜻의 '이기하제국(食其下齊國)'이란 성어도 파생시켰다. '역이기가 제나라를 굴복시키다'는 뜻이다.('이기하제국' 항목 참고)

키워드 : 언변, 유세가

설상재부(舌尚在不)

혀는 아직 그대로 있소?

– 권70 〈장의열전〉

소진과 더불어 전국시대 후반기 최고의 유세가로 이름을 떨친 장의와 관련해서는 다음과 같은 씁쓸하면서도 흥미로운 일화가 전한다.

소진과 함께 귀곡자 밑에서 공부를 마친 장의는 제후국을 대상으로 유세에 나섰다. 그러나 장의의 유세는 번번이 좌절되었다. 초나라에서는 재상의 옥기를 훔쳤다는 누명을 쓰고, 수백 대의 매질을 당하는 수모를 겪었다.

만신창이 되어 집으로 돌아온 장의의 아내는 "아이구! 당신이 글을 읽고 유세에 나서지 않았으면 어찌 이런 수모를 당했겠소?"라며 끌을 찼다. 장의는 아내를 향해 혀를 내밀며 "내 혀를 보시오, 아직 붙어 있소?"라고 물었고, 아내는 어이가 없다는 듯 웃으며 "혀는 있구려!"라고 했다. 장의는 "그럼 되었소!"라고 했다.

이 일화는 유세가에게 있어 혀가 곧 생명이라는 점을 실감나게 전하고 있는데, 원문의 **혀는 아직 그대로 있소?**라는 **설상재부**(舌尚在不)를 비롯하여 '설상재(舌尚在, 혀는 아직 있다)', '설재(舌在, 혀는 있다)' 등과 같은 용어들이 파생되었다.('부不'는 의문을 나타내는 '부否'와 같다.) 또 '장의설(張儀舌)', 즉 '장의의 혀'라는 단어까지 나왔다. 이후 '장의설' 등은 아주 뛰어난 말재주를 가리키는 용어가 되었다.

참고로 전국시대를 주름 잡았던 대표적인 유세가들의 행적을 일람표로 만들어 제시한다.(소진 등 일부의 생졸 연도는 논쟁이 있음.)

유세가	시기 (생졸 연도)	국적 및 활동국	주요 활동	비고
장의 (張儀)	?~기원전 309년	위→진	연횡론을 창시하여 각국을 돌며 6국 연합론인 합종을 깨뜨림. 특히 제·초 동맹을 와해시킴.	첩자 활용
공손연 (公孫衍)	기원전 4세기	위→진→ 위→진	장의와 반목, 5국 연합의 합종론 제창. 5국 연합군으로 진 정벌.	장의 사후 진의 재상

진진 (陳軫)	기원전 4세기	?→진→초	장의와 반목. 뚜렷한 외교관계 없이 이해관계를 중시.	사족(蛇足) 이야기
범수 (范睢)	?~기원전 255년	위→초→진	진의 외교정책의 근간을 이룬 원교근공(遠交近攻) 정책의 창시자.	명장 백기 살해
채택 (蔡澤)	기원전 3세기	연→진	범수의 추천. 주왕실의 편입을 건의. 모함으로 자진 은퇴.	진시황까지 네 왕을 섬김
소진 (蘇秦)	기원전 4세기	동주→연→ 진→제→조	강국 진에 6국이 연합하여 맞서자는 합종책의 완성자로 6국 공동 재상을 지냄.	유세가의 대표 인물
소대 (蘇代)	기원전 3세기	동주→연	소진의 동생으로 소진이 죽은 뒤 연으로 가서 부분 연합론을 유세.	소진의 후손 이라는 설.
노중련 (魯仲連)	기원전 3세기	제	분규 해결의 전문가로 보수를 받지 않기로 유명. 은퇴하여 바닷가에 숨어 삶.	《노중련자》
우경 (虞卿)	기원전 3세기	?→조→위	위와 연합하여 진에 맞설 것을 주장.	《우씨춘추》
황헐(黃歇) (춘신군)	기원전 3세기	초 대신	진에 사신으로 가서 진의 군대를 철수시킴. 인질로 잡혀 있던 태자 완을 탈출시킴. 식객 3,000명.	전국시대 4공자의 1인
감라 (甘羅)	기원전 3세기	진 대신	여불위를 모시며 열두 살 때부터 각국 사절로 파견되어 큰 공을 세움.	천재 소년 외교가

키워드 : 유세가, 언변, 혀

섭

섭족봉(躡足封)

발을 밟아 (왕으로) 봉하게 하다.

– 권92 〈회음후열전〉

　초한쟁패 막바지 과정에서 명장 한신(韓信)의 역할은 천하 형세의 저울을 기울게 할 정도였다. 제나라 지역을 평정한 한신은 유방의 의중을 떠보기 위해 사신을 보내 자신을 제왕(齊王)으로 봉해 달라고 청했다.('설권제상' 항목 참고) '가왕(假王)', 즉 임시 왕이라는 전제를 달긴 했지만, 유방으로서는 큰 위협이자 치욕이 아닐 수 없었다. 한왕(漢王)인 자신과 맞먹겠다는 뜻이었기 때문이다. 더욱이 당시 유방은 형양(滎陽)에서 항우에 포위되어 곤경에 처해 있었다. 사신으로부터 이 말을 들은 유방은 버럭 화를 내며 이렇게 욕을 했다.

"내가 여기서 곤경에 빠져 빨리 와서 도와주기를 바라는데, 저는 스스로 왕이 되겠다는 말이냐?"

그러자 곁에 있던 장량(張良)과 진평(陳平)이 한왕의 **발을 일부러 밟아** 신호를 보내고는, 귓속말로 이렇게 충고했다.

"한나라는 지금 불리한 처지에 있습니다. 한신이 왕이 되는 것을 어떻게 막을 수 있습니까? 차라리 이참에 왕으로 삼아 그를 잘 대우해 자진해서 제나라를 지키게 하는 것이 낫습니다. 그렇게 하지 않으면 변이 일어납니다."

유방은 이 말에 정신이 퍼뜩 들어 다시 사신을 향해 "대장부가 제후국을 평정했으면 곧 진짜 왕이 되어야지 임시 왕이 무슨 말이냐!"라고 호통을 쳐서 상황을 수습하고는 장량을 보내어 한신을 제왕으로 삼고, 그의 군대를 징발해 초나라를 쳤다.

장량과 진평의 충고로 유방은 바로 상황을 수습했다. 여기서 **발을 밟아 (왕으로) 봉하게 하다**는 뜻의 **섭족봉**이란 단어가 나왔고, 훗날 유방이 임기응변으로 한신을 제왕에 봉한 일을 가리키기에 이르렀다. 또 장량과 진평이 유방의 발을 밟으며 귓속말을 했다는 대목은 '섭족부이(躡足附耳)'라는 사자성어로 전해온다. '발을 밟고 귓속말을 하다'는 뜻이다.

키워드 : 상황, 임기응변, 수습

성공지하(成功之下), 불가구처(不可久處)

공을 이루고 나면 (그곳에) 오래 머물러서는 안 된다.

— 권79 〈범수채택열전〉

진나라로 건너가 '원교근공' 외교책략 등을 제시하여 소왕(昭王)의 전폭적인 신뢰를 얻은 범수(范雎)는 승승장구 출세가도를 달렸다. 그러나 진나라 기득권의 견제도 만만치 않았다. 그때 연나라 출신의 유세가 채택(蔡澤)이 찾아와 범수에게 시기를 놓치지 말고 물러날 것을 권했다. ('욕이부지지족, 실기소이욕' 항목 참고)

'성공지하, 불가구처'는 성공한 사람의 진퇴 문제에 의미 있는 계시를 던지고 있다. 사진은 섬서성 유패현(留壩縣) 장량 사당 안 바위에 새겨져 있는 '성공불거' 네 글자다.(2011년)

당시 채택은 적절한 시기에 물러나 몸을 보전한 사례와 그렇지 못한 사례를 들면서 **성공지하, 불가구처**라는 말로 자신의 설득력을 높였다. 공을 이루고 난 다음 계속 그 자리에 머물러 있으면 화를 당하기 마련이라는 뜻이다. '성공한 자리에는 머물지 말라'는 '성공불거(成功不居)'라는 네 글자로 줄여서 표현하기도 한다.

키워드 : 처세, 성공, 진퇴

성명낭자(聲名狼藉)

명성이 여기저기 잘못 알려지다.

– 권88 〈몽염열전〉

기원전 210년 진시황이 순시 도중 갑자기 죽자 조고(趙高)는 유서를 조작하여 작은아들 호해(胡亥)를 황제 자리에 앉히고, 큰아들이자 태자인 부소(扶蘇)와 자신의 정적인 장수 몽염(蒙恬)·몽의(蒙毅) 형제에게 자살을 명했다.

당시 조고는 2세 황제 호해의 명을 빌려 몽염과 몽의에게 사람을 보내 자살을 강요했다. 몽염의 동생 몽의는 춘추시대 진(秦)나라 목공(穆公)이 어진 신하 셋을 잘못 죽인 일을 거론한 다음, 이런 같은 말로 자신의 억울함을 나타냈다.

"소양왕(昭襄王)은 무안군(武安君) 백기(白起)를 죽였으며, 초 평왕(楚平王)은 오사(伍奢)를 죽였고, 오왕(吳王) 부차(夫差)는 오자서(伍子胥)를 죽였습니다. 이 세 임금은 모두 커다란 실수를 범해서 천하가 그들을 비난했으며, 현명하지 못한 임금으로 제후들 사이에 **명성이 나쁘게 알려져** 있습니다. 그러므로 '도리로 다스리는 자는 죄 없는 사람을 죽이지 않고, 무고한 사람에게는 벌을 주지 않는다'라고 합니다. 원컨대 대부께서는 이 점을 유념하시옵소서!"

사신은 조고와 호해의 뜻을 알고 있었기 때문에 몽의의 말을 무시한 채 그를 죽였다. 몽의가 말한 진 목공을 포함한 네 군주들이 제후들 사이에 '명성이 나쁘게 알려져 있다'는 대목에서 **성명낭자**라는 성어가 나왔다. 누군가의 명성을 제대로 알지 못해서 알려진 명성과 차이가 난다는 뜻을 담고 있다. 원문은 '聲名狼籍'로 나와 있고, 藉와 籍은 같다. ('낭자'에 대해서는 '배반낭자' 항목 참고)

키워드 : 인간, 명성, 오명

성식입조자불이리오의(盛飾入朝者不以利汚義)

제대로 차려입고 조정에 들어온 자는 이익 때문에 의리를 더럽히지 않는다.
— 권83 〈노중련추양열전〉

한나라 초기 양(梁) 효왕(孝王) 측근들의 시기와 질투로 모함을 받아 억울하게 옥
에 갇힌 추양(鄒陽)이 효왕에게 보낸 편지의 한 대목이다.('양옥상서' 항목 참고) 명예를
중시하는 지사(志士)는 사사로운 이익이나 욕심을 앞장세우지 않는다는 뜻이다. 지
사의 명예는 추양을 비롯한 지조 있는 유세가의 말과 언변에서 일관되게 확인되는
표현이다. 뒤의 문장과 함께 원문을 인용해둔다.

"**제대로 차려입고 조정에 들어온 자는 이익 때문에 의리를 더럽히지 않으며**, 명성을 소
중하게 관리하는 사람은 욕심 때문에 행실을 해치지 않습니다."

"**성식입조자불이오의(盛飾入朝者不以利汚義)**, 지려명호자불이욕상행(砥厲名號者不以欲
傷行)."

키워드 : 지조, 지사, 명예

성야소하(成也蕭何), 패야소하(敗也蕭何)

성공도 소하요, 실패도 소하다.
— 권92 〈회음후열전〉

기원전 206년 진나라가 망했다. 유방이 함양성에 먼저 진입했다. 뒤 따라온 항우
가 유방을 압박하자 홍문에서 유방은 항우에게 굴복했다.('홍문연' 항목 참고) 항우는
천하패권을 장악하고 제후들을 각지에 분봉했다. 유방은 한왕에 봉해져 한중으로
들어가 오도 가도 못하는 곤란한 처지가 되었다.

한중에서 소하는 한신이란 인재를 발견하여 유방에게 추천했다. 유방은 시큰둥했고, 한신은 달아났다. 소하는 이 이야기를 듣고 깜짝 놀라 유방에게 보고도 하지 않고 한신을 뒤쫓아 가서 한신을 데려와 다시 유방에게 적극 추천했다.('소하월하추한신' 항목 참고) 유방은 한신을 대장군에 봉했고, 한신의 제안대로 불태운 잔도를

소하는 한나라 초기 정권 안정에 큰 역할을 했다. 또 법조문을 새로 다듬어 정책과 행정을 이끌었다. 사진은 소하가 법조문을 다듬었다고 하는 장소로 전하는 '조율대(造律臺)' 유지의 소하 사당이다.(하남성 영성시永城市 찬성진酇城鎭, 2018년)

수리하는 척하면서 진창을 습격하여 관중으로 나와 본격적으로 '초한쟁패'의 장을 열 수 있었다.('명수잔도, 암도진창' 항목 참고)

한신의 활약으로 유방은 열세를 뒤집고 끝내 천하를 다시 통일했다. 그러나 막강한 병권을 가진 한신은 유방에게 작지 않은 위협이었다. 그리고 누군가가 여태후에게 한신이 진희와 더불어 반란을 꾀한다고 밀고했다. 여태후는 한신을 소환하려 했으나 오지 않을까 두려워 소하와 상의했다. 여태후는 소하의 말에 따라 황제의 명령이라고 속여 "진희가 이미 죽었고, 신하들이 모두 와서 축하를 올리라"고 했고, 소하는 한신에게 "아프더라도 억지로 들어와 축하를 올리라"라 했다. 한신이 입조하자 여태후는 그를 잡아 장락궁(長樂宮) 종실(鐘室)에서 처형했다.

이렇게 보면 한신을 추천한 사람도 소하였고, 한신을 죽게 만든 사람도 소하였다. 이 때문에 민간에서는 **성공도 소하, 실패도 소하**라는 뜻의 **성야소하, 패야소하**라는 말이 나돌았다. 누군가의 일이 한 사람에 의해 성공할 수도 있고, 실패할 수도 있다는 뜻이다.

키워드 : 성패, 관건, 인물

권32 〈제태공세가〉에서 사마천은 주나라 건국의 1등 공신으로 제나라에 봉해진 강태공의 "뛰어난 권모(權謀)를 칭송하기 위해" 이 편을 지었다는 취지를 밝혔다. 기원전 11세기 나라를 세운 이후 600년에 이르는 제나라의 역사를 기록했는데, 개국 군주 강태공과 춘추시대 첫 패주가 된 환공의 사적에 중점을 두고 있다. 사진은 하남성 위휘시(衛輝市)에 남아 있는 강태공의 무덤이다.(2009년) 강태공의 무덤에 관해서는 함양(咸陽)·호경(鎬京) 등 여러 곳이 기록에 남아 있고, 제나라 도성이었던 산동 임치(臨淄)에는 의관총이 조성되어 있다.

성패재우결단(成敗在于決斷)

성공과 실패는 결단에 달려 있다.
– 권92 〈회음후열전〉

　초한쟁패 막바지에 한신은 천하의 패권을 가를 정도의 세력을 가졌다. 항우는 무섭(武涉)을 보내 독립할 것을 권했으나 한신은 이를 거절했다. 한신의 책사 괴통(蒯通)이 나서 다시 '천하삼분'을 권하면서 **성공과 실패는 결단에 달려 있다**는 등의 말로 설득했다. 이 대목에 대한 자세한 내용은 '공고진주' 항목을 참고하면 된다.

키워드 : 상황, 성패, 결단

성패지전(成敗之轉), 비약규묵(譬若糾墨)

성공과 실패는 마치 먹줄을 긋는 것처럼 바뀐다.
– 권113 〈남월열전〉

　성패지전, 비약규묵은 〈남월열전〉 사마천 논평의 일부분이다. 〈남월열전〉은 진나라 말기 혼란 속에서 조타(趙佗)가 남월왕으로 자립하고, 이후 변화되는 정치관계를 다룬 열전이다. 위타가 영남 소수민족을 단결시킨 사실을 칭찬하는 한편, 남월 병합을 위해 광분한 무제와 신하들을 비판하고 있다. 담력과 식견, 노련한 처세술까지 갖춘 조타의 성격을 생생하게 묘사한 편이다. 논평 '태사공왈'은 후대인이 쓴 것으로 보는 견해가 있다.

　'태사공왈'의 마지막 부분은 남월 원정에 참전했던 한나라 장수들의 부침에 대한 언급이다. 누선장군(樓船將軍) 양복(楊僕)은 욕심과 태만, 그리고 오만 때문에 몸을 망쳤고, 복파장군(伏波將軍) 노박덕(路博德)은 곤궁한 상황에서도 지혜를 발휘하여 '전화위복'했다면서 '성패지전, 비약규묵'이란 말로 서로 달랐던 처지를 비유했다.

세

세류영(細柳營)

세류의 군영.

– 권57 〈강후주발세가〉

　서한 왕조의 3대 황제 문제(文帝) 유항(劉恒, 기원전 202~기원전 157)은 흉노의 침범을 막기 위해 북방 변경에 장군 몇몇을 보내 주둔케 했다. 그 장수들 중에 공신 주발(周勃)의 아들인 주아부(周亞夫, ?~기원전 143)도 포함되어 있었다. 그는 세류(細柳) 지역, 즉 장안 서쪽 위수(渭水) 북쪽에 주둔하고 있었다.(세류는 지금의 섬서성 함양시 서남쪽)

　한번은 문제가 군사들의 사기를 돋우기 위해 몸소 군영을 찾아 군사들을 격려한 일이 있었다. 문제가 탄 어가가 패상(霸上)과 극문(棘門)에 이르렀다. 천자의 수레이니만치 아무런 제지 없이 직접 군영 안으로 들어갈 수 있었다. 주아부의 군영 밖에 도착한 문제는 군기가 휘날리고 칼과 창으로 무장한 전사들이 아주 일사불란하게 줄을 지어 삼엄한 경계망을 펼치고 있는 모습에 감동을 받아 미리 사람을 보내 황제의 행차를 통보하게 했다. 군영을 지키는 병사는 꿈쩍도 않으며, "이곳은 군영입니다. 장군의 명령에만 따르지 천자의 명이라도 따르지 않습니다!"라고 대답하는 것

주아부의 '세류식거' 일화를 그린 그림이다.

이 아닌가.

잠시 뒤 천자가 보낸 사신을 만난 주아부는 군영의 문을 열라고 명했다. 황제의 행차가 문안으로 들어서자 명령을 전달하는 전령장이 "군영 안에서는 말을 타고 다닐 수 없습니다!"라고 하는 것이 아닌가? 문제는 하는 수 없이 말에서 내려 고삐를 잡고 천천히 걸어서 들어갔다. 문제가 군영의 막사에 들어서자 주아부가 갑옷을 입고 칼을 찬 채 완전무장 차림으로 황제를 맞이하는데, 조정 대신들처럼 엎드려 인사를 올리는 것이 아니라 두 손만 모은 채 가볍게 절을 하면서 "폐하께서 양해해주시기 바랍니다. 군인들은 군인들 방식으로 인사를 드립니다"라고 말했다.

이 절도 있는 행동에 문제는 감동했다. 문제는 몸을 약간 일으키면서 병사들을 향해 경의를 표하는 한편, 사람을 시켜 황제가 여기까지 온 것은 장수들의 노고를 격려하기 위한 것이라고 전달하게 했다. 이때 주아부는 병사들을 데리고 옆에 경건한 자세로 섰는데, 그 기세가 여간 위풍당당한 것이 아니었다. 주아부는 문제가 떠날 때도 군영 문 앞까지 나와 배웅하지 않았고, 문제가 문을 나서자 문을 닫고 바로 평소 상태로 되돌아갔다.

누군가가 주아부의 무례함을 지적하자 문제는, "이렇게 규율이 엄격하고 경비가 삼엄해야만 군대를 거느리고 전투하는 장군다운 것이다. 패상과 극문에 있는 군영을 보라. 경계심이 흐트러진 상태에서 적들의 기습을 받는다면 어떻게 되겠는가? 주아부야말로 정말 군대를 제대로 이끌 줄 아는 장수다!"라며 그자의 말을 일축했다.

얼마 뒤 문제는 주아부를 중위(中尉)로 발탁하여 전군을 통솔하게 했다. 모두들 문제가 인재를 제대로 등용할 줄 안다고 감탄해마지 않았다. 그 뒤 경제 때 오왕(吳王) 비(濞)가 초를 비롯한 6국을 선동하여 한 왕조에 대항하는 이른바 '오초칠국의 난'을 일으켰을 때 주아부는 대군을 이끌고 반란군을 진압하여 초기 불안했던 왕조를 안정시키는 데 크게 기여했다.

한나라 문제와 주아부는 군대의 불문율처럼 내려오는 '군에서는 황제의 명이라도 받지 않을 수 있다'는 유명한 위 일화를 남겼다. 이는 군사 뿐만 아니라 인재 기용에 있어서 권한의 위임이라는 중요한 원칙을 제기하고 있는 사례다. 즉, 인재를 그 자리에 기용했으면 그 자리에 걸맞는 권한을 완전하게 위임하여 인재가 아무런 방해 없이 자신의 능력을 충분히 발휘하게 해야 한다는 원칙이다. 역사상 자신에게 주어진 권력을 자신이 기용한 인재들에게 충분히 위임한 리더들이 대부분 성공했다는 사실을 명심할 필요가 있다.('장재군, 군명유소불수' 항목 참고)

위 일화에서 **세류식거(細柳軾車)**라는 성어도 나왔다. **세류 군영에서 몸을 구부려 마차의 횡목에 잡다**는 뜻인데, 문제가 일사분란한 세류 군영의 군대에 감동하여 표정을 바꾸고 경의를 표시한 행동을 가리킨다. 세류의 군영을 뜻하는 **세류영**은 군기가 엄격하고 분명한 군영이나 군대를 가리킨다.

키워드 : 군사, 권한, 위임

세지난(說之難), 재지소세지심(在知所說之心)

유세의 어려움이란 유세 대상(권력자)의 마음을 잘 알아야 하는 데 있다.
– 권63 〈노자한비열전〉

중국 법가 사상의 집대성자 한비자(기원전 약 280~기원전 233)는 약소국 한나라의 공자(서자)로 태어났다. 재능은 남달랐으나 안타깝게 그는 말을 더듬는 결점이 있었다. 그의 명저 《한비자(韓非子)》는 권력자를 위한 제왕학의 교과서란 평가를 받는다. 여기에는 권력자를 설득하는 유세(遊說)의 어려움을 치밀하게 논술한 〈세난(說難)〉 편이란 탁월한 문장이 있다.

한비자의 글을 읽고는 "이 사람을 한 번만이라도 볼 수 있다면 죽어도 여한이 없겠다!"던 진시황은 한비자를 만나기 위해 한나라를 대상으로 전쟁을 일으켜 한비자를 진나라로 보내게 했다. 진시황은 그렇게도 그리던 한비자를 만났지만, 그를 기용하지 않았다. 유세의 중요성을 강조했던 한비자였지만, 정작 그 자신은 유세에 따른 화를 벗어나지 못하고 진나라 감옥에서 독을 마시고 자살하는 비운을 맞이했다.

비운의 사상가 한비자는 지난 2천 년 넘게 중국사의 뜨거운 감자와 같았다. 그의 사상과 이론을 내놓고 받들지는 못했지만 권력과 권력자가 있는 곳에는 늘 그가 있었다. 산서성 안택현(安宅縣)에 있는 순자문화원에 조성되어 있는 한비자의 상이다.(2009년)

권력자를 상대로 유세하기가 얼마나 어려운가를 한비자는 날카롭고 정확하게 파악했다. 그는 권력자의 성격이나 기질은 물론 속마음 상태까지 헤아린 다음 유세해야 한다고 말한다. 그래야 "내 말을 거기에 맞출 수 있다"는 것이다. 그렇지 않으면 유세자가 화를 입을 가능성이 크기 때문이다. 안타깝게도 말을 더듬었던 한비자 자신이 그 화를 당했다.

한비자는 중국 사상사뿐만 아니라 중국사 전체에서 대단히 중요한 비중을 차지하고 있는 인물이다. 사마천은 한비자의 사상적 뿌리를 노자의 도가(道家)로 보고 〈노자한비열전〉에서 같이 다루었다. 중국사에 미친 한비자의 영향을 감안하여 특별자료로 한비자의 생애를 아래에 정리해둔다.

키워드 : 권력자, 유세, 어려움

특별 참고자료 한비자의 생애

한비자(기원전 약 280~기원전 233)의 성명은 한비(韓非)다. 전국 말기 약소국 한(韓)나라 왕실 서자 출신의 공자로 알려져 있다. 젊어서는 유가(儒家) 사상을 집대성한 순자(荀子, 기원전 약 313~기원전 238)에게 학문을 배웠다. 그는 탁월한 안목과 남다른 학식을 바탕으로 훗날 자신의 사상을 총정리한 저술을 남겼다. 이 책이 바로 법가사상을 집대성한 《한비자(韓非子)》다. 이로써 그는 중국 제자백가의 학파들 중 법가를 대표하는 인물이 되었다.(이하 그의 이름과 저술 모두를 한비자, 《한비자》로 통일한다.)

기원전 235년 무렵, 당시 가장 강대한 나라였던 진나라의 젊은 왕 정(政, 훗날의 진시황으로 당시 24세의 한창 나이였다)은 군대를 동원하여 한나라를 공격했다. 진왕의 느닷없는 한나라 침공에는 천하통일을 위한 첫 단계로 가장 약한 한나라를 고른 까닭도 있었지만, 진왕의 개인적인 이유도 있었다.

진왕은 6국을 소멸시키는 자신의 숙원을 위해 인재를 적극적으로 모으고 있었다. 한나라를 공격하기에 앞서 진왕은 한비자의 저술인 〈고분(孤憤)〉과 〈오두(五蠹)〉 편을 읽었다. 그는 글을 읽으며 연신 탄식을 내뱉었고, 급기야 "이 사람을 만나 이야기를 나눌 수 있다면 죽어도 여한이 없겠다!"는 말까지 했다. 곁에 있던 이사(李斯)가 이 글은 한비자가 쓴 것이고, 그 사람은 자신과 동문수학한 사이라고 했다.

이렇게 해서 진왕은 한비자를 진나라로 데려오기 위해 극단적인 방법인 무력을 동원했다. 진왕은 한비자를 지목하며 진나라로 보낼 것을 요구했고, 힘없는 한나라 왕은 한비자를 사신으로 보낼 수밖에 없었다. 그해가 기원전 234년이었다.

진왕은 마침내 꿈에도 그리던 한비자를 만났다. 그러나 어쩐 일인지 진왕은 한비자를 기용하지 않고 방치했다. 기록에는 그 이유가 나와 있지 않지만, 말을 더듬는데다 말을 잘 꾸미지 못했던 한비자의 약점(?) 때문이 아니었을까 추측할 뿐이다.

한비자는 이국 땅 진나라에 그대로 방치되었다. 그런데 동문인 이사의 마음은 편치 못했다. 모든 면에서 자신보다 뛰어난 한비자를 진왕이 다시 찾아 중용할 가능성은 얼마든지 있었기 때문이다. 게다가 한비자는 진왕 앞에서 자신과 대신 요고(姚賈)를 비판했다. 이사는 요고와 함께 진왕 앞에서 한비자를 모함했다. 한나라 출신의 한비자가 진나라를 위해 일하지 않을 것이 뻔한데, 그를 돌려보냈다가는 진나라에 결코 이롭지 못할 것이라는 이유를 내세웠다. 진왕은 한비자를 옥에 가두게 했다.

이사는 옥에 갇힌 한비자에게 독약을 주면서 어차피 죽을 목숨, 치욕을 당하느니 자결하라고 압박했다. 한비자는 이국 땅 싸늘한 감옥 안에서 스스로 목숨을 끊었다. 진왕이 자신의 처분을 후회하여 사람을 보내 한비자를 다시 부르

한비자의 고향으로 전하는 하남성 서평현(西平縣) 한당촌(韓堂村)의 한당소학교이다.(2018년)

게 했으나 때는 늦었다. 그해가 기원전 233년, 한비자 나이 47세였다. 진나라로 건너온 이듬해였다. 참고로 한비자의 생애를 뒷부분에 연보로 정리해 두었다.

한비자와 관계된 인물들

한비자의 생애와 사상을 제대로 알기 위해서는 그와 관계된 인물들을 살펴볼 필요가 있다. 직간접으로 삶에 크고 작은 영향을 미친 인물들이기 때문이다.

먼저 한나라 최고 권력자인 한나라 왕들과의 관계다. 한비자 생전에 한나라의 왕이 된 사람은 모두 이왕(釐王)·환혜왕(桓惠王)·한왕 안(安) 셋이었다. 이왕 때는 한비자가 공부하던 시기라 별 다른 관계가 없었다. 환혜왕 때 한비자는 혈기왕성한 청년이었고, 공부도 무르익어갔다. 이 시기 한나라는 진나라에게 50개 성을 빼앗기는 등 나라꼴이 말이 아니었다. 한비자는 조국 한나라의 문제점을 냉철하게 분석하여 환혜왕에게 글을 올렸다. 왕을 비롯한 지배계급은 이를 받아들이기는커녕 명성만 왁자지껄하고 실력 없는 자들만 기용했다. 실망한 한비자는 정치의 꿈을 접고 저술에 몰두하기 시작했다. 그의 나이 대략 20대 중후반으로 추정된다. 세 번째 왕 안은 한때 한비자와 강국 진나라에 대처하는 방안을 상의하기도 했으나 한비자를 기용하지는 않았다.

한나라 지배층과 왕들은 한비자를 철저히 배제했다. 한비자는 이들의 행태에 울분을 터뜨렸고, 이들의 행태를 통해 권력·권력자·신하와의 관계 및 그 본질을 분석하고 통찰하는 글을 써냈다. 한비자의 정치철학을 담은 이 글들 역시 조국 한나라에서는 철저히 무시당했지만, 역설적이게도 적국 진나라 왕의 인정을 받았다.

다음은 학문의 스승 순자와의 관계다. 순자는 한비자보다 33세 연상으로 아버지뻘이었다. 한비자가 조국 한나라를 떠나 유가 학파의 거두인 순자 문하로 간 때는 대략 기원전 253년, 그의 나이 27세 이후로 추정한다. 당시 순자의 위상은 직하학궁의 좨주(대학 총장)를 두 차례나 지낸 사상계의 거목이었다. 그는 유가학파였지만 그 사상은 맹자에 비해 상당히 진보적인 편이었다. 이 때문에 맹자를 유가의 우파, 순자를 좌파로 나누기도 한다. 그의 문하에서 한비자와 이사 같은 법가의 대표적인 인물들이 나온 것도 그의 사상이 갖는 진보성과 유연성 때문이었다.

다음으로는 한비자의 죽음과 직접 관련된 진시황과 동문 이사와의 관계다. (진시황이 한비자를 만난 것은 진왕 시기였지만 편의상 이하 진시황으로 부른다.) '한비자 살해사건'으로도 불리는 이 비극에는 그렇게도 한비자를 보고 싶어 한 진시황의 방조와 한비자에 대한 시기와 질투에 사로잡힌 동문 이사의 모함이 자리 잡고 있다. 이 사건의 전말을 통해 한비자와 두 사람의 관계를 알아본다. 내용의 대부분이 사마천의 〈노자한비열전〉에 기록되어 있기 때문에 사마천과의 관계도 자연스럽게 언급될 것이다.

어느 날 진시황은 누군가가 구해온 〈고분(孤憤)〉과 〈오두(五蠹)〉라는 두 편의 글을 보게 되었다. 과거 정치의 성패와 득실을 신랄한 어조로 기술한 명문이었다. 진시황은 감탄을 거듭하며 "내가 이 사람을 만나 교류할 수 있다면 죽어도 여한이 없겠다!"고 탄식했다. 곁에 있던 이사가 얼른 그 글은 한비자가 쓴 것이라 아뢰었다. 한비자는 다름 아닌 이사와 함께 유가의 대학자 순자 문하에서 함께 공부한 동문이었다.

진시황은 한비자를 보고 싶어 독수를 썼다. 한비자가 한나라의 공자였기 때문에 정상적인 방법으로는 그를 데려올 수 없다고 판단한 것이다. 한나라를 무력으로 공격하고는 강화의 조건으로 한비자를 요구했다. 한비자는 한왕의 사신이란 신분으로 진나라로 왔다. 이렇게 해서 진시황은 그리도 그리던 한비자를 만났다. 그해가 기원전 234년이었다. 진나라가 천하를 통일하기 13년 전이었다. 당시 한비자의 나이 45세, 진시황의 나이 24세였다.

천하 통일을 목전에 둔 상황에서 그렇게까지 해가며 한비자를 데려올 만큼 진시황이 절박했을까? 아니면 정말 그 자신의 말대로 그 글을 쓴 주인공을 보고 싶었을까? 사마천은 이 대목을 다음과 같이 기록하고 있다.

"한비자를 만난 진시황은 그를 좋아하긴 했지만, 신용(信用)하지는 않았다."

그러자 한비자의 출현을 탐탁지 않게 여기던 이사와 요고(姚賈)가 그 틈을 비집고 들어와 한비자는 누가 뭐라 해도 한나라의 공자이기 때문에 결국은 한나라를 위해 일을 할 것이니 지금 기용하지 않으려면 후환이 남지 않도록 차라리 그를 없애라고 진시황을 부추겼다.

진시황은 이들을 말에 넘어가 한비자를 옥에 가두게 했고, 그사이 이사가 독약을 보내 자살을 강요했다. 한비자는 진시황을 만나고 싶었으나 길이 없었다. 진시황은 자신의 처분을 후회하며 사람을 보내 한비자를 풀어주려 했으나 한비자는 이미 목숨을 끊은 뒤였다. 한 번만 볼 수 있다면 죽어도 여한이 없겠다며 한비자를 갈망했던 진시황의 탄식은 자신이 아닌 한비자의 죽음으로 어처구니없게 결말이 났다.

한비자는 자신의 글 유세(遊說)의 어려움이란 뜻을 가진 〈세난(說難)〉 편에서 이렇게 말한 바 있다.

"무릇 유세의 어려움이란 내가 아는 것으로 상대를 설득시키는 데 있지 않다. 또 내 말솜씨로 설득하는 어려움이 아니다. 또 내 말재주로 내 뜻을 분명하게 밝히지 못하는 어려움도 아니다. 내가 해야 할 말을 자유롭게 다하기 어렵다는 것도 아니다. 유세의 어려움은 상대의 마음을 알아 내 말을 거기에 맞추는 데 있다."

이에 대해 사마천은 유세의 어려움을 누구보다 그렇게 잘 알고 있는 한비자가 그 유세의 화를 벗어나지 못한 것에 대해 안쓰러움과 안타까움을 나타냈다. 한비자는 또 이런 말도 했다.

"용이란 동물은 잘 길들이면 그 등에 탈 수 있다. 그러나 그 목 줄기 아래에 한 자 길이의 거꾸로 난 비늘, 역린(逆鱗)이란 것이 있는데 이것을 건드리면 반드시 그 사람을 죽인다. 군주에게도 이런 역린이 있으니, 유세하는 자가 이 역린을 건드리지 않으면 유세에 거의 성공할 수 있다."

한비자의 유세가 진시황의 역린을 건드린 것인가? 그런 것 같지는 않다. 진시황

은 그를 좋아했다. 이사와 요고의 모함 때문인가? 잠시 이자들의 말에 넘어가긴 했
지만 이내 후회하고 한비를 풀어주려 했던 것으로 보아 이것도 결정적인 이유는 못
된다. 그렇다면 대체 왜일까? 사마천은 한비자가 글을 쓰게 된 동기에 대해 이렇게
말하고 있다.

"한비는 청렴하고 강직한 사람들이 사악한 권신(權臣)들에 의해서 배척당하는 것
을 슬퍼하며, 예전 정치의 성패와 득실의 변천을 관찰해 〈고분(孤憤)〉, 〈오두(五蠹)〉,
〈내외저(內外儲)〉, 〈세림(說林)〉, 〈세난(說難)〉 편 등 10여 만 자의 글을 저술했다."

그렇다! 그 말 때문이 아니라 그 글 때문이었다. 그의 글이 진시황의 역린을 건드
린 것이다. 글이 위험했기 때문이다. 그 글이 권력자의 속성과 문제점을 너무나 정
확하게 너무나 무섭게 꿰뚫고 있었기 때문이다. 게다가 한비자는 말을 잘 못했다.

"한비자는 말을 더듬었다. 그래서 말로 변론하는 것은 잘 못했지만 글을 잘 썼다."

한비자의 열전을 남긴 사마천이 첫 부분에 기록한 대목이다. 진시황은 한비자라
는 인간도 아니고 한비자의 말도 아닌 한비자의 글에 두려움을 느꼈다. 당초 글만
보고 한비자를 한 번만이라도 보고 싶다고 했지
만, 막상 그를 만나고 보니 그 글들이 더욱 무겁
고 무섭게 그를 짓눌렀다. 말을 잘 못하는 한비
자에게서 또 다른 두려움을 느꼈던 것은 아닐까?
그리고 그사이를 간사하고 눈치 빠른 자들이 비
집고 들었다.

진시황이 그토록 흠모해마지 않았던 한비자가
이렇게 무고하게 피살된 것은 작은 사건이 아니
었다. 불과 3년 전 이사는 〈간축객서(諫逐客書)〉

한비자의 스승인 순자의 초상화이다.

라는 글을 써서 타국 출신의 인재를 내치지 말아 줄 것을 호소하면서 여러 나라 인재를 두루 받아들여야만 나라가 부강해질 수 있다고 주장하지 않았던가? 그 간절한 애원이 아직 귓가에 맴돌고 있는데, 자신의 손으로 인재를 내치고 살해하기까지 했다. 게다가 살해된 그 사람이 다름 아닌 진시황이 그토록 흠모했던 특별한 인재였으니, 이사는 얼마나 속이 좁고 못난 자였던가?

이사가 한비자를 죽여야만 했던 데는 그만의 말 못할 사정이 있었다. 이사는 초나라를 버리고 부귀공명을 찾아 진으로 왔는데, 이는 이사의 인생방침이었다. 이를 위해 10년 넘게 고군분투했고 예정된 목표에 거의 접근한 상태였다. 이런 상황에서 한비자의 등장으로 모든 일이 수포로 돌아갈 판이었으니 어찌 불안하고 초조하지 않았겠는가? 다시 말해, 이사는 동학 한비자에 비하면 여러 면에서 훨씬 모자라는 자였다. 한비자를 죽이면 그의 학설까지도 마음 놓고 훔쳐 자기 것으로 만들 수 있었다. 다행히도 한비자의 책이 일찌감치 세상에 선보여 널리 알려졌기에 망정이지 하마터면 지금 우리가 보고 있는 《한비자》가 《이사자(李斯子)》로 둔갑할 뻔했다.

진시황과의 만남은 한비자의 처절한 비극으로 끝났다. 한비자가 자살한 뒤 10여 년 뒤 한비자의 조국인 한나라가 망했고, 13년 뒤인 기원전 221년 천하는 통일되었다. 진시황은 한비자를 외경(畏敬)했지만 그의 사상은 고스란히 받아들였다. 한비자의 사상이 천하를 통일하는 데 얼마나 영향을 주었는지는 알 수 없지만 적어도 진시황의 통치와 후대 제왕들에게는 무엇보다 큰 영향을 미쳤다. 그리고 이 모든 과정 뒤로 한비자를 진시황에게 소개하고도 그를 해친 한비자의 동문이자 출세지상주의자 이사의 모습이 겹쳐진다.

다른 법가 사상가들과의 관계

다음으로 한비자 이전의 법가 사상가들과의 관계에 대해 간략하게 언급해둔다. 중국 역사에서 법가의 출현은 춘추전국이라는 시대의 필연적 산물이다. 생존을 위한 극렬한 투쟁에서 필요한 것은 유가도 도가도 묵가도 아니었다. 주도면밀한 법 조항, 강력한 리더십, 걸출한 리더는 생존을 위한 필수 조건이었다. 이 조건을 충족시킬 수 있는 사상은 법가뿐이었다.

한비자 이전의 법가 사상가로는 원조격이라 할 수 있는 춘추 초기의 경륜가 관중(管仲, ?~기원전 645)이 있었다. 한비자가 관중으로부터 영향을 받기는 했겠지만《한비자》에서 그 흔적을 찾기란 쉽지 않다. 시대적 간격이 크긴 하지만 관중 다음으로 출현한 법가 사상가들로는 상앙(商鞅)·신불해(申不害)·신도(愼到)가 있다. 법가 사상의 3대 핵심인 법(法)·술(術)·세(勢)를 가지고 한비자와 세 사람의 관계를 살펴보겠다.

먼저, 세 사람 모두 전국시대 인물들이고, 비슷한 시기에 태어났다. 법가 사상의 기틀을 닦은 인물들이고, 한비자보다 1세기 정도 앞선다. 또한, 모두가 한비자 사상에 크고 작은 영향을 끼쳤고, 그중에서도 상앙과 신불해의 영향이 더 컸다. 사마천은 〈노자한비열전〉에서 한비자를 중심으로 신불해를 함께 소개했다. 신도는 〈맹자순경열전〉에 딸려 있고, 상앙은 〈상군열전〉을 따로 마련하여 소개했다.

상앙(기원전 약390~기원전 338)은 기원전 361년 진나라로 건너가 진나라를 전면적으로 개혁하는 큰일을 성사시킨 장본인이다. 중국 역사상 최고의 개혁가로 꼽힌다. 법가 사상가로서 상앙은 특히 법을 중시했고, 한비자도 이에 큰 영향을 받았다. 저서로《상군서(商君書)》가 전한다.

신불해(?~기원전 338)는 '술'을 강조한다. 신불해는 정나라 말단 관리로 한나라 소후에 유세하여 높은 벼슬을 받았다. 한나라에서 15년 정치를 하는 동안 "나라는 잘 다스려지고 군대는 강해져 침략하는 자가 없었다"고 할 정도로 성과를 냈다. 그의 학술사상의 뿌리는 도가에 있고, '형명(刑名)'을 강조했다. 저서에《신자(申子)》로 불리는 두 편이 있다.

신도(기원전 약390~기원전 315)는 '법'과 '세'를 함께 중시했다고 하는데, 한비자와의 관계에 대해서는 알려진 바가 없다.《한서》〈예문지〉에는 저서로《신자》42편이 있었다고 하고, 〈맹자순경열전〉에는 12론을 저술했다고 한다.

《한비자》에는 상앙과 신불해를 직접 언급하고 있어, 한비자와 이 둘의 관계를 짐작하게 한다. 그 대목을 인용하는 것으로 이들의 관계를 정리해둔다.

어떤 사람이 "신불해와 공손앙(상앙) 두 사람의 견해 중 어느 쪽이 나라에 더 필요합니까?"라고 물었다. 이에 대한 대답은 이렇다.

"그것은 우열을 가릴 수 없는 문제다. 사람은 열흘 이상 먹지 않으면 죽고, 아주 추운 날씨에 옷을 입지 않으면 얼어 죽는다. 그런데 옷과 음식 중 어느 것이 사람에게 더 긴요하냐고 묻는다면, 둘 중 어느 하나라도 없어서는 안 된다고 대답할 것이다. 두 가지 모두 사람이 사는 데 꼭 있어야 할 것들이기 때문이다."(〈정법〉)

한비자와 《한비자》에 대한 역대 논평

한비자에게 가장 많이 따르는 수식어이자 논평이라면 역시 '동양의 마키아벨리'일 것이다. 이 표현은 우리 학계에도 잘 알려진 미국의 역사학자인 존 킹 페어뱅크(John King Fairbank, 1907~1991)가 1964년 출간한 《China : A History》에서 처음 나온 것으로 알려져 있다. 한비자는 기원전 약 280년에 태어났고, 마키아벨리는 1469년에 태어났다. 두 사람의 시차가 무려 1,750년이다. 비교 안 하면 몰라도 굳이 비교한다면 마키아벨리를 '서양의 한비자'라 불러야 마땅하다.

다음으로 가장 널리 알려져 있고, 동서양 연구자들이 이구동성으로 내리는 평가는 '법가(사상)의 집대성자'와 '제왕학의 창시자' 등이 있다. 이하 역대 유명인과 학자들의 한비자와 《한비자》에 대한 논평들을 참고로 인용해둔다.

"과인이 이 사람을 만나 이야기를 나눌 수 있다면 죽어도 여한이 없겠다!"(진시황)

"나는 다만 한비자가 〈세난〉 편을 짓고도 스스로는 재난을 피하지 못한 것이 슬펐다."

"한자(한비)는 먹줄로 일을 재단하고 시비를 밝혔지만, 너무 각박하고 베푸는 것이 부족했다."(사마천)

“한비자는 〈세난〉 편 때문에 죽었다!”(한나라 때의 학자, 양웅揚雄, 《법언法言》)

—

“저렇게 주도면밀하게 방비하고도 이사에게 죽임을 당하고 말았으니, 슬프다!”(당나라 때의 학자, 사마정司馬貞)

—

“한비자는 진나라를 위해 계책을 꾀했으나 당초 그 종주국을 뒤엎고자 자신의 말을 팔았으니 그 죄는 죽음으로도 용서할 수 없다. 어찌 불쌍히 여길 수 있리오!”(사마광司馬光, 《자치통감資治通鑑》)

—

“한비자는 순자에게 배운 전국시기 법가의 대표적 인물이다. 그가 제기한 ‘법치·술치·세치’ 3자가 결합된 봉건 군왕통치술은 후세에 아주 큰 영향을 미쳤다.”(모택동毛澤東)

—

“한비, 영광과 비극을 한 몸에 지닌 이 학자는 법가학파의 종합판이었다.”

“영정(진시황)과 이사는 한비를 죽였지만 그의 사상은 고스란히 흡수하여 날로 커가는 자신들의 제국을 통치하는 데 반영했다.”(백양柏楊, 《중국인사강中國人史綱》, 원류출판사遠流出版社, 2002)

한비자와 그의 저서를 ‘법가학파의 종합판’으로 평가한 대만의 지성 백양(柏楊, 1920~2008) 선생의 생전 모습이다.(2004년 대북臺北의 선생 댁을 방문하여 인터뷰할 때의 사진이다.)

—

“한비자는 중국 고대 사상발전의 황금시대에 독특한 견해를 가졌던 마지막 사상가다.”

“전체적으로 나는 한비자의 사상을 어쩔 수 없이 부정할 수밖에 없다. 왜냐하면 그는 봉건 지주계급의 통치와 윤리관계를 뚜렷하게 수호했을 뿐만 아니라, 극단적 독재와 폭정에 계통적인 이론을 제공하여 중국 역사발전의 지체에 나름 작용을 했기 때문이다."

"한비자 사상에는 긍정적이고 독특한 관점이 적지 않다. 이를테면 역사진화에 대한 인식, 공허한 담론에 대한 부정, 치국에 대한 일련의 원칙 등이 그것들이다."(시각회施覺懷, 《한비평전韓非評傳》, 남경대학출판사南京大學出版社, 2002)

—

"《한비자》를 읽으면서 우리는 전통시대의 절대 군주조차 리더십을 기르지 못하면 자기 권력을 제대로 휘두를 수 없었다는 냉엄한 현실을 깨닫는다."(이상수, 《한비자, 권력의 기술》, 웅진지식하우스, 2007.)

—

"그가 내던진 질문들이 21세기의 이 시대에 오히려 섬뜩할 정도로 들어맞기 때문이다. 그의 통찰처럼 혼돈의 시대에는 자신의 속내를 숨기고, 어둠 속에서 철저히 위장하면서 자기관리를 해야 한다는 생존의 법칙은 이 시점에도 여전히 유효하다."(김원중, 《한비자의 관계술》, 위즈덤하우스, 2012.)

—

"한비자는 고독과 울분에 찬 인생을 살다 간 난세의 기재(奇才)다."
"《한비자》는 무림계로 비유하자면 정파가 아닌 사파의 절정 무공비급과 같다."
"제왕학은 한비자가 아니었으면 커질 수 없었고, 법가의 사상은 한비자가 아니었으면 넓어질 수 없었다."(이상 필자)

한비자와 '구흘(口吃)'

《사기》에 나오는 인물들에 대한 사마천의 관찰과 묘사는 대단히 특별하다. 그 사람의 가장 두드러진 특징이나 특성을 잘 잡아냈기 때문이다. 그중에서도 문장은 남달랐지만 말을 잘하지 못했던 법가 사상가 한비자(韓非子)와 한나라 초기의 걸출한 문장가 사마상여(司馬相如)에 대해서는 아예 말을 더듬었다고 했다. 이 두 사람의 이런 특징을 사마천은 '구흘(口吃)'이란 단어로 묘사했다. '말을 더듬다', '말더듬이'란 뜻이다. 먼저 한비자에 이렇게 소개했다.

"한비자는 한(韓)나라 공자로서 형명(刑名)과 법술(法術)의 학설을 좋아했으나, 그 학설의 근본은 황로(黃老) 사상에 있었다. 한비는 '말더듬이'로 태어나 변론에는 서툴렀으나 저술에는 뛰어났다. 이사(李斯)와 더불어 순경(荀卿, 순자)에게서 공부했는데, 이사는 자기 스스로 한비자보다 못하다고 인정했다."

다음은 사마상여에 대한 소개 부분이다.

"상여는 '말은 어눌했으나' 글은 잘 지었다. 평소 그는 소갈병(消渴病)을 앓고 있었다. 그는 탁문군(卓文君)과 혼인해 재물이 풍족했다. 그는 나아가 벼슬을 하기는 했으나 일찍이 공경(公卿)이나 국가의 일에 참여하지 않았다. 질병을 핑계 삼아 한가하게 살면서 관직과 작위를 바라지 않았다."

이밖에도 사마천은 자신이 직접 만난 적이 있는 한나라 초기의 명장 이광(李廣)에 대해 "말은 잘하지 못했다(구불능도사口不能道辭)"고 묘사한 바 있다. (권109 〈이장군열전〉, '도리불언, 하자성혜' 항목 참고) 그런가 하면 고조 유방이 태자를 바꾸려고 하자 이를 막기 위해 나선 주창이 막상 유방 앞에서 말을 제대로 하지 못하고 더듬는 장면을 '기기(期期)'라는 특이한 단어로 묘사하기도 했다. (권96 〈장승상열전〉, '기기애애' 항목 참고)

이상의 기록들을 볼 때 사마천은 말만 잘하는 사람에 대해 반감을 갖고 있었던 것 같다. 반면 말을 더듬거나 말을 잘 못하지만 그 때문에 남다른 재능이나 인품이 가려진 사람들을 제대로 드러내려 했던 것 같기도 하다. 한비자의 경우, 그렇게도 보고 싶어 했던 진시황이 정작 그를 만나서는 외면하다시피

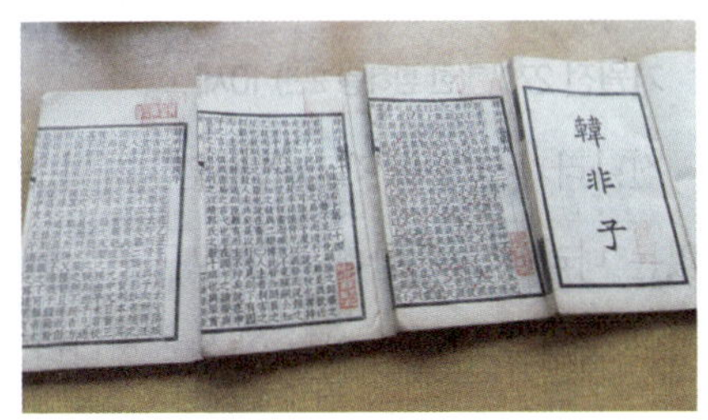

《한비자》의 민국시대(1912~1949) 판본이다.(출처: 바이두)

했던 까닭을 '말을 더듬는' 그의 '구흘' 때문이라고 보는 사람들도 있다. 이것이 사실이라면, 한비자를 한 번 볼 수 있다면 죽어도 여한이 없겠다고 한 진시황의 마음과 탄식은 위선이자 가식이 아닐 수 없다. 이래저래 한비자의 삶은 안타까움 그 자체다.

한비자 연보

기원전 280년(한 이왕 15년) 출생

한비자 출생하다. 《사기》〈노자한비열전〉에 "한비자는 한나라 여러 공자들 중 한 사람이었다"고 했듯이 한나라 귀족 집안 출신이었다. 한나라 왕실의 공자였을 가능성이 있다는 설도 있다.

기원전 278년(한 이왕 17년) 2세

진나라가 전국 7웅 중에서 명실상부 가장 영향력을 발휘하는 강국이 되었다. 심지어 주 천자가 진나라에 조회를 갈 정도였다. 진나라와 이웃한 한나라는 직접 위협을 받는 처지가 되었다.

기원전 275년(한 이왕 20년) 5세

진나라의 침공을 받은 한나라는 4만 명이 전사하는 큰 패배를 당하고 심각한 위기에 빠졌다. 한비자는 이 무렵부터 집에 있는 법가계통의 관자(管子)·상앙(商鞅)의 저서와 손자(孫子)·오기(吳起)의 병법서를 비롯하여 여러 책들을 읽기 시작했다.

기원전 270년(한 환혜왕 2년) 10세

진나라가 범수를 객경으로 임명하여 '먼 곳에 있는 나라와 가깝게 지내고, 가까이 있는 나라를 공격한다'는 '원교근공(遠交近攻)'의 대외정책을 확정했다. 이로써 진나라와 국경을 접하고 있는 약소국 한나라가 집중 공략의 대상이 되었다. 풍전등화의 위기에 놓인 한나라의 정세에 소년 한비자의 마음은 타오르는 불처럼 조급했다.

기원전 262년(한 환혜왕 10년) 18세

이전 3년 사이 진나라가 계속 한나라를 공격했고, 이해에 진나라 장수 백기(白起)가 한나라를 공격하여 무려 50개 성을 탈취했다. 한나라 상당군(上黨郡)의 군수는 조나라에 항복하는 등 한나라 지배층은 지리멸렬 분열했다. 대체로 이 시기를 전후하여 청년 한비자는 "한나라가 땅을 빼앗기고 약해지는 것을 목격하고는 여러 차례 한왕에게 글을 올리기" 시작했을 것으로 보인다.

기원전 257년(한 환혜왕 15년) 23세

한비자가 여러 차례 한왕에게 글을 올렸으나 한왕은 그의 건의를 받아들이지 않았다. 전문가들은 한비자의 이런 노력은 대체로 5년 정도 계속되었을 것으로 추정한다. 한비자는 한왕을 비롯한 한나라 지배층이 유능한 인재를 기용하여 나라를 다스리는 데 힘쓰지 않고, 반대로 명성과 실제가 다른 어리석고 못난 해충 같은 자들만 기용하는 현실에 분노하여 저술에 몰두하기 시작했다.

기원전 253년(한 환혜왕 19년) 27세

순자가 제나라 직하학궁을 떠나 초나라로 갔다. 초나라의 실력자 춘신군(春申君)은 그를 난릉령(蘭陵令)에 임명하여 계속 제자를 받아들여 학문을 가르치게 배려했다. 이때를 전후로 한비자는 순자 문하에 들어가 '제왕의 학술을 배웠다.' 동문으로는 이사 등이 있었다.

기원전 247년(한 환혜왕 25년) 33세

이사가 학업을 중단하고 순자를 떠나 서쪽 진나라로 갔다. 이 무렵 한비자도 조국 한나라로 돌아와 저술에 몰두하여 55편 10여 만 자의 저서를 완성했다.(완성한 시기는 알 수 없으나 몇 년은 걸렸을 것으로 보인다.) 이해에 진나라가 상당군을 점령했고, 진왕 정(훗날 진시황)이 12세의 나이로 왕위에 올랐다.

기원전 246년(한 환혜왕 26년) 34세

한왕이 진나라의 국력을 소모시켜 한나라를 공격하지 못하게 하려고 수리 전문가 정국(鄭國)을 진나라로 보내 대규모 수로 시설 정국거(鄭國渠)를 축조하게 했다.

기원전 237년(한왕 안 1년) 43세

한나라가 보낸 수리 전문가 정국이 간첩으로 지목되었다. 화가 난 진왕은 모든 외국 출신의 인재들을 추방하라는 '축객령(逐客令)'을 내렸다. 진왕은 한나라를 멸망시키겠다는 결심을 내렸다. 이사가 '축객령에 관해 드리는 글' 〈간축객서(諫逐客書)〉라는 글을 올려 축객령을 취소시켰다. 이때 이사는 진왕에게 먼저 한나라를 취해 다른 나라를 겁주라고 유세했다. 진왕은 정국의 기술을 역이용했다.

기원전 236년(한왕 안 2년) 44세

이사는 진왕의 명을 받고 한나라로 가서 항복을 재촉했다. 이때 이사는 15,6년 동안 못 보았던 한비자를 만났을 것이다. 한비자는 자신이 쓴 〈고분〉, 〈오두〉 등의 문장을 이사에게 보여주는 한편, 이 글을 진왕에게 전하게 했던 것 같다. 다급해진 한왕은 한비자를 불러 진나라를 약하게 만들 수 있는 계책을 논의했다.

기원전 235년(한왕 안 3년) 45세

진왕이 한비자의 문장을 읽고는 "오호, 과인이 이 사람을 만나 이야기를 나눌 수 있다면 죽어도 여한이 없겠다!"며 탄식했다. 이사가 한비자가 쓴 글이라 했다. 진왕은 (한비자를 오게 만들려고) 서둘러 한나라를 공격했다. 한왕은 어쩔 수 없는 상황에 몰려 한비자를 진나라로 보낼 수밖에 없었다.

기원전 234년(한왕 안 4년) 46세

한비자가 진나라에 와서 한나라를 보존해야 할 당위성을 논한 글로 추정되는 〈존한(存韓)〉에서 이사를 비판하고 대신 요고의 단점을 폭로했다. 이 때문에 한비자는 이사와 요고의 미움을 샀고, 두 사람은 진왕 앞에서 한비자를 모함하며 한나라로 돌려보내서는 안 되니 죽여야 한다고 했다.

기원전 233년(한왕 안 5년) 47세

진왕이 한비자에게 죄를 물어 감옥에 가두게 했다. 이사는 사람을 시켜 한비자에게 독약을 주며 자결을 압박했다. 한비자는 진왕에게 자신의 생각을 밝히고자 했으나 만나지 못했다. 진왕이 뒤늦게 후회하며 한비자를 사면코자 했으나 한비자는 이미 죽은 뒤였다. 한나라는 한비자가 세상을 떠난 3년 뒤인 기원전 230년 6국 중 가장 먼저 멸망했다.

세한연후지송백지후조야(歲寒然後知松柏之後凋也)

날이 추워진 뒤라야 소나무와 잣나무가 늦게 시드는 것을 안다.
– 권61 〈백이열전〉

이 명언의 출전은 《논어》〈자한〉 편이지만 사마천이 70권 열전의 첫 권인 〈백이열전〉에 인용함으로써 더욱 빛이 난 대표적인 경우다. 이 말 뒤에 "온 세상이 어지럽고 흐린 때라야 깨끗한 선비가 비로소 드러난다는 말이다. 어찌 부귀를 중요하게 여기는 풍조가 저와 같으며, 군자를 가볍게 여기는 풍조가 이와 같을까?"라는 가슴을 파고드는 사마천의 쓸쓸한 독백이 따라 나오고 있어 그 의미가 여간 깊지 않다.

또 이 명언은 '집안이 어려워지면 좋은 아내가 생각나고(가빈즉사양처家貧則思良妻), 나라가 어지러워지면 좋은 재상이 그리워진다(국난즉사양상國亂則思良相)'는 사마천 자신의 명언과 기가 막히게 짝을 이루고 있다. 사마천의 문장은 글자 하나 버릴 것이 없다는 생각이 새삼 든다. 여기에 위 성어가 열전의 맨 처음인 〈백이열전〉에 보인다는 점을 고려한다면 《사기》의 진면목에 대해 경의를 표하지 않을 수 없을 것이다. 열전을 다 읽지는 않더라도 이 부분만큼은 꼭 읽기를 당부하고 싶다. 누가 뭐라 해도 〈백이열전〉이야말로 열전 70권 중에서도 '군계일학(群鷄一鶴)'이자 단연 '백미(白眉)'의 한 편으로 꼽을 수 있기 때문이다.

조선시대 학자 김정희는 제주 유배 시절 이 대목에서 영감을 얻어 〈세한도〉라는 걸작을 남기기도 했다. 관련하여 좀 더 자세한 내용은 '이권리합자(以權利合者), 권리진이교소(權利盡而交疏)' 항목을 참고하면 된다.

키워드 : 곤경, 인재

소

소거백마(素車白馬)

장식 없는 수레에 흰말.
– 권6 〈진시황본기〉

기원전 206년, 유방(당시 패공)은 진나라 군대를 격파하고 무관(武關)으로 진입했다. 유방은 패상(霸上)에 이르러 함양(咸陽)으로 사람을 보내 자영(子嬰)의 항복을 약속 받았다. 당시 자영은 실세 조고(趙高)에 의해 3세 황제로 옹립되었으나 46일 만에 조고를 찔러 죽이고, 그 삼족을 처형한 뒤였다.

유방의 압박에 자영은 무력 충돌없이 평화롭게 항복하기로 약속하고는 바로 죄인처럼 목에 끈을 매고, **흰말이 끄는 장식 없는 수레**와 황제의 옥새와 부절을 받들고 나와 지도(軹道) 부근에서 항복했다. 이로써 중국 역사상 최초의 통일제국 진나라는 기원전 221년 통일 후 15년 만에 망했다.

'자영이 흰말이 끄는 장식 없는 수레'를 끌고 나온 사실에서 **소거백마**, 또는 '백마소거'라는 성어가 나와 항복이나 항복을 나타내는 의식을 비유하는 표현이 되었다.

소규조수(蕭規曹隨)

소하가 만들고 조참이 따르다.
– 권53 〈소상국세가〉; 권54 〈조상국세가〉

기원전 221년 중국 최초의 통일 국가를 세운 진나라는 불과 15년 만인 기원전 206년에 망하고 천하는 유방(劉邦)과 항우(項羽)의 쟁패 끝에 유방의 한에 의해 다시 통일되었다.(기원전 202년) 이 과정에서 소하(蕭何)는 장량(張良)·한신(韓信)과 더불어 개국공신 3인방, 즉 '서한삼걸(西漢三傑)'의 한 사람으로 막대한 공을 세웠고, 개국 후에도 재상을 맡아 천하를 안정시키는 데 최선을 다했다. 그런 소하가 중병이 들어 파란만장했던 삶을 마감하려는 때의 일이었다. 사마천은 이 이야기를 또 다른 공신인 조참(曹參)의 전기인 〈조상국세가(曹相國世家)〉에 기록했는데, 음미할만한 대목이다.

임종을 앞두고 소하는 황제 혜제(惠帝, 유방의 뒤를 이은 2대 황제)에게 자신을 이어 재상을 맡을 사람으로 조참(?~기원전 190) 단 한 사람을 추천했다. 조참은 재상이 되었고, 생전에 소하가 하던 일을 그대로 따라 했다. 소하가 만든 법률도 하나 바꾸지 않고 그대로 지켜나갔다.

조참의 아들 조줄(曹窋)은 중대부(中大夫)를 맡고 있었다. 황제는 조참이 조정의 일은 아랑곳하지 않는 모습을 보고는 속으로 놀라 "조 상국(당시 재상을 부르던 이름)이 나를 무시하고 있는 것 아닌가?"라고 생각했다. 그래서 아들 조줄에게 이렇게 일렀다.

"집으로 돌아가거든 틈을 봐서 아버지께 '고조 황제께서 세상을 떠나신지 얼마 되지 않고, 지금 황상은 젊기 때문에 군왕을 보좌하여 천하를 다스리는 일은 시각을 다투어야 할 정도로 급하고 큰일이거늘 상국이라는 중요한 자리에 계신 분이 하루 종일 술만 마시며 군왕을 만나지 않고 정사를 돌보지도 않고 있으니, 그러고도 상국이라는 중직을 맡으실 수 있냐?'고 여쭤보시오. 이 이야기를 내가 했다는 말은 절대 하지 말고."

휴가를 받은 조줄이 집에 돌아와 아버지 조참을 모실 기회를 이용하여 황제가 한 말로 아버지에게 충고했다. 조참은 벼락 같이 화를 내면서 사람을 시켜 아들에게 곤장을 치게 하고는, "빨리 궁으로 돌아가서 황제를 모셔라. 너는 아직 천하의 일을 논할 자격이 없느니라!"라고 호통을 치고는 아들을 궁으로 돌려보냈다.

이 이야기를 들은 혜제는 조참이 입조하자 "어째서 아들을 그렇게 야단치셨소. 실은 내가 그에게 시켜서 한 말인데"라며 조참을 나무랐다. 조참은 황급히 관모를 벗고 무릎을 꿇은 다음, 황제에게 사죄하면서 이렇게 말했다.

소하는 평생 최고 권력자 곁에서 전전긍긍(戰戰兢兢)하며 살았다. 그러한 멸사봉공 때문에 한나라 정권은 병목 위기를 넘기고 안정을 찾았다. 특히 조참처럼 소하의 심경을 잘 헤아린 동지가 있었기 때문에 결코 외롭지 않았다. 소하(위)와 조참(아래)의 상이다.(2011, 2010년)

"폐하께서는 한번 생각해보십시오. 폐하의 영명하심을 고조 황제와 비교한다면 어떻습니까?"

"내가 어찌 선제와 비교될 수 있겠소!"

"그럼 전임 재상 소하와 저는 누가 더 재능이 뛰어나다고 생각하십니까?"

"그야 소 상국이 낫겠지요."

"폐하의 말씀이 백 번 옳습니다. 고조 황제와 소하는 함께 천하를 평정하셨고, 그분들이 만든 법령은 아주 분명하고 깨끗합니다. 지금 폐하께서는 뒷짐만 지고 계시면 되고, 저는 그 법령들을 어기지 않고 그저 제 자리만 잘 지키면 천하가 태평할 것 아니겠습니까?"

"맞는 말씀이오!"

개혁에도 적절한 방법과 전략이 있어야 한다. 하나는 잘못된 법과 제도를 뜯어고 치거나 없애는 것이고, 또 하나는 이전의 좋은 제도와 법은 바꾸지 않고 잘 지키는 것이다. 이는 통치방식이자 통치를 이끄는 주요한 사상이기도 하다. 조참은 소하가 만들어 놓은 간명한 법과 질서를 투명하고 조용하게 지키면서 백성들을 안정시키고 안심시켰다. 물론 상황에 따라 조참의 처신은 복지부동으로 비판받을 수도 있다. 핵심은 상황 파악의 능력이다.

우리 정치나 조직의 고질적인 폐단으로서 리더가 바뀌고 권력이 교체되거나 작은 자리라도 바뀌면, 지난 규정이나 정책들을 살피려고도 않고 무조건 폐기처분한 다음, 다시 만드는 소모적이고 비생산적인 일들이 너무 많다. 심지어 잘해 온 정책이나 일까지 없애는 무분별한 짓까지 서슴지 않는다. 이런 점에서 **소하가 만들고, 조참이 따랐다는** 이 **소규조수(蕭規曹隨)**는 많은 것을 생각하게 만드는 의미심장한 고사다.('획일지법' 항목 참고)

키워드 : 정책, 계승

소녀현(素女弦)

소녀의 거문고 / 현악기.
– 권12 〈효무본기〉

기원전 111년, 남월(南越)이 멸망하자 무제가 총애하는 이연년(李延年)이 음악 연주로 축하했다. 무제가 좋다고 하자 신하들은 하늘과 땅에 올리는 제사에 음악이 없을 수 없다고 아뢰었고, 이때 누군가가 "태제(泰帝)가 소녀(素女)에게 50줄의 거문고를 연주하게 했는데, 태제가 슬퍼서 그만두게 했으나 멈추지 않아 그 거문고를 25줄로 바꾸었다고 합니다"라는 말을 했다.

이후 태일(泰日)과 후토(后土)에 제사를 지내면서 처음으로 음악과 춤을 사용하였

악기를 연주하는 여성의 모습을 나타낸 벽돌 그림이다.

고, 가무의 악대도 늘렸다. 또 25줄의 거문고와 공후(箜篌)가 이때 처음으로 만들어졌다. 태제는 태호(太昊) 복희씨(伏羲氏)로 전한다. 그리고 소녀가 50줄의 거문고를 연주한 전설에서 **소녀현** 또는 '이십오현(二十五弦)'이란 표현이 파생되어 훗날 현악기의 연주를 가리키는 전고가 되었다.

'소녀'는 인문 지리서인 《산해경(山海經)》 등에 기록된 중국 신화 속 거문고를 잘 연주하는 여신이다. 또 중국 의학계에서 받드는 치료의 여신이기도 하다. 일설에는 황제(黃帝)의 성(性)교육을 담당한 교사였다고도 한다. 이를 기록한 책이 《소녀경(素女經)》이다.

키워드 : 음악, 악기, 현악기, 연주

소년 감라(少年甘羅)

어린 감라.

– 권71 〈저리자감무열전〉

감라(甘羅, 생졸 미상)는 진나라 무왕(武王) 때 재상을 지낸 감무(甘茂)의 손자다. 12세 어린 나이에 뛰어난 용기와 책략으로 외교에서 큰 공을 세워 '전국지책사(戰國之策士)'라는 칭송을 얻은 특별한 인물이다. 또 중국 신동의 반열에서 빠지지 않고 거론된다. 당시 진나라의 실세 여불위(呂不韋)를 모시고 있던 감라는 당대 변사로 이름난 장당(張唐)이 연나라에 사신으로 가길 꺼려 하자 스스로를 추천하고 나서 끝내 큰 공을 세웠다. 또 조나라에 사신으로 가서 조나라 왕을 설득하여 연나라를 함께 공격하게 만들어 많은 성을 얻게 했다.

사마천은 〈저리자감무열전〉에 딸린 감라의 행적을 기록하면서 '나이가 어리다'는

'연소(年少)'를 세 차례 반복하여 나이는 어리지만 능력이 출중했던 감라를 돋보이게 했다. 여기서 **소년 감라**라는 성어가 파생되었다.

감라의 고사는 인재의 능력에 나이가 문제 되지 않는다는 것을 잘 보여주는 고사이다. 아울러 인재는 환경이라는 무대와 창조적 조건이라는 객관적 요소에 의존함과 동시에 자기 노력으로 능력을 드러내야 한다는 주관적 요소가 동시에 작용해야 한다는 점을 보여준다. 참고로 원전인 《전국책》(〈진책〉)과 《사기》의 기록을 참조하여 감라의 행적을 좀 더 상세히 소개해둔다.

감라는 치열하고 살벌했던 전국시대 진나라의 신동으로 잘 알려져 있다. 그는 또 중국 역사상 가장 어린 나이에 최고 관직인 재상급의 상경(上卿)이란 벼슬에 오른 인물이기도 하다. 감라는 전쟁이 잦은 시대에 태어났다. 이 시기 각국은 저마다 부국강병을 꾀하며 국적을 불문하고 다양하고 전문적인 인재들을 받아들였다. 이런 전문가들 중에서 천하 정세를 정확하게 분석하고 이를 설파하는 이른바 유세가(遊說家)들이 종횡으로 천하를 누비며 활약했다. 감라의 할아버지 감무가 그런 인물이었다. 감무는 제자백가의 사상을 두루 겸비한 인물로서 진나라에서 승상까지 지냈다. 이 같은 시대적 상황과 유세가 가정에서 자란 감라는 어렸을 때부터 큰 포부를 품고 있었다. 또 그에 걸맞는 책략과 언변도 뛰어나 말 그대로 유세가이자 책사(策士)다운 기풍을 갖추어갔다.

감라의 나이 열두 살 때 이런 일이 있었다. 당시 승상은 상인 출신으로 보잘것없던 자초(子楚)를 후원하여 그를 왕(진시황의 아버지인 장양왕)으로 즉위시켜 막강한 권력을 장악했던 여불위였다. 감라는 이 무렵 여불위 문객(門客)으로 있었다.

어느 날 조정에서 귀가한 여불위의 표정이 어두워 보였다. 무엇인가 심상치 않다는 것을 눈치 챈 어린 감라가 여불위에게 "오늘 무슨 일 있으셨습니까?"라고 물었고, 여불위는 어린애가 뭘 알고 싶냐는 표정으로 퉁명스럽게 대답했다. 그러면서 답답하던 차에 마땅한 말상대도 없고 해서 상세하게 말해주었다.

"너도 알다시피 우리가 연나라와 연합하여 조나라를 공격하기로 했지 않은가? 그래서 왕께서는 장당을 사신으로 보내려고 하시는데, 장당이 말을 듣지 않는다. 그가 전에 조나라를 공격한 적이 있어 조나라 사람들이 자기를 원망하고 있다는군. 연나라로 가려면 조나라를 거쳐야 하는데, 조나라 사람들이 보복할까 두려워하는 거지. 이 때문에 내가 골치가 아프다.”

여불위의 말을 다 들은 감라는 주저 없이 “제가 장당을 설득해 보겠습니다”라고 큰소리를 쳤다. 여불위는 어이가 없다는 듯 감라의 얼굴을 빤히 쳐다보다가 “한번 가봐라! 내가 직접 장당에게 부탁했는데도 말을 듣지 않았는데, 네가 간들 무슨 뾰족한 수가 있겠느냐만은”라며 시큰둥하게 내뱉었다. 감라는 전혀 기죽지 않고 이렇게 말했다.

“일찍이 항탁(項橐)은 일곱 살 때 공자의 스승이 되었다고 합니다. 제가 금년에 벌써 12살인데 저에게 가보라고 하시면서 그렇게 시큰둥하게 말씀을 하십니까?”

당돌한 감라의 대꾸에 여불위는 더 이상 별다른 말없이 감라를 장당에게 보냈다. 장당을 만난 감라는 대뜸 이렇게 물었다. 두 사람의 대화다.

“장군과 무안군(武安軍, 진나라의 명장 백기白起) 중 누구 공이 더 큽니까?”
“무안군은 남쪽의 강국 초나라를 꺾었고, 북으로는 연과 조를 눌렀지. 싸우면 이기고 공격하면 빼앗기를 여러 차례 했지. 성읍을 쳐부수고 함락시킨 경우는 헤아릴 수 없을 정도지. 그러니 내가 어찌 무안군에 미치겠나.”
“그럼 응후(應侯, 진나라 상국 범수范雎)가 진나라에서 나라 일을 멋대로 주무르는 정도를 우리 문신후(文信侯, 여불위)와 비교하면 누가 더 심합니까?”
“응후의 권세가 문신후에 미치지 못하지.”
“응후의 전횡이 문신후에 미치지 못한다고 확신하십니까?”
“그렇다.”

"응후가 조나라를 치려고 하였을 때, 무안군은 이
를 어렵게 생각하여 출전하지 않았습니다. 이 때문
에 함양에서 7리 떨어진 두우(杜郵)에 이르러 죽었습
니다. 이제 문신후께서 직접 당신께 연의 재상이 되
기를 청했는데 그대는 가려 하지 않으니, 저로서는
그대가 언제 어디서 죽음을 맞이하게 될지 장담할
수 없군요."

"젊은이 말에 따르지."

중국 신동의 반열에서 빠지지 않고
언급되는 소년 감라의 상이다.

연나라 상국 자리를 승낙한 장당이 길을 떠나기
전 감라는 문신후 여불위를 찾아가 "신에게 수레 다섯 대만 빌려주십시오. 장당을
위해 먼저 조나라에 가서 알릴까 합니다"라고 말했다. 여불위는 궁에 들어가 진왕
(훗날 진시황)을 알현하고 이 상황을 보고하면서 이렇게 말했다.

"감무의 손자 감라는 나이는 어리지만 명문가의 자손으로 제후들이 모두 그를 잘
알고 있을 정도입니다. 이번에 장당이 병을 핑계로 연나라에 가지 않으려는 것을 감
라가 설득하여 떠나도록 만들었습니다. 지금 자신이 먼저 조나라로 가서 이 사실을
알리려고 하니 그를 보내도록 허락해주십시오."

진왕은 감라를 불러 조나라로 보냈다. 조나라의 양왕(襄王)은 교외까지 나와 감라
를 맞이했다. 감라는 조 양왕에게 "연나라 태자 단(丹)이 진나라에 인질로 잡혀 있다
는 사실은 알고 계시죠?"라고 물었고, 양왕은 알고 있다고 대답했다. 감라는 다음과
같은 말로 조나라 양왕을 설득했다.

"연의 태자 단이 진에 인질로 간 것은 연이 진을 속이지 않는다는 뜻이고, 장당이
연에 재상으로 가는 것은 진이 연을 속이지 않는다는 뜻입니다. 연과 진이 서로 속

이지 않고 동맹하면 조나라를 칠 것이니 조는 지금 매우 위험합니다. 연과 진이 이렇게 하는 까닭은 조를 공격하여 하간(河間)의 땅을 넓히려는 의도입니다. 대왕께서는 성 다섯 개를 떼어 저에게 주어서 하간 땅을 확장하게 하는 쪽이 나을 것입니다. 그렇게 하시면 연의 태자 단을 돌려보내고, 강한 조와 연합하여 약한 연을 치게 하겠습니다.”

감라의 설득에 조 양왕은 즉석에서 직접 성 다섯 개를 떼어 진에 주어 하간 땅을 넓히게 했고, 진은 약속대로 단을 돌려보냈다. 이에 조는 연을 쳐서 상곡(上谷, 지금의 하북성 서북부)의 30개 성을 빼앗고, 그중 11개 성을 진에게 떼어주었다.

감라는 조나라에 사신으로 가서 진나라를 위해 전쟁으로도 얻지 못할 영토를 얻게 해주었다. 진왕은 매우 기뻐하면서 감라를 상경으로 삼는 한편 이전 감무의 집과 땅을 그에게 내려 주었다.

감라는 유세가 집안의 후손답게 당당하고 설득력 넘치는 논리와 언변으로 큰일을 해냈다. 신동 감라가 이런 공을 세울 수 있었던 것은 그 자신의 능력이 크게 작용했다. 여기에 할아버지 감무의 후광과 가정교육도 적지 않은 영향을 주었을 것이고, 감라에게 기회를 주고 그 성과를 바탕으로 진시왕에게 감라를 추천한 여불위의 안목 또한 그냥 보아 넘겨서는 안 될 것이다. 모든 인재가 빛을 발할 수 있는 가장 기본적인 조건은 자신의 능력과 그 능력을 발휘할 수 있는 기회 부여라 할 것이다.

키워드 : 인재, 나이, 신동

소문구견(掃門求見)

문 앞을 쓸며 만나길 바라다.
– 권52 〈제도혜왕세가〉

한나라 초기 때 제나라에서 중위 벼슬을 했던 위발(魏勃, 생졸 미상)이란 인물이 젊은 날 제나라 국상 조참(曹參)을 만나기 위해 조참의 집을 찾아가 그 집 문 앞에 물을 뿌리고 비로 쓸었다. 여기서 '상문쇄소'라는 성어가 나왔다. 또 **문 앞을 쓸며 만나길 바라다**는 **소문구견**이란 성어로 파생되었다.('상문쇄소' 항목 참고)

키워드 : 구직(求職), 방법

소봉가(素封家)

벼슬도 땅도 없지만, 그에 버금가는 수입을 가진 부자.
– 권129 〈화식열전〉

소봉가란 '갑부(甲富)'와 비슷한 단어이다. 비유하자면 왕관도 없지만 왕처럼 삶을 영위하는 '무관의 제왕'이라 할 수 있다. 한나라 때에는 상공업이 발달하여 상당한 부자들이 출현했는데, 사마천은 이런 현상을 두고 다음과 같이 말했다.

"이렇게 본다면, 부에는 특별한 업이 있지 않다. 다시 말해 재물에 주인이 정해진 것이 아니다. 능력 있는 자에게는 몰리지만, 무능한 자에게서는 금세 무너져 버린다. 천금이 나가는 집은 한 나라의 군주와 맞먹고, 천만금을 가진 자는 왕과 맞먹는 즐거움을 누린다. 이런 자들이 **소봉가**가 아니고 무엇인가?"

얼핏 보아서는 부자들을 비꼬는 것 같지만 실은 그렇지 않다. 사마천이 보여주는 경제논리에 따르면 이런 부자들의 출현은 자연스럽다. 다만 경제활동에서 건전한 원칙을 지킨 자와 그렇지 않은 자에서 차이가 날 뿐이다. 《사기》의 경제 전문 기록인 〈화식열전〉과 〈평준서〉에 보이는 경제논리와 관련된 명언들을 몇 가지 소개하면 아래와 같다.

사마천은 인간의 삶에 있어서 경제가 갖는 중요성을 심각하게 인식했다. 이런 점에서 〈화식열전〉은 《사기》 130권의 백미라 할 것이다. 사진은 한나라 때의 화폐 '오수전' 동전 꾸러미이다.

"농업이 부진하면 먹을 것이 모자라고, 공업이 부진하면 상품 사용이 모자라며, 상업이 침체하면 먹을 것과 재료·제품의 유통이 끊어지고, 농작물 담당자의 활동이 활발하지 못하면 기본 자재가 적어진다. 기본 자재가 적어지면 산과 못이 개발되지 않는다."

"창고가 차야 예절을 알고(창름실이지예절倉廩實而知禮節), 입고 먹을 것이 넉넉해야 자랑스러움과 부끄러움을 안다(의식족이지영욕衣食足而知榮辱). 예절은 경제적 여유에서 생기고 여유가 없으면 예절은 버림받는다(예생어유이폐어무禮生於有而廢於無)."

"그러므로 군자도 부유해야지 기꺼이 덕을 행하고, 소인도 부유해야 있는 힘을 다한다. 연못이 깊어야 물고기가 나고, 산이 깊어야 짐승이 왕래하며, 사람은 부유해야 인의(仁義)가 따른다."

사마천이 보여주는 경제논리에서 가장 눈에 띄는 것은 경제가 인간 생활의 방식과 질을 결정한다는 인식이다. 지금으로부터 2천여 년 전의 역사가가 보여준 탁월한 경제논리다. 특별한 직업을 가진 자가 부를 독점하는 것도 아니고, 재물에 주인이 따로 있는 것도 아니라는 그의 인식은 여전히 유효하다. 부와 재물은 능력 있는 사람이 활용하면 몰리지만, 무능한 자에게 가면 금세 무너져 버린다는 대목은 흡사 자유경쟁 시장원리를 그대로 옮겨놓은 것 같다. 그러면서도 사마천은 경제논리에 있어서 정당성과 도덕성을 잃지 않고 있다. 아울러 국가 경제정책의 방향을 제시하는데 있어서는 "백성을 풍족하게 않고는 그들의 감정을 조절할 수 없고, 백성을 교화하지 않고는 그들의 본성을 바꿀 수 없다"는 순자(荀子)의 논리를 수용하고 있다.('창름실지지예절', '예생어유이폐어무' 항목 참고)

키워드 : 경제, 치부, 빈부, 도덕성

소언공(所言公), 공언지(公言之)

하려는 말이 공적인 것이면, 공개적으로 말하다.
– 권10 〈효문본기〉

기원전 195년 고조 유방이 죽고, 기원전 180년 실질적으로 권력을 휘두르던 여태후도 죽자 공신들은 여씨 잔당들을 제거하고 고조 유방의 여러 아들들 중 후덕한 유항(劉恒)을 황제로 추대하고자 했다. 당시 유항은 대(代) 지역의 왕으로 있었다. 공신들이 대왕(代王) 유항에게 사람을 보내자 당시 대왕의 측근 송창(宋昌)은 대왕을 모시고 장안으로 왔다. 대신들이 우르르 몰려와 대왕에게 인사를 했고, 태위 주발(周勃)은 대왕에게 긴밀히 드리고 싶은 말이 있다고 했다. 송창은 이렇게 응수했다.

"하려는 말이 공적인 것이면, 공개적으로 말하시오. 사적인 것이라면 왕께서는 받아들이실 수 없습니다."
"소언공(所言公), 공언지(公言之). 소언사(所言私), 왕자불수사(王者不受私)."

대왕은 관저로 대신들을 데리고 가서 공식적 공개적으로 자신을 추대하는 수순을 밟았다. 송창은 조정 대신들의 진의를 확인하기 위해 이런 원칙을 내세웠다. 이렇게 해서 대왕은 순조롭게 황제 자리에 올랐다.(기원전180) 이가 중국 역사상 최고 명군의 한 사람인 한 문제(文帝, 기원전 203~기원전 157)이다.

정권 교체기나 권력투쟁에서는 은밀한 협상과 물밑 거래 등이 많이 오간다. 이런 것들이 불필요한 것은 아니지만, 왕왕 대세에 중요한 영향을 미치기도 한다. 이때 리더와 리더의 측근들이 어떤 태도와 자세로 임하느냐가 관건이다. 송창은 문제를 추대한 조정 대신들의 성향과 그들의 의도를 파악하는 한편, 문제가 위신을 당당하게 세워 즉위해야 한다는 원칙을 가지고 위와 같은 말로 조정 대신들을 대했다.

키워드 : 정치, 협상, 공개, 비공개, 공사(公私)

소왕구주(素王九主)

소왕과 구주.
- 권3 〈은본기〉

소왕구주는 상(은)의 개국공신인 이윤(伊尹)이 탕임금에게 설파한 통치자의 자질과 유형에 관한 이론을 말한다. '소왕'은 왕은 아니지만, 고매한 인품과 덕으로 왕보다 더한 존경을 누리는 성인을 말한다. '구주'란 아홉 가지 유형의 군주를 말하는데, 구체적인 내용은 없다. 훗날 유향(劉向)은 《별록(別錄)》에서 구체적으로 '구주'의 유형을 제시한 바 있다.('구주' 항목 참고)

키워드 : 권력자, 군주, 유형

소택(蕭宅)

소하의 집.
- 권53 〈소상국세가〉

서한 개국의 1등 공신인 소하(蕭何, ?~기원전 193)는 평생 전전긍긍(戰戰兢兢) 고조 유방을 보좌하며 살았다. 최고 권력자 유방의 의심을 피하기 위해 공신에게 내린 땅도 일부러 거친 땅으로 골랐고, 사는 집도 늘 한갓진 곳에 마련했다. 심지어 집 담장도 쌓지 않았다. 소하는 식솔들에게 이렇게 말했다.

"후손이 현명하면 나의 검소함을 배울 것이고, 못났더라도 권세가에게 빼앗길 일은 없을 것이다."

땅이나 집이 쓸모가 없기 때문에 빼앗길 염려가 없다는 뜻이다. 최고 권력자의 의심도 피하고 후손의 미래까지 생각한 소하의 현명한 처신이었다. 여기서 **소하의 집**이란 뜻의 **소택**이란 단어가 파생되었는데, 청렴한 고위 공직자가 퇴직하여 거처하는 시골의 집을 가리키는 용어가 되었다.

춘추시대 5패의 한 사람이었던 초나라 장왕(莊王)을 보좌한 청백리 재상 손숙오(孫叔敖)도 아들에게 자신이 죽고 나면 왕이 땅을 내릴 터이니, 좋은 땅은 사양하고 거친 땅만 받으라고 유언했다. 소하도 같은 뜻에서였다.

<u>키워드 : 공직자, 청렴, 청백리</u>

소하월하추한신(蕭何月下追韓信)

소하가 달밤에 한신을 뒤쫓다.
– 권92 〈회음후열전〉

진 말기 천하를 놓고 군웅들이 각축하던 때 열세에 놓여 있던 유방(劉邦)을 도와 천하를 재통일하는 데 결정적인 공을 세운 명장 한신(韓信)은 별 볼 것 없는 출신이었다. 그는 당초 항우의 군대에서 의장대 노릇을 하다가 기원전 206년 '홍문연'을 계기로 유방을 따라 한중으로 들어갔다. 유방은 그를 치속도위(治粟都尉)로 삼았지만

그 자리 역시 군량과 말 먹일 풀을 관리하는 자리에 지나지 않았다.('홍문연' 항목 참고)

재상 소하(蕭何)는 한신과 몇 차례 이야기를 나눈 뒤, 한신이야말로 정말 얻기 힘든 인재라고 판단하여 그를 유방쪽에게 추천했다. 유방은 생각이 달랐던지 이런 핑계 저런 핑계를 대며 소하의 추천을 피해 다녔다. 소하는 "인재가 있어도 모르고, 인재가 있는 것을 알고도 쓰지 않고, 쓴다고 해도 중용하지 않으면 어찌 인재들을 끌어모을 수 있고 큰일을 해낼 수 있겠습니까?"라는 말로 유방을 비판했다.

한신은 유방 밑에서도 앞날이 여의치 않음을 직감하고 다른 곳에 몸을 맡길 결심을 했다. 한신은 어느 날 새벽을 틈타 행장을 꾸린 다음, 말을 몰아 유방의 진영을 빠져나왔다. 보고를 받은 소하는 깜짝 놀라 유방에게 보고도 하지 않고 부하 몇을 데리고 동쪽 문을 거쳐 한신의 뒤를 쫓았다. 점심 무렵 한 마을에 이르자 마을 사람들이 한신은 벌써 3,40리는 더 갔을 것이라고 일러주었다. 소하는 피로도 아랑곳 않고 어두워질 때까지 계속 뒤를 쫓았으나 한신의 그림자조차 찾지 못했다. 소하는 포기하지 않고 달빛을 따라 계속 뒤를 쫓아 마침내 한계(寒溪)라는 시냇가에서 한신을 만났다.

소하 한 장군, 우리는 첫 만남부터 의기투합하여 서로를 잘 알고 있는 사이인데 어째서 인사도 없이 슬그머니 떠나십니까?"
한신 재상의 은혜는 정말 잊을 수 없을 겁니다. 하지만 한왕이 저를 쓰려 하지 않으니 제가 거기 남은들 무슨 소용이 있겠습니까?
소하 제가 다시 한 번 한왕께 한 장군을 대장군에 임명하게끔 추천해보겠습니다. 만약 이번에도 한왕께서 허락하지 않는다면 저도 장군을 따라 떠나겠소!

한신은 소하의 진솔한 마음에 감동을 받아 다시 유방의 진영으로 되돌아왔다. 이틀이나 소하의 얼굴을 보지 못한 한왕 유방은 소하도 다른 장병들처럼 도망친 줄 알았다. 한신을 뒤쫓아 갔었다는 소하의 말을 듣고는 버럭 화를 내면서, "도망간 장군이 열은 넘는데 어째서 한신만 뒤쫓았는가?"라고 나무랐다. 소하는 "장군감은 찾기 쉬워도 능력 있는 장군감은 찾기 힘듭니다. 한신은 천하에 둘도 없는 인재입니다. 대왕께서 한중(漢中)에만 둥지를 틀고 있으려면 한신을 기용하지 않아도 무방하겠지만, 천하를 얻으시려면 한신 없이는 안 됩니다!"라고 단언했다.

소하는 군사와 정치 형세에 대한 한신의 남다른 견해들을 유방에게 일일이 소개하면서 한신을 중용하지 않으면 자신도 물러나겠다는 의사를 표명했다. 소하의 적극적인 추천에 마음이 움직인 유방은 마침내 한신을 궁으로 불러들여 바로 대장군으로 임명하려 하였다. 소하는 이를 말리면서 "대장군을 임명하는 일은 큰일이니 정식으로 날짜를 택해 정중한 의식을 거행함으로써 한신에 대한 신임을 나타내야 할 것입니다. 또 이렇게 인재를 소중히 여기는 대왕의 마음을 충분히 표명함으로써 천하의 인재들이 소문을 듣고 모여들 것 아닙니까?"라고 건의했다. 유방은 소하의 말에 일리가 있다고 생각하여 커다란 단을 세우게 한 다음 한신을 대장군에 임명하는 식을 거행했다. 그 뒤 유방이 항우를 물리치는 결정적인 전투는 거의 모두 한신이 지휘한 결과였다.

인재가 인재를 알아본다고 했다. 훌륭한 인재라면 자신보다 뛰어나거나 특정 분야의 전문가를 사심 없이 추천할 줄 알아야 한다. 소하는 일찌감치 한신의 자질을 간파했으나 유방은 머뭇거렸다. 소하는 강경한 태도로 유방을 설득했고, 마침내 한신을 대장군으로 발탁하게 만들었다. 치열한 경쟁의 소용돌이 속에서 인재 하나가 승부를 가름하는 관건으로 작용할 수도 있다. 훗날 초한쟁패에서 한신이 보여준 결정적

민간에 전해오는 이야기에 따르면 소하가 한신을 뒤쫓아 붙든 곳이 '한계(寒溪)'라는 곳인데, 전날 많은 비가 내려 한계가 불어나 한신이 한계를 건너지 못하고 있었기 때문이라고 한다. 이 일화를 '한계가 밤사이 불었다'는 '한계야창(寒溪夜漲)'이라 하는데, 한계 주변에는 이를 기념하는 비석까지 남아 있다. 사진은 한계(위)와 '한계야창비'(아래)이다.(2007년)

역할은 소하의 눈이 정확했음을 제대로 입증했다. 인재라고 확신한다면 여러 방법을 동원해서라도 잡아야 하며, 그에 걸맞는 대접을 해주어야 한다.

이후 **소하가 달밤에 한신을 뒤쫓다**는 **소하월하추한신** 고사는 인재를 알아보고 기어코 인재를 모신다는 전고가 되었다. '월하추한신' 또는 '소하추한신'으로 줄여서 쓰기도 한다.

키워드 : 인재, 지인(知人), 추천

소향피미(所向披靡)

바람이 부는 곳으로 나무들이 엎어지고 쓰러지다.
– 권7 〈항우본기〉

기원전 202년, 초한쟁패의 막바지 해하전투에서 항우는 사면초가(四面楚歌)에 몰렸다. 항우는 홀홀단신 고함을 지르며 말을 아래로 몰아 달려갔고, 한의 군대는 엎어지고 쓰러졌다. 사마천은 군사들이 **엎어지고 쓰러진** 이 모습을 '피미'라 표현했고, 여기서 **소향피미**라는 성어가 나왔다.

'소향피미'는 큰 바람이 불면 풀과 나무가 그에 따라 쓰러진다는 뜻이다. 이로부터 이 강한 힘에 병사들이 이러저리 흩어지는 모습을 비유하게 되었다.

키워드 : 전투, 병사, 전복, 분산

손선(損膳)

반찬을 줄이다.
– 권30 〈평준서〉

서한은 무제(武帝, 기원전 156~기원전 87) 때 와서 대외적으로 가장 강력한 상대였던 흉노에 대한 정책 노선을 바꾸었다. 축적된 국력과 병력을 바탕으로 평화를 기조로 한 종래의 화친(和親) 노선을 바꾸어 공세에 나선 것이다. 그 결과 투항해 오는 흉노 부락들이 적지 않았다. 〈평준서〉에는 그 상황의 하나로 다음과 같은 내용을 기록하고 있다.

"투항한 흉노 사람들에게는 관에서 의식(衣食)을 제공해왔으나 관이 공급할 능력이 없어지자 천자는 **반찬을 줄이고** 수레의 네 필 말을 풀었으며, 내정(內廷)에 보관된 돈을 꺼내어 그들을 구제하여 변방의 비용을 충당했다."

항복해 오는 흉노 사람들이 많아지자 그들을 먹이고 입힐 비용이 부족하여 황제와 황궁에서 쓰는 비용을 절약했다는 내용이다. 여기서 '반찬을 줄인다'는 **손선**이란 표현이 나왔고, 훗날 제왕이 백성의 어려움에 관심을 갖는 것을 가리키게 되었다.

키워드 : 통치자, 생활, 간소(簡素)

송고비금(頌古非今)

옛날을 찬양하고, 지금을 비난하다.
– 권6 〈진시황본기〉

'분서갱유(焚書坑儒)'는 진시황의 대표적 폭정으로 알려져 있다. '분서'는 기원전 213년에 있었는데, 승상 이사(李斯)의 건의에 따른 것이었다.('갱유'는 기원전 212년) 당시 이사가 건의한 '분서'의 내용은 이랬다.

"신이 청하옵건대, 사관에 명하여 진나라의 책이 아닌 것은 모두 태워 버리고 (중략), **옛날을 찬양하고 지금을 비난하는** 자는 모두 멸족시키고…."

이사가 말한 '옛날을 찬양하고 지금을 비난한다'는 대목에서 **송고비금**이란 성어가 나왔다. 말하자면 과거, 즉 옛 서적의 내용이나 옛 사람의 말을 가지고 현재를 비난하는 것을 막겠다는 의도였다.('분서갱유', '우어기시' 항목 참고)

키워드 : 악정, 언론, 탄압

송석(頌石)

공덕비.
– 권6 〈진시황본기〉

기원전 221년 6국을 모두 정복하고 천하를 통일한 진시황은 이듬해인 기원전 220

년부터 자신의 제국을 순시하는 일정을 강행했다.
기원전 210년, 순시 도중 갑자기 세상을 떠나기까
지 약 10년 동안 다섯 차례 전국을 순시했다.

　진시황의 순시는 단순한 순시가 아니었다. 대규
모 군대가 순시를 호위했고, 태산(泰山)을 비롯한
명산에 자신의 공덕비를 세웠다. 말하자면 순수비
(巡狩碑)였다. 기록에 따르면 기원전 219년 동쪽의

'(추)역산각석비'의 비문 탁본이다.

군현을 순시하던 중 추역산(鄒嶧山, 산동성 추현 동남)에 올라 비석을 세우고, 옛 노나
라 지역의 유생들과 상의하여 자신과 진나라의 공덕을 노래하는 내용을 새겼다. 이
비석이 '(추)역산각석비(嶧山刻石碑)'이고, 그 비문의 탁본이 전해온다.

　진시황의 각석비는 추역산을 비롯하여 태산·양보산(梁父山)·지부산(之罘山)·낭야
산(琅琊山)·갈석산(碣石山)·회계산(會稽山)까지 모두 일곱 개이며, 사마천은 〈진시황
본기〉에서 추역산을 뺀 나머지 여섯 개의 비문을 다 수록했다.

　진시황이 공적비를 세운 이 사실에서 **송석**이란 단어가 나왔고, 훗날 **공적과 공덕을
찬양하는 비석**을 가리키게 되었다.

키워드 : 공적, 기념, 비석

송양지인(宋襄之仁)

어진 송나라 양공.
– 권38 〈송미자세가〉

　송양지인은 어진 송나라 양공(襄公, 재위 기원전 650~기원전 637)이란 뜻이지만, 그 이
면에는 적에 대해 지나친 은혜와 온정을 베풀다가 자신을 망치는 어리석은 행위에
야유를 보내는 복선이 깔려 있다. 《좌전》이 그 출처이고, 《사기》에도 인용되어 있다.

　기원전 638년 양공은 홍수(泓水)에서 강국 초나라 군대와 전투하는 중에 충분히 승리할 수 있는 데에도 적이 전열을 가다듬을 수 있도록 기회를 줌으로써 대패했다. 전투가 끝난 뒤 대신 목이(木耳)가 양공의 판단에 대해 시시비비를 가리고 나서자, 양공은 다음과 같이 말했다.

　"군자는 어려움에 빠진 사람을 곤란하게 만들지 않는 법이다. 전열을 갖추지 못했으면 공격의 북을 울리는 것이 아니다."

　목이는 다음과 같은 말로 통렬하게 비난을 퍼부었다.

　"전쟁은 승리로 공을 세우는 것입니다. 그런데 어찌하여 공께서는 실제와 거리가 먼 헛소리만 늘어놓으시는 겁니까? 공의 말씀대로라면 노예가 되어 다른 사람을 섬기는 것이 차라리 낫지 뭐하러 전쟁은 한답니까?"

사마천은 정당한 명분에 방점을 찍고 그 정신이 갖는 의미를 강조하려 했다. 그럼에도 '송양지인'에는 어리석고 판단력 모자라는 리더에 대한 비아냥 어조가 여전하다. 그가 실패한 리더였다는 사실이 크게 작용하기 때문일 것이다. 송 양공의 석상이다.(2014년)

　사마천은 양공의 이런 행동에 대해 다른 생각을 갖고 있었던 것 같다. 그는 〈송미자세가〉를 논평하면서 이렇게 양공을 두둔하고 있다.

　"송 양공이 홍수에서 패하긴 했지만, 어떤 군자는 매우 칭찬할 만하다고 했다. 당시 중원의 국가들이 예의가 없는 것을 가슴 아파하면서 양공의 예의와 겸양의 정신을 칭찬한 것이다."

　사마천의 두둔이 언뜻 궁색해 보이기도 하지만, 수단과 방법을 가리지 않고 서로를 공격하던 춘추시대 당시 풍조를 개탄했던 것으로 보인다.

오늘날 세상을 무한경쟁의 시대라고들 한다. 하지만 분명한 사실은 공존하지 않으면 공멸하는 세상이기도 하다. 상대를 무너뜨리고 없애는 식의 살벌한 경쟁이 아닌, 서로의 생각을 자극하여 보다 나은 세상을 만들어 나가려는 공존을 위한 선의의 경쟁만이 살길이다. 그러기 위해서는 사마천이 말하는 페어플레이 정신이 필요하다. 그것이 원원으로 가는 디딤돌이기 때문이다.

키워드 : 전투, 경쟁, 온정, 실패

수

수견불선(數見不鮮)

자주 보아서 신선한 느낌이 없다.
– 권97 〈역생육고열전〉

초한쟁패기와 한나라 초기에 활동한 역이기(酈食其, ?~기원전 203)와 육고(陸賈, 기원전 약 240~기원전 170)의 전기인 〈역생육고열전〉에 이런 대목이 보인다. 육고는 여태후가 집권하자 이런저런 핑계로 조정에 나가지 않고 집에 머물렀다. 그리고는 다섯 아들에게 패물이며 재산을 고루 나누어주고, 이렇게 제안했다.

"나와 약속하자. 내가 너희들 집에 들르면 너희들은 내가 데려온 사람과 말에게 술과 음식을 주도록 해라. 실컷 놀고 즐기다가 열흘이 되면, 다음 아들 집으로 옮길 것이다. 1년 중에 다른 집에 머무는 것을 제외하면 대략 두세 번 정도 너희들 집에 들를 것이다. **자주 보게 되면 싫어할 테니** 오래 묵어서 너희들을 귀찮게 하지 않겠다."

육고가 자식에게 한 말 중 '자주 보게 되면 싫어할 테니'라는 대목이 **수견불선**이다. 직역하자면 '자주 보면 신선하지 않다'는 뜻이다. 훗날 이 성어는 어떤 현상이나 모습이 흔히 보던 것이라서 신선한 느낌을 주지 못하는 경우를 가리키게 되었다. 육고는 이런 방식으로 만년을 즐겁게 잘 보냈다고 한다.

사마천은 육고의 만년 생활을 흥미롭게 기록하고 있다. 참고로 이 부분을 소개해본다. 육고는 쾌활하고 유머러스한 성격의 소유자였다. 그가 여러 나라를 돌면서 그 나라의 최고 통치자들을 설득하고 그들로부터 환대를 받았던 것도 이런 그의 성격과 무관하지 않았다. 이런 그의 성격과 기질은 만년 생활에서 더욱 더 잘 드러났다.

육고에게는 아들이 다섯 있었다. 나이가 들어가자 육고는 그 옛날 남월(南越)에 사신으로 갔다가 선물로 받은 패물들을 팔아 천금을 장만했다. 육고는 이 천금을 다섯 아들에게 각각 200금씩 나누어주어 자식들의 생업을 돌보았다. 자신은 네 마리 말이 이끄는 화려한 수레에 가무단 10명을 태우고 다니면서 아들들 집을 돌아가며 방문했다. 오늘날로 말하자면 이동식 밴드를 꾸려서 마차로 이동하면서 자식들 집으로 공연을 다녔다고나 할까? 그러면서 위에 인용한 말을 했다.

육고가 이렇게 쿨하게 만년 생활을 보내게 된 데는 그의 성격 때문만은 아니었다. 당시는 여태후와 그 일족의 기세가 등등하여 개국 공신들과 일촉즉발 충돌의 위기감이 조성되고 있던 정국이었다. 육고는 자신에 대한 여태후의 경계심을 잘 아는 터라 이런 생활 방식으로 그 경계를 피했다. 고도의 경각심을 유머러스한 방식으로 치환한 육고의 정치적 감각과 처세술이 돋보이는 대목이다.

유머 감각이 뛰어난 사람은 속세에 초탈하다. 나이가 들수록 권력과 재물에 대한 욕심을 자제하고 버릴 줄 안다. 육고는 진평에게 여씨 세력을 견제할 수 있는 묘수를 일러주어, 진평과 다른 공신

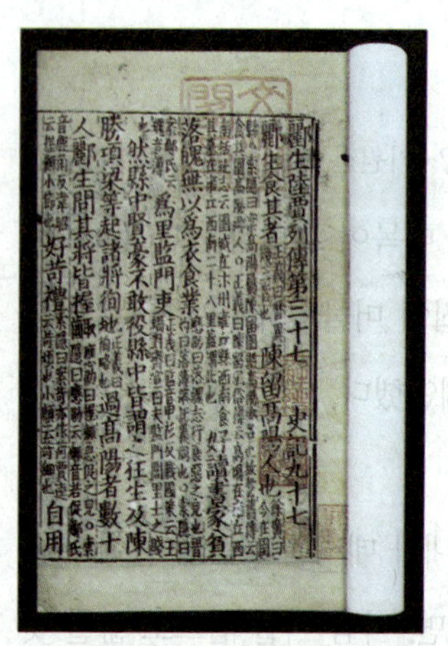

역생 역이기와 육고의 전기인 〈역생육고열전〉의 송나라 황선부(黃善夫) 판본 첫 부분이다. 황선부 판본은 현존하는 가장 오랜 판본이다.

들이 여씨 세력을 제거하는 데 큰 역할을 했다. 이에 대한 감사로 진평은 노비·수레·말·돈 500만 전 등을 육고에게 주었다. 육고는 이 재물들을 다른 사람과 교제하는데 다 썼다. 이로써 육고의 명성은 더욱 자자해졌다. 그가 살벌한 정치판에서 누구보다 즐겁게 만년을 보낼 수 있었던 데는 육고의 시원한 성격과 더불어, 재물과 권력을 탐하지 않고 그것을 여러 사람들과 나눔으로써 얻은 명성이 작용했기 때문일 것이다.

키워드 : 관계, 거리, 성격, 진퇴

수과읍불입문(數過邑不入門)

여러 차례 집을 지나면서도 문에 들어가지 않다.
– 권129 〈화식열전〉

　서한 초기는 상공업에 대해 느슨하게 우대하는 정책을 취함으로써 상품 경제가 빠른 속도로 발전했다. 전국 각지에서 상공업에 종사하는 사업가들이 끊임없이 나타났다. 중원 한복판에 위치한 낙양(洛陽)은 육로와 수로가 사통팔달이어서 전국시대에 이미 중국 최대의 상공업 도시였고, 서한 시기에 와서는 더욱 발전했다. 사사(師史, 생졸 미상)는 바로 이런 조건을 갖추고 있는 낙양의 상인이었다.

　춘추 이래 한나라 초기에 이르는 약 400년 동안 천하를 주름잡았던 30여 명의 상인들에 대한 기록인 《사기》 〈화식열전〉에는 서한 시기 유통업과 무역에 종사한 상인들이 꽤 많다. 그중에서도 무려 7천만 금에 이르는 엄청난 부를 축적한 사사라는 상인이 대표적이었다. 그는 각종 상품을 싣고 천하 각지를 두루 오가며 상품을 유통하는 수레를 무려 100대 이상을 소유하고 있었고, 이것이 그를 성공으로 이끈 원천이었다.

　〈화식열전〉과 다른 기록들을 참고하여 현대 경영의 관점에서 사사가 이렇게 큰 성공을 거둔 원인을 분석해보면 대체로 다음 몇 가지가 눈에 들어온다.

첫째, 사사는 돈 벌기가 쉽지 않다는 것을 일찍부터 심각하게 인식했다. 그래서 그는 근검절약을 철저하게 지켰을 뿐만 아니라, 심지어 **여러 차례 자기 집 앞을 지나면서도 문에 들어가지 않을** 정도였다.

둘째, 사사는 자기 사업을 위해 이곳저곳을 뛰어다는 종업원들을 아주 잘 대해주었다. 어려움이 없는지 물었고, 적시에 그들의 경제적 심리적 요구를 만족시켰다. 이런 경영법을 통해 그는 종업원과의 사이에서 발생할 수 있는 틈이나 갈등을 해소했다. 이와 함께 오랫동안 외지에서 사업하는 것을 영광스럽게 여기도록 격려했다. 이 모든 것들은 고용주에 대한 종업원의 향심력(向心力)과 내구력(耐久力)을 강화시켜 고용주가 베푸는 은혜와 혜택에 충분히 반응하는 심리적 효과를 냈다.

셋째, 사사의 남다른 경영방식이다. 그가 천하 각지에 조성한 '낙양가(洛陽街)'의 점포들은 사방에서 몰려드는 고객들을 끌어들이기 위해 점포 주위와 상품을 깨끗하게 정돈하는 외에, 고객들이 도저히 보지 않고는 못 배기게 할 묘수를 구사했다. 각 점포는 매일 상품과 관련된 수수께끼를 내걸고 손님을 유인했는데, 누구든 이 수수께끼를 맞추면 원하는 물건을 선물로 주거나 하루 숙박비를 면제해주었다. 이 때문에 숙박업과 식당을 겸하고 있는 사사의 점포는 늘 손님들로 가득 찼다고 한다.

키워드 : 경제, 상인, 경영, 철학

수도동귀(殊途同歸)

길은 달라도 귀착점은 같다.
– 〈보임안서〉

원전은 《주역》이다. 사마천은 〈보임안서〉에서 아버지 사마담의 〈논육가요지〉라는 논문을 수록하면서 첫 대목에 이 성어를 인용했다. 해당 대목은 이렇다.

"천하는 하나인데 생각은 각양각색이고 **귀착점은 같은데, 가는 길은 다 다르다**고 하였듯이 음양가·유가·묵가·명가·법가·도덕가(도가)들은 다 같이 세상을 잘 다스리는 일에 힘쓰지만 그들이 따르는 논리는 길이 달라 이해가 되는 것도 있고, 그렇지 않은 것도 있다."

원문은 '동귀이수도(同歸而殊道)'인데, 대개 **수도동귀**나 '동귀수도(同歸殊道)' 네 글자로 줄여서 표현한다. 바로 앞의 '천하는 하나인데, 생각은 각양각색이고'의 '천하일치이백려(天下一致而百慮)'와 대구를 이룬다.

키워드 : 사상, 다양, 귀착점, 동일

수서양단(首鼠兩端)

쥐가 머리를 내밀고 두리번거리다.
— 권107 〈위기무안후열전〉

수서양단이란 구멍 속에서 목을 내민 쥐가 나갈까 말까 망설인다는 뜻으로, 거취를 결정하지 못하고 망설이거나 어느 쪽으로도 붙지 않고 양다리를 걸치는 것을 비유하는 성어이다. 우리가 흔히 쓰는 비슷한 성어로는 '우유부단(優柔不斷, 마음이 여려 맺고 끊지 못하고 줏대 없이 어물거리다)'과 '좌고우면(左顧右眄, 왼쪽으로 돌아보고 오른쪽으로 돌아본다. 어떤 일을 결정짓지 못하고 요리조리 눈치만 살핀다)' 등이 있다. '우유부단'의 정확한 표현은 '유여이과단(柔如而寡斷)'이고, 중국에서는 '우유과단(優柔寡斷)'으로 쓴다. 결단을 내리지 못하고 머뭇거리는 모습을 나타낸다. 출처는 《한비자》 〈망징(亡徵)〉 편이다. '좌고우면'의 출처는 송나라 때 사람 홍매(洪邁, 1123~1202)의 《이견정지(夷堅

丁志)》〈사치보(奢侈報)〉이다.

'수서양단'과 관련한 고사는 이렇다. 서한 경제(景帝, 기원전 188~기원전 141) 때, 두영(竇嬰)과 전분(田蚡) 두 신하가 서로 황제의 인정을 받으려고 애쓰다가 하찮은 일로 시비가 벌어졌다. 시비를 가리지 못한 이들은 경제 앞에서 그 흑백을 가리게 되었다. 황제는 어사대부 한안국(韓安國)에게 그 시비를 묻자, 한안국은 판단하기 곤란하다고 했다. 황제는 다시 궁내대신 정불식(鄭不識)에게 물었는데 그 역시 분명한 대답을 회피하자, 그래 가지고서 어찌 궁내대신을 감당하겠느냐며 일족을 멸하겠다고 진노했다. 전분은 황제의 마음을 괴롭힌 것을 부끄럽게 여기고 사직서를 내고 나가다가 대답을 회피한 어사대부 한안국을 불러 "그대는 **구멍에서 머리만 내민 쥐처럼 엿보기만 하고,** 시비곡직(是非曲直)이 분명한 일을 얼버무리는가?"라고 쏘아붙였다. 바로 여기서 '수서양단'이 비롯되었다.

위 고사는 일의 시시비비를 분명히 밝히지 않는 경우이지만, 사람들이 진퇴와 거취를 결정하지 못하고 망설이는 것을 '수서양단'으로 비유하기도 한다. 일과 사람뿐만 아니라 국가 간의 양다리 외교 관계를 설명할 때도 활용된다.

고려시대 사람 이제현(李齊賢, 1287~1367)은 〈민지(澠池)〉란 시에서 '수서'라는 단어를 인용하고 있는데, 그 시는 다음과 같다.

강한 진(秦)나라는 날개 달린 범 같고,
약한 조(趙)나라는 '앞으로 갔다 뒤로 갔다 하는 쥐' 같다네.

조선 중기의 문신인 신유(申濡, 1610~1665)의 《해사록(海槎錄)》에 나오는 시구에도 "오랑캐들의 마음은 '수서'처럼 이랬다저랬다 하고, 하늘의 뜻은 행인을 가로막네"라고 하여 '수서'가 인용된 바 있다.

키워드 : 상황, 처분, 유예(猶豫), 눈치

수선지지(首善之地)

가장 좋은 곳 / 도성.
― 권121 〈유림열전〉

한 무제(武帝)는 통치사상의 핵심으로 유가를 숭상했다. 나아가 다른 학파와 사상은 모두 내치는 통치사상의 일원화를 단행했다. 이것이 '독존유술(獨尊儒術), 파출백가(罷黜百家)'다. '유가만 받들고 나머지는 모두 내쳤다'는 뜻이다. 〈유림열전〉은 이 과정을 비교적 상세히 전한다.

무제의 통치사상 독재화는 황로사상의 신봉자였던 할머니 두(竇)태후가 죽으면서 본격화되었다.(기원전135) 유가의 학문과 사상을 전공한 인물들이 전격 발탁되었다. 무안후(武安侯) 전분(田蚡)이 승상이 되어 도가 계통의 황로(黃老)와 법가 계통의 형명(刑名) 등 백가의 학설을 배격하는 한편 유학자 수백 명을 초청했다. 그중 평민 출신으로 《춘추》를 전공한 공손홍(公孫弘)은 일약 삼공(三公)의 자리에 오르고, 평진후(平津侯)에 봉해졌다. 천하의 학자들이 모조리 유학에 쏠렸다.

공손홍은 학관(學官)으로서 무제에게 글을 올려 유가사상으로 세상을 교화시켜야 한다면서 조정에서 내린 조칙을 인용하여 이렇게 말했다.

"태상 공장(孔藏)과 박사 평(平) 등이 삼가 의논하기를 '삼대(三代)에는 향리마다 교육기관이 있었던 바, 하(夏)는 교(校), 은(殷)은 서(序), 주(周)는 상(庠)이라 불렀다고 하며, 선을 권장할 경우에는 조정에서 표창하고, 악을 징계할 경우에는 형벌을 가하였다고 한다. 그러므로 교화를 시행하려면 **가장 좋기로는 도읍지**부터 시작하여 안에서 밖으로 이르게 해야 된다'라고 하였습니다."

교화의 시행은 본보기를 세워 도읍지부터 시작해야 한다는 위의 대목에서 **수선지지**라는 성어가 나왔다. 이후 '수선지지'는 도성을 가리키는 단어가 되었다. '수선'은 가장 좋다는 뜻이고, 여기서 가장 좋은 곳, 도성(都城, 수도首都) 등과 같은 뜻도 나왔다.

수시양(隨厮養)

취사병 / 파묻혀 있는 인재.

– 권89 〈장이진여열전〉

기원전 210년 진시황이 갑자기 죽자 천하는 혼란에 빠졌다. 각지에서 봉기가 터졌고, 전국시대 6국이 모두 부활하는 상황이 일어났다. 조나라는 장이(張耳)와 진여(陳餘)가 무신(武臣)을 왕으로 추대했다. 그러다 무신이 연나라 군대에 포로로 잡히는 일이 벌어졌다. 장이와 진여가 무신의 석방을 위해 10여 차례 사신을 보냈지만, 모두 죽임을 당했다. 이때 군을 따라 취사 일을 하는 병사 하나가 스스로 나서 홀홀단신 연나라로 들어가 연나라 장수를 설득하여 무신을 석방시키게 했다.

이 취사병이 원문에는 '군에서 취사를 담당하는 병졸'이란 뜻의 '시양졸(厮養卒)'로 되어 있고, 여기서 **군을 따라 취사 일을 한다**는 **수시양**이란 표현이 파생되었다. 그 뒤 '수시양'은 뛰어난 인재가 파묻혀 있는 것을 개탄하는 비유로 사용되었다.

수여쾌오(羞與噲伍)

번쾌와 함께하는 것을 부끄러워하다.

– 권92 〈회음후열전〉

초한쟁패에서 가장 큰 공을 세운 인물이라면 누가 뭐라 해도 한신(韓信, ?~기원전 196)이었다. 그러나 한신은 고조 유방과 다른 공신들의 견제를 받아 막강한 제왕(齊

王)에서 초왕(楚王)으로 자리가 떨어졌고, 다시 회음후(淮陰侯)로 강등되었다. 한신은 이 때문에 늘 불만을 터뜨렸다. 한번은 같은 공신인 무양후(舞陽侯) 번쾌(樊噲)의 초청을 받아 대접을 잘 받았다. 번쾌는 한신을 대왕으로 높이 부르며 깍듯이 대해 왔다. 한신은 번쾌의 집을 나서자 "내가 번쾌와 어울리게 되다니"라며 쓴웃음을 지었다.

이 일화는 한신이 번쾌와 어울리는 것을 부끄러워했다는 사실을 보여준다. 훗날 이 일화를 **번쾌와 함께하는 것을 부끄러워하다**는 **수여쾌오**라는 사자성어로 요약했다. '수여쾌오'는 '치여쾌오(恥與噲伍)'라고도 한다. 이 성어는 한편으로는 한신의 오만한 성격을 보여주고 있을 뿐만 아니라, 나아가 한신의 '토사구팽'을 암시하기도 한다. 사마천도 논평에서 한신의 오만한 이 점을 분명히 지적한 바 있다.

키워드 : 관계, 수치, 오만

수유(豎儒)

비루하고 천박한 유생.
– 권55 〈유후세가〉

'유후차저' 항목에 보면 유방이 역이기를 욕하면서 **천박한 유생 놈**이라고 욕하는 대목이 있다. 여기서 **수유**라는 표현이 나왔다. '수(豎)'는 더벅머리 어린애란 뜻이다. 따라서 '수유'는 유생을 비하하는 표현으로 '비루하고 천박하다'는 뜻으로 풀이한다. 유방은 저잣거리에서 쓰는 비속어와 욕을 자주 구사했는데, '수유'도 그중 하나이다. 적나라하게 표현하자면 '이런 빌어먹을 유생 애새끼' 정도가 되겠다. ('추생' 항목 참고)

키워드 : 호칭, 유생, 모욕

현존 권25 〈율서〉는 〈병서〉에 해당하여, 〈병서〉
와 〈율력서〉가 함께 존재했거나 이름이 바뀐 것
같다. 사마천은 〈율서〉를 통해 전쟁과 대비시켜
가며 설명하면서 인재등용의 중요성을 강조했
다. 아울러 한 무제 등의 지나친 무력 사용을 조
롱하고 비판한다. 사진은 병마용갱 전시관에 전
시되었던 무릎을 꿇고 큰 활을 당기는 자세의
진나라 병사 '궤사용(跪射俑)'들이다. 병마용갱의
발견과 발굴은 중국 군사와 병법의 역사에 획기
적인 실물 자료를 제공하고 있다.(2017년)

수의야행(繡衣夜行)

비단옷을 입고 밤길을 가다.
– 권7 〈항우본기〉

　비단옷을 입고 밤길을 가다는 **수의야행**은 흔히 '의수야행(衣繡夜行)'으로 많이 표현한다. 자세한 내용은 '의수야행' 항목을 참고하면 된다.

키워드 : 허세, 조롱

수이호구(垂餌虎口)

먹이를 호랑이 입에 들이밀다.
– 〈보임안서〉

　수이호구는 열세에도 불구하고 장렬하고 용감하게 적진으로 뛰어드는 모습을 비유하는 성어이다. 사마천이 〈보임안서〉에서 젊은 장수 이릉(李陵, ?~기원전 74)이 5천 결사대로 수만의 흉노 군대와 싸울 때를 언급한 바 있는데, 그 대목에 등장하는 표현이다. 관련 대목은 이렇다.

　"또 이릉은 5천이 채 되지 않는 보병을 이끌고 오랑캐 땅 깊숙이 들어가 (흉노의) 왕정을 활보하면서 마치 **호랑이 입에 먹이를 들이대듯** 강한 오랑캐에게 마구 도전하여 수만 군대와 맞서서 선우와 열흘을 넘게 싸운 결과, 아군 수의 반 이상이나 되는 적을 죽였습니다."

　기원전 99년 당시 46세였던 사마천은 흉노와의 전투에서 중과부적으로 항복한 이릉을 적극 변호한 바 있는데, 위는 바로 그 변호의 한 대목이다. 이 일로 사마천은 황제에게 밉보여 옥에 갇히고, 이듬해 47세 때는 억울하게 반역죄로 몰려 사형을 선고 받았다. 역사서를 완성하지 못한 상황에서 사형수가 사형을 면할 수 있는 자신의 성기를 자르는 죽음보다 치욕스러운 궁형(宮刑)을 자처했다. 그때가 기원전 97년 그의 나이 48세였다. 사마천이 이릉을 변호하다 화를 당한 이 사건을 '이릉지화(李陵之禍)'라 한다.('궁형', '이릉지화' 항목 참고)

키워드 : 전투, 용맹, 무모

수자부족여모(竪子不足與謀)

어린애와는 함께 (일을) 꾀할 수 없다.
– 권7 〈항우본기〉

기원전 206년 유방(당시 패공)은 항우보다 먼저 함양성에 진입했고, 진나라는 통일 후 15년 만에 멸망했다. 화가 난 항우는 유방에 대한 총공격을 준비했다. 항백과 장량의 주선으로 유방은 홍문에서 항우를 만나 저간의 사정을 설명하고 납작 엎드렸다. 항우의 책사 범증은 '세 번이나 옥결(玉玦)을 들어 보이며(삼시옥결三示玉玦)' 이참에 유방을 죽이라고 암시했지만, 항우는 결단을 내리지 못했다. 항장의 칼춤도 항백의 방해로 실패로 돌아갔다. 이틈에 유방은 술자리를 빠져나와 군영으로 돌아갔다. 범증은 화를 내며 **어린애(항우)와 함께 일을 꾀할 수 없다**며 항우에게 불만을 터뜨렸다. 여기서 **수자부족여모**라는 성어가 나왔다. '수자'는 '어린애'란 뜻의 속어지만

홍문연에서 범증은 항우를 향해 옥결(玉玦, 허리에 차는 옥장식)을 세 번이나 들어 보이며 유방을 죽이라고 신호를 보냈다. 홍문연 유지 전시관에 있는 당시 옥결을 들어 보이는 범증의 모습을 그린 그림이다.(2008년)

그 어감은 '애새끼'에 더 가깝다. (자세한 내용은 '홍문연', '항장무검의재패공', '옥결' 항목 참고)

키워드 : 어린애, 조롱

수족이처(手足異處)

손과 발이 다른 곳에 있다.
- 권47 〈공자세가〉

기원전 500년, 공자 나이 51세에 노나라 정공(定公)은 제나라 경공(景公)과 협곡(夾谷)에서 회맹을 가졌다. 역사에는 이 사건을 '협곡회맹'이라 부른다. 이 자리에서 제나라는 오랑캐의 춤과 노래를 연주하게 하려다 공자의 제지를 받았다. 그러자 광대놀이와 난쟁이로 조직된 악대로 하여금 춤과 노래를 부르게 했다. 공자는 "이런 조잡한 광대꾼들이 제후를 희롱하는 것은 그 죄가 사형에 해당하니, 이 일을 주관하는 관리는 빨리 형을 집행하시오!"라며 강경하게 항의했다. 관리는 어쩔 수 없이 법을 집행하여 난쟁이와 광대꾼들의 '허리를 자르는' 형을 집행했다.

여기서 말하는 **허리를 자른다**는 대목의 원문이 **수족이처**이다. '손과 발이 다른 곳에 있다'는 뜻으로 허리를 자르는 극형을 말한다.

이 회맹에서 공자와 노나라의 실력을 확인한 제나라 경공은 이전에 노나라를 침탈하여 빼앗은 운(鄆)·문양(汶陽)·귀(龜) 등의 땅을 돌려주고 노나라에게 사과했다. ('부진일등' 항목 참고)

키워드 : 형벌, 극형

수즉자거(水則資車), 한즉자주(旱則資舟)

가뭄이 들면 배를 준비하고, 홍수가 나면 수레를 준비하라.
– 권129 〈화식열전〉

춘추시대인 기원전 6세기에 활동한 경제 사상가 계연(計然, 생졸 미상)이 제시한 경제 사상에서 두드러진 점은 경제발전에 있어서 일정한 규칙에 대한 분석과 파악을 강조한 것이다. 그리고 모든 것을 미리 준비할 것을 강조한 점도 큰 특징이다. 그는 농업경제를 기본으로 하던 당시의 실제상황에 맞추어 농업생산의 자연조건을 대단히 중시했다. 즉, 기상에 대한 관찰을 중시하고 '오행(五行)' 학설을 활용하여 풍년과 흉년, 기근과 가뭄이 드는 일반적 규칙 같은 것을 제기했다. 그는 "6년마다 한 번 풍년이 들고, 역시 6년에 한 번 가뭄이 들고, 12년에 한 번 큰 기근이 든다"고 했다. 이런 순환적 규칙에 근거하여 그는 **가뭄이 들면 배를 준비하여 수재에 대비하고, 수재가 들 때는 수레를 준비하여 가뭄에 대비하라**고 말한다. 이는 사물의 발전 규칙에 주목한 이론이었다.

지금으로부터 약 2,500년 전에 살았던 계연이 이렇듯 수준 높은 변증사상을 가졌다는 사실에 감탄하지 않을 수 없다. 그의 경제사상에는 모든 일을 사전에 대비하라는 '유비무환(有備無患)'의 지혜가 가득 차 있다. 이와 같은 그의 사상을 나라를 다스리는데 사용하면 나라가 강해지고, 생산에 적용하면 생산력이 발전하고, 상업에 활용하면 재부를 축적할 수 있다고 한다. 계연은 장기적이고 대국적인 관점에서 거시 경제학을 제시한 경제 사상가였다.

경제경영은 불확실성의 연속이다. 따라서 치밀한 통계와 예측과는 별도로 예기치 않게 닥치는 상황에 대비하기 위한 준비도

계연은 경영에도 자기만의 철학이 필요하다는 점을 2,500년 전에 정확하게 인식하고 있었다. 계연의 상이다.(출처 : 바이두)

필수적이다. 특히 자주 일어나지 않지만 한 번 터지면 기업 전체의 존속까지 위협하는 '코코넛 리스크(coconut risk)'와 같은 대형 재앙에 대비하는 사전 점검과 준비에도 소홀함이 없어야 할 것이다.(코코넛 리스크란 열대 지방 코코넛 농가에서 코코넛을 따러나갔다가 다 익어 떨어지는 코코넛에 맞아 크게 다치거나 사망하는 위험을 말하는 것인데, 이것이 경영에 도입되어 자주는 아니지만 한 번 일어났다 하면 기업경영에 큰 위험을 초래하는 것을 비유한다.) 이런 점에서 보자면 계연의 경제 사상은 오늘날에도 참고할 가치가 충분하다.

참고로 계연이 월나라 왕 구천(勾踐)에게 건의했다는 전하는 '경상칠책(經商七策, 또는 계연칠책)'을 소개한다. 주요 내용은 생산을 늘리고 시장경제를 발전시킨다면 월나라는 빠르게 부유해진다는 주장이다. 그 구체적인 내용은 다음과 같다.('계연지책' 항목 참고)

1. 상품이 생산되는 계절과 사회수요와의 관계를 파악해, 시장의 수요·공급의 균형을 명확히 해둔다.
2. 해와 달, 즉 날씨가 농업에 영향을 미치는 점을 감안하여 자연의 규칙을 파악하고 수해와 가뭄에 대비한다.
3. 식량의 가격은 1두(斗)에 30~80전 사이를 오르내리는 것이 적당하다. 가격이 너무 낮으면 농민들이 파산하고, 토지가 황폐해진다. 또한 가격이 너무 높으면 상인들이 손해를 보고, 시장이 얼어붙는다. 물가가 이치에 맞아야 농민과 상인 둘 다 이익을 볼 수 있고, 국가도 세수의 안정을 유지할 수 있다.
4. 매점(買占)을 할 때는 확실한 상품, 즉 장기 보존에 강하고 쉽게 팔리는 것을 골라서 파손과 재고를 피한다. 부패하기 쉽고, 파손되기 쉬운 물건은 매점이나 장기 보존을 피하고 비싸게 팔아 치운다.
5. 물가의 움직임을 파악해, 상한에 이르면 매점했던 물건을 쓰레기를 버리듯 하라.
6. 물가가 바닥이다 싶으면 보석처럼 재빠르게 사라. 상품과 금전은 유통되어야 이윤이 생긴다.
7. 가뭄이 들면 배를 준비하고, 홍수가 나면 수레를 준비하라.

＊참고 : 《중국상인 그 4천 년의 지혜 – 동양의 유대인, 중국상인의 모든 것》(챠오 티엔셩 지음, 김장호 옮김, 가람기획, 2000년)

키워드 : 경제, 불확실, 대비

수취조산(獸聚鳥散)

짐승과 새가 모였다 흩어지다.

– 권112 〈평진후주보열전〉

기원전 202년 유방이 천하를 평정한 뒤 내친 김에 대곡(代谷)의 흉노까지 치려했다. 어사(御史) 성(成)이 나서 흉노의 속성은 **짐승과 새가 모였다 흩어지는** 것과 같아 그들을 쫓는 일은 그림자를 쫓는 것과 같다면서 흉노에 대한 공격에 반대했다. 유방은 성의 의견을 무시하고 흉노를 공격했다. 그러나 평성(平城)에서 흉노의 대군에 포위당해 전멸할 위기에 몰렸다. 진평이 흉노 선우의 아내를 구슬려 포위를 풀게 했다.

수취조산은 짐승이나 새처럼 모이고 흩어지는 것이 일정치 않다는 비유이다. 후에는 오합지졸(烏合之卒)을 가리키기도 한다. '오합지졸'의 출처는 《삼국지》 〈오지(吳志)〉 '진태전(陳泰傳)'이다.

키워드 : 특성, 이합집산(離合集散)

수파축류(水波逐流)

물결을 따라 흐르다.
– 권84 〈굴원가생열전〉

'거세혼탁, 유아독청' 항목에서 보았듯이 초나라 애국시인 굴원은 어리석은 왕과 간신배들에게 쫓겨나 멱라수에 스스로 몸을 가라앉혀 자결했다.('회석자침' 항목 참고) 당시 굴원이 초췌한 모습으로 멱라수를 배회하고 있을 때, 한 어부가 이를 보고는 굴원에게 이렇게 말한 대목이 있다.

"대저 성인은 어떤 대상이나 사물에 얽매이지 않고 세상과 더불어 밀고 밀리는 것이오. 온 세상이 혼탁하다면서 어째서 **그 흐름을 따라 그 물결을 뒤바꾸지** 않고, 모든 사람이 다 취했다면서 어째서 술 지게미를 먹고 그 모주를 마시지 않는 것이오? 대체 무슨 까닭으로 아름다운 옥과 같은 재능을 가지고도 내쫓기는 신세가 되었단 말입니까?"

어부가 말한 '그 흐름을 따라 그 물결을 뒤바꾸지'라는 대목에서 **수파축류**라는 성어가 나왔다. 원래는 자연에 순응한다는 뜻이었지만, 시간이 지날수록 원칙과 자기 입장 없이 세상과 더불어 떠다니는 것을 비유하게 되었다.

키워드 : 시류, 처세, 순응

수풍미미(隨風靡靡)

바람을 따라 쏠리다.
– 권102 〈장석지풍당열전〉

한 문제 때 장석지(張釋之)가 황제를 수행하여 금수(禽獸)를 기르는 호권(虎圈)에 이르렀다. 문제는 상림위(上林尉)에게 금수들에 관해 이것저것을 질문했다. 상림위는 답을 하지 못했지만, 호권을 관리하는 색부(嗇夫)가 청산유수처럼 유창하게 답했다. 문제는 상림위는 무능하다면서 색부를 그 자리로 승진시키려 했다. 장석지는 문제에게 이렇게 아뢰었다.

"지금 폐하께서는 색부가 말주변이 좋다고 하시면서 직위를 뛰어넘어 그를 선발하셨는데, 신은 천하의 사람들이 모두 **바람을 따라 쏠리듯이** 이를 다투어 따라하고, 지나치게 과장만 하려 하고 실제를 강구하지 않을까 염려되옵니다."

문제는 명령을 취소했다. **수풍미미**는 바람에 따라 풀 따위가 쏠리듯이 사람들이 이익만 된다면 권세에 아부하며 우르르 쏠리는 현상을 비유한다.

키워드 : 현상, 추종

수화불사(水火不辭)

물과 불을 마다하지 않다.
– 권65 〈손자오기열전〉

춘추시대 군사전문가 손무(孫武)는 오왕 합려(闔閭) 앞에서 궁녀를 대상으로 군령의 엄중함과 중요함을 시범으로 보였다. ('삼령오신' 항목 참고) 궁녀의 목까지 베어가며 군령에 따라 일사불란하게 움직이게 만든 다음 손무는 합려에게 이렇게 말했다.

"부대는 이미 정비되었으니 임금께서는 내려오시어 시험해보십시오. 임금께서 그들을 부리고 싶으시다면 **물이나 불속으로 뛰어들라**고 해도 가능할 것입니다."

이 말에서 **물과 불을 마다하지 않는다**, 즉 '물불 가리지 않고 뛰어든다'는 용맹함을 비유하는 **수화불사**라는 성어가 나왔다. 《순자》 〈의병〉 편에는 같은 뜻의 '약부수화(若赴水火)'라는 표현이 보인다. 〈손자오기열전〉의 원문은 '부수화유가(赴水火猶可)'이고, 이로부터 훗날 '수화불사'를 비롯하여 '수와불피(水火不避)', '부탕도화(赴湯蹈火, 끓는 물이나 불속에도 뛰어들다)' 같은 성어들이 파생되었다. '부탕도화'는 《삼국지》 〈위지(魏志)〉 '유표전(劉表傳)'이 그 출처이다.

손무가 시범을 보이는 모습을 그린 《동주열국지(東周列國志)》 삽화이다.(아래)

키워드 : 기세, 용맹, 불사(不辭)

숙

숙흥야매(夙興夜寐)

일찍 일어나고 늦게 자다.
– 권6 〈진시황본기〉

재위 28년이자 천하통일 후 3년째인 기원전 219년, 진시황은 동방 순시에 나섰다.

진시황이 가는 곳마다 공적비가 섰다. 태산에 세운 공덕비의 한 대목은 이렇다.

"황제께서 몸소 천하를 평정하시고 흐트러짐 없이 다스림에 임하시니, 나라의 원대한 이익을 위하여 **아침 일찍 일어나고 밤늦게 주무시며** 백성의 교화에 힘쓰셨다."

위 대목에서 **숙흥야매**라는 성어가 나왔는데, 부지런히 일하는 것을 비유한다. 출전은 《시경(詩經)》〈위풍(衛風)〉 '맹(氓)'이다.('송석' 항목 참고)

키워드 : 리더, 근면

'태산각석비'의 내용을 다시 새긴 비석과 비문이다.(2015년)

순도불순이우민함언(馴道不純而愚民陷焉)

교화의 방법이 좋지 못하여 어리석은 백성들이 죄에 빠진다.
— 권10 〈효문본기〉

한나라 문제(文帝) 당시 태창령 순우공(淳于公)이 죄를 짓고 벌을 받게 되자 그의 딸 제영(緹縈)은 글을 올려 죄인의 신체 일부를 못 쓰게 만드는 육형(肉刑, 고문)의 문제점을 지적했다. 문제는 조서를 내려 이렇게 말했다.

"짐의 덕이 박하고 교화가 밝지 못해서가 아니겠는가? 내가 참으로 부끄럽다!"

그런 다음 문제는 **교화의 방법이 좋지 못하여 어리석은 백성들이 죄에 빠진다**라며 육형을 폐지하라고 명했다. 백성들이 죄를 짓는 것은 통치의 방법에 문제가 있기 때문이라는 문제의 자기성찰이 돋보이는 대목이다.

제영은 아버지 대신 벌을 받겠다면서 사소한 죄 때문에 손발을 못 쓰게 만드는 육형의 문제점을 간곡하게 지적했다. 문제는 육형을 폐지하게 하는 한편, 각종 악법을 함께 폐지하는 조치를 취했다. 문제가 중국 역사상 가장 어질고 덕 있는 군주로 평가 받는 까닭이 여기에 있다. 한나라는 문제의 이와 같은 통치철학에 힘입어 이른바 '문경지치(文景之治)'라는 전성기를 구가할 수 있었다. 문제의 악법 폐지는 법치의 본질이 법을 만드는 데 있기보다는 나쁜 법을 없애는 데 있다는 것을 잘 보여준다.

제영의 간곡한 호소가 문제의 마음을 움직여 결국 악법을 폐지하게 만들었다. 제영은 중국 역사상 대표적인 효녀의 한 사람으로 꼽힌다.

키워드 : 통치, 법치, 교화, 방법

순망치한(脣亡齒寒)

입술이 없으면 이가 시리다.
– 권39 〈진세가〉

순망치한은 **입술이 없으면 이가 시리다**는 뜻으로 서로 떨어질 수 없는 밀접한 관계를 비유한다. 여기서 '입술과 이의 관계를 맺고 있는 나라'라는 뜻의 '순치지국(脣齒之國)'이란 표현도 나왔고, 서로 뗄 수 없이 의존하는 관계를 비유하는 '순치보거(脣齒輔車)'라는 표현도 있다. ('순치보거'는 '입술과 이, 수레의 덧방나무와 바퀴'라는 뜻으로 하나라도 없으면 안 되는 관계를 나타낸다.) 비슷한 뜻의 고사성어로는 '고장난명(孤掌難鳴)'이 있다. '한 손바닥으로는 소리가 나지 않는다'는 뜻이다. '순망치한'의 출전은 《좌전》이다. '고장난명'의 출전은 《한비자》이고, 《동주열국지》 등에도 인용되어 있다.

'순망치한'과 관련해서는 이런 고사가 있다. 춘추시대 말기, 진나라 헌공(獻公)은 괵(虢)나라를 공격할 야심을 품고 가는 길목에 있는 우(虞)나라 군주에게 그곳을 지나도록 허락해 줄 것을 요청했다. 우나라의 현인 궁지기(宮之奇)는 헌공의 속셈을 알고 우의 군주에게 간언했다.

"괵나라와 우나라는 한 몸이나 다름없는 사이라서, 괵나라가 망하면 우나라도 망할 것입니다. 옛 속담에도 '짐받이 판자와 수레는 서로 의지하고(보거상의輔車相依), **입술이 없어지면 이가 시리다(순망치한脣亡齒寒)**'고 했습니다. 바로 괵나라와 우나라의 관계를 말한 것입니다. 결코 길을 빌려 주어서는 안 될 것입니다."

뇌물에 눈이 어두워진 우의 군주는 "진나라와 우리는 동종(同宗)의 나라인데, 우리를 해칠 리가 있겠소?"라며 듣지 않았다. 궁지기는 후환이 두려워 "우나라는 올해를 넘기지 못할 것이다!"라는 말을 남기고 가족과 함께 우나라를 떠났다. 진나라는 궁지기의 예견대로 12월에 괵나라를 정벌하고 돌아오는 길에 우나라도 정복하여 우의 군주까지 사로잡았다.

'순망치한'은 이해관계가 밀접한 국가들의 관계를 비유할 때 흔히 쓰인다. 특히 역사적으로 가까웠던 중국과 한국의 관계를 설명할 때 이 사자성어가 인용되곤 했다. 예컨대 조선 선조 24년(1591) 3월에 조선통신사 편에 보내온 도요토미 히데요시의 서신 가운데에는 일본이 장차 명나라를 정벌할 것이니 조선의 길을 빌려달라고 요청하는 글이 있었다. 이것이 '명나라를 칠 터이니 길을 빌려달라'는 '정명가도(征明假道)'이다. 이는 일본이 표면적으로 조선과 동맹을 맺거나 협조를 받아서 명나라를 정벌하겠다는 명분이었으나, 진짜 숨은 의도는 마치 진나라가 괵나라를 정벌하고 돌아오는 길에 우나라까지 정복했던 '가도멸괵(假道滅虢)'의 고사와 마찬가지로 명이나 조선 모두를 정복하겠다는 일본의 흑심을 공개적으로 드러낸 것이었다.

이를 간파한 조선은 도요토미의 제의를 단호히 거절하였는데, 이것이 빌미가 되어 임진왜란이 일어났다. 조선은 명에게 양국 간의 관계가 '순망치한'과 같음을 호소했고, 결국 명나라의 원병을 이끌어내어 일본의 침략을 가까스로 격퇴할 수가 있었다.

'순망치한'은 국가 간의 관계뿐만 아니라 대인 관계에서도 흔히 적용되고 있다. 2007년 삼성경제연구소에서 국내 최고경영자를 대상으로 '오늘의 내가 있기까지 가장 힘이 되어 준 습관'을 사자성어로 물은 결과 응답자의 20% 가까이가 순망치한을 택했다고 한다. 이는 순망치한이 국가 간뿐만 아니라 대인 관계에서도 대단히 중요한 처세술임을 실감할 수 있다. ('가도벌괵假道伐虢' 항목 참고)

키워드 : 관계, 이해, 상생, 원원

순법지공(循法之功), 부족이고세(不足以高世)

법을 지키려는 공만으로는 세상을 뛰어넘을 수 없다.
– 권43 〈조세가〉

개혁에 저항하고 반대하는 수구 세력들에 대해 조나라의 개혁군주 무령왕(武靈王, ?~기원전 295)은 개혁은 옛날의 가르침을 변화시키고 옛날의 도를 바꾸는 것이고, 일반 사람들의 마음을 거스르는 것이며, 학자들의 권고를 거스르는 것이고, 중원의 전통과는 벗어나는 것이라며 다음과 같은 말로 개혁에 대한 단호한 의지를 표명했다. 뒤에 따라 나오는 구절과 함께 소개한다.

"법을 지키려는 공만으로는 세상을 뛰어넘을 수 없고, 옛날 학문만을 본받아서는 지금을 통제하기 부족하오."

"순법지공(循法之功), 부족이고세(不足以高世) ; 법고지학(法古之學), 부족이제령(不足以制今)."

예나 지금이나 개혁이 얼마나 어려운 일인가를 잘 보여주는 대목이기도 하다.

같은 맥락에서 중국 역사상 최고의 개혁가 상앙(商鞅)은 "세상을 다스리는 방법이 하나만 있는 것도 아니고, 나라를 편하게 하려는 데 과거에만 매달려서는 안 된다"고 했다. 개혁에 저항하는 수구 기득권 세력들은 낡은 법을 고집하거나 악법을 만들고, 개혁을 추진하는 사람은 나라와 백성들에게 편한 쪽으로 법을 고치려 한다. 개혁의 본질이 이익의 충돌이자 이익의 재분배이기 때문이다. 한 가지 분명한 것은 개혁에 저항하거나 개혁을 거부하여 개혁을 지연시키거나 좌절시킨 나라는 예외 없이 역사의 무대에서 퇴장을 당했다는 사실이다.

키워드 : 개혁, 본질, 이해, 충돌

순주부인(醇酒婦人)

독한 술과 여자.

– 권77 〈위공자열전〉

전국시대 말기 위나라에는 식객 3천으로 대변되는 명망가로 위공자(魏公子) 신릉군(信陵君, ?~기원전 243)이 있었다. 그는 여러 차례 자신의 식객들을 동원하여 강대국 진나라의 침략을 저지하는 뛰어난 활약을 보였다.('절부구조', '허좌이대' 항목 등 참고) 그러나 형님인 안리왕(安釐王)이 진나라의 반간계에 걸려 신릉군을 의심하여 그를 멀리 했다.

신릉군은 결국 쫓겨났고, 병을 핑계로 조정에 들어가지 않으면서 식객들과 매일 **독한 술과 여자**로 세월을 보냈다. 이렇게 4년, 그는 결국 술병으로 세상을 떠났다.

순주부인이란 네 글자는 여기서 나왔다. '순주'는 독한 술을 말하고, '부인'은 여자를 말한다. 이로부터 '순주부인'은 '주색(酒色)'에 완전히 빠졌음을 가리키는 성어가 되었다. '순주부인'은 '순주미인(醇酒美人)', '부인순주(婦人醇酒)'로도 쓴다.

순지자창(順之者昌), 역지자망(逆之者亡)

순리를 따르면 흥하고, 순리를 거스르면 망한다.
– 권130 〈태사공자서〉

《사기》 130권의 마지막은 사마천의 자서전에 해당하는 〈태사공자서〉이다. 여기에는 제자백가 중 대표적인 6가의 장단점을 논한 아버지 사마담(司馬談)의 〈논육가요지〉가 실려 있다.('논육가요지' 항목 참고) 아래는 음양가(陰陽家)의 장단점을 논한 부분의 한 대목이다.

"무릇 음양가는 4계절, 8방, 12차, 24절기마다 거기에 해당하는 규정을 만들어 놓고 **그에 따라 잘 행하면 번창하고, 거스르면 죽거나 망한다**고 한다. (중략) 그래서 '사계절의 변화에 맞추어 일해야 한다는 점은 놓칠 수 없다'라고 한 것이다."

여기서 말하는 **순지자창, 역지자망**은 원래 천도와 자연의 법칙을 거스를 수 없다는 뜻이었는데, 후대로 갈수록 '순리(원칙)를 따르면 흥하고, 순리를 거스르면 망한다'는 보편적 의미로 인용되고 있다.

키워드 : 자연, 법칙, 순리

술왕사(述往事), 사래자(思來者)

지난 일을 서술하여 다가올 일을 생각한다.

– 〈보임안서〉

사마천의 역사관을 잘 보여주는 명언이다. 특히 미래를 예견할 수 있는 힘으로써 역사의 작용과 중요성을 강조하고 있다. 사마천이 죽음보다 치욕스러운 궁형을 감수하면서까지 역사서를 완성한 것은 살아서는 자신의

사마천 고향 마을인 섬서성 한성시 서촌(徐村)의 한 민가 벽에 그려져 있는, 역사서 완성 후 사마천의 모습이다.(2024년)

진심을 알릴 길이 없다고 판단하고, 지난 역사 사건에다 자신의 사상을 기탁하여 후세 사람들이 알아볼 수 있게 하고자 했기 때문이다. '사래자'는 '지래자(知來者)'로 쓰기도 한다.

과거(역사)는 현재를 비추는 거울이고 미래의 방향을 제시하는 나침반과 같다. **술왕사, 사래자**는 역사의 중요성은 물론 역사공부의 중요성을 강조하는 명언이기도 하다.('견미지저', '구천인지제, 통고금지변, 성일가지언', '전사지불망, 후사지사야' 항목 참고)

키워드 : 역사, 과거, 현재, 미래, 예견

숭론굉의(崇論閎議)

숭고하고 원대한 논의.
– 권117 〈사마상여열전〉

사마상여(司馬相如, 기원전 179~기원전 118)는 서한 초기의 문장가로 이름을 크게 떨쳤을 뿐만 아니라 촉(蜀)으로 불리는 서남이(西南夷) 지역을 개척하고 교화하는 큰 성과도 남겼다. 당초 사마상여가 촉을 개척하겠다고 했을 때, 그 지역 사람은 물론 조정의 대신들 대부분 반대했다.

사마상여는 촉 지역의 영향력 있는 부로(父老)들이 말하는 방식을 빌려 무제(武帝)에게 글을 올렸고, 촉 지역 부로들에게는 조정의 사신으로서 천자의 뜻을 알기 쉽게 전하여 이들을 깨우치게 했다. 이 글을 〈유촉문(喩蜀文)〉이라 하며 〈사마상여열전〉에 남아 있다.('유촉문' 항목 참고) 이 글에서 사마상여는 이렇게 말했다.

"또 어진 군주가 즉위하면 어찌 작은 일과 습속에 매이고, 책에서 익힌 것만을 따르고, 전해오는 것에만 젖어 지금 세상의 즐거움만 얻으려 하겠습니까! 반드시 **숭고하고 원대한 논의**를 펼쳐 만세의 모범이 되려고 할 것입니다. 그런 까닭에 만국을 포용하고 깊이 생각하여 천지와 나란히 합니다. 하물며 《시경》에서 '넓은 하늘 아래 왕의 땅 아닌 곳 없고, 온 땅덩이 위에 왕의 신하 아닌 자 없다'고 하지 않았습니까?"

여기서 '숭고하고 원대한 논의'란 뜻의 **숭론굉의**가 나와 수준 높고 뛰어난 논의를 가리키는 성어가 되었다.

키워드 : 통치자, 숭고, 논의

슬지전어석(膝之前於席)

무릎으로 자리 앞으로 가다.

– 권68 〈상군열전〉

기원전 361년, 서방의 신흥 강국 진(秦)나라 효공(孝公, 기원전 381~기원전 338)은 국내외에 자신과 함께 개혁을 추진할 인재를 구한다는 '초현령(招賢令, 또는 구현령求賢令)'을 공표했다. 당시 효공의 나이 스무 살이었고, 진나라 최고 통치자로 즉위한 직후였다. 중원의 강대국인 위(魏)나라에서 무시당하고 푸대접 받고 있던 소국 위(衛)나라 출신의 상앙(商鞅)은 이 구현령을 접하고 진나라로 향했다.

신흥 강대국으로 발돋움하던 진나라의 젊은 군주 효공은 야심만만했다. 그런 만큼 자신의 정치와 정책을 전면적으로 실행에 옮길 인재가 절실했다. 구현령을 천하에 공표한 이면에는 효공의 이런 의지가 반영되어 있었다.

상앙은 효공의 측근 경감(京監)의 주선으로 효공을 만났다. 상앙은 먼저 이상적인 통치자로 추앙받는 요·순을 비롯한 삼황오제의 '제도(帝道)'를 효공에게 설파했다. 효공은 얼마 듣지 못하고 잠이 들었다. 이튿날 효공은 상앙을 추천한 경감을 나무랐다. 상앙은 경감에게 한 번만 더 효공을 만나게 해달라고 요청했고, 이렇게 해서 두 번째 만남이 이루어졌다. 이 자리에서 상앙은 '왕도(王道)'를 주제로 효공에게 이야기를 들려주었으나 이번에도 효공은 별다른 관심을 보이지 않았다. 두 번째 만남도 소득 없이 끝났다.

상앙은 다시 만남을 요청했다. 경감은 난감했지만 내친걸음이었다. 세 번째 만남의 대화 주제는 '천하의 패권을 잡는 방법'에 관한 '패도(覇道)'였다. 효공이 관심을 보였고, 또 한 번의 만남이 이루어졌다. 네 번째 만남에서 상앙은 '부국강병'의 이치로 효공에게 유세했고, 효공은 자신의 '방석을 상앙 쪽으로 끌어당기며' 상앙의 말에 열중했다.

효공의 전폭적인 지원을 받은 상앙은 진나라의 모든 것을 바꾸기 시작했다. 철저하게 바꾸었다. 정치·사회·경제·생활 전반에 걸친 일대 개혁에 시동을 걸었다. 상앙이 실천에 옮긴 주요 개혁들은 진나라는 물론 이후 중국사와 이웃한 나라들에까지 영향을 미치는 획기적인 것이었다. 이것이 상앙의 1차 변법이었고, 기원전 356년의 일이었다.

정치와 행정에서는 전국을 군과 현으로 재편하는 개혁이 이루어졌다. 확장된 영토나 정복한 지역에 군 또는 현을 두어 중앙에서 직접 관리를 보내 다스리게 한 것이다. 이 제도는 그 뒤 3천 년 동안 중국의 행정제도의 모델이 되었을 뿐만 아니라 동양사에도 큰 영향을 주었다.

경제 분야에서는 사유재산을 인정하여 백성들이 자기 땅을 갖고 열심히 생산량을 늘리도록 장려하여 세금원을 확보했다. 또 군인과 세수를 늘리기 위해 한 집에서 부모와 출가한 자식이 같이 살지 못하도록 해서 출산율을 높였다. 도량형을 통일하여 경제 단위의 규격화를 단행하는 놀라운 개혁 조치도 취해졌다. 흔히들 도량형 통일하면 진시황이 시행한 것으로 알고 있지만, 기본적인 조치는 상앙이 단행한 것이다. 도량형 통일이란 무게·부피·길이의 단위를 통일한 것을 말한다. 아울러 수레바퀴의 크기도 통일했다. 이는 지역마다 수레바퀴의 크기가 달라 수레가 고장이 나거나 부품이 망가졌을 때 다른 지역에서는 수레를 고쳐 쓸 수 없는 불편함을 일거에 해소한 것이다.

상앙은 이런 획기적 개혁을 실질적으로 뒷받침하기 위한 조치의 하나로 기득권 세력들의 기반인 수도 역양(櫟陽)을 버리고 함양(咸陽)으로 천도를 단행했다.(기원전 350년) 이로써 진은 보다 강화된 왕권을 기반으로 하여 동방으로 세력을 확장할 수 있는 확고한 동력을 마련할 수 있었다. 개혁의 마무리와 성공 여부는 정확

상앙을 전격 기용하여 대대적인 개혁을 단행한 진 효공의 석상이다.(2014년)

한 천도로써 결정된다는 것을 상앙은 잘 보여 주었다. 천도를 비롯한 또 한 차례의 개혁을 상앙의 2차 변법이라 부른다.

개혁은 필요성이 아닌 당위성의 차원이다. 인류의 진보 자체가 개혁의 역사였기 때문에 더 그렇다. 그리고 철저한 개혁은 그 영향력과 효력이 실로 대단하다. 한 번의 개혁이 그 뒤 2천 년 넘게 영향을 준 사례가 얼마나 되겠는가? 상앙 개혁의 가장 큰 의미는 여기에 있다.

철두철미한 개혁에는 불편함과 저항이 따른다. 상앙의 개혁도 숱한 저항과 반대에 부딪쳤다. 상앙은 모든 것은 법대로 공평하게 처리했고, 차츰 신뢰를 얻어 전면 개혁에 박차를 가할 수 있었다. 태자가 법을 어기자 가차 없이 그 선생에게 벌을 주기도 했다. 법을 어기면 신분이나 지위 고하를 막론하고 처벌했다. 군대를 강하게 만들기 위해서는 전쟁에서 공을 세운 사람에게는 반드시 상을 내리는 군대 개혁도 단행했다. 진의 군대가 일당백이라는 평가를 들을 수 있었던 것도 이런 확실한 상벌 실천 때문이었다. 상앙은 자신의 개혁 의지와 개혁의 당위성을 이렇게 말했다.

"확신 없는 행동에는 공명이 따르지 않으며, 확신 없는 사업에는 성공이 따르지 않습니다. 나라를 강하게 하려면 낡은 습속을 모범으로 삼지 않으며, 백성을 이롭게 할 수 있다면 낡은 예의범절에 매이지 않습니다. 지혜로운 자는 법을 만들고, 어리석은 자는 법에 제지당하고, 현명한 자는 예를 고치고, 평범한 자는 예에 구속당합니다."

개혁은 역사적 작용의 문제다. 개혁은 언젠가는 성공할 수밖에 없고, 또 성공해야 하는 문제다. 관건은 누가 얼마나 전면적으로 하루라도 빨리 개혁하느냐에 달려 있다. 네 번의 만남 끝에 효공과 상앙은 진나라에 대한 전면 개혁에 착수했고, 그 결과 천하통일을 위한 기초가 닦였다. 두 사람의 네 차례 만남이 가져다 준 결실이었다. 모든 분야에 걸친 전면 개혁이 너무도 절실한 우리에게 상앙과 효공의 만남은 시사하는 바가 적지 않다.

상앙과 효공은 네 번을 만났다. 그 네 번의 만남에서 세 번은 상앙의 탐색전이었다. 만남은 상대의 의지를 확인하는 과정이기도 하다. 인재에게 있어 자신과 함께할 리더의 의지는 그 어떤 것보다 중요하다. 그래서 이 두 사람의 만남이 큰 의미를 갖는 것이다.

상앙과 효공의 소설 같은 네 번의 만남은 이후 진나라의 역사뿐만 아니라 중국 역사를 크게 바꿔놓은 운명적 만남으로 기록되었다. 마지막 만남에는 또 하나의 감동적인 장면이 삽입되어 있다. 당시 효공은 상앙의 말에 귀를 기울이기 위해 자신도 모르게 **무릎으로 기어** (상앙이 앉은) **자리까지 왔다**고 한다. 여기서 '무릎으로 자리 앞으로 나가다'는 뜻의 **슬지전어석(膝之前於席)**이란 성어가 나왔고, 누군가의 말에 귀를 기울이다가 자신도 모르게 그 사람에게로 다가가는 모습을 형용한다. 이는 훗날 진나라 소양왕(昭襄王, 기원전 325~기원전 252)이 범수(范睢)를 만나 그에게 가르침을 청하느라 '다섯 번이나 무릎을 꿇은' '오궤(五跪)'의 사례와 비슷한 경우라 하겠다. 두 고사 모두 훗날 누군가에 절실하고 절박하게 가르침을 청하는 태도를 나타내는 전고가 되었다.('오궤' 항목 참고)

키워드 : 리더, 인재, 간구(懇求), 절박함

슬행이전(膝行而前)

무릎으로 기어 나아가다.
– 권7 〈항우본기〉

초한쟁패가 본격화되기 전인 기원전 208년, 거록(鉅鹿)전투에서 항우는 '파부침주(破釜沉舟)'의 전술로 강력한 진나라 군대를 격파했다. 당시 연합군은 이 전투를 관망만 하고 있었다. 항우가 승리를 거두고 연합군의 장수들을 불러들이자, 항우의 기세에 눌려 전차를 세워 만든 문을 통해 들어오는데 감히 고개를 들어 쳐다보지 못한 채 **무릎을 꿇고 기다시피** 들어왔다. 항우는 제후들의 상장군이 되었고, 제후들은 모두 항우 밑으로 들어왔다. **슬행이전**은 누군가의 기세에 눌려 떨거나 두려워하는 모습을 비유하는 성어이다.('파부침주' 항목 참고)

키워드 : 기세, 굴종

승견구량(乘堅驅良)

좋은 마차와 말을 타고 다니다.
– 권41 〈월왕구천세가〉

춘추시대 말기 월왕 구천(勾踐)을 도와 오나라를 멸망시키는 오월쟁패의 주역 범려(范蠡)는 대업을 이룬 다음 은퇴하여 사업가로 변신했다.('삼치천금', '치이자피' 등 항목 참고) 범려의 인생은 정치·군사·사업 모두에서 큰 성공을 거두었다. 이런 그였지만 말년에 둘째 아들을 잃는 아픔을 겪었다. 그 사연은 이랬다.

둘째 아들이 사람을 죽이는 살인을 저질러 초나라 감옥에 갇혀 처형될 날만 기다리는 일이 터졌다. 범려는 사람을 죽였으니 당연히 목숨으로 죗값을 치러야 하겠으나, 돈으로 목숨은 구할 수 있을 것으로 생각하여 막내아들을 시켜 황금과 편지를 들고 오랜 친분이 있는 장(莊) 선생을 찾아가도록 했다.

이때 큰아들이 나서 집안일을 책임지고 있는 자신이 가야 한다고 떼를 쓰는 바람에 범려는 하는 수 없이 큰아들을 보냈다. 큰아들이 장 선생을 찾아 황금과 편지를 건넸고, 장 선생은 군주를 설득하여 둘째 아들을 살려주게 했다. 큰아들은 바로 돌아가라는 장 선생의 말을 듣지 않고 따로 초나라 유력자에게 뇌물을 썼다. 그리고 동생이 풀려난다는 소식을 듣자 장 선생이 아닌 자신의 힘으로 동생을 살리게 되었다고 착각하여 장 선생에게 황금을 돌려달라고 했다. 큰아들의 행동을 괘씸하게 여긴 장 선생은 다시 초나라 군주에게 둘째 아들을 살려주지 말라고 설득했고, 결국 둘째 아들은 처형되었다.

나쁜 소식을 들고 큰아들이 돌아오자 식구들은 모두 큰 슬픔에 빠졌다. 범려는 쓴 웃음을 지으며 이런 일을 예상했다며 이렇게 말했다.

"막내는 태어나면서부터 내가 부유한 것을 보았고, **좋은 마차와 말을 타고 다니며** 토끼 사냥이나 하고 다녔으니 돈이 어떻게 생기는 줄 알기나 하겠느냐?"

범려의 말인즉 큰아들은 어렵게 살 때 태어나 돈 아까운 줄 알지만, 막내는 어려움 없이 자랐기 때문에 돈 아까운 줄 모른다는 것이다. 그래서 많은 황금이라도 시키는 대로 그냥 장 선생에게 주고 왔겠지만, 큰아들은 그렇게 하지 못한다는 말이었다. 범려가 말한 '좋은 마차와 말을 타고 다니며'라는 대목에서 **승견구량**이란 성어가 나와 부유하게 사는 모습을 비유하기에 이르렀다.

범려가 마지막으로 정착한 도(陶, 하남성 정도定陶) 지역에 세워진 범려의 석상이다.(2010년)

키워드 : 생활, 부유

승수기미(蠅隨驥尾)

파리가 준마의 꼬리를 따르다.
– 권61 〈백이열전〉 ; 권95 〈번역등관열전〉

사마천은 고조 유방과 같은 고향 출신의 개국공신들의 전기인 〈번역등관열전〉의 끝부분 논평에서 이렇게 말했다.

"내가 풍(豊)과 패(沛)에 가서 그곳 노인들을 방문하고, 소하(蕭何)·조참(曹參)·번쾌(樊噲)·등공(滕公)의 옛집과 평소 행적을 살펴보니 들은 바가 매우 기이했다. 그들이 칼을 휘두르며 개를 도살하거나 비단을 팔고 있었을 때, **(파리가) 준마의 꼬리에 붙어** 천 리를 가듯이 자신들이 한 고조를 만나 한나라 조정에 이름을 날리고 자손들에게 은덕을 내릴 수 있으리라는 것을 어찌 알았겠는가?"

위 대목에서 '준마의 꼬리에 붙다'는 '부기지미(附驥之尾)'란 성어가 나왔다.('부기지미' 항목 참고) '부기지미'는 〈백이열전〉에도 보인다. 대개 파리나 모기와 같은 하잘것없는 미물이 준마의 꼬리에 달라붙어 천 리를 가듯이 뛰어난 사람을 모시게 되면 덩달아 출세하는 것을 비유한다.

'부기지미'는 훗날 **승수기미(蠅隨驥尾)**라는 성어로 변형되었다. '파리가 준마의 꼬리를 따르다'는 뜻으로 파리가 구체적으로 등장했다. '승수기미'는 《후한서》〈외효전(隗囂傳)〉에 보인다.

키워드 : 미천, 추종, 출세

승의관색(承意觀色)

뜻을 이어받고 안색을 살피다.
– 권74 〈맹자순경열전〉

〈맹자순경열전〉에는 맹자와 순자뿐만 아니라 제나라 사람이나 제나라가 우대했던 추기(鄒忌)·추연(鄒衍)·순우곤(淳于髡)을 비롯하여, 제나라 위왕(威王)과 선왕(宣王) 때(기원전 356~기원전 301) 세운 '직하학궁(稷下學宮)'에서 활동한 여러 학자들에 대한 간략한 행적이 소개되어 있다. 이 중 순우곤에 대해서는 이렇게 논평한 대목이 있다.

"그는 많이 보고 듣고 기억력이 뛰어났으나 학문에 주관이 없었다. 풍자로 간하는 것과 유세는 안영(晏嬰)을 본받았다. 그러나 상대방의 **뜻을 이어받고 안색을 살피는** 데에만 힘썼다."

여기서 상대의 '뜻을 이어받고 안색을 살핀다'는 **승안관색**이란 성어가 나왔다. 뜻을 이어받는다는 것은 상대의 의중을 헤아린다는 말이다. 권력자에게 충고하거나 유세할 때 대놓고 말하는 것보다는 이렇게 상대의 심기를 살피는 쪽이 효과적이기 때문이다. '승안관색'은 '승안후색(承顏候色)'으로 많이 쓴다.

키워드 : 관계, 유세, 심기, 관찰

승인지거자재인지환(乘人之車者載人之患)

남의 수레를 타는 자는 그의 걱정을 제 몸에 싣는다.
- 권92 〈회음후열전〉

초한쟁패 막바지에 한신이 천하 패권의 향방을 가르는 중대한 변수로 떠올랐다. 항우는 무섭을 보내 한신에게 독립할 것을 권했다. 한신은 이를 거부했다. 한신의 참모 괴통도 천하삼분을 권했다. 한신은 한왕(유방)이 자신을 잘 대해 주었다며 "자기 수레를 내가 타게 했고, 자기 옷을 내가 입게 했으며, 자기 먹을 것을 내게 먹게 주었다"면서 다음과 같은 말로 이를 물리쳤다. 원문과 함께 소개해둔다.

"내가 들으니 '**남의 수레를 타는 자는 그의 걱정을 제 몸에 싣고**, 남의 옷을 입는 자는 그의 걱정을 제 마음에 품으며, 남의 밥을 먹는 자는 그의 일을 위해서 죽는다'고 한다."

"**승인지거자재인지환**(乘人之車者載人之患), 의인지의자회인지우(衣人之衣者懷人之優), 식인지식자사인지사(食人之食者死人之事)."

괴통은 여러 말로 한신을 설득하는 데 실패하자 한신을 떠났다. 위 명구는 자신에게 은혜를 베푼 사람을 배신할 수 없다는 뜻을 비유적으로 절박하게 나타낸 것이다. 한신이 들었다고 한 것으로 보아 오래전부터 내려오는 격언 종류의 말로 보인다.('공고진주' 항목 등 참고)

키워드 : 고난, 은혜, 보답

승임유쾌(勝任愉快)

기꺼이 임무를 짊어지다.
– 권122 〈혹리열전〉

〈혹리열전〉 앞부분에서 사마천은 무제 당시 혹리들의 가혹한 통치를 비판하면서 이런 논평을 남겼다.

"법령이 정치의 도구이기는 하지만 백성들의 선과 악, 맑음과 흐림을 다스리는 근본 제도는 아니다. 과거에는 천하의 법망이 그 어느 때보다 촘촘했다. 그러나 백성들의 간교함과 거짓은 오히려 더욱 악랄해졌다. 법에 걸리는 관리들과 법망에서 빠져나가려는 백성들과의 혼란이 구제할 수 없을 만큼 극에 달하자, 결국 관리들은 책임을 회피하게 되었고, 백성들은 법망을 뚫어 망국의 지경에 이르렀다. 당시의 관리들은 '타는 불은 그대로 둔 채 끓는 물만 식히려는' 방식의 정치를 했으니, 준엄하고 혹독한 수단을 쓰지 않고 어찌 **기꺼이 그 임무를 짊어질** 수 있었겠는가!"

마지막 부분의 '기꺼이 임무를 짊어지다'에서 **승임유쾌**라는 성어가 나왔고, 대체로 어떤 임무나 일을 맡아 아주 잘 해내는 것을 가리킨다.('구화양비' 항목 참고)

키워드 : 임무, 부담

시

시간(尸諫)

죽음으로 바른말을 하다.
– 권3 〈은본기〉

은나라 마지막 임금 주(紂)는 자신의 폭정에 대해 충언하는 신하들을 마구 해쳤다. "신하는 죽음을 무릅쓰지 않으면 안 된다"며 직간(直諫)하는 비간(比干)을 보고는 "성인의 심장에는 구멍이 일곱 개 있다던데"라면서 비간의 심장을 갈라 죽였다.

비간이 죽음을 무릅쓰고 직언한 일을 두고 훗날 **시간**이란 표현이 나왔다. 유래는 〈은본기〉이고, 출전은 《한시외전(韓詩外傳)》이다. 수록된 관련 사례를 소개한다.

포악한 주임금이 비간의 심장을 꺼냈다고 하는 장소인 '적심대(摘心臺)' 유적이다.(하남성 기현淇縣 조가朝歌, 2009년)

위(衛)나라 대부 사어(史魚)가 병이 들어 죽게 되자 아들을 불러 "내가 여러 차례 거백옥(蘧伯玉)이 유능하다고 추천했으나 벼슬하게 하지 못했고, 미자하(彌子瑕)는 불초하니 내쳐야 한다고 했으나 내보내지 못했다. 신하로서 좋은 사람을 들이지 못하고 불초한 자를 내보내지 못했으니 제대로 된 장례를 받을 자격이 없다. 그러니 대청이 아닌 내 방에다 염해라"라고 일렀다.

위나라 군주가 사어의 장례 방식에 의문을 품고 그 까닭을 물으니, 아들이 자초지종을 고했다. 이에 거백옥을 불러들이고 미자하를 내치게 한 다음, 제대로 된 예를 갖추어 사어의 장례를 치르게 했다. 그러면서 "살아서도 바른말, 죽어서도 바른말. 참으로 곧은 사람이로다!"라고 칭찬했다. '시간'은 **죽어가면서도 바른말을 올린다**는 뜻이다. 때로는 죽음도 불사하고 직간한다는 뜻으로도 쓰인다. '사간(死諫)'이란 표현도 종종 보인다.

키워드 : 직언, 죽음, 불사(不辭)

시난득이이실(時難得而易失)

시간(시기)이란 얻기는 어려워도 잃기는 쉽다.
- 권32 〈제태공세가〉

이 명언은 이름 없는 여관집 주인의 입에서 나왔다. 주나라 무왕이 은나라를 멸망시킨 다음 가장 큰 공을 세운 강태공 여상(呂尙)을 제나라(지금의 산동성 동부)에 봉했다. 봉국(封國)으로 부임해 가는 태공의 행차가 무척이나 더뎌 보였다. 이때 여관 주인이 태공에게 "잠자는 모습이 편안해 보이는 것이 마치 봉국으로 부임해 가는 사람이 아닌 것 같습니다"라고 비꼰 다음, "**시간(시기)이란 얻기는 어려워도 잃기는 쉽습니다**"라고 덧붙였다. 태공은 한밤중인데도 부랴부랴 옷을 입은 채 행차를 재촉했다. 천하가 평정되었다고 해서 잠시 마음을 풀고 있었던 태공에 대한 따끔한 질책이었다.

쇠는 달구어졌을 때 치라고 했다. 기회는 왔을 때 잡아야 한다. 때를 놓치면 일 전체가 어긋나기 마련이다. 한 번 놓친 기회를 다시 잡기 위해서는 전보다 몇 배 아니 몇 십 배 더 큰 대가를 치러야 한다.

사마천은 〈회음후열전〉에서 책사(策士) 괴통(蒯通)의 말을 빌려 주어진 기회에 대해 보다 적극적인 자세로 "하늘이 주신 것을 취하지 않으면 그 원망이 오히려 자기에게 돌아온다. 때가 왔는데 행동하지 않으면 화를 입는다"고 했다.('시지불행, 반수기앙' 항목 참고)

스포츠 경기에서 흔히 하는 말로 '타이밍이 중요하다'는 것이 있다. 이 타이밍이 바로 여관 주인이 말한 '시간(時間)' 또는 '시기(時機)'에 해당한다. 또 우리말의 '때'가 바로 이 뜻이다. 비단 스포츠뿐만 아니라 거의 모든 영역에서 타이밍은 아주 중요하다. 때를 못 맞추면 마치 음식이 설익거나 타버리는 것처럼, 상황과 일을 망치는 경우가 많기 때문이다. 강태공은 여관집 주인의 이 충고를 흘러 듣지 않고 바로 움직였다. 강태공이 남다른 인물이라는 사실을 이 평범한 일화에서도 확인하게 된다.

강태공은 여러 직업을 전전하면서 민간과 천하 정세를 두루 살핀 경력을 갖고 있다. 여관 주인의 말을 무시하지 않은 것도 이런 경력과 무관하지 않을 것이다. 그림은 도축업에 종사할 당시 강태공의 모습이다.

키워드 : 기회, 시기, 때

시사여귀(視死如歸)

죽음을 집으로 돌아가는 것처럼 여기다.
– 권79 〈범수채택열전〉

죽음을 마치 집으로 돌아가듯 태연하게 여기거나 받아들이는 태도, 즉 죽음을 전혀 두려워하지 않음을 비유하는 **시사여귀**의 출전은 《관자(管子)》 〈소광(小匡)〉 편이다. 관중이 포숙의 양보로 제나라 재상이 되고 석 달 뒤 환공에게 백관을 평가하는 견해를 올렸다. 여기서 관중은 왕자 성보(成父)를 평가하길 "평원의 넓은 들판에서 전차가 혼란에 빠지지 않게 하고, 병사들이 물러서지 않게 하고, 진군의 북을 울려 삼군의 군사가 **죽는 것을 집으로 돌아가는** 것처럼 여기게 하는 것이라면 신은 성보만 못합니다"라고 했다. 관중은 성보를 군대를 책임지는 대사마로 삼을 것을 건의했다.

'시사여귀'는 《사기》 〈범수채택열전〉의 범수가 채택과 대화를 나누던 중에도 관련 내용이 나온다. 다음 대목이다.

"군자는 절의를 위해 죽음으로 어려운 일에 맞서고, 의리를 위해 '죽는 것을 집으로 돌아가는' 것처럼 여기는 것이오. 살아 치욕을 당하느니 차라리 죽어 영광을 택하오. 뜻있는 사람은 죽어 이름을 남기며, 의리를 위해 죽음도 사양하지 않소."

'시사여귀'는 《관자》 이후 《한비자》, 《여씨춘추》에도 인용되었고, 《사기》 이후에도 여러 전적에 인용되었다.

키워드 : 생사, 죽음, 초연

시석지난(矢石之難)

화살과 돌의 공격.

– 권39 〈진세가〉

시석지난은 전투에서 적으로부터 화살과 돌 등의 공격을 받는 것을 말한다. 춘추 시대 진(晉) 문공(文公, 기원전 약 697~기원전 628)은 정쟁의 와중에 나라를 떠나 19년 망명생활 끝에 기원전 636년 국군의 자리에 올랐다. 문공은 망명 생활을 함께했던 수행 공신들에게 논공행상을 시행했는데, 그 원칙이 후대에 많은 사람들에게 교훈을 주었다. 문공의 논공행상 원칙을 요약하면 이렇다.

첫째, 인(仁)과 의(義)로 나를 이끌고 덕(德)과 은혜(恩惠)로 나를 지켜준 사람이라면 일등공신이다.

둘째, 행동으로 나를 보좌하여 공을 이룬 이는 실무를 한 사람이다.

셋째, **위험을 무릅쓰고 땀을 흘린 자**는 행동대원이다.

넷째, 최선을 다했으나 나의 잘못을 보완해 주지 못한 이도 공신이다.

진 문공과 그를 수행했던 공신들의 모습을 그린 그림이다.(2013년)

이 중 셋째 '위험을 무릅쓰고 땀을 흘린'이란 대목이 '시석지난'이다. '화살과 돌의 공격'이란 뜻인데, 화살과 돌이 날아드는 어려움에 맞서 자신을 보호해준 공신에 대한 표현이다.

키워드 : 공신, 논공행상

시언의(詩言意), 가장언(歌長言), 성의영(聲依永), 율화성(律和聲)

시는 마음에 있는 생각을 말한 것이요, 노래는 소리를 길게 늘인 것이다. 노랫소리의 장단고저는 가사의 길이에 따른 것이며, 음률은 어떤 곡이든 어떤 선율이든 본래의 시, 본래의 소리와 화음을 이루어야 한다.

– 권1 〈오제본기〉

소리(가사)·노래·음악의 관계에 대한 명언으로 원전은 《상서》이고, 사마천은 〈오제본기〉에 이를 인용하고 있다.

전설 속 제왕 순임금은 여러 인재들의 재능에 맞추어 업무를 나누어 맡겼는데, 기(夔)를 음악을 관장하는 전악(典樂)에 임명하면서 시와 노래, 소리와 화음의 상호관계를 이야기한 대목이다.

상고시대 역사 문서이자 특히 서주 초기의 역사를 보존하고 있는 중요한 사료인 《상서》에도 비슷한 구절들이

순임금은 음악을 백성들을 교화하는 하나의 방법으로 인식했다. 사진은 순임금의 무덤인 순제릉(舜帝陵) 앞에 조성되어 있는 악기를 연주하는 순임금의 석상이다.(2009년)

있는 것으로 보아 사마천은 이를 참조하여 적절한 표현으로 바꾼 것이 아닌가 한다.

순임금은 이어서 여덟 종류의 악기가 내는 소리인 '팔음(八音)'이 서로 어긋나지 않고 잘 어울려야 신령(神靈)과 사람이 기쁜 마음으로 교감할 수 있다고 말한다. 기는 "아! 제가 돌로 만든 악기들을 쳐서 모든 짐승들조차 따라서 춤출 수 있게 할 수 있습니다"라고 화답했다.

음악은 화음을 이루는 악기 소리에 적절한 가사로 맞추어 노래로 부르고 춤으로 나타내는 것이다. 순임금의 말대로 이런 요소들이 잘 어울려야 하고, 그러면 기의 말대로 짐승들조차 덩실덩실 춤추게 만들 수 있다. 음악의 본질과 기능에 관한 가장 오랜 기록이자 핵심이 아닐 수 없다.

키워드 : 음악, 노래, 시, 화음, 조화

시이즉사이(時異則事異)

때가 다르면 일도 달라진다.
- 권126 〈골계열전〉

〈골계열전〉의 동방삭(東方朔)과 대신들의 대화 중에 이런 대목이 있다.

"전해 오는 말에 이르기를 '천하에 재해가 없다면 비록 성인(聖人)이 있다고 해도 그 재주를 펼 곳이 없고, 윗사람과 아랫사람이 화합하면 비록 어진 이가 있어도 공을 세울 수가 없다'라고 했소. 그러므로 **때가 다르면 일도 다르다**는 것이오. 그렇기는 하지만 어찌 수신(修身)하는 일을 힘쓰지 않겠소?"

때가 다르다는 말은 시대가 달라졌다는 뜻이고, 그러면 일처리도 달라져야 한다는 말이다. 동방삭은 그럼에도 불구하고 스스로를 닦는 수신이 필요하다고 말한다.

키워드 : 시대, 변화, 일처리, 방식

시일하시상(是日何時喪), 여여여개망(予與女皆亡)

저놈의 태양은 언제나 죽나? 내가 저놈과 함께 죽으리라!
- 권3 〈은본기〉

하나라의 마지막 임금 걸(桀)은 은나라 마지막 임금 주(紂)와 함께 '걸주'로 불리며, 폭군의 대명사로 역사에 오명을 남기고 있다. 두 사람의 폭정은 그야말로 판박이였다. 말희(妺喜)와 달기(妲己)라는 여자를 총애한 것, 주지육림(酒池肉林)으로 상징되는 방탕한 생활, 인재들에 대한 박해, 포락(炮烙)으로 대표되는 끔찍한 형벌 등이 마치 이란성쌍둥이와 같았다.

걸임금의 폭정이 갈수록 심해지자 백성들의 원성도 점점 높아갔다. 상(商) 부락의 탕(湯)은 걸에 대한 정벌에 나섰다. 탕은 백성들이 **"저놈의 태양은 언제나 죽나? 내가 저놈과 함께 죽으리라!"**며 주임금의 폭정에 분노하고 있다고 제후들에게 알렸다.

걸은 평소 자신을 하늘의 태양에 비유했는데, 백성들은 이를 두고 그런 태양이라면 없어지는 것이 차라리 낫다면서 이렇게 비난한 것이다. 주임금도 마찬가지였다. 서백(西伯, 훗날 주 문왕)이 주임금에게 "백성들이 하나같이 (주임금의) 멸망을 바라면서 '하늘이시여, 어찌하여 천벌을 내리시지 않으며, 어이하여 천명은 빨리 오지 않습니까'라고 합니다"라고 백성들의 원성을 전했다. 그러자 주임금은 "내가 태어난 것 자체가 천명이 아니던가!"라며 무시했다.

사마천은 〈하본기〉와 〈은본기〉를 통해 망한 나라의 마지막 군주들이 보인 행태의 공통점을 지적하며 민심이 곧 천명이라는 점을 분명히 하고 있다.('장야지음', '주지육림', '포락' 항목 참고)

〈하본기〉와 〈은본기〉의 초점은 걸과 주의 폭정에 맞추어져 있다. 사마천은 리더의 자질과 민심이 갖는 의미가 얼마나 중요한가를 이를 통해 전하고자 했다. 그림은 걸임금을 묘사한 한나라 때의 벽돌 그림이다.

키워드 : 통치자, 폭정, 백성, 저주

시장(市長)

시장.

— 권130 〈태사공자서〉

시장은 한나라 때 도성 장안(長安)에 두었던 시장(市場)을 책임지고 관리하던 자리를 말한다. 시장을 관리하는 관직은 전국시대에 이미 있었는데, 그 당시는 이 관직을 시리(市吏)라 불렀다. 한나라는 장안에 동시와 서시를 담당하는 동시령(東市令)과 서

시령(西市令)을 두었고, 이를 시장이 관장했다.

사마천의 증조부 사마무택(司馬無澤)은 한나라 초기에 장안시장을 지냈고, 고조부 사마창(司馬昌)은 국가 전매품이었던 철을 관리하는 주철관(主鐵官)을 지냈다. 고조부와 증조부의 이런 경력이 경제의 중요성과 상업의 역할을 높이 평가

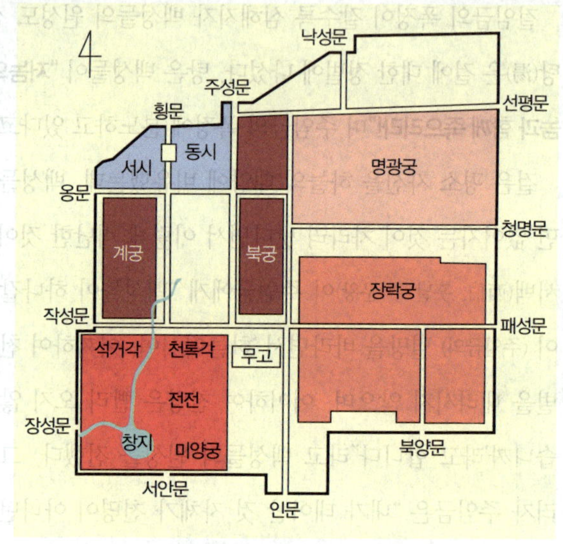

도면은 한나라 미앙궁과 장락궁 평면도인데, 동시와 서시 유적지가 확인되었다.(왼쪽 위 파란색)

했던 사마천의 사상에 적지 않은 영향을 주어 〈평준서〉와 〈화식열전〉을 마련한 것으로 보인다.

키워드 : 관직, 경제, 시장

시지불행(時至不行), 반수기앙(反受其殃)

때가 왔는데 움직이지 않으면 도리어 재앙이 미친다.

– 권92 〈회음후열전〉

기가 막히게 좋은, 즉 절호(絶好)의 기회를 놓치지 말라는 뜻을 가진 명언이다. 이 말은 한신에게 유방으로부터 독립을 권유하며 한신을 설득하는 과정에서 제나라 출신 책사 괴통(蒯通)이 한 말이다.

유방과 항우가 치열하게 세력을 다투고 있는 상황에서 상당한 군사력과 리더십

1072

을 갖춘 한신은 천하의 정세를 좌우할 수 있는 캐스팅 보트(casting vote, 결정권)를 쥐고 있는 것이나 마찬가지였다. 괴통은 한신을 찾아가 자립하여 천하를 셋으로 나누는 '삼분천하(三分天下)'하여 독립하고 천하의 안정을 꾀하라고 권유하면서 **때가 왔는데 움직이지 않으면 도리어 재앙이 미친다**고 했다. 그러나 한신은 망설였다. 괴통은 포기하지 않고 다음과 같은 절묘한 논리로 한신을 설득했다.

"지혜는 (사물의 선악에 대한) 판단을 과감하게 내리게 하고, 의심은 행동을 방해합니다. 터럭처럼 사소한 계획을 꼼꼼히 따지고 있으면, 천하의 큰 운수는 새카맣게 잊어버립니다. 지혜로 그것을 알고 있으면서도 결단하여 행동으로 옮기지 못하면 모든 일의 화근이 됩니다. 그래서 이런 말이 생겨난 것입니다.

'호랑이가 머뭇거리고 있는 것은 벌이 침으로 쏘는 것만 못한 것이고, 준마가 갈까 말까 망설이는 것은 늙은 말의 느릿한 한 걸음만 못하며, 맹분과 같이 용감한 자라도 혼자 의심만 하고 있으면 평범한 필부의 하고야마는 행동만 못한 것이다.'

그러니 순임금과 우임금과 같은 지혜가 있다한들 입안에서 웅얼거리기만 하고 내뱉지 못한다면 벙어리와 귀머거리가 지휘하는 것만 못합니다. 무릇 공로란 이루기는 어렵지만, 실패하기는 쉽습니다. 좋은 때를 만나는 경우가 두 번 연거푸 오지 않는 법입니다."

참으로 기가 막힌 논리이자 철석같은 심장도 움직일 수 있는 설득력이 아닐 수 없다. 그러나 한신은 끝내 결단을 내리지 못하고 머뭇거리다 비참한 최후를 맞이했다. 괴통의 말대로 주어진 기회를 취하지 못해 결국은 그 허물과 재앙을 모두 자신이 뒤집어썼다. 기회와 결단의 중요성에 대한 절묘하고 적절한 명언이 아닐까 싶다.

키워드 : 상황, 형세, 시기, 결단

시출거영(時絀擧贏)

부족한 때 남아돌 듯이 행동하다.
- 권45 〈한세가〉

전국시대 한나라 소후(昭侯) 25년인 기원전 338년 가뭄이 들었는데, 소후는 높은 고문(高門)을 짓기 시작했다. 굴의구(屈宜臼)가 "소후는 이 문을 나서지 못할 것이다. 때가 아니다. (중략) 이런 때 백성의 급한 일을 돌보지 않고 오히려 더 사치를 부리니, 이것이 이른바 **부족한 때 남아돌 듯이 행동한다**는 것이다"라고 했다. 이듬해 고문은 완성되었으나 소후는 그 문을 나서지 못하고 죽었다.

시출거영은 여러 가지로 어려운 때 사치를 부리는 것을 가리키는 성어이다. 대개 권력자의 어리석은 행태를 지적할 때 인용한다.

키워드 : 시기, 곤란, 오인(誤認), 사치

식

식객삼천(食客三千)

식객이 3천 명.
- 권77 〈위공자열전〉 외

전국시대에 각국의 유력자들은 자기 집에서 많은 인재를 길렀다. 천하 각지에서 나름 재능을 가진 자들이 이 유력자들에게로 몰려들었다. 그중에서도 네 사람의 유력자가 가장 이름을 떨쳤는데, 이들을 '전국 4공자'라 불렀다. 위나라의 신릉군을 비롯하여 제나라의 맹상군, 조나라의 평원군, 초나라의 춘신군이 그들이었다.

이런 유력자 집에서 숙식하며 여러 가지 일을 한 자들을 '식객(食客)'이라 불렀다. 4공자들은 대부분 수천 명씩 식객을 거느렸고, 이런 식객의 규모를 나타내는 용어가 **식객삼천**이었다. 참고로 이들 전국 4공자의 신상명세 등을 표로 만들어 보았다.

사공자	본명	연대(생졸)	국적(지위)	주요 행적(《사기》 관련 편명)
맹상군 (孟嘗君)	전문 (田文)	기원전 4세기 초 중엽	제(齊)의 종친, 설공(薛公), 상(相)	정쟁에서 밀린 뒤 위·진과 결탁하여 전국시대의 형세를 변화시킴. 후사가 없어 대가 끊어짐.(권75 〈맹상군열전〉)
평원군 (平原君)	조승 (趙勝)	?~ 기원전 251년	조(趙), 혜문왕의 동생, 상	장평전투 후 위기상황에서 군관민을 독려 3년을 버팀. 식객 모수의 계책으로 한단의 포위를 품.(권76 〈평원군우경열전〉)
신릉군 (信陵君)	위무기 (魏無忌)	?~ 기원전 243년	위(魏), 종실대신, 평원군의 처남	장평전투 후 위기에 처한 조를 구하고 진을 물리치는 등 명성을 떨쳤으나 이간계에 몰려 몰락하고 술병으로 죽음.(권77 〈위공자열전〉)
춘신군 (春申君)	황헐 (黃歇)	?~ 기원전 238년	초(楚), 상	한단 위기 때 계책으로 조를 구하고 진을 물리치는 명성을 떨침. 자신을 지지하던 고열왕이 죽은 뒤 내란의 와중에 피살됨.(권78 〈춘신군열전〉)

사마천은 위 네 유력자들의 전기를 상당히 정성들여 기록으로 남겼는데, 그 각각에 대한 평가는 다 달랐다. 참고로 4공자에 대한 사마천의 논평 부분을 인용해둔다. 먼저 가장 높이 평가한 위나라 위공자 신릉군에 대한 논평이다.

"공자의 사람됨이 어질고 선비를 존중하였다. 그 선비가 어질거나 불초하거나를 막론하고 모두에게 다 겸손하게 예를 갖추어 그들과 사귀었고, 감히 자신의 부귀함으로 선비들에게 교만하게 대하지 않았다. 때문에 선비들이 사방 몇 천 리에서 앞을 다투어 그에게로 모여드니 **식객이 3,000명**이나 되었다. 당시 제후들은 공자가 어질고 식객이 많아 감히 군사를 일으켜 위나라를 침범하려는 생각을 하지 못한 것이 10여 년이나 되었다."

"내가 대량(大梁)의 옛터를 지나면서 이문(夷門)이란 곳을 물어서 찾아보았다. 이문은 대량성 동문의 이름이었다. 천하의 다른 공자들도 선비들을 좋아하였지만 신

4공자에 대한 사마천의 평가는 다 달랐고, 특히 신릉군에 대한 평가가 가장 남달랐다. 당시 위나라의 도성이었던 대량까지 직접 탐방했고, 신릉군이 은자 후영을 모셔 온 이문도 찾았던 것으로 보인다.(이에 대해서는 '허좌이대' 항목 참고) 사진은 대량성의 모습이다.(2013년)

릉군(信陵君)만이 세속에 숨어 있는 선비들과 접촉하였고, 아랫사람들과 사귀는 것을 부끄러워하지 않았으니, 여기에는 까닭이 있었다. 그가 제후들 가운데 으뜸이었다는 것이 거짓은 아니었다. 고조(高祖, 유방)는 매번 대량을 지날 때마다 백성들로 하여금 그의 제사 받드는 것을 끊어지지 않게 하였다고 한다."

다음은 조나라 평원군에 대한 논평이다.

"형제 가운데 조승이 가장 현명하고 빈객을 좋아하여 그에게 모인 빈객들이 몇 천 명이나 되었다."

"평원군(平原君)은 혼란한 시대에 새가 하늘 높이 나는 것처럼 뛰어나고 재주 있는 공자였다. 그러나 그는 나라를 다스리는 커다란 도리를 보지 못하였다. 항간에서는 '이익이 지혜를 어둡게 만든다(이령지혼利令智昏)'라고 하였다. 평원군이 풍정(馮亭)의 사악한 유세를 좋아하여 조나라로 하여금 장평(長平)에서 군사 40만여 명을 산 채로 매장하게 하였고, 한단(邯鄲)을 거의 망하게 하였다."

다음은 제나라 맹상군에 대한 논평이다.

"맹상군이 설에 있으면서 제후와 빈객, 그리고 죄를 짓고 도망친 사람들을 부르니 그들이 모두 맹상군에게 모여들었다. 맹상군은 집의 재산으로 빈객들을 후하게 대접하였다. 이 때문에 천하의 선비들이 다 모였다. 식객이 수천 명 되었지만, 그는 귀천의 구분 없이 한결같이 자신과 동등하게 대우하였다. 이로 인해서 선비들이 맹상군에게 더욱 많이 모여들었다. 맹상군은 객을 가리지 않고 모두에게 잘 대우하였다. 사람들은 각자 맹상군이 자신과 친하다고 여겼다."

"내가 일찍이 설(薛)을 지난 적이 있는데, 그 마을은 대체로 흉포한 젊은이들이 많아 추(鄒)나라나 노(魯)나라와는 달랐다. 그 까닭을 물으니 '맹상군(孟嘗君)이 천하의 협객과 무뢰배를 불러 모으니 설 땅에 들어온 자가 대략 6만여 호(戶)가 되었다'라고 하였다. 세상에 전하는 말에 따르면 맹상군이 빈객을 좋아하여 스스로 즐거워하였다고 하는데, 그 이름이 헛된 것만은 아니었다!"

끝으로 초나라 춘신군에 대한 논평이다.

"춘신군이 초나라의 재상이었을 당시 제나라에는 맹상군이 있었고, 조나라에는 평원군이 있었으며, 위나라에는 신릉군이 있었다. 이들은 앞을 다투어 사인(士人)들을 공손히 접대하고 빈객들을 모시는 데 서로 힘을 기울여 경쟁하였고, 그 빈객들의 힘을 이용하여 나라의 정치를 돕는 한편, 자신들의 권력을 굳히려 했다."

"내가 초나라로 가서 춘신군의 옛 성을 구경하였는데, 궁실이 자못 웅장하고 화려하였다. 처음에 춘신군이 진 소왕(昭王)을 설득하고 죽음을 무릅쓰며 초나라 태자를 귀국시킨 일은 얼마나 뛰어난 지혜였던가! 그러나 후에 이원(李園)에게 잡히고 만 것은 늙었기 때문이었으리라. 속담에 '마땅히 결단해야 할 때 결단을 못 내리면, 도리어 화를 입게 된다'라고 하였는데, 춘신군이 주영(朱英)의 진언을 받아들이지 않은 것이 바로 그것이다."

사마천은 4공자와 관련한 유적을 대부분 탐방한 것으로 보인다. 이들에 대한 기록이 아주 생생한 까닭이다.

키워드 : 양사(養士), 인재, 사공자

식묘(食昴)

태백성이 묘성을 침범하다.
- 권83 〈노중련추양열전〉

한나라 초기 양나라에서 활동한 제(齊)나라 출신의 추양(鄒陽, 기원전 206~기원전 129)이 효왕의 측근들에게 모함을 받아 옥에 갇히는 사건이 있었다. 추양은 옥중에서 효왕에게 편지를 써서 자신의 억울함을 밝혔다. 이 글이 〈보양왕서(報梁王書)〉(또는 〈옥중상양왕서獄中上梁王書)〉)라는 명문이다. 〈옥중에서 양왕에게 올리는 글〉이란 뜻이다.(이 글에 대해서는 부록 '사기의 문장' 해당 부분 참고) 이 글 첫 부분에 다음과 같은 대목이 있다.

"신은 충성스러운 사람은 보답을 받지 않은 경우가 없고, 진실한 사람은 의심을 받지 않는다고 들었습니다. 신은 언제나 그런 줄 알았습니다만, 그저 빈말일 뿐이었습니다. 옛날 형가(荊軻)는 연(燕) 태자 단(丹)의 의로움을 사모했고, 흰 무지개가 해를 뚫는 조짐이 있었지만 태자 단은 형가를 의심했습니다. 위선생(衛先生)은 진나라를 위하여 장평(長平)의 일을 계획했을 때 **태백(太白)이 묘성(昴星)을 침범하는** 징조가 있었지만, 소왕(昭王)은 그를 의심했습니다.

무릇 정성이 천지를 변화시켰음에도 믿음이 두 군주를 깨우치지 못하게 했으니 어찌 슬프지 않겠습니까? 지금 신은 충정으로 드리고자 하는 말씀을 아뢰어 알아주시기를 바랐지만, (왕의) 좌우가 현명치 못해 오히려 옥리에게 심문을 당하고, 세상에 의심을 받게 되었으니 형가와 위선생이 다시 살아난다고 해도 연과 진은 그들의 참뜻을 깨닫지 못할 것입니다. 대왕께서는 잘 살피시길 바라옵니다!"

위 '태백이 묘성을 침범하는 징조'라는 대목에서 **식묘**라는 단어가 나왔다. 《사기집해(史記集解)》를 편찬한 남조시대 송나라(420~479)의 사학가 배인(裴駰, 생졸 미상)은 이에 대해 "백기가 진나라를 위해 조나라 정벌에 나서 장평에서 조나라 군대를 부수어 조나라를 멸망시키려고 소왕에게 위선생을 보내 군사와 양식을 더 보내 줄 것을 청했지만 응후(應侯, 범수)에게 해코지를 당해 성사되지 않았다. 그 정성이 하늘까지 뻗쳐 백기를 위해 태백성이 묘성을 침범한 것이다. 묘성은 조나라 땅의 하늘에 있다. 전쟁이 일어나려고 하니 태백성이 묘성을 침범한 것이다"라는 주석을 달았다. 이후 '식묘'는 정성에 하늘이 감동해 하늘에 특별한 현상이 일어난 것을 가리키게 되었다.

키워드 : 천문, 특이현상, 조짐

식부중미(食不重味), 의부중채(衣不重采)

음식은 맛을 중시하지 않고, 옷은 아름다운 것을 중시하지 않습니다.
– 권31 〈오태백세가〉

춘추 말기 오월쟁패(吳越爭霸)가 한창이었던 기원전 494년 월왕 구천(勾踐)은 범려(范蠡)의 만류에도 불구하고 무리하게 오나라를 공격하다가 오왕 부차(夫差)에게 처참하게 패했다. 이 때문에 구천은 3년 동안 부차의 시중을 들기까지 했다. 심지어 부차가 병이 나자 부차의 똥까지 찍어 맛보는 수모를 당해야만 했다. 월나라로 돌아온 구천은 재기를 위해 자신의 생활 태도와 방식부터 바꾸었다. '와신상담(臥薪嘗膽)'은 바로 이 과정에서 탄생한 명구이다.('와신상담' 항목 참고)

확 달라진 이런 구천의 자세를 알게 된 적국 오나라의 충신 오자서(伍子胥)는 월왕 구천이 평소 **음식은 맛을 중시하지 않고, 옷은 아름다운 것을 중시하지 않으면서** 재기의 칼을 갈고 있다고 부차에게 경고했다. 부차는 이를 무시했고, 심지어 오자서를 자결하게 만들었다. 부차의 오나라는 결국 월나라의 구천에게 망했다.(기원전 473년)

자신을 다스릴 줄 아는 사람은 그가 어떤 사람이 되었건 무서운 사람이다. 구천은 복수의 날을 오래 기다렸다. 지난 실패를 교훈 삼았기에 '십년교훈(十年敎訓)'이란 고사성어가 나왔고, 10년 동안 백성들의 생활을 안정시키고 실력을 쌓았기에 '십년생취(十年生聚)'라는 고사성어가 나왔다. ('십년생취' 항목 참고) 모두 차분히 과거를 돌아보며 서두르지 않고 실력을 기르는 것을 비유하는 고사성어이다. 실제로 구천이 부차에 설욕하고 오나라를 멸망시키기까지 20년이 넘어 걸렸다. 먹는 것, 입는 것 신경 쓰지 않고 '절치부심(切齒腐心)' 실력을 키운 결과였다. ('절치부심'의 출처는 《전국책》이고, 〈자객열전〉에도 인용되었다.)

확실하고 철저한 복수는 서둘러서는 안 된다. 준비하며 기다릴 줄 알아야 한다. 그래서 예로부터 '군자 복수 10년 뒤라도 늦지 않다'거나 '은혜와 원수는 대를 물려서라도 갚는다'는 말들이 나왔다. **식부중미**와 비슷한 뜻의 성어로 '식불감미(食不甘味)'가 있는데, 이는 '음식을 먹어도 맛을 모른다'는 뜻으로 어감에 약간의 차이는 있다.

키워드 : 치욕, 복수, 기다림

식양지서(息壤之誓)

식양에서의 맹서.
– 권71 〈저리자감무열전〉

전국시대 진(秦)나라 재상을 지낸 감무(甘茂)가 기원전 308년 무왕(武王)의 명령을 받고 한(韓)을 공격하러 나섰다. 감무는 식양(息壤)이란 곳에서 무왕에게 자신을 의심하는 자들을 물리치고 자신을 믿겠노라 맹서하게 했다. 감무는 증삼(曾參)과 그 어머니 이야기를 들려준 다음, 이렇게 덧붙였다.

"증삼은 어진 사람이었고 어머니는 증삼을 굳게 믿었지만, 세 사람이 증삼을 의심하자 어머니조차 두려웠던 것입니다. 그런데 신의 어진 마음은 증삼만 못하고, 신을 믿는 왕의 마음 또한 증삼에 대한 어머니의 믿음만 못합니다. 게다가 신을 의심하는 사람이 세 사람만은 아니지 않습니까. 신은 대왕께서 베틀 북을 던질까 두렵습니다."

그럼에도 불구하고 무왕은 감무를 의심했고, 감무는 무왕에게 식양에서 한 맹서를 잊었냐며 당시를 상기시켰다고 한다. **식양의 맹서**라는 뜻의 **식양지서**라는 성어는 여기에서 비롯되었다.('삼인의지, 기모구의' 항목 참고)

키워드 : 믿음, 맹서, 의심

식언(食言)

믿음이 없는 말.
– 권3 〈은본기〉

의미심장한 단어다. **자신이 한 말을 스스로 먹어치운다**는 뜻으로 말에 믿음이 없음을 비유한다. '실언(失言)'이나 '실신(失信)'도 비슷한 뜻이다. 출전은 《좌전》이다.

하나라의 마지막 임금 걸의 포악한 정치가 점점 심해지자 백성들의 원성이 높아만 갔다. 상 부락의 지도자 탕은 제후들을 모아 놓고 걸을 토벌하겠다면서 이렇게 선동했다.

"하의 덕이 이 지경에 이르렀으니 반드시 가서 토벌해야 하오. 여러분이 나와 함께 하늘의 뜻을 대신하여 하걸을 토벌하기 바라오. 불신하지 마시오. 짐은 **식언**하지 않을 것이오. 여러분이 내가 한 맹서에 따르지 않는다면, 나는 결코 용서하지 않고 여러분과 처자식을 노비로 삼거나 죽일 것이오!"

탕은 강력하게 제후들에게 걸에 대한 토벌에 동참할 것을 요구하면서 〈탕서(湯誓)〉를 지어 맹서를 보증했다.('시일하시상~' 항목 참고)

키워드 : 말, 허언(虛言)

권29 〈하거서〉는 상고부터 진·한에 이르는 수리 발전의 상
황을 기록했다. 정국거(鄭國渠) 등 수리공사에 대한 고대인
의 지혜와 힘을 탁월한 역사인식으로 보여주는 중요한 부
분이다. 사진은 전국시대 진나라로 건너와 정국거 공사를
이끈 한나라의 수리 전문가 정국의 모습이다.(섬서성 함양시
咸陽市 경양현涇陽縣 정국거유지, 2025년 ⓒ김바다)

식여도(食餘桃)

먹다 남은 복숭아.
– 권61 〈노자한비열전〉

이 성어는 윗사람의 총애를 받고 있을 때는 **먹다 남은 복숭아**를 윗사람에게 주어도 다 먹지 않고 남겨준다는 칭찬을 듣지만, 일단 총애를 잃으면 이런 행위가 결점으로 변하여 비난의 대상이 된다는 고사에서 나왔다. 인간에 대한 애증(愛憎)의 변질과 평가가 얼마나 무상(無常)한가를 잘 보여주는 말이다. 이야기를 따라가보자.

위(衛)나라 군주 영공(靈公)에게 그 미모로 귀여움을 차지하고 있던 미자하(彌子瑕)라는 미소년이 있었다. 젊고 준수한 용모로 위왕의 사랑을 독차지하고 있을 때는 복숭아를 저 먼저 먹고 남은 것을 왕에게 주어도 나무라지 않고, 오히려 왕을 위하는 마음이 지극하다고 칭찬을 들었지만, 용모가 시들고 보잘것없어지자 왕은 옛날 일을 꺼내면서 '먹다 남은 복숭아'를 자기에게 주었다며 책망을 했다.

이 이야기의 출전은 《한비자》〈세난(說難)〉 편이고, 사마천은 한비자의 전기인 〈노자한비열전〉에 이 대목을 인용했다. 한비자는 변덕스러운 인간의 애증에 대해 다음과 같이 비꼬고 있다.

"미자하의 행동은 처음이나 나중이나 달라진 것이 없었다. 그런데 처음에는 칭찬을 듣고 나중에는 죄를 얻었으니 무슨 까닭인가? 사랑이 미움으로 변했기 때문이다. 임금에게 귀여움을 받고 있을 때는 미자하의 언행 모두가 임금 마음에 들고 더 가까워지지만, 일단 임금에게 미움을 사면 아무리 지혜를 짜내서 말을 해도 임금 귀에는 옳은 말로 들리지 않을뿐더러 더욱 멀어진다. 그러

미자하에 대한 영공의 애정이 시들자 과거 예뻐 보였던 점이 허물로 바뀌었다. 한비자는 인간 감정의 변화를 '식여도'란 고사로 잘 나타냈다. 그림은 위 영공과 그 부인의 모습이다.

므로 말을 올리거나 논의를 펼칠 때는 군주의 애증을 미리 살핀 다음 행하지 않으면
안될 것이다.”

애증의 변화는 무상하다. 애증이라는 감정 자체가 대체로 주관적인 것이기 때문
에 언제든지 바뀔 수 있다. 겉으로 드러나는 감정을 믿을 것이 아니라, 그 감정의 이
면에 숨어 있는 인간의 본성을 감지할 수 있어야 인간관계도 무던하게 오래 지속될
수 있는 것 아닌가 하는 생각이 든다. 그렇게까지 하면서 인간관계를 유지해야 하는
것인지, 왠지 두려운 생각도 든다.

키워드 : 감정, 애증, 변질

신

신선사졸(身先士卒)

병사들보다 앞장서다.
– 권118 〈회남형산열전〉

한 무제(武帝) 때 고조 유방의 손자인 회남왕 유안(劉安, 기원전 179~기원전 122)이 측
근 오피(伍被) 등과 더불어 반역을 꾀하다 발각되어 자살하는 사건이 있었다. 당시
회남왕은 오피에게 대장군의 자격을 물은 적이 있었고, 오피는 “적을 맞이하여 용
감해야 하고 항상 **병사들보다 앞장서야** 합니다”라고 답했다. 여기서 **신선사졸**이란 사
자성어가 나왔다.

고대의 장수들은 군을 다스릴 때 ‘신선사졸’을 매우 중시했다. 오늘날 우리가 흔히
말하는 ‘솔선수범(率先垂範)이 가져다주는 힘은 무궁하다’라는 말이나, ‘앞장서서 이

끄는 행동은 소리 없는 명령이다'는 말도 이런 이치에서 나왔다. '솔선수범'은 현대에 만들어진 용어이고, '수범'의 출처는《문심조룡(文心雕龍)》〈조책(詔策)〉이다.

키워드 : 리더, 리더십, 솔선수범

신유대사이군불문(臣有大事而君不聞), 시무군야(是無君也)

신하에게 큰일이 있는데, 군주가 모르는 것은 군주가 없는 것이다.
— 권43 〈조세가〉

춘추시대 진(晉)나라 영공(靈公, 재위 기원전 620~기원전 607) 때의 간신 도안고(屠岸賈)는 진나라의 명문 조씨(趙氏) 가문을 없애려고 영공에게 알리지도 않고 일을 꾸몄다. 한궐(韓厥)은 도안고에게 **"신하에게 큰일이 있는데, 군주가 모르는 것은 군주가 없는 것이다"**라며 충고했으나 도안고는 듣지 않고 조씨 가문을 멸족시켰다. 조씨 집안의 유일한 혈육 조무(趙武)는 의로운 정영(程嬰)과 공손저구(公孫杵臼)의 희생으로 목숨을 건졌다. 조무는 성장하여 끝내 도안고를 죽이고, 조씨 집안을 다시 일으켰다.

한궐은 간신 도안고의 전횡을 막으려 했고, 훗날 조무를 도와 조씨 집안을 다시 일으키게 했다. 한궐의 소상이다.(2010년)

간신들의 공통점은 권력자를 믿고 '호가호위(狐假虎威)'하는 것이고, 권신들의 공통점은 권력자를 무시하고 큰일을 서슴없이 꾸미는 것이다. 어느 쪽이든 나라를 불안하게 만드는 악성종양과 같다. 더 큰 문제는 간신들이 권신으로 진화하는 경우다. 아부와 잔꾀로 권력자의 눈과 귀를 가린 채 온갖 못 된 일을 꾸미고 저지르기 때문이다. 간신이 권신으로 넘어가는 과정에서 나타나는 필연적 현상은 자신과 권력자와의 친밀도를 수시로 들먹이는 것이다. 조금만 주의 깊게 살

1086

피면 금세 알 수 있는 현상이기도 하다.

키워드 : 군신, 월권, 간신, 권신

신정(神鼎)

신정.
— 권28 〈봉선서〉

전설 속 제왕인 태제(泰帝, 태호太昊 또는 복희씨伏羲氏)에 관해 〈봉선서〉에는 이런 기록이 전한다.

"옛날 태제께서 **신정(神鼎)**을 하나 만드셨는데, 하나[一]란 일통(壹統)이란 뜻으로, 천지만물이 모두 보정(神鼎)으로 귀결되는 것으로 들었습니다. 황제(黃帝)는 보정(寶鼎) 세 개를 만들었는데, 천(天, 하늘)·지(地, 땅)·인(人, 사람)을 상징했습니다. 하우(夏禹)는 구주(九州)의 동(銅)을 거두어 구정(九鼎)을 주조했으며, 모두 삶은 고기를 담아 상제와 귀신에게 제사 지낼 때에 사용했습니다. 성스러운 덕이 흥성한 사람을 만나서 정(鼎)은 하나라와 상나라에 전해졌습니다. 주나라의 덕이 쇠퇴하고 송(宋)나라의 사직이 망하자, 정은 사라져 다시는 보이지 않았습니다."

세발솥인 '정'은 상고시대부터 아주 귀중한 보물로서 제왕이 나라를 세우면 반드시 새로운 '정'을 주조하여 중요한 기물로 삼았다. 그 뒤 '구정'이나 '신정'은 **황제의 자리, 최고 권력의 상징**을 가리키는

무제 때를 비롯하여 한나라 시대에는 '정'을 발견한 사례가 꽤 있었다. '정'을 끌어 올리는 벽돌 그림이다.

용어가 되었다.

한나라 무제는 신선방술과 같은 미신과 산천에 대한 제사에 열을 올렸는데, 한번은 옛 위나라 땅에서 '정'을 발견했다. 위 대목은 '정'을 발견하자 신하들이 아뢴 말의 일부분이다. ('구정', '문정' 항목 참고)

키워드 : 권력, 제왕, 상징, 청동솥

신지불신(臣之不信), 왕지복야(王之福也)

신을 믿지 않는 것이 왕의 복이십니다.

— 권69 〈소진열전〉

자신을 헐뜯는 자의 말만 믿고는 벼슬을 회복시켜 주지 않는 연왕(燕王)에게 책략가 소진(蘇秦)은 다짜고짜 이 말을 던져 연왕의 주의를 끈 다음, 절묘한 비유로 연왕을 설득했다. 그 자초지종은 이렇다.

연나라와 제나라 사이에 외교적 마찰이 일자 소진은 연왕을 위해 제나라를 설득시켜 오해를 없앴다. 그런데도 연왕은 소진을 헐뜯는 주위의 말만 듣고 소진의 재기용을 주저했다. 소진은 자신은 충성과 믿음 때문에 왕에게 죄를 받았다며 연왕의 심기를 긁는다. 연왕은 충성과 믿음이 있는데, 어떻게 죄를 받는단 말이냐며 발끈했다. 소진은 회심의 미소를 지으며, 다음과 같은 이야기를 들려준다.

"그게 그렇지 않지요. 제가 옛날이야기 하나 하겠습니다. 어떤 사람이 먼 지방에 가서 관리 노릇을 하고 있었습니다. 아내가 남편이 없는 사이에 다른 자와 간통을 했습니다. 남편이 돌아올 때가 다 되어가자 정부는 걱정이 태산 같았습니다. 여자는 '걱정하지 마시오. 내 이미 독약을 탄 술을 장만해놓고 기다리고 있으니'라고 했답니다.

사흘 뒤 남편이 집에 도착했습니다. 아내는 첩을 시켜 독약을 탄 술을 남편에게 올리게 했습니다. 술에 독이 있다는 것을 알고 있던 첩은 그 사실을 말하려고 했으나 그렇게 할 수가 없었습니다. 그랬다간 자기 주모가 쫓겨날 것이 두려웠기 때문입니다. 그렇다고 말을 안 했다간 주인이 죽게 되었으니 이래저래 난처했습니다. 그래서 첩은 일부러 넘어지면서 술을 쏟아 버렸답니다.

남편은 화가 나서 그녀에게 매 50대를 쳤습니다. 첩은 한 번 쓰러져 술을 엎질러 위로는 주인을 살리고, 아래로는 주모가 쫓겨나지 않게 했습니다. 그러나 매질을 면치는 못했습니다. 그러니 충성스럽고 믿음이 있는 그녀에게 어찌 죄가 없다고 할 수 있겠습니까? 대저 신의 불행도 이 일과 비슷하지 않겠습니까?"

연왕은 화를 풀고 소진의 원래 직위를 회복시키는 한편, 전보다 더 우대했다고 한다. 지아비를 살리고도 매질을 당한 첩의 신세에 자신을 처지를 비유하고 있는 소진의 화술이 절묘하다.

자신을 믿지 않으려는 사람을 설득하는 방법이야 여러 가지가 있겠으나, 적절한 비유를 동원하고 있는 소진의 방법도 좋은 참고가 될 것이다.

키워드 : 군신, 오해, 설득, 비유

신취욕식(晨炊褥食)

새벽에 밥을 지어 이불을 쓰고 먹다.
– 권92 〈회음후열전〉

한신은 젊은 날 별다른 직업 없이 떠돌았다. 추천을 받아 관리가 되지도 못했고, 장사로 생계를 꾸릴 수 없어 늘 남에게 빌붙어 먹고 다녀 사람들이 그를 싫어했다고 한다. 일찍이 하향(下鄕)의 남창(南昌) 정장(亭長)에게 여러 번 밥을 얻어먹었는데, 여

최근 한신의 출신지인 강소성 회음시(淮陰市)는 한신의 고향 마을에 한신의 행적과 사당 등을 복원하여 공원을 조성했다. 사진은 광장에 조성되어 있는 한신 연보 석조물이다.(2014년)

러 달이 지나자 정장의 아내가 그를 미워해 **새벽에 밥을 지어 이불을 쓰고 먹었다.** 한신이 식사 시간에 맞추어 갔으나 밥이 없었다. 한신은 그 의중을 알아채고는 화를 내며 정장과 의절했다.

이 일화에서 **신취요식**이라는 흥미로운 성어가 나왔다. 훗날 출세하여 고향으로 돌아온 한신은 정장 친구를 찾아 100전(錢)을 내리면서 "너는 소인배다. 남에게 은덕을 베풀면서 끝까지 하지 않고 중도에서 끊었다"라는 말로 뒤끝을 보였다. '신취요식'은 '표모반신'이나 '일반천금'의 일화와 함께 한신의 기질과 은원관을 잘 보여주는 일화로 남아 있다.('표모반신', '일반천금' 항목 참고)

키워드 : 처지, 구걸, 박대

신칙백관(信飭百官), 중공개흥(衆功皆興)

관리들이 각자 직무에 충실하면 모든 일이 잘 돌아간다.
– 권1 〈오제본기〉

《사기》 130권의 첫 권인 〈오제본기〉에 이런 대목이 있다.

"백관들에게 각자의 직무에 엄격할 것을 요구하였고, 모든 일이 활기를 띠며 잘 돌아갔다."

위는 요(堯)임금이 역법을 담당하는 희씨(羲氏)와 화씨(和氏)에게 이른 말로 원래는

《상서(尙書)》〈요전(堯典)〉에 나오는 같은 뜻의 "윤리백공(允釐百工), 서적함희(庶績咸熙)"를 사마천이 적절하게 바꾼 것으로 보인다.

가정이든 조직이든 각자 자기 맡은 일을 진지하게 성실하게 적극적으로 최선을 다해서 해내면 관련된 모든 일이 잘 시행되어 크게 발전할 수 있음을 가리키는 명언으로 꼽힌다.

키워드 : 관리, 직무, 충실

실

실신(失身)

몸을 잃다.

– 권117 〈사마상여열전〉

한나라 무제 때의 문장가 사마상여(司馬相如)는 젊은 시절 사천의 대부호 탁왕손(卓王孫) 집안의 젊은 과부 탁문군(卓文君)과 첫 만남에 눈이 맞아 그날로 야반도주하여 신혼살림을 차렸다. 당시 사마상여는 아무것도 가진 것 없는 백수였고, 탁문군은 가져온 패물과 마차 따위를 팔아 우물을 파고 술장사를 시작했다.('가거도사벽립' 항목 참고) 사마상여는 소매를 걷어붙이고 술장사를 도왔다. 두 사람은 이렇게 행복한 신혼을 보냈다.('독비곤' 항목 참고)

탁왕손은 이런 딸을 용납할 수 없었다. 더욱이 딸이 술장사를 하고 있다는 소식에 부끄러워 문을 걸어 닫은 채 밖에 나가지 않았다('두문불출杜門不出'이란 표현이 여기서 나온다.) 친인척과 동네 노인들이 번갈아가며 탁왕손을 설득했는데, 그때 이들은 이렇게 말했다.

"당신은 아들 하나와 딸 둘에 재산이 부족한 것도 아닙니다. 지금 문군은 이미 사마장경(司馬長卿, 사마상여)에게 **몸을 잃었고,** 장경은 오랫동안 떠돌며 가난하지만 그 사람됨과 재능은 의지하기에 충분합니다. 게다가 그는 현령의 빈객인데, 어찌하여 이렇게 서로 욕되게 하십니까!"

'자식에게 이기는 부모 없다'는 말처럼 탁왕손은 결국 노비와 돈 따위를 딸 부부에게 나누어주고 화해했다. 문군과 상여는 성도로 돌아가 논밭을 사서 부자가 되었고, 상여는 마음 놓고 공부할 수 있었다.

실신은 '몸을 잃었다' 또는 '몸을 버렸다'는 뜻이지만, 〈사마상여열전〉의 기록만 놓고 보면 **몸을 맡겼다**는 쪽이 더 맞을 것 같다.

키워드 : 관계, 남녀, 의지(依支)

실지호리(失之毫厘), 차이천리(差以千里)

터럭 정도의 잘못이 천 리만큼이나 큰 차이를 불러온다.
– 권130 〈태사공자서〉

처음에는 짐승 털 하나 정도의 미미한 착각이었지만, 그 결과가 엄청나게 큰 잘못으로 나타날 때 쓰는 표현이다. 이 말은 《예기(禮記)》의 "단 한 치의 착각이 천 리만큼이나 큰 잘못이 될 수 있으므로 군자는 처음부터 신중해야 한다"는 대목에서 나온 것으로 보인다. 사마천은 《역경》의 대목을 인용하면서 이 말을 기록했다. 현재 통용되고 있는 《역경》에 이 대목은 찾을 수 없고, 《역경》을 해석한 서한시대의 저작으로 추정되는 《역위(易緯)》에 나온다.(《후한서》 〈번영전樊英傳〉)

사마천은 마지막 권인 〈태사공자서〉에서 어지러운 세상을 다스려서 바른길로 돌아가게 할 수 있는 것으로 《춘추》보다 더 가까운 것은 없다고 하면서, 모든 일은 어느 날 갑자기 터지는 것이 아니라, 잘못이 오랫동안 쌓이고 쌓인 결과라고 지적한다.

한순간의 실수나 잘못을 그때그때 바로잡지 못하고 내버려두면 결국은 엄청난 화를 입게 된다. 원인이나 과정이 생략된 결과는 없는 법이다. 인간과 사물에 대한 오만한 태도를 버리면 사소한 실수나 착각을 줄일 수 있다.

동한시대의 역사학자 반고(班固, 32~92)는 《한서(漢書)》 〈사마천전〉에서 '차지호리(差之毫厘), 유이천리(謬以千里)'라 했는데, 뜻은 같다.

키워드 : 상황, 실수, 차이

심

심도(甚都)

매우 아름답다.
− 권117 〈사마상여열전〉

한나라 무제 때 사람 사마상여(司馬相如, 기원전 179~기원전 118)는 당대 최고의 문장가였을 뿐만 아니라 성도의 큰 부자 탁왕손(卓王孫)의 딸 탁문군(卓文君)을 유혹하여 하룻밤 만에 야반도주하는 기막힌 로맨스까지 남겼다.('가거도사벽립') 그가 이렇게 만난 지 하루 만에 짝을 얻어 야반도주할 수 있었던 데는 그의 외모가 한몫을 했다.

사마천은 사마상여가 탁왕손의 잔칫집에 나타났을 때, 다른 사람들이 상여를 쳐다보는 장면에서 "그 자태가 더할 수 없이 차분하고 우아했다"는 '옹용한아심도(雍容閒雅甚都)'란 표현을 남겼다. 사람들은 이런 사마상여의 자태에 넋이 나갔는데, 사마천은 이를 과장하여 '일좌경진(一坐盡傾)'으로 표현했다. '자리에 있던 모든 사람이 (뒤로) 자빠졌다'는 뜻이다. 속된 말로 자리가 뒤집어졌다는 뜻이다. 상여가 얼마나 잘생겼는지를 아주 잘 나타낸 표현인데, 이후 뛰어난 미모와 풍채를 본 모든 사람들이 놀라거나 넋이 나간 상태를 비유하는 성어가 되었다.

심도는 글자만 보아서는 무슨 뜻인지 전혀 알 수 없고, 그 앞의 **옹용한아**(雍容閑雅)와 **연결해서 아주 아름답거나 매우 우아한 자태를 강조하는 단어**로 보면 될 것 같다. 영어 'very beautiful'이나 'very elegant' 정도가 되겠다. 부사로는 매우·몹시·아주 등의 뜻이다. '옹용한아(雍容閑雅)'만 따로 떼어서 쓰기도 하는데, 뜻은 거의 같다.('일좌진경', '옹용한아' 항목 참고)

키워드 : 사람, 외모, 미모, 출색(出色)

심문교저(深文巧詆)

법을 가혹하게 적용하고 교묘하게 비난하다.
– 권120 〈급정열전〉

심문교저는 '무문교저'나 '무문농법'과 같은 뜻의 성어이다. '심문교저'에서 '심문'은 법률 조항을 가능한 많이 끌어다 가혹하게 적용하는 것을 가리키며, '교저'는 교묘하게 다른 사람을 욕하거나 비난한다는 뜻이다. 당시 법을 집행하는 가혹한 도필리(刀筆吏), 즉 혹리(酷吏)들이 법을 적용하고 집행하는 방식을 지적한 성어이다.('무문교저', '무문농법' 항목 참고)

키워드 : 법률, 집행, 혹리, 방식, 조작

심비항의(心非巷議)

속으로 비방하고 길에서 이러쿵저러쿵하다.
– 권6 〈진시황본기〉

기원전 213년 무렵, 진시황이 천하를 통일한 지 10년이 다 되어가던 때였다. 진시황은 함양궁에서 술자리를 베풀었다. 박사 70여 명이 진시황에게 장수를 기원하는 술잔을 올렸고, 주청신(周靑臣)은 진시황의 공덕을 칭송했다. 진시황은 기분이 좋았다. 이때 박사 순우월(淳于越)이 나서 자제들을 제후로 봉하라는 청을 올렸다. 승상 이사는 이에 강력하게 반대하는 한편, 언론과 사상을 더욱 강력하게 통제해야 한다면서 이렇게 말했다.

"이제 황제께서 천하를 아우르시어 흑백을 가리고 단 하나의 지존을 정해 놓으셨습니다. 그런데도 사사로이 배운 것으로 서로 법령과 교화를 비난하고, 명령을 받고도 각자 배운 것을 가지고 토론하려 듭니다. 조정에 들어오면 **속으로 비방하고**, 조정에서 나가면 **길거리에서 서로 모여 이러쿵저러쿵**합니다."

이어 이사는 진나라 책이 아닌 것을 모두 태우자는 '분서(焚書)'와 두 사람 이상이 만나 《시(詩)》, 《서(書)》를 거론하면 저잣거리에서 사형시키자는 '우어기시(偶語棄市)'라는 유명한 악법의 제정을 청했다. 이렇게 해서 '분서'가 단행되었고, 이듬해인 기원전 212년에는 '갱유(坑儒)'까지 단행되었다.('우어기시', '분서갱유' 항목 참고)

위 이사의 말 중에 '속으로 비방하고, 길거리에서 서로 모여 이러쿵저러쿵한다'는 대목에서 **심비항의**라는 성어가 나왔고, 마음속의 불만을 사사로이 논의하는 것을 가리키기에 이르렀다.

키워드 : 여론, 불만, 비방

심장약허(深藏若虛)

깊이 숨겨 마치 비어 있는 것처럼 하다.
– 권63 〈노자한비열전〉

공자(孔子)가 주나라의 도성인 낙양에 가서 노자(老子)에게 예(禮)를 묻자, 노자는 이렇게 말했다.

"내가 듣기에 좋은 장사꾼은 (물건을) **깊이 숨겨 마치 비어 있는 것처럼** 하고, 덕이 가득 찬 군자의 모습은 어리석어 보인다고 했소."

그러면서 노자는 "그대의 교만한 기색과 가득 찬 욕심, 남을 꺾으려는 자세와 욕망을 버리시오. 이런 것들은 하나 같이 그대의 몸에 도움이 못 되오. 내가 그대에게 할 말은 이것 뿐이오"라고 신랄하게 비판했다.

노자와 헤어진 뒤 공자는 제자들에게 노자를 만난 소감을 이야기하면서 "내가 오늘 노자를 보니 용과 같았다"고 했다.

심장약허는 귀한 물건을 깊숙이 감추어 두길 마치 그 물건이 없는 것처럼 한다는 뜻으로, 진정한 학문이나 학자는 사람들 앞에서 자신의 학식을 떠벌리지 않는다는 비유로 쓰이기도 한다. 참고로 공자가 노자를 만난 시기는 대체로 기원전 518년으로 보는데 기원전 506년 등 다른 주장도 있다. 당시 공자 나이 34세였다. ('노룡' 항목 참고)

키워드 : 처신, 처세, 도광(韜光)

심중은후(深中隱厚)

마음속 깊이 숨겨져 있는 중후함.
– 권108 〈한장유열전〉

한나라 초기의 관리이자 장수로서 장자(長者)로 불렸던 한안국(韓安國, ?~기원전 127)은 오초칠국의 난을 평정하는 데 공을 세워 조정에 발탁되었다. 그는 인품이 중후하고 지략이 뛰어났다. 자신은 재물에 욕심을 부렸지만 추천한 사람은 모두 청렴했다. 사마천은 그의 자 '장유(長孺)'를 따서 〈한장유열전〉을 남겼다. 이 열전 마지막 논평에서 사마천은 한안국과 같은 양나라 출신으로 자신과 함께 율력을 제정했던 호수(壺遂)를 언급하면서 이렇게 말했다.

"내가 호수와 함께 율력(律曆)을 제정했는데, 그때 한장유의 의로움과 호수의 **마음 속 깊이 숨겨져 있는 중후함**을 보았다. 세상 사람들이 양(梁)나라에 장자(長者)가 많다고 하는 말이 거짓이 아니었다."

심중은후는 깨끗하고 충직하며 중후한 내면의 품성을 비유하는 성어이다.

키워드 : 인간, 품성, 중후

심향왕지(心向往之)

마음이 그(곳)를 향해 가다.
– 권47 〈공자세가〉

사마천은 공자를 흠모했다. 그의 사상과 그가 남긴 업적을 따르고자 했다. 사마천은 공자를 세가에 편입하여 〈공자세가〉를 통해 비교적 상세히 남겼다. 그리고 마지막 논평 부분에서 공자에 대한 존경심을 이렇게 표현했다.

"태사공은 말한다. 《시경》에 '높은 산은 우러러보고, 큰길은 따라간다'라는 말이 있다. 내 비록 그 경지에 이르지는 못할지라도 **마음은 항상 그를 향해 가고 있다.** 내가 공자의 저술을 읽어보고, 그 사람됨이 얼마나 위대한 가를 그릴 수 있었다."

이 대목에서 누군가를 향한 지극한 공경의 마음을 비유하는 **심향왕지**라는 성어가 나왔다.('고산앙지' 항목 참고)

키워드 : 마음, 존경, 흠모

십

십가지산(十家之産)

열 집의 재산.
– 권10 〈효문본기〉

서한 3대 황제 문제(文帝) 유항(劉恒, 기원전 203~기원전 157)은 역대 명군의 반열에 늘 오르는 군주다. 각종 악법을 폐지하는 등 선정을 베풀었고, 백성을 위해 근검절약에 앞장섰다.('비방지목' 등 항목 참고) 한번은 노대(露臺, 지붕이 없는 건축물)를 지으려고 비용을 계산하게 했더니 금 100근이 든다고 했다. 문제는 이렇게 말하며 노대 건축에 대한 마음을 접었다.

"금 100근이면 보통 백성 **열 집의 재산**과 같다. 내가 선제의 궁실을 물려받아 쓰면

서 늘 욕되게 하면 어쩌나 걱
정했는데, 대는 지어서 무엇
하겠는가?"

　여기서 **십가지산**이란 성어
가 나와 상당히 많은 비용을
비유하게 되었다. 문제의 이
런 선정은 훗날 명나라 재상
장거정(張居正, 1525~1582)이

《제감도설》에는 누군가 문제에게 바친 천리마를 물리친 '각천리마
(却千里馬)' 일화도 함께 실려 있다. 이를 나타낸 그림이다.

편찬한 《제감도설(帝鑑圖說)》에도 실렸다. 《제감도설》은 역대 명군들이 남긴 훌륭한
일화를 그림과 함께 실은 책이다.

키워드 : 통치자, 리더십, 선정, 근검절약

십년생취(十年生聚), 십년교훈(十年敎訓)

10년에 걸쳐 인구를 늘리고, 10년에 걸쳐 지난 교훈을 되새기다.
– 권31 〈오태백세가〉

　'식부중미' 항목에서 언급한 바 있는 성어이다. 월왕 구천이 오왕 부차에게 당한
패배를 잊지 않고 오랜 기간 단단히 준비했음을 말하는 성어이다. 원전은 《좌전》 애
공 원년 조항이다. ('식부중미' 항목 참고)

키워드 : 치욕, 복수, 기다림, 준비

아방궁(阿房宮)

아방궁.
– 권6 〈진시황본기〉

'아방궁'은 오랜 세월 권력자의 지나치게 호화롭고 사치스러운 집(시설)의 대명사처럼 여겨졌고, 지금도 이런 인식은 여전하다. 아방궁은 진시황이 천하를 통일한 지 10년 재위 35년인 기원전 212년 함양 도성에 궁전 등을 새로 건설하면서 지은 궁의 이름이다. 이해를 돕기 위해 관련 기록을 몇 개의 단락으로 나누어 보았다.

- 이때 진시황은 함양이 사람은 많은데 선왕의 궁전이 너무 좁다고 여기고는 "짐이 듣기로는 주나라 문왕은 풍(豊)에 도읍하고 무왕은 호(鎬)에 도읍하였다고 하니, 풍과 호 두 지역 사이가 제왕의 도읍지로 제격이다"라고 말했다. 이에 위수(渭水) 남쪽 상림원(上林苑)에 궁전을 지었다.

- 먼저 **아방(阿房)**에 전전(前殿)을 지었는데, 동서 넓이가 500보 남북 길이가 5장으로 위쪽에는 1만 명이 앉을 수 있고, 아래쪽에는 5장 높이의 깃발을 꽂을 수 있었다. 사방으로 구름다리를 만들어 궁전 아래부터 남산까지 통하게 했으며, 남산 봉우리에 궐루를 세워 표지로 삼았다. 또 구름다리를 만들어 아방에서 위수를 건너 함양에까지 이르게 하여, 북극성(北極星)과 각도성(閣道星)이 은하수를 건너 영실성(營室星)에 이르는 모양을 상징했다.

- **아방궁**이 완성되지 않았으나, 완성된 뒤에 좋은 이름을 지으려 했다. 그러나 결국 아방에 궁전을 지었기 때문에 세상 사람들은 아방궁이라 불렀다. 궁형과 도형(徒刑)을 받은 죄수 70만여 명을 나누어 아방궁을 짓게 하거나 여산(驪山, 진시황릉)을 조성하게 했다. 북산에서 석재를 캐내고 촉(蜀)과 형(荊) 지방에서 목재를 운반하여

모두 이곳으로 모이게 했다. 관중에는 궁전 300채를 지었으며, 함곡관 동쪽에는 400여 채의 궁전을 지었다.

- 그리고는 동해 바닷가 구산(朐山)에 비석을 세우고, 진나라 국경의 동쪽 문으로 삼았다. 동시에 3만 가구를 여읍(驪邑)으로 옮기고, 5만 가구를 운양(雲陽)으로 옮겨 10년간 세금과 요역을 면제해 주었다.

관련하여 통일 제국의 도성 함양과 함양성의 역사적 의의 및 고고발굴 상황을 간략하게 소개한다.

진나라는 효공 12년인 기원전 350년 상앙의 2차 변법과 함께 함양(咸陽)으로 도읍을 옮겨 기원전 206년 망할 때까지 함양을 도성으로 삼았다. 함양은 여덟 군주 145년 동안 진나라의 중심 역할을 제대로 해냈다. 이 동안에 함양에서는 갖가지 큰일이 끊이지 않고 일어났다. 말 그대로 숨 막히도록 정신없이 사건이 잇따랐다. 상앙(商鞅)의 '변법(變法)' 개혁, 인상여(藺相如)의 '완벽귀조(完璧歸趙)', 형가(荊軻)의 진시황(당시 진왕) 암살기도, '분서갱유(焚書坑儒)', 조고(趙高)의 '지록위마(指鹿爲馬)' 등과 같은 극적인 사건이 계속되었다. 특히 진시황은 함양을 지휘본부로 삼아 6국을 멸하고

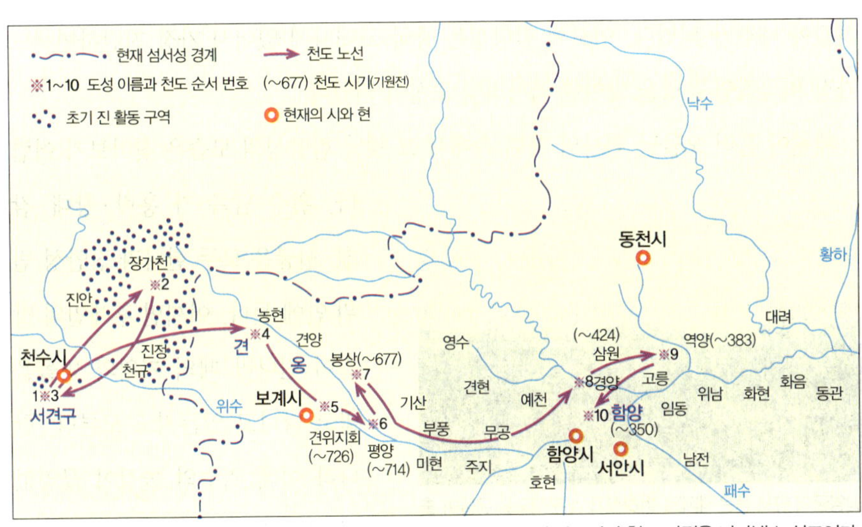

진의 천하통일 과정은 여러 차례에 걸친 천도와도 상당한 관계가 있다. 지도는 진의 천도 과정을 나타낸 노선도이다.

지금 아방궁의 흔적은 흙 담장만 남아 있을 뿐이다.(2008년)

마침내 천하를 통일함으로써 함양은 중국 최초의 통일된 봉건제국의 도성이 되었다. 이와 함께 함양을 중심으로 완비된 중앙집권적 봉건제도가 제정되어 후대 역사에 지대한 영향을 미쳤다.

함양성은 위수(渭水) 북쪽, 북산(北山)의 남쪽에 세워져 산과 물이 모두 양(陽)을 갖춘 지리적 특성 때문에 함양(咸陽)이라는 이름을 얻게 되었다.

소양왕(昭襄王) 때 성시의 규모가 남쪽으로 확대되어 장대궁(章臺宮)과 흥락궁(興樂宮)이 위수 남쪽 가에 섰다. 진시황은 천하의 부호 12만 호를 함양으로 이주시키고, 북릉에다 나름대로의 특색을 갖춘 6국의 궁궐을 그대로 본뜬 '6국 궁궐'을 짓고, 아름다운 난지궁(蘭池宮)도 세웠다. 위수 남쪽 주변 지금의 서안시 범위 안에다는 화려하고 당당한 신궁(信宮)·감천궁(甘泉宮)·아방궁(阿房宮)을 세웠다. 이렇게 위수 양편을 아우른 함양성은 궁전 건축이 숲처럼 들어선 것 같은 규모를 갖추게 되었다. 그러나 항우가 입관하여 성을 쑥대밭으로 만들고, 궁궐에 불을 지름으로써 함양은 순식간에 폐허가 되었다. 이로써 함양성은 중국 고대사에 있어서 가장 찬란하면서도 가장 비극적인 운명을 맞이한 역사적인 도성이 되었다.

세월이 흘러 오늘날 역사의 자취 속에서 그 옛날 함양성의 모습은 찾아보기 어렵다. 위수 남쪽 가 홍락·장대·감천·신궁은 모두 한나라 장안성 범위 안에 든다. 어쩌면 후세인의 발길이 진나라 때의 기와와 벽돌을 밟고 다니고 있는지도 모른다. 한나라 이래 위수의 물길이 끊임없이 북쪽으로 이동하면서 위수 북

함양궁의 규모 등은 대체로 밝혀졌고, 부분적으로 유물이 출토되었지만 관련 건축물들은 항우에 의해 다 불탔다.(2009년)

쪽 가에 위치한 함양성 유적은 물길에 씻겨 나갔고, 이로써 인류의 문화유산이 영원히 사라졌다.

그러나 과거사를 복원하려는 고고 공작자들의 수십 년에 걸친 노력 끝에 진 함양성의 건축터와 문화유물이 적지 않게 발견되었다. 우양촌(牛羊村)에서 희가도(姬家道) 북원(北塬)에 이르는 구역에서 장방형 궁궐터를 발견했으며, 그중 세 군데의 건축터를 발굴했다. 복원을 해본 결과 그 웅장한 규모로 미루어 함양궁의 주요 건축으로 추정하고 있다. 궁성 서북에서는

진시황릉 능원에서 확인된 배수 시설이다.(2011년)

건축 유지 열아홉 군데가 발견되었고, 백가취(柏家嘴) 일대에서는 흙을 다진 터 여섯 군데를 발견했다. 아울러 '난지궁(蘭池宮)'이라는 글자가 새겨진 와당이 나오는 난지궁의 자리가 실제로 확인되었다. 장릉(長陵) 버스정류장 부근에서는 우물 70여 군데와 흙으로 구워 만든 지하 배수관이 나왔는데, 이 토기에는 '함양(咸陽)'·'함리(咸里)'·'함정(咸亭)' 등의 글씨가 새겨져 있었다.

동기와 철기를 묻은 저장 구덩이에서는 진시황 25년(기원전 222)과 진 2세 원년(기원전 209)에 반포한 동판조서(銅板詔書)가 발견되기도 했다. 섭가구(聶家溝)에서 호가구(胡家溝) 사이에서는 벽돌과 기와·동·철을 제작하는 작업장 터가 발견되었고, 그 서쪽 약 4km 범위 안에서는 대량의 소형 진나라 무덤이 흩어져 있는 것이 확인되었다. 서안시 삼교진(三橋鎭) 서남 아방궁 범위에서는 20여 곳의 건축터가 발견되어 기록에서 말하는 "동서 넓이가 500보, 남북 길이가 5장으로 위쪽에는 1만 명이 앉을 수 있고, 아래쪽에는 5장 높이의 깃발을 꽂을 수 있고", "다섯 걸음에 누 하나, 열 걸음에 각 하나"라는 굉장한 모습을 상상하기에 충분한 실물 자료를 제공하고 있다.

키워드 : 궁궐, 함양, 아방궁

아부지질(亞夫之疾)

주아부의 병 / 피를 토하는 병.
– 권57 〈강후주발세가〉

　서한의 개국공신 주발(周勃)과 아들 주아부(周亞夫, ?~기원전 143)는 2대에 걸친 명장들이었다. 주아부는 특히 경제 때인 기원전 154년 터진 오초칠국의 난을 평정하는 데 결정적인 공을 세워 그 명성이 천하를 울렸다. 그러나 그 뒤 조정과 다른 대신들의 견제를 받아 옥에 갇히는 수모를 겪었다. 그에게 씌워진 혐의는 죽은 뒤 무덤에 들어갈 부장품으로 병기를 넣었으니, 이는 죽은 뒤에 반란을 꾀하려 한 것 아니냐는 실로 웃지도 울지도 못할 것이었다.

　옥에 갇힌 주아부는 억울함에 음식을 거부한 채 버티다가 닷새 만에 피를 토하고 죽었다. 여기서 훗날 **피를 토하는 병**을 **아부지질**이라고 표현하게 되었다. ('도유수불유', '독배천금' 항목 참고)

서한 초기의 명장 주아부의 초상화이다.

키워드 : 울분, 토혈병(吐血病)

아위어육(我爲魚肉)

우리가 물고기 신세다.
– 권7 〈항우본기〉

　기원전 206년 진나라가 망한 뒤 홍문연(鴻門宴)에서 항우와 유방이 술자리를 가졌다. 이 자리에서 항우와 그 책사 범증은 유방을 죽이려 했다. 유방은 목숨의 위험을 느끼고 용변을 핑계로 자리를 빠져나온다. 항우는 진평(陳平)을 보내 유방을 찾았

다. 유방이 "바로 나오느라 작별 인사도 하지 않았는
데 어찌하면 좋겠는가?"라고 하자 번쾌(樊噲)는 "큰일
에서는 자잘한 것은 따지지 않고, 큰 예의에서는 작
은 나무람 정도는 겁내지 않는 것입니다"라고 한 뒤,
"지금 저쪽은 칼과 도마이고, **우리는 물고기 신세**와 같
은데 무슨 작별 인사를 하십니까?"라며 얼른 자리를
뜨라고 권했다.

번쾌가 말한 '큰일에서는 자잘한 것은 따지지 않
고, 큰 예의에서는 작은 나무람 정도는 겁내지 않는
것'이라는 뜻의 '대행불고세근, 대례불사소양'이란 대
목은 오래전부터 전해오는 격언이나 속담으로 보인

홍문연 유지에 세워져 있는 번쾌
의 상이다.(2016년)

다.(해당 항목 참고) 그리고 항우와 유방의 처지를 비유하는 '저쪽은 칼과 도마이고, 우
리는 물고기 신세와 같다'는 대목인 '인방위도조(人方爲刀俎), 아위어육(我爲魚肉)'은
흔히 공세를 취하는 쪽과 수세에 몰린 쪽을 가리키는 성어가 되었다. **아위어육**은 '인
위어육(人爲魚肉)'으로도 쓴다.

아호지혜(餓虎之蹊)

굶주린 호랑이가 다니는 길목.
– 권86 〈자객열전〉

전국시대 말기 천하는 바야흐로 진나라에 의한 대통일 쪽으로 가닥을 잡아가고
있었다. 이 무렵 지금의 북경을 중심으로 한 약소국 연(燕)나라의 태자 단(丹)은 젊은
시절 진나라에 인질로 잡혀 있을 때 당한 푸대접에 한을 품고, 진왕(훗날 진시황)을 암

살하려는 무모한 계획을 세우고 있었다. 이때 진나라의 장수 번오기(樊於期)가 진시황에게 죄를 지어 연나라에 망명을 요청하는 일이 발생했다. 태자 단은 번오기를 서슴지 않고 받아들였다. 태부 국무(鞠武)는 번오기를 받아들이는 것은 위험한 상황을 자초하는 것이나 마찬가지라며 다음과 같은 말로 말렸다.

"아니 됩니다. 저 포악한 진나라 왕이 연나라에 대해 원한을 쌓고 있다는 것만으로도 마음이 오싹해지기에 족합니다. 여기에 또 번 장군이 연에 있다는 소문을 듣는다면 어찌 되겠습니까? 이는 **굶주린 호랑이가 다니는 길목에 고기를 던지는 것**으로 화를 결코 벗어날 수 없습니다."

아호지혜라는 성어는 흔히 위험천만한 행동이나 상황을 가리킨다. '굶주린 호랑이가 어슬렁거리는 길목'에 먹이를 갖다 놓으면 그 결과는 뻔하지 않은가? 태부 국무는 태자 단의 무모한 행동에 제동을 걸기 위해 이 성어를 빌려 설득하려 했지만 단은 충고를 듣지 않았고, 끝내 자객 형가(荊軻)를 보내 진시황을 암살하려다 실패했다. 굶주린 호랑이가 다니는 길목에 형가를 먹이로 내던진 꼴이었다.

바람은 소슬하고,
역수는 차구나.
장사 한 번 가면
다시 돌아오지 못하리.

형가는 자신의 운명을 예감이라도 한듯 국경을 따라 흐르는 역수(易水)를 바라보며 저 유명한 〈역수가(易水歌)〉를 남겼다.('풍소소혜역수한' 항목 참고) 태자 단은 개인의 원한을 풀기 위해 무모한 짓을 서슴지 않았다.

주위의 만류에도 불구하고 태자 단은 사사로운 원한에 집착하여 형가를 끝내 '호랑이가 다니는 길목'에 던졌다. 역수 부근에 세워져 있는 형가탑 앞의 형가의 석상이다.(2009년)

그것을 알면서도 형가는 왜 단의 요청을 받아들였을까? 이러한 의심에 대해 사마천은 이렇게 말한다.

"조말(曹沫)부터 형가에 이르기까지 이 다섯의 자객들은 의협심을 이룬 사람도 있고, 그렇지 못한 사람들도 있었다. 그러나 그들은 뜻을 세움이 분명했고, 그 뜻을 속이지 않았다. 그러니 그들의 이름을 후세에 전하는 것이 어찌 잘못된 일이겠는가?"

키워드 : 상황, 행동, 무모, 위험

악

악발토포득현사(握髮吐哺得賢士)

머리카락을 움켜쥐고 먹던 음식을 토해내며 인재를 얻다.

– 권4 〈주본기〉

주나라 건국과 초기 문물제도 정비에 절대적인 역할을 했던 주공(周公) 단(旦)이 아들 백금(伯禽)에게 자신이 인재를 얼마나 중시했는가를 말해주는 대목에서 나온 명구이다. 흔히 '일목삼착(一沐三捉), 일반삼토(一飯三吐)'라 한다. (자세한 내용은 '일목삼착, 일반삼토' 항목 참고)

이 고사에서 영감을 얻은 조조는 〈단가행(短歌行)〉에서 인재에 대한 자신의 갈망을 이렇게 노래했다.

시인이기도 했던 조조는 많은 작품을 남겼고, 문화를 크게 후원하기도 했다. 사진은 허창(許昌) 조조의 승상부에 조성되어 있는 조조의 작품 모형들이다. (2010년)

산은 아무리 높아도 만족할 줄 모르고,

산불염고(山不厭高),

바다는 아무리 깊어도 만족할 줄 모른다.

해불염심(海不厭深).

주공이 먹던 것을 토하니,

주공토포(周公吐哺),

천하의 마음이 그에게로 돌아섰다.

천하귀심(天下歸心).

여기서 '주공토포(周公吐哺)'라는 사자성어도 파생되어 나왔다.

키워드 : 리더, 인재, 방법, 우대

안가위야(安可危也), 위가안야(危可安也)

안정이 위기가 될 수 있고, 위기가 안정이 될 수도 있다.
– 권87 〈이사열전〉

기원전 210년, 천하통일 후 다섯 번째 천하 순시에서 진시황은 사구(沙丘) 평대(平臺)에서 쓰러져 일어나지 못했다. 죽기에 앞서 진시황은 유서를 써서 큰아들 부소에게 장례를 치르고, 황제 자리를 물려받도록 했다. 조고는 유서를 조작하여 작은아들 호해를 황제 자리에 앉히려 했다. 호해를 설득한 조고는 호해의 말에 따라 승상 이사를 설득하러 나섰다. 이사는 완강하게 버텼지만 결국 조고에게 넘어갔다.

당시 조고는 "안정이 위기가 될 수 있고, 위기가 안정이 될 수도 있습니다. 안정과 위기를 결정하지 못하고서 어찌 성인으로 존중하겠습니까?"라는 말로 이사의 결단을 촉구했다. 위기와 안정은 통치자가 어떤 결단을 내리느냐에 따라 언제든 바뀔 수 있다는 말이다. 출세와 기득권 지키기에 급급했던 이사는 탄식하며 조고의 쿠데타에 동참했다.('단이감행' 항목 참고)

<hr>

키워드 : 상황, 안정, 위기, 전환

안민가여행의(安民可與行義), 이위민이여위비(而危民易與爲非)

안정되어 있는 백성과는 더불어 의로움을 행할 수 있지만, 위기에 처한 백성과는 나쁜 짓을 하기 쉽다.

– 권7 〈진시황본기〉

〈진시황본기〉 뒤에는 한나라 초기의 정론가(政論家)로서 진나라의 멸망 원인을 상세히 분석한 가의(賈誼, 기원전 200~기원전 168)의 명문 〈과진론(過秦論)〉이 딸려 있다. 위 명구는 그중 한 대목으로 백성을 안정시키는 일이야말로 나라를 안정시키는 가장 기본적인 조건임을 지적하고 있다.

이 부분은 진 2세의 잘못된 통치를 언급하는 마지막 대목이다. 참고로 그 부분을 인용해둔다.

"그러므로 선왕은 '일의 처음과 끝의 변화를 보고 존망의 낌새를 살필 줄 알았고(견시종지변지존망지기見始終之變知存亡之機)', 이로써 백성을 다스리는 이치는 편안하게 힘쓰는 것이라는 점을 알았다. 천하에 역행하는 자가 있어도 그를 도와 호응하는 사람이 없게 되는 것이다. 그러므로 **안정되어 있는 백성과는 더불어 의로움을 행할 수 있지만 위기에 처한 백성과는 나쁜 짓을 하기 쉽다**라고 한 것이 바로 이를 두고 한 말이

다. 고귀한 천자로서 천하의 부를 누리고도 그 몸이 죽음을 면치 못한 것은 위기를
바로잡으려는 방법이 잘못되었기 때문이다. 2세의 잘못이 이것이다.”

　백성의 생활과 마음이 안정되어 있어야만 외부로부터의 우환이 있어도 나라의 뿌
리가 흔들리지 않는다. 그 반대면 작은 위기에도 나라 전체가 흔들린다. 따라서 나
라를 이끄는 사람은 백성의 안정과 안전을 가장 먼저 생각해서 정책을 내야 한다.

키워드 : 국정, 안정, 위기, 백성, 민심

안위재출령(安危在出令), 존망재소용(存亡在所用)

안정과 위기는 (어떤) 명령을 내느냐에 달려 있고, 존속과 멸망은 (어떤) 사람을 쓰느냐에 달려 있다.
－ 권112 〈평진후주보열전〉

　이 천고의 명언은 한나라 때 인물인 주보언(主父偃, ?~기원전 126)이 무제에게 올린
대흉노 정책에 관한 글에 인용된 《주서(周書)》가 그 원전이다. 주보언은 흉노에 대해
강경책이 아닌 유화책을 실시할 것을 주장하면서 다음과 같은 말로 글을 마무리 했
다. 《주서》는 《상서(尚書)》의 〈주서〉 편을 가리키는 것으로 보인다. 권50 〈초원왕세
가〉에도 똑같은 뜻의 대목으로 ‘안위재출령(安危在出令), 존망재소임(存亡在所任)’이
나오는데 마지막 글자 ‘용(用)’이 ‘임(任)’으로 바뀌어 있는 뿐이다.

　“때문에 《주서》에서는 (나라의) 안정과 위기는 (군주가) 어떤 명령을 내느냐에 달려 있고,
(나라의) 존속과 멸망은 (군주가) 어떤 사람을 쓰느냐에 달려 있다고 했습니다. 바라옵건대
폐하께서는 이를 자세히 살피시고 깊이 생각하십시오.”

　주보언에 대해 좀 더 알아본다. 주보언은 제나라 임치(臨淄) 출신으로, 일찍이 인

간의 심리파악과 정세분석을 위주로 하는 종횡술(縱橫術)과 《역(易)》,《춘추(春秋)》 및 제자백가를 배워 그 나름의 학식을 갖춘 인물이었다. 처음 그는 제나라 땅의 제후 왕 밑에서 정치 활동을 시작했으나 유생들로부터 따돌림을 당했다. 이 때문에 주보 언은 연(燕)·조(趙)·중산(中山) 등 여러 나라로 떠돌아다녔지만, 역시 주목받지 못하 고 늘 곤경에 빠지곤 했다. 주보언은 제후국들은 자신이 활동할 정도의 역량을 갖고 있지 못하다고 판단하여 기원전 134년 용감하게 수도 장안으로 가서 대장군 위청(衛 靑)을 만났다.

주보언의 재능을 알아본 위청이 여러 차례 무제에게 추천했지만, 역시 기회를 잡 지 못했다. 자금이 부족했던 주보언은 장안에 더 이상 머물 처지가 못 되자 밑져봤 자 본전이라는 식으로 황제 무제에게 직접 글을 올렸다. 그런데 뜻하지 않게 무제가 주보언의 상서가 마음에 들었던지 그날 저녁으로 주보언을 불러들였다. 무제는 주 보언을 비롯하여 서악(徐樂)과 엄안(嚴安) 세 사람을 불러서 만났는데, 정말 너무 늦 게 만났다며 한탄했다.('상견한만' 항목 참고)

무제는 세 사람을 모두 낭중에 임명했다. 주보언은 말이나 행동이 일치하여 낭중 을 시작으로 알자(謁者)·중랑(中郞)·대중부(大中夫)까지 파격적으로 한 해에 네 번이 나 승진했다.

주보언은 황제에게 아홉 가지 일에 관한 글을 올린 적이 있는데, 그중 무려 여덟 가지가 무제에 의해 받아들여져 법으로 정해졌다. 자제들을 다시 분봉할 수 있게 하 여 제후 왕들의 세력을 더욱 약화시킨 조치('추은령推恩令'), 반정부 성격이 강한 천하 의 호걸들을 무릉(茂陵) 지역으로 이주시켜 적절하게 통제할 수 있게 만든 법령, 성 을 더욱 튼튼하게 쌓아 흉노 침입에 대비하고 성안에서는 각종 경제 교류를 갖도록 하고 나아가 해상 교통까지 개척한 조치 등이었다. 주보언의 이런 제안들은 실행으 로 옮겨져 무제 시기 정치와 경제 발전에 적극적인 작용을 했다.

주보언의 두각은 무제가 적극 시행한 인재 등용 시스템의 성공적인 사례로 남아 있다. 당시 궁궐로 가서 바로 글을 올리는 '예궐상서(詣闕上書)'는 인재를 발견하고 선발하는 중요한 경로였다. 이는 유능하고 글 잘하는 인재를 대상으로 한 '현량문학

한 무제는 야심이 큰 군주였고, 그런 만큼 많은 인재를 갈구했다. 그의 집권기에 기라성 같은 인재들이 조정으로 발탁되었다. 사진은 무제의 사상정책의 핵심인 여러 사상과 학파를 다 배제하고 유가만을 받드는 '독존유술(獨尊儒術)'을 나타낸 것이다.(2014년)

'(賢良文學)'의 추천처럼 위에서부터 아래로가 아니라 아래에서 위였기 때문에 타인의 추천과 인원의 제한도, 자격과 명예의 제한도 필요 없었다. 그리고 받아들여지는 시간도 빨라 아침에 농사꾼이었던 사람이 저녁이면 천자로부터 관직을 받는 일까지 있었다. 이 때문에 당시 많은 사람들이 이 경로를 통해 출세를 하고 싶어 했다.

무제는 '예궐상서'를 통해 인재들을 적지 않게 발견하고 발굴했는데, 당시 조정 내 문학을 한 인사들 대부분이 이 경로를 통해 배출되었다. 주보언이 인용한 위 명언은 공교롭게도 무제의 인재 정책과도 그 맥을 같이하고 있어 눈길을 끈다. 이 대목에서 말하는 '명령'은 지금으로 보자면 '정책'에 가깝다고 할 수 있다.

키워드 : 나라, 안위, 인재, 용인

안유(安劉)

유씨(집안)를 안정시키다.
– 권8 〈고조본기〉

안유는 생소한 단어이다. 사람 이름이 아니라 **유씨(집안)를 안정시키다**는 뜻이고, 다음과 같은 역사적 사실에서 비롯되었다.

기원전 196년 회남왕(淮南王) 영포(英布)가 반란을 일으켰다. 영포는 한신(韓信)·팽월(彭越)과 함께 한나라 초기 3대 명장으로 꼽히던 인물인데, 한신과 팽월이 차례로 반역에 몰려 죽자 두려움에 반란을 일으켰다. 유방이 직접 이 반란을 진압하러 나섰는데, 그 와중에 화살을 맞고 부상을 입었다.

궁으로 돌아온 유방의 병세가 심각해지자 차기 권력에 눈독을 들이고 있던 여태후는 병문안을 핑계로 승상 소하(蕭何)의 후임을 물었다. 유방은 조참(曹參)이면 좋을 것이라 했다. 여태후는 조참 다음은 누가 좋으냐고 재차 물었고, 유방은 왕릉(王陵)이 좋은데, 진평(陳平)이 도와주어야 할 것이라며 이렇게 덧붙였다.

공신 주발은 서한 초기 정권의 병목 위기를 넘기는 데 중대한 역할을 해냈다. 그 아들 주아부 역시 '오초칠국의 난'을 평정하는 데 결정적인 공을 세웠다. 주발의 초상화이다.

"주발은 중후하고 꾸밈없소, **유씨 집안을 안정시킬** 사람은 틀림없이 주발일 테니 태위로 삼으면 되오."

유방이 죽고 심약한 혜제가 즉위하자 권력은 여태후와 여씨 집안 수중에 들어갔다. 그러나 여태후가 죽은 뒤 주발과 진평을 비롯한 공신들이 여씨 세력을 제거하고 유항을 옹립하니 이가 문제였다. 유방의 유언이 들어맞은 셈이었다. 이로써 '안유'는 훗날 황가의 정통을 지키는 것을 비유하는 단어가 되었다.

키워드 : 나라, 황가, 안정

안차연륜(安車軟輪)

편안한 수레와 부드러운 바퀴.

– 권112 〈평진후주보열전〉

안차연륜은 '안차포륜(安車蒲輪)'으로도 많이 쓴다. 《사기》에는 〈평진후주보열전〉에 '포륜(蒲輪)'이란 단어가 보인다. '연륜'과 '포륜'은 훗날 반고(班固)의 말로 인용되어 있어 후대에 덧붙여진 것으로 보인다. 해당 대목은 이렇다.

"무제께서는 문무를 겸비한 인재를 등용하고자 마치 그러한 인재를 놓치기라도
할까봐 염려하셨다. '포륜'으로 매승(枚乘)을 들이고, 주보언(主父偃)을 보고는 감탄해
마지않았다. 많은 인재들이 다투어 달려가니 특출한 자들이 잇달아 나오게 되었다."

이후 '안차연륜'이나 '안차포륜'은 존경하는 노인이나 유능한 인재를 모시는 데 사
용하는 수레를 가리키게 되었고, 나아가 인재에 대한 존중을 비유하기에 이르렀다.
'포륜'은 덜컹거리지 않게 부들이나 왕골 따위로 감싼 수레바퀴를 말한다.《한서》〈무
제기〉에 '안차포륜'이란 네 글자가 보인다. 훗날 '포차(蒲車)', '연륜(軟輪)', '포륜차(蒲輪
車)' 등과 같은 단어들이 따라 나왔다.

키워드 : 인재, 존중

암

암도진창(暗渡陳倉)

몰래 진창을 건너다.
– 권8 〈고조본기〉

이 네 글자는 바로 앞의 '명수잔도(明修栈道)'와 짝을 이루고 있다. 자세한 내용과
고사는 '명수잔도, 암도진창' 항목을 참고하면 된다.

키워드 : 군사, 전술, 기만, 양동(陽動), 기습

1114

암오질타(噾噁叱咤)

성을 내어 큰 소리로 꾸짖다.

– 권92 〈회음후열전〉

기원전 206년 12월, 유방은 홍문연에서 간신히 살아나왔고, 천하 대권은 항우의 손에 들어갔다. 유방은 한왕으로 봉해져 남정(南鄭, 지금의 섬서성 한중漢中)으로 갔다. 남정은 분지인데다가 길목 진창(陳倉)만 막으면 오갈 데가 없는 곳이었다. 유방은 장량의 건의대로 지나온 잔도를 모두 불 태워 이곳에서 나갈 생각이 없음을 보여줌으로써 항우의 경계를 늦추었다.('홍문연', '화소잔도' 항목 참고)

여기서 소하는 한신을 발견하고는 유방에게 장군으로 추천했다. 우여곡절 끝에 한신은 대장군에 임명되었다.(소하월하추한신' 항목 참고) 이후 한신은 유방과 항우의 장단점을 비교하며 한중을 빠져나갈 방안을 제시했다. 이것이 '명수잔도, 암도진창' 이다.(해당 항목 참고) 당시 한신은 항우의 장단점을 이렇게 분석한 바 있다.

"신이 일찍이 그를 섬겼기에 항왕의 사람됨을 말씀드려 보겠습니다. 항왕이 **성을 내어 큰 소리로 꾸짖으면** '천 사람이 모두 엎드리지만(천인개폐天人皆廢)', 유능한 장수를 믿고서 병권을 맡기지 못하니 이는 '필부의 용기(필부지용匹夫之勇)'일 따름입니다. 항왕이 사람을 대하는 태도는 공경스럽고, 자애로우며 말씨도 부드럽습니다. 누군가 병에 걸리면 눈물을 흘리며 음식을 나누어줍니다. 그러나 자기가 부리는 사람이 공을 세워 상과 벼슬을 받아야 할 때가 되면 (상과 벼슬을 확인하는), '도장의 모서리가 다 닳을(인완폐印刓敝)' 때까지 차마 내주지를 못합니다. 이는 '아녀자의 어짊(부인지인婦人之仁)'일 뿐입니다."

암오는 성이 난 것을 가리키며, **질타**는 꾸짖는다는 뜻으로, 합쳐 성을 내며 큰 소리로 꾸짖는 것을 비유하는 성어이다.('부인지인', '인완폐', '필부지용' 등 항목 참고)

키워드 : 분노, 고함(高喊), 꾸짖음

암투(暗投)

(빛나는 보석을) 밤에 던지다.
– 권83 〈노중련추양열전〉

빛나는 보석을 밤에 던진다는 '명주암투'의 줄임말이다. 인재를 알아보지 못하고 푸대접하는 것을 비유한다. 때로는 좋은 사람이 길을 잘못 들어섰다는 뜻으로도 쓴다.('명주암투' 항목 참고)

키워드 : 인재, 재능, 소외, 원망

암혈지사(巖穴之士)

바위 동굴 속의 선비.
– 권61 〈백이열전〉

암혈지사는 깊은 바위 동굴 속에 사는 사람을 가리키는 표현으로 출전은 《한비자》 〈외저설〉(좌상) 편이고, 사마천은 〈백이열전〉에서 같은 표현을 썼다. 관련하여 《한비자》에는 중산(中山)을 정벌할 수 있겠냐는 전국시대 조나라 무령왕(武靈王)의 물음에 이자(李疵)는 얼마든지 가능하다면서 이렇게 말한다.

"그 나라(중산)의 군주는 **깊은 바위 동굴에 사는 은사**를 만나길 좋아하여 수레 덮개를 벗긴 채 좁고 천한 길거리의 인사를 만나길 열 번이나 했으며, 베옷의 벼슬 없는 인사를 백 번이나 예우했습니다."

1116

이자는 한 나라의 군주가 헛된 명성만 듣고 이런 자 **암혈지사**들을 찾아다니면 그 나라는 쇠약해질 수밖에 없음을 지적한 것이다. 사마천은 〈백이열전〉에서 '암혈지사'의 처지를 이렇게 말하고 있다.

"동굴 속 선비들의 진퇴도 이와 같았지만, 그 명성은 연기처럼 사라져 입에 오르지 않았으니 서글프구나!"

그러면서 사마천은 동굴 속에 숨어 사는 선비도 자신의 명성을 알리고 싶지만, 공자와 같은 청운의 선비가 있어 이들의 행적을 드러내주어야 알려질 수 있음을 안타까운 어조로 지적했다. 백이와 숙제 역시 누군가 알려야만 그 지조가 드러나지 않겠냐는 뜻이다. 비아냥 분위기가 다분한 한비자의 '암혈지사'와는 다소 차이가 있다 하겠다.

키워드 : 은사, 명망, 위선

앙

앙수신미(仰首伸眉)

머리를 바짝 치켜들고 눈썹을 찌푸린다.
– 〈보임안서〉

앙수신미는 어떤 일에 대해 진지하게 달려드는 모습을 비유하는 성어다. 사마천은 입사 동기 임안(任安)에게 보낸 편지 〈보임안서〉에서 궁형을 당하기 전과 그 뒤 자신의 처지를 다음과 같이 토로했는데, 고통스러운 심경이 잘 드러나는 대목이다.

"이전에 저는 외람되게 하대부의 말단 대열에 끼여 조정의 논의에 참가한 적이 있습니다. 그러나 당시 저는 나라의 법전에 근거하여 시비를 논하지 못하였고, 깊게 생각하고 살피지도 못하였습니다. 그리고 지금 이지러진 몸으로 뒤치다꺼리나 하는 천한 노예가 되어 비천함 속에 빠져 있는 주제에 새삼 **머리를 쳐들고 눈썹을 찌푸리며** 시비를 논하려 한다면, 이것이야말로 조정을 업신여기고 같은 시대의 선비를 욕되게 하는 일이 아니고 무엇이겠습니까? 아아, 아아! 저 같은 인간이 새삼 무슨 말을 하겠습니까? 새삼 무슨 말을 하겠습니까?"

관련하여 좀 더 상세한 내용과 경과는 '대분망천' 항목을 참고하면 된다.

키워드 : 감정, 울분, 표출

애

애자필보(睚眦必報)

노려보기만 해도 반드시 보복한다.
― 권79 〈범수채택열전〉

중국인들은 은인(은혜)과 원수(원한)에 대한 감정이 분명하다고 한다. 이를 '은원관(恩怨觀)'이라 하는데, 다른 민족보다 좀 유별나기 때문에 '은원관'을 중국인의 대표적 특성의 하나로 꼽기도 한다.

애자필보는 이러한 중국인의 은원관을 잘 보여준다. 스쳐가는 길에 **노려보기만 해도 반드시 보복하고야 만다**는 뜻의 다소 지나친 은원관의 표출이기도 하다.

진나라 소왕(昭王) 때 승상을 지낸 범수(范雎, ?~기원전 255)는 저 유명한 '원교근공

(遠交近攻)'이라는 대외정책을 제안하여 진나라의 군사력을 주변국에 과시하는데 큰 역할을 한 인물이다.

범수는 위나라 출신이었는데, 젊었을 때 위제(魏齊)라는 자의 모함을 받아 갈빗대와 이가 부러지는 등 죽음의 위기에 몰렸다. 죽은 척하여 뒷간에 버려졌는데, 위제가 술 취한 빈객들에게 범수의 몸에 오줌을 갈기게 하는 오욕(汚辱)까지 겪었다. 사지에서 탈출한 범수는 위나라 사람 정안평(鄭安平)의 도움을 받아 이름을 바꾸고 진나라에 들어가 소왕에게 발탁되어 마침내 승상 자리에까지 오르게 되었다.

범수는 지난날 정안평에 입은 은혜를 잊지 않고 그를 소왕에게 추천했고, 소왕은 정안평을 장군에 임명했다. 일설에는 범수가 장평(長平)전투의 승리로 명성이 높아진 장군 백기(白起)를 시기하여 그를 자살하게 만들고, 그 후임으로 정안평을 추천했다고도 한다. 어쨌거나 범수는 지난날 은혜를 잊지 않고 정안평을 추천한 것은 물론, 자신의 재산을 다 털어 자신이 곤궁에 처했을 때 도움을 준 사람에게 보답했다.(범수는 신세를 지거나 은혜를 입으면 반드시 갚았는데, 이와 관련하여 '밥 한 끼를 얻어먹어도 반드시 갚았다'는 '일반필상一飯必賞'이란 고사성어도 함께 따라 나왔다.)

범수는 은혜만 잊지 않은 것이 아니고, 원한도 잊지 않았다. 한 끼 밥을 얻어먹은 것까지도 보답한 것은 물론, 자신을 노려보기만 한 원한도 잊지 않고 틀림없이 보복했다. 자신을 사지로 몰았던 위제를 끝까지 압박하여 자살하게 만들었다.

범수의 일생 자체가 은원으로 얼룩져 있어 그의 이러한 은원관을 이해 못할 바는 아니지만, 원한을 갚는 정도가 지나치다는 인상은 지울 수 없다. 자그마한 은혜와 원한을 평생 잊지 않고 반드시 갚아야겠다는 사고방식도 문제지만, 은혜도 원수도 가리지 못하고 좋은 게 좋다는 식으로 넘어가는 무신경한 처신은 더 큰 문제다.

개인적인 차원에서 지나치게 분명한 은원관은 인간관계를 삭막하게 만든다. 그러나 다른 면에서 보자면 흐리멍텅하고 어정쩡한 은원관은 진실과 역사를 왜곡시킨다. 특히 친일문제와 같은 과거의 잘못된 역사를 청산하는 문제는 궁극적으로 용서가 문제의 해결책이긴 하지만, 여기에는 전제와 조건이 따라야 한다. 즉, 잘못한 쪽의 진심어린 사과와 반성 및 배상이 전제되어야 제대로 풀릴 수 있는 문제이기 때문이다. 또한 과거사를 잊지 않는 투철한 역사 인식이 무엇보다 중요하다. 사마천은 '전사지불망, 후사지사야'라 했다. '앞일을 잊지 않는 것이 뒷일의 스승이 된다.'('원교근공', '전사지불망~', '탁발난수' 등 항목 참고)

애지욕기부(愛之欲其富), 친지욕기귀(親之欲其貴)

사랑하면 부유하게 해주고 싶고, 가까우면 귀하게 만들고 싶다.
– 권60 〈삼왕세가〉

〈삼왕세가〉 '태사공왈'에 보이는 명언이다. 사마천은 옛사람의 말이라고만 했는데, 《맹자》(〈만장萬章〉)에 같은 대목이 보이는 것으로 보아 오래전부터 전해오는 격언이 아닌가 한다.

누군가를 사랑하면 그 사람이 부유해지길 바라고, 가까우면 귀해지길 바라는 것은 인지상정이다. 또 내게 힘이 있으면 그 사람을 부유하고 귀하게 만들려 한다. 사마천은 이런 사람의 심리, 특히 권력자가 자기와 가깝거나 사랑하는 사람을 부귀하게 만들려는 이런 욕구를 오랜 격언으로 간명하게 지적했다.

액항부배(扼亢拊背)

목을 틀어쥐고 등을 치다.
– 권99 〈유경숙손통열전〉

줄거리를 파악한다는 말이 있다. '줄거리 파악'은 글을 이해할 때도 필요하지만, 사물이나 인간관계의 핵심을 이야기할 때도 사용할 수 있는 말이다. 문맥이나 문제의 핵심을 꿰뚫기 위해서는 전체 흐름을 제대로 파악하는 일이 중요하다. 얼기설기 난마처럼 엉켜 있는 사태의 본질을 한눈에 파악하기란 결코 쉽지 않다. 이럴 때는 실타래의 올을 풀 듯 한 가닥 한 가닥 풀어나가는 방법도 있지만 시간과 비용이 만만치 않다. 그보다는 핵심이라고 생각되는 부분을 과감하게 움켜쥐고 문제의 본질을 찌르는 방법이 훨씬 경제적이다. 위험부담이 있지만 축적된 경험을 슬기롭게 활용할 줄 아는 사람이라면 이 방법은 얼마든지 가능하고 또 요즈음 같은 세상에 아주 유효적절한 방법이기도 하다.

목을 움켜쥐고 등짝을 후려친다는 뜻의 **액항부배**는 한나라 초기의 정치가인 유경(劉敬, 원래는 누경婁敬이었으나 공로를 인정받아 유劉씨 성을 하사 받았다)이 한 고조 유방에게 도읍지 선정을 비롯하여 국가경영의 요체에 대해 자신의 견해를 피력하는 자리에서 나왔다. 그의 말을 들어보자.

"무릇 남과 싸울 때 상대방의 **목덜미를 움켜쥐고 그의 등을 내리치지** 않으면 완전히 승리할 수 없습니다. 지금 폐하께서 관(關)으로 들어가 도읍을 정하고 진나라의 옛 땅을 쥐신다면, 그것은 천하의 '목덜미를 움켜잡고 그 등을 치는' 것과 같습니다."

모든 일에서 상황이나 사태, 그리고 문제의 핵심을 파악하는 일이 대단히 중요하다는 것은 긴말을 필요로 하지 않는다. 줄거리 파악이 제대로 이루어지고 나면 그 다음은 실행을 위한 수단과 방법의 문제가 남지만, 그 해답의 절반은 이미 줄거리 파악 안에 들어 있는 것이나 마찬가지다. 왜냐하면 줄거리 파악이라는 행위 자체가 수단과 방법 나아가서는 그 결과까지도 담보하는 고차원적인 행위이기 때문이다. 그래서 요점 파악이 잘못 되면 치명적인 실수로 이어질 수 있다고 하는 것이다.

키워드 : 상황, 난맥, 핵심, 파악, 결단, 방법

야

야랑자대(夜郎自大)

야랑이 스스로를 크다고 여긴다.
— 권116 〈서남이열전〉

야랑자대는 야랑이란 나라가 세상 크고 넓은 줄 모르고 스스로를 세상에서 가장 큰 나라로 생각한다는 고사에서 나왔다. 이로부터 자신의 힘 따위를 스스로 과대평가 한다는 비유로 정착했다. '야랑'은 오늘날 귀주성(貴州省) 서부에 있던 나라였는데, 스스로를 세상에서 가장 크고 강한 나라라고 여겼다는 것이다.

당시 한나라는 흉노와 더불어 천하를 양분하고 있었다. 그런데 서남쪽에 있는 별 볼일 없는 족속들이 자신들이 이 세상에서 가장 큰 나라이고, 그 나라의 우두머리들은 자신을 가장 큰 나라의 왕으로 자처하고 있었던 모양이다. 그 까닭에 대해 사마천은 길이 통하지 않았기 때문에 각기 제 스스로 크다고 여겼고, 한나라가 얼마나 큰 나라인지 몰랐기 때문이라고 했다.

'야랑자대'는 '우물 안 개구리'라는 '정저지와(井底之蛙)'와 딱 잘 어울리는 성어라 할 수 있겠다. ('정저지와'의 출전은 《장자》 〈추수〉 편이다.)

키워드 : 과대망상, 유치

약

약기사문(約其辭文), 거기번중(去其煩重)

그 문장을 간략하게 줄이고, 번잡하고 중복되는 것은 빼다.
– 권14 〈십이제후연표〉

공자는 자신의 정치사상을 알리기 위해 천하를 떠돌았다. 〈십이제후연표〉에는 무려 70이 넘는 제후를 찾았다고 했다. 그러나 아무도 공자를 받아들이지 않았다. 만년에 고향 곡부(曲阜)로 돌아온 공자는 과거 기록들을 살피고, 서적들을 정리하기 시작했다. 특히 《춘추(春秋)》를 편찬하면서 **그 문장을 간략하게 줄이고, 번잡하고 중복되는 것을 빼서** 간결하게 정리했다. 공자의 사상과 주장은 그가 세상을 떠난 뒤 제자들에 의해 정리되었는데 《논어(論語)》가 바로 그것이다.

공자의 일생은 후반부에 더욱 빛났다. 물론 정치 생애에서의 좌절과 실패가 밑거름이 되었지만 고향으로 돌아와 본격적으로 후진을 양성하면서 자신의 철학과 사상을 담은 서적들을 다듬어 후대에 남김으로써 영원한 스승의 표상이 되었다. ('불능찬일구' 항목 참고)

키워드 : 정리, 요약

약법삼장(約法三章)

법을 세 항목으로 줄이다.
– 권8 〈고조본기〉

약법삼장은 번거로운 **법 조항을 세 조항으로 줄인다**는 뜻이다. 기원전 206년 유방이 진나라 수도 함양을 함락하여 진나라를 멸망시킨 다음, 민심을 회유하기 위해 여론 주도층이라 할 수 있는 부로(父老)들을 모아 놓고 한 말이다.

유방은 이 자리에서 진나라의 가혹하고 촘촘한 법 조항을 단 세 조항만 남기고 다 폐지하겠다고 공약했다. 관중 지역 사람들은 환호했고, 행여 유방이 관중의 왕이 되지 못하면 어쩌나 걱정했다고 한다.

당시 유방은 살인죄는 사형으로, 상해와 절도는 그에 해당하는 법에 따라 처벌하고 나머지 법들은 다 폐지하겠다고 약속했다. 물론 이는 관중 지역의 민심을 안정시키고, 자신의 정치력을 확대하려는 의도에서 나온 다분히 선언적인 공약이었다. 하지만, 워낙 가혹하고 빠져나갈 길 없이 촘촘했던 진나라 법에 시달린 사람들은 이 공약을 크게 환영했다. 유방은 민심을 정확하게 읽고 있었고, 자연스럽게 인심을 얻었다.

'약법삼장'은 오늘날처럼 인간의 행위와 사고방식까지도 법조문으로 해결하려는 법률 만능주의에 비추어 보면 현실감이 떨어질지 모른다. 그러나 법 조항이 많아진다는 것은 결국 그 사회의 난맥상과 폐단을 역으로 입증할 뿐이다. 그 사회에 양심과 도덕이 살아있다면 법은 사실 무용지물이나 마찬가지이다. 법은 필요 없는 조항들이 폐지될 때 진정한 의미를 가진다. 진나라가 잔혹하기 짝이 없는 법을 가지고도 나라를 지탱하지 못한 반면, 한나라는 배 한 척 크기의 물고기가 빠져나갈 수 있는

'약법삼장'은 어쩌면 권력자가 민중을 대상으로 던진 역사상 최초의 공약(公約)일 지도 모르겠다. 그림은 유방의 '약법삼장'을 나타낸 것이다.(2007년)

법망을 가지고도 천하를 태평하게 만들 수 있었던 것은 왜일까? 생각해 볼 점이다. 관련하여 상나라 탕왕(湯王)의 다음 고사가 의미 있게 다가온다.

탕이 교외로 나갔다가 사방에 그물을 치고 "천하의 모든 것이 내 그물로 들어오게 하소서!"라고 기원하는 사람을 만났다. 탕은, "허! 한꺼번에 다 잡으려고 하다니!"라며 세 면의 그물을 거두게 하고서, 다음과 같이 빌게 했다.

"왼쪽으로 가고 싶어 하는 것은 왼쪽으로 가게 하고, 오른쪽으로 가고 싶어 하는 것은 그쪽으로 가게 하소서. 내 명령을 따르지 않는 것만 내 그물로 들어오게 하소서!"

이 소식을 들은 제후들은, "탕의 덕이 지극하구나. 그 덕이 금수에까지 이르렀도다!"라며 감탄했다.

이 이야기에 나오는 '그물'을 흔히 정치에 비유한다.('망개삼면' 항목 참고) 지나치게 번거로운 정치는 백성들을 고달프게 할뿐만 아니라, 통치자에 대한 믿음도 잃게 만든다. 덕으로 다스리는 정치야말로 최선의 정치이다. 법은 최소한의 구속력을 가질 때 그 진가를 발휘한다. '물 흐르듯'이란 말이 내포하는 것은 순리에 따르라는 말과 크게 다르지 않다. 순리에 따른다는 것은 '상식'에 맞게 살아야 한다는 말에서 크게 벗어나지 않는다. 상식이란 '두 점(두 사람간의 정서)을 잇는 최단거리'라 하지 않던가?

법은 순리에 따르고 상식선에서 집행되어야 한다. 그것이 명문화되어 인간을 구속하기 시작할 때, 바로 그때가 법이 진정한 의미를 상실하기 시작하는 때이기도 하다. 법의 최종 목적은 만드는데 있지 않고, 없애는데 있어야 한다. 세상이 복잡해지고 인간의 행위가 다양해졌다고 해서 법 조항도 따라서 복잡해지고 많아져야 한다는 것은 결국은 인간 스스로 실패를 자인하는 꼴이다. 명문화된 법을 없애는 용기와 지혜가 필요할 때다. 사문화된 법 조항부터 없애고, 법의 진정한 의의가 궁극적으로는 법을 없애는 데 있음을 자각해야 한다.

키워드 : 법령, 성문법, 불문법, 폐지

약속불명(約束不明), 신령불숙(申令不熟), 장지죄야(將之罪也)

군령이 분명치 않고 익숙하지 않은 것은 장수의 잘못이다.
— 권65 〈손자오기열전〉

춘추시대 오나라 왕 합려(闔閭) 앞에서 궁녀들을 대상으로 군사 훈련을 시범 보이는 자리에서 군사전문가 손무(孫武, 생졸 미상)가 한 말이다.('삼령오신' 항목 참고) 첫 명령에 궁녀들이 제대로 따르지 못하자 손무는 이렇게 말한다. 뒤의 대목을 포함하여 원문과 함께 소개한다.

"군령이 분명치 않고 익숙하지 않은 것은 장수의 잘못이지만, 군령이 분명한 데도 따라하지 않는 것은 병사들의 잘못이다."

"약속불명(約束不明), 신령불숙(申令不熟), 장지죄야(將之罪也) ; 기이명이불여법자(既已明而不如法者), 이사지죄야(吏士之罪也)."

손무는 군사 문제를 단순한 전략전술을 넘어 철학적 차원으로까지 끌어 올렸다. 손무와 그가 남긴 《손자병법》은 예술로 평가한다. 사진은 그의 고향으로 알려진 산동성 광요(廣饒) 손무 사당 앞의 그의 석상이다.(2007년)

두 번째 명령에도 군령이 제대로 이행되지 않자 손무는 대장을 맡은 궁녀의 목을 베어 군령의 지엄함을 보였다. 춘추시대 들어와 군사전문가들은 '장수가 군에 있으면 군주의 명이라도 받지 않는다'는 '장재군(將在軍), 군명유소불수(君命有所不受)'라는 지휘권 위임 문제를 제기했고, 손무는 이를 특별히 강조하고 있다.

이 명장면을 역사에서는 '오궁교진(吳宮敎陣)'이라는 성어로 소개하고 있다. 손무가 '오나라 궁중에서 (군대의) 진법을 가르치다'는 뜻이다. 이를 통해 군령의 지엄함과 군령의 위임이란 심각한 문제를 제기하고 있다. 병법서 《백전기략》에서는 이 장면을 군대에 있어서 '전법의 교육'이 갖는 중요성을 강조하기 위해 '교전 (敎戰)'으로 분류하여 소개하고 있다.

춘추시대 후기에 들어오면 각 방면에서 전문가들이 나타난다. 기병과 보병의 발전이 두드러졌던 군사 방면이 특히 그랬다. 이에 따라 전투나 전쟁에 있어서 수시로 작전과 전략을 수정할 수 있는 권한을 누가 갖느냐 하는 문제가 제기될 수밖에 없었다. 실제로 전쟁과 전투를 지휘하는 무장에게 권한을 일찍 위임한 나라가 선두로 나섰다. 대세의 당연한 결과였다. 대세에 적극 적응하느냐에 따라 발전과 쇠퇴가 결정되었다.

키워드 : 군사, 장병, 군령

양

양고심장약허(良賈深藏若虛), 군자성덕(君子盛德), 용모약우(容貌若愚)

좋은 장사꾼은 (물건을) 깊이 숨겨 마치 없는 것처럼 하고, 덕이 가득 찬 군자의 모습은 어리석어 보인다.

– 권63 〈노자한비열전〉

기원전 518년 무렵 공자가 주(周)에 가서 노자를 만나 예(禮)를 물은 일은 대단히 유명한 일화로 전하고 있다. 〈노자한비열전〉의 노자 전기에 이 일이 기록되어 있다. 공자를 만난 노자는 이렇게 말했다.

"그대가 말하는 사람들이란 그 육신과 뼈는 이미 모두 썩고 그 말만 남아 있는 것 아니오? 그리고 군자는 때를 얻으면 벼슬에 나가고 때를 얻지 못하면 쑥부쟁이처럼 날려 다니는 것이오. 내가 듣기에 **좋은 장사꾼은 (물건을) 깊이 숨겨 마치 없는 것처럼 하고, 덕이 가득 찬 군자의 모습은 어리석어 보인다**고 했소. 그대의 교만한 기색과 가득 찬 욕심, 남을 꺾으려는 자세와 욕망을 버리시오. 이런 것들은 하나 같이 그대의 몸에 도움이 못 되오. 내가 그대에게 할 말은 이것뿐이오!"

돌아온 공자는 제자들을 만나 당시의 느낌을 이렇게 전했다.

"새, 내가 알기로는 날 수 있다. 물고기, 내가 알기로는 헤엄칠 수 있다. 짐승, 내가 알기로는 달릴 수 있다. 달리는 것은 그물로 잡을 수 있고, 헤엄치는 것은 낚을 수 있으며, 나르는 것은 활로 쏠 수 있다. 용이라면 내가 알 수 없다. 바람과 구름을 타고 하늘을 나르니 말이다. 내가 오늘 노자를 보니 용과 같았다!"

공자와 노자가 만난 이 일의 사실 여부를 두고는 여전히 논란이 있지만, 역대로 이 일을 기념하는 징표를 만들어 남겼다. 다른 기록들을 참고하여 공자가 당시 주나라 도성 낙양에서 어떤 행적을 남겼는지 살펴보고, 이와 함께 청나라 옹정제(雍正帝, 1678~1735) 때운 세운 '공자입주문례비(孔子入周問禮碑)'에 대해서도 간략하게 소개해둔다. ('노룡' 항목 참고)

키워드 : 처세, 군자, 담담(淡淡), 호도(糊塗)

참고 공자입주문례비

노자와 공자가 만난 이 역사적인 사건은 대략 기원전 518년 춘추시대 중기 무렵으로 추정된다.(공자 나이 33세) 낙양은 동주(東周)의 도성이었고, 주의 문물제도를 흠모해 왔던 공자로서는 낙양 방문은 그야말로 꿈에도 그리던 일이었다. 《사기》의 〈노자한비열전〉, 〈공자세가〉와 《공자가어(孔子家語)》의 기록을 미루어 당시 공자의 행적을 추적해보면 다음과 같다.

공자는 우선 주 천자가 제후들을 맞이하고 대전을 거행하는 명당(明堂)을 비롯하여 왕성의 궁실, 주나라 조상 후직(后稷)에게 제사를 드리는 태묘, 하늘에 제사를 올리는 천단 등을 돌아보았다. 또 특별히 당시 이름난 음악가인 장홍(萇弘)을 방문하여 '악(樂)'에 관한 지식을 배웠다. 공자가 낙양을 방문했다는 소식을 들은 노자는 그의 제자 강상초(康桑楚) 등과 함께 열렬히 공자를 환영했다. 낙양의 각종 도서와 '주례(周禮)' 등을 소개하면서 노자는 공자에게 앞에서 인용한 자기 철학의 일단을 드러냈다.

각자의 사상과 길은 달랐지만 공자는 돌아와 제자들에게 노자를 바람과 구름을 타고 나르는 용에 비유하면서 칭찬을 아끼지 않았다. 영웅이 영웅을 알아본다고나 할까?

이 위대한 두 사상가의 만남을 기념하기 위해 낙양에는 '공자입주문례비'가 서 있다. 비에는 '공자가 주나라에 들어와 예를 물으려 이곳에 이르렀다'는 뜻의 '공자입주문예악지차(孔子入周問禮樂至此)' 아홉 글자가 새겨져 있다. 비는 낙양 노성(老城) 동관대가(東關大街) 북쪽 옛 문묘 앞에 서 있다. 높이는 5.8m 폭은 5.4m다. 청나라 옹정(雍正) 5년인 1727년 하남부윤 장한(張漢)과 낙양현령 곽조정(郭朝鼎)이 세웠다. 현재 비의 상태는 완전한 편이며, 낙양중점문물보호단위의 하나로 지정되었다가 2008년 하남성문물보호단위로 승격되었다.

사진은 낙양에 남아 있는 '공자입주문례비'이다.

양농능가이불능위장(良農能稼而不能爲穡)

좋은 농부가 농사를 잘 짓는다고 해서 수확이 꼭 좋은 것은 아니다.
– 권47 〈공자세가〉

공자의 천하 주유 때 초나라를 방문하고자 했다. 공자가 초나라에서 등용될까 염려한 진(陳)나라와 채(蔡)나라 대부들이 들판에서 공자를 포위했다. 식량마저 떨어졌다. 제자들이 언짢아하는 마음이 있다는 것을 안 공자는 제자를 한 명씩 불러 대화를 했다. 제대로 알아주지도 않는 세상인데 기준을 조금 낮추는 것이 어떻겠냐는 자공(子貢)에게 공자는 이렇게 말했다.

"좋은 농부가 농사를 잘 짓는다고 해서 수확이 꼭 좋은 것은 아니고, 솜씨 좋은 장인이 뛰어

난 솜씨를 가졌다고 해서 다른 사람의 마음에 꼭 들게 만드는 것은 아니다."

"양농능가이불능위장(良農能稼而不能爲穡), 양공능교이불능위순(良工能巧而不能爲順)."

그런 다음 공자는 자공을 나무랐다.

"군자가 자신의 도를 잘 닦아서 일목요연하고 조리 있게 잘 갖추어 놓았다고 해서 받아들여지는 것은 아니다. 지금 너는 너의 도를 닦지 않고 받아들여지기만을 원하는구나. 사(賜, 자공의 이름)야, 네 뜻하는 바가 그렇게 멀지 못해서야!"

아무리 어렵고 아무리 세상이 알아주지 않더라도 자기 길을 가겠다는 공자의 의지가 잘 나타나 있다.

자신을 모르는 것보다 더 큰 실패는 없다고 했다. 또 자신을 아는 사람이 현명한 사람이라는 말도 있다. 자신을 알면 자신의 길을 걷는다. 세상이 알아주지 않더라도, 부와 명예가 따르지 않더라도 말이다. 세상에 의미 있는 흔적을 남긴 사람 대부분이 그랬다. 공자는 그 길을 끝까지 걸었고, 그 결과 '만세사표(萬世師表)'로 남아 있다.

키워드 : 처세, 의지, 일관(一貫)

양득의(楊得意)

양득의 / 인재 추천을 상징하는 단어.
– 권117 〈사마상여열전〉

한나라 무제 때 촉 지방 출신의 양득의(楊得意, 생졸 미상)는 황제의 사냥개를 관리하는 자리인 구감(狗監)이 되어 무제를 모시고 있었다. 무제가 어느 날 〈자허부(子虛賦)〉라는 글을 읽다가 "짐이 이 사람과 한 시대를 살지 못하는 것이 안타깝구나!"라고 한탄했다. 곁에 있던 양득의가 이 말을 듣고는 "신이 살고 있는 읍에 사마상여(司馬相如)란 사람이 있는데, 이 사람이 그 글을 썼다고 하더이다"라고 했다. 무제는 깜짝 놀라며 바로 사마상여를 불러들였다. 이후 **양득의**란 이름은 **인재 추천을 비유**하는 단어가 되었다.

보잘것없는 벼슬에 있던 양득의는 당대 최고의 문장가 사마상여를 사심 없이 추천하여 그 자신의 이름도 남기고, 인재 추천이라는 아름다운 고사도 남겼다. 남을 헐뜯고 자기 자랑만 늘어놓은 세태에서 양득의의 인재 추천이 던지는 메시지의 울림이 작지 않다. 좀처럼 타인의 능력과 재능을 인정하지 않으려는 우리 풍토를 되돌아보게 된다. '양득의'는 한 글자 줄여서 '양의(楊意)'로도 쓴다. 또 양득의의 사심 없는 인재 추천의 이 일화에서 '구감유양(狗監揄揚)'이란 사자성어도 파생되었다.('구감유양' 항목 참고) '구감, 즉 사냥개를 관리하던 양득의가 칭찬하다'는 뜻인데, 누군가의 추천을 받는다는 비유적 표현이다.

키워드 : 인재, 추천, 무사(無私)

양반양장(讓畔讓長)

밭의 경계를 서로 양보하고, 나이 많은 사람에게 양보하다.
– 권4 〈주본기〉 ; 〈오제본기〉

은나라 말기 주 부락의 서백(西伯, 훗날 문왕)은 말없이 선행과 덕정을 실천하고 있었다. 제후들은 일이 있으면 너나없이 서백을 찾아와 공정한 판결을 요청했다. 우(虞)와 예(芮) 사람들 사이에 송사가 발생했다. 해결이 나지 않자 서백을 찾아 주나라로 왔다. 주나라 경계에 들어서니 밭을 가는 사람들은 **밭의 경계를 서로 양보하고**(양반讓畔), **백성들은 나이든 사람에게 양보하는**(양장讓長) 풍속이 보편화되어 있었다. 우와 예 사람들은 서백을 만나기도 전에 창피만 당할 것 같다고 서로 부끄러워하며 돌아갔다.

위정자가 덕정을 베풀면 백성과 풍속이 선해진다. '양반(讓畔)'은 〈오제본기〉에도 보이는데 전설시대 제왕 순임금이 역산(歷山)에서 농사를 지을 때 주위 사람들에게 밭의 경계를 양보했다는 일화에서 기원한다. 그 뒤 성군이 다스리는 나라 백성들의 좋은 풍속을 비유하는 성어로 자리 잡았다.

키워드 : 미풍양속, 양보

양서투혈(兩鼠鬪穴)

두 마리의 쥐가 한 구멍 속에서 싸우다.
– 권81 〈염파인상여열전〉

작전도 꾀도 통하지 않는 상태나 상황이 있다. 특히 공간이 비좁을 때 싸움은 치열해질 수밖에 없고, 승부는 용감한 쪽으로 기울 것이다. 이런 상황을 **두 마리의 쥐가 한 구멍 속에서 싸운다**는 말로 비유한다. 이 성어의 출전은 〈염파인상여열〉이다.

이야기는 막강한 실력자 평원군의 탈세를 적발하고 관련 인물 아홉을 가차 없이 죽이고는 평원군 앞에서 당당하게 '공적인 일을 받들고 법을 지키라'고 충고한 조사(趙奢)라는 인물이 조정에 박탈된 다음에 펼쳐진다.('봉공수법' 항목 참고)

강국 진나라가 한나라를 공격하고 알여(關與)라는 곳에 진을 쳤다. 조왕은 염파에게 알여를 구원할 수 있는 대책을 물었으나, 염파는 길이 멀고 험난하여 구출하기 어렵다고 했다. 다른 신하들의 대답도 마찬가지였다. 이때 조사가 나서 "길이 멀고 험난하며 좁은 곳에서는 두 마리의 쥐가 한 구멍 속에서 싸우는 것과 같아서, 용감한 장수와 군사를 가진 쪽이 이깁니다"라고 대답했다.

조왕은 조사를 장수로 삼아 알여를 구원하게 했다. 조사는 적의 간첩을 역으로 이용하여 진의 군대를 물리쳤다. 이로써 조사는 염파·인상여와 같은 대열에 오를 수 있었다.

사회관계에서도 **양서투혈**과 같은 상황이 적지 않게 일어난다. 그러한 상황은 그 자체로 힘겹고, 잘해야 서로에게 상처만을 남기고 싸움이 끝나기 일쑤다. 그래서 장자(莊子)는 서로 뒤엉켜 힘겹게 사느니 서로 모르는 넓은 물에서 유유히 노는 것만 못하다고 했다. 일리 없는 말은 아니지만 현실은 어디까지나 현실, '한 지붕 두 가족'이란 말도 있듯이 한 구멍 속에서도 양보하고 도우며 언젠가는 그 구멍을 빠져나올 수 있다는 희망으로 살아야 할 것이다.

키워드 : 상황, 궁지, 용감

양약고구(良藥苦口)

좋은 약은 입에 쓰다.
– 권55 〈유후세가〉

원문에는 '독약고구(毒藥苦口)'로 되어 있지만, **양약고구**를 많이 쓴다. 《한비자》〈외저설〉(좌상)에도 '양약고구'와 '충언역이'라는 표현이 나오는 것으로 보아 오래전부터 전해오는 격언으로 추정한다. 대개 뒤따라오는 '충성스러운 말은 귀에 거슬린다'는 '충언역이(忠言逆耳)'와 짝을 이루는 명언이다. 때로는 앞뒤를 바꾸어 '충언역이, 양약고구'로도 쓰며 〈유후세가〉에는 이렇게 되어 있다. 초점은 '충언역이'에 맞추어져 있고, '양약고구'는 '충언역이'를 강조하기 위한 보조 장치와 같다. 관련한 〈유후세가〉의 내용은 이렇다.

기원전 210년 진시황이 갑자기 죽고 천하가 혼란에 빠졌다. 천하는 마치 전국시대로 되돌아간 것 같았다. 초나라 출신 항우와 책사 범증은 민간에서

함양성에 눌러 앉으려는 유방을 설득한 장량의 초상화이다.

꼭두각시로 앉힌 회왕은 뜻밖에 정치적 수완을 발휘하여 누구든 함양성에 먼저 진입하는 사람을 관중의 왕으로 봉하겠다는 수를 던졌고, 유방이 먼저 입성하여 관중의 민심을 얻었다. 관중의 민심은 훗날 유방이 항우를 물리치는 데 상당한 힘이 되었다. 사진은 터만 남아 있는 함양성 유지의 모습이다.(2011년)

양을 치고 있던 초나라 왕의 후손을 찾아 꼭두각시 왕으로 옹립했다. 이가 회왕(懷王)이다. 그런 다음 진나라의 수도 함양으로 진격했다. 유방도 함양을 향해 이동했다.

항우가 다른 전투를 치르느라 늦는 사이 유방은 먼저 함양에 입성했다. 기원전 206년 진나라는 유방에게 항복함으로써 망했다. 유혈사태는 없었다. 진나라 황궁에 들어간 유방은 호화로운 궁실, 산더미같이 쌓인 금은보화, 꽃과 같은 후궁들에 입이 벌어져 이곳에 눌러앉으려 했다. 용장 번쾌(樊噲)가 천하가 아직 통일되지 못했으니, 속히 이곳을 떠나 적당한 곳에 진을 치고 항우의 공격에 대비해야 한다고 했다. 유방은 듣지 않았다. 장량(張良)이 나서 이렇게 말했다.

"진이 무도했기 때문에 패공(유방)께서 여기까지 온 것입니다. 무릇 천하를 위해 남은 도적들을 없애려면 검소함이 밑천입니다. 지금 진에 들어오자마자 쾌락에 몸을 맡긴다면, 이런 것을 '걸을 도와 포악한 짓을 일삼는다(조걸위학助桀爲虐)'고 합니다. 또 '충성스러운 말은 귀에 거슬리지만 행동에는 유익하고(충언역이이후행忠言逆耳利于行), 독한 약은 입에 쓰지만 병에는 좋다(독약고구이우병毒藥苦口利于病)'고 합니다. 원컨대 패공께서는 번쾌의 말을 들으십시오."

유방은 느낀 바가 있어 왕궁을 떠나 패상(覇上)에 진을 치고는 바로 뒤따라 진격한 항우에게 함양을 넘겨주고 한중으로 들어갔다.('조걸위학', '홍문연' 항목 참고)

키워드 : 충고, 수용, 양약(良藥)

양옥상서(梁獄上書)

양나라 감옥에서 글을 올리다.

– 권83 〈노중련추양열전〉

'걸견폐요' 항목에서 살펴본 추양(鄒陽, 기원전 206~기원전 129)이란 인물이 있다. 그는 문장가이자 유세가의 풍모를 지난 인물로서 양나라 여기저기를 떠돌면서 오(吳)나라 출신의 장기(莊忌)와 회음(淮陰) 출신 목생(牧生) 등과 사귀었다. 추양의 명성은 점점 양나라로 퍼져나갔고, 양 효왕도 그를 마음에 들어 했다. 효왕의 측근으로 총애를 한 몸에 받고 있던 양승(羊勝)과 공손궤(公孫詭)가 추양을 질투하여 효왕 앞에서 그를 헐뜯었다. 효왕이 살피지도 않고 성을 내며 추양을 법관에게 넘겨 죽이려 했다.

추양은 영문도 모른 채 옥에 갇혀 죽을 날만 기다리는 신세가 되었다. 추양은 객지를 떠돌다 이렇게 억울하게 죽으면 죽어서도 오명이 남게 되는 상황을 견딜 수 없었다. 생각 끝에 추양은 붓을 들어 효왕에게 편지를 썼다. 이 글이 바로 〈옥중상양왕서(獄中上梁王書)〉라는 명문이다.(이 글에 대해서는 부록 '사기의 문장'에서 상세히 다루었다.) '옥중에서 양왕에게 올리는 글'이란 뜻이다. 여기서 **양나라 감옥에서 글을 올리다**는 뜻의 **양옥상서**라는 네 글자가 파생되었는데, 훗날 모함으로 옥에 갇혀 자신의 억울함을 변호하는 경우를 말하게 되었다. 당나라 시인 두보(杜甫, 712~770)의 시 〈기이십이백이십운(寄李十二白二十韻)〉에 '양옥상서'라는 네 글자가 보인다.('걸견폐요', '명주암투' 항목 참고)

키워드 : 투옥, 억울, 변호, 상서(上書)

주나라 초기 정권의 안정에 큰 역할을 한 소공의 덕을 찬양하기 위한 기록이 권34 〈연소공세가〉이다. 연나라의 지리와 정치적 비중 때문에 다른 세가에 비해 내용이 적은 편이다. 전체적으로 통치사상이란 면에서 '인덕(仁德)'의 작용을 강조하고 있다. 또 전국시대 젊은 군주 소왕이 유능한 인재를 등용하기 위해 취한 정책의 중요성을 부각시키고 있다. 사진은 전국 중후기 연나라의 도성이 있었던 하북성 역현(易縣)의 연하도(燕下都) 유지이다.(2009년)

양현상액(兩賢相厄)

둘 다 좋은 사람이 서로를 해치려 하다.
– 권100 〈계포난표열전〉

　초한쟁패 당시 유방을 여러 차례 괴롭혔던 계포(季布)의 외삼촌 정공(丁公)은 초나라 장수였다.('계포일낙' 항목 참고) 정공은 항우를 위해 팽성(彭城) 서쪽에서 유방을 추적하여 짧은 병기로 무장한 병사들로 근접전을 벌였다. 다급해진 유방이 정공을 향해 **"우리 둘 다 좋은 사람인데, 어찌 서로 해치려 하는가?"**라고 했다. 이 말에 정공은 병사를 거두어 돌아갔고, 유방은 몸을 피해 도망쳤다.

　이 사례에서 **양현상액**은 능력 있고 덕 있는 사람이 서로를 해치려 하는 것을 가리키는 사자성어가 되었다. 훗날 유방이 항우를 물리치고 천하의 주인이 되자 정공은 유방을 찾아갔다. 유방은 정공을 붙잡아 군중에 돌려 보이면서 모든 사람들에게 이렇게 말했다.

　"정공은 항왕의 신하가 되어서 충성을 다하지 않았다. 항왕으로 하여금 천하를 잃게 만든 자는 바로 정공이다."

　그리고는 정공의 목을 벤 다음, "훗날 신하된 자들이 정공을 본받지 않게 위해서이다!"라고 했다. 정공은 유방을 살려 주었지만, 유방은 정공을 가차 없이 죽였다. 당시 정공이 어째서 유방을 놓아 주었는지는 알 수가 없다. 그러나 정공을 죽인 사실에서 유방의 잔인한 성격의 일단을 볼 수 있음과 동시에, 위기상황에서는 수단과 방법을 가리지 않고 그 상황을 모면하는 유방의 임기응변을 엿볼 수 있다.

키워드 : 상황, 위기, 임기응변

양호상투(兩虎相鬪)

두 마리 호랑이가 서로 싸우다.
– 권78 〈춘신군열전〉

전국시대에 수천 명의 식객을 거느린 4공자 중 한 사람이었던 초나라 춘신군(春申君, ?~기원전 238)은 성은 황(黃)이고 이름은 헐(歇)이었다. 그는 일찍이 강국 진나라에 사신으로 갔다가 진에 속아 땅을 빼앗기는 수모를 겪었다. 그보다 앞서 회왕(懷王)은 진나라의 꼬임에 넘어가 진나라에 입조하였다가 억류되어 돌아오지 못하고 타국 진나라에서 죽는 치욕도 겪었다. 이 때문에 춘신군은 늘 강대국 진나라가 초나라를 공격하지 않을까 걱정이 되어 임금에게 진나라와 정면충돌은 피하라고 충고했다.

두 마리의 호랑이가 서로 싸운다는 뜻의 **양호상투**는 춘신군이 진나라 소왕(昭王)을 찾아가 초나라와의 충돌을 피하라고 간언한 대목에서 나온다. 두 마리의 호랑이란 진과 초를 가리킨다. 춘신군은 《시경》의 "처음이 없는 것은 없으나 끝이 좋은 것은 드물다"는 구절을 인용하며 초를 건드려 좋을 것이 없다는 자신의 논리를 합리화한다. 소왕은 춘신군의 논리에 설득당해 초에 대한 공격을 중지했다. 그 뒤 춘신군은 재상이 되어 20년 간 부귀영화를 누리며 조정을 좌우했으나, 늙어서 주영(朱英)의 충고를 듣지 않다가 이원(李園)이 보낸 자객에게 살해당하고 집안은 멸문의 화를 입었다.

사마천은 춘신군이 처음에는 총명하게 일을 잘 처리했으나 결단해야 할 때 내리지 못하다가 난을 당했다며 아쉬움을 토로했다. 춘신군은 '처음은 좋았으나 끝이 좋지 못했다.' 사마천은 춘신군의 옛 성과 궁실을 직접 답사했다.

두 마리의 호랑이가 서로 싸우면 결과는 모두가 심각한 상처를 입기 십상이다. 쌍방의 힘이 막상막하일 때는 힘의 균형을 유지하면서 서로 견제하는 것이 현명하다. 그러면서 상대의 허점을 찾아내기 위해 각종 정보망을 동원하여 상대를 탐지해야 한다. 이것이 《손자병법》에서 말한 '나를 알고 상대를 알면 백 번을 싸워도 위태롭지 않다'는 '지피지기(知彼知己), 백전불태(百戰不殆)'이다. '양호상투'는 '양호공투(兩虎共鬪)'로 쓰기도 한다.

키워드 : 상황, 양강(兩强), 전투

양호유환(養虎遺患)

호랑이를 길러 후환을 남기다.
– 권7 〈항우본기〉

초한쟁패의 막바지인 기원전 202년, 항우와 유방은 홍구(鴻溝, 지금의 하남성 형양滎陽)를 경계로 휴전하기로 합의했다. 항우는 군대를 해산하고 동쪽으로 돌아갔다. 유방도 서쪽으로 돌아가려 하자, 진평과 장량이 이를 말리며 이렇게 말했다.

항우와 유방이 서로 휴전할 때 경계로 삼았던 홍구(鴻溝) '한패이왕성(漢覇二王城)'의 조형물이다.(2009년)

"한이 천하의 절반을 차지했고, 제후들도 모두 따르게 되었습니다. 초의 병사들은 지치고 먹을 것이 다 떨어졌습니다. 이는 하늘이 초를 멸망시키려는 것입니다. 이 기회를 타서 차지하는 쪽이 낫습니다. 지금 놓아주고 공격하지 않는다면 이야말로 **호랑이를 길러 후환를 남긴다**는 것입니다."

유방은 이 말에 따라 항우를 다시 공격했고, 해하(垓下)에서 마침내 항우를 물리쳤다. 항우는 하늘을 원망하며 목을 그어 자결했다. **양호유환**은 힘이 빠진 상대에게 다시 힘을 회복할 수 있는 시간과 기회를 준다는 비유이다. 대개 그런 시간과 기회를 주지 말 것을 권할 때 쓰는 성어이다.('각자위전' 항목 참고)

키워드 : 상황, 기회, 후환

어복단서(魚腹丹書)

물고기 뱃속의 붉은 글.
– 권48 〈진섭세가〉

　기원전 209년, 진나라 폭정에 맞서 봉기한 진승이 군중들을 선동하기 위해 벌인 일들 중 하나다. 당시 진승은 먼저 붉은 광물질로 비단 위에 '진승왕(陳勝王)'이라 써서 몰래 물고기 배에 쑤셔 넣은 다음 병사들에게 이 물고기를 사서 먹게 했다. 병사들은 **물고기 뱃속에서 나온 붉은 글**을 보고는 기이하게 생각했다. 진승은 또 오광을 시켜 야밤에 숲속 사당에 가서 '도깨비불을 피워 놓고 여우로 위장하여 큰 소리로' '초나라가 크게 일어나 진승이 왕이 된다'고 외치게 했다. 이 일로 진승은 사람들의 주목을 크게 받기 시작했다.('구화호명' 항목 참고)

키워드 : 선동, 조작, 신기(神奇)

어복장도(魚腹藏刀)

물고기 뱃속에 칼을 감추다.
– 권86 〈자객열전〉

　물고기 뱃속에 칼을 숨기다는 **어복장도**는 오월쟁패 과정에서 나온 유명한 고사성어이다. '어복장검(魚腹藏劍)'으로도 많이 쓴다. 이 성어에는 많은 이야기가 담겨 있어 상세히 소개한다.

　기원전 527년, 초나라의 지명수배를 받고 있는 오자서(伍子胥)가 우여곡절 끝에 오나라에 들어왔다. 그는 맨발에 얼굴에는 더러운 오물을 잔뜩 바른 채 미치광이로 분장하고 큰길에서 피리를 불며 동냥을 하고 다녔다.('오원취소' 항목 참고)

이를 보고받은 오왕 요(僚)는 오자서를 궁중으로 불러들였다. 10척 거구에 번갯불이 번득이는 듯한 눈빛을 가진 오자서는 같은 말을 반복하지 않고 아주 통쾌하고 호탕하게 말을 토해 냈다. 집안의 원수를 거론하는 대목에서는 이를 부드득 갈며 분통을 터뜨렸는데, 이 때문에 오왕 요는 오자서를 섣불리 기용했다간 오나라에 골칫거리가 될 수도 있다는 생각에 망설였다.

옆에 있던 동생 공자 광(光)이 오자서가 오나라에 온 것은 개인의 원한을 갚고자 한 것이니 오나라에 득이 될 것이 없다며 거들고 나서자, 오왕 요는 공자 광의 말대로 오자서를 멀리했다. 공자 광의 의중을 알아챈 오자서는 자리에서 물러나와 몸을 감추었다. 공자 광은 은밀히 오자서를 불러 후한 대접과 깍듯한 예의를 갖추어 그를 객경(客卿)으로 모셨다. 오자서 역시 공자 광의 당시 처지와 형인 오왕 요를 제거하고 싶어 하는 속셈을 알아차리고 그의 호의를 일단 받아들였다.

사실 공자 광이 왕위를 탈취하려는 일은 거의 불가능에 가까웠다. 오왕 요가 많은 심복을 자기 주변에 거느리고 있는 반면, 공자 광은 거의 혼자나 다름없었기 때문이다. 궁중 쿠데타는 꿈도 못 꿀 일이었다. 유일한 방법이 있다면 암살뿐이었다. 공자 광은 오자서에게 민간에서 자객을 물색하도록 했다.

오자서는 은거한다는 명목으로 오나라 도성을 떠나 당읍(棠邑, 지금의 강소성 남경시 南京市 육합구六合區 북쪽)이란 곳에 머물며 전제(專諸)라는 용사를 찾았다. 오자서는 오나라로 들어온 다음 구걸하다가 당읍을 지나면서 전제를 한 번 본 적이 있었다. 당시 전제는 덩치가 큰 건달과 싸우고 있었는데, 눈두덩이 튀어나오고 눈매가 깊으며 맹수와 같은 몸집에 천둥소리와 같은 목청을 가지고 있었다.

요리한 물고기 뱃속에 감춘 칼로 오왕 요를 찌르는 전제의 모습을 나타낸 한나라 때의 벽돌 그림이다.

두 사람이 서로 주먹을 날리려는 순간 어디선가 "전제야, 어디서 싸움질이냐!"라고 외치는 부인의 목소리가 들렸다. 이 목소리에 사나운 기세로 상대를 공격하려던 전제는 바로 동작을 멈추고 그 자리를 떴다.

나중에 알고 보니 그 부인은 전제의 어머니였다. 전제는 용사일 뿐만 아니라 효자였다. 오자서는 전제로부터 강한 인상을 받았고, 이런 인연 때문에 그를 다시 찾았던 것이다. 전제를 찾은 오자서는 어느 정도 시간이 흐른 다음, 그를 공자 광에게 소개했다. 전제를 소개받은 공자 광은 늘 후한 예물을 가지고 누추한 전제의 집을 찾았고, 전제의 어머니에게도 극진한 존경의 예를 표했다. 공자 광의 쉼 없는 보살핌으로 하루하루 살아가기가 만만치 않았던 전제 모자의 생활은 안정을 찾았다. 몇 년 뒤 전제의 어머니가 세상을 떠났다. 어머니의 장례를 마친 전제는 공자 광을 찾아 이렇게 말했다.

"주공, 지난 몇 년간 저는 주공의 큰 은혜를 입었습니다. 당시는 모친께서 살아계셨기 때문에 서로의 처지를 묻기 힘들었습니다. 지금은 어머니께서 세상을 뜨셨으니 전제는 자식의 도리를 다했습니다. 주공께 묻겠습니다. 저에게 시키실 일이 무엇입니까?"

전제의 간절한 물음에 공자 광은 숨김없이 자신의 계획을 말해주었다. 한참을 생각하던 전제가 어렵게 입을 열었다.

"거사는 만전을 기하지 않으면 안됩니다. 짐승을 잡고, 물고기를 낚을 수 있는 것은 모두 미끼가 좋기 때문입니다. 오왕 요의 취미는 무엇이며, 좋아하는 것이 있습니까?"

"맛있는 요리를 즐겨 먹는 편이오."

"무슨 요리를 가장 좋아합니까?"

"생선 튀김."

"좋습니다. 제가 먼저 생선 요리를 배운 다음, 다시 주공을 찾아뵙도록 하겠습니다."

전제는 물고기 요리로 이름난 태호(太湖) 주변에서 석 달 동안 전력을 다해 요리를 배웠고, 그의 요리 솜씨는 먹어본 사람이라면 모두가 칭찬할 정도가 되었다. 이후 전제는 요리사 신분으로 공자 광의 집에 머무르면서 시기를 기다렸다.

기원전 515년 오왕 요가 초나라를 공격하기 위해 출정하게 되었다. 왕이 출정하면 국내는 비게 되니 일을 일으킬 절호의 기회가 왔다. 공자 광은 요의 출정에 앞서 그를 위로하는 연회를 열기로 했다. 광은 가문의 보물로 전해오는 '어장검(魚腸劍)'을 전제에게 건네며, 연회에 요를 초빙하여 틈을 타서 거사하기로 했다.

다음 날, 오왕 요가 연회에 참석하기 위해 공자 광의 집에 왔다. 요는 공자 광의 야심을 걱정스럽게 지켜보던 어머니의 당부대로 호위병을 겹겹이 거느리고 왔다. 요리를 올리는 자는 누가 되었건 몸수색을 당한 다음, 무릎으로 기어서 올려야만 했으니 말 그대로 물샐 틈 없는 방비였다.

요리가 하나씩 하나씩 나왔고, 기회는 무르익었다. 공자 광은 잠시 볼일을 핑계로 자리를 떠나 지하실로 내려갔다. 이윽고 전제가 생선구이 접시를 받들고 나타났다. 호위병들은 전제의 몸 또한 샅샅이 뒤졌고, 전제는 무릎으로 기어서 요를 향해 다가갔다. 맛있는 물고기 요리의 냄새가 사방으로 퍼졌고, 요는 연신 군침을 삼켰다. 전제가 요에게 바짝 접근하여 생선구이 요리를 올리려는 순간, 물고기의 뱃속에서 날카로운 비수가 번득이더니 바로 요의 심장을 파고들었다. 물고기 뱃속에 '어장검'을 감추었던 것이다. 호위병들이 달려들어 전제를 난도질했지만, 오왕 요는 이미 숨이 끊어진 뒤였다.

지하실에 숨어 있던 공자 광은 연회실이 혼란에 빠지자 복병들을 출동시켰고, 동시에 오자서는 용사들을 이끌고 집 바깥에서 공격했다. 지도자를 잃은 요의 호위병들은 갈피를 잡지 못하고 우왕좌왕하다 사방으로 흩어졌다. 공자 광은 군사를 이끌고 입궁하여 문무 대신들을 소집하고, 바로 요의 죽음을 알리는 동시에 자신의 즉위를 선포했다. 이가 바

물고기 요리를 올리는 전제의 모습이다.(2010년)

로 오왕 합려(闔閭)다. 오자서는 국정을 보좌하는 중책에 임명되었고, 지금의 강소성 소주시(蘇州市)에는 도성인 고소성(姑蘇城)이 건설되었다.

자객 전제가 '물고기 뱃속에 칼(비수)을 감추었다가' 오왕 요를 찔러 죽인 이 '어복장도'는 춘추 후기 역사에 있어서 중요한 사건이 되었다. 이 거사를 성공시킨 오자서가 오나라 국정 전반을 책임지는 중책을 맡았고, 이어 오나라 군대를 이끌고 자신의 조국인 초나라를 공격하여 아버지와 형님의 원한을 갚았다.('굴묘편시' 항목 참고) 이를 계기로 남방의 신흥 강국 월나라와 패권을 다투는 '오월쟁패'가 본격화되었다. '어복장도' 또는 '어복장검'은 훗날 '살기를 감추다'는 비유로 많이 인용되었다.

키워드 : 암살, 살기

억

억만지중(億萬之衆)

억만에 이르는 민중.
– 권20 〈건원이래후자연표〉

억만지중은 아주 많은 수를 나타내는 성어로서 관련 대목은 이렇다.

"하물며 천하를 통일하고, 현명한 천자가 자리에 있으면서 문무를 겸비하고 사해를 석권하여(석권사해席卷四海) 안으로 **억만에 이르는 민중**이 단합되었으니 어찌 태평성대를 위해 변경을 치지 않으리요!"

한나라 건국 직후 흉노를 비롯한 대외관계는 수세(守勢)에 역점을 둔 소극 정책이었다. 그러나 무제의 즉위를 기점으로 공세(攻勢)로 전환하기 시작했다. 위 대목은 그런 초기 대외정책의 변화를 대변하는 명분이라 할 수 있다. '석권(席卷)'은 돗자리를 둘둘 만다는 뜻으로 영토 따위를 빠르게 차지하는 것을 비유한다. '사해(四海)'는 천하를 가리킨다. ('석권' 항목 참고)

키워드 : 민중, 다수(多數)

언인인수(言人人殊)

사람마다 말이 다르다.
― 권54 〈조상국세가〉

서한 건국에 큰 공을 세운 공신 조참(曹參, ?~기원전 189)은 첫 승상이었던 소하(蕭何)에 이어 두 번째 승상이 되어 서한 초기 정치 안정에 크게 이바지했다.

조참은 조정의 승상이 되기 전에 제나라의 상으로 제나라 70개 성을 다스렸다. 기원전 202년 천하가 평정되었을 때, (제나라) 도혜왕(悼惠王) 유비(劉肥)는 나이가 젊었다. 조참은 장로(長老)와 선생들을 죄다 불러서 제나라의 옛 풍속에 따라 백성을 편안하게 모으는 방법을 물었다. 그러나 백 명이 넘는 유생들은 **저마다 말이 달라서** 조참은 결정을 내리지 못했다.

조참은 교서(膠西) 지방의 개공(蓋公)을 초빙하여 자문을 구했다. 개공은 황로설(黃老說)에 입각하여 차분하게 억지로 일을 만들지 않는 '청정무위(清靜無爲)'를 중시하면 인민은 절로 안정된다고 말했다. 초참은 개공이 머물 곳을 마련하고 그에게 국정 자문 역할을 하게 했다. 이렇게 9년 동안 제나라를 다스리니 안정되었다.

기원전 193년 소하가 세상을 떠나자 조참은 상경하여 조정의 승상으로 취임했다. 조참은 중앙 조정도 제나라를 다스렸던 청정무위의 방법으로 국정을 이끌었고, 불안했던 한나라 초기 정국은 크게 안정을 찾을 수 있었다.

언인인수는 말하는 사람마다 그 생각이나 의견이 달라 하나로 모이지 못함을 뜻하는 성어로서 비슷한 뜻의 성어로 '막충일시(莫衷一是)'가 있다. '마음이 하나가 아니다' 또는 '일치된 결론을 내릴 수 없다'는 뜻이다. '막충일시'의 출처는 손중산(孫中山, 1866~1925)의 〈사회주의지연강(社會主義之演講)〉이다. 반대되는 성어로는 '입은 다 다르지만 나오는 소리는 다 같다'는 뜻의 '이구동성(異口同聲)'이 있다. '이구동성'의 출처는 남조시대 송나라의 역사서인 《송서(宋書)》〈유병지전(庾炳之傳)〉이다. ('소규조수' 항목 참고)

한나라 초기 정권을 안정시키는 데 큰 역할을 한 조참의 조형물이다. (2014년)

키워드 : 의견, 차이

언청계종(言聽計從)

말하면 듣고, 꾀를 내면 따르다.
– 권92 〈회음후열전〉

무슨 말이든 다 듣고 따른다는 뜻의 **언청계종**의 출처는 〈회음후열전〉이다. 초한쟁패 막바지 한신의 대활약으로 대세는 서서히 유방 쪽으로 기울기 시작했다. 특히 용저(龍且)를 잃고 난 항우는 겁을 먹고 무섭(武涉)을 한신에게 보내 삼분천하하여 독립할 것을 권했다. 한신은 항우를 섬겼을 때 자신의 의견이 받아들여지지 않아 유방에게로 건너올 수밖에 없었다면서 다음과 같은 말로 항우의 제안을 거절했다.

"한왕(漢王, 유방)은 나에게 상장군(上將軍)의 도장을 주었으며, 나에게 수만 명의 군대를 주었다. 자기 옷을 벗어서 나에게 입히고, 자기 밥을 주어 나에게 먹였다. 나의 **말은 받아들여지고, 꾀는 채택**되었다. 이 때문에 내가 오늘에 이를 수 있었다. 남이 나를 가깝게 여기고 믿어주는데 내가 그를 배반하는 것은 옳지 못한 짓이다. 내가 비록 죽을지라도 마음을 바꿀 수는 없다."

'언청계종'은 '언청계용(言聽計用)'으로 많이 쓴다. 무슨 말이든 다 들어준다는 뜻이고, 누군가를 몹시 믿는 것을 비유하는 성어이다.('해의추식' 항목 참고)

키워드 : 계책, 청취, 추종

여

여무미오(女無美惡), 입궁견투(入宮見妒) ; 사무현불초(士無賢不肖), 입조견질(入朝見嫉)

여자는 잘생겼던 못생겼던 궁으로 들어가면 시기를 당하고, 선비는 유능하건 못났건 조정에 들어가면 질투를 받는다.

― 권49 〈외척세가〉 ; 권83 〈노중련추양열전〉 ; 권105 〈편작창공열전〉

이 명언은 여러 곳에 인용되어 있다. 〈외척세가〉에서는 앞 문장인 여자에 초점이 맞추어져 있고, 나머지 두 곳에서는 뒤 문장의 유능한 선비, 즉 인재에 초점이 맞추어져 있다.

왕조체제에서 궁중은 권력 암투의 장이기도 했다. 모든 권력이 제왕 한 사람에게 집중되어 있는 체제의 한계 때문에 제왕이 쥐고 있는 권력의 한 자락을 차지하기 위해 치열한 투쟁을 벌였다. 벼슬을 가진 신하들은 물론 황제의 사생활과 연계된 후궁들의 암투도 조정 신료들 못지않았다. 이런 상황을 간결하게 잘 나타낸 명언이다.

여세부침(與世浮沈)

세상과 더불어 떠오르고 가라앉다.

– 권124 〈유협열전〉

사마천은 〈유협열전〉의 논평, 즉 '태사공왈'을 뒤가 아닌 앞에 배치했다. 유협과 그들의 행적을 기록에 남기는 일 자체가 대단히 민감할 수밖에 없었기 때문에 그만큼 공을 들여 자신이 이 열전을 남기는 동기와 취지 및 의미를 상세히 밝혔다. 특히, 이들의 행적이 갖는 의미를 고상한 척하는 사이비 학자나 성인군자의 언행과 날카롭게 비교하여 잘 드러냈다. 세상의 명성으로 보자면 유협의 행동은 결코 비교의 대상이 될 수 없겠지만 그들이 보여준 의리와 신의는 무시할 수 없다고 강조했다. **여세부침**은 아래 논평의 일부분이다.

"지금 자신이 배운 것에 얽매여 하찮은 의리를 품은 채 오랫동안 세상과 고립되어 살아가는 것과 격을 낮추어 세속에 동조해 세상의 흐름을 따라 **세상과 더불어 떠오르고 가라앉으며** 명성을 얻는 것이 어찌 같을 수 있겠는가? 그러나 평민의 무리로서 가령 사람들에게 베풀고 구하면서 약속한 일을 실천하고, 천 리 먼 곳일지라도 의리를 위해 죽음을 두려워하지 않으면서 세상의 비난을 마다하지 않는다면, 이는 그들의 장점이며 또 그것은 아무렇게나 해낼 수 있는 일이 아니다. 그래서 선비들이 곤궁한 처지에서 그들에게 생명을 의지하곤 하는데, 그렇다면 그들이야말로 사람들이 말하는 현인이나 호걸이 아니겠는가?"

여세부침은 세속과 사회의 흐름(순리)을 따른다는 뜻으로, 이를 물결에 따라 떠올랐다 가라앉았다 하는 모습으로 비유한 성어이다. 사마천은 세상으로부터 인정받지 못하는 것은 물론 때로는 손가락질까지 받는 유협들이지만 세속에 살며 힘없는 사람들을 돕는 그들의 의리와 행동은 칭찬 받아서 마땅하지 않냐고 반문한다.

키워드 : 처세, 순리, 순응

여실좌우수(如失左右手)

왼쪽 오른쪽 손을 잃은 듯했다.
– 권92 〈회음후열전〉

기원전 206년 진나라가 망하자 항우는 천하 대권을 완전 장악한 뒤 분봉(分封)을 실행했다. 유방은 한왕에 봉해져 한중(漢中)으로 밀려났다. 한중은 분지에다 관중으로 나올 수 있는 길목이 진창(陳倉) 한 곳 뿐이라 사실상 한중에 갇힌 것이나 다름없었다. 당시 항우 밑에 있던 한신은 자신을 인정해주지 않는 항우를 떠나 유방을 따라 한중으로 들어왔다. 유방은 항우보다 한신을 우대했지만, 크게 달라지지 않았다. 한신은 다시 유방을 떠나 달아났다. 이를 안 소하는 유방에게 보고도 않고 한신의 뒤를 쫓았다. ('소하월하추한신' 항목 참고)

소하가 보고도 않고 보이지 않자 유방은 소하도 도망친 것으로 오해하여 크게 낙담했다. 사마천은 이때 유방의 심경을 **"왼쪽 오른쪽 손을 잃은 듯했다"**고 표현했다. 즉, 양손을 다 잃어버린 것처럼 크게 실망했다는 것이다. 그 뒤 소하가 한신을 데리고 돌아오자 유방은 한편으로는 기쁘고, 한편으로 성을 냈다고 한다.

여실좌우수는 자신의 양손처럼 믿던 사람이 떠나거나 사라져 크게 낙담한 모습을 실감나게 비유하는 성어이다.

키워드 : 상실, 낙담

여집좌권(如執左券)

좌권을 움켜 쥔 듯하다 / 주도권을 쥐다.
– 권46 〈전경중완세가〉

전국시대 제나라 민왕(湣王, ?~기원전 284) 때 서방의 강국 진(秦)은 군사와 외교 두 방면에서 적극 공세를 취했다. 특히 남방의 강국 초와 동방의 강국 제의 동맹을 갈라 놓기 위해 힘을 썼다. 이 외교 공세의 주역은 당대 최고의 유세가 장의(張儀)였다. 다른 나라의 유세가들은 힘을 합쳐 장의를 앞세운 진나라의 외교 공세에 맞섰다.

기원전 312년, 진나라가 초나라 군대를 물리치자 유세가 소대(蘇代, 소진의 동생?)는 당시 초나라에 있던 또 한 명의 유세가 전진(田軫)에게 장의와 진나라의 공세를 막을 방안을 이야기하면서, 7국이 처한 상황을 충분히 활용하면 주도권을 쥐고 손을 잡고 있는 진나라와 한나라에게 역으로 군대 철수를 요구할 수 있을 것이라고 제안했다.

이때 소대의 말 중에 훗날 많은 사람들이 인용한 '집좌권(執左券)'이란 표현이 나온다. '좌권'이란 고대에 어떤 일을 계약할 때 채권자가 갖게 되는 계약서나 증서를 가리킨다. 따라서 '좌권을 쥐었다'는 것은 주도권을 가진다는 뜻과도 같다. 여기서 **여집좌권(如執左券)**, 또는 '여지좌권(如持左券)'이란 성어가 나왔다. 상황이나 일을 확실하게 파악하거나 상황을 주도할 **주도권을 쥐었다**는 것을 비유한다. '온조좌권(穩操左券)'이라고도 쓴다. ('온조좌권' 항목 참고)

키워드 : 상황파악, 주도권

여태후연석(呂太后筵席)

여태후의 술자리.

– 권9 〈여태후본기〉; 권52 〈제도혜왕세가〉

여태후(?~기원전 180)는 고조 유방의 아내로서 강인하고 성격이 독했다. 유방이 죽은 뒤 성품이 여린 아들 혜제(惠帝)를 대신하여 권력을 좌우했고, 혜제가 일찍 죽자 대권을 완전히 독점하여 여씨 천하를 열었다.

당시 여태후가 봉국의 왕들과 신하들을 초청하여 베푸는 술자리는 아주 살벌했다고 한다. 혜제 2년인 기원전 193년, 제나라 도혜왕(悼惠王) 유비(劉肥)가 조회를 왔다. 10월, 혜제와 도혜왕 유비가 여태후 앞에서 편안한 술자리를 열었다. 혜제는 도혜왕이 연장자라 윗자리를 양보했다. 이에 화가 난 여태후는 독주 두 잔을 따라 앞에 놓고는 도혜왕에게 술잔을 들고 일어나 장수를 기원하게 했다. 그러자 혜제가 따라 일어나 술잔을 들었다. 덜컥 겁이 난 여태후가 혜제의 잔을 엎었다. 이를 본 도혜왕은 술을 마시지 않고 취한 척 자리를 피했다.

한번은 이런 일도 있었다. 여태후가 신하들을 위해 술자리를 베풀고 주허후(朱虛侯) 유장(劉章)에게 군법에 따라 술자리를 감독하는 주리(酒吏)를 맡겼다. 술자리에

여태후의 고향(지금의 산동성 단현單縣)에 남아 있는 여태후 사당 안의 여태후 소상이다.(2010년)

있던 여씨 중 하나가 술에 취해 술자리를 빠져나가자 유장이 쫓아가 검을 뽑아 목을 베고는 돌아와 "술자리에서 한 놈이 도망을 치기에 신이 삼가 법대로 목을 베었습니다!"라고 보고했다. 태후의 좌우가 모두 놀랐으나 군법에 따르기로 한 이상 죄를 물을 수 없었다. 술자리는 이렇게 해서 끝났고, 이후로 여씨들은 주허후를 두려워했다.

이렇듯 여태후가 베푼 술자리는 살벌했다. 훗날 문인들은 이 술자리를 일컬어 **여태후연석**, 또는 줄여서 '여후연(呂后筵)'이라 했고 '여태후연석'은 살

기가 등등하고 음모가 감추어져 있는 술자리를 비유하는 성어가 되었다.

키워드 : 술자리, 살기, 음모

여회청대(女懷淸臺)

여성 사업가 청을 회고하는 기념관.
– 권129 〈화식열전〉

여회청대는 진시황이 과부의 몸으로 자신의 정절을 잘 지켜내고 사업도 크게 성공시킨 **청(淸)을 기념하기 위해 지어준 건물**이다. 폭군(?)의 대명사로 알려진 진시황이 어째서 여성 사업가 한 사람을 위해 건축물까지 지어 기념했을까? 여기서 우리는 진시황의 또 다른 면을 발견할 수 있다. 이 부분을 좀 더 상세하게 살펴보고자 한다.

중국 역사상 최초의 천하 통일이라는 위업을 달성한 진시황은 인간적으로 어두운 그늘이 많은 존재였다. 그의 부모는 한 나라의 최고 권력을 상징하는 왕과 왕비였다. 이들 뒤로는 엄청난 비밀을 숨긴 채 진시황이 성장해가는 모습을 착잡한 심경으로 지켜보는 진나라의 실세이자 생부(?)인 여불위가 있었다.

진시황은 타국에서 태어나 어린 나이에 어머니와 둘이서 살면서 행여나 잡혀가 죽지는 않을까 하는 생사의 관문을 시도 때도 없이 넘나들었다. 8세 때 간신히 세 가족이 합류했고, 12세에 아버지(장양왕)를 이어 최고 권력자 자리에 올랐다. 남편을 잃은 젊고 아름다운 과부 어머니는 혈기를 다스리지 못하고 진시황의 생부인 여불위와 옛정을 되살리는 불륜에 탐닉했다.

생부인 여불위는 성장해가는 아들(진시황)의 시선이 두려워 과거 자신의 애첩이었던 태후와의 관계를 끊으면서 자신을 대신할 노애(嫪毐)라는 건장한 사내를 갖다 바쳤다. 태후는 이 사내와 놀아났고, 자식(아들)을 둘이나 낳았다. 점점 간이 커진 어머니와 노애는 아들의 권력을 넘보기 시작했고, 급기야 진시황이 21세 성인식과 함께 친정에 들어가자 반란을 일으켰다. 이들의 동태를 감시하고 있던 진시황은 이들을 단숨에 잔인하게 제거했다.

진시황은 또 암살 노이로제에 시달렸다. 무려 세 차례나 암살 위기를 넘겼다.('도궁비수현', '박랑사' 항목 참고) 이 때문에 자신의 침소를 절대 비밀에 붙이는 등 인간을 불신하는 성향이 그를 지배했고, 이것이 결국 인간의 역할이나 작용보다는 시스템을 더 믿는 쪽으로 발전했다.

진시황은 그 자체로 콤플렉스 덩어리였다. 아버지의 사랑을 거의 받지 못한 채 최고 권력자에 올랐고, 어머니에 대해서는 극도의 증오심을 품게 되었다. 실세 여불위에 대해서는 늘 두려움을 느끼며 살았던 것으로 보인다. 어머니의 난잡한 성생활은 어머니는 물론 모든 여성에 대해 극도의 환멸감을 갖게 만들었다. 그가 평생 정식 황후를 두지 않은 것도 이와 연관이 있을 것이다.

그의 성격은 우울하고 음침했다. 유년기를 늘 혼자서 보낸 탓에 어둡고 생각이 많았다. 모든 것을 혼자 생각했고, 상상을 통해 미래를 시뮬레이션하는 데 익숙했다. 상의할 대상도 대화 상대도 없었다. 독단적 성격의 형성은 필연이었다.

암살 위협도 그의 성격에 큰 영향을 주었을 것이다. 어둡고 우울한 성격에 보태어 아무도 믿지 못하는 극도의 신경질적인 의심증까지 형성된 것 같다. 〈진시황본기〉에 따르면 함양 부근에 엄청난 규모의 휴식 겸 놀이 공간을 만들어 놓고 자신이 행차하여 머무를 경우, 그 거처를 누설하는 자는 모두 사형에 처했다고 한다. 진시황의 암살 공포심과 의심증을 잘 보여주는 대목이다.

그는 자신을 짓누르는 모든 압박을 일로 풀려고 했다. 매일 업무량을 정해 놓고 그것을 다하지 못하면 잠도 자지 않았다는 기록은 그가 확실히 워크홀릭이었음을 잘 보여준다.('형단양서' 항목 참고) 천하통일 이후에는 자신의 제국을 작동시키기 위한 시스템 구축에 심혈을 기울였고, 그 시스템을 몸소 점검하기 위해 엄청난 규모로 장기간에 걸친 제국 순시를 햇수로 13년 동안 다섯 차례나 단행하는 의욕을 보였다.(한 차례 순시를 나가기 위한 준비와 그 규모 및 기간을 감안하면, 순시에 돌아오자마자 바로 다음 순시를 준비했을 것이니 통일 후 죽기 전까지 거의 절반 가까이를 외지에 있었다.)

진시황과 관련하여 잘 알려지지 않은 사실들 중 하나가 앞서 잠깐 언급한 대로 정식 황후를 두지 않았다는 것이다. 〈진시황본기〉에도 여성에 관한 기록은 거의 없다. 생모를 가리키는 '여불위의 첩'이란 대목과 '모후의 죽음' 정도가 거의 전부다. 기록의 한계가 있겠지만 진시황의 여성 혐오증을 입증하는 간접 증거가 될 수 있다.

생모를 제외하고 진시황과 관련된 여성이라면 〈화식열전〉에 짤막하게 기록되어 있는 과부 청(淸)이 전부다. 그 기록을 보자.

"파(巴) 지역에 청(淸)이라는 과부가 있었다. 조상이 단사(丹砂)를 캐는 광산을 발견하여 몇 대에 걸쳐 이익을 독점해왔고, 이로써 헤아릴 수 없을 정도로 많은 가산을 소유하게 되었다. 청은 과부의 몸으로 가업을 잘 지키고, 재물을 이용하여 자신을 지키며 타인에게 업신당하지 않았다. 진시황은 그녀를 정조가 굳센 부인이라 하여 손님으로 대우했고, 또 그녀를 위해 **여회청대(女懷淸臺)**까지 지어 주었다. 이처럼 나(倮, 오지현의 목축업자)는 비천한 목장주였고, 청은 외딴 시골의 과부에 지나지 않았으나 만승의 지위에 있는 왕들과 대등한 예를 나누고 명성을 천하에 드러냈으니 이 어찌 재력 때문이 아니리오?"

위 기록의 요점은 이렇다. 오늘날 사천성 지역에서 단사 광산업을 하는 과부 청은 가업을 잘 유지하면서 자기 몸도 잘 지켜내 진시황으로부터 정조가 굳센 여인으로 칭찬을 받은 것은 물론 제왕과 대등한 예를 나누는 귀한 손님과 같은 대접을 받았다. 더욱이 진시황은 그녀의 정절을 기념하는 '여회청대' 또는 '회청대'라는 건물까지 지어주었다.(혹자는 이 건축물을 사업가들의 모임 장소로 보기도 한다.)

진시황의 기록에서 어머니를 제외하고 여성에 관한 것은 과부 청이 거의

여성 사업가 과부 청에 대한 기록을 통해 진시황에게 드리워져 있는 어두운 면을 확인할 수 있다. 과부 청의 모습을 그린 그림이다.

전부다. 그만큼 과부 청에 대한 진시황의 관심이 남달랐다는 뜻이기도 하다. 옛 주인이었던 여불위와 간통하고 나아가 천한 노애와 음탕한 짓을 아무렇지 않게 저질렀던 어머니와는 너무 대비되는 여인 앞에서 진시황은 자신이 바라던 여인상을 발견했던 것 같다. 혼자의 몸으로 정조를 굳게 지키며 당당하게 가업을 지켜내는 청의 모습이 진시황에게는 신비롭게 비쳤을 것이다. 그래서 특별히 '여회청대'까지 지어 그녀의 정절을 기렸던 것 아니겠는가? 잘 알려져 있지 않은 진시황의 또 다른 면이다.

키워드 : 진시황, 과부 청, 정절, 존중, 기념

역

역린(逆鱗)

거꾸로 난 비늘.
– 권63 〈노자한비열전〉

역린은 일상에서도 흔히 쓰는 단어다. 대개 '역린을 건드리지 말라'는 식으로 활용하는데, 이를 '무영역린(無嬰逆鱗)'이라 한다. '역린'의 출처는 《한비자》 〈세난(說難)〉 편의 다음 대목이다.

《사기》에는 상상의 동물인 용에 대한 기록이 적지 않다. 그리고 용을 최고 권력자 군주에 비유하는 대목도 여러 군데이다. 사진은 북경 북해(北海)의 구룡벽(九龍壁)이다.(2009년)

"용이란 동물은 순해서 길들이면 탈 수도 있다. 그러나 턱밑에 직경 한 자가량

거꾸로 난 비늘, 즉 '역린'이 있어 누구든 그것을 건드리면 용은 그 사람을 죽이고야 만다. 군주에게도 이런 '역린'이 있어 유세하는 사람은 군주의 '역린을 건드리지 않아야' 가망이 있다."

'군주의 역린'이란 다른 사람에게 알리고 싶지 않은 사사로운 일이나 스스로 부끄럽게 생각하는 경력이나 결점 등을 가리킨다. 아랫사람이 자칫 이를 거론했다가는 큰 화를 당하게 된다. 사마천은 〈노자한비열전〉에서 《한비자》의 대목을 인용했다.

키워드 : 결점, 은닉

역발산기개세(力拔山氣蓋世)

힘은 산을 뽑고 기개는 세상을 덮고도 남다.
– 권7 〈항우본기〉

항우가 해하에서 '사면초가'에 몰려 절체절명에 빠졌을 때 사랑하는 여인 우희와 이별의 술잔을 나누며 노래를 불렀다. 이 노래를 〈해하가〉라고도 한다. **역발산기개세**는 이 노래의 한 대목이다. ('발산강정', '해하가' 항목 참고)

키워드 : 노래, 해하가, 힘, 기개

역수가(易水歌)

역수의 노래.
– 권86 〈자객열전〉

자객 형가가 진시황을 암살하기 위해 길을 떠나면서 역수에 이르러 비장하게 불렀던 노래를 〈역수가〉라 한다. '풍소소혜역수한' 항목에서 상세히 알아보았으니 해당 항목을 참고하면 된다.

키워드 : 노래, 비장

역자이식(易子而食)

자식을 바꿔 먹다.
– 권43 〈조세가〉

기원전 260년 전국시대 막바지 진나라와 조나라 사이에 벌어진 장평(長平)전투는 중국 역사상 최악의 전투로 기록될 만하다. 이 전투에 관해서는 '지상담병', '교주고슬', '조모' 등의 항목을 통해 살펴본 바 있다.

이 장평전투가 얼마나 끔찍했는가를 잘 나타내는 성어가 바로 **역자이식**이다. 조나라 군민들이 진나라의 포위에 갇혀 오가도 못하는 상황에서 식량이 바닥나자 **서로의 자식을 바꿔 잡아먹었기** 때문이다. 그 뒤로도 전투와 전쟁 상황에서 '역자이식'했다는 기록이 계속 나왔고, 이것으로 전쟁의 참혹한 실상을 비유하게 되었다.

참고로 '역자이식'의 원형은 《좌전》에 보이는 '석해이찬(析骸以爨)'이다. '죽은 사람의 해골을 쪼개 장작 삼아 불을 땐다'는 뜻이다. 전란이나 가뭄 따위의 재난을 맞이한 백성들의 비참한 상황을 형용하는 성어이다.

역전불여봉년(力田不如逢年), 선사불여우합(善仕不如遇合)

힘써 농사를 짓기보다는 풍년을 만나는 것이 낫고, 벼슬살이를 잘하는 것보다는 임금의 뜻에 잘 맞추는 것이 낫다.

– 권125 〈영행열전〉

역사는 지난 수천 년 동안 간신 현상과 그것이 초래하는 폐해에 대해 경고해왔다. 관련하여 사마천은 〈영행열전〉에서 다음과 같은 유명한 말을 남겼다.

"여자만 색(色)을 가지고 아첨하는 것이 아니다."
"비독여이색미(非獨女以色媚)."

'영행'이란 단어가 생소하다. '녕(佞)'은 아첨한다는 뜻이고, '행(幸)'은 '행운'의 '행' 자와 같은 글자인데, 사랑을 얻는다는 뜻이다. 다시 말해 아부나 미색으로 윗사람, 주로 권력자의 귀여움을 얻는다는 말이다. 이런 아첨꾼, 즉 간신들에 관한 기록이 바로 〈영행열전〉인데, 사마천이 이 기록을 남긴 의도가 매우 의미심장하다. 사실 이런 부류의 인간들은 열전에 넣어 기록으로 남길만한 자격이 없다. 하지만 이런 자들이 황제를 비롯한 권력자 곁에서 오로지 비위만 맞추는 재주 하나로 총애를 받고, 그 총애를 기반으로 정치와 나라를 어지럽히는 것이 문제였다. 반면 선량하고 재능이 있는 인재들은 이런 자들의 박해와 훼방에 막혀 불우한 삶을 살아야 하는 현실이었으니 얼마나 개탄스러웠겠는가? 사마천은 이런 인식을 갖고 후세에 대한 경고의 의미로 〈영행열전〉을 마련했다. 관련 구절을 원문과 함께 인용해둔다.

"속담에 이르기를 **힘써 농사를 짓기보다는 풍년을 만나는 것이 낫고, 벼슬살이를 잘하**

는 것보다는 임금의 뜻에 잘 맞추는 것이 낫다고 하였는데, 참으로 빈말이 아니다. 여자만 색을 가지고 아첨하는 것이 아니라, 선비나 관리에게도 이런 것이 있다."

"언왈역전불여봉년(諺曰力田不如逢年), 선사불여우합(善仕不如遇合), 고무허언(固無虛言). 비독녀이색미(非獨女以色媚), 이사환역유지(而士宦亦有之)."

史記卷一百二十五
漢 太 史 令 司馬遷 撰
宋中郎外兵曹參軍裴駰集解
唐國子博士弘文館學士司馬貞索隱
唐諸王侍讀率府長史張守節正義
佞幸列傳第六十五
諺曰力田不如逢年善仕不如遇合
虛言非獨女以色媚而仕宦亦有之昔以色幸者多矣
至漢興高祖至暴抗也
幸孝惠時有閎孺也此兩人非有材能徒

〈영행열전〉은 최초의 본격적인 역사서이자 중국 최초의 정사(正史)에 기록된 간신에 관한 기록이다. 이로부터 훗날 정사에는 대부분 '간신열전'이 편제되어 간신 현상에 대한 역사적 경고가 이루어졌다. 〈영행열전〉의 첫 부분이다.(광서제 때 판본)

벼슬에 나가 백성과 나라를 위해 힘을 써서 부귀와 명예를 얻는 것보다는 임금 비위를 잘 맞추어 부귀영화를 누리는 것만 못하다는 지적이다. 여자가 미모로 남자의 비위를 맞추듯이 배운 자나 벼슬살이를 하는 자들 역시 갖은 방법과 수단으로 권력자에게 아부한다. 이렇게 해서 간신이 생겨난다. 사마천은 이런 아부와 아첨을 좋아하는 못난 권력자, 즉 혼군과 그런 권력자의 비위를 맞추는 간신의 존재를 비교적 선명하게 보여준다. 이렇게 해서 간신이란 존재가 '영행'이란 단어로 역사의 무대에 등장했고, 훗날 역사서에 '간신열전'이 들어가는 계기가 되었다. 중국 정사(正史)에 간신의 행적은 송 왕조 때 편찬한 《신당서(新唐書)》에 〈간신전〉이 마련됨으로써 본격적으로 역사 기록에 남기 시작했다.('식여도' 항목 참고)

키워드 : 처세, 시기, 눈치, 아부

역취순수(逆取順守)

반역으로 얻어 순리로 지키다.
– 권97 〈역생육고열전〉

‘마상득지’ 항목에서 살펴본 바 있듯이 육고가 유방에게 유가 경전을 읽으라고 권하자 유방은 ‘말 위에서 천하를 얻었거늘’ 그런 책 따위가 무슨 쓸모냐고 무시했다. 그러자 육고가 이렇게 말했다. 뒷부분까지 포함해서 다시 한 번 인용한다.

“말 위에서 천하를 얻었다고 해서 어찌 말 위에서 천하를 다스릴 수 있겠습니까? 옛날 상나라 탕(湯)임금과 주나라 무왕(武王)은 **반역으로 천하를 얻었지만 순리로 (나라를) 지키셨습니다.** 이렇게 무(武)와 문(文)을 함께 사용하는 것이 나라를 길이 보존하는 방법입니다.”

육고의 이 말에서 **역취순수**라는 성어가 나왔다. 혼란하고 비상한 시기에는 정상적인 순서가 아닌 거꾸로 일을 처리해야 한다. 이것이 ‘역취’이다. 고대에는 정통 관념에서 출발하여 탕과 무왕이 제후의 신분으로 무력을 동원하여 제왕 자리를 탈취했기 때문에 ‘역취’라고 한 것이다. 즉위 후에는 제대로 정치를 잘 베풀어 정도(正道)에 맞았기 때문에 ‘순수’라 한 것이다. 난국을 평정하고 나면 정상적으로 순리에 따라 얻은 것을 지켜야 하는 것이 바른길이기 때문이다. 이것이 ‘순수’이다. 육고는 이를 다시 ‘문’과 ‘무’에 대입하는 뛰어난 논리를 보여주었다.

이렇게 ‘역취순수’는 훗날 **비정상적인 수단으로 천하를 얻고, 정상적인 방법으로 그것을 지키는** 것을 가리키는 성어가 되었다.

키워드 : 비정상, 수단, 획득, 정상, 수성

역행근호인(力行近乎仁), 호문근호지(好問近乎智), 지치근호용(知恥近乎勇)

힘써 실천하면 어짊에 가까워지고, 배우길 좋아하면 지혜에 가까워지고, 부끄러움을 알면 용기에 가까워진다.

위 명구는 한 무제 때 승상까지 지낸 공손홍(公孫弘, 기원전 200~기원전 121)이 병으로 사직을 청하면서 올린 글 중에 인용된 아래《중용》제20장의 대목이다.

"호학근호지(好學近乎知), 역행근호인(力行近乎仁), 지치근호용(知恥近乎勇)."

〈평진후주보열전〉에는 첫째, 둘째 단락이 바뀌었을 뿐이다. 승상으로 후(侯)에 봉해지는 선례를 남긴 공손홍은 처세술이 뛰어났다. 황제의 심기를 헤아려 가며 비위를 맞추어 승승장구했고, 자신과 뜻이 다른 사람들을 몰래 해쳤다. 주보언(主父偃)을 죽인 것이나, 동중서(董仲舒)를 교서(膠西)로 쫓아낸 배후가 모두 공손홍이었다. 공손홍은 고기반찬 한 가지에 거친 밥을 먹으면서 친구들이나 절친한 빈객이 먹고 입을 것을 청하면, 자신의 녹봉을 다 주어버려 자기 집에는 남는 것이 없었다. 이 때문에 사대부들은 그의 진면목을 모른 채 그를 훌륭하다고 칭찬했다.

사마천은 이런 공손홍의 위선적인 모습과 잔인한 성격의 일단을 〈유림열전〉과 〈평진후주보열전〉을 통해 폭로하고 있다. 공손홍의 이런 모습은 무제에게 올린 사직서에도 잘 드러나고 있다. 이 때문에 사마천은 제법 긴 그의

공손홍은 한나라 초기 궁전의 예의규범을 정하는 데 역할을 했다. 그 모습을 나타낸 그림이다.(공손홍의 고향인 산동성 수광현壽光縣 마을의 벽화, 2013년)

사직서를 그대로 인용했다. 당시는 회남(淮南)과 형산(衡山)의 모반 사건이 터져 그 일에 연루된 사람들을 색출하느라 조정이 정신이 없었다. 공손홍은 이런 정국에서 발을 빼고자 병을 핑계로 사직을 청했고, 무제는 사직 대신 휴가를 주면서 쇠고기·술·비단까지 내렸다. 몇 달 뒤 정국은 안정을 찾았고, 공교롭게 공손홍의 병도 차도가 있어 다시 업무에 복귀했다. ('곡학아세', '공손목시' 항목 참고)

키워드 : 실천, 호학, 질문, 지치, 용기

연

연성지벽(連城之璧)

성 몇 개 값어치의 벽옥.
– 권81 〈염파인상여열전〉

연성지벽은 '화씨지벽'과 '완벽' 항목에 언급된 '화씨벽(和氏璧)'의 값어치를 비유하는 성어로 **성 몇 개에 버금가는 귀중하고 비싼 보물**을 말한다. 이에 대해서는 '가중연성', '화씨지벽'과 '완벽' 항목을 참고하면 된다.

키워드 : 보물, 가치

연시비가(燕市悲歌)

연나라 저잣거리의 슬픈 노래.
– 권84 〈자객열전〉

역수에서 이별하는 형가(왼쪽)와 연 태자 단의 모습을 나타낸 조형물이다. 얼굴을 돌리고 있는 형가의 모습이 인상적이다.(2009년)

여기저기를 떠돌던 자객 형가(荊軻)는 연나라로 건너와 태자 단(丹)을 만나 진시황(당시 진왕) 암살을 모의했다. 태자 단을 만나기 전에 형가는 연나라의 개 잡는 도살꾼, 축(筑)을 잘 연주했던 고점리(高漸離) 등과 잘 어울려 다녔다. 술을 좋아했던 형가는 술이 취하면 이들과 연나라 저잣거리에서 주위도 아랑곳하지 않고 웃다가 울다가 큰 소리로 노래를 불렀다.('방약무인' 항목 참고)

형가는 전광(田廣)의 추천으로 태자 단을 만났고, 두 사람은 의기투합 진시황 암살을 계획했다. 형가가 진나라로 떠나던 날 단을 비롯하여 모든 사람이 흰옷을 입고 형가를 배웅했다. 이때 고점리는 이별의 노래 〈역수가(易水歌)〉를 불러 주위를 침통하게 만들었다.('풍소소혜역수한' 항목 참고) 모두가 눈물로 형가를 떠나보냈고, 형가는 뒤도 돌아보지 않고 떠났다. 그리고 노래 가사처럼 그는 돌아오지 못했다.

이 형가가 연나라 저잣거리에서 친구들과 노래를 불렀던 대목과 역수에서의 이별 노래에서 **연시비가**라는 성어가 나와 **북받치는 비분강개(悲憤慷慨)의 감정**을 나타내게 되었다.

키워드 : 비가(悲歌)

연작안지홍곡지지(燕雀安知鴻鵠之志)

제비나 참새 따위가 기러기와 백조의 뜻을 어찌 알리오!
– 권48 진섭세가

연작안지홍곡지지는 소인이 대인의 원대한 뜻을 어떻게 알겠느냐는 비유로 사용되는 명언이다. 소인은 늘 소인의 마음으로 군자의 속을 헤아리기 때문에 큰 뜻을 품은 사람의 의중을 알 수 없다는 뜻이다.

진시황의 급작스러운 죽음 이후 혼란에 빠진 진나라를 향해 처음으로 반기를 든 진승(陳勝, ?~기원전 208)이 젊은 날 머슴살이를 하면서 다른 머슴들에게 "만약 부귀하게 되면 서로 잊지 맙시다"라며 격려하려 했다. 머슴들은 "머슴살이 주제에 부귀는 무슨 부귀"냐고 비웃었다. 진승은 점잖게 너희들이 내 뜻을 어찌 알겠느냐는 뜻으로 "제비나 참새 따위가 기러기와 백조의 뜻을 어찌 알리오?"라는 명언으로 응수했다. 우리 일상에서는 **참새가 봉황을 뜻을 어찌 알리오**로 많이 쓴다.

훗날 진승은 농민 봉기군의 우두머리가 되어 중원을 휩쓸며 함양으로 진격하다 진나라 군대에게 패하여 파란만장한 일생을 마감했다. 당시 진승은 또 "왕과 제후와 장수와 재상의 씨가 따로 있단 말이냐(왕후장상영유종호王侯將相寧有種乎)?"는 유명한 말로 농민들을 격려했다. 진승의 봉기는 성공하지 못했지만 본격적으로 농민 봉기의 불씨를 당겼으며, 결국 진의 멸망을 이끌어내는 도화선이 되었다. 지극히 평범한 노동자의 깨어 있는 의식에서 나온 명언 중의 명언이 아닐 수 없으며, 지금도 유효한 선언문이다.('왕후장상영유종호' 항목 참고)

스무 살 대장정 때 사마천은 진승의 봉기 현장인 대택향(大澤鄕)을 직접 찾아 진승의 봉기가 갖는 역사적 의미에 대해 깊게 생각했다.

키워드 : 대의(大意), 소인배, 무지

염금주거인(斂金鑄巨人)

쇠를 거두어 들여 거인을 주조하다.
– 권6 〈진시황본기〉

기원전 221년, 천하를 통일한 진시황은 중앙집권을 강화하기 위한 각종 통일정책을 본격적으로 시행했다. 우선 천하를 36개의 군으로 나누고 중앙에서 관리를 파견했다. 이와 함께 천하의 병기들을 모두 거두어 수도 함양에다 모은 다음, 이를 녹여서 무게 1,000석의 '종거금인(鐘鐻金人)' 12개를 만들어 궁정에 배치했다.

호북성 수주(隨州)의 증후(曾侯) 을(乙)의 무덤에서 기원전 5세기 전국시대 초기의 완벽한 편종 세트와 각종 악기가 출토된 바 있다. 사진은 증후 을 무덤에서 나온 편종 세트를 복원한 모습이다. 사람 형상의 받침이 눈길을 끈다.(2024년)

여기서 말하는 '종거금인'에 대해서는 역대로 논란이 많았다. 1,000석은 대체로 0.5톤 가량으로 추정한다. '종거'는 커다란 종, 즉 대종(大鐘)의 일종인 '종'과 납작한 종, 즉 편종(扁鐘)의 일종인 '거'를 말한다. '금인'은 사람의 형상을 한 조형물로 본다. 그런가 하면 이 네 글자를 하나의 단어로 보아 대종과 편종 틀의 양쪽 끝을 떠받치는 사람 모양의 받침대(기둥)로 보는 견해도 있다.

이 기록에서 비롯된 **쇠를 거두어 들여 거인을 주조했다**는 **염금주거인**은 그 뒤 통일 제국 진나라가 실행한 통일정책의 상징물을 가리키기에 이르렀다. '염금주거인'이란 표현은 송나라 때 시인 육유(陸游, 1125~1210)의 〈육경(六經)〉이란 시의 한 구절에서 나왔다. 참고로 〈육경〉이란 시를 소개해둔다.

진나라 사람 육경을 불태웠으나

진인번육경(秦人燔六經),

경전을 원수로 여긴 것은 결코 아니리.

비여경위구(非與經爲仇).

당초 그들의 용감한 결단도

방기용결시(方其勇決時),

자손들을 위한 도모였으리.

역위자손모(亦爲子孫謀).

쇠를 거두어 거인을 주조하니

염금주거인(斂金鑄巨人),

어디 호미 곡괭이를 겁내겠는가?

개부외조우(豈復畏鋤耰)?

천년의 오명 여전하니

천년오명재(千年惡名在),

황하를 따라 동으로 흐르리.

상여황하류(尙與黃河流).

염리(廉吏)

청렴한 관리.
– 권126 〈골계열전〉

왕조체제에서 관리의 수준과 우열을 나누는 가장 전형적인 용어가 '탐관오리(貪官汚吏)'와 '청백리(淸白吏)'이다. 이 둘은 대체로 우리가 많이 쓰는 용어이고, 중국에서는 '탐관'과 **염리(廉吏)**로 많이 쓴다. '탐관'은 한나라 때 학자 왕충(王充, 27~약 97)의 저서 《논형(論衡)》이 그 출처이다. '오리'는 《맹자》 〈등문공상〉 편에 폭군(暴君)과 함께 언급되어 있다. '탐관'과 '오리'가 한데 붙어 나오기는 《원앙피(鴛鴦被)》라는 원나라 때 작자미상의 잡극(雜劇)에 보인다. '원앙피'는 원앙 이불이란 뜻이다.

탐관오리와 대척점에 있는 표현은 '청관(淸官)', '염리(廉吏)', '양리(良吏)', '순리(循吏)' 등이 있다. '청관'의 출처는 《진서(晉書)》 〈유송전(劉頌傳)〉이고, '염리'의 출처는 《사기》 권126 〈골계열전〉이다. '양리'의 출처는 한나라 사람 조조(晁錯, 기원전 약 200~기원전 154)의 〈상서언모민사새하(上書言募民徙塞下)〉라는 글이고, '순리'는 《사기》 권119 〈순리열전〉이다.

키워드 : 관리, 청백리

염치(廉恥)

염치.
− 권117 〈사마상여열전〉

염치의 사전적 의미는 **체면을 차릴 줄 알고 부끄러움을 아는 마음**이다. 사마상여가 서남이 지역의 소수민족을 교화하기 위해 올린 글에 나오는 단어이다.('과염선치' 항목 참고)

키워드 : 부끄러움, 체면

염파객(廉頗客)

염파의 문객.
– 권81 〈염파인상여열전〉

인상여와 감동적인 '문경지교'의 우정을 나누었던 전국시대 조나라의 명장 염파(廉頗, 생졸 미상)는 진나라와의 장평(長平)전투에 장수로 임명되었다. 그러나 진나라의 명장 백기(白起)의 이간책에 넘어간 조나라 효성왕(孝成王, ?~기원전 245)은 장수를 조괄(趙括)로 교체했다. 기원전 260년 장평에서 조나라는 40만 병사가 생매장을 당하는 처절한 패배를 당하고 멸망의 길을 걷기 시작했다.('지상담병' 항목 참고)

당시 염파가 장평에서 면직되어 고향으로 돌아왔다. 그가 권세를 잃자 알고 지내던 문객들이 모조리 떠나갔다. 후에 염파가 다시 장수로 등용되자 문객들이 다시 찾아들었다. 염파가 "객들은 모두 가라!"고 호통을 치자, 그중 한 객이 이렇게 말했다.

"아! 장군께서 어찌 그렇게 눈치가 느리십니까? 지금 세상은 시장에서 물건을 사고팔듯 사귀고 헤어집니다. 장군에게 권세가 있으면 따르고, 권세가 없으면 떠나는 겁니다. 당연한 이치이거늘 뭐 그리 섭섭하다고 원망하십니까?"

염파의 문객은 냉정한 세태를 이렇게 지적했다. 이와 비슷한 상황은 전국시대 제나라의 실세이자 4공자의 한 사람으로 3천 식객을 거느렸던 맹상군(孟嘗君)과 그의 식객 풍환(馮驩)의 대화에서도 나온다. 맹상군이 실세하자 떠났던 식객들이 풍환의 도움으로 맹상군이 재기하자 다시 돌아오겠다고 했다. 맹상군이 이들을 욕하자 풍환은 세상사 이치가 그런 것이라며 식객들을 다시 받아들이게 했다.('교토삼굴' 항목 참고)

염파의 위 일화에서 **염파객**이란 단어가 나왔고, 훗날 **시류와 권세를 뒤쫓는 사람**을 가리키기기에 이르렀다.('하견지만' 항목 참고)

키워드 : 세태, 시류, 권세, 추종자

염파선반(廉頗善飯)

염파가 식사를 잘한다.

－ 권81 〈염파인상여열전〉

기원전 260년 장평전투에서 조나라는 나라의 젊은이 거의 전부가 죽었다고 할 정도로 참패했다. 당시 진나라의 이간계(離間計)에 넘어가 섣불리 장수를 교체했던 조나라 효성왕은 그 뒤로도 15년 자리를 더 지킨 뒤 기원전 245년 세상을 떠났다. 그 아들 도양왕(悼襄王, ?~기원전 236)이 즉위했지만 약해질 대로 약해진 조나라의 국세를 회복하기에는 역부족이었다. 특히 도양왕은 연나라와 자주 전쟁을 일으켰고, 그 틈을 노린 진나라의 공격으로 땅을 많이 빼앗겼다.

도양왕 당시에도 염파는 건재했지만 도양왕은 염파를 배척하고 악승(樂乘)을 염파 대신 장군에 임명했다. 염파가 격노하여 악승을 공격하자 악승은 달아났고, 염파도 결국은 위나라의 대량(大梁)으로 달아나 몸을 맡겼다. 기원전 244년 조나라는 이목(李牧)을 장군으로 삼아 연나라를 공격해 무수(武遂)와 방성(方城)을 함락시키는 전과를 올리기도 했다.

염파는 오랫동안 위나라 대량에 머물렀으나, 위나라도 그를 기용하지 않았다. 한편 조나라는 진나라의 공격으로 수세에 몰리자 다시 염파를 불러들이고 싶었다. 도양왕은 사람을 보내 염파의 근황을 살피게 했다. 그런데 염파와 원한이 많았던 곽개(郭開)라는 자가 사신에게 뇌물을 주어 염파를 모함하게 했다.

조나라 사신이 오자 염파는 재기할 기회가 왔다고 판단하고는 밥 한 말과 고기 열 근을 먹어 보이고, 갑옷을 입고 말에 뛰어올라 아직도 자신이 건재함을 보였다. 그러나 조나라 사신은 돌아와 도양왕에게 이렇게 보고했다.

"염 장군은 나이가 들었음에도 식사는 잘했습니다. 그러나 신과 같이 앉아 있는 동안에 세 번이나 변(오줌)을 지렸습니다."

도양왕은 염파를 다시 부르려던 생각을 단념했다. 사신의 보고에서 나온 **염파가 식사를 잘한다**는 **염파선반**은 훗날 여전히 **건재한 노장의 풍모**를 가리키는 성어가 되었다. 또 사신이 염파를 모함하며 '세 번이나 변을 지렸다'는 대목에서 '삼유시(三遺矢)'라는 독특한 단어가 보이는데, '삼시(三矢)'라고도 쓴다.('삼유시' 항목 참고)

키워드 : 노장, 건재

영

영견유호(寧見乳虎), 무치영성지노(無値寧成之怒)

새끼 밴 호랑이를 만날지언정 영성의 노여움을 사지 말라.

– 권122 〈혹리열전〉

사마천이 〈혹리열전〉에서 두 번째로 소개한 혹리는 영성(寧成, 생졸 미상)이다. 영성 때 오면 혹리들의 모습이 조금씩 일그러지기 시작한다. 강직하고 대쪽 같던 혹리들이 현실과 타협하면서 썩어갔다. 최고 권력자와 권세가들의 눈치를 보거나 그들과 결탁함으로써 추하게 변질되었다. 권력을 남용해 백성들을 아주 못살게 굴었다. 권세가들에게도 인정사정없이 법을 적용하던 혹리들의 가혹한 법 적용의 대상이 백성들로 바뀐 것이다. 그 단초를 제공한 혹리가 바로 영성이었다.

영성은 기개가 넘쳐 상관도 능멸했고, 부하들에게도 인정사정 없었다. 하지만 청렴이란 면에서는 질도(郅都)에 미치지 못했다. 외척들도 영성을 무척 싫어했다.

한 무제 때 혹리들을 기용한 가장 큰 이유 중의 하나는 국가 재정 때문에 세금을 많이 거두기 위해서였다. 또 하나는 한나라 초기 때 황제의 친척들을 지방에다 분봉했는데, 이것이 문제가 되어 '오초칠국의 난' 같은 큰 내분을 겪었다. 외척이나 인척들이 한나라를 존폐의 위기로 몰아넣었다. 한 무제는 혹리들을 기용해 황제와 황후 일가들을 단속했다. 그럼에도 황실의 문제점들이 하나둘씩 곪아서 터져 나왔다.

외척의 천적이었던 영성도 결국은 외척의 구박을 받고 사형 선고를 받았다. 영성은 강단 있게 목에 찬 사슬을 끊어버리고 탈출했다. 그리고는 고리대금업자에게 대출을 받아 땅을 사서는 수천 가구의 소작인들을 두고 수천 금의 재산을 모았다. 결국 그는 돈으로 사면을 받았다.

영성은 사형수의 신분으로 도망쳐 부자가 되고, 그 돈으로 사면을 받았다. 그는 자신의 경험상 관료들의 습성을 잘 알았다. 지방 관료의 약점을 이용해 그들을 쥐락 펴락했다. 관직에서 물러났음에도 불구하고 군수나 태수 못지않은 위세를 부렸다. 요즘 식으로 얘기하면 전관예우를 받는 전직 고위관료들처럼 현직 관료들과의 인간 관계를 이용해 이익을 챙긴 지방 토호 세력으로 변신한 것이다.

‘곡학아세’라는 고사성어의 당사자인 유학자 공손홍(公孫弘)을 비롯한 관리들조차 **새끼를 밴 호랑이를 만날지언정 영성의 노여움을 사지 마라**고 할 만큼 영성은 지독했다. 혹리 영성의 지독함을 잘 비유하는 대목이라 하겠다. ‘유호(乳虎)’는 새끼를 밴 호랑이란 뜻이다. 새끼를 배면 성질이 더욱 날카로워지고 사나와진다고 한다.

키워드 : 관리, 혹리, 사나움

영어(囹圄)

옥에 갇히다.
– 〈보임안서〉

‘감옥에 갇히다’ 또는 ‘감옥’을 뜻하는 표현으로 ‘영어의 몸이 되다’는 것이 있고, 실제로 많이 사용하고 있다. 사마천은 〈보임안서〉에서 이릉을 변호하다가 근거 없이 이사(貳師) 장군 이광리(李廣利, ?~기원전 89)를 비방했다는 판결을 받고는 감옥에 갇히는 **영어**의 몸이 되었다. 당시의 상황을 사마천은 이렇게 토로하고 있다.

"간절한 저의 충정은 끝내 드러나지 못하였고, 근거 없이 이사 장군을 비방하였다는 판결이 내려졌습니다. 집안이 가난하여 사형을 면할 수 있는 재물이 없었고, 사귀던 벗들도 구하려 들지 않았으며, 황제의 측근들은 한마디도 하지 않았습니다. 몸은 목석이 아닌데 홀로 옥리와 마주한 채 깊은 감옥에 갇히는 **영어**의 몸이 되었으니 누구에게 제 사정을 하소연할 수 있겠습니까?"

〈보임안서〉에는 이렇듯 궁형을 당하기 전후 사마천의 심경이 곳곳에 드러나고 있다. 역사서에다 자신의 개인사와 심경을 밝힐 수 없었기에 사마천은 임안에게 보내는 답장을 이용하여 당시 고통스럽고 고독했던 심경을 털어 놓았다. 《사기》의 마지막 권130 〈태사공자서〉와 함께 읽으면 저간의 사정과 사마천의 삶, 그리고 그의 정신세계를 좀 더 구체적으로 이해할 수 있다.('보임안서' 항목 참고)

감옥에 갇히는 '영어'의 몸이 되어서도 집필을 멈추지 않고 있는 사마천의 모습을 그린 기록화이다.

키워드 : 투옥, 감옥

영위계구(寧爲鷄口), 물위우후(勿爲牛後)

차라리 닭의 주둥이(대가리)가 될지언정, 소의 엉덩이(꼬리)는 되지 말라.
– 권69 〈소진열전〉

전국시대 말기의 걸출한 유세가 소진(蘇秦)이 유세하는 과정에서 인용한 속담이다. 닭의 주둥이 대신 닭대가리, 소의 엉덩이 대신 소꼬리로 대체하여 **닭대가리가 될지언정, 소꼬리는 되지 말**라고 많이들 쓴다. 이 여덟 글자의 명구는 훗날 '계구우후(鷄口牛後)'의 네 글자로 줄여서 많이 썼다.('계구우후' 항목 참고) 우리 속담은 이 성어를 '닭의 볏이 될망정 쇠꼬리는 되지 마라'고 풀이했다. 또 비슷한 뜻의 '용의 꼬리보다 닭의 머리가 낫다'는 속담도 있다.

영위계구, 물위우후는 소진이 한(韓)나라 혜왕(惠王)을 설득하는 자리에서 한 말이다. 큰 지역에서 작은 자리를 차지하고 있느니 작은 지방의 우두머리가 낫다는 뜻이다. 또 작은 나라지만 우두머리를 해야지 큰 나라에 무릎을 꿇고 섬기지 말라는 비유이기도 하다.

소진이 인용한 위 속담은 지금도 많은 사람들이 즐겨 인용하는 명언이다. 소진은 당시 전국 7웅 중에서 가장 강한 대국으로 성장하는 진나라를 견제하기 위해 '합종(合縱)'이라는 6국 연합정책을 제시하여 진의 세력 확장을 일시나마 막을 수 있었다.

소진의 유세도이다.

위 명언은 한나라 혜왕을 자
극하여 진나라를 섬기지 못
하도록 설득하는 과정에서
나왔다. 그중 가장 중요한 대
목을 한번 들어보자.

공부를 마치고 하산하기 위해 스승 귀곡자에게 인사를 드리는 소진
의 모습이다.

"속담에 **닭대가리가 될지언
정, 소꼬리는 되지 말라**는 말이 있습니다. 지금 서쪽의 진을 향해 손을 마주잡고 신하
가 되어 진을 섬긴다면 소꼬리와 다를 것이 뭐 있습니까? 도대체 대왕처럼 현명한
군주에 강력한 군대까지 갖고 있으면서 소꼬리 소리를 듣는다면, 오히려 신이 부끄
러워 어찌할 바를 모르겠습니다."

상대의 자존심을 건드리는 소진의 선동술(煽動術)이 대단히 자극적이다. 혜왕은
결국 소진의 선동에 넘어갔다.

춘추전국시대라는 시대적 상황이 만들어낸 여러 현상들 가운데 특기할 만한 것이 전문
'책략가'들의 등장이다. 책략가들은 다른 말로 모사·책사라 부르며, 특히 '유세객(遊
說客)'이란 특수한 용어로 그들의 형상을 묘사하기도 한다. 오늘날의 용어를 빌자면
국제정세 전문 로비스트(lobbyist)들이라 할 수 있다. 이들은 국경을 비교적 자유롭게
넘나들며 당시 국제정세를 분석하고 평가하여 자신들을 인정해주는 군주에게 발탁
되어 외교정책과 정치권력을 장악한 인물들이다.

일찍이 2천 수백 년 전에 각국을 넘나들며 눈부신 활약을 보였던 국제적인 직업 유
세객들의 존재는 연구하고 분석할 값어치가 충분한 대상이라 하지 않을 수 없다. 그
중에서도 소진과 장의는 여러 면에서 유세객의 표본이라 할 수 있다.

키워드 : 형세, 유세, 유세가, 설득

영작무조(寧爵毋刁)

영작무조는 관련한 내용과 일화를 알지 못하면 도저히 풀이할 수 없는 성어이다. 출전은 〈화식열전〉이고, 사업가 조한(刁閒)이란 인물과 관련한 이야기이다.

기원전 5세기 무렵 전국시대에 들어서 상업 자본을 바탕으로 한 거상들이 속속 출현했다. 거상들은 많은 종업원들을 거느렸는데 많으면 수천 명에 이르렀다. 이런 종업원 기용에 있어서 남다른 안목을 가지고 독특한 경영법을 보인 상인이 있었으니, 기원전 2세기 서한 초기의 조한이었다.

조한은 제나라 지역 출신이었다. 제나라는 서주시대로부터 큰 나라였고, 사람들은 체면을 중시했다. 신분에 대한 관념도 비교적 뚜렷하여 노예를 천시했다. 상인 조한은 이런 고착된 신분관에서 비롯된 편견을 깼다. 그는 노예들을 아끼고 정중하게 대했을 뿐만 아니라 이들을 아예 자기 사업에 필요한 인재로 발탁했다. 사람들은 노예가 교활하다며 멀리했는데 조한은 그 점을 역이용했다. 그는 교활함을 영리함으로 인식했기 때문이다.

영리하고 자기 몸 하나 정도는 얼마든지 지켜낼 수 있는 노예 출신들을 종업원으로 기용한 조한은 바닷가에 위치한 제나라의 지리적 이점을 한껏 활용하여 소금의 생산 판매에 이들을 투입했다. 자신은 사업의 규모와 범위를 넓히기 위해 이들에게 마차를 몰게 하여 태수 등 지역 유력자들과 교제했다. 조한은 수천만 금에 이르는 부를 축적했고, 노예들을 더욱 신임했다.

조한은 남들이 다 천시하는 노예들을 믿고 기용했고, 노예들은 자신을 믿어주는 조한을 위해 있는 힘을 다했다. 말하자면 조한은 노예들의 적극성을 끌어내는 경영법을 구사한 것이다. 조한을 위해 일하는 노예들은 조한의 사업이 잘되면서 자신들도 부유해졌고, 그래서 더욱더 힘을 다해 조한을 도왔다. 제나라 도성이었던 임치(臨淄) 지역에서는 **벼슬을 하는 것이 나을까, 조한의 노예가 되는 것이 나을까**하는 말까지 떠돌았다. 조한의 성공이 당지의 풍토와 의식까지 바꾸었음을 말한다.

조직이나 기업 경영에서 기존의 편견을 깨는 일은 용기와 결단이 필요하다. 숨 가쁘게 변하는 주위 상황을 따라잡고, 나아가 앞장서 기업 나름의 환경과 문화를 이끌고 나가면서 일류 기업으로 성장하려면 선입견이나 낡은 인습은 과감하게 털어내야 할 것이다. 이런 점에서 약 2,200년 전 조한이 경영에서 보여준 참신한 인재관과 경영법은 충분히 참고할 만하다 하겠다.

키워드 : 조직, 경영, 파격

영지불행(令之不行), 정지불립(政之不立) ; 행이불순(行而不順), 민장기상(民將棄上)

명령이 집행되지 않으면 정치가 바로 서지 못하며, 집행하되 순리에 따르지 않으면 백성들이 군주를 버린다.

– 권33 〈노주공세가〉

주 선왕(宣王, ?~기원전 782)은 노나라 무공(武公)의 작은아들 희(戲)가 마음에 들어 그를 노나라의 태자로 세우려 했다. 주 왕실의 신하 번중산보(樊仲山父)가 위와 같은 말로 반대하며, 적장자 계승 원칙을 앞장서서 지켜야 할 주 왕실이 모범을 보이지 않으면 제후들에게 영이 서지 않는다고 지적했다.

선왕은 기어코 희를 노나라 국군으로 세웠고, 희는 결국 사람들에게 시해당했다. 번중산보의 말대로 희는 백성들의 버림을 받았다.

《동주열국지》 삽화에 나오는 주 선왕(오른쪽에서 두 번째)의 모습이다.

큰집이 작은집의 분란을 중재하지는 못할망정 분란을 키운 결과였다.

공자는 '군주의 몸이 바르면 명령하지 않아도 시행되지만, 그 반대면 명령해도 따르지 않는다(기신정其身正, 불령이행不令而行; 기신부정其身不正, 수령부종雖令不從)'고 했다. 리더는 자신의 언행이 곧 소리 없는 명령이라는 사실을 알아야 한다. 번중산보의 충고도 같은 맥락이다. 명령이 집행되지 않으니 정치가 바로 설 리 없다. 공자는 다만 그 전제 조건으로 리더의 언행이 반듯해야 한다고 했을 뿐이다.

법의 집행은 순리에 따라야 한다. 무조건 집행을 순리로 착각해서는 안 된다. 법의 적용이 공정하고, 집행은 공평하고, 과정은 공개되어야 한다. 이것이 순리다.

키워드 : 통치, 명령, 명분, 순리

영천호객(潁川 豪客)

영천의 호걸과 식객.

– 권107 〈위기무안후열전〉

〈위기무안후열전〉은 《사기》 130권 전편을 통해 가장 읽기 힘든 부분으로 꼽힌다. 표면적으로는 전분(田蚡)과 두영(竇嬰)이라는 두 귀족 집단 간의 모순과 분쟁을 다루고 있다. 그런데 이 분쟁의 이면에는 한 초기 정치투쟁의 모든 요인과 모순 및 특징이 고스란히 함축되어 있다. 사마천은 이를 통해 최고 통치집단 내부, 즉 황제(경제·무제)와 태후(두태후·왕태후) 간의 투쟁과 알력의 내막을 폭로한다. 이는 또 유가독존의 독재적 사상정책 시행과정에서의 황로사상과 유가사상의 첨예한 대립까지 암시한다.

이 사상투쟁의 잔혹함과 격렬함은 '분서갱유' 못지않았다. 그 결과 황제 권력에 아부하여 출세하려는 어용 '유술(儒術, 유자儒者)'이 대거 등장했고, 그 이면에는 비열한 음모와 정변이 거미줄처럼 얽혀 있었다.

이 편은 다른 열전에서는 볼 수 없는 복선과 암시가 곳곳에 장치되어 있어 세심하게 읽어야 하는 문장이다. 〈양효왕세가〉, 〈외척세가〉, 〈평진후주보열전〉, 〈유림열전〉을 함께 읽으면 당시 상황을 보다 입체적으로 파악할 수 있다.

이 열전에 등장하는 관부(灌夫)는 두영의 지기(知己)로서 두영이 세력을 잃은 뒤에도 변함없이 그를 대했다. 관부는 학문을 좋아하지 않고 협의(俠義)를 좋아했으며, 다른 사람과의 약속은 꼭 실천했다. 그와 사귀는 자는 호걸이나 도적의 두목이 아닌 자가 없었다. 집 안에는 수천만 금을 쌓아 두었으며, 찾아오는 식객이 매일 수십에서 백여 명을 헤아렸다. 저수지와 밭이며 농장이 많았는데, 그의 종족과 빈객들이 권세를 확장하고 이익을 독점하며 영천(潁川)에서 세도를 부렸기 때문에 영천의 아이들은 그를 이렇게 노래했다.

"영수(潁水)가 맑으면 관씨(灌氏)는 편안하겠지만, 영수가 흐려지면 관씨는 멸족당하리."

영천에서 세도를 부리던 관부가 호걸이나 협객을 좋아한 풍조에서 **영천호객**이라는 성어가 나왔다. 훗날 이 성어는 호걸·협객·식객을 노래하는 전고가 되었다.('사주', '한상지만' 항목과 부록 '사기의 언어' 참조)

키워드 : 식객, 호걸, 협객

영항(永巷)

궁중 감옥.
– 권9 〈여태후본기〉

영항은 **궁중의 긴 골목**을 말한다. 이 골목을 따라 비빈과 궁녀들의 거처가 있었기 때문에 이를 관장하는 부서와 관리들도 있었다. 한 무제 때 '액정(掖庭)'으로 바뀌었다. 이곳에는 **궁중 사람들을 가두는 감옥**도 있었고, 이를 '영항'이라 불렀다. 주로 비빈과 궁녀를 가두었다.

고조 말년에 태자를 바꾸려는 소동이 있었다. 여태후는 장량 등 개국공신의 도움으로 가까스로 위기를 넘기고, 자신이 낳은 유일한 아들 유영(劉盈)을 황제 자리에 앉힐 수 있었다. 이가 서한 2대 황제 혜제(惠帝)다. 실권은 여태후가 쥐었고, 고조가 유영 대신 교체하려던 어린 아들 여의(如意)의 생모인 척(戚)부인과 여의에 대해 잔인한 보복을 가했다.('인체' 항목 참고) 당시 여태후가 척부인을 가둔 곳이 '영항'이었다.

키워드 : 궁중, 골목, 감옥

예

예금미연(禮禁未然)

예는 나타나기 전에 막는다.
– 권130 〈태사공자서〉

법(法)과 예(禮)의 관계 및 그 차이에 대한 사마천의 깊이 있는 통찰력이 돋보이는 명언이다. 앞뒤 문장을 함께 보아야 할 필요가 있어 원문과 함께 해당 대목을 제시하면 이렇다.

"예의란 어떤 일이 발생하기 전에 막는 것이고, 법이란 사건이 발생한 다음에 적용하는 것이다. 그래서 법의 적용 효과는 쉽게 보이는 반면, 예의 예방 효력은 알기가 어렵다."

**"예금미연지전(禮禁未然之前), 법시이연지후(法施已然之後). 법지소위용자이견(法之所

爲用者易見), 이예지소위금자난지(而禮之所爲禁者難知)."

예(덕)와 법의 작용과 그 효과에 관해 이처럼 명쾌하게 정의를 내린 명언도 찾기 어려울 것이다. 예로부터 전해 내려오는 말을 사마천이 인용한 것으로 보기도 한다.

사마천은 예와 법의 근본적인 차이를 이렇게 설파했다. 예나 법은 그 기능은 비슷하지만 본질은 전혀 다르다. 예는 어떤 행위를 미리 막는 예방의 차원에 놓이지만, 법은 일이 벌어진 다음 필요한 도구다. 이 둘은 인간의 욕망과 악을 막는 두 가지 방법으로 늘 병행해야 하는 것이지만, 어느 쪽이 중시되는가는 주어진 시대적 상황, 사회기풍, 정권 또는 통치자의 철학에 따라 달라진다.

법은 그 효력이 즉각 나타나기 때문에 남용되기 쉽다. 반면 예는 그 효력이 쉽게 보이지 않고, 결과도 늦게 나타난다. 하지만 예는 바르게 베풀어지면 그 효력은 법보다 훨씬 오래 간다. 예는 인간의 도덕적·정신적 차원에 놓여 있기 때문이다.

사회 각 방면에서 '예방' 정책이 강조되고 있지만, 정작 인간의 욕망과 악을 효과적이고 근본적으로 예방할 수 있는 '예치(禮治)'는 낡은 것으로 무시당하고 있다. 이 때문에 욕망과 악의 힘은 갈수록 커지고 있다. 2천 년 전 사마천이 간파한 예와 법의 차이에 대해 다시 인식할 필요가 있다.

키워드 : 법, 예, 법치, 예치

예생어유이폐어무(禮生於有而廢於無)

예의는 부유하면 생기고, 없으면 사라진다.
- 권129 〈화식열전〉

사마천은 〈화식열전〉의 경제관을 보다 뚜렷이 드러내기 위해 춘추시대 최고의 명재상이자 경제전문가였던 관중이 남겼다고 하는 《관자(管子)》에 나오는 천고의 명언

"창름실이지예절(倉廩實而知禮節), 의식족이지영욕(衣食足而知榮辱)"을 인용했다. 그런 다음 이렇게 덧붙였다.

"예의는 부유하면 생기고, 없으면 사라진다. 그러므로 군자는 부유하면 즐겨 덕을 행하고, 소인은 부유하면 자기 힘에 맞게 행동한다."

또 사마천은 "연목이 깊어야 물고기가 살고(연심이어생지淵深而魚生之), 산이 깊어야 짐승이 다닌다(산심이수왕지山深而獸往之)"는 비유로 사람이 부유해지면 덕을 베풀고 부에 맞는 행동을 한다는 말을 뒷받침했다. 사마천은 여기서 한 걸음 더 나아가 부와 세력의 관계까지 간파한다. 즉 부유한 자가 세력을 얻으면 그 위력이 더욱 드러나게 되고, 세력을 잃으면 밑에 있던 사람들이 떠나 즐거움을 잃게 된다는 것이다.

부가 갖는 위력에 대한 사마천의 탁견은 인용한 속담 "천금을 가진 집의 자식은 저잣거리에서 죽지 않는다(천금지자千金之子, 불사어시不死於市)"는 대목에서 더욱 빛을 발한다. 사마천은 이 속담이 결코 빈말이 아니라면서 이렇게 마무리를 지었다.

"그래서 천하에 기분 좋게 모여들고 왁자지껄 떠나는 것도 모두 이익 때문이다."
"천하희희(天下熙熙), 개위이래(皆爲利來) ; 천하양양(天下壤壤), 개위이왕(皆爲利往)."

밤늦은 야시장도 사람들로 북적인다. 사마천의 말대로 원하는 것이 거기에 있기 때문이다. 사진은 오늘날 중국 중경(重慶) 야시장의 슈퍼마켓이다.(2017년)

우리 속담에 '99석 가진 자가 1석 가진 사람 것을 탐낸다'고 했다. 나라에 버금가는 부를 지닌 자도 가난하다고 엄살을 떠는데, 보통 사람이야 말해서 무엇하겠는가? 문제는 크든 작든 자신이 가진 부를 어떻게 활용하고 어떻게 베풀 것인가이다. 사마천은 부유하면 인의가 따르고 덕을 베풀며 분수에 맞게 처신한다는 부의 활용에 대해 낙관적인 전망을 내놓았다.

　사마천의 경제관에 대한 명언들은 이 항목 외에 '창름실이지예절~', '천하희희, 개위이래~', '천금지자, 불사우시' 등의 항목을 참고하면 된다.

키워드 : 경제, 부유, 인심, 예의

예실즉혼(禮失則昏)

예를 잃으면 질서가 무너진다.
– 권47 〈공자세가〉

　기원전 479년 4월 공자가 72세를 일기로 세상을 떠났다.(기원전 551~기원전 479) 노나라 애공(哀公)은 공자의 죽음을 슬퍼하면서 "하늘도 무심하여 이 노인마저 남겨놓지 않고 데려가고, 나 홀로 여기다 버려 두어 외로움에 눈물 짓게 하는구나!"라는 애도문을 지었다. 꽤나 슬펐던 모양이다. 이 이야기를 들은 공자의 수제자 자공(子貢)은 다음과 같은 말로 애공의 위선을 비판했다.

　"선생님께서 전에 말씀하시기를 '**예법을 잃으면 질서가 무너지고**, 명분을 잃으면 과오를 범하게 된다. 뜻을 잃는 것은 혼란이고, 당위성을 잃는 것은 과실이다'라고 말씀하셨는데, 살아계실 때 기용하지 못하고 죽은 다음에 애도하는 것은 예의에 합당하지 않은 말이다."

　공자의 핵심 사상들 가운데서도 예와 명분은 상당히 중요한 비중을 차지한다. 공자는 "자신을 이기고 예로 돌아가라"는 '극기복례(克己復禮)'를 주장했으며, 정치를 하게 되면 맨 먼저 "이름(명분)을 바르게 하겠다"는 '정명(正名)'의 포부도 밝힌 바 있다.

공자는 인(仁)과 함께 예(禮)를 크게 강조했다. '인'이 내면의 표현이라면, '예'는 그를 바탕으로 겉으로 드러나는 언행이다. 따라서 이것이 반듯하지 못하면 사회의 질서가 흔들린다. 공자(가운데)와 제자들의 모습을 나타낸 한나라 때 벽돌 그림이다.

예를 잃으면 질서가 무너진다는 **예실즉혼**은 전혀 어려운 말이 아니다. 쉽게 말해 지하철의 노약자를 위한 자리를 노약자를 위해 비워놓고 노약자에게 자리를 '기꺼이 양보하는 분위기', 이것이 바로 '예'다. 그리고 '이름(명분)을 바로 세운다'는 것은 무슨 말인가? 공자로부터 직접 설명을 들어보자.

"이름이 바로 서지 못하면 정치가 이루어지지 않는다. 정치가 제대로 이루어지지 못하면 예악(禮樂)이 일어나지 않으며, 예악이 일어나지 않으면 형벌이 적절해지지 않는다. 형벌이 적절하지 못하면 백성은 손발을 둘 곳이 없어진다. 따라서 군자가 명분을 세운다고 했을 때 그것은 반드시 말로 할 수 있는 것이어야 하고, 말로 했을 때는 반드시 실행에 옮길 수 있는 것이어야 한다. 군자는 헛소리를 할 수 없다."(《논어》〈자로〉편)

예는 질서의 뿌리이며, 명분은 질서의 겉모습이다. 예는 질서의 영혼이며, 명분은 질서의 육신이다. 둘은 떨어질 수 없는 관계이며, 사회를 지탱해주는 큰 힘이다. 그것이 무너질 때 백성들은 어디로 가야 할지 모르고 방황하게 된다.

키워드 : 예(법), 예치, 질서

예정(銳精)

무기를 날카롭게 갈다.
– 권92 〈회음후열전〉

흔히 쓰는 '정예'의 앞뒤 글자가 바뀐 단어이다. 뜻은 비슷하다. 이 단어는 〈회음후열전〉에 보인다. 유방은 한신을 모반 혐의로 잡아 삼족을 죽인 다음, 한신에게 '삼분천하'를 권했던 괴통에 대한 수배령을 내렸다. 얼마 가지 않아 괴통은 잡혔다. 괴통은 원통하게 죽는다며 항변했고, 유방은 무엇이 원통하냐고 물었다. 괴통은 당시는 천하가 다 들고일어나 패권을 다투었고, 자신은 주인인 한신을 위해 최선을 다했을 뿐이라며 이렇게 반박했다.

"게다가 천하는 모두 **창끝을 날카롭게 갈아** 폐하께서 하신 일을 자기도 해보려는 사람들이 아주 많았습니다. 다만 힘이 모자랐을 뿐인데, 폐하께서는 그들을 다 삶아 죽이시렵니까?"

이 말에 유방은 괴통을 살려 주었다. **예정**에는 이밖에 '한 가지 뜻으로 마음을 모으다', '순수(純粹)', '아름다움을 칭찬하다'와 같은 뜻도 있다.

키워드 : 날카로움, 일심, 순수

예항만승(禮抗萬乘)

만 승을 가진 제왕과 대등한 예를 나누다.
– 권129 〈화식열전〉

춘추시대 유가를 창시한 공자의 수제자들 중 자공(子貢, 기원전 520~?)은 제후와 '뜰을 사이에 두고 대등한 예를 나눌(분정항례分庭抗禮)' 정도로 대단한 거상이었다. 그로부터 약 300년 뒤 또 한 사람의 상인이 1만 대의 전차를 가진 제왕과 대등한 예를 나누는 **예항만승**의 사례를 남겼다. 그 상인은 놀랍게도 여성이었고, 게다가 일찍 남편을 여인 과부였다.

이 여성 사업가의 이름은 청(淸)이었고, 진시황 때 단사(丹沙) 광산업을 독점 경영하여 헤아릴 수 없이 많은 재산을 모았다.(그녀와 비슷한 시기에 서북 변경 지역에서 목축업으로 크게 성공하여 중앙 대신들과 함께 조회에 참석했던 또 다른 여성 사업가 오지烏氏의 나씨倮氏도 있었다. 나씨의 성별에 대한 논란은 있다.)

과부 청은 과부의 몸으로 가업을 잘 지켰다. 또 재물을 활용하여 다른 사람이 자기 사업을 침범하지 않게 하면서 자신의 정조를 지켰다. 이 때문에 진시황은 그녀의 굳센 정조를 높이 사서 손님으로 예우했을 뿐만 아니라 그녀가 죽은 뒤에는 '여회청대(女懷淸臺)'라는 기념관까지 지어 주었다.('여회청대' 항목 참고) 여성 혐오자였던 진시황은 행실이 나쁜 생모 등과는 완전 딴판으로 굳세게 정조를 지키고 사업을 크게 일구어낸 과부 청을 몹시 존중했던 것으로 보인다.

사마천은 과부 청을 비롯한 여성 사업가들이 이처럼 크게 우대를 받은 까닭을 그들이 보유한 재력 때문이었다고 분석하며 이렇게 말했다.

"이처럼 나씨는 비천한 목장주였고, 청은 외딴 시골의 과부에 불과했다. 그러나 그들은 **만승(萬乘)을 가진 제왕과 대등한 예**를 나누며 명성을 천하에 드러냈으니 이 어찌 재력 때문이 아니겠는가!"

키워드 : 거상, 위상

오(獒)

사나운 개.

– 권39 〈진세가〉

《좌전》과 〈진세가〉에 이런 사실이 있다. 춘추시대 진(晉)나라 영공(靈公, 재위 기원전 620~기원전 607)은 포악하고 음탕한 군주였다.

조돈을 물려고 하는 맹견 '오'를 그린 한나라 때의 벽돌 그림.

그는 성 위에서 탄환을 던져 사람들이 놀라 이리저리 도망 다니는 것을 보고 즐거워하는 인간이었다. 한번은 곰 발바닥을 덜 익혔다는 이유로 요리사의 목을 잘라 궁녀에게 그 머리를 삼태기에 담고 조정을 돌게 했다.

조돈(趙盾, ?~기원전 602)이란 신하가 여러 차례 충고했으나 영공은 버럭 화를 냈다. 게다가 간신 도안고(屠岸賈)의 부추김에 넘어가 저예(鉏麑)를 보내 조돈을 죽이라고 했다. 저예는 정의감이 있는 인물이라 차마 조돈을 죽이지 못하고, 나무에 자신의 머리를 부딪쳐 자결했다.

티베트의 특산인 맹견 '장아오'이다. 아직 어려서 몸집이 작지만 다 크면 사자 크기를 방불케 한다.(2006년)

조돈은 가신 제미영(提彌明)의 보호를 받아 망명길에 올랐다. 황급히 성을 빠져나가다 사냥 갔다 돌아오는 조천(趙穿)을 만났다. 조천은 영공의 매형이고, 조돈과는 집안 친척이었다. 조천은 조돈으로부터 저간의 자초지종을 듣고 조돈을 잠시 피신시켰다. 그런 다음 조천은 '자신의 뜻을 굽혀 남에 뜻에 영합한다'는 '곡의봉영(曲意奉迎)’ 등의 계책으로 영공을 신임을 얻은 틈을 타 영공을 살해했다.

당시 영공은 여러 차례 눈엣가시와 같던 조돈을 죽이려 했는데, 그중 한 번은 **오**(獒, **아오**)라는 사나운 개를 풀어 조돈을 물어 죽이려 했다. 오늘날 티베트 지역의 특산인 ‘장아오(藏獒)’, 즉 ‘티베트의 아오’라는 맹견이 춘추시대 조돈을 물려고 했던 ‘오’와 같은 품종이 아닌가 한다.

키워드 : 맹견

오고대부(五羖大夫)

오고대부.
— 권39 〈진세가〉

오고대부(五羖大夫)를 글자대로 풀이하면 **검은 양가죽 다섯 장의 대부**가 된다. 춘추시대 진(秦)나라 목공(穆公)이 현자 백리해(百里奚)를 모셔오기 위해 초나라에 검은 양가죽 다섯 장을 주고 사 온 고사에서 비롯된 단어이다. 당시 목공은 초나라 쪽에서 백리해의 진면목을 눈치 채면 어쩌나 조바심을 내며 대개 당시 노예 한 사람의 값인 검은 양가죽 다섯 장을 제안하여 가까스로 백리해를 데려올 수 있었다. 이후 ‘오고대부’는 현자 백리해의 별명으로 정착했고, 이제는 백리해의 다른 이름이 되었다. 그 과정을 좀 더 상세히 살펴본다.

기원전 655년, 진(晉)나라의 군주 헌공(獻公)은 우(虞)나라의 길을 빌려 괵(虢)나라를 정벌하고 돌아오다가 내친 김에 우나라도 멸망시켰다. 이것이 유명한 ‘가도벌괵(假道伐虢)’의 고사다.(이 고사에서 ‘입술이 없어지면 이가 시리다’는 ‘순망치한脣亡齒寒’이란 고사도 나왔다. ‘가도벌괵’, ‘순망치한’ 항목 참고) 우나라의 군주를 비롯해 많은 신하들이 포로로 잡혔는데 그중에 현자 백리해도 있었다. 이로써 진나라의 위세는 날이 갈수록 커졌다.

한편 서방의 또 다른 진(秦)나라는 오랑캐인 융(戎)과 적(狄) 사이의 외진 곳에서 마치 오랑캐 취급을 받으며 그들과 섞여 살고 있었다. 땅은 좁았고, 경수(涇수)와 위수(渭水)가 흐르는 골짜기에 의지한 채 웅크리고 있었다.

이 진나라에 큰 뜻을 가진 목공(穆公)이 즉위했다.(기원전 659년) 목공은 이 구석을 벗어나 중원으로 진출하고 싶었다. 그러기 위해서는 동쪽으로 국경을 맞대고 있는 진(晉)나라와 사이좋게 지내야 했다. 목공은 자신의 원대한 정치적 목적을 위해서 공자 집(縶)을

'오고대부'는 좋은 인재에 대한 별칭임과 동시에 인재가 또 다른 인재를 추천하는 사례를 남긴 고사도 아울러 전하고 있다. 그림은 양을 치고 있는 백리해의 모습이다.

파견하여 진나라에 혼인을 청했다. 진나라 헌공은 자신의 큰 딸을 진 공자에게 시집보냈다. 아울러 노비들을 혼수품으로 딸려 보내 딸을 모시게 했다.(이후 두 나라의 우호 관계는 '두 진나라가 잘 지낸다'는 뜻의 '진진호秦晉好'란 단어를 낳게 했다.) 우나라 멸망 당시 포로로 잡혔던 백리해도 그 안에 있었다. 백리해는 공자 집이 진나라로 돌아가는 도중에 탈출하여 초나라로 달아났다.

아들과 며느리를 맞이한 목공은 헌공이 딸려 보낸 폐백의 명단에서 백리해란 이름을 발견했다. 곁에 있던 공손지(公孫枝)가 우나라의 현자라고 일러주었다. 인재에 목말라 있던 목공은 거금을 들여 백리해를 데려오려고 했다. 공손지는 "초나라 사람들이 아직 백리해가 인재인 줄 모르고 있는데, 거금을 아끼지 않고 청한다면 초나라 왕이 그를 쉽게 내주지 않을 것입니다"라고 말렸다. 목공은 당시 노예의 평균값인 검은 양가죽 다섯 장을 보내 초왕에게 백리해를 보내 달라고 청했다. 초 성왕은 별 생각 없이 백리해를 진나라로 보냈다. 이때 백리해의 나이 70이 넘었다고 한다.

백리해를 만난 목공은 함께 부국강병의 이치를 이야기했다. 목공은 백리해에게 완전히 빠졌다. 목공은 백리해에게 함께 나라를 다스리자고 권했다. 백리해는 이를 사양하며, 자신이 알고 있는 송나라의 상대부 건숙(蹇叔)을 추천했다. 목공의 정중한 초청으로 진나라로 건너온 건숙은 군주의 도리를 설파했다. 목공은 한 번에 천하의 인

재 두 사람을 얻었다. 이로써 진나라는 외국의 인재라도 차별하지 않고 우대한다는 획기적인 인재 정책에 시동을 걸었고, 목공은 진나라를 일약 강국으로 끌어올렸다.

이렇게 해서 백리해에게 붙은 별칭이 '오고대부(五羖大夫)'다. 글자대로 풀이하면 '검은 양가죽 다섯 장의 대부'가 된다. 검은 양가죽 다섯 장을 주고 데리고 온 다음, 대부 벼슬을 주었기 때문이다. 이후 '오고대부'는 **백리해의 별칭이자 훌륭한 인재를 모셔온 고사**로 정착했다. 양가죽 다섯 장이 만들어낸 기적과도 같은 사례였다.

'오고대부' 백리해는 《맹자》〈만장(萬章)〉〈상〉에 만장의 질문을 빌린 대목에도 보이는데 그 내용은 이렇다.

"누가 백리해는 진나라의 희생양을 기르는 자에게 양가죽 다섯 장으로 자신을 팔아 (그의) 소를 기르면서 목공에게 (벼슬을) 요구했다 하니 사실입니까?"

맹자는 사실이 아니라고 대답했다. 훗날 '오고대부'는 현명한 인재, 또는 통치자가 제대로 알아본 인재를 가리키는 용어가 되었다.

키워드 : 은자, 인재, 초빙

오궤(五跪)

다섯 번 무릎을 꿇다.
– 권79 〈범수채택열전〉

위나라 출신의 유세가 범수는 가까스로 진나라로 건너와서 소왕을 만나려 했지만, 1년 가까이 면담 요청이 받아들여지지 않았다. 범수는 소왕에게 편지를 보내 자기 이야기가 도움이 되지 않는다면 자신을 죽여도 개의치 않겠다는 배수진을 쳤다.

범수의 편지를 읽은 소왕의 마음이 크게 움직였다. 소왕은 범수를 추천한 왕계에게 사과하고 마차를 보내 범수를 불렀다. 궁에 도착하여 소왕을 만나기까지의 과정도 매우 생동감 넘치는 명장면이다. 〈범수채택열전〉의 관련 대목을 소개한다.

범수는 이궁(離宮)에서 (왕을) 만나게 되었는데 일부러 길을 모르는 척 내궁(內宮)으로 들어갔다. 왕이 도착하자 환관이 화를 내며 범수를 내쫓으면서 "왕께서 이르셨다"고 했다. 범수는 자기 멋대로 "진나라에 왕이 어디 있소? 진나라에는 오직 태후와 양후(穰侯, 외척 실세인 위염魏冉)만 있을 뿐이지요!"라고 소리를 쳤다. 이런 식으로 일부러 소왕의 화를 돋우려 했다. 소왕이 도착해서 범수가 환관과 말다툼 하는 소리를 듣고는 그를 맞이하여 다음과 같은 말로 사과했다.

"과인이 일찌감치 몸소 가르침을 받아야 하는데 의거(義渠) 지역의 일이 급하고, 과인이 또 아침저녁으로 몸소 태후의 명을 받아야 해서요. 지금 의거의 일이 마무리되어 과인이 이제 가르침을 받을 수 있게 되었습니다. 이 몸이 어리석고 민첩하지 못하나 삼가 주객의 예로 모시고자 합니다."

소왕은 사과하면서 극진히 범수를 대했지만 범수는 사양했다. 소왕의 이런 태도에 곁에 있던 신하들의 안색이 변하고 분위기가 숙연해졌다. 소왕은 사양한 범수의 의중을 헤아리고는 주위를 물리친 다음, 범수와 단둘이 만났다.

이후 소왕이 무릎을 무려 **다섯 번이나 꿇으면서** 거듭 거듭 범수에게 가르침을 청하는 이른바 **오궤(五跪)**의 유명한 장면이 이어진다. 이렇게 해서 천하의 책략가 범수와 소왕의 첫 만남이 이루어졌다. 흔히 하는 말로 세기의 만남이었다.

그로부터 4년 뒤 범수는 진나라의 상(相)이 되었고, 진나라는 '원교근공'으로 통일에 박차를 가했다. 물론 태후를 비롯한 외척 세력을 철저하게 견제하여 내정도 확실하게 다졌다. 천하통일의 기운이 무르익어 갔다. 범수는 부귀영화를 누리다가 채택(蔡澤)이란 인재를 추천하고 조용히 물러나 여생을 마쳤다. 범수는 기원전 255년 세상을 떠났고, 그로부터 한 세대 뒤인 기원전 221년 천하는 하나가 되었다. 훗날 진시황을 도와 천하 통일이라는 대업을 성취한 이사(李斯)는 범수를 두고 이렇게 평했다.

"소왕이 범수를 얻으니 왕실이 강해지고 외척이 막혔다. 제후국들을 잠식하여 진나라가 제왕의 업을 성취하게 했다."

'오궤'는 **인재를 대하는 아주 정중한 자세 내지 태도**를 가리키는 단어이자 **인재에 대한 최고의 존중**을 상징한다. ('누란지위', '원교근공', '일반필상, 애자필보' 등 항목 참고)

키워드 : 인재, 존중, 태도

오녕투지(吾寧鬪智), 불능투력(不能鬪力)

나는 머리로 싸우지 힘으로 싸우지 않는다.
– 권7 〈항우본기〉

기원전 206년부터 본격화된 항우와 유방의 초한쟁패가 소강상태에 빠지자 제풀에 지친 항우는 유방과 일대일로 만나 부하들 힘들게 하지 말고 둘이서 결판을 내자고 제안한다. 유방은 **"나는 머리로 싸우지 힘으로 싸우지 않는다"**며 항우를 자극했다. 화가 난 항우는 감추고 있던 석궁을 쏘아 유방의 가슴을 맞추었다. 유방은 순간적인 기지로 위기를 넘겼지만 가슴에 부상을 입고 큰 위기를 맞이했다. 다행히 장량 등의 침착한 대응으로 무사히 넘어갔다.

상대를 자극하여 실수를 유도하는 것도 좋지만 자칫 역효과를 낼 수 있기 때문에 상황을 잘 봐가며 구사해야 한다. 위 유방의 자극을 달리보자면 유방이 항우의 약을 올리기 위한 언사로 볼 수 있다. 어떤 대결이든 상대가 있다면 상대의 심리를 공략하는 것만큼 효과적인 전략도 없을 것이다. 이를 병법에서는 '공심전(攻心戰)'이라 한다. 마음이 흔들리면 판단력이 흔들리고, 판단력이 흔들리면 급해진다. 급해지면 상대가 쳐 놓은 그물에 걸려들 확률이 그만큼 높아진다. 항우가 유방에게 역전패한 까닭도 '공심전'이라는 심리전에서도 패했기 때문이다.

오녕투지, 불능투력의 여덟 글자는 '투력불여투비(鬪力不如鬪智)'의 여섯 글자로 줄여 쓸 수도 있다. '힘으로 싸우는 것은 머리로 싸우는 것만 못하다'는 뜻이다.('결일자웅', '분아일배갱' 항목 참고)

키워드 : 관계, 경쟁, 자극, 공심(攻心)

오대부(五大夫)

오대부.
– 권68 〈상군열전〉 ; 권73 〈백기왕전열전〉

오대부는 작위 이름이다. 원래는 진(秦)나라 제도였고, 한나라가 이를 이어 받았다. 진나라 관제에서 오대부는 20등급 작위 중 밑에서 위로 9등급에 해당한다. 진나라 관제는 20등급이 가장 높고, 1등급이 가장 낮은 작위이다. 참고로 20등급 작위를 표로 제시해둔다.

등급	작위명	별칭	비고
20	철후(徹侯)		제후(諸侯)
19	관내후(關內侯)		
18	대서장(大庶長)		
17	사거서장(駟車庶長)		
16	대상조(大上造)	대량조(大良造)	
15	소상조(少上造)		
14	우경(右更)		경(卿)
13	중경(中更)		
12	좌경(左更)		
11	우서장(右庶長)		
10	좌서장(左庶長)		

9	오대부(五大夫)		대부(大夫)
8	공승(公乘)		
7	공대부(公大夫)		
6	관대부(官大夫)		
5	대부(大夫)		
4	불경(不更)		사(士)
3	잠요(簪裊)	모인(謀人)	
2	상조(上造)		
1	공사(公士)		

키워드 : 관작, 작위, 대부

오대부송(五大夫松)

오대부 소나무.

– 권6 〈진시황본기〉

진시황 28년인 기원전 219년, 통일된 천하를 순시하던 진시황은 태산(泰山)에서 봉선(封禪, 하늘과 땅에 드리는 제사) 제사를 지냈다. 산을 내려오던 중 비바람이 몰아쳐 일행은 옆에 있던 나무들 밑에서 비를 피했다. 이때 진시황이 비를 피한 소나무 한 그루가 있었고, 황제를 보호한 나무라 하여 진의 작급 20등급 중 9등급에 해당하는 '오대부(五大夫)'를 내렸다. (진나라의 작급은 숫자가 클수록 높다.)

훗날 사람들은 태산 중천문(中天門)으로 오르는 길옆의 몇 그루 소나무를 **오대부송**으로 지목했고, 지금도 특정 소

진시황이 비를 피했다고 하는 태산의 오대부송으로 지목된 소나무이다. (2015년)

나무를 오대부송으로 부른다. '오대부송'은 '대부송'으로 쓰기도 하는데, 오래 된 소나무를 가리키는 뜻이다. 관련하여 많은 파생어를 낳았고, 시인 묵객들의 작품에도 끊임없이 언급되었다.

오두백(烏頭白)

까마귀 머리가 하얗게 변하다.
– 권86 〈자객열전〉

오두백은 불가능한 일을 비유하는 표현으로 '말 머리에 뿔이 난다'는 '마생각(馬生角)'과 함께 많이 쓴다. 자세한 내용은 자객 형가와 관련한 '마생각' 항목을 참고하면 된다.

오반(五反)

다섯 번 거절하다.
– 권3 〈은본기〉

기원전 1600년 무렵 상(商, 또는 은殷)을 건국한 탕(湯)임금이 숨어 있는 현자 이윤(伊尹)을 모시기 위해 다섯 번이나 사람을 보냈다. 이윤은 매번 사람을 되돌려 보냈다고 한다. 여기서 **다섯 번 거절하다** 또는 '다섯 번 돌려보내다'는 **오반**이란 표현이 나왔다. 또 탕임금이 '이윤을 다섯 번이나 초빙했다'는 '오청이윤(五請伊尹)'이란 성어가 파생되었고, '다섯 번 요청했으나 다섯 번 돌려보냈다'는 '오청오반(五請五反)' 같은 성어도 가지를 쳤다. 어느 쪽이나 핵심은 '오청이윤'이다. 이 고사와 관련하여 사마천은 〈은본기〉에서 혹자의 입을 빌려 다음과 같은 기록을 남겼다.

"이윤은 처사였는데, 탕이 사람을 시켜 그를 맞아들이고자 했으나 **다섯 번이나 거절**한 뒤에야 비로소 탕을 따르며 통치자의 자질(소왕素王)과 유형(구주九主)에 대해 이야기했다고 한다."

탕임금은 이렇게 극적으로 이윤을 등용하여 국정을 맡겼다. 민간에서는 마지막 다섯 번째는 탕임금이 직접 마차를 몰고 이윤을 찾아갔다고 한다. 가는 중에 마부가 대체 그 사람이 뭐 길래 이렇게 여러 번 찾아 가냐며 불만을 터뜨렸다. 그러자 탕은 마부를 내려놓고 혼자 마차를 몰고 이윤에게로 갔다. 행여 마부가 이윤에게 실례되는 소리라도 할까 염려가 되어 도중에 내려놓았다는 것이다.

하남성 상구시(商丘市) 우성현(虞城縣)에 남아 있는 이윤 사당의 입구이다.(2017년)

'오반'을 비롯하여 '오청오반', '오청이윤'의 고사는 인재의 중요성과 인재에 대한 리더의 갈망을 대변하는 대표적인 사례로 남아 전하고 있다.('구주', '부정조' 항목 참고)

키워드 : 리더, 갈망, 인재, 초빙, 방법

오성십이루(五城十二樓)

다섯 곳의 성과 열두 개의 누각 / 선경(仙境).
– 권12 〈효무본기〉

〈효무본기〉는 한 무제의 미신과 제사 심취에 관한 행적으로 채워져 있다. 그 내용은 첫 일부를 제외하고는 〈봉선서〉와 똑같다. 이 때문에 한 무제의 본기는 황제에 의해 폐기되었다고 주장하는 학자가 많다. 혹자는 사마천이 무제의 이런 행적을 비판하기 위해 일부러 〈봉선서〉의 내용을 그대로 옮겨 실어 무제를 조롱했다고 본다. 아무튼 〈효무본기〉의 내용은 거의 다 신선을 갈구하고 방사들에게 속는 무제의 황당한 행적이다.

기원전 102년, 무제는 동쪽 바닷가를 순수하여 신선 따위를 찾아보았으나 효험이 없었다. 이때 한 방사가 "황제(黃帝) 때 **5성 12루**를 세우고 집기(執期)에서 신선을 기다렸는데, 이를 영년(迎年)이라 불렀습니다"라고 아뢰었다. 무제는 방사가 말한 대로 그대로 짓도록 하고 명년(明年)이라 불렀다.

'집기'란 엉터리 방사들이 날조해낸 전설 속의 지명이고, '영년'과 '명년'은 풍년의 뜻을 담고 있는 누각의 이름이다. 방사가 말한 전설 속 황제 때의 '5성 12루'에 대해 혹자는 곤륜산(崑崙山) 현포(玄圃)의 신선이 사는 곳이라 했다. 이 때문에 훗날 '5성 12루'는 **선경(仙境)을 비유**하게 되었다.

키워드 : 미신, 신선, 선경

오시취소(吳市吹簫)

오나라 시장에서 피리를 불다.

– 권79 〈범수채택열전〉

'굴묘편시', '결목현문' 등의 항목에서 보았듯이 춘추시대 초나라 사람 오자서(伍子胥, ?~기원전 484)는 초나라 평왕(平王)과 간신 비무극(費無極)에 의해 아버지와 형님이 살해당하는 비극을 겪었다. 오자서는 초나라를 탈출하여 오나라로 건너왔다. 당시 상황에 대한 기록 일부가 〈오자서열전〉이 아닌 〈범수채택열전〉에 진나라 소왕에게 유세하는 범수의 입을 빌려 다음과 같이 남아서 전한다.

"오자서는 초나라를 탈출할 때 자루 속에 숨어서 소관(昭關)을 벗어났습니다. 밤에는 걷고, 낮에는 숨으며 능수(陵水)에 도착하니 먹을 것이 없었습니다. 오나라 시장에서는 무릎으로 땅을 기고, 머리를 조아리면서 옷을 벗어 몸을 드러내고, 배를 두드리고 피리를 불며 구걸하고 살았지만, 끝내 오나라를 일으키고 합려(闔閭)를 패왕으로 만들었습니다."

피리를 들고 있는 오자서의 모습이다.

범수가 말한 대목 중에서 **오나라 시장에서 피리를 불며 구걸하고 살았다**는 부분에서 **오시취소**라는 성어가 파생되었고, 훗날 **저잣거리에서 빌어먹는다**는 것을 뜻하게 되었다. 오자서의 이름을 따서 '오원(오자서)이 피리를 불다'는 뜻의 '오원취소(伍員吹簫)'라고도 한다.

키워드 : 망명, 구걸

오원결목(伍員抉目)

오자서의 눈알을 파내다.
- 권66 〈오자서열전〉

오원은 오자서를 말한다. '원'은 그의 이름이다. 기원전 484년 오자서는 오왕 부차(夫差)가 보낸 검으로 자결하기에 앞서 자신의 **두 눈알을 파내** 오나라 고소성(姑蘇城) 성문에 걸어달라고 했다. 오나라가 망하는 꼴을 두 눈으로 직접 보겠다는 저주였다. 이에 대해서는 '결목현문' 항목을 참고하면 된다.

키워드 : 자결, 저주

오원편시(伍員鞭尸)

오자서가 시신에 채찍질을 하다.
– 권66 〈오자서열전〉

오자서가 초나라 평왕(平王)에게 죽임을 당한 아버지 오사(伍奢)와 형님 오상(伍尙)의 원한을 갚기 위해 죽고 없는 평왕의 무덤을 파헤치고 **시신에게 채찍질**을 가한 '굴묘편시'를 **오원편시**로 표현하기도 한다. ('굴묘편시' 항목 참고)

키워드 : 원한, 복수

오유선생(烏有先生)

오유 선생.
– 권117 〈사마상여열전〉

한 무제 때의 문장가 사마상여(司馬相如, 기원전 179~기원전 118)가 남긴 여러 산문 문장, 즉 부(賦) 가운데 〈자허부(子虛賦)〉가 있다. 이 글을 읽은 무제는 "짐이 혼자 이 사람과 함께할 수 없을까?"며 한탄했다고 한다. 그러자 같은 지역 출신인 양득의(楊得意)가 그 사람은 사마상여라며 그를 무제에게 소개했다. ('양득의' 항목 참고)

무제의 마음을 사로잡은 〈자허부〉는 자허(子虛)·오유(烏有)·무시공(亡是公) 세 사람의 문답식 문장이다. '자허'는 '비어 있다'는 뜻이고, '오유'는 '어찌 이런 일이'라는 뜻으로 '존재하지 않음'을 비유한다. '무시'는 '이런 사람 없다'는 뜻이다. 즉, 모두 존재하지 않는 허구의 인물이다. 이 허구의 세 인물이 한자리에 모이는 대목만 간략하게 인용해둔다. ('자허오유' 항목 참고)

"초나라가 자허를 제나라에 사신으로 보냈다. 제나라 왕은 나라 안의 선비들을 모두 동원하고, 엄청난 규모의 마차를 갖추어 사신과 함께 사냥을 나갔다. 사냥이 끝나자 자허는 **오유 선생**에게 들러서 자랑을 했다. 마침 무시공이 있었는데, 모두 한자리에 앉았다."

키워드 : 허구, 인물

오정식(五正食)

오정식 / 다섯 가지 육식 요리로 식사하다.
— 권112 〈평진후주보열전〉

한나라 무제 때 관리였던 주보언(主父偃, ?~기원전 125)은 제나라 지역 출신으로 종횡가(縱橫家, 유세가)의 학술과 《춘추》 등 유가 경전을 배웠다. 그러나 제나라 유생들의 따돌림으로 여러 나라를 전전하며 고생이 많았다.

그 뒤 장안으로 온 주보언은 대장군 위청(衛靑)의 추천으로 무제에게 흉노 정벌에 관한 글을 올려 무제의 부름을 받았다. 당시 주보언이 올린 글이 무제의 마음을 크게 움직여 아침에 글을 올렸는데, 저녁에 부름을 받았다고 한다.('계문', '상견한만' 항목 참고)

이후 주보언은 계속 승진하며 부귀를 한 몸에 누렸다. 특히 위황후(衛皇后)를 옹립한 일과 연왕(燕王) 유정국(劉定國)의 음행을 적발하는 공을 세우는 등 그 위세가 보통이 아니었다. 모두가 주보언의 입이 두려워 엄청난 뇌물을 보냈다. 누군가 횡포가 지나친 것 아니냐고 지적하자 주보언은 이렇게 답했다.

"나는 젊어서부터 40여 년 동안이나 유세하며 여기저기를 돌아다녔지만 뜻을 이루지 못했다. 부모는 자식으로 여기지 않고, 형제는 거두어주지 않았으며, 빈객들은 나를 버렸다. 나는 오랜 세월 어려움을 겪었다. 대장부가 살아생전 **오정식(五鼎食)**을 먹지 못한다면, 죽어서 오정에 삶아질 뿐이다. '날은 저물고 갈 길은 멀기 때문에 순

1200

서를 뒤바꾸어 서두르는 것'일 뿐이다.”

주보언은 그 뒤 왕족의 자살 사건에 휘말려 공손홍(公孫弘) 등의 고발로 결국 일족과 함께 죽임을 당했다. 주보언의 세도가 한창이었을 때는 빈객이 수천이었지만, 그가 죽임을 달하자 그 시신조차 거두는 사람이 없었다. 공거(孔車)라는 자가 시신을 거두어 장사를 지내자 무제는 그를 덕 있는 사람이라 칭찬했다고 한다.

주보언이 말한 '오정식'이란 한 끼 식사에 **요리를 하는 솥 다섯 개**에다 소·양·돼지·물고기·사슴 등 다섯 가지 육식을 담아 먹는 것을 말한다. **호화롭고 사치스러운 생활을 형용**하는 단어이다. 또 주보언의 말 중에 '날은 저물고~' 이 부분은 오자서가 초나라 평왕의 무덤을 파헤쳐 시신에 채찍질을 가하면서 한 말과 같다. 아마 오래전부터 내려오던 속담이나 격언으로 보인다. ('일모도원' 항목 참고)

키워드 : 생활, 음식, 호사

세발솥 '정(鼎)'은 주로 육류를 쪄서 먹는 그릇이었다. '오정식'은 다섯 종류의 육류를 넣어 요리하여 먹는 식사를 말한다. 사진의 아래가 세발솥 '정'이다.(호북성박물관 2005년)

오종(汚種)

집안의 명성을 망치다.
– 권46 〈전경중완세가〉

전국시대 제나라의 민왕(緡王, ?~기원전 284)은 연나라 장수 악의(樂毅)가 이끄는 5국 연합군에게 참패하여 나라 대부분을 잃은 것은 물론, 구원군을 이끌고 온 초나라 장수 요치(淖齒)에게 피살되었다. 이 와중에 민왕의 태자는 이름을 법장(法章)으로 바꾸고 태사(太史) 교(敫)의 집으로 몰래 들어가 그 집 하인이 되었다. 그러던 중 태사 교의 딸이 그의 용모가 범상치 않음을 알고는 그를 동정하다가 결국 정을 통했다.

그 뒤 법장은 신하들의 추대를 받아 왕으로 즉위하니 이가 양왕(襄王, ?~기원전 265)이다. 양왕은 즉위 후 태사의 딸을 왕후로 삼았다. 이가 군왕후(君王后)로 몰락해가는 제나라를 비교적 잘 이끌었다는 평가를 받는다. 군왕후는 아들 건(建)을 낳았다. 왕후의 아버지 태사 교는 여전히 딸을 인정하지 않으면서 이렇게 말했다.

"딸이 중매인도 없이 스스로 시집을 갔으니 내 자식이 아니다. 우리 **가문의 명예를 더럽혔다.**"

태사 교는 평생 군왕후를 보지 않았다. 군왕후는 어진 성품이라 끝까지 자식의 예를 벗어난 행동을 하지 않았다. 이 이야기에서 **오종**이란 단어가 파생되었고, 훗날 자손이 집안의 명성을 더럽히는 것을 뜻하게 되었다. '오종'이란 단어의 글자 뜻만 보면 '더럽혀진 종자', 즉 '더럽혀진 자손' 또는 '(집안을) 더럽힌 자손'이다.

키워드 : 가문, 명예, 오욕

오천언(五千言)

5천 글자.

― 권63 〈노자한비열전〉

〈노자한비열전〉은 노자와 한비자(韓非子) 두 사람의 전기에다 장자(莊子)와 신불해(申不害)의 간략한 전기까지 모두 네 사람을 기록하고 있다. 노자(老子)의 《도덕경(道德經)》, 즉 《노자》는 도가사상을 대표하는 제1 경전이다.

노자의 저서(구술)로 전하는 《도덕경》은 노자가 도덕(道德)을 수행했기 때문에 붙여진 이름이다. 노자의 학설은 자신을 감추어 이름이 드러나지 않게 힘쓰는 것이었다.

노자는 주(周)의 도성 낙양(洛陽)에 오래 살았지만 주가 쇠퇴하는 것을 보고는 홀연히 떠났다. 노자가 관문, 즉 함곡관(函谷關)에 이르렀을 때 관문을 관리하는 윤희(尹喜)가 "당신께서 은거하실 모양인데 저를 위해 억지로라도 글 하나 써주십시오"라고 부탁했다. 노자는 상·하 두 편의 글을 바로 써서는 도덕의 뜻을 담은 **5천여 글자**라 하고 떠났다. 그 뒤 그의 행방을 알 수 없었다.

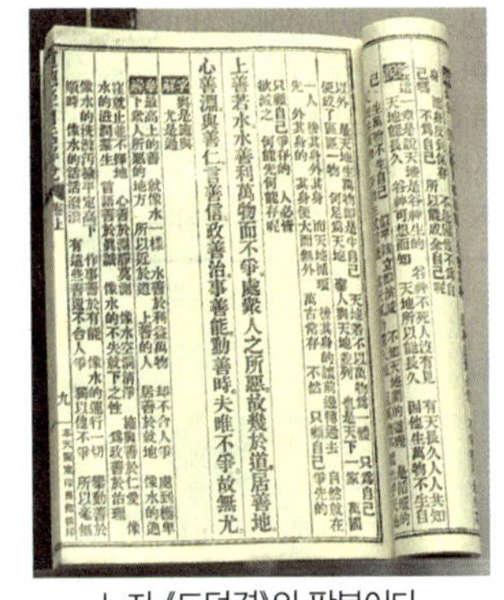

노자 《도덕경》의 판본이다.

노자가 윤희에게 건넨(또는 구술한) 5천여 글자로 된 글이 바로 《도덕경》이다. 여기서 **오천언** 또는 '오천문(五千文)'이란 단어가 나왔고, 훗날 **《도덕경》의 대명사**가 되었다. 실제로 《도덕경》은 5,162자로 '5천 여 글자'라는 《사기》의 기록과 거의 맞아떨어진다.

사마천은 《사기》의 마지막 권이자 자신과 집안에 대한 기록인 〈태사공자서〉에서 자신의 역사서 《사기》의 글자 수를 52만 6,500자라고 밝힌 바 있다. 현재 가장 널리 통용되는 《사기》 판본은 53만 자가 조금 넘는다. 전문가들의 연구에 따르면 훗날 몇만 자가 보태어지고 1만여 자가 없어졌다고 본다. 사마천이 글자 수를 밝히지 않았다면 글자 수에 대한 이런 연구는 거의 불가능했을 것이다. 참고로 사마천은 한비자의 전기에서 그가 남긴 《한비자》의 글자 수를 10여 만 자라 했고, 현존하는 판본의 글자 수는 약 10만 6천 자로 사마천의 언급과 거의 일치한다.

키워드 : 도가, 경전

권35 〈관채세가〉에서 사마천은 이 세가를 마련한 취지로 "관숙과 채숙이 반란을 일으키긴 했지만 채숙의 아들 중이 잘못을 뉘우친 것을 칭송하여 이 편을 지었다"고 했다. 주나라를 건국한 무왕의 동모형제 10명의 사적을 기록한 '합전' 형식의 독특한 문장이다. 사진은 하남성 상채현(上蔡縣)에 남아 있는 주 무왕의 동생 채숙 탁의 무덤이다.(2014년)

蔡氏治
受同屬史虛三千年世徽罔替
先祖關蔡國支延九域
一切车辆禁止入内

옥결(玉玦)

옥 장식.
– 권7 〈항우본기〉

　옥결은 '옥각(玉珏)'이라고도 한다. **옥으로 만든 장식**으로 대개 허리춤에 묶어 아래로 늘어뜨린다. 일반적으로 한 쌍으로 이루어지며, 둥글고 가운데에도 둥근 구멍이 나 있다. 한쪽이 조금 터져 있어 끈으로 묶을 수 있다.

　기원전 206년 홍문연에서 항우의 참모 범증은 항우에게 이참에 유방을 죽이라고 권했다. 항우가 망설이자 범증은 이 '옥결'을 세 번이나 들어 보이며 신호를 보냈다. 항우는 결단을 내리지 못했고, 유방은 용변을 핑계로 자리를 **빠져나갔다.** (자세한 내용은 '홍문연' 항목 참고) 여기서 '옥결'은 **무엇인가 결단을 촉구하는 표시나 신호**로서의 의미를 갖게 되었다.

옥결은 귀걸이와 함께 고대의 대표적인 장식품이었다.

키워드 : 옥기, 장식, 표시, 신호

옥당금마(玉堂金馬)

옥당전과 금마문.
– 권12 〈효무본기〉

　기원전 104년 한 무제는 불에 탄 백량대(柏梁臺)를 대신하여 감천궁(甘泉宮)에서 조회를 받았다. 이후 무제는 감천궁에서 계속 조회를 받는 한편 제후들의 저택도 이곳에 짓게 했다. 여러 방사들도 감천이 도읍지로 좋다는 건의를 올렸고, 용지(勇之)라는 자는 화재가 있은 뒤 다시 집을 지을 때는 크게 지어 화마를 제압한다고 했다. 이에 무제는 건장궁(建章宮)을 짓게 했다.

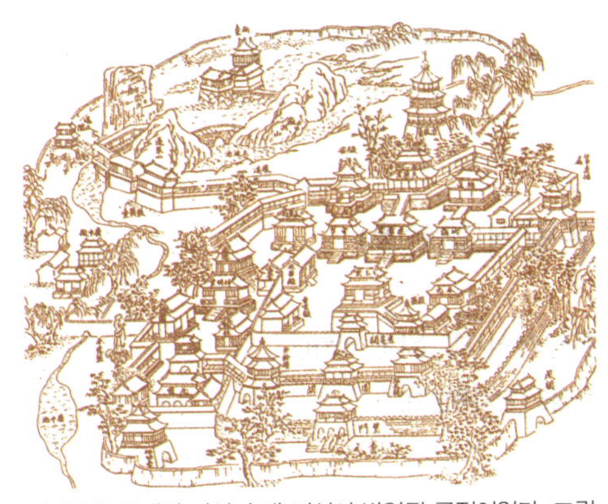

건장궁은 무제의 미신 숭배 의식이 반영된 궁전이었다. 그림은 기록 등에 따라 추정한 건장궁의 모습이다.

건장궁의 규모는 문이 1천 개에 1만 호에 버금갈 정도로 이전의 미앙궁(未央宮)보다 컸다. 태액지(太液地)라는 연못에는 삼신산(三神山)을 비롯한 신선이나 미신 관련한 각종 형상을 만들었다. 또 남쪽에는 옥당(玉堂) · 벽문(璧門) · 대조(大鳥) 따위를 만들었다.

건장궁에 들어선 옥당은 **옥당전(玉堂殿)**이라고 하는데 **금마문(金馬門)**과 함께 학자들을 초대한 장소였고, 훗날 **옥당금마**라 하여 **한림원(翰林院)을 가리키는 대명사**가 되었다. 한림원은 당나라 이후 황제의 조서나 외교문서 및 역사편찬 등을 맡은 전문 문인들로 이루어진 기관이었고, 흔히 '옥당'이란 별칭으로 불렸다. 바로 한 무제 때 세운 옥당에서 비롯되었다. 우리 조선시대 홍문관은 중국의 한림원과 같은 성격의 기구였는데, 홍문관의 별칭 역시 옥당이었다.

기원전 104년 이해에 사마천이 주도한 한 해의 시작을 1월로 하는 새로운 달력 태초력(太初曆)이 완성되었고, 사마천은 평생을 준비해온 역사서 집필을 본격적으로 시작했다.

키워드 : 궁전, 학자, 학관(學館)

온량거(輼輬車)

온량거(진시황 순시용 마차).
– 권6 〈진시황본기〉

온량거는 진시황이 천하 순시 때 타던 마차를 가리키는 이름이다. 주로 추울 때나 눈비 등 날씨가 좋지 않을 때 탔다. 진시황이 순시 때 타던 마차는 지붕이 덮여 있고, 창문을 여닫아 실내 온도를 조절할 수 있는 폐쇄형과 큰 양산을 설치한 개방형 두 종류가 있었다. 온량거는 전자를 일컫는다. '온량'이란 누울 수 있는 수레를 가리키는 단어이다.

진시황이 탄 것으로 추정되는 온량거의 존재는 1978년 동마차갱(銅馬車坑)의 발견과 발굴로 확인되었다. 이 발굴은 세기의 발굴로 불릴 정도로 놀라운 발굴이었다. 정확하게 실제 마차 크기의 1/2로 축소한 수천 건의 부품으로 주조된 이 두 종류의 마차가 함께 출토되었기 때문이다.

폐쇄형은 앉아서 타는 마차이고, 개방형은 서서 타는 마차였다. 이 두 종류의 동마차는 전체적으로 서로 다른 형태와 구조, 앉는 방식과 장비의 차이 등을 통해 당시 마차의 실물을 확인할 수 있는 귀중한 발굴이었다. 특히 동마차에 갖춘 완벽한 가죽 장비, 정교하고 아름다운 장식 등은 고대 마차 연구를 위한 귀중한 실물 자료다. 여기에 정교하

개방형 마차(1호 마차).

폐쇄형 온량거(2호 마차).

면서 담백한 주조 기술과 다양한 형식의 용접 공예 등은 고대 과학기술사 연구를 위한 풍부한 자료를 제공하고 있다. 동마차갱에 관해서는 바로 아래에 따로 특별 참고 자료로 제시해두었다.

키워드 : 진시황, 마차

참고자료 **동마차갱**(銅馬車坑)

1.

동마차가 묻힌 배장갱은 1978년 6월에 발견되었다. 진시황능원 봉분과 서쪽 내성 담장 사이에 있었다. 이 자리는 내성 서쪽 담장의 성문과 동서로 일직선을 이루는 곳이기도 하다. 총면적은 3,025제곱미터(약 1천 평)에 이른다. 평면 배치는 네 구역으로 나눌 수 있는데, 그중 2,4 구역은 병마용갱과 비슷한 터널식 지하 건축이다.

고고학 종사자들은 2구역의 한 터널에서 작고 영롱한 동마차 장식품인 금포(金泡, 금단추)를 하나 찾아냈다. 1980년 가을 국가문물국은 2구역의 부분 시굴을 비준했다. 그해 11월, 2구역 북쪽 구덩이 터널을 시굴해 12월 말에 마무리했다. 시굴에 이어 한 단계 더 시추를 한 결과 2구역은 다섯 개의 마차갱으로 이루어져 있다는 것이 밝혀졌다. 그중 세 개의 갱에는 목마차와 목마가, 나머지 두 개에는 동마차와 동마가 있었다. 현재 전시하고 있는 1, 2호 동마차는 2구역 북쪽 끝 터널 안에서 발굴한 것이다.

이 구덩이는 동서 길이 7미터, 남북 너비 2.3미터에 지표면보다 7~8미터 낮다. 구덩이 안에는 앞뒤로 화려한 색을 칠한 대형 동마차 두 대가 배열되어 있었다. 마차는 서쪽을 향하고 있었고, 출토 당시 장방형 나무 관 안에 놓여 있었다. 나무가 썩어 구조물이 내려앉으면서 마차를 덮쳐 이리저리 뒤섞여

동마차 출토 당시의 모습이다.

1호 동마차인 입차를 모는 어관용의 모습이다.

있는 상태였다. 세부적인 정리와 맞춤, 그리고 복원을 거쳐 1, 2호 동마차는 당시의 모습을 되찾았고, 1988년 5월 1일 마침내 정식으로 전시하기 시작했다.

1, 2호 동마차는 세부적으로 보아 형태와 구조, 앉는 방식 등에서 차이가 난다. 두 수레 모두 끌채(거원 車轅) 하나에 바퀴가 두 개 달린 마차라는 점에서는 같지만 형태와 구조, 앉는 방식은 다르다.

1호 동마차의 몸체는 장방형이고, 중간에 둥근 양산을 세웠다. 수레를 모는 어관용(御官俑)은 여섯 가닥의 고삐를 잡고 있으며, 장검을 차고 수레 안에 서 있다.

2호 동마차의 몸체는 정방형에 가깝다. 몸체 위에 완만하게 둥근 지붕이 있고, 말을 모는 어관용은 장검을 차고 무릎을 꿇은 자세로 마차 앞쪽에 앉아 있다.

2호 동마차는 앉을 수도 있고 누워 쉴 수도 있지만, 1호 동마차는 서 있을 수밖에 없다. 이는 두 마차의 성격이나 용도가 달랐다는 것을 말한다. 《진서(晉書)》〈여복지(輿服志)〉에 "앉을 수 있는 수레를 '안차(安車)'라 하고, 기댈 수 있는 수레를 '입차(立車)' 혹은 '고차(高車)'라 한다"라고 했는데, 이를 근거로 할 때 앉을 수 있는 2호 동마차는 안차에 속한다.

입차와 안차는 형태와 구조, 앉는 방식이 다를 뿐 아니라 수레에 장착한 장비도 완전히 달랐다. 1호 입차에서는 장거리 사격 무기인 쇠뇌가 발견되었는데, 수레 앞 난간 판에 마련한 활을 장착하는 장치 위에 놓여 있었다. 수레 안에는 동으로 만들어 색을 칠한 화살통이 있었다. 화살통에는 깃털이 달리고, 촉이 삼각형인 화살 50대와 촉이 납작하고 깃털이 달린 동 화살 4대가 들어 있었다. 이 밖에 1호 동마차 안에서는 용을 장식한 정교한 방패도 발견되었다. 방패는 왼쪽 난간 안쪽의 방패함에 있었는데, 고고 발굴사에서 유일하게 완전한 모습으로 발견된 진나라의 색을 칠한 방형 방패다.

그럼 1호 동마차 안에 왜 무기를 두었을까? 이는 1호 동마차의 용도와 관련이 있다. 1호 동마차는 행렬을 이끄는 선도차로, 장착한 무기는 행렬을 보호하면서 길을 내는 작용을 할 뿐 아니라 위무당당하게 보이게 하기 위한 것이다. 2호 동마차에는 무기가 없고, 다만 동으로 만든 사각 술단지와 역시 동으로 만든 접시가 놓여 있었다.

그리고 2호 동마차 뒷방 바닥에는 커다란 방형 동판이 놓여 있었는데, 각종 기하학 꽃무늬가 화사하고 산뜻한 컬러로 장식되어 있다. 좌석에 깔았던 고대의 '깔개'로, 문양이 있어 '문인(文茵)'이라 부른다. 2호 동마차 좌우 양쪽에는 개폐가 가능한 '차창'이 하나씩 있는데, 실내 온도를 조절하는 역할을 했다. 열면 시원해지고 닫으면 보온이 되는, 2,200년 전의 이상적인 냉난방 조절 장치라고 할 수 있다. 또 2호 동마차의 지붕은 수레 전체를 덮고 있기 때문에 바람과 비는 물론 먼지와 햇빛까지 막을 수 있다.

2호 동마차는 문인과 차창 설비에서 보다시피 호화로움과 안락함을 동시에 추구했다. 이런 특징은 그 용도에서 비롯되었다. 안차는 차주를 편하게 모시기 위한 차이기 때문에 바람과 비를 막는 것은 물론 보기에도 좋은 것을 추구한 것이다.

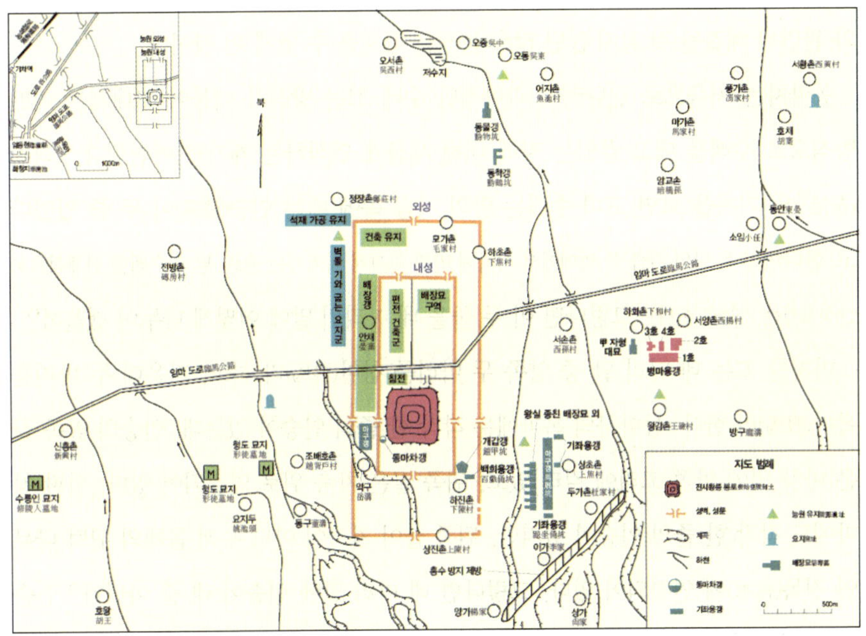

진시황능원과 그 주위의 배장갱 분포 지도. 동마차갱은 진시황릉 봉분 바로 아래 지점에서 발견·발굴되었다.

전체적으로 1, 2호 동마차의 서로 다른 형태와 구조, 앉는 방식의 차이, 장비의 차이 등을 통해 고대 입차와 안차의 실물 모형을 확인할 수 있다. 더욱이 동마차에 갖춘 완벽한 가죽 장비, 정교하고 아름다운 장식 등은 고대 마차 연구를 위한 귀중한 실물 자료가 아닐 수 없다. 여기에 정교하면서도 담백한 주조 기술과 다양한 형식의 용접 공예는 고대 과학기술사 연구를 위한 풍부한 자료를 제공한다.

2.

동마차의 발견은 고대 수레 제조기술과 수레를 끄는 문제 등을 연구하는 데 특별한 의미가 있다. 지금까지 발견된 수레는 대부분 나무로 만든 것이었고, 그 때문에 수레의 형태나 수레를 끄는 문제를 명확히 규명할 수 없었다(나무 수레이다 보니 대부분 썩어 완전한 형태를 확인할 수 없는 한계 때문이었다). 따라서 관련 연구에서도 오랫동안 논쟁이 끊이지 않았다. 그런데 동마차의 발견으로 완전한 수레의 형태와 장식, 그리고 제대로 갖춘 가죽으로 만든 관련 도구의 모습도 알 수 있게 되었다. 물론 수레를 어떤 방식으로 끌었는지도 분명히 알게 되었다. 요컨대 동마차의 발견으로 고대 수레와 관련해 해결될 것 같지 않던 많은 논쟁을 잠재울 수 있게 된 것이다.

동마차는 처음으로 진나라의 과학적인 수레 끄는 방식과 더불어 고대에는 어떤 방식으로 수레를 매고 끌었는 지에 대해 새롭게 인식하는 계기를 마련했다. 《좌전(左傳)》의 기록을 보면 고대 수레는 말의 가슴 쪽에 매는 인승(靷繩)이 두 줄 있었다고 한다(인승은 말의 가슴 쪽 멍에에서 시작해 바퀴 축까지 이어지는 줄로, 말과 수레를 전체적으로 안정시키는 기능을 한다). 그렇다면 이 두 줄을 네 마리의 말에 어떻게 나누어 맸을까?

마차를 끄는 네 마리 말 중 양쪽 두 마리를 참마(驂馬)라 하고, 가운데 두 마리를 복마(服馬)라 한다. 동마차의 복마에는 각각 한 줄의 인승이 있는데, 인승의 앞쪽 끝은 마차 멍에 안쪽 고리에 걸려 있고, 뒤쪽 끝은 차축 위로 연결되어 있다. 한편 참마에도 각각 한 줄의 인승이 있지만, 뒤쪽 끝이 차축이 아닌 수레 몸체의 뒤턱 나무인 진목(軫木)에 연결되어 있다. 그렇다면 네 마리 말에 인승이 네 줄 아닌가? 인승이 두 줄이라고 한 《좌전》의 기록과 어긋나는 것이 아닌가?

그러나 서한시대의 문자교본인 《급취편(急就篇)》의 기록을 보면 "복마에 맨 끈을 '인(靷)'이라 하지만, 참마에 맨 끈은 인이라 하지 않고 별도로 '근(靳)'이라 한다. 참마의 띠다"라고 했다. 인승에 참마의 두 줄 근이 포함되지 않는다면 《좌전》의 기록은 틀린 것이 아니다. 게다가 복마와 참마는 인승의 이름이 달랐을 뿐 아니라, 수레에 매는 방식도 달랐다. 복마는 목 부분에 멍에인 '액(軛)'이 있고, 이 액이 횡목인 '형(衡)'과 연결되며 형은 다시 끌채인 '주(輈)'로 이어진다. 이것이 다시

동마 앞부분의 끈과 장식.

인을 통과하면서 수레를 앞으로 끈다. 그런데 참마는 액이 없고, 목에 한 줄의 끈이 매어져 있다. 문헌에서는 이를 가슴걸이 또는 뱃대끈이라고 하는 '앙(鞅)'으로 불렀는데, 이 앙이 근으로 연결되고, 근은 다시 수레 몸체로 이어진다. 결국 목 부분에 맨 끈과 근의 힘으로 수레를 앞으로 끄는 것이다.

저명한 문물 고고학자 손기(孫機) 선생은 이렇게 말을 수레에 매는 방식을 '액인법(軛靷法)'이라 부르면서, 다음과 같은 설명을 덧붙였다.

이런 방식은 당시 서방(지중해와 중동 지역)의 방식과 완전히 달랐다. 만약 말과 마차를 연결하는 방식을 힘을 받는 가장 중요한 가슴걸이인 '피(鞁)'라는 도구를 가지고 이름 붙인다면, 서방의 고대 수레는 '경대법(頸帶法)'을 채용했다고 할 수 있다. 즉 고대 서방의 마차는 '인'이 없고, 수레를 끄는 말은 목 부위의 끈을 멍에인 '액'에 연결하고 이것을 횡목인 '형'에 연결한 다음 다시 끌채인 '주'에 연결했다. 말은 목 부위의 끈을 통해 '형'을 지고, '주'를 끌어 수레를 움직였다.

〈진시황릉 2호 동마차의 수레 연구에 대한 새로운 계시〉

액인법과 경대법을 비교해보면, 경대법은 말을 수레에 매는 기술사에서 비교적

원시적 방법에 속한다. 경대법은 말의 목에 맨 목줄이 수레를 끈다. 경대법의 경우 말은 힘을 많이 써야 하고, 목줄이 기관을 눌러 숨을 쉬기 어렵다. 따라서 속도를 내기 힘들다. 액인법은 경대법의 이런 심각한 단점을 보완한 것이다.

역학(力學)이란 각도에서 보면 액인법은 힘을 받는 지점과 수레가 이루는 각이 작은 반면 경대법은 크다. 이 각이 작을수록 힘이 덜 든다. 오르막길에서 수레의 끌채를 아래로 한껏 누르면서 끄는 원리와 같다. 이런 점을 고려할 때 액인법은 경대법에 비해 힘이 덜 들고, 말이 달리기 편한 장점이 있다. 액인법의 출현은 수레를 끄는 기술사에 큰 진전을 가져다주었음이 틀림없다.

다음으로 동마차의 조형을 보면 가히 청동 예술의 걸작이라 할 만하다. 수레를 끌고 있는 여덟 마리의 동마는 건장한 골격과 힘이 넘치는 근육 등 그 자태가 마치 살아 움직이는 것 같다. 정면을 보면 가운데 복마 두 마리가 머리를 쳐든 채 가지런히 앞을 향하고 있고, 좌우 참마 두 마리는 머리를 쳐들고 약간 옆을 향하고 있다. 이런 자태는 《시경(詩經)》에서 "두 복마는 가지런히 앞을 향하고, 두 참마는 기러기 날듯이 간다"고 한 마차의 출행 장면과 일치한다.

그리고 마차를 모는 두 어관용의 생생한 모습과 내면세계의 기운 등은 각각 다른 마차를 모는 어관의 정신적 풍모까지도 성공적으로 표현하고 있다. 2호 동마차인 안차의 어관용은 갈관(鶡冠)이란 모자를 쓰고, 허리에는 칼을 찬 채 어깨를 바르게 펴고 고삐를 꽉 잡고 있는데, 상체를 꼿꼿하게 세우고 무릎을 꿇은 채 마차의 앞좌석에 앉아 있다. 출발하라는 명령을 기다리는 듯 눈길은 약간 아래를 향한 채 한곳을 응시하고 있다. 살이 오른 얼굴에는 미소가 흐르는 것이, 조심스럽고 공경스러운 분위기 속에서도 어관으로서 자부심이 잘 드러나 있다.

1호 마차인 입차의 어관 역시 갈관을 쓰고, 두 겹의 짧은 저고리를 입었으며, 허리에는 검을 찼다. 두 팔을 곧게 펴고 여섯 개의 고삐를 잡은 채 수레 위에 위풍당당하게 서 있다. 눈은 전방을 향하고 있으며, 평소와 다를 것 없이 침착한 표정이다. 전체적으로 강인하고 위풍당당한 어관의 모습을 생생하게 묘사했다.

안차와 입차의 어관을 이렇게 다른 자태로 묘사한 것은 각자 직책과 처한 환경이

1214

다르기 때문일 것이다. 두 사람 모두 왕
실의 어관으로 신분상 차별은 없겠지만,
입차는 선도차고 안차는 주인이 타는 차
다. 그 때문에 그들의 기질과 표정 등을
다르게 표현한 것이다. 두 어관의 내면세
계까지 섬세하게 표현한 것을 보면 실제
인물을 모델로 해서 만들었을 가능성이
높다.

2호 동마차의 지붕은 지금 기술로도 주조하기 어
렵다고 한다.

　동마차의 주조 예술이 얼마나 정교한지 한 번이라도 본 사람은 감탄을 금할 수 없
다. 재미 고고학자 장광직(張光直)은 동마차를 직접 관찰한 뒤 "복잡한 구조, 정교하
고 담담한 예술은 기왕에 출토된 동기들과는 비교가 안 된다"며 감개무량해했다.

　진시황릉 2호 동마차는 모두 3,462개의 부속품으로 이루어져 있는데, 그중 절반
에 해당하는 1,742개가 동이고, 737개는 금, 983개는 은이다. 이 부속품 가운데 가
장 큰 2.3제곱미터의 지붕부터 금으로 만든 대롱에 이르기까지 모두 단 한 번의 주
조로 완성했다. 이렇게 많은 부속품을 단 한 번의 주조로 만들어냈다는 것은 상상하
기 힘들 정도다. 2호 동마차의 지붕은 길이 178센티미터, 너비 129.5센티미터로 면
적이 상당할 뿐 아니라 모양이 거북 등껍질처럼 둥글게 경사져 있고, 두께도 일정치
않아 얇은 곳은 0.1센티미터, 두꺼운 곳은 0.4센티미터다. 이렇게 둥근 경사도에 두
께도 일정치 않은 대형 지붕을 단 한 번의 주조로 만들어냈다는 것은 탁월한 기술력
과 풍부한 경험 없이는 불가능한 일이다.

　말 목에 걸려 있는 영락(纓絡)이란 술 장식은 머리카락만큼 가는 동실을 꼬아 곡식
의 이삭 모양으로 만든 것인데, 그 조형이 실물을 방불케 할 정도로 사실적이다. 한
올 한 올 동실을 확대경으로 살펴보니 표면을 두드린 흔적도 없이 굵기가 일정했다.
세로로 무늬가 난 것을 보면 실을 뽑듯이 동을 쭉 뽑는 방법으로 만들어낸 것 같다.
2,200년 전에 도대체 어떤 기술로 이런 것을 만들었는지 아직도 수수께끼다.

　동마차의 장식과 색깔도 일정한 등급에 따라 달리했다. 동마차의 오른쪽 참마 머

현재 동마차갱은 전시관으로 개조되어 1, 2호 동마차를 비롯한 출토 유물과 자료를 전시하고 있다. 1, 2호 동마차와 이를 관람하는 관람객들의 모습이다.(2024년)

리 위에 달린 술 장식을 고대에는 '독(纛)'이라 했다. 독은 아무나 달 수 있는 장식이 아니라 진·한시대에는 천자의 마차에만 달 수 있었다. 따라서 독은 당시 마차의 등급을 나타내는 표지이기도 했다. 사마천이 《사기》에서 말한 '황옥좌독(黃屋左纛)'이 바로 그것인데, 여기서는 독을 왼쪽에 달았다(황옥이란 천자를 상징하는 누런색을 칠한 수레 몸체를 말한다). 다만 진나라는 독을 오른쪽 참마에 단 것이 다를 뿐이다.

색칠도 여간 신경 쓴 것이 아니다. 말에는 흰색을 칠했고, 마차도 바탕을 흰색으로 칠했다. 혹자는 이것이 장례용 마차를 상징한다고 하지만, 사실 흰색으로 칠한 고대의 '소차(素車)'는 채색한 마차와 구별하기 위한 것이다. 바탕을 흰색으로 칠한 것은 출토된 방위와 관련이 있다. 《후한서》〈여복지〉의 기록에 따르면, 모든 마차에서 백색은 서방을 나타낸다고 했다(남방은 적색, 북방은 흑색, 동방은 청색, 중앙은 황색이다). 동마차가 진시황능원 서쪽에서 출토된 것이 이를 입증한다.

온조좌권(穩操左券)

좌권을 단단히 움켜쥐다.
– 권46 〈전경중완세가〉

좌권은 채권(債券)을 말한다. 고대의 계약서는 대개 대나무로 만들고 이를 둘로 나누어 채권자와 채무자가 각각 하나씩 나누어 갖는데, 왼쪽은 돈을 갚겠다는 보증서에 해당한다. 이를 '좌권'이라 한다. **좌권을 단단히 움켜쥔다**는 것은 **상황을 정확하게 파악하고 있거나, 주도권을 쥐고 있음을 비유**한다.

이 성어의 출전은 〈전경중완세가〉의 제나라 선왕(宣王) 12년인 기원전 312년 유세가 소대(蘇代)가 같은 초나라 대신 전진(田軫)을 만나 진나라의 동쪽 진출을 막는 방법에 대해 유세하는 대목이다. 원문은 '상집좌권(常執左券)'이다.('여집좌권' 항목 참고)

키워드 : 채권, 상황, 파악, 주도권

옹

옹수(擁樹)

나무(어린아이)를 끌어안다.
– 권95 〈번역등관열전〉

유방과 같은 고향인 패현(沛縣) 출신의 공신으로 하후영(夏侯嬰, ?~기원전 172)이 있었다. 하후영은 패현의 마구간을 관리하는 벼슬에 있으면서 유방을 만나 가깝게 지냈는데, 한 번 만나면 밤을 넘겼다고 한다.

두 사람이 결정적으로 가까워진 계기는 이랬다. 하루는 유방이 하후영을 놀리다가 상처를 입혔다. 이를 본 누군가가 유방을 고발했다. 당시 진나라 법에 따르면 적이 아닌 사람과 싸우다 상처를 입히면 처벌 받게 되어 있었다. 특히 머리를 다치게 하면 엄벌에 처했다. 유방은 시치미를 뗐고, 하후영도 그런 적 없다고 증언했다. 그런데 이 사건이 얼마 뒤 뒤집어져 하후영은 위증죄로 옥에 갇혔다. 이 과정에서 하후영은 고문을 당했지만 끝내 유방을 보호했고, 1년 동안 감옥 생활을 했다.

초한쟁패 과정에서 하후영은 거듭 공을 세워 유방의 수레를 관리하고 모는 측근이 되었다. 한번은 유방이 항우에게 쫓기는 위급한 상황이 발생했다. 하후영은 유방의 아들딸인 유영(劉盈, 훗날 혜제惠帝)과 노원(魯元)을 발견하고는 함께 수레에 태웠

유방이 어린 아들딸 유영과 노원을 수레에서 버린 모습을 그린 기록화이다.(2007년)

다. 상황이 다급해지자 유방이 두 아이를 발로 차서 수레 밖으로 버렸기 때문이었다. 하후영은 수레에서 아이들을 받아 간신히 태웠는데, 수레를 천천히 몰다가 두 **아이를 끌어안아** 바로 태워서 속도를 냈다.

하후영이 수레에서 떨어진 유방의 두 아이를 품에 안아 수레에 태운 이 일화에서 **옹수**라는 단어가 나왔다. 글자대로라며 '나무를 끌어안는다'는 뜻인데, 훗날 품속의 어린아이를 가리키는 단어가 되었고, 나아가 어린아이를 젖 먹여 기르거나 막 자라나는 사물을 보호한다는 뜻으로도 활용되었다. '나무'를 어린아이에 비유한 것이다.

키워드 : 나무, 어린애, 보호

옹용한아(雍容閑雅)

차분하고 우아한 자태.
— 권117 〈사마상여열전〉

'심도' 항목에서 살펴보았듯이 사마상여가 탁왕손의 잔칫집에 나타났을 당시 사마상여의 모습을 사마천은 이렇게 묘사했다.

"그 자태가 더할 수 없이 차분하고 우아했다."

"옹용한아심도(雍容閑雅甚都)."

여기서 '옹용한아'라는 아주 우아한 자태를 가리키는 네 글자의 성어가 나왔다. '심도'는 '매우', '아주' 또는 '몹시' 정도의 부사로 보인다. '옹용한아'는 두 글자씩 떼어서 쓰기도 한다. '옹용'은 '의젓하고 차분한 자태'를 가리키고, '한아'는 '고상하고 우아하다'는 뜻이다.('심도', '일좌진경' 항목 참고)

키워드 : 인물, 자태, 우아

옹치봉후(雍齒封侯)

옹치를 후에 봉하다.

– 권55 〈유후세가〉

　전후 약 7년에 걸친 초한쟁패를 승리로 이끌고 기원전 202년 한나라 첫 황제가 된 고조 유방은 그만의 남다른 용인술(用人術)로 역대로 정평이 나있다. 특히 과거 자신과 원한 관계에 있던 사람을 용서한 사례는 오늘날 조직과 인재 문제와 관련하여 많은 교훈을 준다. 유방이 자신을 여러 차례 곤경에 빠뜨렸던 계포(季布)를 용서하고, 한때 자신을 배신했던 옹치(雍齒)에게 관직을 준 일화를 통해 어떤 계시를 얻을 수 있는지 생각해보고자 한다.

　계포는 원래 초나라의 유명한 협객으로 소탈하고 호기 넘치는 성격의 소유자였다. 초한쟁패 때 계포는 항우의 대장군으로 있으면서 여러 차례 유방을 공격하여 곤경에 빠뜨렸다. 항우를 물리치고 황제가 된 유방은 한때 항우 진영의 여러 장수들을 너그럽게 용서했지만, 계포에 대해서만큼은 그럴 수가 없었다. 이 때문에 도망친 계포를 잡기 위해 1천금의 현상금을 걸었을 뿐만 아니라, 그를 숨겨주는 사람은 삼족을 멸하겠다는 엄명을 내렸다.

　그때 계포는 복양(濮陽) 지역의 주(周)씨 집에 숨어 있었는데, 수배령을 알게 된 주씨는 겁이 나서 계포를 죄인으로 꾸며 10여 명의 어린 노복들과 함께 노나라의 유명한 협객인 주가(朱家)에게 팔아 버렸다. 내막을 안 주가는 다시 낙양의 여음후(汝陰侯) 등공(滕公, 하후영)을 찾아가 사정을 이야기하고 계포 문제를 주선해줄 것을 부탁했다. 주가는 이렇게 말했다.

"계포에게 무슨 죄가 있습니까? 신하가 주인을 섬기는 것은 맡은 바 책임이거늘 항우의 신하였다고 다 죽여야만 한답니까? 황제께서 천하를 얻은 지 얼마 되지 않은 상황에서 사사로운 감정으로 계포 한 사람을 잡아들이려 하니 이는 폐하의 속이 좁다는 것을 보여주는 것밖에 더 됩니까? 계포처럼 유능한 인재는 우리 한나라에도 필요합니다. 그럼에도 폐하께서 굳이 그를 잡아들이겠다면, 계포처럼 재능이 있거나 폐하와 사적인 원한 관계에 있는 사람들이 죄다 적국으로 넘어가지 말라는 법이 어디 있겠습니까? 이는 우리 쪽 인재를 가지고 상대의 힘을 키워주는 꼴입니다. 그 옛날 오자서(伍子胥)가 왜 죽은 초나라 평왕의 무덤을 파내 시체에다 채찍질을 가했 겠습니까?"

이상 주가의 말은 한때 적이었던 사람을 어떻게 대할 것인가 하는 문제에 관련하여 몇 가지 원칙을 제기하고 있다. 즉, '항우를 섬긴 신하들을 모조리 죽일 수 있겠는가?', '천하를 얻은 지 얼마 되지 않은 상황에서 사사로운 감정 때문에 사람을 잡으려 해서는 안 된다', '우리 쪽 인재를 가지고 상대의 힘을 키워서는 안 된다' 등과 같은 대목이 그것이다.

등공은 주가의 말을 유방에게 전했고, 주가의 말에 일리가 있다고 생각한 유방은 계포를 용서하는 한편, 그를 낭중(郎中)이란 벼슬에 임명했다. 계포는 그 뒤 문제(文帝) 때 하동(河東) 지역의 태수 자리에까지 올랐다.

다음으로 유방이 옹치를 공신으로 임명한 사례 역시 한때 자신을 반대하거나 배신했던 사람을 어떻게 처우해야 하는지에 대한 좋은 답안을 제시하고 있다.

황제가 된 유방은 부하들에게 공로에 따라 상을 나누어 주는 '논공행상(論功行賞)'을 시행했다. 비유컨대 떡은 몇 개 되지 않는데 먹여야 할 사람이 많은 상태인데다가 유방의 측근들에게 자리가 많이 돌아가는 바람에 이러쿵저러쿵 말들이 많은 상황이었다.

이제 막 나라를 세운 한 왕조의 입장에서 볼 때 이 같은 통치집단 내부의 모순은 자칫 나라 전체를 혼란으로 몰아넣을 수 있는 상당한 폭발력을 가진 민감한 사안이 아닐 수 없었다. 유방은 걱정이 이만저만이 아니었다. 문제점의 심각성을 인식한 장량은 유방에게 평소 모든 사람이 다 알고 있는 유방이 가장 미워했던 사람에게 작위를 내려서 장수들의 불만을 잠재우라고 권유했다. 유방은 장량의 의견을 받아들여 옹치에게 후작을 내렸다.

옹치와 유방 사이에는 묵은 원한 관계가 있었다. 과거 옹치가 여러 차례 유방에게 모욕을 준 적이 있고, 심지어 중요한 순간에 유방을 배신하기까지 했다. 그러나 옹치가 세운 공 때문에 그를 차마 죽이지 못하고 있었다. 유방은 날을 택해 공신 책봉 등 인사 문제에 불만이 많은 장수들을 포함하여 문무 대신들을 다 불러 술자리를 베풀고, 바로 그 자리에서 옹치를 십방후(什方侯)에 봉한다고 선포했다. 그리고는 승상과 어사에게 서둘러 공을 확정하고 작위를 주라고 명령했다. 군신들은 "옹치에게까지 후작을 내렸으니 우리는 걱정할 것 없다!"며 기뻐하면서 마음을 놓았다. 이 일화에서 **옹치봉후**라는 성어가 탄생했다. 훗날 이 성어는 **사람을 쓰는 데 있어서 지난날의 섭섭한 감정이나 원한을 따지지 않는 행동을 비유**하게 되었다.

적을 용서하고 원한을 푸는 리더십을 '석원(釋怨)'이라 한다. 유방은 '석원'의 리더십을 발휘했을 뿐만 아니라 원한이 있는 사람에게 먼저 상을 내리는 대단히 수준 높은 책략을 구사했다. 이는 궁극적으로 승리자의 너그러움

정권 초기 논공행상은 아주 미묘한 문제다. 자칫 잘못하면 정권 자체가 흔들릴 수도 있기 때문이다. '옹치봉후'에서 보다시피 유방은 이 문제를 잘 처리하여 정권을 안정시켰다. 그림은 유방의 논공행상 모습이다.

과 대범함을 과시하는 것이지만, 그 효과는 대중을 단결시키고, 어지러운 국면을 안정시키는 큰 차원의 통치술로 연결되기 때문이다.

현대 경영에서는 기업 합병이나 기업 인수 같은 일들이 비일비재하게 벌어진다. 이 과정에서 합병자나 인수자가 상대 기업의 임직원을 헌신짝 버리듯 내팽개치는 바람에 큰 문제를 일으키기도 한다. 이때 리더들은 유방이 원수와 같았던 옹치를 후작에 봉한 역사적 사례를 곰곰이 생각해볼 필요가 있을 것이다.('인공, 구공' 항목 참고)

키워드 : 논공행상, 리더십, 석원

옹폐지(雍蔽之), 상국야(傷國也)

(언로가) 위아래로 막히면 나라가 상한다.

– 권6 〈진시황본기〉

옹폐지, 상국야는 언론이 통제되거나 언로가 막히면 나라가 위태로워진다는 뜻으로, 언론과 언로의 중요성을 함축적으로 나타낸 명언이다. 《회남자(淮南子)》에도 "말로 말을 막고, 행동으로 행동을 막으려는 것은 날리는 먼지로 날리는 먼지를 막으려는 것과 다를 바 없다"는 말이 있다.

'옹폐지, 상국야'는 사마천이 최초의 통일제국 진나라가 그렇게 빨리 무너져버린 원인을 논평하면서, 한나라 초기의 정치 사상가인 가의(賈誼, 기원전 200~기원전 168)가 진의 실정을 전문적으로 비평한 〈과진론(過秦論)〉이라는 글을 빌어 한 말이다.(〈과진론〉은 진나라의 흥망을 논한 명문으로 〈진시황본기〉 뒤에 전문이 딸려 있다.)

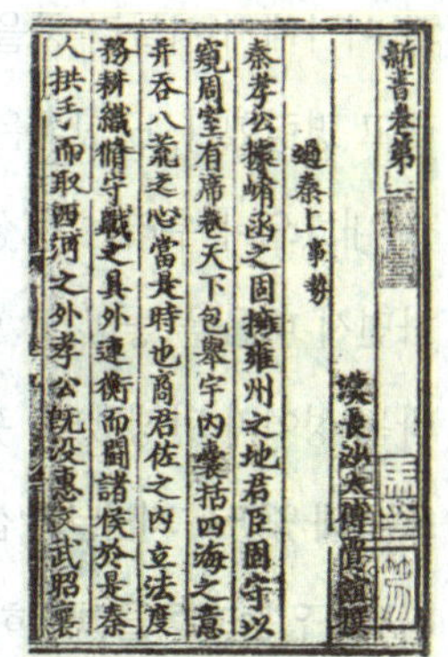

〈과진론〉은 진나라의 흥망, 특히 멸망의 원인을 분석한 글로써 뛰어난 명문으로 평가 받고 있다. 사마천은 특별히 이 글의 전문을 〈진시황본기〉 뒤에 인용하여 자신의 주장을 뒷받침하는데 활용하고 있다. 도판은 가의의 저서인 《신서(新序)》 첫 부분이다.

진시황과 2세 황제 호해(胡亥)는 모두 진의 멸망을 가속화한 가장 큰 원인이었던 **위아래의 언로가 막히면 나라를 망친다**는 '옹폐지, 상국야'의 이치를 몰랐다는 것이 사마천 논평의 요지이다.

'옹(雍)'은 물의 흐름을 막는다는 뜻이고, '폐(蔽)'는 차단하고 가린다는 뜻이다. 요컨대 위의 뜻이 아래로 전달되지 못하고, 아래의 감정은 더더욱 위로 전달되지 못한다. 그렇게 되면 서로 감추고 숨기게 되고, 결국 나라의 혈관이 막힌다. 그다음은 멸망의 길이다. '정보 전달의 기능이 상실되면 조직은 활력을 잃는다'는 이치와 같다고나 할까? 진을 멸망으로 이끈 원인의 하나는 '위아래의 언로가 막힌' '옹폐'였다. 후세인에게 경계가 되고 귀감이 되기에 충분하다.

키워드 : 언론, 언로, 폐쇄, 망국

옹혜(擁篲)

빗자루를 들다.
– 권74 〈맹자순경열전〉

전국시대 말 연나라는 왕 쾌(噲, ?~기원전 314)가 신하 자지(子之)와 벌인 소동은 가뜩이나 기운 빠진 연나라를 걷잡을 수 없는 혼란으로 몰아넣었다. 상고시대 성군 요(堯)임금의 선양(禪讓)을 실천한답시고 왕위를 자지에게 넘기고, 이에 반발하는 귀족들 간의 내분으로 연나라는 쑥대밭이 되었다. 이 틈을 놓치지 않고 남쪽의 강국 제나라가 침공해왔다. 연나라 백성들 사이에서는 차라리 제나라에 편입되는 쪽이 좋겠다는 자포자기의 분위기가 만연했다.

이 난국을 수습한 사람은 태자 평(平)이었다. 평은 백성들의 지지에 힘입어 제나라를 연나라 땅에서 몰아냈다. 그런데 이번에는 서북쪽으로 국경을 접하고 있는 조(趙)나라의 개혁 군주 무령왕(武靈王)이 연나라 내정에 간섭하기 시작했다. 무령왕은 한(韓)나라에 있던 평의 동생 직(職)을 연나라로 보내 평과 권력을 다투게 했다. 하지만 형세는 직에게 불리하게 돌아갔다. 그러자 태후 역왕후(易王后)가 개입했다. 서방의 강국 진(秦)나라 혜문왕의 딸이자 직의 생모인 역왕후는 친정 진나라에 도움을 요청했다. 진은 위(魏)나라와 손을 잡고 연나라를 침입하여 자지를 죽이고, 태자 평을 내몬 다음, 직을 연나라의 왕으로 세웠다. 이가 바로 소왕(昭王, ?~기원전 279)이다. 그해가 기원전 311년이었다.

외부의 힘을 빌려 왕위에 오르긴 했지만 소왕은 생각과 의지가 있는 군주였다. 자신이 권력을 잡는 과정에서 연나라의 형편과 약소국의 서러움을 뼈저리게 느꼈다. 소왕은 연나라를 개혁하기로 마음먹었다. 소왕은 지난날 서방의 진나라 효공이 그랬던 것처럼 천하에 인재를 구한다는 '구현령(求賢令)'을 발표했다. 그에 앞서 소왕은 숨은 현자 곽외(郭隗)를 초빙하여 연나라 개혁에 관한 고견을 들었다. 이 자리에서 곽외는 저 유명한 명마를 구하기 위해 죽은 '말의 뼈다귀를 천금에 샀다'는 '천금매골(千金買骨)'의 이야기를 들려준다.

인재의 중요성을 깨달은 연 소왕은 '옹혜선구'의 자세로 인재를 모셨고, 그 결과 쇠약한 연나라를 잠깐이나마 중흥시킬 수 있었다. 그림은 《동주열국지》의 삽화로 아래 오른쪽 빗자루를 들고 있는 사람이 소왕이고, 아래 왼쪽은 죽은 말뼈다귀 이야기로 인재의 중요성을 깨닫게 계시를 준 현자 곽외이다.

소왕은 곽외를 황금대(黃金臺)에 모셨다. 이 소문은 빠르게 퍼져나갔다. 사방에서 인재들이 몰려들었다. 역사에서는 이를 '사쟁추연(士爭趨燕)', 즉 '인재들이 다투어 연나라로 달려왔다'는 뜻의 사자성어로 묘사한다. 음양오행에 능통한 유세가 추연(鄒衍)을 위해서는 갈석궁(碣石宮)을 지어 주었다. 특히 조나라에서 명장 악의(樂毅)가 건너온 것은 소왕에게는 가장 반가운 일이었다.

'천금매골', '황금대', '갈석궁'은 모두 인재를 우대하라는 메시지가 담긴 고사와 성어들이다. 심지어 소왕은 추연이 찾아오자 빗자루로 길을 쓸면서 그를 안내했을 정도였다.

여기서 **빗자루를 들고 앞장서다**는 **옹혜선구(擁彗先驅)**라는 유명한 고사성어가 탄생했다. 《문선(文選)》에 보면 전국시대 초기 위나라의 문후(文侯)가 스승으로 자하(子夏)를 모실 때도 빗자루를 잡았다고 했다. 줄여서 '옹혜' 두 글자로 쓰기도 한다. 모두 자신의 몸을 낮추는 극진한 예로 유능한 인재를 모신다는 비유이다. ('사쟁추연', '선종외시', '황금대' 등 항목 참고)

키워드 : 인재, 우대

와

와리회양(臥理淮陽)

누워서 회양을 다스리다.
– 권120 〈급정열전〉

한나라 무제 때의 관리 급암(汲黯, ?~기원전 112)은 평소 황로학(黃老學)을 좋아하여 억지로 일을 만들지 않는 '무위이치(無爲而治)'의 통치 방식으로 백성들을 다스렸다. 그는 동해군(東海郡) 태수로 있을 때 병이 많아 방 안에 누워 있으면서도 동해군을 잘 다스렸다. 그 뒤 회양(淮陽)에 도적이 끓는 등 사회가 불안해지자 무제는 급암을 회양으로 보내려 했다. 급암은 병을 핑계로 사양했으나 무제는 누워서도 동해군을 잘 다스린 전례를 거론하여 끝내 회양으로 부임하게 했다. 급암은 **회양을 누워서도 잘 다스렸다.**

와리회양은 백성을 다스릴 때 억지로 일을 만들어 번잡하게 다스릴 것 없이 적절한 방법만 터득하면 누워서도 다스릴 수 있다는 비유이다. 인재를 잘 기용하여 일에 맞게 잘 안배하는 리더십을 발휘하면 된다는 의미이기도 하다.

'와리회양'은 훗날 '누워서 다스린다'는 '와치(臥治)', '와리(臥理)' 등과 같은 단어와 각종 성어들을 파생시켰다. ('비기엽이상기지', '후래거상' 등 항목 참고)

키워드 : 다스림, 무위이치(無爲而治)

와신상담(臥薪嘗膽)

장작더미에서 자고 쓸개를 핥다.
– 권41 〈월왕구천세가〉

한자문화권에서 **와신상담**은 모르는 사람이 없을 정도로 유명한 고사성어이다. 춘추시대 강남의 오나라와 월나라는 대대로 원수지간으로 끊임없이 싸웠다. 이 때문에 오월동주(吳越同舟), 오월쟁패(吳越爭霸)와 같은 성어가 나왔다.

오나라 왕 부차(夫差, ?~기원전 473)는 즉위하면서 바로 월나라를 공격했다.(기원전 494년) 당시 오나라의 수도는 오(吳, 지금의 강소성 소주蘇州)였고, 월나라의 수도는 회계(會稽, 지금의 절강성 소흥紹興)였다. 두 나라 군대는 태호(太湖)와 고성(固城, 지금의 강소성 고순현高淳縣 남쪽) 일대에서 전투를 벌였고, 월나라는 대패했다.

월나라 왕 구천(勾踐, ?~기원전 464)은 대부 문종(文種)을 오나라의 태재(太宰) 백비(伯嚭)에게 보내 화해를 청했다. 백비는 문종이 가져온 황금·옥 등 귀중품과 미녀를 보고는 득의만만 문종을 왕 부차에게로 데려갔다. 문종은 부차를 만나 월나라 왕이 오나라 왕의 신하가 되길 간청하며, 월나라의 땅도 오나라에 바치겠다고 했다. 부차는 이를 받아들이는 한편 보내 온 예물을 거두고, 월나라 왕 구천으로 하여금 오나라로 와서 자기를 모시라고 했다.

《사기》〈월왕구천세가〉와 《오월춘추》에는 월왕 구천이 나랏일을 문종과 다른 대신에게 맡기고, 자신은 처와 대부 범려(范蠡)를 데리고 도성 회계를 떠나 오나라로 왔다고 기록하고 있다. 오왕 부차는 구천을 자신의 아버지 합려(闔閭, 부차의 아버지로 과거 오·월 전쟁에서 전사했다)의 무덤 옆 돌방에서 말을 먹이도록 했다. 범려도 그들과 함께 허드렛일을 하면서 지냈다.

구천은 3년 동안 부차의 말을 먹이며 조심조심 참고 살았다. 부차가 수레를 타고 나갈 때면 구천은 그를 위해 말고삐를 잡고 수레를 몰았다. 부차를 모시는 구천의 자세는 참으로 주도면밀했고 정성스러웠다. 문종도 수시로 월나라 국내에서 각종 귀중품을 가져와 백비에게 갖다 바쳤고, 백비는 부차 앞에서 구천에 관해 좋은 말을 해주었다. 언젠가 한번은 오왕 부차가 병이 났다. 구천은 백비를 통해 부차의 침실로 들어가 손수 부차를 간호했다. 심지어 병세를 진단하기 위해 부차의 똥까지 맛을 보았다. 부차는 진짜 감동했고, 병이 나은 뒤 구천 부부와 범려를 석방하여 귀국시켰다.

구천은 고국 월나라로 돌아온 뒤 뼈를 깎는 노력으로 나라를 회복시켜 나갔다. 문종에게는 정치를, 범려에게는 군대를 맡기고 온 백성에게 분발해서 부국강병을 이루자고 호소했다. '10년간의 준비로 인구를 늘리고, 재물을 축적'하는 한편 국민과 군대의 '교육과 훈련'에도 박차를 가했다. 이것이 이른바, '십년생취(十年生聚), 십년교훈(十年敎訓)'이었다.

10년 뒤 월나라는 마침내 오나라를 물리쳤다. 구천은 자신의 투지를 확고히 다지기 위해 편안한 생활을 마다했다. 심지어 이불도 덮지 않고 침상에는 '장작을 깔아 놓고 옆에는 쓰디쓴 쓸개를 준비해서 식전 또는 휴식 시간에 늘 그 쓰디쓴 맛을 보며' 의지를 다졌다. 이것이 저 유명한 **장작더미 위에서 잠을 자고 쓰디쓴 쓸개를 맛본다**는 '와신상담'이다.

〈월왕구천세가〉에는 구천이 귀국하여 스스로의 몸과 마음을 고통스럽게 했는데, "자리에 곰쓸개를 두고 앉으나 누우나 쓸개를 올려다보았고, 음식을 먹을 때도 쓸개를 맛보면서 '네가 회계의 치욕을 잊지 않았는가'라며 스스로에게 물었다"고 되어 있다. 다시 말해 '와신' 부분은 보이지 않는다. 또 '쓸개를 맛보았다'는 '상담'도 사마천 이전의 다른 기록에는 보이지 않는다.

'와신상담'이 합쳐져 사자성어로 출현한 것은 송나라 때 문인 소동파(蘇東坡, 1037~1101)의 시 구절이 처음이다. 송말원초 역사가 증선지(曾先之, 생졸 미상 13세기 중

참고 기다리며 자신의 실력을 키울 줄 알아야 상대에게 승리할 수 있다. '와신상담'은 전후 20년에 걸친 내실을 다지는 시간을 필요로 했음에 유의할 필요가 있다. '와신상담'을 나타낸 한나라 때 벽돌 그림이다.(왼쪽 끝)

후기)가 편찬한 《십팔사략(十八史略)》에는 '와신'은 부차가 한 행동이고, '상담'은 구천이 한 행동이라고 해서 따로 구별해놓고 있다.

이렇게 약 20년에 걸친 뼈를 깎는 '와신상담'으로 월나라는 국세를 회복하고 날로 발전·강대해지기 시작했다. 그리고 단 한 번으로 오나라를 격파했다. 구천은 문종·범려와 함께 직접 대군을 이끌고 오나라로 쳐들어갔다. 오나라는 이 기세를 당해 내지 못했다. 백비는 투항하고 부차는 자살함으로써 오나라는 마침내 망했다.(기원전473)

'와신상담', '십년생취, 십년교훈'은 훗날 각고의 노력, 비분강개, 설욕의 맹세 등을 비유하는 성어가 되었다. 또 실패나 좌절을 당한 뒤 자신을 격려하거나 서로 격려하는 중요한 방법이 되기도 했다. '와신상담'은 우리 고등학교 한문 교과서에 실려 있다.

키워드 : 치욕, 좌절, 분발, 격려, 맹세

와해운산(瓦解雲散)

기왓장이 깨지고, 구름이 흩어지다.

– 권110 〈흉노열전〉

〈흉노열전〉에는 흉노 부락과 흉노인의 습성이 비교적 상세히 기록되어 있다. 그중에서도 적과의 싸움에서 이들이 보인 특성을 사마천은 이렇게 기록하고 있다.

"싸움에서 적의 목을 베어오는 사람에게는 술 한 잔을 하사하고, 노획품은 노획한 본인에게 준다. 사로잡은 포로는 잡은 사람의 노비로 삼게 한다. 이 때문에 싸우면 누구나 이득을 보려고 교묘하게 적을 꼬드겨내서 덮치길 잘했다. 그래서 적을 만나면 이득을 바라고 새떼처럼 모여들지만, 패배할 것 같으면 **기왓장이 깨지고, 구름이 흩어지듯** 뿔뿔이 달아났다. 또한 싸움에서 자기 편 전사자를 거두어준 자에게는 전사자의 재산을 모두 주었다."

와해운산은 상황이 어려워지면 **저마다 살기 위해 뿔뿔이 흩어지는 모습을 비유하는 성** 어이다. 비슷한 성어로는 '기왓장이 깨지고, 별이 흩어지다'는 '와해성산(瓦解星散)'이 있다. '와해성산'의 출처는 사마광의 〈의용제오찰자(義勇第五札子)〉라는 문장이다.

키워드 : 상황, 와해, 분산

완

완벽(完璧)

흠 없는 옥.
– 권81 〈염파인상여열전〉

우리가 별 생각없이 자주 쓰고 있는 **완벽**이란 단어에는 아주 흥미로운 고사가 있다. '완벽하다', '완벽에 가깝다', '완벽한 연기', '그 어떤 것보다 완벽한 상품' 등등 일상생활에서 '완벽'이 들어간 말은 어떤 말 못지않게 자주 입에 오르내린다.

인상여는 진나라 소왕 앞에서 당당하게 성을 요구하고 벽옥까지 온전하게 되가지고 왔다. 그림은 인상여가 성을 주겠다는 약속을 보증하지 않으면 벽옥을 던져 버리겠다는 장면이다.(2010년)

흠집 하나 없는 옥 이것이 완벽의 본래 뜻이다. 이 고사성어는 '완벽귀조(完璧歸趙)'가 온전한 제 모습인데, 어떤 물건을 원래 주인에게 전혀 흠 없이 고스란히 돌려준다는 뜻을 가진 성어이다. 여기에는 흥미진진한 고사가 있다. 그 고사를 따라 '완벽'이란 단어가 나오게 된 배경을 알아보자. 이 고사의 주인공은 죽음도 같이할 정도의 우정을 뜻하는 '문경지교(刎頸之交)'라는 고사성어의 주인공이기도 한 인상여(藺相如)이다.('문경지교' 항목 참고)

강대국 진나라 소왕(昭王)이 조나라 혜문왕(惠文王)에게 진나라의 15개 성과 조나라의 보배 벽옥(碧玉)을 교환하자고 제안해왔다. 벽옥이란 고대의 옥기 종류의 하나로, 둥글고 가운데에 구멍이 뚫린 얇고 정교한 보물 중의 보물로 이 벽옥 때문에 전쟁이 벌어지는 일까지 있었다.

진나라의 속셈은 불을 보듯 뻔했다. '교환'이란 말은 벽옥을 빼앗기 위한 구실에 지나지 않았다. 혜문왕도 진의 이런 속셈을 모르는 바 아니었다. 하지만 이 제안을 거절했다간 진의 공격을 피하기 어려운 상황이었다. 어쨌거나 누군가를 진나라로 보내야 할 판이었다. 이때 혜문왕의 측근 무현(繆賢)이 자신의 식객으로 있던 인상여를 혜문왕에게 추천한다.

이렇게 해서 전격적으로 발탁된 인상여는 지체 없이 진나라의 수도로 가서 소왕을 만나 벽옥을 소왕에게 바쳤다. 벽옥을 받아 든 소왕은 벽옥을 이리저리 어루만지며 어쩔 줄 몰라 했다. 교환조건으로 내건 성 이야기는 한마디도 꺼내지 않았다. 소왕의 속셈을 새삼 확인한 인상여는 '벽옥에 하자(瑕疵)'가 있는 것 같다며 벽옥을 되돌려받았다.(흠이나 티, 그리고 결점 따위를 뜻하는 '하자瑕疵'란 단어도 여기에서 나온다. 전적으로 '옥의 티'만을 가리키는 단어로도 이 '하자'가 쓰인다. '하자' 항목 참고) 그리고는 기둥에 몸을 기댄 채 신의 없는 소왕을 엄하게 나무라며, 조건을 지키지 않으면 벽옥을 기둥에 내던져 박살을 내겠다고 위협했다. 느닷없는 인상여의 돌발 행동에 소왕은 깜짝 놀라며, 바로 성을 주겠다는 조건을 지키겠노라 약속했다. 인상여는 더 이상 속임수에 넘어갈 수 없다고 판단하고는 소왕에게 닷새 동안 목욕재계한 다음, 이 성스

'완벽귀조'의 고사를 나타낸 조형물이다.(2009년)

럽고 순결한 벽옥을 받으라고 요구했다. 그리고는 몰래 사람을 시켜 벽옥을 조나라로 되돌려 보내버렸다.

울며 겨자 먹기로 닷새 동안 목욕재계를 끝낸 소왕은 날이 새기 무섭게 인상여를 불러 벽옥을 요구했다. 그런데 이게 웬일인가? 벽옥은 이미 조나라로 돌아갔으니 마음대로 하라고 인상여가 큰소리를 치는 것이 아닌가? 소왕은 화가 머리끝까지 났지만, 그의 용기에 감탄하지 않을 수 없었다. 결국 인상여를 어쩌지 못하고 후한 상과 함께 조나라로 돌려보냈다. 인상여는 기대를 저버리지 않고 어려운 사명을 완수해냈다. 이렇게 해서 '옥은 온전히 조나라로 되돌아왔다(완벽귀조完璧歸趙).'

키워드 : 옥기, 무결점

완약(宛若)

완약 / 여자 동서.
– 권12 〈효무본기〉

〈효무본기〉는 내용 대부분이 미신과 제사에 심취한 무제 때의 기록이다. 앞부분 몇 문장을 빼면 미신과 제사에 대한 전문 기록인 〈봉선서〉와 똑같다. 이 때문에 원래의 〈효무본기〉가 없어졌다는 설부터 무제에 대한 불경스러운 내용이 많아 삭제되

었다는 설, 사마천이 의도적으로 〈봉선서〉 기록을 그대로 무제의 기록에 넣어 미신에 빠진 무제를 조롱했다는 설 등이 있다.

무제는 기원전 141년 15세의 나이로 즉위한 뒤 21세 성인이 된 기원전 135년 무렵부터 미신과 방술 및 각종 제사에 심취했다. 기원전 134년, 처음으로 천지신명에게 제사를 드리는 옹(雍)의 오치(五畤)에서 교(郊) 제사를 드린 이후 3년마다 빠지지 않고 제사를 드렸다. 그해 무제는 신군(神君)이란 여자를 얻어 황가의 사냥터인 상림원(上林苑) 안의 큰 건물인 제씨관(蹏氏觀)에 모셨다.

신군은 장릉(長陵) 출신의 여자로 자식을 낳다가 죽은 뒤, 동서인 **완약(宛若)**의 몸으로 현신했다. 완약은 자기 몸으로 들어온 신군을 위해 자기 집에서 제사를 지냈고, 이를 알게 된 사람들이 제사를 지내러 몰려들었다. 무제도 이 이야기를 듣고는 완약을 궁에 데려다 놓고 후한 예물로 제사를 지냈는데, (신군의) 말소리는 들려도 모습은 보이지 않았다고 한다.

'완약'은 당초 한나라시대 여자의 이름이었지만, 후대에는 **여자 동서 사이**를 가리키는 대명사로 사용하게 되었다.

키워드 : 이름, 동서, 미신

완협(緩頰)

부드럽게 기분을 맞추다.
– 권90 〈위표팽월열전〉

기원전 210년 진시황이 죽고 진승(陳勝)이 진나라에 맞서는 봉기를 일으킨 이후 전국 각지에서 과거 진나라에 망했던 나라들이 다시 일어났다. 그중 위나라 지역에서는 과거 위 왕실의 공자 출신 위구(魏咎)가 진승(陳勝)의 추대로 왕이 되었다. 그러나 기원전 208년 진나라 장수 장한(章邯)에게 진승이 패하자 위구도 백성들을 살리기 위해 스스로 분신자살했다. 이때 위구의 동생 위표(魏豹)는 초나라 항우에게로 도망갔고, 항우는 그를 위나라 왕으로 삼았다. 천하의 패권은 항우의 손에 들어갔다.

기원전 206년, 한중(漢中)에서 빠져나온 한왕 유방은 황하를 건너 중원으로 들어왔다.('명수잔도, 암도진창' 항목 참고) 이듬해인 기원전 205년, 위표는 유방에게 항복한 뒤 함께 항우를 공격하러 나섰다. 유방이 팽성(彭城)에서 항우에게 패하자 위표는 부모의 병을 핑계로 자신의 땅으로 돌아가다가 유방을 배신하고 항우에게 붙었다. 유방은 항우 때문에 위표를 공격할 겨를이 없어 역생(酈生, 역이기)에게 "당신이 위표에게 가서 **잘 설득해서** 그를 항복시킨다면 그대에게 만호(萬戶)를 봉하겠소"라고 말했다. 역생이 나서 위표를 설득했으나, 위표는 유방이 너무 거만하고 무례하다며 이를 거절했다.

유방은 한신(韓信)을 보내어 하동(河東)에서 위표를 공격하여 사로잡아서 역마로 형양(滎陽)에 보내고, 위표의 땅에는 군(郡)을 설치했다. 유방은 위표를 죽이지 않고 형양을 지키게 했으나, 항우가 형양을 포위하는 위급한 상황이 되자 주가(周苛)가 위표를 죽였다. 기원전 204년이었다.

유방이 역생을 시켜 위표를 잘 설득하라고 한 대목에서 **완협**이란 다소 어렵지만 흥미로운 단어가 나왔다. 평민 출신 유방의 말투로 추정하기도 한다. '완협'은 **느긋하게 기분 좋게 한다**는 뜻이다. 다시 말해 상대의 의중이나 기분을 잘 맞추어 이해시키고 설득한다는 의미다. 훗날 이 단어는 **완곡한 말로 누군가에 무엇을 권하거나, 누구를 대신해서 사정을 설명하는 것을 비유**하는 단어가 되었다.

키워드 : 언어, 상대, 의중, 완곡, 설득

왕공대인(王公大人)

왕공대인.
– 권74 〈맹자순경열전〉

왕공대인은 음양오행설로 여러 나라 임금에게 유세했던 추연(鄒衍)에 대한 〈맹자순경열전〉의 다음 평가에서 나왔다.

"**왕공대인**(王公大人)이 처음 그(추연)의 학설을 들으면 깜짝 놀라 그의 설에 감화되지만, 나중에 보면 실행할 수 없는 것이었다."

추연의 학설이 듣기에 그럴 듯하여 혹하지만 막상 실행하려고 하면 쓸모가 없는 것이었음을 알게 된다는 말이다. 여기서 말하는 '왕공대인'은 임금의 중요한 신하를 가리키며, 훗날 **높은 벼슬이나 신분이 귀한 사람**을 가리키는 용어가 되었다.

키워드 : 고관대작, 귀인

왕후장상영유종호(王侯將相寧有種乎)

왕·제후·장군·재상의 씨가 따로 있나?
– 권48 〈진섭세가〉

진나라 말기 중국 역사상 최초의 농민 봉기군을 이끈 진승(陳勝, ?~기원전 208)이 봉기하면서 민중들을 향해 뱉어낸 유명한 말이다. 이후 왕조와 정권에 반기를 든 봉

기군의 우두머리들이 흔히 인용하
곤 했다. 우리나라 고려 무신정권
때 반란을 일으킨 노비 만적(萬積)도
이 말을 인용한 적이 있다.

제아무리 귀한 몸으로 태어났다
한들 다른 사람과 무슨 차별이 있느
냐는 의미심장한 외침이자, 인간이
기는 모두 마찬가지 아니냐는 야유
이기도 하다.

진승은 '왕후장상영유종호'라는 신분해방의 구호를 외치
며 봉기했고, 이런 영향 때문에 중국사에는 평민 출신의
제왕이 여럿 배출되었다. 사진은 진승의 봉기를 나타낸
기록화이다.(2016년)

듣는 이의 속을 후련하게 해주는 이 외침은 진나라 말기 진나라의 폭정에 저항하
는 의로운 깃발을 높이 치켜들었던 진승의 입에서 서슴없이 터져 나온 2천여 년 전
의 '신분해방 선언'이었다.

진시황이 갑자기 세상을 떠나고 작은아들 호해가 즉위하던 그해 기원전 210년,
하남 지방 빈민들을 대거 징발해서 북방 변경을 경비하는 일에 투입하라는 조서가
떨어졌다. 징발된 숫자는 모두 900명이었고, 진승도 그중 한 사람으로 북방을 향해
떠날 수밖에 없었다. 일행이 대택향(大澤鄕)에 이르렀을 때 갑자기 폭우가 쏟아져 길
이 잠기는 바람에 더 이상 갈 수가 없게 되었다. 상황으로 보아 기한 내에 목적지에
도착하기란 불가능했다. 진나라 법에 따르면 정해진 기한 내에 목적지에 이르지 못
하면 참수형을 당하게 되어 있었다. 진승은 친한 동료 오광(吳廣)과 은밀하게 상의하
여 관리들을 죽이고, 마침내 타도 진나라의 깃발을 높이 치켜들었다. 그리고는 대중
을 모아 놓고 다음과 같이 외쳤다.

"이제 우리들은 비 때문에 모두 기한을 어길 수밖에 없게 되었다. 기한을 어기면
기다리는 것은 죽음뿐이다. 설사 죽지 않는다 해도 변경을 지키다 죽는 사람이 원래
열에 여섯 일곱이 넘는다. 대장부가 기껏해야 죽지 않는 정도에 만족할 수 있는가?
죽으려면 세상에 큰 명성을 남겨야 하는 것 아닌가? **왕이나 제후, 장수와 재상의 씨가**

어디 따로 있어 하늘에서 나는 것이더란 말이냐?”

진승의 봉기는 실패로 돌아갔지만, 이에 자극을 받아 항우와 유방 등 전국 각지에서 봉기군이 벌떼처럼 일어났고, 마침내 거대한 제국 진을 쓰러뜨렸다.(‘연작안지홍곡지지’ 항목 참고)

키워드 : 봉기, 신분해방, 선언

외

외관내심(外寬內深)

겉으로는 너그러워 보이지만, 속은 알 수가 없다.
– 권112 〈평진후주보열전〉

한 무제 때 유학자 출신으로 출세한 공손홍(公孫弘, 기원전 200~기원전 121)은 ‘곡학아세(曲學阿世)’의 노회한 처세술로 이름을 남겼다. 사마천은 권121 〈유림열전〉과 권112 〈평진후주보열전〉 등에서 공손홍의 겉 다르고 속 다른 이중적 모습을 신랄하게 비판하고 있다.(‘곡학아세’ 항목 참고)

〈평진후주보열전〉에서는 그의 이중적이고 위선적인 모습을 **외관내심**이란 네 글자로 표현하고 있다. 직역하자면 ‘겉은 너그럽고 속은 깊다’가 되지만. 실제로는 **겉으로는 남에게 너그럽게 대하지만. 속은 헤아리기 어려울 정도로 음흉하다**는 비유이다.(‘공손목시’ 항목 참고)

키워드 : 인간, 외관, 내심, 음흉

요령(堯齡)

요임금의 나이 / 장수.

– 권1 〈오제본기〉

《사기》 130권 중 첫 권인 〈오제본기〉는 전설 속 다섯 제왕인 5제(황제·전욱·제곡·요·순)의 행적에 관한 기록이다. 5제의 공덕을 찬미하여 천추만대에 전할 것과 조상·도덕·인간사·제도·세계관을 비롯하여 역사학 연구방법 등을 밝히는 한편, 이상적인 권력 이양 방식인 선양(禪讓)의 전통을 부각시키고 있다. 특히 현지답사와 여러 학설을 수집·검토하여 합리적인 부분을 택해 서술한 본기 12권의 총체적 서문 성격으로서 의미가 크다. 아울러 실사구시 정신을 바탕으로 한 사마천의 진화론적 역사관이 돋보이는 문장으로 꼽힌다.

5제 중 요(堯)임금은 살아 있을 때 제위를 순(舜)에게 넘기는 선양을 실천하여 가장 이상적인 권력 계승의 방식을 보여주고 있다. 《사기》에 대한 가장 이른 주석서인 《사기집해(史記集解)》를 남긴 남조 시기의 배인(裴駰, 생졸 미상)은 황보밀(皇甫謐, 215~282)의 기록을 인용하여 요와 순에 대해 다음과 같은 주석을 남겼다.

"요는 갑신년(甲申年)에 출생하여 갑진년(甲辰年)에 즉위하고. 갑오년(甲午年)에 순을 발탁했다. 순은 갑인년(甲寅年)에 천자의 일을 대행했고, 요는 신사년(辛巳年)에 세상을 뜨니 118세에 98년 재위했다."

이후 이 대목에서 **요임금의 나이**를 뜻하는 **요령**이라는 단어가 파생되어 **장수를 가리키는 단어**가 되었다. '요년(堯年)'이라고도 한다.

키워드 : 나이, 장수

요령(要領)

요령.

− 권123 〈대완열전〉

요령의 사전적 정의는 '가장 긴요하고 으뜸이 되는 골자나 줄거리', '일을 하는데 꼭 필요한 묘한 이치', '적당히 해서 넘기는 잔꾀' 등으로 되어 있다. 본래의 뜻은 처음 정의에 가깝고, 훗날 두 번째 세 번째 의미가 보태어진 것으로 보인다. 또 무언가 핵심을 제대로 잡지 못하고 있는 상태나 사물의 요점, 또는 관건을 파악하지 못하고 있는 것을 비유할 때 '요령을 얻지 못한다'고 한다.

요(要)는 허리를 뜻하는 요(腰)와 같은 뜻이고, 령(領)은 옷깃이란 뜻이다. 요령은 **옷의 허리 부분과 옷깃**을 말한다. **옷에서 가장 중요한 부분**을 가리키는 단어다. 이 말은 서역을 개척한 장건(張騫, ?~기원전 114)이 대월지(大月氏)에 도착하여 뜻한 바를 제대로 이루지 못하고 되돌아온 사실을 서술한 대목에서 나온다.('부득요령' 항목 참고)

키워드 : 핵심, 중요, 골자

요미구식(搖尾求食)

꼬리를 흔들며 음식을 구걸하다.

− 〈보임안서〉

사마천은 임안에게 보낸 답장 〈보임안서〉에서 옥에 갇힌 당시 상황에 대해 이렇게 술회했다.

"사나운 호랑이가 깊은 산중에 있을 때는 모든 짐승이 두려워하지만, 함정에 빠지면 그 호랑이도 **꼬리를 흔들며 음식을 구걸**할 수밖에 없습니다. 이는 갈수록 위세에 눌리기 때문입니다."

아무리 강한 의지를 가진 사람이라도 오갈 데 없는 상황에 처하게 되면 그 기세에 눌릴 수밖에 없음을 **요미구식**이란 표현으로 비유한 것이다. **지위가 낮은 사람이 높은 사람에게 몸을 숙인다**는 뜻으로도 사용한다.

키워드 : 상황, 처지, 위세, 구걸

요유관(溺儒冠)

유생의 모자에 오줌을 누다.
– 권97 〈역생육고열전〉

'溺'은 대개 물에 빠지다는 뜻의 '익'으로 읽지만 여기서는 오줌을 눈다는 '뇨(尿)'와 같은 뜻이고, 발음도 '뇨(요)'이다. **유생의 모자에 오줌을 갈겼다**는 뜻의 흥미로운 단어다.

유방은 젊은 시절부터 오랫동안 '호주색(好酒色)'의 건달 생활을 했다. 그가 초한쟁패를 통해 항우를 물리치고 황제가 된 기원전 202년은 그의 나이 54세였다. 사실 유방은 기원전 209년 47세로 봉기한 다음에도 건달 기질을 버리지 못해 낭패를 본 일이 여러 차례 있었다.

요유관이란 표현은 유방을 찾아온 역이기와의 만남에 등장한다. 역이기가 유방을 찾아와 유방의 막사를 지키는 기병에게 면담을 요청하자 기병이 이렇게 말했다.

"패공은 유생을 좋아하지 않습니다. 빈객 중에 관을 쓰고 오는 사람이 있으면 패공은 언제나 그 빈객의 **관을 빼앗아 그 안에 오줌을 싸버립니다.** 그리고 손님과 이야기할 때 상대방을 큰 소리로 욕하곤 하니, 유생의 신분으로 유세한다는 것은 좋지 못합니다."

역이기는 그럼에도 자신의 말을 전해달라고 했다. 기사는 부탁 받은 말을 유방에게 잘 전하여 두 사람이 만나게 되었다. 훗날 '요유관'은 **유생을 모욕하는 전고**가 되었다.('민이식위천', '설권제성', '호주색' 등 항목 참고)

키워드 : 오만, 유생, 모욕

요지(瑤池)

요지 / 선경(仙境).
– 권123 〈대완열전〉

〈대완열전〉에는 《우본기(禹本紀)》라는 기록을 인용하여 황하(黃河)의 원류가 곤륜산(崑崙山)이라고 하면서 그 높이 등을 묘사한 부분이 보인다. 그중 한 대목이다.

목왕이 서왕모를 만나 노닐었다는 전설이 전하는 천산(天山)과 천지(天池)의 모습이다. 천산은 전체 2,500km에 이르며, 동서로 중국·카자크스탄·키르키스탄·우즈베키스탄 네 나라에 걸쳐 있다.(2007년)

"곤륜산은 그 높이가 2,500여 리에 이르고, 해와 달이 서로 피해 숨으며 그 빛을 밝힌다. 그 위에는 예천(醴泉)과 **요지(瑤池)**가 있다."

《목천자전(穆天子傳)》에도 천자가 서왕모(西王母)와 요지 위에서 술을 마셨다는 기록이 있다. 훗날 이런 기록을 바탕으로 '요지'는 **신선이 사는 곳**이란 뜻의 '선경'을 가리키는 단어가 되었다. 《목천자전》은 주(周) 목왕(穆王)이 여덟 필의 준마를 타고 서쪽 세계를 여행하고 전설 속의 여신인 서왕모를 만난 일 등을 환상적으로 기록한 작자 미상의 중국 신화서이다.(작품의 시기는 서주~한까지 다양하다.)

키워드 : 신선, 선경

욕

욕부국자무광기지(欲富國者務廣其地)

나라를 부유하게 만들고자 하는 사람은 자기의 땅을 넓히기에 힘쓴다.
– 권70 〈장의열전〉

전국시대 말기 유세가를 대표하는 소진(蘇秦, 생졸 미상)과 더불어 쌍벽을 이루었던 또 한 사람의 당대 최고 유세가 장의(張儀, ?~기원전 309)와 사마조(司馬錯, 생졸 미상)가 진(秦)나라 혜왕(惠王) 앞에서 촉(蜀)을 먼저 칠 것인가, 한(韓)을 먼저 칠 것인가를 놓고 논쟁을 벌였다. 사마조는 장의의 주장에 명분이 없다면서 다음과 같이 말했다. 뒤 문장을 포함하여 원문과 함께 인용해둔다.

"나라를 부유하게 만들고자 하는 사람은 자기의 땅을 넓히기에 힘쓰고, 군대를 강성하게 만들고자 하는 사람은 자기 백성을 부유하게 만들기에 힘쓰며, 왕업을 이루고자 하는 사람은 덕정(德政)을 널리 펴기에 힘쓴다."

"**욕부국자무광기지(欲富國者務廣其地)**, 욕강병자무부기민(欲彊兵者務富其民), 욕왕자무박기덕(欲王者務博其德)."

사마조의 논리는 전쟁이든 정치든 모든 일에는 명분이 있어야 하며, 그 명분에는 늘 내부를 단단히 다지는 일이 우선임을 지적한 것이다.

백성이 지지하지 않는 대외확장이나 전쟁은 성공하거나 승리할 수 없다. 그래서 춘추시대 정나라의 정치가 정자산(鄭子産, ?~기원전 522)은 우선 내부결속을 다져 다른 나라가 함부로 침범하지 못하게 만들었다. 그런 다음 외교로 강대국들을 하나하나 설득하여 백성들의 부담을 최대한 줄여나갔다.

정자산이 죽자 백성들은 앞으로 누구와 함께 살아 가냐며 통곡했다고 한다. 그가 집권한 약 30년 동안 정나라는 전과는 달리 강대국의 침공을 단 한 번도 받지 않았다. 자기 나라를 안정시키지도 못하면서 호전적으로 떠드는 리더는 대단히 위험하다. 그래서 춘추시대 제나라의 장수이자 군사전문가 사마양저(司馬穰苴)는 《사마병법》에서 "전쟁을 좋아하면 망할 수밖에 없다(호전필망好戰必亡)"고 잘라 말했다.

키워드 : 부국강병, 명분

욕불필강해(浴不必江海), 요지거구(要之去垢) ; 마불필기기(馬不必騏驥), 요지선주(要之善走)

몸을 씻는데 강물이나 바닷물이 필요하지는 않지만 때는 벗겨야 하고, 말이 꼭 준마일 필요는 없지만 달리기는 잘해야 한다.

– 권49 〈외척세가〉

〈외척세가〉 뒤에 덧붙여져 있는 저소손(褚少孫, 생졸 미상)의 논평 중 일부다. 저소손은 서한 성제(成帝, 재위 기원전 33~기원전 7) 연간에 사마천이 세상을 떠난 뒤 《사기》가 전해지는 과정에서 없어졌거나 폐기된 부분을 보완했다고 한다. 위 명구는 사마천의 원문은 아니지만 참고로 해당 논평 전체를 아래에 인용해둔다.

저선생은 말한다.

"몸을 씻는데 강물이나 바닷물이 필요하지는 않지만 때는 벗겨야 하고, 말이 꼭 준마일 필요는 없지만 달리기는 잘해야 한다. 선비가 반드시 세상 사람보다 현명할 필요는 없지만, 도리는 알아야만 한다(사불필현세土不必賢世, 요지지도要之知道). 여자는 반드시 귀한 집안 출신이어야 할 필요는 없지만, 절개가 곧고 착해야만 한다. 전하는 말에 '여자는 잘나고 못나고 상관없이 일단 궁에 들어가면 질투를 받는다. 선비는 유능하건 아니건 관계없이 일단 조정에 들어가기만 하면 시기를 받는다'고 했다. '미녀는 나쁜 여자(못난 여자)의 원수(미녀자美女者, 악녀지구惡女之仇)'인 것이 어찌 이와 같은 것이 아니겠는가!"

첫 구절은 '몸을 씻는데 강이나 바다로 갈 필요는 없다'로 해석하기도 한다. 어느 쪽이든 이 명구의 요지는 이렇다. 중요한 것은 실제 능력이지 헛된 명성을 좇을 필요 없다. 모든 사물 역시 실질적인 효용이 중요하다는 점을 지적하고 있다.('미녀자, 악녀지구' 항목 참고)

키워드 : 실질, 능력, 효용

욕이부지지족(欲而不知止足), 실기소이욕(失其所以欲)

욕심을 부리기만 하고 그칠 줄을 모르면, 그 욕심 부린 것조차 잃는다.
– 권79 〈범수채택열전〉

'감우수자견지면용' 항목에서 이미 살펴보았듯이 진나라 소왕의 전폭적인 신뢰를 받으며 부귀영화를 한껏 누리던 범수는 잇단 실책과 조정 내의 갈등으로 위기를 느끼고 있었다. 어느 날 연나라 사람 채택이 범수를 찾아와 다양한 역사적 사례를 들어가며 절정기에 물러나지 못해 화를 당한 경우, 현명하게 물러나 말년을 편안하게 보낸 경우 등을 지적했다. 범수에게 지금 자리에서 물러나라는 충고였다. 범수는 정신이 번쩍 들어 다음의 격언을 인용했다. 뒤의 대목과 원문을 함께 인용해둔다.

"욕심을 부리기만 하고 그칠 줄을 모르면 그 욕심 부린 것조차 잃게 되고, 차지하려고만 하고 만족할 줄 모르면 그 가진 것조차 잃는다."

"욕이부지지족(欲而不知止足), **실기소이욕**(失其所以欲) ; 유이부지족지(有而不知足止), 실기소이유(失其所以有)."

　　범수는 위의 말을 인용하면서 채택의 말을 받아들이는 한편, 채택을 상객으로 모셨다. 그리고 왕에게 채택을 추천한 다음 자신은 물러났다.

　　부와 명예가 확실하게 보장된 순간 그 모든 것을 버리고 초야로 묻힌 한나라 건국의 공신 장량(張良)의 사당에는 '지지(知止)'라는 커다란 바위 글씨가 눈길을 사로잡는다. '멈출 줄 알아야 한다'는 뜻이다. 비유하자면 자동차의 멈춤 발판(브레이커)을 잘 밟으라는 것이다. 출세욕에 눈이 멀어 그저 가속 페달만 밟아대다가는 충돌하거나 차가 고장 날 수밖에 없다. 적절하게 발판을 밟아 멈춘 다음 자신을 되돌아보는 지혜와 여유를 가져야만 화를 피할 수 있다. 이렇게 보면 멈추는 데에도 지혜와 용기가 필요하다.

장량의 사당에는 그의 현명한 진퇴를 나타내는 현판과 조형물들이 많다. 그 중 '지지'가 가장 인상적이다.(2010년)

키워드 : 과욕, 멈춤, 만족

용겁세야(勇怯勢也), 강약형야(强弱形也)

용기와 비겁은 기세이고, 강인함과 나약함은 형세에 따른 것이다.
– 〈보임안서〉 ;《손자병법》

사마천은 〈보임안서〉에서 자신이 당한 치욕스러운 궁형의 상황을 역사상 고난을 당한 많은 인물들의 사례와 비교하면서, "이 사람들은 모두 왕후장상의 몸으로 이웃 나라에까지 명성이 알려졌지만 죄를 짓고 판결이 내려졌을 때 자결이라는 결단을 내리지 못했습니다. 감옥에 갇혀 더러운 꼴을 당하는 것은 예나 지금이나 마찬가지인데, 그러한 상황에서 어찌 치욕을 당하지 않을 수 있겠습니까?"라고 했다. 그런 다음 "이렇게 본다면 **용기와 비겁은 기세이고, 강인함과 나약함은 형세에 따른 것**으로 잘 살피는 것이 전혀 이상할 게 없습니다"라고 했다.

사마천은 자신이 당한 치욕을 놓고 볼 때 얼마든지 언제든 자결할 수 있을 정도의 치욕임에는 틀림없지만, 그것만이 능사가 아니라고 했다. 왜냐하면 그보다 중요한 일, 즉 역사서를 완성하는 일이 남아 있었기 때문이다.

사마천이 말한 '용기와 비겁은 기세이고, 강인함과 나약함은 형세에 따른 것'이란 명언은 《손자병법》〈세(勢)〉 편의 다음 문장의 한 대목에서 나왔다.

"겉으로 혼란스럽게 보이지만 실은 다스려진 것에서 나오며, 비겁한 것 같지만 실은 용기에서 나온 것이고, 나약한 것 같지만 실은 강함에서 나온 것이다. 다스림과 혼란은 수(數)이고, '용기와 비겁은 기세이며, 강인함과 나약함은 형세'이다."

겉으로 보이는 용기와 비겁은 사실 기세의 작용이다. 실제로는 용감한 데 비겁하게 보이는 것은 기세를 이루기 위한 것이다, 강한 데도 약하게 보이는 것 역시 형세에 따른 것이라는 말이다. 자신이 사형보다 치욕스러운 궁형을 자청한 까닭을 사마천은 이렇게 병법서의 한 대목을 빌려 에둘러 드러냈다.

키워드 : 형세, 기세, 용겁, 강약

용략진주자신위(勇略震主者身危), 이공개천하자불상(而功蓋天下者不賞)

용기와 지략이 주군을 떨게 하는 자는 몸이 위태롭고, 공로가 천하를 덮는 자는 상을 받지 못한다.
– 권92 〈회음후열전〉

위 명언은 괴통이 한신에게 삼분천하를 권하면서 내세운 말로 권력과 권력자의 속성을 잘 지적하고 있다. 이 대목을 줄여서 흔히 '공고진주(功高震主)'라 한다. '공적이 주군을 떨게 한다'는 뜻이다.('공고진주' 항목 참고) 역대로 왕조체제에서 적지 않은 개국공신들이 숙청을 면치 못했던 까닭이 바로 여기에 있었다. 괴통은 권력자의 속성을 간파하고 '주군을 떨게 할 정도의 큰 공을 세운' 한신에게 독립을 권했다.

한신은 정치의 속성을 잘 모르는 순진한 무장이었다. 그 공이 주군을 떨게 할 정도였지만 어려울 때 자신에게 입을 것과 먹을 것을 나눠 준 유방을 배신할 수 없다고 했다. 유방이 이런 한신을 다른 공신들과 조금 달리 취급했더라면 한신의 비극도 막고, 창업 후 공신을 숙청하는 비정한 권력자의 모습에서 조금 비켜갈 수 있었을 것이다. 한신이 필요로 한 것은 '주군의 인정(認定)'이었다. 그는 인정욕구가 강한 순진한 무장이었다.

한편 주군인 유방이 한신의 인정

강소성 회음시 한신의 고향 마을에 조성되어 있는 기념공원의 한신 사당 내 한신과 공신들의 상이다.(2014년)

욕구를 알았다 하더라도 그를 살려두었을 것 같지는 않다. 한신이 계속 공개적으로 불만의 목소리를 냈기 때문이다. 다른 신하들과의 관계, 조정의 기강을 고려할 때 한신의 이런 언행은 분명 위협적이었다. 이 부분은 한신이 조심했어야 했다. 이런 점에서 한신의 죽음은 자업자득(自業自得)인 측면이 강하다.

키워드 : 공로, 위협, 숙청

용문(龍門)

용문(지명).
– 권130 〈태사공자서〉

사마천은 〈태사공자서〉에서 자신의 출생과 관련하여 이런 기록을 남겼다.

"나 천은 **용문**에서 태어났다. 황하의 북쪽, 용문산의 남쪽에서 농사를 짓고 가축을 키우며 자랐다."

이 기록으로부터 황하 나루인 하진(下津)의 별명으로 '용문'이 나왔다. 용문산에서 유래한 것 같다. 현재 이곳은 '용문풍경명승구(龍門風景名勝區)'로 지정되었고, 황하의 풍경명승구 중에서 경관이 가장 빼어난 곳의 하나로 꼽힌다. 섬서성 한성시 북쪽 30km 용문진(龍門鎭) 경내 진진(秦晉) 협곡에 위치한다. 섬서성 중점풍경구이기도 하다. 협곡의 양쪽 기슭이 마치 대문처럼 마주보고 있는데, 전설에 따르면 신룡(神龍)이 양쪽

약 100년 전 용문의 모습이다.

황하에서 가장 좁은 석문의 현재 모습이다.(2025년)

을 넘나들어 용문이라 했다고 한다. 하나라를 건국한 하우(夏禹)가 황하 범람을 다스리기 위해 뚫었다는 전설이 있어 '우문(禹門)'이란 이름도 얻었다.

용문의 폭은 80m로 마치 댐의 갑문(閘門)처럼 좁아서 황하의 목구멍이라고도 하는데, 그만큼 물살이 급하고 세차다. 그래서 시인은 '용문의 물살이 세 겹 물결치니 평지에 우렛소리가 들린다'고 묘사했다. 용문을 따라 위쪽으로 거슬러 4km 정도 가면 석문(石門)이 나온다. 황하에서 가장 좁은 곳이다. 양쪽 절벽은 말 그대로 깎아지른 것이 마치 도끼로 한 번에 팬 듯하다. 여기에 산과 물이 서로를 비추고 있는 모습은 그야말로 장관이다.

용문은 대우의 치수 관련한 전설, 잉어가 용문을 거슬러 올라가 용이 되었다는 등 용문(登龍門) 전설 등으로 인해 이곳을 찾는 사람들에게 늘 무한한 감상에 젖게 하는 매력을 갖고 있다. 이곳 용문의 소재지이자 사성 사마천의 고향인 한성은 5,600km에 이르는 황하와 관련한 풍경과 정서에서 중요한 위치에 있다. 황하 진진 대협곡, 황하 표류, 황하 습지자연보호구, 기이한 지질 등 황하문화의 독특한 매력을 한껏 발산하고 있기 때문이다.('등용문' 항목 참고)

키워드 : 지명, 별명, 사마천

용안(龍顔)

용의 얼굴.

– 권8 〈고조본기〉

용안은 사마천이 한나라 고조 유방의 얼굴을 묘사하면서 "콧날이 높고 이마는 튀어나온 것이 **용의 모습**을 닮았으며, 멋진 수염을 길렀다"라고 한 데서 나온 성어이다. 그 뒤 임금이나 특별히 귀한 인물의 얼굴을 형용할 때 '용안'이란 표현을 쓰게 되었다.

용은 물의 신이다. 비바람을 몰고 다니는 상상 속 신령스러운 동물이다. 따라서 기후의 작용과 그것을 시기적절하게 다스리는 일이 절대적이었던 농경사회에서 용은 자연스럽게 왕과 결합되었다. 임금의 얼굴을 '용안', 임금이 앉는 자리를 '용상(龍床)', 임금이 입는 옷을 '곤룡포(袞龍袍)', 임금의 즉위를 '용비(龍飛)'라고 하는 등, 용은 임금과 관련한 많은 용어를 파생시켰다.

지금까지의 자료나 연구 결과로 보면 용의 개념은 중국에서 형성되어 우리나라와 일본으로 전해졌으며, 왕조체제가 오래 지속된 동양 3국의 정신세계에 큰 영향을 미쳤다. 특히 미술·조각·공예 등 문화 방면에 용을 주제나 소재로 한 작품들이 많이 남아 있다.

'용안'이란 단어는 《사기》에서 한나라 고조 유방의 모습을 묘사하면서 처음으로 사용되었는데, 유방의 출생과 그 모습에 대해 《사기》는 다음과 같이 상세히 적고 있다.

"(유방의 어머니가) 잠깐 잠든 사이에 신을 만나는 꿈을 꾸었다. 이때 하늘에서 천둥이 치고 번개가 번쩍이더니 사방이 어두워졌다. (아버지) 태공(太公)이 달려가 보니 교룡(蛟龍, 용의 일종)이 부인의 몸 위에 올라가 있었다. 이로부터 얼마 후 임신하여 고조를 낳게 되었다. 고조는 콧날이 오똑하고 이마는 튀어나온 것이 용의 모습을 닮았으며, 멋진 수염을 길렀다. 왼쪽 넓적다리에는 72개의 검은 점이 있었다."

용안의 유방을 그린 그림으로 유방의 고향인 강소현 패현 사당 안의 기록화 중 한 폭이다. (2007년)

조선시대 생육신의 한 사람인 매월당 김시습(1435~1493)은 인재가 세상에서 쓰이려면 시기를 잘 만나야 한다면서, 다음과 같은 말을 남겼다.

"용이 얕은 물에서 놀면 거머리나 지렁이도 달려들어 공격하며 놀릴 것이다. 봉황은 깊은 산 아름다운 대나무 숲에서 날개 치고, 용은 용문(龍門)의 세찬 물결 속에서 헤엄치고 다녀야 신령스럽고 상스러워 보는 사람들이 모두 신기하게 여기며 감탄할 것이다. 인재 또한 그렇다. 잘 다스려지고 있는 세상에 태어나 요·순이 다스리는 정부(政府)가 있은 다음에야 스스로 포부를 다할 수 있으며, 본시 품은 뜻을 다 펼 수 있을 것이다."

키워드 : 제왕, 별칭, 신성(神聖)

용은궁추(龍隱弓墜)

용이 모습을 감추고, 활이 떨어지다.
– 권28 〈봉선서〉

제왕을 정점으로 하는 봉건 통치사회에서는 계급이 엄격하게 나누어져 있었다. 당연히 각종 특권과 제약도 계급과 신분에 따라 천차만별이었다. 심지어는 죽음에 대한 호칭도 구별했다. 한마디로 철저한 차별사회였다.

최고 통치자인 황제의 죽음에 대한 명칭은 다양했다. 《예기(禮記)》의 규정에 따르면 천자의 죽음은 '붕(崩)'이고, 왕제후의 죽음은 '훙(薨)', 대부의 죽음은 '졸(卒)', 벼슬하지 않은(못한) 선비의 죽음은 '불록(不祿)', 서민의 죽음은 '사(死)'라 했다. 이 중에서도 제왕의 죽음을 뜻하는 표현은 보다 다양해서 가붕(駕崩)·대훙(大薨)·산릉붕(山陵崩)·대행(大行)·등하(登遐)·승하(昇遐) 등이 있었다.

이밖에도 제왕을 신비의 동물인 용에 비유했기 때문에 이 성어처럼 '용이 모습을 감춘다'는 식의 표현도 제왕의 죽음을 은유적으로 표현하는 것이 된다. **용은궁추**라는 성어는 전설 속 제왕인 황제(黃帝)가 수산(首山)의 동을 캐서 형산(荊山) 아래에서 세발솥을 주조한 다음, 용을 타고 하늘로 올라가는 모습을 묘사하는 대목에서 나왔다. 이때 황제와 함께 70여 명의 신하들과 후궁들도 용을 타고 하늘로 갔는데, 이 과정에서 다른 신하들이 용의 수염을 붙잡고 같이 올라가려다 용의 수염이 뽑히는 바람에 땅에 떨어졌다. 이때 황제의 활도 떨어졌는데, 황제의 승천을 슬퍼한 백성들이 용의 턱수염과 활을 부둥켜안고 울었다고 한다.

'용은궁추'의 전설을 남긴 황제는 염제(炎帝) 신농씨(神農氏)와 함께 중국인의 조상으로 인식되고 있다. 하남성 정주시(鄭州市) 신정(新鄭)은 황제의 고향으로 알려져 있고, 황제 사당이 조성되어 있다. 사진은 황제의 석상이다.(2013년)

　동양사회에서는 죽음을 매우 신성시해서 죽음에 대한 의식과 절차도 지나치리만치 번거롭고 복잡했다. 죽음을 대하는 진지한 자세와 마음가짐이야 나무랄 데 없지만, 그것이 결과적으로는 백성들의 부담으로 돌아왔다. 일반 백성들의 삶과는 동떨어진 허례허식의 성격도 부인할 수 없을 것이다. 무덤 자리와 조상의 음덕을 내세우며 명당자리를 차지하려고 혈안이 된 지도층 인사들의 추태는 죽음의 참된 뜻이 바른 삶에 있다는 것을 모르는 무지의 결과임을 자각해야 할 것이다.

키워드 : 제왕, 죽음, 별칭, 신성

용주상소애이벌소오(庸主賞所愛而罰所惡)

어리석은 군주는 총애하는 사람에게는 상을 주고, 미워하는 사람에게는 벌을 준다.
– 권79 〈범수채택열전〉

　'상은 작을수록 효과가 크고, 벌은 클수록 효과가 크다'는 말이 있다. 다시 말해 상은 그 사람이 아무리 미천하고 보잘것없어도 공을 세웠으면 반드시 주어야만 상의 위력을 발휘할 수 있고, 벌은 그 대상이 아무리 귀하고 높은 신분이라도 반드시 처벌해야만 수긍한다는 뜻이다. 《육도六韜》〈장위(將威)〉 편에도 "살귀대(殺貴大), 상 귀소(賞貴小)"라 했다. "벌은 큰사람일수록, 상은 작은 사람일수록 의미를 가진다"는 뜻이다. 《육도》의 위아래 대목을 함께 보면 이렇다.

"한 사람을 죽여 삼군을 떨게 할 수 있다면 죽여야 하고, 한 사람에게 상을 주어 만인이 기뻐한다면 상을 주어야 한다. 벌은 큰사람일수록, 상은 작은 사람일수록 의 미를 가진다."

전국시대 유세가 범수는 군주의 상벌이 사사로운 친분에 얽매이게 되면 상벌의 효과는 물론 군주의 권위마저 손상한다며 이렇게 지적하고 있다. 뒤의 문장과 원문 을 함께 인용해둔다.

"어리석은 군주는 총애하는 사람에게는 상을 주고, 미워하는 사람에게는 벌을 줍니다. 그 러나 영명한 군주는 그렇지 않으니 상은 반드시 공로가 있는 사람에게 내리고, 형벌 은 반드시 죄를 지은 자에게 내립니다."
"용주상소애이벌소오(庸主賞所愛而罰所惡); 명주즉불연(明主則不然), 상필가우유공(賞必 加于有功), 이형필단우유죄(而刑必斷于有罪)."

범수가 소왕을 만나기 전에 올린 편지의 일부이다. 이는 "현명한 군주가 정치를 하면 공을 세운 사람은 상을 받지 않을 수 없다"고 한 대목과 대비를 이룰 뿐만 아니 라, 이 대목의 뒷부분에 나오는 '명주~' 부분과 선명한 대조를 이루고 있어 범수의 논리를 강화시키고 있다.('명주입정, 유공자부득불상' 항목 참고)

상벌은 삼공(三公)의 원칙을 지켜야 한다. 공정(公正)·공평(公平)·공개(公開)가 그 것이다. 특히 벌은 자신이 무엇을 잘못했는지 '엄징(嚴懲)', 즉 '엄하게 징계'하여 분 명히 알게 한 다음 그 잘못을 고칠 여지가 보이면 '경벌(輕罰)', 즉 '가벼운 처벌'로 마 무리하는 것이 좋다. 역사상 이 삼공의 원칙을 가장 잘 실천한 인물로는 제갈량(諸

葛亮, 181~234)이 있다. 제갈량에게 벌을 받은 사람이라도 그를 원망하는 일이 없었다고 한다. 리더십의 질을 가늠하는 요소로서 상벌의 원칙은 여전히 중요하다.

키워드 : 상벌, 원칙, 효과

용호기(龍虎氣)

용과 호랑의 기운.
– 권7 〈항우본기〉

기원전 206년 유방은 함곡관(函谷關)에 먼저 들어와서 진나라의 항복을 받고 진나라를 멸망시켰다. 그 과정에서 유방은 번쾌와 장량의 충고를 받아들여 약탈을 금하고 뒤로 물러났다. 이런 유방의 행적을 알게 된 항우의 참모 범증은 전과는 크게 달라진 유방의 모습에 놀랐다. 범증은 항우에게 "(패공 유방이) 함곡관에 들어와서는 재물도 취하지 않고, 부녀자들도 가까이 하지 않는 것을 보니 그 뜻이 작은 데 있지 않지 않습니다. 내가 사람들에게 그 기운을 살피게 했더니 모두 '용과 호랑이처럼 오색찬란한 것이 천자의 기운'이라고 했습니다. 서둘러 쳐서 기회를 잃지 마시오"라고 했다.

이 때문에 범증은 유방이 항우의 군영인 홍문으로 오자 항우에게 유방을 죽이라고 세 번이나 신호를 보냈다. 훗날 **용호기는 왕이나 천자의 기운**을 가리키게 되었다.('옥결', '홍문연' 등 항목 참고)

키워드 : 형세, 제왕, 기운, 조짐

권37 〈위강숙세가〉은 덕(德)과 색(色) 두 방면에서 위나라 흥망의 역사교훈을 총결 짓는 우수한 문장으로 꼽힌다. 권력자의 어짊과 불초함을 있는 그대로 드러내고, 나아가 이를 다시 결합시켜 전통적인 미덕과 죄악을 동시에 통렬하게 폭로하고 있다. '일가의 말'을 이루고 싶어 한 사마천의 역사관과 《사기》의 가치가 잘 드러난 문장이다. 사진은 위나라의 도읍이었던 하남성 기현(淇縣) 조가(朝歌)의 입구 모습이다. 지금은 적심대(摘心臺) 공원으로 조성되어 있다.(2009년)

우경쌍벽(虞卿雙璧)

우경이 받은 한 쌍의 벽옥.

– 권76 〈평원군우경열전〉

우경(虞卿, 생졸 미상)은 전국시대 유세가로 이름을 신(信)이라 했다. 그는 장평(長平) 전투에 앞서 조나라 효성왕(孝成王, ?~기원전 245)에게 싸우지 말고 초·위와 연합하여 진나라를 압박하라고 건의하는 등 진나라의 공세에 맞서 다른 나라와 힘을 합쳐 맞서는 합종을 계속 주장했다. 훗날 범수에게 수모를 준 위나라 재상 위제(魏齊)를 구한 일로 범수와 진나라의 압박을 받아 조나라에서 받은 벼슬과 녹봉을 버리고 위나라 도성 대량에서 힘들게 살았다. 그는 울분을 책을 쓰는데 쏟아《우씨춘추(虞氏春秋)》를 저술했다.(책의 제목으로 보아 유가 계통의 책으로 추정한다.)

그가 처음 효성왕을 찾아 유세했을 때 우경은 짚신을 신고 우산을 쓰고 왔다. 효성왕은 그를 한 번 보고는 황금과 흰 **벽옥 한 쌍**을 주었고, 두 번 보고는 조나라의 가장 높은 벼슬인 상경(上卿)으로 삼았다. 그 때문에 그를 우경(虞卿)이라 불렀다.

우경이 효성왕으로부터 이렇게 후한 대접을 받은 일로부터 **우경쌍벽**이란 성어가 나왔고, 훗날 **유능한 인재가 상이나 벼슬 등 좋은 대우를 받는** 전고가 되었다.

키워드 : 인재, 우대

우구지하(牛口之下)

소 주둥이 아래.
– 권68 〈상군열전〉

　춘추시대 다섯 패주, 즉 춘추오패(春秋五霸)의 한 사람이었던 진(秦)나라 목공(穆公, ?~기원전 621)은 과감하게 외국의 인재를 기용하는 선례를 남겼다. 그중 백리해(百里奚)라는 현자는 당시 노예를 사는 값에 해당하는 검은 양가죽 다섯 장을 주고 사왔다고 해서 '오고대부(五羖大夫)'라는 별명이 붙었다.('오고대부' 항목 참고)

　전국시대 개혁가의 대명사 상앙(商鞅)이 진나라로 건너와 개혁을 추진하던 중 조량(趙良)이라는 인물과 대화를 나누었는데, 이때 조량이 백리해를 언급했다. 이 대화에서 상앙은 조량에게 자신의 개혁정책이 오고대부 백리해에 비해 어떠냐고 물었다. 조량은 '양가죽 천 장이 여우 겨드랑이 가죽 한 장만 못하다'('천양지피, 불여이호지액' 항목 참고)'는 말로 상앙의 개혁을 비판하며, 백리해의 내력에 대해 이렇게 말했다.

　"오고대부는 형(荊)의 비천한 사람이었습니다. (백리해는) 목공께서 현명하다는 말을 듣고 만나길 원해서 가려 했지만 노잣돈이 없었습니다. 백리해는 자신을 진나라 객에게 팔아 거친 옷을 입고 소를 먹이며 살았습니다. 1년 뒤 목공이 이를 알고는 그를 **소 주둥이**로부터 빼내서 백관의 윗자리에 올렸지만, 진나라 대신들은 감히 뭐라고 하지 못했습니다."

　그러면서 조량은 상앙의 개혁정책이 너무 가혹하다고 비판했다. 조량이 말한 위 대목의 '소 주둥이'에서 **우구지하**라는 성어가 나왔다. 훗날 이 표현을 빌려 **비천한 처지나 자리**를 가리키게 되었다.

　백리해에 대해서는 《여씨춘추》 등 다른 기록들에도 보이는데, 백리해처럼 소를 먹이다가 제나라 환공에게 기용된 영척(寧戚)과 함께 나온다. 이는 '영척이 소를 먹이다'는 '영척반우(寧戚飯牛)'라는 성어로 남아 전한다.

우맹간장마(優孟諫葬馬)

우맹이 말의 장례에 관해 아뢰다.
– 권126 〈골계열전〉

춘추시대 제후국은 궁정에다 외빈 접대를 위한 악단(樂團)을 별도로 두었던 것 같다. 이 연예인단의 단원을 우령(優伶)이라 불렀다. 배우(俳優, 탤런트Talent)라는 단어의 '우(優)'가 여기서 나왔다. 당시 '우령'은 춤·음악·노래는 물론 배우(주로 풍자 코미디언) 역할까지 말 그대로 종합 연예인이었다.

《사기》〈골계열전〉은 주로 이런 궁정 연예인들의 일화를 소개한 아주 특별하고 특이한 기록이다.('골계' 항목 참고) 〈골계열전〉에 등장하는 인물들은 대부분 궁정 연예인들인데, 권력자 앞에서도 전혀 주눅 들지 않고 날카로운 풍자와 익살 및 유머로 충고하는 이들의 모습은 신선하면서도 후련하다.

장강 이남의 강대국 초나라 궁정에 우맹(優孟, 배우 맹)이라는 우령이 있었다. 그는 늘 유머·풍자·위트와 해학으로 궁궐에 웃음이 넘치게 했다. 어느 날 초나라 장왕(莊王, ?~기원전 591)이 몹시 아끼던 말이 죽었다. 장왕은 너무 슬픈 나머지 좋은 나무로 짠 관을 마련하여 후하게 장례를 치르라는 황당한 명령을 내렸다. 살아서는 마른 고기와 대추를 먹고, 침대에서 비단 이불을 덮고 자면서 호사를 누리더니, 죽어서도 웬만한 사람보다 더 화려한 장례를 받게 되었으니 주위의 불만이 이만저만이 아니었다. 하지만 장왕의 엄명 때문에 누구 하나 감히 입을 열지 못했다.

이때 우맹이 뛰어 들어와 말에게 그런 식의 장례를 치르게 해서는 안 된다고 목청을 높였다. 다들 놀라움과 두려움으로 우맹을 지켜보았다. 장왕의 호통이 떨어질 것이 뻔했기 때문이다. 장왕은 노기 띤 목소리로 우맹의 생각을 물었다. 우맹은 왕께서 얼마나 아끼던 말인데 그렇게 형편없이 장례를 치러서는 안 된다면서, 나무로 짠

관 대신 대리석을 깎은 석관을 마련하고, 주변 제후국에 부고장을 돌려 날 잡아 성대한 장례식을 치러주어야 마땅하다고 했다. 우맹의 어이없는 제안에 모두들 어안이 벙벙해졌다. 우맹은 단호한 목소리로 이렇게 덧붙였다.

"그렇게 해서 우리 왕께서는 사람보다 말을 훨씬 더 아끼신다는 사실을 만천하에 확실하게 알려야 합니다."

장왕은 "내 잘못이 그렇게 크단 말이냐? 이를 어찌하면 좋겠는가?"라고 물었다. 우맹은 아주 익살맞게 이렇게 답했다.

"가축에 맞게 장례를 치르십시오. 즉, 부뚜막으로 바깥 널을 삼고 구리로 만든 가마솥을 속 널로 삼으십시오. 생강과 대추를 섞은 뒤 향료를 넣어 쌀로 제사를 지내고, 불빛으로 옷을 입혀서 이를 사람의 창자 속에 장사 지내십시오."

우맹의 말인 즉 죽은 말을 가마솥에 넣어 향료 등과 함께 삶아 여러 사람들이 나눠 먹게 하라는 뜻이었다. 장왕은 바로 사람들 몰래 죽은 말을 태관에게 처리하게 했다. 이 고사에서 **우맹간장마**라는 성어가 탄생했다. **우맹이 말의 장례에 관해 아뢰다**는 뜻이다. 그리고 이 성어는 훗날 **어리석은(잘못한) 군주(권력자)를 풍자하는 전고**가 되었다.

우맹은 당대 최고의 권력자 장왕 앞에서 풍자와 유머, 익살과 재치로 장왕의 지나친 처사를 풍자했다. 장왕은 우맹의 충고에 자신의 잘못을 흔쾌히 인정하며 허심탄회하게 받아들였다. 그가 괜

악사 우맹은 자신을 존중했던 재상 손숙오(孫叔敖)의 후손들이 생계를 제대로 잇지 못하자 '손숙오 분장을 하고'는 장왕에게 노래를 부르며 이 사실을 알려 손숙오 집안을 돌봐주기도 했다. 여기서 '우맹의관(優孟衣冠)'이라는 유명한 고사성어가 탄생했다. 사진은 경극 '우맹'의 우맹 역을 하는 배우의 모습이다.('우맹의관' 항목 참고)

히 명군이 아니다. 역대로 못난 권력자들은 연예인들의 풍자와 야유에 신경질적으로 반응했고, 심지어 이들을 탄압했다. '연예계 블랙리스트'라는 낯 뜨겁고 부끄러운 우리 시대의 일그러진 모습을 직접 목격한 바 있지 않은가? 우리 시대를 풍미할 진정한 연예인의 모습 뒤로 2,600여 년 전 우맹의 호쾌한 웃음소리가 들리는 듯하다.('골계', '우맹의관', '우전풍칠성' 등 항목 참고)

키워드 : 연예인, 풍자

우맹의관(優孟衣冠)

우맹이 (손숙오) 복장을 갖추어 입다.
– 권126 〈골계열전〉

우맹의관은 2천 년 넘게 많은 사람들이 언급하는 유명한 고사성이다. 특히 청백리(淸白吏)와 탐관오리(貪官汚吏)에 관한 깊은 성찰을 보여주고 있어 오늘날에도 심각한 교훈으로 받아들일 수 있다. 이 고사를 다른 기록들을 함께 참고하여 상세히 살펴보고, 공직자의 처신이란 문제도 짚어 본다.

손숙오(孫叔敖, 생졸 미상)는 춘추시대 초나라의 재상이자 기록으로 남은 최초의 청백리로도 유명했다. 장왕(莊王)을 모시면서 수십 년에 걸친 관직 생활 동안 세 번 파면되고 세 번 기용되는 우여곡절을 겪은 인물로도 유명하다. 그는 파면되었다고 원망하지 않았고, 다시 기용되었다고 기뻐하지 않았다. 원망하지 않은 것은 자신의 잘못 때문에 파면된 것이 아니라는 것을 알았기 때문이고, 기뻐하지 않은 것은 자신의 능력으로 기용되었다는 것을 알았기 때문이다.('삼득상이불희' 항목 참고)

그는 평생 개인적으로 재산을 축적하지 않았고, 자식들에게 자신의 자리를 물려받지도 못하게 했다. 이런 손숙오를 누구보다 존경한 사람이 궁중 연예인인 우맹(優孟)이었다. 손숙오는 연예인 신분에 지나지 않는 우맹을 최대한 예의를 갖추어 존중했다. 손숙오가 아무것도 남기지 않고 세상을 떠나자 집안은 금세 가난해졌고, 후손들은 하는 수 없이 나무를 베어 시장에 내다 팔아 생계를 유지했다. 한번은 손숙오의 아들이 등에 나무를 진 채 저잣거리를 지나다 우맹을 만났다. 아들은 우맹에게 신세 한탄을 했다. 큰 충격과 함께 느끼는 바가 있어 우맹은 손숙오의 아들을 돕기로 했다.(《사기》에는 손숙오가 죽기 전 아들에게 자신이 죽으면 집안 형편이 어려워질 테니, 우맹을 찾아가 도움을 청하라는 유언을 남겼다고 되어 있다.)

궁으로 돌아온 우맹은 손숙오가 생전에 입던 옷으로 손숙오처럼 분장하고 손숙오의 말과 동작을 연습하기 시작했다. 직업이 연예인이었던지라 우맹은 얼마 되지 않아 손숙오가 살아 돌아온 것처럼 기가 막히게 손숙오 흉내를 낼 수 있게 되었다. 한번은 장왕이 베푼 연회석상에 손숙오 차림으로 참석해서는 왕에게 축하주를 올렸다. 장왕은 깜짝 놀랐다. 영락없는 손숙오였기 때문이다. 장왕은 고인이 된 손숙오가 그리워 우맹에게 원래 손숙오 자리였던 재상 자리를 주겠노라 제안했다. 우맹은 뜻밖에 "집에 돌아가 아내와 상의한 다음, 사흘 뒤에 답을 드리겠습니다"라고 하는 것이 아닌가? 우맹의 반응이 다소 의아하긴 했지만 장왕은 일단 허락했다.

사흘 뒤 우맹이 장왕을 찾았고, 장왕은 궁금함을 참지 못하여 "그래 자네 부인이 뭐라고 하던가?"라고 물었다. 잠시 뜸을 들인 우맹은 "제 아내 말이 초나라 재상 자리는 할 것이 못된다고 하더이다"라고 대답했다. 그리고는 장왕을 위해 다음과 같은 노래를 불렀다.

탐관오리 노릇은 해서는 안 되는 데도 하고,
청백리는 할 만한 데도 하지 않는구나.
탐관오리가 되면 안 되는 것은 더럽고 비천해서인데
그래도 하려는 까닭은 자손들의 배를 불릴 수 있기 때문이지.
청백리가 되려는 것은 고상하고 깨끗해서인데,
그래도 하지 않으려는 것은 자손이 배를 곯기 때문이라네.
그대여, 초나라 재상 손숙오를 보지 못했는가?

장왕은 우맹이 무슨 말을 하려는 것인지 이내 알아채고는 마음이 울적해져 자기도 모르는 사이에 눈물을 뚝뚝 흘렸다. 그리고는 바로 손숙오의 아들을 불러 먹고 살 수 있는 땅을 내렸다.

왕년의 명재상 손숙오의 가족이 빈곤하게 사는 것을 보고 사람들은 손숙오가 얼마나 청렴하게 관직 생활을 했는지 알게 되었고, 그가 어째서 당대 최고의 명재상이란 평가를 받는지 그 까닭에 대해서도 알게 되었다. 손숙오가 평생 청렴하게 관직 생활을 했기 때문에 가능한, 의도하지 않았지만 필연적인 보답이었다.

우맹은 고인이 된 손숙오를 몹시 존경했다. 그래서 그 후손이 가난하게 사는 것을 차마 볼 수 없어 한바탕 연기를 하기로 작정했다. 그는 풍자극의 형식으로 고인이 된 손숙오를 그리워하는 장왕의 심리를 건드렸고, 이로써 그 자손의 어려움을 노래로 알림으로써 장왕으로부터 적절한 조치를 끌어냈다. 풍자와 해학은 누가 뭐래도 우맹의 특기였지만, 이를 본 장왕은 결코 웃을 수 없었다. 고상하고 청렴했던 손숙오에 대한 그리움이 북받쳤고, 또 청렴의 대가가 가혹하다는 사실에 크게 깨달은 바가 있었다. 명재상의 후손에게 관심을 가지지 못한 자신이 부끄러웠다. 아들을 불러 땅을 내려줌으로써 손숙오에 대한 미안함을 다소나마 보충하려 했고, 이로써 우맹의 목적도 달성되었다.

우맹은 장왕 앞에서 생생한 풍자극을 연출했고, 우맹은 뜻한 바를 이루었다. 이렇게 해서 **우맹이 손숙오의 의관을 차려입다는 우맹의관(優孟衣冠)**이란 고사성어가 후세에 남게 되었다. 우맹의 풍자가 후세에 상당히 깊은 영향을 남겼다는 것을 알 수 있을 뿐만 아니라, 우맹이 연극에서 불렀던 그 노래 가사가 얼마나 의미심장한가를 다시 생각하지 않을 수 없다. 이상의 고사가 널리 전해지면서 훗날 우맹과 손숙오 두 사람은 희극

청백리의 표상 손숙오와 '우맹의관'의 고사는 오늘날 우리 공직사회의 모습과 관련하여 많은 생각을 하게 한다. 사진은 호북성 형주시(荊州市) 중산공원(中山公園) 한 귀퉁이에 남아 있는 그의 무덤이다.(2024년)

의 시조라는 뜻의 '희조(戱祖)'로 불렸다.

　사람들은 청렴한 정도로 관리를 청백리와 탐관오리 두 종류로 나눈다. 우맹의 노래 가사처럼 탐관 노릇은 인품이 더럽고 비천하기 때문에 해서는 안 되는 데도, 그 자손이 그를 통해 배를 불리고 득을 볼 수 있기에 탐관의 길로 빠진다. 반면 청백리는 고상하고 깨끗한 인품의 소유자라 사람들의 존경을 받는 등 정말 걸어야 길인데도, 자손들이 배를 곯기 십상이라 그 길을 가지 못하게 막는다.

　우맹은 당초 이 노래를 통해 손숙오의 자손들이 불쌍하게 살 수밖에 없는 필연성을 설명하려 했다. 그런데 의도한 바는 아니었겠지만 자신도 모르는 사이에 탐관과 청백리 사이에 존재하는 하나의 규칙 같은 것을 건드렸다. 즉, 존경도 받고 자손도 잘되는 두 가지 모두를 다 얻기 힘든, 아니 불가능에 가까운 모순된 현실을 드러내 버린 것이다. 현실은 어느 한 쪽의 포기를 요구하기 때문이다. 사람은 늘 자신의 인생 목적과 가치관에 근거하여 이 둘 중에서 선택을 하지만, 그와 동시에 늘 공직자의 언행에 근거하여 그들을 판단하고 평가한다. 이런 점들을 염두에 두고 이 문제를 다음과 같이 정리해보면 어떨까?

　첫째, 탐관은 분에 넘치는 이익을 얻기 때문에 좋은 평가와 명성을 얻을 수 없다. 반면 청백리는 사회적으로 그 고상한 인품을 인정받지만 꼭 거기에 걸맞는 이익을 얻는다고는 할 수 없다. 우맹의 풍자와 그 결과가 이를 잘 보여준다. 설사 사회적으로 청백리에 대한 건강하고 정상적인 자극 기제가 수립되어 있지 않다 하더라도, 사람들은 청백리의 부족한 점(재산이나 부)을 기꺼이 보상해주려 할 것이고, 탐관에게 모자란 점(청렴)에 대해서는 영원히 비난하고 유감스럽게 생각할 것이다.

　둘째, 청백리는 물질적 부나 혜택을 자손에게 남겨 주지는 않지만, 자손들에게 정정당당하게 살아갈 수 있는 인격적 이미지를 남겨 주고, 또 스스로 노력해서 생계를 유지하고 자기 힘으로 인재가 되라는 의지를 물려준다. 반면, 탐관은 자손에게 엄청난 물질적 이익을 남겨 주지만, 자손들이 본디 가지고 있어야 할 노력과 자립심이라는 객관적 조건을 박탈할 뿐만 아니라, 더럽고 나쁜 이미지의 조상을 남김으로써 영원히 고개를 들지 못한 채 살아가게 만든다.

셋째, 탐관은 사회 기풍에 아주 부정적인 영향을 준다. 우리 사회는 늘 청백리를 원한다. 이런 희망을 도덕적 심판과 양심적 책임 추궁에 기대기보다는 대중이 참여하는 감시 기제를 만들고 법이란 수단으로 이 희망을 실현해야 한다.

서한 선제(宣帝) 때 소광(疏廣, ?~기원전 45)이란 현명한 대신은 황제가 하사한 거금을 마을 사람과 친지들에게 모두 나누어준 뒤 자손들에게는 "유능한 데 재물이 많으면 그 의지가 손상되기 쉽고, 어리석은 데 재물이 많으면 잘못만 늘어갈 뿐이니라"라고 했다.(《한서》〈소광전〉) 청나라 말기의 청백리 임칙서(林則徐, 1785~1850)는 소광의 이 말에 부연하여 "자손이 나와 같다면 돈을 남겨주어 무엇하겠는가? 유능한 데 재물이 많으면 그 의지가 손상되기 쉽다. 자손이 나만 못하다면 돈을 남겨주어 무엇하겠는가? 어리석고 돈이 많으면 그 잘못만 늘어날 뿐이다"라고 했다. 바른말이다.

광대 우맹이 풍자적으로 성찰한 청백리와 탐관의 문제는 우리를 향해 도대체 너희는 얼마나 건전하고 깨끗하냐며 리트머스 시험지를 들이대는 것 같다. 지금 우리 공직자와 공직사회는 어디로 가고 있는가?('골계', '우맹간장마', '우전풍칠성' 등 항목 참고)

키워드 : 관리, 청렴, 탐욕, 청백리(청관), 탐관오리(탐관)

우복서(牛腹書)

소 뱃속의 문서.
– 권12 〈효무본기〉 ; 권28 〈봉선서〉

한 무제 때인 기원전 120년, 제나라 지역 출신의 소옹(少翁)이란 자가 귀신을 부르는 방술(方術)로 무제를 만났다. 무제가 총애하던 왕부인이 죽자 무제는 소옹에게 방술로 밤중에 왕부인과 부엌신 따위의 형상을 불러들이게 하고는 장막을 통해 이를 보았다. 무제는 소옹을 문성(文成) 장군에 봉하고, 큰상 따위를 내리며 우대했다.

1년 남짓 지나면서 소옹의 방술이 효험이 떨어져 더이상 신령이 내리지 않았다. 그러자 소옹은 비단에 글을 써서 소에게 먹인 다음 소 뱃속에 기이한 것이 들어 있다고 거짓말을 했다. 소를 잡아 배를 가르고 보았더니 글이 있긴 했지만, 무제는 이를 의심했다. 필체가 소옹의 것으로 밝혀지자 무제는 소옹을 죽이고, 이 일을 비밀에 부쳤다.

소옹이 **소의 배에 글을 감춘** 일에서 **우복서**라는 단어가 나왔고, 훗날 이 단어는 **위조된 문서**를 가리키게 되었다. 미신에 심취했던 무제의 행적들 중 하나로서 사마천은 이 사건을 〈봉선서〉는 물론 〈효무본기〉에 똑같이 기록하여 무제를 조롱했다.

키워드 : 미신, 방사, 방술, 위조

우생일진(又生一秦)

또 하나의 진나라가 생기다.
– 권89 〈장이진여열전〉

기원전 210년 진시황이 천하를 순시하던 중 사구(沙丘, 하북성 형대시邢臺市 광종廣宗)에서 급사하자 천하는 큰 혼란에 빠졌다. 이듬해인 기원전 209년, 남의 집에서 고용살이를 하던 진승(陳勝, ?~기원전 208)이 봉기의 기치를 올렸다.('계간이기' 항목 참고)

진승은 진왕(陳王)이 되었다. 왕이 되자 진승은 초심을 잃고 안락한 생활에 빠졌다. 이 틈에 무신(武信)이 스스로 조왕(趙王)이 되었다. 진승은 무신과 그 가족을 죽이려고 조나라를 공격하려 했다. 진왕의 상국(相國)인 방군(房君)이 다음과 같이 권했다.

"진나라가 아직 멸망하지도 않았는데 무신 등의 집안을 모두 죽인다면, 이는 **또 하나의 진나라가 생기는 것**과 같습니다. 차라리 그들을 축하해주고 그들로 하여금 빨리 군대를 이끌고 서쪽으로 진나라를 치게 하는 것이 좋을 것입니다."

진왕은 방군의 계책에 따라 무신 등의 집안사람을 궁중에 옮겨 연금하고, 장이(張耳)의 아들 오(敖)를 성도군(成都君)에 봉했다. 위 방군의 말에서 **우생일진**이란 성어가 나왔다. **또 하나의 강적이 생긴다는 비유**인데, '일진'으로 줄여서 표현하기도 한다.

<u>키워드 : 강적, 출현</u>

우어기시(偶語棄市)

두 사람이 이야기를 나누어도 (공개) 사형에 처하다.
- 권6 〈진시황본기〉 ; 권8 〈고조본기〉

독재정권은 말할 것도 없고 권위주의적 정권은 늘 유언비어에 시달린다. 사상과 언론을 통제하고 탄압하기 때문이다. 이런 정권에서 발생하는 유언비어는 학자들이 진단하듯이 병적인 것도 아니고 남을 속이려는 수법의 결과물도 아닌, 불안하고 '애매모호한 상황을 이해하려는 백성들의 은밀하고도 성실한 시도'일 따름이다.

중국을 최초로 통일한 진시황은 극단적인 사상통제와 언론탄압으로 악명이 높았다. 그는 유언비어조차도 극단적인 방법으로 통제하려 했다. 그 결과가 **우어기시**라는 성어로 압축되어 나타났다. **두 사람이 짝을 지어 이야기를 나누어도 저잣거리에서 공개적으로 처형한다**는 뜻이다. 언론탄압이 이 정도였다면 백성들의 생활이 어떠했으리라는 것은 상상하고 남는다.

《사기》에 이 성어는 두 군데 보인다. 하나는 이 가혹한 법을 제정한 장본인인 진시황의 행적을 수록한 〈진시황본기〉이고, 또 하나는 이 법을 비롯하여 진의 가혹한 법들을 폐지하여 '약법삼장'으로 요약한 한 고조 유방의 일대기인 〈고조본기〉이다. 공교롭다.

진시황 통치기 '우어기시'와 같은 이런 극단적인 조치의 발상은 이사(李斯)에게서 나왔다. 그리고 이 조치는 사상탄압의 일환으로 《시》나 《서》에 대해 두 사람 이상이 이야기를 하면 사형시킨다는 것이었다. 이 부분이 〈고조본기〉에 와서는 "모여서 의론하는 사람들은 저잣거리에서 사형을 당했다"는 것으로 의미가 확대되어 나타난다. 두 기록이 서로 어긋나 보이지만 사상이나 언론탄압의 범위라는 것이 늘 애매하고 포괄적일 수밖에 없다는 점을 염두에 둔다면, 당초 《시》나 《서》에 대한 논의를 처벌하던 것에서 그저 두 사람 이상이 모여서 수군거리기만 해도 극형에 처하는 것으로 법 적용이 확대된 것은 자연스러운 수순으로 보인다.

사상과 언론이 탄압을 받으면 유언비어가 전염병처럼 퍼진다. 그리고 그 전염병은 궁극적으로는 정권마저 감염시켜 쓰러뜨린다. 유언비어는 표면상의 말보다 더 많은 것을 말하고 싶어 하며, 그 은밀함으로 더 중요하고 타당할 때가 많았다. 그 속에는 백성들의 마음, 즉 민심이 담겨 있기 때문이다. 독재정권이 유언비어를 두려워하는 까닭이 여기에 있다. 그럼에도 유언비어를 악의적으로 이용하려는 자들이 있다. 저들 자신이 또 다른 유언비어에 감염되어 가고 있다는 사실도 모른 채.('분서갱유', '약법삼장' 항목 참고)

키워드 : 악법, 언론, 탄압, 유언비어

우익(羽翼)

새의 날개, 보좌하는 사람.
– 권55 〈유후세가〉

우익은 **새의 날개**를 말한다. 《관자》〈패형(霸形)〉 편에서 환공이 관중을 두고 "과인에게 중보(仲父, 관중)는 하늘을 나는 큰 기러기의 '날개[우익(羽翼)]'와 같다"라고 했다. 그 뜻이 확대되어 **보좌·비호, 보좌하는 사람이나 힘, 여러 사람의 보좌** 등을 말한다.

〈유후세가〉에 보면 고조 유방이 만년에 태자(훗날 혜제)를 척부인에게서 난 어린 아들 여의로 바꾸려다 공신들의 강력한 반대에 부딪혔다. 유방이 뜻을 굽히지 않자 여태후는 장량을 찾아 도움을 청했다. 장량은 전국적으로 존경을 받고 있는 상산사호(商山四皓)를 태자 유영에게 보내 그를 보좌하게 했다.('상산사호' 항목 참고) 이 모습을 본 유방은 태자에게 "날개가 이미 생겼으니" 바꾸기가 어렵겠다며 마음을 돌렸다. 여기서 '우익이성(羽翼已成)'이란 성어가 나왔다. 돕는 사람이 많이 생겼다는 뜻이고, 따라서 대세가 이미 기울었다는 비유로도 쓰인다.

키워드 : 보좌, 비호, 도움

우자암성사(愚者暗成事), 지자도미형(智者睹未形)

어리석인 자는 일이 성사되었는 데도 모르고, 지혜로운 자는 일이 드러나기 전에 안다.
– 권43 〈조세가〉 ; 권68 〈상군열전〉

전국시대 조나라의 군주 무령왕(武靈王, ?~기원전 295)은 나라 전반을 개혁하지 않고는 경쟁에서 살아남을 수 없다고 판단하고는 '호복기사(胡服騎射)'를 단행한다. '오랑캐 옷을 입고, 말을 달리며 활을 쏜다'는 뜻의 '호복기사'는 그 뒤 전면 개혁의 대명사로 자리 잡았다.('호복기사' 항목 참조)

무령왕의 개혁은 수구 기득권 세력의 전면적인 저항에 부딪쳤다. 개혁의 본질이 '이해관계의 재조정', 다시 말해 이익의 분배이니만치 가진 자들은 자기 것을 내놓지 않으려고 사활을 건 저항에 나서기 마련이다. 심지어 숙부조차 무령왕의 개혁에 노골적으로 반대하고 나섰다. 병을 핑계로 조정에 나타나지도 않으면서 사람을 보내 반대 의사를 분명하게 전했다.

무령왕이 수구 세력의 완강한 저항에 부딪쳐 머뭇거리자 조정 대신 비의(肥義)는 무령왕의 개혁 의지를 다음과 같은 말로 격려하고 나섰다.

"신이 듣기에 일을 하려고 할 때 머뭇거리면 성공하지 못하고, 행동할 때에 주저

하면 명예를 얻지 못한다고 하였습니다. 왕께서 기왕 세상의 습속을 위배하였다는 비난을 감수하시려고 결심하셨으니, 세상 사람들의 의론은 생각하실 필요가 없습니다. 최고의 덕행을 추구하는 자는 세속적인 것에 부화뇌동하지 않으며(논지덕자불화우속論至德者不和于俗), 큰 공적을 이루고자 하는 자는 범부(凡夫)와 모의하지 않는 법입니다(성대공자불모우중成大功者不謀于衆)."

비의는 변법 개혁이 바르고 옳은 길이라면 어떤 반대가 되었건 물리치고 대담하게 밀고 나가야 한다고 강조하면서, **어리석인 자는 일이 성사되었는 데도 모르고, 지혜로운 자는 일이 드러나기 전에 안다**는 말로 쐐기를 박았다. 자신의 이익에만 눈이 먼 생각 짧고 천박한 자들의 반대에 휘둘려 타협하고 양보해서는 변법 개혁을 성공시킬 수 없다는 뜻이다.

큰일을 앞두고 의지가 꺾이려는 순간 비의는 적절한 비유를 들어 무령왕의 용기를 북돋우었고, 무령왕은 확고한 신념과 과감한 결단으로 '호복기사'를 밀어붙였다. 무령왕은 숙부에게 사람을 보내 간곡한 어투로 "숙부께서는 지금 일반적인 풍속을 말씀하시지만, 저는 풍속을 조성하는 이치를 말하는 것"이라고 설득하여 솔선수범하여 '호복'을 입고 조정에 들어오게 했다.

〈상군열전〉에도 상앙이 한 말로 이와 비슷한 대목이 보이는데, "우자암어성사(愚者闇於成事), 지자견어미맹(知者見於未萌)"이라 하여 몇 글자가 다를 뿐이다. "어리석은 자는 일이 이루어져도 모르고, 지혜로운 사람은 싹이 트기 전에 봅니다"라는 뜻으로 비의가 한 말과 그 뜻은 일치한다.

전국시대 개혁가와 그들을 지지한 군주들의 공통된 특징은 기득권 세력과 과감하게 싸우는 한편 치밀한 논리로 이들의 반발을 설득했다는 점이다. 특히 상앙와 비의의 논리는 완전 일치하고 있다. 사진은 '호복기사'로 상징되는 조나라 무령왕의 상으로 조나라의 수도였던 지금의 하북성 한단시(邯鄲市)에 조성되어 있다.(2010년)

우전풍칠성(優旃諷漆城)

우전이 성의 옻칠을 풍자하다.

— 권126 〈골계열전〉

〈골계열전〉에 등장하는 진나라 궁정에서 자란 우전(優旃)이란 이름의 난쟁이 배우가 있었다. 하루는 진시황이 큰 연회를 열었다. 마침 큰 비가 내렸고, 대신들은 더욱 신나게 마시고 떠들었다. 밖 계단에 서서 호위를 하는 수비병들은 비 때문에 완전히 젖었고, 추위에 몸까지 부들부들 떨고 있었다.

이 모습을 본 우전은 수비병들에게 "너희들이 쉬고 싶으면 내가 너희들을 큰 소리로 부를 때, 일제히 '여기 있습니다'라고 고함을 지르면 된다. 알겠느냐?"라고 말했다. 수비병들은 영문을 몰랐지만 그래도 쉬게 해준다는 말에 좋다고 대답했다.

빗줄기는 더 굵어졌다. 난간에 기대어 있던 우전은 수비병들을 향해 큰 소리로 "수비병들아!"라고 고함을 질렀다. 수비병들은 기다렸다는 듯이 "여기 있습니다!"라고 큰 소리로 대답했다. 우전은 수비병들을 향해 이렇게 말했다.

"너희들은 키도 아주 크고 덩치도 좋다만 아무런 대접을 못 받는구나. 이렇게 비가 많이 내리는데 아무 소리 못하고 그렇게 서 있구나. 나는 보잘것없는 난쟁이인데도 안에서 이렇게 편하게 쉬고 있으니 잘난 너희들보다 내가 훨씬 복이 많은가 보다."

이 말을 들은 진시황은 우전이 수비병들을 대신해서 고충을 이야기하는 것임을 알아채고는 바로 수비병들을 반반씩 돌아가면서 쉬게 했다.

또 이런 일이 있었다. 진시황이 황가의 동물원과 식물원을 크게 넓히려 했다. 그러자 우전이 이렇게 빈정거렸다.

“잘하셨습니다. 이제 금수들을 그 안에 잔뜩 풀어서 도적이 동쪽에서 쳐들어오면 고라니와 사슴으로 하여금 뿔로 막게 하시면 될 겁니다.”

진시황이 그 일을 중단시켰다.

우전은 진시황 뿐만 아니라 그 아들 2세 때까지 황제를 모셨다. 2세 황제가 즉위한 다음 성벽에다 옻칠을 하려고 했다. 우전은 다음과 같은 말로 에둘러 충고했다.

“좋으신 생각입니다. 주상께서 말씀하지 않으시면 저라도 나서 요청하려고 했습니다. 성벽에 옻칠하는 일은 백성들이 비용을 걱정하긴 하겠지만, 좋은 일임에 틀림없습니다. 옻칠을 한 성벽이 웅장하게 서 있으면 도적놈들이 와도 기어오를 수 없을 터이니. 그런데 이 일이 옻칠을 하는 것은 문제가 없는데, 옻칠을 말리기 위한 음실(陰室)은 어떻게 만든 답니까?”

2세 황제는 웃으며 그 일을 중지시켰다. 얼마 뒤 2세 황제는 살해되고, 우전은 한나라로 귀순했다가 몇 해 뒤 편안하게 눈을 감았다. 우전이 성에 옻칠을 하려는 일에 대해 풍자로 비꼰 이 일화에서 **우전풍칠성**이란 성어가 나왔고, **어리석은 군주에게 풍자로 충고하는 것을 비유**하게 되었다.

풍자와 야유, 충고와 비판에도 격이 있고 수준이 있다. 비를 맞고 있는 수비병들을 쉬게 하려고 난쟁이 배우 우전은 서슬이 퍼런 진시황의 면전에서 자신의 신체적 장애까지 들먹이며 비유와 우회의 방법으로 간청했다. 얼마나 갸륵한 마음인가? 상관과 지도자에 대한 충고와 비판도 가능한 격과 품위에 신경을 써야 한다.(‘골계’, ‘우맹간장마’, ‘우맹의관’ 등 항목 참고)

키워드 : 연예인, 풍자, 충고

우정지의(牛鼎之意)

소를 먹이고 솥을 짊어진 뜻.
– 권74 〈맹자순경열전〉

춘추전국시대 청운의 뜻을 품은 많은 사람들, 특히 사상가와 유세가들 상당수가 오랫동안 또는 한때 박대를 당했다. 공자가 그랬고, 맹자도 그랬다. 유세가 소진과 장의 역시 마찬가지였다. 반면 음양가(陰陽家)를 대표하는 추연(騶衍)은 아주 큰 환대를 받았다. '옹혜' 항목에서 보았다시피 연나라 소왕은 자신이 직접 빗자루를 들고 앞장서서 길을 쓸 정도로 추연을 우대했다.

이에 누군가 추연을 취사용 솥을 들고 탕(湯)을 찾아 간 이윤(伊尹)이 탕을 임금으로 만들고, 소를 먹이다고 진(秦)나라 목공(穆公)에게 발탁된 백리해(百里奚)가 목공을 춘추시대 패주로 만든 사례와 비교하면서 이렇게 했다.

"이는 모두 먼저 상대방의 뜻을 헤아려 그에 맞춘 다음, 그를 큰길로 이끌려는 것이다. 추연의 말이 일반적이진 않았지만 그 역시 **백리해가 소를 먹인 것이나 이윤이 솥을 짊어진 것**과 같은 뜻을 갖고 있지 않았을까?"

여기서 **우정지의**라는 성어가 나왔다. 즉, (백리해가) 소를 먹이고, (이윤이) 솥을 짊어진 뜻이란 뜻으로, **천하를 꾀하겠다는 원대한 포부**를 가리킨다. ('부정조', '판축반우' 등 항목 참고)

키워드 : 인재, 포부

우창주유(優倡侏儒)

광대와 난쟁이.
– 권47 〈공자세가〉

우창주유는 〈공자세가〉에 보이는 특별한 단어이다. **광대와 난쟁이**란 뜻이다. 고대에는 통치자와 궁중에 오락을 제공하는 연예인단을 두었다. 평소에는 자국의 통치자와 특별한 행사 등을 위해, 또 외국 손님들이 오면 그들을 환대하기 위해 오락을 제공했다. 악사와 무용수를 기본으로 잡기(서커스)·골계(만담꾼)·가수 등 다양하게 조직되어 있었다.

'우창'은 광대를 가리키는데, 〈골계열전〉에는 '우(優)'를 이름 앞에 붙여 광대나 악사를 나타냈다. 우맹과 우전이 그런 사람들이다. 그리고 이런 사람들 중에는 왜소한 난쟁이들도 포함되어 있었던 것 같다. '주유(侏儒)'가 바로 그들에 대한 표현이다.

키워드 : 궁중, 연예인, 장애인

운

운몽함흉(雲夢涵胸)

운몽을 가슴에 품다.
– 권117 〈사마상여열전〉

한 무제는 사마상여의 문장을 읽고는 이 사람과 같은 시대를 살고 있지 못하다며 안타까워했다. 옆에 있던 양득의가 살아 있는 사람이라며 사마상여를 추천했고, 무제는 사마상여를 만났다.('양득의' 항목 참고) 무제가 특별히 좋아한 사마상여의 문장은

〈자허부(子虛賦)〉였다.('자허오유' 항목 참고) 〈자허부〉는 다음과 같이 시작한다.

초나라가 자허를 제나라에 사신으로 보냈다. 제나라 왕은 나라 안의 인재들을 모두 출동시키고 엄청난 규모의 거마를 갖추어 사신과 함께 사냥을 나갔다. 사냥이 끝나자 자허는 오유 선생에게 들러 이를 자랑했다. 마침 무시공도 거기 있었고, 모두 자리에 앉았다. 오유 선생이 "오늘 사냥은 즐거웠습니까?"라고 묻자, 자허가 "즐거웠지요"라고 했다. "많이 잡았습니까?"라고 묻자, 말하기를 "많이 잡지 못했습니다"라 했다. "그럼 무엇이 즐거웠습니까?"라고 하자, 말하기를 "제나라 왕이 많은 수레와 말을 저에게 자랑하고 싶어 하길래 저는 '운몽'의 일로 대답한 것이 즐거웠습니다"라고 했다. 이에 "그 이야기를 들을 수 있겠습니까?"라고 했다.

〈자허부〉는 자허가 제나라 왕에게 초나라 운몽의 굉장함을 자랑하는 것으로 시작된다. 훗날 송나라 때 사람 조정(趙鼎, 1085~1147)은 이 대화에 등장하는 '운몽'에 '함흥'이란 두 글자를 합쳐 **운몽함흥**이란 표현을 썼다. **운몽을 가슴에 품다는 뜻인데, 재주가 뛰어나고 문장이 아름답고 그 기세가 대단함을 비유**한다. 대체로 상대를 칭찬할 때 쓴다.('오유선생' 항목 참고)

운몽은 대체로 지금의 호북성 효감시(孝感市)에 속한 운몽현으로 본다. 사진은 운몽의 연화(蓮花) 부두의 모습을 그린 상상화이다.(출처: 바이두)

키워드 : 재능, 문장, 발군, 기세

운양(雲陽)

운양 / 처형지.
– 권6 〈진시황본기〉

〈진시황본기〉에 따르면 진왕(훗날 진시황) 14년인 기원전 233년, 한비자가 진나라에 사신으로 왔다. 한비자의 재능을 시기한 동문 이사(李斯)의 계략으로 한비자는 옥에 갇혔다가 운양(雲陽)에서 죽었다고 되어 있다. 한비자가 진나라까지 와서 죽임을 당한 사건의 내막은 권63 〈노자한비열전〉에 따르면 대체로 이렇다.

진왕이 한비자의 글(〈고분〉, 〈오두〉 편)을 읽고는 이 사람을 한 번만 볼 수 있다면 죽어도 여한이 없겠다고 했다. 순자 문하에서 한비자와 동문수학한 이사가 한비자를 안다고 했고, 진왕은 전쟁까지 불사하며 한비자를 진나라

한비자가 운양에서 죽었다는 기록을 남기고 있는 《염철론》 판본이다.

로 오게 만들었다. 그러나 한비자의 능력을 시기하고 질투한 이사와 요고(姚賈)가 모함해 그를 옥에 가둔 다음, 이사가 독약을 주어 한비자를 자결하게 만들었다. 한비자가 첩자로 진나라에 들어왔고, 이를 알아챈 이사 등이 그를 죽였다는 주장도 있지만 신빙성이 있어 보이지는 않는다.

운양이 죄인을 죽이는 곳이라는 것을 뒷받침하는 또 하나의 기록이 환관(桓寬, 생졸 미상)이 편찬한 《염철론(鹽鐵論)》이다. 환관의 생졸 연도는 알려져 있지 않지만, 《염철론》의 바탕이 되는 염철 논쟁이 기원전 81년에 있었기 때문에 사마천이 《사기》를 완성한 기원전 90년 무렵과 그리 멀지 않다. 아무튼 《염철론》 〈훼학(毀學)〉 편에 따르면 이사가 진나라의 승상으로 있으면서 천하의 권세를 석권했는데, 권력을 크게 쥐었지만 속이 좁아 결국 조고에 의해 운양에서 사지를 찢어 죽이는 거열형(車裂刑)을 받았다고 했다.

한비자는 이사의 모함으로 운양에서 죽었고, 이사는 조고에 의해 운양에서 거열형을 받고 죽었다. 이 때문에 **운양**이란 지명은 훗날 **형을 집행하는 장소**를 가리키는 단어가 되었다. 운양은 지금의 섬서성 순화현(淳化縣) 서북으로 당시 진나라의 현이었다.

키워드 : 지명, 장소, 형 집행

운주책(運籌策)

장막 안에서 세운 책략.
– 권129 〈화식열전〉 ; 권8 〈고조본기〉

'운주(運籌)'란 '산가지를 놀린다'는 뜻으로 점을 치는 행위를 말한다. '유악(帷幄)'은 장막 안을 가리키는 단어다. 합쳐서 '운주유악'이라 한다. 즉, 장막이나 군막 같은 곳에 들어앉아서 계획을 꾸미거나 전략 전술을 수립하여 밖에서 벌어지는 전투의 승부를 결정한다는 뜻이다. 고조 유방이 참모 장량의 능력을 이 말로 높이 평가했다. 이에 대해서는 '결승천리', '삼불여' 항목에서 자세히 살펴보았으니 참고하면 된다.

그런데 '운주'라는 이 표현이 흥미롭게 〈화식열전〉에도 등장한다. **운주책(運籌策)**이란 단어가 그것이다. 이 부분을 살펴본다.

〈화식열전〉에는 춘추전국 시기의 거상들과 경제전문가들이 먼저 소개되어 있다. 이어 한나라 초기 거상들에 대한 소개가 이어지는데, 사마천은 이들 상인들을 소개하기에 앞서 이렇게 말했다.

"지금부터는 당대에 명성을 날린 현명한 사람들의 치부를 소개함으로써 후세 사람들이 생각하고 선택하는 데 참고가 되도록 하겠다."

맨 처음 소개한 상인이 촉군의 탁씨(卓氏)이다. 사마천이 탁씨를 맨 처음 소개한 데는 이유가 있었다. 조나라 출신인 그는 강제로 타향인 촉 지역으로 이주당하는 등 어려운 환경에서도 가업이던 야철업으로 크게 성공을 거둔 입지전적인 상인이었기 때문이기도 했지만, 무엇보다 그의 남다른 경영전략에 주목했기 때문이다.

사마천은 탁씨의 경영전략을 '운주책'이라고 표현했는데, 이 표현은 공교롭게 유방을 도와 한나라를 건국하는 데 가장 큰 공을 세운 서한삼걸 중 한 사람이었던 장량에게도 사용된 바 있다. 당시 유방은 여러 공신들 앞에서 전략가 장량의 뛰어난 능력에 대해 이렇게 말한 바 있다.

"무릇 **장막 안에서 전략을 운용**하여 천 리 밖 승부를 결정짓는 것으로 말하자면 나는 자방(장량)만 못하다."

"부**운주책**유장지중(夫**運籌策**帷帳之中), 결승우천리지외(決勝于千里之外), 오불여자방(吾不如子房)."

사마천은 장량의 탁월한 군사상의 전략 전술과 탁씨의 남다른 경영상의 전략을 같은 선상에 놓고 '운주책'으로 표현했던 것으로 보인다.

다른 상인들이 편한 도시를 선호한 반면 탁씨는 외지이지만 광산이 가까운 지방을 자원했다. 그곳이 먹을 것을 걱정하지 않아도 되는, 그래서 잠재적 소비력이 충분한 곳이라는 것을 파악한 탁씨는 사마천의 표현대로 다양한 '경영전략'과 '운주책'으로 판로를 개척

사마천이 말한 오늘날 사천 지역에 해당하는 촉군의 탁씨는 사마상여와 첫 만남에서 눈이 맞아 야반도주한 탁문군의 아버지 탁왕손(卓王孫)을 말한다. 사진은 탁왕손의 상이다.('가거도사벽립' 항목 참고)

했다. 그는 "노비 1,000명을 부렸으며, 사냥과 고기잡이를 하며 사는 즐거움은 왕에 버금갈 정도"로 여유로웠고, 당시 야철업의 왕으로 등극하기에 이르렀다.

키워드 : 군사, 경영, 책략

운중태수(雲中太守)

운중태수 / 충성스러운 장수.
– 권102 〈장석지풍당열전〉

한나라 초기의 명장 위상(魏尙, ?~기원전 157)은 운중태수로 있으면서 그 위세와 명성을 멀리까지 떨쳤다. 한번은 문제(文帝)가 장수 풍당(馮唐)과 이야기를 나누면서 전국시대 명장들이었던 염파(廉頗)나 이목(李牧) 같은 장수를 기용할 수 있으면 얼마

나 좋겠냐고 탄식했다. 풍당은 "폐하는 그런 장수를 기용할 수 없습니다"라고 직언했다. 문제가 그 까닭을 묻자 풍당은 위상의 이야기를 꺼내면서 '폐하는 상에는 너무 인색한 반면, 벌은 너무 가혹하다'고 지적하는 한편 이렇게 말했다.

"**운중태수** 위상이 보고를 올린 적군의 목을 벤 숫자가 겨우 여섯 명 차이가 났을 뿐인데도 폐하께서는 위상을 법관에게 넘겨 죄를 다스리게 하여 그 작위를 빼앗고 1년 유배를 보냈습니다. 이렇게 본다면 폐하께서는 염파나 이목을 얻으신다 해도 중용할 수 없습니다."

문제는 풍당의 직언을 기꺼이 받아들여 풍당을 칙사로 삼아 위상을 사면시키고, 운중태수에 복귀하게 했다. 풍당도 승진시켰다. 여기서 **충성심 넘치는 장수**를 가리키는 **운중태수**라는 용어가 나왔다.

키워드 : 장수, 충직, 비유

운합무집(雲合霧集)

구름과 안개가 합치고 모이다.
– 권92 〈회음후열전〉

운합무집은 '구름이 합쳐지고 안개가 모이듯이' **아주 빠르게 모여드는 것을 비유**하는 성어이다. 한신의 책사였던 괴통이 한신의 관상을 보면서, 진시황이 죽은 뒤 천하의 영웅들이 너나없이 일어나고, 그를 따르는 사람들이 **구름과 안개가 합치고 모이는** 것처럼 몰려들었다고 말한 대목에서 '운합무집'이란 표현이 나왔다. '사람이 구름처럼 몰려 들었다'는 표현과 같은 뜻이다. '운집(雲集)'이 바로 이 단어이고, '운합무집'에서 파생되었다.

원

원교근공(遠交近攻)

멀리 있는 나라와는 사이좋게 지내고, 가까이 있는 나라는 공격한다.

– 권79 〈범수채택열전〉;《전국책》

전형적인 외교정책의 하나로, 전국시대 위(魏)나라 출신의 책사이자 유세가 범수(范雎, ?~기원전 255)가 진(秦)나라 소왕(昭王)을 만나 제안한 것이다. 범수는 1년을 기다린 끝에 이루어진 이 만남에서 멀리 떨어져 있는 제나라와는 동맹을, 가까이 있는 한·위에 대해서는 공격하라고 권했는데 이것이 **원교근공**이다. 소왕은 범수의 책략을 수용했고, 그 결과 진나라는 상당한 땅을 얻었다. '원교근공'은 이후 진나라의 주요 외교책략이 되어 천하통일에 큰 작용을 해냈다.

원래 이 성어는 전국시대 유세객과 책사들의 활약과 언론을 기록한 《전국책》에 보인다. 사마천은 《사기》에 이 책을 자주 인용했다. 《전국책》의 대목을 보자.

"왕께서는 '원교근공'의 정책을 채택하시는 것이 낫습니다. 그렇게 하면 한 치의 땅을 얻어도 왕의 땅이 되고, 한 자의 땅을 얻어도 왕의 땅이 됩니다. 그런데 이것을 버리고 멀리 있는 나라를 공격하는 원공(遠攻) 정책을 쓰려 하시니 이 어찌 잘못이라 하지 않겠습니까?"

탁월한 외교정책의 하나로 제시된 '원교근공'은 오늘날에도 여전히 기본적인 외교전략의 하나로 그 위력을 발휘하고 있다. 나아가 인간관계나 처세술의 한 수단으로도 유효적절하게 활용되고 있다. '원교근공'에 대해 역사적 사례 등을 포함하여 좀 더 상세히 소개한다.

"형세에 제한이 있으면 이웃한 나라를 먼저 치는 것이 유리한 반면, 먼 곳의 적을 치는 것은 불리하다. 이는 위에 불이 있고, 아래에 못이 있는 '규(睽)' 괘의 상과 같다."

위는 《36계》의 제23계 '원교근공'에 대한 해설이다. '원교근공'에 대해 《역》 '규'괘의 '불이 위에 있고, 연못이 아래에 있어(상화하택上火下澤)' 서로 등지고 노려본다는 의미의 괘상을 빌려다 의미를 부여하고 있다. 형세나 지세가 제한을 받거나 장애가 될 때라는 조건이 붙은 계책이기도 하다. 이럴 경우는 서로 어긋나 보이지만 **가까운 곳을 먼저 치고, 먼 곳과는 가까이 지내라**는 것이다. 아울러 적들의 상호 결탁을 막고 모순과 갈등을 부추겨서 각개격파할 것을 염두에 둔 계책이다.

춘추시대의 사례를 보자. 춘추시대 초기 주 왕실 천자의 권위는 사실상 빈껍데기가 되었다. 제후국들이 저마다 패권을 차지하기 위해 전면에 나섰다. 정나라 장공(莊公, 기원전 757~기원전 701)은 이런 혼란한 국면에서 '원교근공'의 책략을 교묘하게 구사하여 맨 먼저 패주가 될 수 있었다.

당시 정나라는 이웃한 송(宋)·위(衛)와 원한이 깊었다. 상호간 모순이 첨예하여 정나라는 언제든 두 나라로부터 협공당할 위험에 놓여 있었다. 장공은 능동적인 외교 전략을 구사하여 동쪽의 주(邾)·노(魯) 등과 동맹을 체결했다. 그리고 얼마 뒤에는 강력한 제(齊)와 석문(石門)에서 동맹을 맺었다.

기원전 719년 송과 위는 이웃한 진(陳)·채(蔡)와 연합하여 정나라를 공격해왔다. 그러자 노나라도 군대를 보내 함께 정나라를 공격했다. 정나라 동문이 닷새 밤낮으로 포위당했다. 성이 함락 당하지는 않았지만, 정나라는 심각한 위기에 놓였다. 장공은 당초 동맹 관계였던 노나라와의 문제를 해결하기 위해 갖은 외교 수단을 동원하여 마침내 함께 송·위에 대응했다.

기원전 717년 정나라는 주 왕실을 도와 과거 당한 치욕을 갚는다는 명목으로 송나라를 공격했다. 동시에 노나라에 대해서는 적극적인 외교 공세를 취하여 결국 우호관계를 회복하는 데 성공했다. 제나라는 정나라와 송나라의 관계를 조종하고자 나섰다. 정나라는 제나라의 의견을 존중하여 잠시 송나라와 우호관계를 수립했다. 정나라에 대한 제나라의 호감은 이로써 더욱 깊어졌다.

기원전 714년 장공은 송나라가 주 천자에게 조회하지 않는다는 구실로 천자를 대신하여 송나라를 공격했다. 제나라와 노나라가 합세하여 송나라 땅을 상당히 차지했다. 그러자 송나라와 위나라는 연합군의 예봉을 피하기 위해 정나라를 바로 공격해왔다. 장공은 점령한 송나라 땅을 전부 제나라와 노나라에 양보하고, 서둘러 군대를 돌려 송나라와 위나라 군대를 대파했다. 승기를 잡은 장공은 두 나라를 추격했고, 결국 두 나라의 항복을 받아냈다. 이로써 정나라의 세력은 크게 넓어졌고, 장공의 패주 지위도 인정받았다.

'원교근공'은 전국시대 진나라가 동방 6개국을 공격해서 하나하나 합병해나가는 과정에서 구사했던 가장 기본적인 외교정책이었다. 이 전략을 제안한 범수는 원래 위(魏)나라 사람이었는데, 당초 수고(須賈)의 모함을 받아 재상 위제(魏齊)에게 죽도록 얻어맞고는 이름을 장록(張祿)으로 바꾸어 진나라로 건너와 소왕에게 유세했다. 범수는 대외적으로는 "원교근공책을 쓰면 한 치의 땅을 얻어도 왕의 땅이 되는 것이고, 한 자의 땅을 얻어도 왕의 땅이 된다"고 했으며, 대내적으로는 귀족 세력을 대표하는 외척인 재상 위염(魏冉)을 몰아내야 한다고 유세했다.

소왕은 그가 제시한 정책을 받아들였고 기원전 266년 그를 재상으로 발탁했다. 당시 진나라는 장평(長平, 산서성 고평현高平縣 서북쪽)전투에서 백기(白起)가 조나라 군을 대파했다. 범수는 백기의 공을 시기하여 음모를 꾸며 백기를 죽이고, 자신이 이름을 바꾸고 진나라로 들어오는 데 도움을 준 왕계(王稽)와 정안평(鄭安平)을 임용했다. 그러나 정안평은 싸움에 패해 조나라에 항복하고, 왕계는 제후들과 모반을 꾀하다가 피살당했다.

전국 말기 일곱 나라가 패권을 치열하게 다투었다. 서방의 진나라는 상앙(商鞅)의 변법 개혁을 거치면서 그 세력이 급속도로 커졌다. 소왕은 나머지 여섯 개 나라를 합병하려는 야심을 가지고 기원전 270년 동방의 강국 제나라 공격에 나섰다. 바로 이 때 범수는 '원교근공'을 제안하며 멀리 떨어져 있는 제나라에 대한 공격을 제지했다.

범수는 이렇게 분석했다. 제나라는 세력이 강대하고 진나라와 멀리 떨어져 있다. 이런 제나라를 공격하려면 한나라와 위나라 두 나라를 거치지 않으면 안 된다. 따라서 군대를 적게 보내서는 승리하기 어렵다. 설사 승리한다 해도 제나라 땅을 차지할 방법이 없다. 그러니 먼저 가까운 한나라와 위나라를 공략한 다음, 한 걸음 한 걸음 나아가는 것이 났다. 이와 동시에 제나라가 한·위와 동맹하는 것을 막기 위해 소왕은 사신을 보내 먼저 제나라와 동맹을 체결해 두었다.

그로부터 40여 년 뒤 진왕(훗날 진시황) 역시 이 계책을 계속 견지하여 멀리 제·초와

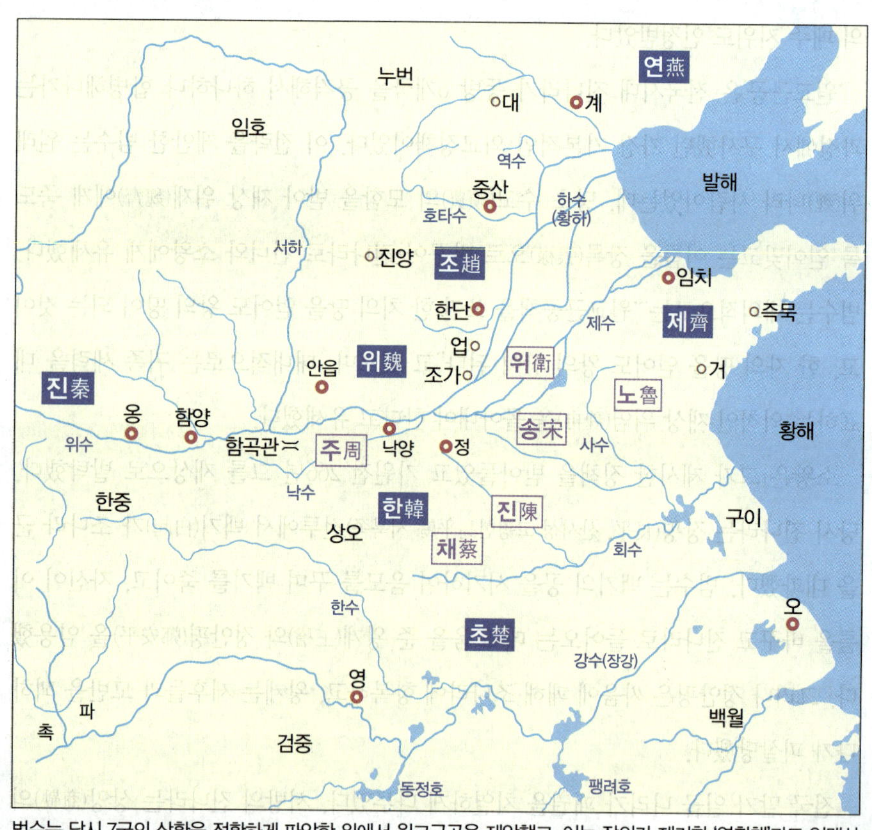

범수는 당시 7국의 상황을 정확하게 파악한 위에서 원교근공을 제안했고, 이는 장의가 제기한 '연횡책'과도 일맥상통한다. 전국시대 초기 지도다.(파란색 네모가 전국 7웅이다.)

는 동맹하고 먼저 한·위를 공략했다. 그런 다음 다시 두 날개를 펼쳐 감싸듯 조·연을 부수고 북방을 통일했다. 이어 초나라를 정벌하여 남방을 통일하고, 마지막으로 남은 제나라를 힘들이지 않고 소멸시킴으로써 천하통일의 대업을 완성했다. 진나라의 천하통일에 '원교근공'의 책략이 차지하는 비중은 이렇듯 대단히 컸다.

삼국시대에도 이 '원교근공'이 활용된 바 있다. 200년 관도(官渡)전투에 앞서 조조(曹操) 진영의 참모 순욱(荀彧)과 곽가(郭嘉)는 먼저 남쪽을 도모하고, 뒤에 북방을 공략하는 '선남후북(先南後北)', 즉 '원교근공'의 책략을 확정했다. 이는 달리 말해 '선약후강(先弱後强)', 즉 '약한 쪽을 먼저 치고 강한 쪽을 나중에 공격하자'는 각개격파 전략이기도 했다. 이렇게 군웅들을 하나하나 합병하겠다는 큰 전략 방침이 수립되었다.

종요(鍾繇)가 관중(關中) 지역을 지그시 누르면서 도닥거린 것은 '원교'에 해당하는 방침이었다. 조조가 장수(張繡)를 격파하고, 여포(呂布)를 죽이고, 원술(袁術)을 정벌하고, 원소(袁紹)를 소멸시킨 것은 '근공'이었다. 관도전투 이전까지 조조는 사방이 적이었다. 그러나 조조는 시종 두 곳에서 동시에 싸우는 우를 범하지 않고 하나하나 상대를 제거해가는 정확한 전략적 방침의 위력을 유감없이 보여주었다.

'원교근공'은 지리적 조건으로 외교정책을 결정하는 책략 중 하나이다. 《36계》에서는 "지리적 조건의 제한을 받을 때는 가까운 적을 취하는 것이 먼 곳의 적을 취하는 것보다 유리하다. 불길은 위로 치솟고, 물은 아래로 흐르듯, 대책에는 각기 차이점이 있기 마련이다"라고 했다. 그에 대한 설명으로 "가까운 곳에 이해가 서로 얽혀 있다면 변화가 쉽게 발생하기 때문에 가까운 곳에 대해서는 공격을 취하는 것이다"라고 했다.

'원교근공'은 전국시대라는 조건하에서 상호투쟁이 빈번한 당시 형세에 적응하기 위해 출현했다. 시대의 흐름상 나타날 수밖에 없었던 책략이었다. 진나라가 이를 발빠르게 받아들여 적절하게 구사했고, 결과적으로 천하를 통일하는 밑거름이 되었다.

'원교근공'은 단순히 군사 외교상의 계책에만 머무르지 않는다. 군대의 총사령관은 물론 조직의 리더 나아가 국가 최고 통치자가 취할 수 있는 정치·외교 전략이기도 하다. 이웃한 나라와 먼 나라에 대해 당근과 채찍을 서로 배합하여 운용하는 것인데, 다양한 방법으로 먼 나라와는 동맹하고 이웃한 나라에 대해서는 강력한 몽둥이로 공격하는 것이다. 이웃한 나라와 동맹할 경우에는 가까운 곳에서 변란이 일어날 가능성이 적지 않기 때문이다.

나라들끼리 서로 전쟁을 치르는 와중에서는 사실 '원교'도 오랫동안 유지되기 어렵다. 이웃한 나라를 소멸시키고 나면 먼 나라가 이웃이 되어 다시 '근공'해야 하는 상황이 반복되기 때문이다. 그러나 지금 사람들은 보편적으로 '이웃과의 화목'이 '근공'에 비해 국가의 안녕과 번영에 훨씬 유리하다고 인식하고 있다. 과학기술의 발전과 새로운 시대적 특징에 따라 '외교'와 '공격'을 확정하는 기준은 더 이상 '멀고' '가까움'에만 얽매일 수 없기 때문이다.('애자필보', '탁발난수' 항목 참고)

키워드 : 전략, 군사, 외교, 경영

원서(爰書)

판결문.
– 권122 〈혹리열전〉

한나라 때의 법을 가혹하게 집행하는 혹리(酷吏)를 대표하는 장탕(張湯, ?~기원전 115)이란 인물은 어릴 적부터 혹리로 성장할 소질이 다분했다.('불입언이복비' 항목 참고)

한번은 장탕의 아버지가 외출하면서 어린 장탕에게 집을 지키도록 하였다. 아버지가 돌아와 보니 쥐새끼가 고기를 훔쳐갔다. 화가 난 아버지는 회초리로 장탕을 때렸다. 장탕은 씩씩거리며 쥐구멍을 파헤쳐 고기를 훔친 쥐새끼와 먹다 남은 고기를 찾아

장탕의 무덤 앞에 세워져 있는 발굴기념묘비이다.(2017년)

냈다. 장탕은 쥐새끼의 범죄 행위를 고발하고 영장을 발부하여 체포하는 형식을 취하고 고문하고 나서 **심문한 내용을 문서로 기록**했다. 더불어 그 문서를 상급자에게 보고하는 형식을 취한 다음 도둑질을 한 쥐새끼를 감금시키고, 남은 고기를 증거로 압수했다. 마지막으로 심판 절차를 거쳐 대청 아래에서 쥐새끼의 사지를 찢어 죽였다.

장탕이 쥐새끼를 심문한 내용을 문서로 기록한 부분을 **원서**라 한다. '원서'는 고대의 사법 관련 문서로 진·한 시기에 통용되었다. 장탕의 사례에서 보다시피 '원서'는 최초의 심문 관련 문서라 할 수 있다. 범인이 자백한 내용으로 보면 되겠다. 훗날 '원서'는 **판결문을 가리키는 용어**가 되었다.('서옥' 항목 참고)

키워드 : 재판, 심문, 판결(문)

원수명재(元首明哉), 고굉양재(股肱良哉), 서사강재(庶事康哉)

천자가 영명하면 대신들도 현명하게 되어 모든 일이 평안해진다.
– 권2 〈하본기〉

순(舜)임금이 우(禹)에게 임금 자리를 물려주는 자리에서 우의 공적을 찬양하며, "대신들이 기꺼이 충성을 하나니 원수는 공적을 크게 떨치고 모든 일이 흥성하리라!"며 형식적으로 자리를 마무리하려 하자, 대신 고요(皐陶)는 순의 말에 이렇게 반박했다. 뒤의 문장과 원문을 함께 소개한다.

"천자가 영명하면 대신들도 현명하게 되어 모든 일이 평안해지고, 천자가 자잘하여 큰 뜻이 없으면 대신들도 나태해져 만사가 버려지게 됩니다."

"원수명재(元首明哉), 고굉양재(股肱良哉), 서사강재(庶事康哉) ; 원수총좌재(元首叢脞哉), 고굉타재(股肱惰哉), 만사타재(萬事墮哉)."

신하의 능력을 이야기하기 전에 권력자가 영명해야 신하의 충성도 이끌어내고 일도 성사시킬 수 있다는 뜻이다. 이 대목에서 '신하'를 제왕의 팔다리에 비유하는 '고굉'이란 단어가 나왔다.('고굉' 항목 참고)

위 기록에서 보다시피 전설시대 제왕들과 신하들의 관계는 대단히 자유분방했다. 오늘날의 난상토론 같은 자리가 일쑤 벌어졌다. 고요는 특히 이런 난상토론에서 가시 돋친 발언을 서슴지 않으면서 임금을 압박하는 데 일가견이 있었다. 순으로부터 임금 자리를 물려받게 될 우임금에게는 "삼가 자신을 수양하고 멀리 내다보라"고 충고했다. 그러면서 덕정이 두루 미치느냐 여부는 결국 자신에게 달려 있다고 따끔하게 지적하기도 했다. 고요는 리더의 자질이 무엇보다 먼저라는 점을 명확하게 인식했기 때문이다.

이 대목에서도 리더가 영명(현명)해야 한다는 리더십의 가장 핵심인 '스스로가 투명하고 현명해야 한다'는 '명기(明己)'을 가리키는 '명재'라는 표현이 첫 머리에 등장하고 있어 눈길을 끈다. 그리고 위 대목에는 천자, 즉 제왕의 다른 표현인 '원수(元首)'가 등장하는데, 《상서(尙書)》〈익직(益稷)〉 편이 그 출전이고, 그 내용도 위 대목과 거의 같다.('구덕' 항목 참고)

키워드 : 통치자, 리더, 자질, 총명

원입골수(怨入骨髓)

원한이 골수에 사무치다.
– 권5 〈진본기〉

원입골수를 직역하자면 **원한의 마음이 뼛속까지 파고들었다**는 뜻이다. 그만큼 크고 깊다는 비유이다.

춘추시대인 기원전 627년, 진(秦)과 진(晉)의 효산(崤山)전투가 벌어졌다. 진(晉)의 문공(文公)이 세상을 떠난 틈을 타서 진(秦)나라가 공격을 가한 것이다. 당시 진(秦)의 목공(穆公)은 주위의 만류에도 불구하고 공격을 감행했다. 기세등등하던 진(秦)이 뜻밖에 참패했고, 주장 맹명시(孟明視) 등 세 장수가 포로로 잡혔다. 진(晉) 양공(襄公)은 이들을 죽이려 했으나 진(秦)나라 출신인 문공의 부인이 다음과 같은 말로 양공을 설득하여 돌려보내게 했다.

"(진秦) 목공의 이 세 사람에 대한 **원한이 골수에 사무쳐** 있을 터이니, 이들을 돌려보내 목공으로 하여금 삶아 죽이게 하십시오."

양공은 이 설득에 넘어가 세 장수를 돌려보냈다. 목공은 소복을 입고 교외까지 나와 이들을 맞이하면서 통곡과 함께 자신의 잘못을 뉘우쳤다. '원입골수'와 같은 뜻을 가진 성어로 '한지입골(恨之入骨)'을 쓰기도 한다. 모두 〈진본기〉가 그 출전이다.

키워드 : 원한, 골수

효산전투를 나타낸 그림이다.

원하구(轅下駒)

수레 끌채 아래의 망아지.

– 권107 〈위기무안후열전〉

〈위기무안후열전〉은 한나라 무제(武帝) 때인 기원전 130년 무렵 외척을 비롯한 궁중 고관대작들의 한심한 작태를 생생하게 묘사한 흥미로운 기록이다. 특히 이들의 술자리와 오가는 대화를 마치 영화 장면처럼 묘사하고 있다. 사마천은 당시 권세가들의 언행을 통해 그들이 얼마나 천박한 자들이었는가를 실감나게 확인시키고 있다.

이 열전의 주인공은 무제의 아버지 경제(景帝)의 부인이었던 왕황후의 같은 어머니에게서 난 동생 무안후(武安侯) 전분(田蚡), 경제의 아버지 문제(文帝)의 황후였던 두태후의 조카 위기후(魏其侯) 두영(竇嬰), 그리고 두영의 절친한 친구 무장 관부(灌夫) 이렇게 세 사람이다. 앞 두 사람은 외척이었다. 이들은 술자리에서 감정이 상해 서로를 물고 뜯는 진흙탕 싸움을 벌였고, 급기야 이들의 싸움이 황궁으로까지 번졌다. 무제는 대신들에게 입장을 물었으나, 모두 얼버무리거나 입장을 바꾸었다.

그중에서도 내사(內史) 정당시(鄭當時)는 위기후 두영이 옳다고 했다가, 뒤에는 자신의 말을 확신하지 못하고 입장이 오락가락했다. 무제는 이렇게 정당시를 꾸짖었다.

"그대는 평소 여러 차례 위기후와 무안후의 장단점을 말하더니 오늘 조정의 변론에서는 어째서 마치 **수레 끌채 아래의 망아지**처럼 움츠러드는가? 내가 오늘 너희들 같은 무리들도 함께 목을 칠 것이다!"

무제의 호통에서 나온 '수레 끌채 아래의 망아지'란 뜻의 '원하구'는 원래 수레를 끄는 데 익숙하지 않은 끌채 아래의 어린 말을 가리키는 단어였다. 그러던 것이 훗날 **속 좁고 자신의 주관이 없는 소인배를 비유**하는 용어가 되었다. ('동조정변', '한상지만' 등 항목 참고)

키워드 : 비유, 어린애, 소인배

위덕부졸(爲德不卒)

덕을 끝까지 베풀지 않다.
– 권92 〈회음후열전〉

'서한삼걸(西漢三傑, 소하·장량·한신)'의 한 사람인 명장 한신(韓信)은 젊은 날 하향(下鄕)의 남창(南昌) 정장(亭長)의 집에서 매일 아침밥을 얻어먹은 적이 있다. 이 때문에 정장의 아내는 새벽에 일어나 이불을 뒤집어 쓴 채 밥을 해먹었다.('신취요식' 항목 참고) 한신은 그 길로 정장과 결별했다.

훗날 고향으로 금의환향한 한신은 정장을 찾아 100전을 주며 "너는 소인배다. 덕을 끝까지 베풀지 않았다!"며 나무랐다. **위덕부졸**은 **누군가에게 도움을 주거나 은혜를 베풀려면 끝까지 주고 베풀라는 뜻**이 담긴 성어이다.

한신은 자신에게 밥을 준 빨래하는 아주머니 '표모(漂母)'에게는 천금으로 은혜를 갚았고('표모반신', '일반천금' 등 항목 참고), 또 가랑이 밑을 기는 욕을 보이게 한 젊은이를 찾아서는 벼슬을 내렸다. 〈회음후열전〉에는 한신은 물론 중국인 특유의 은원관(恩怨觀)을 잘 보여주는 사례들이 흥미로운 고사와 함께 여러 장면 인상 깊게 새겨져 있다.

키워드 : 관계, 은덕, 시혜

위민청명(爲民請命)

백성을 위해 명을 받들다 / 백성의 생명을 구하다.
– 권92 〈회음후열전〉

초한쟁패 당시 한신의 책사였던 괴통은 한신의 관상(觀相)과 당시 형세를 분석하면서 이런 말을 했다.

"백성들이 바라는 대로 서쪽으로 진격해서 두 나라의 전쟁을 끝내게 하고 **백성의 생명을 구해준다면**, 천하가 바람처럼 달려오고 메아리처럼 호응할 것입니다."

괴통의 '백성을 위해 명을 받들다' 즉, '백성의 생명을 구한다'는 말에서 **위민청명**이란 성어가 나왔다. 훗날 이 성어는 **백성을 대신하여 그 고통을 호소하고 그들의 생명을 구한다는 뜻**이 되었다. 당시 괴통은 한신이 초한쟁패의 승부를 가를 수 있는 힘과 역할을 정확하게 인식하여 한신에게 '삼분천하'하여 자립할 것을 적극 권했다. 한신은 망설이며 이를 끝내 받아들이지 못했다.('공고진주', '삼분천하', '상군지배' 등 항목 참고)

키워드 : 민심, 위민(爲民)

위법지폐(爲法之敝), 일지차재(一至此哉)

법 집행의 폐해가 지금 나에게 이르렀구나!
– 권68 〈상군열전〉

이 명언은 진나라의 재상 상앙(商鞅, 기원전 약 390~기원전 338)의 입에서 나왔다. 상앙은 진(秦)나라 효공(孝公)에게 발탁되어 두 차례 대대적인 변법(變法) 개혁정치를 실행했다. 상앙은 정치를 비롯하여 진나라를 사회·경제적으로 크게 변혁시켜 부국강병을 이룩하는 데 결정적으로 기여했다.

그는 호적을 정리하여 세금징수의 원천을 확보하고, 연좌제를 실시하여 법 집행을 강화했으며, 형제간의 가정을 분리하여 인구를 늘리는 등 혁신적인 정책을 수행했다. 동시에 기득권 지배층 세력을 약화시키기 위해 권력을 중앙으로 집중시켰다.

효공 12년인 기원전 350년 함양(咸陽)으로 도읍을 옮긴 다음에는 가족제도와 행정구역을 바꾸고 도량형을 통일했다. 농업 생산의 실적에 따라 상벌을 내리고, 전쟁에서 적의 머리를 베어오는 사람에게는 큰상을 내리는 등, 능력과 능률에 따른 상벌제도를 엄격하게 실천했다. 이를 위해 엄격하면서 가혹한 법률을 많이 제정했다. 이 때문에 적잖이 원망을 사기도 했다.

기원전 338년, 강력한 후원자였던 효공이 죽자 상앙은 세력을 잃고 쫓겨 다니는 신세가 되었다. 쫓겨 다니던 상앙이 여관에 투숙하려고 했다. 상앙을 알지 못하는 여관 주인은 "상군(즉, 상앙)의 법에 따르면 여행권이 없는 자를 투숙시키면 처벌을 받습니다"라며 상앙의 투숙을 거절했다. 자신의 손으로 만든 법이 자신을 구속하는 어처구니없는 상황에서 상앙은 한숨을 내쉬며, **"법 집행의 폐해가 지금 나에게 이르렀구나!"**는 탄식을 내뱉었다고 한다.

법이 엄격해야 하는가, 아니면 너그러워야 하는가에 대해서는 역대로 논란이 끊이지 않고 있다. 공자는 춘추시대 정나라의 훌륭한 정치가 정자산(鄭子産)을 평하면서 '너그러움과 사나움을 함께 구사하라'는 '관맹상제(寬猛相濟)'를 언급하기도 했다. 물론 시대적 상황이 법의 성격을 결정하겠지만, 법의 궁극적인 목적은 법 자체를 없애는 것이라 생각한다. 법(法)이란 글자 자체가 '물이 흐른다'는 뜻을 갖고 있듯이, 법의 집행은 자연스러워야 하고 인정에 맞아야 한다.

이 성어는 줄여서 '위법자폐(爲法自敝)' 또는 '작법자폐(作法自斃)'로도 쓴다. 상앙은 자신이 만든 이 법을 '폐해'라 지목했지만, 이는 막다른 골목에 몰린 처지에서 나온 자기변명에 지나지 않는다. 긍정적인 의미에서 위 명언은 **법 집행의 철두철미함을 비유**한다고 할 수 있다. ('작법자폐' 항목 참고)

키워드 : 법, 집행, 폐해, 엄정

위서삼절(韋書三絶)

가죽 끈으로 엮은 책의 가죽 끈이 세 번 끊어지다.
– 권47 〈공자세가〉

위서삼절은 '위편삼절(韋編三絶)'로 더 많이 알려져 있는 성어이다. '위편삼절' 항목을 참고하면 된다.

키워드 : 공부, 독서, 정독, 반복

위우누란(危于累卵)

위태롭기가 알을 쌓아 놓은 것 같다.
– 권79 〈범수채택열전〉

위우누란은 '누란지위'로 많이 쓴다. '누란지위' 항목을 참고하면 된다.

키워드 : 정세, 위기

위위구조(圍魏救趙)

위나라를 포위해 조나라를 구하다.
– 권65 〈손자오기열전〉

위위구조는 전국시대 군사전문가 손빈(孫臏)이 구사한 전략의 하나로, 상대방의 요충지를 공략하여 상대방으로 하여금 현재 거점에서 어쩔 수 없이 물러가게 만드는 전략이다.

기원전 354년 위나라가 군대를 동원하여 순식간에 조나라의 수도 한단(邯鄲)을 포위했다. 다급해진 조나라는 제나라에 구원을 요청했다.

조·위·제 세 나라가 서로 국경을 접하고 정립한 채 상호견제하고 있던 상황에서 위나라가 조나라를 공격한 것은 힘의 균형을 깨는 중대한 행위였을 뿐만 아니라, 제나라의 서쪽 국경을 위협하는 심각한 도발이 아닐 수 없었다. 제나라는 조나라의 구원 요청을 받아들여 구원군을 조나라로 파견하기로 했다. 구원군의 총사령관은 장군 전기(田忌, 생졸 미상)였다. 손빈은 참모로 함께 참전하게 되었다. 명령을 받은 전기는 대군을 조나라 수도 한단으로 곧장 투입하려 했다. 손빈은 다음과 같은 말로 반대하고 나섰다.

"얼기설기 얽혀 있는 실을 주먹으로 쳐서 푸는 사람은 없습니다. 싸움을 말리려는 사람은 손을 쓰지 않습니다. '목을 움켜주고 빈틈을 찔러서(비항도허批亢搗虛)' 상대방의 형세를 불리하게 만들면 절로 풀립니다. 지금 조나라는 위나라와 싸우는 중이라 날랜 군사는 다 나라 밖으로 나가 싸우고 있는 중이고, 나라 안의 늙은이와 어린아이들도 지쳐 있을 것입니다. 장군께서는 위나라의 서울인 대량(大梁)으로 곧장 달려가십시오. 그런 다음 저자의 큰 거리를 점거하여 위의 빈틈을 찌르는 것이 좋을 것입니다. 그러면 위나라는 조나라 공격을 포기할 것이고, 조나라는 저절로 구할 수 있게 됩니다. 단 일격으로 조나라의 포위를 풀고 위나라를 지치게 만드는 방법이 바로 이것입니다."

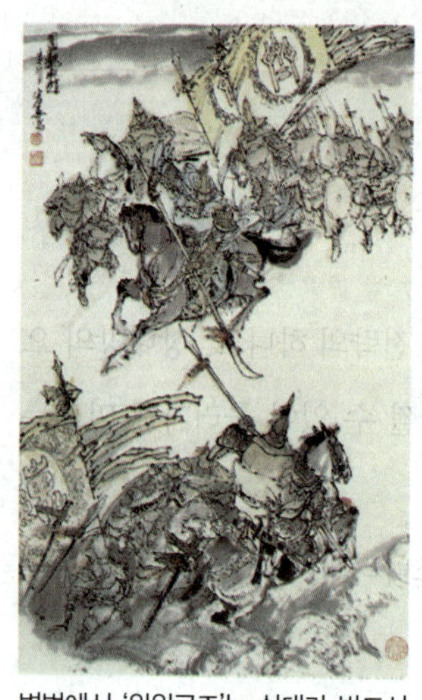

손빈의 형세판단이 옳다고 여긴 전기는 위나라의 수도가 비어 있는 틈을 타서 대군으로 대량을 공격했다. 이 소식을 접한 위나라 군대도 서둘러 수도 대량을 향해 군사를 돌렸다. 한단의 포위는 이렇게 해서 싸우지 않고 풀렸다. '위위구조'와 비슷한 뜻의 성어로는 '동쪽에서 소리를 지르고 서쪽을 친다'는 '성동격서(聲東擊西)'가 있다. '성동격서'의 출처는 《삼십육계》이고, '성동격서'와 같은 맥락의 성어는 《육도(六韜)》, 《한비자(韓非子)》, 《회남자(淮南子)》, 《백전기략(百戰奇略)》 등에도 보인다.

병법에서 '위위구조'는 상대가 반드시 지켜야 할 곳을 포위하거나 공격하여 다른 곳에 있는 상대를 유인하는 것을 말한다. 관련 그림이다.

어떤 일을 하려면 사전준비가 필요하다. 이 사전준비 과정에서 가장 중요한 요소가 '형세판단' 또는 '상황판단'이라는 것이다. 이 판단이 제대로 내려지면 준비도 적절하게 이루어져 일을 성공적으로 수행할 수 있다. 물론 올바른 형세판단은 많은 시행착오의 결과물이라는 점도 잊지 말아야 할 것이다. 실용적 지혜의 상당수는 경험으로부터 나온다.('감조유적', '비항도허', '인세이도' 등 항목 참고)

키워드 : 군사, 전술, 형세, 의외(意外), 성동격서

위정필이덕(爲政必以德), 무망소이립(毋忘所以立)

정권을 잡으면 반드시 인덕(仁德)으로 다스려야 하며, 정권이 무엇으로 튼튼해지는 지 잊어서는 안 된다.

— 권42 〈정세가〉

관중과 더불어 춘추시대 최고의 정치가로 평가받는 정자산(鄭子産, ?~기원전 522년)

은 춘추시대 정나라 사람으로 공자보다 약 30년 연상이다. 약관의 나이로 정계에 데 뷔하여 40년 가까이 정나라 국정을 주도했다. 당시 정나라는 '구주(九州)의 목구멍' 이라는 표현이 잘 말해주듯 강대국들의 틈바구니에 끼여 늘 '조진모초(朝晉暮楚, 아침 에는 진나라, 저녁에는 초나라라는 뜻으로 강대국의 눈치를 보며 여기 붙었다 저기 붙었다 하는 처지 를 비유하는 고사성어)', '좌고우면(左顧右眄)'하며 불안에 떨던 약소국이었다. 게다가 내 부적으로도 잦은 정쟁으로 국력을 소모하고 있었다. 자산의 아버지는 이 정쟁의 와 중에 피살되었다.

이런 상황에서 정자산은 개혁 정치와 등거리 외교로 정나라를 작지만 단단하게 변모시켰다. 그가 정국을 주도하자 수구 기득권 세력들은 격렬하게 반발했다. 교육 장소인 향교(鄕校)는 정쟁의 소굴로 변질되었다. 자산의 측근과 민심은 향교를 폐지 하자는 쪽이었다. 그러나 자산은 향교를 여론 수렴의 장소로 재활용하는 지혜를 발 휘했다. 그는 이렇게 말했다.

"조만간 그곳에 모여 권력을 쥔 사람들의 장단점을 논의할 것이다. 그들이 칭찬하 는 점은 계속 유지하고, 비판하는 점은 고치면 될 터이니 우리의 스승이 될 것이다. 충성스럽게 백성을 위해 좋은 일을 하면 백성의 원성도 줄어든다. 위엄과 사나움만 가지고는 원망을 막을 수 없다. 사람은 누구나 비난을 들으면 그것을 서둘러 제지하 려 한다. 이는 마치 넘치는 홍수를 막으려는 것과 같다. 홍수로 인한 피해는 많은 사 람들을 다치게 하여 어찌해 볼 수 없다. 제방을 터서 물길을 다른 곳으로 흐르게 하 느니만 못하다. 향교를 남겨두는 것은 사람들의 논의를 듣는 일 자체가 좋은 약으로 병을 낫게 하는 것과 마찬가지기 때문이다."

자산은 개인 재산의 합법성을 인정하여 농지 정리를 단행하고 이를 법률로 보장 했다. 그는 법률을 청동 솥에 주조하여 관청 문 앞에 세워 누구든 법조문을 알 수 있 게 했다. 이를 '형정(刑鼎)'이라 했다. 개혁에 저항하는 기득권을 향해서는 자신은 백 성에게 이롭다면 무슨 일이든 다 할 것이라며 단호하게 개혁을 밀고 나갔다.

자산은 정치의 본질에 관한 성찰로서 **"정권을 잡으면 반드시 인덕(仁德)으로 다스려야 한다. 정권이 무엇으로 튼튼해지는 지 잊어서는 안 된다"**는 뼈 있는 말을 남겼다. 정권은 백성이 있음으로 해서 튼튼해진다는 말이다. 그리고 정치의 구체적인 방법으로 이렇게 말했다.

"정치에는 두 가지 방법 밖에 없다. 하나는 너그러움이고 하나는 엄격함이다. 덕망이 높고 큰사람만이 관대한 정치로 백성들을 따르게 할 수 있다. 물과 불을 가지고 비유해보자. 불이 활활 타오르면 백성들은 겁을 먹는다. 때문에 불에 타 죽는 사람은 적다. 반면 물은 성질이 부드럽기 때문에 겁을 내지 않는다. 이 때문에 물에 빠져 죽는 사람이 많다. 관대한 통치술이란 물과 같아 효과를 내기가 여간 어렵지 않다. 그래서 엄격한 정치가 많은 것이다."

정자산의 말은 효과가 금방 나타나는 불과 같은 정치가 필요할 때도 있지만, 더디더라도 그 영향력이 크고 깊은 물과 같이 너그러운 큰 정치를 함께 추구하라는 뜻이다.

정자산은 평생을 백성을 위해 봉사했고, 약소국 정나라를 작지만 강한 나라로 만들기 위해 개혁을 실행했다. 그의 개혁정치는 이후 모든 나라들에 영향을 주어 개혁 대세의 물꼬를 텄다. 청나라 때의 화가 김농(金農, 1687~1763)이 그린 정자산의 초상화이다.

정자산이 재상이 되어 개혁정치를 추진한 결과 1년 만에 더벅머리 아이들이 버릇없이 까부는 일이 없어졌고, 노인들이 무거운 짐을 들고 다니지 않아도 되었으며, 어린아이들이 밭갈이 등 중노동에 동원되지 않게 되었다. 2년째가 되자 시장에서 물건 값을 깎는 일이 없어졌고, 3년이 되자 밤에 문을 잠그지 않아도 괜찮았고, 길에 떨어진 물건을 줍는 사람이 없었다. 4년이 지나자 밭을 가는 농기구를 그대로 놓아둔 채 집에 돌아와도 아무 일이 없었다. 5년이 지나자 군대를 동원할 일이 없어졌고, 상복 입는 기간을 정해서 명령하지 않아도 다들 알아서 입었다. 이런 정자산이 세상을 떠나자 백성들은 우리는 어찌 살아야 하냐며 통곡했다고 한다.

키워드 : 정치, 덕정, 민심, 위민

위졸연농(爲卒吮膿)

졸병을 위해 고름을 빨다.
– 권65 〈손자오기열전〉

전국시대의 명장 오기는 상처를 입은 **병사의 고름을 직접 입으로 빨았다고** 한다. 이 것이 **위졸연농**이고, 줄여서 '연졸(吮卒)'이라 한다. 비슷한 뜻을 가진 성어로 '함혈연창(含血吮瘡)'이 있다. '함혈연창(含血吮瘡)'은 '입 안에 피를 머금고 고름을 빨아낸다'는 뜻이다. 상처 난 곳을 입으로 빨면 피와 고름이 입안에 고이기 마련이다.('함혈연창' 항목 참고)

키워드 : 장수, 리더십

위치자부재다언(爲治者不在多言), 고역행하여이(顧力行何如耳)

옳은 다스림은 말을 많이 하는 데 있지 않고, 얼마나 힘써 실천하느냐에 달려 있다.
– 권121 〈유림열전〉

한나라는 무제 통치기에 이르러 유가(儒家)를 신봉하는 젊은 무제와 도가 계통인 황로학(黃老學)을 신봉하는 두(竇)태후 사이에 알력이 심했다. 무제는 당시 80이 넘은 《시(詩)》의 권위자인 신공(申公)을 초빙하여 치국의 도를 물은 적이 있다. 신공은 다음과 같이 대답했다.

손자인 무제와 사상적으로 대립했던 두태후는 황로 사상의 신봉자로 한나라 초기 정국을 잘 이끌었던 여성 정치가였다.

"옳은 다스림은 말을 많이 하는 데 있지 않고, 다만 얼마나 힘써 실천하느냐에 달려 있습니다."

무제는 별다른 반응을 보이지 않고 신공을 잘 대우했다. 신공은 치국의 기본 이치를 말하면서 장차 유가를 통치철학으로 삼으라는 암시를 주었다. 그러자 두태후는 신공을 추천한 유가 신봉자들인 조관과 왕장을 자살하게 만들었고, 신공도 쫓겨나 얼마 뒤 죽었다. 이로써 유가를 국가 이데올로기로 확립하려던 무제의 첫 시도는 좌절되었다. 한 왕조 초기 지배층 사이에서 벌어진 사상투쟁의 한 단면을 보여주는 대목이기도 하다.

오랜 전쟁을 끝내고 개국한 한나라는 도가에 뿌리를 둔 황로 사상에 입각하여 억지로 일삼지 않고 백성들을 쉬게 하여 인구와 생산을 늘리는 정책으로 나라를 안정시켰다. '억지로 일삼지 않는다'는 '무위이치(無爲而治)'이고, '쉽게 하면서 힘을 기르고 인구를 늘린다'는 '휴양생식(休養生息)'이다. 두태후는 이런 황로학파의 사상을 대변하고 있었다. 야심만만한 무제는 신공을 우대하며 유가 중심의 통치를 준비하려 했지만 두태후에 막혀 좌절했다. 그러나 유가를 통치 이데올로기로 확립하려는 시도는 계속되었고, 무제는 끝내 자신의 통치철학을 관철했다.

키워드 : 통치, 실행

위편삼절(韋編三絶)

가죽 끈이 세 번 끊어지다.

– 권47 〈공자세가〉

공자는 만년에 《주역》에 심취했다. 너무 부지런히 읽다 보니 **책을 묶는 데 사용한 가죽 끈이 세 번이나 끊어졌다**고 한다. 이것이 **위편삼절**이다.

만년에 공자는 지난 전적들을 정리하여 여러 책의 주석을 남겼다. 특히 《주역》을 공부하고 정리할 때 죽간을 엮은 가죽 끈이 세 번이나 닳아서 끊어졌다. 공자는 "내게 몇 년의 시간이 더 주어진다면 《주역》은 제대로 통달할 텐데"라고 말했다.

공부나 독서와 관련해 이 '위편삼절'만큼 유명하고 후대에 큰 영향을 남긴 고사성어도 드물다. '위편(韋編)', '절편(絶編)', '위삼절(韋三絶)', '절삼편(絶三編)', '삼절위편(三絶韋編)' 같은 표현을 통해 각고의 노력으로 진지하게 공부하는 모습이나 그런 사람을 비유했다. 이렇게 열심히 공부한 결과 마음은 형통하고 만사가 느긋해졌다고 노래한 사람도 있다. 비슷한 뜻의 성어로는 '손에서 책을 놓지 않는다'는 뜻으로 부지런히 학문에 힘씀을 이르는 '수불석권(手不釋卷)', '눈빛이 종이 뒷면까지 꿰뚫는다'는 뜻으로, 책을 정독하여 그 이해가 깊고 날카로움을 이르는 '안투지배(眼透紙背)' 등이 있다. ('수불석권'의 출처는 삼국시대 위나라 조비曹丕의 《전론典論》이고, '안투지배'는 중국에서는 '역투지배力透紙背'로 쓰는데 청나라 때 학자 조익趙翼의 《와북시화甌北詩話》가 출처이다.)

독서는 많이 읽는 '박독(博讀)'과 몰입해서 읽는 '정독(精讀)'을 겸해야 한다. 비단 독서뿐만이 아니라 심신을 몰입해야 대성할 수 있는 일도 있다. 예컨대 조선 인조 때의 화공인 이징(1581~ ?)은 어렸을 때 누각에 올라 그림 연습을 했는데, 집안 식구들은 그가 어디에서 무엇을 하는지를 전혀 알 수가 없었다. 결국

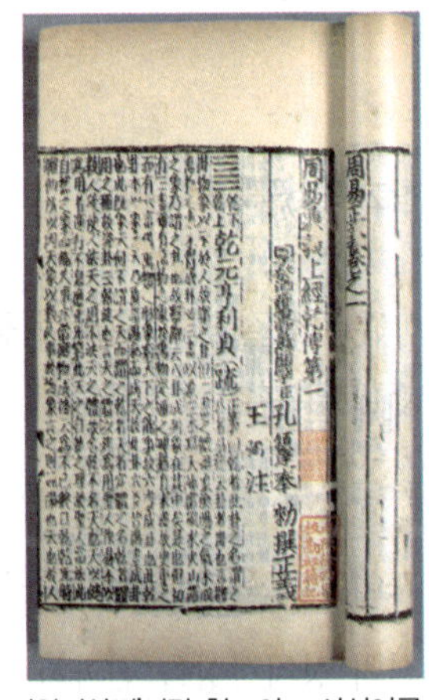

'위편삼절'이란 천고의 고사성어를 후대에 남기게 한 《주역》의 대표적인 주석서인 왕필(王弼, 226~249)의 《주역정의》 판본이다.

사흘 만에 그가 누각에서 그림 연습하는 것을 발견했는데, 화가 머리끝까지 난 아버지가 회초리를 들어 매를 때리니 그는 울면서 떨어지는 눈물로 새 그림을 그렸다고 한다. 훗날 이징은 당대 제일가는 화가가 되었다.

'위편삼절'과 관련해서는 훗날 많은 사람들이 작품을 남겼는데, 조선시대 사람인 김성일(金誠一, 1538~1593)은 다음과 같은 시를 남겼다.

은혜로이 말미를 허락했기에,

호숫가의 정자를 내 찾아왔네.

못의 연꽃 예전처럼 깨끗하고,

섬돌 대나무는 새로이 푸르구나.

어찌 감히 '위편삼절(韋編三絶)' 말을 하겠나.

한 경전만 읽다 늙은 내가 부끄럽다네.

궁중에서 괜시리 고기 계속 대주니,

길러 주는 임금 은혜 갚을 길 없네.

키워드 : 공부, 독서, 정독, 반복

참고자료 공자의 공부법

'위편삼절'과 관련하여 공자의 공부법을 따로 소개한다. 오늘날 공부하는 사람들에게 참고가 될 것이다.

공자(孔子, 기원전 551~기원전 479년 / 72세)는 중국 춘추시대의 위대한 학자이자 사상가이자 교육가이며, 유가의 창시자로 추앙받는다. 십 수 년 동안 천하를 떠돌며 자신의 정치사상을 전파하다가 만년에 고향 곡부(曲阜)로 돌아와 생의 마지막을 교육에 헌신했다. 교육자로서는 평생 기라성 같은 제자들을 숱하게 배출함으로써 '스승의 영원한 표상' 만세사표(萬歲師表)로 추앙받고 있다.

세 살 때 아버지 숙량흘(叔梁紇)을 여의고 홀어머니 밑에서 가난하게 자랐다. 어머니 안징재(顔徵在)는 남의 집 일을 해주면서 공자를 키웠는데, 특히 음악 교육에 정성을 쏟았다. 음악 교육의 중요성에 관해 안징재는 "사람이 되려면 뿌리와 기초가 중요

공자가 태어난 곳으로 전하는 니구산(尼丘山. 산동성 곡부시 동남)의 모습이다.(2010년)

하고, 일을 처리할 때는 원칙에 따라야 한다. 예악은 규칙이나 원칙을 중시한다. 연주법을 무시하고 자기 마음대로 연주하면 곡이 성립하지 않는다. 아이에게 (음악 교육을 통해) 일찍부터 예의·음률·등급을 알게 하면 훗날 크게 도움이 될 것이다"고 했다. 공자 사상의 핵심인 예악(禮樂)의 기초가 어머니의 교육법을 통해 다져졌다.

젊은 시절 공자는 말단 관리부터 여러 관직을 경험했으며, 늦은 나이인 50세 때는 노(魯)나라의 대사구(大司寇)가 되어 재상의 일을 섭정했으나 오래 있지 못하고 사직했다. 이후 14년에 걸쳐 여러 나라를 떠돌며 자신의 정치사상을 전파했으나 받아들여지지 않았다. 만년에 조국 노나라로 돌아와 고대 문화서적들을 정리하고 후학을 가르쳤다.

공자의 삶은 평생을 배우고 가르치는 일 그 자체였다. 70여 년에 이르는 공자의 삶이 반영된 언행록이 훗날 책으로 엮였는데, 그것이 바로 '중국인의 바이블'로 불리는 《논어(論語)》다. 공자의 공부는 게으름부리지 않고 정독(精讀)하고, 또 정독하는 것이었다. 그는 스스로에 대해 이렇게 말한 바 있다.(이하 〈편명〉은 모두 《논어》)

"나는 나면서부터 알고 있는 사람이 아니다. 그저 옛것을 좋아하고 힘써 탐구하는 사람일 뿐이다."(〈술이〉)

공부는 타고나는 것이 아니라 부지런히 배워야 하는 것이다. 〈계씨〉 편에서 공자가 "나면서 도를 아는 사람이 최상이요, 배워서 아는 사람이 그다음이요, 벽에 부딪

공자의 어머니 안징재가 기도를 드리고 공자를 낳았다는 니구산 부자동 유지이다.(2010년)

쳐 배우는 사람은 그다음이다. 벽에 부딪쳐서도 배우지 않는 자는 최하라 한다"라고 한 것도 같은 맥락이다.

평소 공자는 공부라면 "열 가구 마을에 충직과 믿음이란 면에서는 나만한 사람이 반드시 있겠지만, 공부하길 좋아하는 면에서는 나만한 사람이 없을 것이다"(〈공야장〉)라고 말할 정도로 자부심을 가지고 있었다. 또 독서(공부)는 반드시 배움과 생각을 함께 중시해야지 한쪽에 치우치면 안 된다는 점을 "배우고 생각하지 않으면 애매해지고, 생각만 하고 배우지 않으면 확신이 안 선다"(〈위정〉)라는 말로 강조했다. 자신의 공부 경험을 전체적으로 되돌아보면서 "내가 일찍이 종일 먹지도 않고, 밤새 자지도 않고 생각에 빠져 보았으나 이익이 없었다. 배우는 것만 못하더라"(〈위령공〉)라고 했는데, 이 역시 공부[學]와 생각[思]의 균형 내지 조화를 지적한 고백이다.

만년에는 앞서 살펴본 바와 같이 《주역》을 집중적으로 읽었는데, 책을 묶는 가죽끈이 끊어져 세 번이나 바꿀 정도로 열심히 읽었다. 여기서 '위편삼절(韋編三絶)'이란 고사성어가 나왔다. 공자가 일찍부터 《주역》을 소개하고, 《춘추》를 편찬하고, 《시》와 《서》를 정리고, 《예》와 《악》을 정함으로써 6경이 보존되어 후세에 전해질 수가 있었다.

공자는 평생 배운 것을 실천으로 옮김으로써 후대에 '배우되 싫증내지 않는' 만고의 모범이 되었다. 그래서 북송 때의 시인 소동파는 "공자라는 성인도 배움은 책을 보는 것에서 시작될 수밖에 없었다"(〈이씨산방장서기李氏山房藏書記〉)라는 말로 독서의 중요성을 간결하게 지적했다.

공자는 위대한 사상가이자 위대한 교육자였다. 그 교육사상의 핵심은 인간을 교육하고 변화시키는 것이었다. 자신이 추구했던 정치(윤리)적 이상을 실현하기 위한 방법으로 교육에 희망을 걸었던 사람이다. 다만, 그가 창시한 유가의 교육사상이나 철학을 깊게 파고 들면 그와 그의 뒤를 이은 유가 계통의 사람들이 그저 인간에 대한 교육과 개조에만 중점을 두었다는 근본적인 문제점을 발견할 수 있다.

철학과 사상의 주안점이 대부분 정치와 윤리 도덕에 치우쳐 있다는 점도 유가의 문제점이다. 공자는 인간 세상의 질서와 제도의 정립, 인간간의 관계정립 등과 같이 정치적이고 윤리적인 학설을 주로 내세웠다. 이를 계승한 유가는 상하 위계질서에 대한 중시, 예교에 집착하는 형식주의, 개성의 무시 등과 같은 경색된 사상을 드러내기도 했다. 이는 분명 오늘날 교육과 공부에는 맞지 않는다. 따라서 공부와 떼려야 뗄 수 없는 교육법도 뚜렷한 한계를 가질 수밖에 없다. 공자의 공부법을 이해하는데 있어서 이 점을 유의해야 한다.

그럼에도 불구하고 공자의 공부법에는 참신한 주장과 유용한 방법들이 적지 않다. 현대에 맞게 재해석해내는 유연성을 발휘한다면 지금도 충분히 본받을 만한 공부법임에는 틀림없다. 새로운 눈으로 공자의 공부법을 들여다보면 된다.

공자는 중국 역사상 공부법 이론에 관한 한 가장 먼저, 그리고 가장 구체적인 방법론과 실천론을 제시한 인물일 것이다. 그가 살았던 시대적 한계를 감안해도 그의 공부법은 놀라울만큼 합리적이고, 과학적이며 신선하다. 좋아서 즐겁게 하라는 공부의 심리적 기본을 언급한 대목에서는 절로 감탄이 나온다. 복습의 중요성과 응용을 강조한 것 역시 오늘날 공부법에 비해 손색이 없다. 특히 공부와 사유, 공부와 실천의 결합을 역설한 것은 인성교육이란 면에서 대단히 중요한 지적이다. 공부법의 원조라 할 수 있다. 《논어》를 중심으로 공자의 공부법을 좀 더 상세히 알아보자.

좋아하고 즐겨라

《논어》의 〈옹야〉 편에서 공자는 "아는 것은 좋아하는 것만 못하고, 좋아하는 것은 즐기는 것만 못하다"(지지자불여호지자知之者不如好之者, 호지자불여낙지자好之者不如樂之者)는 유명한 공부법을 언급하고 있다. 또 《예기》〈중용〉에서는 "좋아서 배워야지 아는 것에 가까워진다"(호학근호지好學近乎知)라고 했고, 〈태백〉 편에서는 "배움은 늘 미치지 못한 듯 꾸준히 하되 행여 잃을까 두려워해야 한다"(학여불급유공실지學如不及

猶恐失之)라고도 했다.

공자의 이런 말들은 공부와 학문을 하는 과정에서 좋아서 즐겁게 공부하는 좋은 심리와 습관이 갖는 중요성을 지적한 것이다. 암기·주입·강압 방식의 교육 행태가 여전히 작지 않은 비중을 차지하고 있는 오늘날, 공자의 공부법은 그 울림이 만만치 않다. 공부든 운동이든 그것을 즐기는 사람에게 당할 수 없다는 것은 누구나 다 알기 때문이다. 이런 공부법은 오늘날 선진 교육이론과도 정확하게 일치한다. '인자무적(仁者無敵)'이란 말이 있듯이 공부에는 '낙자무적(樂者無敵)'이다. '피할 수 없거든 즐겨라'는 말도 있지 않은가?

넓게 배워서 요점으로 돌아와라

'넓게 배워 많이 안다'는 '박학다식(博學多識)'은 깊이 있는 공부나 학문을 위한 기초가 된다. 크고 높은 집을 짓기 위해서는 터를 넓게 파야 하는 이치와 같다. 공자는 이와 관련하여 이렇게 말한다. "지식인이 고전을 두루 배우고 예로써 요약한다면, 어긋나는 일은 없을 것이다."(《옹야》) 공자 이후 그 제자들이 종합한 '학(學, 배우고), 문(問, 묻고), 사(思, 생각하고), 변(辨, 분별하고), 행(行, 행동하라)'의 학습과정은 '널리 배워서 요약하라'는 공자의 이 같은 공부법을 실천으로 옮긴 것이다.

사진은 니구산 공묘 대성전의 공자상이다.
(2010년)

요즘 공부나 독서는 지식 습득이 핵심이 아니다. 언제 어디서든 원하는 지식은 말 그대로 원 없이 얻을 수 있는 세상이다. 문제는 이 지식의 요점과 핵심을 파악하는 요령이 중요한데, 이런 점에서 '널리 배워서 요점으로 돌아오라'는 공자의 공부법은 시사하는 바가 크다.

배우고 수시로 복습하라

공자는 "배웠으면 수시로 복습하라"(학이시습 學而時習)고 말한다.(《학이》) 공부의 핵심이 짧

1304

은 이 한마디에 농축되어 있다고 해도 과언이 아니다. 여기에는 먼저 배운 다음 수시로 복습하라는 두 개의 중요한 공부법이 한데 연계되어 있다. 공자는 목적과 방법을 가지고 공부하고 독서할 것을 주장했다.

그래서 공자는 학문(공부)을 위해 독서(공부)해야지, 독서(공부)만을 위해 독서(공부)하는 것에 반대한다. 말하자면 배운 것을 현실에 응용할 수 있어야 한다는 뜻이다. 교과서에서 배운 내용에만 집착한 나머지 "《시》 300편을 다 외우고 있어도 정치를 맡기면 처리하지 못하고, 사방 여러 나라에 사신으로 가서 적절히 대응하지 못한다면, 아무리 많이 외운들 무슨 소용이 있겠는가?"(〈자로〉) 이런 의미에서 보자면 수시로 복습하라는 공자의 말뜻은 언제 어디서든 반복해서 익히고 복습하라는 것이다. 복습하여 응용력을 기르라는 의미다.

공부와 생각을 결합하라

앞에서도 언급했듯이 공자는 공부와 생각의 균형 및 조화를 매우 강조했다. 그래서 "배우지 않고 무엇을 행할 것이냐? 생각하지 않고 무엇을 얻을 것이냐? 얘들아 노력해라!"라고 말한다. 또 "배우고 생각하지 않으면 애매해지고, 생각만 하고 배우지 않으면 확신이 안 선다"(〈위정〉)라 했고, 그런가 하면 "배우지는 않고 생각하기만 좋아하면, 알더라도 넓어지지 않는다"라고도 했다. 배움과 생각 어느 쪽으로든 치우치지 말고 모두를 함께 중시하라는 뜻이다. "살펴서 묻고, 신중하게 생각하고, 현명하게 가려야지" 그렇지 못하면 얻는 것 없이 까마득해진다.

배우기만 하고 생각하지 않는 공부는 대단히 위험하다. 공부와 생각은 자동차와 브레이크의 관계와 같다. 지식만능은 브레이크 없는 자동차나 마찬가지다. 깊은 생각이 함께하는 참 지식은 타인을 돕지만, 생각 없는 지식은 자기를 과시하기에 급급한 나머지 남을 해치는 무기가 될 수 있기 때문이다. 생각 없는 얄팍한 지식과 한때의 경험에만 집착하여 변화하는 세상과 인심의 흐름을 무시하는 꽉 막힌 지식인이나 권력자들이 지금 우리 주변에 얼마나 많은가? 이런 점에서 2,500여 년 전 공자의 공부법이 지금에도 얼마나 유효한가?

공부와 실천을 결합하라

공부의 종착점은 행동이자 실천이다. 배우고 생각한 것을 자신의 삶 속에서, 나아가 세상 속에서 실천으로 옮기는 것으로 배움은 끝이 난다. 물론 모두가 이렇게 배운 것을 실천으로 옮기면서 살지는 못한다. 하지만 최소한 자신이 배운 바를 실천으로 옮기려는 노력은 있어야 할 것이다. 이럴 때 인간의 고귀함이 빛나는 것이고, 세상은 좀 더 밝고 따뜻한 쪽으로 변화할 것이다. 물론 시작은 독서(공부)로부터다.

공자는 자신이 배운 바를 하나의 큰 사상으로 정리하고 이를 세상에 전파하기 위해 장장 14년에 걸쳐 천하를 유력했다. 공부와 실천을 온 몸으로 보여준 사람이었다. 후대 사람들은 공부의 궁극적 목적이란 점에 착안하여 공자의 '공부와 행동의 결합', 즉 '학행결합(學行結合)'을 '배워서 세상을 위해 유용하게 활용하는' '학이치용(學以致用)'으로 해석하기도 한다.

공자의 '학행결합'에는 이런 의미 외에도 '실천을 통해 공부를 더 촉진하고' '실천을 통해 공부를 돕는다'는 실제적인 의미와 함께 '실천이 곧 공부다'라는 적극적인 의의도 내포하고 있다. 한편, '학행결합'에는 조건이 따른다. 즉, 배운 것을 실천으로 옮기는 과정에서 의문이 생기면 자신이 배운 것을 다시 생각하는 반사(反思) 내지 반성(反省)이 따라야 하며, 배우는 과정에서 의심이 생기면 실천을 통해 그것을 검증해보아야 한다. 공자의 수제자 가운데 한 사람인 증자(曾子)가 하루에 세 번씩 자신을 반성(일일삼성—日三省)하는데, "어설프게 배운 것을 남에게 전달하지는 않았는가"(〈학이〉)도 반성한다고 했다. 자신이 배운 것에 대한 점검 과정을 말한다.

공자는 "덕을 닦지 않는 것, 열심히 배우지 않는 것, 옳은 것을 듣고도 행동으로 옮기지 않는 것, 좋지 않은 언행을 고치지 못하는 것, 이런 것들이 나의 걱

송나라 때 사람 유송년(劉松年, 약 1131~1218년)이 그린 거문고를 배우고 있는 공자의 모습이다.

정거리다”라고 했다.(〈술이〉) 공부와 실천, 그리고 자기수양의 관계를 솔직담백하게 고백한 대목이다. 독서가 되었건 공부가 되었건 바른 사람이 되는 것이어야 한다.

신·구 지식을 연계하라

‘온고이지신(溫故而知新)’으로 대변되는 공자의 신·구 지식의 조화라는 공부법은 역대로 많은 사람들에게 적지 않은 영향을 주었다. 공자는 과거의 지식과 새로운 지식은 내재적 관계에 있다고 보았다. 다시 말해 공부 과정 자체가 실제상 과거의 지식과 새로운 지식을 연계시켜 나가는 과정이라는 것이다. 그래서 공자는 “옛것(고전)을 충분히 익혀 새로운 것을 알아내면 스승이 될 수 있을 것이다”(〈위정〉)라고 말했다.

과거의 지식은 현재의 활용을 위한 기초가 되며, 나아가 이를 바탕으로 미래의 나와 타인들을 이끄는 스승의 역할까지 할 수 있다. 문제는 옛것을 익히되 무작정 외우거나 무조건 따라서는 안 된다. 그래서 《예기》(〈학기〉)에 보면 잡스러운 지식만 머리에 넣어 두는 배움으로는 남을 가르칠 수 없다는 지적이 나온다.

요컨대 옛것과 낡은 지식이라도 비판적 시각으로 해석해야만 새로운 사실을 유추해내거나 남다른 것을 창출해 낼 수 있다. 옛것을 통해 새로운 것을 알아내라는 공자의 말은 축적된 지식과 지혜를 활용하여 새로운 것을 창조하라는 말과 다름이 없다. 공자가 즐겁게 공부하라고 한 것도 이처럼 새로운 창조를 염두에 둔 것이라 하겠다.

논술하되 견강부회하지 마라

흔히 ‘술이부작(述而不作)’으로 잘 알려진 이 공부법에 대해서는 역대로 시비가 많았다. 공부를 하는 과정에서 자신이 선택한 텍스트와 관련해서는 원래 취지를 이해하고 작품 자체가 갖추고 있는 사상을 밝히는데 주로 힘을 쏟아야지, 주관적 견해나 엉뚱한 상상력 따위를 발휘하지 말라는 의미다.

공자는 ‘술이부작’에 바로 이어 “믿음으로 옛것(고전)을 좋아하니 가만히 노팽(老彭)이란 은자에 견주어 보노라”(〈술이〉)라고 하여 자신을 고전의 전승자임을 자처하고 있다. 같은 〈술이〉 편에서 공자는 또 “알지도 못하면서 지어내는 자들이 세상에 있는 모양이나 나는 그렇지 않다"라 했다.

잘 알지 못하면서 주관적 견해를 마구 쏟아내는 것에 공자는 단호히 반대했다. 공자의 이런 학습 태도는 오늘날 논술에서 요구하는 명확한 근거의 중요성을 강조한 것으로 볼 수도 있다. 과거로부터 전해오는 문화적 전통으로서 고전의 계승에 대한 공자의 자부심과 계승·전파에 중점을 둔 공부법이란 점에서 의미가 있다.

하지만 공자의 이런 교육법은 현대 교육과 공부법에서 강조하는 창의적 사유와 자유로운 창작과는 상당히 어긋나는 것 또한 사실이다. 공자보다 조금 뒤에 등장한 묵자는 공자의 '술이부작'을 비판하면서 "과거의 좋은 것은 논술하고, 지금의 좋은 것은 창작할" 것을 주장하기도 했다.

말없이 생각하며 기억하라

공자는 〈술이〉 편에서 "말없이 생각하여 기억하고, 배움에 싫증을 내지 않으며, 사람을 가르치는 일에 게으름을 피지 않는 일은 내게는 아무것도 아니다"라고 했는데, 여기서 '말없이 생각하여 기억한다'는 공부법 하나가 제시되어 있다. 공자의 이런 공부법은 명인들의 공부법에서 공통적으로 나타나는 생각을 강조하는 공부법과 같은 맥락이다.

말없이 생각하라는 것은 차분히 생각하여 현재 자신이 공부하는 것에 대한 이해의 정도를 깊게 하라는 뜻이다. 이렇게 해서 머리와 마음에 단단히 기억해 둔 지식이야말로 진짜 자신의 지식이 된다. 싫증을 내지 않고 배워 부지런히 다른 사람에게 전하는 일, 이것이 지식인의 진정한 역할이라고 공자는 확신했다.

오늘날은 지식의 해방시대라 할 정도로 거의 모든 지식이 해방되었다고 해도 과언이 아니다. 지식이 홍수처럼 넘친다. 문제는 엄청난 지식을 가려내는 일이다. 쓸모 있는, 유익한, 지혜를 계발할 수 있는 지식을 찾아내기가 여간 어렵지 않다. 여기서 '말없이 차분히 생각하여' '관련 지식에 대한 이해도를 심화시킴으로써' '확실하게 자신의 지식으로 만드는 공부를 하라' 공자의 제안은 귀를 기울이기에 충분한 가치가 있다.

일관되게 하나로 통합하라

모든 공부는 궁극적으로 통합을 지
향한다. 자신의 전공과 죽는 날까지
해야 할 일에 대한 목표가 분명하다
면, 공부는 언젠가는 하나로 통합되
어야 한다. 그리고 통합을 위한 그 과
정은 일관성이 있어야 한다. 이렇게

산동성 곡부시 노국고성 부근에 조성된 공자의 천하주유 모습을 나타낸 조형물이다.(2010년)

해야만 하나의 이론과 자기만의 견해나 주장이 나올 수 있다.

공자는 많이 배우고 많이 알 것과 공부와 생각을 결합할 것을 주장했을 뿐만 아니라, 배운 지식을 한데 융합하여 통일시킴으로써 이론으로 승화시키고 실천을 위한 발판으로 삼아 행동의 지침이 되게 해야 한다고 강조했다. 공자는 여러 차례 배우는 사람의 단편적 인식을 바로잡아주면서 "나는 하나의 이치로 모든 것을 꿰뚫고자 한다"(〈위령공〉)고 했다. 그래서 제자들 앞에서 "내 길은 하나로 일관되어 있다"(오도일이관지吾道一以貫之)고 자신있게 말했던 것이다.(〈이인〉)

박학다식은 건축물에 비유하자면 터를 닦는 것과 같다. 터를 넓게 닦아야 높은 건물을 올릴 수 있다. 하지만 터는 어디까지나 높은 건물을 올리기 위한 기초다. 궁극적 목적은 높은 집을 짓는 것이다. 학문도 비슷하다. 박학다식이라는 터에다 자기만의 이론이나 주장이란 건물을 높이 올려야만 공부는 1차적으로 완성된다. 그리고 쌓아올린 건물은 사람들의 편리함을 위해 기능해야만 한다. 그 기능이 바로 공부에 있어서 일관성이자 통일이다. 그러기 위해서는 1차적으로 완성된 뒤에도 그 안을 채우기 위해 끊임없이 공부해야 한다.

하나를 알면 셋을 응용하라

공부와 독서의 유용성은 그 응용력에 있다. 무엇인가를 배워 알고도 실제에 적용 못하거나, 응용할 수 없거나, 못하면 그 지식은 쓸모없다. 하나의 지식을 습득한 다음 이 지식에 근거하여 서로 연관되거나 비슷한 더 많은 지식을 유추할 수 있는 능력을 기르는 것이 공부나 독서의 주된 목적이다.

공자는 독서의 응용 문제와 관련하여 "배우려고 분발하지 않으면 깨우쳐주지 않으며, 나타내고자 하는 말에 애를 태우지 않으면 입을 트이게 하지 않으며, 한 귀퉁이를 들어 보여 나머지 세 귀퉁이에 대해 반응을 보이지 않으면 반복하지 않는다"(《술이》)고 했다.

쉽게 말해 사각형의 한 모서리를 알려주면 나머지 세 모서리를 짐작하거나 의문제기를 통해 유추하여 사각형의 형태를 그려낼 수 있어야 한다는 것이다. 그러기 위해서는 배우는 사람의 적극적 자세가 전제조건이라는 점도 함께 지적했다. 《예기》 〈학기〉 편에서 이런 저런 것들을 알아서 통달한다고 한 말이나, 하나를 알아 셋을 얻으라는 말 등도 다 같은 의미다.

이상 공자의 공부법을 열 가지로 분류해서 비교적 상세히 살펴보았다. 공자의 공부법은 그 자체로 방대한 계통을 이루고 있고, 방법도 아주 다양하다. 위의 열 가지는 그중 대표적인 것들일 뿐이다. 이밖에 오늘날 공부에 도움이 되거나 자극이 될 만한 말씀들이 많다. 이를 간략하게 소개하면 아래와 같다.

• 많이 듣고, 많이 보라.(다문다견多聞多見) – 〈위정〉
• 아랫사람에게 물어도 부끄럽지 않다.(불치하문不恥下問) – 〈공야장〉
• 꼬치꼬치 캐어 물어 알고 있는 한 답해준다.(고기양단이갈언叩其兩端而竭焉) – 〈자한〉
• 세 사람이 함께 가면 그중에 내가 스승으로 삼을 만한 사람이 반드시 있다. '착한 이를 골라 그를 본받고', 착하지 않은 이로부터는 나의 좋지 못한 것을 고친다.(택선이종擇善而從) – 〈술이〉
• 많은 것에 귀 기울이되 납득 안 가는 것은 가만 두어라.(다문궐의多聞闕疑) – 〈위정〉
• 두루 배우되 뜻을 도타이 하라.(박학독지博學篤志) – 〈자장〉
• 절실히 묻되, 내 자신에 견주어 생각하라.(절문근사(切問近思) – 〈자장〉

공자의 공부법이 제시하는 기본정신은 독서와 공부, 그리고 이를 세상에 실천하는 삼자의 통일이다. 아울러 공부하는 과정에서의 지적 능력을 필요로 하는 요소와 그렇지 않은 요소의 통일, 찾아서 읽고 배워야 하는 것과 그렇지 않은 것의 통일도 함께 강조한다. 공자는 공부의 목적으로서 '널리

제자들과 강론하고 있는 공자의 모습을 그린 그림이다. (2017년 상구시 박물관)

배워 예로 요약'할 것과 '지식인은 배워서 그것을 세상에 활용'할 것을 강조한다. 그러기 위해서는 공부의 동기로서 배움에 의지를 보일 것과, 공부하는 태도로서 배움에 싫증을 내지 않을 것과, 공부하는 정취로서 배우는 것을 좋아하고 즐길 것과, 공부에 대한 의지로서 갈아도 닳지 않는 굳센 마음을 가질 것 등등 공부 과정과 그 효과에 미치는 영향에 대해서도 종합적으로 언급하고 있다.

교육자로서 공자는 누구를 가르칠 때 차별을 두지 않았다. 이를 '유교무류(有教無類)'라 하는데, '가르침에 부류가 없다'는 뜻이다. 공자의 문하에는 다양한 계층의 제자들이 기라성 같이 몰려들었다. 공자는 이들 모두에게 공부의 근본적인 목적이 자신의 몸을 닦아 남에게 봉사하는 데 있다는 점을 특별히 강조했다. 공부해서 타인과 세상을 위해 쓰라는 정신은 오늘날에도 시들지 않는 시대적 의의와 문화적 경지를 갖추고 있다.

힘겹게 공부하는 것은 지식추구의 수단이지 꼭 공명과 부귀를 위해서가 아니다. 독서와 공부는 흥미를 길러야 하며, 지식추구의 과정에서 더욱 다듬어진 사유와 깨달음을 요구한다. 지식을 자기 것으로 만들고, 이를 가지고 사회에서 세상을 바꾸어 나가는 실천의 단계로 승화시키는 일이야말로 공부가 궁극적으로 지향해야 할 목표이다. 공자의 공부법이 추구하는 목표도 이와 크게 다를 것이 없었다.

권38 〈송미자세가〉는 은(상)나라 말 세 사람의 현자(또는 인자)로 꼽히는 기자·비간·미자의 사적을 함께 소개한 '합전' 형식의 기록이다. 전체적으로 어리석은 군주가 나라를 멸망으로 이끄는 역사 교훈을 종합하면서, '덕정'이란 기준으로 귀결시키고 있다. 사진은 하남성 주구시(周口市) 서화현(西華縣)에 남아 있는 '기자독서대(箕子讀書臺)'의 모습이다.(2009년) 지방지에 따르면 서화현은 옛 기자의 봉지로 기성(箕城)이라 불렀다 한다.

유곤(留髡)

순우곤을 머물게 하다.
– 권126 〈골계열전〉

웃음과 유머의 중요성을 잘 보여주고 있는 〈골계열전〉에 소개된 인물들 중에 순우곤(淳于髡)의 내용이 가장 많은 비중을 차지하고 있다.('골계' 항목 참고) 사마천 사후 얼마 뒤 저소손(褚少孫, 생졸 미상)이 보탠 부분이 적지 않기 때문이다. 사마천이 전하는 순우곤과 제나라 위왕(威王, ?~기원전 320)의 일화 중에서 가장 인상적인 부분은 술에 관한 순우곤의 통찰인데, 이에 대해서는 '주극생란' 항목에서 살펴본 바 있다. 당시 위왕이 순우곤에게 주량을 묻자 상황에 따라 다르다면서 마지막에 이런 이야기를 한 바 있다.

"날이 저물어 술자리가 끝나갈 무렵 술통을 모으고, 자리를 좁혀 남녀가 동석하고, 신발이 서로 섞이고, 술잔과 그릇이 어지럽게 흩어져 있고, 마루를 밝히던 촛불이 꺼집니다. 이윽고 **주인이 저 곤 하나만 머물게 하고는** 다른 손님을 배웅합니다. 그리고는 엷은 비단 속옷의 옷깃이 열리면서 은은한 향기가 풍겨옵니다. 이런 술자리라면 곤은 기분이 아주 좋아져 한 섬은 마십니다."

이렇게 말한 다음 순우곤은 "술이 극도에 이르면 난리가 나고, 즐거움이 극도에 이르면 슬퍼진다고 합니다. 모든 일이 다 그렇답니다"라고 덧붙였다. 위 대목 '주인이 저 곤 하나만 머물게 하고는'에서 **유곤**이란 단어가 나왔다. '순우곤을 머물게 하다'는 뜻인데 훗날 **머물게 해서 술과 음식을 잘 대접하는 손님을 가리키는 용어가** 되었다.('주극생란' 항목 참고)

키워드 : 비유, 귀빈

유랑옥두(劉郞玉斗)

유방의 옥기 / 뇌물.
– 권8 〈고조본기〉

　기원전 206년 유방은 함양성에 진입하여 진나라의 항복을 받아냄으로써 진나라는 천하통일 후 불과 15년 만에 망했다. 뒤늦게 온 항우가 유방을 압박하여 두 사람은 항우가 주둔하고 있는 홍문의 항왕성에서 연회를 가졌다. 이것이 저 유명한 홍문연이다. 이에 대해서는 '홍문연' 항목에서 자세히 살펴보았다.

　당시 장량은 유방의 신변이 걱정이 되어 옥으로 만든 귀한 옥두(玉斗, 술잔으로 추정됨) 한 쌍을 선물로 가져가 항우의 참모인 범증에게 선물로 주었다. 범증은 이에 아랑곳 않고 항우에게 유방을 죽이라는 신호를 세 번이나 보냈지만, 항우는 결단을 내리지 못했다.('옥결' 항목 참고) 범증은 항장을 시켜 칼춤을 추면서 기회를 봐서 유방을 찔러 죽이라고 했다. 이때 장량에게 신세를 진 항우의 숙부 항백이 나서 함께 칼춤을 추면서 항장을 막았다.('항장무검, 의재패공' 항목 참고)

　유방은 용변을 핑계로 막사를 나와 샛길로 도망쳐 군영으로 돌아갔고, 나머지 상황은 장량이 수습했다. 범증은 화가 나서 장량이 준 옥두를 검으로 쳐서 깨버렸다.

유랑옥두는 홍문연의 이 유명한 장면에서 비롯된 성어로서 '유랑'은 유방을 가리킨다. 훗날 '유랑옥두'는 **뇌물로 주는 물건**을 가리키게 되었다. 송나라 때 애국시인 신기질(辛棄疾, 1140~1207)의

홍문연 유지에는 당시 상황과 관련한 조형물들이 제법 조성되어 있다. 사진은 그 당시 상황을 나타낸 벽화이다.(2011년)

시 〈파진자(破陣子)〉 중 '유랑의 옥두를 땅에 내던지고(척지유랑옥두擲地劉郞玉斗)'라는 대목에서 나왔다.

키워드 : 비유, 선물, 뇌물

유명능신(維明能信)

(법의 집행은) 투명해야 신뢰를 얻을 수 있다.

– 권1 〈오제본기〉

요(堯)로부터 임금 자리를 양보 받는 '선양(禪讓)'으로 임금 자리에 오른 순(舜)은 요 임금 때부터 기용되었으나 직책을 갖고 있지 못했던 인재들에게 모두 자리를 주어 역할을 분담시켰다. 이때 순은 사당에서 의식을 베풀었는데, 각자에게 그 자리에 맞는 기본 원칙과 태도를 주문했다. 위 **유명능신**은 사법을 담당하는 '사(士)' 자리에 임명된 고요(皋陶)에게 당부한 대목의 한 부분이다. 그 대목을 소개하면 이렇다.

"그대는 '사'가 되어 오형을 공정하게 적용하되(오형유복五刑有服), 오형을 범한 자들은 규정된 장소에서 형벌을 가하도록 하시오(오복삼취五服三就). (중략) **법의 집행은 투명하여야 신뢰를 얻을 수 있는 것이오.**"

순임금으로부터 사법을 책임진 '사' 직책을 맡은 고요는 다른 기록을 보면 통치의 본질과 리더십에 관한 전문가로서의 면모를 보여주고 있다. 그림은 고요가 법을 투명하게 집행하는 모습을 그린 것이다.

위 대목에서 '규정된 장소에서 처벌하라'

는 '삼취(三就)'는 큰 죄는 벌판에서, 대부는 조정에서, 사는 저잣거리에서 처벌하라는 것이다. 순이 말하는 요지는 법은 엄격하게 집행하되 투명해야만 백성들의 믿음을 얻을 수 있다는 데 있다. 이처럼 '유명능신'은 전설시대 제왕 때부터 법 집행의 투명성과 그에 따른 백성들의 신뢰가 갖는 의미에 대한 인식과 기본 원칙이 분명했음을 알 수 있게 하는 성어이다.

키워드 : 법, 집행, 공명정대, 신뢰

유민입군(有民立君), 장이리지(將以利之)

백성이 군주를 세우는 것은 이익이 되기 때문이다.
– 권4 〈주본기〉

주나라의 선조인 고공단보(古公亶父) 때 이적(夷狄)이 침략하여 재물과 땅을 요구하자 단보는 다 내주게 했다. 백성들이 화가 나서 싸우자고 하자 단보는 **백성이 군주를 세우는 것은 이익이 되기 때문이다**라고 한 다음, 이렇게 말했다.

"지금 융적(戎狄)이 우리를 공격하는 까닭은 우리 땅과 백성 때문이다. 백성이 내게 있든 저들에게 있든 무엇이 다르겠는가? 백성들이 나 때문에 싸우려는 것은 아비나 아들을 죽여 그들의 군주가 되는 것이니 나로서는 차마 못하겠소."

고공단보는 자신을 따르는 사람들을 데리고 근거지를 떠났다. 그러자 이웃 나라의 많은 백성들이 어진 고공단보를 찾아와 몸을 맡겼다.

백성이 위정자를 진정으로 따르는 까닭은 무엇보다 위정자가 백성의 마음을 얻었기 때문이다. 그 마음에는 위정자가 백성을 이롭게 해줄 것이라는 믿음이 자리 잡고 있다. 이와는 달리 위정자의 잘잘못은 가리려 하지 않고 맹목적으로 추종하는 자들 역시 위정자가 자신들을 이롭게 해줄 것이라 확신한다. 그 차이는 진정으로 위정자를 위하는 백성은 위정자가 자신들 뿐만 아니라 자신들과 생각을 달리 하는 백성도 이롭게 해주길 바라는 반면, 맹목적 추종자들은 자신들에게만 잘해주면 그만이라는 집단적 이기심과 배타심이 작용하고 있다. 그리고 그런 추종자들만 잘해주는 위정자는 백성을 죽여서라도 자기 자리를 지키려 한다. 고공단보는 그런 임금 자리라면 할 수 없다고 말했다.

키워드 : 통치자, 위민, 민심, 이익

유양(游梁)

양나라를 떠돌다.

– 권117 〈사마상여열전〉

젊은 날 사마상여(司馬相如)는 경제(景帝)를 섬기며 벼슬을 받았지만, 벼슬살이가 맞지 않았다. 게다가 경제는 사마상여의 문장을 좋아하지 않았다. 그 무렵 양(梁)나라 효왕(孝王)이 장안에 인사를 드리러 왔다. 이때 사마상여는 효왕을 수행하는 제나라 출신 추양(鄒陽) 등을 만났는데, 마음이 아주 잘 맞았다. 사마상여는 병을 핑계로 벼슬을 버리고 객이 되어 **양나라를 떠돌았다.** 양 효왕은 사마상여를 학자들과 같은 숙소에 머물게 했고, 사마상여는 몇 년 동안 양 효왕의 후원을 받고 있는 학자·유세객들과 함께 지냈다. 사마상여는 이 시절에 자신의 대표적인 작품인 〈자허부(子虛賦)〉를 지었다.

사마상여가 양나라에 가서 문객이 되어 양나라를 떠돈 일에서 **유양**이란 단어가 나왔고, 훗날 **벼슬길에서 뜻을 얻지 못한 처지나 그런 사람을 비유**하게 되었다.

키워드 : 지식인, 처지, 비유

1318

유언비어(流言蜚語)

근거 없는 떠도는 말.
– 권107 〈위기무안후열전〉

　일상에서 흔히 쓰는 **유언비어**는 '유언'과 '비어'의 합성어이다. '유언'은 글자 뜻 그대로 '떠도는 말'이고, '비어'는 '메뚜기 떼처럼 날아다니는 말'이란 뜻으로 역시 '유언'과 같다. '유언'의 출처는 《예기(禮記)》 〈유행(儒行)〉 편의 "오랫동안 서로 보지 못한 채 '떠도는 이야기'만 들리니 믿을 수 없다"는 대목이다. '비어'는 〈위기무안후열전〉이 그 출처이다. 해당 대목은 이렇다.

　한나라 무제 때 두태후의 인척으로 권세를 휘두르던 위기후(魏其侯) 두영(竇嬰)이 세력을 잃자 주위 사람들이 다 떠났다. 오직 관부(灌夫)만 곁에 남아 두영을 지켰다. 한번은 승상 전분(田蚡)이 베푼 술자리에서 두영·관부가 전분과 심하게 다투는 일이 벌어졌다. 일은 점점 커져 황실에까지 알려졌고, 두영은 선제(경제)의 유언을 위조했다는 혐의로 탄핵을 당했다. 관부는 그 가족들과 함께 처형되었다. 이 소식을 들은 두영은 화병과 중풍이 겹쳐 음식을 끊고 죽으려 했다. 무제가 두영까지는 죽일 마음이 없다는 말에 두영은 음식을 다시 먹으며 병을 치료하기 시작했다. 이번에는 두영을 비방하는 '비어(蜚語)'가 떠돌았고, 그것이 결국 무제의 귀에까지 들어가자 결국 위성(渭城)에서 참수되었다.

　'유언비어'는 대단히 보편적인 사회심리 현상의 하나로서 일부 사람들이 특정한 '희망'에 근거하여 퍼뜨리는 것으로, 사실적 근거가 부족한 전해 듣는 말이다. 유언비어는 실제생활과는 간격과 차이가 크고, 심지어 공격성까지 갖춘다. 따라서 일반적으로 소극적 사회적 기능을 발휘하며, 왕왕 아주 나쁜 사회적 영향을 조성하기도 한다. 그런가 하면 언론이나 여론이 강제적으로 탄압당할 때 나타나는 소극적 저항의 한 표현으로서 '유언비어'가 널리 퍼지기도 한다.('복비', '유어기시' 항목 참고)

키워드 : 여론, 소문, 유언비어

유이천리(謬以千里)

천 리만큼이나 큰 잘못.
- 《한서(漢書)》〈사마천전〉

'실지호리, 차이천리' 항목을 참고하면 된다.

키워드 : 상황, 실수, 차이

유자가교(孺子可敎)

젊은 녀석이 가르칠 만하다.
- 권55 〈유후세가〉

장량은 진시황 암살에 실패하여 도망 다니다가 하비 지방의 다리 위에서 신비한 노인을 만난다. 노인은 장량을 시험하기 위해 자신의 신을 이교(圯橋)라는 다리 아래로 던진 다음 주워서 신기게 했다. 장량이 성질을 참고 노인에게 신발을 신기자 노인은 **"젊은 녀석이 가르칠 만하군"**이라며 날짜를 잡아 장량에게 병법서를 건네주었다. 여기서 나온 사자성어가 **유자가교**로 **앞날이 밝은 젊은이에 대한 비유**로 쓰인다. '신을 신기다'는 '진리(進履)'라는 표현도 여기서 나왔고, '이상진리(圯上進履)'라 하여 '이교에서 (노인의) 신을 신기다'는 성어도 나왔다. (자세한 내용은 '박랑사', '이상' 등 항목 참고)

사진은 장량이 다리에서 만난 노인으로부터 병법서를 받는 모습을 그린 장량 사당의 조형물이다.(2010년)

키워드 : 젊은이, 전망, 비유

유잠타이(遺簪墮珥)

비녀가 흩어지고, 귀걸이가 떨어지다.
– 권126 〈골계열전〉

'유곤' 항목에서 술과 술자리에 관한 순우곤의 성찰을 살펴본 바 있다. 그 앞부분을 좀 더 소개하면 이렇다.

"만약 마을의 모임으로 남녀가 섞여 앉아 서로 상대방에게 술을 돌리고, 장기와 투호를 벌여서 상대를 구하며, 남녀가 손을 잡아도 벌이 없고, 눈이 뚫어져라 바라보아도 뭐라 하지 않으며, 앞에는 **귀걸이가 떨어지고**, 뒤에는 **비녀가 어지러이 흩어지는** 그런 자리라면, 곤은 이런 것을 좋아해 여덟 말 정도를 마실 수 있지만 2, 3할밖에 취기가 돌지 않습니다."

이 대목에서 '비녀가 흩어지고, 귀걸이가 떨어진다'는 뜻의 **유잠타이**라는 성어가 나왔고, 훗날 **어떤 것에도 구애받지 않고 즐겁게 술을 마시는 모습**을 형용하게 되었다.

키워드 : 술자리, 분위기, 화기애애

유중불하(留中不下)

궁중에 남겨놓고 내려 보내지 않다.
– 권60 〈삼왕세가〉

〈삼왕세가〉에는 여러 신하가 황제에게 올린 주청(奏請)의 문장이 많이 기록되어 있다. 황제들은 이 주청을 읽거나 듣고 신하들에게 논의하도록 하기도 하고, 궁중(문서 보관소)에 **보관만 해놓고 논의를 명하지 않은** 경우도 있었다. **유중불하**는 신하들이 올린 주청에 대해 황제(권력자)가 반응을 보이지 않는 것을 뜻한다.

키워드 : 보고, 보고서, 미반응

유차지욕(楡次之辱)

유차의 치욕.
– 권86 〈자객열전〉

진시황을 암살하려고 했던 자객 형가(荊軻, ?~기원전 227)가 무명 시절 유차라는 곳을 지나다가 개섭(蓋攝)과 검술에 관해 이야기를 나누게 되었다. 개섭은 아무런 까닭도 없이 화를 내며 형가를 노려보았다. 이 일화에서 **유차지욕**이라는 성어가 나왔고, 아무런 **까닭 없이 당한 치욕을 비유**하게 되었다.

《후한서》〈공융전〉에 보면 동한 말기의 명사였던 공융(孔融, 153~208)의 성격을 묘사하면서 가랑이 밑을 기는 '과하지부(過下之負)'나 '유차지욕'을 당해도 마치 모기 한 마리가 지나가는 듯 개의치 않았다고 했다. '과하지부'는 남의 가랑이 밑을 기는 치욕이란 뜻으로 명장 한신(韓信)의 젊은 날 일화에서 비롯된 성어인데, '과하지욕(過下之欲)'으로 많이 쓴다.('과하지욕' 항목 참고) 유차는 지금의 산서성 진중시(晉中市)에 속한 유차구(楡次區) 지역이다.

키워드 : 관계, 모욕

유촉문(諭蜀文)

파촉(巴蜀) 지방을 다독거리는 글.

– 권117 〈사마상여열전〉

기원전 135년 무렵, 한 무제는 파촉(巴蜀)으로 불리는 서남이(西南夷) 지역(지금의 사천성, 운남성 일대)을 개척하고자 당몽(唐蒙, 생졸 미상)을 보냈다. 당몽은 계략을 써서 야랑(夜郎)·서북(西僰)을 점령하고, 이들과 통하고자 파촉의 관리와 병사 1천 명을 징발했다. 군에서는 또 그들의 양식을 운송하기 위해 무려 1만이 넘는 사람을 보냈다. 그것도 모자라 당몽은 군법에 따라 그 지역 수령의 목을 자르니, 파촉 사람들이 두려워 어쩔 줄 몰라 했다.

사마상여와 함께 서남이 지역을 개척한 당몽의 상이다.

무제는 사마상여를 보내 당몽을 꾸짖는 한편, 파촉 사람들에게 당몽의 행동은 황제의 뜻이 아니라는 것을 해명하게 하는 글을 지어 알리게 했다.

당시 사마상여가 황제 무제의 명령을 받고 **파촉 지역의 민심을 다독거리기** 위해 지은 글을 **유촉문**이라 한다. 이후 '유촉문'은 **백성들을 안심시키기 위한 포고문**을 가리키게 되었다.

오늘날 당몽은 사마상여와 함께 '서남사주지로(西南絲綢之路)', 즉 '서남 지역으로 통하는 비단길'을 개척한 인물로 평가하고 있다. 기원전 111년 34세의 사마천도 이 서남이 지역을 시찰한 바 있고, 이때의 시찰은 〈서남이열전〉을 기록하는 데 큰 도움이 되었다.

키워드 : 통치, 이민족, 회유책

유한공자(遊閑公子)

한가롭게 노는 귀공자.
- 권129 〈화식열전〉

사마천은 〈화식열전〉에서 역대 여러 상인들과 그들의 다양한 치부법을 소개하면서 흥미로운 용어들을 많이 선보였는데 **유한공자**도 그중 하나이다. '유한공자'라는 단어는 말 그대로 **한가롭게 노는 귀공자**를 말하는데, 대개는 **부유한 상인이나 부잣집 자제**들을 가리켰다.

이런 '유한공자'들이 생활하는 모습은 대체로 '화려한 관(冠, 모자)과 검으로 치장하고 수레와 말을 끌고 다니는' 것이었다. 이 모두는 당연히 자신들의 부를 과시하기 위해서였다. '유한공자'라는 표현은 그들의 부를 대변하기도 하지만, 동시에 부를 과시하기 위해 지나치게 꾸미고 사치한다는 비판조도 깃들어 있다.

상인으로서 '유한공자'라는 별명을 들은 사람은 진·한 시기 지금의 하남성 남양(南陽) 지역에서 야철업으로 거부가 된 공씨(孔氏)였다. 공씨는 사업 수완, 즉 경영법이 아주 남달랐다. 먼저 공씨는 야철업과 철기 제작업을 통해 축적한 부를 공공사업에 기부했다. 당시 남양 지역에 부족한 농업 시설인 제방과 저수지를 만드는 데 막대한 자금을 기부함으로써 백성들의 존경을 받았다. 이 덕분에 남양의 농업 생산이 늘었고, 이는 곧 백성들의 생활수준과 직결되었다. 백성들의 향상된 생활수준은 다시 공씨의 사업을 발전시키는 데 영향을 미쳤다. 말하자면 기부를 통해 백성의 생활수준을 향상시키고, 이것이 다시 공씨의 사업을 번창시키는 연쇄 효과를 낸 것이다.

이와 함께 공씨는 제후들이나 자신의 사업과 관련이 있는 유력자들에게 아낌없이 선물 공세를 펼쳤다. 사업 확장이나 상품 판매의 한 방법으로 유력자에게 귀한 선물을 제공한 원조로는 공씨보다 앞서 춘추시대 공자의 제자 자공(子貢)이 있었다. 그러나 그 씀씀이라는 면에서는 자공은 공씨의 상대가 되지 못했다. 공씨가 얼마나 돈을 잘 썼는가 하면 자신의 사업 자본보다 홍보와 선물 등에 쓰는 돈이 더 많았다고 할 정도였다. 이것이 사업에 큰 도움이 된 것은 물론이었다. 사마천은 이 부분을 "돈을 헤프게 쓰면서도 엄청난 이익을 남겼으므로 좀스럽게 구는 상인보다 훨씬 돈을 더 잘 벌었다"고 묘사했다. 이 때문에 그에게 붙은 별명이 '유한공자'였다. 공씨는 수천 금의 부를 쌓았고, 남양의 상인들은 모두 공씨의 대범함을 본받으려 했다.

남양을 중심으로 한 하남성 일대에는 야철유지가 많이 남아 있다. 사진은 옛 형양(滎陽) 지금의 정주시 형양고성 서쪽에서 발견 발굴된 동한 시대 야철유지 전시관 입구이다.

같은 '유한공자'이지만 공씨에게 붙은 '유한공자'와 부를 과시하려고 온갖 치장과 사치를 일삼는 부잣집 자식을 말하는 '유한공자' 사이에는 상당한 차이가 있는 것으로 보인다.

참고로 한 무제 때인 기원전 119년 경제전문가들인 동곽함양(東郭咸陽)·상홍양(桑弘羊) 등과 함께 조정에 발탁되어 경제와 재정정책을 주도했던 공근(孔僅, 생졸 미상)은 바로 이 남양 지역의 대야철상 출신이었다. 정확한 기록은 없지만 유한공자로 불렸던 공씨의 후손일 가능성이 커 보인다. 한나라 때 남양은 야철업과 상업으로 크게 번성하여 한단(邯鄲, 북시北市), 임치(臨淄, 동시東市), 성도(成都, 서시西市), 낙양(洛陽, 중시中市)과 함께 '오도(五都)'의 하나이자 남시(南市)로 불렸다.

키워드 : 경제, 상인, 부상(富商), 생활

유후모적송(留侯慕赤松)

유후(장량)가 적송자를 사모하다.
– 권55 〈유후세가〉

초한쟁패에서 유방이 승리하는 데 가장 큰 공을 세운 장량은 기원전 202년 유방이 황제로 즉위하자 바로 은퇴했다. 장량은 평소 건강이 좋지 않았다. 때문에 늘 속세를 떠나 전설 속 신선인 적송자(赤松子)처럼 유유자적 살고 싶다는 생각을 나타냈다.

그는 이런 자신의 생각과 말을 그대로 실천에 옮겼다. 병을 핑계로 벼슬을 한사코 사양했으며, 두문불출 속세로 나오지 않았다. 장량이 조기 퇴진할 수 있었던 데는 자신의 의지가 가장 중요했지만 그의 건강 상태도 한몫했다. 몸이 좋지 않아 늘 단식이나 양생술(養生術)로 건강을 유지해야만 했기 때문이다. 여태후는 이런 장량이 걱정이 되어 그를 찾아가 음식을 섭취하라고 간곡하게 부탁할 정도였다. 이런 섭생과 양생술 때문에 그는 뜻하지 않게 여자 같은 피부를 유지할 수 있었다.(사마천은 진시황 암살 시도와 같은 장량의 특별한 이력 때문에 그가 기골이 장대한 건장한 남자일 것으로 생각했으나, 그의 사당에 걸린 초상화를 보고는 그가 곱상한 여자처럼 생겼다는 것을 알게 되었다고 한다.)

장량은 통치자와 정치권력의 속성을 정확하게 간파하고 있었다. 그는 역사적 사례를 통해 이 교훈을 배우고, 또 자신의 수양을 통해 이를 체화시켰다. 끊임없이 은퇴를 입버릇처럼 달고 다니면서 자신의 의지를 권력자에게 각인시켰다. 헛소리가 아니라는 것을 행동으로 옮겼고, 권력자와 주위 사람들은 그의 행동을 자연스럽게 받아들였다. 이것이 장량의 지혜였다.

섬서성 유파현(留壩縣)이라는 깊은 골짜기에는 그의 삶을 압축해 놓은 것 같은 사당이 남아 있다. 이 사당에는 장량의 현명한 퇴진에 관한 글씨와 찬양으로 가득 차 있다. '성공한 자리에는 머물지 말라'는 '성공불거(成功不居)'를 비롯하여, '공을 이루고 나면 용감하게 물러나라'는 '공성용퇴(功成勇退, 또는 공성신퇴功城身退)', '멈출 줄 알아라'는 '지지(知止)' 등이 눈길을 끈다.

장량은 한(韓)나라에서 4대를 내리 재상을 지낸 집안의 후손이었다. 귀족 중에서도 귀족이었다. 조국이 망한 뒤 그는 진시황을 암살하려는 등 귀한 신분으로서는 남다른 격정기를 거치기도 했다. 그 뒤 장량은 통치 방략에 대한 깊은 공부를 통해 천하대세의 흐름을 읽고 유방의 참모로 큰 공을 세웠다. 그사이 그의 식견과 지혜는 차원을 달리 하며 완숙해졌고, 이를 자기수양을 통해 체화시켰다. 그리고 정점에서 물러났다.

중국 사람들은 이런 장량을 '모성(謀聖)'으로 추앙하는데, 무엇인가를 꾀하고 계책을 내는데 최고라는 말이다. '모(謀)'란 글자에는 여러 가지 뜻이 함축되어 있고, 그중에는 지혜의 뜻도 들어 있다. '지혜의 성인'으로 장량을 부르는 쪽이 그의 삶과 만년에 한결 어울릴 것 같다.

섬서성 유파현(留壩縣)에 잘 남아 있는 장량 사당의 입구이다. 왼쪽 편액의 '급류용퇴(急流勇退)'는 '격변의 시기에 용기 있게 물러난다'는 뜻으로 장량의 처세를 잘 나타내고 있다.(2011년)

장량이 평소 적송자처럼 살고 싶다고 한 이야기에서 **유후모적송**이란 용어가 나왔다. 훗날 이 성어는 **공을 이루고 나면 물러나 세상을 버리고 신선처럼 살겠다는 의지를 나타내는 전고**가 되었다.('장자방택류' 항목 참고)

키워드 : 처세, 퇴진, 의지

유후차저(留侯借箸)

장량이 젓가락을 빌리다.

– 권55 〈유후세가〉

한 3년인 기원전 204년, 초한쟁패가 한창인 상황에서 항우가 유방을 형양(滎陽)에서 포위했다. 다급한 유방은 역이기(酈食其)에게 항우의 세력을 약화시킬 수 있는 방안을 물었다. 역이기는 과거 전국시대 6국의 후세들에게 다시 나라를 회복시켜 줄 것을 건의했다. 유방은 서둘러 6국의 도장을 새겨 6국으로 가라고 명령했다.

역이기가 떠날 준비를 하고 있을 때, 장량이 밖에서 돌아와 인사를 드렸다. 마침 식사를 하고 있던 유방은 장량에게 이 이야기를 해주었다. 장량은 깜짝 놀라며 그랬다가는 끝장이라며, "그 앞의 **젓가락을 빌려** 대왕을 위해 한번 따져보게 해주십시오"라 말하고는 무려 일곱 가지 이유를 들어 역이기의 제안이 갖는 문제점을 지적했다.

말을 다 듣고 난 유방은 먹던 음식을 뱉어내면서 **"이런 천박한 유생 놈이 하마터면 큰일을 망칠 뻔했군"**이라고 욕을 하고는 서둘러 도장을 녹이게 했다. ('추생' 항목 참고)

이상의 사실에서 유후, 즉 **장량이 젓가락을 빌리다**는 **유후차저**의 성어가 나왔고, 훗날 누군가를 위해 계책을 낸다는 뜻으로 사용되고 있다. ('각자위전', '양약고구', '조결위학' 등 항목 참고)

키워드 : 형세, 계책, 비유

육

육고분금(陸賈分金)

육고가 금을 나누어주다.

– 권97 〈역생육고열전〉

중복되긴 하지만 '마상득지' 항목과 '수견불선' 항목에서 소개한 육고(陸賈)라는 인물에 대해 좀 더 살펴보자. 그는 대략 기원전 약 240년에 태어나 기원전 170년에 세상을 떠난 것으로 되어 있다. 70을 넘어 살았으니 그런대로 장수했다.

육고는 초나라 출신으로 초한쟁패 때 유방(劉邦)을 따랐는데, 말솜씨가 좋아 여기저기 사신으로 파견되어 상당한 공을 세웠다. 한나라가 건국된 뒤로는 문무병용(文武倂用)을 건의하여 나라의 문물과 제도를 정비하는 데 적지 않을 역할을 했고, 고조 유방이 죽은 뒤 권력을 좌지우지하던 여태후 일족을 몰아내는 데도 역할을 해냈다. ('문무병용' 항목 참고)

육고는 학문도 상당했다. 황제에게 올릴 말이 있으면 늘 유가의 경전인 《시경》이나 《상서》 구절 따위를 인용하여 황제를 머쓱하게 만들었다. 특히 많이 배우지 못한 유방은 이런 육고의 말이 잔소리로 들렸다. 한번은 육고에게 욕을 하면서 "내가 말 위에서 천하를 얻었다. 《시경》이나 《상서》 따위가 무슨 소용이란 말인가!"라며 고함을 질러댔다. 여기서 '말 위에서 천하를 얻는다'는 '마상득지(馬上得之)'라는 고사성어가 나왔다. 평소 욕 잘하는 유방의 성격을 잘 아는 육고는 전혀 당황하지 않고 이렇게 반박했다.

"폐하께서 말 위에서 '천하를 얻으셨는지는 몰라도 말 위에서 천하를 다스릴' 수는 없지 않습니까? 그 옛날 은의 탕왕과 주의 무왕은 천자를 내쫓고 천하를 얻었지만 민심에 따라 나라를 지켰습니다. 이렇게 '문무를 함께 사용'하는 것이 국가를 영원히 보존하는 방법입니다. 옛날 오왕(吳王) 부차(夫差)와 진(晉)의 지백(智伯)은 무력을 지나치게 사용하다 나라를 잃었으며, 진(秦)은 가혹한 형벌만 믿고 변화하지 못하다가 역시 멸망했습니다. 당시 진이 천하를 통일한 뒤 어진 정치를 펼치고 옛 성인을 본받았다면, 지금 폐하께서 어떻게 천하를 차지할 수 있었겠습니까?"

'말 위에서 천하를 다스리다'는 '마상치지(馬上治之)'는 이렇게 유방의 '마상득지'에 맞선 유명한 고사성어가 되었다. 고조 유방은 마음이 편치 않았지만 부끄러운 기색을 보이며 육고에게 "그렇다면 시험 삼아 진이 천하를 잃은 까닭과 내가 천하를 얻은 까닭이 무엇인지, 그리고 옛날 성공하거나 실패한 나라의 역사적 사실을 기록해 보시오"라고 했다.

육고는 국가 존망의 징조들에 대해 약술하여 모두 12편의 《신어(新語)》라는 책을 지었다. 매 편을 완성하여 고조 유방에게 올릴 때마다 고조는 칭찬을 아끼지 않았고, 좌우 사람들은 모두 만세를 부르며 환호성을 울렸다.

육고는 쾌활하고 유머러스한 성격의 소유자였다. 그가 여러 나라를 돌면서 한 나라의 최고 통치자들을 설득하고 그들로부터 환대를 받았던 것도 이런 그의 성격과 무관하지 않았다. 이런 그의 성격과 기질은 만년 생활에서 더욱더 잘 드러났다.

육고에게는 아들이 다섯 있었다. 나이가 점점 들어가자 육고는 그 옛날 남월(南越)

에 사신으로 갔다가 선물로 받은 패물들을 팔아 천금을 장만했다. 육고는 이 천금을 다섯 아들에게 각각 200금씩 나누어주어 자식들의 생업을 돌보았다. 자신은 네 마리 말이 이끄는 화려한 수레에 가무단 10명을 태우고 다니면서 아들들 집을 돌아가며 방문했다. 오늘날로 말하자면 이동식 밴드를 꾸려서 마차로 이동하면서 자식들 집으로 공연을 다녔다고나 할까? 그러면서 육고는 자식들에게 이렇게 약속했다고 한다.

"내가 너희들 집을 방문하면 내 가무단과 말에게 술과 먹이를 대접해라. 이렇게 열흘 쯤 실컷 놀고 즐기다가 다른 아들 집으로 갈 것이다. 내가 마지막에 죽는 아들 집에다 보검이며, 수레며, 말이며, 시종들을 다 물려줄 것이다. 1년 중 다른 곳에 머무르는 것을 제외하면 대충 두세 번 정도 너희들 집을 찾지 않을까 싶다. '자주 보면 싫증 날' 테니 오래 묵어서 너희들을 귀찮게 하지 않으마."

육고가 이렇게 담담하고 시원하게 만년 생활을 보내게 된 데는 그의 성격 때문만은 아니었다. 당시는 여태후와 그 일족의 기세가 등등하여 개국 공신들과 일촉즉발의 위기감이 조성되고 있던 정국이었다. 육고는 자신에 대한 여태후의 경계심을 잘 아는 터라 이런 생활방식으로 그 경계를 피했던 것이다. 고도의 경각심을 유머러스한 방식으로 치환한 육고 나름의 유쾌한 정치적 감각과 처세술이 돋보이는 대목이다.

유머 감각이 뛰어난 사람은 속세의 이해관계에 초탈하다. 나이가 들수록 권력과 재물에 대한 욕심을 자제하고 버릴 줄 안다. 육고는 진평에게 여씨 세력을 견제할 수 있는 묘수를 일러주어, 진평과 다른 공신들이 여씨 세력을 제거하는 데 큰 역할을 했다. 이에 대한 감사로 진평은 노비·수레·말 등과

육고의 행적을 기록한 〈역생육고열전〉의 송나라 때 판본이다.

돈 500만 전을 육고에게 주었다. 육고는 이 재물들을 다른 사람과 교제하는 데 다 썼다. 육고의 명성은 더욱 자자해졌다. 그가 살벌한 정치판에서 누구보다 즐겁게 만년을 보낼 수 있었던 데는 육고의 시원시원한 성격과 더불어 재물과 권력을 탐하지 않고 그것을 여러 사람들과 나눔으로써 얻은 명성이 작지 않게 작용했기 때문일 것이다.

육고가 아들들에게 금을 나누어진 일화에서 **육고분금**이라는 성어가 탄생했다. 훗날 이 성어는 쉬고 있거나 은퇴한 관리가 재산을 자손에게 공평하게 나누어 주어 생계를 꾸리게 했다는 뜻으로 인용되고 있다.

육고와 관련해서는 또 '육고설(陸賈舌)'이란 재미난 단어가 있다. 말솜씨가 뛰어났던 육고를 이렇게 표현한 것이다. '육고의 혀'란 뜻으로 말솜씨가 좋은 사람을 비유할 때 쓰곤 한다.('수견불선' 항목 참고)

키워드 : 인생, 만년, 재산, 분배

육단(肉袒)

웃통을 드러내다.
– 권38 〈송미자세가〉 ; 권42 〈정세가〉 ; 권81 〈염파인상여열전〉 ; 권79 〈범수채택열전〉

육단은 맨살을 드러내는 것을 말한다. 대개 웃통을 벗는데 누군가에게 잘못을 하거나 죄를 지어 사죄할 때 하는 행동이다. 《사기》에는 이 '육단'의 사례가 여러 군데 나오는데, 〈염파인상여열전〉에서 염파가 '웃통을 벗고 등에 가시나무를 짊어지고' 인상여를 찾아 사과한 장면이 가장 유명하다.(부형청죄' 항목 참고)

〈송미자세가〉에는 주 무왕이 은나라 마지막 임금인 주(紂)를 토벌하자 주임금의 배다른 형님인 미자(微子)가 제사 그릇을 들고 무왕을 찾아가서는 "웃통을 벗고 등 뒤로 손을 묶은 다음, 다른 사람에게 왼편으로는 양을 끌고 오른편으로는 소꼬리를

염파가 인상여에게 사과하는 장면으로 옷통을 다 벗고 회초리를 바치고 있는 모습이다. 염파의 진정성을 더 강하게 나타내기 위한 과장으로 보인다.

장식한 깃발을 들게 했다. 그리고는 무릎으로 기어 앞으로 나와 무왕에게 (망국의) 죄를 청했다"고 한다. 폭군 주임금을 대신하여 나라를 망친 죄를 청하는 말하자면 항복 의식의 하나로 이런 행동을 취한 것이다. 여기서 '웃통을 벗고 등 뒤로 손을 묶다'는 '육단면박(肉袒面縛)'이 나왔다. 〈범수채택열전〉에는 '웃통을 벗고 무릎으로 기다'는 '육단슬행(肉袒膝行)'이 보인다. 또 '웃통을 벗고 양을 끌고 가다' '육단견양(肉袒牽羊)'도 파생되었다. '육단견양'은 〈정세가〉에 보이는데 관련 사건을 살펴보자.

기원전 597년, 초 장왕(莊王)은 정나라가 진(晉)나라와 동맹을 맺자 정나라를 토벌하러 와서는 석 달 동안 포위했다. 정나라는 도성을 내어주고 초나라에 투항했다. 초 장왕이 황문(皇門)으로 들어가자 정 양공(襄公)은 '웃통을 벗고 양을 끌고나와' 맞이하면서 이렇게 죄를 청했다.

"이 몸이 변방의 성읍들을 제대로 돌보지 못해 군왕을 화나게 만들어 여기까지 오게 했으니 이 몸의 죄입니다. 어찌 감히 명을 받들지 않겠습니까? 군왕께서 이 몸을 강남으로 옮기고, 제후로 봉해도 오로지 명을 따를 것입니다. 군왕께서 (주 왕실의) 여왕(厲王)·선왕(宣王)과 (저희) 환공(桓公)·무공(武公)을 잊지 않으셨다면 불쌍해서라도 차마 그분들의 사직을 끊을 수 없을 것이니 '불모의 땅(불모지지不毛之地)'이라도 내리시어 잘못을 고치고 다시 군왕을 섬기는 것, 그것이 이 몸의 소원이긴 합니다만 감히 그렇게 되리라고는 바라지 않겠습니다. 마음에 있는 말을 감히 털어놓은 것이고 그저 명을 받들 뿐입니다."

장왕은 30리 밖으로 군을 물리고 주둔했다. 초의 신하들은 "영(郢)에서 여기까지 오느라 사대부들 역시 많이 지쳤습니다. 지금 나라를 얻고도 버리시니 어째서입니까?"라 했으나 기어이 철수했다.

'육단'은 자신의 **맨살을 드러내는 가장 큰 사죄의 행동**이다. 이때 그 정도에 따라 웃통을 전부 벗는 경우, 왼쪽 어깨나 오른쪽 어깨만을 드러내는 경우가 있다. 다만 사과의 의미로는 오른쪽 어깨를 드러내는 우단(右袒)이 일반적이다. 좌단(左袒)은 반역 따위를 도모할 때 말로 하지 않고 대신 왼쪽 어깨를 드러내는 것으로 동의와 동참을 나타낸다. 좌단은 또 누군가에 대한 큰 애도의 표시이기도 하다. 항우가 자신이 세운 의제(義帝)를 죽이고는 "왼쪽 어깨를 드러낸 채 크게 통곡"한 경우가 그것이다.(〈고조본기〉)

키워드 : 행위, 사죄, 항복

육인(六印)

육각 도장 / 여섯 나라의 도장.
− 권69 〈소진열전〉

육인은 '육각 도장', '여섯 개의 도장', '여섯 나라의 도장' 등의 뜻을 가진 흥미로운 단어다. 전국시대를 풍미했던 유세가 소진(蘇秦)은 강대국 진(秦)나라에 대항하기 위한 합종(合縱)을 제안하여 나머지 여섯 나라의 공동 재상이 되는 엄청난 출세를 했다.('합종연횡' 항목 참고)

소진이 금의환향(錦衣還鄕)하자 지난날 그를 멸시했던 사람들이 모두 그 앞에서 굽실거렸다. 소진은 자신에게 낙양성 주변에 밭뙈기라도 조금 있었더라면 어떻게 **여섯 나라 재상의 도장**을 찰 수 있었겠느냐며 혀을 찼다. 소진의 탄식에는 자신이 가진 것 없어 멸시를 당했기에 그를 극복하고 성공할 수 있었다는 뜻이 들어 있다.

낙양 근교에 남아 있는 소진의 무덤과 비석을 멀리서 바라본 사진이다. 비석은 민간 전설과는 달리 육각이 아니라 사각이다. 물론 후대에 세워진 것이다.(1999년)

'육인'은 '소진육인'이라고도 많이 쓴다. 훗날 '육인'과 '소진육인'은 부귀영화와 동시에 세태와 인정의 냉정함을 나타내는 단어로 많이 인용되었다. 다시 말해 '육인'은 여섯 나라 재상의 도장이란 뜻의 단어지만, 그 속에 담긴 속뜻은 출세와 영달이다. 일설에는 소진의 도장도 여섯 나라와 여섯 나라 공동 재상의 의미를 담아 육각으로 팠다고 한다. 민간에서는 소진의 무덤 앞에 세운 비석도 육각이었다는 전설이 전해온다.

키워드 : 도장, 출세, 영달

육출기계(六出奇計)

여섯 번 기이한 계책을 내다.
— 권56 〈진승상세가〉

초한쟁패 때 유방의 참모로서 장량 못지않은 계책을 많이 낸 인물이 진평이다. 무엇보다 진평은 유방이 위기에 처했을 때, 이를 타개하는 기발한 계책들을 많이 낸 것으로 잘 알려져 있다. 기록에는 진평이 이런 계책을 여섯 번이나 냈는데, 그 계책들이 하도 기이하고 은밀하여 내용은 전하지 않는다고 되어 있다.

이렇게 진평이 낸 기이한 계책들에서 **육출기계**라는 사자성어가 비롯되었다. 역대로 그 여섯 가지 계책의 내용이 무엇이냐에 대해 많은 추측들이 있었는데, 기록을 근거로 대개 다음 여섯 가지를 꼽는 경우가 많다.

①항우 진영, 특히 항우와 범증을 이간시킨 계책.

②형양성에서 항우에 포위당한 위급한 상황에서 밤을 틈타 여자 2천 명을 성 밖으로 내보내 항우 군대의 주의를 다른 곳으로 끈 계책.

③초한쟁패 막바지에 한신이 자신을 제나라 왕으로 봉해 달라고 요구했을 때, 유방이 화를 내자 발등을 밟으며 귓속말로 일단 한신을 왕으로 삼으라고 건의한 계책.

④운몽(雲夢)으로 한신을 유인하여 그를 체포하게 한 계책.

⑤유방이 평성(平城)에서 흉노에 포위당해 전멸할 위기에서 흉노 선우의 아내를 설득하여 포위를 풀게 한 계책.

⑥초기 공신들의 반란을 제압할 때 낸 계책(내용은 알려져 있지 않음).

진평의 '육출기계'는 그 뒤 **승리할 비책이나 위기를 벗어날 수 있는 기발한 채략을 수시로 내놓는 경우**를 가리키는 성어로 정착했다.

키워드 : 계책, 기계(奇計), 비책(祕策)

윤

윤형피면(尹邢避面)

윤부인과 형부인이 얼굴을 피하다.

– 권49 〈외척세가〉

〈외척세가〉 끝부분에는 후대에 저소손(褚少孫)이 덧붙인 문장이 있다. 여기에 한 무제의 총애를 받은 윤부인과 형부인의 이야기가 나온다.

윤부인은 형부인과 함께 총애를 받았지만, (그녀 둘이) '서로 만날 수 없다'는 명령이 있었다. 한번은 윤부인이 무제에게 형부인을 만나고 싶다고 청하여 허락을 얻었다. 무제는 다른 부인을 형부인으로 분장시키고 시종 수십 명을 딸려 윤부인에게 보냈지만, 윤부인은 단번에 알아보았다. 무제가 어떻게 알아챘냐고 묻자 용모와 자태가 황제와 어울리기에는 부족하다고 했다. 다음으로 무제는 형부인에게 낡은 옷을 입고 윤부인을 만나게 했다. 윤부인은 멀리서 보고도 바로 알아보았다. 그리고는 자신이 윤부인만 못한 사실에 가슴 아파하며 눈물을 흘렸다.

이 이야기 중 황제가 **두 부인을 서로 만나지 못하게 했다**는 대목에서 **윤형피면**이라는 성어가 나왔다. **서로 만나지 못하는 처지를 비유**한다.

저소손은 마지막 부분에서 '여자는 잘나고 못나고 관계없이 일단 궁에 들어가기만 하면 질투를 받고, 선비는 잘나고 못남에 관계없이 일단 조정에 들어가기만 하면 시기를 받는다(여무미악女無美惡, 입실견투入室見妒 ; 사무현불초士無賢不肖, 입조견질入朝見嫉)'는 속담을 인용한 다음, "아름다운 여인이 추녀의 원수인 것이 어찌 이와 같지 않은가"라는 말로 궁중 여인들의 질투를 절묘하게 나타냈다.

키워드 : 궁정, 후궁, 질투

융

융준(隆準)

오똑한 콧날.
– 권8 〈고조본기〉

'용안' 항목에서 살펴본 바 있는 고조 유방의 외모를 묘사하면서 사마천은 "콧날이 높고 이마는 튀어나온 것이 용의 모습을 닮았으며, 멋진 수염을 길렀다. 왼쪽 허벅지에는 72개의 검은 점이 있었다"고 했다. 여기서 **콧날이 높다**는 부분에서 **융준**이란 단어를 썼다. '준'은 코를 말한다. '융준'이란 이 단어는 훗날 고조 유방의 외모를 가리키는 대명사가 되었다. ('용안' 항목 참고)

키워드 : 외모, 인체, 코

은

은유(殷羑)

은의 유리성 / 감옥.
– 권3 〈은본기〉

상(은)나라 말기 서백(西伯) 창(昌, 훗날 주 문왕文王)은 간사한 숭후호(崇侯虎)의 고자질 때문에 주(紂)임금에 의해 유리성(羑里城)에 7년 동안 갇혀 있었다. 문왕은 그 7년 동안 8괘를 64괘로 풀이했다. 이것이 바로 '주역(周易)'이다.

훗날 사람들은 **문왕이 갇혔던 유리성**을 가리켜 **은유(殷羑)**, 또는 '은유(殷牖)'라 하여 **감옥을 가리키는 단어**로 사용했다. 유리성 유지는 오늘날 하남성 탕음현(湯陰縣) 북쪽에 잘 남아 있다.

서백 창(주 문왕)이 7년 동안 갇혀 있었던 유리성의 입구이다.(2009년)

키워드 : 감옥, 명칭

은해(銀海)

수은의 바다.
- 권6 〈진시황본기〉

'인어고' 항목에서 진시황 무덤의 내부 상황에 대해 자세히 검토한 바 있다. 그중 "하천과 강 그리고 바다를 만들고, 기계로 수은(水銀)을 흘려보냈다"는 대목에서 **수은의 바다**라는 뜻의 **은해**라는 단어가 파생되었다. 훗날 '은해'는 **제왕의 무덤 안에 수은을 흘려보내 만든 인공 물길이나 호수**를 가리키게 되었다.

키워드 : 진시황릉, 수은, 인공, 물길

음

음릉실도(陰陵失道)

음릉에서 길을 잃다.
- 권7 〈항우본기〉

초한쟁패의 막바지인 기원전 202년, 항우는 해하(垓下)에서 '사면초가(四面楚歌)'에 몰렸다. 항우는 사랑하는 여인 우희(虞姬)와 이별하는 '패왕별희(霸王別姬)'의 노래를 부른 다음 800의 결사대로 포위를 뚫고 남쪽으로 달아났다. 한의 관영(灌嬰)은 5천의 기병을 몰아 항우를 추격했고, 회수를 건널 무렵 항우를 따르는 기병은 100여 기에 지나지 않았다. 게다가 **음릉에서 길까지 잃었다.** 항우는 오갈 데 없는 상황에서 하늘을 탓하며 스스로 목숨을 끊었다. 음릉은 지금의 안휘선 정원(定遠) 서북으로 당시 진나라의 현이었다. **음릉실도**는 엎친 데 덮친 격으로 위기에 빠진 상황을 비유할 수 있다. 비슷한 뜻의 성어로 《경덕전등록(景德傳燈錄)》에 보이는 ‘눈 내린 위에 서리까지 내리다’는 ‘설상가상(雪上加霜)’이 있다. (‘사면초가’, ‘패왕별희’ 항목 참고)

음상지(飮上池)

‘상지’의 물을 마시다.
– 권105 〈편작창공열전〉

〈편작창공열전〉은 뛰어난 의술을 가진 두 사람에 관한 전기이다. 전국시대 편작(扁鵲)과 한 문제 때의 창공(倉公) 순(淳)이 그들이다. 두 사람 모두 명의(名醫)로 이름을 떨쳤다. 사마천은 이 두 명의가 의학사는 물론 인류 건강에 미친 중대한 의의를 발견하고 이 열전을 남겼다. 이 열전이 갖는 의의를 정리해본다.

史記卷一百五
漢　太史　令司馬遷撰
宋中郎外兵曹參軍裴駰集解
唐國子博士弘文館學士司馬貞索隱
唐諸王侍讀率府長史張守節正義
扁鵲倉公列傳第四十五

〈편작창공열전〉의 첫 부분이다.

첫째, 사마천은 명의의 실사구시적 과학정신을 존중함으로써 〈봉선서〉에서 보여준 미신을 비판하는 사상과 대비시킨다. 이들의 사상과 행적을 통해 의학의 유물론적 요소를 긍정하고, 과학의 변증적 사상을 인정한다.

둘째, 편작이 진나라 태의령(太醫令)의 시기와 질투를 받아 살해되는 장면에서는 험악한 현실에 대한 자신의 곤혹감과 뛰어난 인재의 고독을 나타냈다.

셋째, 사마천은 과학과 역사가 밀접한 관계에 있는 서로 다른 두 영역임을 잘 보여준 점도 눈길을 끈다. 〈편작창공열전〉은 의학과 관련된 많은 영역(분야·증상·처방·원인·분석 등)에서 아주 자료를 상세하게 남긴 아주 귀중한 자료다.

편작은 발해군(渤海郡) 막읍(鄭邑) 출신으로 성은 진(秦)이고, 이름은 월인(越人)이다. 젊어서 남의 객사(客舍)에서 관리인을 지냈다. 객사의 손님 중에 장상군(長桑君)이라는 은자가 간혹 머물렀다. 편작은 장상군을 특출한 인물로 여겨 언제나 그를 정중하게 대했다. 장상군 역시 편작이 보통 사람이 아니라는 사실을 알았다. 장상군은 객사를 드나든 지 10여 년이 되었을 때, 은밀히 편작을 불러 자기 앞에 앉히고 이렇게 말했다.

"내가 비전(祕傳)의 의술(醫術)을 알고 있다. 내가 이미 늙었으니 그대에게 전해주려 하네. 그러나 절대 남에게 발설하지 말게나."

편작은 명심하겠다고 공손하게 대답했다. 장상군은 품속에서 주머니를 꺼내 그 속에 든 약을 편작에게 주면서 말했다.

"이 약을 복용할 때에 아주 깨끗한 '상지'의 물을 마시고, 30일이 지나면 사물을 꿰뚫어볼 수 있게 된다네."

그러고는 비전의 의서(醫書)를 전부 꺼내어 편작에게 주고 홀연히 사라져 버렸다. 편작이 장상군의 말대로 약을 복용한 지 30일이 지나자 담 너머에 있는 사람들이 보이게 되었다. 이런 능력으로 병자를 진찰하니 오장(五臟) 속 병근(病根)이 있는 부위를 훤히 볼 수 있었다.

'상지'란 물이 아주 맑은 연못을 말하는데, 아침 이슬 따위가 모인 물이라는 해석도 있다. 훗날 **음상지**하면 **신비로운 선약**(仙藥) **따위를 마신다는 뜻**으로 인용되었다.

키워드 : 의학, 의사, 의약, 선약

음월지두(飮月氏頭)

월지의 해골로 (술을) 마시다.

– 권123 〈대완열전〉

한나라 초기 서역에는 흉노(匈奴)를 비롯하여 대완(大宛)과 월지(月氏) 등 여러 나라가 흩어져 있었다. 이 중 월지는 흉노에 대해 깊은 원한을 품고 있었다. 흉노가 월지를 침공하여 월지의 왕을 죽인 다음, 그 해골을 그릇으로 만들어 술을 따라 마시는 등 만행을 일삼았기 때문이다. 이런 일은 한 무제 건원(建元) 연간(기원전 140~기원전 135)에 투항해 온 흉노 사람이 전한 것이라 한다. 《한서》〈장건전〉에도 같은 내용이 보인다.

월지의 위치를 나타낸 지도이다.

이 사실에 바탕하여 당나라 때 시인 왕유(王維, ?~761)는 〈판관 평담연을 보내며(송평담연판관送平澹然判官)〉란 시의 마지막 구절에서 "외국의 사신에게 반드시 알리게 하라, 오직 월지(月氏)의 해골만을 마신다고(수령외국사須令外國使, 지음월지두知飮月氏頭)"라고 읊었고, 여기서 **음월지두**란 표현이 파생되었다. 이후 '음월지두'는 적을 압도하는 기세를 비유하는 성어가 되었다.

키워드 : 대적, 기세, 압도

의기양양(意氣揚揚)

뜻한 바를 이루어 만족한 마음이 얼굴에 나타난 모양.
– 권62 〈관안열전〉

춘추시대 제나라를 대표하는 두 재상인 관중과 안영의 기록인 〈관안열전〉 안영 부분에는 재상 안영의 마부와 관련한 흥미로운 일화가 실려 있다. 안영이 출근하는 모습을 마부의 아내가 문틈으로 살펴보았더니 마부인 남편은 "큰 차양을 달고 네 마리의 말에 채찍질을 하며 아주 **의기양양** 득의만만"했다. 반면 재상 안영은 몸을 낮추는 겸손한 자세였다. 마부의 아내는 돌아온 남편에게 태도를 비판하며 이혼을 요구했다. 아내의 말에 마부는 깨달은 바가 있어 그 뒤 겸손한 자세로 마차를 몰았고, 자초지종을 들은 안영은 마부를 대부로 추천했다.

이 일화는 사람을 눈여겨보며 천한 신분이라도 가리지 않고 인재를 추천한 안영의 인재관을 잘 보여주고 있다. 오늘날이었으면 아마 마부의 아내를 기용하지 않았을까? '의기양양'은 **만족하거나 자신에 찬 모습을 비유**하는데, **보잘것없는 성취에 자만(自滿)하거나 도취한 모습을 비유**하는 다소 부정적으로 쓰일 때도 적지 않다. '의기양양(意氣洋洋)'으로 쓰기도 하며, 비슷한 뜻의 성어로는 '득의양양(得意揚揚)'과 '득의만만(得意滿滿)'이 있다.('득의만만'은 전통적인 성어로 보지 않기도 한다.)

키워드 : 태도, 만족, 자만, 자기도취

의기자여(意氣自如)

자세와 정신이 자연스럽고 차분하다.
– 권109 〈이장군열전〉

의기자여는 한나라 초기의 명장 이광(李廣, ?~기원전 119)이 흉노와 전투할 때의 무용담에서 나온 성어이다. 이광이 낭중령으로 기병 4천 명을 이끌고 전투에 나섰다가 흉노의 4만 기병에 포위당했다. 장병들이 두려움에 떨자 이광은 아들 이감

활을 쏘고 있는 이광 장군의 모습을 나타낸 벽돌 그림이다.

(李敢)에게 포위를 뚫게 했다. 이감은 수십 명의 기병만으로 포위를 뚫고 돌아와 흉노는 얼마든지 대적할 수 있다고 보고했다.

이광은 원형으로 진을 치고 흉노 대군과 맞싸웠다. 이광은 활을 당기기만 하고 쏘지 말고 기다리라고 했다. 비 오듯 화살을 날린 흉노 군대의 화살이 다 떨어지자 이광은 큰 활로 적의 장수를 쏘아 죽였다. 흉노는 포위를 풀었고, 이광의 **자세는 (전혀 흩어짐 없이) 자연스럽고 차분히** 장병들을 다독거렸다. 군중은 모두 이광의 용맹함과 자세에 탄복했다.

'의기자여'는 **품은 뜻과 태도 및 자세 등이 평소와 다름없이 차분한 것을 비유**한다. 비슷한 뜻의 성어로는 '태연자약(泰然自若)'이 있고, 출처는 《금사(金史)》 〈안잔문도전(顔盞門都傳)〉이다.

키워드 : 자세, 침착

의문매소(倚門賣笑)

문에 기대어 웃음을 팔다.
─ 권129 〈화식열전〉

　의문매소는 **문에 기대어 웃음을 판다**는 뜻으로 **웃음을 파는 여자**를 비유한다. 예나 지금이나 '홍등가(紅燈街)' 여인들을 비유하는 표현은 크게 다르지 않다.(홍등가라는 용어는 출처가 분명치 않은 속어로 추정된다.)

　이 표현은 다른 곳이 아닌 실물경제에 관한 전문 기록인 〈화식열전〉에 보인다. 이 성어와 관련한 다음 기록은 마치 오늘날 자본주의 경제체제의 실상을 그대로 전하는 것 같아 전율마저 느끼게 한다.

　"상대방의 부가 나의 열 배면 몸을 낮추게 되고(또는 헐뜯고), 백 배가 되면 두려워하고, 천 배가 되면 부림을 당하고, 만 배가 되면 노예가 된다. 사물의 이치가 이런 것이다. 무릇 가난에서 부를 추구하려면 농업보다는 공업이 낫고, 공업보다는 상업이 낫다. 비단에 수를 놓는 것보다는 **저잣거리 문에 기대는 것**이 낫다. 이는 가난한 자는 상업에 힘 입어야 한다는 것을 말한다."

　〈화식열전〉에는 웃음을 판다는 대목은 보이지 않고 그저 '저잣거리 문에 기댄다'고만 했는데, 이것이 곧 그 뜻이다. 원나라 때의 유명한 잡극 작가 왕실보(王實甫, 1260~1336)의 대표작인 《서상기(西廂記)》에 보면 '문에 기대어 웃음을 판다'는 대목이 보인다. 살기가 어렵고 돈이 만능이라는 풍조가 만연한 사회에서 사람들은 힘들게 일하기보다는 쉽게 돈을 벌려고 한다. 투기와 사기가 판을 치는 것은 말할 것도 없고 자신의 몸까지도 서슴없이 판다. 꽃다운 처녀들이 거리로 나서 웃음을 판다. 그 사회는 그렇게 해서 병들어 가고, 사람들의 건전한 윤리관도 힘없이 무너진다.

　'의문매소'는 '의시문(倚市門)'으로도 많이 쓴다. '저잣거리 상점 문에 기대다'는 뜻으로 영업을 가리킨다.

키워드 : 경제, 금전만능, 기풍타락, 매춘(賣春)

의부득예지(衣不得曳地)

옷이 땅에 끌리지 않게 하다.
– 권10 〈효문본기〉

한나라 3대 황제이자 역대 명군의 한 사람으로 꼽히는 문제(文帝, 기원전 202~기원전 157)는 근검절약과 소박한 생활을 실천했다. 문제는 또 연좌제·비방죄·고문 폐지 등 백성들을 괴롭히는 여러 악법을 폐지하기도 했다. 근검절약의 실천 사례로는 황후를 비롯한 궁궐의 여자들에게 **바닥에 끌리는 치마를 입지 못하게** 했고, 장막에 수를 놓지 못하게 했다. 또 건축물도 함부로 짓지 못하게 했다.

문제의 근검절약 실천 항목 가운데 **옷이 땅에 끌리지 않게 하다**는 **의부득예지**는 옷감을 절약하기 위해 궁중의 여자들에게 바닥에까지 끌리는 긴 치마를 입지 못하게 한 것을 말한다. 뒤이어 나오는 '장막에 수를 놓지 못하게 하다'는 '위장부득문수(幃帳不得文繡)'와 대구로 인용하는 경우가 많다.('한문유미' 항목 참고)

키워드 : 통치자, 생활, 근검절약

문제는 유언을 통해 자신의 무덤을 만들되 산천을 해치지 말라는, 즉 자연환경을 파괴하지 말라고까지 했다. 이 때문에 그의 무덤인 패릉(霸陵)은 한나라 다른 황제의 무덤과는 달리 주위 환경이 잘 보존되어 있는 상태다.(2009년)

의부중채(衣不重彩)

옷에 색을 입히지 않다.

− 권41 〈월왕구천세가〉

'와신상담' 항목에서 살펴보았듯이 오월쟁패 과정에서 월왕 구천은 오왕 부차에게 패해 3년 동안 오나라로 가서 부차의 시중을 들었다. 부차가 구천을 사면해 주자 구천은 월나라로 돌아와 '와신상담'하며 복수의 칼을 갈았다. 구천은 스스로 농사일을 하고, 그 아내는 길쌈을 하며 백성과 동고동락했다. 또 고기를 먹지 않았으며, 옷에 색을 입히지 않았다. 20년 가까이 이런 생활을 하며 오나라를 칠 준비를 했다.

《좌전》에는 구천의 20년 가까운 준비 상황을 '십년생취(十年生聚), 십년교훈(十年教訓)'으로 표현했다. 10년 동안 인구를 늘리고, 10년 동안 (지난날 패배를) 교훈으로 삼았다는 뜻이다.('십년생취~', '와신상담' 등 항목 참고)

의부중채는 옷에 염색을 하지 않거나 문양 따위를 넣지 않은 채로 소박하게 입었다는 뜻이다. 또 '의부중채(衣不重采)'로도 쓰는데, 옷을 이중으로 입지 않았다는 뜻으로 풀이하기도 한다. 즉, 겉옷이나 속옷 따위를 껴입지 않았다는 뜻이다. '의불완채(衣不完采)'로도 쓴다.(《유협열전》) 복장을 간소하게 했다는 뜻으로, 스스로 근검절약하며 백성들과 고통을 나누었다는 것이다.('의불완채' 항목 참고)

키워드 : 통치자, 동고동락, 근검절약

의불반고(義不反顧)

의로우면 뒤돌아보지 않는다.

− 권117 〈사마상여열전〉

'유촉문' 항목에서 살펴보았듯이 한 무제는 사마상여를 파촉 지역으로 보내 그 지역 사람들의 반발을 다독거리는 글을 짓게 했다. **의불반고**는 이 포고문에 나오는 한 대목으로 이 지역 병사들의 용맹함을 묘사하는 부분이다 **옳다고 생각하거나 의롭다고 여기면 용감하게 앞으로 나아가는** 것을 비유한다.

키워드 : 정당, 용맹, 전진

의불완채(衣不完采)

옷의 색이 온전치 않다.

– 권124 〈유협열전〉

〈유협열전〉에 수록된 노(魯)나라 출신의 유협 주가(朱家)는 고조 유방과 같은 시기의 사람이었다. 유가의 학술을 존중하던 노나라의 풍토와는 달리는 그는 협객으로 이름을 날렸다. 그에게 목숨을 빚진 호걸이 100을 넘었고, 그밖에 보통 사람으로 그에게 신세를 진 사람이 헤아릴 수 없이 많았다고 한다.

주가는 자신의 공을 자랑하지 않았음은 물론 자신이 은혜를 베푼 사람을 만나는 것조차 꺼려 했다. 남을 도울 때는 어려운 사람부터 도왔다. 남은 재산도 없었고, 입는 **옷의 색이 온전치 않을** 정도로 검소했다. 두 가지 반찬 이상의 식사를 하는 법도 없었다. 일찍이 계포(季布) 장군을 몰래 구해주기도 했는데, 계포가 귀한 몸이 된 다음 그를 찾았으나 끝내 만나주지 않았다. 함곡관 동쪽 지역 사람들치고 그와 한 번 사귀고 싶어 애를 태우지 않은 사람이 없었다고 한다.

의불완채는 주가의 검소한 생활을 비유하는 성어로 같은 옷을 오래 입어 옷의 색과 무늬 등이 다 헤어져 원래의 색과 모양을 알아 볼 수 없다는 뜻이다. '의부중채'와 비슷한 뜻이다.('의부중채' 항목 참고)

키워드 : 인간, 생활, 검소

의불취용(義不取容)

정의로워 남의 눈치를 보지 않다.
– 권79 〈역생육고열전〉

한나라 초기 인물로 평원군(平原君) 주건(朱健, ?~기원전 177)이 있었다. 전국시대 4공자의 한 사람인 평원군과는 다른 인물이다. 그는 과거 초나라 지역 출신으로 언변이 뛰어나고 강직했다. 청렴하게 살면서 언행은 구차하게 남의 비위를 맞출 줄 몰랐고, **정의로워 남의 눈치를 보지 않았다.**

주건은 여태후의 총애를 받고 있던 벽양후(辟陽侯) 심이기(審食其, ?~기원전 177)와 사귀었다. 여태후가 죽고 여씨 세력이 축출되어 심이기가 위기에 처하자, 그를 구해내는 계책을 내기도 했다. 그 뒤 회남왕 유장(劉長)이 심이기를 죽인 다음 심이기를 구한 주건까지 체포하려 하자 자살했다.

의불취용은 성품이 의롭고 강직하여 남에게 아부하거나 눈치를 보지 않는 것을 뜻한다. 비슷한 뜻의 성어로 '강직불아(剛直不阿)' 등이 있다. '강직불아'의 출처는 명나라 때 사람 주청원(周淸原, 생졸 미상)의 단편소설집인 《서호이집(西湖二集)》이다.

키워드 : 성품, 의연(毅然), 강직

의수야행(衣繡夜行)

비단옷을 입고 밤길을 걷다.
– 권7 〈항우본기〉

기원전 206년 항우는 유방에게 이미 항복한 진나라 수도 함양에 뒤늦게 들어가 궁에 불을 지르고 재물을 약탈하는 만행을 저질렀다. 그런 다음 동쪽 고향을 향해 돌아왔다. 이때 도읍 선정을 놓고 누군가 천하를 제패하려면 관중을 도읍으로 삼아야 한다는 당연한 의견을 냈다. 항우는 "부귀해진 뒤에 고향에 돌아가지 않는 것은 **비단옷을 입고 밤길을 다니는 것과 같다. 누가 알아준단 말인가?**"라며 이 의견을 묵살했다.

의견을 냈던 사람이 "사람들이 초나라 사람들 보고 '원숭이에게 모자를 씌워 놓은 꼴(목후이관沐猴而冠)'이라고 하더니 과연 그렇구나"라며 항우의 어리석음을 비웃었다. 이 말을 들은 항우는 그 사람을 삶아 죽였다.('목후이관' 항목 참고)

의수야행은 항우가 고향으로 돌아가길 바라면서 한 말에서 나왔다. 원문은 '의수야행'이지만 '금의야행(錦衣夜行)', '수의야행(繡衣夜行)'으로도 많이 쓴다. 대개 **자신의 업적이나 공을 무리하게, 그리고 무의미하게 자랑하기에 급급한 어리석인 행동을 비꼬는 뜻**으로 사용한다.

항우는 결국 관중을 버리고 고향과 가까운 팽성(彭城, 지금의 강소성 서주시徐州市)을 도읍으로 삼았다. 이는 물론 전략상 큰 실책이었다. 반면 유방은 고향 생각이 간절했지만 장량과 유경의 충고에 따라 관중을 도읍으로 삼아 전략상 우위를 차지했고, 결국 초한쟁패는 유방의 승리로 막을 내렸다. 참고로 우리 고등학교 한문 교과서에는 '금의야행'으로 소개되어 있다.

'금의야행'(또는 '의수야행')은 항우의 어리석은 판단과 행동을 비꼬는 고사에서 나온 성어이다. 항우의 모습이다.

키워드 : 성취, 허세, 조롱

의식족이지영욕(衣食足而知榮辱)

입고 먹는 것이 풍족해야 영예와 치욕을 안다.
– 권129 〈화식열전〉

춘추시대 제나라의 정치가이자 경제전문가 관중이 남긴 천고의 명언으로 앞의

'창고가 가득 차야 예절을 안다'는 '창름실이지예절(倉廩實而知禮節)'과 대구를 이룬다. 경제 수준과 삶의 질이 갖는 함수관계를 정확하게 지적한 명언들이다. 자세한 내용은 '창름실이지예절' 항목을 참고하면 된다.

키워드 : 경제, 정치, 통치, 생활, 교육

의자즉궐(疑者則闕)

의심이 가는 곳은 빼놓았다.
– 권121 〈유림열전〉

한나라 초기 노나라 출신의 신공(申公, 생졸 미상)은 《시》(훗날 《시경》)를 전공한 유학자였다.(신공의 성명은 신배申培라 했다.) 그는 고조 유방이 노나라를 지날 때 스승을 따라 노나라 남궁에서 유방을 만났다. 그 뒤 여태후 집권기 때 장안으로 와서 유영(劉郢)과 함께 같은 스승에게서 배웠다.

유영이 초왕(楚王)이 되자 초왕은 신공에게 태자 무(戊)를 가르치게 했다. 무는 학문을 좋아하지 않았고, 무가 유영에 이어 초왕이 되자 신공을 푸대접했다. 신공은 노나라로 돌아와 밖에 나가지 않고 제자들만 가르쳤는데 먼 지방에서까지 그를 찾아와 배우는 제자가 100을 넘었다.

사마천은 신공이 《시》를 전수하는 방법으로 《시》를 가르치기만 할 뿐 자신의 해설을 책으로 만들지 않았다면서, **의심이 가는 곳이 있으면 빼놓고** 전수하지 않았다고 했다. 여기서 **의자즉궐**이란 성어가 나왔다. 공부하는 방법의 하나로 공부하면서 잘 모르겠거나 확실하지 않은 부분을 억지로 해석하려 하지 않고 그냥 넘어가거나, 남겨두었다가 나중에 다시 검토한다는 뜻이다.('위치자부재다언' 항목 참고)

키워드 : 학문, 의문, 남김

의행무성(疑行無成), 의사무공(疑事無功)

행동에 의심을 품으면 일을 이룰 수 없고, 일에 의심을 품으면 공을 이룰 수 없다.
– 권68 〈상군열전〉

의행무성, 의사무공은 전국시대 개혁가들이 내세웠던 대표적인 논리의 하나이다. 〈조세가〉에도 비슷한 대목이 보인다. 원전은 《전국책》〈조책〉인데 '의사무공(疑事無功), 의행무명(疑行無名)'으로 나온다. 오래전부터 내려오는 격언으로 추정된다. 어느 쪽이든 **변법 개혁은 확신을 갖고 과감하게 실행에 옮겨야지 머뭇거려서는 안 된다는 요지**이다.

《주역》'건괘(乾卦)'에 "머뭇거림은 의심하는 것이다"는 대목도 같은 맥락이다. 아무리 좋은 개혁안이라도 실행에 옮겨지지 않으면 소용없으며, 특히 리더는 실행을 앞두고 머뭇거려서는 안 된다는 의미를 함축하고 있다.('우자암성사, 지자도미형' 항목 참고)

키워드 : 개혁, 의심, 무성공(無成功)

의형(倚衡)

건물 난간에 기대다.
– 권101 〈원앙조조열전〉

'좌불수당' 항목에서 살펴본 속담의 한 대목에서 **의형**이란 단어가 나왔다. 한나라 문제(文帝) 때 자신의 장지(葬地)인 패릉(霸陵)에 행차한 문제가 서쪽 가파른 산비탈을 말을 타고 내려가려 하자, 원앙(袁盎, ?~기원전 148)이 말을 타고 황제의 수레를 쫓아와 고삐를 잡으며 이렇게 말했다.

"신은 이렇게 들었습니다. '천금의 부잣집 아들은 마루 끝에 앉지 않고, 백금의 부잣집 아들은 **난간에 기대어 서지 않으며**, 현명한 군주는 위험을 무릅쓰면서까지 요행을 바라지 않는다.' 지금 폐하께서 여섯 마리의 말이 끄는 수레를 몰아 가파른 산비탈을 달려 내려가려고 하시는데, 만일 말이 놀라 수레가 부서진다면 폐하께서는 몸을 가벼이 하신 것은 둘째 치고, 종묘와 태후를 무슨 면목으로 대하시겠습니까?"

문제는 원앙의 충고를 받아들였다. 원앙이 인용한 속담 중에서 '백금의 부잣집 아들은 난간에 기대어 서지 않는다'는 대목에서 '의형'이란 단어가 나왔다. '난간에 기댄다'는 뜻으로 훗날 **건물의 가장자리 난간에 기대는 위험한 행동**을 가리키게 되었다.('일음무하' 항목 참고)

키워드 : 행동, 위험

이

이고비금(以古非今)

과거를 가지고 현재를 비난하다.
― 권6 〈진시황본기〉

기원전 213년, 진시황은 함양궁에서 주연을 베풀었다. 60명의 박사가 진시황의 장수를 빌었다. 이 자리에서 승상 이사는 의약·점복·농사와 관련한 책을 제외한 다른 책들을 30일 이내에 모두 불태우게 하자는 '분서(焚書)'를 건의했다. 진시황은 이를 허락했고, '분서령'이 떨어졌다.('분서갱유' 항목 참고)

당시 이사는 분서를 건의하면서 "두 사람 이상이 만나 감히 《시》·《서》를 거론하면 저잣거리에서 사형을 시켜 백성들에게 본보기로 보이며, **과거를 가지고 현재를 비**

1352

난하는 자는 모두 멸족시키고, 이런 자들을 보고도 잡아들이지 않는 관리 역시 같은 죄로 다스리소서!"라고 했다. 여기서 '두 사람 이상이 만나 《시》·《서》 따위를 거론하면 저잣거리에서 사형을 시킨다'는 '우어기시(偶語棄市)'라는 악법을 대표하는 사자성어도 나왔다.('우어기시' 항목 참고)

이고비금은 과거의 이런저런 사례를 들어 현재의 상황, 국가의 정책 등을 비판하는 언론이나 여론 행위를 가리킨다. 이 논리는 훗날 학계에서 벌어진 역사 연구의 방법과 전통에 관한 논쟁에서 제기된 현재보다 과거를 중시하는 '후고박금(厚古薄今)'과, 과거보다 현재를 중시하는 '박고후금(薄古厚今)'의 역사적 근거의 하나가 되기도 했다. '후고박금'과 '박고후금'은 글자를 바꾸어 '박금후고'와 '후금박고'로도 쓴다. '후금박고'는 중국 사학의 전통으로 그 출처는 《문심조룡(文心雕龍)》〈통변(通變)〉 편이다.

키워드 : 언론, 여론, 탄압

이광난봉(李廣難封)

이광은 출세하기 어렵다.
— 권109 〈이장군열전〉

'풍당이로' 항목에서 소개했듯이 당나라 때 시인인 왕발(王勃, 647~674)은 〈등왕각서(滕王閣序)〉라는 시에서 '풍당은 쉬 늙고, **이광은 승진하기 어렵네**(풍당이로馮唐易老, **이광난봉李廣難封**)'라는 유명한 대목을 남겼다. 풍당에 대해서는 '풍당이로'에서 상세히 살펴보았고, 여기서는 **이광난봉**이란 구절을 좀 더 살펴본다.

사마천은 이광의 전기에 〈이장군열전〉이란 제목을 달았다. 보통명사인 '장군'이란 단어를 썼다. 반면 이광과 같은 시대에 활동했던 정치군인들의 전기는 〈위장군표기열전〉이라 하여 벼슬을 갖다 붙였다. 역대로 이에 대해 크게 주목하지 않았지만 최근 연구에 따르면 '장군'은 이광에 대한 존중의 표현이고, 벼슬 이름은 멸시의 표현이라는 것이다. 고귀한 품격의 이광을 시기하여 결국 그를 모함으로 몰아 자결하게 만든 정치군인들이 황제에게 잘 보여 높은 벼슬에 오른 것에 대한 풍자요 조롱이라는 요지이다. 〈이장군열전〉 전편을 찬찬히 살펴보면 충분히 수긍이 가는 주장이라 할 수 있다.

〈이장군열전〉을 축으로 삼아 그가 왜 그렇게 큰 공을 세우고도 출세하지 못했는가를 생각해보고자 한다. 왕발이 남긴 '이광난봉'의 원인을 짚어보려는 것이다. 이를 통해 명장 이광의 진면목과 그의 불우한 삶을 재구성하는 것도 의미가 있을 것이다. '도리불언, 하자성혜' 항목에서도 이광의 삶을 비교적 상세히 살펴보았는데, 그 항목은 주로 그의 리더십에 초점을 두었다.

이광(?~기원전 119)은 명문가의 후손이다. 이광의 고조할아버지는 진시황을 암살하려고 자객 형가(荊軻)를 보냈던 연나라 태자 단(丹)을 추격하여 잡은 진 왕조의 명장 이신(李信, 생졸 미상)이었다. 그러나 이광 세대에 와서 집안은 보통 백성이 되었다.

이광은 위대한 시대에 살았다. 그는 문제와 경제의 '문경지치(文景之治)'라는 발전기를 넘어 무제 때까지 활약했다. 뿐만 아니라 이 세 황제가 모두 3대에 걸쳐 이광의 명성을 귀가 따갑게 들으면서 높은 평가를 매겼다.

이광이 아직 젊었을 때부터 적진을 뚫고 들어가고 맨손으로 맹호를 때려잡은 따위의 무용담이 널리 유행했고, 문제는 아주 안타까운 말투로 "안타깝구나, 이광 너는 때를 잘못 만나서! 만약 고조 때 태어났더라면 1만 호를 받는 만호후가 되고도 남았을 텐데!"라며 혀를 찼다. 문제의 이 한마디가 씨가 되었다. 문제는 이광의 관 뚜껑이 닫히기도 전에 이광을 평가했으니. 다만 그 당시의 이광 자신은 몰랐을 뿐이다.

경제 때인 기원전 154년 오초칠국의 난이 터졌다. 오·초의 반란군이 서쪽으로 쳐들어오자 양나라가 먼저 공격을 받게 생겼다. 당시 이광은 효기도위로 태위 주아부(周亞夫)를 수행하여 양나라로 초빙되어 경제의 동생 양왕을 도와 몇 차례 승리를 이끌어냈다. 그리고 중요한 전투에서 이광은 바람처럼 단숨에 달려들어가 적의 주장이 들고 있는 깃발을 빼앗았다. 무적의 이광은 모든 사람의 갈채를 받았다. 계급은 도위에 불과했지만, 이광은 양왕으로부터 파격적으로 장군의 도장을 받았다. 그러나 누가 알았으랴! 이 개인적이고 파격적인 대접이 훗날 이광의 인생에 엄청나게 부정적인 영향을 가져다 줄 줄이야! 조정 내부의 복잡한 사정을 젊고 순진한 무장 이광이 어찌 알 수 있었겠는가? 그가 아는 것이라곤 무슨 이유에서인지 조정에서 자신에 대한 모든 상을 취소했다는 것뿐이었다.

그 뒤 이광은 변방의 장수가 되어 상곡·상군·농서·북지·안문·대군·운중 등 주로 북방에 자신의 말발굽을 남겼다. 그러나 직위는 줄곧 태수 언저리를 맴돌면서 승진을 하

이광은 명사수였고, 하루도 활쏘기 훈련을 게을리 하지 않았다. 한번은 호랑이인 줄 알고 화살을 날려 명중시켜 가 보았더니 호랑이가 아니라 돌이었다고 하는 '이광사호(李廣射虎)' 또는 '이광사석(李廣射石)'이라는 고사성어로 남아 '정신을 집중하면 못 이룰 일이 없음'을 비유하게 되었다. 그림은 명산(冥山)에서 호랑이(실은 돌)를 쏘는 이광의 모습이다.

지 못하고 있었다. 정치적으로 기댈 곳 없고, 양왕에게 사사로이 장군 도장을 받아 중앙 조정의 눈 밖에 났으니 누굴 탓할 수 있겠는가? 이 기간에 이광은 길이 남을 대표적인 전공을 이룩해냈다. 이에 대해서는 '도리불언, 하자성혜'에 항목에서 상세히 살펴보았으므로 생략한다.

기원전 140년 무제가 즉위했다. 이 무렵 이광은 이미 국가가 공인하는 명장의 꽃이 되어 있었다. 새로운 황제, 새로운 기상의 분위기 속에서 이광은 마침내 변방에서 도성으로 돌아와 무제에 의해 미앙궁 금위군 책임자로 임명되었다. 그러나 오랜 변방 생활을 끝낸 이광은 이미 중년과 이별하고 노년으로 접어들고 있었다.

이광을 이야기할 때 참고해야 할 인물이 있는데, 바로 사촌동생 이채(李蔡)다. 이채는 재능이라면 면에서 보자면 이광과는 비교도 안 될 정도로 한참 아래였지만 경제 때 이미 연봉 2천 석의 고관이 되었고, 무제 때도 순풍에 돛을 단듯 승진을 거듭하여 3공의 반열에 올랐다. 심지어 이광의 부하들 중에서도 후작을 받는 자가 있었다.

이광의 심정이 어땠을 지는 안 봐도 뻔했다. 무언가 실질적인 것으로 자신을 증명

해야만 했다. 자신이 평생 봉사해온 한 왕조에서 작위를 받거나 땅을 받는 것 외에 개인의 성공을 나타낼 수 있는 것이 어디 있단 말인가? 반평생을 분투한 이광이 연봉 천 석 자리에 불과했다는 사실을 기억해두자.

무제는 문제와 경제 때의 소극적 정책에서 벗어나 언제든지 능력을 과시할 준비를 했고, 흉노 관계에서도 강경책으로 노선을 바꾸었다. 이광은 그러고도 몇 년을 더 기다린 끝에 정식으로 위위에서 장군으로 승진하여 군대를 이끌고 안문관을 나와 흉노를 공격할 수 있었다. 그러나 이 뒤늦게 찾아온 기회가 이광에게 치욕을 가져다주었다. 흉노에게 포로로 잡혔다가 간신히 탈출하는 굴욕이 있었기 때문이다.(이 과정과 그 이후 그의 죽음에 대해서도 상세히 알아 본 바 있어 생략한다.)

이렇게 해서 이광은 제대로 출세도 해보지 못한 채 자결로 비운의 삶을 마감했다. '이광난봉'과 이광 일생의 비극은 모두 젊은 날 그와 양왕의 관계에서 비롯되었다. '오초칠국의 난' 뒤에 웅크리고 있는 정치적 배경을 가만히 들여다보면, '자라보고 놀란 가슴 솥뚜껑보고 놀란다'고 경제는 이 사건 이후로 어떤 제후도 믿지 않았다. 황제는 자신의 권위에 도전하거나 자신의 권한을 뛰어넘는 어떤 참월(僭越) 행위에 대해서도 과민반응을 일으켰다.

불행하게도 이광이 무의식 중에 권력자의 이 고압선을 밟았다. 이로부터 이광은 경제의 마음에 별책으로 각인되었다. 황제가 손에 쥐고 있는 것은 벼슬이고, 땅이다. 그가 이런 상을 자신이 신임하지 않는 사람에 줄 이유가 없다. 정말이지 한 번의 실수(?)가 천고의 한이 된다고 했듯이, 정치적 판단에서의 실책은 바로잡을 기회가 거의 없다는 것이 문제다. 이 때문에 경제의 시대가 끝날 때까지 이광은 줄곧 최전방에서 죽으라 분투했지만 승진 한 번 제대로 하지 못했다. 살아 공명을 이루지 못한 채 나이만 든다고 했던가? 세월은 이광이 공을 세우지 못했다고 기다려 주지 않는다.

이광은 웅대한 뜻을 품은 '비장군(飛將軍)'이란 화려한 별명으로 한 시대를 풍미했다. 또 부하 장병들을 자기 몸처럼 아끼는 남다른 리더십으로 적인 흉노까지 감동시키는 명장 중의 명장이었다. 하지만 그는 정치를 잘 몰랐다. 아니 정치와 어울리려

하지 않았다. 어쩌면 이광의 비극은 그의 이런 기질 때문이었는지 모른다. 이렇게 해서 '이광난봉'은 **공은 높지만 벼슬은 오르지 않는 어긋난 운명을 비유**하는 성어가 되었다.

키워드 : 장수, 순진, 정무, 비극

이교삼진리(圯橋三進履)

이교에서 세 번 신을 신기다.
— 권55 〈유후세가〉

'이상(圯上)' 항목에서 장량이 이교(圯橋)라는 다리에서 만난 신비한 노인에게 신을 신겨준 사건을 살펴본 바 있다. 당시 노인은 장량을 '가르칠 만한 젊은 이(유자가교)'로 여겨 세 번에 걸쳐 장량과 만나기로 약속한 끝

이교에서 만난 신비의 노인에게 신을 신기는 장량의 모습을 그린 그림이다.(이화원 장랑의 벽화로 2011년)

에 그에게 병법을 전해주었다. 이 일화에서 '다리 위에서 책을 받았다'는 '이상수서(圯上受書)', '신을 신기다'는 '진리(進履)'라는 단어와 여기에 '이상'과 합쳐진 '이상진리' 또는 '이교진리'라는 사자성어 등이 나왔다. 또 **이교에서 세 번 신을 신기다**는 **이교삼진리**라는 성어도 나왔다.

〈유후세가〉에는 장량이 노인에게 신을 한 번만 신긴 기록만 있지만, 훗날 민간에서는 장량이 노인을 세 번 만에 만난 일을 세 번 신을 신긴 것으로 바꾸어 전하면서 '이교삼진리'라는 성어가 나온 것으로 보인다. ('유자가교', '이상' 항목 참고)

키워드 : 만남, 기연(奇緣)

이구첩급(利口捷給)

말을 빠르게 대응을 잘하다.
－ 권102 〈장석지풍당열전〉

한 문제의 측근 장석지(張釋之, 생졸 미상)가 문제를 수행하여 상림원(上林苑)을 거닐었다. 호랑이 울타리 앞에서 구경을 하던 문제는 상림원을 담당하고 있는 상림위(上林尉)에게 기르고 있는 동물의 종류와 숫자 등을 비롯한 10여 개의 사항에 대해 질문을 했다. 상림위는 더듬거리기만 하고 대답을 제대로 하지 못했다. 그런데 뜻밖에 옆에 있던 호랑이 관리사 색부(嗇夫)가 문제의 질문들에 대해 아주 상세하게 답변을 내놓았다. 문제는 매우 흡족해 하며 자기 일을 제대로 파악하고 있지 못한 상림위를 파면시키고, 호랑이 관리자 색부를 그 자리에 앉히라는 명령을 내렸다. 장석지는 문제와 생각이 달랐지만, 그렇다고 어명을 거역할 수는 없어 이렇게 물었다.

"폐하께서는 강후(絳侯) 주발(周勃)을 어떤 사람이라고 생각하십니까?"
"장자(長者)지."
"그럼 동양후(東陽侯) 장상여(張相如)는 어떻습니까?"
"역시 장자라 할 수 있지."

문제는 두 사람 모두를 긍정적으로 평가했다. 그러자 장석지는 이렇게 말했다.

"폐하께서는 강후와 동양후를 모두 장자라고 인정하셨습니다. 하지만 그 두 사람의 말솜씨는 아까 호랑이를 관리하는 색부에 비하면 한참 못 미칩니다. 일찍이 진나라는 세금을 가혹하게 징수하는 관리들을 중시하는 바람에 공문서 위조 등 온갖 불법 수단으로 세금을 거두었고, 그 결과 불과 2세만에 나라가 내리막길을 걷다가 무너졌습니다. 폐하께서 말솜씨만으로 색부를 특진시키신다면, 천하에 말솜씨만 중시하고 실제 행위는 무시하는 풍조가 만연하지 않을까 걱정이 됩니다. 또 직위가 낮은 자가 수단과 방법을 가리지 않고 높은 자리에 오르려 하지 않을까도 걱정 됩니다.”

문제는 장석지의 말에 일리가 있다고 생각하여 명령을 취소하여 그 색부를 발탁하지 않았다. **이구첩급은 말을 잘한다**는 뜻인데, **특히 어떤 상황에 빠르게 잘 대응하는 말솜씨를 비유**하는 성어이다. 때로는 장석지의 지적처럼 그저 상대의 눈치만 살펴 말만 번지르르하게 대응하는 알맹이는 없는 말솜씨를 비유하기도 한다.(‘결말’, ‘일부토’ 항목 참고)

장석지 사당 회랑의 모습이다. 벽에는 장석지 사적과 관련한 그림들이 그려져 있다.(출처 : 바이두)

키워드 : 상황, 대응, 민첩, 언변, 허언(虛言)

이군돌기(異軍突起)

특이한 군대가 갑자기 일어나다.
– 권7 〈항우본기〉

진나라 말기 각지에서 봉기가 터졌다. 동양(東陽, 절강성 동양시) 출신 진영(陳嬰, ?~기원전 183)도 그중 한 사람이었다. 그 지역의 2만이나 되는 젊은이들이 진영을 왕으로 세우려고 다른 군대와는 달리 푸른 천의 모자를 씌운 **특별한 군대를 일으켰다**고 한다. 당시 이 푸른 모자를 쓴 군대를 ‘창두군(蒼頭軍)’이라 불렀다. ‘창두’라는 이름은 《전국책》과 권69 〈소진열전〉에도 보인다.

이군돌기의 원문은 ‘이군특기(異軍特起)’로 되어 있고, **느닷없이 일어난 새로운 세력이나 역량을 비유**한다.

키워드 : 군대, 특이(特異), 세력

이권리합자(以權利合者), 권리진이교소(權利盡而交疏)

권세와 이익으로 사귄 자들은 권세와 이익이 다하면 멀어진다.
— 권42 〈정세가〉

춘추시대 초기인 기원전 697년, 중원의 정(鄭)나라에 내분이 일어나 정나라는 양분되었다. 재기를 노리던 여공(厲公) 돌(突)은 정을 공격하여 대부 보하(甫瑕)를 사로잡아서는 자리와 이권 따위로 유혹하여 자신의 복위를 맹세하게 했다. 보하는 자신의 목숨을 바쳐서라도 돌을 맞아들이겠다고 맹서했다. 보하는 약속대로 정자영(鄭子嬰)과 그 두 아들을 죽이고, 여공 돌을 맞아들여 복위시켰다.(기원전 680년)

약 20년 만에 자리를 되찾은 여공 돌은 당초 약속과는 달리 보하가 군주를 모시는데 두 마음을 품고 있다며 그를 죽이려 했다. 보하는 스스로 목을 매어 자결했다.

진(晉)나라의 대부 이극(李克)은 헌공(獻公, 재위 기원전 677~기원전 651)이 총애하던 여희(麗姬)가 낳은 두 아들 해제(奚齊)와 도자(悼子)를 잇달아 죽이고, 진(秦)나라에 망명해 있던 공자 이오(夷吾)를 맞아들여 군주로 옹립하니 이가 혜공(惠公)이다. 혜공은 즉위 후 이극에게 "그대가 없었더라면 나는 군주가 될 수 없었을 것이다. 하지만 그대는 두 명의 진나라 군주를 죽였다. 그러니 내가 어찌 그대의 군주가 될 수 있겠는가"라며 이극에게 죽음을 강요했다.

또 한 사람 진(晉)나라 대부 순식(荀息)은 헌공이 죽기에 앞서 어린 해제와 도자를 잘 보살펴 이들을 진나라의 군주로 옹립해달라며 뒷일을 부탁하자 목숨 걸고 이들을 지키겠다고 맹서했다. 하지만 그 역시 해제와 도자에 이어 이극에게 피살되었다. 순식은 목숨으로 절개를 지켰지만, 해제와 도자를 죽음으로부터 구해내진 못했다.

인간의 가치는 어려움 속에서 드러난다는 말이 있다. 추사의 〈세한도〉에는 세태와 인심에 대한 씁쓸한 느낌이 묻어난다.

이권리합자, 권리진이교소 이 명언은 조선시대 문인 추사(秋史) 김정희(金正喜, 1786~1856)의 〈세한도(歲寒圖)〉 발문에도 인용되어 있다. 제주도로 유배당한 김정희는 자신을 잊지 않고 귀한 서적을 구해 보내주는 제자 우선(藕船) 이상적(李尙迪, 1804~1865)의 의리에 깊은 감동을 받아 〈세한도〉를 그렸다. 특히 이상적이 연경에서 구해온 《경세문편(經世文編)》을 받아 들고는 중국 송나라 때 혜주(惠州)로 귀양 갔던 소동파(蘇東坡)가 먼 길을 찾아온 어린 아들을 위해 그린 〈언송도(偃松圖)〉를 떠올렸다. 그리고는 《논어》 〈자한(子罕)〉 편의 명구 '세한연후지송백지후조야(歲寒然後知松栢之後凋也, 날이 추워진 뒤라야 소나무와 잣나무가 늦게 시드는 것을 안다)' 이 대목에서 영감을 얻어 이상적을 위해 그린 그림이 〈세한도〉이다. 그림에는 〈세한도〉란 제목과 '우선(이상적의 호) 감상하시게'라는 '우선시상(藕船是賞)'이란 네 글자가 함께 적혀 있고, 낙관은 '오래도록 서로 잊지 말자'는 '장무상망(長毋相忘)'이란 글귀이다.

세태와 민심의 본질을 통찰한 사마천의 명언 '이권리합자(以權利合者), 권리진이교소(權利盡而交疏)'를 인용하고 있는 세한도 발문이다.

　추사는 권세를 잃고 제주도에 유배당한 자신을 잊지 않고 돌봐주는 이상적의 정성에 깊은 감동과 충격을 받았다. 변덕스러운 세태나 민심과는 달리 변치 않는 우정을 보여준 이상적에게 무한한 감사의 마음을 느꼈다. 추사는 발문을 빌려 공자의 말과 사마천의 이 구절을 인용하여 민심과 세태에 대한 자신의 느낌을 피력했다.

　사마천은 정나라와 진나라에서 벌어진 정쟁의 경과를 논평하면서 그 본질이 결국은 서로의 이해관계였다는 점과 권력과 권력자의 비정함을 위의 명구로 정확하게 짚어냈다. 권력의 속성은 이합집산이다. 문제는 그 과정에서 의리도 명분도 버리고 오로지 일신의 영달에만 목을 매는 자들이 설치며 나라와 백성을 망치는 것이다. 이들은 오로지 권력자의 심기만 헤아리는 재주 밖에는 없기 때문에 합리적 설득과 상식이 통하지 않는다.

키워드 : 관계, 권세, 이해(利害), 친소(親疏)

이기하제국(食其下齊國)

역이기(酈食其)가 제나라를 굴복시키다.
– 권92 〈회음후열전〉

'설권제성' 항목에서 보았듯이 역이기는 세 치의 혀로 제나라를 굴복시켰다. 여기서 나온 같은 뜻의 성어가 **이기하제국**이다. 이후 이 성어는 **유세로 상대를 설득**하거나 승리를 거두는 전고가 되었다. 관련 내용은 '설권제성'과 '도삼촌설' 항목을 참고하면 된다.

키워드 : 언변, 설득

이령지혼(利令智昏)

이익은 지혜를 어둡게 만든다.
– 권76 〈평원군우경열전〉

'이익에 눈이 멀었다'는 말을 흔히 한다. 눈앞의 사소한 이익에 많은 사람들이 뜻을 꺾었고, 많은 인간들이 의리에 등을 돌린다. 그래서 사마천은 **이익은 지혜를 어둡게 만든다**고 했다.

'利'라는 글자는 '禾'(벼, 재물)와 '刀'(칼, 싸움)가 합쳐진 글자다. 의미심장하다. 재물을 칼로 나눈다고 해석할 수도 있지만, 재물을 눈앞에 두고 칼을 들고 싸우게 만드는 것이 '利'라고 해석하는 것이 그럴 듯해 보인다.

'이익(돈)'은 사람의 분별력을 흐리게 하고, 이성을 마비시키는 마력을 갖고 있다.

자본주의 체제에서 이익의 힘은 어찌할 수 없을 정도로 커졌다. 이제 이익은 옛날 사고방식으로 무시하거나 천시해서는 안 된다. 본질을 통찰하고 그것을 인간 삶을 윤택하게 만드는 도구로 활용할 수 있는 지혜를 발휘해야 한다. 그렇다면 무엇보다도 이익을 경계해야 한다.

프랑스의 철학자이자 교육자인 장자크 루소(1712~1778)는 "우리 손안에 있는 돈은 자유를 유지하는 일종의 도구지만, 우리가 뒤쫓는 금전은 자신을 노예로 만드는 도구다"라고 하여 금전에 대한 추구가 가져올 결과에 대해 경고한 바 있다. 이익이 우리의 지혜를 흐리게 만든다는 사마천의 경고를 귀담아 들어야 할 것이다.

키워드 : 이익, 맹목, 추구, 우매(愚昧)

이릉지화(李陵之禍)

이릉의 화.

– 권130 〈태사공자서〉 ; 〈보임안서〉

기원전 99년, 46세의 사마천은 젊은 장수 이릉이 5천 결사대로 수만 흉노 군대와 싸우다 중과부적으로 항복한 사건을 두고 조정 대신들의 일방적 비난과는 달리 그를 변호했다. 그러나 사마천의 이 충언이 도리어 황제의 심기를 건드렸고, 대장군 이사를 비방했다는 죄목으로 옥에 갇혔다. 일은 점점 더 꼬여 이듬해인 기원전 98년 사마천은 반역자를 편들었다는 죄명으로 사형을 선고 받았다. 역사서를 완성하지 못한 상황에서 사마천은 아버지 사마담의 간곡한 유언이자 필생의

이릉을 변화하다가 황제의 심기를 건드려 옥에 갇히는 사마천의 모습을 그린 기록화이다.(2011년)

업인 역사서 완성을 위해 자신의 성기를 자르는 궁형(宮刑)을 자청한다. 그때가 그의
나이 48세인 기원전 97년이었다.

　이듬해 사마천은 사면을 받아 출옥했지만 자신에게 덧씌워진 반역이 무고로 밝혀
지면서 그의 억울함을 더욱 커졌다. 사마천은 이 모든 오욕과 고통을 극복하고 역사
서를 완성했다. 이 일련의 과정을 **이릉지화**로 부르며, 이 사건으로 사마천의 인생과
《사기》의 내용이 근본적으로 바뀌는 새로운 전기가 되었다.('궁형', '말혈음읍', '갱장공권',
'보임안서' 등 항목 참고)

키워드 : 사마천, 이릉, 변호, 궁형, 수모

이말치재(以末致財), 용본수지(用本守之)

상업으로 재물을 얻고, 농업에 힘써 재산을 지키다.
- 권129 〈화식열전〉

　《사기》 130권 중 실질적인 마지막 권인 제129 〈화식열전〉은 저주받은 명편으로
꼽힌다. 무려 2,000여 년 전에 역사서에다 역대 부자들의 돈 버는 방법 등을 다루었
기 때문에 상업과 금전을 천시했던 수구 학자들의 숱한 비난에 시달렸다. 지금은 최
고의 명편이라는 평가에 누구도 토를 달지 않는다. 심지어 〈화식열전〉을 읽지 않고
《사기》를 읽었다고 하지 말라고 평가할 정도다.

　위 대목은 사마천의 경제관 내지 상업관을 잘 보여주는 명구이다. 사마천은 〈화
식열전〉에서 30여 명에 이르는 역대 부자들과 그들의 치부법을 소개하면서, 이들은
모두 자신들만의 방법으로 재능을 충분히 활용하여 큰돈을 벌어 제왕 못지않은 삶
을 누렸다고 했다. 그런 다음 사마천은 사람들이 천시하는 **말업(末業)인 장사로 돈을
벌었지만 본업(本業)인 농사로 그것을 지켰고**, 한순간의 과감한 결단력으로 치부했지만
치부한 뒤에는 차분하게 그것을 지켰다는 사실을 위의 명구로 정리했다. 그러면서

바로 이어 "이무일체(以武一切), 용문지지(用文持之)"를 덧붙였다. "(용감한) 무(武)의 방법으로 모든 것을 얻었고, (정당한) 문(文)의 방법으로 그것을 지켰다"는 뜻이다.('이무일체, 용문지지' 항목 참고)

사마천은 이들의 경영법으로 '문무의 병용'을 말했다. 비유하자면 '무'가 강력한 자본 내지 결단력 등이라면, '문'은 그 자본을 바탕으로 이윤을 창출해내는 정당한 방법인 셈이다. 이 같은 경영 철학이 확고하다면 법을 어길 필요도, 나쁜 짓을 할 필요도 없다. 사마천이 말하는 문무를 결합한

물고기를 파는 상인을 그린 산서성 홍동(洪洞) 광승사(廣勝寺) 사찰의 벽화다.

경영법은 오늘날 경영에 적용해도 전혀 손색이 없는 경영의 원칙이자 방법이라 할 수 있다. 물론 그와 같은 경영법에도 방법의 변화, 절도와 순서가 있어야 하고, 이익과 손해를 꼼꼼히 따져야 하며, 때로는 임기응변으로 급한 상황에 대처할 줄 알아야 한다는 지적도 잊지 않았다.

사마천은 이렇듯 한나라 초기 거부와 대상들의 다양한 치부법 내지 경영법을 소개하면서 다음과 같은 말로 저주받은 명편, 약 500년에 걸친 거부 거상들의 기록인 〈화식열전〉을 의미심장하게 마무리했다.

"이로써 미루어 볼 때 부자가 되는데 정해진 직업이 있는 것이 아니고, 재물에 일정한 주인이 있는 것도 아니다. 재능이 있는 자에게는 재물이 모이고, 못난 사람에게서는 기왓장 흩어지듯 재물은 흩어진다. 천금의 부자는 한 도시의 군주와 맞먹고, 수만 금을 모은 자는 왕처럼 즐겼다. 이것이야말로 '소봉(素封, 무관의 제왕)'이 아니겠는가?"

관련하여 '소봉' 항목을 참고하면 된다.

키워드 : 경제, 치부, 원칙, 문무, 창업, 수성

이모취인(以貌取人), 실지자우(失之子羽)

외모로 사람을 평가하다가 자우에게 실수하다.
— 권55 〈유후세가〉 ; 권67 〈중니제자열전〉

이 성어는 공자의 말씀으로 기록되어 있다. 《사기》에서 이 대목은 〈중니제자열전〉과 〈유후세가〉 두 곳에 보인다. 〈중니제자열전〉에 보면 공자가 "그 말만 가지고 사람을 평가하다가 재여(宰予)에게 실수했고(이언취인以言取人, 실지재여失之宰予), **외모로 사람을 평가하다가 자우에게 실수**했다"는 대목이 있다. 신중한 공자도 '말재주만 가지고 재여를 평가하다가 실수했고, 못생긴 자우에게 편견을 갖고 있다가 실수했다'는 것이다. 사마천은 〈유후세가〉에서 자우에 대한 부분을 인용하며 장량을 잘못 보았음을 고백했다.

장량은 젊은 날 가산을 털어 진시황을 암살하려다 실패한 경력이 있고, 나중에 유방을 만나 최고 참모가 되었다. 이런 이력 때문에 사마천은 장량이 체격이 큰 건장한 사람일 것이라 생각했는데, 막상 그의 사당에 걸린 초상화를 보니 얼굴이 여자처럼 예뻤다는 것이다.

이모취인, 실지자우는 '이언취인, 실지재여'와 대구를 이루어 **그 사람의 외모나 말솜씨에 휘둘려 그릇된 판단을 내리는 것을 비유**한다. 속뜻은 선입견이나 편견으로 사람을 판단하지 말라는 것이다.

섬서성 유파현(留灞縣) 장량 사당 내의 그림에 보이는 장량의 모습이다. 사마천의 말대로 예쁘장한 모습이 인상적이다.(2011년)

키워드 : 외모, 언어, 편견, 실수

이목욕극성색지호(耳目欲極聲色之好)

눈과 귀는 아름다운 소리나 좋은 모습을 한껏 보고 들으려 한다.
– 권129 〈화식열전〉

역사서로는 최초로 경제 이론과 역대 부자들의 치부법을 다룬 문장인 〈화식열전〉은 사실 2천 년 가까이 숱한 비난에 시달렸다. 경제와 상인을 천시하는 유교 이데올로기와 그에 따른 국가 정책 때문이었다. 오늘날 〈화식열전〉은 기적과 같은 명편으로 평가받는다. 부를 향한 인간의 욕망을 인정하고, 나아가 그 부를 어떻게 사회에 환원할 것인가와 같은 차원 높은 경제관과 경제윤리를 보여주고 있기 때문이다.

저주받은 명편 〈화식열전〉 무염씨 부분이다.

〈화식열전〉 첫머리에서 사마천은 활발한 상업 활동을 반대하는 노자(老子)의 말을 인용한 다음, 그런 논리로 인간의 눈과 귀를 막으려는 것은 불가능하다며 위와 같이 말했다. 그다음 대목을 함께 소개하면 이렇다.

"눈과 귀는 아름다운 소리나 좋은 모습을 한껏 보고 들으려 하고, 입은 고기 따위의 좋은 맛을 보고 싶어 한다. 몸은 편하고 즐거운 것을 추구하고, 마음은 권세와 재능이 가져다준 영화를 자랑하려 한다. 이러한 습속이 사람들에게 스며든 지는 이미 오래다. 따라서 교묘한 논리를 가지고 집집을 교화할 수는 없다."

이렇게 말한 다음 사마천은 정치를 경제와 연계시켜 그 수준을 다음과 같이 다섯 등급으로 나누었다. 원문과 함께 인용해둔다.

"그러므로 최선의 정치는 그냥 내버려두는 것이고, 다음은 이익으로 사람들을 이끄는 것이며, 그다음은 가르쳐 깨우치게 하는 것이고, 그다음은 가지런히 바로잡으려 하는 것이다. 가장 못난 정치는 사람들과 다투는 것이다."

"고선자인지(故善者因之), 기차이도지(其次利道之), 기차교회지(其次教誨之), 기차정제지(其次整齊之), 최하여지쟁(最下與之爭)."

사마천이 가장 못난 정치라고 말한 '다투는 정치'란 재부(財富)를 놓고 백성들과 다투는 정치를 말한다. 사마천은 부에 대한 욕망과 추구는 인간 본능에 가깝기 때문에 맡겨두면 서로 알아서 잘살기 때문에 좋은 정책과 복지 등으로 이롭게 만들기만 하면 된다고 본 것이다. 오늘날 경제논리에 견주어 전혀 손색없는 진보적 경제관이 아닐 수 없다.

키워드 : 본능, 욕망, 정책, 정치

이목지신(移木之信)

나무를 옮기게 하여 얻은 믿음.
– 권68 〈상군열전〉

자세한 내용은 '상앙사목' 항목을 참고하면 된다.

키워드 : 문인, 질병, 한가(閑暇)

이무일체(以武一切), 용문지지(用文持之)

'무'로 성과를 내고, '문'으로 그것을 지킨다.
– 권129 〈화식열전〉

〈화식열전〉에서 사마천은 부를 향한 인간의 원초적 욕구 내지 욕망을 있는 그대로 인정했다. 그러면서 그런 욕구와 욕망을 사업을 통해 발휘하여 큰 부를 축적한 '부상대고(富商大賈)'들을 소개한 다음, 그 치부의 세세한 방법론까지 언급했다.('부상대고' 항목 참고) 물론 사마천은 치부의 방법론은 어디까지나 정당해야 한다는 기본을 깔고 있다. 여기에 좀 더 구체적인 방법으로 '문(文)'과 '무(武)'란 개념을 도입했다. 말하자면 '문무 겸비'를 강조한 것이다.

사마천은 역대 부자들 중 두드러진 인물들 몇을 소개한 다음, 그들이 거부가 된 것은 높은 벼슬이나 많은 녹봉 때문도 아니고, 교묘하게 법을 이용하거나 나쁜 짓을 한 것도 아니라면서 이렇게 말한다.

"그들은 모두 사물의 이치를 예측하여 나아가고 물러날 것을 결단했다. 시세의 운행에 순응해 이익을 얻고, 장사로 재물을 얻고, 농업에 힘써 재산을 지켰다. 요컨대 그들은 **강력한 '무(武)'의 방법으로 성과를 내고, 정당한**(또는 점잖은) **'문(文)'의 방법으로 그것을 지켰다.**"

그리고 그들의 경영법에는 변화와 절도, 그리고 순서가 있다고도 했다. 또 이익과 손해를 잘 따질 줄 알았고, 위기상황이나 갑작스러운 변화에도 임기응변으로 대처할 줄 알았다. 뛰어난 상인은 이처럼 예측 능력, 절제력, 임기응변 등과 같은 자질을 고루 갖추고 있었던 것이다. 사마천은 그런 자질과 능력을 '문무(文武)의 겸비'로 요약했다.('이말치재, 용본수지' 항목 참고)

키워드 : 경제, 치부, 원칙, 문무, 창업, 수성

권40 〈초세가〉는 위로 전욱 고양씨(顓頊 高陽氏)에서 이래로 전국 말에 이르는 초나라의 역사를 비교적 폭넓고 깊게 서술하고 있다. 긍·부정 두 측면에서 초나라의 흥망성쇠를 종합했다. 초나라를 강국의 반열에 올린 경우와 멸망으로 이끈 군주의 사적을 분명하게 대비시키고 있다. 사진은 호북성 무한(武漢) 동호(東湖)의 초문화 공원에 조성되어 있는 초나라 주요 인물들의 석상이다.(2002년)

이문(夷門)

대량성의 동문 '이문'.
– 권77 〈위공자열전〉

전국시대 위(魏)나라 수도 대량(大粱)의 성문 중 동문은 **이문**으로 불렸다. 이 '이문'을 관리하는 사람이 후영(侯嬴)이었다.

후영은 무림계로 비유하자면 강호의 숨은 고수와 같은 존재였다. 위나라의 권력자인 신릉군(信陵君) 위무기

전국시대 위나라의 도읍 대량성 동문인 '이문'의 모습이다.(2013년)

(魏無忌, ?~기원전 243)는 이 후영을 자신의 상객으로 모시고 싶었다.

신릉군은 자신이 직접 수레를 몰고 후영을 찾아갔다. 신릉군은 수레의 왼쪽 자리를 비워 놓은 채 후영을 기다렸다. 여기서 '허좌이대(虛左以待)'라는 유명한 고사성어가 나왔다. 글자 그대로 '왼쪽을 비워 놓고 (사람을) 모시다'란 뜻으로 귀한 사람을 모시거나 대접할 때 취하는 극진한 예절을 비유하는 말이다.

'이문'의 문지기 후영은 죽음으로 신릉군을 도왔다. 훗날 '이문'은 **의로운 선비를 상징하는 단어**가 되었고, 의미가 확대되어 **은혜를 알고 이를 갚는 의로운 사람 또는 신의를 비유**하는 말이 되었다.('절부구조', '허좌이대' 항목 참고)

키워드 : 비유, 지사, 의인, 신의

이불백(利不百), 불변법(不變法) ; 공불십(功不十), 불역기(不易器)

백 배의 이익이 아니면 법을 바꾸지 않고, 열 배의 좋은 점이 없으면 그릇을 바꾸지 않는다.

– 권68 〈상군열전〉 ; 《상군서(商君書)》

위는 개혁에 반대하는 수구 기득권 세력이 내세우는 논리를 대변하는 명구이다. 원전은 《상군서(商君書)》〈갱법(更法)〉 편이다. 그러면서 두지(杜摯)를 비롯한 수구 세력들은 "옛날을 본받으면 잘못이 없고, 의례를 따르면 사악해지지 않는다"고 강변했다. 얼핏 듣기에는 개혁을 함에 있어서 먼저 이익이 얼마나 되는가를 충분히 고려하라는 뜻 같다. 하지만 이 구절은 개혁을 바라지 않거나 개혁에 저항하는 기득권층의 논리를 대변한다. 이 논리에 맞서 상앙은 현명한 자는 법을 바꾸지 법을 따라가지 않는다며 다음과 같이 일갈했다.

"세상은 한 길로만 다스리지 않습니다. 나라에 편리하다면 옛날을 본받지 않습니다. 탕임금과 무왕은 옛날을 본받지 않고도 왕이 되었고, 하와 은은 의례를 바꾸지 않았지만 망했습니다. 옛것에 반대하는 사람을 그르다 해서는 안 되며, 의례를 따르려는 사람이 칭찬을 받아서도 안 됩니다."

효공은 상앙의 논리를 지지하며 상앙을 좌서장(左庶長)으로 삼고 마침내 법을 바꾸는 변법을 확정했다. 이 명구에서 말하는 '그릇'이란 기존의 사용하고 있는 도량형이나 제도 등을 가리킨다. ('변법', '의행무성, 의사무공' 등 항목 참고)

키워드 : 개혁, 저항, 기득권

이사혼서(李斯溷鼠)

이사와 변소 간의 쥐.
- 권87 〈이사열전〉

  이사(李斯, ?~기원전 208)는 진시황을 도와 천하를 통일하는 데 작지 않은 공을 세운 인물이다. 통일 후에는 '분서갱유(焚書坑儒)'로 대변되는 진시황의 사상 탄압정책을 주도했다. 기원전 210년 진시황이 죽은 뒤에는 조고(趙高)의 유혹과 협박에 넘어가 진시황의 유서를 조작하여 작은아들 호해를 황제 자리에 앉히는 정변에 가담했다. 그러나 그는 조고에게 배척당하고 결국 저잣거리에서 허리가 잘리는 요참(腰斬)이라는 극형을 받고 일생을 마감했다.

  이사는 전형적인 출세 지상주의자였다. 그가 출세에 목을 매게 된 동기는 젊은 날 군에서 작은 벼슬을 하던 중 곳간의 쥐와 변소 간의 쥐가 보인 서로 다른 반응을 목격했기 때문이었다. 사마천은 이 일화를 아주 생동감 넘치게 소개하고 있다.

  어느 날 이사는 관청의 변소에서 쥐가 오물을 먹다가 사람이나 개가 가까이 가면 놀라고 두려워하는 것을 보았다. 또 한 번은 창고에 들어갔는데, 넓은 곡식 창고에 살고 있는 쥐들은 사람이나 개를 전혀 겁내지 않았다. 이사는 "사람의 잘나고 못난 것이 쥐와 같으니, 그것은 스스로 처한 바에 달렸을 뿐이구나!"라고 탄식했다. 그 뒤 이사는 순자(荀子)를 스승으로 모시고 제왕의 통치술을 배웠다.

  당시 이사는 한비자(韓非子)와 함께 순자에게 제왕의 통치술을 배웠고, 학업을 끝낸 다음에는 서방의 강대국 진나라로 갔다. 당시 그가 자신의 나라인 초나라와 다른 다섯 나라를 버리고 진나라를 택한 까닭은 초나라 왕은 섬길 만한 인물이 아니고, 또 다른 다섯 나라들은 약했기 때문이었다. 이렇듯 이사는 철저히 현실적 이해관계에 입각하여 출세

이사의 글과 글씨로 알려져 있는 태산각석비(泰山刻石碑)이다.(2003년)

를 저울질했던 출세 지상주의자였고, 그 계기는 젊은 날 목격한 쥐들의 상반된 반응 때문이다.

쥐와 관련한 이사의 일화에서 훗날 **이사혼서**라는 흥미로운 성어가 나왔다. '혼(溷)'은 옛날에 변소를 가리키는 단어였다. **이사와 변소의 쥐란 뜻으로, 자신의 처지를 바꾸어 부귀영화를 추구하는 것**(또는 그런 사람)**을 비유**하게 되었다.('동문황견', '득시무태', '태산불양토양' 등 항목 참고)

키워드 : 처지, 욕망, 부귀영화

이상(圯上)

다리 위.
− 권55 〈유후세가〉

이상은 특이한 단어다. '圯'(이)란 글자의 자전적 의미는 '흙다리'로 나온다. 최초의 한자 사전이라 할 수 있는 《설문(說文)》《설문해자說文解字》에는 동쪽 초나라에서는 다리 '橋'(교)를 '圯'(이)라 부른다고 해설되어 있다.

이 '이상'과 관련해서는 흥미로운 고사가 전한다. 서한삼걸의 한 사람인 장량은 젊은 날 진시황을 암살하려다 실패하여 도망자 신세가 되었다. 그러던 어느 날 하비(下邳, 지금의 강소성 수녕睢寧)의 **다리 위**를 지나다가 신비의 노인(황석공黃石公으로 전한다)을 만나 《태공병법(太公兵法)》이란 기서(奇書)를 얻었다.('유자가교' 항목 참고) 장량은 이 책을 깊게 연구하였고, 마침내 유방의 참모가 되어 서한 개국의 일등공신이 되었다. 이후 '이상'이라는 이 이상한 단어는 **기회, 만남, 기이한 인연 등을 비유**하는 말이 되었다. '이상'을 '이교(圯橋)'로 쓰는 경우도 더러 있다. 장량은 훗날 이 노인을 상징하는 황석(黃石)을 사당에 모셔 노인을 기렸다.

이 고사와 관련해서는 '다리 위에서 책을 받았다'는 '이상수서(圯上受書)'를 비롯하

장량이 신비한 노인에게 신을 신기는 모습을 그린 것이다.(섬서성 유파현留壩縣 장량 사당, 2014년)

여 여러 고사성어와 단어들이 파생되었다. 먼저 당시 노인은 장량을 보더니 일부러 자신의 신을 벗어 다리 아래도 던진 다음 주워 오라고 했다. 장량은 순간 욱하며 때려 주고 싶은 마음이 솟구쳤다. 귀하신 신분의 당연한 반응이었다. 순간 장량은 자신의 처지를 상기했다. 장량은 다리 밑으로 내려가 신을 주워 왔다. 노인은 신을 신기게 했다. 장량은 순순히 신을 신겼다. 여기서 '신을 신기다'는 '진리(進履)'라는 단어가 나왔고, '이상'과 합쳐 '이상진리' 또는 '이교진리'라는 사자성어도 나왔다.

노인은 "그 젊은 녀석, 가르칠 만하군(유자가교 孺子可敎)"라며 장량과 시간을 약속하고는 세 번이나 장량을 시험한 끝에 병법서 하나를 장량에게 건네주고 이 책을 공부하면 제왕의 스승이 될 수 있을 것이라고 예언했다. 장량은 늘 그 병법서를 지니고 다니면 읽고 또 읽었다.

진시황이 급사하고 천하 정세는 격변의 소용돌이 속으로 빠져들었다. 전국시대 말기 상황이 재현되는 듯했고, 장량도 조국 한나라로 가서 한왕의 후예를 찾아 한왕으로 모셨다. 당시 천하의 패권은 항량을 거쳐 항우의 수중으로 들어가고 있었다. 장량은 항우가 아닌 유방을 선택했다. 그는 노인의 예언대로 유방의 책사가 되었고, 그의 기다림은 큰 전기를 맞이했다.('박랑사', '유자가교', '이교삼진리' 등 항목 참고)

키워드 : 관계, 만남, 기연

이색사인자(以色事人者), 색쇠이애이(色衰而愛弛)

얼굴로 사람을 섬기는 자는 얼굴이 시들면 총애를 잃는다.
– 권85 〈여불위열전〉

장사꾼 여불위가 자신이 포섭한 자초(子楚)를 진나라의 왕으로 계승시키기 위해 당시 실세 안국군(安國君)이 가장 총애하는 화양부인(華陽夫人)을 설득하는 과정에서 나온 명언이다. 여불위는 화양부인의 언니를 통해 이 말을 전하게 했다. 여불위는 이런 말로 자식이 없는 화양부인을 설득하여 자초를 양자로 삼게 하는 데 성공했다.

진나라의 왕위 계승자인 안국군에게는 20명이 넘는 아들이 있었다. 그 가운데 자초는 안국군의 첩으로 사랑을 받지 못한 하희(夏姬)의 몸에서 태어나 조나라에 인질로 보내졌다. 조나라에서는 자초를 형편없이 대접했고, 자초는 밥을 굶을 정도로 생활이 말이 아니었다. 장사꾼 여불위는 이런 자초를 보고는 '귀한 물건이라 여기고는 미리 차지해 두고자'(기화가거奇貨可居라는 성어가 이 대목에서 나왔다.) 경제적으로 보살펴 주는 한편, 그에게 막대한 자금을 지원하여 유명인사들과 사귀게 했다.

이와 함께 여불위는 자초를 안국군이 가장 아끼는 화양부인의 양아들로 만들기 위해 보석 등 갖은 뇌물과 아부로 화양부인과 그 언니에 접근했다. 여불위의 지극한 정성에 넘어간 화양부인은 안국군에게 자초를 칭찬하며 양아들로 삼겠다고 청하여 마침내 허락을 받아낸다.

안국군은 소왕(昭王)의 뒤를 이어 왕위에 올랐으나 1년 만에 죽고, 마침내 자초가 즉위하게 되었다. 이가 바로 장양왕(莊襄王)이자 진시황의 아버지다.(진시황의 진짜 아버지는 자초가 아니라 여불위라는 설이 유력하다.)

여불위는 자초를 왕위에 앉히는 데 절

여불위는 자초를 왕(장양왕)으로 세우는 데 성공하고, 이어 장양왕이 3년 만에 죽고 그 아들 정(政, 진시황)이 12세의 어린 나이로 즉위하자 진나라의 권력을 완전 장악했다. 사진은 낙양 근교에 남아 있는 여불위의 무덤이다. 거상의 무덤으로는 매우 단촐한데 이는 박장(薄葬)을 주장했던 그의 사상과 무관하지 않을 것이다.(2009년)

대적인 공을 세운 인물이다. 이 과정에서 여불위가 보여준 처세와 상대를 설득하는 말솜씨는 타의 추종을 불허한다. 화양부인을 설득하는 과정에서 여불위는, 지금은 아름다운 얼굴로 안국군의 총애를 받고 있지만 **나이가 들어 늙으면 사랑도 시들기 마련**이고 그때는 뭐니 뭐니 해도 든든한 아들이 필요하다고 강조했다.

역사에서 뛰어난 유세가들이나 처세술에 능했던 사람들은 어김없이 인성(人性)의 약점을 교묘하게 파고들어 자신의 논리를 합리화하고 상대를 설득했다.('기화가거' 항목 참고)

키워드 : 애증, 미모

이서어자부진마지정(以書御者不盡馬之情), 이고제금자부달사지변 (以古制今者不達事之變)

책으로 말을 몰려는 자는 말의 본성을 다 알 수 없고, 과거로 현재를 통제하려는 자는 일의 변화를 이해하지 못한다.

– 권40 〈조세가〉

이 명언은 옛날부터 구전되어 온 격언으로 추정한다. 전국시대 조나라의 개혁 군주 무령왕(武靈王, ?~기원전 295)이 변법 개혁을 추진하면서 개혁에 저항하는 수구 기득권 세력을 겨냥해서 비판한 대목의 하나이다.

낡은 틀에 매여 있는 사람은 책, 즉 이론으로만 말을 몰려는 사람처럼 남의 비웃음을 사게 된다. 과감하게 낡은 틀과 전통을 돌파해야만 새로운 것을 만

조나라 수도였던 하북성 한단시의 무령왕 때 축조했다고 하는 총대(叢臺) 유적이다.(2010년)

들어 낼 수 있다. 개혁의 본질과 의지를 함께 나타낸 명구 중의 명구이다. 무령왕은 이론과 실천을 겸비한 군주로서 '간편한 오랑캐 복장으로 말을 타고 활을 쏘는' '호복기사(胡服騎射)'로 대변되는 개혁을 크게 성공시켰다.('호복기사', '변법', '우자암성사, 지자도미형' 등 항목 참고)

키워드 : 개혁, 저항, 수구

이석추호(利析秋毫)

추호의 어긋남 없이 이익의 소재를 분석하다.
– 권30 〈평준서〉

　한나라 초기 관리들 중에는 재정에 아주 밝았던 몇몇 사람이 있었다. 그중에서도 곡물과 화폐, 소금과 철을 관장했던 공근(孔僅, 생졸 미상), 재정문제에 깊이 관여한 상홍양(桑弘羊, 기원전 약 155~기원전 80), 이들을 천자에게 추천한 정당시(鄭當時, 생졸 미상) 등이 대표적이었다. 이 중 상홍양은 낙양 상인의 아들로 태어나 암산(暗算)에 뛰어났으며, 그 재능 때문에 13세에 시중(侍中)으로 발탁될 정도였다. 이 세 사람은 손익을 논할 때는 추호(秋毫), 즉 **가을 짐승의 몸에 풍성하게 자라난 털럭 하나까지 놓치지 않을 정도로 꼼꼼하게 계산**했다고 한다. 이것이 **이석추호**의 뜻이다.

　경제는 대단히 복합하고 예민한 분야다. 백성들의 생활과 직결되기 때문에 관련 분야 어느 하나 소홀히 할 수 없다. 손익에 대한 엄밀한 계산도 필요하다. 한나라가 천하를 재통일한 뒤 빠른 시일 안에 국가를 태평성세에 올려놓을 수 있었던 것도 경제 분야에 대한 전문가들이 대거 발탁되어 실무를 처리했기 때문이다. 그중에서도 위 세 사람의 손익에 대한 분석은 말 그대로 추호의 어긋남이 없었으니, 이들의 일은 비록 비천하나 그 역할과 기능은 막중했다고 하겠다.

　상홍양은 지난날 진나라의 경제정책을 비판하고, 향후 한나라 경제정책의 기조를

한나라 초기 경제정책의 득실을 치열한 논쟁을 통해 분석한 결과물이 《염철론》이다. 중국 경제사 연구에 아주 귀중한 자료이다.

결정하는 데 결정적인 역할을 한 인물로 꼽힌다. 이 과정에서 그가 조정 대신들과 벌인 이른바 '염철논쟁(鹽鐵論爭)'과 그것을 기록한 《염철론(鹽鐵論)》은 중국 경제사를 이해하는 데 아주 귀중한 자료로 남아 있다.

경제와 관련된 손익계산도 철두철미해야 하고 경제회복도 중요하지만, 그전에 과거 정권의 경제정책에 대한 분석과 비판이 이루어져야 한다. 반성과 비판 없는 풍토 속에서 건전한 경제는 자랄 수 없기 때문이다. 멀리도 아닌 우리 근현대사를 되돌아보기만 해도 이 점은 명백해진다. 반성과 비판, 청산이 결여된 역사는 두고두고 걸림돌로 남는다. 추호도 어긋남이 없도록 하겠다는 자세로 정책을 세우고 비판해야 할 것이다. 잘못이 있을 때에는 솔직히 인정하고 책임을 지는 태도는 더더욱 필요하다.

키워드 : 경제, 재정, 이익, 계산

이식지담(耳食之談)

귀로 음식 맛을 보듯 하는 말.
– 권15 〈육국연표〉

'이식지언(耳食之言)'과 같은 뜻이고, 줄여서 '이식(耳食)'이라고 많이 쓴다. 사마천이 〈육국연표〉 서문에 사용한 흥미로운 표현이다. 천박한 식견으로 하잘것없는 이 일 저 일은 물론 천하 정세까지 아무렇지 않게 진단하고 단정하는 **허울뿐인 지식인을 비꼬는 말**로도 사용되는 참으로 절묘한 비유다. 관련하여 송나라 때 사람 왕당(王讜, 생졸 미상)이 편찬한 문어체 소설 《당어림(唐語林)》과 송말원초의 소설가 나엽(羅燁, 생졸 미상)이 편찬한 《취옹담록(醉翁談錄)》에 나오는 재미난 우화 한 가지를 소개한다.

옛날에 입과 코와 눈이 서로 자기 자랑을 하기 시작했다. 먼저 입이 말했다.

"이 세상에 맛있는 것들은 내가 없으면 절대 맛볼 수 없지. 그러니 내가 얼마나 훌륭해? 안 그래?"

그러자 코가 코웃음을 치며 "야, 웃기는 소리하지 마! 네가 아무리 맛있는 것을 맛볼 수 있다 해도 내가 이 코로 냄새를 맡아주지 않으면 다 소용없어. 안 그래?"

입은 아무 말도 못했고, 코는 콩콩 소리를 내며 뻐겼다.

이 광경을 가만히 지켜보고 있던 눈이 살며시 눈웃음을 치며 코와 입을 향해 이렇게 쏘아붙였다.

"야, 그럼 말이야, 만약 내가 그 맛있는 것들을 이 눈으로 보지 못하면 어떻게 되지? 내가 보지 않으면 코 네가 어떻게 냄새를 맡을 수 있으며, 입 네가 먹을 수 있겠어?"

그래서 내가 위에 있는 거야. 코도 입도 대꾸를 하지 못했다.

잠시 침묵이 흘렀다. 그러다 입과 코와 눈은 누구랄 것도 없이 일제히 눈썹을 올려다보았다. 그러면서 고개를 흔들었다. 그리고는 동시에 "야, 그런데 제는 아무것도 하는 일 없는데 어째서 우리 위에 가 있는 거지?"라면서 볼멘소리를 했다. 코도 입도 눈도 시원하게 대답할 수 없었다. 눈썹이 미안하다는 듯 이렇게 한마디했다.

"내가 니들 밑에 가 있다고 생각해 봐, 얼굴 꼴이 뭐가 되겠니?"

귀로 음식을 먹으려는 자들이 넘쳐난다. 사리사욕과 형편없는 패거리 문화에 젖어 옳고 그름조차 가리지 않고 거짓 선동을 일삼는 사람들이 너무 많다. 하루 빨리 청산해야 할 나쁜 기풍이다.

이 세상은 각자의 역할을 열심히 잘해 낼 때 살맛이 나는 법이다. 하는 일 없어 보이는 눈썹도 제자리를 지키고 있을 때 얼굴이 얼굴다워지는 것처럼, 나만을 내세우지 말고 상대의 존재와 역할·능력을 기꺼이 인정할 때 세상이 세상다워지고 인간이 인간다워지는 것이다. 관련하여 사마천은 권15 〈육국연표〉에서는 이런 **이식지담**을 일삼는 지식인 유학자들을 가리켜 '이식지유(耳食之儒)'란 네 글자로 비꼬고 있다.

키워드 : 언어, 천박, 풍자, 조롱

이십병농(二十病農), 구십병말(九十病末)

20전이면 농민이 손해를 보고, 90전이면 상인이 손해를 본다.

– 권129 〈화식열전〉

이 대목은 춘추시대 경제 사상가 계연(計然, 생졸 미상)이 식량 가격의 안정을 강조하면서 한 말이다. '병(病)'이란 '손해를 본다'는 뜻이고, '말(末)'은 '상인'을 가리킨다. 계연의 경제사상은 거시적 통제를 대단히 중시하고 있으며, 현실상황을 조사·파악하여 이를 바탕으로 구체적인 대책과 방침을 제기했다. 계연은 자신의 도움을 필요로 했던 월나라의 경제현상을 깊게 연구한 기초 위에서 물가가 균형을 이루어야 하고, 생산(농업)과 유통(상업) 두 방면의 관계를 고려해야 한다고 강조하며 이같이 말했다.

"식량 가격이 한 되에 **20전이면 농민의 이익에 손해가 나고, 90전이면 상인이 손해를 본다.** 상인의 이익에 손해가 나면 교역이 정체되고 돈이 돌지 않는다. 농민이 손해를 보면 생산성이 떨어지고 농지가 황폐해진다. 식량의 가격은 한 되에 최고 80전을 넘지 말아야 하며, 최저 30전 밑으로 떨어져서는 안 된다. 그래야만 상인과 농민 모두가 이익을 얻을 수 있다."

계연은 이렇게 해야만 양식의 가격이 안정되고 시장이 활기를 띤다고 보았다. 식량 값이 안정을 유지하면 다른 화물의 균등한 교환이 뒤따르고, 시장교역과 관시(關市, 관문의 시장) 등도 따라서 활기를 띤다는 뜻이다. 농업본위의 사상과 경제정책이 위주였던 시대에 계연은 사회적으로 '말석(末席)'에 위치한 상인의 이익과 그 작용을 간파하고 그것의 중요성을 강조했다. 이는 좀처럼 보기 힘든 귀중한 주장이 아닐 수 없다. 그의 상업경제 사상은 지금 보아도 아주 의미심장하다. 특히 모든 물가의 기본이 되는 식량 가격의 안정을 강조한 대목은 탁견이 아닐 수 없다. ('계연지책' 항목 참고)

키워드 : 경제, 물가, 안정, 식량

이언취인(以言取人), 실지재여(失之宰予)

그 말만 가지고 사람을 평가하다가 재여(宰予)에게 실수하다.
– 권67 〈중니제자열전〉

　　이에 대해서는 '이모취인, 실지자우' 항목을 참고하면 된다.

키워드 : 외모, 언어, 편견, 실수

이일당십(以一當十)

한 사람이 열을 감당하다.
– 권7 〈항우본기〉

　　일상에서는 '일당백(一當百)'이란 표현을 많이 쓴다. 원전은 《전국책》 〈제책〉의 "한 사람이 열을, 열 사람이 백을, 백 사람이 천을 감당한다"는 대목이다. 〈항우본기〉에서 **이일당십**은 기원전 208년 항우가 거록(鉅鹿)전투에 나섰었을 때, 그가 거느린

거록전투를 나타낸 조형물이다.(2010년)

초나라 군사들의 위용을 다음과 같이 묘사한 대목에서 나온다.('파부침주' 항목 참고)

　　"초의 전사들은 하나같이 1당 10이었다. 초의 병사들이 고함을 지르면 하늘이 울렸고, 제후의 군사들은 두려움에 떨지 않는 자가 없었다."

키워드 : 상대, 감당력

이족부전(裏足不前)

발이 묶여 앞으로 나가지 못하다.

– 권87 〈이사열전〉

이족부전은 〈이사열전〉에 인용된 이사(李斯)의 명문장 〈간축객서(諫逐客書)〉의 다음 대목에 나오는데, 원문은 '이족불입진(裏足不入秦)'이다. '발이 묶여 진으로 들어오지 못하다'는 뜻이다. 원전은 《전국책》이다.

"지금 진은 백성을 버려서 적국을 이롭게 하고, 객을 물리쳐서 제후에게 공을 세우게 하며, 천하의 인재를 물러나게 해서 감히 서쪽으로 향하지 못하게 하고, **발을 묶어 진으로 들어오지 못하게** 합니다. 이는 '적에게 병사를 빌려주고 도적에게 양식을 보내는' 것입니다."

'이족부전'은 **이것저것 생각하느라 멈추어 나가지 못하는 모습을 비유**하기도 한다.

키워드 : 주저(躊躇), 부진(不進)

이진교소(利盡交疏)

이익이 다 하면 사이가 멀어진다.

– 권42 〈정세가〉

앞에서 살펴본 '권세와 이익으로 사귄 자들은 권세와 이익이 다하면 멀어진다'는 뜻의 '이권리합자(以權利合者), 권리진이교소(權利盡而交疏)'라는 명구를 네 글자로 줄여서 **이진교소(利盡交疏)로도 많이 쓴다. 이익이 다하면 사이는 멀어진다**는 뜻이다.('이권리합자~' 항목 참고)

추사 김정희의 〈세한도〉 전체 모습이다. 김정희는 〈세한도〉 발문에서 '이진교소' 대목을 언급하며 계산적이고 이기적인 세태를 한탄했다.

키워드 : 관계, 권세, 이해(利害), 친소(親疏)

이폭역폭(以暴易暴)

폭력에는 폭력으로.

– 권61 〈백이열전〉

이폭역폭은 〈백이열전〉에 나오는 성어이다. 은말주초 백이(伯夷)와 숙제(叔齊)는 고죽군(孤竹君)의 두 아들이었다. 고죽군은 셋째 아들인 숙제로 하여금 자기 뒤를 잇게 하고자 했다. 아버지가 세상을 떠나자 숙제는 형인 백이에게 왕위를 양보했다. 백이는 백이대로 "아버지의 명이니 어길 수 없다"며 도망가 버렸다. 숙제 역시 임금 자리가 싫어 도피했다. 나라 사람들은 가운데 아들을 세웠다.

백이와 숙제는 "듣자 하니 서백(西伯) 창(昌, 주 문왕)이 늙은이를 잘 모신다고 하니 그에게 몸을 맡기는 것이 좋지 않겠는가?"라며 서백에게로 갔다. 가서 보니 서백은 세상을 떠나고, 그 아들 무왕(武王)이 나무로 된 아버지의 신주(神主)를 수레에 싣고 문왕이라는 존호를 올리고서 동쪽 은나라의 주왕을 정벌하려 하고 있었다. 백이와 숙제는 무왕의 말고삐를 붙잡고 간곡히 말했다.

"아버지가 돌아가셨는데 장례도 마치지 않고 전쟁을 일으키려 하니 효도가 아니다. 또 신하인 제후가 임금인 천자를 시해하려 하니 어진 일이라 할 수 있는가?"

무왕의 좌우에 있던 군사들이 그를 죽이려 하자, 태공망(太公望) 여상(呂尙, 강태공)이 "그들은 의로운 사람이다"라며 돌려보내게 했다.

무왕이 은나라의 난을 평정하자 온 천하가 주나라를 종주국으로 받들었다. 그러나 백이와 숙제는 이를 부끄럽게 여기고 의리를 지켜 주나라의 곡식을 먹지 않고 수양산(首陽山)에 들어가 고사리를 캐 먹고 지냈다. 굶어 죽게 되었을 때, 이런 노래를 지어 불렀다.

저 산에 올라가, 고사리를 캔다네.
무왕은 포악한 방법으로 주왕의 포악함을 대하였건만
그 잘못을 모르네.
신농(神農)·우순(虞舜)·하우(夏禹)의 도가 홀연히 사라졌으니,
내 어디로 가서 몸을 맡길 것인가?
아아, 죽어야겠다, 명이 다했구나!

그리고는 마침내 수양산에서 굶어 죽었다. 여기서 '포악함(폭력)'으로 포악함을 대신한다'는 뜻의 '이폭역폭'이 나왔다. 후대 사람들이 이 말을 사용하면서 뜻이 변화되어, 흔히 **폭력으로 폭력을 대신**하는 것을 '이폭역폭'이라 부르게 되었다. 또는 **폭력의 수단으로 폭력에 맞서는 것**을 말하기도 한다. 올바르게 사용하기만 한다면 이 역시 중요한 모략이 된다.

고대 《함무라비법전》에서 나왔다고 하는 복수법의 전형인 '눈에는 눈', '이에는 이'라든가, '피는 피로'라는 말 등이 모두 이 '이폭역폭'과 일맥상통한다.

인간사회에 계급이 발생한 이래 강렬한 계급성을 띠지 않은 전쟁은 없었다. 피압박자는 폭력으로 압박자의 폭력에 맞섰고, 혁명전쟁은 반혁명에 반대하여 전쟁으로 맞섰다. 이는 모두 계급투쟁의 최고 형태였다. 군사 통치라는 각도에서 이 문제를 연구해 보면 '이폭역폭'은 피압박 계급이나 집단에게는 지극히 호소력이 있고, 힘

이 되는 수단임을 알 수 있다. 이런 폭력 활동의 직접적인 목적은 피압박자 자신의 해방에 있었기 때문이다. 동서고금을 통해 압박이 심하면 심할수록 반항도 그만큼 격렬했다. 역사상 여러 차례의 농민봉기가 성공하고, 심지어는 봉건 왕조를 뒤집어 엎을 수 있었던 것은, 봉기군을 이끄는 지도자들이 '이폭역폭'에 뜻을 두고 무력으로 무력 진압에 대항했기 때문이다.

키워드 : 상황, 대처, 복수, 폭력

이풍역속(移風易俗)

풍속을 바꾸고 고치다.
– 권24 〈악서〉

이풍역속의 출전은 《순자》〈악론(樂論)〉 편이다. 사마천은 〈악서〉에서 같은 표현을 썼다. 《회남자》, 《한서》 등에도 보인다. 《순자》의 해당 부분을 인용해둔다.

"그러므로 음악이 바르게 연주되면 뜻이 맑아지고, 예의가 잘 갖춰지면 행실이 이루어지며, 귀와 눈은 잘 들리고 잘 보이게 되고, 혈기는 평화로와지며, **풍속을 바꾸고 고쳐서** 온 천하가 모두 편안해지고, 아름답고 착한 사람들이 서로 즐기게 된다."

〈악서〉에는 "풍속을 바꾸고 고치니 천하가 평안해졌다"는 대목이 보인다. 이후 '이풍역속'은 **낡은 풍속(風俗)이나 관습(慣習) 따위를 고치고 바꾼다**는 뜻의 성어로 정착했다.

키워드 : 풍속, 관습, 변혁

인고미이지(人固未易知), 지인역미이야(知人亦未易也)

사람은 본디 알기가 쉽지 않고, 사람(남)을 아는 일 역시 쉽지 않다.
– 권79 〈범수채택열전〉

전국시대 위(魏)나라 출신으로 진나라에 건너와 소왕(昭王)에게 '원교근공(遠交近攻)'이란 외교정책을 제안하여 진나라 재상이 된 범수(范雎, ?~기원전 255)는 위나라에 있을 때 자신을 죽도록 때린 위제(魏齊)에 대한 복수에 나섰다. 이를 안 위제는 조나라의 유력자 평원군(平原君)의 집에 숨었다.

평원군이 진나라에 사신으로 오자 소왕은 평원군에게 위제를 내놓으라고 압박했다. 평원군은 이를 거절했다. 소왕은 평원군을 억류한 다음 아예 조나라 효성왕(孝成王)에게 압력을 넣었다. 효성왕은 평원군의 집을 포위했고, 이를 미리 알아챈 위제는 재상 우경(虞卿)에게로 피신했다. 우경은 위제와 함께 위나라의 유력자 신릉군(信陵君)을 찾아가 초나라로 망명할 수 있게 도와 달라고 했다. 신릉군은 주저하며 우경이란 사람이 어떤 사람이냐고 물었다. 은자 후영(侯嬴)은 **"사람은 본디 알기가 쉽지 않고, 사람을 아는 일 역시 쉽지 않습니다"**라면서 우경은 왕으로부터도 크게 우대를 받은 사람이며, 곤경에 처한 친구를 돕기 위해 여기까지 함께 왔다고 일러주었다.

이 말에 신릉군은 사람을 보내 우경과 위제를 맞아들이려 했다. 그러나 애초에 신릉군이 망설이는 것을 본 위제는 크게 화를 내며 스스로 목숨을 끊은 뒤였다.

후영이 한 이 말은 언뜻 이해가 잘 안 간다. 해석하는 사람에 따라 다르지만 나를 아는 것도 어렵지만, 남을 아는 것도 어렵다는 식으로 해석하는 경우가 적지 않다. 그러나 그보다는 다른 사람이 나를 이해해주는 일도 쉽지 않지만 남을 이해하는 일도 쉽지 않다고 해석하는 쪽이 좀 더 나을 것 같다.

사람과 사람 사이를 이해하는 일은 예로부터 어려운 일이었다. 한때 중국에서 '이해만세(理解萬歲)’라는 구호가 사람들로부터 큰 호응을 얻은 적이 있는데, 이 역시 이해 받기를 갈망하는 사람들의 심리를 반영한 현상이다.

키워드 : 인간, 관계, 이해, 난이(難易)

인고유일사(人固有一死)

사람은 누구나 한 번 죽는다.

– 〈보임안서〉

위는 사마천이 남긴 모든 명언 가운데 가장 감동적인 명언이라 할 수 있다. 사마천의 생사관을 잘 보여주는 대목으로 역대로 수많은 사람들에 의해 인용되었다. 해당 전체 문장은 이렇다.

“사람은 누구나 한 번 죽지만 어떤 죽음은 태산보다 무겁고, 어떤 죽음은 새털보다 가볍다. 이는 죽음을 사용하는 방향이 다르기 때문이다.”

“인고유일사(人固有一死), 혹중우태산(或重于泰山), 혹경우홍모(或輕于鴻毛), 용지소추이야(用之所趨異也).”

사마천은 미처 완성하지 못한 역사서를 끝내기 위해 죽음보다 치욕스러운 궁형(宮刑)을 자청했다. 마흔여덟의 나이에 궁형을 자청할 수밖에 없었던 사마천의 심경을 어찌 제대로 헤아리겠는가? 《태사공서(太史公書)》《사기》를 완성한 뒤, 사마천은 친구 임안(任安)에게 보낸 편지에서 그때의 심경을 이렇게 고백한다.

“하루에도 아홉 번이나 장이 뒤틀리고, 집에 있으면 망연자실 넋을 놓고 무엇을 잃은 듯하며, 집을 나가도 어디로 가야 할지 모릅니다. 이 치욕을 생각할 때마다 식

지독한 고독과 고통, 그리고 치욕을 극복한 사마천은 위대한 생사관을 터득했고, 그것이 이 명언으로 남겨 졌다. 사마천의 위대한 생사관을 그린 기록화이다.

은땀이 등줄기를 흘러 옷을 적시지 않은 적이 없습니다."

사마천은 흉노와의 전투에서 '중과부적(衆寡不敵)'으로 항복한 이릉(李陵)이란 장수를 변호하다가 황제의 심기를 건드리고 황제의 처남인 대장군 이광리를 헐뜯었다는 근거도 없는 죄목으로 억울하게 감옥에 갇혔다.(기원전 99년 46세) 이어 이릉의 반역 행위를 알리는 거짓 보고가 전해졌고, 당시 황제였던 무제(武帝)는 앞뒤 재지도 않고 이릉의 가족을 몰살했다. 사마천에게는 반역자를 편들었다는 죄목을 씌워 사형을 선고했다.(기원전 98년 47세)

당시 한나라 법에는 사형을 면할 길이 두 가지 있었다. 하나는 50만 전이란 거금을 내는 것이고, 또 하나가 궁형을 자청하는 것이었다. 역사서의 완성을 눈앞에 두고 있던 사마천으로서는 청천벽력(靑天霹靂)이었다. 이 말도 안 되는 억울함과 치욕을 사마천은 자살로 씻으려고 몇 번을 마음먹었다. 그러나 필생의 일이자 아버지의 간곡한 유언을 차마 포기할 수 없었다. 바로 역사서를 완성하는 일이었다.

사마천은 자신의 말대로 '구차한 삶'을 택했다. 그러나 그 구차한 삶은 결국 '위대한 죽음'을 예비하는 절박하지만 옳은 길이었다. 그리고 사마천은 이렇게 썼다. 다시 한 번 원문과 같이 인용해본다

"사람은 누구나 한 번 죽지만 어떤 죽음은 태산보다 무겁고, 어떤 죽음은 새털보다 가볍다. 죽음을 사용하는 방향이 다르기 때문이다."

"인고유일사(人固有一死), 혹중우태산(或重于泰山), 혹경우홍모(或輕于鴻毛), 용지소추이야(用之所趨異也)."

목숨보다 더 소중한 일을 마치지 못했기에 그는 '구차한 삶'을 택할 수밖에 없었다. 하지만 그의 선택은 인류 역사상 가장 귀중한 선택이 아닐 수 없었다. 《사기》라는 값으로 매길 수 없는 선물을 인류에게 남겼기 때문이다. 그는 누가 뭐라 해도 '태산보다 무거운 죽음'을 택한 것이다. 그의 삶은 결코 구차하지 않았다.

구차하다 못해 구질구질한 삶을 서슴없이 택하는 자들이 많다. 소도 웃을 말도 안 되는 변명과 위선으로 자신의 진면목을 위장해 가며 정말 안쓰럽게 사는 자들이다. 이런 자들이 '태산보다 무거운 죽음'의 의미를 알까? 하기야 '새털보다 가볍게' 죽을 자들이 뭘 알겠는가?(궁형', '이릉지화', '회장구전' 등 항목 참고)

키워드 : 생사, 존엄, 선택, 생사관

인공(人功), 구공(狗功)

사람의 공, 개의 공.
– 권53 〈소상국세가〉

초한쟁패의 마지막 승리자 유방의 승리 요인으로 가장 많이 꼽는 것이 '인재(人才)'다. 유방의 인재관은 남달랐다. 이 부분을 잘 보여주는 기록이 〈소상국세가〉에 남아 있다. 이 장면을 한번 보자.

기원전 202년, 유방은 황제로 추대되었다. 형식적인 세 번의 사양 끝에 황제 자리에 오른 유방은 당연한 절차라 할 수 있는 '논공행상(論功行賞)'을 진행했다. 공신들은 제각각 자신의 공이 크다고 여겼고, 이 때문에 공을 다투느라 해를 넘겼다. 유방은 같은 고향인 패현(沛縣, 지금의 강소성 패현) 출신으로 젊은 시절부터 자신을 물심양면으로 돕고, 봉기 후에는 후방 살림살이를 도맡아 승리에 결정적인 역할을 한 소하(蕭何)를 1등 공신으로 삼았다. 그러자 공신들, 특히 무장들이 불만을 품고 들고일어났다. 마치 반란이라도 일으킬 기세였다. 사마천은 당시 공신들의 불만을 다음과 같이 전하고 있다.

"신들은 단단한 갑옷을 입고 날카로운 무기를 든 채 많게는 백 번 넘게 적어도 수십 번 전투를 치르며, 크고 작은 차이는 있지만 모두 성과 땅을 공략했습니다. 지금 소하는 '말이 땀을 흘리는 노고(한마지로汗馬之勞)'도 없이 그저 글로 이러쿵저러쿵했을 뿐입니다. 싸우지도 않았는데 오히려 신들보다 윗자리를 차지하니 왜 그렇습니까?"

이에 대해 유방은 단도직입적으로 공신들을 향해 너희들은 사냥개요, 소하는 사냥꾼이라고 잘라 말한 다음, **사냥개의 공(구공狗功)**과 **사냥꾼의 공(인공人功)**을 어찌 비교할 수 있겠냐는 쾌도난마(快刀亂麻)의 논리로 불만을 단번에 잠재웠다. 유방의 말을 들어보자.

"사냥에서 짐승이나 토끼 따위를 뒤쫓아 죽이는 것은 사냥개다. 그러나 사냥개를 풀어 짐승이 있는 곳을 지시하는 것은 사람이다. 지금 그대들은 그저 짐승을 뒤쫓았을 뿐이니 '사냥개의 공'을 세운 것이다. 소하는 사냥개를 풀어 있는 곳을 지시했으니 '사람의 공'을 세운 것이다. 그리고 그대들은 혼자의 몸으로 나를 따랐거나 많아야 두 세 사람이었지만, 소하는 집안사람 수십 명을 모두 내게 딸려 보냈으니 그 공을 잊어서는 안 될 것이다."

이것이 유방의 '사람의 공'과 '개의 공', 즉 '인공'과 '구공' 논리다. 그리고는 바로 명령을 내려 소하를 제일로 삼는 한편, '검을 차고 신을 신은 채 대전에 들어올 수 있고, 또 조정에서 잰걸음으로 걷지 않아도 된다'는 특전을 베풀었다.

인재에 대한 인정과 공에 대한 평가는 근거가 명확해야 한다. 그리고 가능하면 많은 사람들이 보는 앞에서 분명하게 그 능력과 공을 객관적으로 천명해야 한다. 그래야만 주위 사람들이 불만을 품지 않는다. 공개적으로 인재를 인정하라는 말이다.

밀실에서 몇몇이 모여 쑥덕공
론으로 상을 내리거나 벌을 주
어서는 복종하지 않는다. 공개
적으로 확실하게, 정확하게, 공
평하게, 공정하게 인정하고 평
가하고 상을 내려야만 마음으
로 따른다. 또 자신에게도 기회
가 있다는 가능성과 희망에 최
선을 다해 능력을 발휘하게 된
다. 인재의 능력과 공을 허심탄

정권 창출에 따른 논공행상은 매우 예민한 문제다. 자칫 잘못하면 정권 전체를 흔들 수 있기 때문이다. 유방은 정확한 판단으로 소하의 공로를 분명하게 밝힘으로써 공신들의 불만을 확실하게 잠재웠다. 그림은 논공행상 당시 상황을 나타낸 기록화이다.(2007년)

회하게 인정할 줄 아는 리더야말로 큰 리더가 될 수 있다.('발검격주' 항목 참고)

키워드 : 창업, 논공행상, 공적, 심사

인국유성인(隣國有聖人), 적국지우야(敵國之憂也)

이웃 나라에 성인이 있으면, 적국으로서는 근심거리다.

– 권5 〈진본기〉

위 명구는 경쟁 관계에 있는 상대편에 뛰어난 인재가 있다는 것은 내 쪽으로 보면 걱정거리라는 뜻으로, 진(秦)나라 목공(穆公)이 융(戎)의 인재인 유여(由余)를 염두에 두고 한 말이다.

기원전 626년, 목공이 진나라를 통치한 지 34년째 되던 해였다. 융의 왕이 과거 진(晉)나라에서 망명한 유여란 인물을 사신으로 보내왔다. 목공은 진나라의 문물을 한껏 자랑하며 융의 야만을 비웃었다. 유여는 "이런 궁궐과 재물들은 귀신더러 만들어내라 해도 힘들 텐데 하물며 백성들이야 오죽하겠습니까?"라고 반박했다. 당황한 목공은 예악과 법도를 들먹이며 그런 것 없는 융족은 무엇으로 어떻게 다스리냐고 반문했다. 유여는 바로 그런 것들 때문에 난리가 나는 것이라며 융은 "윗사람은 순박한 덕으로 아랫사람을 대하고, 아랫사람은 충성으로 윗사람을 받들기 때문에 '한 나라의 정치가 한 사람의 몸을 다스리는 것처럼 다스려집니다(일국지정유일신지치(一國之政猶一身之治).' 하지만 그렇게 된 원인이 무엇인지는 모릅니다. 이것이야말로 진짜 성인의 다스림입니다"라고 답했다.('일국지정유일신지치' 항목 참고)

목공은 더는 할 말이 없었다. 대신 걱정이 밀려왔다. 융족에 유여와 같은 인물이 있다는 사실이 두려웠다. 목공은 자리를 물러나와 왕료(王廖)에게 "내가 듣기로 **이웃 나라에 성인이 있으면, 적국으로서는 근심거리**라 했소. 지금 현명한 유여 때문에 과인은 걱정이 되니 어찌하면 좋겠소?"라며 자문을 구했다.

이렇게 해서 유여를 진나라로 모셔오기 위한 공작이 추진되었다. 일단 유여에게 융에 대한 정보를 캐냈다. 그리고 이런저런 구실을 붙여 유여의 귀국을 늦추었다. 그런 다음 융의 왕에게 춤과 노래에 능한 미녀들을 보내 그의 심기를 흩어놓게 했다. 융의 왕이 쾌락에 빠져 헤어 나오지 못한다는 것을 확인한 목공은 그제야 유여를 돌려보냈다. 유여는 왕에게 충고했으나 소용없었다. 이때 목공이 사람을 여러 차례 보내 유여를 초청했고, 마침내 유여는 진나라로 건너왔다. 목공은 그를 손님의 예로 극진히 모시고 장차 융을 정벌할 계책 등을 물었다.

진 목공의 인재정책과 인재관은 남달랐다. 특히 국적·민족·신분·연령을 따지지 않는 이른바 '사불문(四不問)'에 입각한 폭넓은 인재기용으로 뒤떨어진 진나라를 부강하게 만들고, 그 자신은 춘추오패의 하나가 되었다. 사진은 목공의 무덤(섬서성 보계시)이다.(2009년)

목공은 중원과 융의 문화를 다 잘 알고 있는 유여의 존재에 두려움을 느꼈다. 목공은 유여를 제거하는 대신 그를 포섭하기로 했다. 이렇게 해서 치밀한 수순에 따라 유여를 진나라로 모셔오는 데 성공했다. 일찍이 백리해 등 외국의 인재들을 적극 영입하여 큰 덕을 보았던 목공은 유여의 존재감과 그 가치를 단번에 알아보았고, 그를 영입하기 위해 만전을 기했던 것이다.

키워드 : 경쟁, 상대, 인재, 우려(憂慮)

인궁즉반본(人窮則反本)

사람이 궁지에 몰리면 근본으로 돌아간다.
– 권84 〈굴원가생열전〉

전국시대 초나라의 정치가이자 시인이었던 굴원(屈原, 기원전 339~기원전 278)은 어리석은 회왕과 간신배들의 농간으로 초나라가 멸망의 구렁텅이로 빠져드는 것을 온몸으로 막고자 했다. 당시 상황을 〈굴원가생열전〉에는 이렇게 기록하고 있다.

"굴원은 왕이 한쪽 말만 듣고 시비를 가리지 못하고, 아첨하는 무리는 왕의 총명을 가로막고, 사악하고 비뚤어진 무리가 공명정대한 사람을 해치고, 단정하고 정직한 사람을 받아들이지 않는 것을 애통하게 생각했다."

이런 자신의 걱정을 담은 〈이소(離騷)〉라는 글을 썼다. '이소'는 근심스러운 일을 만났다는 뜻이다. 그래서 흔히들 〈이소〉를 원망의 글이라고도 한다. 〈굴원가생열전〉은 〈이소〉에 대해 이렇게 설명하고 있다.

"대저 하늘은 사람의 시초이며, 부모는 사람의 근본이다. **사람이 궁지에 이르면 근본을 돌이켜보기** 때문에 힘들고 피곤할 때에 하늘을 찾지 않을 수 없는 것이며, 질병으로 고통스럽고 참담해지면 부모를 찾지 않을 수 없는 것이다. 굴원은 올바른 도리를 곧게 실천하고 충성을 다 바치고 지혜를 다 발휘해 그 임금을 섬겼음에도 군주와 그의 사이가 이간질을 당해 궁지에 처했다. 신의를 지켰으나 의심을 받았고, 충성을 바쳤으나 비방을 당했다, 이 어찌 원망스럽지 않겠는가?”

굴원의 이런 충정에도 불구하고 회왕은 간신배들의 손아귀에서 벗어나지 못했고, 굴원은 몸에 돌을 묶어 멱라수(汨羅水)에 몸을 가라앉혀 자결했다. 회왕은 진나라에 속아 그곳에서 죽었고, 초나라는 굴원이 세상을 떠난 50년 뒤인 기원전 228년에 멸망했다.

키워드 : 인간, 궁지, 근본

인기아취(人棄我取), 인취아여(人取我與)

남이 버리면 나는 사들이고, 남이 사들이면 나는 내다 판다.
– 권129 〈화식열전〉

전국시대 낙양 출신의 상인으로 백규(白圭, 생졸 미상)는 훗날 상인의 시조로까지 추앙받는 인물이다. 그의 주된 경영법은 시기의 변화와 물가 변동을 잘 살펴 상품을 사고파는 것이었다. 특히 **다른 상인들이 상품을 내다 팔면 백규는 싼값에 이를 사들이고, 다른 상인들이 상품을 사들이면 비싼 값으로 팔아서 큰 이득을 취했다.** 구체적으로 그는 풍년이 들면 곡식을 사들이고 대신 실과 옻을 팔았고, 흉년이 들어 고치가 나돌면 비단과 솜을 사들이는 대신 곡식을 팔았다.

상인의 전형이자 모범으로 평가받는 백규의 상이다.(출처 : 바이두)

백규의 이 같은 경영법은 사업상 자신의 이득을 올리는 것은 물론 서민들의 기본 생활을 안정시키고자 하는 책임감이 바탕에 깔려 있다. 즉, 풍년이 들었을 때 백규는 흉년에 대비해서 곡식

(종자)을 대량 사들였고, 대신 생필품인 실과 옷을 팔아 곡식 가격과 다른 물가를 안정시켰다. 또 흉년이 들어 곡식(종자)이 부족하면 비축해 두었던 곡식을 팔아 서민들의 기본 생활을 안정시켰다. 물론 그 자신은 이런 거래를 통해 차액을 남겨 치부했다.

서민의 물가 안정에 대한 백규의 관심은 이 정도에 그치지 않았다. 풍년이 들어 곡식이 남아돌면 값이 많이 떨어지기 때문에 평소보다 더 많이 사들여 값이 더 이상 떨어지지 않게 했고, 값이 떨어지는 하등 곡물도 대량 사들여 값을 안정시켰다. 또 곡식의 수확량을 늘리기 위해 상등품의 종자를 사들여 비축했다가 필요할 때 팔거나 제공했다.

백규는 고대 중국의 좋은 상인, 즉 '양고(良賈)'의 전형이었다. 다른 상인들이 별다른 생각 없이 이윤만 보고 내다 팔거나 살 때, 백규는 그것이 서민의 생활과 사회에 미치는 영향까지 고려한 다음 사고팔았다. 그래서 훗날 많은 상인들이 그의 경영법과 상인 정신을 배우고 본받으려 했다.

키워드 : 경제, 상인, 치부, 물가, 안정

인두축명(人頭畜鳴)

사람 머리를 가지고 짐승 소리를 내다.
– 권6 〈진시황본기〉

《사기》 후대의 판본에는 〈진시황본기〉 말미에 반고(班固, 32~92)의 〈진기론(秦紀論)〉이란 문장이 들어가 있다. 진시황과 통일제국 진나라에 대한 반고의 논평이다. **인두축명**은 이 글에서 나온 성어이다. 반고는 2세 호해의 실정을 비판하면서 "누군가 참으로 가슴 아프게 말하길 **사람의 머리를 가지고 짐승 소리를 내는** 꼴이로구

중국의 역대 정사(正史) 25사 중 《사기》에 이어 두 번째 정사로 꼽히는 《한서》를 편찬한 반고.

나!"라고 비판했다. **옳고 그름이나 좋고 나쁜 것을 분별하지도 못하면서 그저 소리만 질러대는 꼴**을 비유한 성어다.

키워드 : 실정(失政), 짐승

인모영명(人貌榮名), 개유기호(豈有旣乎)

사람의 (아름다운) 외모와 빛나는 명성이 어찌 완벽할 수 있으랴!
– 권124 〈유협열전〉

〈유협열전〉은 《사기》 130권 중에서도 아주 특별한 기록이다. 최고 권력자와 지배층에 대한 격렬한 비판이 함축되어 있기 때문이다. 법체계를 무시하면서까지 자신의 원칙을 지키려 한 곽해(郭解, 생졸 미상)를 비롯한 유협들의 존재에 대해 사마천은 시종 칭찬을 아끼지 않다. 사마천의 이런 자세는 마지막 태사공왈에 집중 반영되어 있는데, 다음 대목은 이를 잘 보여준다.

"속담에 이르기를 **사람의 (아름다운) 외모와 빛나는 명성이 어찌 완벽할 수 있으랴**고 했다. 그럼에도 곽해는 그 훌륭한 명성을 계속 누리지 못했으니 정말 애석하도다!"

인모영명, 개유기호는 한 사람의 뛰어난 외모와 빛나는 명성이 명실상부 완벽할 수 없음을 뜻하는 속담이다.

키워드 : 인간, 명성, 명실상부, 불완전

인미권경(人微權輕)

미천하고 권력이 가볍다.
– 권64 〈사마양저열전〉

　춘추시대 제나라의 명장 사마양저(司馬穰苴, 생졸 미상)는 재상 안영(晏嬰, ?~기원전 500)의 추천을 받았다. 제나라 경공(景公)은 미심쩍어 양저를 직접 만나 그와 이야기를 나누고는 크게 만족하여 그를 장군으로 삼아 연과 진의 군대를 막게 했다. 양저는 "신은 본래 미천하지만 국군께서 평민의 무리에서 저를 발탁하시어 대부 윗자리에 올리셨으니, 사졸들이 따르지 않고 백성들은 믿지 않을 것입니다. 사람이 **미천하고 권력은 가벼우니** 원하옵건대 국군께서 총애하시고 나라가 존중하는 사람으로 군을 감독하게 해주시면 될 것입니다"라고 부탁했다. 경공은 이를 허락하고 자신의 측근인 장고(莊賈)를 감군(監軍)으로 딸려 보냈다.

　양저는 자신의 출신이 보잘것없어 병사들이 따르지 않을 걱정하면서 **인미경권**이라고 했다. 출신이 미미하고 권력이나 권위가 가볍다는 뜻으로, 이 때문에 다른 사람들이 따르지 않을 것임을 암시하고 있다.('장재군, 군명유소불수' 항목 참고)

키워드 : 출신, 미천, 불복종

사마양저는 군령을 어긴 장고의 목을 베어 군령의 엄중함을 장병들에게 보여주었고, 이로써 장병들은 양저에게 완전 복종하게 되었다. 그림은 양저가 감군 장고의 목을 베는 '양저참감(穰苴斬監)'을 그린 것이다.

인서지탄(人鼠之嘆)

사람과 쥐의 처지에 대한 탄식.
– 권87 〈이사열전〉

　인서지탄은 진나라 승상 이사(李斯)가 **사람이 되었건 쥐새끼가 되었건 처해 있는 상황
에 따라 그 행색이 달라진다는 사실에 탄식했다는** 뜻이다. 이에 대해서는 '이사혼서' 항
목에 자세히 다루었으니 참고하면 된다.

키워드 : 처지, 욕망, 부귀영화

인세이도(因勢利導)

형세에 따라 유리한 쪽으로 이끌다.
– 권65 〈손자오기열전〉

　기원전 323년, 위나라가 한나라를 침공했다. 한나라는 제나라에 구원을 요청했
다. 당시 제나라의 군사(軍師)는 손빈(孫臏)이었고, 위나라 장수는 과거 손빈을 모함
하여 두 다리를 잃게 만든 동문수학한 방연(龐涓)이었다. 손빈이 두 다리를 잃고 사
지에서 벗어나 제나라로 탈출한 지 약 15년 만이었다.

　손빈은 지난번 위나라가 조나라를 공격했을 때처럼 위나라의 수도 대량(大梁)을
공격하여 한나라에 대한 공격을 중단시켰다. 이것이 '위위구조'였다. 즉, '위나라를
포위하여 조나라를 구한다'는 전술이었다.

　이와 함께 손빈은 '감조유적(減灶誘敵)'의 전략을 구사했는데, 군대의 밥솥을 줄여
군사들이 도망가는 것처럼 위장해 추격해 오는 방연을 안심시키고는 적군을 험난하
고 퇴로가 없는 마릉(馬陵)이라는 곳으로 유인해서 섬멸시켰다. 이것이 역사상 유명
한 '마릉전투'다.

방연은 스스로 목숨을 끊으면서 "아, 내가 더벅머리 촌놈의 명성을 높여주는구나!"라고 탄식했다. 방연은 죽는 순간에도 자기보다 뛰어난 손빈을 시기했다. 인간의 시기와 질투가 참으로 무섭다.

인세유도는 마릉전투에 앞서 손빈이 한나라를 구원하기 위해 형세를 분석한 다음, '감조유적' 전술로 위나라 군대와 방연을 유인하자고 제안했을 때 말이다. **형세나 추세를 잘 헤아린 다음 적이 혹할 만한 이익을 앞세워 내 쪽으로 유인**한다는 뜻이다. ('감조육적', '마릉서수', '위위구조' 항목 참고)

손빈은 마릉전투에서 옛 친구이자 지금은 원수가 된 방연을 유인하여 그를 죽이고 원한을 갚았다. 당시 손빈은 큰 나무에다 '방연이 이곳에서 죽는다'라는 글씨를 써놓게 하고는 군사들을 사방에 매복시켰다. 밤중에 손빈을 뒤쫓아 온 방연이 글씨를 확인하려고 횃불을 밝히는 순간 사방에서 화살이 날아들었고, 방연과 위나라 군대는 전멸했다. 사진은 마릉전투가 벌어졌던 유적지이다.(2013년)

키워드 : 형세, 파악, 유인

인승비근(引繩批根)

새끼줄을 당겨 뿌리를 뽑는다.

– 권107 〈위기무안후열전〉

인승비근이란 새끼줄 같은 것을 단단히 걸어 잡아당겨 뿌리째 뽑아 버린다는 뜻으로, 둘이서 새끼를 꼬는 것처럼 **힘을 합하여 남을 배척하고 그와 사귀지 못하게 하는 것**을 비유한다. 《한서》에는 '비(批)'가 배척한다는 뜻의 '배(排)'로 나온다.

위기후(魏其侯) 두영(竇嬰)은 한나라 문제의 아내 두황후의 조카였고, 관부(灌夫)는 '오초칠국의 난'을 진압하는 데 큰 공을 세운 장군이었다. 이 두 사람은 늦게 만났지만 마치 부자지간처럼 지내며, 늦게 만난 것을 한탄했다. ('한상지만' 항목 참고)

관부는 비록 재산은 많았으나 권세를 잃고 집에 들어앉아 있었기 때문에 벼슬아치며 빈객들의 출입이 점점 뜸해졌다. 위기후 두영 역시 세력을 잃은 뒤로는 관부에게만 의지하여 평소 자신을 따르다가 발을 끊은 사람들을 (관부와 함께) 모조리 배척하고 있었다. 그래서 관부도 위기후에 기대어 열후나 종실과 교제하며 자신의 이름을 높이고자 했다.

권세를 잃은 위기후는 관부와 힘을 합쳐 자신을 따르다가 뒤에 가서 자신을 버린 사람들을 배척하여 서로 사귀지 못하게 했다. 이를 '인승비근'이란 표현으로 비유한 것이다. '새끼줄로 서로를 단단히 걸어서 뿌리를 뽑는다'는 뜻이다. 즉, 위기후와 관부가 서로 단단히 관계를 맺고 자신들을 배신한 사람들을 배척한다는 것이다. 힘을 합쳐 자신들의 뜻과 맞지 않는 사람들을 물리치는 것을 비유한다.

키워드 : 인간, 관계, 결탁, 배신, 배척

인시수견형(人視水見形), 시민지치부(視民知治不)

사람은 물에 자신의 형상을 비추어 볼 수 있고, 백성들을 보면 제대로 다스려지고 있는 지를 알 수 있다.

– 권3 〈은본기〉

위 명언은 상(은)나라 개국 군주 탕(湯)이 하나라를 멸망시킨 뒤, 자신을 따르지 않는 제후들을 정벌한 다음 남긴 말이다. 이윤도 이 말을 받아 다음과 같은 말로 탕을 격려했다.

"현명하십니다. 백관의 의견을 청취할 수 있으면 나라를 다스리는 법이 나아질 것입니다. 군주가 백성을 잘 다스리면 훌륭한 인재들이 모두 나라의 관리가 될 것입니다. 노력하십시오."

　역대로 현명한 통치자들은 스스로를 돌아보며 민심을 중시했다. 과거 역사에서 교훈을 얻고, 그 것으로 자신의 현재를 비추어 보았다. 그래서 역사를 거울에 비유하여 사감(史鑑)이라 했다. 거울이 없으면 자신의 모습을 비추어 볼 수 없다. 통치자는 자신의 잘잘못을 백성을 통해 비추어 보아야 한다. 또한 과거 역사를 거울로 삼아 나라의 흥망성쇠에 대한 통찰력을 얻을 수 있어야 한다. 이 셋을 각각 동감(銅鑑) · 인감(人鑑) · 사감(史鑑, 또는 고감古

상나라 탕임금은 민심과 인재의 중요성을 제대로 인식하고 있었던 명군이었다. 탕임금의 초상화이다.

鑑)의 '삼감(三鑑)'이라 했다. 상나라 탕임금은 일찍이 이런 점을 통찰한 군주였다. '삼감'이란 표현의 출처는 삼국시대 위나라의 유소(劉劭)와 왕상(王象) 등이 편찬한 《북당서초(北堂書鈔)》에 인용된 한나라 때 학자 순열(荀悅, 148~209)의 《신감(申鑑)》이다.

<u>키워드 : 통치, 민심, 거울</u>

인심난측(人心難測)

사람 마음은 헤아리기 힘들다.

– 권92 〈회음후열전〉

　'열 길 물속은 알아도 한 길 사람 속은 모른다'는 우리 속담은 인심(人心)의 무상함을 절묘하게 비유하고 있다. '인간의 변덕은 무당이나 의사도 고치기 어렵다'는 옛말도 있다. 인간은 자기를 알아주지 않으면 남에게 성을 낸다. 공자는 "남이 나를 알아주지 않아도 성내지 않으면 군자다"라고 했다. 그만큼 마음을 통제하기 어렵기 때문이다.

　인심난측은 인심과 세태의 향방을 헤아리기란 무척 힘들다는 아주 평범하면서 씁쓸한 현실을 함축적으로 표현하고 있다. 이 성어는 초한쟁패 과정에서 유방을 돕고 있던 명장 한신(韓信)의 책사 괴통(蒯通)이 한신에게 독립하여 천하를 삼분하라고 설득하는 과정에서 장이(張耳)와 진여(陳餘)를 예를 드는 대목에서 나온다. 괴통의 말을 들어보자.

"장이와 진여가 친하게 지낼 때는 '목숨을 같이한다'고 할 정도로 천하에 둘도 없이 친한 사이였습니다. 그러나 끝내는 서로 잡아먹지 못해 으르렁거린 것은 무엇 때문입니까? 근심은 욕심을 많이 부리는 데서 생겨나고, **사람의 마음은 헤아리기 어렵기** 때문입니다."

마음이란 사람마다 다 다르다. 마치 같은 얼굴이 없듯이. 또 "사람의 마음이란 마치 얕은 대야에 담긴 물과 같아"《순자》, 조용하게 그냥 놔두면 사물을 잘 비추나 조금만 흔들리면 얼굴을 제대로 비추지 못한다. 이 말은 사소한 이익이나 유혹에 쉽게 흔들리는 인심을 비꼰 것이다. 장자(莊子) 같은 사람은 "사람의 마음은 산천보다 위험하며, 하늘을 알기보다 더 어렵다"며 탄식했다.

정말 사람의 마음이란 무엇이며, 어떤 것일까? 사람의 마음을 알려면 어떻게 해야 할까? 속담대로 '물은 건너 봐야 알고, 사람은 사귀어 봐야 아는' 것인가? 과연 사람의 마음은 장자가 야유를 보낸 것처럼, "바른 도리를 좇을 때는 마치 타는 목마름으로 물을 찾듯 맹렬히 달려들던 자도 자기 뜻대로 되지 않으면 마치 불에 델까 겁이 나 불에서 도망치듯 잽싸게 그 바른 도리를 버리는 법"인가?

어려운 때, 인간 자체와 그 본성에 대한 회의만 더해 가는데 시원한 해답은 어디에도 없어 보인다.

"인생이란 아침 이슬 같이 덧없는 것, 무엇 때문에 그렇게 스스로를 괴롭히는가?"

그래, 이 말이 옳다. 해답 없는 질문에 매달리기보다는 책 한 권 더 읽고, 물건 하나 더 만들고, 마당 한 번 더 쓸고, 티 없이 자라나는 아이들의 얼굴을 한 번 더 쳐다보자.

"내일 걱정은 내일 하자. 내일의 태양은 또 떠오르니까!"

이래서 '사람 마음은 하루에도 열두 번'이라고 하나보다.

키워드 : 인간, 인심, 변덕, 난측(難測)

인어고(人魚膏)

인어 기름.
– 권6 〈진시황본기〉

1979년 병마용갱이 기본 발굴을 마치고 정식으로 세상에 공개되었다.(병마용갱은 지금도 발굴 중이다. 1970년대 중반부터 발굴이 시작되었으니 약 반세기 가량이 발굴이 진행되고 있는 셈이며, 앞으로 얼마나 더 걸릴지는 모른다.) 이에 따라 진시황의 무덤인 진시황릉이 새삼 주목을 받았고, 자연스럽게 〈진시황본기〉에 보이는 무덤에 관한 사마천의 기록 또한 큰 관심을 끌었다. 이 기록에는 신비한 대목들이 여러 곳 보이기 때문에 더 주목을 받을 수밖에 없었다. 그로부터 몇 년 뒤 이 기록에 보이는 '수은(水銀)'이란 단어에 착안하여 진시황릉 봉분의 수은 함유량에 대한 지질과학 조사가 이루었다. 그 결과 놀라운 몇 가지 사실이 확인되었다.

또 〈진시황본기〉의 진시황 무덤 관련 기록에는 특이하게도 **인어고(人魚膏)**, 즉 **인어 기름**이란 단어도 보인다. '인어 기름'으로 무덤 안을 밝혔다는 것이다. '인어'가 대체 무엇이냐에 대한 논의가 뒤따랐음은 물론이다. '인어고' 항목을 빌려 진시황 무덤에 관한 기록과 그 기록을 바탕으로 한 고고 조사와 지질과학 조사의 결과를 소개한다. 진시황릉과 병마용갱이 워낙 세계적인 관심을 끌고 있는 유적이라 비교적 상

진시황릉의 위용.

세히 소개할까 한다.

먼저 〈진시황본기〉의 진시황 무덤에 관한 기록이다. 설명의 편의를 위해 일련번호를 붙였다. 기록에는 진시황릉을 '여산릉(驪山陵)'이라 했다. 진시황이 묻힌 곳이 여산 자락이기 때문이다.

"그해(기원전 210년) 9월에 진시황을 ①여산(驪山)에 묻었다. 시황이 처음 ②즉위하여 여산에서 (무덤을 만들기 위한) 공사를 벌였고, 천하를 통일한 뒤에는 전국에서 ③70여 만 명의 노동력을 징발하여 ④우물 셋의 깊이만큼 땅을 깊이 파고(찬삼천穿三泉) 구리 녹인 물을 부어 틈새를 메우고 바깥 관을 설치했다. ⑤모형으로 만든 궁관, ⑥백관(百官), ⑦기이한 기물, ⑧진기한 동물 등을 운반해 그 안을 가득 채웠다. 장인에게 명령하여 ⑨자동으로 발사되는 활을 만들어 접근하는 자가 있으면 쏘게 하였다. 하천과 강 그리고 바다를 만들고, 기계로 ⑩수은(水銀)을 흘려보냈다. ⑪위에는 천문(天文, 하늘) 도형을 장식하고, 아래에는 지리(地理, 땅)의 모형을 설치했다. ⑫**인어 기름**으로 양초를 만들어 붉을 밝혀 오랫동안 꺼지지 않도록 했다."

"2세 황제는 '앞 황제(진시황)의 후궁들 가운데 자식이 없는 자를 궁궐 밖으로 내쫓는 것은 옳지 않다'며 모두 ⑬순장시켜 버리게 하니, 죽은 자가 무척 많았다. 매장이 끝나가자 어떤 자가 장인들이 기계를 만들고, 그 일에 참여한 노예들도 모두 그 사실을 알고 있는데, 그 숫자가 많아 비밀이 새어나갈 것이라고 말했다. 장중한 장례가 끝나고 보물들도 다 묻자, ⑭무덤으로 이르는 길 가운데 문을 폐쇄하고, 바깥문도 닫아서 장인과 노예들이 나오지 못하게 하니 한 사람도 빠져 나오지 못했다. 묘지 바깥에 ⑮풀과 나무를 심으니 무덤은 마치 산과 같았다."

이상이 진시황릉에 관한 기록 전부이다. 정확하게 일치하지는 않지만, 대체로 매긴 번호 순서에 따라 그 내용에 얽힌 수수께끼를 풀어 가본다.

①**'여산'**은 묻힌 곳에 얽힌 수수께끼를 말한다. 진시황은 왜 여산에 묻혔나? 여산 북쪽 기슭

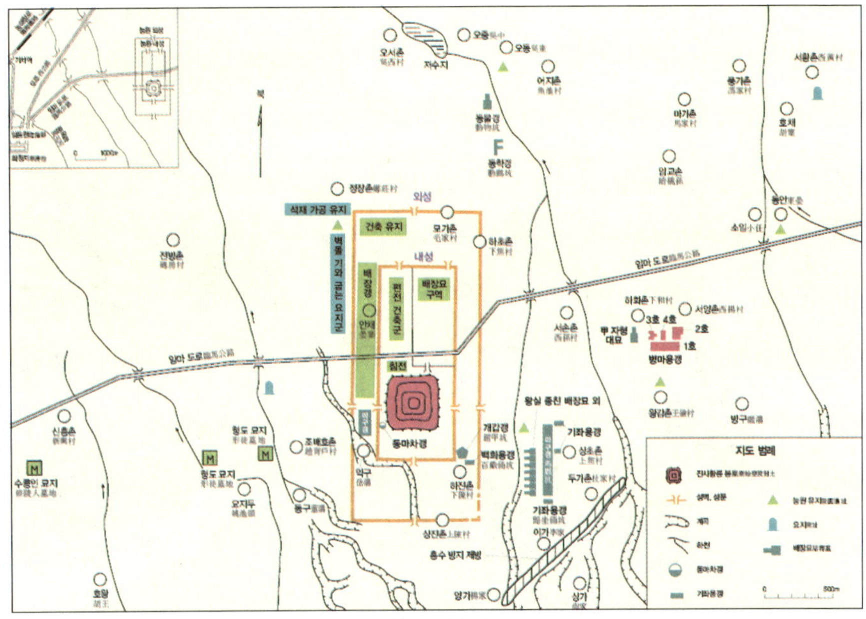

진시황릉 능원 배치도

은 작은 규모의 금광이 있으며, 남쪽 기슭의 남전(藍田) 지방은 예로부터 아름다운 옥으로 유명하다. 진시황은 여산 북쪽 기슭에 묻혔는데, 이는 황금을 귀중하게 여겼기 때문이 아닌가 한다. 그리고 여산을 고른 사람은 태후와 여불위로 추정한다.

②**능원의 축조 시기와 기간은?** 축조는 대체로 진시황이 12세의 나이로 황제에 즉위하던 그해에 시작된 것으로 본다. 따라서 능원을 완성하는 데 걸린 시간은 기원전 247년부터 기원전 208년까지 38년이 걸린 것으로 추정한다. 천하 통일 후에는 규모를 더욱 확대하여 대규모 공사를 벌였다. 전체적으로 진시황릉은 몇 차례 단계를 거쳐 공사가 진행되었다.

③**70만 명 동원설의 진위 여부다. 얼마나 많은 인원이 동원되었나?** 기록대로 약 70여 만 명이 동원된 것 같다. 이 인원은 이집트 구프 왕의 피라미드를 만드는데 30년 동안 동원되었다고 하는 10만 명(헤로도토스의 《역사》)에 비하면 엄청난 인원이 아닐 수 없다. 그리고 능원 조성에 동원된 사람들은 범법자, 노예, 유급 노동자(관리들도 포함), 장인 등 다양한 신분에 걸쳐 있다.

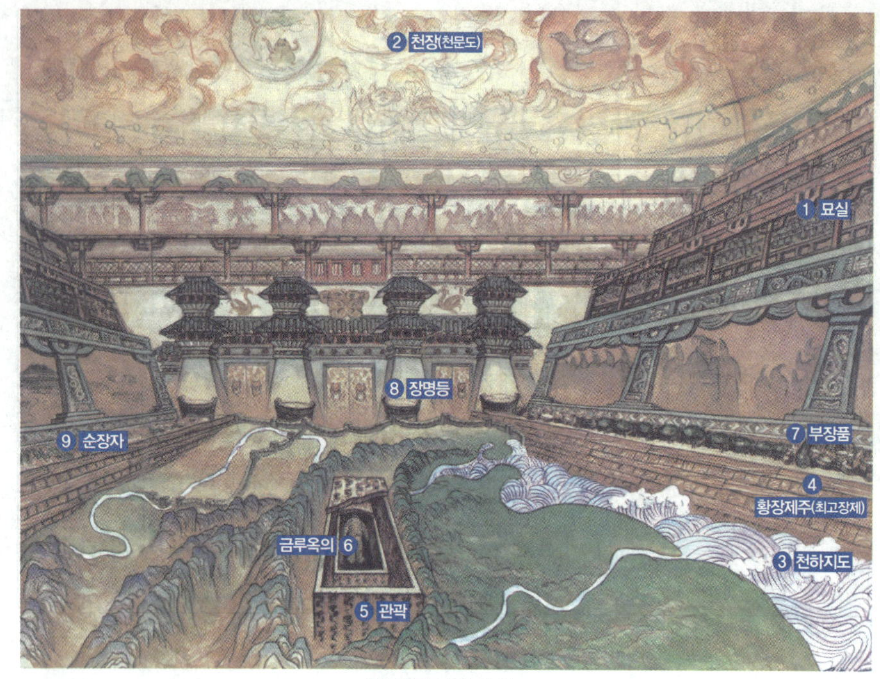

진시황릉 내부 상상도

④**총책임자가 있었나? 있었다면 능원 조성의 감독 책임자는 누구였을까?** 처음에는 진시황의 생부로 추정되는 여불위(呂不韋)가 맡고 있다가 실각한 다음 승상 이사(李斯)가 맡았고, 이사가 죽은 다음에는 소부(少府) 장한(章邯)이 맡았던 것 같다.

⑤**생사를 넘어선 배치도의 문제다. 진시황릉의 배치는 어떠했나?** 확인 가능한 구조나 지금까지의 발굴 조사 결과를 토대로 해볼 때 능원 배치는 진나라 수도였던 함양성의 배치를 재현한 것 같다. 능원 주위에서 침전과 편전 건축 유지로 보이는 곳이 확인되고 있고, 이밖에 그와 관련된 관청 터가 발견되고 있다. 그러나 이들 건축물들은 기원전 206년 함양에 입성한 항우에 의해 모두 불탔다. 진시황릉의 능원 배치는 죽은 자가 생전에 생활하던 환경을 모방했다. 이는 제도적으로 전통을 이어 받으면서도 한편으로는 새로운 면을 개척한 것으로, 한나라 이후 황제의 능원 배치에 절대적인 영향을 주었다.

⑥**유별난 봉분의 신비다. 진시황릉 봉분은 어떤 모양이며 크기는 어느 정도인가?** 현재 전체

적인 봉분 모양은 양쪽에 손잡이가 있는 바가지를 엎은 모양이며 그 위에는 풀과 나무가 무성하다. 봉분의 높이에 대해서는 수백 m에서부터 수십 m에 이르기까지 역대로 갖가지 설이 있었는데, 1982년 항공촬영으로 측정한 결과 해발 높이로 가장 높은 곳이 531.5m였다. 따라서 현재 눈으로 보이는 고도는 51.5m다. 세월을 감안한다면 이보다는 상당히 높았을 것이다. 길이는 바닥 부분을 쟀을 때 대체로 350m 정도다. 봉분을 덮은 흙은 능원 북쪽 2.5m 지점의 어지촌(魚池村)과 오가채촌(吳家寨村) 남쪽의 저지대에서 가져온 것으로 추정된다.

⑦**봉분 위에 나무 등을 심었을까?** 지금까지도 관중 지역 농촌에는 무덤에 측백나무를 심는 습속이 남아 있고, 또 기록으로 미루어 보아 측백나무를 심었던 것 같다. 봉분의 모습은 왜 한대 제왕의 것과 다를까? 세 단의 계단은 왜 만들었을까? 이런 질문은 아직 의문으로 남아 있다.

⑧**세계 제8대 불가사의, 지하궁전의 비밀 부분이다. '우물 세 개 깊이만큼 땅을 깊이 파고 구리 녹인 물을 부어 무덤의 틈새를 메웠다'는 데 무슨 뜻인가?** 진시황 지하궁전의 신비로움을 더해주는 대목이다. 일찍부터 많은 학자들이 지하궁전의 구조와 형태에 관해 관심을 가졌고, 수많은 사람들의 흥미와 상상력을 자극해왔다. 심지어 1985년 영국 에든버러에서는 학생들의 지능경쟁 시험문제에 진시황릉 지하궁전을 글이나 그림으로 나타내 보라는 문제가 나올 정도였다. 진시황릉의 지하궁전에 관해 가장 믿을만한 기록은 역시 〈진시황본기〉다. 이를 중심으로 지하궁전의 비밀을 좀 더 파헤쳐 보자.

'우물 세 개 깊이만큼 땅을 깊이 팠다'는 대목의 원문은 '찬삼천(穿三泉)'인데, 여러 정황으로 미루어 보아 '3층 지하수(우물) 깊이만큼 팠다'는 뜻인 것 같다. 지금까지의 조사와 시굴 결과 지하궁전은 26m까지 내려갔는데, 여전히 인공으로 흙을 다진 층이라고 한다. 학자들은 지하궁전의 깊이를 대체로 50에서 100m 정도로 추정한다. 진나라 당시의 지하수 개발을 비롯한 토목기술 등으로 볼 때 최소한 50m 이상일 것이다. 그렇다면 어떤 방법으로 지하수를 막았을까? 즉 어떤 방식으로 방수처리를 했을까 하는 의문이다. 바로 '구리 녹인 물을 부어 메웠다'고 한 대목이 실마리를 제공한다. 그리고 기록이나 실물을 통해 볼 때, 맨 먼저 동을 녹인 물을 부은 다음 탄

산칼슘(文石)으로 막고, 옻칠을 하고 마지막으로 단사(丹砂)를 발랐던 것 같다.

다음, 지하궁전 즉, 묘혈(墓穴)의 형태는 어떠했을까? 앞서 언급한 대로 진시황릉 전후에 축조된 무덤들로 보아 계단식 물바가지 모양으로 추정되나 동굴 모양도 배제할 수 없다. 천장은 둥근 아치 모양으로 추정한다.

⑧**부장품들은? 궁관, 백관, 기이한 그릇, 괴상한 동물은 무엇을 뜻하나?** 궁관은 궁실을 모방한 모형일 것이고, 백관은 문무백관의 형상을 만들어 넣었다는 말일 것이며, 기이한 그릇과 괴상한 동물은 각가지 진귀한 물건과 동물을 가리키는 것 같은데, 살아 있는 동물을 묻었는지는 알 수 없다. 병마용갱의 발굴로 백관의 모습이 어땠을 지는 충분히 짐작할 수 있다.

⑨**침입자는 활에 맞아 죽는다?** 자동으로 발사되는 활을 지하궁전 어딘가에 장치해두었다는 말이다. 도굴을 방지하기 위한 조치로 보인다.

⑩**독가스인가?** 수은을 흘려보내 강과 바다를 만들었다고 한다. 대단히 흥미로운 대목이다. 과학적으로 보아도 수은은 보통 온도에서 액체 상태를 유지하기 때문에 충분히 강과 바다의 모습을 나타낼 수 있다. 그리고 밀폐된 상태에 있던 수은이 공기와 만나게 되면 기체로 증발하는데, 이때는 유독가스가 된다. 따라서 진시황릉 지하궁전의 수은은 도굴을 방지하기 위한 목적으로도 사용되었을 것이다.

1981년 12월 중국과학원 지질부 상용(常勇)과 이동(李同)이 처음으로 지구화학 수은측량법을 이용하여 진시황릉 지하궁전의 수은 존재 여부 문제를 확인하기 위해 샘플 채취와 측정시험을 실시했다. 1982년 5월, 두 사람은 다시 진시황릉과 어지촌(漁池村)에 와서 각각 토양샘플을 채취해서 화학실험을 거친 결과, 진시황릉 봉토 내에 다량의 수은 성분을 포함한 물질이 있음을 확인했다. 이로써 초보적이지만 〈진시황본기〉의 기록대로 지하궁전 내에 수은이 존재할 가능성이 확인되었다.

⑪**천장과 바닥에는 무엇을 그렸나?** 고대인의 의식구조나 실제 자료로 볼 때 천장에는 별자리를 그렸을 것이고, 바닥에는 통일 후 천하 지도나 행정 구역도를 그려 놓지 않았을까?

⑫**'인어 기름'으로 실내를 밝혔다는데?** 원문에도 '인어(人魚)'로 나온다. 인어에 대해서는

도룡뇽이라는 설, 고래라는 설 등이 있다. 아무튼 이런 동물의 기름으로 초를 만들어 조명기구로 삼았을 것으로 보고 그 양은 상당했을 것이다.

⑬ **얼마나 많은 사람을 순장했으며, 어떤 사람을 파묻었나?** 순장은 은허(殷墟)의 발굴로 문헌기록과 완전히 맞아떨어진다는 것이 입증되었다. 진시황 이전에 순장을 금지하기는 했지만, 현실은 그렇지 못했다. 〈진시황본기〉 등의 기록에 따르면 진시황의 열여덟 번째 아들인 호해가 조고와 짜고 유서를 위조하여 자신이 황제 자리에 오른 다음 다른 형제들을 누명을 씌워 거의 모두 죽였다고 한다. 진시황릉 외성 동쪽 상초촌(上焦村) 서쪽에서 발견된 17기의 甲자형 무덤들이 여러 상황으로 미루어 보아 진시황의 아들딸 무덤일 것으로 추정된다.(진시황은 아들 24명, 딸 10명을 두었던 것으로 기록은 전한다.) 그밖에 1급 기술자, 궁녀들도 순장되었을 것으로 보이며, 이는 후대 기록이 어느 정도 정확하다는 것을 말한다.

⑭ **진시황릉에 딸린 배장갱(陪葬坑)은 어떤 것들이 있을까?** 세계인의 이목을 집중시켰던 병마용갱(兵馬俑坑)은 사실 진시황릉에 딸린 구덩이다. 이밖에도 동과 나무로 만든 말과 수레, 그리고 사람이 묻힌 구덩이(마차갱으로 부름), 흙으로 구운 쭈그리고 앉아 있는 말이 나온 마굿간 구덩이(마굿간갱으로 부름), 진기한 동물을 흙으로 구워 묻은 구덩이(금수갱으로 부름) 등이 있다.

병마용갱은 진시황릉 동측 1.5km 지점에 있으며, 1·2·3호갱에서 지금까지 대략 전차 125승, 마용 600여 필, 무사용 8,000여 건이 나왔다. 진시황릉을 지키는 군대의 위용을 상징하고 있다.

마차갱은 1980년 진시황릉 봉분 서측 20m 지점을 발굴하여 면모가 밝혀졌는데, 말과 마차 그리고 사람을 실물 크기의 반으로 축소하여 만든 대단히 사실적인 조형물들이다. 마차에 대해서 어떤 사람은 진시

병마용갱 1호갱의 위용(2011년)

동마차갱에서 출토된 동마차

황이 타던 마차를 본떠 만든 것이라고 하고, 또 어떤 사람은 진시황의 영혼이 타기 위해 만든 것이라고 한다.

마굿간갱은 두 군데가 발견되었는데, 하나는 황릉 동측 상초촌 서쪽이고, 또 하나는 황릉 서남측 내성과 외성 사이다. 상초촌 마용은 병마용갱에서 나온 말과 아주 비슷하며, 도용 인물상들은 말을 키우던 사람들을 상징한다. 또 한군데의 마굿간갱에서는 진짜 말이 많이 나왔고, 두 손을 쥔 채 가슴에 대고 있는 1.78m의 도용 역시 말을 사육하던 관원으로 보인다. 두 곳 모두 진시황 당시의 황실 마굿간을 상징하고 있다.

금수갱은 황릉 서쪽 내·외성 사이에 분포하는 31개의 배장갱인데 네 개를 시굴했다. 흙을 구워 만든 관 안에서 잡식성 동물과 초식 동물의 뼈가 나왔다. 종류를 알 수 없는 동물 뼈도 나왔다. 이런 것들로 미루어 볼 때 이곳이 진시황의 궁정 동물원을 상징하는 곳이 아닌가 한다. 도용은 역시 동물을 돌보는 사람으로 추정된다.

⑮**진시황릉은 과연 도굴되었는가?** 진시황릉 도굴설은 아주 옛날부터 끊임없이 제기되었고, 심지어는 진시황릉에 불을 질렀다는 설도 있었다. 그러나 여러 가지 정황과 1981년 진시황릉 지하궁전에 대한 최첨단 수은측정을 실시한 결과 다른 지역의 280배에 해당하는 수은성분이 지하궁전을 중심으로 기하형으로 퍼져 있음이 밝혀진 사실로 보아 도굴이나 화재는 없었던 것으로 밝혀지고 있다. 이로써 〈진시황본기〉의 기록에 신빙성이 더해졌다. 사마천은 지금은 남아 있지 않지만 진시황 무덤과 관련한 진나라 기록을 열람했고, 또 실제 무덤을 답사했을 가능성이 크다. 아무튼 언제 있을지 모르겠지만 진시황릉 발굴은 세계 최대의 뉴스거리가 될 것이 틀림없다.

⑯**진시황은 어째서 동쪽으로 향해 있는가?** 역대 제왕들의 능이 대부분 남북향인데 반해 진시황릉은 묘하게도 동향이다. 이에 대해서는 여러 설들이 있지만, 진나라가 서쪽에서 일어나 동쪽으로 진출한 사실과 생전에 진시황이 동쪽 지역에서 불사약과 신

선을 찾았다는 사실에서 그 까닭을 찾을 수 있을 것 같다. 진시황은 죽어서도 동쪽을 향해 불사약과 신선을 갈망했던 것일까?

*진시황릉과 병마용갱에 관한 더 상세한 정보는 장점민(張占民) 지음 / 김영수 옮김, 《제국의 빛과 그늘》을 참고할 수 있다.

키워드 : 무덤, 황릉, 진시황

인완폐(印刓敝)

도장 모서리가 다 닳다.
– 권92 〈회음후열전〉 ; 권97 〈역생육고열전〉

유방을 도와 천하를 재통일하는 데 가장 큰 공을 세운 명장 한신은 한때 자신이 모셨던 항우를 평가하면서 공을 세운 부하들에게 상을 주기 싫어 주머니 속의 도장을 만지작거리느라 도장 **모서리가 다 닳을** 정도라고 했다. 이를 **인완폐**로 표현했다. '완폐'는 닳고 떨어져 나간다는 뜻이다.

한신은 항우의 리더십을 논평하면서 부하들이 세운 공을 인정하기 싫어한 부분을 이렇게 꼬집었다. 재물이든 땅이든 상을 내린다는 것을 리더의 도장으로 확인해야 하는데, 도장을 찍어주기 싫어 주머니 속 도장을 꺼내지 못하고 계속 만지작거리기만 하다 보니 도장 모서리가 다 닳았다는 조롱이었다. 반면 유방은 흔쾌히 부하들에게 땅과 상을 내릴 줄 알았다.

한신은 리더가 갖추어야 할 리더십의 하나로 조직원이나 부하에게 공을 넘길 줄 아는 '위공(委功)'의 문제와 그 중요성을 제기했다. 리더는 자신이 세운 공조차 조직원에게 넘길 줄 아는 큰 도량이 필요하다. 부하들이 세운 공마저 자신이 가로채는 리더들로 넘쳐나는 현실을 대비시켜 보면, 항우의 실패와 유방의 성공이 달리 보일 것이다. 부하들의 신뢰와 존경을 받지 못하는 리더가 무슨 일을 해내고, 무슨 업적을 남길 수 있겠는가? 자기 배 채우는 데만 골몰하는 자들이 리더로 행세하는 현실이 몹시 서글프고 안타깝다.

'인완폐'는 '완인(刓印)', '인완(印刓)', '완폐(刓敝)'로도 쓴다. 모두 벼슬이나 상을 주는데 인색한 것을 비유하는 단어들이다. 〈회음후열전〉과 〈육생육고열전〉에 같은 내용이 보이는데, 모두 부하들에게 상이나 벼슬을 내리는데 인색했던 항우를 비판하고 있다.

키워드 : 리더, 리더십, 위공, 상벌, 인색

인위도조(人爲刀俎)

저들은 칼과 도마다.
— 권7 〈항우본기〉

홍문연에서 유방이 죽을 위기에 처하자 번쾌가 방패로 보초들을 쓰러뜨리고 군문으로 들어가 유방을 구했다. 유방은 측간에 간다고 일어나며 번쾌를 밖으로 불러냈다. 항우는 진평에게 유방을 불러오게 했다. 유방은 번쾌에게 "바로 나오느라 작별 인사도 하지 않았는데, 어찌하면 좋겠는가?"라고 했다. 번쾌는 잘라 말했다.

"큰일에서는 자잘한 것은 따지지 않고, 큰 예의에서는 작은 나무람 정도는 겁내지 않는 것입니다. 지금 **저들은 칼과 도마**이고, 우리는 물고기 신세(아위어육我爲魚肉)인데 무슨 작별 인사를 하십니까?"

'인위도조'는 대개 따라 나오는 '아위어육'과 붙여 쓴다. '인위도조, 아위어육'은 **생사여탈권이 상대에게 있고, 자신은 죽을 처지에 있음을 비유**하는 성어이다.('홍문연', '대행불고세근~', '발지목렬' 등 항목 참고)

인인성사(因人成事)

남의 힘을 빌려 일을 성사시키다.

– 권76 〈평원우경열전〉

남의 힘을 빌려 일을 이룬다는 뜻의 **인인성사**는 전국시대 조나라의 실력자 평원군(平原君)의 식객이었던 모수(毛遂)가 한 말이다. '모수자천' 항목에서 살펴보았듯이 모수는 이름 없는 식객이었지만 스스로를 추천하여 평원군이 초나라로부터 군사를 빌리는 일에서 큰 공을 세웠다. 모수는 초나라 왕과 입술에 피를 바르는 '삽혈(歃血)'로 맹약의 의식을 치른 다음, 당 아래에 멀뚱멀뚱 구경만 하고 있던 수행원 19명을 향해 "당신들도 당 아래에서 입술에 피를 바르시오. 당신들은 **다른 사람의 힘에 의지해서 일을 이루었으니**"라고 했다.

똑같은 계획이라도 여러 사람에게 맡기면 그만큼 여러 결과가 나오기 마련이다. 이때 선택은 모든 일을 이끌어 나가는 데 있어서 극히 중요한 방면이다. 모든 일이 다 그렇듯 경영에서도 사람, 특히 인재의 역할은 결정적 요인이 아닐 수 없다.

여기서 '인인성사'와 관련하여 경영 사례를 소개한다. 경영관리에서 인재를 선택하는 기준과 리더가 갖추어야 할 자질에는 어떤 것들이 있을까? 일본의 한 잡지사는 경영 지도자가 갖추어야 할 조건을 다음과 같은 14개 항목으로 집약했다.

1. 두터운 명망으로 사람을 모을 수 있을 것.

2. 고상한 인품과 근면·성실, 그리고 남다른 공부.

3. 두뇌의 회전이 뛰어나고 반응이 빠를 것.

4. 인간미가 있고, 남의 고통에 관심을 가질 것.

5. 부하들의 의견을 반영할 수 있을 것.

6. 명예와 신용을 철저히 지키고 도덕관이 수립되어 있을 것.

7. 경영의 철학적 기초가 튼튼하여 기업 이익과 직원 복리를 하나로 연결시킬 것.

8. 과감한 판단과 굳센 의지.

9. 진취적 자세와 독창적인 정신.

10. 난관에 굴복하지 않고 전진하며, 책임을 질 수 있을 것.

11. 윗사람에게 아부하지 않고 형식주의를 피할 것.

12. 잘못을 덮어 감추지 말 것.

13. 사를 앞세우고 공을 뒤로하지 말 것.

14. 남을 배척하지 말 것.

일본의 기업가들은 일찌감치 누구를 간부로 지목하여 부서의 책임자로 키우는 방법은 그다지 좋은 방법이 아니라고 인식해왔다. 그러면서 그것은 '밑지는 장사다'라든가, '사람을 쓸 때 가장 피해야 할 사항은 서둘러 성공하려는 자세다'라는 말들을 해왔다. 사람을 선택하는 데 있어서 이 같은 방법이나 표준은 새겨들을 가치가 있다. '모수자천'의 사례와도 딱 들어맞는 인식이다.

키워드 : 인사, 인재, 성사

인인자위(人人自危)

사람들 모두가 스스로 위기를 느끼다.
– 권87 〈이사열전〉

기원전 210년 진시황이 사구(沙丘)에서 급사하자 조고는 작은아들 호해, 승상 이사를 설득하여 유언을 조작하여 큰아들 부소가 아닌 호해를 2세 황제로 앉히는 '사구정변'을 통해 권력을 잡았다. 조고는 호해를 부추겨 정적은 물론 황실 사람들까지 무자비하게 죽였다. 전국이 공포에 떨었고, 사람들은 너나없이 위기를 느꼈다.

여기서 조고의 공포정치를 상징하는 **인인자위**라는 표현이 나왔다. **사람들이 모두 위기를 느끼고, 경계심을 가졌다**는 뜻이다. ('지록위마', '단이감행' 항목 참고)

키워드 : 통치, 공포, 위기

인자위전(人自爲戰)

사람마다 스스로를 위해 싸우다.
– 권92 〈회음후열전〉

초한쟁패 초반 기원전 205년 한신은 정형(井陘)에서 조나라와 전투를 벌였다. 여기서 한신은 배수진(背水陣)으로 조나라 군대를 물리쳤다. 승리 후 장수들이 전투의 일반적인 상식과 반대되는 전술을 사용한 까닭을 물었다. 한신은 그것도 병법에 있는 '죽을 땅에 던져진 다음이라야 살아날 수 있다'는 전술이라면서 이렇게 덧붙였다.

"그것이 이른바 '(아무런 훈련도 받지 않은) 시장 바닥의 사람들을 몰아다가 싸우게 한다'는 것이다. 그들을 죽을 땅에 던져 '사람마다 스스로를 위해 싸우도록' 만들지 않고, 그들에게 살아나갈 수 있는 여지를 준다면 모두 달아날 것이니 어찌 그들을 쓸 수 있겠는가?"

인자위전은 살아남기 위해, 즉 스스로를 위해 각자 알아서 싸운다는 뜻으로, 사지(死地)와 같은 특수한 상황에 처하게 만들면 살아남기 위해 스스로들 죽을힘을 다해 싸운다는 것이다. 한신은 이것도 하나의 전술이라고 했다. ('배수지진' 항목 참고)

키워드 : 군사, 사지, 결사

권41 〈월왕구천세가〉는 130권 전편을 통해서 가장 생동감 넘치는 극적인 명편으로 꼽힌다. 월왕 구천이 오왕 부차에게 패한 뒤 10년 넘게 분발하여 재기한 뒤 오나라를 멸망시키고 패자가 되는 과정이 흥미진진하다. 특히 곳곳에서 표출되는 인내·분발·복수의 고사는 사마천의 강렬한 은원관(恩怨觀)을 짙게 반영하는 장치로 읽힌다. 사진은 절강성 소흥시 인산의 월왕릉 유지에서 발굴된 무덤 구조다. 월왕 구천의 아버지 윤상(允常. ?~기원전 497)의 무덤으로 추정한다.(2010년)

인중자승천(人衆者勝天)

사람이 많으면 하늘을 이긴다.
– 권66 〈오자서열전〉

‘도행역시’, ‘일모도원’, ‘진정지곡’ 항목에서 살펴보았듯이 오자서(伍子胥)는 초나라 평왕(平王)의 박해를 피해 오나라로 망명한 다음 오나라 군대를 이끌고 초나라를 쳐들어와서 수도 영(郢)을 함락시키고, 죽은 평왕(平王)의 무덤을 파헤쳐 시체에 채찍질을 가했다. 이것이 ‘굴묘편시’이다.(‘굴묘편시’ 항목 참고)

오자서의 친구인 신포서(申包胥)는 산속으로 도망친 다음, 사람을 보내 오자서에게 다음과 같이 따졌다.

“그대의 복수가 이렇게 심하다니! 내가 듣기에 **‘사람이 많으면 하늘도 이기지만(인중자승천人衆者勝天)**, 끝내는 하늘이 사람을 물리친다(천정역능파인天定亦能破人)’고 했소. 그대는 과거 평왕의 신하로서 북면하고 그를 섬겼거늘, 지금 죽은 사람을 욕보이니 이 어찌 하늘의 도를 어기는 극한 행동이 아니리오!”

오자서는 “나를 위해 신포서에게 사과하고, 내가 ‘날은 저무는데 갈 길이 멀어(일모도원日暮途遠), 이치에 어긋나지만 일을 거꾸로 할 수밖에 없었다(도행역시倒行逆施)’고 일러 주시오”라 했다. 신포서는 진(秦)나라로 가서 위급함을 알리고, 진에 구원을 요청했다. 진이 받아들이지 않자 신포서는 ‘진의 궁궐 뜰에서 밤낮으로 통곡을 하는데(진정지곡秦庭之哭)’, ‘7일 밤낮(칠일칠야七日七夜)’ 동안 그 소리가 끊이질 않았다.

신포서의 말은 오자서가 그런 행동으로 한순간은 천리(天理)를 거스를 수 있지만, 결국은 하늘을 이기지 못한다는 뜻이다. 이 말은 당초 인간과 하늘(자연)의 관계를 가리키는 말이 아니지만, 이것으로 인간과 자연의 관계는 순리에 맞아야 한다는 뜻으로도 볼 수 있다. 즉, 오자서의 행동이 지나치는 지적이다.

오늘날 ‘인중자승천’은 이보다 더 적극적으로 해석할 수 있다. 즉, 천명이나 운명

이니 하는 관념론에 매달리지 말고 인간의 작용(힘)을 믿으면, 어떤 난관도 헤쳐 나

갈 수 있다는 의미로 이해할 수 있기 때문이다.

인지소병(人之所病), 병질다(病疾多) ; 의지소병(醫之所病), 병도소(病道少)

사람들은 병이 많음을 걱정하고, 의원은 치료법이 적음을 걱정한다.

– 권 105 〈편작창공열전〉

지금으로부터 약 2,400년 전 춘추시대에 발해군(渤海郡, 오늘날 하북성 동남부와 산동성 서북부) 출신의 편작(扁鵲)이란 명의가 있었다. 그는 명의의 원조 격으로 그 의술은 죽은 사람도 살려낼 정도였다고 한다. 사람들은 그에게 '신의(神醫)'라는 별명을 붙여 주었다. 편작의 의술 가운데 정작 신기한 대목은 그가 사람의 겉모습만 보고도 오장육부를 훤히 들여다볼 수 있는 신통력을 가졌다는 부분이다. 얼굴이나 신체 구조만 보고도 병의 증세를 단박에 알아내는 능력을 가졌다는 말이다.

편작은 괵(虢)이라는 나라에 갔다가 모두가 다 죽었다고 판정하여 장례를 치르기 직전에 있던 괵의 태자를 살려냄으로써 명성을 한껏 드날렸다. 이 일로 세상 사람들 모두가 편작은 죽은 사람조차 살려낼 수 있다고 칭송했다. 하지만 편작은 "나는 죽은 사람을 살려내지 못한다. 다만 살아날 수 있는 사람을 내가 일어날 수 있게 해주었을 뿐이다"라며 담담해 했다.

편작의 여러 신비로운 의료 행위 중에서 제(齊)나라 환후(桓侯)의 병세를 진단한 일이 가장 의미심장하다. 당시 편작은 환후의 병세를 간파하고는 빨리 치료하지 않으면 심각해질 것이라고 경고했다. 환후는 편작이 자기 명성 때문에 멀쩡한 자신을 환자 취급한다며 무시했다.

의료에 있어서 예방의 중요성을 강조한 편작의 초상화이다.

편작은 2차 3차 경고했다. 그러나 환후는 아랑곳하지 않았다. 네 번째로 환후를 찾은 편작은 환후의 얼굴만 보고 아무 말 없이 그 자리를 물러나왔다. 환후가 사람을 보내 그 까닭을 물으니 편작은 "병이 피부에 있는 동안에는 탕약과 고약으로 고칠 수 있소. 혈맥에 있을 때는 침이나 뜸으로 고칠 수 있고, 장과 위에 침투했어도 약주로 고칠 수 있소. 하지만 병이 골수에 미치면 저승사자라도 해도 어쩔 수 없소. 지금 군의 병이 골수까지 파고들어 있어 말씀드리지 않은 것입니다"라고 답했다.

그로부터 다시 닷새 뒤 환후는 병으로 쓰러졌다. 황급히 사람을 보내 편작을 찾았으나 편작은 이미 떠난 뒤였다. 환후는 얼마 되지 않아 죽었다. 이 고사에 이어 사마천은 다음과 같은 말을 덧붙였다. 위 명언은 바로 이 대목의 한 구절이고, 그에 뒤이어 유명한 여섯 가지 치료하지 못하는 불치병 '육불치(六不治)'의 논리가 나온다.(이 논리가 편작에게서 나왔는지 사마천의 의견인지는 문맥으로는 분명치 않다. 사마천이 편작의 주장이나 관련 자료들을 인용했을 수도 있다.)

"성인이 병의 징후를 예견하여 명의로 하여금 일찌감치 치료하게 할 수 있다면 어떤 병도 고칠 수 있고, 몸도 구할 수 있다. **사람들은 병이 많음을 걱정하고, 의원은 치료법이 적음을 걱정하는 것이다.** 그래서 여섯 가지 불치병이 있다고들 한다.

첫째는 교만하여 도리를 무시하는 불치병이다. 둘째는 몸(건강)은 생각 않고 재물만 중요하게 여기는 불치병이다. 셋째는 먹고 입는 것을 적절하게 조절하지 못하는 불치병이다. 넷째는 음양이 오장과 한 데 뒤섞여 기를 안정시키지 못하는 불치병이다. 다섯째는 몸이 극도로 쇠약해져 약도 받아들이지 못하는 불치병이다. 여섯째는 무당의 말을 믿고, 의원을 믿지 않는 불치병이다. 이런 것들 중 하나라도 있으면 병은 좀처럼 낫기 어렵다."

자신의 심신에 병이 생겼다는 조짐을 느끼면 심신을 편하게 하고 자신의 지난 언행을 차분히 되돌아보며 좋은 의사를 찾아 상담하면 병을 예방할 수 있다는 요지다.

키워드 : 의사, 환자, 질병, 불치병

인차매장(引車賣漿)

수레를 끌고 술을 팔다.
– 권77 〈위공자열전〉

전국시대 4공자의 한 사람이었던 위나라의 위공자 신릉군(信陵君)은 신분의 높고 낮음을 따지지 않고 좋은 인재를 직접 찾아가서 사귀기로 유명했다. '허좌이대' 항목에서 보았듯이 그는 직접 수레를 몰고 은자 후영(侯嬴)을 모시러 갔다. 뿐만 아니라 후영의 요구대로 수레를 몰고 시장 안으로까지 들어가 후영의 친구 주해(朱亥)를 만나 이야기를 끝낼 때까지 말고삐를 잡고 기다렸다. 또 조(趙)나라에서는 도박꾼들 사이에 숨어 사는 처사 모공(毛公)을 찾았고, 술집에 숨어 사는 설공(薛公)도 찾아갔다.

신릉군이 이렇듯 정중하고 성심을 다해 비천한 인재를 구하러 다닌 행동을 훗날 **인차매장**이란 네 글자로 나타냈다. **수레를 끌고, 술을 팔다**는 뜻이고, 그 안에는 **비천한 직업이나 그런 일을 하는 사람**을 두루 가리키는 의미가 내포되어 있다.

키워드 : 인간, 관계, 귀천, 겸손, 대우

인체(人彘)

사람 돼지.

– 권8 〈여태후본기〉

유방은 말년에 태자 유영(劉盈, 훗날 혜제(惠帝))을 폐하고 젊은 척(戚)부인이 낳은 자신을 닮은 어린 아들 여의(如意)를 태자로 삼고자 했다. 공신들과 장량이 나서 이를 극구 말린 탓에 마음을 접었지만, 태자 유영의 생모인 여태후는 척부인 일가에 대해 깊은 원한을 품지 않을 수 없었다.

기원전 195년 고조 유방이 세상을 떠나고 유영이 2대 황제로 즉위했다. 심약했던 혜제를 대신하여 여태후가 정치 전면에 나섰다. 여태후는 먼저 척부인과 그 아들 여의를 제거하기로 마음먹었다. 여태후는 조나라의 왕으로 나가 있던 여의를 중앙으로 소환하여 독주를 먹여 살해했다. 척부인은 손발을 자르고 눈알을 뽑고 귀를 멀게 하고 벙어리가 되는 약을 먹여 돼지우리에 살게 하고는 **인체**, 즉 **사람 돼지**로 부르게 했다.

여태후는 이 모습을 혜제에게 보여주었고, 혜제는 그 충격에 병이 나서 1년 넘게 일어나지 못했다. 혜제는 술과 환락에 빠져 정사를 돌보지 않았고, 모든 권력은 여태후가 행사했다.

여태후가 척부인을 '인체'로 만든 이 사건을 훗날 '인체지변(人彘之變)'이라 하여 궁중 내부의 잔혹한 투쟁과 후비들의 궁정 암투를 가리키는 표현으로 사용했다. ('영향' 항목 참고)

척부인의 처참한 죽음은 후궁들의 궁정 투쟁이 얼마나 격렬했는가를 잘 보여준다. 사진은 산동성 하택시(荷澤市) 정도구(定陶區)에 남아 있는 척부인을 기리는 사당이다.(2010년)

키워드 : 궁정, 후궁, 암투, 잔혹

인화위복(因禍爲福)

화가 바뀌어 복이 된다.
– 권69 〈소진열전〉

인화위복은 대개 '전화위복'으로 많이 쓴다. **좋지 않은 일이 계기가 되어 오히려 좋은 일이 생겼음**을 비유하는 성어이다. '전화위복' 항목에서 살펴보았으므로 해당 항목을 참고하면 된다. '전화위복'은 고등학교 한문 교과서에도 보인다.

키워드 : 화복, 전환

일

일가지언(一家之言)

일가의 말씀(문장).
– 권130 〈태사공자서〉

사마천은 자신의 역사 서술의 방법과 역사관을 '구천인지제, 통고금지변, 성일가지언'이란 15자로 압축하여 표명한 바 있다.('구천인지제~' 항목 참고) 특히 **일가지언**은 역사 서술 방면에서 **일가의 말씀을 이루고 싶다**, 즉 자신만의 말을 남겨 한 획을 긋고 싶다는 사마천의 포부를 반영하는 부분이다.

키워드 : 역사, 역사학, 역사가, 사관, 객관, 주관, 사료, 사실, 진실

일거불반(一去不返)

한 번 가면 돌아오지 못하리.
– 권86 〈자객열전〉

자객 형가가 진시황을 암살하러 떠날 때 역수를 건너기에 앞서 부른 노래 〈역수가〉의 한 대목이다. ('역수가', '풍소소혜역수한' 항목 참고) **한 번 떠나면 다시는 돌아오지 못한다는 비장함**을 나타내는 표현이다.

키워드 : 노래, 비장

일거양마(一車兩馬)

수레 한 대와 말 두 마리.
– 권47 〈공자세가〉

공자에게 예를 배웠던 노나라 사람 남궁경숙(南宮敬叔言)이 노나라 국군에게 "공자와 함께 주(周)로 가고 싶습니다"라고 했다. 공자가 주에 가서 노자를 만나려 했기 때문에 남궁경숙은 공자를 위해 노나라 국군에게 도움을 청한 것으로 보인다. 노나라 국군은 **수레 한 대와 말 두 마리**를 주고 시종 하나를 동행케 했다. 공자는 남궁경숙과 함께 주에 가서 예를 물었는데, 대개 노자(老子)를 만났다고들 한다. ('노룡', '부귀자송인이재~' 등 항목 참고)

일거양마는 어딘 가로 떠나는 사람에게 필요한 기본적인 교통수단을 가리키는 성어로 이해할 수 있다.

키워드 : 교통, 수단

일거천리(一擧千里)

단숨에 천 리를 날다.

− 권55 〈유후세가〉

고조 유방은 만년에 태자 유영을 폐하고, 총애하는 척부인이 낳은 어린 여의를 태자로 삼고자 했다. 그러나 공신들의 반대와 조야에 존경을 받는 상산사호로 하여금 태자를 모시게 한 장량의 대처로 생각을 단념했다.('상산사호' 항목 참고)

유방은 척부인을 찾아 자신의 생

척부인의 춤에 맞추어 〈홍곡가〉를 부르는 유방의 모습을 그린 그림이다.(2007년)

각을 전하며 위로했다. 척부인이 울음을 터뜨리자 유방은 자신을 위해 초나라 춤을 추어 달라면서 그 춤에 맞추어 초나라 노래를 불렀다. 이 노래를 흔히 '큰 기러기의 노래'라는 뜻의 〈홍곡가(鴻鵠歌)〉라 한다. 이 노래 가사 중 **단숨에 천 리를 나네**라는 대목에서 **일거천리**라는 성어가 나왔다. 한 번에 먼 곳까지 난다는 뜻이고, 앞날이 멀고 크다는 비유로 쓰인다. 〈홍곡가〉의 가사는 다음과 같다.('인체' 항목 참고)

기러기 높이 떠 **단숨에 천 리를 나네.**

날개털 풍부해지니 사해를 가로지르네.

사해를 가로지른들 더 어찌할 소냐?

활과 화살이 있다 한들 쓸 곳이 없구나!

키워드 : 미래, 창창(蒼蒼)

일광천하(一匡天下)

한 번에 천하를 바로잡다.

– 권62 〈관안열전〉 ; 권32 〈제태공세가〉 ; 권129 〈화식열전〉

'구합제후~' 항목을 참고하면 된다.

키워드 : 춘추시대, 회맹, 패주, 경제력

일구천금(一裘千金)

갖옷(털옷) 하나에 천 금

– 권43 〈조세가〉 ; 권68 〈상군열전〉

갖옷이란 짐승의 털가죽으로 안을 댄 옷을 말한다. 귀하고 비싼 옷이라 할 수 있다. 털가죽이 여우 가죽이라면 값은 훨씬 더 올라간다. 관련한 명언이 "천양지피(千羊之皮), 불여일호지액(不如一狐之掖)"이다.(해당 항목 참고) **일구천금**이란 사자성어도 파생되었다. **아주 비싼 옷**을 가리키는 성어이자, **뛰어난 인재**에 대한 비유이기도 하다.

키워드 : 언어(충고), 인재, 발군, 비유

일국지정유일신지치(一國之政猶一身之治)

한 나라의 정치가 사람의 몸을 다스리는 것처럼 다스려진다.

– 권5 〈진본기〉

춘추시대 융에서 진나라에 사신으로 온 유여가 진 목공 앞에서 예제가 잘 갖추어

진 중원 국가에 비해 별다른 제도와 윤리 규범도 없는 융족이 잘 다스려지는 까닭에 대해 "윗사람은 순박한 덕으로 아랫사람을 대하고, 아랫사람은 충성과 믿음으로 윗사람을 받들기" 때문에 **"한나라의 정치가 사람의 몸을 다스리는 것처럼 다스려진다"**라고 했다.(상세한 내용은 '인국유성인, 적국지우야' 항목 참고)

키워드 : 경쟁, 상대, 인재, 우려(憂慮)

일낙백금(一諾百金)

한 번의 약속이 백금의 값어치.
— 권100 〈계포난포열전〉

일낙백금은 **신용과 약속이 보물이라는 점을 강조**하는 성어이다. 또 약속은 반드시 지키라는 뜻이기도 하다. '백금' 대신 '천금'을 써서 '일낙천금(一諾千金)'으로 그 의미를 더 강조하기도 한다. 이 성어는 계포(季布)라는 인물의 약속과 신용을 강조하고 있기 때문에 '계포일낙(季布一諾)'으로도 많이 쓴다. '계포의 한 번 약속'이란 뜻이다.('계포일낙' 항목 참고)

진나라 말기 초와 한이 서로 다투는 초한쟁패 때의 일이다. 계포는 초나라 출신으로 의기가 있고, 사내다워 초나라에서 명성이 높았다. 항적(項籍, 항우)이 그를 장군으로 삼았고, 그는 한왕 유방을 자주 궁지에 몰아넣는 등 적지 않은 공을 세웠다. 항우가 패배한 뒤 고조(유방)가 계포에게 현상금을 걸어 그를 잡아들이라면서, "감히 계포를 숨기는 자가 있으면 그 죄가 3족에 미칠 것이다!"라며 경고했다. 그 뒤 하후영(夏侯嬰)이 유방에게 권고하여 계포에 대한 체포령을 풀고 그에게 관직을 주도록 했다.

조나라 출신 조구생(曹邱生)은 변사로서 권력가에게 빌붙은 돈만 아는 인물로, 높은 지위에 있던 환관 조동(趙同) 등을 섬기고 한 문제 두황후의 오빠 두장군(竇長君)과도 친했다. 계포가 이런 사정을 알고 두장군에게 편지를 보내 "조구생은 덕이 있는 인물이 아니라 들었습니다. 그와 사귀지 마십시오"라고 충고했다.

조구생은 귀향하면서 두장군의 소개장을 얻어 계포를 만나고자 했다. 두장군은 "계장군은 당신을 좋아하지 않으니 만나지 않는 게 좋을 것이야"라고 만류했다. 조구생은 기어이 소개장을 얻어 가지고 떠났다. 조구생은 사람을 보내 소개장을 먼저 보냈다. 아니나 다를까 계포는 성이 난 채로 조구생을 기다리고 있었다. 조구생은 계포에게 절을 하고는 이렇게 말했다.

"초나라 사람들의 속담에 '황금 백 근을 얻느니 계포의 승낙 한마디를 얻는 게 낫다'는 말이 있는데, 귀하는 어떻게 해서 이런 명성을 양(梁)·초(楚) 지방에서 얻을 수 있었습니까? 저 또한 초나라 사람이고 귀하도 초나라 사람인데, 제가 천하를 돌아다니며 귀하의 명성을 널리 자랑하고 다니면, 귀하의 명성은 양·초 지역뿐만 아니라 천하 전체에 널리 퍼질 것 아닙니까? 그런데 귀하께서는 저를 왜 그토록 심하게 거부하십니까?"

계포는 조구생의 말에 매우 흡족해 하며 그를 몇 달 동안 머무르게 하면서 상객으로 대우하고 떠날 때는 많은 돈을 주어 보냈다. 계포의 명성이 더욱 높아진 것은 조구생이 널리 자랑하고 다녔기 때문이다.

약속을 철저하게 지켰던 계포의 '일낙백금'은 이후 누군가에게 신임을 얻는 하나의 방법 내지 처세술로 변화되면서 더욱더 중요한 위치를 차지하게 되었다.

역대로 전략가들은 적과의 투쟁에서 '무릇 병법(군사)이란 상대를 속이는 것조차 마다 않는다'는 격언을 받들어 왔다. 그러나 친구나 자기 쪽 사람들을 대할 때도 속임수와 같은 부정한 방법을 사용한다면, 부하와 측근들은 배반하거나 자기 곁을 떠나고 말 것이다. 따라서 동서고금의 전략가들 치고 신뢰와 명예를 으뜸으로 강조하고 '믿음'을 입신의 근본으로 삼지 않은 사람은 없었다. 일단 승낙한 일에 대해서는 "말은 신뢰감이 있어야 하며, 행동에는 반드시 결과가 있어야 한다"고 했듯이 반드시 지켜야 한다. 이런 점에서 '일낙백금'과 그를 통해 얻은 신임은 각종 전략을 펼치는데 기초로 작용한다.

'일낙백금'은 성실을 근본으로 삼아야 한다. 공수표로 끝나서는 안 된다. 큰소리나 경솔한 승낙은 결국은 신임을 잃게 만든다. 《묵자(墨子)》〈수신(修身)〉 편에서 "행동이 믿음직스럽지 못한 자는 결국은 그 이름에 먹칠을 하고 만다"고 한 말도 같은 이치다.

키워드 : 신의, 약속, 가치

일득지우(一得之愚)

한 번은 얻는 어리석음(어리석은 사람).
— 권92 〈회음후열전〉

초한쟁패 당시 한신이 조나라와의 전투에서 명장 이목(李牧)의 후손인 이좌거(李左車)를 포로로 잡아 자신을 도와 달라며 설득하는 과정에서 이좌거는 "지자천려필유일실(智者千慮必有一失), 우자천려필유일득(愚者千慮必有一得)"라는 명언을 인용한 바 있다.(해당 항목 참고) 이를 풀이하면 다음과 같다.

"지혜로운 사람이라도 많은 생각을 하다 보면 반드시 하나쯤은 실책이 있고, 어리석은 사람이라도 많은 생각을 하다 보면 반드시 하나쯤은 얻는 것이 있다."

이 대목에서 **일득지우**라는 사자성어가 파생되었다. **어리석은 사람도 한 번쯤은 옳은 말을 하거나 좋은 견해를 낼 수 있다는 겸양어이다.**

키워드 : 반복, 우연

일모도원(日暮途遠)

날은 저무는 데 갈 길은 멀다.
– 권66 〈오자서열전〉

일모도원은 춘추시대 최고의 풍운아 중 한 사람이었던 오자서(伍子胥, ?~기원전 484)가 남긴 명언으로, 오자서 개인의 회한을 비롯하여 여러 착잡한 심경을 담고 있다. 대개는 **나이가 들어 목적한 바를 달성하기 어렵다는 것**을 비유하는 성어로 쓴다. 관련 스토리를 다시 한 번 요약하면 이렇다.

초나라 평왕(平王, ?~기원전 516) 때 오자서의 아버지 오사(伍奢)는 태자 건(建)의 태부(太傅)였다. 그리고 비무기(費無忌)란 자가 소부(少傅)로 있었는데, 성품이 간교하였다. 비무기는 태자를 결혼시키기 위해 진(秦)나라 공실의 여자를 데려왔으나 평왕에게 잘 보이려고 이 여자를 평왕이 차지하게 꼬드겼다. 이 때문에 비무기는 태자의 보복이 두려워 태자를 헐뜯었다. 평왕은 비무기의 말만 곧이 듣고 왕자를 변방으로 내쳤다. 또 평왕은 태자가 자신에게 반기를 들려 한다는 거짓말을 믿고, 이번엔 태부 오사를 꾸짖었다. 오사는 간신 비무기 같은 자를 총애하면 어쩌냐며 도리어 평왕의 그릇됨을 간하였다. 이 때문에 오사는 감옥에 갇히고, 태자는 달아났다.

오사의 두 아들이 보복할까 겁이 난 비무기는 태자의 일은 오사와 그 두 아들이 옆에서 부추킨 탓이라고 참언하였다. 오사와 맏아들은 죽고, 둘째 아들 오자서는 오(吳)나라로 도망쳤다. 오자서는 복수를 다짐하였다. 오왕 요(僚)와 공자 광(光)을 만난 오자서는 공자 광이 왕위를 탐내 자객을 구한다는 것을 알고 전제(專諸)라는 자객을 천거하였다. 이때 초나라는 평왕이 죽고 비무기가 평왕에 바친 진나라 공실 여인의 소생 진(軫)이 소왕(昭王)으로

오자서는 《사기》에 등장하는 약 4천 명의 인물들 중 가장 드라마틱한 캐릭터이다. 사진은 강소성 소주(蘇州)에 남아 있는 오자서의 무덤이다.(2008년)

등극해 있었다. 그 뒤 내분으로 비무기는 피살되고, 내분을 틈타 초나라를 공격했던 오왕은 오자서와 공자 광의 계략에 빠져 전제의 칼에 죽었다. 공자 광이 왕위에 오르니, 이가 곧 오왕 합려(闔閭)다. 그 뒤 오자서는 초나라로 쳐들어가 죽은 평왕의 무덤을 파헤치고 시체에 300대의 채찍질을 가함으로써 원한을 풀었다. 오자서의 친구인 신포서(申包胥)가 이를 지나치다고 비난하자, 바로 그때 오자서는 이렇게 말했다.('굴묘편시', '도행역시' 항목 참고)

"내가 날은 **저무는 데 갈 길은 멀다.** 내가 이 때문에 순리에 따르지 않고 거꾸로 행하는 것이오."

"오일모도원(吾日暮途遠), 오고도행이역시지(吾故倒行而逆施之)."

키워드 : 시간, 목표, 성취, 난망(難望)

일목삼착(一沐三捉), 일반삼토(一飯三吐)

목욕 한 번 하다가 머리카락을 세 번 움켜쥐고, 밥 한 끼 먹다가 먹던 것을 세 번 뱉어내다.
– 권33 〈노주공세가〉

이 명언은 주공(周公)이 아들 백금(伯禽)을 훈계하는 대목에서 나온다. 주공은 천하의 인재를 잃지 않으려고 애를 썼다. 이 때문에 목욕을 하는데 손님이 찾아와 씻다가 만 머리카락을 움켜쥔 채 허둥지둥 손님을 맞길 세 번씩이나 했고, 밥을 먹고 있는데 손님이 찾아와 먹던 것을 도로 뱉고 손님을 맞길 세 번씩이나 했다고 한다. 이로써 **일목삼착, 일반삼토는 유능한 인재를 찾기가 쉽지 않다는 것을 비유**하는 유명한 명언이자 성어가 되었다.

사마천은 《사기》를 편찬하면서 역사를 앞장서 끌고 나간 인물들과 그들의 행위에 중점을 두고 서술했다. 그러면서 인간관계의 중요한 원칙들을 제시했다. 그중에서도 몇몇 사람들이 보여준 인간관계는 상식의 틀을 벗어나 있다. 《사기》에 보이는 이런 특출한 인간관계와 관련된 부분은 얼마 되지 않지만 여간 흥미롭지 않다.

주공 희단(姬旦)은 기원전 11세기 주 왕조 초기의 천자였던 무왕(武王)의 동생이다. 그는 형님 무왕의 가장 믿음직스러운 조력자로서 주 왕조의 기초를 내리는 데 결정적인 공을 세웠다. 무왕이 죽고 그 아들 성왕(成王)이 즉위한 다음에도 조카 성왕을 보좌하며 국정을 주도했다. 훗날 공자가 가장 이상적인 성인의 모범으로 그를 추앙할 정도로 그는 뛰어나고 훌륭한 인물이었다. 아들 백금(伯禽)이 부임지인 노나라로 떠나려 할 때 주공은 아들에게 이런 말을 해준다.

"나는 문왕의 아들이자 무왕의 동생이며, 지금 왕인 성왕의 숙부이다. 어느 모로 보나 나는 천하에 결코 천한 사람이 아니다. 그러나 나는 **일목삼착**(一沐三捉), **일반삼토**(一飯三吐)하면서까지 인재를 우대했다. 오로지 천하의 유능한 인재를 잃을까봐 걱정되어서였다. 노나라로 가더라도 결코 사람들에게 교만하지 않도록 신중해야 할 것이야!"

아무리 바쁘고 긴장되더라도 사람들, 특히 인재들에게 소홀하지 말라는 충고다. 한순간의 소홀함 때문에 인재를 놓칠 수 있기 때문이다. 주공이 하루에 70여 명의 손님을 접대했다는 전설 같은 이야기도 있고 보면, 그가 인간관계를 얼마나 중요하게 생각했는지 알 수 있다. 인간관계는 모든 일의 알파요, 오메가라는 말도 있지 않은가? 다만 그 인간관계가 '도'를 벗어나면 큰 문제다. 관련하여 앞뒤 대목의 원문과 번역문을 함께 소개해둔다.

"그러나 나는 **한 번 목욕하다 머리카락을 세 번 움켜쥐고, 밥 한 끼 먹다가 먹던 것을 세 번 뱉어내면서**까지 인재를 우대했다. 오로지 천하의 유능한 인재를 잃을까 걱정되어서였다."

"연아일목삼착발(然我一沐三捉髮), 일반삼토포(一飯三吐哺), 기이대사(起以待士), 유공실천하지현인(猶恐失天下之賢人)."

'일목삼착발, 일반삼토포'는 대개 '일목삼착, 일반삼토'로 줄여서 쓰거나 '토포착발(吐哺捉髮)' 또 '토포악발(吐哺握髮)'로 쓰기도 한다. '먹던 것을 토하고, 머리카락을 움켜쥔다'는 뜻인데 모두 깍듯한 예로 인재를 대하면서 정무에 부지런히 힘을 쓰는 것을 형용한다.

키워드 : 인재, 접대, 자세

주 문왕의 인재에 대한 극진한 자세는 천하의 민심을 얻는 결과로 나타났고, 그것이 그 아들 무왕 때 가서 결국 은나라를 무너뜨리고 주나라를 건국하는 동력으로 작용했다. 사진은 문왕이 은나라 주왕에 의해 7년 동안 갇혀 있었던 하남성 안양시(安陽市) 유리성(羑里城) 유적 입구의 문왕 석상이다.(2007년)

일반두미(一飯斗米)

한 끼에 쌀 한 말을 먹다.
– 권81 〈염파인상여열전〉

조나라 내부의 갈등 때문에 위나라로 망명한 조나라의 명장 염파(廉頗)는 늘 조나라로 다시 돌아가고 싶었다. 조나라 도양왕(悼襄王)은 곽개(郭開)의 사주을 받은 사신을 보내 염파의 동태를 살피게 했다. 사신이 오자 염파는 재기할 기회가 왔다고 판단하고는 '밥 한 말과 고기 열 근을 먹어' 보이며, 갑옷을 입고 말에 뛰어올라 아직도 자신이 쓸모 있음을 과시했다. 그러나 염파의 귀국을 꺼리는 곽개로부터 뇌물을 받은 사신은 돌아가 도양왕에게 이렇게 보고했다.

"염 장군은 나이가 들었음에도 **식사는 잘했습니다.** 그러나 신과 같이 앉아 있는 동안에 '세 번이나 오줌을 지리곤' 했습니다."

도양왕은 염파의 재기용을 포기했다. **일반두미**는 **식사를 잘한다**는 비유의 성어이
다.('염파선반', '삼유시' 항목 참고)

일반삼유시(一飯三遺矢)

밥 한 끼 먹는데 (오줌을) 세 번 지리다.
– 권81 염파인상여열전

'염파선반' 항목과 '삼유시' 항목에서 살펴보았듯이, 곽개라는 자가 명장 염파를 모
함하기 위해 염파의 건강 상태를 조왕에게 이렇게 보고하게 했다. 줄여서 '삼시(三
矢)'로 쓰기도 한다.

일반천금(一飯千金)

밥 한 번에 천금.
– 권92 〈회음후열전〉

원한과 복수는 배신과 박해(탄압)를 전제로 하며, 복수에는 흔히 누군가의 도움이
따른다. 어려운 상황에서 받는 도움의 손길 역시 은혜를 입는 경우다. 중국인은 원
한과 복수에 철저한만큼 사소한 은혜를 입어도 반드시 갚는다는 '보은(報恩)'에도 철
저했다.

남에게 베푼 것은 돌아서서 잊고, 남에게 받은 은혜는 잊지 말고 보답하라. 현실

에서는 불가능해 보이는 고상한 차원의 말이지만 중국인의 '은원관'과 관련된 역사적 사례에서는 심심찮게 등장한다. **밥 한 번 얻어먹고 천금으로 은혜를 갚았다는** 명장 한신(韓信)의 **일반천금(一飯千金)** 고사를 살펴보자.

어려운 처지의 한신에게 한 달 가까이 밥을 먹여준 표모의 무덤이다. 일설에는 한신이 표모를 위해 만들어 주었다고 한다.(2010년)

가난한 집안 출신의 한신은 젊은 날 별다른 직업 없이 동네를 전전하며 밥을 얻어먹는 신세였다. 정장 벼슬을 하는 친구 집에서 한동안 밥을 얻어먹었지만 친구 부인에게 박대를 당했다.('신취요식' 항목 참고) 그 뒤 한신은 시냇가에서 낚시를 하다가 빨래하는 아주머니 '표모(漂母)'의 도움을 받아 한 달 가까이 밥을 얻어먹었다. 여기서 유명한 '표모반신(漂母飯信)'이란 성어가 나왔다. '빨래하는 아주머니가 한신에게 밥을 주다'는 뜻이다.

한신은 표모에게 반드시 은혜를 갚겠다고 하자, 표모는 귀하게 생긴 사람이 왜 빌어먹고 다니냐며 핀잔 겸 격려의 말로 한신의 의지를 북돋았다. 훗날 한신은 유방을 도와 한나라를 세우는 데 결정적인 공을 세우고 일등 공신이 되었다. 초왕이 되어 고향으로 돌아온 한신은 지난날 자신에게 도움을 준 사람들을 일일이 수소문하여 은혜를 갚았다. 특히 표모에게는 천금으로 보답했다. 이것이 '밥 한 번 얻어먹고 천금으로 갚았다'는 '일반천금(一飯千金)'의 고사다. '일반천금'은 훗날 은혜를 입고 크게 보답한다는 의미의 유명한 성어가 되었고, 수많은 문인들의 작품에 인용되었다.

한신은 또 젊은 날 자신에게 '가랑이 밑을 기는 치욕' '과하지욕(胯下之辱)'을 겪게 한 동네 건달을 기어코 찾아내서는 벼슬을 주었다. 이는 얼핏 한신의 넓은 아량을 보여주는 행동 같지만 실은 이 또한 보복(報復)의 한 방식이다. 한신은 그 건달에게 그 당시 내가 네까짓 놈을 상대할 수 없었겠냐며, 자신에게 용감하게 대든 용기를 봐서 벼슬을 준다고 했다. 이는 상대에게 대한 경멸에 다름 아니었다. 이는 시혜가 아니라, 복수의 또 다른 방식이었다.('과하지욕' 항목 참고)

한신은 초한쟁패가 절정에 이르렀을 때, 천하 패권의 향방을 결정할 캐스팅 보드를 쥐고 있었다. 항우든 유방이든 그가 편 드는 쪽이 승리할 확률이 대단히 높았다. 이때 책사 괴통은 한신에게 '삼분천하'를 권했다. 한신은 이를 받아들이지 않았다. 아니 받아들이지 못했다. 한신이 지극히 합리적인 괴통의 판단과 권유를 받아들이지 못한 까닭은, 다름 아닌 자신이 어려울 때 유방이 '입혀 주고 먹여 주었기' 때문이라는 것이었다. 안타깝게 한신은 괴통의 예언대로 유방에 의해 '토사구팽(兎死狗烹)' 당했다.

이처럼 중국인의 은원관은 그 자체로 상당히 복잡하면서도 단순하다. 이 심리의 근원에는 주고받는 물질과 정신의 교환이 갖는 값어치에 대한 강한 인식이 깊게 각인되어 있다. 그리고 그 안에는 승낙했거나 마음먹은 바는 반드시 지킨다는 '약속(約束)'과 약속의 실천(實踐)이라는 자기 구속력이 하나의 윤리의식으로 자리 잡고 있다. 이 윤리의식은 오랜 시간을 거치면서 개인의 윤리뿐만 아니라 사회 윤리 내지 가치관으로 형성되어 중국인의 심리상태를 지배하기에 이른 것이다. 이것이 바로 중국인 특유의 '은원관'이다. 아래에 참고자료로 중국인의 은원관을 좀 더 소개해둔다.('천금' 항목 참고)

참고자료 중국인의 '은원관(恩怨觀)'

복수관의 형성과 변화

중국 속담에 '은혜와 원한은 대를 물려서라도 갚아라'는 것이 있다. 중국인 특유의 은혜와 원한에 대한 관념이라고 한다. 하지만 복수 심리의 연원은 저 멀리 원시시대까지 거슬러 올라간다는 것이 일반적인 견해다. 다시 말해 중국인뿐만 아니라 누구든 원한에 대한 복수 심리는 인간 본성과 맞물려 있다는 것이다. 남에게 도움을 받고 이를 갚는 보은(報恩)의 심리도 같은 차원이다. 중국은 이런 심리가 역사와 문화 속에 짙게 투영되어 내려오면서 생활 속 깊이 파고들었기 때문에 지금까지도 은혜와 원한에 대한 관념의 잔재가 상대적으로 강하게 남아 있는 편이라 할 수 있다.

중국인은 오랜 세월 침략과 능욕에 불굴의 저항 정신으로 맞서면서 억울한 일은 반드시 갚으며 원한은 반드시 되돌려준다는 문화전통을 형성했다. 특히 사마천의 《사기》에는 비장하고 격렬한 '복수(復讎)의 고사'가 많이 기록되어 있다. 제나라 양공(襄公)의 9세에 걸친 복수, 오왕 부차(夫差)의 고소성(姑蘇城)에서의 패배를 되갚음, 월왕 구천(勾踐)의 회계산(會稽山)의 치욕을 설욕함, 오자서(伍子胥)의 복수 등등이 대표적인 예들이다.

그런데 이런 복수 관념과 성격도 시대에 따라 차이를 보였다. 복수는 특히 《사기》에서 반복해서 표현되는 주제의 하나이다. 학자들은 이를 1)종법복수(宗法復讎), 2)사림복수(土林復讎), 3)문화복수(文化復讎)의 세 가지 유형으로 나누었다.

《사기》의 복수와 관련한 고사들은 춘추시대 종법복수의 특징이라 할 수 있는 '피로 피를 씻는다'는 정신을 계승하고 있다. 그중에서도 가장 눈길을 끄는 고사가 오자서와 백공의 복수인데, 종법혈연과 군신윤리 중에서 어느 것이 먼저냐는 문제를 제기하고 있다. 이 문제에 대해서는 선진(先秦)시대와 양한(兩漢)시대의 견해가 확연하게 대립하고 있다. 《공양전(公羊傳)》정공 4년조에는 아비가 죽으면 아들이 그 원한을 갚는 것은 당연하다고 했다. 이는 혈연의 정이 군신의 의리보다 중요하다는 것을 강조한 것이다. 《예기》, 《주례》, 《여씨춘추》, 《신서》, 《회남자》, 《백호통의(白虎通義)》 등도 같은 태도를 견지하고 있다. 반면 《좌전》 은공 4년조에서는 "군주가 신하를 토벌했다면 누가 감히 이를 갚겠는가? 군주의 명은 하늘이다"라고 하여 오자서의 복수에 대해 반대 의

'일반천금'은 중국인 특유의 '은원관'을 가장 잘 대변하는 고사이자 역사적 실례이다. 오늘날 중국은 당시 한신에게 밥을 나누어 주었던 표모의 마음을 기리기 위해 그 무덤을 대대적으로 정비하는 한편, 전시관을 세워 역사 현장에서 시혜와 보은의 가치를 교육시키고 있다. 사진은 한신의 고향인 강소성 회음시(淮陰市)에 남아 있는 표모의 무덤 앞에 있는 '보은정(報恩亭)'이다.(2010년)

견을 분명히 했다.

사마천은 분명 전자의 관점을 받아들이고 있지 《좌전》의 견해는 취하지 않았다. 혈연의 정이 군신의 윤리보다 강하며, 복수가 구차하게 참는 것보다 먼저다. 이는 종법복수와 복수 의식이 군신 윤리에 비해 더 유구한 전통과 더 깊은 심리적 뿌리를 갖고 있음을 말하는 것이다. 이런 원시적 의미를 가진 오랜 복수 문화전통은 일종의 '집단 무의식'으로서 사마천의 의식 깊은 곳에 가라 앉아 있던 것이자 사마천 복수 사상을 탄생시킨 가장 심각한 근원이기도 하다.

약 550년에 이르는 춘추전국시대를 거치면서 전통적 복수관에도 변화가 생겼다. 이른바 '사(士)' 계층의 출현으로 '사' 문화가 여기서 흥기했고, 사림복수가 이에 따라 나타나게 되었다. 사림복수는 춘추 초기 종법복수와 구별하기 위해 제기된 개념으로 '사'의 보은과 인격적 존엄을 지키기 위한 복수 행위를 가리킨다. '사' 계층의 인격적 존엄을 지키기 위한 행위와 연계되는 것이 자신을 알아주는 사람에 대한 존중과 보은의 의무다. 은혜를 입고도 갚지 않는 것은 '사'의 커다란 치욕으로 여겨져 몸을 바쳐서라도 은혜를 갚는 행동이 나타났다. 자살은 전국시대 사림이 보은의 의무를 이행하는 전형적인 방식이 되었다. 일단 목숨을 버려 보은하는 행위는 사회적 전파매개와 사회적 가치평가 계통을 통해 신속하게 전파되었고, 한순간 사림들이 의리(義理)로 서로를 자극하고 의기투합하여 서로 격려하고 서로 본받으려 했다. 의리를 중시하고 목숨을 경시하는 비분강개의 의협을 자처하며(이를 임협任俠이라 한다) 입신양명하려는 분위기가 전국시대 사림을 휘감았다. 사림복수는 바로 이런 사림 기풍을 배경으로 한 것이었다. 〈자객열전〉은 바로 이 방면의 전형(典型)이다.

복수관의 승화, '문화복수'

이릉의 사건으로 궁형을 당한 사마천은 정말 견디기 힘든 치욕을 경험했다. 궁형은 개인적 치욕일 뿐만 아니라 조상의 명성에 먹칠을 하는 수치였다. 망가진 몸은 불효의 표지였다. 공자의 도통을 계승한다는 자부심 같은 것을 갖고 있었고, 또 전국시대

'사' 계층의 성격을 강하게 물려받았던 사마천에게 이런 치욕은 견딜 수 없는 것이었다. 심리적 발전이란 논리에서 보아도 복수는 필연적이었다. 즉, 사마천의 치욕을 복수라는 전통과 연계시켜 볼 때 궁형의 치욕은 강렬한 복수 심리를 유발할 수밖에 없었다. 다만 대일통을 이룬 한나라의 군주 통치하에서는 종법복수나 사림복수의 분위기와 토양은 더 이상 존재할 수 없었다.

중국인의 복수관을 잘 보여주는 '와신상담'(2008년)

사마천은 당시 대세에서 피의 복수는 불가능하다는 것을 알았다. 이런 상황이 그로 하여금 제3의 복수 방식을 찾게 만들었다. 복수라는 대의를 이행하면서도 유혈 행위는 피하고 동시에 심리적으로 전제폭군을 초월하여 인생의 경지를 승화시키는 복수의 형식, 바로 이것이 발분저서 이론에서 제기된 '문화복수'였다.

사마천은 《사기》 저술을 통해 전통적 복수관의 한계를 초월하여 고차원의 '문화복수' 관념을 확고하게 형성했다. 사마천은 '문화복수'를 통해 복수와 보상을 동시에 실현하고 나아가 정의구현 등과 같은 보편적 가치 구현이라는 고귀한 정신을 청사에 길이 남겼다.

《사기》 속 은원과 관련한 고사와 중국인의 은원관

사마천은 '문화복수'라는 새로운 차원의 복수관(은원관)을 《사기》를 통해 구현하고 있다. 이러한 복수관은 후대 중국인 특유의 '은원관'을 형성하는 데 지대한 영향을 미쳤다. 심하게 말해 오늘날 중국인의 몸속에는 《사기》의 '은원관'이라는 유전자가 내재되어 있다고 할 수 있다. 《사기》의 대표적인 '은원' 사례들을 간략하게 나열해둔다.

1. 망명 중 자신의 변협(骿脇, 통갈비뼈)을 훔쳐 본 조(曹)나라 공공(共公)을 토벌한 진

(晉) 문공(文公)의 복수.

2. 망명 중 자신을 극진히 대접한 초나라 성왕(成王)에게 '퇴피삼사(退避三舍)'를 약속하고 훗날 이를 지킨 진 문공의 보은.

3. 아버지와 형님을 죽인 초나라 평왕(平王)의 무덤을 파헤쳐 시신에 채찍질을 가한 오자서의 복수(여기서 '굴묘편시堀墓鞭尸'란 고사성어가 탄생).

4. 오월동주(吳越同舟), 와신상담(臥薪嘗膽)으로 대변되는 춘추 말기 오나라와 월나라의 원한과 복수.

5. 원한과 복수의 대하드라마 '조씨고아(趙氏孤兒)'.

6. 자신을 알아준 지백과 엄중자를 위해 목숨을 바친 자객 예양과 섭정의 보은.

7. 자신에게 육체적 정신적 수모를 준 위나라 재상 위제에게 복수한 범수(范睢)는 '밥 한 그릇을 얻어먹어도 반드시 갚았고, 지나가 째려보기만 해도 반드시 보복했다'는 '일반필상(一飯必償), 애자필보(睚眦必報)'라는 유명한 은원관을 남겼다.

8. 맹상군의 세금 징수인 위자(魏子)에게 몰래 도움을 받은 현자가 권력자의 오해로 맹상군이 위기에 처하자 목숨을 바쳐 맹상군의 결백을 밝힌 고사.

9. 어려운 시절에 밥을 준 표모(漂母)에게 천금으로 은혜를 갚은 한신(韓信)의 보은관.

10. 함양으로 떠나는 유방에게 다른 친구들은 여비로 300전을 주었지만, 소하(蕭何)는 200전을 더 주었다. 훗날 황제가 된 유방은 소하를 일등 공신으로 봉하면서 그의 봉지를 2천 호 더 보태주어 과거 소하가 베풀었던 호의에 답례했다.

11. 계포의 약속이 천금보다 더 가치가 있다는 '계포일낙(季布一諾)' 또는 '일낙천금(一諾千金)'이라는 약속의 중요성.

12. 계찰이 죽은 서나라 군주의 무덤을 찾아 마음으로 주기로 했던 자신의 검을 무덤 앞 나무에 걸었다는 '계찰괘검(季札掛劍)'의 고사.

　중국인의 은원관이 갖는 역사적 뿌리와 그 문화를 이해하면 중국인에 대한 편견과 오해의 상당 부분을 걷어낼 수 있다. 중국인은 장장 5천 년에 걸친 단절되지 않은 역사 속에서 수많은 일을 경험했고, 그 경험을 축적하여 중국 특유의 문화의식을 형성했다. 체제의 한계와 수없이 많은 전쟁과 살육을 통해 중국인 특유의 생존방식과 의리관이 형성되었다. 은혜와 원수에 대한 인식 또한 분명할 수밖에 없었다. 사드 문제 등으로 경색된 한·중 관계에 대한 정확한 인식과 냉정한 대응을 위해서라도 뿌리 깊은 중국인의 '은원관'에 대한 바른 이해가 필요하다.

은원관 관련 고사성어, 명언명구

1. 사위지기자사(士爲知己者死), 여위열기자용(女爲悅己者容) – '선비는 자신을 알아주는 사람을 위해 목숨을 바치고, 여자는 자신을 기쁘게 해주는 사람을 위해 얼굴을 치장한다.'

2. 결안(抉眼), 결목(抉目) – '눈알을 파내다.'

3. 결목현문(抉目懸門) – '눈을 파내 문에 걸다.'

4. '일반필상(一飯必償), 애자필보(睚眦必報) – '밥 한 끼 얻어먹어도 반드시 갚았고, 노려보기만 해도 반드시 보복한다.'

5. 와신상담(臥薪嘗膽) – '장작더미에서 자고, 쓸개를 핥다.'

6. 굴묘편시(堀墓鞭尸) – '무덤을 파헤쳐 시체에 채찍질을 하다.'

7. 표모반신(漂母飯信), 일반천금(一飯千金) – '빨래하는 아낙이 한신에게 밥을 주고, 밥 한 번 얻어먹고 천금으로 은혜를 갚는다.'

8. 군자보수십년불만(君子報讎十年不晚) – '사나이 복수 10년 뒤라도 늦지 않다.'(속담)

9. 보수천리여지척(報讎千里如咫尺) – '복수의 길은 천 리도 지척이다.'(이백)

10. 사람이 있는 곳에 은원이 있고, 은원이 있기에 강호가 있다. 사람이 곧 강호이거늘 어찌 떠날 수 있단 말인가?(《소오강호》중에서 동방불패의 말)

11. 은원(恩怨)은 기억(記憶)이다. 인간에게 기억의 힘이 있는 한 은원의 잔재는 결코 소멸하지 않는다.

키워드 : 관계, 시혜, 보은

일배갱(一杯羹)

죽 한 그릇.
– 권7 〈항우본기〉

‘분아일배갱’ 항목을 참고하면 된다.

키워드 : 상황, 대처, 태연

일부토(一抔土)

한 움큼의 흙.
– 권102 〈장석지풍당열전〉

한 문제(재위 기원전 180~기원전 157) 때 법관을 지낸 장석지(張釋之, 생졸 미상)는 벼슬한 이후 10년 동안 승진하지 못하다가 문제의 눈에 들어 법관인 정위(廷尉)가 되었다. 그는 법조문에 따라 엄격하고 공정하게 일을 처리하기로 유명했다. 이와 관련한 일화가 여럿 남아 있는데, 그중에는 태자(훗날 경제)를 탄핵한 일도 있었다. 다음은 고조 유방의 사당에서 물건을 훔쳐 간 사람을 처벌하는 문제를 놓고 문제와 설전을 벌인 일화다.

누군가 고조의 사당 안에서 옥기를 훔쳐가는 사건이 발생했다. 문제는 대노하여 정위 장석지에게 법으로 다스리게 했다. 장석지는 법조문에 따라 목을 베어야 한다고 아뢰었으나, 문제는 그 정도로는 안 되니

장석지는 황제 앞에서도 자신의 소신을 굽히지 않고 엄정하게 법을 집행한 법관으로 이름을 남기고 있다. 사진은 하남성 남양시(南陽市) 방성현(方城縣)에 남아 있는 장석지의 사당이다.(2020년)

일족을 다 죽이라며 화를 냈다. 장석지는 모자를 벗고 머리를 조아리며 처벌은 어디까지나 법조문에 따라야 한다면서, "가령 어리석은 백성이 장릉(長陵, 고조의 무덤)에서 **한 움큼의 흙**을 훔쳤다고 한다면 폐하께서는 또 그에게 어떤 형벌을 내리시겠습니까?"라고 반박했다.

문제는 박(薄)태후와 이 일을 논의한 끝에 장석지의 판결을 존중했다. 장석지의 공정하고 엄정한 법 집행에 많은 사람들이 그를 칭찬했고, 조정 대신들과도 친한 사이가 되었다. 장석지가 말한 '한 움큼의 흙'이란 뜻의 **일부토**는 그 뒤 **무덤**을 가리키는 표현이 되었다. '일부황토(一抔黃土)'로 쓰기도 한다.

키워드 : 비유, 흙, 무덤

일불가급(日 不暇給)

겨를이 없다.
- 권28 〈봉선서〉

'봉선(封禪)'은 하늘과 땅에 제사를 드리는 고대의 의식인 '봉'과 '선'을 합친 용어이다. 〈봉선서〉는 역대 권력자들이 자신의 권위를 과시하기 위해 태산(泰山)과 양보산(梁父山)에 올라 각각 하늘과 땅에 제사를 드리는 이런 봉선제를 거행한 역사, 특히 각종 제사에 열을 올렸던 한 무제의 행태를 조롱하고 있는 기록이다. 이 기록 첫 부분에서 사마천은 봉선은 함부로 올리는 것이 아니라며 이렇게 말하고 있다.

"비록 천명을 받아 제왕이 되었어도 치세의 성취를 얻지 못했다면 이미 양보에 올라갔어도 신명의 덕에 통하기에 흡족하지 못하고, 비록 신명의 덕에 통할 수 있어도 **봉선 의식을 행할 겨를이 없었다.** 그래서 봉선 의식을 행하는 일은 매우 드물었다."

위 대목 중 '봉선의 의식을 행할 겨를이 없었다'는 부분의 원문은 '일유불가급(日有不暇給)'인데, 훗날 이를 **일불가급**(日不暇給) 네 글자로 줄여서 **바빠서 틈이 없음**을 형용하는 성어로 사용했다.('봉선' 항목 참고)

키워드 : 상황, 시간, 부족

일비충천(一飛沖天), 일명경인(一鳴警人)

한 번 날면 하늘을 찌르고, 한 번 울면 사람을 놀라게 하다.

– 권40 〈초세가〉 ; 권126 〈골계열전〉

좀처럼 움직이지 않지만 한 번 움직였다 하면 크게 떨쳐 일어나는 경우를 비유하는 명언이다. 관련하여 두 가지 고사가 있다. 먼저 〈골계열전〉이다. 순우곤(淳于髡)은 전국시대 제나라 사람으로 꾀가 많고 말을 잘했다. 그는 역사상 키가 작기로 유명한 난쟁이기도 했다. 그런 몸으로 여러 차례 외교 사절로 다른 나라를 방문했지만 한 번도 굴욕을 당한 적이 없었다고 한다.

당시 제나라 위왕(威王)의 생활은 방탕했다. 밤낮을 가리지 않고 음주와 쾌락에 빠져 나라 일을 돌보지 않았다. 이 때문에 정국은 혼란에 빠졌고, 제후들은 서로 싸웠다. 나라가 오늘 내일 할 정도로 위기에 처했는데 충고하는 사람은 아무도 없었다. 순우곤은 위왕이 수수께끼를 아주 좋아한다는 사실을 알고는 위왕을 찾아가 이런 말을 해주었다.

"나라에 큰 새가 있어 왕의 뜰에 내려와 앉아서는 3년이 되도록 한 번도 날지도 울지도 않습니다. 왕께서는 이 새가 어떤 새라고 생각하십니까?"

이것이 저 유명한 '불비불명(不飛不鳴)'이란 수수께끼다. 위왕은 이렇게 대답했다.

"그 새는 날지 않을 뿐이지 **한 번 날았다 하면 하늘을 찌르고**, 울지 않을 뿐이지 **울었다 하면 사람을 깜짝 놀라게** 하겠지."

그 뒤로 위왕은 정사에 힘을 쏟아 고삐를 늦추지 않고 나라를 다스렸다. 직무에 충실하고 지방 관리에 탁월한 능력을 보인 즉묵(卽墨) 지방의 태수에게는 큰상을 내리고, 왕실 사람에게 뇌물을 먹여 헛된 명예를 추구한 아(阿) 지방 태수는 가마솥에 삶아 죽였다. 이로써 제나라에는 상하 모두가 자기 일에 최선을 다하는 기풍이 크게 일어났다. 관리들은 사치와 겉치레를 하지 않았으며, 각자 맡은 바 직무에 있는 힘을 다 쏟았다. 동시에 군대를 정비하고 국방을 강화하여 침략에 대비했다. 주변 제후국들도 그 위세에 눌려 빼앗은 땅을 모두 제나라에 돌려주었다.

다음은 〈초세가〉의 경우다. 춘추시대 초나라 장왕(莊王)은 즉위한 지 3년이 지나도록 아무런 명령도 내리지 않고(삼년불언三年不言) 밤낮으로 여자와 춤과 술과 노래에 빠져 있었다. 그러면서 "감히 이러쿵저러쿵하는 자가 있으면 죽음을 면치 못하리라!"는 엄명을 내렸다. 그러자 충신 오거(伍擧)가 수수께끼로 장왕에게 충고했다.

"어떤 산 위에 새가 한 마리 둥지를 틀고 사는데, 3년 동안 날지 않았다면 이 새는 어떤 새입니까?"

"그 새는 날지 않을 뿐이지 한 번 날았다 하면 하늘을 찌르고, 울지 않을 뿐이지 울었다 하면 (세상) 사람을 깜짝 놀라게 하는 새겠지."

장왕의 대답이었다. 장왕은 "오거, 당신의 뜻을 알았으니 그만 나가 보시오"라고 했다. 그러고도 내 일은 내가 알아서 한다는 식으로 전보다 더욱 방탕해졌다.

이번에는 대부 소종(蘇從)이 죽음을 무릅쓰고 충고하자, 장왕은 "내 일에 대해 왈가왈부하는 사람은 죽음을 면치 못하리라는 명을 듣지 않았소?"라고 물었다. 소종은 "이 몸 하나 죽어 군주가 정신을 차린다면 죽어도 여한이 없습니다"라고 했다. 장왕은 마침내 정사에 힘을 쏟기 시작했다. 간신들을 내치고 현자를 등용했다. 오거

'불비불명'이란 수수께끼에 '일비충천, 일명경인'으로 답한 장왕은 탁월한 식견으로 3년이 넘는 준비 끝에 크게 떨치고 나와 춘추시대 패자로 군림했다.(2002년)

와 소종에게 나라 일을 맡기니 초나라는 크게 번창했다.

《한비자》〈유로(喩老)〉 편과 《여씨춘추》에도 글자만 조금 다를 뿐 이 '일명경인'과 관련된 거의 같은 기록이 있다. 이 기록들에서 초나라 장왕은 "이 새가 3년을 움직이지 않은 것은 그 의지가 굳건함이며, 3년을 날지 않은 것은 날개를 크게 펼치기 위함이며, 3년을 울지 않았다는 것은 민정을 관찰하기 위함이다"라고 했다. 내용이 약간 다를 뿐이다.

통치술의 각도에서 본 '일명경인'은 주로 속셈을 가슴속 깊이 감추고 있는 것을 말한다. 평소 때는 별다른 표현을 않고 묵묵히 듣고만 있는 것 같지만, 실제로는 준비를 게을리하지 않고 기다리다가 일단 시기가 무르익으면 행동을 개시해서 백성의 지지를 얻고 신하들의 힘을 북돋운다.

역사상 원대한 계략을 품었던 정치가와 모략가는 자신의 관점과 견해를 이러쿵저러쿵 떠벌리지 않았다. 깊고 멀리 내다보는 식견과 생각으로 듬직한 의지를 믿고, 적절한 시기가 오면 얘기를 꺼낸다. 말을 하지 않을 뿐이지 했다 하면 대중을 설득시킨다.

와룡 선생(臥龍先生) 제갈량이 남양(南陽) 산간벽지 융중(隆中)에서 나오지도 않고 천하가 셋으로 나누어진다고 예견한 것이나, 명나라 태조 주원장의 모사 주승(朱升)이 "담을 높이 쌓고 식량을 비축해 놓고 왕의 선포를 늦춘다"고 한 것은 모두 '일명경인'이 중요한 모략이라는 사실을 증명하고도 남음이 있다. ('불비불명', '삼년불언' 항목 참고)

키워드 : 기다림, 준비, 시기, 비상(飛上)

일사일생(一死一生), 내지교정(乃知交情)

한 번 태어나고 죽음으로써 서로의 정을 알게 된다.
– 권120 〈급정열전〉

한나라 초기 책공(翟公)이란 사람이 정위(廷尉) 벼슬에 오르자 축하객들로 대문이 미어질 지경이었는데, 자리에서 물러날 즈음에는 '문 앞에 참새 그물을 칠 정도(문가라작門可羅雀)'로 널찍했다. 책공이 다시 정위가 되자 빈객들이 전처럼 북적댔다. 책공은 대문에다 큼지막하게 다음과 같이 써 붙여 놓았다고 한다. 위 구절과 함께 나머지 문장도 원문과 함께 인용해둔다.

"한 번 태어나고 죽음으로써 서로의 정을 알게 되고, 한 번 가난해졌다가 부귀해짐으로써 사람 사귀는 태도를 알게 되며, 한 번 귀했다가 천해지니 사람 사귀는 감정이 바로 드러나는구다."

"일사일생(一死一生), 내지교정(乃知交情). 일빈일부(一貧一富), 내지교태(乃知交態). 일귀일천(一貴一賤), 교정내현(交情乃見)."

이 대목은 인심과 세태를 기가 막히게 통찰한 명언이다. 어려울 때 사람됨을 알아본다고들 한다. 잘나갈 때는 누군들 좋지 않으랴! 정승 집의 개가 죽으면 조문객으로 문전성시를 이루지만, 막상 정승이 죽으면 사람들이 찾지 않는다는 속담도 세태의 한 단면을 반영하는 씁쓸한 말씀이다.

키워드 : 관계, 세태, 인심, 인정

일시지리(一時之利)

한때의 이익.
- 권39 〈진세가〉

'삼사' 항목과 '퇴피삼사' 항목에서 진(晉)과 초(楚)의 성복(城濮)전투를 언급한 바 있다. 당시 선진(先軫)은 군사는 승리가 중요하다며 초나라 군대가 성복을 건너기 전에 공격하자고 했다. 반면 호언(狐偃)은 약속이 중요하다며 초나라 군대가 성복을 다 건넌 다음 공격해야 한다고 했다.

진 문공(文公, 기원전 약 697~기원전 628)은 선진의 의견을 받아들여 성복전투에서 승리를 거두었지만 1등상은 호언에게 내렸다. 의아해 하는 신하들에게 문공은 선진의 제안은 **한때의 이익**에 해당하지만, 호언의 의견은 '만세의 공(만세지공萬世之功)'이기 때문이라고 답했다.

논공행상과 관련하여 귀중한 기준과 원칙을 제시한 진 문공의 석상으로 산서성 곡옥(曲沃)과 강현(絳縣) 경계에 남아 있는 그의 무덤 앞에 세워져 있다.(2007년)

춘추시대의 걸출한 정치가 진나라 문공은 논공행상과 관련하여 평소 다음과 같은 네 가지 원칙을 내세운 바 있다.

첫째, 인(仁)과 의(義)로 나를 이끌고 덕(德)과 은혜(恩惠)로 나를 지켜준 사람이라면 일등공신이다.

둘째, 행동으로 나를 보좌하여 공을 이룬 이는 실무를 한 사람이다.

셋째, 위험을 무릅쓰고 땀을 흘린 자는 행동대원이다.

넷째, 최선을 다했으나 나의 잘못을 보완해 주지 못한 이도 공신이다.

실제로 어떤 일을 성사시키는 데 실질적인 공이 있는 사람이 일등공신이 되어야 할 것 같지만 진 문공은 바른 소리를 한 사람을 더 높게 쳐주었다. 즉, 인과 의로 주군을 이끌고 덕과 은혜로 주군을 도와주는 사람이야말로 추상적인 것 같지만 정말로 필요한 보필이라는 관점이다. 이것이 바로 권력자가 잘못된 길로 빠져나가는 것을 막아주는 통제 역할이다. 주군이 '통제 없는 전차'가 되는 것을 막아 주었기 때문에 일등공신이다.

문공의 이런 기준은 오늘날에 적용해도 전혀 손색이 없다. 열심히 힘을 다 쓰면서 일을 한 것은 사실이지만, 나의 잘못을 고쳐주지 못한 사람은 4등급이다. 그런데 이렇게 해놓고 자기가 1등급이라고 우기는 사람이 너무 많다. 내가 최선을 다했고 죽을힘을 다했는데 왜 대접을 못 받느냐고 불평하고 심지어 배신도 서슴지 않는다. 이런 세태는 지금도 여전하기 때문이다.

키워드 : 상황, 판단, 이해

일언구정(一言九鼎)

말 한마디가 가마솥 아홉의 무게.
– 권76 〈평원군우경열전〉

일언구정은 '모수자천' 항목과 '인인성사' 항목에서 살펴본 고사의 한 대목이다. 간략하게 그 내용을 다시 요약하면 이렇다.

전국시대 조나라의 평원군은 강력한 진나라의 공격에 직면하여 초나라와 동맹을 생각했다. 초나라로 갈 수행원들을 선발하는 과정에서 모두에게 무시당하던 무명의 모수(毛遂)가 스스로를 추천하여(모수자천毛遂自薦), 기라성 같은 인재들을 제쳐두고 발군의 활약을 펼쳤다. 평원군은 "모수 선생이 한번 초나라에 가니 조나라를 가마솥 아홉과 종묘의 큰 종보다 더 무겁게 만들었고, 모수 선생의 세 치의 혀는 백만 군사보다 강했소"라고 했다. 여기서 **말 한마디가 가마솥 아홉보다 무겁다는 일언구정**(一言

九鼎)과 '세 치의 혀가 백만 군사보다 강하다'는 '삼촌지설(三寸之舌), 강우백만지사(强于百萬之師)'는 명구가 파생되었다.

　말의 중요성에 대한 경구는 동서양을 막론하고 늘 강조되고 있다. 말을 그만큼 하찮게 생각하기 때문이다. 말을 가려서 하고, 자신의 말에 무게와 책임을 부여하는 풍토가 중요하다. ('삼촌설', '삼촌지설~' 항목 참고)

키워드 : 언어, 무게, 위력

일언반어(一言半語)

한두 마디.
– 권77 〈위공자열전〉

　전국시대 위나라의 공자 신릉군(信陵君)은 진나라의 침공에 직면한 조나라를 구원하기 위해 변방의 군대를 동원하기 위해 떠났다. 군대를 동원할 수 있는 징표인 위나라 왕의 부절(符節)까지 훔치는 등 모든 전략을 제안했던 대량성(大梁城) 이문(夷門)의 은자 후영(侯嬴)은 신릉군을 제대로 배웅조차 하지 않았다.

　신릉군이 몇 리를 가다가 마음이 영 편치 않아 "내가 후생(후영)을 대접함에 소홀함이 없었다는 것은 천하에 모르는 사람이 없는데, 지금 내가 죽는다는 데도 후생은 **일언반구** 없이 나를 보내니 내게 대체 무슨 잘못이 있단 말인가?"라고 했다. 신릉군은 마차를 돌려 후생에게 와서 그 까닭을 물었다. 후생이 웃으며 이렇게 말했다.

　"신은 공자께서 돌아오실 줄 알고 있었습니다. 공자께서 인재를 좋아하신다는 명성은 천하가 다 알고 있습니다. 지금 어려움에 처하시어 별 다른 방법도 없이 진의 군대로 가고자 하시니 이는 '굶주린 호랑이에게 고기를 던지는 것(육투뇌호肉投餧虎)'과 같으니 무슨 효과가 있겠습니까? 그렇다면 식객들은 무엇 때문에 길렀습니까?

공자께서는 신을 잘 대접해 주셨지만 공자께서 떠나시는데 신은 송별조차 하지 않았으니, 이 때문에 공자께서 원망스러워 다시 돌아오실 줄 알았습니다.”

일언반어는 **말이 아주 적다**는 뜻의 성어로 '일언반구(一言半句)'로 많이 쓴다. 〈위공자열전〉의 원문에는 '일언반사(一言半辭)'로 되어 있다.

키워드 : 언어, 간결

일음무하(日飮毋何)

날마다 (술이나) 마시면서 간섭하지 않다.
– 권101 〈원앙조조열전〉

한나라 초기의 정치가 원앙(袁盎, ?~기원전 148)은 강직함과 뛰어난 식견으로 문제의 총애를 받았다. 그러나 원앙은 직간을 자주하는 바람에 농서(隴西, 지금의 감숙성) 도위(都尉)로 좌천되었다. 이곳에서 그는 아랫사람들을 사랑으로 돌보았고, 사람들은 원앙을 위해 죽음도 아끼지 않을 정도였다.

원앙은 그 뒤 제(齊)나라 재상으로 자리를 옮겼다가, 다시 오(吳)나라의 재상으로 자리를 옮기게 되었다. 원앙이 오나라로 떠나려 할 때 조카인 종(種)은 원앙에게 이런 말을 해주었다.

“오왕(吳王)은 이미 오랫동안 교만에 빠져있고, 그 나라에는 간사한 사람이 많습니다. 숙부께서 그들을 탄핵하여 다스리려 한다면 그들은

원앙은 한나라가 초기 병목 위기를 넘기는 데 상당한 역할을 해냈다. 훗날 양왕의 정치적 야심에 반대하다가 양왕이 보낸 자객에게 살해되었다. 원앙의 초상화이다.

반대로 폐하께 상서를 올려 숙부님을 고발하거나, 그렇지 아니하면 날카로운 검으로 숙부님을 암살하려 할 것입니다. 남방은 지대가 낮고 습한 곳이니 숙부님께서는 그저 **날마다 술이나 마시고 다른 일에는 절대 간섭하지 마십시오.** 그리고 가끔 오왕에게 '모반을 꾀하지 마십시오'라는 말씀이나 하면 됩니다. 그러면 다행히 화를 면하실 수 있을 것입니다."

원앙이 조카 종의 말대로 하니 오왕이 그를 후대했다. 조카 종이 원앙에게 충고한 위의 말 중에 '날마다 술이나 마시고 다른 일에는 절대 간섭하지 말라'는 대목에서 **일음무하**라는 성어가 나왔다. '무하'는 이런저런 일에 끼어들 겨를이 없다는 뜻이다. 《한서》에는 '毋'가 '亡'으로 되어 있어 '일음망하'로도 많이 쓴다. 훗날 '일음무하'는 **매일 술 마시면서 세상일에 관심을 버리는 것**을 뜻하게 되었다.

키워드 : 음주, 세상사, 무관심, 위장

일의고행(一意孤行)

자기 뜻대로 홀로 일을 처리하다.
– 권122 〈혹리열전〉

한나라 경제와 무제 때 혹리로 명성을 떨쳤던 인물들 중 조우(趙禹, ?~기원전 약 100)가 있었다. 그는 혹리이긴 했지만 결벽에 가까울 정도로 청렴했다. 성격은 오만해서 그를 찾아오는 사람이 없었다. 고관대작들이 집을 찾아와도 그는 끝까지 답례하지 않았다.

조우가 이렇듯 사람들, 특히 고관대작들과 왕래하는 것을 꺼려한 까닭은 법집행에 있어 **자신의 뜻대로 홀로 일을 처리하기** 위해서였다. 그래서 관리들의 비행이 드러나면 그 즉시 법조문을 찾아 법에 따라 처분했는데, 두 번 조사하는 일이 없었다고 한다.

조우의 일처리 방식인 '자신의 뜻대로 홀로 일을 처리한다'는 대목에서 **일의고행**이란 성어가 나왔고, **누구의 말도 듣지 않고 고집스럽게 자기 뜻대로 일을 처리한다**는 뜻의 표현이 되었다.

키워드 : 관리, 일처리, 독단

일이관지(一以貫之)

하나로 일관되다.
– 권47 〈공자세가〉

일이관지는 《논어》 〈이인〉 편에 나오는 공자의 말씀을 〈공자세가〉에 인용한 것이다. 《논어》의 해당 대목은 이렇다.

공자가 "삼(參, 증자)아, 내 길은 **하나로 일관**되어 있단다"라고 말했다. 증자는 "네"라고 대답했다. 공자가 자리를 뜨자 제자가 (증자에게) "무슨 뜻입니까?"라고 물었다. 증자는 "스승님의 도는 충(忠)과 서(恕) 하나뿐이다"라고 했다.

'충서'와 관련해서는 《예기》 〈중용〉 편에 보면 "충서는 도에서 멀리 떨어져 있지 않다. 내게 행해지는 것을 바라지 않는다면 남에게도 행하지 말라"는 대목이 있다. 또 〈위령공〉 편에 자공이 "평생 행동으로 옮길 만한 한마디가 있겠습니까?"라고 묻자 공자는 "그것은 서(恕)일 것이다. 내가 원치 않는 것을 남에게 행하지 말라(기소불욕물시어인(己所不欲勿施於人)"고 했다. '충서'

공자의 의중을 정확하게 알아서 이를 '충서'로 표현한 제자 증자의 상이다. (2016년)

는 대개 성실(誠實)과 성심(誠心)으로 해석한다. 공자의 도(道, 삶)가 이 '충서' 하나로 일관했다는 의미다.

키워드 : 언행, 학문, 사상, 일관

일인유경(一人有慶), 천하뢰지(天下賴之)

한 사람에게 좋은 일이 있으면, 세상 사람 모두가 이익을 얻는다.
– 권20 〈건원이래왕자후자연표〉

이 명언은 고대 정치학의 교과서로 불리는 《상서(尙書)》 〈여형(呂刑)〉 편에서 인용한 것인데 원문은 '일인유경(一人有慶), 조민뢰지(兆民賴之)'이다. 뜻은 같다. '조민'은 고대에는 천자의 인민이란 뜻이었다. 그 뒤 많은 사람, 모든 백성을 가리키는 단어가 되었다. 앞뒤 관련 대목을 모두 소개하면 이렇다.

(무제가) 어사에게 다음과 같은 조서를 내렸다.

"제후와 왕들 가운데 누군가가 자기 식읍을 자제에게 나누어 주고자 저마다 조목을 나누어 보고한다면, 짐이 그들의 봉호를 제정하겠노라."

태사공은 이에 이렇게 말한다.

"한 사람에게 좋은 일이 있으면(한 사람이 좋은 일을 하면) 세상 사람 모두가 이익을 얻는구나!"

〈건원이래왕자후자연표〉는 한 무제 건원 원년인 기원전 140년부터 건원 6년인 기원전 135년까지 무제가 봉한 왕과 후 163명을 표로 나열한 것이다.

한 무제(기원전156~기원전87)는 기원전 141년 15세의 나이로 즉위하여 야심차게 한나라의 국력을 강화하려 했다. 그 과정에서 각지의 왕과 제후들의 세력을 약화시키는 중앙집권에 힘을 쏟았다. 그 정책의 하나로 기원전127년 시행한 '추은령(推恩令)'이 있었다.

'추은'은 은혜를 베푼다는 뜻인데, 구체적으로 황제가 왕과 제후에게 은혜를 베푼다는 것이다. 즉, 황제가 왕과 제후를 봉한 사실을 말한다. 추은령의 본질은 군현제의 기초 위에서 각지의 왕·제후들의 권력을 약화시키자는 데 있었다. 종래에는 이들이

중앙집권을 위한 '추은령'을 처음 제기한 불우한 천재 정치가 가의의 모습이다.(2013년)

관할하는 구역을 맏아들만 계승할 수 있었으나, 이를 작은아들들도 계승할 수 있게 바꾸었다. 이렇게 해서 추은령으로 형성된 제후의 나라는 군에 예속되었고, 그 지위는 현에 상당했다. 이후 제후국은 갈수록 나뉘고 작아졌고, 무제는 이 틈에 이들 세력을 크게 약화시키고 중앙집권을 강화할 수 있었다.

'추은령'은 일찍이 무제의 할아버지인 문제(文帝, 기원전 202~기원전 157) 때 천재 정치가 가의(賈誼, 기원전 200~기원전 168)가 건의했으나, 무제는 이를 마치 자신이 실행한 것처럼 생색을 냈다. 이 점을 간파한 사마천은 겉으로는 이를 찬양하고 있지만, 실제로는 행간에다 야유와 조롱의 기운을 숨겼다.

'일인유경, 천하뢰지'는 황제의 좋은 일(정책), 즉 '추은령'이 천하 백성에게 이익이 돌아가는 것처럼 말하고 있지만, 실은 야유가 그 안에 내포되어 있다고도 본다.

키워드 : 경사(慶事), 혜택

일일부작(一日不作), 백일불식(百日不食)

하루 일하지 않으면 100일 먹지 못한다.

– 권40 〈조세가〉

'하루 일하지 않는다'는 말은 농사를 짓지 않는다는 뜻이다. 농사는 계절성 일이기 때문에 때를 놓치면 생산을 못하거나 생산이 줄어든다. 그래서 **하루 일하지 않으면 백 일 먹지 못한다**고 한 것이다. 이 명언은 전국시대 조나라의 숙후(肅侯, 재위 기원전 349~기원전 326) 때 기록에 나온다.

고대 중국에서 농사는 모든 사람의 생활에 절대적인 비중을 차지했다. 그림은 2천 년 전 백성들이 농사 짓고 가축 치는 모습을 나타낸 벽돌 그림이다.

(기원전 366년) 숙후가 대릉(大陵)을 돌아보려고 녹문(鹿門)을 나섰다. 대무오(大戊午)가 말을 가로막으면서 "바야흐로 농사일이 급합니다. 하루 일하지 않으면 100일을 먹지 못합니다"라고 했다.

숙후는 이 일이 있기 한 해 전에는 자신의 무덤인 수릉(壽陵)을 축조하는 등 토목건축에 열을 올렸던 것 같다. 그리고 이해에 또 대릉이란 곳에 놀러가려고 하자 대무오가 이를 말리며 이렇게 충고한 것이다.(대릉은 지금의 산서성 문수현文水縣으로 추정한다.)

농업이 가장 중요한 생활 기반이었던 시대에 군주의 거의 모든 언행은 백성들에게 직접적인 영향을 주었다. 특히 농사철에 다른 일을 벌이거나 유흥에 빠지면 생산에 직접적인 타격을 주게 된다. 그래서 대무오는 '하루 일하지 않으면 100일을 먹지 못한다'고 했다. 참고로 선종(禪宗)의 말씀에는 '일일부작(一日不作), 일일불식(一日不食)'이 있다. '하루 일하지 않으면 하루 먹지 않는다'는 뜻으로 참선(參禪)과 함께 노동의 중요성과 필요성을 강조한 말이다.

키워드 : 농업, 노동, 생계

일일천리(一日千里)

하루에 천 리를 가다.
– 권86 〈자객열전〉

일일천리는 명마(名馬)를 비유하는 성어로 원전은 《장자》〈추수(秋水)〉 편이다. 원문은 '일일이치천리(一日而馳千里)'다. **하루에 천 리를 달린다**는 뜻이다. 사마천도 〈자객열전〉에서 같은 표현을 쓰고 있다. 해당 대목의 내용은 이렇다.

전국시대 말기 연나라의 태자 단(丹)은 진왕 정(政, 훗날 진시황)에게 개인적으로 원한이 깊었다. 이 때문에 연나라의 원로들을 찾아다니며 대책을 물었고, 전광(田光)도 그중 한 사람이었다. 태자 단을 만난 전광은 다음과 같이 말했다.

"신이 듣기로는, 준마가 기운이 왕성할 때에는 '하루에 천 리를 달리나', (준마도) 노쇠하면 둔한 말이 (준마를) 앞선다고 합니다."

전광은 자신을 이미 노쇠한 준마에 비유하면서 자객 형가(荊軻)를 소개했다.

키워드 : 비유, 말, 준마

일자천금(一字千金)

한 글자에 천금.
– 권85 〈여불위열전〉

글자 하나에 천금이라는 뜻의 **일자천금**은 문장이나 책을 정성들여 창작하거나, 그 문장과 책의 가치가 지극히 높다는 것을 형용할 때 사용하는 성어이다.

엄청난 정치 도박으로 진나라의 권력자가 된 여불위는 자신의 문객들로 하여금

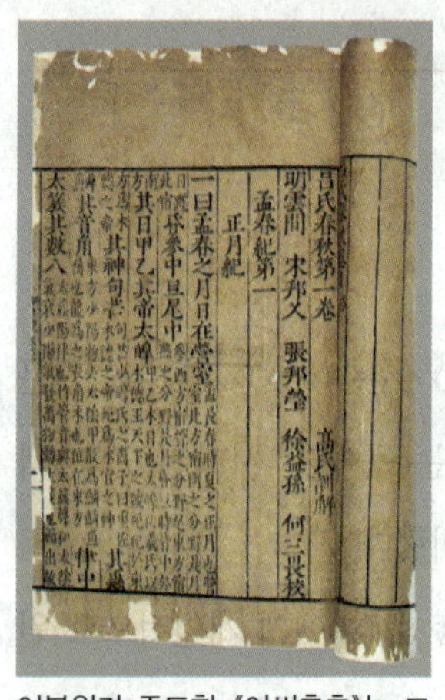

여불위가 주도한 《여씨춘추》는 그 당시 집단지성의 결과물로서 백과전서로 불릴 정도로 내용이 방대하다. 사마천의 《사기》 집필에도 적지 않은 참고가 되었다.

자신이 보고 들은 바를 쓰게 해서 총 20만 자가 넘는 《여씨춘추(呂氏春秋)》를 편찬했다. 이 책에 천지만물, 고금의 모든 일이 들어 있다는 자부심에 여불위는 진나라 수도 함양의 성문에다 이 책의 죽간을 걸어놓고 한 글자라도 빼거나 더할 수 있는 사람이 있다면 '한 글자에 천금'을 주겠다는 방을 내걸었다.

이 전고는 '일자천금' 외에도 '천금자(千金字)', '금현진시(金懸秦市, 진나라 저잣거리에 현상금을 걸다)', '현금(懸金, 현상금을 걸다)' 등으로 활용되었다. 문인이 **자신의 글이나 저술에 대한 자부심**을 이렇게 표현하기도 한다.

키워드 : 책, 가치

일좌진경(一坐盡傾)

자리에 있던 모든 사람이 뒤로 자빠졌다.
– 권117 〈사마상여열전〉

'심도' 항목에서 언급한 잘생긴 사마상여의 자태에 대한 표현이다. **자리에 있던 모든 사람이 놀라다**는 뜻의 일좌진경(一座盡驚)으로 표현하기도 한다. ('심도', '옹용한아' 항목 참고)

키워드 : 상황, 감탄

일중불가식이대사(日中不暇食以待士)

정오가 되도록 밥 먹을 겨를도 없이 선비들을 접대하다.
– 권4 〈주본기〉

해가 중천에 뜰 때까지 찾아오는 인재들을 맞이하느라 식사할 겨를이 없었다는 뜻을 가진 **일중불가식이대사(日中不暇食以待士)**는 '일목삼착, 일반삼토' 항목에서 살펴본 바와 같이 인재를 극진히 대하는 주공(周公)의 자세를 잘 보여주는 명언이다. 원전은 고대 정치학의 교과서로 불리는 《상서(尙書)》〈무일(無逸)〉 편이다. 〈노주공세가〉에도 비슷한 내용이 보이는데, 해당 대목의 내용은 다음과 같다.

주공 단은 중국다운 제도와 문물을 만들어낸 주역이었다. 훗날 노나라 출신의 공자는 쇠퇴한 주나라의 예악을 회복하자고 주장했는데, 거기에는 주공에 대한 공자의 존경심이 깊게 깔려 있다. 섬서성 기산현 주공 사당 내의 주공상이다.(2009년)

"문왕은 새벽부터 해가 중천에서 뜨고 서쪽으로 기울 때까지 밥 먹을 틈도 없었기에(문왕일중측불가식文王日中昃不暇食) 50년 동안 그 자리를 누릴 수 있었다."

주나라 건국에 가장 큰 공을 세운 두 사람은 강태공과 주공이었다. 두 사람은 산동성 지역에 땅을 받아 각각 제나라와 노나라를 세웠다. 특히 주공 단(旦)은 자신의 봉지인 노나라로 가지 않고 중앙에 남아 건국 초기 정권을 안정시키고, 주나라의 문물과 제도를 정비하는 데 주도적인 역할을 했다. 특히 '주례(周禮)'로 대변되는 예악(禮樂)의 제정은 이후 중국사에 절대적인 영향을 주었다.('일목삼착, 일반삼토' 항목 참고)

키워드 : 인재, 접대, 자세

일패도지(一敗塗地)

한 번 패하여 땅에 쓰러지다.
― 권7 〈고조본기〉

일패도지는 한 번 패하여 쓰러지면 간과 뇌가 땅에 나뒹굴고 다시는 일어설 수 없음을 비유하는 성어이다. 유방이 주위로부터 봉기군의 우두머리로 추대를 받자 한 차례 사양하면서 이 네 글자를 언급한 바 있다. 그 과정을 보면 이렇다.

기원전 210년 진시황이 갑자기 죽고 작은아들 호해가 2세 황제로 즉위하자 그렇게 견고해 보이던 진의 기반이 흔들리기 시작했다. 기원전 209년 진승이 먼저 봉기하여 진나라에 저항하자 곳곳에서 호응하여 따라 일어났다. 진나라 관리인 패현의 현령은 이런 기세에 눌려 목숨을 보전코자 진승에게 호응하려고 부하 관리인 소하·조참과 상의했다. 소하와 조참은 이렇게 말했다.

"진나라의 관리로 반란을 꾀하면 백성이 잘 따르지 않을 것입니다. 지금 진의 탄압을 피해 고을 밖에 도망해 있는 자가 꽤 있으니 그들을 부르시는 것이 좋습니다. 적어도 수백은 모일 것이니 그들로 하여금 마을 사람들을 겁주면 모두 따를 것입니다."

현령은 아전인 번쾌를 시켜 유방을 불렀다. 이보다 앞서 진시황은 동남 쪽에 천자의 기운이 있다하여 이를 미리 막고자 친히 나섰었는데, 유방은 이 때문에 산중에 도피해 있었다. 유방은 자신을 따르는 수백의 청년들과 함께 성으로 돌아왔다. 현령은 그에게 지위를 뺏기지나 않을까 두려워한 나머지 태도를 바꾸어 유방 일행을 입성시키지 않았다. 그리고는 소하와 조참을 죽이려고까지 하자 신변에 위협을 느낀 두 사람은 성을 빠져나와 유방과 합세했다. 유방은 비단 폭에 글을 써서 성안으로 던져 민중들을 이렇게 선동했다.

"무도한 진의 탄압 때문에 백성들은 오랫동안 고생해 왔다. 지금 부로들은 현령을

유방이 봉기군의 우두머리로 추대되는 장면을 그린 기록화이다.(2007년)

위해 성을 지키고 있으나, 제후들이 각처에서 기병하고 있어 얼마 가지 않아 이곳도 함락될 것이다. 그러니 힘을 합쳐 현령을 죽이고 대세에 순응하라. 그렇지 않으면 성은 함락되고, 무고한 피도 많이 흘리게 될 것이다.”

이 격문을 읽은 백성들은 현령을 죽이고, 유방을 맞아들여 현령으로 추대하려 했다. 유방은 다음과 같이 말하며 한 차례 사양했다.

“천하가 소란한 중에 제후들이 여기저기서 일어나고 있다. 이때에 그럴 만한 인물을 가려 장수로 삼지 않는다면 **단 한 번의 패배에 땅에 쓰러져 일어나지 못하는** ‘일패도지’가 될 것이다. 나는 내 몸의 안전을 생각해서 이런 말을 하는 것이 아니다. 내 능력이 모자라 여러분의 부모형제와 처자식의 생명을 지킬 수 없을까 두렵기 때문이다. 이는 중대한 일이니 부디 좋은 사람을 선택해 주었으면 한다.”

소하와 조참은 만일에 닥칠 화를 두려워하며 유방을 극구 추대하였고, 마침내 유방은 현령이 되어 패공(沛公)으로 불렸다. 이후 유방은 진나라 도성 함양에 먼저 입성하여 진나라를 멸망시키고 한왕(漢王)이 되었다.(기원전 206년)

키워드 : 상황, 완패

일한여차(一寒如此)

아주 가난하고 애처롭다.
— 권79 〈범수채택열전〉

위나라 출신의 유세가 범수는 각국을 떠돌며 유세하다가 활동비가 바닥이 나서 당시 위나라의 중대부 수고(須賈) 밑에서 수행원 비슷한 일을 했다. 수고를 수행하여 제나라로 갔을 때 제나라 양왕(襄王)이 범수가 마음에 들어 황금·술·고기 등을 보냈다. 범수는 사양했지만 수고는 이런 범수에 질투를 느껴 귀국 후 실권자 위제(魏齊)에게 범수가 위나라의 기밀을 유출한 것 같다며 모함했다.

위제는 전후 사정을 알아볼 생각도 않고 범수에게 매질과 모욕을 가하여 거의 죽기에 이르렀다. 위제는 범수를 측간에 갖다 버리게 하고는 술 취한 자신의 손님과 측근들에게 범수의 몸에 오줌을 갈기게 했다. 범수는 죽은 척하며 기다리다가 간수에게 애걸하여 사지를 빠져나왔다. 시체를 확인하지 않았다는 것을 깨달은 위제가 범수의 시체를 찾게 했지만, 범수는 이미 빠져나간 뒤였다. 범수는 정안평(鄭安平)의 도움으로 도망쳐 몸을 숨기고, 이름을 장록(張祿)으로 바꾸었다.

당시 서방의 강대국 진나라의 소왕은 외척들의 발호로 겉과는 달리 통치권 확보에 애를 먹고 있었다. 즉위 후 약 40년이 흘렀지만 돌파구를 찾기가 쉽지 않은 상황이었다. 이런 상황에서 진나라 소왕의 알자(謁者, 왕의 접대관) 왕계(王稽)가 위나라에 와서 소왕에게 유세할 인재를 찾다가 정안평의 추천으로 범수를 만났다. 범수는 왕계를 따라 조국 위나라를 떠나 진나라로 갔다.

왕계의 추천이 있었지만 진나라 소왕의 반응은 시원찮았다. 유세가를 꺼려 하는 왕실의 분위기 때문이었다. 유세가이자 개혁가였던 상앙(商鞅)이 반역죄로 처형당한 사건의 여파가 반세기 이상 이어지고 있는 데다, 불과 몇 년 전인 기원전 271년(소왕 36년) 진나라에 대항하는 합종을 주도한 유세가들에 대한 소왕의 혐오감이 여전했기 때문이다. 범수는 그렇게 하릴없이 1년 가까이를 기다렸다. 생각 끝에 범수는 소왕에게 한 통의 편지를 보냈고, 마침내 소왕을 만날 수 있었다. (소왕과 범수의 만남에 관해

서는 '오궤', '원교근공' 항목 참고)

소왕을 설득한 범수는 승승장구 진나라의 정치와 외교를 주도했다. 그 뒤 수고가 진나라에 사신으로 오자 범수는 아주 초라한 모습으로 위장한 채 수고를 만났다. 범수를 본 수고는 **가난하고 애처롭기가 이 정도라니**라며 솜옷을 한 벌 주었다.('제포지의' 항목 참고) 범수는 진나라의 실세인 장록, 즉 자신을 안다면서 수고를 자신의 저택으로 안내했다. 잠시 뒤 자신의 정체를 드러낸 범수는 수고에게 모욕을 주면서, 그래도 솜옷을 주었으니 죽이지는 않겠다고 했다.('일반필상, 애자필보' 항목 참고)

일한여차는 더 이상 뭐라 할 수 없을 정도로 빈한하고 애처로운 모습이나 상태를 비유하는 성어이다.

키워드 : 처지, 처량

일호지액(一狐之腋)

여우 겨드랑이 털가죽.
– 권43 〈조세가〉

'천양지피불여일호지액' 항목을 참고하면 된다.

키워드 : 언어(충고), 인재, 발군, 비유

입추여지(立錐餘地)

송곳을 꽂을 땅.
– 권55 〈유후세가〉

입추여지의 정확한 표현은 '입추지지(立錐之地)'이다. **송곳 하나 겨우 꽂을 정도로 아주 작은 땅**을 가리킨다. 그 의미에 대해서는 '무입추지지' 항목에서 살펴본 바 있다. 〈유후세가〉에도 진나라가 6국을 멸망시키자 제후들은 '송곳 하나 꽂을 땅조차 남아 있지 않았다'는 뜻으로 '무입추지지'를 언급했다. ('무입추지지' 항목 참고)

키워드 : 처지, 곤궁

입표(立表)

해시계를 세우다.
– 권64 〈사마양저열전〉

'군명유소불수' 항목에서 소개한 춘추시대 제나라의 명장 사마양저(司馬穰苴)는 당시 재상 안영(晏嬰, ?~기원전 500)의 추천을 통해 경공(景公)에 의해 장군으로 발탁되었다. 양저는 서자 출신이라 군대에 명령이 서지 않을까 걱정이 되어 경공의 측근 한 사람을 감군(監軍)으로 파견해달라고 요청했다. 경공은 장고(莊賈)를 감군에 임명하여 양저를 돕게 했다. 양저는 장고와 다음 날 정오에 군영에서 만나기로 약속했다.

다음 날 정오가 되었지만 장고는 군영에 나타나지 않았다. 양저는 일찌감치 **해시계와 물시계를 세워놓고** 기다렸지만 장고는 날이 어둑해서야 나타났다. 양저가 왜 늦었냐고 묻자, 장고는 친지와 관리들이 송별회를 열어 주어 늦게까지 술을 마시느라 늦었다는 해명 같지도 않은 해명을 늘어놓았다. 양저는 군법을 담당하는 군정(軍政)을 불러 군령을 어긴 자는 어떻게 처벌하느냐고 물었다. 군정은 목을 베는 '참(斬)'이라 했다.

장고가 놀라 경공에게 사람을 보내 구원을 청했으나 보낸 사람이 돌아오기 전에 양저는 '장수가 군에 있으면 군주의 명이라도 받지 않을 수 있다'며 장고의 목을 베었다.('장재군, 군명유소불수' 항목 참고) 양저는 장고의 목을 베어 군령의 지엄함을 모든 장병들에게 확실하게 보여주었고, 사기가 크게 오른 장병들을 인솔하여 제나라를 쳐들어 온 다른 나라의 군대를 물리칠 수 있었다.

출정 시각에 늦게 나타난 감군 장고의 목을 가차 없이 베어 군령의 지엄함을 확실하게 보인 사마양저를 모습을 그린 그림이다.

양저가 장고를 기다리면서 시간을 확인하기 위해 세운 해시계를 **입표**라 한다. 기둥을 세워 그 그림자의 움직임에 따라 시간을 재는 것이다. 양저의 이 고사로부터 '입표'는 **해시계란 뜻과 함께 약속과 군기의 지엄함**을 나타내는 단어가 되었다.

키워드 : 시간, 해시계, 약속, 군기

新郑市中医院

권42 〈정세가〉는 서주 시기 봉건 열국 중 마지막
으로 봉해진 정나라의 역사와 입지에 대한 기록
이다. 시대적 상황과 열국의 흥망성쇠라는 관점
에서 예언적 성격이 짙게 정나라의 흥망을 개괄
하고 분석했다. 남북의 강대국 초나라와 진나라
사이에 끼여 생존할 수밖에 없었던 정나라의 처
지와 정치적 책략을 간명한 필치로 기록했다. 사
진은 춘추시대 정나라와 전국시대 한나라의 도성
이었던 하남성 신정시(新鄭市)에 남아 있는 정한
고성(鄭韓故城)의 모습이다.(2017년)

자긍공벌(自矜功伐)

잘난 척하고 공을 떠벌리다.

– 권7 〈항우본기〉

자긍공벌은 권130 〈태사공자서〉, 권119 〈순리열전〉, 권124 〈유협열전〉에 보이는 **공을 자랑하고 유능함을 떠벌리다**는 뜻의 '벌공긍능(伐功矜能)'과 같은 뜻이다. 사마천은 항우의 실패의 요인들을 지적하면서 항우의 '자긍공벌'을 언급했다.('벌공긍능' 항목 참고)

키워드 : 교만, 자랑

자랑(資郎)

돈으로 낭(郎)이 되다.

– 권117 〈사마상여열전〉

한나라 때의 대표적인 산문 형식인 '부(賦)'로 이름을 크게 떨친 사마상여는 파촉(巴蜀, 지금의 사천성) 지역의 큰 부자인 탁씨 집안의 딸 탁문군과 첫눈에 눈이 맞아 야반도주한 로맨스의 주인공이다. 결혼할 무렵 상여의 집에 있는 것이라곤 네 벽 밖에 없을 정도로 가난했다.('가거도사벽립' 항목 참고)

문군과 결혼한 사마상여는 처갓집 덕분에 넉넉한 생활을 누렸고, 경제 때 **재물, 즉 돈으로 낭(郎) 벼슬을 샀다**(이자위랑以資爲郎). 그리고는 무기상시(武騎常侍)라는 벼슬에 올랐으나 상여는 벼슬에 그다지 마음이 없었다. 게다가 경제는 상여의 문장을 좋아하지 않았다. 그 무렵 상여는 마침 황제를 만나러 조정에 온 양(梁) 효왕(孝王)과 효왕의 문객들인 제(齊)나라의 추양(鄒陽), 회음(淮陰)의 매승(枚乘), 오(吳)의 장기(莊忌) 등을 만나 그들과 교류했다. 그리고는 병을 핑계로 벼슬을 버리고 양나라로 건너가 효왕 의 문객이 되었다. 여기서 상여는 그의 대표작인 〈자허부(子虛賦)〉를 지었고, 이 글 이 훗날 무제의 눈에 들어 다시 중앙 조정에 발탁되었다.('양득의' 항목 참고)

상여가 '돈으로 낭이 되었다'는 대목에서 '자랑'이라는 재미난 단어가 파생되었다. **집에 돈이 많아 돈을 내고 벼슬을 사는 사람**을 비유한다.

키워드 : 돈, 매관(買官)

자부입시(子夫入侍)

자부가 시중을 들다.

– 권49 〈외척세가〉

한 무제는 많은 후궁을 두었다. 그의 두 번째 황후 위자부(衛子夫, ?~기원전 91)는 무제의 누이 평양(平陽) 공주 집에서 시녀로 있다가 무제의 눈 에 들어 황후가 되었다.

평양 공주는 황제를 위해 술자리를 베풀고 많 은 여성들을 소개하는, 말하자면 뚜쟁이 역할로 권세를 누렸다. 한번은 무제가 패상(霸上)에서 돌 아오다가 평양 공주 집을 들렀다. 공주는 여러 미인을 소개했지만, 무제는 모두 마음에 들어 하 지 않고 오직 위자부에게만 눈길을 주었다. 이날 위자부는 무제가 옷을 갈아입는 시중을 들다가

한나라 시대를 다룬 사극에 위자부는 빼 놓을 수 없는 캐릭터의 하나이다. 드라 마 속의 위자부 모습이다.(출처: 바이두)

무제의 은총을 입었다. 돌아온 무제는 몹시 기분이 좋아 평양 공주에게 황금 천근을 내리고, 위자부를 입궁시키게 했다. 훗날 첫 황후인 진(陳)황후가 폐위되고, 위자부는 두 번째 황후가 되었다.

위자부가 옷을 갈아입는 상의헌(尚衣軒)에서 무제를 시중 들다가 은총을 입은 일에서 **자부입시**라는 성어가 파생되었고, 미천한 여자가 예법에 맞지 않게 황제의 은총을 입거나, 총애를 얻어 황후가 된 일을 비유하게 되었다.('평양가무' 항목 참고)

키워드 : 후궁, 총애

자속(自贖)

스스로 속죄하다.
– 〈보임안서〉

자속은 **스스로 속죄한다**는 뜻인데, 그 대가로 돈을 나라에 낸다. 우리가 흔히 쓰는 '속죄(贖罪)'도 지은 죄에 대해 대가를 치르고 용서를 받는다는 뜻이다. '속죄'와 '자속'은 같은 뜻이라 할 수 있다.

한나라 때는 사형수도 돈을 내면 사형을 면할 수 있었는데, 돈이 없을 경우 자신의 성기를 자르는 궁형으로 '자속'하기도 했다. 사마천은 돈이 없어 또 다른 감면 방법인 궁형을 자청했다. 당시 상황에 대해 사마천은 이렇게 말하고 있다.

"집안이 가난하여 사형을 면할 수 있는 재물도 없었고, 사귀던 벗들도 구하려 들지 않았으며, 황제의 측근들은 한마디도 해주지 않았습니다."

사마천이 존경했던 명장 이광(李廣)도 한때 사형을 선고 받고는 재물로 '자속'한 사례를 남기고 있다. 사마천은 돈이 없어 사형수가 사형을 면할 수 있는 또 다른 방법인 궁형을 자청할 수밖에 없었다. '자속'의 대가로 치르는 돈이 어느 정도였는지는 확실치 않다. 1만 전이라는 설이 있는 것을 보면 상당히 많았던 것은 틀림없다.('궁형' 항목 참고)

키워드 : 처벌, 속죄, 돈

자신(自新)

새사람이 되다.
— 권10 〈효문본기〉

자신은 '잘못을 고치고 착한 길로 가다'는 '개과자신(改過自新)'이란 성어에서 뒤 두 글자를 떼어 **스스로 새사람이 되어** 착한 길로 가는 행동을 가리키는 단어로 사용하고 있다.('개과자신' 항목 참고) 이 단어는 제나라에서 양식 창고를 관리하던 태창령(太倉令) 순우공(淳于公)의 딸 효녀 제영(緹縈)이 육형(肉刑, 고문拷問)의 폐단을 거론하며 아비가 지은 죄를 자신이 대신 받겠다고 올린 다음 글에 나온다.

"소첩이 가슴 아픈 것은 사형을 받은 자는 다시 살아올 수 없고, 형을 당한 자는 다시 이어 붙일 수 없으니, 잘못을 고치고 **새사람이 되고자** 하여도 길이 없다는 것입니다. 소첩이 관비가 되어 아비의 죄를 대신하겠사오니, 아비가 새사람이 될 수 있기를 바라옵니다."

이 글을 읽은 문제는 조서를 내려 육형을 폐지하게 했다.(기원전 167년)

키워드 : 개과천선

자원조화(資怨助禍)

원한을 쌓고 재앙을 조장하다.

– 권86 〈자객열전〉

〈자객열전〉 형가(荊軻) 부분에 나오는 오랜 격언으로 보인다. 진나라 장군 번오기(樊於期)가 진나라 왕에게 죄를 짓고 연나라로 망명해오자, 태자 단(丹)은 그를 받아들였다. 단은 진왕 정(政, 훗날 진시황)을 암살하려는 일에 번오기가 쓸모가 있을 것으로 판단했다. 태자의 사부(師傅)인 국무(鞠武)는 이에 반대하면서 사서 **원한을 쌓고 재앙을 조장할** 까닭이 무엇이냐며 이렇게 말했다.

"무릇 위태로운 일을 행하면서 안전하길 원하거나, 화를 만들면서 복을 구한다면 계책은 얕아지고 원망은 깊어집니다. 한 명의 새 친구(번오기)와 교제하기 위해서 나라의 큰 피해를 돌보지 않는다면, 이는 이른바 '원한을 쌓고 재앙을 조장하는' 격입니다. 기러기의 가벼운 털 하나를 화로의 숯불 위에 놓으면 당연히 한순간에 없어집니다. 또 독수리나 매처럼 사나운 진나라가 원망으로 가득 차서 흉악하게 노여움을 터뜨린다면 무슨 말이 더 필요하겠습니까?"

태자 단은 국무의 의견을 받아들이지 않았고, 국무는 연나라의 은자 전광(田光)을 소개했다.('아호지혜' 항목 참고) **자원조화는 큰 국면을 고려하지 않고 도움이 된다고 아무것이나 받아들이는 실수를** 가리키는 표현이다. '소탐대실(小貪大失)'과 비슷한 뜻이다. '소탐대실'의 출처는 《여씨춘추》의 〈권훈(權勳)〉 편이고, 원문은 '탐소실대'이다.

키워드 : 화근, 소탐대실

자허오유(子虛烏有)

자허와 오유.

– 권117 〈사마상여열전〉

한 무제 때의 문장가 사마상여(司馬相如)가 남긴 여러 문장들 가운데 〈자허부(子虛賦)〉가 있다. 이 글을 읽은 무제는 "짐이 혼자 이 사람과 함께할 수 없을까!"며 한탄했다고 한다. 사마상여와 같은 지역 출신인 양득의(楊得意)가 그 사람은 사마상여라며 그를 무제에게 소개했다.('양득의' 항목 참고)

무제의 마음을 사로잡은 〈자허부〉는 자허(子虛)·오유(烏有)·무시공(亡是公) 세 사람의 문답식 문장이다. '자허'는 '비어 있다'는 뜻이고, '오유'는 '어찌 이런 일이'라는 뜻이며, '무시'는 '이런 사람 없다'는 뜻이다. 모두 허구의 인물들이다.

산문 형식의 〈자허부〉의 내용은 대부분 제왕의 넓은 정원과 성대한 사냥을 묘사한 것이다. 풍자가 일부 보이긴 하지만 향락을 추구하는 통치자의 취향에 부합한다. 문장은 풍부한 상상력과 힘찬 기세가 돋보이고, 격식에 얽매이지 않는 창조성이 볼 만하다.

자허·오유·무시공 세 사람이 모두 허구의 인물이었기 때문에 앞 두 사람의 이름을 취해 **자허오유**라는 성어가 만들어졌고, **허구의 존재하지 않는 사람이나 그런 일을** 가리키는 전고가 되었다.('오유선생' 항목 참고)

키워드 : 인물, 허구, 상상

작법자폐(作法自斃)

자신이 만든 법에 자신이 걸려 피해를 입다.
– 권68 〈상군열전〉

상군(商君) 상앙(商鞅)은 진나라가 부국강병에 성공할 수 있도록 기반을 마련한 '변법(變法)' 정책을 주도한 인물이었다. 상앙의 변법은 사회경제 전반에 걸친 획기적인 것으로 진나라의 중앙집권적 통치기초를 다진 것은 물론, 훗날 천하를 통일할 수 있는 주춧돌을 놓았다는 평가를 받는다. 그러나 변법의 적용이 너무 가혹해서 백성들이 크게 시달렸다. 상앙이 제정한 여러 가지 법들 중에 여행 허가증이 없는 자를 여관에 숙박시키면 처벌을 받는 조항까지 있었다. 오늘날에 비유하자면 여권법을 만든 것이다.

상앙은 자신을 총애하던 효공(孝公)이 죽자 정적들에게 탄핵을 받게 되었다. 신변의 위험을 느낀 상앙은 도주하여 함곡관 아래 여관에서 하루 밤 머물기를 청했다. 여관 주인은 이자가 상앙인 줄은 꿈에도 생각하지 못하고, "상군의 법에 여행 허가증이 없는 자를 재워 주면 처벌을 받는다"라며 상앙을 내쫓았다. 상앙은 "아! **내가 만든 법에 내가 걸려 죽는구나!**"라며 한숨을 내쉬었다. 얼마 뒤 상앙은 붙잡혔고, 혜왕(惠王)에 의해 사지가 찢기는 형벌 '거열형(車裂刑)'으로 파란만장한 삶을 마감했다.

가혹한 법의 폐해는 언젠가는 그 법을 만든 당사자에게 미친다는 교훈을 상앙의 최후를 통해 실감하게 된다. 법 만능이 지배하는 사회는 삭막하다. ('거열', '위법지폐, 일지차재' 등 항목 참고)

키워드 : 법, 집행, 폐해, 엄정

작벽상관(作壁上觀)

벽을 쌓아 놓고 (자기 진영에서) 사태를 관망하다.
– 권7 〈항우본기〉

두 세력이 서로 싸우고 있을 때 제3자가 자기 진영에서 이런 상황을 관망(觀望)하는 것을 비유할 때 **작벽상관**이란 성어를 인용하곤 한다. '굿이나 보고 떡이나 먹는다', '강 건너 불구경' 등과 같은 속담이 비슷한 뜻이다. 말하자면 끼어들지 않고 사태가 어떻게 돌아가는 가를 지켜보는 것이다. 물론 끼어들 수 없는 상황일 때도 쓸 수 있는 성어다. '작벽(作壁)'이란 군대의 보루와 같은 것을 쌓는다는 뜻이다.

진나라 말기 천하가 혼란에 빠진 틈을 타서 각지에서 봉기군이 일어났다. 항우가 이끄는 초나라 군대는 제후들이 일으킨 군대들 가운데서도 단연 으뜸이었다.

"이때 초나라 군대는 제후 군대들 가운데서도 으뜸이었다. 거록을 구하고자 달려온 제후의 군이 10여 진영이 넘었지만, 누구도 감히 군대를 함부로 움직이지 못했다. 초나라 군대가 진나라 군대를 공격할 때도 여러 장수들은 모두 **자기 진영에서 관전**만 할 뿐이었다."

거록전투를 승리로 이끈 항우는 제후군의 상장군이 되어 모든 제후들을 자기 휘하에 두어 정국의 주도권을 먼저 장악했다.('파부침주' 항목 참고)

'팔짱을 낀 채 구경한다'는 '수수방관(袖手傍觀)'이란 말도 있듯이, 자신이 끼어들 상황이 아니면 사태의 변화를 지켜보는 것이 현명하다. 방관에도 두 가지가 있다. 양쪽에 싸움을 붙여 어부지리를 얻기 위한 방관도 있고, 한쪽이 워낙 강해 끼어들 여지가 전혀 없을 때 어쩔 수 없이 취하는 방관도 있다. 어느 쪽이 되었건 그저 팔짱만 낀 채 나 몰라라 하지 말고 변화상을 꼼꼼히 살피는 자세가 필요하다. 그래야 다음 상황에 적극적이고 효과적으로 대처할 수 있는 최소한의 정보라도 얻을 수 있기 때문이다.

참고로 '수수방관'의 출처는 당나라 때의 문장가 한유(韓愈, 768~824)가 쓴 유종원(柳宗元, 773~819)을 위한 제문(祭文) 〈제유자후문(祭柳子厚文)〉이다.

키워드 : 상황, 제삼자, 관망

잠

잠실(蠶室)

누에 치는 온실 / 궁형의 은어(隱語).
– 〈보임안서〉

잠실은 **누에를 치는 온실**을 말한다. 고대의 천자나 제후에게는 공식적으로 뽕밭이나 잠실이 있었다. 백성의 누에치기를 장려하기 위해서였다. 이 단어의 출처는《예기(禮記)》〈제의(祭義)〉 편이다.

그런데 이 단어가 언제부터인가 생식기를 자르는 형벌인 **궁형**을 은유하게 되었다. 특히 사마천이 억울하게 궁형을 당한 뒤로는 억울한 형벌로 치욕을 당한 처지를 비유하게 되었다. 여기에는 실질적인 이유가 있었다. 궁형을 당한 죄수는 찬 바람이나 찬 기운을 피해야 했고, 누에를 치는 잠실이 따뜻했기 때문에 이곳으로 보내졌다. 당시 상황을 사마천은 〈보임안서〉에서 이렇게 말한다.

'잠실'이란 단어로 사마천의 궁형을 은유적으로 표현한 당나라 때의 시인 백거이의 초상화다.

"이릉은 살아서 항복함으로써 그 가문의 명성을 무너뜨렸고, 저는 거세되어 '잠실'에 내던져져 또 한 번 세상의 웃음거리가 되었습니다. 슬픕니다! 슬픕니다! 이런 일을 일일이 아무에게나 말하기란 쉽지 않습니다.”

당나라 때 시인 백거이(白居易, 772~846)는 〈독사(讀史)〉라는 시 다섯 수 가운데 한 수에서 “사마천은 ‘잠실’로 보내졌고, 혜강(嵇康)은 ‘영어(囹圄)’의 몸이 되었다”고 했다. 감옥에 갇힌다는 뜻의 ‘영어(囹圄)’라는 단어도 〈보임안서〉에 보인다. 혜강(224~263)은 ‘죽림칠현(竹林七賢)’의 한 사람으로 삼국시대 위나라 출신이었다.(‘궁형’, ‘영어’ 항목 참고)

키워드 : 누에치기, 형벌, 은유, 궁형

장경조훼(長頸鳥喙)

긴 목에 새 부리.

– 권91 〈월왕구천세가〉

오월쟁패에서 월나라 왕 구천(勾踐)은 ‘와신상담(臥薪嘗膽)’ 끝에 오나라 왕 부차(夫差)를 물리치고 지난날의 치욕을 갚았다. 기원전 473년 오나라는 망했고, 월왕 구천은 장강 및 회하 동쪽을 주름잡으며 패자(覇者)로 불렸다.

구천을 도와 오월쟁패에서 마지막 승리를 거두는 데 결정적인 역할을 한 범려(范蠡)는 가장 화려하고 영광스러운 순간에 월나라를 떠나 제나라(지금의 산동성 동부)에 정착했다. 그 과정에서 범려는 생사고락을 같이했던 대부 문종(文種)에게 다음과 같은 편지를 보냈다.

"날던 새가 다 잡히면 좋은 활은 거두어들이고(조진장궁鳥盡藏弓), 약삭빠른 토끼를 모두 잡고 나면 사냥개는 삶기는 법이오(토사구팽兔死狗烹). 월왕 구천은 **목이 길고 입은 새처럼 뾰족**하여 어려울 때는 함께 지낼 수 있어도, 즐거움은 같이 할 수 없는 인물이오. 헌데 그걸 알면서도 그대는 왜 월나라를 떠나지 않는 것이오?"

월왕 구천은 범려와 문종의 도움을 받아 와신상담 끝에 숙적 오나라를 멸망시켰다. 그러나 범려는 구천이 어려울 때는 함께할 수 있어도 즐거움은 같이 누리지 못하는 위인이라며 월나라를 떠났다. 사진은 소흥박물관 내의 구천 석상이다.(2011년)

장경조훼는 대개 교활하고 약아빠진 사람의 모습을 묘사할 때 쓰는 성어이다. 또한 그릇이 작아 다른 사람을 포용할 수 없는 인물을 가리킬 때도 사용한다. 범려는 구천의 인물됨을 파악하고 있었기에 일을 다 완수한 다음, 미련 없이 부와 명예를 버리고 구천 곁을 떠났다. 반면 문종은 결단을 내리지 못하고 머뭇거리다가 결국은 죽임을 당했다.

한 사람의 됨됨이를 살피는 일은 여간 어렵지 않다. 역대로 사람을 관찰하고 그 본성을 파악하기 위한 갖가지 이론과 방안이 제시되었지만, 여전히 가장 어려운 일 가운데 하나로 남아 있다. 인간의 마음만큼이나 복잡하고 변화무상한 것도 없기 때문일 것이다. 삼라만상의 모든 변화를 다 끌어댄다 해도 시도 때도 없이 변하는 인간의 마음을 제대로 헤아리기 어렵다. 그래서 '변덕(變德)'이란 표현을 쓰는가 보다.('토사구팽' 항목 참고)

키워드 : 사람, 외모, 변덕, 교활

1480

장궁(藏弓)

활을 감추다 / 공신 숙청에 대한 비유.
– 권91 〈월왕구천세가〉

'토사구팽' 항목에서 살펴본 '날던 새가 다 잡히면 좋은 **활은 거두어들인다**'는 '조진장궁(鳥盡藏弓)'에서 뒤 두 글자 **장궁**만을 떼어 쓰기도 한다. 공신에 대한 숙청을 비유한다. '토사구팽'의 '구팽'도 같은 뜻으로 쓰이고, 왕왕 이 둘을 붙여 '장궁구팽(藏弓狗烹)', '구팽장궁'으로도 쓴다. ('토사구팽' 항목 참고)

키워드 : 통치, 공신, 숙청

장상지장(將上之將)

장수 위의 장수.
– 권92 〈회음후열전〉

장수 위의 장수로 풀이되는 **장상지장**은 훌륭한 장수를 부릴 줄 아는 사람이라야 천하의 주인이 될 수 있음을 비유하는 표현이다. 〈회음후열전〉의 원래 표현은 '선장장(善將將)'이다. '장수를 잘 다루는 장수'라는 뜻으로 '장상지장'과 같다. 네 글자를 선호하는 경향 때문에 '장상지장'을 많이 쓴다.

초한쟁패 끝에 기원전 202년 천하를 재통일한 유방은 공신들을 모아놓고 편안한 마음으로 이런저런 대화를 나누던 중 명장 한신과 다음과 같은 대화를 나누게 된다.

"내가 군사를 거느린다면 얼마나 거느리겠소?"

"폐하는 10만 명을 거느리는 장수에 지나지 않습니다."

"그대는 어떠하오?"

“신은 많으면 많을수록 좋습니다.”

그러자 유방은 싱긋이 웃으며 이렇게 말했다.

“많을수록 좋다면서 어째서 내게 얽매이게 되었단 말이오?”

“폐하는 군대의 장수는 될 수 없어도, **장수를 잘 다루는 장수 위의 장수**는 될 수 있습니다. 신이 폐하에게 얽매이게 된 까닭이 바로 이것입니다. 또 폐하는 하늘이 내리신 분이지 사람의 힘은 아닙니다.”

군사가 ‘많으면 많을수록 좋다’는 다다익선(多多益善)이란 성어도 이 대화에서 나왔다. 유방의 천하통일은 하늘이 내리신 것이라는 한신의 말이 얼핏 듣기에는 아부성 발언 같지만, 곰곰이 되새겨보면 은근히 비꼬고 있다는 느낌을 받는다. 천자는 인간의 힘으로는 되지 않고 하늘이 도와야 한다는 이른바 천명(天命) 의식도 바탕에 깔려 있지만, 자신 같은 장수는 얼마든지 많은 군사를 거느리고 호령할 수 있는 반면 유방 당신에게는 그런 능력은 없고, 하늘이 도와 천자 자리에 오른 것 아니냐는 것이다.

한신은 천자 유방을 진심으로 인정하지 않았던 것 같다. 뒷날 그가 모반을 일으키려 한 것도 그렇지만, 능력 면에서 자기만 못하다고 생각되는 유방 밑에서 평생을 보내기에는 자존심이 너무 강했던 그였기에 ‘장수 위의 장수’라는 말이 담고 있는 의미가 만만치 않다. 이 때문에 한신은 얼마 뒤 ‘토사구팽’ 당하는 비극적인 최후를 맞이한다. ‘장상지장’과 ‘다다익선’ 뒤에 ‘토사구팽’의 그림자가 어른거리고 있었다.

인간의 능력을 벗어난 영역은 신이나 하늘이 주관

탁월한 군사적 능력에도 불구하고 한신은 3족을 멸하는 처참한 최후로 삶을 마감했다. 최고 권력자에게 인정받고 싶어 하는 인정욕구에 자신의 능력을 과신하는 오만함이 겹쳐 그는 결국 공신숙청의 제물이 되었다.(2014년)

한다고 한다. '장수 위의 장수'도 인간의 통제권을 벗어난 차원에 있는 존재다. 다만 한신은 그것을 알면서도 인정할 수 없었을 뿐이다. 어쨌거나 장수를 잘 다스릴 줄 아는 '장상지장'이라야 큰 리더가 될 수 있고, 나아가 나라도 제대로 이끌 수 있음은 분명하다. ('다다익선', '토사구팽' 항목 참고)

키워드 : 장수, 대장, 통치자

장수선무(長袖善舞), 다전선고(多錢善賈)

소매가 길어야 춤이 예뻐 보이고, 장사가 잘되려면 밑천이 두둑해야 한다.

– 권97 〈범수채택열전〉

이 명언의 원전은 《한비자》〈오두(五蠹)〉 편이다. 이 명언은 한비자가 만들어 낸 것이 아니라 그가 인용한 속담이다. 뜻인즉, 춤을 추는 사람은 긴소매를 가진 옷을 입고 추어야 날아갈 듯한 자태로 아름다운 모습을 쉽게 연출할 수 있고, 장사를 하는 사람은 밑천이 많아야 사업을 상대적으로 쉽게 펼쳐 나갈 수 있다는 것이다.

이 속담을 사마천은 〈범수채택열전〉에 인용했다. 범수(范睢, ?~기원전 255)는 위나라 사람으로 처음 위나라 중대부 수고(須賈) 밑에 있었는데, 위제(魏齊)의 모함으로 죽도록 얻어맞고는 장록(張祿)으로 이름을 바꾸고 진나라로 도망갔다. 범수는 1년 만에 진나라 소왕에게 '원교근공(遠交近攻)'이라는 유명한 외교정책을 건의하여 객경(客卿)이 된 뒤 상국(相國)을 거쳐 응후(應侯)로까지 봉해졌다. ('원교근공', '애자필보' 항목 참고)

채택(蔡澤)은 연나라 사람으로 일찍부터 조·한·위를 돌아다니며 유세했으나 등용되지 못했다. 그 역시 진나라에 와서 소왕(昭王)을 만나 의기투합, 객경이 된 다음 상국 자리에까지 오른 인물이었다. 그는 진나라에 머문 10여 년 동안 소왕을 비롯하여 효문왕(孝文王)·장양왕(庄襄王)을 거쳐 진시황 때까지 줄곧 신임을 받았고, 강성군(綱成君)이란 명예스러운 지위에 봉해지기까지 했다.

이 두 사람은 모두 이른바 말을 잘하는 '변사(辯士, 또는 유세가)'로 말과 논리에 뛰어난 재주를 보였다. 그 때문에 진나라에서 신임을 얻을 수 있었다. 전국시대를 통틀어 변사는 상당히 많았는데, 어째서 유독 이 두 사람이 잇달아 진나라 왕들의 신임을 얻어 재상의 자리에까지 오를 수 있었던가? 사마천은 "한비자가 **춤이 예뻐 보이려면 소매가 길어야 하고, 장사가 되려면 밑천이 두둑해야 한다**고 한 말이 확실히 일리가 있구나"라고 평가했다. 범수와 채택은 춤을 잘 추는 사람이 남보다 아름다운 무용복을 가지고 있듯, 또 성공한 상인이 두둑한 자본을 가지고 있듯, 남들보다 한결 강력한 말재주의 소유자들이었다.

옷소매가 길면 춤이 한결 돋보이고, 본전이 두둑하면 상인은 여유 있게 장사를 할 수 있다. 이는 보편적인 이치로 오늘날에도 여전히 충분한 의미를 가진다. 정치 무대에서 활약하려면 풍부한 학식과 뛰어난 정치적 두뇌를 갖추어야 한다. 군사 영역에서 두각을 나타내려면 위로는 천문에 능통하고 아래로는 지리를 잘 알아야 하며, 밖으로는 적의 정황을 안으로는 민심의 동향을 잘 파악하고 있어야 한다. 경영에서 남보다 앞서 가려면 소식과 정보에 민감한 큰 귀와 장래를 내다 볼 수 있는 천리안을 가지고, 적시에 시장의 흐름을 파악하여 정확하게 시장의 추세를 전망할 수 있어야 한다. 이런 것들은 모두 무용수의 '긴소매'에 비유될 수 있다. 춤을 돋보이게 하려면 긴소매를 절대 소홀히 해서는 안 된다. 동시에 사마천이 말하는 '긴소매'나 '두둑한 밑천'이 어디까지나 실력을 전제로 한다는 점도 잊어서는 안 된다.

키워드 : 사업, 정치, 군사, 밑천, 자질, 실력

장야지음(長夜之飮)

밤새 술을 마시다.
– 권3 〈은본기〉

장야지음은 '주지육림(酒池肉林)'과 짝을 이루어 못나고 포악한 통치자의 방탕한 생활을 나타내는 성어이다. 은(상)나라의 마지막 군주 주(紂)임금의 방탕한 생활을 묘사한 것이다. ('주지육림' 항목 참고)

키워드 : 권력자, 생활, 방탕

장이진여(張耳陳餘)

장이와 진여.
– 권89 〈장이진여열전〉

장이(?~기원전 202)와 진여(?~기원전 205)는 진나라 말기 진승의 농민봉기에 참가한 인물들이었다. 장이는 젊은 날 위(魏)나라의 실세 위공자 신릉군(信陵君)의 문객으로 있었고, 훗날 진여와 목숨을 내놓아도 아깝지 않을 '문경지교(刎頸之交)'의 우정을 나누며 명성을 누렸다. 두 사람은 과거 조(趙)나라 지역을 공략하여 함께 무신(武臣)을 조왕으로 옹립했고, 장이는 승상으로 자임했다.

두 사람의 관계는 기원전 208년 항우에게 큰 승리를 가져다 준 거록(鉅鹿)전투를 계기로 틀어지기 시작했다. 당시 진(秦)나라의 공격을 받고 곤경에 처해 있던 장이가 거듭 진여에게 참전을 요청했으나, 진여는 이를 거절했다. 거록전투는 항우(項羽)의 참전으로 진나라의 대패로 끝났다.

기원전 206년 유방은 함양에 먼저 들어가 피 흘리지 않고 진나라의 항복을 받음으로써 진나라는 통일제국 설립 후 불과 15년 만에 망했다. 늦게 함양으로 들어온 항우는 유방을 압박했고, '홍문연(鴻門宴)'을 계기로 천하의 주도권을 쥐었다. ('홍문연' 항목 참고) 항우는 논공행상을 벌여 장이를 상산왕(常山王)에 봉했다. 이에 크게 불만을 품은 진여는 장이를 기습했다. 장이는 유방(劉邦)에게 귀순하여 한신(韓信)을 따라 조나라를 격파한 공으로 조왕이 되었다.

당시 유방 쪽은 진여도 회유하려 했으나 진여는 장이를 죽이라는 조건을 내걸었다. 유방은 받아들이지 않았고, 조나라를 격파한 장이는 저수(泜水)에서 진여의 목을 베었다. 사마천은 한때 '목을 내놓아도 아깝지 않을 우정' '문경지교'로 천하에 명성을 떨치던 두 사람이 왜 원수와 같은 사이가 되었느냐고 질문을 던진 뒤, 이렇게 나름의 분석을 내놓았다.

"장이와 진여가 처음 가난하고 보잘것없었을 때는 조금도 망설임 없이 죽음을 무릅쓰고 서로 신의를 지켰다. 그런데 그들이 나라를 쥐고 권력을 다투게 되자 끝내 서로를 죽이기에 이르렀다. 예전에는 그렇게 서로 사모하고 믿더니 어찌해 나중에는 그리도 심하게 서로를 배반하게 되었을까? 그들이 권세와 이익으로 사귀었기 때문 아니겠는가?"

권세와 이익이 인간관계를 변질시킨다는 사마천의 진단이 정곡을 찌른다. 이로부터 두 사람의 극과 극을 달리는 인간관계를 대변하는 **장이진여**라는 성어가 나왔다. **가까운 친구가 권력과 이익 때문에 서로 반목하고 원수가 된 것을** 비유한다. ('문경지교', '이진교소', '좌제우설' 등 항목 참고)

키워드 : 관계, 우정, 변질, 원수, 이해(利害)

장일일이구회(腸一日而九回)

하루에도 아홉 번이나 장이 뒤틀리다.

— 〈보임안서〉

궁형을 당한 뒤 사마천은 극심한 육체적 심리적 고통에 시달렸다. 사마천은 자신의 이런 상태를 **하루에도 아홉 번이나 장이 뒤틀린다**고 표현했다.

'구(九)'는 더 이상 올라갈 곳이 없는 극수(極數)로 극심한 고통을 강조하고 있다. '구우일모(九牛一毛)'의 경우와 같다. **장일일이구회**는 네 글자로 줄여서 '회장구전(回腸九轉)' 또는 '회장구절(回腸九折)'로 많이 쓴다. ('회장구전' 항목 참고)

키워드 : 궁형, 육신, 정신, 고통, 극심(極甚)

장자방택류(張子房擇留)

장량이 '유' 땅을 고르다.

— 권55 〈유후세가〉

소하·한신과 더불어 '서한삼걸(西漢三傑)'의 한 사람이자 한나라 개국공신인 장량은 논공행상을 통해 유후(留侯)라는 작위를 받았다. 이 작위는 그가 상으로 받은 '유(留)'라는 지명에서 비롯되었다. 당시 그가 '유' 땅을 받게 된 경위는 이렇다.

한 6년인 기원전 201년, 초한쟁패에서 공을 세운 공신들에 대한 논공행상이 아직 마무리되지 않고 있었다. 장량 역시 공에 따른 상을 아직 받지 않고 있었다. 고조 유방은 "산가지를 장막 안에서 움직여(전략과 전술을 수립하여) 천 리 밖의 승리를 얻은 것은 자방의 공이다"라며 장량에게 3만 호를 마음대로 고르라고 했다. 장량은 다음과 같은 말로 사양했다.

"처음 신이 하비(下邳)에서 일어나 주상과 '유(留)'에서 만났는데, 이는 하늘이 신을 폐하께 주신 것입니다. 폐하께서 신의 계책을 쓰셨고, 다행히 시기가 맞았습니다. 신은 **유후에 봉해지는 것으로 만족합니다. 3만 호는 감당할 수 없습니다."

'유'는 거의 쓸모가 없는 거친 땅이었다. 장량은 스스로 이 정도에 만족했고, 곧 이어 병을 핑계로 정계에서 은퇴했다. 장량의 이런 처신은 결과적으로 정권 초기 공신들에 대한 숙청과 견제를 피하는 현명한 선택이었다. 이 일화에서 **장자방택류**라는 표현이 나왔고, **공을 이룬 다음 과감하게 뒤로 물러날 줄 아는 처세**를 칭송하는 용어가 되었다. 자방은 장량의 자이다.

어떤 사람은 은퇴하려는 사람이 땅은 왜 받았냐고 의문을 제기하도 한다. 큰 공을 세운 공신이 최고 권력자가 내리는 상마저 사양하거나 거절할 경우에는 다른 뜻이 있는 것 아니냐는 의심을 살 수 있기 때문이다. 적절한 선에서 받아들일 것은 받아들여야 의심을 피할 수 있다. 장량은 이 점을 잘 알았다.

홍문연 유지에 조성되어 있는 장량의 상이다.(2015년)

키워드 : 성공, 처세, 분수(分數), 진퇴

장자철(長者轍)

장자의 수레바퀴 자국.
– 권56 〈진승상세가〉

'진평분육' 등 항목에서 살펴본 바 있듯이 진평은 장씨(張氏)라는 부잣집 과부 손녀딸을 아내로 맞이하여 자신의 뜻을 펼칠 수 있는 기반을 확보했다. 당시 부잣집 손녀의 할머니는 진평이 동네 제사에서 고기를 고루 잘 나누어주는 등 제사 일을 잘 '주재(主宰)'하는 모습을 눈여겨보고 있다가 일이 끝난 다음 진평의 집까지 뒤를 밟았다.

진평의 집은 성 담장 근처의 궁색한 골목에 다 헤어진 돗자리 같은 것을 문으로 삼고 있었지만, 문밖에는 신분 있는 자(장자長者)들이 다녀간 수레바퀴 자국이 많았다. 장 노인은 진평이 가난하게 살고 있지만 문밖 마당에 패어 있는 수레바퀴 자국들을 보고는 사귀는 사람들이 모두 이름깨나 있는 '장자'들임을 알았다. 노인은 돌아와 집안의 반대에도 불구하고 손녀딸을 진평에게 시집보냈다. 더욱이 손녀딸은 다섯 번이나 남편과 사별한 과부였다.

이 일화에서 **장자철**이란 단어가 나왔다. **장자의 수레바퀴 자국**이란 뜻인데, 여기서 말하는 '장자'란 명성과 부를 갖춘 나름 신분과 힘을 가진 사람들을 가리킨다. 이들이 진평을 일쑤 찾아왔기 때문에 진평의 집 앞 마당에 수레바퀴 자국이 패어 있었던 것이다. 이후 '장자철'은 **힘 있고 명성 있는 사람들이 타고 다니는 수레의 흔적**을 가리키는 표현이 되었다.('사평득재천하~', '주재' 항목 참고)

키워드 : 인간, 관계, 부귀, 명성

장재군(將在軍), 군명유소불수(君命有所不受)

장수가 군에 있을 때에는 임금의 명이라도 받지 않을 수 있다.
– 권64 〈사마양저열전〉 ; 권65 〈손자오기열전〉

전투에 나간 장수의 모든 지휘권을 절대 보장해야 한다는 점을 강조할 때 쓰는 명언이다. 《사기》에 이 명구는 두 군데 보이고, 〈강후주발세가〉(권 57)에는 "하늘에서는 천자의 명을 듣지만, 군대에서는 장군의 명령을 들어야 한다"는 거의 같은 뜻의 대목이 나온다.

장재군, 군명유소불수는 기원전 6세기 말에서 5세기 초에 걸쳐 활약한 춘추시대의

손무는 오왕 합려 앞에서 궁녀들을 대상으로 군사 훈련의 시범을 보이면서 이 명언을 남겼다. 그와 관련한 그림이다.

군사 전문가로 《사마병법》이란 군사 전문서를 남긴 전양저(田穰苴, 또는 사마양저)가 한 말로 기록되어 있다. 그와 거의 동시대 사람인 《손자병법》이라는 탁월한 군사서를 남긴 손자(孫子)도 이 말을 함으로써 전양저보다 더욱 유명해졌고, 이 때문에 손자가 한 말인 것처럼 알려졌다.

특히 손자는 자신을 군사고문으로 발탁한 오나라 왕 합려(闔閭) 앞에서 군사 시범을 보이게 되었는데, 합려가 아끼는 궁녀가 명령을 제대로 듣지 않자 가차 없이 목을 자르게 하면서, 안타까워하는 합려에게 이 말을 남기고 있어 극적인 효과를 더하고 있다.('삼령오신' 항목 참고)

그 뒤 이 명언은 군사 지휘권에만 한정되지 않고, 왕과 신하, 상관과 부하, 윗사람과 아랫사람 등 인간관계 전반에 걸쳐 권력의 한계라는 문제가 부각될 때 흔히 인용되었다. 간단하게 말하자면 일을 맡겼으면 그에 걸맞는 권력(권한)도 주어야 하고, 권력을 주었으면 그것을 무시하거나 침범해서는 안 된다는 것이다. 일과 그에 따른 권력을 부여 받은 자는 그 권력 내에서는 누구의 명령도 받지 않을 수 있으며, 특히 전시와 같은 비상시에는 왕의 명령이라도 받거나 듣지 않을 수 있다는 뜻이다.

이 말을 현대사회 실정에 맞게 이해하면 이 정도가 될 것 같다. 어떤 특정한 분야의 일에 대해서는 어설픈 논리로 접근하거나 처리하려 하지 말고 전문가에게 맡겨라! 정치를 예로 들면, 통치자가 모든 일을 혼자 처리하려 하지 않고 유능한 전문 관료들에게 권한을 대폭 위임할 수 있느냐 하는 통치방식과 관계된다. 역대로 성공을 이룬 제왕이나 리더는 대부분 유능한 인재들에게 권한을 대폭 위임했다.

키워드 : 군사, 경영, 리더, 권한, 책임, 위임

장지명산(藏之名山)

명산에 깊숙이 보관하다.
– 〈보임안서〉

　장지명산은 대단한 값어치가 있는 작품이나 책을 귀하게 여기는 것을 형용하는 전고이다. 사마천은 《사기》를 완성한 뒤 몇 해 전 입사 동기 임안이 보낸 편지에 답장 보내면서 자신의 심경을 다음과 같이 털어놓았다.

　"이제 이 일을 마무리하고 **명산에 깊숙이 보관하여** 제 뜻을 알아줄 사람에게 전해져 이 마을 저 마을로 퍼져 나감으로써 지난날 치욕에 대한 보상이라도 받을 수 있다면 얼마든지 벌을 받는다 해도 후회는 없습니다."

　'장지명산'은 사마천이 심혈을 기울여 완성한 자신의 역사서가 행여 당대에 인정을 받지 못하거나 다른 원인으로 박해를 받아 사라질지 모른다는 염려를 반영하고 있다. 사마천이 정본을 감추어 두었던 명산을 찾는다는 매체 보도가 있었지만 확인된 바 없다. 《사기》는 사마천이 죽은 뒤 금서조치가 내려졌던 것 같다. 이후 약 20년 만에 사마천의 외손자 양운(楊惲, ?~기원전 54)이 선제(宣帝)의 허락을 받아 세상에 통용시키면서 사마천의 소원대로 《사기》가 세상의 빛을 보게 되었다.

　'장지명산'은 훗날 '장제명산(藏諸名山)', '명산장(名山藏)', '장명악(藏名岳)', '장저술(藏著述)', '명산전(名山傳)', '명산사업(名山事業, 불후의 명작을 비유)' 등 아주 다양한 형식으로 활용되었다. 명말청초의 사상가 고염무(顧炎武, 1613~1682)는 "이제 책이 완성

역사서를 완성한 다음 깊은 사색에 빠져 있는 사마천의 모습을 그린 기록화이다.(2011년)

되었으니 그 판본을 명산에 보관하여 훗날 옛것을 믿는 사람을 기다리련다"라는 글
에서 '장판명산(藏版名山)'이란 표현을 사용하기도 했다.

키워드 : 작품, 가치, 보관

재기무쌍(才氣無雙)

둘도 없는 재능과 기개.
— 권109 〈이장군열전〉

사마천은 한나라 초기 명장 이광(李廣, ?~기원전 119)을 특별히 존경했다.('도리불언,
하자성혜' 항목 참고) 젊었을 때 이광은 경제(景帝) 즉위 초인 기원전 154년에 터진 오초
칠국의 난을 진압하는 과정에서 적장의 깃발을 빼앗는 등 큰 공을 세웠다. 당시 중
앙 정부를 도왔던 양왕(梁王)은 이광에게 장군의 도장을 내렸다. 젊은 이광은 별 생
각 없이 이를 받았지만, 중앙 정부에서는 이를 탐탁지 않게 여겨 이광에게 어떤 포
상도 하지 않았다. 그러자 전속국(典屬國)의 공손곤야(公孫昆邪)가 경제에게 눈물을
흘리며 "이광은 천하에 **둘도 없는 재능과 기개**를 가지고 있어, 스스로의 능력을 믿고
여러 차례 적과 싸운 바 있습니다. 자칫 그를 잃을까 두렵습니다"라고 호소했다.

경제는 이광을 상군(上郡)의 태수로 삼았다. 그 뒤로도 이광은 변방 여러 군의 태
수를 역임하며 전투에서 큰 공을 세워 명성을 높였다. 그러나 오초칠국의 난 때 양
왕으로부터 받은 장군의 도장 사건 때문에 끝내 중용되지 못하고 비운의 삶을 살았
다.('이광난봉' 항목 참고)

공손곤야의 호소 중에 '천하에 둘도 없는 재능과 기개'라는 대목에서 **재기무쌍**이란

성어가 나왔다. 문무를 두루 갖춘 남다른 뛰어난 능력을 뜻한다.

키워드 : 인재, 재능, 문무겸비

재덕부재험(在德不在險)

덕에 달려 있지, 험준함에 달려 있지 않다.
– 권65 〈손자오기열전〉

전국시대 명장 오기(吳起, ?~기원전 381)는 문후(文侯)를 도와 위나라의 군대를 강하게 만들었다. 위 문후가 죽자, 오기는 그 아들 무후(武侯)를 섬겼다. 한번은 무후와 오기가 서하(西河)에서 배를 탔다. 중간쯤에서 무후가 고개를 돌려 오기에게 이렇게 말했다.

"아름답구나! 이 견고한 산하야말로 위나라의 보물이로다!"

오기는 나라의 견고함은 "(군주의) **덕에 달려 있지,** (산천의) **험준함에 달린 것이 아닙니다**"라고 충고했다. 무후는 좋은 말씀이라며 오기의 충고를 받아들였지만, 속으로는 오기를 못마땅해 했다. 그 뒤 오기는 무후와 위나라 기득권 세력의 배척을 받아 초나라로 망명했다.

오기는 군대의 진정한 힘은 숫자가 아닌 정예(精銳)에 달려 있다고 했다. 같은 맥락에서 국력 역시 통치자의 자질이 중요하다고 보았고, 이런 인식에서 **재덕부재험**이라고 충고했다.

키워드 : 국력, 통치자, 자질

재지공언(載之空言), 불여견지우행사지심절저명야(不如見之于行事之深切著明也)

추상적인 빈말을 기록하는 것보다, 분명하고 절실하게 구체적인 사실을 보여주는 것이 낫다.
– 권130 〈태사공자서〉

이 명구는 《사기》의 마지막 권인 〈태사공자서〉에서 상대부 호수(壺遂)와 나눈 대화에서 사마천이 인용한 공자의 말이다.

공자는 만년에 《춘추》를 저술하면서 당초 추상적인 빈말을 기록하고자 하였으나, 그보다는 구체적인 사실을 분명하게 밝히는 것이 낫겠다고 판단했다. 이것이 이른바 '춘추필법(春秋筆法)'이라는 것이고, 사마천 역시 이 집필 자세를 계승하고 있다. 그러면서 사마천은 《춘추》의 기본 정신, 즉 저술의 기본 입장을 다음과 같이 정리하고 있다.

"《춘추》는 위로는 삼왕의 도를 밝히고, 아래로는 인간사의 기강을 가리고, 의심스러운 바를 구별하고, 시비를 밝히며, 결정하지 못하고 있는 것을 결정하게 하고, 선은 장려하고 악은 미워하게 하며, 유능한 사람은 존중하고 못난 자는 물리치게 하고, 망한 나라의 이름을 보존하게 하며, 끊어진 세대의 후손을 찾아 잇게 하며, 모자란 곳은 메워주고, 못쓰게 된 것은 다시 일으켜 세우는 바, 이것이야말로 큰 왕도입니다."

《춘추》의 집필정신을 계승한 사마천의 이와 같은 역사기술 자세와 입장은 이후 동양 역사서 편찬과 집필에 지대한 영향을 주었다.

키워드 : 역사, 기술(記述), 필법

재지인(在知人), 재안민(在安民)

사람을 알고 백성을 안정시키는 데 있다.
– 권2 〈하본기〉

　재지인, 재안민은 사람을 알고 백성을 편안하게 하는 데 있다는 통치의 요체를 간명하게 통찰하고 있는 명언이다.

　순(舜)임금 당시 사법관에 임명된 고요(皐陶)를 비롯하여 훗날 하나라의 시조가 되는 우(禹)와 대신 백이(伯夷) 등이 조회 때 통치의 요체를 놓고 토론을 벌이는 과정에서 고요가 한 말이다. 우가 그런 경지는 요임금도 그렇게 하기는 어렵다며 "사람을 알려면 지혜로워야 하고, 지혜로워야 사람을 쓸 수 있습니다. 백성들을 편안하게 할 수 있어야 은혜롭다 할 수 있고, 그리하여야만 백성들이 그 덕을 마음으로 느낍니다"라고 응수했다. 이에 호응하여 고요는 리더가 일을 행하는 데 있어서 필요한 아홉 가지의 덕, 즉 '구덕(九德)'을 설파했다. 고요가 말하는 통치의 요체는 간결하다. 사람을 알고 백성을 편안하게 만드는 것, 그 이상도 그 이하도 아니다. ('구덕' 항목 참고)

키워드 : 통치, 요체, 백성

재현불위(才賢不爲), 시불충야(是不忠也)

재능과 덕이 있는 사람을 기용하지 않는 것은 불충이다.
– 권127 〈일자열전〉

　이어지는 대목은 다음과 같다.

　"재능과 덕이 없는 사람이 높은 자리에 앉아 많은 녹봉을 받고, 능력 있는 사람이 앉아야 할 자리를 막는 것은 벼슬을 도적질하는 것이다."

"재불현이탁관위(才不賢而托官位), 이상봉(利上奉), 방현자처(妨賢者處), 시절위야(是竊位也)."

백성과 나라를 위해 일하는 공직에는 재능과 덕을 갖춘 인재를 기용해야 한다는 지적이다. 특히 재능도 덕도 없는 자가 자리만 차지한 채 녹을 축내는 일은 도적질이나 마찬가지라는 경고가 인상적이다.

키워드 : 인재, 재덕겸비

쟁명우조(爭名于朝), 쟁리우시(爭利于市)

조정에서는 명예를 다투고, 시장에서는 이익을 다투다.
– 권70 〈장의열전〉

이 명구의 출전은 《전국책》 〈진책〉⑴이고, 사마천은 이를 〈장의열전〉에 인용했다. 전국시대 말기 진나라가 촉을 정벌하는 일을 두고 장의(張儀)와 논쟁을 벌인 사마조(司馬錯)가 인용한 옛 격언의 하나로 추정된다. 명예에는 지위도 포함된다. 훗날 이 명구는 **명예와 지위, 재물과 이익을 위해 다툰다**는 전고가 되었다.

키워드 : 명예, 지위, 이익, 재물, 다툼

저우죽백(著于竹帛)

죽간과 비단에 기록하다.

– 권126 〈골계열전〉

동방삭이 지은 〈답객난(答客難)〉이란 문장에 보이는 표현으로 죽간이나 비단에다 사물, 또는 누군가의 공적 따위를 기록한다는 뜻이다. 훗날 책을 저술한다는 뜻의 성어가 되었다.('삼천독' 항목 참고)

키워드 : 저술

저이사(沮貳師)

이사 장군을 비방하다.

– 〈보임안서〉

저이사는 글자대로 풀이하면 **이사를 방해하거나 비방한다**는 뜻이다. '이사'는 사마천 당시의 황제 무제가 총애하던 이 부인의 동생인 대장군 이광리(李廣利)의 직함이었다. '이사'는 이사성(貳師城)이라는 지명에서 나왔고, 이사성은 지금의 키르기스스탄의 오시(Osh)로 비정한다.

기원전 99년 이광리는 흉노 정벌에 나선 원정군의 총사령관이었고, 이릉(李陵)은 일부 부대를 이끌고 이광리와 합류하려다가 도중에 흉노를 만나 전군이 궤멸당할 위기에 몰렸다. 이릉은 남은 병사들을 위해 항복했다. 조정 대신들은 패배의 속죄양을 찾기 위해 일방적으로 이릉을 매도했다. 사마천은 이릉을 변호했는데, 이것이 총사령관 이광리를 비방한 것으로 몰려 결국 사형을 선고받았다. 훗날 '저이사'는 **권력자의 심기를 건드리는 괘씸죄**를 범하는 뜻으로 확대되었다. ('이릉지화' 항목 참고. 이광리에 관해서는 권123 〈대완열전〉 참고)

키워드 : 변호, 비방, 괘씸죄

적국파(敵國破), 모신망(謀臣亡)

적국이 없어지면 일을 함께 꾀한 신하는 죽는다.
– 권92 〈회음후열전〉

창업과 수성이 같을 수 없다는 말은 정권을 최종 목표로 하는 정치판에서는 거의 철칙처럼 받아들이는 격언이다. 기업경영도 비슷하다. 이 말은 창업과 수성에 따르는 방법상의 차이뿐만 아니라, 각각의 과정에서 필요한 인물들까지도 달라야 한다는 냉엄한 정치논리를 감추고 있다. 나라나 정권을 세우기까지의 쓸모 있는 인물과, 그 다음 단계인 나라나 정권을 지키는 데 유용한 인물은 그 성격에서 다를 수밖에 없다는 논리다. 오늘날 정치 현실에서는 이 격언의 본뜻이 많이 달라지긴 했지만 그래도 개국 공신, 정권 창출 공신, 창업 공신들이 수성 단계에 들어서 적지 않게 숙청당하는 모습을 어렵지 않게 보게 된다.

적이 소멸되고 나면 함께했던 신하는 쓸모가 없어지므로 살아남기 위해서는 도망치는 수밖에 없다. 사마천의 표현 중 '亡' 자가 참으로 묘하다. 망명한다는 뜻도 되고 죽는다는 뜻도 되기 때문이다. 어느 쪽이나 쓸모없는 신하를 제거한다는 점에서는 마찬가지다.

이 말은 한나라의 개국 공신인 한신(韓信, ?~기원전 196)이 숙청당하면서 뒤늦게 후회하는 탄식의 대목에 보인다.

"아니나 다를까, 사람들 말이 하나 틀린 것 없구나. 약삭빠른 토끼가 잡히면 좋은 사냥개는 삶기고, 높이 나는 새를 잡고 나면 활은 치워버리며, **적국을 멸망시키고 나면 일을 함께 꾀한 신하는 죽는구나.** 천하가 이미 평정되었으니 내가 삶기는 것은 당연하겠지!"

때만 되면 수시로 입에 오르내리는 '토사구팽'이란 고사성어도 바로 이 대목에서 나왔다. ('토사구팽' 항목 참고)

키워드 : 정치, 창업, 공신, 숙청

적우침주(積羽沈舟), 군경절축(群輕折軸), 중구삭금(衆口鑠金), 적훼소골(積毀銷骨)

깃털도 쌓으면 배를 가라앉히고, 가벼운 사람도 떼를 지어 타면 수레의 축이 부러지며, 여러 사람의 입은 무쇠도 녹이고, 여러 사람의 비방은 뼈를 삭힌다.

– 권70 〈장의열전〉

전국시대 막바지 진(秦)나라가 장의의 연횡(連橫)을 앞세워 소진의 합종(合縱)을 무너뜨리기 시작했다. 합종은 동쪽의 6국이 동맹하여 서쪽의 진나라에 맞서자는 책략이었고, 연횡은 6국을 강공과 외교로 각개격파하자는 책략이었다. 장의의 연횡에 가장 큰 걸림돌은 진나라와 국경을 접하고 있는 위(魏)나라였다. 장의는 진나라에게 끊임없이 위나라를 공격하게 하여 마침내 합종책에 균열을 내는 데 성공했다.

장의는 이러한 형세를 이용하여 위나라 애왕(哀王)을 찾아가 위나라가 현재 상황

과 조건을 계속 무시하다가는 패망의 위기에 처할 것이라고 경고했다. 이때 장의는
이런 상황을 다음과 같은 절묘한 비유로 애왕의 마음을 움직이는 데 성공했다.

**"깃털도 쌓으면 배를 가라앉히고, 가벼운 사람도 떼를 지어 타면 수레의 축이 부러지며,
여러 사람의 입은 무쇠도 녹게 만들고, 여러 사람의 비방은 뼈를 삭힐 정도로 사람을 파멸
시킬 수 있다고 합니다."**

세상사 만물이 이치라는 것이 참으로 오묘하다. 상황과 경우에 따라 '한 자가 짧
을 때(일척단一尺短)가 있고, 한 치가 길 때(일촌장一寸長)'가 있다.(이를 줄여서 '척단촌장
尺短寸長'이라 한다. 해당 항목 참고) 깃털 하나를 얹으면 배가 가라앉을 수 있다. 마지막
순간이기 때문이다. 반대로 그 마지막 깃털 하나가 없어 다 되어가던 일이 성사되지
않는 경우도 적지 않다. 이런 이치를 안다면 삶에 겸손할 것이다.('적훼소골' 항목 참고)

키워드 : 여론, 비방, 반복, 위력

적제자(赤帝子)

적제의 아들.
– 권8 〈고조본기〉

유방이 고향 패현(沛縣)에서 사방 10리 이내의 치안을 책임진 정장(亭長)이란 말단
벼슬을 하고 있을 때, 진시황 무덤 축조에 동원될 죄수를 함양으로 호송한 적이 있
었다. 가던 도중 죄수들 상당수가 도망쳤다. 당시 진나라 법에 따르면 정해진 수의
죄수를 정해진 장소에 제때에 호송하지 못하면 사형을 당하게 되어 있었다. 유방은
술을 마신 다음 죄수들을 다 풀어주었다. 그리고는 또 좋아하는 술을 마신 다음, 한
밤중에 늪지의 좁은 길을 가다가 큰 뱀을 만났다. 유방은 취한 김에 자신을 따르던

사람들보다 먼저 가서 뱀을 두 동강
냈다. 그리고는 취기를 못 이겨 잠이
들었다.

　남아서 유방을 따르겠다고 한 자들
이 뱀이 있던 곳에 이르자 웬 노파가
통곡을 하고 있었다. 사람들이 까닭을
묻자 노파는 "누군가 내 아들을 죽여
서 우는 것"이라고 했다. 그러면서 자

유방이 큰 뱀을 두 동강 내는 것을 나타낸 조형물이다.
(2017년)

기 아들은 백제(白帝)의 아들인데, 뱀으로 변신하여 길을 막고 있다가 **적제의 아들**에
게 죽임을 당했다고 덧붙였다.

　노파는 유방을 적제의 아들이라고 했고, 이 일화는 유방이 보통 사람이 아닌 천제
의 하나인 적제의 아들로서 **장차 큰 인물이 될 것임을 암시**하고 있다.

키워드 : 귀인, 조짐

적현신주(赤縣神州)

중원 또는 중국.

– 권74 〈맹자순경열전〉

　전국시대 제자백가의 하나인 음양가(陰陽家)를 대표하는 제나라 출신 추연(騶衍, 기
원전 약 305~기원전 240)은 '대구주(大九州)' 학설을 처음 제시하며 "중국을 **적현신주**라
한다. '적현신주' 안에는 구주가 있는데, 우임금이 정한 구주가 이것이지만 주로 헤
아릴 수 없다"라고 했다.

　훗날 '적현신주'는 추연의 말대로 고대의 지리적 개념으로서 **중국, 또는 중원**을 가
리키는 단어가 되었다. '적현'과 '신주'를 떼어서 쓰기도 하고, '신주적현'으로도 쓰는

데 역시 중국 아니면 중원을 가리킨다.

적훼소골(積毀銷骨)

헐뜯음이 쌓이면 뼈도 깎는다.
– 권70 〈장의열전〉

《사기》가 위대한 역사서로서 뿐만 아니라 풍부한 문학성을 가진 고전으로 꼽히는 이유들 중 하나가 **적훼소골**과 같은 절묘한 성어들 때문이다. 52만 6,500자 안에 담긴 수많은 격언이나 성어는 심금을 울리는 묘한 매력을 갖고 있다. '언어의 소금'이라 불러도 손색이 없다.

'적훼소골'이라는 이 성어는 전국시대 불세출의 유세가 장의가 위나라 왕을 설득하는 과정에서 사용하고 있다. 잠시 장의의 말을 한번 들어보자.

"신이 듣기에 '가벼운 깃털도 많이 쌓이면 배를 가라앉게 하고, 가벼운 사람도 떼를 지어 타면 수레의 축이 부러집니다. 여러 사람의 입은 쇠도 녹이고, **여러 사람의 헐뜯음은 뼈도 깎는다**'고 합니다."

이 얼마나 절묘한 말인가?

"여러 사람의 입은 쇠도 녹이고, 여러 사람의 헐뜯음은 뼈도 깎는다."('적우침주~' 항목 참고)

근거 없는 이야기일지라도, 하고 또 하면 사실이 되어 사람들의 마음속으로 파고든다. 이것이 유언비어의 힘이고, 여론몰이의 변치 않는 고전적 방식이기도 하다. 증자(曾子)의 어머니가 아들이 사람을 죽였다는 말을 세 번 연달아 듣고는 결국 믿었다는

고사도 있지 않은가?('삼인의지, 기모구의' 항목 참고)

장의의 말은 《국어(國語)》에 인용된 "여러 사람의 마음이 모이면 성(城)을 만들고, 여러 사람의 입은 쇠를 녹인다"는 속담에서 나온 것 같다. 《전국책(戰國策)》에도 같은 성어가 보인다. 그리고 '적훼소골'은 이처럼 '여러 사람의 입이 쇠를 녹인다'는 '중구연금(衆口鍊金)'과 같이 쓰이는데, 거의 같은 뜻으로 '적훼소금(積毀銷金, 헐뜯음이 쌓이면 쇠도 깎는다)'이나 '적참마골(積讒磨骨, 헐뜯음이 쌓이면 뼈도 간다)'이란 성어도 파생시켰다.

유언비어는 출처가 분명치 않고 반복되면서 의미가 변한다는 특징도 있다. 그런데 여전히 들리는 우리 사회의 지역감정을 조장하는 망국적인 발언들은 유언비어도 아니고, 누구 입인지도 분명한 데도 쇠를 녹이는 위력을 갖고 있다. 선동에 휘둘린 시민들의 근거없는 분노를 정치적으로 이용하고 있기 때문인데, 무책임하게 내뱉은 그 화살이 결국은 자기 입을 향해 날아온다는 사실을 깨달아 지금이라도 그런 한심한 작태를 멈추어야 할 것이다.('적훼소골~', '중구삭금' 항목 참고)

키워드 : 여론, 비방, 반복, 위력

전

전거후공(前倨後恭)

이전에는 거만하다가 나중에는 공순하다.

– 권69 〈소진열전〉

전국시대 유세가 소진은 처음에는 유세에 실패하여 사람들의 비웃음을 샀다. 심지어 가족들에게도 괄시를 당했다. 장의는 끝내 유세에 성공하여 6국의 공동 재상이 되는 큰 출세를 하여 금의환향했다. 부모형제와 고향 사람들은 소진이 지나는 길을 쓰는 등 법석을 떨며 크게 환영했다. 환영에 나온 사람들 중에는 과거 자신을 크게 무시했던 형수도 끼어 있었는데, 무릎을 꿇고 뱀이 기듯이 기는 자세였다.

소진은 **"전에는 그렇게 거만하게 굴더니 지금은 왜 이렇게 공순하냐?"**며 비꼬자, 형수는 "시동생이 높은 벼슬에 돈도 많으니 그렇지요!"라고 했다. 소진은 한숨을 쉬며 "어허! 가난하고 어려울 때는 부모도 자식 취급 않더니 부귀해지자 친인척들이 다 두려워하며 우러러보는구나. 인생과 세상사에서 자리와 부귀를 어찌 무시할 수 있겠는가!"라고 탄식했다.

이상의 내용은 《전국책》 〈진책〉(1)에 보인다. 사마천은 이 기록을 바탕으로 〈소진열전〉에 거의 같은 내용을 수록했다. 훗날 사람들은 이 내용에서 **전거후공**이란 성어를 만들어냈다. 과거와 현재의 언행이 완전히 상반된 경우, 말하자면 **이전과 180도 달라진 태도와 행동**을 비유하는 성어이다.

키워드 : 처신, 태도, 상반

전격이정(傳檄而定)

격문을 전하기만 하면 평정된다.

– 권92 〈회음후열전〉

기원전 206년, 홍문연 이후 천하의 패권은 항우에게로 돌아갔다.('홍문연' 항목 참고) 항우는 분봉(分封)을 단행했다. 자신은 서초패왕이 되고, 맞수 유방은 한왕으로 삼아 들어가면 나오기 힘든 한중(漢中)으로 보냈다. 오갈 데 없는 상황에 몰린 유방의 진영은 도망자가 속출했다. 당시 함께 따라 한중으로 들어왔던 한신도 소하의 추천에도 불구하고 유방이 별 다른 반응을 보이지 않자 달아났다. 소하는 보고도 않은 채 한신의 뒤를 쫓아 그를 설득하여 데려왔다. 소하의 강력한 추천을 다시 받은 유방은 소하를 봐서 장군으로 삼는다고 했다. 소하는 날을 잡아 대장군 임명식을 거행하여 모든 군중이 알게 하라고 권했다. 임명식이 끝난 다음 한신은 유방에게 한중에서 빠져 나갈 방책을 건의하면서('명수잔도, 암도진창' 항목) 항우의 장단점, 천하 형세 등을 상세히 분석하고 다음과 같은 말로 마무리했다.

"대왕께서는 항왕(항우) 때문에 정당한 자리를 받지 못하고 한중으로 들어오셨고, 관중의 백성들 가운데 원망하지 않는 이가 없습니다. 이제 대왕께서 군사를 이끌고 동쪽으로 쳐들어가신다면, 저 삼진(三秦)의 땅은 **격문 한 장으로 평정**될 것입니다."

유방은 한신의 분석과 격려에 크게 기뻐하며 한신을 너무 늦게 얻었다고 생각했다. 마침내 한신의 계책을 받아들여 장수들과 진격할 곳을 정했다.('홍문연', '소하월하추한신' 항목 참고)

전격이정은 그 기세가 아주 강하여 격문으로도 상대를 압도할 수 있음을 뜻하는 성어이다. **압도적 기세나 형세 및 전력**을 가리킨다.

키워드 : 형세, 기세, 압도

전광쇄혈(田光灑血)

전광이 피를 뿌리다.
– 권86 〈자객열전〉

전국시대 말 연나라 태자 단(丹)은 어릴 적부터 감정이 좋지 않았던 진왕 정(政, 훗날 진시황)을 암살하려고 연나라의 숨은 처사 전광(田光)으로부터 자객 형가(荊軻)를 소개받았다. 태자 단은 전광을 만난 다음, 이 일을 비밀에 붙여 달라고 부탁했다. 전광은 형가를 만나 태자 단의 의중을 이야기한 다음, 태자가 자신을 의심하니 스스로 목숨을 끊어 형가를 격려하겠다면서, "그대가 어서 빨리 태자에게 가서 전광은 이미 죽었다고 말하여 일이 누설되지 않았음을 밝혀주시오"라고 말한 다음, 바로 목을 찔러 죽었다.

이 이야기를 바탕으로 청나라 사람 조집신(趙執信, 1662~1744)은 〈독항회고(督亢懷古)〉라는 시에서 태자 단이 그 옛날 연 소왕(昭王)이 예를 갖추어 은자 곽외(郭隗)를 잘 대우한 것처럼 전광을 잘 대우했더라면, **전광이 피를 뿌린** 일은 없었을 것이라고 탄식했다. 여기서 **전광쇄혈**이라는 성어가 나왔고, **누군가를 죽이려는 비밀스러운 행동이나 목숨으로 이 비밀을 지킨다**는 전고가 되었다.

키워드 : 거사, 비밀, 자결

전문비반(田文比飯)

맹상군이 밥(식사)을 비교하다.
– 권75 〈맹상군열전〉

기원전 3세기 후기에 활약한 전국시대 4공자의 한 사람인 제나라의 맹상군(孟嘗君) 전문(田文, 생졸 미상)은 식객을 3천 명이나 거느렸다. 그는 식사 때면 식객들과 함께 밥을 먹었다. 한번은 어떤 식객이 주인 맹상군과 자신의 식사가 다를 것으로 의심하여 맹상군을 떠나려고 했다. 맹상군은 **자신의 음식을 가져와 식객의 것과 서로 비교해** 주었다. 음식은 주객의 것이 똑같았다. 식객은 부끄러움을 견디다 못해 스스로 목숨을 끊었다. 훗날 **전문비반**은 주인과 식객이 똑같이 동고동락(同苦同樂)한다는 전고로 활용되었다.

키워드 : 주객, 동고동락

전사지불망(前事之不忘), 후사지사야(後事之師也)

지나간 앞일을 잊지 않아야 훗날의 스승이 될 수 있다.
– 권6 〈진시황본기〉

최초의 통일 왕조 진나라가 불과 15년 만에 역사의 무대에서 사라진 원인과 득실을 논하면서 사마천은 위의 명언으로 경고했다.(원전은 《전국책》이다.)

그릇된 전철을 밟지 않으려면 앞일을 잊어서는 안 된다. 누구나 할 수 있는 평범한 말이다. 그래서 늘 잊고 사는 것은 아닌지 모르겠다. 괴테는 "실수를 저지르려 할 때마다 그 실수가 전에 범했던 실수라는 것을 깨닫는다"고 하면서, "훌륭한 인간이 되기 위해서는 나이를 먹는 것이 필요하다"고 말했다.

인간은 늘 반복되는 같은 실수 때문에 자신을 탓하기도 하고 절망에 빠지기도 한다. 그러나 가만히 생각해 보면, 실수했다는 사실 자체에만 집착해서 실수의 원인과 교훈을 되새기는 일에 소홀했기 때문에 실수가 반복되는 것은 아닌지?

전사지불망, 후사지사야는 작게는 한 개인으로부터 크게는 한 나라, 나아가서는 인류 전체에게 아주 평범하지만 절대 무시할 수 없는 명언 중의 명언이다.

"옛날을 보고 지금 세상을 검증하고, 인간사를 참고하여 흥망성쇠의 이치를 살핀다."

사마천이 같은 곳에서 덧붙인 또 다른 명언이다. 과거는 현재의 둘도 없는 훌륭한 스승이고 미래의 방향타이다. 사마천은 이 평범한 진리를 축으로 삼아 인간사를 한눈에 꿰뚫는 통찰력으로 위대한 역사서를 남겼다.

시진핑 국가 주석은 2013년 취임 이후 잇따라 이 명구를 인용하며 과거사를 반성하지 않고 있는 일본에 경고한 바 있다. 일본이 중국에서 저지른 최악의 만행인 남경 대학살을 기념하는 '남경대도살기념관'의 중앙 홀에 바로 이 명구가 붙어 있다. 역사의 평가는 언제나 서늘하다.(2018년)

전승이불여인공(戰勝而不予人功)

싸움에서 이겨도 남에게 공을 돌리지 않다.
– 권8 〈고조본기〉

기원전 202년 초한쟁패에서 승리한 유방은 황제로 즉위한 다음, 낙양 남궁에서 공신들과 술자리를 베풀었다. 이 자리에서 유방은 공신들에게 자신과 항우의 승패에 대해 분석해보라고 했다. 같은 고향 출신의 공신 왕릉(王陵)이 나서 항우가 유방에게 패배한 원인을 분석하여 이렇게 말했다.

"싸움에서 이겨도 남에게 공을 돌리지 않고, 땅을 얻어도 다른 사람에게 이익을 나누어 주지 않았으니 이 때문에 천하를 잃었습니다."

"전승이불여인공(戰勝而不予人功), 득지이불여인리(得地而不予人利), 차소이실천하야(此所以失天下也)."

반면 유방은 빼앗은 땅과 재물을 흔쾌히 신하들에게 나누어 줌으로써 부하들의 적극성을 끌어내어 결국 항우에 역전승할 수 있었다고 덧붙였다.

리더는 공을 아랫사람에게 돌리는 리더십을 갖추어야 한다. 중국의 전통적인 리더십 항목에서는 이를 '위공(委功)'이라 한다. 항우와 유방의 리더십 차이를 잘 지적한 대목의 하나로 꼽힌다. 항우 밑에 있다가 유방에게 귀의한 명장 한신(韓信)도 왕릉과 비슷한 평가를 내린 바 있어 비교적 객관적으로 항우를 평가한 것으로 볼 수 있다.

한신은 항우를 평가하면서 '인완폐(印刓敝)'란 유명한 단어를 거론했다. 항우가 공을 세운 부하들에게 상을 나눠주기 싫어 마지막으로 찍어야 할 도장을 꺼내지 못하고, 주머니 속에 넣고 만지작거리다가 '도장 모서리가 다 닳았다'는 뜻이다. 항우와

유방의 리더십을 비교할 때 흔히 인용되는 흥미로운 단어이다.('인완폐' 항목 참고)

조직이 바람직하게 발전하려면 자신의 능력으로 공을 세우고 성과를 낸 인재를 격려하고 표창하고 상을 내려야 한다. 그러려면 먼저 인재의 성과와 공을 '인정(認定)'해야 한다. 의외로 많은 리더들이 이에 서툴거나 이를 못한다. 심지어 어떤 리더는 아랫사람이 세운 공을 가로채기까지 한다. 인정하는 것 자체가 리더의 힘이라는 점을 깨달아야 한다. 항우는 그것을 못 했고, 그래서 실패했다.

키워드 : 리더십, 인재, 인정, 위공

전승이장교졸타자패(戰勝而將驕卒惰者敗)

싸움에서 이겼다고 장수가 교만해지고 병졸이 나태해지면 패한다.
– 권7 〈항우본기〉

기원전 209년 터진 진승(陳勝)의 봉기는 1년 만에 실패로 돌아갔지만, 이것이 도화선이 되어 각지에서 봉기의 불길이 잇따라 타올랐다. 그해 항우의 숙부 항량(項梁)도 항우와 함께 봉기하여 파죽지세로 각지를 점령해 나갔다. 승리에 도취한 항량은 진나

산동성 정도에 남아 있는 항량의 무덤이다. (2010년)

라를 깔보며 교만해지기 시작했다. 장군 송의(宋義)가 이렇게 충고했다.

"**싸움에서 이겼다고 장수가 교만해지고 병졸이 나태해지면 패합니다.** 지금 병졸들이 다소 나태해진 데다 진나라의 군대는 날이 갈수록 늘어나고 있으니 군을 위하는 마음에서 신은 그것이 두렵습니다."

항량은 이 충고를 무시했고, 이듬해인 기원전 208년 정도(定陶)전투에서 진나라 장수 장한(章邯)에게 패하여 전사했다. 그 뒤 송의가 상장군이 되어 초나라 군대를 이끌었으나 송의의 우유부단함에 불만을 가진 항우가 그를 죽이고, 스스로 군권을 장악했다.

키워드 : 전투, 장수, 교만, 병졸, 나태, 패배

전화위복(轉禍爲福), 인패성공(因敗成功)

화를 복으로 바꾸고, 실패를 바탕으로 성공을 이끌어낸다.
– 권69 〈소진열전〉

힘들고 어려울 때 사람들에게 용기를 줄 수 있는 성어로 **전화위복**이 있다. 용기와 희망이 절실하기 때문이다. '전화위복, 인패성공'이란 이 유명한 성어는 당대의 걸출한 유세가 소진이 제나라 왕을 설득하는 과정에서 나오는 오래된 격언이다.

서쪽에서 세력을 뻗쳐오는 진나라를 막기 위해 소진이 제안한 6국 동맹 책략인 합종(合縱)이 받아들여짐으로써 15년 동안 진은 함곡관 동쪽을 넘보지 못했다. 진나라는 범수가 제안한 원교근공(遠交近攻)과 장의가 내놓은 연횡(連橫) 정책으로 합종을 깨뜨리기 위해 안간힘을 썼고, 그 결과 부분적인 성공을 거두었다.

먼저 제나라와 위나라가 조나라를 공격하고 나섰다. 그러자 조나라 왕이 소진을 원망하고 나섰다. 얼마 뒤 진나라의 부마국이 된 연나라의 국상(國喪)을 틈타 제나라가 연나라를 공격했다. 합종은 와해되었다. 사태가 여의치 않자 소진은 사태 수습에 나섰다. 연나라가 잃은 땅을 찾아주기 위해 제나라를 방문했다. 소진은 제나라 선왕에게 두 번 절하면서 축하한 다음, 곧 바로 불행을 조문(弔問)하였다. 축하와 조문을 동시에 받은 제나라 왕은 어리둥절해하며 그 까닭을 물었다.

소진은 진나라의 부마국이 된 연나라를 아무리 배가 고파도 먹어서는 안 되는 독초에 비유하면서, 연나라에게 빼앗은 성을 돌려주면 연나라와 진나라를 동시에 만족시키는 것은 물론, 두 나라와 튼튼한 동맹을 맺어 천하를 호령할 수 있으니 이것이 바로 **화를 복으로 바꾸고, 실패를 바탕으로 성공을 이끌어내는 일**이라고 설득했다.

소진의 논리는 코에 걸면 코걸이 귀에 걸면 귀걸이 식으로 곳곳에서 허점을 드러내고 있지만, 그가 인용한 이 격언만큼은 귀담아 새길 만하다. '실패는 성공의 어머니다'라는 격언도 있듯이 인생에 있어서 성공은 실패라는 쓰라린 경험이 보약이다. 문제는 실패를 복으로 바꿀 수 있다는 자신과 용기를 갖추느냐, 그렇지 못하느냐에 있다. 이 성어는 〈관안열전〉에도 그대로 보인다.

'전화위복'은 복과 화를 바꾸어 '전복위화(轉福爲禍)'라는 반의어도 있고, 같은 뜻으로 '인화위복(因禍爲福)'을 쓰기도 한다.('인화위복' 항목 참고) '전화위복'은 초등학교 교과서, 고등학교 한문 교과서 등에 실려 있다.

키워드 : 화복, 전환

절

절감분소(絶甘分少)

좋은 것은 양보하고, 귀한 것은 나눠 주다.
- 〈보임안서〉

절감분소를 글자 뜻대로 풀이하자면 달콤하고 맛난 음식을 (자신이) 누리지 않고 양보하고, 얼마 안 되는 좋은 물건을 모두에게 나눠 준다는 것이다.

'절감분소'는 사마천이 장수 이릉을 변호하면서 그의 인품을 평가하는 말 중에 나왔는데 관련 대목은 다음과 같다.

"사실 이릉이 평소 사대부들에게 **좋은 것은 양보하고, 귀한 것은 나누어 주어** 기꺼이 목숨을 바칠 사람을 얻은 것을 보면 옛날 명장도 따르지 못할 정도입니다."

훗날 이릉처럼 '절감분소'를 가장 잘 실천한 인물로는 삼국시대 와룡(臥龍) 제갈량(諸葛亮)과 함께 촉의 전략가로 이름을 떨쳤던 봉추(鳳雛) 방통(龐統, 179~214)을 든다. 호북성 적벽대전(赤壁大戰) 유지에는 이와 관련하여 '절감분소' 편액이 걸린 작은 암자가 남아 있다.

이후 '절감분소'는 자기보다는 주위나 **부하들을 챙기는 리더의 모습이나 성품**을 비유하는 성어로 자리 잡았다.('이릉지화' 항목 참고)

방통의 '절감분소' 일화를 전하고 있는 적벽대전 유지의 작은 암자이다.(2024년)

키워드 : 리더십, 동고동락, 양보

절부구조(竊符救趙)

부절을 훔쳐 조나라를 구하다.
– 권77 〈위공자열전〉

전국시대 위나라 안리왕(安釐王) 20년인 기원전 237년, 진나라가 조나라를 공격했다. 조나라는 바로 위급한 상황에 빠졌다. 안리왕은 대장 진비(晉鄙)로 하여금 군대를 이끌고 가서 조나라를 구원하게 했다. 안리왕은 진나라를 두려워하던 터라 진비에게 진나라와 섣불리 싸우지 말고 형세를 관망하라고 일러두었다. 이에 진비는 군대를 움직이지 않고 관망하는 태도를 보였다.

조나라의 평원군(平原君)은 안리왕의 동생 신릉군(信陵君)과 처남 매부 사이이자 서로를 잘 아는 친구와 같은 관계였다. 평원군은 서둘러 이런 상황을 신릉군에게 알

리며 도움을 요청하는 한편, 위나라 군대
가 성의가 없다고 나무랐다. 신릉군은 편
지를 받은 뒤 자신의 문객들을 모아 대책
을 상의했다. 신릉군이 마차를 몰고 직접
찾아가 모셔온 나이 70이 넘은 대량성(大
梁城) 동문 이문(夷門)의 문지기이자 은자
인 후영(侯嬴)은 신릉군에게 다음과 같은
계책을 올렸다.

신릉군은 역사 주해에게 대장 진비를 죽이게 하는
강력한 위세를 떨쳐 보임으로써 전군을 복종시켰
다. '절부구조'의 과정을 그린 만화의 표지이다.(출
처:바이두)

"위왕이 가장 아끼는 비인 여희(如姬)는 군께서 그 아버지를 죽인 원수를 대신 갚
아준 일이 있어 늘 군께 고마운 마음을 갖고 있습니다. 위왕의 침실을 자유롭게 드
나들 수 있는 그녀가 군대를 움직일 수 있는 호부(虎符)를 갖고 나올 수 있습니다. 그
녀에게 부탁하여 호부를 얻을 수만 있다면, 진비 군대의 지휘권을 박탈하여 대군으
로 조나라를 구할 수 있을 것입니다."

신릉군은 후영의 모략에 따라 여희에게 도움을 청하여 **호부를 훔쳐** 역사 주해(朱
解) 등 수행원들을 데리고 전선으로 갔다. 전선에 도착한 신릉군은 호부를 보이며,
위왕의 명령을 빙자하여 진비의 지휘권을 넘겨받고자 했다. 진비가 의심하여 따르
지 않자, 신릉군은 그 자리에서 주해에게 철퇴로 진비를 쳐 죽이게 하여 전군을 복
종시켰다. 신릉군이 이끄는 대군은 조나라의 수도 한단에서 진나라 군대를 대파하
고 **조나라를 구했다.**

이상의 사실에서 군대를 동원할 수 있는 **부절을 훔쳐 조나라를 구한다**는 절부구조의
성어가 파생되었다. **위급한 상황에서 비상한 수단이나 방법을 동원해서 위기를 넘긴다**는
뜻을 담고 있다.('허좌이대' 항목 참고)

키워드 : 상황, 위기, 비상수단

절치부심(切齒腐心 / 切齒拊心)

이를 갈고, 마음을 썩이다.
– 권86 〈자객열전〉;《전국책(戰國策)》

절치부심은 일상에서 자주 사용하는 사자성어로 **이를 갈고, 마음을 썩이다**는 뜻으로 아주 분한 마음을 비유하는 표현이다. 〈자객열전〉에 나오는 성어로 진나라 장수 번오기(樊於期)의 입에서 나왔고, 원전은 《전국책》이다.

전국시대 말, 연나라 태자 단(丹)은 진나라에 인질로 갔다. 일찍이 조나라에 인질로 갔던 태자 단은 그곳에서 태어나 자란 어린 시절의 정(政)과 친하게 지냈다. 이 어린 정이 훗날의 진시황이다. 8세에 진나라로 탈출하여 12세에 왕이 된 정은 인질로 온 태자 단을 좋게 대우하지 않았다. 단은 원한을 품고 연나라로 도망하여 돌아왔다. 그리고는 진왕에 대해 원한을 갚아줄 사람을 찾은 끝에 형가(荊軻)를 얻었다. 형가는 연나라로 망명해 온 진나라 장수 번오기(樊於期)의 목과 연나라의 비옥한 독항(督亢) 땅의 지도를 진왕에게 바칠 것을 요구했다. 진왕의 신임을 얻어 곁에 접근하기 위한 미끼였다. 당시 번오기는 진왕에 죄를 지어 연으로 도망 와 있었다. 형가는 번오기를 만나 이렇게 말했다.

"장군의 부모와 친척들이 다 장군 때문에 죽임을 당했습니다. 지금 장군의 머리에 황금 천근과 만호의 고을이 상으로 걸려 있습니다. 장군은 장차 어떻게 하시렵니까?"

번오기는 하늘을 우러러 크게 탄식하고 눈물을 흘리면서 이렇게 답했다.

"내가 그 일을 생각할 때마다 항상 아픔이 골수에 사무칩니다. 그러나 아무리 생각해도 마땅한 계책이 나오지 않소이다."

형가가 "이제 한마디 말로 연나라의 근심을 풀고, 장군의 원수를 갚을 수 있다면 어떻게 하겠습니까?”라고 다시 물었다. 번오기가 한 발 앞으로 나오며 그 방법을 물었고, 형가는 이렇게 말했다.

“원컨대 장군의 머리를 얻어서 진왕에게 바치면 진왕은 틀림없이 기뻐하며 저를 만나 줄 것입니다. 그때 왼손으로 그의 소매를 잡고, 오른손으로 가슴을 찌르겠습니다!”

번오기는 한쪽 어깨를 드러내어 팔을 움켜쥐고 나가 “이야말로 신이 밤낮으로 **이를 갈고, 마음을 썩이던** 바입니다. 이제야 비로소 가르침을 듣게 됐습니다”라고 말한 뒤, 스스로 목을 찔러 죽었다. 태자가 듣고 달려가서 시체에 엎드려 매우 슬프게 울었다. 형가는 예리한 비수와 번오기의 목, 독항 땅의 지도를 가지고 진나라로 떠났다.

'절치부심'은 이를 갈고 속을 썩일 정도로 **아주 분한 마음과 깊은 원한**을 비유하는 성어이고, 같은 뜻의 '절치통한(切齒痛恨)'이나 '원한이 뼈에 사무치다'는 '한지입골(恨之入骨)' 등으로도 쓴다.('원입골수' 항목 참고)

키워드 : 울분, 원한, 분통

접

접사(跕屣)

신을 질질 끌다.
− 권129 〈화식열전〉

신을 질질 끌다는 뜻을 가진 **접사**는 특이한 단어다. 〈화식열전〉에 보인다. 상인의 상업 활동을 주축으로 하는 경제 활동의 성공과 실패를 가르는 중요한 요소들 중 하나는 활동 지역의 풍토, 특히 문화 풍토이다. 〈화식열전〉에는 중국 각 지역의 풍토에 대한 분석과 소개가 실려 있다. 아마 역사상 최초로 각 지역의 풍토를 결합한 경제 구역론 내지 지역 경제론을 제기한 것이라 할 수 있다. 이 같은 지역 풍토는 현대 경영 이론에서 말하는 현지화 전략에 없어서는 안 될 중요한 요소이다. 사마천은 지역 풍토의 한 예로 중국 북방의 중산(中山) 지역을 다음과 같이 소개하고 있다.

"중산은 땅이 척박하고 인구가 많은 데다, (은나라) 주왕(紂王)이 음란한 짓을 저지른 사구(沙丘) 일대에는 아직도 은나라 후예가 남아 있어 백성의 성격은 조급하고 투기에 능하며, 이익을 보는 것으로 먹고살았다. 사내들은 함께 어울려 희롱하고 놀았는데 슬픈 노래를 불러 울분을 터뜨리고, 움직였다 하면 패를 지어 사람을 때리거나 약탈하고, 쉴 때에는 도굴을 해 교묘한 위조품을 만들고 간악한 짓을 일삼으며, 잘생긴 사람은 배우가 되기도 했다. 여자들은 거문고와 같은 악기를 연주하고 **신발을 질질 끌고** 곳곳을 찾아다니며 부귀한 사람에게 아부를 떨어 첩으로 들어가기도 했는데, 이런 여자들이 각 제후국에 두루 퍼져 있었다."

여기서 '신발을 질질 끈다'는 뜻을 가진 '접사'란 단어가 나왔다. 퇴폐적인 풍토가 만연한 이 지역의 분위기를 '신발을 질질 끄는' 여성들의 다소 게으르고 음탕한 모습을 통해 표현했다고 하겠다. 화식열전에서 분류한 경제구역을 간략한 표로 제시해 둔다.

대구역	소구역	대구역	소구역	대구역	소구역
강남구 (장강 이남)	동초구(東楚區)	산동구 (장강 이북, 화산 경계)	삼하구(三河區)	북방구 (용문·갈석 이북)	목축업 위주의 단순 경제구
	서초구(西楚區)		연조구(燕趙區)		
	남초구(南楚區)		제노구(齊魯區)		
	영남구(嶺南區)		양송구(梁宋區)		

키워드 : 풍토, 퇴폐, 게으름

정견세굴(情見勢屈)

정황을 보이면 열세에 놓인다.

– 권92 〈회음후열전〉

초한쟁패 때 한신(韓信)은 조나라와의 전투에서 상대의 허를 찌르는 '배수진(背水陣)'으로 승리를 거두고, 조나라 장수 광무군 이좌거를 포로로 잡았다. 한신은 광무군에게 향후 천하 정세와 각지에 대한 공략법 등을 물었다. 특히 연과 제 지역에 대한 공략법을 묻자, 광무군은 강온 양면으로 연나라를 공략해야 한다면서 "(아군의) **정황이** (상대에게) **파악당하면 형세가 열세에 놓일** 수밖에 없다"고 했다. 여기서 **정견세굴**이란 성어가 나왔다. 경쟁하는 쌍방의 형세나 정황을 누가 먼저 정확하게 파악하느냐에 따라 우세와 열세가 갈라진다는 뜻이다.('광부지언성인택언', '배수지진' 항목 참고)

키워드 : 형세, 파악, 우열

정공위신(丁公爲臣)

정공의 신하 노릇.

– 권100 〈계포난포열전〉

'한 번 한 약속은 반드시 지킨다'는 '계포일낙'의 주인공 계포에게는 정공(丁公)이라는 외삼촌이 있었다. 정공은 초나라 항우 밑에 있었다. 초한쟁패 와중에 정공은 고조 유방을 곤경에 빠뜨린 적이 있었다. 유방은 봐 달라고 사정을 했고, 정공이 군대를 물림으로써 유방은 간신히 몸을 피할 수 있었다.

초한쟁패는 유방의 승리로 끝났고, 정공은 기대를 갖고 유방을 찾았다. 그러나 유방은 정공을 붙잡아 조리를 돌리며, "정공은 항왕의 신하가 되어서 충성을 다하지 않았다. 항왕으로 하여금 천하를 잃게 만든 자는 바로 정공이다!"라며 목을 베었다.

유방은 자신을 살려준 정공에게 보답하기는커녕 그의 목을 벤 다음, "후세의 신하들에게 정공을 본받지 않게 하기 위함이다!"고 경고했다. 이 일화에서 **정공의 신하 노릇**이란 뜻의 **정공위신**이란 성어가 나왔다. 이 성어는 원래 주인에게 충성하지 않고 적을 살려준 정공의 불충을 가리키지만, 동시에 신하된 사람의 처신이 얼마나 힘들고 어려운가를 보여주는 성어이기도 하다.

키워드 : 군신, 관계, 처신

정금위좌(正襟危坐)

옷깃을 여미고 단정하게 앉다.
– 권127 〈일자열전〉

'도고익안' 항목에서 살펴보았듯이 한나라 초기 정치가 송충(宋忠)과 가의(賈誼)는 장안 시내에 나갔다가 우연히 점쟁이를 만났다. 이들은 더할 나위 없이 평온한 점쟁이의 자태에 놀랍고 두려워하며 깨달은 바가 있어서, 관을 바로 고쳐 쓰고 **옷깃을 여미고 단정히 앉아서** 점쟁이에게 가르침을 청했다. **정금위좌**는 옷매무새를 바로잡고 반듯하고 공손하게 앉는 모습을 가리키는 성어이다. 함부로 할 수 없는 사람을 만나거나, 막 대하기 어려운 상대를 만났을 때 취하는 몸가짐이라 할 수 있다.

키워드 : 태도, 단정, 평온

정역유빈(鄭驛留賓)

정당시가 역참을 설치하여 빈객들을 머무르게 하다.
– 권120 〈급정열전〉

〈급정열전〉은 급암(汲黯)과 정당시(鄭當時)의 행적을 기록한 열전이다. 이 두 사람은 뒤이어 나오는 〈혹리열전〉 혹리들의 선배 격에 해당하는 인물들로서 매우 강직하고 청렴하게 법을 집행했다. 혹리들 중 상당수가 권력자의 눈치를 봐가며 법을 집행하고 부정과 비리를 서슴지 않았던 것과는 크게 대비된다.

〈급정열전〉은 황제에게 직간을 서슴지 않았던 급암을 위주로 하여 유능한 인재를 우대했던 정당시를 함께 다룬다. 이 두 사람은 억지로 일을 만들지 않고 순리대로 일을 처리하는 것을 기본으로 삼았던 한나라 초기 황로사상(黃老思想)의 신봉자들이었다. 이런 이들의 행적을 통해 사마천은 한 무제가 취한 각종 위선적 정책, 가혹한 법집행 등을 강하게 비판한다. 특히 무제가 중용한 공손홍(公孫弘)과 장탕(張湯) 등의 위선과 음흉함을 폭로·비판하는 내용을 함께 삽입한 것을 보면, 사마천이 당시 지배 계층의 행태에 상당한 증오심을 갖고 있었음을 확인할 수 있다. 아울러 사상과 성격이 전혀 다른 급암과 정당시라는 두 인물을 뚜렷하게 대비시킴으로써 독자의 공명을 격발시키는 효과를 거두고 있다.('급암'에 대해서는 '후발제인' 항목 참고)

정당시는 협객으로 처신하길 좋아했다. 장우(張羽)를 재난에서 구해 주어 그 명성이 초(楚)와 양(梁) 지방에 알려졌다. 경제 때 태자의 사인(舍人)이 되었다. 그는 닷새마다 돌아오는 쉬는 날이면 장안 사방의 교외에 역마(驛馬, 역참)를 세워 옛 친구들을 방문하거나 손님을 초대해 극진히 대접했는데, 소홀한 점이 없는지 늘 걱정했다.

정당시가 장안 교외에다 '역참을 세워 손님을 대접했다'는 이 일화에서 **정역유빈**이라는 사자성어가 파생되었다. **정당시가 역참을 세워 손님을 머물게 했다**는 뜻이다. 이로써 '정역유빈'은 **손님을 좋아하는** 것을 비유하는 성어가 되었다.

키워드 : 빈객, 우대

권43 〈조세가〉는 춘추시기 진(晉)나라 조씨
집안이 독립하여 세운 조나라의 흥쇠와 끝
내 진(秦)나라에게 멸망하는 역사를 보여주
는 비교적 긴 세가다. 사마천은 이 편에서
실력과 권모의 작용에 중점을 두고 춘추 후
기 가치관의 변화 및 그 변화가 역사 발전
에 미친 심각한 영향에 깊은 관심을 보이고
있다. 사진은 조나라 무령왕이 군대를 사열
하고 가무를 관람하던 '무령총대(武靈叢臺)'
의 현재 모습으로 건축물은 청 말기에 세운
것이다.(하북성 한단시邯鄲市, 2010년)

정우일존(定于一尊)

하나의 지존을 정하다.
– 〈진시황본기〉

정우일존은 기원전 213년 무렵 승상 이사(李斯)가 사상과 학술 탄압의 방법으로 분서(焚書)를 제기하면서 진시황에게 올린 다음 대목에서 나온 성어이다.

"이제 황제께서 천하를 아우르시어 흑백을 가리고 단 **하나의 지존을 정해** 놓으셨습니다."

'정우일존'은 가장 높은 권위를 가진 사람을 가리키는 성어이다. 그러나 고대에는 사상·학술·도덕 등에서 가장 권위 있는 사람을 유일한 표준으로 삼는 것을 가리키기도 했다.

키워드 : 권위, 지존, 표준

정유기출(政由己出)

정치가 한 사람으로부터 나오다.
– 권7 〈항우본기〉

기원전 206년 진나라의 세 번째 황제 자영이 유방에게 항복함으로써 최초의 통일 제국이 15년 만에 멸망했다. 뒤늦게 진나라 수도 함양으로 접근한 항우는 패상에서 유방을 압박했다. 두 진영은 홍문에서 만났고, 유방은 항우에게 굴복했다.('홍문연' 항목 참고) 이로써 천하 패권의 행방은 일단 항우에게로 돌아갔다. 사마천은 〈항우본기〉의 논평 '태사공왈'에서 당시 상황을 이렇게 기록하고 있다.

"항우는 아무것도 가진 것 없이 대세를 틈타 민간에서 일어나 3년 만에 다섯 제후를 거느리며 진을 멸망시켰다. 천하를 나누어 왕후를 봉하니, **정치가 항우로부터 나왔으며** 패왕으로 부르기에 이르렀다."

'정치가 항우로부터 나왔다'는 **정유우출(政由羽出)**이란 대목에서 '정유기출'이란 성어가 파생되었다. 여기서 말하는 정치란 모든 명령을 가리킨다. 이로부터 '정유기출'은 **한 사람이 대권을 쥐고 자기 멋대로 독단하는 것**을 가리키는 성어가 되었다.

키워드 : 대권, 독단

정족지세(鼎足之勢)

(천하를) 삼분하여 대치하는 정세.
– 권92 〈회음후열전〉

고대인들은 다리가 셋 달린 그릇이 가장 안정감 있다고 생각해서 세 발 달린 토기와 청동기를 즐겨 만들었다. 그 그릇에 '세발솥'이란 뜻의 '정(鼎)'이란 이름을 붙이고, 나아가 그것으로 권력이나 천하를 상징하기도 했다.

우리가 흔히 쓰는 '정립(鼎立)'이라는 단어는 바로 이 그릇 이름을 빌려 쓴 것이다. **정족지세**는 세 발 그릇이 안정감 있게 그릇 몸체를 받치고 서 있듯이 상황이나 정세가 세 사람, 또는 세 세력에 의해 팽팽한 균형을 이루고 있을 때 쓰는 성어가 된다.

항우·유방과 더불어 천하를 삼분할 절호의 기회를 맞이한 한신에게 천하를 삼분하여 정립하라고 설득한 괴통의 입에서 이 말이 나왔다.

"양쪽(항우와 유방)을 다 이롭게 하여 함께 존립할 수 있고, **세발솥이 안정감 있게 버티고 서 있듯이** 천하를 셋으로 나누어 차지하게 되면, 누구도 감히 먼저 움직이지 못

세 발의 거대한 청동정은 권력의 상징물이 되었다. 사진은 상 후기로 추정하는 '수사자정(戍嗣子鼎)'이다.(2016년)

하는 형세가 이루어질 것입니다."

두 세력이 팽팽하게 맞서 있을 때 상당한 힘을 가진 제3자가 누구 편을 드느냐에 따라 정세는 결정적으로 변할 수 있다. 이때 제3자의 상황인식이 무엇보다도 중요하다. 대세와 자신의 진로를 함께 고려한 현명한 선택이 요구되기 때문이다. 명장 한신은 이 선택의 기로에서 자신이 나아갈 방향을 확고하게 결정하지 못하고 머뭇거렸고, 그 결과는 자신의 몰락으로 이어졌다.('토사구팽' 항목 참고)

괴통이 한신을 설득하며 "때가 왔는 데도 행동으로 옮기지 못하면 그 재앙이 도리어 자신에게 미친다"고 경고한 말이 마치 신통한 예언처럼 들리는 것도, 언젠가는 우리들에게도 닥칠 결단의 상황이 가져다줄 무게가 만만치 않기 때문이다.

괴통이 말한 '정족지세'에서 '정족(鼎足)', '정립(鼎立)', '삼족정(三足鼎)', '삼분정족(三分鼎足)' 등과 같은 단어들이 파생되었고, 훗날 **세 영웅 또는 세 세력이 나란히 대치하고 있는 형세**를 비유하게 되었다.('구정', '문정' 항목 참고)

키워드 : 형세, 균형, 정립(鼎立)

제국사(齊國社)

제나라 지역에 세워진 사당.
– 권103 〈만석장숙열전〉

〈만석장숙열전〉은 한나라 초기 인물인 석분(石奮)과 그 아들들인 석건(石建)·석갑(石甲)·석을(石乙)·석경(石慶) 일가와 위관·직불의·주문·장숙 등의 합전이다. 이른바 '장자(長者)'의 모습으로 '공경스럽고 근면한', 즉 '공근(恭勤)'한 인물들의 형상을 모아놓은 열전이다. 그러나 사마천은 이들 '장자'의 이면에 감추어진 비열한 영혼과 노예근성을 날카롭게 비판하고 나아가 봉건 전제주의의 본질을 철저하게 폭로한다.

석분 등의 '공근'한 모습이란 실제로는 자신의 몸을 지키기 위해 귀머거리, 벙어리 행세를 하는 것임을 사마천은 날카롭게 간파했다. 이는 무제의 전제정치가 빚어낸 공포의 반영이기도 했다. '공근'의 배후에는 법을 가혹하게 적용하는 무제의 잔인한 면모가 감추어져 있다고 본 것이다.

유학이 잃어버린 고유한 비판정신과 통치자의 도구로 전락한 '덕치'의 진상도 폭로한다. 이 열전은 다수를 따로 다루고 있지만 하나의 주제로 혼연일체 된 문장임을 느끼게 하며, 생생한 인물묘사를 통한 사마천의 풍자적 묘사도 돋보인다.

석분의 막내아들 석경은 네 형제 가운데서 예절에 까다롭지 않아 가장 상대하기 편했지만, 다른 형제들과 크게 다르지는 않았다. 석경은 네 형제들 중 가장 출세하여 제나라 승상이 되었다. 그는 제나라를 태평하게 잘 다스렸고, 사람들은 석경과 그 집안의 덕행을 기리는 '석상사(石相祠)'를 세웠다. 이 사실에서 **제국사**라는 단어가 파생되어 관리가 은혜로운 정치를 베풀어 백성의 존경을 받는다는 전고가 되었다.

키워드 : 정치, 시혜, 존경

제국유상(制國有常), 이민위본(利民爲本)

나라를 다스리는 기본적인 이치는 백성을 이롭게 함이 그 근본이다.
– 권43 〈조세가〉

전국시대 조나라 무령왕(武靈王, ?~기원전 295)은 간편한 오랑캐 복장에 말 위에서 활을 쏘는 이른바 '호복기사(胡服騎射)'로 대변되는 전면 개혁을 단행했다. 숙부 공자 성(成)을 필두로 한 기득권층은 격렬하게 반발했다. 무령왕은 왕설(王緤)을 공자 성에게 보내 이렇게 설득하게 했다.

"나라를 다스리는 기본적인 이치는 백성을 이롭게 함이 그 근본입니다. 정치에 참여하는 데 원칙이 있으니 명령에 따라 행동하는 것이 가장 중요합니다. 덕정을 펴려면 먼저 백성들을 이해시켜야 하며, 정책을 시행하려면 먼저 귀족들에게서 신임을 얻어야 합니다."

공자 성은 무령왕의 설득을 받아들였고, 조회에 호복을 입고 참가함으로써 적극적인 지지를 공개적으로 나타냈다. ('호복기사' 항목 참고)

키워드 : 개혁, 근본, 위민

제노(齊虜)

제나라 오랑캐.
– 권99 〈유경숙손통열전〉

한나라 초기의 정치가로 도읍지 선정을 비롯하여 국가경영에 많은 공을 세운 인물로 유경(劉敬, 생졸 미상)이 있었다. 그는 본래 성명이 누경(婁敬)이었으나 여러 공로를 인정받아 유(劉)씨 성을 하사 받았다.

유경이 한번은 고조 유방에게 크게 욕을 먹은 적이 있었다. 한 7년인 기원전 200년, 한왕(韓王) 신(信)이 반란을 일으키자 고조는 몸소 정벌에 나섰다. 그런데 한왕 신이 흉노와 손을 잡는다는 소문이 들려와 흉노에 사신을 보내 상황을 살피게 했다. 흉노는 노약자와 야윈 가축만을 보여주며 자신의 실력을 감추었다. 사신들이 10명이나 흉노에 다녀왔지만, 모두 흉노를 정벌할 수 있다고 말했다.

고조는 다시 유경을 사신으로 보냈고, 유경은 돌아와 흉노가 진짜 실력을 감추고 있다며 공격해서는 안 된다고 보고했다. 당시 한나라 군대는 이미 구주산(句注山)을 넘어서 20만여 명의 군사로 진격하고 있던 차라 유방은 버럭 화를 내며 유경에게 욕을 퍼부었다.

"제나라 오랑캐 놈아! 주둥이를 놀려 벼슬을 얻더니만, 이제는 감히 망령된 말로 내 군대의 출병을 막는구나."

유방은 유경을 옥에 가두고 계속 흉노를 공격하게 했다. 결과는 백등산(白登山)에서 흉노에게 완전 포위당해 전멸당할 위기에 몰렸다가 간신히 빠져나왔다. 유방은 유경에게 사과하며 2천 호의 식읍을 내리고, 건신후(建信侯)에 봉했다. 유방이 유경을 두고 '제나라 오랑캐'라고 욕한 이 이야기에서 **제노**라는 단어가 나와 훗날 **유경**을 가리키는 전고가 되었다.

키워드 : 욕설, 별칭

제위과보(齊魏夸寶)

제나라와 위나라가 보물을 자랑하다.
– 권46 〈전경중완세가〉

　전국시대인 기원전 359년 제나라 위왕(威王)이 위나라 혜왕(惠王)과 함께 사냥을 했다. 두 왕 모두 상당한 영향력을 가진 군주였다. 위 혜왕은 이웃한 한·조를 공략하는 등 삼진(三晉, 춘추시대 강국 진晉나라의 유력한 세 가문이었다가 독립한 한·조·위가 있었던 지역을 일컫는 단어)을 통일하겠다는 야심을 가졌으나, 진(秦)·제(齊)로부터 동서로 협공을 받고는 국력이 크게 쇠퇴해졌다. 혜왕은 도읍을 황하 동쪽 안읍(安邑)에서 대량(大梁)으로 옮기는 등 재기에 안간힘을 쓰고 있었다.

　혜왕이 제나라 위왕과 만나 사냥을 하다가 '서로의 보물을 자랑'하게 되었다. 혜왕은 자기가 갖고 있는 귀중한 물건들이 보물로서 소중하다고 자랑했다. 위왕은 인재가 보물이라며 인재의 중요성을 강조했다. 이 말에 혜왕은 부끄러워 휭하니 자리를 떴다. 이 고사는 제나라 위왕이 당시 패주 못지않은 군주가 될 수 있었던 원인이 인재 중시에 있었음을 암시하고 있다.

　제위과보는 **제나라와 위나라가 서로의 보물을 자랑한다**는 성어이지만, 그 안에는 **진정한 보물이란 보석이나 귀한 물건이 아닌 인재**라는 뜻이 담겨 있다.

키워드 : 보물, 물건, 인재

제자백가(諸子百家)

제자백가.
– 권84 〈굴원가생열전〉

　중국 역사, 특히 사상사와 학술사에서 **제자백가**는 가장 중요한 단어이다. 《사기》

에서 제자백가는 〈굴원가생열전〉에 보인다. 제자백가의 위상과 중요성을 생각하여 참고자료로 좀 더 상세히 살펴보았다.

키워드 : 사상, 학술, 학파, 제자백가

참고자료 제자백가

제자백가의 어원과 분류 및 소멸

'제자백가'는 '제자'와 '백가'가 합쳐진 단어이다. 엄밀히 보자면 제(諸)+자(子)+백가(百家)의 합성어이다. 그 의미는 **여러 사상의 대표적 인물과 학파**라 할 수 있다. 백가의 '백'은 구체적인 수를 가리키는 것이 아니라 맨 첫 글자인 여러 '제'와 대응하는 것으로 둘 다 많다는 뜻이다. 또 모든 사상과 학파가 춘추전국시대에 한꺼번에 거의 동시에 다 출현한 것은 아니라 선후의 차이가 있다.

'제자(諸子)'에서 아들 '자(子)'는 춘추전국시대에 가장 유행한 글자로 두 가지 뜻을 갖고 있다. 사람을 가리킬 때는 '선생'이란 뜻이고, 저술을 가리킬 때는 '전집'이란 뜻이다. 예를 들어 '맹자(孟子)'하면 '맹가(孟軻) 선생'과 '맹가전집'이란 뜻을 동시에 갖는 것이다. '공손룡자(公孫龍子)'의 경우 사람을 가리킬 때는 '공손룡 선생'이 되고, 저술을 가리킬 때는 '공손룡전집'이 된다.

다만 노자(老子)로 잘 알려져 있는 이이(李耳)의 경우는 당시 너무 나이가 많았던 관계로 특별히 '노자'라는 존칭으로 불렀는데, 이와 동시에 이것으로 그의 저술인 《도덕경(道德經)》이란 이름을 대신하기도 한다. 따라서 '제자'란 '여러 선생'이란 뜻인 동시에 '각종 저작 전집'이란 뜻이다. 때로는 각종 저작에 대해 '제자서(諸子書)'란 말로 통칭하기도 하는데, 이것이 비교적 의미가 분명해 보인다. 춘추전국시대 이후로도 존경의 의미로 간혹 몇몇 사람들에게 '자'를 붙이기도 했지만, 저작에 대해 '자'를 붙이는 이런 혼란스러운 풍조는 완전히 끊어졌다.

또 한 가지 덧붙일 것은 '백가'는 형용사일 뿐이란 점이다. 기록에 남은 학파는 대략 17개 정도에 지나지 않는다. 그중에서도 유(儒)·도(道)·묵(墨)·법(法) 4개 학파의 사상이 철학적 의의를 가장 잘 갖추었고, 기타 명가(名家, 논리학)·병가(兵家, 군사사상)·음양가(陰陽家, 현학사상)·종횡가(縱橫家, 외교술)·농가(農家, 농업기술)·소설가(小說家, 문학창작)·잡가(雜家, 백과전서와 비슷한 종합 사상)도 각자의 관점에서 사회와 인생에 대한 사고 및 처세철학을 제기했다. 학파가 창시된 시점으로 보면 기원전 5세기에 나온 유·도·묵·법·농, 기원전 4세기에 나온 명·병·음양·종횡·소설, 여기에 기원전 3세기의 잡가에 이르는 과정은 기본적으로 세계관에서 방법론에 이르는 역사였다.

주의해야 할 점은 백가가 창시된 시점은 앞서고 늦음이 있지만, 서로 자기주장을 내세우고 발전해 간 역사는 진나라가 통일을 이룰 때까지 끊이지 않고 연속되었다는 사실이다. 또 각 학파는 한 곳에서만 다투지 않았으며, 또 한데 모여 회의를 하는 방식의 학술 토론도 아니었다. 각자 각국에 흩어져서 그 지역의 문화적 배경과 정치·사회·역사적 배경에 따라 다른 목소리를 냈다.

'제자백가'의 어원을 찾아보면 이것이 하나의 단어로 나오기는 비교적 후대이고 '백가'가 전국시대에 먼저 나왔다. 《순자》에 보면 "제후들의 정치가 다르고, 백가의 설이 다르다"는 구절이 있고, 《장자》에도 '백가의 설'이란 말이 나온다. 그 뒤 동한시대 초기 《사기》에 이어 두 번째 정사로 분류되는 반고(班固)의 《한서(漢書)》〈예문지(藝文志)〉에서 제자들의 저서 목록을 나열하면서 "무릇 제자 189가의 4,324편"이라고 했는데, 이후 개괄적으로 '제자백가'로 쓰게 된 것이다.

그러나 엄밀히 따지자면 '제자백가'는 《사기》〈굴원가생열전〉에 정확하게 같은 글자로 출현하고 있다. 서한 초기의 정치가이자 학자였던 가의(賈誼)의 전기에서 사마천은 그가 어려서부터 제자백가의 학설에 정통했다고 기록하고 있다. 그에 관한 대목은 다음과 같다.

"가생(가의)이 비록 나이는 어리지만 제자백가(諸子百家)의 학문에 정통하다고 아뢰었다. 이에 문제(文帝)는 가생을 불러 박사(博士)로 임용했다."

이로 미루어 보면 기원전 2세기에 활동한 사마천 이전에 '제자백가'란 용어가 있었던 것만은 틀림없다.

사상의 해방을 상징하는 제자백가의 활동과 사상은 진나라가 천하를 통일하면서 크게 위축되었다. 천하통일이라는 대업의 완성과 진시황이 구축한 전제적 제왕체제에서는 백화제방(百花齊放)은 설 자리가 없었다. 법가의 말단 이사가 감행한 분서갱유(焚書坑儒)는 제자백가의 소멸을 상징적으로 보여주는 사건이었다.

제자백가의 공식적인 소멸은 한나라 무제 때 와서였다. 이른바 백가축출(百家逐出)과 유가독존(儒家獨尊)이 단행됨으로써 명실상부 황제를 정점으로 하는 확고한

사마천의 삶과 역사서 서술에 결정적인 영향을 미친 사람은 아버지 사마담이었다. 사진은 섬서성 한성시에 남아 있는 사마담의 무덤이다.(2004년)

위계질서와 사상통일이 이루어진 것이다. 이로써 2천 넘게 국가 통치와 지배 이데올로기로서 유가의 독존적 독점적 위치가 확정되었다. 통치체제의 확립과 함께 자유와 해방을 표방하던 제자백가도 역사의 뒤안길로 사라졌다. 역사의 수순이었지만, 사상계로서는 큰 손실이 아닐 수 없었다. 바로 그 시대에 살았던 사마천은 이런 현상을 안타까워하면서 아버지 사마담의 〈논육가요지〉를 자신의 자서전 〈태사공자서〉에 전문을 실어 제자백가를 회고했다.

제자백가에 관한 최초의 논문 〈논육가요지(論六家要旨)〉

사마천은 자신의 자서전인 〈태사공자서〉에 아버지 사마담의 〈논육가요지〉라는 글을 인용하고 있는데, 이 글은 다름 아닌 제자백가 중 주요한 여섯 학파의 장단점을 본격적으로 논한 제자백가와 관련한 최초의 논문이라 할 수 있다. 사마천이 제자백가의 사상과 관점에 상당한 관심을 가지고 있었음을 잘 보여주는 자료라 할 수 있다.

사마담과 사마천이 분류한 제자백가의 대표적인 6가는 음양가·유가·묵가·명가·법가·도덕가(도가)이다. 참고로 6가의 요지와 장단점을 하나로 표로 정리해 보았다.

요지와 주요 학파	특징 및 장점	단점
전체 요지	6가는 모두 세상을 다스리는 것을 목적으로 하고 있지만 추구하는 이론이 서로 달라 잘 살핀 것도 있고, 그렇지 못한 것도 있다. 정신은 생명의 근본이고, 육체는 생명의 도구다. 이 둘의 조화만이 천하를 다스리는 길이다.	
음양가	사시 운행의 큰 순서에 맞춰 일을 해야 한다는 점은 놓칠 수 없는 점이다.	금기와 구속이 많고, 사람을 두렵게 하는 요소가 많다.
유가	군신·부자·부부·장유의 구별이 분명한 점은 바꿀 수 없는 점이다.	학설이 너무 광범위해서 요점이 모자라 애를 써도 효과가 적다.
묵가	경제에 대한 관심과 비용 절감을 주장한 점은 버릴 수 없다.	지나친 검약을 강조하여 지키기가 어렵고, 다 실천할 수 없다.
법가	군신 상하의 직분을 정확하게 규정한 점은 고칠 수 없는 장점이다.	엄하기만 하고 은혜와 인정이 모자란다.
명가	명분과 실질의 관계를 바로잡은 점은 잘 살펴야 할 부분이다.	명분에 얽매여 실질을 잃기 쉽다.
도가	여러 학파의 장점을 취하여 시세와 더불어 순응·발전하며, 요지는 간명하면서도 쉬워 적은 노력으로도 큰 효과를 거둘 수 있다.	

위 표를 좀 더 설명하자면, 사마담은 "한 시대의 학술 전부를 개괄하여 종합 분석하고, 과학적 분류법으로 약간의 학파로 다듬은 다음, 이들을 비교 평가한"(양계초梁啓超) 최초의 인물이었다. 이로써 중국 학술사 연구는 전에 없이 높은 수준의 단계로 올라설 수 있었다. 선진시대 이래 제자백가의 학술은 사마담에 의해 6가를 대표로 하는 각자의 이름을 가지기에 이르렀고, 그 6가는 당시 사상계의 6대 세력권을 대표할 만했다. 그의 분류법은 바로 다른 학자들에게 의해 받아들여졌다. 사마천보다 조금 늦게 활동한 서한 말기(기원전 1세기 이후)의 유명한 목록학자인 유흠(劉歆, ?~23)은 대표적인 저서 《칠략(七略)》에서 〈제자략〉이란 항목으로 제자백가의 저서를 분류했고, 반고는 《한서》 〈예문지〉에서 사마담의 6가를 기준으로 10가와 9가로 분류했다. 6가는 모두 앞자리를 차지했다.(다만 병가가 소홀히 취급된 점은 아쉬움으로 남는다.)

〈논육가요지〉는 《사기》 편찬에도 직접적인 영향을 주었다. 《사기》는 이 논문에 근거하여 〈공자세가〉, 〈맹자순경열전〉, 〈중니제자열전〉, 〈노자한비열전〉 등과 같은 일련의 학술 전기를 처음으로 마련할 수 있었기 때문이다.

사마담은 도가(道家), 좀 더 구체적으로는 황로(黃老) 도가의 입장에 서서 선진 이래 제자백가들의 학술사상사를 종합하고 비평했다. 이 때문에 황로 도가는 '신도가(新道家)', 사마담은 '신도가 최후의 학자'라고도 불렸다.

사마담의 〈논육가요지〉는 선진 이래 학술사상사를 종합하고 비평했을 뿐만 아니라, 한 초기 '황로 도가'(신도가)의 정치 실천에 대해서도 종합적인 이론을 제기하고 있다. 중국 학술 발전사에 있어서 흔치 않은 중요한 문헌으로서 〈논육가요지〉의 학술사상과 학술 성취는 중국 학술 발전사에 중요한 영향을 남겼을 뿐만 아니라, 문헌 목록학과 역사 편찬학에 대해서도 큰 영향을 미쳤다. 그 핵심 사상은 아들 사마천에게 고스란히 물려졌다.

제자백가 일람표와 출현 배경

유·도·묵·법의 4대 사상은 대체로 춘추전국시대의 중요한 사상이었다.(때로는 병가를 넣어 5대 사상 또는 5가로 부르기도 한다.)

그렇다고 이 네 사상 밖에 없었던 것은 아니다. 당시에 벌써 '제자백가'라는 단어로 만발하는 새로운 사조를 형용했다. 하지만 역사상 기록에 남은 중요한 사조는 이 네 사상을 포함하여 10여 가에 이른다. 이를 표로 정리하여 주요 학자와 주요 저서를 나타내어 설명을 대신한다.

제자백가의 주요 학자와 저서 정보표

백가	창사자 혹은 주요인물	제자(주요 학자)	제자(주요 저서)
유가(儒家) (복고사상)	공구(공자) (기원전 5세기)	증삼, 복상, 좌구명, 공양고, 곡량숙, 안회(이상 기원전 5세기) 맹가, 공급(이상 기원전 4세기) 순황(기원전 3세기) 동중서(기원전 2세기)	《논어》《대학》《중용》《맹자》(이상 4서) 《좌씨춘추》《우씨춘추》《이씨춘추》 《춘추공양전》《춘추곡량전》《순자》 《경자》《공손니자》《영월》《증자》《서자》 《자사자》《세자》《미자》《복자》《양자》 《노중련자》《왕손자》《칠조개자》

도가(道家) (양보사상)	이이(李耳, 노자) (기원전 5세기)	희헌원(기원전 27세기) 열어구, 관희(이상 기원전 5세기) 장주, 양주(이상 기원전 4세기)	《노자(도덕경)》《관윤자》《장자》《열자》 《문자》《혈관자》《모자》《역목》《공자모》 《검류자》《전자》《첩자》《장로자》 《황제군신》《정장자》《왕적자》
묵가(墨家) (박애사상)	묵적(墨翟, 묵자) (기원전 5세기)	금활리, 공상과 (이상 기원전 5세기) 맹승(기원전 4세기)	《묵자》《전구자》《아자》 《수과자》《호비자》
법가(法家) (법치사상)	이괴(李悝) (기원전 5세기)	관중(기원전 7세기) 신도(기원전 5세기) 오기, 공손앙, 신불해 (이상 기원전 4세기) 한비, 이사(이상 기원전 3세기)	《법경》《관자》《상군서》《한비자》 《신자》《이자》《처자》《신자》
명가(名家) (논리방법)	혜시(惠施) (기원전 4세기)	등석(기원전 6세기) 공손룡(기원전 3세기)	《혜자》《등석자》《공손룡자》《황공》 《모공》《윤문자》《성공생》
병가(兵家) (군사사상)	손무(孫武) (기원전 6세기)	강태공(기원전 11세기) 전양저, 손무(이상 기원전 6세기) 손빈, 사마조, 왕료 (이상 기원전 4세기)	《육도》《손자병법》 《사마병법》《손빈병법》
음양가(陰陽家) (현학사상)	추연(鄒衍) (기원전 4세기)	추석(기원전 4세기)	《추자》《풍촉자》《황제》《태소》 《두문공》《여구자》《주백》《남공》
종횡가(縱橫家) (외교기술)	소진(蘇秦) (기원전 4세기)	귀곡자, 장의 (이상 기원전 4세기)	《소자》《장자》《궐자》《괴자》 《귀곡자》《영릉》《영신》
잡가(雜家) (종합사상)	여불위(呂不韋) (기원전 3세기)	시교(기원전 4세기), 유안(기원전 2세기)	《여씨춘추》《시자》 《회남자》《울료자》
농가(農家) (농업기술)	허행(許行) (기원전 5세기)	신계연(기원전 5세기)	《신농》《야노》
소설가(小說家) 문학가(文學家) (문학저작)	굴원(屈原) (기원전 4세기)	송옥(기원전 4세기)	《이소》《구가》《신녀》《고당》
의가(醫家) 방기가(方技家)	편작(扁鵲) (기원전 5세기)	기백, 유부, 편작, 진화, 창공	《황제내경(소문, 영추)》
화식가(貨殖家)	범려(范蠡) (기원전 6세기)	강태공, 계연, 백규 등	《계연편》《도주공생의편》
사가(史家)	사마천(司馬遷) (기원전 2세기)	좌구명(기원전 6세기), 유향	《좌전》《전국책》《사기》

대표적인 4가를 학파라 부르고, 나머지는 실질상 전문지식 또는 전문직업이지 철

학과는 무관하다. 철학과 무관하긴 하지만 학술사상과는 관련이 있기 때문에 모두가 나름대로 이론적 기초와 중요한 저작을 가지고 있었다. 이것들은 전부 춘추전국시대에 새롭게 일어난 사조로 그 전에는 전혀 없었고, 그 뒤로도 거의 출현하지 않았다. 설사 나타났다 하더라도 정통사상으로 자리를 굳힌 유가에 의해 배척당하거나 무시당했다.

전통적인 분류법으로 보자면 앞의 표 맨 아래에 위치한 의가(醫家)와 화식가(貨殖家, 또는 상가商家), 그리고 사가(史家)는 제자백가에 포함되지 않는다. 하지만 《사기(史記)》〈편작창공열전〉은 명의들의 행적을 아주 생생하게 기록하고 있고, 그 맥도 상고시대부터 한나라 때까지 면면이 이어지고 있어 일가에 편입해도 손색이 없을 것 같다. 또 〈화식열전(貨殖列傳)〉에 보이는 계연(計然)을 대표로 하는 경제 이론가와 범려(范蠡)를 필두로 하는 사업과 치부에서 성공한 상인들의 존재는 분명 제자백가에 넣기에 충분하다.

나아가 최초의 본격적인 역사서 《사기》를 남긴 사마천을 사가의 대표적인 인물로 분류할 수도 있다고 본다. 《춘추(春秋)》, 《국어(國語)》로 대표되는 선진 시대 다소 불완전한 역사 기록들이 사마천에 와서 거의 완벽한 체제를 갖춘 《사기》로 종합됨으로써 비로소 진정한 역사가와 역사서가 탄생했기 때문이다. 더욱이 사마천은 역사서를 저술하게 된 동기·목적·방법 등을 피력하면서 '일가의 말씀을 이루고 싶다(성일가지언成一家之言)'는 개인적 소망을 강하게 드러낸 바 있다. 그가 말한 '일가(一家)'가 사가(史家)가 아니고 무엇이겠는가?

기원전 5세기를 전후로 이처럼 다양한 사상과 인물들이 나타나 각자의 생각과 시대가 처한 문제점들을 진단하는 위대한 광경이 펼쳐지게 된 원인을 대개 다음 두 가지로 압축해 볼 수 있다.

첫째, 사회구조가 극렬하게 변하는 와중에서 생겨난 분란과 암흑, 빈부 차와 고통스러운 평민들의 생활을 직시한 일부 평민계층의 지식인들이 인격상 높은 정조를 바탕으로 각자가 생각하는 정확한 방향에 따라 빈부를 소멸하고 세상을 구원하는

제자백가의 사상가들을 나타낸 그림이다.(2017년)

방법을 내놓았기 때문이다.

둘째, 전통적인 권위, 즉 세습귀족에 의한 통치가 무너졌는데, 이는 마치 꽃밭에서 무거운 돌을 들어낸 것과 같아 새로운 꽃과 풀들이 쉽게 피어나고 자라날 수 있었기 때문이다. 각국 정부는 생존을 위해 낡은 권위를 더 이상 고집하지 않았을 뿐만 아니라, 오히려 낡은 권위를 타파하여 새롭게 일어난 힘에 의한 새로운 권위 수립을 도왔다. 예들 들어 각국의 국군들은 대부분 귀족정치를 포기하고 평민과 노예들 중에서 정치가와 군사가 등 유능한 인재를 뽑는데 경쟁적으로 앞장섰다. 새롭게 일어난 사조에 대한 강력한 격려와 지원이었다.

백화가 만발하고 백가가 다투어 목청을 높였다. 중국인의 사상은 무한한 공간 속으로 진입했다. 상상력은 사방으로 화려한 빛을 뿌리며 치달았다. 가는 곳마다 활발한 영성과 풍부한 생명력이 넘쳤다. 춘추전국시대는 중국 역사상 가장 흥분에 넘쳤던 시대임에 틀림없었고, 그 중심에 제자백가가 있었다.

제팽(齊烹)

제나라에서 삶기다.
— 권97 〈역생육고열전〉

초한쟁패가 한창일 때인 기원전 204년 유방을 만난 유세가 역이기(酈食其, 역생酈生 ?~기원전203)는 홀홀단신으로 제나라를 찾아가 제왕 전광(田光)을 설득하여 항복을 받아들이게 했다. 두 사람은 그날 이후 매일 같이 술 마시며 지냈다. 일찌감치 제나라 공격을 명령 받았던 한신은 그 이듬해인 기원전 203년에 제나라를 기습하여 제나라 도성 임치(臨淄)를 함락했다.

전광은 역이기가 자신을 팔았다고 여기고는 "네가 만일 한나라 군대를 멈추게 할 수 있다면 내가 너를 살려주겠지만, 그렇지 않으면 나는 너를 삶아 죽이겠다!"며 화를 냈다. 역이기는 "큰일을 하는 사람은 자질구레한 일에 얽매이지 않으며, 덕이 높은 사람은 다른 사람의 비난을 신경 쓰지 않는다. 내가 당신을 위해서 더 이상 무엇을 할 수 있겠는가?"라며 당당하게 맞섰다. 전광은 역이기를 삶아 죽이고, 군대를 이끌고 동쪽으로 도망쳤다.

위 사실에서 **제나라에서 삶기다**는 뜻의 **제팽**이라는 단어가 파생되어 **공을 세우기 위해 죽음조차 마다 않는 행동**을 가리키는 전고가 되었다.('설권제성' 항목 참고)

키워드 : 성공, 희생

제포지의(綈袍之義)

솜옷 한 벌의 의리.
– 권79 〈범수채택열전〉

전국시대 말기 진나라의 천하통일을 위한 외교책략으로 '원교근공'을 제시한 범수(范雎)는 위나라 출신이다.('원교근공' 항목 참고) 그는 위(魏)나라에 있을 때 중대부 수고(須賈)를 모셨지만 위나라 상국이었던 위제(魏齊)의 시기와 모함 때문에 거의 죽을 뻔한 수모를 겪었다. 범수는 장록(張綠)으로 이름을 바꾸고 진나라로 건너가 소왕(昭王)에게 유세하여 진나라 재상 자리까지 오르는 큰 출세를 했다.

범수는 자신에게 수모를 준 수고와 위제에 대한 원한을 한시도 잊지 않고 있었다. 마침 수고가 진나라에 사신으로 오자 범수는 신분을 속이고 초라한 행색으로 수고를 찾아가 만났다. 범수를 본 수고는 안부를 물은 다음, 측은한 마음이 들었던지 범수에게 두터운 명주 솜옷을 한 벌 주었다.

그 뒤 수고는 진나라의 재상 장록이 바로 범수라는 사실을 알게 되었고, 범수를 만난 수고는 자신의 잘못을 빌었다. 범수는 수고의 죄목을 하나하나 꼽은 뒤 죽어 마땅하나 옛정을 생각하여 자신에게 솜옷 한 벌을 준 의리 때문에 목숨을 살려 주었다.

이 이야기에서 **솜옷 한 벌의 의리**라는 뜻의 성어 **제포지의**가 나왔다. 대개 **가난한 사람이 옛날 자신에게 베푼 은혜를 생각한다**는 뜻으로 쓰인다. '제포혜(綈袍惠)'로 쓰기도 한다.('일반필상, 애자필보', '탁발난수' 등 항목 참고)

키워드 : 보은

제후이교인즉실기국(諸侯而驕人則失其國)

무릇 제후가 남에게 교만하면 나라를 잃는다.
- 권44 〈위세가〉

전국시대 위(魏)나라 문후(文侯) 때 태자 자격(子擊, 훗날 무후)이 전쟁에서 많은 공을 세웠다. 그가 문후의 스승 전자방(田子方)을 조가(朝歌)에서 만났다. 자격은 수레를 끌어 한쪽으로 비켜 세운 다음 내려서 인사를 했다. 전자방은 예를 갖추지 않았다. 기분이 상한 자격이 "부귀한 사람이 남에게 교만합니까? 아니면 빈천한 사람이 남에게 교만합니까?"라는 말로 전자방을 자극했다. 전자방은 태연히 "당연히 빈천한 사람이 남에게 교만하지요"라면서 이렇게 말했다.

"제후가 남에게 교만하면 나라를 잃고, 대부가 남에게 교만하면 그 집안을 잃지요."

"제후이교인즉실기국(諸侯而驕人則失其國), 대부이교인즉실기가(大夫而驕人則失其家)."

그런 다음 전자방은 다음과 같이 덧붙였다.

"빈천한 자는 행동이 서로 맞지 않고 말이 받아들여지지 않으면, 초나라나 월나라로 떠나가기를 신발 벗듯이 하니 이 둘을 어떻게 같이 볼 수 있겠습니까?"

그간에 세운 공로를 믿고 교만하게 구는 자격에 대한 충고였다. 자격은 이를 받아들이지 않고 불쾌해 하며 그 자리를 떠났다. 자격은 문후의 뒤를 이어 즉위하는 문후의 아들 무후(武侯)였다.

전자방에 대한 아버지 문후의 예우가 갖는 깊은 뜻을 아들 자격, 즉 무후는 몰랐다. 전국시대 초기 개혁을 주도하며 서방의 강력한 진나라를 저지하는 등 최강의 국력을 자랑했던 위나라가 문후를 지나 무후 때 오면 현격하게 퇴조하게 되는데, 위 일화는 그 원인이 어디에 있는지를 암시하고 있다.('빈천자교인' 항목 참고)

키워드 : 권력자, 교만, 망국

조

조걸위학(助桀爲虐)

걸을 도와 포악한 짓을 일삼다.

– 권55 〈유후세가〉

기원전 206년 유방(劉邦)의 봉기군이 먼저 함양에 이르자 진왕 자영(子嬰)이 항복했다. 이로써 최초의 통일제국 진나라가 통일 이후 불과 15년 만에 망했다. 유방이 진의 함양궁에 들어가 보니 엄청난 궁궐에 귀한 보물과 여자들이 넘쳐났다. 유방은 왕년의 건달 시절이 생각나 그곳에 머물며 즐기고자 했다. 번쾌(樊噲)가 궁궐 밖으로 나가자고 간했으나 유방은 듣지 않았다. 장량(張良)은 다음과 말로 다시 충고했다.

"무릇 진이 무도했기 때문에 패공(유방)께서 여기까지 온 것입니다. 대저 천하를 위해 남은 도적들을 없애려면 검소한 것이 밑천입니다. 지금 진에 들어오자마자 쾌락에 몸을 맡긴다면 이런 것을 **걸을 도와 포악한 짓을 일삼는다**고 합니다. 또 '충성스러운 말은 귀에 거슬리지만 행동에는 유익하고(충언역이이후행忠言逆耳利于行), 독한 약은 입에 쓰지만 병에는 좋다(독약고구이우병毒藥苦口利于病)'고 합니다. 원컨대 패공께서는 번쾌의 말을 들으십시오."

패공(유방)은 바로 군대를 패상(霸上)으로 돌렸다. 걸은 하나라의 마지막 임금으로 폭군의 대명사로 악명이 높다. 따라서 **조걸위학**은 **나쁜 자를 도와 나쁜 짓을 저지르는 것**을 말한다.('양약고구' 항목 참고) 비슷한 뜻의 성어로는 '호랑이를 위해 창귀(倀鬼, 호랑이가 사람 잡아먹는 것을 돕는 귀신)가 되다'는 뜻의 '위호작창(爲虎作倀)'이 있다. 출처는 《태평광기(太平廣記)》이다.

키워드 : 악행, 부추김

조대여과(棗大如瓜)

대추가 오이만큼 크다.
- 권12 〈효무본기〉 ; 권28 〈봉선서〉

한 무제(武帝)는 신선(神仙)과 불로장생(不老長生) 등 미신에 심취했다. 각지의 산천을 다니며 제사를 올렸고, 천하의 방사(方士)들이 무제의 환심을 사려고 온갖 해괴한 논리로 술수를 부렸다. 이런 방사들 중 무제가 유독 총애했던 이소군(李少君)이란 자가 있었다. 한번은 이소군이 무제에게 다음과 같은 황당한 말을 올렸다.

"신이 전에 바다를 떠돌다 안기생(安期生, 신선)을 만났습니다. 그가 신에게 대추를 먹으라고 주는데 그 크기가 오이만 했습니다.”

이소군의 이 황당한 이야기에서 **조대여과**라는 성어가 나왔고, 훗날 **신선의 특이한 과일**이나 **사람들이 탐을 내는 사물**을 가리키기에 이르렀다. 그 뒤 이소군이 병으로 죽었는데, 무제는 여전히 그가 죽은 것이 아니라 하늘로 올라갔다며 그의 말대로 봉래산(蓬萊山)으로 사람을 보내 안기생을 찾게 했다.

키워드 : 미신, 신선, 방사, 기물(奇物)

조룡(雕龍)

용을 새기다 / 문장을 잘 꾸미다.
– 권74 〈맹자순경열전〉

전국시대 제나라는 제자백가의 메카였다. 제나라는 특별히 도성 임치(臨淄) 근처 직하(稷下)라는 곳에 고대 그리스의 아카데미와 같은 학궁(學宮)을 지어 학자와 사상가들을 모셨다. 이곳을 ‘직하학궁(稷下學宮)’이라 불렀다. 직하학궁의 창건은 기원전 7세기 춘추시대 환공(桓公) 때라고 하며, 전성기는 기원전 4세기 선왕(宣王)과 위왕(威王) 때였다. 선왕 때 맹가(孟軻, 맹자)와 순우곤(淳于髡) 등이 상대부의 녹봉을 받았으며, 그 뒤 순경(荀卿, 순자)은 이곳 학궁에서 세 차례나 좨주(祭酒, 학궁의 학장)를 지냈다.

사마천은 〈맹자순경열전〉에서 전국시대 당시 번성했던 제자백가의 상황을 제나라 사람들의 말을 빌려

제나라 도성이었던 임치 주변에 건립되었던 직하학궁은 세계 최초의 고급 아카데미로 불린다. 제자백가 사상가들의 모습을 그린 그림이다.(2017년)

다음과 같이 기록하고 있어 눈길을 끈다.

"하늘을 말하는 자는 추연(騶衍)이며, **용을 새기는** 자는 추석(騶奭)이며, 지혜가 끝 없는 자는 순우곤이다."

'용을 새긴다'는 **조룡**이란 단어가 여기서 비롯되었다. '조룡'은 문장을 짓는 실력이 용을 조각하는 것 같다는 뜻으로, **특별한 의미를 잘 부여하여 문장을 잘 꾸미는 것**을 비 유한다. 추연의 학설에 많은 영향을 받은 추석을 두고 이렇게 '조룡'이라고 표현한 것이다.('강장대옥', '직하' 항목 참고)

키워드 : 문장, 학설, 탁월

조룡(祖龍)

조룡 / 제왕(진시황)을 상징.
– 권6 〈진시황본기〉

기원전 221년 진시황이 천하를 통일한 뒤 10년 뒤인 기원전 211년은 진시황의 나 이 48세였다. 38세에 천하를 통일한 뒤 진시황의 몸에 이상이 생기기 시작했고, 진 시황은 신선을 찾는 미신과 약물에 중독되기 시작했다.

기원전 211년 그 무렵 하늘에서 이상한 징후들이 나타나기 시작했다. 대체로 진 시황의 죽음을 암시하는 일들이었고, 그다음 해인 기원전 210년 진시황은 급사했 다. 49세였다.('사구' 항목 참고)

기원전 211년 이 해에 화성이 심성(心星)을 침범했고, 하늘에서 유성이 떨어졌는 데 땅에 닿자 돌이 되었다. 누군가 이 돌에다 '시황제가 죽고 땅이 나뉜다'고 새겼 다. 진시황은 범인 색출을 명했으나 나오지 않자 돌 주변 마을 사람들을 모조리 잡아다 죽이고, 돌은 태워 없앴다.

그해 가을, 벽옥을 쥔 자가 지나가던 사신에게 "나를 대신해서 호지군(滈池君, 호지에 사는 물의 신)에게 갖다 주시오"라고 한 다음, "금년에 **조룡**(祖龍)이 죽을 것이오"라고 말한 뒤 홀연히 사라졌다. 이 일을 보고 받은 진시황은 한참 말이 없다가 "산 귀신은 한 해의 일만 알뿐이다"라고 한 다음, "조룡은 사람의 조상일 뿐이다"라고 했다. 그리고는 벽옥을 자세히 조사하게 했더니 8년 전인 진시황 28년 순시 때 장강에 빠뜨린 그 벽옥이었다. 점을 치니 순시(巡視)에 나서면 길하다는 괘가 나왔다. 진시황은 그다음 해인 기원전 210년 마지막 순시에 올랐고, 사구에서 쓰러져 일어나지 못했다.

'조룡'은 일반적으로 고대 신화 속 용족(龍族)의 선조라고 한다. 그러나 이 대목의 내용과는 맞지 않는다. 이에 대해서는 역대로 해석이 분분하지만 이 대목에서는 문맥으로 보아 **진시황**을 가리키는 것으로 보이고, 따라서 대부분 그의 **죽음을 의미**하는 것으로 해석한다.

키워드 : 권력자, 죽음, 암시

2011년 진시황릉 전경이다.

조모(趙母)

조괄의 어머니.
– 권81 〈염파인상여열전〉

조모는 기원전 260년 40만 조나라 군사가 생매장 당하는 처절한 전투였던 장평(長平)전투를 패배로 몰아간 '지상담병(紙上談兵)'의 주인공 조괄(趙括, ?~기원전 260)의 어머니를 가리킨다.

조나라의 실력자 평원군에게 직언하여 발탁된 세금 징수관 조사(趙奢)는 그 뒤 조나라의 명장으로 이름을 떨쳤다. 그의 아들 조괄은 병법에 정통했지만 실전 경험은 거의 없었을 뿐만 아니라, 장수로서도 아버지에 훨씬 못 미치는 평범한 인물이었다.

그럼에도 불구하고 조나라 효성왕(孝成王)은 진나라 장수 백기(白起)의 이간책에 넘어가 염파를 대신하여 조괄을 장군으로 삼으려 했다. 이때 **조괄의 어머니가** 극구 반대하고 나섰다. 인상여도 '거문고 발에 아교풀을 칠하여 고정시켜 놓고 거문고를 탄다'는 '교주고슬(膠柱鼓瑟)'을 언급하며 반대했다. 효성왕은 끝내 자신의 뜻을 굽히지 않았다.

조괄의 어머니는 만에 하나 조나라가 패하더라도 조씨 집안은 살려줄 것을 약속받았다. 조괄은 진나라 백기의 전술에 말려들어 전사하고, 조나라 군대는 40만 대군이 생매장을 당하는 처참한 패배를 당했다. 조나라는 이 패배로 전국의 젊은이 대부분이 전사함으로써 완전히 기력을 잃었다. '조모'는 훗날 **자식을 알아보는 현명한 어머니를** 가리키는 단어가 되었다.('교주고슬', '지상담병' 항목 참고)

키워드 : 현모, 별칭

조사문질(弔死問疾)

죽은 사람을 조문하고, 아픈 사람을 위문하다.
- 권66 〈오자서열전〉

'식부중미' 항목에서 이야기했듯이 오나라에 패한 월왕 구천은 와신상담(臥薪嘗膽) 재기를 꾀했다. 이때 구천은 백성들을 자기 몸처럼 아끼고 돌보았는데, 이를 **조사문질**이라 한다. 죽은 사람이 있으면 가서 슬픔을 나타내고, 아픈 사람이 있으면 찾아가 위문했다는 뜻이다.('식부중미', '와신상담' 항목 참고)

키워드 : 위민, 문병, 조문

조상소제(灶上騷除)

부뚜막 위를 깨끗하게 치우다.
- 권87 〈이사열전〉

여불위(呂不韋)의 식객으로 있던 이사(李斯)는 여불위의 추천으로 진왕(진시황)에게 유세할 기회를 얻었다. 이사는 천하 정세를 분석하면서 다음과 같이 천하를 아우르고자 하는 진왕의 의지를 북돋우었다.

"무릇 진나라의 강대함과 대왕의 현명하심이라면 **부뚜막 위를 청소하듯이** 제후국들을 멸망시키고, 황제의 대업을 성취하여 천하를 통일할 수 있습니다."

이 대목에서 **아주 쉽다**는 뜻의 **조상소제**라는 성어가 나왔다.

키워드 : 소멸, 제거, 수월

조승지주(照乘之珠)

수레를 비추는 진주.
- 권46 〈전경중완세가〉

'제위과보' 항목에서 살펴보았듯이 제나라 위왕과 위나라 혜왕이 서로 만나 사냥을 하다가 각자 자기 나라의 보물을 자랑한 바 있다.('제위과보' 항목 참고) 제나라 위왕이 자기에게는 보물이 없다고 하자, 위나라 혜왕은 제나라처럼 큰 나라에 어찌 보물이 없겠냐며 자신이 갖고 있는 보물 따위를 자랑했다. 그 대목은 이렇다.

"과인과 같이 작은 나라에도 한 치나 되는 **진주가 수레 앞뒤에서 번뜩이는** 것이 열두 수레요, 매 수레마다 열 개씩 있습니다. 어찌해 만승의 나라에 보석이 없단 말입니까?"

위왕은 나라의 진정한 보물은 인재가 아니겠냐고 했고, 혜왕은 부끄러워 그 자리를 떠났다고 한다. **조승지주**는 수레를 환하게 비출 수 있는 보석을 가리키는 표현으로 **아주 귀한 보석**을 비유하는 성어이다.

<hr>

키워드 : 귀중품

조씨고아(趙氏孤兒)

조씨 집안의 고아 / 충신의 하나 남은 혈육.
— 권43 〈조세가〉

조씨고아는 춘추시대 진(晉)나라 조씨 집안의 4대에 걸친 파란만장한 굴곡의 역사를 상징하는 단어다. 사마천은 《좌전》의 기록을 바탕으로 이 과정을 비교적 상세히 재구성했고, 그 뒤 유향(劉向, 기원전 77~기원전 6)의 《설원(說苑)》에도 이야기가 수록되었다. 13세기 후반 원나라 때 작가 기군상(紀君祥, 생졸 미상)은 이런 기록들을 참고하여 원곡(元曲, 잡극)으로 창작했는데 그 작품의 제목이 바로 《조씨고아》다.

이 작품은 18세기 이후 유럽에 전해져 영어·러시아어·독일어·프랑스어 등으로 번역되고, 이 번역본을 토대로 극본이 만들어져 각지에서 희극으로 상연되었다. 특히 계몽주의 학자 볼테르는 번역본을 토대로 1753년에서 1755년에 걸쳐 《중국고아》라는 극본을 완성하여 1755년 8월 20일 극장에서 공연을 시작했다. 영국의 머피도 《중국고아》라는 새로운 극본을 만들어 런던에서 공연하여 큰 성공을 거두었다.

왕국유(王國維, 1877~1927)는 이 작품을 관한경(關漢卿, 1225~1320)의 《두아원(竇娥冤)》과 함께 세계적인 비극 작품의 반열에 오른 작품으로 평가했다. '조씨고아' 이야기는 이후 문학과 예술 등 문화 각 방면에 영향을 주었다. 1896년 경극으로 만들어졌고, 2003년에는 김해서(金海曙)가 같은 제목으로 소설을 발표했다. 2010년에는 〈패왕별희〉로 유명해진 천카이거(陳凱歌) 감독은 이 작품을 같은 제목으로 영화화하여 화제를 불렀다. 최근 〈상해TV〉는 28부작을 만들어 방영했고, 연극 등 여러 방식으로 전국에서 재연되고 있다. (〈상해TV〉의 28부작은 국내에서도 방영되었다.)

'조씨고아'의 줄거리를 소개하면 이렇다. 조씨 집안은 진 문공의 19년 망명을 수행했던 조최(趙衰) 이후 명문가로 자리를 단단히 굳혔다. 그 아들 조돈(趙盾, ?~기원전 602)은 진나라 최고 권력자로 떠올랐다. 어린 나이에 즉위한 영공(靈公)은 왕위 계승에서 자신을 지지하지 않은 조돈에게 앙심을 품었다. 영공은 성격이 포악하여 성 위에 올라가 지나가는 백성들을 향해 탄환을 쏘아 부상을 입히고, 곰발바닥 요리가 덜 익었다고 요리사를 잡아 포를 떠서 죽이는 등 만행을 일삼았다. 또 자객을 보내 조돈을 암살하려다 실패했고, 궁궐에서 오(獒)라는 사나운 개를 풀어 조돈을 물어 죽이려고도 했다. ('오' 항목 참고)

조돈은 망명길에 올랐다. 그사이 동생 조천(趙穿)이 영공을 죽였고, 조돈은 국경을 넘지 않고 돌아와 집권했다. 조돈 등은 영공의 숙부를 국군 자리에 앉히니 이가 성공(成公)이다. 조돈의 아들 조삭(趙朔, ?~기원전 589)은 대외 전쟁에서 무공을 세워 성공의 딸 장희(莊姬)를 아내로 얻고, 조씨 집안은 더욱 큰 위세를 떨쳤다. 그런데 장희가 조돈의 동생 조영제(趙嬰齊)와 간통을 저지르자, 조씨 집안은 이 일에 개입하여 장희를 나무랐다. 장희는 앙심을 품고 성공에게 이를 호소했다. 성공은 이참에 실질적으로 권력을 휘두르던 조씨 일가를 제거했다. 그러나 당시 임신 중이었던 장희는 아들을 궁 안에 숨겨 놓고 길렀다. 이 아들이 조무(趙武, 기원전 약 589~기원전 541)이고, 그는 성장하여 다시 조정

사마천의 고향인 섬서성 한성시 고문원(高門原) 보안촌(堡安村)에 남아 있는 삼의묘의 모습이다. 사마천 사당과 무덤에서 몇 킬로미터 떨어져 있지 않다. (2004년)

에 돌아와 집안을 일으켰다.

이상은 《좌전》의 줄거리다. 사마천은 어떤 기록을 참고했는지 알 수 없지만, 여기에 도안고(屠岸賈)라는 인물을 등장시켜 그가 성공의 아들 경공(景公) 때 영공 피살 사건을 핑계로 조씨 집안을 멸문시키는 것으로 나온다. 그리고 당시 장희는 아이(조무)를 치마 밑에 숨겨 위기를 넘긴다. 도안고는 그 무렵 태어난 갓난아이들을 모조리 찾아내 죽이기 시작했다. 조삭의 문객이었던 공손저구(公孫杵臼)와 정영(程嬰)은 서로 상의하여 조무를 구하기로 했다. 이들은 돈을 주고 아이를 산 다음 조무로 속여 도안고를 유인하여 아이를 데리고 산속에 숨어 있던 공손저구와 그 아이를 죽이게 했다. 정영은 조무를 데리고 타지에서 살며 15년을 기다렸다.

경공이 한궐(韓厥)의 청을 받아들여 조씨 집안에 대한 명예회복을 명령하자 마침내 숨어 지내던 조무가 나서 도안고를 죽이고 복수함으로써 조씨 집안을 중심으로 한 진나라 권력층 내부 투쟁의 한 막이 마무리되었다. 한편 조무를 키운 정영은 먼저 죽은 공손저구의 충절에 보답하기 위해 자살했다.

'조씨고아'의 고사는 진나라 공실과 귀족 가문 사이의 권력 투쟁을 반영하고 있다. 공실의 분열과 이어 전국시대의 개막을 알리는 한(韓)·조(趙)·위(魏) 세 집안의 '삼가분진(三家分晉)'으로 이어지는 진나라의 역사를 생생하게 투영하고 있기 때문이다. 사마천은 여기에 충의, 굴신인욕(屈身忍辱), 복수와 같은 드라마적 요소를 가미하여 후대 문학에 적지 않은 영향을 주었다.

조씨 가문은 조무 이후 4대를 거쳐 조양자(趙襄子)에 이르러 6경의 나라 중 하나가 됨으로써 명실상부 최고 권력가로 부상했고, 마침내 한·조·위 세 집안이 진나라를 삼분하여 독립된 나라로 발전했다. 이 때문에 '조씨고아'에 관한 기록은 자기 집안의 과거사에 대한 미화 작업의 결과가 아닐까 추정하는 학자도 있다. 이 과정에서 충의나 정절 같은 극적 요소가 가미되었을 가

조씨고아의 주요 인물인 정영의 상이다.(2013년)

능성이 있고, 사마천은 《좌전》의 기록을 바탕으로 다른 기록들을 대조 검토하여 보다 극적으로 이 사건을 기술한 것으로 보인다. '조씨고아'는 훗날 **충신의 하나 남은 혈육**을 가리키는 전고가 되었다.

'조씨고아'의 역사적 배경은 산서성 우현(盂縣)으로 조무의 사당인 문자사(文子祠)를 비롯하여 공손저구의 사당과 조씨고아를 숨겨 길렀던 장산(藏山, 우산) 등이 남아 있고, 최근에는 춘추전국성(春秋戰國城)이 대규모로 조성되었다. '조씨고아' 이야기를 극적으로 전한 사마천의 고향인 섬서성 한성시(韓城市)에는 조무·공손저구·정영의 무덤(의관총)이 '삼의묘(三義墓)'란 이름으로 남아 있다.

키워드 : 충신, 혈육

조인광중(稠人廣衆)

사람이 아주 많음.
– 권107 〈위기무안후열전〉

〈위기무안후열전〉은 한나라 문제의 처 두황후의 조카 위기후(魏其侯) 두영(竇嬰)과 오초칠국의 난을 평정하는 데 큰 공을 세운 관부(灌夫)의 전기다. 두 사람은 처음 만

나서 서로 너무 늦게 알게 된 것을 한스럽게 여길 정도로 가까운 사이가 되었다.('한 상지만' 항목 참고)

관부는 성격이 강직하고 호기로와 누구에게도 아첨하기를 싫어했다. 특히 지위가 높은 사람, 가문이 좋고 세도가 있는 사람, 자기보다 높은 자리에 있는 사람은 내려다보았던 반면, 가난하고 천한 사람은 존중하며 동등한 위치에서 교제했다. 두영은 황실의 외척으로서 권세를 누렸으나 문제가 죽고 경제가 황제 자리에 오르자 세력을 잃게 되었다.

관부는 주벽(酒癖)이 있었으나 **많은 사람들** 중에서도 지위가 낮은 사람을 추천하여 그 사람을 드러내 주었기 때문에 사람들이 그를 칭찬했다고 한다.('사주' 항목 참고) 관부의 이 일화에서 **조인광중**이란 성어가 나왔다. **빼곡히 들어찰 정도로 사람이 많은 것**을 형용하는 성어이다.

키워드 : 대중, 다수

조준(曹樽)

조참의 술잔.
– 권54 〈조상국세가〉

한 혜제 2년인 기원전 193년, 상국(相國, 재상) 소하(蕭何)가 세상을 떠났다. 소하는 생전에 자신의 후임으로 자신과 정치적 견해가 다른 조참(曹參)을 추천했다. 조참은 상국이 된 다음, 소하가 만들어 놓은 법과 규정을 전혀 바꾸지 않고 그대로 따랐다.('소규조수' 항목 참고) 그러고는 다른 일은 하지 않고 늘 술을 마시며 한가롭게 지냈다. 이런 조참의

청동 술 그릇인 동준(銅樽)이다.(하남성 박물관 2009년)

모습에 걱정이 앞선 부하 관리와 빈객들이 뭐라도 말을 하려고 하면, 조참은 연신 술을 권하면서 이들의 입을 막았다.

조참이 자신을 찾아 온 손님들에게 술을 대접한 이 일화에서 **조준**이라는 단어가 파생되었다. **조참의 술잔**이란 뜻인데, 훗날 **벼슬하는 집의 술을 가득 담은 술잔 또는 술 그릇**을 가리키는 단어가 되었다.

키워드 : 술, 술잔, 술그릇

조진모초(朝晉暮楚)

아침에는 진나라, 저녁에는 초나라.
– 권39 〈조세가〉

춘추전국시대 제후국들 사이의 대립과 경쟁은 갈수록 격화되었다. 힘이 약한 소국들은 자신의 안전과 이익을 위해 강한 쪽에 붙을 수밖에 없었다. 예를 들어 춘추시대 정(鄭)나라는 '구주(九州)의 목구멍', '구주지인후(九州之咽喉)'로 불릴 정도로 중원 요충지에 위치했지만 국력이 약해 사방으로부터 위협을 받았다. 특히 북쪽의 강국 진(晉)과 남쪽의 강자 초(楚)의 눈치를 봐가며 외교 정책을 펼칠 수밖에 없었다. 이 때문에 나온 사자성어가 '**조진모초**' 또는 '조초모진'이다. 아침에는 진나라 또는 초나라에 가서 붙었다가, 저녁에는 초나라 또는 진나라에 가서 붙는다는 뜻이다. '조진모초'의 원래 출처는 《좌전》이다.

《사기》 제39 〈조세가〉에는 '부진기초(附晉棄楚)'란 표현이 보인다. '진에 가서 붙어 초를 버린다'는 뜻인데, '조진모초'와 같은 뜻이다. 또 제47 〈공자세가〉에는 "강대한 제(齊)가 노(魯)와 가까웠다. 노는 작고 약해 초(楚)에 붙으면 진(晉)이 성을 내고, 진에 붙으면 초가 공격해 왔으며, 제를 소홀히 하면 제의 군대가 노를 침략했다"라는 대목이 있다. 이 대목을 '조진모초'에 빗대어 축약하면 '초에 가서 붙었더니 진이 성

춘추시대 봉국과 오패의 상황을 나타낸 지도이다.

을 낸다'는 '부초진노(附楚晉怒)', '진에 가서 붙었더니 초가 공격한다'는 '부진초벌(附晉楚伐)'이라 할 수 있다. 어느 쪽이나 약소국의 비애를 비유하는 성어인데, 훗날 이 성어는 자기 주관을 갖지 못하고 오락가락하는 행동이나 심리 상태를 비유하는 의미로도 확대되었다.

키워드 : 외교, 약소국, 비애

조진장궁(鳥盡藏弓)

새가 다 잡히면 활은 치우는 법이다.
 — 권41 〈월왕구천세가〉 ; 권92 〈회음후열전〉

　조진장궁은 유명한 '토사구팽'과 대구를 이루는 사자성어다. 다만 '토사구팽'의 명성에 가려져 주목을 받지 못했다. 새를 잡던 활은 새를 잡고 나면 치우는 법이다. 용도가 다하면 폐기되는 것이 인간사 이치인 모양이다. 다만 지금은 재활용의 개념도 도입되고 있어 이 성어에 대한 새로운 해석이 필요할 것 같기는 하다.

　'조진장궁'은 〈월왕구천세가〉에서 범려가 처음 언급했고, 〈회음후열전〉에서 한신이 죽기에 앞서 다시 인용하고 있다. 오래전부터 전해오는 격언으로 추정해 볼 수 있다. 이 성어와 관련해서는 '토사구팽', '장경조훼' 등의 항목을 참고하면 된다.

키워드 : 공신, 숙청

종

종명정식(鐘鳴鼎食)

종소리를 들으며 세발솥에 밥을 해먹다.
 — 권129 〈화식열전〉

　〈화식열전〉에는 자신만의 특별한 재능과 방법으로 치부한 사람들 이야기가 많다. 이들은 자신들 만의 치부법으로 많은 돈을 벌어 무관의 제왕처럼 살았다. ('소봉가' 항목 참고) 그중 질씨(郅氏)는 칼 가는 사업으로 제후에 버금가는 생활을 누렸는데, 귀족들이 사용하는 귀한 정(鼎)으로 식사했다. 아픈 말을 고쳐주는 수의사로 치부한

한나라 때의 벽돌 그림인 화상전(畫象磚)에는 이런 부유한 귀족들의 생활을 담은 장면들이 많다.

장리(張理)는 귀한 악기인 종(鐘) 연주를 들으며 생활을 즐겼다고 한다.

사마천은 이들이 이런 삶을 누릴 수 있었던 것은 오로지 자신의 일에 정성을 다했기 때문이라고 했다. 이들의 풍요로운 삶을 형용하는 성어로 **종명정식**이 파생되어 나왔고, 훗날 **부귀하고 사치스러운 생활**을 비유하기에 이르렀다.

키워드 : 경제, 치부, 생활, 풍요

종불이천하지병이이일인(終不以天下之病而利一人)

천하가 손해를 보면서 한 사람을 이롭게 할 수는 결코 없다.
– 권1 〈오제본기〉

요임금이 후계자를 선택하면서 한 명언이다. 전설 속 제왕인 요임금이 나이가 들어 자리를 물려줄 준비에 들어갔으나 아들 단주(丹朱)는 그릇이 되지 못했다. 계승자를 찾으려 하자 신하들이 현명한 순을 추천했다. 요는 순을 계승자로 지정했다. 단주와 그 측근들이 불만을 나타냈다. 요임금은 순이 계승자가 되면 "천하 사람들이 이익을 보는 반면, 단주 한 사람은 손해를 보게 된다. 하지만 만약 단주가 자리를 잇는다면 천하 사람이 단주 한 사람 때문에 손해를 입을 것"이라면서 단호하게 **"천하가 손해를 보면서 한 사람을 이롭게 할 수는 결코 없다!"**고 잘라 말했다.

요임금은 자신과 가까운 자식이 아닌 남이라도 유능하면 양보한다는 '선양(禪讓)' 또는 '양현(讓賢)'이라는 리더십을 실천에 옮겼다. 그리고 이는 오로지 '공심(公心)'에서 비롯되었다. 이런 점에서 이 명언은 사리사욕을 단호히 배격하고 '양현'한 요임금의 '공심'이 잘 드러난다.

리더가 갖추어야 할 많은 자질 중에서도 공과 사의 구분은 특별한 의미를 갖는다. 리더의 판단과 결정에 사사로운 욕심이 개입될 경우, 그 악영향은 조직의 크기에 비례해서 커지기 때문이다. 후계자 문제에 있어서 사욕은 더더욱 심각하다. 기업 경영권은 말할 것도 없고, 교회까지 자식들에게 물려주려고 수단과 방법을 가리지 않는 우리 현실을 보노라면 '한 사람의 이익을 위해 천하 사람이 손해를 볼 수 없지 않은가'라는 요임금의 선언은 그 울림이 큰 만큼 더 공허하게 들리기도

요·순의 '선양'을 두고 현실에서는 있을 수 없는 유토피아적 발상이라고 비판하지만, 사마천은 인간에게는 분명 그런 고귀한 정신을 실천할 수 있는 인성이 내재되어 있다고 믿었다. 그림은 요·순의 선양을 나타낸 벽돌 그림이다.

한다. 능력이 되지 않는 사람에게 자리를 물려주거나 권력을 주면 다른 사람들에게 큰 피해가 돌아간다는 점을 명심해야 한다.

《사기》 130권의 첫 권에서 사마천이 의미심장하게 이 명언을 남긴 까닭은 전국시대 양주(楊朱, 생졸 미상)가 보여준 "털 한 올을 뽑아 천하를 이롭게 하는 일이라도 하지 않겠다(발일모이리천하이불위拔一毛以利天下而不爲)"는 극단적 이기주의에 대한 비판적 태도를 분명히 하고 싶었기 때문이었을 것이다. 양주의 이 말은 《맹자》 〈진심장구(盡心章句)〉 〈상〉 편이 출처이고, '털 한 올도 뽑을 수 없다'는 뜻의 '일모불발(一毛不拔)'로 줄여서 많이 쓴다.

키워드 : 권력, 후계, 선양, 공사(公私)

종선여류(從善如流), 시혜불권(施惠不倦)

좋은 말은 물이 흐르듯 따르고, 은혜를 베풀되 피곤해 하지 않는다.
– 권40 〈초세가〉

  종선여류, 시혜불권은 사마천이 그리는 바람직한 통치자의 모범을 제시한 명언이다. 좀 더 보태자면 좋은 리더는 **정확한 의견이나 충고는 마치 물이 흐르듯 듣고 따르며, 남에게 은혜를 베풀 때는 서두르되 결코 피곤해 하지 않는다**는 것이다. 원전은 《좌전(左傳)》 소공(昭公) 13년 조와 성공(成公) 8년 조에 보이는 '군자(君子)'의 말로 인용된 부분이다. 사마천은 〈초세가〉에서 이 부분을 인용했다.

  이 명언은 춘추시대 진(晉)나라의 귀족 숙향(叔向)이 춘추시대 최초의 패주였던 제나라 환공(桓公)을 칭찬한 대목에서 나왔는데, 오래전부터 전해오는 잠언을 인용한 것 같다. 이 여덟 글자의 잠언에는 자신에게는 엄격하고 남에게는 너그럽게 대하라는 뜻이 함께 포함되어 있다.

  제나라 환공은 자신을 죽이려 했던 원수 관중(管仲)을 재상으로 발탁하여 부국강병을 이룬 뛰어난 리더였다. 이 일로 그는 '외거불피구(外擧不避仇)', 즉 '외부에서 남을 기용하되 (그 사람이라고 판단되면) 원수라도 피하지 말라'는 실제 행동으로 옮기기 힘든 용인(用人) 원칙을 실천한 인물로 오래 기억될 것이다.['외거불피구'는 그 앞의 '내부에서 사람을 기용하되 (그 사람이라면) 친인척도 피하지 말라'는 '내거불피친(內擧不避親)'과 대구를 이룬다. 출처는 《좌전》이다.] 그리고 이 과정에는 관중의 평생 친구이자 동료였던 포숙(鮑叔)의 설득과 충고가 있었다.

  환공이 원수조차 기용할 수 있었던 것은 포숙의 충고를 '종선여류(從善如流)'했기 때문이다. 환공은 지금으로부터 약 2,700년 전 사람

관중과 포숙을 기용하여 춘추시대 최초의 패주가 되었던 환공의 성공에는 '종선여류'의 실천이 뒷받침되어 있다. 제 환공의 초상화이다.

이다. 자신의 참모는 물론 상대가 지적해주는 정확하고 옳은 충고와 지적조차 마치 물이 흐르듯 경청할 수 있는 리더를 지금 우리 사회가 갈망하고 있기 때문에 이 고사가 한결 마음에 깊이 와 닿는다.

키워드 : 리더, 충고, 경청

종선왕거(從先王居)

선왕이 기거하던 곳을 따라 오다.
– 권3 〈은본기〉

중국 역사상 두 번째 왕조인 은(또는 상)나라에 대한 기록은 권3 〈은본기〉이다. 이 기록에 대해서는 종래 사료의 신빙성을 두고 부정적인 견해가 많았다. 그러나 20세기 초부터 시작된 은의 마지막 도읍인 은허(殷墟, 지금의 하남성 안양시安陽市)의 발굴로 다량의 갑골문(甲骨文)이 출토됨으로써 〈은본기〉의 기록에 대한 신빙성은 더 이상 시비가 되지 않기에 이르렀다.

사마천은 〈은본기〉에서 은나라가 나라를 세우기 전부터 도읍을 여덟 번 옮겼다는 다음과 같은 기록을 남겼다.

"(선조) 설(契)에서 (개국 군주) 성탕(成湯)에 이르기까지 여덟 번 도읍을 옮겼다. 탕은 처음 박(亳)에 도읍을 정했는데, **선왕이 기거했던 곳을 따른 것이다.**"

탕이 도읍으로 정한 박(亳)은 과거 선조가 살았던 곳으로 탕이 나라를 세운 뒤 다시 이곳을 도읍으로 정했다는 것이다. 은나라가 이렇게 여러 차례 도읍을 옮긴 까닭에 대해서는 정치적 이유, 지리적 환경의 변화, 천재지변 등 여러 설들이 있다. 탕 이후로도 도읍을 여러 차례 옮겼는데, 고고 조사와 발굴 등을 통해 탕을 포함하여 모두 여섯 차례 정도로 보고 있다. 탕이 도읍으로 정한 박(亳)은 지금의 산동성 조현(曹縣), 하남성 상구(商丘) 또는 하남성 언사(偃師) 등지로 추정하고 있다. 상의 초기 도읍지는 1955년, 1983년, 1997년에 각각 발굴되었거나 발견된 하남성 정주(鄭州)와 언사의 상나라 성 유지에 대한 조사로 점차 그 모습을 드러내고 있다.

고고 발굴로 상(은)나라의 도성들이 속속 확인되고 있다. 사진은 기원전 1500년 무렵의 상나라 초기 도성이었던 하남성 정주의 상나라 토성 유적의 모습이다. 학자들은 이곳을 탕이 도읍으로 삼은 박(亳)으로 본다. 성안의 면적은 무려 25㎢에 이른다.(2014년)

참고자료를 통해 은 왕조의 마지막 도성인 은허에 대해 좀 더 알아본다.

키워드 : 왕조, 선조, 도읍, 천도

참고자료 은허(殷墟)

상(商)의 역사와 은허

상 왕조는 황하 중·하류에서 활동한 상 부락에서 성장했다. 시조 설(契)은 하나라의 우임금을 따라 치수사업에 종사했다고 한다. 상 부락의 거처는 여러 차례 옮겨 다녔는데, 반경(盤庚) 때 은(殷, 지금의 하남성 안양安陽)에 도읍을 정했다. 이 때문에 상을 은이라고도 부르며, 합쳐 은상(殷商) 또는 상은(商殷)이라고도 한다. 상은 모두 17대 31왕 약 500년 동안 존재했다. 은으로 도읍을 옮긴 뒤 망하기까지는 273년이다. 상의 역사는 은허(殷墟)에서 나온 갑골문(甲骨文, 점을 치고 그 결과를 소 어깨뼈, 거북 배 껍데기 등 다양한 짐승의 뼈에 쓰거나 새긴 문자)과 청동기 명문에 의해 비교적 정확하게 밝혀지고 있다.

상은 농업을 위주로 한 경제체제였다. 갑골문에는 농업과 관련된 일들이 적지 않게 기록되어 있는데, 풍년과 비를 기원하는 등의 내용이 보인다. 음력과 양력을 합한 역법도 갑골문에 보인다. 주요 식량은 기장과 피였고, 이것으로 술을 빚기도 했다. 주된 농업 노동자는 '중인(衆人)'이라 부르는 노예였다. 노예는 죄인과 포로로 충당하기도 했다. 평민도 농업생산에 종사했다. 가축을 기른 일은 중요한 의미를 갖는데, 후대의 육축(六畜, 소·말·돼지·양·개·닭) 이름들이 갑골문에 모두 보인다. 삼과 명주실로 옷을 지어 입었다. 사냥 활동은 오락을 목적으로 한 것으로 보인다.

상대는 청동기시대로 동을 제련하는 기술이 상당히 발달했다. 무게가 875kg이나 나가는 '후모무정(后母戊鼎)'과 같은 대형 기물로부터 마차의 장식에 이르는 소형 기물까지 예술성과 실용성을 함께 갖추고 있다. 은허 외에 북방 및 장강 유역의 각 성에서도 청동기가 적지 않게 나오고 있다.

왕위 계승은 형제상속이 보편적이었고, 후기에 이르면 비로소 부자(父子)상속이 나타난다. 국가제도가 비교적 제대로 갖추어졌다. 주변의 여러 방국(方國)들과 왕왕 전쟁을 치렀는데, 한 번에 수만 명의 병사가 동원되기도 했다. 나라 일과 국왕의 활동은 왕왕 귀신에게 먼저 알렸는데 거북껍데기, 소 어깨뼈 등에 홈을 파고 불로 지져 갈라지는 무늬[조兆]를 보고 길흉을 판단하고 그 결과를 글자로 쓰거나 새겼다. 갑골문은 이렇게 해서 보존되었다.

상 후기가 되면 통치자들은 갈수록 부패했다. 제신(帝辛, 주紂)은 동이(東夷)와의 전쟁에서 이기기는 했지만 국력을 다 써버려 끝내 서방의 주(周) 부락에게 망했다.

상은 성탕(成湯)이 하나라를 멸망시킨 뒤 17대 31왕을 거친 다음 망했다. 제10대 스무 번째 왕인 반경(盤庚)이 산동성 곡부에서 안양 서쪽 지역으로 도읍을 옮기고, 은(殷)이라 불렀다. 은은 상나라가 멸망할 때까지 273년간 도읍으로서의 역할을 다했다. 성탕 이후로 따져 상은 천재지변 등으로 모두 네 차례 도읍을 옮겼는데, 반경의 천도는 정치를 혁신하려는 의도가 강하게 담겨 있었다. 반경 때는 귀족의 사치와 향락이 널리 유행처럼 번져 있었고, 피지배층에 대한 착취도 심해 노예들의 반항이 거세게 일어났다. 반경은 통치권을 지키기 위해 도읍을 안양의 소둔촌(小屯村) 일대로 옮겼다. 그 뒤 중국 역사상 가장 유명한 폭군인 주(紂)에 이르러 멸망했다.

그러나 은이 폐허, 즉 '은허'로 남게 된 것은 상이 망하고도 4년이 지난 다음이었다. 상을 멸망시킨 주나라 무왕(武王)은 잔여 세력의 반발을 의식해서 은에 대한 통치권을 주왕의 아들 무경(武庚)에게 남겨 주었다. 무왕이 죽고 어린 성왕(成王)이 즉위하면서 실권이 무왕의 넷째 동생 주공(周公)에게 돌아가자 주나라 지배층은 내분에 휩싸였다. 특히 무경을 감시하기 위해 파견한 삼숙(三叔, 무왕의 형제들로 관숙管叔·채숙蔡叔·곽숙霍叔 이 세 사람을 가리키는 말이다)과 무경, 그리고 은의 통치를 받던 동방의 17국이 반란을 일으킨다. 이 때문에 은은 전쟁터가 되었고, 결국 상나라가 망한 지 4년 만에 폐허가 되어 '은허'로 불리게 되었다.

은허의 재발견과 발굴

은허는 하남성 안양시 서북 소둔촌 원하(洹河) 양쪽에 위치하는 상나라 후기 도읍지로 3,300년이 넘은 고도(古都)이다.

은허가 다시 세간의 이목을 끌기는 19세기 끝나가던 무렵이었다. 의화단(義和團) 운동이 터지기 한 해 전인 1899년 북경 국자감 좨주(蔡酒, 오늘날의 국립대학총장) 왕의영(王懿榮, 1845~1900)이 학질에 걸려 약을 지어먹던 중 우연히 '용골(龍骨)'로 불리는 약재에서 이상한 글자를 발견했다. 이로써 상나라와 은허의 실체가 마침내 드러나기 시작했다. 청동기 명문을 연구하는 전문가였던 왕의영은 용골들을 수집하기 시작했고, 문자는 금문(金文)보다 앞선 상나라 임금들이 점을 치던 재료였다는 것을 밝히기에 이르렀다. 이 용골은 짐승 뼈였는데 이것이 바로 갑골(甲骨)이고, 거기에 새기거나 쓴 문자가 갑골문(甲骨文)이었다.

이후 유악(劉鶚)·왕국유(王國維)·나진옥(羅振玉)·동작빈(董作賓) 등과 같은 당대의 석학들이 갑골 연구에 몰두한 결과 용골의 수수께끼가 하나둘 밝혀짐과 동시에 그 출토지가 안양 소둔촌이라는 사실도 드러났다.

이렇게 해서 은허에 대한 발굴이 시작되었고, 또 동시에 '도굴' 당하기 시작했다. 1928년 겨울부터 전 '중앙연구원역사어언연구소(中央研究院歷史語言研究所)' 고고 발굴대가 15차례 발굴을 진행했고, 발굴 대상은 갈수록 넓어졌다. 갑골에서 시작한 발굴은 일반 유물과 건축 유지(궁정구와 제사구)로 확대되었고, 또 사전시대에 대한 발굴

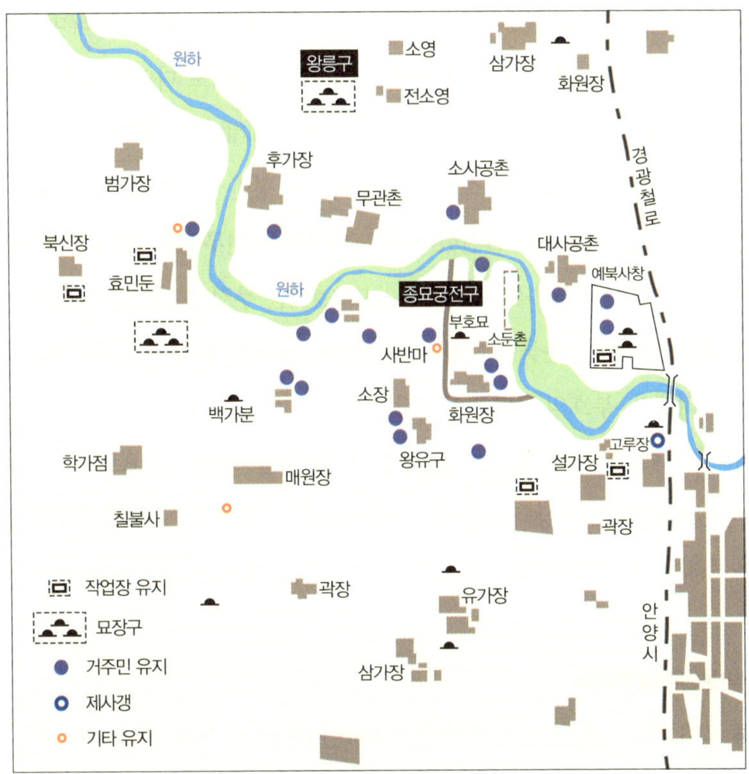

은허 유지의 유적·유물 분포도

로까지 시대가 올라갔다.

발굴 결과 소둔촌 북쪽이 상 왕조 궁전의 중심이고, 후가장(侯家莊) 서북 언덕이 왕과 대귀족의 무덤지이며, 사반마(四盤磨)와 왕유구(王裕口) 및 곽가소장(霍家小莊) 일대는 평민들의 거주지였음이 밝혀졌다. 총 면적은 약 14㎢에 이른다.

상나라는 중국 청동기문화의 절정기였다. 은허에서 나온 '후모무정(后母戊鼎, 높이 133cm, 다리 높이 46cm, 무게 약 875kg)'을 능가하는 청동기가 아직은 없을 정도다. 갑골은 무려 20만 조각 이상이며, 이밖에도 옥·뼈·상아·뿔·조개·금·칠기·옷감·도기 등 이루 헤아릴 수 없을 만큼 많은 유물들이 나왔고, 지금도 계속 나오고 있다.

은허에서 특별히 눈길을 끄는 것은 상나라의 순장제도(殉葬制度)다. 소둔 궁전유지에서는 사람이 죽을 때 의식용으로 사람을 희생으로 삼은 무덤들이 적지 않게 발견되고 있는데, 큰 무덤일 경우는 300명 이상이 희생되기도 했다. 몸과 머리를 따로 묻은 것부터 산 채로 묻은 경우 등 희생을 매장하는 방식도 다양했다. 머리를 자르는 의식을 '벌제(伐祭)'라 하고, 산 채로 묻는 것을 '보제(報祭)'라 한다.

1951년 중국과학원 고고연구소가 발굴을 하면서 평민 거주지와 원하 북쪽의 소귀족묘, 무관촌의 대귀족묘를 발견했다. 대묘에서는 완전무결한 '괴수(이를 대기룡大夔龍이라 한다)'를 새긴 석경(石磬)이 나왔다. 1976년에는 무정의 부인인 부호(婦好)의 무덤이 발견되어 대량의 문물이 나왔다. 이 문물들은 세상을 깜짝 놀라게 할 만큼 풍부하고 화려했다. 부호의 무덤은 도굴당하지 않은 상태로 발굴되었다.

안타까운 사실은 숱한 유물들이 1949년 이전 도굴 당해 외국으로 빠져나갔다는 사실이다. 미국 40개 이상의 박물관, 100명 이상의 수장가들이 은허에서 도굴된 유물들을 소장하고 있으며, 그중에는 중국에조차 없는 진기한 것들이 많다.

은허박물원(殷墟博物苑)

은허 유지 위에 세워진 은허박물원은 1987년 6월에 공사를 시작하여 그해 9월에 준공했다. 현재 박물원에는 대전(大殿) 1좌, 2층 누각 1좌, 부호묘 향당(享堂) 1좌 등 은대(殷代) 건축들을 복원해 놓고 있다. 이밖에 각종 화초와 수석들이 은허유지의 분위기를 더해준다. 최근에는 전문 박물관이 들어섰다.

전체적으로 박물원은 은허 궁전구 유지 위에 들어서 있는데, 당초 전체 면적은 약 2만 평이었다. 박물원의 정문은 갑골문에 보이는 '門' 자를 본뜬 것이며, 양옆으로 상나라시대 문양을 조각한 기둥과 중국 고문화의 상징인 반룡(盤龍)을 장식한 벽이 처음부터 보는 이의 눈길을 끈다. 건축물은 정확하게 원래 건축유지 위에 세워졌고, 건물도 당시의 것을 재현하는 데 최선을 다했다. 건물들 중에서도 대전 건물이 주축을 이루는데, 1987년 9월 바로 여기서 '중국 은상문화 국제토론회'가 열렸다.

은허 발굴을 통해 가장 사람들을 놀라게 한 것은 다름 아닌 앞서 언급한 '부호묘(婦好墓)'였다. 엄청난 양의 부장품도 그렇거니와 부장품들을 통해 본 부호의 모습은 놀랍게도 여전사였다. 갑골문 등의 기록에도 부호는 지혜와 용기를 겸비한 여전사

로 3,000의 정예병과 1만여
명의 무사를 거느리고 각지
를 정벌하여 20여 소국을 정
복했다고 한다. 그녀가 죽은
뒤 남편 무정은 호화롭게 장
례를 치러주고, 무덤 위에 향
당을 세웠다. 은허박물원에
는 바로 이 부호의 상과 향당

부호묘의 내부이다.(2009년)

건물이 복원되어 있다. 향당의 이름은 그녀의 시호 '비신(妣辛)'을 참고하여 '모신종
(母辛宗)'이라 붙였다.

2층 누각 건물은 고고발굴 결과 붙여진 '甲 12호(號)' 유지 위에 서 있다. 남북 22m,
동서 12m의 2층 건물이다. 동쪽 원수의 경치를 바라보고 있는 이 건물의 형태 역시
갑골문에 보이는 건물 도안을 본떴다.

대전 역시 갑골문의 도안을 근거로 세운 건물이다. 동서 길이 30m, 남북 너비 15m
로 은허박물원에서 가장 큰 궁전 건물이다. 주위에 회랑이 둘러져 있어 그 기세가 웅
장하다. 회랑 기둥에는 은허에서 나온 각종 청동기, 옥기 문양이 장식되어 있어 소
박하면서 우아한 멋이 장관을 이룬다.

은허박물원에서 또 하나 사람의 눈길을 끄는 것은 은상시대 궁정 마차의 복원품
일 것이다. 나무바퀴가 달린 큰 마차가
지축을 울리면서 달리는 모습을 상상하
는 즐거움도 보통이 아니지만, 직접 타
볼 수 있다고 한다.

이밖에 은상시대의 큰 무덤들 몇 기가
복원되어 있고, 은허에서 나온 각종 동
물 장식품들이 여기저기에 복제되어 있
어 볼거리가 많다. 또 대전과 다른 건물

은허유지의 입구와 갑골문 발견처이다.(2009년)

들 안에는 은허와 관련된 유물들이 늘 전시되고 있을 뿐만 아니라 수시로 특별전시회가 열려 볼거리와 공부거리를 많이 제공하고 있다.

은허는 일찍부터 세인의 이목을 집중시켰고, 1952년에는 국가주석 모택동(毛澤東)이 이곳을 직접 시찰했으며, 1961년 국무원에 의해 제1차 국가중점문물보호단위로 지정되었다. 또 중국과학원 고고연구소는 소둔촌에 공작참(工作站)을 두어 은허의 보존과 과학적 발굴을 위한 기틀을 마련했다. 은허는 중국 고대문화의 자랑거리로 이미 세계적으로 알려져 국내외 학자들과 학술계가 주목하는 곳이 되었다.

이제 은허유지는 세계문화유산으로 지정되면서 전면 재정비에 들어가 완전 다른 모습으로 변모해 있다. 궁전구역과 무덤구역으로 크게 구분되어 가는 곳마다 실내외 유적들이 시공을 초월하여 감탄을 자아내게 한다.

종신불부고금(終身不復鼓琴)

죽을 때까지 다시는 거문고를 연주하지 않다.
– 〈보임안서〉

춘추시대 초나라의 귀족 백아(伯牙)와 나무꾼 종자기(鍾子期)는 신분을 초월하여 우정을 나누었다. 백아의 거문고 연주 경지를 나무꾼 종자기가 알아주었기 때문이다. 여기서 '지음(知音)'이라는 우정의 최고 경지를 뜻하는 성어가 나왔다. 종자기가 먼저 죽자 백아는 거문고를 줄을 끊어 **다시는 연주하지 않았다**고 하여 '백아절현(伯牙絶絃)'이란 고사성어도 파생되어 나왔다.

사마천은 〈보임안서〉 앞부분에서 이 고사를 거론하여

백아가 거문고를 연주하는 모습을 그린 원나라 때의 화가 왕진붕(王振鵬, 1280~1329)의 〈백아고금도(伯牙鼓琴圖)〉이다.

궁형 이후 자신의 처지와 심경의 일단을 투영하고 있다. ('백아절현', '지음' 항목 참고)

키워드 : 우정, 지음

종실지화(鐘室之禍)

종실에서의 죽음.
– 권92 〈회음후열전〉

초한쟁패에서 한신은 유방의 승리를 도운 일등 공신이었다. 그러나 그는 다른 공신들의 시기와 여태후의 견제 등의 이유로 결국 '토사구팽' 당했다. 당시 한신은 장안으로 압송되어 장락궁(長樂宮)의 '종실(鐘室)'에서 죽임을 당하는 비극적 최후를 맞이했다.

'종실'은 종을 매달아 놓은 집을 말한다. 이후 **종실지화**는 '토사구팽'처럼 **공신의 죽음**을 비유하는 성어가 되었다. 한신은 죽는 순간까지도 자신이 왜 이렇게 제거당하게 되었는지를 모르고 "여자(여태후)에게 속았으니 어찌 운명이 아니겠는가!"는 다소 엉뚱한 말을 늘어놓았다. 사마천은 이런 한신의 죽음을 몹시 안타까워하며 다음과 같은 논평을 남겼다.

"만약 한신이 도리를 알아 겸손하게 자기 공과 능

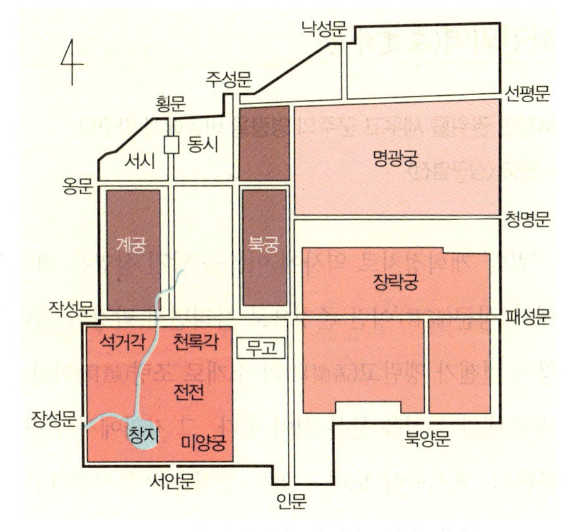

한나라 궁궐이었던 미양궁의 장락궁 위치도이다.

력을 자랑하지 않았더라면 한나라에 대한 그의 공은 주나라의 주공(周公)·소공(召公)·태공(太公)의 공과 견줄 수 있었을 것이다. 나아가 후세까지 나라의 제사까지 받았을 것이다. 이렇게 되려고 애쓰지 않고 천하가 안정된 뒤에 반역을 꾀했으니, 일족이 전멸한 것도 마땅하지 않은가!"

한신의 죽음은 한나라 초기 최대의 미스터리로 남아 있다. 다른 기록들을 대조해 보면 그가 반역을 꾀할 수 있는 상황이 아니었기 때문이다. 아무튼 그는 사마천의 지적대로 뒤로 한 걸음 물러서지 않고 자신의 공만 믿고 늘 불만만 늘어놓았고, 이 것이 끝내 그의 발목을 잡았다. ('성야소하, 패야소하', '토사구팽' 항목 참고)

키워드 : 공신, 숙청

좌

좌건외역(左建外易)

부정한 권위를 세우고 군주의 명령을 바깥에서 바꾸다.
– 권68 〈상군열전〉

'변법' 개혁정치로 역사에 이름을 남긴 상앙은 개혁정치의 공을 인정받아 진나라에서 '상군(商君)'이란 존칭으로 불리면서 막강한 권력을 가지고 권세를 누렸다. 상앙이 언젠가 맹란고(孟蘭皐)의 소개로 조량(趙良)이란 사람을 만나 자신이 시행한 정책에 대한 득실을 물은 적이 있다. 그 자리에서 조량은 상앙의 행적을 낱낱이 비판하면서, 호시탐탐 노리고 있는 정적들을 무시했다간 몸을 망치는 것은 시간문제라고 경고했다.

조량은 또 상앙의 변법이 너무 급하고 가혹하다고 지적한 다음, 특히 상앙은 **정당치 못한 수단으로 권위를 세우고, 바깥에서 군주의 명령을 함부로 바꾸었기** 때문에 그것을 교화(敎化)라고 할 수 없다고 못 박았다.

조량의 지적은 요컨대 정치와 정책이 정당성을 얻으려면 그 과정도 정당해야 하며, 실행 책임자 역시 정당해야 한다는 뜻이다. 태자의 사부에게 벌을 주고 귀공자들을 탄핵할 정도로 막강한 권력을 휘두르고 있던 상앙은 이 지적을 귀담아 듣지 않았다. 정당치 못한 방법으로 얻은 권력의 수레바퀴에 적절한 제동장치나 후진 기능이 없듯이 상앙의 개혁이 그랬다.

그로부터 약 다섯 달 뒤 기원전 338년, 상앙을 전적으로 지원하던 효공(孝公)이 죽자 상앙은 순식간에 낙동강 오리알 신세가 되었고, 정적들에게 쫓기다 결국 온몸이 찢기는 거열형(車裂刑)을 받아 생을 마감했다. 집안도 멸족을 당했다.

권력은 신기루와 같다. 언제 눈앞에서 사라질지 모른다. 권력의 속성과 본질에 대한 깊은 통찰력이 요구되는 것도 이 때문이다. 진정한 권력은 어디에서 나오며, 누구에 의해 뒷받침되는지, 정치를 직업으로 삼고 있는 사람이라면 누구나 화두처럼 평생 들고 다녀야 할 자문(自問)이다. 정치는 누구를 위해 하는 것이며, 권력은 누구를 위해 잡으려 하는가? '인심을 얻은 자 흥하고, 인심을 잃은 자 망한다.' 사마천의 말이다.

여기서 한 가지 더 생각해 볼 점은 정책을 주도하는 자와 그를 뒷받침하는 권력자의 관계, 특히 권력자의 수명이란 문제다. 전폭적인 신뢰와 권한을 위임받아 이끌던 개혁정치가 지속되지 못하고 좌절되거나 중단되었던 원인들 중 하나가 권력자의 이른 사망이었기 때문이다. 개혁의 본질은 기득권의 이익을 직접 건드리는 것이기 때문에 개혁을 지지하던 권력자의 부재는 바로 역공의 빌미가 되기 쉽다. 상앙이 그랬고, 오기(吳起)가 그랬다. 개혁이 혁명보다 어렵다고 말하는 이면에는 권력자의 수명이라는 이런 변수가 상당히 중요하게 작용하고 있다. 권력이 1인에게 집중되어 있는 체제에서는 더 그랬다.

키워드 : 권력, 행사, 수단

좌관성패(坐觀成敗)

앉아서 (타인의) 성공과 실패를 지켜보다.
– 권104 〈전숙열전〉

한 무제 말년에 강충(江充)이란 간신의 무고로 태자와 무제의 사이가 나빠졌다. 급기야 태자가 강충을 죽이고, 무제에게 무력시위를 하는 일로 비화되었다.(기원전 91년) 이때 사마천의 입사 동기였던 임안은 사태를 관망했다. 임안에게 앙심을 품고 있던 하급 관리가 임안의 처신을 비난하는 글을 무제에게 올렸다. 이 글을 받은 무제는 임안이 **"가만히 한쪽에 앉아 성패를 관망**하다가 이기는 쪽에 붙으려는 두 마음을 가졌다"며 임안을 법관에 넘겨 사형에 처했다.

당시 무제가 임안의 처신을 지적한 이 대목에서 **좌관성패**라는 성어가 나왔다. 누가 승리하고 누가 패하는 지를 차분히 살피는 것을 가리키는데, 때로는 약게 눈치를 본다는 뜻으로도 쓴다.

키워드 : 상황, 처신, 관망, 눈치

좌단(左袒)

왼쪽 어깨를 드러낸다.
– 권9 〈여태후본기〉 ; 권81 〈염파인상여열전〉

웃옷을 벗어 맨살의 어깨를 드러내서 자신의 확고한 의사를 나타내는 행위를 '육단(肉袒)'이라 한다.('육단' 항목 참고) 이때 어느 쪽 어깨를 드러내느냐에 따라 의사 표시의 내용이 달라진다. **왼쪽 어깨를 드러내는 것을 좌단**이라 하는데, **어느 한쪽을 편들고자 할 때 자신의 의사를 나타내는 행동**을 가리키는 말이다. 적군(상대)과 아군(나)을 가르는 표시이기도 하다. 주로 반란을 꾀할 때 동의와 동참의 표시로 '좌단'을 한다.

한나라 고조 유방이 세상을 뜨자 그의 아내 여태후와 그 일가가 정권을 장악했다. 그러나 얼마 뒤 여태후가 죽자, 유씨 일가와 여씨 일가 사이에 치열한 권력 다툼이 발생했다. 이때 지금까지 술과 여자로 세월을 보내며 자신의 진면목을 숨긴 채 기회를 엿보고 있던 당대의 최고 책략가 진평(陳平)은 태위(太尉) 주발(周勃)과 함께 병권을 장악하기 위해 군사들에게 "여씨를 따르는 자는 오른쪽 어깨를 드러내고, 유씨를 따르는 자는 왼쪽 어깨를 드러내라!"고 하자 군사들이 모두 왼쪽 어깨를 드러냈다고 한다.

한편 이런 경우 말고 자신의 잘못을 솔직하게 인정할 때도 한쪽 어깨를 드러낸다. 이때는 오른쪽 어깨를 드러내는 '우단'이 일반적이다. '문경지교(刎頸之交)'의 고사성어에 보았듯이, 염파가 인상여의 깊은 뜻을 헤아리지 못한 자신의 잘못을 사죄하는 뜻으로 한쪽 어깨를 드러내고 가시나무를 짊어진 채 인상여를 찾아갔다. 여기서 '가시나무를 짊어지고 죄를 청하다'는 '부형청죄(負荊請罪)'의 고사성어가 나왔다. 해당 항목을 참고하면 된다.

키워드 : 상황, 의사(意思), 표시, 방법

좌불수당(坐不垂堂)

집 가장자리에는 앉지 않는다.
― 권117 〈사마상여열전〉 ; 권101 〈원앙조조열전〉

《사기》에는 수많은 인물의 삶과 죽음이 파노라마처럼 펼쳐지고 있다. 사마천은 온갖 부류의 인물들에 대해 애정 어린 눈빛을 잃지 않고 있지만 각별한 관심을 보인 인물도 적지 않다. 사마상여(司馬相如)도 그중 한 사람이었다. 그는 부(賦)라는 산문 형식의 글을 아주 잘 지어 명성을 날렸다. 젊은 날 그는 사천 지방의 부호인 탁왕손(卓王孫)의 딸 탁문군(卓文君)과 눈이 맞아 그날 밤으로 성도(成都)로 도망한 다음, 함께 술집을 차려 옷소매를 걷어붙이고 함께 일 하면서 신혼을 보낸 괴짜 같은 인물이었다.('가거도사벽립' 항목 참고) 〈자허부(子虛賦)〉를 비롯한 많은 문장을 썼는데, 유려한 문체에 서정성 짙은 당대의 걸작으로 꼽힌다.

위 **좌불수당**이란 성어는 사냥에 빠져 있는 황제 무제에게 사냥을 자제할 것을 요청하며 올린 상소문 중에 나온다. 전반부에서 그는 천자의 신변 안전을 걱정하면서 사냥에서 일어날지도 모르는 돌발 상황의 위험성을 꼬치꼬치 지적한다. 그런 다음 이렇게 말했다.

"무릇 사물의 변화를 잘 보는 사람은 싹이 트기 전에 미리 보며, 지혜로운 자는 보이지 않을 때 위험을 피합니다. 화란 본디 안 보이는 곳곳에 숨어 있다가 사람이 소홀히 하는 틈을 타서 나타납니다. 그래서 속된 말에 '천금을 쌓아 놓은 집에서는 집이 무너질까봐 **가장자리에 앉지 않는다**'고 했습니다."

사마상여의 말이 백 번 옳기는 하지만, 형체도 없는 위기 상황을 미리 감지하여 피하기란 보통사람으로서는 어려운 경지다. 보통사람으로서 위험과 화를 피할 수 있는 아주 근본적인 길은 쓸데없는 욕심을 부리지 않는 것이다. 그게 더 어렵다고 말하는 사람도 있겠지만, 인간은 쓸데없는 욕심을 부리지 않을 수 있는 자기 통제력을 틀림없이 갖고 있다.

이 성어는 대개 앞 구절까지 이어서 **가누천금(家累千金), 좌불수당(坐不垂堂)**이라 많이 쓴다. 거의 같은 뜻의 성어가 권101 〈원앙조조열전〉에 '천금지자(千金之子), 좌불수당(坐不垂堂)'이란 표현으로 나온다. '천금을 가진 부잣집 자식은 집 가장자리에 앉지 않는다'는 뜻이다. 사마상여도 원앙도 모두 오래전부터 전해오는 속담, 또는 격언을 인용한 것으로 보인다.('남비', '좌불수당' 항목 참고)

좌영우불(左縈右拂)

왼손은 거두어들이고 오른손만 들어 흔든다.

– 권40 〈초세가〉

  좌영우불은 아주 쉽게 상대를 제압하거나 힘 안 들이고 상황을 가볍게 장악할 수 있는 경우를 두고 쓰는 말이다. 한 손으로 뒷짐을 진 채 다른 한 손만으로 상대를 제압해 나가는 고수의 모습을 상상하게 하는 성어다. 이 말은 초나라 경양왕(頃襄王, 재위 기원전 298~기원전 263) 때 가벼운 화살과 가는 실로 북쪽으로 돌아가는 기러기를 쏘아 맞추는 사람이 경양왕의 부름을 받고 궁에 와서는 경양왕에게 천하의 정세를 분석하고, 그에 대한 초나라의 대책을 설명하는 자리에서 나왔다. 주변 정세를 정확하게 파악하여 핵심을 움켜쥐기만 하면 제후국들을 제압하기란 식은 죽 먹기란 뜻이다.

  병력이 상대의 열 배를 넘지 못하면 포위하지 말 것이며, 병력이 상대의 다섯 배를 넘지 못하면 공격하지 말라는 병법의 충고도 있듯이, 섣부른 행동의 결과는 몇 배의 손실로 나타난다. '세 번 생각하고 행동하라'는 공자의 말처럼, 어떤 일을 실행에 옮길 때는 그에 앞서 주도면밀한 준비와 상황분석이 필수적이다. 모든 상황에 대처할 수 있는 준비가 마련되어 있으면 실전은 오히려 쉽게 풀리는 법이다. 평소 열심히 해야 하는 시험공부와 같다고 할까?

  '연습은 실전처럼, 실전은 연습처럼'이라는 말도 있지 않은가? 시험문제가 쉽다는 것은 그만큼 평소 때 열심히 준비를 했기 때문이다. 이 역시 평범한 이치지만 그것을 실천에 옮기기란 결코 쉽지 않다. '평범'의 이치는 결코 만만치 않은 경지다.

키워드 : 평이(平易), 준비, 연습

권33 〈노주공세가〉는 주나라 건국에 큰 공을 세운 주공(주 무왕의 동생)의 봉국으로 주 왕실의 전통을 가장 온전하게 계승한 노나라의 기록이다. 그럼에도 노나라의 국력과 정치는 혼란스럽고 험난했다. 사마천은 이 부분을 한탄하고 있는데, 이웃한 강국 제나라와 대비시켜 노나라가 고수한 지나친 형식주의가 가져오는 번거로움과 공허한 도덕적 설교에 대해 일침을 가했다. 사진은 노나라의 도읍이었던 산동성 곡부시(曲阜市)에 남아 있는 노나라의 시조 주공(周公)의 사당과 앞쪽의 노국고성(魯國故城) 표지석이다.(2010년)

좌제우설(左提右挈)

　최초의 통일제국 진나라 말기의 일이다. 각지에서 일어난 봉기군의 우두머리들이었던 장이(張耳)와 진여(陳餘)는 조왕과 함께 연나라를 공략하고 있었다. 그런데 조왕이 연왕에 포로로 잡히는 돌발 사태가 터졌다. 연은 조왕을 인질로 삼아 조나라 땅 절반을 요구했다. 장이와 진여는 어찌할 바를 모르고 전전긍긍했다. 이때 말을 기르던 잡역부 하나가 자신이 조왕을 구해 오겠노라 나섰다. 이미 열 명이 넘는 사신을 보냈지만 모두 불귀의 객이 되었던 터라 사람들은 모두 말치기의 말에 콧방귀조차 뀌지 않았다. 그러나 말치기는 보란 듯이 조왕을 구해 와 비웃음을 놀라움으로 바꾸어 놓았다.

　도대체 말치기는 어떻게 조왕을 구해왔을까? 그는 어떤 논리로 그토록 완강하던 연왕을 설득했을까? 말을 치는 잡역부에 지나지 않았지만 이 말치기의 논리는 당시 천하 형세는 물론 인간의 이기심과 욕망마저 정확하게 꿰뚫고 있어, 혹 식견 높은 은자(隱者)가 말치기로 변장한 것이 아닌가 하는 의심을 지울 수 없다. 말치기의 말을 음미해보자.

　"마침 군께서 조왕을 포로로 잡았는데, 이 두 사람(장이와 진여)은 말로만 조왕을 찾고 있을 뿐이지 사실은 연나라가 죽여주기를 은근히 바라고 있을 것입니다. 그렇게 되면 두 사람은 조나라를 갈라 나누어 가지고 자기들이 왕이 될 것입니다. 그 뒤 조나라는 연나라를 가볍게 여길 것은 뻔하고, 하물며 두 사람이 **좌우에서 함께 손을 잡고** 조왕을 죽인 죄를 연나라에 추궁하고 나서면 연나라의 멸망은 불을 보듯 환한 것이 아닐까요?"

　인간의 사회관계는 이익(利益)을 놓고 이합집산을 거듭한다. '利'란 무엇인가? '禾'

(벼, 재물)와 ' 刂' 즉, '刀'(칼)의 복합어가 아닌가? 재물을 칼로 나눈다는 뜻도 되지만, 재물을 두고 싸운다는 뜻도 된다. 인정하긴 싫지만 후자 쪽이 현실에 가까운 해석이 아닐까? 사회학자들은 인간사회를 '이익집단'이라고 했다. 더욱이 권력을 놓고 여러 세력이 다투고 있을 때, '이익'을 향한 세력 간의 이합집산은 더욱 가관이다.

정말 인간의 본성은 '선(善)'도 '악(惡)'도 아닌 '이기(利己)'일까? 《사기》 곳곳에서 우리는 인간의 발가벗은 이기심을 목격하게 된다. 이런 점에서 보자면 《사기》는 한편으로는 뒷맛이 씁쓸한 책이기도 하다.

키워드 : 상황, 협조

좌지우출(左支右絀)

왼손은 쭉 뻗쳐 활을 받치고, 오른손은 굽혀 활줄을 당기다.
– 권4 〈주본기〉

전국시대로 접어들면서 주 왕실은 껍데기만 남은 초라한 처지에 놓이게 되고, 천하는 진나라를 비롯한 이른바 '7웅'이 서로 물고 물리는 약육강식의 정세가 펼쳐진다. 천자의 나라 주의 난왕(赧王)은 이름뿐인 왕이었다. 주변 제후국의 움직임에 이리 흔들리고 저리 끌려다니는 볼품없는 왕이었다.

이 무렵 진나라는 명장 백기(白起, ?~기원전 257)의 활약으로 승승장구 땅을 넓혀갔고, 그 기세는 이내 주 왕실을 위태롭게 하는 상황으로 발전해갔다. 이때 책사 소려(蘇厲)가 나서 난왕에게 위기 상황을 헤쳐 나갈 수 있는 묘책을 제시했다. 위 **좌지우출**이란 성어는 바로 이 대목에서 나오는데, 소려는 백기에게 사람을 보내 다음과 같은 이야기를 전하게 했다.

"초나라에 양유기(養由基)란 활을 잘 쏘는 자가 있었습니다. 버들잎에서 백 걸음이

나 떨어져 화살을 쏘아도 '백발백중(百發百中)'이어서 좌우에서 지켜보던 수천 명의 사람들이 모두 참 잘 쏜다고 칭찬합니다. 그때 옆에 있던 어떤 자가 '훌륭하다. 내가 활쏘기를 가르칠 수 있겠구나'라고 했답니다. 그 말을 들은 양유기는 화를 내면서 활을 내려놓고 검을 집어 들고는 '당신이 어떻게 활쏘기를 가르칠 수 있단 말인가'라고 물었습니다. 그러자 그는 '나는 그대에게 **왼손으로 버티고 오른손을 구부리는 활 쏘는** 자세를 가르칠 수 있다는 말이 아니다. 버들잎에서 백 걸음 떨어져 활을 쏘아 백발백중한다고 해도 제일 좋을 때 멈추지 않으면 기력이 다 해서 활은 휘고 화살은 구부러지는 법이다. 한 발이라도 맞지 않으면 이전의 백발백중이라는 성적은 다 부질없는 것이 되고 만다'라고 했답니다."

이 성어는 원래 활 쏘는 자세를 가리키는 말이었지만, 시간이 지나면서 능력이나 재력이 모자란다는 뜻으로 바뀌었고, 나아가서는 이곳저곳 모두에 신경을 쓰다가는 큰 문제가 생긴다는 의미로까지 확대되었다. 요컨대 활 쏘기에 있어서 가장 중요한 것은 활 쏘는 자세도 자세지만 백발백중의 솜씨만 믿고 계속 활을 쏘아대다가는 언젠가는 지쳐 명중시키지 못하게 될 것이고, 그러면 그전의 명성조차 허망하게 날아가 버리고 말 것이라는 이치를 명심하여, 가장 성적이 좋을 때 그만둘 줄 아는 자제력을 기르는 데 있다는 뜻이다.

무슨 일이든 잘나갈 때 자신을 되돌아보고 적절한 선에서 멈출 줄 아는 자제력이 필요하다. 물론 절제력(節制力)을 기르는 일은 쉽지 않다. 하지만 끝장을 보고야 말겠다는 지나친 욕심은 왕왕 일을 크게 그르친다는 점을 지적하지 않을 수 없다. 모든 승부에서 계속 이길 수는 없다. 질 줄 아는 사람이 진짜 이긴다는 말도 있다. 인생의 평범한 진리지만 일쑤 무시당하는 진리이기도 하다.

양유기는 '백발백중'의 명사수였지만, '백발백중' 안에 담긴 위기를 감지하지 못했다. 소려는 이 이야기로 명장 백기로 하여금 주 왕실에 대한 무력적 위협을 멈추게 했다.

주

주가(朱家)

주가.

– 권124 〈유협열전〉

〈유협열전〉은 전국시대 이래 치외법권 지대에서 힘없는 사람들을 돕는 유협, 즉 흔히 말하는 협객들에 관한 특별한 기록이다. 이들의 정신과 기질을 '협의(俠義)'라 했고 사마천에게도 이런 기질이 있었던 것으로 보인다. 사마천은 19세 무렵 잠깐 만난 적이 있는 곽해(郭解, 생졸 미상)라는 유협으로부터 깊은 인상을 받았고, 이것이 〈유협열전〉을 구상하게 된 직접적인 계기가 된 것 같다. 사마천은 〈유협열전〉을 남기는 취지에 대해 이렇게 말했다.

"곤경에 처한 사람을 구하고, 빈곤한 사람을 구제하는 일은 어진 사람의 자세다. 믿음을 잃지 않고 약속을 저버리지 않는 것은 의로운 사람이 취하는 행동이다. 이에 제64 〈유협열전〉을 지었다."

〈유협열전〉에 등장하는 인물들 중 옛 노(魯)나라 출신의 주가(朱家)가 있었다. 주가의 행적은 짧지만 대단히 인상적이다. 계포가 곤경에 처했을 때, 그를 구해준 일도 있었다. 〈유협열전〉에 기록된 그의 행적인데, 진정한 유협의 특징을 잘 보여주고 있다.

"노나라의 **주가(朱家)**는 한 고조와 같은 시대 사람이다. 노나라 사람들이 모두 유가

史記卷一百二十四

漢　太史令　司馬遷　撰

宋中郎外兵曹參軍裴駰集解

唐國子博士弘文館學士司馬貞索隱

唐諸王侍讀率府長史張守節正義

游俠列傳第六十四

〔集解〕荀悅曰立氣齊作威福結私交以立彊於世者謂之游俠

韓子曰儒以文亂法〔正義〕儇謂細碎苟法亂政言文之敝小人以　而俠以武

犯禁二者皆譏〔索隱〕誹非言也儒敏亂法俠盛犯禁二者故太史公

引韓子欲陳游俠之美　而學士多稱於世云至如以術取宰相卿

〈유협열전〉은 훗날 체제를 옹호하는 수구 기득권 세력들로부터 많은 비난을 받은 기록이다. 그들 입장에서 치외법권 지대의 유협이란 존재는 위험하고 불순한 분자들이었기 때문이다. 〈유협열전〉 첫 부분이다.

(儒家)를 배울 때 주가는 협객으로 이름을 냈다. 숨겨준 호걸들이 100여 명이었고, 그 나머지 보통 사람들은 말로 할 수 없이 많았다. 그럼에도 끝까지 자신의 능력을 떠벌리지 않았고, 자신의 덕을 내세우지 않았으며, 자신이 베푼 사람들을 만나는 것을 꺼려 했다. 넉넉지 못한 사람을 구제할 때는 가난하고 천한 사람이 먼저였다. 집에 남아도는 재물은 없었고, 옷은 무늬가 보이지 않을 정도였으며, 음식은 두 가지 이상을 먹지 않았고, 타는 것도 소달구지가 전부였다. 오로지 남이 급할 때 달려가는 데 자기 일보다 더 심각하게 여겼다. 일찍이 곤경에 빠진 계포(季布) 장군을 몰래 구해주었다. 계포가 나중에 귀하신 몸이 되었지만, 죽을 때까지 계포를 만나지 않았다. 함곡관(函谷關) 동쪽 사람들로서 그와 사귀려고 목을 길게 빼지 않은 사람이 없었다."

이후 '주가'의 이름을 딴 '주가'라는 단어로 **협객**을 두루 가리키기거나, **이름난 협객**을 가리키기에 이르렀다. 당나라 때 시인 이백(李白, 701~762)은 〈조추증배십칠중감(早秋贈裵十七仲堪)〉이란 시에서 '역대로 산동 지역의 호걸들이 노나라의 주가와 사귀려 했다'는 구절을 남기기도 했다.

키워드 : 유협, 협객, 협의

주감(酒酣)

술(자리)이 무르익다.
– 권117 〈사마상여열전〉

주감은 술이 거나하게 취하거나 술자리가 무르익는다는 뜻의 단어다. 원전은 《안자춘추(晏子春秋)》이다. 안자가 초나라에 사신으로 갔을 때, 초왕이 안자를 위해 베푼 술자리에서 나온 표현이다. 〈사마상여열전〉에는 '일좌진경' 항목에서 살펴본 탁왕손이 베푼 술자리 장면에서 같은 단어가 나온다.('가거도사벽립', '일좌진경' 항목 참고)

키워드 : 술, 술자리

주극생난(酒極生亂)

술이 극도에 이르면 난리가 난다.
– 권126 〈골계열전〉

술자리가 개인의 운명은 말할 것 없고 역사의 방향을 틀어버린 사례까지 있었다. 우리 현대사에서 국가 최고 통치자가 살해당하는 큰 사건도 술자리에서였다. 중국사에도 개인의 운명은 물론 역사를 다른 방향으로 틀었던 술자리가 적지 않았다. 이 때문인지 중국의 대중 잡지나 네티즌 사이에서는 역사상 개인과 나라의 운명을 바꾼 10대 술자리를 선정하기도 했다.

이렇게 해서 선정된 10대 술자리 가운데 대표적인 사례 몇 가지를 보면 이렇다. 먼저 송나라를 건국한 태조 조광윤(趙匡胤, 927~976)이 술자리에서 술잔을 돌리며 공신들을 설득하여 병권을 회수한 이른바 '배주석병권(杯酒釋兵權)'은 송나라 정권의 안정을 가져다 준 결정적인 술자리로 꼽혔다. 기원전 206년 항우와 유방의 '홍문연(鴻門宴)'이란 술자리도 빠질 수 없다. 항우는 이 술자리에서 유방을 제거하는 데 실

패하여 결국은 전세를 역전당해 천하 패권을 유방에게 넘겨주었다.('홍문연' 항목 참고)
이밖에 조조와 유비가 '술을 데우며 영웅을 논한'《삼국지연의》의 '자주논영웅(煮酒論
英雄)' 장면도 유명한 술자리로 꼽힌다.

오늘날처럼 다양한 오락거리가 없던 옛날에는 술이 통치자들의 스트레스 해소용
으로 가장 중요한 역할을 했을 뿐만 아니라 주요 놀이거리의 하나였다. 외교 무대에
서도 술과 술자리는 중요한 매개체였다. 이 때문에 술과 관련된 수많은 일화들이 전
해온다. 그중에는 술 때문에 신세를 망치거나 전쟁에서 패한 경우를 비롯하여, 심지
어 나라를 멸망으로 이끈 사례도 있다. 따라서 술과 술자리를 경고하는 이야기가 적
지 않고, 술과 술자리의 의미를 성찰한 인물도 있었다.

기록상 술과 관련해서 가장 많은 이야기 거리를 남긴 사람을 꼽으라면 기원전 6세
기 춘추시대 제나라의 경공(景公)일 것이다. 경공은 타의 추종을 불허할 정도로 술과
술자리를 즐긴 군주였다. 한번은 경공이 술병이 나서 사흘 만에 자리에서 일어났다.
재상 안영(晏嬰)이 경공을 찾아 문안을 드리면서 경공의 음주 습관과 관련하여 다음
과 같은 충고를 했다.

"옛날 술 마시는 법을 보면 서로 기가 통하고 손님과 주인 사이에 마음이 잘 맞는
것으로 충분했습니다. 그래서 남자는 떼를 지어 노느라 할 일을 망치지 않았고, 여
자 또한 술 때문에 길쌈에 방해가 되거나 하는 일은 없었습니다. 남녀가 함께 모여
즐거움을 나눌 때면 술잔을 돌리되 다섯 번이면 그만이었고, 이를 어기면 벌을 받았
습니다. 임금은 몸이 건강해야 백성을 다스릴 수 있습니다. 그래야 밖으로 정치에
대해 원망하는 사람이 없고, 안으로 난을 일으키는 행동이 없게 됩니다. 그런데 하
루 술 드시고 사흘을 드러누워 계셨으니 밖에서 원망이 없을 수 없고, 안으로는 좌
우에서 그릇된 행동이 나타날 수밖에 없습니다. 그 때문에 벌을 주어야 할 일과 상
을 주어야 할 일들이 게을러질 수밖에 없습니다. 윗사람은 덕행에서 멀어지고 백성
은 상벌을 하찮게 여기게 된다면, 이는 나라를 다스리는 근본을 잃는 것입니다. 절
제하십시오."

또 이런 일화도 전한다. 경공이 7일 밤낮을 쉴 새 없이 술을 마셨다. 현장(弦章)이란 신하가 "임금께서 이렇게 밤낮없이 마구 술을 드시다니요. 술을 끊으시든지 아니면 차라리 저를 죽여주십시오!"라고 강력하게 직언했다. 안영이 조정에 들어오자 경공은 현장의 이야기를 들려주며, "내가 현장의 말을 들어 술을 끊으면 신하에게 제압당한 꼴이 되고, 그의 말을 듣지 않으면 신하를 죽이는 꼴이 되겠구려!"라며 한숨을 쉬었다. 안영은 "정말 다행입니다. 현장이 이런 임금을 만났기에 망정이지 걸·주와 같은 군주를 만났더라면 벌써 죽었을 텐데 말입니다"라고 비꼬았다. 이 말에 경공은 바로 술자리를 폐했다.

《안자춘추》에 보면 술과 관련된 경공의 술자리와 술버릇, 그리고 그런 경공에게 수시로 충고하는 안영의 경고가 무수히 기록되어 있다. 안영이 그렇게 집요하게 충고하고 직간했음에도 불구하고 경공은 끝내 술을 끊지도 술버릇을 고치지도 못했다. 모르긴 해도 경공은 거의 술 중독 수준이 아니었나 한다. 술이 그만큼 끊기 힘든 것이다.

술과 술자리에 관한 성찰이라면 기원전 4세기 제나라 위왕(威王) 때의 유머리스트 순우곤(淳于髡)을 꼽지 않을 수 없다. 〈골계열전〉의 관련 내용을 보면 이렇다.

순우곤의 활약으로 강대국 초나라의 침입을 물리친 위왕이 너무 기분이 좋아 후궁에다 거창하게 술자리를 마련하여 순우곤을 불러 술을 내리면서 주량을 물었다. 그러자 순우곤은 "신은 한 말을 마셔도 취하고, 한 섬을 마셔도 취합니다"라고 대답했다. 그게 무슨 말이냐는 위왕의 물음에 순우곤은 다음과 같이 술과 술자리의 속성을 비롯하여 그 본질까지를 상세히 설파하며 위왕에게 충고했다.

순우곤은 술과 관련하여 '주극생란, 낙극생비'라는 천하의 절묘한 명언을 남겼다.

"대왕께서 직접 내리시는 술이라면 법관이 곁

중국 역사상 가장 유명한 술자리의 하나인 조조(오른쪽)와 유비의 '자주논영웅'을 나타낸 조형물이다.(2010년)

에 있고 어사가 뒤에 버티고 있어 곤은 두려워 엎드려 마시게 될 터이니 한 말도 못 마시고 취합니다. 어버이의 귀한 손님과 함께하는 자리라면 복장을 단정히 하고 꿇어앉아 받고 또 술잔을 손님께 올리고 하느라 자주 몸을 일으키면 두 말을 못 마시고 취합니다. 친구와 오랜만에 만나 즐거움으로 추억을 되새기며 마시면 대여섯 말은 마실 수 있습니다. 만약 마을 모임에서 남녀가 섞여 앉아 상대에게 술을 돌리고, 놀이를 해서 상대를 구하고, 남녀가 손을 잡아도 벌이 없고, 서로를 마주보아도 뭐라 하지 않고, 앞에서는 귀걸이가 떨어지고 뒤에서는 비녀가 이리저리 흩어져 있는 자리라면 이 곤이 좋아하는 술자리라 여덟 말 정도는 마시지만 취기가 겨우 돌 정도입니다. 날이 저물어 술자리가 끝나갈 무렵 술통을 모으고, 자리를 좁혀 남녀가 동석하고, 신발이 서로 섞이고, 술잔과 그릇이 어지럽게 흩어져 있고, 마루를 밝히던 촛불이 꺼집니다. 이윽고 주인이 저 곤 하나만 머물게 하고는 다른 손님을 배웅합니다. 그리고는 엷은 비단 속옷의 옷깃이 열리면서 은은한 향기가 풍겨옵니다. 이런 술자리라면 곤은 기분이 아주 좋아져 한 섬은 마십니다.”

이렇게 말한 다음 순우곤은 “**술이 극도에 이르면 난리가 나고, 즐거움이 극도에 이르면 슬퍼진다**고 합니다. 모든 일이 다 그렇답니다”라고 덧붙였다.

순우곤은 사물이란 극도에 이르러서는 안 되는 바, 극도에 이르면 반드시 시들기 마련이라는 만물의 이치를 들어 위왕에게 풍자적으로 충고했다. 위왕은 순우곤의 충고를 받아들여 밤 새워 술 마시는 것을 그만두게 했다. 그리고는 왕실에서 베푸는 술자리에는 반드시 순우곤을 불러 자신을 모시게 했다.

순우곤의 술에 대한 성찰은 **주극생란**(酒極生亂), **낙극생비**(樂極生悲)라는 여덟 글자로 압축되어 천고의 명언으로 전해오고 있다. '난리가 난다'는 부분을 '어지러워진다'로 해석하는 경우도 있는데, 술이 극도에 이르렀는데 어지러워진다 정도와는 어울리지 않는다.

주남유체(周南留滯)

주남에서 머무르다.
– 권130 〈태사공자서〉

기원전 110년, 사마천 나이 35세 때 무제는 처음으로 황실 주관으로 하늘과 땅에 제사를 올리는 '봉선(封禪)' 의식을 거행했다. 그런데 정작 이 행사를 주관해야 할 사마천의 아버지 태사공(太史公) 사마담(司馬談)은 이 중대한 행사에 황제를 수행하지 못하는 뜻밖의 일이 발생했다. 조정 신하들 사이에 봉선의 의식과 절차 등을 놓고 의견이 분분하여 화가 난 무제가 관련한 담당 신하들을 수행하지 못하게 했기 때문이다.

사마담은 이 때문에 화병이 나서 쓰러져 자리에서 일어나지 못했다. 서남이(西南夷) 지역에서 일을 마치고 귀경하던 사마천은 황하와 낙수(洛水) 사이에서 아버지 사마담의 임종을 지켰다. 당시 사마담은 **주남(周南)에 머무르고** 있다가 봉선에 참가할 수 없다는 명령을 받았다. 주남은 당시 한나라의 도성 장안(長安) 동쪽 낙양(洛陽)에 해당한다. 천자가 봉선 제사

봉선에 참가하지 못한 아버지 사마담은 화병으로 쓰러져 일어나지 못했고, 사마천은 아버지의 임종을 지키며 유언을 받들었다. 그림은 그 장면을 나타낸 기록화이다.

에 행차하려면 장안을 떠나 낙양을 거쳐야 하므로 사마담은 이곳에서 천자의 행차를 기다렸다.

훗날 '주남유체'는 **어떤 지방에 발이 묶여 아무 일도 하지 못한 것**을 비유하는 성어가 되었다. 원문에는 '유체주남(留滯周南)'으로 나오기 때문에 이렇게 쓰기도 한다.

주산자해(鑄山煮海)

광산을 개발하여 화폐를 주조하고, 바닷물을 끓여 소금을 만들다.
– 권106 〈오왕비열전〉

서한 경제(景帝) 때 지방에 봉국을 가진 왕들 가운데 오(吳)나라 왕 유비(劉濞)와 초나라 왕 유무(劉茂)가 주동자가 되어 다른 다섯 왕국들을 모아 중앙 정부에 반기를 들었다. 이것이 기원전 154년에 터진 '오초칠국의 난'이다. 한나라는 개국 이후 가장 중대한 병목 위기를 맞았다. 이 난은 명장 주아부(周亞夫)의 활약 등으로 석 달 만에 평정되었다.('도유소불유', '주조조' 항목 참고)

이 난을 주도한 오왕 유비는 전쟁에 필요한 돈을 마련하기 위해 여러 가지 행동을 취했는데, 그중 경제력 확보를 위해 다음 두 가지 중요한 조치를 취했다. 첫째, 천하의 떠돌이들을 대거 모아 **광산을 개발한 다음, 몰래 화폐를 주조했다.** 둘째, 역시 이런 자들을 모아 **바닷물을 끓여 소금을 만들었다.**

오왕 유비의 이런 조치들에서 '주산자해'라는 사자성어가 나왔다. '광산(주로 동광산)을 개발하여 화폐를 주조하고, 바닷물을 끓여 소금을 얻었다'는 뜻으로 훗날 **자연 자원을 잘 개발하는 일**을 비유하게 되었다.

주소국의(主少國疑)

군주는 어리고 나라는 의심스럽다.
– 권65 〈손자오기열전〉

　최고통치자가 어린 나이에 즉위하여 나라가 불안한 상황을 나타내는 성어가 **주소국의**다. 전국시대 명장 오기(吳起)는 위나라로 와서 서하(西河) 태수로 진나라의 침공을 물리치는 등 큰 공을 세웠다. 그러나 재상 발탁에서 오기는 전문(田文)에 밀려 재상 기용에서 탈락했다. 오기는 불복하고 전문을 찾아가 서로의 장단점을 다투었다. 오기는 군대 통솔, 백성과의 친화력, 변방 수비 세 방면에서의 자기 능력을 언급했다. 전문은 이를 솔직히 인정한 다음 "**군주는 어리고 국내 상황은 불안**하며, 대신은 (군주와) 가깝지 않고, 백성은 믿지 않은 상황에서 재상 자리를 당신이 맡는 게 낫소, 아니면 내가 맡는 게 낫소?"라고 반문했다. 잠시 생각하던 오기는 전문의 말을 인정했다.

　이 고사는 자신을 잘 알고 흔쾌히 전문을 인정한 오기의 사심 없는 처신이 돋보인다. 인재를 기용할 때, 특히 나라 전체에 영향을 줄 수 있는 인재를 기용할 때는 나라가 처한 상황을 충분히 고려하여 그에 맞는 인재를 기용해야 할 필요성도 제기하고 있다.

키워드 : 나라, 군주, 연소, 불안

주재(主宰)

고기 나누는 일을 주관하다.
– 권56 〈진승상세가〉

　주재는 우리가 일상에서 흔히 쓰는 단어다. **어떤 일을 중심이 되어 맡아 처리**하거나 그 일을 하는 사람을 가리킨다. 예컨대 '회의를 주재하다'거나 '그 복잡한 일을 주재하다'는 식으로 쓴다. 비슷한 단어로는 '주관(主管)'이 있다. '주재'의 '재'에서 '재상(宰相)'이란 단어가 파생되었다. '주재'라는 이 단어는 다음과 같은 고사에서 비롯되었다.

초한쟁패 때 유방을 도운 꾀돌이 지낭(智囊) 진평은 젊은 날 마을 제사에서 고기를 나누는 일을 맡았다. 이를 '주재'라 했다. 즉, '주재'는 **제사나 잔치 등에 참석한 사람들에게 고기를 골고루 나누어 주는 일**을 가리킨다. 여기서 '진평이 고기를 나누다'는 '진평분육(陳平分肉)'이란 유명한 고사성어가 나왔다. 사람들이 진평이 정말 고기를 고루 잘 나눈다고 칭찬하자 진평은 혼잣말로 '나 진평에게 천하를 나누라고 해도 고기를 나누듯이 잘 해낼 텐데'라고 했다. 이 장면이 '사평득재천하(使平得宰天下), 역여시육의(亦如是肉矣)'이고 이에 대해서는 살펴본 바 있다. '진평분육' 항목과 함께 참고하면 된다.

이렇듯 '주재'의 원래 뜻은 고기를 고루 나누는 일을 주관한다는 것이다. '주재'의 전제 조건은 공평이다. 그렇다면 일이나 회의를 주재할 때도 어느 한쪽에 치우치지 말고 공평하고 공정하게 처리해야 한다는 뜻을 포함하고 있다고 보아야 할 것이다.

키워드 : 상황, 주관, 나누기, 공평, 공정

주조조(誅晁錯)

조조를 죽여라.

– 권101 〈원앙조조열전〉 ; 권106 〈오왕비열전〉

서한 왕조의 행정구역은 '군(郡)'과 '국(國)'이 병존하는 제도였다. 한을 건국한 공신들과 신하들은 주(周) 왕조는 분봉(分封) 때문에 망했고, 진(秦) 왕조는 분봉을 하지 않아서 망했다고 분석했다. 진 왕조의 경우 봉국을 세워 도처에 황족들이 거점을 틀고 있었더라면 진승(陳勝)의 봉기가 불꽃처럼 번지지 않았을 것이라는 논리다.

서한 왕조가 취한 것은 절충법이었다. 진 왕조의 군현제도를 유지하는 한편, 부분적으로 주 왕조의 분봉제도를 회복했다. 아래 표를 보면 왕작의 봉국은 수 개 또는 십수 개의 현을 관할했는데, 그 지위는 군보다 높았다. 후자의 봉국은 하나의 현 또는 몇 개의 향을 관할했는데 현과 지위가 같았다.

서한 초기 행정체제

중앙정부	군	현	군·왕국·후국은 모두 중앙정부에 바로 예속되어 있으면서 서로 간섭하지 않았다.
	봉국(왕국)	현	
		군·현	
	봉국(후국)	현	

유방은 황제가 된 다음 원칙적으로 황족 자제들을 왕(王)에 봉하고, 황족이 아닌 공신들은 후(侯)에 봉했다. 이때 유방은 후로 봉하는 '봉후(封侯)'에는 그다지 주의를 기울이지 않았던 반면, 자체의 정부와 군대를 가지는 '봉왕(封王)'에 대해서는 대단히 신경을 썼다. 그럼에도 불구하고 유방이 죽은 뒤 얼마 되지 않아 봉국과 중앙정부 사이에 틈이 생기기 시작했다. 전국시대 소진이나 장의와 같은 유세가들의 유풍이 여전한 데다 지식인과 능력 있는 인재들이 중앙정부에서 포부를 펼치지 못하자 봉국으로 달려가는 현상이 나타났다. '주산자해' 항목에서 보았다시피 봉국이 경제적으로도 실력을 갖추고, 여기에 논리나 명분에도 힘이 실리면서 정치적 야심이 나날이 커졌다. 이렇게 해서 갈수록 중앙정부와 다른 마음을 품게 된 것이다.

이런 현상을 중앙에서 감지 못할 리 없었다. 그중 한 사람이 경제가 총애한 조조(晁錯, 기원전 약 200~기원전 154)였다. 조조는 봉국의 면적을 줄여 봉왕의 권력을 감소시켜야 한다고 강력하게 주장했다. 이를 '울타리를 깎아내린다'는 뜻에서 '삭번(削藩)'이라 했다. 경제는 이 주장에 찬성했지만 벌써 커질 대로 커진 각지의 봉왕들이 받아들일 리 만무했다. 경제는 선수를 쳐서 벼락같이 세 개의 봉국을 취소시켰다. 그러자 기원전 154년 동방 일곱 개 봉국이 연합하여 반발했다. 이것이 바로 '오초칠국의 난'이다. 오와 초가 주도했기 때문이다. 그 일곱 봉국은 다음의 표와 같았다.

서한 초기 7개 봉국표

봉국	봉왕(성명)	수도
오국(吳國)	유비(劉濞)	광릉(廣陵, 강소성 양주)
제남국(濟南國)	유벽광(劉辟光)	동평릉(東平陵, 산동성 장구)
치천국(菑川國)	유현(劉賢)	극현(劇縣, 산동성 수광 남쪽)
교서국(膠西國)	유앙(劉卬)	고밀(高密, 산동성 고밀)
교동국(膠東國)	유웅거(劉熊渠)	즉묵(卽墨, 산동성 평도)
조국(趙國)	유수(劉遂)	한단(邯鄲, 하북성 한단)
초국(楚國)	유무(劉戊)	팽성(彭城, 강소성 서주)

그리고 이들 7국 봉왕과 중앙 황제의 혈연 관계를 보면 아래 표와 같았다.

	대왕 유희(劉喜)	**①오왕 유비(劉濞)**		
태상황 유집가 (劉執嘉)	1대 황제 유방 (고조)	2대 황제 유영(혜제)	3대 황제 유공*	
			4대 황제 유홍*	
		제왕 유비(劉肥)	**②제남왕 유벽광**	
			③치천왕 유현	
			④교서왕 유앙	
			⑤교동왕 유웅거	
		5대 황제 유항(문제)	6대 황제 유계(경제)	7대 황제 유철(劉徹, 무제)
		조왕 유우(劉友)	**⑥조왕 유수**	
	초왕 유교(劉交)	초왕 유영객(劉郢客)	**⑦초왕 유무**	

＊굵은 글씨가 7국

＊현재 중국 학계에서는 3대 황제를 여태후 여치(呂雉)로 본다. 반면에 유공과 유홍은 황제로 인정하지 않는다. 그러나 기록상 엄연히 즉위했으므로 참고로 표기해 둔다.

위 표에서 보다시피 오왕 유비(劉濞)와 초왕 유무(劉戊)를 제외한 나머지 다섯 봉왕은 모두 개국 황제 유방의 근친이다. 이는 적어도 정권의 안위가 분봉과 관계가 없다는 것을 보여준다. 즉, 봉국은 문제를 해결하기는커녕 도리어 문제를 만드는 근원이었다.

　7국이 연합하여 반란을 일으키자 강산의 절반이 순식간에 반란군의 손에 들어갔다. 경제는 놀랍고 두려웠다. 상대가 이렇게 막강할 줄은 예상하지 못했기 때문이다. 자신의 방심을 후회하지 않을 수 없었다.

　반란을 일으킨 7국은 두 개의 구호를 내걸었다. 하나는 **조조를 죽이라**는 것이었고, 다른 하나는 취소한 땅을 돌려 달라는 것이었다. 경제는 조건을 모두 받아들였다. 국가를 위해 충심을 다했던 조조는 입조 도중에 무사들에게 끌려가 허리가 잘렸고, 삼족이 모두 도살당했다.

　중앙정부가 굴복했음에도 7국 연합군은 행동을 멈추지 않았다. 오왕 유비는 대담하게 자신이 황제가 되어야겠다며 큰소리를 쳤다. 그의 군대가 낙양 가까이로 접근했다. 하지만 그는 자신의 아들만 믿고 전녹백(田祿伯)·환장군(桓將軍)·주구(周丘)와 같은 측근 참모들을 믿지 않았다. 중앙정부에서는 경제가 현명하게 주아부(周亞夫)

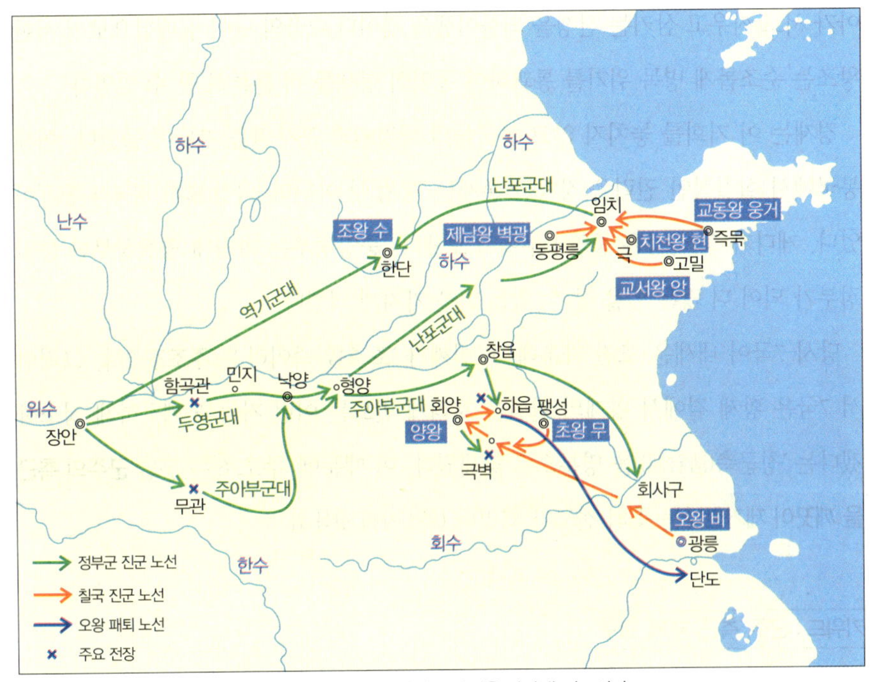

오초칠국의 난을 평정하는 과정을 나타낸 지도이다.

아버지 문제(文帝) 유항(劉恒)과 '문경지치(文景之治)'의 전성기를 이룬 경제(景帝) 유계(劉啓)는 오초칠국의 난을 평정하면서 중앙집권화에 성공했다. 그 힘을 바탕으로 각종 정책들을 효율적으로 시행할 수 있었다. 사진은 경제의 무덤인 양릉(陽陵)이다.

를 대장으로 뽑았다.

백병전과 같은 격렬한 전투에서는 승부가 지휘자의 자질에 따라 결정 난다. 몇 달에 걸친 탐색 끝에 주아부는 오·초 연합군의 식량 보급로를 끊었다. 굶주림에 지친 오·초 연합군은 철수를 서둘렀고, 주아부는 그 뒤를 쫓아 연합군을 크게 물리쳤다. 오·초 연합군은 반란군의 주력이었다. 이 연합군이 패함으로써 두 나라는 곧 망했고, 다른 봉왕들도 자살하거나 피살되었다. 기세등등하던 7국의 난은 순식간에 평정되었다.

오초칠국의 난은 서한 정부가 맞이한 정권 초기의 병목 위기이자 중대한 전환점이었다. 만에 하나 7국이 승리했더라면 중국은 틀림없이 전국시대의 국면으로 되돌아가 서로 싸우고 삼키는 전쟁을 되풀이했을 것이다. 7국의 난이 실패함으로써 서한 왕조는 순조롭게 병목 위기를 통과하여 통일의 형세를 더 튼튼히 할 수 있었다.

경제는 이 기회를 놓치지 않고 봉국들의 행정권과 군사권을 거두어 들였다. 이제 봉국에서 실질적인 권력을 장악한 존재는 '봉왕'이 아니라 '국상(國相, 봉국의 재상)'이었다. 게다가 그 국상은 중앙정부에서 보냈다. 중앙정부는 마침내 명실상부한 통일 정부가 되어 더 많은 일을 할 수 있는 힘을 가지게 되었다.

당시 7국이 내세운 조건 가운데 첫 번째가 '조조를 죽이라'는 **주조조**였다. 그러면서 7국은 황제 곁에서 황제의 판단을 흐리게 만드는 이런 자들을 깨끗하게 청소하겠다는 '청군측(淸君測)'을 명분으로 앞세웠다. 이 때문에 '주조조'는 훗날 **군주의 측근을 깨끗이 제거한다**는 뜻의 전고가 되었다. ('주산자해' 항목 참고)

키워드 : 군주, 측근, 제거, 요구

주중적국(舟中敵國)

배 안의 적국.
– 권65 〈손자오기열전〉

전국시대의 명장 오기(吳起, ?~기원전 381)는 소국 위(衛)나라 지역 출신으로 여러 나라를 전전하다 당시 최강대국이었던 위(魏)나라의 개혁 군주 문후(文侯)를 보필하여 진(秦)나라의 동방 진출을 막아내고 위나라의 군사력을 크게 키웠다. 기원전 396년 오기를 전폭적으로 믿고 지지하던 위 문후가 죽고 아들 무후(武侯)가 즉위했다. 무후도 나름 능력 있는 군주였으나 아버지 문후에 비하면 한참 떨어졌다.

어느 날 무후가 서하(西河)에서 배를 탔다. 중간쯤 가다가 무후는 고개를 돌려 오기에게 "아름답구나! 이 견고한 산하야말로 위나라의 보물이로다!"라며 자신의 나라에 대한 자부심을 한껏 나타냈다. 오기는 과거 험준한 지세를 갖고도 망한 나라들을 열거한 다음 이렇게 말했다.('재덕부재험' 항목 참고)

"이렇게 보면 (나라는 군주의) 덕에 달렸지 험준함에 달린 것이 아닙니다. 국군께서 덕을 닦지 않으시면 **배 안의 사람이 모두 적국**(적국의 사람)이 됩니다."

무후는 자신의 나라에 큰 자부심을 가지고 '이 견고한 산하야말로 위나라의 보물'이라고 자랑스럽게 말했다. 여기서 '위국산하(魏國山河)'라는 성어가 나왔다. 훗날 이 성어는 '크고 좋은 산과 강'을 가리키게 되었다.

무후는 오기의 말에 겉으로는 좋은 말이라며 칭찬했지만, 속으로는 섭섭한 마음을 가졌다. 결국 오기는 무후 곁에 오래 머물지 못하고 초나라로 떠났다. 이 고사에서 **주중적국**이란 성어가 나왔고, 훗날 **여러 사람이 마음 바꾸어 반대편으로 돌아서는 것**을 비유하게 되었다. 오기의 자세한 행적에 대해서는 '살처구장' 항목을 참고하면 된다.

키워드 : 상황, 리더, 부덕, 배반

주지육림(酒池肉林)

못에 가득 찬 술, 숲처럼 내걸린 고기.
– 권3 〈은본기〉

주지육림은 상(은)나라 마지막 왕 주(紂)가 말년에 **"못을 파서 술을 채우고 고기를 숲처럼 걸어 놓고**는 남녀가 벌거벗고 그 사이를 뛰어다니며 밤새 마시고 놀았다"는 기록에서 나온 유명한 성어이다. 극도의 사치와 호화, 그리고 방탕하기 짝이 없는 생활을 비유하는 말로 사용된다. '밤새 술을 퍼마신다'는 '장야지음(長夜之飮)'이란 성어도 거의 같은 뜻으로 사용된다.('장야지음' 항목 참고) 또 술과 고기가 넘쳐흐르는 호화로운 생활을 표현할 때도 사용된다.

주임금은 하나라의 마지막 임금 걸(桀)과 함께 폭군 내지 혼군(昏君)의 대명사다. 최근 학자들 사이에서는 이 두 폭군에 대한 색다른 평가가 나오고 있지만, 여전히 이 두 사람은 악평을 면치 못하는 존재다.

'주지육림'은 걸·주의 폭정과 방탕한 생활을 상징하는 가장 대표적인 사자성어가 되었다. 사진은 주임금의 석상이다. (2014년)

주임금은 총명하고 말재간이 뛰어난 인물이었으나 술과 음악을 지나치게 좋아했고, 특히 여자를 밝혔다고 한다. 달기(妲己)를 총애하여 그녀가 원하는 것은 무엇이나 다 들어줄 정도였다. 달기를 위해 각종 기이한 애완물로 궁실을 가득 메웠고, 이 비용을 충당하느라 무거운 세금을 매길 수밖에 없었다.

충신 비간(比干)이 목숨을 걸고 충고했으나 듣지 않았으며, 심지어 성인의 심장에는 구멍이 일곱 개나 있다더라 하면서 끝내 비간의 심장을 도려냈다. 기자(箕子)는 두려운 나머지 미친 척했으며, 태사(太師)와 소사(少師)는 제기와 악기를 가지고 주나라로 달아났다. 기회를 보던 주(周) 무왕(武王)은 군대를 일으켰고, 목야(牧野)전투에서 주임금은 힘 한번 제대로 써보지 못하고 도망치다 백성의 세금으로 쌓은 녹대(鹿臺)에 올라가 보석으로 장식한 옷을 뒤집어쓰고 불길에 뛰어들어 자결했다. 무왕은 주임금의 목을 베어 깃발에 매달았고, 달기도 처형했다.(학자들은 이해를 기원전 1046년으로 추정하여 주나라의 건국 연도로 확정했다.)

최고통치자의 사생활이 한 나라의 흥망을 좌우할 수 있음을 우리는 역사적 실례를 통해 적지 않게 보게 된다. 하나라와 상나라의 마지막 걸과 주임금으로부터 우리는 나라의 흥망을 좌우한 최고통치자의 사생활을 적나라하게 보게 되며, **주지육림**은 그것을 대변하는 상징적인 고사성어임을 새삼 확인하게 된다.

키워드 : 권력자, 생활, 폭정, 방탕, 망국

주해수추(朱亥袖椎)

주해가 옷소매에서 철퇴를 꺼내다.
– 권77 〈위공자열전〉

'이문' 항목과 '허좌이대' 항목에서 보았듯이 위공자 신릉군은 은자 후영을 극진한 예로 모셔왔다. 그 무렵(기원전 257년) 강대국 진나라가 조나라로 쳐들어왔다. 조나라의 평원군은 신릉군과 처남 매부 사이였다. 신릉군은 조나라를 구하고자 했으나 위나라의 왕이자 신릉군의 형인 안리왕(安釐王)은 내켜 하지 않았다. 신릉군은 군대를 출동시킬 수 있는 병부(兵符)를 훔쳐냈다.('절부구조' 항목 참고) 신릉군이 조나라로 떠나려 하자 후영이 이렇게 말했다.

"장수가 밖에 있을 때에는 임금의 명령도 받지 않지 않을 수가 있는데, 그것도 나라에 도움이 됩니다. 공자께서 만일 병부를 맞추었는데 진비(晉鄙) 장군이 공자에게 군사를 내어주지 않고 다시 왕에게 보고하려 한다면, 사태는 위급해질 것입니다. 그러니 저의 친구인 백정 주해(朱亥)를 함께 데리고 가십시오. 이 사람은 역사(力士)입

니다. 진비가 병부를 보고 명령을 들으면 다행이지만 듣지 않는다면 주해를 시켜 그
를 죽이십시오."

후영의 예상대로 장수 진비는 신릉군의 병부를 의심했고, 주해는 **옷소매에서 40근
철퇴를 꺼내** 진비를 쳐 죽였다. 신릉군은 군대를 출동시켜 조나라를 구했다. 여기에
서 '주해가 옷소매에 철퇴를 꺼낸다'는 **주해수추**라는 성어가 나왔다. 이 성어는 훗날
용맹하고 의로운 용사가 급하고 어려운 일을 해결하는 것을 형용하게 되었다. 그리
고 신릉군이 병부를 훔쳐 조나라를 구한 사실에서 '절부구조(竊符救趙)'라는 유명한
고사성어가 나왔다.

키워드 : 상황, 위급, 용맹, 해결

주호주월(走胡走越)

호로 달아나든지, 월로 달아나다.
– 권100 〈계포난포열전〉

유방이 천하를 평정한 다음 항우 편을 들었던 사람들을 잡아들이려 했다. 항우의
장수로 초한쟁패 과정에서 유방을 여러 차례 괴롭혔던 계포(季布)도 그 대상이 되어
수배령이 내려졌다. 계포의 사람됨을 잘 알고 그를 숨겨주고 있는 주가(朱家)는 공신
의 한 사람인 하후영(夏侯嬰)을 통해 유방에게 다음과 같이 권했다.

"신하는 각자 자기 주군을 위해 충성을 다합니다. 계포가 항우를 위해 충성을 다
한 것은 그의 직분을 다한 것뿐입니다. 그렇다고 항우의 신하를 모두 다 죽여야 한
다는 말입니까? 지금 황상께서 천하를 얻으신 지 얼마 되지 않았는데 사사로운 원
한으로 사람을 찾으시니 어찌해 황상의 도량이 좁다는 것을 천하에 보이려 하시는

지요? 게다가 계포와 같은 현명한 사람을 한나라가 현상금까지 걸고 이렇게 급하게 찾고 있으니, 그렇게 하다가는 (계포는) **호로 달아나든지, 아니면 월로 달아나든지** 할 것입니다."

주가와 하후영의 설득으로 유방은 계포를 사면했고, 나중에는 벼슬까지 주어 한나라를 위해 일하게 했다.

주가의 말에서 **주호주월**이란 성어가 나왔고, 훗날 유능한 인재가 핍박을 받아 다른 적국으로 달아나 적국을 위해 일하게 된다는 전고가 되었다. 주가가 말한 호는 북방의 흉노를 가리키는 것으로 보인다. 흉노와 월 모두 그 당시 한나라의 걱정거리였고, 주가는 이 두 나라를 끌어들여 자신의 논리를 강조하고 있다.('계포일낙' 항목 참고)

키워드 : 인재, 핍박, 도주(逃走)

중

중구삭금(衆口鑠金)／중구연금(衆口鍊金)

여러 사람의 입은 쇠도 녹인다.
– 권70 〈장의열전〉

여러 사람이 같은 말을 반복하면 그것이 거짓이라도 믿게 된다는 뜻이다. 남을 헐뜯는 말이나 유언비어(流言蜚語)의 위력을 비유하는 성어이다. 《전국책》(〈위책〉)에 나오는 '세 사람이 모여 같은 말을 반복하면 호랑이도 만들어낸다'는 '삼인성호(三人成虎)'나 〈저리자감무열전〉의 '세 사람이 의심하자 그(증자)의 어머니가 두려워했다'는 '삼인의지, 기모구의'도 비슷한 뜻의 성어들이다. '비방하는 말이 쌓이면 뼈도 삭힌

다'는 뜻의 '적훼소골(積毁銷骨)'과 함께 많이 쓴다. ('적훼소골' 항목 참고)

키워드 : 여론, 비방, 반복, 위력

중노여수화(衆怒如水火), 불가구야(不可救也)

대중의 분노는 물불과 같아 일단 폭발하면 수습할 길이 없다.
– 권40 〈초세가〉

춘추시대 초나라 영왕(靈王, 재위 기원전 540~기원전 529)은 어리석은 군주여서 백성들의 원망을 사고 있었다. 한번은 도성을 비운 사이 국내에서 정변이 발생했고, 백성들은 더 이상 영왕을 받들지 않았다. 영왕은 혼자 산속을 헤매다 굶어 죽었다.

초나라 조정은 공자 비(比)를 왕으로 추대했으나, 영왕이 죽은 것을 몰라 이제나 저제나 영왕이 살아 돌아올까 두려워했다. 공자 기질(棄疾)은 자신이 왕이 되기 위해 자신의 부하 만성연(蔓成然)을 도성으로 보내 초왕 등에게 '영왕이 돌아왔고, 성안의 사람들이 지금 초왕을 죽이려 한다'면서 **"대중의 분노는 물이나 불과 같아 한 번 터지면 수습할 수 없다"**는 말로 초왕을 자살로 내몰았다. 그리고는 자신이 왕이 되니 이가 바로 초나라 평왕(平王)이다.

예로부터 민심을 얻지 못한 권력은 모래 위에 쌓은 누각과 같다. 그래서 '민심은 천심이다'라고 하지 않는가? 민중은 잘 참는다. 못난 정치가들은 민중의 무던한 참을성을 어리석음으로 안다. 참고 참던 민중의 분노가 터진 다음에 후회해도 소용없다. 대중들은 늘 지켜보고 있다는 사실을 잊지 말아야 한다. 특히 지금과 같은 집단 지성의 대중들은 그냥 지켜보기만 하는 것이 아니라 정치가의 언행을 낱낱이 기억하고 기록하고 있다. 심판의 날을 기다리며.

키워드 : 대중, 민심, 분노, 불가항력

중석몰촉(中石沒鏃)

돌에 박혀 화살촉이 보이지 않다.

– 권109 〈이장군열전〉

한나라 초기의 명장 이광이 사냥을 하러 나갔다가 풀 속의 돌을 호랑이로 착각하여 화살을 쏘았다. 가서 보니 호랑이가 아닌 돌이었는데 **화살촉이 돌에 깊이 박혀 보이지 않았다**고 한다. 다시 쏘았더니 화살촉은 박히지 않았다.

이 일화에서 **중석몰촉**이라는 성어가 나왔다. '돌에 박혀 화살촉이 보이지 않았다'는 뜻으로 막강한 힘을 비유하게 되었다. 《한서》 〈이광전〉에는 '중석몰시(中石沒矢)'로 표현되어 있다. 이와 함께 '돌을 호랑이로 여겨 화살을 쏘다' '사석위호(射石爲虎)'라는 성어도 나왔다.

키워드 : 힘, 막강

돌에 화살을 쏘는 이광의 모습을 그린 그림이다.

중원축록(中原逐鹿)

중원의 사슴을 쫓다.

– 권92 〈회음후열전〉

기원전 221년 중국사 최초로 천하를 통일한 진 제국이 불과 15년 만인 기원전 206년에 망했다. 멸망 3년 전인 기원전 209년 터진 진승의 봉기를 시작으로 천하의 군웅(群雄)들이 곳곳에서 들고일어나 패권을 차지하려 했다.

〈회음후열전〉에서는 진나라가 천하를 잃은 상황을 '사슴을 잃은' 것에 비유하며

"진이 사슴을 잃자 천하가 모두 그것을 쫓았다(진실기록秦失其鹿, 천하공축지天下共逐之)"고 했다. 훗날 여기에 천하를 상징하는 '중원(中原)'이 덧붙여져 **중원축록**이란 성어가 만들어졌다. 때로는 '군웅축록'이라고도 쓴다. 여러 영웅이 사슴을 쫓는다는 뜻으로 '중원축록'과 뜻은 같다.('진실기록' 항목 참고)

키워드 : 난세, 군웅, 패권, 각축

중족이립(重足而立), 측목이시(側目而視)

발을 겹친 채 서서 곁눈질로 보다.
– 권120 〈급정열전〉

한 무제 때 급암(汲黯, ?~기원전 112)이란 신하가 있었다. 그는 성품이 강직하기로 유명했다. 황제 앞에서도 바른말을 서슴지 않았다. 무제는 그런 그가 눈에 거슬리기는 했지만, 사직과 생사를 함께할 인물이라며 높이 평가했다.('사직지신' 항목 참고)

그런 그가 장탕(張湯)과 마음이 맞지 않아 조정에서 일쑤 말다툼을 벌였는데, 법률과 실무에 밝은 도필리(刀筆吏) 출신인 장탕의 교묘한 말솜씨에 불끈 성을 내곤 했다. 위 성어는 바로 장탕과 다투던 도중에 나왔다. 장탕을 꾸짖는 급암의 말이다.

"천하에서 평하기를 도필리는 공경(公卿)과 같은 높은 자리에 앉혀서는 안 된다고 하던데 과연 그렇구나! 바로 장탕을 두고 한 말일 게다. 천하로 하여금 **발을 겹치고 선 채 곁눈질을 하게 하다니** 말이다."

이 말은 두려움에 떨고 있는 모습을 묘사할 때 흔히 쓴다. 오금이 저려 두 발을 겹치고 선 채 곁눈질로 눈치를 보고 있는 모습이다. 줄여서 **중족측목(重足側目)**으로 쓸 수도 있다. 급암은 억지로 일삼지 않고 다스린다는 통치술을 앞세운 황로학(黃老學)

을 배운 사람이었기 때문에 법조문을 꼼꼼히 따지는 이른바 도필리들이 득세하는 것이 못마땅했다. 그의 눈에 도필리들은 법률을 교묘하게 적용하여 사람들을 죄에 빠지게 하는 작자들로 보였다.

위 성어는 두려움에 떨고 있는 모습을 묘사하는 성어일 뿐만 아니라, 한나라 초기 조정 내에서 황로학과 유학, 그리고 실무적인 법률 전문가라 할 수 있는 도필리들이 서로 반목하고 질시하던 상황까지 짐작케 하는 주목할 만한 성어다.

법 적용이 얼마나 엄격했으면 천하가 두 발을 겹친 채 곁눈질을 하겠는가? 그러나 현대 사회는 셀 수 없을 정도로 복잡해진 법조문 때문에 질식할 지경이니, 유방이 단 세 항목 '약법삼장(約法三章)'의 공약으로 천하의 민심을 얻었다는 이야기가 도무지 믿어지지 않는다. ('후래거상' 항목 참고)

키워드 : 법관, 공포, 눈치

중후소문(重厚少文)

중후하고 꾸밈이 적다.
– 권8 〈고조본기〉

기원전 195년, 경포의 반란을 진압하고 돌아온 고조 유방은 화살에 맞은 부상 때문에 병석에 누웠다. 병세가 심각해지자 여태후는 유방에게 "폐하, 100년 뒤 상국 소하가 죽으면 누구에게 뒤를 잇게 합니까?"라며 소하의 후임을 물었다. 여태후의 정치적 야심이 드러나는 장면이었다. 유방은 조참을 추천했고, 여태후는 또 그다음을 물었다. 유방은 왕릉과 진평이 함께 자리를 맡으면 되고, 태위(太尉) 자리에 주발을 추천하면서 "주발은 **중후하고 꾸밈이 없소**, 유씨 집안을 안정시킬 사람은 틀림없이 주발일 테니 태위를 삼으면 되오"라고 했다.

유방의 이 말에서 **중후소문**이란 성어가 나왔다. '문(文)'은 '문(紋)'과 같은 뜻으로 꾸민다는 뜻이다. 주발은 유방의 예상대로 훗날 여씨 세력을 축출하는 등 맡은 바 역할을 잘 해냈다.

키워드 : 인품, 중후, 소박

증

증체(證逮)

증인을 체포하다.
– 권59 〈오종세가〉

〈오종세가〉는 경제의 아들들인 13명 황자의 봉국 상황을 기술하고, 한나라 초기 이래 분봉제의 발전과 변화상을 평가한 세가다. 기원전 154년에 터진 '오초칠국의 난'이 실패로 돌아간 이후 약화되어가는 제후국들의 상황과 그 반대급부로 중앙정부가 주도권을 쥐고 봉건 대일통을 다지는 상황을 보여준다. 이를 통해 사마천은 중앙정부와 지방 제후국들 사이의 첨예한 모순을 폭로하는 한편, 황자 13명의 타락상을 희생당한 관리들을 통해 부각시키고 있다. 그 한 사례를 소개한다.

이 13명의 황자들 중 상산(常山)의 헌왕(憲王) 유순(劉舜)은 경제 중원 5년인 기원전 145년에 황자의 신분으로 상산왕(常山王)이 되었다. 유순은 당시 황제였던 무제와 가장 가까웠고, 경제의 막내아들인지라 교만하고 음탕하여 여러 번 죄를 범했지만 주상은 늘 너그럽게 봐주었다.

기원전 114년, 유순은 즉위 32년 만에 죽었고, 태자 유발(劉勃)이 왕으로 즉위했다. 헌왕 유순에게는 그가 총애하지 않는 첩이 낳은 맏아들 유탈(劉稅)이 있었다. 유탈은 어머니가 총애를 받지 못한 까닭에 그 또한 왕의 관심과 사랑을 받지 못했다.

그리고 왕후 수(脩)가 태자 유발을 낳았기 때문에 유탈은 태자가 되지 못했다.

헌왕 유순의 병이 심각해지자 총애하는 첩들이 늘 간병했는데, 왕후는 또 이를 질투하여 간병하지 않았고 가더라도 숙소로 바로 돌아왔다. 의사가 약을 올려도 태자 유발은 직접 맛을 보지도 않았고, 밤을 새워 간병하지도 않았다. 헌왕이 죽자 왕후와 태자는 그제야 왔다.

헌왕은 평소 큰아들 유탈을 아들처럼 여기지 않아 죽을 때도 재물을 나눠주지 않았다. 낭관이 태자와 왕후에게 여러 아들 및 맏아들 유탈과 재물을 함께 나누라고 했지만, 태자와 왕후는 듣지 않았다. 태자 유발이 왕으로 즉위했지만, 여전히 유탈을 돌보지 않았다. 유탈은 왕후와 태자에게 원한을 품었다. 조정의 사신이 헌왕의 장례를 보러 오자 유탈은 그동안 태자 유발과 왕후의 만행을 고발했다. 특히 유발은 상중에도 간통·음주·노름·격축(擊筑) 등을 일삼고, 여자들과 수레를 타고 성과 저잣거리를 돌아다니며 감옥에 가서 죄수를 구경했다고 고발당했다.

무제는 대행(大行) 장건(張騫)을 보내 왕후와 왕 유발을 조사하게 했다. (장건은) 유발에게 간통한 자들과 여러 **증인들을 체포하라**고 요청했으나 유발은 그들을 숨겼다. 관리가 다시 체포하길 요구하자 다급해진 유발은 사람을 시켜 그 관리를 때리고, 조정에서 의심하고 있던 죄수들을 멋대로 석방시켰다. 담당 관리가 헌왕 유순의 왕후 수와 왕 유발을 죽이라고 청했다. 주상은 왕후 수가 행실이 좋지 않아 유발을 죄인으로 만들었고, 유발에게는 좋은 스승이 없었다고 생각하여 차마 죽이지 못했다. 담당 관리가 왕후 수와 왕 유발을 폐위시키고, 그 가족들을 데리고 방릉(房陵)으로 옮길 것을 청하자 주상이 이를 허락했다. 유발은 몇 달 만에 방릉으로 옮겨졌고 나라는 끊어졌다.

장건이 유발에게 관련된 '증인을 체포하라'고 요구한 대목에서 **증체**라는 단어가 나왔고, 이후 어떤 사

상산왕 유순의 아들들, 특히 태자 유발의 비리를 조사한 장건의 석상이다.(섬서성 성고현城固縣 박망진博望鎭에 남아 있는 그의 무덤 앞, 2004년)

건과 관련된 사람을 체포하는 것을 뜻하는 단어가 되었다.

키워드 : 비리, 조사, 체포

증판지사(繪販之士)

옷감 파는 사람.
– 권95 〈번역등관열전〉

초한쟁패 때 유방을 따른 사람들 상당수가 같은 고향 출신의 친구들이었다. 훗날 서한의 첫 승상이 된 소하(蕭何)를 비롯하여 번쾌(樊噲)·관영(灌嬰) 등이 모두 유방을 따라 공을 세워 개국공신이 되었다.

이들은 원래 보잘것없는 직업을 가진 자들이었다. 번쾌는 개를 잡아 파는 개고기 장수였다. 관영은 젊은 날 옷감을 파는 장사치였다가 유방을 따라 공을 세워 영음후(潁陰侯)에 봉해져 조정의 대신이 되었다. 사마천은 이들의 행적을 현장 탐방으로 확인하기도 했는데, 이들의 출세를 두고 이런 논평을 남겼다.

"내가 풍(豐)·패(沛)에 가서 그곳 노인들을 방문하고, 소하·조참(曹參)·번쾌·등공(滕公)의 옛집과 그들의 평소 사람됨을 살펴보니 들은 바가 매우 기이하였다! 그들이 칼을 휘두르며 개를 도살하거나 **옷감을 팔고** 있었을 때, 어찌 파리가 준마의 꼬리에 붙어 천 리를 가듯이 자신들이 고조를 만나 한나라 조정에 이름을 날리고

관영은 유방과 같은 고향 출신의 공신이다. 사진은 관영의 유적인 강소성 패현 안국진(安國鎭) 관영사촌(灌嬰社村)으로 가는 입구이다. 조형물 세로 현판은 '일대 제왕의 고향(왼쪽)', '5리 안에 세 명의 제후'라는 뜻이다. 한 명의 제왕(고조 유방)과 세 명의 제후를 배출한 곳이란 뜻이다.(2010년)

자손들에게 은덕을 내릴 수 있으리라는 것을 알았겠는가?”

옷감을 팔았던 등공 관영의 행적에서 ‘옷감을 파는 사람’이란 뜻의 **증판지사**라는 성어가 나왔다. 훗날 이 성어는 **재능은 있지만 출신이 미천한 사람**을 가리키는 용어가 되었다.(‘부기지미’ 항목 참고)

키워드 : 출신, 미천, 재능

지

지강급미(舐糠及米)

겨를 핥다 보면 쌀에 이른다.
– 권106 〈오왕비열전〉

한나라 경제는 지방 제후왕들의 세력이 커지는 것을 막기 위해 이른바 ‘울타리(제후왕)를 깎아내는’ ‘삭번(削藩)’에 나섰다.(‘주조조’ 항목 참고) 오왕 비는 이에 불만을 품고 반란을 일으키려고 같은 불만을 갖고 있는 교서왕(膠西王)에게 중대부(中大夫) 응고(應高)를 보내 교서왕을 설득하게 했다. 그중 한 대목이다.

“지금 황상(경제)께서는 간신의 부추김과 사악한 신하에게 둘러싸여 (중략) 제후의 땅을 빼앗아 거두어들이는 일이 점점 많아지고, 선량한 사람을 죽이는 일이 갈수록 심해지고 있습니다. 속담에 **겨[糠]를 핥다 보면 쌀에 이른다**라고 했습니다.”

그러면서 응고는 오와 교서 모두 중앙정부의 견제를 받고 있고, 앞으로 봉지를 삭

감당하는 선에서 그치지 않을 것이라며 함께 반란을 일으키자고 부추겼다. 기원전 154년, 오와 초가 주동이 되어 모두 일곱 나라 제후왕들이 중앙에 반기를 들었다. 이것이 '오초칠국의 난'이다. 교서왕도 가담했다.

응고가 교서왕을 설득하는 과정에서 나온 쌀의 껍질인 '겨를 핥다 보면 쌀에 이른 다'는 **지강급미**는 쌀의 껍질을 계속 핥다 보면 언젠가는 쌀이 나온다는 뜻을 가진 속 담이다. 응고가 이 속담을 인용한 속뜻은 땅을 조금씩 깎이다 보면 결국은 나라가 없어진다는 것이다. 이후 '지강급미'는 **욕심스럽게 잠식해 간다**는 전고가 되었다.

키워드 : 상황, 형세, 잠식(蠶食)

지고기양(志高氣揚)

뜻이 크고 높아서 기세가 등등하다.
– 권69 〈소진열전〉

전국시대를 대표하는 유세가 소진이 6국의 합종을 추진하기 위해 동방의 강국 제 나라를 방문하여 선왕(宣王)을 상대로 유세에 들어갔다. 유세의 막바지에 소진은 제 나라 도성 임치(臨淄)의 번화함과 임치 사람들의 풍족한 생활, 그리고 자신만만함을 이렇게 표현했다.

"집집이 모두 풍족하고, 사람들은 **뜻이 크고 높아서 기세가 등등**합니다."

그런 다음 소진은 최고권력자 선왕의 자부심을 추켜세운 다음, 이런 제나라가 진 나라에 굴복하는 것은 치욕스럽다며 선왕의 자존심을 건드려 끝내 합종에 동참하게 했다. 상대의 심리를 적절하게 공략하는 소진이란 유세가의 언변이 돋보이는 대목 이다. **지고기양**은 마음먹은 뜻이 높고 커서 그 기세가 대단하다는 것을 나타내는 성

어이다. ('합종연횡' 항목 참고)

지광인희(地廣人希)

땅은 넓고, 사람은 드물다.
– 권129 〈화식열전〉

사마천은 《사기》 130권의 실질적인 마지막 권인 〈화식열전〉에서 전국을 여러 개의 경제구역으로 나누어 그 지리적 특성·특산물·풍토·인심 등을 소개했다. 그중 초와 월 지역을 소개하면서 **"땅은 넓고, 사람은 드물다"**고 했다. 땅은 넓은 반면 인구는 적다는 뜻이다. 참고로 앞에도 제시한 바 있는 〈화식열전〉의 경제구역을 하나의 표로 제시해둔다.

대구역	소구역	대구역	소구역	대구역	소구역
강남구 (장강 이남)	동초구(東楚區)	산동구 (장강 이북, 화산 경계)	삼하구(三河區)	북방구 (용문·갈석 이북)	목축업 위주의 단순 경제구
	서초구(西楚區)		연조구(燕趙區)		
	남초구(南楚區)		제노구(齊魯區)		
	영남구(嶺南區)		양송구(梁宋區)		

키워드 : 경제, 구역, 특성

지기일부지기이(知其一不知其二)

하나만 알고 둘은 모른다.
– 권8 〈고조본기〉

　기원전 202년, 낙양 남궁 낙성식에서 고조 유방과 공신들은 초한쟁패 승부를 가른 원인을 분석하는 장면을 연출했다. 이 자리에서 유방은 공신들의 분석을 다 듣고 난 다음 **"공들은 하나만 알고 둘은 모른다"**면서 소하·장량·한신 세 사람을 꼽으며 이들이 있었기에 항우를 물리칠 수 있었다고 했다. 이에 대해서는 '삼불여' 항목에서 상세히 다룬 바 있으니 해당 항목을 참고하면 된다.

키워드 : 승부, 분석, 논공행상

지량설비(持梁齧肥)

좋은 밥을 먹고 살찐 고기를 씹다.
– 권70 〈범수채택열전〉

　전국시대 채택(蔡澤, 생졸 미상)이란 유세가가 있었다. 그는 고생 끝에 진나라에서 뜻을 얻어 소왕(昭王)을 비롯하여 효문왕(孝文王)과 장양왕(莊襄王), 그리고 진시황까지 섬기며 부와 명예를 누렸다.

　위 성어는 채택이 어렵던 시절 마음이 하도 답답하여 관상쟁이에게 자신의 상을 보이게 한 다음 나눈 대화에서 나왔다.

　"내 상이 어떻소?"

　"선생은 납작코에 벌어진 어깨, 튀어나온 이마, 주름 잡힌 콧대, 꾸부정한 무릎을 하고 있소. 내가 듣기에 성인은 상을 보고는 알 수 없다고 하니, 모르긴 해도 선생 같은 분을 두고 한 말이 아닌가 싶소."

채택은 자기를 희롱하고 있다는 것을 알고는 "부귀야 내 팔자이니, 내가 모르는 수명이나 일러주시오"라고 말했다.

"선생의 수명은 앞으로 43년입니다."

채택은 싱긋이 웃으며 그 자리를 물러 나와 마부에게 이렇게 말했다.

"내가 **좋은 쌀밥을 먹고, 살찐 고기를 씹으며**, 빠른 말을 타고 황금 도장을 품고, 자색의 허리끈을 매고 임금 앞에 절할 수 있을 정도로 부귀하다면 43년으로 족하다."

기름기 흐르는 쌀밥에 맛있는 고기를 먹으며 살고 싶지 않은 사람이 누가 있겠는가? 거기에 자리와 명예까지 보태어진다면 더 바랄 것이 없을 것이다. 그러나 이런 부귀와 명성은 자신이 노력해서 얻어야 오래 지킬 수 있다. 당연히 뛰어난 실력이 뒷받침되어야 한다.

일찍이 한비자(韓非子)는 "소매가 길어야 춤을 잘 추고(장수선무長袖善舞), 밑천이 넉넉해야 장사를 잘할 수 있다(다전선고多錢善賈)"고 했다. 사마천은 여기에다 자신을 알아주는 임금(후원자)을 만나야 한다고 말한다. 그러면서 채택이 한때 "곤궁에 빠지지 않았더라면 어찌 자신을 격려하며 분발할 수 있었겠는가?"라고 반문했다. 한 인간의 성공에는 거의 예외 없이 곤경이 뒤따르는 법이다. ('장수선무, 다전선고' 항목 참고)

키워드 : 생활, 풍족

지록위마(指鹿爲馬)

지록위마는 **사슴을 보고 말이라고 우긴다**는 뜻으로, 힘으로 남을 짓눌러 바보로 만들거나 그릇된 일을 가지고 속여서 다른 사람을 죄에 빠뜨리는 것을 비유하는 유명한 사자성어이다. 그 내용을 살펴보자.

기원전 210년, 재위 27년째인 7월 시황제는 순행 도중 사구(沙丘) 평대(平臺, 지금의 하북성 광종현廣宗縣)에서 갑자기 쓰러져 일어나지 못했다. 시황은 죽기 전에 변방에 있는 태자 부소(扶蘇)를 불러 장례식을 치르게 하라는 유서를 남겼었다. 이 유서를 보관하고 있던 조고(趙高)는 작은아들 호해(胡亥)와 승상 이사(李斯)를 협박과 회유로 설득하여 유서를 조작했다. 이들은 진시황의 죽음을 비밀에 붙이고 도성인 함양으로 돌아와서는 거짓 조서를 발표하여 부소를 죽이고, 호해를 황제 자리에 앉혔다. 바로 진의 2세 황제이다.

조고는 2세를 점차 정치에서 멀어지게 만들고 방해자인 이사를 죽인 다음, 자신이 승상이 되어 권력을 한 손에 쥐고 흔들었다. 조고의 야심은 갈수록 커져 황제 자리까지 넘보기에 이르렀다. 문제는 신하들이 자신을 따를지 확신이 없었다. 조고는 이를 확인하기 위해 한 가지 꼼수를 냈다.

하루는 조고가 사슴을 한 마리 끌고 와서는 2세에게 바치며 "말입니다"라고 했다. 2세는 웃으며 "승상이 이상한 말을 하는군. 사슴을 가리켜 묘한 말을 하는구려. **사슴을 보고 말이라고** 하다니"라고 했지만, 조고는 계속 말이라고 우겼다. 주위 신하들에게 물었더니 말이라고 하는 자, 사슴이라고 하는 자, 말하지 않는 자 모두 달랐다.

간신 조고는 '지록위마'로 조정 신하들의 의중을 떠보았다. 사진은 이를 나타낸 조형물이다.(2012년)

조고는 사슴이라고 말한 사람들을 기억해 두었다가 무고한 죄를 씌워 죽였다. 이 일이 있은 뒤로 신하들은 조고가 무서워 그가 하는 일에 다른 의견을 말하지 못했다.

그러나 2세와 조고의 폭정과 무능 때문에 천하는 소용돌이쳤다. 더 이상 2세를 속일 수 없게 된 조고는 2세를 죽이고, 부소의 아들 자영을 황제에 앉혔으나 얼마 가지 않아 자영에게 죽임을 당했다. 그로부터 얼마 뒤 진나라는 멸망했다.(기원전 206년)

'지록위마'는 **권력을 가진 자가 말도 안 되는 짓으로 주위 사람들을 떠보거나 거짓으로 진실을 가리려는 짓**을 비유한다. 정치에서 주로 인용되는 비유였으나 오늘날에는 사이비 지식인이나 거짓 언론들의 행태를 비판하는 성어로도 많이 사용한다. '지록위마'는 2014년 〈교수신문〉이 매년 연말에 발표하는 올해의 사자성어로 선정되기도 했고, 고등학교 한문 교과서에도 실려 있다.

키워드 : 거짓, 가짜, 진실, 호도(糊塗), 기만(欺瞞), 은폐(隱蔽)

지상귀(支床龜)

침대 다리를 받치는 거북.
– 권128 〈귀책열전〉

〈귀책열전〉은 신비한 거북과 그 거북을 이용한 점복(占卜)에 관한 기록이다. 점복의 역사와 그 작용 및 한 무제시대 각종 폐단을 유물론적 시각에서 비판적 어조로 서술했다는 평이다. 또 각지의 다양한 점복 활동의 발전사를 개괄하고, 그 배경과 사회적 원인도 분석했다. 특히 무제시대 대외정벌을 위한 점복과 권력투쟁에 동원된 '무고지화(巫蠱之禍)'로 인한 작용 및 그에 동원된 점복자들의 죄악에 대해서도 비판하고 있다.('무고'란 짐승의 시신·뼈·인형 등 흉측한 물건 등을 이용하여 자신이 미워하는 사람을 저주하는 것을 말한다.) 대체로 앞 서문 부분만 사마천의 글로 인정한다. 이 〈귀책열전〉 중에 다음과 같은 신기한 내용이 있다.

거북 껍데기, 특히 배 껍데기는 고대 점복에 있어서 가장 귀한 점복 재료 였다. 상나라 때 점복에 쓰였던 거북 배 껍데기이다.(은허박물관 2017년)

"남쪽 지방에 한 노인이 있었는데 **거북을 침대 다리로 받쳐**두었다. 그 뒤 20여 년이 지나 노인이 죽어 침대를 옮겼는데 거북은 아직 살아 있었다. 거북이 제 스스로 기(氣)를 마음대로 움직일 수 있기 때문이다."

이로부터 **지상귀**라는 재미난 단어가 나왔고, 훗날 **몸이 곤란한 지경에 빠졌거나 몸이 묶여 마음이 적막한 상황**을 비유하기에 이르렀다.

키워드 : 처지, 곤경, 적막

지상담병(紙上談兵)

종이 위에서 병법(군사)을 논하다.
– 권81 〈염파인상여열전〉

전국시대 조나라의 명장 조사(趙奢, 생졸 미상)의 아들 조괄(趙括, ?~기원전 260)은 어려서부터 병법을 즐겨 배우고 군사에 관해 논하길 좋아했다. 게다가 스스로를 천하무적이라고 여겼다. 아버지 조사는 이런 아들이 걱정이 되어 경고했다. 훗날 조괄은 진나라와의 장평전투에서 명장 염파(廉頗)를 대신하여 장수가 되었지만, 처참하게 패배했다. 자신이 죽은 것은 물론 조나라 병사 40만이 생매장되어 죽는 대참사가 일어났다. 이에 대해서는 '교주고슬', '조모' 항목을 참고하면 된다.

조괄처럼 **실제 경험 없이 입으로만 병법이나 군사를 떠드는 경우**를 **지상담병**이라 했다. 훗날 '지상담병'은 공허한 이론이나 실제에 맞지 않는 헛소리를 가리키는 전고가 되었다.

지여지위취(知與之爲取), 정지보야(政之寶也)

주는 것이 얻는 것임을 아는 것, 정치의 귀중한 요령이다.
– 권62 〈관안열전〉

춘추시대 최초의 패주 제나라 환공(桓公)이 노나라와 전후 회담을 가졌다. 이 자리에서 노나라의 장수 조말(曹沫)은 칼을 들고 환공을 위협하여 그동안 빼앗긴 노나라 땅을 돌려달라고 요구했다. 환공은 마지못해 그러겠노라 약속했다.

회맹이 끝난 뒤 환공은 화를 내며 약속을 파기하려 했다. 환공의 반응은 당연한 것이었다. 조말의 행위는 예에 어긋나는 말도 안 되는 행동이었기 때문이다. 관중(管仲)은 환공에게 작은 이익 때문에 제후들의 신망을 잃어서는 안 된다고 충고하면서 "주는 것이 얻는 것임을 아는 것, 정치의 귀중한 요령입니다"라고 말했다. 환공은 노나라에 땅을 돌려주었고, 그 결과 제후들의 마음이 제나라로 쏠렸다.

환공이 춘추시대 최초의 패주로서 천하를 호령하며 위세를 떨칠 수 있었던 데는 정치와 통치의 기본이 무엇인가를 제대로 알았던 관중의 보좌가 큰 작용을 했다. 알다시피 관중은 나라가 부강해지려면 먼저 백성을 부유하게 만들어야 한다는 철학을 갖고 있었던 경세가(經世家)였다. 이런 그의 철학을 가장 잘 대변하는 명언이 '창름실이지예절(倉廩實而知禮節), 의식족이지영욕(衣食足而知榮辱)'이다. '창고가 차야 예절을 알고, 입고 먹는 것이 넉넉해야 영예와 치욕을 안다'는 뜻이다.

정치에 있어서 약속은 생명이다. 약속을 했으면 아까운 것이라도 내주어야 한다. 약속을 밥 먹듯이 깨고, 식언

국정을 상의하고 있는 관중과 환공의 모습을 나타낸 조형물이다.(산동성 임치 관중기념관 2018년)

(食言)을 습관처럼 일삼는 통치자나 정치가들이 새겨들어야 할 말이다.

이 말은 협상에서도 유용하다. 상대에게서 무엇인가를 얻어내려면 내가 가진 것을 내줄 수 있는 자세가 갖추어져 있어야 한다. 국가 간의 외교협상이 되었건 비즈니스 협상이 되었건, 협상의 기본은 '주고받는 것(give & take)'이기 때문이다. 다만 내 것을 기꺼이 줄 수 있는 자세를 상대에게 확인시키고 협상에 임하는 것과, 상대 것만 얻어내려고 하는 이기적 자세로 협상에 임하는 것 사이에는 큰 차이가 있다. 요컨대 어느 경우에나 '신의(信義)'가 관건이다.

키워드 : 외교, 협상, 신의

지(智)·용(勇)·인(仁)·강(彊)

지혜·용기·주고받기·강단.
– 권129 〈화식열전〉

전국시대의 상인이자 경영인이었던 백규(白圭, 생졸 미상)는 자신의 경영법을 아무에게나 가르쳐 주지 않았다고 한다. 자기 경영철학에 대한 자부심이 묻어난다. 관련하여 백규는 이렇게 말한다.

"내가 생업을 운영하는 것은 이윤(伊尹)과 여상(呂尚, 강태공)이 정책을 도모하듯, 손자(孫子)와 오자(吳子)가 군사를 쓰듯, 상앙(商鞅)이 법을 시행하듯 했다. 때문에 나와 더불어 임기응변의 조치를 취할 **지혜**가 없거나, 결단할 **용기**가 없거나, 확실하게 주고 받을 **어짊**이 없거나, 지킬 바를 끝까지 지키는 **강단**이 없는 사람은 비록 내 방법을 배우고자 해도 절대 가르쳐 주지 않는다."

백규는 진정한 경영인이라면 반드시 갖추어야 할 네 가지 자질이자 조건을 제시하고 있다. 바로 위에서 말하고 있는 지혜, 용기, 주고받을 줄 아는 미덕, 강단이다. 백규는 진정한 경영인의 자질로 수시로 변하는 경제 상황에 적절하게 대응할 수 있는 **지(智)**, 사고파는 시기를 비롯하여 경영상 중요한 결정을 내리는 **용(勇)**, 무조건 독차지하려는 탐욕이 아닌 적절하게 주고받는 **인(仁)**, 자기 사업을 지켜내려는 **강(彊)**이라는 네 가지를 제시한 것이다. 백규의 이 같은 경영자 자질론은 오늘날 보아도 대단히 참신하다 하지 않을 수 없다.

백규는 대상인이었다. 하지만 그의 생활은 근검절약 그 자체였다. 좋은 음식을 마다하고 취미나 놀이 같은 기호를 억제했으며, 의복을 검소하게 입고, 자기가 부리는 노복과 고락을 함께했다. 기회를 잡을 때에는 사나운 짐승이나 새가 먹이를 보고 행동하듯 민첩했다. 그야말로 타고난 사업가 그 자체였다.

백규는 경제가 차지하는 중요한 위치를 인식하였을 뿐만 아니라, 그것의 복잡성과 경영관리의 어려움까지도 간파하고 있었다. 그렇기 때문에 그는 경제와 경영에 관계된 사람은 나라를 관리하고 군대를 다스리는 것과 마찬가지로 풍부한 지혜와 결단, 그리고 임기응변할 줄 아는 능력 및 덕을 갖추고 있어야 한다고 말한 것이다. 여기에 그는 자기통제 내지 자기극복까지 몸소 실천을 통해 보여주었다.

백규는 노력과 실천으로 자신의 경제사상을 구체화했고, 후대까지 큰 영향을 주는 업적을 쌓을 수 있었다. 사마천은 "백규는 직접 시험을 해보았고, 남보다 뛰어나다는 것을 입증할 수 있었다. 아무나 그렇게 될 수 있는 것이 아니다"라고 평가했다. 이 때문에 백규는 훗날 상업과 상인의 시조라는 의미의 '치생조(治生祖)'로 불렸다.(오늘날 상인들은 그를 '상업의 조상' '상조商祖'라 부른다.)

키워드 : 경제, 경영, 철학, 사상

지음(知音)

지음은 앞서 살펴본 '백아절현'의 고사에서 파생된 단어다. 관련한 기록들을 종합하여 이 고사를 더 알아본다. '백아절현' 고사는 《여씨춘추》〈본미(本味)〉 편, 《열자》와 민간 전설 등에 보인다.

지금의 장강 중류 지방, 즉 호북성 지역에 위치한 초나라에 백아(伯牙)라고 하는 고상한 귀족이 있었다. 백아는 거문고 연주를 좋아했고, 연주 실력 또한 뛰어났다. 다만 지금까지 자신의 음악을 알아주는 사람을 만나지 못하고 있었다. 어느 날 백아가 숲속 골짜기에서 혼자 거문고를 연주하고 있었다. 백아는 바람 소리, 물소리, 대나무가 바람에 흔들리는 소리, 바람이 불면 나뭇잎이 흔들리는 소리, 비 소리, 폭풍우 소리 등등 다양한 소리를 거문고로 연주했다.

그런데 젊은 나무꾼이 지나가는 말로 "그 연주가 고산유수(高山流水)로구나!"라고 했다. 연주 분위기가 높은 산과 흐르는 물과 같다는 뜻이었다. 격정적이었다가 어느새 흐르는 물처럼 부드럽고 유창해지는 연주의 전체 분위기를 이렇게 간결하게 표현한 것이다. 백아는 깜짝 놀랐다. 자신도 첫 연주의 제목을 '고산'이라 하고, 두 번째 연주의 제목을 '유수'로 하려고 했기 때문이다. 자신의 음악 세계를 단번에 알아본 이 젊은 나무꾼의 이름은 종자기(種子期)였다.

이후 두 사람은 세상에 둘도 없는 친구가 되었다. 친구가 연주하는 악기 소리만 듣고도 친구의 심경을 헤아릴 줄 아는 '지음'의 경지에서 서로 노니는 우정이 이렇게 해서 생겨난 것이다. 한 사람은 마차를 타고 다니는 귀한 신분,

백아가 연주한 '고산유수'는 곡으로 남아 전한다. 사진은 두 사람이 만났다는 '고금대(古琴臺)' 유적지에서 '고산유수'를 연주하는 모습이다. (2006년)

또 한 사람은 풀로 엮는 모자를 쓰는 천한 신분이지만 신분의 차이도 잊은 '거립지교(車笠之交)'의 우정과 나이도 상관하지 않은 '망년지교(忘年之交)'를 나누었다. 백아의 음악은 종자기의 순수한 평가를 만남으로써 그 경지가 더욱 깊어졌다.

그러던 중 백아는 벼슬을 받아 다른 지방으로 가서 근무하게 되었다. 이 때문에 종자기와 몇 년을 떨어져 있었다. 몇 년 만에 시간을 내어 고향으로 돌아온 백아는 집보다 종자기를 먼저 찾았다. 그런데 이게 웬일인가? 종자기는 가난과 병으로 얼마 전 세상을 떠났다. 백아는 슬픔을 못 이겨 며칠 동안 식음을 전폐한 채 종자기를 애도했고, 이후 다시는 거문고를 연주하지 않았다. 여기서 '백아가 거문고 줄을 끊다'라는 뜻의 '백아절현(伯牙絶絃)'이란 고사성어가 나왔다.('종신불부고금', '백아절현' 항목 참고)

사마천은 《사기》 본편에서는 두 사람을 거론하지 않았지만, 친구 임안에게 보낸 편지 〈보임안서〉 중에서 두 사람의 우정을 스쳐가듯 언급했다. 백아가 죽은 종자기를 위해서 '다시는 거문고를 연주하지 않았다'는 부분을 언급했는데, 사마천 역시 지음을 **우정의 최고 경지**로 여겼던 것 같다. 말이 없어도 친구의 표정이나 연주하는 악기 소리만 듣고도 친구의 심경을 헤아리는 그런 경지다.

이렇듯 동양에는 감동적인 우정에 관한 이야기들과 고사성어들이 많이 남아 있다. 사마천 역시 《사기》 곳곳에서 우정이 개인 간의 감정 교류일 뿐만이 아니라, 한 나라를 부강하게 만드는 원동력으로도 작용할 수 있음을 보여주고 있다.('관포지교' 항목 참고)

키워드 : 우정, 경지

사마천은 공자 일생의 활동과 학술사상을 높게 평가하고 존경했다. 이를 위해 사마천은 공자의 일생을 세가에 편입시키는 파격을 감행했다. 다양하고 폭넓은 문화·사상의 각도에서 공자를 평가한 이 세가는 후세 유가들의 맹목적 추앙과는 근본적인 차이를 보여준다. 한나라 이래 공자의 사상과 일생 연구에 가장 중요한 근거를 제공하는 중요한 자료가 권47 〈공자세가〉이다. 사진은 산동성 곡부 공자의 사당인 공묘(孔廟) 대성전(大成殿) 내의 공자 신위(神位)와 공자의 상이다.(2009년)

지인즉지(知人則智), 능관인(能官人) ; 능안민즉혜(能安民則惠), 여민회지(黎民懷之)

사람을 알려면 지혜로워야 하고, 지혜로워야 사람을 쓸 수 있다. 백성을 편안하게 할 수 있어야 은혜롭다고 할 수 있고, 그래야만 백성들이 그 덕을 마음으로 느낀다.

– 제2 〈하본기〉

'재지인(在知人), 재안민(在安民)' 항목에서 살펴본 바 있는 우임금이 던진 명구이다. 사법을 담당하고 있는 고요의 '재지인, 재안민'이란 말을 받아 우임금이 좀 더 논의를 진전시킨 대목이다.('재지인, 재안민' 항목 참고)

키워드 : 지인, 용인, 안민

지자결지단야(知者決之斷也), 의자사지해야(疑者事之害也)

지혜는 일을 결단하게 하고, 의심은 일을 해친다.

– 권92 〈회음후열전〉

이 명언은 명장 한신의 모사인 괴통(蒯通, 생졸 미상)이 한신에게 삼분천하를 권하면서 한 말이다. 한신이 머뭇거리자 괴통은 이 말로 한신을 설득하려 했지만 한신은 끝내 결단을 내리지 못했고, 결국 '토사구팽' 당해 비극적으로 일생을 마감했다.

〈회음후열전〉은 한신의 전기이지만 괴통과의 대화가 상당한 비중을 차지하고 있고, 한신의 운명에도 적지 않은 영향을 주었다. 〈회

한신을 설득하는 괴통의 모습을 그린 장면이다.(출처 : 바이두)

음후열전)과 《한서》의 〈괴통전〉을 바탕으로 괴통과 한신의 관계를 특별 참고자료로 만들었다.

괴통은 진·한 교체기의 이름난 책략가로 범양(范陽, 지금의 하북성 정흥현定興縣 서남쪽 고성진固城鎭) 사람이다. 괴통의 원래 성명은 괴철(蒯徹)이었지만, 한 무제 유철(劉徹)과 같은 이름이라 사마천의 《사기》에서는 괴통으로 고쳐 적었다. 괴통은 종횡술(縱橫術)에 정통했고, 언변이 뛰어나 응대하는 말이 절묘했다.

진 2세 원년인 기원전 209년 7월, 진승과 오광은 대택향(大澤鄕)에서 봉기하여 부장 무신(武臣, 무신군武信君)으로 하여금 조나라 땅을 공격하게 하여 먼저 10여 개의 성을 취했다. 그러나 나머지 성들은 굳게 방어하고 투항하지 않아서 무신은 조나라 땅을 신속하게 평정하지 못했다. 괴통은 이처럼 정국이 동요하는 시기에 자신의 능력을 펼쳐보리라 마음먹었다. 그는 먼저 범양(范陽) 현령 서공(徐公)을 찾아가 이렇게 말했다.

“저는 범양의 평민 괴통으로 현령께서 사지로 들어가는 것을 보고 현령을 조문하려 왔습니다. 그러나 현령의 목전의 위기가 저를 만나서 ‘전화위복(轉禍爲福)’이 될 수도 있기 때문에 경하드립니다.”

서공은 자기가 죽을 것이라는 말을 듣고 아연실색했다. 괴통은 계속해서 이렇게 말했다.

“당신은 범양 현령을 십수 년 동안 하면서 가혹한 형벌을 집행하여 남의 부모를 죽이고, 남의 아들을 고아로 만들고, 백성의 다리를 끊어놓고, 백성의 이마에 죄인이라는 글씨를 새기는 등 남을 해치는 짓을 서슴없이 저질렀습니다. 그럼에도 당신이 해친 사람들이 감히 당신을 죽이지 못한 것은 진나라 법률이 두려웠기 때문입니다. 현재 천하가 크게 혼란하여 진나라의 법률은 이미 쓸모가 없게 되었고, 이제 당신이 해친 사람들은 당장 당신을 비수로 찔러서 이름을 남기고자 할 것입니다. 이것이 바로 제가 공을 조문하는 까닭입니다.”

이 말을 들은 서공은 두려움과 걱정으로 안절부절못했다. 더욱이 진승이 봉기하여 무신이 조나라 땅을 공격한 뒤에 그는 어떻게 대응해야지 몰랐는데, 괴통의 말을 듣고는 더욱 황망하여 “그럼 선생을 만난 것이 전화위복이라는 말은 무슨 뜻입니까?”라고 물었다. 괴통은 이렇게 답했다.

“지금 제후들은 이미 진나라에 반기를 들었습니다. 무신군의 군대가 머지않아 성 아래에 도착하여 공격을 준비할 것입니다. 당신은 범양성을 굳게 지키려고 해도 성 안의 젊은이들은 당신을 죽여서 무신군에게 항복할 것입니다. 그러니 당신이 먼저 사람을 보내 무신군을 만나보면 화를 복으로 돌릴 수가 있습니다. 당신의 생사는 이 행동에 달려 있다고 해도 과언이 아닙니다.”

괴통은 무신군을 만나면 어떻게 처신해야 할지를 소상히 말해 주었고, 서공은 절을 하며 감사해 했다. 서공은 수레를 마련하여 괴통에게 무신군을 만나도록 하였다. 괴통은 무신군을 만나서 이렇게 말했다.

“당신께서는 전쟁으로 땅을 넓히고, 상대를 공격하여 이긴 다음 성읍을 취하려고 하는데, 이는 잘못된 겁니다. 당신이 저의 계책을 받아들이신다면 공격하지 않아도 성읍을 얻고, 격문을 포고하여 천 리의 땅을 평정할 수 있는데, 저의 말을 따를 의향이 계신지요?”

무신군이 어찌된 영문인지를 말해 보라고 하자, 괴통은 다음과 같이 말했다.

"지금 당신이 범양으로 진군하면 범양현의 현령 서공은 당연히 병사들을 정돈하여 성을 사수하려고 할 것입니다. 그런데 서공은 누구보다 겁이 많아 죽음을 두려워하며, 부귀영화를 탐하는 자입니다. 그는 투항하고 싶어도 진나라에서 임명한 관리이고, 이전에 당신이 10개의 성을 공격하여 진나라의 관리를 죽이는 것과 같이 자신을 죽일 것이라고 여겨 매우 두려워하고 있습니다. 만약에 그가 먼저 투항하였는데, 당신이 그를 죽여서 성 밑에서 시위를 한다면, 성을 지키는 장졸들은 '금성탕지(金城湯池)'처럼 견고하게 지켜서 난공불락이 될 것입니다. 이밖에 지금 범양의 젊은이들 역시 그 현령을 죽이고 성을 근거로 자신들이 공에게 맞서려 하고 있습니다.

때문에 당신을 위한 계책으로 제가 제후의 인장을 가져가서 서공을 범양 현령에 봉하게 하다면, 범양 현령은 성을 들어서 공에게 항복할 것이고, 젊은이들도 당신이 두려워 감히 그 서공을 죽이지 못할 것입니다.

그리고 범양 현령으로 하여금 화려한 장식을 한 붉은 수레를 타고 연나라와 조나라의 교외를 지나가게 하십시오. 연나라와 조나라 사람들이 교외에서 그러한 모습을 보고서 모두 '저 사람은 범양 현령인데, 가장 먼저 항복을 하여 부귀영화를 누린다'라고 말하면서 부러워할 것입니다. 그렇게 하면 연나라와 조나라는 싸우지 않고서도 투항시킬 수 있습니다. 이것이 바로 제가 말한 격문을 포고함으로써 천 리를 평정시킬 수 있는 계책입니다."

괴통의 말을 다 들은 무신군은 크게 기뻐하여 100승의 수레와 기병 200명을 주어 호위하게 하고, 서공에게 제후의 인장을 내리도록 하였다. 연나라와 조나라가 이 소식을 들었고, 괴통의 계책처럼 공격하지 않았는 데도 30여 성이 투항해왔다.

한 고조 3년(기원전 203년) 6월, 한신은 조(趙)·대(代)·연(燕) 등지를 평정하고, 한왕(유방)의 명을 받들어 승세를 타고 동쪽 제나라로 진군했다. 평원(平原, 당시 황하 나루터로 지금 산동성 평원현 경내)에 이르렀을 때, 한왕이 사신으로 보낸 역이기(酈食其)가 제왕에게 유세하여 한나라로 귀순시킨다는 소식을 들었다. 이에 한신은 제나라를 공격하는 것을 멈추려고 하였다. 이때 괴통은 이런 계책을 냈다.

"장군이 조서를 받고 제나라를 공격하려는데, 한왕이 단독으로 밀사를 보내어 제나라를 귀순시켰습니다. 그러나 장군에게 제나라를 공격을 하지 말라는 조서가 내려오지 않았습니다. 그렇다면 무엇 때문에 공격을 하지 않고 있습니까? 역이기는 한낱 변사로 '세 치 혀를 놀려서(삼촌설三寸舌)' 제나라 70여 개 성의 항복을 받았습니다. 그러나 장군께서는 수만 명의 장졸을 거느리고 한 해가 넘도록 겨우 조나라의 50여 개 성의 항복을 받았을 뿐입니다. 장군이 되신 지 벌써 여러 해가 되었는데, 비천한 유생의 공로보다 못해서야 되겠습니까?"

한신은 괴통의 말에 자극을 받아 즉각 그의 계책을 따라 군대를 황하의 나루터를 건너게 하여 제나라로 진격하게 하였다. 한편 제왕은 괴통의 유세에 넘어가 귀순하기로 결정하고는 만사를 제쳐두고 연일 술잔치를 벌이고 있었다. 한 고조 4년(기원전 203년) 10월, 한신은 불시에 제나라 군대를 습격하여 수도인 임치(臨菑, 당시 제나라의 도성으로 지금의 치박시淄博市 동북)에 이르렀다. 제나라 왕 전광(田廣)은 역이기가 자기를 속였다고 생각하여 그를 삶아 죽이고, 고밀(高密, 지금 산동성 고밀현 서남쪽)로 달아났다.

한 고조 4년(기원전 203년) 11월, 한신은 제나라를 평정하고 현지에 임시로 왕을 세워야 백성들을 진정시킬 수 있다는 명분을 내세워 스스로 제나라 왕이 되었다. 한왕은 처음에 노했으나 진평과 장량이 이해관계를 따져 그를 설득하여 한신을 잠시 진짜 제왕으로 삼아 이용하기로 했다. 동시에 항우도 한신과 한왕 간에 틈이 벌어진 것을 눈치 채고 한신이 한나라를 배반하도록 종용했다.

괴통은 한신과 한왕 사이에 모순이 있고, 한신의 일거수일투족이 초나라와 한나라에 중대한 영향을 끼칠 것을 알고 있었다. 만약 한신이 한나라를 거들면 한나라가 승리하고, 초나라를 거들면 초나라가 승리하는 형국이었다. 괴통은 유방과 항우가 모두 한신을 이용할 생각은 있어도 자신들의 권위에 도전하는 것은 용납하지 않으리라는 점도 알고 있었다. 그는 한신에게 자립하여 정권을 세우라고 설득했다. 괴통은 먼저 관상을 보는 것으로써 한신의 마음을 돌려놓을 생각으로 이렇게 말했다. 한신과 괴통의 대화다.

"제가 일찍이 관상 보는 것을 배운 적이 있습니다."

"선생께서 관상을 본다는 말씀이십니까?"

"사람들의 귀천은 골상에 있으며, 사람들의 근심과 걱정과 희열은 기색에 있으며, 사람들의 성공과 실패는 결단에 달려 있습니다. 이 세 가지를 종합적으로 분석하여 관상을 본다면 거의 착오가 없다고 보장합니다."

"잘됐습니다. 그러면 선생은 나의 관상 좀 보아주십시오."

"청컨대 주변의 사람들을 물러나게 해주십시오."

주변 사람들이 물러가자 괴통이 말했다.

"당신의 상은 제후에 불과합니다. 그것도 위험하고 안전하지 않습니다. 그러나 당신의 '배(背, 등)'는 고귀하기가 이를 데 없습니다."

한신이 괴통이 지적한 '背' 자가 한나라를 등지고 자립하라는 '배반(背叛)'의 뜻임을 모를 리가 없었다. 그러나 짐짓 모르는 척하면서 무슨 뜻이냐고 되물었다. 괴통은 유방과 항우의 양대 세력이 투쟁하는 상황을 분석하여 이렇게 말했다.

"진나라 말기에 전국에서 봉기가 일어나서 각지의 영웅호걸들이 왕이라고 칭하자 천하의 선비들이 구름처럼 모이고, 물고기 비늘처럼 겹치고, 불길이나 바람처럼 일어났습니다. 그때 모두의 염원은 시급하게 진나라를 멸망시키는 것이었습니다. 그런데 진나라가 멸망하고 초나라와 한나라가 서로 싸우게 되자 천하 백성들은 도탄에 빠져 시신과 해골이 들판에 뒹구는 것이 이루 다 헤아릴 수 없었습니다. 초나라는 팽성에서 일어나 여러 곳을 전전하면서 전쟁을 벌여 형양에까지 이르러, 그 세력이 각지를 석권하니 위세가 천하를 떨게 했습니다. 그러나 그 부대는 경(京)과 삭(索) 지역 사이에서 곤경에 빠지고, 성고(成皐) 서쪽 산에서 막혀 더 이상 전진하지 못한 지 3년이나 되었습니다. 한왕은 수십만의 대군을 거느리고 공현(鞏縣, 지금의 하남성 공현 서남쪽)과 낙양(洛陽, 지금의 낙양 동북쪽) 지역에서 험준한 산하를 방패로 삼고 하루에도 몇 차례씩 초나라 군대와 전투를 벌였지만, 작은 공도 세우지 못하고 매번 패배하여 지원군도 없었습니다. 한 고조 3년(기원전 204년) 4월에 항우에게 형양에서 포위당하고, 11월에는 성고 부근에서 한왕은 화살을 가슴에 맞아 부상을 당해 완성(宛城)과 섭성(葉城) 사이로 퇴주했습니다. 정말이지 슬기로운 유방도 용맹스런 항우도 모두 곤란한 처지가 되어 날카로운 기세는 험준한 요새에서 꺾이고, 창고의 양식은 떨어지고, 백성들은 매우 피곤하고 힘이 다하여 원망하며 의지할 곳을 잃었습니다."

괴통은 이렇게 정세를 분석한 뒤에 한신의 일거수일투족이 전체 국면에 중대한 영향을 끼친다고 역설했다.

"천하의 성현이 아니라면 그 화난을 그치게 할 수 없을 것입니다. 그런데 지금 한나라와 초나라 두 왕의 운명은 당신이 어떻게 하느냐에 달려 있습니다. 만약 당신께서 한나라 편을 들면 한나라가 이길 것이요, 초나라 편을 들면 초나라가 이길 것입니다. 저는 속마음을 가지고 말씀 드리는데 당신이 받아들이지 않을까 걱정됩니다."

그런 다음에 그는 자신의 계책을 다음과 같이 털어놓았다.

"당신을 위한 계책은 모두가 손해를 보지 않고 함께 존속하는 겁니다. 당신은 그들과 더불어 '천하를 삼분하여(삼분천하三分天下) 솥의 세 발처럼 웅거하면(정족이거鼎足而居)' 어느 편에서도 감히 먼저 움직이지 못할 것입니다. 장군은 현명하고 유능하고 덕을 겸비한 사람으로 지금 수많은 병사를 거느리고, 강대하고 부유한 제나라에 의지하여 연나라와 조나라를 복종시킬 수 있습니다. 또 병사를 거느리고 한나라와 초나라의 후방에 주인 없는 땅을 취하시고, 백성들이 바라는 대로 초나라와 한나라의 전쟁을 끝내게 하여 백성들의 생명을 구해 주신다면 천하의 제후들은 바람처럼 달려오고, 메아리처럼 호응할 것이니 누가 감히 복종하지 않을 수 있겠습니까? 그런 다음에 큰 나라는 나누고, 강한 나라는 약하게 하여 제후를 세우면 천하가 믿음으로 복종하고 장군의 공덕을 칭송할 것입니다. 당신은 제나라 옛 땅에서 교하(胶河)와 사수(泗水) 유역(지금의 산동성 동부 및 남부)을 차지하여 덕으로 제후를 회유하고, 삼가 겸양의 예를 지키면 천하의 군주들이 다투어 제나라에 입조할 것입니다. 속담에 '하늘이 주는 것을 받지 않으면 도리어 벌을 받고, 때가 왔을 때에 단행하지 않으면 도리어 그 재앙을 받는다(시지불행時至不行, 반수기앙反受其殃)'라고 합니다. 장군께서는 이 일을 잘 생각하시길 바랍니다.”

모든 책략이 그렇지만, 특별히 큰 국면을 염두에 둔 전략이라면 시기와 형세를 자세히 분석한 다음 내리는 사유의 결정판이다. 괴통의 책략은 한신의 입장에서 본다면 확실히 수준 높은 것이 아닐 수 없었다. 괴통은 전국시대 말기 오랜 시간 전쟁의 폐해를 목격했고, 진나라 말기 연속된 혼전이 평민에게 큰 고통을 주었기 때문에 백성들이 안정을 갈망한다는 사실을 잘 알았다. 따라서 한신을 이용하여 유방과 항우의 싸움에서 어부지리를 취하여 정립의 형세가 가능하다고 보았다. 그러나 한신은 한왕이 자신을 제왕으로 봉했고, 항우를 꺾고 난 다음 설마 자신을 토사구팽시킬까 예상하지 못했다. 한신은 괴통의 제안을 받아들이지 못했다.

괴통은 한신에게 고금의 사례를 들어 지금 결단을 내리지 못하면 앞날을 예측할 수 없다고 경고했다. 며칠이 지나도록 한신은 결단하지 못했고, 끝내 괴통의 전략을 받아들이지 못했다. 자신의 유세가 받아들여지지 않자 괴통은 미치광이로 꾸며 자신의 몸을 숨겼다.

한 고조 5년(기원전 202년) 12월, 해하(垓下)의 전투가 벌어졌다. 항우는 패하여 오강(烏江)에서 자살했고, 5년에 걸친 초한쟁패는 마침내 끝이 났다. 그와 거의 동시에 승리한 유방 정권 내부의 투쟁이 시작되었다. 유방은 해하의 전투를 마치자 바로 한신의 군권을 회수했고, 한 달도 못되어 한신은 제왕에서 초왕으로 강등되었다. 한 고조 6년(기원전 201년) 12월, 유방은 진평의 계책을 이용하여 한신을 붙잡았다. 한 고조 11년(기원전 196년) 정월, 한신은 여태후와 소하에 의해 장락궁 종실에서 죽임을 당했다. 한신은 죽기 전에 괴통의 생각하면서 이렇게 탄식했다.

"내가 괴통의 계책을 쓰지 못한 것이 후회스럽다. 이제 한낱 아녀자의 손에 죽게 되었구나!"

유방은 진희(陳豨)의 반란을 평정한 뒤에 장안으로 돌아와서 한신이 죽기 전에 남긴 말을 듣고는 괴통을 체포하라는 명령을 내렸다. 괴통이 잡혀오자 유방은 "네가 일찍이 한신에게 모반하라고 사주했는가?"라고 물었다. 괴통이 차분하게 대답했다.

"그렇습니다. 제가 그를 사주했습니다. 다만 그 못난이가 저의 계책을 받아주지 않고 스스로 죽는 길을 택하여 이런 비참한 결과를 낳았습니다. 만약 당시 그 못난이가 저의 계책을 썼다면 폐하께서 어떻게 그를 죽일 수 있었겠습니까?"

유방이 듣고 크게 노하여 "삶아 죽여라!"고 명령했다. 괴통은 변명하지 않고, "내가 삶아 죽임을 당하니 원통하다!"고 했다. 그 말에 유방은 "네가 한신에게 모반하게 해놓고, 무엇이 원통하더냐?"고 물었고, 괴통은 이렇게 말했다.

"진나라가 쇠퇴하자 산동이 크게 어지러워지고, 여러 세력이 함께 일어나 영웅준걸들이 까마귀 떼처럼 모여들었습니다. 진나라가 망하자 누구나 모두 왕위를 차지하고 싶었는데, 마지막에는 실력이 강하고 행동이 빠른 사람이 취했습니다. 도척의 개가 요임금을 보고 짖는(걸견폐요桀犬吠堯) 까닭은 요임금이 어질지 않아서가 아니라 주인이 아니기 때문입니다. 그때 신은 오직 한신 만을 알았을 뿐이지 폐하를 알지는 못하였습니다. 하물며 천하에는 칼끝을 날카롭게 갈아 폐하와 겨루려는 사람들이 많았습니다. 그들이 다만 능력이 모자랐을 뿐입니다. 지금 한왕이 되었다고 그들을 모두 삶아 죽이시겠습니까?"

유방은 막 천하를 평정한 데다 인재를 아끼는 제왕이라 괴통의 말에 일리가 있다고 여겨서 괴통을 사면하였다.

한 고조 6년(기원전 201년) 정월, 유방은 동성(同姓)의 자제들을 왕으로 분봉하고, 서자 유비(劉肥)를 제왕(齊王)으로 삼았다. 조참(曹參)은 재상이 되어 어진 선비를 대우하고 괴통을 문객으로 초청하여 정사에 참여시켰다. 제나라에 동곽(東郭) 선생과 양석군(梁石君)이라는 선비가 있었는데, 제왕 전영은 항우와의 전투 때 두 사람을 죽인다고 협박하여 동참하게 했다. 두 사람은 하는 수 없이 따랐다. 전영이 죽은 뒤 두 사람은 난에 동참한 것을 부끄럽게 여겨 깊은 산으로 은거하여 나오지 않았다. 조참이 재상이 되었을 때 어떤 사람이 괴통에게 말했다.

"당신이 지금 조참 재상에게 대우를 받으면서 제나라의 어질고 유능한 선비를 천거하고 있습니다. 제나라의 양석군과 동곽 선생은 비할 수 없이 뛰어난 사람들인데 어찌하여 조참 재상에게 천거하지 않습니까?"

괴통은 좋다고 말한 다음, 잠시 생각하더니 이렇게 말했다.

"나의 고향에 어떤 부녀(시어머니와 며느리)가 이웃과 사이좋게 지냈다. 하루는 야밤에 이 부인 집에서 고기 한 덩어리를 잃어버렸는데, 시어머니는 며느리가 훔친 것으로 의심하여 그녀를 쫓아냈다. 며느리는 새벽에 집을 나가다가 사이가 좋은 이웃을 만나 그들에게 사연을 말하고 고별인사를 하였다.

이웃 할머니가 말했다. '당신은 천천히 길을 걸어가라! 내가 당신 집안사람들이 당신을 뒤쫓아가 집으로 되돌아가자고 사정하게 만들 방법이 있다.' 이야기를 마치고 할머니는 어지럽게 흩어져 있는 밧줄을 가지고 고기를 잃어버린 집으로 불을 빌리러 갔다. 그 집에 도착하여 말하길 '어젯밤에 개 몇 마리가 고기 한 덩어리를 놓고 죽으라 싸웠는데, 우리 집 개가 물려 죽었다. 그래서 불을 빌려 죽은 우리 집 개를 잡아먹으려고 한다.' 이 말을 들은 그 집안사람들은 며느리를 잘못 쫓아낸 것으로 알고 황급히 쫓아가 며느리를 불렀다. 이 할머니는 유세가는 아니었지만 흩어진 볏줄과 불을 빌린다는 말로 원하는 목적을 달성했다. 모든 사물에는 서로 감응하는 바가 있고, 일은 적절하게 운용하는 바가 있어야 한다. 나는 지금 기회를 봐서 조참 재상에게 불을 빌리러 갈 것이다."

이날 괴통은 조참을 만나 이렇게 말했다.

"두 여인이 있는데 한 사람은 남편이 죽은 지 사흘 만에 재혼을 하였고, 다른 한 사람은 집에서 수절을 하면서 문밖을 나오지 않았습니다. 재상께서 두 여인 중에 한 사람을 선택 한다면 어떤 사람을 뽑겠습니까?"

조참은 "그야 당연히 수절하고 재혼하지 않는 여인을 뽑지"라고 하자, 괴통이 바로 이렇게 말했다.

"그 이치는 어진 신하를 구하는 것과 마찬가지입니다. 동곽 선생과 양석군은 제나라의 뛰어난 인재들인데, 숨어서 나오지 않으며 비굴하게 벼슬자리를 구하지도 않습니다. 청컨대 재상은 격식을 갖추어 그들을 초빙하십시오."

조참은 흔쾌하게 승낙하고 두 선비를 초빙하여 상객으로 삼았다. 괴통이 언변에 정통한 것은 "사물에는 감응하는 바가 있고, 일에는 적합한 때가 있다"는 점을 잘 인식하고 있었기 때문이다. 사물을 꿰뚫어보는 안목과 기회를 잘 포착하고, 철저한 분석이 있어서 가능했다. 그는 만년에 전국시대 유세객들의 권변지술(權變之術)을 정리하고, 여기에 자기의 주장을 덧붙여 81편에 달하는 글을 써서 책으로 만들었다. 책의 제목은 《전영(雋永)》이었다. '전영'은 언어와 문장, 또는 사물이 매우 의미심장하다는 뜻이다. 이 책은 지금 전하지 않는다.

키워드 : 지혜, 결단, 의심, 주저, 피해

지자불배시이기리(智者不倍時而棄利)

지혜로운 자는 시기를 놓쳐 유리한 기회를 버리지 않는다.

– 권83 〈노중련추양열전〉

전국시대 연나라 소왕(昭王)이 명장 악의(樂毅)를 기용하여 제나라를 공격했을 때, 연나라의 한 장수가 제나라 요성(聊城)을 공격하여 함락시켰다. 그런데 연나라 내부의 모함 때문에 이 장수는 연나라로 돌아가지 못하고 그냥 요성에 머무르며 버텼다. 제나라는 명장 전단(田單)을 보내 요성에 맹공을 퍼부었으나 함락시키지 못했다. 유세가 노중련(魯仲連)이 나서서 편지를 보내 연나라 장수를 설득했는데, 위 명구는 그 편지에 나오는 한 문장이다. 뒤의 문장과 원문을 함께 인용해둔다.

노중련은 여느 유세가들과는 달랐다. 그는 권세를 탐하지 않고 오로지 자기 소신대로 행동했으며, 일을 마치면 미련 없이 사라졌다. 노중련의 초상화이다.

"지혜로운 자는 시기를 놓쳐 유리한 기회를 버리지 않으며, 용맹한 자는 죽음을 겁내어 명예를 훼손하지 않으며, 충신은 자기 한 몸을 앞세우고 군주를 뒤로 미루지 않습니다."

"**지자불배시이기리**(智者不倍時而棄利), 용사불각사이멸명(勇士不卻死而滅名), 충신불선신이후군(忠臣不先身而後君)."

노중련의 말인 즉, 그대로 버티다간 기회도 명예도 다 잃고 나아가 불충이라는 죄목까지 뒤집어 쓸 것이라는 뜻이었다. 연나라 장수는 사흘을 울다가 결국 자살했다.

유세가의 혀가 참으로 무섭다. 하기야 유세가 장의가 아내에게 면박을 당하자 혀를 내밀며 '혀는 아직 있냐'고 물었고, 아내가 그대로 있다고 하자 '그럼 됐다'고 할 정도였으니, 유세가의 혀야말로 천만 대군보다 더 강하다는 말이 빈말이 아니다.('설상재' 항목 참고)

유세가들은 천하 정세에 대한 정확한 분석을 날카로운 언어로 무장한다. 나아가 이를 가지고 설득하려는 상대의 심리를 공략한다. 소진이 첫 유세에서 실패한 뒤 책상에 머리를 처박고 죽으라 공부한 것이 '췌마술(揣摩術)'이었는데, 다름아닌 사람의 심리를 파악하여 그에 맞게 유세하고 설득하는 기술이었다. 유세가들은 단순히 말만 잘하는 사람들이 아니었다. 그들이야말로 역사상 최초이자 최고의 정세·심리 분석 전문가들이었다.

키워드 : 지혜, 시기

지자천려필유일실(智者千慮必有一失), 우자천려필유일득(愚者千慮必有一得)

지혜로운 사람도 천 번 생각하면 한 번 실수가 있을 수 있고, 어리석은 사람도 천 번 생각하면 한 번 얻을 수 있다.

– 권92 〈회음후열전〉

글자를 풀이하자면 '천 가지 생각 가운데 한 가지 실책(失策)'이란 뜻으로, 그 속뜻은 ①지혜(智慧)로운 사람이라도 많은 생각을 하다 보면 하나쯤은 실수(失手)가 있을 수 있다는 말 ②여러 번 생각하여 신중(愼重)하고 조심스럽게 한 일에도 때로는 실수(失手)가 있다는 등이다. 대개는 '천려일실, 천려일득'의 여덟 글자나 '천려일실' 네 글자로 줄여서 활용한다.

이 성어가 나오게 된 배경은 이렇다. 초한쟁패 당시 한나라 고조의 명에 따라 대군을 이끌고 조나라로 쳐들어간 한신(韓信)은 결전을 앞두고 '적장인 광무군(廣武君) 이좌거(李左車)를 사로잡는 장병에게는 천금을 주겠다'고 공언했다. 조나라의 명장 이목(李牧)의 손자로서 지덕을 겸비한 그를 살리고 싶었기 때문이다. 결전 결과 조나라는 괴멸했고, 이좌거는 포로가 되어 한신 앞에 끌려 나왔다. 한신은 손수 포박을 풀어준 뒤 상석에 앉히고 주연을 베풀어 위로했다. 한신은 이좌거에게 한나라의 천하 통일에 마지막 걸림돌로 남아 있는 연·제에 대한 공략책을 물었다. 이좌거는 '패한 장수는 병법을 논하지 않는 법'이라며 입을 굳게 다물었다. 한신이 재삼 정중히 청하자, 그는 이렇게 말했다.

"패장이 듣기로는 **지혜로운 사람이라도 많은 생각을 하다 보면 반드시 하나쯤은 실책이 있고, 어리석은 사람이라도 많은 생각을 하다 보면 반드시 하나쯤은 얻는 것이 있다**고 했습니다. 그래서 '미친 자의 말을 성인은 가려 듣는다(광부지언狂夫之言, 성인택언聖人擇言)'고 했습니다."

그 뒤 이좌거는 한신의 참모가 되어 크게 공을 세웠다고 한다.('광부지언, 성인택언' 항목 참고)

키워드 : 지혜, 생각, 실수, 소득

지족이거간(知足以距諫), 언족이식비(言足以飾非)

지식은 남의 말을 듣지 않을 정도로 충분하고, 말솜씨는 잘못을 감추고도 남는다.
– 제3 〈은본기〉

지족이거간, 언족이식비는 지식은 남의 말을 듣지 않을 정도로 충분하고, 말솜씨는 잘못을 감출 수 있고도 남는다는 뜻으로 지나치게 총명하여 남을 무시하고 자신의 잘못을 인정하지 않는 통치자(리더)를 비유할 때 쓰는 명언이다. 은나라의 마지막 임금인 주(紂)가 이랬다고 한다.

걸과 더불어 이란성쌍둥이처럼 따라다니는 또 다른 폭군은 은나라의 마지막 통치자 주임금이었다. 흔히 하걸(夏桀)과 은주(殷紂)로 나누어 부르거나 '걸주'로 붙여서 쓰기도 한다. 하걸이 죽는 순간까지 자신의 잘못을 인식하지도 인정하지도 않은 것처럼 은주도 판박이였다. 다만 은주는 하걸보다 그 능력이 뛰어났다는 데 문제의 심각성이 더했다.

은주는 수(受)라고도 한다. 또 제신(帝辛)이라는 이름으로도 불린다. 나고 죽은 해는 알 수 없다. 30대 제을(帝乙)의 아들로 제을의 뒤를 이어 30년 동안 재위했다.(문헌 기록에는 33년) 역사상 폭군으로 유명하며, 자기 치세에 나라가 망해 조가(朝歌) 녹대(鹿臺)에서 분신자살했다. 묻힌 곳은 확실치 않으나 하남성 기현(淇縣)에 그와 왕비 달기(妲己)의 무덤으로 전하는 곳이 있다.('주지육림', '장야지음' 항목 참고)

은주는 몸집이 크고 외모가 준수했으며, 힘도 장사라 맨손으로 맹수와 싸울 정도

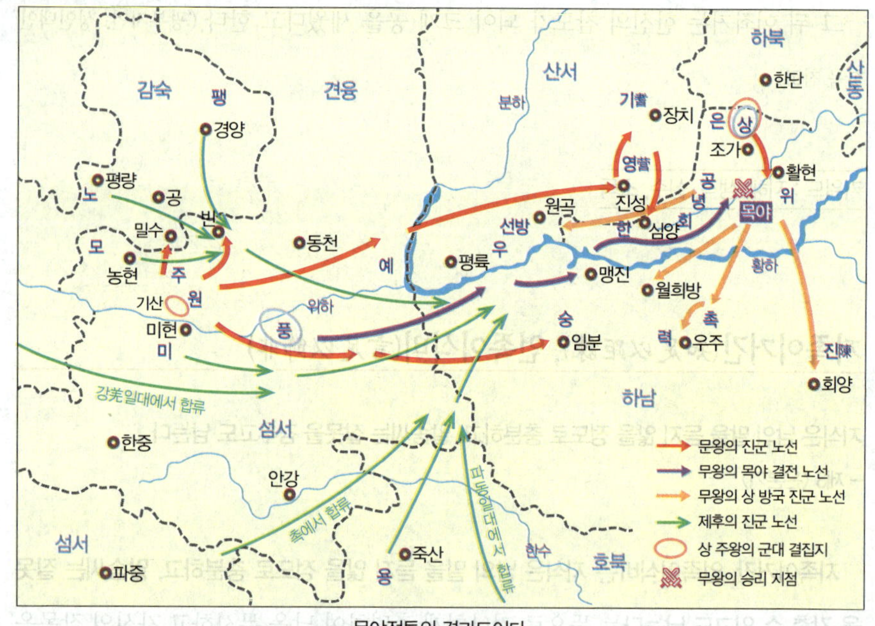

목야전투의 경과도이다.

였다. 총명하고 기지가 넘쳤고, 문장
에도 재능이 있었다. 여러 차례 동이
를 정벌하여 많은 포로를 잡아 노예
로 삼았다. 또 동남 지역을 경영하여
중원문화를 회하와 장강유역에 전파
함으로써 중국 통일의 규모에 나름
역할을 했다는 평가도 받는다.

자만과 과대망상, 그리고 폭정으로 나라를 망친 은나라
마지막 임금 주의 무덤이다.(2009년)

　그러나 은주는 황음무도하고 난폭했다. 달기를 총애하여 늘 그녀와 함께 궁중에
서 마시고 놀았다. 인민을 동원하여 궁중에 연못을 파서는 바닥과 벽을 모두 아란석
(鵝卵石)으로 깔고 쌓고 그 안에다 술을 가득 부었다. 연못 주위 나무들은 비단으로
싸고 고기를 매달게 했다. 이것이 이른바 '주지육림(酒池肉林)'이었다. 은주와 달기는
시종들을 거느리고 주지에 배를 띄워 감상하며 놀았다. 목이 마르면 주지의 술을 떠
서 마셨고, 배가 고프면 육림의 고기를 따서 먹으면서 놀았다. 이 엄청난 지출을 유
지하기 위해 주는 인민들을 잔혹하게 쥐어짰다. 달기의 환심을 사기 위해 지나는 사
람의 목을 베고, 발을 자르고, 심지어는 임신부의 배를 갈라 태아를 꺼내는 등 더 이
상 잔혹할 수 없을 정도로 잔혹한 짓을 일삼았다.

　은주의 배다른 형님 미자(微子)가 여러 차례 충고했지만 받아들이지 않았다. 미자
는 하는 수 없이 도성을 떠나 몸을 숨겼다. 숙부 비간(比干)도 충고했다. 주는 "듣자
하니 성인의 심장에는 일곱 개의 구멍이 있다던데 어디 한번 봐야겠다"면서 비간
을 죽여 '심장을 꺼내(적심摘心)' 보았다. 또 달기의 말을 듣고는 동으로 속이 빈 기둥
을 주조하여 그 안에 불이 붙은 석탄을 넣은 이른바 '포락(炮烙)'이라는 형구를 만든
다음, 불만을 품고 있는 신하들의 옷을 벗겨 동 기둥에 올려놓고 산 채로 구워 죽였
다.('포락' 항목 참고)

　은주의 포악으로 민심은 등을 돌렸고, 인민들의 원성은 하늘을 찔렀다. 은주는 고
립무원의 처지에 놓이게 되었다. 그 뒤 주(周) 부락의 무왕(武王)이 이끄는 군대가 은
주의 주력군이 동남에 머물러 있는 틈을 타서 대군을 이끌고 주를 공격했다. 녹대에

서 달기와 함께 술을 마시고 있던 은주는 이 소식을 듣고 서둘러 70만 노예로 편성
된 군대를 이끌고 전선으로 달려갔다. 두 군대는 목야(牧野, 지금의 하남성 기현箕縣 남
쪽)에서 부딪쳤다. 주 무왕의 군대는 용감하게 공격했고, 은주의 군대는 단 일격을
견디지 못한 채 창칼을 은주에게로 돌렸다. 70만 대군이 순식간에 무너졌다. 은주는
황급히 조가로 도망쳤으나 대세가 이미 기울었음을 알고 자결했다.

　주 무왕은 길거리로 쏟아져 나온 인민들의 환영을 받으며 조가로 입성하여 폐허
가 된 녹대에서 은주의 시체를 찾아내어 세 발의 화살을 날린 다음, 칼로 다시 몇 차
례 찌르고 마지막에는 동 도끼로 주의 머리를 잘라 크고 흰 깃발이 달린 깃대에 꽂
아 여러 사람에게 전시함으로써 백성들의 분을 풀어주었다. 달기도 죽었다. 이렇게
해서 은나라는 멸망했다.

키워드 : 지식, 언변, 가식(假飾)

지진능색(智盡能索)

지혜·방법·재능을 모조리 사용하다.
— 권129 〈화식열전〉

　사마천은 〈화식열전〉에서 각 지역을 경제구로 나누고, 그 풍토와 치부법의 차이
등을 기록했다. 그러면서 치부를 이룬 사람은 누구나 있는 힘을 남기지 않고 다 썼
으며, 자신이 갖고 있는 **지혜와 방법 및 재능을 한껏 사용했다**고 했다. 여기서 **지진능색**
이란 사자성어가 나왔다. 자신이 갖고 있는 모든 능력을 아낌없이 다 쏟아 붓는 것
을 말한다.

키워드 : 능력, 총력(總力)

지투수비(知鬪修備)

싸워야 한다는 것을 알면 준비를 갖춘다.

– 권129 〈화식열전〉

〈화식열전〉에 수록된 역대 거상과 거부 및 경제전문가들 30여 명 중 첫머리를 장식하는 인물은 계연(計然)이다. 계연은 언제 태어나 죽었는지 기록이 없다. 일부 기록에 범려(范蠡)의 스승으로 나오는 것으로 보아 대체로 기원전 6세기 말에서 기원전 5세기 초에 활동한 것으로 추정할 수 있다. 여러 기록에 따르면 그의 이름은 연(研)이고, 옛날부터 '연상심계(研桑心計)' 즉, "연(춘추시대 경제 사상가 계연)과 상(한나라 때의 경제전문가 상홍양桑弘羊)의 속셈(계산)"이란 속담이 있었다고 한다. 두 사람 모두 셈(재정)에 밝았기 때문에 이런 속담과 성어가 나왔다.

사마천은 계연을 위해 별도로 열전을 마련하지는 않았지만, 〈화식열전〉에서 그의 정치활동과 거시적 경제사상 및 주장을 대단히 돋보이게 기록하고 있다. 또 범려가 그의 제자였다는 기록으로 미루어 볼 때, 오왕 부차(夫差)에게 패하여 곤경에 처한 월왕 구천(勾踐)을 도와 오나라를 멸망시키는 데도 일정한 역할을 한 것 같다.

경제전문가로서 계연의 핵심 사상은 '경제치국(經濟治國)'이었다. 이는 전란이 잦았던 춘추시대를 감안한다면 장기적이고 진보적인 사상으로 상당히 심각한 의미를 갖는다는 평이다. 경제는 사회의 기초다. 생산과 경제가 발전해야만 백성들이 편안하게 자기 일에 전념하며 넉넉한 생활을 꾸릴 수 있고, 나라도 강대해질 수 있다. 국가가 풍족하고 국력이 강력해지면 다른 나라들에 맞서 패하지 않을 수 있다. 계연은 이런 이치를 너무 잘 알고 있었다. 그는 부차와의 싸움에 패해 곤경에 처한 월왕 구천에게 경제로 나라를 다스려야 한다는 대책을 제기하면서 다음과 같이 말했다.

"싸워야 한다는 것을 안다면 각 방면에서 준비를 갖추어야 합니다(지투즉수비知鬪則修備), 물자가 언제 필요한지 알면 물자의 가치를 알 수 있게 됩니다(시용즉지물時用則知物). 또한 시기 파악과 쓰임새, 이 둘의 관계가 분명하면 각종 물자의 공급과 수요상황

및 일처리 능력 등이 아주 분명해지는 것입니다.”

여기서 우리는 계연이 제기한 경제치국이라는 전략의 큰 전제가 “싸워야(경쟁해야) 한다는 것을 알면 준비를 해야 한다”는 것임을 분명히 볼 수 있다. 부국과 부강을 위한 것이고, 전쟁에서 적을 물리치기 위한 것이었다. 이를 위해 그는 경제발전을 주장했다. 무역을 통해 상품경제를 이끌고 관리하는 목적은 시장이 충분히, 그리고 지속적으로 열리게 하는 데 있다고 보았다. 이 모든 것이 결국은 나라를 다스리는 근본이 되기 때문이었다. 요컨대 계연은 백성과 나라를 부강하게 하는 원천이 경제 발전임을 정확하게 인식했다.(‘귀상극즉반천’, ‘수즉자거, 한즉자주’ 등 항목 참고)

키워드 : 경제, 시기, 준비, 대책

지하(指瑕)

하자(瑕疵, 옥의 티)를 가리키다.
– 권81 〈염파인상여열전〉

‘완벽’ 항목과 ‘하자’ 항목에서 살펴보았듯이 인상여(藺相如)는 성 15개를 받는다는 조건으로 진나라 소왕(昭王)에게 화씨벽(和氏璧)을 바쳤다. 소왕은 교환하기로 한 성 15개를 줄 뜻이 전혀 없었다. 인상여는 일부러 소왕에게 옥에 티가 있다며 자신이 그 티가 있는 곳을 알려주겠다며 화씨벽을 돌려받았다. 그런 다음 주기로 한 성 15개에 대한 확답이 없으면 화씨벽을 깨버리겠다고 위협했다. 여기서 **하자(옥의 티)를 가리키다**는 뜻의 **지하**란 단어가 나왔다. 이것이 훗날 **결점을 지적한다**는 뜻으로 사용되고 있다.(‘완벽귀조’, ‘하자’ 항목 참고)

키워드 : 결점, 지적

지행입명(砥行立名)

덕행을 갈고 닦아서 공명을 세운다.

— 권61 〈백이열전〉

이 성어는 얼핏 들어서는 그 안에 담긴 사마천의 착잡한 마음 언저리를 헤아리기 어렵다. 덕행을 갈고 닦아 공명을 드러내는 일이야 누구나 바라는 바이지만, 그것이 어디 쉬운가? 사마천은 훌륭한 은자(隱者)들의 이야기가 세상에 알려지지 않고 그대로 사라지는 일이 많다면서 이렇게 말한다.

"촌사람으로 **덕행을 가다듬어 공명을 세우려는** 사람치고 청운의 뜻을 품은 선비에게 붙지 않고서야 어찌 이름을 후세에 남길 수 있겠는가?"

깨끗하게 살면서 나아가고 물러감이 분명했던 은자들의 삶은 청운의 뜻을 품은 선비들이 마음먹고 후세에 전달해야 알려질 수 있다는 것이다. 그러면서 사마천은 임금 자리를 서로 양보한 백이(伯夷)·숙제(叔齊) 형제와 공자의 수제자 안연(顏淵)의 고귀한 행적은 공자의 칭찬이 없었더라면 세상에 알려지지 않았을 것이라고 하였다.

언론매체가 온 세계를 구석구석 뒤지고 다니는 지금 상황에서도 한 인간의 좋은 행적이 온전히 드러나기란 쉽지 않다. 2천 년 전 사마천이 꼬집은 대로 세상이 부귀만을 뒤쫓고 군자들을 우습게 보기 때문이다. 그래서 군자들조차 '죽은 뒤에 이름이 알려지지 않을까 걱정'하는 것이다. 한나라 초기의 뛰어난 학자이자 정치가였던 가의(賈誼)는 말했다.

"탐욕스러운 자는 재물 때문에 죽고, 열사는 이름을 추구하다 죽는다. 뽐내는 자는 권력 때문에 죽고, 서민들은 대부분 산다는 것을 그저 믿을 뿐이다."

그러니 '덕행을 갈고 닦아 공명을 세우는' 일이 어찌 힘들지 않겠는가? 저마다 '산

다는 것', '무엇을 위해 사는가'에 대해 진지하게 고민해 볼 필요가 있다.('탐부순재,~'
항목 참고)

키워드 : 덕행, 명성, 공명

직

직언극간(直言極諫)

바른말로 극진히 간하다.
– 권101 〈원앙조조열전〉

　직언극간의 출처는 한나라 경제 때의 정치가 조조(晁錯, 기원전 약 200~기원전 154)의
〈거현량대책(擧賢良對策)〉이다. '직언'은 곧이곧대로 말한다는 뜻이고, '극간'은 직언
하되 아주 간절하게 올리는 말이다. 대개 충직한 신하가 제왕에게 지극한 마음으로
충고할 때 많이 쓰는 표현이다. 〈원앙조조열전〉에는 원앙(袁盎, ?~기원전 148)이 '직
간(直諫)'을 자주했다는 대목이 보인다.

키워드 : 직간, 간절

직하(稷下)

직하 / 직하학궁.
― 권46 〈전경중완세가〉, 권74 〈맹자순경열전〉

전국시대 제나라의 맹상군(孟嘗君)을 비롯한 네 명의 유력 공자들처럼 개인이 자신의 세력을 확장하기 위해 식객을 두는 양사(養士) 기풍이 있었다면, 나라가 직접 양사에 나서는 경우도 있었다. 그중에서 제(齊)나라의 양사풍속은 매우 유명했고, 중국 역사에서 '직하학궁(稷下學宮)'이라는 일대 진풍경을 만들어냈다.

제나라에는 일찍부터 인재를 모으는 전통이 형성되어 있었다. 전국시대 제 환공(桓公, 재위 기원전 374~기원전 357)은 많은 현사를 불러 모아 그들로 하여금 곳곳에서 활동하며 제나라의 패업을 위해 일하도록 했는데, 당시 80여 명의 유명한 현사가 있었다.(전국시기의 환공은 강씨姜氏 성의 초기 환공이 아닌 전씨田氏 성의 환공을 가리킨다.) 전국시대에 이르러 제나라는 인재를 모아 양성하는 것을 국가정책으로 정하고, 이 같은 전통을 널리 알리기 위해 양사의 제도화를 추진했다.

확실치는 않지만 전국시대 환공은 수도 임치(臨淄, 지금의 산동성 치박시) 직문(稷門, 임치의 서문) 밖에 학궁을 설치하고 전국 각지의 학자들이 제나라에서 강의·교류 및 저술활동을 할 수 있도록 배려했다고 전한다. 이곳을 가리켜 '직하'라 불렀다.('직하학궁'으로도 부른다.) 환공의 아들 위왕(威王, 재위 기원전 356~기원전 320)과 위왕의 아들 선왕(宣王, 재위 기원전 319~기원전 301) 시기에는 직하에 모인 인재가 무려 1천여 명에 달했다고 전한다. 그중 유명한 학자로는 송형(宋鈃)·윤문(尹文)·신도(愼到)·팽몽(彭蒙)·전병(田騈)·환연(環淵)·추연(鄒衍)·추석(騶奭) 및 순우곤(淳于髡)·전파(田巴)·노중연(魯仲連)·접자(接子) 등 70여 명이 있었는데, 이들을 '직하 선생'이라 불렀다. 이들은 직하학궁에서 존경을 받으며 모두 상대부 대열에 올라 대저택에서 부유한 생활을 누렸다. 외출할 때마다 마차를 대령하고, 그 뒤로는 수백 명이 뒤따르니 그 기세가 실로 대단했다고 한다.

직하 선생들은 그곳에서 학생을 모아 강의하고 자유로운 토론을 벌였으며, 천하

직하학궁이 있었던 유지의 모습이다.(산동성 치박시 임치구 2015년)

의 혼란을 다스리는 일에 대해 논의했지만 직접 정치에 개입하지는 않았다. 즉 '정치와 학문의 분리'가 이루어져 있었다. 특히 제나라에서는 직하의 인재들에게 자신의 거취를 정할 수 있는 자유를 주었다. 즉 '합즉류(合則留), 불합즉거(不合則去)', '맞으면 머무르고, 맞지 않으면 떠나는' 것이 가능했다. 인재가 직하를 떠나고자 하면, 제나라 왕은 아쉬움의 뜻으로 여비를 마련해주기도 했다. 또한 학궁을 떠났던 사람이 다시 돌아오길 원한다면 언제든지 되돌아올 수 있었다.

당시 대사상가 맹자(孟子)와 순자(荀子) 역시 직하에 머문 적이 있었다. 고증에 따르면 맹자는 각 제후국을 돌아다니며 약 24년 간 정치 및 문화 학술 활동을 펼쳤는데, 그 기간 중 두 차례 직하를 찾아 무려 16년을 머물렀다고 한다. 순자는 15세에 직하에 유학해 세 차례나 머무르고 떠나기를 반복하며 46년의 시간을 보냈다.

당시 직하에는 유가·도가·법가·명가·음양가 등 여러 학파의 학자들이 모두 모여들었다. 그들은 그곳에서 배우고 토론하면서 "각자 책을 써서 정치에 관한 일을 이야기하여 세상의 군주들에게 간섭함으로써" 백가쟁명의 국면을 만들어냈다.

선왕은 할아버지 환공과 아버지 위왕의 사업을 이어받아 학궁을 확대하고, "정치에 참여하지 않고 논의만 하는" 강학의 열풍을 다시 성행시켰다. 전하는 바에 따르면 순자도 일찍이 직하에서 강의했는데, 양왕(襄王) 때는 직하 선생 중에서 최고 선생으로 세 번씩이나 좨주(祭酒)가 되어 당시 가장 명망 있는 학술계의 거목으로 인정받았다. 제나라 직하는 상당히 오랜 기간 학술 전통을 지키면서 전국시대 백가쟁명과 학술 번영에 중요한 작용을 했다.

직하 학자의 저술들은 대부분 없어졌지만, 현존하는 《관자》가 관중을 떠받드는 직하 학자들의 저술을 모아 놓은 것이라고 보는 학자들도 있다.

당초 제나라가 직하학궁을 설치한 목적은 천하의 현사들을 초빙해 제나라의 국력을 강화하고, 이를 대외적으로 과시하겠다는 강한 정치적 색채를 띠고 있었다. 그러나 직하학궁 설립 후 1백여 년 동안 학궁은 본래의 설립 의도를 뛰어넘어 원시 민주주의적 풍조를 확산시킴으로써 전국시대 백가쟁명의 발전을 촉진시키는 긍정적인 작용을 했다.

제나라는 직하학궁에 대해서는 관용정책을 실시했기 때문에 그곳에서는 학술 관점이나 정치 경향은 물론 국적·학파·연령·재력에 상관없이 누구나 자유롭게 자신의 의견을 발표할 수 있었다. 이로 인해 도가·유가·법가·명가·음양가·묵가 등 다양한 사상을 가진 인재들이 모여들면서 여러 사상 간에 갈등이나 충돌이 일어나기도 했다. 다양한 사상과 학문을 연구하는 인재들이 한곳에 모여 학생들과 함께 학술을 연마하거나 사물의 이치를 두고 서로 토론하면서 활발한 학술 교류와 발전이 이루어졌다.

직하의 학자들은 제나라를 위해 거사를 모의하기도 하고, 당시 사회 병폐에 대한 시정을 요구하기도 하고, 때로는 신랄하게 조정을 풍자하기도 했다. 그들이 불손한 언행으로 군주의 잘못을 지적해도 군주는 그들을 질책하지 않았다. 순우곤은 제나라 재상 추기(騶忌)를 시험해 보기 위해 비유를 들어 질문했다. 그 태도가 사뭇 오만하고 불경스러웠지만 추기는 겸손하게 자신을 낮추고 그의 질문에 성심껏 대답했다. 왕두(王斗)가 제나라 왕의 알현을 청했다. 제왕은 사람을 보내 그를 데려오게 했다. 왕두는 이를 불만으로 여기며 왕이 직접 문 앞까지 나와서 자신을 맞이할 것을 요구했다. 제나라 왕은 흔쾌히 그의 요구를 받아들여 '급히 나가 그를 문에서 직접 맞이했다.'

다음은 《맹자》〈양혜왕〉에 수록된 맹자와 선왕의 대화인데, 당시 학자들의 지적이 얼마나 신랄했는지를 잘 보여준다.

"대왕의 신하가 친구에게 아내와 아이들을 부탁하고 초나라로 유세를 떠났습니다. 그가 돌아왔을 무렵, 그 아내와 아이들이 모두 추위와 굶주림에 지쳐 있었습니다. 이같이 친구를 대한 사람을 어떻게 하시겠습니까?"

"절교해야 하오."

“만일 형벌을 관리하는 자가 그 부하를 제대로 관리하지 못한다면 어떻게 해야 하겠습니까?”

“그를 파면해야 하오!”

“만일 나라가 제대로 다스려지지 못하면 어떻게 해야 하겠습니까?”

제 선왕은 고개를 돌려 주위를 둘러보며 화제를 다른 곳으로 돌려버렸다.

이것이 바로 맹자가 비유를 통해 제나라와 왕의 문제를 질책했다는 유명한 일화다. 구구절절 이어지는 호된 지적에 제 선왕은 결국 주위를 둘러보며 화제를 다른 곳으로 돌릴 수밖에 없었다. 위의 일화들을 통해 제나라가 추진했던 '양사의 풍속'을 살펴볼 수 있으며, 현사와 그의 사상이 존중받을 때 그것이 국가에 어떤 영향을 주는지 알 수 있다.('강장대옥' 항목 참고)

키워드 : 학술, 학궁, 제자백가, 제 환공, 제 위왕, 제 선왕

진

진목장담(瞋目張膽)

눈을 부릅뜨고 대담하게.
– 권89 〈장이진여열전〉

진나라 말기 포악한 정치에 반발하여 전국 각지에서 농민봉기가 일어났다. 기원전 209년 진승(陳勝, ?~기원전 208)과 오광(吳廣)이 일으킨 봉기는 규모도 컸고, 그 기세가 대단했다. 진승은 '왕과 제후, 장수와 재상의 씨가 따로 있느냐(왕후장상영유종호 王侯將相寧有種乎)'는 신분 해방의 기치까지 내걸었다.('왕후장상영유종호' 항목 참고)

진승의 군대가 진(陳) 지방에 진격하자 그 지방의 세력가 장이(張耳)와 진여(陳餘)가 몸을 맡겨왔고, 호걸과 원로들은 진승에게 왕이 되길 권했다. 이 성어는 호걸과 원로들이 진승에게 왕이 되라고 권하는 장면에서 나온다.

눈을 부릅뜨고 대담하게라는 뜻의 **진목장담**은 어떤 일을 앞두고 두려움 없이 과감하게 결행해 나가는 모습과 행동을 묘사하는 말이다. 호걸과 원로들의 분노에 찬 웅변을 들어보자.

"저 진나라가 무도하여 남의 나라를 부수고 사직과 후세를 끊어 놓았소이다. 백성들의 힘과 재산을 남김없이 다 메마르게 했소. 그러니 장군께서 **눈을 부릅뜨고 대담하게** 만 번 죽기를 각오하고 단 한 번 살기조차 뒤돌아보지 않을 계책을 세워 천하를 위하여 잔악한 도적 진나라를 제거하려는 것이 아니오리까?"

모든 일에는 각오가 필요하다. 각오 뒤에는 철저한 준비가 있어야 한다. 이 두 가지가 갖추어졌다면 과감하게 두 눈을 부릅뜨고 밀고 나가야 할 것이다. 난국을 헤쳐 나갈 때 필요한 요건들이다. 어렵다고 해서 소극적으로 밀리면 한없이 밀리게 된다. 어려울수록 적극적으로 공격해야 할 때가 있다. 미래를 자기 것으로 만들기 위해서라도 보다 적극적이고 대담한 사유와 행동이 필요하다.

키워드 : 기세, 과감, 전진

진목질지(瞋目叱之)

눈을 부릅뜨고 꾸짖다.
– 권7 〈항우본기〉

초한쟁패의 승부가 좀처럼 나지 않자 항우는 유방에게 일대일 승부를 제안했다.

유방은 "나는 지혜로 싸우지(오녕투지吾寧鬪智), 힘으로 싸우지 않는다(불투력不鬪力)"라며 비웃었다.('오녕투지' 항목 참고) 화가 난 항우가 병사들을 보내 싸움을 걸게 했다. 유방 쪽에서는 활을 잘 쏘는 누번(樓煩) 출신의 병사를 보내 항우의 병사들을 죽였다. 항우가 화가 나서 직접 갑옷을 챙겨 입고 싸움에 나서자 누번 병사가 항우에게도 활을 쏘려고 했다. 이때 항우가 **눈을 부릅뜨고 꾸짖자** 누번 병사는 겁을 먹고 달아났다.

진목질지는 여기서 나온 표현으로, **잔뜩 화가 난 표정으로 상대를 꾸짖는 모습**을 가리킨다. 용감한 무사의 모습을 비유하는 표현으로도 쓰인다. 비슷한 뜻의 성어로 〈장의열전〉에 보이는 '진목절치(瞋目切齒)'가 있다. '눈을 부릅뜨고 이를 간다'는 뜻이다. 장의는 '합종'을 주장하는 사람들의 허세와 과장된 언행을 지적하는 대목에서, "팔을 걷어붙이고 '눈을 부릅뜨고 이를 갈면서' 합종의 유익함을 떠벌리며 남의 임금을 설득하려고 하는 것"은 모두 출세를 위한 위선이라고 했다.

키워드 : 기세, 분노, 질타(叱咤)

진보(陳寶)

진보신(陳寶神).
– 권6 〈진본기〉

진보는 민간에서 제사를 올리는 작은 신(神)의 이름이다. 이를 보계(寶鷄)라 하는데, 오늘날 섬서성 보계시(寶鷄市)라는 지명이 여기서 비롯되었다. 이와 관련해서는 《사기정의(史記正義)》에 인용된 《진태강지지(晉太康地志)》에 다음과 같은 흥미로운 설화가 전한다.

진(秦) 문공(文公, ?~기원전 716) 때 진창(陳倉, 지금의 섬서성 보계시 동남) 사람이 사냥을 나갔다가 돼지처럼 생긴 정체 모를 짐승을 한 마리 잡아서 돌아오던 중 동자 두 명을 만났다. 동자는 그 짐승은 땅 속에 살면서 죽은 사람의 뇌를 파먹은 위(媦)라는 놈인데, 죽이려면 머리를 내리치면 된다고 했다. 그러자 위란 놈이 사람 말로 "그 두 동자는 이름이 진보인데, 남자(수컷)를 얻으면 왕이 되고, 여자(암컷)를 얻으면

보계시는 중국 청동기의 고장이다. 사진은 보계시의 중국청동기박물관 입구이다.(2024년)

패주가 됩니다"라고 했다. 진창 사람이 동자를 뒤쫓았더니 두 동자는 꿩이 되었는데, 암컷이 날아가 진창 북판(北阪)이란 곳에서 돌로 변했다. 진나라가 사당을 세우고 제사를 드리니, 이곳이 진보사(陳寶祠)다. 이 사당은 당시 진창성에 있었다.

《수신기(搜神記)》에는 수컷에 관한 내용이 마저 나온다. 수컷은 남양(南陽)으로 날아갔는데, 훗날 동한을 건국하는 광무제(光武帝)가 남양에서 일어났으니 그 말대로 된 것이다. 여기서 '진보웅(陳寶雄)'이란 단어도 파생되었다.

키워드 : 신(神), 꿩(닭), 조짐(兆朕)

진선지정(進善之旌)

올바른 진언을 위한 깃발.
– 권10 〈효문본기〉

한 문제의 선정(善政)을 상징하는 표현이다. 대개 '비방지목(誹謗之木)'과 함께 인용된다. 이에 대해서는 '비방지목' 항목에서 자세히 살펴보았으니 참고하면 된다.

키워드 : 통치, 리더십, 언론, 악법, 폐지

진실기록(秦失其鹿)

진이 사슴을 잃다.
– 권92 〈회음후열전〉

'서한삼걸'의 한 사람으로 한나라 정권 수립에 가장 큰 공을 세운 한신은 끝내 '토사구팽'을 당했다. 진희의 반란을 평정하고 돌아온 고조 유방이 한신을 죽인 여태후에게 한신이 마지막으로 한 말이 무엇이냐고 물었다. 여태후는 한신 자신의 책사였던 "괴통의 계책을 쓰지 못한 것이 한스럽다고 하더이다"라고 했다. 유방은 괴통에 대한 체포령을 내려 괴통을 잡아들였다.

유방은 괴통을 삶아 죽이라고 했고, 괴통은 원통하다고 항변했다. 유방이 "네놈이 한신의 모반을 부추겨 놓고 무엇이 원통하단 말이냐?"고 묻자, 괴통은 그 당시는 **"진나라가 사슴을 잃자** 천하가 모두 나서 사슴을 쫓던 상황" 아니었냐고 반문하면서 누구나 각자 자신이 모시던 주군을 위해 충성하는 것이 당연하다고 항변했다.

진실기록은 유방에 대한 괴통의 항변에서 나온 표현이다. 괴통이 말한 사슴은 통치적 지위, 즉 **천하에 대한 통치적 지위를 진나라가 잃었다**는 뜻이다.

키워드 : 형세, 패권, 각축

진왕사어(秦王射魚)

진왕이 물고기를 쏘다.
– 권6 〈진시황본기〉

기원전 221년 38세의 진시황은 천하를 통일했다. 이를 기점으로 신선(神仙)과 방사(方士)에 대한 미신의 경향이 크게 나타났다.('진인' 항목 참고) 건강 때문이기도 했다. 불로장생과 신선 및 선약을 앞세운 방사들의 속임에 자주 넘어갔다. 진시황은 죽음에 대해 극도의 두려움과 신경 질적인 반응을 보였고, '분서갱유(焚書坑儒)'에서 '갱유'는 그 때문에 일어난 일이었다. 산 채로 파묻은 대부분은 방사들이었기 때문이다.('분서갱유' 항목 참고)

방사 서불(徐市, 서복徐福) 등은 바다로 나가 몇 해 동안 선약을 구했으

바다로 나가 물고기를 쏘는 진시황을 그린 그림이다.(제주도 서귀포 서복기념관 2010년)

나 얻지 못하고 돈만 축내자 추궁당할 것이 두려워 거짓으로 이렇게 아뢰었다.

"봉래의 선약은 구할 수 있으나 커다란 상어(교어鮫魚) 때문에 늘 어려움을 당하기에 갈 수가 없습니다. 원하옵건대 활을 잘 쏘는 사람을 함께 보내 상어를 보는 즉시 연속으로 발사되는 석궁으로 상어를 쏘면 될 것입니다."

그 뒤 진시황이 꿈에서 해신(海神)과 싸우는데 마치 사람 모습 같았다. 해몽을 해보니 나쁜 신이기 때문에 없애야 한다고 했다. 진시황은 대어를 잡는 도구를 챙기게 하고는 몸소 석궁(작살)을 가지고 나가 지부(之罘)에서 큰 물고기 한 마리를 쏘아 죽였다.

진왕사어는 이렇게 진시황이 직접 석궁(작살)을 들고 물고기를 쏘았던 사실에서 나온 성어로 훗날 **바다로 나가 물고기를 잡는 힘찬 기백**을 형용하게 되었다.

키워드 : 어획(漁獲), 기백

진인(眞人)

　기원전 221년 38세의 나이로 천하를 통일한 진시황은 자신의 성취에 도취하여 무리한 통일 정책과 각종 대규모 토목사업을 벌이기 시작했다. 통일 제국에 필요한 사업들이긴 했지만 진시황은 속도를 조절하지 못했다. 통일 후 10년째인 기원전 212년(진시황 나이 47세)에는 사방에서 수도 함양으로 통하는 간선도로인 직도(直道)를 뚫기 시작했고, 죄수 70만을 동원하여 아방궁(阿房宮)을 지었다.

　진시황은 또 통일 이후 신선 등 미신에 심취했다. 이는 40세를 전후로 나타나기 시작한 건강 이상과 관련이 있고, 진시황은 죽음에 대해 신경질적인 반응을 보였다. 기원전 212년 이해에 노생(盧生)이란 방사가 이런 말을 올렸다.

　"신들이 영지(靈芝)와 선약(仙藥), 그리고 신선(神仙)을 찾아다녔으나 매번 만나지 못하였습니다. 방해물이 있는 것 같습니다. 신선 계통에서는 이렇게 봅니다. 주상께서 때로 미행을 나가 악귀를 물리치는 것이 좋습니다. 악귀를 물리치면 **진인(眞人)**이 올 것입니다."

　그러면서 노생은 '진인'의 신이한 능력에 대해 늘어놓으며 진시황이 머무는 궁을 다른 사람이 알지 못하게 하면 불사약을 구할 수 있을 것이라고 했다. 진시황은 "내가 평소 '진인'을 사모해왔다. 지금부터 나를 '진인'이라 하고, '짐'이라 부르지 않겠노라"라고 했다. 이와 함께 함양 부근의 궁궐 270곳을 구름다리와 회랑으로 연결하게 하는 등 또 다른 토목사업을 벌이고, 황제가 머무르는 곳을 발설하는 자는 사형에 처하게 했다.

　노생과 진시황이 말한 '진인'은 훗날 천하를 통일한 진정 하늘의 명을 받은 천자 '진명천자(眞命天子)'로 '진인'을 가리키게 되었다.('진왕사어' 항목 참고)

진정지곡(秦庭之哭)

진나라 궁정 뜰에서 통곡하다.
– 권66 〈오자서열전〉

춘추시대 초나라의 오자서(伍子胥)와 신포서(申包胥)는 친구였다. 평왕(平王)이 무고하게 오자서의 아버지와 형을 죽이자, 오자서는 오나라로 도망쳐 초나라를 멸망시켜 아버지와 형의 원수를 갚겠다고 맹세했다. 신포서는 이런 오자서에게 개인적인 원한 때문에 조국을 배반하지 말라고 충고했다. 오자서는 듣지 않았다. 신포서는 오자서에게 이렇게 말했다.

"당신이 기어이 초나라를 멸망시키려 든다면, 나 또한 반드시 초나라를 부흥시키겠노라 맹세한다!"

두 사람은 그로부터 친구 관계를 끊었다. 그 뒤 오자서는 오나라로 망명하여 공자 광(光)을 도와 정권을 탈취한 다음 왕으로 세웠다. 그가 오왕 합려(闔閭)이다. 오자서는 초나라 국내 사정이 혼란한 틈을 타 합려를 부추겨 초나라를 공격하여 영도(郢都)를 점령했다.(기원전 506년)

당시 초나라는 평왕이 이미 사망하고 아들 소왕(昭王)이 왕위에 있었는데, 오나라의 공격을 받고는 황급히 도주했다. 오자서는 초 평왕의 무덤을 파내 시신에다 300번 채찍질을 함으로써 원한을 청산했다. 이것이 유명한 '무덤을 파내 시체에 채찍질하다'는 '굴묘편시(掘墓鞭尸)' 사건이었다.('굴묘편시' 항목 참고)

신포서는 이런 오자서의 행동에 격분했다. 소왕을 찾아 초나라를 회복할 수 있는 대계를 상의했다. 약해질 대로 약해진 초나라는 이웃 나라의 도움을 받지 않을 수 없었다. 신포서는 진(秦)나라에 구원을 요청하기로 했다. 초나라 평왕의 부인이 진나라 애공(哀公)의 딸이었고, 따라서 지금의 소왕은 애공의 외손자였다. 진나라가 이 사태를 그냥 보고만 있지 않으리라 생각했다. 소왕은 신포서의 건의를 받아들여 그를 특사로 삼아 진나라로 보냈다.

신포서는 애공을 만나 초나라의 위급한 상황과 오나라의 횡포를 힘주어 알렸다. 그러면서 오나라는 마치 '봉시장사(封豕長蛇, 큰 돼지와 큰 뱀이란 뜻으로 침략자나 악당을 비유한다)'처럼 탐욕스러워 초나라를 멸망시키고 나면, 그 여세를 몰아 중원으로까지 세력을 확장하려 들 것이 뻔하니 진나라도 편치 않을 것임을 지적했다. 따라서 진나라는 빨리 군사를 일으켜 오나라를 정벌하여, 초나라의 부흥을 돕는 한편 진나라 자신의 안전도 도모해야 한다고 애공을 설득했다.

애공은 오나라와 싸우고 싶지 않았다. 애공은 신포서에게 그저 먼 길을 오느라 수고 많았으니 휴식을 취한 다음, 다시 얘기 하자며 대화를 피했다. 신포서는 물러가지 않고 간절히 애원했다. 애공은 적당히 얼버무리다가 나중에는 아예 대꾸도 하지 않았다. 신포서는 궁궐 담벼락에 기대어 서서 흐느끼며 통곡했다. 신포서의 곡소리는 밤낮으로 끊이지 않았다. 신포서는 물 한 모금 마시지 않고 그대로 서서 '7일간을 통곡'하다가 끝내 쓰러졌다. 애공은 결국 마음이 움직여 "초나라에 저렇듯 충성스러운 애국자가 있으니 초나라의 부흥을 걱정하지 않아도 되겠구나. 그러니 우리 진나라가 어찌 돕지 않으리오!"라고 말했다. 그리고는 몸소 신포서의 머리를 받쳐 들고 물과 약을 먹여 깨어나게 했다.

애공은 깨어난 신포서를 향해 〈무의(無衣)〉라는 시를 읊었다. 〈무의〉는 진나라의 시로 그 중에 "무기와 군사를 다듬어 그대와 함께 원한을 갚으리라"는 대목이 있다. 즉, 무기를 들고 공동의 적에 대항하겠다는 뜻이었다. 신포서는

진나라 궁정 뜰에서 통곡하는 '진정지곡'을 나타낸 《동주열국지》 삽화다.(위)

애공의 뜻을 알고는 아홉 번 머리를 조아리며 깊은 감사의 뜻을 표시했다.

진나라는 두 사람의 대장으로 하여금 전차 400량을 이끌고 초나라의 병력과 함께 단숨에 오나라 군을 무찔렀다. 오나라에서는 오왕 합려의 형제인 부개(夫概)가 이 틈을 타서 자신의 군대로 왕위를 빼앗으려고 반란을 일으켰다. 합려는 하는 수 없이 싸움을 중지하고 후퇴하여 내란을 평정했다. 초나라는 잃어 버렸던 땅을 회복했고, 소왕은 정치를 개혁하고 인재를 등용함으로써 점차 강국으로서의 면모를 회복해 갔다.

신포서가 **진나라 궁정에서 통곡하다**는 **진정지곡**에 얽힌 고사는 《좌전》을 비롯하여 《국어(國語)》 등에 기록되어 있다.

'진정지곡'은 슬픈 울음으로 상대를 감동시키는 것으로, 살고 싶지 않을 정도로 고통스러운 자신의 비분을 다른 사람의 마음에 전달하여 동정심을 불러일으킴으로써, 상대로 하여금 적과 싸워 이길 수 있다는 투지를 자극하는 것을 비유한다.

'진정지곡'은 오늘날에 와서는 비분으로 상대를 감동시키는 차원을 넘어서 보다 폭넓은 의의를 가지게 되었다. 예컨대 인생 선배나 성공한 사람들로부터 과거 고생한 경험담을 진지하게 들음으로써 자신을 자극하고 격려하는 것도 이 운용 범주에 든다고 할 수 있다. '진나라 궁정 뜰에서 통곡하여 군사를 얻다'는 '진정곡사(秦庭哭師)'와 '7일 밤낮'이란 뜻의 '칠일칠야(七日七夜)'와 같은 성어도 파생되었다.

키워드 : 상황, 비분, 통곡, 감동, 자극, 격려

진지우우(秦智虞愚)

진나라의 지혜, 우나라의 어리석음.
– 권5 〈진본기〉

'오고대부' 항목에서 보았듯이 진나라가 검은 양가죽 다섯 장을 주고 데려온 백리해는 우(虞)나라 출신이었다. 진나라에 건너온 백리해는 건숙·유여 등과 함께 목공을 보좌하여 패업을 이루게 했다. 이 사실에서 훗날 **진지우우**라는 성어가 파생되었다. 한 사람의 재능은 적절한 조건과 환경을 만나야만 충분히 발휘될 수 있다는 비유이다.

명말청초의 문인 전겸익(錢謙益, 1582~1662)은 철산왕공(鐵山王公)의 묘지명에서 춘추시대 초나라의 인재를 진나라가 데려다 쓴 '초재진용(楚材晉用)'과 이 성어를 거론하면서 이런 글을 남겼다.

초의 인재를 진이 기용하니
나라의 선비가 길게 탄식하고,
진의 지혜와 우의 어리석음에
현명한 선비들이 영원히 한숨 쉰다!

키워드 : 나라, 흥쇠(興衰), 인재

'진지우우'라는 전고를 남긴 명말청초의 시인 전겸익의 초상화이다.

진진상인(陳陳相因)

묵고 묵어도 계속 쌓이다.
– 권30 〈평준서〉

진진상인은 원래 도성의 창고에 해마다 양식이 **가득 쌓이고 또 쌓여** 남는 것을 한곳에다 다시 그대로 쌓았지만, 결국은 썩어서 못 먹게 될 정도로 남았다는 〈평준서〉의 한 대목에서 나왔다.

진나라를 이어 중국을 재통일한 한나라는 '백성들을 쉬게 하고 인구를 늘리는' '휴양생식(休養生息)'의 정책으로 민생 안정에 주력한 결과, 건국 후 70여 년 만에 풍요로운 경제생활을 누리게 되었다. 그 결과 양식 창고는 넘쳐나고, 동전 꾸러미의 노끈이 다 닳아서 떨어질 정도로 돈이 남아돌 정도였다.

사마천은 130권에 달하는 3천 년 통사 《사기》에서 놀랍게도 실물 경제와 이론 경제에 관한 전문적인 내용을 두 편 마련했는데, 그것이 바로 〈화식열전〉과 〈평준서〉다. 이 두 편에서 사마천은 경제와 삶의 질, 경제와 인간관계, 경제와 사회관계를 날카롭게 꼬집고 있다. 이를테면 "재력 면에서 열 배의 차이가 나면 자신을 낮추고(헐뜯고), 백 배의 차이가 나면 두려워하며, 천 배의 차이가 나면 부림을 당하고, 만 배의 차이가 나면 노예처럼 예속되기 마련이다"(〈화식열전〉) 등과 같은 대목은 오늘날에도 여전히 유효한 지적이 아닐 수 없다.

'진진상인'이란 성어는 이렇듯 남아도는 식량의 상태를 빗대어 표현한 것이지만, 때로는 낡은 습속을 바꾸거나 개선하지 않고 그대로 물려받는 구태의연한 사고방식이나 행위를 지적할 때도 쓰인다.

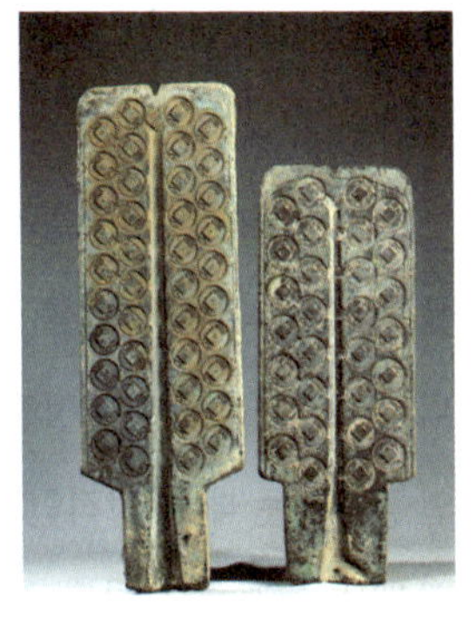

한나라는 기원전 202년 건국 후 약 반세기 이상 백성들을 편히 쉬게 하고 인구를 늘리는 '휴양생식'의 정책을 통해 경제적으로 크게 부유해졌다. 무제 때 와서 이 경제력을 바탕으로 줄곧 열세에 수동적이었던 흉노에 대해 적극 반격을 가할 수도 있었다. 사진은 무제 때 화폐인 오수전(五銖錢)을 찍어내던 거푸집이다.

키워드 : 재물, 식량, 축적, 부식(腐蝕)

진평분육(陳平分肉)

진평이 고기를 나누다.

– 권56 〈진승상세가〉

'사평득재천하(使平得宰天下), 역여시육의(亦如是肉矣)' 항목에서 살펴보았듯이 진평(陳平, ?~기원전 178)은 동네 제사에서 고기를 고루 잘 나누어주어 사람들의 칭찬을 받자, 다음과 같은 말로 탄식했다고 한다.

"진평으로 하여금 천하의 재상을 시켜도 고기를 나누듯 잘할 텐데!"

여기서 **진평이 고기를 나누다는 진평분육(陳平分肉)**이란 유명한 성어가 나왔다. **고기를 고루 잘 나누듯 천하를 잘 다스릴 수 있다는 포부**가 함축되어 있다. 실제로 진평은 한나라 초기 불안했던 정권, 특히 여태후를 비롯한 여씨 일가의 전횡을 막고 정권을 안정시키는 데 결정적인 역할을 해냈다. 진평의 일생 중 혼인하기까지의 과정을 '진평분육' 고사를 줄기로 삼아 특별 참고자료로 좀 더 정리해보았다.

참고자료 지낭(智囊) 진평의 야심과 '진평분육'

기원전 210년 진시황의 갑작스런 죽음으로 천하는 다시 혼란에 빠졌다. 이 혼란의 와중에 유방을 보좌하여 항우를 격파하고 한 왕조를 세운 공신은 한둘이 아니었지만, 천하를 통일한 다음 이들 공신의 말로는 결코 좋지 못했다.

한 왕조가 막 세워진 직후 한신·팽월·경포·한왕 신(信) 등과 같은 무장들이 모반을 꾀했다는 죄목으로 처형되었다. 그리고 유방이 항우와 한창 격전을 벌이고 있을 때 관중 지방을 고수하여 한의 승리에 결정적으로 기여했던 소하는 천하가 통일된 뒤 재상에 임명되긴 했지만, 한때 유방의 의심을 받아 옥에 갇히는 신세가 되었다. 나중에 풀려나긴 했지만 소하의 일생은 전전긍긍 그 자체였다.

유방의 참모로 큰 전략 수립에 공을 세운 장량(?~기원전 190)은 상대적으로 운이 좋은 편이었다. 천하가 통일되고 평화가 찾아오자 산속으로 은퇴하여 더 이상 정치에 관여하지 않았기 때문이다. 이 때문에 그는 전국시대 월나라의 재상 범려와 함께 때를 알아 현명하게 은퇴한 인물의 대표로 곧잘 거론되곤 한다.

한의 개국 공신들 중에서 한신·소하·장량은 '서한삼걸(西漢三杰)'이라 하여 그 공을 가장 크게 인정받았지만, 이 세 사람의 운명은 제각각이었다. 개국 이후 이들이 보여준 행보는 인간관계와 처세의 문제를 깊게 생각하게 만든다.

유방은 천하를 통일한 다음 군국제를 실시하여 공신과 근친들을 제후왕에 봉했는데, 그 결과 전 영토의 2/3 이상이 제후왕들의 소유가 되었다. 이 가운데 특히, 제후 왕으로 봉해졌다가 회음후로 강등된 한신을 비롯해서 전투 경험이 풍부한 공신 세력들은 한나라 황실 자체를 위협하기에 충분했다. 유방은 황제와 중앙 정부의 권력을 강화하기 위해 황실과는 성이 다른 이른바 이성제후(異姓諸侯)들을 하나하나 제거해 나갔다. 한신을 시작으로 한왕 신·팽월·영포 등이 차례로 제거당하자, 유방의 동향 친구인 노관은 흉노로 도망쳤다.

기원전 202년 한 왕조가 천하를 재통일한 이후 24년 동안 줄곧 정치 일선에서 활약한 사람은 진평 한 사람뿐이었다. 그는 재상이 되어 거리낌 없이 바른말을 하고도 유방의 의심이나 미움을 사지 않았다. 뿐만 아니라 유방이 죽은 다음, 여태후가 정권을 장악했던 시절에는 정권을 더욱 다지고 싹트는 정변을 잠재워 한 왕조를 지켜냈다.

진평을 군주의 비위를 잘 맞추는 전형적인 아첨형 신하로 보는 사람도 있지만, 그는 선견지명과 독특한 균형감각으로 정치적 속박과 시대의 풍랑을 헤쳐 나간 슬기로운 정치가였다. 그에 관한 기록인 권56 〈진승상세가〉는 여러 권력자를 거치면서 남다른 처세술로 승상에까지 오른 진평의 인생 역정을 격변의 시대상과 함께 생동감 있게 그려낸 기록이다. '반간계(反間計)'로 항우 집단 내부를 분열시키는 모략에서부터 한신을 비롯한 공신을 제거하고 비정하게 등을 돌려 여후 집단을 박멸하는 책략가 진평의 모습이 사마천의 칼날 같은 붓끝에서 회생했다. 우리는 그의 행적을 통해 위기 때마다 계책을 내어 유방을 구한 책략가 진평의 모습을 볼 수 있고, 이후 전개되는 그의 활약상에서 군신 관계의 설정이 얼마나 어려운 가를 실감한다.

진평은 오늘날의 하남성 북부 개봉 부근의 양무(陽武)에서 가난한 농부의 아들로 태어났다. 양무는 훗날 유방이 항우와 더불어 격전을 벌인 중요한 지역이었다. 진평은 가난했지만 살이 쪄서 풍채가 좋고 잘생겼는데, 이런 것이 오히려 주변의 놀림감이 되곤 했다.

기원전 210년 진시황이 세상을 떠나자 이듬해인 기원전 209년 진승과 오광 등이 혁명의 기치를 높이 치켜들고 봉기했다. 천하는 소용돌이 속으로 빠져들었다. 고향이 원래 위나라 땅이었던 진평도 위왕(魏王)에 옹립된 위구(魏咎) 밑에서 난국의 소용돌이 속으로 휩쓸려 들어갔다. 그 뒤 부상을 입고 남쪽 초나라에서 일어나 중원으로 진입한 항우에게 몸을 맡겼다. 여기서 진평은 눈부신 활약을 보여 도위에 임명되지만, 점령지를 유방에게 빼앗기는 바람에 항우의 엄청난 분노에 직면했다. 목숨이 위태롭다는 것을 느낀 진평은 다시 도망가지 않을 수 없었다.두 차례의 좌절은 그 뒤 진평의 행보에 중대한 교훈이 되었다. 진평의 시야는 한순간 넓게 트였고, 안목도 깊이를 가지게 되었다. 천하의 정세를 관찰하고 분석한 끝에 진평은 유방의 앞날이 가장 밝다고 판단했다. 진평은 머뭇거리지 않고 유방을 찾아가 위무지(魏無知)의 소개로 동행한 여섯 명과 함께 유방을 만났다. 유방은 연회를 베풀어 그들을 환영해 주었다. 연회가 끝나자 동행한 여섯 명은 모두 자리를 떠났는데, 진평만 머뭇거리며 자리를 뜨지 않았다. 유방에게 자신의 천하 경영에 관한 구상을 이야기할 심산이었기 때문이다.

혼자 남아 일부러 상대방의 주의를 끄는 이런 수법은 일찍이 진평이 고향에서 아내를 얻을 때 써먹었던 것이기도 했다. 그때로 돌아가 보자. 당시 가정을 꾸릴 나이가 지난 진평은 마을 부잣집의 젊은 과부 손녀에게 눈독을 들였다. 하지만 가난하고 보잘것없는 그가 부잣집 손녀의 마음을 무슨 수로 사로잡는단 말인가? 온갖 궁리를 다한 끝에 진평은 기발한 계책을 생각해냈다.

그때 마침 그 부잣집에서 성대한 장례식이 있었다. 진평은 장례식을 좋은 기회로 보고 특별 작업에 들어갔다. 장례식에 참여하여 이런저런 일을 일일이 돌보며 있는 힘을 다해 상주를 도왔다. 장례식에는 진평이 마음에 두었던 부잣집 손녀의 할머니 장부(張負)도 있었는데, 진평의 이런 행동이 그 어른의 눈에 들지 않을 리 없었다. 진평은 장례가 모두 끝난 뒤에도 자리를 뜨지 않았다. 그녀의 할머니가 자신을 유심히 지켜보고 있다는 것을 확인한 다

진평의 일대기는 초한쟁패에서 한 왕조 초기에 이르는 파란만장한 격동기의 모습을 생생하게 담고 있다. 그 과정에서 진평이 보여준 처세술과 정치력은 지금 보아도 남다른 경지를 느끼게 한다.(2020년)

음, 아쉽다는 듯 자리에서 일어났다. 예상대로 그녀의 할머니는 진평의 집까지 따라왔다. 그러고는 진평의 집 앞에 매여 있던 고급 수레들의 바큇자국을 보게 되었다. 그녀의 할머니는 이렇게 생각했다.

"이자가 비록 가난하지만 관계를 맺고 있는 사람들은 모두 명문 귀족에다가 하는 행동도 참으로 성실하기 짝이 없구나. 모르긴 해도 장차 큰 인물이 될 것 같은데…."

이렇게 해서 진평은 부잣집 사위가 되었고, 교제 범위는 더욱 넓어져 일약 마을에서 가장 명망 높은 인사가 되었다. 진평이 혼란기에 마을 사람들을 이끌고 봉기에 참가할 수 있었던 것도 부자에다 권세가 막강한 처가 덕이 컸다. 게다가 진평이 선택한 여인은 다섯 번이나 남편과 사별한 화려한 혼인 경력의 과부였으니, 그의 야심이 어떠했는가 알 만하지 않은가?

각지에 흩어져 있는 일화를 채록하여 수려한 문장과 활달한 표현으로 바꾸어 놓은 것이 《사기》의 큰 특징 가운데 하나다. 당대 최고의 책략가 진평이 출현하기까지 젊은 날의 과정은 사마천의 발끝에서 나왔기에 더욱 실감난다. 사마천은 격동기에 야심은 컸지만 배경이 없었던 젊은 날 진평이 아내를 얻기까지의 과정을 현장감 넘치게 아주 생생한 기록을 통해 그 시대 상황과 여러 인물들의 복잡하게 얽힌 관계 및 권력의 속성 등을 입체적으로 전달하고 있다. 그 와중에 '진평분육'이라는 흥미로운 고사가 자리 잡고 있다.('장자철', '주재' 항목 참고)

키워드 : 인재, 천하, 야망

질도창응(郅都蒼鷹)

보라매 질도 / 혹리.
– 권122 〈혹리열전〉

사마천은 가혹하게 법을 집행한 관리들의 행적을 〈혹리열전〉에 남겼다. 대부분 한나라, 특히 무제 때 인물들이었다. 백성을 위해 순리적으로 법을 집행한 좋은 관리들의 기록인 〈순리열전〉에 한나라 때 인물이 단 한 사람도 등장하지 않는 것과 큰 대조를 이룬다. 사마천이 한 무제 당시의 정치를 비판하기 위한 의도적 장치로 보인다.

이런 혹리들 중 맨 먼저 등장하는 질도(郅都, 생졸 미상)는 법을 가혹하게 집행하긴 했지만, 그나마 공정하게 집행한 인물이었다. 그에 대해 좀 더 알아 보았다.

질도의 별명은 '보라매'란 뜻의 '창응(蒼鷹)'이었다. 그만큼 사나웠다는 뜻이다. 황제 앞에서는 바른 소리 하기로 유명했다. 혹리의 원조 격인 급암(汲黯, ?~기원전 112)과 같은 직언 스타일이었다. 권력을 믿고 백성들을 못살게 구는 권세가들에게는 특히 인정사정이 없었다. 법을 무시하고 제멋대로 구는 제남군의 호족인 간씨(瞯氏) 일가는 아예 몰살시킬 정도였다. 급암이나 정당시의 스타일을 유지하고 있었던 질도가 지킨 또 하나의 원칙은 '청탁 거절'이었다. 개인의 사사로운 편지는 뜯지도 않고 반송했다. 예물도 절대 받지 않고 되돌려 보냈다. 청관(淸官) 그 자체였다.

질도의 법집행에서 특이한 점은 법적으로 처리해 벌금을 물리거나 감옥에 보내는 게 아니라, 죄가 중하다 싶으면 집안을 통째로 몰살시킨 것이다. 지위고하를 막론하고 걸리기만 하면 최고형으로 다스리

초기 혹리로서 가혹한 법집행과 청렴으로 유명세를 떨쳤던 보라매 질도의 무덤이다.(2010년)

니, 그를 보고 피해 가지 않는 사람이 없을 정도였다.

한나라 개국 공신인 주발의 아들 주아부(周亞父)는 매우 고귀한 신분이었으나 질도는 그에게 반란죄를 적용해 감옥에 가두었다. 주아부가 아버지 주발의 장례식 부장품으로 무기를 무덤에 넣어주려 하자 누가 반란의 음모라고 밀고했다. 질도는 지금은 반란을 일으키지 않을지 모르지만, 죽어 저승에 가서 반란을 일으키려는 의도라는 죄목을 씌워 감옥에 넣었다. 주아부는 감옥에서 먹기를 거부하다 피를 토하며 죽었다.('아부지질' 항목 참고)

주발과도 악연이 있었다. 생전에 주발은 질도에게 걸려 한 번 당한 뒤로는 평상시에도 갑옷을 입고 잠을 잤다. 백만 대군의 총사령관이던 주발은 백만 대군보다 더 무서운 게 질도와 같은 혹리라며 혀를 내둘렀다고 한다.('독배천금' 항목 참고)

경제 때는 질도가 이렇게 대쪽처럼 법을 처리해 국가 기강이 자리를 나름대로 잡았다. 하지만 이런 질도도 두태후의 인척인 임강왕(臨江王, 유영劉榮)을 가혹하게 다스린 괘씸죄로 태후에 밉보여 처형당했다.

질도는 너그러운 법 집행을 주로 했던 순리(循吏)에서 혹리로 완전히 넘어가는 전환기의 공직자 모습을 보여준다. 즉, 경제를 지나 다음 황제인 무제(武帝) 때 순리들과 선명하게 대비되는 형상으로 〈혹리열전〉의 첫 페이지를 장식하고 있다. 그의 이미지는 순리들과 초기 혹리 급암이나 정당시에게서 공통적으로 발견되는 청렴에다 사나움과 가혹함을 합친 것을 특징으로 한다. 특히 질도에게는 권력자들에 대해서도 가차 없이 법을 적용하는 엄정한 이미지도 함께 겹쳐 있다. 약자에게는 강하고, 강자에게는 맥을 못 추는 전형적인 간신형 혹리들과는 질을 달리했다.

질도의 가혹한 법집행과 관련하여 훗날 그의 별명을 딴 **질도창응**이라는 성어가 나왔다. **누구도 봐주지 않고 법을 집행하는 혹리**를 가리킨다. 참고로 〈혹리열전〉에 기록된 혹리들의 신상명세를 표로 제시해둔다. 앞 급암과 정당시는 〈급정열전〉에 따로 기록되어 있지만, 혹리의 선구로 꼽을 만해서 함께 넣었다.

키워드 : 관리, 혹리, 별칭

이름	시대 관직	특징	비고
급암(汲黯)	알자, 도위	직언과 큰 정치, 강직함. 사직지신으로 평가받음.	천자도 예를 갖추게 만듦.
정당시 (鄭當時)	태자사인	인재추천, 청렴결백. 급암과 정신적 교류.	5일제 근무의 효시.
질도(郅都)	중랑장	용감·기개·공정·청렴, 보라매라는 별명으로 불림.	경제의 태자 임강왕의 자살 사건으로 처형.
영성(寧成)	낭관	각박·간교·상관압도·부하핍박, 혹리의 전형으로 꼽힘.	거부가 되어 그 권위가 태수를 능가.
주양유 (周陽由)	태수	외척 특권·난폭·잔혹·오만방자. 법을 왜곡해서 적용함. 법질서가 더욱 문란해짐.	기시형으로 죽음.
조우(趙禹)	중도관	불고지죄에 해당하는 '견지법(見知法)'으로 법의 집행을 각박하게 만듦.	불고지죄의 효시.
장탕(張湯)	장안현리	판결문의 명수. 황제 심기 파악에 능숙. 탈세 고발 법인 '고민령(告緡令)'으로 상인들과 호족들 압박.	어릴 때 쥐새끼 판결. 자살.
의종(義縱)	중랑	강도질, 과감하고 신속한 일처리, 무자비, 청렴. 영성을 처벌하는 악연. 질도를 모범으로 삼음.	지방관 감찰직 '직지(直指)' 벼슬 출현. 기시형으로 죽음.
왕온서 (王溫舒)	어사	죄인 살상에 희열을 느낌. 법조문 왜곡으로 권세에 아부. 범죄자 체포수가 미달일 경우 관리를 죽이는 '침명법(沈命法)'을 제정함. 실적 조작이 만연함.	기혈(耆血) 심리. 자살, 5족 멸족.
윤제(尹齊)	어사	직선적 성격. 지나치게 엄하고 가혹하여 관리 통솔에 실패.	원수가 시체를 불태우려 함.
양복(楊僕)	어사	과감하고 흉포함. 윤제를 모범으로 삼음.	고조선 정벌에 참가.
감선(減宣)	어사	어려운 사건 해결. 작은 일에 충실하여 큰일 처리.	자살.
두주(杜周)	정위	신중하여 결단이 느림. 관대해 보이나 냉혹함이 골수에 박힘.	자식들 역시 흉포하고 잔혹함.
풍당(馮當)	촉 태수	포악하고 남을 학대함.	
이정(李貞)	광한	멋대로 사람의 사지를 찢음.	
미복(彌僕)	동군	톱으로 목을 자름.	
낙벽(駱璧)	천수	억지 자백을 잘 받아냄.	혹리들의 대거 출현과 서한 정치의 난맥상을 드러냄.
저광(褚廣)	하동	인명을 마구 살상함.	
무기(無忌)	경조	지독하기가 독사, 흉포하기가 매와 같음.	
은주(殷周)	풍익		
염봉(閻奉)	수형도위	구타·뇌물 수수.	

질족선득(疾足先得)

빠른 발로 먼저 얻다.
– 권92 〈회음후열전〉

기원전 210년, 진시황이 순시 도중 갑자기 세상을 떠났다. 이듬해인 기원전 209년 진승과 오광으로 대표되는 농민봉기가 터졌다. 진승과 오광은 진나라 군대에 패해 죽고, 이어 귀족 세력을 대변하는 항우와 평민의 이익을 대변하는 유방의 세력이 팽팽하게 맞서는 상황이 펼쳐졌다. 이것이 '초한쟁패'였다. 초기에는 항우가 주도권을 장악했으나 소하·장량·한신·진평 등 다양한 인재들을 적절하게 기용한 유방이 항우에 필적할만한 힘을 키워가고 있었다. 두 세력이 아슬아슬하게 균형을 이룬 상황에서 막강한 군대를 가진 한신이 천하의 대세를 좌우할 수 있는 변수로 등장했다.

한신의 핵심 책사인 괴통은 이 과정에서 한신에게 적극적으로 독립을 권한 인물이었다. 그는 한신의 역량이면 얼마든지 항우·유방과 더불어 천하를 삼분하여 이른바 '정족지세(鼎足之勢)'를 이룰 수 있다고 건의했다. 우유부단한 한신은 괴통의 고언을 받아들이지 못했고, 끝내 유방에게 '토사구팽(兎死狗烹) 당했다.('토사구팽' 항목 참고)

한신을 제거한 유방은 한신에게 천하를 삼분하라고 부추긴 괴통에 대한 체포령을 내렸고, 괴통은 오래지 않아 붙잡혀 유방 앞에 끌려 나왔다. 유방은 괴통을 처형하라고 명령했고, 괴통은 처형을 당하기 직전 "아아, 원통하구나! 이렇게 삶기다니!"라며 억울함을 토로했다. 유방은 한신을 부추겨 자신을 배반케 한 자가 무엇이 원통하냐며 다그쳤다. 괴통은 기다렸다는 듯이 교묘한 말로 유방의 마음을 흔들었다. 위 성어는 바로 이 대목에 보인다. 괴통의 말을 한번 들어보자.

"진나라가 사슴을 잃으니(진실기록秦失其鹿) 천하가 모두 그것을 뒤쫓았습니다. 이런 때는 키 크고 **발이 빠른 자가 먼저 얻게** 되어 있습니다. 도척의 개가 요임금을 향해 짖는 것은 요임금이 어질지 않아서가 아닙니다. 개란 동물은 본래 주인이 아니면 짖게 되어 있기 때문입니다. 당시 신은 한신만을 알았을 뿐, 폐하는 알지 못했습니다.

뿐만 아니라 당시 천하에는 날카로운 칼을 잡고 폐하가 지금 이렇게 하신 일을 자기도 해보려는 사람이 많았습니다. 돌이켜보면 그들은 그렇게 할 힘이 없었습니다. 헌데 폐하께서는 그들을 모두 삶아 죽여야겠습니까?"

괴통은 자신의 주인을 위해 충성을 다했을 뿐이라는 논리로 유방을 설득하여 목숨을 부지할 수 있었다. 상황에 따라 취해야 할 행동은 여러 가지일 수 있지만, 대체로 보아 남보다 한 발 앞서 치고 나가 주도권을 잡느냐 아니면 사태를 지켜보다 늦게 출발해서 상대를 추월하느냐 두 가지로 요약된다. 군사행동도 대체로 선제공격하여 제압하는 것과 다소 늦게 출발하여 제압하는 두 가지가 있다. 이를 '선발제인(先發制人)'과 '후발제인(後發制人)'이라는 성어로 표현하는데, '질족선득'은 '선발제인'과 비슷한 뜻이다.

키워드 : 형세, 선제, 주도권

질현투능(嫉賢妬能)

똑똑하고 능력 있는 사람을 시기하고 질투하다.
– 권8 〈고조본기〉

〈고조본기〉는 유방의 일대기를 기록한 전기인데, 여기에 천하를 놓고 다툰 두 영웅 항우와 유방의 성격을 비교하는 대목이 있어 흥미를 끈다. 두 사람에 대한 평가는 유방이 천하를 통일한 다음, 낙양 남궁에서 베푼 잔치 자리에서 고기(高起)와 왕릉(王陵)의 입에서 나왔다. 당시 유방은 "내가 천하를 얻은 까닭은 무엇이며, 항우가 천하를 잃은 까닭은 무엇이냐?"고 물었다. 다음은 고기와 왕릉의 대답이다.

"폐하는 오만하여 다른 사람을 업신여긴 데 비해, 항우는 인자하여 다른 사람을 사랑할 줄 알았습니다. 그러나 폐하는 사람을 보내 성을 공략하게 하여 점령하면 그에게 나누어줌으로써 천하와 더불어 이익을 함께 나누었습니다. 반면에 항우는 **똑똑하고 능력 있는 사람을 시기하고 질투하여** 전투에 승리해서도 다른 사람에게 공을 돌리지 않았으며, 땅을 차지하고도 그 이익을 나누지 않았습니다. 항우가 천하를 잃은 까닭이 여기에 있습니다.”

유방은 적절한 인재등용과 그 인재들의 능력을 흔쾌히 인정하고 표창함으로써 천하 통일의 원동력으로 삼았다. 유방의 탁월함은 바로 여기에 있었다.

리더에게는 다양한 재능과 식견이 필요하지만, 그 무엇보다 사람을 알아보고 그 능력을 최대한 발휘할 수 있게 기회를 주는 탁월한 안목이 최우선이라는 사실을 유방은 잘 보여주고 있다.

키워드 : 리더십, 안목, 시기, 질투, 승패

시기와 질투는 인간의 본능에 가깝다. 이를 적절히 조절하고 통제할 줄 아는 사람이 지도자가 될 자격이 있다. 특히 유능한 인재를 기꺼이 받아들일 줄 아는 기본자세는 필수다. 항우는 이 점에서 유방에 미치지 못했고, 그 결과 다 얻은 천하를 잃었다. 항우가 솥을 들어 힘을 자랑하는 모습을 나타낸 조형물이다.(2009년)

권49 〈외척세가〉는 한나라 초기 황후와 비빈들의 행적을 주로 기록한 세가로 그 사상과 내용이 심각이다. 여성의 정치참여와 관련한 최초의 기록으로, 여성이 정치에 중대한 영향을 미치고 있다는 점을 강조했다. 제왕과 비빈, 비빈과 비빈 사이에 벌어지는 각종 모순과 투쟁을 폭로하고 있다. 사진은 여태후에게 신체의 거의 모든 부분이 훼손되어 돼지우리에 던져져 '인체(人彘)' 취급당하다 처참하게 죽은 고조 유방의 후궁 척희(戚姬)의 사당 입구 모습이다.(산둥성 하택시荷澤市, 2010년)

찰능이수관자(察能而授官者), 성공지군야(成功之君也)

능력을 잘 살펴서 벼슬을 주는 사람이 성공한 군주이다.

– 권80 〈악의열전〉

전국시대 연나라의 중흥을 꾀하던 소왕(昭王, ?~기원전 279)은 조나라에 있던 명장 악의(樂毅, 생졸 미상)를 초빙하여 오랜 숙적 제나라를 공략하여 거의 멸망 직전까지 내몰았다. 그러나 소왕이 죽고 아들 혜왕(惠王, ?~기원전 272)이 즉위해서는 탐탁지 않게 여기던 악의를 교체했다. 악의는 조나라로 돌아갔고, 연나라는 다 잡은 승리를 놓쳤다. 그 뒤 혜왕이 악의에게 편지를 보내 섭섭한 심정을 드러냈다. 악의는 답장을 보냈는데, 이것이 유명한 〈답연혜왕서(答燕惠王書)〉(또는 〈보연왕서報燕王書〉)라는 명문이다. (이 문장에 대해서는 부록 '사기의 문장'에서 상세히 다루었다.)

위의 명언이 뜻하는 바는 권력자(리더)의 성공 여부는 적절한 인재 기용에 달려 있다는 것이다. 그러기 위해서는 인재의 재능을 제대로 잘 살필 줄 알아야 한다. '재능을 잘 살피는' 일은 역대 리더들이 반드시 갖추어야 할 리더십 항목의 하나로 전통적으로 이를 '시관(試官)'이라 했다. '자리에 맞는지 시험한다'는 뜻이다. 해당 대목과 함께 그 뒤의 구절도 함께 소개하면 이렇다.

"신은 '어질고 성스러운 군주는 녹봉이나 벼슬로 사사로운 관계를 맺지 않으며, 공이 많은 사람에게 상을 내리고 능력 있는 사람에게 자리를 맡긴다'고 들었습니다. 따라서 **능력을 잘 살펴 벼슬을 주는 사람이 성공하는 군주이고**(고찰능이수관자故察能而授官者, **성공지군야成功之君也**), 행동을 따져 친교를 맺는 사람이 명성을 세우는 선비입니다(논행이결교자論行而結交者, 입명지사야立名之士也)."

악의는 자신을 철저하게 믿어 주었던 소왕을 언급하며 혜왕의 얄팍한 판단력을 에둘러 비판하고 있다. 좀 더 자세한 내용은 '군자교절불출악성, 충신거국불결기명' 항목을 참고하면 된다.

키워드 : 통치, 인재, 리더십

참

참목게간(斬木揭竿)

나무를 베고 장대를 들다.
– 권6 〈진시황본기〉

〈진시황본기〉에 인용된 한나라 정치가 가의(賈誼)의 〈과진론(過秦論)〉은 천하를 통일한 진나라가 불과 15년 만에 망하게 된 원인 등을 분석한 글이다. 가의는 진시황이 죽은 뒤 일어난 농민들의 봉기 상황을 이렇게 묘사했다.

"**나무를 베어** 무기로 삼고, **장대를 높이 세워** 깃대로 삼으니 천하 사람들이 구름처럼 모여들어 호응하며 양식을 짊어진 채 그림자처럼 따랐다. 산동 호걸들도 함께 들고일어나 진을 멸망시켰다."

위 대목의 앞부분을 줄여 **참목게간**이란 성어로 표현한다. 힘없는 백성들이 진나라의 폭정에 맞서 들고일어나 '나무를 베어 무기로 삼고, 장대를 세워 깃대로 삼았다'는 것이다. 이후 '참목게간'은 **무장봉기**를 비유하게 되었다.('계간이기', '왕후장상영유종호' 항목 참고)

참첨지폐명(讒諂之蔽明), 사곡지해공(邪曲之害公)

아첨이 총명을 가리고, 사악과 왜곡이 공명을 해치다.

– 권84 〈굴원가생열전〉

전국시대 초나라의 애국시인 굴원(屈原)은 어리석은 회왕(懷王)과 사악한 간신배에게 배척당해 조정에서 쫓겨나 끝내 멱라수(汨羅水)에 몸을 가라앉혀 자결했다.('멱라수', '회석자침' 항목 참고) 당시 회왕은 간신배의 한쪽 말만 들어 시비를 가리지 못했다. 이 때문에 **아첨배들이 회왕의 총명함을 가리고, 사악하고 삐뚤어진 자들이 공명정대한 사람들을 해쳤다.** 당연히 '반듯하고 올바른 사람들은 받아들여지지 않았다(방정지불용야 方正之不容也).' 이 때문에 굴원은 근심과 울분으로 〈이소(離騷)〉라는 작품을 써서 자신의 심경을 토로했다.

참첨지폐명, 사곡지해공은 사악한 간신들이 권력자의 눈과 귀를 가리고, 온갖 사악하고 삐뚤어진 자들이 바른 사람들을 해치는 현상을 표현하는 경구이다. 역대 간신들의 공통된 특징이기도 하다.

창견(蒼犬)

푸른 개.

– 권9 〈여태후본기〉

여태후 통치 말년에 여태후가 제사를 지내고 오다가 **푸른 개**처럼 생긴 괴물이 겨드랑이 쪽을 들이받고는 사라졌다. 궁으로 돌아와 점을 치니 여태후가 독살한 조왕 여의(如意)의 귀신이 장난을 친 것이라는 점괘가 나왔다. 겨드랑이에 상처가 난 여태후는 병을 얻어 결국 사망했다.

창견은 '푸른 개'란 뜻이지만 여태후의 죽음에서 보았듯이 **조짐이나 징조가 안 좋을 경우**를 비유한다. 또는 그로 인해 얻은 병을 뜻하기도 한다.

키워드 : 인물, 질병, 조짐

창름실이지예절(倉廩實而知禮節), 의식족이지영욕(衣食足而知榮辱)

창고가 차야 예절을 알고, 입고 먹는 것이 풍족해야 영예와 치욕을 안다.

– 권62 〈관안열전〉

일찍이 이 말처럼 인간의 물질생활과 정신생활의 변증법적 관계를 명쾌하게 간파한 명언도 드물 것이다. 사마천은 이 말에 뒤이어 "예의라는 것은 (물질이) 넉넉하면 생기고 모자라면 쓸모가 없어진다. 그러므로 군자도 부유해야 즐겨 덕을 행하고, 소인도 부유해야 있는 힘을 다한다"라는 말로 앞의 말을 더욱 돋보이게 했다.

이 명언은 《관자(管子)》 〈목민(牧民)〉 편이 그 원전인데, 사마천이 《사기》 〈화식열전)에서 다시 인용함으로써 더욱 널리 인구에 회자되는 천하의 명언으로 정착했다. 이 명언의 출전인 《관자》의 해당 앞부분을 함께 소개하면 이렇다.

"무릇 땅을 가지고 인민을 다스리는 사람은 사계절을 잘 살피는데 힘쓰고, 창고가 가득 차도록 하는데 힘을 써야 한다. 나라에 재부가 많으면 멀리 있는 사람도 오고, 토지가 개척되면 인민이 그곳에 머물러 산다. **창고가 차야 예절을 알고, 입고 먹는 것이 풍족해야 영예와 치욕을 한다.**"

당 태종 이세민(李世民, 599~649)이 편찬을 주도한 정치서인 《제범(帝範)》이란 책에서도 "창고가 차야 예절을 알고, 입고 먹는 것이 풍족해야 염치를 안다"고 했다. 이에 대해 태종은 "무릇 먹는 것은 인민이 하늘로 삼으며, 농사는 정치의 근본이다"라고 덧붙였다. 당 태종은 통치자라면 인민이 하늘처럼 떠받드는 의식주를 해결하는 일을 가장 중요하게 여겨야 한다고 인식했다.

물질생활은 삶의 기본이다. 물질생활이 풍족해지면 다음은 교육이다. 여기서 말하는 교육이란 학교 교육만이 아니다. 사회 교육까지를 포함하는 넓은 개념이다. 풍족해진 물질생활을 바탕으로 다양하고 올바른 교육을 통해 사람과 세상을 보다 나은 쪽으로 이끌어야 하기 때문이다.

인간의 생리적 욕구가 만족되면 심리적 방면의 필요성과 사회적 방면의 요구가 생겨날 수밖에 없다. 이때 인간관계의 기본인 예절·명예·치욕을 알아 서로를 배려하는 사회적 기풍이 자리 잡혀 있느냐 여부가 중요하다. 그리고 이 같은 양호한 사회적 기풍을 형성하기 위한 참교육이 뒤따라야 한다. 이 때문에 관중이나 사마천은 나아가 "위에서 법도를 따르면 육친이 화목해진다(상복도즉육친화上服度則六

관중은 부와 백성의 생활, 부와 사회적 관계, 부와 국력의 관계를 누구보다 잘 알고 이를 실천했던 인물이다. 사진은 산동성 치박시 제나라 고성기념관 박물관 내에 세워져 있는 관중의 흉상이다.(2010년)

親和)"는 말로 물질적 부와 함께 인간으로서 지켜야 할 윤리와 도덕, 즉 법도를 지도층이 앞장서서 따르면 모두가 화목해진다고 결론을 내리고 있다.

키워드 : 경제, 정치, 통치, 생활, 교육

창명교저(彰明較著)

아주 뚜렷하게 잘 드러나다.
– 권61 〈백이열전〉

사마천은 열전의 첫 권인 〈백이열전〉에서 '천도(天道)'에 대해 강한 의문을 품었다. 특히 선량한 사람은 박해를 받거나 굶어죽기까지 하는 반면, 사람의 간을 회로 먹는 도척 같은 자가 잘사는 현실을 극렬한 어조로 비판했다. 그러면서 사마천은 이런 사례들은 대단히 크고 **아주 뚜렷하게 잘 드러나는** 것들이라 했다. 여기서 **창명교저**라는 성어가 나와 **눈에 아주 잘 보여 쉽게 분간할 수 있는 현상이나 모습**을 비유하는 표현이 되었다. ('세한연후지송백지후조야' 항목 참고)

키워드 : 사회

창시(蒼兕)

창시(수중 동물).
– 권32 〈제태공세가〉

주 무왕 9년, 무왕은 아버지 문왕의 유업을 이어 은나라를 치기 위한 준비에 들어갔다. 무왕은 사전 조치의 하나로 제후들이 자신의 명령에 따라 모이는지를 확인하고자 군대를 출정시켰다. 이때 사상보(師尙父, 강태공)는 왼손에 누런색 도끼, 오른손에 소꼬리 장식의 깃발을 들고 다음과 같이 맹서했다.

창시여, 창시여

너희 무리를 모두 모으라.

너희에게 배의 노를 맡기노니

늦게 이르는 자 목을 벨 것이다!

무왕의 군대가 맹진(孟津)에 이르자 약속도 하지 않고 모인 제후가 800이었다. 모두가 이구동성으로 은의 주(紂)를 정벌할 수 있다고 외쳤다. 무왕은 제후들의 의지를 확인한 다음, 때가 아니라며 군대를 돌렸다.

강태공의 맹서에 등장하는 **창시**는 전설에 나오는 수중 동물로 빠르게 헤엄치고 배를 엎을 수도 있다고 한다. 그래서 강태공이 언급한 '창시'를 이 이름을 딴 수군을 관장하는 관직으로 보는 해석도 있다. 훗날 '창시'는 수군을 가리키는 이름으로 사용되기도 했다.

누런 도끼를 들고 있는 강태공의 모습을 그린 그림이다.(하남성 안양시 유리성 전시관 2009년)

키워드 : 정치, 통치, 전쟁, 군대, 동물

채미가(采薇歌)

채미의 노래.
– 권61 〈백이열전〉

백이(伯夷)·숙제(叔齊) 형제가 '주나라에서 나는 곡식은 먹을 수 없다(불식주소不食周粟)'며 수양산(首陽山)에 들어가 고사리를 뜯으며 노래를 불렀다. 훗날 이 노래를 **고사리를 뜯으며 부른 노래**라는 뜻의 **〈채미가〉**라 했다. 노래의 가사는 〈백이열전〉에 남아 있다. 관련한 내용은 '불식주속' 항목을 참고하면 된다.

키워드 : 인간, 문화, 예술

채택연수(蔡澤年壽)

채택의 만년(나이).
– 권70 〈범수채택열전〉

채택(생졸 미상)은 전국시대 연나라 지역 출신의 유세가였다. 그가 때를 만나지 못해 힘든 시기에 당거(唐擧)라는 사람에게 관상을 본 적이 있다. 당거는 웃으면서 이렇게 말했다.

"당신은 코는 매부리코에 어깨는 목보다 높이 솟아오르고, 툭 불거진 이마에 얼굴은 복상투처럼 생겼으며, 쭈그러든 콧대에 다리마저 활처럼 휘어 있습니다. 내가 듣기로 '성인의 상은 보아도 모른다'라고 했는데, 당신을 두고 하는 말인 것 같소."

채택은 당거가 자신을 비웃는다고 생각하여, "부귀야 내가 원래 가지고 태어난다고 하지만, 알 수 없는 것은 수명 아니겠소. 수명에 대해 듣고 싶소"라고 하자, 당거는 "당신은 앞으로 43년 더 살 수 있소"라고 했다. 채택은 웃으면서 감사의 뜻을 표시하고 자리를 떠나면서 마부에게 이렇게 말했다.

"내가 쌀밥과 고기반찬에 좋은 말을 타고 다니며, 황금 도장을 품고 붉은 비단 띠를 매고 임금에게 절하며 녹봉을 받아 부귀한 삶을 살 수 있다면, 43년이면 충분하지 않겠나!"

그 뒤 채택은 여러 나라를 전전하며 고생을 했으나 진나라 범수를 찾아가 설득 끝에 그의 추천을 받아 자신의 말대로 부귀영화를 누리며 삶을 편안하게 마감했다. 훗날 사람은 **채택연수**라는 네 글자로 **인생 후반기의 부귀한 생애**를 비유했다. 그런데 채택 때문에 또 한 사람이 만년을 편하게 마쳤으니 바로 범수였다. 당시 범수는 진나라에서 가장 큰 권세를 누리고 있었으나 안팎으로 곤란한 상황에 직면해 있었다. 이런 때 채택이 찾아가 그를 설득하여 자리를 내놓고 물러나게 했기 때문이다. '사람을 보려면 그 늘그막을 보라'는 《채근담(菜根譚)》의 말씀이 있듯이, 한 사람의 생애에 대한 평가는 그 마무리가 중요하게 작용한다.

키워드 : 인물, 관상

척객자유(跖客刺由)

도척의 자객이 허유를 찌르다.

— 권83 〈노중련추양열전〉

'걸견폐요' 항목을 참고하면 된다.

키워드 : 인간, 사회, 인간관계

척구폐요(跖狗吠堯)

도척의 개가 요임금을 향해 짖다.

— 권92 〈회음후열전〉

'걸견폐요' 항목을 참고하면 된다.

키워드 : 인간, 사회, 관계

척단촌장(尺短寸長)

한 자가 짧을 때가 있고, 한 치가 길 때가 있다.

— 권73 〈백기왕전열전〉

'초사(楚辭)'라는 새로운 시가(詩歌) 문체를 만들어낸 전국시대 초나라의 애국시인 굴원(屈原)은 〈복거(卜居)〉라는 글에서 "무릇 한 자가 짧을 때가 있고, 한 치가 길 때가 있다(척유소단尺有所短, 촌유소장寸有所長)"라는 말을 남긴 바 있다. 사마천은 진나라 때의 장수 백기(白起)와 왕전(王翦)을 논평한 〈백기왕전열전〉에서 속담을 인용하여 이 말을 되풀이하고 있다. 백기는 응후(應侯) 때문에 진왕으로부터 자결을 강요받고 죽었다. 사마천의 말을 좀 더 들어보자.

"속담에 **한 자가 짧을 때가 있고, 한 치가 길 때가 있다**고 했다. 백기는 적을 잘 헤아리고 임기응변에 능하여 기발한 꾀를 무궁무진하게 내니 그 명성이 천하를 울렸다. 그러나 응후라는 인물에 제대로 대처하지 못했다. 왕전은 진나라 장수가 되어 6국을 평정하였으며, 노장이 되어서는 진시황이 스승으로 모셨다. 그런데 진왕을 잘 보필하여 덕을 세워 그 근본을 튼튼하게 하지 못하고, 그저 평생 왕의 뜻에 아부하여 자신이 받아들여지기를 꾀하였을 따름이다. 손자 왕리(王離)에 이르러 항우의 포로가 되었으니 당연한 일이 아니겠는가? 저들(백기와 왕전)은 각각 나름대로의 단점이 있었던 것이다."

이 성어의 묘미가 참으로 기가 막히다. 한 치와 한 자를 같이 놓고 볼 때는 비교가 안 되지만, 그것들이 각각 다른 곳에 쓰일 때는 한 치보다 열 배나 긴 한 자가 짧을 때가 있고, 한 자보다 열 배나 짧은 한 치가 한 자보다 길 때가 있으니 인간과 사물의 관계가 얼마나 상대적인가를 잘 보여주는 말이다.

이와 유사한 일화를 《논어》(〈선진편〉)에서도 찾을 수 있다. 자공(子貢)이 공자에게 "전손사(顓孫師)와 복상(卜商) 중 누가 더 낫습니까?"라고 물었다. 공자는 "사는 좀 지나치고, 상은 좀 미치지 못한다"라고 답했다. 자공이 다시 "그럼 사가 더 낫다는 말씀입니까?"라고 묻자, 공자는 "과유불급(過猶不及, 지나친 것과 미치지 못하는 것은 같다)이니라"라고 대답했다.

지나친 것과 미치지 못하는 것은 엄연히 다르다. 하지만 사람에 따라 상황에 따라 지나친 것과 미치지 못하는 것이 같아질 수 있다. 지나친 전손사나 모자란 복상의 행동으로 나타나는 결과는 비슷하다는 말이다. 전손사는 덜고, 복상은 보태야 한다.

같은 〈선진편〉에 나오는 대목이다. 자로(子路)가 "들으면 바로 행동으로 옮깁니까?"라고 묻자, 공자는 "아버지와 형님이 계신데 어찌 그럴 수 있냐"고 답했다. 염유(冉有)가 같은 질문을 하자, 즉시 행동으로 옮기라고 말했다. 공서화(公西華)가 어째서 같은 질문에 다른 대답을 하느냐며 어리둥절해하자, 공자는 "염유는 소극적이어서 북돋워준 것이고, 자로는 억척스럽기에 누른 것이다"라고 답했다.

누구나 나름대로의 장단점을 갖기 마련이다. 우리가 그 사람의 어떤 점을 중점적으로 보느냐에 따라 평가는 전혀 다르게 나타날 수 있다. 가능한 장점을 드러내어 유용한 곳에 쓸 수 있는 지혜가 필요할 것이다.

이 성어는 간혹 척과 촌 자를 바꾸어 '촌장척단(寸長尺短)'으로 쓰기도 한다. 또 원래 문장대로 '척유소단(尺有所短), 촌유소장(寸有所長)'으로도 자주 쓴다.

'척단촌장'은 인간과 사물의 오묘한 관계와 이치를 담고 있다. 크고 작음, 모자람과 넘침, 짧고 긴 표상에만 집착해서는 그 안에 담긴 상대성을 파악할 수 없다. 도판은 《초사》 판본이다.

키워드 : 인물, 사회, 사물, 관계, 상대성

척촌지병(尺寸之柄)

한 치 한 자도 안 되는 칼자루(권력).
– 권90 〈위표팽월열전〉

척촌지병의 글자 뜻은 **아주 보잘것없는 권력**이지만, 그 이면에는 인간과 권력의 속성에 대한 냉소적인 풍자를 담고 있다. 즉, 미미하기 짝이 없는 권력이라도 권력에 맛을 들인 자는 자신의 몸이 죽는 것도 마다 않고 권력을 지키려 한다는 것이다.

　사마천은 진나라 말기 봉기군의 우두머리였던 위표(魏豹)와 팽월(彭越)의 예를 들며, 권력과 인간의 심리라는 문제를 다음과 같이 간파하고 있다.

"위표와 팽월은 원래 비천한 자들이었으나 천 리의 땅을 손에 넣고 왕이라 일컬었다. 피를 밟고 기세를 타서 날로 그 이름을 높였다. 그런데 반역의 뜻을 품었다가 들켰는데도 죽지 않고 감옥에 갇히고 형벌을 받은 무슨 까닭인가? 중간 정도 이상의 인물이라면 이런 것을 부끄럽게 생각할 것이다. 하물며 한때 왕이었던 자야 말해 무엇하랴! 다른 까닭 때문이 아니다. 자신의 지략은 남보다 아주 뛰어나 오직 자기 한 몸 없어지면 어쩌나 그것만 근심했기 때문이다. **한 치 한 자의 권력**만 잡아도 구름이 일고 용이 변화를 일으키듯 모든 것이 자신의 뜻과 일치하리라 기대하기 때문이다. 그래서 몸이 갇히는 것도 사양하지 않았던 것이다."

　작은 권력이라도 권력은 휘두르는 것으로만 아는 자가 큰 권력을 잡게 되면 자신을 망치는 것은 물론 크게는 나라를 망치는 법이다. 권력의 본질은 '힘의 균형'이며, 힘을 적절하게 나누는 고도의 정치 행위를 요구한다. 보잘것없는 권력이라도 그것을 적절히 나누어 조화를 이루게 할 수 있을 때, 큰 권력도 뒤따라온다.

키워드 : 인물, 권력, 심리

척촌지지(尺寸之地)

한 자 한 치의 땅.
－ 권112 〈평진후주보열전〉

　척촌지지는 글자 뜻 그대로 **아주 작은(좁은)** 땅을 가리키며, 또 **수나 양이 몹시 작거나**

적을 때도 흔히 쓰는 성어이다.

한나라 초기 무제는 국가 정책 전반에 걸쳐 여론을 수렴하기 위해 인재들을 불러 모았다. 그들 중 조(趙)나라 출신의 서악(徐樂)이란 자가 올린 글 가운데에 이 말이 보인다. 서악은 '토붕(土崩)'과 '와해(瓦解)'라는 개념을 들어가며 천하의 위기와 대책을 설파했다.

그의 주장에 따르면 천하의 근심은 '토붕'에 있는데, 토붕이란 한 나라가 망할 무렵의 상황을 가리키는 말로, 백성이 고난에 처했는 데도 임금은 근신하지 않고 풍속은 이미 어지러워져 있고, 정치는 문란해진 그런 상황이라는 것이다. 이런 때는 **한 자 한 치의 땅**도 없는 보잘것없는 신분의 진승(陳勝) 같은 인물이 들고일어나도 천하가 호응하게 된다.

이와는 대조적으로 한나라 초기에 막강한 군대를 가진 7국이 연합하여 대대적으로 반란을 일으켰음에도 서쪽으로 '한 치 한 자의 땅'도 빼앗지 못하고, 중원의 포로가 되어 성공하지 못한 까닭은 천하의 기세가 반란을 용납하지 않았기 때문이다. 이것을 '와해'라 한다. 따라서 천하가 '토붕'의 기세에 있다면 참으로 위기 상황이 아닐 수 없고, '와해'의 기세에 있다면 강한 국력과 군대라도 넘어뜨릴 수 없다. 서악은 당시의 상황을 그렇게 분석했다. ('토붕와해' 항목 참고)

키워드 : 정치, 통치, 기세

척포두속(尺布斗粟)

한 자의 베와 한 말의 곡식.
— 권118 〈회남형산열전〉

고조 유방의 막내아들이자 한 문제의 배다른 동생 회남왕(淮南王) 유장(劉長, 기원전 198~기원전 174)이 반역을 꾀하다 실패하여 왕에서 쫓겨나고 촉군으로 거주지를 옮기게 되었다. 유장은 가는 도중에 먹기를 거부하다 죽었다. 그 뒤 문제 12년(기원전 168)에 민간의 어떤 사람이 죽은 회남 여왕(厲王, 유장의 시호)을 위해 다음과 같은 노래를 지어 불렀다.

"한 자의 베로도 꿰매 입을 수 있고, **한 말의 곡식**도 찧어 나누어 먹을 수 있는데, 형제 두 사람은 서로를 용납하지 못했구나."

황제가 그 노래를 듣고 이렇게 탄식했다.

"요·순은 형제를 내쫓았고, 주공(周公)은 동생 관숙(管叔)과 채숙(蔡叔)를 죽였지만 천하의 사람들은 그들을 성인(聖人)이라고 숭상하는데 대체 왜 그럴까? 사적인 일로 공적인 의리를 손상시키지 않았기 때문이다. 그런데 천하의 사람은 어찌하여 짐이 회남왕의 땅을 탐냈다고 하는가?"

민간에서 불렀다는 위 노래에서 **척포두속**이라는 사자성어가 나왔다. **형제의 이해관계가 충돌하여 서로 용납하지 못하는 것**을 비유한다.

키워드 : 인물, 골육상쟁

참고자료 '척포두속'과 '칠보성시(七步成詩)'

한 문제와 회남왕 형제간의 골육상잔을 풍자한 민간의 '척포두속'이란 노래는 훗날 삼국시대 조식(曹植, 192~232)의 '칠보성시'를 떠올리게 한다. 참고자료로 이 시가 나오게 된 배경을 소개해둔다.

삼국시대 위 문제(文帝) 조비(曹丕, 187~226 조조의 큰아들)는 재주 많고 아버지 조조의 사랑을 독차지했던 동생 조식을 미워했다. 하루는 조식에게 일곱 걸음을 걷는 사이 시 한 수를 지으라는 명령을 내린 적이 있다. 그사이 시를 완성하지 못하면 목을 베겠다고 으름장까지 놓았다. 조식은 일곱 걸음을 다 떼기도 전에 시를 완성했는데, 형제가 서로 싸우는 것이 얼마나 잔인한 일인지 암시하는 내용이었다.

콩대를 태워서 콩을 삶으니,
자두연두기(煮豆燃豆箕),

가마솥 속에 있는 콩이 우는구나!
두재부중읍(豆在釜中泣),

본디 같은 뿌리에서 태어났건만,
본시동근생(本是同根生),

어찌하여 이다지도 급히 삶아대는가!
상전하태급(相煎何太急)!

조비는 몹시 부끄러워했다. '칠보성시'는 시를 빨리 잘 짓는 재주를 이르는 뜻이지만, 형제 사이의 불화를 상징적으로 은유한 시로도 유명하다.

이 고사는 '칠보지재(七步之才)'로도 잘 알려져 있다. '일곱 걸음 (안에 시를 짓는) 재능'이란 뜻이다. 백박(白朴, 1226~1309)이란 문인은 "뱃속에는 시서와 일곱 걸음 안에 시를 짓는 재주가 가득 찼다"는 시를 지어 '칠보재(七步才)'란 표현을 사용했다. 이 밖에 '칠보재화(七

'칠보성시'의 일화는 나타낸 인천 차이나타운의 벽화이다. (2014년)

步才華)’, ‘칠보장(七步章)’, ‘칠보시(七步詩)’, ‘재고칠보(才高七步)’ 같은 표현으로 문장을 쓰는 재주가 민첩하고 남다른 문인을 상징했다. 줄여서 ‘칠보(七步)’라고도 썼다.

이 일화는 《세설신어(世說新語)》 〈문학(文學)〉 제4에 실려 있다. 《세설신어》는 남조시대 송나라의 유의경(劉義慶, 403~444)이 편찬한 동한 말부터 동진에 이르는 시기 명사들의 일화집이다.(이런 형식의 일화집을 지인소설志人小說이라 부르기도 한다.) 당시 호족과 지식인들의 생활 모습과 사고방식 등을 짤막하고 흥미롭게 전하고 있어 훗날 단편소설의 선구라는 평가도 받았다.

찬

천견과문(淺見寡聞)

보고 들은 것이 얕고 적다.
– 권1 〈오제본기〉

사마천은 《사기》 130권의 첫 권인 〈오제본기〉 마지막 부분 ‘태사공왈’에서 이렇게 논평했다.

> “즐겨 배우고 깊이 생각하여 마음으로 그 뜻을 아는(호학심사好學深思, 심지기의心知其意) 사람이 아니라, **보고 들은 것이 얕고 적은** 사람에게 이런 이야기를 하기는 정말 어렵다. 내가 이를 정리하여 그중 합리적인 것만 골라 본기의 첫 편을 완성하였다.”

〈오제본기〉의 첫 부분이다.(송나라 때 판본)

사마천은 전설과 역사가 뒤섞인 상고시대의 상황을

제대로 파악하기란 결코 쉽지 않다는 점을 밝히면서 '보고 들은 것이 얕고 적은', 즉 학식이 천박한 사람은 이 시대에 대해 알기 어렵다고 했다. '천견과문'은 대개 **학식이 얕고 보잘것없는 것**이나 그런 사람을 가리킨다.

키워드 : 학식

천고청비(天高聽卑)

하늘이 높지만 낮은 곳의 목소리를 듣는다.
– 권38 〈송미자세가〉

　송나라 경공(景公) 37년인 기원전 480년에 화성(火星)이 심수(心宿) 자리를 침범하였다. 심수 자리는 송의 분야였다. 경공이 이를 걱정하자 사성(司星) 자위(子韋)가 "재앙을 재상에게로 돌릴 수 있습니다"라 했다. 경공이 "재상은 나의 팔다리라오"라고 하자, "그렇다면 백성들에게로 돌릴 수 있습니다"라고 했다. 경공이 "군주는 백성에 의지해서 살아가는 존재 아니오?"라고 되묻자, "그렇다면 한 해의 수확 쪽으로 돌릴 수 있습니다"라 했다. 경공이 "수확이 나빠 백성이 굶주리면 내가 누구에 의지해서 군주 노릇을 하겠소?"라 했다. 자위는 **"하늘이 높지만 낮은 곳의 목소리를 듣습니다.** 주군께서 군주로서 해야 할 세 마디를 하셨으니 화성은 틀림없이 옮겨 갈 것입니다"라고 했다. 다시 살폈더니 과연 3도를 옮겼다.

　천고청비는 하늘이 높기는 하지만 인간 세상의 사사로운 이야기까지 다 들어 그 선악에 근거하여 화와 복을 내린다는 의미를 담고 있다. 즉, **하늘이 인간 세상의 일을 두루 살핀다**는 것이다. 삼국시대 조조의 셋째 아들인 조식(曹植, 192~232)이 〈책궁(責躬)〉이란 시에서 이 '천고청비'를 인용한 바 있다.

키워드 : 정치, 통치, 천문, 기상

천관지리(天冠地履)

하늘의 모자와 땅의 신발.

— 권127 〈일자열전〉

　한나라 초기의 정치가 가의(賈誼)가 송충(宋忠)과 함께 장안에 나왔다가 경지가 다른 점쟁이의 정신세계를 목격하고는 사흘 뒤 다시 만나 서로 한탄했다.('도고익안' 항목 참고) 그러면서 자신들과 그 점쟁이의 처지가 **천관지리, 하늘에 모자를 씌우고 땅에 신발을 신겨 놓은** 만큼, 즉 하늘과 땅만큼이나 차이가 난다고 했다. 흔히 쓰는 '천양지차(天壤之差)'와 뜻이 같다. '천관지리'는 쌍방의 차이가 아주 큰 것을 비유하는 성어이다. 참고로 '천양지차'는 중국에서는 같은 뜻의 '천양지별(天壤之別)'을 주로 쓴다. '천양지별'의 출처는 《포박자(抱朴子)》〈내편(內篇)〉이다.

키워드 : 관계, 상대성

천금(千金)

많은 돈 / 큰 부자.

— 권92 〈회음후열전〉 ; 권129 〈화식열전〉 외

　중국인들의 과장은 타의 추종을 불허한다. 960만㎢의 강역, 남한의 90배 이상이다. 동서로 길이 약 5,200㎞, 남북 약 5,800㎞다. 시차만 네 시간 이상이 난다. 직접 가보지 않고서는 실감이 잘 안 나는 규모다.

　중국인은 연인을 사랑한다고 말할 때 '영원히 사랑해'와 같은 추상적인 과장보다는 '당신을 1만 년 동안 사랑해'처럼 구체적인 과장을 즐겨 쓴다. 고사성어에도 이런 과장은 흔히 발견되는데, 가장 대표적인 것이 사마천이 친구 임안에게 쓴 편지에서 말한 '구우일모(九牛一毛)'이다. 아주 하찮은 것을 비유하는 성어인데, '소 아홉 마리에서 털 한 올'이니 얼마나 보잘것없고 하찮은가?

《사기》를 비롯한 옛 기록에는 과장법을 동원한 고사성어가 헤아릴 수 없이 많다. 이런 고사성어만 잘 이해해도 중국인 특유의 기질과 개성을 제대로 파악할 수 있다. 이런 점을 염두에 두고 《사기》에 보이는 **천금**과 관련된 고사성어를 몇 개 살펴보고 그 의미를 짚어보자.

'천금(千金)'을 현금으로 환산하면 얼마나 되는지는 알 수 없다. 다만 어마어마한 액수임에는 틀림없다. 영어로 표현하자면 uncountable 정도가 될 것 같다.

《사기》에서 천금이 들어가는 고사성어를 꼽으라면 〈주본기〉에 보이는 '천금으로 웃음을 샀다'는 '천금매소(千金買笑)'를 많이 꼽을 법하다.('천금매소'의 원전은 《여씨춘추》) '천금매소'는 주 유왕(幽王)이 총애하는 포사(褒姒)를 웃게 하려고 천금을 포상금으로 걸었다는 고사에서 나왔다. 유왕은 이 어처구니없는 공모전을 통해 봉화 놀이로 포사를 웃기다가 나라를 망쳤다.

또 명장 한신이 젊은 날, 별로 하는 일 없이 떠돌다 배가 고파서 빨래하는 아낙에게 한 달 가량 밥을 얻어먹은 뒤 훗날 금의환향(錦衣還鄕)하여 천금으로 은혜를 갚았다는 '일반천금(一飯千金)'도 잘 알려져 있다. '밥 한 번 얻어먹은 값이 천금'이란 뜻이며, '밥 한 번 얻어먹고 천금으로 갚았다'고 해석한다. '빨래하는 아낙이 한신에게 밥을 주었다'는 고사는 '표모반신(漂母飯信)'이란 성어로 남아 있다. 어려울 때 남을 돕는 마음과 은혜를 입었으면 갚으라는 보은의 가치 개념을 전하는 고사성어이다.('일반천금', '표모반신' 항목 참고)

진시황의 생부로 알려진 여불위는 조나라에 인질로 잡혀 와서 형편없는 대접을 받고 있던 진나라의 공자 자초(子楚)를 '차지해 두면 값이 오를 귀한 물건'(기화가거奇貨可居)이라 판단하여 그에게 막대한 자금을 투자하고 끝내는 왕위에 오르게 만들었다. 여불위는 재상이 되어 왕을 능가하는 권력을 누렸다. 여불위는 자신의 문화적 소양을 과시하기 위해 문객들을 총동원하여 《여씨춘추(呂氏春秋)》라는 백과전서를 편찬하여 세상에 내놓았는데, 저잣거리에 방을 내걸길 '이 책의 내용을 한 자라도 고칠 수 있는 사람이 있으면 천금을 주겠다'고 큰소리를 쳤다. 여기서 '일자천금

젊은 날 어려운 처지의 한신에게 한 달 가량 밥을 먹여준 빨래하는 아낙 '표모'의 무덤은 한신의 고향 강소성 회음에 잘 남아 있다.(2014년)

(一字千金)'이란 유명한 고사성어가 탄생했다. 자신이 주도하여 편찬한 책의 글자 하나 값을 천금으로 매긴 것이다. 여불위의 자부심이기도 하고 오만함이기도 했다.

〈계포난포열전〉을 보면 한나라 초기 강직하고 의협심이 넘쳤던 계포라는 인물이 눈길을 끈다. 그는 초한쟁패 때 항우의 부하로 있으면서 유방을 여러 차례 궁지로 몰았다. 말하자면 유방의 천적과 같은 존재였다. 항우를 물리치고 천하를 다시 통일한 유방은 무려 천금을 현상금으로 걸고 계포에 대한 수배령을 내렸다. 계포의 인품을 잘 알던 주변 사람들의 주선으로 계포는 사면을 받고 유방을 위해 나머지 인생을 바쳤다. 사마천은 이런 계포의 성격과 인품을 '일낙백금(一諾百金)'이란 말로 개괄했는데, '백금을 얻느니 계포의 약속 한 번 얻는 것이 더 값어치가 나간다'는 뜻이다. 훗날 유방이 계포에게 걸었던 천금의 의미가 보태지면서 '일낙천금(一諾千金)'이란 고사성어를 파생시켰다. 한 사람의 약속과 신의가 천금보다 더 가치 있다는 의미의 고사성어다.

'천금'은 부자나 부잣집을 가리키기도 한다. 〈사마상여열전〉과 〈원앙조조열전〉에 보면 '천금을 쌓아둔 부잣집 사람(자식)들은 집에서도 가장자리에 앉지 않는다(천금지가千金之家, 좌불수당坐不垂堂)'는 조금은 아리송한 대목이 나온다. 행여나 집이 무너질까봐 몸조심을 한다는 의미다. 집이 무너지면 가장자리로 기왓장이 흘러내리기 때문이다. 말하자면 '부자 몸조심'이다. 여기서 '천금지가(千金之家)'와 '천금지자(千金之子)'란 말이 나왔다.

사마천은 〈화식열전〉이란 명편에서 경제와 정치의 관계, 돈과 세태의 연관성 등을 깊게 통찰하고 있는데, 그중 '천금의 부잣집 자식은 저잣거리에서 죽지 않는다'는 명언이 들어있다. '천금지자(千金之子), 불사우시(不死于市)'가 그것이다. 이 대목은 마치 오늘날 우리 사회의 모습을 꼬집고 있는 것 같아 놀랍기도 하고 씁쓸하기도 하다.

'천금'의 가치가 얼마나 나갈까? 상대적일 것이다. 계포의 약속이 갖는 값어치와 여불위의 '일자천금', 천금을 쌓아둔 집과 그 자식들의 가치가 어찌 등가로 치부될 수 있겠는가? 《사기》에 보이는 가치 개념들은 이렇듯 다양한 모습으로 우리들로 하여금 깊은 사유를 자극한다.(자세한 내용은 각 항목 참고)

키워드 : 사회, 경제, 가치

천금매소(千金買笑)

천금으로 웃음을 사다.
– 권5 〈주본기〉

기원전 8세기 초 주 왕실의 천자 유왕(幽王, 재위 기원전 781~기원전 771)은 젊은 후궁 포사(褒姒)의 웃는 모습 보기를 그렇게 좋아했다. 포사가 평소 잘 웃지 않았기 때문에 유왕은 그녀의 웃음에 더 집착했다. 포사가 하도 웃질 않자 유왕은 포사를 웃게 하는 사람에게 천금이란 거금을 현상금으로 내걸고 아이디어를 공모하기까지 했다. 여기서 저 유명한 **천금매소(千金買笑)**라는 사자성어가 탄생했다. **천금으로 웃음을 산다**는 뜻이다.(나아가 이 사자성어에서 '일소천금一笑千金', 즉 한 번 웃음에 천금을 대가로 치렀다는 성어 등이 파생되었다.)

갖은 방법이 동원되었으나 포사는 좀처럼 웃지 않았다. 급기야 어떤 자가 봉화 놀이를 제안했다. 유왕은 봉수와 큰북을 마련하여 적이 쳐들어와 봉화를 올리는 것처럼 한바탕 쇼를 벌였다.('봉수대고' 항목 참고) 제후들이 놀라서 군대를 이끌고 서둘러 달려왔으나 적은 보이지 않았다. 모두들 허탈해 하지 않을 수 없었다. 포사가 이 모습을 보고는 크게 웃었다. 유왕은 너무 좋아라 했다. 이후 유왕은 틈만 나면 봉화를 올려 포사를 웃게 했다. 모르긴 해도 포사는 하도 어이가 없어 웃었을 것이다. 자기 하나 웃기려고 긴급할 때나 피우는 봉화까지 피우며 법석을 떠니 말이다.

주 유왕이 시도 때도 없이 피워 올린 봉화는 나라를 망하게 했다. 사진은 시골 마을 한 구석에 쓸쓸히 남아 있는 유왕의 무덤이다.(2009년)

유왕은 간사하고 아부를 잘하며 이익만 밝히는 괵석보(虢石父)를 요직에 앉혀 백성들을 착취했다. 급기야 왕후 신씨(申氏)를 폐하고, 태자를 내쳤다. 왕후의 아버지 신후(申侯)가 이민족인 견융(犬戎)과 결탁하여 유왕을 공격했다. 유왕이 봉화를 올려 제후의 군대를 불렀으나 여러 차례 속았던 제후들은 오지 않았다. 신후와 견융은 여왕을 여산(驪山) 아래에서 잡아서 죽이고, 포사는 포로로 잡아갔다(일설에는 포사도 붙잡혀 목이 잘렸다고 한다). 그해가 기원전 771년이었고, 늑대와 양치기 우화의 중국판이라 할 수 있는 포사와 봉화 놀이는 이렇게 비극으로 끝났다.

역사에서는 유왕이 내친 태자 평왕(平王)이 동쪽 낙읍(洛邑, 지금의 낙양)으로 천도한 기원전 770년을 기점으로 이전을 서주(西周), 이후를 동주(東周)라 부르며 시대를 구분한다. 또 기원전 722년부터 시작되는 노나라의 역사책인 《춘추》를 빌려 춘추시대의 시작이라고도 한다. 유왕의 유치한 봉화 놀이의 결과가 주나라의 역사를 바꾸었고, 중국 역사를 바꾸었던 셈이다. 《사기》에는 '천금매소' 고사는 없고, 포사를 웃게 하려고 봉화를 피웠다는 기록만 남아 있다. '천금매소' 고사는 《동주열국지》 등에 전한다.

키워드 : 정치, 통치자, 놀이, 미녀

천금지자(千金之子), 불사우시(不死于市)

천금의 부잣집 자식은 저잣거리에서 죽지 않는다.

– 권129 〈화식열전〉

〈화식열전〉은 경제와 정치의 관계, 돈과 세태의 연관성, 경제와 삶의 질 등을 깊게 통찰하고 있는 명언 명구들이 많다. 그중에서도 위 대목은 마치 돈이면 범죄도 감추고 형량도 줄이는 등 황금만능의 우리 사회의 부조리한 현상을 꼬집고 있는 것 같아 놀랍기도 하고 씁쓸하기도 하다.

사마천은 재력이 크면 여간한 잘못이 아니면 법망도 빠져나올 수 있다는 현실을 지적하며, 재력이 인간관계까지 바꿀 수 있다는 냉소적인 비판도 덧붙였다. 사마천 자신이 돈 50만 전이 없어 궁형을 자청해야만 했던 수모를 겪지 않았던가?

"세간에 **천금을 가진 부잣집 자식이 길거리에서 죽는 법은 없다**고 하는데, 빈말이 아니다. 무릇 보통사람들은 자기보다 열 배 부자에 대해서는 헐뜯고, 백 배가 되면 두려워하고, 천 배가 되면 그 사람의 일을 해주고, 만 배가 되면 그의 노예가 된다. 이것이 사물의 이치다."

사마천의 경제관은 부의 추구는 인간의 본능에서 연유한다는 점을 직시한 다음, 부와 재력이 인간의 예의염치와 같은 도덕 내지 인의까지도 결정한다고 파악했다. 재력은 권세를 뒷받침하며 명예에도 영향을 준다. 이런 점에서 부의 추구는 정당하다. 정확한 비유는 못되지만, 《사기》의 경제사상은 2,100년 전에 벌써 사유재산을 인정하는 자본주의 원칙 비슷한 것을 제시하고 있다. 문제는 부를 추구하고 축적하는 방법과 수단일 것이다.

키워드 : 사회, 경제력, 차별

천려일실(千慮一失), 천려일득(千慮一得)

천 번 생각하면 한 번 실수할 수 있고, 천 번 생각하면 한 번 얻을 수 있다.
– 권92 〈회음후열전〉

　초한쟁패 당시 한신(韓信)이 조나라와의 전투에서 명장 이목(李牧)의 후손인 이좌거(李左車)를 포로로 잡아 자신을 도와 달라며 설득하는 과정에서 나온 명언이다. 관련한 상세한 내용은 '지자천려필유일실, 우자천려필유일득' 항목을 참고하면 된다.

키워드 : 인물, 관계, 지혜

천리마(千里馬)

(하루에) 천 리를 달리는 말.
– 권43 〈조세가〉

　천리마는 글자 그대로 **하루에 천 리를 달리는 뛰어난 명마**나 준마를 가리킨다. 훗날 그 뜻이 넓어져 **뛰어난 인재**를 비유하기도 한다. 〈조세가〉에는 주 목왕(穆王, ?~기원전 약 922)이 "말을 하루에 천 리를 몰게 해서 서언왕(徐偃王)을 공격하여 대파했다"는 기록이 있다. 이 대목에서 '천리마'는 명사가 아니라 '몰다'라는 뜻의 동사 '치(馳)'의 목적어로 쓰이고 있다. 이후 여러 문장에서 '천리마'는 뛰어난 명마를 가리키거나 훌륭한 인재를 비유하는 명사로 쓰였다. 굴원의 《초사》 〈복거〉에는 같은

흉노의 병사를 밟고 있는 준마를 형상화한 곽거병(霍去病) 묘 앞의 석상이다.(섬서성 무릉현茂陵縣 2024년)

뜻의 '천리지구(千里之駒)'라는 표현이 보인다. '천리마'의 출처라 할 수 있다.

천망아비전지죄야(天亡我非戰之罪也)

하늘이 나를 망하게 한 것이지, 내가 싸움을 잘못한 죄가 아니다.
– 권7 〈항우본기〉

기원전 202년, 초한쟁패 막바지 해하(垓下)에서 '사면초가'에 몰린 항우는 한군의 포위망을 뚫었지만 오강(烏江)에 이르러 더 이상 갈 곳이 없는 궁지에 몰렸다. 항우는 강동으로 돌아가 '권토중래(捲土重來)'하라는 권유도 뿌리치고 자신의 목을 그어 자결했다. 항우는 자결에 앞서 자신의 심경을 이렇게 밝혔다.

"하늘이 나를 망하게 하려는 것이지, 내가 싸움을 잘못한 죄가 아니다."

항우의 마지막 탄식인데 이와 거의 같은 대목이 두 군데나 더 있다. 패배를 알면서도 인정하지 않고, 죽는 순간까지 자신이 왜 유방에게 패했는지 모르고 하늘 탓을 하는 항우의 안쓰러운 모습을 잘 묘사하고 있다. 사마천은 항우가 "자신의 전공을 자랑하고 개인의 지혜만 앞세워 역사의 경험을 배우지 못했다"며 안타까움을 나타냈다.('강동부형', '권토중래', '사면초가', '자긍공벌' 등 항목 참고)

참고로 '권토중래'는 '흙먼지를 일으키며 다시 오다'는 뜻의 실패했지만

자결하는 항우의 모습을 나타낸 조형물이다.(2007년)

다시 재기한다는 것을 비유한다. 당나라 때 시인 두목(杜牧, 803~852)의 〈제오강정(題
烏江亭)〉이란 시의 한 구절이다. 참고로 두목의 시를 인용해둔다.

이기고 지는 것은 병가지상사라 예측하기 어려우니

승패병가사불기(勝敗兵家事不期),

수치를 참고 견디는 것이 진정한 사내대장부라.

포수인치시남아(包羞忍恥是男兒).

강동의 자제들 중 뛰어난 인재 많으니,

강동자제다재준(江東子弟多才俊),

흙먼지 일으키며 다시 왔다면 결과 알 수 없었을 것을.

권토중래미가지(捲土重來未可知).

키워드 : 인물, 초한쟁패, 자만

천무이일(天無二日), 지무이왕(地無二王)

하늘에 두 개의 해가 있을 수 없고, 땅에 두 명의 왕이 있을 수 없다.
– 권7 〈고조본기〉

기원전 202년, 한 고조 유방이 황제로 즉위한 다음 닷새에 한 번씩 아버지 태공에
게 문안을 드렸다. 그런데 그 언행이 평민 시절의 아버지와 아들 사이 같았다. 태공
의 집안일을 맡고 있는 가령(家令)이 태공에게 **하늘에 두 개의 해가 있을 수 없고, 땅에
두 명의 왕이 있을 수 없습니다**라면서 백성의 주인인 황제이니 그에 맞는 예를 올리라
고 충고했다. 그 뒤 고조가 문안을 오면 태공은 '빗자루를 든(옹수擁篲)' 채 문 앞에서
뒷걸음을 치면서 맞이했다고 한다.

천무이일, 지무이왕의 출전은 《예기(禮記)》 〈증자문(曾子問)〉 편이다. ('옹혜' 항목 참고)

천문만호(千門萬戶)

문 1천 개, 1만 호.
− 권12 〈효무본기〉

천문만호는 집이 아주 넓거나 가구 수가 아주 많음을 뜻하는 성어이다. 기원전 104년 한 무제는 건장궁(建章宮)을 지었다. 그 규모가 **문이 1,000개에 1만 호**에 버금갈 정도여서 그보다 앞서 지은 미앙궁(未央宮)보다 컸다. 무제는 자기과시를 즐긴 황제였고, 장안 주위 곳곳에 여러 건축물을 지은 것도 그런 과시의 하나였다. 사마천은 건장궁의 모습을 이렇게 기록으로 남겼다.

"동쪽에 높이 20여 장의 봉궐(鳳闕)을 세웠고, 그 서쪽에는 수십 리나 되는 호권(虎圈)을 가진 당중지(唐中池)가 들어섰다. 북쪽에는 높이 20여 장의 점대(漸臺)를 가진 큰 연못을 만들었는데, 이름을 태액지(太液池)라 했다. 못 가운데에는 봉래(蓬萊)·방장(方丈)·영주(瀛洲)·호량(濠梁)이라는 바다의 신산(神山)과 바다거북·어류 등의 형상을 만들었다. 그 남쪽에는 옥당(玉堂)·벽문(璧門)·대조(大鳥) 따위를 만들었다. 신명대(神明臺)와 정간루(井干樓)를 세웠는데 높이가 50여 장에 연도를 통해 서로 이어져 있었다."

건장궁은 무제의 미신 숭배를 잘 보여주는 건축물이라 할 수 있다.

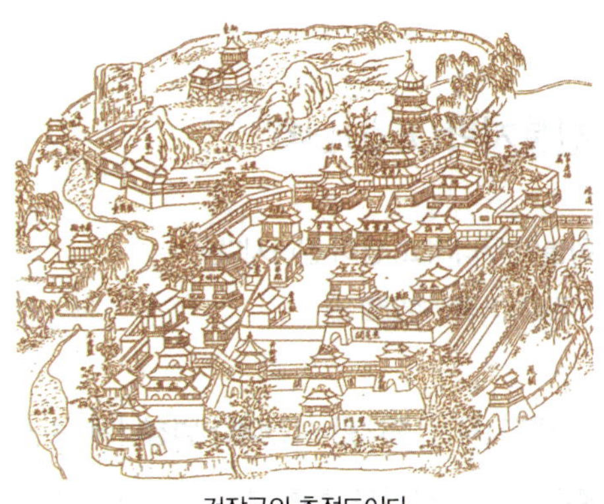

건장궁의 추정도이다.

천부(天府)

천연의 곳간.
– 권99 〈유경숙손통열전〉

초한쟁패에서 승리한 유방은 도읍을 진나라의 도성이 있고, 천하의 중심인 관중(關中)이 아닌 낙양(洛陽)으로 삼고자 했다. 유경(劉敬, 생졸 미상 본명 누경婁敬)은 이에 반대하면서 다음과 같이 말했다.

"진나라의 옛 터전을 차지해 기름진 땅을 소유한다면, 이것이 이른바 **천연의 곳간**이라고 할 수 있습니다. 폐하께서 함곡관(函谷關)으로 들어가셔서 그곳에 도읍하신다면, 산동(山東)이 비록 어지러워도 진나라의 옛 땅은 보존할 수 있을 것입니다."

천부는 땅이 기름지고 지리적으로 요충이 되는 곳을 가리킨다. **하늘이 내린 땅이나 나라**를 비유하기도 한다. 권55 〈유후세가〉에 '천부지국(天府之國)'이란 표현이 보인다. '하늘이 내린 나라'라는 뜻으로 오늘날 중국의 사천성 지역을 '천부지국'으로 부르기도 한다. '천부지국'의 출처는 《전국책(戰國策)》(〈진책秦策〉 1)이다.

키워드 : 지명, 지역

천붕지탁(天崩地坼)

하늘이 무너지고, 땅이 갈라지다.
– 권83 〈노중련추양열전〉

천붕지탁은 중대한 사건이나 엄청나게 큰 소리를 비유하는 성어이다. 때로는 **천자의 죽음**을 비유하기도 한다. 출처는 《전국책》(〈조책〉 3)이다.

전국시대 말기 진(秦)나라 군대가 조(趙)나라 한단(邯鄲)을 포위 공격하여 조나라는 매우 위급한 상황에 처했다. 위(魏)나라의 사신 신원연(新垣衍)은 조나라의 실력으로는 진나라를 감당할 수 없으니 진나라에 굴복하는 것은 물론, 진나라 왕을 황제로 받들라고 했다. 이때 조나라에 와 있던 유세가 노중련(魯仲連)은 진나라 왕이 황제를 칭했을 때의 해로움에 대해 뛰어난 변론으로 신원연을 설득했다. '천붕지탁'은 당시 노중련이 신원연을 설득하는 장면에서 나왔다. 해당 대목은 다음과 같다.

옛날 제나라 위왕(威王)은 늘 인의(仁義)를 앞세워 천하의 제후들을 이끌면서 주(周) 천자에게 조회하려 했습니다. 그런데 주나라가 너무나 가난하고 쇠약해 제후들은 아무도 조회하려 하지 않았으므로 결국은 제나라만 조회하게 되었습니다. 그로부터 1년 남짓해서 주 열왕(烈王)이 세상을 떠났는데, 어쩌다 제나라만 다른 제후국들보다 늦게 도착했지요. 주 열왕이 화가 나서 제나라에게 **"천자께서 세상을 떠나(천붕지탁)** 새로 등극한 이 천자가 하석(下席)을 하고 있는 이때에 신하인 동쪽 울타리 인제(因齊, 제 위왕의 이름)가 늦게 도착하다니 목을 베어야 마땅할 것이다!"라고 말했습니다. 이 말에 제 위왕은 격분하여 "뭐라, 이 종년의 자식이!"라고 꾸짖으니, 결국 천하의 웃음거리가 되었습니다. 주 열왕이 살아 있을 때는 주나라에 조회를 드리고, 그가 죽자 그 아들을 욕되게 한 것은, 주나라의 지나친 요구를 참을 수 없었기 때문입니다. 천자란 본래 이런 것이니 이상하게 여길 것이 없지요.

'천붕지탁'은 '하늘이 무너지고 땅이 갈라지다'는 뜻으로, 이를 가지고 천자의 죽음을 비유하는 성어이다.

키워드 : 제왕, 죽음

천양지피(千羊之皮), 불여일호지액(不如一狐之掖)

양가죽 천 장이 여우 겨드랑이 가죽 하나만 못하다.
– 권68 〈상군열전〉 ; 권43 〈조세가〉

진나라로 건너와 효공(孝公)의 전폭적인 신임을 받으며 강경일변도의 개혁을 밀어붙이는 상앙(商鞅, 기원전 약 390~기원전 338)에게 조량(趙良)이란 사람이 찾아와 충고를 하면서, 오래전부터 전해오는 이 명언을 인용했다. 바로 따라오는 대목은 이렇다.

"천 명의 부화뇌동이 한 사람의 바른말보다 못하다."
"천인지낙낙(千人之諾諾), 불여일사지악악(不如一士之諤諤)."

천양지피, 불여일호지액이란 비유는 뒷부분을 강조하기 위한 수식이다. 옛 속담이나 격언에는 앞뒤로 대구를 이루며 요지를 강조하는 이런 비유가 많이 사용된다.

〈조세가〉에는 춘추시대 말 진(晉)나라의 실세 조간자(趙簡子, ?~기원전 476)의 행적과 관련하여 바로 이 대목이 보인다. 조간자는 훗날 조씨 집안이 독립하여 조나라를 세우는 데 가장 중요한 기틀을 놓은 인물이다. 조간자에게는 직언을 서슴지 않았던 주사(周舍)라는 신하가 있었다. 주사가 먼저 세상을 떠나자 조간자는 마음이 영 좋지 않았고, 조회 때에도 이런 기분이 역력했다. 대부들은 혹여 자신들이 뭘 잘못했는지 몰라 일단 잘못을 빌었다. 조간자는 다음과 같이 말했다.

"대부들에게는 죄가 없다. 내가 듣기에 **양 가죽 천 장이 여우 겨드랑이 가죽 한 장만 못하다**고 하더라. 대부들과 조회할 때 그저 '네, 네 하는 소리'만 들리고, 주사의 바른말이 들리지 않으니 이게 걱정이다."

조간자는 이런 사람이었고, 이 때문에 민심을 얻을 수 있었다.
알맹이 없는 다수의 여론보다는 정직한 충고에 더 귀를 기울이라는 말이다. 정직한 말일수록 듣기 힘들지만 그렇기 때문에 귀중한 것이다. 귀중한 물건도 마찬가지다. 수량이 많은 것보다는 적어도 값어치가 나가야 한다. 이 성어는 왕왕 **한 사람의 뛰어난 인재가 평범한 사람 다수보다 낫다**는 뜻으로도 사용된다.('천인지낙낙, 불여일사지악악' 항목 참고)

조간자는 춘추시대에서 전국시대로 넘어가는 길목에 있었던 인물이다. 진(晉)나라가 삼진(三晉), 즉 한·조·위 세 나라로 갈라짐으로써 전국시대가 본격적으로 열렸기 때문이다. 사진은 조간자의 무덤 발굴 모습이다.(산서성박물관, 2010년)

키워드 : 언어, 인재, 발군, 비유

천여불취(天與不取), 반수기구(反受其咎)

하늘이 주시는 데도 받지 않으면, 오히려 벌을 받는다.
- 권41 〈월왕구천세가〉

월나라 왕 구천(勾踐, ?~기원전 465)은 와신상담(臥薪嘗膽) 천신만고 끝에 오나라를 정벌하는 데 성공했다. 오나라 왕 부차(夫差, ?~기원전 473)는 강화를 요청하면서 용서를 빌며 목숨을 살려달라고 했다. 구천은 부차를 차마 죽일 수 없어 용서하고자 했으나 대신 범려(范蠡)는 강력하게 반대하면서, **"하늘이 주시는 데도 받지 않으면, 오히려 벌을 받습니다"**라고 했다. 기회를 놓쳐서는 안 된다는 것을 강조할 때 쓰는 말이다.

기회는 그냥 찾아오지 않는다. 또 기회는 무작정 기다리는 사람에게는 찾아오지 않는다. 아무리 작고 적은 것이라도 자신이 만들지 않으면 얻을 수 없는 법이다. 하늘은 스스로 돕는 자를 돕는다고 했다.

지난날 오나라 왕 부차는 월나라 군대를 대파하고 구천을 죽음 직전까지 몰아 붙였지만, 막판의 판단 착오로 구천을 놓아주는 바람에 도리어 자신이 죽음을 당했다. 부차는 오자서의 충성 어린 충고를 무시하고 간신 백비의 달콤한 아부에 놀아나다

범려는 인생 삼모작을 모두 성공으로 이끈 전설적인 인물이다. 특히 그는 다가온 기회를 놓치지 않아야 한다는 인생철학을 후세에 인상 깊게 남겨 놓았다. 사진은 범려의 여인으로 알려져 있는 서시의 고향 절강성 제기(諸暨)에 남아 있는 범려의 사당이다.(2008년)

가 기회를 놓친 반면, 구천은 명신 범려의 강력한 충고를 받아들여 기회를 놓치지 않았다. 작은 기회는 자주 찾아올지 모르지만, 큰 기회는 일생에 몇 번 오지 않는다. 작은 기회를 놓치지 않는 훈련부터 해야 한다.('와신상담' 항목 참고)

키워드 : 관계, 기회, 충고

천인지낙낙(千人之諾諾), 불여일사지악악(不如一士之諤諤)

천명의 '네, 네' 하는 부화뇌동이 한 사람의 바른말보다 못하다.
– 권68 〈상군열전〉

이 명언에 대해서는 '천양지피, 불여일호지액' 항목에서 살펴본 바 있다. 충정에서 나오는 직언의 가치를 강조한 명언으로 훗날 많은 파생어를 낳았다. 당나라 때 사람 오긍(吳兢, 670~749)은 《정관정요(貞觀政要)》〈납간(納諫)〉에서 "중인지유유(衆人之唯唯), 불여일사지악악(不如一士之諤諤)"이라 했고, 송나라 때 시인 소동파(蘇東坡)는 〈경전우직자서(耕田友直字書)〉라는 글에서 "천부낙낙(千夫諾諾), 불여일사지악악(不如一士之諤諤)"이라 했다. 뜻은 모두 같다.

키워드 : 언어(충고), 인재, 발군, 비유

천자(天子)

하늘의 아들 / 제왕.

– 권1 〈오제본기〉

하늘의 아들이란 뜻의 **천자**는 제왕에 대한 신민(臣民)들의 존칭이다. '천자'는 가장 오래된 기록들에서 나타난다. 먼저 《시경》〈대아(大雅)〉 '강한(江漢)'에 "밝고 거룩한 '천자'의 아름다운 명성 그치지 않을 것이니"라는 대목에 보인다. 이밖에 《상서(尚書)》〈하서(夏書)〉, 《논어(論語)》〈계씨(季氏)〉 편, 《맹자》〈이루(離婁)〉〈상〉 등에도 보인다. 《사기》〈오제본기〉에는 다음과 같은 대목이 있다.

"요임금이 나이가 들자 순에게 '천자'의 정치를 대신하게 하여 천명을 받들게 했다."

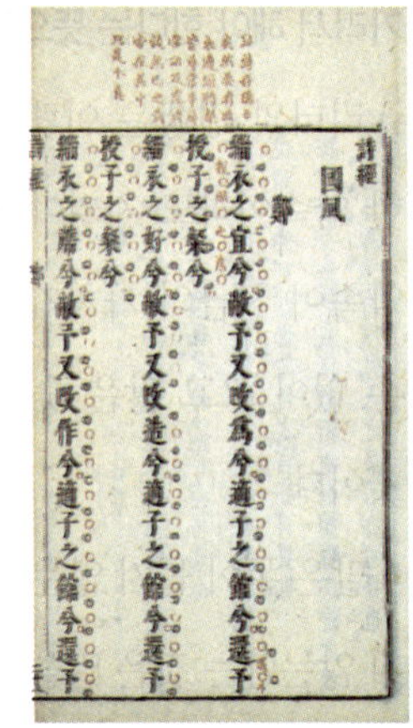

'천자'라는 단어가 등장하는 가장 오래된 기록인 《시경》 판본이다.

키워드 : 제왕, 호칭

천자무희언(天子無戲言). 언즉사서지(言則史書之), 예성지(禮成之), 악가지(樂歌之)

천자에게는 농담이 없습니다. 말씀하시면 사관이 기록하고, 예로 이루고 음악으로 노래하는 것입니다.

– 권39 〈진세가〉

주나라 초기 제후국 진(晉)나라를 세운 시조 당숙우(唐叔虞, 기원전 11세기)는 주 무왕(武王)의 아들이고, 성왕(成王)의 동생이다. 성왕이 어린 숙우와 함께 놀다가 장난

삼아 오동나무 잎으로 규(珪, 제후를 봉할 때 주는 징표로 대개 옥으로 만든다)를 만들어 숙우에게 주며 말하기를 "이것으로 너를 봉하노라"고 했다. 옆에 있던 사관(史官) 일(佚)이 성왕에게 날을 잡아 숙우를 제후로 봉하라고 하자, 성왕은 농담이었다고 발뺌을 했다. 그러자 사관 일은 위와 같은 말로 성왕을 깨우쳤다. **통치자는 농담이라도 가려서 해야 한다는 뜻으로 무한 책임을** 강조한 명구이다.

리더의 언행은 아랫사람에게는 소리 없는 명령이나 마찬가지이다. 따라서 사소한 약속이라도 지켜야 한다. 그래서 '일낙천금(一諾千金)'이란 말이 나왔다. '한 번의 약속이 천금의 가치가 있다'는 뜻이다. 이때 천금은 단순한 숫자가 아니다. 헤아릴 수 없이 크고 많은 숫자의 비유적 표현일 뿐이다. 그래서 '천자무희언'이라고 하는 것이다.

말은 돈이 들지 않는다. 그래서 함부로 내뱉는다. 조금만 생각해 보면 말에 돈이 들지 않는다는 것은 말을 돈으로 계산할 수 없다는 뜻이기도 하지 않은가?

성왕이 숙우에게 '오동나무 잎으로 동생을 제후에 봉했다'는 고사는 '동엽희(桐葉戱)'나 '동엽봉제(桐葉封弟)'라는 성어로 남아 있다.('동엽희' 항목 참고) 위 명구는 대개 맨 앞의 '천자무희언' 다섯 글자를 많이 인용한다.

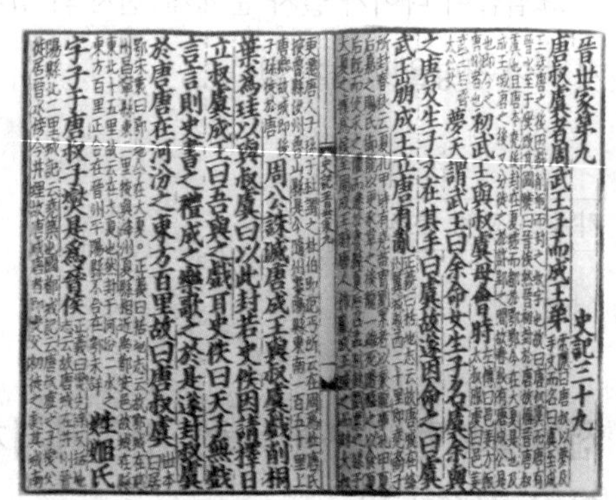

주나라 왕실과 같은 성인 희(姬) 성의 제후국인 진나라의 역사를 기록한 〈진세가〉의 '동엽희(동엽봉제)'와 '천자무희언'의 해당 부분이다.(2010년)

키워드 : 제왕, 언어, 약속

천하만물지음생(天下萬物之蔭生), 미불유사(靡不有死)

천하 만물로 싹이 자라 죽지 않는 것이 없다.

— 권10 〈효문본기〉

　위 대목은 한나라 문제(文帝, 기원전 202~기원전 157/45세)가 남긴 유언 중 첫 문장이다. 역사상 최고통치자가 남긴 유언의 전문이 기록으로 남은 것도 이례적이지만, 그 내용이 대단히 감동적이다. 문제의 생애와 치적 및 유언을 정리했다.

　중국 역사상 최고의 명군으로 평가받는 한 문제의 치적을 기록한 〈효문본기〉는 짧지 않은 24년 문제의 재위 기간과 남긴 업적을 감안하면 다른 편에 비해 상대적으로 분량이 적다. 또 기록의 초반부는 여씨(呂氏) 세력 제거와 문제의 집권 과정이 비교적 길게 기술되어 있고, 마지막 부분은 문제 사후 아들 경제(景帝)의 조서로 채워져 있어서 온전한 문제의 치적 기록은 더 적은 편이다.

　사마천은 문제를 가장 이상적인 명군으로 평가했다. 이를 드러내기 위해 사마천은 문제가 집권기에 실행했던 훌륭한 정책을 뒷받침하는 문제의 철학적인 조서를 집중 수록하는 절묘한 안배를 보여주고 있다. 여기에 문제가 세상을 떠나기에 앞서 남긴 유언까지 수록하여 그의 인품과 덕을 한껏 부각시켰다. 이런 점에서 〈효문본기〉는 그 어떤 편 못지않은 명편이다.

　기원전 202년 초패왕 항우(項羽)와의 치열한 쟁패 끝에 한왕 유방(劉邦)이 천하를 재통일했다. 유방은 초기 불안정한 정권에 반기를 드는 일부 공신들을 숙청하는 데 전력을 다하고 세상을 떠났다.(기원전 195년) 병약한 혜제(惠帝)가 즉위했으나 기가 드센 어머니 여태후에 눌려 이내 요절하고, 대권은 여태후가 장악했다. 여태후는 전란에 지친 백성들을 충분히 쉬게 하면서 천천히 인구를 늘리고 생산력을 높이는 데 주력했다. 사소한 법률로 백성을 옥죄거나 피곤하게 만들지 않는다는 이른바 '무위이치(無爲而治)'를 정책의 기조로 삼아 초기 불안했던 병목 위기를 슬기롭게 넘겼다.

　그러나 여태후는 자신의 인척들을 대거 왕에 봉하는 등 여씨 일가에 의한 독재를 고집했고, 그녀가 죽자 공신들은 즉각 반격에 나서 여씨 일족들을 제거하고 다시 유씨 황제를 세웠다. 공신들에 의해 지목된 황제는 유방의 넷째 아들로 지금의 하북성과 내몽고 경계 지역인 대(代) 지역의 왕으로 있던 유항(劉恒)이었다. 이가 바로 문제다.

공신들의 선택은 옳았다. 한 왕조가 초기 병목 위기를 넘기고 크게 발전할 수 있는 기틀이 유항 문제 치세에 닦여졌기 때문이다. 특히 그의 아들 경제와 함께 중국 역사상 최고 전성기의 하나로 꼽히는 '문경지치(文景之治)'의 시대를 여는데 절대적인 역할을 했다.

문제 유항은 기원전 180년 22세의 나이로 즉위하여 기원전 157년 45세의 나이로 세상을 뜰 때까지 24년 동안 재위하면서 주목할 만한 업적을 적지 않게 남겼다. 그 업적 가운데 지금 보아도 참신한 것은 각종 악법의 폐지다.

문제는 기원전 197년 즉위 즉시 연좌제(連坐制)를 폐지할 것을 제의했다. 담당 관리들은 오랫동안 존속해온 법을 갑자기 폐지하면 혼란이 생기므로 그대로 두자며 반대하고 나섰다. 문제는 다음과 같이 대응했다.

"법이 바르면 백성들이 충성을 다하고, 죄를 정당하게 처벌하면 백성들이 복종한다고 했다. 또 관리는 백성을 잘 다스려 착한 쪽으로 이끌어야 하거늘, 백성들을 바로 이끌지 못하고 게다가 바르지 못한 법으로 죄를 다스린다면, 이는 백성들에게 해를 끼쳐 난폭한 짓을 하게 만드는 것이니, 이렇게 해서야 어떻게 나쁜 짓을 못하게 하겠는가? 나는 연좌제 어디에 좋은 점이 있는지 모르겠으니 자세히 연구해 보길 바란다."

문제는 또 아비의 죄를 대신 받겠다는 효녀 제영(緹縈)의 간곡한 청을 받아들여 신체의 일부를 자르거나 못쓰게 하는 육형(肉刑)을 폐지했으며, 혹형 중에서도 가장 비인간적이고 치욕적이어서 죽음보다 더한 형벌로 악명이 높은 궁형(宮刑)도 폐지했다. 그가 육형을 폐지하게 하면서 발표한 변이다.

"지금 법에 육형이 세 가지나 있음에도 범죄는 그치지 않고 있으니 문제가 대체 어디에 있는가? 짐의 덕이 모자라고 교화가 제대로 되지 못한 까닭이 아니겠는가? 교화의 방법이 훌륭하지 못해 어린 백성들을 그런 범죄의 길로 빠지게 하고 있으니 몹시 부끄럽다. (중략) 지금 백성들에게 잘못이 있으면 교화도 해보지 않고 먼저 형벌을 가해 버리니, 행여 잘못을 고쳐 좋은 일을 하고자 해도 그럴 기회가 없어진다. 짐은 이것이 몹시 안타깝다. 팔다리를 잘리고 피부와 근육이 상해 죽을 때까지 회복되지 않으니 얼마나 고통스럽겠는가? 이 얼마나 부도덕한 일이며, 이것이 어찌 또 백성의 부모된 자의 바람이겠는가? 육형을 폐지하도록 하라!"

문제의 이러한 정치 철학은 백성을 아끼고 민심을 우선하는 정책에 고스란히 반영되어 나타났다. 천지신에게 제사를 지내면서 백성들은 놔두고 황제의 복만 비는 행위를 중지시킨 일이나, 백성에게 조금이라도 불편한 일이 있으면 바로 없애서 백성을 이롭게 하는 행정의 실현 등이 그런 것들이었다.

문제의 이 같은 '위민(爲民)' 정치는 무엇보다 끊임없는 자기성찰의 산물이었음을 지적하지 않을 수 없다. 그가 즉위 초기에 전국적으로 내린 '여론 수렴령'과 이어 단행한 '비방죄(誹謗罪)' 폐지에 따른 '비방목(誹謗木)' 언급은 문제의 자기성찰의 경지가 어느 정도였는지를 잘 보여준다. 먼저 전국에 내린 여론 수렴령의 요지다.

"각지에 이 명령이 내려가면 짐의 과실은 물론 지혜·식견·생각이 미치지 못했던 점들을 깊이 생각하여 짐에게 알려줄 것이며, 재주와 덕이 뛰어나고 직언할 수 있는 인재를 발탁하여 짐의 모자란 점을 바로잡아주기 바란다."

다음은 '비방죄' 폐지 명령의 요지다.

"옛날 선왕들이 천하를 다스릴 때 조정에는 올바른 진언을 위한 깃발, 즉 '진선지정(進善之旌)'과 비평을 위한 나무 팻말, 즉 '비방지목(誹謗之木)'을 만들어 다스림의 올바른 길을 소통시키고 직언하는 사람들이 나설 수 있게 했다. 그런데 지금 법을 보면 비방과 유언비어에 대한 처벌이 있는데, 이는 신하들로 하여금 마음에 있는 바를 다 쏟아내지 못하게 하는 것이며, 황제에게는 자신의 잘못을 지적받을 기회를 없애는 것이다. 그러니 먼 곳의 유능한 인재들을 무슨 수로 오게 하겠는가? 이 죄목을 없애도록 하라!”

이상의 조치들은 백성들과 인재들에게 자유로운 생각을 마음껏 발표할 수 있게 함으로써 자신의 잘못을 바로잡겠다는 의지에서 나온 것이다. 이것이 한 문제가 보여준 자기성찰의 경지다. 이 경지에서 문제는 덕으로 백성들을 교화하는 데 힘쓸 수 있었고, 그 결과 전국의 인구는 늘고, 경제는 부유해졌으며, 예의와 염치를 아는 풍토가 조성되었다. 약 2,200년 전 오로지 백성만을 위하는 ‘위민’ 정치를 실천하기 위해 요·순시대의 ‘비방목’을 거론하며 자신에 대한 솔직한 비판과 소통을 갈망했던 한 문제의 성찰은 정치와 통치자의 본질을 깊게 되새기게 한다.(‘비방지목’ 항목 참고)

백성을 아끼는 문제의 마음은 그가 죽기 전에 남긴 유언에도 고스란히 나타나 있다. 그는 천하 만물 중에 죽지 않는 것이 어디 있냐며, “죽음이란 천지의 이치요, 생명체의 자연스러움이니 짐의 죽음이라고 해서 어찌 유별나게 슬프겠는가!”라고 유언의 말문을 열었다. 문제의 유언은 2천 수백 년이 지난 지금 읽어도 가슴을 먹먹하게 한다. 긴 설명보다 유언 전문을 소개하는 쪽이 훨씬 감동적이다.

“짐이 듣기에 **천하 만물로 싹이 자라 죽지 않는 것이 없다**고 한다. 죽음이란 하늘과 땅의 이치요, 사물의 자연스러움이니 너무 그리 슬퍼할 것 없다. 지금 세상을 보면 모두가 삶을 좋다 하고 죽음은 싫어하여, 장례를 후하게 치르느라 생업까지 파괴하고, 상복을 너무 오래 입어 산 사람이 상한다. 나는 정말이지 이런 것을 받아들일 수 없다.

또 짐이 부덕하여 백성에게 도움을 주지 못했다. 그런데 지금 죽음을 앞두고 또 다시 계절이 몇 번이나 바뀌도록 상복을 오래 입음으로써 집안의 아비와 아들을 슬프게 하고, 어른과 젊은이의 뜻을 상하게 하며, 그 음식에 손상이 가고, 귀신에게 드리는 제사가 끊어지게 하여 나의 부덕이 더 무거워진다면 천하에 무슨 말을 하겠는가?

짐이 종묘를 얻어 보전하며 보잘 것없는 몸을 천하 군왕의 위에 맡긴 지 20년이 넘었다. 천지 신령과 사직의 복에 힘입어 나라 안이 안녕을 찾고 군대를 일으키는 일이 없었다. 짐이 또 영민하지 못하여 늘 잘못된 행실로 선제께서 남기신 덕을 부끄럽게 하면 어쩌나 두려웠고, 세월이 흐를수록 끝이 좋지 않으면 어쩌나

한 문제는 중국 역사상 가장 훌륭한 명군으로 기록될 것이다. 문제의 무덤인 패릉이다. 문제는 자기 무덤 주변의 산천을 훼손하지 말라는, 즉 환경까지 고려한 유언을 남기기까지 했다.(2009년)

겁이 났다. 지금 다행히 천수를 누리고, 고조의 사당에서 공양을 받게 되었다. 짐이 영명하지 못한 데도 잘되었으니 슬퍼할 것이 무엇일까?

천하의 관리와 인민들은 이 조령이 내려간 뒤 사흘만 곡을 하고, 상복을 벗도록 하라. 며느리를 맞고 딸을 시집보내고, 제사를 지내고 술 마시고 고기 먹는 것을 금하지 않도록 하라. 상을 담당하거나 상복을 입고 곡을 해야 할 사람들은 맨발로 땅을 밟지 않도록 하라. 상복의 허리띠는 세 치를 넘지 않도록 할 것이며, 수레와 병기를 진열하지 말 것이며, 민간에서 남녀를 징발하여 궁전에서 곡하게 하지 말라. 궁전에서 곡을 해야 할 사람들도 모두 아침저녁 열다섯 번만 하고, 예가 끝나면 그만두도록 하라. 아침저녁으로 곡할 때가 아닌 데도 마음대로 곡하지 않도록 하라. 매장이 끝나면 상복은 대공 15일, 소공 14일, 섬 7일만 입도록 하라.

이 조령 속에 포함되어 있지 않은 것들은 모두 이 조령에 준하여 따르도록 하고, 천하에 포고하여 짐의 뜻을 분명하게 알려라. 패릉의 산천은 바꾸지 말고 원래 모습대로 두라. 후궁의 부인 이하 소사까지 모두 집으로 돌려보내라."

어떤 군주가 명군인가에 대한 가장 훌륭한 모범과 전형을 제시하고 있는 문제는 사후 2천 년 넘게 역사에 깊고 짙은 영향을 드리우고 있다. 죽음 뒤에 찾아올 역사적 평가가 두렵다면 지금부터라도 자신의 삶을 성찰하고 차분히 자기만의 유언을

준비해두어야 할 터이다. 역사는 그 유언마저 평가할 것이다.

키워드 : 제왕, 언어(유언), 순리

천하무쌍(天下無雙)

천하에 둘도 없다.
– 권77 〈위공자열전〉 ; 권109 〈이장군열전〉

천하무쌍은 《사기》에 두 군데 보인다. 전국시대 위나라의 위공자 신릉군(信陵君)의 전기인 〈위공자열전〉과 한나라 초기의 명장 이광(李廣)의 전기인 〈이장군열전〉이다. 먼저 〈위공자열전〉에서 '천하무쌍'은 조나라의 평원군 입에서 나왔다.

'절부구조' 항목에서 보았듯이 위공자 신릉군은 군대를 동원할 수 있는 부절(符節)까지 훔쳐 진나라의 공격을 받고 있던 조나라를 구했다. 이 때문에 왕의 미움을 받아 조국인 위나라로 돌아오지 못하고 조나라에 머물러야 했다. 현자나 은자를 찾아 사귀기를 좋아했던 신릉군은 자신을 만나길 꺼려 하는 조나라의 모공(毛公)과 설공(薛公)이란 두 처사를 기어이 찾아가 사귀었다. 두 처사는 도박꾼과 술집에 숨어 있었다.

신릉군과 평원군(平原君)은 처남 매부 사이였다. 신릉군의 누이가 평원군의 아내였다. 신릉군이 처사들과 어울리고 있다는 이야기를 들은 평원군은 그 부인(신릉군의 누이)에게 "당초 내가 듣기에 부인의 동생(신릉군) 공자가 **천하에 둘도 없는** 사람이라 들었는데, 도박꾼과 술파는 자들과 사귄다고 하니 공자는 망령된 사람일 뿐이오"라고 했다. 평원군의 부인은 이 이야기를 신릉군에게 전했고, 신릉군은 자신의 속마음을 털어 놓았다. 이야기를 전해들은 평원군은 부끄러워 신릉군에게 사죄했고, 이 이야기가 전해지자 평원군의 식객들 상당수가 신릉군에게로 건너갔다.

다음은 명장 이광을 '천하에 둘도 없는' 장수로 칭찬한 대목이다. 오초칠국의 난을 평정하는 데 양왕(梁王)을 도와 공을 세운 이광은 양왕으로부터 장군의 도장을 받았다. 이 때문에 황제와 조정의 오해를 받아 상도 받지 못하고 상곡군(上谷郡) 태수로 발령이 났다. 흉노와 가까운 이곳에서 이광은 날마다 전투에 나섰다. 이에 전속국(典屬國) 공손곤야(公孫昆邪)가 황제에게 울며 아뢰기를 "이광은 '천하에 둘도 없을' 정도로 뛰어난 재능을 가지고 있어, 스스로의 능력을 믿고 자주 적과 싸움을 하니 이러다가는 그를 잃게 될 것입니다"라고 했다. 황제는 이광을 상군(上郡)의 태수로 삼았다. 그 뒤 여러 곳을 전전했지만 늘 용감하게 앞장서서 전투에 임했다.

'천하무쌍'은 말 그대로 그 사람에 비견할 만한 능력을 지닌 사람을 찾을 수 없을 정도로 뛰어난 사람이나 재능을 비유한다. '독일무이(獨一無二)', '천하제일(天下第一)'로도 많이 쓴다. '천하제일'은 권84 〈굴원가생열전〉에 보인다.

키워드 : 인간, 인재

천하안(天下安), 주의상(注意相) ; 천하위(天下危), 주의장(注意將)

천하가 평안하면 재상에 눈을 돌리고, 천하가 위태로우면 장수에 눈을 돌리다.
– 권97 〈역생육고열전〉

혜제(惠帝)가 죽고 여태후와 여씨 집안이 전권을 장악하자 진평(陳平)은 육고(陸賈)에게 대책을 물었다. 육고는 이렇게 말했다.

"천하가 평안하면 재상에 눈을 돌리고, 천하가 위태로우면 장수에 눈을 돌립니다. 재상과 장군이 힘을 합치면 다른 신하들도 따르게 되어 천하에 변란이 일어나도 나라의 대권은 분열되지 않을 것입니다."

그러면서 육고는 군대를 이끄는 태위(太尉) 벼슬에 있는 장수 주발(周勃)과 잘 지낼 것을 권했다. 진평은 주발과 사귀면서 훗날에 대비했고, 여태후가 죽자 바로 반격을 가해 여씨 세력을 축출했다.

　이 명언은 오래전부터 전해오는 속담이나 격언으로 보인다. 〈위세가〉에 보이는 "집안이 가난해지면 좋은 아내가 생각나고, 나라가 어지러워지면 좋은 재상이 생각난다"는 속담과 비슷한 뜻이다. ('가빈즉사양처~' 항목 참고)

키워드 : 정치, 통치, 문무, 인재

천하양양(天下壤壤), 개위이왕(皆爲利往)

천하가 희희낙락하는 것은 모두 이익을 위해 몰려들기 때문이다.
― 권129 〈화식열전〉

　사마천은 〈화식열전〉과 〈평준서〉를 통해 놀라운 경제사상을 펼쳤다. 그중 '개위리(皆爲利)' 사상이 특히 눈길을 끈다. 자세한 내용은 '개위리' 항목을 참고하면 된다.

키워드 : 경제, 이익, 본성

천하제일(天下第一)

천하(세상)의 맨 첫째 / 으뜸.
― 권84 〈굴원가생열전〉

　'천하무쌍'과 같은 뜻이다. 〈굴원가생열전〉의 "한 문제가 처음 즉위하여 하남태수 오공(吳公)의 치적이 **천하제일**이라는 말을 들었다"는 대목에 보인다. ('천하무쌍' 항목 참고)

키워드 : 인간, 인재

천하지환재어토붕(天下之患在於土崩), 부재어와해(不在於瓦解)

천하의 근심은 '토붕(土崩)'에 있지, '와해(瓦解)'에 있지 않다.
– 권112 〈평진후주보열전〉

한 문제 때 옛 조(趙)나라 지역 출신의 서악(徐樂)이란 사람이 올린 《상서(尚書)》의 한 구절이다. 서악은 진나라 말기 상황을 '토붕'에 비유하면서 "백성이 가난하고 고달픈 데도 천자가 이를 안타깝게 여기지 않고, 아랫사람이 원망하는 데도 위에서 이를 알지 못해, 풍속이 어지러워지고 정치가 닦이지 않음으로써" 그 막강한 진나라가 무너졌다고 진단했다. '와해', 즉 '기왓장이 깨지는' 것이 문제가 아니라 나라의 기반이 무너지는 것이 문제라는 지적이다. 나라의 근본은 땅이고, 땅의 주인은 백성이다. 따라서 '토붕'은 백성이 무너진다는 뜻으로 보인다. '토붕와해' 네 글자로 사용하는 경우가 많다.('척촌지지' 항목 참고)

《사마법(司馬法)》(또는 《사마병법》)에 보면 "국수대(國雖大), 호전필망(好戰必亡)"이란 구절이 있다. "나라가 제아무리 커도 전쟁을 좋아하면 망할 수밖에 없다"는 뜻이다. 백성을 생각하지 않고 자신의 힘을 과시하는 데만 열중하는 통치자를 만나면 백성들은 늘 그 뒤치다꺼리에 골병이 든다.

2015년 미국을 국빈 방문한 중국 국가주석 시진핑 주석이 방미 제일성(第一聲)으로 이 구절을 언급했다. 미국을 겨냥한 발언이었다. 이는 앞으로 중국은 대외정책에서 미국과는 다른 노선을 암시한 것인데, 과연 어떤 정책으로 전 세계 여러 나라를 대할지 관심을 끌었다.

키워드 : 정치, 통치, 국가

천하흉흉(天下洶洶)

천하가 어지럽고 시끄럽다.
– 권7 〈항우본기〉

초한쟁패의 승부가 좀처럼 나지 않자 항우는 유방과의 담판을 청했다.('오녕투지, 불능투력' 항목 참고) 여기서 항우는 "여러 해 동안 **천하가 어지럽고 시끄러운** 것은 나와 당신 두 사람 때문이니 둘이서 자웅을 가려 백성들을 고달프게 하지 말자"고 제안했다. 여기서 **천하흉흉**이란 표현이 나왔다. 어떤 국세나 국면이 몹시 어지럽고 시끄러운 것을 말한다.

키워드 : 정치, 통치, 정세

천하희희(天下熙熙), 개위이래(皆爲利來)

천하 사람들이 기꺼이 찾아오는 것도 모두 이익을 얻고자 하는 것이다.
– 권129 〈화식열전〉

바로 이어지는 대목은 이렇다.

"어지러이 달려가는 것도 모두가 이익을 좇아가는 것이다."
"천하양양(天下壤壤), 개위이왕(皆爲利往)."

사마천이 인간관계를 이익, 즉 경제적 관점에서 통찰한 대표적인 명구라 할 수 있다. 천금을 가진 부자도 가난을 걱정하는데 간신히 호적에 이름이나 올린 보통 사람들이야 오죽하겠냐고 반문하면서, 누구든 자신의 능력으로 열심히 정직하게 치부하여 제왕 못지않은 삶을 꾸리라고 말한다. 이것이 사마천의 경제관에서 핵심을 이루는 '소봉론(素封論)', 즉 '무관의 제왕론'이다.

사마천 경제관은 대단히 진보적이면서도 도덕적이다. 불법이나 사악한 방법으로 치부하는 것에 단호히 반대했다. 이는 공자의 다음과 같은 말과도 같은 맥락이다.

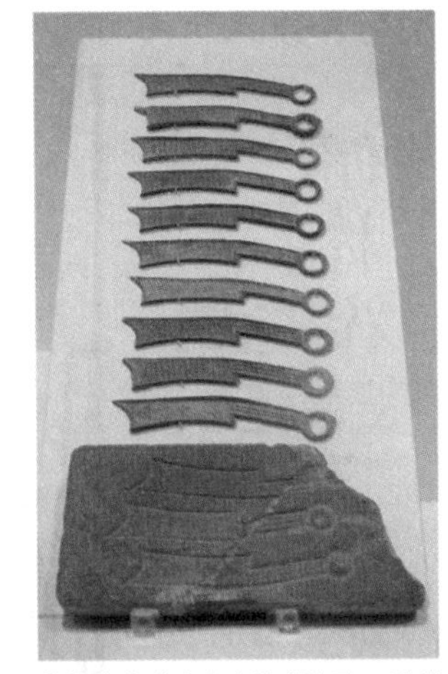

춘추시대 제나라의 화폐인 칼 모양의 도폐(刀幣, 일명 명도전明刀錢)와 거푸집이다.(2015년)

"부귀는 사람이 바라는 바이다. 그러나 정당한 방법으로 얻은 것이 아니라면 받아들이지 않는다. 빈천은 사람이 싫어하는 바이다. 그러나 정당한 방법으로 벗어나는 것이 아니라면 하지 않는다."

"부여귀(富與貴), 시인지소욕야(是人之所欲也), 불이기도득지(不以其道得之), 불처야(不處也) ; 빈여천(貧與賤), 시인지소오야(是人之所惡也), 불이기도득지(不以其道得之), 불거야(不去也)."(《논어》〈이인里仁〉 편)

부귀를 얻는 것도, 빈천에서 벗어나는 것도 그 방법과 수단이 정당해야 자신이 떳떳해지는 것은 물론 남에게 피해를 주지 않는다. 사람은 어떤 일에 처하거나 그것에 대처하고 해결할 때 저마다 선택하는 방식이 다 다르다. 그 방식에 따라 그 사람이 이룬 성취의 양과 질이 달리 나타나기 마련이다.('개위리' 항목 참고)

키워드 : 경제, 이익, 인심

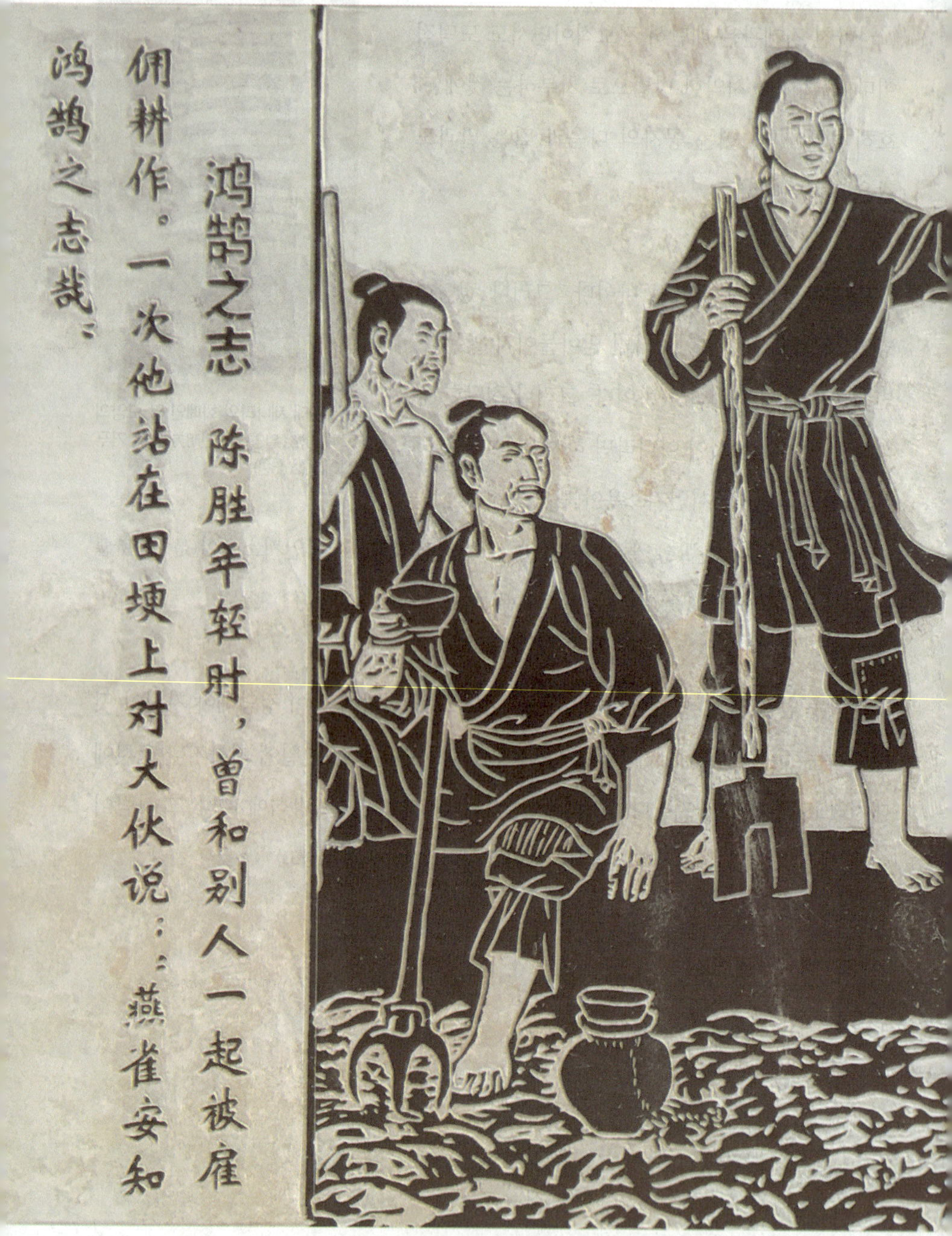

권48 〈진섭세가〉는 진나라 말기에 터진 농민봉기군의 수령 진섭(진승)의 행적을 세가에 편입시킨 대담한 역사의식
이 돋보이는 명편이다. 인민의 거대한 역량을 역사발전 과정 속에서 탁월하게 그려낸 최초의 농민전쟁에 관한 기
록이기도 하다. 숙명을 거부하고 시대에 도전한 진섭의 정신과 생사관에 사마천 자신의 생사관을 투영시키기도

했다. 사진은 진승 무덤 경내에 조성되어 있는 전시관의 진승 일생을 나타낸 조형물로 '참새가 어찌 봉황의 뜻을 알리오'의 장면이다.(2017년)

철식토포(輟食吐哺)

먹던 것을 뱉어내다.
– 권55 〈유후세가〉

기원전 204년, 초한쟁패가 한창인 상황에서 위기에 몰린 유방은 역이기(酈食其)에게 대책을 물었고, 역이기는 과거 전국시대 6국의 후세들에게 다시 나라를 회복시켜 줄 것을 건의했다. 유방은 서둘러 6국의 도장을 새겨 6국으로 가라고 명령했다. 이 이야기를 들은 장량은 깜짝 놀라며, '젓가락을 빌려' 형세를 설명했다.('유후차저' 항목 참고)

말을 다 듣고 난 유방은 **먹던 음식을 뱉어내면서,** "이런 천박한 유생 놈이 하마터면 큰일을 망칠 뻔했군"라고 욕을 하고는 서둘러 도장을 녹이게 했다.

철식포토는 너무 놀라거나 당황해서 먹던 것을 뱉어내는 것을 비유하는 성어인데, 별다른 상황이 아니더라도 그냥 먹던 것을 뱉어낸다는 뜻으로도 쓴다.('각자위전', '양약고구', '조결위학' 등 항목 참고)

키워드 : 상황, 당황, 음식

첨병감조(添兵減灶)

병사를 늘리고, 취사용 솥을 줄이다.

– 권65 〈손자오기열전〉

'감조유적(減灶誘敵)' 항목에서 살펴보았듯이 손빈(孫臏)은 마릉(馬陵)전투에서 원수 방연(龐涓)의 군대를 속이고 유인하기 위해 '취사용 솥을 줄이면서 적을 유인'하는 전술을 썼다. **취사용 솥을 줄인다**는 것은 도망가는 병사가 늘어난다는 뜻이었고, 방연은 이를 그대로 믿고 손빈이 미리 준비한 매복권(埋伏圈)으로 따라 들어왔다. 이와 함께 손빈은 몰래 **병사를 늘렸다**고 한다. 여기서 **첨병감조**라는 성어가 나왔다. 상대나 적을 속이기 위한 전술의 하나로 '감조유적', 또는 '첨병감조'가 활용된 사례였다.('감조유적' 항목 참고)

하남성 학벽시(鶴壁市) 운몽산(雲夢山)에는 신비의 인물 귀곡자(鬼谷子)와 관련한 유적이 많이 남아 있다. 그곳 귀곡자의 제자인 손빈의 사당에 조성되어 있는 손빈의 상이다.(2013년)

키워드 : 군사, 기만유인전술, 매복

첨운취일(瞻雲就日)

구름을 올려다보고, 해를 따르다.
– 권1 〈오제본기〉

《사기》 130권의 첫 권인 〈오제본기〉는 전설 속 다섯 제왕들의 행적을 기록하고 있다. 그중 네 번째 임금인 성군 요를 다음과 같이 칭송하는 대목이 있다.

"그는 하늘처럼 인자하고, 산처럼 지혜로왔다. 사람들은 태양을 따르듯 그를 따랐고, 만물을 적시는 비구름을 보듯 그를 우러러보았다."

이 대목에서 **첨운취일**이라는 성어가 파생되었다. **군주를 존경하고 따르는 신하의 모습이나 누군가를 몹시 존경하고 따르는 것**을 형용한다.

키워드 : 제왕, 리더십, 팔로워십

첩

첩족선득(捷足先得) / 질족선득(疾足先得)

발 빠른 자가 먼저 얻는다.
– 권92 〈회음후열전〉

해당 대목은 다음과 같다.

"진나라가 사슴을 잃어버리자 천하가 모두 그것을 쫓았는데, 마침내 키 크고 발

빠른 자가 차지했습니다.”

여기서 말하는 **발 빠른 자가 먼저 차지했다**는 뜻의 **질족선득(疾足先得)**이 나오는데, ‘첩족선득’과 같은 뜻이다. 이 말은 명장 한신의 책사였던 괴통의 입에서 나왔다. ‘첩족선득’이나 ‘질족선득’을 현대적으로 해석하자면 행동이 빠른 자가 먼저 목적을 달성한다는 뜻이다. 하나의 전략이나 전술로 널리 통용될 수 있는 뜻을 담고 있기도 하다. 군사에서는 이를 ‘선발제인’이라 한다. ‘한 걸음 앞서 상대를 제압한다’는 뜻이다. 〈항우본기〉에는 이와 같은 뜻의 ‘선즉제인(先卽制人)’이란 표현이 나온다.

‘선수(先手)’의 중요성을 강조하는 ‘첩족선득’이나 ‘선발제인’은 경제 영역에서도 두루 활용될 수 있는 전략이자 전술이다. 시간과 속도가 곧 이익이자 생명이라는 인식이 이제 경영자의 좌우명처럼 되었기 때문이다. (‘선즉제인’, ‘진실기록’, ‘질족선득’ 등 항목 참고)

키워드 : 군사, 전략전술, 선수

첩혈승승(喋血乘勝)

피를 밟으며 승승장구하다.
– 권90 〈위표팽월열전〉

초한쟁패에서 유방을 도와 서한 건국에 공을 세웠지만, 건국 후 반역을 꾀하다 죽은 위표(魏豹)와 팽월(彭越)을 행적을 논평하는 대목에서 사마천은 이렇게 말했다.

“그들이 과거에는 천한 사람이었지만, 이미 천 리의 땅을 소유하고 남면(南面)하여 왕이라 하고, **피를 밟으며 승승장구해** 날로 명성이 높았다.”

그러면서 사마천은 그들이 이런 최후를 맞이한 까닭은 뛰어난 지략에도 불구하고 자기 몸 지키는 것에만 전전긍긍했기 때문이라고 지적했다. **첩혈승승**은 글자 그대로 많은 사람을 죽이고, 그 '피를 밟으며 승승장구한다'는 뜻이다.

키워드 : 군사, 전쟁, 승리, 희생

청금(靑琴)

아름다운 무희가녀(舞姬歌女).
– 권117 〈사마상여열전〉

〈사마상여열전〉에 실린 한 무제에게 올린 〈자허부(子虛賦)〉 중에 이런 대목이 있다.

실크로드의 오아시스 도시인 돈황(燉煌)에 조성되어 있는 무희의 석상으로 비파를 등 뒤로 돌려 연주하는 '반탄비파(反彈琵琶)'의 모습이다.(2005년)

"저 **청금(靑琴)**이나 복비(宓妃)와 같은 무리는 절세미인으로 세속을 초월할 정도로 아름답고 우아하고 단정합니다. 짙은 화장과 곱게 꾸민 모습은 경쾌하고 곱고 가냘프고 부드러우며 섬세하고 나긋나긋합니다. 비단 치마를 끌며 선 모습의 기다란 옷매무새는 마치 그림을 그려놓은 것 같이 아름답습니다."

이 대목에 나오는 '청금'에 대해 《사기색은(史記索隱)》이란 《사기》의 주석서를 남긴 당나라 때 학자 사마정(司馬貞, 679~732)은 복엄(伏儼)의 글을 인용하여 "청금은 옛 신녀(神女)다"라는 주석을 달았다. 훗날 '청금'은 **아름다운 자태의 춤과 노래를 잘하는 무희나 가희**를 가리키게 되었다. 관련하여 당나라 시인 이하(李賀, 790~816)의 〈진왕음주(秦王飮酒)〉라는 시에는 이런 구절이 있다. 일부만 인용해둔다.

신선의 촉수(燭樹, 양초나무)에서

밀랍 타는 연기 흩날리면

'청금'의 취한 눈에

눈물이 그렁거리네.

키워드 : 사회, 문화, 가희, 무녀

청실(請室)

청실 / 고급 구치소.
– 〈보임안서〉 ; 권56 강후주발세가

청실이란 **수도에 있던 고급 구치소**를 일컫는 단어이다. 한나라 개국 공신인 강후 주발이 무고로 반역죄 혐의를 쓰고 청실에 갇힌 바 있다.

사마천은 역대 이름난 인물들이 억울하게 박해를 받거나 옥에 갇혔던 사례들을 나열하면서 "강후(주발)는 여씨들을 타도하여 권력이 (춘추시대) 오패를 능가하였으나 '청실'에 갇혔고"라고 했다. '請(청할 청)'은 씻는다는 '淸(맑을 청)'과 통한다.

이 '청실'과 비슷한 뜻과 기능을 하던 귀족 출신 범법자를 가두는 감옥은 '거실(居室)'이라 했다. 한 무제 때의 권신 관부가 이 '거실'에 갇히는 치욕을 당했다고 사마천은 기록하고 있다.('거실' 항목 참고)

키워드 : 제도, 감옥

청운자치(靑雲自致)

스스로 푸른 구름 위에 오르다 / 크게 출세하다.
– 권79 〈범수채택열전〉

전국시대 위(魏)나라의 유세가로 진(秦)나라에 건너와 승상에까지 오른 범수(范雎, ?~기원전 255)는 한때 죽을 고비를 넘기는 등 고생이 많았다. 특히 위나라 중대부 수고(須賈)의 문객으로 있을 때, 수고는 범수가 제나라와 내통하고 있다고 의심하여 죽도록 때리고, 손님들에게 쓰러진 범수를 향해 오줌을 누게 하는 수모를 주었다.

천신만고 끝에 범수는 사지에서 빠져 나와 이름을 장록(張綠)으로 바꾸고, 진나라로 건너가 소왕(昭王)에게 원교근공(遠交近攻)의 외교책략을 제안하여 인정을 받았다. 범수는 승진을 거듭하여 승상 자리에까지 올랐다.

그 뒤 수고가 진나라에 사신으로 오자 범수는 가난한 사람으로 변장하여 수고를 만나 승상(범수 자신)을 만나게 해주겠다고 제안했다. 수고는 승상(범수)의 집으로 안내되었고, 마침내 승상이 다름 아닌 범수라는 사실을 알게 되었다. 수고는 '웃통을 벗고 무릎으로 기어(육단슬행肉袒膝行)' 머리를 조아리고 사죄하며 이렇게 말했다.

"이 수고는 당신께서 **스스로 푸른 구름 위에 오르**리라고는 꿈에도 생각하지 못했습니다. 이 수고에게는 이렇게 사람 보는 눈이 없었으니 다시는 천하의 서적을 읽을 생각도 감히 못하겠고, 천하의 정치에 참여할 생각도 감히 못하겠습니다. 저의 죄는 삶겨 죽어 마땅합니다."

수고가 말한 '스스로 푸른 구름 위로 오르다'라는 대목에서 **청운자치**라는 성어가 나왔고, 훗날 **자신의 노력으로 벼슬에 나가 높은 자리에 오르는 것**을 비유하게 되었다. '청운자치'는 '청운직상(靑雲直上)'으로 표현하기도 한다. 푸른 구름 위로 바로 오르다는 뜻이다. '푸른 구름'이란 '청운'은 출세를 비유하는 단어다. ('탁발난수', '일반필상, 애자필보' 항목 참고)

키워드 : 정치, 사회, 입신출세

청자사지후야(聽者事之候也), 계자사지기야(計者事之機也)

좋은 계책을 잘 듣는 것은 일이 성공할 수 있는 징조이며, 주도면밀한 계획은 성공의 관건이다.
– 권92 〈회음후열전〉

서한 건국 일등공신의 한 사람인 한신(韓信)이 유방(劉邦)을 도와 항우(項羽)와 한창 싸우며 우위를 차지하고 있을 때, 한신의 모사 괴통은 '삼분천하'를 거듭 권하면서 위와 같은 말을 했다. 뒤에 나오는 구절을 원문과 함께 제시하면 이렇다.

"좋은 계책을 잘 듣는 것은 일이 성공할 수 있는 징조이며, 주도면밀한 계획은 성공의 관건입니다. 의견을 잘못 듣고 계획이 잘못 정해졌는 데도 오래 안전한 경우는 아주 드물었습니다."

"청자사지후야(聽者事之候也), 계자사지기야(計者事之機也). 청과계실이능구안자(聽過計失而能久安者), 선야(鮮也)."

정확하고 제대로 된 좋은 의견을 잘 받아들이고, 이를 바탕으로 치밀한 계획을 세워야만 성공할 수 있다는 점을 강조한 말이다. 또 아무리 좋은 일이라도 그 일에 대한 정확한 충고를 청취하려 하지 않고, 계획을 주도면밀하게 세우지 못하면 일이 안정적으로 추진될 수 없고, 성공할 수도 없다는 지적이다. 한신은 괴통의 권유에 많이 흔들렸지만, 끝내 유방을 배신하지 못했다. 유방과 여태후는 한신을 반역으로 몰아 죽였고, 한신은 죽기에 앞서 괴통의 충고를 듣지 않은 것을 후회했다.('삼분천하' 항목 참고)

키워드 : 정치, 충고, 경청, 준비

청제(靑帝)

청제 / 봄을 관장하는 신.
– 권28 〈봉선서〉

동주(춘추)시대 진(秦)나라의 선공(宣公, ?~기원전 664) 때 위수(渭水) 남쪽에다 밀치(密畤)를 세우고 **청제(靑帝)**에게 제사를 지냈다는 기록이 있다. 청제는 중국 고대 신화의 다섯 천제 중 한 사람으로 '동제(東帝)'나 '청황(靑皇)' 등으로도 불렸다. 이후 '청제'는 **봄을 주관하는 천신**을 가리키게 되었다.

참고로 다섯 천제 '오천제'는 '황제(黃帝, 중앙)', '적제(赤帝, 남방)', '백제(白帝, 서방)', '청제(靑帝, 동방)', '흑제(黑帝, 북방)'를 말한다.

당나라 말기 농민봉기군을 이끌었던 황소(黃巢, 820~884)는 〈제국화(題菊花)〉라는 시에서 "어느 해 만약 내가 청제가 된다면, 복숭아꽃과 한곳에 피어 보답하리!"라는 구절을 남겼다.

키워드 : 제도, 문물, 제사

청채출우람(靑采出于藍), 이질청우람(而質靑于藍)

푸른색은 쪽풀에서 뽑아냈으나 쪽빛보다 더 푸르다.
– 권60 〈삼왕세가〉

출전은 《순자(荀子)》로 원문은 '청취지이람이청우람(靑取之于藍而靑于藍)'이고, 대개 '청출어람(靑出於藍)'이란 사자성어로 널리 알려져 있다.

'청출어람'은 구체적으로 순자(荀子, 기원전 313~기원전 238, 이름 황況)의 저서 《순자》〈권학(勸學)〉 편의 다음 대목에서 나오는 성어이다. 조금 길지만 새겨들을 부분이 적지 않아 인용해둔다.

"배움은 중단해서는 아니 된다. **푸른빛은 쪽풀에서 뽑아내지만 쪽빛보다 더 푸르고, 얼음은 물이 얼어서 물보다 더 차다.** 곧은 나무가 먹줄에 맞는다고 할지라도 불에 쬐고 구부려서 수레바퀴를 만들면 그 굽은 것이 그 굽은 자에 들어맞고, 이것을 다시 볕에 말려도 전처럼 펴지지 않는 것은 구부려 다졌기 때문에 그런 것이다. 나무가 먹줄의 힘을 빌려 곧게 되고, 쇠붙이가 숫돌에 갈려서 날카롭게 되는 것처럼, 군자도 나날이 지식을 넓히고, 또 자신을 반성해 가노라면 지혜는 밝아지고 행동함에 잘못이 없게 될 것이다. 따라서 높은 산에 올라가 보지 않고는 하늘이 높은 것을 알지 못하고, 깊은 골짜기에 가보지 않고는 땅이 넓음을 알지 못하니, 선왕이 남긴 말을 듣지 않고는 학문의 위대함을 알지 못한다. 월나라 또는 멀리 동서남북에 자리 잡은 크고 작은 오랑캐 나라의 아이들을 보더라도, 태어날 때에는 모두 같은 소리를 내지만 자라면서 생활 풍속이 달라지는 것은 교화의 힘 때문이다."

'청출어람'에 바로 이어 나오는 '물은 얼어서 얼음이 되지만 물보다 더 차다'는 대목의 '빙한우수(氷寒于水)'도 같은 뜻인데, '청출어람'에 가려져 상대적으로 덜 알려졌다. 관련하여 북조 시기의 역사서인 《북사(北史)》〈이밀전(李謐傳)〉에 이런 일화가 있다.

후위(後魏)의 이밀은 어려서 공번(孔璠)을 스승으로 삼아 학문에 힘썼는데 발전 속도가 매우 빠르고 열심히 노력한 결과, 몇 년 뒤에는 스승의 학문을 능가하게 되었다. 공번은 더 이상 이밀에게 가르칠 것이 없다고 생각하여, 오히려 이밀에게 자신의 스승이 되어 주기를 청했다. 공번의 친구들은 그 용기에 감탄하고 또한 훌륭한 제자를 두었다는 뜻에서 '청출어람'이라고 칭찬했다고 한다.

'후배가 두렵다'는 '후생가외(後生可畏)'도 '후배의 나이가 젊고 의기가 장하므로 학문을 계속 쌓고 덕을 닦으면 그 진보는 선배를 능가하는 경지에 이를 것'이란 뜻의 성어로 많이 인용한다.

'청출어람'이란 표현으로 학문의 깊이를 통찰한 순자의 초상화이다.

초

초복(初伏)

처음으로 복날을 정하다.
– 권5 〈진본기〉

조선 후기의 학자 홍석모(洪錫謨, 1781~1857)가 연중행사와 풍속들을 정리하고 설명한 《동국세시기(東國歲時記)》에 따르면 복날은 음력 6월에서 7월 사이에 들어 있는 세 번의 절기를 말한다.

첫 번째 복날을 초복(初伏)이라 하고, 두 번째 복날을 중복(中伏), 세 번째 복날을 말복(末伏)이라 한다. 이 셋을 합쳐 '삼복(三伏)'이라 하고 가장 더운 때란 뜻의 '삼복더위'가 여기서 비롯되었다. 초복은 하지(夏至)로부터 세 번째 경일(庚日), 중복은 네 번째 경일, 말복은 입추(立秋)로부터 첫 번째 경일이다. 복날은 열흘 간격으로 오기 때문에 초복과 말복까지는 20일이 걸린다. 그러나 해에 따라서는 중복과 말복 사이가 20일 간격이 되기도 한다. 이런 경우에는 월복(越伏)이라고 한다.

복날에는 보신(補身)을 위하여 특별한 음식을 장만하여 먹었다. 특히, 개를 잡아서 개장국을 만들어 먹거나, 중병아리를 잡아서 영계백숙을 만들어 먹는다. 팥죽을 쑤어 먹으면 더위를 먹지 않고 질병에도 걸리지 않는다 하여 팥죽을 먹기도 한다. 아이들이나 여인(아낙)들은 참외나 수박을 먹으며, 어른들은 산간 계곡에 들어가 탁족(濯足, 발을 씻음)을 하면서 더위를 피하기도 한다. 해안지방에서는 바닷가 백사장에서 모래찜질을 하면서 더위를 이겨내기도 한다.

복날 풍속과 관련하여 재미있는 미신으로는 다음과 같은 것들이 전한다. 우선 복날에 시내나 강에서 목욕을 하면 몸이 여윈다고 한다. 이 때문에 복날에는 아무리 더워도 목욕을 하지 않는다. 만약 초복 날에 목욕을 하였다면, 중복 날과 말복 날에도 목욕을 해야 한다. 이런 경우에는 복날마다 목욕을 해야만 몸이 여위지 않는다고 믿었기 때문이다.

복날에는 벼가 나이를 한 살씩 먹는다고 한다. 벼는 줄기마다 마디가 셋 있는데 복날마다 하나씩 생기며, 이것이 벼의 나이를 나타낸다고 한다. 또한 벼는 이렇게 마디가 셋이 되어야만 비로소 이삭이 패게 된다고 한다.

한편 '복날에 비가 오면 청산(靑山) 보은(報恩)의 큰애기가 운다'는 말이 있다. 충청 북도 청산과 보은이 대추가 많이 생산되는 지방인 데서 유래한 속설이다. 대추나무는 복날마다 꽃이 핀다고 하는데, 이 때문에 복날에 날씨가 맑으면 대추 열매가 잘 열린다는 것이다. 그런데 이날 비가 오면 대추 열매가 열리기 어렵고, 결국 대추 농사는 흉년이 들게 된다. 따라서 대추 농사를 많이 하는 이 지방에서는 혼인 비용과 생계에 있어서 차질이 생기기에 이를 풍자해서 만든 말이라고 하겠다.

오늘날 복날에는 대부분 삼계탕을 비롯하여 더운 음식으로 열을 다스린다. 이른 바 '이열치열(以熱治熱)'이다. 삼겹살도 많이 먹는 편이고, 갈수록 관련 음식이 다양해지고 있다.(얼마 전까지 개고기로 만든 보신탕을 많이 먹었으나, 지금은 혐오 음식이라 하여 거의 다 사라졌다.) 그런데 정작 복날의 기원에 대해서는 잘 알려져 있지 않다. 《동국세시기》에도 기원에 관한 이야기는 빠져 있다. 2012년 7월 23일자 〈경향신문〉에 복날과 개고기에 관한 글이 실렸는데, 복날의 기원에 관한 언급도 있었다.(단, 복날이 시작된 연도를 기원전 675년이라 했는데, 이는 잘못이다.)

복날의 기원에 관한 가장 오랜 기록은 사마천의 《사기》다. 〈진본기〉 덕공 2년 조에 언급되어 있는 복날이 그것인데, 덕공 2년은 기원전 676년이다. 그 기록은 아주 짤막하다.

"처음으로 복날을 정해 개를 잡아 열독을 제거했다."

"초복(初伏), 이구어고(以狗禦蠱)."

이상이 남아 있는 기록상 복날의 가장 오랜 기원이다. 아울러 이날에 개를 잡아 열독을 다스렸다는 부분도 주목된다. 열독이나 나쁜 기운이 사람을 해치기 때문에 원래는 개를 잡아서 이를 막는 풍습이었는데, 이를 식용하기에까지 이른 것이다.

복날에 개를 잡아 보신탕을 해 먹는 습속이 우리나라 고유의 것인 줄 대부분 알고 있었는데, 실은 지금으로부터 무려 약 2,700년 전 중국의 서쪽 진(秦)나라에서 복날을 정하고 개를 잡아 열독을 다스렸다는 사실이 새삼스럽다.

키워드 : 사회, 풍속, 복날, 개고기

초수삼호(楚雖三戶), 망진필초(亡秦必楚)

초나라에 세 집만 남아도 진나라를 멸망시킬 자는 틀림없이 초나라다.
– 권7 〈항우본기〉

기원전 210년 진시황이 죽고, 이듬해 진승이 봉기했으나 실패했다. 그러나 봉기의 불길은 전국으로 퍼져나갔다. 항씨 집안의 항량(項梁, 항우의 숙부)이 봉기를 이끌었다. 기원전 209년 무렵 훗날 항우의 가장 중요한 참모가 되는 범증(范增)은 당시 70이 넘은 나이에도 불구하고 봉기군의 우두머리 항량을 찾아와 천하 정세에 대해 유세했다.

이 유세에서 범증은 **"초나라에 세 집만 남아도 진나라를 멸망시킬 자는 틀림없이 초나라다"**는 말로 진나라에 대한 원한이 가장 깊은 초나라와 그에 따르는 민심이 형세를 이끌 것이라 예견했다. 그러면서 진나라에 망한 초나라의 상징

홍문연유지 범증의 조형물이다. 항우가 지은 것으로 전하는 군대 사열과 훈련을 위한 희마대(戲馬臺)에 조성되어 있다.(강소성 서주시徐州市 2010년)

적인 인물로 초나라 마지막 왕 회왕(懷王)의 후손을 찾아 앞세우라고 권했다. 항량은 민간에서 양을 치고 있던 회왕의 손자 심(審)을 찾아 같은 이름의 회왕으로 세웠다.

훗날 이 성어는 억압 받던 약자가 자신을 억압한 강자와 싸워 이길 수 있음을 비유하거나, 그런 승리에 대한 믿음과 용기를 북돋우는 구호로 인용되었다.

키워드 : 사회, 정세, 원한

초요과시(招搖過市)

손을 흔들며 저잣거리를 지나가다.
— 권47 〈공자세가〉

기원전 496년 55세의 공자는 벼슬을 버리고 천하주유에 나섰다. 공자가 처음 찾은 나라는 위(衛)나라였다. 그때까지만 해도 공자는 벼슬에 대한 마음을 완전히 버리지 못하고 있었던 것 같다. 위나라 영공(靈公)은 공자에게 노나라 때 받은 녹봉과 같은 곡식 6만 되를 주었다. 그러나 얼마 되지 않아 위나라의 누군가가 영공에게 공자를 헐뜯었고, 공자는 열 달 만에 위나라를 떠났다.

공자가 위나라에 있을 때 영공이 총애하는 남자(南子)라는 부인이 사람을 시켜 공자에게, "사방의 군자들이 우리 군주와 형제처럼 지내고 싶어 소군(小君, 남자)과 만나는 것을 부끄럽게 여기지 않습니다"라고 했다. 공자는 사양하다가 하는 수 없이 그녀를 만났다. 스승 공자가 평판이 좋지 않은 영공의 부인을 만났다는 사실에 제자 자로가 언짢아하자 공자는, "처음에는 가고 싶지 않았는데 답례로 만났을 뿐이다"라며, "내 말이 진심이 아니라면 하늘이 나를 버릴 것이다!"라고 맹서까지 했다.

공자가 위나라에 머문 지 한 달 남짓 되었을 때 영공이 남자 부인과 함께 환관 옹거(雍渠)를 옆에 시위로 태우고 외출했다. 공자는 뒤 수레에 태우고 **손을 흔들고 뽐을 내며 저잣거리를 지나갔다.** 공자는 "내가 덕 좋아하기를 색 좋아하는 것처럼 하는 자를 보지 못했다"라며 실망을 느끼고, 위를 떠나 조(曹)나라로 갔다.

영공은 남자와 환관은 자기 수레에 태우고, 공자는 다른 수레에 태워 시장 바닥을 지나면서 다들 보라고 손을 흔들어댔다. 일부러 그렇게 한 것이다. 이는 자신과 부인 남자를 과시하기 위한 행동이었지만, 공자에게는 모욕이었다. 공자는 위나라를 떠났다. **초요과시**는 이후 **일부러 자신을 과시하여 남의 눈에 띄려는 언행**을 비유하게 되었다.

참고로 수필가 임어당(林語堂, 1895~1976)은 공자가 위 영공의 부인 남자를 만난 이 사건을 소재로 '공자가 남자를 만나다'는 뜻의《자견남자(自見南子)》라는 극본을 쓰기도 했다.

위나라 영공의 부인인 남자의 모습이다.

키워드 : 관계, 과시, 모욕

촌유소장(寸有所長)

한 치가 길다.
— 권73 〈백기왕전열전〉

'한 자가 짧다'는 '척유소단(尺有所短)'과 함께 쓰이는 경우가 많다. 이에 대해서는 '척단촌장' 항목에서 상세히 살펴본 바 있다.

키워드 : 관계, 상대성

총명심찰이근우사자(聰明深察而近于死者), 호의인자야(好議人者也)

총명하고 깊게 관찰하는 사람에게는 죽음의 위험이 따르는데, 이는 남을 잘 비판하기 때문이다.
– 권47 〈공자세가〉

주나라의 예(禮)를 배우러 낙양(洛陽)에 간 공자는 그곳에서 노자를 만나 예에 관해 물었다. 공자가 떠날 때 노자는 돈 많고 신분이 귀한 자는 배웅할 때 재물로 하고, 어진 자는 좋은 말을 해준다면서 다음과 같은 말로 공자를 배웅했다. 뒤의 문장과 원문을 함께 인용한다.

"총명하고 깊게 관찰하는 사람에게는 죽음의 위험이 따르는데, 이는 남을 잘 비판하기 때문이다. 많은 지식을 지니고 재능이 뛰어난 사람의 몸이 위태로운 것은 남의 결점을 잘 지적해 내기 때문이다."

"총명심찰이근우사자(聰明深察而近于死者), 호의인자야(好議人者也). 박변광대위기신자(博辨廣大危其身者), 발인지악자야(發人之惡者也)."

노자의 사상은 심오하지만 소극적이다. 이 때문에 난세의 처세술로 많은 사람들에게 영향을 주었다. 그 영향으로 '호도학'을 만들어낸 정판교의 초상화이다.

잘난 척하지 말고, 아는 척하지 말라는 노자의 신랄한 경고성 충고였는데, 그 숨어 있는 뜻이 매우 심오하다.

노자의 소극적 철학사상은 훗날 청나라 때 사람 정판교(鄭板橋, 1693~1765)에 와서 '호도학(糊塗學)'으로 변형되어 처세술로 나타나기도 했다. '호도학'이란 '멍청이 학문'이란 뜻인데, 좀 구체적으로 말하자면 '멍청한 척하기'에 대한 학문 정도가 되겠다.

노자는 '진짜 지혜로운 사람은 어리석어 보인다(대지약우大智若愚)'라고 했고. 시대적 상황과 자신을 둘러싸고 있는 환경에 따라 인간의 처세법은 다 다르게 나타나지만 노자의 철학에서 배울 것이 적지 않다. 특히 대세를 거스를 수 없을 때의 처신 방법에 번뜩이는 영감을 선사한다.

자신의 언행은 조심하지 않고 그저 남의 약점이나 결점만 헐뜯는 많이 배우고 똑똑한 자들이 우리 주위에 너무 많다. 그 위태로움이 환하게 보이지만 동정조차 아까운 자들이다. 다른 사람들을 마구 해치기 때문이다.

키워드 : 관계, 처세, 비방

총이지원(聰以知遠), 명이찰미(明以察微)

귀가 밝아 먼 곳의 일을 알고, 눈이 밝아 미세한 곳까지 살피다.
– 권1 〈오제본기〉

위 명구는 '총명(聰明)'이란 단어의 출처이자 오제(五帝) 중 제곡(帝嚳)에 대한 평가이다. 통치자는 백성의 목소리에 귀를 기울이고, 백성들의 삶을 두루 살필 수 있어야 한다. 덕과 능력을 겸비한 통치자의 조건을 사마천은 위와 같이 표현했다. 사회 각 방면의 리더는 우선 총명해야 한다. 그래야 사리분별(事理分別)이 가능하다.

총명은 단순히 신체적인 차원에 놓인 단어가 결코 아니다. 백성들의 몸과 마음을 제대로 헤아리려는 통치자의 마음을 염두에 둔 단어이다. 이런 마음 없이 눈 밝고 귀 밝으면 큰 문제다. 사사건건 자기가 잘났다고 나서고, 모든 일을 혼자 처리하려 들 것이기 때문이다. 그래서 한비자(韓非子)는 "가장 못난 군주는 자신의 재능만 믿고 이용하려는 자"라고 꼬집고 있다. 신체적 눈과 귀만 밝은 리더가 이렇고, 이런 리더는 또 사리분별할 줄 모른다. 최상의 리더는 사람들의 몸과 마음을 헤아려 그들의 지혜를 활용할 줄 아는 리더이다. 사리분별이 안 되는 리더가 넘쳐나는 세상이어서 더 가슴에 와 닿는다.

중국의 전통적 리더십 항목으로 '명기(明己)'라는 것이 있다. '나 자신을 밝고 투명하게 한다'는 뜻이다. 숨기거나 속이지 않고 환하게 드러내서 거리낌이 없어야 한다는 뜻을 함축하고 있다. 그래서 노자는 '자지자명(自知者明)'이란 명언을 남긴 바 있다. '스스로를 아는 것을 현명이라고 한다'는 뜻이다.

'총명'이란 자질을 갖추고 있었던 오제의 한 사람인 제곡의 초상화이다.

키워드 : 정치(통치), 리더, 리더십, 총명

총자청우무성(聰者聽于無聲), 명자견우무형(明者見于無形)

귀가 밝은 자는 소리가 없는 곳에서도 들으며, 눈이 밝은 자는 형태가 없는 데서도 본다.
– 권118 〈회남형산열전〉

《사기》 곳곳에 강조되고 있는 사물에 대한 예견력과 관련한 명언이다. 한나라 초기 회남왕(淮南王) 유안(劉安, 기원전 179~기원전 122)이 무제 때 황제 자리를 넘보고 반역을 꾀하면서 장군 오피(伍被)를 자기편으로 끌어들이려 했다. 오피는 반대했다. 유안은 화가 나서 오피의 부모를 잡아 석 달 동안을 가두었다가 다시 오피를 불러 자신을 따르겠냐고 물었다. 오피는 다음과 같이 대답했다.

"안 됩니다. 신이 달려온 까닭은 대왕을 위해 먼 미래의 계획을 세우기 위함일 뿐입니다. 신이 듣기로는 **귀가 밝은 자는 소리가 없는 곳에서도 들으며, 눈이 밝은 자는 형태가 없는 데서 본다**고 합니다. 그런 까닭에 성인은 만 번을 일어나도 만 번 다 성공하

고조 유방의 손자인 회남왕 유안은 자신의 문객들을 동원하여 《회남자》라는 잡가 계통의 백과전서를 편찬하기도 한 상당한 지식인이었다. 그러나 무리하게 반역을 꾀하다 비참한 최후를 맞이했다. 사진은 회남왕과 그 문객들의 조형물이다.(출처:바이두)

는 것입니다. 옛날 주나라 문왕(文王)은 한 번 움직임으로써 공이 천세(千世)에 드러났고, 그 자신은 삼왕(三王)의 반열에 올랐으니, 이는 천심을 따라 움직인 것으로 천하가 기약도 하지 않았지만 그를 따랐습니다. 이는 천 년 전의 실례로 살펴보아야 합니다."

회남왕 유안은 오피의 거듭된 충고에도 불구하고 끝내 야심을 버리지 못하고 반역을 꾀하다가 발각되어 스스로 목을 찔러 자결했다. 예견력을 갖춘 사람은 모든 일에 만전을 기한다. 그리고 한 번 움직이면 반드시 성과를 낸다. 회남왕 유안은 당시 상황을 냉정하게 판단하지 못하고, 그저 권력에만 눈이 멀어 한 치 앞도 내다보지 못했다.('팔공' 항목 참고)

키워드 : 정치(통치), 리더십, 통찰, 계획

추살수토자구야(追殺獸兔者狗也), 이발종지시수처자인야(而發蹤指示獸處者人也)

짐승이나 토끼를 쫓아가 죽이는 것은 사냥개이고, 개의 줄을 놓아 짐승이 있는 곳을 지시하는 것은 사람(사냥꾼)이다.

– 권53 〈소상국세가〉

한 고조 유방은 항우를 물리치고 천하를 평정한 다음, 공신들에 대한 논공행상(論功行賞)을 실시했다. 고조는 소하(蕭何)의 공이 가장 크다고 평가했다. 다른 공신들, 특히 무장들이 소하는 싸우지도 않고 후방에서 편하게 지낸 자라며 불만을 잔뜩 나타냈다. 고조는 소하와 다른 공신들을 사냥꾼과 사냥개에 비유한 다음, 사람(소하)이 세운 공, 즉 '인공(人功)'과 사냥개(다른 공신들)가 세운 공, 즉 '구공(狗功)'이 같을 수 있냐며 불만을 잠재웠다.

유방은 소하가 후방을 확보한 채 식량이며, 전쟁 물자를 제때제때 공급하지 않았더라면 너희들은 아무 일도 할 수 없었을 것이라는 단순 명쾌하지만 상당히 설득력 있는 논리로 공신들의 불만을 일축했다. 역할 분담과 역할의 중요도에 대한 유방의 정확한 인식이었고, 평민 출신 고조 유방의 솔직한 성격과 단순하지만 간결하고, 명료한 언어 감각을 엿볼 수 있는 대목이기도 하다.('발종지시', '인공, 구공' 항목 참고)

키워드 : 상황, 리더십, 언어, 솔직, 간결, 명료

추생(鯫生)

조무래기 / 잡놈.
– 권7 〈항우본기〉

기원전 206년 진나라의 도성 함양(咸陽)에 먼저 입성한 유방은 누군가의 건의로 함곡관(函谷關)을 막고 제후들을 통제하여 관중(關中) 땅을 모두 차지하려다가 항우의 40만 대군의 압박을 받았다. 유방은 절체절명의 위기에 몰렸다. 장량이 대체 누가 그런 계책을 냈냐고 하자 유방은 **추생**, 즉 웬 **무지한 잡놈**이라며 욕을 했다.

'추생'의 '추(鯫)'는 '잡어'라는 뜻이다. 사람에게 쓸 때는 그 사람을 비하하는 욕설이다. 유방은 출신이 건달이라 말이 거칠고, 평소에도 욕을 잘했다. '추생'도 그런 유방의 언어 습관을 보여주는 사례들 중 하나였다.

키워드 : 언어, 비속어

추수동장(秋收冬藏)

가을에 거두고, 겨울에 저장하다.
– 권130 〈태사공자서〉

추수동장은 〈태사공자서〉의 다음 대목에 보인다.

"무릇 봄에 태어나고, 여름에 성장하고, **가을에 거두고, 겨울에 저장**하는 것은 자연계의 큰 법칙이다."

"부춘생하장(夫春生夏長), **추수동장(秋收冬藏)**, 차천도지대경야(此天道之大經也)."

자연계의 큰 이치이자 1년 농사를 비유한 대목이다. 이 대목은 〈귀책열전〉에도 같은 표현이 보인다. '추수동장'은 아동용 학습교재인 《천자문(千字文)》에도 실려 있다.

추처낭중(錐處囊中)

송곳을 자루 안에 두다.
— 권76 〈평원군우경열전〉

　모수가 평원군에게 스스로를 추천하자 평원군은, '자루 안의 송곳(낭중지추)'은 언제든 튀어나오기 마련인데 여태껏 두각을 드러내지 못했으니 능력이 없는 것 아니냐고 반문했다. 모수는 **송곳을 자루 안에 넣어**주기나 했냐며 반박했다. 여기서 **추처낭중**이란 성어가 나와 **인재에게 기회를 주는 것**을 비유하게 되었다. ('낭중지추', '모수자천' 항목 참고)

추호(秋毫)

가을 짐승의 털.
— 권7 〈항우본기〉

　추호는 '가을 추(秋)'에 '가는 털 호(毫)'가 합쳐진 단어이다. 가을이 되면 짐승의 털이 매우 가늘어지는데, '추호'는 **가을 짐승의 털**을 가리킨다. 여기서 '추호'는 '매우 작다'는 것을 가리킬 때 사용했고, 지금은 일반적으로 단호한 결심을 드러낼 때 자주 쓴다. 예를 들어, '그 사람과 다시 만날 생각은 추호(조금)도 없다'거나 '내 말에는 추

호(조금)의 거짓도 없다' 등과 같이 사용한다.('이석추호' 항목 참고)

또 '추호의 어긋남이 없다'는 표현도 자주 쓰는데, 이의 한문 성어가 '추호무범(秋毫無犯)'이다. 출처는 〈항우본기〉이다. '추호'라는 표현은 〈회음후열전〉에도 보인다.

키워드 : 수량, 극소수, 단호함

축객령(逐客令)

식객을 추방하라는 명령.
– 권6 〈진시황본기〉 ; 권87 〈이사열전〉

춘추전국시대의 난국을 수습하고 최초의 통일 왕조를 수립한 진(秦)나라는 일찍이 기원전 7세기 춘추시대 목공(穆公, ?~기원전 621) 때부터 유능한 인재들을 모시는 정책을 실행했고, 기원전 4세기 전국시대 효공(孝公, 기원전 381~기원전 338) 시기에는 전국 7웅 중 나머지 6개국에서 노골적으로 인재를 빼내오기 시작했다. 상앙(商鞅) · 장의(張儀) · 범수(范雎) · 감무(甘茂) · 채택(蔡澤) · 울료(尉繚) · 한비(韓非) 등과 같은 각국의 인재들이 줄줄이 진으로 들어와 문전성시를 이루었고, 이에 따라 경제와 상업도 활기를 띠었다.

그러나 진나라의 수구 기득권층은 외국에서 들어온 인재를 끊임없이 배척하고 질시했다. 위(衛)나라 출신인 상앙이 진에 들어오자 대신 감룡(甘龍)과 두지(杜摯)는 결사반대하고 나섰으며, 진나라 사신이 범수를 몰래 모시고 오려하자 소왕(昭王)의 외숙부인 위염(魏冉)은 진나라로 들어오는 차량을 엄격하게 검사하여 타국의 인재가 들어오는 것을 막고자 했다. 진왕 정(政, 훗날 진시황) 10년인 기원전 237년, 한(韓)나라에서 온 정국(鄭國)이란 인물을 남기느냐 추방하느냐를 두고 한 차례 평지풍파가 일기도 했다.

정국은 한나라의 수리전문가였는데, 진나라의 관중 일대의 지리와 물줄기를 살핀 다음 서쪽 경수(涇水)의 물을 동쪽 낙하(洛河)로 끌어들이는 길이 300여 리에 이르는 수리공사를 시행할 것을 제안했다. 진왕은 이에 동의하고 정국을 시켜 수리공정을 시작하게 했다. 공정이 끝나갈 무렵에 누군가가 진왕에게 정국은 한나라가 보낸 간첩이고, 수리공정은 진나라의 국력을 소모시켜 6국 정복을 막기 위해 파견되었다는 첩보를 보고했다. 진왕은 깜짝 놀라 정국을 잡아들이고 수리공사를 중단시켰다. 대신들은 이 틈을 타서 한 걸음 더 나아가 6국에서 온 자들 모두가 진나라를 약하게 만드려는 간첩이니 현직에서 파면시킬 것을 강력하게 주장했다. 진왕은 외국에서 들어온 모든 **손님(인재)들을 내쫓으라**는 이른바 **축객령(逐客令)**을 명령했다.

이 절박한 상황에서 역시 외국(초나라) 출신인 이사(李斯, ?~기원전 208년)는 진왕에게 글을 올려 외국 출신 인재들을 내치는 결정에 완강하게 반대하고 나섰다. 이때 이사가 올린 글이 〈이사열전〉에 실려 있는 '객을 내치라는 조치에 관해 아룁니다'라는 〈간축객서(諫逐客書)〉이다. 이 글은 중국 역대 명문의 하나로 꼽힌다.

초(楚)나라 출신인 이사는 진나라가 다른 나라에서 온 유능한 인사들을 배척하는 것은 옳지 않다고 보았다. 이사는 진나라가 비약적으로 발전한 것과 차별 없는 인재 등용의 관계를 지적하면서 이렇게 말했다.

"옛날 목공께서 유능한 인재를 원하시어 서쪽 서융에서 유여(由餘)를 얻었고, 동쪽 완에서는 백리해(百里奚)를 얻었으며, 송에서는 건숙(蹇叔)을 맞이했고, 진(晉)에서는 비표(丕豹)와 공손지(公孫枝)를 모셔왔습니다. 이 다섯 인재는 진에서 태어나지 않았지만 목공께서는 그들을 기꺼이 기용하여 20개의 제후국을 합병

〈간축객서〉를 올린 이사의 모습을 나타낸 조형물이다.(2014년)

하고 서융을 제패했습니다. 그 뒤 효공께서는 상앙의 변법을 시행함으로써 부국강병을 이루어 백성들을 따르게 했고, 나아가 초와 위를 물리쳐 제후들의 복종을 받아냈습니다. 또 수천 리의 땅을 차지하여 지금까지 강성하게 태평을 누리고 있습니다. 혜왕(惠王)은 장이의 계략으로 삼천(三川)의 땅을 공격하여 점령했습니다. 이렇게 해서 서쪽으로 파촉(巴蜀)을 겸병하고 북쪽으로 상군(上郡)을 가졌으며, 남쪽으로 한중(漢中)을 함락시키고, 초나라 경내의 소수민족을 손아귀에 움켜쥐었습니다. 동쪽으로는 성고(成皐)라는 험악한 지대를 점령하고 풍요로운 토지를 소유했습니다. 이 위세로 6국의 연맹을 와해시키고, 6국으로 하여금 서방의 우리 진을 섬기게 하면서 지금에 이른 것입니다. 또 소왕께서는 범수(范睢)를 얻어 수후(穰侯)를 폐하고 화양(華陽) 부인을 내쫓아 왕실의 권력을 강화시켰으며, 대신이 권력을 마구 흔드는 것을 막고 점차 제후 열국을 관할함으로써 우리 진이 대업을 이룰 수 있었습니다. 이 네 군왕들께서는 모두 객경들의 힘을 빌렸건만 객경에게 무슨 잘못이 있단 말입니까? 당초 네 군왕들께서 객경을 거절하고 받아주지 않고 유능한 인사들을 멀리하고 기용하지 않았더라면, 우리나라가 어떻게 부국강병을 이룰 수 있었겠습니까?"

이어 이사는 또 다른 예를 들기를 현재 진나라가 사용하고 있는 귀중한 물자들 대부분이 다른 나라에서 건너온 것들인데, 이것들을 물리치지 않고 계속 받아들여 갈수록 많아진다면 더 좋지 않겠냐고 했다. 그런 다음 이사는 "이제 와서 사람을 기용함에 있어서 재능을 따지지 않고, 시비를 구분하지 않고, 정의와 사악함을 분별하지 않은 채 그저 진나라 출신이냐 아니냐만 따져 타국에서 온 사람들을 모조리 쫓아낸다면, 진은 미녀와 귀한 물건만 중시하고 사람은 무시하는 꼴이 됩니다. 이렇게 해서는 다른 제후국을 이길 수 없습니다"라고 지적했다. 나아가 이사는 객경을 내치는 폐단을 다음과 같이 날카롭게 지적했다.

"백성들을 버리는 것은 적국을 돕는 일이요, 빈객들을 내치는 것은 다른 제후국들에게 공업을 세울 기회를 주는 일입니다. 이렇게 되면 천하의 유능한 인재들이 서쪽에 있는 우리 진으로 감히 들어오지 못하게 될 것이니, 이것이야말로 적들에게 무기와 양식을 제 손으로 갖다 바치는 꼴이 아니고 무엇이겠습니까?”

그는 마지막으로 이렇게 글을 맺었다.

“진에서 태어나지는 않았지만, 진에 한 몸 바치려는 인재는 많습니다. 지금 그 많은 객경들을 내친다는 것은 우리의 힘을 감소시켜 남의 힘을 키우는 일이니, 내부적으로는 자신의 힘이 약화되고 외부적으로는 제후들과 원한을 맺게 되어 나라가 위기에 처할 것입니다.”

이사의 〈간축객서〉는 먼저 진나라가 천하의 유능한 인재들을 초빙하여 부국강병을 일군 지난 역사를 돌이켜보면서 외부의 인재들이 진나라에 와서 잘못보다는 공을 많이 세웠다는 점을 상기시키고 있다. 이를 강조하기 위해 이사는 귀한 물자와 미녀를 예로 들면서, 이런 것들이 진나라에서 나지는 않지만 진나라에서 활발하게 잘 활용되는 것과 같은 이치로 물자와 미녀는 거부하지 않으면서 유능한 외부 인재들은 내친다면, 이는 미색은 중시하고 인재는 가볍게 여기는 것을 자인하는 것이 아니고 무엇이냐며 반문한다.

이사의 〈간축객서〉는 말 그대로 지난 진나라 역사의 총결이라 해도 과언이 아니다. 특히 상호 대비의 수법을 사용하여 간절한 마음으로 인재 기용의 깊은 이치를 설명하고 있다. 이 글에 감동한 진왕(진시황)은 마침내 ‘축객령(逐客令)’을 취소하고, 이사의 직무를 회복시켰다. 또 억울하게 감옥에 갇힌 수리전문가 정국을 석방하여 계속 수리공사를 관리하게 했고, 정국은 끝내 이 공사를 완성시켜 진나라 발전에 크게 이바지했다.

이사는 초국 상채(上蔡) 사람으로 “순자에게서 제왕술을 배워 당초에는 초왕을 섬기려 했지만 큰일을 해내지 못할 것으로 보았고, 나아가 6국 모두가 대업을 이룰만한 그릇이 되지 않는다”고 판단하여 서방 진에 들어와 객경(客卿)으로 지냈다. 객경을 내친다는 '축객령'은 그에게도 해당되는 것이었지만, 그는 과거의 역사적 사실과 설득력 넘치는 웅변으로 진왕을 설득하여 진나라가 자칫 큰 실수를 저지르는 것을 막았다. 그는 결국 진왕을 도와 6국을 통합하고 마침내 승상 자리에 올랐다. 그 뒤 간신 조고(趙高)의 모함을 받아 비참하게 죽긴 했지만, 그가 남긴 〈간축객서〉의 심오한 이치와 힘이 넘치는 웅변은 인재의 역사와 문화사에 길이 남을 유산이 되었다.

타국 인재가 많다는 것은 그 나라의 흥성을 나타내는 지표의 하나다. 들어오기 전에는 손님이지만, 들어온 다음에는 자기 나라의 자원이다. 주객은 언제든지 바뀔 수 있다. 유능하고 현명하면 기용하는 것이고, 그렇지 못하면 내치는 것이니 주객을 가려서 무엇 하겠는가!

오늘날 외부로부터 인적 자원과 기술을 빌리거나 합작하는 일은 보편화되었다. 이것이 이른바 아웃소싱(outsourcing)이며, 아웃소싱을 못하면 심지어 경쟁사회에서 살아남을 수 없을 정도다. 우리의 인재기용 상황을 보면 지독히 폐쇄적이며, 각종 차별이 난무한다. 학연·지연·혈연·학벌·인종 등등…. 사회와 국가의 경쟁력을 떨어뜨리는 온갖 장애 요인들이 가로막고 있다. 이 때문에 유능한 인재들이 여건이 나은 타국으로 발걸음을 옮긴다.

춘추시대 중국 서방의 야만국으로 무시당하던 진(秦)나라가 전국시대에 들어와 7웅의 하나로 비약적 발전을 이루고, 끝내 나머지 6국을 통합하여 중국사 최초의 통일 왕조를 이룬 데는 타국에서 건너온 유능한 인재들을 적극 활용한 것과 결코 무관하지 않다. 진나라의 부국강병과 통일제국 건설 과정에서 우리는 차별 없는 인재의 기용이 얼마나 중요한가를 절감하게 된다. 이사는 바로 이 점을 정

'축객령'과 〈간축객서〉가 나오게 된 원인인 정국의 석상과 수리공사 유적인 '정국거(鄭國渠)'의 현재 모습이다.(2025년)

확하게 간파하고 진나라가 과거 인재를 어떻게 기용하여 부국강병을 이룩했는지 인
재의 역사를 의미심장하게 회고한 것이다.

진왕이 외국 출신의 인재를 내쫓으라고 내린 '하축객령(下逐客令)'은 훗날 외국 출
신의 식객이나 타지의 객을 내치라는 전고가 되었다. 대개 줄여서 '축객령'이라 한
다. ('격부가오오', '태산불양토양' 항목 참고)

키워드 : 정책, 인재, 아웃소싱, 문장

축금대(築金臺)

황금대를 쌓다.

– 권34 〈연소공세가〉

전국시대 지금의 북경과 하북성 지역에 근거지를 둔 연(燕)나라는 주나라 초기에
왕실의 친척인 소공(召公)이 이곳을 봉지로 받아 통치하기 시작한 아주 유서 깊은 제
후국이었다. 하지만 전국시대에 들어와 국력이 시들해지더니 기원전 4세기 말 국왕
희쾌(姬噲)에 이르러서는 신하인 자지(子之)에게 왕이 살해당하는 지경에까지 이르렀
다. 쾌의 서자 직(職, 소왕昭王)이 난국을 가까스로 수습하고 왕권을 회복하기는 했지
만 갈 길이 험난했다.

새로 즉위한 소왕(?~기원전 279)은 나이는 많지 않았지만 나라의 흥망성쇠가 인재
에게 달려 있다는 점을 절감했다. 아버지가 비참하게 당한 것을 직접 경험했기 때문
에 자신을 보필할 충직한 인재를 확보하기 위해 연나라의 원로인 곽외(郭隗)를 직접
찾아가 자문을 구했다. 곽외는 먼저 옛날이야기를 하나 들려주었는데, 그 이야기가
바로 죽은 말 뼈다귀 이야기였다. 그 이야기의 줄거리는 이렇다.

옛날에 말을 아주 좋아하는 군주가 있었다. 그는 전국에 천리마를 후한 값에 사겠
다는 방을 내거는 등 좋은 말을 얻기 위해 여러 방법을 동원했다. 그러나 3년이 지

전국시대 연나라의 도성 유지인 연하도(燕下都) 유지(하북성 역현易縣)의 성 담장이다. 소왕의 개혁 정치가 이곳에서 실행되었다.(2013년)

그런데 일이 꼬이려는지 신하가 천리마를 사러 그 집에 가기 며칠 전 천리마가 병으로 죽었다. 신하는 도중에 발길을 돌리지 않고 그 집을 찾아가 죽은 천리마의 뼈다귀를 천 냥을 치르고 사 왔다. 왕은 벼락 같이 화를 내며 그 신하를 옥에 가두게 했다. 신하는 며칠 기다리면 천리마들이 제 발로 왕을 찾아올 것이라며 느긋했다. 신하의 예언대로 며칠 지나지 않아 궁궐 문밖에 말들의 울음소리가 진동했다. 왕이 나가 보니 생전에 듣도 보도 못한 명마들이 여러 마리 몰려와 있었다. 이렇게 해서 왕은 한 번에 명마를 여러 마리 얻을 수 있었다. 여기서 '천금시골(千金市骨)' 또는 '천금매골(千金買骨)'이란 성어가 나왔다. '천금으로 (죽은 말의) 뼈다귀를 사다'는 뜻이다.

곽외는 이야기를 마치면서 소왕에게 자기 같이 별다른 재능을 갖지 못한 사람을 우대하면 뛰어난 인재들이 제 발로 걸어올 것이라고 확언했다. 소왕은 먼저 곽외를 위해 '황금으로 지은 집' '황금대(黃金臺)'를 마련하는 등 크게 우대했다. 그리고는 그 집을 인재를 초빙하는 곳이란 뜻의 '초현대(招賢臺)'로 불렀다. 그 뒤 명장으로 이름난 악양(樂羊)의 후손인 악의(樂毅)라는 명장을 비롯하여 추연(鄒衍)·극신(劇辛) 등과 같은 당대의 기라성 같은 인재들이 연나라를 찾았는데, 이를 두고 후세 사람들은 '선비들이 앞을 다투어 연나라로 달려왔다'는 뜻으로 '사쟁주연(士爭湊燕, 또는 사쟁추연士爭趨燕)'이란 성어를 만들어냈다.

뛰어난 인재를 채용하기 위해 치열한 경쟁을 벌이고 있는 오늘날, 죽은 말 뼈다귀 이야기는 어떤 방법으로 최고 인재를 모셔 올 것인가에 큰 시사점을 준다. 최고 인재를 채용하려면 그보다 못한 인재를 먼저 모셔와 진심으로 후하게 대접하라. 그러면 최고 인재는 제 발로 찾아온다.

이상이 인재를 모셔오기 위한 방법의 하나로 **황금대를 지었다**는 **축금대**와 관련한 고사이다. '황금대(黃金臺)', '축황금대(築黃金臺)'라고도 한다. ('사쟁추연', '옹혜' 항목 참고)

키워드 : 인재, 대우, 방법

춘생하장(春生夏長), 추수동장(秋收冬藏)

봄에 태어나고 여름에 성장하며, 가을에 거두고 겨울에 저장한다.
– 권128 〈귀책열전〉

'추수동장' 항목을 참고하면 된다.

키워드 : 자연, 계절, 농사

충신거국불결기명(忠臣去國不潔其名)

충신은 나라를 떠나더라도 명성을 깨끗이 하지 않는다.
– 권80 〈악의열전〉

  '군자는 절교를 하더라도 나쁜 말을 하지 않는다'는 '군자교절불출악성(君子交絶不出惡聲)' 바로 뒤에 따라 나오는 전국시대 조나라의 명장 악의(樂毅)의 명언이다.('군자교절불출악성' 항목 참고)

키워드 : 처세, 거취, 진퇴

충언역이(忠言逆耳)

충성스러운 말은 귀에 거슬린다.
– 권55 〈유후세가〉

  '양약고구(良藥苦口)'와 대구를 이루는 성어이다.('양약고구' 항목 참고)

키워드 : 정치(통치), 직언, 경청

취사유시(趣舍有時)

나아가고 물러남에는 때가 있다.
– 권61 〈백이열전〉

〈백이열전〉은 열전 70권의 첫 권이자 특별한 구성을 갖고 있다. 사마천의 논평이 앞과 뒤 모두에 배치되어 있고, 끝부분에는 공자를 비롯한 여러 사람들의 문장을 인용하여 〈백이열전〉이 갖는 의미를 강조했다. 그런 다음 마지막으로 사마천 자신의 감회로 열전을 마무리했다.

"백이와 숙제가 비록 어진 사람들이긴 했지만, 공자가 있어서 그 이름이 더욱 드러났다. 안연이 공부에 독실하긴 했지만, '천리마 꼬리에 붙음으로써(부기미附驥尾)' 그 행동이 더욱 뚜렷해졌다. 동굴 속 선비들의 **나아가고 물러나는 때**도 이와 같았지만, 그 명성은 연기처럼 사라져 입에 오르지 않았으니 서글프구나! 골목에 사는 보통 사람으로서 덕행을 갈고 닦아 명성을 세우고자 한다면 청운의 선비에 붙지 않고서야 어찌 후세에 명성을 남길 수 있겠는가?"

취사유시는 나아가고 물러남에도 때가 있으니 잘 헤아려 진퇴를 판단하라는 뜻의 성어이다. 때로는 진퇴(進退) 뿐만 아니라 얻고 잃는 득실(得失)을 가리키기도 한다.('부기미' 항목 참고)

키워드 : 처세, 진퇴, 거취

취수부동술(取守不同術)

얻고 지키는 방법이 다르다.

– 권6 〈진시황본기〉

이 말은 진나라의 멸망을 논평한 한나라 초기의 학자이자 정치가였던 가의(賈誼, 기원전 200~기원전 168)가 〈과진론(過秦論)〉에서 언급한 명언이다. 이 글은 〈진시황본기〉 말미에 전문이 인용되어 있다. 가의는 "천하를 합병할 때는 무력이 중요하지만, 천하가 안정되었을 때는 권력에 순종하는 것이 중요하다"라고 말한 다음, 진나라가 천하를 통일하고도 통치 방법을 바꾸지 않은 것이 빨리 멸망하게 된 원인이라고 지적한다.

흔히들 창업(創業)보다 수성(守成)이 더 힘들다고 한다. 창업은 단선적이지만 수성은 복선적이기 때문이다. 창업 단계에서는 모든 여론이 창업이라는 하나의 기치 아래 통일되기 쉽지만, 수성 단계에서는 각계각층의 이익을 대변하는 여론이 다양하게 표출되기 마련이다. 다양한 여론을 수렴하는 일은 결코 쉬운 일이 아니다. 바로 여기에서 상황의 변화에 따라 방법도 달라져야 한다는 명제가 제기된다. 이때 그 어느 쪽이나 인간 중시를 본질로 삼아야 할 것이다. 진시황은 바로 이 점을 소홀히 했기 때문에 천하를 통일하고도 불과 20년을 지키지 못했다.

가의는 이 명언을 통해 창업과 수성의 변증법적 관계를 절묘하게 표현하고 있다. **얻고 지키는 것의 차이점을 그것을 이루기 위한 방법의 차이점으로 요약**한 명언 중의 명언이라 할 것이다.

키워드 : 정치, 통치술, 창업과 수성

취이대지(取而代之)

저 자리를 (내가) 대신하다.
– 권7 〈항우본기〉

　초한쟁패의 두 주역인 항우와 유방의 전기인 〈항우본기〉와 〈고조본기〉 앞부분에는 흥미롭게도 두 사람이 각각 진시황 행차를 구경하면서 보인 반응이 기록되어 있다. 이 두 장면은 훗날 두 사람의 운명을 암시하는 장치로 읽을 수 있을 정도로 사마천의 신필(神筆)이 돋보인다. 두 사람의 반응은 다음과 같았다.

　저(자의) 자리를 (내가) 대신하리라!

　오호, 대장부라면 저 정도는 되어야지!

　두 사람이 보인 위 반응 중 항우의 반응은 어느 것이며, 유방의 반응은 어느 것일까? 앞의 것이 항우의 반응이다. 그는 진시황의 자리에 집착하여 저 자리를 빼앗겠다는 일념을 보였다. 반면 유방은 부러움에 찬 반응을 보였는데, 이는 달리 말해 현상 자체를 인정하는 것이었다.

　사마천은 왜 같은 상황에서 이 두 사람이 보인 아주 다른 반응을 전기 앞부분에다 끼워 넣었을까? 현상에 집착하는 항우와 현상을 인정할 줄 아는 유방의 대조적인 반응을 통해 두 사람의 운명을 암시한 것은 아닐까? 이런 추측은 무엇을 배우든 끝장을 보지 못하는 항우의 기질을 함께 안배한 것으로도 뒷받침된다. ('독서격검', '만인지적' 항목 참고) 사마천의 이런 절묘한 배치는 《사기》를 읽는 묘미를 더해준다.

　항우가 보인 반응 **취이대지**는 훗날 **타인의 권위나 이익을 대신 차지한다**는 뜻의

진시황의 행차를 구경하고 있는 유방의 모습을 그린 그림이다.(2007년)

성어가 되었다. 한편 유방이 보인 반응의 원문은 "차호(嗟乎), 대장부당여차야(大丈
夫當如此也)!"이다.

키워드 : 현상, 대응, 리더십

측목이시(側目而視)

곁눈으로 쳐다보다.
– 권69 〈소진열전〉

　측목이시는 눈을 바로 마주치지 못하고 상대를 **곁눈질하는 모습**을 나타낸 성어이
다. 두려움이나 미움 때문에 상대를 이렇게 쳐다보는 것을 말한다.

　전국시대 말기를 풍미했던 유세가 소진(蘇秦)이 젊은 날 유세에 실패하여 돌아오
자 아내를 비롯하여 아버지·형수 등 모두 그를 멸시했다. 그 뒤 소진이 크게 출세하
여 고향 낙양으로 돌아오자 그 아내가 소진을 바로 쳐다보지 못하고 얼굴을 외로 꼰
채, '곁눈으로 쳐다보면서 귀를 기울여 들었다'고 한다. 이 대목의 원문은 '측목이시
(側目而視), 경이이청(傾耳而聽)'이다. 상대의 눈치를 살피며 귀를 기울여 그 말을 듣
고자 하는 모습을 나타낸 것이다.

　이 대목의 출처는 《전국책》 〈진책〉 (1)이다. ('부귀즉친척외구지~', '전거후공' 한목 참고)

키워드 : 민심, 세태, 두려움

측은이애인(惻隱而愛人), 낙선이호시(樂善而好施)

측은한 마음을 가지면 사람을 사랑하고, 착해지면 베풀기를 좋아한다.

– 권24 〈악서〉

사마천은 음악에 관한 전문적인 한 편인 〈악서〉 논평에서 음악을 통치의 주요 작용으로 인식했다. 여기서 궁(宮)·상(商)·각(角)·치(徵)·우(羽) 오음(五音)의 작용을 다음과 같이 평했다.

연주의 마지막을 장식하는 악기인 석경(石磬)의 실물이다. 전국시대 증후을묘(曾侯乙墓)에서 출토된 것으로 호북성박물관에 전시되어 있다.(2005년)

"궁음(宮音)을 들으면 사람들의 마음은 평화롭고 여유 있고 넓어지며, 상음(商音)을 들으면 사람들은 반듯해지고 옳은 것을 좋아하게 된다. 각음(角音)을 들으면 사람들은 측은지심을 가지고 사람을 사랑하게 되며, 치음(徵音)을 들으면 사람은 착해져 베풀기를 좋아하게 된다. 우음(羽音)을 들으면 사람은 용모와 태도가 단정하고 가지런해져 예를 좋아하게 된다. 대저 예(禮)는 바깥에서 들어오고, 악(樂)은 안에서 나간다."

위 대목에서 '각'과 '치' 음악의 작용을 **측은이애인, 낙선이호시**라는 열 자로 줄여서 나타내게 되었고, 고대 음악의 작용을 대변하는 명구로 자리 잡았다.

키워드 : 음악, 작용, 측은지심, 시혜

측행별석(側行撤席), 옹혜선구(擁彗先驅)

옆으로 걸어가면서 옷자락이 자리를 쓸고, 빗자루로 길을 쓸면서 앞에서 길을 인도하다.
– 권74 〈맹자순경열전〉

전국시대는 인재들의 시대이기도 했다. 각국이 다투어 인재를 모시고자 갖은 방법을 동원했다. 인재에 대한 우대 방식도 남달랐다. 당시 음양가(陰陽家)로 이름 난 제나라 출신의 추연(鄒衍)이 조(趙)나라를 방문했다. '식객삼천(食客三千)'이 상징하듯 인재를 두루 우대했던 조나라의 유력자 평원군(平原君)은 추연이 방문하여 세상사 '큰 이치' '대도(大道)'를 말하자, 그전까지 우대했던 공손룡(公孫龍)을 멀리했다고 한다.(〈평원군우경열전〉) 또 〈맹자순경열전〉에는 왕들이 추연을 얼마나 극진히 맞이했는지를 보여주는 다음과 같은 기록이 남아 있다.

"(평원군은) **옆으로 걸어가면서 옷자락이 자리를 쓸** 정도로 경의를 표시했다. 연(燕)나라에 가자 소왕(昭王)이 **빗자루로 길을 쓸면서 앞에서 길을 인도**했고, 제자의 자리에 앉아서 가르침을 받기를 청했으며, 갈석궁(碣石宮)을 지어 그를 머무르게 하면서 몸소 찾아가 그를 스승으로 섬겼다."

위 대목에서 평원군이 추연을 맞이하여 똑바로 걷지 않고 비스듬히 서서 걸으면서 그에 대한 존중을 나타냈는데, 옷자락이 바닥에 닿아 바닥을 쓸 정도였다. 여기서 **측행별석**이란 표현이 나왔다. 추연이 연나라를 방문하자 소왕은 빗자루를 직접 들고 나와 길을 쓸어가면서 앞장서서 길을 인도했다고 한다. 여기서 **옹혜선구**란 표현이 나왔다. 훗날 이 두 표현을 합쳐 **측행별석, 옹혜선구**라 했다. 인재에 대한 지극히 공손한 태도를 비유하는 표현이다.

〈고조본기〉에는 고조 유방의 아버지 태공이 황제가 된 아들을 옛날처럼 함부로 대하자 태공의 집안일을 맡고 있는 가령(家令)이 "하늘에 두 개의 해가 있을 수 없고, 땅에 두 명의 왕이 있을 수 없습니다"라고 했다. 그 이후 태공은 '빗자루를 든 채' 아들을 맞이했다고 한다. 이곳의 '빗자루를 들다'는 '옹혜'와 같은 뜻의 '옹수(擁篲)'로 표현되어 있다.('옹수' 항목 참고)

키워드 : 인재, 우대, 방법

치

치국지도(治國之道), 부민위시(富民爲始)

나라를 다스리는 이치는 백성을 부유하게 하는 것으로 시작한다.
– 권112 〈평진후주보열전〉

〈평진후주보열전〉의 논평 부분에 나오는 대목이다. 뒤의 대목을 함께 소개하면 다음과 같다.

"나라를 다스리는 이치는 백성을 부유하게 하는 것으로 시작하고, 백성을 부유하게 하는 요체는 근검절약에 있다(부민지요富民之要, 재어절검在於節儉)."

이와 같은 인식은 춘추시대 관중이 주장한 '백성이 부유해야 나라가 부유해진다'는 '부민부국(富民富國)' 사상과 맥을 같이 한다. 사마천의 경제사상 역시 관중으로부터 많은 영향을 받았고, 이런 사상이 권129 〈화식열전〉 등에 집중 반영되어 있다.

키워드 : 경제, 부민(富民), 근검절약

치생(治生)

생활을 도모하다 / 장사에 종사하다.
– 권129 〈화식열전〉

경제는 어렵고도 쉬운 개념이다. 사전적 의미를 살펴보면 "인간의 생활에 필요한 재화나 용역을 생산·분배·소비하는 모든 활동, 또는 그것을 통하여 이루어지는 사회적 관계"라고 되어 있다. 말하자면 인간의 거의 모든 활동을 포괄하는 개념이다. 한편, 돈·시간·힘 따위를 적게 들이는 것을 경제, 또는 경제적이라고 한다. 그렇다면 활동과 관계를 효율적으로 진행하여 자신이 바라는 바를 기준 이상으로 달성하거나 성취할 줄 아는 사람을 경제적인 사람이라고 부를 수 있겠다. 사회에서 경제적인 사람이 되려면 경제에 대한 개념 파악이 확실해야 하는 것은 물론, 그 개념을 자신의 활동과 관계에 적용하여 원하는 것을 적절하게 성취할 줄 알아야 한다.

〈화식열전〉을 보면 **치생(治生)**이란 생소한 단어가 다섯 차례 나온다. 사마천은 "농부가 있어 먹을 수 있고, 산림과 하천을 개발해야 천연자원을 이용할 수 있고, 공인이 있어야 물건을 만들고, 상인이 있어야 상품이 유통되므로" 이 농(農)·우(虞)·공(工)·상(商) 네 가지 직업이야말로 먹고 입는 것의 근원이라는 점을 힘주어 강조했다. 이 네 가지 근원, 다른 말로 기초산업이 차지하는 비중과 생산력이 커야만 백성이 부유해진다는 것이다.

그런데 이 네 가지는 경제 분야이자 인간의 경제 활동에서 가장 기본이 되는 산업이자 직업들이기도 하다. 사마천은 이 직업에 종사하면서 자신의 **생활을 도모하는** 것, 또는 **장사에 종사하는** 것을 '치생'이란 단어로 나타냈는데, 우리가 흔히 하는 말로 '먹고사는 문제'와 직접 통하는 개념이다. 여기서 '치생학(治生學)'이란 단어도 파생되었는데, 인간이 부를 추구하는 범주에 속한다.

치생학은 고대 서양에서는 '가계학(家計學)' 또는 '가정 경제학(Domestic Science)'이라 했다. 이 분야에 대한 후대 연구는 서양이 앞섰지만, 그 원조는 '치생'이란 개념을 제기하고 그 문제를 중시했던 사마천의 경제관에서 찾을 수 있다.

사마천은 치생과 부의 관계를 상당히 의미심장하게 논하고 있는데, 부를 획득하는 최상책은 본업(本業)인 농업이고, 말업(末業)인 상공업은 차선책이며, 불법적 수단으로 부를 얻는 것은 최하책이라고 말한다. 그래서 사마천은 농업으로 축적한 부를 '본부(本富)', 상공업으로 축적한 부를 '말부(末富)', 불법으로 축적한 부를 '간부(奸富)'라 하면서, 말업으로 부를 축적했더라도 그것의 유지는 본업으로 하라고 권고한다.

'치생'과 관련해서 〈화식열전〉에 보이는 상인이자 경제전문가 백규(白圭)를 두고 '치생학의 원조'로 꼽기도 한다.('도백지자', '인기아취~', '지용인강' 등 항목 참고)

키워드 : 경제, 경제학, 생활, 사업, 치생(학)

치세불일도(治世不一道), 편국불법고(便國不法古)

나라를 다스리는 방법은 하나만 있지 않다. 나라에 이롭다면 옛날을 본받을 필요가 없다.
– 권68 〈상군열전〉

진나라로 건너온 상앙(商鞅)이 변법 개혁을 추진하려 하자, 수구 기득권은 거세게 저항했다. 상앙과 상앙을 지지하는 효공(孝公)은 기득권 세력을 대표하는 인물들과 한바탕 논쟁을 벌였다. 위 명언은 그 과정에서 상앙이 던진 말이다.

변법 개혁의 최종 목표와 목적은 백성과 나라를 이롭게 하는 데 있다. 과거의 관례나 낡은 법에 얽매여서는 이 목적과 목표를 달성할 수 없다. 상황에 맞게 임기응변하면서 법을 바꾸고 고쳐야 한다는 요지이다.('법지불행자우귀척', '변법' 항목 참고)

키워드 : 개혁, 변법, 방법

치아위화(齒牙爲禍)

치아가 화근이다.
— 권39 〈진세가〉

이 성어에는 '남을 비방하는 바람에 화를 불러일으킨다'는 뜻이 내포되어 있다. 그리고 거기에는 기원전 11세기 무렵에 건립되어 기원전 355년에 망한 진(晉)나라의 복잡한 정쟁이 얽혀 있다.

진나라 헌공(獻公, 재위 기원전 676~기원전 651)은 재위 5년째 되던 해 여융(驪戎)이란 족속을 정벌하여 여희(驪姬)와 그 동생을 얻었다. 헌공은 이 두 자매를 모두 총애했다. 언니 여희는 헌공의 총애를 믿고 자신이 낳은 아들을 왕위에 앉히려고 태자 신생(申生)을 헐뜯고 모함하여 결국은 자결하게 했다. 그 뒤 헌공이 죽자 왕위 계승을 둘러싸고 치열한 정쟁이 일어나 여희의 아들 해제(奚齊)와 여희의 동생이 낳은 도자(悼子)도 살해당했다.

이 사건을 두고 사마천은 군자의 입을 빌어 "《시경》에 '백옥의 반점은 더욱 갈고 닦을 수 있으나, 잘못한 말은 고칠 수 없다'고 하였으니…"라고 한 뒤, "애초에 헌공이 여융을 공격할 때 점괘에 **치아가 화근이 된다**고 나왔던 바, 여융을 쳐서 여희를 얻고 그녀를 총애하였으나 마침내 그 때문에 난이 일어나게 된 것이다"라고 했다. 뜻인 즉은, 여희가 태자를 비방하여 죽인 결과 내란이 발생했다는 것이다.

'구설수(口舌數)'라는 말이 있고, 또 모든 화근은 입으로부터 시작된다는 말도 있듯이 말은 조심하고 조심해야 한다. 말 한마디 잘못해서 신세를 망친 사람이 어디 한둘인가? 남

춘추시대 서북 지역(지금의 산서성과 그 주변)의 강대국이었던 진나라는 여희의 난리로 나라 전체에 큰 혼란이 일었다. 이 와중에 훗날 진나라를 패주국으로 끌어올린 공자 중이(重耳, 문공)가 장장 19년 망명길에 올랐다. 그림은 여희가 신생을 해치는 모습(아래)을 그린 《동주열국지》의 삽화이다.

을 함부로 비방하는 말은 특히 삼가야 한다. '발 없는 말이 천 리를 간다'는 속담을 그냥 흘려듣지 말아야 한다.

우리 몸의 각 부분은 모두 한 쌍으로 이루어져 있지만 단 두 군데만 하나뿐이고, 그중 하나가 입이다. 자고로 이 둘을 함부로 놀리면 패가망신한다고 했다.('백규지점, 상가마야' 항목 참고)

키워드 : 말, 입, 화근

치연격축(置鉛擊筑)

납덩이를 넣고 축을 연주하다.

– 권86 〈자객열전〉

자객 형가(荊軻, ?~기원전 227)가 진시황(당시 진왕) 암살에 실패한 뒤 진시황은 형가와 어울린 모든 사람들에 대한 수배령을 내려 잡히면 가차 없이 죽였다. 형가의 술 친구였던 고점리(高漸離)는 체포령을 피해 술집에 숨어 있었으나 자

13줄의 현악기 축이다.

신의 특기인 축(筑)을 연주하다가 사방으로 소문이 났다. 이 소식은 진시황의 귀에도 들어갔고, 고점리는 붙잡혔다. 진시황은 고점리가 축을 잘 연주한다는 사실을 알고는 그를 잡아 눈을 멀게 한 다음 **축 연주(격축擊筑)**를 시켰다.

'축'은 13줄의 현악기이다.(진나라 이전에는 5줄이었다.) 연주 때 한 손으로는 줄을 누르고, 다른 한 손으로 대나무 자처럼 생긴 작대기로 줄을 쳐서 소리를 낸다. 그래서 축의 연주를 '격축'이라 한다.

고점리는 진시황을 위해 연주를 하긴 했지만, 죽은 형가와의 의리를 지키기 위해 하루는 축 안에 **납덩이를 넣고** 틈을 엿보다 진시황을 향해 내리쳤지만 눈이 먼 탓에 제대로 맞추지 못했다. 고점리도 죽임을 당했다. 이후 **치연격축은 폭력에 맞서 복수하는 것**을 비유하는 전고가 되었다.('방약무인' 항목 참고)

키워드 : 암살

치이자피(鴟夷子皮)

치이자피.
– 〈오자서열전〉

'오월춘추' 또는 '오월쟁패'의 주인공들 중 한 사람인 범려(范蠡)는 후대 사람들로부터 '상업의 신', '상업의 성인' 등과 같은 별칭을 얻었다. 이런 별칭과는 별도로 범려는 스스로 이름을 두 번이나 바꾸었다. 처음은 월나라를 떠나면서 **치이자피(鴟夷子皮)**라는 독특한 이름으로 바꾸었는데, 적이자 맞수였던 오자서(伍子胥)에게 바치는 오마주hommage였던 것 같다.(오마주란 간단하게 말해 존경·존중을 뜻하는 프랑스어이다.)

오자서는 부차(夫差)의 강요로 자결하면서 저주를 퍼부었는데, 이에 화가 난 부차는 오자서의 시신을 **말가죽**에 싸서 전당강(錢塘江)에 버리도록 했다.('결목현문' 항목 참고) 이 말가죽을 기록에서 '치이자피'라 했기 때문이다. 경쟁 상대였지만 누구보다 뛰어났던 오자서의 죽음을 애도하는 한편, 그에 대한 존경심을 자신의 이름을 그렇게 바꿈으로써 나타내고자 한 것이 아닐까. 그렇다면

범려의 상이다. 뒤 그림은 서시와 함께 월나라를 떠나는 범려의 모습이다.(2010년)

범려야말로 정말 멋진 사내가 아닐 수 없다.

두 번째로 바꾼 이름은 주공(朱公)이다. 제나라 지역 바닷가에서 도(陶, 지금의 하남성 정도定陶)로 다시 옮기면서 이렇게 바꾸었다. 훗날 사람들은 지명까지 넣어 '도주공'이란 별칭으로 많이 부른다. 범려의 별칭에는 그의 일생, 특히 후반부 삶과 그의 인품이 잘 녹아들어 있어 흥미롭다.

오늘날 기업을 경영하는 사람들은 파란만장한 춘추시대에 상업으로 크게 치부하며 노블레스 오블리주를 실천한 두 사람, 즉 범려와 공자의 제자 자공(子貢)을 함께 거론하며 '사업은 자공처럼, 인생은 범려처럼 살아라(또는 '사업은 범려, 인생은 자공')'라는 말까지 만들어내서 이들을 한껏 추앙하고 있다.

키워드 : 개명, 추모

치천하종불이사난공(治天下終不以私亂公)

천하를 다스리는 사람은 자신의 사리사욕 때문에 공공의 이익을 어지럽혀서는 결코 안 된다.
– 권108 〈한장유열전〉

한나라 경제 때인 기원전 154년에 터진 정권 초기 최대의 병목 위기였던 '오초칠국의 난'을 진압하는 데 적지 않은 공을 세운 인물로 한안국(韓安國, ?~기원전 127)이 있었다. 당시 그는 양(梁)나라 효왕(孝王) 밑에 있으면서 장군으로 출정하여 공을 세워 전국적인 명성을 얻었다.

양 효왕은 이 일로 황제 못지않은 위세를 떨치며 황실과 갈등을 일으켰다. 급기야 측근들과 모의하여 자신의 세력을 약화시키려는 원앙(袁盎)을 살해하기까지 했다. 이로써 친형인 경제와 마찰을 빚는 등 또 다시 일촉즉발의 상황이 전개되었다. 이때 한안국이 나서 이 사건을 해결하는 한편, 양쪽을 화해시키고 충돌을 막았다. 이 일로 경제는 한안국을 중앙 조정으로 발탁했다.

위 명언은 당시 원앙 살해 사건을 맡았던 한안국이
양 효왕에게 원앙을 암살한 범인들을 내놓으라고 충고
하는 대목에서 나왔다. 지도자로서 갖추어야 할 '공사
구분'의 자세를 강조한 말이다.

사마천은 《사기》 곳곳에서 지도자의 '공사구분'을 앞
세우고 있다. 〈오제본기〉에서 요임금이 자식이 아닌
순에게 임금 자리를 선양한 사례를 비롯하여, 인상여
가 염파와의 갈등보다 나라의 급한 일이 먼저라고 한
사례 등이 대표적이다. 이에 대해서는 '종불이천하지
병이이일인' 항목과 '선국가지급이후사구야' 항목을 참
고하면 된다.

한안국은 한나라 초기 대신들
중 장자의 기풍을 가진 인물이
었다.(출처 : 바이두)

키워드 : 리더, 공사분별

칠국삼변(七國三邊)

일곱 개 나라와 세 곳의 변방 / 외우내환.
– 권11 〈효경본기〉

경제 때인 기원전 154년, 한나라 정권은 오초칠국의 난으로 큰 홍역을 치렀다. 사
마천은 〈효경본기〉의 논평에서 이 병목 위기에 대해 다음과 같이 말했다.

"효경제에 이르러 성이 다른 (이성異姓) 제후들은 더 이상 걱정하지 않게 되었으나

조조(晁錯)가 (동성同姓) 제후들에게 각박하게 하자, 마침내 '7국'이 함께 일어나 합종하여 서쪽으로 쳐들어왔다. (동성) 제후들이 강성했음에도 조조(晁錯)가 점진적인 조치를 취하지 않았기 때문이다."

사마천이 말한 조조(기원전 약 200~기원전 154)가 동성 제후들을 각박하게 대했다는 것은 중앙 황실과 같은 혈통의 유씨 성을 가진 지방 제후들의 세력이 점점 강해지자 조조 등이 나서 이들의 세력을 약화시키자는 '삭번(削藩)'을 주장한 사실을 가리킨다. '삭번'이란 '울타리를 낮추거나 없앤다'는 뜻으로, 제후국을 울타리에 비유한 것이다. 중앙집권을 위한 이 '삭번' 정책에 반대하여 일어난 것이 오초칠국의 난이었다.

오·초 7국은 황제를 어리석은 길로 이끌고 있는 조조를 비롯한 측근들을 깨끗하게 제거해야 한다는 '청군측(清君側)'을 명분으로 내걸고 난을 일으켰다. 경제가 조조를 죽여 이들의 요구를 받아들였으나 반란은 계속되었다.('군주의 측근을 깨끗하게 한다'는 '청군측'은《공양전公羊傳》에 그 표현이 보인다.)

또 〈율서〉에 보면 "고조(高祖)가 천하를 장악했으나 '세 곳의 변방'에서 반란이 일어났었다. 큰 나라의 왕들이 비록 '울타리처럼 돕는다'고 했으나, 신하로서의 절개를 다하지 못했다"는 대목이 있다. 세 곳의 변방을 '삼변'이라 하는데, 위의 칠국과 합쳐 **칠국삼변**이라 하여 **내우외환을 두루 가리키는** 성어가 되었다.

키워드 : 통치, 제후왕, 반란

칠년변재(七年辨材)

7년을 기다려야 재목인 지를 가릴 수 있다.
− 권117 〈사마상여열전〉

〈사마상여열전〉에 수록된 〈자허부(子虛賦)〉라는 문장에 보면 초나라의 운몽(雲夢)

지역에 대한 상세한 묘사가 있다. 그중 운몽 북쪽은 이렇게 기록되어 있다.

"또 그 북쪽으로는 그늘진 숲과 큰 나무들이 있고, 편남(楩枏)·예장(豫章)·계초(桂椒)·목란(木蘭)·벽리(蘗離)·주양(朱楊)·사리(樝梨)·영률(楟栗)·귤유(橘柚) 등이 향기를 뿜고 있습니다."

큰 나무들 중 예장이란 나무에 대해 훗날 《사기집해(史記集解)》라는 주석서를 남긴 배인(裴駰)은 동진(東晉) 곽박(郭璞)의 글을 인용하여 "예장은 큰 나무다. **7년은 자라야 재목으로 쓸 수 있는지** 알 수 있다"라고 했다. 여기서 **칠년변재**라는 성어가 나왔다.

당나라 때 시인 백거이(白居易, 772~846)는 〈방언(放言)〉이란 시에서 "옥은 사흘을 구워보아야 하고, 인재는 모름지기 7년은 기다려 보아야 한다"라고 했다. 이로써 '칠년변재'는 **진짜와 가짜를 가리기 어렵다**거나 **진정한 인재를 가리려면 많은 시간이 걸린다**는 뜻의 전고가 되었다.

키워드 : 인재, 안목, 판별

칠신탄탄(漆身吞炭)

몸에 옻칠을 하고 뜨거운 숯을 삼키다.
– 권86 〈자객열전〉

춘추시대 자객 예양(豫讓)은 자신을 알아준 지백(智伯)에게 보답하기 위해 지백을 죽인 조양자(趙襄子)를 암살하려다가 실패했다. 조양자는 그를 살려 주었지만, 예양은 포기하지 않고 또 한 번 조양자를 죽이려 했다. 이 두 번째 암살을 위해 예양은 자신의 **온몸에 옻칠을 하고, 뜨거운 숯을 삼켜** 목소리를 내지 못하게 만들었다. 자신의 모습을 다른 사람이 알아보지 못하게 하기 위해서였다. 심지어 그 아내까지도 그를

몰라보았다고 한다.('사위지기자
사', '삼약격지' 항목 참고)

예양이 '몸에 옷칠을 하고 뜨
거운 숯을 삼킨' 사실에서 **칠신
탄탄**이란 성어가 나왔다. **자신
의 정체를 숨기기 위한 극단적인**
조치를 비유한다. 원전은《전국책》〈조책(趙策)〉(1)이다.

예양이 조양자를 암살하려 한 장면을 묘사한 벽돌 그림이다.

키워드 : 자객, 보은, 암살, 위장

칠십이현(七十二賢)

72명의 현자들.
– 권47 〈공자세가〉

'삼천제자' 항목에서 살펴보았듯이 공자의 제자는 많았을 때 3천 명에 이르렀다고
한다. 공자는 67세 때인 기원전 484년 천하주유를 끝내고 고향인 노나라 곡부로 돌
아와 교육사업에 힘을 쏟았다. 공자 문하에는 많은 제자가 몰렸고, 사마천은 공자의
제자에 대해 이런 기록을 남겼다.

공자와 수제자를 그린 그림이다. 안연·자장·자공의 모습이 확인된다.

"공자는 시(詩)·서(書)·예(禮)·악(樂)을 가르쳤는데, 제자가 약 3천 명에 이르렀고 **육예(六藝)에 통달한 자는 72명**이나 되었다. 또 안탁추(顏濁鄒) 같이 수업만 받은 사람은 더 많았다."

3천이란 숫자는 다소 부풀린 것으로 보기도 한다. 《맹자》〈공손추〉편과 《한비자》〈오두〉편에는 제자 70명이라고만 언급되어 있다. **칠십이현**은 공자의 제자들 중에서도 뛰어난, 특히 육예에 통달한 수제자를 가리키는 표현이다.

키워드 : 인재, 수제자

칠원리(漆園吏)

칠원리 / 장자.
– 권63 〈노자한비열전〉

노자(老子)에 이어 도가 사상을 대표하는 장자(莊子, 기원전 약 369~기원전 약 286)는 이름을 주(周)라 했다. 몽(蒙, 하남성 상구시商丘市 양원구梁園區) 사람으로, 자는 자휴(子休), 호는 남화진인(南華眞人)이라 했다. 전국시대 송(宋)나라의 사상가이자 철학자·문학자·도교조사(道教祖師)이다. 일찍이 초나라 위왕(威王)의 초빙을 받았으나 응하지 않았고, 한때 송나라에서 **칠원리(漆園吏)**를 지냈다고 전한다. 이런 장자의 도도한 성격을 반영하여 '칠원오리(漆園傲吏)'로도 불린다.

장자는 도가의 창시자 노자와 더불어 '노장(老莊)'으로 일컬어진다. 그는 자연을 숭배하고 내성외왕(內聖外王, 안으로는 성인이 밖으로는 어진 지도자가 천하를 태평하게 한다.) 사상을 제기했다. 그는 노자의 학설을 흡수하여 발전시켜 '동일(同一)'을 강구하고 '자연(自然)'을 주장하는 자신의 이론을 세웠다.

장자는 자유분방한 사고방식을 지키며 벼슬에 나가지 않으면서 시종 가난한 생활을 유지했다. 장자의 사상과 학문은 노자와 깊은 연원 관계에 있다. 노자를 도가의 시조라고 한다면, 장자는 도가의 제2대 종사라 할 수 있다. 동한 시기에 나타난 도교는 노자를 교조(敎祖)로 존중했고, 이후로도 계속 수많은 호칭을 부여했는데, 민간에 가장 많이 알려진 이름이 '태상노군(太上老君)'이다. 이에 따라 장자도 많은 대우를 받았는데, 당 왕조의 현종은 장자를 '남화진인'에 봉했고, 그의 저서인 《장자》도 경전에 편입되어 《남화진경(南華眞經)》으로 불렸다. 후세 사람들은 권세와 부를

장자의 사상은 냉소적이지만 그 안에는 직관과 통찰력이 번뜩인다. 이 때문에 많은 사람들이 장자의 언어를 좋아한다. 장자의 초상화이다.

추구하면서도 자유로운 정신세계에서 부귀를 마음껏 조롱하며 살다간 장자를 부러워했고, 또 정신적으로 무한한 존경심을 나타내기도 했다.

'칠원'에 관해서는 두 가지 설이 있다. 하나는 옛 지명으로 장자가 여기서 관리를 지냈다는 것이고, 또 하나는 장자가 몽읍에서 관리를 지냈는데 주로 칠(漆), 즉 옻과 관련된 일을 주관했기 때문에 '칠원리'라 한다는 것이다. 후자라면 '칠원'은 옻나무가 자라는 동산이란 뜻이 된다. 어느 쪽이든 '칠원리'는 훗날 **장자를 가리키는 대명사**가 되었다.

키워드 : 사상, 제자백가, 도가

칠일칠야(七日七夜), 진정지곡(秦庭之哭), 진정곡사(秦庭哭師)

7일 밤낮을 진나라 궁정 뜰 앞에서 통곡을 하여 군사를 빌리다.
– 권66 〈오자서열전〉

오자서가 오나라 군대를 끌고 초나라로 쳐들어와 평왕의 무덤을 파헤치고 그 시

신에다 채찍질을 가하자('굴묘편시') 신포서가 이에 항의한 다음, 진나라에 가서 7일 밤낮을 통곡한 끝에 군대를 빌린 사건을 말한다.('진정지곡' 항목 참고)

키워드 : 정성(精誠), 애원

칠책오성(七策五成)

일곱 가지 계책 중 다섯 가지를 사용하여 성취하다.
– 권129 〈화식열전〉

오월쟁패 과정에서 월왕 구천을 도와 오나라를 멸망시키는 데 가장 큰 공을 세운 인물은 범려(范蠡)였다. 전설에 따르면 범려의 스승은 계연(計然)이었는데, 범려는 계연에게 일곱 개의 큰 모략을 배웠다고 한다. 범려는 구천을 도우면서 이 중 다섯 개만 사용하고도 오나라를 멸망시켰다. 오나라가 망한 다음 범려는 남은 두 가지는 자기 집안을 위해 쓰겠다면서 보장된 부귀영화를 마다하고 월나라를 떠나 사업가로 변신했다.

여기서 **칠책오성**이란 성어가 나와 **수준 높고 깊이가 남다른 모략**을 가리키기에 이르 렀다.('삼취천금, 삼취삼산' 항목 참고) 또 계연의 일곱 가지 뛰어난 모략을 가리키는 '계 연칠책(計然七策)'이란 성어도 파생되었는데, '칠책오성'과 마찬가지로 뛰어난 수준 의 남다른 모략을 가리키는 성어가 되었다.('계연지책', '지투수비' 항목 참고)

키워드 : 군사, 책략

칭문소이기지극대(稱文小而其指極大), 거유이이견필원(擧類邇而見必遠)

그 말의 양은 적지만 그 뜻하는 바는 지극히 크고, 그 예는 쉬운 것을 들었지만 그 뜻이 보여주려는 것은 원대하다.

– 권84 〈굴원가생열전〉

이 명구는 전국시대 초나라의 애국시인 굴원(屈原, 기원전 338~기원전 약 278)의 대표적인 작품 《이소(離騷)》에 대한 사마천의 논평 중 일부이다. 이에 대해서는 '호색불음' 항목을 참고하면 된다.

키워드 : 문장, 의미

권36 〈진기세가〉에서 사마천은 순과 우임금의 공덕이 훌륭하고 뛰어났기 때문에 그 후예인 진나라와 기나라가 존재할 수 있었다고 보아 이 편을 지었다고 밝혔다. 시대순으로 전체 국면의 변화를 조망하고 순과 우의 후손의 나라인

진과 기에 대한 기록을 남기고 있다. 사진은 진나라의 시조인 호공의 사당인 진호공전의 모습이다.(하남성 회양현淮陽縣, 2014년)

탁몽용부열(托夢用傅說)

꿈에 기탁하여 부열을 기용하다.
– 권3 〈은본기〉

권력 기반이 없던 상나라 23대 왕 무정(武丁, 재위 기원전 1250~기원전 1192 추정)은 민간 시절에 알고 있던 뛰어난 인재 부열을 기용하기 위해 3년을 기다린 끝에 당시 사회 습속이던 미신을 이용하여 부열을 기용하고 상나라를 부흥시켰다. 이 업적으로 무정은 죽은 뒤 상의 왕으로는 드물게 고종(高宗)이라는 시호가 주어졌다.

전하는 바에 따르면 그는 어린 시절 민간에서 생활했다고 한다. 이런 경험 때문에 백성들의 노고를 잘 헤아렸고, 하층민들의 삶도 잘 이해했다. 나랏일을 처리하고 인재를 기용하는 '용인(用人)'에 있어서 그의 식견은 아버지 소을(小乙)보다 뛰어났다는 평이다.

왕의 자리에 오른 무정이 주변 대신들을 잘 살펴보았으나 자신을 도와 대업을 이룰만한 인재를 찾기 어려웠다. 고민 끝에 무정은 한 가지 꾀를 생각해냈다.

어느 날 대신들과 연회를 베풀던 무정이 갑자기 기절하여 쓰러졌다. 당황한 대신들이 온갖 방법을 동원하여 치료했으나 별다른 효과를 보지 못했다. 3일 지나서야 깨어난 무정은 대신들에게 이상한 꿈을 꾸었다며 이렇게 말했다.

"내가 누워 있는 동안 하늘에 가서 천제(天帝)를 만났다. 천제는 나더러 나랏일에 온 힘을 다하되 과거의 법속에 구속받지 말고 유능한 인재를 기용하여 나라를 부흥시키라고 했다. 천제께서 떠나면서 '열(說)'이라는 이름을 가진 노예가 있는데, 현명하고 유능한 인재라 특별히 내게 준다고 했다. 그대들은 서둘러 사방으로 찾아 나서되 특별히 변방에서 고된 일을 하는 노예를 주의해서 살펴라."

　　명령을 받은 대신들은 사방으로 찾아다닌 끝에 지금의 산서성 평륙현(平陸縣) 동쪽으로 추정되는 부험(傅險)이란 지방에서 '열'이란 사람을 찾아냈다. 이름은 말할 것 없고 생김새도 무정이 꿈에서 보았다는 사람과 똑같았다. 노예 '열'은 마침 부험 일대에서 성을 쌓고 있었다. 열이

《상서》의 기록을 살펴보면 무정과 부열은 마치 음식과 조미료의 관계처럼 떼려야 뗄 수 없는 관계였다. 사진은 산서성 평륙현에 남아 있는 부열의 무덤이다.(2015년)

"무정을 만나니 무정은 바로 이 사람이라고 했다. 이에 그를 이끌어 이야기를 나누니 과연 성인이라 재상을 맡겼고, 이로써 은(상)은 크게 다스려졌다." 열을 부험이란 곳에서 찾았기 때문에 그에게 '부열(傅說)'이란 이름을 지어주었다.

　　그렇다면 무정은 부열이란 존재를 어떻게 알고 있었을까? 사마천은 "무정이 꿈에서 '열'이라는 이름의 성인을 만나 백관을 시켜 교외에서 찾게 했다"고만 기록하고 있다. 기록들을 종합해 볼 때 대체로 이런 해석이 가능할 것 같다. 어린 시절 민간 생활을 체험한 바 있는 무정은 부험이란 지역에서 성을 쌓고 있는 열이란 노예를 알게 되었다. 그와 이야기를 나누어 보니 보통 사람이 아니었다. 왕위에 오른 무정이 열을 기용할 생각을 가졌으나 기득권 대신들의 반대를 예상하여 꿈에서 천제를 만났다는 이야기를 꾸며 열을 초빙하도록 한 것이다.

　　현명하고 유능한 인재를 등용하고자 할 때는 출신에 집착할 것이 아니라 인재임을 알게 되면 모든 방법을 동원하여 그를 찾아 모셔야 한다. 무정이 성공한 비결이다. 이럴 경우 인재를 기용하기 위해 어떤 술수를 사용했다 해서 굳이 나무랄 일은 아니다.

　　탁몽용부열은 원하는 인재를 기용하기 위해 3년을 기다려서 한바탕 연기까지 한 무정의 인내와 지혜가 돋보이는 고사이다. '몽득부열(夢得傅說)' 또는 '야몽득성인(夜夢得聖人)'이라고도 한다. 이 고사의 원래 출전은 《상서》이다.('삼년불언' 항목 참고)

키워드 : 통치, 방법, 미신, 인재

탁발난수(擢髮難數)

머리카락을 다 뽑아도 그 수를 헤아리기 어렵다.
– 권79 〈범수채택열전〉

‘애자필보’ 항목에서 살펴보았듯이 범수(范雎)는 위나라 수고(須賈)의 시기와 질투 때문에 목숨까지 잃을 뻔했다. 간신히 목숨을 건진 범수는 이름을 장록(張祿)으로 바꾸어 진나라로 건너와 천신만고 끝에 소왕을 만나 ‘원교근공’의 외교책략을 건의했다. 이후 범수는 소왕의 전폭적인 지지를 업고 승상 자리까지 올랐다.

이 무렵 범수의 원수인 위나라의 수고가 진나라에 사신으로 왔다. 범수는 자신의 신분을 속인 채 수고에게 진나라 승상을 소개해주겠다고 주선했다. 그리고는 수고를 자신의 집으로 안내하여 자신의 신분을 밝힌 다음, 처절하게 모욕을 주었다. 수고는 범수에게 사죄했다. 범수는 “당신의 죄가 얼마나 되는지 아는가?”라고 물었다. 수고는 **“이 수고의 머리카락을 다 뽑아 사죄한다 해도 부족할 것입니다”**라며 사죄했다. 여기서 **탁발난수**라는 사자성어가 나왔다. 이후 ‘탁발난수’는 **지은 죄가 아주 많다**는 것을 형용하거나 비유하는 전고가 되었다.(‘애자필보’, ‘원교근공’ 항목 참고)

키워드 : 관계, 사죄

탄위관지(嘆爲觀止)

탄식(감탄)하며 보기를 멈추다.

– 권31 〈오태백세가〉

기원전 565년 오나라의 명망가 계찰(季札, 생졸 미상)은 사신이 되어 여러 제후국을 방문했다. 음악에 조예가 깊었던 계찰은 종주(宗周)의 후예인 노나라에서 주나라 음악을 비롯한 여러 음악을 감상하는 기회를 가졌다. 감상을 마친 계찰은 **감탄에 감탄을 거듭하면서 다른 음악이 있어도 더**

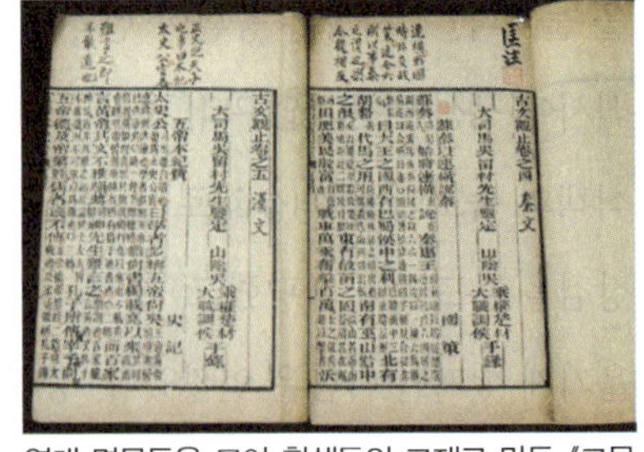

역대 명문들을 모아 학생들의 교재로 만든 《고문관지(古文觀止)》 판본이다.(출처 : 바이두)

이상 보지 않겠다고 했다. 여기서 **탄위관지**라는 성어가 나왔다. 훗날 이 성어는 자신이 본 사물이 더 할 나위 없이 아름답거나 뛰어나다는 것을 가리키기에 이르렀다. 원전은 《좌전》(양공 29년조)이다.

훗날 청나라 때 사람 오초재(吳楚材)와 오조후(吳調侯)는 강희 33년인 1694년, 동주 시대에서 명나라에 이르는 산문 222편을 추려 12권으로 책으로 엮은 다음 '관지'라는 단어를 따서 《고문관지(古文觀止)》라는 이름을 붙였다. 다른 문장은 '더 보지 않아도 되는 뛰어난 옛 문장의 모음집'이란 뜻이다. 이 책은 학생들을 위한 교재가 되었고, 이듬해인 1695년 정식으로 인쇄본이 나왔다.

키워드 : 음악, 감상

탄협무어(彈鋏無魚)

생선이 없다고 장검을 두드리다.
— 권75 〈맹상군열전〉

전국시대 4공자의 한 사람인 제나라 맹상군의 식객 중에 풍환(또는 풍훤)이 있었다.
처음 그는 짚신을 신고 맹상군을 찾아와 자신의 몸을 맡겼다. 맹상군은 풍환을 하등
식객의 숙소인 전사(傳舍)에 머무르게 하고, 열흘 뒤에 전사의 책임자에게 그의 동정
을 물었다. 전사장은 풍환이 한 자루 밖에 없는 **장검을 두드리며** "장검이 돌아가자!
식사에 **생선 반찬이 없구나!**"라는 노래를 부른다고 보고했다. 맹상군은 풍환을 중등
식객의 숙소인 행사(行舍)로 옮기고, 생선 반찬을 대접하게 했다. 풍환은 그 뒤로도
장검을 두드리며 불평했고, 맹상군은 풍환을 다시 상등 식객의 객사인 대사(代舍)로
옮기게 했지만 마음은 언짢았다. 풍환은 맹상군의 호의와 우대를 잊지 않고 여러 차
례 맹상군을 도와 위기를 벗어나게 했다.('교토삼굴', '풍환시의' 항목 참고)

탄협무어의 출처는 《전국책》 〈제책〉⑷이고, 〈맹상군열전〉에 상세한 이야기가 기
록되어 있다. **몹시 곤궁한 처지여서 누군가의 도움을 필요로 한다**는 비유의 성어로 인용
되고 있다.

키워드 : 관계, 인재, 기회, 도움

탄환지지(彈丸之地)

탄환(彈丸)만한 작은 땅.
— 권76 〈평원군우경열전〉

전국시대 말기 조나라는 국경을 접하고 있는 강국 진나라의 거듭된 공격에 곤욕
을 치르고 있었다. 조정 내에서는 진나라에 땅을 떼어주고 강화해야 한다는 쪽과 땅

을 떼어준다고 진나라가 공격을 멈출 리 없으니 땅을 떼어주어서는 안 된다는 쪽이 팽팽하게 맞섰다. 전자를 대표하는 인물은 조학(趙郝)이었고, 후자를 대표하는 인물은 우경(虞卿)이었다. 조학은 우경의 주장에 반대하며 이렇게 말했다.

"진나라에게 정말 공격을 계속할 수 있는 힘이 없다는 사실을 안다면 **탄환(彈丸)만 한 작은 땅**도 줄 수가 없습니다."

그러면서 조학은 진나라가 다시 공격해 온다면 그때는 땅을 떼어주고 강화하지 않을 자신이 있냐고 반문했다. 조학의 위 말에서 **탄화지지**라는 표현이 나왔다. 탄환 정도 밖에 되지 않는 아주 작은 땅을 비유하며, 훗날 아주 좁은 땅을 가리키는 성어가 되었다.

키워드 : 영토, 전쟁, 외교

탈

탈영이출(脫穎而出)

(송곳의) 자루까지 튀어나오다.
– 권76 〈평원군우경열전〉

평원군의 식객 모수(毛遂)가 자신을 추천하며 평원군과 나눈 대화에서 나온 표현이다. 당시 모수는 송곳(자신)을 자루에 넣어주기만 하면 송곳 끝은 물론 송곳 자루까지 튀어나올 것이라고 했다. 요컨대 기회를 주면 능력을 한껏 발휘할 수 있다고 자신한 것이다.('낭중지추' '모수자천' 항목 참고)

탐

탐고삼지(貪賈三之), 염고오지(廉賈五之)

욕심 많은 상인은 3할을 벌고, 양심적인 상인은 5할을 번다.
– 권129 〈화식열전〉

한나라 무제 때 유교가 통치 이데올로기인 국교로 확정되면서 사농공상(士農工商)을 기본으로 하는 신분제가 고정되기 시작했다. 상인은 평민층 가운데 가장 천한 신분으로 천시되었다. 이와 함께 상인을 비하하는 용어들도 나타났는데, 탐욕스러운 상인이란 뜻의 '탐고(貪賈)'와 간사한 상인이란 뜻의 '간상(奸商)'이 대표적이었다. 물론 이와 반대되는 좋은 상인이란 뜻의 '양상(良商)'이나 청렴한 상인이란 뜻의 '염고(廉賈)'라는 단어가 없는 것은 아니었지만, '탐고'나 '간상'만큼 강하게 각인되지는 못했다.

〈화식열전〉에도 '탐고'와 '염고'라는 표현이 보이는데, 사마천은 이 두 종류의 상인이 장사에서 각각 이익을 얼마나 남기는 지에 대해 의미심장한 언급을 남기고 있다. 얼핏 생각하기에는 욕심 많은 '탐고'가 욕심 부리지 않는 '염고'에 비해 훨씬 많은 이윤과 이익을 남길 것 같다. 하지만 사마천은 그와는 반대되는 분석을 내놓았다.

사마천은 우선 상인으로서 남겨야 할 이윤의 기준을 2할로 보았다. 이런저런 사업을 하면서 2할의 이익을 올리지 못하면 이상적인 수입이라 할 수 없다고 했다. 그러면서 '탐고'들, 특히 고리대금업으로 3할이라는 높은 이자를 받는 상인들은 늘 3할의 이윤을 남기지만, 공정하게 장사하는 '염고'들은 결국은 소비자들의 신용을 얻어 5할의 이윤을 남기게 된다고 지적했다. 이것이 **탐고삼지, 염고오지**다.

상인에게 이윤은 생명줄이나 마찬가지다. 문제는 그 이윤의 적정선이다. 물론 사

업에 따라 다 다르겠지만 사마천은 2할을 기준으로 잡고 그 이상은 되어야 한다고
했다. 상당히 합리적인 기준으로 보인다. 단, 3할 이상을 남기는 것은 욕심이라고 말
한다. 그렇게 욕심을 내면 3할의 이윤을 남길 수는 있겠지만 더 이상은 불가능하다
고 본 것이다. 반면 정직하고 공정하게 사업을 하다보면 신용도가 높아져 5할의 이
윤까지 거둘 수 있다고 말한다. 물론 그렇게 치부한 부를 어떻게 베풀 것인가에 대한
고민이 동반되어야 하고, 또 실천으로 옮길 때 신용도 이윤도 지킬 수 있을 것이다.

키워드 : 경제, 상인, 상도(商道)

탐부순재(貪夫徇財), 열사순명(烈士徇名), 과자사권(誇者死權), 중서빙생(衆庶馮生)

**탐욕스러운 자는 재물에 죽고, 열사는 명성에 죽고, 과시하길 좋아하는 자는 권세에 죽고, 보통
사람은 목숨을 탐한다.**

– 권61 〈백이열전〉

사마천이 열전 70권의 첫 권인 권61 〈백이열전〉에 인용한 한나라 초기의 정치가
가의(賈誼)의 말이다. 사람은 누구나 자신이 바라는 것에 집착하기 마련이다. 그것
이 처한 상황과 연계되면 왕왕 극단으로 나아간다. 문제는 바라는 것의 옳고 그름
이다. 세상의 불공평이 이 지점에서 발생한다. 즉, 옳지 않은 것을 추구하는 자들이
갈수록 상황을 자신들에게만 좋은 쪽으로 바꾸기 때문이다. 이 때문에 정직하고 착
한 사람들이 피해를 입는다. 보통 사람은 목숨조차 부지하기 힘들어지기도 한다.

무엇인가에 지나친 욕심을 보이는 것을 탐욕(貪欲)이라 한다. 자신의 역량이나 인
격에 맞지 않는 부와 권력과 명예를 탐하는 것 역시 탐욕이다. 사마천은 이런 자들
을 두고 '명성과실(名聲過實)'이라 했다. '이름과 명성이 실제보다 지나치다'는 뜻이
다.('명성과실' 항목 참고) 지금 우리 사회에 이런 자들로 넘쳐난다. 탐욕이 판을 치고 있

는 현상의 일부 결과물일 뿐이다.

사마천은 "사람은 누구나 한 번 죽지만 그 죽음을 사용하는 방향에 따라 태산보다 무거운 죽음이 있고, 새털보다 가벼운 죽음이 있다"고 했다. 인간은 누구나 무엇인가를 위해 죽지만 그 무엇이 세상을 조금이나마 나은 쪽으로 바꾸는 것이라야 새털보다 가벼운 죽음이라는 비아냥은 면할 것이다.('인고유일사~' 항목 참고)

키워드 : 탐욕, 명실(名實), 생사

태

태공망(太公望)

태공이 갈망하다.
– 권4 〈주본기〉 ; 권32 〈제태공세가〉

태공망은 은(상)을 멸망시키고 주를 건국하는 데 가장 큰 공을 세운 강태공(姜太公)의 별칭이다. 강태공은 여러 개의 이름으로 불린다. 선조가 여(呂)라는 지역에 봉해졌기 때문에 여상(呂尙)이라고 불리며, 강상(姜尙)이라는 이름도 보인다. 또 그가 군사와 정치 전반을 책임지는 '사(師)'라는 벼슬에 있었기 때문에 사상보(師尙父)로도 불렸다.(여기서 '상'과 '상보'는 존칭으로 관중을 '중보仲父'라 부른 것도 같은 뜻이다.) 강자아(姜子牙)란 이름도 남아 있다.

강태공을 가리키는 여러 별명들 중에서 흥미로운 유래를 가진 이름이라면 역시 '태공망(太公望)'이다. 강태공이란 이름 역시 태공망의 태공과 강을 합성한 이름이다. 태공은 주 문왕의 할아버지인 고공단보(古公亶父)를 말하는데, 일찍이 고공단보는 성인이 우리를 찾아오는 날이면 우리 주나라가 크게 흥성할 것이라며 현인을 기다렸다고 한다. 그래서 강자아를 **태공 고공단 보가 갈망하던** 현인이란 뜻의 '태공망'이라 부르게 되었다.

태공망은 주 부락의 서백(西伯, 문왕)과 얽힌 고사에서 나온 성어이다. 당시 70이 넘은 여상은 서백에게 접근하기 위해 위수 (渭水)에서 낚시를 하고 있었다. 서백은 사 냥에 앞서 점을 치니 천하를 제패하는 데 필요한 인물을 얻을 것이라는 괘가 나왔 다. 그리고는 아니나 다를까 위수 북쪽에 서 낚시를 하고 있는 여상을 만났다. 서백

주나라의 선조인 태공(고공단보)이 갈망하던 인재 강태공은 실은 자신이 서백에게 쓰이길 갈망했 다. 그는 바늘 없는 낚싯대를 드리운 채 자신을 낚아 줄 서백을 기다렸다. 사진은 강태공이 낚시 했다는 조어대(釣魚臺) 유적 앞에 세워져 있는 강 태공 석상이다.(2007년)

은 여상과 이야기를 나누고는 크게 기뻐하여, "우리 선조 **태공께서 선생을 기다린** 지 오래되었소이다"라고 말했다. 서백은 여상을 '태공망'이라 부르며 깍듯이 예우했다.

'태공망'은 누군가를 애타게 기다린다는 마음을 표현할 때도 사용할 수 있는 성어 이다. 이와 함께 강태공 여상은 자신을 기용해 줄 사람을 기다리며 낚시를 했는데, 이를 '태공이 낚시를 하다'는 뜻의 '태공조어(太公釣魚)'라는 성어로 표현하기도 있 다. ('강태공조어' 항목 참고)

키워드 : 통치, 기다림, 인재

태산불양토양(泰山不讓土壤), 하해불택세류(河海不擇細流)

태산은 단 한 줌의 흙도 마다하지 않으며, 강과 바다는 자잘한 물줄기를 가리지 않는다.
– 권87 〈이사열전〉

이 천고의 명언은 이사가 진시황에게 올린 글 〈간축객서(諫逐客書)〉에 나오는 한

대목으로 지난 2천 수백 년 동안 숱하게 인용되었다. 이 글이 나오게 된 배경을 좀 더 상세히 살펴보겠다.

기원전 237년은 훗날 기원전 221년 중국 역사상 최초의 통일 제국을 세우는 진시황이 왕위에 오른 지 10년째 되던 해였다. 진시황은 10년 전인 기원전 247년 12세의 나이로 왕위에 올랐다. 위(衛)나라 출신의 거상 여불위(呂不韋)의 경제적 지원과 국경을 넘나드는 치밀한 로비 덕분에 전혀 가망 없던 왕위에 오른 진시황의 아버지 장양왕(莊襄王)이 불과 3년 만에 세상을 떴기 때문이었다. 모든 권력은 여불위의 수중으로 들어갔다.

그로부터 10년 동안 진왕 정(政, 진시황)은 숨죽인 채 조정의 정세를 살피며 살았다. 그 사이 젊은 생모 조(趙)태후는 과거 자신의 주인이었던 여불위를 침실로 끌어들였다. 부담을 느낀 여불위는 장안에서 정력이 출중한 노애(嫪毒)란 자를 물색하여 태후에게 보내 태후의 욕정을 채우게 했다. 태후와 노애 사이에서는 아들이 둘씩이나 태어났다. 젊은 진왕 정은 이런 상황을 조용히 지켜보고 있었다.

기원전 238년, 21세 진왕 정의 성인식이 있었다. 이제 직접 정치 일선에 나설 수 있는 나이가 된 것이다. 다급해진 태후와 노애는 성인식에 맞추어 반란을 일으켰다. 정은 기다렸다는 듯이 단숨에 반란을 진압했다. 노애는 잡혀 목이 잘려 저잣거리에 내걸렸고, 태후는 별궁으로 쫓겨났다. 사실 진왕 정은 태후와 노애의 동정을 은밀히 살피고 있었고, 이들에 대한 정보를 바탕으로 반란을 단숨에 진압할 수 있었다.

이듬해인 기원전 237년, 정은 노애의 반란에 책임을 물어 여불위를 면직시켰다. 진나라 종실과 대신들이 움직이기 시작했다. 지금까지 진나라의 권력을 좌우하던 타국 위나라 상인 출신이었던 여불위가 물러났기 때문이다. 이때 마침 한(韓)나라에서 보낸 수리 전문가 정국(鄭國)이 실은 진나라 내부를 이간질하고 제방과 운하를 쌓아 진나라의 국력을 소모시키려 건너온 간첩이라는 사건이 터졌다.(이 사건은 외국 출신에게 반감을 품고 있던 진나라 기득권 대신들이 조작했을 가능성도 배제할 수 없다.) 진나라 본토 출신의 신하들은 벌떼 같이 들고 일어났다. 진왕 정도 이참에 자신의 권력 기반을 다질 겸 진나라에 들어와 벼슬을 하거나 식객으로 있는 외국 출신의 인재들을 모두 내쫓으라는 '축객령(逐客令)'을 전격 단행했다. 전국적으로 대대적인 수색도 병행되었다.

이보다 앞서 10여 년 전인 기원전 250년 무렵 초(楚)나라 상채(上蔡) 출신의 지식인 이사는 풍운의 꿈을 품고 당시 가장 강한 진나라로 건너와 어느 시점인가 여불위 집안의 식객이 되었다. 기원전 247년, 정이 진왕이 되자 이사는 장사(長史) 벼슬에 임명되고 객경(客卿)으로 우대받았다. 이사의 출세 가도가 눈앞에 펼쳐지는 순간이었다. 그리고 10년, 이사는 여불위를 보좌하며 자신의 능력을 떨쳤다.(여불위가 자신의 식객들을 동원하여 편찬한 잡가 계통의 백과전서 《여씨춘추呂氏春秋》도 이사가 주도했을 가능성이 크다.)

그런데 기원전 237년, 이사의 뒷배 여불위가 면직되고, 바로 이어 외국 출신의 인재들을 내쫓으라는 '축객령(逐客令)'이 내려졌다. 이사의 출세 가도가 갑작스럽게 막혔을 뿐만 아니라 쫓겨날 판이었다. 이사는 고심 끝에 붓을 들었다. 자신이 잘하는 글로 젊고 야심찬 군주 진왕 정을 설득하기로 한 것이다. 이 글이 중국 역사상 최고의 명문들 중 하나로 꼽히는 〈간축객서〉이다. '객경을 내치라는 명령에 대해 올리는 글'이다. 이 명언이 나오는 대목을 소개해둔다.

"그러나 인재를 얻는 일은 그와는 다릅니다. 옳고 그름을 묻지 않고, 굽은 지 곧은지를 따지지 않은 채 진나라 사람이 아니면 물리치고 객들을 쫓아내려 합니다. 여색·음악·주옥 등은 귀하게 여기면서 사람은 가볍게 여기는 것입니다. 이는 천하에 군림하며 제후들을 제압하는 방법이 아닙니다. 신이 듣건대, 땅이 넓으면 곡식이 많이 나고, 나라가 크면 백성이 많고, 병력이 강하면 병사가 용감해진다고 합니다. 요컨대 **태산(泰山)은 한 줌의 흙도 마다하지 않기에 그렇게 높고, 강과 바다는 자잘한 물줄기를 가리지 않기에 그렇게 깊은 것입니다.** 그리고 왕은 모든 백성들을 물리치지 않기에 그 덕을 밝힐 수 있습니다. 이 때문에 국토는 사방으로 끝이 없고, 백성에게는 다른 나라가 있을 수 없으며, 사시사철 아름다움이 충만하고, 귀신이 복을 내립니다. 오제(五帝)와 삼왕(三王)에게 적이 없었던 까닭입니다. 지금 진은 백성을 버려서 적국을 이롭게 하고, 객을 물리쳐서 제후에게 공을 세우게 하며, 천하의 인재를 물러나게 해서 감히 서쪽으로 향하지 못하게 하고, 발을 묶어 진으로 들어오지 못하게 합니다. 이는 '적에게 병사를 빌려주고 도적에게 양식을 보내는' 것입니다."

전국시대 말기 초강국 진나라는 천하통일에 박차를 가하고 있었다. 이때 한나라에서 보낸 수리 전문가 정국이 이런저런 토목공사를 벌여 진나라의 국력을 소모시킬 목적으로 보낸 첩자라는 보고가 올라왔다. 진나라 왕족과 대신들은 훗날 진시황으로 불리게 되는 진왕에게 외국 출신의 객경들을 모두 추방하라고 아우성을 쳤다. 진왕은 외국 출신의 객경들을 내치라는 '축객령'을 내렸다.

진나라는 기원전 7세기 목공이 외국 출신의 인재들에게 문호를 활짝 개방한 이래 통일 이전까지 무려 70명이 넘는 외국 출신들이 각 방면에서 진을 위해 능력을 발휘했다. 진이 강국으로 부상할 수 있었던 데에는 이들의 역할이 대단히 크고 중요했다. 따라서 '축객령'은 대단히 충격적인 조치가 아닐 수 없었다.

이 조치에 따라 축객의 대상으로 지목된 인물 중 한 사람인 이사는 진시황에게 '축객령'의 부당함을 밝히는 글을 올렸다. 이 글이 앞서 말한 명문으로 꼽히는 〈간축객서〉이다. 이 글에서 이사는 진나라가 부국강병을 이루게 된 배경에는 국적·종족·신분을 초월한 과감한 인재 기용이 있었다는 사실을 위의 명언을 동원하여 강조했다. 진왕은 설득력 넘치는 이사의 문장에 설득되어 '축객령'을 전격 취소했고, 진나라는 이들 외국 출신 인재들의 적극적인 노력에 힘입어 마침내 천하를 통일했다.

세계는 바야흐로 '이질적 공동체' 시대로 접어들었다. 폐쇄적이고 배타적인 인재 정책으로는 세계사의 흐름에 뒤질 수밖에 없다. 지금 우리는 외국인들을 어떻게 대하고 있는지 되돌아볼 일이다. **태산불양토양, 하해불택세류** 이 12글자는 '토양세류(土壤細流)'의 네 글자로 줄여서

〈간축객서〉를 올리는 이사의 모습이다.(2008년)

표현하기도 하는데, '미미한 사물'이란 뜻을 가진 단어로 사용된다.('축객령' 항목 참고)

키워드 : 통치, 인재, 포용, 명문

태산홍모(泰山鴻毛)

태산과 새털.
– 〈보임안서〉

사마천의 생사관을 잘 보여주는 대목으로 역대로 수많은 사람들에 의해 인용되어 온 다음 명언이 있다. 원문을 함께 소개한다.

"사람은 누구나 한 번 죽지만 어떤 죽음은 태산보다 무겁고, 어떤 죽음은 새털보다 가볍다. 죽음을 사용하는 방향이 다르기 때문이다."
"인고유일사(人固有一死), 혹중우태산(或重于泰山), 혹경우홍모(或輕于鴻毛), 용지소추이야(用之所趨異也)."

여기서 각각 '태산'과 '홍모'를 떼어서 사자성어로 **태산홍모**라 쓰기도 한다. **태산보다 무거운 죽음, 새털보다 가벼운 죽음**을 가리킨다.('인고유일사', '궁형', '이릉지화', '회장구전' 등 항목 참고)

키워드 : 생사, 생사관

택인이임시(擇人而任時)

사람을 잘 쓰고 시세에 맡기다.
– 권129 〈화식열전〉

춘추시대 말기 정치와 군사, 그리고 사업에서 모두 성공을 거둔 인물이 범려(范蠡)다. 범려는 보기 드문 성공 스토리를 후대에 남겼는데, 마지막 직업으로 선택한 상업에서의 성공이 많은 관심을 끌고 있다. 그는 세 차례 천금을 모아 모두 주위에 나누어주는 '부의 사회 환원'을 실천하여 상인의 사회적 책임이란 문제까지 우리 앞에 던졌다.('삼취천금, 삼취삼산' 항목 참고)

그럼에도 많은 사람이 가지는 관심의 대상은 범려의 치부법(致富法)이다. 사마천은 범려의 성공 요인으로 우선 스승 계연의 일곱 가지 계책을 꼽았다. 여기서 '계연칠책(計然七策)'이라는 고사성어가 나왔다. 범려는 이 중 다섯 가지는 월나라에 적용하여 숙적 오나라를 물리쳤고, 나머지 둘을 가지고 상인으로 변신하여 또 다시 성공했다. 상업 활동에서 범려가 채용한 치부법은 다음 몇 가지로 요약된다.

첫째, 지리(地理)와 지리(地利)에 대한 정확한 파악이다. 그가 마지막으로 성공을 거둔 도(陶)라는 지역은 천하의 중심으로 사방의 제후국들과 통해 있어 물자의 교역이 활발하게 이루어지는 곳이었다.

둘째, 지리적 이점을 정확하게 간파한 다음, 범려는 필요한 물자를 사두었다가 적당한 때에 내다 팔았다. 즉, 시기를 잘 헤아린 것이다.

셋째, 인재를 중시했다. 그것이 바로 '택인(擇人)'이다. 유능한 인재를 기용하는 문제는 역대로 군사 방면에서 특별히 강조한 것인데, 군사전문가이기도 했던 범려는 이를 자신의 사업에 적용하여 크게 성공했다.

범려는 이렇게 세 차례나 성공한 다음, 부를 주위에 베풀고 은퇴했다. 이에 대해 사마천은 이것이야말로 "군자가 부유하면 덕을 즐겨 행한다는 것이다"라고 했다. 그의 사업은 그 후손이 물려받아 잘 관리했다. **택인이임시**는 '택인임시' 네 글자로 줄여서 많이 쓴다.

범려는 인생 최고 절정기에 부귀영화를 버리고 월나라를 떠나 두 차례 이주하면서 천금을 모아 이웃과 친척에게 다 나누는 부의 사회 환원을 실천했다. 그가 마지막에 정착한 도(陶, 지금의 산동성 정도定陶)에 남아 있는 범려의 무덤이다.(2010년)

키워드 : 사업, 시기, 선택, 인재

택지이도(擇地而蹈)

땅을 골라가며 밟다.

– 권61 〈백이열전〉

사마천은 열전의 첫 권인 〈백이열전〉에서 세상의 불공평에 대해 강렬한 울분을 터뜨렸다. 마지막 논평에서는 '천도(天道)'에까지 의문을 표시했다.('당소위천도시야비야' 항목 참고) **땅을 골라가며 밟는다는 택지이도는 조심스럽게 처신하고 삼가 일을 처리하는 모습**을 비유하는 성어로 이어지는 다른 표현들과 함께 인용된다. 마지막 해당 대목을 인용해 둔다.

"근세에 이르러서 그 품행이 도를 벗어나고 오로지 금기시하는 일만 저지르고도 평생토록 즐겁게 살고 부귀가 대대로 끊이질 않는 자들이 있다. **땅을 골라서 밟고**(택지이도擇地而蹈), 때를 봐가며 말을 하고(시연후출언時然後出言), 지름길로 가지 않고(행불유경行不由徑), 불공정해도 분을 터뜨리지 않았음(비공정불발분非公正不發憤)에도 재앙을 만난 사람이 수를 헤아릴 수 없다. 나는 몹시 곤혹스럽다. 하늘의 도란 것이 대체 옳은 것인가, 아니면 옳지 않은 것인가?"

키워드 : 천도, 불공평, 처신

토

토붕와해(土崩瓦解)

흙이 무너지고 기와가 깨지다.
– 권6 〈진시황본기〉 외

토붕와해는 권112 〈평진후주보열전〉의 서악이 말한 "천하지환재어토붕(天下之患在於土崩), 부재어와해(不在於瓦解)", 즉 "천하의 근심은 '토붕(土崩)'에 있지 '와해(瓦解)'에 있지 않다"는 대목에 보이고, 〈진시황본기〉에도 "진나라의 쇠퇴가 쌓여 천하의 **흙이 무너지고 기와가 깨졌다**"는 대목이 있다. **사태나 상황이 도저히 수습할 수 없을 정도로 철저히 무너졌음**을 비유하는 성어이다. 《귀곡자(鬼谷子)》 〈저산희(抵山戱)〉에는 군주와 신하 사이의 신뢰가 무너지면 사회가 혼란에 빠진다는 지적에 이 표현이 보인다. ('천하지환재어토붕, 부재어와해' 항목 참고)

키워드 : 통치, 정권, 붕괴

토사구팽(兎死狗烹)

토끼가 죽으면(잡히면) 사냥개는 삶아 먹는다.
– 권41 〈월왕구천세가〉 ; 권92 〈회음후열전〉

토사구팽은 정치권에서 때만 되면 유행어처럼 오르내리는 성어이다. '토끼가 죽는다'는 말은 사냥해서 잡았다는 뜻이다. 즉, **사냥감을 잡고나면 사냥에 이용한 사냥개는 삶아 먹힌다**는 것인데, 지금으로서는 다소 이해가 가지 않는 표현이기는 하지만 비유로 읽으면 적절할 것이다.

'토사구팽'은 《사기》에는 두 군데 나오는데, '날던 새가 다 떨어지면, 좋은 활은 감춘다'는 '비조진(飛鳥盡), 양궁장(良弓藏)'이란 성어와, '적국을 물리치면 모신(謀臣)은 죽음을 면키 어렵다'는 '적국파(敵國破), 모신망(謀臣亡)'이란 성어도 함께 거론되고 있다. (비조진, 양궁장'은 '조진궁장鳥盡弓藏' 또는 '조진장궁鳥盡藏弓'으로 줄여서 표현하기도 한다.)

《사기》에서 이 성어를 처음 거론한 인물은 춘추시대 말기 기원전 5세기 초, 월나라 왕 구천(勾踐)을 보좌하여 오나라와의 결전에서 승리를 거둔 범려(范蠡)다. 그는 오·월 두 나라 사이의 긴 투쟁을 승리로 이끈 뒤 공명을 오래 유지하기란 힘들며, 더욱이 구천과 함께 일을 도모하기란 더욱 어렵다면서, 바로 이 말을 남기고 월나라를 떠나 목숨을 보전한다.

또 하나는 그로부터 약 3백 년 뒤 유방(劉邦)의 장수로 항우(項羽)와의 대결에서 큰 공을 세운 명장 한신(韓信)과 관련되어 나온다. 유방은 천하를 통일한 다음 공신들을 하나둘씩 제거하는데 한신도 예외일 수는 없었다. 자신에게 닥쳐오는 죽음 앞에서 한신은 바로 위 말을 남기며 최후를 맞이한다.

위 두 사람은 모두 역사상 이름난 인물들이었다. 범려는 '현명한 충신'의 표본이었고, 한신은 과하지욕(胯下之辱), 즉 '가랑이 밑을 기는 치욕'을 견딘 끝에

사마천은 '토사구팽' 당한 한신의 최후를 몹시 안타까워했다. 그만큼 그가 뛰어난 명장이었기 때문이다. 그림은 칼을 멘 젊은 날 한신의 모습이다.

천하의 명장이 되었다. 두 사람 모두 공신이었지만 범려가 온전히 목숨을 보전하고 편안하게 생을 마친 반면, 한신은 비참하게 처형당했다. 모두 불세출의 인물들이었고, 한때 누구 못지않은 부귀와 공명을 누렸건만 어째서 그들의 최후는 하늘과 땅만큼이나 차이가 났을까? 그들의 운명은 도대체 어디서 어떻게 갈라졌는가? 두 사람의 차이점은 욕심을 적당한 선에서 버릴 줄 아는 용기와 그 용기를 실제 행동으로 옮기는 시기와 결단에 있었던 것은 아닌지?

아무튼 '토사구팽'은 정치와 권력(자)의 비정한 속성을 날카롭게 간파한 명언이 아닐 수 없다.

키워드 : 통치, 공신, 숙청

통

통견증결(洞見症結)

(뱃속에) 뭉친 병 덩어리를 꿰뚫어 보다.
– 권105 〈편작창공열전〉

엉켜 있거나 풀기 어려운 문제의 핵심을 꿰뚫어 보는 것을 비유할 때 **통견증결**이란 성어를 쓴다. '통견(洞見)'은 통찰(洞察)과 같은 뜻이고, '증결(症結)'은 속에 뭉친 병이나 증상을 뜻하는 단어다.

편작(扁鵲, 기원전 5세기)은 전국시대 초기의 명의로 삼국시대 화타(華佗, 약 145~208)와 함께 신의(神醫)로 이름을 남기고 있다. 편작이 의사로 평생을 보내게 된 데에는 특별한 인연이 있었기 때문이다. 편작의 인물됨과 재능을 잘 알고 있던 장상군(長桑君)이 준 약을 30일 동안 마신 뒤 편작은 "담장 너머 저편에 있는 사람을 볼 수 있고,

1786

아픈 사람을 보면 오장육부에 뭉친 병상을 죄다 볼 수 있게 되었다.”

이 성어는 원래 용한 의사의 뛰어난 진단을 가리키는 것이었지만, 후에는 어려운 문제의 핵심을 꿰뚫어 보는 능력이나 그런 사람을 가리키는 보편적인 뜻으로 적

편작은 자신을 두고 죽은 사람도 살리는 명의라는 말에 자신은 살 수 있는 사람을 살릴 뿐이라고 했다. 사진은 시술을 하고 있는 편작의 모습을 나타낸 벽돌 그림이다. 편작의 이름에 까치 '작(鵲)'이 있어 새의 모양을 하고 있다.

용 범위가 넓어졌다. 사물의 핵심을 꿰뚫어 볼 수 있는 능력은 어쩌다 타고날 수는 있지만, 지루하리만큼 오랜 훈련이 반드시 필요하다. '생명의 신비'를 훔치는 의사와 같은 직업은 더욱 그렇다. 그렇게 해서 얻어진 능력을 인류를 위해 기꺼이 베풀 때 위대한 인간이 탄생한다. 화타도, 편작도, 슈바이처도 모두 그렇게 했기 때문에 신의라는 칭송이 아깝지 않은 것이다.

키워드 : 의술, 진단, 통찰

통인달재(通人達才)

박식하고 사리에 통달한 인재.
– 권46 〈전경중완세가〉

사마천은 〈전경중완세가〉의 마지막 부분 논평 '태사공왈'에서 공자가 만년에 《주역》을 즐겨 읽었다면서 "박식하고 사리에 통달한 사람이 아니면 어찌 이에 주의를 기울일 수 있겠냐?"고 했다. 여기에서 통인달재라는 표현이 나왔다. 학식이 넓고 깊으며 인간사 이치에 통달한 경지나 그런 사람을 나타낸다.

키워드 : 통찰, 인재, 이치(理致)

퇴피삼사(退避三舍)

90리를 물러나다.
– 권39 〈진세가〉

이 유명한 성어는 《좌전》 희공(僖公) 23년(기원전 637년) 조항 등에 아주 길게 소개되어 있다. 고사는 춘추시대 진(晉)나라의 국군으로 19년 망명 끝에 최고 통치자 자리에 올라 진나라를 패권국으로 끌어 올린 문공(文公, 기원전 약 697~기원전 628)과 관련이 있다. 1사(舍)는 군대가 하루 진군할 수 있는 거리로 대체로 30리 정도다. 따라서 3사는 90리이고 사흘거리에 해당한다. **퇴피삼사는 군대를 90리 사흘거리 뒤로 물린다**는 뜻이다. 관련 사실을 살펴보자.

진나라 헌공(獻公)은 젊은 후처 여희(驪姬)를 편애했다. 여희는 자기가 낳은 아들 해제(奚齊)를 태자로 삼아 장차 헌공의 뒤를 잇게 하고 싶었다. 그래서 일련의 음모로 태자 신생(申生)과 공자 중이(重耳)·이오(夷吾)를 모함했다. 헌공은 여희의 무고를 믿고 먼저 신생을 자살하게 하고, 다시 중이와 이오를 잡아들이려 했다. 두 사람은 각기 다른 나라로 달아났다.

중이가 도망칠 때 그를 따랐던 사람들로는 외삼촌 호언(狐偃)과 조최(趙衰)·전힐(顚頡) 등이 있었다. 그들은 먼저 진나라 북방의 적국(狄國)으로 갔다. 적국에서 중이는 계외(季隗)를 아내로 맞아들여 백주(伯鯈)와 숙유(叔劉)를 낳았다. 조최는 숙외(叔隗)를 아내로 맞아 조돈(趙盾)을 낳았다. 이즈음 진나라 헌공이 죽고, 여희의 아들 해제도 신하에게 피살되었다. 양(梁)나라로 도망가 있던 이오가 귀국해서 국군의 자리를 이으니 이가 혜공(惠公)이다. 혜공은 중이가 돌아와 자기 자리를 빼앗을까 봐 두려워 적국으로 사람을 보내 그를 죽이려 했다. 중이는 다시 제나라로 도망갔다. 떠나기에 앞서 그는 아내 계외와 작별을 하면서, "내가 25년이 지나도록 돌아오지 않

으면 재혼하도록 하오”라고 말했다. 계외는
“저는 이미 스물다섯입니다. 그런데 그만큼
더 있다가 재혼한다면 모르긴 해도 관속에
들어갈 나이가 되어 있을 겁니다. 얼마가
되었건 기다리게 해주십시오”라고 했다.

중이 일행은 위(衛)나라를 거쳐 제나라에
머물렀다가 다시 조(曹)나라로 갔다. 조나라
에서는 그들을 아주 푸대접했다. 조나라 대
부 희부기(僖負羈)의 아내가 남편에게 이런
말을 했다.

성복전투를 나타낸 그림이다.

“제가 보기에 중이를 따르는 자들은 모두 상국 자리를 준다 해도 충분히 감당할
만한 인재들입니다. 그 공자는 언젠가는 자기 나라로 돌아가 분명 제후들 중 패자가
될 것입니다. 그때가 되면 자신에게 무례하게 굴었던 우리 조나라가 먼저 화를 당할
것입니다. 그러니 기회를 놓치지 말고 그에게 성의를 다 하십시오.”

희부기는 아내의 말대로 사람을 시켜 진수성찬을 중이에게 보내면서 음식 속에
옥을 숨겨 두었다. 중이는 매우 감격해 하며, 음식만 받고 옥은 돌려보냈다.

그 뒤 중이 일행은 다시 송과 정나라를 거쳐 초나라로 들어갔다. 초나라 성왕(成
王)은 융숭하게 그들을 대접했다. 중이와 성왕의 대화이다.

성왕 공자가 진나라로 돌아갈 수 있게 된다면 나에게 어떤 식으로 보답하겠소?
중이 금은보화나 비단은 초나라에 다 있고, 제가 무엇으로 보답했으면 좋겠습니까?
성왕 그렇더라도 어떻게 보답할지 말해 보시오.
중이 만약 왕 덕분에 제가 진나라로 돌아갈 수 있다면, 그리하여 이후 만에 하나 진
나라와 초나라 사이에 전쟁이 일어나서 쌍방이 중원에서 만난다면 저희 군대는 틀

림없이 '피군삼사(避君三舍)'함으로써 오늘 왕의 은혜에 보답하겠습니다. 그때 가서 왕께서 양해하시지 않는다면 저는 하는 수 없이 활을 뽑아 들고 왕과 싸울 수밖에 없을 것입니다.

중이는 초나라에서 다시 진(秦)나라로 갔다. 진나라 목공(穆公)은 진(晉)나라에 우호적인 세력을 심어 두기 위해 중이를 크게 우대하면서 다섯째 딸을 그에게 시집보내기까지 했다. 그리고는 군대로 중이를 호위하여 진나라로 돌려보냈다. 그때 진나라의 국군은 중이의 조카인 회공(懷公)이었다. 중이는 진나라의 지원 아래 정권을 탈취하는 한편, 자객을 보내 회공을 죽이고 자신이 국군이 되었다. 망명을 떠난 지 19년 만이었다.(기원전 636년)

그로부터 4년 뒤인 기원전 632년, 진나라와 초나라 양군이 성복(城濮)에서 충돌하는 사태가 발생했다. 진나라 군주가 된 중이는 과연 지난날 약속대로 스스로 군대를 90리 뒤로 물렸다. 이는 표면상으로는 중이 자신이 한 말을 지키는 것이었지만, 실제로는 초나라 군대의 예봉을 피하고 초군을 교만하게 만드는 한편 자기 군대의 사기를 격려하고 제후들의 동정을 얻고자 함이었다. 그러면서 중이는 자신에게 유리한 전투지를 선택했다. '퇴피삼사'는 정치상 주도권을 쟁취하려는 것으로, 민심과 동정을 얻고 군사상 적을 깊숙이 유인하여 제압하려는 책략이기도하다. 중이는 이렇게 해서 열세로 우세를 뒤집는 전례를 창조해 냈다.

'퇴피삼사(退避三舍)'는 '피군삼사(避軍三舍)'로도 쓴다. 여기에서 '물러섬'은 소극적·수동적 '물러섬'이 아니라 능동적·적극적 '물러섬'이다. 후퇴와 양보로 반격의 기회를 찾으면서 공격의 역량을 비축하는 것이

7전 8기, 고진감래, 불굴의 의지 등등의 수식어로 표현되는 진 문공의 일생은 시대상의 압축판이었다. '퇴피삼사'는 문공의 경륜이 잘 배어 있는 수준 높은 책략의 하나로 받아들여지고 있다. 사진은 위풍당당한 패주 문공의 모습을 나타낸 석상이다.(2013년)

다. 따라서 경험 있는 책략가는 먼저 정치와 전체 국면에 대한 득실을 따져야지, 초기 단계에서 겨룬 형세만으로 우열을 논해서는 안 된다.

키워드 : 군사, 전술, 양보

투

투계주구(鬪鷄走狗)

닭싸움과 개 경주.
– 권101 〈원앙조조열전〉

기원전 154년 오초칠국의 난이 평정되어 병목 위기를 넘긴 한나라 정권은 안정을 찾았다. 경제는 원왕(元王)의 아들 평륙후(平陸侯) 유

한나라 시기 닭싸움의 모습을 나타낸 벽돌 그림이다.

례(劉禮)를 초왕(楚王)으로 삼아 초나라 상황을 안정시키고, 원앙(袁盎, ?~기원전 150)을 초나라 재상에 임명했다. 원앙은 글을 올려 정세에 대한 자신의 견해를 밝혔으나 받아들여지지 않았다. 원앙은 병을 핑계로 벼슬을 버리고 집으로 돌아왔다. 원앙은 동네 사람들과 어울려 **닭싸움이나 개 경주** 등을 즐기며 지냈다.

투계주구는 한나라 정권이 안정되고 경제가 활기를 띠면서 상류층에서 즐기던 주요 놀이를 대표하는 두 가지였다. 이후 '투계주구'는 상류층뿐만 아니라 일반 백성들도 두루 즐기는 대중 놀이가 되었다. 또 '투계주구'가 성행했다는 것은 당시 경제상

황이 좋았음을 나타내기도 한다.

키워드 : 사회, 풍속, 놀이, 도박

투지(鬪智)

지혜를 다투다.
– 권7 〈항우본기〉

초한쟁패 막바지 두 진영의 승부가 좀처럼 나지 않자 항우는 유방과의 만남을 청하여 둘이서만 힘으로 승부를 내자고 제안했다. 유방은 "나는 **지혜(꾀)를 다툴지언정** 힘을 다투지 않는다"며 항우를 자극했다.

여기서 '꾀와 힘을 다투다'는 '투지투력(鬪智鬪力)', '꾀를 다투지 힘을 다투지 않는다'는 '투지불투력(鬪智不鬪力)'과 같은 표현들이 나왔다.('오녕투지, 불능투력' 항목 참고)

키워드 : 대결, 방법

투합취용(偸合取容)

구차하게 상대의 비위를 맞추다.
– 권73 〈백기왕전열전〉

투합취용은 '구합취용(苟合取容)'으로도 쓴다. '구합취용'은 〈보임안서〉 등에 보인다. 진나라가 천하를 통일하는 데 큰 역할을 한 두 장수를 들라면 백기와 왕전을 꼽는다. 그러나 두 사람의 최후는 전혀 달랐다. 백기는 진왕(훗날 진시황)의 심기나 비위를 맞추지 못해 갈등을 겪다가 범수의 음모에 걸려 자살했다. 반면 왕전은 진시황의 의중을 잘 헤아려 나이를 구실로 고향으로 돌아가 편안하게 생을 마무리했다.

'투합취용'이나 '구합취용'은 **어려울 때 자기 한 몸만 챙기려는 비겁한 행동이나 그런 사람**을 비유하는 성어이다. 아주 어려운 위기나 나라가 망하려 할 때 나타나는 현상들이 있다. 바로 자기만 살겠다고 친구를 팔고, 의리를 저버리고, 잘못을 인정하지 않고 구차한 변명으로 위기를 모면하려는 사람들이 갑자기 많아지는 현상이다. 이를 망국의 징조라 부른다. 비슷한 뜻의 성어로 '아유봉승(阿諛奉承)'이 있다. '아첨으로 권력자의 뜻을 떠받든다'는 뜻이다.

키워드 : 처세, 아부

투현질능(妬賢嫉能)

유능한 사람을 질투하다.
– 권7 〈항우본기〉

투현질능은 **유능한 사람(인재)을 질투하여 배척한다**는 성어이다. 앞뒤 두 글자를 바꾸어 '질현투능'으로 많이 쓴다. 항우와 유방의 장단점을 비교하는 대목에서 나온다. ('삼불여', '질현투능' 항목 참고)

키워드 : 인재, 질투

파고이위환(破觚而爲圜), 착조이위박(斲雕而爲朴)

네모난 술 그릇을 둥글게 바꾸고, 복잡한 조각을 간단하고 소박하게 만든다.
- 권122 〈혹리열전〉

사마천은 "법이란 통치의 도구일 뿐, 맑고 흐림을 제어하고 다스리는 근원은 아니다"라고 말하면서, 법망이 아무리 엄격해도 그것을 빠져나가는 관리들은 언제나 존재했음을 지적한다. 그리고 나라가 잘 다스려질 때의 법망은 둥글고 소박하여 배를 삼킬만한 물고기가 빠져나갈 수 있을 정도로 관대하고 허술하다고 말한다.

공자는 "법으로써 이끌고 형벌로 모든 것을 고르게 하려 한다면, 백성들은 법망을 뚫고 형벌을 피하는 것을 부끄럽게 여기지 않을 것이다. 그러나 덕으로 인도하고 예로 고르게 한다면 백성은 부정을 부끄럽게 알아 바르게 될 것이다"라고 했다. 한편 노자는 "법령이 많아질수록 도적은 늘어난다"고 꼬집었다.

사마천은 이런 말들을 참으로 진리라고 못 박으면서 바로 위 **네모난 술 그릇을 둥글게 바꾸고, 복잡한 조각을 간단하고 소박하게 만든다**라는 명언을 남겼다. 지나치게 엄하고 가혹한 법을 없애고, 번잡한 법령을 간명하고 쉽게 고치라는 비유이다. 정치와 법의 요점, 근본정신, 그리고 문제점을 간결하고 명쾌하게 지적한 명구이다.

키워드 : 통치, 법, 법망

파부침주(破釜沈舟)

솥을 깨고 배를 가라앉히다.
– 권7 〈항우본기〉

파부침주는 초한쟁패 초기에 무명의 항우(項羽)를 일약 영웅으로 만든 거록(鉅鹿)전투(기원전 208~기원전 207)에서 항우가 활용한 극적인 전술이다. 이 성어의 원전은《손자병법》〈구지(九地)〉 편이고, 그 대목은 다음과 같다.

"장수가 병사들과 더불어 적진 깊숙이 들어가 전기가 무르익으면, 강을 건넌 다음 **배를 태워 버리고** 식사를 마친 다음, **가마솥을 깨뜨려서** 전진만이 있을 뿐 돌아오지 않겠다는 결의를 표시한다. 마치 목동이 양 떼를 몰 듯, 군대를 이리저리 몰지만 군사들은 그 가는 곳을 알지 못한다."

이 전술의 핵심은 병사들을 사지에 몰아넣어 '살겠다는 마음을 버리고' 필사의 의지로 용감하게 적을 무찌르게 하는 데 있다. 같은 〈구지〉 편의 "사지에 빠진 뒤에라야 산다"라는 대목과 같은 맥락이다. 목적은 병사를 격려하여 적과 사투를 벌이게 하는 것이다. 절박한 상황에서 단결·분투하여 생사를 돌보지 않는다면 1당 10 나아가서는 1당 100으로 살아나 올 수 있는 틈을 찾을 수 있다. 사마천은 〈항우본기〉에서 '파부침주'를 언급하고 있는데, 그 대목은 이렇다.

"항우는 전 병력을 모두 이끌고 장하를 건넜다. 강을 건너자마자 타고 온 **배를 모조리 물속에 가라앉히고, 취사용 가마솥을 부수고**, 막사를 불태워 버렸다. 그리고는 단 3일분 식량만을 몸에 지니게 했다. 이렇게 해서 병사들에게 돌아갈 마음먹지 말고 필사적으로 싸우라는 의지를 보인 것이다."

진나라 말기 전국 각지에서 반란이 일어났고, 항우와 그의 숙부 항량(項梁)도 군대를 일으켰다. 항우의 집안은 대대로 초나라 장군을 지냈기 때문에 초나라 땅에서 기병한 장수들은 너나없이 그들 밑으로 들어왔고, 항우의 세력은 점점 강대해졌다. 항량은 대군을 이끌고 항우와 함께 산동·하남 일대에서 잇달아 진나라 군대를 격파함으로써 여러 차례 승리했다. 항우는 진나라 승상 이사(李斯)의 아들 이유(李由)의 목을 벤 적도 있다. 그러나 진나라의 후원군이 대량 투입된 뒤 진의 장군 장한(章邯)은 정도(定陶, 지금의 산동성에 속함)에서 일전을 벌여 초나라 군을 대파했다. 이 전투에서 항우의 숙부 항량이 전사했다. 항우·유방·여신(呂臣) 등의 부대는 하는 수 없이 후퇴했다. 장한은 초나라 군을 격파한 뒤 초나라 땅의 전투는 일단락되었다고 판단, 곧 황하를 건너 북쪽으로 조(趙) 땅을 공격했다. 조 지역에서는 조헐(趙歇)이 왕이었고, 진여(陳余)는 장군으로 장이(張耳)는 재상으로 있으면서 거록(지금의 하북성에 속함)으로 깊숙이 퇴각하여 그곳을 고수하고 있었다. 초나라 왕은 송의(宋義)를 상장군으로, 항우를 차장군으로 삼아 조를 구원하도록 했다.

초나라 군은 안양(安陽, 지금의 산동성 조현曹縣 동남)에서 더 이상 전진하지 않고 무려 46일을 지체했다. 항우는 참지 못하고 송의에게 빨리 강을 건너 조나라 군과 합류하여 진나라 군을 공격하자고 재촉했다. 송의는 동의하지 않았다. 진나라 군이 피로에 지칠 때까지 기다려 틈을 엿보자면서 "무기를 들고 직접 싸우는 일에서는 내가 당신만 못하지만, 앉아서 전략을 세우는 일은 당신이 나를 따르지 못한다"며 항우에게 모욕을 주었다.

때는 마침 겨울인지라 춥고 눈비까지 내려 병사들은 추위에 떨고 굶주림에 고생했다. 그런데도 송의는 자기가 제나라 대신으로 임명한 아들 송양(宋襄)을 위해 무염(無鹽)까지 나가 전송하며 송별회까지 베풀어주는 등 자신의 안위만 생각했다. 화가 머리끝까지 치민 항우는 아침 일찍 송의의 막사로 찾아가 그의 목을 베어 버리고는 전군에게 호령했다. 겁에 질린 장병들은 아무도 대꾸하지 못하고 그에게 복종했다. 항우는 이 사실을 초왕에게 보고했고, 초왕은 그를 상장군에 임명했다.

항우는 먼저 경포(黥布, 즉 영포)와 포(蒲) 장군으로 하여금 2만을 이끌고 장하(漳河, 하북·하남 두 성의 경계를 흐르는 강)를 건너 거록을 구원하게 했다. 이어 자신은 전군을 이끌고 장하를 건너 북상했다. 강을 건넌 다음 항우는 바로 '배를 태워 버리고 식사를 마친 다음, 가마솥을 깨뜨려서 전진만이 있을 뿐 돌아오지 않을 결의를 표시했다.'

　초나라 군은 전선에 이르러 진나라 군을 포위하고 식량 운송로를 차단했다. 무려 아홉 차례의 공방전 끝에 진나라 군에 결정적 타격을 가했다. 당시 거록을 구원하려 달려왔던 여러 제후들의 군대는 근처에서 수십 개의 성채를 쌓고는 감히 달려 나와 싸울 엄두를 내지 못하고 있었다. 초나라 항우가 진군을 쳐부술 때 이들 장수들은 성채 위에서 모두 팔짱만 끼고 구경만 했다.('작벽상관' 항목 참고) 초나라 군사들은 1당 10으로 분전했고, 천지를 진동하는 함성 앞에서 제후들의 군대는 놀라움과 두려움

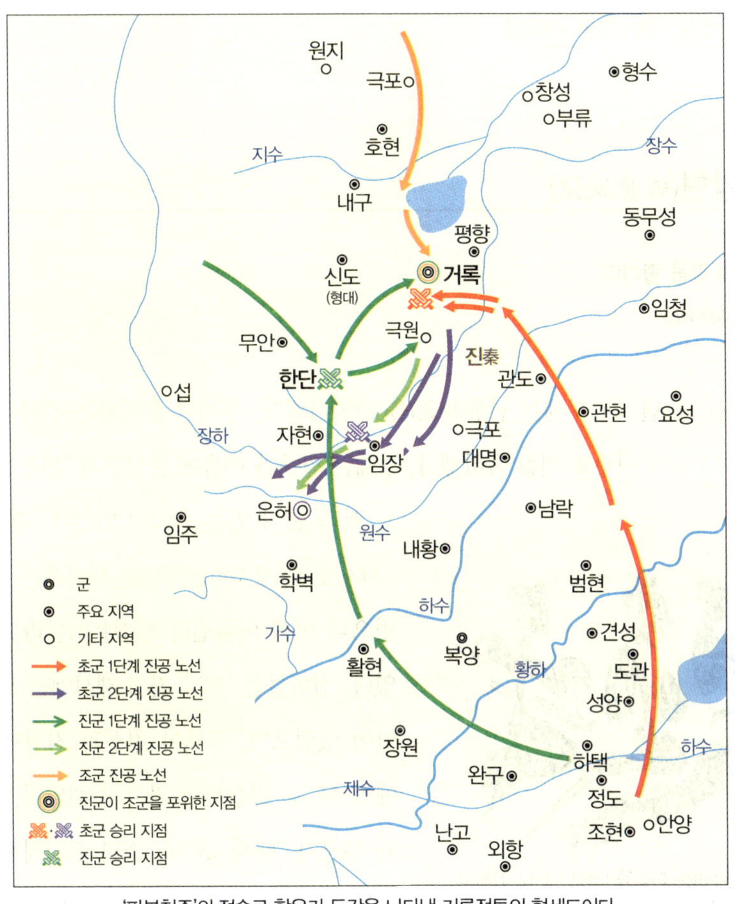

'파부침주'의 전술로 항우가 두각을 나타낸 거록전투의 형세도이다.

으로 멍청하게 멀찌감치 구경만 할 따름이었다. ('일이당십' 항목 참고)

이 전투에서 승리한 항우는 제후들의 장군을 소집했다. 그들은 항우가 궁문을 들어올 때 모두 무릎을 꿇고 기다시피 했고, 아무도 그를 똑바로 쳐다보지 못했다.('슬행이전' 항목 참고) 항우는 상장군으로 제후들을 휘어잡았다.

'파부침주'는 군사 전술일 뿐만 아니라 중요한 정치 모략의 하나로서 리더가 조직원의 사기를 높이고, 사상을 통일하고 중대 결심을 내리고자 할 때 활용할 수 있는 방법이다. 사회 활동이나 기업경영에서 리더는 '파부침주'의 결심과 기개로 힘껏 부하를 다독거리고, 그들과 자신을 격려하여 하나의 목표를 달성하기 위해 분투한다.

키워드 : 군사, 전투, 전술, 리더십

파슬감현(破瑟减弦)

거문고의 줄을 줄이다.
– 권28 〈봉선서〉

기원전 111년, 한 무제는 남월(南越)을 멸망시켰다. 무제가 총애하는 신하 이연년(李延年)이 음악 연주로 이를 축하했다. 무제는 연주가 마음에 들었던지 "민간 제사에도 북과 춤이 있는 음악이 있는데, (황제가 교외에서 상제에게 드리는) 교(郊) 제사에는 음악이 없으니 어찌 어울린다 하겠는가?"라고 말하였다. 신하들은 "옛날 천지 제사에는 모두 음악이 있었으며, 그래야 천신과 지신에 맞는 예라 할 수 있습니다"라고 아뢰었다. 또 이때 누군가 "태제(太帝)가 소녀(素女)에게 50줄 거문고를 연주하게 하였는데 슬퍼서, 태제가

악기를 연주하는 여성을 나타낸 한나라 때의 벽돌 그림이다.

그만하게 했으나 멈추지 않아 그 거문고를 25줄로 바꾸었답니다"라고 했다.

이로부터 남월을 평정한 일을 기념하기 위해 태일(泰日)과 후토(后土)에 제사 지내면서 처음으로 악무를 사용했고, 가무 악대를 늘렸다. 25현의 거문고와 공후(箜篌)의 제작이 이때부터 시작되었다.

태제는 고대 전설 시대의 태호(太昊) 복희씨(伏羲氏)를 말한다. 공후는 고대의 현악기로 눕혀서 연주하는 것과 세워서 연주하는 두 가지 종류가 있다. 태제가 50줄의 거문고 연주를 듣고는 너무 슬퍼 거문고 줄을 25줄로 줄이게 했다는 이 전설에서 **파슬감현**이란 성어가 나왔다. **거문고 줄의 수를 줄이다**는 뜻이고, 훗날 **비창(悲愴)함**을 형용하는 성어가 되었다.

키워드 : 예악, 음악, 거문고

파조회식(破趙會食)

조나라를 깨부수고, 모여서 밥 먹다.
– 권92 〈회음후열전〉

초한쟁패 과정에서 한신(韓信)은 조나라와의 전투에서 상대의 허를 찌르는 '배수진'의 전술로 대승을 거두었다. 당시 한신은 부하 장병들에게 "아침에 **조나라를 깨부수고, 모여서 함께 밥 먹자!**"고 큰소리를 쳤다. 장병들은 한신의 이 말을 믿지 않았지만 실제로 한신은 조나라를 크게 깨부수었다. 이 과정에 대한 자세한 내용은 '배수지진' 항목을 참고하면 된다.

우리가 일상에서 흔히 쓰는 '모여서 밥 먹는다'는 '회식'이란 단어가 여기서 나왔는데 《사기》에는 〈회음후열전〉 외에 〈제태공세가〉에도 보인다. ('회식' 항목 참고)

키워드 : 전투, 전술, 사기(士氣)

판축반우(版築飯牛)

성을 쌓고, 소를 먹이다.
– 권112 〈평진후주보열전〉

'판축(版築)'은 **성 담장이나 토담을 쌓는 일**을 말하고, '반우(飯牛)'는 **소를 먹이는 일**을 가리킨다. 즉 하찮은 일을 말한다. 은(商)나라 때 부열(傅說)이란 현자는 민간에서 토담 쌓는 일을 했고, 춘추시대 현자 영척(寧戚)은 소 키우는 일을 했다. 이들은 훗날 모두 조정에 중용되어 나라를 위해 큰일을 해냈다. 부열은 무정이 정성을 다해 모셔 왔고, 영척은 관중(管仲)의 추천으로 환공(桓公)에 의해 발탁되었다.

이들의 고사는 각각 《상서(尚書)》 〈열명(說命)〉(상) 편과 《여씨춘추(呂氏春秋)》 〈거난(擧難)〉 편에 보인다. 사마천은 이 고사들을 〈평진후주보열전〉에 **판축반우**라는 사자성어로 압축 요약하여 소개했다. 아무리 하찮은 일을 하는 사람도 능력과 인품을 갖추고 있으면 큰일을 할 수 있다는 뜻이다. 또 이런 사람을 눈여겨보고 조건 없이 기용했던 리더의 자질에 관한 문제를 동시에 지적하고 있다. 이 성어는 종종 보잘것없는 일을 하며 지내던 시절의 친구 관계를 나타내기도 한다.('삼년불언', '탁몽용부열' 항목 참고)

키워드 : 인재, 리더(십), 안목

팔공(八公)

팔공 / 8인의 뛰어난 빈객.
– 권118 〈회남형산열전〉

팔공의 출처는 《사기》의 주석서인 《사기색은(史記索隱)》에 인용된 《회남요략(淮南要略)》에 보이는 단어이다. 한나라 초기 고조 유방의 손자인 회남왕 유안(劉安, 기원전 179~기원전 122)은 은밀히 빈객을 모아 세력을 키웠는데 수천에 이르는 빈객 중 여덟 명, 즉 '팔공'이 가장 뛰어났다고 한다. 이들을 중심으로 여러 학자가 힘을 모아 편찬한 책이 《회남자(淮南子)》다.

갈홍(葛洪, 약 283~약 343)은 《신선전(神仙傳)》에 이들 '팔공'이 신선이 되었다고 기록했다. 또 《진서(晉書)》에는 일찍이 유안이 '팔공'과 함께 산에 오른 적이 있는데, 이 때문에 산 이름이 '팔공산(八公山)'이 되었다고 적혀 있다. 이후 '팔공' 하면 문객 또는 **뛰어난 문객**을 가리키는 단어가 되었고, 간혹 신선이란 의미로도 받아들여졌다. 한나라 초기 네 사람의 은자인 상산사호(商山四皓)와 함께 '팔공사호(八公四皓)'로도 불린다.

참고로 우리나라 대구 팔공산은 한자는 같지만 유래가 다르다. 신라 말 왕건이 견훤과 싸우다가 신숭겸 등 여덟 장수가 전사했는데, 이들이 전사한 곳을 팔공산이라 부르게 된 것이다. 어느 쪽이든 여덟 명의 인재와 관련된 단어이자 산 이름이다.

키워드 : 문화, 문객, 인재

회남왕 유안의 빈객들이 집단지성을 발휘하여 편찬한 《회남자》는 철학적인 도의 관념을 비롯해서 자연과학·신화·전설·병법에 이르기까지 포괄범위가 실로 방대한, 말 그대로 잡가의 대표적인 전적이다.(출처 : 바이두)

팔백제후(八百諸侯)

800의 제후.
— 권3 〈은본기〉

　은나라 말기 폭군 주왕(紂王)의 폭정이 점점 더 심해지자 무왕(武王)은 동방 정벌을 구실로 맹진(孟津)에 이르렀다. 이때 은을 버리고 무왕에게로 모여든 **제후가 800**이나 되었다. 제후들은 은을 정벌하자고 아우성을 쳤으나 무왕은 때가 아니라며 기다렸다. 은나라 말기 제후들이 얼마나 되었는지 확실하지는 않지만, 800이란 수는 거의 모든 제후들을 가리키는 것으로 보인다.

키워드 : 통치, 폭정, 저항

팔원팔개(八元八愷)

팔원과 팔개 / 선량하고 화목하고 은혜로운 인재들에 대한 호칭.
— 권1 〈오제본기〉

　《좌전》과 〈오제본기〉에 따르면 옛날 고양씨(高陽氏)과 고신씨(高辛氏)에게는 각각 **8명의 선량하고 화목하고 은혜로운 인재**들이 있었다고 한다. 이들을 '팔개'와 '팔원'이라 불렀다. 요임금 때는 이들이 기용되지 못했지만, 순임금이 이들을 기용했다고 한다. 이후 **팔원팔개**, 또는 '팔개팔원'은 뛰어난 인재들을 가리키는 용어가 되었다.

　후대 기록들에 따르면 '팔원'은 백분(伯奮)·중감(仲堪)·숙헌(叔獻)·계중(季仲)·백호(伯虎)·중웅(仲熊)·숙표(叔豹)·계리(季狸)를 말하고, '팔개'는 창서(蒼舒)·퇴애(隤敳)·도인(檮戭)·대임(大臨)·용강(龍降)·정견(庭堅)·중용(仲容)·숙달(叔達)이라고 한다.

키워드 : 통치, 인재(집단)

패군지장(敗軍之將), 불가이언용(不可以言勇)

패한 군대의 장수는 용기를 말할 수 없다.
— 권92 〈회음후열전〉

초한쟁패가 한창인 기원전 204년 유방(劉邦)의 명을 받고 한신(韓信)이 정형(井陘)에서 조나라 군대와 결전을 치렀다. 한신은 '배수지진'으로 대승을 거둔 뒤 조나라 장수 광무군 이좌거(李左車)를 포로로 잡았다. 이좌거는 전국시대 조나라의 명장 이목(李牧)의 후손으로 전략가이기도 했다. 한신은 연(燕)과 제(齊)를 쉽게 공략할 수 있는 전략에 대해 조언을 청했다. 이좌거는 **패한 군대의 장수는 용기를 말할 수 없다**는 위의 말로 사양하면서 바로 다음과 같은 말을 덧붙여 자신의 의지를 강조했다.

"망한 나라의 대부는 삶을 도모할 수 없다."
"망국지대부(亡國之大夫), 불가이도존(不可以圖存)."

싸움에 진 장수는 병법을 말하지 않는다는 뜻으로, 실패한 사람은 나중에 그 일에 대해 구구하게 변명하지 않는다는 의미로 확대되었다. 같은 뜻의 성어로 《오월춘추》에 나오는 '패군지장불어병(敗軍之將不語兵)'을 많이 쓴다.('배수지진', '지자천려일실, 우자천려일득' 항목 참고)

키워드 : 군사, 전투, 승패, 장수

패왕별희(覇王別姬)

패왕(항우)이 우희와 이별하다.
– 권7 〈항우본기〉

기원전 202년 초한쟁패 막바지 항우는 해하(垓下)에서 유방 군대에 의해 '사면초가(四面楚歌)'에 몰렸다. 오갈 데 없는 절망적 상황에서 항우는 술자리를 마련하여 사랑하는 여인 우희(虞姬)와 노래를 주고받으며 마지막 이별을 나누었다. 이 장면을 역사와 문학에서는 **패왕별희**로 표현했다. **패왕, 즉 항우와 우희가 이별하다**는 뜻이다. 당시 항우가 부른 노래를 〈해하가(垓下歌)〉라 한다.

훗날 설화와 소설 등 여러 기록은 이 장면에서 항우에 앞서 우희가 먼저 자결하는 것으로 나온다. 그러나 '패왕별희'의 1차 사료인 〈항우본기〉에는 우희의 자결 대목은 없다. 사진은 해하전투 유지에 조성되어 있는 패왕별희 석상이다. 이 조형물 역시 우희가 먼저 자결한 것으로 보고 만들어진 것이다.(2010년)

이에 대해서는 '발산강정' 항목에서 살펴본 바 있다.('사면초가', '해하가' 항목 참고)

키워드 : 군사, 전투, 초한쟁패, 해하

패자회황(佩紫懷黃)

자색의 붉은 비단 띠를 두르고, 황금으로 된 도장을 품는다.
– 권79 〈범수채택열전〉

전국시대 말기인 기원전 3세기에 활동한 연나라 출신의 유세가 채택(蔡澤, 생졸 미상)은 사방을 다니며 여러 나라 군주들에게 유세했지만 인정을 받지 못했다. 채택은 당거(唐擧)라는 관상가를 찾아가 관상을 보았다. 당거가 채택을 자세히 본 다음, 웃으면서 '성인(聖人)'의 상이라고 했다. 채택은 당거가 자신을 놀리는 줄 알고는 부귀가 아닌 수명을 말해달라고 했다. 당거는 앞으로도 43년 더 살 수 있다고 했다. 채택은 자리를 떠나면서 마부에게 이렇게 말했다.

"내가 쌀밥과 고기반찬을 먹고 준마를 타고 다니며, **황금 도장을 품고, 허리에 자색의 비단 띠를 매고** 임금 앞에서 절을 하며 봉록을 받아 부귀한 생활을 할 수 있다면, 43년만으로도 충분하다고 볼 수 있지!"

훗날 사람들은 채택이 한 말의 앞뒤를 바꾸어 **패자회황**이란 성어로 만들었다. 자색의 붉은 비단 띠를 두르고, 황금으로 된 도장을 품는다는 뜻으로 **높고 귀한 자리를** 가리킨다. 채택은 그 뒤 진나라의 최고 권력자로 있는 범수(范雎)를 찾아가 유세했고, 범수는 채택을 추천했다. 채택은 진나라의 국상(國相)까지 올라 관상가 당거가 말한 대로 오래 부귀영화를 누렸다.('지량설비' 항목 참고)

<hr>

키워드 : 인간, 관상, 출세

<hr>

편

편의시행(便宜施行)

알아서 적절하게 시행하다.

– 권53 〈소상국세가〉

서한의 첫 승상 소하(蕭何, ?~기원전 193)는 황제 유방과 같은 패현 출신으로 기원전 209년 봉기 이후 줄곧 유방을 보좌했다. 건국 후에도 소하는 모든 일을 법령에

승상 소하는 세심한 인물이었다. 이 때문에 최고 권력자 유방의 심기를 건드리지 않게 평생 노심초사(勞心焦思)했지만, 그 덕분에 정권 초기에 가장 필요한 안정을 이룰 수 있었다. 소하의 초상화이다.

따라 세심하게 일을 처리했다. 그리고 이 모든 일을 사전에 유방에게 보고하여 결재를 얻으려 했다. 이런 일처리에 익숙지 않고 또 성격에도 맞지 않았던 유방은 소하에게 **알아서 적절하게 처리하라**며 맡겼다. 여기서 **편의시행**이란 표현이 나왔다.

이후 '편의시행'은 리더가 실무를 담당한 사람에게 일일이 보고하거나 결재를 거치지 않고 처리할 수 있는 권한과 책임을 함께 위임할 때 쓰는 성어가 되었다. '편의종사(便宜從事)'로도 많이 쓴다. '편의종사'의 출처는 《한서》〈순리전(循吏傳)〉에 수록된 인물인 공수(龔遂, 생졸 미상) 부분이다.

키워드 : 통치, 리더십, 위임

편청생간(偏聽生奸), 독임성난(獨任成亂)

한쪽 말만 들으면 간사한 일이 생기고, 한 사람에게만 맡기면 혼란이 일어난다.
– 권83 〈노중련추양열전〉

전국시대 제나라 출신인 유세가 추양(鄒陽)이 양나라에 왔다가 모함을 받아 억울하게 옥에 갇히자, 양 효왕(孝王)에게 편지를 보내 자신의 무고함을 알렸다. 이 편지가 역대 명문들 중 하나로 꼽히는 〈보양왕서(報梁王書)〉이다.

"한쪽 말만 들으면 간사한 일이 생기고, 한 사람에게만 맡기면 혼란이 일어난다"는 이 명언은 바로 이 편지의 한 구절이다. 한쪽의 말만 듣고 섣불리 사람을 판단하고 결정을 내리게 되면, 결국은 그 사람이 억울한 일을 당하게 된다는 지적이다.

추양은 권력자가 측근의 말을 듣고 사람을 기용하거나 내치는 일이 많았다면서, 소를 치고 있던 백리해(百里奚)를 기용한 진(秦)나라 목공(穆公)이나 자신을 죽이려 했던 관중(管仲)을 기용한 제나라 환공(桓公)처럼 현명한 리더들은 자신이 직접 보고 듣는다고 강조했다.

군주가 어떻게 하면 현명해질 수 있냐는 당 태종(太宗)의 질문에 위징(魏徵)은 '겸청즉명(兼聽則明), 편신즉암(偏信則暗)'이라고 답했다. '두루 들으면 밝아지고, 치우쳐 믿으면 어두워진다'는 뜻이다. 명군(明君)과 혼군(昏君)이 바로 이 지점에서 갈라진다. 사마천은 그래서 거듭 리더의 '총명(聰明)'을 강조했다. 눈과 귀를 열어 놓고 바른말을 수용하고, 백성들의 삶을 직시해야 한다는 뜻이다.

권력자 주위에는 사람이 몰려든다. 그중에는 옥도 있고, 돌도 있다. 권력자가 이를 가려내려면 뛰어난 안목이 필요하지만, 또 한편으로는 한 사람의 말만 듣고 그를 신임해서는 안 된다. 추양이 던진 말의 핵심이다. 효왕은 추양을 석방했다. 추양에 대해서는 '걸견폐요', '백두여신, 경개여고' 항목을 참고하면 된다.

키워드 : 정치, 경청, 명군, 혼군, 간신

평

평생환(平生歡)

평소에 잘 지내다.

– 권89 〈장이진여열전〉

한 고조 유방은 여태후와의 사이에서 아들 하나 딸 하나를 두었다. 아들은 훗날 2대 황제 혜제로 즉위한 유영(劉盈)이고, 딸은 노원(魯元) 공주였다. 노원 공주는 초한쟁패 때 유방을 도운 개국공신 장이(張耳)의 아들 장오(張敖)와 결혼했다. 장오는 조왕(趙王)에 봉해졌다. '백인' 항목에서 본 바와 같이 훗날 유방이 장오의 조나라를 방문한 적이 있었다. 이때 유방은 자신의 시중을 드는 사위 장오를 마치 하인 부리듯 했다. 조왕의 신하들은 관고(貫高)를 중심으로 은밀히 유방을 죽일 계획을 세웠다. 그런데 이 계획이 새어나가 관련자들이 속속 체포되었다. 조왕도 당연히 체포되었다. 자살하는 사람이 속출했다.

관고는 조왕이 관련되지 않았다는 사실을 밝히기 위해 자살 대신 자수를 택했다. 옥리가 수천 대의 곤장을 치고, 쇠로 살을 찔러 그의 몸이 더 이상 때릴 곳이 없을 지경이 되었어도 관고는 끝내 조왕의 무죄를 주장하면서 다른 말을 하지 않았다. 이 보고를 받은 유방은 관고를 잘 아는 사람을 찾아 개인적으로 사건의 경위를 알아보게 했다. 중대부 설공(泄公)이 나서 "관고는 신과 같은 고향 사람으로 평소 그를 잘 알고 있습니다. 그 사람은 조나라의 명예와 도의를 중히 여기는 사람으로 믿음을 저버리지 않는 사람입니다"라 했다.

유방은 설공을 보내 관고를 만나도록 했다. 관고는 고개를 들어 그를 보며 "설공인가?"라 했다. 설공은 **평소와 다름없이 친근하게** 그의 고통을 위로하며 이야기를 나누다가 장오가 과연 역모를 계획했는지 안 했는지 물어보았다. 관고는 "사람의 정으로써 어찌 자기 부모와 처자식을 아끼지 않겠는가? 지금 나는 삼족(三族)이 모두 사형을 선고 받았는데, 어찌 조왕과 나의 육친을 바꿀 수가 있겠는가? 조왕께서는 정말 모반하지 않으셨고, 우리끼리만 계획한 것이라네"라고 대답했다. 그리고는 사건의 진상과 함께 조왕은 이 일을 전혀 모르고 있었다는 상황을 자세히 말했다. 설공은 황궁에 돌아가 유방에게 이를 모두 보고했고, 유방은 조왕을 풀어주었다.

설공이 관고를 만나 그의 진심을 알아보기 위해 그 옛날과 다름없이 친근하게 대화를 나눈 대목에서 **평생환**이란 성어가 나왔다. **평생 기쁘다**는 뜻인데, **평소에 아주 즐겁고 가깝게 잘 지내는 사이**라는 뜻을 포함하고 있다.

키워드 : 인간, 관계, 기쁨

평양가무(平陽歌舞)

평양의 노래와 춤 / 귀한 집안의 가무와 오락.
– 권49 〈외척세가〉

‘자부입시’ 항목에서 살펴본 바 있듯이, 한 무제의 여러 부인들 중 위(衛)황후(?~기원전 91)는 미천한 출신으로 어릴 적 이름을 자부(子夫)라 했다. 대개 그 집을 위씨(衛氏)라 불렀고, 평양후(平陽侯)의 봉지에서 자라 평양 공주의 가녀(歌女)가 되었다. 무제가 즉위한 다음 몇 해 동안 자식이 없었다. 평양 공주는 양가집 여자 10여 명을 구해 잘 꾸며서 집에다 두었다. 무제가 패상(霸上)에서 제사를 마치고 돌아오다가 평양 공주의 집을 들렀다. 공주가 준비해 둔 미인들을 다 선보였으나 주상은 마음에 들어 하지 않았다. 술자리가 끝나고 가녀들이 들어왔는데, 주상이 멀리서 보고는 유독 위자부만 마음에 들어 했다.

무제가 자리에서 일어나 측간을 가려 해서 위자부가 탈의실에서 옷을 갈아입는 시중을 들다가 총애를 입었다. 주상이 자리로 돌아왔는데 기분이 너무 좋아 평양 공주에게 금 1천근을 내렸다. 공주는 이 틈에 자부를 입궁시키십사 하는 글을 올렸다.

위자부가 수레에 오르자 평양 공주는 자부의 등을 어루만지며, “잘 가거라. 그리고 잘 먹고 잘 지내거라! 귀하신 몸이 되더라도 서로 잊지 말자”라고 했다. 그러나 입궁한 지 1년이 지나도록 황제의 은총을 입지 못했다. 무제는 선택받지 못한 궁인들을 골라내서 궁에서 집으로 돌려보냈다. 위자부는 황제를 만나자 울면서 궁에서 나가길 청했다. 주상이 가엾게 여겨 다시 은총을 베푸니 마침내 임신을 했고, 총애가 갈수록 더했다. 그 오라비 위장군(衛長君)과 동생 위청(衛靑)을 불러들여 시중이 되게 했다. 위자부는 그 뒤로도 큰 총애를 입었다. 딸 셋과 아들 하나를 낳았는데, 아들 이름은 거(據)였다.(거는 기원전 122년 7세에 태자로 책봉되었다가 기원전 91년 38세 때 강충江充의 무고巫蠱 사건에 휘말려 아버지 무제와 맞서다가 자결했다. 모후 위자부도 이 일로 자결했다.)

사마천은 〈외척세가〉에서 한나라 개국 황제 유방부터 한 무제까지의 후비들에 대한 신상과 경력을 간결하게 기록으로 남겼다. 이 중 위자부는 평양 공주 집에서 가녀로 있다가 무제의 은총을 입어 황후까지 올랐다. 위자부가 평양 공주 집에서 겪은 경력에서 **평양가무**라는 성어가 파생되어 훗날 **귀한 집안에서 벌어지는 노래와 춤 등과 같은 오락**을 가리키는 용어가 되었다. 참고로 한나라 황제와 후비의 상황을 하나의 표로 만들었다.(연도는 모두 기원전)

〈외척세가〉 황제─후비 관계 일람표

남편	후비	성명	출신	친인척	사망 연도 (기원전)	자녀	비고
1대 고조高祖 유방劉邦	고황후 高皇后	여치呂雉 (아후娥姁)	단보單父	부 여문呂文	180	유영(혜제) 노원魯元 공주	
	척부인, 희姬	척의戚懿	정도定陶		194	유여의劉如意 (조왕趙王)	피살
	조부인	조자아 趙子兒					
	관부인	관管					
	효문황후 孝文皇后 박희─박태후	박薄	오吳	모 위씨魏氏 제 박소薄昭 전남편 위표魏豹	155	유항(문제)	
2대 혜제惠帝 유영劉盈	효혜황후 孝惠皇后	장언張嫣	대량大梁	부 장오張敖 모 노원공주	163		유폐
소제少帝 유홍劉弘	소제황후 少帝皇后	여呂		부 여산 呂産			
3대 문제文帝 유항劉恒	효문황후 孝文皇后 두황후	두寶	청하淸河 관진觀津	형 두장군寶長君 제 두광국寶廣國	135	유계(경제) 유무劉武 (양효왕梁孝王) 유표劉嫖 (관도館陶 공주)	
	신부인	신愼	조趙				
	윤비	윤					
4대 경제景帝 유계劉啓	효경황후 孝景皇后 박태후	박薄	오吳	고모할머니 효문태후	147		151년 폐위
	효경황후 왕황후	왕지王娡	부풍扶風 괴리槐里	부 왕중王仲 모 장아臧兒 전남편 김왕손金王孫 제 전분田蚡	126	평양平陽 공주 남궁南宮 공주 융려隆慮 공주 유철(무제) 수성군修成君	
	율희	율栗姬	제齊		150	유영劉榮 (임강왕臨江王)	울화 병사

5대 무제武帝 유철劉徹	효무황후 孝武皇后 진황후	진교陳嬌	동양東陽	부 진오陳午 모 관도공주			폐위
	사황후 思皇后	위자부 衛子夫	평양平陽	모 위온衛媼 제 위청衛靑 조카 곽거병霍去病	91	유거劉据 (위衛 태자)	자살
	윤첩여	윤尹					
	이부인	이李	중산中山	형 이연년李延年 형 이광리李廣利		유박劉髆 (창읍애왕 昌邑哀王)	
	왕부인	왕王	한단邯鄲			유제회劉齊懷	
	구익부인 鉤弋夫人 효소태황 孝昭太皇 첩여	조趙	하간河間	고모 조군후趙君姁		유불릉(劉弗陵) (소제昭帝)	

키워드 : 권력자, 총애, 오락, 가무

평원십일음(平原十日飮)

평원군과 열흘을 마시다.

– 권79 〈범수채택열전〉

‘애자필보’ 항목에서 보았듯이 전국시대 위나라 출신의 유세가 범수(范雎)는 위나라 위제(魏齊)로부터 모진 고문을 당해 거의 죽다가 살아났다. 이 때문에 범수는 위제에게 깊은 원한을 품었다. 진(秦)나라로 탈출한 범수는 소왕(昭王)의 눈에 들어 진나라의 실권자가 되었다. 범수는 원수를 찾아 나섰다.

소왕도 범수의 원수를 갚아주기 위해 팔을 걷어붙였다. 정보를 통해 위제가 조나라의 실력자 평원군의 집에 숨어 있다는 것을 안 소왕은 평원군에 일부러 다음과 같은 거짓 편지를 보냈다.

"과인은 오래전부터 당신이 숭고한 정의감을 지니고 있다고 들었소. 원하건대 당신과 서로 평등하고 구속 없는 친구관계가 되고 싶으니, 당신이 내게 와서 **열흘을 두고 술자리를 함께 즐겼으면** 하오."

평원군은 진나라의 위세가 두려워 소왕을 만나 술자리를 가졌다. 소왕은 위제의 목을 바치지 않으면 평원군을 억류시키겠다고 협박했다. 평원군이 응하지 않자 심지어 조나라 왕을 압박하기까지 했다. 위제는 평원군 집을 떠나 조나라 재상 우경(虞卿)에게 몸을 맡겼지만, 이마저 여의치 않아 결국 위나라의 실력자 신릉군(信陵君)의 주선을 받아 초나라로 달아나려고 했다. 신릉군은 망설이다가 그를 만나러 나섰지만, 그사이 위제는 분을 참지 못하고 자결했다. 조나라 왕이 이를 듣고서 위제의 목을 잘라 진나라에 보내자, 진 소왕은 비로소 평원군을 조나라로 돌려보냈다.

진나라 소왕이 편지를 통해 평원군에게 열흘 동안 통음하고 싶다고 말한 대목에서 **평원십일음**이란 성어가 나왔고, 훗날 **친구와 연일 술을 마신다**는 뜻의 전고가 되었다.

키워드 : 관계, 음주

평이근인(平易近人)

사람(백성)들에게 쉽고 가깝다.
- 권33 〈노주공세가〉

주나라의 건국에 큰 공을 세운 무왕의 동생 주공(周公)은 건국 후에도 중앙 정부의 일 때문에 자신의 봉국인 노나라로 가지 못하고 아들 백금(伯禽)을 보냈다. 백금은 3년이 지나서야 중앙 조정으로 돌아와 노나라 상황을 보고했다. 반면 제나라를 봉국으로 받은 강태공(姜太公)은 다섯 달 만에 돌아와 보고했다. 백금은 노나라의 풍속과 예의를 바꾸느라 3년이 넘어 걸렸고, 강태공은 예를 간소화하고 풍속에 따랐기 때문에 다섯 달이면 충분했던 것이다. 주공은 아들 백금에게 이렇게 말했다.

"무릇 정치란 간소하고 쉽지 않으면 백성이 가까이하기 힘들다. **백성에 쉽고 가까우면**(평이근인平易近人) 백성들이 모여들 수밖에 없다(민필귀지民必歸之)."

그러면서 주공은 장차 노나라가 제나라를 섬기게 될 것이라고 예언했고, 그 예언은 적중했다. 정치가 쉽고 백성에 가까우면, 즉 백성들의 보다 나은 삶을 위해 정치가 한 걸음 더 다가갈수록 백성들(민심)이 모여들기 마련이라는 주공의 말은 지금도 의미하는 바가 만만치 않다.

2018년 시진핑 집권 2기의 성격을 결정할 중국 제19차 전국인민대표대회가 열렸다. 지난 5년 동안 쉬운 정치를 통해 부패와의 전쟁을 효과적으로 수행해온 시진핑 체제 2기에 전 세계의 눈이 쏠렸다. 그런데 위 명언과 관련하여 흥미로운 사실은 시진핑 주석의 이름인 근평(近平)이 이 명언과 연결된다는 것이다. 이 명언과 시진핑 주석의 이름을 연계한 그의 저서로 《평이근인(平易近人)》이 출간되기도 했다. 책 제목과 같이 그의 국정 철학이 지속될 것인지 지켜볼 일이다. 마오쩌둥(毛澤東, 모택동)과 덩샤오핑(鄧小平, 동소평) 이후 가장 강력한 권력을 가졌고, 또 앞으로 더 큰 권력을 가질 것으로 전망하는 예상들이 많기에 더욱 주목된다. 우리 미래와도 뗄 수 없는 관계가 있기 때문이다.

시 주석의 저서들이다.(노란색 표지 《평이근인》이 눈에 띈다. 2015년)

키워드 : 통치, 리더십, 민심

폐사입공(廢私立公)

사(私)를 없애고, 공(公)을 세움.
– 권34 〈연소공세가〉

도가(道家) 계통의 저서이자 병법서이기도 한 선진시대 헐관자(鶡冠子, 생졸 미상)라는 은자가 지은 것으로 추정하는 《헐관자》라는 책에 보면, **"사사로운 마음을 없애고, 공적인 마음을 세우**는 것은 예의를 갖춘 신하의 덕이다"라는 내용이 나온다. 옛날에도 공과 사의 구분이 인물의 됨됨이나 관료들의 자질을 판단하는 기준이었다.

이 성어는 연나라의 역사를 기록한 〈연소공세가〉 중 연나라가 멸망할 무렵을 기록한 부분에서 제나라 왕이 연나라 태자 직(職)에게 한 아부성 발언의 일부다. 태자 직은 그 뒤 소왕(昭王)으로 즉위하고, 각국의 현자들을 초빙하여 연나라를 한때 부흥시켰다.

무슨 일을 하건 공과 사의 경계를 명확하게 긋는 것은 여간 어렵지 않다. 특히 정실(情實) 관계를 따져 일을 처리하는 풍토가 만연한 우리 경우에 공과 사의 한계와 경계는 불분명하기 일쑤다. 공직 사회를 비롯하여 본격적으로 벌여나가야 할 국민의 체질 개선 항목에서 맨 앞자리를 차지해야 할 것이 있다면 바로 **폐사입공**이 될 것이다.

돈과 명예라는 두 마리의 토끼를 동시에 쫓는 것은 당연히 힘들지만, 공과 사의 경계를 분명히 구분하면서 일하고 노력하면 결코 불가능한 일이 아니다. 어떤 면에서 우리는 끊임없이 어떤 경계선상에서 선택을 요구받으면서 살아간다고 해도 지나친 말이 아니다. 경계선을 확인하고 바른 선택을 내릴 때, 두 마리의 토끼가 가시권 안에 들어 올 것이다.

'폐사입공'과 비슷한 성어로는 '선공후사(先公後私)'가 있다. '선공후사'는 〈염파인상여열전〉에서 인상여가 말한 "나라의 급한 일이 먼저이고, 사사로운 원한은 나중이다"는 "선국가지급이후사구야(先國家之急而後私仇也)"라는 명언을 네 글자로 줄인 것이다.(해당 항목 참고) '선공후사'라는 표현이 직접 보이는 출처는《삼국지》〈위서〉의 두기(杜畿) 편이다.

키워드 : 통치, 관계, 공사(公私)

폐서이탄(廢書而嘆)

책 읽기를 멈추고 탄식하다.
– 권74 〈맹자순경열전〉

〈맹자순경열전〉의 논평 '태사공왈'에서 사마천은 이렇게 말했다.(〈맹자순경열전〉의 '태사공왈'은 끝이 아닌 첫 부분에 수록되어 있다.)

"내가《맹자》를 읽다가 양혜왕(梁惠王) 편의 '어떻게 하면 우리나라를 이롭게 할 수 있겠습니까?'라고 질문한 대목에 이르러 **책을 덮고 탄식**하지 않은 적이 없었다."

이 부분은 양(위) 혜왕을 만난 맹자가 자국의 이익만을 염두에 둔 혜왕의 질문을 비판한 대목을 언급한 것이다. 사마천도 맹자와 마찬가지로 모든 원망과 혼란의 근원이 모두가 이익만 내세운 결과로 보았다. 그래서 사마천은 이 대목을 읽을 때면 늘 책을 덮고 늘 탄식했던 모양이다. 여기서 **폐서이탄**이란 성어가 나왔다. 책의 특정한 내용에 깊이 느끼는 바가 있어 독서를 멈추고 탄식했다는 뜻이다.

키워드 : 학문, 독서

兔眠小苑前夜談玉
細柳營前初試馬

권57 〈강후주발세가〉는 개국공신 주발과 그 아들 주아부의 탁월한 공적과 그 비극적 결말을 서술한 합전 형식의 세가다. 유방과 여태후의 잔인한 정치행위를 도움으로써 승승장구한 주발의 일대기에서 사마천은 험악하고 함께하기 힘든 군신관계와 최고 통치집단의 각종 모순 등에 대해 토로한다. 사진은 강소성 풍현에 남아 있는 주발(왼쪽)과 주아부 부자의 의관총으로 비석은 명(오른쪽)과 청 시기에 세워졌다.(2010년)

포득자필폭망(暴得者必暴亡), 강취자필후무공(强取者必後無功)

폭력으로 얻은 것(사람)은 폭력으로 잃을 수밖에 없고, 억지로 얻은 것은 훗날 공을 이룰 수 없다.
— 권128 〈귀책열전〉

이 명언은 오래 전부터 전해오는 속담이나 격언으로 보인다. 〈귀책열전〉에 나오는 송(宋)나라 원왕(元王)이 자신이 듣기에 **폭력으로 얻은 것(사람)은 폭력으로 잃을 수밖에 없고, 억지로 얻은 것은 훗날 공을 이룰 수 없다**는 말이 있다면서 "결과 주가 폭력과 강제를 일삼다가 몸은 죽고 나라는 망했다"라고 한 대목이다.

강압적인 수단과 폭력으로 통치하면 결국은 또 다른 폭력으로 망하고, 자기 노력이 아닌 억지로 얻은 공은 공이 아니라는 뜻의 격언이다. 흔히 하는 '힘으로 흥한 자 힘으로 망한다'는 말과 같다.

키워드 : 통치, 통치자, 폭정, 멸망

포락(炮烙)

불로 굽고 지지다.
— 권3 〈은본기〉

포락은 포격(炮格)이라고도 한다. **불로 굽고 지진다**는 뜻인데, 이를 형벌로 만들었기 때문에 '포락지형(炮烙之刑)'이란 **가혹한 형벌의 대명사**가 탄생했다. 기름을 칠한 구리 기둥을 숯불 위에 걸쳐 놓고 죄인을 건너게 하여 뜨거움을 견디지 못해 미끄러져 떨어지면 숯불에 타 죽게 되는 형벌이다.

은(상)나라 마지막 임금 주(紂)는 유소씨(有蘇氏)의 나라를 정벌하여 얻은 달기(妲己)라는 여자에게 마음이 사로잡혔다. 그러자 그녀의 말이 곧 주왕의 명령이 되었다. 주왕은 음탕하고 사치스러운 생활을 위해 백성들에게 엄청난 세금을 거두었다. 거둔 세금과 재물은 거교(鉅橋)라는 창고에 쌓아 두었다. 그렇지 않아도 광대한 사구(沙丘)의 이궁은 더욱더 커지고 온갖 새와 짐승들이 그 안에 뛰어놀았다. 주왕은 여기다 '주지육림'을 만들어 더욱 더 방탕한 생활에 빠졌다. 백성들의 원성은 날로 높아졌고, 제후들이 하나둘 반기를 들기 시작했다.

주왕은 이들의 불만을 억압하기 위해 가혹한 형벌을 만들어냈는데, 그중 하나가 바로 '포락지형(炮烙之刑)'이었다. 주왕을 비방하다 잡힌 죄인은 아래에 불을 피워 시뻘겋게 달구어진 쇠기둥 위를 걸어야 했고, 당연히 몇 걸음 걷지 못하고 불구덩이 아래로 떨어졌다. 주(周) 부락의 서백(西伯, 주 무왕武王의 아버지로 훗날 문왕文王으로 추증됨)은 낙수(洛水) 서쪽 땅을 주임금에게 바치고 이 형벌을 폐지시켰다. 이로써 서백을 따르는 제후들이 늘었고, 민심은 서백에게로 돌아갔다. 주왕은 민심을 잃어갔고, 결국 자신과 나라를 망쳤다.

'포락지형'은 가혹한 형벌의 대명사이자 **통치가 불안한 정권의 상징**과도 같다. 가혹한 형벌은 또 가혹한 세금을 비롯한 가혹한 정책의 한 단면이기도 하다. 나아가 어리석고 폭력적인 통치자의 모습을 반영하고 있다. 그 종착점은 정권의 붕괴, 즉 나라의 멸망으로 이어진다.

가혹한 형벌이 일시적인 효과는 있을지 모르지만 결코 오래갈 수 없다. 형벌이 가혹하다는 것은 그 사회가 불안하고 범죄가 많다는 반증에 지나지 않는다. 죄를 부끄러워 할 줄 아는 도덕적 양심과 양식을 갖추는 인성교육이 가혹한 형벌보다 훨씬 효과적이며 정당한 방법이다. 포락지형을 만들고 적용했던 주임금은 나라를 잃은 반면, 그것을 폐지시킨 서백은 민심을 얻고 주나라 건국의 탄탄한 바탕을 놓지 않았는가? 역사적 사실은 엄연하다.

키워드 : 통치, 통치자, 폭정, 혹형

포려자수(暴戾恣睢)

포악한 짓을 멋대로 저지르다.
— 권61 〈백이열전〉

사마천은 〈백이열전〉에서 지조와 절개를 갖춘 백이(伯夷) 형제가 굶어 죽고, 높은 학덕을 가졌던 안연(顔淵)이 어렵게 살다가 요절한 사실을 거론하며 이것이 하늘의 뜻이냐고 반문했다. 그리고는 마지막 '태사공왈'의 논평에서 이런 대목을 남겼다.

"도척(盜跖)은 날마다 무고한 사람을 죽이고 사람 고기를 회를 쳐서 먹으며, **포악한 짓을 멋대로 저지르고** 수천 명의 패거리를 모아 천하를 마구 휘젓고 다녔지만 결과는 천수를 누리고 죽었다."

위 대목 중 '포악한 짓을 멋대로 저지르다'는 대목에서 **포려자수**라는 성어가 나왔다. **흉악하고 잔인한 짓을 마구 저지르는 모습**을 뜻한다.

키워드 : 폭력, 도척

포신구화(抱薪救火)

장작을 끌어안고, 불을 끄러 뛰어든다.
— 권44 〈위세가〉

포신구화는 해로움을 제거하려다 오히려 그 기세를 살리는 경우를 비유한다. 문제를 해결하려다가 문제를 더 키운다는 의미를 담고 있는데, 그에 따른 행동의 어리석음도 가리키고 있다.

기원전 3세기 무렵 위나라 안리왕(安釐王, ?~기원전 243) 때의 일이다. 강국 진나라가 위나라의 여러 성을 빼앗아 위나라를 위급한 상황으로 몰아넣었다. 위나라 장수 단간자(段干子)가 진나라에 남양(南陽)을 주고 휴전하자고 했다. 소대(蘇代)가 나서 "땅을 바쳐 진나라를 섬기는 것은 마치 **장작을 안고 불을 끄러 가는** 것과 같아, 장작이 모두 타버리기 전에는 불은 꺼지지 않을 것입니다"라며 위나라 땅을 다 잃기 전에는 진나라의 요구가 그치지 않을 것임을 지적했다. 안리왕은 소대의 말을 받아들이지 않았다.

한 번 굽히게 되면 계속 굽혀야 한다. 상대가 강력하게 나오면 때로는 물러서서 몸을 굽혀야 한다. 이럴 때도 상대방의 의도를 정확하게 간파해야 한다. 상대의 요구나 욕심이 한 번의 양보나 굽힘으로 결코 끝나지 않을 것으로 판단하면 양보와 굽힘은 마치 '장작을 안고 불길에 뛰어드는' 것과 마찬가지로 위험하다. 이때는 강경하게 대응하는 것이 옳다. 어느 경우에나 문제는 상대방의 의중을 정확하게 간파할 줄 아느냐에 있다.

키워드 : 외교, 관계, 방법

포어사취(鮑魚死臭)

말린 생선(포어)과 시체 썩는 냄새.
– 권6 〈진시황본기〉

기원전 210년 5차 천하 순시에 나섰던 진시황이 평원진(平原津)에서 쓰러졌고, 7월 사구(沙丘) 평대(平臺, 하북성 광종현)에서 일어나지 못하고 세상을 떠났다. 승상 이사(李斯)는 진시황을 죽음을 비밀에 붙인 채 관을 온량거(輼輬車, 진시황이 순시 때 타던 마차)에 싣고 환관을 태워 늘 평소대로 식사를 올리게 했다.

운구가 구원(九原)에 이르자 시신이 썩는 냄새가 나기 시작했다. 이사는 수행원에게 '소금에 절여 말린 생선(포어)' 1석을 수레에 실어 시신 썩는 냄새를 감추었다. 당

진시황이 순시 때 탔던 마차 '온량거'를 1/2로 줄인 동마차가 1978년 6월 발견·발굴되어 세상을 놀라게 했다. 최근 이 동마차는 병마용갱 전시관에서 원래 발굴된 마차갱에 설립된 전시관으로 옮겨져 전시되고 있다. 사진은 이 동마차를 관람하고 있는 관람객들의 모습이다.(2024년)

시 소금에 절여 말린 고기를 '포어(鮑魚)'라고 하였다.

이 사건에서 **포어사취**라는 표현이 파생되었다. **말린 생선과 시체 썩는 냄새**라는 뜻이고, 말린 생선에서 나는 냄새로 시체 썩는 냄새를 가렸음을 비유한다.('온량거' 항목 참고)

키워드 : 통치자, 죽음, 보안

포의검수(布衣黔首)

베옷을 입은 검은 머리 / 일반 백성.
– 권87 〈이사열전〉

진나라는 보통 백성을 '검수'라 불렀다. 이사는 진시황에게 글을 올리면서 자신의 고향인 상채(上蔡, 하남성 상채현) 지역의 포의(布衣) 출신이자 동네 마을의 검수(黔首)로 자처한 바 있다. 이곳의 '포의'와 '검수'를 합쳐 '포의검수'라 하여 일반 보통 백성을 가리키기에 이르렀다.('검수' 항목 참고)

키워드 : 사회, 신분, 평민

포의지교(布衣之交)

평민들의 우정.
― 권81 〈염파인상여열전〉

　'화씨벽', '완벽귀조' 등의 항목에서 보았다시피 조나라의 외교관 인상여(藺相如)는 천하의 보물 '화씨벽(和氏璧)'을 진나라 소왕(昭王)에게 주고 약속한 성 15개를 요구했지만 소왕은 성을 내줄 생각이 없었다. 인상여는 **포의지교**를 거론하며 '평민들끼리 한 약속도 지키거늘' 큰 나라가 약속을 어길 수 있냐고 따졌다.

　인상여가 말한 '포의지교'는 **보통 사람들끼리의 왕래**를 뜻하지만, 훗날 '포의지교'는 신분이 높은 사람과 관직이 없는 사람 사이의 교류, 즉 **신분을 초월한 교류나 우정**을 가리키기거나 평범한 신분의 사귐과 우정을 가리키기도 한다.

키워드 : 관계, 우정

포통서하(抱痛 西河)

서하에서의 비통함.
― 권67 〈중니제자열전〉

　'포통'은 아주 슬픈 마음을 뜻하고, 서하는 위(魏)나라를 가리킨다. 공자의 제자인 자하(子夏, 기원전 507~?)는 공자가 세상을 떠난 뒤 서하, 즉 위나라로 건너가서 후진을 가르쳤다. 위나라 문후가 자하의 명성을 듣고 그를 스승으로 삼았다. 그 뒤 자하는 아들을 잃고 너무 슬퍼 통곡하다 눈이 멀었다고 한다. 여기서 훗날 **포통서하**라는 표현이 파생되어 **아들**

자하의 성명은 복상(卜商)이고, 공자의 수제자인 '공문십철(孔門十哲)'의 한 사람이다. 자하의 초상화이다.

을 잃은 극심한 고통과 슬픔을 비유하는 성어가 되었다. ('공문십찰' 항목 참고)

키워드 : 인륜, 부모자식, 죽음

표

표모반신(漂母飯信)

빨래하는 아주머니가 한신에게 밥을 주다.

– 권92 〈회음후열전〉

    초한쟁패의 명장이자 서한 건국 1등 공신인 한신(韓信)은 젊은 날 별다른 직업 없이 건달 생활을 했다. 그러다 빨래를 직업으로 하는 표모(漂母)에게 한 달 가까이 밥을 얻어먹은 일이 있었다. 이 일화를 **표모반신**이라 한다.

    훗날 금의환향한 한신은 이 표모에게 천금으로 은혜를 갚았다. 이것이 '일반천금(一飯千金)'이라 성어로 남았다. 자세한 내용은 '일반천금' 항목을 참고하면 된다.

키워드 : 인간, 관계, 시혜, 보은

풍기운증(風起雲蒸)

바람과 구름이 몰아치다.
– 권130 〈태사공자서〉

사마천은 〈태사공자서〉에서 진나라 말기 농민봉기를 일으켜 진나라 멸망의 도화선이 된 진섭(陳涉, 진승陳勝)의 전기인 〈진섭세가〉를 쓴 취지에 대해 이렇게 말했다.

"진나라가 바른 정치를 잃자 진섭이 들고일어났다. 제후들도 따라서 난을 일으키니 **바람과 구름이 몰아치듯** 마침내 진을 멸망시켰다. 천하의 봉기는 진섭의 난으로부터 발단되었으므로 제18 〈진섭세가〉를 지었다."

위 대목에서 **풍기운증**이란 성어가 나왔고, **당해 낼 수 없는 힘찬 기세**를 비유한다.

키워드 : 봉기, 기세

풍당이로(馮唐易老)

풍당은 쉬 늙는다.
– 권102 〈장석지풍당열전〉

당나라 때 시인인 왕발(王勃, 647~674)의 〈등왕각서(滕王閣序)〉라는 시에 보면 "**풍당은 쉬 늙고, 이광은 승진하기 어렵네**(**풍당이노馮唐易老**, 이광난봉李廣難封)"라는 구절이 있다. 소동파(蘇東坡, 1037~1101)의 시에도 풍당이 나오는데, 다들 풍당이 늙도록 승진하지 못한 것을 안타까워했다. 실제로 풍당은 문제·경제·무제까지 세 황제를 모셨지만 90이 넘도록 승진을 하지 못했다.

풍당의 집안을 보면 할아버지는 전국시대 조나라 사람이었고, 아버지 때에는 오늘날 하북성 울현(蔚縣) 일대인 대(代)라는 곳으로 이사를 왔다가, 한나라가 들어선 다음 다시 섬서성 함양 일대인 안릉(安陵)이란 곳으로 이사와 살았다. 그러다 효행으로 추천을 받아 황제의 신변을 따르는 중랑(中郞)이 되었다. 지금의 경호실장 정도로 볼 수 있겠다. 풍당은 열심히 일했지만 귀밑으로 흰머리가 생길 때까지 승진하지 못했다. 풍당이 승진하지 못한 까닭은 때를 만나지 못한 것도 있지만, 그의 강직한 직언도 한몫을 했다.

어느 날 황제인 문제가 풍당이 근무하는 부서를 지나다 머리카락이 허옇게 센 풍당을 발견하고는 호기심이 발동하여 그와 대화를 나누게 되었다. 문제가 출신지 등을 물었는데 문제는 젊은 날 대(代) 지방의 왕으로 있었고, 풍당의 입에서 대라는 지명이 나오자 어찌나 반가웠던지 풍당과 한참을 이야기했다.

두 사람의 대화는 자연스럽게 대 지방이 배출한 유명한 인물들로 옮겨갔는데, 황제는 자신이 들었던 이제(李齊)라는 장수 이야기를 한참 신나게 늘어놓았다. 풍당은 이제라는 인물은 다른 인물에 비하면 별것 아니라는 말로 한창 열이 올라 있는 황제에게 찬물을 끼얹었다. 황제가 정색을 하며 증거를 대라고 다그쳤다. 풍당은 자기 아버지의 경험담과 다른 믿을 만한 증거를 제시하며, 이제보다는 염파(廉頗)나 이목(李牧)이 훨씬 더 유명한 인물이라는 정보를 알려주었다.

문제는 풍당에게 고마워하며, "지금 내게 염파나 이목 같은 장수가 있다면 흉노 걱정은 없을 텐데!"라고 한숨을 내쉬었다. 당시 문제는 북방의 흉노 문제로 고민이 많았는데 풍당으로부터 염파와 이목에 관한 무용담과 이들의 전공을 듣고 보니 그런 인재가 있었으면 하는 자신의 희망을 나타냈다. 풍당은 황제에게 사실대로 말씀드려도 되겠냐고 양해를 구한 다음, "폐하께서는 그런 장수가 있어도 기용하지 못하실 것입니다"라고 돌직구를 날렸다.

문제는 늙은이라서 존중해주었더니 오히려 황제를 모욕한다면서 자리를 박차고 나갔다. 얼마 뒤 흉노가 대거 침입해오는 일이 터졌고, 황제는 갑자기 풍당이 생각나 그를 불러 그런 장수들이 있어도 기용하지 못할 것이라고 한 까닭을 물었다. 풍당은 그 옛날 그 사람들은 통치자로부터 절대적인 신임을 받았다는 사실을 지적했다. 심지어 왕이 전차를 손수 밀면서 장수에 대한 존경과 신임을 표시할 정도였는데, 폐하께서는 작은 죄를 지은 훌륭한 장수에게 지나친 벌을 내리는 등 장수를 아낄 줄 모르기 때문이라고 대답했다. 그러면서 흉노에 대처할 수 있는

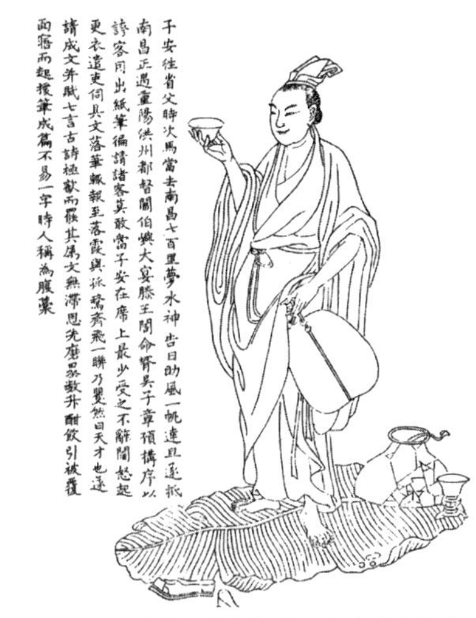

'풍당이로, 이광난봉'이란 시를 남긴 당나라 때의 천재 시인 왕발의 초상화이다.

방법까지 상세히 아뢰었다. 풍당의 말에 깨달은 바가 있어 처벌했던 장수를 다시 복직시켰다. 풍당은 전차병을 총괄하는 자리로 승진했고, 경제 때는 초나라 승상까지 지내다 은퇴했다.

풍당이 경제 때 초나라 승상까지 올라가긴 했지만, 그는 나이가 많이 들도록 한직을 떠돌았다. 이 때문에 '풍당이로'는 **때를 만나지 못하거나 나이가 많이 든 것을 안타까워하는** 성어가 되었다. 또 왕발이 이광을 두고 말한 '이광난봉' 역시 때를 만나지 못했거나, 주위의 질시 때문에 승진하지 못한 것을 안타까워하는 성어로서 '풍당이로'와 함께 언급되는 경우가 많다. ('이광난봉' 항목 참고)

키워드 : 통치, 인재, 안목

풍소소혜역수한(風蕭蕭兮易水寒), 장사일거혜불부환(壯士一去兮不復還)

바람은 소슬하고 역수는 차구나. 장사 한 번 가면 다시 오지 못하겠지.

– 권86 〈자객열전〉

진시황을 암살하기 위해 연나라를 떠나 국경인 역수 강변에 서서 자객 형가(荊軻, ?~기원전 227)가 부른 유명한 노래 〈역수가(易水歌)〉의 가사이다. ('역수가' 항목 참고)

바람은 소슬하고 역수는 차구나.
장사 한 번 가면 다시 오지 못하겠지.

형가는 돌아오지 못할 줄 알면서도 길을 떠났다. 전국시대 말 형가를 비롯한 자객과 협객은 스러져가는 자신들의 존재감을 극적으로 드러냈고, 사마천은 이들의 행적을 〈자객열전〉과 〈유협열전〉에 담았다. 사진은 역수(하북성 역현)의 모습이다. (2009년)

살아 돌아오지 못할 줄 알면서도 길을 떠나는 대장부의 착잡한 심경을 대변하는 유명한 노래 가사이다.

사마천은 열전을 편찬하면서 약 1세기 간격으로 다섯 명의 자객들에 관한 기록을 남겼다. 조말(曹沫, 기원전 7세기 중반), 전제(專諸, ?~기원전 515), 예양(豫讓, 기원전 5세기 중후반), 섭정(聶政, ?~기원전 397), 그리고 형가가 그들이었다. 사마천은 특히 형가 부분에 많은 지면을 할애하고 있다. (전체 약 5천 자 중 약 3천 자)

사마천이 소개하고 있는 자객들은 자신을 알아주는 사람들을 위해 기꺼이 목숨을 바친 인물들이었다. 이들에 대해 사마천은 이렇게 평가한다.

"조말로부터 형가에 이르기까지 다섯 사람은 그 의협심을 이루기도 하고, 이루지 못하기도 했다. 그러나 그들은 모두 뜻을 명확히 세웠고, 그 뜻을 속이지 않았다. 그러니 그들의 이름이 후세까지 전해지고 있는 것을 어찌 헛되다 할 수 있겠는가!"

풍일권백(諷一勸百)

하나를 풍자하고 백을 권장하다.
– 권117 〈사마상여열전〉

〈사마상여열전〉의 마지막 논평에는 양웅(揚雄, 기원전 53~18)이 사마상여의 문장을 평가한 대목이 인용되어 있다. 이 부분은 사마천(기원전 145~기원전 약 90)과 양웅의 생졸 연도로 볼 때, 사마천의 논평이 아니라 후대에 보탠 것이다. 해당 대목은 다음과 같다.

양웅은 서한 말기의 이름난 문장가이자 문학가로 《논어》의 체제를 모방한 《법언(法言)》, 언어학 저술 《방언(方言)》 등 많은 저술을 남겼다.(출처 : 바이두)

"양웅(揚雄)은 '사치스럽고 화려한 사마상여의 부(賦)는 **백 가지를 칭찬하고 한 가지를 풍자**했다. 마치 정(鄭)·위(衛)의 음란한 음악을 질탕하게 연주한 다음, 아악(雅樂)을 연주하는 것과 같다. 이는 이미 본지(本旨)를 훼손하는 것이 아닐까?'라고 말했다. 나는 그의 말 중에서 논할 가치가 있는 것만을 취해서 이 편을 저술했다."

원문은 **권백풍일(勸百諷一)**로 앞뒤 두 글자가 바뀌어 있지만 뜻은 같다.

풍지소피(風之所被), 망불피미(罔不被靡)

바람이 부는 곳에 따라 쓰러지지 않는 것이 없다.
– 권117 〈사마상여열전〉

사마상여는 서남이(西南夷), 즉 파촉(巴蜀) 지역을 복종시키기 위해 이 지역 부로(父老)들을 달래는 문장을 지은 적이 있다. 그 첫 부분을 인용하면 다음과 같다.

"한나라가 일어난 지 78년, 천자의 큰 은덕은 6대에 걸쳐 있고, 힘과 권위는 성대하다. 깊은 은덕은 모든 생물을 윤택하게 적셔 주어서 한 왕조 바깥 지역에까지 크게 넘치고 있다. 이에 사신을 서쪽으로 보내 물의 흐름과 같은 형세로 복종하지 않는 자를 점차 물리치니, **바람이 부는 곳에 따라 쓰러지지 않는 것이 없었다**."

마지막 **풍지소피, 망불피미**, 즉 '바람이 부는 곳에 따라 쓰러지지 않는 것이 없었다'는 대목은 누군가의 위세나 은덕이 마치 큰바람이 불어 초목을 눕게 만들 듯이 아주 크고 대단함을 비유하고 있다.('유촉문' 항목 참고)

키워드 : 통치, 위세, 은덕

풍패(豐沛)

패현 풍읍(유방의 고향).
– 권8 〈고조본기〉

한 고조 유방의 전기인 〈고조본기〉에는 "고조는 패현(沛縣) 풍읍(豐邑) 중양리(重陽里) 사람이다. 성은 유(劉)씨이고 자를 계(季)라 했다"고 되어 있다. 여기서 **풍패**라는 단어가 나왔다. **고조 유방의 고향**과 **제왕의 고향**을 가리킨다.

우리나라 전라북도 전주시에도 유방의 고향과 관련한 유적과 지명 등이 남아 있어 흥미를 끈다. 우선 전주는 조선 왕조를 세운 전주 이씨의 본향으로 '풍패지향(豊沛之鄕)'이란 별칭이 있다. 또 전주성 남문의 이름은 풍남문(豊南門), 객사의

전주 객사와 '풍패지관' 현판이다. 글씨는 명나라 때 사신으로 온 주지번(朱之蕃)이 썼다.(2010년)

현판은 '풍패지관(豊沛之館)'이다. 전주에 유방과 관련한 이름들이 남은 까닭은 유방을 몹시 닮고 싶어 했던 태조 이성계와 관련이 있다고 한다. 특히 그가 황산대첩을 거두고 돌아가는 길에 전주 오목대에서 일가친지들을 모아 잔치를 베풀었고, 그 자리에서 유방이 불렀던 〈대풍가(大風歌)〉를 불렀다는 사실을 보면, 그가 얼마나 유방을 닮고자 했는지 알 수 있다. 〈대풍가〉는 유방이 경포의 반란을 진압하고 돌아오는 길에 고향을 들러 고향 마을 사람들에게 술자리를 베풀고 그 자리에서 불렀다는 그 노래이다. ('대풍가' 항목 참고)

___

키워드 : 제왕, 고향, 흠모

풍환시의(馮驩市義)

풍환이 의리를 사오다.

— 권75 〈맹상군열전〉

전국시대 식객 3천으로 명성을 떨친 4공자 중 한 사람인 맹상군(孟嘗君)의 식객들 중 풍환(또는 풍훤)이 있었다. 전국시대 제나라 사람이다. 그는 맹상군의 봉읍인 설(薛, 지금의 산동성 등현滕縣의 동남쪽)에 가서 밀린 채무를 거둬오는 책무를 수행한 적이 있었다. 당시 풍환은 상환 능력이 없는 채무자들의 **채권을 전부 불태워**버리고 돌아왔

풍환이 백성들의 채권을 불태우는 '풍환시의', '분권시의'를 나타낸 그림이다.(2013년)

다. 풍환의 이 어이없는 행동을 맹상군이 나무라자, 풍환은 그 대신 맹상군을 위한 백성들의 의리(義理)를 얻어왔다고 했다.

훗날 맹상군이 정치적 위기에 빠졌을 때 설 지역의 백성들은 맹상군을 위해 모든 힘을 다했다. 여기서 나온 성어가 **풍환시의** 또는 '분권시의(焚券市義, 채권을 태우고 의리를 사다)'다. 원전은 《전국책》〈제책〉(4)이다. 이후 이 성어는 **민심을 사거나 얻는 것**을 비유하는 성어가 되었다.

풍환은 또 맹상군이 제나라 재상에서 실각했을 때, 진왕과 제왕에 유세를 하여 맹상군을 복직시켰다. 이때 풍환이 맹상군을 위해 운용한 모략은 '교토삼굴(狡兔三窟)'이다.('교토삼굴' 항목 참고)

키워드 : 정치, 시혜, 의리

피

피견집예(被堅執銳)

갑옷을 입고 무기를 들다.

– 권7 〈항우본기〉

기원전 210년 진시황이 사망하자 각지에서 봉기가 터졌다. 항우의 숙부인 항량(項

梁, ?~기원전 208)은 초나라의 마지막 왕인 회왕(懷王)의 손자 심(審)을 찾아 같은 이름인 회왕으로 추대하여 기세를 올렸다. 항량은 초반 승리에 도취하여 자만하다가 진나라 장수 장한(章邯)에게 패하여 전사했다.

회왕은 송의(宋義)를 대장군에 임명했고, 송의는 나가 싸우려 하지 않았다. 항우가 송의를 찾아가 항의하자 송의는 **갑옷을 입고 무기를 들어** 싸우는 것으로 따지자면 자신은 항우만 못하지만, 앉아서 전략과 전술을 세우는 일은 자신이 항우보다 낫다고 했다. 여기서 **피견집예**라는 성어가 나와 무장을 하거나 싸움이나 전투에 능하다는 것을 형용하게 되었다.

'피견집예'라는 성어의 원전은 《묵자(墨子)》 〈노문(魯問)〉 편이다.

키워드 : 군사, 무장, 전투

피발양광(被髮佯狂)

머리를 풀어헤치고 미친 척하다.
– 권38 〈송미자세가〉

은(상)나라 마지막 왕 주(紂)의 폭정으로 민심은 떠나고 조정의 뜻있는 신하들은 숨거나 달아났다. 주왕의 친척인 기자(箕子)는 은나라의 멸망을 예견하며 이렇게 말했다.

"신하된 자로서 간언하여 듣지 않는다고 떠난다면, 이는 군주의 잘못은 드러내고 자신은 백성의 비위를 맞추는 것이니 나로서는 차마 못하겠소!"

기자는 **머리를 풀어헤치고 미친 척하여** 노예가 되었다. 여기서 **피발양광**이란 성어가 나왔고, **자신의 정체나 의중을 감추기 위한 남다른 언행**을 비유하게 되었다. ('견미지저'

키워드 : 처세, 위장(僞裝)

피세조정지간(避世朝廷之間)

조정 안에서 세상을 피한다.

– 권126 〈골계열전〉

한나라 무제 때의 유명한 기인 동방삭(東方朔, 기원전 154~기원전 93)이 한 말이다. 사람들이 자신을 가리켜 미쳤다고 하는 말을 들은 동방삭은, "옛 사람들은 세상을 피하려고 깊은 산속에 숨었지만, 나는 **조정 안에서 세상을 피한다**"라고 응수했다. 자신의 마음만 꺼릴 것이 없다면 몸이 어디에 있든 상관없다는 말이다.

툭하면 복잡하고 시끄러운 도시에서는 살 수 없다, 그런 곳에서는 일이 잘 안 된다, 사람이 많아서 싫다. 사람들은 흔히 이런저런 핑계로 도시를 혐오한다. 정작 도시를 벗어날 용기를 갖고 있지 못하면서 말이다.

사람들은 일쑤 세상을 피하고 싶어 한다. 복잡한 도시생활 속에서 일에 지치고 사람에 시달리다 보면 이런 생각이 굴뚝같이 피어오를 것이다. 그러나 벗어나거나 피하는 일이 어디 쉬운가? 이럴 때 가장 복잡다단한 도시 한가운데서 세상을 피할 수 있는 지혜를 가질 수만 있다면….

사람이 고독 속에서 자신의 의지를 고집하기란 쉽지 않다. 그러나 지혜로운 사람은 사람들 틈에 끼여 살면서도 결코 자신의 독립성을 잃지 않는다. 동방삭은 그 전형이었다. 동방삭은 이렇게 노래했다.

동방삭은 사마천보다 아홉 살 연상으로 같은 시대, 같은 궁궐 안에서 살았던 기인이다. 혹자는 뛰어난 문장가에 해학과 풍자가 넘치는 동방삭을 한 무제의 멘토로 묘사하기도 했다.

세속에 젖어

육침어속(陸沈於俗)

세상을 궁궐 문안에서 피하네.

피세금마문(避世金馬門).

궁전 안에서도 세상을 피하고 몸을 온전히 보전할 수 있거늘

궁전중가이피세전신(宮殿中可以避世全身)

왜 하필 깊은 산속 초가집이랴!

하필심산지중고려지하(何必深山之中蒿廬之下)!

키워드 : 처세, 지혜

필

필로남위(蓽露藍蔞)

장작을 실은 수레에 다 해진 옷.
― 권40 〈초세가〉

기원전 531년 초나라 영왕(靈王, ?~기원전 529)은 서(徐)를 정벌한 다음 오(吳)나라까지 위협했다. 영왕은 간계(乾溪)에 주둔하며 신하들에게 주(周) 천자가 자신에게도 권력의 상징인 정(鼎)을 주겠느냐고 물었다. 석보(析父)는 당연히 줄 것이라며, 그 옛날 선조인 웅역(熊繹)은 "멀리 형산(荊山)에 떨어져 계시면서 **장작을 실은 수레에 다 해진 옷**을 입고 산과 숲을 건너 천자를 받들었습니다"라고 했다.

여기서 **필로남위**라는 성어가 나왔다. 산림을 개척하여 수레에다 장작 따위를 싣느라 옷이 다 해졌다는 뜻으로, **창업의 어려움**을 비유한다. '필로남루(蓽路藍縷)'나 '필로

남루(蓽路藍蔞)'로 쓰기도 한다.

키워드 : 창업, 고역

필부전리(匹夫專利), 유위지도(猶謂之盜), 왕이행지(王而行之), 기귀선의(其歸鮮矣)

필부가 이익을 독차지하여도 도적이라 부르거늘, 왕이 그리하면 왕을 따르는 사람이 적어집니다.
– 권4 〈주본기〉

주 여왕(厲王, 재위 기원전 877~기원전 841)이 영이공(榮夷公)이란 자를 기용하여 나라의 이권을 독점하게 하여 이를 함께 누렸다. 대부 예량부(芮良夫)는 은혜와 이익을 백성들에게 베풀어도 시원찮을 판에 탐욕스러운 영이공을 기용하려 하니 주나라가 틀림없이 낭패를 볼 것이라며 경고했다.

예량부는 도적이란 표현까지 써가며 강하게 직언했지만 여왕은 듣지 않고, 무당들로 하여금 자신을 비방하는 사람들을 가려내게 하는 등 폭정을 일삼았다. 사람들은 '길에서 만나면 눈짓으로 서로의 마음을 주고받으며(도로이목道路以目)' 여왕에 대한 불만을 키웠다.('도로이목' 항목 참고) 결국 여왕은 나라 사람들에게 쫓겨나 타지에서 죽었다.('공화' 항목 참고)

여왕은 백성들이 자신을 비판하자 이웃 위나라 무당들까지 동원하여 이른바 관심법(觀心法)으로 비방자를 가려내서 처벌했다. 그러자 비방의 목소리가 잦아들었고, 여왕은 자기가 비방을 막았다며 좋아라 했다.

옛날 도둑이 이웃집 종을 훔치려다 종이 너무 무거워 조각을 내서 가져가려고 했다. 종을 깨려고 종을 두드리자 소리가 났다. 도둑은 그 소리가 다른 사람에게 들릴까봐 자기 귀를 막고 종을 두드려 깼다고 한다. 이것이 '엄이도종(掩耳盜鐘)'이란 고사성어다.('엄이도종'의 출처는 《여씨춘추呂氏春秋》)

역사적으로 못나고 어리석은 리더의 한결 같은 특징은 자신에 대한 비판과 충고에 귀를 막았다는 사실이다. 지금 전 세계 지도자들 중 상당수가 지금으로부터 약 3천 년 전의 여왕과 크게 다를 바 없음에 놀라게 된다. 역사의 진보가 이렇게 더딘 것인지, 아니면 어쩔 수 없는 인간의 어리석음인지 곤혹스럽다.

키워드 : 통치자, 용인(用人), 이익, 독점, 불통

필부지용(匹夫之勇)

보통 남자의 용기.
– 권92 〈회음후열전〉

필부지용는 보통 남자의 평범한 용기, 또는 **못난 남자의 쓸모없는 용기**를 비유하는 성어이다. 출처는 《국어》〈월어〉(상)와 《맹자》〈양혜왕〉(하) 등이다. 《사기》에는 〈회음후열전〉에서 명장 한신이 대장군에 임명된 다음, 유방과 대화를 나누면서 항우를 평가할 때 이 표현을 사용했다. 해당 대목을 인용해둔다.

"항왕이 성내어 큰 소리로 꾸짖으면 천 사람이 모두 엎드리지만, 어진 장수를 믿고서 병권을 맡기지 못하니 이는 **필부(匹夫)의 용기(필부지용匹夫之勇)**일 따름입니다."

자세한 내용은 '부인지인' 항목을 참고하면 된다.

키워드 : 용기, 허세

필유비상지인(必有非常之人), 연후유비상지사(然後有非常之事)

비상한 사람이 있은 뒤라야 비상한 일이 있을 수 있다.
- 권117 〈사마상여열전〉

한 무제 때 이민족인 서남이, 즉 파촉 지역을 교화하기 위해 사신을 파견했다. 지역의 유력자들은 당연히 반발했다. 사신은 다음과 같은 말로 이들을 설득했다.

"대체로 세상에는 '**반드시 비상한 사람이 있은 뒤라야 비상한 일이 있고**(개세필유비상지인 蓋世必有非常之人, 연후유비상지사然後有非常之事), 비상한 일이 있은 뒤에라야 비상한 공이 있는 것(유비상지사有非常之事, 연후유비상지공然後有非常之功)'입니다. 비상함은 본래부터 평범한 것과는 다릅니다. 때문에 비상한 일이 처음 시작될 때 보통 사람들은 두려워한다고 합니다. 그러나 그 일이 성공에 이르면 천하는 편안해집니다."

어렵거나 특별한 일에는 뛰어나거나 남다른 인재가 필요하다. 사신은 이런 이치를 들어 서남이 지역의 사람들을 교화하려 했다. 당시 사마상여는 이 지역 유력자들을 설득하는 글을 지었는데, 해당 내용은 '유촉문' 항목을 참고하면 된다.

키워드 : 상황, 비상(非常), 인재

하견지만(何見之晩)

어찌 그리 눈치가 느린가?

– 권87 〈이사열전〉

기원전 210년 진시황이 사구(沙丘)에서 갑자기 세상을 떠나자 천하는 순식간에 혼란에 빠졌다. 이 소용돌이 속에서 대권의 향방은 간신 조고(趙高)의 손에서 농락당했다. 조고는 진시황의 작은아들 호해(胡亥)를 황제 자리에 앉히기 위해 수단과 방법을 가리지 않았다. 그가 큰아들 부소(扶蘇)에 비해 훨씬 만만했기 때문이다. 호해를 어렵게 설득한 조고는 최대 걸림돌이라 할 수 있는 승상 이사(李斯)의 설득에 전력을 다했다. 숨 가쁘게 돌아가는 진나라 정세의 양대 축으로 조고와 이사가 전면에 떠올랐다. 조고는 이사에게 돌아가는 상황에 적응하라고 충고하며 이렇게 말했다.

"듣기에 성인은 항상 사물에 매이지 않고 변화에 따르고 때를 쫓으며, 끝을 보고 근본을 알고, 나아가는 방향을 보고 돌아갈 곳을 안다고 했습니다. 사물의 이치가 본래 이렇습니다. 어찌 고정불변의 법칙이 있을 수 있겠습니까? 이제 천하의 권력은 호해에게 달려 있습니다. 그리고 이 조고는 호해의 뜻을 잘 알고 있습니다. 대체로 밖에서 안을 제압하는 것을 미혹(迷惑)이라 하고, 아래에서 위를 제어하는 것을 적(賊)이라 합니다. 가을에 서리가 내리면 풀잎과 꽃잎이 떨어지고, 얼음이 녹아 물이 흐르면 만물이 일어납니다. 이는 필연적 결과입니다. 그대는 **어찌 그리 눈치가 느립니까?**"

이사는 끝내 조고의 입을 당해 내지 못하고 조고와 호해 편을 들어 이른바 '사구의 정변'을 성공(?)시켰다. 큰아들 부소(扶蘇)에게 황제 자리를 물려주라는 절대 권력자 진시황의 유언이 일개 환관의 손아귀에서 완전히 농락 당한 것은 물론, 천하마저도 돌이킬 수 없는 소용돌이 속으로 빠져들었다.

민첩한 형세 판단은 난세에는 물론 지금 같은 정보시대에도 필수적이다. 하지만 그 판단이 궁극적으로 무엇을 지향하고 있느냐에 따라 판단의 가치가 결정된다. 판단의 목적을 오로지 자기 한 몸의 출세에 두느냐, 아니면 보다 높은 이상을 추구하는 데 두느냐에 따라 인생의 값어치도 결정된다. **하견지만**은 〈염파인상여열전〉에서 염파의 문객이 세태에 둔한 염파에게 던진 충고 중에도 등장한다.('염파객' 항목 참고)

'하견지만'은 눈치가 느리다는 말이지만, 그 안에는 판단이 더디다는 의미가 내포되어 있다. 조고가 이사를 정변에 가담시키기 위해 그를 설득하는 대목에서 나왔다. 사진은 호해 무덤 앞에 조성되어 있었던 조고의 모습이다.(1999년)

키워드 : 형세, 기회, 판단

하대(夏臺)

하대 / 감옥.
– 권2 〈하본기〉

하나라 마지막 임금인 걸(桀)은 폭정으로 악명 높은 군주였다.('시일하시상' 항목 참고) 당시 백성들의 마음을 얻고 있던 탕(湯)을 **하대**에 가두었다가 풀어 주기도 했다. 제후들은 덕망이 높은 탕에게로 돌아섰고, 탕은 걸을 쳤다. 걸은 명조(鳴條)로 달아났다가 결국 추방되었다. 추방된 걸은 "내가 하대에서 탕을 죽이지 않아 이 지경에 이른 것이 후회스럽다!"고 탄식했다.

걸이 탕을 가둔 '하대'에 대해 《사기색은(史記索隱)》을 편찬한 사마정(司馬貞, 679~732)은 "감옥 이름이다. 하나라는 이를 균대(均臺)라 불렀다"는 주석을 달았다.

은(상)나라에도 '유리(羑里)'라는 이런 감옥이 있었고, 문왕(文王)이 7년 동안 이곳에 갇혀 있었다. 훗날 '하대'와 '유리'는 **감옥**을 가리키는 단어가 되었다.

키워드 : 폭군, 폭정, 감옥

하산대려(河山帶礪)

황하를 허리띠로 삼고, 태산을 숫돌로 삼다.
— 권18 〈고조공신후자연표〉

하산대려는 영원함을 비유하는 성어이다. 넓디넓은 황하(黃河)가 언제 허리띠처럼 좁아질 것이며, 높디높은 태산(泰山)이 언제 닳고 닳아 숫돌처럼 작아질 것인가? 다시 말해, 황하가 허리띠처럼 좁아지도록, 태산이 숫돌처럼 닳아지도록 영원하라는 뜻이다. 이 때문에 예로부터 제왕이 공신들에게 작위를 내릴 때 다음과 같이 맹서하게 했다고 한다.

"황하를 허리띠처럼 좁아지도록 군건하게 지키고, **태산을 숫돌처럼 닳도록** 튼튼하게 다져서, 이로써 나라를 길이길이 평안하게 하여 후손에게 전하리라."

작위를 처음 내릴 때에는 늘 그 근본을 튼튼하게 하고자 이런 맹서를 하게 했다. 물론 후대로 갈수록 이런 맹서와 결심은 흐려졌고, 결국은 쇠퇴하거나 망했다. '하산대려'는 그 뒤 더 말할 것이 없는 튼튼한 나라의 기반, 영원히 지속될 나라를 가리키는 극도의 과장적 표현이 되었다. 또 무궁무진한 제왕의 은총을 비유하기도 한다. 이 대목은 〈고조공신후자연표〉 앞부분 사마천의 서문에 나온다.

키워드 : 국기(國基), 은총, 맹서

하세(下世)

세상을 떠나다.

– 권86 〈자객열전〉

〈자객열전〉은 요인을 암살하려 했던 다섯 자객의 행적을 소개한 특별한 기록이다. 그중 섭정(攝政)의 행적을 보면 이렇다. 자신을 알아준 엄중자(嚴仲子)의 부탁을 받고 한나라의 재상 협루(俠累)를 죽인 다음, 정체가 드러나지 않게 하려고 자신의 낯가죽을 벗기고 칼로 오장육부를 다 들어냈다. 섭정의 정체를 아는 사람에게는 천금을 상으로 준다는 방이 내걸렸으나 사람들은 섭정을 알아보지 못했다. 섭정의 누이 섭영이 이 소문을 듣고는 자기 동생임을 확신하고는 한나라를 찾아와 섭정의 시신을 수습한 다음, 자신도 목숨을 끊었다.

당시 섭영은 섭정을 욕하던 사람들을 향해 당초 섭정이 엄중자의 청을 들어주지 않은 것은 늙으신 어머니가 살아 계시고 자신 또한 결혼하지 않았기 때문인데, "어머니가 천수를 누리고 **세상을 떠나셨고**(하세下世), 나 역시 출가하여" 마음 편하게 엄중자의 청을 들어줄 수 있었다고 했다. 그러면서 "뜻을 가진 사람은 자신을 알아주는 사람을 위해 목숨을 바친다"고 덧붙인 다음, 스스로 목숨을 끊었다. 여기서 '세상을 떠나다'는 뜻의 **하세**가 나왔다. 섭정을 비롯한 자객들의 행적에 대해서는 '사위지기 자사' 항목을 참고하면 된다.

관련하여 참고로 죽음을 뜻하는 다양한 표현들을 살펴본다. 청나라 후기 양장거 (梁章鉅, 1775~1849)가 만년에 쓴 수필집 성격의 《낭적총담(浪迹叢談)》이란 책에는 죽음에 대한 갖가지 별칭이 기록되어 있다. 일반적인 죽음을 나타내는 말로는 '세상을 떠나다'의 거세(去世) · 과세(過世) · 서세(逝世) · 서거(逝去) 등이 있고, '잠들다'는 뜻으로 장면(長眠) · 영면(永眠) · 안식(安息) 등이 있다. 뜻밖의 죽음을 나타내는 말로는 급사(急死)를 비롯하여 우난(遇難) · 상생(喪生)이란 것이 있다.

나라와 국민을 위해 죽었을 경우를 나타내는 말로 희생(犧牲) · 연구(捐軀) · 순국(殉國) · 순직(殉職) 등이 있다. 명을 채우지 못하고 일찍 죽는 것을 요절(夭折)이라 한다.

천명을 채우고 늙어서 죽으면 등선 (登仙)이라는 그럴듯한 표현을 쓰기 도 한다.

스님의 죽음에는 여러 가지 표현 이 있는데, 열반(涅槃)을 비롯하여 원적(圓寂)·좌화(坐化)·시적(示寂)· 시멸(示滅)·입적(入寂) 등이 있다.

제왕의 죽음을 뜻하는 표현도 다

지고무상한 권력의 정점인 제왕을 숭상하는 여러 의식이나 호칭에서 죽음은 각별했다. 사진은 당 고종(高宗)과 무측천 (武則天)의 합장릉인 건릉(乾陵)의 모습이다.(2003년)

양하다. 가붕(駕崩)·대훙(大薨)·산릉붕(山陵崩)·대행(大行)·등하(登遐)·승하(昇遐) 등 이 있다.

원수나 적의 죽음에 대해서는 '염라대왕을 만나러 갔다'는 '견염왕(見閻王)'을 비롯 하여, '서쪽 하늘(저승)로 갔다', '골로 갔다', '기가 끊어졌다', '비명에 갔다', '죽어 마 땅하다'는 등의 표현이 있다.

이밖에 옛날 책에는 죽음의 일반적 표현인 '死(사)' 외에 졸(卒)·몰(歿)·질종(疾終)· 합서(溘逝)·작고(作古)·기세(棄世)·하세(下世) 등이 보인다. 또 물고(物故)·염세(厭 世)·기양(棄養)·연사관(捐舍館)·기당장(棄堂帳)·계수족(啓手足)·은화(隱化)·천신(遷 神)·해하(解駕)·순화(遁化)·천화(遷化)·천형(遷形) 등도 죽음을 나타내는 단어가 되 었다.

한편 《예기(禮記)》의 규정에 따르면 천자의 죽음은 '붕(崩)'이고, 왕·제후의 죽음은 '훙(薨)', 대부의 죽음은 '졸(卒)', 벼슬을 못한 선비의 죽음은 '불록(不祿)', 서민의 죽음 은 '사(死)'라 한다. 당나라 때는 2품 이상의 죽음을 '훙'이라 했고, 5품 이상은 '졸', 6품 에서 서민까지는 '사'로 규정했다.

키워드 : 죽음

하유독서(下帷讀書)

휘장을 내리고 독서하다.
- 권121 〈유림열전〉

하유독서에서 '하유'는 '휘장을 내린다'는 뜻으로 문을 걸어 잠근다는 비유이다. **문을 걸어 잠그고 손님도 사절한 채 전심전력을 다해 공부하는** 것을 가리킨다. 한나라 때의 이름난 유학자 동중서(董仲舒, 기원전 179~기원전 104)의 지독한 공부법을 비유하는 성어이다. 원문은 '하유강송(下帷講誦)'인데, 훗날 알기 쉬운 '독서'라는 단어를 넣어 '하유독서'로 많이 쓴다.

동중서는 《춘추(春秋)》 연구에 정통해 한나라 경제(景帝) 때 박사가 되었다. 동중서는 실내의

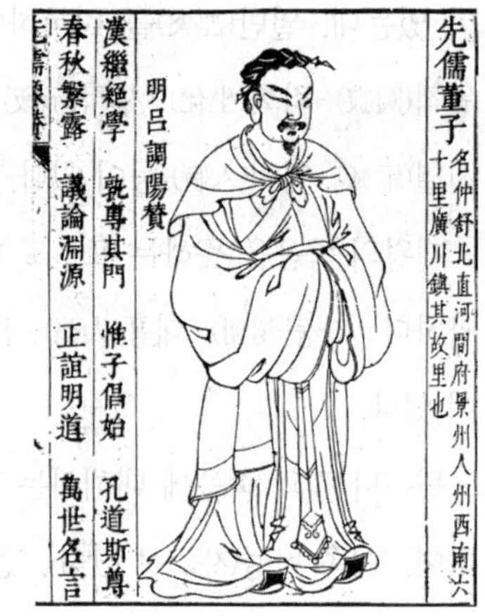

동중서의 사상은 사마천에게도 적지 않은 영향을 주었다. 동중서의 초상화이다.

모든 휘장을 내리고, 대문을 걸어 잠근 채 공부하기로 유명했다. 이런 분위기에서 제자들은 순서대로 그에게 가르침을 청했다. 이렇게 동중서는 3년 동안 외부와 일절 접촉을 끊은 채 전심전력을 다해 공부에 열중했다.

이 고사는 후대에 적지 않은 영향을 주어 다양한 형식으로 전해졌다. 줄여서 '하유(下帷)'로도 쓰고 '하서유(下書帷)', '폐호수유(閉戶垂帷)'등으로도 쓰였다. 동중서를 부르던 존칭 동생(董生)이나 이름을 따서 '동생유(董生帷)', '중서유(仲舒帷)' 같은 표현도 생겼다. 단단히 결심하고 공부에 열중하는 자세를 가리키는 성어로 널리 인용되었다.

키워드 : 학문, 독서, 고학(苦學)

하자(瑕疵)

옥에 티.
– 권81 〈염파인상여열전〉

우리가 일상에서 별 생각 없이 사용하는 **하자**라는 단어가 **옥에 티**라는 뜻임을 아는 사람은 그리 많지 않다. 이 단어는 '완벽' 항목에서 알아본 바와 같다. 여기서는 글자 뜻에 대해 좀 더 알아본다.

먼저 '하(瑕)'라는 글자를 보면 왼쪽 임금 왕(王) 자가 있지만, 실은 구슬 옥(玉)이다. 오른쪽의 '가(叚)'는 발음을 위해 붙은 글자다.('가'와 '하'는 발음이 서로 통하며 현재 중국어 발음으로는 xiá다.) 글자의 뜻은 원래 옥의 붉은 반점을 가리켰는데, 점점 비었다거나 비어 있음을 뜻하면서 그것으로 **사람과 사물에서 드러나는 결점이나 단점 또는 문제점**을 비유하게 되었다.

'자(疵)'는 음식 때문에 발생한 병, 복통이나 구토 등을 가리키는 글자로서 병이 생겼다거나 문제가 생겼음을 뜻한다. '하'나 '자' 모두 문제가 있다거나 문제점을 가리키는 글자로서, 중복 사용된 셈이다.('완벽', '지하' 항목 참고)

키워드 : 옥, 흠, 결점

하족괘치(何足掛齒)

입에 올릴 가치가 있겠는가?
– 권99 〈유경숙손통열전〉

'부족괘치' 항목에서 살펴본 바 있다. 원문은 '하족치지치아간(何足置之齒牙間)'이고, 이를 줄여서 '부족괘치'나 **하족괘치**로 많이 쓴다. 모두 **입에 올릴 가치가 없다**는 비유이다.('부족괘치' 항목 참고)

키워드 : 언급, 가치

하해불택세류(河海不擇細流)

강과 바다는 자잘한 물줄기를 가리지 않는다.
– 권92 〈이사열전〉

진왕(훗날 진시황)이 한나라 출신의 수리 전문가 정국(鄭國)의 간첩 사건 때문에 타국의 인재들을 모두 내쫓으라는 '축객령(逐客令)'을 내리자 초나라 출신의 이사(李斯)는 이를 취소해 달라는 글을 올렸다. 이것이 〈간축객서(諫逐客書)〉다.

여기서 이사는 진나라가 지금처럼 부강해진 데는 국적 등을 따지지 않고 다양한 인재를 기용했기 때문이라면서 "태산은 한 줌의 흙을 마다하지 않으며(태산불양토양泰山不讓土壤), **강과 바다는 자잘한 물줄기를 가리지 않는다**(하해불택세류河海不擇細流)"는 명언을 남겼다. 대개 '태산불양토양'과 '하해불택세류'를 함께 쓴다. 태산이 한 줌의 흙을, 강과 바다가 자잘한 물줄기를 가리지 않듯이 **좋은 인재라면 국적·신분 따위를 가리지 않는다**는 절묘한 비유이다. ('태산불양토양' 항목 참고)

키워드 : 정책, 인재, 포용

하희(夏姬)

하희 / 요부.
– 권36 〈진기세가〉

중국사를 보면 여성 때문에 신세를 망친 권력자나 심지어 나라까지 잃은 경우가 심심찮게 등장한다. 하나라 걸이 총애했던 말희(末喜), 은나라 주가 애지중지했던 달기(妲己), 주나라 유왕이 봉화까지 피우며 웃기려 했던 포사(褒姒) 등은 모두 망국의 화근이란 불명예를 뒤집어썼다. 물론 억울한 누명이다. 일차적으로 잘못은 이들에게 빠져 나라를 망친 통치자에게 있다.

그런데 춘추시대 정나라 목공(穆公)의 딸 **하희(夏姬, 기원전 6세기 초)**는 여러 나라를 시끄럽게 하면서 많은 남자를 망친 희대의 요부(妖婦)였다. 하희는 진(陳)나라 대부 하어숙(夏御叔)에게 시집을 갔다가 남편이 죽자 그 나라 대신들과 간통을 저지르고, 급기야 최고통치자 영공(靈公)과도 간통했다. 아들 하징서(夏徵舒)가 영공을 죽이고 권력을 장악했지만, 강대국 초나라가 진나라를 공격하여 하징서를 죽였다. 하희의 미모에 초나라 장왕(莊王)과 그 태자가 군침을 흘렸다. 그러자 무신(巫臣)이란 자가 장왕과 태자를 설득하여 연윤(連尹) 양로(襄老)에게 시집을 보내게 했다. 그런데 양로가 전투에서 죽자, 하희는 그 아들과 또 불륜을 저질렀다. 무신은 그녀를 친정인 정나라로 돌려보낸다는 명분을 앞세워 자신이 하희를 호송하다가 도중에 그녀를 데리고 진(晉)나라로 도망쳤다.

하희는 적어도 네 나라를 시끄럽게 만들고, 일곱 남자의 혼을 뺀 여성이었다. 역사상 기록에 남은 여성 가운데 하희만큼 큰 파문을 불러일으킨 여성은 없었다. 이 때문에 역사에는 "살삼부일군일자(殺三夫一君一子), 망일국양경(亡一國兩卿)", 즉 "남편 셋, 임금 하나, 자식 하나를 죽이고, 한 나라와 두 명의 경을 망하게 했다"는 기가 막힌 오명(?)이 뒤따랐다. 혹자는 장부(張負)라는 부잣집 노인(노파)의 손녀딸로 다섯 명의 남편을 잃고도 진평(陳平)에게 시집간 진평의 아내를 하희와 비교하기도 하지만, 파장이란 면에서 보자면 비교 거리도 되지 않는다. 더욱이 진평의 아내는 남편을 아낌없이 후원했고, 진평은 서한 건국의 공신이 되어 승상 자리에까지 올랐다. 하희의 무엇이 이와 같은 파문을 낳았을까? 단순히 미모 때문이었을까? 의문이 의문을 끌고 오는 희대의 스캔들이 아닐 수 없다.

하희에 대한 기록은 《좌전》이 원전이지만, 사마천은 〈진기세가〉에서 이 기록들을 정리하여 다시 소개해 놓고 있다. 하희가 몰고 온 국제적 파장과 그 여파를 좀 더 상세한 참고자료로 정리해둔다.

중국사 약 5천 년을 통틀어 어림잡아 600명 가까운 제왕들이 존재했다. 춘추시대 제후들까지 넣으면 그 수는 훨씬 더 늘어날 것이다. 대만의 지성 백양(柏楊) 선생의 통계에 따르면 제왕 559명 중 제명에 죽지 못한 자들이 무려 1/3에 가깝다고 한다.

1/3에 육박하는 제명에 죽지 못한 제왕들의 사망 원인을 따져보면 여성이 개입된 경우가 적지 않다. 그저 제명에 못 죽었을 뿐만 아니라 심지어 나라를 잃은 제왕도 심심찮게 등장한다. 그런데 정작 망국의 책임은 모두 여성이 짊어졌다. 하나라 걸(桀) 임금이 총애했던 말희(末喜)와 은나라 주(紂)임금이 애지중지했던 달기(妲己)는 두 임금의 주지육림(酒池肉林)의 원흉으로 지목되었다. 주나라 유왕(幽王)이 봉화까지 피우며 웃기려 했던 포사(褒姒)도 망국의 화근이란 불명예를 뒤집어썼다. 물론 억울한 누명이다. 일차적으로 잘못은 이들에게 빠져 나라를 망친 통치자에게 있기 때문이다.

춘추시대 정나라 목공(穆公, 기원전 649~기원전 606)의 딸로 태어난 귀한 신분의 하희(夏姬)라는 여성은 여러 남자를 망친 것은 물론, 여러 나라를 시끄럽게 만든 희대의 요부(妖婦)였다. 물론 일차적 책임은 그녀에게 홀린 남자들에게 있겠지만, 그 과정을 보면 꼭 그런 것만도 아니라는 생각을 떨치기 힘들다. 이에 춘추시대를 떠들썩하게 했던 이른바 '하희 성 추문'을 알아보고자 한다. 이 스캔들은 춘추시대 역사 기록으로 가장 중요한 《좌전》을 비롯하여 《사기정의》에 인용된 《열녀전》 등 여러 책에 그 흔적을 남기고 있고, 《사기》에는 〈진기세가〉와 〈진세가〉에 그 경과가 비교적 자세히 남아 있다.

그런데 이 추문을 기록한 《사기》의 내용을 잘 따라가면 흥미로운 사실을 발견하게 된다. 이 사건이 하희가 시집간 진(陳)나라 내부 문제를 벗어나 국제적인 문제로 비화됨으로써 이에 연관된

하희를 마지막에 차지한 무신은 그 때문에 온 가족이 몰살당하는 처참한 신세가 되었다. 하희의 초상화이다.

당시 국제정세의 미묘한 변화를 이 추문의 과정을 추적하면서 확인하는 묘미를 함께 맛볼 수 있기 때문이다. 사마천의 절묘한 필치를 새삼 확인할 수 있는 사건의 하나라 할 것이다.

추문의 1차 경과

기원전 613년 장강 이남에 자리 잡고 있던 초나라에 걸출한 통치자가 왕위에 올랐다. 초나라를 일약 강대국으로 끌어올린 장왕(莊王)이었다. 장왕은 기원전 597년에 필성(泌城)이라는 곳에서 제후들과 회맹(會盟)하여 마침내 맹주가 되었다. 패주 자리에 앉은 장왕은 제후국들의 분쟁 등에 개입을 할 수 있는 명분을 갖게 되었다. 그것이 이른바 '존왕양이(尊王攘夷)'의 실체였다. 존왕양이는 주 왕실을 존중하되, 주 왕실을 대신해서 국제적인 문제에 개입할 수 있는 공식적인 지위를 얻는다는 것을 뜻한다. 쉽게 말해 선생님(주나라)을 대신해서 학급의 일을 좌지우지하는 반장(패주)이 되는 것이다. 반장 선거가 바로 회맹인데, 초나라 장왕이 필성전투를 계기로 맹주로 뽑혔다.

하희 추문에서 장왕의 역할이 중요했기 때문에 그의 즉위와 맹주 추대 과정을 간략하게 배경삼아 설명했다. 하희 추문이 기록에 등장하기는 장왕이 맹주로 추대되기 3년 전인 기원전 600년부터다. 일단 그 경과를 간략하게 정리해 둔다. 추문의 첫 무대는 춘추시대 중원 지역에 위치한 진(陳)이라는 작은 나라였다.

진나라 대신 가운데 하어숙(夏御叔)이라는 사람이 있었다. 그의 처가 바로 정나라 목공의 딸인 하희였다. 둘 사이엔 하징서(夏徵舒)라는 아들이 하나 있었다. 남편 하어숙이 죽자, 외롭던 하희는 진의 고위층 관료인 대부 공녕(孔寧)·의행보(儀行父)와 바람을 피웠다. 공녕과 의행보는 나중에 진나라 최고 통치자인 영공(靈公)까지 끌어들여 셋이서 하희와 돌아가며 간통했다. 아들 하징서는 어머니의 이런 추잡한 짓에 분통을 터뜨렸지만 어찌할 수가 없었다.

영공 15년인 기원전 599년, 세 사람이 하희의 집에서 술을 마시다 하징서를 두고 서로 누구를 닮았네, 말았네 하는 따위의 저질스러운 농을 지껄였다. 그 말을 들은 하징서는 분기탱천하여 영공을 활로 쏘아 죽였다. 공녕과 의행보는 초나라로 도망을 가고, 영공의 아들 태자 오(午)는 진(晉)나라로 도망을 쳤다. 하징서는 진후(陳侯)가 되어 권력을 쥐었다.(하징서가 어머니 하희를 어떻게 처분했는지는 기록에 없다.)

진나라에서 국군을 살해하는 이른바 '살군(殺君)' 사건이 터지자, 진나라의 정치에 계속 개입해 왔던 초나라 장왕은 바로 개입하여 진을 정벌한 다음, 진을 현으로 강등시켜 그 땅을 초나라로 귀속시켰다. 하징서는 죽었다. 진나라가 망한 것이다. 당시 하희는 30대 초반이었다. 초나라로 잡혀온 하희를 본 장왕은 한눈에 그녀의 미모에 반했다. 장왕은 볼 것도 없이 그녀를 첩으로 삼고 싶었다. 이때 굴무(屈巫, 기록에 따라서는 신공申公 무신巫臣으로도 나온다)라는 신하가 나서며 다음과 같이 말렸다.

"초나라가 맹주로서 진나라를 정벌한 이유는 신하가 국군을 시해했다는 명분 때문이었는데, 만약에 폐하께서 하희를 차지하시면 여자가 탐이 나서 진나라를 공격했다는 비방이 일 것입니다."

귀가 열려 있던 초 장왕은 깨끗하게 하희를 포기했다. 그러자 이번에는 장왕의 아들인 자측(子側)이 하희를 탐냈다. 굴무가 다시 나서 천하의 요물을 탐내면 상스럽지 못하다며 태자를 설득했다. 초나라 장왕은 얼마 전에 아내를 잃은 신하 연윤(連尹) 양로(襄老)에게 하희를 시집보냈다. 그런데 연윤 양로가 기원전 597년 필성(畢城)전투에서 그만 전사해버렸다. 놀랍게도 하희는 연윤 양로의 아들과 간통을 저지르는 대담한 행각을 서슴지 않았다. 점점 소문이 안 좋게 나자, 굴무는 장왕을 설득해 하희를 원래의 친정인 정나라로 돌려보내자고 했고, 장왕은 하희를 정나라로 돌려보냈다.

추문의 2차 경과

하희의 성 추문은 이것으로 끝나는가 싶었다. 그러나 그게 아니었다. 얼마 뒤 초나라는 동방의 강국 제나라와 패주 자리를 놓고 싸웠고, 결국 초나라가 승리했다. 초나라는 전후 문제를 처리하기 위해서 제나라로 사신을 보내야 했는데, 굴무가 자청하고 나섰다. 장왕은 별 생각 없이 굴무를 사신으로 보냈다. 그런데 굴무는 가야 할 제나라로 가지 않고 정나라로 가서는 돌아오지 않았다.

웬일인가 했더니 이 굴무란 자가 지금까지 내내 하희에게 관심을 보이고 있었던 것이다. 그때가 기원전 584년이었다. 그러니까 굴무는 장장 15년 가까이 하희에게 눈독을 들이고 있다가 마침내 정나라로 가서 하희를 차지함으로써 그 꿈을 이룬 것이다. 이때 하희의 나이는 오십 줄을 바라보고 있었다. 정말이지 얼마나 대단한 여자였기에 50이 다 된 나이에도 사내가 그토록 갈망하며 자기 가족과 나라를 버리고 달려오게 만든단 말인가? 어쩌면 하희보다 굴무란 작자가 더 대단한지 모를 일이다. 그 무섭고 끈질긴 집념이라니, 감탄스럽다. 결국 초나라 장왕도 태자 자측도 다 굴무에게 농락당한 꼴이 되었다. 화가 난 장왕은 굴무의 가족을 몰살시켰다.

추문의 파장

굴무는 굴무대로 이 일과는 별 상관없는 자기 가족을 몰살시킨 초나라에 반드시 복수를 하겠다고 이를 갈았다. 굴무는 당시 신진 강국으로 부상하고 있던 오나라로 가서 초나라의 군사 정보를 제공하는 한편, 군대를 훈련시키는 선진기술을 가르쳤다. 그리고는 오나라로 하여금 초나라를 공격하게 했다. 오월쟁패에서 초나라가 빠질 수 없는 배경이 바로 여기에 있다. 음탕한 한 여성으로 인해 국제정세에 큰 변화가 발생하는 순간이었다.

하희의 스캔들은 워낙 떠들썩한 사건이었기 때문에 여러 군데에 기록을 남기고 있다. 무엇보다 이 사건은 대의명분을 중시하던 초기 춘추시대와 대의명분이 변질(?)되기 시작하는 후기 오월시대를 완전히 구별 짓는 상징적인 사건이었다. 또한 남자들이 하희를 농락한 것이 아니라 하희가 남자들을 농락한 희대의 사건이었고, 대의명분보다는 실리를 위해서는 앞뒤를 가리지 않았던 오월동주시대와 전국시대를 알리는 전주곡과도 같은 기가 막힌 섹스 스캔들이었다.

간단하게 말해 하희는 적어도 네 나라를 시끄럽게 만들고, 일곱 남자의 혼을 뺀 여성이었다. 역사상 기록에 남은 여성 가운데 하희만큼 큰 파문을 불러일으킨 여성은 없었다. 이 때문에 역사에는 "살삼부일군일자(殺三夫一君一子), 망일국양경(亡一國兩卿)." "남편 셋, 임금 하나, 자식 하나를 죽이고, 한 나라와 두 명의 경을 망하게 했다"는 기가 막힌 오명(?)이 뒤따랐다. 혹자는 장부(張負)라는 부잣집 노인(노파)의 손녀딸로 다섯 명의 남편을 잃고도 진평에게 시집간 진평의 아내를 하희와 비교하기도 하지만, 파장이란 면에서 보자면 비교 거리도 되지 않는다. 하희의 무엇이 이와 같은 파문을 낳았을까? 단순히 미모 때문이었을까? 의문이 의문을 끌고 오는 희대의 스캔들이었다.

키워드 : 추문, 간통, 요부

한

한계야창(寒溪夜漲)

한계가 밤사이 불어 넘치다.
– 권92 〈회음후열전〉

기원전 206년 항우는 홍문연에서 유방을 굴복시킨 다음, 천하의 권력을 움켜쥐었다. 이어 그는 전국시대 말기 각국의 왕족이나 그 후예들을 제후에 봉했다. 유방은 한왕에 봉해져 한중으로 보내졌다. 이곳은 한 번 들어가면 나오기가 매우 힘든 곳이었다. 유방은 오도가도 못 하는 상황에 몰렸고, 탈출하는 병사와 장수들이 속속 생겨났다.

이때 함께 들어온 한신은 소하의 눈에 들어 장군으로 추천을 받았지만 유방은 신경을 쓰지 않았다. 한신은 생각 끝에 달아났다. 이 보고를 받은 소하는 유방에게 보고도 않고 한신의 뒤를 쫓아 한계라는 시내에서 한신을 붙들 수 있었다. 전날 밤 많은 비가 내

'한계야창'의 현장인 한계의 모습이다.(섬서성 한중시 유패현. 2011년)

려 한계가 불어 건널 수 없었기 때문이다. 여기서 **한계가 밤사이 불다**라는 **한계야창**이란 성어가 나왔다. 천재지변으로 관련한 인물의 상황이나 형세가 극적으로 바뀐 것을 비유한다.

이 일을 계기로 유방은 한신을 대장군에 임명했고, 한신은 '겉으로 잔도를 수리하는 척하면서 몰래 진창을 건너다'는 '명수잔도, 암도진창'이란 계책을 건의하여 마침내 한중을 나올 수 있었다. 이로써 초한쟁패는 새로운 국면에 접어들었고, 한신은 눈부신 활약을 보였다. 이에 대한 자세한 내용은 '소하월하추한신' 항목에서 언급한 바 있다.('명수잔도, 암도진창' 항목 참고)

키워드 : 천재지변, 운명

한마(汗馬)

땀 흘리는 말.

– 권123 〈대완열전〉

한마는 두 가지 뜻을 가진 단어이다. 하나는 '한혈마(汗血馬)', 즉 **땀을 피처럼 흘리는 말**이란 뜻이다. 이 때문에 '한혈마'란 단어를 많이 쓴다. 한나라 무제 때 이사장군(貳師將軍) 이광리(李廣利, ?~기원전 89)가 서역에 위치한 대완(大宛) 국왕의 목을 베고 '한

혈마'를 한 필 얻어 돌아왔다. 이 대목에 대한 주석에는 이런 내용이 보인다.

"대완에 좋은 말이 있어 땀을 앞쪽 어깨 쪽에서 흘리는데 색이 피 같았다. 이 말은 하루에 천 리를 달리는 준마다."

이후 시나 문장에서 '한마'는 **준마**를 일컫는 단어가 되었다. 또 하나는 **전투에서 세운 공로나 작전**을 비유하는 단어로 사용되는 경우다. 《한비자》〈오두(五蠹)〉 편에 보면 이런 대목이 있다.

"집안일은 잊은 채 나라를 위해 '한마의 수고'를 다해야 한다."

감숙성에서 출토된 이 청동제 말의 형상을 역사가 곽말약(郭沫若, 1892~1978)은 '마답비연(馬踏飛燕)'으로 표현했다. '말이 날아가는 제비의 등을 밟고 있다'는 뜻이다. 이 말을 한혈마로 보는 사람이 많다.

여기서 '한마의 수고'라는 뜻의 '한마지로(汗馬之勞)'라는 유명한 사자성어가 나왔다. 전투에 나간 말이 땀 흘리며 전투에 참여하듯 그런 수고를 아끼지 않아야 한다는 뜻이다. 이 성어는 권39 〈진세가〉에도 보인다.

공직자와 무인(武人)이 나라와 백성을 위해 최선을 다하는 것을 이를 때 '한마지로'라는 표현을 많이 쓰며, 그렇게 해서 세운 공을 '한마지로'에서 한 글자를 바꾸어 '한마공로(汗馬功勞)'라고도 한다. 《한서》〈무제기〉에도 이 준마에 대한 기록이 보이는데, 무제는 이 말을 얻기 위해 무던 애를 썼다고 한다.

키워드 : 명마, 수고, 공로

한문유미(漢文遺美)

한 문제가 미담을 남기다.
– 권10 〈효문본기〉

역대 명군의 한 사람으로 꼽는 한 문제(文帝, 기원전 202~기원전 157)의 유언 첫 대목인 '천하만물지음생, 미불유사' 항목에서 문제의 선정(善政)에 대해 자세히 살펴본 바 있다.

문제는 연좌제·비방죄·고문 폐지 등 악법을 폐지하기도 했지만, 근검절약을 실천한 군주였다. 황후를 비롯한 궁궐의 여자들에게 '바닥에 끌리는 치마를 입지 못하게(의부득예지衣不得曳地)' 했고, '장막에 수를 놓지도 못하게(위장부득문수(幃帳不得文繡)' 했다.('의부득예지' 항목 참고) 또 건축물도 함부로 짓지 않게 했다. 관련하여 이런 일화를 남겼다.

한번은 노대(露臺, 노천에 짓는 무대)를 짓고자 장인을 불러 비용을 물어보았다. 장인이 금 100근은 들어갈 것이라고 하자 문제는 이렇게 말했다.

"금 100근이면 보통 인민 열 집의 재산과 같다. 내가 선제의 궁실을 물려받아 쓰면서 늘 욕되게 하면 어쩌나 걱정했는데, 대는 지어서 무엇하겠는가?"

이렇듯 문제가 남긴 아름다운 일화들에서 **한문유미**라는 성어가 파생되었다. **한 문제가 미담을 남기다**는 뜻이고, **제왕이 근검절약하며 나라를 다스리는 일**을 비유하게 되었다.

한 문제는 덕정과 선정, 악법폐지, 대흉노 화친 정책 등 역대 제왕들 중에서도 관련한 미담을 가장 많이 남기고 있는 명군이다. 특히 그의 유언은 지금 읽어도 마음을 울리는 진솔한 글이 아닐 수 없다. 이 때문에 문제는 역대 최고의 명군으로 꼽기에 손색이 없다. 문제의 초상화이다.

키워드 : 통치, 선정(善政)

한상지만(恨相知晩)

서로 늦게 만난 것을 안타까워하다.
– 권107 〈위기무안후열전〉

때늦음을 한탄하는 성어로 '만시지탄(晩時之歎)'이 있다.('만시지탄'은 우리식 성어로 추정된다.) **한상지만**도 이와 비슷하지만 좀 더 구체적이다. 누군가와 만나 의기투합해서 **진즉에 만나지 못한 것이 한스럽기까지 한 경우**를 두고 쓰는 성어이기 때문이다.

이 성어와 반대되는 의미를 가진 '백두여신(白頭如新)'이란 고사성어는 머리가 하얗게 새도록 만난 사이인데도, 여전히 처음 보는 것처럼 낯이 설다는 뜻이다.('백두여신' 항목 참고) 사람의 관계라는 것이 참 오묘하다는 생각을 절로 들게 하는 고사성어들이다. '한상지만'에 얽힌 이야기를 들어보자.

위기후(魏其侯) 두영(竇嬰, ?~기원전 131)은 한나라 문제의 처 두황후의 조카였고, 관부(灌夫, ?~기원전 131)는 오나라와 초나라 등 일곱 나라의 왕이 반란을 일으켰을 때 그들을 제압하는 데 큰 공을 세운 장군이었다. 관부는 성격이 강직하고 호탕하여 누구에게도 아첨하기를 싫어했다. 특히 지위가 높은 사람, 가문이 좋고 세도가 있는 사람, 자기보다 높은 자리에 있는 사람은 내려다보았던 반면, 가난하고 천한 사람은 더욱 존중하며 동등한 위치에서 교제했다. 황후의 조카였던 두영은 황실의 외척으로서 권세를 누렸으나 문제가 죽고 경제가 황제 자리에 오르자 세력을 잃게 되었다.

관부는 재산은 많았으나 권세를 잃고 집에 들어앉아 있었기 때문에 점차 벼슬아치며 빈객들의 출입이 멀어지고 소원하게 되었다. 위기후 두영 역시 세력을 잃은 뒤로는 관부에게만 의지하여 평소 자신을 따르다가 뒤에 발을 끊은 사람들을 모조리 배척하고 있었다. 그래서 관부 또한 위기후에 기대 열후나 종실과 교제하며 자신의 이름을 높이고자 했다. 두 사람이 서로 도우며 사귀는 모습은 부자지간처럼 다정했다. 서로 의기투합하여 매우 기뻐하며 세월이 흘러도 변할 줄을 모르고, **늦게 알게 된 것을 애석해 할** 정도였다.

인간의 만남은 처지와 이해관계가 비슷할 때 더 빨리 가까워지는 법이다. '인정(人

情)'이 개입하기 때문이다. 인간관계의 함정도 바로 여기, 인성(人性)의 약점에 있다. 사실 인간관계에서 냉정함을 잃지 않기란 참으로 어렵다. 예로부터 동양사회가 인간관계에 있어서 '의리(義理)'를 그토록 중시한 것도, 인성의 약점에서 비롯되는 인간관계의 문제점을 다분히 추상적인 의리와 명분으로 해결하려 했기 때문이다. 서양에서 말하는 합리성이 동양의 사고로는 받아들여 지지 않았기 때문이다.

한편으로 동양의 인간관계가 의리와 명분을 앞세우고 인정을 매개로 삼아 전개되기는 했지만, 그것이 또 한편으로 사람을 쉽게 만나지 못하게 하는 장애로 작용한 것도 사실이다. 체면·시기·질투·욕심·오만 등과 같은 경계에 막혀 진즉 알았어야 하고, 또 쉽게 가까워질 수 있었던 사람들을 그냥 지나치거나 잃는 경우가 너무나 많았다. 거기에 학연이나 지연 등에 의한 '인의 장막'까지 가세하여 폭넓고 합리적인 인간관계의 설정을 막았다.

'인간관계'의 설정은 세상살이의 알파요, 오메가다. 그만큼 신중해야 하고 또 현명해야 한다. 끼리끼리 만난다는 말도 있지만, 그것은 편협한 관계에 대한 구차한 변명에 지나지 않는다. 관계 설정에 대한 통찰력과 깊이 있는 인식이 필요하다. 무엇보다도 먼저 상대방의 세계를 허심탄회하게 인정하고 들어가는 것이 인간관계의 출발점이 아닐까 하는 생각을 해본다.('상견한만' 항목 참고)

키워드 : 관계, 의리, 인정(人情), 인정(認定)

한신낭사(韓信囊沙)

한신이 주머니에 모래를 채우다 / 한신의 모래 주머니.
– 권92 〈회음후열전〉

기원전 204년, 초한쟁패가 한창일 때 한신은 제나라 지역 공략에 나섰다. 장수 용저(龍且)는 한신을 얕잡아 보고는 수비를 권하는 주위의 권유를 물리치고 유수(濰水)

를 사이에 두고 한신과 마주해 진을 쳤다.

한신이 밤에 병사들에게 만여 개의 **주머니에 모래를 채워서** 유수의 상류를 막게 한 다음, 용저를 공격하는 척하다가 달아났다. 용저는 한신을 겁쟁이라며 뒤를 쫓아 유수를 건너기 시작했다. 한신은 병사들에게 유수를 막고 있던 모래주머니를 트게 했고, 유수의 물이 용저의 군대를 덮쳤다. 용저의 병사는 절반도 건너지 못했고, 이 틈에 한신은 군사를 되돌려 용저의 군대를 공격하여 용저를 죽였다. 이로써 제나라가 평정되었다.

한신낭사는 '배수지진'과 함께 한신의 뛰어난 전술을 잘 보여주는 사례로 남아 있다. **한신이 주머니에 모래를 채우다**와 **한신의 모래주머니**라는 두 가지 뜻으로 사용된다.

키워드 : 전투, 전술

한신등단(韓信登壇)

한신이 단에 오르다.
– 권92 〈회음후열전〉

'국사무쌍' 항목에서 살펴보았듯이 소하(蕭何)는 도망간 한신(韓信)을 뒤쫓아 데려왔다.('소하월하추한신', '한계야창' 항목 참고) 유방(劉邦)은 소하의 권유대로 한신을 장군으로 삼겠다고 약속했다. 소하는 한 걸음 더 나아가 다음과 같이 말했다.

"왕께서는 지금 대장군에 임명하겠다고 하시면서 마치 어린아이 부르듯 무례하게 하시니 이 때문에 한신이 떠난 것입니다. 왕께서 그를 대장으로 임명하시려 한다면 좋은 날을 골라 재계(齋戒)하시고, 단을 마련하여 의식을 갖추어야 할 것입니다."

유방은 이를 받아들였다. 이어 대장군 임명식이 있을 것이라 발표하자 여러 장수들이 속으로 자신이 대장군이 될 것이라 기대했으나 막상 한신을 대장군에 임명하자 군 전체가 놀랐다.

이 일에서 **한신이 단에 오르다**는 한신등단이란 사자성어가 나왔고, 훗날 **장수에 임명되는 것**을 가리키게 되었다. '한신등단'은 '등단배장(登壇拜將)'으로도 많이 쓴다. '단에 올라 대장군에 임명되다'는 뜻이다.

한신이 대장군에 임명될 당시 설치한 단으로 '배장단(拜將壇)'이라 부른다. 섬서성 한중시(漢中市)에 남아 있다.(2014년)

키워드 : 군사, 장수, 임명

한입골수(恨入骨髓)

원한이 골수에까지 사무치다.
– 권5 〈진본기〉

기원전 627년 진(秦) 목공(穆公)이 진(晉)을 공격하다가 효산에 대패하여 맹명시·서기술·백을병 세 장수가 포로로 잡혔다. 진(秦) 출신의 진(晉) 문공의 부인은 이 세 장수를 살리기 위해, "목공이 이 세 사람에 대한 **원한이 골수에 사무쳐** 있을 것이니 이들을 돌려보내 목공으로 하여금 삶아죽이게 하라"고 양공(襄公)을 설득했다.

한입골수는 누군가에 대한 원한·원망·섭섭함이 아주 크고 심각하다는 것을 비유하는 성어이다. '원입골수'로도 쓴다.(해당 항목 참고)

키워드 : 관계, 원한

한자이수갈이기자감조강(寒者利裋褐而饑者甘糟糠)

추위에 떨고 있는 사람에게는 누더기 옷도 도움이 되고, 굶주린 사람에게는 술지게미도 달다.

- 권6 〈진시황본기〉

〈진시황본기〉에는 한나라 초기 정치가인 가의(賈誼)의 명문장으로 진나라 멸망의 원인을 분석한 〈과진론(過秦論)〉이 인용되어 있다. 그중 아래 대목은 진 2세 호해가 즉위할 당시 백성들의 상황을 말하고 있다.

"진 2세가 즉위했을 때, 천하 사람들치고 목을 길게 뺀 채 그의 정치를 지켜보지 않은 사람이 없었다. **추위에 떨고 있는 사람에게는 누더기 옷도 도움이 되고, 굶주린 사람에게는 술지게미도 단 법이다.** 천하 백성들의 이런저런 하소연은 새로 즉위한 주상에게는 밑거름이 된다."

새로운 정권에 대한 백성들의 기대를 말하는 대목으로, 권력자가 조금만 백성들을 위한 정책을 펴면 백성들은 만족하기 마련이라는 비유이다.

키워드 : 통치, 폭정, 백성

한출첨배(汗出露背)

흘리는 땀이 등을 적시다.

- 권56 〈진승상세가〉

여씨 세력을 몰아낸 공신들의 추대로 기원전 180년 즉위한 문제(文帝)는 빠르게 국정 전반을 파악해 나갔다. 하루는 우승상 주발(周勃)에게 1년에 옥사(獄事)는 얼마나 되며, 1년의 재정은 얼마나 되냐고 물었다. 주발은 하나도 답하지 못하고 몹시 부끄러워했는데 **땀이 흘러 등을 적셨다**고 한다. 여기서 **한출첨배**라는 성어가 나와 어떤 질문이나 일에 제대로 대응하지 못하고 당황하는 것을 비유하게 되었다. 흔히 '식은땀을 흘렸다'는 말로 표현하기도 하다.

키워드 : 질문, 곤란, 식은땀

함양일거(咸陽一炬)

함양의 큰 화재.
– 권7 〈항우본기〉

기원전 206년, 진나라의 도성 함양에 먼저 진입한 유방은 진나라의 항복을 받아냈다. 이로써 진나라는 망했다. 그보다 조금 늦게 함곡관(函谷關)에 이른 항우는 유방이 먼저 함양에 입성했다는 보고에 크게 화를 내며 유방을 공격하게 했다. 이 소식에 유방은 홍문(鴻門)으로 와서 자신의 입장을 밝히며 사죄했다. ('홍문연' 항목 참고)

며칠 뒤 항우는 군대를 이끌고 함양을 도륙했다. 유방에게 투항한 진나라의 왕 자영을 죽이고, 궁궐을 불태웠는데 석달을 타고도 꺼지지 않았다고 한다.

항우가 아방궁을 비롯한 진의 궁궐을 불태운 일을 두고 훗날 사람들은 **함양일거**라는 성어로 표현했다. **함양의 큰 화재**란 뜻인데 함양을 모두 불태웠음을 가리킨다.

축소 복원한 아방궁의 모습이다.(2008년)

함치대각지수견범즉교(含齒戴角之獸見犯則校), 이황우인회호오희노지기(而況于人懷好惡喜怒之氣)

날카로운 이빨과 뿔을 가진 야수도 공격을 당하면 물기 마련인데, 하물며 좋고 싫음과 기쁘고 성난 기를 품은 사람이야 오죽하겠는가?

– 권25 〈율서〉

사마천은 〈율서〉에서 전쟁에 대해 다음과 같은 정의를 내리고 있다.

"전쟁을 하는 까닭은 성인이 포악함을 토벌하고 난세를 다스리며, 적대 세력을 평정하여 위험에서 구하기 위해서이다. **날카로운 이빨과 뿔을 가진 야수도 공격을 당하면 물기 마련인데, 하물며 좋고 싫음과 기쁘고 성난 기를 품은 사람이야** 오죽하겠는가? 기뻐하면 사랑하는 마음이 생겨나고, 노하면 살벌함이 생기는 것은 인지상정이다."

사마천은 전쟁을 인간의 고유한 감정과 연계시키고 있다. 그러면서 누구가로부터 공격을 당하면 반격하는 것이 당연하지 않느냐면서 짐승의 예를 들었다. 그럼에도 사마천은 전쟁의 궁극적인 목적은 성인이 백성을 위험에서 구하기 위함이라는 큰 명분을 잊지 않고 그 뜻을 맨 앞에 제시했다.

함혈연창(含血吮瘡)

피를 머금고 고름을 입으로 빨아내다.
— 권65 〈손자오기열전〉

함혈연창(含血吮瘡)은 **입안에 피를 머금고 고름을 빨아낸다**는 뜻이다. 상처 난 곳을 입으로 빨면 피와 고름이 입안에 고이기 마련이다. 전국시대의 이름난 명장 중 한 사람이었던 오기(吳起, ?~기원전 약 381)가 전투에서 부상당한 부하 장병의 상처를 직접 입으로 빨았던 고사에서 비롯되었다.

중국사 춘추 말기에서 전국 초기 사이 세 사람의 군사에 관한 전문가들이 나타났다. 한 사람은 손자로 더 잘 알려진 손무(孫武)였고, 또 한 사람은 손무의 후손으로 알려진 손빈(孫臏, 생졸 미상)이었으며, 나머지 한 사람이 오기였다. 이 세 사람은 춘추시대에서 전국시대로 넘어가는 변혁기에 군사와 병법에 관한 실전과 이론을 총정리함으로써 군사학이라는 새로운 학문의 탄생을 가능케 했다.

독일의 황제 빌헬름 2세가 실각하여 네덜란드로 망명했다가 우연히 어떤 책을 읽고는 "내가 왜 일찍 이 책을 보지 못했던가!"라면서 한탄을 했다고 한다. 이 책이 바로 《손자병법》이었다. 중국 군사학은 약 2,500년 전에 전반적으로 체계화되었으니 그 뿌리가 보통 깊은 것이 아니다.

손무나 손빈에 비해 덜 알려진 오기도 군사에 관한 한 누구 못지않은 전문가였다. 그는 특히 풍부한 실전 경험을 토대로 《오자(吳子)》(《오자병법》 또는 《오기병법》이라고도 함)라는 병법서를 남겼는데, 《손자병법》과 쌍벽을 이루는 병법서로 인정받고 있다.

오기는 소국인 위(衛)나라 출신으로 자신의 능력을 발휘하기 위해 노(魯) – 위(魏) – 초(楚)나라를 전전한 풍운아였다. 위나라에서는 개혁 군주 문후(文侯)의 우대를 받으며 군대를 개혁하고, 국방을 튼튼히 하면서 강국 진(秦)과 국경을 접한 하서(河西) 지역을 확보함으로써 전국시대 초기 위나라의 위세를 크게 떨쳤다.

그는 또 수구 세력의 기득권을 과감하게 박탈하는 개혁과 구조조정의 전문가로 이름을 떨쳤다. 특히 장수로서 부하들을 아끼는 마음은 타의 추종을 불허했다. 위

성어는 바로 오기가 부상당한 부하 병사의 '피고름을 자신의 입으로 직접 빨아주었다'는 고사에서 유래한 것이다. 일설에는 오기가 피고름을 빨아준 병사의 어머니가 이 이야기를 듣고는 통곡을 했다고 한다. 주위 사람들이 장군이 졸병의 상처를 직접 입으로 빨아 주었으니 얼마나 영광이냐고 하자, 병사의 어머니는 이렇게 말했다.

"그 아이의 아비도 전투에서 부상을 입자 오기 장군이 직접 **상처를 입으로 빨아** 주었다. 이에 감격한 아비는 전투에 누구보다 앞장서 싸웠고, 결국 전사했다. 남편을 그렇게 잃었

오기는 문무를 겸비한 진정한 장수의 모습을 보여주었고, 사마천은 이를 기록으로 생생하게 남겼다. 그림은 병사의 상처를 입으로 빨고 있는 오기의 모습이다.

는데, 이제 아들마저 잃게 생겼으니 내가 통곡하지 않을 수 있겠는가?"

과연 그 병사는 아버지처럼 전투에서 맨 앞에 서서 용감하게 싸웠고, 결국 전사했다. 장병을 자기 몸처럼 아끼는 오기의 리더십은 이처럼 장병들을 분발케 했다. 기록에도 오기의 리더십은 솔선수범(率先垂範) 그 자체였다. 그는 전투에 나서면 사병들과 함께 똑같은 조건에서 먹고 잤다. 행군 때는 말이나 수레를 타지 않고 자신의 짐은 자기가 직접 지고 다녔으며, 요를 깔지 않고 잤다. 음식도 마찬가지였다. 장수가 이러했으니 부하들이 전투에서 물러설 수 있었겠는가? 그가 위나라의 군사와 국방을 책임지면서 단 한 번도 패배하지 않은 것도 부하들을 이렇게 지극히 생각했기 때문이다.

피고름을 입으로 빤다는 '함혈연창'은 아무나 할 수 없는 행동이다. 이런 리더라면 그것이 설사 정치적 제스처라 할지라도 부하들은 감동받을 수밖에 없을 것이다. '함혈연창'은 '졸병을 위해 피고름을 빤다'는 '위졸연농(爲卒吮膿)'이나 '위졸병저(爲卒病

疿)'로 쓰기도 한다.('위졸연농' 항목 참고)

키워드 : 군사, 장수, 리더십, 동고동락

합

합부부산(合符釜山)

부산에서 제후들을 소집하여 신표를 검증했다.
– 권1 〈오제본기〉

합부부산은 황제(黃帝)가 제후들을 실질적으로 거느렸음을 뜻하는 성어이다. 황제는 제후들을 모두 **부산으로 소집하여 신표인 부절(符節)을 맞추어 보는** 의식을 가졌다. 제후들은 이로써 황제에 대해 복종하겠다는 뜻을 보였다.

'합부부산'의 첫 사례는 오제(五帝)의 첫 제왕인 황제(黃帝)가 남겼다. 황제가 천자로 칭한 뒤, "천하에 따르지 않는 자가 있으면 황제가 나서 정벌했는데, 평정하면 바로 떠났다"고 한다. 황제의 발길은 동쪽으로 바다에 이르러 환산(丸山, 범산凡山이라고도 함. 지금의 산동성 임구현臨朐縣으로 추정)과 대종(岱宗, 태산)에 올랐다. 서쪽으로는 공동(空桐, 지금의 감숙성 평량시平凉市 서북)에 이르러 계두산(鷄頭, 공동산으로 봄)에 올랐다. 남쪽으로는 장강에 이르러 웅이산(熊耳山, 지금의 하남성 노지현盧氏縣 동쪽)과 상산(湘山, 지금의 호남성 악양岳陽 동정호洞庭湖의 군산君山)에 올랐다. 북쪽으로는 훈육(葷粥, 부족 이름으로 훗날 진·한시대의 흉노의 전신)을 공격했다.

황제의 명성은 일시에 사방으로 퍼져나갔고, 황제는 자신의 권위를 과시하기 위해 부산에서 제후 대회를 열어 신하로서의 복속을 뜻하는 부절과 홀(笏)을 내리니 제후들은 모두 황제에게 조공했다. 훗날 하나라 시조 우가 도산에서 제후들을 소집

황제의 제후대회를 기념하기 위한 장소였던 '중화합부림(中華合符林)'의 모습이다.(하북성 탁록현2009년)

한 것도 같은 맥락이다. 부산의 위치에 관해서는 지금의 하북성 탁록현(涿鹿縣)을 비롯하여 하북성 회래현(懷來縣) 북쪽 등 여러 설이 있다.

키워드 : 통치, 제왕, 복종, 부절(신표)

합종연횡(合縱連橫)

합종과 연횡.

– 권69 〈소진열전〉 ; 권70 〈장의열전〉

합종연횡이란 국가·조직·세력을 종(세로) 또는 횡(가로)으로 규합한다는 뜻의 책략 또는 국가 전략이다. 이 책략은 전국시대부터 본격적인 외교 전략의 대명사로서 여러 형태로 변형되어 내려왔다.

이 중 **합종책**은 전국시대를 대표하는 책략가이자 유세가인 소진(蘇秦, 생졸 미상)이 제안한 국가 간 동맹에 관한 외교 책략으로 요약할 수 있다. 전국 7웅 중 상대적으로 약세인 6국이 종(남북)으로 동맹하여 서방의 강대한 진나라에 대항하자는 것이 주요 내용이다.

당시 진나라의 세력이 점차 동쪽으로 뻗치면서 주변국을 압박하자 소진은 제나라 민왕(湣王)을 설득하여 합종책을 올린 다음, 각국을 다니면서 동맹 약속을 얻어냄으로써 합종책을 성공적으로 정착시켰다. 그 결과 15년 동안 진나라는 동쪽으로 함곡관을 넘지 못하는 '힘의 균형(balance of power)' 상태를 유지할 수 있었다.

한편 **연횡책**은 장의(張儀, ?~기원전 309)에 의해 제기된 외교 책략이다. 소진의 합종책을 깰 목적으로 제기된 것인데, 당연히 진나라가 채택했다. 크게 보자면 횡(동서)

으로 늘어선 6국을 각개격파하는 책략이다. 주된 내용은 원거리 외교정책을 근간으로 '멀리 있는 나라와 화친하고, 가까운 나라를 공격한다'는 '원교근공(遠交近攻)'이다. 소진의 사망과 함께 합종책이 붕괴되고 연횡이 급속도로 부상하여 결국 진에 의한 천하통일이 이루어졌다.(소진과 장의의 생졸 연도에 대해서는 논쟁 중이다.)

합종과 연횡은 외교정책의 가장 기본적인 틀로 오늘날에도 여전히 그 실효성을 인정받고 있다. 이런 점에서 합종연횡에 대해 좀 더 알아볼 필요가 있다.

여러 세력이 뒤섞인 혼란 중에 약자가 안전하게 생존할 수 있는 방법으로는 크게 두 가지가 있을 수 있다.

① 약자들끼리 단결하여 강자에 대항하는 것이다. 이 경우는 자주성을 유지할 수 있지만, 강자에 의해 각개격파를 당할 가능성이 있다.
② 강자의 보호막 아래로 들어가는 것이다. 하지만 자주성을 상실할 위험성이 있다.

전국시대 후기로 접어들면서 진(秦)이 점차 강성해져 갔다. 다른 여섯 나라, 제·연·한·위·조·초는 진의 침공을 두려워하고 있었다. 소진은 이런 형세를 분석하여 6국이 단결하여 강대한 진에 대항하자고 제안했고, 이것이 바로 '합종(合縱)'책이었다. '종(縱)'은 세로 방향이란 뜻으로, 다시 말해 서방의 진에 대응하여 6국이 남북 방향으로 연합한다는 것이었다. 이 정책을 주장하고 추진한 주요 인물은 공손연(公孫衍)과 소진이었다.

이와 상대되는 것으로 진나라와 연맹하여 안전을 보전하려는 정책이 '연횡(連橫)'책이다. '횡(橫)'은 가로 방향이란 뜻으로, 즉 각국이 진과 동서로 연합하라는 것이다. 진은 6국이 '합종책'으로 대항함에 따라 고립에 빠졌다. 이를 타파하고자 적극적으로 '연횡'을 추진했고, 추진의 주체는 장의였다.

소진은 6국을 두루 돌아다니며 '합종'을 강조하는 데 필사의 노력을 기울였다. 이 정책은 한때 효과를 거두어 진나라를 고립무원의 처지로까지 몰고 갔다. 그러나 얼마 되지 않아 진의 이간책으로 몇몇 나라의 사이가 벌어졌고, 소진마저 암살당해

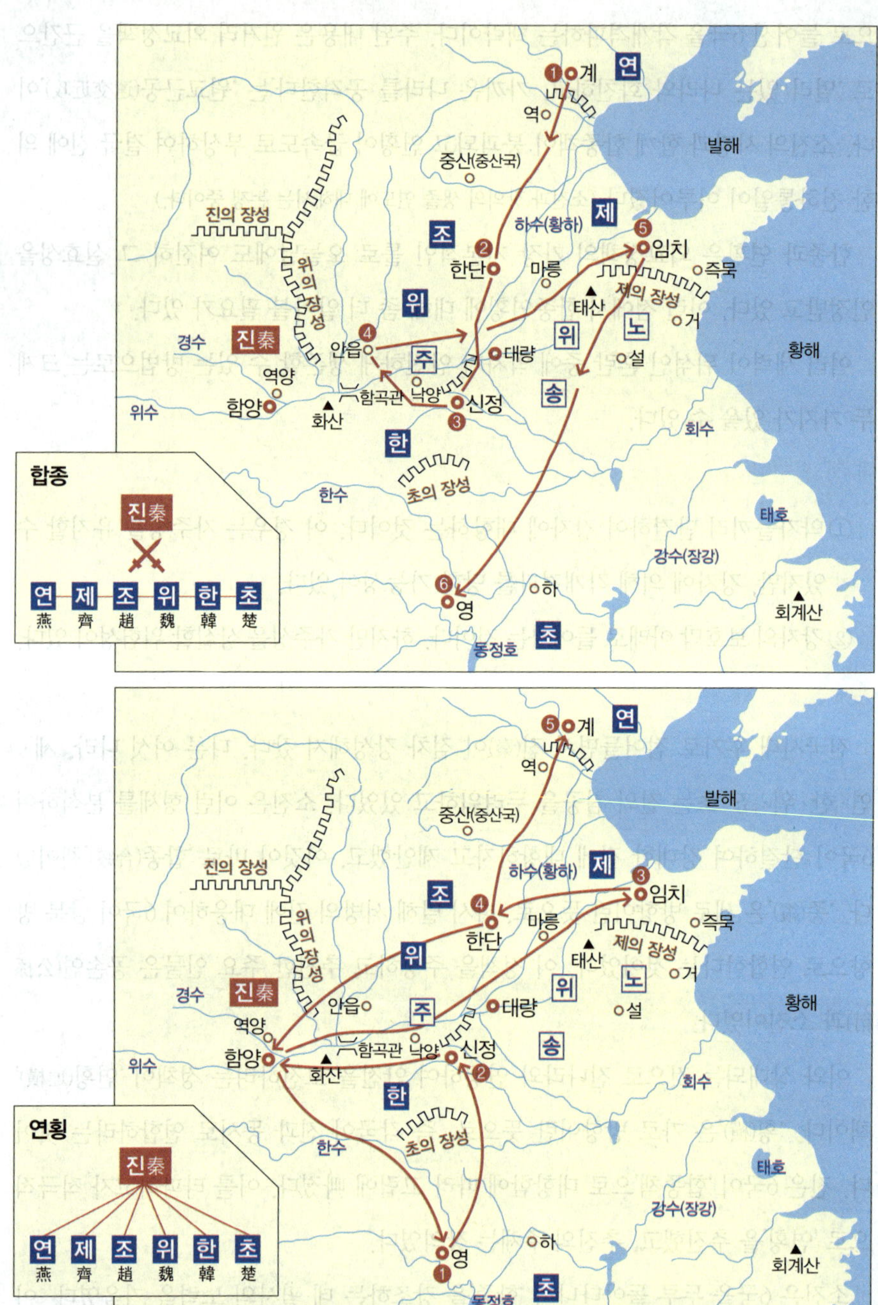

소진과 장의의 주도로 제안된 '합종연횡'은 오늘날 외교에서도 활용되고 있다. 지도는 소진과 장의가 당시 7국을 누비며 벌였던 유세도이다.

1868

'합종'은 끝내 와해되었다.

한편 장의는 진의 상국이 되어 6국을 분열시켜 각각 진과 연합케 하는 '연횡' 공작을 추진하고 있었다. 오래지 않아 장의를 신뢰하던 진 혜왕이 세상을 떠났고, 장의는 신변의 위협을 느끼고 망명하여 타향에서 객사했다. 장의가 죽은 뒤에도 진나라는 이 외교책략에 기초한 각개격파 전략을 계속 유지하여 끝내 천하를 통일할 수 있었다.

'합종'이건 '연횡'이건 그 방식는 비록 다르지만, 다수를 끌어들여 벌이는 외교 전략이라는 점에서는 같다. 즉, 공동 행동으로 자신의 안전을 도모하는 것이다. 동시에 적 진영을 분열시키는 데 힘을 기울여 통일된 역량을 발휘하지 못하게 하는 것이기도 하다.

외교 전략의 고전적인 본보기로서 '합종연횡'의 역사는 후세에 많은 경험과 교훈을 남겼다. 그중 가장 큰 교훈이라면 외교에서는 나라의 자주권이 독립되어 있어야 한다는 것이다. '합종연횡'은 자기 역량을 비축할 수 있는 수단으로 작용할 때 비로소 의의를 갖는다. 복잡하고 번잡한 외교적 허상에 미혹되어 주체성을 잃어버리면 결과는 나라를 망치게 된다. '합종'과 '연횡' 사이에서 우왕좌왕하던 초나라 회왕(懷王)은 결국 진과 장의의 계략에 걸려들어 자신이 진나라에 감금당했다가 죽었다. '합종연횡'은 고등학교 한문 교과서에 소개되어 있다.

키워드 : 외교, 전략, 합종연횡, 원교근공

권55 〈유후세가〉는 유방을 도와 천하를 재통
일하고 초기 정국을 안정시키는 과정을 전면
적으로 묘사한 중요한 부분이다. '황로술(黃
老術)'로 자신의 몸을 지켜낸 '명철보신(明哲
保身)'의 대명사 장량의 원숙한 처신을 신비
주의적인 요소를 가미해 가면서 서술한 점이
주목된다. 사진은 하남성 난고현(蘭考縣)에 남
아 있는 장량의 무덤 유지이다.(2018년)

항장무검(項莊舞劍), 의재패공(意在沛公)

항장의 칼춤, 패공을 노리다.
– 권7 〈항우본기〉

이 성어는 이른바 '죽음의 술자리'라고 부를 수 있는 '홍문지연(鴻門之宴)'의 아주 극적인 장면에서 나왔다. 그 당시의 상황을 간단하게 재연해 보면 이렇다.

기원전 206년, 유방은 진나라를 멸망시키고 함양(咸陽)에 주둔한 다음, 함곡관(函谷關)으로 병사를 파견하여 서쪽으로 진격하고 있는 항우를 막게 했다. 그러나 항우가 이끄는 대군은 함곡관을 돌파하고 지금의 섬서성 임풍(臨灃) 동북쪽 홍문에 이르러 유방에 대해 일대 공격을 준비했다. 당시 유방의 병력은 10만이 채 안 되었고, 항우의 병력은 40만으로 실력에서 현격한 차이가 났다.

유방은 하는 수 없이 정면충돌을 피하고 장량(張良)의 건의에 따라 몸소 홍문으로 나가 자신을 굽혀 항우에게 사죄했다. 연회 석상에서 항우의 모사 범증(范增)은 항장(項莊)에게 검무(劍舞)를 추다가 틈을 봐서 항우를 찔러 죽이라고 명령했다. 이 낌새를 챈 장량은 유방의 호위 무사 번쾌(樊噲)에게 검과 방패를 들고 연회 석상으로 뛰

칼춤을 이용하여 유방을 죽이려 한 범증의 이 모략은 그 뒤로도 적지 않은 역사적 장면에 차용되었다. '항장무검, 의재패공' 장면을 나타낸 조형물이다.(2010년)

어 들어 유방을 보호하도록 했다.(《항우본기》)

항장의 칼춤, 패공을 노리다라는 뜻의 이 성어는 목적을 달성하기 위하여 표면적으로는 A라는 행동이나 말을 하지만, 사실은 B라는 속셈을 숨기고 있는 경우를 비유한다. 정치·외교·군사 영역에서 이런 경우를 흔히 **항장무검, 의재패공**이라고 한다.

2016년 사드 배치로 한중 관계가 순식간에 얼어붙었다. 중국의 왕이(王毅) 외교부장(외교부장관)은 한국의 사드 배치에 대해 어떻게 생각하냐는 서양 언론의 질문에 바로 이 '항장무검, 의재패공'을 언급하여 에둘러 한국과 미국을 함께 비판한 바 있다. 한국과 미국(항장)이 사드(칼춤)를 배치한 것은 (북한이 아닌) 중국(패공)을 노린 것이란 비유였다.('홍문연' 항목 참고)

키워드 : 초한쟁패, 술자리, 저격

해

해의추식(解衣推食)

옷을 벗어주고, 먹을 것을 내주다.
– 권92 〈회음후열전〉

기원전 203년 초한쟁패의 막바지 명장 한신은 제나라 지역을 평정했다. 천하 형세는 한신이 누구 편을 드느냐에 따라 달라질 판이었다. 한신의 책사 괴통은 한신에게 '삼분천하'를 권했다.('삼분천하', '공고진주' 항목 참고) 한신은 망설이다가 다음과 같은 말로 괴통의 권유를 물리쳤다.

"한왕(유방)은 내게 상장군의 도장과 수만 병사를 주었다. **자기 옷을 벗어 내가 입게**

했고, 자기 음식을 내가 먹게 주었다. 그 때문에 내가 여기까지 올 수 있었다."

이 대목에서 '해의추식'이라는 사자성어가 파생되었고, 자기 것을 내주며 누군가를 돕는 것을 비유한다.

키워드 : 관계, 도움

해하가(垓下歌)

해하에서의 노래.
– 권7 〈항우본기〉

기원전 202년 초한쟁패의 마지막 전투였던 해하전투 때 항우는 사랑하는 여인 우희와 이별하며 노래를 불렀다. 이를 〈**해하가**〉라 하고, 두 사람의 이별을 '패왕별희'라 한다. 이에 대해서는 '역발산기개세', '패왕별희', '사면초가' 등의 항목에서 상세히 다루었으니 참고하면 된다.

키워드 : 초한쟁패, 전투, 사면초가

향곡지예(鄕曲之譽)

고향 마을에서의 칭찬.
– 〈보임안서〉

기원전 90년 무렵 필생의 업인 역사서 《사기》(처음 이름은 《태사공서》) 집필을 마친 사마천은 입사 동기인 임안이 반역죄에 몰려 처형을 앞두고 있자, 미뤄 왔던 임안의 편지에 답장을 썼다. 이 문장이 중국 역대 최고의 문장으로 꼽히는 〈보임안서〉(또는 〈보임소경서〉)이다.('보임안서' 항목 참고) 여기서 사마천은 자신의 삶에서 가장 치욕스러웠던 '이릉의 화'에 대한 전모를 밝혔다.('이릉지화' 항목 참고) 다음은 그중 한 대목이다.

"저는 젊어서 어떤 것에도 얽매이지 않는 정신세계에 자부심을 가졌지만, 자라면서 **고향 마을에서 어떠한 칭찬도** 들은 바 없습니다."

향곡지예는 자신이 태어나고 자란 고향 마을 사람들로부터 듣는 칭찬을 가리킨다. 사마천은 겸양의 표현으로 젊은 날 자신은 어떤 '향곡지예'도 듣지 않고 자랐다고 했다.

키워드 : 사회, 명성

향리배의(向利背義)

이익 때문에 의리를 저버리다.
– 권92 〈회음후열전〉

'해의추식' 항목에서 보았듯이 한신은 '삼분천하'를 권하는 괴통의 제의를 물리치면서 어찌 **"이익 때문에 의리를 저버릴 수 있나"**고 했다. 여기서 **향리배의**라는 성어가 나왔다. 가장 비슷한 뜻의 성어로는 '견리망의(見利忘義)'가 있다. '이익을 보면 의리를 잊는다'는 뜻으로 출처는 《장자(莊子)》 〈산목(山木)〉 편이다. 이익과 의리의 관계와 관련하여 공자는 《논어》 〈헌문(憲問)〉 편에서 다음과 같은 유명한 말을 남겼다.

"이로움을 보면 대의(大義)를 생각하고(견리사의見利思義), 위태로움을 보면 목숨을 바치며(견위수명見危授命), 오래전의 약속을 평생의 말(약속)로 여겨 잊지 않는다면, 또한 성인이라 하기에 충분하다."

키워드 : 관계, 이해(利害), 의리, 배신

허

허좌이대(虛左以待)

왼쪽 자리를 비워 우대하다.
– 권77 〈위공자열전〉

전국시대 4공자의 한 사람이었던 위(魏)나라의 신릉군(信陵君, ?~기원전 243) 위무기(魏無忌)는 인재를 존중하여 그 인재가 어질거나 불초하거나를 막론하고 겸손한 예로 교류했다. 자신이 부귀하다고 교만하게 대하지도 않았다. 인재가 앞을 다투어 신릉군에게 모여드니 식객이 3천에 이르렀다. 신릉군의 이런 위세와 명망 때문에 다른 나라들은 위나라를 침공할 마음을 먹지 못했다.

신릉군은 위나라 도성 대량성(大梁城)의 동쪽 문인 이문(夷門)에서 문지기를 하고 있는 은자(隱者) 후영(侯嬴)을 모시기 위해 직접 수레를 몰고 **왼쪽 자리를 비워 둔 채 그를 맞이하러** 갔다. 이로부터 수레의 왼쪽 자리는 상석을 가리키게 되었다. **허좌이대**는 '신릉군이 왼쪽 자리를 비웠다'는 뜻의 '신릉허좌(信陵虛左)', '왼쪽 자리를 비우다'라는 뜻의 '허좌위(虛左位)' 등으로도 표현하는데, 모두 **자신을 낮추어 극진한 예로 인재를 우대**하는 전고이다.

인재나 현자를 대우하는 방법이야 많겠지만 겉으로 드러나는 격식도 중요하다고 할 것이다. 신릉군은 격식을 제대로 갖추어 인재를 대했고, 실질적인 대우 또한 결코 소홀히 하지 않았다.('비례후폐', '이문' 항목 참고)

키워드 : 리더십, 인재, 대우

은자 후영을 모시고 마차를 모는 신릉군의 모습을 그린 만화의 한 컷이다.

헌

헌과(獻果)

과일을 올리다.
— 권99 〈유경숙손통열전〉

서한 2대 황제 혜제(惠帝, 기원전 210~기원전 188)가 어느 봄날 이궁(離宮)으로 놀러

나갔다. 그러자 숙손통(叔孫通)이 "옛날에는 봄이 되면 과일을 맛보았습니다. 지금 마침 앵도(櫻桃, 앵두)가 잘 익었으니 폐하께서 나오신 김에 앵도를 따서 종묘에 올리십시오"라고 아뢰었다.

이로부터 과일을 올린다는 **헌과**라는 단어가 나와, **새로 나온 과일을 천자나 종묘에 올린다**는 전고가 되었고, 나아가 궁정에 올리는 재물을 두루 가리키기에 이르렀다.

키워드 : 제사, 과일, 앵두

헌부(獻賦)

부(문장)를 올리다.
— 권117 〈사마상여열전〉

고대에 벼슬을 얻는 방법의 하나로 자신이 쓴 문장을 올리는 일이 적지 않았다. 한 무제(武帝)는 특히 이런 경로를 통해 천하의 인재들이 올린 글을 읽길 좋아했고, 그를 통해 인재들을 조정에 많이 발탁했다. 동방삭(東方朔)이 올린 목간은 그 양이 무려 수레 두 대 분량이었고, 무제는 두 달에 걸쳐 이 목간을 다 읽고 동방삭을 발탁했다.('삼천독' 항목 참고)

무제가 이런 방식으로 발탁한 인물로는 사마상여(司馬相如)가 대표적이었다. 무제가 우연히 사마상여가 쓴 〈자허부(子虛賦)〉를 읽고는 "이 사람과 같은 시대를 살고 있지 않다는 것이 안타깝구나!"라고 하자 곁에 있던 양득의(楊得意)가 그 글을 쓴 사람은 사마상여라며 그를 추천했고, 무제는 사마상여를 조정으로 불렀다.('양득의' 항목 참고) 이후 사마상여는 〈대인부(大人賦)〉 등 여러 편의 글을 올려 무제를 기쁘게 했다.

《한서(漢書)》 〈양웅전(揚雄傳)〉에도 문장가 양웅(기원전 53~기원후 18)이 〈감천부(甘泉賦)〉, 〈하동부(河東賦)〉, 〈우렵부(羽獵賦)〉 등과 같은 글을 올려 황제의 눈에 들었다는 기록이 있다. 이후 **글을 올린다**는 뜻의 **헌부**는 문인이 자신의 글로 스스로를 추천하여 황제의 눈에 든다는 뜻의 단어가 되었다. '부(賦)'는 한나라 때 크게 유행했던 문장의 한 형식을 말한다.

키워드 : 용인(用人), 대책(對策), 문장

협

협천자이령어천하(挾天子以令於天下)

천자를 끼고 천하에 호령하다.

– 권70 〈장의열전〉

기원전 770년 동주(춘추) 이후 주 왕실과 천자는 실질적인 힘을 잃었다.('봉수대고', '천금매소' 항목 참고) 그럼에도 천자의 권위를 이용할 상황은 수시로 발생했다. 춘추 최초의 패주가 된 제나라 환공이 내세운 '주 왕실을 존중하고 오랑캐를 물리친다'는 '존왕양이(尊王攘夷)'가 대표적인 사례였다. 그 뒤로도 천자의 권위와 명의를 이용한 사례는 주나라가 멸망할 때까지 나타났다.

천자의 권위와 명의를 이용하여 천하(제후)를 호령하는 이런 현상을 《전국책》에서는 **협천자이령천하(挾天子以令天下)**라 했고, 사마천은 〈장의열전〉에서 장의의 입을 빌려 인용했다.

'협천자이령천하'는 '협천자이령제후(挾天子以令諸侯)'라고도 한다. 삼국시대 조조(曹操)가 이를 잘 이용했다. 《후한서》〈원소전(袁紹傳)〉과 제갈량의 〈융중대(隆中對)〉에도 언급되어 있다. **힘 있는 자리에 있는 사람의 위세를 빌려 다른 사람들을 누르거나 호령하는 것을 비유한다.**

형격세금(形格勢禁)

형세가 바뀌면 저절로 풀린다.

– 권65 〈손자오기열전〉

전국시대 후반인 기원전 354년 위(衛)나라가 조나라를 공격했다. 다급해진 조나라
는 제나라에 구원을 청했다. 제나라 위왕(威王)은 손빈(孫臏)을 장수로 삼으려 했으
나, 손빈은 형벌을 받은 처지라 장수 자리를 감당할 수 없다고 사양했다. 위왕은 전

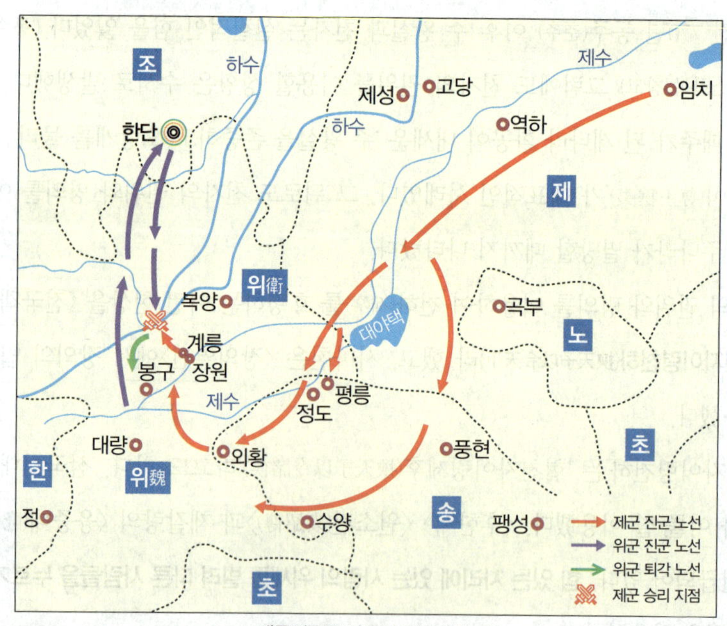

계릉전투를 나타낸 지도이다.

기(田忌)를 장수로, 손빈을 군사(軍師)로 삼았다. 불구의 몸인 손빈을 위해서는 특별히 지붕이 있는 수레를 만들어 그 안에서 계책을 내게 했다. 장수 전기는 바로 조나라를 구원하려 했지만, 손빈은 이에 반대하며 이렇게 자신의 견해를 냈다.

"무릇 어지럽게 얽힌 것은 주먹으로 쳐서는 안 되고, 싸우는 자를 말리려면 같이 때려서는 안 됩니다. '목을 움켜쥐고 비어 있는 곳을 치면(비항도허批亢搗虛)' **형세에 따라 저절로 풀릴** 것입니다."

그러면서 위나라 도성 대량(大梁)을 공격하여 조나라의 공격을 풀자고 했다. 전기는 이에 따랐다. 제나라와 위나라 군대는 계릉(桂陵)에서 맞붙어 싸웠고, 손빈의 제나라 군대가 위나라 군대를 대파했다.

형격세금은 중요한 곳을 치면 그 여파로 나머지는 저절로 풀린다는 뜻의 성어이다. 바로 앞의 '목을 움켜쥐고 비어 있는 곳을 친다'는 '비항도허'와 대구를 이루며, 함께 인용되는 경우가 많다.('비항도허' 항목 참고)

키워드 : 군사, 형세, 공격점

형단양서(衡石量書)

문서의 무게를 달아 양을 정해 놓다.
– 권6 〈진시황본기〉

형단양서는 검토해야 할 문서나 읽어야 할 책의 양을 정해 놓는다는 뜻이다.('石'은 무게 단위나 '무게를 단다'는 뜻으로 쓰일 때는 '단'으로 읽는다.) 진시황이 그날그날 **검토할 문서의 양을 저울로 달아 놓고** 그것을 다 검토하지 못하면 잠도 자지 않았다는 고사에서 유래했다.

진시황은 천하의 크고 작은 일을 대부분 스스로 결정했다. 또 하루에 검토해야 할 문서의 무게를 달아 양을 정해 놓고 그 양을 채우지 못하면 쉬지도 않았다. 〈진시황본기〉 원문에는 '형단양서(衡石量書)'로 나오고, '형단정서(衡石程書)'로도 많이 쓴다.

진시황은 이처럼 지독한 일중독자였다. 또 '형단양서'는 진시황의 공부가 만만치 않았음을 확인할 수 있는 유력한 근거의 하나이다. 다만 방대한 통일 제국의 일을 위임하지 못하고 모든 것을 혼자 처리하려다 보니 문제가 발생할 수밖에 없었다. 훗날 이 성어는 일처리나 독서할 시간 또는 일의 분량을 정확히 정해 놓고 그에 따라 책을 읽거나, 일을 처리하는 것을 가리키는 의미로 쓰이게 되었다.

죽간을 읽고 있는 진시황의 모습을 나타낸 조형물이다.(진시황릉 앞에 조성되어 있었으나 지금은 철거되어 없다. 2009년)

키워드 : 통치, 공문, 결재, 일중독

호

호고추리(好賈趨利)

장사로 이익 좇기를 좋아하다.
− 권129 〈화식열전〉

한 지역의 고유한 풍속이나 풍습은 시간이 흐르면서 바뀔 수밖에 없다. 갑작스러운 정치 상황의 변화 때문에 바뀌기도 한다. 물론 나라의 흥망이나 정권 교체로 인해 급변하는 경우도 있다. 사마천은 공자와 맹자의 고향이었던 노(魯)·추(鄒) 지역의 고유한 풍토가 노나라가 쇠퇴한 뒤로 바뀌었다면서 이렇게 말하고 있다.

"추·노 지역은 수수(洙水)와 사수(泗水) 주변에 있고, 주공(周公)의 유풍을 간직하고 있었다. 따라서 그들의 풍속은 유학을 좋아하고 예절을 잘 지켰기 때문에 주민의 행동이 조심스럽고 신중했다. 뽕과 삼은 매우 많이 났지만, 산이나 못에서 나는 산물은 적었다. 땅이 좁고 인구가 많기 때문에 사람들은 검소하게 생활했고, 죄를 짓는 것을 겁을 내서 사악하지 않았다. 그러나 노나라가 쇠퇴한 뒤로는 주민들이 **장사로 이익 좇기를 좋아하게** 되었는데, 주나라 사람들보다 심했다."

노나라의 수도인 곡부는 주나라와 공자 유풍이 가장 많이 남아 있는 곳이다. 사진은 공자의 사당인 공묘를 견학하러 온 초등학생들의 모습으로 유자(儒子)의 복장을 하고 있다.(2018년)

예의를 중시하던 유가의 고장 노와 추 지역의 풍토가 노나라가 쇠퇴한 뒤 달라졌다는 요지다. 그 결과 사람들이 장사에 종사하여 이익을 추구했는데, 그 정도가 노나라의 시조 주공의 종주국인 주나라보다 더 심했다는 것이다. 유가 사상의 영향이 지배적이었을 때와 그것이 쇠퇴한 이후 달라진 풍토를 사마천은 이익을 극단적으로 추구하는 상업 활동의 만연에서 찾았다. 달리 말하자면 인심이 그만큼 각박해졌다는 뜻이기도 하다. 요즘 하는 말로 금전만능 풍토가 몇 천 년 전에도 있었던 모양이다.

키워드 : 사회, 풍속, 장사, 이익추구, 금전만능

호랑지국(虎狼之國)

호랑이와 이리 같은 나라.
– 권75 〈맹상군열전〉

전국시대 말기 진나라 소왕(昭王, 기원전 324~기원전 251)이 맹상군(孟嘗君, 생졸 미상)

의 명성을 듣고는 경양군(涇陽君)을 제나라에 인질로 보내고, 맹상군을 만나기를 요구했다. 맹상군은 식객들의 만류에도 불구하고 진나라에 들어가려 했다. 소대(蘇代)가 나서 다음과 같은 말로 맹상군을 설득했다.

"오늘 아침 제가 밖에 나갔다가 돌아오는데 나무 인형과 흙 인형이 말다툼하는 것을 들었습니다. 나무 인형이 '하늘에서 비가 오면 너는 허물어질 거야'라고 했습니다. 그러자 흙 인형은 '나는 흙에서 태어났으니 허물어져도 흙으로 돌아갈 뿐이다. 하지만 너는 정처 없이 떠내려갈 것이야'라고 했습니다. 지금 진나라는 **호랑이와 이리 같은 나라**입니다. 그런데 군께서 갔다가 돌아오지 못하면 흙 인형의 비웃음을 면키 어려울 것입니다."

맹상군은 소대의 말에 따라 진나라로 가지 않았다. '호랑지국'은 호랑이나 이리처럼 **포악한 나라**를 비유하는 성어이다. 이런 사람을 비유하는 성어로는 '호랑이와 이리 같은 마음'이란 뜻의 '호랑지심(虎狼之心)'이 있다. 출처는 《설원(說苑)》〈정간(正諫)〉 편이다.

키워드 : 외교, 강국, 포악

호복기사(胡服騎射)

오랑캐 복장에 말을 타고 활을 쏘다.

– 권43 〈조세가〉

호복기사는 개혁을 상징하는 성어이다. 이와 관련한 상세한 내용은 〈조세가〉에 보인다. 전국시대(기원전 약 480~기원전 222년)로 접어들면서 사회 생산력이 상당히 발전하고 전쟁 규모도 그에 따라 커졌다. 전쟁에 투입되는 병사의 수는 증가했고, 전투

지역도 확대되어 전차는 더 이상 제 기능을 발휘하지 못하는 전쟁 수단이 되었다.

당시 조나라는 흉노 등과 같은 강국들의 위협을 받으면서도 여전히 전차를 주로 한 전법을 답습하고 있어 기동성 넘치는 흉노 기마병에 제대로 맞서지 못했다. 나라를 위기에서 구하고 조나라를 부강하게 만들기 위해 무령왕(武靈王, ?~기원전 295)은 군사 개혁과 국가 전략에 일대 변혁을 일으키기로 결심했다. 무령왕은 먼저 조나라 전군에 대해 땅에 질질 끌려 행동이 부자유스러운 종래의 헐렁한 옷을 버리고, 호인들이 입는 간편하면서 행동하기에 자유스러운 좁고 짧은 기마복으로 바꿔 입을 것을 명령했다. 아울러 호인의 기마 전술과 훈련 방법도 널리 보급시키기로 했다.

기원전 307년 무령왕은 신하들을 소집해 군대의 대사를 상의하는 자리에서, "이제부터 우리도 **호복에 말을 타고 활을 쏘는** 것을 백성들에게 교육을 시키려는 데 어떻게 생각하오?"라는 중대한 문제를 거론했다. 낡은 인습에 얽매여 있던 당시의 늙은 신하들은 당연히 무령왕을 말렸다. 무령왕의 숙부인 공자 성(成)은 병을 핑계로 아예 조회조차 참석하지 않을 정도로 노골적인 반감을 드러냈다. 무령왕은 나라의 존망이 걸린 큰 개혁의 차원이라며 숙부를 설득하여 그에게 호복을 입도록 했다. 공자 성은 호복 차림으로 조회에 나와 국사를 논했다. 무령왕은 전국에 호복으로 복장을 바꾸라는 '호복령(胡服令)'을 선포했다.

무령왕은 조야의 들끓는 반대에도 아랑곳하지 않고 몸에 달라붙는 가볍고 간편한 호복을 입고, 말을 타고 활을 쏘는 기병을 훈련시키고, 기마전의 작전 방식을 택했다. 강력한 기마군을 보유하게 됨으로써 조나라는 날로 강성해져 북으로는 흉노를 몰아내고, 서쪽으로는 막강한 진과 맞설 수

중국 개혁사에서 빠지지 않고 언급되는 조 무령왕의 '호복기사'는 단순히 복장과 전술에만 국한된 것이 아니라 의식 개혁까지를 포함하는 획기적인 사건이었다.

있었으며, 동으로는 연나라와 제나라를 정벌했다. 조나라는 일약 진나라의 동진을 막는 최강국으로 떠올랐다. 중원의 여러 나라들도 너나없이 조나라를 본받아 전통적인 전차 전법을 개혁했다.

조나라 무령왕이 추진한 '호복기사'는 중국 역사상 중대한 군사개혁으로, 그 의의는 조나라가 강성해졌다는 사실 자체를 훨씬 뛰어넘는 것이었다. 우선 군사상의 어떤 개혁도 많은 피의 대가를 전제로 하는 것인데, 무령왕의 개혁은 여러 차례의 실패를 거듭하여 나라가 어려운 때 제기되었다는 사실을 잘 보여 준다. 또 다른 면에서, 모든 개혁은 전통적 습관과 사유 방식을 고집하는 세력의 저항을 받기 마련인데, 무령왕은 이런 수구 세력의 반발에도 결코 머뭇거리지 않고 과감하게 나아가는 용기와 결심으로 개혁을 추진했다.

또 자신이 솔선수범해서 여러 대신에게 대의를 천명하고, 비중 있는 인물인 숙부 공자 성을 설득한 것은 개혁 성공의 중요한 요소였다. 이는 통치자의 실제 언행이 백성과 병사들에 대한 살아 있는 교과서이자 가장 호소력 있는 통치술이라는 점을 잘 말해 준다. 초나라 영왕이 가는 허리의 여자를 좋아한 것이나(탐연세요貪戀世腰), 제나라 환공이 자주색 옷을 싫어한 것(환공오자桓公惡紫), 그리고 의공(懿公)이 꼬리가 긴 닭을 좋아한 것(의공호학懿公好鶴) 등이 모두 이런 이치를 잘 보여 주는 예들이다. 다만 좋아하는 대상이 달라 결과가 달리 나타났을 뿐이다.

키워드 : 정치, 개혁, 군사, 리더십

호비(瓠肥)

표주박 같이 하얀 살결.
― 권96 〈장승상열전〉

'계상' 항목에서 소개한 바 있는 서한 초기 양무(陽武) 사람 장창(張蒼, ?~기원전 152)

과 관련하여 **호비**라는 재미난 단어가 전한다. 장창은 일찍이 죄를 짓고 사형을 받게 되어 옷을 벗었던 적이 있다. 장창은 몸집이 큰 데가 그 살결이 얼마나 희었던지 이를 본 왕릉(王陵)이 패공(沛公, 유방)에게 살려 줄 것을 청했고, 패공도 이를 받아들여 살려 주었다고 한다.

장창의 하얀 살결을 원문에서는 '비백여호(肥白如瓠)'라 했다. '살결이 표주박처럼 하얗다'는 뜻이다. 여기서 '호비'라는 단어가 파생되었다. 이후 '호비'는 하얗게 살이 찐 모습을 비유하게 되었다.('계상' 항목 참고)

키워드 : 사람, 신체, 피부

호색불음(好色不淫)

미색을 좋아하되 음탕하지 않다.

– 권84 〈굴원가생열전〉

"세상이 다 취했는데 나 혼자만 깨어 있구나!"

비운의 애국 시인 굴원이 약 2,300년 전 내뱉었던 독백이다. 위기를 향해 달려가는 조국의 운명을 되돌리기 위해 굴원은 죽음을 무릅쓰고 왕에게 바른말을 올렸다. 어리석은 왕은 간신들과 나약한 기득권 지배층의 입에 놀아났다. 조정에서 쫓겨난 굴원은 깊은 수심에 잠겨 천하의 절창(絶唱) 〈이소(離騷)〉를 지었다. '이소'는 '근심에 빠졌다'는 뜻으로 나라를 걱정하는 굴원의 심경을 대변하고 있다.

사마천은 《사기》 전편을 통해 굴원과 가의를 같은 열전에 실으면서 이 두 사람에 대한 각별한 애정을 숨기지 않았다. 위 성어는 사마천이 굴원의 〈이소〉를 평가하는 대목에서 나왔는데, 글이나 사람의 언행이 열정적이면서도 정도를 벗어나지 않은 채 품위와 격조를 지키고 있을 때, 이 성어를 인용하면 좋다.

굴원은 사마천이 가장 애정을 가졌던 인물이다. 굴원의 고향과 무덤을 비롯하여 굴원이 몸을 가라앉혀 자결한 멱라수(汨羅水) 등을 직접 탐방했다. 굴원의 초상화이다.(2012년)

《사기》에서 굴원의 〈이소〉에 대한 평가 부분은 명문 중에서도 명문에 속하는데, 굴원에 대한 사마천의 남다른 관심과 애정을 잘 엿볼 수 있는 대목이기도 하다. 다소 길지만 빼놓을 수 없는 명문이기 때문에 아래에 소개한다.

"굴평(굴원의 이름)은 〈이소〉를 원망하는 마음으로 지었을 것이다. 《시경》의 〈국풍〉에서는 **미색을 좋아하되 음탕하지 않았으며,** 〈소아〉에서는 원망함이 있었으나 혼란스럽지 않았다. 〈이소〉의 글은 이들의 뛰어난 점을 아울러 가지고 있다고 할 것이다. (중략) 도덕의 넓고 높음과 치세와 난세의 상호관계를 조목조목 명백하게 밝혀 드러내지 않은 바가 없었다. 글은 간략하지만 미묘하며, 그 뜻은 조촐하지만 행동은 청렴하다. 그 말의 양은 적지만 그 뜻하는 바는 지극히 크다. 예는 쉬운 것을 들었다. 그 뜻이 보여주려는 것은 원대하다. 그 뜻이 조촐하기에 인용한 사물에서 향기가 난다. 그 행동이 청렴했기 때문에 죽어서도 받아들여지지 않고 절로 멀어졌다. 진흙구덩이에서 더러운 것을 씻고, 혼탁과 더러움에서 매미가 껍질을 벗듯 벗어났으며, 먼지 날리는 세상 밖에서 떠다니며 세상의 더러운 때에 물들지 않았다. 깨끗하기에 진흙 속에 있어도 더럽혀지지 않은 사람이다. 이런 그의 지조는 해와 달과 더불어 그 빛을 다툰다고 말해도 좋을 정도다."

아름다운 것을 좋아하되 음란하지 않는 경지, 그것이 바로 예술이다. 굴원의 삶 자체가 격조 높은 예술의 경지였다.

키워드 : 감정, 울분, 작품, 품위, 격조

호의미유소정(狐疑未有所定)

누구를 (황제로) 정해야 할 지 몰라 머뭇거리다.
– 권52 〈제도혜왕세가〉

　기원전 180년 여태후가 세상을 뜨자 공신들은 여씨 세력 축출에 나섰다. 당시 개국공신의 한 사람으로 낭야왕(琅琊王)으로 있던 유택(劉澤, ?~기원전 178)은 황제 자리를 노리던 제왕(齊王) 유양(劉襄)에게 군대를 빼앗기고 제나라에 연금되는 등 수모를 당했다. 유택은 일부러 장안으로 가서 신하들을 설득하여 유양을 황제로 옹립하겠다고 하여 탈출한 다음 낭야로 돌아왔다.

　이후 유택은 유양이 황제가 되는 것에 적극 반대하고 나섰고, 한 고조의 넷째 아들 유항(劉恒)을 적극 옹립하니 이가 문제다. 당시 유택은 제나라에서 탈출하기 위해 유양이야말로 고조의 적장손으로 황제 자리를 이어야 마땅한데 대신들이 **"누구를 (황제로) 정해야 할 지 몰라 머뭇거리고 있다"**면서 자신을 장안으로 보내달라고 했다. 여기서 **호의미유소정**이란 표현이 나와 무슨 일에 결정을 내리지 못하고 머뭇거린다는 뜻의 성어로 사용되었다.

　'호의(狐疑)'는 '의심 많은 여우', 또는 '여우처럼 의심하다'라는 뜻으로, 매사에 지나치게 의심이 많다는 비유로 쓰이는 단어이다.

키워드 : 형세, 판단

호이관자(虎而冠者)

호랑이로 관을 쓴 호랑이.
– 권52 〈제도혜왕세가〉

　'호의미유소정' 항목에서 알아본 바 있는 낭야왕 유택은 제나라에서 탈출하여 장안으로 왔다. 유택은 제왕 유양을 황제로 옹립하려는 대신들에게 "제왕의 외삼촌인 사균(駟鈞)은 아주 흉악하고 포학한데, 그 정도가 **호랑이가 관을 쓴** 꼴이라 할 수 있다"고 했다. 그러면서 이런 집안을 가진 제왕을 황제로 세우면 여씨 집안 꼴이 날 것이라 경고했다. 대신들은 유택의 설득을 받아들여 유항(문제)을 황제로 옹립했다.

　　호이관자는 '호랑이로 관을 쓴 호랑이'란 뜻으로 **호랑이 중에서도 으뜸가는 호랑이**를 비유한다. 부정적으로 쓰일 때는 **사납고 포악하기가 비할 데 없다**는 비유가 된다.

키워드 : 사람, 인성, 흉악

호자가(瓠子歌)

호자의 노래.
– 권29 〈하거서〉

　　〈하거서(河渠書)〉는 상고부터 진·한에 이르는 수리 사업과 그 발전의 상황을 기록한 것이다. 특히 진나라 때 건설된 도강언(都江堰)과 정국거(鄭國渠) 등 수리 공사에 대한 고대인의 지혜와 힘을 탁월한 역사인식으로 보여주는 중요한 부분이다.('관구이랑', '축객령' 항목 참고) 사마천은 본 편에 대한 논평에서 이렇게 말했다.

　　"물로부터 오는 이익과 피해가 참으로 크다는 것을 알게 되었다. 천자를 따라 호자로 가서 나무를 날라 선방을 막았고, 천자의 **호자가**에 감동하여 〈하거서〉를 지었다."

　　사마천이 말한 천자란 무제를 가리킨다. 원광 3년인 기원전 132년 황하의 호자(瓠子) 제방이 터져 농사에 큰 지장이 발생했다. 그로부터 20여 년이 지난 기원전 109년(원봉 2년), 무제는 급인(汲仁)과 곽창(郭昌)으로 하여금 인부 수만 명을 징발해 호자의 무너진 제방을 다시 쌓아서 물을 막게 했다.

　이때 천자는 만리사(萬里沙) 신사(神祠)에서의 제사를 끝내고 돌아오면서 황하의 터진 곳에 이르러 백마(白馬)와 옥벽(玉璧)을 황하에 넣고 난 다음, 여러 신하들에게 명령해 장군 이하는 모두 나무를 운반해서 터진 황하를 다시 틀어막게 했다. 이때 동군(東郡)에서는 나무를 연료로 사용하고 있었기 때문에 나무가 부족해 기원(淇園)의 대나무를 운반해 내려와 죽건(竹楗)을 만들었다. 사마천도 이 공사에 참여했다. 무제는 황하의 터진 곳에 친히 왕림해 물을 막는 공사가 잘 이루어지지 않고 있음

기원전 109년 호자에 제방을 쌓는 일에 참가한 사마천을 그린 기록화이다.

전국시대 주요 치수 사업을 나타낸 지도이다.

을 비통하게 여겨 다음과 같은 노래를 지었다. 이 노래가 〈호자가〉이다. 그 첫 수만
소개한다.

호자에서 황하 터지니

어찌할꼬 이 일을?

호호탕탕 물바다여

대부분 다 강물로 변했구나!

온통 강물로 변했으니

이 지방이 편안할 수 없구나.

공사는 끝날 날이 없고

어산(吾山)이 평평해졌구나.

흙 파내어 어산마저 평평해지니

거야택(鉅野澤)이 넘치는구나.

황하의 원래 흐름이 무너져

옛 흐름에서 벗어났구나.

교룡(蛟龍)은 날뛰며

멀리 달아났구나.

황하가 옛 흐름으로 돌아오도록

수신(水神)이여 큰 힘을 내소서!

내 봉선을 행하지 않았으면

관외(關外) 황하의 범람을 어찌 알았으리?

내 대신 하백(河伯)에게 고해주오

어쩌면 그렇게도 어질지 못하느냐고.

한없이 흘러넘치게 하여

사람을 고통스럽게 하는구나.

설상정(齧桑亭)은 물 위에 뜨고

회수(淮水)와 사수(泗水)도 넘치는구나.

오래도록 황하는 옛 흐름으로 돌아오지 않고

제방은 무너진 채 그대로구나.

이 공사는 힘겹게 끝났고, 그 자리에 '선방궁(宣房宮)'이란 별궁을 지었다. 황하는 북쪽으로는 두 강으로 흐르도록 방향이 바뀌어 하우(夏禹)가 다스렸던 황하의 옛 자취로 회복되었고, 양(梁)과 초(楚) 지방도 물난리가 없는 안녕을 찾았다. 황하에 제방을 쌓은 대공사를 위해 무제가 직접 지어 부른 〈호자가〉는 황하의 터진 곳을 막는 일을 가리키는 전고가 되었다.

물의 흐름을 조절하기 위해 만든 설치물과 돌을 채운 죽건을 복원한 모습이다.(성도 도강언 2004년)

키워드 : 통치, 치수, 제방, 황하

호전필망(好戰必亡)

전쟁을 좋아하면 망할 수밖에 없다.

– 권112 〈평진후주보열전〉

한 무제 때의 관리 주보언(主父偃, ?~기원전 126)은 종횡가의 학술을 비롯하여 《역경》과 《춘추》를 공부했다. 제나라 지역의 여러 유생과 사귀었으나 푸대접을 받았다. 그는 여러 지역을 떠돌았으나 누구도 받아주지 않아 몹시 곤궁하게 지냈다.

기원전 134년, 주보언은 지방의 제후에게 유세하는 것을 포기하고 장안으로 와서 무제가 총애하는 위청(衛靑)에게 몸을 맡겼다. 위청은 여러 번 주보언을 추천하였으나 무제는 부르지 않았다. 생각 끝에 주보언은 율령과 흉노 정벌에 관한 글을 올렸는데, 아침에 올리고 저녁에 부름을 받아 무제를 만날 수 있었다. 이후 주보언은 여러 차례 정책에 관한 글을 올려 승진을 거듭했다.

호전필망은 바로 따라 나오는 '전쟁을 잊으면 위태로워질 수밖에 없다'는 '망전필위(忘戰必危)'와 짝을 이룬다. 출처는 춘추시대 제나라의 명장이었던 사마양저(司馬穰苴)의 《사마법(司馬法)》〈인본(仁本)〉 편이다. 이 명언은 훗날 비슷한 속담과 격언을 파생시켰는데, 그중 대표적인 것이 《오월춘추(吳越春秋)》와 《월절서(越絶書)》에 인용되어 있는 '호선자필익(好船者必溺), 호전자필망(好戰者必亡)'과 '호선자익(好船者溺), 호기자추(好騎者墮)'다. 전자의 뜻은 '배를 좋아하는 자는 (물에) 빠질 수밖에 없고, 전쟁을 좋아하는 자는 망할 수밖에 없다'이고, 후자는 '배를 좋아하는 자는 (물에) 빠지고, 말 타기를 좋아하는 자는 (말에서) 떨어진다'이다.

키워드 : 전쟁, 호전(好戰), 존망

호주색(好酒色)

술과 여자를 좋아하다.
- 권8 〈고조본기〉

사마천은 한나라 개국 황제인 고조 유방의 일대기인 〈고조본기〉를 구상하면서 고조 유방의 고향이자 역사 현장인 패현(沛縣, 강소성 패현)을 직접 탐방하고 얻은 자료를 많이 활용했다. 그중에서도 특별한 것이 젊은 날 유방의 생활 모습이었다. 사마천은 대놓고 유방이 **호주색**했다고 기록했다. 이를 뒷받침하기 위해 사마천은 유방이 젊은 날 잘 가던 술집 두 군데를 찾아내어 술집 여주인의 이름인 왕온(王媼)과 무부(武負)를 〈고조본기〉에 당당히 남겼다. 또 유방의 술버릇과 기이한 일화까지 비교적 상세히 남김으로써 유방의 개성을 생생하게 재현했다.

이렇게 해서 〈고조본기〉에는 사마천의 현장 탐방이 없었더라면 나올 수 없는 장면들이 여럿 수록되었다. 사마천은 건달 생활을 하던 유방이 기원전 209년 전후 봉

기한 뒤 기원전 202년 황제가 되기
까지 단 7년의 과정을 흥미로운 일
화와 함께 마치 한 편의 단편소설을
방불케 하는 필치로 묘사했다. 특히
유방 일생의 고비고비마다 큰 작용
을 한 술자리를 절묘하게 배치함으
로써 유방의 삶을 한결 극적으로 드
러내는 장치를 창안해내기까지 했

젊은 날 술친구들과 어울려 술을 마시는 '호주색' 유방의 모습을 그린 기록화이다.(2007년)

다. 이 때문에 〈고조본기〉는 《사기》 130권 중 최고 명편의 하나로 꼽히게 되었다. 참고로 〈고조본기〉에 수록된 유방의 중요한 술자리를 참고자료 소개해둔다.

키워드 : 생활, 술, 여자, 술집, 작당

참고자료 고조 유방의 일생과 주요 술자리

• **젊은 날 친구들과 어울리며 자주 갔던 술집과 술자리** 연말에 외상 술값을 정산하는데 유방이 술집을 찾은 날에는 예외없이 매상이 크게 올라 술값을 받지 않았다.('호주색')

• **아내 여치(여태후)를 얻게 되는 술자리** 여태후의 아버지 여공이 패현을 방문하자 환영 술자리가 벌어졌고, 여기서 여공은 유방을 만나 두 번 생각 않고 그를 사위로 삼았다.

• **홍문연의 술자리** 유방과 항우 두 사람은 물론 천 하 형세를 바꾼 세기의 술자리로 홍문연 항목에서 상세히 소개했다.('홍문연')

• **팽성에서의 술자리** 한신의 활약으로 한중을 나와 승승장구한 유방이 팽성에서 긴장을 풀고 술에 빠 져 있다가 항우의 공격을 받아 전멸당할 뻔한 큰

한의 개국황제 고조 유방의 초상화이다.

위기를 맞이했다. 동향 출신으로 유방과 닮은 기신의 희생으로 간신히 탈출했다.('기신광초')

• 초한쟁패를 승리로 이끌어 황제로 즉위한 다음 낙양 남궁에서 공신들과 가진 술자리 이 자리에서 유방은 자신이 승리한 것은 세 사람, 즉 서한삼걸로 불리는 소하·장량·한신 덕분이었다고 했다. 이에 대해서는 '삼불여' 항목에서 상세히 살펴본 바 있다.('공인공구', '삼불여')

• 경포(영포)의 반란을 진압하고 돌아오는 길에 고향을 들러 고향 사람들과 가진 술자리 유방의 마지막 술자리로 〈대풍가〉를 부르며 한 왕조의 앞날을 걱정하며 더 많은 인재를 갈구했다.('대풍가')

호학불권(好學不倦)

배우기를 좋아하여 게을리하지 않다.
– 권40 〈초세가〉

춘추시대인 기원전 530년 무렵 초나라에서 터진 정변의 와중에 진(晉)나라에 망명해 있던 초 공왕(共王)의 다섯 아들의 하나인 자비(子比)가 초나라로 귀국했다. 이를 두고 진나라의 대신인 한선자(韓宣子)는 숙향(叔向)에게 자비가 성공하겠냐고 물었고, 숙향은 다섯 가지 이유를 들어 성공하지 못할 것이라 예견했다.('득국오난' 항목 참고) 호학불권은 당시 이 두 사람이 나눈 대화 중에 숙향이 진(晉) 문공(文公)을 평가한 아래 대목에서 나온 성어이다.

"옛날 우리나라 진 문공께서는 호계희(狐季姬)의 아들로서 헌공(獻公)의 총애를 받았고, 배우기를 좋아하여 게을리하지 않았습니다."

숙향은 이 대목 바로 앞에서는 제나라 환공을 평가하면서 '좋은 말은 물이 흐르듯 따르고, 은혜를 베풀되 피곤해하지 않다'는 뜻의 '종선여류(從善如流), 시혜불권(施惠 不倦)'이란 말도 함께했다.('종선여류, 시혜불권' 항목 참고)

키워드 : 공부

호학심사(好學深思), 심지기의(心知其意)

배우길 좋아하고 깊게 생각하면 마음으로 그 뜻을 알게 된다.
– 권1 〈오제본기〉

2016년 인공지능 알파고와 이세돌 사이에 벌어진 세기의 바둑 대결이 전 세계의 이목을 집중시켰다. 이세돌의 유일한 한 판 승리에 모두가 환호했지만, 알파고가 봐 줬다는 분석도 있었다. 필자의 관심은 승패가 아니었다. 이 과정에서 등장한 '딥 러 닝(deep learning)'이란 단어가 눈을 사로잡았기 때문이다. 굳이 번역하자면 '깊게 공부 하기'란 뜻의 '심화학습(深化學習)' 정도가 될 것 같다.

'딥 러닝'이란 인공지능, 즉 컴퓨터가 엄청난 데이터 를 바탕으로 스스로 학습하고 분석하는 것을 말한다.

이러한 과학기술의 변혁을 보면서 미래 인간의 학 습이 어떤 방향으로 가야할 지를 심사숙고(深思熟考) 하지 않을 수 없었다. 그러다 문득 '심사(深思)'라는 단어에 생각이 멈추었다. '심사'라는 단어를 사용한 가장 오랜 기록은 전국시대 초나라의 시인 굴원(屈 原)의 작품 《초사(楚辭)》의 〈어부(漁父)〉이다.

사마천은 《사기》 첫 권 〈오제본기〉 말미에서 **'호학 심사(好學深思), 심지기의(心知其意)**란 명언을 남긴 바 있 다. **배우길 좋아하고 깊게 생각하면 마음으로 그 의미를**

배움에 있어서 의문 품기를 강조한 육구연의 공부법은 사마천의 '깊은 생각'과 일맥상통한다. 육구연의 초상화이다.

알게 된다는 뜻이다. 사마천은 인간과 사물에 내재된 깊은 의미와 이치를 알고 깨우치려면 배우는 것을 즐거워하고 생각을 깊이 하라고 말한다. 그러면 마음으로 그 의미와 이치를 알게 된다는 것이다.

이 여덟 자의 명언은 음미할수록 절묘하다. '심사(深思)'에 방점을 찍으면 모든 의문과 의심, 의혹과 질문이 바로 여기서 비롯된다. 이 여덟 글자를 가만히 잘 살펴보면 사마천의 절묘한 글자 배치와 의도를 알아낼 수 있다. 생각 '思'라는 글자 아래에 있는 마음 '心'은 바로 다음 글자 마음 '心'자로 이어지고, 끝 글자인 뜻 '意' 자 아래의 마음 '心'으로 마무리된다. 그리고 전반부 끝 글자인 '思'와 후반부 끝 글자인 '意'는 마음 '心'을 공통분모로 대구를 이룬다. 또한 '學'과 '知'도 어울린다. 참으로 절묘한 배치이자 의미심장한 명구가 아닐 수 없다.

가르침도 이와 다르지 않다. 즐겁게 배울 수 있게 가르침의 방법과 수단을 강구하고, 인간과 사물의 이치를 따져 생각할 수 있도록 동기와 질문거리를 제공하는 가르침이야말로 교육이 요구하는 바가 아니겠는가? 공부에 있어서 질문과 의문 품기는 창신(創新)의 원천이란 말이다. 학문(學問)에 '문(問)' 자가 그냥 들어가 있는 것이 아니다. 옛 현인들도 공부와 학문에 있어서 질문과 의문 품기가 얼마나 중요한가를 누누이 강조하고 있다.

"학문을 함에 있어서는 의문이 없는 것을 걱정해야 한다. 의문을 품으면 진보한다. 작게 의문을 품으면 작게 진보하고, 크게 의문을 품으면 크게 진보한다."

"위학환무의(爲學患無疑). 의즉유진(疑則有進). 소의소진(小疑小進), 대의대진(大疑大進)."

표현을 조금 달리하자면 "공부에 의심이 없으면 문제다. 의심하면 진보한다. 작게 의심하면 작게, 크게 의심하면 크게 진보한다." 정도가 될 것 같다.

'의(疑)'에는 의문·의심·의혹 등이 모두 포함된다. 당연히 '질문'도 그 범주에 들어갈 터이다. 의심 없는 학문은 죽은 학문이고, 의문 없는 창조란 없다. 위 명구는 남송시대의 대사상가 육구연(陸九淵, 1139~1192)의 말씀이다. 육구연과 같은 시대를 살면서 치열한 논쟁까지 벌였던 주희(朱熹, 1130~1200)도 거의 비슷한 말씀을 남겼다.

"배움에는 의심 품기가 귀중하다. 작게 의심하면 작게 진보하고, 크게 의심하면 크게 진보하며, 의심하지 않으면 진보란 없다."

육구연은 평생 저술을 통해 자기 설을 세우지는 않았지만, 훗날 명나라시대 진헌장(陳獻章, 1428~1500)과 양명(陽明) 왕수인(王守仁, 1472~1528)에 의해 계승되고 발전되어 이른바 '육왕학파(陸王學派)'와 '양명학(陽明學)'을 탄생시켰다. 육구연의 제자라 할 수 있는 진헌장의 말씀도 들어보자.

"배움은 생각에서 비롯되고, 생각은 의문에서 나온다."
"학기우사(學起于思), 사원우의(思源于疑)."

육구연의 말씀이든, 주희의 말씀이든, 진헌장의 말씀이든 배움과 공부에는 의문과 의심이 필수라는 점을 강조하고 있다.

키워드 : 학문, 배움, 생각, 질문, 의문

홀이자실(忽而自失)

문득 넋을 잃다.
– 권127 〈일자열전〉

‘도고익안’ 항목에서 언급한 한나라 초기 정치가 가의(賈誼)는 송충(宋忠)과 함께 장안에 나갔다가 우연히 만난 사마계주(司馬季主)라는 점쟁이의 정신적 경지에 큰 충격을 받아 “도는 높을수록 편안해지고, 권세는 높을수록 위태로워지는구나!”라는 탄식을 내뱉었다.(‘도고익안’ 항목 참고) 당시 가의가 받은 충격에 대해 사마천은 이렇게 표현했다.

“송충과 가의는 ‘**문득 넋을 잃고** 어찌할 바 몰라 얼굴은 하얗게 질려서 입을 다물고 한마디도 할 수 없었다(**홀이자실**忽而自失, 망호무색芒乎無色, 창연금구불능언悵然噤口不能言).’ 그래서 옷깃을 여미고 일어나 절을 한 다음 그 자리에서 나왔다. 정신없이 문을 나와 간신히 수레에 올랐으나 손잡이를 잡고 엎드린 채 숨도 크게 쉴 수 없을 정도였다.”

이 대목에서 ‘홀이자실’이란 표현이 나왔다. 같거나 비슷한 뜻으로는 ‘망연자실(茫然自失)’을 많이 쓴다. ‘망연자실’의 출처는 《장자》 〈설검(說劍)〉 편이다. 또 ‘황연자실(恍然自失)’이란 표현도 있다. 출처는 명나라 때 소설가 능몽초(凌濛初)의 《이각박안경기(二刻拍案驚奇)》 제37권이다.

키워드 : 정신, 충격

홍문연(鴻門宴)

홍문에서의 연회(술자리).
– 권7 〈항우본기〉 ; 권8 〈고조본기〉

홍문연은 '홍문지연(鴻門之宴)'으로도 많이 쓴다. 홍문에서 열린 항우와 유방의 술자리를 가리킨다. 홍문연은 《사기》 전편을 통해 가장 유명한 장면이기도 하다. 이 술자리에 대해서는 '항장무검, 의재패공' 항목에서 살펴보았고, 또 아래에 참고자료로 상세히 소개했기 때문에 간략하게 정리한 다음 '홍문연' 이전의 이와 비슷한 사례를 하나 더 소개한다.

기원전 206년, 유방은 먼저 진을 멸망시키고 함양(咸陽)에 주둔한 다음, 함곡관(函谷關)으로 병사를 파견하여 서쪽을 향해 진격하고 있는 항우를 막도록 했다. 항우가 이끄는 대군은 함곡관을 돌파하고 지금의 섬서성 임풍(臨灃) 동북쪽 홍문에 이르러 유방에 대한 공격을 준비했다. 당시 유방의 병력은 10만이 채 안 되고, 항우의 병력은 40만으로 실력에서 현격한 차이가 났다. 유방은 하는 수 없이 정면충돌을 피하고 장량(張良)의 제안에 따라 몸소 홍문으로 나가 자신을 굽혀 항우에게 사죄했다. 이렇게 해서 술자리가 만들어졌다. 이 자리에서 항우의 모사 범증(范增)은 세 차례나 옥결(玉玦)을 들어 보이면서 항우에게 유방을 죽이라는 신호를 보냈다. 항우는 망설였다.('옥결' 항목 참고) 그러자 범증은 항장(項莊)에

항우는 홍문에서 유방을 죽이지 못하는 바람에 대세를 그르쳤지만. 그것은 오히려 이런 모략이 정당치 않다는 것을 역설적으로 말해주고 있다. 사진은 연회가 열렸던 유적 항왕성에 세워져 있는 당시 인물들이다.(2016년)

게 칼춤을 추다가 틈을 봐서 유방을 찔러 죽이라고 명령했다. 이 낌새를 챈 장량은 항우의 호위무사 번쾌(樊噲)에게 검과 방패를 들고 연회 석상으로 뛰어들어 유방을 보호하도록 했다.

당시 유방이 홍문으로 나갔던 것은 정치·군사 투쟁을 위한 1차 외교 활동이라 할 수 있었다. 이런 연회에 상대의 요인을 초청해 놓고 살해하거나 납치하는 음모는 고대 외교관계에서는 낯선 일이 아니었다. 관련한 다른 사례 하나를 소개한다.

기원전 340년 진(秦)나라 상앙(商鞅)은 효공(孝公)에게 위(魏)나라가 제(齊)나라에게 패해 국력이 크게 떨어진 틈을 타 위나라를 정벌하자고 건의했다. 위나라에서는 공자 앙(卬)을 보내 진나라를 맞아 싸우게 했다. 상앙은 편지 한 통을 공자 앙에게 보내 자신은 지금까지 공자 앙 당신과 잘 지내 왔는데, 지금 두 사람이 각기 다른 두 나라의 장군으로 갈라져 싸우게 되었지만 차마 서로 죽고 죽일 수 없다고 전했다. 그러면서 공자 앙 당신과 내가 마주 앉아 서로 동맹을 맺어 진나라와 위나라가 평화스럽게 지낼 수 있도록 해보자는 뜻도 함께 전달했다.

공자 앙은 상앙의 말을 곧이곧대로 믿고 회담에 응했다. 쌍방이 회담을 끝내고 막 축배를 들려는 찰나 미리 매복해 있던 상앙의 군사가 돌연 공자 앙을 납치한 다음, 즉시 군사를 일으켜 위나라를 공격하기 시작했다. 지휘관을 잃은 위나라 군대는 모두 투항했다. 위나라 혜왕(惠王)은 계속해서 제나라와 진나라에게 패하여 국력에 허점이 생기고 병력이 딸려 더 이상 싸울 수 없다고 판단하여 강화를 요청하는 한편, 하서(河西) 땅을 진나라에 떼어 주고 대량(大梁)으로 수도를 옮겼다.

위 사례는 표면적으로는 평화를 얘기하면서 내면으로는 몰래 칼을 가는 외교적 수단으로, 고대 정치·군사·외교에서 흔히 볼 수 있었던 경우였다.(이상 〈상군열전〉) 사회가 발전한 오늘날 이런 외교 수단은 거의 활용되지 않는다. 현대 외교 투쟁의 복잡성과 다변성 때문에 한두 사람의 목숨으로 한 국가의 정치적 대세를 일시에 바꾸어 놓을 수는 없다. 또 중요 인물에 대한 암살과 납치로도 정치·군사적 목적을 달성할 가능성이 그다지 크지 않다. 이 때문에 각국의 외교 예술은 모두 이런 비문명적인 외교 방식을 포기하고 있다. 다만 민간에서는 특정한 목표를 달성하는 수단으

항우의 봉분도

로 종종 사용되고 있으며, 때로는 사람들의 '입에 발린 말'과 같은 위협 수단이 되기도 한다. '홍문연'은 우리 고등학교 한문 교과서에 '홍문에서의 만남'이라는 뜻의 '홍문지회(鴻門之會)'로 소개되어 있다.

홍문연 이후 항우는 자신의 패권을 도운 19명의 제후들을 분봉했다. 이를 표로 정리했다. 아울러 19제후의 봉지를 지도로 제시해둔다.

서초패왕(항우)의 19개 봉국표

봉호	성명	원 직위	봉국의 수도
의제(義帝)	미심(芈心)	초왕	침현(郴縣, 호남성 침주)
서위왕(西魏王)	위표(魏豹)	위왕	평양(平陽, 산서성 임분)

한왕(韓王)	한성(韓成)	한왕	양책(陽翟, 하남성 우주)
한왕(漢王)	유방(劉邦)	미심(회왕)의 부장	남정(南鄭, 섬서성 한중)
옹왕(雍王)	장한(章邯)	진의 총사령관으로 항우에 항복하여, 항우가 이끄는 연합군의 서쪽 정벌에 참가함.	폐구(廢丘, 섬서성 흥평)
새왕(塞王)	사마흔(司馬欣)	장한의 부하 장수로 함께 항우가 이끄는 연합군의 서쪽 정벌에 참가함.	역양(櫟陽, 섬서성 임동)
적왕(翟王)	동예(董翳)	장한의 부장으로 함께 연합군 정벌에 참가함.	고권(高權, 섬서성 연안)
대왕(代王)	조헐(趙歇)	조왕	대현(代縣, 하북성 울현)
상산왕(常山王)	장이(張耳)	조헐의 재상으로 항우의 연합군에 참가함.	양국(襄國, 하북성 형대)
하남왕(河南王)	신양(申陽)	장의의 부장으로 항우의 연합군에 참가함.	낙양(洛陽, 하남성 낙양)
은왕(殷王)	사마앙(司馬卬)	조헐의 부장으로 항우의 연합군에 참가함.	조가(朝歌, 하남성 기현)
구강왕(九江王)	영포(英布)	항우의 부장	육현(六縣, 안휘성 육안)
형산왕(衡山王)	오예(吳芮)	백월(百越, 광동·광서성) 토착민의 추장으로 항우 연합군에 참가함.	주현(邾縣, 호북성 황주)
임강왕(臨江王)	공오(共敖)	미심(회왕)의 대신으로 남군(南郡, 호북성 강릉)을 공략하는 데 공을 세움.	강릉(江陵, 호북성 강릉)
요동왕(遼東王)	한광(韓廣)	연왕	무종(無終, 천진 계현)
연왕(燕王)	장도(臧荼)	한광의 부장으로 항우의 연합군에 참가함.	계현(薊縣, 북경)
교동왕(膠東王)	전불(田市)	제왕	즉묵(卽墨, 산동성 평도)
제왕(齊王)	전도(田都)	전복(田福)의 부장으로 항우의 연합군에 참가함.	임치(臨淄, 산동성 치박 동쪽)
제북왕(齊北王)	전안(田安)	항우의 부장	박양(博陽, 산동성 태안)

키워드 : 초한쟁패, 홍문, 술자리, 외교, 저격

참고자료 '홍문연'에 대한 정밀 분석 – 역사상 가장 실패하고 성공한 술자리?

　기원전 206년 진나라가 망한 직후 벌어진 '홍문연'은 《사기》 전체를 통해 가장 유명한 사건이자 명장면이다. 뿐만 아니라 이 사건을 기점으로 '초한쟁패'가 다른 국면을 맞게 되고, 나아가 항우와 유방 두 사람의 운명은 물론 천하 정세에 큰 변화를 가져왔다. 여러 곳에 흩어져 있는 관련 기록들을 모아 '홍문연'의 상황과 그것이 갖는 의미를 상세히 분석하여 특별 참고자료로 소개한다.

역사를 바꾸는 술자리들

인간의 삶에서 빠질 수 없는 세 가지를 공자(孔子)는 식(食)·색(色)·성(性)이라 했다. 공자란 위인은 이런 점에서 참 꾸밈이 없다. 그의 언행록 《논어(論語)》에는 공자의 이런 풍모가 곳곳에 스며들어 있다. 중국인의 바이블이란 별명이 무색하지 않다.

그런데 인간은 단순히 허기를 채우기 위해 먹고 마시는 이 원시적 본능에 만족하지 못했다. 먹고 마시는 자리에 특별한 의미를 부여했고, 이 때문에 역사상 흥미로운 사건이 적지 않게 발생했다. 특히 술과 음식을 동반한, 흔히들 술자리라고 부르는 자리가 역사를 바꾸는 경우까지 벌어졌다.

고대사회에서 술과 여자, 그리고 사냥은 권력자의 보편적인 기호에 속했지만 이 때문에 패가망신은 물론 나라까지 망친 자들이 속출했다. 이 세 가지는 그 정도가 지나치면 사람을 미치게 만들기 때문이다. 그중에서 술과 술자리는 아주 다양한 형태와 방식으로 역사에 깊숙이 개입했고, 지금도 개입하고 있다는 점에서 역사가의 관심을 끌기에 충분하다.

우리 현대사를 극적으로 바꾼 1979년 10·26 사건이 술자리에서 터졌고, 온갖 정치적 스캔들이 술자리에서 비롯되었다. 이 때문에 심지어 국가 최고권력자가 피살되고, 정치적으로 파산한 자들이 여럿 생겨났다. 술자리가 한 개인의 몰락은 물론 역사까지 바꾼다는 말이 그리 과장된 말은 아닌 것 같다.

최근 중국에서 출간되는 대중 역사서들에는 중국사를 바꾼 유명 술자리가 소개되어 있는데, 그중에서 항우와 유방의 운명을 바꾸어 놓은 이른바 '홍문지연(鴻門之宴)', 또는 '홍문연'으로 표현되는 홍문에서의 술자리는 가장 실패한 술자리로 꼽혔다. 이 술자리가 실패였는지 여부에 대해서는 논란이 여지가 없지 않지만, '홍문지연'은 사마천의 《사기》에 등장하는 많은 명장면 중에서 단연 첫손가락에 들 정도로 유명한 술자리다. 〈고조본기〉와 〈항우본기〉 등을 중심으로 홍문지연의 내막을 파헤쳐 보고, 그것이 항우와 유방 두 사람은 물론 역사에 어떤 계기로 작용했는지 알아볼까 한다.

역사의 소용돌이

'홍문연'의 내막을 제대로 들춰보기 위해서는 먼저 그 역사적 배경을 간략하게나마 짚고 넘어가야 한다. 이야기는 기원전 210년 진시황의 죽음 이후 숨 가쁘게 전개되는 초한쟁패의 중요한 단락으로 등장하는데, 〈고조본기〉와 〈항우본기〉에는 그 과정과 배경이 비교적 잘 기술되어 있다. 먼저 그 배경을 〈항우본기〉를 중심으로 먼저 훑어보기로 한다.

〈항우본기〉의 주요 사건은 강동에서 봉기한 항우의 숙부 항량의 행적으로 시작된다. 오현의 주요 인사들 대부분이 항량 밑에서 나왔고, 이들의 지지를 업고 항량은 기원전 209년 회계군 군수 은통을 죽이고 봉기했다. 항량은 정예 8천을 기반으로 오현의 인재들을 중심으로 조직을 만들자 진영·경포·포장군 등이 속속 합류하여 순식간에 7,8만이 넘는 대군으로 커졌다.

기원전 208년(2세 2년), 최초의 농민 봉기군 수령으로 장초 정권을 수립했던 진왕(진승)이 죽었다는 사실을 확인한 항량은 봉기군 지도자들을 설성으로 소집했다. 이어 민간에 있던 초 왕실의 후손 심을 찾아 회왕으로 앉히고, 자신은 무신군이 됨으로써 실권을 장악했다. 유방(패공)도 이 무렵 봉기하여 설성회의에 참가했다.

설성 회의 이후 항량은 진의 군대를 잇달아 격파하여 기세를 올렸다. 항량은 유방과 항우에게 성양을 공격하여 도륙하게 하고, 이어 이사의 아들인 이유의 목을 베는 전과를 올렸다. 그러나 승리에 도취하여 점점 교만해진 항량은 진의 장수 장한의 벽을 넘지 못하고 9월 정도 전투에서 전사했다.

항량을 전사시킨 장한은 북으로 조를 공격하여 대파했다. 회왕은 송의를 상장군, 항우를 차장, 범증을 말장으로 삼아 조를 구원하게 했다. 기회만 엿보던 송의에게 항우는 출전을 권했지만 송의는 항우를 비웃었다. 항우는 송의의 목을 베고, 자신이 군권을 쥐었다. 그리고는 파부침주(破釜沈舟)의 각오로 진의 군대를 크게 무찔렀다. 이것이 바로 '거록(鉅鹿)전투'다. 제후들은 무릎으로 기어 항우에게 복종했고, 항우는 제후의 상장군이 되었다.

거록에서 대패한 장한은 사마흔을 함양으로 보내 상황을 보고하려 했으나 사흘을 기다리고도 실권자 조고를 만나지 못했다. 불안을 느낀 사마흔은 서둘러 돌아왔다. 조고는 사마흔을 죽이려고 뒤를 쫓았으나 잡지 못했다. 계속되는 패배와 진여의 설득으로 장한은 원수 남쪽 은허에서 항우를 만나 눈물을 흘리며 항복했다. 항우는 장한을 옹왕에 봉하고, 사마흔은 상장군으로 삼았다.

이러는 사이 기원전 206년 유방은 피 흘리지 않고 진의 항복을 받은 다음, 먼저 함양성에 입성했다. 유방의 좌사마 조무상은 항우에게 사람을 보내 유방이 관중의 왕이 되려 한다고 알렸다. 항우는 40만을 몰아 홍문에 주둔했다. 10만의 유방 군대는 패상에 주둔하고 있었다. 범증은 함양성에서 유방이 보인 일사불란한 모습에 두려움을 느끼고, 항우에게 유방을 죽이라고 권했다. 과거 장량에게 은혜를 입은 적이 있는 항백이 이 사실을 유방에게 알렸고, 유방은 항우를 찾아가 사죄하기에 이른다. 항우는 마음이 누그러져 조무상의 이름을 발설했고, 보다 못한 범증은 항장에게 검무를 핑계로 유방을 죽이라고 지시했으나 항백이 이를 막고, 번쾌까지 연회장으로 뛰어들어 항우에게 항의했다. 이 틈에 유방은 자신의 군영으로 빠져나와 목숨을 건졌다. 그리고는 조무상의 목을 베었다. 이상이 유명한 '홍문연'의 줄거리이다.

'홍문연' 그 이후(after 홍문지연)

홍문연에서 유방을 압박하여 물러나게 한 항우는 유방에 이어 함양에 입성하여 자영을 죽이고 궁궐에 불을 지르는(일설에는 석 달을 탔다고 한다) 한편 보물과 재화, 그리고 여자를 탈취했다. 항우는 관중의 민심을 크게 잃었다. 대권을 장악한 항우는 회왕을 의제로 높여 부르는 한편, 제후들을 분봉하는 논공행상을 시행했다. 모두 18명의 제후왕을 봉했으나 이것이 오히려 격한 반발을 불러일으키는 촉매제가 되었다. 자신과 가까운 사람을 주로 요지에 봉하는 등 무원칙하고 정치적 배려가 전혀 없는 논공행상이었기 때문이다. 또 항우는 의제를 장사 침현으로 보내면서 오예와 공오를 시켜 의제를 살해했다. 이로써 항우는 또 한 번 명분과 인심을 잃었다.

유방은 한왕에 봉해졌지만, 한중이라는 벽지를 봉지로 받음으로써 패권 경쟁의 중심에서 완전히 배제되었다. 유방은 참모들의 건의를 받아들여 관중으로 통하는 길인 잔도를 불태우는 등 다시는 관중으로 나올 뜻이 없음을 나타내어 항우를 안심 시켰다.

분봉에 불만을 품은 제후들이 속속 항우에 등을 돌리기 시작했다. 과거 제나라 지역의 반발이 가장 거셌다. 여기에 제나라 지역 내부의 분란까지 겹쳐 제나라 땅은 세 개의 제나라, 즉 '삼제(三齊)'로 분열되는 양상까지 나타났다. 이 틈에 유방은 한 중을 나와 관중을 평정하는 등 재기했으나 항우의 공격을 받아 형양까지 쫓겼다. 압 도적으로 불리한 전세에 몰린 유방은 형양을 지키면서 진평의 계책을 받아들여 항 우 진영을 분열시키는 반간계를 구사했다. 그 결과 항우는 가장 믿는 범증마저 의심 하여 그의 권한을 조금씩 빼앗기 시작했다. 화가 난 범증은 자리를 던지고 고향으로 돌아가다 화병과 등창으로 죽었다. 범증은 천하 대세는 이미 정해졌다고 예견했다.

기원전 204년 팽성에 주둔하고 있던 유방에 대한 항우의 압박이 더욱 심해졌다. 한의 장수 기신은 유방으로 분장하고 갑옷을 입힌 여자 2천 명을 앞세워 거짓으로 항복했다. 이 틈에 유방은 기병 수십을 데리고 형양 서쪽 문으로 탈출하여 성고로 달아났다. 항우는 기신을 불에 태워 죽였다.

팽성전투 이후 유방의 집안은 풍비박산이 났다. 아버지 태공과 아내 여후는 항우 에게 포로로 잡혔다. 기원전 203년 한신의 군대를 빼앗은 유방은 강을 건너 다시 성 고를 차지하고 광무에 주둔하며 오창의 양식을 확보했다. 양군은 이렇게 대치 국면 에 들어갔고, 먼저 지친 항우는 항복하지 않으면 유방의 아버지를 삶아 죽이겠다고 협박했다. 유방은 다 삶으면 내게도 국 한 그릇 나눠달라고 응수했고, 항백의 권유 도 있고 해서 항우는 결국 태공을 죽이지 못했다. 좀처럼 승부가 나지 않자 초조해 진 항우는 유방에게 두 사람 때문에 천하 백성들이 고통당하고 있으니 둘이서만 자응을 겨루자고 제안했다. 유방은 지혜를 겨룰지언정 힘으로는 겨루지 않는다며 항우를 조롱했다. 화가 난 항우는 유방에게 석궁을 쏘아 유방에게 부상을 입혔으나, 유방은 가벼운 부상을 가장하고 성고로 되돌아갔다.

기원전 203년 식량 부족에 시달리던 항우는 유방이 보낸 후생의 유세를 받아들여 홍구를 경계로 천하를 양분하고 휴전에 들어가기로 약속한 뒤, 태공과 여후를 돌려보냈다. 유방은 약속을 깨고 항우를 추격했다. 한신과 팽월에게 큰 보상을 약속하여 이들의 군대를 끌어들였고, 한신과 팽월은 항우를 몰아붙여 해하에까지 이르렀다.

해하에서 '사면초가'에 몰린 항우는 애첩 우희와 이별하는 노래를 부른 다음(패왕별희) 애마 추와 800여 기병만을 거느리고 포위를 돌파했다. 몇 차례 추격하는 한의 군사들을 악전고투 끝에 물리쳤지만 28기만 남았다. 오강에 이른 항우는 하늘이 자신을 망하게 한다며 하늘을 원망한 다음, 정장의 재기 권유도 뿌리친 채 스스로 목을 그어 자결했다. 한의 장수 왕예와 항우의 부하였던 여마동 등이 항우의 시신을 나눠가지고 돌아가 작위를 받았다. 유방은 항우를 노공의 예로 곡성에다 장례 지내고 발상 때는 곡까지 했다. 이로써 햇수로 5년에 걸친 초한쟁패는 절대 열세였던 유방의 역전승으로 끝나고 천하는 다시 통일되었다.

'홍문지연' 그날, 무슨 일이 있었나?

이제 항우와 유방의 운명을 바꾼 사건이었다는 평가를 듣고 있는 기원전 206년 홍문지연 그날로 다시 되돌아가 보자. 이 사건에 대한 역사적 팩트는 1차적으로 《사기》〈항우본기〉를 읽지 않을 수 없다. 사마천은 이 사건을 마치 영화의 장면처럼 생생하게 묘사하고 있다. 사건의 발단은 막강한 전력의 항우의 군대보다 유방이 먼저 진나라의 수도인 함양에 입성하자 화가 난 항우가 유방을 공격하려고 벼르는 것에서 시작된다. 《사기》의 관련 대목이다.

[항우가] 이어서 진의 땅을 공략 평정하려 함곡관에 이르렀으나 수비병이 있어 들

어가지 못했다. 게다가 패공(유방)이 이미 함양을 깼다는 보고를 받자 항우는 크게 성이 나서 당양군 등을 보내 함곡관을 공격하게 했다. 항우가 마침내 함곡관에 들어가 희수 서쪽에 이르렀다.

패공은 패상에 주둔하고 있어서 항우와 서로 만나지 못했다. 패공의 좌사마 조무상이 항우에게 사람을 보내 "패공이 관중의 왕이 되어 자영을 재상으로 삼아 진귀한 보물을 모두 다 차지하려고 합니다"라고 말했다. 항우가 몹시 노하며, "내일 병사들을 잘 먹이고 패공의 군대를 격파하리라!"라고 말했다. 이때 항우의 병사는 40만으로 신풍의 홍문에 있었고, 패공의 병사는 10만으로 패상에 있었다. 범증이 항우에게 이렇게 충고했다.

"패공이 산동에 있을 때는 재물을 탐내고 여자를 좋아했는데, 지금 입관해서는 재물에 손을 대지 않고 여자도 가까이 하지 않습니다. 이는 그 뜻이 작은 곳에 있지 않다는 것입니다. 제가 사람을 시켜 그 기세를 살피게 했더니, 용과 호랑이처럼 오색이 찬란한 것이 천자의 기운이었습니다. 서둘러 쳐서 기회를 잃지 마십시오."]

함양에서 유방 일행이 보여준 일사분란한 행동과 민심 회유책에 두려움을 느낀 항우의 책사 범증은 두 군대의 전력 차이가 뚜렷한 지금 유방 진영을 철저히 와해시킬 것을 강력하게 건의했다.

그런데 항우 진영의 이런 기밀이 항우의 숙부인 항백에 의해 누설되는 뜻밖의 사태가 벌어졌다. 과거 장량에게 신세를 진 항백이 장량을 찾아 이런 기밀을 알려주었기 때문이다. 당황한 유방은 항백을 붙들고 그를 형님으로 모시는 것은 물론 혼인관계까지 맺겠다며 도움을 청했고, 항백은 이를 받아들이며 내일 홍문으로 와서 항우를 만나 사죄하라고 했다.

그사이 항백은 항우 진영으로 돌아와 항우에게 유방을 극구 변호했다. 유방이 함양을 함락시킨 것은 큰 공을 세운 것이지, 항우에게 대항하기 위한 것이 아니지 않느냐는 논리였다. 항우는 범증의 건의는 까맣게 잊은 듯 항백의 말에 넘어갔다. 다음 날 유방은 항백의 충고대로 항우를 만나러 왔다. 다시 《사기》의 해당 장면으로 가본다.

[패공이 이튿날 아침 백여 기를 대동하고 항왕을 만나러 왔다. 홍문에 이르러 사죄하며 이렇게 말하였다.

"신은 장군과 더불어 죽을힘을 다해서 진을 공격했습니다. 장군께서는 하북에서 싸우시고, 신은 하남에서 싸웠습니다. 그러나 뜻하지 않게 먼저 관중에 들어와 진을 무찌르고, 이곳에서 장군을 다시 뵐 수 있게 된 것입니다. 그런데 지금 소인배의 말 때문에 장군과 신의 사이가 벌어지게 되었습니다."

항왕이 "이는 패공의 좌사마인 조무상의 말 때문이오. 그렇지 않았다면 이 항적이 왜 이렇게까지 했겠소이까?"라고 말했다.

항왕은 이날 패공을 머무르게 하여 함께 술을 마셨다. 항왕과 항백은 동쪽을 향해서 앉고, 아보는 남쪽을 향해서 앉았다. 아보는 범증이다. 패공은 북쪽을 향해서 앉고, 장량은 서쪽을 향해 배석했다. 범증이 여러 차례 항왕에게 눈짓을 하며 차고 있던 옥결을 들어 보이길 세 차례, 항왕은 말없이 반응을 보이지 않았다. 범증이 일어나 나가며 항장을 불러 이렇게 말했다.

"군왕이 모질지 못한 사람이다. 들어가면 앞으로 나가 축수를 올려라. 축수가 끝나면 검무를 청해 틈을 보다가 앉은 자리에서 패공을 쳐 죽여라. 그렇게 하지 못하면 장차 모두가 그에게 잡히고 말 것이다."

장량 사당 안에 그려져 있는 홍문연을 나타낸 그림이다.(2014년)

항장은 바로 들어가서 축수를 올렸다. 축수를 마치고는 "군왕과 패공께서 술을 드시는데 군중에 즐길 거리가 없으니 검무라도 출까 합니다"라고 했다. 항왕이 "좋다!"고 하자 항장은 검을 뽑아 춤을 추기 시작했고, 이에 항백도 검을 뽑아 춤을 추기 시작했는데, 몸으로 계속 패공을 감싸는 바람에 항장이 공격할 수 없었다.

장량은 군문으로 가서 번쾌를 만났다. 번쾌가 "오늘 일은 어떻게 되었소?"라고 묻자, 장량은 "아주 급하오. 지금 항장이 검을 뽑아들고 춤을 추는데, 아무래도 그 의도가 패공에게 있는 것 같소"라고 답했다. 번쾌가 "이거 급박하게 되었군. 신이 들어가 목숨을 걸고 싸우겠소!"라고 했다.

번쾌가 곧장 검을 차고 방패를 들고는 군문으로 들어갔다. 위병들이 안으로 들어가지 못하게 창으로 막자, 번쾌가 방패 모서리로 쳐서 위병을 쓰러뜨렸다. 번쾌가 드디어 안으로 들어가 장막을 걷고 서쪽을 향해 서서는 눈을 부릅뜨고 항왕을 노려보는데, 머리카락은 하늘로 곤두서고 눈꼬리는 찢어질 것 같았다.

항왕이 검을 짚고 무릎을 세워 앉으면서 "그대는 뭣하는 자인가?"라고 물으니, 장량이 "패공의 참승 번쾌라는 자입니다"라고 대답했다. 항왕이 "장사로다! 그에게 술을 내려라!"라고 했다. 바로 큰 술잔에 술이 나왔고, 번쾌는 고맙다는 절과 함께 일어나 선 채로 다 마셨다. 항왕이 "돼지 다리를 주어라!"라고 하자, 바로 익히지 않은 돼지 다리 하나가 주어졌다. 번쾌는 방패를 땅에 엎어 그 위에 돼지 다리를 올려놓고는 검으로 잘라 먹었다. 항왕이 "장사, 더 마실 수 있겠는가?"라고 물으니, 번쾌는 이렇게 말했다.

"죽음도 피하지 않는 신이 술 한 잔을 어찌 사양하겠소이까! 대저 호랑이와 이리 같은 마음을 가진 진왕이 사람 죽이기를 다 죽이지 못할 듯 죽이고, 형벌이란 형벌을 다 사용하지 못할 듯 형을 가하니 천하가 모두 그를 배반한 것이외다. 회왕께서는 여러 장수들과 "먼저 진을 깨고 함양에 들어간 자를 왕으로 세우겠다"고 약속하셨습니다. 지금 패공께서 먼저 진을 깨고 함양에 들어가서서 추호도 물건에 손을 대지 않고 궁실을 단단히 봉쇄한 다음, 패상으로 철군하여 대왕께서 오시기를 기다린 것입니다. 일부러 장수를 보내 관문을 지키게 한 것은 다른 도적들의 출입과 비상사태에 대비하기 위해서였습니다. 힘들게 이렇듯 높은 공을 세웠는 데도 제후로 봉하는 상은 없을망정 소인배의 헛소리를 듣고 공을 세운 사람을 죽이려 하다니, 이는 멸망한 진의 뒤를 잇는 짓이니 대왕께서 취할 행동은 아니라고 생각합니다.”

항왕은 아무런 반응을 보이지 않다가 “앉으라”고 했다. 번쾌는 장량을 따라 앉았다. 앉은 지 얼마 되지 않아 패공이 측간에 간다고 일어나 번쾌를 밖으로 불러냈다.

패공이 나간 뒤 항왕은 도위 진평에게 패공을 불러오게 했다. 패공이 “바로 나오느라 작별 인사도 하지 않았는데 어찌하면 좋겠는가?”라고 하자, 번쾌는 “큰일에서 자잘한 것은 따지지 않고, 큰 예의에서 작은 나무람 정도는 겁내지 않는 것입니다. 지금 저쪽은 칼과 도마고 우리는 물고기 신세인데 무슨 작별 인사랍니까?”라고 했다.

마침내 그곳을 떠나면서 장량에게 남아서 사죄하게 했다. 장량이 “대왕께서 선물은 갖고 오셨습니까?”라고 물었다. 패공은 “항왕에게 주려고 백벽 한 쌍과 아보에게 주려고 옥두 한 쌍을 가지고 왔는데, 지금 그 성난 모습을 보고는 감히 올리지 못했지. 공이 나 대신 바치시오”라고 했다. 장량은 “삼가 받들지요”라고 했다.

이때 항왕의 군대는 홍문 아래에 있었고, 패공의 군대는 패상에 있어 서로 40리 떨어져 있었다. 패공은 수레와 말을 버려둔 채 몸만 빠져나와서 혼자 말을 탔고, 번쾌·하후영·근강·기신 등 네 사람은 검과 방패를 지니고 걸어서 여산을 내려와 지양의 샛길을 거쳐 왔다. 그에 앞서 패공은 장량에게 “이 길로 우리 군영까지는 20리에 지나지 않소. 내가 군중에 도착했다고 생각되면 공이 바로 들어가시오”라고 일러두었다. 패공이 떠나고 샛길로 군중에 도착할 때가 되자,

홍문연에서 가장 강한 인상을 남긴 번쾌 형상의 조형물이다.(2009년)

장량은 안으로 들어가 사죄하며 이렇게 말했다.

"패공께서 술을 이기지 못하여 작별 인사를 드릴 수 없습니다. 삼가 신 장량에게 백벽 한 쌍을 받들어 대왕 족하께 재배의 예를 올리며 바치게 하셨고, 옥두 한 쌍은 대장군 족하께 재배의 예를 올리며 바치게 하셨나이다."

항왕은 "패공은 어디에 계신가?"라고 물었고, 장량은 "대왕께서 잘못을 나무라실 것 같다는 말을 듣고는 혼자 빠져 나가셨는데 군중에 이미 도착했을 것입니다"라고 답했다. 항왕은 바로 백벽을 받아 자리 위에 두었지만, 아보는 옥두를 받아 바닥에 놓고는 검을 뽑아 그것을 깨부수며 "에잇, 어린애와 함께 일을 꾀하는 것이 아닌데! 항왕의 천하를 빼앗을 자가 있다면 틀림없이 패공이다. 이제 우리들은 모두 그의 포로가 될 것이다!"라고 했다. 패공은 군영에 당도하자마자 즉시 조무상을 베어 죽였다.]

'홍문연'의 실질적 주역들

세기의 술자리 '홍문연'의 주역은 항우와 유방이 아니었다. 두 사람이 주객임에는 틀림없으나 주역은 아니었다. 1차적으로 이 술자리를 전체적으로 연출한 사람은 항우의 최측근 범증이었다. 유방을 제거할 절호의 기회를 얻은 이상 머뭇거릴 수 없는 일이었다. 항우도 범증의 계획에 동의하는 것처럼 보였다. 그러나 결정적 순간에 항

홍문연의 검무 장면을 조각한 조형물이다. 중앙에 앉아 있는 인물이 항우다.(2010년)

우는 머뭇거렸고, 범증은 직접 항장에게 손을 쓰라고 지시했다. 그런데 뜻밖의 암초가 나타났으니, 다른 사람도 아닌 항우의 숙부 항백이었다. 장량과 인연이 있던 항백은 이 음모를 유방 진영에 고자질했고, 항장의 검무에 맞서 유방을 보호하는 수호천사의 역할까지 자청했다. 여기에 위기를 느낀 장량이 번쾌를 불러들여 분위기를 반전시키고, 그 틈에 유방을 빼돌려 사지를 벗어났다.

홍문연의 전 과정을 꼼꼼히 살피면 이 술자리를 중국사의 명장면이자 세기의 드라마로 반전시킨 사람은 다름 아닌 항백이었음을 발견할 수 있다. 그는 범증의 계획을 알고는 이를 장량에게 알리는 한편, 항우에게 유방을 극구 변호까지 하고 나섰다.

한편 홍문연과 관련하여 유방 진영의 주역은 1차적으로 항백과 개인적 친분과 인연을 맺고 있는 장량이었지만, 홍문연을 극적으로 마무리한 주역은 역시 번쾌였다. 번쾌는 당당하게 항우에 맞서 논리적으로 유방을 변호하는 한편, 유방에게 서둘러 자리를 빠져나가도록 재촉함으로써 결정적인 역할을 해냈다.

항우의 반응과 태도도 의문이다. 범증의 각본대로 움직였더라면 천하 대권의 주인은 일찌감치 항우로 낙착되었을 것이고, 초한쟁패니 패왕별희니 하는 드라마도 없었을 것이다. 하지만 항우는 유방을 변호하는 항백의 말에 마음이 흔들렸고, 유방의 변명에 조무상을 핑계 대며 얼버무렸다. 또 항장의 검무에 맞추어 유방을 죽이라는 신호를 보내달라는 범증의 눈짓을 세 번이나 무시했다. 이어 번쾌의 항의에 맥없이 술만 권했고, 유방이 줄행랑을 치며 남기고 간 선물 벽옥을 고이 받음으로써 거창하게 시작된 연회를 싱겁게 마무리하고 말았다.

홍문연은 이렇게 유방의 기사회생으로 마무리되었고, 이후 천하는 기원전 206년부터 기원전 202년까지 5년에 걸친 본격적인 초한쟁패라는 새로운 국면으로 접어든다. 유방으로서는 정말 다 죽었다가 살아난 셈이었다. 사지인 줄 알면서도 갈 수밖에 없었던 술자리를 단 한 사람의 희생 없이 빠져나왔으니 말이다. 유방은 승리할 확률 제로에 가까운 항우와의 전투를 피했을 뿐만 아니라, 사지인 홍문연에서 살아나왔다. 이와 함께 함양성에 먼저 입성하여 진나라 백성들의 인심까지 얻은 뒤였으니 남는 장사로 이런 장사가 어디 있겠는가?

홍문연은 항우의 처절한 실패작이었다. 아니 그보다는 연출가 범증의 실패작이었다. 이 사건을 계기로 범증은 항우와 멀어졌고, 결국 항우를 떠났다. 범증을 잃은 항우는 급전직하 주도권을 잃는 것은 물론, 천하의 패권마저 유방에게 넘겨주고 말았다. 이런 점에서 홍문연은 천하 대권의 향방을 바꾸는 결정적인 사건이 아닐 수 없다.

어쨌거나 유방을 사지에서 구해 낸 주인공은 항우 진영의 항백이었다. 따라서 항백의 이해 못할 행위를 먼저 분석해보고, 이어 기타 인물들의 당시 행위를 함께 분석한 다음, 이 세기의 장면을 마무리할 필요가 있겠다.

'홍문연' 정밀 분석

이제 주요 인물들의 행위를 분석함으로써 홍문연이 어째서 세기의 술자리가 되었는지 알아보겠다. 사실 홍문연은 항우가 유방을 살려 주었기 때문에 패한 것이 아니라, 뒤이어 벌어질 일련의 실패들을 초래한 실마리를 확인할 수 있는 자리였다는 점에서 의미를 가진다. 역사의 명장면은 결말보다는 그 결말의 한 자락을 미리 들여다 볼 수 있는 단서를 제공하는 이런 장면이 아닐까?

항백은 말 그대로 유방의 수호천사였다. 유방을 제거하려는 범증과 항우의 계획을 고자질했을 뿐만 아니라, 홍문연에서는 유방을 찌르려는 항장의 칼춤에 맞서 유방을 보호했다. 항백의 유방 사랑은 이걸로 끝이 아니었다. 그 뒤 유방의 가족이 항우에게 포로로 잡히고, 항우가 유방의 아버지 태공을 끓는 물에 삶아 죽이겠다며 유방을 협박했을 때도 항백은 항우에게 태공을 죽이지 말 것을 권했다.

대체 항백은 유방의 무엇을 보고 이렇게 지극정성으로 유방을 보호했을까? 실상은 그렇지 않다. 항백은 유방이 아니라 장량을 보호한 것이다. 항백은 과

홍문연의 실제 주역인 항백의 조형물이다.(2010년)

거 살인자 신분으로 수배당하고 있을 때, 장량에게 큰 은혜를 입었다. 항백에게는 이런 사사로운 은원관계가 조직의 이익보다 더 중요했다. 이것이 이른바 지은필보(知恩必報)의 '협의(俠義)' 정신이라는 것이다. 전국시대를 풍미했던 유협들의 의리와 그 정신적 유산 및 잔영이 항백은 물론 이 당시 사람들에게 여전히 강하게 남아 있었다. 항우가 항백의 건의에 흔들린 것이나, 일을 그르치고도 항백을 문책하지 않은 것도 다 이런 전통적 의식을 존중했기 때문이다.

하지만 전국시대 협의 정신의 유풍이 항우의 결단을 가로막았다고 해서 항우의 모든 행위가 납득되는 것은 결코 아니다. 대세를 중시해야 하는 리더로서 항우의 판단과 결정은 항백의 그것과는 엄연히 달라야 했기 때문이다. 그런 점에서 항우는 유방의 적수가 되지 못했다. 항우의 행동에는 우선 유방을 인정하지 않고 깔보는 오만한 심리가 작용하고 있다. 그래서 유방의 사죄를 그냥 받아들였던 것이다. '네 까짓 것이 그러면 그렇지' 하고는 그냥 넘어간 것이다. 그러면서 조무상을 핑계 댄 것은 그 절정이다.

이런 항우의 오만함 뒤에는 그의 기질이 함께 작동하고 있다. 훗날 한신은 유방 앞에서 항우를 평가하면서 항우의 마음 씀씀이를 '부인지심(婦人之心)'이라고 표현했다. 사람을 아끼고 존중하는 것 같지만, 실은 '여자의 마음' 같아 중요한 순간에 결단을 내리지 못한다는 의미였다. '홍문연'에서 항우가 유방을 제거하지 못한 것은 유방은 자신의 적수가 못 된다는 항우의 우월감과 자만심, 그리고 우유부단이 동시에 작용한 결과였다.

항우의 이런 우유부단을 놓고 범증이 항우를 '어린애'로 표현한 점도 눈길을 끈다. 그러면서 범증은 유방을 '패공'이라고 높여 부르고 있다. 항우의 최측근이었던 범증은 이 둘의 운명을 '어린애'와 '패공'이란 호칭의 차이로 예견한 셈이다. 범증이 이보다 앞서 함양성 입성 이후의 유방의 태도에 대해 정확하고 예리한 분석을 내놓으면서 유방을 제거하라고 한 것도, 지금 유방을 제거하지 않으면 전세가 역전될 수 있음을 직감했기 때문이다. 하지만 젊고 오만한 항우는 노회한 범증의 분석을 수용하지 못했다. 항백의 권유를 물리치지 못한 이면에는 범증의 수를 읽지 못한 항우의

홍문연을 소재로 만든 영화 〈초한지 - 천하대전〉의 포스터이다.(원제목은 〈홍문연〉이다.)

자질부족과 소심함이 작동하고 있었다.

반면 유방은 항우의 기질을 제대로 간파한 걸로 보인다. 항우가 자신을 제거하려 한다는 말을 듣자마자 장량을 통해 항백을 포섭하고, 이어 홍문연에서는 항우에게 한껏 자세를 낮추는 기가 막힌 연기력(?)을 보였다. 유방이 다른 사람에게 비굴할 정도로 몸을 낮추는 장면은 이 홍문연이 거의 유일무이했다. 유방은 자신이 처한 절박한 상황을 정확하게 인식했고, 이 난국을 타개하기 위해 자신이 할 수 있는 모든 방법을 다 동원했다. 이것이 '상황 리더십'이라는 것이다. 리더가 처한 상황에 따라 때로는 교활해야 한다는 말은 다름 아닌 유방을 두고 한 말이라 해도 과언이 아닐 정도로 유방의 처신은 절묘했다.

한 가지 더 지적할 것은 항우와 항백, 그리고 범증의 관계 문제이다. 초나라의 전통상 가족관계가 대단히 중요했다. 진나라에게 나라가 망한 뒤로 사람들 사이에서는 '초나라에 단 세 집만 남아 있어도 진을 멸망시킬 나라는 초나라다'는 말이 떠돌 정도로 진에 대한 초나라 사람들의 원한은 뼈에 사무치도록 깊었다. 이런 원한이 가족관계를 훨씬 결속시킨 것은 더 말할 필요가 없다. 그렇다면 항우에게는 범증보다는 숙부 항백의 존재감이 더 컸을 것이다. 그래서 범증의 계획을 따르기보다는 항백의 권유를 수용한 것이다. 여기에 범증과 항우의 세대차도 어느 정도 작용했을 것이다.(당시 항우는 20대 중반을 막 넘어섰고, 범증은 70대로 추정된다.)

한편, 항우의 기를 꺾은 번쾌의 마무리는 이 드라마를 보다 극적으로 만드는 흥행 장치로 손색이 없었다. 또 이 모든 상황을 예견이라도 한듯 예물까지 챙겨 술자리를 마무리하는 장량의 빈틈없는 단속도 홍문연을 감상하는 포인트라 할 것이다.

이상 범증의 기획 - 항백의 기밀누설 - 장량의 준비 - 항백의 권유 - 〈홍문연〉 - 유방의 연기 - 항우의 얼버무림 - 범증의 신호 - 항장의 검무 - 항우의 무시 - 항백의 방어 – 번쾌의 항변 – 항우의 포기 – 유방의 탈출 – 장량의 마무리로 이어지는 홍문연은 마치 잘 짜진 각본에 따른 긴박감 넘치는 한편의 드라마였다. 이것이 역사적 팩트가 갖는 매력이자 힘이다. 사실 팩트를 뛰어넘는 픽션은 없다.

어쨌거나 홍문연으로부터 4년 뒤 항우는 오강에서 자살로 파란만장한 생을 마감한다. 죽는 순간 항우의 뇌리를 스친 것이 있다면 과연 무엇이었을까? 혹여 홍문연 그 술자리는 아니었을까?

참! 그건 그렇고 유방, 아니 장량의 수호천사 항백은 그 뒤 어떻게 되었을까? 항백, 그는 유방이 기원전 202년 천하를 재통일하고 2년이 지난 기원전 200년 사양후라는 작위를 받았다. 홍문연에서 유방의 목숨을 구했을 뿐만 아니라, 유방 가족들의 목숨까지 구한 공로의 대가였다. 그뿐만이 아니었다. 유방과 같은 유씨 성까지 하사받았다. 문득, 항백이야말로 이 모든 상황을 예견한 진정한 고수가 아닐까 하는 부질없는 생각이 드는 것은 왜일까? 흔히 하는 말로 인간사 정말 알 수 없다. 역사는 정녕 우연과 우연이 연속되면서 필연적 결과를 만드는 것인가? 그렇다면 유방은 정말 억세게 운이 좋은 사람이다. 역사에 작용하는 운, 이걸 대세라고 하는 것이 아닐까? 난세에 그 대세를 읽는 사람이 책략가이고, 그 대세를 움직이는 사람은 영웅이며, 그 대세에 올라타는 사람이 최후의 승자이자 리더일 것이다.

여기서 잠깐! 홍문연을 감상하는 또 하나의 포인트가 있다. 유방이 술자리를 빠져나간 다음, 항우는 무슨 생각이 들었는지 누군가를 시켜 유방을 불러오게 했다. 이 누군가가 중요하다. 홍문연에서 단 한 장면 잠깐 등장하는 이 사람, 유방을 부르러 나간 바로 이 사람이 누군가? 바로 진평이다. 당시 항우 밑에서 도위라는 벼슬을 하고 있었다. 진평은 얼마 뒤 유방에게 귀의하여 유방의 핵심 참모가 되는데, 모르긴 해도 이날 홍문연에서 벌어졌던 상황을 예의 주시하고 있다가 자신의 진로를 결정한 것이 아닐까? 진평이 항우를 떠나 유방에게 건너간 사건은 '초한쟁패'에 있어서 상당히 의미 있는 대목인데, 그 복선이 다름 아닌 '홍문연'에 깔려 있는 것이다. 역사는 이렇게 재미있다. 팩트가 픽션보다 훨씬 재미있다. 그리고 보니 또 한 사람이 떠오른다. 이 당시 한신은 어디에 있었을까?

권59 〈오종세가〉는 경제의 자식들인 13명 황자의 봉국 상황을 기술하고, 한나라 초기 이래 분봉제의 발전과 변화상을 평가한 세가다. '오초칠국의 난' 이후 약화되어 가는 제후국들의 상황과 그 반대급부로 중앙정부가 주도권을 쥐고 봉건 대일통을 다지는 상황을 보여준다. 사진은 양 효왕 유무의 큰아들인 공왕(共王) 유매(劉買. ?~기원전 137)의 무덤 내부 모습으로, 천정과 벽의 화려한 사신도가 세간의 주목을 받았다.(2018년)

홍수도천(洪水滔天)

홍수가 나서 하늘에까지 물이 넘치다.
– 권1 〈오제본기〉

　요(堯)임금 당시 홍수가 나서 이를 다스릴 사람이 필요했다. 요임금은 사방 제후들의 수장인 사악(四嶽)에게 **"홍수가 하늘에까지 넘쳐서** 거대한 물줄기가 산을 감싸고 언덕을 삼켜 백성들의 걱정이 매우 크오, 이를 다스릴 수 있는 사람이 없겠소?"라고 물었다. 모두들 곤(鯀)을 추천했다.

　곤은 우여곡절 끝에 이 일을 맡았지만 9년이 지나도록 성과를 거두지 못했다. 요를 이어 즉위한 순(舜)임금은 책임을 물어 곤을 처형하고, 곤의 아들인 우(禹)에게 그 일을 맡겼다. 우는 13년이 걸려 치수사업을 성공적으로 마무리했고, 그 공으로 순의 임금 자리를 양보 받아 하(夏)나라를 세웠다.('과기가문이불입' 항목 참고)

　홍수도천은 당시 홍수가 자주 나서 황하가 범람하는 큰일을 나타내는 성어로서 이후 **천재지변이나 황하의 범람**을 가리키는 성어가 되었다.

키워드 : 자연, 홍수, 치수

화

화경수누(火耕水耨)

불을 태워 경작하고, 물을 대어 잡초를 뽑다.
– 권30 〈평준서〉

　매우 어려운 성어다. '화경'이란 자르고 남은 벼의 밑둥을 태워 그 재로 비료의 효과를 얻는다는 뜻이고, '수누'란 여름에 논에다 물을 대어 잡초를 제거하는 방법을 말한다. 농업을 전문으로 연구하는 사람들은 좀 더 구체적으로 다음과 같이 이 농사법을 설명한다.

"잡초를 태우고 그 아래로 물을 대서 벼를 심으면 잡초와 벼가 함께 자란다. 길이가 7, 8치 정도 자라면 모두 뽑아 버린다. 그런 다음 다시 아래에 물을 대면 잡초는 죽고 벼만 자란다. 이것이 바로 **화경수누**의 농사법이다."

춘추전국시대에 철제 농기구 보편적으로 보급되면서 농사법이 획기적으로 개선되었고, 이에 따라 생산량이 크게 늘었다. '화경누수'는 농사법과 관련한 귀한 기록이다. 그림은 한나라 때 귀족 집안과 농사짓는 모습(오른쪽 아래)을 나타낸 벽돌 그림이다.

이런 농사법은 한나라 때 강남 지방에서 사용하던 것으로 농업 생산량이 상당했던 것 같다. 한나라 초기에 산동 지방이 수해와 흉년으로 시달리자 황제가 강남 지방은 '화경수누'의 농사법으로 식량이 풍부하므로 굶주린 백성이 이 지역으로 가서 식량을 얻는 것을 허락한 사실이 있기 때문이다.

키워드 : 농사, 농법

화막참우욕리(禍莫慘于欲利), 비막통우상심(悲莫痛于傷心)

남을 이롭게 하려다 당한 화보다 참혹한 화는 없고, 마음을 상하는 것보다 더 고통스러운 슬픔은 없다.

– 〈보임안서〉

사마천은 자신이 당한 궁형이 얼마나 치욕스러웠는가를 토로하기 위해 먼저 지식인으로서 갖추어야 할 다섯 가지 덕목을 다음과 같이 꼽았다.

"자신의 몸을 수양하는 것은 지혜의 표시이며, 남에게 베풀기를 좋아하는 것은 어짊의 실마리이여, 주고받는 것은 의리가 드러난 바이며, 치욕을 당하면 용기로 결단하게 되며, 뜻을 세우는 것은 행동의 목적이라 들었습니다."

사마천은 이 다섯 가지 덕목을 실천하려 무던 애를 썼지만, 뜻하지 않은 사건에 휘말려 도리어 화를 당하게 되었다면서 이렇게 말했다.

"그러므로 **남을 이롭게 하려다 화를 당하는 것보다 더 참혹한 화는 없으며, 마음을 상하는 것보다 더 고통스러운 슬픔은 없으며,** 조상을 욕되게 하는 것보다 더 추한 행동은 없으며, 궁형을 받는 것보다 더 큰 치욕은 없습니다."

자신이 이릉(李陵)을 변호한 것은 이릉을 위하고 황제의 심기를 조금이나마 풀어주기 위한 선의였음에도 도리어 화를 당하고, 마음을 상하고, 조상을 욕되게 하고, 궁형을 당했으니 그보다 더한 치욕이 어디 있겠느냐는 울분의 토로였다.

키워드 : 감정, 치욕

화사첨족(畫蛇添足)

뱀에 다리를 더 그려 넣다.
– 권40 〈초세가〉

화사첨족은 '사족(蛇足)'으로 더 널리 알려진 성어로 출전은 《전국책》이고, 〈초세가〉에 다시 인용되었다. 그 줄거리는 이렇다.

전국시대인 초나라 회왕(懷王) 때의 이야기이다. 어떤 인색한 사람이 제사를 지낸 뒤 여러 하인들 앞에 술 한 잔을 내놓으면서 나누어 마시라고 했다. 그러자 한 하인이 이렇게 제안했다.

"여러 사람이 나누어 마신다면 간에 기별도 안 갈 테니, 땅바닥에 뱀을 제일 먼저 그리는 사람이 혼자 다 마시기로 하는 게 어떻겠나?"

하인들은 모두 찬성하고 제각기 땅바닥에 뱀을 그리기 시작했다. 이윽고 뱀을 다 그린 한 하인이 술잔을 집어 들고 "이 술은 내가 마시게 됐네. 어떤가, 멋진 뱀이지? 발도 있고"라며 술잔을 들었다. 그때 막 뱀을 그린 다른 하인이 재빨리 그 술잔을 빼앗아 단숨에 마셔 버렸다. 그리고는 이렇게 말했다.

"세상(世上)에 발 달린 뱀이 어디 있나!"

술잔을 빼앗긴 하인은 공연히 쓸데없는 짓을 했다고 후회했지만 소용이 없었다.

이 이야기에서 '화사첨족' 또는 '사족'이란 표현이 나와 **불필요하게 덧붙이거나 쓸데없는 짓을 해서 일을 도리어 그르치는 경우를 비유**하게 되었다.

키워드 : 사족

화식(貨殖)

재물을 늘리다 / 재물을 늘린 부자.
– 권129 〈화식열전〉

고대 중국에서는 '먹고 쓴다'는 뜻을 가진 단어를 '식화(食貨)'라 했다. 이와 비슷한 단어로는 **화식(貨殖)**이 있는데, 먹고 쓰는 데 필요한 **재물을 늘린다**는 뜻과 **재물을 늘린 부자**들을 가리키는 단어가 되었다. 사마천은 《사기》에서 경제 문제와 함께 먹고 쓰는 데 필요한 물자로 치부한 부자들의 기록인 〈화식열전〉을 마련했고, 이후 역사서들도 '식화'나 '화식'이란 단어를 사용하여 국가재정과 인구 등 경제 문제를 전문적으로 다루었다.

'식화'는 인간의 삶에 있어서 가장 중요한 문제이자, '백성을 살리는' 관건이었다. '백성을 살린다'는 '생민(生民)'은 중국에서 가장 오래된 민간 시가집인 《시경》의 편명(〈대아大雅〉 제11편)이 되기도 했고, 그 뒤 살아 있는 신성한 존재로서의 백성을 가리키는 단어로 자리 잡았다. 이 같은 인식을 가장 잘 반영하는 사상이 바로 "백성은 먹는 것을 하늘로 여긴다"는 "민이식위천(民以食爲天)"이란 것이다.(〈역생육고열전〉)

백성들의 삶과 관련하여 '생민'은 큰 목표에 해당하고, '식화'는 그 목표를 실질적으로 달성하기 위한 수단으로써 양식과 일상에 필요한 물품 및 돈 등을 가리킨다. 그리고 양식과 생활에 필요한 비용이 풍족해야 인간이 인간다운 삶을 누릴 수 있고, 이 두 가지가 널리 두루 유통되어야만 나아가 나라가 튼튼해지며, 또 이런 바탕이 있어야만 교육도 효과적으로 이루어진다고 보았다.

《한서》 〈서전(敍傳)〉(하)에는 "궐초생민(厥初生民), 식화유선(食貨惟先)"이라는 명구가 보인다. "인류 최초의 생존은 먹고 쓰는 것이 우선이었다"는 뜻이다. 이러한 인식이 《동관한기(東觀漢記)》 〈마원전(馬援傳)〉에서는 원초적 생존 수단으로서의 '식화'를 한 걸음 더 나아가 "백성을 부유하게 하는 기본은 '식화', 즉 '먹고 쓰는' 것에 있다(부민지본재어식화 富民之本在於食貨)"라는 말로 심화되었다.

오늘날 자본주의는 한 없이 벌어지는 빈부의 차, 불공평과 분배 문제 때문에 최악의 상황에 직면하고 있다. 한도 끝도 없는 탐욕이 모든 것을 삼키고 있다. 14억 인구의 중국이 최근 들어 빈부와 관련하여 가난이 문제가 아니라 고르게 분배되지 않는

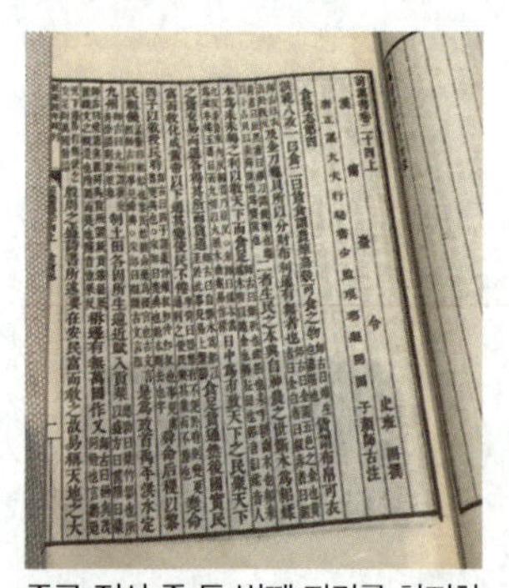

중국 정사 중 두 번째 자리를 차지하고 있는 《한서》 〈식화지〉 부분이다.

것이 문제라는 점을 분명히 인식하고 나선 것도 이 때문이고, 우리 역시 기본소득을 높이는 문제를 심도 있게 논의하고 있다. 나아가 이러한 사정은 전 세계적인 현상이 되고 있다.

기업을 경영하는 사람은 무엇보다 종업원의 기초 생활과 삶의 질에 눈을 돌려야 한다. 종업원이 생존을 걱정하면 기업의 기반이 무너지고, 백성이 생존을 걱정하면 나라의 기반이 무너지기 때문이다. 내가 누리고 있는 부가 어디서 왔는지 생각하면 결코 어려운 문제가 아니다.

<hr>

키워드 : 생활, 생존, 의식주

화씨지벽(和氏之璧)

화씨의 벽옥.
– 권81 〈염파인상여열전〉

화씨지벽 또는 '화씨벽'은 〈염파인상여열전〉에 등장하는 귀한 옥기를 말한다. 둥글고 가운데에도 둥근 구멍이 뚫린 옥기를 벽(璧)이라 한다. 화씨는 초나라 사람 변화(卞和)를 말한다. 이 '화씨벽'에 관해서는 《한비자》에 이런 이야기가 나온다.

전국시대 초나라 사람 변화는 형산(荊山)에서 옥의 덩어리를 발견하자 곧바로 여왕(厲王)에게 바쳤다. 여왕이 감정가에게 맡기니 보통 돌이라고 하자 변화가 거짓말을 했다고 하여 왼쪽 발꿈치를 자르는 형벌을 주었다. 여왕이 죽고 무왕(武王)이 즉위하자 화씨는 또 옥돌을 무왕에게 다시 바쳤으나, 이번에도 지난번과 마찬가지로 거짓말을 했다고 하여 오른쪽 발꿈치마저 잘렸다.

어느덧 세월이 지나 무왕도 죽고, 문왕이 즉위하자 변화씨는 옥 덩어리를 품고 형산 밑으로 들어가 사흘 동안 피눈물을 흘리며 서럽게 울었다. 문왕이 이 사실을 듣고 사람을 보내어 그 까닭을 묻자, 그는 "보옥을 돌이라 하고, 곧은 선비를 사기꾼이라

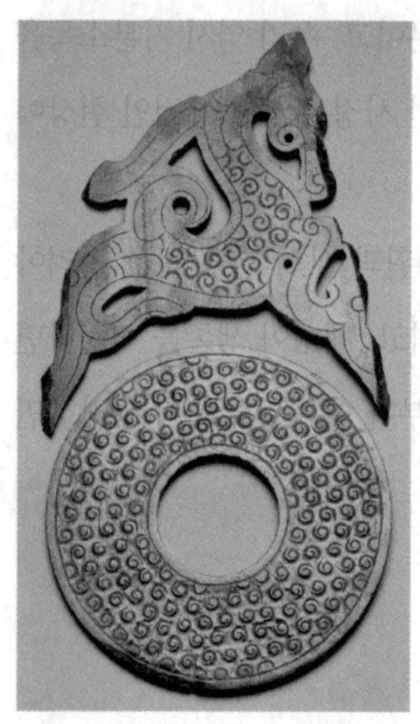

옥기는 고대사회에서 가장 귀중한 보물이었다. 그중에서도 화씨의 벽옥을 최고로 쳤다. 사진은 박물관에 전시되어 있는 춘추전국시대의 벽옥이다.(2003년)

하는 것이 슬퍼서 그렇다"고 답했다. 왕은 옥 덩어리를 잘 다듬는 장인에게 맡긴 결과 천하의 보옥을 얻을 수 있었는데, 이를 '화씨의 옥기'라 하여 '화씨지벽(和氏之璧)'이라고 불렀다.

이렇게 해서 '화씨지벽'은 **숨겨져 있는 아주 중요한 보물**을 가리키는 성어가 되었다. 또 참된 보물은 이를 알아보는 사람이 나와야 그 진가를 알 수 있다는 뜻으로도 쓰인다.

'화씨벽'은 '완벽' 항목에서 살펴본 바와 같이 그 뒤 조나라 혜문왕의 손에 들어갔다. 이를 탐낸 강대국 진나라 소양왕은 자국의 15개 성과 바꿀 것을 요구했다. 그러나 실제로는 성을 안 내주고 '화씨벽'만 차지할 속셈이었다. 이 일로 진나라에 사신으로 갔던 조나라의 인상여(藺相如)는 진나라 소양왕의 속셈을 알아채고 '화씨벽'에 흠집(하자)이 있는 곳을 알려 주겠다고 둘러댄 뒤, '아무런 흠집(하자)이 없는' 화씨지벽을 되찾아 몰래 자기 나라로 돌려보냈다. 여기에서 '완벽'이라는 말이 유래되었다.('완벽', '완벽귀조', '하자' 항목 참고)

키워드 : 보물, 옥기, 안목

화우진(火牛陣)

화우진 / 소를 이용한 화공.
— 권82 〈전단열전〉

전국시대 말기 연나라의 젊은 군주 소왕(昭王, ?~기원전 279)은 침체한 연나라를 중

홍시키기 위해 적극적으로 인재를 모셨다.('사쟁추연', '황금대' 항목 참고) 명장 악의(樂毅, 생졸 미상)도 그중 한 사람이었다. 악의는 연나라의 숙적 제나라를 공략하여 거의 멸망 직전까지 몰았다. 그러나 즉묵(卽墨)과 거(莒) 두 성만 남겨 놓은 상황에서 소왕이 세상을 떠나고, 악의와 사이가 좋지 않은 혜왕(惠王)이 즉위했다.

즉묵성을 사수하고 있던 제나라 장수 전단(田單)은 이런 상황을 이용하여 연나라에 대해 이간계(離間計, 또는 반간계反間計)를 구사하여 악의를 물러나게 했다. 악의가 물러나자 전단은 다시 연나라 군대 내부를 동요시키기 위해 다양한 전술을 구사했고, 마지막에는 **화우진**으로 연나라를 패퇴시켰다. 이상의 과정은 〈전단열전〉에 상세히 기록되어 있어 그 내용을 정리해 둔다.

전국시대인 기원전 284년, 연나라 소왕은 명장 악의를 상장군으로 임명하고 진·위·한·조의 연합군을 총 지휘하여 제나라를 공격하게 했다. 악의는 연합군을 이끌고 제나라를 대파했다. 패전한 제나라 민왕(緡王)은 거성(莒城)으로 도망쳤고, 연나라 군대는 즉각 병력을 동원하여 거성을 포위했다.

이때 초나라는 장군 요치(淖齒)에게 명하여 제나라를 구원하도록 했다. 요치는 제민왕에 의해 국상에 임명되었다. 그러나 민왕과 사이가 나빴던 요치는 오히려 연나라 장수 악의와 모의하려 제나라 영토를 나누어 가질 속셈으로 민왕을 살해했다.

제나라 군민들은 요치를 죽이고, 요치에게 살해당한 민왕의 아들 법장(法章)을 옹립하여 왕으로 삼아 다시 거성과 즉묵성을 굳게 지키며 연나라의 침공에 대항했다. 제나라는 연나라 군대와의 전투에서 즉묵성 대부가 전사하는 지경에까지 이르렀으나, 군민들이 전단을 장군으로 추대하여 연군에 대한 항쟁을 계속했다.

얼마 후, 연나라 소왕이 죽고 그 아들인 혜왕이 즉위했다. 혜왕은 태자 때부터 상장군 악의와 사이가 좋지 않았다. 이 사실을 안 전단은 연나라 군신을 이간시켜 내분을 일으키고자 사람들을 보내 다음과 같은 유언비어를 퍼트리게 했다.

"연나라 장군 악의는 새로 즉위한 혜왕과 사이가 나쁘다. 이 때문에 악의는 혜왕에게 죽임을 당할까 봐 두려워서 귀국하지 않고 자신이 점령한 제나라 영토에 눌러

앉아 왕이 되려고 한다. 그러나 제나라의 민심이 아직 그를 따르지 않기 때문에 우선 즉묵성에 대한 공격을 늦추어 제나라 백성들의 귀순을 기다렸다 제나라 왕이 되려는 공작을 추진하고 있다. 지금 제나라 사람들이 유일하게 걱정하는 바는 연나라 조정에서 악의를 소환하고 다른 장수를 대신 보내 즉묵성에 대한 공격에 박차를 가하지 않을까 하는 것이다. 만일 다른 장수가 악의 대신 즉묵성을 공격한다면 즉묵성은 즉시 함락되고 말 것이다."

연나라 혜왕은 전단의 반간계에 넘어가 악의가 고의로 즉묵성에 대한 공격을 늦추는 것으로 믿었다. 혜왕은 기겁(騎劫)을 보내 악의의 군 지휘권을 회수하고, 악의를 본국으로 소환했다. 궁지에 몰린 악의는 조나라로 망명했다.

연나라를 이간시켜 명장 악의를 제거한 전단은 농성군의 단결력이 흩어질 것을 우려하여 장병과 주민들에게, "식사할 때마다 먼저 집 뒤뜰에 모셔 놓은 조상의 제단에 음식을 떼어놓고 제사를 올리도록 하라"는 명령을 내렸다. 그러자 새들이 몰려들어 즉묵성 내에는 온통 새 떼가 들끓게 되었다. 주민들이 이상하게 여기자 전단은, "이 새 떼는 천신이 우리를 이끌어 줄 무당을 내려 보내겠다는 징조다"라는 소문을 퍼뜨렸다.

얼마 뒤, 병사 하나가 전단을 찾아와 "제가 그 무당 노릇을 해도 되겠습니까?"라고 자원했다. 전단은 그 병사를 정말 신이 내린 사자처럼 섬겼다. 그리고 명령을 내릴 때마다 천신의 분부를 받는 무당의 이름을 빌려 하달함으로써 군민의 마음을 결속시켜 나갔다.

전단은 또다시 성 밖 진중에 "지금 즉묵성의 저항군들은 적군에게 잡혀 코를 베일까

전국시대 연나라와 제나라 사이에 벌어진 사활을 건 전쟁은 전단이라는 탁월한 장수의 이간책이 가장 빛을 발한 가장 대표적인 사례였다. '화우진'을 준비하는 전단의 모습을 그린 그림이다.

봐 무서워하고 있다. 제나라 병사들의 코를 베어서 공격 대열의 선두에 걸어 놓으면 즉묵성이 곧바로 함락된다고 하더라!"라는 유언비어를 퍼뜨렸다.

연나라 군사들은 그 말을 곧이곧대로 믿고 너도나도 제나라의 투항병을 끌어다가 코를 베어 선두 부대에 내세웠다. 성벽 위에서 그 광경을 바라보는 제나라 군민의 분노는 하늘을 찔렀다. 저마다 즉묵성을 사수하기로 맹세하고, 싸우다 죽는 한이 있어도 연나라 군에게는 생포되지 않으리라고 다짐했다. 전단은 또 다른 유언비어를 연나라 진영에 살포했다.

"지금 즉묵성 내에 있는 군민들은 적군이 성 밖에 있는 자기 조상의 무덤을 파헤칠까 봐 걱정하고 있다. 만약 무덤을 파헤치는 날에는 애통하여 사기가 떨어져 제대로 싸우지 못할 것이다."

연나라 군사들은 이번에도 그 말대로 성 밖 제나라 사람들의 무덤을 모두 파헤쳐 관을 쪼개고 유골을 꺼내어 불태웠다. 농성군과 주민들은 조상의 유해가 불타는 광경을 보고 대성통곡했다. 그들은 당장 문을 열고 달려 나가 싸우려고 했다. 전단은 군민의 적개심이 엄청나게 고양되었음을 알고, 이만하면 즉묵성의 인원으로도 반격을 가할 수 있다고 판단했다.

전단은 직접 성벽 공사장에 나가 병사들과 함께 땀 흘려 일했다. 자신의 아내와 가족까지 동원하여 병사들과 함께 일하게 했으며, 맛있는 음식이 생기면 아낌없이 병사들과 나누어 먹었다. 반격 개시일이 다가오자 그는 무장한 병력은 모두 숨기고 휴식시키는 한편, 적군이 볼 수 있도록 노약자와 부녀자를 성벽 위에 올려 세운 다음, 항복 사절을 연나라 군영으로 보내 관대한 조건을 간청하게 했다. 연나라 장병들은 만세를 부르며 환호했다.

전단은 다시 성내의 황금을 모아 즉묵성의 이름난 부호들을 시켜 연군의 주장인 기겁에게 은밀히 전하면서, "이제 곧 항복할 테니 우리 일가족은 노략질하지 마십시오"라고 부탁하게 했다. 기겁은 크게 기뻐하며 그 요청을 수락했다. 이때부터 연군의 경계심은 더욱 해이해지고 포위 상태도 느슨해졌다.

그러는 동안 전단은 성에 있는 황소 1천 마리를 징발하여 몸뚱이에 울긋불긋한 옥색 용무늬를 그린 옷을 입힌 다음, 두 뿔에는 날카로운 칼을 메달아 묶고, 꼬리에는 기름을 먹인 갈대 묶음을 매달았다. 그리고 성벽 수십 군데에 밖으로 통하는 구멍을 미리 뚫어 놓았다.

이윽고 날이 어두워지자 전단은 황소 꼬리에 일제히 불을 붙이고, 막아 놓았던 성벽 구멍을 터 주었다. 그 뒤를 따라 용사 5천 명으로 편성된 결사대가 황소 떼를 몰면서 돌격했다. 꼬리에 불이 붙은 황소 떼는 뜨거움을 견디지 못해 길길이 날뛰면서 불을 밝혀 놓은 연나라 군영으로 돌진하여 닥치는 대로 들이받고 짓밟기 시작했다. 한밤중에 마음 놓고 단잠을 즐기던 연의 장병들은 느닷없이 들이닥친 짐승 떼를 보고 대경실색했다(후세 사람들이 이를 두고 '화우진火牛陣'이라고 했다). 성내에서는 북소리를 울려 기세를 돋우고, 노약자들은 구리 그릇들을 마구 두드리며 성원했다. 북소리와 쇠붙이 소리, 함성이 한데 합쳐져 천지를 흔들었다.

연의 군영은 완전히 공황 상태에 빠져서 저마다 목숨이라도 건지려고 달아나느라 정신이 없었다. 제군은 연군의 주장 기겁을 잡아 죽였다. 전단은 즉묵성의 군사를 이끌고 패주하는 연나라 군을 추격하여 하상까지 뒤따라갔다. 전단은 여세를 몰아 연나라에 빼앗겼던 70여 성을 탈환하고, 마침내 수도인 임치성과 제나라 전역을 완전히 수복했다.

전단이 구사했던 '화우진'은 소꼬리에 불을 붙여 적진을 향해 돌진하게 하는 기발한 '화공술(火攻術)'의 하나로 훗날 많은 사람들의 문장과 시 등에 인용되었다.

키워드 : 군사, 전술, 전법, 이간책

화위오유(化爲烏有)

없다 / 존재하지 않다.
– 권117 〈사마상여열전〉

화위오유는 직역하자면 '오유가 되다'이다. '오유'는 '존재하지 않는다'는 뜻이다. **애당초 없거나 존재하지 않는 것을 '오유' 또는 '화위오유'라** 한다. 이에 대해서는 '오유선생', '자허오유' 항목에서 살펴본 바 있다.

키워드 : 허상

화지위뢰(畵地爲牢)

땅바닥에 감옥을 그리다.
– 〈보임안서〉

사마천은 이릉을 변호하다 감옥에 갇힌 상황을 이렇게 나타낸 바 있다.

"사나운 호랑이가 깊은 산중에 있을 때는 모든 짐승들이 두려워하지만, 함정에 빠지게 되면 그 호랑이도 꼬리를 흔들며 먹을 것을 구걸할 수밖에 없습니다. 이는 갈수록 위세에 눌리기 때문입니다. 그러므로 **땅에 선을 긋고 감옥이라며** 들어가라 하면, 그 기세에 눌려 한 걸음도 옮길 수 없습니다. 또 나무 인형을 깎아 형리라고 하면서 심문한다 해도 한마디도 대꾸할 수 없습니다. 그래서 형벌을 받기 전에 결단해야 합니다."

상고시대에는 형벌이 너그러워 땅바닥에 구역을 그려놓고 죄인을 그 안에 세워놓고 징벌했다고 한다. 땅바닥에 그린 이 구역이 감옥이나 마찬가지였다. 여기서 **화지**

위뢰는 **너그러운 형벌로 백성을 동정하는 것**을 비유하거나, 행동의 범위를 정해 놓고 넘지 못하는 것을 비유하게 되었다.

키워드 : 형벌, 감옥

환과고독(鰥寡孤獨)

홀아비, 과부, 고아, 독거노인.
– 권10 〈효문본기〉

서한의 제 3대 황제인 문제(文帝)는 악법 폐지 등 여러 가지 선정(善政)을 펼쳐 훗날 명군으로 평가받고 있다.('비방지목' 항목 참고) 문제의 선정에는 **환과고독**을 돌본 정책도 포함되어 있었다. 관련 대목은 다음과 같다.

"주상이 황후를 세운 일로 천하의 **홀아비·과부·고아·빈민**, 그리고 여든 이상의 노인과 아홉 살 이하의 고아들에게 베·비단·쌀·고기를 각각 일정량씩 내려 주었다."

여기서 오늘날 사회적 약자에 해당하는 '환과고독'이란 표현이 나왔다. 2천 수백 년 복지정책의 한 사례로 볼 수 있다. '환과고독'의 출전의 하나인 《맹자》〈양혜왕〉(하) 편에는 '환과고독'에 대해 다음과 같은 정의를 내리고 있다.

"늙어가 아내가 없는 것을 '환'이라 하고, 늙어 남편이 없는 것을 '과'라 하며, 늙어 자식이 없는 것을 '독'이라 하고, 어려 부모가 없는 것을 '고'라 한다."

《예기》에서는 '환과고독'에 더해 장애인을 뜻하는 '폐질자(廢疾者)'까지 언급하며 이들을 모두 돌보아야 한다고 했다. 왕조체제에서도 이들 사회적 약자에 대한 국가적 정책 차원의 돌봄은 끊이질 않았다.

키워드 : 사회, 사회적 약자, 복지

환생우다욕(患生于多欲)

근심은 욕심을 많이 부리는 데서 생겨난다.
– 권92 〈회음후열전〉

초한쟁패의 와중에 한신의 역할은 거의 절대적이었다. 한신의 책사 괴통은 급기야 '삼분천하'를 권했다. 한신은 망설이다 이를 받아들이지 않았다. 괴통은 또 한 번 설득에 나섰고, **환생어다욕**이란 표현은 여기에서 나왔다. ('삼분천하', '인심난측' 항목 참고)

키워드 : 인간, 욕심, 근심

환영(環瀛)

(천하를) 두르고 있는 큰 바다.
– 권74 〈맹자순경열전〉

춘추전국시대를 풍미했던 많은 사상가들을 일컬어 제자백가(諸子百家)라 한다. 사마천의 아버지 사마담(司馬談, ?~기원전 110)은 〈논육가요지(論六家要旨)〉라는 글에서 제자백가 중 여섯 학파를 추려 그 요지와 장단점을 정리한 바 있다. 즉, 유가·도가·묵가·법가·명가·음양가의 여섯 학파다. ('논육가요지', '제자백가' 항목 참고)

그중 추연(鄒衍)으로 대표되는 음양가는 음과 양이란 개념을 사용하여 사물의 존재와 발전, 그리고 변화를 해설하려는 학파다. 음양가는 음양이란 개념 외에 '오행설'을 끌어들여 금·목·수·화·토로 천지만물의 구성과 변화를 해석하려 했다.

역사관이란 면에서 음양가는 중국에서 가장 오래된 정치 교과서라 할 수 있는《상서(尙書)》의 오행관(五行觀)을 '오덕시종(五德始終)', 또는 '오덕전이(五德轉移)' 개념으로 바꾼 것이 그 특징이다. 오덕이란 오행의 속성이다. 음양가의 설명에 따르면 우주 만물과 오행은 서로 대응하며 각자 나름대로의 덕을 갖추고 있다. 그리고 천도의 운행, 인간 세상의 변천, 왕조의 교체 등등이 다름 아닌 '오덕전이'의 결과라는 것이다. 음양가가 이 같은 논리를 내세운 목적은 당시의 사회적 변혁에 대한 그 나름의 논증을 펼쳐 보이기 위해서였다.

정치관이나 정치윤리 면에서 음양가는 유가에서 말하는 인의와 군신 상하의 위계질서 등에 찬성한다. 동시에 천문·역법·기상·지리학 방면의 지식이란 면에서 그 나름대로 과학적 가치를 갖고 있는 내용도 있다.

음양가는 한나라 초기 때까지 존재했으나 유가를 제외한 다른 사상과 학파를 내친 무제의 '파출백가(罷黜百家)' 이후 일부 내용이 유가의 사상체계로 편입되었고, 또 일부는 원시 도교에 흡수되었다. 독립된 학파로서의 음양가는 사라졌다.

음양가의 대표적인 인물로는 추연이다. 그는 전국시대 말기에 당시 여러 나라를 돌며 권력자에게 자신의 학설을 설파했다. 일찍이 제나라 직하학궁(稷下學宮)에서 강론하여 제나라 조야의 관심을 끌었다. 또 위(魏)나라 혜왕(惠王)은 교외에까지 나와 그를 영접했으며, 조나라의 실력자 평원군(平原君)도 그를 귀빈의 예로 대접했다. 특히 연(燕)나라 소왕(昭王)은 그를 맞이하기 위해 자신이 '직접 빗자루로 바닥을 쓸며 길을

음양가를 대표하는 사상가 추연은 각국의 권력자로부터 환대를 받을 정도로 당시 큰 유명세를 탔다.(출처: 바이두)

안내'(옹혜선구擁彗先軀)했는가 하면, 특히 그만을 위해 갈석궁(碣石宮)을 지어 모시고는 스스로 제자를 자처했을 정도였다.('갈석궁' 항목 참고) 저서로는 《추자(鄒子)》와 《추자시종(鄒子始終)》이 있었다고 하나 일찌감치 잃어버렸고, 《여씨춘추》와 《사기》에 일부 그 사상의 편린이 엿보인다.

《사기》 권74 〈맹자순경열전〉에는 추연이 간략하게 소개되어 있는데, 내용의 대부분이 천하에 대한 그의 인식이다. 추연은 천하가 모두 81개로 나누어져 있고, 중국은 그중 하나에 지나지 않는다면서 중국을 '적현신주(赤縣神州)'라 불렀다. 천하에는 이 적현신주와 같은 땅이 아홉 개나 더 있고, 거기에는 작은 바다가 9주를 두르고 있다고 한다. 그리고 이런 것이 또 아홉 개가 있고, 거기에는 **큰 바다가 그 밖을 두르고** 있는데 그것이 하늘과 땅의 끝이라고 했다. 바로 이 대목에서 **환영**, 즉 '(천하를) 두르고 있는 큰 바다'는 뜻의 단어가 파생되어 **우주** 또는 **세계**를 가리키게 되었다.('강장대옥', '직하' 항목 참고)

키워드 : 학문, 학파, 제자백가, 음양가, 음양오행, 직하학궁

황

황견(黃犬)

누른 개 / 누렁이.
– 권87 〈이사열전〉

황견은 통일제국 진나라의 첫 승상 이사가 아들과 함께 사냥에 데리고 다니던 사냥개로 추정한다. 훗날 '황견'은 삶의 덧없음이나 허무함 등을 비유하는 표현이 되었다. 자세한 내용은 '동문황견' 항목을 참고하면 된다.

황금대(黃金臺)

황금으로 지은 집.
– 권34 〈연소공세가〉

전국시대 연나라 소왕은 쇠퇴한 나라를 되살리기 위해 적극적인 인재 발탁에 나섰다. 당시 소왕은 곽외(郭隗)로부터 조언을 구했고, 소왕은 곽외를 **황금으로 지은 집**에 모셔 우대했다. 이 소문을 듣고 천하의 인재들이 연나라로 달려왔다고 한다. **황금대** 고사는 '축금대(築金臺)'라는 파생어도 낳았다. 관련 내용은 '사쟁추연', '선종외시', '축금대' 등의 항목에서 자세히 살펴보았다.

키워드 : 통치, 리더십, 인재, 우대

황로(黃老)

황제와 노자 / 황로사상.
– 권130 〈태사공자서〉

황로(사상)는 한나라 초기 정국을 이끌었던 통치 사상으로 전설 속 **황제(黃帝)와 노자(老子)의 사상**을 기조로 삼았다. 백성들이 편하게 생업에 종사하면서 인구를 늘려나가는 '휴양생식(休養生息)'의 정책도 여기서 나왔다. 대체로 문제와 경제를 거쳐 무제 초기까지 약 40년 동안 지속된 정치이자 정책이었다. 무제가 즉위한 이후 유가와 대립하여 몇 차례 심각한 충돌을 빚기도 했다.

황로정치는 전국시대 일어난 황로학(黃老學)에서 기원한다. 한나라 초기 정치와 정책에 큰 영향을 주었다. 황로학에 대해 좀 더 알아본다.

황로학은 중국 전국시대에 일어난 철학이자 정치사상의 유파다. '黃'은 전설 속의 황제(黃帝)를, '老'는 노자(老子)를 가리킨다. 황제는 중국 고대 전설 속의 '인성과 신성이 섞인' 인물이다. 전국 중후기 제자백가들이 고대의 황제에 관한 자료들을 많이 모으기 시작했다. 이 시기 황제는 상고시대의 성제명왕(聖帝明王)으로서 큰 발명가에 사상가이자 화하(華夏) 민족의 시조로까지 존숭되었다.

황로학은 전국시대에 일어나 서한시대에 성행했다. 사마천은 《사기》에서 여러 차례 황로를 거론했다. 〈악의열전〉에서 사마천이 꼽은 황로학자들을 보면 하상장인(河上丈人)·안기생(安期生)·낙하공(樂瑕公)·낙신공(樂臣公)·선공(善公)이 있다. 한나라 때의 조참(曹參)·진평(陳平)·사마계주(司馬季主)·두태후(竇太后)·안구생(安丘生)·왕생(王生)·황생(黃生) 등도 이름난 황로사상의 신봉자들이었다.

《한서》〈예문지〉에는 황제의 이름을 빌린 책이 21종이나 되는데, 《황제내경(黃帝內經)》 외에는 모두 없어졌다. 1973년 12월 장사(長沙) 마왕퇴(馬王堆)의 한나라시대 무덤에서 나온 비단에 쓴 책, 즉 백서(帛書) 《노자》와 함께 옛날에 없어진 것으로 알려진 《경법(經法)》, 《십육경(十六經)》, 《칭(稱)》, 《도원(道原)》 4편이 발견되었다. 황로학파의 중요한 저작들이다.

황로학의 특징은 도(道)와 법(法)을 결합하여 '도가 법을 낳는다'는 '도생법(道生法)'의 관점을 제기한 데서 찾을 수 있다. 또 형덕(刑德) 관념을 앞세워 은혜와 위엄을 동시에 베풀어 정권을 다지라고 주장한다. 도와 법을 위주로 하는 동시에 음양가·유가·묵가·명가의

호남성 장사시(長沙市) 마왕퇴(馬王堆) 한나라시대 무덤에서 나온 황로 계통의 백서(帛書)의 일부다.

황제내경과 관련한 그림이다.(2008년)

사상도 아울러 채용하고 있다.

황로학은 《노자》의 '도'를 개조하여, '도'를 객관적 존재인 천지만물의 총체적 규율로 보며, '도'의 근본적 성질을 '허동위일(虛同爲一), 항일이지(恒一而止)'라고 지적한다. 도란 "사람이 누구나 쓰지만 그 형체를 볼 수 없다"면서 도의 객관적 필연성을 강조하고, "도의 움직임에 어쩔 수 없이 따르게 된다"고 생각한다. 또 사회생활에서의 객관적 규율성도 지적한다.

"극에 달하면 되돌아오고, 번성하면 쇠퇴하는 것이 하늘의 도이자 인간의 이치다."

황로학은 노자사상을 사회와 국가의 다스림에 운용하면서 법치와 상벌의 신뢰성, 명분과 실질의 책임성을 주장한다. "잘잘못을 가려 법으로 판단하고, 허정(虛靜)한 마음으로 삼가 의견에 귀를 기울여 법으로 알맞게 한다", 또 "다툼이 없으면 성공이 없다"면서 전쟁으로라도 통일을 완성하여 전국시대의 분열된 상황을 끝내자고 주장했다.

황로학은 포용을 내세우면서 "청정을 귀하게 여기면 백성들이 스스로 자리를 찾는다"고 했다. 이는 군주의 다스림이란 '일삼지 않고 다스린다'는 '무위이치(無爲而治)'로 정치의 요점만 파악하고 있으면 되고, 지나치게 간섭해서는 안 된다는 논리다. 또 "번거롭고 가혹한 일은 줄이고 세금을 가볍게 하여 백성의 시간(농번기)을 빼앗지 말 것"을 주장한다. 이러한 주장은 한나라 초기 통치자들의 환영을 받았다. 한나라 초기의 소하·조참·진평 등과 같은 대신들은 "황로학을 즐겨 하여" "무위의 정치를 펼치니", 봉건경제가 회복되어 '문경지치(文景之治)'와 같은 번영기가 나타났다.

전국에서 서한에 이르기까지의 황로학은 본래 '세상을 다스리는' 경세(經世)의 학문이었다. 그러나 동한시대에 이르러 황로학은 '자연장생의 도'로 변질되어 일부 방사(方士)들이 황로학을 신선장생(神仙長生), 귀신제도(鬼神祭禱), 참위부록(讖緯符錄) 등과 같은 방술과 한데 섞어 황제와 노자를 신선이라 하는 등 원시 도교를 형성하여 황로학에 소극적인 영향을 주었다.

키워드 : 통치, 황제, 노자, 무위이치, 문경지치

회

회계(會稽)

회계산.
– 권2 〈하본기〉

회계는 순임금이 지방 순시를 나갔다가 세상을 뜨자 장례를 지낸 곳으로 전한다. 지금의 절강성 소흥시(紹興市)에 있다.

또 이곳에서 순이 제후들을 소집하여 그간의 실적을 심사했다고 해서 '회계'란 이름이 붙었고, 나아가 '회계(會計)'와 같은 뜻으로 해석하기도 한다. 이 설에 대해서는 역대로 많은 논란이 있었지만, 사마천은 여러 자료를 참작하여 여러 곳에다 '회계'를 언급하고 있다. 회계산을 등지고 우임금의 무덤인 대우릉(大禹陵)이 남아 있다.

우임금의 무덤으로 전하는 절강성 소흥시 대우릉 입구이다. 뒤편의 산이 회계산이다.(2008년)

키워드 : 순시, 죽음, 회계, 심사

회근악유(懷瑾握瑜)

가슴에는 옥을 품고, 손에는 옥을 쥐다.
– 권84 〈굴원가생열전〉

　　회근악유에서 '근(瑾)'과 '유(瑜)' 모두 아름다운 옥을 말한다. 여기서 **순결하고 고상한 미덕을 갖춘 사람**을 비유하게 되었다. 출전은 굴원(屈原)의 《초사(楚辞)》〈구장(九章)·회사(懷沙)〉 편이다. 〈굴원가생열전〉에 사마천이 이 시를 인용하고 있다. 굴원의 고귀한 품덕을 가리키는 성어라 할 수 있다. '회사' 항목을 참고하면 된다.

키워드 : 품성, 미덕, 고결

회당수(懷棠樹)

팥배나무를 그리워하다.
– 권34 〈연소공세가〉

　　주나라 초기 지금의 하북성 지역의 땅을 받아 연(燕)이라는 제후국을 세운 소공(召公, 기원전 약 11세기)은 '감당(甘棠)', 즉 팥배나무 아래에서 백성들을 위해 훌륭하게 정무를 보았다. 이 때문에 후세 사람들은 그 나무를 베지 않고 소공의 덕을 생각하며 사당을 세웠다고 한다.

　　여기서 **회당수**란 표현이 나왔다. 당수(棠樹)로 표현된 이 나무는 '감당'이라고도 하며, 속칭 야리(野梨)라 한다. '회당수'는 덕 있는 **훌륭한 정치**를 비유한다.

연 소공을 기리는 사당과 그 앞의 '팥배나무 아래의 음덕을 감사한다'는 '감당중음(甘棠重蔭)' 비석이다.(2009년)

회사(懷沙)

회사 / 굴원의 절명시(絕命詩).
– 권84 〈굴원가생열전〉

〈회사〉는 전국시대 초나라의 애국시인 굴원(屈原, 기원전 339~기원전 278)이 지은 《구장(九章)》이란 작품 중의 한 편이다. 이 시는 굴원이 죽기에 앞서 남긴 절명시(絕命詩)로 알려져 있다. 작품은 자신의 충정을 받아들이지 못하는 군주와 초나라 현실에 대한 착잡한 심경과 곧 다가올 불행을 토로하고 있다. 그러면서 자기 육신의 사망으로 사람들과 군주의 마음을 울릴 수 있길 희망했다. 시의 언어는 짧고 힘차게 시인의 감정과 심경을 반영하고 있다. 감정과 표현 형식이 시의 내용과 혼연일체가 되어 읽는 사람의 마음을 울린다. 그 작품을 아래에 옮겨둔다.

양기가 넘쳐흐르는 초여름 4월

풀과 나무는 우거졌는데

상심한 마음 마냥 슬퍼하면서

강남으로 쫓겨 가네.

산수는 눈부시고 아득하여

고요히 말이 없구나.

원통한 생각은 가슴에 맺히고

근심과 슬픔에 걸려 한없이 막혔네.

감정을 달래고 의지를 다져서

머리 숙이고 스스로의 마음을 눌러본다네.

모난 것을 깎아 둥근 것을 만들 때도

떳떳한 법도를 바꾼 적 없네.

처음부터 지켜야 할 본래의 길을 바꾸는 짓을

군자는 더럽게 여긴다네.

긋는 것은 먹줄로 분명하게 퉁겨

본래의 법도를 고치지 않으며,

바른 마음과 중후한 자질을

대인은 아름답게 여긴다네.

솜씨 있는 목수라도 깎고 다듬지 않으면

그 줄과 자가 바르다는 것을 누가 알겠는가?

검은 무늬 어둠 속에 두었더니

장님은 무늬 없다 하고

눈 밝은 이루의 눈을

판수는 멀었다고 하는구나.

흰 것을 검다 하고

아래 위를 뒤집네.

봉황은 새장 안에 갇혀 있고

오리는 자유롭게 날아다니는구나.

옥은 돌과 뒤섞어

분간할 수 없게 만드는구나.

패거리를 지은 저들의 더러운 질투여!

아, 나의 잘난 점을 모르는구나.

나의 능력은 무겁고 큰 임무도 짊어지고 견딜 수 있건만

꺼지고 막혀 성취할 길이 없구나.

귀한 옥 같은 아름다움을 품었건만

가려져 그것을 보일 수 없네.

1944

마을의 개들이 떼 지어 짖는 것은

저들 눈에 이상하게 보이기 때문이겠지.

영재를 비방하고 호걸을 의심하는 것은

본래 비열한 자들의 흔한 짓거리라네.

바탕과 교양을 다 갖추어 막힘이 없건만

여러 사람은 이 이채로움을 알지 못하는구나.

재목과 원목이 쌓였건만

내가 그것을 가지고 있다는 것을 모르네.

인의를 쌓고 쌓아 부지런하고 후덕하고 넉넉하건만

순임금 같은 성군을 만날 수 없으니

이 몸이 조용히 인의에 안주하고 있다는 것을

누가 알아주랴!

예로부터 성군과 현명한 신하가 때를 같이하지 못한 것은

무슨 까닭인가?

성탕과 하우는 너무 오래고 멀리 떨어져 있어

사모하지만 만날 길이 없구나.

한을 참고 분노를 삼키고

마음을 눌러 스스로 애쓰면서

어두운 세상을 만났어도 내 절개를 바꾸지 않았네.

내 뜻이 길이 후세에 귀감이 되길 원하네.

북쪽으로 길을 잡아 어딘가에서 묵으려 하니

해는 이미 황혼, 날이 저물려 하네.

근심을 삼키고 슬픔을 즐기면서

이를 한계 삼아 죽으리라.

넓고 넓은 완수와 상수의 물이여

두 갈래로 갈라져 흐르는구나.

저 멀리 이어진 길은

깊고도 어두워 쓸쓸하기 짝이 없고

멀고도 멀어 끝이 없구나.

이렇게 읊조리며 슬퍼하고

길게 한숨지어도

이미 세상에 나를 아는 이 없으니

인간의 마음 더 이상 말할 것이 없네.

충정과 훌륭한 자질을 품었어도

내 마음을 제대로 아는 자 없구나.

말 잘 고르던 백락이 이미 죽었으니

준마가 어디에서 능력을 평가 받으리.

인생은 명이 있어

제각기 돌아갈 곳이 있겠지.

마음을 가라앉히고 뜻을 크게 가지니

내, 무엇을 두려워하랴.

늘 속상하여 슬퍼하며

길게 한숨짓고 탄식하네.

세상이 혼탁하여 나를 알지 못하니

내 마음을 말해 무엇하랴?

죽음을 사양할 수 없음을 알기에,

바라노니 나를 위해 슬퍼하지 말라.

세상 군자들에게 분명히 밝히노니,

내 장차 이로써 군자들이 본받을 선례를 남기고자 하노라!

훗날 **회사**는 **충직한 사람이 울분을 품고 물에 몸을 던지는 의로운 죽음을** 가리키는 전고가 되었다. ('멱라수', '회석자침' 항목 참고)

멱라수에 몸을 가라앉혀 자결한 굴원의 영혼을 기리는 그림이다. 당시 굴원의 시신을 찾기 위해 배를 저어 나온 어부들 이야기로부터 굴원이 죽은 단오날 용머리의 배를 젓는 용주 경기가 유래했다.(2024년)

키워드 : 충정, 회한, 절명시

회석자침(懷石自沈)

돌을 품고 스스로 가라앉다.

– 권84 〈굴원가생열전〉

사마천은 전국시대 초나라의 시인이자 정치가, 외교관이었던 굴원(屈原, 기원전 339~기원전 약 278)이 망해가는 조국의 비극을 차마 볼 수 없어 멱라수(汨羅水)에서 자결하는 장면을 "회석수자침멱라이사(懷石遂自沈汨羅以死)"라고 묘사했다. 대개 네 글자로 줄여서 **회석자침(懷石自沈)**으로 많이 쓴다. 우리말로 풀이하면 그 뜻이 한결 비장하다.

"돌을 가슴에 품고는 마침내 멱라수에 스스로 가라앉아 죽었다."

품을 '회(懷)' 자와 스스로 '자(自)' 자가 굴원의 이 자결 장면을 더욱 극적으로 만들고 있다. 굴원이 가슴에 품은 것은 돌이었지만, 거기에는 온갖 착잡한 심경이 돌의 무게보다 훨씬 더 무겁게 짓눌러 있었을 것이다. 그러니 어찌 그냥 풍덩 뛰어들 수 있었겠는가? 가라앉은 것이 맞다, 그것도 서서히. 이 지점에서 자의(自意)와 타의(他意)의 경계가 분명해지고, 그의 자결이 자포자기가 아닌 강렬한 저항이었음이 선연히 드러난다. 굴원과 사마천의 삶(죽음)의 표현 방식이었다.('멱라수' 항목 참고)

굴원이 멱라수에 몸을 가라앉혀 자결한 이 대목에서 훗날 '굴원침상(屈原沈湘)'이란 성어가 파생되었다. '굴원이 상강(湘江)에 몸을 가라앉혔다'는 뜻이다. 멱라수가 상강의 지류이기 때문에 상강으로 쓴 것이고, 충직하고 뛰어난 지사가 한을 품고 죽는 것을 가리키는 성어가 되었다.

굴원이 스스로 몸을 가라앉혀 자결한 멱라수의 모습. (2002년)

키워드 : 회한, 절망, 자결, 저항

회식(會食)

모여서 밥 먹다.
— 권32 〈제태공세가〉 ; 권92 〈회음후열전〉

조직에서 **회식**은 보편화되어 있고, '회식'이란 단어는 별 다른 부연 설명이 필요 없는 단순한 단어로 알고 있다. 말 그대로 **모여서 밥 먹는다**는 뜻이다. 나아가 '회식'은 조직 사회에서 하나의 문화 현상으로 정착할 정도로 친숙하다. 하지만 이 간단한 단어가 역사서인 《사기》에서 나왔다는 사실을 아는 사람은 많지 않을 듯하다.

약 5년간에 걸친 초한쟁패(楚漢爭覇)에서 항우(項羽)와의 치열한 경쟁 끝에 절대 열세를 극복하고 극적인 역전승을 거둔 유방(劉邦)은 봉기 후 불과 7년 만에 건달에서 황제가 된 입지전적인 인물이다. 훗날 유방은 자신이 항우를 꺾을 수 있었던 것은 군사 방면의 한신(韓信), 전략 수립의 장량(張良), 후방 지원을 책임진 소하(蕭何)가 있었기 때문이라고 분석했다. 이 세 사람은 흔히들 '서한삼걸(西漢三杰)'이라 부른다.

세 사람 중에서 한신은 가장 늦게 유방 진영에 합류했는데, 당초 그는 항우 밑에 있다가 자신을 알아주지 못하는 것에 불만을 품고 유방에게 건너왔다. 한신이 유방에게로 귀의함으로써 천하의 형세는 항우에게서 유방 쪽으로 기울기 시작했다. 아니나 다를까, 한신은 승승장구 급기야 천하를 삼분할 정도의 세력을 갖기에 이르렀다.

한신의 눈부신 전과들 중에서도 압권은 너무나 유명한 '배수진(背水陣)'이란 전술로 조나라 군대를 대파한 정형(井陘)전투다. 이 전투에서 한신은 2만의 군대로 20만 대군을 격파했는데, 기민한 첩보를 바탕으로 상대를 방심하게 만든 다음 허를 찌르는 '배수진'으로 대승을 거두었다. 전투가 있던 날 새벽 한신은 부장들을 시켜 가벼운 음식을 모든 군사들에게 나누어주게 하면서, "오늘 조나라 군대를 깨부순 다음 회식하자!"라고 했다. 승리한 다음 다함께 모여서 잔치라도 하자는 말이었다. 장수들은 아무도 이 말을 믿지 않았지만, 한신의 작전에 따라 일사불란하게 움직인 결과 자신들의 눈을 의심할 정도의 큰 승리를 거둘 수 있었다.

한신이 '조나라를 격파하고 잔치를 벌였다'는 '파조회식(破趙會食)'의 고사성어가 이렇게 탄생했다. 회식 자리에서 장수들은 한신에게 도대체 무슨 전술을 구사한 것이냐며 감탄을 금치 못했다. 한신은 정규 훈련을 받지 못한 병사들의 특성을 감안하여 고의로 '사지(死地)'로 몰아 죽을 각오로 싸우게 만든 것이라고 했다.

조직의 회식문화가 갈수록 달라지고 있는 모양이다. 하지만 회식의 진정한 의의는 2천 수백 년 전 한신의 경우나 지금이나 마찬가지로 리더와 조직원이 한마음으로 노력한 대가를 나누는 자리여야 한다는 데 있을 것이다.('파조회식', '배수지진' 항목 참고)

'회식'이란 단어를 만들어낸 명장 한신. 그림은 한신이 대장군에 임명되는 모습이다.

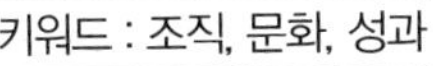

키워드 : 조직, 문화, 성과

회장구전(回腸九轉)

당나라 때 시인이자 유물주의 사상가였던 유우석(劉禹錫, 772~842)의 〈망부(望賦)〉라는 시에 보면 "푸른빛에 걸려 있는 봄 경치가 뒤틀린 속 울분으로 맺히는구나!"라는 구절이 있다. 여기의 '뒤틀린 속'이 곧 '회장(回腸)'이다. **회장구전**은 엄청난 정신적 고통이나 쓰라림을 **내장이 아홉 번이나 뒤틀리고 꼬인다**는 식으로 실감나게 표현하고 있는데, 이는 중국인 특유의 비유이자 과장이라 하겠다.

이 성어의 출전은 사마천이 사형을 앞두고 있는 입사 동기 임안에게 보낸 답장 편지 〈보임안서〉에서 자신이 겪은 궁형과 그에 따른 고통을 전달하는 대목이다. 사마천은 궁형을 받은 사실을 떠올릴 때마다 "식은땀이 옷을 적시지 않은 적이 없었고", "하루에도 '창자가 아홉 번이나 뒤틀렸으며', 집에 있으면 무엇인가를 잃어버린 것처럼 안절부절하지 못했고, 나가면 어디를 갈지 몰라 우왕좌왕 했다"고 했다. 이루 말할 수 없는 수치감에서 오는 극단적인 육체적 정신적 트라우마에 시달렸던 것이다. 그래서 후세 사가들 중 어떤 사람은 사마천이 《사기》라는 일생일대의 대업을 완성한 뒤 이런 정신적 고통을 끝내기 위해 스스로 목숨을 끊었을 것으로 추정하기도 한다.

'하루에도 창자가 아홉 번이나 뒤틀렸다'는 '장일일이구회(腸一日而九回)'는 **회장구전**으로 줄여서 나타내거나 '회장구절(回腸九折)'이라고도 하는데, 어느 쪽이나 극한 고통을 실감나게 표현한 성어다. 사마천이 자신의 처지를 고백하는 대목에서 이 성어가 나왔다는 점

궁형을 당한 사마천의 고통은 상상을 초월했다. 그는 당시 이런 자신의 처지를 '회장구전'으로 나타냈다. 고통을 견디고 있는 사마천의 모습을 그린 기록화이다.

에서 극적이다. 더욱이 그가 이런 극한 상황과 고통 속에서도 위대한 사서 《사기》를 기어코 완성했기에 이 표현은 그 뜻이 한결 절절하다.

키워드 : 궁형, 육신, 정신, 고통, 극심(極甚)

획린(獲麟)

기린을 잡다.
– 권130 〈태사공자서〉 외

노나라 애공(哀公) 14년인 기원전 481년 애공이 서쪽으로 사냥을 나갔다가 기린이란 동물을 잡았다. 이에 상심한 공자(孔子)는 탄식하며 《춘추》 집필을 이해를 끝으로 마무리했다고 한다. **획린**의 출전은 《춘추》다.

공자는 기린이 원래 어진 동물이자 성스러운 제왕의 상서로운 조짐인데, 당시 현명한 군주가 없는데도 기린이 잡힌 것은 불길한 징조라고 여겨서 집필을 중단했다. ‘서쪽으로 사냥 나갔다가 기린을 잡았다’ 해서 ‘서수획린(西狩獲麟)’으로 쓰기도 한다.

키워드 : 징조, 동물, 기린

획일지법(劃一之法)

한결같이 반듯한 법.
– 권54 〈조상국세가〉

서한 혜제(惠帝) 2년인 기원전 193년, 한나라의 초대 재상 소하(蕭何)가 죽었다.(출생 연도 미상) 소하의 추천을 받은 조참(曹參, ?~기원전 190)이 재상이 되었다. 두 사람은 정치적 견해도 다르고, 사적으로도 사이가 썩 좋지 않았지만, 소하는 사심 없이 조참을 후임으로 추천했다.

'소규조수' 항목에서 자세히 살펴본 바 있듯이 조참은 소하가 만든 법과 규정을 하나도 바꾸지 않고 그대로 따라했다. 이 때문에 초기 한나라 정권은 별다른 동요 없이 잘 유지되었다.

조참은 3년을 일하고 기원전 190년 세상을 떠났다. 죽은 뒤 시호를 의후(懿侯)라 했고, 아들 조줄(曹窋)이 후(侯)의 작위를 이었다. 백성들은 조참의 공적을 다음과 같은 노래로 칭송했다.

소하가 법을 만드니
분명하고 반듯했네.
조참이 그를 이어
지키고 바꾸지 않았네.
맑고 차분하게 떠받드니
인민이 하나 같이 평안하네.

위 노래에서 '소하가 법을 만드니 분명하고 반듯했네'라는 '소하위법(蕭何爲法), 강약획일(顜若劃一)'이란 구절에서 **획일지법**이라는 성어가 파생되었다. **한결같은 법**이란 뜻으로 단 **하나의 예외도 없는 모두가 준수해야 하는 법령이나 정책**을 가리키기에 이르렀다.('소규조수' 항목 참고)

횡

횡행장(橫行將)

아무 거리낌 없이 멋대로 행동하는 장군.
– 권100 〈계포난포열전〉

여태후(呂太后, ?~기원전 180) 집권기 때 북방 흉노의 우두머리 선우(單于)가 서신을 보내 자신에게 시집오라는 등 여태후를 욕보였다. 여태후는 크게 노하여 여러 장수들을 불러 대책을 상의했다. 상장군(上將軍) 번쾌(樊噲, ?~기원전 189)가 나서 "신에게 10만 군사를 주시면 흉노를 마음껏 짓밟아 주겠습니다!"라며 큰소리를 쳤다. 다른 장수들도 여태후의 심기를 헤아려 번쾌의 말에 맞장구를 쳤다. 이때 계포(季布, 생졸 미상)가 나서며 이렇게 말했다.

"번쾌의 목을 베어야 합니다. 이전 고조께서는 40만이 넘는 군사를 거느리고도 평성(平城)에서 곤욕을 치렀는데, 지금 번쾌가 무슨 수로 10만의 군사로 흉노를 마음껏 짓밟을 수 있단 말입니까? 이는 태후를 면전에서 기만하는 것입니다. 게다가 진(秦)나라는 흉노를 정벌하는 일에 군사를 부렸다가 진승(陳勝)이 봉기할 수 있는 틈을 주었습니다. 지금까지 그 상처가 아직 아물지 않았는데, 번쾌가 면전에서 아첨으로 천하를 흔들려 합니다."

계포의 이 솔직한 지적에 조정의 모든 사람들이 두려움에 떨었고, 다시는 흉노 정벌에 관한 논의는 나오지 않았다. 번쾌와 계포가 말한 '마음껏 짓밟는다'는 뜻의 '횡행'은 훗날 뜻이 넓어져 '아무 거리낌 없이 멋대로 행동하는 것'을 비유하게 되었고, 여기서 **아무 대책 없이 멋대로 행동하는 장수, 또는 적을 가볍게 여기는 장수**를 비꼬는 **횡행장**이란 단어가 파생되었다. (계포에 대해서는 '계포일낙' 항목 참고)

키워드 : 군사, 장수, 경솔, 횡포

후래거상(後來居上)

나중 온 자가 위에 올라서다.
– 권120 〈급정열전〉

장강의 뒷물이 앞물을 밀어내는 것은 세상사 이치이다. 그래서 후생가외(後生可畏)라 했다. '뛰어난 후배들이 두렵다'는 뜻이다. ('후생가외'의 출처는 《논어》 〈자한〉 편이다.) 그러나 뒷물과 후배가 무조건 앞물과 선배를 밀어내서는 안 된다.

종래 우리 사회의 고질적 폐단 가운데 하나로 인사정책에 있어서 이른바 '낙하산 인사'라는 것이 있다. 정도만 달라졌지 곳곳에서 이런 현상은 지금도 벌어지고 있다. 한 부서나 기관의 책임자로 그 내부에서 전문적인 경험과 단계를 거쳐 검증 받은 인물이 발탁되는 것이 아니라, 알지도 못하는 곳에서 느닷없이 낙하산을 타고 하늘에서 내려오듯 떨어지는 기가 막힌 상황을 자조적으로 표현한 사회용어였다.

바로 이런 낙하산식 인사와 비슷한 옛날 성어가 바로 **후래거상**이다. 이야기는 한나라 초기의 유능한 관리였던 급암(汲黯, ?~기원전 112)에게서 비롯되었다. '급암직언(汲黯直言)'이란 성어가 있을 정도로 바른말을 서슴지 않았던 급암은 초기에는 승승장구 높은 벼슬에까지 올랐으나 갈수록 황제로부터 멀어져 후배들이 속속 자신과

같은 반열에 오르게 되었다. 급암은 황제의 인사
정책에 불만을 품고는 무제를 찾아 다음과 같이 말
했다고 한다.

"폐하께서 신하들을 등용하시는 것이 마치 땔나
무를 쌓는 것과 같습니다. **뒤에 온 자가 위에 올라가
니 말입니다.**"

급암은 통치자의 무원칙한 인사정책
을 마치 아무렇게나 땔나무를 쌓듯이
한다고 비판하면서 '후래거상'을 언급
했다. 시대성은 떨어지지만 그 본질을
들여다보면 하나 틀린 말이 아니다.

능력 사회에서는 서열이나 밥그릇 수가 무슨 문
제가 되겠는가? 하지만 전문성을 필요로 하는 현
대사회에서 일과 그다지 관련도 없고, 또 능력도
검증 받지 못한 사람이 느닷없이 윗자리를 차지하고 들어오는 낙하산 인사는 여간
큰 문제가 아닐 수 없다. 이렇게 되면 인사의 길이 막힌다. 부정부패도 정당한 승진
의 길이 막힌 데서 오는 불만의 한 표출 방식이라는 점에 유의할 필요가 있다. 막히
면 언 수도관 터지듯 옆구리가 터지는 법이다. 흐름이 비정상이 되고, 많은 것이 새
어나가 손실이 이만저만이 아니다.

자고로 재상은 지방에서, 장수는 병사에서 나와야 한다고 했다. 현실에서 겪은 실
전 경험과 그를 통해 쌓은 지혜를 장착한 사람이 리더가 되어야 한다는 지극히 옳은
말이 아닐 수 없다.('휘지즉거' 항목 참고)

키워드 : 통치, 인사(人事)

후영포관(侯嬴抱關)

후영이 성문을 지키다.
– 권77 〈위공자열전〉

　‘절부구조’ 항목과 ‘허좌이대’ 항목에서 살펴본 전국시대 위나라의 후영(侯嬴, ?~기원전 257)은 자신의 정체를 숨긴 채 도성인 대량(大梁) 동문인 이문(夷門)을 감독하는 허드렛일을 하고 있는 은자였다. 이 후영에 대해 이야기를 들은 위공자 신릉군(信陵君, ?~기원전 243)은 자신이 직접 마차를 몰아 후영을 모시러 가는 등 극진한 예로 그를 모셨다. 이로써 두 사람은 신분을 초월한 지기(知己)의 관계가 되었다. 훗날 후영은 조나라가 위기에 빠졌을 때 조나라를 도우려는 위공자를 위해 계책을 냈고, 그 자신은 비밀을 지키기 위해 스스로 목숨을 끊었다.

　훗날 후영이 이문을 관리하던 사실에서 **후영포관**이란 사자성어가 파생되었다. ‘포관’이란 관문을 지킨다는 뜻이다. **나이든 뛰어난 인재가 보잘것없는 낮은 자리에 있음을** 비유하는 성어이다. (‘절부구조’, ‘주해수처’, ‘허좌이대’ 등 항목 참고)

키워드 : 인재, 은자, 대접, 후영

휘

휘수수마(諱樹數馬)

나무 이야기를 꺼리고, 말의 수를 헤아리다.
– 권103 〈만석장숙열전〉

　휘수수마는 ‘만석군’ 항목에서 알아본 석분(石奮, ?~기원전 124)의 아들 중 석건(石建,

?~기원전 123)과 석경(石慶, ?~기원전 103)이 벼슬살이에서 어떻게 처신했는가를 잘 보여주는 대목에서 비롯된 성어이다. 큰아들 석건 관련한 기록을 보면 이렇다.

"석건이 낭중령(郎中令)이 되어 글을 올려 어떤 일에 대해 허락을 구했는데, 그에 대한 황제의 회신이 내려왔다. 석건이 그 글을 읽고는 '잘못 썼구나! '마(馬)' 자는 아래에 꼬리를 표시한 획을 포함해 반드시 5획이 되어야 하는데, 지금 네 획만 있고 한 획이 모자란다. 폐하께서 책망하시면 죽어야 한다'라며 매우 두려워했다. 설사 작은 일이라도 언행에 대한 소심함이 모두 이와 같았다."

또 막내아들 석경의 처신은 이랬다.

"만석군의 작은아들인 석경은 태복(太僕)이었다. 황제의 수레를 몰고 외출하는데 주상이 수레 앞에 말이 몇 마리 있냐고 물었다. 석경은 채찍으로 말의 수를 다 헤아린 다음, 손을 번쩍 들고는 '여섯 필이 있습니다'라고 했다."

석경은 황제의 물음에 굳이 손을 들지 않고 말로만 답해도 되는데도 이렇게 확실하게 답을 했다. 석경이 다른 형제들에 비해 가장 덜 까다로왔다고 하는데도 이 정도였다고 한다.

《한서》〈공광전(孔光傳)〉에 보면 공광은 평소 조정에서 있었던 일은 물론 궁궐의 상황에 대해서도 일절 말하지 않았다고 한다. 휴가를 받아 집에서 쉴 때 다른 사람들이 궁궐에 심어져 있는 나무가 어떤 나무냐고 물은 적이 있는데, 공광은 이조차 알려주지 않았다.

석분 집안사람들과 공광의 처신에서 **휘수수마**라는 흥미로운 성어가 파생되었다. **나무 이야기를 꺼리고, 말의 수를 헤아리다**는 뜻인데, 훗날 **아주 신중하게 조심하는 언행**을 비유하게 되었다.

휘지즉거(麾之卽去)

가라면 바로 가다.
– 권120 〈급정열전〉

'후래거상' 항목에서 한 무제(武帝, 기원전 156~기원전 87) 때 사법부의 법무부장관 겸 검찰총장에 해당하는 어사대부(御史大夫)를 지낸 급암(汲黯, ?~기원전 112)에 대해 살펴본 바 있다. 급암에 대해 좀 더 알아본다.

그는 성격이 강직하여 직설적으로 황제를 비판하곤 했다. 무제가 태학(太學)을 세워 학문이 뛰어나고 유능한 인재들을 모집하려 하자 급암은 무제의 이런 행동은 겉치레에 지나지 않는다며, "폐하께서는 속으로는 욕심이 많으면서 겉으로만 인의를 베풀려고 하는데, 어째서 어줍잖게 요·순·우를 흉내 내려 하십니까!"라고 면박을 주었다. 지금까지 비판을 거의 받아본 적이 없는 무제는 크게 성을 내며 바로 조회를 끝내버렸다. 대신들은 급암이 벌을 받을 것이라며 수군거렸지만, 무제는 "급암이 너무 우직하구나!"라며 그냥 넘어갔다.

급암은 늦게 조정에 들어왔거나 능력도 모자라는 자들이 자기보다 앞서 승진하는 것을 보고 무제 앞에서 "폐하께서 장작을 쌓듯 신하들을 기용하시니 나중에 들어온 자들이 윗자리에 오릅니다, 그려!"라고 비꼬았다.('후래거상' 항목 참고) 이런 급암을 두고 대신들은 모두 자중하라며 한마디씩 하자, 급암은 도리어 다음과 같이 꾸짖었다.

"천자께서는 공경을 비롯한 신하들을 두어 보필하게 하시는데 신하된 자들이 어찌하여 아부만 일삼고, 황제가 하자는 대로만 따르니 황제가 옳지 못한 길로 빠질 수밖에? 또 한자리씩 하고 있는 자들이 자기 한 몸을 희생시킬지언정 어찌 조정을 욕되게 한단 말인가?"

무제는 이렇듯 사납고 날카로운 비판을 받으면서도 급암을 신임했고, 심지어는 "옛날에 사직을 지키는 신하가 있다고 하더니 급암 같은 인물이 거기에 가까울 것이 야!"라는 말로 그를 높이 평가했다. 무제의 이 말에서 '사직지신(社稷之臣)'이란 성어도 나왔다.('사직지신'이란 출전은 《논어》〈계씨〉 편이다.)

황제조차 두려워하지 않았던 급암이었으니, 권력자들은 말할 것도 없었다. 당시 대장군 위청(衛靑)은 황후가 된 누이 위자부(衛子夫)를 등에 업고 권세를 떨쳤다. 모든 조정 대신들이 위청 앞에서 자세를 낮추었지만, 급암 만큼은 위청을 대등한 예로 대했다. 주위에서 이 점을 지적하자 급암은 그렇게 하는 것이 오히려 그를 존중하는 것이라며 뜻을 굽히지 않았고, 위청도 그 뜻을 알고 급암을 더욱 존경했다.

무제는 성격이 교만하고 격식에 매이지 않는 성격이라 조정에서 대신들을 대할 때 관을 쓰지 않거나 삐딱한 자세로 대하기가 일쑤였지만, 급암 앞에서만큼은 반드시 관을 썼다. 행여 관을 쓰지 않고 있는데 급암이 들어오면 장막 뒤로 얼른 숨을 정도였다. 급암은 천자에게조차 예의를 갖추게 만들었던 인물이었다.

급암은 타협을 모르는 강직한 성품의 소유자였다. 그는 황제의 환심을 사려고 아부를 일삼는 속된 인물들을 경멸했다. 특히 그는 백성들을 위하는 일이라면 불법적인 행동도 서슴지 않았다. 백성이 재난을 당하여 급하게 처리해야 할 일이 있으면 황제에게 보고도 하지 않고 황제의 조서를 빙자해서 바로 그 일을 처리해버렸다. 여기서 '급암교조진재민(汲黯矯詔賑灾民)'이란 명구가 나왔다. '급암이 황제의 조서를 빙자하여 재난에 빠진 백성들을 구하다'는 뜻이다.

급암은 자주 병치레를 했고, 병이 또 석 달 동안 지속되자 무제는 여러 차례 그가 요양할 수 있는 휴가를 주었으나 끝내 완쾌되지 않았다. 마지막으로 병을 얻었을 때, 장조(莊助)가 급암을 대신하여 휴가를 청하러 왔다. 이참에 무제는 장조에게 급암이 어떤 사람 같은가를 물었다. 장조는 이렇게 대답했다.

"급암에게 어떤 벼슬을 맡겨도 남보다 뛰어난 점은 없습니다. 그러나 나이 어린 군주를 보필하면 이왕에 이룬 업적은 굳건히 지켜내며, 이익으로 유혹하여 '부른다

해도 오지 않을 것이며', 위협을 가해 '내쫓아도 나가지 않을 것'입니다."

장조의 말 중에 '불러도 오지 않고, 내쳐도 나가지 않는다'는 대목에서 **휘지즉거**라는 사자성어가 파생되었다. 다만 그 뜻이 반대로 바뀌어 **내치면 바로 간다**는 뜻이 되었다. 원래는 강직하여 굽히지 않는 원칙을 지키는 것을 나타내는 표현이었지만, 명령하면 바로 가는, 즉 지휘에 복종하는 뜻이 되었다.

키워드 : 성품, 강직, 급암, 장조, 한 무제

흉

흉용팽배(洶涌澎湃)

물이 솟구치고, 파도가 부딪치다.
– 권117 〈사마상여열전〉

흉용팽배에서 '흉용'은 물이 위로 맹렬하게 솟구치는 모습을 나타내고, '팽배'는 파도가 서로 부딪쳐 큰 소리를 내는 것을 말한다. 이로부터 '흉용팽배'는 **당해 낼 수 없는 맹렬한 기세**를 비유하게 되었다. 〈사마상여열전〉에 인용되어 있는 사마상여의 문장 〈상림부(上林賦)〉에 나오는 표현이다.

사마상여는 이 글에서 풍(酆)·호(鄗)·요(潦)·휼(潏)의 네 강물이 굽이굽이 뒤틀려 상림원 안을 돌고 있는 모습을 화려한 문장으로 묘사하고 있는데, '흉용팽배'가 나오는 대목은 다음과 같다.

"높은 곳에 다다라 낮은 곳으로 떨어지고 노호(怒號)하는 물소리는 쾅쾅, 콸콸 하

며 속에서 끓어오르는 듯 물결을 달리게 하고, **물이 솟구치고 파도가 부딪치며** 저 아
득한 쪽에서 아득한 쪽으로 흘러가고, 고요히 소리 없이 영원히 돌아갑니다.”

〈상림부〉에서 ‘흉용팽배’의 원문은 ‘흉용방비(洶湧滂沸)’이다. ‘흉용방비’는 ‘물이 솟
구치는 모습이 퍼붓고 끓어오르는 듯하다’는 뜻으로, ‘흉용팽배’와 마찬가지로 격렬
한 기세를 형용하는 표현들이다.

키워드 : 자연, 파도, 기세, 사마상여

희

희희양양(熙熙攘攘)

희희낙락, 왁자지껄 모이고, 어지럽게 흩어지다.
- 권129 〈화식열전〉

사마천은 〈화식열전〉에서 천하 사람들이 희희낙락 기꺼이, 또는 왁자지껄 어지럽
게 몰려들다가 흩어지는 것은 다 그곳에 이익이 있기 때문이라고 했다. 이익이 있는
곳에 사람이 몰리기 마련인 이치를 정확하게 간파한 명언이다. 이에 대해서는 ‘천하
양양, 개위이왕’ 항목과 ‘천하희희, 개위이래’ 항목에서 살펴본 바 있다.

키워드 : 경제, 이익, 시장

사마천(司馬遷)의 생애와 연보

절대역사서 《사기(史記)》

《사기》 130권 목록과 개요

사마천과 《사기》에 대한 역대 논평

사마천을 이야기하고 노래하고 사랑한 사람들

특별 부록 _ 한성시, 사마천 사묘, 관련 유적

마지막 권130 〈태사공자서〉는 《사기》를 저술한 경위와 129권의 취지 및 개략적 내용과 함께 사마천 자신의 역경을 소개한 기록이다. 울분과 비장함으로 가득 찬 《사기》 전체를 이해하기 위해 불가결한 안내문이다. 사마천의 가계와 삶 그리고 창작 동기를 서술하고 있어 그의 사상을 이해하는데 가장 중요한 자료다. 사진은 저술하고 있는 모습의 사마천이다.(섬서성 한성시. 2024년 ⓒ김바다)

사마천의 삶과 3천 년 통사 《사기(史記)》

사마천(司馬遷)의 생애와 연보

사마천은 중국 서한(西漢)시대의 역사가이자 문학가이자 사상가로서 역사상 처음으로 기전체(紀傳體) 3천 년 통사《사기(史記)》를 저술했다. 그는 기원전 99년 46세 때 젊은 장수 이릉(李陵)이 흉노에게 패해 항복한 일에 대해 이릉을 변호하다 황제인 무제(武帝)의 심기를 건드려 옥에 갇혔다. 47세 때는 억울하게 황제를 속인 죄와 반역죄로 몰려 사형을 선고 받았다. 48세 때 사마천은 미처 완성하지 못한 역사서를 끝내기 위해 성기를 자르는 궁형(宮刑)을 자청하고 기적적으로 살아남아 혼신의 힘을 다해 역사서를 마무리한 다음, 기원전 90년 무렵 세상을 떠났다. 그가 세상을 떠난 해와 사인(死因)에 관해서는 여러 설이 있다. 그의 생애를 좀 더 살펴본다.

2010년부터 국가제사로 승격된 사마천대제의 모습이다.(2025년)

용문(龍門)의 아들

역사가로서의 자질을 닦다

사마천은 용문(龍門, 지금의 섬서성陝西省 한성시韓城市) 사람으로, 자는 자장(子長)이라 했다. 출신지에 대해서는 하양(夏陽, 지금의 산서성 운성시運城市 하진河津)이라는 설도 있지만, 소수의 설이다. 한나라의 태사령(太史令)을 지낸 사마담(司馬談, 미상~기원전 110년)의 아들로 기원전 145년에 태어났다.

아버지 사마담에게 고문을 배우고 있는 어린 사마천의 모습.(이하 그림은 程全庭의 《司馬遷著史記画集》, 廣西美術出版社, 2012)

어려서부터 아버지 사마담(馬司談)의 가르침에 따라 고전을 공부했고, 12세 무렵에는 아버지를 따라 역사의 현장을 탐방했다. 19세 전후로 아버지의 권유로 견문을 넓히고 역사가로서 자질을 기르기 위해 2,3년에 걸쳐 전국을 직접 자신의 발로 답사했다. 여행에서 돌아온 다음에는 당대 최고의 유학자 공안국(孔安國)·동중서(董仲舒)로부터 학문을 배웠다. 벼슬살이를 시작한 뒤로는 무제(武帝)를 수행하며 각지를 다녔다. 사마천의 여행과 현장 경험 및 공부는 훗날 《사기》 저술에 큰 도움이 되었다.

스무 살 사마천이 천하 여행을 떠나는 모습.

2, 3년에 걸친 이 여행에서 사마천은 초나라의 애국 시인 굴원(屈原)이 몸을 가라앉힌 멱라수(汨羅水)를 찾아 애도를 표했으며, 한나라를 세운 고조 유방의 고향을 비롯하여 한신(韓信)·소하(蕭何) 등 유방을 도운 공신들의 고향을 찾아서 그곳에서만 전하는 그들의 과거 이야기를 견문하고 수집했다. 이렇게 현장답사와 문헌기록이 바탕

이 된 자료들은 《사기》 곳곳의 내용을 한층 사실적으로 만들었다.

아버지의 유언(遺言)
태사령의 임무를 물려받다

여행에서 돌아온 뒤 사마천은 예비관료인 낭중(郎中)이 되어 황제인 무제를 가까이서 모시며 나라의 일들을 배우고 경험했다. 35세였던 기원전 110년 아버지 사마담이 세상을 떠났다. 3년상을 치른 사마천은 37세(기원전 108년)에 아버지를 이어 태사령(太史令)에 취임하여 사관이 됨으로써 역사서를 편찬하는 일에 종사하기 시작했다.(참고로 기원전 108년은 고조선이 멸망한 해이다. 사마천은 이 과정을 권115 〈조선열전〉에 남겼다. 이런 점에서 〈조선열전〉은 당대사 기록, 즉 1차 사료로 우리 역사 연구에 있어서 현존하는 가장 오래되고 중요한 기록이다.)

사마천은 사관 집안에 대한 자부심이 강했던 아버지가 남긴 유언, 즉 역사서 완성을 필생의 사명으로 물려받았다. 사마담은 생전에 역사서 저술에 뜻을 두었으나 이루지 못하고 그 과업을 아들에게 넘겼다. 사마담은 천문과 역학은 물론 도가(道家)까지 섭렵한 뛰어난 학자였고, 사마천은 그로부터 깊은 영향을 받았다. 음양가(陰陽家)·유가(儒家)·묵가(墨家)·명가(名家)·법가(法家)·도가(道家)의 6대 학파의 특징과 득실을 논평한 〈논육가요지(論六家要指)〉는 사마담이 남긴 훌륭한 논문으로 사마천에게도 적지 않은 영향을 미쳤다. 이 글은 《사기》의 마지막 권인 제130 〈태사공자서〉에 전문이 실려 있다.

사마천이 살았던 시대는 한나라의 전성기이자 중국 역사상 몇 되지 않는 전성기이기도 했

아버지 사마담의 유언을 받드는 사마천의 모습.

다. 40대에 접어든 사마천은 조정의 일과 《사기》 저술이란 두 과업을 해내며 바쁜 나날을 보냈다. 그는 입사 동기 임안(任安)에게 보낸 편지인 〈보임안서(報任安書)〉에서 당시 자신의 생활 모습을 이렇게 묘사했다.

"대야를 머리에 인 채 하늘을 볼(대분망천戴盆望天) 수 없기에 빈객과의 사귐을 끊고, 집 안일도 돌보지 않으며, 밤낮없이 미미한 재능이나마 오로지 한마음으로 직무에 최선을 다해 주상의 눈에 들고자 했습니다."

태초력 제정을 주도하는 사마천의 모습.

41세 무렵에는 달력을 개정하여 한 해의 시작이 1월인 태초력(太初曆)이란 새로운 달력을 만드는 데 주도적인 역할을 했다. 태초력은 그 뒤 2천 년 동안 동양의 달력으로 사용되었는데, 우리가 알고 있는 음력(농력)이다.

억울한 치욕, 치욕
운명이 방향을 틀다

태사령에 임명된 지 10년째이자 46세가 되던 기원전 99년, 사마천은 인생에 중대한 전환점이 된 사건을 겪게 된다. '이릉 변호사건' 또는 '이릉의 화(禍)'라 불리는 사건이다.

훌륭한 인품의 소유자였던 명장 이광(李廣, ?~기원전 119)의 손자로서 흉노를 토벌하여 빛나는 공을 세웠던 장수 이릉(李陵, ?~기원전 74)이 전쟁터에서 어쩔 수 없이 흉노에 항복하는 일이 벌어졌다. 얼마 전까지 이릉의 승리에 환호하던 조정 대신들은 하루아침에 이릉을 성토하고 나섰다. 패배를 책임질 희생양이 필요했기 때문이다.

답답했던 무제는 사마천에게 의견을 물었다. 사마천은 황제의 심기를 풀어주기 위해 자신의 생각을 솔직히 밝히며 이릉을 변호했다. 그러나 사마천의 진심과 변호가 도리어 무제의 심기를 건드렸다. 사마천이 이릉을 변호하기 위해 언급한 작전상의 실수가 결과적으로 대장군 이광리(李廣利)를 지목한 것 아니냐는 오해를 샀기 때문이다. 대장군 이광리는 무제의 처남이었다.

무제는 대장군을 헐뜯었다며 화를 내고는 사마천을 옥에 가두었다. 사마천은 이릉과 친한 사이가 아니었다. 다만 이릉이 전쟁에서 승리할 때는 칭찬을 아끼지 않다가 흉노의 포로가 되자마자 무제와 실권자의 비위를 맞추기 위해 이릉을 비난하는 조정 대신들의 행태가 못마땅했는데, 마침 황제의 하문이 있어서 이릉을 변호했다.

황제의 노여움이 가라앉으면 풀릴 줄 알았던 상황이 더 악화되기 시작했다. 이릉이 흉노에서 벼슬까지 받고 흉노 군대에 병법을 가르친다는 근거 없는 소문이 들려왔기 때문이다. 무제는 이릉의 가족을 몰살한 다음, 역적을 옹호했다는 죄목으로 사마천에게 사형을 선고했다. 사마천 나이 47세였다.

사마천은 아버지의 유언이자 필생의 사업인 《사기》 저술에 박차를 가하고 있던 상황에서 이런 일을 맞이하고 보니 어쩔 줄 몰랐다. 그는 이대로 죽음을 맞이할 것인지, 아니면 다른 방법을 찾아야 하는지, 목숨을 부지할 방법은 없는지를 고민했다. 당시 한나라 법에 따르면 사형수가 죽음을 면하는 방법은 두 가지였다. 하나는 죄를 면하는 속전(贖錢)으로 50만 전이라는 거금을 내는 것이고, 또 하나는 궁형(宮刑)을 자청하는 것이다.

사마천에게 속전 50만 전은 거금이었지만 권세가에게는 그렇지 않았다. 그러나 아무

이릉을 변호하다 끌려나가는 사마천의 모습.

도 사마천을 변호하지 않는 상황에서 돈까지 지불
하며 그를 구할 사람은 없었다. 더욱이 황제를 심
기를 건드린 괘씸죄이기에 모두 눈치만 보며 사마
천을 외면했다. 이런 처절한 상황에서 사마천은
이루 말할 수 없는 치욕을 감수하며 궁형을 자청
했다. 미처 마치지 못한 일, 역사서를 끝내야 했기
때문이다. 그때 그의 나이 48세였다. 이듬해 사마
천은 사면을 받아 감옥에서 풀려났다.

울분을 역사서 집필에 쏟는 '발분저술
(發憤著述)'의 사마천 모습.

《사기》를 완성하기 위해 사형보다 치욕적인 형
벌을 자청한 그는 임안에게 보낸 편지에서 당시 상황을 다음과 같이 고백했다.

"모진 치욕을 당하기로는 궁형보다 더한 것이 없습니다. … 내가 화를 누르고 울분
을 삼키며 옥에 갇힌 까닭은 차마 다하지 못한 말을 후세에 남기기 위해서였습니다."

사마천은 "이것은 나의 죄로다, 이것은 나의 죄로다! 아무 쓸모없는 불구의 몸이
되었으니!"라고 자책했다. 마음이 울분으로 가득 차서 미친 사람처럼 곳곳을 돌아
다니기도 했다. 그러나 이러한 치욕과 울분도 《사기》의 완성을 막지 못했다. 그는
곧 마음을 다잡고 남은 힘을 《사기》 완성에 쏟았다.

《사기》를 완성하다
죽음을 사용하는 방향

사마천은 불굴의 의지로 순간순간 다가오는 죽음의 그림자, 그리고 처절한 고
통·고뇌·고독과 싸웠다. 사마천은 이 치열한 싸움을 통해 "사람은 누구나 한 번은
죽습니다. 어떤 죽음은 태산보다 무겁고, 어떤 죽음을 새털보다 가볍습니다. 죽음

을 사용하는 방향이 다르기 때문입니다"라는 위대한 생사관을 터득했다. 그리고 마침내 3천 년 통사 《사기》를 완성했다. 이 불멸의 공으로 훗날 사마천은 사천(史遷), 태사공(太史公), '역사의 아버지', 역사학의 성인 '사성(史聖)' 등과 같은 명예로운 칭호를 얻었다.

사마천은 《사기》를 저술할 때 "하늘과 인간의 관계를 탐구하고, 과거로부터 현재까지의 변화를 관통하여, 일가의 말씀을 이루고 싶다"는 목표를 세웠다.

기전체 역사서인 《사기》는 고대 중국 전설시대의 제왕인 황제(黃帝)부터 사마천 당대의 황제인 무제 통치기까지 약 3천여 년의 역사를 기술하고 있는 방대한 통사이다. 그러나 《사기》의 진정한 가치는 표면적 사실보다 그 사실 이면에 깔려 있는 역사적 진실을 탐구하려는 사마천의 진보적 역사관과 사상에 있다. 사마천이 죽음보다 치욕스러운 궁형을 자청한 까닭도 단순한 사실을 넘어 진실을 찾아가는 일이야말로 역사가의 책무라는 것을 깨달았기 때문이다.

사마천은 《사기》 곳곳에서 '세상의 부조리'를 개탄하고, "믿음을 보여도 의심하고 충성을 다해도 비방한다"라며 자신의 억울한 심경을 토해내고 있다. 이를 역사적 사실로 입증하기 위해 부당한 억압을 딛고 통쾌하게 복수한 인물들을 대거 편입시켰고, 역사의 흐름에 영향을 주거나 대세를 바꾼 사람이면 누구든 기록하여 그 역할과 작용을 깊게 각인시켰다. 부당한 권력을 비판하고 약자를 옹호했다. 《사기》는 보통 사람을 중시했고, 역사의 주역이 따로 있지 않다는 역사 인식을 사람들의 마음속에 깊게 새겨 놓았다.

사마천의 죽음에 관해서는 아직 정설이 없을 정도로 여러 설들이 있다. 그가 세상을 떠난 시기도 기원전 90년 그의 나이 55세부터 기원전 87년 58세 등 다양하게 추정하고 있다. 사인도 자연사·자결·처형·

"인고유일사(人固有一死), 혹중우태산(或重于泰山), 혹경우홍모(或輕于鴻毛), 용지소추이야(用之所趨異也)"의 위대한 생사관을 터득한 사마천의 모습.

행방불명 등으로 다양한 주장이 있다. 사마천의 고향인 한성시에 남아 있는 그의 후손들은 그가 《사기》를 완성한 뒤 또다시 황제의 심기를 건드려 처형당했다고 믿고 있다. 최근 필자는 사마천의 사인과 관련하여 '처형 자청설'을 조심스럽게 제기하고 있다. 당초 자신에게 사형을 선고했던 한 무제를 다시 도발하여 사형을 끌어냈다는 요지이다. 사마천의 복수 방식으로서 '처형 자청설'을 생각해본 것이다.

사마천의 사당과 무덤의 모습.

사마천의 생애에 대한 더 상세한 내용은 바로 다음에 나오는 연보를 함께 참고하기 바란다. 또 사마천이 궁형을 자청하기까지의 심경은 〈보임안서〉에 절절이 드러나 있다. 〈보임안서〉는 또 다른 부록 '사기 3부곡'에 전문을 수록하고 해설을 붙였으니 참고하면 된다.

권62 〈관안열전〉은 춘추시대 제나라의 정치가로서 역대 명재상의 반열에서 빠지지 않는 관중과 안영 두 사람의 합전이다. 두 인물의 일생과 주요 업적을 몇 개의 고사를 통해 소개하는 특징을 보여준다. 이를 통해 사마천은 춘추 초기 최초의 패주 제나라 환공의 인재 기용을 칭송하고, 관중의 친구 포숙의 공평무사함을 부각시켰으며, 안영의 틀에 매이지 않은 인재 발탁도 칭찬했다. 사진은 산동성 치박시(淄博市) 임치구(臨淄區)에 남아 있는 관중 무덤이다. 앞쪽에는 관중기념관이 조성되어 있다.(2010년)

• 사마천이 살았던 시대에 대한 이해를 돕기 위해 연보를 만들어 보았다. 사마천의 일생은 무제의 일생과 궤적을 거의 같이하고 있다. 따라서 연보도 두 사람의 행적을 축으로 하여 주요 사건들을 함께 제시하는 식으로 만들었다.

• 독자들의 이해를 돕기 위해 서력 기원과 연호를 함께 제시했고, 사마천의 나이와 무제의 나이도 함께 제시했다. 나이는 만 나이로 표기했다.

기원전 156년(경제 전원前元 원년)

• 무제(武帝) 유철(劉徹)이 태어났다.

• 흉노와 화친한 경제(景帝, 기원전 188~기원전 141) 시대에 흉노의 큰 침입은 없었다.

기원전 154년(경제 전원 3년)

• 조조(晁錯)가 지방 제후왕의 세력을 깎아내자 '삭번(削藩)'을 강력하게 주장했고, 이에 대해 오왕(吳王) 유비(劉濞, 유방 형의 아들)가 주축이 된 '오·초 7국'은 군주의 주변을 정리한다는 구실로 난을 일으켰다. 한은 건국 이래 최대 위기에 직면했다.

• 위기에 몰린 경제는 반란 세력의 요구대로 조조를 죽였으나 오왕 유비는 군대를 물리지 않고 황제 자리에 야심을 가졌다.

• 개국 공신 주발(周勃)의 아들 주아부(周亞夫)의 활약으로 난을 평정했다.

탄생(기원전 145년, 서한 경제 중원中元 5년)

• 사마천, 좌풍익(左馮翊) 하양현(夏陽縣)의 농촌 마을에서 태어나다. 그가 태어난 이곳은 동쪽으로는 황하가 사납게 흐르고, 북으로는 황하를 가로지르는 용문산(龍門山)이 자리 잡은 중국사의 중요한 현장이다.[지금의 섬서성(陝西省) 한성시(韓城市) 남쪽 지천진(芝川鎭) 고문촌(高門村) 용문채(龍門寨)]

• 어릴 때 이름인 자는 자장(子長)이라 했다.

- 이때 무제의 나이는 11세.

※사마천이 태어난 해에 대해서는 기원전 153년, 145년, 143년, 135년, 129년, 127년 등 여러 가지가 있지만 기원전 145년이 정설로 인정받고 있다. 출생지에 대해서도 몇 가지 이견이 있으나 한성시라는 점에 대해서는 대체로 일치한다. 출생 연도와 그를 둘러싼 논쟁 및 출생지에 관해서

사마천의 고향인 섬서성 한성의 용문.(2025년 ©김바다)

는 제130 〈태사공자서〉의 기록과 그에 대한 해설서인 《사기정의(史記正義)》, 《사기색은(史記索隱)》과 《사기색은》에 인용된 《박물지(博物志)》가 기본 자료다.

1세(기원전 144년, 경제 중원 6년)

- 이 무렵 아버지 사마담(司馬談)은 농사를 지으면서 사마서원(司馬書院)에서 공부를 가르친 것으로 보인다.

- 태형(笞刑)으로 목숨을 보전하는 사람이 없자 태형의 양도 줄이고, 태형 도구와 방법 등에 대해서도 완화 조치를 내렸다.(제11 〈효경본기〉)

- 이해에 양(梁) 효왕(孝王)이 죽고, 명장 이광(李廣)이 상군(上郡)의 태수가 되었다. 흉노(匈奴)가 안문(雁門)에 들어와 무천(武泉)에까지 이르렀다가 다시 상군으로 들어가 원마(苑馬)를 취했다.

2세(기원전 143년, 경제 후원後元 1년)

- 아버지 사마담은 여전히 농사를 지으면서 사마서원(司馬書院)에서 공부를 가르친 것으로 보이며, 사마천은 어머니 품에서 잘 자라다.

- 서한의 개국공신 주발의 아들이자 명장 주아부가 아버지를 위해 무덤에 갑옷 등을 부장했다가 모반을 꾀한다는 고발로 옥에 갇혔다가 피를 토하고 죽었다.

3세(기원전 142년, 경제 후원后元 2년)

- 사마천은 이 무렵부터 아버지를 따라 사마서원에서 글자를 배우기 시작했다.
- 흉노가 안문을 침입하여 태수 풍경(馮敬)이 전사했다.

어린 사마천이 공부한 사마서원의 2004년 모습이다.

4세(기원전 141년, 경제 후원 3년)

- 아버지 사마담은 여전히 고향에서 농사와 교학을 겸하고 있었으며, 사마천은 글공부를 계속하고 있었을 것으로 추측한다.
- 경제가 세상을 떠나 양릉(陽陵)에 장사 지냈다. 15세의 무제가 서한의 6대 황제로 즉위했다.
- 경제가 세상을 떠나자 왕태후가 섭정했는데, 신하들과 백성들을 누르고 달래는 일에 따른 계책들이 무안후(武安侯) 전분(田蚡)의 빈객들에게서 나왔다.

5세(기원전 140년, 무제 건원建元 원년) 무제 16세 / 재위 1년

- 사마천은 고향에서 글 공부를 계속하고 있었다.
- 건원(建元)이란 연호를 처음으로 사용함으로써, 이후 2,000년 넘게 중국사는 황제의 연호로 연대를 표기하는 번거로움에서 벗어나지 못하게 되었다.
- 무제가 유능한 인재를 추천하라는 명령을 내리고, 몸소 글을 지어 고금의 통치방법과 천인 관계에 대해 질문을 했다. 훗날 사마천의 스승이 되는 동중서(董仲舒, 기원전 179~기원전 104)는 당시 39세의 나이로 유가학설을 국가의 통치사상으로 삼자고 건의함으로써 이른바 '백가를 모두 내치고 유가만을 독존으로 떠받든다.' '파출백가(罷黜百家), 독존유술(獨尊儒術)'이라는 사상독재 조치가 취해지기 시작했다.
- 승상 위관(衛綰)이 파면되고 두(竇)태후(무제의 할머니)의 조카 두영(竇嬰)이 승상에, 왕태후(무제의 어머니)의 동생 전분이 태위에 임명되었다. 이들은 모두 유술(유가)에

1976

가까워 명당 건립, 역법개정 등을 위해 경학가 신공(申公, 공안국孔安國의 스승)과 의논했다. 이로써 황로학(黃老學)을 숭상하던 두태후와 유학을 신봉하는 무제 측근들 간의 갈등이 노골화되었다.

- 무제는 이해부터 흉노에 대한 소극적이었던 정책의 기조를 바꾸어 반격을 위한 준비에 들어갔다.

- 이 무렵 오리와 닭싸움, 개 경주 놀이가 유행하기 시작하여 당·송까지 이어졌다.

6세(기원전 139년, 무제 건원 2년) 무제 17세

- 사마천, 이 무렵부터 고문을 배우기 시작했다.

- 아버지 사마담, 태사승(太史丞)이 되어 무제의 무덤인 무릉(茂陵) 축조에 참여했다. 아버지 사마담의 유명한 논문 〈논육가요지(論六家要旨)〉가 이 무렵 황로사상과 유가사상의 격렬한 투쟁에 자극받아 서술된 것으로 추측한다.

- 무제, 자신의 능원을 장안성 80리 밖 괴리현(槐里縣) 무향(茂鄉)에 조성하기 시작하고, 이곳을 무릉(茂陵, 지금의 섬서성 흥평현興平縣 북동쪽)이라 불렀다.

- 황로학의 추종자였던 두태후(무제의 할머니)가 유가들의 간섭에 노하여 어사대부 조관(趙綰)과 낭중령 왕장(王臧)을 하옥시킨 다음 자살케 했다. 승상 두영과 태위 전분 등 실세들도 파면되었다. 무제의 존유(尊儒)는 실패로 돌아갔고, 사상정책도 심각한 타격을 입었다. 이로써 조정 내부의 정치·사상투쟁은 더욱 격화되었다.

7세(기원전 138년, 무제 건원 3년) 무제 18세

- 아버지 사마담, 태사령(太史令)으로 승진하여 무릉에서 장안으로 와서 정부 기록과 천문·역법을 주관했다.

- 전국에 대기근이 들어 사람을 잡아먹는 비참한 상황이 벌어졌다.

- 중산왕 유승(劉勝, ?~기원전 113)의 호화롭고 사치스러운 생활이 거론되었고, 이러한 사실은 1968년 하북성 만성(滿城)의 유승 무덤에서 수천 개의 옥을 금실로 엮은 '금루옥의(金縷玉衣)'라는 수의(壽衣)가 발견됨으로써 생생하게 입증되었다.

- 무제는 문학에 재능있는 인사들을 선발하여 우대했다. 이로써 주보언(主父偃)·주매신(朱買臣)·사마상여(司馬相如)·동방삭(東方朔)·매고(枚皋) 등 쟁쟁한 인사들이 진출했다.

섬서성 성고현(城固縣) 장건묘(張騫墓) 전시관 안의 〈서역출사도(西域出使圖)〉이다.(2013년)

- 장건(張騫, 기원전 약164~기원전 114)이 서역으로 출사함으로써 서역과 실크로드 개척사가 시작되었다.
- 민월(閩越)이 동구(東甌)를 포위하자 중대부 엄조(嚴祖)가 회계(會稽)의 군사를 발동하여 구원했다.
- 무제, 미행에 나섰다가 도적으로 오인 받아 혼이 났다.
- 동방삭(東方朔)이 상림원(上林苑) 건설에 반대하는 글을 올려 상을 받았으나, 무제는 공사를 강행했다.
- 사마상여가 글을 올려 무제의 사냥에 대해 충고했다.

8세(기원전 137년, 무제 건원 4년) 무제 19세

- 남월왕(南越王) 조타(趙佗)가 죽고, 그 손자인 문왕(文王) 조호(趙胡)가 뒤를 이었다.

9세(기원전 136년, 건원 5년) 무제 20세

- 사마천, 고향에서 농사를 지으면서 공부하다. 〈태사공자서〉에 따르면 "열 살 때 고문을 외웠다"고 되어 있다.(왕국유王國維는 사마천이 이 무렵 아버지를 따라 도성인 장안으로 가서 고문을 배웠다고 했으나, 전후 사정이나 기록을 보아 고향에 있으면서 짬짬이 도성을 오갔던 것 같다.)
- 무제, 시(詩)·상서(尙書)·예(禮)·역(易)·춘추(春秋)의 5경 박사를 설치했다.

10세(기원전 135년, 건원 6년) 무제 21세

- 사마천, 고향에서 농사를 지으면서 공부하다.(사마천이 이해에 태어났다고 주장하는 설이 오랫동안 대립되어 왔고, 지금도 이 설을 주장하는 학자들이 적지 않다.)
- 황로학(黃老學)을 신봉하던 두(竇)태후가 세상을 떠나고, 무제는 어용 유가사상에 기반한 정책과 절대 권력을 마음껏 휘두르기 시작했다.
- 무제, 흉노의 화친 제의를 받아들였다.

11세(기원전 134년, 무제 원광元光 원년) 무제 22세

- 사마천, 고향에서 농사를 지으면서 공부하다.
- 동중서의 건의에 따라 처음으로 군국에서 효렴(孝廉)으로 명성을 얻은 인재를 한 사람씩 추천하도록 했다. 이를 찰거(察擧)라 하는데, 무제 이후 제도로 정착되었다.
- 서한의 양대 명장으로 꼽히는 이광과 정불식(程不識)이 각각 효기장군과 거기장군으로 운중(雲中)과 안문에 주둔했다.
- 6월에 신성(新星, Nova)이 나타났다.(신성에 관한 가장 오랜 된 기록임)

12세(기원전 133년, 원광 2년) 무제 23세

- 아버지 사마담, 옛날 제후들의 기록을 수집하고 잠시 고향으로 돌아오다.
- 이때 사마천은 아버지를 따라 황하와 위수 일대를 다니며 자료를 수집했다.[사마천의 현장답사의 역사가 시작됨. 이 사실은 《태평어람(太平御覽)》에 인용된 한나라 위굉(衛宏)의 《한구의(漢舊儀)》와 갈홍(葛洪)의 《서경잡기(西京雜記)》에 보인다.]
- 왕회(王恢)가 마읍 사람을 간첩으로 이용하여 흉노를 유인한 다음 공격하려다 실패하고 왕회는 자살했다.(마읍馬邑 사건) 이로써 흉노와

아버지 사마담과 역사 현장을 탐방하는 사마천의 모습.

의 화친이 깨지고, 기원전 119년까지 15년 동안 전쟁이 계속되었다. 그 사이 경제·문화교류는 끊어지지 않았다.

- 이해부터 흉노에 대한 공격의 서막이 올랐다.

13세(기원전 132년, 원광 3년) 무제 24세

- 사마천, 고향에서 농사를 지으면서 학업에 전념하다.
- 황하가 범람하여 16군을 덮쳤다. 황하의 물줄기를 바꾸어 돈구(頓丘) 동남에서 발해로 흘러들게 하는 치수사업을 벌이고, 무제는 급암(汲黯)과 정당시(鄭當時)를 보내 10만 명을 동원하여 황하를 막게 했으나 별다른 성과를 거두지는 못했다.

14세(기원전 131년, 원광 4년) 무제 25세 / 재위 10년

- 사마천, 고향에서 농사를 지으면서 학업에 전념하다.
- 두영이 자살하고 관부(灌夫)가 멸족을 당했다. 이들과 갈등을 일으켰던 외척 전분도 죽었다.

15세(기원전 130년, 원광 5년) 무제 26세

- 사마천, 고향에서 농사를 지으면서 학업에 전념하다.
- 당몽(唐蒙)과 사마상여 등의 활약으로 서남이(西南夷) 지역이 개통되어 서남 민족과의 정치·경제·문화교류가 더욱 활발해졌다.
- 공손홍(公孫弘)이 박사가 되었다.
- 경학가였던 하간(河間) 헌왕(獻王) 유덕(劉德)이 죽었다. 그는 자국 내에 고문 경학 박사를 두어 금·고문 경학 분파의 계기를 마련했다.
- 무제의 황후 진(陳)황후가 무고(巫蠱)로 폐위되고, 300여 명이 연루되어 죽었다.
- 관리로서 범법자를 알고도 보고하지 않으면 범법자와 같이 처벌한다는 '견지법(見知法)'이 장탕(張湯) 등에 의해 제정되어 법이 더욱 가혹하게 적용되었다.

16세(기원전 129년, 원광 6년) 무제 27세

- 사마천, 고향에서 농사를 지으면서 학업에 전념하다.
- 기원전 129년, 장안에서 위수(渭水)를 끌어들여 황하로 직접 통하는 조거(漕渠)가 개통되었다.
- 흉노가 상곡(上谷)을 침입했으나 거기장군 위청(衛靑)이 이를 물리쳤다. 이광은 군대를 잃고 목숨을 건져 탈출했으나 그 책임을 지고 서인으로 강등되었다.
- 처음으로 상인들의 수레 현황을 파악했다.

17세(기원전 128년, 원삭元朔 원년) 무제 28세

- 사마천, 고향에서 농사를 지으면서 학업에 전념하다.
- 위자부(衛子夫)가 황후에 책봉되었다.
- 흉노에 억류되었던 장건이 탈출하여 대완(大宛) 등을 거쳐 월지(月氏)에 이르러 흉노 협공을 논의했으나 뜻을 이루지 못했다. 장건은 계속 서쪽으로 갔다가 사천에서 인도로 들어간 대나무와 촉의 옷감을 보게 되었다. 중국과 인도 간에 경제·문화 교류가 이전부터 이루어지고 있었음을 알게 되었다.
- 흉노가 비장군 이광을 두려워하다.
- 동이(東夷) 예맥(穢貊)의 군주 남려(南閭) 등 28만이 한에 귀순하자 창해군(滄海郡)을 설치했다.
- 공자(孔子)의 옛집을 헐어 저택을 넓히려다가 벽에서 고문경전을 발견하여 공안국(孔安國)에게 정리를 맡겼던 노(魯) 공왕(恭王) 유여(劉餘)가 죽었다.

고문경전이 나왔다는 공자의 옛집이 있었던 장소의 '노벽(魯壁)'과 우물의 모습.(2004년)

18세(기원전 127년, 원삭 2년) 무제 29세

- 이 무렵 사마천 가족은 중앙정부의 조치에 따라 수도 장안의 외곽 무릉으로 거처

를 옮긴 것으로 추정된다.

- 무제, 봉건왕조의 통치를 강화하기 위해 주보언의 건의에 따라 지방의 호걸과 재산 3백만 이상인 부호를 무릉으로 이주시켰다. 이 무렵 이름난 유협 곽해(郭解)도 무릉으로 이주했는데, 유가파들의 박해를 받아 전 가족이 몰살당하는 사건이 있었다. 사마천은 이 무렵 직접 만난 곽해로부터 깊은 인상을 받았음은 물론 이 사건에 크게 느끼는 바가 있어 〈유협열전〉을 구상한다.
- 무제, 제후왕의 적장자 외에 다른 자손들에게도 봉지를 나눠 줄 수 있도록 하는 '추은령(推恩令)'을 반포하여 제후왕들의 세력을 약화시켰다.
- 곽해의 죽음을 전후로 유협(游俠)의 풍이 점점 쇠퇴해져갔다.

19세(기원전 126년, 원삭 3년) 무제 30세

- 사마천은 학업을 일시 중단하고 아버지의 권유에 따라 천하를 답사하기 시작했다.
- 사마천의 실지 답사는 햇수로 대략 2, 3년에 걸친 대장정으로 훗날 《사기》 저술에 절대적인 영향을 미쳤다.(사마천의 천하 주유 기간에 대해서는 1년부터 8, 9년에 이르기까지 다양한 주장들이 제기되었다. 대체로 2, 3년설이 우세하나 《사기》에 나오는 다량의 생생한 현장 기록들로 미루어 볼 때 그보다 긴 치밀한 답사여야만 가능하다는 주장도 만만치 않다.)
- 기록들을 종합해 볼 때 사마천의 1차 천하 주유 경로는 다음과 같았다.(사마천의 발길이 미치지 못한 곳으로는 조선朝鮮과 하서河西 및 영남嶺南 지방에 처음 신설된 군 정도에 불과한 것으로 파악된다.)

장안(長安) → 무관(武關, 섬서성 상현商縣 동쪽) → 남양(南陽, 하남성 남양현) → 남군(南郡, 호북성 강릉현江陵縣) → 장사(長沙) 나현(羅縣, 멱라수를 찾아 굴원의 자취를 탐문함) → 상강(湘江) 구의산(九疑山, 호남성 영원현寧遠縣 경계로 순임금이 순시하다 묻힌 곳이라 함) → 상강에서 남쪽으로 내려와 원강(沅江)을 따라 내려감 → 대강(大江) → 남쪽 여산(廬山)에 오름 → 강을 따라 남하하여 회계산(會稽山, 절강성 소흥紹興 동남. 여기서 전설상의 우임금의 무덤을 찾음) → 회계군 오현(吳縣) → 고소산(姑蘇山)에 올라 오호(五湖)를 내려다보고 초나라 귀족 춘신군(春申君)의 옛 성을 답사 → 북상하여 회음(淮陰, 강소성 회

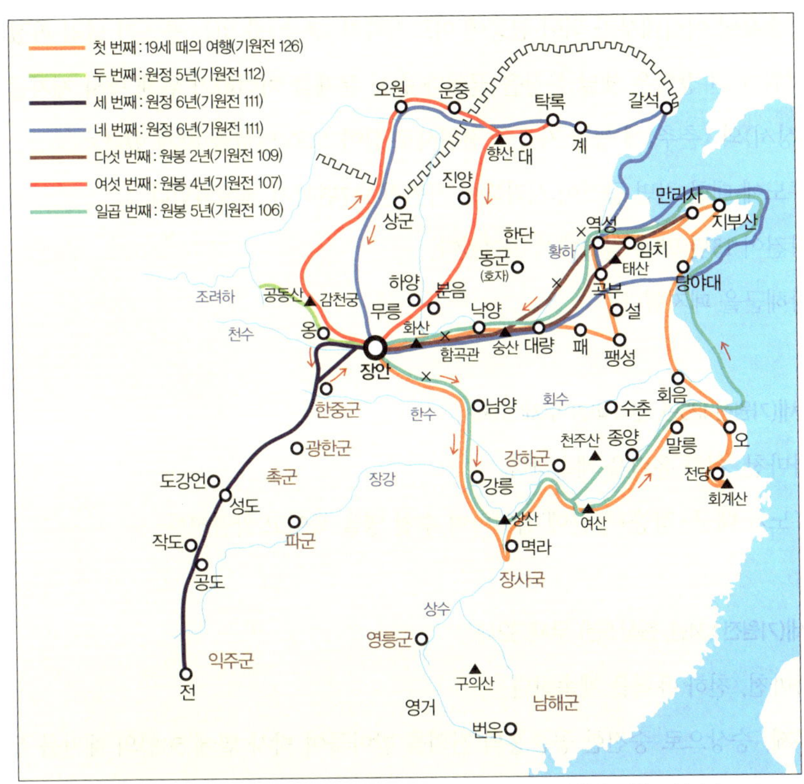

약 7차에 걸친 사마천의 여행을 나타낸 지도이다. 주황색이 19세 천하 여행 노선이다.

음현 동남)에서 명장 한신(韓信)의 고향을 답사하고 한신 어머니 무덤도 참관→회수 (淮水)를 건너 사수(泗水)를 따라 북상→노나라 도성(산동성 곡부시曲阜市)에 도착하 여 공자묘 등 공자와 관련된 유적을 답사→제나라 도성(산동성 치박시淄博市 임치구 臨淄區) 답사→남향하여 추현(鄒縣)에 머무르면서 진시황이 순수하면서 올랐던 역 산(嶧山)에 오름→남향하여 맹상군의 봉지인 설성(薛城, 산동성 등현滕縣 동남)을 답 사→다시 남하하여 초 패왕 항우의 도성이었던 팽성(彭城, 강소성 서주시徐州市)에서 치열했던 초·한 쟁패 현장을 답사→서한을 세운 고조 유방의 고향인 패군(沛郡) 패현(沛縣, 강소성 패현 동쪽)을 답사→서쪽으로 유방과 같은 고향에 같은 날 태어난 노관(盧綰) 등 공신들의 고향 풍현(豊縣) 답사→수양(睢陽, 하남성 상구시商丘市 남쪽) 을 거쳐 위나라 도성이었던 대량(大梁, 하남성 개봉시開封市) 답사→귀경.

- 공손홍이 어사대부가 되어 삼공에 이르기까지 《춘추》를 읽는 풍조가 널리 퍼졌다.

- 정위가 된 장탕은 옛날 문장을 끌어다 송사 문제를 처리하기 위해 박사 제자들 중 《상서》와 《춘추》에 능한 자들을 정위사로 삼아 보조 역할을 하게 했다.

- 흉노에 대한 전면 공격이 시작되어 기원전 117년까지 계속되었다.

- 장건이 13년 만에 월지에서 돌아왔다.

- 창해군을 폐지했다.

20세(기원전 125년, 원삭 4년) 무제 31세

- 사마천, 천하 유력을 계속하다.

- 흉노가 대군·정양·상군에 침입하여 수천 명을 죽이고 약탈하다.

21세(기원전 124년, 원삭 5년) 무제 32세

- 사마천, 천하 유력을 계속하다.

- 무제, 승상으로 승진한 공손홍의 건의를 받아들여 박사 밑에 50인의 제자를 두고 요역을 면제하게 해주었다.(사마천도 박사가 된 공안국의 제자가 되어 공부한 것 같다.) 기원전 134년 동중서의 건의를 받아들여 태학(太學)의 기본 체제를 갖추었다.

- 위청이 대장군이 되어 흉노를 정벌하여 5천 명을 죽이거나 포로로 잡았다.

22세(기원전 123년, 원삭 6년) 무제 33세

- 천하 유력에서 돌아와 이 무렵부터 동중서에게서 《춘추》를 배우고, 공안국으로부터는 《상서》를 배움으로써 본격적으로 학문 연구를 시작했다. 이때의 공부는 훗날 《사기》를 저술하는 데 큰 기초가 되었다. 사마천은 본격적인 학문에 몰입하다.

한 무제 때의 명장 중 한 사람이었던 위청의 고향 입구의 모습이다.(산서성 임분시臨汾市, 2008년)

- 위청이 흉노를 잇달아 격파했다.

- 흉노와의 전쟁에 따른 경비 부족으로 관작을 팔았다.

- 이 무렵 동중서와 노 신공에게 배운 강공(康公)이 각자의 전공인 《춘추》의 주석서인 《공양전(公羊傳)》과 《곡량전(穀梁傳)》을 가지고 서로 토론했다.

23세(기원전 122년, 원수元狩 원년) 무제 34세

- 사마천, 아버지와 함께 무제를 수행하여 옹(雍)에 가서 오치(五畤)에서 제사를 지냈던 것 같다.(오치란 옹에 있는 전설 속의 제왕들에게 제사를 지내는 다섯 장소를 말한다. 태산泰山에서 하늘과 땅에 드리는 제사인 봉선封禪 의식을 거행한 것과 같이 황제 권위를 확인하는 행사를 벌이던 장소로 이해할 수 있다.)

- 서남이 지방을 재개통했다.

- 회남왕 유안(劉安), 형산왕(衡山王) 사(賜)가 모반에 실패하여 자살했다.

24세(기원전 121년, 원수 2년) 무제 35세 / 재위 20년

- 사마천, 학업에 전념하다.

- 표기장군 곽거병(霍去病), 흉노를 격파하다.

- 이광과 장건이 우북평(右北平)을 나서 흉노를 공격했으나 이광은 군사를 다 잃고 혼자 도망쳐왔다가 그 책임을 지고 서인으로 강등되었다.

- 흉노의 혼야왕(渾邪王)이 항복해오다.

- 승상 공손홍이 죽고, 장탕이 어사대부가 되었다.

- 제나라 사람 방사 소옹(少翁)이 무제의 신임을 얻어 문성(文星)장군까지 되었으나, 방술 조작이 드러나 피살되었다.

25세(기원전 120년, 원수 3년) 무제 36세

- 사마천, 학업에 전념하다.

- 악부(樂府)를 처음으로 설치하다.

26세(기원전 119년, 원수 4년) 무제 37세

- 사마천, 학업에 전념했다.
- 흰 사슴 가죽으로 피폐(皮幣)를 만들고, 은·주석 합금으로 '백금' 3품을 만들다. 지금까지 써오던 통일화폐 '반량전(半兩錢)'을 취소하고 '삼수전(三銖錢)'을 주조했다.
- 화폐의 개인 주조가 극성을 부리자 이를 엄격하게 금했고, 어긴 자는 사형에 처했다.
- 낙양의 상인 상홍양(桑弘羊)을 기용하여 소금과 철을 국가 전매사업으로 시행하는 등 통제위주의 국가 경제정책을 주도하게 했다.
- 곽거병, 사막 북쪽에서 흉노와 싸워 큰 전과를 올렸다.(집이 없는 곽거병을 위해 무제가 집을 지어주려 하자 곽거병은 '흉노를 멸하기 전에는 집은 없습니다'라고 했다.)
- 부하를 자기 몸처럼 아꼈던 명장 이광이 위청의 고의적인 견제와 문책 때문에 수치심을 견디지 못해 스스로 목숨을 끊었다.
- 장건이 다시 서역으로 출사했다.

비운의 명장 이광의 무덤이다.(감숙성 천수시天水市, 2001년)

27세(기원전 118년, 원수 5년) 무제 38세

- 사마천, 학문과 실제 경험을 겸비한 남다른 재능을 인정받아 이 무렵 녹봉 300석의 낭중(郎中) 되어 처음으로 벼슬살이(예비 관료)를 시작했을 것으로 추정된다.
- 이해에 낭관을 대거 선발했는데, 임안(任安)과 전인(田仁) 등도 포함되어 있었고, 사마천도 이때 함께 발탁된 것으로 보인다.
- 〈자허부(子虛賦)〉 등의 글을 남겨 한나라 산문의 전형적인 '부(賦)'라는 문체를 정착시킨 문장가 사마상여(기원전 179~기원전 118)가 세상을 떠났다.
- 서한의 대표적인 화폐인 '오수전'을 주조하다. '오수전'은 당나라 때까지 사용되어 중국 역사상 가장 오래 유통된 화폐의 하나가 되었다.
- 말이 귀해지자 백성들에게 말 기르기를 장려하기 위해 숫말의 값을 한 마리에 20만

으로 조종했다.

- 섬서성 서안(西安) 패교(霸橋) 한나라 무덤에서 세계 최초의 식물섬유 종이가 발견
  되었는데, 이해 이전에 사용된 것으로 판명되었다.

28세(기원전 117년, 원수 6년) 무제 39세

- 사마천, 낭중 직무에 적응하기 시작하다.
- 곽거병이 죽었다. 무릉 옆에 장사 지냈는
  데, 봉분은 흉노 지역의 기련산(祁連山)을
  닮았다고 한다.
- 마음속으로 비방해도 처벌한다는 '복비법
  (腹誹法)'으로 청렴하고 강직했던 대농령
  안이(顔異)가 처형되었다. 이로써 언론·

무제 통치기 흉노 정벌에 큰 역할을 했던 곽거병의 무덤이다.(섬서성 무릉현茂陵縣, 2024년)

  사상탄압이 더욱 심해졌고, 황제의 비위를 맞추려고 아부하는 자들이 더 많아졌다.
- 공안국이 임회태수로 부임했다.

29세(기원전 116년, 원정元鼎 원년) 무제 40세

- 사마천, 낭중 직무에 적응하다.
- 대흉노 전면 공격을 멈추고 쌍방이 휴전기로 접어들었다.
- 분수(汾水)에서 보정(寶鼎)을 얻어 연호를 '원정(元鼎)'으로 고쳤다.
- 이 무렵 진령(秦嶺) 남북을 왕래하는 중요한 잔도의 하나인 '포사도(褒姒道)'가 개통
  되어, 관중(關中)에서 한중(漢中)을 거쳐 파촉(巴蜀)에 이르는 거리를 단축시킴으로
  써 서남 지역과 중원지구의 경제·문화관계가 더욱 가까워졌다.

30세(기원전 115년, 원정 2년) 무제 41세

- 사마천, 낭중 직무에 충실하다.
- 물가조절 정책인 균수법(均輸法)을 실행했다.

- 서역이 처음으로 개통되었다.

- 서역 지방에 주천군(酒泉郡)과 무위군(武威郡)을 설치했다.

- 무제, 대완의 명마 '한혈마(汗血馬)'를 얻어 이를 '천마(天馬)'라 부르면서 다량으로 얻길 희망했다.

- 혹리로 이름을 떨친 장탕이 무고로 죄를 얻자 자살했다.

31세(기원전 114년, 원정 3년) 무제 42세

- 사마천, 낭중 직무에 충실하다.

- 재화를 축적하고 이익만을 쫓는 상인과 거간들에게 타격을 주기 위해 상업억제책인 산민령(算緡令)과 고민령(告緡令)을 반포했다. 이 정책의 실행과정에서 중간 규모 이상의 상인들과 고리대금업자들이 법령을 위반해 고발당함으로써 가산을 탕진하는 사례가 적지 않게 발생했다.

- 서역을 개척하는 데 큰 역할을 한 장건이 세상을 떠났다.

서역과 비단길(실크로드) 개척에 큰 역할을 한 장건의 무덤이다.(2003년)

32세(기원전 113년, 원정 4년) 무제 43세

- 사마천은 아버지와 함께 본격적인 지방 순시에 나선 무제를 수행하여 각지의 민정과 풍속을 살피는 기회를 얻었다.

- 사마천 부자, 무제가 고향인 하양(夏陽)을 지난 것을 기념하기 위해 고향 하양에 '협려궁(挾荔宮)'을 세웠다.(지금의 사마천 사당 동남 200m 지점)

- 무제, 지방 군현 순시에 본격적으로 나섰다.

- 무제의 1차 군현 순시 경로는 다음과 같았다.

  장안→옹(雍, 지금의 섬서성 봉상현鳳翔縣)→하양(夏陽)→하동군(河東郡, 산서성 하현夏縣 북쪽) 분음(汾陰, 산서성 형하현榮河縣 북)→황하→형양(滎陽, 하남성 형양현 서남)→귀경.

- 이때를 전후로 삭방(朔方)·서하(西河)·주천·여남(汝南)·구강(九江)·태산 등지에 수리사업을 대대적으로 벌여 황하를 끌어들이고 농지에 물을 댔으며, 관중 지역에도 대대적인 수리사업을 벌였다.

- 오수전(일명 '상림삼관전上林三官錢')을 유일한 합법적 화폐로 선포하고 다른 화폐들은 모두 폐지했다.

- 시신에 금실로 엮은 옥을 수의(壽衣)로 입힌 '금루옥의(金縷玉衣)'의 발굴로 호화 사치스러운 생활의 단면을 보여 준 중산왕 유승이 죽었다.

중산왕 유승의 금루옥의 모습이다.

33세(기원전 112년, 원정 5년) 무제 44세

- 사마천은 무제를 수행하여 공동산(崆峒山, 감숙성 평량현平涼縣 서쪽) 등 서쪽 지방에 대한 정보를 얻었다.

- 무제, 예에 따라 옹에서 오제(五帝)에 제사 지내고, 서쪽 지방을 순시했다.

- 무제의 순시 경로는 다음과 같았다.

  장안→옹→농판(隴坂) 공동산(崆峒山, 섬서성 농현과 감숙성 청수현淸水縣 경계에 있는 산)→소관(蕭關, 감숙성 고원현固原縣 동남)→신진중(新秦中, 내몽고 자치구 오르도스)에서 대규모 사냥→감천(甘泉, 섬서성 순화현淳化縣 감천산)→귀경.

- 이 무렵부터 해남도(海南島)의 소수민족과 중원의 경제·문화교류가 시작되었다.

34세(기원전 111년, 원정 6년) 무제 45세 / 재위 30년

- 사마천, 무제의 명을 받아 파촉(巴蜀) 이남, 즉 서남 지방의 문물을 관찰할 수 있는 기회를 가졌다. 이 경험은 훗날 〈서남이열전〉을 저술하는 데 큰 역할을 했다.

- 사마천의 민정 시찰 경로는 다음과 같았다. 이로써 사마천의 족적은 곤명(昆明)·대리(大理)에까지 미쳤다. [청나라 때 편찬된 《운남통지(雲南通志)》 권2 대리부(大理府)에 보면 사

마천이 이곳에 와서 서이하(西洱河)를 보았다고 했으며, 《전운역년전(滇雲歷年傳)》이란 책에도 사마천이 지금의 대리인 엽유(葉楡)에 강당을 세움으로써 대리에서 처음 교육이 시작되었다고 했다.]

장안 → 한중(漢中, 섬서성 한중 남쪽) → 파군(巴郡, 사천성 중경시重慶市 북쪽) → 건위군(犍爲郡, 사천성 의빈현宜賓縣) → 장가군(牂牁郡, 귀주성 황평현黃平縣 서쪽) → 촉군(蜀郡, 사천성 성도시成都市) → 영관도(零關道, 사천성 노산현蘆山縣 동남) → 손수(孫水, 안녕하安寧河) → 월수군(越嶲郡, 사천성 서창현西昌縣 동남) → 심려군(沈黎郡, 사천성 한원현漢源縣 동남) → 귀경.

- 이렇게 서남이를 평정하여 5군을 설치했다.

- 서역 쪽에 장액(張掖)과 돈황군(燉煌郡)을 설치했다.

- 서강(西江)을 정벌했다

- 남월을 평정하여 9군을 설치했다.

- 음악가 이연년(李延年)이 '교사(郊祀)'를 위한 악무(樂舞)를 지음으로써 교사에서 악무가 연주되기 시작했다.

- 서역 악기를 개조한 눕혀서 연주하는 공후(箜篌)라는 악기가 이 무렵부터 유행하기 시작했다.

35세(기원전 110년, 원봉元封 원년) 무제 46세

- 서남이에서 임무를 마치고 귀경하던 중 삭방을 순시 중이던 무제와 합류하여 복명한 다음, 교산(橋山) 황제릉(皇帝陵)에 함께 제사 드리고 돌아오는 길에 아버지 사마담이 위독하다는 전갈을 받았다. 사마천은 낙양으로 가서 아버지의 임종을 지켰고, 사마담은 자신의 뒤를 이어 반드시 태사령이 되어달라는 유언을 남기고 세상을 떠났다.

- 사마천은 아버지의 장례를 치르고 산동 태산으로 달려가 무제와 합류하여 봉선에 참여했다.

무제가 태산에서 봉선 제사를 지내고 세웠다는 글자를 새기지 않은 무자비(無字碑)의 모습이다.(2003년)

- 대내외적으로 안정 기반을 구축한 무제는 마침내 봉선(封禪) 대제를 거행했다.

- 무제의 봉선 경로도와 순시도는 다음과 같았다.

  낙양→산동→봉래산→태산(봉선대제)→(해로로 북상)→갈석산(碣石山, 하북성 창려
  현昌黎縣 경계)→요서군(遼西郡, 하북성 노룡현盧龍縣 동쪽) 순시→구원군(九原郡, 내몽
  고 오원현五原縣)→감천.

- 무제, 교산(지금의 섬서성 황릉현)에서 황제(黃帝)에게 몸소 제사 드렸다. 황제릉과 관
  련한 최초의 기록이다.

- 무제, 12부 장군을 몸소 거느리고 장성을 넘어 흉노에게 무력시위를 했다.

- 상흥양을 좌서장으로 발탁하여 염철 전매를 비롯 균수·평준 등 정부 주도의 통제
  적 재정 물가정책을 주도하게 했다.

36세(기원전 109년, 원봉 2년) 무제 47세

- 사마천은 무제의 〈호자가(瓠子歌)〉에 감명
  받아 훗날 《사기》에 중국 역대 치수사업을
  개괄한 〈하거서(河渠書)〉를 쓰게 되었다.

- 무제, 태산에 제사하고 복양(濮陽, 하남성 복양
  현 남쪽) 호자(瓠子)의 강물을 막는 공사현장
  을 방문하여 흰말과 옥을 강에 가라앉히는
  하례(河禮)를 지냈다. 문무 관리들에게 백성
  들과 함께 직접 공사에 참여하게 함으로써
  난공사를 완성하고, 기념으로 노래를 짓고
  제방에 선방궁(宣房宮)을 세웠다. 여기에서

아버지 사마담과 역사 현장을 탐방하는 사마
천의 모습.

  '장작을 짊어지고 강을 메우다'는 '부신새하(負薪塞河)'라는 성어가 나왔다.

- 조선 정벌에 나섰다. 조선 정벌을 기점으로 무제의 정치적 판단력에 심각한 문제
  가 발생했다.

- 이 무렵 황제가 처리하는 사건인 조옥(詔獄)이 갈수록 늘어 1년에 1천여 건, 연루자

는 6·7만, 사건을 처리하는 관련 관리는 10여 만으로 증가했다.

37세(기원전 108년, 원봉 3년) 무제 48세

- 사마천, 3년상을 마치고 아버지 사마담의 뒤를 이어 태사령이 되었다. 이로써 필생의 저작 《사기》를 편찬하게 되는 기점과 중요한 조건이 마련되었다. 아버지 사마담이 세상을 뜬 지 3년 만이었다.
- 사마천, 태사령이 관장하던 한나라 이전 시대 기록을 물려받았다.
- 사마천, 은자 지준(摯峻)과 교류를 갖고 편지를 주고받았다.
- 조선이 항복하여 4군을 설치했다.(《사기》〈조선열전〉에는 4군을 두었다고만 했지 4군의 이름은 보이지 않는다.)
- 조파노(趙破奴)가 누란(樓蘭)을 공격하여 주천에서 옥문관(玉門關)에 이르는 지역에 방어선이 구축되었다.
- 장안에서 각저(角觝, 씨름) 놀이가 있자 주위 300리 백성들이 모두 몰려와 구경했다. 무제 때 씨름은 벌써 오락잡기로 변했다.

38세(기원전 107년, 원봉 4년) 무제 49세

- 사마천은 무제의 순시에 빠지지 않고 수행했다. 또 무제를 수행하여 고향 하양으로부터 황하를 건너 하동에 이르러 토지신인 후토(后土)에 제사를 지냈다.
- 무제, 북쪽 지방 탁록(涿鹿) 등지를 순시했다.

39세(기원전 106년, 원봉 5년) 무제 50세

- 무제가 남방을 순시하고 북으로 낭야(琅琊)·동해(東海)·태산·감천(甘泉)에 이르렀다.
- 자사(刺史)를 처음으로 만들어 유주(幽州) 등 13주부 모두에 파견했다.

40세(기원전 105년, 원봉 6년) 무제 51세

- 무제, 북방을 순시했다. 사마천은 "나는 황제의 순시를 수행하면서 하늘과 땅, 귀

신, 이름난 산과 물에 제사하고, 봉선
에도 참가했다"고 했으며, 이 경험은
《사기》를 저술하는 데 큰 보탬이 되
었다. 돌아오는 길에 고향 하양에서
황하를 건너 후토에 제사를 드렸다.

- 무제의 신선숭배가 점점 심해져 귀신
  에 제사하는 각종 법술로 명리를 얻
  는 방사가 1만에 이를 정도였다.

산서성 만영현(萬榮縣)에 잘 남아 있는 토지신에게 제사를 드리는 후토묘(后土廟)의 모습이다.(2016년)

- 강도왕(江都王) 유건(劉建)의 딸 세군(細君)을 공주로 삼아 오손(烏孫) 곤막왕(昆莫王)
  에게 시집보냄으로써 오손과 화친을 맺었다.

- 안식국(安息國)의 사신이 장안에 왔고, 처음으로 통교가 시작되었다.

- 곤명을 공격했다.

- 이해 이전에 공안국이 세상을 떠난 것으로 보인다.

41세(기원전 104년, 태초太初 원년) 무제 52세

- 사마천의 주도하에 공손경(公孫卿)·호수(壺遂)와 함께 종래 사용하던 달력인 전욱
  력(顓頊曆)을 개정하여 하력(夏曆)을 기초로 한 태초력(太初曆)을 완성했다. 이와 아
  울러 각종 제도개혁도 이루어졌다.

- 사마천은 역법 개정을 계기로 본격적인 《사기》 저술에 착수하여, 기원전 99년 '이
  릉의 화'로 감옥에 갇힐 때까지 6년간 계속되었다.

- 동중서(기원전 179~기원전 104)가 75세로 세상을 떠났다.

42세(기원전 103년, 태초 2년) 무제 53세

- 《사기》 집필이 본격화되었다.

- 사마천, 무제를 수행하여 고향 하양에서 황하를 건너 후토에 제사를 드렸다.

- 동중서의 제자 아관(兒寬)이 세상을 떠났다.

43세(기원전 102년, 태초 3년) 무제 54세

- 사마천의 《사기》 집필은 계속되었다.

- 사마천, 무제를 수행하여 동으로 바다에 이르고 돌아오는 길에 태산에 봉선했다.

- 대완을 대대적으로 공격했다.

- 지금까지도 사용하고 있는 서역 사막지대의 농사를 위한 우물인 감아정(坎兒井)이
  이 무렵 대완까지 보급되었다.

- 거연택(居延澤, 지금의 감숙성 액제납기額濟納旗 동남)에 처음으로 성을 쌓았다.(여기에서
  한나라시대의 기록인 거연한간居延漢簡이 출토되고 있다.)

- 오원새(五原塞, 지금의 내몽고 포두包頭 서북)에서 북으로 노구(盧朐)에 이르는 길에 성
  과 초소를 쌓아 흉노를 방어했으나 실제로는 흉노와의 경제·문화교류를 위한 중
  요한 통로 구실을 했다.

- 음악가 이연년이 동생 이계(李季)의 죄에 연루되어 피살되었다.(연도 추정)

44세(기원전 101년, 태초 4년) 무제 55세 / 재위 40년

- 《사기》 집필은 계속되었다.(〈태사공자서〉와 〈한흥이래제후왕연표〉에 따르면 《사기》의 사건
  기술은 기본적으로 태초 연간, 즉 기원전 104년에서 기원전 101년 사이에 끝난 것으로 보인다.)

- 사마천, 무제를 수행하여 겨울에 회중(回中)에 이르렀다.

- 돈황에서 염택(鹽澤, 지금의 신강성 나포박)에 이르는 길에 역참을 쌓았고, 윤대(輪臺,
  지금의 신강성 윤대) 등지에 둔전을 개척하여 서역에 나간 인원들의 식량을 조달했다.

- 이 무렵 오손왕에게 시집간 세군(細君) 공주가 세상을 떠난 것으로 보인다. 한은 초
  왕(楚王) 유무(劉戊)의 손녀 해우(解憂)를 공주로 삼아 오손왕에게 다시 시집보냈다.

- 이광리(李廣利)가 한혈마를 얻어 돌아왔고, 무제는 〈서극천마지가(西極天馬之歌, 서
  쪽 끝 천마의 노래)〉를 지어 이를 기념했다.

45세(기원전 100년, 천한天漢 원년) 무제 56세

- 사마천, 《사기》 저술을 계속하다.

- 대흉노전투가 다시 시작되었으나 한은 잇달아 패배한다.
- 지나친 사치를 금지하는 법이 만들어졌다.
- 소무(蘇武)가 흉노에 사신으로 갔다가 억류당했다. 그는 이후 무려 20년 동안 억류되었다가 기원전 81년에 돌아온다.

흉노에 억류되어 있을 당시 소무의 모습이다. 소무와는 달리 흉노에 항복했던 이릉은 돌아오지 않았다.

46세(기원전 99년, 천한 2년) 무제 57세

- 사마천, 무제를 수행 동해에 이르렀고 돌아오는 길에 회중에 들렀다.
- 사마천, 흉노와의 전투에서 중과부적으로 패하여 항복한 이릉(李陵)을 변호하다가 황제의 심기를 건드려 옥에 갇힌다. 이를 역사에서는 '이릉의 화(禍)'라 부른다. 이 사건으로 사마천의 일생과 《사기》는 중대한 전환기를 맞이한다.
- 잇단 민중봉기로 교통과 경제가 마비되자 이들을 숨기는 자는 사형에 처하고, 봉기 등에 제대로 대처하지 못하는 관리도 사형에 처한다는 침명법(沉命法)이 반포되었으나, 관리들은 서로 보고서를 교묘하게 조작하여 법을 피했다.
- 서역에서 들어온 포도 등이 장안 주위에서 재배되기 시작했다.(참외·석류·호도·마늘 등)

47세(기원전 98년, 천한 3년) 무제 58세

- 사마천, 이릉 사건에 연루되어 태사령에 직에서 파면되고, 대리(大理) 감옥에 갇혀 '황제를 무고했다'는 죄명으로 사형이 확정되었다.
- 무제는 이해에도 동쪽을 순시하여 신선을 구하고, 태산에 제사를 지냈다.

48세(기원전 97년, 천한 4년) 무제 59세

- 이릉이 흉노로부터 벼슬을 받고 군대에 병법을 가르친다는 소식이 전해지자 무제

는 진위도 가리지 않고 이릉의 가족을 몰살시켰다.

• 사마천은 치욕을 감수하고 궁형(宮刑)을 자청하여 죽음을 면했다.

• 공교롭게도 이해에 사형수가 50만 전을 내면 사형을 면하게 한다는 조치가 내려졌다. 사마천은 돈이 없어 궁형을 자청했다.

49세(기원전 96년, 태시太始 원년) 무제 60세

• 사마천, 사면을 받아 출옥하고 환관에게 주어지는 중서령(中書令) 직을 받았다.

• 사마천, 《사기》의 완성을 위해 혼신의 힘을 쏟았다.

• 군국의 관리와 호걸들을 무릉으로 이주시켰다.

50세(기원전 95년, 태시 2년) 무제 61세

• 사마천, 《사기》 완성을 위해 혼신의 힘을 다하다.

• 사마천, 무제를 수행하여 회중에 이르렀다.

• 수리 전문가 백공(白公)의 건의로 경수를 끌어들여 곡구(谷口) – 역양(櫟陽) – 위수(渭水)로 들어가는 200km의 수로 백거(白渠)를 건설했다.

51세(기원전 94년, 태시 3년) 무제 62세

• 사마천, 《사기》 완성을 위해 혼신의 힘을 쏟다.

• 무제, 동쪽을 순시하여 감천궁에서 외빈을 접견하고, 동해·낭야·대해를 거쳐 돌아왔다.

• 무제, 강충(江充)이란 간신배를 총애하다.

52세(기원전 93년, 태시 4년) 무제 63세

• 사마천, 오로지 《사기》 완성을 위해 혼신의 힘을 다하다.(왕국유는 사마천이 〈보임안서〉를 이해에 썼다고 주장했다.)

울분을 저술에 쏟는 '발분저술(發憤著述)'의 모습이다.(秦惠浪의 그림, 2011년)

- 사마천, 무제를 수행하여 태산·불기(不其)·옹·안정(安定)·북지(北地)를 순시했다.
- 동방삭(기원전 154~기원전 93)이 61세를 일기로 세상을 떠났다.

53세(기원전 92년, 정화征和 원년) 무제 64세

- 사마천, 《사기》 완성을 위해 혼신의 힘을 다하다.
- 사마천, 무제를 수행하여 건장궁(建章宮)으로 돌아왔다.
- 궁정에서 무당을 이용하여 사술로 정적을 해치는 '무고(巫蠱)의 화'가 일기 시작했다.
- 승상 공손하(公孫賀)가 양릉(陽陵, 지금의 서안 북)의 유협 주안세(朱安世)를 체포했다. 무제 때 곽해·주가(朱家)·극맹(劇猛) 등 유명한 유협들이 제거 당함으로써 유협의 기풍이 소멸되었다.
- 주안세가 옥중에서 공손하의 아들 경성(敬聲)이 양석(陽石) 공주(위衛황후의 딸)와 함께 무당을 시켜 인형을 땅에 묻고 무제를 저주했다고 고발했다.

54세(기원전 91년, 정화 2년) 무제 65세 / 재위 50년

- 사마천, 익주자사(益州刺史) 임안이 태자와 관련된 무고 사건으로 옥에 갇혔다는 소식에 착잡한 심정으로 〈보임안서〉(또는 〈보임소경서報任少卿書〉)라는 편지를 써서 지난날 자신이 옥에 갇히고 궁형을 당한 경위와 그에 더욱 발분하여 《사기》를 저술하는 데 혼신의 힘을 쏟은 심경을 고백했다.
- 임안은 결국 사형당했다.
- 편지의 내용으로 보아 이 무렵 《사기》가 완성된 것으로 보인다. (태초 원년 42세부터 본격적으로 저술하기 시작하여 14년에 걸쳐 완성했다. 저술은 대체로 두 단계를 겪었는데, 태초 원년 41세부터 궁형을 받은 48세까지 약 7년, 궁형을 받고 풀려난 뒤로부터 친구 임안에게 편지를 쓴 정화 2년 그의 나이 54세까지 약 7년이다.)

55세(기원전 90년, 정화 3년) 무제 66세

- 사마천, 임안에게 보낸 편지에서 무제의 심기를 건드려 하옥되었다가 처형당한 것

으로 추측된다.

- 사마천의 자식은 아들 둘과 딸 하나가 있었다
  하며, 딸은 대사농(大司農) 양창(楊敞)에게 시집
  가 아들, 즉 사마천의 외손자 운(惲)을 낳았다
  고 한다.

- 승상 공손하 부자는 하옥되어 멸족되고, 양석
  공주 등도 무고에 연루되어 죽었다.

- 무제가 병에 걸리자 강충은 여(戾) 태자가 궁에
  인형을 묻어놓고 저주했기 때문이라고 무고했
  고, 태자는 두려워 군대를 동원하여 저항했다.
  장안에서 전투에 패하자 태자는 위황후와 함
  께 자살했다. 이 사건으로 수만 명이 연루되어

불굴의 의지로 3천 년 통사를 완성하면서 생사를 초월하는 깨달음을 얻은 사마천의 모습이다.

죽었다. 무제 만년의 최악의 사건으로 무제의 심신은 극도로 쇠약해진다.

※ 필자는 사마천이 고의로 무제의 심기를 건드려 처형을 자청했다고 본다. 이는 사마천 후손들이
믿고 있는 사마천 처형설을 참고한 주장이다. 필자는 사마천 자신에게 사형을 선고한 무제에게 다
시 사형 선고를 돌려줌으로써 복수했다고 추정한다.

기원전 87년 무제 후원 2년(69세 / 재위 54년)

- 한 무제 유철이 70살로 세상을 떠났다. 사마천이 살아 있었다면 58세였을 것이다.

※ 이 연보는 사마천의 〈태사공자서〉를 중심으로 다음과 같은 책을 참고로 작성하여 2006년 출간된
김영수의 《역사의 등불 사마천, 피로 쓴 사기》의 부록으로 수록된 것을 수정한 것이다.

1) 《中國歷史大事編年》, 北京出版社, 1989.　　2) 《中國文化史年表》, 上海古籍出版社, 1990.

3) 柏楊, 《中國歷史年表》, 遠流(타이베이), 2003.　4) 吉春, 《司馬遷年譜新編》, 三秦出版社, 1989.

5) 鄭鶴聲, 《司馬遷年譜》, 1933　　　　　　　6) 《韓城市地名志》

7) 王國維, 〈太史公行年考〉, 1917

1998

절대 역사서《사기(史記)》

　'역사의 기록'이란 뜻을 가진《사기》는 중국 최초의 **기전체(紀傳體)** 통사로 한나라 때 사학자이자 문학가인 사마천(司馬遷, 기원전 145~기원전 약 90)의 작품이다. 중국 상고시대 황제(黃帝)로부터 사마천 당대인 한나라 무제(武帝) 태초(太初) 연간(기원전 104~기원전 101)까지 대략 3,000년이 넘는 역사를 기술하면서 중국 기전체 역사서와 역사 전기(傳記)문학을 창조하여 중국 민족의 역사와 문화 방면에 지대한 공헌과 깊은 영향을 남겼다.

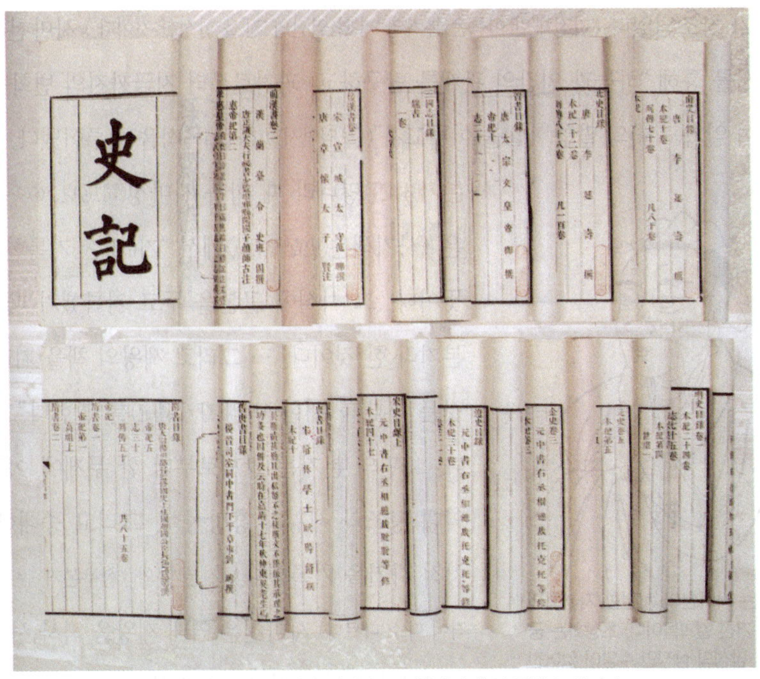

《사기》는 중국 정사의 효시이다. 도면은《사기》와 정사 24사이다.

《사기》의 체제와 구조

중국은 아주 일찍부터 사관(史官)이란 관직을 설치하여 비교적 완전하게 사건을 기록하는 방법과 사실을 존중하는 우수한 전통을 형성해왔다. 기원전 221년 진시황의 진(秦)나라가 중국을 처음으로 통일하기 이전인 선진(先秦)시대에 이미 다양한 형식과 풍부한 내용의 역사 저술들이 출현했다. 사마천의 《사기》는 앞 시대의 우수한 전통과 역사 발전에 적응하면서도 중대한 창조를 이룬 역사문학의 거작이다.

사마천은 "천하에 잃어버렸거나 흩어져 있는 이야기들을 수집하여 그 사실을 고찰하고 그 처음과 끝을 정리하여 성공과 실패, 흥성과 멸망의 이치를 살피고자"(〈태자공자서〉)하는 필요성에서 출발하여, 앞 시대 사람들이 역사를 편찬할 때 활용한 각종 방법을 흡수하고, 이를 다시 종합적으로 운용한 끝에 본기 12권, 표 10권, 서 8권, 세가 30권, 열전 70권 총 130권을 써냈다. 이 다섯 체제는 서로 어울리고 보충 역할을 하면서 엄격하고 완전한 체계를 이루고 있다. 이로써 새로운 역사 저술 체계인 '기전체'가 창조되었다.('기전체'란 이름은 본기의 '기'와 열전의 '전'을 합성한 것이다.) 사마천은 이 역사서를 통해 "하늘과 인간의 관계를 탐구하고, 과거로부터 지금까지의 변화를 관통하여 일가(一家)의 말씀(학설)을 이루고자"(〈보임안서〉) 하는 목적을 이루어냈다.

본기(本紀) 당나라 때 학자 사마정(司馬貞, 679~ 732)은 《사기색은(史記索隱)》에서 "기(紀)란 기록한다는 뜻이다. 그 사실에 근본을 두고 기록했기 때문에 본기라 한 것이다. … 그리고 제왕의 책을 기라 한 것은 후대를 위한 벼리(강기綱紀)를 말한다"고 했다. 12편의 본기는 황제로부터 한 무제에 이르는 역대 왕조와 제왕의 흥망성쇠, 그리고 중대한 정치적 사건을 기록했다.(〈진본기〉와 〈항우본기〉는 그 성격이 다소 다르다) 사마천은 역대 제왕을 역사 사건의 중심인물로 삼아 거기에 논술을 덧붙이고, 동시에

《사기》는 사마천의 처절한 자기와의 투쟁을 거친 결과물이다. 초상화는 궁형 이후 남성의 상징인 수염이 없어진 처연한 모습이다.

그들의 전후 계승관계로 역사의 발전을 드러내어 이것으로 전체 역사를 종합했다.

표(表) 사마천은 마지막 권130 〈태사공자서〉에서 "사적에는 시대가 같은 것도 있고, 다른 것도 있어 연대의 차이가 분명치 않으므로 10표를 만들었다"고 했다. 사마정은 《사기색은》에서 이에 대해 "《예(禮)》에 보면 〈표기(表記)〉가 있는데, 정현(鄭玄)은 '표는 밝히는 것이다'라고 했다. 사실이 희미하여 잘 드러나지 않은 것을 밝혔기 때문에 표라 한 것이다"라고 해석했다. 《사기》 중의 10표에는 '세표(世表)'·'연표(年表)'·'월표(月表)'의 세 종류가 있다. 이는 왕조의 순서에 따라 역사를 약간의 단계로 나누고, 이를 다시 세대·년·월로 나누어 기록한 큰 사건의 간명한 기록이자 《사기》 전체 사건 서술의 연결과 보충이기도 하다.

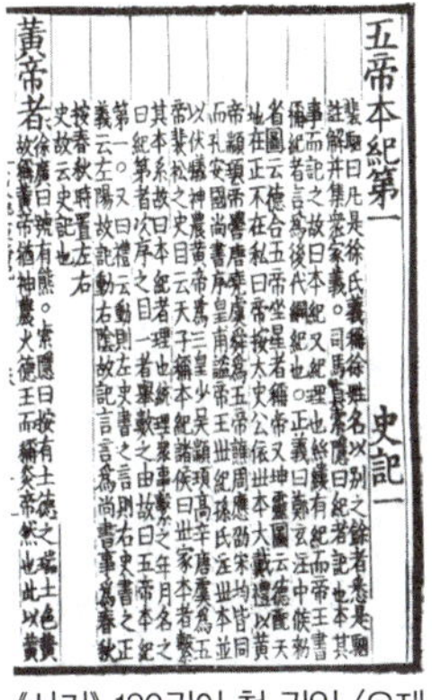

《사기》 130권이 첫 권인 〈오제본기〉 명나라 때 판본이다.

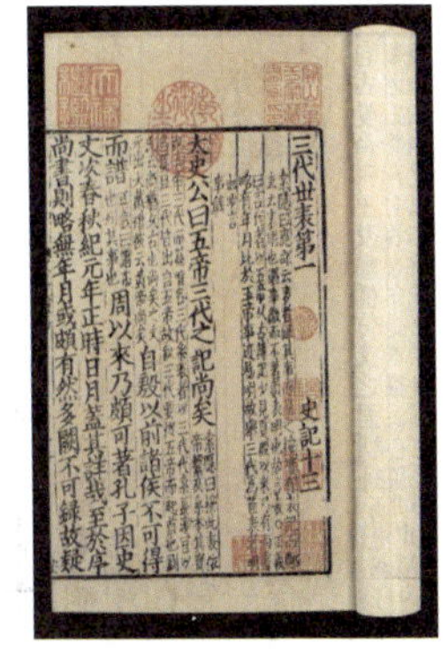

권13 〈삼대세표〉 송나라 때 판본이다.

서(書) 사마천은 〈태사공자서〉에서 "시대에 따른 예악의 늘어남과 줄어듦, 율력의 바뀜, 병권·산천·귀신, 하늘과 인간의 관계 등에 대해서는 폐단을 들고 변화에 통하는 내용으로 8편의 서를 지었다"고 했다. 《사기색은》에서는 "8서는 5경 6적을 모두 일컫는 이름이다. 이 8서로 국가의 대체를 기록했다"라고 해석했다.

《사기》의 '서'는 당시 사회의 중요한 전장제도에 대한 전문적인 논술이다. 그것은 각각 예의(禮儀)에 관한 〈예서(禮書)〉, 음악에 관한 〈악서(樂書)〉, 군사에 관한 〈율서(律書)〉, 역법에 관한 〈역서(曆書)〉, 별자리 등 천문에 관한 〈천관서(天官書)〉, 종교제사와 미신숭배에 관한 〈봉선서(封禪書)〉, 물길을 다스리는 수리(水利)에 관한 〈하거서(河渠書)〉, 경제에 관한 〈평준서(平準書)〉 등으로, 각 방면의 현상과 발전에 관해 전문적인 논의를 전개하고 있다. 이 8서는 훗날 전문학과의 발전사와 비슷한 점이 있다.

명나라 때 판본인 권27 〈천관서〉의 첫 부분이다.

권49 〈외척세가〉의 첫 부분이다.

세가(世家) 사마천은 〈태사공자서〉에서 "28개 별자리가 북극성을 중심으로 돌고, 30개 바퀴살이 모두 하나의 속바퀴로 집중되어 그 운행이 무궁한 것처럼, (천자를) 보필하는 신하들을 여기에 비유하여 그들이 충신의 도를 행함으로써 천자를 받드는 모습을 내용으로 하는 세가 30편을 지었다"라고 했다. 이에 대해 사마정은 "세가란 제후의 계통을 기록한 것으로, 아래로는 자손에까지 언급했으며, 모두가 국(國)이 있었다"라고 해설했다. 〈공자세가〉와 〈진섭세가〉를 제외하고 세가에 기록된 것은 모두 춘추전국 이래 주요 제후국과 한나라 때 봉해진 제후·귀족의 역사이다. 그 의도는 본기와 비슷한 점이 있다.

열전(列傳) 〈태사공자서〉에서 사마천은 "정의롭게 행동하고 기개 넘치게 남에게 억눌리지 않으며, 세상살이에서 기회를 놓치지 않고 공명을 천하에 떨친 사람들의 일을 내용으로 열전 70편을 짓는다"라고 했다. 사마천은 열전을 쓰게 된 주된 뜻이 품행이 고결하고 천하에 공이 있는 사람들의 행적을 후세에 전하기 위해서라고 했다. 그러나 사마정은 《사기색은》에서 "열전이란 신하들의 사적을 서술하여 후세에 전할 수 있었기 때문에 열전이라 한다"라고 하여 명백히 사마천이 의도한 범위를 축소시켰다. 열전은 《사기》 130권 중 절반이 넘는 70권을 차지할 뿐만 아니라 그 내용과 정신도 남다르다. 좀 더 상세히 살펴본다.

사마천이 열전에서 기록한 사람과 사건들은 신하들에 국한되지 않는다. 〈흉노열전〉, 〈대완열전〉, 〈서남이열전〉, 〈남월열전〉, 〈동월열전〉, 〈조선열전〉 등 당시 중국 경내의 한족이 아닌 군장과 외국 군장이 통치한 역사를 서술한 것 외에 대다수 열전에 기록된 인물은 대단히 광범위하다. 그중에는 귀족·관리·학자·정치가·군사가·문학가·자객·유협·상인 등 서로 다른 계층의 서로 다른 직업을 가진 다양한 인물들이 총망라되어 있다.

열전은 인물을 서술하는 방식에 따라 네 종류로 나누어진다. ①전전(專傳)으로, 한 사람만의 전기를 말한다. 〈위공자열전〉 같은 편이 대표적인 경우다. ②합전(合傳)으로, 두 사람 이상의 전기를 한 편에 합쳐 같은 비중으로 서술한 것으로 〈굴원가생열전〉이 대표적인 예에 속한다. ③부전(附傳)이다. 이는 한 사람의 전기 뒤에다 그와 관련된 사적이나 가까운 인물의 전기를 덧붙인 것이다. 〈위기무안후열전〉이 그런 경우에 속하는 편인데, 위기후 두영과 무안후 전분의

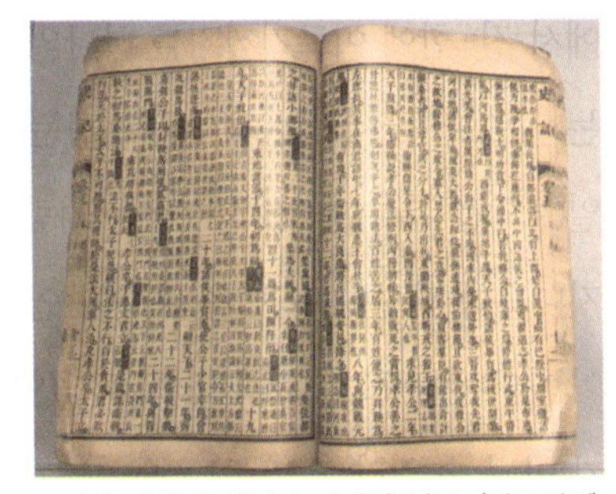

도판은 개혁가 상앙의 전기인 권68 〈상군열전〉의 부분이다.

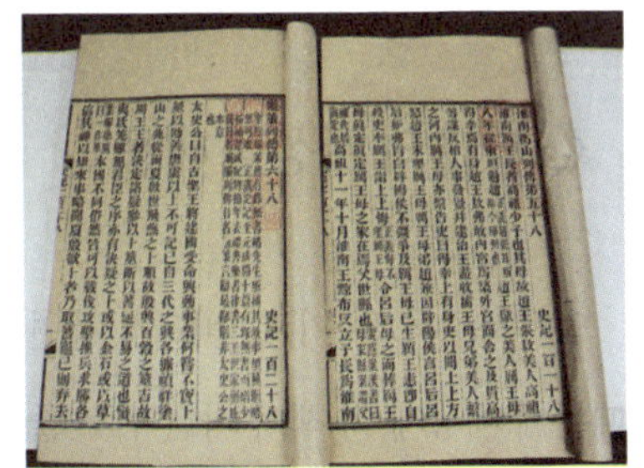

권118 〈회남형산열전〉과 권128 〈귀책열전〉의 모습이다.

사적을 주로 다루면서 중간에다 관부의 전기를 삽입시키고 있다. ④마지막으로 유전(類傳)이다. 이는 같은 부류의 인물들을 거의 같은 비중으로 전기에 다룬 것이다. 〈혹리열전〉, 〈자객열전〉 등과 같은 편들이 이 종류에 속하는 열전이다.

《사기》를 이루고 있는 이상 다섯 체제는 모두가 사마천이 창조한 것은 아니다. 그러나 이 다섯 체제를 개조하고 상호보완하여 하나의 완전한 체계를 이루게 만든 것은 사마천의 독창이었다. 이는 중국 역사학 연구와 발전의 거대한 공헌이자 쾌거였다. 이 때문에 봉건시대 각 왕조가 역사를 편찬할 때 늘 《사기》를 모범으로 삼았다. 송나라 때 사학가 정초(鄭樵, 1104~1162)는 사마천 부자는 "대를 이어가며 서적들을 관리하며 제작에 공을 들였으며 … 황제·요·순

삼황오제부터 수 왕조에 이르는 기전체 통사인 《통지(通志)》를 저술한 정초의 초상화이다.

에서 진·한에 이르기까지를 하나의 책으로 엮고, 이를 다섯 체제로 나누었다. 본기는 기년이며, 세가는 세대를 전하는 것이며, 표는 달력을 바르게 하는 것이고, 서는 일(제도)을 분류한 것이며, 전은 사람을 드러나게 한 것이다. 이렇게 하여 백 세대가 지나도록 사관이 그 법을 바꾸기 쉽지 않았고, 학자는 이 책을 버릴 수 없었다. 6경이 나온 이후로 오로지 이 책이 있었을 뿐이다"라고 평가했는데, 아주 공정한 평가가 아닐 수 없다.

《사기》의 사상적 내용

역사서로서 《사기》는 비교적 전면적이고 객관적으로 역사의 면모를 반영하고 있기 때문에 세상에 이 책이 퍼진 뒤로 줄곧 **실록(實錄)**이란 명예를 얻었다. 반고(班固, 32~92)는 《한서(漢書)》〈사마천전〉에서 "유향(劉向)과 양웅(揚雄)의 저술을 비롯하여 여러 서적들 모두에서 하나 같이 사마천이 뛰어난 역사가의 자질을 지녔다고 칭송했다. 문장이 사리가 분명하고 체제가 잘 잡혀 있으면서도 겉치레가 없고, 질박하면서도 비속하지 않음에 탄복했다고 한다. 문장은 곧고 그 사실은 핵심을 찔러 헛되이 칭찬하지 않고 나쁘다고 숨기지 않았다. 그래서 실록이라고 하는 것이다"라고 평가한 바 있다.

《사기》의 귀중한 점은 사마천이 역사를 서술하면서 자신의 이상에 의지하여 역사와 현실에 대해 깨어 있는 인식과 강렬한 애증을 표출하며 일련의 역사적 인물들을 생동감 넘치게 재현하여 과학적인 역사서와 유려한 전기문학을 절묘하게 결합시켰다는 데 있다. 위대한 문학가 노신(魯迅, 1881~1936)은 "역사가의 기가 막힌 노래요, 가락 없는 〈이소〉이다(사가지절창史家之絶唱, 무운지이소無韻之離騷)"라는 절묘한

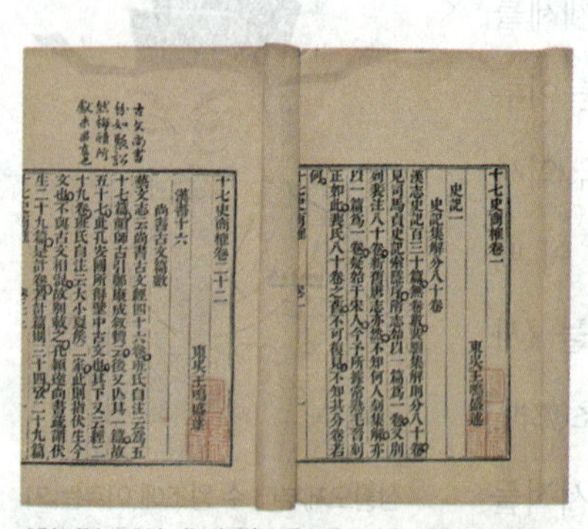

《한서》는 《사기》와 쌍벽을 이룬다는 두 번째 정사이다. 두 역사서의 판본이다.

표현으로 그 특징을 함축적으로 지적했다. 〈이소〉는 굴원의 시(詩) 작품이다. 특히 **노신이 《사기》 130권 52만 6,500자를 장편 서사시 내지 노래로 본 점은 정말이지 탁월한 인식**이 아닐 수 없다.

사회비판적 성격과 인문 정신으로 충만한 노신의 창작은 《사기》의 영향을 깊게 받았다.

다른 모든 사상을 내치고 오로지 유가만을 떠받들던 사상계의 분위기 속에서 사마천도 당연히 유가사상을 접했다. 그는 동중서(董仲舒, 기원전 179~기원전 104)에게서 《춘추(春秋)》 공양학(公羊學)을 배웠고, 《춘추》에 대한 동중서의 일부 견해에는 뜻을 같이했다. 사마천은 "위로는 삼왕의 도를 밝히고, 아래로는 인간사의 기강을 가리며, 의심스러운 곳을 분별하고 시비를 밝히며, 머뭇거림을 결정하게 하며, 좋은 사람은 사랑하게 하고 나쁜 사람은 미워하게 하며, 현명하고 능력 있는 사람을 존중하게 하고 못난 사람은 천대하게 하며, 이미 망한 나라의 이름을 보존하고 끊어진 세대를 잇게 하며, 허물어진 것을 보충하고 폐기된 것을 다시 일으켰다. 이것이 왕도의 큰 틀이다"는 말로 **《춘추》의 역할과 작용을 높이 평가했다.**(〈태사공자서〉)

또 공자(孔子, 기원전 551~기원전 479)를 세가에 편입시켜 역대 왕후들과 같은 반열에 올려놓으면서 "《시(詩)》에 '높은 산은 우러러보고, 큰길은 따른다(고산앙지高山仰止, 경행행지景行行止)'는 말이 있다. 내가 비록 그 경지에는 이르지 못했지만 마음은 늘 그를 동경하고 있다. 나는 공자의 저술을 읽고, 그 사람됨을 생각했다. … 천하의 군왕에서 현인에 이르기까지 많은 사람들이 모두 살아 있을 때는 영화를 누렸으나 죽고 나면 그걸로 그만이었다. 공자는 헌옷으로 평생을 보냈지만, 10여 세대가 지나도록 학자들은 여전히 그를 추앙한다. 천자와 왕후로부터 육예(六藝)를 입에 담는 나라 사람들 모두에 이르기까지 공자의 말을 기준으로 삼고 있으니 성인이라 하지 않을 수 있겠는가!"(〈공자세가〉)라고 칭송했다. 또 공자 학파의 전수를 설명하기 위해 별도로 〈중니제자열전〉을 지었다. **사마천이 얼마나 공자를 흠모했는지** 알 수 있다. 그는 또 자신이 쓴 《사기》를 **제2의 《춘추》**로 생각하며 의식적으로 공자의 사업을 계승했다.

사마천은 공자와 동중서의 사상, 즉 유가사상으로부터 상당한 영향을 받았지만 결코 거기에 매몰되지 않는 비판적 자세를 유지했다. 사진은 사마천광장에 조성되어 있는 동중서의 모습이다.(2017년)

그럼에도 불구하고 사마천은 공자나 동중서와 결코 같지 않았다. 사마천은 공자를 지나치게 신격화하지 않았으며, 유가의 독존적 지위도 완전히 인정하지 않았다. 아버지 사마담(司馬談, ?~기원전 110)의 영향을 받아 그는 선진시대 여러 학가의 사상을 함께 접수했는데, 그중에서도 도가(道家) 사상이 특별했다. 또한 **사마천의 사상에는 소박한 유물주의 요소**가 들어 있다. 더욱이 그 자신이 이릉(李陵) 사건에 연루되어 한 무제(武帝)의 박해를 받았기 때문에 봉건통치의 잔혹함에 대해 보다 진보된 의식을 갖게 되었고, 그로부터 반항성과 인민을 동정하는 요소를 심화 확대시킬 수 있다. 이것이 바로 《사기》의 진보적 사상 내용을 구성하는 근원이자, 봉건시대 전통 사서인 정사들 틈바구니에서 《사기》를 한결 돋보이게 만든 중요한 요인들이었다.

《사기》의 진보적 사상은 우선 **봉건 통치 계급, 특히 한나라 최고 통치집단에 대한 풍자와 폭로**에서 나타난다. 사마천은 〈고조본기〉에서 유방(劉邦)과 관련된 신기한 전설을 곳곳에서 드러냄과 동시에 대업을 이룬 군주로서의 큰 도량과 강인한 의지 및 사람을 잘 활용하는 능력 등과 같은 장점들을 정면으로 묘사하고 있다. 그러면서도 유방이 가족을 위해 생업에 종사하지 않고 술과 여자를 좋아한다고 직설적으로 비판하고 있다. 겉으로는 칭찬하면서도 실제로는 풍자의 수법으로 유방의 위선과 교활한 면을 드러낸 것이다.

유방의 아버지 태공(太公)이 황제가 된 아들 유방에게 여전히 민간의 부자지간처럼 인사를 받자 태공을 모시고 있던 가신이 태공에게 충고하여 이를 고치자, 유방은 몹시 감격하여 그 가신에게 금 500근을 상으로 내렸다는 대목도 그렇고, 미앙궁(未央宮)이 완성되어 연회를 베푼 자리에서 유방은 옥으로 만든 술잔을 받쳐 들고 일어서서는 태상왕(아버지)에게 축하를 올리며, "당초 대인(아버지)께서는 늘 나더러 재주가 없어 생업을 꾸리지 못할 것이며, 둘째 형 유중(劉仲)처럼 노력도 하지 않는다고 잔소리를 하셨소. 그런데 지금 내가 이룬 업적을 둘째 형과 비교하면 누가 더 많소?"라고 하자, 대신들은 모두 만세를 부르며 한바탕 요절복통했다는 대목도 보인다. 이런 묘사의 실제 효과는 대단하다. 하지만 제왕의 기록인 본기라는 체제상의 한계와 통치자의 박해를 피하기 위해 사마천은 〈고조본기〉에서 가능한 비교적 함축적인 방식으로 유방의 진면목을 드러냈을 뿐이다.

〈고조본기〉의 구성에서 또 하나 눈길을 끄는 점은 고조의 일생 전체를 관통하는 주요 사건 또는 고비마다 술자리가 등장한다는 사실이다. 초반부 젊은 날 유방의 '호주색(好酒色)' 일화를 비롯하여 아내 여치를 맞이하게 되는 계기가 된 여공과의 만남과 술자리, 정장으로서 여산 진시황 무덤 공사에 죄인들을 호송하던 도중 술에 취해 큰 뱀을 벤 일, 초한쟁패의 운명을 극적으로 바꾼 홍문연의 술자리, 한중을 나와 승승장구하며 팽성에 들어가 날마다 술자리를 열다가 항우의 공격으로 전멸당할 뻔한 일, 항우를 물리치고 황제가 되어 낙양 남궁에서 공신들과 논공행상을 하며 가진 술자리, 경포의 반란을 진압하고 돌아오는 길에 고향을 들러 고향 사람들과 가진 술자리가 그것이다. 실로 신필의 경지가 아니면 나올 수 없는 장면들이다. 유방이란 인물의 개성을 이런 술자리 배치를 통해 절묘하게 드러낸 것이다.

한편 관련 인물들을 다룬 다른 곳에서는 적나라하게 유방을 비롯한 제왕들의 위선적 모습을 폭로하고 있다. 〈항우본기〉에서는 항우(項羽)와 유방의 대비를 통해 진나라 말기 군웅들이 각축하는 와중에서 유방이 얼마나 비겁하고 무능했는지를 비중 있게 다루고 있다. 또 〈소상국세가〉와 〈회음후열전〉에서는 구체적 사실을 통해 신하를 의심하는 유방의 심리와 대업을 이룬 뒤 공신들을 숙청하는 죄상을 무겁게 드러내고 있다.

사마천이 모셨던 한 무제에 대해서는 〈태사공자서〉에 따르면 〈금상본기〉를 썼다고 하지만, 지금 남

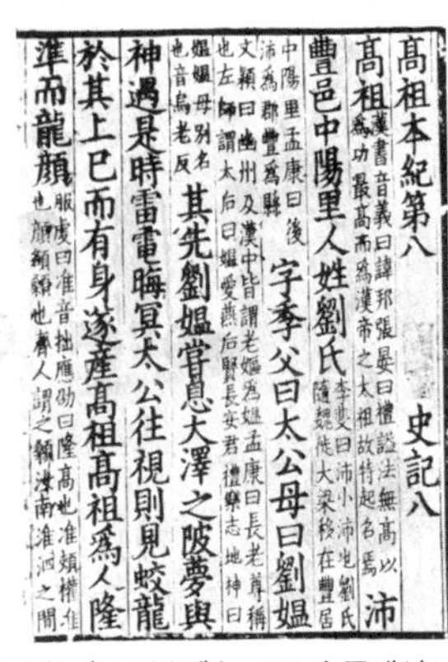

권8 〈고조본기〉는 130권 중에서도 돋보이는 명편의 하나로 평가한다.

아 있는 《사기》의 〈효무본기〉(즉, 〈금상본기〉에 해당)는 사마천의 원작이 아니다. 따라서 그가 한 무제에 대해 어떻게 썼는지 확실히 알 수는 없다. 하지만 사마천은 〈봉선서〉에서 무제가 방사들을 미신하여 불로장생술을 얻으려고 여러 차례 속으면서도 끝내 깨닫지 못했다고 썼다. 〈평준서〉에서는 한 무제가 대외전쟁과 사치·낭비로 건국 이래 쌓아온 국력을 소모하고 백성들에게 부담을 떠넘기고 있다고 비판했다.

그런가 하면 〈순리열전〉과 〈혹리열전〉의 대비를 통해 한 무제의 폭력 통치에 대한 비분과 혐오를 드러냈다. 사마천은 〈순리열전〉에서 "자신의 직분에 따라 순리적으로 해도 다스릴 수 있거늘 하필이면 위엄을 부린단 말인가!"라고 일갈했다. 〈혹리열전〉에서는 "법령이 번거로워지면 도적이 더 기승을 부린다"는 노자의 논리를 충분히 긍정하면서 "포악함으로 다스리는" 방법에 반대하고 있다. 그리고 이 두 편의 열전을 구체적으로 안배하면서, 〈순리열전〉에는 손숙오(孫叔敖)·정자산(鄭子産) 등 다섯 명을 소개했는데 한나라 때 인물은 한 명도 없는 반면, 〈혹리열전〉은 전부 한나라 때 인물로 채워져 있다. 게다가 질도(郅都)라는 인물이 경제(景帝) 때 인물인 것을 제외한 나머지 아홉은 모두 무제시대 폭력 통치의 집행자들이다. 이밖에 〈여후본기〉, 〈위기무안후열전〉에서도 한나라 통치집단 내부 권력 쟁탈의 모순과 투쟁을 기록함으로써 또 다른 각도에서 그들의 잔인하고 포악한 본성을 폭로하고 있다.

《사기》에는 **봉건 폭정에 대항하는 군중들의 반항 정신도 묘사**되어 있다. 〈혹리열전〉을 보면 이들 혹리들의 포악한 통치를 기록한 다음 각지 인민들이 벌떼처럼 들고 일어나는 형세가 잇달아 기록되어 있다. 이는 관리의 핍박에 반대하는 인민의 저항이 충분히 이유가 있다는 긍정의 표시이며, 억압받고 착취당하는 인민의 편에 서서 그들을 동정하고 있다는 뜻이기도 하다. 이러한 인식에 기반을 두고 있었기 때문

사마천은 진승의 봉기 현장인 대택향을 직접 탐방했다.

에 사마천은 진나라 말기 농민봉기를 열렬히 찬양하면서 진섭과 항우를 각각 세가와 본기에 편입시켜 그들을 제후와 제왕 반열에 올려놓은 것이다.

〈진섭세가〉에서 사마천은 진승(陳勝)과 오광(吳廣)이 봉기를

〈항우본기〉는 '성공과 실패로만 영웅을 논하지 않는다'는 역사 기술의 중요한 기준을 제시했다는 평가를 얻었다.(2010년)

일으키게 된 경위와 그들이 한 번 창을 치켜들고 외치자 군웅들이 일거에 호응하는 정세를 상세히 기술하면서 "걸·주가 도를 잃자 탕·무가 일어났고, 주가 도를 잃자 《춘추》가 집필되었다. 진이 그 정치를 잃자 진섭(陳涉, 진승)이 족적을 남겼다. 제후들이 난을 일으키니 그 기세가 바람과 구름 같아 마침내 진의 통치자를 멸망시켰다. 그러나 천하의 발단은 진섭의 봉기에서 시작된 것이다"(〈태사공자서〉)라고 했다. 이는 진섭 봉기의 정당성과 역사를 진전시킨 추동력을 충분히 인정하고 있는 대목이다.

〈항우본기〉에서 사마천은 "항우는 스스로 공로를 떠벌리고, 사사로운 지혜를 앞세워 옛 일에서 배우지 않으며, 패왕의 공업이라 하여 무력으로 천하를 정복하여 다스리려다가 3년 만에 나라를 망쳤다"고 비평했다. 이는 항우가 실패할 수밖에 없었던 원인에 대한 날카로운 지적이지만, 전편에 흐르는 기조는 역시 항우에 대한 칭송이다.

"항우는 세력을 전혀 가지고 있지 않으면서도 진 말기 대세를 틈타 민간에서 일어나 3년 만에 마침내 다섯 제후를 거느리고 진을 멸망시켰다. 그리고 천하를 나누어 왕과 제후를 봉하니 모든 정치가 항우에게서 나왔으며, 자신을 '패왕(霸王)'이라 불렀다. 그 왕위가 끝까지 가지는 못했지만 이런 경우가 가까운 옛날 이래로 없던 일이다."

사마천의 선명한 애증적 태도와 시비 관념이 잘 드러나는 평가다.

사마천은 《사기》에서 **하층 인물들을 소개하면서 열정적인 긍정과 갈채**를 보내고 있다. 〈유협열전〉에서 사마천은 주가(朱家)와 곽해(郭解) 등이 "곤란한 사람을 도울 때

〈자객열전〉은 전국시대에 들어와 급격하게 달라진 인간관계, 특히 은원관을 잘 보여주고 있다. 사진은 하남성 제원시(濟源市)에 남아 있는 섭정의 무덤이다.(2017년)

는 가난하고 천한 사람부터 도우며", "남을 돕고도 그 공을 자랑하지 않는" 의협의 행위와 "말에는 신의가 있고", "행동에는 반드시 결과가 있으며", "한 번 한 약속은 자신의 몸을 돌보지 않으면서까지 반드시 성실하게 지키는" 고상한 품격을 강조함으로써 권력을 가진 자들에게 기만당하고 피해만 보는 처지에 놓여 있던 인민 대중의 기대와 희망을 대신 전하고 있다.

〈자객열전〉에서는 조말(曹沫)·전제(專諸)·예양(豫讓)·섭정(攝政)·형가(荊軻) 등 다섯 명(고점리高漸離는 형가의 행적 뒤에 딸려 있어 정확하게는 여섯 명이라 할 수 있다)의 자객을 소개하고 있다. 이들의 행동 동기는 비록 좁은 개인적 은원관계에 매여 있지만, 그 주된 노선은 여전히 폭정에 대한 저항이다. 특히 형가에 대해서는 강력한 진에 맞서는 두려움 없는 용기와 죽음조차 초월해버린 정신세계에 중점을 두고 묘사하고 있다.

〈골계열전〉은 군주나 제후왕들을 위해 유머와 풍자로 그들의 근심과 고민을 풀어주는 미천한 인물들의 기록이다. 사마천은 그들을 위해 전기를 마련했을 뿐만 아니라, 특수한 신분과 남다른 방식으로 있는 힘을 다해 통치자들의 향락과 사치스러운 생활, 사람을 아낄 줄 모르는 이기심 등에 대해 풍자하고 조롱하는 이들의 행적을 긍정적으로 그려내고 있다.

《사기》에는 애국 영웅들도 등장한다. 〈굴원가생열전〉에서 사마천은 굴원(屈原)을 초나라를 지키기 위해 제나라와 연맹하여 막강한 진에 대항하려는 노력에 대해, 굴원의 강직한 바른말과 소인배들과 어울리지 않는 고결한 성품에 대해, 조정에서 쫓겨났지만 조국의 안위를 걱정하고 죽어서도 고국을 떠나려 하지 않는 애국정신에 대해 열렬히 찬양하면서 굴원의 행동과 품격은 "해와 달의 빛과 다툴" 정도라고까지 말한다. 무엇보다 "돌을 품고 멱라수에 스스로 가라앉아 죽은" 굴원의 자결을 무기력한 자포자기가 아닌 **강렬한 저항정신으로 승화**시키고 있다.

〈염파인상여열전〉에서는 진나라에 빼앗길 뻔했던 귀중한 벽옥을 완벽하게 되가지고 온 완벽귀조(完璧歸趙)의 고사를 비롯하여 민지(澠池)의 회맹, 염파(廉頗)와 인상여(藺相如)의 우정 등과 같은 역사적 사건을 생동감 넘치게 묘사하고 있다. 여기서 사마천은 "나라의 위급이 먼저이고, 사적인 원한관계는 나중"이라면서 강력한 적 앞에서 용감하고 기지 넘치게 국가의 안전과 명예를 지킨 인상여 같은 애국적 영웅을 섬세하게 빚어냈다. 이와 함께 자신의 잘못을 솔직하게 인정할 줄 아는 호탕한 노장 염파의 모습도 잘 그려내고 있다. 이들의 사적은 중국 인민들 사이에서 지금까지 미담으로 전해 내려오고 있다.

〈이장군열전〉도 명편으로 꼽힌다. 비장군(飛將軍) 이광(李廣)은 사마천과 동시대 사람이었다. 사마천은 그를 직접 본 다음 아주 존경어린 감정으로 "사람이 그저 투박하고 말도 잘 못하는 것이 촌사람 같았다"라고 했다. 이광은 용감하고 병사를 자기 몸 같이 아꼈던 애국 영웅이었다. 사마천은 이런 그를 위해 열전을 만들어, 크고 작은 70여 차례 전투에서 숱한 공을 세우고도 억압받고 배척당해 결국은 '스스로 자신의 목을 찔러' 최후를 마치기까지의 구체적인 과정을 침통한 심정으로 서술했다. 이광에 대한 깊은 동정심일 뿐만 아니라 **사마천 자신의 불우한 처지에 대한 울분을** 대신한 것이기도 했다.

호북성 의창시(宜昌市)에 잘 조성되어 있는 굴원의 사당 안 굴원의 승천을 나타낸 그림이다.(2014년)

《사기》의 문학적 성취

《사기》의 표와 서는 과학성을 갖춘 부분으로 책 전체를 위한 유기적 구성체라 할 수 있다. 반면에 본기와 세가 그리고 열전은《사기》의 주요 부분으로, 사마천은 인물을 중심으로《사기》라는 이 위대한 저작을 창조하여 역사 전기문학의 모범을 탄생시켰다. 사마천은 이들 **인물의 전기를 통해 한 폭의 거대한 사회 생활도를 재현했으**며, 시대적 특징이 선명한 인물들의 형상을 빚어냈다. 이는 3,000년 역사의 생동감 넘치는 개괄이었으며, 동시에 역사와 현실에 대한 사마천 자신의 심각한 비판과 강렬한 애증의 표현이었다. 이렇게 해서 "논단을 기다릴 것도 없이 사건을 서술해가면서 그 뜻을 드러내는"(고염무顧炎武,《일지록日知錄》 권26) 경지에 이를 수 있었다.

사마천은 역사의 진실을 존중한다는 전제하에서 형상이 다르고, 성격이 다른 수많은 인물들을 그려냈다. 이를 위해 그는 먼저 역사 자료의 선택과 편집, 그리고 집중에 힘을 기울였다. 장량(張良)의 일대기를 기록한 〈유후세가〉에서 사마천은 유후(留侯) 장량을 두고 "황제와 함께 조용히 천하 대사를 논의하는 일이 매우 많았지만 그것들은 천하 존망에 관계된 것이 아니므로 일일이 기록하지 않는다"하고 했듯이, 한 인물의 전기를 쓰면서 모든 사건을 다 늘어놓는 것이 아니라 그 인물의 특징을 잘 나타낼 수 있는 중요하고도 대표적인 의미를 지니고 있는 말과 행동을 선택하고 있다.

유후 장량은 한나라 개국에 가장 큰 공을 세운 '서한삼걸(西漢三杰)'의 한 사람으로 유방이 자신의 입으로 "군정을 분석하여 군영 안에서 계책을 세워 천 리 밖의 승부를 결정짓는" 인물이라고 평가할 정도로 중요한 인물이다. 그런 그가 평소 유방과 더불어 이런저런 일들에 관해 아주 많은 이

유방에게 장량이란 존재는 아주 각별했다. 신분이 완전히 다른 귀족 출신의 장량과 평민 출신의 유방의 만남은 말 그대로 환상의 조합이었다. 두 사람은 리더와 참모의 수준과 경지를 잘 보여주었다. 사진은 섬서성 유파현 장량 사당 내의 장량 상이다.(2014년)

야기를 나누고 결정했지만, 그의 전기에는 천하 존망과 관계된 중대한 사건만 기록되어 있을 뿐이다. 그러나 바로 이것이 장량의 특징과 한 왕조 창건 과정에서 그가 수행했던 중요한 작용을 잘 드러내고 있다.

항우는 진 왕조의 폭력 통치를 무너뜨린 중심인물이다. 사마천은 그런 그를 본기에 편입시켜 기록의 출발점으로 삼고 있다. 〈항우본기〉에는 진나라 말기에서 초한 쟁패에 이르는 시기 역사 발전의 윤곽이 아로새겨져 있는 외에도 주요하게는 일련의 중대한 사건을 통해 질풍노도와 같이 한 시대를 풍미한 풍운아 항우의 성격상 특징을 두드러지게 묘사하여 사람들에게 깊고 짙은 인상을 남기고 있다. 항우가 실패한 원인에 이르러서는 항우 자신의 개인적 결점, 군사·정치상의 착오 등을 끝부분에서 간명하게 요약하고 평론을 덧붙였다.

사마천은 바로 **역사 자료에 대한 선택과 편집, 그리고 집중이라는 방식을 통해 《사기》에 등장하는 인물들이 처했던 공간 속에서 벌인 역사적인 활동과 작용을 정확하게 반영**하도록 했으며, 또 인물들의 사상과 성격에 나타난 주요한 특징들을 돋보이게 묘사하여 온전하고 또렷한 인물 형상을 만들어냈다.

사마천은 한 인물의 전기를 쓰면서 평범하고 개괄적인 서술은 극구 피했다. 대신 주요한 사건을 움켜쥐고 구체적이고 상세하게 인물의 활동을 추적함으로써, 그 인물의 특징을 두드러지게 하여 인물 이미지를 생동감 있게 만들었다. 〈위공자열전〉에서 사마천은 신릉군(信陵君)이 조(趙)와 위(魏)를 구한 중요한 사건을 둘러싸고 친절하게 이 한 편의 전기에서 무려 147번이나 '공자'라는 표현을 사용하여 신릉군이 당시의 계급 관념에 아랑곳하지 않고 어떻게 이문(夷門)의 문지기 후영(侯嬴)이나 백정 주해(朱亥)와 교류했으며, 또 "도박하는 자와 술 파는 자와도 교류한" 고사를 서술하고 있다. 이런 서술을 통해 신릉군의 어질고 겸손하게 잘못을 과감하게 고치며, 신의를 중시하고 남의 어려움을 마다 않고 돌보는 성격이 잘 드러나게 했으며, 또 신릉군이 유협이나 문객들의 도움을 받아 진의 침략을 막고 조와 위를 구함으로써 제후들의 사기를 진작시킨 역사적 작용을 돋보이게 만들었다.

인물의 활동을 묘사할 때 사마천은 **인물의 행동을 포착하는 데 대단한 노력을 기울**

였다. 서로 다른 인물의 몸동작을 통해 그 인물의 정신적 면모와 성격상의 특성까지도 드러나게 했다. 〈위공자열전〉을 보면 사마천은 **신릉군이 후영을 맞이하는 장면을 마치 영화의 장면처럼 묘사**하고 있다. "공자가 말고삐를 쥐고도 더욱 공손했다", "공자의 안색이 더욱 부드러웠다", "공자의 안색은 시종 변화가 없었다" 등과 같은 표현들이 잇달아 나오는데, 후영이 시종일관 공자의 눈빛과 저잣거리의 사람들, 말을 탄 사람들, 빈객들의 반응을 예의 주시하는 가운데 이런 표현들이 한데 어울려 마치 극장에서 영화를 보는 듯한 착각까지 불러일으킨다.

사마천은 또 해당 **인물들의 일상사를 묘사하여 인물의 성격을 표현**하기도 한다. 분량은 많지 않지만 심각한 인상을 남긴다. 〈혹리열전〉의 장탕(張湯)이란 인물이 어린 시절 고기를 훔쳐 먹은 쥐를 잡아다 심문하고 죽인 일화는 정말이지 놀랍도록 생동감이 넘친다. 냉혹하고 잔인한 장탕의 성격을 알리는 데 이보다 더 효과적인 방법이 있을까 하는 생각을 들게 한다.

〈만석장숙열전〉에 보면 석건(石建)이 말 '마(馬)'자를 잘못 써서 황제에게 글을 올린 것을 알고는 매우 황송하고 두려워했다는 이야기와, 석경이 황제의 수레를 끄는 말의 수를 헤아리면서 채찍으로 일일이 하나하나 세어 본 뒤 손을 들고는 말의 수를 큰 소리로 외쳤다는 일화가 소개되어 있는데, 만석군(萬石君) 일가 부자 다섯 사람의 부지런하면서도 구차한, 그리고 황당하기까지 한 심리를 은근히 절묘하게 드러내고 있다.

〈진승상세가〉의 젊은 진평(陳平)이 마을을 위해 고기를 고루 잘 나눈 일화, 〈이사열전〉에서 젊은 날 이사(李斯)가 변소 간의 쥐새끼와 곡식 창고의 쥐새끼를 보며 탄식했다는 일화, 〈회음후열전〉에서 한신(韓信)이 불량배들의 가랑이 밑을 기는 치욕(과하지욕胯下之辱)을 견딘 일화 등등이 모두 인물들이 일상사에서 겪은 사소한

위공자 신릉군이 이문의 문지기 후영을 찾아가는 모습을 그린 그림이다.

일을 가지고 성격적 특성을 절묘하고 생생하게 드러낸 좋은 본보기들이다.

긴장된 투쟁 장면을 묘사할 때는 구체적인 모순이 맞부딪치는 소용돌이 속으로 인물을 내던져 각자의 장점과 단점을 드러내게 했다. 사마천이 인물을 빚어내는 중요한 수법이다. 〈항우본기〉에서 사마천은 항우가 송의(宋義)를 죽이고 조나라를 구하는 장면, 홍문(鴻門)에서의 연회, 해하(垓下)전투 등 긴박한 투쟁 장면을 놓치지 않고 연속적으로 그려냄으로써 항우의 이미지를 한결 풍부하게 만들고 있다. 특히, 해하전투에서 항우가 한의 군대에 의해 겹겹이 포위된 절박한 상황에서 사랑하는 우희(虞姬)와 비통하게 헤어지는 장면(패왕별희霸王別姬)을 비롯하여 포위를 뚫는 장면, 장수의 목을 치는 장면, 깃발을 자르는 장면, 한의 장수를 노려보며 꾸짖는 장면 등 위급한 형세에서도 늠름한 기상을 잃지 않는 항우의 모습을 기막히게 그려내고 있다. 이런 격렬한 장면의 묘사를 통해 사마천은 **영웅의 비극적 말로와 그 형상을 지극히 강렬한 예술적 매력으로 끌어올리고 있다.**

〈위기무안후열전〉에서 관부(灌夫)가 술자리에서 권세를 부리는 자들을 욕한 일로 곤경에 처하자 두영(竇嬰)이 관부를 위해 조정에서 변론하는 대목도 긴장된 장면을 이용하여 인물의 성격을 잘 나타낸 아주 좋은 보기다. 이 열전도 〈위공자열전〉처럼 영화의 중요한 장면을 보는 듯한 서술을 보여주고 있다.

《사기》는 그 언어도 대단히 특색이 있다. 먼저 사마천은 **해당 인물의 신분에 맞는 구어체를 활용하여 인물의 이미지와 성격을 잘 드러낸다.** 항우와 유방이 진시황(秦始皇)의 행차를 보고 내뱉은 감탄사에서 드러나는 두 사람의 성격 차이는 참으로 절묘한 언어 구사가 아닐 수 없다. 항우는 진시황이 순수를 나가는 거창한 행렬을 보고는 "내가 저자의 자리를 대신할 것이다!"라고 말했다. 유방은 "와, 대장부라면 저 정도는 돼야지!"라고 감탄했다고 한다. 사마천은 두 사람의 서로 다른 감탄사에 배어 있는 말투를 통해 인물의 성격을 잘 나타냈다. 사람을 압도하는 짧은 한마디에 항우의 호방하고 강경한 성격을 엿볼 수 있고, 완곡한 말투를 통해서는 노련하고 신중한 유방의 성격을 읽을 수 있다.

〈장승상열전〉에서 사마천은 '기기(期期)'라는 두 글자를 이용하여, 일촉즉발의 살벌한 분위기에서 '저, 저'하며 말을 더듬으면서도 유방에게 바른 소리를 하는 주창의 모습을 절묘하게 그려내고 있다. 인물간의 대화를 이용해서 그 인물들의 신분과 성격차를 잘 드러낸다. 〈항우본기〉 중에서도 명장면으로 꼽히는 '홍문의 연회'나, 〈평원군열전〉에서 모수(毛遂)가 스스로를 추천하는 대목 등은 모두 대화를 통해 인물을 드러내는 강렬한 효력을 지닌 뛰어난 문장이다.

다음으로 《사기》의 서술 언어가 구어체로 표현된 특징을 가지고 있다는 점이다. 《사기》의 문장은 한나라의 대표적인 문장가인 가의(賈誼)나 조조(晁錯)의 정론(政論)과도 다르고, 화려한 표현으로 이름난 사마상여(司馬相如)의 문장과도 다르다. 짝을 맞추는 대구 방식도 아주 드물고, 정제된 문장으로 뽐을 내려 하지 않는다. 간결하고 세련된 표현과 유창하고 생동감 넘치는 언어로 대단히 강력한 표현력을 보여준다.

《사기》의 인물 전기에는 또 **사마천 자신의 평론과 감정적인 글이 흔히 등장**한다. 하지만 이 문장들은 인물의 생애에 대한 서술에서 벗어나지 않으면서도 사마천 자신의 진지한 감정과 강렬한 애정을 함축적으로 첨가하여 인물의 성격과 사상을 깊게 새기는데 도움을 줄 뿐만 아니라 문장의 서정성과 감동력을 높여주고 있다.

사마천은 또 **'태사공왈'이란 역사논평이라 할 수 있는 '사론(史論)' 형식을 처음으로 만들어냈다.** 이를 통해 사마천은 인물과 관련된 전해오는 이야기를 보충하거나 사실의 와전을 바로잡거나 자신의 생각을 드러냈다. 짤막한 논의지만 틀에 매이지 않아 대단히 함축적이고 명쾌하다. 인물전기의 여운이자 보충 역할을 함으로써 인물전기에 없어서는 안 될 유기적인 구성부분이 되고 있다.

그런가 하면 사마천은 **인물전기의 서술과 평론에서 민간의 노래·격언·속담 등을 채록하여 문장의 설득력과 생동성을 높이고 있다.** 〈회남형산열전〉에 보면 "한 자의 베로도 옷을 꿰맬 수 있고, 한 말의 곡식도 절구질할 수 있다네. 하지만 형제 두 사람이 서로 용납하지 못한다네!"라는 노래를 인용하여 통치 계급 내부의 골육상쟁을 폭로하고 있다. 〈이장군열전〉에서는 "복숭아나무와 자두나무는 말이 없지만, 그 아래로 절로 큰길이 난다(도리불언桃李不言, 하자성혜下自成蹊)"라는 속담을 인용하여 이광의 인품과 그에 대한 백성들의 존경을 찬양했다.

《사기》는 중국 고대문학의 발전에 여러 면에서 영향을 미쳤다. 사마천이 《사기》에서 이룩한 "곧은 문장과 핵심을 찌르는 사실, 좋다고 과장하지 않고 나쁘다고 감추지 않는" '실록'의 정신과 "사실의 이치를 순서대로 잘 엮고 이를 가리되 떠벌리지 않으며, 질박하되 속되지 않은" 재능은 역대 역사가와 문학가들에 의해 대단한 존경을 받았다. 당나라 때 한유(韓愈, 768~824)와 유종원(柳宗元, 773~819) 등이 고문(古文) 운동을 제창한 이래로 역대 고문학자나 산문가들이 번거롭고 지루한 문장을 반대할 때마다 모두 사마천의 《사기》를 자신들이 추구하는 목표로 삼았다. 뿐만 아니라 구체적인 작문법과 문장 스타일에서 당·송 이후 수많은 작가들이 《사기》로부터 유익한 계발을 얻었다.

《사기》의 열전은 전기문학의 효시가 되었고, 이는 중국 소설과 희극 창작에 뚜렷한 영향을 미치게 된다. 고대 중국의 문어체 소설은 위·진시대(220~589)의 지괴(志怪)소설과 일사(軼事)소설로부터 시작하여 당 이후의 전기(傳奇)소설을 거쳐 청나라 포송령(蒲松齡, 1640~1715)의 《요재지이(聊齋志異)》에 이르기까지 요괴를 다룬 것도 있고, 사람을 다룬 것도 있지만 역사는 결코 아니었다. 그러나 체제나 형식에서는 그 작가들 모두 직간접으로 《사기》의 형식과 체재에서 껍질을 벗고 나온 것이다. 《사기》에서 창조된 역사인물의 전기라는 표현수법은 문어체 소설뿐만 아니라 송·원 이후 생겨난 통속 백화(白話) 소설에 흡수되고 발전하여 중국 소설의 민족적 특색을 형성하는 데 적극적인 작용을 했다. 후세 수많은 소설이나 희극들이 《사기》에 묘사된 인물과 사건을 창작의 소재로 삼거나 한 걸음 더 나아가를 재창조했다. 그중 적지 않은 인물들이 희곡과 곡예 무대를 통해 대중들의 사랑을 받았고, 지금도 받고 있다.

《사기》의 문장은 후대 문인들의 글쓰기에 늘 모범이 되었다. 당나라 때 있었던 고문 운동은 그 대표적인 사례였다. 사진은 서안(西安) 대안탑(大雁塔) 앞쪽에 조성된 불야성(不夜城) 거리의 유종원 상이다.(2014년)

《사기》의 증보 및 주석본

《사기》는 《한서》〈예문지(藝文志)〉에는 '춘추가(春秋家)'로 편입되어 《태사공(太史公)》, 《태사공서(太史公書)》, 《태사공기(太史公記)》로 불렸다. 이것이 《사기》의 본명이다. 서한시대에도 '사기(史記)'라는 단어가 있었고, 사마천 자신도 여러 번 이 단어를 사용한 바 있다. 그러나 이 단어는 당시 사적에 대한 통칭이었지 사마천의 저서를 가리키는 것은 아니었다. 위·진시대에 와서야 비로소 《사기》를 《태사공서》만을 가리키는 고유명사로 사용하기 시작했다. 이어 《수서》〈경적지(經籍志)〉에 오면 '사부(史部)'라는 것이 생기고, 《사기》가 그 으뜸을 차지함으로써 고유명사로서의 자리를 확고히 다졌고, 그 이름이 지금까지 사용되고 있다.

《사기》는 한나라 선제(宣帝, 기원전 91~기원전 48) 이후 세상에 알려지기 시작했다. 대체로 사마천이 세상을 떠나고 20년이 지난 기원전 70년 무렵 외손자 양운(楊惲, ?~기원전 54)의 노력으로 공개되었다. 《사기》가 세상에서 공개되자 빠른 속도로 지식인들의 주목을 받았다. 《사기》의 기사가 한 무제 태초 연간에서 끝나고 있기 때문에 많은 사람들이 그 뒤를 이어 사료를 수집하여 《사기》에 대해 증보 작업을 벌였다. 하지만 대부분의 문장들이 남아 있지 못하고 단지 원제(元帝, 기원전 74~기원전 33)와 성제(成帝, 기원전 51~기원전 7) 사이의 저소손(褚少孫, 생졸 미상)이 지은 증보만 현재 《사기》에 남아 있을 뿐이다. 〈골계열전〉, 〈일자열전〉, 〈귀책열전〉은 모두 끝부분에 '저소손왈(褚少孫曰)'이라는 명목으로 적지 않은 역사적 사실을 보충하고 있다. 특히 〈골계열전〉에서 서문표(西門豹)가 하백(河伯)에게 처녀를 바치고 나머지 돈을 갈취해 온 무당들을 징벌하는 대목이 가장 유명하다.

《사기》는 세상을 떠돌다 적지 않은 부분을 잃었다. 반고가 《한서》를 지을 무렵에는 벌써 '10편이 제목만 있고 글이 없는'(〈사마천전〉) 상태였다. 삼국시대 위(魏)나라 때 학자 장안(張晏, 생졸 미상)은 〈경제본기〉, 〈무제본기〉, 〈예서〉, 〈악서〉, 〈병서〉(〈율서〉), 〈일자열전〉, 〈삼왕세가〉, 〈귀책열전〉, 〈부근열전〉을 잃었다고 추측했다. 지금 전하는 《사기》 판본들에는 각 편이 모두 갖추어져 있지만, 그중 일부는 사마천의 원작이 아니라는 주장이 받아들여지고 있다. 하지만 몇몇 편 또는 단락을 확실하게 지적할 수 있는 것 외에 많은 부분이 역대로 논란이 분분한 채 해결되지 않고 있다.

《사기》가 세상의 빛을 본 뒤로 동한 때부터 주석을 다는 사람이 나타났다. 현재 가장 빠르고 완전한 주석서인 남조(南朝) 송(宋, 420~479)의 배인(裴駰, 생졸 미상)이 지은 《사기집해(史記集解)》를 비롯하여, 당나라 사마정의 《사기색은》과 장수절(張守節, 생졸 미상)의 《사기정의(史記正義)》가 가장 대표적인 주석서다. 이 세 사람의 주석을 '삼가주(三家注)'라 하는데, 본래 각각 따로 출간된 단행본이었으나 북송 때 이 세 사람의 주를 본문 아래 한꺼번에 모아 놓은 것이 가장 많이 유통되는 본이 되었다. 이것을 통행본이라 한다. 현존하는 가장 이른 《사기》 판본은 남송 황선부본(黃善夫本)이고, 이 판본의 서체가 가장 우아하다는 평이다. 통행본으로 가장 잘된 것은 청나라 장문호(張文虎) 판본이며, 중화서국(中華書局)에서 낸 24사 표점본(標點本)은 장문호의 판본을 바탕으로 한 것이다. 표점본은 《사기》 원문과 삼가주를 한데 모아 표점(문장부호)을 찍었고, 글자와 문장에 대한 교감도 거쳤다.

《사기》에 관한 연구서로서는 청나라 양옥승(梁玉繩)의 《사기지의(史記志疑)》, 일본 타키가와 카메타로(瀧川資言)의 《사기회주고증(史記會注考證)》과 미즈사와 토시타다(水澤利忠)의 《사기회주고증교보(史記會注考證校補)》 등이 유명하다. 특히 개혁개방 이후 중국 대륙에서의 사마천과 《사기》에 대한 연구는 지난 2천 년 동안의 연구 성과를 뛰어넘을 정도로 크게 발전하여 전문 연구서와 논문을 헤아리기 힘들 정도다. 이러한 성과를 총 정리한 결과물이 2005년 화문출판사(華文出版社)에서 출간한 《사기연구집성(史記研究集成)》 14권이다. 약 500만 자에 이르는 이 방대한 성과로 지난 2천 년에 걸친 연구사는 대체로 정리되었다.

남송 시기 황선부본 《사기》 권97 〈역생육고열전〉 부분이다.

※ 이 글은 《中國大百科全書》(중국역사, 중국문학, 철학), 《중국

사학명저평개(中國史學名著評介)》(倉修良主編, 山東敎育出版社, 2006)의 '사기(史記)' 항목과 김영수가 쓴 《사마천과 사기에 대한 모든 것》(2권) 등을 참고하여 김영수가 정리했다.

정조대왕의 《사기영선(史記英選)》

1797년 편찬된 《사기영선》은 정조대왕이 자신이 추구하던 개혁정치에 대한 의지를 확인하고자 《사기》의 인물들을 직접 선정하여 엮게 한 것이다. 교정은 다산 정약용과 초정 박제가에 보게 했다. 정조는 이 영선본을 신하들에게 읽게 했으며, 그 자신도 틈만 나면 읽었다. 정조는 계급제도가 뚜렷했던 시절 천대받는 장사꾼들의 전기인 〈화식열전〉을 이 책에 포함시켜 자신이 백성들의 생활 향상에 얼마나 관심을 가지고 있는가를 간접적으로 내비치기도 했다.

《사기》는 조선시대 지식인들에게는 필독서였다. 뿐만 아니라 사회 전반에 걸쳐 그 영향이 만만치 않았다. 정조대왕이 침체되어 있는 조선의 국운을 부흥시키기 위한 개혁에 박차를 가했으나 기득권 양반 세력들의 거센 저항에 부딪쳤다. 이 때문에 정조가 몹시 아꼈던 다산은 기나긴 유배 생활과 칩거 생활을 면치 못했다. 1800년 집권층 노론 세력의 견제로 벼슬을 내놓고 남양주 본가에 물러나 있던 다산에게 정조는 반고(班固)의 《한서(漢書)》 열 질을 보내면서 《사기》도 딸려 보냈다.

다산은 3년 전 자신에게 교정을 보게 하고 펴낸 《사기영선》을 떠올리지 않을 수 없었다. 동시에 정조의 개혁 의지를 다시 한 번 확인했다. 하지만 그해 정조는 갑작스러운 발병으로 세상을 떠났고, 다산은 18년이란 유배 생활을 떠나지 않을 수 없었다. 이렇게 본다면 《사기영선》의 편찬은 정조의 개혁의지를 담은 마지막 행보였다고 할 수 있다.

조선시대 《사기》의 영향과 판소리

조선 중기의 시인 김득신(1604~1684)은 조선시대를 통해 둘째가라면 서운해 할 독서광이었다. 그런데 그는 어린 시절 천연두를 앓아 몹시 아둔했고, 이 때문에 돌아서면 잊을 정도로 기억력이 형편없었다. 아버지 김치(金緻)는 이런 아들을 포기하지 않고 지극정성으로 격려하고 가르쳐 20세에 처음으로 글을 지을 수 있게 되었다. 그리고 남들은 퇴직할 나이인 59세에 과거에 합격했다. 벼슬살이를 잠깐 했으나 이내 사직하고 고향으로 돌아와 시를 지으며 살았다.

김득신은 자신의 기억력 때문에 책이나 문장을 반복해서 읽었다. 특히 《사기》〈백이열전〉은 무려 1억 1만 3천 번 읽었다고 했다.(당시 단위에서 1억은 지금의 10만에 해당한다. 따라서 지금 단위로 따지면 11만 3천 번이 된다.) 그가 《사기》를 얼마나 애독하고 열독했는가를 잘 보여주는 고백이다.

김득신 뿐만 아니라 조선시대 많은 지식인들이 《사기》를 열독했다. 《사기》의 영향력을 짐작케 하는 대목이다. 수많은 보통 사람들의 특별한 기록인 《사기》, 특히 열전은 숨 막힐 것 같은 신분제도와 성리학 이데올로기에 억압당해 있던 조선시대 지식인들에게는 그나마 자유롭게 숨 쉴 수 있는 해방 공간과 같았을 것이다.

조선시대에 있어서 《사기》의 영향은 지식인들의 독서생활에만 한정되어 있지 않았다. 양반들의 놀이였던 판소리 마당에까지 침투해 있었다. 지금 남아 있는 판소리 창본(바디)을 보면 판소리 다섯마당 모두에 《사기》의 대목들이 인용되어 있다. 판소리는 조선 중기 이후 남도 지방 특유의 곡조를 토대로 발달한 민속예술의 한 형태이다. 광대 한 명이 고수(鼓手) 한 명의 장단에 맞추어 일정한 내용을 육성과 몸짓을 곁들여 창극조(唱劇調)로 두서너 시간에 걸쳐 부른다. 영조와 정조 때 명창들이 속속 출현하면서 기틀이 잡혔고, 민중 예술로서 뿐만 아니라 양반층의 유흥으로 널리 유행했다.

판소리 바디(가사)에는 《사기》를 비롯한 중국 역대 경전과 역사서는 물론 명사들의 한시가 다량 인용되고 있는데, 이는 당시 양반층의 지적 욕구와 호기심을 충족하기 위한 배치로 보인다. 특히 《사기》는 판소리 다섯 마당 곳곳에 배치되어 소리의 극적인 효과를 배가시키고 있어 주목을 끈다. 《사기》의 유명한 장면들이 민중예술에까지 영향을 미친 대표적인 사례라 하겠다. 이런 현상은 중국 소설과 희곡에 《사기》의 고사가 큰 영향을 미친 것과 같은 맥락이다.

이제 판소리 다섯 마당 중 〈흥보가〉, 〈적벽가〉, 〈수궁가〉에 보이는 《사기》의 관련 대목들을 하나씩 소개한다. 먼저 〈흥보가〉에서 《사기》의 흔적은 십여 군데 이상 발견되는데, 그중 한 대목을 보자. 〈흥보가〉 2장 놀보매질 제6 양주탄식이란 대목의 일부이다. 창본은 《송만갑-박봉술 바디 '동편제 흥보가 창본'》이다. 이 창본은 중요 무형문화재 제5호 운산 송순섭 명창의 창본인데, 2007년 운산 송순섭 판소리 연구원에서 펴냈다. 〈적벽가〉와 〈수궁가〉도 마찬가지다.

흥보는 처자식 먹일 양식이 없어 놀보에게 곡식을 얻으러 갔다가 형수에게 주걱으로 뺨을 맞고 쫓겨난다. 처량한 몰골로 집으로 돌아와서는 아내에게 되지도 않는 거짓말을 늘어놓자 흥보 마누라는 단번에 거짓말을 알아채고는 이렇게 읊는다.

가기 싫어 허는 것을 몹쓸년의 계집이
  굳이 가라고 우기였다 이 지경을 당하였네
옛글에 이르기를
국난(國難)에는 사양상(思良相)이요
가빈(家貧)에는 사현처(思賢妻)라
내 얼마나 얌전허면 중헌 가장을 못 먹이고
  어린 자식들 벗기겠나
  차라리 내가 죽어
  이런 꼴 저런 꼴 안 보는 것이 옳지

놀보 마누라가 인용한 옛글의 '국난에는 사양상이요, 가빈에는 사현처'라는 대목은 바로 《사기》 권44 〈위세가〉에 나오는 명언이다. 원문은 〈흥보가〉와는 순서가 바

꿰어 "가빈즉사양처(家貧則思良妻), 국난즉사양상(國難則思良相)"으로 되어 있다.

다음으로 〈적벽가〉는 〈흥보가〉보다 훨씬 많이 《사기》 구절을 인용하고 있다. 대략 20군데가 넘는다. 그중 제6장 화용도 제3 조조애걸의 한 대목이다.

조조가 다시 비는 말이

장군님 듣조시요

절흉(絕凶)같은 흉노(匈奴)로되

백등칠일지위(白登七日之圍)허여

한고조(漢高祖)를 살렸삽고

지백지신(智伯之臣) 예양(豫讓)이는

조양자(趙襄子)를 죽이려고

협비수(挾匕首)허고 궁중도측(宮中塗厠) 허였으되

조양자 어진 마음 의인(義人)이라 이르시고

오근피지(吾謹避之)를 허였으니

장군님도 그를 보아 소장(小將)을 살려주고

삼가에 피(避)하소서

관공(關公)이 꾸짖어 왈

예양은 의인이요

조양자는 천중대인(天中大人)이라 일이 그러하거니와

너는 한나라 적자(賊子)요 나는 한나라 의장(義將)이라

네 잡으로 예 왔으니 어찌 너를 살려소 보낼쏘냐

갈길이 총급(悤急)허니 잔말 말고 칼 받아라

위는 조조가 관우에게 목숨을 애걸하는 대목이다. 조조는 먼저 한 고조 유방이 흉노를 공격하러 나섰다가 백등산에게 7일 동안 포위당했다가 진평의 계책으로 포위를 푼 사건을 거론하면서 흉노가 포위를 풀어 고조를 살렸다고 말한다. 이 사건은

《사기》〈흉노열전〉에 나온다.

　조조가 다음으로 거론한 조양자와 예양은 《사기》〈자객열전〉에 나오는 인물들이다. 예양은 조양자를 암살하려고 비수를 숨긴 채 궁중의 측간에 숨어 있다가 들켜 암살에 실패했다. 조양자는 예양을 죽이지 않고 앞으로 나와 마주치지 않으면 된다며 풀어주었다. 조조는 이 사건을 거론하며 살려달라고 한 것이다. (〈자객열전〉에서 예양은 그 뒤 다시 조양자를 암살하려다 또 실패했다. 조양자가 더 이상 살려 줄 수 없다고 하자, 예양은 조양자에게 부탁하여 칼로 그의 옷에다 구멍을 낸 다음 스스로 목숨을 끊었다.)

　다음으로 〈수궁가〉의 한 대목이다. 〈수궁가〉에는 〈흥보가〉나 〈적벽가〉보다 더 많은 30여 차례 《사기》가 인용되고 있다. 제1장 용왕득병 제5 어전회의의 한 구절이다.

왕(王)이 똘똘 탄식(歎息)허되

남의 나라는 충신이 있어서

할고사군(割股事君) 개자추(介子推)와

광초망신(誑楚亡身) 기신(紀信)이는

죽을 임금을 살렸건마는

우리 나라도 능신(能臣)은 있겠마는 어느 뉘랴 날 살리리오

　용왕이 병이 들어 토끼 간을 구할 신하를 찾았는데 나서는 자가 없자 탄식을 하는 대목이다. 그러면서 용왕은 춘추시대 진나라 문공의 충신이었던 개자추와 그의 '할고사군'을 언급한다. 개자추는 문공이 공자 시절 19년 동안 망명 생활을 할 때 함께 고생한 신하였는데, 문공이 굶어 쓰러지자 자신의 허벅지 살을 베어 국을 끓여 구했다. 여기서 바로 용왕이 언급한 '허벅지 살을 베어 임금을 모시다'는 '할고사군', 또는 '할고봉군(割股奉君)'이란 고사성어가 유래되었다. 이 고사는 《사기》〈진세가〉가 그 원전이다.

　용왕이 두 번째 언급한 '광초망신' '기신'은 초한쟁패 때의 일이다. 당시 한왕 유방은 초패왕 항우에게 형양에서 포위당해 거의 전멸 위기에 몰렸다. 이때 유방을 닮은

기신이란 신하가 나서 유방처럼 분장을 하고 여자 2천 명을 병사처럼 꾸며서 항우에게 항복하러 동쪽 문을 나섰다. 항우의 장병들이 우르르 몰려나왔고, 일시 군영이 혼란에 빠졌다. 유방은 이 틈을 타서 서쪽 문으로 빠져나갔다. 속았음을 알게 된 항우는 기신을 삶아죽였다. '광초망신'은 '초나라를 속이고 자신은 죽었다'는 뜻을 가진 고사성어로 출전은 《사기》 〈고조본기〉다.

전라남도 화순 적벽(赤壁)을 배경으로 판소리 〈적벽가〉를 열창하고 있는 윤진철 명창의 모습이다.(2023년)

《사기》는 일찍이 삼국시대 때 이미 전래 보급되었다는 기록이 남아 있다. 이로 볼 때 그 영향력이 만만치 않았을 것이다. 더 이상의 자세한 기록이 없고, 또 그 이후 우리 역사와 문화에 어느 정도 영향을 미쳤는가에 대한 전문적 연구는 드물지만 민중의 목소리와 감성을 반영하고 대변하는 판소리 사설에까지 침투해 있다는 사실로 미루어 볼 때 오랜 세월을 거치면서 여러 방면에 그 흔적을 남겼을 것이다. 지금 중국의 위상과 함께 《사기》가 그 막강한 역사 문화적 역량을 장착한 채 우리에게 성큼성큼 다가오고 있다.

※ 이상 특별 참고자료의 글은 《사마천 사기 성어대사전》의 특별 부록으로 편찬자 김영수가 새로 쓴 원고이다.

권67 〈중니제자열전〉은 시·서·예·악을 민간에까지
전파하여 이른바 문화와 교육의 대이동을 촉진했던
위대한 스승 공자의 제자들을 기록한 열전이다. 77인
의 뛰어난 제자들 중 35인의 사적을 기술하고 나머지
42인은 이름만 남겼다.(《공자세가》에는 72명) 이와 함께
노자·거백옥·자산·안영·유하혜 등 공자의 지인들과
스승의 간략한 사적도 덧붙였다. 사진은 공자가 가장
아꼈던 제자 안연(顔淵)의 사당인 복성묘(復聖廟)의 중
심 건물인 복성전(復聖殿)이다.(산동성 곡부시 2019년)

《사기》130권 목록과 개요

　《사기》는 모두 130권으로 이루어져 있다. 본기 12권, 표 10권, 서 8권, 세가 30권, 열전 70권으로 다섯 체제 총 130권이다. 130권의 목록, 다섯 체제와 130권 각각에 대한 간략한 개요를 부록으로 마련했다.

1. 《사기》 130권 목록

- 권1 〈오제본기(五帝本紀)〉
- 권2 〈하본기(夏本紀)〉
- 권3 〈은본기(殷本紀)〉
- 권4 〈주본기(周本紀)〉
- 권5 〈진본기(秦本紀)〉
- 권6 〈진시황본기(秦始皇本紀)〉
- 권7 〈항우본기(項羽本紀)〉
- 권8 〈고조본기(高祖本紀)〉
- 권9 〈여후본기(呂后本紀)〉
- 권10 〈효문본기(孝文本紀)〉
- 권11 〈효경본기(孝景本紀)〉
- 권12 〈효무본기(孝武本紀)〉

이상 12본기

- 권13 〈삼대세표(三代世表)〉

- 권14 〈십이제후연표(十二諸侯年表)〉

- 권15 〈육국연표(六國年表)〉

- 권16 〈진초지제월표(秦楚之際月表)〉

- 권17 〈한흥이래제후왕연표(漢興以來諸侯王年表)〉

- 권18 〈고조공신후자연표(高祖功臣侯者年表)〉

- 권19 〈혜경간후자연표(惠景間侯者年表)〉

- 권20 〈건원이래후자연표(建元以來侯者年表)〉

- 권21 〈건원이래왕자후자연표(建元以來王子侯者年表)〉

- 권22 〈한흥이래장상명신연표(漢興以來將相名臣年表)〉

이상 10표

- 권23 〈예서(禮書)〉
- 권24 〈악서(樂書)〉
- 권25 〈율서(律書)〉
- 권26 〈역서(曆書)〉
- 권27 〈천관서(天官書)〉
- 권28 〈봉선서(封禪書)〉
- 권29 〈하거서(河渠書)〉
- 권30 〈평준서(平準書)〉

이상 8서

- 권31 〈오태백세가(吳太伯世家)〉
- 권32 〈제태공세가(齊太公世家)〉
- 권33 〈노주공세가(魯周公世家)〉
- 권34 〈연소공세가(燕召公世家)〉
- 권35 〈관채세가(管蔡世家)〉
- 권36 〈진기세가(陳杞世家)〉
- 권37 〈위강숙세가(衛康叔世家)〉
- 권38 〈송미자세가(宋微子世家)〉
- 권39 〈진세가(晉世家)〉
- 권40 〈초세가(楚世家)〉
- 권41 〈월왕구천세가(越王勾踐世家)〉
- 권42 〈정세가(鄭世家)〉
- 권43 〈조세가(趙世家)〉
- 권44 〈위세가(魏世家)〉
- 권45 〈한세가(韓世家)〉
- 권46 〈전경중완세가(田敬仲完世家)〉
- 권47 〈공자세가(孔子世家)〉
- 권48 〈진섭세가(陳涉世家)〉
- 권49 〈외척세가(外戚世家)〉
- 권50 〈초원왕세가(楚元王世家)〉
- 권51 〈형연세가(荊燕世家)〉
- 권52 〈제도혜왕세가(齊悼惠王世家)〉
- 권53 〈소상국세가(蕭相國世家)〉
- 권54 〈조상국세가(曹相國世家)〉
- 권55 〈유후세가(留侯世家)〉
- 권56 〈진승상세가(陳丞相世家)〉
- 권57 〈강후주발세가(絳侯周勃世家)〉
- 권58 〈양효왕세가(梁孝王世家)〉

이상 70열전

동악(東岳) 태산(泰山)은 역대 제왕의 봉선제(封禪祭)에서 가장 중요한 산이었다. 사진은 안개 긴 태산 남천문(南天門) 천가(天街)의 모습이다. 관련 기록은 권28 〈봉선서〉이다. (2009년)

2. 다섯 체제와 130권 개요

이 부분은 《사기》 권130 〈태사공자서〉에 기록된 각 권의 '태사공왈'을 축으로 삼고, 《사기제평(史記題評)》 등과 같은 연구서를 참고하여 작성한 것이다.

본기 12권

"흩어져 있는 천하의 옛일들을 수집하고 망라하여 제왕들 행적의 시말과 성쇠를 탐구·관찰한 다음, 사실에 근거하여 위로는 3대의 역사를 간략하게 추구하고, 아래로는 현재에 이르기까지 12본기를 서술한다."

계기적 합리적, 진보적 파격적, 거시적 역사관을 동시에 종합적으로 보여주는 체제가 12본기이다. 본기는 다섯 체제 중 첫 체제로 기본적으로는 역대 왕조와 제왕들의 기록이다. 그러나 이는 후대 사가들이 관찬(官撰) 역사서인 정사(正史)를 편찬하면서 자의적으로 정한 기준이 되어 버렸다. 사마천은 본기에다 제왕이 되지 못했거나 제왕이 아닌 인물도 당당히 편입시켰기 때문이다. 〈항우본기〉와 〈여태후본기〉가 바로 그것이다. 사마천은 천하대세를 주도한 사람이면 그가 제왕이 되었건 되지 않았건, 그가 여자이건 남자이건 차별하지 않고 본기에 편입시켰다. 사마천의 진보적 사관이 돋보이는 체제이다.

본기는 기본적으로 통치자들의 기록이다. 따라서 통치의 원칙, 통치자의 자질, 치국방략(治國方略)들이 상대적으로 많은 편이다. 이런 점들을 염두에 두고 따라가다 보면 오늘날 우리 현실의 문제점과 개선점에 대한 교훈과 통찰력을 얻을 수 있다. 특히 리더의 자질이 백성과 나라에 어떤 영향을 미치는지에 대한 깊은 인식을 갖추게 될 것이다.

권1 〈오제본기〉

오제(황제·전욱·제곡·요·순)의 공덕을 찬미하여, 천추만대에 전할 것과 조상·도덕·인간사·제도·세계관 및 역사학 연구의 방법을 밝히고 있는 첫 권이다. 특히,

제왕 자리를 가까운 사람이 아닌 능력 있는 사람에게 양보한다는 선양(禪讓) 전통을 부각시키면서 통치자에게 필요한 공사구분의 자세를 강조하고 있다. 현지답사와 여러 학설을 수집·검토하여 합리적인 부분을 택해 서술한 본기의 총체적 서문 성격을 띠고 있다. 실사구시(實事求是) 정신을 바탕으로 한 사마천의 진화론적 역사관이 돋보이는 문장으로 꼽힌다. 관련된 기록과 참고 서적으로는 《상서》, 《오제덕》, 《제계성》, 《국어》, 《좌전》, 《세본》, 《장자》, 《맹자》, 《한비자》, 《전국책》, 《여씨춘추》, 《예기》, 《회남자》 등이다.

권2 〈하본기〉

중국사 최초의 왕조로 그 실체를 인정받고 있는 하의 시조 하우(대우)의 공덕과 하 시대의 역사적 사건을 기록한 본기다. 우순과 하우 때부터 공물과 조세제도가 정비되고 부자계승으로 전환한 점을 강조하고 있다. '하(夏)' 또는 '화하(華夏)'는 중화대일통의 중요한 표지이자 이로부터 중국이란 개념이 정식으로 형성된다는 인식을 보여주고 있다. 최근 고고 발굴로 하의 실체가 확인되고 있다.

관련한 기록과 참고 서적으로는 《상서》, 《오제덕》, 《제계성》, 《맹자》, 《우공》, 《감서》, 《대우모》, 《고요모》, 《익직》, 《오자지가》, 《윤정》 등이다.

하 왕조의 실체를 밝혀 줄 유지들 중 한 곳인 이리두(二里頭, 하남성 낙양시洛陽市 언사구偃師區) 유지의 모습이다.(2009년)

권3 〈은본기〉

은(상)의 건국으로부터 성왕을 거쳐 제신(주임금)의 멸망까지를 흥망성쇠의 논리로 서술한 본기이다. 특히 마지막 임금 주는 〈하본기〉의 마지막 임금 걸과 함께 나라를 망친 망국과 폭군의 대명사로 강한 인상을 남기고 있다. 은허 갑골문의 발굴로 〈은본기〉에 기록된 은의 왕계 및 기록의 정확성이 입증되면서 오랫동안 논란이 되었던

《사기》기록의 정확성과 신뢰도 문제가 크게 바뀌었고, 〈하본기〉는 물론 〈오제본기〉의 기록도 믿을 만하다는 개연성이 확보되었다. 관련 기록들로는 《제계성》, 《상서》, 《국어》, 《일주서》, 《묵자》, 《맹자》, 《시경》, 《여씨춘추》 등이다.

권4 〈주본기〉

주의 흥기·발전·쇠퇴·천도와 멸망에 이르는 과정을 '대세'의 흐름으로 파악한 본기이다. 주의 초기 도읍지가 종래 학자들의 주장대로 낙읍이 아니라 풍호라고 주장한 사마천의 탁월한 고증이 돋보인다. 고대 중국의 문물제도를 정비한 주공의 역할을 강조하는 한편, 군주와 대신의 자질을 강조한 점도 주목된다.

관련 기록으로는 《시경》, 《상서》, 《일주서》, 《춘추》, 《좌전》, 《국어》, 《전국책》, 《세본》, 《죽서기년》, 《예기》, 《제계성》, 《여씨춘추》, 《순자》, 《한시외전》 등이다.

주의 초기 도읍인 풍호 유지의 2009년 모습이다.

권5 〈진본기〉

천하를 통일한 진나라의 역사를 초기부터 비약적으로 발전한 춘추전국시대까지의 상황을 단계적으로 서술했다. 복잡한 역사 사실들 중에서 진나라의 발전과 진보에 영향을 준 관건이 되는 몇 단계를 탁월한 식견으로 부각시키고 있는 점이 눈길을 끈다. 교조적 틀에 매이지 않고 자신만의 원칙으로 역사 발전의 대세를 기술한 점이 남다르다. 천하를 통일한 이후 진나라의 역사는 〈진시황본기〉로 구별하여 따로 안배했고, 다른 제후국들의 기록을 모두 세가에 편입한 것과는 달리 본기에 안배한 의도가 특별하다.

관련되어 있거나 함께 참조할 기록들로는 《진기(秦紀)》, 〈진시황본기〉, 〈맹상군열전〉, 〈백기왕전열전〉, 〈여불위열전〉, 〈범수채택열전〉, 〈이사열전〉 등이다.

천하를 통일한 진시황의 치적과 최초의 통일 제국이 불과 15년 만에 몰락하는 과정을 상세히 서술했다. 이를 통해 진의 통일은 역사 발전의 필연적 결과임을 강조했다. 이 한 편 자체가 완전한 통일 제국 진 왕조의 흥망사이자 인물을 중심으로 한 최초이자 장편의 제왕본기라 할 수 있다. 진시황의 공과를 가감 없이 서술하여 진을 뒤이은 한나라 통치자에게 귀감으로 제시하고 있다.

함께 읽어야 할 기록들로는 진의 흥망을 전문적으로 논한 가의의 〈과진론〉을 비롯하여 〈이사열전〉, 〈몽염열전〉 등이다. 참고로 〈과진론〉은 〈진시황본기〉 뒷부분에 전문이 인용되어 있는데, 사마천의 뛰어난 안목을 잘 보여주는 안배이다.

사마천이 안타까운 심정으로 깊은 동정을 표현한 비극적 영웅, 항우의 시대적 역할과 그 공적 및 몰락의 과정을 문학적 필치로 구성한 작품으로 130권 전편을 통해 가장 중요하고 빛나는 한 편이다. 역사적으로는 가장 생생하고 구체적으로 파란만장한 시대를 묘사했고, 문학적으로는 최초로 인물 중심의 걸작을 탄생시켰다. 항우에 대한 무한한 애정을 나타내면서도 그의 약점과 잘못을 솔직하게 그려낸 '실록' 정신이 돋보이는 본기이기도 하다.

〈회음후열전〉, 〈고조본기〉 등과 함께 읽으면 항우의 진면목을 입체적으로 재구성할 수 있다. 거록전투, 홍문연, 패왕별희, 사면초가 등 명장면이 즐비하다.

5년에 걸친 본격적인 초한쟁패를 마무리하고 천하를 다시 안정시킨 한 고조 유방의 행적을 기술하면서 역대 왕조의 폐단을 간결하게 지적하고 있다. 이 편은 〈항우본기〉와 함께 《사기》 전체를 통해 가장 훌륭하고 중요한 편으로 꼽힌다. 사마천은 천하를 재통일한 유방의 뛰어난 장점들을 묘사함과 동시에 단점들도 그려냄으로써 이른바 정통 역사학자들이 흔히 범했던 개국 황제에 대한 찬양 일변도의 위선적 의식을 통렬하게 반박했다. 특히 고조 유방의 일생에서 중요한 고비나 전환점이 되었던 장면들을 술과 술자리를 통해 구성한 소설적 장치는 절묘함을 넘어 사마천의 신필(神筆)을 만끽하게 한다.

〈항우본기〉, 〈회음후열전〉, 〈유후세가〉, 〈소상국세가〉, 〈전담열전〉, 〈팽월열전〉 등과 함께 읽어야 한다.

권9 〈여후본기〉

고조의 적장자로 한나라 2대 황제가 된 혜제는 심신이 미약하여 단명했다. 이후 여씨 일족이 정권을 독단하고, 여태후가 실질적인 황제 역할을 했다. 그럼에도 사마천은 천하는 편하고 즐거웠다는 논평으로 여태후의 통치를 전반적으로 긍정했다. 이 편은 한나라 초기 통치집단 내부의 권력투쟁을 생동감 넘치게 묘사하고 있는데, 박진감 넘치는 것이 한 편의 단편소설을 방불케 한다. 특히, 황제 자리에는 오르지 못했지만 실질적으로 황제 권력을 행사한 여태후를 본기에 넣은 사마천의 현실적이고 파격적인 남다른 역사관이 돋보인다.

〈계포난포열전〉, 〈흉노열전〉 등을 함께 참고하면 좋다.

산동성 단현(單縣)에 남아 있는 여태후의 사당이다. (2010년)

권10 〈효문본기〉

한나라 초기 황실의 불안정과 황제 계승에 따른 동요를 안정시키고, 어진 정치를 베풀어 나라를 안정시킨 문제의 치적을 서술하고 있다. 사마천은 이 편을 통해 자신의 정치적 이상형에 부합하는 문제를 찬양한다. 특별히 다른 본기에는 거의 싣지 않았던 황제의 조서들을 상세히 소개한다. 이는 대놓고 권력자를 칭송하기보다는 권력자가 직접 내린 조서들을 통해 그의 진면목을 부각시키는 방식으로, 사마천의 의도가 남다르다 하겠다.

문제는 이 조서들을 통해 여러 악법을 폐지하였다. 이밖에 육형(고문)을 폐지시키는데 큰 역할을 한 효녀 제영을 부각시킴으로써 여성에 대한 사마천의 진보적 관점을 보여주고 있다. 〈장석지풍당열전〉, 〈강후주발세가〉, 〈효경본기〉 등을 참조하면 좋다.

권11 〈효경본기〉

정권 초기의 병목 위기인 '오초칠국의 난'을 평정하고 천하를 안정시킨 경제시대의 행적을 기술한 본기이다. 경제를 아버지 문제와 대비시켜 가며 평가하는 한편, 경제의 '열악'한 점들을 비판적으로 기술했다. 반면 정책이나 백성에게 영향을 미친 문제에 대한 비판은 많지 않은 편이다. 이 편의 진위 여부가 역대로 논란거리였다.

'오초칠국의 난'을 평정하는 데 가장 큰 공을 세운 주아부의 행적이 실린 〈강후주발세가〉을 비롯하여 〈위기무안후열전〉, 〈장석지풍당열전〉, 〈외척세가〉, 〈오종세가〉, 〈양효왕세가〉 등을 함께 읽어야 한다.

권12 〈효무본기〉

대내외적으로 융성해진 무제시대의 치적을 비교적 상세히 서술한 본기의 마지막 편이다. 그러나 이 편은 후대인이 〈봉선서〉 등에서 잘라내 보완한 것이라는 설이 만만치 않다. 《사기》가 무제의 심기를 건드려 예민한 기록 10여 편이 삭제된 채 유통되었다는 주장과도 맞물려 있는 부분이기도 하다. 반면 미신과 제사 등에 열을 올렸던 무제의 행각을 비꼬기 위해 미신과 제사에 대한 전문 기록인 〈봉선서〉를 일부러 무제의 행적으로 대신했다는 주장도 있다. 억울하게 궁형을 자청하게 만든 권력자 무제에 대한 '문화복수(文化復讐)'의 관점으로 보기 때문이다.

〈봉선서〉를 반드시 참조하고, 무제 통치기에 활동한 인물들의 기록을 함께 읽어야 한다.

무제는 서한의 전성기를 구가했다. 무제와 흉노 정벌에 큰 역할을 무장들의 목상이다.(섬서성 흥평 무릉박물관 2024년)

"사적에는 시대가 같은 것이 있고, 다른 것도 있어 연대치가 분명치 않으므로 10 표를 만든다."

시간을 축으로 삼고 표 형식으로 본기와 더불어 역사를 시·공간적으로 파악할 수 있게 배려한 체제가 10권의 표이다.

10편으로 이루어진 표는 복잡다단하고 파악하기 힘든 역사 인물과 사건들을 도표 형식으로 만들어 한눈에 알아볼 수 있게 한 절묘한 장치다. 사마천의 말대로 "사건은 많은데 발생한 시간이 달라 연대가 분명치 않은 사건들"을 일목요연하게 처리하기 위한 안배다. 이 표에는 본기·세가·열전에서 언급할 수 없었거나 미처 언급하지 못한 인물과 사건들이 간단하게 기록되어 있어, 애매한 사건의 맥락을 이해할 수 있다.

표는 당초 그 가치를 인정받지 못하다가 청나라 이후 진정한 가치를 인정받기 시작했다. 최근에는 사마천의 천재성이 번득이는 체제로 평가하고 있으며, 이인호 교수는 이 표를 컴퓨터 소프트웨어 프로그램인 엑셀(Excel)에 비유하기까지 했다.

권13 〈삼대세표〉

연대가 너무 오래된 하·상·주 3대의 연대기를 보첩이나 옛 문헌을 참고하여 〈삼대세표〉로 만들었다. 서와 표 두 부분으로 이루어져 있으나 후대인 저소손 등의 황당한 대화가 삽입되어 있는 등 시비가 많다. 서문으로 보아 사마천의 실사구시적 태도와 시대구분에 대한 인식이 엿보인다. 관련한 문헌과 함께 참조할 편으로는 《오제계보》, 《상서》와 〈오제본기〉 등이 있다.

권14 〈십이제후연표〉

주 왕실 쇠퇴 후 제후들의 독자적 정치행태와 부침의 의미를 살펴보고자 한 연표다. 주나라의 달력을 시간 축으로, 제후국들을 공간 축으로 삼아 366년 춘추시대의 역사를 정식 기년과 함께 서술했다. 《춘추》의 정신을 계승한 사마천의 사학사상이 집중적으로 표현되었다는 평이다. 관련 문헌으로는《춘추역보첩》,《춘추》,《우씨춘추》,《여씨춘추》,《국어》 등이다.

권15 〈육국연표〉

전국시대의 혼란상과 진나라에 의한 병합과정 및 그 몰락 과정을 서술하고 있다. 주 왕실과 진, 그리고 나머지 6국의 큰 사건들을 시대적 흐름과 함께 일목요연하게 표로 정리했다. 진나라 통일의 역사적 필연성을 강조한 점과 사마천 자신의 여러 견문을 바탕으로 한 기록이란 점, 그리고 뛰어난 문장 등으로 주목받는 편이다. 전국시대 사료의 결핍으로 인한 착오가 적지 않다는 평가도 있다. 관련한 문헌으로는《진기》가 있고, 사마천이 실지 답사로 채록한 자료도 있다.

전국시대 초기의 지도(박스 안의 흰 글씨는 전국 7웅이다).

권16 〈진초지제월표〉

진 2세 원년(기원전 209) 7월부터 한 고조 5년(기원전 202) 9월까지 총 90개월 동안 일어난 중대사를 정리했다. 이 기간(약 8년)에 천하 정세는 복잡하고 변화가 많아서 상세하게 9개 틀의 월표로 정리한 것이다. 유방이 천하를 얻은 것에 대해 사마천은 하늘 '천(天)'과 성스서울 '성(聖)' 두 글자를 연거푸 사용하여 유방의 통일이 그 자신의 힘에 의한 것이 아니라는 점을 교묘하게 암시하고 있다. 〈진시황본기〉, 〈이사열전〉, 〈진섭세가〉 등과 함께 참조하면 좋다.

권17 〈한흥이래제후왕연표〉

105년에 걸친 한나라의 역사와 권력투쟁 등에서 큰 비중을 차지했던 제후 왕국의 발전 상황을 6개 표로 정리한 연표다. 특히 분봉의 역사와 한나라 초기 분봉의 변화를 객관적으로 제시했다. 숙청된 공신들에 대한 동정과 통치자들에 대한 비판적 입장을 풍자와 암시로 지적하고 있다. 바로 뒤의 〈고조공신후자연표〉와 함께 읽어야 당시 상황을 입체적으로 재구성할 수 있다.

권18 〈고조공신후자연표〉

기원전 202년 유방이 황제로 즉위한 이래 재위 12년 동안 봉해진 143명의 공신들이 그 뒤 100여 년 사이에 어떻게 쇠퇴해 갔나를 일목요연하게 제시하고 있다. 제후들이 흥망성쇠를 거듭한 까닭은 그 시대의 성패와 득실에 있다고 인식한 동시에 통치자의 지나친 법 적용도 크게 작용했다고 지적한다. 〈한흥이래제후왕연표〉, 〈평준서〉를 함께 참조하면 좋다.

권19 〈혜경간후자연표〉

혜제에서 경제에 이르는 시기 개국공신들 중 누락된 자, 그 밖의 종친들에게 작위와 땅을 내린 상황과 변화를 서술하고 있다. 성이 다른 이성(異姓) 제후왕으로 봉해진 8명이 장사왕을 제외하고 모두 모반죄로 처형당하게 된 당시 정치의 내재적 관계를 간파한다. 기타 90여 제후들의 소멸 과정도 당시 직면한 사회적 상황 속에서 이해했다. 역사 단계의 특징과 역사인물의 면면을 파악하는 사마천의 탁월한 인식과 안목이 돋보인다.

권20 〈건원이래후자연표〉

무제 건원 원년(기원전 140)에서 태초 연간(기원전 104~101)까지 공신에 대한 분봉 상황을 표로 나열한 것이다. 무제 당시 주변 민족에 대한 정벌 전쟁으로 무공을 세운 자들에 대한 분봉을 기록했지만, 다른 편과 비교할 때 무제의 정벌 전쟁을 정의롭지 못한 것으로 비판한 사마천의 인식을 읽어낼 수 있다. 특히, 정화 2년(기원전 91) 기사(《사기》에서 가장 늦은 연대)가 있어 《사기》의 완성과 사마천의 사망 연도 추정에 귀중한 근거가 된다.

〈흉노열전〉, 〈조선열전〉, 〈남월열전〉, 〈대완열전〉, 〈평준서〉, 〈평진후주보열전〉과 함께 참조할 수 있다.

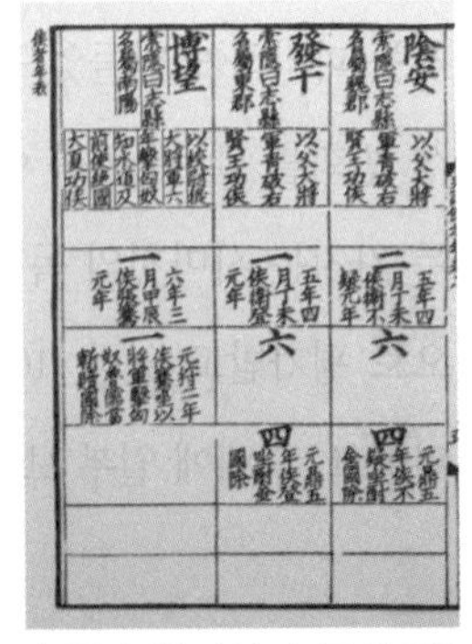

〈건원이래후자연표〉 중 박망후 장건 관련 부분이다.(장건기념관 2014년)

권21 〈건원이래왕자후자연표〉

한 무제가 봉한 왕제후 163명을 표로 나열하여 유명한 '추은령'의 실시 상황을 반영하고 있다.

권17 〈한흥이래제후왕연표〉와 함께 살피면 서한 100여 년간에 걸친 분봉의 상황, 끊임없이 강화된 중앙집권의 과정을 일목요연하게 볼 수 있다. 무제시대의 화해할 수 없는 역사적 요구와 윤리 사이의 충돌과 비극에 대한 사마천의 심각한 의식을 보여준다. 〈한흥이래제후왕연표〉, 〈평진후주보열전〉, 〈태사공자서〉, 〈오왕비열전〉 등을 함께 참조할 수 있다.

고조 원년(기원전 206)부터 성제 홍가 원년(기원전 20)까지 장수·재상·명신들의 임명과 면직 및 사망 등의 변화를 개관하여 열전의 보완 작용을 하도록 했다. 5칸을 만들어 연도, 큰 역사적 사건, 재상 자리, 장수 자리, 어사대부 자리의 상황이 어떻게 변했는지를 일목요연하게 보여준다.

특히 큰 사건의 경우는 역사 발전의 과정을 실마리를 찾듯 파악하게 만들었으며, 장수와 재상 및 중신들의 신상 변화를 맨 위 왼쪽 아래에다 거꾸로 써넣었는데, 이 두 가지는 사마천의 독창성과 모종의 의도가 내포된 것으로 평가받고 있다. 10표 중 유일하게 서문이 없는 한 편이고, 후대에 일부 보완이 있었을 것으로 추정한다.

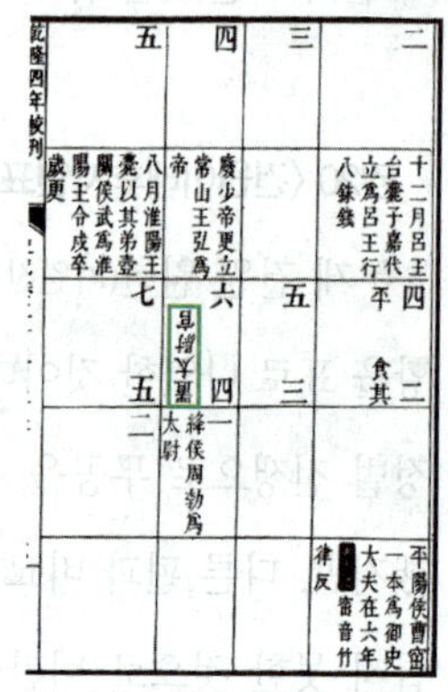

신료들의 신상 변화를 거꾸로 써서 해당 사건에 대한 진상을 한 번 더 생각하게 만든 〈한흥이래장상명신연표〉이다.

서 8권

"시대에 따른 예악의 증감, 율력의 바뀜, 병권·산천·귀신, 하늘과 인간관계 등에 대해 그 득실과 폐단을 살피고 변화를 꿰고자 했다."

국가의 시스템을 개괄한 것으로 《사기》의 독창성을 돋보이게 하는 체제가 8서이다. 기전체 역사에 부족하거나 없는 사회·문물 제도에 대해 기술하는 총론에 해당하는 기록으로 볼 수 있다.

8편의 서는 예의·음악·군사·역법·천문·종교제사·수리·경제 방면에 관한 역대의 문물제도를 전문적으로 기술한 학술성이 짙은 논문과 같다. 비유하자면 '국가의 대체', 즉 국가를 작동시키는 각종 시스템에 관한 기록이다. 역사 발전에 시스템이 일으키는 작용에 초점을 맞추어 문물제도의 작동 원리와 운영 철학까지 언급하고 있다. 따라서 폭넓은 지식과 깊이 있는 내용을 함께 갖춘 백과전서의 성격이 강하다.

사마천은 본기에서 역사 발전의 전반적인 추세를 주의 깊게 살피고, 표를 통하여 제후국들의 변화를 주요 내용으로 하는 역사 발전의 단계성을 검토한 다음, 정치를 비롯한 국가의 운영체계, 즉 서 8편으로 관심을 돌렸다. 이렇게 본다면 8편의 서는 역사와 현실의 결합이라 할 수 있다.

권23 〈예서〉

사마천은 "각 시대의 예는 인성에 가깝도록 하고 왕도와 통하게 한다는 요지에서 서로 통한다"고 했다. 〈예서〉는 글을 쓴 사람에 대한 논란이 가장 많지만 사마천의 학술사상 체계를 이해하는 데 대단히 중요하다. 유가 예제의 기본관점을 비롯하여 정치관과 학술사상에서는 순자의 영향이 크며, 서주에서 서한에 이르는 예제의 변화를 회고하면서 역사 진화관과 변증법 사상을 잘 보여준다.

8서 중 예서를 맨 처음에 올려 통일왕조의 통치 질서를 상징적으로 대변하고 있다. 체제는 서지체(書誌體) 사서의 모범을 이룬다. 관련한 문헌으로는 《순자》(〈의론〉, 〈의병〉 편), 《예기》, 《상군서》(〈갱법〉 편) 등이 있고, 〈제태공세가〉, 〈노주공세가〉, 〈육국연표〉 등을 함께 읽으면 좋다.

권24 〈악서〉

사마천은 "음악으로 풍속을 개선한다. 《악서》를 참고하고 과거의 음악을 논술했다"는 취지를 남겼다. 〈악서〉 역시 사마천의 진짜 작품이냐를 놓고 논의가 분분하지만, 서문은 사마천이 쓴 것으로 본다. 음악과 정치 교화의 밀접한 관계를 서술하고 있다. 또 음악의 기원과 사회적 기능, 예의 관계, 교화 작용, 전통적인 예악제도 등에 관하여 서술한 중국 최초의 음악 이론서로 분량 또한 상당하다. 관계된 문헌은 《예기》(〈악기〉 편)이다.

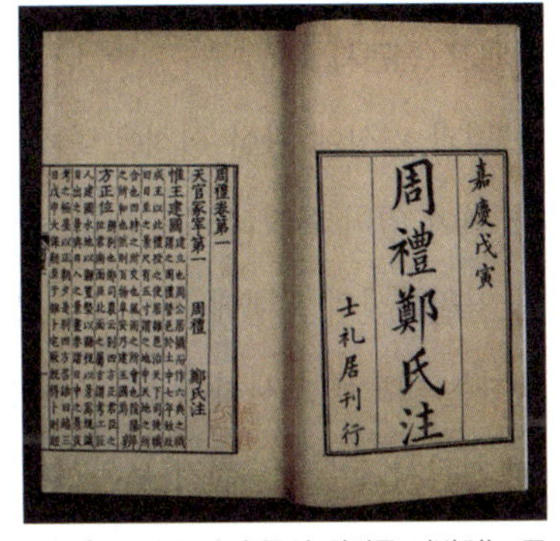

예악은 고대 중국의 통치 질서를 떠받치는 규범이었다. 주 왕조의 '주례(周禮)'가 그것이었다. 도판은 《주례정씨주(周禮鄭氏注)》 판본이다.

"병력이 없으면 강국이 될 수 없고, 덕망이 없으면 번창할 수 없다. … 근세에는 인간사의 변화를 더 극진하게 연구하였고 그래서 율서를 지었다."

사마천의 이 서문으로 보아 현존 〈율서〉는 〈병서〉에 해당하여, 〈병서〉와 〈율력서〉가 함께 존재했거나 이름이 바뀐 것 같다. 사마천은 전쟁과 대비시켜 가며 인재 등용의 중요성을 강조했다. 아울러 한 무제 등의 지나친 무력 사용을 조롱하고 비판하고 있다. 〈병서〉와 관련하여 진위 여부에 대한 논란이 많은 부분이기도 하다.

사마천은 "율과 역은 음양의 이치에 입각하여 번갈아 다스리므로 오차나 빈틈을 용납하지 않는다. 역대 역법은 서로 달라 태초 원년의 역법을 중심으로 역서를 지었다"고 했다. 〈역서〉는 중국 최초의 계통적인 고대 역법사의 전문 논문이자 천문학을 국가의 정치체제에 넣은 역사 문헌이다.

사마천은 역법의 발생과 발전과정을 과학적으로 종합하고, 천문역법이 사회발전에 미치는 중대한 의미를 역사적 사실을 들어가며 논술했다. 사마천 자신이 '태초력' 제정에 참여한 경험의 반영이기도 하다.

"별과 기상에 관한 서적은 흔히 길흉화복의 내용이 섞여 있어 황당하고 근거가 없다. … 서적을 모아 일월성신의 운행에 관해 논하고, 그 순서대로 운행하는 법도를 조사하여 〈천관서〉를 지었다."

〈천관서〉를 지은 취지 부분이다. 이 편은 천문학 종합전서로 중국 특유의 별자리 체계를 수립했다. 통치자는 반드시 상하 1천 년의 역사를 이해하고 고찰해야 하며, 천상 변화에 따른 통찰도 요구된다.

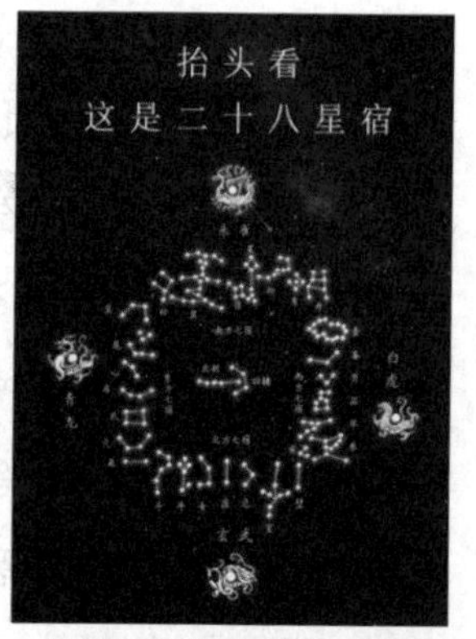

고대 중국의 천문학에서는 사방 7개씩 모두 28개의 별자리를 확정했다. 이를 '이십팔수(二十八宿)'라 했다.

사마천은 이를 덕정의 바탕으로 본다. 문장에 대한 약간의 시비가 있다. 관련한 문헌으로는 《상서》가 있다.

권28 〈봉선서〉

"여러 신들, 명산대천(名山大川)의 제례에 대해서 그 근본을 탐색하여 〈봉선서〉를 지었다."

〈봉선서〉의 취지이다. 이 편은 상고시대로부터 한 무제까지 3천 년 동안 역대 제왕들이 명산대천에 올린 제사 활동을 기록한 것으로, 사마천의 천도관(天道觀)을 이해하는 데 중요한 부분이다. 사마천은 봉선 제사가 갖는 의미와 그 허구성 및 낭비성을 비판적으로 지적한다. 아울러 한 무제의 허황된 탐욕과 권력자를 속여 일신의 영달을 꾀한 방사들의 정체를 백일하게 폭로한다. 사마천의 소박한 유물주의 사상과 강렬한 회의(懷疑) 정신을 확인할 수 있다.

관련한 기록으로는 《상서》(〈주관〉 편)가 있다. 〈평준서〉, 〈혹리열전〉, 〈대완열전〉을 함께 읽으면 〈효무본기〉의 주제를 온전하게 구성할 수 있다.

권29 〈하거서〉

"물로부터 오는 이익과 피해가 참으로 심하다는 것을 알게 되었다. 천자를 따라 호자(瓠子)로 가서 나무를 나르면서 선방을 막고 천자의 〈호자가(瓠子歌)〉에 감동하여 〈하거서〉를 지었다."

〈하거서〉는 상고부터 진한에 이르는 수리 발전의 상황을 기록한 것이다. 정국거(鄭國渠) 등 수리공사에 대한 고대인의 지혜와 힘을 탁월한 역사인식으로 보여주는 중요한 부분이다.

전국시대 각국은 수리사업을 경쟁적으로 벌였다. 진나라는 대규모 수리사업을 통해 농업생산을 크게 높였고, 이것이 천하 통일의 밑천이 되었다. 사진은 진나라 소왕(昭王) 때 이빙(李冰) 부자가 축조한 도강언(都江堰, 사천성 관현灌縣)의 지금 모습이다.(2007년)

"화폐의 유통은 농상의 교역을 원활하게 하기 위한 것이다. 그러나 지나치면 꾀를 부리고 재산만 늘리려 하며, 다투어 투기하고 이익만 쫓기 때문에 백성들이 농사를 버리고 장사 쪽으로만 몰려간다. 이런 사태의 변화를 관찰하기 위해 〈평준서〉를 지었다."

사마천이 밝힌 〈평준서〉의 취지이다. 이 편은 《사기》 130권 중에서도 가장 탁월한 문장이자 전문적인 경제이론이다. 사마천은 경제발전이 부민부국의 기초이자 계급과 집안의 정치 동향을 결정한다고 지적했다. 아울러 무제가 추진한 강압적인 경제정책을 비판했다. 개인 상공업의 자유로운 발전을 주장한 반면, 관영 상공업은 반대하는 입장을 보였다. 〈화식열전〉과 〈혹리열전〉 등과 함께 읽어야 더욱 생동감 넘친다.

세가 30권

"별들이 북극성을 중심으로 돌고, 30개 수레바퀴 살이 모두 하나의 속바퀴에 집중되어 그 운행이 무궁한 것처럼, 보필하는 신하들을 여기에 비기어 그들이 충신의 도로써 천자를 받드는 모습을 내용으로 30세가를 지었다."

세가란 작위와 녹봉을 받고, 그 지위를 대대로 물려주고 받는 집안을 말한다. 서주 이래 분봉 받은 제후국과 서한 이래 역대 황제들이 봉한 유씨 종실 및 개국에 협조한 창업 공신들을 포함한다. 이들은 당대를 주도한 역사의 주역들로 사마천은 이들의 행적과 부침을 입체적으로 소개한다. 〈외척세가〉처럼 '황후본기' 내지 '황후열전'의 성격을 띤 특수한 것도 있고, 〈공자세가〉와 〈진섭세가〉와 같이 파격적인 인식을 보여주는 편들도 있다. 30편의 세가는 제왕을 도와 천하 정세의 향방을 결정하는 데 큰 역할을 해냄으로써 나라와 벼슬, 그리고 명예로운 작위를 받은 인물들에 대한 기록이다. 아울러 춘추전국시대 제후국들의 역사를 상세히 기록함으로써 춘추전국의 역사를 이해하는 데 절대적인 사료가 되고 있다.

사마천은 이들을 북극성을 에워싸고 있는 별자리에 비유했다. 현대적 관점에서 보자면, 리더를 돋보이게 만드는 뛰어난 인재들로 이해할 수 있다. 따라서 세가에는 세상과 인간에 대한 이런 인재들의 인식, 리더에 대한 충고, 처세의 지혜 등과 관련한 명언명구들이 많다. 또한 이들이 부와 명예, 그리고 권력을 얻는 과정에서 보여준 발군의 능력과 지혜는 물론, 이들이 그 부귀영화에 물들어 자신과 통치자를 망치고, 나아가 나라까지 망치는 모습도 아울러 확인할 수 있다.

권31 〈오태백세가〉

뛰어난 동생 계력과 그 아들 희창(주 문왕)이 자리를 물려받도록 하기 위해 강남 야만족의 땅으로 피해 간 태백·중옹 형제와 그들이 오나라를 건립한 과정 및 멸망까지를 기록한 세가의 첫 편이다. 왕위를 양보한 무사(無私)의 정신을 높이 평가한 사마천은 본기의 첫 편, 열전의 첫 편(백이와 숙제), 그리고 세가 첫 편에 모두에 '양위(讓位)' 고사를 의미심장하게 안배하고 있다. 계찰에 대한 존경심이 보이고, 오자서·백비·부차를 통해서는 사마천의 처절한 '복수관'이 비극적으로 묘사되어 있어 사람들의 심금을 울린다.

관련 기록으로는 《좌전》, 《국어》, 《논어》(〈태백〉 편)가 있다. 〈오자서열전〉, 〈월왕구천세가〉, 〈자객열전〉을 함께 읽어야 오월쟁패의 모습을 제대로 재현할 수 있다.

오나라의 시조인 태백을 모신 사당 지덕전(至德殿)과 태백의 상이다.(강소성 무석시無錫市, 2010년)

권32 〈제태공세가〉

사마천은 주나라 건국의 1등 공신으로 제나라에 봉해진 강태공의 "뛰어난 권모(權謀)를 칭송하기 위해" 이 편을 지었다는 취지를 밝혔다. 기원전 11세기 나라를 세운 이후 600년에 이르는 제나라의 역사를 기록했는데, 개국 군주 강태공과 춘추시대 첫 패주가 된 환공의 사적에 중점을 두고 있다. 사마천은 인간의 작용이 역사 발전을 이루는 결정적 요소라는 인식을 잘 보여준다.

백성을 이롭게 하는 실용주의에 입각한 '선정(善政)'
의 중요성을 한 차원 높은 역사 발전의 각도에서 강
조하고 있다. 관련 문헌들로는 《국어》, 《좌전》, 《공양
전》, 《관자》, 《안자춘추》, 《한비자》, 《여씨춘추》 등이
있고, 〈관안열전〉을 함께 읽어야 한다.

〈제태공세가〉에서 관중의 비중은 대단히 크다. 그는 제나라뿐만 아니라 중국
역사에 큰 영향을 남겼다. 관중의 종합적인 통치 방략을 담고 있는 《관자(管子)》
의 첫 권인 〈목민(牧民)〉 부분 판본이다.

권33 〈노주공세가〉

노나라는 주나라 건국에 큰 공을 세운 주공(주 무왕의 동생)의 봉국으로 주 왕실의
전통을 가장 온전하게 계승했다. 그럼에도 노나라의 국력과 정치는 혼란스럽고 험
난했다. 사마천은 이 부분을 한탄하고 있는데, 이웃한 강국 제나라와 대비시켜 노
나라가 고수한 지나친 형식주의로 인한 번거로움과 공허한 도덕적 설교에 대해 일
침을 가했다. 사마천은 이를 드러내기 위해 두 나라의 기록을 앞뒤로 배치하면서 주
왕실과 성이 다른 강씨 성의 〈제태공세가〉를 앞에 두었다.

세가 중 확실한 연대가 가장 빠른 편에 속한다. 관련한 문헌으로는 《국어》, 《좌전》,
《상서》 등이 있고, 〈주본기〉, 〈제태공세가〉, 〈공자세가〉 등을 함께 읽어야 한다.

권34 〈연소공세가〉

주나라 초기 정권의 안정에 큰 역할을 한 소공의 덕을 찬양하기 위해 지었다고 했
지만, 연나라의 지리와 정치적 비중 때문에 다른 세가에 비해 내용이 적은 편이다.

전체적으로 통치사상이란 면에서 '인덕(仁德)'의 작용을 강조하고 있다. 또 전국시
대 젊은 군주 소왕이 유능한 인재를 등용하기 위한 취한 정책의 중요성을 부각시키
고 있다. 관련한 기록들로는 《상서》, 《좌전》, 《전국책》 등이 있고, 함께 참조해야 할
편들로는 〈악의열전〉, 〈전단열전〉, 〈자객열전〉, 〈소진열전〉 등이 있다.

사마천은 이 세가를 마련한 취지로 "관숙과 채숙이 반란을 일으키긴 했지만, 채숙의 아들 중이 잘못을 뉘우친 것을 칭송하여 이 편을 지었다"고 했다.

주나라를 건국한 무왕의 동모형제 열 명의 사적을 기록한 '합전' 형식의 독특한 문장이다. 무왕을 보좌하여 천하를 평정하는 데 무왕의 형제들이 세운 공적과 국가이익이란 대의를 위해 친인척도 엄히 다스린 주공의 덕을 찬양하기 위해서였다. 이와 함께 권력쟁탈과 국가를 분열시키는 전쟁을 나무라고 '대일통'이란 일관된 입장을 강조하고 있다. 함께 읽으면 도움이 되는 편으로는 〈조세가〉가 있고, 관련 문헌으로는 《좌전》이 있다.

사마천은 순과 우임금의 공덕이 훌륭하고 뛰어났기 때문에 그 후예인 진나라와 기나라가 존재할 수 있었다고 보아 이 편을 지었다고 밝혔다. 시대순으로 전체 국면의 변화를 조망하고 순·우 후손의 나라인 진과 기에 대한 기록을 남기고 있다. 순·우의 덕정을 찬양하되 사마천 자신의 사상적 경향을 뒷받침하기 위해 '선양'을 내세웠다. 반면 천인관계를 다루는 대목에서는 자신의 비극적 운명에서 출발하여 인간과 하늘의 관계라는 문제를 마주해야 하는 곤혹감도 반영하고 있다.

함께 읽어야 할 편들이 많다. 〈전경중완세가〉, 〈조세가〉, 〈강후주발세가〉, 〈오왕유비열전〉, 〈경포열전〉, 〈여불위열전〉, 〈저리자감무열전〉, 〈천관서〉 등이다.

덕(德)과 색(色) 두 방면에서 위나라 흥망의 역사 교훈을 총결 짓는 우수한 문장으로 꼽힌다. 권력자의 어짊과 불초함을 있는 그대로 드러내고, 나아가 이를 다시 통렬하게 결합시켜 전통적인 미덕과 죄악을 동시에 폭로하고 있다. '일가의 말'을 이루고 싶어 한 사마천의 역사관과 《사기》의 가치가 잘 드러난 문장이다. 관련 문헌으로 《좌전》과 《상서》가 있고, 〈오태백세가〉를 함께 읽어야 한다.

은(상)나라 말 세 사람의 현자(또는 인자)로 꼽히는 기자·비간·미자의 사적을 함께 소개한 '합전' 형식의 기록이다. 전체적으로 어리석은 군주가 나라를 멸망으로 이끄는 역사 교훈을 종합하면서, '덕정'이란 기준으로 귀결시키고 있다. 형제 상속을 국가 혼란의 원인으로 본 사마천

송의 시조 미자의 사당인 인덕전(仁德殿)이다.(하남성 상구시, 2017년)

의 인식이 문제점으로 지적되기도 한다. 관련 문헌으로는 《상서》, 《시》, 《좌전》, 《춘추》 등이 있다.

주 무왕의 아들이자 성왕의 동생인 당숙우의 봉국 진나라의 역사를 기술한 세가이다. 춘추시대 패주의 한 사람으로 19년 망명 끝에 군주 자리에 올랐던 문공의 행적과 치적을 중점적으로 강조하고 있다. 이를 통해 사마천은 자신의 역사관을 드러냈는데, 특히 권력자의 자질이 얼마나 중요한가를 강조하고 있다.

관련 기록들로는 《국어》, 《좌전》, 《춘추》 등이 있고, 〈월왕구천세가〉, 〈염파인상여열전〉 등을 함께 참조하면 좋다.

진의 시조 당숙우의 무덤으로 전하는 곳으로 2010년 당시의 모습이다.(산서성 태원시太原市)

위로 전욱 고양씨에서 아래로 전국 말에 이르는 초나라의 역사를 비교적 폭넓고 깊게 서술하고 있다. 긍·부정 두 측면에서 초나라의 흥망성쇠를 종합했다. 초나라를 강국의 반열에 올린 사실과 멸망으로 이끈 군주의 사적을 분명하게 대비시키고

있다. 도도한 필력으로 지루하지 않게 묘사한 예술적 문장으로 평가받는다. 곰발바닥 요리, 문정(問鼎), 불비불명, 사족, 장의와 굴원 등 볼만한 고사들이 많다.

관련 문헌으로는 《국어》, 《좌전》, 《전국책》 등이 있다. 〈진본기〉, 〈오태백세가〉, 〈손자오기열전〉, 〈상군열전〉, 〈오자서열전〉, 〈춘신군열전〉, 〈굴원열전〉 등을 함께 읽으면 초나라의 역사와 관련 인물들에 대한 인상을 더욱 강화시킬 수 있다.

권41 〈월왕구천세가〉

130권 전편을 통해서 가장 생동감 넘치고 극적인 명편으로 꼽힌다. 월왕 구천이 오왕 부차에게 패한 뒤 20년 가까이 분발하여 재기한 뒤 오나라를 멸망시키고 패자가 되는 과정이 흥미진진하다. 특히 곳곳에서 표출되는 인내·분발·복수의 고사는 사마천의 강렬한 은원관(恩怨觀)을 짙게 반영하는 장치로 읽힌다. 또 승리한 뒤 공신을 제거하는 구천의 배신행위도 적나라하게 직필함으로써 잔혹한 권력자의 정체를 가감 없이 드러냈다. 이 과정에서 현명하게 은퇴를 선택한 범려의 행적을 특별히 첨가하여 뚜렷한 대비효과를 거두고 있다. 와신상담, 토사구팽 등과 같은 고사는 사마천이 직접 자료를 수집한 것으로 보인다.

관련 문헌으로는 《좌전》, 《국어》 등이 있고, 〈오태백세가〉, 〈오자서열전〉, 〈유후세가〉, 〈회음후열전〉, 〈팽월열전〉, 〈경포열전〉, 〈한신노관열전〉 등을 참고하면 좋다.

권42 〈정세가〉

서주 시기 봉건 열국 중 마지막으로 봉해진 정나라의 역사와 입지에 대한 기록이다. 시대적 상황과 열국의 흥망성쇠라는 관점에서 예언적 성격이 짙게 정나라의 흥망을 개괄하고 분석했다. 남북의 강대국 초나라와 진나라 사이에 끼여 생존할 수밖에 없었던 정나라의 고단한 처지와 이를 벗어나기 위한 정치적 책략을 간명한 필치로 기록했다. 이런 정나라의 상황을 장공과 정자산이라는 서로 다른 유형의 두 영웅을 통해 효과적으로 부각시켰다. 그러면서도 생존과 변화에 직면하여 권모술수도 마다하지 않았던 장공과, 정치가의 모든 미덕을 한 몸에 지녔던 정자산의 치적을 교묘하게 대비시켰다. 또 그 과정에서 적나라하게 드러난 권력과 이익으로 야합한 자들의 본질에 대한 사마천의 통찰도 빠지지 않고 있다.

〈순리열전〉, 〈맹상군열전〉, 〈장이진여열전〉, 〈계포난포열전〉, 〈염파인상여열전〉, 〈위장군표기열전〉, 〈평진후주보열전〉, 〈급정열전〉을 함께 읽으면 도움이 된다.

권43 〈조세가〉

춘추시기 진(晉)나라 유력 가문의 하나였던 조씨 집안이 독립하여 세운 조나라의 흥쇠와 끝내 진(秦)나라에게 멸망하는 역사를 보여주는 비교적 긴 세가다. 사마천은 이 편에서 실력과 권모의 작용에 중점을 두고 춘추 후기 가치관의 변화 및 그 변화가 역사 발전에 미친 심각한 영향에 깊은 관심을 보이고 있다. 간신 도안고에게 멸족당한 조씨 가문이 영웅들의 비장한 선택을 통해 부흥하는 과정을 생사관과 '문화복수 방식'을 통해 생생하게 보여준다.

전국시대 무령왕의 개혁정치와 관련해서는 변증적 역사관을 유감없이 드러냈으며, 무령왕의 어처구니없는 최후에 대해서는 통탄을 금치 못하고 있다.

〈조세가〉는 관건이 되는 네 명의 인물이 꾼 꿈을 단서로 하여 수백 년에 걸친 조씨 가문의 변화를 기막히게 암시하는 독창성 넘치는 구성을 보여준다. 관련한 문헌으로는 《좌전》, 《국어》, 《전국책》, 《세본》, 《맹자》, 《상군서》, 《한비자》 등이 있다.

전국시대 개혁의 대명사 조나라 무령왕의 석상이다.(2014년)

권44 〈위세가〉

평범하지만 문란하지 않게 위나라의 정치와 외교의 발전 및 변화의 과정을 재구성했다. 위나라의 기초를 닦은 위강의 형상을 주로 부각시키면서 춘추 후기 위씨의 발전 상황을 기술했다. 진나라에서 독립한 이후 개명한 군주 위 문후의 인재등용을 중심으로 한 정치적 재능을 높이 평가했다.

반면 혜왕의 무도한 확장과 무력으로 인해 위나라가 멸망에 이른 것에 대해서는 비판적으로 분석했다. 위나라가 신릉군을 배제함으로써 결국 멸망하는 상황에 대해 깊은 탄식과 함께 천명에 대해 깊은 회의를 보여준다. 연대와 사건 기술에서 약간의 착오가 있다는 지적도 있다. 관련 기록으로는《전국책》이 대표적이다.

권45 〈한세가〉

한나라는 춘추시기 조·위와 함께 진나라에서 독립한 유력한 세 가문의 하나였다. 이를 '삼가분진'이라 하고, 그를 기점으로 7국이 패권을 다투는 전국시대가 시작되었다. 한나라는 전국 7웅 중 가장 약했지만 요충지에 위치했다. 그러나 이렇다 힘을 쓰지 못했고, 사마천은 그 과정을 간략하게 기술했다. 신불해 당시 잠시 반짝했지만 자국 출신 한비자를 배척하는 등 정치적으로 미숙했던 문제점도 빼놓지 않고 비판했다. 역대로 기록 자체가 지나치게 간략하다는 시비가 있어왔다. 관련 기록은《전국책》이 있다.

권46 〈전경중완세가〉

먼저 춘추시기 진(陳)나라의 궁정 쿠데타로 그 국군이 제나라로 도망친 뒤 그 자손이 번창하기까지를 기술한다. 이어 전씨가 강씨 정권을 찬탈하고, 그 뒤 전씨 제나라의 성쇠 과정을 전면적으로 서술한 세가이다. 신흥귀족의 흥기에 따른 민심수습의 중요성을 반영하는 한편, 새로운 생산제도와 혁신을 요구하는 객관적 역사 조류를 강조한다. 제나라를 강하게 만든 위왕과 그와는 반대로 제나라를 몰락으로 이끈 왕 건의 행태를 선명하게 대비시키고 있다. 그러면서 사마천은 제나라가 순간적 음모로만 민심을 농락하고 주변 국가를

전국시대 제나라는 위왕과 선왕 때 크게 국세를 떨쳤다. 또 사상과 학술 방면에도 지원을 아끼지 않았다. 사진은 위왕의 흉상이다.(2010년)

속인 결과로 멸망했다는 지적을 빼놓지 않는다.

인물묘사가 섬세하고 생동감 넘쳐 문학적 색채가 농후한 문장에다 앞뒤 사건을 점복과 가요로 대비시킨 절묘한 안배도 돋보인다. 역사 사건의 연대가 다른 연표에 비해 크게 차이가 나는 문제점도 있다. 이 문제는 〈육국연표〉와 《죽서기년》 등을 참조하여 연대를 교정할 필요가 있다.

권47 〈공자세가〉

사마천은 공자 일생의 활동과 학술사상을 높게 평가하고 존경했다. 이를 위해 사마천은 공자의 일생을 세가에 편입시키는 파격을 감행했다. 다양하고 폭넓은 문화·사상의 각도에서 공자를 평가한 이 세가는 후세 고지식한 유가 학자의 맹목적 추앙과는 근본적인 차이를 보여준다. 한나라 이래 공자의 사상과 일생 연구에 가장 중요한 근거를 제공하는 자료다. 사마천은 공자를 '제2의 주공'으로 칭송하고, 아울러 자신이 '제2의 공자'가 되겠다는 뜻을 세운 것으로 보인다. 정치가이자 교육가 공자의 불우한 생애와 변치 않는 신념을 통해 그의 삶을 조명함으로써 그를 '지성(至聖)'의 반열에 올려놓고 있다. 관련한 문헌으로는 《논어》, 《좌전》, 《국어》, 《맹자》, 《예기》 등이다.

권48 〈진섭세가〉

진나라 말기에 터진 농민봉기군의 수령 진섭(진승)의 행적을 세가에 편입시킨 대담한 역사의식이 돋보이는 명편이다. 인민의 거대한 역량을 역사 발전 과정 속에서 탁월하게 그려낸 최초의 농민전쟁에 관한 기록이기도 하다. 숙명을 거부하고 시대에 도전한 진섭의 정신과 생사관에 사마천 자신의 생사관을 투영시키기도 했다. 농민전쟁을 긍정한 최초의 기록으로 진보적 역사관이 집중적으로 표현된 부분이다. 성공에서 실패

중국 역사상 최초의 농민봉기를 이끈 진승의 무덤이다.(하남성 영성시永城市, 2017년)

로의 변질 과정을 생동감 넘치게 묘사하여 역사 속에서 귀중한 교훈을 찾으라는 충고도 잊지 않고 있다. 역대로 정통을 자처하는 보수적 유학자에게 가장 많은 비판과 비난에 시달린 기록이기도 하다.

권49 〈외척세가〉

한나라 초기 황후와 비빈들의 행적을 주로 기록한 세가로 그 사상과 내용이 심각하다. 여성의 정치참여와 관련한 최초의 기록으로, 여성이 정치에 중대한 영향을 미치고 있다는 점을 강조했다. 제왕과 비빈, 비빈과 비빈 사이에 벌어지는 각종 모순과 투쟁을 폭로하고 있다. 궁중 여성들의 운명과 그 운명을 좌우하는 황제의 존재를 함께 비판하고 의심하기까지 한다. 한 걸음 더 나아가 빛나는 혜안으로 궁정 내의 모순과 투쟁을 초래한 근본적인 원인까지 파고들었다. 문장구조, 보어, 세부묘사에 탁월한 예술적 성취를 이루었다는 평이다. 〈유림열전〉, 〈양효왕세가〉, 〈위기무안후열전〉을 함께 읽으면 도움이 된다.

권50 〈초원왕세가〉

한 고조 유방의 친동생인 초왕 유교와 고조의 손자인 조왕 유우 및 그 자손으로 이어지는 정황을 기술한 세가로 두 나라의 역사가 아주 비슷한 점이 많아 합쳐 기술했다. 유씨 통치집단의 원한관계와 분쟁 사실을 폭로하는 한편, 유능한 인재 등용이 국가 흥망성쇠의 근본이라고 강조한다. 앞부분에 미천했던 시절 유방과 그 형수 사이에 있었던 일화를 삽입하여 그 뒤 벌어질 유씨 집안 전체의 갈등을 암시하는 독특한 구성도 보여주고 있다. 관련 문헌은 《예기》(〈중용〉 편)이다.

권51 〈형연세가〉

유방의 직계 친족은 아니지만 공을 세워 왕으로 봉해진 유고와 유택의 행적을 합쳐 기록한 세가이다. 특히 후반부는 유택을 위해 충성을 다한 전생이란 인물의 이미지를 공들여 묘사하고 있다. 〈제도혜왕세가〉를 함께 참조하면 이해에 도움이 된다.

한나라 초기 중앙 정부와 지방 제후국들 사이의 관계 및 그 변화과정을 전면적으로 이해하는 데 도움이 되는 기록이다. 전체적으로 각 정치세력의 투쟁을 전면적이고 심각하게 전개한 명편으로 평가한다. 서로 연합하고 갈라서는 행태를 각 정파 간의 이해타산이란 각도에서 심도 있게 분석하고 있다. 〈형연세가〉를 함께 참조하면 그 갈등과 투쟁의 과정 및 원인 등을 좀 더 입체적으로 이해할 수 있다.

서한 개국의 1등 공신인 소하의 일생을 다룬 세가로, 여러 면에서 소하와 유방의 복잡한 관계를 다루고 있어 다른 공신들의 전기와는 차이가 많다는 평가이다. 사마천은 소하가 유방과 여씨를 도와 한신 등 공신들을 제거하는 행적을 드러냈고, 그 과정에서 소하와 유방 사이의 심리적 갈등과 눈에 보이지 않는 투쟁을 그려냈다. 특히 매사에 전전긍긍하는 소하의 처신이 아주 인상적이다. 이는 결국 봉건체제 밑에서 군주와 신하 사이의 심각한 모순과 무서운 관계를 절묘하게 폭로한 것이다. 〈조상국세가〉, 〈회음후열전〉, 〈고조본기〉를 함께 읽고 참조하면 서한 개국에 따른 군신 관계의 미묘함을 제대로 파악할 수 있다.

서한 개국의 1등 공신으로 평생 고조 유방을 보좌하고 정권 안정에 이바지한 소하의 모습이다.(2014년)

소하를 뒤 이은 서한의 두 번째 상국으로 국정과 백성들을 안정시킨 조참의 전기다. 조참의 행적을 한신과 대비시켜 가며 뛰어난 군공을 세운 무장에서 황로사상의 '무위(無爲)'를 기초로 한 정치를 펼치며 겸손하게 처신한 점을 부각시키고 있다. 이를 통해 혹리와 가혹한 법에 의해 희생되었던 사마천 자신의 처지를 되새기는 한편,

자신이 갈망하는 이상적 사회상을 투영하고 있다. 이런 장치들을 통해 조참의 행적을 역사변화의 객관적 반영이란 측면에서 돋보이게 만들고 있다. 〈평준서〉와 〈혹리열전〉을 같이 읽으면 좋다.

권55 〈유후세가〉

장량이 유방을 도와 천하를 재통일하고 초기 정국을 안정시키는 과정을 전면적으로 묘사한 중요한 기록이다. '황로술(黃老術)'로 자신의 몸을 지켜낸 '명철보신(明哲保身)'의 대명사 장량의 원숙한 처신을 신비주의적인 요소를 가미해 가면서 서술한 점이 주목된다. 특히 정권 초기 태자 교체를 바라는 고조의 마음을 단념시키는 데 결정적 해결책을 제시한 장량의 지혜와 현명한 은퇴를 인상적으로 그려내고 있다. 이런 사실들을 통해 사마천은 당시 정치 환경과 사회적 배경을 심각하게 분석하는 데 성공했다. 〈항우본기〉, 〈고조본기〉, 〈소상국세가〉, 〈조상국세가〉, 〈진승상세가〉, 〈회음후열전〉을 함께 읽으면 장량의 행적과 본래 모습을 효과적으로 읽어낼 수 있다.

섬서성 유파현 장량 사당의 편액이다. '공을 이루면 몸은 물러난다'는 '공성신퇴' 편액이 눈길을 끈다.(2011년)

권56 〈진승상세가〉

남다른 처세술로 재상까지 오른 '지낭(智囊)' 진평의 인생 역정을 생동감 넘치게 그려낸 세가이다. '반간계'로 항우 집단 내부를 분열시키는 술수로부터 한신을 비롯한 공신의 제거, 비정하게 등을 돌리고 여후 집단을 제압하는 모략가로서의 진평이 사마천의 비판적인 붓끝에서 회생하고 있다. 위기 때마다 계책을 내는 책략가 진평의 모습도 볼 수 있고, 큰 공을 세운 다음 군신 관계의 설정이 얼마나 어려운가를 실감할 수 있는 문장이기도 하다. 함께 읽어야 할 기록들로는 〈고조본기〉, 〈여후본기〉,

〈효문본기〉, 〈강후주발세가〉, 〈회음후열전〉이 있다.

권57 〈강후주발세가〉

개국공신 주발과 그 아들 주아부의 탁월한 공적과 비극적 결말을 서술한 합전 형식의 세가다. 유방과 여태후의 잔인한 정치행위를 도움으로써 승승장구한 주발의 일대기에서 사마천은 험악하고 함께하기 힘든 군신 관계와 최고 통치집단의 각종 모순 등에 대해 토로한다. 이와 동시에 주발 부자의 비극적 결말에는 나름 동정심을 보이고 있다. 〈여후본기〉, 〈효문본기〉, 〈진승상세가〉, 〈양효왕세가〉, 〈위기무안후열전〉을 함께 읽으면 좋다.

권58 〈양효왕세가〉

'오초칠국의 난'을 진압하는 데 결정적인 공을 세운 양나라 효왕이 어떤 과정을 통해 자기세력을 과시하고, 끝내 반역에 이르는가를 경제와 두태후, 양 효왕 모자·형제 사이의 복잡한 모순 상황을 전개한 세가이다. 이를 통해 한나라 초기 황실 내부의 격렬한 투쟁의 양상을 이해하는데 중요한 인식을 제공한다. 한나라는 이 병목 과정을 통과하여 정치적 안정을 이루었다. 〈위기무안후열전〉, 〈한장유열전〉, 〈원앙조조열전〉을 함께 읽으면 좋다.

발굴된 양 효왕 무덤의 병사 훈련을 위한 '연병실(練兵室)' 모습이다. 효왕 시기 양나라의 위세를 느끼기에 충분하다.(2014년)

권59 〈오종세가〉

경제의 자식들인 13명 황자의 봉국 상황을 기술하고, 한나라 초기 이래 분봉제의 발전과 변화상을 평가한 기록이다. '오초칠국의 난' 이후 약화되어 가는 제후국들의 상황과 그 반대급부로 중앙정부가 주도권을 쥐고 봉건 대일통을 다지는 상황을 보여준다. 이를 통해 사마천은 중앙정부와 지방 제후국들 사이의 첨예한 모순을 폭로하는 한편, 황자 13명의 타락상을 희생당한 관리들을 통해 부각시키고 있다.

권60 〈삼왕세가〉

무제의 황자 유굉·유단·유서를 각각 왕에 봉하는 과정을 신하들이 올린 주장(奏章)과 천자가 내린 봉책서(封策書)를 통해 기술한 세가의 마지막 편이다. 한나라 때 신하들이 올린 글과 황제가 내린 글의 격식을 이해하는 데 도움을 준다. 천자가 자신의 뜻을 관철시키는 상투적인 봉건적 격식도 드러내고 있다. 역대로 진위 여부를 두고 논란이 많다.

열전 70권

"정의롭게 행동하고 기개 넘치게 남에 억눌리지 않으며, 세상에서 기회를 놓치지 않고 공명을 천하에 세운 사람들의 행적을 내용으로 삼아 70열전을 지었다."

열전은 사마천의 가치관과 인생관을 가장 잘 드러내고 있는 《사기》의 가장 중요하고 핵심이 되는 체제이다. 그 분량도 절반을 넘는다. 부패한 기득권층에 대한 신랄한 비판과 풍자, 하층민에 대한 애정 등 진보적이고 민주적인 감성을 다양한 형식을 통해 폭넓게 제공하고 있다.

《사기》의 백미는 열전이다. 전체 130권 중 70권을 차지할 정도로 비중도 크다. 무엇보다 수많은 보통 사람들의 이야기란 점에서 《사기》와 사마천이 역사를 통해 무엇을 추구했는지를 잘 보여주는 체제이다. 사마천은 역사를 추동하는 주체로서 자신의 뜻을 굽히지 않고 소신 있게 살다 간 수많은 보통 사람들에 주목했다. 그런 점에서 '열전'은 민중의 생생한 역사 기록이라 할 수 있다.

열전은 또 현장 정신이 충만한 기록이다. 사마천은 스무 살 무렵 대장정을 비롯하여 전후 열 차례 가까이 여행(현지탐방)을 다닌 것으로 추정된다. 이런 역사 현장을 탐방한 경험과 생생한 현장 기록이 열전 곳곳에 투영되어 있다. 《사기》의 언어가 살아 있는 구어체의 특징을 보이는 것도 이런 현장 정신과 무관하지 않다. 이런 점들을 생각하면서 70권 곳곳에 아로새겨져 있는 장면들을 감상하다 보면 자기도 모르게 그 인물이 활약했던 역사의 현장으로 돌아가는 공상적 체험을 덤으로 얻을 수 있을 것이다.

권61 〈백이열전〉

존재조차 의심받고 있는 '창백한 정신의 귀족' 백이와 숙제를 열전의 첫머리로 올린 사마천의 의도가 의미심장하다. 권력과 이익 때문에 백성을 희생시키는 현실정치와는 대조를 이룬 두 형제의 '양보'를 부각시키고, 사람을 기만하는 '천도'와 '미신'에 대한 강렬한 부정을 통해 자신의 불우한 처지를 투영하고 있다. 〈유협열전〉과 더불어 서정성이 가장 강한 문장으로 평가받고 있다. 《논어》를 함께 읽으면 좋다.

권62 〈관안열전〉

춘추시대 제나라의 정치가로서 역대 명재상의 반열에서 빠지지 않는 관중과 안영 두 사람의 합전이다. 두 인물의 일생과 주요 업적을 몇 개의 고사를 통해 소개하는 특징을 보여준다. 이를 통해 사마천은 춘추 초기 최초의 패주 제나라 환공의 인재 기용을 칭송하고, 관중의 친구 포숙의 공평무사함을 부각시켰으며, 안영의 틀에 매이지 않은 인재 발탁도 칭찬했다.

특히, 생사의 관문에서 관중과 안영이 보여준 탁월한 결단, 관중과 포숙의 사심 없는 우정을 강조했다. 포숙의 전기를 따로 마련하지는 않았지만 관중의 행적 몇 군데에다 포숙에 대한 관중의 솔직한 평가, 백성들의 칭송을 배치하여 포숙의 고귀한 양보가 갖는 가치를 놓치지 않고 있다. 전체적으로 인물 전기로서는 성공작이라 할 수 없다는 평가 속에서도 상당한 사상적 가치를 보여주고 있는 열전이다.

〈관안열전〉은 이들의 역사적 비중에도 불구하고 그 내용이 간략한 편이다. 《관자》와 《안자춘추》가 있었기 때문으로 추정하기도 한다. 사진은 안영의 무덤이다.(산동성 임치구臨淄區, 2010년)

관련한 문헌으로는 《관자》와 《안자춘추》 등이 있다.

권63 〈노자한비열전〉

이 열전은 노자·장자·신불해·한비자 4인의 합전이다. 도가와 법가의 연원 관계를 밝히고, 한나라 초기 도가가 황로학으로 실용화되고 노자가 '신비화'되는 필연적 관계를 에둘러 반영하고 있다. 이와 함께 한비자의 비극적 죽음에 격렬한 동정을 표시한다. 노자가 통치자에 의해 신선화되는 시대적 분위기를 반영함과 동시에, 한비자를 통해서는 봉건사회의 군신 관계에 대해 깊은 감회를 표출한다. 〈태사공자서〉에 인용된 아버지 사마담의 〈논육가요지〉를 비롯하여 〈유후세가〉, 〈봉선서〉, 〈보임안서〉를 함께 읽어야 한다.

권64 〈사마저양열전〉

사마천은 자신의 가문에서 탁월한 군사가 사마조와 사마근이 배출된 것에 영향을 받아 군사와 전쟁에 대해 냉철하고 탁월한 인식을 갖고 이 열전을 저술했다. 명분 있는 정의로운 군사 활동에 찬성하면서 허망한 도덕적 교화로는 나라에 치욕만을 초래한다고 비판했다. 군대에서 장수의 통수권을 보장할 것과 군기 수립의 필요성을 강조하고, 장수의 문무 겸비도 내세웠다. 이런 점에서 사마양저는 가장 이상적인 군사가로 묘사되고 있다. 본 열전은 간결한 문장과 적절한 고사도 돋보인다. 〈손자오기열전〉을 함께 참조해야 한다.

권65 〈손자오기열전〉

사건 전개와 장면 묘사가 매우 생동감 넘치는 소설적 요소와 연극적 요소가 강한 문장이다. 손무·손빈·오기 3인의 합전이지만, 손빈의 적수였던 방연까지 포함하고 있다. 사마천은 3인의 재능과 공적 및 인생 가치를 높이 평가하면서 그 안에다 자신의 인생관과 가치관을 투영했다. 특히, 고난 속에서도 불굴의 의지로 복수하는 손빈의 영웅적 기개를 감동적으로 그려내고 있다. 오기에 대해서는 그의 잔인한 법가적 성품을 혐오하면서도 시기와 질투에 몰려 비참한 최후를 맞이한 점에 대해서는 무한한 동정심을 표출하고 있다. 또 방연이 죽는 순간까지도 자기보다 뛰어난 손빈을 질투하는 장면은 압권이 아닐 수 없다. 〈태사공자서〉, 〈상군열전〉, 〈원앙조조열전〉, 〈사마양저열전〉을 함께 읽으면 도움이 된다.

춘추전국시대는 군사 전문가의 시대이기도 했다. 사진은 '은작산한묘죽간박물관' 입구에 있는 손무와 손빈의 모습이다.(2011년)

권66 〈오자서열전〉

'무덤을 파내고 시체에다 채찍질 300번을 가했다'는 '굴묘편시'의 극적인 고사로 유명한 이 열전은 오자서의 파란만장한 일생을 통해 사마천의 가치관·생사관·대의명분 등을 압도적으로 잘 드러냈다는 평가를 받고 있다. 오자서의 처절한 자결 장면을 통해 간신과 혼군에 대한 경계와 울분도 빼놓지 않는다. 무엇보다 사마천의 '복수관'을 가장 잘 대변하는 명편의 하나로 꼽는다. 많은 사람들을 등장시켜 오자서의 기질과 개성을 돋보이게 만든 수법은 〈자객열전〉의 형가 묘사와 함께 아주 볼만하다는 평가이다. 〈오태백세가〉, 〈조세가〉, 〈자객열전〉을 참조해야 한다.

권67 〈중니제자열전〉

시·서·예·악을 민간에까지 전파하여 이른바 문화와 교육의 대이동을 촉진했던 위대한 스승 공자의 제자들을 기록한 열전이다. 77인의 뛰어난 제자들 중 35인의 사적을 기술하고 나머지 42인은 이름만 남겼다.(〈공자세가〉에는 72인) 이와 함께 노자·거백옥·자산·안영·유하혜 등 공자의 지인들과 스승의 간략한 사적도 덧붙였다.

수제자 한 사람인 자공의 상업 활동과 다양한 능력을 높이 평가한 부분은 사마천의 진보적 의식의 반영이자 공자 이후 상업 활동을 천시해 온 유생들의 행태에 대한 조롱으로 보인다. 자공의 행적이 절반 가까이를 차지할 정도로 압도적인 점도 이를 반증하고 있다. 공자가 세상을 떠나자 제자들은 모두 3년상을 지냈는데, 유독 자

공만 6년상을 지냈다는 부분도 인상적이다. 〈화식열전〉의 자공 관련 부분을 반드시

참조해야 한다. 사마천은 공자의 명

성이 천하에 알려지게 된 것이 자공

의 재력 덕분이라고 단언했다.

자공은 스승 공자를 위해 6년상을 지냈고, 공자의 무덤 앞에 나무를 심어 기념하기도 했다. 사진은 공자의 무덤인 공림 앞에 있는 자공이 나무를 심었던 곳에 세운 '자공수식해(子貢手植楷)' 유적이다. '해(楷)'는 나무를 뜻하고, 훗날 본보기나 모범이란 뜻이 보태졌다.(2003년)

권68 〈상군열전〉

전국시대 변법개혁을 주도한 인물들로는 오기와 조 무령왕 등이 있었고, 그중에서도 풍운의 개혁가 상앙의 일생이 가장 극적이었다. 위나라 출신으로 진나라로 건너와 전면 개혁을 실행했던 상앙은 강력한 후원자 효공의 죽음과 함께 반역으로 몰려 멸족당함으로써 철저하게 부정되고 배척되었다. 사마천은 이런 상앙을 객관적으로 평가하는 담대한 역사의식을 표출했다. 물론 법가 인물들에 대한 사마천의 비판적 평가는 지적되어야 할 것이다. 진나라의 천하 통일이 중국 고대사에서 가장 웅장한 활극이었다면, 상앙의 변법개혁은 그것을 위한 빛나는 서막이었다.

권69 〈소진열전〉

강력한 진나라에 6국이 공동으로 대항하자는 합종설을 주창한 소진의 활약상을 중심축으로 삼고, 소진 형제의 행적을 배경으로 깔아 전국시대 유세가들의 활동을 묘사한 명편의 하나이다. 사마천의 이상적 인생관과 가치 지향점을 선명하게 체현하고 있다는 평이다. 불굴의 의지로 좌절을 딛고 역경을 헤치며 자신의 능력을 펼친 소진의 인생을 통해 도덕과 공리(실리) 사이의 모순과 인심세태를 통찰한 점이 돋보인다. 함축된 문장과 의미심장한 세태 묘사는 사마천의 정치적 이상과 가치관을 잘 반영하고 있다는 평이다. 특히 여섯 나라의 군주들에게 유세하는 소진의 언변은 지

면에서 살아 움직이는 듯하다. 소진의 죽음과 그 연대를 비롯하여 일부 사실 여부에 대한 시비가 있다. 소진의 맞수였던 〈장의열전〉을 반드시 함께 읽어야 한다.

권70 〈장의열전〉

소진에 맞서 6국을 각개격파하자는 연횡설을 내세운 장의의 활약상을 통해 역사 발전에 유세가가 갖는 작용을 긍정적으로 그려낸 열전이다. 진진과 공손룡의 전기도 딸려 있다. 이들의 활동상을 통해 이익만을 중시하고 갖은 권모술수를 동원하던 전국시대의 사회풍조를 폭로하고 있다. 《전국종횡가서》에는 장의와 소진은 동문수학한 사이가 아니라고 나와 있어 두 열전 기록의 신빙성에 의문이 제기되고 있다. 당연히 〈소진열전〉을 함께 읽어야 한다.

소진과 장의는 함께 귀곡자 밑에서 공부를 했다고 전한다. 사진은 운몽산(雲蒙山)에 남아 있는 귀곡자 관련 유적들 중 귀곡동(鬼谷洞)의 귀곡자 석상이다.(2013년)

권71 〈저리자감무열전〉

전국시대 후반 진나라가 동방 6국과 각축을 벌이는 과정에서 공을 세운 저리자와 감무의 전기를 한곳에 기록한 열전이다. 사마천은 동방 각국의 책사(유세가)들이 진나라의 발전, 특히 대외정책 수립에 기여한 중대한 작용을 강조하면서 책사들의 출현이 시대적 산물이란 관점을 이끌어내고 있다. 동시에 책사들 사이의 여러 행태를 전국이라는 시대적 상황 속에서 분석·파악해내고 있다. 인물들의 주요 특징을 정확하게 움켜쥐고 뚜렷한 이미지로 그려내는 데 성공했다.

권72 〈양후열전〉

네 차례 진나라 재상을 지내면서 진나라가 6국을 정복하는 데 중대한 역할을 한

양후 위염의 전기다. 위염이 활약한 30년 동안 진나라와 동방 6국이 상호 각축하는 역사적 진전을 드러내는 데 중점을 두고 있다. 위염의 업적을 겉으로 드러나는 공과 내면의 장점을 결합시켜 인물을 완벽하게 묘사하고 있다는 평이다. 이어 위염이 타국 출신 책사들과의 투쟁 속에서 희생되는 진나라의 삭막한 정치적 상황을 함께 표출했다. 〈범수채택열전〉과 함께 읽으면 이런 정치적 모순과 투쟁의 뿌리를 잘 이해할 수 있다.

권73 〈백기왕전열전〉

여러 면에서 공통점을 가진 진나라 역사상 이름난 두 명장 백기와 왕전의 전기다. 두 사람의 공통점 속에서도 서로 다른 기질로 인해 최후가 달라지는 과정을 절묘하게 묘사하고 있다. 사마천은 무력의 남용에 반대하면서, 무인의 일생을 통치자의 잔혹함, 전제군주와 신하 사이의 살벌한 긴장관계 속에서 생생하게 묘사하고 있다. 백기와 왕전은 조나라의 염파·이목과 함께 전국시대 4대 명장으로 꼽힌다.

조나라와의 장평전투에서 40만을 생매장하는 살벌한 전공을 올린 백기는 남방의 강국 초나라와의 전투에서도 맹활약했다. 그림은 백기가 초나라 도성 영(郢)을 함락하는 모습이다.(2008년)

권74 〈맹자순경열전〉

전국시대 중·후기 학술 발달사를 간명하게 압축하고 요약한 전기이다. 성선설과 성악설로 대표되는 맹자와 순자의 사상적 차이에도 불구하고 그것이 궁극적으로는 개인과 사회에 대해 같은 작용을 했다는 점에서 이 둘을 함께 기술한 사마천의 식견이 돋보인다. 두 사람의 행적과 사상을 통해 학술의 독립 정신과 학자의 독립적 인격을 강조한다. 당대 통치자(무제)를 위한 통치도구로서의 유가학설에 날카로운 비판의 붓끝을 겨눈 서정적 문장이기도 하다.

전국시대 인재를 양성하는 이른바 '양사(養士)'로 이름난 '전국 4공자'의 사적을 기록한 열전들 중 첫 번째이다. '선비는 자신을 알아주는 사람을 위해 목숨을 바친다'는 사상을 강조하는 한편, 은혜와 의리를 저버리는 냉담한 세태를 강력하게 비판한다. '양사'에 힘을 쏟고 문객을 정성으로 대하는 맹상군의 행적을 부각시키면서도 그의 귀족적 기질을 숨김없이 드러내어 위공자와 선명하게 대비시킨다. 전국 4공자에 속하는 〈평원군우경열전〉, 〈위공자열전〉, 〈춘신군열전〉을 읽으면 이들의 특징과 차이점 및 전국시대 다양한 인재들의 활약상 등을 입체적으로 선명하게 확인할 수 있다.

조나라를 지키는 데 큰 역할을 한 평원군과 우경의 합전이다. 자기 가족까지 희생시켜 가며 나라를 지킨 평원군과 그 아래 하층 인물(식객)들의 활약상을 선명하게 그렸다. 충성과 지조를 지킨 우경의 행적을 '우국충절'이란 주제를 바탕에 깔고, 평원군과 같은 열전에 넣어 서술했다. 전국 4공자의 전기인 〈맹상군열전〉, 〈위공자열전〉, 〈춘신군열전〉을 함께 읽어야 하고, 이밖에 〈소진열전〉, 〈장의열전〉을 참조하면 좋다.

전국 4공자의 한 사람인 위공자 신릉군은 사마천의 가슴속에 깊이 새겨진 인물이며, 따라서 이 열전에 그만큼 공을 들였다. 유능한 인재라면 신분이나 귀천을 가리지 않고 겸손하게 우대하며 나라의 이익을 중시한 신릉군의 행동을 크게 칭찬한다. 자신을 알아주는 사람을 위해 몸과 마음을 다 바친다는 사상을 실천한 은자 후영의 지조를 감동적으로 그려낸다. 특히 신릉군이 직접 마차를 몰아 후영을 모시는 장면은 정말이지 영화의 한 장면을 방불케 할 정도로 극적이다.

이 열전은 사마천의 사상을 연구하는 데 대단히 중요한 의의를 지닌 부분으로 꼽는다. 사마천은 위공자라는 호칭으로 다른 세 명의 공자들과 구별했다. 〈맹상군열전〉, 〈평원군우경열전〉, 〈춘신군열전〉을 함께 읽어야 한다.

권78 〈춘신군열전〉

모략을 갖춘 변사이자 지혜와 용기를 겸비한 춘신군 황헐의 행적을 다룬 열전이다. 사마천은 어리석은 판단으로 비참한 최후를 맞이한 춘신군의 결말도 적나라하게 폭로한다. 이런 춘신군 황헐의 모습을 '이원여제(李園女弟)' 고사를 통해 선명하게 그려내고 있다.

'이원여제' 사건의 줄거리는 이렇다. 이원이란 자가 자신의 누이를 춘신군의 첩으로 보냈다. 이원은 춘신군을 이용하여 권력을 차지하기 위해 춘신군의 자식을 임신한 첩(누이)을 초왕의 후궁으로 보내게 한다. 여동생은 왕의 자식을 임신한 것처럼 속였고, 춘신군과 이원은 권력을 장악했다. 그러나 이원은 끝내 춘신군을 살해하고 가족까지 몰살했다. 〈맹상군열전〉, 〈평원군우경열전〉, 〈위공자열전〉을 함께 읽어야 한다.

전국시대 4공자는 활발한 인재 유동의 상황을 반영하는 동시에 각국 중앙정부의 약점도 동시에 드러냈다. 전국 7웅 중 가장 강력한 진나라에 이런 4공자와 같은 권력자가 없었다는 사실은 누가 천하를 통일할 것인가에 대한 질문에 대한 역설적 답이 된다. 사진은 하남성 황천현(潢川縣) 황국 고성 내에 세워져 있는 춘신군의 석상이다.(2014년)

권79 〈범수채택열전〉

좌절·역경·고난·굴욕을 딛고 일어선 유세가 범수('원교근교'의 창시자)를 중심으로 하여 범수의 현명한 은퇴를 이끌어 낸 채택의 행적을 그린 열전이다. 두 사람의 재능이 진나라의 발전에 미친 공적을 인정하는 한편, 곧지 못한 인품에 대해서는 비판의 자세를 잃지 않고 있다. 사마천은 이들이 큰 공을 이룬 것은 능력이 아닌 시기를 잘 타고 사람을 잘 상대했기 때문이라고 분석한다.

〈소진열전〉이나 〈장의열전〉과 체제 면에서 비슷하여 사마천이 가공하고 수식했다는 점에 유의해야 한다. 범수의 처절한 복수를 통해 사마천의 복수관이 깊게 반영된 편이다. 〈소진열전〉, 〈장의열전〉, 〈월왕구천세가〉, 〈공자세가〉, 〈손자오기열전〉, 〈오자서열전〉, 〈평원군우경열전〉, 〈보임안서〉를 함께 읽어야 한다.

권80 〈악의열전〉

전국시대 명장 악의의 일생을 기술한 열전이다. 악의의 행적을 통해 연·제 두 나라의 상호 침략 과정을 주로 다루고 있다. 특히, 연나라 소왕과 악의 사이에서 펼쳐지는 깊은 신뢰로 맺어진 군신 관계의 정수는 이 열전의 주제를 더욱 빛내준다. 반면 악의를 질투하여 악의를 내친 소왕의 아들 혜왕의 행동에서는 통치자의 자질이란 문제를 절감하면서 사마천이 제기한 문제의식에 깊이 공감하게 된다.

타국으로 도망가서도 혜왕과 연나라를 적대시하지 않았던 악의는 전국시대 여느 인사와는 격이 달랐다고 본다. 이런 점들이 훗날 제갈량으로 하여금 자신을 관중과 악의에 비교하게 만들었다. 악의가 혜왕에게 보낸 편지 〈보혜왕서〉는 명문으로 꼽힌다. 〈전단열전〉과 〈연세가〉를 함께 참조하면 좋다.

권81 〈염파인상여열전〉

‘문경지교’, ‘완벽귀조’ 등과 같은 고사로 유명한 이 열전은 염파·인상여·조사·이목 4인의 합전이다. 이들의 영웅적 행적을 통해 조나라의 흥망을 높은 예술적 필치로 그려냈다는 평이다. 용기와 기지, 그리고 철저하게 공(公)을 앞세운 인상여의 정신적 기개를 가장 높이 평가하면서, 염파의 공명정대한 자세, 진의 공격을 막아낸 조사, 흉노를 격파한 마지막 명장 이목의 행적을 칭송한다. 동시에 이들을 끝까지 믿지 못하고 버림으로써 나라를 멸망으로

이목은 북방 안문(雁門)에서 흉노를 방어하면서 지역의 풍토에 맞추어 양 따위를 치게 했다. 여기서 ‘안문종목(雁門縱牧)’이란 성어가 나왔다.

끌고 간 군주의 옹졸함을 통해 인재가 곧 흥망을 결정하는 요인임을 지적하고 있다.

권82 〈전단열전〉

짧지만 긴장감 넘치는 스토리 전개와 리듬감, 그리고 극적인 클라이맥스 등 소설

적 요소로 충만한 열전이다. 오랜 숙적 연나라의 공격으로 멸망 직전까지 몰린 제나라를 즉묵성전투를 통해 구원한 전단의 활약상을 '화우진(火牛陣)'이라는 전술을 비롯하여 첩보전, 절묘한 심리전 등 흥미진진한 요소를 통해 실감나게 전한다.

제나라는 전단의 이런 전술에 넘어가 명장 악의를 전격 교체함으로써 다 잡았던 승리를 놓친다. 〈악의열전〉을 함께 읽으면 저간의 과정을 입체적으로 재구성할 수 있다.

권83 〈노중련추양열전〉

전국시대 협사(俠士)의 풍모를 갖춘 유세가 노중련과 서한시대 양 효왕의 문객이었던 추양의 합전이다. 노중련은 동방 국가들이 통일전선을 수립하는 데 이론적 기초를 세운 협객 기질이 농후한 유세가이다. 그는 고상한 인격의 소유자로 사마천이 애착을 가졌던 인물이다.

추양은 효왕 주변 간신들의 모함으로 옥에 갇혀 죽을 위기에 처한다. 그는 옥중에서 자신의 변호하는 글을 올려 석방된 것은 물론, 상객 대접을 받았다. 이런 불굴의 정신을 높이 사서 열전에 편입했다는 평이다. 그러나 일부 전문가들은 추양을 열전에 편입시킨 것에 강한 의문을 품고 두 인물의 합전이 격에 맞지 않다고 본다. 〈유협열전〉과 〈자객열전〉을 함께 참조할 수 있다.

권84 〈굴원가생열전〉

〈백이열전〉, 〈유협열전〉과 더불어 서정성이 가장 강한 작품으로 꼽는 열전이다. 굴원과 가생이라는 비극적 두 인물의 삶을 사마천 자신에게 투영시키고 있어 혹자는 굴원·가의·사마천 세 사람의 합전이라고까지 말한다.

유능하고 뛰어난 인재가 시기와 질투를 받아 뜻을 이루지 못하고, 고고한 자존심과 강직한 품성 때문에 끝내는 비극적 결말에 이르는 현실에

굴원은 사마천이 가장 존경했던 인물이다. 그림은 굴원이 몸을 가라앉혀 자결한 멱라수를 찾아 애도하는 사마천의 모습이다.

대해 침통한 심경을 짙게 드러낸 명편이다. 두 사람이 남긴 작품에 대한 평가와 인물 자체에 대한 역사적 평가를 절묘하게 결합하여 사료 부족의 한계를 극복한 열전이기도 하다. 또 사마천의 생사관을 잘 대변하는 기록이기도 하다. 사마천은 굴원의 무덤과 사당 및 고향을 직접 찾았다. 〈태사공자서〉와 〈보임안서〉에 나타나는 사마천의 생사관을 함께 참조하라.

권85 〈여불위열전〉

역사적으로 천하 통일이란 시대 변혁의 외중에 장사꾼의 신분에서 통일 제국의 최고 권력자로 변신한 여불위의 사적과 비극적 운명을 서술한 한 편의 소설을 방불케 하는 열전이다. 사마천은 여불위가 맡았던 역사적 역할에 대한 긍정적 평가보다는 '천하 제1의 간특한 장사치'라는 인물 형상을 부각하는 데 중점을 두었다. 진시황의 생부에 관한 논쟁의 발화점이 되는 기록이다. 이런저런 요인 때문에 소설적 요소가 너무 가미되었다는 평을 받기도 한다. 〈진시황본기〉, 〈이사열전〉을 함께 참조할 수 있다.

권86 〈자객열전〉

형가를 중심으로 조말·전제·예양·섭정까지 다섯 자객의 행적을 협의 정신을 축으로 전개한 아주 특별한 성격의 열전이다. 다각도로 여러 층면을 상호 대비시켜 가며 생생하게 장면을 묘사하고 있어 가장 소설적인 특징을 보여준다. 주종관계에서 탈피하여 개인적 은원관계에 따른 변화된 전국시대 인간관계와 은원관을 반영한다.

영웅적 기질과 영광스러운 전통으로 융화된 형가와 친구들의 형상을 3/5 분량으로 두드러지게 그렸다. 형가의 술친구였던 축 연주가 고점리가 형가 사후 진시황을 또 한 번 죽이려다 실패한 사건도 덧붙여져 있다. 〈진시황본기〉를 참조하면 좋다.

〈자객열전〉은 〈유협열전〉과 함께 훗날 중국 특유의 문화 영역의 하나인 무협소설에 절대적인 영향을 주었다. 그림은 섭정이 협루를 찌르는 장면이다.

한 사람의 생생한 인생 체험을 절묘하게 묘사하여 읽는 이의 심금을 울리는 명편이다. 통일 대업을 이루고 각종 법제들을 마련하는 과정, 조고의 꾐에 빠져 스스로를 몰락으로 몰아넣는 역사적 변화상을 이사의 성격묘사를 바탕에 깔아 파란만장하게 펼쳐 보인다. 진나라 문학연구의 기본 자료로도 값어치가 크다는 평이다. 특히 2인 대화, 독백 등 전형적인 문장을 통해 인물의 심리를 드러내고, 그 심리 활동의 각인을 통해 인물의 성격을 적나라하게 폭로하는 둘도 없는 명문으로 꼽힌다. 진시황의 '축객령'을 취소시키는 데 결정적인 역할을 한 〈간축객서〉 또한 명문에 반열에 올라 있다. 〈진시황본기〉와 〈몽염열전〉을 함께 읽어야 한다.

권88 〈몽염열전〉

진의 통일 과정에서 탁월한 공을 세운 몽씨 집안의 행적, 그중에서도 몽염과 몽의 두 형제의 영욕과 비극적 운명을 진나라의 흥망성쇠 과정과 연계시켜 서술한 열전이다. 사마천은 몽염 형제의 공적을 충분히 긍정하면서도 진나라의 잘못된 정책에 직간하지 못하고 영합으로 일관한 이들을 비판한다. 그럼에도 사마천은 그들의 처지에 동정을 보낸다. 또 몽염이 죽기 전에 탄식한 미신적 사고방식을 반박하고 비판하는 사마천의 실사구시적 역사관도 엿볼 수 있다. 〈이사열전〉과 〈백기왕전열전〉을 함께 읽으면 좋다.

진나라의 천하 통일에 큰 공을 세운 몽염의 무덤이다.(섬서성 수덕현 2003년)

권89 〈장이진여열전〉

진섭의 봉기가 실패한 뒤 항우와 유방의 초한쟁패로 이어지는 상황에서 조나라가 처한 지리 형세와 여기서 일어나 활약한 장이와 진여의 의미 있는 시대적 역할을 강조하고 있는 열전이다. 당시 천하를 울렸던 풍운아 장이와 진여의 '목숨을 내놓을 정도의 우정', 그 뒤 오해 때문에 대립하다가 결국 원수가 되어 서로 칼을 겨누는 과정을 안타까운 어조로 묘사한다. 두 사람의 결별을 지나치게 '대세에 따른 이해관계'로 파악한 사마천의 시각을 불편해 하는 평론가도 있다. 진나라 말기 각지 제후들의 봉기와 초한쟁패의 전 과정을 연구하는 데 중요한 자료다.

권90 〈위표팽월열전〉

위구·위표 형제와 팽월을 포함하는 3인 합전이다. 각지에서 부흥한 제후들이 최초의 통일 제국 진나라를 멸망시키는 과정과 초한쟁패 중에 벌인 이들의 중요한 활동을 기록한 열전이다. 특별히 유방이 항우를 물리치는 데 역할을 한 토비 출신 팽월의 역할을 두드러지게 묘사하고 있다. 재통일 이후 공신들에게 죄를 씌우고 제거해 나가는 유방과 여후의 비열함과 잔인함도 명확하게 폭로한다. 서한 초기 제거된 공신들의 열전들 중에서 그 과정을 가장 구체적이고 분명하게 해부한 열전이다. 사마천의 생사관을 비롯하여 극한 치욕을 참고 발분한 그의 의지가 잘 반영되어 있다. 〈보임안서〉를 비롯하여 〈계포난포열전〉, 〈오자서열전〉 등을 함께 읽으면 좋다.

산동성 하택시 정도구에 남아 있는 양왕 팽월이 병사들을 점검하던 점장대의 모습이다.(2010년)

권91 〈경포열전〉

유방을 도와 서한을 개국한 공신들 중 비교적 특별한 인물의 하나였던 경포의 열전이다. 도적 – 반진봉기 – 항량 – 항우 – 유방 – 모반 – 처형에 이르기까지 거듭 변신하는 경포의 행적을 통해 진·한 교체기의 긴박한 상황을 실감나게 묘사한다. 우선 경포의 시비 공과 및 성격상의 특징을 아주 선명하게 그려내고 있다. 특히 자신의 이익만을 뒤쫓는 행적이 잘 나타나 있다. 공신들에게 죄를 씌워 숙청함으로써 나머지

공신들까지 반란을 꾀할 수밖에 없는 상황을 조장하는 유방과 여태후의 정치적 음모도 잘 드러나 있다. 경포를 설득하여 유방에게 귀순하게 한 모사 수하의 사적도 포함되어 있다. 같은 공신들의 행적을 다룬 〈위표팽월열전〉, 〈회음후열전〉, 〈한신노관열전〉을 같이 읽고 참조해야 한다.

권92 〈회음후열전〉

문학적 색채가 농후한 필치로 역사 인물의 일생을 몇 단계에 따라 차례로 두드러지게 묘사한 《사기》 130권 중 최고의 한 편으로 꼽는다. 한신이란 인물의 운명을 자신의 감정과 함께 착잡하게 녹여서 읽는 이의 눈앞에 아주 생생한 모습으로 재현하고 있다. 맹장과 지장의 자질을 동시에 갖춘 한신의 남다른 군사적 재능을 최대한 칭송한다. 형세에 대한 정확한 분석과 그에 대한 대처 방안을 당당하게 설파하는 한신의 모습은 훗날 광무제 앞에서의 등우, 유비 앞에서의 제갈량의 전신으로 평가받는다.

이어 사마천은 한신이 무고로 처형되고 멸족을 당하는 비참한 결말에 무한한 동정을 보이고, 이를 통해 유방과 모사들(진평·소하·장량 등)이 순진무구한 공신을 해치는 작태에 극도의 분노와 혐오의 감정을 표출했다.

한신의 피살에는 이 3인의 모사들이 관련되어 있다고 본 사마천이 내린 이들에 대한 평가도 주목할 필요가 있다. 아울러 쓸데없는 자만으로 죽음을 자초한 한신의 처신에도 짙은 안타까움을 표시하고 있다. 지나치게 완곡하고 함축적 표현 때문에 적지 않은 시비를 부르기도 했다. 다양한 비유와 교묘한 설정은 마치 한 편의 단편소설을 연상시킬 정도로 문학성이 강하다. 같은 공신들로 숙청당한 〈팽월열전〉, 〈경포열전〉, 〈한신노관열전〉을 함께 읽으면 좋다.

한신의 고향인 강소성 회음시(淮陰市)에 조성된 한신고리(韓信故里)의 광장이다.(2014년)

한왕 신·노관·진희 세 사람의 합전으로 서한 초기 정치 변화에 대한 사마천의 인식을 반영하고 있다. 우선, 세 사람이 반란을 꾀하게 된 정치적 배경을 유방과 여태후의 잇따른 이성 왕과 공신 제거에서 찾고 있다. 또 전제주의가 강화됨에 따라 빈객들을 거느리던 과거 기풍이 발붙일 수 없게 된 변화에 대한 유감도 짙게 배어 있으며, 이와 동시에 배반자의 비애도 읽어낼 수 있다. 〈회음후열전〉, 〈팽월열전〉, 〈경표열전〉을 함께 참조할 수 있다.

진나라 말기에서 초한쟁패에 이르는 동안 제나라 지역에서 부흥한 전씨(전담 – 전영 – 전횡) 정권의 성쇠 과정과 그들이 일으킨 특수한 작용을 드러낸 열전이다. 항우와 강력하게 맞섬으로써 유방이 전열을 가다듬을 수 있게 전씨가 도움을 주었다고 사마천은 본다. 그러나 전씨 정권은 극단적 이기심과 뒤떨어진 정치의식으로 결국 역사의 발목잡기에서 벗어나지 못했음을 지적한다. 그럼에도 전횡의 빈객 우대와 죽음 앞에서도 굽히지 않는 기개에 깊은 경의를 표한다.

문장으로 볼 때, 이 열전은 두서가 없는 것 같으면서도 아주 묘하게 질서정연함을 보여준다는 평이다. 〈역생육고열전〉와 〈회음후열전〉에 관련 행적이 부분적으로 삽입되어 있다.

전횡과 뜻을 같이하는 500인의 극적인 죽음을 간직하고 있는 산동성 전횡도에 세워져 있는 전횡의 동상이다.(2013년)

이 열전은 번쾌·역상·하후영·관영 4인 합전으로, 이들의 역사적 활동 및 미천한 신분에서 장상이 되기까지의 과정을 비교적 상세하게 소개하고 있다. 개 도살꾼 등 미천한 신분의 이들이 시세에 편승하여 유력자(유방)를 뒤따르면서 역사적 작용을 다하는 모습을 통해 이른바 '시대가 영웅을 만든다'는 역사 규율을 보여준다. 특히, 문장 표현상 따를 '종(從)' 자를 무려 54회나 반복 사용하여 이들의 행태를 더욱 부각시키는 한편 공신들 간의 살육을 폭로하여 역사의 복잡성을 표출한다. 또 이들의 행적을 〈조상국세가〉나 〈강후주발세가〉에서처럼 이룩한 공적을 중심으로 구체적인 수자로 표현하는 단순하지만 명쾌한 묘사법도 선보인다. 번쾌의 형상과 성격을 〈항우본기〉의 홍문연 장면과 비교해 가면서 읽으면 한결 강렬하고 선명하게 다가온다. 〈항우본기〉, 〈고조본기〉, 〈여후본기〉를 함께 읽으라.

권96 〈장승상열전〉

본 편은 장창·주창·임오·신도가 4인의 합전에 조요·도청·유사·허창·설택·장청책·조주의 간략한 행적이 부전으로 딸린 특이한 형식이다. 장창의 사적을 전후로 하여 시간을 뛰어넘고 직무가 다른 인물들을 섞어 배열하면서도 전체적으로는 상대적으로 집중하게 되는 효과를 끌어낸 특이한 구조다.

사마천은 통일 제국 진 왕조를 부정하는 역사의식을 비판한다. 한편 주창과 신도가 등의 직언에 경의를 표하며, 이를 유방·여태후·등통·조조와 대비시켜 이들에 대한 강렬한 반감을 드러냈다. 이들의 행적을 통해서는 서한 궁정 내 권력 쟁탈의 격렬함과 복잡성을 폭로했다. 끝머리에서는 무제 때 강화된 중앙집권으로 무기력해진 승상 직무의 필연적 추락을 보여준다. 〈육국연표〉, 〈여후본기〉, 〈유후세가〉에 관련 사실들이 일부 들어 있다.

권97 〈역생육고열전〉

언변이 좋으면서 그 나름대로 개성을 갖춘 역이기·육고·주건 세 사람의 합전이다. 역이기는 호방하고 통이 큰 인물로 일처리에서 큰 줄기만을 잡지 소소하게 따지지 않는다. 육고는 출중한

육고는 남다른 식견과 언변으로 남월왕 조타를 한나라에 복속시켰다. 사진은 이를 나타낸 조형물이다.

변사이자 시세의 흐름을 잘 간파한 지혜로운 인물로 《신어》(12편)를 통해 진나라가 천하를 잃고 한나라가 천하를 얻게 된 역사 경험을 총결지음으로써 문치(文治)의 시대로 역사를 바꾸는 데 큰 역할을 했다. 육고의 산뜻한 만년 생활에 대한 대목도 흥미롭다. 주건은 역이기를 도운 우정과 협의로운 행동으로 사마천의 칭송을 받고 있다. 3인을 한 열전에 안배한 것에 대해 역대로 논쟁이 적지 않았다.

권98 〈부근괴성열전〉

고조 유방의 공신으로 충성을 다해 천수를 누린 부관·근흡·주설 3인의 합전이다. 사마천은 이들의 사람됨과 유방의 용인술에 대해 풍자적인 필치로 기술하고 있다. 〈번역등관열전〉과 문체가 대체로 일치한다. 역대로 사마천이 쓴 열전이 아니라는 설 등 논쟁이 적지 않았다. 〈번역등관열전〉을 함께 참조하라.

권99 〈유경숙손통열전〉

유경과 숙손통의 합전으로 사마천의 풍자와 조롱이 돋보이는 열전으로 꼽힌다. 유경은 도읍지 결정에 합리적 논리를 제공했고, 흉노와의 전투에서 곤경을 해결함으로써 화친 외교의 틀을 놓은 공으로 '유'씨 성을 하사받는다. 사마천은 유경의 재능과 식견을 긍정하면서도 그의 갑작스러운 출세를 운으로 보고 평가를 유보했다.

숙손통은 사마천이 가장 혐오하는 인물의 하나다. 기회주의적이고 이중인격자인 유학자 숙손통과 유방의 공생관계를 예리하게 분석한다. 아울러 이득이 없을 때는 선생(숙손통)을 욕하다 권세를 얻자 일제히 그를 성인으로 추켜세우는 제자들의 행태 속에서 숙손통의 인간됨을 파악하게 만드는 교묘한 풍자와 절묘한 안배도 돋보인다.

권100 〈계포난포열전〉

계포와 난포의 합전으로 계포의 동생 계심과 계포의 동모제 정공 두 사람의 행적이 부전으로 딸려 있다. 사마천의 생사관과 인간관이 비교적 잘 표현되어 있는 편이다. 계포·난포의 충정과 직언을 칭찬하면서, 처형된 친구 팽월의 시체 밑에서 통곡한 다음, 제사를 지내 억울함을 풀어주는 난포의 의리를 돋보이게 묘사한다. 또 한 순간의 치욕을 참고 더 큰 명성을 얻은 계포를 찬양하고 있는데, 이는 《사기》 전체를 관통하는 중요한 주제이기도 하다. 반면에 부귀영화를 위해 주인을 배반하고 결국 비참한 최후를 맞이한 정공을 두 사람과 대비시킨다. 〈유협열전〉을 함께 참조하라.

권101 〈원앙조조열전〉

공적과 과실이 함께 있으면서 서로를 적대시하고 알력 하다가 죽음을 맞이하는 원앙과 조조의 합전이다. 사마천은 유능하고 강직한 원앙이 대범한 정치가로서의 풍도를 끝까지 유지하지 못하고 자객에게 살해된 것과, 뛰어난 재능의 조조가 역시 무리한 법 개정 등으로 제후들의 원망을 사서 결국 오초칠국의 난 때 희생양이 된 사실을 대비시킨다. 이런 대비 속에는 법가 인물에 대한 사마천의 편견과 혐오가 은근히 깔려 있다는 평도 있고, 이것이 《사기》의 결점으로 비판을 받기도 한다.

권102 〈장석지풍당열전〉

본 열전은 이상적인 군신 관계를 잘 보여주는 중요한 문장이다. 사마천은 국가에 충성하고 원칙을 견지하면서 제왕의 잘못이라도 바로잡으려 했던 장석지와 풍당 두 사람을 칭찬한다. '법이란 천자와 천하 사람이 함께 공유하는 것'이라는 장석지의 말을 빌려 장석지의 인품을 칭찬한다. 이와 함께 이들을 넓은 마음으로 수용한 명군 문제의 아량이 이상적 군신 관계에 꼭 필요하다는 점을 빼놓지 않고 강조한다. 이런 군신 관계에 대한 강조는 무제시대 경색된 관료사회의 분위기와 대비시키려는 사마 천의 의도를 반영한다. 〈평진후주보열전〉과 〈만석장숙열전〉을 함께 읽으면 변화되어 가는 군신 관계의 실상을 엿볼 수 있다.

권103 〈만석장숙열전〉

석분·석건·석경 일가와 위관·직불의·주문·장숙 등의 합전으로, '장자(長者)'의 모습으로 '공경스럽고 근면한' 것처럼 보이는 위선적 인물들의 형상을 모아놓은 열전이다. 사마천은 이들 '장자'의 이면에 감추어진 비열한 영혼과 노예근성을 날카롭게 간파하고 나아가 봉건 전제주의의 본질을 철저하게 폭로한다.

석분 등의 '공근(恭勤)'한 모습이란 실제로는 자신의 몸(부귀)을 지키기 위한 귀머거리와 벙어리 행세에 지나지 않다는 점을 간파했다. 이는 무제의 전제정치가 빚어낸 공포의 반영이기도 했다. '공근'의 배후에는 법을 가혹하게 적용하는 무제의 성격이 감추어져 있다고 본 것이다. 백가의 지존으로 추앙된 뒤 고유한 비판정신을 잃고 통치자의 도구로 전락한 유학이 내세우는 '덕치(德治)'의 진상도 폭로한다. 이 열전은 다수를 따로 다루고 있지만 혼연일체가 된 문장임을 느끼게 하며, 생생한 인물묘사를 통한 사마천의 풍자적 재능이 돋보인다.

권104 〈전숙열전〉

제나라 귀족 전씨의 후예로 협의정신으로 충만했던 전숙의 행적을 기록한 열전이다. 의리를 잊지 않고, 너그럽고 후덕한 인품에다 바른말을 잘했던 전숙에게서 장자의 풍모를 발견한다. 특히, 생사를 건 황실의 투쟁을 화해시키는 전숙의 행적이 빛을 발한다. 전숙의 아들이자 사마천과도 교류가 있었던 전인에 대해서도 기록을 남겼다. 훗날 저소손도 사마천의 입사동기였던 임안의 사적을 상세하게 비교한 보충기록을 남겨 이들의 행적을 보다 충실하게 만들었다. 〈만석장숙열전〉과 대조되는 한 편이다.

권105 〈편작창공열전〉

춘추시대 편작과 한나라 문제 때의 창공 순은 모두 명의다. 사마천은 이 두 명의가 의학사는 물론 인류 건강에 미친 중대한 의의를 높이 평가하여 이 열전을 남겼다. 명의의 실사구시적 과학정신을 존중함으로써 〈봉선서〉에서

하북성 형대시(邢台市)에 있는 편작의 사당인 '편작사(扁鵲祠)' 입구이다.(출처: 바이두)

보여준 미신에 대한 강렬한 비판 정신과 연결시킨다. 이들의 사상과 행적을 통해 의학의 유물론적 요소를 긍정하고, 과학의 변증적 사상을 인정한다. 편작이 진나라 태의령의 시기를 받아 살해되는 장면에서는 험악한 현실에 대한 곤혹감과 초월적 인재의 고독을 나타냈다. 의학과 관련된 많은 영역(분야·증상·처방·원인분석 등)에서 아주 귀중한 자료를 상세하게 남겼다. 중국 의학사에 길이 남을 기록이다.

권106 〈오왕비열전〉

오초칠국의 난에서 중심에 있었던 오왕 비의 행적을 통해 난의 전 과정을 상세히 기록한 열전이다. 지방 세력의 반발을 비판하면서도 지방 제후와 왕들의 세력을 깎아나간 중앙정부의 '삭번(削藩)' 조치에 대해서도 비판의 눈초리를 거두지 않는다. 이 열전은 서한 초기 중앙정부와 지방 세력의 충돌을 극명하게 보여주고 있다. 그러면서도 사마천은 '삭번(削藩)'에 대해 부분적으로 모순되는 태도를 보여주고 있는데, 이는 사마천이 봉건제의 본질에 대해 얼마나 곤혹스러워 했는가를 반영하고 있다는 평이다.

권107 〈위기무안후열전〉

《사기》 전편을 통해 가장 읽기 힘든 부분으로, 표면적으로는 전분과 두영이라는 두 귀족 집단 사이의 갈등과 분쟁을 다루고 있다. 이 분쟁의 이면에는 한나라 초기 정치 투쟁의 모든 요소와 모순 및 특징이 고스란히 함축되어 있다. 최고 통치 집단 내부, 즉 황제(경제·무제)와 태후(두태후·왕태후) 간의 투쟁과 알력의 내막을 폭로한다. 이는 다른 면에서 유가독존의 독재적 사상정책을 밀어붙이는 과정에서 나타난 황로사상과 유가사상의 첨예한 대립을 암시한다.

사상투쟁의 잔혹함과 격렬함은 '분서갱유' 못지않다. 그 결과 황제 권력에 아부하여 출세하려는 어용 '유술(儒術, 유자儒者)'이 대거 등장했고, 그 이면에는 비열한 음모와 정변이 거미줄처럼 얽혀 있다. 다른 열전에서는 볼 수 없는 복선과 암시가 곳곳에 장치되어 있어 세심하게 읽어야 하는 문장이다. 특히 이들의 추악한 내면을 극명하게 보여주면서 그 결말까지 암시하는 술자리는 기가 막힌 천하의 명장면이다. 〈양효왕세가〉, 〈외척세가〉, 〈평진후주보열전〉, 〈유림열전〉 등을 참조할 필요가 있다.

권108 〈한장유열전〉

황실 내부의 모순을 완화하고 흉노 정책에서 중요한 역할을 한 한안국에 관한 열전이다. 사마천은 장자로서의 기풍과 옹졸하고 음험한 면을 동시에 갖춘 한안국이란 인물에 대해 단독 열전을 구성했다. 특히 자기보다 뛰어난 인물들을 서슴없이 추천한 한안국의 풍모는 시기와 질투, 투쟁으로 얼룩진 관료사회에서는 희귀한 행적으로 높이 평가받는다. 그러면서도 재물을 탐내고 부귀를 추구했던 부정적인 모습도 함께 비판한다.

권109 〈이장군열전〉

사마천이 가장 존경하고 편애했던 인물인 명장 이광과 그 전 가족의 비극적인 운명을 기록한 열전이다. 이광의 행적을 통해 무제의 대외전쟁 및 인재 대우 문제 등도 함께 거론한다.

사마천은 우선 무인으로서의 기질과 인품을 고루 갖춘 이광을 존경하는 마음으로 묘사한다. 이런 이광이 통치자들에게 외면당하고 급기야 자살하는 장면에서는 울분에 찬 목소리로 통치자와 정치군인들을 고발한다. 이광 집안에 이어지는 비극적 죽음과 처참한 운명을 서술하여 통치자와 그 일당의 죄악을 폭로한다. 감정과 사실이 침범하지 않는 선에서 강렬하게 표출되는 사마천의 정신을 확인할 수 있는 열전이다. 이광은 사마천이 극구 변호하다가 궁형이라는 치욕을 감수하게 된 사건, 즉 '이릉지화'의 장본인인 이릉의 할아버지이다.

감숙성 천수시(天水市)에 위치한 이광 무덤의 입구이다. (2016년)

권110 〈흉노열전〉

이민족의 역사에 관한 최초의 기록이다. 한나라 대외정책의 주요 대상이었던 흉노에 대해 객관적 태도로 상당히 상세하게 기록한 열전이다. 민족 간의 평등의식과 문화의 상대적 독립성 및 상대성과 유효성을 긍정한다. 무제의 대흉노 강경책을 비판하고, 문화적 쇼비니즘을 부정한다. 특히, 흉노로 망명한 중항열과 한나라 사신과의 대논쟁을 통해 '문명'과 '야만'의 경계에 대해 다시 생각하게 만든다. 사마천의 역사 인식 범위가 이미 중국 밖의 세계로 뻗쳐 있어 연구의 층차와 수준을 높이고 있다.

권111 〈위장군표기열전〉

무제 때의 장수인 위청과 곽거병을 중심으로 한나라의 대흉노 전쟁에 대해 계통적으로 서술하고, 이들이 세운 공적과 문제점들을 구체적으로 기록한 열전이다. 대흉노 강경책을 비판한 사마천은 위청과 곽거병의 인품을 꼬집고, 나아가서는 교묘한 서술과 안배를 통해 무제까지 풍자함으로써 또 다른 형식의 열전 한 편을 창조하고 있다. 〈흉노열전〉을 중심으로 앞뒤로 존경하는 이장군의 열전과 혐오하는 위청·곽거병의 열전을 배치함으로써 자신의 감정을 절묘하게 표출하고 있다. 당연히 〈이장군열전〉과 〈흉노열전〉을 함께 읽어야 한다.

위청의 초상화이다.

권112 〈평진후주보열전〉

아부와 위선으로 무제의 신임을 얻어 승상까지 오른 공손홍의 행적과 문장이 눈에 들어 기용된 주보언을 비롯한 서악·엄안의 사적을 함께 기록한 열전이다. 충효로 이름난 유생 공손홍의 만행을 폭로함으로써 유생에 대해 존중을 표방했던 무제의 진짜 얼굴, 통치자가 이용하는 도구를 자청했던 당시 유생들의 비굴함을 비판한다. 비열하고 각박한 정책으로 제후왕들을 다수 제거했던 주보언이 죽자 시체조차 거두는 사람이 없었던 세태의 비정함도 드러내 보인다. 주보언·서악·엄안이 올린 상서문은 사료로서의 가치가 크다. 〈유경숙손통열전〉, 〈유협열전〉, 〈유림열전〉과 대조적인 문장이므로 함께 참조할 필요가 있다.

권113 〈남월열전〉

진나라 말기 혼란 속에서 조타가 남월왕으로 자립하고, 그 이후 변화되는 대외정책과 정치관계를 다룬 열전이다. 조타가 영남 소수민족을 단결시킨 점을 칭찬하는 한편 남월 병합을 위해 광분한 무제와 신하들을 비판한다. 담력과 식견, 노련한 처세술까지 갖춘 조타의 성격을 생생하게 묘사한다. '태사공 왈' 부분은 사마천이 아닌 후대인이 쓴 것으로 보고 있다.

남월왕과 그 궁전 및 신하들의 모습을 그린 그림이다.(출처 : 바이두)

권114 〈동월열전〉

동월이 오초칠국의 난과 남월 정복 전쟁 와중에 멸망하여 한나라의 군현으로 편입되는 과정을 서술한 열전이다. 우수한 민족전통이 역사 발전에 미치는 영향을 간파한 사마천의 진보적 민족관이 잘 드러나 있다. 문학적 색채는 짙지 않지만 복잡하게 얽힌 민족 관계와 흥망 관계 등을 끝까지 잘 배치한 특징이 보인다.

권115 〈조선열전〉

연나라 사람 위만이 조선으로 망명한 다음 왕으로 자립하고, 그 뒤 한사군이 설치되기까지의 과정을 기술한 열전이다. 무제의 야심, 장수들의 부패와 음모 등을 폭로한다. 위만이 상투를 트는 등 소수민족의 일원으로 자신을 융합시키면서 조선의 왕이 된 것을 긍정적으로 평가한다. 반면 무제의 조선 출병이 갖는 부당함과 그 결과

를 비판적 입장에서 분석하고 있다. 고대 조선과 중국
의 교류와 대외관계 연구에 아주 귀중한 자료이다. 참
고로 조선이 망한 기원전 108년은 사마천이 아버지 사
마담의 뒤를 이어 37세의 나이로 사관 벼슬인 태사령
에 취임한 해이다. 따라서 〈조선열전〉은 당대사이자
1차 사료로서 그 가치가 막중하다.

〈조선열전〉의 마지막 줄 아래가 "그리하여 마침내 조선을 평정하고 사군(四郡)을
두었다"는 부분이다. 그러나 사군이 어디 어디인지 그 이름은 밝히지 않고 있다.

권116 〈서남이열전〉

서남이 지구 소수민족의 지리 분포, 사회풍속, 한나라와의 관계, 서남지구 개척
과정을 기록한 열전이다. 사마천이 이곳을 직접 시찰한 경험을 바탕으로 구체적이
고 사실적으로 공평하게 서술하고 있다. 무제의 서남이 지역 개통이 역사 발전에 긍
정적으로 작용했음을 인정하면서도 현실적 이익만을 추구한 당몽과 장건 등에 대해
서는 증오심을 감추지 않는다. 이 열전은 지금도 파악이 쉽지 않은 사천·운남·귀주
일대 소수민족의 상황에 대해 가장 상세하고 요령 있는 기록으로 평가하는 귀중한
자료이다.

권117 〈사마상여열전〉

한대의 걸출한 문장가 사마상여의 생애와 문학창작 및 관료사회에서의 부침을 기
록한 열전이다. 유일한 전업작가라 할 수 있는 사마상여의 작품을 다량 수록하여 문
학사에서의 그의 위치와 작품의 특징 및 후세에 미친 영향 등을 평가했다. 흥미진
진한 탁문군과의 애정 이야기를 역사책에 수록하는 독특한 안목도 귀중하다. 사마
상여의 처량한 말로를 통해서는 자신의 삶을 투영하기도 했다는 평이 있다. 전편
9,200자로 〈항우본기〉 다음으로 긴 열전이다.

권118 〈회남형산열전〉

회남왕 유장·유안과 형산왕 유사 3부자를 통해 한나라 통치자 내부의 권력 쟁탈과 살상을 폭로한 열전이다. 제후들의 명분 없는 모반에 반대하면서도 이 모반에 모함이 개입되어 있음을 시사한다. 특히, 두 사건(인물)을 서로 비교·연계·보완·대조하는 사마천 특유의 '호견법(互見法, 상호비교법)'을 사용하여 '실록' 정신을 체현하고 있다. 사회·문화·풍속이 인간에 미치는 영향을 소홀히 할 수 없음도 지적한다. 사마천 사상의 정수는 단편적인 문장이 아니라 전문을 통해 이해해야 한다는 점을 보여주는 열전이기도 하다. 7,000자가 넘는 문학성 높은 작품이다.

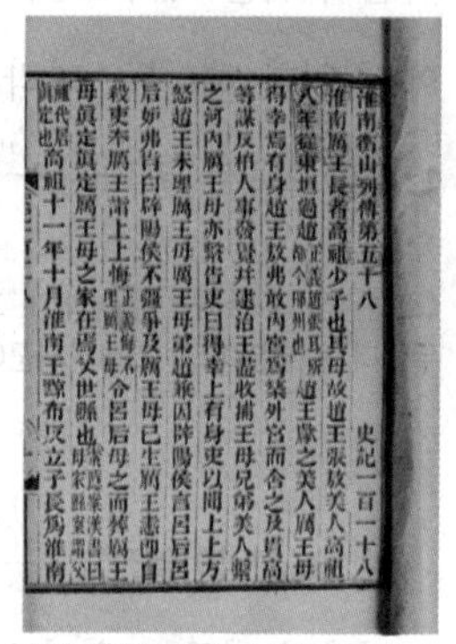

〈회남형산열전〉의 첫 부분이다.

권119 〈순리열전〉

춘추시대 정치가 손숙오·정자산·공의휴·석사·이리 5인의 합전이다. 백성을 아끼고 청렴결백하여 '순리'로 불린 이들을 통해 사마천은 자신의 중요한 정치·경제사상을 드러냈다. 소금과 철의 전매, 주류 전매, 화폐의 잦은 변경, 평균·균수법 등과 같은 국가정책이 백성들의 이익을 침범하던 무제 당시의 상황을 저 멀리 떨어져 있는 춘추시대 '순리'들의 교화와 덕치로 대비시키는 절묘한 안배가 돋보이는 편이다. 그리하여 정치의 본질은 엄격하고 가혹함에 있는 것이 아니라 도덕에 있다는 결론에 이른다. 형식과 내용면에서 선진시대 제자백가의 산문적 특징이 뚜렷한 열전이다. 〈혹리열전〉, 〈화식열전〉, 〈평준서〉을 함께 참조하면 이해에 도움이 된다.

권120 〈급정열전〉

황제에게 직간을 서슴지 않았던 급암을 위주로 유능한 인재를 우대했던 정당시를 함께 다룬 열전이다. 황로사상을 지지한 인물들의 행적을 통해 무제가 취한 위선적 정책, 가혹한 법 집행 등을 강하게 비판한다. 무제가 중용한 공손홍과 장탕의 위선과 음흉함을 폭로·비판하며 상류사회의 세태에 증오감을 표출한다. 사상과 성격이 전혀 다른 두 인물을 비교함으로써 독자의 공명을 격발시키는 효과를 거두고 있다.

권121 〈유림열전〉

공자 이래 유학이 발전하고 탄압받다가 결국은 독존의 지위에 오르는 과정을 다룬 열전이다. 공자와 그의 학설이 기여한 문화 방면의 공헌에 큰 존경을 표하면서도, 그 후 유가가 진보적이고 민주적인 색깔을 포기하고 보수화되고 정치적으로 전락했음을 비판한다. '곡학아세'하는 위선적 유자들을 조롱한 반면 정도를 걷는 유자들에 존경의 뜻을 표한다. 함께 읽으면 도움이 될 편들로는 〈위기무안후열전〉, 〈평진후주보열전〉, 〈혹리열전〉, 〈유협열전〉 등이 있다.

권122 〈혹리열전〉

무제 당시 각종 모순의 조합체라 할 수 있는 혹리의 대표자 장탕을 비롯하여 10인의 혹리들을 다룬 열전이다. 무제의 정치적 모순과 가혹한 법집행을 폭로한다. 혹리들이 보이는 미묘한 차이점과 긍정적 역할을 인정하면서도 가혹한 수탈과 혼란스러운 법집행이 갖는 불공평성이나 법의 왜곡을 신랄하게 비판한다. 법은 천자와 천하가 공유하는 것이라는 기본사상을 바탕으로 한 고발적인 성격이 짙은 문장이다. 한 무제와 그 밑의 혹리들이 실행했던 각종 경제정책을 다룬 〈평준서〉를 함께 참조하면 좋다.

혹리들 중 장탕은 그래도 청렴한 관리였다. 사진은 서안시 장안구 장탕묘 앞의 '염정(廉亭)'이다.(2017년)

권123 〈대완열전〉

전반부는 장건 '서역출사(西域出使)'의 경과를, 후반부는 '대완의 말'(한혈마)을 차지하려는 무제의 사욕으로 빚어진 전쟁의 양상을 기록한 열전이다. 무제의 탐욕과 무제가 아끼는 총희 이부인을 배경으로 출세한 이부인의 오라버니 이광리를 한데 연결시켜 비판한다. 장건의 서역 개척과 그의 탁월함을 인정하면서도 이 때문에 백성을 도탄에 빠뜨렸다는 측면에서 비판의 끈을 놓치지 않고 있다. 서역과의 교류에 따른 서역에 대한 정확하고 귀중한 사료로 남아 있다.

권124 〈유협열전〉

통치자를 비롯한 상류사회에 대해 무정하게, 그리고 격렬하게 비판한 전투성이 가장 강한 열전으로 꼽힌다. 법제를 파괴하면서까지 자신들의 원칙을 지킨 곽해를 비롯한 유협들을 칭송하는 한편, 사악한 붓을 놀려 그들을 해친 공손홍 등 한나라 유생들의 비열한 행위를 비난한다. 문제 이래 끊임없이 박해를 받아 무제 때 철저하게 소멸된 치외법권 지대의 반체제 인사 유협들의 행적을 칭송한 사마천의 용기가 돋보이는 열전으로 서정성이 넘친다. 진보와 보수 사이에서 2천 년 넘게 논쟁이 끊이지 않은 기록이다. 〈혹리열전〉, 〈유림열전〉, 〈평진후주보열전〉 등을 함께 읽어야 그 진상을 제대로 파악할 수 있다.

권125 〈영행열전〉

권력자의 비위를 맞추어 총애를 얻은 '영행' 인물들에 관한 전기다. 서한 몇몇 군주가 '남총(동성애)'에 빠진 것에 대한 신랄한 풍자로 통치자들을 난감하게 만든다. 무제 때는 외척 중에서 '남총'을 고르는 '영행' 인물들의 조직적 변화에 주목하여 이들과 황실의 유착관계에 따른 정치사회의 막대한 폐단을 꼬집었다.

위청·곽거병·이광리 등 막강한 권세의 외척들까지 이 대열에 편입시킨 사마천의 정치사상이 남다르다. 등통이란 자의 이야기는 소설적 요소가 강한 것으로 평가받는다. 〈영행열전〉은 훗날 역대 정사에 〈간신전〉을 편제하게 만든 선구적 기록이기도 하다. 〈번역등관열전〉, 〈장승상열전〉, 〈위장군표기열전〉, 〈만석장숙열전〉을 함께 참조하면 좋다.

권126 〈골계열전〉

하층민을 대상으로 한 대표적 문장으로 사마천의 뜨거운 애정과 민주사상, 진보적 성향이 두드러진 열전이다. 사람보다 말을 더 아꼈던 초 장왕에게 '말을 위해 국빈장을 치러주라'고 비꼰 우맹 등의 고사를 통해 하층민들이 국가와 백성을 위해 보여준 탁월한 용기와 기막힌 착상을 생동감 넘치게 보여준다. 풍자와 해학이 흘러넘치는 이 문장은 후대 《세설신어(世說新語)》 등 숨겨진 이야기를 주로 다룬 단편소설의 앞길을 열어준 문학사의 창조로도 평가한다. 후반부 저소손이 보완한 문장은 사마천의 문장과는 격이 다르다.

우맹의 일화는 역사극으로 만들어지기도 했다. 사진은 그중 하나이다.(출처 : 바이두)

권127 〈일자열전〉

사마천의 문장이 아닌 것으로 고증된 10편 가운데 하나다. 그러나 작품 자체의 사상과 예술적 가치 및 후세 문학에 미친 영향은 과소평가될 수 없다. 점쟁이 사마계주의 입을 빌려 관료사회의 추악함과 험악함을 폭로하는 두려움 없는 비판정신이 넘친다. 봉건사회 전제주의에 대한 사마천의 냉철하고 깨어 있는 인식이 체현되어 있다. 선악이 바뀌고 흑백이 뒤섞이는 사회현실에 대한 하층민의 불만적 정서도 발설되고 있다. 내용과 형식면에서 '도가'와 모종의 연원 관계에 있는 '산문부(散文賦)'라 할 수 있다. 사마천의 문장은 아니더라도 사마천의 역사관과 사상은 온전히 반영되어 있다.

권128 〈귀책열전〉

점복의 역사와 그 작용 및 무제시대 각종 폐단을 유물론적 시각과 비판적 어조로 서술한 특별한 열전이다. 각지의 다양한 점복 활동의 발전사를 개괄하고, 그 배경과 사회적 원인도 분석한다. 무제시대 대외정벌을 위한 점복과 권력투쟁에 동원된 '무고지화(巫蠱之禍, 저주)'로 인한 작용과 그에 동원된 점복자들의 죄악에 대해서도 비판하고 있다. 앞 서문 부분만 사마천의 글로 인정하고 있다.

권129 〈화식열전〉

〈평준서〉와 함께 전문적이고 귀중한 경제 문장으로 높은 평가를 받아온 열전이다. 우선 물질적 이익과 재부 추구가 인간의 본성이라는 점을 인정하고, 나아가서는 물질적 재부가 사회적 지위·계급·계층을 결정한다는 탁월한 인식을 보여준다. 따라서 경제발전이 국가 강약·성쇠의 기초라는 지적도 자연스럽고, 특히 물질 재부가 인간의 사유를 결정하고 경제권을 쥔 사람이 사회여론을 조종한다고 지적함으로써 통치 계급이 표방하는 봉건도덕의 허위성마저 꿰뚫고 있다.

사·농·공·상의 고른 발전을 주장하여 오랫동안 유지해 온 중농정책에 반기를 들고 있다. 고고한 정신의 귀족 백이·숙제로 시작된 70편의 열전은 물질과 인성의 본질적 관계를 다룬 〈화식열전〉에 이르러 대단원의 막을 내린다. 사실상 열전의 마지막 편이다. 추상과 관념으로 시작된 열전을 구상과 실질 및 물질로 체화시킨 사마천의 식견은 감탄 그 자체이다. 〈화식열전〉을 읽지 않고 《사기》를 읽었다 하지 말라는 평을 내리고 싶다.

권130 〈태사공자서〉

《사기》를 저술한 경위와 129권의 취지 및 개략적 내용과 함께 사마천 자신의 역경을 소개한 기록이다. 울분과 비장함으로 가득 찬 격정적인 문장으로 《사기》 전체를 이해하기 위해 불가결한 안내문이다. 사마천의 가계와 삶, 그리고 창작 동기를 서술하고 있어 그의 사상을 이해하는 데 가장 중요한 자료다. 가문의 내력과 사관 집안으로서의 자부심을 피력하고, 아버지 사마담의 중요한 논문 〈논육가요지〉 전문을 수록

사마천의 선조인 사마조 무덤이다. 최근 사마천의 고향인 한성시에 조성되었다.(2024년)

하여 아버지의 염원을 계승하겠다는 의지와 '존유(尊儒)'라는 독단적 사상정책을 비판한다. 《사기》를 쓰게 된 목적을 완곡하지만 명확한 단어로 표현했다. 《사기》를 완성하게 된 과정을 서술하고 동시에 《사기》의 규모·체제·요지를 소개함으로써 《사기》와 사마천 자신의 진심을 전달하고 있다. 엄격히 말해 이 자서는 열전에서 분리시켜 독립적으로 다루어야 할 필요가 있다. 역사상 자신의 저술에 처음으로 서문을 넣었고, 나아가 자기 역사서의 총 글자 수(52만 6,500자)를 처음으로 밝힌 사례를 남겼다.

보충 〈보임안서(報任安書)〉

〈보임안서〉는 《사기》의 정신과 사마천의 삶을 이해하는 데 없어서는 안 될 중요한 기록이다. 사마천과 《사기》에 대해 크게 호감을 갖지 않았던 반고(班固, 32~92)는 두 번째 정사 《한서》에다 사마천의 열전을 남겼다. 반고는 열전 내용의 대부분을 《사기》의 마지막 편이자 사마천의 자서전에 해당하는 〈태사공자서〉를 가져다 그대로 채우는 부실한 기록자이긴 했지만, 무슨 생각에서였는지 〈보임안서〉를 덧붙여 두었다. 이는 반고가 의도했던 하지 않았던 기적과도 같은 일이었다.

사마천은 《사기》를 완성한 다음, 미루어 놓았던 입사 동기 임안이 보낸 편지에 답장을 썼다. 이 편지에서 사마천은 《사기》에서는 차마 밝힐 수 없었던, 즉 궁형을 자청할 수밖에 없었던 경위와 궁형 이후 수시로 덮쳐 오는 심신의 극심한 고통, 그리고 그 모든 것을 이겨내고 《사기》를 완성하기까지의 심경을 격정적으로 토로하고 있다.

〈보임안서〉에는 특히 사마천의 생사관이 잘 드러나고 있다. 그는 태산보다 무거운 죽음으로 남기 위해서는 그 죽음을 어떻게 사용하느냐가 관건이라는 점을 분명하고 절묘한 표현으로 아로새기고 있다. 이런 점에서 〈보임안서〉는 사마천의 영혼과도 같다.

한성시 한 민가 담벽에 그려져 있는 《사기》를 완성한 사마천의 모습이다.(2024년)

권74 〈맹자순경열전〉은 전국시대 중·후기 학술 발달
사를 간명하게 압축하고 요약한 전기이다. 성선설과
성악설로 대표되는 맹자와 순자의 사상적 차이에도
불구하고 그것이 궁극적으로는 개인과 사회에 대해
같은 작용을 했다는 점에서 이 둘을 함께 기술한 사
마천의 식견이 돋보인다. 산서성 안택현(安澤縣) 순자
문화원의 전경이다.(2018년, 2019년)

사마천과《사기》에 대한 역대 논평

- 그 논리가 정연하고 정확하여 꾸밈없고 실제적이며, 야비하지 않은 점에 탄복하고 있다. 문장은 곧고 그 사실은 핵심을 찔러, 헛되이 칭찬하지 않았으며 말하기 어렵다고 숨기지 않았으니 '실록(實錄)'이라 할만하다.

  – 《사기》에 이어 두 번째 정사 《한서》를 남긴 역사가 반고(班固, 32~92)

- 사마천의 말은 두루 통하여 참으로 저술가 중에서도 깊은 못, 넓은 바다와 같은 존재다.

  – 당나라 때의 역사비평가, 유지기(劉知幾, 661~721)

반고의 《한서》는 훗날 사마천의 《사기》와 더불어 '마반논쟁'을 불러일으킨 두 번째 정사이다. 반고의 초상화이다.

- 경전을 꿰뚫었고, 과거와 현재를 씨줄과 날줄로 엮어서 바로잡았다.

  – 《사기》에 대한 대표적인 주석서 《사기색은》을 남긴 당나라 사람 사마정(司馬貞, 679~732)

- 한 왕조 사람으로 문장을 못한 사람은 없었으나 오직 사마상여와 태사공(사마천), 유향과 양웅이 단연 최고였다. … (사마천의 작품은) 씩씩하고 깊고 우아하고 힘차다.

  – 당나라 고문운동의 선구자 한유(韓愈, 768~824)

- 자연스럽게 문장이 조화되어 물이 떨어지는 것 같지만 결코 새지 않으며, 단 한 글자도 보탤 것이 없다고도 했다.

사마천의 문장으로 돌아가자는 고문운동을 주도한 한유의 초상화이다.

글자의 선택은 고심을 거듭하여 한 글자도 뺄 수 없다.

–당나라 고문운동의 대표적 인물 유종원(柳宗元, 773~819)

- (문장은) 격랑이 몰아치듯 사납고 호탕하며, 동정호의 물결처럼 깊은 의미를 함축하고 있으며, 봄날의 짙은 향기처럼 여유롭고 맵시가 넘친다. 용과 호랑이가 뛰고 날듯 천군만마를 호령하는가 하면, 천지만물의 변화를 포착하여 사람의 마음을 기쁘게도 슬프게도 만드는 것이 실로 변화무궁하다.

–북송의 문장가 마존(馬存, ?~1096)

- 문장은 호탕하고 기이한 기운이 넘쳐난다.

–북송의 시인 소동파(蘇東坡, 1037~1101)

- 제자백가의 저서들은 공허한 말들이 많아 역대로 실질적 자취를 남긴 것으로 기록할 만한 것이 없지만, 사마천 부자는 대대로 전적을 관장하며 사서 저술에 공을 들여 위로는 황제로부터 아래로는 진한에 이르는 역사책을 제대로 완성했다. 《사기》는 다섯 체제로 이루어져 있는데, 본기는 시간을 기록하고, 세가는 세대를 전하고, 표는 날을 바로잡고, 서는 일을 분류했으며, 열전은 사람을 드러냈다. 백 세대가 지난다 해도 사관은 그 법을 바꿀 수 없고, 학자는 그 책을 버릴 수 없다. 6경이 나온 뒤로 이 책(《사기》)이 있었을 따름이다.

–남송시대 역사 평론가 정초(鄭樵, 1104~1162)

- 《사기》는 산천을 유람한 기록과 같다. 어떤 곳의 경치를 말하면서 앞에는 어떤 산이 있고, 뒤에는 어떤 물이 있다는 식으로 말하는데, 이것이 대가의 글이다. 다른 사람의 글은 밋밋하거나 작은 그림을 보는 정도

사마천의 문장을 장쾌한 '장강만리도'에 비유한 귀유광의 초상화이다.

인데, 사마천의 문장은 〈장강만리도(長江萬里圖)〉 같다.

-명대 산문가 귀유광(歸有光, 1507~1571)

- 오늘날 《사기》를 읽을 때 독자들은 〈유협열전〉에서는 목숨을 초개처럼 버리게 될 것이고, 〈굴원가생열전〉을 읽으면 눈물을 흘리게 될 것이고, 장자나 노중련의 열전을 읽으면 속세를 떠나고 싶을 것이다. 이광의 열전을 읽으면 자신이 전쟁에 나가고 싶어질 것이며, 석건의 열전을 읽으면 예절을 극진히 지키고 싶어질 것이며, 신릉군이나 평원군의 열전을 읽으면 인재를 기르고 싶을 것이다. 무엇 때문에 이렇게 될까? 모든 내용이 각각 사물의 실정에 들어맞아 독자의 마음속 깊이 전달되기 때문이다. 몇몇 구절이나 글자가 독자들을 격발시키는 것은 결코 아니다.
- 예로부터 사마천은 문선(文仙)이요, 이백(李白)은 시선(詩仙)이요, 굴원(屈原)은 사부선(詞賦仙)이요, 유령(劉伶)은 주선(酒仙)이요, 한신(韓信)은 병선(兵仙)이라 했는데, 맞는 말이다.

-명나라의 정치가이자 문장가인 모곤(茅坤, 1512~1601)

- 사마천은 타고난 재능, 폭넓은 지식, 천 년을 꿰뚫는 안목으로 《사기》를 창조했다.
- 《사기》의 체제는 역사서를 쓰는 역사학자들의 표본이자 새로운 예를 만든 태양과 별처럼 빛나는 것이다.

-명말청초의 문학가 전겸익(錢謙益, 1582~1664)

- 〈굴원가생열전〉은 굴원과 가의 두 사람의 삶을 빌려 사마천 자신의 눈물로 삼았다!
- 《수호전》의 방법은 모두 《사기》에 있다.

-명말청초의 문학가로 사마천과 《사기》에 관해 90여 편의 문학 논평을 남긴 김성탄(金聖嘆, 1610?~1661)

- 사마천은 과거와 현재를 참작하여 범례를 만들어 완전한 역사를 창조했다. 본기는 제왕을 기록했다. 세가는 제후국을 기록한 것이다. 10표는 시사를 연계했으며, 8서

는 제도를 상세히 고찰한 것이다. 열전은 인물에 뜻을 둔 것이다. 그런 다음 한 시대의 군주와 신하의 정치, 그리고 득실을 한 편에 종합적으로 서술했다.

- 이로부터 범례가 정해졌고, 역대 사학자들치고 그 범위를 벗어난 사람은 아무도 없었다. 믿을 만한 역사가들이 지극히 떠받드는 원칙이 되었다.

　– 청대의 걸출한 사학자 조익(趙翼, 1727~1814)

- 무릇 사마천의 빼어난 학식은 《춘추》 이후 유일했다.
- (《사기》는) 수천 년의 역사를 틀에 아우르고, 백가(百家)를 울타리에 가두었다. … 인간과 하늘의 관계를 시간과 공간 속에서 구명함으로써 일가를 이룬 책이다.

　– 청나라가 배출한 가장 뛰어난 학자 장학성(章學誠, 1738~1801)

- 사마천은 역사학계의 태조 대왕과 같은 존재다.
- 사마천은 정말 역사학의 조물주다.
- 《사기》 이전의 역사서는 사건만을 다룬 것이거나, 각 지방의 기록이거나, 한 시대의 기록에 지나지 않았다. 《사기》는 사마천이 알고 있는 시간 내에서 인류 전체가 자신의 문화를 가진 이래 수천 년의 총체적 활동을 한 용광로에 녹여낸 것이다. 이로부터 역사를 전체로 인식하고 영원히 계속되는 것이라는 생각을 가지게 되었다. 진·한 통일 이후 문화가 상당한 정도로 발전하지 않았더라면 이런 관념이 나타날 수 없었을 것이다. 사마천이 이러한 기운을 타고 나타난 것이다. 《사기》는 실로 중국통사의 창시자다.

　– 중국 근대 개혁사상가 양계초(梁啓超, 1873~1929)

사마천을 역사학의 조물주에 비유한 양계초의 동상이다.(양계초의 고향 광동성 강문시江門市 2006년)

- 무제 때 문인으로 부(賦)라면 사마상여를 따를 자 없었고, 문(文)이라면 사마천이

단연 으뜸이다.

- (사마천의 문장은) 역사 서술법에 얽매이지 않았고, 자구에 갇히지 않았다. 감정에서 출발하여 마음 가는 대로 문장을 구사했다.

- (《사기》는) "역사가의 기가 막힌 노래요, 가락 없는 〈이소(離騷)〉이다.

- 사람은 언젠가는 죽는다. 그러나 죽음의 의미는 다 다르다. 중국 고대의 문학가 사마천은 '사람은 누구나 죽지만 태산보다 무거운 죽음이 있는가 하면, 새털보다 가벼운 죽음도 있다'고 했다. 인민의 이익을 위해 죽는다면 태산보다 무거운 죽음에 비교할 수 있을 것이며, 파시스트에게 몸을 팔고 인민을 착취하고 인민을 박해하는 사람의 죽음은 새털만도 못하다 할 것이다.

- 중국에는 위대한 저서 둘이 있는데, 하나는 《사기》요, 또 하나는 《자치통감》이다. 모두 재능은 있지만 정치적으로 뜻을 얻지 못한 처지에서 편찬한 것들이다. 보아하니 사람은 어느 정도 타격을 입고 난관에 부딪치는 것이 좋은 것 같다. 물론 이는 재능 있고 뜻을 가진 사람을 가리키는 말이다. 이 두 가지가 없으면 한 번의 충격으로도 의기소침해지고, 심지어 자살도 하는 경우가 있는데 그것은 다른 이야기다.

하루라도 책을 손에서 놓은 적이 없었다는 모택동은 역사서를 특히 애독했다. 《사기》와 《자치통감》은 여러 차례 읽었다고 한다. 사진은 모택동의 고향인 호남성 상담현에 세운 동상이다.(2011년)

— 신중국 국가주석 모택동(毛澤東, 1893~1976)

- 사마천이라는 이 위대한 사학자는 실로 우리의 자랑이 아닐 수 없다. 그가 남긴 《사기》는 중국 고대의 서사시에 부끄럽지 않으며, 역사소설집으로도 부를 수 있다.

— 걸출한 역사학자이자 문학가인 곽말약(郭沫若, 1892~1978)

- 사마천 이후 역사를 시대의 백과전서로 보게 되었다. 따라서 사마천의 자료 취재
  는 지극히 폭 넓었다. 정치에서 경제까지, 전쟁에서 학술에 이르기까지 포함되지
  않은 분야가 없었다. 그것이 쳐놓은 그물은 지극히 넓었다. 소위 문학사라는 것도
  늘 이 포함하지 못할 것 없는 '시대의 백과전서'의 그물에 걸려든다.
      – 현대 작가이자 문학사가 정진탁(鄭振鐸, 1898∼1958)

- 중국의 역사학이 독립된 학문으로 성립하게 된 것은 서한 때부터이며, 이 학문의
  개산조(開山祖)는 위대한 역사학자 사마천이다. 《사기》는 중국 역사학의 출발점에
  남은 불후의 기념비다.

- 《사기》는 기전체 사서이긴 하지만, 사회를 중심으로 한 역사라 할 수 있다.

- 역사상 사회의 모든 계층 구석구석 각 방면의 동태에 주목하여 구체적이고 생동
  감 넘치게 그려냈다. 그래서 나는 《사기》를 중국 최초의 방대한 사회사라고 생각
  한다.
      – 저명한 역사학자 전백찬(翦伯贊, 1898∼1968)

- 1940년 3월 내가 소련에서 연안(延安)으로 돌아온 그 다음 날, 주은래(周恩來)가 나
  를 데리고 모(毛) 주석(모택동)을 만나러 갔다. 모 주석은 내게 악수를 청한 다음 고
  향이 어디냐고 물었다. 내가 한성(韓城) 사람이라고 대답하자 모 주석은, "아! 사마
  천이 용문(龍門)에서 태어나 하산지양(河山之陽)에서 농사짓고 가축을 길렀다고 했
  지", 이 말에 나는 깜짝 놀랐다. 나는 생각했다. 모 주석이 전국의 인민을 이끌고
  밤낮으로 혁명에 여념이 없는데 《사기》를 잊지 않고 읽고 있고, 게다가 사마천의
  고향까지 정확하게 기억하고 있다니 정말 대단하다. 사마천은 강직하여 아부하지
  않았으며, 곧은 붓을 휘둘러 왜곡하지 않고 저술했다. 그래서 봉건 통치자 계급은
  그를 좋아하지 않았다. 이제 천하는 인민의 천하다. 노동 인민이 집주인인 시대
  다. 우리는 깃발을 높이 쳐들고 씩씩하고 힘차게 사마천과 그의 책, 그리고 그의
  정신을 선전해야 할 것이다. 아울러 역사 본래의 면목으로 사마천에게 받아야 할

응분의 역사적 지위를 주어야 할 것이다. 그가 인류 역사문화에 공헌한 것처럼 세계가 그를 공인해야 할 것이다. 이런 역사문화의 명인이 전국에 몇이나 되겠는가? 우리는 그의 책을 잘 읽고, 그 사람을 배우고, 그 정신을 드날려야 할 것이다.

• 평소 한성을 문사의 고향이라 부르는 것은 한성이 유구한 역사문화의 명성이기 때문이며, 또 세계적인 역사문화의 명인 사마천의 고향으로 줄곧 문화가 비교적 발달했기 때문이다. … 역대 왕조가 많은 명인을 배출했지만 그중에서 서한 시대의 위대한 사학자이자 문학가이며 사상가였던 사마천이 가장 유명하다. 그리고 그의 굉장한 저서 《사기》는 세계적으로 유명하며, 그 영향도 깊고 멀다.

사마천 고향 출신의 작가 두붕정과 그가 살았던 옛집이다.(2004년)

역사학계는 물론 문학계에도 사마천을 사모하고 공경하는 사람이 적지 않다. 평생을 사모하며 자신이 하는 일에서 힘을 얻은 사람이 있고, 심지어 자신의 성과 이름까지 바꾼 작가도 있다. 오랫동안 《사기》에 심취했던 예술가도 있다. 알려진 기사와 필자가 찾아낸 정보들을 가지고 특별 부록으로 이들의 이야기를 모아 보았다.

∽ '한국의 사마천'을 꿈꾼 작가 이병주 ∽

"역사는 산맥을 기록하고 나의 문학은 골짜기를 기록한다."
"태양에 바래면 역사가 되고, 월광에 물 들면 신화가 된다."

유명한 이 어록을 남긴 나림(那林) 이병주(李炳注)(1921~1992)는 44세의 늦은 나이에 전업 작가의 길을 걸었던 특이한 이력의 소설가이다. 늦었지만 그의 집필량은 놀라움 그 자체였다. 71세로 세상을 떠나기 전까지 대체로 25년 동안 200자 원고지 10여 만 장, 단행본 80여 권의 작품을 남겼으니.

이병주는 언론인이었다. 1961년 5·16 군사 반란 와중에 〈국제신보〉에 실은 '조국은 없고 산하만 있다'는

사마천을 갈망했던 작가 이병주의 생전 모습이다.(경상남도 하동군 '이병주문학관', 2025년)

논설이 박정희 군사정권에 밉보여 무려 10년 형을 선고받는 수난을 겪었다. 2년 7개월을 복역하면서 그는 새삼 사마천(司馬遷)과 《사기(史記)》를 만났고, 결국 (역사) 소설가로 변신했다. 이후 그는 '사마천을 꿈꾸며' '李司馬'가 되고 싶어 했다.(필명도 '이사마'를 썼다.)

훗날 이병주는 《그해 5월》이란 작품에서 형을 받고 수감된 뒤 출감하기까지의 과정과 이 필화사건으로 본격적인 소설가로 변신하게 된 배경을 이야기하면서, 감옥에서 사마천의 《사기》를 정독하며 '역사의 올바른 기록자'가 되기로 마음먹었다고 했다.

1963년 병보석으로 감옥에서 나온 그는 투옥 중에 구상했던 《소설 알렉산드리아》(1965)를 시작으로 왕성한 창작 활동에 나섰다. 1987년까지 《관부연락선》(1972), 《망명의 늪》(1976), 《지리산》(1978), 《바람과 구름과 비》(1978), 《산하》(1979), 《행복어사전》(1980), 《소설 남로당》(1987) 등 묵직한 문제작들을 잇달아 발표했다.

문학평론가 장석주는 〈이병주의 문학세계〉란 글에서 이병주의 대표작으로 《바람과 구름과 비》를 꼽으며, 다음과 같은 평을 남겼다.

"《바람과 구름과 비》(1978)는 한국의 사마천(司馬遷)을 꿈꾸었던 이병주가 가장 공들여 쓴 소설 중의 한 편이다. 작가는 평소에도 '역사는 산맥을 기록하고 나의 문학은 골짜기를 기록한다'는 말을 즐겨했다. 그는 생전에 놀라울 만큼 다작을 하고 작가적 역량을 뽐내며 숱한 가작들을 내놓았다. 그중에서도 조선 왕조 말기이자 근대의 맹아기를 시대적 배경으로 삼은 이 소설은 방대한 사료와 박물지적(博物誌的) 지적 편력을 정교하게 교직해 내놓은 작가의 대표작이자 야심작이다."

장석주는 이 작품을 소설 《삼국지》에 비견할 수 있다면서 이렇게도 말했다.

"이 소설은 난세를 바로 보는 법을 담은 역사 교과서요, 나아가고 머무를 때를 분별할 줄 아는 지혜를 담은 처세법이자, 양생과 수신의 교훈을 담고 있는 지침서이고, 각 장마다 난만(爛漫)하게 펼쳐지는 한시(漢詩)들을 감상할 수 있는 한 권의 시가집이다."

이병주는 자신의 동서양 고전 편력을 소개한 《허망과 진실》(동양편, 1983)에서 동양사의 지성 세 사람을 꼽았는데, 그 처음이 사마천이었다.(나머지 두 사람은 노신魯迅과 다산 정약용이었다.) 이 책에서 이병주는 사마천과 《사기》를 접하게 된 계기와 《사기》로부터 얻은 깨달음, 사마천과 《사기》의 가

사마천은 붓과 죽간, 이병주는 펜과 원고지로 역사와 소설을 써냈다. '이병주문학관' 내부의 모습이다.(2025년)

치 등을 비교적 상세히 회고했다. 그중 몇 대목을 소개해 둔다.(2003판, pp.130~141)

– 사마천을 생각하면 곁들여 염두에 떠오르는 사람이 있다. 성환혁 씨란 선비다. (중략) 그러한 어느 날 성씨가 책보에 싼 것을 들고 내 집을 찾아왔다. 그것이 사마천의 《사기》였다. (중략) 그 책을 풀어놓고 한 말은 다음과 같았다.

"아무리 신학을 하는 사람이라도 《사기》쯤은 읽어둬야 하네." (중략)

나는 얼굴을 붉히고, "모처럼의 호의는 감사합니다만 내 학력으론 도저히 이것을 읽어낼 수가 없습니다. 비장본을 얻어만 놓고 썩히는 것은 본의가 아니니 도로 가지고 가시도록 하시죠"하고 정중하게 사양했다. "내가 간혹 와서 거들어줄 터이니 읽어보도록 하게. 동양의 군자가 《사기》를 읽지 않았대서야 이 다음 서양인과 만났을 때 무슨 얘기를 할 건고. 자네가 서양인에게 배우는 게 있었으면 서양인에게 가르쳐주는 게 있어야 하지 않겠는가"하고 굳이 그 책꾸러미는 그냥 두고 가버렸다. 그런데도 나는 그 호의에 보답할 줄을 모르고 서재 한구석에 그 책을 처박아 놓은 채 돌보지 않았다.

– 철학을 비롯한 어떠한 학문도 동양사상의 조명하에 밝혀진 것이라야만 비로소 동양의 학도로서의 지식이 되는 것이며, 이러한 지식의 강점만이 서양 지식인과 병진하여 세계의 문화에 이바지하는 영역을 우리가 갖게 되는 것이라고 믿는 것이다.

경상남도 하동군 북천면 이병주의 고향 마을에 조성된 이병주문학관의 전경이다.(2025년)

　─ 이런 자각을 했을 땐 이미 나이 들어 일모도원(日暮途遠)의 상황에 있다는 것은 슬픈 일이다. 그래도 서둘러야겠다는 생각과 성씨의 호의에 보답하고자 하는 마음으로 내가 《사기》를 읽을 작정을 세운 것은 10년 전쯤의 일이다. 그러나 결정적으로 내가 《사기》를 읽게 된 데는 일본의 다케다 다이준이 쓴 《사기의 세계》를 읽은 충격과 뜻하지 않게 영어(囹圄)의 신세가 된 나의 운명 탓이었다.

　─ 그(사마천) 운명의 처참함과 그 인생의 험준은 이 사실만으로 충분히 알 수가 있다. 그런데 그는 그러한 신세로 영영불권(營營不惓) 《사기》 130권을 완성한 것이다. 《사기》는 전목(錢穆)이 말하는 바와 같이 "爲千古無師之史書 ─ 가히 다시없는 최고의 사서"이며, "공자의 《춘추》와 더불어 중국 고대의 사인(私人)이 저술한 가장 위대한 서적이다." 이에 비견할 수 있는 서양 고대의 사서로서 헤로도토스의 《페르시아 전사(戰史)》, 투퀴디데스의 《펠로폰네소스 전역사(戰役史)》를 들 수가 있지만 그 규모와 구상과 간결한 표현, 투철한 사안(史眼)에 있어서 비교할 바가 못 된다. 헤로도

토스의 역사나 투퀴디데스의 역사는 박람강기(博覽强記)를 특색으로 한 흥미 위주의 견문기일 뿐이다.

— 사마천은 남근(男根)이 끊긴 처량한 몰골을 하고 밀실에 칩거하여 먹을 갈고 붓 끝을 씹으며 종이도 없는 그때 죽편(竹片)에 새기듯 글자를 써넣어 장장 몇 만 편에 이른 것이다. 그렇게 해서 《사기》 130권을 두 질로 만들어 한 질은 태산(泰山)에 소장하고, 한 질은 궁중에 바쳤다. 그렇게 한 그 한 질이 천추의 성상(星霜)을 거쳐 고스란히 내 눈앞에 나타나 있다 싶을 때, 아무리 의지가 약한 나인들 분기하는 마음이 되지 않을 수가 없었다. 그러니 《사기》는 명실공히 내게 대해선 성서(聖書)이며, 사마천은 나의 결정적인 스승일 수밖에 없는 것이다.

이병주는 영어의 몸으로 사마천과 《사기》를 만났다. 사마천은 영어의 몸으로 인간과 세상을 다시 보았다. 이병주도 이를 계기로 거듭 태어났다. 그 깨달음이 바로 "역사는 산맥을 기록하고 나의 문학은 골짜기를 기록한다"는 말이었다. 이병주의 작은 고난은 문학을 낳았고, 사마천의 큰 고난은 역사를 탄생시켰다. 크든 작든 두 사람은 2천 년 시공을 초월하여 모두 '일가(一家)'를 이루었다. 이병주는 자신의 염원대로 '이사마'가 되었다.

∼ '사마천을 생각'하며 고독과 싸운 박경리 작가 ∼

한국을 대표하는 대하소설 《토지》의 작가 박경리는 2008년 5월 5일 82세를 일기로 세상을 떠났다.(1926~2008) 박경리 작가는 세상을 떠나기 한 달 전 〈현대문학〉에 연작시 세 편을 발표했는데, 이 작품이 작가의 마지막 작품이 되었다. 그 세 편의 연작시 중 한 편이 '사마천을 생각하며 살았다'는 구절이 들어 있는 〈옛날의 그 집〉이란 제목의 시이다. 시를 읽어보자.

비자루병에 걸린 대추나무 수십 그루가
어느 날 일시에 죽어자빠진 그 집
십오 년을 살았다.

빈 창고같이 휑뎅그렁한 큰 집에
밤이 오면 소쩍새와 쑥쑥새와 울었고
연못의 맹꽁이는 목이 터져라 소리 지르던
이른 봄
그 집에서 나는 혼자 살았다.

다행이 뜰은 넓어서
배추 심고 고추 심고 상추 심고 파 심고
고양이들과 함께 살았다
정붙이고 살았다.

달빛이 스며드는 차가운 밤에는
이 세상의 끝의 끝으로 온 것 같이
무섭기도 했지만
책상 하나 원고지, 펜 하나가
나를 지탱해주었고
사마천을 생각하며 살았다.

그 세월, 옛날의 그 집
그랬지 그랬었지
대문 밖에서는
늘

짐승들이 으르렁거렸다

늑대도 있었고 여우도 있었고

까치독사 하이에나도 있었지

모진 세월 가고

아아 편안하다 늙어서 이리 편안한 것을

버리고 갈 것만 남아서 참 홀가분하다.

박경리 작가는 〈사마천〉이란 시도 남겼다. 마저 읽어보고 넘어가자.

그대는 사랑의 기억도 없을 것이다

긴 낮 긴 밤을 멀미같이 시간을 앓았을 것이다

천형(天刑) 때문에 홀로 앉아 글을 썼던 사람

육체를 거세당하고

인생을 거세당하고

엉덩이하나 놓을 자리 의지하며

그대는 진실을 기록하려 했는가

위 시 두 편만으로도 박경리 작가의 문학 세계에 사마천이 깊은 영향을 주었음을 어렵지 않게 읽어낼 수 있다. 박경리의 문학과 사마천의 관계를 좀 더 들여다보기 위해 작가의 말씀을 먼저 들어본다.

"생각해 보면 20년 가까이 한 작품에 매달려 오늘 이 지점에 까지 왔는데, 20년 가까운 세

박경리기념관(경상남도 통영시) 앞뜰에 놓인 〈옛날의 그 집〉 시비이다.(2015년)

월의 의미를 모르겠고 《토지》는 내게 있어 무엇이었을까? (중략) 자문(自問), 좌절(挫折), 절망(絶望), 이것들은 반복되는 일상이며 이 고질의 처방은 기다리는 것밖에 없다. 상처받은 짐승이 굴속에 웅크리고 앉아서 상처 아물기를 기다리는 것처럼, 기다리는 것밖에 없었다. 그러나 이번에는 그렇게 안 되었다. 나는 내 자신에게 강경히 요구하고 있었다. 너는 너 자신에게서 위로받아야 한다고, 자기연민이라고나 할까."
《못 떠나는 배》 5~6쪽)

박경리 작가의 이 두 편의 시에 대해 논평한 사람은 거의 없다. 다행스럽게도 2천 년 시간을 뛰어넘어 '글'로 조우한 박경리와 사마천의 정신세계를 연계시킨 구본형(1954~2013)의 다음과 같은 훌륭한 논평을 찾을 수 있었다.

"목숨이 있는 이상 글을 쓰지 않을 수 없다던 박경리, 그에게 문학은, 글을 쓴다는 것은 무엇이었을까? 그리고 사마천은 어떤 사람이기에 홀로 적막함 속에서 글을 쓰는 노작가의 정신적 지주가 되었을까?"

"나는 이 시를 읽으면서 전국시대의 위대한 비극시인 '굴원'을 연상했다. 비극의 화살은 궁형을 받은 사마천에게 정통으로 박혔지만, 이 넓은 세상에 사마천 혼자 그 화살을 맞았을까? 고대로부터 지금까지 화살은 날아오고, 인간은 이를 피하지 못한다. '사기열전'에서 빛나는 대목은 굴원과 백이, 형가 등 인간 비극성의 육화다. 비극이 인간을 만들고 그 인간이 글을 쓰고 칼을 든다. 비극은 그리스 로마와 동아시아, 즉 동서양을 관통하는 궤적으로 지금까지 이어져 오고 있다. 목숨이 있는 이상 글을 쓰지 않을 수 없다던 박경리, 그에게 문학은, 글을 쓴다는 것은 무엇이었을까. 그리고 사마천은 어떤 사람이기에 홀로 적막함 속에서 글을 쓰는 노작가의 정신적 지주가 되었을까."

"박경리 역시 그의 한 많은 생을 삭여 《토지》를 쓰는 연료로 삼았다. 박경리는 힘들 때마다 그런 사마천을 생각하며 자신을 다그쳤을 것이다."

그런가 하면 소설가 공지영은 사마천을 꿈꾼 이병주와 박경리의 문학에 대한 감회를 이렇게 술회했다.

"'살았다'가 다섯 번 반복되는데 이는 자신의 죽음을 암시하는 듯하다. 마지막 '버리고 갈 것만 남아서 참 홀가분하다'가 이런 추측을 뒷받침하지 않는가?"

"역사라는 그물이 놓친 인간들에 대한 따뜻한 애정과 기록이 바로 소설이라는 가르침을 나에게 알려준 위대한 작가들이었다."

문학가의 표현을 빌자면 '위로와 자학 사이에서 자신을 드러내고자 하는 것, 자신을 드러내고 유언(遺言)함으로써 타인과의 결핍된 교감을 달성하고자 하는 것', 그것이 글쓰기라는 것이다. 문학은 허구를 통해 진실에 다가가는 참으로 지난한 작업이다. 이 말을 그대로 역사에 차용하자면, 역사 역시 '가공되고' '거짓된' 기록을 통해 진실을 밝히고자 하는 고통스러운 작업이다.

적어도 필자가 사마천과 《사기》를 공부하면서 지금까지 발견한 나름의 결론은 이렇다. 그런 점에서 사마천과 박경리의 삶은 다르지 않다. 두 사람 모두 죽음보다 더 지독한 고독이란 천형(天刑)을 온몸으로 견디면서 자신들의 유고(遺稿)를 준비하고 남긴 것은 아닐는지? 이것이 박경리의 시에서 말하는 천형(天刑) 같은, '긴 낮 긴 밤을, 멀미같이 앓으며' 삶의 마지막까지 걸어야 했던 문학과 역사의 길이 아니었을까?

창작의 고통과 고독을 '사마천을 생각하며' 극복하고자 했던 작가 박경리(경상남도 통영시 '박경리기념관' 내부, 2015년)

시 두 편을 통해 사마천을 언급했던 박경리 작가였지만 작가의 대표작이자 장편 대하소설인 《토지》에는 사마천의 흔적을 찾기가 어렵다. 작품 전체에서 다음 한 대목을 찾았을 뿐이다.

경남 통영시의 박경리기념관 모습이다.(2016년)

"시꺼멓게 구워서 진이 다 빠져버린 숯덩이도 불을 붙이면 붉게, 뜨겁게 타오르지 않습디까? 사마천이 사내자식으로서 그의 근본을 잃고도 소금덩이 핥듯이 세월을 아껴서 핥았습죠. 아무리 세월이 일장춘몽이라지만 그자에게는 꽤 쓸모 있고 오붓했을 겝니다. 그것도 싫으시다면 연산군이 되십시오. 그까짓 것 참외 씹어돌리듯 와작와작 먹어치우시오. 만석 들판에서 뒹굴어보는 겝니다."《토지》 1부 2권에 언급된 사마천)

작가 박경리의 고향이자 작품과 문학의 산실인 경상남도 통영시의 모습이다.(2022년)

<h1 style="text-align:center">백남준의 '다다익선'과 한신의 '다다익선'</h1>

국립현대미술관 과천관 홀에 들어서면 거대한 비디오아트 작품 하나가 위풍도 당당하게 버티고 서 있다. 세계적인 예술가 백남준(1932~2006) 선생의 대표작 가운데 하나이다. 이 작품에서 눈길을 끄는 것은 물론 작품의 위용이지만, 또 하나 작품의 제목이 흥미롭다. 바로 〈다다익선(多多益善)〉이다. 〈다다익선〉은 우리 일상에서 자주 사용하는 고사성어의 하나로서 남녀노소를 가리지 않고 아무렇지 않게 입에 올리는 아주 친숙한 네 글자다. 그럼에도 이 사자성어가 어디서 나왔는지에 대해서는 아는 사람이 그리 많지 않다. 너무 친숙해서일까?

〈다다익선〉의 출처는 《사기》 〈회음후열전〉이며, '저작권자'는 초한쟁패의 영웅이자 한나라 개국공신이었던 명장 한신(韓信 ?~기원전 196)이다. 백남준 선생은 왜 이 거대한 작품의 이름을 〈다다익선〉이라 했을까? 백남준 선생이 사마천과 《사기》에 대해 알고 있었단 말인가? 그렇지 않고서야 작품 제목을 〈다다익선〉이라고 했겠는가? 남들이 그냥 아무렇지 않게 쓰는 것처럼 별 생각이나 의도 없이 이런 제목을 붙였을까? 일단 백남준 선생의 이 작품에 대한 설명문이나 해설서를 포털을 통해 찾아보았다. 다음은 〈위키백과〉의 설명이다.

〈다다익선〉은 백남준의 비디오아트의 대표적인 작품의 하나로, 1988년 9월 국립현대미술관 과천관 로비에 설치된 나선형 비디오 타워이다. 백남준은 관객과 직접적으로 소통하기 위한 예술을 창조하고 텔레비전, 비디오, 위성방송 등의 미디어 매체들을 활용했다. 〈다다익선〉은 1988년 서울올림픽 개최를 계기로 한국이 새롭게 태어난다는 의미와 국립현대미술관의 자존

백남준을 세계에 알린 〈굿모닝 미스터 오웰 1984〉(출처:구글)

국립현대미술관 과천관에 전시되어 있는 비디오 아트 작품 〈다다익선〉(2025년 ⓒ김바다)

확립을 위해 10월 3일 개천절을 의미하는 1003대의 티비수상기를 18m 높이의 5층탑 형태로 쌓아 올려 제작하였다.

그러면서 보관과 보존 문제가 대두되고 있는 상황을 간단하게 언급했다.(2018년 가동을 멈추었다가 4년에 걸친 보수를 거쳐 2022년 제대로 복원되었다.) 다른 설명들도 별반 다를 것이 없었다. 왜 이 작품의 이름을 〈다다익선〉이라고 했는지에 대한 언급은 어디에도 없었다. 그저 상투적인 의미로 "1988년 서울올림픽개최를 계기로 한국이 새롭게 태어난다는 의미와 국립현대미술관의 자존 확립을 위해 10월 3일 개천절을 의미하는 1003대의 티비수상기"라고만 했을 뿐이다. 〈다다익선〉과 올림픽 개최, 새롭게 태어나는 한국이 어떻게 연결되는 지는 전혀 알 수 없다. 그래서 백남준 선생과 관련한 언론 인터뷰 등 여러 자료를 검색했고, 그 결과 눈에 띄는 몇 대목을 발견할 수 있었다. 먼저 백남준 1주기 행사와 관련한 〈동아닷컴〉 2007년 1월 25일 기사의 한 대목이다.

[가수 조영남 씨가 백남준을 처음 만난 자리에서 "당신의 예술 행위는 단지 극소수만이 즐길 수 있는 것 아니냐?"고 하자, 질문

을 받은 비디오 아티스트는 숨도 안 쉬고 '극소수'의 의
미가 어떤 것인지를 사마천의 《사기》로부터 훑어 내렸
다. 백남준의 세계적인 명성은 동서고금을 가로지르는
해박한 지식에서 비롯됐다고 조영남 씨는 돌아본다.]

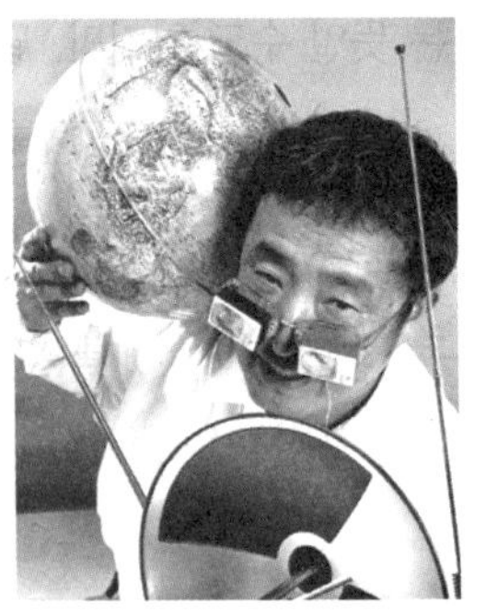
생전의 백남준 선생의 모습이다.
(출처 : 나무위키)

가수 조영남 씨가 백남준 선생을 처음 만난 때가 언
제인지는 모르겠지만 위 기사대로라면 백남준 선생은
상당히 오래전부터 사마천과 《사기》를 알고 있었다고
봐야 할 것이다. 또 〈연합뉴스〉 2009년 2월 5일 기사 등을 보면 백남준 선생이 《사
기》에 상당히 심취해 있었음을 알게 해주는 대목들이 눈에 띈다. 백남준 선생과 같
이 전시회도 열었던 설치 예술가 강익중 씨의 증언과 관련 기사들이다.

["예술은 '사기'라는 백남준 선생의 폭탄선언은 반(半)은 속임수를 말하는 거였지
만, 또 다른 반은 사마천의 《사기》를 말씀하신 걸 거예요. 당시 한창 그 책을 읽고
계셨거든요."

세계적인 미디어 아티스트 백남준(1932~2006)의 3주기를 맞아 과천 국립현대미술
관에서 2인전 형식의 '멀티플 다이얼로그∞'전을 여는 설치작가 강익중이 개막식을
앞둔 5일 기자를 만나 백남준에 대해 회고했다.

예술은 사기(詐欺)다? 예술은 사기(史記다)!
1984년 전 세계에 생중계된 〈굿모닝 미스터 오웰〉 프로젝트를 성공시킨 백남준은
"예술은 사기다!"는 폭탄선언으로 화제를 일으켰다. 강씨(강익중) 역시 이 같은 발언
에 놀랐지만 몇 년이 지나 암호를 풀 듯 그 숨은 뜻을 찾아냈다고 한다.

"백 선생이 당시 사마천의 《사기》에 푹 빠져 계셨죠. 언급하신 '사기'는 속임수라

는 뜻일 수도 있지만, 달리 보면 역사서를 가리키는 것일 수도 있습니다. TV브라운 관으로 제작된 1981년 작을 보면 '《사기》를 읽느라 15년을 보냈으나 아직도 갈 길이 멀다…'는 문구가 있어요. '예술은 사기다'는 말은 일종의 우수어린 농담 같은 것으로, 선생님이 시대를 향해 던지는 화두였다고 봅니다. 늘 이중적 해독이 가능한, 유연한 표현들을 즐기셨어요."]

이 기사들과 강익중 씨의 회고 등을 종합해 보면 백남준 선생은 1981년 당시 이미 《사기》를 읽느라 15년을 보냈다고 했다. 1981년 당시 선생은 51세였고, 15년 동안 《사기》를 읽었다면 30대 중후반부터일 것이다. 그 뒤로도 사마천과 《사기》에 대한 관심을 놓지 않았다면 선생은 평생을 《사기》와 함께였다고 해도 과언이 아닐 것이다. 〈다다익선〉이 설치된 해가 1988년이었으니 1981년으로부터 7년이 지난 시점이고, 작품 제목을 《사기》에서 따왔으니 20년 넘게 사마천과 《사기》을 곁에 두었다 할 수 있다.

《사기》에는 수많은 인물과 천여 항목의 사자성어가 등장한다. 선생은 하필 〈다다

이 작품의 제목을 〈다다익선〉으로 정한 까닭은 어쩌면 영원히 수수께끼로 남을지 모를 일이다. 분명한 것은 백남준 선생이 사마천과 《사기》에 심취했다는 사실이다.(2025년)

익선〉을 골랐을까? 한나라 건국에 가장 큰 공을 세우고도 '토사구팽(兎死狗烹)' 당한 한신의 운명을 암시하는 이 네 글자에서 선생은 어떤 느낌을 받았으며, 한신이란 인간의 운명에 대해 어떤 회한 같은 것을 느낀 것은 아닌지?

사족 무려 4년에 걸쳐 수리를 거친 〈다다익선〉을 다시 본 필자는 첫눈에 이 작품이 마치 《성경》의 바벨탑이자 《불경》의 삼라만상 같다는 느낌을 받았다. 〈다다익선〉이란 제목을 '커뮤니케이션'이나 예술운동의 하나인 다다이즘과 연계 짓는 글도 있기는 하지만, 모두 추정일 뿐이다.

∽ '사마천을 사랑한' 시인 문정희 ∾

박경리 작가는 소설가로서 드물고 귀하게 사마천 관련한 시를 두 편을 남겼다. 그리고 또 한 사람 사마천을 노래한 문정희(1947~) 시인이 있다. 시의 제목은 아예 〈사랑하는 사마천 당신에게〉이다. 먼저 작품을 한번 읽어보자.

세상의 사나이들은 기둥 하나를
세우기 위해 산다
좀 더 튼튼하고
좀 더 당당하게
시대와 밤을 찌를 수 있는 기둥

그래서 그들은 개고기를 뜯어먹고
해구신을 고아먹고
산삼을 찾아
날마다 허둥거리며
붉은 눈을 번득인다

그런데 꼿꼿한 기둥을 자르고
천년을 얻은 사내가 있다.
기둥에서 해방되어 비로소
사내가 된 사내가 있다.

기둥으로 끌 수 없는
제 눈 속의 불
천년의 역사에다 당겨 놓은 방화범이 있다.

썰물처럼 공허한 말들이
모두 빠져 나간 후에도
오직 살아 있는 그의 목소리
모래처럼 시간의 비늘이 쓸려간 자리에
큼지막하게 찍어 놓은 그의 발자국을 본다.

천년 후의 여자 하나
오래 잠 못 들게 하는
멋진 사나이가 여기 있다.

문정희 시인의 작품은 상당히 도발적이다. 남성이라면 다소 부끄럽고 뭔가 걸리는 게 있을 것 같기도 하고. 시에 얽힌 사연 같은 것도 있지 않을까 하는 생각을 들게 한다. 실제로 이 시는 제목 아래 이런 부제 비슷한 것이 달려 있다.

[투옥당한 패장을 양심과 정의에 따라 변호하다가 남근을 잘리는 치욕적 궁형(宮刑)을 받고도 방대한 역사책 《사기》를 써서 '인간이란 무엇인가'를 규명해 낸 사나이를 위한 노래]

그리고 이 작품에 얽힌 사연에 대해서는 시인의 말을 직접 들어본다. 2014년 8월 7일 〈경향신문〉의 '내 인생의 책'이란 코너에 기고한 시인의 글이다.

['세상의 사나이들은 기둥 하나를 세우기 위해 산다'

조금 당돌하고 거침없는 표현으로 시작되는 나의 졸시 〈사랑하는 사마천 당신에게〉를 쓴 것이 1990년대 초반이다. 시 속에 남근(男根)이라는 시어가 또한 화제가 되었다. '투옥당한 패장을 양심과 정의에 따라 변호하다가 남근을 잘리는 치욕적인 궁형(宮刑)을 받고도 방대한 역사책《사기》를 써서 인간이란 무엇인가를 규명해낸 사나이를 위한 노래'라는 긴 부제가 붙어 있다.

당시 막 개방된 해외여행 붐을 타고 동남아 일대로 관광을 떠난 일부 한국 남성들이 곰 발바닥이나 뱀 등을 사 먹는 사례가 문제가 되어 사회면을 장식한 것을 보고 쓴 작품이다. 그때 나는 마침 중국여행을 계획하고 있던 터이기도 했다.

중국이란 어떤 나라이며 누구인지 알고 떠나면 황하나 만리장성이 더 뚜렷하게 보일 것 같아《사기》를 읽고 있었다. 그런데 읽으면 읽을수록《사기》는 역사서인 동시에 깊은 인간학임을 알 수 있었다.

방대한 3,000년을 52만 6,500자로 압축한 책이라는 점에서 한 글자 한 글자를 피로 새긴 인류 최대의 지혜서였다. 더욱 감동적인 것은《사기》가 참담하게 닥친 인간관계의 비극을 극복한 빛나는 정신의 승리를 보여준다는 점이었다. 신체의 기둥을 잘리고 역사 속에 진정한 기둥을 세운 사나이가 사마천이다. "사람은 누구나 한 번 죽지만 어떤 죽음은 태산보다 무겁고, 어떤 죽음은 새털보다 가볍다"는 말이 실감났다.

오늘날, 어지럽고 때론 억울하게 얽힌 삶을 어떻게 살 것인가?《사기》는 거기에 대해 담대하고 명쾌한 해답을 준다. 그런 의미에서 최근 사마천과《사기》전문가인 김영수의《사마천, 인간의 길을 묻다》도 아주 재미있게 읽었다.]

궁형을 당한 뒤 사마천은 친구에게 보낸 편지에서 '사람은 누구나 한 번 죽는다. 어떤 죽음은 태산보다 무겁고, 어떤 죽음은 새털보다 가볍다. 죽음을 사용하는 방향이 다르기 때문이다'(인고유일사人固有一死, 혹중우태산或重于泰山, 혹경우홍모或輕于鴻毛, 용지소추이야用之所趨異也)고 했다. 당당하게 사형을 당하거나 자결로 당장의 명예를 지킬 수 있겠지만 그것은 아주 미미한 보잘 것없는 '구우일모(九牛一毛)'의 죽음이다. 아버지의 유언을 받들어 역사에 길이 남을 사서(史書)를 남기겠다는 사마천의 태산 같은 의지가 궁형의 치욕을 기꺼이 감수한 힘이었던 것이다.

2014년 사마천 무덤 앞에서의 문정희 시인.

궁형 이후 사마천은 처절한 고독 속에서 살았다. 고독의 힘을 먹고, 고독의 힘을 얻어 《사기》를 완성했다. 육신은 쓸모없어졌지만 정신은 더욱 고고하게 빛을 발했다. 창작의 고독과 고통을 누구보다 잘 아는 박경리 작가와 문정희 시인에게 사마천은 생물학적으로 거세당한 남성이 아니라 육신은 죽어서도 역사의 진실을 기록하려했던 진정한 사내였고, 작가정신을 함께 나누는 동지였던 것이다.

꿈샘 박영하의 '한 사내, 그리고 나'

박영하 선생은 청소년들에게 꿈을 전도하는 '꿈샘'으로 통한다. 선생과 나의 인연은 보통 사람들의 인연과 크게 다를 바 없지만 깊이는 어떤 인연, 어떤 우정보다 깊고 넓다. 멀리 떨어져 있어도 늘 서로 그리워하며 산다.

시인이기도 한 '꿈샘'이 2019년 낸 시집《정다운 사람들》에서 나를 위해 〈한 사내, 그리고 나〉란 시 한 수를 선물해 주었다. 나의 강의, 강의 영상, 대화 등을 꼼꼼하게 기억했다가 고마운 말씀으로 남겨 주었다.

2116

하고 많은 별명들 다 제두고

'사기꾼'이라 자처한 한 사내가 있다.

사마천과 사기에 미쳐 살아온 그는

사마천 고향을 수십 번 다녀왔고

요즘엔 해마다 사마천 제사에 간다.

사기를 공부하다 의문이 생기면

지체 없이 현장으로 달려가는 그는

굴원이 몸을 던졌다는 멱라에 가서

시인의 죽음을 복기한 사마천처럼

돌을 품고 물로 걸어 들어가 죽은

시인의 혼과 만나고 오기도 한다

사마천을 흠모한 많은 영혼들처럼

그도 또한 사기를 읽고 또 읽으며

인간 사마천을 그리워했을 것이다.

그래서인지 모르지만 그는

사마천을 떠올리게 하는

애절한 시와 노래를 자주 들려준다.

신동엽의 '빛나는 눈동' 속의

바로 그 빛나던 눈동자의 사내

김광석의 '부치지 않은 편지' 속의

'꽃 피기는 쉬워도 아름답긴 어려워라'던

슬픈 운명의 그 사내

박경리 시인이 창작의 고통으로

외롭고 힘들 때마다

눈물 훔치며 그리워한 바로 그 사내

대하드라마 '명성황후'의 주제가이기도 했던

조수미의 '나 가거든' 속의

'나 슬퍼도 살아야 하네'의 주인공

프레디 머큐리가 AIDS 판정을 받고

병원을 힘없이 걸어 나오며 만든

Who want to live forever는

궁형을 받고 요양차 잠실로 향하던

사마천의 깊은 흐느낌처럼 들린다

한 사내가 한 사내를 만나

시간과 공간을 넘나들며

삶과 죽음의 의미를 되새기는

그 귀하고 소중한 자리에서

그 외롭고도 속 깊은 만남에

나는 오늘도 울고 또 울었다.

태산보다 무거운 죽음이 있고

깃털보다 가벼운 죽음이 있다며

한 사내가 나를 보고 말한다.

오늘 내게 주어진

하루라는 선물

소중하게 잘 쓰라고

사마천 제사에 함께 참석한 모습.
(오른쪽에서 두 번째가 박영하 시인, 2019년)

～ 사마천을 흠모하여 성과 이름을 바꾼 일본의 국민작가 ～

소설가 이병주가 '한국의 사마천'을 꿈꾸었다면 일본의 한 국민작가는 사마천을 흠모하다 못해 성과 이름까지 바꾸었다. 초한쟁패를 다룬 역사 소설《항우와 유방》(연재 당시 제목은 '漢の風, 楚の雨')의 작가 시바 료타로(司馬遼太郎, 1923~1996)가 바로 그 주인공이다. 그는 1956년 33세 때 이 필명으로 소설《페르시아의 환술사》(ペルシャの幻術師)를 제8회 고단구락부상(講談俱楽部賞)에 응모했고, 당시 소설가 가이온지 주고로(海音寺潮五郎)의 극찬을 받으며 상을 받았다. 그리고 이 작품이 시바 료타로의 데뷔작이 되었다.

이후 그는《올빼미의 성》(1960, 제42회 나오키상),《료마가 간다》(1966, 기쿠치간상) 등 대표적인 작품들을 발표하여 일약 국민작가로 떠올랐다. 1980년에는 중국 역사상 가장 극적인 '초한쟁패'를 소재로 한《항우와 유방》을 출간했다. 그해 그는 사형선고를 받은 김대중 전 대통령 구명운동을 벌이기도 했다.

시바 료타로가 사망하고 이듬해인 1997년 시바 료타로 기념 재단(司馬遼太郎記念財團)이 발족되어 시바 료타로 상이 제정되었다. 2001년에는 히가시오사카 시의 시바 료타로 자택 인근에 시바 료타로 기념관이 세워졌다.

시바 료타로의 본명은 후쿠다 데이이치(福田定一)다. 그가 성명을 바꾼 까닭과 계기에 대해서는 제대로 알려진 바는 없다. 다만 그가 첫 작품을 낼 때부터 시바 료타로란 이름을 쓴 사실, 그가 작품을 위해 철두철미하게 역사 자료를 조사한 점, 평소 사마천을 존경하고 역사로서《사기》의 문학성을 높이 평가한 데서 비롯된 것이 아닌가 한다. 그는 성과 이름을 바꾸면서도 마음을 깊이 썼다. 성은 '司馬'씨를 빌려 사마천에 대한 무한한 존경을 나타냄과 동시에 이름은 '遼太郎'이라 하여 '사마천을 따르기에는 한참 먼 타로'라는 겸손의 뜻을 부여했다.

시바 료타로의 사마천에 대한 존경의 정도는《항우와 유방》을 통해 충분히 확인할 수 있다. 그는 이 소설의 거의 모든 내용을 사마천의《사기》에 바탕을 두었다. 진시황의 죽음으로 시작하는 소설의 도입부는〈진시황본기〉를 비롯하여〈이사열전〉과

시바 료타로 기념관 내부의 모습이다. 기념관은 유명한 건축가 안도 타다오가 설계했다. 시바 료타로가 소장했던 책들과 유품들을 전시한 기념관과 생전에 살았던 자택이 같이 있다.(사진 제공 : 한종수 작가)

전국시대와 관련한 모든 기록을 충실히 읽고 분석했다. 약 7년에 걸친 초한쟁패의 줄거리는 〈항우본기〉와 〈고조본기〉를 기본으로 하고, 항우와 유방을 돕거나 대립한 여러 인물들의 열전을 치밀하게 읽고 분석하여 엮었다. 여기에 시바 료타로는 낙양을 비롯한 중국 현지까지 답사하여 작품의 내용을 보다 구체적이고 생생하게 구성했다. 이런 점에서 《항우와 유방》은 제2의 《초한지》라 불러도 손색이 없을 것이다.

　문학이라는 관점에서 볼 때, 특히 해당 인물들에 대한 사마천의 인식과 차별되는 점도 적지 않다. 이는 그가 역사가가 아닌 소설가라는 사실로 볼 때 당연한 것이고, 좋은 소설가라면 충분히 그래야 할 것이다. 또 이것이 사마천에 대한 최소한의 예의이자 애정의 표현이 아니겠는가? 이런 차이점은 소설의 두 주인공인 항우와 유방, 특히 이 두 영웅의 패배와 성공을 보는 관점에서 잘 드러난다. 사마천이 실패한 영웅 항우에 깊은 안타까움과 애정을 보여준 반면, 시바 료타로는 유방이 승리할 수 있었던 요인들에 주목함으로써 항우의 패배를 더 부각시킨다. 다시 말해 두 영웅이 보여준 리더십의 차이가 승부를 갈랐다는 결론에 이르렀고, 이 점이 이 작품의 가장 큰 매력이기도 하다.

　또 권력과 권력자를 떠나 유방을 보편적 리더로 상정하고 장량을 인재라는 각도에서 접근하면 시바 료타로가 장량을 왜 그토록 치밀하게 묘사했는가를 알 수 있다. 초한쟁패와 관련한 《사기》의 기록들을 꼼꼼히 살핀 사람이라면 시바 료타로가 사마천이 말하고자 했던 바, 즉 성공한 리더 곁에는 반드시 뛰어난 인재가 있고, 또 성공하려면 이런 인재가 없어서는 안 된다는 명제를 정확하게 읽어냈음을 확인할 수 있다. 그가 사마천을 그토록 존경한 까닭이기도 하다.

　같은 선상에서 유방의 리더십에 대한 탁월한 분석도 눈길을 끈다. 시바 료타로가 읽어낸 유방의 리더십을 한 마디로 표현하자면 '허(虛)의 리더십'이다. '비어 있는', 그래서 어떤 인재가 되었건 들

《항우와 유방》 일본어판과 번역본

어와 자신이 능력을 마음껏 발휘할 수 있는 넓은 가슴의 리더십이 '호주색(好酒色)'하던 건달 유방을 최종 승리자로 만들 수 있었다는 것이다. 이밖에도 사마천과 시바 료타로를 비교할 부분들이 많겠지만, 작품을 번역한 양억관 선생의 역자 후기를 소개하는 것으로 가름한다.

　"저자는 그 사마천의 혼이 되어 유방과 항우가 뛰놀던 시절의 풍경과 사람들의 모습을 재구성하여 소설화하고 있다. 시바 료타로의 소설들을 읽어보면, 때로 직관에 의한 비약이 느껴질 때가 있으면서도(문체도 그렇다) 풍경과 인물의 모습이 가슴에 선명히 와 닿고, 그 행위들을 쉽게 납득하게 되는 것도 이 때문일 것이다. 한편의 글을 쓰기까지 그가 연구하고 사색하는 과정을 생각하면, 이웃 나라의 이 유명한 소설가가 무척 치열한 혼의 소유자임을 절감하지 않을 수 없다."(권3 314쪽 〈역자의 말〉 중에서)

중국 이름 사경천(史景遷)

　《현대 중국을 찾아서》, 《마테오 리치, 기억의 궁전》, 《왕여인의 죽음》 등과 같은 저서로 우리 학계와 중국 역사에 관심을 가진 독자들에게 잘 알려진 조너선 스펜스(Jonathan D. Spence, 1936~2021)라는 중국 학자가 있다. 그는 예일대학교 교수를 지냈으며, 중국에 관한 12권의 저서를 남긴 중국통이었다. 이런 그에게 특이하고 특별한

중국에서 열린 출판기념회에서 어린 독자에게 사인을 해주는 스펜스의 모습이다.(출처 : 바이두, 사진 촬영 : 광서사범대학출판사 Muto)

이력이 하나 있다. 바로 '사경천(史景遷)'이란 그의 중국 이름이다. 스펜스가 이런 중국 이름을 갖게 된 연유를 최근 중국의 젊은 기업인들이 내놓은 인공지능 딥시크(Deep Seek, 중국명 심도구색深度求索)에게 물었더니 이런 답을 내놓았다.

"조너선 스펜스(Jonathan Spence)는 미국 역사학자이자 중국사 전문가로, 특히 청나라시대를 중심으로 중국 역사를 연구했습니다. 그는 중국 역사, 특히 청나라와 서방의 관계, 그리고 '중국을 바꾸려는 노력'과 그 좌절에 대한 관심을 가지고 연구했습니다. 사마천은 중국 역사에서 가장 중요한 역사학자 중 한 사람으로, 《사기(史記)》를 집필하여 중국 역사를 기록했습니다. 조너선 스펜스는 사마천을 존경하여 자신의 중국어 이름을 '사경천(史景遷)'으로 지었습니다. '사경천'은 '역사 사(史)'와 《사기》의 저자 사마천의 이름을 따와 만든 이름입니다.

조너선 스펜스는 미국에서 중국학을 이끄는 학자로 인정받으며, 특히 《사기》와 같은 역사서에 대한 깊은 이해와 독특한 역사 해석으로 알려져 있습니다. 그는 역사와 문학을 접목한 역사 서술 방식으로 독자들의 높은 호응을 얻었습니다. 사마천은 중국 역사에서 최초로 상품경제의 특징을 체계적으로 고찰했고, 경제와 정치, 경제와 도덕의 관계를 분석했습니다. 조너선 스펜스는 이러한 사마천의 업적을 존경하며, 그의 역사 서술 스타일을 모방하기도 했습니다.

조너선 스펜스는 사마천을 존경하며 그의 이름과 업적을 존경했습니다. 그는 사마천의 역사 기록 스타일을 존경하고, 자신도 역사 서술에서 문학적 감각을 활용했습니다. 결론적으로, 조너선 스펜스와 사마천은 모두 중국 역사를 이해하고 기록하는 데 중요한 역할을 한 인물이며, 서로 영향을 주고받는 관계를 가지고 있습니다."

다른 자료들을 참고하여 비교·대조한 결과 딥시크의 답은 무난한 편이다. 특히 다른 인공지능에 비하면 상당히 구체적이고 자세했다. 다만 그가 '사경천'이란 이름을 갖게 된 연유에 대해서는 관련 자료를 찾지 못해서인지 스펜스 자신이 직접 지은 것처럼 답했다.

스펜스에게 '사경천'이란 중국식 이름을 지어 준 사람은 청대 인물사 연구의 대가 방조영(房兆楹, 1909~1985)이었다.(방조영은 스펜스가 호주에서 1년 가까이 사사師事했던 학자였다.) 역사 연구자로서 '史'라는 글자를 쓴 것은 당연했고, 스펜스의 이름 첫 글자 '스'와 '史'의 중국어 발음이 거의 같다는 점도 고려한 것 같다. '景'에 대해서는 스펜스가 여행을 좋아해서 '풍경(風景)'의 '경'자를 취했다는 설과 누군가를 사모하거나 우러러 본다는 뜻의 '경앙(景仰)'에서 땄다는 설이 있다. 아무래도 후자가 더 설득력 있어 보인다. 마지막 글자 '遷'은 사마천의 이름이다. 합쳐 보자면, '역사를 연구하는 사람으로서 사마천을 공경하는 스펜스'가 되겠다. 인공지능의 답처럼 그는 사마천의 역사 서술법과 《사기》의 문학성을 높이 평가하여 스스로 그런 글쓰기를 실천했다. 스펜스는 사마천을 존경하고 사모했던 서양인을 대표하는 학자, 그것도 역사학자였다.

참고로 스펜스의 부인은 화교로서 중국 사상사를 전공한 김안평(金安平, 1950~)이다.(김안평의 영어 이름은 Annping Chin) 그리고 그녀는 중국 근현대 저명한 역사학자이자 교육자인 김육불(金毓黻, 1887~1962)의 손녀다. 김육불은 우리 학계에도 널리 알려진 학자로, 대표적인 저서 《발해국지장편(渤海國志長編)》과 《동북통사(東北通史)》는 우리 고대사와 발해사 연구자들의 필독서이기도 하다.

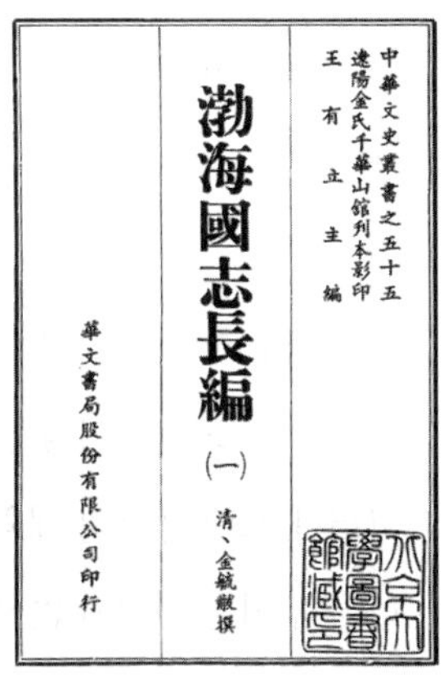

김육불의 대표적인 저서이자 발해사 연구의 필독서인 《발해국지장편》 표지이다.(출처 : 바이두)

사마천과 직접 관련은 없지만, 사마천의 삶과 정신을 대변하는 시 두 수를 찾았다.

윌리엄 어니스트 헨리의 〈정복되지 않은 자〉와 신동엽 시인의 〈빛나는 눈동자〉이다.

'나는 내 운명의 주인'

INVICTUS 정복되지 않는 자

나를 감싸고 있는 밤은

온통 칠흑 같은 암흑

나는 어떤 신에게든

내 불굴의 영혼에 감사한다.

잔인한 환경의 마수에서

난 움츠리거나 소리 놓아 울지 않았다.

내 머리 피투성이지만 굽히지 않았다.

분노와 눈물의 이 땅 너머엔

죽음의 공포만이 어렴풋하다.

그러나 오랜 재앙의 세월에도

나는 두려움에 떨지 않을 것이다.

문이 얼마나 좁은지

아무리 많은 형벌이 나를 기다릴지라도 중요치 않다.

나는 내 운명의 주인

내 영혼의 선장

이 시는 빅토리아시대의 영국 시인 윌리엄 어니스트 헨리(1849~1903)가 1875년 그의 나이 26세 때 쓴 작품이다. 헨리와 사마천 사이에는 어떤 관계도 없다. 그저 이 시를 읽노라면 48세 궁형 이후 처절했던 사마천 최후의 10년을 압축한 것이 아닌가 하는 생각이 절로 들 정도여서 간단하게 소개해본다.

윌리엄 어니스트 헨리(출처 : 구글)

헨리는 1865년 16세 때 결핵으로 인한 합병증으로 인해 왼쪽 다리를 절단해야 했다. 얼마 뒤 남은 한쪽 다리마저 절단해야 할 것 같다는 진단을 받았다. 헨리는 불굴의 의지로 여러 차례 수술을 감행했고, 그 결과 남은 다리를 지킬 수 있었다.

라틴어로 '정복되지 않은'이란 뜻의 〈인빅투스(INVICTUS)〉는 말할 수 없는 역경에 직면한 한 인간의 의지력을 잘 보여준다. 무엇보다 헨리는 개인의 운명이 자신이 직면한 장애물이나 다른 세속적 힘이 베푸는 자비가 아니라 자신의 의지에 달려 있음을 강하게 암시한다. 이런 점에서 이 시를 감싸 흐르고 있는 선율은 사마천이 보여준 불굴의 의지, 강인한 정신력과 절묘한 화음을 이루고 있다.

특히 마지막 단락 '문이 얼마나 좁은지 아무리 많은 형벌이 나를 기다릴지라도 중요치 않다. 나는 내 운명의 주인 내 영혼의 선장'은 사마천의 삶과 운명, 그 자체에 다름 아니다.

'인간정신 미(美)의 지고(至高)한 빛'

빛나는 눈동자

너의 눈은

밤 깊은 얼굴 앞에

빛나고 있었다.

그 빛나는 눈을
나는 아직 잊을 수가 없다.

검은 바람은
앞서 간 사람들의
쓸쓸한 혼(魂)을
갈갈이 찢어
꽃 풀무 치어 오고

파도(波濤)는,
너의 얼굴 위에
너의 어깨 위에 그리고 너의 가슴 위에
마냥 쏟아지고 있었다.

너는 말이 없고,
귀가 없고, 봄(視)도 없이
다만 억천만 쏟아지는 폭동을 헤치며
고고(孤孤)히
눈을 뜨고
걸어가고 있었다.

그 빛나는 눈을
나는 아직
잊을 수가 없다.

그 어두운 밤

너의 눈은
세기(世紀)의 대합실(待合室) 속서
빛나고 있었다.

빌딩마다 폭우가
몰아쳐 덜컹거리고
너를 알아보는 사람은
당세에 하나도 없었다.

그 아름다운,
빛나는 눈을
나는 아직 잊을 수가 없다.

조용한,
아무것도 말하지 않는,
다만 사랑하는
생각하는, 그 눈은
그 밤의 주검 거리를
걸어가고 있었다.

너의 빛나는
그 눈이 말하는 것은
자시(子時)다, 새벽이다, 승천(昇天)이다.

어제 발버둥하는
수천 수백만의 아우성을 싣고

강(江)물은
슬프게도 흘러갔고야.

세상에 항거(抗拒)함이 없이,
오히려 세상이
너의 위엄(威嚴) 앞에 항거하려 하도록
빛나는 눈동자,
너의 세상을 밟아 디디며
포도알 씹듯 세상을 씹으며
뚜벅뚜벅 혼자서
걸어가고 있었다.

그 아름다운 눈,
너의 그 눈을 볼 수 있는 건
세상에 나온 나의, 오직 하나
지상(至上)의 보람이었다.

그 눈은
나의 생(生)과 함께
내 열매 속에 살아남았다.

그런 빛을 가지기 위하여
인류(人類)는 헤매인 것이다.

정신(精神)은
빛나고 있었다.

몸은 야위었어도

다만 정신은 빛나고 있었다.

눈물겨운 역사(歷史)마다 삼켜 견디고

언젠가 또 다시

물결 속 잠기게 될 것을

빤히, 자각(自覺)하고 있는 사람의.

세속된 표정을

개운히 떨어버린

승화(昇華)된 높은 의지(意志) 가운데

빛나고 있는, 눈

산정(山頂)을 걸어가고 있는 사람의,

정신의 눈

깊게. 높게.

땅속서 스며나오듯한

말 없는 그 눈빛.

이승을 담아 버린

그리고 이승을 뚫어 버린

오, 인간정신 미(美)의

지고(至高)한 빛.

〈껍데기는 가라〉로 한국 사회를 뒤흔들었던 신동엽(1930~1969)은 김수영과 더불어

1960년대를 대표하는 참여 시인의 한 사람이다. 그의 작품은 투철한 역사의식을 바

신동엽과 한국문학(신동엽문학관, 2025년)

탕에 깔고 강렬한 시대정신을 표출하면서도 서정성을 잃지 않고 있다. 〈빛나는 눈동자〉는 시문학사의 최고 걸작으로 평가하는 대서사시 〈금강〉의 제3장에 나오는 한 편이다.

이 시 전편은 마치 사마천의 삶과 그 정신 및 역사의식을 고스란히 대변한다는 착각(?)마저 줄 정도이다. 작품을 분석하기보다 떨리는 목소리로 읽는 쪽이 한결 실감이 난다. 읽다보면 "정신(精神)은 빛나고 있었다. 몸은 야위었어도 다만 정신은 빛나고 있었다. 눈물겨운 역사(歷史)마다 삼켜 견디고 언젠가 또 다시 물결 속 잠기게 될 것을 빤히, 자각(自覺)하고 있는 사람의. 세속된 표정을 개운히 떨어버린 승화(昇華)된 높은 의지(意志) 가운데 빛나고 있는, 눈. 산정(山頂)을 걸어가고 있는 사람의, 정신의 눈 깊게. 높게. 땅속서 스며나오듯 한 말 없는 그 눈빛. 이승을 담아 버린 그리고 이승을 뚫어 버린 오, 인간정신미(美)의 지고(至高)한 빛"에서는 사마천 최후의 10년이 절로 떠오른다. 이렇게 고귀한 정

충청남도 부여군 부여읍의 신동엽문학관(2025년)

신들은 시간과 공간을 뛰어넘어 문학의 세계에서 격하게 조우(遭遇)한다.

"그는 누구보다 선각의식, 예언의식에 사로잡혀 산 분이다. 모두 깊은 꿈 속에 잠겨 있는데, 오직 홀로 일찍 깨어 고고히 피는 한 송이 코스모스. 혼탁한 시대에 물들지 않고 등불처럼 주위를 밝히며 외롭게 걸어가는 빛나는 눈동자를 사랑하고, 또 스스로 자신이 그러한 존재이기를 바랐던 것이다."(임병선, 〈일찍 깨어 고고히 핀 코스모스여〉 중에서)

부여 백마강 강변에 위치한 시비(2025년)

특별 참고자료 사마천(司馬遷) 《사기(史記)》와 시진핑(習近平) 주석

2017년 7월 6일 한·중 정상회담이 독일에서 있었다. 사드 사태로 경색되었던 양국 관계가 개선될 계기가 마련되었다. 이 자리에서 시진핑 주석은 '장강의 뒷 물결이 앞 물결을 밀어낸다(長江後浪推前浪)'는 명언을 인용했다. 이 구절이 문재인 대통령의 자서전에 인용되어 있는 것에 주목하여 이를 언급하며 회담의 분위기를 화기애애하게 이끌었다.(이 명언은 송나라 때 사람 유부劉斧의 〈청쇄고의靑瑣高議〉란 글에서 나왔고, 그 뒤 많은 사람이 시와 문장에 인용했다.)

잘 알려져 있다시피 시 주석은 공식 강연은 물론 일상 대화에서도 고전과 한시를 즐겨 인용한다. 독서량

시 주석의 저서들이다. 이 중 노란색 표지의 《평이근인(平易近人)》이 눈길을 끈다. '평이근인'은 《사기》〈노주공세가〉의 한 구절로서 통치자의 정치와 정책이 "쉽고 인민에게 가까워야 한다"는 뜻이다. 시 주석의 이름인 '근평'이 이 대목에서 나왔다는 이야기도 있다.(2015년)

국가제사로 승격된 이후 2011년 첫 제사의 모습이다.

이 그만큼 많다는 뜻이다. 당시 회담은 물론 그 뒤 두 정상이 나눌 대화의 수준과 품격을 기대했던 것도 이 때문이었다. 그때나 지금이나, 그리고 앞으로 한·중 양국 관계의 정상화와 정상회담을 비롯한 외교관계를 우호적, 성공적으로 이끌려면 많은 공부와 안배가 필요하다. 자리 배치는 물론 소소한 선물, 특히 말 한마디 한마디와 상대에 대한 정보 파악에 각별한 주의를 기울이는 중국 지도층의 특성을 고려한다면 향후 양국 관계를 위해서는 보다 세심한 배려가 필수적이다.

시진핑 주석이 국가 주석으로 확정된 시기는 2010년 무렵이었다.(참고로 시 주석은 2013년 주석으로 취임했다.) 그리고 그 무렵 위대한 역사가이자 중국이 가장 자랑스럽게 내세우는 위인 사마천의 제사가 국가제사로 승격되었다. 우연인지는 몰라도 취임 이후 시 주석이 사마천과 《사기》를 언급하는 경우가 자주 있었다. 역대 다른 지도자에 비해서는 단연 압도적이다.

이 같은 변화의 배경을 살펴보니 먼저 시 주석의 고향 부평(富平)과 사마천의 고향 한성(韓城)이 같은 섬서성에 거리는 불과 100여 킬로미터였다. 뿐만 아니라 사마천 사당과 무덤 아래로 광장이 조성되었고, 국가가 나서 무려 약 25평방킬로미터(약 750만 평) 규모의 사마천과 《사기》를 테마로 하는 '국가 문사(文史) 공원'이 조성되기 시작했다. 사마천과 《사기》에 대한 시 주석과 중국 당국의 관심이 사실로 확인되었다.

2014년 3월 28일 시 주석은 독일 메르켈 총리와 정상회담을 갖고 난 다음 발표한 공동성명에서 《사기》에 인용된 《전국책》의 한 대목인 '전사지불망(前事之不忘), 후사지사야(後事之師也)', 즉 '지난 일을 잊지 않는 것은 뒷일의 스승이 된다'는 과거 역사의 중요성과 교훈을 강조한 바 있다. 시 주석은 2015년 5월 23일 이 명언을 또 한 번 인용했는데, 다름 아닌 북경에서 열린 '중일우호교류대회'에서였다. 이렇게 본다면 이 구절은 일본을 겨냥한 것이 분명해 보인다. 과거사를 반성하기는커녕 왜곡과 부인을

2025년 사마천 국가제사의 모습이다.

일삼는 일본 지도자들에 대한 경고성 발언인 셈이다. 이 명구는 '남경대학살기념관'(중국은 '남경대도살기념관'이라 부른다)에도 걸려 있는데, 대학살의 주범이 일본이란 사실을 생각해 보면, 시 주석이 이 명구를 거듭 언급하고 있는 의도를 충분히 짐작할 수 있다.

2015년 8월 23일 산동성 제남(濟南)에서는 제22회 국제역사과학대회가 개최되었다. 이 날 개회식 축사에서 시 주석은 사마천이 《사기》를 마무리한 뒤 궁형을 자청할 수밖에 없었던 자신의 심경과 자신에게 주어진 《사기》 완성이란 시대적 책임감 등을 진솔하게 토로한 중국 역대 최고의 명문으로 꼽히는 〈보임안서(報任安書)〉(〈임안에게 보내는 편지〉)의 다음과 같은 대목을 인용했다.

역사의 중요성을 강조한 《전국책》의 '전사지불망, 후사지사야'는 《사기》에 인용됨으로써 더욱 널리 회자되었다. 사진은 남경대도살기념관에 걸려 있는 이 명언이다.(2008년)

"구천인지제(究天人之際), 통고금지변(通古今之變), 성일가지언(成一家之言)."

"천지자연과 인류 사회의 관계를 탐구하고, 과거와 현재의 변화를 꿰뚫어 일가의 문장을 이루고자 했습니다."

이 대목은 사마천의 역사 서술 방법과 목적, 그리고 사관을 가장 잘 나타내는 명구다. 시간과 공간 속에서 벌어지는 인간의 총체적 활동과 그 변화를 통찰하는 일이야말로 역사가의 책무이며, 역사가는 이를 통해 자신의 역사관을 표출한다. 시 주석은 다른 자리도 아닌 역사과학대회에서 이 대목을 인용한 것이다.

외교 무대에서 시 주석이 《사기》를 언급하여 전 세계의 이목을 끈 것은 2015년 9월 22일 미국을 국빈 방문하여 가진 환영 만찬 자리였다. 이 자리에서 시 주석은 《사기》〈이장군열전(李將軍列傳)〉의 "도리불언(桃李不言), 하자성혜(下自成蹊)"를 언급했는데, "복숭아나무와 자두나무는 말이 없지만, 그 아래로 절로 길이 나듯이"이 중국은 말 없이 덕으로 외교관계에 임하겠다는 의지를 밝힌 것이다.

이렇듯 시 주석의 집권을 전후로 사마천과 《사기》, 그리고 한성시가 급변하고 있다. 또 시 주석의 역사 인식과 《사기》에 대한 관심이 역대 어떤 지도자에 비해 상당히 깊다는 점도 알게 되었다. 이런 상황들로 미루어 사마천과 《사기》, 그리고 한성시의 위상은 앞으로도 계속 크게 변할 것이다.

따라서 시 주석에 대한 꼼꼼한 공부, 특히 그의 사마천과 《사기》에 대한 관심에 우리 정부가 주목해야 할 것이다. 시 주석의 역사 인식은 대단히 실용적인데 한 언론에 기고한 문장의 일부를 잠깐 보자.

"역사와 문화에 대해 그것을 발굴하고 이용하는데 주목해서 그 기원과 뿌리, 그리고 혼을 찾아서 역사와 현실의 결합점을 찾아야 합니다. 또 역사와 문화 속의 가치이념, 도덕규범, 치국지혜를 깊게 발굴할 줄 알아야 합니다. 예컨대 사마천의 《사기》, 반고(班固)의 《한서(漢書)》에는 선인들의 지혜가 응축되어 있어 오늘날 나라를 다스리고 정치를 펼치는 데 적지 않은 계시를 줍니다. 옛 사람은 '경전을 읽으면 기초가 튼튼해지고, 역사를 거울로 삼으면 논리가 커지고 훌륭해진다'고 했습니다. 발굴하고 이용하는 일을 잘해야만 거친 것을 제거하고 정교한 것을 취할 수 있고, 과거를 지금에 활용하여 문화인이 되고, 역사를 정치의 밑천으로 삼을 수 있습니다."

(〈차이나뉴스〉 2014. 05. 15 ; 〈한성일보〉 2015. 03. 27)

14억 중국을 이끄는 지도자로서 시진핑 주석의 인문 소양은 풍기는 외모만큼이나 단단해 보인다. 앞으로 시 주석이 인용할 인문 고전의 내용에 주목하는 것과 동시에 사마천과 《사기》에 대한 중국의 관심을 면밀히 지켜 볼 필요가 있다. 사마천과 《사기》가 국가전략 차원에서 변모하고 있다는 생각을 지울 수 없기 때문이다.

2005년 절강성 당서기 재직 당시 제주도를 방문한 시 주석의 모습과 서명이다.(2020년)

一统的秦。其物质
财富与精神财富。
均成为中华富强之
基。

권82 〈전단열전〉은 짧지만 긴장감 넘치는 스토리 전
개와 리듬감, 그리고 클라이맥스 등 소설적 요소로 충
만한 열전이다. 오랜 숙적 연나라의 공격으로 멸망 직
전까지 몰린 제나라를 즉묵성전투를 통해 구원한 전
단의 활약상을 '화우진(火牛陣)'이라는 전술을 비롯하
여 첩보전, 절묘한 심리전 등 흥미진진한 요소를 통해
실감나게 전한다. 사진은 제나라 역사박물관에 만들
어져 있는 전단의 화우진 조형물이다.(2015년)

한성시, 사마천 사묘, 관련 유적

역사학의 성인 '사성(史聖)' 사마천이 잠들어 있는 섬서성 한성시 사마천 사당과 무덤을 중심으로 한성시의 역사와 문화 유적, 사마천 관련 유적, 2010년 국가제사로 승격된 사마천대제의 변천 등을 특별 부록으로 마련하였다.

사성 사마천의 고향 한성시 진입 도로의 모습이다. (2017년)

한성시의 인문지리와 역사 연혁

한성은 4천 년이 넘는 역사를 자랑하는 유서 깊은 고장이다. 간략한 인문지리와 역사 연혁을 알아본다. 지명을 비롯하여 고유명사가 많아 가능한 한자 병기를 생략했다.

인문지리

한성(韓城), 오늘날 중화인민공화국의 정확한 행정구역으로 말하자면 섬서성 한성시다. 시는 등급으로 보자면 섬서성 관할시인데, 위남시(渭南市)가 대신 관리하고 있다. 위남시는 우리와 비교하자면 통합 시군 정도라 할 수 있다. 한성시는 섬서성의 성도이자 세계적으로 유명한 고도 서안(西安)에서는 동북쪽으로 약 220km 떨어져 있다.

동쪽으로는 황하가 흐르며 섬서성과 산서성의 경계를 이루고, 서쪽은 양산과 황룡현이 접해 있다. 남쪽은 합양현과 이어지며, 북쪽은 의천현에 기대고 있다. 동서 폭 42.2km, 남북 길이 50.7km로 총면적은 1,621km²(서울특별시 약 605km²)다. 구 시내 면적은 15km² 정도이고, 최근 몇 년 사이 외곽에 신도시가 조성되고 있다. 가도판사처(街道辦事處, 시내 구역을 관할하는 행정기구로 우리의 읍에 해당) 두 곳을 비롯하여 6개의 진(鎭, 우리의 면에 해당)에 2022년 통계로 호적에 오른 상주인구는 약 39만 명이다.(호적에 오르지 않았거나 유동인구까지 합치면 50만 이상) 주민의 대부분은 한족이며, 이밖에 회족·만주족·몽고족 등 10개 소수 민족이 함께 살고 있다.

지형은 대단히 복잡하고 다양하다. 황하가 남북으로 65km나 흐르고 동서로는 거수·지수·항수 등 아홉 개의 하천이 황하로 흘러든다. 서북부는 서용문산·후아산·목단

한성시 구시가의 모습이다.(1999년)

한성의 특산물인 화초 대홍포(사진 제공 : 한성시)

산·고조산·패왕산 등이 뻗어 있는 양산(梁山) 산맥이다. 산 사이를 흐르는 주요 계곡으로는 설봉천·야호천·여장천·반도천 등이 있다. 동남부 평원지대에는 용정원·고문원(사마천의 고향)·지양원·소동원·서장원·대지언원 등이 펼쳐진다. 해발은 357~1,783m 사이이며, 지형의 구조는 기본적으로 산 7, 물 1, 논밭 2의 비율을 보이고 있다. 기후는 '난온대 반건조 대륙성 계절풍' 기후에 속하여 사계절이 뚜렷하고 일조량이 풍부하다. 연평균 기온은 13.5℃ 이상이며, 가장 더웠을 때가 42.6℃, 가장 추웠을 때가 −14.8℃였다. 연평균 강수량은 약 560mm로 우리나라 연평균 강수량의 절반 가량이다.

한성시의 특산물은 단연 '화초(花椒, huajiao, 학명 Zanthoxylum bungeanum Maxim.)'다. 우리 산초와 비슷한 향료의 일종이다. 아리하게 톡 쏘는 맛이 아주 특이한데, 혀를 마비시킬 정도라서 외국인은 잘 먹지 못한다. 중국 요리에는 없어서는 안 될 중요한 향료다. 이곳에서 생산되는 '대홍포(大紅袍)'라는 별칭의 화초는 붉은색에 두꺼운 육질과 짙은 향으로 세계적인 명성을 자랑한다. 300만 그루에 이르는 화초나무에서 매년 450만kg 이상이 생산되어 국내외로 팔려나간다. 지하자원으로는 석탄이 103억 톤의 매장량을 자랑한다.

역사 연혁

한성에 인류가 살기 시작한 때는 구석기시대부터다. 대략 8만 년~5만 년 전 구석기 말기에 해당하는 유적이 발견되었다. 하·상시기에는 옹주(雍州)에 속했는데, 《상서(尚書)》〈우공(禹貢)〉에는 옹주에 '용문(龍門)'이 있다고 했다. 전설에는 우(禹)임금이 황하 물을 끌어들이고 돌을 쌓아 용문에까지 이르렀다고 한다. 이 때문에 '용문'은 한성의 별칭이 되었다.

한성시의 본격적인 역사는 기원전 11세기 무렵 서주시대로 거슬러 올라간다. 이 무렵 한성은 한(韓)이란 후국(侯國)의 봉지가 되었다가 다시 양백국(梁伯國)이 되었다. 한성이란 이름은 바로 이 제후국 한에서 비롯되었다. 춘추시대에는 먼저 진(晉)에 편입되었다가, 후에 진(秦)에 속하게 되었다. 전국시대에는 위(魏)에 속했는데, 이름을 소량(少梁)이라 불렀다. 그 뒤 다시 진(秦)에 속했다가, 혜문왕 11년인 기원전 327년에 처음으로 하양현(夏陽縣)이 설치됨으로써 마침내 진의 행정구역으로 편입되었다.

진·한에서 남북조에 이르는 시기에도 하양이란 이름은 바뀌지 않다가 수나라 개황 18년인 598년에 한성현으로 이름을 바꾸었다. 당나라 초기에는 서한주(西韓州)의 치소가 된 적이 있고, 천우 2년인 905년에는 한원현(韓原縣)으로 이름을 바꾸었다. 5대 10국시대 후당이 926년 한성이란 이름을 다시 사용했다. 금나라 시기인 1215년에는 정주(楨州)로 그 위치가 격상되었는데, 치소는 설봉(薛峰) 동쪽 토령(土嶺)으로 옮겨졌다. 원나라 지원 6년인 1340년에는 주가 아예 폐지되는 바람에 치소는 다시 한성시로 옮겨졌다. 그 뒤 명나라와 청나라는 별다른 조처 없이 그 상태를 유지했다. 1948년 3월 24일 한성현 인민정부가 수립되었고, 1959년에는 합양현과 황룡현 백마탄 지구를 한성현에 합병했다가 1961년 다시 나누었다. 1983년 국무원의 비준을 얻어 1984년 1월 18일 한성시로 바뀌었다. 이상 하·상시대부터 1949년 신중국 이후 최근까지의 변화 상황을 표로 나타내면 아래와 같다.

시대	연대	건치 상황
하~상	기원전 21세기 ~기원전 11세기	옹주(雍州)에 속했으나 용문(龍門)이란 이름으로 대신 불렀음.
서주	기원전 11세기~ 기원전 771년	처음으로 한(韓)의 후국이 되어 진(晉)에 소속됨.
춘추	기원전 770년~ 기원전 476년	양백국(梁伯國)이었다가 진(晉)·진(秦)전쟁으로 진(秦)에게 망함. 기원전 645년 두 나라는 한원에서 싸웠고, 진(晉)이 패하여 하서 땅을 진(秦)에 바침으로써 진에 소속됨. 그 뒤 기원전 617년 진(晉)이 진(秦)을 정벌하여 소량을 취함으로써 다시 진(晉)에 소속되어 소량(少梁)으로 불리게 됨.

전국	기원전 465년~ 기원전 222년	기원전 461년부터 기원전 330년에 이르기까지 진(秦)이 가까이에 계속 읍을 설치했고, 기원전 330년 하서(소량)가 완전 진에 복속됨으로써 전체가 진에 소속됨. 기원전 327년 진은 이름을 소량에서 하양(夏陽)으로 바꿈.
진	기원전 221년~ 기원전 206년	하양이란 이름으로 통일된 진 제국에 소속됨.
서한	기원전 206년~ 기원 26년	서한(西漢)시기에 좌풍익(左馮翊)에 속했다가 왕망(王莽)의 신(新) 때 하양을 기정(冀亭)으로 바꾸어 열위대부(列尉大夫)가 다스리게 함.
동한	25년~220년	하양이란 이름을 회복하고 좌풍익에 소속됨. 동한(東漢) 광무제(光武帝) 건무(建武) 원년(25)에서 명제(明帝) 영평(永平) 2년(59) 사이에 합양(合陽)이 하양에 합쳐짐.
삼국	220년~280년	위(魏) 옹주(雍州) 풍익군에 소속됨.
진	265년~420년	먼저 풍익군에 소속되었다가 뒤에 화산군(華山郡)에 속함. 동진(東晉) 영화(永和) 5년(349)에 상군(上郡)의 치소를 부시(膚施, 지금의 연안延安)에서 하양으로 옮겨 강족(羌族)의 난을 피함. 351년 부견(苻堅)이 장안(長安)에 전진(前秦)을 건립하면서 하양도 전진에 소속됨.
남북조	420년~589년	북위(北魏) 효문제(孝文帝) 태화(太和) 11년(487) 하양은 화주(華州) 화산군에 소속되었다가, 서위(西魏) 원흠(元欽) 2년(553)에 하양이 동주(同州) 무향군(武鄉郡)에 예속됨. 북주(北周) 명제(明帝) 2년(558)에는 다시 합양에 편입됨.
수	581년~618년	개황 18년(598) 하양이 합양에서 떨어져 나와 새로이 현이 설치되었는데, 고대 한국(韓國)이란 이름에서 한성이란 이름을 따와 한성으로 개명하고 풍익군에 소속시킴.
당	618년~907년	고조(高祖) 무덕(武德) 원년(618)에 서한주(西韓州)에 소속시켰다가, 8년(625)에 치소를 한성으로 옮겨 한성·합양(合陽)·하서(河西) 세 현을 거느리게 함. 태종(太宗) 정관(貞觀) 8년(635)에 주를 폐지했다가 숙종(肅宗) 건원(建元) 원년(758) 한성을 하양으로 바꾸어 하중부(河中府)에 예속시킴. 소선제(昭宣帝) 천우(天祐) 2년(905) 다시 한원현으로 이름을 바꿈.
오대	907년~960년	후량(後梁) 때는 하중부에 소속되었으나, 후당(後唐) 명종(明宗) 천성(天成) 원년(926)에 한성으로 이름을 바꾸어 동주에 소속시킴.
북송	960년~1127년	영흥로(永興路) 정국군(定國軍) 풍익군에 소속됨.
남송	1127년~1279년	고종(高宗) 건염(建炎) 2년(1128) 한성은 금나라의 판도에 들어감.
금	1115년~1234년	선종(宣宗) 정우(貞祐) 3년(1215) 한성에 정주(禎州)가 설치되어 한성과 합양 두 현을 거느림. 애종(哀宗) 정대(正大) 6년(1229)에 원나라가 한성을 손에 넣음.
원	1206년~ 1368년	세조(世祖, 쿠빌라이) 지원(至元) 원년(1264)에 주를 폐하고 현으로 삼았으나 이듬해 다시 정주(禎州)로 복귀되고 현은 서쪽 토령으로 옮김. 순제(順帝) 지원 6년(1340)에 정주를 철수함으로써 현은 원래 자리로 복귀하여 동주(同州)에 소속됨.

명	1368년~ 1644년	태조(太祖) 홍무(洪武) 7년(1374)에 한성은 섬서포정사사(陝西布政使司) 서안부(西安府) 동주(同州) 동관도(潼關道)에 소속됨.
청	1644년~ 1911년	처음에는 명나라 때의 상태를 유지했으나 옹정(雍正) 3년(1725)에 동주를 직예주(直隸州)로 바꾸었고, 13년(1735)에는 동주를 부로 승격시켜 한성을 여기에 소속시킴.
민국	1912년~ 1949년	신해혁명 후 섬서성 관중도(關中道)에 소속됨. 민국 17년(1928) 도 체제가 취소되면서 성에 직속되었고, 민국 28년(1939)에는 제팔행정독찰구(第八行政督察區)에 소속됨. 1948년 3월 24일 한성이 2차로 해방되면서 황룡분구(黃龍分區)에 소속되었다가, 1949년 6월 대려분구(大荔分區) 소속으로 바뀜.
중국	1949년 10월 이후	1950년 5월 대려분구가 취소되고 위남분구(渭南分區)로 소속을 바꿈. 1956년 10월 성 관할로 직속됨. 1958년 11월 합양현(合陽縣)과 황룡 백마탄공사(白馬灘公社)가 한성에 편입됨. 1961년 8월 다시 위남전구(渭南專區)에 소속됨.(1972년 3월에 전구가 지구로 바뀜.) 1983년 10월 국무원의 비준에 따라 1984년 1월 정식으로 시로 바뀌어 위남지구에 속하게 됨. 1985년 2월 국무원은 개방성시로 비준함. 1986년 12월 국무원은 중국 역사문화 명성으로 공포하여 지금에 이름. 1995년 5월, 위남지구가 시로 바뀌면서 위남시 관할이 됨. 2012년 5월, 섬서성 차원에서 한성시의 재정을 완전히 성에서 직접 관리하는 계획을 확정함.

한성시의 주요 역사 사건

한성은 역사와 문화의 고장이다. 중국에서는 이런 고장을 '역사문화명성(歷史文化名城)'이라 부른다. 중국은 1980년 개혁개방 이후 얼마 지나지 않은 1982년 1차로 역사문화명성 24곳을 지정하여 발표했다. 북경을 비롯한 주로 역대 도읍지였다. 1986년 2차로 38곳을 지정하여 발표했는데, 상해·천진·돈황 등과 함께 한성이 여기에 포함되었다. 한성의 역사·문화적 위상이 그만큼 높기 때문이다.

한성은 지리적으로 대단히 중요한 요충지다. 황하가 흐르고 있고, 황하를 경계로 산서와 섬서가 나뉜다. 북쪽 산서에서 황하를 건너 한성을 차지하면 남쪽 관중으로 가는 길목을 확보하게 된다. 이 때문에 한성을 두고 역대로 중요한 전투를 비롯한 많은 역사적 사건이 벌어졌다. 주요한 역사 사건을 시대순으로 간략하게 소개한다.

선사시대

한성은 관중평원의 동북쪽에 자리 잡은 곳으로, 서쪽으로 양산을 등지고 동쪽으로 황하를 바라보고 있는 천혜의 자연조건이다. 지형은 서북쪽이 높고 동남쪽이 낮아 서부는 산지이고, 동부는 평원이며 동남은 물길이다. 산·하천·평원이 모두 갖추어져 있어 속칭 '칠산일수이전(七山一水二田)'이라 한다. 이런 자연 조건 때문에 한성은 인류가 생존하고 발전할 수 있는 천연의 요람이었다.

우문(禹門)의 동굴 구석기 유지 1970년대 초 상수평으로 통하는 석탄 운송 철로를 수리하가다 우문 부근에서 구석기시대 문화유지를 발견했다. 전문가들은 이 유지를 '우문동혈유지(禹門洞穴遺址)'로 불렀다. 이 유지에서는 때려서 만든 석기, 불에 탄 짐승뼈, 동식물 잔존물 등이 발견되었다. 이 유지는 1949년 이래 황하 중류 연안에서 처음 발견된, 강에서 가장 가까운 구석기시대 후기 동굴유지다. 이 유지로 섬서성 관중평원 동부가 인류 초기 활동의 중요한 구역이었음이 입증되었고, 이는 황하 중류가 중화민족의 발상지이자 중화민족의 문화를 잉태한 요람이었음을 뜻한다.

신석기 문화유지 한성에서는 또 사대촌(史帶村) 유지, 묘후촌(廟后村) 유지 등 22곳의 신석기 문화유지가 발견되었다. 발견된 유물로 보면 대부분 중국 신석기 문화를 대표하는 앙소문화(仰韶文化)에 속하며, 시기는 지금으로부터 6,7천 년 전이다. 또 1/3가량은 용산문화(龍山文化)의 특징을 보이는 약 5천 년 전의 유지다. 이들 유지는 이 시기에 한성 지역에 생활한 인류가 이미 서부 산지에서 평원과 하천 지역으로 이동하고 있음을 보여준다. 이는 다시 말해 원시 유목생활에서 농업사회로 진입한 것으로 한성 문명사의 서막을 열었다.

용문산과 황하의 물길을 나타낸 〈용문산전도〉.

하·상시대(기원전 2070~기원전 1600)

하·상시대 한성의 역사에서 가장 중요한 사건은 하나라를 세운 우(禹)임금과 그의 치수(治水) 사업이다. 한성이란 존재는 하나라 때 처음 나타났는데, 당시는 구주(九州) 가운데 옹주(雍州)에 속했다. 전설에 따르면 하나라를 건국한 우임금은 천하를 모두 아홉 개의 주로 나누었기 때문에 구주라 불렀다.

우임금은 수시로 범람하던 황하의 물길을 바꾸고 둑을 쌓아 용문(龍門)을 개착했다. 이 거대한 치수사업에 성공함으로써 우는 순임금으로부터 임금 자리를 넘겨받고 하나라를 건국했다. 이후 이 치수사업은 천하에 널리 알려졌고, 이 때문에 용문은 중화의 성지가 되었다. 용문은 옹주 용문에 속했기 때문에 한성의 역사는 4천 년 전으로 거슬러 올라간다. 한성에는 우임금을 기리는 사당인 우왕묘(禹王廟)를 비롯하여 치수사업을 벌였던 곳 등이 여럿 남아 있다.

서주시대(기원전 1046~기원전 771)

서주시대 한성의 역사는 주 왕조를 건국한 무왕이 봉건제를 실시하면서 그 아들 중 하나를 한(韓)에 봉했다. 이가 기록에 보이는 한후(韓侯)이고, 이 제후국이 한국(韓國)다. 한성이란 지명은 바로 한후와 한국에서 비롯되었다. 한성이란 이름으로 등장한 역사가 3천 년이 넘었음을 보여주는 사건이다.

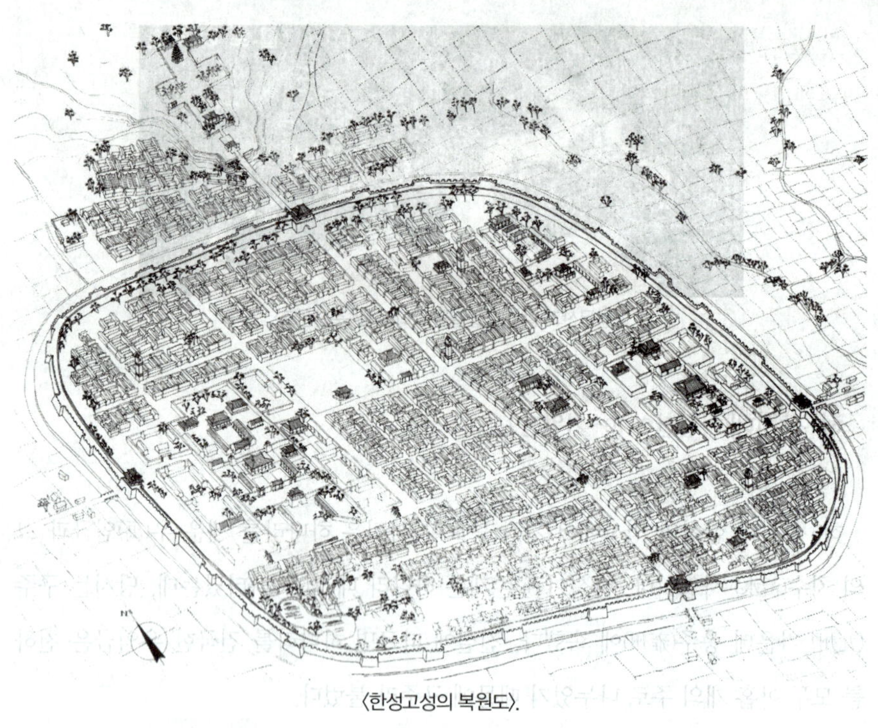

<한성고성의 복원도>.

한후, 한성을 쌓다 《죽서기년(竹書紀年)》에 따르면 주 성왕 12년인 기원전 1031년 한후가 형인 왕사(王師), 숙부인 연사(燕師)의 도움을 받아 제후의 책봉을 받고 한성을 쌓았다. 《시경(詩經)》에 기록된 "부피한성(溥彼韓城), 연사소완(燕師所完)"이 바로 이 일을 가리킨다. 이 한성 유지는 지금의 한성시 용정진(龍亭鎭)과 지양진(芝陽鎭)으로 전체 길이가 15km에 이른다. 한국은 기원전 757년 진(晉) 문후(文侯)에게 망할 때까지 282년 존속했다. 지금의 한성고성 서북에 한후묘와 비석이 있었으나 항일전쟁 때 무덤은 평평하게 깎였고, 비석도 잃어버렸다.

신비의 예국(芮國) 유지 서주시대 한성의 역사에서 세상을 깜짝 놀라게 만든 것은 2005년 말 양대촌(梁帶村)에서 발견된 서주시대 귀족 무덤들이었다. 전문가들은 이 발견을 두고 진시황릉 병마용갱 이후 섬서성 최대 고고 발견이라 말할 정도다. 2005년과 2006년 두 차례의 조사와 시굴로 무려 895기의 무덤을 확인했다. 그중 대형 무덤은

2146

7기, 마차갱도 64기나 조사되었다. 그중 1기의 마차갱과 3기의 대형 무덤에 대한 긴급 발굴을 통해 어마어마한 부장품이 출토되었다. 정교하고 아름다운 금·옥·동·칠·석·철기가 나왔고, 동기의 명문 자료를 근거로 이 대형 무덤들이 서주시대 예국 국군, 국군 부인, 태자 등 고급 귀족의 무덤임이 확인되었다.

예국에 관한 기록은 《시경》과 《사기》에 보인다. 당시 예는 우(虞)라는 나라와 밭을 두고 다투다가 주 문왕을 찾아 해결을 부탁하러 갔지만 서로 양보하는 주나라의 기풍을 보고는 부끄러워 그냥 돌아가 문제를 해결했다고 한다. 이 예국에 대해서는 그 위치를 두고 의견이 일치하지 않았는데, 이 발견과 발굴로 그 해결의 중대한 실마리를 확보했다.

병마용갱 발굴과 함께 섬서성 최대 발굴로 불리는 예국 유지의 귀족 무덤 입구와 유물 출토 모습이다.(2014년)

춘추시대(기원전 770~기원전 476)

춘추시대는 패권경쟁의 시대였다. 주 왕실이 기원전 771년 일시 망했다가 이듬해 동쪽 낙양으로 천도하면서 봉건제는 흔들렸고, 제후들이 저마다 패주의 지위를 다투었다. 이 패권경쟁의 와중에 한성은 강대국 진(秦)과 진(晉) 사이에 위치한 관계로 어쩔 수 없이 전쟁터가 되었다. 그중 가장 큰 사건이 아래에 소개하는 한원대전이었다. 그 밖의 주요 사건으로는 양백(梁伯)이 한성 지역에 제후로 봉해진 일, 사마천의 조상이 한성 소량(少梁)으로 옮겨 와 거주한 일 등이 있다.(사마천 선조의 이주에 대해서는 따로 알아본다.)

한원대전(韓原大戰) 한성의 중요한 역사 사건에서 대개 첫

머리로 꼽는 것이 '한원대전'이다. 춘추시대 북방의 강

대국이었던 진(晉)과 진(秦) 사이에 벌어졌던 큰 전투를

말하는데, 한원에서 벌어졌기 때문에 한원대전이라 부

른다.

한원(지금의 한성 남원南原)은 서주시대에 한국(韓國)의

땅이었다. 기원전 645년 진(晉)이 몇 년째 계속되는 진

(秦)의 가뭄을 틈타 군사를 일으켜 진을 공격했다. 진

(秦)의 목공(穆公)은 한원에서 진(晉) 혜공(惠公)의 군대를

막았다. 이렇게 해서 두 군대는 한원에서 큰 전투를 치

렀다. 진 목공은 부상을 입고 겹겹이 포위당해 포로로

잡힐 위기 상황에 놓였다. 이때 과거 목공의 말을 훔쳐

한원대전에서 역전승한 진(秦)
목공.

먹고도 용서를 받은 것은 물론 좋은 술까지 대접을 받았던 300명의 결사대가 목공

에게 입은 은혜를 갚기 위해 나타났다. 이들은 포위를 뚫고 목공을 구출한 것은 물

론, 상대방 국군인 혜제를 포로로 잡는 뜻밖의 전과를 올렸다. 겨울에 진(秦)은 혜공

을 석방하여 돌려보냈고, 그 대가로 진(晉)은 하서·한성 등지를 진(秦)에게 내주는

한편 태자 어(圉)를 인질로 보냈다. 이 사건을 사가들은 '한원대전'이라 부른다.

전국시대(기원전 465~기원전 221)

전국시대 제후국의 쟁패는 더욱 치열해졌다. 7국이 사활을 건 경쟁을 벌였고, 한성

지역에서도 특히 소량은 진(秦)과 위(魏)가 군대를 동원해 다투는 격전지가 되었다.

진·진, 진·위 소량(少梁)을 다투다 춘추전국시대를 통해 몇 나라가 이 지역을 놓고 계속

다투었는데, 당시 한성의 이름은 소량이었다. 그래서 사가들은 진과 진이 소량을 놓

고 다투었다고 한다. 한원대전을 치르고 약 30년 뒤인 기원전 617년 다시 전과 마찬

가지로 진(晉)이 진을 정벌하여 소량을 공략했다. 진은 지난날 갖다 바쳤던 옛 땅을 되찾았다.

기원전 5세기 중반 무렵 진(晉)은 한(韓)·조(趙)·위(魏) 세 나라로 쪼개졌다. 이때부터 전국시대가 시작되었다. 천하는 이 세 나라와 진(秦)·초(楚)·제(齊)·연(燕)의 일곱 나라가 치열하게 경쟁하는 시대로 접어들었다. 전국시대 초기인 기원전 419년, 당시 위(魏)의 땅이었던 소량을 진(秦)이 공격했다. 이듬해인 기원전 418년에도 진과 위는 소량에서 전투를 벌였다. 기원전 385년에는 위가 국력을 회복하여 진의 하서 땅을 탈취했다. 기원전 362년에는 진과 위가 소량에서 싸웠다. 이 전투에서 진나라에서 개혁을 담당하고 있던 상앙(商鞅)은 속임수로 위의 공손좌(公孫痤)를 포로로 잡는 전과를 올렸다. 진나라는 소량의 인근 지역인 방(龐) 땅을 손에 넣었다.

기원전 354년 진이 마침내 위의 소량을 빼앗았고, 기원전 330년 진은 다시 지금의 한성 전 지역을 포함하는 황하 서쪽 하서(河西) 지역을 자신의 영토에 완전 편입시키는 데 성공했다. 그리고 기원전 327년 진의 혜문왕(惠文王)은 소량을 하양(夏陽)으로 바꾸었다. 이로부터 소량은 진시황의 통일 때까지 진에 복속되었다.

자하(子夏), 서하(西河)에서 제자를 가르치다 전국시대 초기에 한성은 앞서 말한 대로 위나라 땅이었고, 당시의 이름은 소량이었다. 이 무렵 공자의 수제자 중 한 사람으로 알려진 자하(기원전 507~?, 이름은 복상卜商)가 위 문후(文侯, ?~기원전 396)의 스승이 되어 서하(지금의 한성 서남 영산英山 일대)에 머물며 제자들을 가르쳤다. 오늘날 한성시 하독촌·서택촌·하간곡촌 일대에 살고 있는 복(卜)씨 성은 바로 자하의 후손들이다. 그리고 영촌·하독·서택에는 자하의 사당들이 건립되었다.

공자의 수제자들에 관한 기록인 《사기》 권67 〈중니제자열전〉에 따르면 자하는 서하에서 학생들을

공자의 제자 자하는 서하에다 학당을 열어 후학을 가르침으로써 한성의 문화와 학풍 형성에 큰 영향을 주었다.

가르치다가 위 문후의 스승이 되었는데, 자식이 먼저 죽어 너무 슬퍼한 나머지 실명했다고 되어 있다.(사전 '포통서하' 항목 참고) 또 권24 〈악서〉에는 위 문후가 자하에게 음악에 대해 묻는 대화가 나오는데, 그 내용은 이렇다. 문후가 어떤 음악은 지루한 반면 어떤 음악에는 빠지게 되는데 그 까닭이 무엇이냐고 물었다. 자하는 그 사람이 좋아하는 음악에 빠졌기 때문이라면서 이렇게 말했다.('군호지즉신위지~' 항목)

"군호지즉신위지(君好之則臣爲之), 상행지즉민종지(上行之則民從之)."

"군주가 무엇인가를 좋아하면 신하들은 그것을 위해 무엇인가를 하고, 윗사람들이 무엇인가를 행하면 백성들이 그것을 따라 합니다."

지도자의 언행은 소리 없는 명령과도 같아 아랫사람이 따라하기 마련이므로 지도자는 자신이 좋아하고 싫어하는 것에 대한 태도가 신중해야 한다는 뜻이었다.

진·한시대(기원전 220~265)

진·한은 중국 역사상 봉건적 중앙집권제도가 수립되어 완비되어 간 시기였다. 최초의 통일 제국 진은 중앙정부에서 직접 관리를 지방에 파견했고, 한성 지역은 하양현이 되었다. 한나라 때는 하양현으로 좌풍익에 속했다.(위 연혁표 참고)

한 무제(武帝), 하양(夏陽)을 지나다 서한시대 한성의 이름은 하양현이었다. 역사 기록에 따르면 한 무제는 원정(元鼎) 4년인 기원전 113년과 원봉(元鳳) 5년인 기원전 105년, 그리고 기원전 103년 세 차례에 걸쳐 이곳을 지났고, 이를 기념하기 위해 황하 서쪽 기슭의 하양진 부근에다 무제의 행궁인 '하양 협려궁(挾荔宮)'을 지었다. 특히 2차 경유 때

'협려궁' 유지의 존재를 명확하게 입증한 벽돌의 글자 탁본이다.

무제는 하양의 사형수 이외의 다른 죄수들을 사면하는 한편, 이 지역의 그해 세금을 면제하는 조치를 취하기도 했다.

협려궁 유지의 조사와 발굴은 1964년 1차 시굴이 있었다. 여기서 '궁(宮)' 자를 확인할 수 있는 기와와 '천추만세(千秋萬歲)', '여천무극(與天無極)'이란 글자가 뚜렷한 와당도 나왔다. 무엇보다 '하양협려궁영벽여천지무극(夏陽挾荔宮令壁與天地無極)'이란 열두 자의 전서체가 양각된 귀중한 벽돌이 나와 이곳이 무제의 행궁인 협려궁임을 확실하게 입증했다.

위·진·남북조시대(220~589)

무려 350년에 걸친 대분열 시기였던 위진남북조시대에 정치와 군사투쟁은 그 중심이 동남쪽으로 옮겨갔다. 서북에 위치한 하양은 점차 투쟁의 중심에서 멀어져 상대적으로 안정을 유지했다.(행정 구역의 명칭은 위 연혁표를 참고)

이 시기 한성에서 일어난 주요한 역사 사건으로는 은제가 사마천의 사당과 무덤을 중수한 일을 먼저 꼽을 수 있다.

은제(殷濟), 사마천의 무덤과 사당을 다시 세우다 서진(西晉)시대(265~317) 한양(漢陽) 태수 은제가 한성원 지천진 남쪽 황하를 바라보는 높은 언덕 위에다 사마천의 사당과 무덤을 보살피고 다시 지어 영가 4년인 310년에 낙성했다. 바로 지금 사마천의 무덤과 사당이 있는 곳이다.

이 일은 사마천이 세상을 떠난 뒤, 그와 관련된 사건들 중에서 가장 중요한 의미를 갖는다. 당시 은제가 사마천의 무덤과 사당을 돌보지 않았더라면 지금과 같은 규모의 무덤과 사당으로 남기 힘들었을 것이다. 특히 황하가 내려다보이는 높은 언덕에다 사마천의 무덤과 사당을 세운 은제의 마음 씀씀이는 두고두고 칭찬의 대상이 되었다. 사마천의 무덤과 사당에 대해서는 아래에서 따로 상세히 살펴본다.

서위(西魏), 철야(鐵冶)를 두다 서위시대인 535년~556년 사이 설선(薛善)은 하양현의 둔감(屯監)이 되었고, 때맞추어 조정에서는 하양에다 철광개발과 야철을 담당하는 기구인 철야를 설치하면서 설선을 그 책임자에 해당하는 야감(冶監)에 임명했다. 설선은 매달 8,000명을 징발하여 군대 무기를 만들었다.

수·당시대(581~960)

수·당시대는 오랜 분열을 끝내고 중국이 역사상 최고 전성기로 접어든 시기였다. 이 시기의 한성은 하양현에서 한성현으로 그 이름을 바꾸었다. 그 뒤 몇 차례 이름이 바뀌었으나 926년 다시 한성현이란 이름을 찾았다.

당 고조 이연(李淵), 용문을 건너다 수나라 대업 13년인 617년 태원(太原, 지금의 산서성 태원) 태수로 있던 이연(566~635, 훗날 당 고조)이 군대를 일으켜 수나라에 반기를 들었다. 그가 이끄는 군대는 한성 용문에 이르러 서쪽 방향으로 황하를 건너 관중의 동부를 점거했다. 그리고 이듬해인 616년 당 왕조가 건립되었다.

송·요·금·원시대(960~1368)

이 시기는 중국 역사가 이민족의 건강한 피를 수혈 받는 특별한 시기였다. 다문화와 소수민족의 풍속이 서로 융합한 시기였다. 지리적 위치로 인해 한성은 240년 넘게 금과 원의 통치를 받았지만 정치와 군사투쟁의 중심이 남쪽으로 옮겨가면서 군사투쟁의 소용돌이에서는 멀어졌다. 상대적으로 안정된 정치환경에서 한성은 민족문화의 융합이 아주 뚜렷해졌다.

야호천(冶戶川)의 야철 역사기록과 고고발견에 따르면, 한·북주·당·송 시기에 한성은 철산지로 철을 관리하는 철관까지 설치되었다. 북송시대에 포청천 포증(抱拯)이 한

성을 관할하는 영흥로 도전운사에 임명되었을 때, 야호천에서 야철에 종사하는 700여 호로 하여금 매년 10만 근 이상의 철 화폐를 내게 하고 아울러 한성 야호천을 관영 야철소로 바꾸자는 건의를 올린 바 있다.

몽고, 한성을 유린하다 1229년 몽고의 군대가 용문에서 황하를 건너 한성을 격파했다. 이듬해인 1230년 몽고의 대부대가 한성을 완전 유린했는데, 처참하기가 전례가 없었다. 이로부터 한성은 몽고가 멸망할 때까지 몽고의 통치를 받았다.

명시대(1368~1644)

명 왕조 때 한성은 문화사업이 발달하고 인재가 넘쳐나는 곳이었다. 1376년 중앙정부는 전국 행정구역을 새롭게 조정했지만 한성은 그 이름을 그대로 유지했다.

이자성(李自成)이 우문(禹門)을 지나다 1644년 2월, 농민봉기군의 수령이자 대순(大順)의 황제였던 이자성은 자신의 군대를 이끌고 한성을 지나게 되었다. 그는 우문 입구 동쪽에서 황하를 건너 곧장 북경으로 밀고 올라가 명 왕조를 뒤엎었다. 그러나 6월에는 패잔병을 거느리고 다시 우문 서쪽에서 황하를 건너 한성에 한 달 가량 주둔했다가 남쪽으로 이동했다. 이때 한성에는 이자성을 위한 행궁이 세워졌는데, 바로 틈왕행궁(闖王行宮)이다. ('틈왕'은 이자성의 칭호다.) 틈왕행궁은 속칭 구간청(九間廳)이라고도 한다.

이자성이 한성에 주둔할 때 지은 '틈왕행궁' 유지의 입구이다. 2000년 당시 진료소로 활용되고 있었다.

유영조(劉永祚), 청에 반항하다 유영조(1600~1650)는 한성 담마촌 사람으로 명나라 신종

만력 연간에 진사에 급제하여 선진순무 겸 좌부도어사를 거쳐 병부우시랑까지 올랐다. 당시 실권자인 환관 위충현(魏忠賢)이 전권을 휘두르는 것에 반대하다가 파면되어 고향으로 돌아왔다. 숭정제가 즉위하면서 위충현 일당을 내치고 유영조의 원래 관직을 복직시켰지만, 이번에는 수보(재상) 양사청(楊嗣昌)과 정치적 견해를 달리하는 바람에 또 파면되어 낙향했다.

명나라 말기 유영조는 고향에서 반청 세력을 조직하여 1,000여 명을 훈련시킨 다음 봉기했다. 순치 7년인 1650년 청의 군대가 한성에서 섬멸 작전을 펼칠 때 유영조는 주원(周原)의 보루를 고수하며 천지묘(天地廟, 지금의 동촌 남쪽)에서 청의 군대와 사투를 벌였다. 며칠에 걸친 격전은 관서 지방 전역을 들썩이게 만들었지만, 결국은 중과부적으로 패배했다. 유영조는 포로가 되어 성에 갇혔다. 청은 그를 죽이지 않으려 했지만, 그가 늠름한 기상으로 청을 통렬하게 욕하자 처형했다.

청시대(1644~1911)

청 왕조 때 한성의 문화발전은 최고 전성기를 맞이했다. 인재가 넘쳤고, 소북경(小北京)이란 명예로운 이름까지 얻었다. 한성의 민속은 북경을 뒤쫓았고, 걸출한 인재가 끊이지 않아 외부로 나가 벼슬을 하고 사업을 벌이는 사람들이 속출했다. 남방이 전란으로 시달릴 때 한성은 전례 없는 전성기를 누렸다.

의학(義學)의 창립 청나라 강희 13년(1674), 한성지현 적세기(翟世琪)가 동사의학을 열어 가난한 집 자제들에게 학비를 면제해 주며 교육을 시켰다. 이 영향으로 강희 46년(1707)에는 현성을 비롯하여 지천진·잠촌진에도 의학이 다섯 군데 설립되었다. 함풍제와 동치제 때에 이르면 현 전체 27개 촌에 의학이 28군데나 들어섰다.

3년에 걸친 대가뭄 광서제 3년에서 5년, 즉 1877년부터 1879년까지 3년에 걸쳐 큰 가뭄이 들었다. 나무껍질이나 뿌리를 먹은 것은 말할 것도 없고, 사람은 사람을, 개는 개를 잡아먹는 극한 상황까지 나타났다. 굶어죽은 사람이 벌판을 덮었다. 길에 나다니는 사람이 없을 정도였다. 대재난이 지난 뒤 보니 현의 인구는 무려 7만 명이 줄어 있었다. 이전 인구의 절반 가량이 재난으로 사라진 것이었다. 광서제 19년에 세운 비석에 이와 관련한 기록이 보인다.

학당(學堂) 창건 청나라 말기 과거제도가 폐지되고 학당 설립의 풍조가 일자 과거 응시 자격자인 설위(薛位)는 광서 32년(1906) 한성에다 최초로 고등 소학당을 창설했다. 민국 원년인 1912년에는 최초의 여자 소학당도 창설되었다. 파격적으로 여교사가 초빙되었고, 학생들은 모두 단발에 전족을 하지 않고 수업을 들었다. 수업 과목으로는 문화와 자수, 그리고 베짜기와 같은 작업 과목도 개설되어 새로운 바람을 몰고 왔다.

근대(1921~1949)

최초의 지하당 지부 1927년 10월 중국 공산당 범가장(范家庄) 지부가 성립되어 장자초(張子超)가 서기에 임명되었다. 이는 중국 공산당이 한성에 설립한 최초의 지하당 지부다.

팔로군(八路軍) 세 개 사단 황하를 건너다 1937년 8월에서 10월, 팔로군 115·120·129사단이 한성 지천구에서 동쪽으로 황하를 건너 항일전선에 힘차게 뛰어들었다. 주덕·등소평·임필시·좌건 등이 군대를 지휘하여 비를 무릅쓰고 황하를 건넜다. 중공 한성현 위원장 손창이 나와 이들을 환송했다. 그사이 한성현의 중공 동범가장 지부의 서기장 장지발을 비롯하여 장만

1937년 팔로군이 건널 당시 황하 용문의 모습이다.
(사진 제공 : 한성시)

현·장진발·송이소 등 6명의 청년이 팔로군에 가입하여 군대를 따라 황하를 건넜다.

한성 해방 1947년 10월 8일, 서북 야전군 종대 사령관 왕진은 부대를 이끌고 한성으로 출발했다. 주력부대가 지천진에 주둔하고 4여단과 9여단은 현성으로 바로 진공하여 9일 저녁 공격을 개시했다. 사흘에 걸친 격전 끝에 12일 저녁 성을 지키던 적은 남북 두 길로 나누어 포위를 뚫고 도주했다. 한성은 해방되었다. 이 전투에서 적 1,700여 명을 죽이고 야포 6문, 포탄 800발, 노새 100여 필을 노획했다. 1948년 3월 24일 2종대 6여단이 재차 한성으로 진공하여 남은 적을 내쫓아 한성은 다시 한 번 해방되었다. 이로써 섬감녕변구(섬서·감숙·녕하 변방지구) 한성현 정부가 성립되었다.

현대(1949~)

석탄 채굴 한성은 석탄 자원이 풍부하다. 일찍이 송·명시대부터 석탄 채굴이 시작되었다. 1949년 중화인민공화국이 성립된 뒤 상산·요원·마구거·하욕구·상수평 등 현대화된 탄광과 소규모 석탄굴이 차례로 건설되어 매년 5,000만 톤 이상의 원탄을 생산하고 있다.

철로 개통 1970년 12월 24일 서안~한성 철로(서한철로)가 개통되었다. 한성 경내에 모두 일곱 군데의 기차역이 들어서고 철로의 총 길이는 61.8km다. 28일 열차 통과식이 거행되었고, 이로써 기차가 통과하지 않던 역사는 막을 내렸다. 1988년 6월 1일에는 서안~후마 철로(서후철로)가 개통되어 서안~한성~후마~북경까지 관통되었다. 현재 고속철 개통을 앞두고 있다.

우문의 구석기 후기 동굴 유지 1972년 11월, 서한철로 상수평에서 터널 공사를 하던 중 석회암 동굴을 발견했는데, 그곳에서 짐승 뼈와 이빨이 나왔다. 서북대학 지질학과와 역사과의 조사정리를 거쳐 석핵·석편을 비롯하여 각종 구석기 1,202건을 수습했다. 전문가의 연구 결과 시대는 갱신세(更新世) 중기에서 후기에 해당하여 치욕문화보다 이르고 허가유문화보다 늦은 지금으로부터 약 5~8만 년 전으로 추정되었다.

한성에서 발견 발굴된 선사시대의 유물.

이 유지는 황하로부터 가장 가까운 곳에서 발견된 최초의 구석기 후기 동굴유지다.

108번 국도가 한성을 지나다 1973년 7월 우문구에 황하를 잇는 도로와 다리가 건설되었다. 한성 경내의 지방도는 65.64km였는데, 정비와 보수를 거쳐 북경에서 곤명으로 통하는 108번 국도의 일부분이 되었다.

시로 승격되다 1983년 국무원은 한성현을 시로 승격시키기로 비준했다. 1984년 1월 18일 국무원의 통지에 따라 한성현은 9회 4차 인민대표회의를 열어 한성현의 한성시 승격을 결의했다.

역사문화의 명성이 되다 한성의 역사는 유구하여 지하 문물이 풍부하고 거주와 민속도 독특하다. 1986년 12월 8일 국무원은 한성시를 제2차 역사문화 명성으로 공포했다.

'사마천 자수(自修)대학' 설립 1989년 9월 25일, 한성시 사마천 자수대학이 성립되어 2개 반 93명의 학생을 모집했다. 이 학교는 민관합동의 사회교육기관 성격을 띠고 있다. 학교 이사회 밑으로 교무위원회와 기금회가 설치되어 각각 교육과 재정을 맡고 있다.

석탄가스 개발 1993년부터 섬서성 석탄지질국은 기술팀을 조직하여 한성 석탄광 지구의 가스층에 대한 조사를 실시하여 저장량 2,000억㎥에 이르는 석탄가스를 찾아냈다. 이 저장량은 30만 호 주민들에게 100년 넘게 제공할 수 있는 양이다. 이후 700m 이상 깊이로 가스 우물을 파서 1996년 6월 27일부터 가스를 배출하여 불을 붙이는 데 성공했다. 하루 가스 배출량은 4,000m³ 이상이다. 한성의 가스 개발은 세계 에너지 개발의 새로운 기술로서 중국 가스 개발과 발전에 새로운 지평을 열었다는 평가를 받고 있다.

교자현(喬子玄)에서 석탄광 발견하다 1997년 국가자원 보상항목에 편입되면서 1998년 섬서성 석탄지질국 131팀은 교자현 지구 약 200km² 범위에 대한 조사를 실시하여 매장량 17억 톤에 100년 넘게 생산이 가능한 두 곳의 대형 탄광을 발견했다.

한성~북경간 직쾌(直快) 열차 개통되다 1998년 10월 1일 한성에서 출발하여 북경에 도착하는 직쾌 열차(우리의 무궁화급)가 개통되었다. 직쾌 열차가 현급 시에서 출발하여 수도인 북경에 도착하는 경우는 전국에서 처음 있는 일이었다. '소북경' 한성과 수도 북경을 하나로 연결하여 한성의 정신문명과 물질문명을 촉진하는 중요한 추진 작용을 하게 되었다.

서우(西禹) 고속도로 개통 2005년 11월 27일, 전체 길이 217km의 서안(西安)~우문구(禹門口) 고속도로가 개통되었다. 이로써 종래 6시간 이상 걸리던 서안에서 한성까지의 노선이 3시간 이내로 단축되었다. 사마천 사당과 무덤을 비롯한 한성시의 유서 깊은 역사문화를 찾는 사람이 더욱 늘었다.

국가제사로 승격된 사마천 제사 2천 년 넘게 민간제사로 이어져 온 사마천 제사가 2010년 국가제사로 승격되었다. 이 제사는 중국인의 조상으로 불리는 황제(黃帝)에 대한 제사, 유가의 창시자 공자(孔子)에 대한 제사와 함께 중국 국가급 3대 제사의 하나가 되었다.

고속철 개통 서안~한성 간 209km의 철로 구역 중 부평염량~한성 서부역에 이르는 157km 구간의 고속철이 2025년 개통을 목표로 건설 중이다. 이로써 서안~한성까지 가장 빠른 편이 약 1시간 30분으로 단축될 것으로 보인다.

《사기》 체험관 개관 2022년 9월 30일 한성고성의 《사기》 문화거리에 800㎡ 2층 규모로 '《사기》 체험관'이 개관했다. 1층에는 《사기》에 대한 소개와 고사성어 전시 및 강당과 휴게실이 마련되었다. 2층에는 죽간 체험, 고대 복장 체험, 대사막 체험, 전쟁 체험, 《사기》 장면 공연장 등의 공간이 마련되어 있다.

한성고성 《사기》 거리에 세워진 《사기》 체험관의 입구이다.(2025년)

한성시의 주요 유적

한성은 앞서 살펴본 바와 같이 유구한 역사를 자랑하는 역사문화명성(歷史文化名城)이다. 당연히 많은 역사문화 유적이 남아 있다. 이 유적들을 하나의 일람표로 제시해둔다. 사마천 관련 유적은 따로 살펴본다.

섬서성 한성시 소재 주요 문물 일람표

문물명	연대(창건)	소재지	참고 사항
우문(禹門) 동굴유지	구석기 후기	우문구 서용문산	황하 중류에서 처음 발견된 구석기 문화로 중요한 연구 자료임.
고한국성(古韓國城) 유지	서주	위 장성 이북 ~소량성 이남	고한국의 위치와 그 성의 소재지 및 한성 지명 유래 문제를 해결함.
주대 예국(芮國) 귀족묘	서주	대량촌	병마용갱 발굴과 함께 섬서성 최대 발굴의 하나로 평가. 예국의 위치와 발전 상황을 밝히는 데 귀중한 유적.(국중문물)
소량성(少梁城) 유지	춘추 초기	지천진 경내	소량국의 토성으로 당시 성 연구에 귀한 자료가 됨.
위(魏) 장성 유지	전국시대	용정원	진의 만리장성보다 100년 앞선 위의 장성으로 높은 역사적 가치를 가진 유적임.(국중문물)
삼의묘(三義墓)	춘추?	고문원 보안촌	춘추시대 조씨 집안의 흥쇠와 '조씨고아' 관련한 세 의인인 조무(趙武)·정영(程嬰)·공손저구(公孫杵臼) 사적의 현장.
하양 협려궁 유지	서한 무제	지천진 경내	한 무제의 행궁유지로 관련한 와당 유물과 문자가 확인됨.
사마천사묘	서진(307~310)	지천진	사마천의 사당과 무덤(국중문물)으로 따로 살펴봄.
미타사(彌陀寺)	당(787)	사장촌	한성 내 가장 오랜 사찰임.
법왕묘(法王廟)	송(1022)	서장진	한성 내에 가장 오랜 건축 양식(원나라)을 볼 수 있는 유적으로 굴원의 후손으로 알려진 당나라 때 사람 방백호(房百虎)를 모시는 사당임.(국중문물)
금성가(金城街)	금(1164)	한성고성	과거 한성의 모습을 남기고 있는 시가로 여러 명문 가들을 볼 수 있음.
규규채탑(赳赳寨塔)	금(1173)	금성구~신성구	구도시와 신도시의 표지가 되고 있는 망루탑.(섬중문물)
자운관(紫雲觀) 삼청전(三淸殿)	원(1270)	상산중학	한성시에 가장 오래된 건축의 하나로 도교 사원임.(섬중문물)
대우묘(大禹廟)	원(1301)	주원촌	하우의 치수사업을 기리는 사당들 중 보존 상태가 좋고 건축도 가치가 있는 사당임.(국중문물)

관제묘(關帝廟)	원(1303)	효의촌	배흘림 기둥의 정전 건축이 돋보이는 관우 사당임.(섬중문물)
보조사(普照寺)	원(1316)	진오촌	불전과 불상이 볼만한 한성의 대표적인 사찰임.(섬중문물)
당가촌(黨家村)	원(1331)	서장진 경내	한성의 전통가옥 마을로 세계문화유산 신청을 준비 중임.(명·청 건축물이 대부분)
문묘(文廟)	미상 (당, 금?) 건축물은 명대	금성학항	곡부·북경의 공자 사당과 함께 전국 3대 공자 사당의 하나. 섬서성에 현존하는 가장 완전한 사당. 한성시 박물관으로 사용되고 있는 고건축과 중요한 문물을 볼 수 있는 역사 학습장소.(국중문물)
성황묘(城隍廟)	미상	고성내 동북	화려한 장식과 기이한 조형이 돋보이는 건축의 성황묘임.(섬중문물)
옥황(玉皇) 후토묘(后土廟)	원	용문진 서원촌	길이 19m의 원목 기둥이 돋보이는 토지신에 제사하는 사당.(섬중문물)
북영묘(北營廟)	원	고성북가	보존이 비교적 잘된 명대 벽화가 있는 사당임.
틈왕행궁(闖王行宮)	명?	고성내 박자항구	명을 전복시킨 농민봉기군 이자성의 한성 경유를 기념하는 행궁임.
복수단(福壽壇)	명?	고성 반고채	도교 명인 여동빈을 모신 도교 기도단으로 자연과 인문경관이 잘 어울린 곳임.
한국고성	명·청	금성가	명·청시대 고성으로 많은 인문 경관이 남아 있음.(국가AAAA급경구)
팔로군 동도황하 유지	1955	지천진 동남	팔로군의 항일전쟁 승리를 기념하는 장소로 애국교육의 현장임.
열사능원	1958	신성구～ 노성구 사이	중국 사회주의 혁명에 공을 세운 열사들을 기리는 공원묘지임.
용문풍경명승구		용문진	한성의 대표적인 풍경구로 황하·치수·교량·도로가 역사와 함께 어우러진 곳임.(국중풍경)
석후산(石猴山)		설봉향	최근 개발한 수려한 풍경명승구임.

※ 이 표에서 '국중문물'은 '국가중점문물보호단위'의 줄임말이다. 우리의 사적에 비교될 수 있는 최고 등급의 문물이다. '섬중문물'은 '섬서성중점문물보호단위'의 줄임말이다. 우리의 도지정 문화재에 비교되며, 각 성·시(특별시와 직할시)에서 지정한 문물로 두 번째 등급에 해당한다. 이밖에 각 시(현급시)·현에서 지정한 문물도 있다. '국중풍경'은 '국가중점풍경명승구'의 줄임말로 우리의 국립공원에 해당한다고 할 수 있다. '국가AAAA급경구'는 국가급 경관 구역으로 두 번째 등급에 해당한다. 2022년 국가문물국의 통계에 의하면, 한성시의 지정 문물단위로는 총 208곳이다. 이 중 사마천의 무덤과 사당을 비롯하여 모두 17곳의 '국중문물'과 33곳의 '섬중문물', 93곳의 '시중문물' 및 일반문물보호단위 65곳을 포함하고 있다.

춘추전국 시기 한성은 열강의 쟁탈지였다. 전국시대는 강국 진(秦)과 위(魏)가 치열하게 다투었다. 위는 장성을 쌓아 방어했다. 사진은 위 장성유지의 모습이다.(2000년)

사마천 관련 주요 유적

이제 사마천과 관련한 주요 유적을 찾아보자. 먼저 관련 유적을 일람표로 만들어 보았다. 이 중 사마천 조상과 아버지 무덤이 있는 선영, 사마천진묘, 사마천이 태어난 서촌(徐村), 서촌 입구의 법왕행궁(法王行宮) 패방, 사마천 제사와 사마천광장은 따로 소개한다.

유적지명	소재지	사마천 관련 사항	연대	참고
협려궁(挾荔宮) 유지	지천진 지천촌 동쪽 1km	한 무제 당시 좌풍익 하양현의 소재지	서한 무제 (기원전 111년)	사마천 탄생지를 밝히는 중요한 단서 제공.
사마천사묘	지천진가 동남 500m	사마천의 무덤과 사당	서한, 송～명	가장 대표적인 사마천의 사당과 무덤.(전국중점문물보호단위)
은제묘 (殷濟墓)	외동향 보안촌	은제의 무덤	서진(310년)	사마천의 무덤과 사당을 최초로 보살핀 인물.
삼의묘 (三義墓)	외동향 보안촌	춘추시대 진(晉)의 충신 조무·공손저구·정영의 무덤.	미상	조씨 집안 자손을 보호하기 위해 목숨을 바친 세 충신의 무덤.(시문물보호단위)
사마조영 (司馬祖塋)	외동향 동고문촌	사마천 조상묘	미상	비석 2좌 현존.(시문물보호단위)
사마근묘 (司馬靳墓)	외동향 화지촌	사마천 6대조 사마근의 무덤	미상	비석 1좌.
사마서원 (司馬書院)	외동향 화지촌	사마천을 모신 서원	창건 미상 청대 중수	청대 비석 1좌.

한태사유사 (漢太史遺祠)	외동향 서촌	사마천 사당	창건 미상 청대 중수	현 초등학교 내 청대 비석 외. (시문물보호단위)
사마고리 (司馬故里)	외동향 동고문촌	사마천 고향(탄생지)	청대 건축	사마천의 탄생지로 유력한 곳.
용문채(龍門寨) 유지	외동향 용문채촌	사마천 탄생 관련지	신석기, 서주, 한	사마천 탄생지의 단서를 제공 하는 곳
'법왕행궁(法王 行宮)' 패방	외동향 서촌 서북	사마천 궁형 관련 전설	청대	사마천 궁형의 비극을 함축하 고 있는 곳.(시문물보호단위)
서촌(徐村)	외동향 서촌 일대	사마천 후손 거주지	명대 이후	사마천 후손 집성촌(풍馮·동同)
전사마천진묘 (傳司馬遷眞墓)	외동향 서촌 서북	사마천의 진짜 무덤 으로 전하는 곳	미상	'법왕행궁' 패루 근처 언덕. 비 석 외.
사마천상과 광장	한성시 태사대가 시정부 광장	사마천 기념광장	현대	사마천 상 건립.

사마선영(司馬先塋)

먼저 사마천 조상을 모신 선영과 아버지 사마담 무덤을 소개한다. 사마천은 〈태사공자서〉에서 6대조 사마근(司馬靳)이 화지(華池)에 묻혔고, 사마근의 손자이자 사마천의 4대조 사마창(司馬昌) 이후 할아버지 사마희(司馬喜)까지를 모두 고문(高門)에다 장사 지냈다고 기록했다. 별도의 언급은 없지만, 문맥상 아버지 사마담 역시 고문에다 장사 지낸 것으로 보인다.

현재 한성시 외동향 고문원 북쪽 화지 동쪽, 화지에서 북으로 약 수백 미터 떨어진 곳에 무덤 한 기가 있다. 바로 사마근의 무덤으로 전해온다. 이 무덤에 관해서 북화지에 사는 마씨 성을 가진 노인은 다음과 같이 증언한다. 1949년 해방 이후 마씨 집안들은 매년 청명절이면 이곳에서 사마근을 위해 무덤을 청소하고, 가까운 마을의 마씨들과 서촌 풍(馮)·동(同) 두 성의 촌민들도 함께 무덤을 정돈해왔다. 그러다 1958년 이후 대약진운동(문화대혁명) 기간에 무덤을 허물고 땅을 깎아 평지가 되어버렸다. 그로부터 한참 뒤인 1987년 다시 봉토를 씌워 무덤 형태를 갖추게 했고, 1988년에는 비를 세웠다.

2004년 무렵 6대조 사마근 무덤이다. 지금은 정비되어 있다.

북화지에서 서남으로 1km 떨어진 동고문촌 서남쪽 몇 십 미터 지점에 두 개의 비가 당당하게 서 있다. 그중 남쪽 비에는 '한태사사마공고문선영(漢太史司馬公高門先塋)'이라고 새겨져 있다. 비문의 내용은 4대조 사마창 이하 사마희까지 3대의 무덤이 존재한다는 것이다. 비를 세운 시기는 청나라 가경 17년인 1812년이다. 비문으로 보면 그 당시 이곳에는 세 기의 무덤이 있었다는 사실을 알 수 있다. 고문촌의 노인들은 무덤 세 기가 세발솥처럼 당당하게 버티고 서 있었다고 증언한다.

항일전쟁 기간에 섬서성 교육청장 왕첩삼이 고향으로 돌아와 친지를 방문하던 중 태사공 선영이 큰길에 침식당하고 봉분이 깎여나간 것을 발견했다. 왕첩삼은 흙으로 담장을 둘러 보호하게 하는 한편, 세 기의 무덤을 하나의 봉분으로 합쳤다. 1950년대 초까지만 해도 묘지가 어느 정도 남아 있었는데 대약진운동 때 무덤의 봉분을 깎아내고 평평하게 만드는 운동이 일어나면서 봉분이 훼손되었다. 이 세 기의 무덤은 각각 4대조(고조부) 사마창, 3대조(증조부) 사마무택(司馬無澤), 2대조(조부) 사마희의 무덤이었다.

동고문 '한태사사마공고문선영' 비석에서 북쪽으로 1m 간격으로 바로 붙어서 비석이 하나 더 서 있다. 비에는 '한선태사사마공묘(漢先太史司馬公墓)'라고 쓰여 있다. 비

사마선영(2025)과 사마담 무덤(2000년 무렵)이다.

석을 세운 시기는 청나라 함풍 연간인 1852년이다. 《한성현지》와 사마천 사당의 비석 기록 및 이곳에 내려오는 전설 등에 따르면 이곳이 사마천의 아버지 사마담의 무덤이라고 한다.

1993년 한성시 문물관리 위원회는 고문의 사마천 선영을 한성시문물보호단위로 지정했다. 그러면서 이 두 기의 비석 뒤로 상징적인 분묘를 조성하는 한편, 묘비 주위로 보호 담장을 둘러 참관에 편의를 꾀했다.

사마천진묘

사마천이 세상을 떠난 뒤 조정에서는 그에 대한 제사를 금지시켰다. 이 때문에 후손들은 청명절 날 법왕(法王)에게 감사를 드린다는 구실을 내세워 몰래 제사를 지내왔다. 그러던 어느 해 청명절, 마을 사람들은 느닷없이 조정 신하가 마을로 파견되었다는 소식을 접한다. 혼비백산

사마천의 진짜 유골이 묻혔다는 사마천진묘의 모습이다.(2025년) 진위 문제는 면밀한 검토가 필요하다.

마을 사람들은 연극단원들에게 복장을 바꿔 입고 구랑묘(九郞廟)로 달려가 공연을 하도록 하여 조정 관리의 시선을 피하려 했는데, 뜻밖에도 그 관리는 《사기》가 해금되었다는 기쁜 소식을 갖고 온 사마천의 외손자 양운(楊惲)이었다.

후손들과 마을 사람들은 기쁨에 넘쳐 춤과 노래로 이 경사를 축하했다. 그로부터 사마천 후손들에게 청명절은 우울한 날이 아니라 기쁜 날이 되었고, 공연은 더욱 신명나게 진행되었다. 이 놀이를 '포대자희(跑臺子戲)'라 부르는데, 포대자희가 진행되는 장소가 사마천의 진짜 유골이 묻힌 '사마천진묘'로 전해온다. 현재 진묘로 전하는 곳은 외동향 서촌 서북 '법왕행궁(法王行宮)' 패방 뒤쪽 언덕 위다. 비석과 작은 건축물이 하나 남아 있을 뿐이다. 한성시와 관련된 문물지나 안내서에도 이 진묘에 대한 특별한 설명이 없어 앞으로의 조사와 연구가 필요하다.

법왕행궁(法王行宮)? 궁행왕법(宮行王法)?

사마천과 《사기》를 다시 공부하게 된 계기가 된 일대 사건(?)을 소개한다. 이제 소개할 법왕행궁 패방을 비롯하여, 이어서 소개할 사마천의 죽음과 서촌, 풍·동 두 성과 후손에 관한 탐방과 공부는 나의 인생과 학문 여정에 심각한 영향을 주었다.

1999년 두 번째로 사성의 고향을 찾았을 때는 무더운 한여름이었다. 큰 비가 온 뒤라 길이 허물어져 마을로 차가 들어갈 수 없다는 안내자의 걱정스러운 말이 있었지만, 일행 20여 명 중 누구도 원망하거나 투덜거리지 않았다. 사마천이 잠든 곳, 바로 앞에 와 있었기 때문이다. 모두들 차에서 내려 걸었다. 우리는 외동향 쪽에서 서촌 쪽을 향해 걸었다.

아마 그날 걷지 않고 차를 타고 사마천의 고향에 진입했더라면 두고두고 후회했을 것이다. 사마천의 고향 가는 길은 눈이 시리도록 아름다웠고 호젓했다. 우리는 외동향 서촌 쪽으로 들어갔고, 군데군데 낡은 집 몇 채를 지나 뜻밖에도 돌로 만든 패방(牌坊, 우리의 홍살문과 비슷한 성격의 문으로 패루牌樓라고도 한다)과 마주치게 되었다.

정면 중앙에 '법왕행궁'이라는 네 글자가 새겨진 이 패방은 도무지 주변과 어울리지 않았다. 이곳에 무슨 행궁이란 말인가? 법왕은 또 뭔가? 나중에 이 자료 저 자료를 뒤진 결과 시내에 법왕묘(法王廟)와 법왕궁(法王宮)이란 유적을 찾아내긴 했지만, 사마천 고향 마을에 서 있는 '법왕행궁' 패방과 연계시키기란 힘들었다.

시내에 있는 법왕묘(法王廟)에 관한 자료를 찾아보니 '법왕(法王)'은 당나라 말기 한성 서장 부근 출신인 방백호(房百虎, 이름은 인寅, 백호는 자)라는 인물을 말한다. 굴원의 후손으로 110세까지 장수했다는 전설 같은 이야기가 따르는 도사였다. 침으로 법술을 부려 송나라 인종을 세상에 나오게 한 공으로 조정으로부터 책봉을 받았고, 인종이 즉위한 다음에는 악법왕

법왕행궁 패방이다.(2025년)

(岳法王)으로 추증했다고도 한다. 법왕묘는 바로 그를 기리는 사당이고, 법왕궁도 그에게 제사를 드리는 곳이다. 사당 앞에는 무덤도 있다.

그건 그렇고, 사마천 고향으로 가는 길에 서 있는 '법왕행궁'은 뭐란 말인가? 이곳에 법왕 방백호의 행궁이라도 있었더란 말인가? 개연성이 없지는 않지만, 현재 그 흔적은 어디에도 없다.

강한 의문부호를 계속 머릿속으로 찍으면서 패방을 그냥 지나쳤다. 사마천 고향에 대한 탐방은 이렇게 아리송한 의문으로 시작되었고, 그 의문은 사마천의 후손을 만나고서야 풀릴 수 있었다.

일단 이 '법왕행궁' 패방에 대한 기본 정보를 좀 더 캐내보자. 이 패방은 청나라 가경제 13년인 1808년에 세웠다고 한다. 기둥이 넷에 세 칸으로 우리의 외삼문과 비슷한 형태다. 호랑이와 용, 그리고 다른 짐승과 꽃 도안이 장식되어 있다. 더 이상의 정보는 찾지 못했다. 그런데 좀 전에 말한 사마천의 후손은 이 패방과 관련하여 전혀 다른 정보를 들려주었다. 그리고 그 정보는 참으로 놀랍고도 기가 막힌 것이었다.

동영영(同永令), 패방이 간직한 놀랍고도 가슴 아픈 의문을 풀어준 사마천 후손의 이름이다. 1999년 당시 72세였고, 2002년 다시 만났다.(몇 년 전 작고하셨다.) 후손이라 소개를 받고 이름을 확인하는 순간, 패방에 대한 생각은 언제 그랬냐는 듯 감쪽같이 사라졌다. 사마천의 후손이라는 사람의 성이 '사마(司馬)'가 아닌 '동(同)'이었기 때문이다. 갈수록 태산이란 말을 이럴 때 쓰나보다. 성에 얽힌 사연은 패방보다 더 기가 막혔다. 이 사연은 조금 뒤 풀도록 하고 패방을 둘러싼 의문부터 해결하기로 하자.

'법왕행궁' 패방에 대해 묻는 나를 동 노인은 깊은 미소로 맞이했다. 그는 먼저 나에게 '법왕행궁'을 중국말로 한번 읽어보라고 했다. 나는 그 정도쯤이야 하며 자신만만하게 '파왕씽궁'이라고 읽었다. 동 노인은 다시 한 번 웃으면서 이번에는 거꾸로 한 번 더 읽어보지 않겠냐고 했다. 나는 잠시 머뭇거리다가 큰 목소리로 '꿍씽왕파'라고 읽었다. 순간 머리를 강하게 때리는 비운의 단어 하나가 있었다. 아하! 이 발음이 그 발음과 같구나, 하지만 그 뒤는?

나는 물었다. '꿍씽'은 알겠다, 하지만 '왕파'는? 노인은 손가락으로 땅바닥에 이렇게 썼다. '枉法', 그리고는 다시 읽어보라고 한다. '왕파', 그렇다! 뭐가? 옆에 있던 일행들 중 호기심 많은 몇몇 분이 내 어깨를 짚으며 묻는다. 그게 무슨 뜻인데? 나는 노인의 얼굴을 다시 한 번 쳐다본다. 편안하다. 자, 이제 당신이 한번 설명해보시오. 이렇게 그 얼굴은 말하고 있었다. 나는 일행들에게 엄청난 비밀을 풀기라도 한 듯 신나게 설명을 시작했다.

'법왕행궁'은 글자 그대로 '법왕의 행궁'이지만, 이곳 어디에서도 법왕과 관련된 유적이나 흔적은 찾을 수 없다. 따라서 이 글자는 그렇게 단순하게 보아서는 안 된다. 사마천과 연결시켜 볼 때 여기에는 깊은 의미가 감추어져 있다. 이 네 글자는 옛날 방식대로 오른쪽에서 왼쪽으로 읽어서는 안되고, 반대로 왼쪽에서 오른쪽으로 읽어야 한다. 즉, '궁행왕법'으로. 그리고 이것을 중국어 발음으로 읽어 보아야 한다. 그러면 '꿍씽왕파'가 되는데, '궁행(宮行)'과 사마천이 치욕을 감수하면서 당했던 '궁형(宮刑)'은 발음이 같다. 그리고 '왕법(王法)'은 또 '왕법(枉法)'과 발음이 같다. 합쳐서 '궁행왕법(宮行王法)'은 '궁형왕법(宮刑枉法)'을 뜻하는 것이다. 발음으로 의미를 부여한 것이다.

'궁형왕법(宮刑枉法)', 사마천이 궁형을 당한 것은 법을 잘못 적용했기 때문이라는 해석이 가능하다. 한마디로 '억울하다!'는 것이었다. 아하! 이 패방에 그런 뜻이 숨겨져 있었구나. 모두들 무릎을 치면서 감탄했고, 나는 울컥 치미는 무엇이 있었다. 얼마나 억울했으면….

사마천의 고향 마을로 가는 입구에 버티고 선 '법왕행궁' 패방은 그렇게 나의 마음을 쥐어뜯어 놓았다. 하지만 누가 정말로 사마천의 억울함을 호소하기 위해 세웠는지에 대해서는 뭐라 말할 수 없고, 또 알 길이 없었다. 하지만 이것이 사마천과는 전혀 상관없는 유지이고 또 멋대로 글자의 의미를 왜곡한 것이라도 해도, 사마천이 당한 궁형의 억울함을 너무나 절묘하게 대변하고 있다는 사실만큼은 인정해도 좋을 것이다. 사마천 고향 마을 곳곳에 이런 기막힌 사연들이 남아 있고, 이 패방 또한 단 네 글자를 통해 사마천의 억울함을 함축적이면서도 비통하게 전하고 있는 것이다. '궁형'이 어찌 억울하지 않을 수 있었겠는가?

서촌(徐村) - 남은 사람들

자신을 사마천의 후손이라 한 말이 내내 걸려서 동 노인에게 몇 대손이냐고 물었다. 동 노인은 18대손이라고 대답했다. 뭣이? 지금으로부터 약 2,200년 전 사람의 후손이라면 적어도 70대는 넘어야 할 터인데 겨우 81대도 아니고 18대손이라니?

노인은 또 한 번 기막힌 사연을 소개했다. 나는 숨도 쉬기 힘들 정도로 흥분해 있었다. 더위에 땀은 쉴 새 없이 내 얼굴을 핥듯이 흘러내렸다. 서촌소학교 내에 있는 또 하나의 사마천 사당 '한태사유사(漢太史遺祠)'에 대한 탐방은 완전히 뒷전이었다. 이 사당을 어떻게 들어갔는데 말이지.(문이 잠겨 있어 열쇠를 가진 사람을 찾았지만 열쇠가 없어 돌로 자물통을 내리쳐서 열었기 때문이다.)

노인은 이곳이 왜 서촌(徐村)인지 아냐고 물었다. 그건 사실 진작부터 내가 묻고 싶었던 질문이었다. 노인의 발음이 표준어가 아니라 함께 간 표준어를 잘하는 한성 출신의 중국 친구 고혜현(高惠賢)의 통역 아닌 통역에 의존해가며 우리는 또 다른 미스터리를 풀어가고 있었다.

미스터리는 긴 역사 이야기였다. 물론 사마천의 이야기였다. 여러 차례 이야기한 바 있지만, 사마천의 죽음에 관해서는 역대로 이런저런 설이 많았다. 정상적인 죽음을 주장하는 사람이 있는가 하면, 비정상적인 죽음을 거론하는 사람들로는 행방불명이나 자살설부터 처형설까지 다양하다. 그의 삶 자체가 워낙 극적이기 때문에 죽음은 더 극적일 것 같고, 또 그래야만 할 것은 같은 그런 마음들이 그의 죽음을 둘러싸고 이러저런 억측들을 낳게 한 것은 아닌가 하는 생각이 들 때가 한두 번이 아니다.

최근 들어 사마천의 죽음과 관련하여 꽤 설득력 있는 처형설이 나오고 있다. 뒷받침하는 근거라면 소개한 바 있듯이 단편적인 기록과 사마천 사후 그 후손들의 행방일 것이다. 처형설에 따르면 사마천의 죽음과 그 이후의 상황은 이렇다.

사마천은 결국 한 무제의 심기를 건드려 처형당했다. 황제의 심기를 건드려 처형당했기 때문에 그 죄는 반역죄나 마찬가지다. 그래서 반역자의 후손들은 감히 사마(司馬)라는 성을 드러내놓고 쓰지 못하고 자신들의 성을 감추기 시작했다. 감추었을 뿐만 아니라 성을 바꾸었다. 그렇게 해서 생겨난 성이 사(司)라는 글자 왼쪽에 세로로 한 획을 더 그어 만든 동(同)과 마(馬) 옆에 氵를 보태 만든 풍(馮)이었다. 사마천 후손들은 이렇게 해서 동(同)과 풍(馮)의 두 성으로 개성(改姓)하여 자신들의 정체(사마천의 후손이라는 사실)를 숨기고 살아왔던 것이다. 그리고 그 후손들은 사마천의 고향 바로 옆인 이곳에 많이 모여 동족 부락을 이루고 살았다. 마을 이름은 서촌이라 부르기로 했던 모양이다.

후손들이 성을 바꾼 채 서촌에서 동족 부락을 꾸리며 살기 시작한지도 한참이 지난 명나라 때 와서 비로소 족보 정리가 이루어졌다. 사마천의 죽음으로부터 천 수백 년이 지난 뒤였다. 이제 죄인의 후손이란 딱지는 떨어질 때가 된 것이라 생각한 동·풍씨 성들은 자신들의 조상을 찾았고, 그렇게 찾아 올라간 조상이 바로 사마천이었다. 그러니까 동 노인은 명나라 때 족보가 정리된 이후로 18대손이었던 것이다.(현재 이곳 서촌에는 대체로 30대손까지 살고 있다.)

왜 이곳을 서촌(徐村)이라고 부르는지 아느냐는 동 노인의 질문으로 다시 돌아왔다. 그걸 내가 알면? 사전 준비도 준비려니와 이런 상황은 전혀 예상치 못했기 때문에 나는 아예 답을 찾기 위한 최소한 노력조차 포기하고 있었기 때문에 마음은 편했다. '법왕행궁' 때도 마찬가지였고.

동 노인은 서(徐)라는 글자를 일단 파자(破字)해보라고 했다. 그러면 '彳+余'이 된다. 그런데? 이제 각각의 뜻을 결합시켜 보란다. 둘을 뜻하는 두 彳변에 남을 余, 둘만 남았다? 그래서? 둘만 남았다는 데, 뭐가 둘 남았나? 동 노인은 미소 지었다. 치아가 많이 빠져 있다. 둘만 남았다? 옆에서 함께 끙끙거리던 내 중국 여행의 둘도 없는 동반자인 조선족 동포 문석빈(文石斌)이 '아' 하며 짧은 단말마의 비명을 지른다. 뭐? 내가 다그친다.

동 노인은 계속 미소만 짓고 있다. 동씨와 풍씨가 남았다. 이런 뜻이다. 즉, 사마천의 후손으로 성을 바꾼 채 이곳에서 오랫동안 살아온 동·풍 두 성이 남았다는 것이다. 우리가 바로 사마천의 후손이다. 아하! 그래서 서촌! 사마천의 후손 동·풍씨가 사는 마을. 아니, 살아남아온 마을! 그랬다. '서촌'도 '법왕행궁'도 모두 파란만장 그 자체였던 사마천 삶과 죽음의 범주를 벗어날 수 없는 상흔들이었다. 그래서 더 가슴 아팠다.

동 노인은 놀라움과 새로운 발견에 들떠 있는 우리를 향해 무슨 말인가를 던졌다. 전혀 알아들을 수 없었다. 한성 사람 고혜현이 다시 묻고는 우리를 향해 "서(徐)라는 글자를 중국말로 한 번 더 읽어보시랍니다"라고 말한 뒤 미소를 짓는다. '쉬'지 뭐. 어렵지 않게 대답할 수 있다, 그 정도는. 그런데? 고혜현은 "그 글자의 발음과 같은 발음의 글자로 어떤 것이 있나 한번 생각해보십시오"라는 두 번째 과제를 던진다. 자기는 해답을 찾았다는 표정이 역력했다. 나는 진즉에 포기한 몸이라 그냥 동 노인과 고혜현의 얼굴만 번갈아 쳐다보았다.

"서(徐)의 발음은 이을 속(續)의 발음과 같습니다. 즉, 사마천의 후손이 끊어지지 않고 계속 이곳에 살아남았음을 암시하는 글자지요. 두 성이 사마씨의 대를 끊지 않고 계속 이곳에서 살아남았다는 뜻이겠지요."

서촌은 그런 곳이었다. 그리고 그곳 서촌소학교에서 사마천의 후손들은 또랑또랑한 목소리로 사마천 할아버지의 향기를 간직한 채 그해 여름을 책과 씨름하고 있었다. 그리고 또 사정 없이 밀려드는 정체모를 서러움이 땀으로 범벅이 된 내 얼굴을 벨 듯이 스치고 지나갔다.

사마라는 성을 숨긴 채 서촌에 남은 동·풍 두 성의 시조를 사마천의 두 아들로 보는 견해도 있는 모양이다. 앞서 사마천의 죽음 이후 그 후손들의 행방에 관해 이야기하면서 언급한 바 있듯이 사마천에게는 사마임(司馬臨)과 사마관(司馬觀)이란 두 아들이 있었고, 이 두 아들의 후손들이 진(晉)나라 때 박해를 피해 고향 서촌으로 들어와 성을 풍과 동으로 바꾸고, 마을 이름도 사마 집안이 끊이지 않고 이어지라는 뜻에서 서촌이라 했다고도 한다. 어느 쪽이 되었건 결국은 사마천의 억울한 궁형과 죽음을 교묘하게, 그러나 가슴 아프게 함축하고 있어서 마음이 여간 슬프지 않았다.

'법왕행궁'과 '서촌'은 사마천 삶이 간직한 지독한 슬픔과 억울함을 절묘하게 교차

서촌 마을에서 사마천 후손들과 함께 찍은 사진이다.
(2006년)

시켜가며 쉴 새 없이 나의 마음을 흔들었다.

최근 필자는 사마천의 죽음과 관련하여 후손들이 믿고 있는 처형설에 근거하여 '처형자청설'을 조심스럽게 내세우고 있다. 사마천은 역사서를 완성한 뒤 자신에게 사형을 선고하고 죽음보다 치욕스러운 궁형을 자청하게 만든 황제 무제에 대한 복수의 한 방법으로 일부러 무제의 심기를 건드려 처형을 자청하지 않았나 한다. 자신의 목숨으로 깊은 원한, 억울함, 울분을 조금이나마 해소하고, 그 모든 과정의 책임을 권력자에게 돌림으로써 고상한 '문화복수'을 완성한 것이다.

사성이 잠든 곳, 여정의 마지막 사마천 사당과 무덤

사마천사묘 변천사

시대(연대)	사당이나 무덤과 관련된 사건	비고
서한 기원전 약 90	사마부인 유천랑이 남편 사마천의 유해를 고향으로 가져와 안장하다.	무덤의 위치 논쟁 / 청명절 제사 풍속.
서진 307~310	은제가 회제의 허락과 자금을 얻어 사당을 짓다. 무덤도 처음으로 규모를 갖추다.	최초의 사당 '한태사사마사' 설립.
북송 1064	이규의 시 내용으로 보아 이 무렵 사당이 황폐해졌던 것으로 보인다.	약 750년 동안 큰 문제없이 존속.
북송 1126	원양이 무덤 앞에 침전을 짓고 사마천의 소상을 안치하다.	사마부인의 초상화에 의거하여 제작.
북송 1179	지천 사람 요정이 마을 사람과 함께 사당을 수리하고 기울어진 무덤을 보수하다.	
원 1275	'팔괘묘'가 조성되었다는 설이 전해온다.	쿠빌라이 칙명 전설.
원 1314	단이의 주도로 사당이 중수되다.	

명 1438	지현 이간이 자신의 녹봉과 마을 사람의 노동력을 동원하여 불과 열흘만에 사당을 중수하다.	관민의 조화와 합심.
명 1537	지현 사상의 주도로 중수가 이루어지다.	
명 1575	진천 출신 장사패가 약 30년에 걸쳐 여러 차례 모금하여 헌전을 짓다.	현존하는 가장 오래된 《한성현지》.
명 1606	침전 앞에 헌전이 서고 벽에 비석을 박는 공사가 이루어지다.	
명 1637	지현 이무 등이 마을 사람과 사당 담장과 문을 새로 쌓고 짓다.	
청 1668~1674	지현 적세기가 마을 원로 20여 명과 주도하여 동서 언덕에 남북으로 통하는 구름다리를 놓고 벽돌로 속을 다진 3층의 높은 대지를 쌓다. 아울러 패방과 문을 짓거나 중수하다. 현재의 사묘 모습이 갖추어졌다.	'고산앙지'와 '하산지양' 패방 및 99층계도 이때 세워짐.
청 1699	현령이 무덤과 사당을 보수하다.	
청 1721	마을 사람들이 헌전·침전·산문·패방·패방·후문 등을 수리하다.	마을 사람 주도.
청 1733	귀주순무 대중승 유교남의 아들 유치가 사마파 주변의 위험한 상황을 목격하고 돈을 내어 담장을 쌓다.	
청 1746	지현 당계생 등이 주도하여 중수하다.	
청 1780	정비와 수리가 이루어지다.	지현 채념조의 기록.
청 1816	무덤·침전·산문·담장·재실에 대한 수리가 이루어지다.	
청 1853	남쪽 담장을 중수하다.	
청 1858	사당을 수리하다.	
청 1886	무덤·사당·사마파를 보수하다.	
1936	양호성 장군의 주도로 사당 앞에 지양교가 세워지다.	석교와 패방.
1939	팔로군이 이 다리를 건너 항일전선에 나서다.	
1949	인민해방군이 이 다리를 건너 서북을 해방시키다.	
1956	섬서성 제1차 중점문물보호단위로 지정되다.	
1957	중수가 이루어지다.	
1978	사당 확장 공사가 이루어지다.	
1980	창요사 대전과 삼성묘를 사마사 안으로 옮기다.	이건(移建) 공사 시작.
1982	국무원이 제2차 전국중점문물보호단위로 공포하다.	
1983	문물관리소가 설치되다.	
1984	하독비를 옮겨 사당 안에 세우다.	
1986	'사마천생평화전람관'과 '사기고사화전람관'이 개관하다.	
1987~1988	사마파 절벽 보강공사가 진행되다.	

2010~	사마천대제가 국가제사로 승격되면서 사마천광장이 조성되고 있다. 아울러 총 25㎢ 규모의 국가문사공원(國家文史公園)이 광장 주위로 조성되고 있다.	
현재	사당과 무덤은 동서 길이 555m, 남북 폭 229m, 총면적 44,954㎡ (약 15,000평)의 규모로 잘 보존 관리되고 있다.	

다음 세 장의 사진을 보자. 첫 사진은 고속도로에서 바라본 사마천 사당과 무덤의 전체 모습이다. 두 번째 사진은 광장에서 본 사당과 무덤의 모습이고, 세 번째 사진은 사당에서 내려다본 사마천 광장과 그 주변 모습이다.

고속도로에서 바라본 사마천 사당과 무덤 및 그 주변 광경이다.(2012년)

사마천광장과 광장에서 바라본 사마천 동상과 그 뒤쪽의 사당과 무덤 전경이다.(2017년)

사당에서 내려다 본 사마천광장과 그 주변의 모습이다.(2017년)

2천 년 세월의 흔적 속에서 사마천의 향기를 찾아

2천 년 역사의 무덤과 사당의 역사를 일단 표를 통해 간략하게 살펴보았다. 보다시피 사마천과 《사기》의 영향력을 실감하게 된다. 원과 청을 제외한 한족의 역대 왕조는 사마천 사당과 무덤에 그다지 신경을 쓰지 않았고, 《사기》를 대놓고 홍보하지 않았다. 《사기》의 내용, 특히 권력자를 비판하는 대목들이 정권 차원에서 불편했기 때문이다. 그럼에도 사마천과 《사기》가 남긴 영향력은 타의 추종을 불허한다. 이 때문에 사당과 무덤도 뜻있는 사람들에 의해 꾸준히 보존·관리되어 왔다. 연혁표가 이를 잘 보여준다.

이제 지금 남아 있는 사당과 무덤의 주요 유적과 지점들을 좀 더 알아보고자 한다. 먼저 주요 경점들을 한글로 표시한 사마천 사당과 무덤 전체 모습을 사진으로 보자. 맨 왼쪽 아래 지수교(芝秀橋)를 건너 사당 입구로부터 주요 경점들을 쭉 소개한다. 자세한 설명보다 해당 사진을 주로 제시한다.

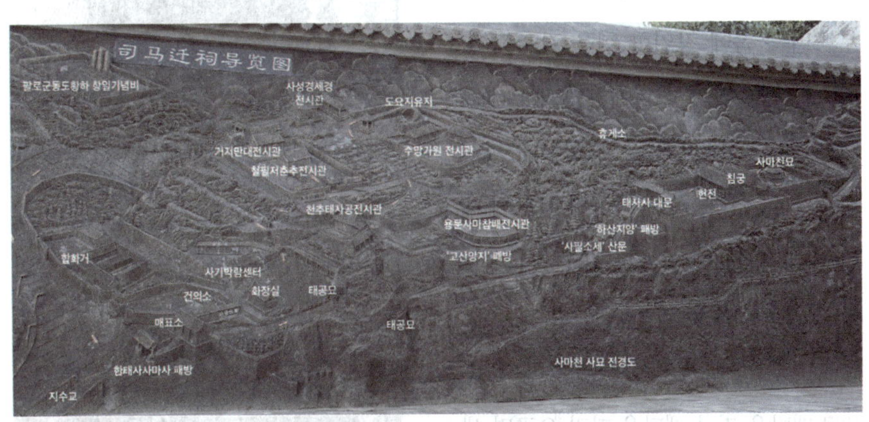

사마천 사묘 전경도의 모습이다. (2022년)

지수교 먼저 고속도로에서 바라본 사당과 무덤 사진을 다시 한 번 보면서 전체 경관을 개략적으로 설명해보겠다. 사성 사마천의 사당과 무덤은 섬서성 한성시에서 남쪽으로 10km 떨어진 지천진의 동남 높은 산등성이 위에 자리 잡고 있다. 동쪽으로 황하를 바라보고 서쪽으로는 양산(梁山)을 등지고 있다. 남으로는 위 장성과 이어지고 북으로는 지수(芝水)가 흐른다. 지천진에서 동남으로 2km 정도 가면 작은 시내가 흐르는데, 옛날 이름은 도거수(陶渠水)였다. 그 뒤 한 무제가 이곳에서 영지초를 얻은 것을 계기로 지수로 이름이 바뀌었다. 이 시내 위로 크지 않고 단아한 석교가 놓여 있는데, 항일 전쟁에 나섰던 양호성(楊虎城, 1893~1949) 장군이 1936년 돈을 거두어 지은 것으로 지양교(芝陽橋) 또는 지수교(芝秀橋)라 부른다.

사당으로 무덤으로 가기 위해 건너야 할 지수교의 모습이다.(2022년)

한태사사마사 패방 이 다리를 지나면 낡았지만 소박한 '한태사사마사(漢太史司馬祠)'라 쓴 나무 패방이 나온다. 글씨는 부드러움 속에 강인한 힘을 감추고 있다. 원나라 때의 대서예가 조맹부(趙孟頫, 1254~1322)의 글씨로 전하는데 확실한 증거는 없다. 다만 사마천 사묘에 대한 대대적인 보수가 원나라 때 이루어진 사실로 미루어 볼 때 전혀 근거 없는 설이라고 일축할 수는 없을 것 같다.

조맹부의 글씨로 전해오는 '한태사사마사' 편액이 걸린 패방이다.(2022년)

대문 패방을 지나 계단을 따라 오르면 세 칸짜리 당나라 건축을 본떠 지은 사당의 대문이다. 지금은 사묘의 매표소이자 출입문으로 쓰이고 있다. 이 문은 원래 한성현 현성의 동사(東寺) 대문이었는데,

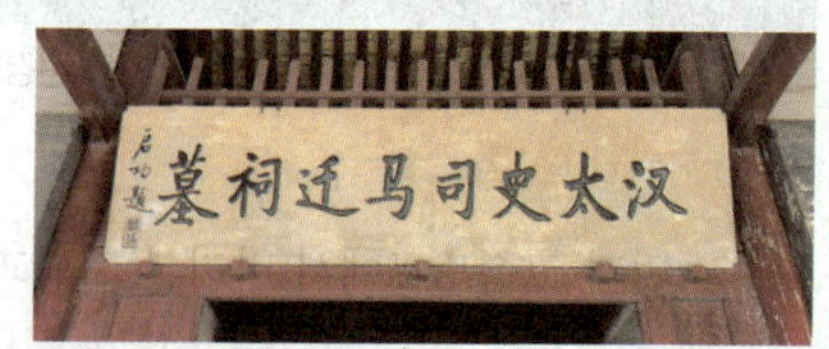

사마천 사묘의 대문과 계공의 글씨. 계공은 중국 문화유적의 편액을 가장 많이 쓴 서예가로서 청나라 옹정 황제의 9대손이다.(2022년)

1970년대 고건축을 중점적으로 보호하는 정책에 따라 이곳으로 옮겨졌었다. 현판에는 '한태사사마천사묘(漢太史司馬遷祠墓)'라는 여덟 자의 큰 글씨가 금세 눈에 들어온다. 글씨는 중국의 서예가협회 주석(회장) 계공(啟功, 1912~2005)이 1987년 6월에 썼다.

사마고도 대문을 들어서면 바닥에 깔린 예사롭지 않은 돌들을 보게 된다. 이곳을 사람들은 사마고도(司馬古道)라 부르는데, 한혁파(韓奕坡)와 사마파(司馬坡)라는 별명을 갖고 있다. 울퉁불퉁 바닥에 깔린 크기가 다르고 불규칙한 돌들은 전국시대부터 지금까지 벌써 2천 수백 년 넘게 비바람을 견디어 온 가장 오래 된 세월의 주인공이자 역사의 증인이다. 비바람에 깎여 나가고 수레바퀴에 닳아서 면이 고르지 않지만 그것이 바로 세월의 흔적 아니겠는가?

사마천 사묘의 세월을 증언하고 있는 사마고도이다.(2022년)

태공묘(太公廟) 이 길을 따라 수십 미터 가량 오르면 첫 번째 언덕이자 갈림길이 나온다. 길의 왼편으로는 사마천 일생을 비롯하여 《사기》 관련한 전시관들이 들어서 있다. 이 전시관 앞에는 하독비(河瀆碑)가 우뚝 서 있는데, 원래 황하 하독 영원왕묘(靈源王廟)에 있던 것을 1970년대 말 이곳으로 옮겨 온 것이다. 길 오른쪽에는 사당과 무덤을 수호하는 강태공을 모신 태공묘가 있다.

태공묘는 강태공을 기념하는 작은 규모의 사당이다.

사마천 참배 홍보관 다시 두 번째 언덕을 오르면 '고산앙지' 패방을 눈앞에 두고 길 왼쪽 편으로 원래 기념품과 서적 등을 팔던 다정(茶亭)이 있었다. 지금 이곳은 사마천 사묘를 찾은 국내외 귀빈들의 모습을 비롯하여 제사 활동 등을 사진으로 전시하는 일종의 홍보관 역할을 하고 있다. 영광스럽게 제사에 참석한 필자의 모습도 몇 년 동안 전시되었다.

2009년 민간제사로는 마지막 제사에 참석했던 필자(앞줄 오른쪽에서 두 번째)의 모습이다.(2022년)

'고산앙지' 패방 다정 앞에서 북쪽(오른쪽)으로 시선을 돌리면 '고산앙지(高山仰止)'라 쓴 패방이 보는 이의 가슴을 두근거리게 만든다. 《시경》에서 따온 이 구절은 사마천이 〈공자세가〉(권47) '태사공왈' 첫머리에 공자의 인품과 업적을 존경하는 헌사로 인용하고 있다. 원래 대목은 '고산앙지(高山仰止), 경행행지(景行行止)'인데, 번역하자면 '높은 산은 우러러 보고, 큰길은 따라간다'는 뜻이다. 글씨는 한성시의 유명한 서예가 강한삼(強漢三)이 썼다. 사마천이 공자를 향해 바쳤던 《시경》의 이 대목으로 사마천에 대한 무한한 존경과 사랑의 마음을 나타내고 있다.

사마천에 대한 무한한 애정과 존경심을 잘 보여주는 '고산앙지' 패방이다.(2010년 무렵 사진이다. 지금은 색이 바래서 글자를 알아볼 수 없다.)

'사필소세' 산문 이 패방부터가 신성한 구역으로 들어가는 신도(神道)에 해당하는데, 길이 여간 가파르지 않다. 사마천 사묘의 입지조건이 거의 수직에 가까운 언덕에 자리 잡고 있으며, 그중에서도 이 신도가 가장 가파르다. 층계는 모두 99개라 한다. 그중 세 번째 고개에 '사필소세(史筆昭世)'라 쓴 산문이 자리 잡고 있다. 이 산문에 이르면 대부분 한숨을 돌리고 뒤를 돌아보게 된다. 멀리 황하가 가물가물 눈에 들어오고, 사묘가 얼마나 기막힌 자리에 위치하고 있는가를 새삼 실감하게 된다. 그리고는 다시 산문에 걸린 '사필소세'의 의미심장함에 숙연해지지 않을 수 없다. '역사(가)의 붓이 세상을 밝힌다'는 뜻이다. 누구라서 역사의 평가를 무서워하지 않을까? 하지만 지금도 세상은 역사의 평가에 아랑곳하지 않는 잡배들로 넘쳐난다. '역사가 우리에게 주는 교훈이란 인간이 한 번도 역

분노에 찬 역사(가)의 붓은 칼보다 더 날카롭다. '사필소세' 패방이다.(2016년)

사의 교훈을 받아들인 적이 없다는 것이다.' 대만의 문학가이자 역사가인 백양(柏楊, 1920~2008) 선생은 필자와 주고받은 편지에서 이렇게 말했다. 참으로 가슴 아픈 지적이 아닐 수 없다. '사필소세'라는 단 네 글자가 던지는 의미는 참으로 크다.

'하산지양' 패방 다시 층계를 오르면 네 번째 고개가 나오고, 그 위로 벽돌로 지은 또 하나의 패방이 버티고 서 있는데, 사당으로 들어서는 문이다. 문 위에 걸린 편액에는 '하산지양(河山之陽)'이란 글씨가 큼직하다. 황하의 북쪽, 용문산의 남쪽이란 뜻으로 사마천 고향 한성과 사묘의 위치를 가리킨다. 글씨는 청나라 강희 10년(1671) 한성지현을 지낸 적세기(翟世琪)가 썼다고 한다.

사성의 고향 한성과 사묘의 위치를 나타내는 '하산지양' 패방이다.(2016년)

태사사, 헌전, 침전 다섯 번째 언덕을 오르면 '태사사(太史祠)'라 쓴 현판이 걸린 마지막 대문이 발걸음을 멈추게 한다. 글씨에 힘이 넘친다. 이곳이 사마천의 제사를 모시는 헌전(獻殿)의 입구다. 이 문턱을 넘으면 사마천 사묘에서 가장 높은 자리에 위치한 사당의 앞마당이다. 동쪽을 향해 헌전과 그 앞으로 세 칸 규모의 널찍한 뜨락

에 북송 때부터 현대에 이르기까지의 비석 66기가 줄지어 서 있거나 벽에 박혀 있다. 헌전에는 '사성천추(史聖千秋)'와 '군자만년(君子萬年)'이란 현판이 걸려 있다. 헌전 뒤가 사성 사마천의 위패와 상을 모셔 놓은 침전(寢殿) 건물이다. 흙으로 빚어 만든 사마천 소상은

헌전과 침전으로 들어가는 대문에 걸려 있는 기세가 힘찬 '태사사' 편액이다.(2016년)

북송 선화 7년인 1125년에 만들어진 것으로 감실에 단정하게 앉아 있는 좌상이다.

사성의 무덤 헌전을 돌아서 뒤쪽으로 가면 참으로 신기한 형태의 무덤을 볼 수 있다. 무덤 형태도 형태이거니와 무덤 위로 다섯 그루의 측백나무가 무성한 잎을 드리우고 있기 때문이다. 그런데 가만히 살펴보면 다섯 그루가 아니라 한 그루에 큰 가지가 손가락처럼 다섯으로 뻗쳐 있음을 알 수 있다. 사람들

헌전과 그 뜨락의 비석들 뒤로 침전이 보인다. 이렇게 헌전과 침전은 마치 붙어 있는 집 같은데 공간 활용이 돋보이는 배치다.(2016년)

은 이를 아들 다섯이 모두 과거에 급제한다는 뜻의 '오자등과(五子登科)'로 부르는데, 이곳에 와서 빌면 과거 합격에 영험이 있다는 이야기가 옛날부터 전해온다. 바로 이곳이 사마천의 무덤이다. 주위의 다른 나무들과 함께 여름이면 하늘을 덮을 정도로 장관을 이룬다. 무덤의 형태 또한 특이하여 원통형이며 돌아가며 팔괘가 장식되어 있어 '팔괘묘'라 부르기도 한다. 최근 측백나무 뿌리가 무덤을 깊게 파고들어 곳곳이 갈라져 나무를 자르고 무덤을 보수했다.

사마천 소상 침전에는 사마천 사묘에 현존하는 가장 오랜 문물이라 할 수 있는 사마천의 소상이 모셔져 있다. 송나라 때 만들어진 이 소상은 현재 유리로 막혀 있어 그

진면목을 자세히 살필 수는 없지만, 사마천의 원래 풍모를 느끼기에는 충분하다. 이 소상에 얽힌 이야기는 바로 이어 소개한다.

사마천의 무덤은 그 형태부터가 기이하여 많은 생각을 하게 만든다.(2016년)

윤양(尹陽), 사마천 소상을 만들다 북송 선화 7년인 1125년, 한성의 현령으로 있던 윤양은 향촌의 유지들과 사마 후예들의 청을 받아들여 한태사 사마천 사당의 헌전과 침전에 대한 보수를 주관했다. 그리고 한성의 제사 풍속에 따라 태사공의 영정을 걸기로 했다. 윤 현령은 여러 판본들 중에서 사마천의 초상화를 찾았으나 모두가 궁형을 당한 뒤의 수염이 없는 '부인상'이었다. 이 초상화를 본 마을 사람들은 장년에 접어든 태사공의 진짜 모습이 아니라고 입을 모았다.

사마천의 부인은 여러 방면에 재주가 많은 사람이었고, 특히 그림에 조예가 깊었다는 소문이 자자했다. 결혼 뒤 그녀는 남편을 위해 스무 살부터 쉰다섯 살 때까지의 모습을 1년에 한 폭씩 그림으로 그려 모두 35폭의 연보상(年譜像)을 남겼다고 한다. 그러나 사마천 집안이 겁난을 당하는 바람에 화상은 모두 흩어지고 잃어버렸다.

이런 이야기를 들은 윤 현령은 마을에 분명 사마천의 화상을 잘 보관하고 있는 집이 있을 것으로 판단하고 여러 방면으로 수소문했다. 아니나 다를까, 소량 마을 서쪽의 지천향에서 장년의 태사공을 모습을 그린 화상 한 장을 찾을 수 있었다. 그림의 선은 가늘면서도 유려했고 용모는 태사공이 살아 있는 듯 신기가 넘쳤다. 사마천을 잘 아는 사람이 그린 화상이 틀림없었다. 그렇다면 전해오는 이야기대로 그 부인의 작품일 것이다. 윤 현령은 이 그림을 사마천의 진영(眞影)으로 판정했다. 이 그림을 소장하고 있던 사람은 노인이었다. 노인은 "이 그림은 사마 부인께서 직접 그리신 것으로 우리 집안 대대로 전해오는 보물입니다. 지금까지 아무에게도 보이지 않았는데 현령께서 태사공을 위해 사당을 지으신다기에 이 그림을 바치게 된 것입니다. 이는 우리 집안이 대대로 간절히 바라던 소원이기도 합니다!"라며 감격스러워했다.

1천 년이 지난 뒤 그림은 마침내 주인에게 되돌아갔다. 갈 곳을 제대로 찾은 셈이었다. 현령은 은자를 내려 노인에게 감사했다. 그리고 그림을 잘 표구해서 침전에 걸었다. 사마천을 참배하거나 제사를 드리러 온 후손들이 보고는 마치 살아 있는 사마천을 만나기라도 한 것처럼 화상 앞에서 목 놓아 통곡했다. 그러나 그림은 천 년을 지내면서 낡고 비바람에 훼손되어 있어 보는 이들을 안타깝게 했다.

윤 현령은 태사공의 진영을 본 뒤로 사마천의 비범한 자태와 기운에 감명을 받았다. 그는 어떻게 하면 태사공의 위대한 형상을 영원히 세상에 보존할 수 있을까 고민했다. 낮에는 생각하고 밤에는 꿈을 꾸었다. 그러던 어느 날 등불 아래서《태사공서》를 읽다가 잠이 들었는데, 꿈에서 긴 수염을 휘날리며 신비로운 자태로 아무 말 없이 생각에 잠겨 있는 사마천을 보았다. 깜짝 놀라 잠에서 깼지만 사마천의 용모는 기억 속에 생생하게 남아 있었다. 그러다 불현듯 윤 현령은 태사공을 위해 소상을 만들어야겠다는 생각을 했다. 다음 날 마을 유지들과 상의했더니 그들도 진즉에 그런 생각을 품고 있었다. 현령은 자신의 출신지인 동노(東魯)에다 일찍이 공자의 소상을 만든 경험이 있는 장인을 초청하여 사마천 소상을 만들도록 했다.

동노의 장인은 사마 부인이 그린 화상을 근거로 사마천의 소상을 만든 다음, 사당 아래 사람들이 많이 다니는 길에다 세워 놓고는 은근히 사람들의 평가를 들었다. 사람마다 평가는 달랐고, 들을 만한 견해는 마음속에 꼭 담아 두었다.

이튿날 새벽, 동노의 장인은 소상이 원래 모습과는 달리 얼굴을 약간 북쪽으로 돌리고 있다는 것을 발견했다. 그 순간 장인은 자신도 모르는 사이에 탄성을 내지르고 말았다. 예지에 넘치고 강직한 성품의 소유자였던 사마천의 그 자태가 소상에서 뿜어 나오는 것이 아닌가! 장인은 현령을 비롯하여 사람들을 불러 소상을 보게 했다. 모두들 "기가 막히

사당과 무덤 유적지에서 가장 오랜 문물인 송나라 때 만든 사마천의 소상이다.(2016년)

다!"며 감탄을 금치 못했다. 그리하여 침전 가운데에 벽돌로 감실을 만들고, 사마천의 전신 좌상을 그 안에 잘 모셨다. 상의 높이는 140cm에 검은 수염을 세 가닥으로 휘날리고 있다. 붉은 도포에 손에는 죽간을 쥐고 있으며, 얼굴은 약간 북쪽으로 돌리고 있다. 그 위용과 자태가 늠름하기 짝이 없다. 사마 후예들은 "태사공의 소상이 진짜 모습 같다!"며 칭찬을 아끼지 않았다.

그런데 하룻밤 사이에 소상이 북쪽으로 얼굴을 돌리게 된 기막힌 사연은 어찌 된 일인가? 알고 봤더니 하나 신기할 것이 없었다. 사마 고리에는 사마천의 강직한 성품과 용모를 잘 알고 있는 사람이 많았다. 하지만 동노 장인의 체면 때문에 대놓고 말을 못했다. 그래서 누군가가 야밤에 몰래 흙이 마르기 전에 머리 부분을 살짝 돌려 놓았던 것이다. 누가 알았으랴? 이 무명씨의 행동이 제대로 된 소상을 탄생시킬 줄! 사람들은 이 무명씨가 사마천을 정말 잘 아는 사람이었을 것이라고 말했다.

사마천광장과 그 주변 헌전 앞에 서면 아래로 사방을 다 내려다볼 수 있다. 가슴이 트이고 정신이 맑아지면서 자기도 모르는 사이에 정신적으로 성숙해진 느낌을 받는다. 동쪽으로 막막한 모래사장이 펼쳐지는 황하가 흐릿하나마 눈에 들어온다. 맑은 날이면 물결이 넘실대는 모습도 볼 수 있다. 서북쪽은 고문원인데 사마천의 옛 고향 마을이 한눈에 들어온다. 개가 짖거나 닭이 울면 그 소리를 들을 수 있을 정도다. 사당 아래로 흐르는 지수는 나무가 우거졌으며, 사이사이로 밭고랑이 이어지는 모습이 북방의 강남과 같은 풍광을 연상시킨다. 이곳에 오르면 누구나가 사마천의 고매

사당에서 내려다 본 사마천광장과 주변의 모습이다.(2019년)

한 인격과 위대한 업적에 무한한 공경의 마음을 품을 수밖에 없다. 그가 보여주었던 불굴의 의지, 인간에 대한 무한한 사랑, 치열한 비판정신, 비극적인 삶 등이 감동 그 이상의 차원으로 다가선다.

사마천 제사와 사마천 광장

2천 년 동안 계속된 민간제사 사당에서 내려다보이는 사마천광장은 2010년부터 사마천 제사가 국가제사로 승격된다는 발표가 난 이후 조성되기 시작하여 현재도 조성 중에 있다. 이 광장에서 2010년 이후 국가급의 사마천에 대한 제사가 거행되고 있다. 먼저 국가제사로 승격되기 전까지 사마천 제사의 역사를 간략히 알아본다. 먼저 사마천 고향 마을과 후손들 사이에서 전해오는 사마천 제사와 관련한 역사다.

사마천 후손들은 사마천이 이릉 사건으로 옥에 갇힌 뒤 자신들도 화를 면하기 어렵다고 판단하여 사람을 고향 마을로 보내 집안사람들에게 성을 바꾸고 고향을 떠나도록 알렸다. 집안사람들은 앞서 소개한 대로 동(同)과 풍(馮) 두 성으로 나누었다. 큰집이 '풍', 작은집이 '동' 성을 취했다. 시간이 지나 사태가 안정이 되자 풍경(馮慶)과 동무(同茂)가 사마천의 유골과 가족들을 이끌고 다시 고향으로 돌아왔다. 이때 마을 이름을 서촌(徐村)이라 했다.(풍경과 동무는 훗날 풍씨와 동씨의 시조가 되었고, 서촌 사마천 사당 내에 그 위패가 모셔져 있다.) 서(徐)는 소개한 대로 글자로 보면 풍과 동 두 성이 남았다는 뜻을 함축하고 있고, 발음으로는 사마씨 가문이 계속 이어진다는 속(續)과 같은 '쉬'다.

이렇게 해서 서촌에는 풍과 동씨 성이 한집안처럼 살게 되었고, 서로 혼인도 하지 않았다. 같은 사당에 한 조상

'한태사유사' 내에 모셔진 풍·동 두 시조 동무(同茂)와 풍경(馮慶)의 위패이다. 가운데는 사마천의 상이다.(2000년 무렵)

을 공동으로 모시며 천 년 넘게 사이좋게 살았다. 명나라 홍무 11년인 1378년에 세워졌다는 '한태사유사'는 이 두 성의 시조인 풍경과 동무의 위패를 모시고 있는 사당이다. 그리고 이 두 시조의 위패 위로 큰 위패가 하나 더 모셔져 있는데, 이 위패가 이들의 공동 조상인 사마천의 위패다.

풍·동 두 성은 사마씨 선조를 제사 지내기 위해 천 년 넘게 함께 하나의 위패에 공동으로 제사를 드리며 향을 피워 왔다. 이런 제사 습속은 어디에서도 찾아볼 수 없다. 사마씨 후예의 충정과 곧은 절개가 아니었다면 불가능했을 일이다. 사성의 영혼이 구천에서 흐뭇하게 내려다보고 있을 것이다.

제사 방식도 다른 집안의 제사와는 다르다. 이들은 청명절에 제사를 드리는데 이날은 말 그대로 신성한 날이다. 그런데 후손들은 청명절을 전후로 서촌의 노래패 모임인 숭덕사와 숭의사·청평사·청태사·태화사라는 연극단을 초청하여 사흘 동안 큰 놀이를 베푼다.(이 다섯 패를 오사五社라 부른다) 놀이는 서촌 동쪽의 구랑묘에서 이루어지며, 청명절 전날 저녁에는 사마천의 진짜 유골이 묻혀 있다는 마을 서쪽의 무덤 옆에 임시로 만든 무대에서 공연된다.

밤 12시가 되면 집안사람들은 예복을 입고 향 등을 들고 무덤 옆으로 와서 경건하게 제사를 드린다. 오사가 모두 모여 폭죽을 터뜨리며 제사를 드리는데, 무대 위에서는 북을 비롯한 악기가 연주되며 무대 아래에서는 향을 피우고 절을 한다. 말하자면 연주와 제사가 동시에 진행되는 것이다. 동이 틀 무렵 무대 위의 불이 갑자기 꺼지고 음악이 멈춘다. 연주 단원들은 악기만 들고 무대를 내려와 뛰기 시작한다. 일찌감치 준비하고 있던 두 집안사람들도 즉시 무대를 철거하고 향을 들고는 연주 단원들을 따라 구랑묘를 향해 미친 듯이 달린다. 신발이 벗겨져도 찾지 않고, 모자가 떨어져도 그냥 버린 채 뛴다. 구랑묘의 무대에는 일찌감치 악대들이 준비하고 있다가 연주 단원이 들어오는 것을 보면 바로 음악을 연주한다. 뛰어온 연주 단원들도 합세하여 한바탕 다시 공연이 벌어진다.

이튿날은 청명이다. 서촌 사람들은 마치 새해를 맞이한 것처럼 기뻐한다. 길 입구마다에 색색의 패루를 세우고 붉은 비단에 조상의 덕을 칭송하는 글을 써서 내건다.

청명절에 사마천의 사당과 무덤을 찾는 후손들과 마을 사람들의 모습이다.(사진 제공 : 한성시)

집 입구에도 너나없이 붉은 종이에 글을 써 걸고, 처마에는 붉은 등을 건다. 길거리에 있는 집에는 등을 높이 매달아 밤에도 훤하게 마을을 비추게 한다. 친지들은 모두 나와 난장을 열어 집안의 물건들을 서로 사고판다. 서촌 마을 전체에 웃음과 환호성이 떠나질 않는다. 다른 마을의 청명은 눈물로 뒤덮이는데, 서촌의 청명은 신년보다 더 요란하다.

당나라 때 시인 두목(杜牧)이 청명절에 비가 주룩주룩 내리면 길 가던 사람들의 애간장이 끊어진다고 노래했듯이, 청명절에 드리는 제사는 슬프고 비통한 법이다. 그런데 서촌 사람들은 폭죽을 터뜨리고 붉은 등을 내거는 등 왜 이렇게 난리법석을 떠는 것일까? 앞서 소개했지만 한 번 더 소개해둔다.

서촌 사람들은 이렇게 말한다. 사마천이 세상을 떠난 뒤 집안사람이 그의 유해를 고향으로 가져와 조용히 묻었다. 조정에서 또 다시 죄를 묻지나 않을까 그것이 두려워 일부러 청명절에 제사를 지냈는데, 늘 한밤에 진짜 유골이 묻힌 무덤 옆에서 귀신에게 제사를 드린다는 명목으로 몰래 제사를 드렸다. 겉으로는 오사가 귀신을 공경하는 것이지만, 사실은 자손이 조상에게 제사를 드리는 것이었다. 그러던 어느 해 청명절 무렵 느닷없이 도성에서 황제가 파견한 흠차대신이 서촌으로 온다는 소식이 전해졌다. 집안사람들은 놀라 어쩔 줄 몰라 하다가 제사를 드리던 사람들을 구랑묘로 달려가게 해서 제사를 계속 올리게 하여 시선을 돌렸다. 그런데 조정에서 파견한 사람은 다름이 아니라 사마천의 외손자 양운(楊惲)이었다. 어머니 사마영(司馬英)의 명을 받고 외할아버지의 무덤을 청소하러 온 것이었다. 게다가 당시 황제인 선제(宣帝)가 《태사공서》《사기》를 세상에 공개하도록 정식으로 허락했다는 기쁜 소식도 함께 전했다. 서촌 사람들은 이 뜻밖의 소식에 기뻐 어쩔 줄 몰랐다. 모두들 집에 있는 꽹과리며 피리·북 따위를 들고 나와 두드리고 불고 춤을 추며 축하했다. 집집마다 붉은 등을 내걸고 친지들을 초청하여 서로 기쁨을 나누었다.

그로부터 매년 청명절마다 서촌 사람들은 《사기》가 다시 세상의 빛을 본 날을 기념하고 조상에 감사하기 위해 한바탕 법석을 떨며 놀게 되었고, 이것이 관례로 굳어진 것이다. 그리고 이 습속을 포대자희(跑臺子戱)라 불렀다. 지금도 서촌에는 함풍 8년인 1858년 포대자희에 사용한 편액을 감싼 비단이 보존되어 있다.

음력 2월 9일은 사마천의 탄생일로 전해온다. 서촌의 사마천 후손들은 이날이 되면 진짜 유해를 묻은 무덤에 올라가 감히 제사를 드리지 못하고 눈물을 머금은 채 주위 언덕에다 술을 뿌리고, 종이돈을 태우며 말없이 애도를 표시했다. 그 뒤 사마천의 억울함이 풀리자 후손들은 비로소 풍수 선생을 모셔다 무덤 터를 고르고, 사마천을 지천진 남쪽 일명 사마언덕이라 부르는 높은 언덕 위에 편히 모셨다.

사마천 제사 때면 한성시는 '풍추사마(風追司馬)'라는 대형 현수막을 사당으로 오르는 계단 오른쪽 깎아지른 절벽에 내건다. '풍추사마'는 '풍속도 사마천을 뒤따른다'는 뜻으로 한성은 사마천이 있음으로 해서 그 풍속마저 사마천의 정신을 따른다는 것이다. 필자는 이 '풍추사마'를 볼 때마다 문득 이런 생각을 떠올리곤 한다.

'한성에는 바람 속에서도 사마천의 냄새가 난다.'

2015년 제사 때의 모습이다.

2015년 제사 때의 모습이다.

국가제사 승격과 역사문화광장 2010년 사마천 제사가 국가제사로 승격되면서 많은 변화가 있었고, 지금도 그 변화는 계속되고 있다. 가장 달라진 것은 사당과 사묘 앞으로 큰 규모로 조성되고 있는 광장이이다. 사마천 동상도 섰다. 이 광장 양 옆으로 거대한 석조 조형물과 사마천, 《사기》와 관련한 건축물 등이 들어섰고, 지금도 건설 중이다. 석조물은 《사기》 본기 12권의 주축인 역대 제왕들의 치적을 나타낸 거대한 조각이다. 건축물은 귀빈을 모시는 장소를 비롯하여 전시관·서점·회의실 등이다. 동상은 2012년 틀을 잡고 2013년 완공되었다.

이런 눈에 보이는 변화보다 더 큰 변화는 제사 행사다. 2천 넘게 후손과 마을 사람들이 주체가 되어 진행해 온 제사 행사가 행사를 전문으로 하는, 이른바 이벤트 전문회사에 의해 진행되기 시

2024년 제사 때 후손들의 '행고' 공연 모습. '행고'는 북과 징으로 벌이는 한성 특유의 민간 문화예술로 국가급 비물질 문화유산의 하나이다.

작했다. 사회자도 국영 TV 방송사의 진행자로 바뀌었고, 제사 직전의 공연도 후손과 마을 사람들이 아닌 예술학교와 공연 전문회사에서 마련한 프로그램으로 바뀌었다. 2024년에는 후손들로 구성된 민속문화 '행고(行鼓)' 공연이 있었다. 전체적으로 후손과 마을 사람들이 제사 행사에서 점점 소외되고 있다. 이런 부분은 중국 정부와 한성시가 좀 더 세심하게 살펴야 할 필요가 있겠다.

武略文韜明政興邦千秋靈爽耀星辰

권78 〈춘신군열전〉은 모략을 갖춘 변사이자 지혜와 용기를 겸비한 춘신군 황헐의 행적을 다룬 열전이다. 사마천은 어리석은 판단으로 비참한 최후를 맞이한 춘신군의 행적도 적나라하게 폭로한다. 이런 춘신군 황헐의 모습을 '이원여제(李園女弟)' 고사를 통해 선명하게 그려내고 있다. 사진은 하남성 황천현(潢川縣) 황국고성 내에 세워져 있는 춘신군의 무덤과 패방이다.(2014년)

일러두기

- 이 원고는 당초 '《사기》 3부곡'이란 제목으로 집필되었다.
- 《사기》 3부곡은 '《사기》의 문장', '《사기》의 명구', '《사기》의 언어'로 구성되어 있다. 이를 하나로 합쳐 '《사기》를 읽고 쓰고 말하다'라는 제목으로 바꾸었다.
- 1부 '《사기》의 문장'은 《사기》 속 명문장 13편을 골라 그 배경과 인물 및 문장을 분석한 원고다. 제목은 명문장의 한 구절을 골라 '강과 바다는 자잘한 물줄기를 가리지 않는다(하해불택세류河海不擇細流)'로 정했다. 부제목은 '《사기》를 읽고 감상하다'로 잡아 보았다.
- 2부 '《사기》의 명구'는 《사기》의 명언명구 108개를 골라 간략한 설명을 붙인 것이다. 제목은 명언명구의 하나인 '죽음을 사용하는 방향이 다르기 때문이다(용사소추이야用死所趨異也)'로 잡아 보았다. 부제목은 '《사기》를 쓰고 느끼다'로 잡았다.
- 3부 '《사기》의 언어'는 필자의 눈길을 끈 《사기》의 대화 장면 50단락을 고르고, 《사기》의 문장과 같은 방식으로 분석했다. 제목은 대화의 한 대목을 골라 '술이 극에 이르면 난리가 나고, 쾌락이 극에 이르면 슬퍼진다(주극생란酒極生亂, 낙극생비樂極生悲)'로 잡아 보았다. 부제목은 '《사기》를 말하고 설득하다'로 정했다.
- 이상 세 원고 중 '《사기》의 명구'는 2016년 《사기를 읽고 쓰다》는 제목으로 출간되었던 원고를 전면 보완했고, 나머지 두 원고는 새로 집필되었다.
- 이상 세 원고를 《사기 성어 대사전(史記成語大辭典)》의 부록으로 수록한다.

《사기(史記)》를 읽고 쓰고 말하다
-《사기》의 문장, 명구, 언어

1부

강과 바다는
자잘한 물줄기를 가리지 않는다

하해불택세류(河海不擇細流)

명문(名文)의 조건(條件)
Qualities of a Masterpiece

명문(名文)의 조건은 무엇일까?

문자(文字) 사용 이후 글을 통해 자신의 뜻을 또렷하게 전달하고, 나아가 읽는 사람의 마음을 움직이기 위한 기교(技巧)가 요구되면서 이른바 글을 잘 쓰는 능력, 즉 문장력(文章力)이 나타났다. 이로써 좋은 글, 뛰어난 글, 훌륭한 글, 감동적인 글들이 갖춘 문장력에 따라 명문이란 개념도 자연스럽게 등장했다.

글의 기본 기능은 정확한 의사전달이다. 1차로 뜻이 전달되면, 전달력을 높이기 위해 글을 꾸미는 2차 단계의 글쓰기가 진행된다. 특히 읽는 사람을 설득하고 감동시키기 위해서는 정교한 기교가 필요하다. 기교가 잘 구사된 문장이라야 명문의 기본적인 조건을 충족시키게 된다. 3차이자 마지막 단계는 다듬기이다. 읽고 또 읽고 깊게 생각하면서 글을 다듬는 것이다. 이렇게 한다고 모든 글이 명문이 되는 것은 결코 아니다. 무엇보다 글을 쓰는 이의 진실한 마음이 글 속에 스며들어야 한다. 이것이 명문의 조건이다.

이 글은 최고의 역사서로 평가받는 사마천(司馬遷)의 《사기(史記)》에 등장하는 문장 10여 편을 모은 것이다. 이 문장들을 우선 쉬운 우리 글로 옮기고, 그 문장이 나오게 된 역사적 배경, 글을 쓴 사람, 그리고 저자의 생각을 얹어 보았다. 이 작업을 통해 글쓴이는 나름대로 이 10여 편의 명문들에게서 발견되는 공통점을 찾았고, 이 공통점을 명문의 조건으로 제시해보고자 한다. 과거와 현재의 기준이 같을 수 없겠지만 시대를 뛰어넘어 공감할 수 있는 조건들이 있지 않을까 이런 생각에서였고, 필자가 찾아낸 이 명문들의 공통점은 아래 몇 가지였다.

첫째, 문장 전체에 흐르는 기류는 '이성(理性)과 감성(感性)의 적절한 조화(調和)'였다. 냉철한 이성적 판단과 가치관에 입각한 글과 상대의 감정을 흔드는 뜨거운 감성의 표출이 적절하게 안배되어 있다.

둘째, 이를 좀 더 보충하자면 충분한 근거, 논리적 전개, 정확한 형세 분석, 상황과 상대에 맞는 언어, 이를 바탕으로 한 심리 공략이라 할 수 있다. 특히 이 점은 지금 우리 사회를 병들게 하는 글과 말을 되돌아보게 한다. 사실 관계도 확인하지 않는 가짜 뉴스, 욕설과 저주로 가득찬 천박한 글과 말, 일방적 주장, 편견과 왜곡을 아무렇지 않게 들이미는 뻔뻔함, 그리고 모든 것 아래 깔려 있는 사리사욕 등등. 병들어 있는 언론과 지식인들의 말과 글의 폐단은 대단히 심각한 사회현상이 아닐 수 없다. 이런 점을 염두에 두고 이 책에 실린 문장들을 읽었으면 한다.

셋째, 오랫동안 많은 사람들의 입에 오르내리면서 귀와 입에 익숙한, 그래서 보편타당하면서 누구도 거부할 수 없는 다양하고 의미심장한 역사적 사례가 빠지지 않는다. 이는 상당한 역사공부가 뒷받침되어야만 가능하다. 같은 맥락에서 시의적절하고 정곡을 찌르는 격언·속담·경구의 활용도 눈에 띈다. 이 점 역시 지금 우리의 공부하지 않는 언론, 생각하지 않는 지식인, 공적 마인드를 상실한 공직자들의 무분별한 말과 글을 되돌아보게 한다.

넷째, 문장의 기교라는 측면에서 보자면 적절한 과장법을 비롯한 여러 비유법의 활용이 공통점으로 발견된다. 적절한 과장은 자신의 주장을 강화시키는 효과를 거두기 때문인데, 이와 함께 과장의 이면에 깔려 있는 깊은 사색을 놓쳐서는 안 된다. 가장 좋은 예가 사마천이 죽음을 앞두고 있는 입사 동기 임안(任安)에게 보낸 편지 〈보임안서(報任安書)〉에 등장하는 '구우일모(九牛一毛)'라는 과장법이다. 과장은 중국인 특유의 기질이자 문화 현상의 하나인데, '구우일모'는 그중에서도 최고의 과장이라 할 수 있다. '소 아홉 마리에서 털 한 올'이라니 이보다 더한 과장은 찾아보기 어렵기 때문이다. 그리고 이 네 글자 뒤에는 사마천의 파란만장한 생애와 죽음보다 처절한 선택이 깊고 짙게 잠겨 있다. 단순한 과장이 아니다.

이상 몇 가지 공통점들을 생각하면서 문장을 읽으면 명문이 갖는 매력에 한결 살갑게 다가갈 수 있지 않을까 한다. 잠깐 언급한 대로 필자는 이 책에 실린 명문들을 보다 쉽게, 그러면서도 깊게 이해하기 위해 문장의 역사적 배경을 비교적 상세히 소개했다. 더 많은 정보를 필요로 하는 독자들은 관련 인물과 사건을 여러 지식 검색을 통해 따로 검색하여 보충자료로 삼으면 되겠다. 글을 쓴 인물들에 대해서도 가능하면 상세히 소개하려고 애를 썼다. 이 부분 역시 지식 검색 등을 통해 관련된 정보를 더 확보해서 읽으면 도움이 될 것이다. 문장의 번역이 가장 마음에 걸린다. 원문(사마천)의 의중(意中)을 해치지 않으면서 쉬운 우리 글로 옮기는 작업이 만만치 않기 때문이다. 독자들의 날카로운 지적을 기다릴 뿐이다.

말과 글이 오염된 시대를 살고 있다. 말과 글이 이렇게 오염된 가장 근본적인 원인은 인문학 공부의 부족 때문이다. 좁혀 말하자면 좋은 말을 듣지 않고, 좋은 글을 읽지 않는다는 것이다. 독서의 부족이 결정적이다. 주로 영상을 통한 저질 정보와 세상을 어지럽히는 천박한 말과 글에 중독되어 있다. 사람들은 힘든 삶에 짜증을 내며 갈수록 자극적인 말과 글에 마음이 홀린다. 이럴 때일수록 차분한 말과 글, 그리고 좀 더 깊은 생각이 필요하다. 스스로를 저질과 천박이라는 불결한 늪에 빠뜨릴 까닭이 무엇일까? 한 번 사는 인생, 좀 더 뜻있고 보람차게 사는 길을 택하는 쪽이 낫지 않을까? 사마천은 죽음보다 치욕스러운 궁형을 자청하고 살아남아 《사기》라는 절대 역사서를 인류에게 선사했다. 궁형을 선택할 당시의 심경을 그는 이렇게 나타내고 있다. 이 구절로 머리말을 마치고자 한다.

"사람은 누구나 한 번은 죽습니다. 어떤 죽음은 태산보다 무겁고, 어떤 죽음은 새털보다 가볍습니다. 죽음을 사용하는 방향이 다르기 때문입니다."

"인고유일사(人固有一死), 혹중우태산(或重于泰山), 혹경우홍모(或輕于鴻毛), 용지소추이야(用之所趨異也)."

2020년 3월 마지막 날 처음 쓰고, 2022년 9월 20일 두 번째 읽고,
2024년 10월 14일 다시 읽고, 2025년 2월 1차 마무리하고, 6월 최종 마무리하다.

죽음을 사용하는 방향이 다르기 때문이다

죽음보다 처절한 천고의 명문 사마천의
〈보임안서(報任安書)〉

배경

기원전 99년(사마천 나이 46세) 5월, 한(漢) 무제(武帝)는 한 해 전인 기원전 100년 대완(大宛) 정벌에서 승리한 여세를 몰아 이사장군(貳師將軍) 이광리(李廣利)에게 3만의 기병을 주어 흉노(匈奴)를 공격하게 했다. 결과는 3만 기병 대부분을 잃는 처참한 패배였다. 패배를 인정하기 싫었던 무제는 군사를 재결집하여 다시 흉노를 공격하게 했다. 이때 한나라 초기의 명장 이광(李廣)의 손자인 이릉(李陵)은 보병 5천을 이끌고 흉노 진영 깊숙이 쳐들어갔다. 군 내부의 갈등 때문에 길잡이도 없이 무리하게 적진 깊이 들어갔다. 이릉의 5천 병사들은 3만이 넘는 흉노 기병에 맞서 사투에 사투를 벌여 흉노 수천을 죽였다. 놀란 흉노는 8만으로 군사를 늘려 이릉의 군대를 포위했다. ‘중과부적(衆寡不敵)’의 막다른 골목에 몰린 이릉은 결사대를 조직하여 포위를 뚫으려 했으나 결국 항복하고 포로 신세가 되었다.

이릉의 패배 소식이 조정에 전해졌다. 이릉이 승전보를 알려올 때마다 술잔을 들며 축하하던 조정의 분위기는 한순간 반전되었다. 흉노 관계에서 번번이 실패를 거듭하던 때라 충격은 예상 밖으로 컸다. 무제는 음식도 거부하는 등 불편한 심기를 노골적으로 드러냈다. 대신들은 안절부절 어쩔 줄 몰라했다. 답답한 나머지 무제는 사마천에게 의견을 물었다.

사마천은 황제의 실망과 번뇌를 조금이나마 가라앉히려고 충정으로 이릉을 변호했다. 이릉의 항복은 어쩔 수 없는 상황이었고, 훗날을 기약하기 위해 벼르고 있을 것이라고 했다. 또 제때 구원병이 오지 않은 점도 지적했다. 그러나 이 충정어린 변호가 도리어 역효과를 냈다. 그렇지 않아도 패배의 책임을 물을 희생양을 찾고 있던 차에 사마천이 패장을 두둔하고, 나아가 대장군 이광리의 작전에 문제가 있는 것처럼 지적하고 나섰으니, 그야말로 딱 맞는 먹잇감이 아닐 수 없었다.

　성이 난 무제는 돼먹지 않는 수작으로 이광리의 공을 훼손하려 한다며 사마천을 옥에 가두었다. 한순간의 화를 참지 못하고 취한 조치였기 때문에 화가 풀리면 사마천도 옥에서 풀려날 것처럼 보였다. 그런데 흉노 공격에서 별다른 전과를 올리지 못하고 돌아온 공손오(孔孫敖)란 자가 이릉이 흉노의 군대에게 군사훈련을 시키고 있다는 뜻밖의 보고를 올렸다. 무제는 진위 파악도 하지 않은 채 이릉의 일가족을 몰살시키고, 사마천에게는 역적을 두둔했다는 죄명으로 사형을 선고했다. 사마천은 억울하기 짝이 없었지만 미처 완성하지 못한 《사기》를 끝내기 위해 죽음보다 치욕스러운 궁형(宮刑)을 자청하여 사형을 면한다. 그때가 기원전 97년 그의 나이 48세였고, 역사에서는 이 사건을 '이릉의 화(禍)'라 부른다.

　기원전 91년(사마천 54세), 사마천과 입사 동기인 익주자사(益州刺史) 임안(任安)이 태자 유거(劉據)의 무고(巫蠱) 사건에 연루되어 사형을 선고 받고 옥에 갇혀 처형을 기다리는 사건이 발생했다. 임안은 자가 소경이고, 형양(滎陽)의 가난한 선비였다. 대장군 위청(衛青)의 문객으로 지내다 무제 때 파격적으로 기용되어 북군사자호군(北郡使者護軍)을 거쳐 익주자사라는 요직에까지 오른 사람이었다.(제104 〈전숙열전〉에 딸린 저소손이 보완해 넣은 〈임안전〉)

　임안은 익주자사 시절 사마천에게 편지를 보내 유능한 인재를 추천하라는 등 몇 가지를 충고한 바 있다. 당시 사마천은 궁형을 당한 뒤 감옥에서 나와 황제 신변의 허드렛일을 담당하는 중서령(中書令)으로 있었다. 보기에는 귀하고 높은 자리 같지만 실은 거세당한 환관이 담당하는 수치스러

옥중에서도 《사기》 집필에 혼신의 힘을 쏟고 있는 사마천의 모습을 그린 그림.(程全庭, 《司馬遷著史記畫集》, 廣西美術出版社, 2012)

운 자리였다. 이런저런 사정으로 차일피일 답장을 미루던 사마천은 임안의 투옥 소식을 듣고는 한때 사형선고까지 받고 궁형을 자청하여 목숨을 부지한 자신의 처지를 회상하며 착잡한 심경으로 답장을 썼다. 그 답장이 바로 약 2,800자에 이르는 '임안에게 드리는 답장' 〈보임안서〉이다. (편의상 문장을 몇 단락으로 나누고 숫자를 달았다.)

인물

중국 역사상 최초의 본격적인 역사서 《사기》를 남긴 사마천의 삶은 그 어떤 드라마보다 극적이었다. 그의 파란만장한 생애에 대해서는 필자가 여러 책과 강연 등을 통해 소개했기 때문에 여기서는 그가 48세의 나이로 궁형을 자청할 수밖에 없었던 그 당시 상황을 중심으로 시나리오처럼 꾸며 보았다. 독자들의 양해를 구한다.

지금으로부터 2122년 전인 기원전 97년, 지천명(知天命)을 눈앞에 둔 한 사내가 독방에서 마지막 호흡을 가다듬고 있었다. 그는 방금 전 죽음보다 치욕스러운 결정을 내린 뒤였다. 2년 전 황제와 대장군을 비방했다는 죄명으로 옥에 갇혔고, 이듬해 그가 변호했던 젊은 장수가 적군을 대상으로 군사훈련을 시키고 있다는 거짓 보고에 황제와 온 조정이 미친 듯 젊은 장수의 일가족을 몰살시키고, 이 사내에게는 사형을 선고한 바 있다. 그로부터 한 해 뒤인 지금 이 사내는 구차하게 목숨을 부지하기 위해 모든 사람이 손가락질하는 수치스러운 형벌을 자청하기로 결정한 것이다.

기원전 97년은 48년 그의 인생에서 가장 극적이고 치욕스럽고 불행한 순간이었다. 하지만 마음은 평온했다. 선택과 결정을 두고 2년 가까이 자신의 영육을 괴롭혔던 시간들이 마침내 물러갔다. 마흔여덟의 나이로 사내는 사형보다 더 무겁고, 죽음보다 더 수치스러운 궁형을 자청했다. 그 선택(결단)은 육체적으로 사형선고를 받은 사형수가 또다시 스스로에게 정신적 사형을 선고하는 것과 같았다. 사형을 면할 수 있는 돈이 없었던 사내는 또 다른 면제 수단인 궁형이 있다는 사실에 차라리 안도했다. 이듬해 지천명을 한 해 앞둔 마흔아홉의 나이에 그는 감옥에서 풀려났다.

궁형 이후 감옥에서 풀려날 무렵, 그 사내의 심장을 후벼 파는 사실이 밝혀졌다.

명나라 때 출간된 백과전서 《삼재도회(三才圖會)》에 실려 있는 수염 없는 사마천의 초상화이다.

자신에게 사형을 선고했던 반역죄의 빌미가 된 흉노 군대를 대상으로 군사 훈련을 시킨 장본인이 이릉이 아닌 이서(李緖)라는 자라는 것이었다. 그의 사형은 잘못된 판결이었고, 그의 궁형 자청도 억울한 일이었다. 귀신조차 통곡할 일이었다. 그의 육신과 정신은 또 한 번 방황할 수밖에 없었다. 하루하루가 지옥 같았다. 그의 억울한 처지에 미안함을 느꼈던지 무제는 환관에게만 해당하는 중서령(中書令)이란 벼슬을 내렸다. 그에게는 이 또한 치욕이었다.

그는 또 한 번 결단을 내려야만 했다. 벼슬을 받을 것이냐 뿌리칠 것이냐? 그는 무제의 제안을 받아들였다. 왜? 이제 자신에게 남은 일이라곤 당초 궁형을 자청하면서 마음먹었던 역사서의 완성 밖에는 없었기 때문이다. 그러려면 치욕을 견뎌야 한다. 가족의 생활을 돌보아야 하고, 무엇보다 역사서를 쓰기 위한 모든 자료가 황가 도서관에 있었다. 궁에 들어와야만 이 자료를 열람할 수 있었다. 사내는 자신의 모든 감정을 억누른 채 밤을 새워 쓰다 만 역사서 집필에 혼신의 힘을 다했다.

인류 역사상 가장 위대한 역사서 《사기》는 이렇게 지옥보다 더 지옥 같은 절대 고독을 먹고 탄생했다. 이런 처절한 고독을 더한 고독과 인내로 이겨낸 이 사내가 기원전 145년 오늘날 섬서성(陝西省) 한성시(韓城市) 지천진(芝川鎭) 서촌(徐村) 마을에서 태어나고 그곳에 잠들어 있는 사성(史聖) 사마천(司馬遷)이다.

사마천은 어릴 때부터 아버지 사마담(司馬談)으로부터 철저한 훈련을 받으며 역사가로서의 자질을 갖추어 나갔다. 열아홉 살 때는 역사의 현장을 직접 발로 밟아가며 기록으로 남은 사실(事實, fact)의 정확성과 진실성, 그리고 그것에 함축된 드라마보다 더 드라마 같은 요소들을 체험하는 기적과 같은 행보를 실천에 옮겼다. 이후 예비 관료로 입궁하여 황제를 모셨고, 이와 함께 당대 최고의 학자, 뛰어난 인재들과 교류했다. 35세에 아버지가 세상을 떠났고, 3년상을 치른 뒤 37세부터는 아버지의 뒤를 이어 정부의 문서와 기록들을 책임지는 태사령(太史令)으로서 관직에 나가 당시 황제였던 무제(武帝)를 열정적으로 보필했다. 40대에 접어들면서 그는 자신에게 주어진 시대적 책무인 역사서 저술을 시작했으나 마흔일곱에 젊은 장수 이릉(李陵)을 변호하다 그 참화를 당했던 것이다.

햇수로 3년, 지독한 고문과 차마 견디기 힘든 정신적 압박이 뒤따랐던 옥살이는 그로 하여금 아버지와 함께 구상했던 3천 년 통사의 내용을 완전히 바꾸게 만들었다. 그는 생각하고 또 생각했다. 인간과 세상, 권력과 권력자, 그 권력과 권력자에게 박해받고 희생당한 많은 지사들, 역사를 움직이는 진정한 원동력, 무엇이 인간을 인간답게 만드는 것인가 등등… 인간으로서 가져야 할, 그리고 받아야 할 존엄성을 둘러싼 근원적 질문들을 통해 자신의 두 어깨 위에 얹힌 역사서의 내용을 송두리째 바꾸어야 할 필요성을 절감했기 때문이다. 절대 역사서 《사기》는 이렇게 절박한 상황과 더할 수 없는 울분과 수치, 그리고 원한을 인간에 대한 무한한 사랑으로 승화시킨 결정체가 되어 우리에게 남겨졌다.

궁형이란 형벌은 그에게 더할 수 없는 불행이었지만 인류에게는 비할 데 없는 값진 선물을 선사하게 만든 '역설적 악역'이었다. 수염 없는 그의 초상화가 그 '역설적 악역'의 의미를 한시도 놓치지 않고 일깨운다.

2025년 사마천대제의 모습이다. 동상 뒤 언덕 쪽이 사당과 무덤이다.(ⓒ김바다)

장면

미천한 태사공(太史公) 사마천(司馬遷), 삼가 답장 올립니다

소경(少卿) 귀하

　1. 지난번 보내주신 편지에서 저에게 사람들과의 관계를 원만히 하고 유능한 인재들을 밀어주는 것을 책무로 여기라는 가르침을 주셨습니다. 그 말씀의 뜻과 기운이 너무 간절했습니다. 아마도 제가 소경의 말씀에 귀를 기울이지 않고 속된 사람들의 말에 따른다고 생각하시어 나무라신 것이 아닌가 합니다만, 저는 결코 그렇지 않습니다. 제가 어리석긴 하지만 장자의 유풍이 어떤 것인지는 얻어들은 바 있습니다. 저는 비천한 처지에 빠진 불구자입니다. 무슨 행동을 하던 남의 비난을 받으며, 잘하려고 해도 반대로 더 나빠질 뿐입니다. 그래서 저는 홀로 우울하고 절망적이 되었고, 함께 이야기를 나눌 사람도 없습니다.

　"무엇을 할 수 있으며, 무슨 말을 할 수 있겠는가?"라는 말이 있습니다. 종자기(鍾子期)가 죽자 백아(伯牙)는 죽을 때까지 다시는 거문고를 연주하지 않았습니다. 왜 그랬겠습니까? 선비는 자신을 알아주는 사람을 위하여 행동하고, 여자는 자기를 기쁘게 해주는 사람을 위하여 단장합니다.

　하지만 저는 몸이 벌써 망가졌으니 아무리 수후(隨侯)나 화씨(和氏)의 주옥(珠玉)과 같은 재능이 있다한들, 또 허유(許由)나 백이(伯夷)와 같이 깨끗하게 행동한다 한들 영예는커녕 도리어 남의 비웃음거리가 되어 치욕을 당하는 것이 고작일 것입니다.

　소경의 편지에 진즉 답을 드려야 했지만, 마침 황제를 모시고 동쪽 지방을 다녀온데다 제 개인적인 일에 쫓겼습니다. 만나 뵌 지가 오래 되지는 않았지만 너무나 바빠서 저의 속마음을 털어 놓을 기회가 없었습니다. 지금 소경께서는 불미스러운 죄를 지은 지 한 달이 지났고, 이제 형을 집행할 12월이 다가왔습니다. 하지만 저는 천자를 따라 또 옹(雍) 지방으로 가지 않으면 안 됩니다. 혹시라도 갑자기 당신께서 차마 말 못할 일을 당하시고, 저는 저대로 저의 불만을 끝내 가까운 사람에게 말할 수

없게 된다면 당신의 혼백은 영원히 가고 저의 한은 끝이 없을 것입니다. 저의 고루한 생각을 대략이나마 말씀 드리고자 하오니, 오랫동안 답장 올리지 못했다고 나무라지는 마십시오.

2. 자신의 몸을 수양하는 것은 지혜의 표시이며, 남에게 베풀기를 좋아하는 것은 어짊의 실마리이며, 주고받는 것은 의리가 드러나는 바이며, 치욕을 당하면 용기로 결단하게 되며, 뜻을 세우는 것은 행동의 목적이라고 들었습니다. 선비는 이 다섯을 갖춘 다음에야 세상에 몸을 맡겨 군자의 대열에 설 수 있을 것입니다. 그러므로 남을 위해 좋은 일을 하려다 도리어 벌을 받는 일보다 더 참혹한 화는 없으며, 마음을 상하는 것보다 더 고통스러운 슬픔은 없으며, 조상을 욕되게 하는 것보다 더 추한 행동도 없으며, 궁형(宮刑)을 받는 것보다 더 큰 치욕은 없습니다.

궁형을 받고 살아남은 사람을 비교하고 헤아린 바는 없으나, 한 세대에만 있었던 게 아니라 오래전부터 있어 왔습니다. 옛날 위(衛)나라 영공(靈公)이 환관인 옹거(雍渠)와 수레를 함께 탔기 때문에 공자(孔子)는 그곳을 떠나 진(陳)나라로 갔습니다. 상앙(商鞅)이 환관 경감(景監)의 주선으로 군주를 만나자 조량(趙良)이 떳떳하지 못한 일로 여겼습니다. 환관 동자(同子)가 황제의 수레를 함께 타자 원사(袁絲)의 안색이 변하였습니다.

이처럼 옛날부터 사람들은 환관과 관계를 가지는 것을 수치스럽게 여겼습니다. 대개 중간 정도밖에 안 되는 사람도 환관과 관련된 일이라면 기분을 잡치지 않는 경우가 없는데 하물며 꼬장꼬장한 선비야 말해서 무엇하겠습니까? 지금 조정에 아무리 사람이 없다고 한들 저같이 궁형을 받고 살아남은 사람더러 천하의 뛰어난 인재를 추천하라고 하겠습니까.

저는 선친께서 물려주신 가업으로 인해 황제의 수레바퀴 아래에서 벼슬하면서 죄받기를 기다린 지 20여 년이 되었습니다. 그런데 스스로 이런 생각을 해봅니다. 우선 충성을 바치고 믿음을 다하며, 훌륭한 계책을 세우고 뛰어난 재능이 있다는 칭송을 들으면서 현명한 군주를 모시지 못했습니다. 다음으로 정치의 모자란 것을 메우며 어질고 재능 있는 자를 추천하거나 초야의 숨은 선비를 조정에 드러나게 하지도 못했습니다. 밖으로는 전쟁에 참여하여 성을 공격하고 들에서 싸워 적장의 목을 베거나 적군의 깃발을 빼앗은 공도 없습니다. 끝으로 오랫동안 공로를 쌓아서 높은 지위나 후한 녹봉을 받아 친지들에게 광영과 은총을 가져다준 적도 없습니다. 이상 넷 중 어느 하나 이루지 못했으며, 구차하게 눈치나 보면서 별다른 성과도 내지 못한 것이 이와 같습니다.

이전에 저는 외람되게 하대부(下大夫)의 말단 대열에 끼여 조정의 논의에 참가한 적이 있습니다. 그러나 당시 나라의 법전에 근거하여 시비를 논하지 못했고, 깊게 생각하고 살피지도 못했습니다. 그리고 지금 이지러진 몸으로 뒤치다꺼리나 하는 천한 노예가 되어 비천함 속에 빠져 있는 주제에 새삼 머리를 치켜들고 눈썹을 펴서 시비를 논하려 한다면, 이것이야말로 조정을 업신여기고 같은 시대의 선비들을 욕되게 하는 일이 아니고 무엇이겠습니까? 아아! 아아! 저 같은 인간이 새삼 무슨 말을 하겠습니까? 새삼 무슨 말을 하겠습니까?

3. 또 일의 시작과 끝은 쉽게 밝혀지는 것이 아닙니다. 저는 젊어서 어떤 것에도 얽매이지 않는 정신세계에 자부심을 가졌었지만, 자라면서 고향 마을에서 어떤 칭찬도 들은 바 없었습니다. 요행히 주상께서 선친을 봐서 저의 보잘것없는 재주로나마 궁궐 안을 드나들 수 있게 해주셨습니다. 대야를 머리에 인 채 하늘을 볼 수 없기에 빈객과의 사귐을 끊고, 집안일도 돌보지 않고, 밤낮없이 미미한 재능이나마 오로지 한 마음으로 직무에 최선을 다해 주상의 눈에 들고자 했습니다. 그러나 일은 저의 뜻과는 달리 크게 잘못되고 말았습니다!

저는 이릉(李陵)과 함께 궁궐에 들어와 벼슬살이를 시작했지만, 평소 서로 잘 알고 지내는 사이는 아니었습니다. 취향이 서로 달라 함께 술을 마신 적도 없고, 은근한 교제의 즐거움을 나눈 적도 없습니다. 그러나 제가 그 사람됨을 살펴보니 스스로를 지킬 줄 아는 지조 있는 선비였습니다. 부모를 모시는 것은 효성스러웠고, 신의로 선비들과 사귀며, 재물에 대해서는 깨끗하고, 주고받음에 공정함을 지키며, 위아래 사람을 대할 때는 양보할 줄 알고, 공손하고 검소하게 남에게 몸을 낮추었습니다. 또 자신을 돌보지 않고 분발하여 나라의 위급함에 몸을 바칠 생각을 늘 하고 있었습니다. 그가 평소 쌓아둔 바를 보면 나라의 큰 선비로서의 기풍이 있다고 신은 생각했습니다.

무릇 신하된 자로서 만 번을 죽는다 해도 자신의 생명은 조금도 돌보지 않고 나라의 위급함을 구하려는 행동이야말로 갸륵한 것입니다. 그런데 그의 행동 가운데 하나가 마땅치 않다고 해서 자기 몸 하나 보전하고 처자를 보호하는 데 급급한 신하들이 우르르 달려들어 사소한 잘못을 크게 부풀리니, 참으로 분통이 터지지 않을 수 없었습니다.

이릉은 5천이 채 되지 않는 보병을 이끌고 오랑캐 땅 깊숙이 들어가 왕정을 활보하면서 마치 호랑이 입에 미끼를 들이대듯 강한 오랑캐에게 마구 도전하여 수만 군대와 맞서서 선우(單于)와 열흘 넘게 계속 싸운 결과 아군 수의 반 이상이나 되는 적을 죽였습니다. 오랑캐들은 사상자를 구조할 엄두도 못 냈고, 흉노의 군장들은 모두 두려움에 떨었습니다. 그리하여 좌·우 현왕(賢王)을 불러들이고 활을 쏠 줄 아는 사람은 모조리 징발하여 온 나라 전체가 이릉을 공격하며 포위했습니다. 그렇게 싸우며 천 리를 전전했으나 화살은 다 떨어지고 길은 막힌 데다 구원병도 오지 않으니 죽고 다치는 병사들이 쌓여갔습니다. 그러나 이릉이 큰 소리로 군사들을 격려하면 모두들 눈물을 흘리며 몸을 일으켜 피로 얼굴을 씻고, 눈물을 삼키며 맨주먹으로 칼날에 맞서 북쪽을 향해 죽음으로 적과 싸웠습니다.

4. 이릉이 아직 적에게 항복하기 전에 사신의 보고를 접한 조정의 공경 왕후들은 모두 술잔을 들어 황제께 축하를 올렸습니다. 며칠 뒤 이릉이 패했다는 소식이 전해지자 주상께서는 식욕을 잃으셨고, 조정 회의에서도 불편한 기색이 역력했습니다. 대신들은 걱정과 두려움 때문에 어찌할 바를 몰랐습니다. 저는 제 자신의 비천함도 헤아리지 않고 주상의 슬픔과 번뇌를 보고는 정말 저의 어리석은 충성을 다하려고 가만히 이런 생각을 했습니다. 사실 이릉이 평소 사대부들에게 좋은 것은 양보하고

귀한 것은 나눠주어 기꺼이 목숨을 바칠 사람을 얻은 것을 보면 옛날 명장도 따르지 못할 정도입니다. 몸은 비록 패했지만 그 마음은 적당한 기회에 나라에 보답하고자 했을 것입니다. 일은 이미 어쩔 수 없게 되었지만, 그의 패배 못지않게 공로 역시 천하에 드러내기 충분합니다. 저는 이런 생각을 갖고 아뢰고자 했으나 아뢸 길이 없었는데, 마침 주상께서 하문하셔서 곧 이러한 뜻으로 이릉의 공적을 추천함으로써 주상의 생각을 넓혀드리고, 평소 이릉을 고깝게 보던 다른 신하들의 비방을 막아보고자 하였습니다.

그러나 제 생각을 다 밝힐 수 없었으며, 주상께서도 제 뜻을 이해 못하시고, 제가 이사 장군을 비방하고 이릉을 위해 유세한다고 생각하셔서 결국 법관에게 넘겨졌습니다. 간절한 저의 충정은 끝내 드러나지 못했고, 근거 없이 황제를 비방했다는 판결이 내려졌습니다. 집안이 가난하여 사형을 면할 수 있는 재물도 없었고, 사귀던 벗들도 구하려 하지 않았으며, 황제의 측근들은 한마디도 해주지 않았습니다. 몸이 목석이 아닌데 홀로 옥리와 마주한 채 깊은 감옥에 갇히는 영어(囹圄)의 몸이 되었으니 누구에게 제 사정을 하소연할 수 있었겠습니까? 이는 정말이지 소경께서도 직접 겪으셨듯이 저의 처지 또한 다를 바 없지 않겠습니까? 이릉은 살아서 항복함으로써 그 가문의 명성을 무너뜨렸고, 저는 거세되어 잠실(蠶室)에 내던져져 또 한 번 세상의 웃음거리가 되었습니다. 슬픕니다! 슬픕니다! 이런 일을 일일이 아무에게나 말하기란 쉽지 않습니다.

5. 저의 선친께서는 조정으로부터 '부부단서(剖符丹書)'와 같은 표창을 받는 등 특별한 공적을 남기지 못했습니다. 천문과 역법에 관한 일을 관장했지만, 점쟁이나 무당에 가까웠습니다. 주상께서는 악사나 배우처럼 희롱의 대상으로 여기셨고, 세상 사람들도 깔보기는 마찬가지였습니다. 그러니 제가 법에 굴복하여 죽임을 당한다 해도 아홉 마리 소에서 털 오라기 하나가 없어지는 것과 같고, 땅강아지나 개미 같은 미물과도 하등 다를 것이 없습니다. 게다가 세상은 절개를 위해 죽은 사람처럼 취급하기는커녕 죄가 너무 커서 어쩔 수 없이 죽었다고 여길 것입니다. 왜 그렇겠습

니까? 평소에 제가 해 놓은 것이 그렇게 만들기 때문입니다.

사람은 누구나 한 번 죽지만, 어떤 죽음은 태산보다 무겁고, 어떤 죽음은 새털보다 가볍습니다. 죽음을 사용하는 방향이 다르기 때문입니다. 사람으로서 최상은 조상을 욕되게 하지 않는 것이며, 그다음이 자신을 욕되게 하지 않는 것이며, 그다음이 자신의 도리와 체면을 욕되이 하지 않는 것이며, 그다음이 자신의 언행을 욕되이 하지 않는 것입니다. 그다음은 몸이 속박되어 치욕을 당하는 것이요, 그다음은 죄수복을 입고 치욕을 당하는 것이며, 그다음은 손발이 묶이고 매를 맞는 치욕을 당하는 것이며, 그다음은 머리를 삭발당하고 쇠고랑을 차는 치욕을 당하는 것이며, 그다음은 발이 잘리고 신체를 훼손당하는 치욕이며, 가장 못한 것이 극형 중의 극형인 부형(腐刑)을 당하는 것입니다. "형벌은 위로는 대부에게 미치지 않는다"고 했으니, 이 말은 선비가 지조를 지키기 위해 힘쓰지 않을 수 없다는 뜻입니다.

사나운 호랑이가 깊은 산중에 있을 때는 모든 짐승들이 두려워하지만, 함정에 빠지게 되면 그 호랑이도 꼬리를 흔들며 음식을 구걸할 수밖에 없습니다. 이는 갈수록 위세에 눌리기 때문입니다. 그러므로 땅에다 선을 긋고 감옥이라면서 들어가라고 하면 기세상 들어갈 수 없습니다. 나무 인형을 깎아 형리라고 하면서 심문을 해봤자 대답할 수 없습니다. 그래서 형벌을 받기 전에 결단해야 합니다. 손발이 묶이고 맨살을 드러낸 채 매질을 당하면서 감옥 속에 갇혀 있으면 옥리만 보아도 머리를 땅에 처박게 되며, 심지어 감옥을 지키는 노예만 보아도 겁이 나서 숨이 막힐 지경이 됩니다. 왜 그렇겠습니까? 기세가 위세에 눌리기 때문입니다. 이러고도 뻔뻔하게 치욕이 아니라고 하면 사람들이 어찌 그것을 인정하겠습니까!

서백(西伯)은 백작으로 유리성(羑里城)에 갇혔습니다. 이사(李斯)는 재상의 몸으로 다섯 가지 형벌을 다 당했습니다. 한신(韓信)은 왕의 신분이었지만, 진(陳)이란 곳에서 붙잡혔습니다. 팽월(彭越)과 장오(張敖)도 한때 왕 노릇을 하였으나 감옥에 갇혀 죄를 받았습니다. 강후(絳侯)는 여씨들을 타도하여 권력이 오패를 능가하였으나 청실(靑室)에 갇혔습니다. 위기후(魏其侯)는 대장의 몸으로 붉은 죄수복을 입고 목과 손발에는 쇠고랑이 채워졌습니다. 계포(季布)는 주가(朱家)의 집에서 목에 칼을 쓴 노예가 되었습니다. 관부(灌夫)는 거실(居室)에서 치욕을 당했습니다. 이 사람들은 모두 왕후 장상의 몸으로 이웃 나라에까지 명성이 알려졌지만, 죄를 짓고 판결이 내려졌을 때 자결이라는 결단을 내리지 못했습니다. 감옥에 갇혀 더러운 꼴을 당하는 것은 예나 지금이나 마찬가지인데, 그러한 상황에서 어찌 치욕을 당하지 않을 수 있겠습니까?

이렇게 본다면 용기와 비겁은 기세이고, 강인함과 나약함은 형세에 따른 것으로 잘 살피는 것이 하나 이상할 것 없습니다. 법에 의해 처벌되기 전에 일찌감치 스스로 결단하지 못하고 꾸물대다가 매질을 당하기에 이르러서야 절개를 지키려고 스스로 목숨을 끊어봤자 이미 늦은 일 아니겠습니까? 옛 사람들이 대부에게 형벌을 함부로 내리지 못한 까닭도 이 때문입니다.

삶에 애착을 가지고 죽기를 싫어하며, 부모를 생각하고 처자를 돌보려는 것은 인지상정입니다. 그러나 의리에 자극을 받으면 그렇게 되지 않는 것은 부득이하기 때문입니다. 저는 불행히 일찍 부모님을 여의었고 가까운 형제도 없이 홀로 외로이 살아왔습니다. 소경께서는 제가 처자식을 어떻게 대하는지 보셨습니까? 진정한 용사라 해서 명분뿐인 절개 때문에 꼭 죽는 것은 아니며, 비겁한 사람이라도 의리를 위해 목숨을 가볍게 버리는 경우가 왜 없겠습니까? 제가 비록 비겁하고 나약하여 구차하게 목숨을 부지했지만, 거취에 대한 분별력은 있습니다. 어떻게 몸이 속박되는 치욕 속에 스스로를 밀어 넣겠습니까?

천한 노복이나 하녀도 얼마든지 자결할 수 있습니다. 하물며 저 같은 사람이 왜 자결하지 못했겠습니까? 고통을 견디고 구차하게 목숨을 부지한 채 더러운 치욕을 마다하지 않는 까닭은 제 마음 속에 다 드러내지 못한 그 무엇이 남아 있는 데도 하잘것없이 세상에서 사라져 후세에 제 문장이 못 드러나면 어쩌나 한이 되었기 때문입니다.

예로부터 부귀했지만 이름이 사라진 경우는 헤아릴 수 없이 많았고, 오로지 남다르고 비상한 사람만이 일컬어졌습니다. 문왕(文王)은 갇힌 상태에서 《주역(周易)》을 풀이했고, 공자는 곤경에 빠져 《춘추(春秋)》를 지었습니다. 굴원(屈原)은 쫓겨나서 《이소(離騷)》를 썼고, 좌구명(左丘明)은 눈을 잃은 뒤에 《국어(國語)》를 지었습니다.

손빈(孫臏)은 발이 잘리는 빈각(臏脚)이란 형벌을 당하고도 《병법(兵法)》을 남겼으며, 여불위(呂不韋)는 촉(蜀)으로 쫓겨났지만 세상에 《여람(呂覽)》을 남겼습니다. 한비자(韓非子)는 진(秦)나라에 갇혀서 〈세난(說難)〉과 〈고분(孤憤)〉편을 저술했습니다. 《시경(詩經)》 300편의 시들도 대개 성현이 발분하여 지은 것입니다. 이 사람들은 모두 마음속에 그 무엇이 맺혀 있었지만, 그것을 밝힐 길이 없었기 때문에 지난 일을 서술하여 후세 사람들이 자신의 뜻을 볼 수 있게 한 것입니다. 좌구명(左丘明)과 같이 눈이 없고 손자와 같이 발이 잘린 사람은 아무런 쓸모가 없지만, 물러나 책을 저술하여 자신의 분한 생각을 펼침으로써 문장으로 자신을 드러내려 한 것입니다.

저도 불손하지만 가만히 무능한 문장에 스스로를 의지하여 천하에 이리저리 흩어진 지난 이야기들을 모아 그 사건들을 대략 고찰하고, 그 처음과 끝을 정리하여 성공과 실패, 흥기와 멸망의 요점을 살핀 바, 위로는 황제(黃帝) 헌원(軒轅)부터 따져 지금에 이르기까지 10편의 표, 12편의 본기, 8편의 서, 30편의 세가, 70편의 열전 총 130편을 저술하였습니다. 아울러 천지자연과 인류 사회의 관계를 탐구하고, 과거와 현재의 변화를 꿰뚫어 일가의 문장을 이루고자 했습니다. 그러나 초고를 마치기도 전에 이런 화를 당했습니다만, 완성하지 못한 것을 안타깝게 생각했기 때문에 극형을 받고도 부끄러운 기색을 드러내지 않았던 것입니다. 이제 이 일을 마무리하고 명산에다 깊이 보관하여 제 뜻을 알아줄 사람에게 전해져 이 마을 저 마을로 퍼져 나감으로써 지난날 치욕에 대한 보상이라도 받을 수 있다면 얼마든지 벌을 받는다 해도 후회는 없습니다. 그러나 이런 말은 지혜로운 사람에게나 할 수 있지, 아무에게나 털어놓기는 어렵습니다.

6. 지세가 낮은 곳에 살기란 쉽지 않고, 하류들은 비방이 많습니다. 제가 말을 잘못하여 이런 화를 당해 고향에서 비웃음거리가 되었고, 돌아가신 아버지를 욕되이 하였으니 무슨 면목으로 부모님 무덤에 오르겠습니까? 백대가 흐른다 해도 씻기지 않을 치욕입니다. 그러니 하루에도 아홉 번이나 장이 뒤틀리고, 집에 있으면 망연자실 넋을 놓고 무엇을 잃은 듯하며, 집을 나가도 어디로 가야 할지 모릅니다. 이 치욕

을 생각할 때마다 식은땀이 등줄기를 흘러 옷을 적
시지 않은 적이 없습니다. 중서령에 불과한 몸이지
만 어떻게 자신을 깊은 동굴 속에 숨길 수 있겠습니
까? 그러니 세속을 좇아 부침하고, 때에 따라 처신
하면서 그럭저럭 어리석게 살아가고 있을 뿐입니다.

그러던 상황인데 소경께서 저더러 훌륭한 인물을
밀어주라고 충고하시니 어찌 제 뜻과 어긋나지 않겠
습니까? 이제 와서 새삼 제 자신을 꾸미고, 미사여
구로 변명해봤자 세상에 무익하고 믿지도 않을 뿐더
러 부끄러움만 더할 따름입니다. 제가 죽고 나야 시
비가 가려지겠지요. 이 글로 제 생각을 다 전할 수는 없지만, 그래도 대충 저의 못난
생각을 말씀드렸습니다. 삼가 인사 올리는 바입니다.

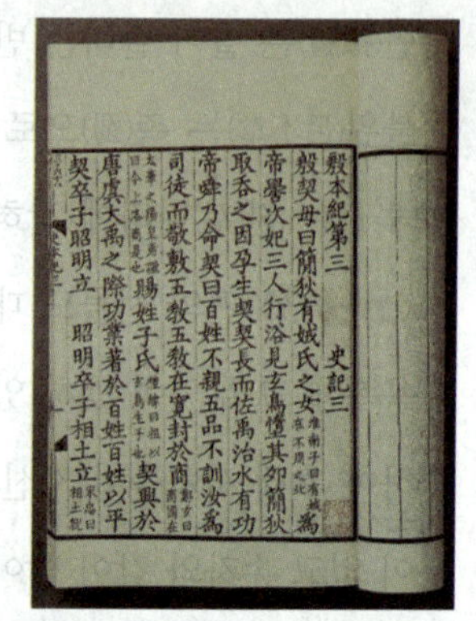

총 130권 52만 6,500자의 3천 년
통사 《사기》는 중국의 역사와 문화
를 이해하기 위한 필독서이다. 사진
은 권3 〈은본기〉의 첫 부분이다.

생각 얹기

약 2,800천 자에 이르는 이 편지는 그 자체로 절대 문장이다. 중국 10대 명문에 빠
지지 않고 드는 것은 부차적인 문제다. 이 편지는 《사기》에 실린 글이 아니다. 《한
서》 권62 〈사마천전〉에 실린 임안에게 보낸 편지다. 이 글은 《사기》의 마지막 편인
제130 〈태사공자서〉와 함께 사마천의 삶과 정신세계, 특히 치욕을 딛고 《사기》를
저술하는 데 결정적인 역할을 하게 되는 사마천의 감동적인 '생사관(生死觀)'을 이해
하는데 없어서는 안 될 절대적으로 중요한 자료다. 이 글은 죽음보다 치욕스러운 궁
형을 자청할 수밖에 없었던 깊고 슬픈 사연을 축으로 《사기》의 완성에 대한 사마천
의 초인적 집념, 삶과 죽음에 대한 깊은 통찰이 아로새겨진 명문 중의 명문이다. 대
체로 여섯 단락으로 나누어져 있으며, 그 전체적인 요지를 정리하면 아래와 같다.

1. 사마천은 이 편지에서 우선 자신이 궁형을 받게 된 억울한 감정을 비장하게 토로

한다.

2. 이와 관련하여 충직한 장수들에 대한 황제와 그 충복들의 각박한 대우와 혹리들의 잔인함을 공격하고, 인정과 세태의 비정함, 특히 지배층의 삐뚤어진 기풍에 대해 울분과 절망을 깊게 표출한다. 나아가 진위도 파악되지 않은 소문만 믿고 이릉의 가족을 몰살한 무제의 잔혹한 면모를 고발하고 있다.

3. 옥에 갇혀 있을 때의 상황과 그때 당한 육체적 정신적 고통을 통해 인간 세상의 가장 살벌하고 음침한 면을 묘사하여 강압(독재) 통치의 면모를 폭로한다.

4. 시류에 따라 줏대 없이 흔들리고, 권력자의 심기에 좌우되는 못난 지배층에 대한 비분과 절망을 유감없이 드러내고 있다. 또 그 자신이 극형을 선고 받았을 때, 정치·경제적 도움은커녕 말 한마디해주는 사람이 없었다는 사실에 큰 충격을 받아 인심과 세태의 본질을 고민하고 고민한 결과 인간과 세상을 한 차원 높게 인식하기에 이르렀다.

5. 깊고 고통스러운 사색의 과정을 통해 새롭게 인식한 삶과 죽음에 관한 통찰은 궁극적으로 사마천의 생사관을 결정했으며, 나아가 개인의 치욕과 울분을 뛰어넘고 《사기》를 완성하게 된 원동력으로 작용하고 있음을 알 수 있다.

6. 문장 면에서는 구조와 순서가 앞뒤로 긴밀하게 호응하도록 잘 짜여 있으며, 논리성을 강화하고 기세를 두드러지게 하기 위해 일부러 사실과 어긋나는 과장도 아낌없이 사용하여 서정성을 높였다.

7. '복수(復讐)'의 요소를 띠고 있는 그의 발분, 삶에 대한 애착, 목적을 향한 불굴의 의지 등이 자신의 일에 대한 절대적 자신감과 정의감으로 승화하여 읽는 이의 심금을 울린다.

이 문장은 사마천의 개인적 감정, 특히 울분을 가장 많이 담고 있다. 사마천은 영원히 풀릴 수 없고, 결코 보상받을 수 없는 자신이 당한 억울함을 하소연한다. 따라서 문장에 감정 표출이 많고 분노와 울분이 터져 나온다. 문장 전체를 흐르는 기조는 '억울함'이다. 온몸과 가슴, 그리고 영혼에까지 가득 찬 울분과 억울함을 격정적이지만 절제된, 처절하지만 우아한 문장으로 승화시키고 있다.

문장은 다양한 표현법을 자유자재로 구사한다. 때로는 고의로 과장법을 동원하여 사마천 자신의 심경과 전달하고자 하는 뜻을 강조하는데, 뼛속을 저미는 칼날 같이 서늘한 문장과 그 수사는 잠들어 있는 인간의 본질과 존엄성을 일깨워준다. 풍부한 감정, 알기 쉬운 표현, 변화무쌍한 문장 형식을 마음껏 종횡으로 구사하면서도 주제를 끝까지 놓치지 않는다. 《사기》의 문장과 비교하면 한결 격하고 침통하며, 거리낌 없고 힘차다. 그러면서도 기품을 잃지 않는다. 혹자는 '힘이 넘치는 울분에 찬 문장'이라고 하고, 또 누구는 '비바람을 일으키며 달리는 교룡(蛟龍)의 힘을 느끼게 하는 필력'이라고 평가한다.

또 명언이 많기로 유명한 문장이며, 지난 수천 년 중국을 대표하는 산문 대열에서 단 한 번도 빠지지 않은 '절대 문장'으로 평가 받는다. 편지의 내용은 고통과 비애로 가득 차 있지만, 읽는 이는 그를 통해 절망이나 소극적 감정에만 머무르지 않고 오히려 당당한 기세와 충만한 자신감, 그리고 그 무엇으로도 꺾을 수 없는 강렬한 의지를 느낄 수 있다. 자신에게 주어진 시대적 소명을 기꺼이 짊어지려는 역사가이자 참된 지식인 사마천의 자유의지가 곳곳에서 살아 숨 쉰다. 그러기에 한 글자 한 글자가 구구절절 가슴을 저민다. 참고로 이 편지에 구사된 주옥과 같은 표현과 명언명구들을 아래에 간략하게 소개해둔다. (자세한 내용은 사전의 해당 항목을 참고)

- '**종신불부고금(終身不復鼓琴)**' '죽을 때까지 다시는 거문고를 연주하지 않다.' 춘추시대 초나라의 귀족 백아와 나무꾼 종자기는 신분을 초월하여 우정을 나누었다. 백아가 연주하는 거문고 연주의 경지를 나무꾼 종자기가 알아주었기 때문이다. 여기서 '지음(知音)'이라는 우정의 최고 경지를 뜻하는 성어가 나왔다. 또 종자기가 먼저 죽자 백아는 거문고를 줄을 끊어 다시는 연주하지 않았다고 하여 '백아절현(伯牙絶絃)'이란 고사성어도 파생되어 나왔다.

- '**사위지기자용(士爲知己者用), 여위열기자용(女爲說己者容)**' '선비는 자신을 알아주는 사람을 위하여 행동하고, 여자는 자기를 기쁘게 해주는 사람을 위하여 단장한다.' 이

명언은 권86 〈자객열전〉에 자객 예양의 입을 통해 똑 같이 반복되고, 역시 〈자객열전〉에서 자객 섭정의 누이 섭영도 비슷한 말을 했다. 다만, '用'이 죽을 '死'로 바뀌어 나오기도 한다. 아마 전국시대 지조 있는 선비들 사이의 유행어였던 것 같다.

- **궁형(宮刑)** 남성의 성기를 제거하는 중국 10대 혹형 중 가장 잔인한 형벌이다. 부형(腐刑)이라고도 한다. 육체적 고통은 물론 극심한 정신적 고통을 동반하기 때문에 죽음보다 치욕스러운 형벌로 여겼다. 이릉을 변호하다 무제의 심기를 건드려 뜻하지 않게 사형을 선고 받은 사마천은 미처 다 마치지 못한 《사기》를 완성하기 위해 이 궁형을 자청하여 사형을 면제받았다.

- **'구합취용(苟合取容)'** '구차하게 상대의 뜻에 맞추거나 표정을 살핀다'는 뜻의 성어다.

- **'앙수신미(仰首伸眉)'** '머리를 바짝 치켜들고 눈썹을 찌푸린다'는 뜻으로 무슨 일에 대해 진지하게 달려드는 모습을 비유한 성어다.

- **'대분망천(戴盆望天)'** '대야를 머리에 인 채 하늘을 우러러 본다'는 뜻으로 전심전력을 다해 자신이 맡은 바 일에 최선을 다하는 모습을 과장해서 비유하는 성어이다. 그러나 대야를 인 채 하늘을 바라보았자 하늘이 보일 리 없기 때문에 왕왕 오만과 편견을 갖고 사물이나 사람을 대해서는 그 본질을 제대로 알 수 없다는 비판적 의미로도 쓰인다.

- **'수이호구(垂餌虎口)'** '먹이를 호랑이 입에 들이민다'는 뜻으로 열세에도 불구하고 용감하게 적진으로 뛰어드는 모습을 비유한 성어다.

- **선우(單于)** 흉노 최고 우두머리를 일컫는 호칭으로 전체 호칭은 '탱리고도선우(撑犁孤塗單于)'다. 흉노어에서 '탱리'는 하늘, '선우'는 '넓고 크다'는 뜻이다.

- **'말혈음읍(沫血飮泣), 갱장공권(更張空拳)'** '피로 얼굴을 씻고, 눈물을 삼키며 맨주먹을 불끈 쥔다'는 뜻으로 비장한 각오로 전의를 다지는 것을 비유한 성어다.

- **'절감분소(絶甘分少)'** '좋은 것은 양보하고 귀한 것은 나눠준다'는 뜻으로 자기보다는 주위와 부하들을 챙기는 모습이나 성품을 비유하는 성어다.

- **'저이사(沮貳師)'** 글자대로 풀이하면 '이사를 방해하거나 비방한다'는 뜻이다. '이사'는 사마천 당시의 황제 무제가 총애하던 이부인의 오라비인 이사장군 이광리(李廣

利)를 가리킨다. 당시 이광리는 흉노 토벌의 총사령관이었고, 이릉은 일부 부대를 이끌고 이광리와 합류하다가 흉노를 만나 전군이 궤멸당했다. 조정 대신들은 패배의 속죄양을 찾기 위해 일방적으로 이릉을 매도했다. 사마천은 이릉을 변호했는데, 이것이 총사령관 이광리를 비방한 것으로 몰려 결국 사형을 선고 받았다. 훗날 이 용어는 '권력자의 심기를 건드리는' '괘씸죄'를 범하는 뜻으로 확대되었다.(이광리에 관해서는 권123 〈대완열전〉 참고)

• **자속(自贖)** 한나라 때 죄인이 돈을 내면 감면해주는 제도가 있었는데, 이를 '자속'이라 한다. 사마천은 돈이 없어 또 다른 감면 제도인 궁형을 자청했다.

• **영어(囹圄)** '감옥에 갇힌다', 또는 '감옥'을 뜻하는 용어로 흔히 '영어의 몸이 되었다'는 식으로 많이 사용된다.

• **잠실(蠶室)** 잠실은 누에를 치는 온실을 말한다. 궁형을 당한 사람이 찬바람을 쐬면 목숨이 위태하기 때문에 따뜻한 온실로 보내 일정 기간 몸을 보호한다. 여기서 같은 온실인 잠실이란 용어로 궁형을 당한 처지를 비유하게 되었다. 잠실로 보내졌다거나, 잠실로 내쳤다고 하면 궁형을 당했다는 뜻이다.

• **'부부단서(剖符丹書)'** 공이 있는 사람이나 집안에 내려주는 조정의 증서로 표창을 의미하는 용어다. '부부'는 대나무·나무·금속 따위를 둘로 나누어 조정과 수상자가 각각 하나씩 나누어 가진다는 뜻이고, 이런 사실을 대개 붉은 글씨로 썼기 때문에 '단서'라 한다.

• **'구우일모(九牛一毛)'** '소 아홉 마리에서 털 하나'라는 뜻으로 아주 미미하거나 보잘것없는 존재나 일 따위를 비유하는 유명한 성어다.

• **'인고유일사(人固有一死), 혹중우태산(或重于泰山), 혹경우홍모(或輕于鴻毛), 용지소추이야(用之所趨異也)'** 사마천의 생사관을 대변하는 가장 감동적인 명언의 하나다. 사마천의 생사관을 잘 보여주는 대목으로 역대로 수많은 사람들에 의해 인용되었다. '사람은 누구나 한 번 죽지만 어떤 죽음은 태산보다 무겁고, 어떤 죽음은 새털보다 가볍다. 죽음을 사용하는 방향이 다르기 때문이다.'

• **'형부상대부(刑不上大夫)'** '형벌은 위로 대부에게 미치지 않는다'는 뜻으로 《예기(禮記)》

〈곡례(曲禮)〉〈상〉에 나온다. 형벌이 권력자에게는 좀처럼 적용되지 않는다는 뜻이다.

- **청실(請室)** 수도에 있던 고급 구치소를 일컫는 단어이다. 주발이 무고로 청실에 갇힌 바 있다.(권57 〈강후주발세가〉)

- **거실(居室)** 보궁(保宮)이라고도 부르는 귀족 범죄자를 구류하는 장소다.

- **'용겁세야(勇怯勢也), 강약형야(强弱形也)'** '용기와 비겁은 기세이고, 강인함과 나약함은 형세에 따른 것이다.' 《손자병법(孫子兵法)》〈병세(兵勢)〉편에 보이는 명구이다. 용기와 비겁, 강인함과 나약함이 기세와 형세에 따라 달리 표출되는 것을 말한다.

- **빈각(臏脚)** 빈은 무릎뼈를 말한다. 과거에 빈각은 무릎뼈를 발라내는 혹형이라 했으나, 최근 고증에 따르면 두 발을 자르는 월형(刖刑)과 같은 형벌로 본다.

- **'술왕사(述往事), 사래자(思來者)'** '지난 일을 서술하여 후세 사람들이 자신의 뜻을 볼 수 있게 한다.' 사마천은 죽음보다 치욕스러운 궁형을 감수하면서까지 《사기》를 완성했다. 살아서는 자신의 진심을 알릴 길이 없다고 판단하고, 지난 역사 사건에다 자신의 사상을 기탁하여 후세 사람들이 알아볼 수 있게 한 것이다.

- **'구천인지제(究天人之際), 통고금지변(通古今之變), 성일가지언(成一家之言)'** '천지자연과 인류 사회의 관계를 탐구하고, 과거와 현재의 변화를 꿰뚫어 일가의 문장을 이루고자 했습니다.' 사마천의 역사 서술 방법과 목적, 그리고 사관을 가장 잘 나타내는 명구다. 시간과 공간 속에서 벌어지는 인간의 총체적 활동과 그 변화를 통찰하는 것이야말로 역사가의 책무이며, 역사가는 이를 통해 자신의 역사관을 표출하는 것이다.

- **'장일일이구회(腸一日而九回)'** 궁형을 당한 뒤 사마천은 극심한 육체적 심리적 고통에 시달렸다. 이런 상태를 '하루에도 아홉 번이나 장이 뒤틀린다'고 표현했다.

궁형 이후 지독한 고통과 치욕에 빠져 고뇌하는 사마천.

충신은 나라를 떠나도
그 명성을 깨끗이 하지 않는다

명장 악의(樂毅)의 명쾌한 진퇴론

기원전 316년 오랜 역사를 가진 동북방의 연(燕)나라에 내분이 터졌다. 연나라는 기원전 11세기 건국된 주나라 종실과 같은 희(姬) 성의 제후국으로 무왕의 동생인 소공(召公) 석(奭)이 시조였다. 연나라는 오랜 역사를 가진 정통 제후국이었지만 국력이 늘 약했다. 다행히 중원에서 꽤 떨어진 지리적 관계 때문에 비교적 평화롭게 나라를 유지했다. 그러던 중 기원전 316년 무렵 연왕 쾌(噲)가 신하 자지(子之)에게 속아 나라를 그에게 넘기고, 자신이 신하를 자처하는 황당한 일이 터졌다.

이를 인정할 수 없었던 태자 평(平)이 장군 시피(市被)와 결탁하여 자지를 공격했다. 기원전 314년이었다. 태자 평과 시피의 반격은 실패했고, 두 사람 모두 피살되었다. 이 일로 전국이 내란에 빠져 몇 달 사이에 수만의 사상자를 냈다. 그 틈에 연나라와 오랜 앙숙 관계였던 제나라가 연나라를 공격하여 연왕 쾌를 죽이고, 자지를 잡아 소금에 절여 죽였다. 조(趙)나라도 개입하여 연나라의 공자 직(職)을 후원했다. 공자 직은 내분을 수습하고 왕위에 올랐다. 이가 소왕(昭王)이다.

젊은 군주 소왕은 약체 연나라를 중흥시키려고 마음먹었다. 기원전 311년, 소왕은 현자 곽외(郭隗)에게 자문을 구한 다음, 그를 황금대(黃金臺)에 모셔 우대하는 한편, 천하의 인재들을 구한다는 구현령(求賢令)을 발표했다. 여러 나라의 인재들이 연나라로 몰려왔다. 역사에서는 이를 '사쟁추연(士爭趨燕)'이라 한다. '인재들이 앞을 다투어 연나라로 달려왔다'는 뜻이다. 이런 인재들 중 조나라와 위나라를 거쳐 온 명장 악의(樂毅)가 있었다. 기원전 295년 소왕은 악의를 귀족 중 가장 높은 경에 버금가는 아경(亞卿)에 임명하여 우대했다.

소왕에게 악의란 존재는 꿈에도 갈망하던 인재였다. 숙적 제나라에 묵은 원한을 갚자면 악의 같은 명장이 꼭 필요했기 때문이다. 악의 역시 소왕의 이런 바람을 너무 잘 알고 있었다. 기원전 285년, 악의는 강대국 제나라를 공격하려면 연나라 혼자로는 벅차기 때문에 주변국들과 동맹을 맺어야 한다는 건의를 올렸다. 이듬해인 기원전 284년 진(秦)·조(趙)·한(韓)·초(楚)·위(魏) 다섯 개 나라와의 동맹이 성사되었다.

그해 연나라를 포함한 6국 연합군이 제나라를 공격했다. 이듬해인 기원전 283년에는 초나라 장수 요치(淖齒)가 제나라 민왕(湣王)을 살해하는 전과를 올렸다. 악의는 선봉장으로 진나라 성 70여 개를 단숨에 함락시켜 제나라를 멸망 일보 직전까지 몰았다. 제나라에 남은 곳이라곤 즉묵(卽墨)과 거(莒) 단 두 개의 성이었다. 그러자 제나라 백성들이 들고 일어났다. 여기에 전단(田單)이라는 뛰어난 지도자가 나와 필사적으로 즉묵을 방어했다.

전황은 소강상태로 접어들었다. 그러자 연나라의 신하들이 악의를 성토하고 나섰다. 악의가 일부러 제나라를 멸망시키지 않고 있다는 이유였다. 그렇게 해서 제나라 민심을 얻고 자신이 왕이 되려 한다는 모함이었다. 소왕은 모함을 주도한 자를 색출하여 목을 베고, 악의를 아예 제나라 왕으로 봉함으로써 악의에 대한 전폭적인 신뢰를 보였다. 그해가 기원전 279년이었다.

그런데 뜻밖의 상황이 발생했다. 악의의 든든한 버팀목이었던 소왕이 갑자기 세상을 떠나고, 그 아들 혜왕(惠王)이 즉위한 것이다. 혜왕은 바로 직전 악의를 헐뜯던 연나라 신하들 편에 서서 악의를 비방하다가 아버지 소왕에게 크게 혼이 난 전력이 있었다. 당초 악의에 대해 편견을 갖고 있던 태자인지라 악의를 모함하는 자들의 말에 넘어간 탓이었다. 그런 태자가 왕이 되었으니 악의에게는 큰 시련이 닥칠 태세였다.

아니나 다를까, 혜왕은 바로 악의의 군권을 빼앗고 기겁(騎劫)이란 장수로 대체했다. 이 정보를 입수한 연나라 장수 전단은 간첩을 활용하여 반간계(反間計)를 구사했다. 연나라 군대의 군심이 흩어졌고, 기겁은 앞뒤 재지 않고 무리하게 제나라를 공격하다가 대패했다. 기겁은 전사했다. 힘들게 빼앗았던 제나라의 성이 하나둘 다시 넘어갔다. 신변에 위협을 느낀 악의는 조나라로 망명했고, 연나라는 군대를 철수하지 않을 수 없었다. 이렇게 해서 연나라는 다 잡은 제나라를 허망하게 놓쳤다. 제나라는 연나라 군대를 북으로 내몰고, 모든 성들을 수복한 다음 양왕(襄王)을 맞이하여 도성 임치(臨淄)로 돌아왔다.

연나라 혜왕은 후회막심이었다. 그러나 그는 자신의 잘못을 인정하지 못했다. 조나라로 망명한 악의를 원망했다. 게다가 조나라가 이 틈에 악의를 기용하여 연나라를 공격하지나 않을까 겁이 났다. 혜왕은 한 통의 편지를 써서 악의에게 보냈다. 그 편지의 한 대목이다.

"선왕(소왕)께서는 나라를 들어 장군에게 맡기셨고, 장군은 연나라를 위하여 제나라를 격파함으로써 선왕의 원한을 갚고 천하를 모두 떨게 했소. 그러니 과인이 어찌 단 하루도 장군의 공을 잊을 수 있겠소이까? 선왕께서 세상을 떠나시고 과인이 새로 즉위하였으나 곁에 있는 자들이 과인을 잘못 이끌었소. 과인이 기겁으로 장군을 대체한 것은 장군이 밖에서 오랫동안 고생하기에 장군을 불러 쉬게 하면서 앞으로의 일을 상의하려 한 것인데, 장군이 이를 잘못 알아들음으로써 과인과 틈이 생겨 결국 연나라를 버리고 조나라에 귀순한 것이오. 장군은 자신을 위해서라면 무엇을 하든 괜찮겠지만, 선왕께서 장군에게 베풀어주신 호의는 어떻게 갚으려 하십니까?"

편지의 내용은 얼핏 보아서는 악의에게 사과하는 것 같지만 속내는 선왕, 즉 악의를 전폭 신뢰한 소왕의 은혜를 갚아야 하지 않느냐는 힐난이었다. 자신의 잘못을 측근들에게 떠넘기는 비겁함도 보인다. 악의는 혜왕에게 답장을 보냈는데, 이것이 이제 소개할 〈답연왕서(答燕王書)〉 또는 〈보연왕서(報燕王書)〉로 불리는 명문의 편지이다.

인물

악의(생졸 미상)에 대해서는 위에서 비교적 길게 설명했기 때문에 간략한 이력만 덧붙여 둔다. 악의가 나고 죽은 연도는 알 수 없다. 연나라의 명장으로 영수(靈壽, 하북성 영수 서북) 출신이다. 위(魏)나라의 명군 문후(文侯) 때의 장수 악양(樂羊)의 후손으로 병법에 뛰어났다. 연나라 소왕이 인재를 널리 초빙하는 분위기 속에 연나라에 사신으로 왔다가 그대로 머물러 연에서 벼슬을 했다. 그 뒤 제나라를 공격하여 위기에 처한 연나라를 구하고 제나라 70여 개 성을 함락시켰다. 그러나 소왕이 급사한 뒤 새로 즉위한 혜왕(惠王)이 제나라 전단(田單)의 이간계에 빠져 악의를 배척한 탓에 조나라로 도망쳐 그곳에서 일생을 마쳤다. 이제 악의가 혜왕에게 보낸 답장을 함께 읽어보자.

악의는 명장이었을 뿐만 아니라 문장에도 뛰어난 문무를 겸비한 당대 최고의 무장이었다. 사진은 중국 산동성 거현(莒縣) 고속도로 휴게소에 세워져 있는 악의의 석상이다.(2013년)

장면

신이 불초하여 왕명을 받들고 좌우 대신들의 마음을 따를 수 없는 까닭은 선왕(소왕)의 영명함에 손상이 가고 족하(足下, 혜왕)와의 의리를 해칠까 두려웠기 때문입니다. 그래서 조나라로 달아났던 것입니다. 지금 족하께서 사람을 보내 신을 나무라시매 신은 (족하를) 모시는 자들이 선왕께서 신을 총애하신 까닭을 제대로 살피지 못하거나, 또 선왕을 섬긴 신의 마음이 제대로 밝혀지지 않으면 어쩌나 걱정이 되어 감히 이렇게 글로써 대답하고자 합니다.

신은 '어질고 성스러운 군주는 녹봉이나 벼슬로 사사로운 관계를 맺지 않으며, 공이 많은 사람에게 상을 내리고, 능력 있는 사람에게 자리를 맡긴다'고 들었습니다. 따라서 능력을 살펴 벼슬을 주는 사람이 성공하는 군주이고, 행동을 따져 친교를 맺는 사람이 명성을 세우는 선비입니다. 신이 가만히 선왕의 행동을 살펴보니 세상 다른 군주들과는 남다른 마음을 갖고 계셨습니다. 그래서 (신은) 일부러 위나라의 사신이 되어 몸소 연나라를 살폈던 것입니다. 선왕께서는 (신을) 지나치게 높은 자리에 천거하여 빈객의 반열에 넣고 신하들의 윗자리에 세워주셨으며, 원로들과 상의도 없이 아경(亞卿)으로 삼으셨습니다. 신은 자신의 능력도 제대로 헤아리지 못한 채 (선왕의) 명령과 가르침을 받들어도 큰 죄를 짓지 않을 것이라 여겨 명을 받들어 사양하지 않았습니다.

선왕께서는 신에게 "내게는 제나라에 대해 깊게 쌓인 원한이 있어 약한 힘도 헤아리지 않고 제나라에 대한 일을 나의 일로 여기고자 하오"라고 하셨습니다. 신은 "저 제나라는 패국의 후예로서 수도 없이 싸워 승리했습니다. 군대는 훈련이 잘되어 있고, 전투에 능숙합니다. 왕께서 제나라를 토벌하고자 하신다면 반드시 천하와 함께 도모해야 합니다. 천하와 함께 도모하려면 조나라와 동맹하는 것이 최선입니다. 그리고 또 회수(淮水) 북쪽과 송(宋)의 땅은 초나라와 위나라가 욕심내는 곳이니 조나라가 허락하여 4국이 연합하여 제나라를 공격한다면 제나라를 대파할 수 있을 것입니다"라고 말씀드렸습니다.

선왕께서는 그렇다고 여기시어 부절을 갖추어 신을 남쪽 조나라에 사신으로 보냈습니다. (신은) 돌아와 보고 드리고, 군대를 일으켜 제나라를 공격했습니다. 하늘의 의지와 선조들의 영령이 보우하사 황하 북쪽의 땅이 선왕을 따랐고, 곧장 제수(濟水)까지 치고 나갔습니다. 이어 제수의 군대가 명을 받아 제나라를 쳐서 대파했습니다. 날래고 날카로운 군사들이 제나라 도성으로 곧장 쳐들어가니 제왕은 낭패가 되어 거(莒)로 달아나 겨우 목숨만 건졌습니다. (제나라의) 보물과 수레, 무기와 진귀한 기물들은 모두 연나라로 가져갔습니다. 제나라의 기물들을 영대(寧臺)에 진열했는데, 대려(大呂)는 원영(元英)에 늘어놓았고, 옛날 (연나라의) 정(鼎)은 역실(歷室)에 되돌려 놓았으며, 계구(薊丘)에다가는 문수(汶水)의 대나무를 옮겨 심으니 오패(五覇) 이래로 그 공이 선왕을 따를 사람은 없었습니다. 선왕께서는 매우 만족하시고 땅을 떼어 신을 봉해주시니 작은 제후에 버금갈 정도였습니다. 신은 자신의 능력도 제대로 헤아리지 못한 채 (선왕의) 명령과 가르침을 받들어도 큰 죄를 짓지 않을 것이라 여겨 명을 받들어 사양하지 않았습니다.

신이 듣기에 '영명한 군주는 세운 공을 사라지지 않게 하기에 춘추(春秋)에 남게 되고, 멀리 내다보는 인재는 이룬 명성을 훼손시키지 않기에 후세에까지 칭찬을 듣는다'고 했습니다. 선왕께서 한과 치욕을 갚고, 만승의 나라를 없애고, 800년 동안 내려오는 보물과 기물들을 거두어들인 것이 이와 같았고, 세상을 떠나시던 날까지 그 유풍이 쇠퇴하지 않았던 것이 이와 같았습니다. 정치를 맡아 일을 처리하는 신하들은 법령을 정비하고 왕실의 종친들을 단속하는 등 백성에까지 그 혜택이 미친 것은 모두 후대의 교훈이 될 것입니다.

신이 듣기에 '일을 잘한다고 해서 꼭 성공하는 것은 아니며, 시작이 좋다고 해서 끝이 꼭 좋은 것은 아니다'고 합니다. 옛날 오자서(伍子胥)의 말을 합려(闔閭)가 들었기에 오왕의 족적이 멀리 영(郢)에까지 미쳤습니다. 그러나 부차(夫差)는 그렇지 않다고 여겼기 때문에 (오자서는) 말가죽에 쌓여 강에 내던져졌던 것입니다. 오왕(부차)은 오자서의 의견으로는 공을 세울 수 있다는 것을 믿지 않았기 때문에 오자서를 강에 던지고도 후회하지 않았으며, 오자서는 두 군주의 도량이 같지 않다는 것을 깨닫지 못했기 때문에 강에 던져지도록 생각을 바꾸지 않았던 것입니다.

화를 당하지 않고 공을 세워 선왕의 뜻을 밝히는 것이 신의 가장 큰 바램이었습니다. 치욕과 비방을 당해 선왕의 명성을 추락시키는 것은 신이 가장 두려워하는 바입니다. 예측하지 못한 죄를 당했지만 요행을 바라는 것은 의리상 감히 할 수 없습니다.

신은 '옛날 군자는 사귐을 끊어도 나쁜 말을 하지 않으며, 충신은 나라를 떠나도 그 명예를 깨끗하게 않는다'고 들었습니

명나라 시기의 작가 풍몽룡(馮夢龍, 1574~1646)의 역사소설 《동주열국지(東周列國志)》의 삽화에 보이는 악의의 모습이다.(오른쪽 위가 악의)

다. 신이 불초하긴 합니다만, 여러 차례 군자의 가르침을 받들었습니다. (왕을) 모시는 가까운 자들의 말만 들으시고, 멀리 있는 신의 언행을 살피지 못하실까 두려워 감히 글을 올리는 것이오니 왕께서는 유념해주십시오.”

생각 얹기

혜왕은 악의에게 보낸 편지에서 선왕인 소왕을 네 차례나 언급하며 악의를 극진하게 우대했던 그 은혜를 잊지 말라고 강조했다. 다분히 의도된 계산이었다. 악의는 답장에서 이를 역이용하여 소왕을 무려 15차례나 언급하며 선왕의 의지를 강조함으로써 혜왕의 옹졸함과 대비시키는 효과를 거두고 있다. 전체적으로 표현은 완곡하지만 ‘언중유골(言中有骨)’의 기세가 곳곳에 흘러넘친다.

역사적 사례로는 오자서를 신뢰하여 성공한 합려와 오자서를 의심하여 패망한 부차를 선명하게 대비시킴으로써, 전폭적인 신뢰를 보냈던 소왕을 상기시키는 한편 자신을 신뢰하지 못했던 혜왕의 그릇된 판단을 소환하고 있다. 또 이를 강화시키기 위해 악의는 앞·중간·마지막 부분에 적절한 격언을 인용하고 있는데, 이런 문장투는 춘추전국시대 문장에서 공통적으로 발견된다. 악의는 이런 권위 있는 인용구를 적절하게 활용하여 선왕인 소왕의 남다른 능력을 부각시켰다.

특히 마지막 부분의 ‘옛날 군자는 사귐을 끊어도 나쁜 말을 하지 않으며, 충신은 나라를 떠나도 그 명예를 깨끗하게 않는다’는 뜻의 ‘군자교절불출악성(君子交絶不出惡聲), 충신거국불결기명(忠臣去國不潔其名)’이란 이 대목은 자신의 처신을 떳떳하게 밝히는 천고의 명언으로 남아 있다. ‘그 명예를 깨끗하게 않는다’는 대목은 떠나더라도 구차한 변명 따위로 자신의 명예를 지키려 하지 않는다는 뜻이다. 즉, 말없이 깨끗하게 물러난다는 것이다.

물론 답장의 핵심은 맨 마지막 ‘(왕을) 모시는 가까운 자들의 말만 들으시고 멀리 있는 신의 언행을 살피지 못하실까 두려워 감히 글을 올리는 것이오니 왕께서는 유념해주십시오’라는 문장이다. 이는 모함과 아부만 일삼는 가까운 자들을 경계하라는 충고이자 자신의 뜻을 헤아려 달라는 호소이다.

악의의 답장을 받은 연왕은 다시 악의의 아들 악간(樂間)을 창국군(昌國君)으로 삼음으로써 자신의 성의를 보였다. 이후 악의는 다시 연나라를 오가게 되었고, 연나라와 조나라 모두가 악의를 객경(客卿)으로 삼아 우대했다. 악의는 조나라에서 일생을 마쳤다.(사전의 '군자교절불출악성~' 항목 참고)

– 이상 권80 〈악의열전〉

충성도, 용기도, 지혜로운 행동도 아니다

편지 한 통으로 장수의 항복을 받아낸 노중련(魯仲連)

기원전 284년 연나라 장수 악의(樂毅)는 5개국과 연합하여 오랜 앙숙 제나라를 공격했다. 그 결과에 대해서는 바로 앞 악의 편에서 자세히 살핀 바 있다. 글의 이해를 위해 간략하게 한 번 더 정리해본다. 당시 연합국의 일원인 초나라는 기원전 283년 제나라 민왕(湣王)을 죽이는 전과를 거두었다. 5개국은 물러났지만 악의는 제나라에 맹공을 퍼부어 70여 개 성을 단숨에 함락시켰다. 즉묵(卽墨)과 거(莒) 단 두 개의 성만 남았다. 이때 제나라는 전단(田單)이란 지장이 나서 즉묵을 거점으로 버티기에 들어갔다. 제나라를 공격한 지 5년째인 기원전 279년까지 악의는 즉묵을 함락시키지 못한 채 장기전에 돌입했다. 전단은 굳세게 버텼지만 시간은 어디까지나 연나라 편이었다. 식량과 물이 바닥나면 공격하지 않아도 무너질 수밖에 없는 상황이었기 때문이다.

이때 악의를 발탁하여 절대적인 신임을 보내던 연나라 소왕(昭王)이 갑자기 세상을 떠나고, 악의와 사이가 좋지 않은 혜왕(惠王)이 즉위하면서 상황은 급변했다. 조나라에서 건너온 유능한 악의를 시기하고 질투하던 연나라 신하들은 연일 악의에 대한 중상모략을 일삼았고, 그렇지 않아도 악의를 믿지 못하던 혜왕은 악의의 군권을 빼앗고 기겁(騎劫)으로 대체했다. 전단은 이 틈을 노려 재빠르게 간첩을 이용한 반간계를 구사했고, 연나라 혜왕과 신하들은 이에 바로 걸려들었다.

기겁은 성급하게 즉묵을 공격하다 전단의 화우진(火牛陣)에 말려 참패를 당하고, 자신도 피살되었다. 신변에 위협을 느낀 악의는 조나라로 망명했다. 연나라는 다 잡은 승리를 놓치고 본국으로 철수하지 않을 수 없었다. 혜왕은 악의에게 사과와 함께 섭섭한 심경을 담은 편지를 보냈고, 악의는 주변의 소인배들을 경계하라는 충고와 함께 선왕(소왕)의 영명함을 잊지 말라는 간곡한 답장을 보냈다. 이 편지로 두 사람은 화해(?)했고, 악의는 조나라와 연나라를 오가다가 조나라에서 여생을 마쳤다.

이상은 악의가 연왕에게 보낸 편지인 〈답연왕서(答燕王書)〉 항목에서 살펴본 배경을 다시 한 번 축약한 것이다. 그런데 연나라가 숙적 제나라를 공격한 이 사건은 악의의 망명과 군대 철수로 끝난 것이 아니었다. 이제 소개할 유세가 노중련(魯仲連)의 편지는 연나라 군대가 철수한 바로 다음에 일어난 일이었기 때문이다. 그 자초지종은 이렇다.

악의가 함락시킨 제나라의 여러 성들 중 요성(聊城)이 있었다. 악의는 요성에 연나라 장수를 남겨 지키게 했다.(장수의 이름은 기록에 남아 있지 않다.) 그런데 소왕의 죽음으로 상황이 급변하여 연나라 군대가 본국으로 철수했다. 요성을 지키던 장수도 악의처럼 모함을 당해 연나라를 돌아갈 수 없는 처지에 놓였다. 모르긴 해도 악의가 신임하던 장수였던 것 같다. 돌아가 봐야 죽을 것이 뻔한 상황에서 연나라 장수는 귀국 대신 요성을 사수하기로 결심했다. 전단이 요성에 맹공을 퍼부었지만 1년 넘게 함락시키지 못했다. 바로 이때 제나라의 유세가 노중련이 등장하여 편지를 화살에 묶어 성 안에 있는 연나라 장수에게 쏘아 보냈다. 그렇다면 노중련은 어떤 인물일까? 편지를 분석하기에 앞서 노중련에 대해 간략히 알아본다.

인물

노중련(생졸 미상)은 제나라 출신의 유세가(遊說家)다. 그는 당시의 여느 유세가들과는 달리 고상한 지조를 가졌고, 남을 위해 어려움을 물리치고 분쟁을 풀어주면서도 재물이나 녹봉·작위 따위를 일절 받지 않았던 진정한 전문가였다. 그는 변론을 잘했고, 항상 쌍방의 문제가 안고 있는 정곡을 찔러 화해를 성공시켰다. 노중련은 소년 시절 스승 서겁(徐劫)에게 배웠는데, 총명하고 뛰어난 변론은 물론 기개도 대단해서 사람들이 '천리마(千里馬)'라며 칭찬했다.

전국시대는 무한경쟁의 시대였다. 전쟁과 그에 따른 외교와 협상이 비일비재했다. 이러한 천하정세 때문에 전쟁에 필요한 전문가들인 병법가를 비롯하여 유세가로 불리는 언변이 뛰어난 책사(策士)나 변사(辯士)들이 국경을 넘나들며 활동했다. 노중련도 그런 사람이었는데 일찍부터 두각을 나타냈다.

어린 시절 노중련과 관련하여 이런 일화가 전한다. 제나라의 변사 중에 전파(田巴)라는 사람이 있었다. 그는 온갖 자리에 초청을 받아서 유창한 말솜씨를 뽐냈는데, 쓸데없는 소리에 실속은 없는 그런 자였다. 다만 그를 압도하는 사람이 없었기 때문에 늘 자신이 제일 잘난 줄 알고 의기양양했다.

어린 노중련은 이런 전파의 명성에 의구심을 품고 전파를 만나게 해달라고 스승 서겁을 졸랐다. 서겁은 일단 말렸지만, 노중련이 한사코 고집하는 바람에 날을 잡아 12세의 제자 노중련을 데리고 전파를 만났다. 서겁은 전파에게 노중련을 인사시키면서 가르침을 청했다. 노중련은 전파에게 공손하게 인사를 올렸다. 전파는 미소를 지었지만 애송이 노중련을 멸시하는 기색이 역력했다. 노중련은 정색을 하더니 단도직입적으로 이렇게 말했다. 이하 노중련과 전파의 대화를 가능한 쉬운 현대어로 바꾸어 소개한다.

참고로 이 일화는 《태평어람(太平御覽)》 제105 〈노련자(魯連子)〉 편에 기록되어 있다. 〈노련자(魯連子)〉는 《사기정의(史記正義)》에 인용되어 있는 《노중련자(魯仲連子)》와 같은 기록으로 보인다.

"전 선생님, 저는 '집 안의 쓰레기도 치우지 못했는데 들판의 잡초를 돌볼 겨를이 어디 있으며, 육박전이 한창인 전투 상황에서 멀리서 쏘아대는 화살을 무슨 수로 방비한단 말인가?' 이런 말을 들은 바 있습니다. 왜 이렇게 말하겠습니까? 이는 어떤 일을 말할 때에 완급(緩急)과 경중(輕重)이 있어야 한다는 뜻일 겝니다. 급한 일을 놔두고 덜 급한 일을 먼저 한다면 어찌 되겠습니까? 지금 우리나라의 형세가 대단히 위급합니다. 초나라 군사가 남양(南陽)에 진을 치고 있고, 조나라가 고당(高唐)을 공격하고 있으며, 연나라 십만 대군이 요성(聊城)을 떠나지 않고 있어 나라가 금방이라도 망할 지경에 이르러 있습니다. 선생께서는 이러한 형세에 대해 어떤 의견을 가지고 계십니까? 또 어떤 방법으로 이 문제를 해결하실 수 있다고 생각하십니까?”

전파는 순간 말문이 막혀서 얼굴과 귀가 다 빨개졌다. 그러더니 풀 죽은 목소리로 “방법이 없지”라고 했다. 노중련은 미소를 띠면서 “선생님의 담론이 나라와 백성에 쓸모가 없다면 뭘하러 그렇게 장황하게 떠벌리십니까? 이는 마치 고양이 머리를 가지고 올빼미 울음소리를 내는 것 같아 사람들은 들을수록 싫증을 낼 것입니다. 청컨대 선생은 다시는 쓸데없는 이야기를 하지 말아주십시오”라고 했다.

전파는 부끄러워 “네 말이 맞다! 네 말이 맞다!”며 입을 닫았다. 이튿날 전파는 서겁을 방문하여 “당신의 어린 제자는 천리마가 아니라 하늘을 날아다니는 ‘비일(飛逸)’과 같소이다”라며 칭찬을 아끼지 않았다. 비일은 고대의 준마 이름으로 하루에 1만 리를 갈 수 있고, 뛰어다는 것이 마치 토끼와 같다고 해서 붙여진 이름이다. 전파는 ‘비일(飛逸)’이란 표현으로 어린 노중련을 비유하여 칭찬하고 그에게 감복했다. 전파는 더 이상 과장된 담론을 일삼지 않았다.

성인이 된 노중련은 매사에 옳은 일을 위하여 바른말로 대처했고, 남의 어려움과 얽히고 설킨 분쟁을 푸는 일에 최선을 다했다. 무엇보다 그는 문제를 해결하고 어떤 보답도 바라지 않는 고상한 절조와 지조를 지켰다.

일찍이 진(秦)나라 군대가 조나라 한단(邯鄲)을 포위 공격하여 조나라는 매우 위급한 상황에 처했다. 이때 노중련은 뛰어난 변론으로 조나라가 진나라에 굴복하고 황제의 나라로 받들자는 위(魏)나라의 사신 신원연(新垣衍)을

전국시대 말기를 대표하는 유세가 노중련의 변론은 상대의 심리, 특히 약점을 정확하게 꿰뚫는데 일가견을 보여주고 있다. 사진은 그의 고향인 산동성 임평현(茌平縣)에 있는 노중련 사당 내의 노중련 상이다.(2017년, 사진 제공 : 노동필)

설복시켰다. 절체절명의 위기에서 벗어난 조나라가 노중련에게 관직을 주고 거금을 하사하려 했으나 노중련은 모두 거절하고 떠났다.(이 사실은 〈노중련추양열전〉에 상세히 기록되어 있다. 사전의 '노련사상' 항목 참고)

노중련은 전국이라는 혼란 시대에 언변으로 자신의 존재감을 드러내려 했던 많은 유세가들 중에서도 가장 뛰어난 인물이었다. 특히 그는 보수와 명예 따위에 초연했던 진정한 전문가로서의 면모를 후세에 남기고 있다. 이제 노중련이 요성을 사수하고 있는 연나라 장수에게 어떤 내용의 편지를 보냈는지 읽어보자.

장면

제가 듣기에 '지혜로운 사람은 때를 거슬러 유리한 기회를 놓치지 않으며, 용감한 사람은 죽음이 겁나 명예를 훼손하지 않으며, 충신은 자기 몸을 앞세우고 군주를 뒤에 두지 않는다'고 합니다. 지금 장군께서는 모함당한 한때의 분노를 참지 못하여 좋은 신하가 없는 연왕을 버렸으니 이는 충성이 아닙니다. 또 요성을 잃고 장군까지 죽게 되면 장군의 위엄을 제나라에 떨칠 수 없으니 이는 용기가 아닙니다. 이렇게 공이 무너지고 명성을 잃으면 후대 사람들은 장군을 칭찬하지 않게 될 것이니, 이는 지혜로운 행동이 아닙니다.

세상의 군주로서 이 세 가지에 해당하는 사람을 신하로 삼을 군주는 없을 것이고, 유세가라면 입에 올리지 않을 것입니다. 그러므로 지혜로운 사람은 두 번 생각하지 않으며, 용감한 사람은 죽음을 두려워하지 않습니다. 지금 생사·영욕·귀천·존비가 다시는 오지 않을 것이니 공께서는 잘 생각하시어 세속과 함께하지 않길 바랍니다. 그리고 초나라는 제나라의 남양(南陽)을, 위나라는 평륙(平陸)을 공격하고 있는데, 제나라는 남쪽 (초나라)에는 마음이 없습니다. 남양을 잃는 손실은 작아서 제수(濟水) 북쪽 땅의 큰 이익만 못하다고 보기 때문입니다. 따라서 잘 따져서 대처하려는 것입니다. 지금 진나라가 병사를 풀어 제나라를 도우니 위나라가 감히 동쪽 제나라를 공격하지 못할 것이며, 제나라와 진나라가 손을 잡게 되니 초나라의 형세가 위태롭습니다. 또 제나라는 남양을 버리고 오른쪽 땅 평륙을 자르고는 제수 북쪽의 땅을 평정할 것이니 이는 득실을 따져 결정한 계책입니다. 제나라가 분명 요성을 다시 차지하려 할 것이니, 공께서는 더 이상 생각하지 마십시오.

지금 초나라와 위나라 군대는 번갈아 제나라에서 물러나는 중이고, 연나라의 구원병은 오지 않습니다. 제나라는 모든 병력을 동원했고, 여기에 천하가 도와주지 않으니 그대는 1년 넘게 포위당하고 있는 요성을 지킬 수 없습니다. 게다가 연나라는 큰 혼란에 빠져 있어 군주와 신하가 같이 올바른 계획을 세우지 못하고 위아래가 모두 정신을 잃고 있습니다. 율복(栗腹)은 10만 군사를 거느리고 밖에서 다섯 번이나 패전하여 만승의 나라가 조나라에 포위당하니, 땅은 깎여나가고 군주는 치욕을 당해 천하의 웃음거리가 되었습니다. 나라는 피폐하고 재앙이 자주 닥치니 백성들이 어디로 돌아가야 할지 모릅니다.

지금 장군이 요성의 지친 백성들을 이끌고 제나라의 전군을 막고 있으니 그 옛날 묵자(墨子)가 (성을) 지킨 것에 비할 수 있겠습니다. (장군의 군대는) 사람을 잡아먹고 뼈를 땔감으로 쓰는 데도 병사들이 배반할 마음이 없으니 이는 손빈(孫臏)의 군대에 비할 수 있을 정도로 천하에 능력을 보여 주었습니다. 그렇지만 장군을 위해서 생각해 본다면, 병력을 온전하게 해서 연나라에 보답하느니만 못합니다. 병력을 온전하게 해서 연나라로 돌아가면 연왕은 틀림없이 기뻐할 것입니다. (장군께서도) 온전한 몸으로 돌아가면 백성들은 부모를 만난 듯 기뻐할 것이고, 친구들은 팔을 걷고 세상을 향해 칭찬할 것이니 공업이 환하게 드러날 것입니다.

위로는 고립된 군주를 도와 군신들을 단속하고, 아래로는 백성들을 잘살게 하여 유세가들에게 (이야기 거리를) 제공하면 나라를 바로잡고 풍속을 바꾸어 공명을 세울 수 있습니다. 혹여 이럴 마음이 없다면 연나라를 떠나 세속을 버리고 동쪽 제나라로 놀러 오시는 것은 어떨런지요? 땅을 떼어 봉지를 정해 줄 것이니 도(陶)·위(衛)와 같은 부를 누릴 수 있으며, 세세손손 존귀한 이름을 가지고 제나라와 오래도록 함께할 수 있으니 이 또한 하나의 계책이 될 것입니다. 이 두 계책은 이름을 알리고 실리를 챙기는 것이니, 공께서는 잘 생각하셔서 하나를 결정하시기 바랍니다.

산동성 임평현 노중련 사당의 모습이다.(2013년)

그리고 저는 '작은 예절에 얽매이는 사람은 영화로운 명성을 이룰 수 없고, 작은 치욕을 피하는 사람은 큰 공을 세울 수 없다'고 들었습니다. 옛날 관이오(管夷吾, 관중)는 환공(桓公)을 활로 쏘아 허리띠 고리를 맞혔으니, 찬탈(簒奪)이었습니다. 공자 규(糾)를 저버리고 그를 위해서 죽지 않은 것은 비겁한 행동이었으며, 오랏줄에 묶이고 손발에 수갑과 차꼬를 찬 것은 치욕이었습니다.

이런 세 가지 행동을 한 사람은 세상 군주들이 신하로 삼으려 하지 않으며, 마을 사람들도 사귀려 하지 않을 것입니다. 그러니 관자(管子)가 감옥에 갇혀 세상에 나오지 못했거나 죽어서 제나라로 돌아오지 못했다면 그는 끝내 치욕스러운 오명을 면할 수 없었을 것입니다. 노비들도 그와 비교하는 것을 부끄러워할 텐데 하물며 보통 사람이 오죽하겠습니까?

그러나 관자는 오랏줄에 묶여 갇혀 있는 것보다 천하를 바로잡지 못할 것을 부끄러워했고, 공자 규를 위해서 죽지 않은 것보다 제나라가 제후들 사이에 위엄을 떨치지 못할 것을 부끄러워했습니다. 그러므로 세 가지 잘못을 다 범하고도 환공을 오패(五覇)의 우두머리로 만들어 그 명성을 천하에 드높이고 그 빛이 이웃 나라를 비추게 된 것입니다.

조자(曹子, 조말)는 노나라의 장군으로서 제나라와 세 번 싸워 세 번 다 패하여 노나라 땅을 500리나 잃었습니다. 그때 조자가 돌이켜 생각하지 않고 계획 없이 목을 찔러 죽었더라면 패장이라는 치욕스러운 오명을 면할 수 없었을 것입니다. 조자는 세 번 패배의 치욕을 마음에 두지 않고 물러나와 노나라 군주와 계책을 세웠습니다. 제나라 환공이 천하 제후들과 회맹하는 틈에 조자는 오직 칼 한 자루로 단 위에서 환공의 심장을 겨누었는데, 안색은 변함이 없었고, 언행 역시 조금도 흐트러지지 않았습니다. 그렇게 세 번에 걸쳐 잃은 것을 하루에 되찾으니 천하가 진동하고 제후들은 놀라니 그 위엄이 오나라와 월나라를 뛰어넘었습니다.

이 두 사람은 사소한 청렴과 절개를 이루지 못해서가 아니라, 자신의 몸이 죽어 집안과 자손을 끊고 공명을 세우지 못하는 것은 지혜로운 일이 아니라고 생각했기 때문입니다. 그래서 끝내 울분과 한을 버리고 평생의 공명을 세웠고, 원망스러운 작은 절개를 버리고 대대로 전할 공을 세웠던 것입니다. 그들의 업적이 오래도록 전해져 삼왕과 견줄 수 있고, 그 이름은 천지와 함께 영원히 남게 된 것입니다. 공께서는 하나를 택하여 행하시길 바랍니다.

생각 얹기

연나라 장수는 사실 진퇴양난에 빠져 있었다. 버티는 것도 한계가 뻔했다. 이런 상황에서 노중련은 격식을 갖춘 편지로 장수의 마음을 흔들었다. 노중련은 먼저 장수라면 반드시 갖추어야 할 덕목이자 자존심이자 명예에 해당하는 충성·용기·지혜를 거론하면서 한때의 분노 때문에 이렇게 버티는 것은 그 세 가지 모두에 해당하지 않는다며 자존심을 세게 건드렸다.

그러면서도 노중련은 연나라 장수가 처한 상황을 아주 상세히 분석하여 제시함으로써 그 장수가 나름 현명하고 정확한 판단을 내릴 근거를 제공했다. 장수의 심리를 당겼다가 놓는 노련한 수법이었다. 노중련은 여기에서 한 걸음 더 나아가 아주 현실적인 이해관계를 따져가며 회유를 시도한다. 군대를 온전하게 보전하여 귀국하면 명예와 실리를 다 얻을 수 있다는 대안제시였다.

노중련은 연나라 장수가 선택할 수 있는 몇 가지 경우의 수를 꼼꼼하게 제시하되 어느 경우든 강경 저항은 방법이 아니라는 점을 분명히 하고, 다시 한 번 장수로서의 명예를 강조하여 선택의 폭을 좁히는 절묘한 심리적 공략을 보여주고 있다.

노중련은 보다 구체적으로 관중과 조말이 구차한 체면과 작은 명예에 매이지 않고, 작은 굴욕쯤은 거뜬히 참아낸 역사 사례를 상세히 들면서 작은 체면과 사소한 치욕 때문에 목숨을 버리지 말라고 권한다. 그런 다음 다시 공명을 세워 영원히 칭송을

노중련은 우리나라 강화 노씨의 시조이기도 하다. 사진은 강화 노씨 문중을 대표해서 전주시청(2017년 당시)의 노동필 선생이 노중련 고향을 방문하여 교류하는 모습이다.(사진 제공 노동필 – 오른쪽에서 네 번째)

듣고 명예를 세워 만세의 공을 남기라는 부추김도 잊지 않는다. 관중과 조말의 고사는 워낙 널리 알려진 사례인 만큼 설득에 효과가 크다고 할 수 있다.

문장의 형식으로 보자면 이 편지는 두괄식(頭括式)에 가깝다. 연나라 장수의 행동이 장수가 반드시 갖추어야 할 덕목인 충성·용기·지혜에 해당하지 않는다며 강한 어조로 결론을 먼저 내린 다음, 그 결론을 다양한 비유와 사례로 뒷받침하고 있기 때문이다. 그래서인지 어투도 단도직입(單刀直入)에 가깝다. 상대가 무장이라는 신분을 고려하여 이런 방식을 선택한 것으로 보인다.

노중련의 설득에서 가장 중요한 핵심은 양쪽의 희생을 최소화하자는 데 있다. 군대를 거느리고 연나라로 돌아가든지, 아예 제나라에 투항하여 부귀영화를 누리든지 어느 경우도 희생은 막아야 한다는 입장이었다. 노중련의 이런 기본적인 입장이 있었기 때문에 연나라 장수는 크게 흔들릴 수밖에 없었다. 노중련의 편지를 읽은 연나라 장수는 어떤 선택을 했을까? 〈노중련추양열전〉의 관련 대목은 이렇다.

연의 장수는 노중련의 편지를 읽고는 사흘을 울면서 머뭇거리며 결정을 내리지 못했다. 연나라로 돌아가고 싶어도 (연왕과) 이미 사이가 벌어져 죽임을 당할까 겁이 났고, 제나라에 항복하자니 제나라 사람들을 많이 죽이고 포로로 잡았으니 항복한 뒤 치욕을 당할까 두려웠다. 이에 탄식하며 "다른 사람에게 죽느니 차라리 내 스스로 죽으리라!"라 하고는 바로 자살했다. 요성은 혼란에 빠졌고, 전단은 마침내 요성을 함락했다.

연나라 장수는 자살하고, 연나라 군대는 화살을 거꾸로 맨 채 퇴각했다. 연나라 장수는 명예를 선택했다. 결과적으로 쌍방은 연나라 장수를 제외하고 모두 희생 없이 상황을 수습할 수 있었다.

상황을 수습한 전단은 도성으로 돌아와 새로 즉위한 양왕(襄王)에게 노중련의 공을 보고하여 벼슬을 받게 하려고 했다. 노중련은 바닷가로 도망쳐 "내가 부귀한 몸으로 남에게 눌려 사느니 차라리 빈천하지만 세상을 가볍게 여기며 내 뜻대로 살겠다!"라며 몸을 숨겼다.('노련도해', '노련사상' 항목 참고)

– 이상 권83 〈노중련추양열전〉

권92 〈회음후열전〉은 문학적 색채가 농후한 필치로 한 역사 인물의 일생을 몇 단계에 따라 차례로 두드러지게 묘사한 《사기》 130권 중 최고의 한 편으로 꼽는다. 한신이란 인물의 운명을 자신의 감정과 함께 착잡하게 녹여서 읽는 이의 눈앞에 아주 생생한 모습으로 재현시키고 있다. 사진은 섬서성 한중에 조성되어 있는 한신 배장단 유지의 입구이다.(2014년)

한마디라도 쓸모가 없으면
도끼날에 엎어질 것입니다

범수(范睢)의 면담 요청의 글

배경

5천 년에 이르는 중국 역사상 최초로 광대한 통일 제국을 이룩한 나라는 서방의 야만국으로 취급당하던 진(秦)나라였다. 2026년 현재로부터 2,247년 전인 기원전 221년이었다. 낙후된 진나라가 2,200여 년 전에 우리 남북한 합친 면적의 약 15배나 되는 300만㎢의 대제국을 세울 수 있었던 요인들은 많았다. 그중에서 특히 눈여겨볼 것은 거의 완전히 개방된 인재정책이었다.

진나라의 남다른 인재정책은 기원전 7세기 목공(穆公, ?~기원전 621)이 물꼬를 텄다. 뒤에서 살펴보게 될 천하 통일의 설계자 이사(李斯)가 올린 〈간축객서(諫逐客書)〉에 맨 먼저 언급된 목공은 당시 제후국의 통치자들 중 처음으로 중원의 외국 인재들을 대거 발탁했다. 목공의 인재정책은 민족·국적·신분·연령을 따지지 않는 '사불문(四不問)'으로 요약된다. 이 정책은 이후 진나라 인재정책의 핵심이 되었고, 나아가 천하 통일의 원동력으로 작용했다.(통계에 따르면 진나라에 재상에 해당하는 상相 자리가 마련된 이래 그 이름이 남은 25명 중 17명이 외국 출신이었고, 7명은 국적 불명에 단 1명만 진나라 출신이었다.)

이 인재정책은 진나라가 고비 때마다 새로운 전기를 마련하는 역할을 해냈다. 기원전 361년 20세의 젊은 나이에 즉위한 효공(孝公, 재위 기원전 361~기원전 338)은 23년 재위에 불과 43세의 젊은 나이에 세상을 떠났지만 즉위하자마자 천하의 인재들을 구한다는 '구현령(求賢令)'을 통해 개혁가 상앙(商鞅, 기원전 약 390~기원전 338)을 기용했다. 상앙의 개혁은 진나라를 완전히 변모시켰고, 이로써 천하 통일의 1차 기반이 닦였다. 상앙은 위(衛)나라 지역 출신이었다.

효공 이후 약 반세기가 지난 기원전 306년에 즉위한 소왕(昭王)은 기원전 251년까지 햇수로 56년 길게 재위하면서 천하 통일의 2차 기반을 닦았다. 어린 나이에 즉위한 소왕은 즉위 중반까지만 해도 태후와 외척에게 휘둘리는 등 내정에서 적지 않은 어려움을 겪었다. 그러다 기원전 270년 책략가 범수(范雎, ?~기원전 255)를 전격 기용함으로써 외척 세력을 물리치고 대외 확장에 박차를 가했다. 범수는 소왕에게 '원교근공(遠交近攻)'이란 외교책략을 제안함으로써 소진(蘇秦)의 제안으로 구축된 '합종(合縱)'이라는 6국 연합책을 각개격파할 수 있었다.

합종은 진나라를 제외한 동쪽의 나머지 여섯 개 나라, 즉 한·조·위·연·초·제가 동맹하여 공동으로 진나라에 저항하는 전략이었다. 이 때문에 진나라는 수십 년 동안 동방 진출에 제동이 걸렸다. 이에 맞서는 전략으로 진나라는 여섯 개 나라와 각각 서로 다른 외교관계를 맺어 합종을 깨는 장의의 '연횡(連橫)' 전략을 채택했다. 그리고 바로 이어 먼 나라와는 화친하고 가까운 나라부터 공략하는 범수의 '원교근공'으로 6국의 동맹을 확실히 분쇄해 나갔다. 이로써 진나라는 통일에 성큼 다가섰다. 범수와 장의는 모두 외국 위(魏)나라 출신이었다.

인물

위나라 출신의 범수(?~기원전 255)는 각국을 떠돌며 유세하다가 활동비가 바닥이 나서 당시 조국 위나라의 중대부 수고(須賈) 밑에서 수행원 비슷한 일을 했다. 수고를 수행하여 제나라로 갔을 때 제나라 양왕(襄王)이 범수가 마음에 들어 황금·술·고기 등을 보냈다. 범수는 사양했지만 수고는 이런 범수에 질투를 느껴 귀국 후, 실권자 위제(魏齊)에게 범수가 위나라의 기밀을 유출한 것 같다며 모함했다.

위제는 전후 사정을 알아 볼 생각도 않고 범수에게 매질과 모욕을 가하여 거의 죽기에 이르렀다. 위제는 범수를 측간에 갖다 버리게 하고는 술 취한 자신의 손님과 측근들에게 범수의 몸에 오줌까지 갈기게 했다. 범수는 죽은 척하며 기다리다가 간

범수가 제안한 '원교근공'은 진나라가 천하를 통일하는 데 있어서 외교전략의 핵심축이었다. 범수의 상이다.(출처 : 바이두)

수에게 애걸하여 사지를 빠져나왔다. 시체를 확인하지 않았다는 것을 깨달은 위제가 범수의 시체를 찾게 했지만 범수는 탈출한 뒤였다. 범수는 정안평(鄭安平)의 도움으로 도망쳐 몸을 숨기고 이름을 장록(張祿)으로 바꾸었다.

당시 서방의 강대국 진나라의 소왕은 외척들의 발호로 겉과는 달리 통치권 확보에 애를 먹고 있었다. 즉위 후 약 40년이 흘렀지만 돌파구를 찾기가 쉽지 않은 상황이었다. 이런 상황에서 진나라 소왕의 알자(謁者, 왕의 접대관) 왕계(王稽)가 위나라에 와서 소왕에게 유세할 인재를 찾다가 정안평의 추천으로 범수를 만나게 된다. 범수는 마침내 왕계를 따라 조국 위나라를 떠나 진나라로 갔다.

왕계의 추천이 있었지만 진나라 소왕의 반응은 시원찮았다. 유세가를 꺼려 하는 왕실의 분위기 때문이었다. 유세가이자 개혁가였던 상앙(商鞅)이 반역죄로 처형당한 사건의 여파가 반세기 이상 이어지고 있는 데다, 불과 몇 년 전인 기원전 271년(소왕 36년) 진나라에 대항하는 합종을 주도한 유세가들에 대한 소왕의 혐오감이 여전했기 때문이다. 범수는 그렇게 하릴없이 1년 가까이를 기다렸다. 생각 끝에 범수는 소왕에게 한 통의 편지를 보냈다. 이제 살펴볼 문장은 사지를 벗어나 천신만고 끝에 진나라로 건너온 범수가 소왕을 만나지 못하자 사람을 넣어 소왕에게 보내 면담을 간청하는 편지다.

장면

신이 듣기에 '현명한 군주가 정치를 하면 공이 있는 사람은 상을 받을 수밖에 없고, 능력이 있는 자는 관직을 얻지 않을 수 없으며, 공로가 큰 사람은 후한 녹봉을 받으며, 공이 많은 사람은 귀한 작위를 얻게 되며, 백성을 잘 다스리는 자는 높은 벼슬을 한다'고 합니다. 그러므로 재능이 없는 자는 감히 관직을 맡지 못하고, 능력이 있는 자 또한 그 능력을 감추지 못합니다. 신의 말씀이 옳다고 생각하시면 실행하여 다스림에 이익이 될 수 있게 해주십시오. 신의 말씀이 옳지 않다면 신을 이곳에 머물게 해봤자 쓸모가 없습니다.

속담에 '못난 군주는 자신이 예뻐하는 자에게 상을 주고, 미워하는 사람에게 벌을 준다. 영명한 군주는 그렇지 않으니 상은 반드시 공이 있는 사람에게 주고, 형벌은 반드시 죄가 있는 자에게 떨어진다'고 했습니다. 지금 신의 가슴은 형틀을 감당하기에 부족하고, 허리는 큰 도끼를 받기에 부족한데 어찌 감히 확실치 않은 일로 왕을 시험하겠습니까? 신은 천한 자라 신을 경시하고 욕을 보인다 하더라도 신을 믿고 추천한 사람이 왕을 배반할 리는 없지 않습니까?

신은 주(周)의 지액(砥砨), 송(宋)의 결록(結綠), 양(梁)의 현려(縣藜), 초(楚)의 화박(和朴)이라는 흙에서 난 네 보물들이 처음에는 뛰어난 장인에게 버림을 받았지만, 끝내 천하의 이름난 기물이 되었다고 들었습니다. 그렇다면 성군에게 버림받은 자라고 해서 유독 나라에 도움이 되기에 부족하다고 할 수 있겠습니까?

신은 '집안을 부유하게 할 사람은 나라에서 취하고, 나라를 부유하게 할 사람은 제후들에게서 취한다'고 들었습니다. 천하에 영명한 군주가 있으면 제후들이 마음대로 부유해질 수 없다는데 왜 그렇겠습니까? 군주가 제후의 권력을 나눌 수 있기 때문입니다. 좋은 의사가 환자의 생사를 알 듯이 성군은 일의 성공과 실패를 잘 살펴서 이익이 되면 실행하고 손해가 되면 버리며, 의심스러우면 작게 시험해봅니다. 이는 순이나 우임금이 다시 살아난다 해도 바꿀 수 없는 것입니다. 정말 하고 싶은 말은 신이 감히 글에 담지 못했으며, 천박한 말들은 또 들으시기에 부족할 것입니다. 신이 어리석어 왕의 마음에 들지 않는 것입

범수의 형상을 그린 그림이다.(출처: 바이두)

니까, 아니면 신을 추천한 사람이 천해서 믿을 수 없으신 것입니까? 그런 것이 아니라면 신은 (왕께서) 한가한 틈을 타서 잠시 얼굴이라도 뵙길 원하옵니다. 단 한마디라도 쓸모가 없으면 도끼날에 엎어질 것입니다.

<h2 style="text-align:center">생각 얹기</h2>

편지는 절절하고 절박하다. 소왕과의 만남을 간절히 바라는 범수의 마음이 곳곳에서 드러난다. 범수는 먼저 뛰어난 군주의 자질이란 문제를 꺼내든다. 일단 소왕을 현명한 군주로 상정함으로써 유세가에 대해 거부감을 갖고 있던 소왕의 마음을 풀려는 의도로 보인다. 아울러 소왕에게 자신의 상황을 돌아보게 하려는 이중 장치로도 읽힌다. 그런 다음 자신의 말을 한 번이라도 들어보고 쓸 만하면 나라에 이익이 되게 하라고 권한다.

이어 범수는 현명한 군주의 자질 문제를 한 번 더 거론하면서 자신에게는 들어볼 가치가 있는 생각이 있다고 다시 한 번 강조한다. 그러면서 자신은 그렇다 하더라도 자신을 추천한 사람을 생각해 보라며 자신을 추천한 왕계를 암시한다. 그리고 범수는 이 대목에서 전문 감정사에게조차 버림받은 천하의 보물들을 일일이 거론하며 자신의 처지에 비유함으로써 한결 설득력을 높이고 있다.

범수는 다음으로 자신이 지금은 글로 생각을 밝히고 있지만, 글로는 할 수 없는 더 확실한 생각들이 많다면서 소왕과의 면담을 간청하는 한편, 만나서 들어본 다음 자신의 말이 쓸모가 없다면 그 자리에서 죽겠다는 극단적인 표현으로 만남의 필요성을 극대화시키는 것으로 문장을 마무리했다.

이 문장에서 범수가 인용한 다음의 속담은 지금 인용해도 충분히 통할 수 있는 명언이다. 조직과 리더가 시행하는 상벌의 기준으로 채용해도 좋을 대목이다. 원문과 함께 인용해둔다.

"못난 군주는 자신이 예뻐하는 자에게 상을 주고, 미워하는 사람에게 벌을 준다.

영명한 군주는 그렇지 않으니 상은 반드시 공이 있는 사람에게 주고, 형벌은 반드시 죄가 있는 자에게 떨어진다."

"용주상소애이벌소오(庸主賞所愛而罰所惡) ; 명주즉불연(明主則不然), 상필가어유공(賞必加於有功), 이형필단어유죄(而刑必斷於有罪)."

편지를 읽은 소왕은 크게 마음이 움직였다. 소왕은 바로 왕계에게 사과하고, 마차를 보내 범수를 불렀다. 궁에 도착하여 소왕을 만나기까지의 이 과정도 매우 생동감 넘치는 명장면이다. 〈범수채택열전〉의 관련 대목을 소개한다.

범수는 이궁(離宮)에서 (왕을) 만나게 되었는데, 일부러 길을 모르는 척 내궁으로 들어갔다. 왕이 도착하자 환관은 화를 내며 범수를 내쫓으면서 "왕께서 이르셨다!"고 했다. 범수는 자기 멋대로 "진나라에 왕이 어디 있소? 진나라에는 오직 태후와 양후(穰侯, 외척 위염魏冉)만 있을 뿐이지요!"라고 지껄여서 소왕의 화를 돋우려 했다.

소왕이 도착해서 범수가 환관과 말다툼 하는 소리를 듣고는 그를 맞이하여 "과인이 일찌감치 몸소 가르침을 받아야 하는데 의거(義渠) 지역의 일이 급하고, 또 아침저녁으로 몸소 태후의 명을 받아야 해서요. 지금 의거의 일이 마무리되어 과인이 비로소 가르침을 받을 수 있게 되었습니다. 이 몸이 어리석고 민첩하지 못하나 삼가 주객의 예로 모시고자 합니다"라며 사과했다.

소왕은 사과하면서 극진히 범수를 대했지만 범수는 사양했다. 소왕의 이런 태도에 곁에 있던 신하들의 안색이 변하고 분위기가 숙연해졌다. 소왕은 범수가 사양한 의중을 헤아리고는 주위를 물리친 다음, 범수와 단둘이 만났다.

이후 소왕이 무려 다섯 번이나 무릎을 꿇으면서 거듭거듭 범수에게 가르침을 청하는 이른바 '오궤(五跪)'로 유명한 장면이 이어진다. 이렇게 해서 천하의 책략가 범수와 소왕의 첫 만남이 이루어졌다. 흔히 하는 말로 세기의 만남이었다. '오궤'에 대해서는 사전의 해당 항목을 참고하면 된다.

그로부터 4년 뒤 범수는 진나라의 상(相)이 되었고, 진나라는 '원교근공'으로 통일에 박차를 가했다. 물론 태후를 비롯한 외척 세력도 철저하게 견제하여 내정도 확실하게 다졌다. 천하 통일의 기운이 무르익어 갔다. 범수는 부귀영화를 누리다가 채택(蔡澤)이란 인재를 추천하고 조용히 물러나 여생을 마쳤다. 범수는 기원전 255년 세상을 떠났고, 그로부터 약 한 세대 뒤인 기원전 221년 천하는 하나가 되었다. 훗날 진시황을 도와 천하 통일이라는 대업을 성취한 이사(李斯)는 범수를 두고 이렇게 평했다.

"소왕이 범수를 얻으니 왕실이 강해지고 외척이 막혔다. 제후국들을 잠식하여 진나라 제왕의 업을 성취하게 했다."

한 가지 더, 범수와 관련한 유명한 고사로 '일반필상(一飯必賞), 애자필보(睚眦必報)'란 것이 있다. 범수는 자신이 모시던 수고의 무고와 위제의 박해를 받아 거의 죽다 살아나는 극한의 고통을 겪었다. 천신만고 끝에 정안평과 왕계의 도움으로 진나라에 건너와 기회를 잡아 부귀영화를 누릴 수 있었다. 이 때문인지 범수는 은혜와 원한에 대한 입장이 확고했다. 그래서 누구에게 '밥 한 번 얻어먹어도 반드시 갚았고, 지나가다 누군가 자신을 째려보기만 해도 반드시 되갚았다'고 한다. 그것이 바로 '일반필상, 애자필보'이다. 범수는 당연히 수고와 위제에게는 보복을, 그리고 정안평과 왕계에게는 보답을 했다.(사전의 해당 항목 참고)

— 이상 권79 〈범수채택열전〉

얼굴이 시들면 사랑도 시드는 법

여불위(呂不韋)의 '로비의 기술(The Art of Lobbying)'

배경

기원전 260년 무렵 위(衛)나라 출신의 거상 여불위(呂不韋)는 사업차 조(趙)나라 수도 한단(邯鄲, 하북성 한단시)을 찾았다. 그는 여기서 뜻하지 않게 인질로 와 있는 진(秦)나라의 공자 이인(異人)을 만났다. 이인의 신상을 확인한 여불위는 그가 투자할 만한 가치가 있는 존재임을 직감하고 그에게 투자를 결심했다.(여기서 '기이한 물건은 차지해두라'는 뜻의 '기화가거奇貨可居'라는 사자성어가 탄생했다.) 이인은 당시 진나라의 태자 안국군(安國君, 훗날의 효문왕孝文王)의 스무 명이 넘는 아들들 중 하나로 조나라와의 인질 교환으로 조나라에 와 있었다. 생모가 안국군의 사랑을 받지 못한 탓에 타국에 인질로 와 있는 고달픈 신세였다.

여불위는 다음 왕위 계승자인 안국군이 가장 총애하는 화양(華陽) 부인에게 자식이 없다는 정보를 입수하고는 이인을 화양 부인의 양자로 들이기 위한 정치 도박에 본격적으로 뛰어들었다. 그는 먼저 초나라 출신인 화양 부인의 마음을 움직이기 위해 이인의 이름을 자초(子楚)로 바꾸게 했다.

여불위는 천금을 마련해서 자초에게 500금을 주어 조나라에 와 있는 각국의 귀빈들과 사귀면서 이름을 알리게 했다. 여불위는 한 걸음 더 나아가 자신의 첩인 조희(趙姬)를 자초와 결혼시켰다. 당시 조희는 임신 중이었고, 후에 태어난 아들이 바로 영정(嬴政), 즉 훗날의 진시황(秦始皇)이었다. 이 때문에 역사에서는 진시황의 생부를 두고 2천 년 넘게 논쟁이 이어지고 있다. 사마천이 다른 곳에서는 진시황의 생부를 자초로 기록하여 서로 모순된 사료를 남겨 놓았기 때문이다.

여불위는 남은 500금으로 진기한 패물 따위를 마련하여 진나라로 향했다. 진나라에 도착한 여불위는 사람을 넣어 화양 부인과 접촉을 시도했다. 여불위는 화양 부인을 직접 만나지 않고 그 언니를 먼저 만나는 남다른 수순을 밟았다. 여불위는 화양 부인의 언니에게 지금 당신이 누리고 있는 부귀영화가 어디서 비롯되는가를 확인시키는 한편, 자식이 없는 화양 부인의 미래를 언급하며 언니를 조급하게 만들었다. 즉, 자식이 없는 화양 부인이 안국군의 총애를 잃는 날이면 다른 가족의 부귀영화도 다 허사가 된다는 요지였다.

여불위는 가져온 패물 등을 화양 부인의 언니를 통해 화양 부인에게 건네게 하면서 자초의 근황을 알리게 했다. 자초는 한단에서 천하 제후의 빈객들과 두루 사귀며 명성을 높이고 있으며, 화양 부인을 어머니처럼 여기며 밤낮으로 안국군과 부인 생각에 눈물을 흘린다고 전했다. 여불위를 통해 동생 화양 부인의 부귀영화가 곧 자신의 부귀영화임을 절실하게 인식한 언니는 열을 올리며 동생의 마음을 흔들어 놓았다.

화양 부인은 뜻밖의 소식과 선물에 몹시 기뻤다. 여불위는 화양 부인의 언니에게 미리 기회를 봐서 이렇게 설득하게 했다. 이 장면은 글이 아닌 말이긴 하지만, 상대가 처한 현재 상황과 심리를 꿰뚫는 절묘한 언변이 돋보여서 분석의 대상으로 삼았다. 여불위의 간략한 신상명세를 먼저 살핀 다음, 여불위가 화양 부인의 언니를 통해 화양 부인의 마음을 어떻게 흔드는가를 보자.

인물

여불위(?~기원전 235)는 전국시대 말기의 대상인이자 정치가이다. 원래는 위나라 복양(僕陽, 오늘날 하남성 복양의 서남쪽) 사람이었는데, 나중에 한(韓)나라에서 장사를 하여 양책(陽翟, 오늘날 하남성 우현禹縣) 지역의 대부호가 되었다. 조나라 한단에서 이인(자초)를 만나 과감한 정치 투자(도박)를 단행하여 그를 왕(장양왕)으로 만들었다. 이로써 진나라의 승상이 되었고, 장양왕의 12세 난 아들 영정(진시황)까지 왕위에 오르면서 진나라의 정치권력을 좌우하기에 이르렀다.

기원전 238년 영정이 21세 성인식을 치르고 직접 정치를 담당하면서 생모인 조태후와 태후의 정부 노애(嫪毐)가 반란을 일으켰다. 영정은 이 반란을 신속하게 진압하고 그에 연루된 여불위를 파면시켰다. 여불위는 낙양으로 은퇴한 다음 다시 촉 지방으로 유배되었다. 영정은 유배지로 가는 여불위에게 편지를 보내 그를 자살하게 만들었다. 여불위는 착잡한 심경을 뒤로 하고 스스로 목숨을 끊었다. 그때가 기원전 235년이었고, 영정이 왕위에 오른 지 12년째였다. (진나라는 그로부터 14년 뒤인 기원전 221년 천하를 통일한다.)

여불위는 신흥 대상인에서 신흥 봉건관료 대지주로 극적 전환되는 삶을 살았던 풍운아로서 진나라의 번영과 강성에 크게 공헌했다. 그는 장양왕 원년(기원전 249)부터 진시황 영정 10년(기원전 237년)에 이르기까지 13년간 상국의 자리를 지켰고, 특히 영정이 왕위를 계승한 초기에는 모든 정책과 명령을 주관했다. 여불위는 정치와 군사에서 많은 개혁을 단행하여 큰 성과를 거두었다.

여불위는 적극적으로 통일사업을 추진하고 봉건 중앙집권제를 건설하기 위한 이론적 근거를 찾는데 노력하였다. 즉, 통일 봉건국가를 유지하기 위해서는 구성원들의 행동을 통제할 수 있는 하나의 사상준칙과 규범이라고 하는 신무기가 절실히 필요했기 때문이다. 그래서 여불위는 자신의 문하에 불러 모은 수많은 식객들을 조직하여 《여씨춘추(呂氏春秋)》를 편찬했다. 이 책은 선진 제자백가들의 학설을 종합한 잡가(雜家)의 학설을 대표하는 중요한 저작이었다.

여불위가 상인에서 정치가로 변신하는데 가장 중요한 대목은 물론 이인(자초)을 만난 순간이었다. 그리고 그의 정치 도박이 성공하는데 결정적인 고리가 된 대목은 역시 화양 부인에 대한 로비였다. 그는 혹 있을지도 모를 상인에 대한 화양 부인의 거부감을 고려한 끝에 로비 대상을 직접 공략하는 대신 이해관계가 단단하게 걸려 있는 그 언니를 공략하는 절묘한 수순을

여불위는 전국시대를 통 털어 최고의 풍운아였다. 장사꾼으로 정치도박에 성공하여 진나라 권력을 좌우했고, 친아들 진시황의 압박을 받아 자결했으며, 그 아들은 천하를 통일했다. 진시황릉 앞에 조성되어 있었던 여불위 모습의 조형물이다. (2013년, 지금은 철거되어 없다.)

보여주었다. 한 단계(사람)를 더 거침으로써 상품(자초)의 값을 더 올리는 상술을 터득한 상인으로서의 기지가 번득이는 대목이 아닐 수 없다. 이제 그가 화양 부인의 언니를 통해 건넨 당시 그 말을 한번 읽어보자.

장면

"제가 듣기에 '얼굴로 사람을 섬기는 자는 얼굴이 시들면 사랑도 식는다'고 합니다. 지금 (화양) 부인께서는 태자를 섬기며 많은 사랑을 받고 계시지만 아들이 없습니다. 어째서 일찌감치 여러 아들 중 어질고 효성스러운 자를 골라 아들로 삼아 후계자로 만들지 않는 것입니까? 이러면 부군께서 살아 계실 때는 존중을 받고, 부군이 세상을 떠나도 아들이 왕이 되어 끝까지 권세를 잃지 않게 됩니다. 이것이 이른바 말 한마디로 만세의 이로움을 얻는다는 것입니다. 잘나갈 때 뿌리를 내려야지 얼굴이 시들어 사랑이 식은 다음에는 말 한마디하고 싶어도 그게 가능하겠습니까? 지금 자초는 어질긴 합니다만, 여러 아들 중 하나에 지나지 않아 서열상 후계자가 될 수 없다는 것을 잘 압니다. 그 생모도 사랑을 받지 못했기에 부인께 기대려는 것입니다. 정말이지 이참에 그를 후계자로 발탁한다면 부인께서는 평생 진나라에서 총애를 누릴 것입니다."

생각 얹기

'얼굴로 사람을 섬기는 자는 얼굴이 시들면 사랑도 식는다.'
'이색사인자(以色事人者), 색쇠이애이(色衰而愛弛).'

여불위의 정치 도박이 성공할 수 있었던 요인은 여러 가지다. 특히 여성들의 역할이 컸다. 물론 여불위가 로비 대상으로 여성을 선택했기 때문이다. 나중에 자초를 태자로 만들기 위해 안국군을 대상으로 한 또 한 차례의 로비에서도 태후와 그 남동생을 그 대상으로 삼는다. 그리고 그 결정타가 바로 위의 명언이었다.

화양 부인의 언니는 여불위의 로비에 화들짝 놀라지 않을 수 없었다. 지금 자신이 누리고 있는 부귀영화가 결국 동생 화양 부인에게 달려 있다는 사실을 새삼 확인했기 때문이다. 이로써 화양 부인의 언니는 여불위가 화양 부인에게 직접 로비하는 것보다 훨씬 더 절박하게 화양 부인을 구슬렀다. 여불위는 바로 이 점을 노렸던 것이고, 결과는 대성공이었다.

여불위의 로비에서 또 하나 발견할 수 있는 특징은 철두철미 이해관계로 대상을 몰아갔다는 점이다. 즉, 자초를 어떻게 할 것이냐에 따라 화양 부인을 비롯한 그 인척의 이해관계와 운명이 완전히 달라질 수 있다는 사실을 적극 부각시켰다.

또 하나는 여성의 심리와 현재 처한 상황을 적절하게 공략했다는 점이다. 권력자의 축첩이 허용되었던 체제에서 권력자를 모시고 있는 여성의 심리는 매우 복잡할 수밖에 없다. 젊고 아름다운 첩의 출현에 따라 자신의 총애가 언제 어떻게 급변할지 모르기 때문이었다. 여불위는 이런 심리를 정확하게 파악하고 있었다. 더욱이 자식이 없는 화양 부인으로서는 정곡을 찌르는 여불위의 지적이 더욱 절박하게 다가설 수밖에 없었다. 언니로부터 여불위의 말을 전해들은 화양 부인은 이제 직접 자신이 나섰다. 〈여불위열전〉은 그 대목을 이렇게 기록하고 있다.

화양 부인은 일리가 있다고 여겨서 (남편인) 태자(안국군)가 한가한 틈에 조용히 조나라에 인질로 가 있는 자초가 아주 현명하고 오가는 사람들이 모두 칭찬한다고 말했다. 그러면서 "첩이 다행히 후궁이 되었지만, 불행히도 아들이 없으니 자초를 후사로 삼아 첩의 몸을 맡기고자 합니다"라며 눈물을 흘렸다.

안국군은 이를 허락하고 부인에게 옥부(玉符)를 새겨주며 자초를 후사로 삼겠다고 약속했다. 안국군과 부인은 이어 자초에게 많은 물품을 보내는 한편, 여불위에게 그를 잘 이끌도록 하니 자초는 이로써 제후 사이에 그 명성이 더욱 커졌다.

그 이후의 상황은 이렇다. 여불위가 진나라를 다녀간 뒤 약 3년 뒤인 기원전 257

대상인이자 한때 최고 권력을 누렸던 여불위의 무덤은 뜻밖에도 단출하다. 박장(薄葬)을 주장했던 그의 사상과 관련이 있는 듯하다. 사진은 그의 봉지였던 하남성 낙양(洛陽) 부근에 남아 있는 그의 무덤이다.(2009년)

년 자초는 조국 진나라로 돌아와 태자가 되었다.(당시 영정의 나이 만 두 살이었다.) 이어 기원전 251년, 영정의 나이 여덟 살 때 안국군이 왕(효문왕)으로 즉위했다.

조나라는 영정 모자를 진나라로 돌려보냈다.(여기에도 여불위의 로비가 있었다.) 그런데 효문왕이 즉위 1년 만인 기원전 250년에 갑자기 세상을 떠났고, 영정의 아버지 자초가 장양왕으로 즉위했다. 여불위는 승상이 되었다. 장양왕도 3년 만에 세상을 떠났고, 기원전 246년 영정이 만 12세의 나이로 왕이 되었다. 여불위는 진나라의 권력을 장악했다. 이후의 경과는 위에서 언급한 대로다. 여불위의 최후에 대해서는 바로 다음 유배 가는 여불위에게 진왕 정(진시황)이 보낸 짤막한 편지 부분에서 다루어진다.('기화가거' 등 항목 참고)

– 이상 권85 〈여불위열전〉

그대가 진나라에 무슨 공을 세웠길래

여불위를 자살하게 만든 30자 진시황(秦始皇)의 편지

배경

기원전 239년, 진왕 정(政, 훗날 진시황)의 나이 20세였다.(진시황은 기원전 259년에 태어나 기원전 210년 49세로 급사했다.) 정은 12세에 즉위했지만 실권은 상국(相國) 여불위(呂不韋) 수중에 있었다. 그해, 진왕 정의 배다른 동생인 장안군(長安君) 성교(成蟜)가 조(趙)나라를 공격하더니 갑자기 반란을 일으켰다. 진왕 정이 직접 나서 성교의 반란을 진압했다. 기원전 247년 12세의 어린 나이로 즉위하여 10년 가까이 숨죽이고 있던 진왕 정이 정치 전면에 나서는 순간이었다.

그리고 바로 그해, 환관으로 속여 몇 년 전 여불위가 태후(진왕 정의 생모)의 침실로 들여보냈던 노애(奴毐)가 태후의 총애를 등에 업고 장신후(長信侯)에 봉해졌다. 이와 함께 하서(河西) 지역 태원군(太原郡)을 노애의 봉국으로 하사했다. 그사이 노애와 태후 사이에서 아들이 둘이나 태어났다. 진왕 정이 정치 일선에 나서자 노애와 태후는 정변을 준비했다. 진왕 정은 사람을 보내 이들의 동정을 은밀히 조사했다. 이해에 여불위가 자신의 식객들을 동원하여 편찬한 《여씨춘추》가 완성되었다.

이듬해인 기원전 238년, 21세의 진왕 정은 관례에 따라 성인식을 치르고 마침내 친정을 시작했다. 노애와 태후는 바로 반란을 일으켰다. 대비하고 있던 진왕 정은 단숨에 난을 진압했다. 노애를 비롯한 주모자 20명의 목을 자르고, 태후는 옹(雍) 지역의 별궁으로 내쳤다. 잔당들은 작위를 박탈당해 먼 남방 촉(蜀) 지역으로 옮겨졌는데, 무려 4,000여 가구에 이르렀다.

이듬해인 기원전 237년, 진왕 정은 노애의 반란의 책임을 물어 상국 여불위를 파면했다. 노애를 태후에게 들여보낸 사람이 여불위였기 때문에 반란의 원인 제공자

노애의 반란을 그린 기록화이다.(2008년)

로 책임을 물은 것이다. 그리고 봉지인 하남(河南, 낙양洛陽 주변)으로 내쫓았다. 태후는 함양으로 환궁시켰다. 또 한나라 수리 전문가 정국(鄭國)의 간첩 소동으로 '축객령'을 내렸다가 이사의 건의로 취소했다. (이상에 대해서는 〈간축객서〉 부분에서 살펴본다.)

그 뒤 1년 사이에 제후의 빈객과 사신들이 끊임없이 여불위에게 인사를 왔고, 정은 여불위가 변란을 일으킬까 두려웠다. 진왕 정은 여불위를 다시 촉(蜀)으로 내치라는 명령을 내렸다. 그리고는 쫓겨 가는 여불위에게 편지를 보냈다. 진왕 정의 편지를 받아 든 여불위는 독주를 마시고 죽었다.(기원전 236년) 나라 하나를 건 정치 도박으로 진나라의 최고 권력자로 15년 가까이 행세했던 여불위가 자결로 생을 마감했다. 진왕은 여불위와 노애가 모두 죽자 촉으로 내쫓은 노애의 사인들을 다시 돌아올 수 있게 했다.

여불위는 한 통의 편지를 받고 미련 없이 자결을 선택했다. 〈진시황본기〉에는 이 대목을 "여불위는 자신에게 서서히 밀려오는 압박감과 죽음에 대한 공포로 독주를 마시고 죽었다"고 기록했다. 여기서 여불위의 죽음과 관련하여 생각해 볼 점이 있다. 다름 아닌 진왕 정의 생부가 누군가 하는 논쟁이다. 여불위가 진왕 정의 생부였다는 주장이 2천 년 넘게 설득력 있게 받아들여지고 있기 때문이다. 이 주장을 따른다면 여불위는 친아들의 편지를 받고 자결한 셈이다. 그렇다면 대체 그 편지가 어떤 내용이었길래 두말 않고 자결을 선택했을까? 진왕 정이 유배지로 가고 있는 여불위에게 보낸 편지는 원문으로 단 30자에 지나지 않는다. 먼저 편지를 읽어보고 그 안에 담긴 속뜻을 좀 더 살펴보자. 참고로 원문도 함께 제시해둔다.

"그대가 진나라에 무슨 공을 세웠기에 진나라가 그대를 하남(河南)에 봉하고 10만

호를 식읍으로 내렸는가? 그대가 진나라와 무슨 친척 관계이기에 (내가 그대를) 중보

(仲父, 큰아버지)라 부르는가? 가족과 촉(蜀)으로 옮겨가 살도록 하라!"

"군하공어진(君何功於秦), 진봉군하남(秦封君河南), 식십만호(食十萬戶)? 군하친어진

(君何親於秦), 호칭중보(號稱仲父)? 기여가속사처촉(其與家屬徙處蜀)!"

생각 얹기

이 편지는 원문으로 단 30자의 짤막한 편지지만 그 안에는 당시 23세의 젊은 진

왕 정의 많은 고민이 깔려 있다. 이 편지에 담긴 진왕 정의 고뇌와 행간의 의미를 제

대로 살피기 위해 잠깐 훗날 통일 제국의 첫 황제가 되는 그의 생애에 대해 살펴보

자.(이하 편의상 진시황으로 부른다. 다른 부분과 약간 중복되지만, 독자들의 이해를 돕기 위해 진시

황의 입장에서 좀 더 소개했다.)

진시황은 기원전 259년 타국인 조(趙)나라 수도 한단(邯鄲)에서 태어났다. 아버지

자초(子楚)가 조나라에 인질로 와 있다가 상인 여불위(呂不韋)를 만나 그의 후원을 받

고 나아가 여불위의 여자 조희(趙姬)를 아내로 얻어 진시황을 낳았기 때문이다.(조희

가 자초에게 시집올 때 이미 여불위의 씨를 잉태한 임신 중이었다고 한다. 이 때문에 진시황의 생부

는 여불위라는 설이 유력하게 제기되었다.) 이후 진시황은 여덟 살까지 타국살이를 했다.

법적 아버지 자초는 진시황 두 살 때 진나라로 돌아갔고, 진시황과 생모는 6년 동안

여불위의 도움이 있긴 했지만, 아버지 없는 불안한 나날을 보냈다.

여덟 살 때 법적 아버지 자초가 장양왕으로 즉위함으로써 진시황과 조희는 진나

라로 돌아올 수 있었다. 진나라의 권력은 여불위가 장악해 나갔다. 그런데 장양왕도

재위 3년 만에 세상을 뜨고, 12세의 어린 진시황이 왕으로 즉위했다. 권력은 완전히

여불위의 수중으로 들어갔고, 어린 진시황은 홀로 고독한 나날을 보냈다. 젊은 생모

조태후는 한때 자신의 주인이었던 여불위를 침실로 끌어들이는 대담한 불륜 행각을

서슴지 않았다. 이런 모습을 지켜보는 어린 진시황의 심경은 어땠을까?

조태후의 대담한 행동에 여불위는 정치적 부담을 느끼지 않을 수 없었다. 점점 성

장하는 친아들(?) 진시황의 시선도 크게 신경이 쓰였을 것이다. 여불위는 장안에서 정력이 좋기로 이름난 노애라는 자를 물색하여 밤마다 자기 집에서 노애의 정력을 자랑하는 공연 같은 것을 벌여 이 일이 태후의 귀에 들어가게 했다. 태후는 입궁한 여불위에게 장안의 소문에 대해 이야기했고, 여불위는 모른 척 노애를 환관으로 속여 태후의 궁으로 들여보냈다.

노애와 태후는 궁합이 환상적이었다. 몇 년 사이에 아들을 둘씩이나 낳았다. 진시황은 생모의 이런 애정(불륜) 행각을 숨 죽여 지켜보고 있었다. 이후 진시황이 성인식을 치르고 직접 정치 일선에 나서자 노애와 태후가 반란을 일으킨 정황에 대해서는 앞에서 언급한 바 있으므로 생략한다.

직접 나라 일을 챙기기 시작한 진시황에게 가장 필요한 것은 자신을 지지하고 따르는 정치 세력이었다. 그러나 현실적으로 진나라의 거의 모든 정치세력은 여불위 일당이었다. 노애가 태후의 총애를 업고 정치세력을 만들기는 했지만, 반란 실패로 제거된 상황이었기 때문에 여불위의 권력은 전에 없이 더 막강해졌다.(실제로 태후의 위세를 업고 세력을 키운 노애는 여불위의 '여당'과 맞서는 '노당'을 만든 바 있다.) 당시 최강 진나라의 통치자 진시황의 고민이 본격적으로 시작되었다.

진시황은 21세 친정에 들어가자마자 노애의 반란이란 위기를 맞이했다. 진시황은 신속하고 잔인하게 이 난을 진압했다. 기록에 따르면 진시황은 사람을 시켜 태후와 노애의 움직임을 살피고 있었다. 이는 진시황의 정치적 감각이 예사롭지 않다는 사실을 보여준다. 그가 어떤 방식으로 측근들을 확보했는지는 알 수 없지만, 반란을 진압하는 과정을 보면 그의 정치력은 결코 평범하지 않았다.

반란 진압으로 정치력을 발휘하여 진나라 조정에서 나름의 영향력을 확인시킨 진시황의 다음 목표는 말할 것 없이 (생부) 여불위였다. 노애의 반란에 원인을 제공한 장본인이었기 때문이다. 어떤 방식으로든 책임을 물어야 했다. 이듬해인 기원전 237년, 22세의 진시황은 여불위를 상국 자리에서 파면하고 봉지인 낙양으로 내쳤다. 이보다 앞서 언급한 바 있는 '축객령'과 이사의 〈간축객서〉 사건이 있었다. 진시황은 여불위의 추천으로 조정에 들어온 이사를 내쫓지 않았다. 그 뒤 진시황의 총애를 한 몸에 받으며 천하 통일에 큰 공을 세우는 이사의 행적으로 볼 때 진시황은 이 당시 출세에 목말라 하는 이사를 이용했을 가능성이 크다. 즉, 이사를 이용하여 여불위에 대한 정보를 얻고, 이것으로 여불위를 감시 내지 통제했을 것이다. 여불위는 전격 파면되었다.

여불위는 파면되고 봉지로 쫓겨났지만 그 세력은 여전했다. 여불위가 가는 길목에 외국 사신까지 와서 인사를 드릴 정도였다. 진시황의 고민은 더욱 더 깊어졌다. 진시황은 다시 결단을 내려 여불위를 촉 지방으로 내쳤다. 기원전 236년 23세의 진시황은 촉으로 떠나는 여불위에게 한 통의 편지를 썼고, 이 편지를 받아 든 여불위는 두말없이 독약을 마시고 자살했다. 진시황이 여불위에 보낸 편지가 바로 위에 소개한 원문 단 30자의 글이다. 말하자면 진시황은 단 한 통의 편지, 그것도 단 서른 자로 가장 큰 근심거리(?)였던 여불위를 제거했다.

서른 자의 이 편지에서 주목할 것은 우선 이 편지가 단 두 개의 물음으로 이루어 졌다는 사실이다. 이 물음은 진시황이 여불위에게 던지는 것인데, 첫 물음은 "그대가 진나라에 무슨 공을 세웠기에 진나라가 그대를 하남(河南)에 봉하고 10만 호를 식읍으로 내렸는가?"였다. 이 물음은 여불위 당신이 도대체 진나라에 얼마나 큰 공을 세웠기에 하남 땅 10만 호나 되는 봉지를 누릴 수 있냐는 반문이었다. 요컨대, 여불위의 공을 부정한 것이다.

다음으로 진시황은 "그대가 진나라와 무슨 친척 관계이길래 (내가 그대를) 중보(仲父)라 부르는가?"라고 묻는다. 이 물음은 여불위와 진시황 자신과의 관계에 대한 부정이다. 진시황의 법적 아버지 장양왕은 즉위 후 여불위를 상국에 봉하면서 아들 진시황에게 여불위를 '중보', 즉 '큰아버지'로 부르게 했다. 진시황은 '당신이 우리 진나라 왕실과 무슨 인척관계이길래 내가 당신을 큰아버지라 불러야 하는가'라며 관계를 부정한 것이다. 이 두 번째 물음은 여불위에게는 치명적인 칼날이었다.

그런데 이 물음의 이면에는 진시황과 여불위의 관계에 대한 실마리가 숨어 있다. 진시황은 여불위가 자신의 생부임을 알고 있었던 같다. 그렇다고 이를 공개적으로 밝힐 수는 없지 않은가? 여불위는 어찌 되었건 제거되어야 할 존재다. 더욱이 두 사람은 서로의 관계를 밝힐 수 없는 위치에 있지 않았나? 기록은 여불위가 죽음의 그림자에 두려워했다고 했지만, 어쩌면 흐뭇한 심경으로 기꺼이 독약을 들이키지 않았을까? 자신을 닮은 친아들 진시황이 이렇게 성장했으니 그만큼 대견했을 것이다.

아무튼 단 30자의 편지 한 통은 정말이지 지독한 수가 아닐 수 없었다. 진시황은 여불위와 진나라, 그리고 자신과의 관계를 철저하게 부정하고 나서면서 여불위를 심리적으로 압박하고 있다. '이제 당신과 나, 그리고 당신과 진나라의 관계는 끝났다. 스스로 알아서 물러나길 바란다.' 진시황은 이런 상투적인 수사를 배제한 채 여불위의 아픈 곳만 찔러대는 표현으로 그를 막다른 골목으로 몰아가는 독수를 구사했다. 이는 달리 말해 여불위가 자신의 생부임을 진즉에 알고 있었다는 반증이 아니겠는가? 당신이 진정 아들을 위한다면 말썽 일으키지 말고 조용히 사라져 달라는 의미에 다름 아니었다.

30자의 이 편지 한 통은 진시황이 보통 사람이 아니라는 점을 잘 보여주었다. 그에게는 분명 여불위의 피가 흐르고 있었다. 만감이 교차하는 착잡한 심경으로 여불위는 독주를 마시고 스스로 목숨을 끊었다. 친아들로부터 죽음을 강요받은 그의 심경이 어땠을까? 그 심경을 누가 알겠는가? 그때가 진왕 정 11년(기원전 236년), 진왕 정의 나이 23세였다. '기화가거(奇貨可居, 기이한 물건은 차지해 두라)' 자초에게 눈독을 들여 과감한 정치 투자를 결행하고 끝내 진나라의 실질적인 권력자가 되어 15년 가까이 철권을 휘둘러 온 여불위가 친아들 진시황에 의해 영원히 퇴출당하는 순간이었다.

여불위의 자살로 모든 일이 끝난 것은 아니었다. 여불위의 잔여 세력이 여전했기 때문이다. 진시황은 여불위가 죽은 뒤에도 만반의 사후조치를 취하는 치밀한 정치적 수순을 보

진시황의 생부를 둘러싼 논쟁은 아직도 진행형이다. 그러나 여불위를 자결하게 만든 위 편지를 보면 여불위의 기운이 느껴진다. 사진은 동방 6국을 정벌하고 귀환하는 진시황의 모습을 나타낸 석상이다.(섬서성 함양시 2011년)

여주었다. 우선 여불위의 죽음과 장례를 비밀에 부쳤다. 심지어 여불위의 시체를 암매장하기까지 했다. 그럼에도 불구하고 여불위의 가신들은 여불위의 장례식을 열었고 많은 사람이 참가했다. 여불위의 여세가 결코 만만치 않음을 보여주는 대목이다. 진시황은 이를 역이용했다. 여불위의 가신으로 장례식에 참석한 자들을 조사하여 외국 출신들은 모조리 추방하고, 진나라 본국 출신들로 녹봉이 600섬 이상인 자들은 관직을 박탈하고 방릉(房陵)으로 옮겼다. 녹봉 500섬 이하로 장례식에 참석하지 않은 가신들은 관직은 그대로 둔 채 방릉으로 옮기게만 했다. 이렇게 해서 여불위의 잔여 세력들을 깨끗하게 정리했다.

이어 진시황은 노애와 여불위의 선례를 들며 이들처럼 설치는 자들은 일족을 몰수하여 관가의 노비로 삼는다는 명령을 내려 관례로 삼게 했다. 그런 다음 촉으로 옮겼던 노애의 가신들에게 세금과 요역을 면제해주고 귀향을 허락하는, 비유컨대 채찍과 당근을 동시에 구사하는 민심 무마책으로 사건을 완전히 매듭지었다.

진시황은 이로써 인간적인 모든 압박에서 해방되었다. 23년 동안 자신을 억눌렀던 부모와 생부 여불위의 중압감을 한달음에 떨쳐 버렸다. 그러면서 정치가 무엇인지, 권력의 속성이 어떤 것인지도 몸으로 배웠다. 홀로 숨죽인 채 수도 없이 상상하고 가상 실험했던 자신의 생각과 의지를 실제 현실에서 거의 완벽하게 실현시켰다. 그리고 그 과정에 위에 소개한 단 30자의 한 통의 편지가 있다. 이후 진시황의 생애는 간단한 연표로 소개해둔다.(괄호 안의 숫자는 진시황의 나이)

- **기원전 233년** 한비자(韓非子)가 진에 왔다가 이사 등의 모함으로 자결함.(26세)
- **기원전 231년** 6국 정벌을 위한 대규모 전쟁을 시작함.(28세)
- **기원전 227년** 연나라 태자 단(丹)이 형가(荊軻)를 보내 진왕 정을 암살하려다 실패함.(32세)
- **기원전 221년** 6국을 모두 정복하고 천하 통일을 이룸. 군현제와 도량형·문자 통일 등 '3통' 정책을 실시함. 시황제(始皇帝)로 부르게 함.(38세)
- **기원전 218년** 3차 전국 순수 때 장량(張良)이 고용한 창해역사의 공격을 받았으나

무사함. (41세)

- **기원전 215년** 불로장생에 대한 집착이 점점 강해짐. (44세)

- **기원전 213년** 이사의 건의를 받아들여 분서갱유를 단행함. (46세)

- **기원전 212년** 자신의 무덤인 여산묘와 아방궁 축조를 위해 죄수 70만 명을 동원
함. (47세)

- **기원전 210년** 5차 순수 때 사구(沙丘)에서 쓰러져 일어나지 못함. (49세)

강과 바다는 자잘한 물줄기를 가리지 않는다

이사(李斯)의 〈간축객서(諫逐客書)〉

배경

기원전 237년은 훗날 기원전 221년 중국 역사상 최초의 통일 제국을 세우는 진시황(秦始皇)이 왕위에 오른 지 10년째 되던 해였다. 진시황은 10년 전인 기원전 247년 12세의 나이로 왕위에 올랐다. 위(衛)나라 출신의 거상 여불위(呂不韋)의 경제적 지원과 국경을 넘나드는 치밀한 로비 덕분에 전혀 가망 없던 아버지 장양왕(莊襄王)이 왕위에 오른 지 불과 3년 만에 세상을 떴기 때문이었다. 모든 권력은 여불위의 수중으로 빨려 들어갔다.

그로부터 10년 동안 진왕 정(政, 진시황)은 숨죽인 채 조정의 형세를 살피며 살았다. 그 사이 젊은 생모 조(趙)태후는 과거 자신의 주인이었던 여불위를 침실로 끌어들였다. 부담을 느낀 여불위는 장안에서 정력이 출중한 노애(嫪毐)란 자를 물색하여 태후에게 보내 태후의 욕정을 채우게 했다. 태후와 노애 사이에서는 아들이 둘씩이나 태어났다. 젊은 진왕 정은 이런 상황을 그저 조용히 지켜보고 있었다.

기원전 238년, 21세 진왕 정의 성인식이 있었다. 직접 정치 일선에 나설 수 있는 나이가 된 것이다. 다급해진 태후와 노애는 성인식에 맞추어 반란을 일으켰다. 정은 기다렸다는 듯이 단숨에 반란을 진압했다. 도망쳤던 노애는 바로 붙잡혀 목이 잘려 저잣거리에 내걸렸고, 태후는 별궁으로 쫓겨났다.

다시 기원전 237년, 22세의 정은 노애 반란의 책임을 물어 여불위를 면직시켰다. 진나라 종실과 대신들이 움직이기 시작했다. 지금까지 진나라의 권력을 좌우하던 타국 위나라 상인 출신이었던 여불위가 물러났기 때문이다. 이때 마침 한(韓)나라에서 보낸 수리 전문가 정국(鄭國)이 실은 진나라 내부를 이간질하고 제방과 운하를 쌓

〈간축객서〉를 올리는 이사의 모습을 그린 기록화이다.(2008년)

아 진나라의 국력을 소모시키려 건너온 간첩이라는 사실이 밝혀졌다.(이 사건은 외국 출신에게 반감을 품고 있던 진나라 대신들이 조작했을 가능성도 배제할 수 없다.) 진나라 본토 출신의 신하들은 벌떼 같이 들고 일어났다. 진왕 정도 이참에 자신의 권력 기반을 다질 겸 진나라에 들어와 벼슬을 하거나 식객으로 있는 외국 출신의 인재들을 모두 내쫓으라는 '축객령(逐客令)'을 전격 단행했다. 전국적으로 대대적인 수색도 함께 진행되었다.

이보다 앞서 10여 년 전인 기원전 250년 무렵 초(楚)나라 상채(上蔡) 출신의 지식인 이사(李斯)는 풍운의 꿈을 품고 당시 가장 강한 진나라로 건너와 어느 시점인가 여불위 집안의 식객이 되었다. 기원전 247년, 정이 진왕이 되자 이사는 장사(長史) 벼슬에 임명되고 객경(客卿)으로 우대받았다. 이사의 출세가도가 눈앞에 펼쳐지는 순간이었다. 그리고 10년, 이사는 여불위를 보좌하며 자신의 능력을 떨쳤다.(여불위가 자신의 식객들을 동원하여 편찬한 잡가 계통의 백과전서 《여씨춘추呂氏春秋》도 이사가 주도했을 가능성이 크다.)

기원전 237년, 이사의 뒷배 여불위가 면직되고, 바로 이어 외국 출신의 인재들을 내쫓으라는 '축객령(逐客令)'이 내려졌다. 이사의 출세가도가 갑작스럽게 막혔을 뿐만 아니라 쫓겨날 판이었다. 이사는 고심 끝에 붓을 들었다. 자신이 잘하는 글로 젊고 야심찬 군주 진왕 정을 설득하기로 했다. 이 글이 중국 역사상 최고의 명문들 중 하나로 꼽히는 〈간축객서(諫逐客書)〉이다. '객경을 내치라는 명령에 대해 올리는 글'이란 뜻이다.

<h1 style="text-align:center;">인물</h1>

〈간축객서〉를 올린 이사는 전형적인 출세지향의 지식인이었다. 이사는 대략 기원전 284년 무렵에 태어난 것으로 본다.(사망은 기원전 208년이다. 기원전 284년을 출생 연도로 본다면 76세까지 천수를 누린 셈이다.) 진시황이 기원전 259년에 태어났으니 25년 정도 연상이고, 훗날 그의 후원자가 된 여불위(?~기원전 235)보다는 연하로 추정된다.

이사는 젊은 날 초나라에서 말단 관리 노릇을 하다가 화장실에 사는 쥐새끼와 곳간에 사는 쥐새끼의 처지가 완전 딴판임을 목격하고는 크게 깨달은 바가 있었다고 한다. 〈이사열전〉의 관련 대목이다.

(어느 날 이사가) 관청의 변소에서 쥐가 오물을 먹다가 사람이나 개의 기척이라도 나면 깜짝 놀라며 겁을 먹는 모습을 보았다. 또 어느 날인가는 창고에 들어갔는데, 곡식을 먹는 넓은 창고의 쥐들은 사람이나 개를 겁내지 않았다. 이사는 "사람의 잘나고 못난 것도 쥐와 다를 바 없으니, 스스로 어떤 상황에 처해 있느냐에 달려 있을 뿐이로다"라고 탄식했다.

이사는 벼슬을 버리고 제나라로 건너가 순자(荀子, 기원전 약 313~기원전 238)를 스승으로 모시고 공부를 시작했다. 이때 함께 공부한 동문 중에 한비자(韓非子)가 있었다. 유가 계통이지만 순자의 기본 사상은 법가의 주장과도 가까워 국가를 어떻게 다스릴 것인가 하는 학설을 주로 연구하고 있었다. 말하자면 '제왕학(帝王學)'을 연구하고 있었다. 이는 전국시대 말기의 형세와 새로 일어나는 지주계급의 요구에 안성맞춤이었다.

이사는 '제왕학'을 보고 순자를 택했다. 이사는 "비천한 것보다 더한 부끄러움은 없고, 곤궁한 것보다 더 슬픈 것은 없다!"고 했듯이 적막함을 견디지 못하는 강렬한 출세지향적 인물이었다. 그는 분명한 목적을 가지고 공부를 했기 때문에 대단히 진지하게 공부에 임했다. 탐구정신이 아주 강했고, 학업도 우수했으며, 성적도 남달라서 스승 순자의 눈에 들어 수제자 가운데 하나가 되었다.

학업을 어느 정도 마친 이사는 천하정세를 살핀 끝에 진나라를 선택했다. 그가 스승 순자에게 작별 인사를 드리러 가자, 순자는 그에게 왜 진나라를 선택했는지 물었다. 이사는 자신의 생각과 출세욕을 조금도 숨기지 않고 다음과 같이 대답했다.

"누구든 일을 하려면 기회라는 문제에 부딪치기 마련입니다. 지금 각국이 모두 다투고 있는데, 이런 상황은 공명을 세울 수 있는 절호의 기회입니다. 그중에서도 진나라가 실력이 가장 강하고 뜻도 커서 이제 막 힘을 쏟아 천하를 통일하려 하고 있습니다. 지금이 바로 자신의 능력을 마음껏 발휘할 때입니다. 사람이 세상을 살면서 비천함이 가장 큰 수치요, 곤궁함이 가장 큰 슬픔입니다. 빈곤하고 비천함에 처하면 세상 사람들이 비웃습니다. 명리를 아끼지 않고 아무것도 하지 않는 것은 배운 사람의 목적이 아닙니다. 그래서 진나라로 가려고 합니다."

순자는 아무 말 없이 이 야심만만하고 원대한 포부를 가진 제자를 떠나보냈다. 이사는 공명을 이루고 원대한 사업을 펼치기 위해 천 리 먼 길을 마다 않고 마침내 진나라로 왔다. 그는 먼저 진나라의 실권자 상국(相國) 여불위의 집에 식객으로 들어가서 집안일을 돌보는 사인(舍人)이 되었고, 이내 여불위의 눈에 들어 낭관(郎官)에 임명되었다. 그러나 이 정도 자리에 만족할 이사가 아니었다. 그는 여불위를 진왕 정에게 접근하는 데 필요한 발판으로 이용할 생각이었다. 아니나 다를까, 기회는 뜻있는 사람을 저버리지 않았다. 진왕이 마침내 이사의 존재를 알게 되었고, 이사는 스스로 나서 진왕에게 다음과 같은 계책을 올렸다.

"어떤 사업을 이루려 한다면 시기를 움켜쥐지 않으면 안 됩니다. 진나라가 목공(穆公) 때 대단히 강했지만 통일 대업을 이루지 못했습니다. 시기가 무르익지 않았기 때문입니다. 효공(孝公) 이래 힘들게 노력하여 지금 진나라의 국력은 다른 나라들과는 비교도 안 될 정도로 강합니다. 게다가 대왕께서 현명하고 덕이 있으시니 6국을 화덕의 재처럼 쉽게 쓸어버릴 수 있습니다. 지금이야말로 황제의 대업을 완성하고 천하를 통일할 수 있는 절호의 기회입니다. 절대 놓치지 마십시오!"

진왕은 이사의 견해와 그의 재능을 높이 사서 그를 단숨에 장사(長史)로 승진시켰다. 이어 이사는 진왕에게 또 다른 방안을 내놓았다. 금은보화를 지닌 사람들을 각국으로 보내 유세와 매수, 뇌물과 이간으로 6국의 군신들을 흔들어 각개격파하자는 제안이었다. 그런 다음 하나씩 차례로 삼키면 통일대업은 큰 힘 들이지 않고 이룰 수 있다는 요지였다. 진왕은 이사의 책략을 받아들였고, 큰 효과를 거두었다. 진왕은 이사를 더욱 중시하여 객경(客卿)으로 뽑아 올렸다.

여기까지가 기원전 237년 '축객령'이 내려지기 전까지 이사의 행적이었다. 이사의 이후 행적은 이 책에 실린 그의 다른 글 〈옥중칠죄서(獄中七罪書)〉를 통해 좀 더 살펴도록 하고, 먼저 진왕 정이 내린 '축객령'에 대해 이사가 올린 〈간축객서〉를 읽어 보고자 한다.

장면

신은 관리들이 객을 축출하자는 논의를 한다고 들었는데 그것은 잘못입니다. 옛날 목공께서는 인재를 구하고자 서쪽으로는 융(戎)에서 유여(由余)를 데려오고, 동쪽으로는 완(宛)에서 백리해(百里奚)를 얻었으며, 송(宋)으로부터 건숙(蹇叔)을 맞이했고, 진(晉)으로부터 비표(丕豹)와 공손지(公孫支)를 불러들였습니다. 이 다섯 사람은 진(秦)에서 태어나지 않았지만, 목공께서는 그들을 등용해 20개 나라를 병합하고, 마침내 서융(西戎)을 제패했습니다.

효공께서 상앙(商鞅)의 법을 채용해 풍속을 바꾸자, 백성들이 부유해졌고 국가는 부강해졌습니다. 백성들은 쓰이는 것을 즐거워했고, 제후들은 몸소 복종했습니다. 초와 위의 군대를 제압하고 천 리의 땅을 얻었기에 지금까지 평화롭고 강한 것입니다.

혜왕(惠王)께서는 장의(張儀)의 계책을 써서 삼천(三川)의 땅을 빼앗고, 서쪽으로는 파(巴)와 촉(蜀)을 통합하고, 북쪽으로는 상군(上郡)을 거두었고, 남쪽으로는 한중(漢中)을 점령했으며, 구이(九夷)를 포섭해 언영(鄢郢)을 제압하고, 동쪽으로는 성고(成皐)의 험준함에 근거해 비옥한 땅을 할양 받아 마침내 여섯 나라의 합종을 깨뜨려서 그들로 하여금 서쪽을 바라보며 진을 섬기게 하니 그 공로가 지금까지 미치고 있습니다.

소왕(昭王)께서는 범수(范睢)를 얻어서 양후(穰侯)를 폐위시키고 화양군(華陽君)을 축출하여, 진 왕실을 강화하고 대신들의 가문이 커지는 것을 막으면서 제후국들을 잠식함으로써 진으로 하여금 황제의 대업을 이루도록 했습니다.

이 네 임금께서는 모두 객을 기용하여 공을 세우게 했습니다. 이러한 옛일을 보면, 객이 어찌 진을 저버렸다고 하겠습니까! 네 임금께서 객을 물리쳐 받아들이지 않고, 인재를 멀리하고 등용하지 않았다면 나라에 실질적인 부귀와 이익이 없었을 것이며, 강대국이란 명성도 없었을 것입니다.

지금 폐하께서는 곤륜산(崑崙山)의 옥에다 수씨(隨氏)와 화씨(和氏)의 벽옥(璧玉)을 소유하고, 명월주(明月珠)를 차고 태아(太阿)의 명검을 지니셨습니다. 섬리마(纖離馬)를 타고 취봉기(翠鳳旗)를 높이 휘날리며 영타(靈鼉)의 북까지 가지셨습니다. 이 보물들은 진에서 하나도 나지 않지만, 폐하께서 좋아하시는 것은 무슨 까닭입니까? 꼭 진에서 생산된 것이라야만 된다면 야광의 옥으로 조정을 꾸밀 수 없으며, 코뿔소의 뿔이나 상아로 노리개를 만들지 못합니다. 정(鄭)과 위(衛)의 미녀들로 후궁을 채울 수도 없으며, 결제(駃騠)와 같은 준마들도 마구간을 채우지 못합니다.

강남의 금과 주석도 쓸 수 없으며, 서촉(西蜀)의 단청(丹靑)으로 색칠할 수도 없습니다. 후궁을 장식하고 희첩들을 꾸며서 마음을 기쁘게 하고 귀와 눈을 즐겁게 하는 것도 반드시 진나라에서 난 것이라야 한다면 완주(宛珠)의 비녀, 부기(傅璣)의 귀고리, 아호(阿縞)로 지은 옷, 비단 장식들도 폐하의 앞에 나타나지 못할 것이며, 세속의 유행에 따라 우아하고 아름답게 차린 조(趙)나라의 미녀들도 곁에 없을 것입니다.

대저 항아리를 두들기고 질장구를 치거나 쟁(箏)을 타며 넓적다리를 치면서, 어야 디야 노래를 불러 귀를 즐겁게 하는 것이 참다운 진나라의 음악입니다. '정(鄭)'·'위(衛)'·'상간(桑間)'·'소(昭)'·'우(虞)'·'무(武)'·'상(象)' 등은 모두 다른 나라 음악들입니다.

지금 항아리를 두들기며 질장구를 치던 것을 버리고 '정'이나 '위'의 음악을 취하며, 쟁을 타던 것을 물리치고 '소'나 '우'의 음악을 받아들인 것은 무슨 까닭입니까? 당장 마음을 즐겁게 하고, 눈으로 보기에 좋기 때문입니다.

그러나 인재를 얻는 일은 그와는 다릅니다. 옳고 그름을 묻지 않고, 굽은 지 곧은 지를 따지지 않은 채 진나라 사람이 아니면 물리치고 객들을 쫓아내려 합니다. 여색·음악·주옥 따위는 귀하게 여기면서 사람은 가볍게 여깁니다. 이는 천하에 군림하며 제후들을 제압하는 방법이 아닙니다.

신이 듣건대, 땅이 넓으면 곡식이 많이 나고, 나라가 크면 백성이 많고, 병력이 강하면 병사가 용감해진다고 합니다. 요컨대 태산(泰山)은 한 줌의 흙도 마다하지 않기에 그렇게 높고, 강과 바다는 자잘한 물줄기를 가리지 않기에 그렇게 깊은 것입니다. 그리고 왕은 모든 백성들을 물리치지 않기에 그 덕을 밝힐 수 있습니다. 이 때문에 국토는 사방으로 끝이 없고, 백성에게는 다른 나라가 있을 수 없으며, 사시사철 아름다움이 충만하고, 귀신이 복을 내립니다. 오제(五帝)와 삼왕(三王)에게 적이 없었던 까닭입니다.

지금 진은 백성을 버려서 적국을 이롭게 하고, 객을 물리쳐서 제후에게 공을 세우게 하며, 천하의 인재를 물러나게 해서 감히 서쪽으로 향하지 못하게 하고, 발을 묶어 진으로 들어오지 못하게 합니다. 이는 '적에게 병사를 빌려주고 도적에게 양식을 보내는' 것입니다.

무릇 진나라에서 생산되지 않은 물건들 중에도 보물과 같은 것이 많으며, 진나라에서 태어나지 않은 인재들 중에 충성을 바치려는 사람이 많습니다. 지금 객을 축출해 적국을 이롭게 하고, 백성을 줄여서 원수에게 더해 주어 나라 안은 저절로 텅 비게 되고, 밖으로는 제후들에게 원망을 사게 된다면 나라를 구할 수도 없고, 위태로움도 피할 수 없습니다.

진나라 본토 출신의 종실과 대신들은 타국 위나라 상인 출신인 여불위가 진나라의 권력을 좌우하는 데 적지 않은 반감을 가졌다. 여불위가 실각하자 이들은 정국 사건을 빌미로 진나라에 들어와 있는 외국 인재들에 대해 대대적인 반격에 나섰다. 그 실질적인 결과가 '축객령'이었다. 초나라 출신의 출세 지향적인 지식인 이사도 쫓겨날 상황에 처했다. 그는 통치 전면에 나선 젊은 진왕 정에게 글을 올려 '축객령'에 반대하고 나섰다. 이것이 〈간축객서〉이다.

이 글에서 이사는 자신의 식견과 문장력을 유감없이 발휘했다. 이 때문에 역대로 이 문장은 많은 칭찬을 받았다. 특히 문호 노신(魯迅, 1881~1936)은 "진나라 문장으로는 이사 한 사람 뿐"이라고 극찬했다. 이 글은 뛰어난 비유, 설득력 넘치는 역사 사례, 힘찬 문체, 마음을 울리는 명언들이 종횡으로 지면을 수놓고 있다. 특히 대일통이라는 진나라의 궁극적인 목표를 끝까지 놓치지 않고 실질적인 이해관계를 논증하고 있는, 말 그대로 천하의 명문으로 손색이 없다.

이사는 글 첫머리에서 바로 '축객령'은 잘못된 것이라고 못을 박아 강한 인상을 심는다. 그런 다음 역대 진나라 명군 네 사람의 인재 정책을 거론하면서 인재가 나라의 부강에 결정적인 역할을 했음을 강조한다. 이를 위해 이사는 진나라에 없는 특산물·보물·미인·음악 등 실제적인 사물과 인재의 차이점을 생생하게 비유하여 논지의 설득력을 높이고 있다. 그런 다음 "태산(泰山)은 한 줌의 흙도 마다하지 않기에 그렇게 높고, 강과 바다는 자잘한 물줄기를 가리지 않기에 그렇게 깊은 것입니다."라는 심금을 울리는 명언으로 방점을 찍었다.(이 대목에서 바로 '태산불양토양泰山不讓土壤, 하해불택세류河海不擇細流'라는 천고의 명언이 탄생했다. 이 명언은 2천 년 넘게 수많은 사람의 글과 입을 통해 인용되었다. 심지어 우리나라 상업 광고에도 인용되었다.) 그런 다음 이사는 외국의 인재를 물리치는 일은 결국 적국을 이롭게 하는 것이라는 말로 문장을 마무리하고 있다.

이사의 〈간축객서〉는 진나라 당시 법정 공문의 성격을 연구하는 데 중요한 자료

로 평가한다. 이 글은 특히 공문의 형식을 지키면서도
뛰어난 비유와 생생한 역사 사례를 탁월한 문장력으로
뒷받침하고 있는 모범적인 문장이다. 문장 기교라는 면
에서는 화려한 수식, 리듬감, 충만한 기세가 돋보인다.
기승전결도 선명하다.

역사적으로 볼 때 이 글은 시대의 조류에 순응한 진보
적 정치관이 선명하며, 특히 차별 없는 인재 정책이야말
로 한 나라의 부강과 흥망을 결정한다는 인재관은 대단
히 높이 평가할 수 있다. 이사는 이 글을 통해 시대의 조
류에 순응하는 한편, 나아가 자신의 자리까지 보전하는
일석이조의 결과를 거두었다. 진왕 정은 이 글을 읽고

〈간축객서〉는 천하의 명문으
로 꼽힌다. 그런데 그 이면에
는 출세지상주의자 이사의 절
박한 심경도 읽힌다. 2세 호해
묘 앞에 조성되어 있었던 이사
의 모습이다.(2009년)

바로 '축객령'을 취소하는 한편, 얼마 뒤 그를 정위(廷尉)라는 높은 벼슬에 임명했기
때문이다. 천하 통일이라는 대업을 이끌 선장과 통일의 방향과 방법을 일러주는 조
타수가 서로의 필요성에 의해 손을 잡는 순간이었다.

– 이상 권87 〈이사열전〉

오래전에 죽었어야 마땅하오나

이사의 〈옥중칠죄서(獄中七罪書)〉

　기원전 210년, 쉰을 눈앞에 둔 진시황(秦始皇)이 천하 순시에 나섰다. 기원전 221년 한창 나이인 38세로 통일을 이룩한 뒤 다섯 번째 순시였다. 거의 2년에 한 번씩 자신이 이룩한 천하를 돌며 자신의 통치가 제대로 시행되고 있는지를 확인하고 있었다. 가는 곳마다 공적비를 세워 자신의 업적을 과시하는 일도 잊지 않았다.

　통일 제국의 첫 황제를 태운 위풍당당한 검은 마차가 사구(沙丘, 하북성 광종현廣宗縣)에 이르렀을 때 진시황은 몸에 심각한 이상을 느꼈다. 천하 통일 이후 건강에 이상이 발생했고, 방사(方士)들이 만든 환약 등 약물로 버텨왔지만 한계에 부딪친 것이다. 진시황은 가망이 없다고 생각하여 수행한 조고(趙高)를 불러 유언을 받아쓰게 했다. 흉노를 막기 위해 북방 변경에 주둔하고 있는 몽염(蒙恬)과 함께 있는 큰아들 부소(扶蘇)에게 수도 함양(咸陽)으로 돌아와 자신의 시신을 맞아 장례를 치른 다음, 즉위하라는 내용이었다.

　사신에게 유서를 전달하기 전 진시황의 병세가 잠깐 호전되었다. 진시황은 유서 전달을 잠시 보류했다. 증상의 호전은 말 그대로 잠깐이었다. 유서가 사신에게 전달되지 못한 채 진시황이 숨을 거두었다. 유서는 조고의 손에 들어갔다. 영악한 조고의 머리가 빠르게 돌아가기 시작했다.

　조고는 이번 순시를 함께 수행한 진시황의 작은아들 호해(胡亥)를 찾아가 설득에 들어갔다. 큰아들 부소 대신 황제 자리를 차지하라는 충동질이었다. 호해는 망설였지만 현란한 조고의 혓바닥에 결국 넘어갔다. 다음으로 조고는 승상 이사(李斯)를 설득했다. 조고는 이사의 정적인 몽염을 끌어들여 시기와 질투심을 불러일으키고, 결정적으로 이사의 출세욕을 부추긴 끝에 이사마저 설득하는 데 성공했다. 조고는 몽염과 부소에게 자살을 명하고, 호해를 황제 자리에 앉힌다고 유서를 조작했다. 기원전 210년 여름, 조고의 무혈 '사구정변(沙丘政變)'이 성공하는 순간이었다.

7월, 호해가 2세 황제로 즉위했다. 아버지 진시황의 유서를 받아 든 큰아들 부소는 그 자리에서 자살했다. 몽염은 유서를 의심하며 자살을 거부하다 옥에 갇혔다. 9월, 오래전부터 축조하고 있던 여산(驪山)에 진시황의 시신을 안장하고, 자식이 없는 후궁과 비빈들을 모조리 순장시켰다. 버티던 몽염은 끝내 자살했고, 동생 몽의(蒙毅)는 처형당했다.

이듬해인 기원전 209년, 호해는 조고의 사주를 받아 공자와 공주들을 모두 죽이는 한편 아방궁(阿房宮) 건설을 재개했다. 조고는 낭중령(郎中令)이 되어 궁중의 군대를 장악했다. 제국의 권력이 조고에게로 넘어가기 시작했다. 그리고 그해 진승(陳勝)이 진나라의 폭정에 저항하며 봉기군을 일으켰다. 중국 역사상 최초의 농민 봉기였다. 진승의 봉기는 실패했지만 바로 이어 항우(項羽)와 유방(劉邦)을 필두로 천하의 군웅들이 잇따라 일어났다. 강력한 리더십을 가진 조타수 진시황을 잃은 통일 제국은 급속히 혼란에 빠져 들었다.

무능한 호해는 정치를 조고에게 일임하고 후궁 깊숙이 파묻혀 향락에 빠졌다. 조고는 이사를 권력 중심에서 배제하기 시작했다. 이사는 호해에게 글도 올리고, 면담을 청했지만 조고에게 번번이 막혔다. 이사는 계속 면담을 요청했다. 조고는 황제가 한가한 틈을 알려 줄 테니 그때 들어오라고 해놓고는 호해가 한참 놀이에 빠져 있을 때 이사를 불렀다. 이사는 입궁하여 세 번이나 거듭 면담을 요청했다. 2세 황제는 한가할 때는 오지 않고 연회를 즐길 때마다 와서 흥을 깨니 이는 자신을 얕잡아 보는 것이라며 화를 냈다. 조고는 이 틈에 이사의 아들 이유(李由)가 자신이 다스리는 삼천군(三川郡)의 도적들과 내통하고 있으며, 궁궐 밖에서는 이사의 권력이 황제보다 크다고 한다며 노골적으로 이사를 모함했다. 위협을 느낀 이사는 글을 올려 조고의 문제점을 지적했지만, 조고에게 홀린 호해는 조고에게 이 사실을 바로 알렸다. 조고는 자신이 죽으면 이사가 전권을 휘두르며 황제를 위협할 것이라고 모함했

기원전 210년 진시황의 갑작스러운 죽음은 통일 제국 진나라의 운명을 급격하게 바꾸었다. 그리고 그 급변의 와중에 조고와 이사가 있었다. 사진은 진시황이 숨을 거둔 사구 평대의 모습이다.(2009년)

다. 호해는 조고에게 이사를 모반죄로 심문하게 했다.

호해는 이사와 그 아들 이유를 함께 심문하면서 천여 번이나 매질을 가하며 고문했다. 이사는 고통을 이기지 못하고 허위로 자백했다. 이사는 차마 자살하지 못했다. 자신이 지금까지 세운 공로가 있고, 실제 모반을 꾀하지 않았기 때문에 호해에게 진정서를 올려 이 점을 밝히면 적어도 죽음은 면할 수 있을 것이라 생각했다. 이사는 옥중에서 호해에게 글을 올렸다. 글은 조고의 수중에 먼저 들어갔다. 조고는 죄수가 황제에게 어찌 글을 올릴 수 있냐며 담당 관리에게 글을 없애게 했다. 그러나 이사의 옥중 글은 다행히 역사 사료로 남았고, 사마천은 〈이사열전〉에 이를 수록하여 이사의 최후를 보다 극적으로 만들었다.

이제 그 글, 이사가 옥중에서 자신의 일곱 가지 죄(사실은 공로)를 꼽으며, 자신의 무고함을 밝히고자 했던 〈옥중칠죄서〉를 읽어보자. 분량은 얼마 되지 않지만 최초의 통일 제국 진나라의 짧은 역사를 이사의 글을 통해 확인하고, 이사의 최후가 갖는 의미를 짚어본다.

장면

"신이 승상이 되어 백성을 다스린 지가 30여 년이나 되었는데, 그때는 진나라의 영토가 좁을 때였습니다. 선왕의 시대에는 진의 영토가 1천 리를 넘지 못했으며, 병력도 몇 십만에 지나지 않았습니다. 신은 변변치 못한 재주를 다해 삼가 법령을 받들고, 남몰래 꾀가 있는 신하를 보내 보석을 가지고 가서 제후들을 설득하게 했습니다. 또 남몰래 군비를 갖추고 정치와 교육을 정비했으며, 투사에게 벼슬을 주고 공신을 존중해 그들의 직위와 녹봉을 충분히 주었습니다.

그리하여 한(韓)을 위협하고 위(魏)를 약화시켰으며, 연(燕)과 조(趙)를 깨뜨렸고 제(齊)와 초(楚)를 평정하여 끝내 여섯 나라를 병합하면서 그 나라의 왕들을 사로잡았고, 진(秦)을 내세워 천자가 되게 했습니다. 이것이 저의 첫 번째 죄입니다.

영토가 넓지 않은 것은 아니었건만 더욱 북쪽으로 호(胡)와 맥(貉)을 쫓아냈고, 남쪽으로 백월(百越)을 평정하여 진나라의 강성함을 보여주었습니다. 이것이 저의 두 번째 죄입니다.

대신들을 존중하여 그들의 직위를 만족시켜서 군신관계의 친밀함을 더욱 다졌습니다. 이것이 저의 세 번째 죄입니다.

사직을 세우고 종묘(宗廟)를 구축하여 황제의 영명함을 밝혔습니다. 이것이 저의 네 번째 죄입니다.

눈금을 고치고 됫박과 자의 단위를 통일시켜 그것을 천하에 널리 펴서 진나라의 명성을 수립했습니다. 이것이 저의 다섯 번째 죄입니다.

수레가 달릴 수 있는 도로를 닦고 천하 순시를 즐겁게 하여 황제의 기상을 떨쳤습니다. 이것이 저의 여섯 번째 죄입니다.

형벌을 낮추고 세금을 덜어주어 황제께서 백성의 마음을 얻도록 했으며, 만백성이 황제를 받들어 죽어도 그 은혜를 잊지 않도록 했습니다. 이것이 저의 일곱 번째 죄입니다.

이 이사는 신하된 몸으로 이런 죄를 지었으니 오래전에 죽어 마땅했습니다. 폐하께서 다행히 저의 능력을 다할 수 있게 해주시어 지금에까지 이르렀으니 폐하께서는 이를 굽어 살펴주시옵소서!"

생각 얹기

편지의 내용은 얼핏 보면 옥중에서도 사태의 심각성을 바로 깨닫지 못한 것처럼 보인다. 말로는 일곱 개의 죄라고 했지만, 실은 자신이 세운 업적이자 공로를 내세우며 이런 공을 세운 사람을 어떻게 죽일 수 있냐는 항변이었다. 아니면 자신의 죽음을 직감하고 이런 식으로 버텨보려고 했는지 모른다. 이 문장을 명문이라고 하기에는 그렇지만 이사의 반어법은 돋보인다. 조목조목 자신의 공과 업적을 일곱 가지로 꼽으며 자신의 공과 업적을 강조하는 방법도 돋보인다.

이 문장에서 또 하나 눈여겨볼 대목은 이사가 자신이 세운 일생의 공과 업적을 일일이 꼽으면서도 분서갱유(焚書坑儒)와 진시황이 죽은 이후의 일들에 대해서는 일언반구도 없다는 점이다. 또 호해를 2세 황제로 옹립하는 데 자신도 어느 정도 역할을 했다는 공을 내세울 법도 한데 이사는 이 부분도 뺐다. 2세의 즉위가 그만큼 정통성이 없었기 때문일 것인데, 2세 호해의 입장에서는 기분이 나빴을 가능성도 없지 않다. 아무튼 이사의 이 옥중 편지는 오갈 데 없는 막다른 골목에 몰린 이사의 화려한(?) 마지막 몸부림이었다. 겉으로 죄목이라고 했지만 실제로는 자신의 화려한 업적과 공을 앞세우고 있기 때문이다.

이 짧은 옥중 서신은 진나라가 이룩한 천하 통일과 기타 정책을 간결하게 요약하고 있어 어느 정도 참고가 된다. 이사가 스스로 꼽은 자신의 일곱 가지 업적은 곧 통일 이후 진나라의 정책과 역사의 압축판이기 때문이다. 참고로 간략하게 정리하면 이렇다.

우선 이사는 진나라가 천하를 통일할 수 있는 국가의 제도와 문물, 그리고 법을 정비했음을 내세웠다. 이어 영토 확장과 천하 통일, 변방 이민족의 축출, 군신관계의 확립, 종묘와 사직 건립, 도량형 통일, 도로 등 교통망(네트워크) 구축, 황제에 대한 민심의 귀의를 간략하게 꼽았다.

이사의 편지는 결국 2세 황제 호해에게 전달되지 못했다. 조고는 이 글을 없애게 하고 자신의 식객 10여 명을 어사(御史) · 알자(謁者) · 시중(侍中)으로 꾸며서 번갈아가며 이사를 심문하게 했다. 이사가 죄를 인정하지 않으면 돌아가며 이사에게 매질을 해댔다. 이사는 견디지 못하고 결국 반역죄를 인정했다. 나중에 2세 호해가 사람을 보내 이사를 심문하자, 고문에 굴복한 이사는 이미 한 진술을 앵무새처럼 그대로 반복했다. 조고는 이를 2세에게 보고했고, 2세는 "조고가 아니었다면 승상(이사)에게 속을 뻔했구나!"라며 기뻐했다. 이사의 아들 이유에 대해서도 모반죄를 날조하여 보고했다.

기원전 208년 2세 황제 2년 7월, 이사에게 다섯 가지 고문을 가한 다음 함양 저잣거리에서 허리를 자르는 요참형(腰斬刑)으로 처형하도록 했다. 처형장으로 끌려가던 이사가 함께 끌려 나오던 둘째 아들을 보았다. 이사는 탄식하여 "너와 함께 누렁이를 데리고 고향 상채(上蔡)의 동쪽 변두리로 나가 토끼 사냥을 하려고 했는데, 어쩔 수가 없게 되었구나!"라고 했다. 아버지와 아들은 서로 울음을 터뜨렸다. 두 사람은 처형되었고, 이어 삼족까지 모두 죽임을 당했다.(사전 '동문황견' 항목 참고)

이사는 조고의 현란한 꾐에 넘어가 정변에 가담했지만 거기에는 분명 이사의 사사로운 욕심이 개입되어 있었다. 큰아들 부소가 2세 황제로 즉위하고 부소의 후견인 몽염이 실권을 장악하면 십중팔구 자신은 권력의 중심에서 배제될 것을 걱정했기 때문이다. 그러나 이사는 조고를 과소평가하는 결정적인 실수를 저질렀다. 승상으로서 자신의 지위와 권력이면 충분히 조고를 통제할 수 있을 것으로 믿었다. 호해도 자신을 신임할 것으로 확신했다. 호해와 조고의 관계가 어느 정도인지 정확하게 인식하지 못한 탓이었다. 아니, 어쩌면 이사는 이 모든 것을 다 알고 있었는지 모른다.

사마천은 〈이사열전〉에서 이사의 다섯 차례 탄식 장면을 절묘하게 기록하고 있다. 사마천은 이 다섯 차례의 탄식을 통해 출세 지상주의자 이사의 생애 및 그 최후와 관련한 여러 가지 단서를 제공하고 있다. 끝으로 이 다섯 대목을 소개한다. 이 다섯 대목의 탄식과 앞서 소개한 이사의 다른 명문 〈간축객서〉 부분을 함께 비교한 다음, 이 옥중 편지를 읽으면 이사라는 한 인간에 대한 좀 더 깊은 인식이 가능하리라 본다.

이사는 진시황의 업적을 기리는 문장을 많이 썼던 것 같다. 사진은 진시황이 태산에 올라 제사를 지내고 남긴 '태산각석비(泰山刻石碑)'의 일부로 이사가 글을 썼다.(2003년)

이사의 첫 탄식은 말단 관리 시절 곳간에 사는 쥐새끼와 변소에 사는 쥐새끼의 전혀 다른 반응을 본 다음이었다. 그는 여기서 사람이 어떤 상황에 처하느냐에 따라 그 처지가 달라질 수밖에 없다고 확신하면서 출세에 대한 강한 의지를 불태웠다.

이사의 두 번째 탄식은 삼천군수로 있던 맏아들 이유가 휴가를 얻어 집으로 돌아왔을 때였다. 이유가 오자 문무백관들이 모두 몰려와 술자리를 마련했는데, 이사의 집 뜰에 매여 있는 말과 수레가 천을 헤아렸다. 이 모습을 본 이사는 자신의 부귀가 극에 이르렀다며, "사물이 극에 달하면 쇠퇴하거늘 내가 어디서 멈춰야 할지 모르겠구나!"라며 탄식했다. 그는 자신이 누리고 있는 부귀영화의 끝을 예견하고 있었다.

세 번째는 조고의 꾐에 넘어가 정변에 가담하면서 하늘을 우러러 "아! 홀로 어지러운 세상을 만나 죽을 수도 없으니 대체 어디에 이 목숨을 맡긴단 말인가?"라며 탄식한 대목이다. 이 탄식 역시 자신의 처지와 최후를 걱정하며 뱉은 것이었다.

네 번째는 옥에 갇힌 다음 역시 하늘을 우러러 호해와 조고를 비난하면서 진나라의 멸망을 예견하며 탄식한 대목이다.

그리고 마지막 형장으로 끌려가며 내쉰 탄식이었다.

이상 다섯 차례 이사의 탄식은 이사 생애의 압축이자 이사의 운명을 예견하는 다섯줄의 실마리였다. (이사의 다섯 차례 탄식에 관해서는 '동문황견' 항목에 소개했다.)

이사의 공적은 최초의 통일 제국 진 왕조의 건립과 함께 역사서에 기록되었고, 그의 죄과 또한 제국의 멸망이라는 비극과 함께 영원히 역사의 교훈으로 기억되고 있다. 이런 점에서 역사는 그 나름 공평하다. 〈이사열전〉에는 천고의 명문 〈간축객서〉를 비롯하여 이사의 빼어난 문장이 여러 편 수록되어 있다. 열전 전체를 읽어보면 더욱 좋다.

앉은뱅이가 일어서기를,
장님이 눈뜨기를 잊지 못하는 것과 같습니다

한왕(韓王) 신(信)의 투항 거부 편지

배경

기원전 202년 유방은 항우를 꺾고 천하를 다시 통일했다. 하지만 천하는 편치 않았다. 각지에서 반란이 터졌고, 창업 과정에서 큰 공을 세운 공신들도 잠재적 위협이 되기에 충분했다. 유방은 기원전 195년 세상을 뜰 때까지 8년 동안 여기저기서 터지는 반란을 진압하고 공신들을 제압하느라 한시도 쉴 날이 없을 정도였다.

개국 첫해부터 연왕(燕王) 장도(臧荼)가 반란을 일으켰고, 이듬해인 기원전 201년에는 최고의 공신 한신(韓信)이 반란을 꾀한다는 보고가 올라왔다. 유방은 당시 초왕(楚王)으로 있던 한신을 회음후(會陰侯)로 강등시킨 다음, 장안(長安)에 연금하여 감시했다. 이해 5월에는 한나라의 가장 강력한 상대인 흉노에 걸출한 통치자 묵특(冒頓)이 선우로 자립했다. 양국 관계는 긴장 상태에 돌입했다.

그해 9월, 한왕(韓王) 신(信, 한신과 동명이인)이 흉노에 항복했다. 유방은 몸소 군대를 이끌고 한왕 신을 토벌하러 나섰다. 첫 전투에서 한왕 신의 군대를 격파했고, 신은 흉노로 도망쳤다. 내친 김에 유방은 흉노를 공격했으나 백등(白登, 지금의 산서성 대동大同)에 7일을 갇혀 전멸 위기에 몰렸다. 책사 진평(陳平)의 계책(계책의 내용은 기록에 없다)으로 간신히 풀려났다. 그해 12월, 흉노는 대(代, 하북성 울현蔚縣)를 공격했고, 대왕 유희(劉喜, 유방의 형)는 나라를 버리고 장안으로 도망쳐왔다. 서북방이 대부분 흉노의 판도로 편입되었고, 한나라는 대외정책, 특히 북방에서 큰 난관에 봉착했다.

이듬해인 기원전 199년, 유경(劉敬)은 현실 상황을 고려하여 흉노에 대해 강경이아닌 유화책을 쓰자는 화친론(和親論)을 제안했고, 이듬해 마침내 흉노와 화친이 성사되었다. 한왕 신이 흉노에 항복하면서 촉발된 흉노에 대한 강경대응은 큰 실패를 낳았고, 결국은 외교 노선마저 바꾸는 계기가 되었던 셈이다.

공신들의 반란은 계속되었다. 기원전 197년 진희(陳豨)가 반란을 일으켰고, 이듬해에 한신이 끝내 처형되었다. 그리고 이해에 한왕 신이 흉노의 군대를 앞세워 한나라를 공격해왔다. 이어 회남왕 영포가 반란을 일으켰다. 이듬해 유방은 파란만장한 일생을 끝내고 세상을 떠났다.

여기에 소개하는 글은 기원전 197년 한왕 신이 흉노의 기병을 앞세워 삼합(參合) 지역에 들어와 한나라 군대와 맞서는 상황에서 나온 것이다. 당시 한나라는 장군 시무(柴武)에게 한왕 신을 공격하게 했는데, 시무는 먼저 한왕 신에게 다음과 같은 편지를 보내 투항을 권했다.

"폐하께서는 너그럽고 어진 분이다. 한나라를 배반하는 제후가 있을지라도 다시 돌아오면 번번이 예전의 지위와 칭호를 돌려주고 목을 베지 않으셨다. 이런 사실은 대왕도 잘 알고 있을 것이다. 지금 대왕은 흉노에게 패해 달아났을 뿐 큰 죄가 있는 것은 아니니 알아서 빨리 돌아오라."

장군 시무는 한왕 신을 대왕으로 부르는 등 상당히 간곡한 어투로 투항을 권하고 있다. 이 편지를 받아 본 한왕 신은 바로 답장을 보냈는데, 투항을 거부한다는 내용이었다. 이제 소개할 편지가 바로 한왕 신의 투항 거부의 문장이다. 먼저 한왕 신에 대한 간략한 정보다.

한왕 신(? ~기원전 196)은 앞서 말한 대로 서한 건국의 최고 공신인 명장 한신(韓信) 과 혼동을 피하려고 한왕 신으로 부른다. 전국시대 한(韓)나라 양왕(襄王) 희창(姬倉) 의 후손이다. 기원전 230년 전국 6개국 중 한나라가 맨 먼저 멸망했다. 한왕 신은 같은 한나라 명문가 출신의 장량(張良)을 따라 장군에 임명되어 한나라의 옛 땅을 수복하는 데 나섰다. 한나라 지역을 평정하자 한왕이 되었고, 유방을 따라 항우를 물리치고 천하를 평정하는 데 공을 세웠다.

기원전 202년, 초한쟁패의 최종 승리자인 고조 유방은 논공행상을 단행했고, 전략적 요충지인 서북 산서성 지역에 한왕 신을 봉했다. 그러나 한왕 신은 자주 흉노의 공격에 시달렸고, 도성인 마읍(馬邑)이 포위당하자 여러 차례 흉노에 화친을 청했다. 조정은 한왕 신이 배반하려는 것 아니냐며 의심의 눈초리를 보냈고, 한왕 신은 군대를 일으켜 반발하며 흉노에 투항했다. 이해가 기원전 201년이었다.

유방은 한왕 신을 토벌하기 위해 나섰다가 백등산에서 흉노 대군에게 포위당해 크게 낭패를 보았고, 흉노로 도망친 한왕 신은 그 뒤 여러 차례 한나라 군대를 괴롭혔다. 심지어 진희까지 반란에 끌어들이는 등 큰 골칫거리가 되었다. 기원전 196년, 명장 한신을 처형하여 내부를 안정시킨 조정은 장군 시무에게 한왕 신을 토벌하게 했다. 한왕 신은 투항을 거부했고, 끝내 패하여 목이 잘렸다. 이제 당시 한왕 신이 장군 시무의 투항 권고를 거부하며 보낸 편지를 읽어보자.

<h3 style="text-align:center">장면</h3>

폐하께서는 누추한 골목에서 저를 뽑아 남면하여 왕을 칭하게 해주셨습니다. 이는 제게 큰 행운이었습니다. 그런데 형양(滎陽)의 싸움에서 저는 죽지 못하고 항적(項籍, 항우)에게 사로잡혔습니다. 이것이 저의 첫 번째 죄입니다. 흉노가 마읍(馬邑)을 공격해왔을 때 저는 제대로 지키지 못하고 성을 들어 항복했습니다. 이것이 저의 두 번째 죄입니다. 지금은 도리어 오랑캐를 위해 군대를 거느리고 한나라의 장군과 맞서 하루아침에 목숨을 다투게 되었습니다. 이것이 저의 세 번째 죄입니다.

옛날 (월나라) 대부 문종(文種)과 범려(范蠡)는 한 가지 죄도 없이 죽임을 당했는데, 지금 저는 폐하께 세 가지 죄를 저질렀습니다. 그러고도 세상에 살기를 바란다면 오자서(伍子胥)가 오나라에서 쓰러져 죽은 죄와 같습니다. 지금 저는 산골짜기로 달아나 숨어서 오랑캐들에게 아침저녁을 구걸하며 지냅니다. 제가 한나라로 돌아가기를 바라는 것은 마치 앉은뱅이가 일어서기를 잊지 못하고, 장님이 눈뜨기를 잊지 못하는 것과 같습니다. 그럼에도 정세로 보아 돌아갈 수가 없습니다.

생각 얹기

한왕 신에 대한 사마천의 논평은 신랄하다. 한나라 덕분에 벼슬을 받고 땅을 받은 자가 반란을 일으켰으니 당연했다. 그러면서도 안타까움을 빼놓지 않았다. 먼저 한왕 신과 고조 유방과 같은 고향 출신으로 흉노로 도망 친 노관(盧綰) 두 사람에 대한 사마천의 논평을 들어보자.

"한신과 노관은 본래 조상 대대로 덕을 쌓고 선행을 한 것이 아니라, 한때의 권모술수로써 벼슬을 구하고 간사한 힘으로 공을 이룬 자들이다. 한나라가 천하를 평정한 초기를 만나 땅을 나누어 받고 남면하여 임금이라고 칭했다. 안으로는 너무 강대해졌다고 의심을 받았으며, 밖으로는 흉노를 원조자로 믿고 의지했다. 그래서 날마다 조정과 멀어지고 스스로 위태하다는 것을 느꼈다. 일이 막다른 데 이르고, 지혜가 다하자 마침내 흉노 땅으로 달아났다. 어찌 서글프지 않은가!"

고조 유방은 백등산전투에서 흉노에게 크게 혼쭐이 났다. 흉노에 투항한 한왕 신의 행적은 당시 한과 흉노의 미묘한 관계를 반영한다. 사진은 백등산전투의 기념비이다.(출처: 바이두)

투항을 거부하는 한왕 신의 편지는 전체적으로 간결하다. 길이도 짧은 편이다. 그래서인지 자신의 의사가 또렷하게 전달되는 힘이 있다. 세 가지 자신의 죄를 꼽은 다음, 춘추시대 월나라의 공신인 문종이 죄도 없이 토사구팽 당한 사례를 들어 항복한다고 해서 살 수 있는 상황이 아님을 분명히 했다. 특히 마지막 "제가 한나라로 돌아가기를 바라는 것은 마치 앉은뱅이가 일어서기를 잊지 못하고, 장님이 눈뜨기를 잊지 못하는 것과 같습니다"라는 대목은 처연함마저 느끼게 하는 적절한 비유가 아닐 수 없다. 구차하게 변명하거나 반란의 명분만 앞세우는 비루한 언사에 비한다면 자신이 처한 상황을 있는 그대로 받아들이면서 최후를 맞이하겠다는 결기가 강하게 느껴지는 나름 호소력 있는 문장이라 할 수 있다.

한왕 신은 망한 한나라의 왕족 출신으로서 파란만장한 삶을 살았고, 급기야 이민족인 흉노에게 의지하는 등 그 행적이 갈피를 잡지 못했다. 이런 행적은 같은 한나라 귀족 출신으로 유방을 도와 천하를 평정한 다음, 부귀영화를 마다하고 초야에 묻힘으로써 지혜로운 진퇴의 처세를 보여준 장량에 비한다면 한없이 초라하다. 그러나 마지막 순간에 투항을 거부하며 옥쇄를 택한 모습은 왕족으로서 마지막 남은 자존심을 지키고 간 것은 아닌가 하는 일말의 연민의 감정을 들게 한다.

疏散器材箱
Evacuation Equipment Box

권101 〈원앙조조열전〉은 공적과 과실이 함께 있으면서 서로를 적
대시하고 알력 하다가 죽음을 맞이하는 원앙과 조조의 합전이
다. 사마천은 유능하고 강직한 원앙이 대범한 정치가로서의 풍도
를 끝까지 유지하지 못하고 자객에게 살해된 것과, 뛰어난 재능
의 조조가 역시 무리한 법 개정 등으로 제후들의 원망을 사고 결
국 오초칠국의 난 때 희생양이 된 사실을 대비시킨다. 사진은 오
초칠국의 난이란 정권 초기의 병목 위기를 넘기고 전성기의 기초
를 닦은 경제의 무덤인 양릉의 구조를 복원한 모형이다.(2017년)

백발이 되도록 알고 지냈으나 여전히 낯설고

양(梁) 효왕(孝王)의 마음을 흔든 추양(鄒陽)의 옥중 편지

배경

최초의 통일 제국을 이끌던 조타수 진시황이 기원전 210년 천하 순시 중 갑자기 쓰러져 일어나지 못했다. 천하는 통일 이전 전국시대 상황으로 돌아가 각지의 군웅들이 우후죽순처럼 일어났다. 이 상황은 오래지 않아 초패왕(楚覇王) 항우(項羽)와 한왕(漢王) 유방(劉邦)의 2강 경쟁 체제로 재편되었고, 5년의 초한쟁패를 거쳐 기원전 202년 유방이 항우를 꺾고 서한 왕조를 세움으로써 천하는 재통일되었다.

서한은 유방이 죽은 뒤 여(呂)태후와 그 일가가 권력을 장악했지만, 여태후가 죽자 공신들이 일거에 여씨 세력을 제거하고 문제(文帝)를 추대했다. 정권은 안정을 찾았지만 문제의 아들 경제(景帝) 때 또 한 차례 병목 위기가 닥쳤다. 기원전 154년 중앙 정권에 맞서 지방 유씨 왕들의 일곱 개 나라가 반기를 들었다. 역사에서는 이를 '오초칠국(吳楚七國)의 난'이라 부른다. 오나라와 초나라가 주동이 되고, 다른 다섯 개 나라가 동참했기 때문이다. 정권이 맞은 두 번째 병목 위기였다.

이 난에 가담하지 않은 양(梁)나라는 수도 장안으로 가는 반란군의 길목을 막는 등 반란 진압에 결정적인 역할을 해냈다. 양나라의 위상은 한껏 커졌고, 양나라의 효왕(孝王) 유무(劉武, ?~기원전 144)의 권세는 황제와 맞먹을 정도였다. 심지어 차기 대권 계승자로 점쳐지기까지 했다.(효왕은 경제의 동생이다.) 이 때문에 중앙 조정은 물론 황제인 형님 경제와 상당한 갈등을 겪었다.

양나라는 경제력이 튼튼하고 각종 산물이 풍부했다. 미끼가 있는 곳에 물고기가 몰리 듯 천하의 인재들이 양나라로 몰려들었다. 양 효왕이 인재를 우대했기 때문이다. 효왕은 궁궐에다 양원(梁園)이라는 아카데미 겸 위락시설을 조성하여 다양한 인재들을 불러 모았다. 양원은 화려하고 꾸미길 좋아하고 자기 과시욕이 강했던 효왕의 성품을 있는 그대로 반영하는 명소가 되었고, 또 인재로 자처하는 자들이라면 꼭 가보고 싶어 하는 장소로서 명성을 떨쳤다.

당시 양나라로 몰려든 인재들 중에는 중앙 조정의 벼슬까지 내던지고 달려온 자들도 있었다. 한나라 초기를 대표하는 문장가였던 사마상여(司馬相如)는 젊은 날 양나라에 와서 활동했다. 그는 효왕이 죽자 〈자허부(子虛賦)〉라는 문장을 지었는데, 이 문장이 무제(武帝)의 눈에 들어 중앙 조정에서 벼슬까지 받았다. 이밖에 매승(枚乘)·장기(莊忌) 등과 같은 이름난 문장가들도 양나라로 들어와 말하자면 문학 집단을 형성했다. 양나라의 위세는 중앙 황실을 능가할 정도였다. 이와 동시에 권력자 옆에 기생하며 자기와 다른 사람들을 배척하고 모함하는 무리들도 자연스럽게 생겨나기 시작했다.

양나라로 들어온 인재들 중에 제(齊)나라 출신의 추양(鄒陽, 생졸 미상)이 있었다. 그는 문장가이자 유세가의 풍모를 지난 인물로서 양나라 여기저기를 떠돌면서 오(吳)나라 출신의 장기, 회음(淮陰) 출신 목생(牧生) 등과 사귀었다. 추양의 명성은 점점 양나라로 퍼져나갔다. 추양은 기회를 봐서 양 효왕에게 글을 올렸다. 글의 내용이 무엇인지는 알 수 없지만 나중에 효왕에게 보낸 글로 볼 때 충분히 효왕의 마음에 들었을 것이다. 여기서 훼방꾼이 등장했다. 효왕의 측근으로 총애를 한 몸에 받고 있던 양승(羊勝)과 공손궤(公孫詭)가 추양을 질투하여 효왕 앞에서 그를 헐뜯었다.

여기서 잠깐 양승과 공손궤에 대해 좀 더 알아보자. 양승과 공손궤 두 사람은 모두 추양과 같은 제나라 출신이다. 거의 비슷한 시기에 양나라로 와서 효왕의 눈에 든 것으로 보인다. 특히 공손궤는 첫 만남에서 천금을 하사 받았을 정도로 효왕의 총애가 각별했다. 이 두 사람은 효왕의 손발이자 입속의 혀와 같은 존재들이었다. 이들은 효왕의 위상이 높아지자 효왕을 황제로 만들기 위한 비밀공작에 나섰다. 그러나 중앙 조정의 원앙(袁盎)이 나서 태자를 세우는 바람에 수포로 돌아갔다. 두 사람은 자객을 보내 원앙을 살해했다. 참으로 간이 큰 자들이었다. 경제는 사람을 보내 이 사건을 추궁했다. 효왕은 두 사람을 두둔했고, 심지어 자신의 후궁에다 숨기기까지 했다. 그러다 자칫 불똥이 자신에게 튈 수 있는 상황이 닥치자 효왕은 하는 수 없이 두 사람에게 자살을 강요했다. 그해가 기원전 148년이었다.

추양은 이 사건이 터지기 얼마 전에 양나라에 왔지만 사건에 연루되지는 않았다. 양승과 공손궤는 이런 자들이었다. 그런데 재능이 뛰어난 추양이 글을 올리며 효왕에게 접근하려고 하니 가만있을 리 없었다. 이들이 추양을 어떻게 모함했는지는 기록에 남아 있지 않다. 그러나 효왕이 성을 내며 추양을 법관에게 넘겨 죽이려 했다는 것을 보면 대단히 악의적인 모함이 있었음은 분명해 보인다.

추양은 졸지에 영문도 모른 채 옥에 갇혀 죽을 날만 기다리는 신세가 되었다. 추양은 객지를 떠돌다 억울하게 죽어 오명만 남기게 되는 이 상황을 견딜 수 없었다. 생각 끝에 추양은 붓을 들어 효왕에게 편지를 썼다. 이제 소개할 이 글이 바로 〈옥중상양왕서(獄中上梁王書)〉라는 명문이다. '옥중에서 양왕에게 올리는 글'이란 뜻이다.

인물

이 명문을 남긴 추양의 일생은 위에서 언급한 내용 외에 별다른 것이 없다. 다만 그가 남긴 이 글과 오나라 왕에게 남긴 글 두 편이 전한다. 오왕 유비(劉濞)에게 남긴 글은 '오초칠국의 난'에 합류하려는 오왕에게 반란에 가담하지 말 것을 권한 내용이다. 이로 볼 때 추양은 당시 천하정세에 대해 비교적 정확하고 객관적인 판단을 하고 있었다. 이 권유가 묵살되자 추양은 오나라를 떠나 양나라로 건너왔다.

추양은 옥중에서 효왕에게 이 글을 올렸다. 글은 다행히 양왕에게 전해졌고, 글을 읽은 양왕은 사람을 보내 추양을 풀어주고 그를 상객(上客)으로 우대했다고 한다. 더 이상의 기록은 없지만, 추양의 글 때문에 마음이 바뀐 것은 분명하다. 더욱이 상객으로 우대했다는 것으로 보면 그저 글만 마음에 든 것이 아니었던 것 같다. 추씨 족보에 따르면 추양은 그 뒤 왕부(王府)에서 효왕에게 자문하는 태부(太傅) 벼슬에 만호후(萬戶侯)로 높은 대우를 받았다고 한다. 기원전 129년 무렵에 세상을 떠난 것으로 추정한다. 기원전 144년 세상을 떠난 효왕보다 15년 뒤에 죽었으니 효왕 이후에도 양나라의 원로로 대접을 받았던 것 같다.

〈옥중상효왕서〉는 명문임에는 틀림없지만 독해가 어려운 문장이기도 하다. 과거 역사 사례가 많이 나오기 때문이다. 관련된 인물만 무려 50명이 등장한다. 역사에 대한 기본 지식이 없이는 제대로 해독할 수 없다. 분량도 상당한 편이다.(약 5,500자, 번역문 200자 원고지 약 30매) 그래서 간단하게나마 이 부분을 먼저 해설한 다음, 편지를 읽어 보고자 한다. 일일이 해설한다면 글이 너무 길어지기 때문에 편의대로 등장인물 위주로 앞부분에 한정해서 해설한다.

먼저 형가(荊軻)다. 형가는 〈자객열전〉에서 가장 큰 비중을 차지하고 있는 인물로 진시황을 살해하려다 실패했다. 형가는 진시황과 케케묵은 원한을 갖고 있는 연나라 태자 단(丹)의 사주를 받아 진시황을 암살하기로 했다. 형가는 기회를 엿보며 기다렸다. 태자 단은 형가의 진심에 의심을 품고는 거듭 형가를 재촉했다. 형가는 돌아올 수 없는 길을 떠났다. 암살은 실패로 돌아갔고, 형가는 그 자리에서 죽었다. 화가 난 진시황은 군대를 보내 연나라를 쑥대밭으로 만들고, 기어코 태자 단을 찾아내서 죽였다.

다음으로 등장하는 위선생(衛先生)은 전국시대에 가장 치열하고 처참했던 진나라와 조나라의 장평(長平) 전투 때 진나라를 위해 승리할 수 있는 전략을 제안했던 인물이지만, 진나라 소왕은 그의 말을 의심했다고 한다. 결과는 조나라 군사 40만 명을 생매장하여 죽이는 진나라의 끔찍한 대승으로 끝났다.

변화(卞和)는 초나라 사람으로 귀한 옥 원석을 구해 왕에게 바쳤으나 감정사들이 돌로 잘못 감정해서 손발이 잘렸다. 나중에 진귀한 옥석임이 밝혀져 이를 다듬어 만든 것이 전세의 보물로 평가받는 화씨벽(和氏璧)이다.

인재를 우대했던 양 효왕을 찾아와 출세하려 했던 추양은 그 측근들의 시기와 질투 때문에 하마터면 죽을 뻔했다. 사진은 추양의 모습을 나타낸 비석의 선각이다.(2003년)

이사(李斯)는 앞서 소개한 바와 같이 조고(趙高)와 함께 못난 호해(胡亥)를 2세 황제로 옹립하는 데 결정적인 공을 세웠지만, 조고와 호해의 배척을 받다가 결국은 허리가 잘리는 형벌로 생을 마감했다.

은나라 말기의 현자 기자(箕子)는 포악무도한 주왕(紂王)의 폭정 때문에 미친 척하며 자신의 뜻을 감추었고, 접여(接輿)라는 은자도 무도한 세상을 피해 자신을 숨겼던 인물이다.

비간(比干)은 주왕에게 직언하다 심장이 찢겨 죽었고, 오나라를 강국으로 만든 충신 오자서(伍子胥)는 부차(夫差)에게 의심을 사서 자결을 강요받아 죽었다. 오자서는 죽기에 앞서 오나라에 저주를 퍼부었고, 이에 노한 부차는 오자서의 시신을 말가죽에 싸서 전당강(錢塘江)에 버리게 했다.

추양은 충정을 가지고 주군을 모셨지만 주군이 이들을 믿지 않아 비극적인 최후를 맞이한 역사적 인물들을 하나하나 꼽으며 자신 또한 이들과 다르지 않음을 호소한다. 그러면서 뛰어난 인재들은 언제나 시기와 질투를 당하기 마련이라 주군의 굳건한 믿음이 없으면 그 능력을 펼칠 수 없음을 강조했다. 나머지 문장의 기교와 의미 등에 대해서는 편지를 읽고 난 다음, 다시 언급하기로 하겠다.

다만 한 가지 문장 끝부분의 "증자(曾子)는 '승모(勝母)'라는 이름의 고을에 들어서지 않았으며, 묵자(墨子)는 '조가(朝歌)'라는 이름의 마을에서 수레를 되돌렸다고 합니다"라는 대목은 설명이 필요할 것 같다. 증자는 알다시피 효자로 이름난 사람이다. 그래서 '어머니를 이긴다'는 뜻을 가진 '승모' 마을에는 차마 발을 들여 놓을 수 없었다는 것이다. 효도에 어긋나는 행동이기 때문이다. 묵자는 음악과 노래를 멀리 했던 사람이다. 그래서 '아침부터 노랫소리'가 들린다는 뜻을 가진 조가라는 지역에는 들어가지 않았다.

<h1 style="text-align:center">장면</h1>

신은 '충성된 사람은 보답을 받지 않은 경우가 없고, 진실한 사람은 의심을 받지 않는다'고 들었습니다. 신은 언제나 그런 줄 알았습니다만 그저 빈말일 뿐이었습니다. 옛날 형가(荊軻)는 연(燕) 태자 단(丹)의 의로움을 사모했고, 흰 무지개가 해를 뚫는 조짐이 있었지만 태자 단은 형가를 의심했습니다. 위선생(衛先生)은 진나라를 위하여 장평(長平)의 일을 계획했을 때 태백(太白)이 묘성(昴星)을 범하는 징조가 있었지만 소왕(昭王)은 그를 의심했습니다.

무릇 정성이 천지를 변화시켰음에도 믿음이 두 군주를 깨우치지 못하게 했으니 어찌 슬프지 않겠습니까? 지금 신은 충정에서 드리고자 하는 말씀을 아뢰어 알아주시기를 바랐지만, (왕의) 좌우가 현명치 못해 오히려 옥리에게 심문을 당하고 세상에 의심을 받게 되었으니 형가와 위선생이 다시 살아난다고 해도 연과 진은 그들의 참뜻을 깨닫지 못할 것입니다. 대왕께서는 잘 살피시길 바라옵니다!

예전에 변화(卞和)는 보옥을 바쳤음에도 초왕은 변화의 발을 잘랐습니다. 이사(李斯)는 충성을 다했지만 호해(胡亥)는 그를 극형에 처했습니다. 기자(箕子)가 미친 척하고, 접여(接輿)가 세상을 피해 살았던 것도 다 이런 환란을 당할까 두려웠기 때문입니다. 바라옵건대 대왕께서는 변화와 이사의 참뜻을 깊이 살피시어 앞으로는 초왕과 호해처럼 잘못된 참소를 받아들이는 일이 없고, 신이 기자와 접여에게 비웃음 당하지 않게 해주시옵소서.

또 신은 비간(比干)이 가슴을 찢기고, 오자서(伍子胥)가 말가죽에 담겼다는 말을 들었는데, 처음에는 믿지 않았지만 지금은 그것을 알게 되었습니다. 대왕께서는 깊이 살피시어 신을 조금이라도 가련히 여겨주시길 바라옵니다!

속담에 '백발이 되도록 알고 지냈으나 여전히 낯설고, 지나다 우산을 잠깐 기울였는데도 오래된 것 같다'고 했습니다. 왜 그럴까요? 알고 모르고의 차이 때문입니다. 옛날 번오기(樊於期)는 진에서 연으로 도망쳐 있다가 형가에게 자신의 머리를 주어 연 태자 단의 일을 받들게 했습니다.

왕사(王奢)는 제나라를 떠나 위나라로 도망을 갔다가 성에 올라 스스로 목숨을 끊어 제나라를 물리치고 위나라를 보존했습니다. 그들이 제나라와 진나라를 떠나 연나라와 위나라의 군주를 위해서 목숨을 바친 것은 군주들의 행위가 자신들의 뜻에 맞았고, 자신들의 의로움을 사모하는 군주들의 마음에 자극 받았기 때문이었습니다.

소진(蘇秦)은 세상에서 신임을 받지 못했지만, 오직 연나라에게게만은 미생(尾生)과 같은 신의를 지켰습니다. 백규(白圭)는 싸움에서 패배해 여섯 개의 성을 잃은 다음 위나라로 도망쳤다가 나중에 위나라를 위해 중산(中山)을 함락시켰습니다. 이는 무슨 까닭이겠습니까? 군주와 서로에 대한 이해가 있었기 때문입니다.

소진이 연나라의 재상이 되자 연나라 사람이 왕에게 그에 대한 나쁜 말을 했으나, 왕은 칼을 만지며 소진을 비방한 자를 꾸짖었습니다. 그러면서 소진을 더욱 우대하며 자신의 결제(駃騠)를 잡아 그에게 먹였습니다. 백규가 중산에서 공을 세우자 누군가가 위 문후(文侯)에게 그를 비방했습니다. 문후는 오히려 밤에도 빛을 발하는 구슬을 백규에게 내렸습니다. 왜 그랬겠습니까? 두 군주와 두 신하가 각각 마음을 열고 서로 믿었기 때문입니다. 그러니 어찌 근거도 없는 말에 마음이 흔들릴 수 있겠습니까?

여자는 잘났든 아니든 궁중으로 들어가게 되면 질투를 받게 되고, 선비는 어질든 아니든 조정에 서게 되면 시기를 받기 마련입니다. 옛날 사마희(司馬喜)는 송나라에서 무릎을 베이는 형을 받았지만, 훗날 중산(中山)의 재상이 되었습니다. 또 범수(范雎)는 위나라에서 갈비뼈가 부러지고 이가 부러졌으나 끝내 진나라에서 응후(應侯)가 되었습니다. 이 두 사람은 반드시 그렇게 될 것이라는 계획을 믿고서, 사사로이 패거리를 짓지 않고 홀로 처신했습니다. 그러니 다른 사람들의 질투를 받지 않을 수 없었습니다. 그래서 신도적(申徒狄)은 스스로 강물에 빠졌고, 서연(徐衍)은 돌을 지고 바다에 뛰어들었습니다. 세상에서 받아들여지지 않았지만 도의상 구차하게 취하지 않았고, 조정에서 당파를 지어 주상의 마음을 움직이려 하지 않았습니다.

옛날 백리해(百里奚)는 길에서 걸식을 하고 있었으나 목공(穆公)은 그에게 정사를 맡겼고, 영척(寧戚)은 수레 아래에서 소를 먹이고 있었으나 환공(桓公)은 그에게 나라를 맡겼습니다. 이 두 사람이 조정의 관리들에게 추천을 받거나, 좌우의 칭송을 빌려서 목공과 환공에게 등용된 것입니까?

서로 마음으로 느끼고 행동이 일치하면 아교나 옻칠한 것보다 더 친밀하게 사이 좋은 형제처럼 되어 그들 사이를 갈라놓을 수 없습니다. 그러니 어찌 이런저런 사람들의 말에 현혹될 리가 있겠습니까? 따라서 한쪽 말만 들으면 간사한 일이 생기고, 한 사람에게 모든 것을 맡기면 난리가 납니다.

옛날 노나라는 계손(季孫)의 말을 듣고 공자(孔子)를 내쫓았고, 송나라는 자한(子罕)의 꾐에 빠져 묵적(墨翟)을 가두었습니다. 공자와 묵적의 달변으로도 참소와 아첨에서 벗어나지 못했고, 이 때문에 노나라와 송나라는 위태로워졌습니다. 이는 무슨 까닭이겠습니까? 여러 사람의 입은 무쇠도 녹이고, 비방이 쌓이면 뼈도 녹일 수 있기 때문입니다.

진나라는 오랑캐 유여(由余)를 등용해 중국을 제패했고, 제나라는 월나라 사람인 몽(蒙)을 기용해 위왕(威王)과 선왕(宣王) 때 강해졌습니다. 이 두 나라가 세속에 얽매어 이끌리거나, 아첨과 한쪽에 치우친 말에 사로잡혔습니까? 공정하게 듣고 두루 살펴봄으로써 이름을 당세에 남겼던 것입니다. 그러므로 뜻만 맞으면 호(胡)나 월(越)처럼 아주 먼 곳의 사람들과도 형제처럼 될 수 있으니, 유여나 몽이 바로 이런 사람들이었습니다.

그러나 뜻이 맞지 않으면 골육(骨肉) 사이라도 내쫓고 쓰지 않습니다. 주(朱)·상(象)·관(管)·채(蔡) 같은 나라들이 바로 이런 경우입니다. 오늘날 백성의 주인 된 사람이 참으로 제나라나 진나라와 같이 옳은 방법을 쓰고, 송나라와 노나라처럼 잘못된 말은 듣지 않는다면, 오백(五伯)의 명성도 별달리 언급할 것이 없으며, 삼왕(三王)의 공업 또한 쉽게 이룰 수 있을 것입니다.

그러므로 성군은 충성과 간사함을 잘 가려야 자지(子之)의 위선적인 마음을 내칠 수 있고, 전상(田常)의 잔재주를 인정하지 않을 수 있습니다. 주 무왕은 충신 비간의 후예를 봉하고, 배를 찢겨 죽은 임신한 여인의 무덤을 손질해 줌으로써 그 공업을 다시 세워 천하에 군림할 수 있었습니다. 무슨 까닭이겠습니까? 이는 무왕이 좋은 일을 하는 데 결코 싫증을 내지 않았기 때문입니다.

또 진나라 문공(文公)은 그의 원수와 친하게 지냄으로써 제후들의 패자(霸子)가 될 수 있었고, 제나라 환공은 자신의 원수를 등용해 천하를 바로잡았던 것입니다. 어떻게 그럴 수 있었겠습니까? 그것은 문공과 환공이 자애로움·인자함·친절함으로 진정 사람의 마음을 감화시켰기 때문입니다. 이는 빈말로써 얻을 수 있는 일이 아닙니다.

진나라는 상앙(商鞅)의 방법을 써서 동쪽으로 한나라와 위나라를 약하게 만들고, 병력이 천하제일이 되었습니다. 그러나 끝내 상앙을 거열형(車裂刑)에 처했습니다. 또 월나라는 대부 문종(文種)의 모략을 이용해 오나라를 벌하고 중국의 패자가 되었으나, 결국은 그를 죽였습니다. 이렇기 때문에 손숙오(孫叔敖)는 세 번이나 해임되었어도 낙담하지 않았던 것이고, 오릉(於陵)의 자중(子仲) 역시 삼공(三公) 직책을 사양하고 정원에 물 대주는 일을 할 수 있었던 것입니다.

지금 군주가 진실로 교만한 마음을 버리고 보답할 뜻을 품고 속마음을 꺼내 참된 마음을 보여주며, 간담(肝膽)을 털어 덕을 두터이 베풀어 기쁨과 어려움을 선비와 함께하면서 선비에게 인색하게 굴지 않으면, 포악한 걸왕(桀王)의 개라도 요(堯)임금에게 짖어대게 할 수 있고, 도척(盜跖)의 식객들에게 허유(許由)를 찔러 죽이게 할 수도 있을 것입니다. 하물며 만승(萬乘)의 권세를 잡고 성왕의 자질을 갖추신 분의 명이라면 어떻겠습니까? 형가(荊軻)가 칠족(七族)을 재난에 빠뜨린 일이나, 요리(要離)가 처자식을 불타 죽게 만든 것은 말할 필요도 없는 일입니다.

신은 '길을 걸어가는 사람에게 명월주(明月珠)와 야광벽(夜光璧)을 던지면 칼을 잡고 노려보지 않을 사람이 없다. 이는 아무 까닭 없이 보물이 눈앞에 나타났기 때문이다. 구불구불 이상하게 꼬인 나무뿌리일지라도 임금의 그릇이 되는 것은 무슨 이유인가? 이는 좌우에 있는 사람들이 먼저 그 생김새를 꾸미기 때문이다'라고 들었습니다. 그러므로 아무 이유 없이 눈앞에 나타나면, 그것이 수후주(隨侯珠)나 야광벽(夜光璧)이라고 해도 원한만 맺게 될 뿐 고맙게 생각하지 않습니다. 그러나 누군가 미리 이야기를 해두게 되면 마른나무와 썩은 등걸이일지라도 공을 세워 잊히지 않게 될 수 있습니다.

오늘날 지위도 벼슬도 없는 곤궁한 선비들은 빈천한 처지에 있습니다. 때문에 설령 요와 순의 통치술을 이해하고, 이윤(伊尹)이나 관중(管仲)과 같은 말재주를 지니고, 용봉(龍逢)이나 비간(比干)과 같은 충성심으로 당대의 군주에게 충성을 다하고 싶어 해도 나무뿌리를 다듬어 바치듯이 천거해주는 사람이 없습니다. 또한 마음과 생각을 다해서 충성과 진실을 보여 군주의 정사를 보좌하고 싶어도 군주는 구슬을 던진 사람을 대하듯이 칼을 잡고 노려봅니다. 그래서 벼슬 없는 선비를 마른나무와 썩은 등걸이의 쓰임만도 못하게 만드는 것입니다.

한나라 초기 지방의 유씨 왕들은 각지의 인재들을 끌어 모으며 세력을 키웠다. 이는 전국시대의 풍조가 완전히 사라지지 않고 남았기 때문이다. 양 효왕은 그중 대표적인 인물이었다. 사진은 발굴된 그의 무덤 안에 복원되어 있는 효왕의 흉상이다.(2018년)

어진 군주가 세상을 통제하고 풍속을 바로잡는 데에는 도공이 물레 위에서 그릇을 만들 듯이 자기만의 교화 방법이 있습니다. 그러므로 천박하고 혼란한 말에 이끌리거나 뭇 사람들의 근거 없는 말에 마음을 빼앗기는 일이 없는 것입니다. 진시황은 중서자(中庶子) 몽가(蒙嘉)의 말만 듣고 형가(荊軻)의 감언이설을 믿었다가 몰래 감추어둔 비수에 찔릴 뻔했습니다.

이와 달리 주 문왕은 경수(涇水)와 위수(渭水) 가에서 사냥을 하다가 여상(呂尚)을 수레에 모시고 돌아와 그의 도움으로 천하의 왕이 되었습니다. 진시황은 좌우의 말을 듣다가 살해당할 뻔했고, 주 문왕은 까마귀가 한데 모여 앉듯이 우연히 여상을 만나서 왕이 되었습니다. 이는 무슨 까닭이겠습니까? 주 문왕은 속박하는 말 따위를 초월하고 어느 하나에 국한되지 않은 의견에 마음을 쏟아 밝고 넓은 길을 홀로 살폈기 때문입니다.

그런데 오늘날 세상의 군주는 아첨하는 말에 빠지고, 애첩들에게 매여 뛰어난 선비들을 우대하지 않는 것이 소와 천리마에게 같은 사료를 먹이는 것 같습니다. 이것이 바로 포초(鮑焦)가 세상에 분개해하며 부귀의 즐거움에 마음을 두지 않은 까닭입니다. 신은 '의관을 바르게 하고 조정에 들어온 사람은 이익을 위해서 의로움을 더럽히지 않으며, 명성을 소중하게 관리하는 사람은 욕심 때문에 행실을 해치지 않는다'라고 들었습니다.

그러므로 증자(曾子)는 '승모(勝母)'라는 이름의 고을에 들어서지 않았으며, 묵자(墨子)는 '조가(朝歌)'라는 이름의 마을에서 수레를 되돌렸다고 합니다. 그런데 오늘날 군주들은 천하의 뛰어난 선비들을 위엄과 막중한 권력으로 내리눌러 두렵게 하고 있습니다. 때문에 군주들은 일부러 부드러운 안색을 꾸며 행실을 더럽히면서까지 아첨을 좋아하는 선비들을 섬기고, 좌우에게도 친하고 가깝게 하기를 바랍니다. 이렇게 된다면 뜻있는 선비들은 바위 동굴 속에서 늙어 죽을 수밖에 없으니, 어찌 자신의 충성심과 신의를 다해서 왕을 따르려고 하겠습니까?"

생각 얹기

편지는 한마디로 표현하자면 '종횡무진(縱橫無盡)'이다. 고금을 넘나드는 해박한 지식과 화려한 문장력은 이를 더욱 돋보이게 한다. 추양은 화려하게 꾸미고 자신을 과시하길 좋아했던 양 효왕의 취향에 정확하게 맞추어 글을 쓴 것으로 보인다. 전체적으로 볼 때 문장은 전국시대 유세가의 웅변을 방불케 한다. 반고(班固)가 《한서(漢書)》〈예문지(藝文志)〉에서 그를 유세가와 같은 종횡가(縱橫家)로 분류한 것도 이 때문일 것이다.

정서적으로도 속에 있는 감정을 적절하게 때로는 남김없이 표출하고 있다. 간절한 대목, 애석해 하는 대목, 비통함 속에 짙게 깔린 울분, 비분강개 등등 자신의 처지에서 나타낼 수 있는 거의 모든 감정을 화려한 문장과 풍부한 역사 사례로 강조하고 강화하고 있다.

편지의 요지는 유능하고 충성스러운 인재가 시기와 질투로 쫓겨나거나 숨는 까닭은 주군의 의심 때문이라는 것이다. 따라서 인재에 대한 주군의 신뢰가 절대적이다. 추양은 이 점을 각국의 다양한 역사 사례를 들어가며 끊임없이 강조한다. 이를 위해 군주 가까이에 있는 아첨배 무리들에 대한 경계심을 놓치지 말라고 지적하는데, 주군 옆에서 간신배들이 끊임없이 떠들면 그 말에 쏠릴 수밖에 없는 현상을 '여러 사람의 입은 무쇠도 녹이고, 비방이 쌓이면 뼈도 녹일 수 있다'는 절묘한 표현으로 강조하고 있다.

추양은 자신의 논지를 강조하고 강화하기 위해 강렬한 인상을 남기는 격언 종류의 말들을 많이 끌어다 쓰고 있다. 이 때문에 이 편지에는 전례가 없을 정도로 많은 명언명구가 등장한다. 그중 몇 구절은 2천 년 넘게 숱한 문장과 입에 오르내렸다. 몇 구절을 원문과 함께 참고로 소개해둔다.

- 백두여신(白頭如新), 경개여고(傾蓋如故).

 백발이 되도록 알고 지냈으나 여전히 낯설고, 지나다 우산을 잠깐 기울였는 데도 오래된 것 같다.

 인간관계의 오묘함을 절묘하게 비유한 명언이다. 사람의 관계는 만난 시간의 양이 중요한 것이 아니라, 그 질이 결정한다는 뜻으로 이해된다.

- 여무미악(女無美惡), 입궁견투(入宮見妒) ; 사무현불초(士無賢不肖), 입조견질(入朝見嫉).

 여자는 잘났든 아니든 궁중으로 들어가게 되면 질투를 받게 되고, 선비는 어질든 아니든 조정에 서게 되면 시기를 받기 마련입니다.

 뛰어난 인재의 운명은 권력자의 확고부동한 믿음이 없으면, 시기와 질투를 당해 언제든 쫓겨나거나 억압당할 수밖에 없다는 뜻의 명언이다.

- 편청생간(偏聽生奸), 독임성난(獨任成亂).

 한쪽 말만 들으면 간사한 일이 생기고, 한 사람에게 모든 것을 맡기면 난리가 납니다.

 권력자 주위에는 사람이 몰려든다. 그중에는 옥도 있고, 돌도 있다. 권력자가 이를 가려내려면 뛰어난 안목이 필요하지만, 또 한편으로는 한 사람의 말만 듣고 그를 신임해서는 안 된다는 지적이다.

- 중구삭금(衆口鑠金), 적훼소골(積毁銷骨).

  여러 사람의 입은 무쇠도 녹이고, 비방이 쌓이면 뼈도 녹인다.

  인재에 대한 모함은 조직적으로 일어난다. 이 사람이 와서 헐뜯고, 저 사람이 와서
  헐뜯다 보면 아무리 심지가 굳은 권력자도 흔들릴 수 있다. 이 점을 추양은 속담
  을 인용하여 강조했다.

- 성식입조자불이이오의(盛飾入朝者不以利汚義), 지려명호자불이욕상행(砥厲名號者不以欲傷行).

  의관을 바르게 하고 조정에 들어온 사람은 이익을 위해서 의로움을 더럽히지 않으며, 명성을
  소중하게 관리하는 사람은 욕심 때문에 행실을 해치지 않는다.

  지조가 굳은 인재는 사소한 이익과 명성 때문에 자신의 뜻을 버리지 않는다는 의
  미인데, 추양 자신을 빗댄 명구다. 추양은 편지의 마지막 대목을 이 말로 특별히
  강조한 다음, 증자와 묵자의 사례로 인상을 강화시켰다.

— 이상 권83 〈노중련추양열전〉

짐이 영명하지 못한 데도 잘되었으니
슬퍼할 것이 무엇일까

최고 권력자 문제(文帝)의 담담한 유언

배경

기원전 157년 6월 1일, 서한 왕조의 3대 황제 문제(文帝)가 미앙궁(未央宮)에서 세상을 떠났다. 그의 나이 만 45세였다. 기원전 180년 22세의 나이로 즉위한 지 23년 만이었다. 한창 나이였다. 즉위 후 20여 년 동안 백성들을 위해 끊임없이 선정(善政)과 덕정(德政)을 베풀었던 명군이었기에 그의 다소 이른 죽음은 안타까움 그 자체였다.(문제는 중국 역사상 약 500명에 이르는 제왕들 중 가장 인자한 명군으로 꼽힌다.)

문제는 임종을 앞두고 유언을 조서로 내렸는데, 그 문장이 무척이나 감동적이다. 중국 역대 제왕으로서 죽기에 앞서 이토록 마음을 울리는 유언을 남기기로는 거의 유일한 사례가 아닐까 싶다. 문제는 또 유언 외에 각종 악법을 폐지하라는 조서도 여러 편 남겼다. 유언을 살펴보기에 앞서 문제가 남긴 악법 폐지를 당부하는 조서 몇 편을 읽음으로써 문제의 정신세계를 음미해볼까 한다.(인물에 대한 소개는 생략한다.)

문제는 기원전 179년 즉위한 이듬해 즉시 연좌제(連坐制)를 폐지할 것을 제의한다. 담당 관리들은 오랫동안 존속해온 법을 갑자기 폐지하면 혼란이 생기므로 그대로 두자며 반대하고 나선다. 이에 대한 문제의 대응 논리다.

"법이 바르면 백성들이 충성을 다하고, 죄를 정당하게 처벌하면 백성들이 복종한다고 했다. 또 관리는 백성을 잘 다스려 착한 쪽으로 이끌어야 하거늘, 백성들을 바로 이끌지도 못하고 게다가 바르지 못한 법으로 죄를 다스린다면, 이는 백성들에게 해를 끼쳐 난폭한 짓을 하게 만드는 것이니 이렇게 해서 어떻게 나쁜 짓을 못하게 하겠는가? 나는 연좌제 어디에 좋은 점이 있는지 모르겠으니 자세히 연구해 보길 바란다."

문제는 또 아비의 죄를 대신 받겠다는 효녀 제영(緹縈)의 간곡한 청을 받아들여 신체의 일부를 자르거나 못쓰게 하는 육형(肉刑, 고문)을 폐지했으며, 가혹한 형벌 중에서도 가장 비인간적이고 치욕적이어서 죽음보다 더한 형벌로 악명이 높은 궁형(宮刑)도 폐지했다. 그가 육형을 폐지하게 하면서 발표한 변이다.

"지금 법에 육형이 세 가지나 있음에도 범죄는 그치지 않고 있으니 문제가 대체 어디에 있는가? 짐의 덕이 모자라고 교화가 제대로 되지 못한 까닭이 아니겠는가? 교화의 방법이 훌륭하지 못해 어린 백성들을 그런 범죄의 길로 빠지게 하고 있으니 몹시 부끄럽다. (중략) 지금 백성들에게 잘못이 있으면 교화도 해보지 않고 먼저 형벌을 가해 버리니, 행여 잘못을 고쳐 좋은 일을 하고자 해도 그럴 기회가 없어지니 짐은 이것이 몹시 안타깝다. 팔다리를 잘리고 피부와 근육이 상해 죽을 때까지 회복되지 않으니 얼마나 고통스럽겠는가? 이 얼마나 부도덕한 일이며, 이것이 어찌 또 백성의 부모된 자의 바람이겠는가? 육형을 폐지하도록 하라!"

문제의 이러한 통치 철학은 백성을 아끼고 민심을 우선하는 정책에 고스란히 반영되어 나타났다. 천지 신에게 제사를 지내면서 백성들은 놔두고 황제의 복만 비는 행위를 중지시킨 일이나, 백성에게 조금이라도 불편한 일이 있으면 바로 없애서 백성을 이롭게 하는 행정의 실현 등이 그런 것들이었다.

문제의 이 같은 '위민(爲民)' 정치는 무엇보다 끊임없는 자아성찰의 산물이었음을 지적하지 않을 수 없다. 그가 즉위 초기에 전국적으로 내린 '여론 수렴령'과 이어 단행한 '비방죄(誹謗罪)' 폐지에 따른 '비방목(誹謗木)' 언급은 문제의 자아성찰의 경지가 어느 정도였는지를 잘 보여준다. 먼저 전국에 내린 여론 수렴령의 요지다.

"각지에 이 명령이 내려가면 짐의 과실은 물론 지혜·식견·생각이 미치지 못했던 점들을 깊이 생각하여 짐에게 알려줄 것이며, 재주와 덕이 뛰어나고 직언할 수 있는 인재를 발탁하여 짐의 모자란 점을 바로잡아주기 바란다."

다음은 '비방죄' 폐지 명령의 요지다.

"옛날 선왕들이 천하를 다스릴 때 조정에는 올바른 진언(進言)을 위한 깃발, 즉 '진선지정(進善之旌)'과 비평을 위한 나무 팻말, 즉 '비방지목(誹謗之木)'을 만들어 다스림의 올바른 길을 소통시키고 직언하는 사람들이 나설 수 있게 했다. 그런데 지금 법을 보면 비방과 유언비어에 대한 처벌이 있는데, 이는 신하들로 하여금 마음에 있는 바를 다 쏟아내지 못하게 하는 것이며, 황제에게는 자신의 과실을 지적받을 기회를 없애는 것이다. 그러니 먼 곳의 유능한 인재들을 무슨 수로 오게 하겠는가? 이 죄목을 없애도록 하라!"

이상의 조치들은 백성들과 인재들에게 자유로운 생각을 마음껏 발표할 수 있게 함으로써 자신의 잘못을 바로잡겠다는 의지에서 나온 것이다. 이것이 한 문제가 보여준 자아성찰의 경지다. 이 경지에서 문제는 덕으로 백성들을 교화하는 데 힘쓸 수 있었고, 그 결과 전국의 인구는 늘고 경제는 부유해졌으며, 예의와 염치를 아는 풍토가 조성되었다. 약 2,200년 전 오로지 백성만을 위하는 '위민' 정치를 실천하기 위해 요·순시대의 '비방목'을 거론하며 자신에 대한 솔직한 비판과 소통을 갈망했던 한 문제의 성찰은 통치와 통치자의 본질 및 자세를 깊게 되새기게 한다.

이상 문제가 재위한 23년 동안 발표한 각종 악법 폐지

중국 역사상 최고의 명군이라면 대부분 당 태종을 든다. 그러나 한 문제는 당 태종 못지않은 명군이자 인군(仁君)이었다. 그의 유언은 이런 그의 인자한 성품을 가감 없이 대변하는 명문이다. 한 문제의 석상이다. (2014년)

를 명한 조서와 여론 수렴령을 살펴보았다. 이제 이를 바탕으로 임종을 앞두고 남긴 유언을 읽어보자.

장면

짐이 듣기에 '천하 만물로 싹이 자라 죽지 않는 것이 없다'고 한다. 죽음이란 하늘과 땅의 이치요 생명체의 자연스러움이니, 짐의 죽음이라 해서 어찌 유별나게 슬프겠는가? 지금 세상을 보면 모두가 삶을 좋다 하고, 죽음은 싫어하여 장례를 후하게 치르느라 생업까지 파괴하고, 상복을 너무 오래 입어 산 사람이 상한다. 나는 정말이지 이런 것을 받아들일 수 없다.

짐이 부덕하여 백성에게 도움을 주지도 못했다. 그런데 지금 죽음을 앞두고 또 다시 계절이 몇 번이나 바뀌도록 상복을 오래 입음으로써 집안의 아비와 아들을 슬프게 하고, 어른과 젊은이의 뜻을 상하게 하며, 그 음식에 손상이 가고, 귀신에게 드리는 제사가 끊어지게 하여 나의 부덕이 더 무거워진다면 천하에 무슨 말을 하겠는가?

짐이 종묘를 얻어 보전하며 보잘것없는 몸을 천하 군왕의 자리에 맡긴 지 20년이 넘었다. 천지 신령과 사직의 복에 힘입어 나라 안이 안녕을 찾고, 군대를 일으키는 일이 없었다. 짐이 또 영민하지 못하여 늘 잘못된 행실로 선제께서 남기신 덕을 부끄럽게 하면 어쩌나 두려웠고, 세월이 흐를수록 끝이 좋지 않으면 어쩌나 겁이 났다. 지금 다행히 천수를 누리고 고조의 사당에서 공양을 받게 되었다. 짐이 영명하지 못한 데도 잘되었으니 슬퍼할 것이 무엇일까?

천하의 관리와 인민들은 이 조령이 내려간 뒤 사흘만 곡을 하고 상복을 벗도록 하라. 며느리를 맞고 딸을 시집보내고, 제사를 지내고, 술 마시고 고기 먹는 것을 금하지 않도록 하라. 상을 담당하거나 상복을 입고 곡을 해야 할 사람들은 맨발로 땅을 밟지 않도록 하라. 상복의 허리띠는 세 치를 넘지 않도록 할 것이며, 수레와 병기를 진열하지 말 것이며, 민간에서 남녀를 징발하여 궁전에서 곡하게 하지 말라. 궁전에서 곡을 해야 할 사람들도 모두 아침저녁 열다섯 번만 하고, 예가 끝나면 그만두도록 하라. 아침저녁으로 곡할 때가 아닌 데도 마음대로 곡하지 않도록 하라. 매장이 끝나면 (상복으로) 대공(大功)은 15일, 소공(小功)은 14일, 섬(纖)은 7일만 입도록 하라.

이 조령 속에 포함되어 있지 않은 것들은 모두 이 조령에 준하여 따르도록 하고, 천하에 포고하여 짐의 뜻

문제가 언급한 비방목은 훗날 궁궐 앞의 화표(華表)로 남아 있다. 사진은 북경 자금성(紫禁城) 입구의 화표이다.(2009년)

을 분명하게 알려라. 패릉의 산천은 바꾸지 말고 원래 모습대로 두라. 후궁의 부인 이하 소사까지 모두 집으로 돌려보내라.

<h2 style="text-align:center">생각 얹기</h2>

기원전 157년 6월 1일, 문제가 세상을 떠나자 장례를 치르기 위한 인사 조치를 취했다. 중위(中尉) 주아부(周亞夫)를 거기장군(車騎將軍)으로 삼고, 전속국(典屬國) 서한(徐悍)을 장둔장군(將屯將軍)에 임명했다. 그리고 낭중령 장무(張武)를 복토장군(復土將軍)으로 삼고 가까운 현에서 병졸 1만 6천, 수도 안에서 병졸 1만 5천을 징발하여 땅을 파고 흙을 메우는 일을 장무에게 관할하게 했다.

엿새 뒤인 6월 7일, 군신들이 모두 머리를 조아리며 효문황제(孝文皇帝)라는 시호를 올렸고, 태자(경제)가 고조 사당에서 즉위했다. 사흘 뒤인 6월 9일에 자리를 이어받아 '황제'라 칭했다. 이로써 문제의 죽음과 장례 절차, 그리고 새로운 황제의 즉위까지 9일 만에 모두 끝났다.

유언의 전체적인 기조는 담담함 그 자체다. 그래서인지 더욱 더 마음을 울린다. 대목대목에 백성에 대한 애틋한 사랑이 넘쳐흐른다. 특히 삶과 죽음에 대한 초연한 최고 권력자의 허심탄회한 심경 토로는 달관의 경지에 오른 구도자를 떠올리게 한다.

　문제는 천하 만물 중에 죽지 않는 것이 어디 있냐며, "죽음이란 하늘과 땅의 이치요, 생명체의 자연스러움이니 짐의 죽음이라고 해서 어찌 유별나게 슬프겠는가?"라고 유언의 말문을 열었다. 그리고는 자신의 장례 때문에 백성의 생업에 지장이 가지 않도록 각별히 주의할

문제는 자신이 묻힐 무덤의 환경까지 생각하며 유언을 남겼고, 실제로 그의 무덤인 패릉의 산수는 다른 제왕의 무덤과는 달리 인공이 가해지지 않고 남아 있다.(2007년)

것을 신신당부하며 3일장을 명령했다. 3일장의 효시가 아닌가 싶다.

　이어 간편한 상복과 간소한 곡을 부탁했고, 심지어 장례 기간에 백성들이 제사를 지내거나 혼례를 치르거나 술과 고기를 먹는 것 등을 금지시키지 않도록 했다. 매장이 끝나면 후궁들 중 부인 이하 등급은 모두 집으로 돌려보내 정상적인 생활인이 되게 했다. 자신의 무덤 때문에 산천을 파헤치지 말라는, 오늘날로 말하자면 자연환경까지 걱정하며 박장(薄葬)을 신신당부했다.

　문제의 유언에서 가장 감동적인 대목은 "지금 다행히 천수를 누리고 고조의 사당에서 공양을 받게 되었다. 짐이 영명하지 못한 데도 잘되었으니 슬퍼할 것이 무엇일까?"라는 부분이다. '다행히 천수를 누리고' 이 대목에서는 가슴이 찡해온다. 미사여구도 없고, 현란한 역사 사례도 없으며, 흔한 격언이나 속담조차 없는 말 그대로 담담한 글임에도 불구하고 그 울림은 그 어떤 명문 못지않다.

　앞서 말했듯이 문제는 45년 밖에 살지 못했다. 요절이라고는 할 수 없겠지만 당시 서한 왕조의 다른 황제들에 비하면 가장 일찍 세상을 떴다. 고조 유방은 확실하지는 않지만 적어도 60은 훨씬 넘겼고, 문제의 아들 경제는 47세, 손자 무제는 70까지 살았다. 기타 공신들이나 대신들 대부분이 문제보다 오래 살았다. 그럼에도 문제는 천수를 누리고 가니 감사할 일이지 슬퍼할 것 없다고 했다. 참으로 인자함과 덕, 그리고 인간다움을 겸비했던 권력자였다. 이런 점에서 그는 최고의 명군으로서, 그리고 그가 남긴 이 유언은 최고의 명문으로 꼽기에 손색이 없다.

자신을 다스리지 못하면서
남을 다스릴 수 있는 자는 없었습니다

노회하고 영악한 공손홍(公孫弘)의 사직서

배경

기원전 122년, 야심만만한 한 무제가 만 15세의 나이로 황제로 즉위한 지 20년째 되는 해였다. 회남왕(淮南王) 유안(劉安)과 그 동생 형산왕(衡山王) 유사(劉賜)가 반란을 꾀하려다 발각되었다. 중앙 조정은 관리를 파견하여 관련자를 색출했고, 수천 명이 연루되어 죽임을 당했다. 유안과 유사는 목을 찔러 자살했다.

유안과 유사는 유장(劉長)의 아들들이었고, 유장은 고조 유방의 막내아들이었다. 촌수로 따지자면 유안과 유사는 무제의 삼촌 뻘이었다. 이들이 반란을 일으킨 데는 그 아버지 때부터 쌓인 중앙 조정과의 묵은 갈등 때문이었다. 이 과정을 요약하면 이렇다.

유장의 생모는 조왕(趙王) 장오(張敖)의 후궁이었다. 기원전 199년 유방이 조나라를 지날 때 조왕은 자신의 후궁을 유방에게 바쳤고, 후궁은 임신을 했다. 장오는 별궁에 그녀를 모셨다. 그 뒤 장오는 유방 암살 사건에 연루가 되어 장안으로 압송되었다. 이때 후궁도 연루되었다 하여 장안의 감옥에 갇혔다. 후궁은 옥리에게 임신 사실을 알렸고, 옥리가 유방에게 보고했지만 암살 사건으로 화가 나 있던 유방은 그녀를 돌보지 않았다. 그녀는 남동생을 시켜 당시 여태후의 총애를 받고 있던 벽양후(辟陽侯) 심이기(審食其)를 통해 자신의 상황을 여태후에게 알리게 했으나, 심이기와 태후도 외면했다.

얼마 뒤 후궁은 유장을 낳았으나 아무도 거두지 않자 한을 품고 자결했다. 옥리가 유장을 유방에게 보내자 유방은 후회하며 여태후에게 기르게 했다. 유장은 훗날 회남왕에 봉해졌지만 자신의 출생에 얽힌 내력과 생모의 억울한 죽음을 잊지 않고 마음에 두고 있었다. 급기야 유장은 심이기를 살해하기까지 했지만, 당시 황제였던 문제가 유장을 지극히 아꼈기 때문에 사건은 유야무야 넘어갔다.

유장은 황제의 총애를 믿고 오만방자하게 굴었다. 황제를 방불케 하는 위세를 떨치며 주위의 불만을 샀다. 조정 대신들은 문제에게 유장의 월권을 성토하며 처벌하라고 경고했다. 문제는 애써 이를 무시했지만, 갈등은 갈수록 깊어졌다. 기원전 174년, 회남왕 유장은 결국 반역죄로 추궁당했고, 유장은 먹는 것을 거부하다 굶어 죽었다. 문제는 관련자들을 색출하여 죽였지만, 동생 유장의 죽음을 가엾게 여겨 그 아들들을 모두 왕으로 봉했다. 유안과 유사는 이렇게 회남왕과 형산왕으로 봉해졌다. 하지만 중앙 조정과의 뿌리 깊은 갈등은 아들 세대에도 이어졌고, 지방 제후 왕들의 세력을 꺾으려 했던 무제 때 와서 갈등은 결국 폭발했다.

반란은 행동으로 옮겨지지 못하고 사전 발각됨으로써 무력 충돌 없이 끝났다. 그러나 연루된 자들에 대한 색출은 대대적으로 이루어졌고, 결국 수천 명이 목숨을 잃었다. 관련자 색출 작업이 한창일 때 조정의 중심인 승상 자리에 있던 노구의 공손홍(公孫弘)이 뜬금없이 사직서를 제출하는 일이 발생했다. 공손홍은 자신의 병세를 앞세우며 이렇게 사직의 뜻을 밝혔다.

"신은 공도 없이 후(侯)에 봉해지고 승상의 자리에까지 이르렀습니다. 하오니 현명한 군주를 잘 보필하고 나라 사람들을 잘 아울러서 신하된 도리를 따르도록 해야 마땅할 것입니다. 지금 제후가 반역을 꾀했으니 이 모두는 승상이 직책을 제대로 수행하지 못했기 때문입니다. 행여 이대로 병들어 죽는다면 책임을 메울 길이 없을까 두렵습니다."

그런 다음 공손홍은 정식으로 아래에 소개할 사직서를 올렸다. 소개에 앞서 공손홍이란 인물을 좀 자세히 살펴본다. 사직서 문장이 짧고 워낙 형식적이라 분석할 거리가 많지 않아 글을 쓴 당사자의 행적과 성품에 대해 더 알아보는 쪽이 도움이 될 것이다.

<h2 style="text-align:center">인물</h2>

한나라 초기 때 인물인 공손홍(기원전 200~기원전 121)은 80세 가까이 장수하며 경제와 무제를 모셨다. 그는 유학자이긴 했지만 권력자의 눈치를 잘 헤아리는 노회한 처세술로 승상으로는 처음 평진후(平津侯)라는 작위를 받는 영광까지 누리며 무탈하게 생을 마감했다. 그의 이런 처신은 당시 강직한 학자와 관료들로부터 적지 않은 비판을 받았다. 경제 때의 박사 원고생(轅固生)은 공손홍의 면전에서 "(그대는) 바른 학문으로 바른말을 하는 데 힘써야지, '왜곡된 학문으로 세상에 아첨하는' 일이 없도록 해야 할 것이야!"며 따끔하게 혼을 낸 적이 있다.(여기서 '곡학아세曲學阿世'라는 유명한 고사성어가 나왔다. 해당 항목 참고)

공손홍은 치천군(淄川國, 지금의 산동성 수광현壽光縣 일대) 출신이다. 젊었을 때 형벌과 감옥을 주관하는 관리직에 있다가 죄를 지어 면직되었다. 집안이 가난하여 바닷가에서 돼지를 치면서 생계를 유지해 나갔다.('공손목시' 항목 참고) 나이 40세에 이르러서야 유가의 경전인 《춘추(春秋)》와 제자백가의 학설을 배우기 시작했다.

경제를 이어 젊은 나이에 즉위한 무제(武帝)는 야심이 큰 군주였다. 그는 전국적으로 인재를 물색하고 뛰어난 문학 인재들을 선발했다. 당시 공손홍은 이미 60세의 노인이었다. 고향 사람들은 '유능하고 어진' '현량(賢良)'이란 명목으로 공손홍을 추천했고, 공손홍은 경성에 올라와 박사가 되었다.

한번은 무제가 공손홍을 흉노에 사신으로 보냈다. 공손홍이 돌아와 상황을 보고했는데, 보고서를 본 무제는 마음에 들어 하지 않으면서 공손홍을 무능하다고 여겼다. 공손홍은 병을 핑계로 낙향했다. 이 일로 공손홍은 벼슬을 보전하려면 권력자의 기호와 취향, 그리고 심기를 잘 살펴야 한다는 사실을 실감했던 것 같다.

원광(元光) 5년(기원전 130년), 무제는 다시 전국에 인재를 모집하였는데 치천 사람들은 다시 공손홍을 추천하였다. 공손홍은 다른 사람을 추천하라며 사양했지만, 고향 사람들의 의지는 완강(?)했다. 이렇게 해서 공손홍은 두 번째로 경성에 올라왔다. 그의 나이 70세였다. 그는 태상(太常)의 관저에서 문장을 지어 황제가 하문한 치국의 방법에 대해 대책을 올려 무제의 큰 칭찬을 받았다. 공손홍은 그 사이 무제라는 권력자가 어떤 문장을 좋아하는지 터득했던 것이다.

늦은 나이였지만 이후 공손홍의 벼슬길은 탄탄대로였다. 74세 때 어사대부가 되었고, 76세 때 마침내 승상 자리에 올랐다. 이와 함께 평진후에 봉해짐으로써 승상으로는 처음 후의 반열에 오르는 사례를 남겼다. 기원전 122년 회남왕과 형산왕의 모반 때 사직서를 제출했고, 이듬해 79세 나이로 세상을 떠났다.

공손홍의 사직서를 살피기에 앞서 공손홍이 벼슬에 있을 때 일화를 소개하여 관료로서 그의 처세와 성품이 어떠했는지 알아보고자 한다.

공손홍은 황제에게 아뢴 일이 황제의 반대에 부딪치면 절대 공개석상에서 황제와 논쟁하지 않았다. 그 대신 황제가 한가한 틈을 타서 아뢰었다. 그는 무제의 비위를 잘 맞추었고, 무제는 공손홍의 의견에 따랐다. 황제의 신임이 깊어졌고 벼슬도 높아졌다. 한번은 황제에게 다른 대신들과 다 같이 함께 아뢰기로 약속했지만, 막상 황제 앞에서는 황제의 말에 모두 순응하면서 한마디도 하지 않았다. 그러자 급암(汲黯)이 이렇게 공손홍을 비난했다.

"제나라 사람들은 대부분 교활하고 냉혹하다더니 그 말이 정말이구나. 신하들과 약조를 해놓고 정작 반대되는 태도를 취하다니 당신은 충성스럽지 못하오!"

무제가 이 일을 알고는 묻자 공손홍은, "저 공손홍을 이해하는 사람이면 저의 이런 행동이 충성스런 행동이라 할 것이고, 저를 이해하지 못하는 사람이면 저의 이런 행동이 충성스럽지 못한 행동이라 여길 것입니다"라고 변명했다. 무제는 그의 말이 매우 옳다고 여기면서 그 뒤 다른 사람이 공손홍에 대해 나쁜 말을 하여도 무제는 공손홍을 더욱 잘 대해주었다.

공손홍은 겉으로 보기에는 너그럽고 대범한 것 같았으나 실제로는 매우 각박했다고 한다. 자신과 갈등이 있으면 관계가 멀던 가깝던 겉으로는 잘 대해주다가 기회를 잡아 끝내 해쳤다. 주보언(主父偃)을 죽게 하고, 유학자 동중서(董仲舒)를 중앙정부에서 내쫓은 것 등이 모두 그가 한 짓이었다.

공손홍은 또 아주 위선적이었다. 그는 평소 삼베 이불을 덮고 잠을 자고, 고기반찬을 먹지 않아 주위로부터 검약하다는 칭찬을 들었다. 급암은 이런 공손홍의 행동을 다음과 같이 비판했다.

"공손홍이 삼공의 자리에 봉록도 아주 많으면서 삼베 이불을 덮는 것은 사람들을 속이는 행위입니다."

무제가 공손홍에게 급암의 이 말을 전하자 공손홍은 이렇게 변명했다.

"급암의 말이 맞습니다. 구경(九卿) 중에 저와 가장 사이가 좋은 사람이 급암입니다. 그가 저를 나무란 것은 정곡을 찔렀습니다. 삼공이 삼베 이불을 덮는다는 것은 확실히 위선적이고 기만하는 행위로서 온갖 수단을 부려 명예를 추구하기 위한 것입니다. 신이 듣기에 관중(管仲)은 제나라 재상으로 있으면서 집이 세 채나 되었고, 임금처럼 사치한 생활을 하였지만 환공(桓公)을 보좌하여 패업을 이루었고, 안영(晏嬰)은 경공(景公)의 재상으로 있으면서 고기도 먹지 않고 아내는 비단 옷을 입지 않았기에 제나라는 대치(大治)를 이루었습니다. 급암이 말하지 않았더라면 황제께서는 이 일을 모르셨을 겁니다."

노회한 학자이자 정치가였던 공손홍은 절대 권력자 아래에서의 처세가 어떤 것인지 모범(?) 사례를 보여준다. 그림은 황제와 대화를 나누고 있는 공손홍의 모습을 그린 벽화로 그의 고향인 산동성 수광현 마을의 담장에 그려져 있다.(2013년)

무제는 공손홍이 자신을 낮추는 겸손한 사람이라 여겨 그들 더욱 신임했다. 공손홍은 이런 처세와 위선으로 자신의 본색을 감추며 79세로 세상을 떠날 때까지 부귀영화를 누렸다.

신은 천하에 다섯 가지의 통행되는 도가 있고, 이것을 실행하는 데에는 세 가지 방법이 있다고 들었습니다. 군신·부자·형제·부부·장유의 질서 이 다섯 가지는 천하에 통행되는 도이며, 지(智)·인(仁)·용(勇) 이 세 가지는 천하에 통행되는 덕으로서 도를 실행하게 하는 것입니다. 때문에 '힘써서 실천하는 것은 인에 가깝고, 묻기를 좋아하는 것은 지에 가까우며, 부끄러움을 아는 것은 용에 가깝다'라고 합니다. 이 세 가지를 안다면 스스로를 수양할 방법을 알게 됩니다. 스스로를 수양하는 방법을 터득한 다음이라야 남을 다스리는 방법을 알게 됩니다.

천하에 자신을 다스리지도 못하면서 남을 다스릴 수 있는 자는 이제껏 없었습니다. 이는 항구불변의 이치입니다. 지금 폐하께서는 몸소 큰 효를 행하시고, 삼왕을 본보기로 삼으시며, 주(周)나라의 치국지도(治國之道)를 세우시고, 문왕(文王)과 무왕(武王)의 덕과 재능을 겸비하셨습니다. 훌륭한 선비를 격려해 녹봉을 내리고, 능력에 따라 벼슬을 내리십니다.

신 공손홍은 보잘것없는 자질에 '한마지로(汗馬之勞)'의 공로조차 없는데 폐하께서는 파격적으로 신을 졸개들 가운데서 발탁하시어 열후(列侯)에 봉하시고, 삼공의 지위에 오르게 하셨습니다. 하오나 신의 행실과 능력은 언급할 만한 가치도 없습니다. 또 평소 '부신지병(負薪之病)'이 있어 '구마지심(狗馬之心)'을 다하기도 전에 쓰러져 큰 덕에 보답하지 못하고 소임을 다하지 못할까 두렵습니다. 바라옵건대 후(侯)의 도장을 반납하고 사임하여 어질고 유능한 인재에게 길을 터주고자 합니다.

이 사직서는 명문이라기보다는 노회한 관료이자 출세를 위해 공부한 지식인, 즉 관료형 지식인의 전형적이고 형식적인 사직서의 표본에 속한다. 사직서의 요지는 간단하다. 능력 없이 자리만 차지하고 있었고, 병까지 들었으니 후진에게 길을 터주겠다, 바로 이것이다. 하지만 이런 논리는 설득력이 떨어진다. 진심으로 그럴 생각이었으면 벌써 물러났어야 마땅했다. 더욱이 때가 회남왕과 형산왕의 모반 사건의 뒤치다꺼리를 하던 미묘한 상황이란 점을 고려할 때 공손홍은 이 사건에서 한 발 물러서고 싶었던 것이 분명하다. 마침 병(?)도 있고 하니 핑곗거리가 생긴 셈이다.

노회한 관료답게 공손홍은 황제에 대한 칭송의 말을 늘어놓길 잊지 않는다. 허세를 좋아했던 무제의 심리를 잘 알고 있었기 때문이다. 그러면서 자신의 무능을 대비시켜 가며 자신이 사직해야 할 구실을 강화한다. 이 역시 상투적이다. 자신의 논지에 권위를 부여하기 위해 유가 경전인 《예기(禮記)》의 '힘써서 실천하는 것은 어짊에 가깝고, 묻기를 좋아하는 것은 지혜에 가까우며, 부끄러움을 아는 것은 용기에 가깝다'는 대목을 인용하는 것도 잊지 않고 있다.

마지막 단락에서는 자신의 무능과 병을 거듭 언급하며 사직의 당위성을 강조하는데, '한마지로', '부신지병', '구마지심'과 같은 표현들을 구사하여 자신의 심정을 한껏 드러낸다. '한마지로'란 '말이 땀투성이가 되도록 달리는 수고'라는 뜻의 사자성어로 남다른 공을 세우는 것을 비유한다. '부신지병'은 '등에 장작을 짊어진 병'이란 뜻인데, 늙어 지쳐 체력을 회복하기 어렵다는 뜻이기도 하다. '구마지심'은 글자대로라면 '개와 말의 마음'이란 뜻인데, 주인에게 충성을 다하는 '개와 말'과 같은 마음으로 황제를 모셨다는 뜻이 내포되어 있는 표현이다.

공손홍의 사직서를 받아 든 무제는 형식적이지만 겸양의 뜻이 흘러넘치는 공손홍의 사직서에 맞추어 다음과 같은 조서로 사직서를 반려했다. 의례적인 사직서에 당시 권력자가 어떻게 응답했는지를 잘 보여주는 글이라 인용해보겠다. 무제의 조서는 특히 공손홍을 신임했던 무제가 공손홍을 어떻게 생각하고 대우했는지를 잘 보여주고 있다. 그 황제와 그 신하, 그 신하에 그 황제라고나 할까.

　옛날에는 공이 있는 자에게 상을 내리고, 덕이 있는 자를 표창했소. 또 태평할 때에는 문(文)을 숭상하고, 혼란스러울 때에는 무(武)를 존중했으니, 이제껏 이를 바꾼 자는 없었소. 짐은 지난날 요행히 존엄한 자리에 오른 이래로 두려움에 마음이 편치 못하고, 오직 함께 더불어 나라를 다스릴 것만을 생각했음을 그대는 잘 알 것이오. 군자는 선을 좋아하고, 악을 미워하오. 그대는 언행을 삼갈 뿐, 상벌과 진퇴는 모두 짐에게 달려 있소. 그대가 불행히도 '상로지병(霜露之病)'에 걸렸으나 어찌 낫지 않을 것이라 하겠소? 그런데 글을 올려 벼슬을 반납하고 사직하겠다고 하니 이는 짐의 부덕함을 드러내는 것이오. 이제 조정의 일이 조금 한가해졌으니 그대는 근심을 덜고 정성을 모아 의사와 약으로 몸을 보전하시오.

　그런 다음 무제는 공손홍에게 휴가를 내리고 쇠고기와 술, 그리고 비단을 하사했다. 몇 달 지나 병에 차도가 있자 공손홍은 다시 업무를 보았다. 그사이 모반에 연루된 자들에 대한 색출과 처리도 다 끝났다.

천하의 근심은 토붕(土崩)에 있지
와해(瓦解)에 있는 것이 아니다

서악(徐樂)과 엄안(嚴安)의 시정 분석의 글

배경

기원전 202년, 유방(劉邦)이 서한 왕조의 첫 황제(고조高祖)로 즉위했다. 그로부터 3대가 지난 유방의 증손 무제(武帝) 유철(劉徹) 때 서한은 전성기로 들어섰다. 무제는 기원전 140년 15세의 젊은 나이에 즉위하여 서한 왕조를 50년 넘게 통치했다.(재위 기원전 140~기원전87)

무제가 즉위할 무렵 서한 왕조는 초기 60~70년의 휴식과 기본 생업을 발전시키는데 힘을 쓰면서 재통일에 따른 어지럽고 어려운 사회경제가 회복되고 발전단계에 들어서 있었다. 지주계급과 봉건국가를 지탱하는 재정도 눈에 띄게 늘어갔다. 또 아버지 경제(景帝) 때 터진 병목 위기인 '오초칠국(吳楚七國)의 난'도 무난히 수습되면서 동성(同姓) 제후왕의 세력도 크게 약해졌다. 이러한 역사 조건 밑에서 한 무제는 통일된 봉건국가를 튼튼히 하고 전제주의 중앙집권을 강화하기 위해 여러 방면에서 정력적인 활동을 펼쳤다.

원삭(元朔) 2년(기원전 127) 무제는 주보언(主父偃)의 건의를 받아들여 제후왕이 맏아들 외에도 땅을 나누어 자제들을 봉할 수 있게 하는 조치를 취했다.(이를 추은령推恩令이라 한다.) 그 결과 왕국 내에서도 군(郡)이 관할하는 소후국(小侯國)이 갈라져 나갔고, 이로써 제후왕의 힘은 눈에 띄게 약해졌다. 기원전 122년 회남왕 유안(劉安)과 형산왕 유사(劉賜)가 반란을 꾀하자 좌관율(左官律)과 부익법(附益法)을 제정하여 제후왕 밑에서 복무하면서 죄를 지은 관리를 엄벌에 처하고, 조정의 신하로서 제후왕 밑에서 일하는 것을 엄격하게 금지함으로써 제후왕들이 사사로이 당파를 짓지 못하도록 제한했다. 이로써 제후들은 세금을 받아 의식주를 해결할 수 있었을 뿐 정치에는 참여하지 못했다.

원정(元鼎) 5년(기원전 112)에는 종묘제사 때 제후들이 바치는 술과 황금인 주금(酎金)의 양과 질이 떨어진다는 구실을 붙여 106인의 관작을 박탈해버렸다. 이 일련의 정치적 타격 때문에 제후왕과 열후들의 세력은 갈수록 약해졌다. 황권 강화를 위해 무제는 또 중앙 상비군을 대대적으로 강화했다. 무제는 승상의 직권을 억제하는 동시에 인재등용에서 틀에 매이지 않고 유능한 지식인과 글로 정책을 건의하는 자들을 많이 발탁하여 시중(侍中)이나 급사중(給事中)으로 삼아 국가 대사의 정책 결정에 참여시켰다. 이밖에 법집행에 가혹한 혹리(酷吏)들을 대거 기용하여 불법을 자행하는 각지의 지방 토호들에게 타격을 가해 봉건통치의 질서를 수호했다.

한 무제는 비교적 어린 나이에 즉위했기 때문에 집권 초기 할머니 두(竇)태후 등 외척 세력의 제약을 받았다. 무제는 포부가 크고 야심에 찬 군주였다. 사상적으로는 유가의 학술을 선호했다. 이 때문에 무위(無爲, 억지로 일삼지 않는다) 사상을 내세워 초기 사상계와 통치의 큰 방향을 주도했던 황로학(黃老學)을 신봉한 할머니 두태후와 갈등을 빚었다. 기원전 140년 15세로 즉위하고 다음 해인 기원전 139년 황로학을 선호하는 할머니 두태후와의 대립에서 크게 혼쭐이 났다. 유가에 속하는 어사대부 조관(趙綰)과 낭중령 왕장(王臧)이 두태후에 맞서다 자살하는 사건까지 발생했을 정도였다.

무제가 성년이 되고 기원전 135년(21세)에 두태후가 사망함으로써 부강한 국력과 안정된 정국을 계승하여 낡은 제도를 개혁하는 등 야심차게 제국을 이끌었다. 우선 국정 철학을 유가사상으로 확정하여 강력한 중앙집권적 체제를 구축했다. 안팎으로 전과는 다른 진취적인 정책을 내놓았다. 다양한 방법으로 인재들을 대거 기용하여 자신의 정책을 탄탄하게 뒷받침했다.

무제는 젊어서부터 천하의 인재들을 두루 자기 곁에 두고 싶어 했다. 자신의 통치 철학을 구현해줄 인재들이 필요했기 때문이었지만, 야망이 크고 자기 과시욕이 강했던 무제 개인의 성향과도 관련이 적지 않다. 17세인 기원전 138년부터 인재들을 대거 초청하거나 선발하기 시작했다. 이때 발탁된 인재들로는 장조(莊助)·주매신(朱

買臣)·동방삭(東方朔)·사마상여(司馬相如) 등이었다. 무제는 20세 때인 기원전 136년 오경박사(五經博士)를 두어 더 많은 인재들을 발탁하기 시작했다.

인재에 대한 무제의 욕심은 당시 지식인 사회에 큰 영향을 미쳤다. 전국에서 인재들, 특히 유학을 배우고 문장에 뛰어난 인재들이 수도 장안(長安)으로 몰려들었다. 출세 지상주의자들은 무제의 취향에 맞는 문장을 쓰는 데 열을 올렸다. 이 때문에 앞에서 소개한 바 있는 공손홍(公孫弘) 같은 사람은 원고생(轅固生)에게 '곡학아세(曲學阿世)'하지 말라는 호통을 듣기까지 했다.

앞서 말한 대로 기원전 135년 무제 나이 21세 때 두태후가 사망했고, 이듬해인 기원전 134년 무제는 당대 최고의 유학자 동중서(董仲舒, 기원전 179~기원전 104)의 건의를 받아들여 모든 군에서 인재를 한 사람씩 추천하게 했다. 또 천하의 인재들을 대상으로 나라의 정책에 대한 대책을 글로 올리게 했다. 이때 주보언(主父偃, ?~기원전 126)을 비롯하여 많은 인재들이 글을 올려 조정으로 대거 발탁되었다. 이들을 대표하는 주보언의 행적을 한번 살펴보자.

주보언은 처음 북방의 연(燕)·조(趙)·중산(中山) 지방을 떠돌았으나 가는 곳마다 푸대접을 받는 고달픈 신세였다. 주보언은 제후 중에는 유세할만한 자가 없다고 여겨 서쪽 함곡관(函谷關)으로 들어가 장군 위청(衛靑)을 찾아 청탁했다. 위청은 무제의 총애를 한 몸에 받고 있는 위자부(衛子夫)의 동생으로 그 위세가 대단했다.(위자부는 무제의 두 번째 황후가 된다.) 위청은 주보언을 무제에게 거듭 추천했지만 무제는 그를 불러들이지 않았다. 밑천도 떨어지고 시간만 흘러갔다. 함께 있는 빈객들조차 주보언을 외면하기 시작했다.

생각 끝에 주보언은 직접 조정에 글을 올렸다. 우여곡절 끝에 주보언의 글이 무제에게 들어갔고, 바로 그날 저녁으로 주보언은 무제의 소환을 받았다. 주보언이 올린 상소문에는 국정 전반에 관한 아홉 가지 대책이 나열되어 있었는데 여덟 가지가 율령, 나머지 하나가 흉노에 대한 것이었다.

이 무렵 주보언과 거의 동시에 무제에게 글을 올린 사람들 중에 서악(徐樂)과 엄안(嚴安)도 있었다. 여기서는 이 두 사람의 글을 소개하고자 하는데, 참고를 위해 먼저

무제는 젊은 인재들을 많이 거느리고 싶었고, 주보언은 이런 무제의 의중에 딱 맞아떨어지는 인물이었다. 주보언의 초상화이다.(출처: 바이두)

주보언이 올린 문장 중에서 당시 이런 종류의 글에서 발견할 수 있는 상투적인 표현들을 간략하게 제시하고자 한다. 두 사람의 문장을 이해하는 데 도움이 될 것이다. 주보언이 올린 상소문은 당시 상소문의 전형을 보여준다. 도입부 부분은 특히 그런데 이렇게 시작한다.

"신이 들으니 '현명한 천자는 간절한 간언을 꺼리지 않고 두루 살피며, 충신은 무거운 형벌을 피하지 않고 사실대로 간언한다'고 합니다. 때문에 일에는 실책이 없고, 공적과 명성은 길이 전해지는 것입니다. 지금 신은 충심을 품고서 죽음을 마다하지 않고 어리석은 계책을 올립니다. 바라옵건대 폐하께서는 신의 죄를 용서하시고 조금이라도 살펴주시기 바랍니다."

자신이 올리는 이 글은 오로지 충정에서 비롯되었음을 강조하는데, 그 대척점에 있는 형벌·죽음·죄 등과 같은 극적인 표현을 동원해가며 꼭 읽어주길 간청하고 있는 점이 눈에 띈다. 상투적이긴 하지만 자신의 글을 읽게 만드는데 나름대로 참고와 도움이 된다.

주보언이 올린 이 글은 대흉노 정책에 관한 것이었다. 그래서인지 본론의 첫 대목은 권위 있는 병법서의 한 구절을 인용하는 것으로 시작한다. 주보언은 춘추시대 제나라의 군사 전문가인 사마양저(司馬穰苴)가 지었다고 하는 《사마법(司馬法)》의 중요한 다음 대목을 인용한다.

"《사마법》에 '나라가 비록 크더라도 싸움을 좋아하면 반드시 망하고, 천하가 비록 태평하더라도 전쟁을 잊으면 반드시 위태로워진다'라고 하였습니다."

이는 앞으로 전개할 자신의 논지와 주장을 역사적으로 권위를 인정받고 있는 군사 전문가의 논리로 뒷받침하려는 장치다. 주보언은 흉노에 대한 강경책에 반대하고 있기 때문이다. 이하 내용은 대외적으로 무리한 강경책으로 망한 진나라의 사례를 집중적으로 소개하고 있다. 그리고 마지막으로 주보언은 또 한 번 권위 있는 서적의 한 대목을 인용하는 것으로 자신의 논지와 주장을 강화하고 있다.

"때문에 《주서(周書)》에는 '국가의 안위는 (천자가) 어떤 명령을 내리는가에 달려 있고, 국가의 존망은 (천자가) 어떤 사람을 등용하는가에 달려 있다'라고 했습니다. 바라옵건대 폐하께서는 이를 자세히 살피시고 깊이 생각하십시오."

주보언의 상소문에서 가장 눈에 띄는 점은 적절한 인용이다. 첫 도입부의 인용도 그렇고, 마지막 인용도 아주 적절하다. 특히 마지막 《주서(周書)》의 대목은 단 열 글자로 나라의 안위와 존망이 정책과 인재에 달려 있음을 통찰한 것으로, 수천 년 동안 인구에 회자되어 온 명언으로 남아 있을 정도다. 참고로 이 두 대목의 원문을 소개해둔다.

'국수대호전필망(國雖大好戰必亡), 천하수평망전필위(天下雖平忘戰必危).
안위재출령(安危在出令), 존망재소용(存亡在所用).'

이제 서악과 엄안의 상소문을 살펴본다. 서악의 상소문은 당시 시정에 대한 자신의 생각과 의견을 개진한 것으로 〈힘 써야 할 시정에 관해 올리는 글〉이란 뜻의 〈세무상서(世務上書)〉라 부른다. 그에 앞서 서악이란 인물에 대한 간략한 정보를 소개한다.

인물

이 글을 올린 서악은 연군(燕郡) 무종(無終, 지금의 하북성 옥전玉田) 출신이다. 출신지가 전국시대 조(趙)나라 땅이었기 때문에 조나라 출신으로 기록되어 있다. 기원전

134년 무렵 무제가 친정에 들어간 직후 시정 상황에 대한 글을 올려 백성을 안정시킬 것을 권하여 낭중(郎中) 벼슬을 얻었다. 변론이 뛰어나고 지식이 넓어 문장에 그 기운이 흘러넘친다는 평을 받는다. 그의 글을 보고 무제는 서악을 불러 만났는데, 늦게 만난 것을 한탄했다고 한다. 생졸 연대를 비롯하여 다른 행적에 대한 더 이상의 기록이 없다.

장면 1

　신이 들으니 '천하의 근심은 토붕(土崩)에 있지 와해(瓦解)에 있는 것이 아니다'고 합니다. 이는 예나 지금이나 마찬가지입니다. 무엇을 '토붕'이라 하는가 하면 진(秦)나라의 말세가 그것에 해당합니다. 진승(陳勝)은 천승(千乘)을 가진 높은 신분도 아니었고, 손바닥 만한 땅도 없었습니다. 왕공(王公)·대인(大人)이나 명망 있는 가문의 후예와 같은 신분도 아니었으며, 지방에서 그 이름도 없었습니다. 또 공자(孔子)·묵적(墨翟)·증삼(曾參)처럼 어질고 유능하지도, 도주(陶朱, 범려)나 의돈(猗頓)처럼 부유하지도 않았습니다. 그러나 빈민가에서 창 자루를 들고 일어나 팔을 걷어붙이고 앞장서서 소리치니 천하 사람들이 마치 바람을 따르듯 그를 좇았습니다. 이것은 무슨 까닭입니까? 백성이 가난하고 고달픈 데도 천자가 이를 안타깝게 여기지 않고, 아랫사람이 원망하는 데도 위에서 이를 알지 못해 풍속이 어지러워지고 정치가 제대로 되지 않았기 때문입니다. 이 세 가지를 진승은 밑천으로 삼았습니다. 이것을 '토붕'이라고 합니다. 때문에 천하의 근심은 '토붕'에 있다고 하는 것입니다.

　무엇을 '와해'라 하는가 하면 오(吳)·초(楚)·제(齊)·조(趙)의 반란이 그것에 해당합니다. 일곱 나라가 모의해 대역을 범하고 모두가 만승(萬乘)의 천자를 자칭했습니다. 병력이 수십만, 위세는 나라 안을 위협하기에 충분했고, 재물은 그 백성과 군사들을 유혹하기에 넉넉했습니다. 그러나 서쪽으로 한 치의 땅도 빼앗지 못하고 중원(中原)에서 사로잡힌 것은 무엇 때문입니까? 권위가 필부보다 가볍고, 병력이 진승보다 약했기 때문이 아닙니다. 당시는 선제의 은택이 아직 쇠퇴하지 않아서 편안히 정착해 풍속을 즐기는 백성들이 많았기 때문에 제후를 국경 밖에서 도와주는 자가 없었습니다. 이것을 '와해'라고 합니다. 따라서 천하의 근심은 와해에 있는 것이 아니라고 하는 것입니다.

이를 통해서 볼 때 천하가 진실로 토붕의 형세에 놓이면 설령 벼슬 없이 궁핍하게 지내는 선비라 하더라도 더러 앞장서서 악행을 부르짖어 온 세상을 위태롭게 할 수 있으니, 진섭(陳涉, 진승)이 그러한 경우입니다. 하물며 삼진(三晉, 한·조·위)의 군주와 같은 강자가 혹 존재한다면 어떻겠습니까? 천하가 비록 잘 다스려지지 않았더라도 진실로 '토붕'의 형세가 없다면, 비록 강대국의 날카로운 군대가 모반하더라도 발 돌릴 틈도 없이 사로잡히게 될 것입니다. 오·초·제·조가 그러한 경우입니다. 하물며 신하들이나 백성들이 난을 일으킬 수 있겠습니까? 이 두 가지는 국가 안위의 명백한 요건으로서 현명한 군주는 여기에 관심을 두고 자세히 살핍니다.

요즈음 관동(關東)에는 오곡이 잘 여물지 않아 수확이 예전처럼 회복되지 않아서 백성들이 무척 곤란을 겪는 데다 변경의 전쟁까지 겹쳤습니다. 사리를 따져본다면, 앞으로 그곳을 불안하게 여기는 백성들이 생길 것입니다. 불안하면 쉽게 동요합니다. 쉽게 동요하는 것은 토붕의 형세입니다. 때문에 현명한 군주는 만물 변화의 근원을 살펴서 안위의 기틀을 분명히 하고 조정에서 이를 다스립니다. 그리하여 형체가 드러나기 전에 근심을 없애버리는 것입니다.

그 요점은 천하에 토붕의 형세가 없도록 하는 것뿐입니다. 그러므로 강대국의 날카로운 군대가 모반하더라도 폐하께서는 짐승을 쫓고 나는 새들을 잡으며, 잔치를 벌이는 장소를 더욱 넓혀서 마음껏 미색(美色)을 보고 즐기며, 마냥 사냥을 즐기시더라도 아무 일 없을 것입니다. 금석사죽(金石絲竹)의 음악 소리가 폐하의 귀에 끊이지 않고, 장막 뒤의 운우지정(雲雨之情)과 배우·광대의 웃음소리가 폐하의 면전에 끊이지 않더라도, 천하에는 두고두고 근심해야 할 일이 없게 될 것입니다. 그러니 무엇 때문에 굳이 명성이 탕왕(湯王)·무왕(武王)과 같기를 바라고, 풍속이 성왕(成王)·강왕(康王) 때와 같기를 바라겠습니까!

신이 생각하건대, 폐하께서는 타고난 성군(聖君)으로서 관대하고 인자한 자질을 지니고 계십니다. 진실로 천하를 다스리는 것에 힘쓰신다면 명성이 탕왕이나 무왕에 버금가기 어렵지 않을 것이며, 성왕과 탕왕 때의 풍속을 부흥시킬 수 있으실 것입니다. 토붕과 와해를 피하는 이 두 가지 근본을 확립한 다음, 존귀하고 편안한 현실 속에서 당세에 명예를 드날리어, 천하 사람들을 아끼고 사방 오랑캐를 마음으로 복속시키며, 남은 은덕이 여러 대에 걸쳐 융성하게 되고, 천자의 자리에서 병풍을 등지고 소매를 거두어 왕공들을 절하게 하는 것이 폐하께서 하실 일입니다.

신이 들으니 '왕자(王者)가 되기를 기도하면 비록 그것을 이루지 못하더라도 천하를 안정시키기에는 충분하다'고 합니다. 천하가 편안해지면 폐하께서 무엇을 찾은들 얻어지지 않고, 무엇을 행한들 이루어지지 않으며, 어디를 정벌한들 복종하지 않겠습니까!

생각 얹기

이 글의 성격을 이해하기 위해서는 먼저 천하 인재들을 죄다 자기 곁에 두고 싶어 했던 무제의 허세를 염두에 두어야 한다. 이런 허세 때문인지 무제는 화려한 글을 좋아했고, 이것이 당시 문장의 주된 기풍이 되었다. 물론 이는 정도의 차이는 있었지만 무제뿐만 아니라 당시 권력자들에게 보이는 공통된 성향이기도 했다.

좀 심하게 말하자면, 앞서 언급한 주보언의 글을 비롯하여 이 글, 그리고 다음에 소개할 엄안의 글 모두 출세를 지향하는 지식인의 대표적인 아부성 글이라 할 수 있다. 이 점은 백성의 어려운 처지를 한 대목 끼워 넣어 이를 해결하는 방안을 제시하면서 황제의 능력을 한껏 치켜세우는 방식에서 잘 드러난다. 서악은 또 역사적 사례로 한나라로부터 가장 가깝고 극적인 진승(陳勝)의 봉기와 진나라 붕괴의 역사 사례를 들어 자기주장의 선명성을 드러내는 효과를 함께 노리고 있다.

서악의 상서에서 가장 돋보이는 부분은 '토붕'과 '와해'라는 두 단어를 가지고 일관되게 이야기를 풀어나가는 힘이다. '토붕와해'는 전국시대의 신비한 책으로 알려진 《귀곡자(鬼谷子)》와 《사기》 〈진시황본기〉에 나오는 단어다. 글자 풀이로 보자면

'흙이 무너지고, 기왓장이 깨진다'는 뜻이지만 어떤 사물이나 상황이 수습할 수 없을 정도로 철저하게 무너진 상태를 비유한다. 나아가 나라의 근심과 멸망을 비유하는 대단히 강하고 심각한 뜻을 담고 있다. 서악은 이 네 글자를 나라의 근심과 병치시켜 상황을 두드러지게 만든 다음, 영명한 천자가 계시기에 얼마든지 그 근심을 해결할 수 있다는 아부성 발언으로 무제의 마음을 붙들고 있다. 일종의 과장법을 동원한 셈인데, 상대에게 자신의 말과 글에 주목하게 만드는 효과가 크다.

또 한 가지 눈에 띄는 부분은 역사적 사례를 들며 언급한 인물들로 묵적(묵자)과 상인으로 큰 부를 축적한 범려와 의돈을 든 점이다. 다른 사람들의 글에서는 찾아볼 수 없는 특징인데, 서악의 공부와 행적이 꽤 넓었음을 짐작하게 하는 대목이다.

서악의 글이 천자에게 올라가자 천자는 주보언·서안·엄안 세 사람들을 불러 "그대들은 모두들 어디에 있었는가? 어째서 이제야 얼굴을 보게 되었단 말인가!"라고 하고는 모두 낭중(郎中)에 임명했다. 특히 주보언은 1년 사이에 네 차례나 승진했다.

장면 2

신이 들으니 주(周)나라가 천하를 소유했을 때에, 치세(治世) 3백여 년 중 성왕(成王)과 강왕(康王) 때가 가장 융성했는데, 이때에는 40여 년 동안이나 형벌을 버려둔 채 내리지 않았다고 합니다. 주나라가 쇠퇴해가는 과정 또한 3백여 년이었습니다. 때문에 오백(五伯, 춘추오패)이 번갈아 나왔던 것입니다.

오백은 늘 천자를 보위해 이로운 것을 일으키고 해를 제거했으며, 사나운 자를 주벌하고 간사한 것을 금해 천하를 바로잡아 천자를 높였습니다. 오패가 죽고 성현이 뒤를 이어 나오지 않으니, 천자는 외톨이가 되고 쇠약해졌으며 명령은 시행되지 않았습니다. 제후들은 제멋대로 행동하고, 강한 자는 약한 자를 업신여기며, 다수는 소수에게 포악하게 굴었습니다.

전상(田常)이 제나라를 찬탈하고 육경(六卿)이 진(晉)나라를 나누어 가지자 이와 동시에 전국시대로 접어들었습니다. 이는 백성들 고통의 시작이었습니다. 강대국은 남을 공격하는 데 힘쓰고, 약소국은 방비를 갖추게 되었습니다. 합종(合縱)이다, 연횡(連橫)이다 하며 분주히 말을 달려오가니 갑옷과 투구에는 서캐와 이가 가득하건만 백성은 호소할 곳이 막막했습니다.

진나라 왕은 천하를 야금야금 먹어 들어가 전국을 합병하고 황제라 자칭하여 천하의 정치를 장악하고 제후들의 성을 파괴했습니다. 제후들의 무기를 녹여서 종을 주조하여 다시는 (무기를) 쓰지 않겠다는 뜻을 내보였습니다. 수많은 백성들은 전란의 고통을 면하고 현명한 천자를 얻어 사람들은 이제 다시 태어났노라고 여겼습니다.

당시 진나라가 형벌과 세금을 줄이고 요역을 덜어주며, 인의를 숭상하고 권세와 이익을 천시하고, 후덕하고 소박한 것을 숭상하고 약삭빠른 기교를 나쁘게 여겨, 풍속을 바꿔서 천하를 교화했다면 틀림없이 대대로 편안했을 것입니다. 진나라는 이런 교화는 행하지 않고, 그들의 옛 관습에 따라 약삭빠른 기교·권세·이익을 추구하는 자는 끌어다 쓰고, 미덥고 충성스러운 자는 물리쳤습니다. 법과 정치를 오로지 엄하게만 행사했습니다.

아첨하는 자가 많아서 황제는 날마다 찬양하는 말만 들으니 야심은 커지고 마음은 더욱더 교만해졌습니다. 마음껏 나라 밖에 위세를 떨치고 싶어졌습니다. 그리하여 몽염(蒙恬)에게 군대를 거느리고 북쪽으로 오랑캐를 공격하게 하여 국토를 넓혀서 북하를 지키며 백성들에게 군량을 지고 그 뒤를 따르게 했습니다. 또 위(尉) 벼슬의 도수(屠睢)에게 수군(水軍)을 거느리고 남쪽으로 백월(百越)을 치게 하고, 감록(監祿)에게 운하를 파고 군량을 옮겨 월(越)나라에 깊숙이 들어가게 하니, 월나라 군사들은 달아났습니다. 부질없이 날을 보내며 오랫동안 버티자 진나라 병사는 군량이 부족해졌습니다. 이에 월나라 군사가 공격하니 진나라의 군대는 크게 패했습니다. 진나라는 위타에게 병졸을 거느리고 월나라를 방비하게 했습니다.

당시 진나라가 초래한 화는 북쪽으로는 오랑캐의 땅에 걸치고, 남쪽으로 월나라에 뻗쳐 군대를 쓸모없는 땅에 주둔시켜놓은 채 진퇴양난에 빠졌기 때문입니다. 10여 년을 계속해 장정들은 갑옷을 입고 아낙네들은 군수를 나르느라 그 고달픔에 삶을 마다하고 길가 나무에 목을 매어 자살하는 사람들이 줄을 지었습니다.

그 뒤 진나라의 황제가 죽자 천하에는 큰 반란이 일어났습니다. 진승과 오광(吳廣)은 진(陳) 땅에서 봉기했고, 무신(武臣)과 장이(張耳)는 조(趙) 땅에서 일어났으며, 항량(項梁)은 오(吳) 땅에서 군대를 일으켰습니다. 전담(田儋)은 제(齊) 땅에서 군대를 일으켰고, 경구(景駒)는 영(郢, 초) 땅에서 일어났으며, 주불(周市)은 위(魏) 땅에서 봉기했고, 한광(韓廣)은 연(燕) 땅에서 일어났습니다. 심산유곡에서까지도 호걸들이 여기저기에서 봉기하니 이루 다 기록할 수 없을 지경이었습니다. 그러나 모두들 귀한 집안의 자손도 아니요, 벼슬아치들도 아니었습니다. 손톱만한 권세도 없이 보잘것없는 거리에서 봉기해 창 자루를 들고 시세에 따라 움직였습니다. 서로 뜻을 맞추지 않았지만 함께 봉기했으며, 약속하지는 않았어도 한데 모여 들었습니다. 차지한 땅이 넓어져서 패왕이 되기에 이르니, 그것은 모두 시세의 가르침이 그렇게 만든 것입니다.

진나라가 천자의 귀한 신분으로 천하를 소유하고도 대를 잇지 못하고 제사가 끊기게 된 것은 지나치게 전쟁을 벌인 화 때문입니다. 결국 주나라는 약했기 때문에 나라를 잃었고, 진나라는 강했기 때문에 나라를 잃었던 것입니다. 이는 시세의 변화에 따르지 못한 데 기인한 화난(禍難)입니다.

이제 남이(南夷)를 부르고, 야랑(夜郞)을 조회시키며, 강(羌)과 북(僰)을 투항하게 하고, 예주(濊州)를 공략해 성읍(城邑)을 건설하고, 흉노에 깊숙이 들어가 그들의 용성(龍城)을 불태우고자 합니다. 사람들은 그것이 좋다고 떠듭니다. 그러나 그것은 신하된 자의 이익은 될지언정 천하를 위한 좋은 계책은 아닙니다. 지금 중국에는 아무런 근심도 없는데, 밖으로 먼 곳의 수비에 얽매여 나라를 피폐하게 하는 것은 백성을 자식처럼 생각하는 도리가 아닙니다. 끝도 없는 욕망을 좇아 만족을 추구함으로써 흉노와 원한을 맺는 것은 변경을 편안하게 하는 길이 아닙니다.

화가 맺혀서 풀어지지 않으므로 싸움은 그쳤다가 다시 벌어지게 되니, 가까이 있는 자는 근심에 휩싸일 것이요, 멀리 있는 자는 두려워할 것입니다. 이는 천하를 오래도록 지탱하는 길이 아닙니다. 지금 천하는 갑옷을 정비하고 칼을 갈며, 화살을 바로잡고 시위를 다듬으며, 군량을 운반하는 등 싸움이 그치지를 않습니다. 이는 천하가 함께 근심하는 바입니다. 군대를 동원하는 것이 오래되면 변란이 일어나고, 일이 복잡해지면 회의가 생기는 법입니다.

지금 변경 고을의 땅이 천 리 가까이 되고, 줄 지은 성들이 수십 개입니다. 산천의 형세와 토지에 근거해 그곳의 백성들을 통제하고 인근 제후들을 위협하니, 이 또한 공실(公室)의 이익이 아닙니다. 그 옛날 제나라와 진(晉)나라가 무너진 까닭을 살펴보면, 공실은 쇠약해지고 육경이 크게 번성했기 때문입니다. 가까이 진(秦)나라가 멸망한 까닭을 살펴보면, 형벌이 지나치게 혹독하고 욕심이 끝이 없었기 때문입니다. 지금 군수(郡守)의 권세는 비단 육경만큼 큰 정도가 아닙니다. 땅이 천 리 가까이 되는 것은 작은 골목을 근거로 삼았던 것 정도가 아닙니다. 갑옷·병기, 그리고 각종 장비는 단지 창 자루를 사용했던 정도가 아닙니다. 이런 조건에서 천하의 변란을 만난다면 어떻게 될 것인가는 분명할 것입니다.

인물

이 글을 올린 엄안은 당초 성이 장(莊)이었다. 기원전 134년에서 기원전 87년 사이에 그 행적이 보인다. 훗날 동한의 황제 명제(明帝)의 성과 이름이 유장(劉莊)이었기 때문에 이를 피하여 엄씨 성으로 바꾸어 쓴다. 과거 제나라 땅이었던 임치(臨淄, 산동성 치박시淄博市 임치구) 출신이다. 무제 초기 승상 아래 사(史) 벼슬에 있다가 원광(元光) 연간(기원전 134~기원전 129)에 흉노 공격이 실익이 없다는 위의 글을 올려 무제의 눈에 들었다. 이로써 낭중 벼슬을 받았고, 기마령(騎馬令) 벼슬로 생을 마감했다.

생각 얹기

엄안의 상서는 서악과는 달리 한결 현실 상황에 충실한 글이다. 아부성 대목은 거의 찾아볼 수 없다. 화려하고 수사가 많은 서악의 글보다는 다소 무미건조하지만 생생하고 상세한 역사적 사례로 논리를 강화시키고 있는 점이 눈에 띈다. 엄안 역시 서악과 마찬가지로 가장 생생한 진나라의 멸망을 사례로 들어 자신의 뜻을 효과적으로 강화하는 수법을 동원하고 있지만, 진나라의 멸망 과정을 더욱 더 실감나게 묘사한 점에서 차이를 보이고 있다.

이 상서는 서한의 대흉노 정책에 대한 자기 의견을 개진한 글이다. 한나라 건국 이후 무제 초기까지는 흉노에 대한 강경책보다는 화친론이 당연히 우세했다. 대외 확장보다는 정권 안정이 우선이었고, 고조 유방이 흉노와 싸우다 크게 당한 뼈아픈 경험도 있었기 때문이다. 그러나 무제가 21세 이후 정치 전면에 나서면서 이 기조는 바뀌기 시작했고, 무제는 흉노 정책에 대한 여러 의견을 구하던 차였다. 그중에서도 주보언의 대책이 화친론을 대변하는 가장 대표적인 상서였고, 엄안 역시 같은 인식을 보이고 있다. 요컨대 이때까지만 해도 당시 지식인 출신 관료들의 흉노에 대한 기본 인식은 화친이었음을 잘 보여주고 있다.

무제는 이런 글들을 통해 당시 지식인들의 인식을 확인하는 한편, 이와 상대되는 강경론자들의 주장에도 귀를 기울였던 것으로 보인다. 주보언과 엄안의 상서가 무제의 칭찬을 받고, 나아가 벼슬까지 얻는데 일정하게 역할을 한 것은 사실이다. 그러나 무제의 속마음, 특히 흉노에 대한 무제의 속내까지는 정확하게 간파하지 못하고 있었다. 무엇보다 흉노 정책에 있어서 강경책에 반대하고 있지만, 그 논리적 전개는 설득력이 떨어진다. 오로지 진나라의 대외 확장이 가져온 폐단만 부각시키고 있기 때문이다. 다만 변경의 넓은 땅을 통제하는 관리들의 힘이 비대해져 중앙정부에 위협이 될 수 있다고 염려한 부분은 무제의 마음에 들었을 가능성은 있다.

문장으로 보아 서악과 엄안의 상서는 구체적인 역사적 사례를 들어가며 그 결과를 두드러지게 강조하고 이를 현실에 대입시켜 비교하는 수법 등은 충분히 참고할 가치가 있다. 특히 구체적으로 사람 이름을 하나하나 적시하는 방법은 익명 뒤에 숨어 자신의 논지를 흐리고 신뢰도를 떨어뜨리는 오늘날 글쓰기 행태와 비교하면 한결 두드러져 보인다.

– 이상 권112 〈평진후주보열전〉

권95 〈번역등관열전〉은 번쾌·역상·하후영·관영 4인 합전으로, 이들의 역사적 활동 및 미천한 신분에서 장상이 되기까지의 과정을 비교적 상세하게 소개하고 있다. 개 도살꾼 등 미천한 신분의 이들이 시세에 편승하여 유력자(유방)를 뒤따르면서 역사적 작용을 다하는 모습을 통해 이른바 '시대가 영웅을 만든다'는 역사 규율을 보여준다. 사진은 번쾌가 개고기를 삶을 때 길었던 우물 유지 '번정(樊井)'으로 강소성 패현에 공원으로 조성되어 있다.(2010년)

2부

죽음을 사용하는 방향이 다르기 때문이다

용지소추이야(用之所趨異也)

읽기와 함께 필사를 권하며

《사기》는 모두 130권 52만 6,500자로 이루어진 3천 년 통사이다. 이 3천 년 통사를 가장 효과적으로 기록하기 위해 사마천은 기전체(紀傳體)라는 서술 체제를 창안했다. 이 체제는 본기(本紀)·표(表)·서(書)·세가(世家)·열전(列傳)의 다섯 부분이 유기적으로 연계되어 있다. 본기에서 '기'자를, 열전에서 '전'자를 따서 기전체라고 부른다.

《사기》는 역대로 '문학적 역사서, 역사적 문학서'라는 평가를 얻었다. 이 평가에는 때로는 칭찬과 비판(때로는 비난)이라는 이중적 의미를 함축하고 있다. 칭찬은 문학성을 가미함으로써 역사서 서술에 새로운 지평을 열어 가독성과 감동을 독자들에게 선사했다는 점에 초점을 두고 있다. 반면 비판은 역사서에 문학적 표현을 넣어 사실을 흐리고 있다는 점에 초점을 맞추고 있다.

사마천이 역사서를 문학적으로 기술한 데는 나름대로 고충이 있었다. 부당한 권력자와 탐욕스러운 수구 기득권 세력을 비판하기 위해 그는 구사하고 동원할 수 있는 모든 문학적 수사를 다 활용했다. 만에 하나 자신의 역사서가 이들에 의해 폐기당할 위험성에 대비하기 위한 고육책이었고, 또 수시로 엄습해오는 죽음의 그림자에 맞서 빠른 시일 안에 이 역사서를 마무리해야 했기 때문이다. 더욱이 그는 이런 문학적 표현 아래에다 역사적 사실(fact)을 넘어 진실(truth)을 찾아가는 실마리를 숨기는 절묘한 장치까지 마련해두었다. 이 때문에 오랫동안 《사기》는 '어지러운 책' 난서(亂書)'라는 달갑지 않은 평에 시달리기도 했다.(물론 지금은 '어려운 책' '난서難書'로 평이 바뀌긴 했다.)

이러한 배경을 알고 《사기》를 읽으면 한결 달리 보이고, 또 좀 깊게 이해하게 된다. 또한 《사기》의 문학성을 돋보이게 하는 수많은 사자성어와 명언명구들이 가슴에 콕콕 들어박힐 것이다. 거친 통계에 따르면 《사기》에서 추출할 수 있는 사자성어만 600개에 이르고, 명언 명구들까지 합치면 1,000항목이 넘는다고 한다.[1] 말하자면 최고의 명언집을 방불케 한다.

좋은 문장이나 고전의 원문을 직접 써보는 필사(筆寫)가 현대인의 지친 몸과 마음을 치유하는 힐링의 차원으로까지 인식되는 현실이다. 이런 점에 비추어 볼 때 《사기》의 명언명구는 그 어떤 문장이나 고전보다 더 많고 더 깊은 통찰력을 선사할 것이다. 사마천의 슬픈 삶을 통해 걸러져 나온 세태와 인심에 대한 깊은 사색과 비판 정신은 지금 우리 현실에 그대로 적용해도 하나 어색하지 않을 정도이기 때문이다. 다만, 걸러져 나온 108개의 명언 명구가 다소 어렵다는 점을 미리 독자와 필사인들에게 양해를 구하는 바이다.

108개의 명언 명구들은 《사기》 다섯 체제 중에서 본기·세가·열전에서 가려 뽑은 것들이다.[2] 표는 연표이기 때문에 자연스럽게 제외되었고, 서는 국가의 문물제도에 관한 전문적이고 다소 어려운 논문 같아 제외되었다. 대신 사마천이 《사기》를 완성한 다음 친구 임안에게 보낸 편지 〈보임안서(報任安書)〉에서 몇 개를 골라 보탰다. 필사자들께는 사마천이 정말 심혈을 기울여 죽간에다 한 자 한 자 써내려갔던 모습을 상상하며 필사에 임하여 《사기》의 참된 정신을 조금이나마 느낄 수 있기를 바란다.

2016년 사마천 탄생 2,161주년을 맞이하며 처음 쓰고,
2020년 3월 31일 일부 수정하고 2022년 9월 20일 마무리하다.
2024년 10월 18일 다시 읽고 다듬고, 2025년 2월 다시 읽고, 2025년 6월 끝맺다.

1] 이 《사마천사기성어대사전(司馬遷史記成語大辭典)》에 수록된 항목은 중복 항목을 빼더라도 1,400항목 이상이다.

2] 108개의 항목 대부분이 사전의 본문 항목들과 겹친다. 1,400개가 넘는 항목들 중 108개를 선별한 것으로 볼 수 있다. 다만, 우리 삶과 인간관계를 성찰하고, 그를 통해 나름 통찰력을 기를 수 있는 항목들을 주로 골랐다는 점을 미리 밝혀둔다.

1. 죽음을 사용하는 방향이 다르다

원문 人固有一死인고유일사, 惑重于泰山혹중우태산, 惑輕于鴻毛혹경우홍모, 用之所趨異也용지소추이야.

번역문 사람은 누구나 한 번 죽지만 어떤 죽음은 태산보다 무겁고, 어떤 죽음은 새털보다 가볍다. 죽음을 사용하는 방향이 다르기 때문이다.(〈보임안서〉)

사족 사마천은 48세 때 사형수 신분으로 죽음보다 치욕스러운 궁형을 자청하고 살아남아 《사기》를 완성했다. 전문가들의 견해에 따르면 당시 그 나이에 성기 전체를 자르는 궁형을 당하고 살아남을 확률은 20%에 지나지 않았다. 사형수가 또 한 번 자신에게 사형을 선고하는 것이나 마찬가지였다. 불굴의 의지와 천지신명의 도움으로 사마천은 그 치욕에서 살아남았고, 49세 무렵 지옥에서 풀려났다.

그 과정에서 사마천은 삶과 죽음이 둘이 아님을 깨달았다. 태산보다 무거운 죽음으로 남기 위해서는 ‘죽음을 사용하는 방향’, 즉 어떻게 살 것인가에 방점을 찍어야 한다고 인식했다.

사마천은 죽기가 어려운 것이 아니라 어떤 죽음에 처하느냐가 어렵다고 했다. 자신의 목숨을 내걸고 대처할 만한 가치가 있는 일에 목숨을 바쳐야 뜻있는 죽음이 된다고 확신했기 때문이다. 이 같은 생사관은 사마천의 처절한 고난에서 비롯되었고, 나아가 이를 자신처럼 역경을 딛고 역사에 뚜렷한 족적을 남긴 다양한 인물들의 사례들에 생생하게 투영시켜 오늘날 우리들에게 어떻게 살 것이며, 어떻게 죽을 것인가에 대한 근원적인 물음을 던진다.

人固有一死, 惑重于泰山, 惑輕于鴻毛, 用之所趨異也.

2. 시간과 공간을 관통하는 인간의 관계

원문 究天人之際구천인지제, 通古今之變통고금지변, 成一家之言성일가지언.

번역문 하늘과 인간의 관계를 탐구하고, 과거와 현재의 변화를 꿰뚫어 일가의 문장을 이루다.(〈보임안서〉)

사족 위대한 역사가 사마천의 역사 서술 방법과 목적을 잘 나타낸 명구이다. 시간과 공간 속에서 벌어지는 인간의 총체적 활동과 그 변화를 통찰하는 것이야말로 역사가의 책무이며, 역사가는 이를 통하여 자신의 역사관을 표출하는 것이다. 이렇게 해서 '일가(一家)', 즉 중국사 최초이자 진정한 '사가(史家)'가 탄생했다.

역사는 시간(종)과 공간(횡)의 학문이다. 사마천은 시간의 흐름 속에서 살다간 인간의 활동을 입체적으로 재현하기 위해 가능한 많은 공간을 자신의 발로 확인했다. 사마천은 시·공을 결합하여 역사학의 본질과 역사가의 책무를 이렇게 정리했다.

우리네 보통 사람의 삶도 이와 크게 다르지 않다. 자신이 살아온 시간을 공간 속에서 반추하여, 때로는 반성하고 때로는 좌절하면서 삶의 본질을 한 단계 더 깊게 통찰하는 과정을 겪는다. 이런 점에서 위 명언은 우리 삶의 좌표로 삼아도 손색이 없다. 누구나 자기 분야에서 일가(一家)를 이룰 수 있고, 이루는 세상이라 더더욱 그렇다.

이 명구는 2015년 중국에서 열린 세계역사학대회에서 시진핑 국가주석이 인사말을 통해 언급함으로써 새삼 주목을 끌기도 했다.

究天人之際, 通古今之變, 成一家之言.

3. 천하에 이익이 되어야

원문 終不以天下之病而利一人종불이천하지병이리일인.

번역문 천하가 손해를 보면서 한 사람을 이롭게 할 수는 결코 없다.(권1 〈오제본기〉)

사족 아들 단주(丹朱)에게 임금 자리를 물려주지 않고 민간에서 순(舜)을 발탁하여 생전에 자리를 넘기는 이유에 대해 요(堯)임금은 위와 같이 잘라 말했다. 능력이 모자라는 아들 단주 한 사람의 이익을 위해 천하가 손해볼 수 없다는 뜻이다. 이렇게 해서 가까운 사람이 아닌 능력 있는 사람에게 리더 자리를 건네는 '선양(禪讓)'이란 합리적이고 이상적인 권력 이양의 전통이 마련되었다. 당시 요임금은 순에게 자리를 물려주는 까닭에 대해 이렇게 설명했다.

"내가 아들 단주에게 임금 자리를 넘겨주면 단주 한 사람에게는 이롭겠지만 천하는 손해를 보고, 순에게 임금 자리를 양보하면 단주 한 사람은 손해를 보겠지만 천하는 이익을 본다, 천하가 손해를 보면서 한 사람을 이롭게 할 수는 결코 없다!"

중국의 전통적인 용인관(用人觀), 즉 사람을 기용하는 관점이나 원칙으로는 원수나 친인척이라 해도 기피하지 말라는 것이 있다. 다만 그 자리에 가장 맞는 인재라야 한다는 전제조건이 딸린 원칙이다. 그리고 또 하나, 요임금이 순임금에게 임금 자리를 물려준, 친인척이나 나와 가까운 사람 또 내가 좋아하는 사람이 아닌 능력 있고 어진 사람에게 자리를 양보한다는 원칙이 있다. 이 전통은 지금까지 계승되어 오늘날 중국 지도자를 뽑는 방식에도 영향을 줄 정도로 그 유래가 깊다.

終不以天下之病而利一人.

4. 총명은 머리가 좋다는 뜻이 아니다

원문 聰以知遠총이지원, 明以察微명이찰미.

번역문 귀가 밝아 먼 곳의 일을 알고, 눈이 밝아 미세한 곳까지 살필 수 있다.(권1 〈오제본기〉)

사족 총명(聰明)이란 단어의 어원이다. '총'은 귀가 밝다는 뜻이고, '명'은 눈이 밝다는 뜻이다. 리더는 백성의 목소리에 귀를 기울이고, 백성들의 삶을 두루 살필 수 있어야 한다. 덕과 능력을 겸비한 리더의 조건을 사마천은 이렇게 표현했다. 리더는 총명해야 한다. 그래야 사리분별(事理分別)이 가능하다.

총명은 단순히 신체 차원에 놓인 단어가 결코 아니다. 백성들의 몸과 마음을 제대로 헤아리려는 리더의 마음을 염두에 둔 단어이다. 이런 마음 없이 눈 밝고 귀 밝으면 큰 문제다. 사사건건 자기가 잘났다고 나서며 모든 일을 혼자 처리하려 들 것이기 때문이다. 그래서 한비자(韓非子, 기원전 약 280~기원전 233)는 "가장 못난 군주는 자신의 재능만 믿고 이용하려는 자"라고 꼬집고 있다. 신체적 눈과 귀만 밝은 리더가 이렇고, 이런 리더는 사리분별할 줄 모른다. 최상의 리더는 백성의 몸과 마음을 헤아려 그들의 지혜를 활용할 줄 아는 리더이다. 사리분별이 안 되는 리더가 넘쳐나는 세상이어서 더 가슴에 와 닿는다.

중국의 전통적 리더십 항목으로 '명기(明己)'라는 것이 있다. 나 자신을 밝고 투명하게 한다는 뜻이다. 숨기거나 속이지 않고 환하게 드러내서 거리낌이 없어야 한다는 뜻을 함축하고 있다. 그래서 도가학파의 창시자 노자(老子, 생졸 미상)는 '자지자명(自知者明)'이란 명언을 남긴 바 있다. '스스로를 아는 것을 현명이라고 한다'는 뜻이 되겠다. 바로 뒤이어 나오는 아래 명언과 함께 참고하면 더 좋다.

"남을 아는 사람은 지혜롭고(지인자지知人者智), 자신을 아는 사람은 현명하며(자지

자명自知者明), 자신을 이기는 사람은 강하다(자승자강自勝者强)."《도덕경》33장)

聰以知遠, 明以察微.

5. 사람을 알아야

원문 知人則智지인즉지, 能官人능관인 ; 能安民則惠능안민즉혜, 黎民懷之여민회지.

번역문 사람을 알면 지혜로워지고, 지혜로워야 사람을 쓸 수 있다. 백성을 편안하게 할 수 있으면 은혜롭다고 할 수 있고, 그래야만 백성들이 그 덕을 마음으로 느낀다.(권2〈하본기〉)

사족 통치의 본질을 사마천은 '사람을 알고, 백성들을 편안하게 하는 데 있다(재지인在知人, 재안민在安民)'라고 간결하게 정리한 바 있다. 통치자가 백성들에게 은혜를 베풀고 있다는 것을 알 수 있는 지표는 백성의 마음이다. 백성들이 마음으로 통치자를 품고 있느냐 여부이다. 그러려면 역시 사람을 알아야 하고 백성을 편안하게 해야 한다.

일찍이 관중(管仲, ?~기원전 645)은 위정자가 갖추어야 할 자질들 가운데 첫 단계로 이 '지인'을 꼽은 바 있다. 관중은 그러면서 사람을 알았으면 쓸 줄 알아야 하고, 쓰되 소중하게 쓰고 맡겨야 한다고 했다. 이것이 지인(知人) – 용인(用人) – 중용(重用) – 위임(委任)의 리더십 4단계이다. 요컨대 사람을 쓰되 그 사람에게 위임하라는 말인데, 이 모든 단계의 시작은 '지인'에

사마천이 잠 들어 있는 사당과 무덤의 전경이다.(섬서성 한성시韓城市, 2004년)

있다는 점을 확실하게 인식해야 한다. 사람 알기가 얼마나 어려운지 하루하루 곳곳에서 절감하고 있지 않은가? 노자의 말씀을 한 번 더 인용해본다.《도덕경》 33장)

남을 아는 사람은 지혜롭고,

지인자지(知人者智),

자신을 아는 사람은 현명하며,

자지자명(自知者明),

자신을 이기는 사람은 강하다.

자승자강(自勝者强).

남을 알아 이기는 것보다 자신을 알아 이기는 일이 더 힘들고 중요하다.

知人則智, 能官人 ; 能安民則惠, 黎民懷之.

6. 리더가 자잘하면 만사가 엉망이 된다

원문 元首明哉원수명재, 股肱良哉고굉양재, 庶事康哉서사강재 ; 元首叢脞哉원수총좌재, 股肱惰哉고굉타재, 萬事墮哉만사타재.

번역문 천자가 영명하면 대신들도 현명하게 되어 모든 일이 평안해지고, 천자가 자잘하여 큰 뜻이 없으면 대신들도 나태해져 만사가 버려지게 된다. (권2 〈하본기〉)

사족 요임금에게 자리를 양보 받은 순임금도 우(禹)에게 임금 자리를 선양했다. 그 자리에서 순임금은 우의 공적을 찬양하며 "대신들이 기꺼이 충성을 하나니 원수는 공적을 크게 떨치고 모든 일이 흥성하리라!"며 자리를 마무리하려 하자 대신 고요

(皐陶)는 위와 같은 말로 순의 말에 반박했다. 신하의 능력을 이야기하기 전에 리더가 영명해야 신하의 충성도 이끌어내고 일도 성사시킬 수 있다는 뜻이다.

기록대로라면 전설시대 제왕들과 신하들의 관계는 대단히 자유분방했다. 오늘날의 난상토론 같은 자리가 일쑤 벌어졌다. 고요는 특히 이런 난상토론에서 가시 돋친 발언을 서슴지 않으면서 임금을 압박하는 데 일가견이 있었다. 순으로부터 임금 자리를 물려받게 될 우임금에게는 "삼가 자신을 수양하고 멀리 내다보라"고 충고했다. 그러면서 덕정이 두루 미치느냐 여부는 결국 자신에게 달려있다고 따끔하게 지적하기도 했다. 고요는 리더의 자질이 무엇보다 먼저라는 점을 명확하게 인식했기 때문이다.

元首明哉, 股肱良哉, 庶事康哉 ; 元首叢脞哉, 股肱惰哉, 萬事墮哉.

7. 역사는 거울이다

원문 人視水見形인시수견형, 視民知治不시민지치부.

번역문 사람은 물에 자신의 형상을 비추어 볼 수 있고, 백성들을 살펴보면 제대로 다스려지고 있는지를 알 수 있다. (권3 〈은본기〉)

사족 중국 역대 명군(明君)의 한 사람으로 꼽히는 상(商)나라의 개국 군주 탕(湯, 기원전 16세기)임금의 통치철학이자 리더십이다. 물에 자기 모습을 비추어 보면 자기 모습을 알 수 있고, 백성의 생활을 살피면 내가 (백성을) 잘 다스리고 있는지를 알 수 있다는 말이다. 이 말에 이윤(伊尹)은 "백관의 의견을 청취할 수 있으면 나라를 다스리는 법이 나아질 것입니다. 군주가 백성을 잘 다스리면 훌륭한 인재들이 모두 나라의 관리가 될 것입니다. 노력하십시오"라는 말로 화답했다.

당나라 때 태종(太宗) 이세민(李世民, 599~649)을 보좌한 위징(魏徵, 580~643)은 '바른 말 하기' '직간(直諫)'의 대명사였다. 문무 대신들이 다 모인 자리에서 황제를 향해 임금 노릇 제대로 해야 한다고 직언하기 일쑤였다. 태종이 하루는 조정 회의에서 돌아와 장손(長孫) 황후에게 위징 이 늙은이를 죽여 버리고 싶다고까지 했다. 그 정도로 위징의 직언이 대단했던 것인데, 위징은 늘 위정자가 "두루 들으면 밝아지고(겸청즉명 兼聽則明), 한쪽만 믿으면 어두워집니다(편신즉암偏信則暗)"라고 충고하여 태종을 명군으로 만드는 데 큰 역할을 해냈다. 상나라 탕임금을 명군으로 만드는 데 이윤이 했던 역할과 같았다. 역사는 이렇듯 자신의 언행을 비추는 거울 역할을 한다.

人視水見形, 視民知治不.

8. 진정으로 백성을 위하는 마음이란?

원문 有民立君유민입군, 將以利之장이리지.

번역문 백성이 군주를 세우는 것은 이익이 되기 때문이다. (권4 〈주본기〉)

사족 주나라의 선조인 고공단보(古公亶父) 때 이적(夷狄)이 침략하여 재물과 땅을 요구하자 고공단보는 다 내주었다. 백성들은 화가 나서 싸우자 했지만 고공단보는 위와 같이 말한 다음, "지금 융적(戎狄)이 우리를 공격하는 까닭은 우리 땅과 백성 때문이오. 백성이 내게 있든 저들에게 있든 무엇이 다르겠는가? 백성들이 나 때문에 싸우려는 것은 아비나 아들을 죽여 그들의 군주가 되는 것이니 나로서는 차마 못하겠소"라며 자신을 따르는 사람들을 데리고 근거지를 떠났다. 그러자 이웃 나라의 백성들까지 어진 고공단보를 찾아와 몸을 맡겼다.

백성이 위정자를 진정으로 따르는 까닭은 무엇보다 위정자가 백성의 마음을 얻기 때문이다. 그리고 그 마음 한쪽에는 위정자가 백성을 이롭게 해줄 것이라는 믿음이 자리 잡고 있다. 이와는 달리 위정자의 잘잘못은 가리려 하지 않고 맹목적으로 추종하는 자들 역시 위정자가 자신들을 이롭게 해줄 것이라 확신한다. 그 차이는 진정으로 위정자를 위하는 백성은 위정자가 자신들 뿐만 아니라 자신들과 생각을 달리하는 백성도 이롭게 해주길 바라는 반면, 맹목적 추종자들은 자신들에게만 잘해주면 그만이라는 집단적 이기심과 배타심이 작용하고 있다는 것이다. 더욱이 그런 추종자들만 잘해주는 위정자는 다른 백성을 죽여서라도 자기 자리를 지키려 한다. 고공단보는 그런 임금 자리라면 할 수 없다고 말했다.

有民立君, 將以利之.

9. 어쩌면 이렇게 똑같을까

원문 匹夫專利필부전리, 猶謂之盜유위지도, 王而行之왕이행지, 其歸鮮矣기귀선의.
번역문 필부가 이익을 독차지하여도 도적이라 부르거늘, 왕이 그리하면 왕을 따르는 사람이 적어진다.(권4 〈주본기〉)

사족 주 여왕(厲王, ?~기원전 828)이 영이공(榮夷公)이란 자를 기용하여 나라의 이권을 독점하게 하고 이를 함께 누리자, 대부 예량부(芮良夫)는 은혜와 이익을 백성에게 베풀어도 시원찮을 판에 탐욕스러운 영이공을 기용하려 하니 주나라가 틀림없이 낭패를 볼 것이라며 경고했다. 여왕은 듣지 않고 무당들로 하여금 자신을 비방하는 사람들을 가려내게 하는 등 폭정을 일삼았다. 사람들은 '길에서 만나면 눈짓으로 서로의 마음을 주고받으며(도로이목道路以目)', 여왕에 대한 불만을 키웠다. 결국 여왕은 나라 사람들에게 쫓겨났다.

여왕은 백성들이 자신을 비판하자 이웃 위나라 무당들까지 동원하여 이른바 '관심법(觀心法)'으로 비판자를 가려내서 처벌했다. 비방의 목소리는 잦아들었고, 여왕은 자기가 비방을 막았다며 좋아라 했다. 역사적으로 못나고 어리석은 리더의 한결같은 특징은 자신에 대한 비판과 충고에 귀를 막았다는 사실이다. 관련한 고사 하나를 소개한다.

옛날 어느 도둑이 이웃집 종을 훔치려다 종이 너무 무거워 조각을 내서 가져가려고 했다. 종을 깨려고 종을 두드리자 소리가 났다. 도둑은 그 소리가 다른 사람에게 들릴까봐 자기 귀를 막고 종을 두드려 깼다고 한다. '엄이도종(掩耳盜鐘)'이란 고사성어다. (출처《여씨춘추》)

우리가 직접 뽑았던 리더들과 별반 다를 것 없는 리더가 지금으로부터 약 3천 년 전에도 있었고, 자기 귀를 막고 종을 두드리며 훔치려 했던 도둑놈과 하나 다르지 않음에 놀라게 된다. 아니, 3천 년 전에 존재했던 탐욕스러운 권력자보다 더 못한 리더를 뽑은 우리의 어리석음에 또 한 번 놀란다.

匹夫專利, 猶謂之盜, 王而行之, 其歸鮮矣.

10. 막아야 할 입, 아니 손가락

원문 防民之口방민지구, 其於防水심어방수.

번역문 백성의 입을 막는 일은 물을 막는 일보다 심각하다. (권4 〈주본기〉)

사족 위 이야기가 이어진다. 여왕은 예량부의 경고에도 아랑곳하지 않았다. 자신이 비방을 없앴다며 의기양양해 했다. 소공(召公)은 위와 같이 말하며 백성의 입을 막으려다 더 큰 위험을 맞이한다고 경고했다. 통치자는 민심과 여론에 늘 귀와 마음을

열고 있어야 한다는 의미다. 소
공의 말대로 '물을 다스리는 자는
물길을 터주고, 백성을 다스리는
자는 말을 하도록 이끌어야' 나라
가 제대로 돌아갈 것이다.

춘추시대 정(鄭)나라의 정치가
자산(子産, ?~기원전 522)이 집권하

사마천 사당의 주요 건물인 침전(寢殿)의 모습이다.(2004년)

자 그에 반대하는 자들이 허구한 날 향교에 모여 비방을 일삼고 심지어 정변까지 꾀
했다. 자산의 측근들이 이참에 향교를 없애라고 건의하자 자산은 이렇게 말하며 반
대했다.

"조만간 그곳에 모여 권력을 쥔 사람들의 장단점을 논의할 것이다. 그들이 칭찬하
는 점은 계속 유지하고, 비판하는 점은 고치면 될 터이니 우리의 스승이 될 것이다.
충성스럽게 백성을 위해 좋은 일을 하면 백성의 원성도 줄어든다. 위엄과 사나움만
가지고는 원망을 막을 수 없다. 사람은 누구나 비난을 들으면 그것을 서둘러 제지하
려 한다. 이는 마치 넘치는 홍수를 막으려는 것과 같다. 홍수로 인한 피해는 많은 사
람들을 다치게 하여 어찌해 볼 수 없다. 제방을 터서 물길을 다른 곳으로 흐르게 하
느니만 못하다. 향교를 남겨두는 것은 사람들의 논의를 듣는 것 자체가 좋은 약으로
병을 낫게 하는 것과 마찬가지기 때문이다."

백성의 입을 막을 수는 없지만, 지금 우리의 문제는 백성의 입을 대변한다는 언론
의 타락이다. 그들의 입, 아니 자판을 두드리는 손가락을 잘라야 할 판이다.

防民之口, 甚於防水.

11. 나라의 정치가 한 사람의 몸처럼

원문 上含淳德以遇其下상함순덕이우기하, 下懷忠信以事其上하회충신이사기상, 一國之政猶一身之治일국지정유일신지치.

번역문 윗사람은 순박한 덕으로 아랫사람을 대하고, 아랫사람은 충성과 믿음으로 윗사람을 받들기 때문에 나라의 정치가 한 사람의 몸을 다스리는 것처럼 다스려진다.(권5 〈진본기〉)

사족 기원전 7세기 이민족 융(戎)에서 진(秦)나라에 사신으로 온 유여(由余)가 중원의 문물을 자랑하는 진 목공(穆公, ?~기원전 621)에게 한 말이다. 유여는 형식에 치우친 중원의 제도와 문물이 갖는 문제점을 꼬집으면서, 단순하고 소박한 품성으로 순리에 따르면 상하의 화합과 상호존중을 이끌어낸다고 했다.

사리사욕을 숨기기 위한 위선과 가식, 그리고 이를 합리화하기 위한 온갖 제도와 장치는 결국 인간관계를 파괴하고, 나아가 사회와 나라를 파괴한다. '순수의 회복'이 가능한가에 대한 진지한 성찰을 요구하는 명구라 할 것이다.

진 목공은 이런 유여에게 강한 매력을 느끼고, 그가 진나라에 머무르는 사이 융의 왕에게 중원의 미녀며 음악 따위를 보내 생활을 방탕하게 만들었다. 융으로 돌아간 유여가 달라진 왕에게 충고했지만 소용이 없었다. 목공은 적시에 사신을 보내 유여에게 진나라로 망명할 것을 권했고, 융왕에게 실망한 유여는 진나라로 건너와 목공의 일을 돕게 되었다. 이렇게 해서 목공은 외국의 인재마저 포섭하는 당시로서는 파격적인 인재정책에 시동을 걸었고, 그 결과 춘추오패의 한 사람이 되어 천하에 명성을 떨쳤다.

上含淳德以遇其下, 下懷忠信以事其上, 一國之政猶一身之治.

12. 누가 법 위에 군림하려 하는가를 봐라 ───────

원문 法之不行법지불행, 自於貴戚자어귀척.

번역문 법이 잘 시행되지 않는 것은 귀하신 몸들께서 지키지 않기 때문이다.(권5 〈진본기〉)

사족 작고 힘없었던 위(衛)나라 지역 출신의 상앙(商鞅, 기원전 약 390~기원전 338)은 부국강병을 위한 개혁 의지를 갖고 널리 인재를 구한다는 진(秦)나라 효공(孝公, 기원전 381~기원전 338)의 '구현령(求賢令)'에 고무되어 진나라로 건너왔다. 진나라의 상황을 살펴본 상앙은 법과 정책을 백성들이 믿지 못하는 것이 가장 심각한 문제임을 간파했다. 상앙은 효공에게 "법이 제대로 집행되지 못하는 것은 위에서부터 법을 어기기 때문입니다(법지불행法之不行, 자상범야自上犯也)"라고 직언했다.(권68 〈상군열전〉) 위 구절도 같은 뜻이다.

송(宋)나라 때 사람 사량좌(謝良佐, 1050~1103)의 《상채어록(上蔡語錄)》(권2)이란 책에 보면 "불혁기구(不革其舊), 안능종신(安能從新)?"이란 대목이 있다. "낡은 것을 혁파하지 않고 어찌 새롭게 출발할 수 있겠는가?"라는 뜻이다. 낡은 것을 바꾸거나 없애야만 새로운 국면을 열 수 있다는 지적인데, 그에 앞서 낡은 것의 혁파를 위해서는 문제가 어디 있는지를 찾아내야 한다.

상앙은 법에 대한 백성들의 불신이 문제의 핵심임을 간파했고, 그것에 맞추어 누가 되었건 법을 어기면 공정하게 처벌함으로써 백성들의 신뢰를 얻었다. 상앙의 지적은 지금 우리의 현실을 정확하게 겨냥하는 것 같다. 특히 법을 다루는 자들의 불법 행위와 법을 무시하고 법 위에 군림하려는 행태가 심각한 지경이기 때문이다.

法之不行, 自於貴戚.

法之不行, 自上犯也.

13. 털 속의 이는 어떻게 잡아야 하나?

원문 夫搏牛之虻不可以破蟣蝨부박우지맹불가이파기슬.

번역문 무릇 소 등에 붙은 등에는 손바닥으로 쳐서 죽일 수 있지만, 털 속에 있는 이는 죽이지 못한다.(권7 〈항우본기〉)

사족 초한쟁패에서 항우(項羽, 기원전 232~기원전 202)는 기원전 207년 거록(鉅鹿)전투에서의 대활약으로 천하의 주도권을 단숨에 움켜쥐었다. 이 전투 이전에 항우는 상장군(上將軍) 송의(宋義) 휘하에 있었다. 당시 상장군 송의가 무려 46일을 군영에 머물면서 진격하지 않자 항우가 이에 항의했다. 송의는 진(秦)을 물리치려면 진의 장수 장한(章邯)과 직접 맞붙어 싸워 힘을 빼서는 안 된다는 자신의 뜻을 위의 말로 비유적으로 표시했다. 항우는 송의를 죽이고 군권을 빼앗은 뒤, 거록에서 진의 군대를 대파했다.

송의의 말이 상당히 어렵지만 대체로 상대 전력의 중점을 정확하게 집중 공격하여 무너뜨리지 못할 바엔 공격하지 않는 쪽이 낫다는 것으로 이해할 수 있다. 논리적으로 문제가 없는 말이지만, 상대의 전력을 정확하게 파악하지 못한 상황에서는 일단 가볍게 상대를 건드려 보는 시도가 필요하다. 또 마냥 전투를 끌 수 없는 상황이라면 항우처럼 과감하게 공격에 나서야 한다. 어느 쪽이든 상대방 전력에 대한 정확한 파악이 요구된다 하겠다.

개혁에도 이 비유적인 표현이 적용될 수 있겠다. 제대로 개혁을 하려면 손바닥으로 눈에 보이는 파리 정도를 잡는 것에 그쳐서는 '언 발에 오줌 누는 격'이 되어 또 다른 폐단을 불러온다. 털 속에 박힌 이까지 찾아내서 박멸하는 식의 전면 개혁이 필요하다는 뜻으로 이해할 수 있다.

夫搏牛之虻不可以破蟣蝨.

14. 큰일과 작은 일의 경계

 大行不顧細謹대행불고세근, 大禮不辭小讓대례불사소양.

 큰일에서는 자잘한 것은 따지지 않고, 큰 예의에서는 작은 나무람 정도는 겁내지 않는다.(권7 〈항우본기〉)

 초한쟁패에서 유방(劉邦, 기원전 256~기원전 195)과 항우의 운명을 결정적으로 바꾸어 놓은 술자리 홍문연(鴻門宴, 기원전 206년)에서 유방은 목숨의 위험을 느끼고, 용변을 핑계로 자리를 빠져나온다. 항우는 진평(陳平)을 보내 유방을 찾았다. 유방이 "바로 나오느라 작별 인사도 하지 않았는데 어찌하면 좋겠는가?"라고 하자, 번쾌(樊噲)가 바로 위의 말을 하면서 "지금 저들은 칼과 도마이고, 우리는 물고기 신세인데 무슨 작별 인사를 하십니까?"라며 얼른 자리를 뜨라고 권했다. 거의 비슷한 표현이 권87 〈이사열전〉과 권97 〈역생육고열전〉에도 나오는 것으로 보아 널리 전해오는 관용구로 추정된다. 급하거나 중요한 일이 있을 때는 자잘한 격식 따위는 따지지 않는다는 뜻이다.

유방은 번쾌의 말에 따라 수행원들을 데리고 샛길로 자기 군영으로 도망쳤고, 장량이 남아서 뒷수습을 했다. 만약 이때 유방이 머뭇거리다 홍문을 빠져나오지 못했더라면 초한쟁패의 역사는 달리 쓰였을 것이다. 오자서(伍子胥)는 갈 길이 멀고 여유가 없을 때는 '일의 순리를 거슬러 할 수도 있다'는 '도행역시(倒行逆施)'라는 표현을 쓴 바 있다. 문제는 큰일과 작은 일을 가려내는 분별력이다.

大行不顧細謹, 大禮不辭小讓.

15. 예나 지금이나 여전한 심리전의 효용

원문 吾寧鬪智오녕투지, 不能鬪力불능투력.

번역문 나는 머리로 싸우지 힘으로 싸우지 않는다. (권7 〈항우본기〉)

사족 항우와 유방의 초한쟁패가 소강상태에 빠지자 제풀에 지친 항우는 유방과 일대일로 만나 부하들 힘들게 하지 말고 둘이서만 결판을 내자고 제안한다. 유방은 위의 말로 항우를 자극했다. 화가 난 항우는 감추고 있던 석궁을 쏘아 유방의 가슴을 맞추었다. 유방은 순간적인 기지로 위기를 넘겼지만, 가슴에 부상을 입고 큰 위기를 맞이했다. 다행히 장량(張良) 등의 침착한 대응으로 무사히 넘어갔다. 상대를 자극하여 실수를 유도하는 것도 좋지만, 자칫 역효과를 낼 수 있기 때문에 상황을 잘 봐가며 구사해야 한다.

이 말은 유방이 항우의 약을 올리기 위한 언사로 달리 볼 수 있다. 어떤 대결이든 상대가 있다면 상대의 심리를 공략하는 것만큼 효과적인 전략도 없을 것이다. 병법에서는 이를 '공심전(攻心戰)'이라 한다. 마음이 흔들리면 판단력이 흔들리고, 판단력이 흔들리면 급해진다. 급해지면 상대가 쳐 놓은 그물에 걸려들 확률이 그만큼 높아진다. 항우가 유방에게 역전패한 까닭의 하나도 공심전이라는 심리전에서 패했기 때문이기도 하다.

사마천의 무덤이다. 무덤 위로 측백나무가 자라고 있다.(최근에는 보수를 위해 베었다. 2016년)

吾寧鬪智, 不能鬪力.

16. 인정(認定)하는 것 자체가 힘이다

원문 戰勝而不予人功전승이불여인공, 得地而不予人利득지이불여인리, 此所以失天下也차소이실천하야.

번역문 싸움에서 이겨도 남에게 공을 돌리지 않고, 땅을 얻어도 다른 사람에게 이익을 나누어 주지 않았으니, 이 때문에 천하를 잃었다.(권8 〈고조본기〉)

사족 서한 건국의 공신이자 고조 유방과 같은 고향 출신인 왕릉(王陵, ?~기원전 181)이 항우가 유방에게 패배한 원인을 지적하며 한 말이다. 반면 유방은 빼앗은 땅과 재물을 신하들에게 흔쾌히 나누어 줌으로써 부하들의 적극성을 끌어내어 결국 항우에 역전승할 수 있었다.

리더는 공을 아랫사람에게 돌릴 수 있는 리더십을 갖추어야 한다. 이를 '위공(委功)'이라 한다. 위 대목은 항우와 유방의 리더십 차이를 잘 지적한 대목의 하나로 꼽힌다. 항우 밑에 있다가 유방에게로 귀의한 명장 한신(韓信, ?~기원전 196)도 왕릉과 비슷한 평가는 내린 바 있다. 한신은 항우를 평가하면서 '인완폐(印刓敝)'란 유명한 단어를 거론했다. 항우가 공을 세운 부하들에게 상을 나눠주기 싫어 마지막으로 찍어야 할 도장을 꺼내지 못하고 주머니 속에 넣고 만지작거리느라 '도장 모서리가 다 닳았다'는 뜻이다. 항우와 유방의 리더십을 비교할 때 흔히 인용되는 흥미로운 단어이다.

조직이 바람직하게 발전하려면 공을 세우고 성과를 낸 인재를 격려하고 표창하고 상을 내려야 한다. 그러려면 먼저 인재의 성과와 공을 '인정(認定)'해야 한다. 의외로 많은 리더들이 이에 서툴거나 이를 못한다. 심지어 어떤 리더는 아랫사람이 세운 공을 가로채기까지 한다. 인정하는 것 자체가 리더의 힘이라는 점을 깨달아야 한다. 항우는 그것을 못 했고, 그래서 패배했다.

戰勝而不予人功, 得地而不予人利, 此所以失天下也.

17. 인재의 능력을 정확하게 파악하라

원문 此三者차삼자, 皆人傑也개인걸야, 吾能用之오능용지. 此吾所以取天下也차오소이취천하야.

번역문 이 세 사람은 모두 인걸이고, 내가 이들을 쓸 수 있었다. 이것이 내가 천하를 얻은 까닭이다. (권8 〈고조본기〉)

사족 유방은 항우를 물리치고 난 다음 공신들에게 자신의 성공과 항우의 실패를 분석하게 했다. 이는 앞에서 살펴본 바와 같다. 유방은 소하·장량·한신 세 사람의 공을 거론하며 자신은 이들 세 사람만 못했지만, 위와 같이 말하면서 그 공을 세 사람에게 돌렸다. 이 대목은 《사기》 전편을 통해 가장 유명한 장면의 하나인데, 간결하게 유방의 '삼불여(三不如)'라 할 수 있다. '세 사람만 못하다'는 뜻으로, 인재의 중요성을 강조한 단어이기도 하다.

유방은 인재의 능력과 역할을 정확하게 파악하고 있었다. 그리고 그 능력에 맞추어 간섭하지 않고 충분히 위임했다. 어차피 그 분야에서는 자기가 그 인재만 못하다는 사실을 인정했기 때문이다. 유방의 돋보이는 리더십이 아닐 수 없다.

최근 중국 인재학에서 나온 슬로건 중 '인재는 데려다 쓰는 존재가 아니라, 모셔와 그의 말을 따라야 하는 존재이다'는 것이 있다. 리더가 모든 면에서 뛰어날 수 없다. 인재를 제대로 보고 정중하게 모셔 와서 인재의 제안과 충고에 따를 줄 아는 리더가 성공할 수 있다. 지금은 더 그렇다. 이것이 '리더의 팔로워십(followership)'이다.

此三者, 皆人傑也, 吾能用之. 此吾所以取天下也.

18. 어려울 때일수록 공사 구분은 더 확실하게 ————

원문 所言公소언공, 公言之공언지. 所言私소언사, 王者不受私왕자불수사.

번역문 하려는 말이 공적인 것이면 공개적으로 말하고, 사적인 것이라면 왕은 받아들일 수 없다.(권10 〈효문본기〉)

사족 한 고조 유방이 죽은 뒤 실질적으로 권력을 휘두른 사람은 여(呂)태후였다. 여태후가 죽자 한나라 개국공신들은 여씨 잔당들을 제거하고 고조 유방의 여러 아들들 중 후덕한 유항(劉恒)을 황제로 추대했다. 이가 역대 명군의 한 사람으로 꼽히는 문제(文帝, 기원전 202~기원전 157)이다. 당시 문제의 측근 송창(宋昌, 생졸 미상)은 문제를 모시고 장안으로 왔다. 대신들이 우르르 몰려와 문제에게 인사를 했고, 태위 주발(周勃)은 문제에게 긴밀히 드리고 싶은 말이 있다고 했다. 그러자 송창은 위와 같은 말로 주발 등을 막았다. 문제는 관저로 대신들을 데리고 가서 공식적 공개적으로 자신을 추대하는 수순을 밟았다. 송창은 조정 대신들의 진의를 확인하기 위해 이런 원칙을 내세웠던 것이다.

정권 교체기나 권력투쟁에서는 은밀한 협상과 물밑 거래 등이 많이 오간다. 이런 것들이 꼭 필요한 것은 아니지만 왕왕 대세에 중요한 영향을 미치기도 한다. 이때 리더와 리더의 측근들이 어떤 태도와 자세로 임하느냐가 관건이다. 송창은 문제를 추대한 조정 대신들의 성향과 의도를 파악하는 한편, 문제가 당당하게 위신을 세워 즉위해야 한다는 원칙을 가지고 조정 대신들을 대했다.

所言公, 公言之. 所言私, 王者不受私.

19. 법은 정당하게 집행될 때 의미를 가진다

원문 法者治之正也법자치지정야.

번역문 법이란 다스림의 바른 원칙이다.(권10 〈효문본기〉)

사족 한 문제는 즉위하자마자 연좌제를 폐지하는 등 종래의 악법들을 폐지하는 데 힘을 기울였다. 그러면서 법에 대한 자신의 기본적인 인식과 철학을 위와 같이 분명하게 밝혔다. 대신들이 문제의 의도에 반대를 표명하자 문제는 제대로 된 관리라면 백성들을 착한 쪽으로 이끌어야지 무조건 법으로 다스려서는 안 된다며 자신의 의지를 굽히지 않았다. 명군으로서의 면모가 유감없이 드러나는 대목이다.

법은 무엇인가를 금하기 위한 조치이다. 무엇인가란 밖으로 드러나는 인간의 행위이다. 그러나 금지와 처벌의 원칙이 정당해야 한다. 아울러 범법의 대상과 그 사정을 파악할 줄 알아야 한다. 그래야 공정하게 법을 집행할 수 있고, 무조건 처벌이 아닌 사람을 착한 쪽으로 이끌 수 있다.

문제는 범법 행위의 이면에 잠재되어 있는 백성들의 마음을 헤아릴 줄 알았던 군주다. 법이 행위를 통제할 순 있어도 마음까지 통제할 수 없기 때문이다. 하나라를 세운 우(禹)임금은 '백성이 죄를 짓는 것은 나 한 사람 때문(백성유죄재아일인百姓有罪在我一人)'이라고 했다.

法者治之正也.
百姓有罪在我一人.

20. 방법이 정당치 못하면 원망이 쌓인다

원문 馴道不純而愚民陷焉순도불순이우민함언.

번역문 교화의 방법이 좋지 못하여 어리석은 백성들이 죄에 빠지는 것이다. (권10 〈효문본기〉)

사족 문제 당시 태창령(太倉令) 벼슬에 있던 순우공(淳于公)이 죄를 짓고 벌을 받게 되자, 그의 딸 제영(緹縈)은 글을 올려 죄인의 신체의 일부를 못 쓰게 만드는 육형(肉刑)의 문제점을 지적했다. 문제는 조서를 내려 "짐의 덕이 박하고 교화가 밝지 못해서가 아니겠는가? 내가 참으로 부끄럽도다"라고 한 다음, 위의 말과 함께 육형을 폐지하라고 명했다. 백성들이 죄를 짓는 것은 통치의 방법에 문제가 있기 때문이라는 문제의 자기반성이 돋보이는 대목이다.

제영은 아버지 대신 벌을 받겠다면서 사소한 죄 때문에 손발을 못 쓰게 만드는 육형의 문제점을 간곡하게 지적했다. 문제는 육형의 폐지는 물론 다른 악법들도 함께 폐지하는 조치를 취했다. 문제가 중국 역사상 가장 어질고 덕 있는 군주로 평가 받는 이유가 여기에 있다. 한나라는 문제의 이 같은 통치철학에 힘입어 이른바 '문경지치(文景之治)'라는 전성기를 구가할 수 있었다. 문제의 악법 폐지는 법치의 본질이 법을 만드는 데 있기보다는 나쁜 법을 없애는 데 있다는 것을 잘 보여준다.

사당 침전에 모셔져 있던 사마천의 소상이다. 송나라 때 만들어진 것으로 사마천의 형상으로는 가장 오래된 것이다. (2014년)

21. 과거 기록을 살피고 자기 사상을 간결하게 정리하다 —

원문 約其辭文약기사문, 去其煩重거기번중.

번역문 그 문장을 간략하게 줄이고, 번잡하고 중복되는 것은 빼다. (권14 〈십이제후연표〉)

사족 공자(孔子, 기원전 551~기원전 479)는 자신의 정치사상을 알리기 위해 오랫동안 천하를 떠돌았다. 〈십이제후연표〉에는 무려 70개가 넘는 제후국을 찾았다는 기록이 있을 정도다. 그러나 아무도 공자를 받아들이지 않았다. 만년에 고향 곡부(曲阜)로 돌아온 공자는 과거 기록들을 살피고 서적들을 정리하기 시작했다. 특히 《춘추(春秋)》를 편찬하면서 "그 문장을 간략하게 줄이고, 번잡하고 중복되는 것을 빼서" 간결하게 정리했다. 공자의 사상과 주장은 그가 세상을 떠난 뒤 제자들에 의해 정리되었는데, 《논어(論語)》가 바로 그것이다.

공자의 일생은 후반부에 더욱 빛났다. 정치 생애에서의 좌절과 실패가 밑거름이 되었지만, 고향으로 돌아와 본격적으로 후진을 양성하면서 자신의 철학과 사상을 담은 서적들을 다듬어 후대에 남김으로써 '영원한 스승의 표상' '만세사표(萬世師表)'가 되었다.

約其辭文, 去其煩重.

22. 줄기(몸통)가 튼튼해야 —

원문 强本干강본간, 弱枝葉약지엽.

번역문 줄기는 강하고, 가지와 잎은 약하다. (권17 〈한흥이래제후왕연표〉)

사족 한나라는 무제(武帝, 기원전 156~기원전 87) 때 제후왕의 자식들에게까지 땅을 주어 제후왕의 권력을 약화시키는 '추은령(推恩令)'을 실행한 이후 전국적으로 군국(郡國)이 설치되었다. 군이 83개, 왕국이 20개 총 103개가 설치되었다. 제후들은 군현에 포위된 형세가 되어 그 힘이 크게 약화되었다.

위 대목은 그 당시의 상황을 설명하면서 이 군국들이 "제후국 사이사이에 얽히고 설켜 마치 개의 이빨처럼 단단히 맞물린 듯했기 때문에", 마치 '줄기가 강하고 가지와 잎이 약하듯' 중앙의 힘은 강화되고 제후는 약해졌다는 것이다. 이렇게 해서 높고 낮은 등급이 분명해지고 모든 일이 제자리를 찾았다고 했다.

나무의 줄기, 즉 몸통이 튼튼해야 잎이 무성해지듯이 가정에서 가장이, 나라에서 중앙정부가 든든하게 버텨주어야 집안과 나라가 평안해진다는 뜻으로 이해하면 무난할 것 같다.

強本干, 弱枝葉.

23. 천하를 석권하고 모든 백성을 단합시키다 ——

원문 億萬之衆억만지중

번역문 억만에 이르는 민중(권20 〈건원이래후자연표〉)

사족 관련 대목은 이렇다.

"하물며 천하를 통일하고, 현명한 천자가 자리에 있으면서 문무를 겸비하고 사해를 석권하여(석권사해席卷四海) 안으로 억만에 이르는 민중이 단합되었으니 어찌 태평성대를 위해 변경을 치지 않으리요!"

한나라 건국 이후 흉노를 비롯한 대외 관계는 수세(守勢)에 역점을 둔 소극 정책, 즉 '화친(和親)'이었다. 그러다 국력이 크게 신장된 무제의 즉위를 기점으로 공세(攻勢)로 전환하기 시작했다. 위 대목은 그런 초기 대외정책의 변화를 대변하는 명분이라 할 수 있다. '석권(席卷)'은 돗자리를 둘둘 만다는 뜻으로 영토 따위를 빠르게 차지하는 것을 비유한다. '사해(四海)'는 천하를 가리킨다.

億萬之衆.
席卷四海.

24. 좋은 정책은 많은 사람에게 혜택이 돌아간다

원문 一人有慶일인유경, 天下賴之천하뢰지.

번역문 한 사람에게 좋은 일이 있으면 세상 사람 모두가 이익을 얻는다.(권21 〈건원이 래왕자후자연표〉)

사족 기원전 127년, 한 무제는 주보언(主父偃, ?~기원전 126)의 건의에 따라 추은령(推恩令)을 반포했다. '추은'이란 자기가 아끼는 것을 다른 사람에게 나누어 준다는 뜻이다. 무제가 이러한 추은령을 반포한 목적은 제후국의 지방 세력을 약화시키고, 나아가 중앙정부를 굳건히 하자는 데 있었다. 이 대목은 바로 이 사실을 전하면서 사마천이 남긴 논평이다. 관련 부분이 짧기 때문에 모두 소개하면 아래와 같다.

황제는 어사(御史)에게 명하였다. "제후왕이 자기가 소중히 여기는 식읍(食邑)을 자제에게 나누어주고, 그들이 각자 상주(上奏)하도록 명한다면 짐이 장차 몸소 이 식읍의 봉호(封號)와 명칭을 짓겠노라."

태사공은 말한다. "천자의 은덕은 지극히 성대하도다! 한 사람이 좋은 일을 하면 세상 사람 모두가 이익을 얻는다."

一人有慶, 天下賴之.

25. 풀은 바람을 따라 눕는다

원문 君好之則臣爲之군호지즉신위지, 上行之則民從之상행지즉민종지.

번역문 군주가 무엇인가를 좋아하면 신하들은 그것을 위해 무엇인가를 하고, 윗사람이 무엇인가를 행하면 백성들이 그것을 따라 한다.(권24 〈악서〉)

사족 위 명언은 전국시대 위(魏) 문후(文侯, ?~기원전 396)와 공자의 제자 자하(子夏, 기원전 507~?)가 나눈 음악에 관한 대화의 일부이다. 문후가 어떤 음악은 지루하고 어떤 음악에는 빠지게 되느냐고 묻자, 자하는 음악에 빠지는 것은 그 음악에 빠졌기 때문이라고 하면서 군주는 자신이 좋아하고 싫어하는 것에 대한 태도가 신중해야 한다고 하면서 위와 같이 말했다.

춘추시대 제나라 환공(桓公)이 자주색 옷을 좋아하자 처음에는 신하들이, 이어 백성들이 모두 자주색 옷을 입는 통에 옷감과 염료의 값이 폭등했다. 초 영왕(靈王)이 가는 허리의 여자를 좋아하자 전국적으로 다이어트 열풍이 불어 굶어 죽는 사람까지 생겼다. 아랫사람은 윗사람의 말뿐만 아니라 행동을 보고도 따른다고 했다. 풀은 바람을 따라 눕는다.

君好之則臣爲之, 上行之則民從之.

26. 소리도 마음에서 나오는 것이라 선악(善惡)이 있다

원문 景之象形경지상형, 響之應聲향지응성.

번역문 그림자는 물체의 형상을 반영하고, 울림은 소리에 대한 호응이다.(권24 〈악서〉)

사족 음악의 본질과 그 작용에 관한 명언이다. 좋은 소리는 사람을 선하게 만들 수 있다는 요지이다. 관련 대목을 모두 소개하면 이렇다.

"무릇 소리는 사람의 마음에서 일어나는 것이다. 하늘이 사람과 서로 통하는 바가 있는 것은 마치 그림자가 물체의 형상을 반영하고, 울림은 소리에 대한 호응인 것과 같다. 따라서 착한 일을 하는 사람을 하늘은 복으로 보답하고, 나쁜 짓을 하는 사람을 하늘은 재앙을 내리니 자연스러운 일이다."

　景之象形, 響之應聲.

27. 서로의 짝이 되는 관계

원문 比目之魚비목지어, 比翼之鳥비익지조.

번역문 사랑하고 다정하기가 서로의 눈이 되어주는 비목어나 서로의 날개가 되어주는 비익조 같다.(권28 〈봉선서〉)

사족 왼쪽 눈과 오른쪽 눈만 있는 비목어란 물고기 두 마리가 있다. 이 둘은 서로 붙어 있어야만 헤엄을 칠 수 있다. 전설에 따르면 서해에 비익조라는 새가 있었다고 한다. 이 새는 각각 한쪽 날개 밖에 없어 함께 붙어 날아야 날 수 있었다. 훗날 사람들은 이 물고기와 새를 들어 생사를 같이하는 남녀 사이의 깊은 정과 사랑을 비유했다.

比目之魚, 比翼之鳥.

28. 악법의 대명사

원문 不入言而腹誹불입언이복비.

번역문 입으로 내뱉지 못하고 속으로 비난하다.(권30 〈평준서〉)

사족 한 무제 때의 가혹한 법집행으로 이름 난 장탕(張湯, ?~기원전 115)이 안이(顏異)라는 조정 대신과 사이가 벌어졌다. 누군가 안이를 고발했고, 이 사건이 장탕에게 떨어졌다. 언젠가 안이가 손님과 대화를 나누었다. 손님이 법령이 처음 반포되면 많은 사람들이 불편함을 느껴 적응하지 못한다고 하자, 안이는 아무 말 없이 입술만 조금 움직였다. 이 일이 장탕의 귀에까지 들어갔고, 장탕은 황제에게 글을 올려 안이가 구경(九卿)의 신분으로 법령에 불만을 말하는 자를 발견했음에도 보고하지 않고 마음속으로 몰래 비방했다고 했다.

안이는 처벌을 받았고, 이로부터 '속으로 비난한다'는 '복비'를 죄로 다스리는 '복비법(腹誹法)'이 생겨났다. '복비법'은 지나가다 우연히 만나 대화를 나누어도 목을 잘라 저잣거리에 전시했다는 진나라 때의 악명 높

가혹하게 법을 집행했지만 강직하고 청렴했던 장탕의 무덤 앞 기념비이다.(2017년)

은 ‘우어기시(偶語棄市)’와 함께 전형적인 악법의 대명사로 꼽힌다.

不入言而腹誹.

29. 철저한 복수는 준비하면서 기다려야 한다 ────

원문 食不重味식부중미, 衣不重采의부중채.

번역문 음식은 맛을 중시하지 않고, 옷은 아름다운 것을 중시하지 않다.(권31 〈오태백세가〉)

사족 춘추 말기 오월쟁패(吳越爭霸) 초반에 월왕(越王) 구천(勾踐, ?~기원전 464)은 오왕(吳王) 부차(夫差, ?~기원전 473)에게 처절하게 패했다. 구천은 오나라에 가서 부차의 시중을 3년 동안 들어야만 했다. 부차가 병이 나자 부차의 똥까지 찍어 먹는 수모를 당했다. 월나라로 돌아온 구천은 재기를 위해 자신의 생활 태도와 방식부터 바꾸었다. 와신상담(臥薪嘗膽)은 바로 이 과정에서 탄생한 성어이다. 확 달라진 이런 구천의 자세를 경계한 오나라의 충신 오자서(伍子胥)는 구천의 달라진 모습을 위와 같이 말하면서 부차에게 경고했다. 부차는 듣지 않았다. 부차는 결국 구천에게 망했다.

자신을 다스릴 줄 아는 사람은 그가 어떤 사람이 되었건 무서운 사람이다. 구천은 복수의 날을 오래 기다렸다. 지난 실패를 교훈 삼았기에 ‘십년교훈(十年教訓)’이란 고사성어가 나왔고, 10년 동안 백성들의 생활을 안정시키고 실력을 모았기에 ‘십년생취(十年生聚)’라는 고사성어가 나왔다. 차분히 과거를 돌아보며 서두르지 않고 실력을 기르는 것을 비유하는 고사성어이다. 실제로 구천이 부차에 설욕하고 오나라를 멸망시키기까지 20년이 넘어 걸렸다. 먹는 것 입는 것 신경 쓰지 않고 절치부심(切

齒腐心) 실력을 키운 결과였다.

확실하고 철저한 복수는 서둘러서는 안 된다. 준비하면서 기다릴 줄 알아야 한다. 그래서 예로부터 '군자 복수 10년 뒤라도 늦지 않다'거나, '은혜와 원수는 대를 물려서라도 갚는다'는 말들이 나왔다.

食不重味, 衣不重采.

30. 시간은 준비된 자의 몫이다

원문 時難得而易失시난득이이실.

번역문 시간이란 얻기는 어려워도, 잃기는 쉽다.(권32 〈제태공세가〉)

사족 60 평생 때를 기다리다 주(周) 문왕(文王)을 만난 강태공(姜太公)은 남다르고 뛰어난 책략으로 은(殷)나라를 멸망시키고, 주나라를 건국하는 데 가장 큰 공을 세웠다.(기원전 1046년) 주 왕실은 강태공에게 지금의 산동성 동쪽 땅을 봉지로 주어 제(齊)나라를 세우게 했다. 봉지를 향해 떠나던 강태공은 한 여관에서 묵으면서 그만 긴장을 놓았다. 여관집 주인이 주제넘게(?) 나서서 천하의 강태공에게 위와 같이 지적했다. 강태공은 그 길로 바로 짐을 싸서 봉지를 향해 걸음을 재촉했다.

'창업(創業)보다 수성(守成)이 힘들다'는 말이 있듯이 기회는 천신만고 끝에 잡지만 기회를 놓치는 것은 한순간이다. 강태공은 젊은 날 천하를 떠돌며 온갖 일에 종사했다. 심지어 도축업까지 했던 사람이다. 그는 이런 경험을 자신의 공부와 결합하여 중국 역사상 최초의 병법서이자 통치방략서로 꼽히는 《육도(六韜)》를 남겼다고 한다. 《육도》의 핵심은 강태공의 말대로 "천하는 천하 사람의 천하이지, 한 사람의 천하가 아니다"는 것이다. 강태공이 하잘것없는 여관 주인의 충고에 퍼뜩 정신을 차린 것도 이런 인식의 소유자였기에 가능했을 것이다.

時難得而易失.

31. 예의 기본은 자신을 낮추는 것으로 시작한다 ———

원문 然我一沐三捉髮연아일목삼착발, 一飯三吐哺일반삼토포, 起以待士기이대사, 猶恐失天下之賢人유공실천하지현인.

번역문 그러나 나는 한 번 목욕하다 머리카락을 세 번 움켜쥐고, 한 번 밥을 먹다 세 번 뱉어내면서 일어나 인재를 맞이하면서도, 천하의 유능한 인재를 잃을까 걱정하였다. (권33 〈노주공세가〉)

사족 주나라 건국의 또 다른 주인공인 주공(周公, 기원전 11세기)은 노(魯)나라를 봉지로 받았다. 하지만 형님 무왕(武王)을 보좌해야 했기에 왕실에 남고 아들 백금(伯禽)을 대신 보냈다. 백금이 봉지로 떠나기에 앞서 주공은 아들을 불러 위와 같이 말하며 교만하게 굴지 말 것을 당부했다. 이 대목에서 '일목삼착(一沐三捉), 일반삼토(一飯三吐)'라는 유명한 명구가 나왔다. 훗날 삼국시대의 조조(曹操, 155~220)는 이 고사를 두고 "주공이 먹던 것을 세 번 토해내자, 천하의 인심이 그에게로 돌아갔다"는 유명한 시를 남겼다. 사람의 마음과 좋은 인재가 천하를 얻는 열쇠임을 정확하게 인식했기에 가능한 말들이다.

성공한 리더들의 공통점은 인재를 그냥 보아 넘기지 않았다는 것과 끊임없는 소통이었다. 이는 달리 말하자면 천하정세, 즉 민심의 추이에 대한 촉을 한시도 늦추지 않았다는 뜻이기도 하다. 또한 인재를 대할 때 철저하게 자신을 낮추었다. 이를 '예현하사(禮賢下士)'라 한다. '예로 자신을 낮추며 인재를 대한다'는 뜻이다. 주공이 형님 무왕과 무왕을 이은 어린 조카 성왕(成王)을 보좌하면서 주나라 초기 정국을 안정시킬 수 있었던 것도 이런 인재에 대한 자세와 무관하지 않았다.

然我一沐三捉髮, 一飯三吐哺, 起以待士, 猶恐失天下之賢人.

32. 인재가 흥망을 좌우한다

원문 文王日中昃不暇食문왕일중측불가식, 饗國五十年향국오십년.

번역문 문왕은 새벽부터 해가 중천에 뜨고 서쪽으로 기울 때까지 밥 먹을 틈도 없었기에 50년 동안 그 자리를 누릴 수 있었다.(권33 〈노주공세가〉)

사족 그 아버지에 그 아들이다. 인재의 중요성에 대한 주공의 인식은 아버지 문왕과 똑같았다. 문왕은 50년 가까이 자리에 있으면서 겸양의 덕을 천하에 베풀며 때를 기다렸다. 은나라 주왕(紂王)에게 밉보여 7년 동안 유리성(羑里城)에 갇히기도 했다. 그는 치욕을 참았고, 위에서 말한 것처럼 인재들을 지극 정성으로 대했다. 그 당대에 천하의 2/3를 차지했지만 그는 결코 서두르지 않고 보다 완벽한 조건을 아들 무왕에게 물려주었고, 무왕은 끝내 은나라를 무너뜨렸다. 아버지 문왕의 덕이 절대적이었다.

문왕이 노심초사하며 인재를 우대한 일은 가장 오랜 문헌이자 정치 교과서라 할 수 있는 《상서(尙書)》에도 기록이 남아 있다. 이는 《사기》 권4 〈주본기〉에 인용되어 있는데, '일중불가식이대사(日中不暇食以待士)'로 나와 있다. '해가 중천에 뜨도록 밥 먹을 겨를도 없이 선비를 대접했다'라는 뜻이다.

文王日中昃不暇食, 饗國五十年.

33. 바꿔야 할 것과 간소화할 것의 구별

원문 吾簡其君臣禮오간기군신예, 從其俗爲也종기속위야.
번역문 군신간의 예를 간소화하고 그 풍속을 따랐을 뿐이다.(권33 〈노주공세가〉)

사족 주공의 아들 백금과 개국공신 강태공은 거의 동시에 각자의 봉지인 노나라와 제나라로 떠났다. 백금은 3년이 지나서야 국정을 보고했고, 강태공은 다섯 달 만에 돌아와 국정을 보고했다. 주공이 두 사람에게 그 이유를 묻자 백금은 풍속과 예의를 바꾸느라 늦었다고 했고, 강태공은 위의 말로 일찍 돌아와 보고할 수 있었던 이유를 댔다. 주공은 한숨을 쉬며 "어하, 나중에는 노나라가 제나라를 섬기게 될 것이다! 무릇 정치란 간소하고 쉽지 않으면 백성이 가까이하기 힘들다. 쉽고 백성에 가까우면 백성들이 모여들 수밖에 없다"고 했다. 정치와 통치의 요체를 이보다 정확하고 명확하게 지적한 말도 없을 것이다.

고수와 하수의 차이를 보는 듯한 이 장면은 금수저 물고 태어난 주공의 아들 백금과 산전수전 다 겪은 강태공의 통치 방식을 통해 의미심장한 메시지를 던진다. '정치는 간명해야 백성들이 쉽게 다가선다.' 바로 이것이다. 여기서 '평이근인(平易近人)'이란 사자성어가 나왔다. '쉽고 사람에게 가깝다'는 뜻이다. 중국 국가주석 시진핑의 이름 '근평(近平)'도 여기서 따왔다고 한다.

吾簡其君臣禮, 從其俗爲也.

34. 집행과 순리는 둘이 아니다

원문 令之不行영지불행, 政之不立정지불립, 行而不順행이불순, 民將棄上민장기상.

번역문 명령이 집행되지 않으면 정치가 바로 서지 못한다. 집행하되 순리에 따르지 않으면 백성이 군주를 버린다. (권33 〈노주공세가〉)

사족 주 선왕(宣王, ?~기원전 782)이 노나라 무공(武公)의 작은아들 희(戱)가 마음에 들어 그를 노의 태자로 세우려 하자, 주 왕실의 신하 번중산보(樊仲山父)가 위의 말로 반대하며 적장자 계승 원칙을 앞장서서 지켜야 할 주 왕실이 모범을 보이지 않으면 제후들에게 영이 서지 않는다고 지적했다. 선왕은 기어코 희를 노나라 국군으로 세웠고, 희는 결국 시해당했다. 번중산보의 말대로 희는 백성들의 버림을 받았다. 큰 집이 작은집의 분란을 중재하지는 못할망정 분란을 키운 결과였다. 공자는 이렇게 말했다.

"기신정(其身正), 불령이행(不令而行) ; 기신부정(其身不正), 수령부종(雖令不從)."

"군주의 몸이 바르면 명령하지 않아도 시행되지만, 그 반대면 명령해도 따르지 않는다."

리더는 그 언행이 곧 소리 없는 명령이라는 점을 알아야 한다. 번중산보의 충고도 같은 맥락이다. 명령이 집행되지 않으니 정치가 바로 설 리 없다. 공자는 다만 그 전제 조건으로 리더의 언행이 반듯해야 한다고 했을 뿐이다.

법의 집행은 순리에 따라야 한다. 무조건 법 대로를 순리로 착각해서는 안 된다. 법의 적용이 공정하고, 집행은 공평하고, 과정은 공개되어야 한다. 이것이 순리다.

令之不行, 政之不立, 行而不順, 民將棄上.

35. '사람의 말'이 곧 믿을 '신(信)'이다

원문 天子無戲言천자무희언. 言則史書之언즉사서지, 禮成之예성지, 樂歌之악가지.
번역문 천자에게는 농담이 없다. 말하면 사관이 기록하고, 예로 이루고, 음악으로 노래하는 것이다. (권39 〈진세가〉)

사족 주나라 초기 제후국 진(晉)나라를 세운 시조 당숙우(唐叔虞)는 주 무왕의 아들이고, 성왕의 동생이다. 젊은 날 성왕이 숙우와 함께 있다가 장난삼아 오동나무 잎으로 규(珪)를 만들어 숙우에게 주며 말하기를 "이것으로 너를 봉하노라"고 했다. 옆에 있던 사관 일(佚)이 성왕에게 날을 잡아 숙우를 제후로 봉하라고 하자, 성왕은 농담이었다고 발뺌을 했다. 사관 일은 위의 말로 성왕을 깨우쳤다. 통치자는 농담이라도 가려서 해야 한다는 뜻으로 무한책임을 강조한 명구이다.

리더의 언행은 아랫사람에게는 소리 없는 명령이나 마찬가지이다. 따라서 사소한 약속이라도 반드시 지켜야 한다. 그래서 일낙천금(一諾千金)이란 말이 나왔다. '한 번의 약속이 천금의 가치가 있다'는 뜻이다. 이때 천금이란 단순한 숫자가 아니다. 헤아릴 수 없이 크고 많은 숫자의 비유적 표현일 뿐이다. 그래서 '천자무희언'이라고 하는 것이다.

말은 돈이 들지 않는다. 그래서 마구 함부로 내뱉는다. 그러나 조금만 생각해 보면 말에 돈이 들지 않는다는 것은, 달리 말해 말을 돈으로 계산할 수 없다는 뜻이기도 하지 않은가?

天子無戲言. 言則史書之, 禮成之, 樂歌之.

36. '덕(德)'의 무게는

원문 德之休明덕지휴명, 雖小必重수소필중, 其姦回昏亂기간회혼란, 雖大必輕수대필경.

번역문 덕이 선하고 밝으면 (세발솥이) 아무리 작아도 무게가 나가지만, 간사하고 사악하면 아무리 커도 무게가 나가지 않는다. (권40 〈초세가〉)

사족 춘추시대 남방의 강대국 초나라 장왕(莊王, ?~기원전 591)이 중원의 주나라를 넘보기 위해 천자의 상징물인 구정(九鼎)에 대해 물었다. 주 왕실의 대신 왕손만(王孫滿)은 "덕이 중요하지 솥이 중요한 것이 아닙니다"라며 위와 같이 대응했다. 장왕은 더 이상 말하지 않고 돌아갔다. 여기서 천하대세의 행방이나 천하 패권의 추세를 넌지시 묻는다는 '문정(問鼎)' 또는 '문구정(問九鼎)'이란 용어가 파생되었다.

전국시대 위나라의 개혁 군주 문후는 학자인 단간목(段干木, 생졸 미상)의 집을 지날 때면 단간목이 집에 있든 없든 꼭 마차에서 내려 공손하게 절을 했다. 그러자 이 이야기를 들은 이웃나라들이 감히 위나라를 넘보지 못했다. 위나라가 지식인을 존중하고 상하가 굳게 단결되어 있다고 판단했기 때문이다.

국력은 나라의 크기와 비례하지 않는다. 물론 군사력의 크기와도 비례하지 않는다. 백성의 마음이 얼마나 위정자에게 가 있느냐와 비례할 뿐이다. 그래서 민심을 잃으면 아무 것도 남지 않는다.

남방의 야만국으로 취급받던 초나라를 일약 강국으로 끌어올리고 춘추오패의 한 사람이 된 초 장왕의 조형물이다.(2002년)

德之休明, 雖小必重, 其姦回昏亂, 雖大必輕.

37. 싸우기 위한 힘은 진정한 힘이 아니다

원문 兵者凶器也병자흉기야, 戰者逆德也전자역덕야, 爭者事之末也쟁자사지말야. 陰謀逆德음모역덕, 好用凶器호용흉기, 試身於所末시신어소말, 上帝禁之상제금지, 行者不利행자불리.

번역문 군대는 흉기이며, 전쟁은 덕을 거스르는 일이다. 싸움은 모든 일의 맨 마지막이다. 음모로 덕을 거스르고, 흉기를 즐겨 사용하여 자신의 몸을 보잘것없는 곳에다 시험하려는 것은 하늘이 금할 뿐만 아니라 행동으로 옮겨도 이로울 것이 없다.(권41 〈월왕구천세가〉)

사족 오왕 부차가 월나라에 복수하려고 군대를 훈련한다는 소식을 들은 월왕 구천이 먼저 군대를 일으키려 하자 범려(范蠡, 기원전 536~기원전 448)가 말리며 위의 지극한 말로 간언했다. 구천은 범려의 간언을 듣지 않고 무리하게 부차를 공격했다가 크게 패했다. 두 나라의 전력을 헤아린 끝에 나온 범려의 정확한 충고를 듣지 않은 결과였다. 구천은 스스로 볼모가 되어 부차를 3년이나 섬기는 수모를 당했다.

시진핑 주석이 2015년 미국을 방문하여 일성으로 '국수대(國雖大), 호전필망(好戰必亡)'을 거론했다. 《사마법(司馬法)》이란 병법서에 나오는 명구로 '나라가 제아무리 커도 전쟁을 좋아하면 망할 수밖에 없다'는 뜻이다. 시진핑 주석은 《사기》에 나오는 '복숭아나무와 자두나무는 말이 없지만, 그 아래로 절로 길이 난다'는 뜻의 '도리불언(桃李不言), 하자성혜(下自成蹊)'도 함께 거론했다. 앞의 명구는 미국을, 뒤의 명구는 중국을 염두에 둔 절묘한 비유였다.

힘은 필요하다. 한 나라에 강력한 군대 또한 당연히 필요하다. 하지만 강력한 군대로 전쟁을 일삼는 것과는 다른 문제다. 힘은 전쟁을 막기 위한 필수 조건이자 상대적 조건이기도 하다. 이 점을 잘 헤아려야 전쟁을 막을 수 있다.

兵者凶器也, 戰者逆德也, 爭者事之末也. 陰謀逆德, 好用凶器, 試身於
所末, 上帝禁之, 行者不利.

38. 진퇴의 지혜는 집착을 버리는 데에서

원문 蜚鳥盡비조진, 良弓藏양궁장 ; 狡兎死교토사, 走狗烹주구팽.

번역문 날던 새가 다 잡히면 좋은 활은 거두어들이고, 약은 토끼가 죽으면 사냥개는
삶긴다. (권41 〈월왕구천세〉)

사족 저 유명한 '조진장궁(鳥盡藏弓), 토사구팽(兎死狗烹)'이란 명언이 여기서 나왔다.
와신상담 끝에 월왕 구천은 오왕 부차를 물리치고 오나라를 멸망시켰다. 이 과정
에서 가장 큰 공을 세우고 인생 최고의 절정기에 오른 일등공신 범려(范蠡)는 뜻밖
에 모든 것을 훌훌 털고 월나라를 떠났다. 그는 친구이자 동료인 문종(文種, ?~기원전
472)에게 위와 같은 내용의 편지를 보내 함께 떠날 것을 권유했다. 문종은 망설이다
시기를 놓쳤고, 결국 자살을 강요받아 죽었다.

자신의 역할이 끝나면 진퇴를 진지하게 고민해야 한다. 더 이상 이룰 것이 없는
상황이라면 더 그렇다. 범려의 현명한 은퇴와 그 뒤의 행복한 결말은 진퇴의 결단을
두고 망설이는 사람들의 마음을 한결 가볍게 해준다.

범려로부터 약 300년 뒤, 초한쟁패의 와중에서 유방이 항우를 물리치는 데 결정
적인 역할을 한 명장 한신도 같은 말을 남겼다. 그런데 한신은 반역으로 몰려 죽기
전에 이 말을 남겼다. 같은 표현이라도 상황에 따라 전혀 다르게 인용될 수 있다는
사실이 자못 강한 여운을 남긴다. 한신의 동료이자 같은 서한삼걸(西漢三杰)의 한 사
람인 장량은 범려처럼 서한 건국 이후 명예롭게 퇴진하여 자신의 몸을 지켰다.

蜚鳥盡, 良弓藏 ; 狡兔死, 走狗烹.

39. '토사구팽'의 함의를 통찰하라

원문 居家則致千金거가즉치천금, 居官則至卿相거관즉지경상, 此布衣之極也차포의지극야. 久受尊名不祥구수존명불상.

번역문 집안에서는 천금의 재산을 이루었고, 벼슬로는 재상에 이르렀으니 보통 사람으로는 가장 높은 곳까지 간 셈이다. 그러나 이렇게 귀한 이름을 오래 가지고 있으면 상서롭지 못하다. (권41 〈월왕구천세가〉)

사족 월왕 구천을 도와 오나라를 멸망시키는 데 큰 공을 세운 범려는 이후 이름을 바꾸고 숨어 살면서 해변에서 농사를 잘 지어 많은 재산을 모았다. 재산이 늘고 큰 성공을 거두자 명성이 사방으로 퍼져 나갔다. 제나라에서 그를 재상으로 삼으려 청하자 범려는 오히려 한숨을 지으며 위와 같이 말했다. 범려는 제나라를 떠나 도(陶)라는 곳으로 이주했다.

범려는 현명한 은퇴와 새로운 사업으로 노년을 화려하게 장식한 뒤 삶을 마감했다. 사진은 범려가 마지막으로 정착한 도(陶, 산동성 정도定陶)에 세워져 있는 그의 상이다. (2010년)

위 명언은 범려의 현명한 진퇴의 경지와 지혜로운 처세술을 잘 보여준다. 범려 이후 명예로운 퇴진을 결단한 인물은 앞서 말한 바 있는 소하·한신과 함께 '서한삼걸(西漢三杰)'로 꼽히는 장량이다. 그에게 늘 따라 다니는 표현들 또한 '성공불거(成功不居)', '공성용퇴(功成勇退)' 등이다. 앞은 '성공한 자리에는 머물지 말라'는 뜻이고, 뒤는 '공을 이루었으면 용감하게 물러나라'는 뜻이다. 범려는 부귀영화를 미련 없이 버리고 떠나면서 자신의 할 일이 끝났거나 자기 역할이 더 이상 필요가 없을 때는 물러나야 한다고 했다. 그 결단을 내리지 못하면 자칫 '토사구팽 (兎死狗烹)' 당하기 일쑤다.

居家則致千金, 居官則至卿相, 此布衣之極也. 久受尊名不祥.

40. 자신을 아는 것을 현명이라 한다

원문 見豪毛而不見其睫也 견호모이불견기첩야.

번역문 눈은 가는 터럭까지 보지만 자기 속눈썹은 보지 못한다. (권41 〈월왕구천세가〉)

사족 춘추시대 말 월나라 왕 무강(無彊, ?~기원전 약 313)이 제나라를 공격하려고 하자 제나라 사신이 월나라로 와서 무강을 설득하는 과정에서 뱉은 명구이다. 제나라 사신은 당시 천하의 정세를 상세히 분석하면서 "지금 왕께서는 한나라와 위나라의 실책은 알면서도 정작 월나라 자신의 잘못은 알지 못하는 것, 이것이 (방금 말씀드린) '눈이 사물을 보는 이치', 즉 '목론(目論)'이라 것입니다"라는 말로 제나라에 대한 월나라의 공격을 중지시켰다. '남의 눈에 티끌은 보면서 자기 눈의 들보는 못 본다'는 우리 속담도 같은 의미이다. 노자는 사람을 아는 것을 지혜, 자신을 아는 것을 현명, 자신을 이기는 것을 강하다고 했다.

한 치 앞도 내다보지 못하는 단견(短見)으로 나라를 이끌려는 통치자들이 많았다. 이런 통치자들에게서 발견되는 공통점은 사람의 힘, '인력(人力)'을 믿지 않았다는 것이다. 주위의 인재들과 백성을 신뢰하지 않고 측근 몇몇과 미신 따위에 빠졌다. 당나라 때 문장가 유종원(柳宗元, 773~819)은 "강한 사람은 사람의 힘을 믿고, 약한 자는 귀신의 힘에 의존한다"고 지적했다. 간절히 원하면 온 우주가 나서 도와준다는 따위의 말을 서슴지 않은 위정자가 21세기에도 버젓이 있었고, 그 못지않은 자들이 여전히 활개를 치고 있다.

見豪毛而不見其睫也.

41. 근원이 흐린 데 어찌 그 줄기가 맑기를 바랄 수 있나 —

원문 君能制命爲義군능제명위의, 臣能承命爲信신능승명위신.

번역문 군주는 의로움으로 명령을 내릴 수 있어야 하고, 신하는 그 명을 믿음으로 받들 수 있어야 한다.(권42 〈정세가〉)

사족 춘추시대 초나라 장왕(莊王)이 송나라를 공격하자 진(晉)나라는 해양(解揚)이란 장사를 보내 초나라를 속이고, 송나라에게 항복하지 말 것을 권하도록 했다. 송나라를 항복시키겠다는 해양의 말에 장왕은 해양에게 많은 상을 내리며 송나라로 보냈다. 해양은 장왕과 약속해놓고는 이를 어기고 송나라에 버티라고 했다. 장왕이 돌아온 해양을 죽이려 하자 해양은 "군주는 의로움으로 명령을 내릴 수 있어야 하고, 신하는 그 명을 믿음으로 받들 수 있어야 합니다"라고 말한 다음, 자신은 내 임금의 명령을 성사시키려 했을 뿐이라고 했다. 그런 다음 초나라 군대를 돌아보며 "신하 된 자들은 충성을 다하면 죽는다는 것을 잊지 않도록 하라!"고 큰소리를 쳤다. 장왕은 그를 살려서 돌려보냈다.

당나라 태종이 한 인재를 놓고 판단을 내리지 못하자, 어떤 자가 속임수로 그를 한번 떠보라고 건의했다. 당 태종은 군주가 바르지 못한 방법으로 사람을 대하면 누가 그 군주를 따르겠냐며 그자를 호통쳤다고 한다. '물의 근원이 흐린 데 그 흐름이 어찌 맑을 수 있겠는가'라는 말도 같은 뜻이다.

'군명신직(君明臣直)'이라 했다. 리더가 밝으면 신하는 정직해진다는 뜻이다. 리더가 밝다는 것은 숨김이 없고, 거짓말 하지 않고, 꼼수를 부리지 않는다는 뜻이다. 꼼수는 꼼수로 되돌아온다. 법망이 아무리 촘촘해도 위에서부터 법을 어기면 백성들은 어떤 수를 써서라도 그 법망을 피하려 한다. 정당하지 못하면 무시당할 수밖에 없다.

君能制命爲義, 臣能承命爲信.

42. 덕(德)이란 사람이 되는 조건이자 기본이다 ────────

원문 爲政必以德위정필이덕, 毋忘所以立무망소이립.

번역문 정치는 반드시 덕으로 해야 하고, 그 정치가 무엇에 의지해서 확립되는지 잊지 말라.(권42 〈정세가〉)

사족 춘추시대 정나라의 위대한 정치가 자산(子産)이 한선자(韓宣子, ?~기원전 514)에게 한 말이다. 자산은 작고 힘없어 거의 매년 강대국의 침범을 당하는 정나라의 국정을 맡아 40년 가까이 오로지 백성을 위하는 정책을 펼쳤다. 죽어서 장례 치를 비용도 없을 정도로 청렴하게 살았던, 참으로 '노블레스 오블리주'를 온 몸으로 실천했던 사람이었다. 그는 권력과 돈으로 자리를 지키려는 타락한 정치가들을 향해 "나는 배운 다음 벼슬한다는 말은 들어보았어도, 벼슬한 다음 배운다는 말은 듣지 못했다"고 일갈했다. 사람이 먼저 된 다음 벼슬하라는 뜻이다.

자산은 죽어서도 장례비가 없어 시신을 광주리에 담아 야산에 묻었을 정도로 청렴했다. 형산(陘山 ,하남성 신정新鄭) 정상에 남아 있는 자산의 무덤이다.(2017년)

정자산의 말인즉은, 사람이 되지 못하고 부와 권력을 가지게 되면 그것을 이용하여 자신의 잘못을 비호하게 된다는 것이다. 부와 권력이 비리와 부패를 비호하는 수단으로 전락하는 것은 부와 권력의 문제가 아니라, 인간이 제대로 되지 못한 자가 그것을 갖고 있기 때문이다. 아무리 좋은 칼을 들고 있어도 솜씨가 없으면 개백정만 못하다. 그 칼로 백성과 나라를 난도질하고 나아가 자신까지 벤다. 백성은 다치고, 나라는 엉망이 된다. 자산이 말하는 '덕'이란 바로 사람이 되기 위한 조건이자 기본이다. 정치를 하려는 사람은 특히나 더 새겨들어야 한다.

爲政必以德, 毋忘所以立.

43. 아랫사람이 옳지 않은 일을 멋대로 하면 그 리더는 퇴장해야 한다

원문 臣有大事而君不聞신유대사이군불문, 是無君也시무군야.

번역문 신하가 큰일을 하려는 데 군주가 모른다면 군주를 안중에 두지 않는 것이다.(권43 〈조세가〉)

사족 춘추시대 진(晉)나라 영공(靈公, 재위 기원전 624~기원전 607) 때의 간신 도안고(屠岸賈)는 진나라의 명문 조씨(趙氏) 가문을 없애려고 영공에게 알리지도 않고 일을 꾸몄다. 한궐(韓厥)은 도안고에게 위의 말로 충고했으나 도안고는 듣지 않고 조씨 가문을 멸족시켰다. 조씨 집안의 유일한 혈육 조무(趙武)는 의로운 정영(程嬰)과 공손저구(公孫杵臼)의 희생으로 목숨을 건졌다. 조무는 성장하여 끝내 도안고를 죽이고, 조씨 집안을 다시 일으켰다.

간신들의 공통점은 권력자를 믿고 '호가호위(狐假虎威)'하는 것이고, 권신들의 공통점은 권력자를 무시하고 큰일을 서슴없이 꾸미는 것이다. 어느 쪽이든 나라를 불안하게 만드는 악성 종기와 같다. 더 큰 문제는 간신들이 권신으로 진화하는 경우다. 아부와 잔꾀로 권력자의 눈과 귀를 가린 채 온갖 못된 일을 꾸미고 저지르기 때문이다. 그리고 간신이 권신으로 넘어가는 과정에서 나타나는 필연적 현상은 자신과 권력자와의 친밀도를 수시로 들먹이는 것이다. 조금만 주의 깊게 살피면 금세 알 수 있는 현상이기도 하다.

臣有大事而君不聞, 是無君也.

44. 의심스러우면 시작해서는 안 된다

원문 疑事無功의사무공, 疑行無名의행무명.
번역문 일을 의심하면 공이 없고, 의심하고 행동하면 명성을 얻지 못한다.(권43 〈조세가〉)

사족 전국시대는 개혁의 시대였다. 개혁에 나선 각국의 군주들 중 조(趙)나라 무령왕(武靈王, ?~기원전 295)은 복장을 개혁하고 군대를 재편하는 이른바 '호복기사(胡服騎射)', 즉 '오랑캐 옷을 입고, 말을 타고 활을 쏘는' 조치를 단행했다. 개혁에 앞서 무령왕은 보수 세력들의 비난과 반대를 걱정했다. 그러자 대신 비의(肥義)는 위와 같이 말하면서 "어리석은 자는 일이 성사되어도 모르지만, 지혜로운 자는 모습이 나타나기 전에 봅니다"라는 말을 덧붙였다. 시대를 앞서가는 사람은 비난에 직면하기 마련이다. 그것을 돌파하는 것 자체가 개혁의 첫걸음이다. 전국시대 최고의 개혁과 상앙(商鞅)도 이와 비슷한 말을 했다. 당시 개혁 의지를 가진 인물들이 즐겨 썼던 관용구가 아닐까 한다.

개혁은 혁명보다 더 힘들다고 한다. 개혁은 한 차례의 성공으로 끝나는 혁명과는 달리 지속성이 관건이기 때문이다. 개혁의 본질은 이익의 재분배이다. 이 때문에 기득권 세력의 극렬한 반대가 따르기 마련이다. 개혁에 성공한 역사적 사례에서 확인할 수 있는 평범한 진리는 부패한 기득권 세력들에 대한 철저한 응징과 전략적 설득이 동반되어야 한다는 것이다.

疑事無功, 疑行無名.

45. 개혁에서 뛰어넘어야 할 것들

원문 循法之功순법지공, 不足以高世부족이고세 ; 法古之學법고지학, 不足以制今부족이제령.

번역문 법을 지키려는 공만으로는 세상을 뛰어넘을 수 없고, 옛날 학문만을 본받아서는 지금을 통제하기 부족하다. (권43 〈조세가〉)

사족 개혁에 저항하고 반대하는 수구 세력들에 대해 무령왕은 개혁은 옛날의 가르침을 변화시키고 옛날의 도를 바꾸는 것이고, 일반 사람들의 마음을 거스르는 것이며, 학자들의 권고를 거스르는 것이고, 중원의 전통과는 벗어나는 것이라며 위의 말로 개혁에 대한 단호한 의지를 표명했다. 개혁이 예나 지금이나 얼마나 어려운 일이었는가를 잘 보여주는 대목이기도 하다.

개혁의 성공 여부는 강인한 의지와 전략적 사고를 함께 요구한다. 무령왕은 이를 끝까지 유지하지 못하고 비극적인 결말을 맞이했다. (2010년)

같은 맥락에서 중국 역사상 최고의 개혁가 상앙(商鞅)은 "세상을 다스리는 방법이 하나만 있는 것도 아니고, 나라를 편하게 하려는 데 과거에만 매달려서는 안 된다"고 했다. 개혁에 저항하는 수구 기득권 세력들은 낡은 법을 고집하거나 악법을 만들고, 개혁을 추진하는 사람은 나라와 백성들에게 편한 쪽으로 법을 고치려 한다. 개혁의 본질이 이익의 충돌이기 때문이다. 한 가지 분명한 것은 개혁에 저항하고, 개혁을 거부하여 개혁을 지연시키거나 좌절시킨 나라는 예외 없이 역사의 무대에서 퇴장당했다는 사실이다.

循法之功, 不足以高世 ; 法古之學, 不足以制今.

46. 과거는 현재의 거울이고,
과거와 현재는 미래의 거울이다

원문 居視其所親거시기소친, 富視其所與부시기소여, 達視其所擧달시기소거, 窮視其所不爲궁시기소불위, 貧視其所不取빈시기소불취.

번역문 평소 때 어떤 사람과 가까운 가를 살피고, 부귀할 때 어떤 자와 어울리는 지를 보고, 잘나갈 때 어떤 사람을 추천하는 가를 보고, 궁할 때 어떤 일을 하지 않는 지를 살피고, 가난할 때 어떤 것을 취하지 않는 가를 살피다.(권44 〈위세가〉)

사족 전국시대 위나라의 개혁 군주 문후가 이극(李克)에게 "선생께서 일찍이 과인에게 '집안이 가난해지면 좋은 아내가 생각나고, 나라가 어지러우면 좋은 재상이 생각난다'는 가르침을 주셨습니다. 지금 (재상으로) 삼을만한 사람으로는 성자(成子) 아니면 적황(翟璜)인데, 두 사람이 어떻습니까?"라고 물었다. 이극은 위와 같이 다섯 가지 기준을 제시하여 문후가 재상을 바르게 선택할 수 있게 했다. 오늘날 상황에도 딱 들어맞는 지적이다.

3세기 삼국시대 사람 유소(劉劭, 3세기)는《인물지(人物志)》라는 아주 특별한 책에서 권력자가 일쑤 사사로운 감정으로 일을 처리하는 탓에 사람의 식별에 편견과 오류가 발생한다고 강조하면서 그런 편견과 오류를 다음 일곱 가지로 개괄했다.

첫째, 행동거지를 살핌에 편견의 오류

둘째, 사물을 접함에 좋고 싫음의 감정

셋째, 마음을 헤아리는 크고 작은 착오

넷째, 본질을 논함에 빠르고 늦음의 의혹

다섯째, 다른 종류를 같은 종류로 보는 혐의

여섯째, 재목을 논함에 과장이나 축소의 잘못

일곱째, 기이한 것에 대한 극단적 치우침의 실수

그 사람의 과거를 보면 현재가 보이고, 과거와 현재를 보면 미래가 보인다. 그럼에도 한 사람에 대한 평가는 여전히 엇갈리고 있다. 사람들의 눈과 귀를 가리는 나쁜 자들이 많기 때문이다. 이제 이런 자들도 가려내야 하고, 이미 그 흐름은 대세가 되었다.

居視其所親, 富視其所與, 達視其所擧, 窮視其所不爲, 貧視其所不取.

47. 탐욕이 나라를 망친다

원문 夫君欲利則大夫欲利부군욕리즉대부욕리, 大夫欲利則庶人欲利대부욕리즉서인욕리. 上下爭利상하쟁리, 國則危矣국즉위의.

 왕이 이익에 욕심을 부리면 대부들도 욕심을 부리고, 대부들이 욕심을 부리면 백성도 욕심을 부린다. 위아래가 서로 이익을 다투면 나라가 위태로워진다.(권44 〈위세가〉)

 전국시대 위나라 혜왕(惠王, 기원전 400~기원전 319)은 전쟁에서 여러 차례 고배를 마신 뒤 현자들을 초빙해 고견을 들었다. 맹자(孟子, 기원전 372~기원전 289)도 그중 한 사람이었다. 혜왕은 자기 때문에 나라가 텅 비고 선왕과 종묘사직에 욕을 보였다며 나라에 이로운 말씀을 부탁한다고 했다. 맹자는 "국군께서는 그렇게 이익을 말씀하시면 안 됩니다"며 위와 같이 말한 다음, "나라의 군주에게는 인의가 있을 뿐인데 하필 이익입니까?"라고 잘라 말했다. 문제의 원인이 인의(仁義)의 정치를 펼치지 못한 데 있다고 분석했다. 인의를 극도로 중시했던 맹자의 진면목이 잘 드러나는 장면이다.

맹자의 말을 오늘날에 적용시켜 보면, 못난 위정자가 사사로운 욕심을 부리면 그 밑에 있는 자들도 그럴 것이고, 시민들조차 사사로운 욕심에 빠져 서로 싸우게 되어 나라가 결국 위태로워진다는 뜻이다. 그래서 사마천은 정치의 수준을 5단계로 나누어 분석하면서 '가장 못난 정치란 백성들과 다투는 정치'라고 했다.

夫君欲利則大夫欲利, 大夫欲利則庶人欲利. 上下爭利, 國則危矣.

48. 교만함은 인심을 잃고,
인심을 잃으면 나라조차 잃는다

 夫諸侯而驕人則失其國부제후이교인즉실기국, 大夫而驕人則失其家대부이교인즉실기가.

 무릇 제후가 남에게 교만하면 나라를 잃고, 대부가 남에게 교만하면 그 집안을 잃는다. (권44 〈위세가〉)

사족 전국시대 위나라 문후 때 태자 자격(子擊)이 전쟁에서 많은 공을 세웠다. 그가 문후의 스승이자 공자의 수제자였던 자공(子貢)의 제자 전자방(田子方, 생졸 미상)을 조가(朝歌)에서 만났다. 자격은 수레를 끌어 한쪽으로 비켜 세운 다음 내려서 인사를 했다. 전자방은 예를 갖추지 않았다. 기분이 상한 자격이 "부귀한 사람이 남에게 교만합니까? 아니면 빈천한 사람이 남에게 교만합니까?"라는 말로 전자방을 자극했다. 자방은 태연히 "당연히 빈천한 사람이 남에게 교만하지요"라면서 위와 같이 말한 다음 아래와 같이 덧붙였다.

"빈천한 자는 행동이 서로 맞지 않고 말이 받아들여지지 않으면 초·월로 떠나가기를 신발 벗듯이 하니, 이 둘을 어떻게 같이 볼 수 있겠습니까?"

그간에 세운 공로를 믿고 교만하게 구는 자격에 대한 충고였다. 자격은 이를 받아들이지 않고 불쾌해 하며 그 자리를 떠났다. 자격은 문후의 뒤를 이어 즉위하는 문후의 아들 무후(武侯, ?~기원전 371)였다.

전자방에 대한 아버지 문후의 예우가 갖는 깊은 뜻을 아들 자격, 즉 무후는 제대로 몰랐다. 전국시대 초기 개혁을 주도하며 서방의 강력한 진나라를 저지하는 등 최강의 국력을 자랑했던 위나라가 문후를 지나 무후 때 오면 현격하게 퇴조하게 되는데, 위 일화는 그 원인이 어디에 있는지를 암시하고 있다.

전국시대 초기의 개혁 군주 위 문후는 인재 방면에 각별한 주의를 기울였다. (2008년)

夫諸侯而驕人則失其國, 大夫而驕人則失其家.

49. 내가 아닌 남의 결점만 찾는 자들 ———————

원문 聰明深察而近於死者총명심찰이근어사자, 好議人者也호의인자야 ; 博辯廣大危其身者박변광대위기신자, 發人之惡者也발인지악자야.

번역문 총명하고 깊게 관찰하는 사람에게는 죽음의 위험이 따르는데 이는 남을 잘 비판하기 때문이고, 많은 지식을 지니고 재능이 뛰어난 사람은 그 몸이 위태로운데 이는 남의 결점을 잘 지적해내기 때문이다.(권47 〈공자세가〉)

사족 주나라의 예를 배우러 낙양(洛陽)에 간 유가의 창시자 공자는 그곳에서 도가의 창시자 노자를 만났다. 만남 이후 노자는 '돈 많고 신분이 귀한 자는 배웅할 때 재물로 하고, 어진 자는 좋은 말을 해준다'면서 이 말로 공자를 배웅했다. 잘난 척 하지 말고, 아는 척 하지 말라는 노자의 신랄한 경고성 충고였는데, 대단히 의미심장하다.

노자의 철학은 장자(莊子, 기원전 369~기원전 286)를 거쳐 훗날 청나라 때 사람 정판교(鄭板橋, 1693~1766)에 와서 '호도학(糊塗學)'으로 변형되어 나타났다. '멍청이 학문'이란 뜻인데, 좀 구체적으로 말하자면 '멍청한 척하기'에 대한 학문 정도가 되겠다. 노자는 '진짜 지혜로운 사람은 어리석어 보인다(대지약우大智若愚)'라고 했다. 시대적 상황과 자신을 둘러싸고 있는 환경에 따라 인간의 처세법은 다 다르게 나타나지만, 노자의 철학에서 배울 것이 적지 않다. 특히 대세를 거스를 수 없을 때의 처신 방법에 번득이는 영감을 선사한다.

자신의 언행은 조심하지 않고 그저 남의 약점이나 결점만 헐뜯는, 많이 배우고 똑똑한 자들이 우리 주위에 너무 많다. 그 위태로움이 환하게 보이지만 동정조차 아까운 자들도 적지 않다.

聰明深察而近於死者, 好議人者也 ; 博辯廣大危其身者, 發人之惡者也.

권106 〈오왕비열전〉은 경제 때 터진 오초 칠국의 난에서 중심에 있었던 오왕 비의 행적을 통해 난의 전 과정을 상세히 기록한 열전이다. 지방세력의 반발을 비판하면서도 지방의 제후와 왕들의 세력을 깎아나간 중앙정부의 '삭번(削藩)' 조치에 대해서도 비판의 눈초리를 거두지 않는다. 이 열전은 서한 초기 중앙정부와 지방세력의 충돌을 극명하게 보여주고 있다. 사진은 한 경제의 무덤인 양릉의 배강갱에서 출토된 나무로 만든 목용(木俑)들이다.(2010년)

50. 남들이 알아주는 길이 꼭 옳은 길은 아니다

원문 良農能稼而不能爲穡양농능가이불능위장, 良工能巧而不能爲順양공능교이불능위순.

번역문 좋은 농부가 농사를 잘 짓는다고 해서 좋은 수확을 거두는 것은 아니고, 솜씨 좋은 장인이 뛰어난 솜씨를 가졌다 하더라도 다른 사람의 마음에 꼭 들게 만드는 것은 아니다. (권47 〈공자세가〉)

사족 공자가 초(楚)나라에서 등용될까 염려한 진(陳)나라와 채(蔡)나라 대부들이 들판에서 공자를 포위했다. 식량마저 떨어졌다. 제자들이 언짢아하는 마음이 있다는 것을 안 공자는 제자를 한 명씩 불러 대화를 했다. 제대로 알아주지도 않는 세상인데 기준을 조금 낮추는 것이 어떻겠냐는 자공(子貢)에게 공자는 위와 같이 말한 뒤, 이렇게 자공을 나무랐다.

"군자가 자신의 도를 잘 닦아서 일목요연하고 조리 있게 잘 갖추어 놓았다고 해서 받아들여지는 것은 아니다. 지금 너는 너의 도를 닦지 않고 받아들여지기만을 원하는구나. 사(賜, 자공의 이름)야, 네 뜻하는 바가 그렇게 멀지 못해서야!"

아무리 어렵고 세상이 알아주지 않더라도 자기 길을 가겠다는 공자의 의지가 잘 나타나 있다.

사마천은 공자의 문화사적 업적을 크게 평가했다. 사진은 공자의 사당인 공묘(孔廟) 대성전(大成殿) 내부의 모습이다.(2003년)

자신을 모르는 것보다 더 큰 실패는 없다고 했다. 또 자신을 아는 사람이 밝은 사람이라는 말도 있다. 자신을 알면 자신의 길을 걷는다. 세상이 알아주지 않더라도, 부와 명예가 따르지 않더라도 꿋꿋하다. 세상에 의미 있는 흔적을 남긴 사람 대부분이 그랬다. 공자는 그 길을 끝까지 걸었고, 그 결과 '만세사표(萬世師表)'로 남아 있다.

良農能稼而不能爲穡, 良工能巧而不能爲順.

51. 큰 뜻이 세상에 선뜻 받아들여지는 경우는 드물었다 —

원문 燕雀安知鴻鵠之志 연작안지홍곡지지?

번역문 참새나 제비 따위가 큰 새의 뜻을 어찌 알리오?(권48 〈진섭세가〉)

사족 중국 역사상 최초로 농민 봉기군을 이끌고 통일 제국 진나라를 무너뜨리는 데 결정적인 역할을 한 진승(陳勝, ?~기원전 208)이 자신의 큰 뜻을 이해하지 못하는 자들에게 한 말이다. 그러면서 진승은 "왕후장상의 씨가 따로 있냐(왕후장상영유종호王侯將相寧有種乎)?"며 어차피 죽을 목숨이라면 큰일을 도모하다 죽겠다는 의지를 분명히 했다.

진승의 봉기는 마치 절벽 위에서 뛰어내리는 것처럼 무모해보였다. 하지만 그 무모함이 거대한 제국을 무너뜨리는 도화선이 되었다. 역사상 이런 무모한 도전이 큰일을 낸 것은 그만큼 절박했기 때문이다. 절박함이 왕왕 역사의 방향을 바꾸곤 했다.

진승의 이 명언들은 오랫동안 보통 사람들에게

중국 역사상 최초의 농민봉기를 이끈 진승의 상이다.(하남성 상구商丘 영성시 永城市 진승묘 앞 광장, 2017년)

큰 용기로 작용했고, 훗날 우리 역사에도 상당한 영향을 미쳐 고려시대 무인 최씨 집안의 가노였던 만적에 의해 재인용되었다.

燕雀安知鴻鵠之志?

52. 세운 공이 다르면 돌아가는 상도 당연히 달라야 한다

원문 追殺獸兎者狗也추살수토자구야, 而發蹤指示獸處者人也이발종지시수처자인야.

번역문 짐승이나 토끼를 쫓아가 죽이는 것은 사냥개이고, 개의 줄을 놓아 짐승이 있는 곳을 지시하는 것은 사람이다. (권53 〈소상국세가〉)

사족 한 고조 유방이 항우를 물리치고 천하를 평정한 다음 공신들에 대한 논공행상(論功行賞)을 했다. 고조는 소하(蕭何, ?~기원전 193)의 공이 가장 크다고 평가했다. 다른 공신들, 특히 무장들은 소하는 싸우지도 않고 후방에서 편하게 지낸 자라며 불만을 잔뜩 나타냈다. 고조는 소하와 다른 공신들을 사냥꾼과 사냥개에 비유한 다음 사람(소하)이 세운 공, 즉 '인공(人功)'과 사냥개(다른 공신들)가 세운 공, 즉 '구공(狗功)'이 같을 수 있냐며 불만을 잠재웠다.

여기서 유방은 소하가 후방을 확보한 채 식량이며 전쟁 물자를 제때 공급하지 않았더라면, 너희들은 아무 일도 할 수 없었을 것이라는 단순명쾌하고 설득력 있는 논리로 공신들의 불만을 일축했다. 역할 분담과 중요도에 대한 유방의 정확한 인식이었고, 민간 출신 고조 유방의 성격과 언어 감각을 엿볼 수 있는 대목이기도 하다.

追殺獸兎者狗也, 而發蹤指示獸處者人也.

53. 혼탁한 세상에서 귀중한 사람이란 ————

원문 歲寒然後知松柏之後凋也세한연후지송백지후조야.

번역문 날이 추워진 뒤에야 비로소 소나무와 잣나무가 늦게 시든다는 것을 안다.(권 61 〈백이열전〉)

사족 사마천은 《논어》에 나오는 이 명언을 '창백한 정신의 귀족' 백이(伯夷)와 숙제(叔齊) 형제의 열전에 인용했다. 한 인간에 대한 진정한 가치와 평가는 세상이 어지럽고 어려워질수록 더 뚜렷하게 드러난다는 지적이다. 사마천은 이들이 굶어죽은 일을 떠올리며 나쁜 자들이 잘살고, 선량한 사람들이 재앙을 만나는 세상을 거론한 다음, "나는 몹시 곤혹스럽다. 이른바 하늘의 도란 것이 정말 존재하는지 아닌지?"라는 말로 자신의 심경을 감추지 않았다. 그 자신 역시 그런 세태 때문에 혹독한 곤욕을 치렀기 때문이다.

　백이와 숙제 형제의 아사(餓死)는 훗날 많은 논쟁을 낳았다. 조선시대 사육신의 한 사람이었던 성삼문은 백이와 숙제가 캐먹었다는 그 고사리는 누구 땅에서 난 것이냐는 다소 조롱조의 시를 남기기도 했다. 성삼문은 자신이 받은 녹봉을 단 한 푼도 쓰지 않고 고스란히 쌓아두었다고 한다. 세조의 녹을 먹었다는 소리를 듣기 싫어서였다. 세상이 혼탁할수록 보통 사람들은 이런 정신을 갈망한다.

백이와 숙제가 수양산에 들어가 고사리를 뜯는 모습을 그린 그림이다.

歲寒然後知松柏之後凋也.

54. 누구나 무엇인가를 위해 죽지만 그 무엇이 문제다 —

원문 貪夫徇財탐부순재, 烈士徇名열사순명, 誇者死權과자사권, 衆庶馮生중서빙생.

번역문 탐욕스러운 자는 재물에 죽고, 열사는 명성에 죽고, 과시하길 좋아하는 자는 권세에 죽고, 보통 사람은 목숨을 탐한다.(권61 〈백이열전〉)

사족 사마천이 〈백이열전〉에 인용한 한나라 초기의 정치가 가의(賈誼, 기원전 200~기원전 168)의 말이다. 사람은 자신이 바라는 것에 어느 정도 집착하기 마련이다. 그것이 처한 상황과 연계되면 왕왕 극단으로 나아간다. 문제는 그 바라는 것의 옳고 그름이다. 세상의 불공평이 이 지점에서 발생한다. 즉, 옳지 않은 것을 추구하는 자들이 갈수록 상황을 자신들에게만 유리한 쪽으로 바꾸기 때문이다. 이 때문에 정직하고 착한 사람들이 피해를 입는다. 보통 사람은 목숨조차 부지하기 힘들어지고.

무엇인가에 지나친 욕심을 보이는 것을 탐욕(貪欲)이라고 한다. 자신의 역량이나 인격에 맞지 않는 부와 권력과 명예를 탐하는 것 역시 탐욕이다. 사마천은 이런 자들을 두고 '명성과실(名聲過實)'이라 했다. '이름과 명성이 실제보다 지나치다'는 뜻이다. 지금 우리 사회에 이런 자들로 넘쳐난다. 탐욕이 판을 치고 있는 현상의 하나이다.

사마천은 사람은 누구나 한 번 죽지만 그 죽음을 사용하는 방향에 따라 태산보다 무거운 죽음이 있고, 새털보다 가벼운 죽음이 있다고 했다. 인간은 누구나 무엇인가를 위해 죽지만, 그 무엇이 세상을 조금이나마 나은 쪽으로 바꾸는 것이라야 새털보다 가벼운 죽음이라는 비아냥은 면할 것이다.

貪夫徇財, 烈士徇名, 誇者死權, 衆庶馮生.

55. 사람들은 포숙을 더 칭찬했다

원문 生我者父母생아자부모, 知我者鮑子也지아자포자야.

번역문 나를 낳아준 분은 부모이지만, 나를 알아준 사람은 포숙이다. (권62 〈관안열전〉)

사족 춘추시대 동방의 제나라를 당시 최고 강대국으로 이끄는 데 가장 큰 역할을 한 관중(管仲, ?~기원전 645)과 포숙(鮑叔, 생졸 미상)을 상징하는 사자성어가 '관포지교(管鮑之交)'다. 당시 포숙은 환공을 설득하여 정쟁에서 패하여 죽을 위기에 처한 관중을 살리고, 나아가 자신에게 돌아올 재상 자리마저 관중에게 양보했다. 한 나라의 정치를 맡아 좋은 정책을 실행하는 면에서는 관중이 자신보다 낫다고 판단했기 때문이다.

관중은 훗날 이런 포숙을 두고 위의 말로 그의 위대함을 칭송했다. 한 사람의 위대한 양보, 즉 유능한 사람에게 내 자리를 양보한다는 '양현(讓賢)'이 한 나라를 '부민부국(富民富國)'으로 이끄는 견인차 역할을 했던 것이다. 관중은 포숙의 양보를 받아 제나라를 부강하게 만들면서 부국의 원천이 부민, 즉 '부민부국'을 강조했고, 또 실제로 이를 실현했다.

사마천은 포숙의 이 고귀한 '양현'의 실천을 그냥 지나칠 수가 없었다. 그래서 위 관중의 입을 빌려 포숙을 드러냈고, 또 "세상 사람들은 관중보다 포숙을 더 칭찬했다"는 세간의 평가를 덧붙여 두었다. 실제로 제나라를 이끌었던 관중을 위한 전기는 마련했지만, 포숙에게는 별도의 전기를 마련할 수 없었던 사마천은 이렇게라도 포숙의 존엄함을 드러내려 했다.

고귀한 양보의 정신을 기꺼이 실천한 포숙의 무덤이다.(2015년)

生我者父母, 知我者鮑子也.

56. 기초생활이 보장되어야 모든 정책이 먹힌다 ————

원문 倉廩實而知禮節창름실이지예절, 衣食足而知榮辱의식족이지영욕. 上服度則六親固상복도즉육친고, 四維不張사유부장, 國乃滅亡국내멸망.

번역문 곡식 창고가 가득 차야만 예절을 알며, 입고 먹는 것이 풍족해야만 영예와 치욕을 안다. 윗사람들이 법도를 준수하면 '육친(六親)'이 굳게 단결한다. '사유(四維)'가 해이해지면 나라는 멸망한다. (권62 〈관안열전〉)

사족 관중의 명언이다. 나라가 부강해지려면 먼저 백성을 부유하게 만들어야 한다는 관중의 '부민부국' 사상을 가장 잘 보여주는 명언이기도 하다. 관중은 물산을 교역하고 재물을 축적하여 부민부국과 강병에 힘썼으며, 백성들과 고락을 함께했다. 뒷부분은 관중의 정치관을 잘 드러내는 말로 '육친'은 부모형제처자(父母兄弟妻子)를 이르고, '사유'는 예의염치(禮義廉恥)를 말한다. 이 모든 것이 바로 서려면 무엇보다 지도층이 법도를 지켜야 한다는 전제조건을 잊지 않아야 함에 유의해야 할 것이다.

관중의 정치 철학이자 경제 철학은 단 네 글자, '부민부국(富民富國)'으로 요약된다. 그는 백성이 부유하지 않으면 나라의 부강도 없다고 보았다. 오랫동안 '부국강병(富國强兵)'이란 이데올로기적 슬로건에 주눅 들어 있던 우리에게 관중의 철학은 더욱 절실하게 다가온다. 백성이 가난하면 나라가 부정당한다. 기초생활이 보장되지 않으면, 어떤 정책을 내놓아도 작동하지 않기 때문이다.

경제가 인간의 생활에 미치는 영향을 정확하게 인식했던 관중은 지금으로부터 무려 2,700년 전의 인물이었다. 사진은 산동성 치박시 임치구 관중묘와 관중기념관 앞 광장 관중의 상이다. (2015년)

倉廩實而知禮節, 衣食足而知榮辱. 上服度則六親固, 四維不張, 國乃滅亡.

57. 아는 것과 알아주는 것의 차이란?

원문 君子詘於不知己而信於知己者군자굴어부지기이신어지기자.

번역문 군자는 자기를 알아주지 않는 자에게는 자신의 뜻을 굽히지만, 자기를 알아주는 자에게는 자기 뜻을 나타낸다.(권62 〈관안열전〉)

사족 춘추시대 제나라의 명재상 안자(晏子, ?~기원전 500 안영晏嬰)는 죄수로 끌려가던 현자 월석보(越石父)를 구해주었다. 월석보는 불과 반나절 만에 절교를 선언했다. 안자가 정중하게 사죄하며 영문을 물었다. 월석보는 자신을 알아주고도 예를 갖추어 대접하지 않으니, 차라리 죄수의 몸이 낫다며 위와 같이 말했다.

이 말은 얼핏 듣기에는 앞뒤가 안 맞고 뒤바뀐 것 같지만, 잘 음미하면 매우 의미심장하다. 자신을 알아주지 않는 자에게 자신을 굽힌다는 말은, 알아주지도 않는데 자신의 뜻과 믿음을 나타낼 필요가 없기 때문이라는 것이다. 안자는 월석보를 상객으로 대우했다.

흔히 자신을 알아주는 사람에게 몸을 굽힐 것 같고, 또 그렇게들 한다. 하지만 월석보의 말을 가만히 새겨보라. 자신을 알아주는 사람에게 당당하게 자신의 뜻을 펼칠 수 있어야 하지 않겠는가? 알아준다는 말에는 서로 대등한 관계를 전제로 깔고 있어야 한다. 진정한 인간관계는 무조건 복종을 강요하는 상명하복(上命下服)의 관계가 아니기 때문이다.

안자는 쇠퇴해가는 제나라를 온 힘으로 지탱한 명재상이었다. 사진은 안자의 무덤이다.(산동성 치박시淄博市 임치구臨淄區, 2011년)

君子詘於不知己而信於知己者.

58. 주는 것과 얻는 것의 함수관계

원문 知與之爲取지여지위취, 政之寶也정지보야.

번역문 주는 것이 얻는 것임을 아는 것이 정치의 귀중한 요령이다. (권62 〈관안열전〉)

사족 춘추시대 제나라 환공(桓公)과 노나라 장공(莊公)이 전후 회담을 여는 자리에서 전쟁에서 패한 노나라 장군 조말(曹沫)이 비수로 환공을 위협했다. 비겁한 방법이지만 나라를 지키는 방법이라며 빼앗긴 땅을 돌려 달라 하자 목숨의 위협을 받은 환공이 그러겠노라 약속하여 상황을 모면했다. 환공은 약속을 지키지 않고 조말을 죽이려 했다. 그러자 재상 관중이 환공에게 위의 말로 충고했다.

정치는 물론 경제 정책의 핵심도 백성들에게 베풀어 이익이 돌아가게 해야 그 마음을 얻을 수 있다는 이치를 관중은 잘 알고 있었다. 환공은 관중의 충고에 따라 노나라의 땅을 돌려주었다. 그러자 다른 제후국들이 모두 제나라 환공을 우러러보면서 추종했다. 관중의 보좌를 받은 환공은 재위하는 동안 '아홉 번이나 제후들을 소집하여(구합제후九合諸侯), 단번에 천하를 아울렀다(일광천하一匡天下).'

知與之爲取, 政之寶也.

59. 유세의 성공 여부는 심기(心機) 파악에 달려 있다

원문 凡說之難범세지난, 在知所說之心재지소세지심, 可以吾說當之가이오설(세)당지.

번역문 유세의 어려움이 유세하려는 상대방(즉 군주)의 마음을 잘 알아, 나의 말(유세)을

거기에 들어맞게 하는 데 있다.(권63 〈노자한비열전〉)

사족 중국 법가 사상의 집대성자 한비자(韓非子)는 약소국 한(韓)나라 공자로 태어났다. 저술은 남달랐으나 말더듬이로 태어났다. 법가사상을 집대성한 그의 명저 《한비자》는 권력자를 위한 제왕학이란 평가를 받는다. 여기에는 권력자를 설득하는 유세(遊說)의 어려움을 치밀하게 논술한 〈세난(說難)〉 편이란 탁월한 문장이 있다.

비운의 법가 사상가 한비자는 제왕학의 교과서로 불리는 명저를 남겼다.

훗날 한비자는 자신을 그리도 보고 싶어 했던 진시황(秦始皇)을 만났다. 하지만 정작 그 자신은 유세에 따른 화를 벗어나지 못하고 진나라 감옥에서 독을 마시고 자살하는 비운을 맞이했다. 그가 말더듬이었기 때문일까?

권력자를 상대로 유세하기가 얼마나 어려운가를 한비자만큼 정확하게 제대로 파악한 사람도 없을 것이다. 그는 권력자의 성격이나 기질은 물론 심리상태까지 헤아린 다음 유세해야 한다고 말한다. 그렇지 않으면 유세자가 화를 입을 가능성이 크기 때문이다.

凡說之難, 在知所說之心, 可以吾說當之.

60. 말을 못하는 것과 행동을 못하는 것의 차이

원문 能行之者능행지자, 未必能言미필능언 ; 能言之者능언지자, 未必能行미필능행.

번역문 행동을 잘하는 사람이 말까지 잘하는 것은 아니며, 말을 잘하는 자가 꼭 행동까지 잘하는 것은 아니다.(권65 〈손자오기열전〉)

能行之者, 未必能言 ; 能言之者, 未必能行.

61. 장수의 권한

원문 約束不明약속불명, 申令不熟신령불숙, 將之罪也장지죄야 ; 旣已明而不如法者기이명이불여법자, 吏士之罪也이사지죄야.

번역문 군령이 분명치 않고 익숙하지 않은 것은 장수의 잘못이지만, 군령이 분명한 데도 따라하지 않는 것은 병사들의 잘못이다. (권65 〈손자오기열전〉)

사족 춘추시대 오나라 왕 합려(闔閭, ?~기원전 496) 앞에서 궁녀들을 대상으로 군사 훈련을 시범 보이는 자리에서 손무(孫武, 생졸 미상)가 한 말이다. 세 번째 명령에도 군령이 제대로 이행되지 않자 손무는 기어코 대장을 맡은 궁녀의 목을 베어 군령의 지엄함을 보였다.

장수의 지휘권은 확실하게 보장되어야 함을 손무는 특별히 강조했다. 손무의 고향으로 알려진 산동성 광요현(廣饒縣) 손무사당 앞의 석상이다. (2007년)

춘추시대 들어와 군사 전문가들은 '장수가 군에 있으면 군주의 명이라도 받지 않는다'는 '장재군(將在軍), 군명유소불수(君命有所不受)'라는 지휘권 위임 문제를 본격 제기했고, 손무는 이를 특별히 강조하고 있다.

춘추시대 후기에 들어서면 각 방면에서 전문가들이 나타났다. 기병과 보병의 발전이 두드러졌던 군사 방면이 특히 그랬다. 이에 따라 전투나 전쟁에 있어서 수시로 작전과 전략을 수정할 수 있는 권한을 누가 갖느냐 하는 문제가 제기될 수밖에 없었다. 실제로 전쟁과 전투를 지휘하는 무장에게 권한을 일찍 위임한 나라가 선두로 나섰다. 대세의 당연한 결과였다. 대세에 적극 적응하느냐에 따라 발전과 쇠퇴가 결정되었다.

約束不明, 申令不熟, 將之罪也 ; 旣已明而不如法者, 吏士之罪也.

62. 개혁의 본질은 고치고 바꾸는 것 ────────

원문 治世不一道치세불일도, 便國不法古편법불법고.

번역문 세상은 한 길로만 다스리지 않는다. 나라에 편리하다면 옛날을 본받지 않는다.(권68 〈상군열전〉)

사족 전국시대 7웅의 하나인 진(秦)나라를 비약적으로 발전시킨 인물 중 한 사람이 개혁가 상앙(商鞅, 기원전 약 390~기원전 338)이었다. 상앙은 '법을 바꾸는' '변법(變法)'이라는 전방위 개혁 정치를 통해 진나라를 명실상부한 부국강병으로 이끌었다.

상앙이 변법을 추진하려 할 때 감용(甘龍)과 두지(杜摯) 등 수구 세력의 반대에 부딪쳤다. 두지가 "이익이 백 배가 안 되면 법을 고치지 않고, 공이 열 배가 못되면 기물을 바꾸지 않습니다. 옛날을 본받으면 잘못이 없고, 의례를 따르면 사악해지지 않습니다"는 논리로 반대 의견을 내자 상앙은 위의 말로 반박했다. 상앙의 변법은 천하 통일의 기틀로 작용했다.

상앙은 낡고 어리석은 자는 법에 얽매이고, 현명한 자는 법을 바꾼다고 했다. 법을 바꾼다는 '변법'은 개혁의 다른 말이기도 했다. 변법개혁이나 변법자강 등 개혁을 뜻하는 표현들에 법을 바꾸는 변법이 들어간 까닭이며, 동시에 개혁의 핵심이 법을 바꾸는 변법에 있음을 뜻한다. 문제는 변법의 대상과 목표가 누구이며, 무엇이냐에 따라 변법의 의미가 변질되곤 했다. 모든 개혁이 저항에 부딪쳤고, 저항의 정도만큼 힘들었기 때문이다.

治世不一道, 便國不法古.

63. 개혁의 대상은 기득권 세력이 우선이다 ────

원문 法之不行自上犯也법지불행자상범야.

번역문 법이 지켜지지 않는 것은 위에서 법을 어기기 때문이다. (권68 〈상군열전〉)

사족 상앙은 진나라를 개혁하면서 진나라 백성이 법을 믿지 않고 무시하는 까닭은 기득권, 특히 부패한 기득권 계급이 법을 지키지 않기 때문이라고 분석했다. 즉, 귀하신 몸들이 법을 무시하고 어기는 현상이 다반사라 백성들이 법을 믿지 않는다고 파악했다. 상앙은 성 남문에다 나무 기둥을 세워놓고 이를 옮긴 사람에게 거액의 상금을 그 자리에서 줌으로써 법과 정책에 대한 백성들의 신뢰를 얻어냈다. 이것이 '나무 기둥을 세워 믿음을 얻는다'는 '입목득신(立木得信)'과 '기둥을 옮겨 믿음을 얻는다'는 '사목득신(徙木得信)'의 고사다.

상앙의 개혁에 대한 백성의 신뢰는 상앙이 법을 어긴 태자의 스승들을 가차 없이 처벌함으로써 더욱 높아졌다. 한때 자신의 개혁을 비난하던 자들이 한순간 태도를 바꾸어 칭송하자, 이런 자들 때문에 개혁의 본질이 흐려진다며 그들까지 처벌했다. 상앙의 조치가 다소 지나친 감은 없지 않으나 상황에 따라서 이보다 더한 개혁도 필요할 것이다.

개혁의 본질은 바꾸고 고치는 데 있다. 어설프게 바꾸거나 고쳐서는 역효과를 낸다. 호시탐탐 개혁을 저지하려고 노리는 부패한 수구 기득권 세력은 이 허술한 틈을 파고들어 개혁을 엉망으로 만들 뿐만 아니라, 역사의 시계를 후퇴시킨다. 개혁은 철저할수록 좋다. 그러려면 기득권 세력부터 확실하게 다잡아야 한다.

상앙의 개혁은 중국 개혁사의 쾌거였다. 천하 통일의 기반이 그의 개혁으로 닦였기 때문이다. 상앙의 초상화이다.

法之不行自上犯也.

64. 개혁의 성공 여부는 결과가 알아서 말해준다

원문 貌言華也모언화야, 至言実也지언실야; 苦言藥也고언약야, 甘言疾也감언질야.

번역문 꾸미는 말은 꽃이고, 지극한 말은 열매이며, 쓴소리는 약이고, 달콤한 말은 질병이다.(권68 〈상군열전〉)

사족 상앙의 변법 개혁에 대해 기득권 내에서 반대의 목소리가 높아지자 조량(趙良)이 찾아와 상앙에게 충고했다. 상앙은 위의 격언을 인용하며 조량의 충고를 받아들일 준비가 되어 있다며 조량과의 교류를 청했다. 조량은 자신의 충고를 받아들이지도 않을 것이면서 괜히 해보는 말이라고 일축하고는 상앙의 '멸망이 발뒤꿈치를 들고 기다리고 있을(망가교족이대亡可翹足而待)' 정도로 코앞에 닥쳤다고 경고했다.

조량은 기득권 세력을 대변하는 비교적 합리적인 인물이었다. 상앙의 개혁 속도와 정도가 기득권 세력의 분노를 사고 있는 현실을 냉정하게 짚어주었다. 상앙은 아랑곳하지 않았다. 사마천은 이런 상앙을 두고 각박하다고 평가하면서 그것이 상앙을 죽음으로 내몰았다고 진단했다. 사마천은 개혁에는 기본적으로 찬동했지만 그에 따른 수단과 방법, 그리고 설득을 대단히 중시했던 것으로 보인다.

개혁은 실질적인 결과가 따라야 한다. 입으로만 개혁을 외쳐봤자 백성들만 피곤하게 만들 뿐이다. 상앙의 의중 또한 마찬가지였다. 그래서 실속 없는 꾸미는 말을 꽃에, 실질적인 결과를 열매에 비유한 것이다. 개혁은 성과를 내야 한다. 그러기 위해서는 입이 아닌 손을 보태야 한다.

貌言華也, 至言実也; 苦言藥也, 甘言疾也.

65. 자신을 이겨내는 사람이 강자다

원문 反聽之謂聰반청지위총, 內視之謂明내시지위명, 自勝之謂彊자승지위강.

번역문 남의 말을 돌이켜 듣는 것을 '총(聰)'이라 하고, 안을 들여다보는 것은 '명(明)'이라 하며, 자신을 이기는 것을 '강(彊=强)'이라 한다. (권68 〈상군열전〉)

사족 조량이 상앙에게 한 충고의 말이다. 독단적으로 변법 개혁을 밀어붙이는 상앙에 대해 불만이 많았던 수구 기득권 세력을 대변하는 조량은 상앙을 찾아와 스스로를 돌아보고 충고를 받아들여 물러날 것을 권했다. 상앙은 이를 받아들이지 않았고, 상앙의 강력한 후원자인 효공(孝公)이 죽자 반대파들은 상앙을 반역으로 몰아 죽였다. 조량의 정치적 입장이야 어떻든, 이 말은 누구에게든 통하는 명구가 아닐 수 없다.

　개혁에 실패하는 여러 가지 요인들 중 하나를 조량은 비교적 정확하게 지적하고 있다. 조량은 개혁으로 인해 불이익을 당하는 세력들을 설득하지 못하면 개혁은 성공할 수 없다고 보면서 상앙에게 자신의 언행을 되돌아 볼 것을 충고했다. 상앙은 물론 인정하지 않았다. 상앙은 결국 희생되었지만, 개혁에 따른 열매는 상앙을 죽인 혜왕(惠王)이 고스란히 따먹었다. 그만큼 그의 개혁이 철저했다는 의미이기도 하다.

　마지막 대목은 노자의 《도덕경》에도 보이는데, '자승자강(自勝者强)'으로 되어 있다. 뜻은 같다.

　　反聽之謂聰, 內視之謂明, 自勝之謂彊.

66. 의심하면서 하는 일은 제대로 이루어지 않는다 ——

원문 疑行無名의행무명, 疑事無功의사무공.

번역문 행동에 의심이 따르면 명성을 이룰 수 없고, 일을 의심하면 공을 세울 수 없다. (권68 〈상군열전〉)

사족 상앙을 기용한 진 효공은 변법개혁의 의지를 굳혔지만, 행여 천하 사람들이 자기를 비방할 것을 걱정했다. 상앙은 위와 같이 말한 다음 "뛰어난 사람의 행동은 세상의 비난을 만나기 마련이고, 남다른 사람의 생각은 일반 사람의 비방을 만나기 마련입니다. 어리석은 자는 일이 이루어져도 모르고, 지혜로운 자는 싹트기 전에 봅니다"라는 말로 효공을 격려했다. 상앙의 개혁에 대한 기본 철학을 잘 보여주는 대목이다.

상앙은 효공을 도와 본격적인 개혁에 착수하기에 앞서 개혁에 반대하는 사람들과 조정에서 한바탕 논쟁을 벌인 바 있다. 다음은 당시 상앙이 그들에게 한 말로 지금 들어도 심장이 떨릴 정도다.

"저 사람의 말은 세속적입니다. 보통 사람들은 옛 습속에 젖어 살며, 학자들은 자기가 배운 바에 빠져 삽니다. 이 두 종류의 인간들은 그저 관직이나 누리고, 작은 법이나 지키고 삽니다. 하·은·주 3대는 서로 다른 예법을 갖고도 각각 왕업을 이루었고, 춘추 5패도 각각 다른 법률 제도를 갖고 패업을 달성했습니다. 지혜로운 사람은 법을 만들지만 어리석은 사람은 그것에 통제를 당하고, 현명한 사람은 예법을 바꾸지만 보통 사람은 그것에 구속 받습니다."

疑行無名, 疑事無功.

67. 교만은 모든 일을 망치는 근원

원문 夫驕君必好利부교군필호리, 而亡國之臣必貪於財이망국지신필탐어재.

번역문 교만한 군주는 반드시 이익을 밝히고, 망국의 신하는 재물을 탐내기 마련이다. (권69 〈소진열전〉)

사족 전국시대 최고의 유세가 소진(蘇秦, 생졸 미상)에게는 소대(蘇代)와 소려(蘇厲)라는 형제가 있었다. 소진이 죽은 뒤 생전에 그가 제나라를 은밀히 멸망시키려 했고, 그 배후에 연나라 있다는 사실이 밝혀졌다. 이 때문에 제나라와 연나라의 관계가 냉랭해졌다. 연나라가 이를 걱정하자 소대는 연나라 왕을 만나 유세가 특유의 언변으로 국제 정세와 제나라 왕에 대해 분석하면서 위와 같이 말했다. 그 형에 그 동생이었다.

나라를 망치는 군주와 신하의 공통점은 사리사욕이다. 모든 일과 문제를 철저히 자신의 이익에 맞추어 계산한다. 그 과정에서 나라는 망가지고 백성은 허덕인다. 그래서 예로부터 나라 잘되게 하는 데는 열 충신으로도 모자라지만, 나라 망치는 것은 혼군이나 큰 간신 하나면 충분하다고 했다. 더욱이 혼군과 간신이 짝을 이루면 그 정도와 피해는 상상을 초월한다.

夫驕君必好利, 而亡國之臣必貪於財.

68. 백성을 안정시키고 그 마음을 얻어야 무슨 일이든 할 수 있다

원문 欲富國者務廣其地욕부국자무광기지, 欲彊兵者務富其民욕강병자무부기민, 欲王者務博其德욕왕자무박기덕.

번역문 나라를 부유하게 만들고자 하는 사람은 자기 땅을 넓히기에 힘쓰고, 군대를 강성하게 만들고자 하는 사람은 자기 백성을 부유하게 만들기에 힘쓰며, 왕업을 이루고자 하는 사람은 덕정(德政)을 널리 펴기에 힘쓴다. (권70 〈장의열전〉)

사족 소진과 쌍벽을 이루었던 당대 최고의 유세가 장의(張儀, ?~기원전 309)와 사마조(司馬錯, 생졸 미상)가 진나라 혜왕(惠王) 앞에서 촉(蜀)을 먼저 칠 것인가, 한(韓)을 먼저 칠 것인가를 놓고 논쟁을 벌였다. (사마조는 사마천의 선조다.) 사마조는 장의의 주장에 명분이 없다면서 위와 같이 말했다. 전쟁이든 정치든 모든 일에는 명분이 있어야 하며, 그 명분에는 늘 내부를 단단히 다지는 일이 우선임을 지적한 것이다.

백성이 지지하지 않는 대외 확장이나 전쟁은 성공하거나 승리할 수 없다. 춘추시대 정나라의 정치가 정자산(鄭子産)은 우선 내부 결속을 다져 다른 나라가 함부로 침범하지 못하게 만들었다. 그런 다음 외교로 강대국들을 하나하나 설득하여 백성들의 부담을 최대한 줄여나갔다. 정자산이 죽자 백성들은 앞으로 누구와 함께 살아 가나며 통곡했다고 한다. 그가 재상으로 집권한 약 20년 동안 정나라는 전과는 달리 강대국의 침공을 단 한 번도 받지 않았다. 자기 나라를 안정시키지도 못하면서 호전적으로 떠드는 리더는 대단히 위험하다.

欲富國者務廣其地, 欲彊兵者務富其民, 欲王者務博其德.

69. 쌓이면 변화가 생긴다

원문 積羽沈舟적우침주, 群輕折軸군경절축, 衆口鑠金중구삭금, 積毁銷骨적훼소골.

번역문 깃털도 쌓으면 배를 가라앉히고, 가벼운 사람도 떼를 지어 타면 수레의 축이 부러지며, 여러 사람의 입은 무쇠도 녹게 만들고, 헐뜯는 말이 쌓이면 뼈도 삭힌다.(권70 〈장의열전〉)

사족 전국시대 후기 진나라가 장의의 연횡(連橫)을 앞세워 소진의 합종(合縱)을 무너뜨리기 시작했다. 합종은 동쪽의 6국이 동맹하여 서쪽의 진나라에 맞서자는 책략이었고, 연횡은 6국을 강공과 외교로 각개격파하자는 책략이었다.

장의의 연횡에 가장 큰 걸림돌은 진나라와 국경을 접하고 있는 위나라였다. 장의는 진나라로 하여금 끊임없이 위나라를 공격하게 하여 마침내 합종책에 균열을 내는 데 성공했다. 장의는 이러한 형세를 이용하여 위나라 애왕(哀王)을 찾아가 위나라가 계속 현재 상황과 조건을 무시하다가는 패망의 위기에 처할 것이라고 경고했다. 이때 장의는 이런 상황을 위와 같은 절묘한 비유로 나타냄으로써 애왕의 마음을 움직이는 데 성공했다.

세상사 만물의 이치라는 것이 참으로 오묘하다. 상황과 경우에 따라 한 자가 짧을(일척단一尺短) 때가 있고, 한 치가 길(일촌장一寸長) 때가 있다.(이를 줄여서 '척단촌장尺短寸長'이라 한다.) 깃털 하나를 얹으면 배가 가라앉을 수 있다. 마지막 순간이기 때문이다. 반대로 그 마지막 깃털 하나가 없어 다 되어가던 일이 성사되지 않는 경우도 적지 않다. 이런 이치를

기원전 5세기 후반부터 기원전 222년까지 약 200년 지속된 전국시대는 전쟁과 외교의 시대였다. 외교 방면에서는 현란한 언변의 유세가들이 천하를 누볐고, 장의는 그들을 대표하는 인물이었다.(출처 : 바이두)

안다면 오만하게 살지 않을 것이다.

積羽沈舟, 群輕折軸, 衆口鑠金, 積毁銷骨.

70. 감정을 풀면 더욱 공정해진다

원문 奉公如法則上下平봉공여법즉상하평, 上下平則國彊상하평즉국강.

번역문 공적인 일을 법처럼 받들면 위아래 모두가 평안해지고, 위아래가 평안해지면 나라가 강해진다.(권81 〈염파인상여열전〉)

사족 전국시대 말기 조나라의 세금 징수원 조사(趙奢, 생졸 미상)는 유력자 평원군(平原君, ?~기원전 251)이 세금을 제대로 내지 않고 있는 것을 발견하고는 법에 따라 담당자 아홉 명을 죽였다. 평원군이 조사를 죽이려 하자 조사는 공적인 일을 법처럼 받들지 않으면 결국 나라가 약해지고, 그러면 평원군 당신이란 존재도 없어진다면서 위와 같은 말로 평원군에게 당당하게 맞섰다. 평원군은 조사를 왕에게 추천하여 나라 재정을 담당하게 했다. 공사분별의 정신을 잘 보여주는 명구이다.

평원군은 조사를 왕에게 추천하여 보다 큰일을 맡게 했고, 훗날 조사는 위기에 처한 조나라를 위해 목숨을 바쳐 보답했다. 공심(公心)은 사심(私心)에 대한 통제와 절제를 전제로 한다. 조사와 평원군은 이를 잘 알고 있었기 때문에 서로의 마음이 통했다.

평원군은 조사에 대한 섭섭한 마음을 풀고 중요한

전국시대 조나라의 명장 조사의 공사구별 정신은 오늘날 더 절실하게 요구되고 있다.(2013년)

자리에 그를 추천했다. 평원군이 대단한 것은 단순히 추천이 아니라 감정을 풀고 그를 사심 없이 추천했다는 데 있다. 동양 리더십에서는 이를 묶은 '원한이나 원망을 푼다'는 뜻으로 '석원(釋怨)'이라 한다. 리더십의 중요한 항목들 중 하나다. 관련하여 전국시대 조나라의 외교가 인상여는 '나라의 급한 일이 먼저고, 사사로운 원한은 나중이다(선국가지급이후사구야先國家之急而後私仇也)'라는 명언을 남긴 바 있다.

奉公如法則上下平, 上下平則國彊.

先國家之急而後私仇也.

71. 마음은 쌍방향으로 작동하기 때문이다

원문 白頭如新백두여신, 傾蓋如故경개여고.

번역문 머리카락이 하얗게 셀 때까지 사귀었는 데도 처음 만난 사람처럼 낯이 설고, 길에서 우연히 만나 우산(양산)을 기울인 채 잠시 이야기하고도 오래된 사이와 같은 경우가 있다. (권83 〈노중련추양열전〉)

사족 한나라 초기 양(梁)나라 효왕(孝王, ?~기원전 144)의 문객이었던 추양(鄒陽)은 자신의 재능을 시기하는 무리에게 모함을 당해 옥에 갇혔다. 추양은 옥중에서 효왕에게 편지를 보냈다. 그는 편지에서 어리석은 군주와 현명한 군주의 언행을 비교하고, 의로운 인재를 알아보지 못하고 모함을 당한 자신의 처지를 헤아리지 않고 무턱대고 죽이려는 효왕의 잘못을 지적했다. 그러면서 위의 속담을 인용하여 인간관계의 오묘함을 지적하면서 서로의 마음을 아는 것이 중요하다고 했다.

오랫동안 알고 지냈는 데도 그냥 정이 안 가는 사람이 있다. 그런가 하면 첫눈에 반하거나 한 번 보고도 마음이 확 기우는 사람도 있다. 어느 쪽이든 편견과 선입견이 작용했기 때문이겠지만, 그것만으로는 이해가 충분치 않다. 사람의 감정이 그만큼 복잡하고 복합적이기 때문이다.

白頭如新, 傾蓋如故.

72. 자신을 밝히는 '명기(明己)'가 관건이다

원문 偏聽生姦편청생간, 獨任成亂독임성난.

번역문 한쪽 말만 들으면 간사한 일이 생기고, 한 사람에게 모든 것을 맡기면 혼란이 일어난다. (권83 〈노중련추양열전〉)

사족 역시 추양이 효왕에게 보낸 편지의 한 구절이다. 한쪽의 말만 듣고 섣불리 사람을 판단하고 결정을 내리게 되면 결국은 그 사람이 억울한 일을 당하게 된다는 지적이다. 추양은 특히 권력자가 측근의 말을 듣고 사람을 기용하거나 내치는 일이 많았다면서, 소를 치고 있던 백리해(百里奚)를 기용한 진나라 목공(穆公)이나 자신을 죽이려 했던 관중을 기용한 제나라 환공처럼 현명한 리더들은 자신이 직접 보고 듣는다고 강조했다.

군주가 어떻게 하면 현명해질 수 있냐는 당 태종의 질문에 위징은 '겸청즉명(兼聽則明), 편신즉암(偏信則暗)'이라고 답했다. '두루 들으면 밝아지고, 치우쳐 믿으면 어두워진다'는 뜻이다. 명군(明君)과 혼군(昏君)이 바로 이 지점에서 갈라진다. 사마천은 그래서 거듭 리더의 '총명(聰明)'을 강조한다. 눈과 귀를 열어 놓고 바른말을 수용하고, 백성들의 삶을 직시해야 한다는 뜻이다.

偏聽生姦, 獨任成亂.

73. 깨어 있는 정신은 늘 고통스럽다

원문 擧世混濁而我獨淸거세혼탁이아독청, 衆人皆醉而我獨醒중인개취이아독성.

번역문 세상은 온통 흐린 데 나만 홀로 맑고, 모두가 취했는 데 나만 홀로 깨어 있다.(권84 〈굴원가생열전〉)

사족 전국시대 초나라의 애국지사 굴원(屈原, 기원전 약 339~기원전 약 278)은 간신들의 모함과 못난 회왕(懷王)의 배척을 받아 조정에서 쫓겨났다. 굴원은 멱라수(汨羅水)를 거닐다 한 어부를 만났다. 어부는 세상과 어울려 그럭저럭 살지 왜 그렇게 꼬장꼬장하게 사느냐며 굴원에게 핀잔을 주었다. 굴원은 "머리를 막 감은 사람은 관을 털어서

굴원은 망해가는 조국을 차마 볼 수 없어 멱라수에 자신의 몸을 가라앉혀 자결했다. 사진은 굴원의 고향인 호북성 자귀시(姊歸市)에 조성되어 있는 굴원 사당의 입구이다.(2024년)

쓰며(신목자필탄관新沐者必彈冠), 몸을 씻은 사람은 옷을 털어서 입는다(신욕자필진의新浴者必振衣)"면서 위의 말을 남긴 채 자신의 몸에다 돌을 묶고 멱라수로 걸어 들어가 서서히 가라앉아 죽었다. 멸망으로 치닫는 조국의 모습을 차마 볼 수 없었던 굴원의 강렬한 저항정신이 돋보이는 명언이다.

막 목욕을 한 다음, 옷을 입고 모자를 쓸 때 옷과 모자를 한 번 털어서 입는다 해서 누가 뭐라 할 일이 아니다. 설사 그 옷이 새 옷이라 하더라도 말이다. 굴원은 이런 말로 자신의 결백을 은근히 나무라는 어부의 주의를 환기시켰다. 어부는 당시 초나라의 분위기를 대변하고 있는 것처럼 보인다. 이런 세상 대충 살지 뭘 그렇게 유별나게 구냐는 것이었다. 굴원은 다름 아닌 바로 그것이 초나라의 가장 큰 문제라고 생각했으니 그의 선택은 당연했다.

擧世混濁而我獨淸, 衆人皆醉而我獨醒.

新沐者必彈冠, 新浴者必振衣.

74. 있는 그대로 인정하기가 쉽지 않다

원문 明主立政명주입정, 有功者不得不賞유공자부득불상, 有能者不得不官유능자부득불관, 勞大者其祿厚노대자기녹후, 功多者其爵尊공다자기작존, 能治衆者其官大능치중자기관대.

번역문 영명한 군주가 나라를 다스리게 되면 공이 있는 사람은 반드시 상을 받게 되고, 능력이 있는 사람은 반드시 관직을 얻게 된다. 또 공로가 큰 사람은 그 녹봉이 후하고, 공로가 많은 사람은 그 벼슬이 높으며, 백성을 잘 다스리는 사람은 그 관직이 높다.(권79 〈범수채택열전〉)

사족 전국시대 말 강국 진나라로 건너와 소왕(昭王)을 만난 위나라 출신 범수(范雎, ?~기원전 255)는 태후와 외척이 정치를 농단하고 있는 진나라의 상황을 있는 그대로 지적하면서, 이 때문에 나라에 진짜 공을 세운 인재들이 대접을 받지 못한다는 진단을 내놓았다. 그러면서 현명한 리더 밑에서는 실적을 내는 사람이 부와 자리를 보장받는다는 평범한 이치를 가지고 위와 같은 말로 소왕에게 군주의 위신을 세워 진나라를 개혁하라고 충고했다.

아랫사람의 공을 있는 그대로 인정해주는 것을 '위공(委功)'이라 한다. 반대로 아랫사람의 공을 가로채는 것을 '남공(攬功)'이라 한다. 남의 공을 빼앗아 (자기) 손에 쥔다는 뜻이다. 리더의 영명함 여부가 여기서도 갈라진다.

위 대목은 범수가 소왕을 만나기 전에 올린 편지의 일부이다. 소왕은 범수의 편지에 마음이 움직여 범수를 만났고, 다섯 차례 무릎을 꿇는 '오궤(五跪)'의 지극한 예로 범수의 충언을 경청했다. 범수는 진나라 외교 전략의 핵심이 된 '원교근공(遠交近攻)'을 내놓았다. 천하 통일의 밑돌 하나가 놓이는 장면이었다.

明主立政, 有功者不得不賞, 有能者不得不官, 勞大者其祿厚, 功多者其爵尊, 能治衆者其官大.

75. 분명한 상벌은 조직을 바로 세우는 최소한의 기본 ──

원문 庸主賞所愛而罰所惡용주상소애이벌소오 ; 明主則不然명주즉불연, 賞必加於有功상필가어유공, 而刑必斷於有罪이형필단어유죄.

번역문 어리석은 군주는 그가 총애하는 사람에게만 상을 주고, 미워하는 사람에게는 벌을 준다. 영명한 군주는 상은 반드시 공로가 있는 사람에게 내리고, 형벌은 반드시 죄를 지은 자에게 내린다.(권79 〈범수채택열전〉)

사족 '상은 작을수록 효과가 크고, 벌은 클수록 효과가 크다'는 말이 있다. 다시 말해 상은 그 사람이 아무리 미천하고 보잘것없어도 공을 세웠으면 반드시 주어야만 상이 위력을 발휘할 수 있고, 벌은 그 대상이 아무리 귀하고 높은 신분이라도 반드시 처벌해야만 모두가 수긍하게 된다는 뜻이다. 은말주초의 군사가이자 정치가인 강태공(姜太公)의 저작으로 전하는 《육도(六韜)》〈용도(龍韜)·장위(將威)〉 편에도 "살귀대(殺貴大), 상귀소(賞貴小)"라 했다. "벌은 큰 사람일수록, 상은 작은 사람일수록 의미를 가진다"는 뜻이다. 《육도》의 위아래 대목을 함께 보면 이렇다.

"한 사람을 죽여 삼군이 떤다면 죽여야 하고, 한 사람에게 상을 주어 만인이 기뻐한다면 상을 주어야 한다. 벌은 큰 사람일수록, 상은 작은 사람일수록 의미를 가진다."

강태공의 저작으로 전하는 《육도》에는 리더와 리더십에 관한 통찰이 돋보인다. 특히 천하는 천하 사람이 공유하는 것이라는 사상은 지금도 유효하다. 강태공의 초상화다.

범수는 군주의 상벌이 사사로운 친분에 얽매이게 되면 상벌의 효과는 물론 군주의 권위마저 손상한다고 지적하고 있다. 위 명구도 범수가 소왕을 만나기 전에 올린 편지의 일부이다.

상벌은 '삼공(三公)'의 원칙을 지켜야 한다. 공정(公正), 공평(公平)·공개(公開)가 그것이다. 특히 벌은 자신이 무엇을 잘못했는지 분명하게 알게 한 다음, 그 잘못을 고칠 여지가 보이면 경벌(輕罰)로 마무리하는 것이 좋다. 역사상 이 삼공의 원칙을 가장 잘 실천한 인물로는 제갈량이 있다. 제갈량에게 벌을 받은 사람이라도 그를 원망하는 일이 없었다고 한다. 리더십의 질을 가늠하는 요소로서 상벌의 원칙은 여전히 중요하다.

庸主賞所愛而罰所惡；明主則不然, 賞必加於有功, 而刑必斷於有罪.

76. 늘 비추어 보아야 때 묻지 않고 녹슬지 않는다

원문 鑒於水者見面之容감어수자견면지용, 鑒於人者知吉與凶감어인자지길여흉.

번역문 물을 거울로 삼는 것은 용모를 보기 위함이고, 사람을 거울로 삼는 것은 길흉을 알기 위함이다. (권79 〈범수채택열전〉)

사족 리더는 자신의 얼굴을 비추는 동거울 '동감(銅鑒)', 자신의 언행을 지적해주는 사람 거울 '인감(人鑒)', 나라의 흥망성쇠를 비추는 역사의 거울 '사감(史鑒)'을 중시해야 한다. 이를 '삼감(三鑑)'이라 부른다. 위 구절 역시 이런 점을 지적하고 있다. 역대로 영명한 통치자들은 늘 이 '삼감'을 소중히 여기면서 자신의 언행과 통치를 비추어 보았다. 특히, 과거 역사를 통해 통치와 정책의 득실과 흥망성쇠의 이치를 깨우치게 하는 역사의 거울을 중시하고 두려워했다.

리더가 이런 이치를 알면 밝아지고 투명해진다. 그것을 '명기(明己)'라 한다. 자신을 밝고 투명하게 한다는 뜻이다. 명기를 위한 방법은 많지만 역대로 좋은 리더들은 이구동성으로 독서, 특히 함께 읽기인 '공독(共讀)' 등을 비롯한 끊임없는 훈련을 강조한다. 그래서 '군주가 밝아지면 신하는 곧아진다(군명신직君明臣直)'라고 했다. 쇠를 제대로 때려서 좋은 연장을 만들려면 망치가 단단해야 하듯이, 제대로 된 리더십은 리더 자신이 밝고 투명해야 한다는 조건을 일차적으로 요구한다.

鑒於水者見面之容, 鑒於人者知吉與凶.

77. 멈추고 그치는 데에도 용기와 지혜가 필요하다 ——

원문 欲而不知止足욕이부지지족, 失其所以欲실기소이욕 ; 有而不知足止유이부지족지, 失其所以有실기소이유.

번역문 욕심을 부리며 그칠 줄을 모르면 그 욕심 부린 것조차 잃게 되고, 차지하기만 하고 만족할 줄 모르면 그 가진 것조차 잃는다.(권79 〈범수채택열전〉)

사족 소왕의 전폭적인 신뢰를 받으며 부귀영화를 한껏 누리던 범수는 잇단 실책으로 위기를 느끼고 있었다. 어느 날 연나라 사람 채택(蔡澤, 생졸 미상)이 범수를 찾아와 다양한 역사적 사례를 들어가며 절정기에 물러나지 못해 화를 당한 경우, 현명하게 물러나 말년을 편안하게 보낸 경우 등을 지적했다. 범수에게 지금 자리에서 물러나라는 암시였다. 이 말에 범수는 정신이 번쩍 들어 위의 말을 인용하면서 채택의 충고를 받아들이는 한편, 채택을 상객으로 모셨다. 범수는 왕에게 채택을 추천한 다음 자신은 물러났다.

부와 명예가 확실하게 보장된 순간 그 모든 것을 버리고 초야로 묻힌 한나라 초기의 공신 장량(張良)의 사당에는 '지지(知止)'라는 커다란 바위 글씨가 눈길을 사로잡는다. '멈출 줄 알아야 한다'는 뜻이다. 비유하자면 브레이크를 잘 밟으라는 것이다. 출세욕에 눈이 멀어 그저 가속 페달만 밟아대다가는 충돌하거나 차가 고장 날 수밖에 없다. 적절하게 브레이크를 밟아 멈춘 다음, 자신을 되돌아보는 지혜와 여유를 가져야만 화를 피할 수 있다. 이렇게 보면 멈추는 데에도 지혜와 용기가 필요하다.

진퇴의 지혜는 모든 사람에게 필요하다. 그 지혜는 일단 멈출 줄 아는 것으로부터 시작된다. 장량 사당의 '지지'라는 바위 글씨이다.(2010년)

欲而不知止足, 失其所以欲; 有而不知足止, 失其所以有.

78. 분별력이 관건이다

원문 故察能而授官者고찰능이수관자, 成功之君也성공지군야 ; 論行而結交者논행이결교자, 立名之士也입명지사야.

번역문 사람의 재능을 살펴 관직을 주어야만 공을 이루는 군주가 되며, 덕행을 잘 헤아려 친구를 사귀어야 명성을 세울 수 있는 선비가 된다.(권80 〈악의열전〉)

사족 전국시대 연나라의 중흥을 꾀하던 소왕(昭王, ?~기원전 279)은 명장 악의(樂毅, 생졸 미상)를 기용하여 오랜 숙적 제나라를 공략하여 거의 멸망 직전까지 몰았다. 그러나 소왕이 죽고 혜왕(惠王)이 즉위해서는 평소 탐탁지 않게 여기던 악의를 교체했다. 악의는 조나라로 돌아갔고, 연나라는 다 잡은 승리를 놓쳤다. 그 뒤 혜왕이 악의에게 편지를 보내 섭섭한 심정을 드러내자 악의는 위와 같은 말로 혜왕의 잘못된 인사를 꼬집었다. 그러면서 다음과 같은 천고의 명언을 남겼다.

"군자교절불출악성(君子交絶不出惡聲), 충신거국불결기명(忠臣去國不潔其名)."
"군자는 사귀던 사람과 절교해도 그 사람에 대해 나쁜 말을 하지 않으며, 충신은 그 나라를 떠나도 자신의 명성 때문에 구구절절 변명하지 않는다."

우리 현실은 어떤가? 그저 그 자리를 놓치지 않으려고 갖은 구차한 변명과 남 탓으로 일관하는 자들이 넘쳐난다. 악의가 명장 소리를 듣는 이유에 대해 다시 한 번 가만히 생각해보게 된다.

故察能而授官者, 成功之君也 ; 論行而結交者, 立名之士也.

79. 일을 잘 꾸미는 것과 잘 끝내는 데는 큰 차이가 있다 —

원문 善作者不必善成선작자불필선성, 善始者不必善終선시자불필선종.
번역문 일을 잘 꾸민다고 해서 반드시 그 일을 성사시키는 것은 아니며, 시작이 좋다고 해서 끝이 반드시 좋은 것은 아니다. (권80 〈악의열전〉)

사족 악의는 연나라 혜왕에게 보낸 편지에서 춘추시대 오나라의 충신 오자서(伍子胥)의 충정이 합려(闔閭) 때는 잘 통했으나 그 아들 부차(夫差) 때는 받아들여지지 않아 결국 스스로 목숨을 끊은 사실을 들면서, 두 군주가 사람을 받아들이는 아량이란 면

악의는 자신이 떠날 때를 정확하게 인식하고 바로 떠났다. 이 때문에 그는 '선시선종'할 수 있었다.(2013년)

에서 차이가 있다는 점을 오자서가 미처 알지 못했다고 했다. 따라서 위의 말은 악의를 대장군에서 내친 혜왕에 대한 비판을 담고 있는 명구라 할 것이다.

'시작과 끝이 다 좋다'는 뜻의 '선시선종(善始善終)'은 참 어렵고 힘들다. 악의는 합려와 부차의 아량의 차이로 보았지만, 좀 더 파고들면 오자서가 합려와 부차 두 세대의 세대차를 충분히 고려하지 못했던 것으로 보인다. 생사고락을 같이 했던 합려는 오자서의 충고를 몸과 마음으로 받아들일 수 있었다. 세대도 같은 세대였다. 부차는 한 세대 아래 리더였다. 오자서의 충고가 잔소리로 들릴 소지가 다분했다.

산전수전 다 겪은 오자서가 세대차에서 오는 괴리감을 제대로 인식하지 못했던 것은 아닌가 하는 아쉬움이 있다. 반드시 지켜야 할 원칙이 아닌 방법은 상황과 사람에 따라 유연하게 탄력적으로 운용하는 지혜가 필요하다.

善作者不必善成, 善始者不必善終.

80. 어렵고 어려운 '선공후사(先公後私)'

원문 先國家之急而後私仇也선국가지급이후사구야.

번역문 나라의 급한 일이 먼저이고, 사사로운 원한은 나중이다.(제81 〈염파인상여열전〉)

사족 전국시대 막바지 조나라에서 있었던 일이다. 어느 날 느닷없이(?) 등장한 인상여(蘭相如, 생졸 미상)의 갑작스러운 승진을 달갑게 여기지 않던 명장 염파(廉頗, 생졸 미상)는 주위 사람들에게 인상여를 욕보이겠다고 열을 올렸다. 이런 염파를 인상여는 계속 피해 다녔다. 식솔들이 불평하자 인상여는 조나라가 위기 상황인데 두 마리 호랑이가 서로 싸우면(兩虎共鬪양호공투) 나라꼴이 어찌 되겠냐며 위와 같이 말했다.

이를 알게 된 염파는 부끄러워하며 진심으로 사과했다. 두 사람은 목숨을 내놓아도 아깝지 않은 우정(刎頸之交문경지교)을 나누는 사이가 되었고, 인상여의 위 명언에서 '선공후사(先公後私)'라는 사자성어가 파생되었다.

《사기》 전체를 대표하는 우정의 고사성어를 들라면 '관포지교'와 '문경지교'가 될 것이다. 그런데 이 두 고사성어를 관통하는 공통된 메시지를 하나 들라면 누가 뭐라 해도 '공심(公心)'이다. 포숙은 제나라의 백성을 위해 관중에게 재상 자리를 양보했고, 환공 역시 제나라를 위해 자신을 죽이려 한 관중을 용서하고 포숙의 제안을 받아들였다. 사회 지도층이 이런 '공심'을 기본으로 장착한다면 사회 전체의 기풍이 좋은 쪽으로 바뀐다.

先國家之急而後私仇也.

인상여와 염파의 우정은 그것이 단순히 개인적 차원이 아닌 한 나라의 명운과 연계되어 있음을 잘 보여준다.(2010년)

81. 유세가의 현란한 언변 뒤에는
냉철한 정세분석과 심리파악이 있다

원문 智者不倍時而棄利지자불배시이기리, 勇士不卻死而滅名용사불각사이멸명, 忠臣不先身而後君충신불선신이후군.

번역문 지혜로운 자는 시기를 어겨 유리한 기회를 저버리지 않으며, 용맹한 자는 죽음을 겁내어 명예를 훼손하지 않으며, 충신은 자기 한 몸을 앞세우고 군주를 뒤로 미루지 않는다.(권83 〈노중련추양열전〉)

사족 연나라 소왕이 악의를 기용하여 제나라를 공격했을 때 연나라의 한 장수가 제나라 요성(聊城)을 공격하여 함락시켰다. 그런데 연나라 내부에서 이 장수를 모함하는 통에 연나라로 돌아가지 못하고 그냥 요성에 머무르며 버텼다. 제나라는 명장 전단(田單, 생졸 미상)을 보내 요성에 맹공을 퍼부었으나 함락시키지 못했다.

유세가 노중련(魯仲連, 생졸 미상)이 나서 편지를 보내 연나라 장수를 설득했는데, 위 명언은 그 편지의 한 대목이다. 그대로 버티다간 기회도 명예도 다 잃고 나아가 불충이라는 죄목까지 뒤집어 쓸 것이라는 뜻이었다. 연나라 장수는 사흘을 울다가 자살했다.

유세가의 혀(글)가 참으로 무섭다. 유세가 장의가 아내에게 면박을 당하자 혀를 내밀며 '혀는 아직 있냐'고 물었고, 아내가 그대로 있다고 하자 '그럼 됐다'고 할 정도였으니, 유세가의 혀야말로 백만 대군보다 더 강하다는 말이 빈말이 아니다.

유세가들은 천하정세에 대한 정확한 분석을 날카로운 언변으로 무장하여 설득하려는 상대의 심리를 공략한다. 소진이 첫 유세에서 실패한 뒤 책상에 머리를 처박고 죽으라 공부한 것이 '췌마술(揣摩術)'이었는데, 바로 사람의 심리를 파악하여 그에 맞게 유세하고 설득하는 기술이었다. 유세가들은 단순히 말만 잘하는 사람들이 아니었다. 그들이야말로 역사상 최초이자 최고의 정세 분석 전문가들이었다.

智者不倍時而棄利, 勇士不卻死而滅名, 忠臣不先身而後君.

82. 작은 치욕을 견디어 큰일을 성취하다

원문 規小節者不能成榮名규소절자불능성영명, 惡小恥者不能立大功오소치자불능입대공.

번역문 작은 예절에 얽매어 있는 사람은 영화로운 명성을 이룰 수 없고, 작은 치욕을 못 견디는 사람은 큰 공을 세울 수 없다.(권83 〈노중련추양열전〉)

사족 이 대목 역시 제나라의 처사이자 유세가였던 노중련의 화려한 언변(문장)을 잘 보여주는 구절이다. 노중련은 자신이 성사시킨 일에 대한 대가를 바라지 않는 특이한 유세가였는데, 어쩌면 일에 대한 그의 이런 허심탄회한 자세가 그의 언변에 진실성을 더했는지 모르겠다.

이 명구 역시 제나라가 요성 공략에 고전하고 있을 때 노중련이 나서 연나라 장수를 설득하는 과정에서 나왔다. 노중련은 과거 춘추시대 제나라의 관중(管仲)이 죄수의 몸으로 끌려오는 것을 참았고, 노나라의 장수 조말(曹沫)이 전투에서 패했음에도 이에 굴하지 않고 제나라 환공을 위협하여 빼앗긴 땅을 되찾는 등 구차한 예절에 매이지 않고 작은 굴욕쯤은 거뜬히 참아낸 고사를 거론하면서 작은 체면과 사소한 치욕 때문에 목숨을 버리지 말라고 충고했다. 그런 다음 공명을 세워 영원히 칭송을 듣고 명예를 세워 만세의 공을 남기라는 부추김도 잊지 않았다.

사마천은 작은 치욕을 참고 큰일을 이룬 인물들의 사례를 많이 남겼다. 노중련이 언급한 관중과 조말이 그랬고, 초한쟁패의 영웅으로 한나라 건국에 결정적인 공을 세운 명장 한신이 그랬다. 사소한 시비와 치욕에 발끈해서 큰 뜻을 이루지 못한다면 진정한 장부가 아니다.

規小節者不能成榮名, 惡小恥者不能立大功.

83. 일과 명성을 망치는 가장 큰 원흉은 욕심

 盛飾入朝者不以利汚義 성식입조자불이리오의, 砥厲名號者不以欲傷行 지려명호자불이욕상행.

 제대로 차려입고 조정에 들어온 자는 이익 때문에 의리를 더럽히지 않으며, 명성을 소중하게 관리하는 사람은 욕심 때문에 행실을 해치지 않는다. (권83 〈노중련추앙열전〉)

 역시 노중련의 명언이다. 진정한 명예를 중시하는 사람은 사사로운 이익이나 욕심을 앞장세우지 않는다는 뜻이다. '지사의 명예'는 노중련의 말과 언변에서 일관되게 확인되는 표현인데, 어쩌면 지금 우리에게 필요한 가치를 지적한 말이 아닐까 하는 생각이 든다.

노중련이 어려운 일을 성사시키자 권력자들은 그에게 상을 내리려 했다. 노중련은 "천하 호걸이 귀중한 까닭은 타인을 위해 곤란함을 해결하고 재난을 없애주기 때문인데, 분규를 해결하고도 보수 따위를 받지 않기에 더 귀한 것입니다. 보수를 받는다면 장사꾼과 다를 바 없지요. 나, 노중련은 장사아치가 될 수 없습니다"라고 했다. 그리고는 "나는 남에게 눌려 살며 부귀를 누리느니, 가난하지만 자유롭게 내 맘대로 살겠다"하고는 바닷가 쪽으로 가서 은거했다.

노중련은 다른 유세가들과는 차원이 달랐다. 대부분의 유세가들이 권세와 부귀에 목을 매느라 언행이 일치하지 않았지만, 노중련은 부귀영화에 담담하고 언행이 일치했다. 같은 유세가라도 성품에 따라 개성

노중련은 남다른 유세술로 빼어난 활약을 했지만, 부귀와 공명을 바라지 않았던 인물이다. 사진은 그의 고향으로 전하는 지금의 산동성 임평현(荏平縣)에 남아 있는 그의 사당이다.(2013년)

이 다르고 가치관이 다 달랐다.

盛飾入朝者不以利汚義, 砥厲名號者不以欲傷行.

84. 기꺼이 목숨을 바칠 가치란? ————————

원문 士爲知己者死사위지기자사, 女爲說己者容여위열기자용.

번역문 지사는 자기를 알아주는 사람을 위해서 죽고, 여자는 자기를 좋아하는 사람을 위해서 얼굴을 단장한다.(권86 〈자객열전〉)

사족 이 명언은 자객 예양(豫讓)이 자결하기에 앞서, 그리고 자객 섭정(攝政)의 누이가 죽은 동생을 대신하여 인용한 고대의 속담이나 격언 또는 관용어인 것 같다. 특히 춘추전국시대 인간관계의 한 단면을 보여주는 대표적인 명구이다. 조양자(趙襄子, ?~기원전 425)를 죽이려다 거듭 실패한 예양은 자신의 행동을 이해할 수 없다는 조양자에게, 자신이 모셨던 주군이 설사 나쁜 평가를 듣는 사람이라 해도 그가 나를 어떻게 대하고 알아주었는가가 중요하다면서 이 말을 인용했다. 다소 무모해 보이기는 하지만 의리와 신뢰를 저버리는 일이 빈번한 현실에서 새삼스럽게 들린다.

사마천은 이 명언을 〈보임안서〉를 포함하여 세 차례 인용하고 있다. 당시 사회적 주류로 떠오른 '사(士)' 계층의 달라진 생사관을 대변하는 유행어로 보인다. 사마천은

예양은 중국인 특유의 은원관(恩怨觀)을 대변하고 있다. 사진은 예양의 사당이다.(산서성 태원시太原市, 2007년)

당대 최고의 인재였지만 자신의 성기를 자르는 궁형을 자청하는 처참한 굴욕을 겪었다. 어쩌면 이 명언을 통해 자신을 진정으로 알아주지 못했던 시대와 권력자에 대한 원망을 대신 표출한 것은 아닌지.

전통적인 리더십 항목으로 '적대(赤待)'라는 것이 있다. '적심대사(赤心待士)'의 줄임말이다. '적심'이란 '단심(丹心)'과 같은 뜻이고, '적대'는 심장이나 붉은 피와 같이 사람(인재)을 대한다는 뜻이다. 이러면 상대는 몸과 마음을 다해 충성하고 있는 힘을 다한다.

士爲知己者死, 女爲說己者容.

85. 태산과 바다 같은 인재 정책이 필요한 때 ──────

원문 泰山不讓土壤태산불양토양, 故能成其大고능성기대 ; 河海不擇細流하해불택세류, 故能就其深고능취기심.

번역문 태산은 한 줌의 흙도 사양하지 않기에 그렇게 크고 높고, 강과 바다는 자잘한 물줄기를 가리지 않기에 그렇게 깊다.(권87 〈이사열전〉)

사족 진시황이 천하를 통일하기 전 진왕이었던 때, 한나라에서 보낸 수리 전문가 정국(鄭國, 생졸 미상)이 첩자로 밝혀졌다고 하자 외국 출신의 객경(客卿)들을 모두 추방하라는 '축객령(逐客令)'을 내렸다. 초나라 출신의 이사(李斯, ?~기원전 208)는 실세 여불위 집안의 식객으로 있다가 여불위의 추천으로 진왕을 모신 지 얼마 되지 않은 상황이었다. 쫓겨날 상황에서 이사는 〈간축객서(諫逐客書)〉라는 글을 올렸다.

이 글에서 이사는 진나라가 지금 이렇게 부강해진 데는 외국 출신의 인재들을 가리지 않고 기용했기 때문이라면서 위의 명언을 남겼다. 강대한 진나라를 태산과 하해에 비유한 이사의 문장에 마음이 움직인 진왕은 축객령을 취소했다.

진나라는 기원전 7세기 목공(穆公) 때부터 개방적인 인재정책을 통해 국력을 확대했고, 그 결과 천하를 통일하는 실력을 키울 수 있었다. 당시 목공은 신분·국적·민족·연령을 따지지 않는 '사불문(四不問)' 정책으로 많은 인재를 확보하여 중원 진출에 성공했다. 이사는 위 명언과 함께 목공 때의 인재정책을 함께 거론했고, 진왕은 마음이 움직여 '축객령'을 거두어 들였다.

차별 없이 인재를 기용한다고 떠들지만 그 안을 들여다보면 여전히 학연·지연·혈연 심지어 종교연·군대연까지 따지는 현실이다. 2천 수백 년 전보다 못해서야 되겠는가? 인재정책과 인재에 대한 인식에 근본적인 변화와 개혁이 필요하다.

太山不讓土壤, 故能成其大 ; 河海不擇細流, 故能就其深.

86. 일의 성사 여부와 의심의 관계

원문 知者決之斷也지자결지단야, 疑者事之害也의자사지해야.

번역문 지혜는 일을 결단하게 하고, 의심은 일을 방해한다.(권92 〈회음후열전〉)

사족 초한쟁패 당시 한신(韓信)의 책사(策士) 괴통(蒯通)은 한신에게 항우·유방과 더불어 천하를 삼분할 수 있다고 한신에게 건의했다. 한신이 망설이자 괴통이 며칠 뒤 다시 찾아와 한신을 설득하기 위해 위와 같이 말했다. 한신은 유방을 배신할 수 없다며 받아들이지 않았고, 훗날 괴통이 예견한 대로 유방에게 '토사구팽(兎死狗烹)' 당했다.

괴통은 한신의 역량은 비교적 정확하게 헤아렸지만 그의 성격이나 기질은 제대로 파악하지 못했던 것 같다. 한신은 오만한 성격이었다. 군사를 얼마나 거느릴 수 있냐는 주군 유방의 질문에 대놓고 '다다익선(多多益善)'이라고 말했던 사람이다. 또 주군인 유방이 자신을 확실하게 인정해주길 바라는 인정 욕구가 강했다. 그럼에도 배반할 성격은 아니었다. 문제는 그가 늘 권력자의 의심을 살만한 언행을 공개적으로 표출했다는 데 있다. 유방이 이런 한신을 경계하는 것은 당연했다. 한신은 괴통의 말대로 '공고진주(功高震主)', '그 공이 주군을 떨게 할 정도'로 막강한 실력자였기 때문이다.

의심이 일을 다 방해하는 것은 결코 아니다. 문제는 의심하는 사람의 성격이다. 결단해야 할 때 의심하면 일을 그르치지만, 확신이 없을 때의 의심은 일을 그르치지 않는 적절한 제동장치로 작동하기 때문이다.

知者決之斷也, 疑者事之害也.

87. 많이 생각해야 할 사람과 그렇지 않은 사람 ————

원문 智者千慮지자천려, 必有一失필유일실 ; 愚者千慮우자천려, 必有一得필유일득.
번역문 슬기로운 사람도 천 번 생각에 한 번은 놓칠 수 있고, 어리석은 사람도 천 번 생각하면 한 번은 얻을 수 있다. (권92 〈회음후열전〉)

사족 초한쟁패 때 한신은 조나라와의 전투를 승리로 이끌고 적장 이좌거(李左車)를 사로잡았다. 한신은 이좌거를 정중하게 모시며 향후 정세와 전략 등에 대해 자문을 구했지만, 이좌거는 패장은 병법을 논할 자격이 없다며 사양했다. 한신의 거듭된 부탁에 이좌거는 위의 말을 하며 혹시 자기 말에 들을 만한 것이 있으면 다행이겠다고 했다. 겸양의 말이다. 그 뒤 이좌거는 한신의 참모가 되어 상당한 역할을 했다.

위 명언은 대개 줄여서 '천려일실(千慮一失), 천려일득(千慮一得)'이라고 한다. 처음부터 끝까지 완벽한 사람은 없다. 인공지능과 바둑 대결의 결과를 놓고 사람들은 인간을 압도한 인공지능이 아닌 패한 인간에게 환호했다. 실수하고, 미안해하고, 고뇌하고, 안절부절 못하면서도 겸손과 자신을 함께 표출한 사람다운 사람을 보았기 때문이다. 사람이 사람을 인정하지 않고 사랑하지 않는 삭막한 이 세상 풍토에서 일말의 희망을 거기에서 보았다. 인공지능은 실수를 인정하지 못하지만, 사람은 실수를 인정할 수 있기 때문이다.

智者千慮, 必有一失 ; 愚者千慮, 必有一得.

88. 언행을 조심해야 할 때를 가리지 못한 한신

원문 勇略震主者身危용략진주자신위, 而功蓋天下者不賞이공개천하자불상.

번역문 용기와 지략이 군주를 떨게 하는 자는 몸이 위태롭고, 공로가 천하를 덮는 자는 상을 받지 못한다. (권92 〈회음후열전〉)

사족 괴통이 한신에게 삼분천하를 권하면서 내세운 말로 권력과 권력자의 속성을 잘 지적하고 있다. 이 대목을 줄여서 앞서 언급한 대로 '공고진주(功高震主)'라 한다. '공적이 주군을 떨게 한다'는 뜻이다. 역대로 왕조체제에서 많은 개국공신들이 숙청을 면치 못했던 까닭이 바로 여기에 있었다. 괴통은 권력자의 속성을 간파하고 '주군을 떨게 할 정도의 큰 공을 세운' 한신에게 독립을 권했다.

한신은 순진한 무장이었다. 그 공이 주군을 떨게 할 정도였지만, 어려울 때 자신에게 입을 것과 먹을 것을 나눠 준 유방을 배신할 수 없

한신은 결단하지 못했다. 그러면서 남과 다르게 인정받고 싶었다. 한신의 비극이었다. 사진은 그의 고향인 강소성 회음시(淮陰市)에 남아 있는 그의 사당이다. (2014년)

다고 했다. 유방도 그런 한신을 다른 공신들과 조금 달리 취급했더라면 한신의 비극도 막고, 창업하고 나면 공신을 숙청하는 비정한 권력자의 모습에서 조금 비켜갈 수 있었을 것이다. 한신이 필요로 한 것은 주군의 인정(認定)이었다. 그는 인정 욕구가 강한 순진한 무인이었다.

주군인 유방이 이런 한신의 인정 욕구를 알았다 하더라도 그를 살려두었을 것 같지 않다. 한신이 계속 공개적으로 불만의 목소리를 냈기 때문이다. 다른 신하들과의 관계, 조정의 기강을 고려할 때 한신의 이런 언행은 분명 위협적이었다. 이 부분은 한신이 조심했어야 했다. 이런 점에서 한신의 죽음은 자업자득(自業自得)의 성격이 강하다.

勇略震主者身危, 而功蓋天下者不賞.

89. 타인에게 굽히는 것만 굽히는 것이 아니다

원문 窮困不能辱身下志궁곤불능욕신하지, 非人也비인야 ; 富貴不能快意부귀불능쾌의, 非賢也비현야.

번역문 어려울 때 자신의 몸과 뜻을 굽히지 못하면 사내대장부라고 할 수가 없고, 부귀를 누릴 때 만족하지 못하면 현명한 사람이 아니다.(권100 〈계포난포열전〉)

사족 난포(欒布, ?~기원전 145)는 초한쟁패 때 유방을 여러 차례 곤경으로 몰았고, 나중에는 반란을 일으켰던 팽월을 섬겼다. 유방이 그를 잡아들여 죽이려 하자 그는 당당하게 당시 상황에서는 그것이 최선이었다며 빨리 삶아 죽이라고 대들었다. 유방은 그를 살려주었고, 그는 훗날 연나라 재상까지 지내며 한 왕조를 위해 힘을 다했다. 위 구절은 난포의 인생관 내지 처세 철학이라 할 수 있다. 사마천은 그를 열사

(烈士)로 평가했다.

사마천의 생사관에서 지금 우리가 배워야 할 점은 참아야 할 때는 참아야 한다는 것이다. 마찬가지로 굽혀야 할 때는 굽혀야 한다. 남에게 굽히는 것이 아니라 스스로에게 자존심을 굽혀야 한다. 사마천이 죽음보다 치욕스러운 궁형을 자청한 것도 이런 생사관을 자각했기 때문이다. 해야 할 일, 미처 다 하지 못한 말들이 남았기에 그는 그 치욕을 감수했다. '죽는 것이 어려운 것이 아니라 죽음에 어떻게 대처하느냐가 어려운 것'이라는 그의 말이 큰 울림으로 다가온다.

난포의 생사관은 많은 생각을 하게 한다. 사진은 드라마 속의 난포의 모습이다.(출처 : 바이두)

窮困不能辱身下志, 非人也 ; 富貴不能快意, 非賢也.

90. 함께 누리고자 하면 함께 지킬 수 있다

원문 法者天子所與天下公共也법자천자소여천하공공야.

번역문 법률이란 황제와 천하 사람들이 모두 함께 지켜야 하는 것이다.(권102 〈장석지풍당열전〉)

사족 한나라 문제(文帝) 때의 일이다. 문제의 행차가 다리를 건너가는데 누군가 뛰쳐나오는 바람에 황제의 말이 놀란 사건이 있었다. 덩달아 놀란 황제가 그자를 장석지(張釋之, 생졸 미상)에게 넘겨 처벌하게 했다. 장석지는 가벼운 벌금형으로 일을 마무리 지으려 했다. 황제가 노하여 따지자 장석지는 위와 같은 말로 자신의 소신을 굽히지 않았다. 그 정도는 벌금형에 지나지 않는다는 뜻이었다.

일찍이 강태공은 《육도(六韜)》에서 "천하는 한 사람의 천하가 아니라, 천하 사람의 천하다"라는 유명한 말을 남긴 바 있다. 강태공의 말이 참으로 명쾌하고 따끔한 지적이 아닐 수 없다. 백성들과 함께 누리려 하는 자만이 법도 함께 지킬 수 있다. 법치를 입버릇처럼 달고 다니면서 하는 행태는 봉건 왕조체제의 제왕만도 못한 리더들이 넘쳐나는 우리 현실이다.

법을 우습게 보고 법 위에 군림하려는 리더들의 공통점은 백성들을 호구(糊口)로 여긴다는 사실이다. 그들에게는 부와 권력에 대한 사사로운 탐욕만 존재할 뿐 백성들은 그저 그들의 부와 권력을 떠받치는 도구(道具)에 지나지 않는다. 못난(?) 호구와 도구들의 자각만이 이 적폐를 해소할 수 있다.

法者天子所與天下公共也.

91. 이해관계를 파악하면 인간을 통찰할 수 있다 ──────

원문 同惡相助동오상조, 同好相留동호상류, 同情相成동정상성, 同欲相趨동욕상추, 同利相死동리상사.

번역문 미움을 같이하는 자는 서로 돕고, 기호가 같은 자는 서로 붙들어 머무르며, 뜻을 같이하는 자는 함께 이루며, 욕망이 같은 자는 서로 같이 달려가며, 이익을 같이하는 자는 서로 생사를 같이 한다. (권106 〈오왕비열전〉)

사족 한나라 초기 때 오왕(吳王) 비(濞, 기원전 215~기원전 154)의 세력이 강대했다. 중앙정부는 오왕의 세력을 계속 깎아나갔다. 오왕은 반란을 꾀하고자 자신과 함께할 세력들을 파악한 끝에 교서왕(膠西王)에게 주목했다. 오왕은 먼저 중대부(中大夫) 응고

(應高)를 교서왕에게 보내 위와 같은 말로 반란에 동참할 것을 제안했다. 그러면서 오나라나 교서가 같은 처지임을 강조하여 교서왕을 끌어들이는 데 성공했다. 반란 동참을 권하는 말이기는 하지만 인간의 심리를 정확하게 꿰뚫고 있는 강한 설득력을 보여주고 있다.

사람을 자기 쪽으로 끌어들일 수 있는 가장 강력한 유인책은 이익(利益)이다. 그러기 위해서는 먼저 이해관계(利害關係)를 상대에게 확실하게 밝혀야 할 필요가 있다. 모든 인간관계는 이해관계의 범주에서 크게 벗어나지 않는다. 이 관계에 다양한 요소가 작동하는데, 전통사회에서 뜻있는 사람들은 '이(利)'에다 '의(義)'를 결합시켜 '의리(義理)' 외에 '의리관(義利觀)'도 제기했다. 정신적 차원의 '의(義)'와 물질적 차원의 '이(利)'가 결코 모순되거나 충돌하는 개념이 아니라는 것이다. 동양적 가치관에서 누군가를 돌봐준다고 하면 그 사람의 물질적 생활까지를 포함한다.

同惡相助, 同好相留, 同情相成, 同欲相趨, 同利相死.

92. 여전히 옳은 말씀, 윗물이 맑아야 아랫물도 맑다 ──

원문 明主不惡切諫以博觀명주불오절간이박관, 忠臣不敢避重誅以直諫충신불감피중주이직간.

번역문 현명한 천자는 간절한 간언을 꺼리지 않고 두루 살피며, 충신은 무거운 형벌을 피하지 않고 사실대로 간언한다. (권112 〈평진후주보열전〉)

사족 한나라 초기 제나라 출신 주보언(主父偃, ?~기원전 126)은 공부에 비해 운이 없었다. 제후들에게 유세했으나 늘 박대를 당했다. 주보언은 바로 황제에게 글을 올렸는데, 이 상서가 한 무제의 마음을 끌어 그날 저녁으로 황제를 만났다. 황제는 주보언의 식견을 높이 평가하여 그를 낭중에 임명했다. 주보언은 몇 차례 상소를 올려 치국 방략의 방법을 피력했고, 1년 사이에 네 번이나 승진하는 파격적인 대우를 받았다. 나라를 위한 다양한 제안을 기꺼이 수용하고자 했던 무제의 통치 스타일이 주보언에게 기회를 준 것이다.

나라를 흥하게 하고 백성들을 부유하게 만드는 군주는 행여 사람들이 자신에게 좋은 말과 바른말을 하지 않을까 걱정한다. 반면 나라를 망칠 군주는 행여 누가 자신에 대해 이러쿵저러쿵 말할까 봐 걱정한다. 즉, 바른말과 충고를 흔쾌히 수용하는 납간(納諫)이 좋고 나쁜 리더를 가르는 중요한 지표가 된다는 것이다.

'군명신직(君明臣直)'이라 했다. '군주가 현명하면 신하가 정직해진다'는 뜻이다. 주보언의 말과 정확하게 맞아 떨어진다. 충직한 신하는 군주의 안색과 심기를 거스르는 한이 있어도 직언하는 반면, 간신들은 오로지 군주의 안색과 심기만 살펴 그에 맞춰 아부하고 굽실거린다. 혼군과 간신은 나라를 망치는 숙주와 기생충의 관계다.

明主不惡切諫以博觀, 忠臣不敢避重誅以直諫.

93. 인재는 국력(國力)과 국격(國格)의 척도

원문 安危在出令안위재출령, 存亡在所用존망재소용.

번역문 나라의 안위는 어떤 정책을 내느냐에 달려 있고, 존망은 어떤 사람을 등용하는가에 달려 있다.(권112 〈평진후주보열전〉)

사족 주보언이 한 문제에게 올린 글의 한 대목으로 《주서(周書)》라는 고서를 인용한 것이다. 한 나라의 안정과 위기는 통치자가 어떤 정책을 쓰느냐에 의해 좌우되고, 한 나라의 존속과 멸망은 어떤 사람을 기용하느냐에 달려 있다는 지적이다. 한 나라

의 안위와 존망을 정책과 인재에 연계시킨 명구이
다. 사마천은 여기에서 더 나아가 그 '통치자가 어
떤 사람인지 모르겠거든 그가 기용한 사람을 보라
(부지기군不知其君, 시기소사視其所使)'고 말한다.

사마천은 또 '집안이 어려워지면 좋은 아내가 생
각나고(家貧則思良妻), 나라가 어지러워지면 좋은
재상이 생각난다(國難則思良相)'고 했다. 집안이나
나라나 좋은 아내(남편)와 좋은 인재가 필수적이라
는 지적이다. 나아가 사마천은 나라가 망하려면 좋

주보언은 한 나라의 흥망성쇠의 이
치를 정확하게 인식했던 뛰어난 인
물이었다. 주보언의 초상화이다.

은 인재는 쫓겨나고, 나라를 어지럽히는 자들이 득세한다는 지적도 했다. 모두 한
나라의 흥망을 좋은 인재의 기용 여부와 연계시킨 탁월한 통찰력이 돋보이는 명언
이 아닐 수 없다.

安危在出令, 存亡在所用.
家貧則思良妻, 國難則思良相.

94. 백성이 나라의 땅이다

원문 天下之患在於土崩천하지환재어토붕, 不在於瓦解부재어와해.

번역문 천하의 근심은 '토붕(土崩)'에 있지, '와해(瓦解)'에 있지 않다.(권112 〈평진후주보열전〉)

사족 한 문제 때 조나라 지역의 서악(徐樂)이란 사람이 올린 글 중에 인용된 《상서(尚
書)》의 한 구절이다. 서악은 진나라 말기 상황을 '토붕'에 비유하면서 "백성이 가난
하고 고달픈 데도 천자가 이를 안타깝게 여기지 않고, 아랫사람이 원망하는 데도 위

에서 이를 알지 못해, 풍속이 어지러워지고 정치가 제대로 이루어지지 않음으로써" 그 막강한 진나라가 무너졌다고 진단했다. 기왓장이 깨지는 '와해'가 아닌 나라의 기 반이 무너지는 '토붕'이 문제라는 지적이다. 나라의 근본은 땅이고, 땅의 주인은 백 성이다. 따라서 '토붕'은 백성이 무너진다는 비유적 표현이다.

《사마법(司馬法)》에 보면 "국수대(國雖大), 호전필망(好戰必亡)"이란 구절이 있다. "나라가 제아무리 커도 전쟁을 좋아하면 망할 수밖에 없다"는 뜻이다. 백성을 생각 하지 않고 자신의 힘을 과시하는 데만 열중하는 통치자를 만나면 백성들은 늘 그 뒤 치다꺼리에 골병이 든다.

2015년 미국을 국빈 방문한 중국 시진핑 주석이 방미 제일성으로 이 구절을 언급 했다. 미국을 겨냥한 발언이었다. 대외정책에서 미국과는 다른 노선이라는 점을 암 시한 것인데, 중국은 어떤 정책으로 대처할지 관심을 끌었다.

天下之患在於土崩, 不在於瓦解.
國雖大, 好戰必亡.

95. 덕으로 감화시키는 동양의 미덕 ─────────

원문 父兄之教不先부형지교불선, 子弟之率不謹也자제지솔불근야 ; 寡廉鮮恥과염 선치, 而俗不長厚也이속부장후야.

번역문 먼저 아버지와 형님이 가르치지 않아 아들과 동생의 행동이 신중하지 못한 것이고, 백성이 염치를 몰라 풍속이 튼튼하지 않은 것이다. (권117 〈사마상여열전〉)

사족 한 무제(武帝) 당시 변방이던 서남이(西南夷) 지역은 한나라가 무력을 앞세워 침 입해 올지 모른다는 불안감 때문에 동요했다. 무제는 그 동요를 가라앉히고자 문장가 사마상여(司馬相如)에게 격문을 작성하게 했다. 사마상여는 서남이 지역에 해당하는 파(巴)·촉(蜀)에 대한 교화의 부족을 그 원인으로 지적하면서 위와 같이 말했다. 이 '과염선치'에서 '염치'란 단어가 파생되었다.

동양은 역사상 백성들에 대한 교화를 대단히 중시했다. 교화는 한 지역은 물론 나아가 한 나라의 풍속에 영향을 미치기 때문이다. 유가에서는 교화의 기본적인 방법으로 덕(德)을 제시한다. 이것이 이른바 '이덕위화(以德爲化)'이다. 그렇다면 '덕'이란 무엇인가? 글자를 가만히 뜯어보면 여러 사람의 마음을 얻는다는 뜻이 된다. 바로 '득인심(得人心)'이 바로 '덕'이다. 그래서 동양에서는 박덕(薄德)을 아주 좋지 않은 자질로 인식했다. 특히 리더가 박덕하면 백성이 고달파진다. 백성을 교화하려면 통치자에게 무엇보다 덕이 있어야 한다는 말이다.

父兄之教不先, 子弟之率不謹也 ; 寡廉鮮恥, 而俗不長厚也.

96. 조짐(兆朕)을 읽는 힘

원문 蓋明者遠見於未萌而智者避危於無形개명자원견어미맹이지자피위어무형, 禍固多藏於隱微而發於人之所忽者화고다장어은미이발어인지소홀자.

번역문 무릇 사물의 변화를 잘 보는 사람은 싹이 트기 전에 미리 보며, 지혜로운 자는 보이지 않을 때 위험을 피한다. 화란 본디 안 보이는 곳곳에 숨어 있다가 사람이 소홀히 하는 틈을 타서 나타난다. (권117 〈사마상여열전〉)

사족 한 무제가 사냥에 너무 빠져 있자 사마상여는 글을 올려 맹수 따위를 사냥하는 것은 위험하다면서 자중할 것을 당부하면서 위와 같이 말했다. 그런 다음 사마상여는 '집에 천금이 쌓여 있으면, 집 가장자리에 앉지 않는다(가누천금家累千金, 좌불수당

신의 편작은 병을 미리 예방하는 의사가 실력이 가장 뛰어나다고 했다. 산동성 제남시(濟南市) 천교구(天橋區)에 남아 있는 편작의 것으로 전하는 무덤이다.(2013년)

坐不垂堂)'는 속담을 인용하여 한 번 더 사냥을 자제하라고 아뢰었다. 사마상여의 설득력 넘치는 문장이다.

민간전설에 따르면, 죽은 사람도 살린다는 신의(神醫) 편작(扁鵲, 생졸미상)은 최고의 의사란 병을 미연에 예방하는 의사라고 잘라 말했다. 자르고 째고 하면서 중병만 고치는 자신은 사람들이 보기에는 명의 같지만 실은 가장 수준이 낮은 의사라 했다.

현대 경영에 있어서도 미래의 상황을 예견하는 통찰력과 치밀한 정보력을 갖춘 리더를 요구하는 것도 같은 맥락이다. 달무리가 서리고 새들이 낮게 날면 비가 올 징조라는 말은 선인들의 풍부한 경험에서 나온 지혜이다.

한나라 때 사람인 마융(馬融, 79~166)의 《충경(忠經)》〈충간(忠諫)〉 편에 보면 "문제가 아직 드러나지 않을 때 하는 간언이 최상이요, 이미 드러난 뒤 하는 간언은 그 다음이요, 이미 영향을 미치고 있을 때 하는 간언은 최하이다"라는 대목이 있는데, 다 비슷한 맥락이다.

蓋明者遠見於未萌而智者避危於無形, 禍固多藏於隱微而發於人之所忽者. 家累千金, 坐不垂堂.

97. 그 사람이 처한 상황을 잘 살피면 그 사람이 보인다 ─

원문 一死一生일사일생, 乃知交情내지교정；一貧一富일빈일부, 乃知交態내지교태；一貴一賤일귀일천, 交情乃見교정내현.

번역문 한 번 태어나고 죽음으로써 서로의 정을 알게 되고, 한 번 가난해졌다가 부귀해짐으로써 사람 사귀는 태도를 알게 되며, 한 번 귀했다가 천해짐으로써 사람 사귀는 감정이 바로 드러난다. (권120 〈급정열전〉)

사족 한나라 초기 책공(翟公)이란 사람이 정위(廷尉) 벼슬에 오르자 축하객들로 대문이 미어질 지경이었으나, 자리에서 물러날 즈음에는 '문 앞에 참새 그물을 칠 정도(문가라작門可羅雀)'로 썰렁했다. 책공이 다시 정위가 되자 빈객들이 전처럼 북적댔다. 책공은 문에다 큼지막하게 글을 써 붙였는데, 위의 명구가 바로 그 글귀이다. 인심과 세태를 기가 막히게 통찰한 명언이다.

　어려울 때 사람을 알아본다고들 한다. 잘나갈 때는 누군들 좋지 않으랴! '정승 집 개가 죽으면 조문객으로 문전성시를 이루지만 막상 정승이 죽으면 사람들이 찾지 않는다'는 말도 세태의 한 단면을 반영하는 씁쓸한 속담이 아닐 수 없다. 오늘날 세상은 이 마저도 아닌 것 같다. 부의 세습이 고질병처럼 사회를 좀 먹고, 부와 권력을 움켜쥔 자들은 영생(永生)을 욕망하고 있는 현실이다.

一死一生, 乃知交情. 一貧一富, 乃知交態. 一貴一淺, 交情乃見.

98. 정치는 말보다 정책으로

원문 爲治者不在多言위치자부재다언, 顧力行何如耳고력행하여이.

번역문 옳은 다스림은 말을 많이 하는데 있지 않고, 얼마나 힘써 실천하느냐에 달려 있을 따름이다. (권121 〈유림열전〉)

사족 한 무제 때 유가를 신봉하는 무제와 도가 계통인 황로학(黃老學)을 신봉하는 두

(竇)태후 사이에 알력이 심했다. 무제는 당시 여든이 넘은 《시(詩)》의 권위자인 신공(申公)을 초빙하여 치국의 도를 물은 적이 있다. 그 물음에 신공은 위와 같은 말로 대답했다. 무제는 별다른 반응을 보이지 않고 신공을 잘 대우했다. 그러나 두태후는 신공을 추천한 유가 신봉자들인 조관과 왕장을 자살하게 만들었고, 신공도 쫓겨나 얼마 뒤 죽었다. 이로써 유가를 국가 이데올로기로 확립하려던 무제의 첫 시도는 좌절되었다. 한 왕조 초기 지배층의 사상투쟁의 한 단면을 보여주는 대목이기도 하다.

오랜 전쟁을 끝내고 개국한 한나라는 도가에 뿌리를 둔 황로 사상에 입각하여 억지로 일삼지 않고 백성들을 쉬게 하여 인구와 생산을 늘리는 정책으로 나라를 안정시켰다. 이것이 이른바 '억지로 일삼지 않는다'는 '무위이치(無爲而治)'와 '쉽게 하면서 힘을 기르고 인구를 늘린다'는 '휴양생식(休養生息)'이다. 위 신공의 말은 이런 황로학파의 사상을 대변하고 있다. 야심만만한 무제는 겉으로는 신공을 우대했지만 속으로는 대외 확장을 위한 국정의 변화를 준비하고 있었다.

爲治者不在多言, 顧力行何如耳.

99. 세상사 평범하면서 당연한 이치 ─────────

원문 酒極則亂주극즉난, 樂極則悲낙극즉비.

번역문 술이 극에 달하면 난리가 나고, 쾌락이 극에 달하면 슬퍼진다. (권126 〈골계열전 〉)

사족 주량이 얼마나 되느냐는 제나라 위왕(威王, ?~기원전 320)의 물음에 익살꾼 순우곤(淳于髡)이 "한 말을 마셔도 취하고, 한 섬을 마셔도 취합니다"라고 대답했다. 위왕이 의아해하자 순우곤은 위와 같은 절묘한 말로 답했다. 그런 다음 순우곤은 "모든 일이 이와 같습니다. 사물이란 도가 지나치면 안 되며, 도가 지나치며 쇠할 수밖에 없습니다"라고 덧붙였다. 세상사 이치를 이해하고 받아들이면 지나친 언행을 막을 수 있다.

당시 순우곤은 주량이 왜 그렇게 들쭉날쭉이냐는 위왕의 물음에 누구와 마시며, 분위기에 따라 다르다면서 위의 명언을 남겼다. 참으로 절묘하고 폐부를 찌르는 말이다. 우리 사회 곳곳에서 벌어지고 있는 술로 인한 추태를 볼 때마다 순우곤의 위 경구가 정말 마음에 와 닿는다. 그럼에도 지금 세태는 사람들로 하여금 횟술을 마시게 강요한다. 쾌락이 극에 달한 것도 아닌데 슬퍼진다. '주극생란(酒極生亂), 낙극생비(樂極生悲)'로 많이 쓴다.

酒極則亂, 樂極則悲.

100. 세상을 피하는 방법에 대한 동방삭의 통찰 ———

원문 古之人고지인, 乃避世於深山中내피세어심산중, 如朔等여삭등, 所謂避世於朝廷間者也소위피세어조정간자야.

번역문 옛 사람들은 세상을 피하려고 깊은 산속에 숨었지만, 나 동방삭은 조정 속에서 세상을 피한다.(권126 〈골계열전〉)

사족 한나라 무제 때의 유머리스트 동방삭(東方朔, 기원전 154~기원전 93)은 익살로 무제를 즐겁게 했지만 때론 서릿발 같은 풍자와 직간을 올렸던 기인이었다. 중국 드라마에는 동방삭이 무제의 멘토로 등장하고 있다.

동방삭의 기행은 남달랐다. 먹다 남은 고기를 품속에 쑤셔 넣어 집으로 가져가고, 황제에게 받은 재물은 미녀 아내를 맞이하는 데 모두 써버리고, 1년 이상 함께 산 여인이 없을 정도로 아내를 자주 바꾸었다. 사람들이 모두 미쳤다고 비난하자 동방

저잣거리에 숨어 사는 나름의 처세 지혜를 남긴 동방삭의 무덤이다.(2013년)

삭이 한 대꾸가 바로 위 명언이다.

동방삭은 자기만의 처세술과 유머 감각으로 살벌한 궁중 정치를 비켜 갔다. 하지만 그것은 결코 회피나 외면이 아니었다. 그만의 지혜로운 방식이었다. 다만 사람들이 그걸 몰라 봤을 뿐이다. 그래서 훗날 사람들은 동방삭을 장수(長壽)의 대명사이자 도교(道敎)의 신으로 받들었다. 18만 년을 살았다는 '삼천갑자(三千甲子) 동방삭'이 그렇게 해서 탄생했다.

古之人, 乃避世於深山中, 如朔等, 所謂避世於朝廷閒者也.

101. 몸을 망치면서까지 권세와 부를 추구하는 까닭은 ——

원문 道高益安도고익안, 勢高益危세고익위. 居赫赫之勢거혁혁지세, 失身且有日矣실신차유일의.

번역문 도는 높을수록 편안하고, 권세는 높을수록 위태롭다. 빛나는 권세를 좇다 보면 몸을 망치는 것은 시간문제다.(권127 〈일자열전〉)

사족 한나라 초기 정치가 송충(宋忠)과 가의(賈誼)는 외출을 나갔다가 속세의 권세를 초월한 점쟁이를 만나서 큰 충격을 받았다. 두 사람은 서로의 얼굴을 보면서 위와 같이 말한 다음 "점치는 사람은 점을 쳐서 딱히 맞히지 못한다고 해도 복채를 되돌려 주는 일이 없지만, 임금을 위해서 방책을 세울 때 정밀하지 못하면 몸 둘 곳이 없다. 이것의 차이는 마치 머리에 쓰는 관과 발에 신는 신발만큼이나 크다"고 탄식했다. 높고 큰 권세에는 그만큼 책임과 위험이 따른다는 지적이다.

그럼에도 사람들은 도를 추구하기보다는 부귀와 권세를 추구한다. 추구 정도가
아니라 탐한다. 마치 불나방이 불속으로 뛰어들 듯 권세를 향해 돌진한다. 브레이크
도 없고, 후진은 더더욱 없다. 권세가 가져다주는 이익이 그만큼 많기 때문이다. 문
제는 그런 과도한 탐욕 때문에 다른 사람들이 다치는 것이다. 나라로 보자면 백성과
나라가 혼란스러워진다. '도고익안, 세고익위' 여덟 글자로 많이 인용한다.

道高益安, 勢高益危. 居赫赫之勢, 失身且有日矣.

102. 아부의 말은 달콤한 독약

원문 諫者福也간자복야, 諛者賊也유자적야. 人主聽諛인주청유, 是愚惑也시우혹야.
번역문 직언은 복이고, 아부는 적이다. 군주된 자가 아부를 좋아하는 것은 어리석음
에 홀려 있기 때문이다.(권128 〈귀책열전〉)

사족 춘추시대 송나라 원왕(元王)과 그 신하 위평(衛平)이 거북점을 놓고 나눈 대화 중
에 원왕이 한 말의 일부다. 당시 신묘한 거북을 하나 얻었는데 위평은 원왕에게 이
를 이용하여 통치에 활용하라고 권했다. 원왕은 그런 미신으로 통치하는 것은 옳지
않다며 위와 같이 말했다. 아무리 효험이 있고 신통할 지라도 그런 미신으로 백성에
군림하려는 것은 아부 따위를 좋아하는 어리석은 군주나 하는 짓이라는 말이다.

간절히 원하면 온 우주가 나서 도와주며, 전체적으로 그런 기운이 느껴지고, 혼이
비정상 운운하며 참으로 미신적인 언사를 서슴지 않았던 21세가 우리 위정자와 지
금으로부터 약 2,500년 전 위와 같이 말한 봉건시대 위정자를 비교하자니 낯이 화끈
거린다. 신묘한 거북이가 나타나지 않은 것을 다행으로 여겨야 할 판이다.

103. 백성과 다투는 정치는 어떤 정치일까

원문 故善者因之고선자인지, 其次利道之기차이도지, 其次教誨之기차교회지, 其次整齊之기차정제지, 最下者與之爭최하자여지쟁.

번역문 정치를 가장 잘하는 자는 자연스러움을 따르고, 그다음은 이익으로써 백성들을 이끌고, 그다음은 가르쳐서 깨우치게 하고, 또 그다음은 가지런히 바로잡는 것이고, 가장 하수는 백성들과 싸운다.(권129 〈화식열전〉)

사족 사마천은 관중 이후 정치와 경제를 따로 보지 않은 최초의 역사가라 할 수 있다. 철저하게 중농주의가 대세였던 그 당시에 상공업이 함께 발전해야 한다고 주장했던 대단히 진보적인 학자이기도 했다. 그는 부자들의 치부 방법과 상도덕 및 노블레스 오블리주 문제 등을 전문적으로 논한 〈화식열전〉에서 경제적 관점으로 정치의 수준을 위와 같이 다섯 등급으로 나누었다. 정치가 경제의 발목을 잡거나 백성들의 경제 활동을 억지로 통제해서는 안 된다는 지적과 함께 위와 같은 말을 남겼다.

사마천은 자유방임에 가까운 경제관을 지녔던 역사가였다. 그는 한 무제 때 국가가 과도하게 경제와 상인들의 활동에 간섭하며 중소상인들을 붕괴시키는 모습을 목격했다. 대상인들은 정부와 결탁하여 중소상인들을 가차 없이 파산시켰다. 지금 우리의 국가정책은 어떤지 돌아볼 필요가 있다.

故善者因之, 其次利道之, 其次教誨之, 其次整齊之, 最下者與之爭.

104. 부의 편중이 모든 사회문제의 근원이다

원문 凡編戶之民범편호지민, 富相什則卑下之부상십즉비하지, 伯則畏憚之백즉외탄지, 千則役천즉역, 萬則僕만즉복, 物之理也물지리야.

번역문 대개 호적에 간신히 이름이나 올린 인민들은 재력 면에서 열 배의 차이가 나면 그 사람을 헐뜯고, 백 배의 차이가 나면 상대를 두려워하며, 천 배의 차이가 나면 부림을 당하고, 만 배의 차이가 나면 노복이 되니, 사물이 이치가 이렇다.(권129 〈화식열전〉)

사족 부의 차이가 인간관계와 사회적으로 어떤 결과를 초래하는지를 절묘하게 지적한 사마천의 명언이다. 사마천은 부가 아래로 내려가면 백성들이 따르고, 부가 위로 집중되면 백성들이 원망하고 멀어진다고 했다. 따라서 위의 명구도 부의 차이가 사회적 신분이나 역할의 차이를 심각하게 초래할 정도로 커서는 안 된다는 사마천의 경제관을 반영하고 있다.

일찍이 공자는 "불환과이환불균(不患寡而患不均), 불환빈이환불안(不患貧而患不安)"(《논어論語》〈계씨季氏〉)이라는 유명한 말을 남겼다. "재부가 적다고 걱정하기보다는 분배가 고르지 않은 것을 걱정하고, 가난을 걱정하기보다는 (나라의) 불안을 걱정한다"는 뜻이다. 그런가 하면 맹자는 백성들에게 고정적이고 일정한 직업이나 생산이 있어야만 국가의 정책을 마음으로 따른다고 했다. 이것이 유명한 '항산(恒産)'과 '항심(恒心)' 논리다.

수천 년 전부터 사회적 분배와 공평의 문제, 기초 생활의 조건, 최저 생계와 같은 문제가 걱정거리였음을 알 수 있다. 지금 우리 사회도 분배와 공평, 기초 생활과 최저 생계라는 근본적인 문제를 해결하지 않고는 나

저주받은 걸작 〈화식열전〉은 오늘날 이 편을 읽지 않고 《사기》를 읽었다 하지 말라는 평을 들을 정도이다. 〈화식열전〉 서문 부분의 필사이다.(출처: 바이두)

라의 정책도 국력의 발전도 무망하다는 것을 절실하게 느끼고 있다.

> 凡編戶之民, 富相什則卑下之, 伯則畏憚之, 千則役, 萬則僕, 物之理也.
> 不患寡而患不均, 不患貧而患不安.
> 恒産, 恒心

105. 경제가 생활과 의식을 지배한다

원문 倉廩實而知禮節창름실이지예절, 衣食足而知榮辱의식족이지영욕.

번역문 창고가 넉넉하면 예절을 알고, 입고 먹는 것이 넉넉하면 자랑스러움과 부끄러움을 안다. (권129 〈화식열전〉)

사족 〈화식열전〉은 역대 부자들의 치부법을 소개하면서 경제와 보통 사람의 문화적 소양의 관계까지 설파했다. 위 명구는 춘추시대 제나라의 정치가 관중(管仲)이 남긴 명언을 사마천이 다시 인용한 것이다. 관중은 환공(桓公)을 춘추시대 최초의 패주(覇主)로 만들고 제나라를 당시 가장 강한 나라로 만든 장본인이다. 그리고 이 모든 것의 기초는 관중이 그토록 강조했던 '부민(富民)'이었다. 관중은 부국(富國)은 부민(富民)이란 전제 위에서만 가능하다는 것을 인식했기 때문이다.

인간의 예의염치가 경제적 부와 직결된다는 사실을 사마천은 2천여 년 전에 정확하게 인식했다. 또 그것이 사회적 기풍을 형성하고 나아가 그 사회의 건전도까지 결정한다고 보았다. 순자도 "불부무이양민정(不富無以養民情), 불교무이이민성(不敎無以理民性)"이란 유명한 말씀을 남겼다. "부유하게 하지 않으면 인민의 성정을 기를 수 없고, 가르치지 않으면 인민의 소질을 높일 수 없다"는 뜻이다.(《순자荀子》 〈대략大略〉) 몇 천 년 전 옛 현인들의 깊은 통찰력에 새삼 감탄하게 된다.

倉廩實而知禮節, 衣食足而知榮辱.
不富無以養民情, 不敎無以理民性.

106. 빈부의 차이가 가져오는 달라지지 않은 사회 현상 —

원문 千金之子천금지자, 不死於市불사어시.

번역문 천금의 재산을 가진 집안의 자식은 저잣거리에서 죽지 않는다. (권129 〈화식열전〉)

사족 〈화식열전〉을 통해 사마천은 경제와 정치를 둘로 보지 않고 있다는 인식을 명확하게 했다. 또한 경제력과 권력의 함수관계도 정확하게 인식했다. 위의 구절은 그 점을 적나라하게 보여주는 명언이다. 더욱이 이 구절은 오늘날 우리의 세태를 그대로 반영하고 있을 뿐만 아니라, 우리의 일그러진 현실을 날카롭게 풍자하고 있어 불편하게 들리기까지 한다.

《한서》〈왕망전(王莽傳)〉에 보면 "부자견마여숙속(富者犬馬餘菽粟), 교이위사(驕而爲邪) ; 빈자불염조강(貧者不厭糟糠), 궁이위간(窮而爲奸)"이란 구절이 눈길을 끈다.

"부자는 기르는 개나 말의 먹이조차 남지만 이 때문에 교만해져 나쁜 짓을 한다. 가난한 사람은 술지게미나 쌀겨조차 마다하지 않지만, 이 때문에 궁해지면 나쁜 일을 한다."

빈부의 정도와 불균형 문제를 지적한 명구이다. 부자도 빈자도 나쁜 짓을 하지만 문제는 부자는 아무리 나쁜 짓을 저질러도 죽을 일이 없지만, 빈자는 조금만 잘못해도 가혹한 처벌을 받는 현실이다.

千金之子, 不死於市.

富者犬馬餘菽粟, 驕而爲邪 ; 貧者不厭糟糠, 窮而爲奸.

107. 이익이 있는 곳에 사람이 있다

원문 天下熙熙천하희희, 皆爲利來개위이래 ; 天下壤壤천하양양, 皆爲利往개위이왕.

번역문 천하 사람들이 기꺼이 찾아오는 것도 모두 이익을 얻고자 오는 것이고, 어지러이 달려가는 것도 모두가 이익을 위해 좇아가는 것이다. (권129 〈화식열전〉)

사족 인간관계를 이익, 즉 경제적 관점에서 통찰한 사마천의 대표적인 명언이다. 사마천은 천금을 가진 부자도 가난을 걱정하는데, 간신히 호적에 이름이나 올린 보통 사람들이야 오죽하겠냐고 반문하면서 누구든 자신의 능력으로 열심히 정직하게 치부하여 제왕 못지않은 삶을 영위하라고 말한다. 이것이 사마천의 경제관에서 핵심을 이루는 '소봉론(素封論)', 즉 무관의 제왕론이다.

사마천 경제관은 대단히 진보적이면서도 도덕적이다. 불법이나 사악한 방법으로 치부하는 것에 단호히 반대한다. 공자가 "부여귀(富與貴), 시인지소욕야(是人之所欲也), 불이기도득지(不以其道得之), 불처야(不處也) ; 빈여천(貧與賤), 시인지소오야(是人之所惡也), 불이기도득지(不以其道得之), 불거야(不去也)"라고 한 것도 같은 맥락인데 뜻을 풀이하면 이렇다.

"부귀는 사람이 바라는 바이다. 그러나 정당한 방법으로 얻은 것이 아니라면 받아들이지 않는다. 빈천은 사람이 싫어하는 바이다. 그러나 정당한 방법으로 벗어나는 것이 아니라면 하지 않는다."(《논어》 〈이인里仁〉)

부귀를 얻는 것도, 빈천에서 벗어나는 것도 그 방법과 수단이 정당해야 자신이 떳떳해지는 것은 물론 남에게 피해를 주지 않는다. 사람은 어떤 일에 처하거나 그것에 대처하고 해결하기 위해 선택하는 방식이 저마다 다 다르다. 그 방식에 따라 그 사람의 성취가 양과 질이란 면에서 차이를 보이기 마련이다.

天下熙熙, 皆爲利來 ; 天下壤壤, 皆爲利往.
富與貴, 是人之所欲也, 不以其道得之, 不處也 ; 貧與賤, 是人之所惡也, 不以其道得之, 不去也.

108. 예와 법의 조화는 불가능한가

원문 夫禮禁未然之前부예금미연지전, 法施已然之後법시이연지후.

번역문 무릇 예란 어떤 일이 발생하기 전에 막는 것이고, 법이란 사건이 발생한 다음 적용하는 것이다.(권130 〈태사공자서〉)

사족 사마천은 예와 법의 차이, 예와 법의 작용이 갖는 특성을 위와 같이 간명하게 파악했다. 그러면서 법으로 모든 것을 다 막거나 금지할 수 없으므로 예의를 통해 인간의 행위를 순화시키는 것이 훨씬 효과적이라고 지적했다. 이는 노자가 법령이 많아질수록 인간은 더 간악해진다고 한 것과도 통하는 관점이다.

법망이 물샐틈없이 치밀하다는 것은 그만큼 금지하고 막아야 할 폐단이 많다는 지표이다. 그래

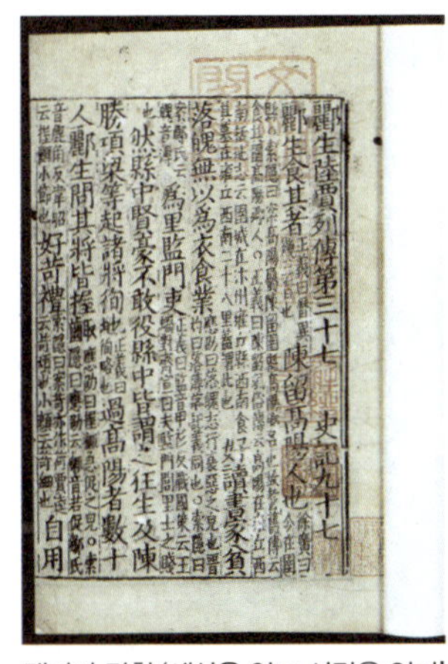

맹자가 말한 '세상을 알고 사람을 안다'는 '지인논세(知人論世)'를 위한 최고의 역사서이자 고전은 말할 것 없이 사마천의 《사기》이다. 송나라 때 판본이다.

서 사마천은 사회적 풍토가 건강하고 건전해야 이런 폐단이 줄어든다고 진단한 것이다. 그 사회적 풍토가 바로 사마천이 말한 '예(禮)'이다.

예란 마음을 겉으로 드러내거나 표현하는 방법이다. 따라서 예는 상대에 대한 배려를 전제로 할 수밖에 없다. 예를 차린다는 말은 자신의 언행을 조심하는 동시에 상대의 마음을 배려한다는 뜻이기도 하다. 세상이 무례해지면 범법 행위가 늘고 법조항도 늘 수밖에 없다. 그런 세상을 난세(亂世)라 한다.

夫禮禁未然之前, 法施已然之後.

권98 〈부근괴성열전〉은 고조 유방의 공신으로 충성을 다해 천수를 누린 부관·근흡·주설 3인의 합전이다. 사마천은 이들의 사람됨과 유방의 용인술에 대해 풍자적인 필치로 기술하고 있다. 사진은 유방이 말년에 경포의 반란을 진압하고 돌아오는 길에 고향을 들러 고향 사람들과 술자리를 가진 것을 기념하는 유방상이다.(2014년) 이 자리에서 유방은 여전히 인재를 갈망하는 〈대풍가(大風歌)〉라는 노래를 불렀고, 그 가사가 훗날 비석에 새겨져 전해온다.

3부

술이 극에 이르면 난리가 나고, 쾌락이 극에 이르면 슬퍼진다

주극생란(酒極生亂), 낙극생비(樂極生悲)

— 《사기》의 언어로 감상하는 명장면 50 —

'호학심사(好學深思), 심지기의(心知其意).' '배우길 좋아하고 깊게 생각하면, 마음으로 그 뜻을 안다.'

사마천은 생각, 그것도 깊은 생각을 강조했다. 생각 없는 글과 생각하지 않는 말, 즉 생각 없는 공부가 얼마나 위험한지 잘 알았기 때문이다. 생각 없는 공부와 거기서 나오는 글과 말 때문에 자신의 몸을 망치는 것은 물론 세상에 해독을 끼친 지식인이 많았고, 지금도 헤아리기 힘들 정도로 양산되고 있다. '심사(深思)'의 울림이 크다.(선 채로 책을 읽고 있는 모습의 벽돌 그림이다. 왼쪽에서 두 번째)

제2장

언필당리(言必當理), 사필당무(事必當務) – 이치에 맞는 말과 글

생각을 거친 대화는 표현된 사상이다

2천 년 넘는 시간을 거치면서 《사기》에는 많은 별명이 붙었다. 문학가 노신(魯迅, 1881~1936)은 '사가지절창(史家之絶唱), 무운지이소(無韻之離騷)'라는 절묘한 표현으로 《사기》를 시와 노래에 비유했다. '역사가의 기막힌 노래요, 가락 없는 시'란 뜻이다. 〈이소〉는 전국시대 초나라의 시인 굴원(屈原, 기원전 약 339~기원전 약 278)의 작품이다. 노신은 52만 6,500자의 역사서를 시로 보았고, 이는 참으로 탁월한 인식이 아닐 수 없다. 《사기》를 읽을수록 노신의 안목에 탄복하고 있다.

같은 맥락으로 '역사적 문학서요, 문학적 역사서'란 별칭이 있다. 역사로서 문학의 경지를, 문학으로서 역사의 경지를 함께 열었다는 평가에 따른 것이다. 어떤 역사서가, 어떤 문학서가 이런 별칭을 가질 수 있을까?

《사기》를 본격적으로 읽고 공부한 지 30년이 넘어가면서 명나라의 정치가이자 문장가인 모곤(茅坤, 1515~1601)의 《사기평초(史記評鈔)》의 다음 대목에 절로 공감하게 되었다.

"오늘날 《사기》를 읽을 때 독자들은 〈유협열전〉에서는 목숨을 초개처럼 버리게 될 것이고, 〈굴원가생열전〉을 읽으면 눈물을 흘리게 될 것이고, 장자나 노중련의 열전을 읽으면 속세를 떠나고 싶을 것이다. 이광의 열전을 읽으면 자신이 전쟁에 나가고 싶어질 것이며, 석건의 열전을 읽으면 예절을 극진히 지키고 싶어질 것이며, 신릉군이나 평원군의 열전을 읽으면 인재를 기르고 싶을 것이다. 무엇 때문에 이렇게 될까? 모든 내용이 각각 사물의 실정에 들어맞아 독자의 마음속 깊이 전달되기 때문이다. 몇몇 구절이나 글자로 독자들을 격발시키는 것이 결코 아니다."

모곤은 《사기》의 문장(언어)이 갖는 매력을 정확하게 짚어냈다. 필자로 말하자면, 공부 30년 만에 겨우 《사기》의 문장, 사마천의 언어가 눈에 들어오기 시작했다. 그러면서 그동안 모아 두었던 《사기》에 보이는 대화 위주의 문장 50편을 골라 되는 대로 생각을 얹어 보면서 《사기》의 언어를 감상해 보았다. 얹은 생각들은 지극히 개인적인 것이고, 지금 우리 사회를 병들게 하는 거칠고 생각 없는 천박한 언어가 갖는 문제를 염두에 둔 것임을 미리 말해두는 바이다.

《사기》의 언어는 놀랍다. 대화체 문장은 경이롭다. 말을 나누는 사람의 성향·기질·심리까지 읽어낼 수 있게 하는 깊은 정보와 암시가 곳곳에 잠복해 있다. 이 언어를 살리는 장면의 묘사는 더 기가 막히다. 〈위공자열전〉의 한 대목은 마치 카메라를 몇 대 동원하여 촬영한 영화의 장면을 방불케 한다. 이런 장면 묘사에 대해서는 나중에 따로 글을 써볼 생각이다. 이 책에서 이와 비슷한 꼭지는 제1장 뒷부분에 배치된 '재앙에는 반드시 까닭이 있다 – 무제 시기 고관대작들의 작태와 언쟁 –'이다. 당시 황실의 외척으로 잘나가는 고관대작의 집에서 벌어진 술자리 이야기인데 장면 묘사가 역시 영화의 장면을 방불케 한다.

이 책은 《사기》 속에 나오는 말, 즉 대화를 통해 《사기》의 언어가 갖는 매력을 감상한 것이다. 역사서로는 대화가 상당히 많고, 해당 대화의 내용과 언어에서 배울 점과 생각할 거리가 적지 않다. 말과 글이 거칠어지고 천박해지고 있는 지금 상황에 비추어 곰곰이 새겨볼 대목들 또한 적지 않다. 《사기》를 처음 접하는 독자들이 읽기에는 쉽지 않겠지만, 대화가 나오게 된 역사적 배경과 필자의 생각을 얹은 부분으로 최대한 이해를 돕고자 했다.

사마천은 역사서를 단순한 사실의 나열로 남기지 않았다. 두 사람의 대화와 설전이 있는가 하면, 여러 사람의 논쟁이 있고, 시정잡배의 거친 언어도 있으며, 속담과 노래도 필요하다면 과감하게 끌어다 넣었다. 다시 한 번 말하지만 심지어 어떤 장면은 카메라 몇 대가 동원된 영화의 장면을 방불케 한다. 공부가 좀 더 익으면 이런 장면들까지 모아 《사기》의 또 다른 매력을 독자들께 전달할 생각이다. 그에 앞서 모자라지만 필자의 생각을 얹은 50개 장면을 통해 《사기》의 언어가 갖는 매력의 한 자락을 걸쳐둘까 한다. 독자들께서는 짤막한 사극의 한 장면과 그 장면에 대한 해설을 듣는다는 생각으로 읽어 주십사 하는 개인적인 소망을 더 보태는 것으로 앞머리를 줄인다. 다만 《사기》를 잘 모르고 《사기》의 문장을 접해보지 못한 독자들이 이 글들을 어떻게 받아들이실지 걱정이다. 배경을 짤막하게 붙여놓긴 했지만.

"생각을 거친 대화는 표현된 사상이다. 이럴 경우 말이나 글은 다 같다."(보양柏楊)

2020년 2월 25일 처음 쓰고, 2022년 9월 20일 마무리하다.
2024년 10월 25일 다시 읽고 다듬기 시작하다.
2025년 2월 다시 읽고 2025년 6월 최종 마무리하다.

제1장

언위심성(言爲心聲), 서위심화(書爲心畵)
– 마음에서 우러나는 말과 글

한나라 때 학자 양웅(揚雄, 기원전 53~기원후 18)은 대표적인 저서 《법언(法言)》〈문신(問神)〉 편에서 "말은 마음의 소리요(언심성야言心聲也), 글은 마음의 그림(서심화야書心畵也)이다"라는 참으로 기가 막힌 명언을 남겼다. 훗날 서예가들과 학자들은 이 대목을 빌린 다음 한 글자만 바꾸어 '언위심성(言爲心聲), 서위심화(書爲心畵)'로 표현했다. 똑같은 뜻이다. 양웅은 이 대목 바로 다음에 "소리(말)와 그림을 보면 군자와 소인이 드러난다(성화형聲畵形, 군자소인현의君子小人現矣)"고도 했다. 말을 하던 글을 쓰든 진실을 바탕에 두어야 한다. 첫 장은 '언위심성, 서위심화'라는 여덟 글자를 따서 《사기》의 문장과 대화들 중에서 마음속에서 우러난 것들을 주로 모았다. 말과 마음의 관계를 생각해보기 위해서다.

'일생일사(一生一死)'
'한 번 태어나고, 한 번 죽는다.'

자객 예양은 자신을 알아준 지백을 위해 조양자를 두 번이나 죽이려 했다. 그러면서 뜻있는 사람은 자신을 알아주는 사람을 위해 죽는다는 말을 남겼다. 자객 섭정의 누이도 같은 말을 남겼다. 사마천은 '구우일모(九牛一毛)'라는 천고의 명언을 남기며 궁형을 선택하여 끝내 태산보다 무거운 죽음으로 생을 마무리했다. 예양과 섭정의 가치관이 옳았느냐 아니냐를 떠나, 사마천의 선택이 위대했는가 아니었는가를 떠나 세 사람 모두 생사의 경계(境界)에서 경지(境地)를 택한 것만은 틀림없어 보인다. 사마천은 이렇게 말한다.

"사람은 누구나 한 번은 죽는다. 하지만 어떤 죽음은 태산보다 무겁고, 어떤 죽음은 새털보다 가볍다. 죽음을 사용하는 방향이 다르기 때문이다."

(그림은 벽돌에 그려진 자객 예양이 조양자를 암살하려는 장면이다.)

사람을 잘못 죽게 했으면 자신이 죽어야 합니다

법의 엄정함을 자신부터 지킨 이리

배경

춘추시대 초반인 기원전 7세기에 접어들면서 오늘날 산서성에 위치한 진(晉)나라에서 걸출한 정치가가 출현했다. 그는 국내 정쟁에 떠밀려 장장 19년 동안 8개국을 전전한 끝에 60이 넘은 나이로 국군 자리에 올랐다. 그리고 69세로 세상을 떠날 때까지 천하의 패권을 주도하면서 제나라 환공에 이어 두 번째 패자가 되었다. 바로 진 문공(文公, 기원전 약 697~기원전 628)이었다.

문공이 걸출한 정치가였다는 사실은 그의 19년 망명을 수행한 많은 인재들, 즉위 후 펼친 정치·군사·외교 방면에서의 활약 등으로 여실히 입증되었다. 특히 아래에 소개할 그가 믿고 기용한 사법관 이리(李離)와의 대화는 그가 어떤 통치자였는지를 간접적이지만 상당히 극적으로 증명해 보이고 있다.(〈순리열전〉)

장면

춘추시대 진나라의 통치자 문공에게는 이리라는 강직한 법관이 있었다. 한번은 이리가 어떤 사건에 대한 부하의 보고를 그대로 믿고는 무고한 사람을 죽게 했다. 이리는 자신을 감옥에 가둔 다음 사형을 선고했다.

이 일을 알게 된 문공은 "관직에는 귀천과 고하가 있고, 형벌에는 가벼운 것과 무거운 것, 급한 일과 천천히 처리할 것의 구별이 있소. 이 사건은 잘못된 보고를 올린 부하 관리의 잘못이지 그대의 죄가 아니잖소?"라고 했다. 이리는 다음과 같은 말로 문공에게 반박했다.

"신은 소관 부처의 장관으로서 지금까지 아래 관리에게 자리를 양보하지 않았고, 받는 녹봉이 많았지만 부하들에게 나누어주지도 않았습니다. 지금 잘못된 보고를 믿고는 무고한 사람을 죽여 놓고 그 죄를 부하 관리들에게 떠넘기는 것은 있을 수 없는 일입니다."

문공이 다시 "그대의 말대로 모든 죄가 상급자에게 있다고 인정한다면, 과인에게도 죄가 있는 것이 아닌가?"라고 반문하자 이리는 이렇게 대답했다.

"법관에게는 사건을 판결하는 법률이 있습니다. 죄를 잘못 판결하면 스스로 벌을 받아야 하고, 잘못 판결하여 사람을 죽게 했으면 자신이 죽어야 합니다. 주군께서는 신이 사소하고 은밀한 속사정까지 그 의혹을 풀어 잘 판결할 수 있으리라 여겼기 때문에 법관으로 삼으셨습니다. 그러나 지금 잘못된 보고를 듣고 사람을 죽게 했으니 사형이 마땅합니다."

이리는 문공의 사면령을 따르지 않고 끝내 검으로 목을 베어 자결했다. 이상이 '이리가 검으로 자결했다'는 '이리복검(李離伏劍)'의 고사다. 사마천은 "이리는 잘못 판결하여 사람을 죽이고 검으로 자결했으며, 문공은 이로써 국법을 엄정하게 했다"는 간결한 논평을 남겼다.

생각 얹기

중국 역사에는 이리의 경우와 같은 고사가 적지 않다. 가장 유명한 고사가 바로 《삼국지연의》의 '읍참마속(泣斬馬謖)'이다. 제갈량이 '눈물을 흘리며 마속의 목을 벤' 이 고사는 모르는 사람이 없을 정도다. 이리는 자결을 택했고, 마속은 처벌로 목이 잘렸다는 점에서 다를 뿐이다. 둘 다 법은 어떤 경우든 엄정하게 집행되어야 한다는 점을 강조하고 있다는 점에서는 본질적으로 같다.

　이리의 자결은 법 정신의 수호가 곧 인간 정신의 수호임을 잘 보여주는 아주 귀중한 사례다. 법조계에서 흔히 하는 '백 사람의 무죄를 밝히는 일 못지않게 한 사람의 억울한 피해자가 생기지 않도록 하는 일도 중요하다'는 오랜 격언을 2,700여 년 전의 법관 이리가 자신의 목숨으로 보여주었기 때문이다.

　법의 보호를 받기는커녕 법 때문에 억울한 피해를 당하는 일이 비일비재하고, 법을 집행하는 자들이 법을 망나니의 칼처럼 마구 휘두르는 현실을 비추어 볼 때 이리의 자신에 대한 사형판결은 많은 것을 생각하게 만든다. 특히 사형판결을 내리면서 그가 말한 "죄를 잘못 판결하면 스스로 벌을 받아야 하고, 잘못 판결하여 사람을 죽게 했으면 자신이 죽어야 합니다"라는 대목은 강렬하고 짙은 여운을 남긴다. 우리 현실이 바로 겹쳐 보이기 때문이다.

'이리복검'의 고사를 나타낸 그림이다.(출처:바이두)

위아래가 서로를 속이니 함께하기 어렵다

개자추의 고고함

배경

19년 망명의 주인공 문공은 망명 생활에서 숱한 고난을 겪었다. 먹을 것을 구걸하자 천연덕스럽게 밥이라며 흙덩이를 던져준 자도 있었고, 소문으로 떠도는 문공의 희귀한 '통갈비뼈' '변협(騈脇)'을 몰래 구경하려고 일부러 문공에게 잘해준 조(曹)나라 국군도 있었다. 한번은 오랫동안 먹지를 못해 거의 굶어죽을 상황에서 문공을 수행했던 개자추(介子推)가 자신의 허벅지 살을 베어 국을 끓여 살린 일도 있었다. 이 일이 저 유명한 '할고봉군(割股奉君, 허벅지 살을 베어 주군을 받들다)'의 고사다.

천신만고 끝에 국군 자리에 오른 문공은 19년 동안 자신을 따른 수행원들에게 벼슬과 땅을 내렸다. 그런데 '할고봉군'한 개자추에게는 벼슬도 땅도 돌아가지 않았다. 개자추는 노모를 모시고 면산(綿山)으로 숨었다. 민간에서는 문공의 야박함을 풍자하는 노래가 떠돌았다. 민간 전설에는 문공이 개자추를 산에서 나오게 하려고 면산에 불을 질렀고, 개자추와 노모는 지조를 지키기 위해 함께 불에 타죽었다고 한다. 여기서 태운 음식이나 데운 음식을 먹지 않는다는 한식(寒食)이 기원했다. 아래 장면은 너나없이 공을 다투는 수행 신하들의 행태에 분개한 개자추와 노모의 대화다.(〈진세가〉)

장면

"헌공(獻公)의 아들이 아홉이었는데 지금 주군(문공)만 살아계십니다. 혜공(惠公)과 회공(懷公)은 가까운 사람이 없어 안팎으로 버림을 받았습니다. 하늘이 진나라를 없

">

애지 않아 주인이 나타나 제사를 드리게 되었으니 지금 주군이 아니고 누구란 말입니까? 하늘이 실로 그분을 도우셨거늘 몇몇 사람이 자기 힘이라고 하니 어찌 기만이 아니겠습니까? 남의 재물을 훔치는 것을 절도라 하거늘, 하물며 하늘의 공을 탐내 자신의 힘으로 여기는 자들이야 오죽하겠습니까? 아랫사람은 그 죄를 무릅쓰고, 윗사람은 그 간사함에 상을 내리면서 위아래가 서로 속이니 함께하기 어렵습니다!"

"어째서 가서 달라고 하지 않는 것이냐? 이렇게 죽는다면 누구를 원망하겠느냐?"

"잘못인 줄 알면서 그것을 본받으면 죄는 더욱 심해질 뿐입니다. 게다가 지금 원망하는 말까지 내뱉었으니 더더욱 그 녹을 먹을 수 없지요."

"그래도 알게 하는 것이 어떻겠느냐?"

"말이란 사람 몸을 꾸미는 것입니다. 몸을 숨기려 하는데 꾸며서 무엇하겠습니까?"

"그렇게 할 수 있겠느냐? 그렇다면 너와 함께 숨으마."

생각 얹기

개자추와 어머니는 면산(綿山, 산서성 개휴시介休市 면산진綿山鎭)으로 숨어 죽을 때까지 나오지 않았다. 문공의 논공행상을 두고 도적질이자 서로를 속이는 것에 비유한 개자추의 원망이 지나친 감이 없지는 않다. 어머니와의 대화에는 원망의 기운이 가득하다. 개자추의 자존심이 대단히 완고했던 것 같다.

하지만 이 대목은 후대에 덧붙여진 고사일 가능성이 커 보인다. 개자추와 관련한 설화와 전설이 워낙 많기 때문이다. 팩트(fact)가 스토리(story)로 진화하는 과정에서 극적인 요소가 하나둘 붙은 결과라 할 것이다. 여러 스토리가 전하는 개자추란 인물은 누가 뭐라 해도 부귀영화에 담담했다. 개자추의 이런 성품으로 보아 위 대화의 구구한 변명이나 원망 따위는 없었을 것이다. 개자추가 논공행상에서 빠진 것을 받아들이지 못했던 백성들은 원망과 동정심에서 이런 극적인 스토리를 덧붙여 개자추의 행적과 인품을 드러내려 했던 것으로 보인다. 말하자면 극적인 요소의 이면에 작동하고 있는 군중의 심리와 심기를 읽어낼 수 있다. 이 또한 《사기》의 언어를 읽는

문공의 망명 19년은 많은 이야기를 만들어냈고, 개자추는 그중에서도 가장 두드러진 예다. 사진은 면산 입구에 세운 개자추와 어머니의 석상이다.(2008년)

즐거움의 하나이다.

그렇더라도 "말이란 사람 몸을 꾸미는 것입니다. 몸을 숨기려 하는데 꾸며서 무엇하겠습니까?"라는 대목은 음미할 만하다. 어쩌면 이 대목이 개자추의 진면목에 가장 가까울 것이다. 진심으로 물러나고 버리려 하는 사람에게 무슨 말이 필요하겠냐는 뜻이다. 물러나면서 말 많은 사람은 그 진정성을 의심 받을 수밖에 없다.

전국시대의 명장 악의(樂毅, 생졸 미상)는 자신의 의사와는 상관없이 군권을 빼앗기고 연나라를 떠났다. 그 뒤 자신을 원망하는 연나라 혜왕(惠王)의 편지에 대해 "군자는 절교해도 친구에 대해 나쁜 말을 하지 않으며(군자교절불출악성君子交絶不出惡聲), 충신은 나라를 떠나도 자기 명성을 위해 변명하지 않습니다(충신거국불결기명忠臣去國不潔其名)"라는 답장을 보낸 바 있다. 참으로 쿨(cool)한 장수였다. 개자추도 이와 같았을 것이다.

일이 있어 알리려 하는데
국군께서는 만나보지도 않으려 하시니

과거 원한에 얽매인 문공에 반박한 환관 이제

배경

진 문공이 19년 망명을 끝내고 국군이 된 해는 기원전 636년이었다. 천신만고 끝에 국군이 되었지만, 문공의 통치 초반은 결코 순탄치 않았다. 전임 국군인 혜공(惠公)의 신하들인 여성(呂省)과 극예(克芮)는 본래부터 문공을 따르지 않았다.

문공이 즉위하자 이들은 죽임을 당하지 않을까 두려워 무리들과 함께 문공의 궁에 불을 질러 죽일 계획을 짰다. 문공은 이런 사실을 까맣게 모르고 있었다. 문공이 공자였던 때 아버지 헌공(獻公)의 명령을 받고 문공을 죽이려 했던 환관 이제(履鞮)란 인물이 있었다. 그가 어찌어찌 이 음모를 알고는 문공에게 알려서 지난 죄를 갚고자 했다. 지난날 자신을 죽이려 했던 이제가 면담을 청하자, 문공은 옛날 일이 생각나서 면담을 거절하며 사람을 보내 꾸짖었다. 〈진세가〉의 해당 장면이다.

장면

"지난날 포성(蒲城)에서 네 놈이 (나를 죽이려다) 내 옷소매를 벤 일이 있었지. 그 뒤 내가 적(狄)의 군주와 사냥을 나갔을 때, 너는 혜공(惠公)을 위해 나를 죽이려 왔었다. 혜공이 너에게 사흘을 주었는데, 너는 하루 만에 왔으니 어찌 그리 빠를 수 있단 말이냐? 너는 이 일들을 잘 생각해 보아라!"

문공의 꾸짖음에도 이제는 포기하지 않고 이렇게 항변했다.

"저는 궁형을 당한 몸으로 감히 두 마음을 품고 국군을 섬기거나 주인을 배반할 수 없습니다. 그래서 국군께 죄를 지은 것입니다. 국군께서 나라로 돌아오셨지만 포성이나 적에서와 같은 일들이 없을 수 있겠습니까? 관중(管仲)은 환공(桓公)의 허리띠를 쏘았지만, 환공은 관중 덕에 패자가 되었습니다. 지금 궁형을 당한 이 사람이 일이 있어 알리려 하는데, 국군께서는 만나보지도 않으려 하시니 화가 곧 미칠 것입니다."

이제의 항변에 문공은 그를 불러들여 만났고, 이제는 여성과 극예 등의 음모를 알렸다. 문공은 여성과 극예를 불러들이려 했으나 그들의 무리가 많았다. 문공은 나라 사람들이 자신을 팔아넘길까 두려워 평민 복장으로 입국하였고, 궁을 나가 자신의 즉위를 도운 진(秦)나라 목공(穆公)의 호위를 받을 때도 마찬가지로 평민 복장을 하였다.

61세의 나이로 최고 통치자가 되었지만 문공은 춘추시대 패주로 천하를 주도했다. 그의 리더십이 그만큼 대단했다는 반증이다. 원수였던 이제의 항변을 받아들인 이 사례도 그의 리더십을 잘 보여준다. 사진은 천하 패주 문공의 위업을 나타낸 조각상이다.(2013년)

이제의 경고대로 여성과 극예 등은 반란을 일으켜 궁에 불을 지르고 문공을 찾았으나 허사였다. 문공의 호위병들이 반격을 가하자 여성과 극예 등은 무리를 이끌고 도망쳤다. 문공의 즉위를 도운 진나라 목공이 이들을 유인하여 황하 언저리에서 죽이고, 진나라는 평정을 되찾았다. 문공도 무사히 궁으로 되돌아왔다.

생각 얹기

환관 이제는 과거 헌공과 혜공의 명을 받고 문공을 두 번이나 죽이려 했다. 동시에 두 임금을 섬길 수 없었던 신분이라 명령에 따를 수밖에 없었다. 문공은 그 원한을 잊지 못하고, 이제와의 면담을 단칼에 거절했다. 인간의 감정상 문공의 이런 반응은 충분히 이해가 간다. 이제는 제나라의 관중이 환공을 활로 쏘아 죽이려 했지만, 환공은 이 원한을 잊고 관중을 재상으로 삼은 사례를 먼저 들었다. 그런 다음 자신의 처지를 다시 털어 놓으며 항변했고, 문공은 이제의 진심을 확인한 다음 즉각 조치를 취해 위기를 넘겼다.

문공은 이제의 반박과 항변을 듣고는 바로 자신의 마음을 바꾸었다. 이제의 반박과 항변이 이치에 맞았기 때문이기도 했지만, 지난날 감정의 찌꺼기를 바로 털어버리고 충언을 흔쾌히 받아들일 줄 알았던 문공의 허심탄회한 리더십도 주목해야 한다.

나를 알아주는 사람을 위해 죽는다

자객 예양의 의리

춘추시대인 기원전 6세기 말에서 5세기 초 진(晉)나라는 여섯 개 집안이 강력한 세력을 형성하며 공실을 좌우하고 있었다. 이를 육경(六卿)이라 했다. 육경은 서로를 견제하며 세력을 더욱 키우려 했다. 그중에서도 지백(智伯, 기원전 506~기원전 453)이 가장 막강하여 힘으로 다른 집안의 땅을 갈취했다. 다른 집안은 울며 겨자 먹기로 땅을 떼어주었지만 조양자(趙襄子, ?~기원전 425)는 지백의 요구를 단호히 거절했다. 지백은 다른 집안과 연합하여 조양자를 공격했고, 조양자는 큰 위기에 처했다. 조양자는 지백을 돕던 집안들을 설득하여 함께 지백에게 역공을 가해 지백을 죽였다.

이렇게 살해된 지백의 가신들 중에 예양(豫讓)이란 지사가 있었다. 그는 일찍이 범씨(范氏)와 중항씨(中行氏) 집안을 섬겼으나 인정을 받지 못해 지백에게까지 흘러들어 왔다. 지백은 예양을 높이 평가하여 국사(國士)의 대우를 해주었다. 지백이 죽자 가신들은 놀란 짐승들이 흩어지듯 뿔뿔이 도망쳤다. 예양도 산속으로 숨어야 하는 신세가 되었다. 예양은 하늘을 말없이 우러러보더니 이렇게 탄식했다. 〈자객열전〉의 관련 장면을 재구성했다.

"오호라! 뜻있는 지사(志士)는 자기를 알아주는 사람을 위해 죽고, 여자는 자기를 기쁘게 해주는 사내를 위해 화장을 한다고 했다. 지백은 나를 알아주었으니, 그를 위해 죽음으로 복수하여 보답하는 것이 내 혼백에게 부끄럽지 않으리!"

그런 다음 예양은 자신의 얼굴까지 망가뜨려가며 두 차례나 조양자를 죽이고자 했으나 뜻을 이루지 못하고 잡혔다. 조양자는 여러 집안을 섬겨놓고 어째서 유독 지백에게만 보답하려 하는가를 물었다. 예양은 앞 두 집안은 자신을 알아주지 못했지만, 지백만큼은 자신을 한 나라의 최고 인재인 국사로 대접했기 때문이라고 했다.

조양자는 이미 한 번 살려주었기 때문에 더는 봐줄 수 없다며 안타까워했다. 예양은 다음과 같이 말하면서 조양자에게 옷이라도 찔러 지백의 원한을 갚게 해달라고 부탁해 조양자의 옷을 찌른 다음 스스로 목숨을 끊었다.

"신이 듣기로 '현명한 군주는 남의 아름다움을 덮어 가리지 아니하고, 충신은 명예를 위해 죽을 의리가 있다'라고 합니다. 이전에 군주께서 이미 신을 너그럽게 용서하셨기에 천하에 군주를 어질다고 칭찬하지 않는 자가 없었습니다. 오늘의 일로 신은 죽어야 마땅합니다. 원컨대 군주의 옷을 청해 그것을 쳐서 원수를 갚으려는 뜻을 이루게 해주신다면, 죽어도 한이 없겠습니다. 감히 바랄 수 없는 일이오나, 진심을 털어놓을 뿐입니다."

지백은 천하의 모든 사람에게 버림을 받았지만, 예양은 은혜와 의리를 저버리지 않고 자신의 목숨으로 자신을 알아 준 지백의 은혜에 보답했다. 당시 뜻있는 지사들과 사마천은 예양의 의리를 높이 평가했다.

생각 얹기

'지사는 자기를 알아주는 사람을 위해 죽고(사위지기자사士爲知己者死), 여자는 자신을 기쁘게 해주는 사람을 위해 화장을 한다(여위열기자용女爲悅己者容).' 예양이 남긴 이 말은 고대 사대부의 충의의 척도이자 미덕이라 할 수 있다. 도덕의 기준은 시대에 따라 달라진다. 봉건시대의 미덕이 오늘날에는 황당한 것이 될 수 있다. 주군에게 충성을 다하는 것이야 나무랄 것 없지만, 주군이 선과 악을 구분하지 못하는 데

예양은 춘추 후기의 세태와 가치관에 저항한 낭만 자객의 한 사람이었다. 이 때문에 문학 등 예술 방면의 소재로 지금까지 활용되고 있다. 사진은 산서성 태원시(太原市)에 남아 있는 예양 사당의 모습이다.(2007년)

도 무조건 충성하는 것은 어리석음이다. 다시 말해, 자신을 돌봐 주었다고 그 사람의 인품과 도덕성은 무시한 채 맹목적으로 충성하는 가치관은 그릇된 것이다.

예양의 자결은 춘추시대 말기 배신이 판을 치던 시대의 비루한 사회적 기풍과 의식에 대한 힘없는 저항이었다. 그런 점에서 배신과 배은망덕이 판을 치는 세태에 대한 훌륭한 귀감인 것만은 분명해 보인다. 특히 그가 죽기 전 남긴 '지사는 자기를 알아주는 사람을 위해 죽는다'는 대사는 아웃사이더들의 로망(roman)을 대리만족시키는 대체제의 역할로 여전히 많은 추종자들로부터 추앙받는 천고의 명언으로 남아 있다.

나를 추천한 것이 사사로움 때문이었습니까

적황의 항의에 단호히 반박한 이극의 논리

배경

전국시대 초기 중원의 강대국 위(魏)나라는 문후(文侯, 기원전 472~기원전 396)라는 명군을 맞이하여 국력을 더욱 키워 나갔다. 문후는 이극(李克, 이괴李悝)을 비롯하여 서문표(西門豹)·오기(吳起) 등 기라성 같은 인재를 발탁하여 위나라를 전면 개혁함으로써 전국 초기 일류 강대국으로 떠올랐다.

언젠가 문후는 이극과 함께 통치에 관한 이야기를 하면서 "선생께서 일찍이 말씀하시길 '집안이 어려워지면 좋은 아내가 생각나고(가빈즉사양처家貧則思良妻), 나라가 어지러워지면 좋은 재상이 생각난다(국난즉사양상國亂則思良相)'고 하셨는데, 지금 우리 위나라 재상감으로 위성자(魏成子)와 적황(翟璜) 두 사람이 있는데, 누가 적합하겠습니까?"라며 자문을 구했다. 〈위세가〉의 관련 부분을 정리해 보았다.

장면

"그 문제는 결코 어려운 문제가 아닙니다. 주군께서 마음을 정하지 못하는 것은 두 사람을 자세히 관찰하지 않았기 때문일 따름입니다. 다음 다섯 가지 측면을 통해 두 사람을 판단해 보십시오.

첫째, 평소에 어떤 사람과 친한가를 보십시오.(거시기소친居視其所親)

둘째, 부유할 때 어떤 사람과 왕래하는가를 보십시오.(부시기소여富視其所與)

셋째, 잘나갈 때 어떤 사람을 추천하는가를 보십시오.(달시기소거達視其所擧)

넷째, 역경에 처했을 때 어떤 일을 하지 않는가를 보십시오.(궁시기소불위窮視其所不爲)

다섯째, 빈곤할 때 무엇을 취하지 않는가를 보십시오.(빈시기소불취貧視其所不取)

이 다섯 가지 방면을 잘 살피시면 재능과 인품을 갖춘 인재를 얼마든지 찾으실 수 있습니다.”

문후는 기뻐하며 “내가 이미 누구를 재상에 임명해야 할지 마음을 정했소”라고 했다. 자리를 물러난 이극은 집으로 가지 않고 적황의 집으로 갔다. 적황은 궁금증을 참지 못하고 재상 문제를 꺼냈다. 이극은 담담하게 “위성자가 될 것 같습니다”라고 말했다. 이 말에 적황의 표정이 바뀌더니 화를 내며 이렇게 항의했다.

“사실대로 말해 내가 위성자만 못한 것이 무엇이오? 서하(西河)의 지방 장관을 누가 추천했습니까? 또 왕께서 업(鄴) 지방의 치안과 수리 문제를 걱정하시기에 제가 서문표(西門豹)를 추천했지요. 왕께서 중산(中山)을 정벌하실 때는 악양자(樂羊子)를 장수로 추천했고, 중산을 정복한 뒤 관리할 사람이 마땅치 않아 그대를 추천하지 않았습니까? 또 왕자께 좋은 스승이 없어 제가 굴후부(屈侯鮒)를 추천했습니다. 대체 내가 위성자에 비해 어디가 모랍니까?”

적황의 거친 항의에도 이극은 조금도 당황하지 않고, 문후가 재상에 대해 자문한 과정을 다 밝힌 다음 이렇게 말했다.

“당신이 그 당시 저를 추천한 것이 사사로이 당파를 지어 높은 자리와 후한 녹봉을 얻기 위해서였습니까? 이런 점에서 당신은 위성자와 비교가 안 됩니다. 위성자가 추천한 복자하(卜子夏)·전자방(田子方)·단간목(段干木) 이 세 분은 주군께서 스승으로 모시는 분들이고, 당신이 추천한 다섯 사람은 그저 주군의 신하들일 뿐입니다.”

이극의 반박에 적황은 고개를 떨구며, "내가 정말 모자란 소인배입니다. 말도 안 되는 일로 선생을 욕보였습니다. 선생의 제자가 되어 가르침을 받들고자 합니다"라며 사죄했다.

생각 얹기

이극은 재상감을 묻는 문후에게 정면으로 답을 주지 않고 다섯 가지 객관적 기준을 던져 문후 스스로 결정하게 했다. 적황의 항의에 대해서는 먼저 재상 추천의 전 과정을 알려서 자신에게는 사심이 없음을 밝힌 다음, 이번에는 자신의 관점을 전혀 감추지 않고 곧이곧대로 따져 물음으로써 적황의 승복을 끌어냈다.

이 사례는 상황과 상대에 따라 논점과 논리, 그리고 방법을 달리하여 좋은 결과를 끌어낸 이극의 언변이 우선 돋보인다. 거기에는 나라를 위해 좋은 인재를 추천하고자 했던 사심 없는 이극의 공사분별의 자세가 단단히 버티고 있다.

예나 지금이나 조직이나 나라의 명운을 좌우하는 관건은 리더와 인재라는 두 요인이다. 이극은 인재의 자질을 들면서 그 자질을 바로 볼 수 있는 리더의 안목을 문후에게 요구하고 있다. 아울러 적황에게는 인재의 능력에도 차원이 있음을 정확하게 인식시켰다. 이 점을 제대로 파악해야 리더는 인재를 제대로 발탁할 수 있다는 지적이다.

이극은 법률 전문가이기도 했다. 이극은 법률 정비를 통해 위나라를 강국으로 도약시켰다. 사진은 중화법제공원의 법조문을 들고 있는 이극의 석상이다.(2009년)

나라의 보물이 무엇인가?

인식 수준의 차이로 상대를 압도한 위왕

배경

전국시대 중기인 기원전 355년, 동방의 강국 제(齊)나라의 위왕(威王, ?~기원전 320)과 서방의 강국 위(魏)나라 혜왕(惠王, 기원전 400~기원전 319)이 정상회담을 가졌다. 장소는 제나라의 도성 임치(臨淄, 지금의 산동성 치박시淄博市 임치구)였다. 양국 정상은 회담을 끝내고 교외로 나가 사냥을 하며 우의를 다졌다.

〈전경중완세가〉는 이 장면에서 자못 의미심장한 두 왕의 대화를 남기고 있다. 이 대화가 갖는 의미는 두 사람의 인식 차이가 결국 당시 두 나라의 국격과 국력 차이로 나타났음을 드러내는 데 있다. 참고로 〈전경중완세가〉는 제나라 쪽 기록이다.

장면

두 왕은 사냥을 마치고 이런저런 이야기를 나누었는데 먼저 (위나라) 혜왕이 불쑥 (제나라) 위왕에게 "왕께도 보물이 있지요?"라고 물었다. 위왕은 아무렇지 않게 "없습니다"라고 짤막하게 답했다. 뜻밖의 대답에 혜왕은 고개를 갸우뚱거리며, "위나라는 작지만 직경이 한 치나 되는 구슬 열 개가 앞뒤에서 번쩍이는 수레가 열두 대나 있는데, 만 대의 수레를 보유하고 있는 제나라에 보물이 없다니 말이 됩니까?"라고 되물었다. 위왕은 이렇게 말했다.

"내가 말하는 보물은 왕과는 다릅니다. 내게는 단자(檀子)라는 신하가 있습니다. 그에게 남쪽 성을 지키게 했더니 초나라가 감히 동쪽을 침범하지 못했고, 사수(泗水)

주변의 열두 제후가 조회를 드리러 왔습니다. 나의 신하로 반자(肦子)가 있습니다. 그에게 고당(高唐)을 지키게 했더니 조나라가 감히 동쪽 황하에서 고기를 잡지 못했습니다. 또 검부(黔夫)라는 관리에게 서주(徐州)를 지키게 했더니 연나라는 북문에, 조나라는 서문에 제사를 드렸고, 그를 따르는 무리가 7천을 넘었습니다. 종수(種首)라는 신하에게는 도적을 막게 했더니 길에 물건이 떨어져도 줍지 않게 되었습니다. 이들이 천하를 비추고 있는데 어찌 열두 대의 수레에 비기겠습니까?"

혜왕은 부끄러워 기분 나빠하며 자리를 떴다.

생각 얹기

제나라의 위왕과 위나라의 혜왕 모두 상당한 군주들이었다. 위왕은 당시 패주로 천하에 위세를 떨쳤고, 혜왕도 서방의 강국 진나라의 침공을 막고 인접한 한나라와 조나라를 굴복시키는 등 그 위세가 대단했다.(위나라 혜왕은 《맹자》〈양혜왕梁惠王〉 편에 나오는 그 왕이다. 위나라의 도읍이 대량大梁이었기 때문에 양혜왕으로도 불렸다.) 하지만 두 리더의 철학은 사뭇 달랐다. 특히 나라에 있어서 가장 중요한 것이 무엇인가에 대한 인식은 선명하게 갈라져 있었다.

두 리더의 대화에서 눈여겨볼 대목은 물질로서 보물의 유무에 집착하는 혜왕의 속물적 생각을 대놓고 반박하지 않는 대신, 자기 나라의 인재들을 쭉 소개한 부분이다. 나라의 진정한 보물은 진귀한 물건이 아니라 인재라는 점을 강조하면서 인재가 아닌 물건을 중시하는 상대의 속된 인식을 드러낸 것으로, 상대방을 직접 비판하거나 반박하는 논지보다 한결 힘이 있다.

물론 보물에 대한 시각과 관점의 차이를 생각하지 않을 수 없다. 위왕은 혜왕이 거론한 '보물'에 착안하여 논점의 방향, 즉 관점을 틀어버렸고, 그것으로 혜왕의 인식과 관점을 완전히 눌렀다. 시각과 관점의 꼭지점이 관건인데, 이를 바꿀 수 있는 것은 결국 시선의 출발점이 갖는 높이의 차이다. 다시 말해, 사물과 인간에 대한 관점과 인식의 수준이 대화와 설전의 승부를 가른다.

혜왕은 설전에서 완패했다. 자신의 인식이 천박했다는 것을 여실히 깨달았기 때문이다. 그래서 부끄러워했다. 논쟁과 설전에서 완패하고도 부끄러워하거나 자성할 줄 모르는 우리 논객들에 비하면 2,400여 년 전의 강대국 위나라 혜왕의 인식 수준이 한결 낫다.

춘추시대 초(楚)나라 장왕(莊王, ?~기원전 591)은 '나라에는 세 가지 보물', '국지삼보(國之三寶)'가 있다고 했다. 첫째가 나라를 지탱하는 법(法)이고, 둘째는 그 법을 공정하게 집행하는 사람이고, 셋째는 그 사람을 보호할 줄 아는 통치자였다. 제나라 위왕의 인식도 같은 맥락이라 하겠다.

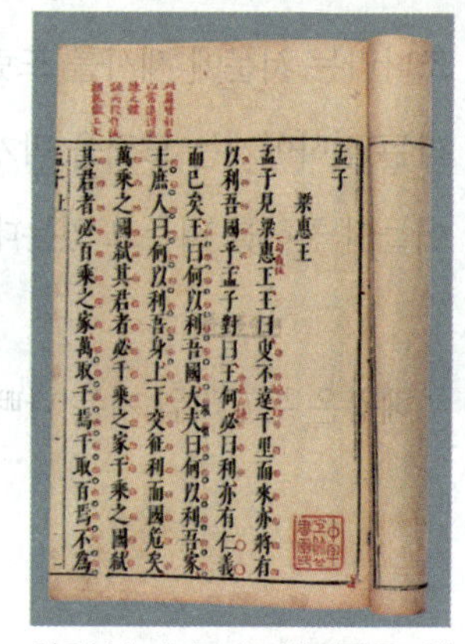

전국시대 제나라의 전성기를 주도했던 위왕과 혜왕과 맹자와의 대화를 기록한 《맹자》〈양혜왕〉 편이다.

술이 극에 달하면 난리가 납니다

순우곤의 절묘하고도 심오한 비유

배경

앞서 소개한 제나라 위왕 때 외교 방면에서 큰 공을 세운 인물로 순우곤(淳于髡, ?~기원전 310)이 있었다. 그는 데릴사위 출신에 키가 작고 못생겼다. 그러나 익살스럽고 말을 잘해 여러 나라에 사신으로 파견되어 굽히거나 욕되게 행동하지 않으면서 제나라의 위신을 지켜냈다.

위왕 8년인 기원전 349년, 남방의 강대국 초나라가 군대를 동원해 제나라를 공격해왔다. 위왕이 순우곤에게 조나라로 가서 구원병을 청하게 하면서 황금 1백 근과 마차 10대를 예물로 가지고 가게 했다. 순우곤은 고개를 한껏 젖히며 크게 웃었다. 갓끈이 모두 떨어질 정도였다. 위왕은 예물이 적어서 그런 것이냐고 묻자, 순우곤은 "어찌 감히 그럴 수가 있겠습니까?"라며 시치미를 뗐다. 위왕은 아무래도 미심쩍어 "그래도 웃은 데는 무슨 까닭이 있지 싶소?"라고 재차 묻자, 순우곤은 이렇게 말했다. 〈골계열전〉의 이 장면은 순우곤의 절묘한 비꼼으로 이어진다.

장면

"어제 신이 동쪽에서 오다가 길가에서 한 해 농사의 풍작을 비는 어떤 사람을 보았는데 달랑 돼지 족발 하나와 술 한 잔을 손에 들고는 '높은 밭에서는 그릇에 가득, 낮은 밭에서는 수레에 가득, 오곡이여 풍성하게 우리 집에 넘쳐라'라고 빌더군요. 손에 든 것은 보잘것없으면서 원하는 바가 한참 많아서 웃은 것입니다."

위왕은 순우곤의 말뜻을 알아채고는 예물을 크게 늘려 보냈다. 순우곤은 조나라로부터 구원병을 얻어냈고, 초나라는 그날 밤으로 군대를 철수시켰다. 싸우지 않고 초나라 군대를 물러가게 하자 위왕은 크게 기뻐 후궁에 술자리를 마련한 다음, 순우곤을 불렀다. 두 사람의 술자리 대화다.

"선생은 얼마나 마셔야 취하오?"

"신은 한 말을 마셔도 취하고, 한 섬을 마셔도 취합니다."

"그게 무슨 말씀이오?"

"대왕 앞이라면 이 순우곤은 두려움에 엎드려 술을 마시게 되니 한 말을 넘지 않아 바로 취합니다. 아버지와 친구 분이 계신 자리라면 이런저런 인사치레로 자주 몸을 일으키게 되어 두 말을 못 마시고 취합니다. 오래 못 만난 벗들을 만나면 즐겁게 지난 이야기를 하며 감회에 젖으니 대여섯 말은 마십니다. 마을 모임에서 남녀가 섞여 앉아 서로 술을 돌리고, 장기와 투호를 벌여서 상대를 구하고, 남녀가 손을 잡아도 벌이 없고, 눈이 뚫어져라 바라보아도 금하지 않고, 앞에서는 귀걸이가 떨어지고, 뒤에서는 비녀가 어지러이 흩어지는 경우라면 여덟 말을 마셔도 2, 3할 밖에 취기가 돌지 않습니다. 또 날이 저물어 술자리가 파하게 되어 술통을 모으고 자리를 좁혀서 남녀가 동석하고, 신발이 서로 뒤섞이며, 술잔과 그릇이 어지럽게 흩어지고 마루 위의 촛불이 꺼집니다. 이윽고 주인이 저만 머물게 하고 다른 손님들을 배웅합니다. 그리고 엷은 비단 속옷의 옷깃이 열리며 은은한 향기가 풍깁니다. 이런 경우라면 마음은 한없이 풀려 한 섬은 마실 수 있습니다."

순우곤은 이렇게 술자리에 따라 주량이 달라진다고 말한 다음과 같이 덧붙였다.

"그래서 '술이 극에 이르면 난리가 나고, 쾌락에 극에 이르면 슬퍼진다'고 하는 것입니다. 만사가 다 그러하니 극에 이르지 않도록 해야 합니다. 극에 이르면 쇠해집니다."

순우곤은 평소 술을 지나치게 좋아하던 위왕의 술버릇을 이렇게 에둘러 풍자하면서 충고했다. 특히 마지막 대목의 '술이 극에 이르면 난리가 나고(주극생란酒極生亂), 쾌락이 극에 이르면 슬퍼진다(낙극생비樂極生悲)'라는 격언은 참으로 절묘하다. 세상과 인간사 철리를 정확하게 통찰한 명언이다.

순우곤은 권력자의 심기를 불편하지 않게 하면서 절묘한 비유와 풍자로 하고 싶은 말을 다 했다. 위왕은 이런 순우곤을 신뢰했다. 이 충고에 위왕은 밤새워 술 마시는 것을 그만두었고, 그 뒤 왕실의 주연에는 늘 순우곤을 곁에 두고 자신을 감시하게 했다. 술이 지나치면 바로 일러달라는 뜻이었다.

순우곤의 대사 하나하나가 너무 기가 막혀 더 이상의 생각은 사족일 것 같아 짧게 줄인다. '주극생란, 낙극생비' 여덟 글자는 외워두면 쓸 때가 많을 것 같다는 생각은 얹어두고 싶다.

순우곤이 인용한 '주극생란'은 우리 주위에서 흔히 일어나는 일이다. 그리고 이 격언의 요점은 뒤의 '낙극생비'에 있다. 술이든 놀이든 모든 즐거움은 지나치면 탈이 날 수밖에 없다. 순우곤은 이를 '슬프다'고 했고, 참으로 그 속뜻이 깊다.(그림 출처 : 치박명인淄博名人, 2003)

본래부터 그런 것이 있다

세상사 이치로 맹상군을 깨우친 풍환

전국시대 식객 3,000명을 거느리며 명성을 크게 날리던 제나라의 맹상군(孟嘗君, ?~기원전 278)이 다른 사람도 아닌 자신이 거둔 식객들에게 버림을 받았다. 잘나가던 맹상군이 제나라 왕의 의심을 사는 바람에 자리에서 쫓겨나 집으로 되돌아오게 되었다. 정쟁에서 밀려난 것이다.

사태가 심상치 않게 돌아가자 식객들은 하나둘 슬그머니 맹상군 곁을 떠나갔다. 적어도 식객들의 마음만큼은 확실하게 잡고 있다고 굳게 믿었던 맹상군으로서는 여간 큰 충격이 아니었다. 식객들과 어울려 같은 밥에 같은 반찬을 먹으며 관계를 과시했던 맹상군이었으니 그 실망과 충격이 어떠했겠는가?

다행히 풍환(馮驩)이란 식객만 떠나지 않고 남아서 맹상군에 대한 제나라 왕의 의심을 풀 수 있는 방법을 가르쳐 주었다. 풍환이 누구던가? 수천 명에 이르는 식객들 중에서 맹상군의 눈에는 전혀 들지 않았던 인물이 아니던가? 자신을 몰라준다며 장검을 붙들고 계속 투정 섞인 노래를 불렀던 풍환, 그런 풍환이 못마땅했지만 마지못해 좋은 밥과 수레를 내주었던 맹상군… 그런데 지금 이 처량한 상황에서 오직 풍환만이 남아서 맹상군 곁을 지켜주고 있으니, 이런 것이 진정 인간관계의 실상인가, 아니면 인간관계의 오묘함인가.

맹상군은 풍환의 기지에 힘입어 복직할 수 있었다. 그랬더니 떠났던 식객들이 다시 돌아오고 싶다며 은근히 추파를 던지는 것이 아닌가. 맹상군은 탄식이 절로 나왔다. 인간의 마음이란 게 정녕 이런 것인가? 맹상군은 풍환을 붙들고 하소연했다. 〈맹상군열전〉의 이 장면은 많은 생각을 하게 한다. 두 사람의 대화를 복원해 보았다.

장면

맹상군 이 몸이 늘 빈객을 좋아하여 손님을 대우하는 일에 실수가 없었으며, 때문에 식객이 3천여 명에 이르렀던 사실은 선생도 잘 아시는 바요. 그런데 내가 한번 파면되자 빈객들은 나를 저버리고 모두 떠나 돌보는 자 하나 없었소. 선생의 힘을 빌려 지위를 회복했는데, 빈객들이 무슨 면목으로 나를 다시 볼 수 있단 말이오? 나를 다시 보려는 자가 있다면 내가 그자에 낯에 침을 뱉어 욕을 보이겠소.

풍환 대체로 세상의 일과 사물에는 반드시 그렇게 되는 것과 본래부터 그런 것이 있다는 점을 아십니까?

맹상군 이 몸이 어리석어 무슨 말씀인지 잘 모르겠소.

풍환 살아 있는 것이 언젠가 죽는다는 것은 사물의 필연적인 이치입니다. 부귀할 때는 선비가 많이 모여들고, 가난하고 천하면 벗이 떠나는 것은 본래부터 일이 그러하기 때문입니다. 군께서는 아침에 저자로 몰려가는 사람들을 보지 못하셨습니까? 이른 아침에는 서로 어깨를 부딪쳐가며 서로 저 먼저 가려고 다투어 문안으로 들어갑니다. 그런데 해가 저문 뒤에는 팔을 휘휘 저으며 저자는 돌아보지도 않고 그냥 지나갑니다. 아침에는 좋았는데 저녁에는 싫어서가 아닙니다. 기대하는 물건이 거기에 없기 때문입니다. 지금 군께서 벼슬을 잃었기 때문에 손들이 다 떠난 것입니다. 이를 원망하여 빈객이 돌아오려는 길을 막는 것은 안 됩니다. 군께서 빈객들을 전처럼 대우하기를 바랄 뿐입니다.

맹상군은 풍환을 향해 "삼가 가르침에 따르겠습니다"라며 정중하게 인사를 올렸다.

생각 얹기

일반적으로 말해 인간관계는 상대적이다. 그것이 세상사 이치다. 내가 상대에게 잘해 줘야 상대도 내게 잘한다. 그 반대도 마찬가지다. 그러나 시대적 상황에 따라 세상사 이치는 일쑤 변하고 심하면 변질된다. 중국사의 격동기였던 춘추전국시대는 특히 그랬다.

남이 더 이상 나를 믿지 않을 때 남이나 현실을 탓하지 말고, 먼저 풍환이 남긴 위의 명언 '세상의 일과 사물에는 반드시 그렇게 되는 것과 본래부터 그런 것이 있다'는 말을 되새겨 보라. 사람을 부리고 어떤 상황을 뒤바꿀 수 있을 만큼 큰 힘을 가진 사람들은 풍환의 이 말을 단단히 새겨들어야 할 것 같다. 이런 사람들은 '자리와 권력'으로 모든 것을 바꿀 수 있을 것으로 착각하기 일쑤이기 때문이다.

3천에 이르는 식객들을 정성을 다해 대접했지만 맹상군이 실각하자 망설임 없이 맹상군을 버렸다. 풍환은 그것이 세상인심이라며 맹상군의 실망을 다독이고 그를 복직시켰다. 맹상군과 그의 식객들을 그린 맹상군 무덤 앞의 그림이다.(2013년)

이런 착각은 자기도 모르는 사이에 슬며시 찾아들기 때문에 끊임없는 자기반성과 사색이 뒤따르지 않으면 어느새 '자리와 권력'이 주는 독에 중독된다. 맹상군의 착각도 바로 이런 것이었다. 풍환은 그 점을 정확하게 짚어 주었고, 맹상군은 그 말에 깊은 울림을 얻었다.

자식을 사랑하면 미리 고생을 시켜야 합니다

감정의 흐름을 타는 촉섭의 설득력

배경

전국시대 말기인 기원전 266년 조나라 효성왕(孝成王)이 어린 나이로 즉위하자 태후가 섭정에 들어갔다. 서방의 강국 진나라는 이때다 싶어 조나라를 침략했다. 조나라는 하는 수 없이 제나라에 구원을 요청했다. 제나라는 조건으로 태후의 아들 장안군(長安君)을 인질로 요구했다. 태후는 거절했다. 대신들이 모두 나서 간청했지만 태후는 막무가내였다. 태후는 "누구든지 장안군을 인질로 보내자는 말을 꺼내기만 하면 그 얼굴에 침을 뱉겠다!"고 선언했다.

이때 촉섭(觸讋, 또는 촉룡觸龍)이 태후에게 면담을 청했다. 이하 이 두 사람의 대화는 설전과 관련하여 교과서와 같은 사례로 남아 있다. 기록은 《전국책(戰國策)》과 《사기》〈조세가〉다. 두 기록을 참조하여 가능한 쉬운 구어체로 장면을 재현했다. 다소 긴 편이지만 꼼꼼히 읽으면 언어의 묘미를 맛볼 수 있다.

장면

태후는 화난 얼굴로 촉섭을 맞이했다. 촉섭이 장안군을 인질로 보내자는 말을 꺼낼 것으로 지레짐작했기 때문이다. 촉섭은 천천히 걸어 들어와 태후에게 절하며 이렇게 말했다.

"다리에 병이 나 빨리 걸을 수가 없습니다. 꽤 오래 뵙질 못했군요. 제 생각으로는 태후의 옥체도 혹 불편하시지나 않을까 걱정이 되어 이렇게 뵙고자 했습니다."

“나도 가마에 의지해 거동하는 형편입니다.”

“식사량은 줄지 않으셨는지요?”

“죽만 겨우 먹지요.”

“저는 특히 식욕이 없어 억지로라도 매일 조금 걷습니다. 그렇게 해서 간신히 식욕을 돌려놓아 이제 몸도 좀 나은 것 같습니다.”

“나는 못할 것 같소.”

이런 일상적인 대화가 오고가자 태후의 마음은 조금씩 풀렸다. 이때를 놓치지 않고 촉섭은 다음과 같은 말을 꺼냈다.

“제 아들놈 중에 서기(舒祺)란 놈이 있는데 제일 어리고 버릇도 없지요. 제가 나이가 들어 갈수록 그놈이 유별나게 가엾어지는군요. 원하옵건대 궁중의 호위병으로나마 쓸 수 있다면 채용해 주십시오. 신, 죽음을 무릅쓰고 태후께 간청드립니다.”

“그야 어려울 것 없습니다. 그래 지금 몇 살입니까?”

“열다섯입니다. 어리긴 하지만 제가 죽기 전에 태후께 부탁드리고 싶습니다.”

“남자가 어찌 그리 자식을 사랑합니까?”

“모성애보다 더 지독할 것입니다.”

“아무리 그래도 모성애만 하겠습니까?”

“제가 보기에 태후께서는 아들 장안군보다 연후(燕侯, 연나라로 시집간 공주)를 더 사랑하는 것 같습니다만….”

“무슨 그런 말씀을! 아무리 그래도 장안군을 아끼는 것만 하겠습니까?”

“아닐 것입니다. 부모가 자식을 사랑하는 척도는 그 자식의 장래를 얼마나 깊고 멀리 내다보고 계획을 세우느냐에 달려 있다고 봅니다. 태후께서 연후를 시집보낼 때 그 뒤꿈치를 잡고 우시면서 슬퍼하셨습니다. 이 얼마나 연후를 아끼신 것입니까? 이미 떠난 다음에도 하루도 생각하지 않는 날이 없고, 또 ‘제발 잘못되어 돌아오는 일이 없도록 해주십사’라며 기도를 드리시니, 이야말로 장구한 계획을 비는 것 아니겠습니까? 다시 말해 연후의 자식이 왕위를 이어 받길 원하시는 것이지요?"

"그야 그렇지요."

"지금 3대 이전부터 조나라가 건국될 때까지 조나라 임금의 자손이나 제후로 그 자리를 대대로 이어 온 사람이 있습니까?"

"없지요."

"어찌 조나라뿐이겠습니까? 다른 제후들의 자손들 중에서라도 3대 이전을 지켜 내려오는 자가 있습니까?"

"들어보지 못했습니다만."

"이는 왜냐하면 가까운 화는 자신에게 미치지만, 먼 화는 자손에게 미치기 때문이지요. 임금의 자손이 다 나빠 그런 것이 아닙니다. 지위만 높고 공이 없거나 봉록만 넉넉히 받고 노력하지 않으며, 재물 따위만 긁어모아 꼭꼭 지키고 있기 때문이지요. 지금 태후께서는 장안군에게 기름진 땅과 많은 재물만 주었지, 나라를 위해 공을 세울 기회는 주지 않고 계십니다. 이러다 어느 날 갑자기 임금이 세상을 떠나기라도 하면 장안군이 조나라를 지탱할 수 있으리라 보십니까? 제 생각으로는 장안군을 생각하시는 태후의 계획은 짧고도 얕습니다. 자식을 사랑하면 미리 고생을 시켜야 합니다. 그래서 제가 연후보다 장안군을 덜 사랑하신다고 말씀드린 것입니다."

"아! 그렇군요. 내 그대가 시키는 대로 따르겠소."

생각 얹기

멀고 긴 우회(迂廻) 도로가 목표에 이르는 가장 짧은 길이 될 수 있다. 정면으로 대놓고 하는 말이 막힐 때는 옆이나 뒤로 돌아서 말한다. 즉, 꼬불꼬불한 작은 길을 통해 깊숙이 파고드는 것이다. 말을 많이 해야 하는 것처럼 보이지만, 사실은 '단도직입(單刀直入)'으로도 기대하기 힘든 효과를 거둘 때가 있다.

설전이 벌어지면 '단도직입' 대신 '우회'가 필요할 때가 적지 않다. 막혀 있거나 튼튼한 곳을 피해 열려 있고 허점이 있는 곳을 파고드는 것인데, 상대방이 기대하고 있는 공격 노선 또는 목표를 비켜나서 언뜻 관계가 없는 것처럼 보이는 화제로부터 시작하여, 상대방의 경계 심리를 누그러뜨리고 점차 원래 제기하려고 준비했던 본론으로 파고드는 것이다.

상대에 대해 정면으로 논쟁을 전개해 나가는 것이 아니라, 저것으로부터 이것에 미치는 것이기 때문에, 일단 상대가 저것을 받아들이면 내 쪽에서는 다시 방향을 360도 완전히 바꾼다. 상대방은 그제야 자신이 접수한 것이 저쪽이 '오래 기다려 왔던' 문제라는 사실을 알아채게 된다.

설전의 최종 목적은 누가 뭐라 해도 강력한 논리로 상대방을 설복하는 데 있다. 일반적 상황에서라면 대개는 곧은 노선이 가깝고, 돌아가는 길이 멀다고 생각한다. 그러나 직선 운동이 방해를 받거나 난관에 봉착했다고 판단되면, 우회하거나 양 옆에서 싸고 들어가는 대책을 취해 상대방의 날카로운 반격을 피한다. 이것이 '돌아가는 것이 바로 가는 것이다'라는 '이우위직(以迂爲直)'이다.

권력자에게 가족 문제가 공공의 이익과 개인의 감정 사이에서 충돌을 일으킬 때, 특히 자식 문제라면 판단력이 흐려지기 일쑤다. 촉섭은 그 이치를 너무나 잘, 그리고 정확하게 알고 있었다. 그는 조태후 감정의 흐름을 따르되, 상대가 거부감을 갖지 않게 이성적 논리로 그 흐름을 유지시켜 자신의 논리를 수긍하고 받아들이게 만들었다.

조태후를 설득하는 촉섭의 모습을 그린 만화이다.

폐하는 장수를 잘 다루는 장수이십니다

'다다익선' 뒤에 어른거리는 '토사구팽'

배경

기원전 207년부터 본격화된 초한쟁패는 약 5년에 걸친 치열한 공방 끝에 유방(劉邦)이 항우(項羽)를 물리치고 서한 왕조의 개국 군주가 되었다. 권좌에 올랐지만 유방은 그 과정에서 큰 역할을 한 공신들에 대한 경계를 늦출 수가 없었다. 하루가 멀다 하고 공신들의 반역이 터져 나오던 터였다. 군권을 가진 무장들은 특히 위험한 존재들이었다. 한신(韓信)은 그런 무장들 중에서도 두드러진 존재였다.

한신은 초한쟁패 당시 천하를 삼분할 수 있을 정도로 막강한 실력자였다. 한신은 독립하지 않고 유방을 도와 항우를 꺾는 데 결정적인 역할을 했다. 유방은 항우와의 막바지 전투를 앞두고 한신을 막강한 제왕(齊王)에서 초왕(楚王)으로 전격 강등한 다음, 다시 회음후(淮陰侯)로 떨어뜨려 손발을 묶었다. 그럼에도 한신은 존재 자체로 유방의 걱정거리였다. 〈회음후열전〉에는 이 두 사람이 나눈 의미심장한 대화의 한 장면이 나오는데, 짧막하지만 한신의 운명을 암시하는 복선을 깔고 있는 명장면이다.

장면

어느 날 유방은 편안하게 한신과 대화를 나눌 기회를 가졌다. 이 자리에서 유방은 짐짓 장수의 능력에 관한 이야기를 나누다 이렇게 물었다.

"내가 그대 같은 장수라면 졸병을 얼마나 거느릴 수 있겠는가?"

"폐하는 기껏해야 10만이면 충분합니다."

"그러는 그대는 어떤가?"

"저야 '다다익선(多多益善)'이죠."

"다다익선이라면서 어째서 내게 붙잡혔나?"

"폐하께는 장수로서 군대를 이끌 수는 없지만 장수들을 잘 다루십니다. 이것이 신이 폐하께 잡힌 까닭입니다. 그리고 폐하의 힘은 하늘이 부여하신 것이지, 사람의 힘으로는 얻을 수 없습니다."

생각 얹기

이 대화는 황제 유방의 경계심에서 시작되었다. 순진한 무장 한신은 유방의 의도를 바로 알아채지 못하다가 마지막 대화에 가서야 의중을 눈치 채고 '장수를 잘 다루는 장수' '선장장(善將將)'이라는 말로 둘러대면서 천명을 언급했지만 이미 늦었다. 그가 기고만장해서 뱉은 '많으면 많을수록 좋다'는 '다다익선'의 뒤에는 '토사구팽(兎死狗烹)'의 그림자가 어른거리고 있었다. 정권 초기 최고 경계의 대상인 무장의 입에서 부하 병사들이 '많으면 많을수록 좋다'는 말이 아무렇지 않게 나왔는데, 이에 위기를 느끼고 경계하지 않을 권력자가 어디 있겠는가?

한신은 그 뒤 모반죄에 몰려 3족을 멸하는 처참한 결말로 생을 마감했다. 그는 죽기 전에 지난날 '천하삼분'을 권했던 자신의 책사 괴통(蒯通)의 말을 듣지 않아서 이렇게 되었다며 후회했지만, 이는 맥 빠진 자기변명에 지나지 않았다. 사실 한신의 비극은 고스란히 '다다익선'이란 네 글자에 함축되어 있다. '다다익선' 뒤에는 한신의 오만한 성격

유방을 도와 천하를 재통일하는 데 결정적인 역할을 한 명장 한신의 결말은 비극이었다. 정치를 몰랐고, 오만했던 그의 개성 탓이 컸다. 사진은 유방과 소하, 그리고 한신(오른쪽)의 상이다.(2014년)

이 도사리고 있기 때문이다.

권력자, 특히 의심 많은 권력자와의 대화에서는 그의 심기를 잘 살펴야 한다.(권력자는 대부분 의심이 많긴 하다.) 또 그가 하는 말 한마디 한마디에 주의를 기울여 들어야 한다. 이때 그를 무시하거나 자신을 과시하는 언사는 절대 금물이다. 한신은 이 금기를 몰랐거나 무시했고, 그 결과는 처참했다.

더욱이 한신은 정권의 창업기와 수성기의 차이점을 인식하지 못했다. 항우와 싸울 때는 백만이 아니라 천만이라도 좋다는 말조차 통할 수 있지만, 정권이 수립되고 난 다음에는 단 몇 명의 군사를 거느리고 있어도 주목과 경계의 대상이 될 수밖에 없기 때문이다. 어쨌거나 순진한 한신의 속내를 끌어낸 유방의 유도 질문에 눈길이 가는 장면이고, 또 '다다익선'이란 사자성어를 함부로 쓰면 안 될 것 같다는 생각을 들게 한다.

권109 〈이장군열전〉은 사마천이 가장 존경했던 인물인 명장 이광과 그 전 가족의 비극적인 운명을 기록한 열전이다. 이광의 행적을 통해 무제의 대외전쟁 및 인재 대우 문제 등도 함께 거론한다. 사마천은 우선 무인으로서의 기질과 인품을 고루 갖춘 이광을 존경하는 마음으로 묘사한다. 이런 이광이 통치자들에게 외면당하고 급기야 자살하는 장면에서는 울분에 찬 목소리로 통치자와 정치군인들을 고발한다. 이광 집안에 이어지는 비극적 죽음과 처참한 운명을 서술하여 통치자와 그 일당의 죄악을 폭로한다. 사진은 감숙성 천수시(天水市)에 남아 있는 명장 이광의 무덤이다.(2016년)

쇠를 녹여 남산처럼 튼튼하게 만들어도 틈이 생깁니다

황제의 속마음을 헤아린 장석지의 충언

배경

한나라 3대 황제 문제(文帝, 기원전 202~기원전 157)의 신뢰와 사랑을 듬뿍 받았던 인물로 장석지(張釋之, 생졸 미상)가 있었다. 부유한 집안 출신인 그는 재물로 관직을 얻었으나 10년 넘게 승진을 못했고, 알아주는 사람도 없었다. 장석지는 벼슬을 그만두고 낙향하려 했다. 평소 장석지의 인품을 잘 알고 있던 중랑장(中郎將) 원앙(袁盎)이 문제에게 그의 승진을 요청했다.

원앙의 추천 덕분에 입조하여 문제를 만난 장석지는 나라와 백성을 이롭게 할 수 있는 정책을 조리정연하게 아뢰어 크게 칭찬을 받았다. 그리고 얼마 되지 않아 중랑장으로 승진했다. 〈장석지풍당열전〉에는 예정된 자신의 장지(葬地)로 행차한 문제와 그를 수행한 장석지가 나눈 인생에 관한 짧지만 속 깊은 대화가 눈길을 끈다.

장면

어느 날 장석지는 문제를 수행하여 패릉(霸陵)으로 행차했다. 패릉은 문제가 죽으면 묻힐 장지였다. 문제는 자신이 묻힐 패릉 북쪽에 서서 먼 곳을 내다보며 생각에 잠겼다. 이 행차에는 신(愼)부인도 함께했는데, 문제는 신풍현(新豊縣)으로 가는 길을 가리키면서 "저 길이 한단(邯鄲)으로 가는 길이라오"라고 했다. 문제는 무슨 생각이 들었던지 신부인에게 거문고를 뜯게 하고는 곡조를 따라 노래를 불렀다. 최고 지존의 노래 소리는 처량하고 서글펐다. 모두들 숙연해졌다. 문제는 고개를 돌려 수행한 신하들을 보며 이렇게 말했다.

"아아! 북산(北山)의 돌로 관을 만들고, 모시와 솜을 잘라 그 사이를 채워 넣고, 다시 그 위에 옻칠을 한다면 누가 내 무덤을 파낼 수 있으랴!"

황제의 이 말에 수행한 신하들은 이구동성으로 "옳은 말씀이옵니다!"며 맞장구를 쳤다. 그러자 장석지가 문제 앞으로 나와서는 이렇게 아뢰었다.

"그 안에 누군가 갖고 싶은 물건이 있다면 쇠를 녹여 남산처럼 튼튼하게 관을 만든다 해도 틈이 생길 것이며, 갖고 싶은 물건이 그 안에 없다면 돌로 만든 관이 없다 한들 걱정할 일이 무엇이겠습니까?"

문제는 장석지가 좋은 말을 했다며 칭찬했고, 얼마 뒤 장석지를 정위(廷尉)로 승진시켰다.

생각 얹기

문제는 어느 날 자신의 장지로 선정되어 있는 패릉으로 행차했다. 사후에 묻히게 될 곳을 보면서 문제는 감회에 젖었다. 그 기분에 맞추어 노래도 불렀다. 그러다 북산에서 나는 이름난 돌을 생각해내고는 그 돌로 자신의 관을 만들면 도굴당하지 않을 것 아니냐고 했다. 신하들은 지당한 말씀이라고 황제의 비위를 맞추었다. 그러나 장석지는 그 관 속에 사람들이 탐내는 귀한 보물이 들어 있으면 아무리 관이 튼튼해도 파낼 것이며, 그런 것들이 없다면 관이 없어도 손대지 않을 것이라고 아뢰었다.

문제가 아닌 다른 황제였더라면 장석지의 입바른(?) 소리가 어떤 결과를 가져왔을까? 권력자의 심기를 불편하게 만들어 화를 당했거나, 미운털이 박혔을지 모른다. 문제라는 황제는 달랐다. 문제는 평소에도 늘 근검절약을 강조하고 실천했던 사람

한 문제의 무덤인 패릉은 다른 황제들과는 확연히 다르
다. 인공의 흔적도 거의 없다. 문제는 유언으로 패릉 주변
의 산천을 있는 그대로 보호하라고도 했다.(2009년)

이다. 자신은 물론 후궁들에게는 바닥에 끌리는 긴 치마를 입지 못하게 하고, 커튼에 수를 놓지 못하게 했다. 또 유언으로 간소한 장례를 신신당부하면서 장지로 선정된 패릉 주변의 산천을 훼손시키지 말라고 했던 소박하고 인자한 황제였다.

장석지는 문제의 이런 성품을 잘 알고 있었을 것이다. 그래서 적시에 문제에게 인간사 깊은 이치로 문제의 마음을 다독였다. 문제의 성품으로 보아 어쩌면 장석지의 이런 말을 기대했을지 모른다. 그래서 장석지를 거듭 칭찬하고 바로 승진시킨 것은 아닐까? 군신 간에 오고간 대화로는 수준과 경지가 남달랐으니 그 임금에 그 신하였다.

법은 천하와 공유하는 것입니다

법에 대한 장석지의 철학

배경

패릉 행차에서 사후 호화로운 장례의 부질없음을 문제에게 아뢰어 칭찬을 들은 장석지는 법 집행을 담당하는 정위로 승진했다. 장석지가 부임한 뒤 얼마 되지 않아 문제가 장안 북쪽 중위교(中渭橋)를 지나다가 봉변을 당한 일이 발생했다. 다리 밑에서 어떤 사람이 갑자기 튀어나오는 바람에 황제의 마차를 모는 말이 깜짝 놀라 펄쩍 뛰어 자칫 마차가 쓰러질 뻔했다. 기병들이 그자를 체포하여 끌고 오자 문제는 장석지에게 처분을 맡겼다.

〈장석지풍당열전〉에는 사건의 자초지종과 장석지의 사후조치, 그리고 문제와의 대화가 이어지고 있는데, 법 정신에 대한 장석지의 투철한 원칙과 철학이 돋보이는 귀한 장면이다.

장면

장석지는 잡혀 온 자에게 사건의 경과를 물었고, 그 사람은 다음과 같이 비교적 상세히 자초지종을 아뢰었다.

"소인은 장안현(長安縣)에 사는데 그곳을 지나다 황제께서 행차하니 통행을 막고 길을 치운다는 이야기를 듣고는 바로 다리 밑으로 숨었읍죠. 한참 뒤에 황제의 행차가 지나갔거니 하고 다리로 올라왔는데, 황제의 마차와 행렬이 아직 지나가고 있지 뭡니까. 그래서 깜짝 놀라 도망쳤을 뿐입니다요."

장석지는 그 사람의 진술에 따라 그에 해당하는 처벌을 내리고 이를 황제에게 보고했는데, 황제가 행차하는 길을 막은 죄는 벌금형이라고 했다. 보고를 받은 문제는 성을 내며 이렇게 호통을 쳤다.

"그놈이 직접 내 말을 놀라게 했다. 내 말이 온순했기 망정이지 다른 말 같았으면 떨어져 다쳤을 것이다. 그런데 정위는 겨우 벌금형이라니!"

장석지는 차분하게 이렇게 아뢰었다.

"법이란 천자와 천하 사람들이 모두 공유하는 것입니다. 법 조항이 이런데 그보다 더 무겁게 처벌한다면 백성들에게 믿음을 줄 수 없습니다. 그 당시 황제께서 그 자리에서 그자를 즉결처분하셨더라면 아무런 문제가 없었을 것입니다. 그러나 제게 맡게 처결하게 하셨습니다. 제가 한쪽으로 치우친 판결을 내리면 천하의 법을 집행하는 사람들이 죄의 가볍고 무거움을 모두 제멋대로 따질 터이니, 백성들이 어찌 마음 편히 살 수 있겠습니까? 폐하께서는 오로지 이 점을 헤아려 주시기 바랍니다."

잠시 생각하던 문제는 "정위의 판결이 옳도다"라며 장석지의 말을 받아들였다.

생각 얹기

'법이란 천자와 천하 사람들 모두가 공유하는 것'이란 장석지의 법 인식은 황권이 모든 것에 앞서 있던 체제라는 점을 감안할 때 참으로 귀하다. 진시황이 천하를 통일한 이후 중국은 수천 년 동안 기본적으로 '짐이 법이요', '황제의 말이 법을 대신한다'는 인치(人治) 사회였다. 황실이나 지배계급의 범법이 기본적으로 서민의 범법과 같다는 말은 백성과 청백리의 주관적인 희망사항에 지나지 않았다. 어쩌다 지배계급에 대한 처벌이 이루어지긴 했지만, 그것은 정권을 다지기 위한 보여주기 식의 부득이한 조치에 지나지 않았다.

이런 점에서 보자면 한 문제는 대단히 깨어 있는 군주였다. 그는 통치 기간에 고문과 각종 악법을 폐지했다. 황제를 비방하면 처벌한다는 비방죄까지 폐지하는 데 앞장섰다. 장석지는 문제의 이와 같은 인품과 성향을 잘 알았기 때문에 '법은 천자와 천하 사람이 모두 공유하는 것'이라는 법의 기본 정신을 당당하게 밝힐 수 있었다. 왕조체제에서 신하의 직언과 충고는 어떤 통치자를 만나느냐에 따라 그 운명이 결정되는 경우가 태반이었기 때문에 이 두 사람의 사례는 참으로 귀하다.

장석지는 오늘날 법과 관련된 사람들의 연구 대상이 되어 있다. 사진은 장석지의 동상이다. (출처:바이두)

장석지와 한 문제의 대화를 보노라면 오늘날 우리의 법 집행과 판결을 떠올리지 않을 수 없다. 장석지와 문제는 무려 2,200여 년 전 사람들이다. 부끄럽게도 지금 우리가 이들에게서 법 정신의 기본을 배워야 할 판이다.

제갈량은 일찍이 국가의 모든 정책과 법 집행은 '삼공(三公)'의 원칙에 따라야 한다고 강조했다. 공정(公正)·공평(公平)·공개(公開)가 그것이다. 법을 다루고 집행하고 판결하는 관련자들이 과연 이 삼공의 원칙을 지키고 있는가? 흔한 말로 가슴에 손을 얹고 되돌아보길 바란다.

그 때문에 맹서를 장자라고 생각합니다

사람을 제대로 볼 줄 알았던 전숙

한나라 문제와 경제에 걸쳐 벼슬했던 인물들 중 한 사람으로 전숙(田叔)이 있었다. 태어나고 죽은 해는 알 수 없지만, 대체로 기원전 200년 이후의 행적들이 보인다. 전숙은 조나라 형성(陘城) 출신으로 검술을 좋아하고, 전설시대 황제(黃帝)와 노자(老子)의 사상을 신봉했다. 사람됨이 엄정하고 깨끗했다. 덕망이 높은 사람들과 사귀는 것을 즐겨 해서 조나라 사람들이 승상 조오(趙午)에게 추천했다. 조오는 다시 조나라 왕 장오(張敖)에게 추천하여 낭중(郎中)이 되었다. 전숙은 몇 년 동안 그 자리에 있으면서 모든 일을 진지하고 솔직하게, 깨끗하고 공평하게 처리했다. 다만 벼슬 운이 없었던지 승진은 하지 못했다.

기원전 207년에 터진 진희(陳豨)의 반란을 토벌하면서 황제 유방이 조나라를 지나게 되었다. 조왕 장오가 극진히 유방을 모셨으나 유방은 면전에서 장오에게 면박을 주었다. 승상 조오와 관고(貫高) 등이 분노하여 몰래 유방을 죽이려고 모의했다. 거사가 사전에 새어나가자 조오 등은 모두 자살하고, 조왕은 붙잡혀 장안으로 압송되었다.

한나라 조정에서는 조왕을 따라 장안까지 오는 자가 있으면 삼족을 없애겠다고 으름장을 놓았다. 그러나 맹서(孟舒)와 전숙 등 10여 명이 검붉은 죄수복에 스스로 머리를 깎고 목에 칼을 찬 채 장오를 따라 장안으로 왔다.

모반은 조왕과 무관하다는 사실이 밝혀졌고, 조왕 장오는 강등되어 풀려났다. 이 일을 보고 받은 유방은 조왕을 수행했던 전숙 등 10여 명을 불러 이야기를 나누었다. 유방은 이들을 높이 평가하여 군수 등 벼슬을 내렸다. 전숙은 한중(漢中)의 군수가 되었다. 아래 장면은 전숙이 한중 군수가 된 지 10여 년이 지난 뒤의 일로 〈전숙열전〉에 나온다.

장면

전숙이 한중 군수가 된 지 10여 년, 여씨 세력이 축출되고 문제가 즉위했다. 문제는 즉위한 직후 전숙을 불러 대화를 나누었다.

"천하에 어질고 덕 있는 장자(長者)가 어디에 있는가?"
"소신이 그런 장자를 어찌 알겠습니까?"
"그대가 덕망 있는 장자이니 당연히 알지 않겠는가?"
"운중(雲中) 군수를 지낸 맹서(孟舒)가 장자입니다."

전숙의 이 말에 문제는 과거 운중 지역이 흉노의 침략을 받아 심하게 약탈을 당해 맹서가 그 책임을 지고 면직당한 사실을 떠올리며 이렇게 말했다.

"선제께서 맹서를 운중 군수에 앉힌 지 10년이 넘었소. 당시 흉노가 침입했을 때 맹서는 제대로 지키지도 못한 채 수백 명의 무고한 병사들이 죽었소. 맹서가 장자라면 어떻게 그들을 그렇게 희생시킬 수 있단 말이오? 그래도 공은 그를 장자라고 생각하오?"
"바로 그 때문에 맹서를 장자라고 생각합니다. 관고의 모반 사건 때 맹서는 자진해서 삭발을 하고 목에 쇠칼을 찬 채 조왕 장오가 가는 곳마다 따르면서 자신의 목숨을 돌보지 않았습니다. 그 당시 그가 어떻게 운중 군수가 될 것이라 짐작했겠습니까? 또 그 무렵 우리 한나라는 초나라와 오래 대치하는 바람에 병사들이 매우 힘들었습니다. 그때 마침 흉노가 쳐들어왔습니다. 맹서는 지칠 대로 지친 병사들에게 차마 나가 싸우라고 할 수 없었습니다. 그럼에도 병사들은 자진해서 성에 올라 적과 사투를 벌였는데, 마치 아들이 아비를 구하고 동생이 형을 구하려는 것 같았습니다. 이 때문에 수백 명이 전사했습니다. 맹서가 일부러 병사들을 사지로 몰았겠습니까? 이 때문에 맹서를 장자라 하는 것입니다.”

이야기를 다 들은 문제는 “맹서가 참으로 어질구나!”라고 칭찬하며, 맹서를 다시 불러 운중 군수로 임명했다.

생각 얹기

등불은 심지를 올리지 않으면 어둡고, 사건은 투명하지 않으면 의심받는다. 문제는 맹서가 문책당한 일만 가지고 맹서를 지레 판단했다. 전숙은 사실을 가지고 문제에게 해명했다. 문제는 맹서의 최근 일만 가지고 맹서를 의심했다. 전숙은 맹서의 그전 일까지 끌어내서 그의 사람됨을 소상하게 알렸다.

사람을 판단할 때는 반드시 그 사람의 과거 언행을 살펴야 하되, 제대로 살펴야 한다. 그리고 사실에 기반해서 판단해야 한다. 아무리 뛰어난 말재주도 그것이 과장이거나 거짓이라면 사실 앞에서는 맥을 못 추기 때문이다. 그래서 ‘사실이 웅변을 이긴다’고 한다. 전숙은 맹서의 인간됨을 사실로 밝혔을 뿐만 아니라, 과거 자신도 연관되었던 모반 사건의 진상까지 밝혀서 문제를 설복시키기까지 했다. 역시 진심에 입각한 사실의 힘이다. 전숙은 등불의 심지를 올려 불을 환하게 밝혔다.

황제께서는 간여하지 마십시오

자신의 딜레마를 황실의 딜레마로 치환한 전숙

배경

앞서 소개한 전숙이 한중 군수가 된 지 몇 년, 전숙은 법을 어겼다고 면직되었다. 그 무렵 경제의 동생인 양(梁)나라 효왕(孝王, ?~기원전 144)이 자신의 세력을 견제하려 했던 원앙(袁盎)을 자객을 보내 살해하는 사건이 터졌다.(기원전 150년) 황실과 지역 왕들 사이의 세력 다툼이 얽혀 있는 예민한 사건이었다. 게다가 양 효왕은 경제 집권 초반인 기원전 154년에 터진 오초칠국의 난을 진압하는 데 큰 공을 세운 막강한 영향력의 소유자였기 때문이다.

고민 끝에 경제는 벼슬에서 물러나 있는 전숙을 다시 불러들여 양나라로 보내 사건을 철저하게 조사하게 했다. 전숙은 사건의 내막을 낱낱이 조사하고 돌아와 경제에게 보고를 올렸다. 〈전숙열전〉의 기록을 바탕으로 두 사람이 나눈 장면을 복원해 보았다. 아주 짤막하지만 생각 거리가 있다.

장면

"양왕이 자객을 보내 원앙을 암살했다는 것이 사실인가?"

"신이 죽음을 무릅쓰고 아룁니다. 실제로 그런 일이 있었습니다."

"사건의 증거가 있는가?"

"물론입니다. 하지만 폐하께서는 양왕 사건에 간여하시지 마십시오."

"어째서?"

"지금 양왕을 법대로 사형에 처하지 않으면 한나라의 형법이 시행되지 않는 것이

됩니다. 그러나 양왕을 죽이면 태후(경제와 양왕의 생모)께서 식사를 하셔도 맛을 못
느끼실 터이고, 잠도 편히 못 주무실 것이기 때문입니다. 그럼 폐하께도 큰 근심이
됩니다."

전숙의 대답에 경제는 그를 매우 지혜롭다고 생각하고는 노나라의 승상으로 보냈
다. 노나라에 부임한 전숙은 공정하고 현명한 판결로 백성과 노왕의 신임을 한 몸에
받았다.

<h2 style="text-align:center">생각 얹기</h2>

전숙의 일처리에 경제는 매우 만족했다. 그러나 따지고 보면 전숙은 황제와 황실
의 심기를 고려해서 법을 왜곡했다. 이런 면에서 전숙은 장석지에 비해 적잖이 손색
이 난다. 다만 이들이 모셨던 통치자의 자질이란 점을 고려해야 하고, 장석지가 이
런 사건을 맡았다면 과연 법대로 처리할 수 있었을까 하는 의문도 든다.

사실 예나 지금이나 권력자와 기득권 지배계급의 범법 문제는 계륵(鷄肋)과 같다.
권력자의 부름을 받아 벼슬을 하는 신하 입장에서는 이런 사건이 터질 때마다 골치가 썩는다. 왕조체제에서는 자칫 잘못하면 자리가 날아가는 것은 물론 목숨까지 잃는 경우가 적지 않았기 때문이다. 이런 점들을 고려할 때 전숙의 일처리는 무난했을 뿐만 아니라, 한편으로는 절묘했다는 평가를 내릴 수 있다. 왜냐? 사건 담당자로서 사건을 둘러싼 자신의 딜레마를 황제와 황실의 딜레마로 치환했기 때문이다. 즉, 자신의 판단이나 의지를 표명하는 대신 이 사건이 가져다 줄 황제와 황실의 근심을 부각시켜 황제의 묵인을 자연스럽게 얻어냈다.

문제와 그 아들 경제는 통치 스타일이 사뭇 달랐을 뿐만 아니라 인품과 자질 면에서도 차이가 적지 않았다. 이들과 함께 일한 관리들의 행적을 통해서도 이런 점이 확인된다. 4대 황제 경제 유계(劉啓)의 초상화이다.

전숙은 관리로서의 능력뿐만 아니라 권력자의 심기까지 헤아리고, 이를 적절한 언어로 나타낼 줄 알았다. 요즘 식으로 말하자면 정무적 판단이 뛰어난 유능하고 괜찮은 관리였다. 양 효왕은 죽음을 면했지만 그 일로 점점 황실의 배척을 받았고, 이 때문에 5년 동안 심한 우울증에 시달리다 죽었다.

재앙에는 반드시 까닭이 있다

무제 시기 고관대작들의 작태와 언쟁

배경

〈위기무안후열전〉은 기원전 130년 무렵 한나라 무제(武帝, 기원전 156~기원전 87) 당시 외척을 비롯한 궁중 고관대작들의 한심한 작태를 생생하게 묘사한 흥미로운 기록이다. 이들이 벌인 술자리와 그 자리에서 오가는 대화를 마치 영화 장면처럼 묘사하고 있기 때문이다. 당시 권세가들의 언행을 통해 그들이 얼마나 천박한 자들이었는가를 확인하게 된다.

이 열전의 주인공은 무제의 아버지 경제(景帝)의 부인이었던 왕황후와 같은 어머니에게서 난 황후의 동생 전분(田蚡), 경제의 아버지 문제의 황후였던 두태후의 조카 두영(竇嬰), 그리고 두영의 절친한 친구 무장 관부(灌夫) 이렇게 세 사람이다. 앞 두 사람은 외척이었다. 당시 전분은 승상 자리에 있는 실세였고, 두영은 권력을 잃고 밀려난 상황이었다. 다소 길지만 기록을 따라 이들이 벌인 추태 장면을 복원해보자.

장면

실세 전분이 연왕(燕王)의 딸을 부인으로 맞이했다. 전분의 누이인 왕태후가 종친과 고관대작들에게 가서 축하해주라는 명령 아닌 명령을 내렸다. 두영은 전분과 사이가 좋지 않았지만 태후의 명령이라 마지못해 참석하게 되었는데, 절친 관부를 데려가고자 했다. 관부는 "내가 몇 차례 술자리에서 승상에게 실수를 하는 바람에 사이가 안 좋습니다"라며 사양했다. 두영은 그 일은 이미 해결되었다며 기어이 관부를 데려갔다.

술자리가 무르익자 전분이 일어나 축배를 들었다. 좌중은 모두 자기 자리 옆으로 비켜나 엎드려 축배에 응했다. 잠시 뒤 두영이 축배를 제의하자 두영과 가까운 사람만 응하고 나머지는 앉은 채로 억지로 응하는 척했다.

관부는 기분이 상했다. 관부는 자리에서 일어나 한 사람 한 사람 찾아다니며 술잔을 올렸다. 전분에게 술잔을 올리자 전분은 앉은 채로 무릎만 세우며, "가득 채우면 마실 수 없는데"라며 은근히 피했다. 관부는 부아가 치밀었지만 억지로 웃으며, "장군은 귀한 분이라 이렇게 올리는 것입니다"라고 했으나 전분은 대꾸하지 않았다.

관부가 돌리는 술잔이 임여후(臨汝侯, 관현灌賢)에게 이르렀는데, 임여후는 정불식(程不識)과 귓속말을 하고 있었다. 술잔이 왔는데 자리를 피해 예의를 차리지도 않았다. 관부는 참던 화를 임여후에게 폭발시키며 "평소에는 정불식이 한 푼짜리도 안 된다고 욕을 하더니 오늘은 어른이 축배를 권하는데 계집애처럼 소곤댄단 말인가!"라고 소리를 질렀다.

전분이 나서 "정불식은 이광(李廣)과 더불어 궁궐을 지키는 신분인데 많은 사람들 앞에서 정 장군에게 모욕을 주다니, 그대는 이광 장군의 입장은 생각하지 않는가?"라며 관부에게 핀잔을 주었다. 관부는 "오늘 내 머리를 자르고, 가슴에 구멍을 낸다고 해도 신경 쓰지 않겠소. 정불식과 이 장군이 뭐란 말이오!"라며 더 큰 소리를 쳤다.

이 장면을 본 사람들은 측간을 간다는 핑계로 하나둘 자리를 빠져나갔다. 상황이 심상치 않게 돌아가자 두영도 관부를 향해 나가자고 손짓을 했다.

전분의 화가 마침내 폭발하여 "내가 관부를 교만하게 만든 탓이다!"며 바로 기병들에게 관부를 붙잡게 했다. 적복이란 자가 일어나 관부를 대신해서 사과하면서 관부의 목덜미를 누르며 사과하라고 했다. 관부는 더욱더 화를 내며 사과를 거부했다. 전분은 관부를 묶어 객방에 가둔 다음, 담당 관리를 불러 태후의 명령을 받들고 온 자가 좌중을 모욕하는 불경죄를 지었다며 탄핵하고 바로 감옥에 가두었다. 그리고는 그 이전의 일까지 들추어내서 관부의 집안 식구들까지 잡아들여 모조리 목을 베어 저잣거리에 내거는 '기시(棄市)'를 판결했다.

당황한 두영이 돈을 풀어 관부의 석방을 위해 전분에게 손을 썼지만 허사였다. 전분의 부하들이 철통같이 수색을 펼쳤고, 관씨들은 죄다 도망쳐 숨었다. 관부는 구금되어 있었으니 전분의 비리를 고발할 수도 없었다. 두영의 부인까지 나서 "관 장군이 승상에게 죄를 짓고 태후 집안을 건드렸으니 어찌 구할 수 있겠습니까?"라며 두영의 구명을 말렸다.

두영은 "작위야 내 힘으로 얻은 것이니 잃는다 해도 유감이 없지만, 관부 혼자 죽게 놔두고 나만 살 수는 없소"라며 몰래 무제에게 글을 올렸다. 무제가 그를 불러 자초지종을 물었고, 두영은 술자리의 일로 관부를 죽일 정도는 아니라고 주장했다. 무제는 일리가 있다고 봐서 동궁에서 공개적으로 관부를 변론하라고 명령했다. 두영은 적극 관부를 변호했고, 전분은 그동안 관부가 저지른 소행을 크게 비방하며 대역무도라고 주장했다. 궁지에 몰린 두영이 하는 수 없이 전분의 단점과 허물을 꺼내들었다. 전분은 다음과 같은 말로 자신을 변호하는 한편, 두영 등의 언행을 까발렸다.

"천하가 무사태평이라 다행입니다. 신은 황제의 심복되는 자리를 얻었는데, 좋아하는 것은 음악과 개와 말, 밭과 집뿐입니다. 신이 아끼는 것은 광대와 솜씨 좋은 장인과 같은 사람들뿐입니다. 이는 두영이나 관부처럼 천하의 호걸과 장사들을 불러 밤낮으로 조정에 불만을 품고 비방하고, 천하에 변고가 나서 자신들이 큰 공을 세우기를 바라는 짓과는 엄연히 다릅니다. 신은 두영 등이 대체 무슨 일을 하는지 알 수가 없습니다."

무제는 대신들에게 의견을 물었다. 담당 관리인 어사대부 한안국(韓安國)은 두 사람의 말이 모두 옳다며 무제에게 판결을 떠넘겼다. 반면 전분을 견제하고 싶었던 급암(汲黯)은 두영 편을 들었고, 정당시(鄭當時)는 처음에는 두영 편을 들다가 오락가락했다. 나머지는 모두 입을 닫았다. 무제는 정당시를 향해 "평소에는 두영과 전분의 장단점을 잘도 말하더니, 오늘은 어째 수레 끌채 아래의 망아지처럼 움츠리는가?"라며 호통을 쳤다. 한편 왕태후 역시 이 상황을 보고 받고는 무제 앞에서 다음과 같이 역정을 냈다.

"지금 내가 살아 있는데도 내 동생을 깔아뭉개는데 내가 죽고 나면 모두 어육(魚肉) 신세가 될 것이오. 또 황제께서는 어째서 돌머리처럼 자기주장이 없소! 이자들은 황제가 살아 있는데도 자기 생각 없이 왔다 갔다 하거늘 황제가 죽으면 이자들을 어찌 믿겠소이까?"

한편 전분은 어사대부 한안국을 불러 수레에 태운 다음, "내가 당신과 함께 퇴물 두영에 맞서려 했는데 어째서 애매한 태도를 취한단 말이오?"라며 성을 냈다. 한안국은 이렇게 충고했다.

"승상께서는 어째서 자중하지 않으십니까? 두영이 승상을 비방하면 승상께서는 관을 벗어 황상께 돌려드리며 '신은 외척인 덕으로 요행히 승상 직을 얻었습니다만 진실로 그 적임이 못 됩니다. 두영의 말이 다 옳습니다'라고 말씀하셨어야 합니다. 그랬더라면 황제께서는 승상의 겸양의 미덕을 칭찬하며 승상을 폐하지 않으셨을 것입니다. 그리고 두영은 부끄러워 문을 닫아걸고 혀를 깨물어 자살했을 것입니다. 지금 남이 승상을 비방한다고 승상 또한 남을 비방하니, 이런 것은 마치 장사치나 계집애들 말다툼 같은 것이 아닙니까? 어찌 그리도 큰 이치를 모르십니까?"

한편 관부의 죄상을 조사한 어사는 관부에 대해 틀린 말을 한 두영을 기만죄로 탄핵하여 특별 감옥에 가두었다. 화가 자신에까지 미치자 두영은 어찌 할 바를 모르다가 경제가 생전에 '무슨 일이 생기면 언제든 황제에게 보고할 수 있다'는 자신에게 내린 특별 조서를 생각해내고는 조카

한 무제 통치기를 흔히 전성기로 평가하지만 사마천은 그 안에 잠복해 있는 여러 난맥상을 기록을 통해 폭로하고 있다. 〈위기무안후열전〉은 그 대표적인 기록이다. 사진은 한 무제의 초상화이다.

를 시켜 무제에게 이를 보고하게 했다. 보고가 올라와 무제가 그런 특별 조서가 있는지 해당 부서의 문서를 찾게 했으나 없었다. 두영의 집에만 보관되어 있었던 것이다. 이 때문에 두영은 경제의 조서까지 위조했다는 죄까지 쓰게 되었다. 기시에 해당하는 중죄였다.

그해 10월, 관부는 그 일족과 함께 처형당했다. 두영은 한참 뒤에 이 소식을 듣고는 화병에 중풍까지 겹쳐 굶어 죽으려 했다. 누군가 무제는 두영을 죽일 마음이 없다고 하자, 다시 음식을 들고 병을 치료하기 시작했다. 그런데 이번에는 두영을 헐뜯는 유언비어까지 떠돌아 무제의 귀에까지 들어갔고, 12월 두영은 일족과 함께 목이 잘렸다.

이듬해 봄, 전분이 병이 들었다. 병중에 전분은 큰 소리로 잘못했다고 외쳤다. 귀신을 볼 수 있다는 무당을 불러 상태를 살피게 했더니, 죽은 두영과 관부가 지키고 서서 전분을 죽이려 한다는 것이었다. 얼마 후 전분은 죽고, 그 아들이 작위를 이었으나 짧은 옷을 입고 궁에 들어온 불경죄로 작위를 박탈당했다.

이상이 무제 때 벌어진 외척 고관대작들의 한심한 작태였다. 사마천은 주제도 모르고 설쳐댄 이들에 대해 다음과 같은 날카로운 논평을 남겼다.

"두영과 전분은 모두 외척으로 귀한 몸이 되었다. 관부는 한 번의 용맹함으로 명성을 얻은 자였다. 두영이 중용된 것은 오와 초의 반란 때문이었고, 전분이 귀한 몸이 된 것은 무제가 막 즉위해 왕태후가 섭정했기 때문이다. (이미 권세를 잃은) 두영은 시세의 변화를 몰랐고, 관부는 학식이 없는 데다 겸손하지 못했다. 이런 두 사람이 서로를 돕는다며 이런 난리를 피웠다. 전분은 귀한 신분을 등에 업고 술수 부리기를 좋아하여 술 한 잔 때문에 화가 나서 꾸짖으며 저 순진한 두 사람을 모함했다. 어허, 안타깝다! 관부는 남에게 분풀이를 하고 자기 명을 채우지 못했다. 타인의 변호도 못 받고 나쁜 말만 들었다. 어허, 안타깝다! 재앙에는 반드시 그 까닭이 있구나!"

<h2 style="text-align:center">생각 얹기</h2>

이 장면은 한나라 무제 때 황실 종친, 즉 외척들의 갈등을 통해 당시 지배계층의 횡포와 추태를 폭로한 것이다. 이와 함께 그들을 둘러싼 고위 관리들의 얄팍한 처세술도 드러내고 있다. 사마천은 이들의 언행을 자세히 묘사하여 그 행태를 부각시키는 효과를 거두었다.

특히 눈여겨볼 대목은 한안국이 전분에게 충고하는 장면인데, 이들의 행태를 '마치 장사치나 계집애들 말다툼'에 비유한 조롱이 돋보인다. 그리고 사마천은 논평을 통해 '재앙에는 반드시 그 까닭이 있다'며 이런 상황이 벌어진 까닭을 명료하게 진단한 것도 인상적이다. 영락없이 불가의 '인과응보(因果應報)'와 '뿌린 대로 거둔다'는 우리 속담을 떠올리게 한다.

폐하와 인척이기 때문에 권위는 걱정하지 않는다

부하를 살리는 데 황제와의 관계를 언급한 위청

배경

한나라 무제 때 흉노와의 전투에서 크게 활약한 대장군 위청(衛靑, ?~기원전 106)은 누이 위자부(衛子夫) 덕에 황제의 총애를 받았던 인물이다. 누이가 평양(平陽) 공주를 모시다가 황제의 은총을 입고 황궁으로 들어갔기 때문이다.

위청이 처음부터 황제의 사랑을 받은 것은 아니었다. 황궁에 들어간 누이를 황후가 시기하고 질투한 탓에 그 불똥이 위청에게 튀어 황후의 어머니인 대장(大長) 공주가 위청을 잡아 죽이려 했다. 친구인 공손오(公孫敖)가 장사들을 데리고 가서 위청을 구해내서 죽음은 면했다. 그리고 이 일이 전화위복이 되었다. 이야기를 들은 무제가 위청을 불러 관직을 주었기 때문이다. 위청은 승승장구하여 대장군(대사마) 자리에까지 올라 그 위세를 한껏 떨쳤다. 이제 소개할 장면은 〈위장군표기열전〉에 기록된 위청의 흉노 정벌 부분이다.

장면

기원전 123년 봄, 위청은 정양(定襄)을 출발하여 또다시 흉노 정벌에 나섰다. 공손오(公孫敖)가 중장군, 공손하(公孫賀)가 좌장군, 조신(趙信)이 전장군, 소건(蘇建)이 우장군, 이광(李廣)이 후장군, 이저(李沮)가 강노장군으로 위청을 따랐다. 이 전투에서 위청은 흉노 병사 수천 명의 목을 베는 전과를 올리고 개선했다. 한 달 뒤 다시 같은 노선으로 출병하여 만여 명의 목을 베거나 포로로 잡는 큰 승리를 거두었다.

그러나 소건과 조신이 3천여 명의 기병을 합쳐 단독으로 흉노의 우두머리 선우가 이끄는 군대와 교전한 결과 거의 전멸할 위기에 놓였다. 원래 흉노 사람이었던 전장군 조신은 흉노가 투항을 권하자 남은 약 800명의 기병을 이끌고 투항했다. 소건은 병사들을 다 잃고 혼자 도망쳐 돌아와 위청에게 보고했다. 위청은 군법을 담당하는 굉(閎)과 주패(周霸) 등에게 소건의 죄를 물었다. 주패는 처벌이 마땅하다며 이렇게 말했다.

"대장군께서 출병한 이래 부장의 목을 벤 적은 없습니다만, 소건이 병사를 버렸으니 목을 베서 장군의 권위를 확실하게 해야 합니다!"

굉 등은 이에 반대하며 다음과 같이 반박했다.

"그렇지 않습니다. 병법에도 '소수 병력의 군대가 아무리 용감히 싸워도 결국에는 많은 병력의 군대에게 사로잡히게 된다'라고 했습니다. 이번에 소건은 수천 명의 병사로 선우의 수만 군사를 맞이하여 하루를 넘게 힘껏 싸우다가 병사들이 다 전멸했지만 감히 딴마음을 먹지 않고 돌아와 보고했습니다. 그럼에도 그의 목을 베는 것은 앞으로 패하면 돌아오지 말라는 뜻이나 마찬가지니 목을 베어서는 안 됩니다."

상반된 의견을 들은 대장군 위청은 이렇게 말했다.

"내가 황공하게도 폐하와 인척인 관계로 대장군에 임명되었다. 그러니 권위는 걱정할 바가 아니다. 주패가 나에게 권위를 분

한 무제 때 치맛바람과 친인척 관계로 벼락출세한 장수로는 위청과 곽거병(霍去病)이 대표적이었다. 이들은 황제의 총애를 믿고 권력을 남용했고, 충직한 장수를 해치기까지 했다. 사진은 한 무제(중앙), 위청(왼쪽), 곽거병(오른쪽)의 상이다.(2014년)

명히 해두라고 권했으나 이는 신하된 자의 본분에 어긋나는 것이다. 내 직권으로 장수의 목을 벨 수는 있지만, 폐하의 총애를 받는 신하로서 감히 국경 밖에서 내 마음대로 부하를 죽여서는 안 될 일이다. 이 일을 천자께 상세히 보고하면 천자께서 직접 결정하실 것이다. 이렇게 함으로써 신하된 자가 감히 권력을 함부로 하지 않음을 보여주면 좋지 않겠는가?"

위청의 말에 군관들은 모두 좋다며 호응했다. 위청은 소건을 가두고 전투를 멈추었다.

생각 얹기

조신과 소건은 소수 병력으로 흉노 대군과 맞붙어 중과부적으로 패했다. 이에 대한 책임을 두고 장수들 사이에 이견이 갈렸다. 그 결과 부득이한 상황이었기 때문에 목을 베는 것은 지나친 처사라는 주장이 힘을 얻었다.

여기서 주의할 대목은 소건과 조신 두 사람이 단독으로 행동했다는 사실이다. 이는 대장군의 명령이 없었음을 뜻한다. 그렇다면 주패가 건의한 참수형이 맞다. 정작 주목할 부분은 주패가 참수형을 권하면서 '대장군의 권위를 세우라'고 말한 대목이다. 이는 듣기에 따라서는 위청의 비위를 맞추는 언사로 받아들일 수 있다. 위청이 주패의 참수 건의를 물리치면서 '내가 황제의 인척으로 권위는 그걸로 충분하다'고 한 대목이 이를 간접적으로 입증하고 있다.

위청의 언사와 결정은 다분히 정치적이다. 이는 그의 다른 행적을 보아도 넉넉히 알 수 있다. 그는 처분을 황제에게 넘겼다. 그것도 황제의 위신을 세운다는 명분을 내걸면서. 소건은 결국 처형당하지 않았는데, 이는 위청이 자신의 의중을 실어 황제에게 보고했기 때문이다. 정치적 두뇌를 가진 위청에게 주패는 '권위'라는 단어로 정치적 판단을 할 수 있는 빌미를 제공했다. 그냥 군법의 조항만 가지고 자기주장을 뒷받침했더라면 상황은 달라졌을 것이다. 이렇게 보자면 위청의 비위를 맞추려 한 사람은 주패가 아니라 주패의 주장을 듣고 난 다음 병법 따위를 들먹이며 참수에 반대한 자들이 위청의 비위를 제대로 맞춘 셈이다. 이래저래 주패는 위청과 반대자 모두에게 말 한마디로 빌미를 제공한 꼴이 되었다.

제2장

언필당리(言必當理), 사필당무(事必當務)
- 이치에 맞는 말과 글

전국시대의 사상가 순황(荀況, 기원전 약 313~기원전 238)은 유가의 사상을 집대성한 《순자(荀子)》〈유효(儒效)〉 편에서 "말은 이치에 합당해야 하고, 일은 직무에 합당해야 한다. 군자가 잘하는 바다"라고 했다.

두 번째 장은 《순자》의 이 대목을 빌려 제목으로 삼았다. 이치에 맞지 않는 말, 자기 능력과 재능에 맞지 않는 일은 인간관계를 어긋나게 만든다. 말에 억지를 부리거나, 맞지 않은 일을 고집하는 사람은 결국 사회적으로 버림을 받는다. 말을 통해 일을 제대로 처리하게 한 사례들을 중심으로 꾸렸다. 이치를 떠난 허황된 말들이 판을 치는 현실을 살피고, 말과 이치의 관계를 성찰해보기 위해서이다.

'주극생란(酒極生亂), 낙극생비(樂極生悲).'
'술이 극에 달하면 난리가 나고, 쾌락이 극에 달하면 슬퍼진다.'

술과 관련한 숱한 명언명구 중 이보다 더 절묘한 것이 있을까? 술이 지나치면 그 자리가 어떤 자리가 되었건 난리가 난다. 모든 기호와 취미에는 이런 위험성이 도사리고 있다. 그래서 순우곤은 뒤의 네 글자를 화룡점정(畫龍點睛)처럼 찍어 놓는다. 쾌락이 끝까지 가면 슬퍼진다고. 인생의 철리(哲理)를 깨달은 사람의 말이다. 말도 마찬가지다. 절제가 있어야 하고, 리듬을 타야하고, 유머가 곁들어져야 하고, 무엇보다 깊은 생각에서 나와야 한다.(그림은 술자리의 모습이다.)

입술이 없어지면 이가 시립니다

현자 궁지기의 충고

배경

춘추시대 북방의 강국 진(晉)나라의 국군 헌공(獻公, ?~기원전 651년)은 이웃 나라들 중에 말을 잘 듣지 않는 괵(虢)이란 작은 나라를 치려고 했다.(헌공은 제1장 앞부분에 집중 등장했던 진 문공의 아버지다.) 그래서 먼저 지나가는 길목에 있는 우(虞)나라에게 길을 빌리고자 했다. 이것이 유명한 '괵을 정벌하려고 길을 빌리다'는 '가도벌괵(假道伐虢)'이란 고사이다.

힘이 센 진나라가 길을 빌려 달라며 갖은 예물과 명마를 보내자 우나라 국군은 이 제안을 받아들이려 했다. 우나라의 현자 궁지기(宮之奇)는 헌공의 속셈을 단박에 알아챘다. 바로 우나라 국군을 찾아가 말렸다. 〈진세가〉의 관련 대목을 정리해서 장면으로 소개한다. 유명한 사자성어 '순망치한(脣亡齒寒)'이 여기에 등장한다.

장면

"괵과 우는 한 몸이나 다름없는 사이라 괵이 망하면 우도 망합니다. 옛 속담에도 '수레의 짐받이 판자는 수레와 서로 의지하고(보거상의輔車相依), 입술이 없어지면 이가 시리다(순망치한脣亡齒寒)'고 했습니다. 바로 괵과 우의 관계를 가리키는 말입니다. 절대 길을 빌려 주어서는 안 됩니다."

뇌물에 눈이 어두워진 우나라의 왕은 "진나라와 우리는 같은 집안에서 나온 나라들인데 어찌 우리를 해치겠소?"라며 듣지 않았다.(진과 우는 모두 주나라 왕실의 희姬 성씨에서 나왔다.) 궁지기는 같은 집안에서 나온 나라들이 서로를 멸망시킨 역사적 사례를 들어가며 '순망치한'의 이치를 거듭 강조했지만 소용없었다. 궁지기는 "우나라가 올해를 넘기지 못할 것이다"는 예언과 함께 가족을 데리고 우나라를 떠났다.

그해 겨울, 진나라 군대가 우에게 빌린 길을 거쳐 괵을 공격하여 멸망시켰다. 괵의 국군은 천자의 나라인 주나라 도읍으로 도망쳤다. 진나라 군대는 돌아오는 길에 군대를 주둔시킨다면서 우나라마저 공격하니 우의 국군과 신하들은 포로로 잡히고 나라는 망했다. 궁지기의 예언이 그대로 맞아 떨어지는 순간이었다.

생각 얹기

궁지기는 아주 적절한 속담과 역사적 사례를 들어 자신의 충심을 강력하게 나타냈다. 우의 국군이 궁지기의 충고를 받아들여 괵과 연합하여 진나라에 맞섰더라면 진나라의 의도는 실현되기 어려웠을 것이다. 어리석고 물욕에 어두웠던 우의 국군은 결국 '소탐대실(小貪大失)'했다. 결과적으로 나라 둘이 사라졌다. 궁지기의 충언은 수용되지 않았지만, 그가 남긴 '순망치한'의 이치는 후대에 큰 영향과 교훈으로 남았다.

가도벌괵 전략으로 '일석이조'의 성과를 거둔 진나라 헌공의 모습이다. (2014년)

'순망치한'은 나라들 사이에 엄연히 존재하는 이해관계에 대한 깊은 통찰을 요구한다. 아울러 정확한 분석과 냉철한 판단의 중요성을 함께 제시하고 있다.

2007년 한 대기업의 경제연구소가 최고 경영자들을 대상으로 '지금의 내가 있기까지 가장 힘이 된 습관'을 사자성어로 질문한 결과 응답자의 약 20%가 '순망치한'을 들었다고 한다. 이 고사가 나라 사이에서 뿐만 아니라 대인관계에 있어서도 상당히 중요하고 필요한 처세술로 꼽혔던 것이다.

약소국의 입장에서 '순망치한'은 생존을 위한 치

밀하고 현실적인 전략을 수립하라는 교훈을 던지고 있다. 반면 강대국 입장에서 보자면 각국의 형세를 잘 이용하여 외교전략을 적절히 구사하면 '일석이조(一石二鳥)'의 효과를 거둘 수 있음을 보여주는 고사이기도 하다. 이래저래 만만치 않은 의미를 내포하고 있는 사자성어다.

살 수 있는 사람을 일으켰을 뿐이다

고수의 진면목으로 상대를 압도한 편작

배경

말로든 글로든 흔히 인용되는 '기사회생(起死回生)'이란 사자성어는 죽을 목숨을 다시 살려낸다는 뜻으로, 절체절명의 위기에 처한 상황에서 결정적인 도움을 주어 사태를 호전시키는 것을 비유한다. 이 성어의 유래는 죽은 사람도 살린다는 신의(神醫) 편작(扁鵲, 생졸 미상)과 관련되어 있다.

춘추시대 말기(또는 전국시대 초기) 전설적인 명의였던 편작은 젊어서 남의 객사에서 관리자 일을 하면서 장상군(長桑君)이라는 신비한 은자를 만났다. 편작은 장상군을 정중하게 잘 대했다. 10년 뒤 장상군은 편작을 살짝 불러 사람의 오장육부를 다 들여다 볼 수 있는 비전의 의술을 전수했다. 이렇게 해서 편작은 의사가 되었고, 여러 나라를 다니면서 많은 환자를 돌보았다. 〈편작창공열전〉에는 편작이 괵(虢)이란 나라에서 막 숨이 끊어진 태자를 살려내는 '기사회생'의 장면이 나온다.

장면

괵나라 태자가 병에 걸려 죽었다는 이야기를 들은 편작은 서둘러 궁궐로 달려가 중서자(中庶子)에게 "태자께서 무슨 병에 걸리셨습니까? 온 나라 안에서 태자의 병을 고쳐달라고 기도하고 제사를 지낸다고 난리더군요?"라고 물었다. 의술에 나름 조예가 있다고 자부하고 있는 중서자는 자신만만하게 "태자의 병은 혈기(血氣)가 제대로 돌지 않아 뒤엉키고 꽉 막혀서 밖으로 내보내지 못하고, 몸속으로는 내장을 해쳐서 생긴 것입니다. 정기(精氣)가 사기(邪氣)를 누르지 못해 그 사기가 체내에 쌓여

발산되지 못했기 때문입니다. 그래서 양(陽)의 움직임이 느려지고, 음(陰)의 움직임이 급해져서 돌연히 의식을 잃고 쓰러져 죽게 되었습니다"라며 자신의 의학 지식을 뽐냈다. 두 사람의 대화를 간추려 보았다.

편작 언제쯤에 돌아가셨습니까?

중서자 오늘 새벽 첫 닭이 울 때였습니다.

편작 입관(入棺)은 하셨는지요?

중서자 아직 안 했습니다. 돌아가신 지 아직 반나절이 안 되었습니다.

편작 저는 제나라 발해(渤海)의 진월인(秦越人)이라는 사람입니다. 발해의 정읍(鄭邑)에 살면서 이제까지 태자를 존경했는데 뵈옵지는 못했습니다. 태자께서 불행히 돌아가셨다고 하나, 제가 태자를 살려낼 수 있습니다.

중서자 선생께서는 그런 허황된 말씀을 하시면 아니 됩니다. 어떻게 죽은 태자를 살려낼 수 있단 말입니까? 내가 듣자니 옛날 유부(俞跗)라는 의원은 약과 침 따위를 사용하지 않고 잠시 옷을 풀어헤쳐 한 번 진찰해보는 것으로 병의 징후를 살폈으며, 피부를 가르고 살을 열어 막힌 맥을 통하게 하고 끊어진 힘줄을 이었을 뿐만 아니라, 오장을 씻어내어 정기(精氣)를 다스려 신체를 바꾸어 놓았다고 합니다. 선생의 의술이 이와 같은 경지에 도달했다면 태자께서는 다시 살아날 수 있겠지요. 그렇지도 못하면서 태자를 다시 살려내려 한다면, 막 웃기 시작한 갓난아이조차 믿겠습니까?

편작은 한참 동안 대답하지 않다가 하늘을 쳐다보고 이렇게 한탄했다.

"대부께서 말한 의술은 '가느다란 관을 통해서 하늘을 보고, 좁은 틈으로 아름다운 무늬를 보는 일'과 같은 것입니다. 저, 진월인의 의술은 환자의 맥을 짚거나 기색을 살피거나 목소리를 듣지 않아도 그 병이 어디에 생겼는지 말할 수 있습니다. 병증이 양(陽)에 있으면 그 음(陰)을 미루어 알 수 있고, 음에 있다는 사실을 알게 되면 그 양에 대해 증상을 알 수 있습니다. 병의 징후는 겉으로 드러나는 것이니, 굳이 천

시술을 펼치고 있는 편작의 모습을 나타낸 벽돌 그림이다. 편작이 새의 모습을 하고 있는데, 그의 이름 '까치' '작(鵲)'이란 글자 때문인 것 같다.

리 먼 곳까지 가서 진찰하지 않아도 병을 진단할 수 있는 경우가 아주 많습니다. 구태여 한쪽만 쳐다볼 필요가 없습니다. 대부께서 저의 말이 진실이 아니라고 생각한다면 시험 삼아 저로 하여금 태자를 한번 살펴보게 하시지요. 틀림없이 태자의 귓속에서는 소리가 나고 코는 벌름거리고 있을 것입니다. 또 태자의 두 다리를 더듬어 올라가 음부(陰部)에 이르면 아직 따뜻한 기운이 남아 있을 것입니다."

중서자는 편작의 말을 듣자 멍해져 눈 한 번 깜박이지 못하고, 혀는 오그라져 움직이지 못할 정도로 깜짝 놀랐다. 그리고는 궁궐 안으로 들어가 편작의 말을 군주에게 전했고, 편작은 태자의 상태를 살핀 다음 침과 약으로 태자를 살려냈다. 이 일로 세상 사람들 모두가 편작이 '죽은 사람도 살려냈다(기사회생起死回生)'고 칭송했다. 편작은 "내가 어찌 죽은 사람을 살릴 수 있었겠는가? 다만 스스로 살 수 있는 사람을 내가 일어나게 해준 것뿐이다"라고 했다.

생각 얹기

중서자는 얄팍한 지식에 집착하여 편작의 말을 믿으려 하지 않았다. 편작은 보지도 않은 상황에서 정확하게 태자의 상태를 지적함으로써 중서자의 말문을 막았다. 두 사람의 설전은 머리로만 아는 얄팍한 지식과 오랜 경험에서 나온 깊은 지혜의 차이를 여실히 보여준다.

설전에서 가장 주의해야 할 점은 자신의 공부와 깊은 생각, 그리고 실천이 뒷받침되지 않은 얕은 지식과 천박한 인식으로 상대를 깔보거나 윽박지르는 무모함이다. 편작은 이를 '가느다란 관을 통해서 하늘을 보고, 좁은 틈으로 아름다운 무늬를 보는 일'이란 절묘한 비유로 중서자의 천박함을 꼬집었다.

편작은 의술에 대한 깊은 식견뿐만 아니라 인간의 생명을 중시하는 의덕(醫德)을 겸비한 진정한 의사였다. 그나마 중서자는 편작의 실력을 알아보았고 인정했다. 편작이 마지막에 남긴 "스스로 살 수 있는 사람을 내가 일어나게 해준 것뿐이다"는 말은 의사와 환자의 관계에 대해 생각하게 한다. 병의 치유는 기본적으로 의사의 의술에 달려 있지만, 일어날 수 있고 일어나야겠다는 환자의 의지가 없다면 아무리 뛰어난 의술도 한계에 부딪칠 수밖에 없다. 편작은 그 이치를 2천 수백 년 전에 터득하고 있었다.

진나라가 제왕을 칭했을 경우에 초래될 해독

유세가 노중련의 치밀한 반박

노중련(魯仲連, 생졸 미상)은 전국시대 후기 제나라 사람으로 기발하고 경쾌하게, 그리고 세속을 초탈한 책략을 잘 구사하여 명성을 떨친 유세가였다. 정작 자신은 다른 유세가들과는 달리 부귀영화에 전혀 뜻을 두지 않고 고상한 절개를 지켰다.

전국시대 막바지인 기원전 262년에서 기원전 260년까지 약 3년에 걸쳐 벌어진 진(秦)과 조(趙)의 장평(長平)전투는 조나라를 거의 멸망의 구렁텅이로 몰았다. 진은 승리의 여세를 몰아 내친김에 동쪽으로 진격하여 조의 수도 한단(邯鄲)을 포위했다. 조 효성왕(孝成王)은 두려움에 치를 떨었고, 각국은 진의 위세에 눌려 감히 구원에 나서지 못하고 있었다. 이때 위(魏)의 안리왕(安釐王, 재위 기원전 276~기원전 243년)은 장군 진비(晉鄙)에게 10만 병사를 이끌고 조를 구원하도록 했다. 구원병이 탕음(蕩陰, 지금의 하남성 탕음현)에 이르자 진은 사신을 보내 위왕을 협박했다. 안리왕은 겁을 먹고 더 이상 군대를 전진시키지 못하고 탕음에 그대로 머물게 했다.

안리왕은 장군 신원연(辛垣衍)을 한단으로 잠입시켜 효성왕의 숙부이자 조나라의 실세인 평원군 조승(趙勝)을 통해 효성왕을 만나고자 했다. 신원연은 조나라를 향해 진나라로 사신을 보내 진나라 소왕(昭王)을 황제로 추대하면 진나라는 틀림없이 기뻐하며 철군할 것이라는 의사를 전달했다. 평원군은 머뭇거리며 결정을 내리지 못했다. 이어지는 장면에서 노중련이 등장한다.(〈노중련추양열전〉)

장면

이때 마침 조나라에 머물고 있던 노중련은 이 소식을 듣고는 평원군을 통해 어렵게 신원연을 만났다.(신원연이 노중련을 만나길 꺼렸기 때문이다.) 노중련은 신원연을 만나고도 좀체 입을 열지 않았다. 답답하다 못해 신원연이 먼저 입을 열었다.

"지금 한단성이 진군에 포위당해 있는데, 성안에 있는 사람이 모두 평원군에게 도움을 바라고 있는 것 같습니다. 그런데 선생께서는 평원군에게 바라는 바가 없는 것 같은데, 어째서 포위당한 이 성에 이렇게 오래 머무르며 떠나지 않으시는 게요?"

당초 노중련을 만나기 꺼려했던 신원연인지라 언짢은 기색이 역력했다. 노중련은 아랑곳하지 않고 이렇게 대답했다.

노중련 세상에서는 주나라 때 은사 포초(鮑焦)라는 사람이 너그럽지 못해 죽었다고들 하는데, 이는 틀린 생각입니다. 사람들은 포초의 뜻을 이해하지 못하고 그가 이기적인 사람이라고 생각하고 있습니다. 진나라는 예의는 포기하고 오로지 싸움을 앞장 세우는 나라입니다. 권모술수로 군사를 부리고, 백성들을 노예처럼 다룹니다. 그런 진나라 왕이 아무런 방해도 받지 않고 제왕이 되어 잘못된 정치를 천하에 펼친다면, 저는 차라리 동해에 빠져 죽겠습니다. 그의 백성이 될 수 없기 때문이지요. 장군을 이렇게 만난 까닭은 그렇게 되지 않게 조나라를 도와주고 싶어서입니다.

신원연 어떻게 조나라를 돕겠다는 말입니까?

노중련 위나라와 연나라가 조를 돕도록 해야지요. 제나라와 초나라는 당초부터 조나라를 도왔지요.

신원연 연나라라면 당신 말을 믿지요. 하지만 위나라라면 사정이 다르지요. 제가 바로 위나라 사람이니까요. 무슨 수로 위나라로 하여금 조나라를 돕게 한단 말입니까?

노중련 위나라는 진나라가 제왕을 칭했을 경우에 초래될 해독을 모르고 있을 뿐입니다. 그 해독을 알게 된다면 조나라를 돕지 않을 수 없습니다.

신원연 그 해독이라는 것이 무엇입니까?

노중련 그 옛날 제나라 위왕(威王)은 인의를 위하여 천하 제후들을 이끌고 주나라에 조회하려 했습니다. 하지만 주나라가 너무 가난하고 약해져 조회에 가려는 제후들이 아무도 없었습니다. 그래서 제나라만 갔지요. 그로부터 1년 남짓 주 열왕(烈王)이 세상을 떠났는데, 어쩌다 제나라만 다른 제후국들보다 조문에 늦었지요. 주나라는 '천자께서 세상을 뜨시고 새로운 천자가 상중에 있는데, 동방 속국 주제에 이렇게 늦게 도착하다니 목을 베어야 마땅하다'며 화를 냈지요. 제 위왕은 이 말에 격분하여 '뭐라고? 이 종년의 자식'이라며 욕을 퍼부었습니다. 주나라는 결국 천하의 웃음거리가 되었습니다. 주 열왕 생전에는 조회를 드렸는데 그가 죽자 그 아들을 욕보인 것은, 주 왕실의 지나친 요구를 참을 수 없었기 때문이지요. 천자가 본래 이런 것이니 하나 이상할 것도 없습니다.

신원연 선생은 저 하인들을 좀 보십시오. 하인 열이 주인 하나를 따르는 것이 힘이 약하고 지혜가 모자라서일까요? 아니지요. 주인을 두려워하기 때문입니다.

노중련 어허! 그럼 위나라가 하인과 같다는 말씀입니까?

신원연 그렇습니다.

노중련 그렇다면 제가 진나라 왕으로 하여금 위나라 왕을 삶아 죽이게 할까요?

신원연 (불쾌한 표정을 감추지 못하며) 말씀이 지나치십니다. 선생이 무슨 수로 그렇게 할 수 있단 말입니까?

노중련 얼마든지 할 수 있습니다. 들어보시겠습니까? 옛날 구후(九侯)와 악후(鄂侯), 그리고 주 문왕(文王)은 모두 은 주왕(紂王) 밑에 있던 삼공이었습니다. 구후에게는 딸이 하나 있었는데, 대단한 미인이었습니다. 주왕에게 바쳤는데 어찌 된 일인지 주왕은 그녀가 못생겼다면서 구후를 소금에 절여 죽였습니다. 악후가 강력하게 말리며 격한 말투로 항의하자 이번에는 악후를 포 떠서 죽였습니다. 주 문왕이 이 소식을 듣고 탄식하자 주왕은 그를 유리성에 100일이나 가두고는 죽이려고 했습니다. 지금 위나라 왕은 진나라 왕과 같은 신분인데, 어째서 다른 사람들과 함께 진나라 왕을 더욱 높여주고 자신은 결국 소금에 절여지는 신세가 되려 한답니까?

노중련이 이렇게 말한 의도는 신원년에게 위왕이나 진왕이나 모두 왕의 신분인데 위왕이 자진해서 진왕의 노복으로 자처한다면 그 최후는 구후나 악후, 그리고 문왕과 같은 신세밖에 더 되겠느냐는 점을 지적하기 위해서였다. 이어 노중련은 제나라 민왕의 이야기를 더 꺼냈다.

노중련 제 민왕 때 동쪽은 제, 서쪽은 진 이 두 강국이 병립하고 있었습니다. 민왕은 끊임없이 대외전쟁을 도발했고, 제후들은 진노했습니다. 민왕은 위기는 아랑곳하지 않고 교만방자하게 굴었습니다. 민왕이 노나라에 가려고 했을 때의 일입니다. 말채찍을 들고 수행하던 이유자(夷維子)가 노나라 사람에게 '당신들은 우리 군주를 어떻게 대접하겠소'라고 물었습니다. 노나라 사람은 '우리는 희생 동물 열 가지를 잡아 성대히 대접하는 10태뢰(太牢)의 예로서 당신네 군주를 접대할 것이오'라고 대답했습니다. 이유자는 '대체 무슨 예절에 근거하여 그렇게 대접하려는 것이오? 우리 군주는 천자이시오. 천자께서 순행에 나서면 제후들은 궁궐을 내주고, 성문과 창고 열쇠를 맡기며, 옷을 걷어 올리고 탁자를 배치하며, 대청 밑에서 천자의 수라를 준비하여 올리고, 천자께서 식사를 끝낸 뒤에야 물러나 정치를 돌보는 것이오'라고 말했습니다. 이 말에 노나라 사람은 문을 닫아 걸고 열쇠로 단단히 잠근 채 제나라 민왕을 들여보내지 않았답니다.

노나라에서 거절당한 민왕이 이번에는 설(薛)로 가려 했습니다. 그곳을 가려면 추(鄒)를 거쳐야 합니다. 공교롭게 추국 군주가 세상을 떠났으므로 민왕은 조문을 하려 했습니다. 이유자가 추나라 왕의 아들에게 '천자께서 조문을 하게 되면 주인은 관을 뒤로 하고 북쪽을 향해 자리를 남쪽에 펴고 앉으며, 그런 다음 천자께서 남쪽을 향해 조문을 하는 것이오'라고 일렀다. 추국의 군신들은 '꼭 그렇게 해야 하는 것이라면 차라리 칼에 엎어져 죽겠다'며 끝내 추국으로의 입국을 거부했다. 추와 노의 신하들은 군주가 살아 있을 때 제대로 보필하지 못했고, 죽어서도 충분한 제사 음식

노중련은 《사기》에 기록된 다른 유세가들과는 결이 한참 달랐다. 그는 유세가의 최종 목표인 권세와 명예에는 관심이 없었다. 그는 벼슬을 준다는 제안을 듣고는 바닷가로 숨어 버렸다. 노중련의 초상화이다.

을 차리지 못할 정도였는데, 제나라가 천자의 예를 가지고 두 나라에 강요했으니 결단코 이를 받아들이지 않았던 것입니다.

지금 진나라는 전차가 1만 대나 되는 강국이고, 위나라도 마찬가지입니다. 다 같은 강국에 서로 왕으로 부릅니다. 그런 위나라가 진나라의 단 한 번 승리에 질려 진나라를 제왕(천자)으로 만들려고 합니다. 이는 삼진(한·조·위)의 대신들을 추와 노의 하인이나 첩만도 못하게 만드는 일입니다. 또 진나라가 아무런 방해도 받지 않고 제왕을 칭하게 된다면 제후국들의 대신을 마음대로 갈아치울 것입니다. 못마땅한 사람은 내다버리고 유능하다고 생각하는 사람을 기용할 것이며, 미운 자를 버리고 제 마음에 드는 자들만 데려다 놓을 것입니다. 또 진나라 왕의 요사스러운 부녀자들을 제후의 아내로 삼게 할 터이니, 위나라 궁에도 이런 여자들로 넘쳐 날 것입니다. 그렇게 되면 위나라 왕이 편히 있을 수 있으며, 장군 또한 지금과 같은 총애와 신임을 받을 수 있겠습니까?

당초 조나라를 동원하여 진나라를 황제로 추대하려던 신원연은 노중련의 말을 듣고는 몸을 일으켜 두 번 절하면서 사죄했다.

"선생을 여태껏 평범한 사람이라고 생각했는데 오늘에야 비로소 천하의 으뜸가는 기인임을 알았습니다. 저는 곧 이곳을 떠나 다시는 진나라를 제왕으로 떠받들자는 말을 입에 올리지 않겠습니다."

진의 장군이 이 소식을 듣고는 한단을 포위하고 있던 군대를 50리 밖으로 물렸다. 이때 공교롭게 위공자 위무기(魏無忌)가 진비의 군권을 빼앗고 진을 공격해왔으므로 진나라는 결국 퇴각할 수밖에 없었다. 이렇게 해서 조나라는 위기를 벗어날 수 있었다.

생각 얹기

노중련은 권세와 명예를 초탈한 특이한 유세가였다. 그는 절체절명의 위기에 처한 조나라를 진심으로 도우려 했다. 당시 진나라의 위세가 워낙 강하자 위나라는 조나라에 신원연을 보내 진나라 소왕을 왕보다 등급이 높고 주 왕조의 천자와 같은 제(帝)로 추켜세워 포위를 풀라고 권했다. 노중련은 그것이야말로 스스로를 파멸시키는 짓이라며 강력하게 말렸다.

노중련의 말을 믿지 못하는 신원연에게 노중련은 국제정세에 대한 정확한 분석과 과거 역사적 사례를 하나하나 들어가며 날카로운 논리로 신원연을 완전히 굴복시켰다. 노중련의 언변과 그 언변을 뒷받침하는 해박한 지식이 돋보이는 장면이다. 노중련의 화려한 언변을 주로 감상하길 권하며 필자의 생각은 자제해둔다.

《사기》에 등장하는 많은 유세가들의 언어를 살펴보면 당시 천하정세와 역사적 사례에 대한 그들의 분석이 얼마나 해박하고 철두철미했는가를 잘 알 수 있다. 사마천이 유세가들에게 많은 지면을 할애한 까닭도 그들이 보여준 언어가 갖는 설득력과 매력을 높이 평가했기 때문이다.

두 마디면 될 일입니다

고열왕의 심리를 자극한 모수

배경

전국시대 조나라 실력자 평원군(平原君, ?~기원전 251)의 식객 모수(毛遂)는 평원군에게 스스로를 추천하여 동맹을 위해 초나라로 가는 수행원이 되었다.(이 이야기는 뒤에 자세히 소개했다.) 초나라로 가는 동안 모수를 무시했던 일행들은 모수의 용기와 언변에 감탄하지 않을 수 없었다. 객사에 도착한 일행은 다음 날 있을 정상회담을 위해 나름 만반의 준비를 갖추었다. 이튿날 정상회담이 시작되었다. 〈평원군우경열전〉의 이 대목은 모수의 힘에 넘치는 언변이 단연 돋보이는 장면이다. 모수 이야기는 뒤에 또 나오기 때문에 배경은 이 정도에 그친다.

장면

이튿날, 평원군과 초나라 고열왕(考烈王)이 만났다. 평원군은 조나라와 초나라의 동맹이 가져다 줄 이해관계를 들어 고열왕을 열심히 설득했다. 그러나 점심이 다 되도록 결과는 나오지 않았다. 기다리다 못한 일행은 모수에게 나서라고 권했다. 모수는 검을 찬 채 계단을 밟고 대전으로 들어섰다. 그리고는 평원군에게 이렇게 말했다.

"동맹의 이해관계는 두 마디면 끝날 일인데, 아침부터 시작해서 점심이 되도록 결론을 못 내고 있으니 왜 그러십니까?"

느닷없는 불청객의 출현에 고열왕은 불쾌하며 누구냐고 물었다. 평원군이 "제 수행원입니다"라고 답하자, 고열왕은 "내가 너의 주인과 담판 중인에 무슨 짓인가? 불쾌하도다!"라며 성을 냈다. 모수는 장검을 움켜쥔 채 한 걸음 더 다가서며 이렇게 말했다.

"왕께서 저를 꾸짖을 수 있는 것은 강력한 초나라의 힘을 믿기 때문입니다. 그러나 지금 대왕은 더 이상 초나라의 힘에 의존할 수 없습니다. 당신의 목숨이 제 손에 달려 있기 때문입니다. 10보 안이면 제 손의 검으로 당신의 목숨을 거둘 수 있습니다. 하물며 제 주인께서 여기에 계신데 어찌 이렇듯 무례하게 저를 나무라십니까?

제가 들으니 상나라 탕왕(湯王)은 사방 70리 땅으로 천하의 왕 노릇을 했고, 주나라 문왕(文王)은 사방 겨우 1백 리의 땅으로 제후들을 신하로 삼았다고 하는데, 군사가 많았기 때문이겠습니까? 진실로 그 지세에 의지해서 위엄을 잘 떨쳤기 때문입니다. 지금 초나라는 땅이 사방 5천 리에 군사가 백만으로 천하의 패주가 될 밑천입니다. 이런 강한 초나라를 누가 당해내겠습니까? 백기(白起)와 같이 한낱 하찮은 자가 수만의 무리로 초나라와 한 번 싸워서 언영(鄢郢)을 빼앗고, 두 번 싸워서 이릉(夷陵)을 불사르고, 세 번 싸워서 왕의 조상을 욕보였습니다. 이는 백대의 한이고, 조나라도 수치스러워하는 일입니다. 그럼에도 왕께서는 이 수치를 깨닫지 못하고 있습니다. 동맹은 초나라를 위해서이지, 조나라를 위한 것이 아닙니다. 그런데도 우리 주인 앞에서 꾸짖는 것은 왜입니까?"

모수의 송곳 같은 반박에 고열왕은 "그렇소, 선생의 말이 맞소. 삼가 나라를 걸고 동맹하겠소"라고 했다. 모수가 "동맹을 결정하신 겁니까?"라고 묻자, 고열왕은 "결정했소!"라고 대답했다. 모수는 고열왕과 초나라 신하들에게 "닭·개·말의 피를 가지고 오시오!"라고 말했다. 모수는 구리 쟁반을 받쳐 들고 무릎을 꿇은 채 고열왕에게 올리며 "왕께서 먼저 피를 발라서 동맹의 약속을 확정하십시오. 다음은 우리 주인이고, 다음은 저입니다!"라는 말로 동맹을 기정사실화했다.

두 정상 간의 동맹이 이루어지자 모수는 왼손에 쟁반의 피를 들고 오른손으로 일행들을 모두 불러 "공들은 당 아래에서 이 피를 바르시오. 그대들은 다른 사람 덕에 이익을 보았으니 말이오!"라고 했다. 동맹을 성사시키고 돌아온 평원군은 이렇게 탄식했다.

"더는 내 입으로 감히 인재를 말하지 못하겠소. 나는 수천 명의 인재들을 고르면서 한 사람의 인재도 빼놓지 않았다고 여겼는데 하마터면 모수 선생을 잃을 뻔했소. 모수 선생이 한 번 초나라에 가서 조나라의 위세를 천하에 크게 떨쳤소. 모수 선생 세 치의 혀가 백만 대군보다 강했소. 내가 감히 인재를 안다고 하지 못하겠소!"

생각 얹기

진나라가 조나라를 공격하여 수도 한단을 포위한 상황에서 조나라로서는 남쪽 초나라의 구원이 절실했다. 평원군이 이 일을 맡았고, 모수는 상황을 정확하게 파악하여 자신의 역할을 자청하고 나섰다. 초나라 역시 진나라의 공격을 받아 연신 패하는 등 수세에 몰려 있었다. 당장은 조나라가 급했지만, 두 나라의 동맹은 사실 쌍방 모두에게 필요했다.

모수는 이런 상황을 잘 알고 있음에도 초나라가 진나라 장수 백기에게 연거푸 패배한 아픈 과거사만 연거푸 들추어내며 고열왕의 심경을 자극하여 동맹은 먼저 초나라에 유리하다는 점을 부각시켰다. 이는 고열왕의 고자세를 꺾는 효과까지 보았다. 고열왕의 동의를 끌어낸 모수는 내친김에 초나라 신하들을 향해 동맹을 확정하는 삽혈(歃血, 동맹을 확정하는 의식으로 소의 피를 입술에 바르는 것을 말한다)도 자신이 주도했다. 모수는 당초 자신을 업신여겼던 일행 19명을 불러 이번 동맹을 성사시킨 주인공이 누구인지를 확실히 인지시키는 극적인 장면까지 연출했다.

강경과 유화를 번갈아 구사하면서 이치를 따지는 모수의 언어는 걸출한 유세가의 면모를 여실히 보여준다. 모수는 설전에서 상대의 심리를 공략하는 공심(攻心)과 이를 통해 상대를 자극하는 격장술(激將術)이 얼마나 효과적인가를 잘 보여주었다.

정세에 대한 왕의 생각이 잘못

단순 비교의 문제점을 딱 꼬집은 중기

배경

기원전 266년, 서방의 강국 진나라의 소왕(昭王, 소양왕昭襄王)이 인접한 위나라를 공격하여 처구(郪丘, 지금의 하남성 온현溫縣 서북)를 함락시켰다. 당시 진나라의 기세는 대단했고, 소왕은 22년 전인 기원전 288년 스스로를 서제(西帝)로 칭할 정도로 위세를 뽐내고 있었다.(진나라는 그로부터 45년 뒤인 기원전 221년 진시황 때 천하를 통일했다.)

이제 소개할 장면은 〈진본기〉의 한 대목을 쉬운 문장으로 복원한 것이다. 당시 한껏 기세를 올리던 소왕의 자신감(또는 자만심)과 그에 반박하는 신하 중기(中旗)의 대화가 눈길을 끈다. 특히 인간과 사물에 대한 상호 비교가 갖는 의미와 문제에 대해 유익한 계발을 준다.

장면

하루는 소왕이 신하들에게 "한나라와 위나라를 옛날과 비교하면 지금과 옛날 언제가 강하다고 할 수 있는가?"라는 질문을 던졌다. 한나라와 위나라를 깔보는 자신감에서 나온 질문이었다. 신하들은 이구동성으로 "두 나라 모두 옛날만 못합니다"라고 답했다. 소왕은 한 걸음 더 나아가 "그럼 지금의 여이(如耳)와 위제(魏齊)란 인재를 과거의 맹상군(孟嘗君)이나 망묘(芒卯)와 비교하면 어느 쪽이 더 유능한가?"라고 물었다. 신하들은 역시 옛날의 맹상군과 망묘가 훨씬 낫다고 답했다. 소왕은 의기양양해서 이렇게 말했다.

"유능한 맹상군과 망묘가 한나라와 위나라의 군대를 이끌고 우리 진을 공격하고도 나를 어떻게 하지 못했다. 그렇다면 그들보다 못한 여이와 위제가 약한 한나라와 위나라 군대를 이끌고 우리 진을 공격한다면 그 역시 나를 어찌하지 못할 것이 뻔하지 않은가?"

좌우의 신하들은 하나 같이 "옳으신 말씀입니다!"며 맞장구를 쳤다. 이때 중기(中旗)란 신하가 뜯고 있던 거문고를 어루만지면서 이렇게 반박하고 나섰다.

"천하정세에 대한 왕의 생각이 잘못되었습니다. 옛날 진(晉)나라의 여섯 가문인 육경(六卿)이 득세하던 때, 가장 강한 지백(智伯)이 범씨(范氏)와 중항씨(中行氏)를 없애고는 다시 한과 위의 군대를 이끌고 진양(晉陽)에서 조양자(趙襄子)를 포위하여 진수(晉水)의 물을 끌어 진양으로 흘려보내니 성 담장 몇 자만 남고 다 물에 잠겼습니다. 지백이 물의 기세를 살폈는데, 위환자(魏桓子)는 왼쪽에서 수레를 몰고, 한강자(韓康子)는 오른쪽에서 지백을 호위했습니다. 지백이 '내가 전에는 물로 나라를 망하게 할 수 있음을 몰랐는데, 오늘에야 알게 되었다. 분수(汾水)의 물로는 안읍(安邑)을, 강수(絳水)의 물로는 평양(平襄)을 잠기게 할 수 있겠구나'라고 했습니다. 이에 위환자가 팔꿈치로 한강자를 찌르고, 한강자는 발로 위환자를 밟았습니다. 팔꿈치와 발이 마차에서 오고가자 지백의 땅이 나누어졌고, 몸은 죽고 나라는 망하여 천하의 웃음거리가 되었습니다. 지금 우리 진나라의 군대가 강하긴 하지만 지백을 능가할 수 없고, 한과 위가 약하긴 하지만 진양성 아래에 있을 때보다는 여전히 강합니다. 게다가 지금이 팔꿈치와 발을 쓸 때이니 왕께서는 너무 쉽게 생각하지 마십시오!"

생각 얹기

진 소왕의 자만에 대해 중기는 과거 춘추시대 지백이 자기 힘만 믿고 다른 집안들을 모조리 없애려고 무리수를 두다가 도리어 자신이 망한 역사 사례를 끌어다 소왕의 안이한 상황 분석을 정확하게 반박했다. 당시 조양자는 진수의 물로 자신의 나라를 가라앉히려는 지백의 공격에 맞서 위와 한에게 은근한 암시(팔꿈치와 발로 서로의 의중을 주고받은 일)를 통해 서로 동맹을 맺어 함께 지백을 역공했다.

소왕의 인식과 논점에서 발견할 수 있는 문제는 다름 아닌 '단순 비교의 함정'이다. 많은 리더들이 이 함정을 제대로 모르거나 무시한다. 그 결과 자만에 젖고 교만에 빠져 우세를 지키지 못하고 실패한다. 소왕은 중기의 지적을 받아들여 경계심을 늦추지 않았다고 한다.

당초 진 소왕은 자신을 지나치게 높게, 상대를 지나치게 낮게 평가했다. 사물과 상황에 대한 인식과 판단 대부분이 상대적이란 점을 소왕은 소홀히 했다. 상황에 따라 한 치가 한 자보다 길 때가 있고, 한 자가 한 치보다 짧을 때가 있다. 따라서 상황과 상대에 대한 정확한 분석과 대비가 필요하다. 자신에 대한 분석이 무엇보다 전제되어야 한다.

설전에서도 가장 많이 등장하는 것이 소왕이 범한 단순 비교다. 단순 비교의 함정을 제대로 인식하고 있는 상대를 만나면 그 논리는 여지없이 깨지기 마련이다. 노자(老子)는 "남을 아는 것을 지혜라 하고, 자신을 아는 것을 밝음이라 한다. 남을 이기는 것을 힘이 있다고 하고, 자신을 이기는 것을 강하다고 한다"고 했다. 논쟁이나 설전에서도 충분히 참고할 대목이다.

다섯 가지 모두 몽염만 못하오

유인·유혹·협박을 동원하여 이사를 책동한 조고

최초의 통일 제국을 운전하던 조타수이자 절대 권력자 진시황이 사구(沙丘)라는 곳에서 갑자기 쓰러졌다. 그해가 기원전 210년, 기원전 221년 통일을 이룩한 지 겨우 10년을 넘겼을 뿐이었다. 진시황을 수행했던 환관 조고는 진시황의 유언 조서를 조작하여 큰아들 부소 대신 작은아들 호해를 황제 자리에 앉히려는 무혈 쿠데타를 꾀했다.

화려한 언변으로 호해의 마음을 먼저 농락한 조고는 승상 이사까지 포섭하기 위해 이사를 만났다. 〈이사열전〉은 조고와 호해의 대화에 이어 당대 최고의 지식인으로 진나라의 정치를 주도해온 승상 이사를 당겼다 놓았다 한껏 농락하는 조고의 대화로 이어진다. 그 장면을 가능한 현대어로 재구성해 보았다. (조고의 질문으로 시작된다.)

"황제께서 돌아가시면서 큰아들에게 유언을 내려 함양에서 장사를 지내고 뒤를 이으라고 하셨습니다. 유언은 아직 발송되지 않았고, 황제의 죽음을 아는 사람은 아무도 없습니다. 큰아들에게 내린 유서와 옥새는 이 호해 수중에 있습니다. 이제 태자를 정하는 일은 그대(이사)와 저의 입에 달려 있습니다. 어찌하시렵니까?"

"어째서 나라 망칠 말을 내뱉는단 말이오? 이는 신하들이 논의할 문제가 아니오!"

"당신께서 스스로 능력을 헤아려 볼 때 몽염(蒙恬)과 비교해서 누가 더 낫습니까? 세운 공을 비교하면 누가 더 큽니까? 책략으로는 누가 실패하지 않고 원대했습니까? 세상에 원한은 누가 더 없습니까? 큰아들 부소와의 관계에서 그 시간과 신뢰 면에서 누가 더 낫습니까?”

“다섯 가지 모두 내가 몽염보다 못하지. 그런데 왜 이리 심하게 따지는가?”

“저는 본디 하잘것없는 환관이지만 다행히 법을 담당하여 조정에 들어왔습니다. 20년 넘게 일하면서 파면당한 승상이나 공신 가운데 2대를 간 사람을 보지 못했습니다. 모두 형벌을 받고 죽었습니다. 스무 명이 넘는 황제의 아들들을 잘 알고 계실 겁니다. 큰아들은 용맹하고, 사람을 믿으며, 인재를 격려하는 사람입니다. 즉위하면 틀림없이 몽염을 승상으로 삼을 것이고, 그렇게 되면 당신은 빈손으로 낙향하게 될 것입니다. 이 몸이 명을 받고 작은아들 호해를 가르치고 법을 익히게 한 지가 몇 해가 되었지만, 잘못을 범하는 것을 본 적이 없습니다. 작은 공자는 어질고 독실하며, 재물을 가볍게 여기고 인재를 중시합니다. 분별심이 있고, 겸손하며, 예를 다해 선비를 공경합니다. 진나라 여러 공자들 중 이만한 분이 없으니 후계자로 세울 만합니다. 당신께서는 잘 생각해서 결정하십시오.”

“그대는 자리로 돌아가시오. 이 몸은 황제의 유언을 받들어 천명을 따를 것이니 어찌 우리 맘대로 결정할 수 있겠소?”

“평안하다가 위태로울 수 있고, 위태롭다가 평안함으로 바뀔 수도 있습니다. 안정과 위급함 사이에서 결정을 내리지 못하고서야 어찌 현명한 사람이라 하겠습니까?”

“나는 상채의 평민으로 다행히도 황제께 발탁되어 승상이 되고 작위를 얻으니, 자손들이 모두 높은 자리와 녹봉을 받았소. 이렇게 국가의 존망과 안위를 내게 맡기셨는데 어찌 그 뜻을 저버린단 말이오? 충신은 죽음을 피하려고 요행을 바라지 않으며, 효자는 부지런히 힘써 위태롭지 않게 하고, 신하된 자는 각기 직분을 지킬 따름이오. 그대는 두 번 다시 그런 말로 나를 죄 짓지 않게 하시오!”

“현명한 사람은 고정 관념 없이 행할 바를 실천에 옮기며, 상황이 변하면 때맞추어 따르고, 끝을 보면 시작을 알며, 나아갈 바를 보면 돌아올 바를 안다고 들었습니다. 사물의 이치가 원래 이런 것, 일정한 법칙이 어디 있단 말입니까? 이제 천하의 대권과 운명은 공자 호해에게 달렸으며, 저는 그의 뜻을 알고 있습니다. 밖에서 안을 통제하는 것을 미혹이라 하고, 아래에서 위를 통제하는 것을 반역이라고 합니다.
가을에 서리가 내리면 풀이 시들고 꽃이 떨어지며, 봄이 되어 물이 녹아서 흐르면
만물이 깨어납니다. 이것이 필연의 법칙입니다. 승상께서는 어찌 이리 판단이 늦으
십니까?”

“내가 ‘진(晉)은 태자를 바꾸었다가 세 임금 동안 평안하지 못했고, 제 환공(桓公)의
형제들은 자리다툼을 하다가 죽었으며, 은 주왕(紂王)은 친척을 죽이고 바른말하는
사람의 말을 듣지 않다가 나라는 망가지고 사직이 끝내 위태로워졌다’고 들었소. 이
세 사람 모두 하늘의 뜻을 어기는 바람에 종묘에서 제사를 받지 못했소. 이 몸도 같
은 처지인데, 어찌 반역을 꾀할 수 있으리오!”

“위와 아래가 같은 마음이면 오랜 세월 권세를 지킬 수 있고, 안과 밖이 일치하면
그 일에는 겉과 속이 없어집니다. 승상께서 제 계획을 받아들인다면 대대로 벼슬을
유지하고 왕자교(王子喬)나 적송자(赤松子)처럼 장수하고, 공자나 묵자처럼 지혜를
유지할 것입니다. 그러나 지금 이 일을 포기하고 따르지 않는다면 재앙이 자손까지
미쳐서 두려움에 떨 것입니다. 처세를 잘하는 자는 재앙을 복으로 바꾼다는 데 승상
께서는 어떻게 처신하시겠습니까?”

이사는 하늘을 우러러 한탄한 다음 눈물을 흘리고 한숨을 쉬면서, “아! 홀로 어지
러운 세상을 만나 죽을 수도 없으니 대체 어디에다 이 목숨을 맡긴다는 말인가?”라
고 탄식했다. 이사는 결국 조고의 뜻에 동참했고, 조고는 이를 호해에게 보고했다.
이렇게 해서 조고의 무혈 쿠데타는 성공(?)을 향해 성큼 다가섰고, 역사상 첫 통일
제국의 운명은 한 치 앞을 내다 볼 수 없는 암연(暗然) 속으로 빠져들었다.

생각 얹기

이후의 일은 이렇게 전개되었다. 조고·이사·호해는 한통속이 되어 진시황의 유
서를 조작하여 큰아들 부소와 몽염을 자결하게 했다. 작은아들 호해가 함양으로 돌

아와 2세 황제로 즉위했고, 제국의
실권은 조고의 수중으로 들어갔다.
강력한 카리스마의 조타수를 잃은
제국은 침몰하기 시작했다.

　조고는 호해와 이사의 약한 고리
를 집중 공략했다. 심지가 굳지 못
하고 부귀와 명예를 탐하는 이들의
마음을 정확하게 움켜쥐었기 때문

왼쪽부터 반역을 모의하는 호해·이사·조고의 모습을 재현한 조형물이다.(2012년)

이다. 자신의 뜻을 관철시키기 위해 조고는 유인·유혹·협박 등을 적절하게 섞어가
며 두 사람의 마음을 무너뜨렸다. 시종일관 철두철미 이들이 앞으로 만나게 될 이해
관계에 초점을 맞추었고, 특히 이사에 대해서는 라이벌 몽염과의 비교를 통해 이사
의 열등감과 질투심을 부추기는 고도의 심리전을 구사했다. 권력욕에 눈이 먼 조고
의 반역은 결과적으로 처참한 결과를 낳았지만, 그가 모반을 위해 동원한 술수와 그
를 위해 구사한 언어는 앞에서 보았다시피 충분히 분석하고 연구해 볼만하다.

전국시대 편작과 한나라 문제 때의 창공 순우의는 모두 명의였다. 사마천은 이 두 명의가 의학사는 물론 인류 건강에 미친 중대한 의의를 높이 평가하여 권105 〈편작창공열전〉을 남겼다. 명의의 실사구시적 과학 정신을 존중함으로써 〈봉선서〉에서 보여준 미신에 대한 강렬한 비판 정신과 연결시킨다. 사진은 하북성 진황도시 진시황 구선처에 조성되어 있는 석상으로 편작(오른쪽)이 진맥을 하는 모습이다.(2009년)

神醫

그 못난이가 신의 계책을 따랐더라면

한신의 모사 괴통의 이유 있는 항변

배경

그대는 군사를 얼마나 거느릴 수 있냐는 최고 권력자 유방의 유도성 질문에 순진하게 '다다익선(多多益善)'이라고 답했다가 '토사구팽(兎死狗烹)'을 당한 한신(韓信)에게는 이전 초한쟁패 당시 '삼분천하(三分天下)'을 권했던 괴통(蒯通)이라는 책사가 있었다. 한신이 이 제안을 받아들이지 않자 괴통은 한신의 미래, '토사구팽'을 예견하며 떠났다.

황제가 된 유방은 잇따라 터지는 공신들의 반란을 진압하느라 진을 뺐다. 한신은 특별히 장안에 연금한 채 감시하게 했다. 기원전 196년 겨울, 유방은 진희(陳豨)의 반란을 평정하고 장안으로 되돌아왔다. 그사이 한신은 여태후에 의해 처형당한 뒤였다. 유방은 한편으로는 마음이 놓이고, 한편으로는 마음이 편치 않았다. 유방은 여태후에게 "한신이 죽기 전에 뭐라고 말했소?"라고 물었다. 한신의 전기인 〈회음후열전〉의 해당 장면이다.

장면

"괴통의 계책을 쓰지 못한 것이 한스럽다고 말했습니다."

"그자는 제나라 출신의 변사이지."

그리고는 제나라 지역에 조서를 내려 괴통을 잡아들이라고 했다. 괴통이 잡혀오자 유방은 이렇게 물었다. 두 사람의 대화다.

"네가 회음후에게 모반하라고 사주했느냐?"

"그렇습니다. 신이 틀림없이 그렇게 말했습니다. 그 못난이가 신의 계책을 쓰지 않았기 때문에 자멸했습니다. 만약 그 못난이가 신의 계책을 썼다면 폐하께서 어찌 (항우를) 무찌를 수 있었겠습니까?"

"이놈을 삶아 죽여라."

"아! 원통하구나. 이렇게 죽다니!"

"네놈이 한신의 모반을 사주해 놓고 무엇이 원통하단 말이냐?"

"진나라의 기강이 느슨해지자 산동이 크게 어지러워졌고, 각지의 영웅호걸들이 까마귀 떼처럼 몰려 들었습니다. 진나라가 사슴을 잃어버리자 천하가 죄다 그 사슴을 쫓았습니다. 그 결과 재주가 뛰어나고 발 빠른 자가 그 사슴을 잡았습죠. 도척(盜跖)의 개가 성군 요(堯)임금을 보고 짖는 까닭은 요임금이 어질지 않아서가 아닙니다. 개는 본래 자기 주인이 아니기 때문에 짖은 것입니다. 그 당시 신은 오직 한신만 알았을 뿐, 폐하는 알지 못했습니다. 게다가 당시 천하는 칼날을 갈아 폐하께서 하신 일을 자기도 해보려는 자들로 넘쳤습니다. 그저 힘이 모자랐을 뿐이죠. 그렇다고 폐하께서 그자들을 모조리 삶아 죽이시겠습니까?"

"그를 놔주어라."

생각 얹기

천하의 변사로서 괴통의 언어가 돋보이는 장면이다. 당시 한신에게 '삼분천하'을 제안했을 때도 괴통의 언변은 정말이지 현란하고 설득력 넘쳤다. 한신은 망설이다 괴통이 제안을 물리쳤고, 그 결과는 괴통의 예언대로 '토사구팽'이었다. 한신은 죽기에 앞서 괴통의 제안을 받아들이지 않은 것을 후회했다.

한신의 마지막 말을 전해들은 유방은 괴통을 잡아들여 자초지종을 물은 다음, 그를 삶아 죽이려 했다. 괴통은 죽음 앞에서도 당당한 논리로 유방에게 반박했다. 유방은 괴통의 말에 일리가 있다고 판단하여 그를 살려 주었다. 한신은 괴통의 말을 받아들이지 않았지만, 유방은 괴통의 논리정연한 항변을 인정했다.

괴통의 언어에서 주목할 점은 말재주는 물론 그 말의 논리력을 당당하게 뒷받침하는 용기다. 죽음 앞에서도 당당하게 맞섰기에 그는 목숨을 구할 수 있었다. 아무리 논리적인 말이라도 태도와 자세가 비굴하거나 약해 보이면 논리의 힘과 설득력이 떨어질 수밖에 없다. 논리적인 말일수록 차분하고 당당해야 더 큰 힘과 설득력을 가질 수 있다. 괴통의 언어는 이런 점에서 참고할 만하다.

말 위에서 천하를 다스릴 수 있겠습니까

문무 겸비를 강조한 육고의 반박

배경

최초의 통일 제국 진나라가 통일을 이룬지 불과 15년 만인 기원전 206년에 망하고, 천하는 다시 혼란에 빠졌다. 약 5년에 걸친 초한쟁패 끝에 천하는 유방의 한나라에 의해 다시 통일되었다.(기원전 202)

한나라 초기 외교 방면에서 큰 활약을 펼친 육고(陸賈, 기원전 약 240~기원전 170)는 황제 유방을 곁에서 모시면서 틈만 나면 《시경》과 《서경》을 좋은 책이라고 이야기하며, 유방에게 공부에 관심을 가질 것을 권했다. 고조는 버럭 고함을 질렀다. 아래는 〈역생육고열전〉의 관련 장면인데, 짧은 대화지만 두 사람의 성격은 물론 이 장면을 배치한 사마천의 의중을 짐작할 수 있다. 워낙 짧은 대목이라 생각을 좀 길게 얹어 보는 것으로 아쉬움을 메워 보았다.

장면

"일찍이 내가 말 위에서 천하를 얻었다. 그런데 어찌 《시경》과 《서경》 따위를 보라 한단 말이오?"

육고는 조금도 기죽지 않고 이렇게 반박했다.

"말 위에서 천하를 얻을 수는 있지만, 말 위에서 천하를 다스릴 수 있겠습니까? 상나라 탕임금과 주나라 무왕은 무력으로 천하를 얻었지만 평화로운 방법으로 천하를 안정시켰습니다. 문과 무를 아울러 쓰는 것이야말로 나라를 오래 유지하는 비결입니다. 과거 오왕 부차, 진의 지백은 오로지 군대와 무력만 믿다가 멸망했습니다. 진나라는 시종 법치만 고집하다가 멸망했습니다. 진나라가 천하를 통일한 다음 어질고 의롭게 베풀고, 성현들을 본받았더라면 폐하께서 천하를 얻을 수 있었겠습니까?"

생각 얹기

육고가 말한 요지는 간단했다. 개인이건 나라건 '문무 겸비(文武兼備)'가 필요하다는 말이었다. 육고의 충언을 잔소리로 받아들인 유방이 '마상득지(馬上得之)'를 들고 나오자 육고는 유방의 말을 그대로 활용하여 '마상치지(馬上治之)'로 되받아쳤다. 거침없는 직언에 고조는 기분이 상했지만, 육고에게 "진나라가 천하를 잃고 내가 천하를 얻은 까닭과 과거 국가들이 성공하고 실패한 원인을 밝혀보아라"라고 명령했다. 육고는 모두 12편의 글을 써서 흥망성쇠의 이치를 밝히니 이 책이 《신어(新語)》이다. 한 편이 완성될 때마다 모두가 만세를 불렀다고 한다.

육고의 지적대로 말 위에서 얻은 천하를 말 위에서 다스릴 수는 없다. '무(武)'는 '문(文)'이 뒷받침하지 않으면 오래갈 수 없다. 예로부터 '문무 겸비'는 이상적 인간상과 나라를 지탱하는 본질적 요소로 인식되었다. 문무의 겸비는 오르기 힘든 경지였다. 문은 인간을 회의론자로 만들기 쉽고, 무는 인간을 잔인하게 만들기 쉽다. 이 양자를 조화하려면 상당한 수양이 필요하다.

문은 복잡하며 무는 단순하다고 말할 수 있다. 문은 의리(義理, 대의명분)를 강화시킬 수도 약화시킬 수도 있다. 무는 의리를 유지시켜 주는 절대적인 힘이 된다. 문이 보기에 무는 무모하며, 무가 보기에 문은 위태롭다. 양자는 일단 모순된

육고는 문무 겸비를 강조하여 역대 왕조의 흥망성쇠에 관한 이치를 책으로 엮어냄으로써 한나라 초기 통치이론에 크게 일조했다.

다. 문은 선을 추구하기 쉬워 보이고, 무는 악을 추구하기 쉬워 보인다. 반면 문은 교활해지기 쉽지만, 무는 투박하다. 양자는 상호보완적이며 둘 모두를 갖출 때, 무예도 인문도 교양도 '완벽(完璧)'에 가까워질 수 있다. 문무 겸비는 이런 점에서 국가를 발전시키는 핵심 요소이기도 하다. 육고는 이 점을 정확하게 인식하고 있었고, 그래서 지엄한 황제 앞에서 대놓고 '말 위에서 천하를 얻을 수는 있어도 말 위에서 천하를 다스릴 수 없다'고 반박했다.

신하들의 의견은 모두 잘못입니다

정확한 정세 분석으로 상황을 예견한 송창

배경

한나라 3대 황제인 문제(文帝) 유항(劉恒)은 고조 유방의 서장자로 공신들의 추대를 받아 황제 자리에 올랐다. 그해가 기원전 180년이었다. 그에 앞서 기원전 196년 진희(陳豨)가 반란을 일으켰다. 고조가 이 난을 평정한 다음, 그 지역 대(代)에 유항을 봉하여 대왕(代王)이 되었다. 기원전 180년 여태후가 세상을 뜨자 공신들은 여씨 세력을 축출하고 대왕 유항을 황제로 세우려 했다.

이 장면은 유항을 황제로 추대하려는 공신들의 의중을 파악하려는 대왕 유항의 신하들 사이에 오간 대화다. 긴박한 상황에 대한 판단력의 차이를 확인할 수 있는데, 평소 천하정세에 대한 관심과 분석, 그리고 정보력이 그 차이를 결정하고 있음을 대왕의 측근 송창(宋昌)의 언어를 통해서 확인할 수 있다.(《효문본기》)

장면

공신들은 진평(陳平)과 주발(周勃) 등을 보내 유항을 영접하려 했다. 유항은 측근과 낭중령(郎中令) 장무(張武) 등에게 이 상황에 대해 물었다. 장무 등은 이렇게 건의했다.

"조정의 대신들은 모두 고조 때의 장수들로서 용병은 물론 모사(謀事)에도 뛰어납니다. 그들의 속셈은 높은 벼슬을 얻는데 그치지 않지만, 고조와 여태후의 위세가 두려워 이제껏 가만히 있었을 뿐입니다. 지금 여씨 일족을 죽여서 도성을 피바다로 만들고, 대왕을 모시겠다는 명분을 내세웠지만 섣불리 믿을 수 없습니다. 왕께서는 병을 핑계로 가지 마시고 사태의 변화를 좀 더 지켜보십시오."

중위(中尉) 송창(宋昌)은 반대의 뜻을 분명히 하며 이렇게 말했다.

"여러 신하들의 의견은 모두 잘못입니다. 그 까닭은 이렇습니다. 진나라가 통치를 잘못하여 제후와 호걸들이 일제히 일어나 제각기 천하를 얻을 수 있다고 생각했지만 결국 유씨가 천자 자리에 올랐고, 다른 사람들은 모두 천자가 되고 싶은 생각을 버렸습니다. 이것이 첫 번째 까닭입니다. 고조께서 자제들을 왕에 봉하여 천하가 그 강건함에 복종하게 되었으니, 이것이 두 번째 까닭입니다. 또한 한이 일어나 진의 가혹한 통치를 없애고 은덕을 베풀어 모두 만족해하고 있어 흔들리기 어려우니, 이것이 세 번째 이유입니다. 여태후와 여씨가 권력을 독점하여 전권을 휘둘렀으나 공신들이 여씨 일족을 제거했으니 이는 사람의 힘이 아니라 하늘의 뜻입니다. 지금 조정 대신들이 딴마음을 품으려 해도 백성들이 따르지 않을 것입니다. 지금 남아 있는 여씨 일족들은 각지의 유씨 왕들을 두려워합니다. 그리고 고조의 아드님으로는 회남왕(淮南王)과 대왕(代王)뿐인데, 대왕께서 연장자에 어질고 효성스럽다는 사실을 천하가 다 알기 때문에 대신들은 세상 인심에 따라 대왕을 황제로 맞아들이고자 하는 것이니 의심하지 마십시오."

유항이 태후에게 이 일을 알리고 의논했으나 여전히 결정을 내리지 못했다. 거북 껍질로 점을 쳤더니 크게 길하다는 점괘가 나왔다. 유항은 태후의 동생 박소(薄昭)를 주발에게 보내어 만나게 했다. 주발 등은 대왕(유항)을 황제로 옹립하려는 뜻을 확실하게 밝혔다. 박소가 돌아와 "의심할 바 없이 확실합니다"라고 보고하자, 유항은 웃으

문제 유항이 즉위하는 과정은 매우 긴박했다. 송창은 철저한 상황분석과 대비 및 사후 조치를 통해 정권을 순조롭게 인수 받을 수 있게 했다. 한 문제의 초상화이다.

며, 송창에게 "과연 공의 말과 같구려"라고 했다.

유항은 송창을 함께 데리고 장안으로 갔다. 장무 등 여섯 사람은 역참의 수레를 타고서 장안으로 가도록 했는데, 고릉(高陵)에 이르러 쉬면서 송창에게 먼저 장안으로 가서 상황을 살피게 했다. 송창은 다시 한 번 장안의 상황을 면밀히 살폈고, 유항은 순조롭게 황제로 즉위했다.

생각 얹기

한 문제는 중국 역사상 명군의 한 사람으로 꼽힌다. 그가 황제로 즉위하는 데 있어서 송창의 역할이 대단히 컸다. 송창은 여태후가 죽은 뒤 돌아가는 조정의 상황을 손바닥 들여다보듯 훤히 꿰뚫고 있었다. 진나라가 망한 뒤 큰 혼란에 빠졌던 천하정세와 유씨가 황제가 되기까지의 과정 및 유씨 정권에 대한 천하 민심의 향방까지 정확하게 인지하고 있었기 때문에 가능한 인식이었다. 송창은 나아가 조정 대신들의 면면까지 잘 파악하고 있었다. 이런 정보력을 바탕으로 송창은 논리정연하게 상황을 분석하여 정권 인수라는 큰일을 주도했다.

대화나 논쟁은 말재주만 가지고 상대를 압도할 수 없다. 정확한 정보와 그 정보에 대한 치밀한 분석이 뒷받침되어야 한다. 송창이 다른 사람들의 모든 견해를 물리칠 수 있었던 것도 이 때문이다. 무엇보다 송창은 민심의 소재를 제대로 파악하고 있었다. '문을 나서지 않고도 세상일을 알 수 있다'는 말이 있다. 평소 인간사 돌아가는 이치에 대한 관심, 인성에 대한 깊은 이해, 일과 인간의 본질에 대한 깊은 통찰력을 갖추면 된다.

그렇다면 우리 고조는 어찌해야 하나

논리의 딜레마를 움켜쥔 원고생의 반박

배경

한나라 초기 경제의 서자인 청하왕(淸河王) 유승(劉乘, ?~기원전 136)에게는 강직한 학자로서 스승 역할을 했던 태부(太傅) 원고생(轅固生, 생졸 미상)이란 인물이 있었다. 원고생은 위선적인 유학자 공손홍(公孫弘)을 향해 '배운 것을 왜곡해서 세상에 아부(곡학아세曲學阿世)'하지 말라고 혼쭐을 낼 정도로 강직한 사람이었다.

원고생은 제나라 출신으로 시를 잘 짓고 노래를 잘해서 경제 때 박사로 임명되었다. 그 뒤 유승의 스승이 되어 보좌했는데, 조정에 있을 때 한번은 경제 앞에서 황생(黃生)과 설전을 벌인 적이 있다. 〈유림열전〉의 해당 장면이다.

장면

황생 상나라 탕임금과 주나라 무왕이 왕위를 얻은 것은 결코 천명이 아니라 군주를 죽인 결과입니다.

원고생 그렇지 않습니다. 하나라 걸과 상나라 주임금의 포악무도함이 조정을 혼란으로 빠뜨렸고, 천하 백성의 인심이 탕과 무왕에게로 돌아갔습니다. 탕과 무왕은 바로 천하의 민심으로 걸과 주를 죽인 것입니다. 걸과 주 치하의 백성들은 그들을 위해 목숨을 걸려 하지 않았고, 그래서 탕과 무왕에게로 귀순했습니다. 탕과 무왕은 하는 수 없이 국군의 자리에 올랐습니다. 이것이 천명을 받은 것이 아니라면 무엇이란 말입니까?

황생 모자가 아무리 낡았다 해도 머리에 쓸 수밖에 없고, 신발이 아무리 새것이라 해도 결국은 발에다 신어야 합니다. 왜 그런가? 위아래의 위치가 분명하게 나누어져 있기 때문입니다. 걸과 주가 황음무도하긴 했지만 그들은 어디까지나 국군이었고, 탕과 무왕이 아무리 훌륭하다 해도 그들은 어디까지나 신하였습니다. 모름지기 임금에게 덕을 잃은 행동이 있다 하더라도 신하는 정면으로 그 잘못을 지적하지 않는 법입니다. 그래야 천자의 권위가 존중받고 지켜집니다. 그런데 국군이 잘못했다 해서 그들을 죽이고, 나아가 그 자리를 대신 차지해서 천자 노릇을 했다면 이것이야말로 국군을 죽인 것이 아니고 무엇이란 말이니까?

원고생 그렇다면 우리 고조 황제께서 진나라 군주를 대신하여 천자 자리에 오른 것도 잘못이란 말입니까?

원고생의 이 말에 조정은 한순간 무거운 침묵이 흘렀다. 분위기가 싸늘해졌다. 이윽고 한참을 침묵하던 경제가 이렇게 말했다.

"고기를 먹을 때 독이 있는 말의 간을 먹지 않는 것은 고기 맛을 몰라서가 아니고, 학문을 하면서 탕과 무왕이 천명을 받았는가 아닌가를 논하지 않는다 해서 어리석다고는 할 수 없소."

두 사람의 논쟁은 이렇게 끝이 났고, 학자들은 더 이상 공개적으로 천명을 받고 군주를 죽인 일에 대해서는 거론하지 않았다.

생각 얹기

통치자가 형편없으면 백성은 그를 내쫓을 권리가 있다. 이런 원고생의 관점은 '백성이 귀하고 군주는 가볍다'는 맹자의 민본사상에 근거를 두고 있다. 한 경제는 이 설전의 중재자로서 겉으로는 객관적 입장을 견지했지만, 사실은 황생의 편을 든 것이었다. 어쨌거나 황생은 신하는 어떤 상황에서도 군주를 죽여서는 안 된다는 관점을 견지했고, 이는 봉건 제왕의 구미에 맞을 수밖에 없다. 어느 황제가 '포악무도'한 죄명으로 쫓겨나거나 살해당하기를 바라겠는가? 민심을 얻은 탕과 무왕을 칭찬하면서도 그것을 쉬쉬하면서 숨겨야 하고, 또 백성들이 탕과 무왕이 걸과 주를 죽인 행동을 찬양하는 것을 가장 두려워하면서 신하의 반역이라는 역사가 자신에게 되풀이 되지 않길 바라는 봉건제도 최고 통치자의 딜레마가 바로 이런 것이었다.

원고생은 바로 그 딜레마를 정확하게 파고들어 황제를 포함한 모두의 입을 막았다. 경제의 중재는 사실 황생의 손을 들어준 것이었지만, 그래도 비유 자체는 절묘하고 적절했다. 왜? 더 이상의 논쟁으로 얻을 것이 없었기 때문이다. 원고생의 마지막 지적이 설전에 이미 종지부를 찍었기 때문이다.

죄명이 같으면 범죄의 정도에 따라
처벌을 적절히 달리해야

장석지의 법 해석

앞서 소개한 바 있는 '법은 천하가 함께 공유하는' 것이라는 장석지의 법 정신은 법률 조항에 대한 해석에서도 잘 드러난다. 관련한 사건 하나를 〈장석지풍당열전〉을 통해 소개한다.

언젠가 한나라의 개국 군주인 고조(高祖, 유방)의 사당 위패 앞에 모셔져 있는 옥환(玉環, 옥으로 된 고리)을 도둑질한 자가 체포되었다. 문제가 크게 노하여 정위 장석지에게 넘겨 죄를 다스리게 하였다. 장석지는 법률 규정에 따라 종묘 안의 옷가지나 어물(御物, 황제에게 바친 물건)을 도둑질한 자의 죄를 보고하고, 죄인의 목을 베어 저잣거리에 조리를 돌려야 한다고 판결했다. 보고를 받은 문제는 크게 성을 내며 이렇게 자신의 생각을 말했다. 해당 장면이다.

"그놈이 무도하게 선제의 사당 안에 있는 기물을 도둑질했다. 짐이 정위에게 넘겨 취조하게 한 까닭은 그놈의 일족을 모두 죽이는 처벌을 내릴 것이라고 생각했기 때문이다. 그런데 그대는 그저 법조문에 따라 벌을 주자고 청하니 이는 종묘를 지극히 중시하는 짐의 뜻과 다르지 않은가!"

황제의 호통에 장석지는 관을 벗고 머리가 땅에 닿도록 사죄의 절을 올리면서 이렇게 아뢰었다.

"법조문에 따라 이렇게 처벌하면 충분합니다. 하물며 죄목이 같으면 죄의 경중에 따라 처벌을 적절히 달리해야 합니다. 지금 그자가 종묘의 기물을 훔쳤다고 즉각 일족을 모두 죽이는 처벌을 내린다면, 만약 어리석은 백성이 고조의 무덤인 장릉(長陵)의 흙을 한 움큼 훔쳤을 때 폐하께서는 어떤 벌로 그자를 처벌하시렵니까?"

문제는 박(薄)태후와 이 일을 의논했고, 장석지의 판결이 타당하다는 결론을 내리고 집행을 윤허했다. 장석지가 이렇듯 공정하게 법을 집행하자 명망 있는 공신의 자제 주아부(周亞夫)와 양나라의 재상 왕염개(王恬開) 등이 벗이 되고자 했고, 세상 사람들 모두가 장석지를 칭찬했다.

생각 얹기

'법은 천하의 모든 사람과 공유하는 것'이라는 법의 본질에 대한 장석지의 철학은 구체적으로 법을 집행하는 과정에도 그대로 반영되었다. 법조문을 벗어나지 않는 범위 안에서 처벌하되, 죄의 경중에 따라 적절하게 재량권을 행사했다. 종묘의 기물을 훔친 자를 지나치게 처벌할 경우, 황제 무덤의 흙 한줌을 훔치더라도 그에 맞추어 처벌해야 하는 부당한 처사는 어떻게 할 것이냐는 장석지의 지적은 오늘날 법집행에 있어서도 고스란히 적용될 수 있는 아주 명쾌한 논리가 아닐 수 없다.

문제와 장석지는 속된 말로

하남성 남양시(南陽市) 방성현(方城縣)에는 장석지의 사당이 잘 남아 있다. 법과 관련한 사람은 물론 적지 않은 사람들이 이곳을 찾는다.(출처:바이두)

찰떡궁합이었다. 문제가 세상을 떠나고 아들 경제가 즉위하자 장석지는 병을 핑계로 사직을 청했다. 과거 경제에게 무례를 범한 일 때문이었다고 하는데, 더 이상의 자세한 기록은 없다. 왕생(王生)이란 처사의 중재로 문책을 받지 않고 직무를 수행했다. 하지만 1년 남짓 결국은 지방으로 좌천되었다. 역시나 묵은 감정 때문이었다. 경제와 문제가 얼마나 결이 다른 군주였는가를 새삼 확인하게 되는 대목이다.

불쌍하다,
흙집과 돌집에 살고 있는 한나라 사람이여

야만족에는 야만족의 이치가 있다고 반박한 중항열

배경

한나라는 개국 이후 북방의 강력한 상대 흉노에 대해 줄곧 유화적인 화친(和親) 정책을 고수했다. 고조 유방이 평성(平城)전투에서 흉노에게 크게 혼이 난 경험 때문이기도 했다. 문제는 화친을 더욱 강화했다. 당시 흉노의 우두머리는 묵돌(冒頓)을 이어 아들 계육(稽粥)이 노상선우(老上單于)를 자칭하고 있었다. 노상선우가 즉위하자 문제는 다시 종실의 딸을 공주라고 속여 흉노에게 보내 선우의 연지(閼氏, 흉노의 최고 우두머리 선우의 아내)가 되게 했다.

조정에서는 연나라 출신의 환관 중항열(中行說)에게 공주를 보좌하라고 했다. 그런데 뜻하지 않게 중항열은 흉노로 가길 거부했다. 조정은 강제로 중항열을 보냈고, 중항열은 "내가 흉노에 가면 반드시 한나라를 편치 못하게 만들 것이다!"라고 했다. 이후 한나라는 말 그대로 중항열 때문에 적지 않은 애를 먹었다.

중항열은 흉노 땅에 도착하자마자 선우에게 투항했고, 선우는 그를 총애했다. 중항열은 흉노의 선우에게 한나라의 풍속과 산물 등에 대한 정보를 알려주면서 한나라를 공격해서 한나라 산물 따위를 차지하라고 부추겼다. 중항열은 또 선우의 신하들에게 기록하는 방법을 가르치기도 했다.

어느 날 한나라에서 사신이 와서 중항열과 이야기를 나누게 되었다. 〈흉노열전〉에는 한나라의 사신과 한나라 사람으로 흉노에 투항하여 흉노를 대변하는 입장이 된 중항열의 대화 장면이 흥미롭게 기록되어 있다. 이를 통해 당시 두 나라의 서로 다른 풍속과 기풍을 확인할 수 있는데, 흉노를 업신여기는 한나라 사신에게 조목조목 그 차이점과 장단점을 따지며 통박하는 중항열의 논리가 사뭇 인상적이다. 두 사람의 대화를 복원해 보았다.

장면

"흉노에는 노인을 천대하는 풍속이 있다."(한나라 사신)

"당신네 한나라 풍속에도 군역을 위해 수자리를 나가는 아들에게 그 늙은 부모가 두껍고 따뜻한 옷을 벗어주고 살찌고 맛있는 음식을 주지 않나?"(중항열)

"그렇지."

"흉노는 전쟁에 나가서 전투하는 일을 가장 큰 일로 여긴다. 늙고 약한 사람은 전투에 나갈 수가 없다. 그렇기 때문에 기름지고 맛있는 음식을 건장한 사람들에게 먹인다. 스스로를 보호하기 위함이다. 이래야 아비와 아들이 오랫동안 몸을 보존할 수가 있다. 그걸 가지고 어떻게 흉노가 노인을 경시한다고 할 수 있나?"

"흉노는 아비와 자식이 같은 천막 안에 살고, 아비가 죽으면 자식이 그 계모를 아내로 삼고, 형제가 죽으면 남은 형이나 동생이 그의 아내를 맞아 자기 아내로 삼는다. 옷이며 모자며 허리띠도 없고, 조정의 의식과 예절도 없다."

"흉노의 풍습은 가축의 고기를 먹고 그 젖을 마시며, 그 털가죽으로 옷을 해 입는다. 가축은 풀을 먹고 물을 마시며 철에 따라 이동한다. 그래서 급박할 때 사람들은 말 타고 활 쏘는 법을 익히고, 평상시에는 일 없는 것을 즐긴다. 약속은 간편해서 실행하기 쉽다. 군신 관계도 복잡하지 않고 쉬워서 나라의 정치가 마치 한 집안의 일같이 처리된다. 부자형제가 죽으면 남은 사람이 그의 아내를 맞아 자기 아내로 하는 것은 대가 끊어지지 않게 하기 위해서다. 결혼풍습이 어지러워 보이지만 본래 종족이 그대로 유지되는 것이다. 중국은 아비나 형의 처를 취하지는 않지만, 친족관계가 멀어지면 서로 죽이기까지 한다. 또 성을 갈아치우는 일도 일어나는데 이 역시 친족의 거리가 멀어졌기 때문이다. 더욱이 충성이나 믿음도 없는데 예의를 강요하기 때문에 위아래가 서로 원한을 품는다. 궁궐과 집을 짓는데 지나치게 꾸미기 때문에 백성의 힘이 낭비된다. 힘들게 밭을 갈고 누에를 길러 먹고 입는 것을 구하며, 성을 쌓아 지켜야 하기 때문에 한나라 백성은 전시에는 싸움을 익히지 못하고, 평시에는 생업 때문에 지친다. 불쌍하다, 흙집과 돌집에 살고 있는 한나라 사람이여! 겉만 화려하고 실속은 없는데, 모자를 써보았자 무슨 쓸모가 있겠는가?”

그 뒤로 한나라 사신이 와서 뭐라고 할라치면, 그때마다 중항열이 나서 이렇게 잘라 말했다고 한다.

“한나라 사신이여, 여러 말이 필요가 없다. 한나라에서 흉노로 보내주기로 한 비단·무명·쌀·누룩의 수량이 정확하고 품질만 좋으면 그만이다. 그밖에 다른 말이 뭐 필요한가? 만일 보내주기로 한 물품이 제대로 수량이 맞고 질이 좋으면 괜찮겠지만, 수량이 맞지 않고 질도 나쁠 경우에는 곡식이 익는 가을을 기다렸다가 흉노의 기마부대가 농작물을 짓밟아버릴 것이다!”

생각 얹기

중항열의 반박이 참으로 통렬하다. 흉노를 아무리 야만 취급을 해도 흉노는 흉노 나름의 풍습과 기본이 있으며, 그렇게 말하는 한나라와 백성들이야말로 정말 불쌍하다며 조목조목 반박하고 있다. 두 나라를 모두 경험한 중항열인지라 한결 설득력이 있어 보인다. 물론 한나라 사신이 무턱대고 흉노를 무시하여 반박을 자초한 감이 없지는 않고, 중항열의 사사로운 분풀이도 작용했지만 두 나라의 차이와 장단점을 이렇게 실감나게 언급한 사례도 드물다.

한나라 사신은 또 막연한 우열론으로 흉노를 비하했는데, 대화나 설전에서 근거 없는 막연한 우열론은 간단한 차이점만 들어서 반박해도 궁색함을 면키 어렵다는 사실을 잘 보여주고 있다.

중항열은 선우에게 한나라로 쳐들어갈 경우, 유리한 시기와 지점에 대해 밤낮으로 가르쳤다. 한나라는 중항열 때문에 적지 않게 애를 먹었고, 국경에 시장을 열고 때맞추어 공주를 시집보내는 화친 정책을 강화할 수밖에 없었다.

당초 한나라 조정은 중항열을 대수롭지 않게 여겼다. 환관 주제에 무슨 위협이 될까, 이런 방심이었다. 실상은 전혀 그게 아니었다. 중항열은 앙심을 제대로 품고 보복했다. 중항열의 진짜 무기는 무력이 아니라 한나라에 대한 정보였다. 환관이라고 무시한 채 강제로 흉노로 보낸 대가를 톡톡히 치른 셈이었다. 게다가 말솜씨 또한 여간내기가 아니었다. 보내더라도 다독거렸으면 어떻게 되었을까? 이런 부질없는 생각도 든다.

휘몰아치던 폭풍도 마지막에 가서는

■

강경 노선을 적절한 비유로 반박한 한안국

배경

기원전 154년 한나라 경제(景帝) 때 터진 오나라와 초나라가 중심이 된 지방 정권들의 반란인 오초칠국의 난을 진압하는 데 적지 않은 공을 세운 인물로 한안국(韓安國, ?~기원전 127)이 있었다. 당시 그는 양나라 효왕 밑에 있으면서 장군으로 출정하여 공을 세웠다. 이로써 전국적인 명성을 얻었다.

양나라 효왕은 이 일로 황제 못지않은 위세를 떨치며 황실과 갈등을 일으켰다. 급기야 측근들과 모의하여 자신의 세력을 약화시키려는 중앙정부의 대신 원앙(袁盎)을 살해하기까지 했다. 이 때문에 친형인 경제와 마찰을 빚는 등 또다시 일촉즉발의 상황이 전개되었다. 이때 한안국이 나서 이 사건을 해결하는 한편, 양쪽을 화해시키고 충돌을 막았다. 이 일로 경제는 한안국을 중앙 조정으로 발탁했다.

기원전 135년 무렵, 한안국은 어사대부였고, 흉노가 사신을 보내 화친을 청하는 일이 있었다. 경제는 조정 대신들에게 이 문제를 논의하도록 했고, 대신들은 강경과 화친을 놓고 논쟁을 벌였다. 〈한장유열전〉은 이때 강경파를 대표하는 왕회(王恢, ?~기원전 133)와 화친파를 대표하는 한안국의 논쟁을 기록하고 있는데, 그때 그 장면으로 돌아가 본다.

장면

강경파로서 대행(大行) 벼슬에 있던 왕회는 연나라 출신으로 여러 차례 변방의 관리를 지냈기 때문에 흉노의 정황에 대해 익숙한 편이었다. 그가 이렇게 말문을 열었다.

"한나라와 흉노가 화친을 맺는다고 해도 아마 몇 년 지나지 않아 또다시 맹약을 저버릴 것입니다. 화친이 아니라 군대를 파견하여 그들을 공격하는 것이 옳습니다."

한안국은 이렇게 반박했다.

"군대를 천 리 밖 멀리 보내 작전을 벌이면 승리를 장담할 수 없습니다. 지금 흉노는 자신들의 넉넉한 병사와 말을 믿고 새 떼가 날 듯이 이곳저곳으로 옮겨 다니기 때문에 제압하기가 어렵습니다. 그들의 땅을 얻어도 개척하기 어렵고, 그들의 백성을 얻어도 국력을 강화하기에는 부족합니다. 그래서 아주 옛날부터 중국의 백성이 아니었던 것입니다. 우리가 수천 리 밖으로 나가 이권을 놓고 싸우면 아군은 싸우기도 전에 바로 지쳐버리지만, 흉노는 가만히 앉아서 온전한 전력으로 유리 약점을 파고 듭니다. '강한 활로 쏜 화살도 힘이 다 하면 얇은 비단조차 뚫을 수 없고, 휘몰아치던 돌풍도 끝에 가서는 새털을 흔들 힘조차 없어집니다. 처음부터 힘이 약했던 것이 아니라 마지막에 가서 힘이 약해져 떨어지는 것입니다.' 그래서 군대를 일으켜 흉노를 공격하는 것은 대단히 불리합니다. 화친하는 것만 못합니다."

논의에 참석한 신하들 중 많은 수가 한안국의 주장에 동조했고, 경제도 화친을 받아들임으로써 논쟁은 다소 싱겁게 마무리되었다.

생각 얹기

전국시대부터 북방의 흉노는 인접한 진(秦)·조(趙)·연(燕)을 괴롭히는 유목민족이었다. 그 당시에도 이들 세 나라는 흉노와 여러 차례 군사적으로 충돌했다. 삼국은 흉노의 침공을 막기 위해 각각 장성을 쌓았다. 진시황이 천하를 통일한 다음 이 장성들을 하나로 이었고, 이것이 흔히 말하는 만리장성의 시작이었다.

하지만 장성이 흉노의 침공을 근본적으로 막을 수는 없었다. 한나라가 건국된 뒤로도 흉노는 끊임없이 남하해서 변경을 괴롭혔고, 고조 유방은 한때 평성(平城)에서 흉노에게 포위되어 전군이 전멸당할 뻔한 위기도 겪었다.

위 대화는 이런 흉노를 어떻게 상대해야 할지를 두고 벌인 왕회와 한안국의 논쟁이다. 왕회는 강경파의 목소리를, 한안국은 화친파의 목소리를 대변하고 있다. 고조 유방 이래 대흉노 정책은 화친이 기본이었다. 3대 황제 문제는 이 외교 노선을 더욱 굳히는 한편, 국경의 시장인 관시(關市)을 열어 흉노의 식량 문제 등을 해결해줌으로써 오랫동안 평화를 유지할 수 있었다. 그 아들 경제 때도 기조는 유지되었지만 서서히 강경파들이 전면에 나서기 시작했고, 왕회는 그를 대표하는 장수였다.

한안국은 한나라의 국력이 아직은 흉노를 물리칠 만큼 강하지 못하다고 판단했다. 신하들 다수도 한안국의 주장에 동조했다. 하지만 끊임없이 공격해오는 흉노에 강경하게 맞서자는 왕회의 주전론을 논리적으로 압도하지는 못했다. '강한 활로 쏜 화살도 힘이 다 하면 얇은 비단조차 뚫을 수 없다'는 등 적절한 비유가 어느 정도 먹히기는 했지만, 근본적인 해결책을 제시하는 강력한 논리력은 없었다. 왕회의 강경 논리도 힘이 없었다. 이 때문에 논쟁이 의외로 싱겁게 마무리되었던 것이다.

훗날 역사가 증명했듯이 화친만으로는 흉노의 침공을 결코 막을 수 없었다. 경제의 아들인 무제 때 오면 대흉노 정책은 강경 노선으로 바뀌었고, 희생이 상당하긴 했지만 북방의 군사적 위협은 상당 부분 해결되었다.

다만 한안국이 반론으로 '강한 활로 쏜 화살도 힘이 다 하면 얇은 비단조차 뚫을 수 없고, 휘몰아치던 돌풍도 끝에 가서는 새털을 흔들 힘조차 없어집니다. 처음부터 힘이 약했던 것이 아니라 마지막에 가서 힘이 약해져 떨어지는 것입니다'라는 비유를 든 대목은 실제 논쟁과 설전에서 참고할 만하다.

그때는 그때, 지금은 지금이거늘

삼천갑자 동방삭의 세상을 보는 눈

한나라의 전성기를 이끈 무제(武帝) 곁에는 기라성 같은 인재들이 즐비했다. 그중에서도 동방삭(東方朔, 기원전 154~기원전 93)은 아주 특별한 인물이었다. 그는 제나라 출신으로 모든 분야의 책을 두루 섭렵한 말 그대로 만물박사였다. 고향을 떠나 도성 장안으로 온 그는 무제에게 자신을 알리는 글을 올렸는데 무려 목간 3천 편을 수레에 실어 올렸다. 두 사람이 간신히 들 수 있는 양이었다. 이것이 '수레에 실어 글을 올리다'는 '공거상서(公車上書)'이다.

무제는 이 죽간을 붓으로 표시를 해가며 무려 두 달을 읽었다. 그리고는 동방삭을 불러 예비 관료인 낭(郞)으로 삼아 곁에 두고는 수시로 이야기를 나누었다. 무제는 동방삭과 있으면 즐겁지 않은 적이 없었다. 무제는 동방삭에게 일쑤 먹을 것을 내렸는데 동방삭은 먹고 남은 고기를 아무렇지 않게 옷 안에 쑤셔 넣고 나가 아는 사람들과 나누어 먹었다. 돈과 비단을 내리면 어깨에 둘러메고 나가 바로 써버렸고, 장안의 젊은 미녀들을 1년씩 바꿔가며 데리고 살았다. 궁중 사람들은 이런 그를 미치광이라 불렀다. 무제는 너희들이 동방삭을 어찌 제대로 알겠냐고 일축하며 동방삭을 옹호했다.

한번은 누군가가 "사람들이 모두 선생을 미쳤다고 수군거립니다"라고 하자 동방삭은 "나 같은 사람은 말하자면 조정 안에서 세상을 피하는 사람일세. 옛날 사람들은 깊은 산속에 숨어 세상을 피했지만"라며 아랑곳하지 않았다.

언젠가 학궁(學宮)에 모인 박사와 선생들이 서로 토론했는데, 모두들 동방삭을 가리키며 비판을 퍼붓자 동방삭이 이들을 통렬하게 반박했다. 〈골계열전〉의 이 장면은 아주 흥미진진하다. 장면은 박사와 선생들의 동방삭에 대한 비꼼으로 시작한다.

장면

"(전국시대) 유세가 소진(蘇秦)과 장의(張儀)는 큰 나라 임금을 한 번 만나 높은 벼슬을 얻었고, 그 혜택이 후대에까지 미쳤습니다. 지금 선생은 백가의 말씀을 수도 없이 외우고, 세상에 둘도 없는 문장력을 자부하고 있습니다. 견문도 넓고, 사물을 정확하게 판단하며, 지혜 또한 뛰어납니다. 그런데도 영명하신 폐하를 수십 년 섬기면서 벼슬은 보잘것없는 자리 그대로니 대체 무엇이 잘못된 것입니까?"

"그걸 당신들이 어찌 알 수 있겠나. 그때는 그때, 지금은 지금이거늘 어찌 같을 수 있나? 장의나 소진이 살던 시대는 주 왕실이 크게 무너져 제후들이 조회를 드리러 오지 않을 때였지. 힘으로 통치하고 권세를 다투면서 군대로 서로를 침탈하여 12개 나라로 합병되었으나 자웅이 정해지지 않았던 때이기도 했고. 인재를 얻는 자는 강해졌고, 인재를 잃은 자는 망했지. 그래서 그자들의 말과 계책이 받아들여져 높은 자리에 오르고, 그 은택이 후대에 미쳐 자손들이 오래오래 부귀를 누렸던 것이오.

하지만 지금은 그게 아니지. 성스러운 황제께서 위에 계셔 덕이 천하에 흐르고, 제후가 복종하며, 사방 오랑캐들에게 위엄을 떨치고 있소. 사해 밖까지 자리를 틀어 그릇을 엎어놓은 것보다 더 안정되어 있어 천하가 두루 한집이 되었지. 계획을 세우고 일을 추진하는 것이 마치 손바닥 위에서 움직이는 것과 같으니, 좋은 것과 좋지 않은 것을 무엇으로 구별한단 말인가?

지금 천하는 넓디넓고 백성들은 많아서 있는 힘을 다해 유세하여 황제의 신임을 얻으려 몰려드는 자가 그 수를 헤아리기 힘들지. 힘을 다하고 의리를 지켜도 먹고 입는 것이 곤란을 받고, 심지어 어떤 자는 집까지 잃지. 설령 장의와 소진이 지금 시대에 태어난다면 손바닥만한 땅조차 얻지 못했을 것이니 어찌 감히 상시(常侍)나 시랑(侍郎) 벼슬을 바라겠나! 전해 오는 말에 '천하에 재해가 없다면 비록 성인이라 해

도 그 재주를 펼 곳이 없고, 위아래가 화합하면 아무리 어질어도 공을 세울 수 없다'
라고 했소. 따라서 시대가 바뀌면 모든 일이 달라지지. 그렇다고 수신에 힘을 쓰지
않을 수는 없는 일, 《시경》에 '궁궐에 종이 울리니 소리가 밖에서도 들리고, 고고한
학이 높이 우니 그 소리가 하늘에까지 들리는구나'라고 했소. 제대로 수양할 수 있
다면 부귀영화를 왜 걱정하랴!

　강태공이 몸소 인의를 행하다 72세에 문왕을 만나 그 포부를 펼쳐 제나라에 봉해
지니 7백 년 동안 끊어지지 않았소. 이러니 선비가 밤낮으로 부지런히 학문을 닦으
며 도를 행하는 것을 감히 멈추지 못하는 것이오. 오늘날 처사는 쓰이지 않는다 하
더라도 우뚝 홀로 서서 위로는 허유(許由)를 보고, 아래로는 접여(接輿)를 살피며, 계
책은 범려(范蠡)와 같고, 충성은 오자서(伍子胥)와 같으나 천하가 평화로우니 정의를
지키며 몸을 닦을 뿐이지. 짝이 없고 무리가 적은 것은 애당초 당연한 것이거늘 그
대들이 나를 의심할 수 있겠는가!"

생각 얹기

　고금을 넘나드는 해박한 지식과 통찰력을 갖춘 동방삭의 반론에 모두들 입을 다
문 채 아무런 대꾸도 하지 못했다. 동방삭은 시대와 세태를 꿰뚫는 깊은 통찰력과
자기 수양을 갖춘 당대 최고의 지식인이자 지성인이었다. 거기에 타의 추종을 불허
하는 언변과 자유분방한 기질을 갖춘 기인이었다. 그는 최고 권력자 무제의 멘토로
서 늘 무제의 심기를 편하게 다독거렸다.

　동방삭은 동료들로부터 미치광이로 손가락질 당했지만 전혀 개의치 않았다. 특히
출세와 명예에 목을 매는 천박한 당대 지식인들을 향해 시대가 바뀌면 가치관도 달
라져야 하고, 제대로 배우고 수양한 사람이라면 출세하지 못할 것이 뭐 걱정이냐고
꾸짖었다. 그가 최고 권력자 앞에서도 전혀 주눅 들지 않고 마음대로 유쾌하고 날카
롭게 풍자하고 조롱할 수 있었던 것도 이 때문이었다.

　당대 지식인들과의 논쟁에서 동방삭은 그들의 말문을 완전히 막았다. 그들은 과

거 출세 지상주의자였던 소진과 장의의 사례를 들며, 그들보다 더 많은 지식을 갖춘 당신이 왜 수십 년 동안 말단 벼슬에 머물러 있냐며 비꼬았다. 동방삭은 저들이 언급한 소진과 장의가 살았던 시대와 지금 시대를 비교하고, 나아가 고금을 오가는 해박한 역사적 사실을 들어가며 이들의 천박한 인식을 꾸짖었다. 그는 이들이 치켜세운 영명한 무제의 시대를 다시 거론하면서 이런 좋은 시대를 사는 것 자체가 즐거움이거늘 뭘 더 바라냐며 힐난했다. 이 대목에서는 태평성대처럼

동방삭은 한나라 최고 전성기를 구가했던 무제 통치기의 어두운 이면을 통찰한 최고의 지성이었다.

보이는 무제 통치기의 이면에 온갖 천박하고 모자란 출세 지상주의자들이 득실거린다는 동방삭의 날카로운 반어법도 읽어낼 수 있다.

제3장

언필가행(言必可行), 행필가언(行必加言)
– 행동으로 옮길 수 있는 말과 글

한나라 초기의 천재 정론가이자 불운의 정치가였던 가의(賈誼, 기원전 200~기원전 168)는 《신서(新序)》〈대정(大政)〉 상편에서 "지혜로운 사람은 말과 행동에 신중하다. 그래서 몸에 복을 받는다. 어리석은 자는 말과 행동을 함부로 한다. 그래서 몸을 망친다. 군자는 말을 했으면 행동으로 옮겨야 하고, 행동했으면 말로 알려야 한다"고 했다.

세 번째 장은 이 구절 뒤의 대목을 따서 말과 행동의 관계를 숙고해보았다. 이 대목은 번역에 따라 함축하는 뜻이 깊다. 먼저 '말을 했으면 행동으로 옮길 수 있어야 하고, 행동은 말로 알릴 수 있어야 한다'고 해석할 수 있다. 또 '말은 행동으로 옮길 수 있어야 하고, 행동은 말로 전달할 수 있어야 한다'는 뜻으로 이해할 수도 있다. 즉, '행동으로 옮길 수 있는 말과 말로 전달할 수 있는 행동'을 가리킨다. 상대가 이해하고 인정하여 행동으로 옮길 수 있는 말과, 행동으로 옮겨도 부끄럽지 않을 말에 방점이 찍힌다. 어느 쪽이나 '언행일치(言行一致)'라는 공통분모가 있다.

'우자암어성사(愚者暗於成事), 지자견어미맹(智者見於未萌).'
'어리석은 자는 일이 다 된 뒤에도 그 일이 어떻게 성사되었는지 모르며,
지혜로운 자는 일이 시작되기 전에 그 일을 통찰한다.'

전국시대는 개혁이 대세였다. 모든 나라가 개혁에 나섰다. 그러나 역사상 모든 개혁의 사례가 보여주듯 의지만 가지고는 성공할 수 없는 것이 개혁이다. 의지, 곧 개혁을 실현하겠다는 통치자의 의지와 확고부동한 논리로 무장한 개혁 전문가가 만나야만 성공했다. 그 당시 개혁의 진수를 상앙이 보여주고 있다. 그는 진정한 개혁이 어떤 것인지를 우렁찬 종소리처럼 알렸다. 개혁은 필요성이 아니라 당위성이라는 그의 개혁론은 지금 보아도 전율이 느껴질 정도다. 확고한 의지로 무장한 말이 갖는 힘이 얼마나 무서운 지를 유감없이 보여준다.(그림은 종을 치는 모습이다.)

천자가 자잘하여 큰 뜻이 없으면
만사가 엉망이 되리다

리더십이 우선임을 강조한 고요

배경

전설 속의 성군 요임금은 자기 아들이 아닌 민간에서 발탁한 순에게 임금 자리를 양보했다. 이를 선양(禪讓)이라 한다.(이후 선양은 가장 이상적인 권력 교체의 방식으로 높은 평가를 받았지만 권력의 속성상 선양은 요와 순, 순과 우 때를 제외하고는 실제로 이루어진 경우는 없었다. 다만 형식적으로 선양을 흉내 낸 사례는 더러 있었다.) 순임금 역시 황하의 물길을 다스리는 데 성공한 우에게 선양했다. 당시 순임금은 후계자 계승을 앞두고 몇 차례 조정 회의를 열어 후계 문제에 대해 한바탕 토론을 열었는데, 〈하본기〉에 이와 관련한 흥미로운 기록이 남아 있다.

이 한바탕 큰 토론에 참여한 사람은 당시 최고 통치자였던 순임금을 비롯하여 우와 백이(伯夷), 그리고 고요(皋陶) 이상 네 사람이었다. 이 중에서 눈여겨봐야 할 인물은 고요이다. 그는 토론을 주도했을 뿐만 아니라 토론이 무미건조하게 흘러가지 않도록 그때마다 고삐를 단단히 죄어 긴장감을 유지하는 역할을 하고 있다. 리더와 리더십에 관한 논쟁으로 보아도 무방할 정도로 생생한 부분이 있다.

장면

먼저 고요는 통치자가 "진심으로 도덕에 따라 일에 임하면 계획한 일이 분명해지고 보필하는 사람들은 화합할 것"이라며 말문을 열었다. 순이 그 방법을 묻자, 고요는 통치자의 자기수양을 강조하면서 "따라서 가까운 곳은 물론 먼 곳까지 잘 다스릴 수 있느냐 여부는 모두 (통치자) 자신에게 달려있습니다"라고 한 다음, "아! (천하를 다스린다는 것은) 사람을 알고 백성을 편하게 하는 데 있습니다"라고 강조했다.

우는 "저는 매일 부지런히 일할 것만 생각하고 있습니다"라는 다소 싱거운 말로 발을 빼려 했다. 고요는 도대체 '부지런히 일할 것만 생각한다'는 것이 무슨 말이냐며 우를 압박하고 나섰다. 여기서부터 토론은 까칠한 논쟁으로 발전한다.

고요의 힐난에 우는 자신의 치수 사업 경험을 회고하면서 오로지 백성들만을 위해 애쓴 점을 이야기하자, 그제야 고요는 그런 것이 바로 통치자의 미덕이라며 수긍했다. 이어 우는 순에게 훌륭한 신하들이 보필하는 큰 복이 있을 것이라며 축하했고, 순은 모두를 자신의 팔다리와 같은 신하, 즉 '고굉지신(股肱之臣)'이라며 이들을 칭찬한 다음, "나에게 치우친 점이 있으면 그대들이 나를 바로잡아 주어야 하오. 보는 '앞에서는 아첨하다가 뒤돌아서서 비방'해서는 안 될 것이오"라고 당부했다.(여기서 '면유퇴방面諛退謗'이란 성어가 나왔다.)

토론의 분위기는 기(夔)의 축하 음악 연주로 절정에 이르렀다. 백관이 모두 축하를 올리며 화합하고, 기분이 좋아진 순은 노래를 지어 부른 다음 "대신들이 기꺼이 일하면 천자도 분발하게 되고 모든 관리가 기쁘게 화합하리라!"라고 당부했다. 토론은 순임금의 이 요식적인 말로 마무리되는 것처럼 보였다.

무려 4천 년 전에도 리더십에 관한 논쟁이 있었다. 고요는 이 논쟁에서 리더가 갖추어야 할 핵심 요건을 명쾌하게 정리하고 있다. 고요의 초상화이다.

그런데 고요가 다시 나서 큰 소리로 "유념하소서! 신하와 백성을 통솔하시고 나랏일을 크게 일으키시되 신중히 법도를 준수하여 삼가 공경하십시오"라고 한 다음, 노래의 가사까지 바꾸어가며 "천자가 영명하면 대신들도 현명해져 모든 일이 평안해지리다"며 순의 마무리에 토를 달고 나섰다. 고요는 순의 반응은 기다리지도 않고 계속해서 "천자가 자잘하여 큰 뜻이 없으면 대신들도 게을러져 만사가 엉망이 되리다!"며 일순간 장내의 분위기를 썰렁(?)하게 만들었다. 순은 고요를 향해 답례하며, "그렇소! 지금부터 모두 성실하게 노력합시다"는 말로 분위기를 서둘러 정리했다.

생각 얹기

무려 4천여 년 전에 벌어진 이 리더십 토론은 지금 보아도 많은 것을 생각하게 한다. 순은 후계자를 선정하기 위한 조정 회의를 열었다. 이 자리는 사실 우를 후계자로 결정하기 위한 예정된 요식 절차나 마찬가지였다. 그런데 당시 법 집행을 책임지고 있던 고요는 상당히 구체적인 리더십을 제기하며 토론을 주도했다. 때로는 우를 압박했고, 심지어 순임금까지 압박하는 날카로운 논리를 보여주었다.

특히 마무리 단계에서 순임금이 신하들의 '팔로워십(followership)'을 전제로 내세우자 서슴없이 리더십, 다시 말해 리더의 '현명한 판단력'이 전제되어야만 신하들도 따르게 되고 일도 제대로 처리된다고 반박한 다음, 리더가 큰 이상이나 비전 없이 자질구레한 일에만 집착하다가는 모든 일이 엉망이 된다고 경고하는 모습은 대단히 인상적이다.

고요는 성군의 대명사 순임금에게 리더는 이런저런 전제 조건을 달아서는 안 된다는 점을 분명하게 지적했는데, 이는 리더의 자질과 관련하여 아주 중요한 핵심을 건드린 것이라 할 것이다.

농담이라도 지켜야 한다

권력의 함정을 경고한 사관 일

배경

기원전 1043년 주나라 무왕이 세상을 떠난 뒤, 어린 성왕(成王)이 뒤를 이었다. 즉위 후 얼마 되지 않아 당(唐, 지금의 산서성 태원太原 일대) 지역에서 반란이 일어났다. 무왕의 동생, 즉 성왕의 숙부 주공(周公)이 반란을 진압하고 이 지역을 안정시켰다. 성왕은 숙부의 도움으로 통치 기반을 닦아 나갔다.

어느 날 성왕은 동생 숙우(叔虞)와 왕궁의 꽃밭에서 놀고 있었다. 성왕이 재미삼아 오동나무 잎사귀를 하나 따서는 칼로 이리저리 잘라 신하들이 조회 때 손에 쥐는 옥규(玉圭) 모양으로 만든 다음 "이것으로 너에게 봉지를 하사하는 신표로 삼겠노라!"라고 말했다. 성왕은 놀면서 장난삼아 동생을 당 지역의 제후로 봉하겠다고 한 것이다. 그다음 장면이다.

장면

이 이야기를 들은 사관(史官) 일(佚)은 조회 때 성왕에게 좋은 날을 골라 숙우를 제후로 봉하라는 청을 올렸다. 성왕은 싱긋이 웃으며 "그때는 내가 동생에게 농담을 한 번 해본 것이오"라고 했다. 사관 일은 엄숙한 표정을 지으며 이렇게 말했다.

"천자는 농담이라도 함부로 할 수 없습니다. 한 번 입을 통해 나가면 사관이 역사로 기록합니다. 그리고 의례를 책임진 관리는 조정의 규정에 따라 음악 소리와 함께 정중하게 책봉 의식을 거행해야 합니다."

신하들은 일제히 사관 일을 거들고 나섰다. 성왕은 하는 수 없이 사관 일의 말에 따라 좋은 날을 택해 정식으로 숙우를 당 지역의 제후로 봉하는 의식을 거행했다. 역사에서는 이를 당숙우(唐叔虞)라 부른다.

생각 엮기

성왕이 오동나무 잎으로 동생을 제후로 봉한 일은 '동엽봉제(桐葉封弟)'라는 고사성어로 남았고, '군주에게는 농담이란 있을 수 없다'는 '군무희언(君無戱言)'이란 고사성어도 파생되었다.

수천 년 봉건 왕조체제의 역사에서 사회의 안정은 군주의 권위와 그 연속성이 가장 중요했다. 군주의 권위 수립에는 그 자신의 언행이 일차적으로 작용할 수밖에 없었다. 군주의 말이 법을 대신하거나 왕왕 법을 초월했기 때문이다. 따라서 말 한마디가 가마솥 아홉 개 무게보다 무거워야 했고, 명령 하나가 태산 같아야 했다.

어린 성왕이 동생과 놀다가 별생각 없이 던진 농담 한마디가 초래한 결과는 봉건 왕조체제의 이런 특성을 잘 반영한다. 오늘날 사회에서 성왕과 당숙우 같은 상황이 나타난다면 정말 황당할 것이다. 그러나 어느 시대, 어떤 정치체제를 막론하고 리더는 공개적인 장소는 물론 사적으로도 말을 조심해야 한다. 그렇지 않으면 본인은 물론 조직과 나라에 좋던 나쁘던 큰 영향을 끼칠 수 있다.

사관 일은 성왕에게 '천자에게 농담이란 있을 수 없다'고 잘라 말했다. 이는 성왕에 대한 의미심장한 충고였다. 어린 성왕이 자기도 모르게 그런 농담을 던질 수 있었던 배경에는 권력이 있었기 때문이다. 성왕은 자신에게 그런 권력이 있다는 사실

성왕이 오동나무 잎사귀로 동생 숙우를 제후로 봉한 사실을 나타낸 조형물이다.(산서성 진국박물관 광장, 2013년)

만 알았지, 그것이 얼마나 중요하며 또 어떻게 행사해야 하는 지에 대한 인식은 부족했다. 이것이 권력의 함정이다. 사관 일은 바로 이 점을 일깨운 것이다.

막강한 권력을 가진 군주가 함부로 약속을 남발하다가는 권위가 서지 않을 뿐만 아니라, 조정의 기강도 흔들릴 수 있다는 사실을 잘 알았기 때문이다. 이런 점은 지금이라 해서 하등 다를 바 없다.

90리를 양보하겠소이다

심기가 오가는 리더들의 수준 높은 대화

배경

앞서 소개한 19년 망명의 주인공 진 문공은 망명 당시 동방의 강국 제나라에서 환대를 받았다. 제나라 공실의 여자를 아내로 맞이해서 가정까지 꾸렸다. 문공은 몇 년을 편안하게 살았다. 그러다 제나라에 환공이 굶어 죽는 등 큰 정변이 터져 서둘러 제나라를 탈출해야 할 상황이 되었다. 수행 신하들이 문공을 재촉했지만, 문공은 편안한 생활에 젖어 그대로 눌러 있겠다고 고집을 부렸다. 문공의 제나라 아내가 당찬 결단과 재치로 문공을 제나라에서 내보냈다.(이 장면은 뒤에 상세히 소개된다.)

이제 소개할 장면은 제나라를 벗어난 중이(후에 문공)가 조(曹)·송(宋)·정(鄭)을 거쳐 초(楚)나라로 들어갔을 때의 일이다. 초나라 성왕(成王)은 융숭하게 일행을 대접하면서 중이에게 훗날 무엇으로 보답하겠냐고 물었다. 두 사람의 대화는 〈진세가〉에 잘 기록되어 있는데, 최고 리더들의 심기(心機)가 오고가는 대화가 돋보인다.

장면

"공자께서 만약 진나라로 돌아갈 수 있게 된다면 나에게 어떤 식으로 보답하겠소?"

"금은보화나 비단은 초나라에 모두 있고, 제가 무엇으로 보답했으면 좋겠습니까?"

"그렇더라도 어떻게 보답할지 말해 보시오."

"만약 왕 덕분에 제가 진나라로 돌아갈 수 있다면, 그리하여 이후 만에 하나 진나라와 초나라 사이에 전쟁이 일어나서 쌍방이 중원에서 만난다면 저희 군대는 틀림없이 '퇴피삼사(退避三舍, 군대가 행군하는 사흘 거리 즉, 90리 뒤로 물림)'함으로써 오늘 왕

의 은혜에 보답하겠습니다. 그때 가서 왕께서 양해하시지 않는다면 저는 하는 수 없
이 활을 뽑아 들고 왕과 싸울 수밖에 없을 것입니다.”

두 사람의 대화를 듣고 있던 초나라의 장수 자옥(子玉)이 중이의 이 말에 버럭 화
를 내며 “대왕께서 공자 일행을 크게 우대하셨거늘 이렇게 교만한 말을 늘어놓다니
그를 죽이십시오!”라고 했다. 성왕은 고개를 저으며 이렇게 말했다.

“진 공자(중이)는 어질다. 오랫동안 외지에서 힘들게 지냈고, 그를 따르는 사람들
은 하나 같이 나라의 그릇들이다. 이는 하늘이 안배한 것이니 어찌 죽일 수 있겠는
가? 그리고 이미 뱉은 말을 어떻게 바꾸나.”

중이가 초나라에 머무는 몇 달 사이 진(秦)나라에 망명해 있던 진(晉)나라의 태자
어(圉)가 도망쳤다는 소식이 들렸다. 진(秦)은 중이에게 사람을 보내 중이의 귀국을
돕겠다고 제안해왔다. 초 성왕은 중이 일행에게 후한 예물까지 딸려서 보내며 이런
말로 전송했다.

“초나라는 멀어서 다시 몇 나라를 거쳐야 진(秦)나라에 당도할 수 있을 것이오. 두
진나라는 국경이 붙어 있고, 저쪽 진(秦)나라 국군은 현명하니 공자는 부디 잘 가도
록 하시오.”

생각 얹기

중이는 조국인 진(晉)나라의 불안한 정국 때문에 무려 19년 외지를 떠도는 망명생
활을 했다. 모두 여덟 개 나라를 거쳤다. 각국의 국군들은 정치적 입장의 차이 때문
에 중이를 홀대하기도 하고 우대하기도 했다. 초나라 성왕은 중이가 범상치 않은 정
치가임을 알아보았고, 중이에게 귀국할 수 있는 기회가 오자 서슴없이 후한 예물로

그를 떠나보냈다. 실제로 훗날 두 리더는 군대
를 이끌고 성복(城濮)에서 만났고, 중이는 약속
대로 군대를 90리 뒤로 물렸다.

　성왕과 중이 두 사람의 대화에는 격조와 유
머가 은근히 깔려 있다. 비록 떠돌이 신세였지
만 중이는 비굴하지 않고 품위를 지켰다. 성
왕도 중이의 당당한 응수에 기분 나빠하지 않
고 흔쾌히 받아들였다. 큰 리더의 풍모는 이렇
듯 잠깐의 대화에서도 어떤 형태로든 드러나
는 법이다. 글의 행간을 읽듯 두 리더가 구사
한 말의 이면을 파악하는 재미가 여간 아니다.

역사에서는 진 문공 중이를 많이 칭송하지
만, 위 고사는 초 성왕(사진)의 배포와 인품
또한 남달랐음을 잘 보여준다.(2002년)

조돈이 그 군주를 시해했다

직필로 조돈에게 경고한 동호

배경

춘추시대 중기 진(晉)나라의 실권자였던 조돈(趙盾, ?~기원전 602)은 문공의 망명을 수행했던 공신 조최(趙衰)의 아들이었다. 조최 이후 조씨 집안은 진나라의 실력자로 막강한 정치력을 행사했다. 그러나 영공(靈公)이 즉위하면서 조돈과의 불화가 심각해졌다. 영공은 몇 차례 조돈을 죽이려 했고, 이 때문에 조돈은 나라를 떠나 망명하고자 했다. 그러나 동생 조천(趙穿)의 권유로 국경을 벗어나지 못했고, 그사이 조천이 영공을 시해했다.(기원전 607년)

조돈은 동생 조천의 주선으로 다시 도성으로 돌아왔고, 원래의 직위를 되찾았다. 이때 진나라의 사관인 태사(太史) 동호(董狐)는 이 사건을 두고 "조돈이 그 군주를 시해했다"고 기록하여 조정 대신들이 열람하게 했다. 조돈은 인정할 수 없다면서 "군주를 죽인 사람은 조천이지 내가 아니다!"라고 항변했다. 동호는 다음과 같은 말로 조돈의 항변에 반박하면서 경고를 날렸다. 〈진세가〉의 해당 장면이다.

장면

"당신은 진나라에서 가장 높은 정경(正卿)의 신분으로 도성에서 도망쳤는데, 진나라 국경을 벗어나 떠나지 않았소. 도성으로 되돌아와서 군주를 죽인 흉수를 찾아 처벌하지도 않았소. 그러니 군주를 해친 사람이 당신이 아니라면 누구란 말이오?"

동호의 질타는 매서웠고, '조돈이 그 군주를 시해했다'는 기록은 그대로 남았다.

훗날 공자(孔子)는 이 사건을 두고 "동호는 옛날의 훌륭한 사관이다. 있는 그대로 역사를 기록하여 조돈이 그 군주를 시해한 죄를 감추지 않았다. 조돈은 좋은 대부였지만 역사의 법에 따라 오명을 썼으니 안타깝다! 당초 그가 국경을 벗어났다면, 군주 시해라는 죄명을 면했을 텐데!"라고 감탄했다.

생각 얹기

동호는 '잘한 일은 칭찬하고 잘못한 일은 비판한다'는 《춘추(春秋)》 필법의 '포폄(褒貶)' 정신을 바로 계승한 사관이었다. 이 고사를 역사에서는 '동호직필(董狐直筆)'이란 네 글자로 전한다. '동호직필'은 한 걸음 더 나아가 '직필'과 '직언(直言)'의 관계에 대해 생각하게 한다. '직언'은 한순간 지나가는 행위지만 '직필'은 머물러 있는다. 때로는 영원히 남는다. 직언이 시간이라면, 직필은 공간인 셈이다. 악명 높은 '분서갱유(焚書坑儒)' 사건은 시간 속으로 사라졌지만 그 흔적은 유적으로 남아 공간을 차지하고 있고, 사마천의 기록을 통해 영원히 진시황의 폭정을 끊임없이 상기시킨다.

'동호직필'의 의미를 좀 더 넓게 보자면, 말과 글의 경계와 차이라 하겠다. 오늘날 말과 글의 경계는 거의 사라지고 있다. 말이 실시간으로 중계되고, 말이 시간과 함께 사라지지 않고 생생하게 흔적을 남긴다. 말이 곧 글이고, 어떤 면에서는 글보다 더 큰 힘을 발휘하며 뒤끝을 남긴다. 그래서 더더욱 말조심이 필요한 시대다. 이 점을 인식하지 못한 말 많은 자들은 결국 말 때문에 사회에서 퇴출당할 것이다. 동호의 직필은 양심에 따른, 사관의 본분에 따른 직언에 뿌리를 두고 있기 때문에 보통 직언보다 훨씬 더 크고 깊은 영향을 남겼다. 말 많은, 말로 먹고사는 자들은 이 점을 단단히 새겨야 할 것이다.

동호직필의 고사를 나타낸 《동주열국지》의 삽화(아랫 부분)

기용하라는 말도 안 들었거늘

상앙의 정확한 예측

전국시대 서방의 진나라를 전면 개혁하여 천하 통일의 기초를 닦은 최고의 개혁가 상앙(商鞅, 기원전 약 390~기원전 338)은 개혁에 따른 공을 인정받아 상군(商君)으로 불렸다. 그는 중원의 약소국이었던 위(衛)나라 공실의 서출 공자로 성은 공손(公孫), 이름은 앙(鞅)이었다.

상앙은 어렸을 때부터 법가의 형명학(刑名學)을 공부했고, 젊은 나이에 이웃한 강국 위(魏)나라로 건너가 그 나라의 상국 공숙좌(公叔痤)를 섬겼다. 상앙의 재능을 알아 본 공숙좌는 위나라 혜왕(惠王)에게 그를 추천하여 벼슬을 받게 할 생각이었다. 그러나 공숙좌는 적당한 기회를 잡지 못했고, 그러다가 병이 나서 조정에 들어갈 수 없게 되었다. 이후 전개되는 상황은 매우 긴박한데, 상앙의 전기인 〈상군열전〉의 기록을 따라 그 장면을 복원해본다.

중국 역사상 최고의 개혁가로 꼽히는 상앙은 개혁뿐만 아니라 상대를 분석하는 능력도 뛰어났다. 상앙의 초상화다.

공숙좌가 중병이라는 보고를 받은 혜왕은 직접 문병을 와서는 "그대에게 무슨 일이라도 생기면 나라는 어쩌란 말이오?"라며 걱정을 했다. 공숙좌는 이때다 싶어 "저의 가신들 중에 상앙이란 인재가 있습니다. 아직 젊지만 보통 인재가 아닙니다. 대왕께서는 국정 전반을 그에게 맡기십시오”라며 상앙을 추천했다. 혜왕은 답이 없었다.

위문을 마친 혜왕이 자리를 뜨려 하자 공숙좌는 좌우 시종들을 물리친 다음 혜왕에게 낮은 목소리로 이렇게 말했다.

“대왕께서 상앙을 기용할 마음이 없으시다면 반드시 그를 죽여서 나라 밖을 나가 다른 나라에 기용되지 못하게 하십시오.”

혜왕은 알았다고 답하고는 자리를 떴다. 혜왕이 떠나자 공숙좌는 바로 상앙을 불러 혜왕에게 한 말을 들려 준 다음 서둘러 위나라를 떠나라고 권했다. 상앙은 웃으면서 이렇게 말했다.

“대왕께서 저를 기용하라는 말도 받아들이지 않으셨는데 저를 죽이라는 말을 어찌 받아들이겠습니까?”

상앙의 예측은 정확했다. 궁으로 돌아온 혜왕은 측근들에게 “공숙좌의 병이 심상치 않은 모양이다. 국정을 새파란 공손앙에게 맡기라고 하다니, 정말이지 황당하지 않은가?”라며 공숙좌의 정신 상태를 의심했다. 기원전 361년 상앙은 위나라를 떠나 진나라로 건너갔다.

생각 얹기

혜왕은 상앙의 나이만 보고 공숙좌의 진지한 건의를 아픈 사람의 황당한 헛소리로 치부했다. 한 사람의 재능을 제대로 인식하려면 그 사람을 직접 보고 깊게 이해하지 않고는 알기 어렵다. 공숙좌는 사람을 제대로 알아보기는 했지만, 혜왕의 심리를 분석하는 면에서는 젊은 상앙보다 한참 모자랐다.

상앙은 혜왕이 자신을 추천한 공숙좌의 말을 듣지 않았다는 사실로부터 혜왕의 인식 수준을 바로 헤아렸다. 그래서 혜왕이 자신을 죽이지 못할 것이라고 판단했다. 자신을 평범한 젊은이로 치부해놓고 어떻게 앞으로 위험한 인물이 될 것이라고 생각할 수 있겠는가? 이것이 상앙의 분석이었고, 그 분석은 정확했다. 요컨대 상앙은 혜왕과 공숙좌가 나눈 말속에서 실마리를 바로 찾아냈고, 그것이 예측을 가능하게 만들었던 것이다. 말속에 실마리가 있다.

미친 자의 쾌락이 현자의 근심

개혁에 저항하는 수구들에 대한 상앙의 통렬한 반박

배경

바로 앞에서 소개한 중국 역사상 최고의 개혁가로 꼽히는 상앙은 개혁에 대한 강렬한 의지뿐만 아니라 개혁의 당위성을 정확하게 설파하는 논리 또한 남달랐다. 중원의 강국인 위나라에서 기용되지 못하자 상앙은 서방의 강국 진나라로 건너왔다. 기원전 361년 진나라는 마침 젊은 군주 효공(孝公, 기원전 381~기원전 338)이 즉위하여 천하의 인재를 구한다는 '구현령(求賢令)'을 천하에 공표했다.

진나라로 건너온 상앙은 효공의 측근인 환관 경감(景監)의 주선으로 세 차례 효공을 만나 개혁 의지를 확인했다. 효공 또한 상앙의 개혁 의지와 정확한 논리에 감탄하여 그에게 국정을 맡기기로 결심했다. 그러나 개혁에 반대하는 수구 세력들의 반발이 만만치 않았다. 효공은 상앙을 후원하며 개혁에 반대하는 세력들과 한바탕 논쟁을 벌이기로 했다. 이렇게 해서 진나라 조정에서는 개혁을 둘러싼 일대 논쟁의 장이 펼쳐졌다.

이 논쟁에 참여한 사람은 개혁을 지지하는 상앙과 효공, 개혁에 반대하는 두 사람 감룡(甘龍)과 두지(杜贄)가 대부 신분으로 참여했다. 〈상군열전〉의 이 논쟁 장면은 정말이지 최고의 명장면으로 손색이 없다.

장면

효공 지금 내가 법을 바꾸어 나라를 다스리고, 예의를 고쳐 백성을 교화하고 싶은데 세상 사람들이 나를 비판하지 않겠소?

상앙 행동을 머뭇거리면 끝을 못 보고, 일을 머뭇거리면 성공하지 못한다고 합니다. 법을 바꾸는 변법(變法) 개혁을 결심하셨다면 세상 사람의 왈가왈부는 걱정하지 마십시오. 차원 높은 행동은 늘 세상의 논란거리가 되며, 특별한 견해는 보통 사람의 비난을 받기 마련입니다. 속담에 이런 말이 있습니다. '어리석은 자는 일이 다 된 다음에도 그 일이 어떻게 성사되었는지 모르며, 지혜로운 사람은 일이 시작되기 전에 그 일을 통찰한다.' (중략) 법이란 백성을 사랑하기 때문에 있는 것이고, 예란 일처리를 편리하게 하려고 있는 것입니다. 그래서 성인은 나라를 부강하게 만들 수만 있다면 낡은 법도를 본받지 않고, 백성을 이롭게 할 수만 있다면 낡은 예법을 따르지 않습니다.

효공 좋은 말이오.

감룡 성인은 백성들의 성향을 바꾸지 않고 교화하며, 지혜로운 사람은 법을 바꾸지 않고 다스린다고 합니다. (중략) 지금 변법을 하여 진나라의 옛 법도를 따르지 않고 예법을 바꾸어 백성들을 교화하려 하신다면 세상 사람들이 주군을 비난하지 않을까 두렵습니다.

상앙 저 사람의 말은 세속적입니다. 보통 사람들은 옛 습속에 젖어 살며, 학자들은 자기가 배운 바에 빠져 삽니다. 이 두 종류의 인간들은 그저 관직이나 누리고 작은 법이나 지키고 삽니다. 하·은·주 3대는 서로 다른 예법을 갖고도 각각 왕업을 이루었고, 춘추 5패도 각각 다른 법률 제도를 갖고 패업을 달성했습니다. 지혜로운 사람이 법을 만들면 어리석은 사람은 그것에 통제를 당하고, 현명한 사람이 예법을 바꾸면 보통 사람은 그것에 구속 받습니다. (하략)

두지 백 배의 이익을 얻을 수 없으면 법을 바꾸지 않고, 열 배의 효과를 볼 수 없으면 문물을 바꾸지 않는다고 합니다. 옛것을 본받으면 잘못이 없고, 옛 예법을 따르면 그릇되지 않는다고 들었습니다.

상앙 옛날에는 다들 각자 다른 방법으로 교화했는데 대체 어느 시대를 본받으란 말입니까? 옛 제왕들이 다시 살아날 수 없는데 대체 어떤 예법을 따르란 말입니까? (중략) 예법 제도는 시대 상황에 맞추어 결정해야 합니다. 법제와 명령은 제각기 시대의 필요에 따라야 합니다. (중략) 그래서 신은 '세상을 다스리는 데 한 가지 길만 있는 것이 아니며, 나라에 이롭다면 옛것을 굳이 본받을 필요가 없다'고 말하는 것입니다. 은의 탕왕(湯王)이나 주의 무왕(武王)이 옛것을 본받아 천하를 얻고 왕업을 이룬 것이 아니잖습니까? 은의 주왕(紂王)과 하의 걸왕(桀王)이 예법을 바꾸어 망한 것도 아니잖습니까? (하략)

효공 옳소. 과인은 가난한 뒷골목에 괴이한 일이 많고, 배운 것을 왜곡하는 사람들이 많다고 들었소. 어리석은 자들의 즐거움이 지혜로운 사람의 슬픔일 수 있지요. 또 미친 자의 쾌락이 현자의 근심일 수 있고요. 세상 사람들의 비난이 두려워 속박받는 경우가 많은데, 과인은 이제 다시는 머뭇거리지 않겠소.

생각 얹기

상앙의 개혁 논리는 논리 자체는 물론 생생한 역사적 사례로 그 정당성을 확실하게 뒷받침했다. 이 때문에 상앙의 논리는 확고부동한 일관성을 갖출 수 있었다. 논리의 일관성은 실행에 대한 확고한 자신감이 뒷받침될 때 빛을 발한다. 상대의 논리를 굴복시키는 것은 물론이다. 이를 확실하고 정확한 이론이라 한다. 상앙의 개혁 논리는 이 모두를 갖추었기에 논리로 수구 세력을 압도했고, 훗날 실행과 성과로 자신의 논리를 확고부동하게 입증했다. 혹자는 위 장면을 두고 카를 마르크스의 '공산당선언'에 빗대어 '개혁가의 강령이자 개혁선언'이라고 불렀다.

개혁의 성공과 실패에는 통치자의 의지가 결정적으로 작용한다. 통치자 자신이 막강한 기득권이기 때문에 수많은 개혁이 실패했다. 이런 점에서 효공은 확고한 개혁 의지로 무장한 거의 완벽한 개혁 군주였다. 상앙이 효공을 만나고, 효공이 상앙을 만난 것은 환상의 결합이었다.

이론과 실천력을 함께 갖춘 최고의 개혁가 상앙은 진나라의 천하 통일을 위한 확고한 기틀을 놓았다. 그리고 그 뒤에 효공이란 통치자가 든든한 뒷받침이 되고 있었다. 효공의 석상이다.(2014년)

권89 〈장이진여열전〉은 진섭의 봉기가 실패한 뒤 항우와 유방의 초한쟁패로 이어지는 상황에서 조나라가 처한 지리 형세와 여기서 일어나 활약한 장이와 진여의 의미 있는 시대적 역할을 강조하고 있는 열전이다. 사진은 농민봉기의 모습을 나타낸 조형물로 진승 묘역에 조성되어 있다.(2017년)

천하가 다른 뜻을 품지 못하게 하는 것이야말로

통일 제국의 시스템에 대한 이사의 안목

배경

기원전 221년 천하를 통일한 진시황은 자신에 대한 호칭으로부터 제국의 통치 체제에 이르기까지 통일 제국의 제도와 문물에 대해 대신들에게 의견을 구한 바 있다. 대신들은 대체로 과거를 본받자는 진영과 새로운 체제가 필요하다는 진영으로 나뉘어 열띤 토론을 벌였다.

아래 장면은 제국의 통치 체제를 두고 두 진영을 대표하는 두 인물이 벌인 논쟁이다. 통일 제국이 나아갈 방향을 제시한 토론이란 점에서 의미가 크다. 그 결과가 훗날 2천 년 동안 중국은 물론 동양 사회에 적지 않은 영향을 주었기 때문이다.

장면

승상 왕관(王綰) 등은 "제후들을 이제 막 평정했지만 연·제·초는 땅이 너무 멀어서 왕을 두지 않으면 그들을 제압할 수 없습니다. 청하오니 황자들을 왕으로 세울 것을 허락하소서!"라고 제안했다. 과거 주나라가 시행한 각지에 왕실의 친인척을 보내 나라를 세워 제후로 삼았던 봉건제를 이어받자는 의견이었다. 진시황은 대신들 각자의 의견을 말하게 했고, 대부분 왕관의 견해에 찬동했다. 정위 이사(李斯)는 다음과 같은 이유를 들어 반대했다.

"주의 문왕과 무왕이 제후로 봉한 자제들은 같은 성이 아주 많았지만 시간이 흐를수록 인척 관계가 점점 멀어져 서로를 원수처럼 공격했고, 제후들은 더더욱 서로

를 토벌하기에 이르렀습니다. 그
럼에도 주 천자는 그들을 막을 수
없었습니다. 이제 천하가 폐하의
신령스러움에 힘입어 통일을 이
루고 군현을 두었으니, 자제들과
공신들은 나라의 세금으로 후한
상을 내리는 것으로도 충분히 통
제할 수 있습니다. 천하가 다른
뜻을 품지 못하게 하는 것이야말

통일 제국의 작동 원리를 놓고 진나라 조정은 한바탕 토론이
벌어졌고, 이사가 제안한 군현제가 시대의 변화에 맞게 채택
되었다. 그림은 당시 토론을 그린 기록화이다.(2008년)

로 천하를 안정시키는 방법입니다. 제후를 두는 것은 적합하지 않습니다.”

진시황은 이사의 견해에 전적으로 찬성하며 이렇게 거들었다.

“천하가 끊임없는 전쟁으로 고통 받은 것은 제후왕 때문이었다. 조상의 신령에 기
대어 이제 막 천하가 평정되었는데 또다시 제후의 나라를 세우는 것은 전쟁의 화근
을 심는 일이다. 이러고도 안녕과 휴식을 바란다면 어찌 어렵지 않겠는가? 정위의
논의가 옳다.”

이에 천하를 36개 군으로 나누고, 군에는 수(守)·위(尉)·감(監)을 두었다.

생각 얹기

진시황은 이사의 견해를 받아들여 과거의 통치 체제를 과감하게 혁신했다. 즉, 세
습하던 봉건제도를 중앙에서 관리를 파견하여 직접 군현을 관할하는 체제로 바꾸었
다. 이렇게 해서 이후 2천 년 넘게 중국과 동양 사회에 절대적인 영향을 미쳤던 중
앙집권적 군현제가 마련되었다. 이 제도의 장단점에 대해서는 지금도 논쟁 중이지

만 당시로서는 역사의 대세에 순응하는 획기적이고 진보적인 결정이었다.

이사는 봉건제의 폐단을 정확하게 지적하면서 역사에 있어서 변혁의 당위성을 강조했다. 이사의 이런 인식은 또 다른 토론에서 "오제의 통치가 서로 다르고 삼대가 같은 것을 이어받지 않고 각자의 방식으로 다스린 것은 일부러 어긋나게 한 것이 결코 아닙니다. 시대에 변화가 발생했기 때문입니다"라고 한 대목에서도 여실히 드러난다.

통치(정치)는 시대의 변화에 적응해야지 '옛것만 본받아' 변하지 않으려 해서는 안 된다는 요지다. 이사가 주장하고 진시황이 받아들여 실행한 군현제의 2천 년 영향력을 미루어 보면 그 선택과 실천의 타당성은 더욱 드러난다.

다만, 진시황은 이 제도를 지나치게 강압적이고 폭력적으로 이용했고, 그 결과 통일 제국 진나라를 불과 15년 만에 거덜냈다. 아무리 좋은 제도라도 그것을 운용하는 사람들에게 문제가 있으면 제대로 작동되지 않는다는 점을 잘 보여준 사례였다.

때가 때인 만큼 의논할 시간이 없습니다

진시황의 죽음을 이용한 조고의 간교한 언변

배경

기원전 210년 7월, 천하 순시에 나선 진시황의 행차가 사구(沙丘)에 이르렀다. 심상치 않던 진시황의 병이 더욱 심해졌다. 가망이 없다고 판단한 진시황은 수행한 환관 조고(趙高)를 불러 맏아들 부소(扶蘇)에게 보낼 편지를 쓰게 했다. "군대는 장군 몽염(蒙恬)에게 맡기고, 함양(咸陽)으로 와서 내 영구를 맞아 장사 지내라"는 유언이었다. 편지를 봉해 사신 편에 보내기도 전에 진시황은 숨을 거두었다. 진시황의 나이 만 49세였다.

편지와 옥새는 모두 조고에게 있었고, 진시황의 죽음은 조고를 비롯하여 함께 수행한 작은아들 호해, 승상 이사, 그리고 환관 대여섯 명만이 알고 있었다. 이사는 황제가 순시 중에 죽고 정식 태자가 책봉되지 않은 상황이라 진시황의 죽음을 비밀에 부쳤다. 진시황의 시신은 마차에 그대로 둔 채, 마치 살아 있을 때처럼 보고와 식사를 시간에 맞추어 올리게 했다. 결재는 환관을 통해 마차 안에서 이루어졌다. 시신이 썩어가며 냄새가 나자 물고기를 한 마차 사서 그 냄새로 시신 썩는 냄새를 감추었다.

옥새가 찍힌 진시황의 유언을 확보한 조고는 이를 큰아들 부소에게 보내지 않고 큰일을 꾸미기 시작했다. 〈이사열전〉의 관련 대목은 진시황 사후 통일 제국 진나

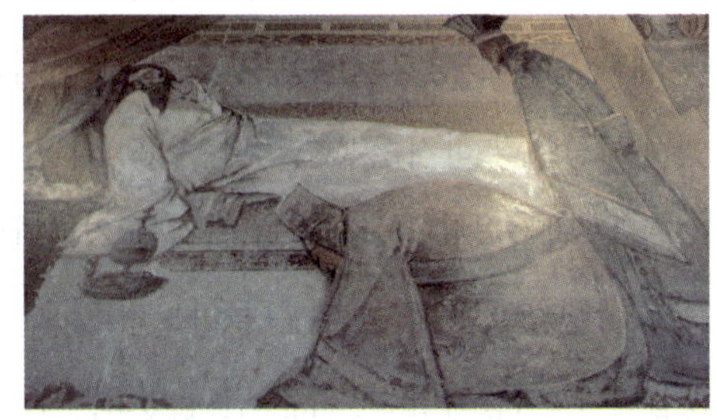

최초의 통일 제국 진나라가 환관 조고에 의해 갑자기 기울게 된 데는 진시황이 생전에 후계자를 정하지 않은 탓도 작지 않다. 사진은 진시황의 죽음과 조고(엎드린 인물), 그리고 이사를 그린 벽화이다.(2011년)

라가 어떤 과정을 통해 몰락하는가를 잘 보여주는 명장면인데, 상대의 약점을 정확하게 꿰뚫어 심리를 공략하는 조고의 화려한 언변이 단연 돋보인다. 장면을 가능한 현대어로 다시 구성해보았다. 조고는 작은아들 호해를 찾아가 이렇게 말한다.

장면

"황제께서 돌아가셨습니다만 아들들 가운데 누구를 황제로 봉한다는 조서는 없고, 오직 형님에게만 유언을 남기셨습니다. 형님이 오시면 바로 황제로 즉위할 것이고, 그러면 공자에게는 한 치의 땅도 못 가질 터인데 어찌하시겠습니까?"

"당연한 것 아니오? '현명한 군주는 신하를 잘 알고, 현명한 아버지는 아들을 잘 안다'고 들었소. 아버지께서 운명하시면서 아들들을 제후로 봉하지 않으셨으니 무슨 말이 필요하겠소."

"그게 그렇지 않습니다. 이제 천하 대권의 향방은 공자님과 저, 그리고 승상에게 달려 있습니다. 이 점을 잘 헤아리십시오. 타인을 신하로 삼는 것과 타인의 신하가 되는 것, 또 남을 제압하는 것과 남에게 제압당하는 것이 어찌 같을 수 있겠습니까?"

"형님을 폐하고 동생이 서는 것은 의롭지 못한 일이고, 아버지의 조서를 받들지 않고 죽음을 두려워하는 것은 불효요, 또 능력도 모자라면서 남의 공에 의지하는 것은 못할 일이요. 이 세 가지는 덕을 거스르는 일로 천하가 따르지 않을 것이고, 자신마저 위태로지며, 사직의 제사도 받들지 못하게 될 것이오."

"제가 알기로 탕왕과 무왕은 각기 자기 임금을 죽였지만, 천하는 의롭다고 칭송했지 불충이라 하지 않았습니다. 위(衛)의 임금이 자기 아버지를 죽였지만 백성들은 그 덕을 받들었고, 공자도 이 사건을 기록하면서 불효라고 하지 않았습니다. 무릇 큰일을 행할 때는 작은 일은 돌아보지 않으며, 큰 덕이 있는 사람은 일을 사양하지 않습니다. 마을마다 다 다른 면이 있고, 백관의 공이 다 같지 않습니다. 따라서 작은 일을 따지다가 큰일을 잊으면 도리어 해를 입고, 의심 때문에 머뭇거리면 틀림없이 후회합니다. 결단하여 과감하게 행동하면 귀신도 피해가고 성공을 거둘 것입니다. 공자께서는 이 점을 생각하시어 행동하십시오."

조고의 현란한 설득에 넘어간 호해는 "아직 장례도 치르지 않았는데 어떻게 이런 일로 승상의 동의를 구할 수 있겠소?"라며 한숨을 쉬었다. 조고는 "때가 때인 만큼 의논할 시간이 없습니다. 양식을 지고 말을 달려 서둘러도 오히려 늦지 않을까 걱정입니다"라고 잘라 말했다.

호해가 조고의 말에 넘어가긴 했지만 승상 이사의 동의가 없다는 사실을 꺼림칙하게 생각한다는 것을 확인한 조고는 "승상과 의논하지 않으면 아마 일을 성사시키기 어려울 것 같으니 신이 공자님을 위해 승상과 의논하지요"라는 말로 호해를 안심시키는 한편, 호해의 모의 동참을 기정사실화했다.

생각 얹기

이렇게 해서 통일 제국이란 거함이 엉뚱한 쪽으로 방향을 틀기 시작했다. 조고는 승상 이사를 찾아갔고, 틀어지기 시작한 방향은 더욱 기울었다. 필자의 생각은 앞서 '다섯 가지 모두 몽염만 못하오 – 유인·유혹·협박을 동원하여 이사를 책동한 조고 –' 등에서 부분적으로 얹은 바 있다.

저와 소하 중 누가 더 낫습니까

능력과 개성의 차이를 허심탄회하게 인정한 조참

배경

기원전 221년 중국을 처음으로 통일한 진나라는 불과 15년 만인 기원전 206년 멸망했다. 천하는 유방과 항우의 쟁패 끝에 유방의 한나라에 의해 다시 통일되었다.(기원전 202년) 이 과정에서 소하(蕭何, ?~기원전 193)는 장량(張良)·한신(韓信)과 더불어 개국공신 3인방의 한 사람으로서 막대한 공을 세웠고, 개국 후에도 첫 재상을 맡아 천하를 안정시키는 데 최선을 다했다.

기원전 193년, 소하가 중병이 들어 파란만장했던 삶을 마감하려던 때의 일이었다. 임종을 앞두고 소하는 2대 황제 혜제(惠帝)에게 자신을 이어 재상을 맡을 사람으로 조참(曹參) 단 한 사람을 추천했다. 조참은 재상이 되었고, 생전에 소하가 하던 일을 그대로 따라했다. 소하가 만든 법률도 하나 바꾸지 않고 완전히 지켜나갔다. 젊은 혜제는 이해할 수가 없었다. 〈소상국세가〉의 이 장면이 자못 흥미롭다.

장면

혜제는 조참이 조정의 일에는 아랑곳하지 않고 술 마시며 노는 모습을 보고는 "조상국(당시 재상을 부르던 이름)이 나를 무시하고 있는 것 아닌가?"라는 의심을 품었다. 그래서 당시 중대부 벼슬에 있던 조참의 아들 조줄(曹窋)에게 "집으로 돌아가거든 틈을 봐서 아버지께 '고조 황제께서 세상을 떠나신지 얼마 되지 않고, 지금 황상은 젊기 때문에 군왕을 보좌하여 천하를 다스리는 일은 시각을 다투어야 할 정도로 급하고 큰일이거늘 재상이라는 중요한 자리에 계신 분이 하루 종일 술만 마시며 군왕을 만나지도 않고 정사를 처리하지도 않고 있으니, 그러고도 상국이라는 중직을 맡으실 수 있냐'고 여쭤보시오. 이 이야기를 내가 했다는 말은 절대 하지 말고"라고 일렀다.

휴가를 받은 조줄이 집에 돌아와 아버지 조참을 모실 기회를 이용하여 황제가 한 말을 가지고 아버지에게 전했다. 조참은 벼락 같이 화를 내면서 사람을 시켜 아들에게 곤장을 치게 하고는 "빨리 궁으로 돌아가서 황제를 모셔라. 너는 아직 천하의 일을 논할 자격이 없느니라!"라며 아들을 궁으로 돌려보냈다.

이 이야기를 들은 혜제는 조참이 입조하자 "어째서 아들을 그렇게 야단치셨소. 실은 내가 시켜서 한 말인데"라며 조참을 나무랐다.

조참은 황급히 관모를 벗고 무릎을 꿇은 다음 황제에게 사죄했다. 그리고는 이렇게 말했다.

"폐하께서는 한번 생각해보십시오. 폐하의 영명하심을 고조 황제와 비교한다면 어떻습니까?"

"내가 어찌 선제와 비교될 수 있겠소!"

"그럼 전임 재상 소하와 저 중에는 누가 더 재능이 뛰어나다고 생각하십니까?"

"그야 소상국이 낫지요."

"폐하의 말씀이 백 번 옳습니다. 고조 황제와 소하는 함께 천하를 평정하셨고, 그분들이 만든 법령은 아주 분명하고 깨끗합니다. 지금 폐하께서는 뒷짐만 지고 계시면 되고, 저는 그 법령들을 어기지 않고 그저 제자리만 잘 지키면 천하가 태평할 것 아니겠습니까?"

"맞는 말씀이오!"

<h3 style="text-align:center;color:#3b5da8;">생각 얹기</h3>

조참은 개국공신으로 뛰어난 장수이자 정치가였다. 초대 재상 소하가 죽은 뒤, 그

한나라 초기 정국을 안정시키는 데 가장 큰 역할을 한 조참은 '위임의 리더십'을 잘 보여준 정치가로 오늘날에도 충분히 주목할 필요가 있는 인물이다. 조참의 초상화이다.

뒤를 이어 소하가 만들어 놓은 법과 제도를 바꾸지 않고 유지해 나갔다. 인재 기용에서는 영리하고 말 잘하는 사람 대신 후덕하고 신중한 사람들을 선택했다. 일은 아랫사람에게 대폭 위임하여 그들로 하여금 처리하게 하고, 자신은 뒷짐을 진 채 큰 그림만 살폈다. 젊은 혜제는 이런 조참의 일처리에 의구심을 품었고, 조참은 허심탄회하게 고조(유방)와 혜제, 소하과 자신을 비교하는 방법으로 혜제의 의구심을 풀었다.

설전이나 논쟁에서 비교(또는 대비)는 가장 많이 등장하는 설득의 방법이다. 이 방법을 구사할 때는 먼저 비교 대상의 위치, 즉 신분이나 직업 등이 기본적으로 비슷해야 한다. 조참이 고조와 혜제를, 그리고 같은 재상인 소하와 자신을 비교한 것처럼. 다음은 비교 대상의 차이, 즉 개성과 능력이나 일처리 방식 등의 차이가 선명해야 한다. 그래야 비교(대비)의 효과를 확실하게 거둘 수 있기 때문이다. 조참은 이 점을 정확하게 인식하고 있었고, 이것이 곧 그의 남다른 리더십이었다. 이 고사에서 '소하가 만들고, 조참이 따랐다'는 '소규조수(蕭規曹隨)'라는 의미심장한 성어가 탄생했다.

담당 관리에게 물으셔야죠

각자의 할 일이 있음을 지적한 진평

배경

기원전 180년, 한나라는 여태후의 죽음과 함께 여씨 일족의 권력 농단을 해결하고 고조 유방의 서장자인 유항(劉恒)을 새로운 황제로 맞아들였다. 이가 문제(文帝)이다. 즉위 후 문제는 여씨 세력을 제거하는 데 큰 공을 세운 태위(太尉) 주발(周勃)을 조정 대신으로는 최고 자리인 우승상에 앉히고자 했다. 문제의 의중을 헤아린 당시의 우승상 진평(陳平, ?~기원전 178)은 병을 핑계로 집에 머물렀다.

새 황제가 막 즉위했는데 공교롭게 우승상이 병이 나다니, 문제는 의구심이 들어 진평의 생각을 물었다. 〈진승상세가〉에는 진평과 문제의 대화를 비롯하여 주발과 진평의 흥미로운 대화가 실려 있다. 이를 재구성해본다. 우선 문제의 물음에 대한 진평의 답은 이랬다.

장면

"고조께서 자리에 계실 때 주발의 공로는 제게 미치지 못했습니다. 여씨 집안을 없앴을 때 저의 공로는 주발에게 미치지 못했습니다. 저의 우승상 자리를 그에게 양보할까 합니다."

문제는 진평의 말을 받아들여 주발을 우승상에 임명하는 한편, 진평을 그다음 자리인 좌승상에 임명했다. 그로부터 얼마 뒤 조정 회의 때 문제는 우승상 주발에게 "1년에 전국적으로 범죄 사건이 얼마나 발생합니까?"라고 물었다. 주발은 당황해하며, “잘 모르겠습니다”라고 얼버무렸다.

“그럼 전국의 1년 동안 재정의 수입과 지출 상황은 어떻습니까?”

“모르겠습니다.”

문제는 얼굴을 돌려 좌승상 진평을 보면서 같은 질문을 던졌다.

“이 일은 주관 부서의 담당 관리에게 물으시면 됩니다.”

“주관 관리가 누구요?”

“황상께서 사건을 알고 싶으시면 정위(廷尉)에게 물으시면 되고, 재정을 알고 싶으시면 치속내사(治粟內史)에게 물으시면 됩니다.”

“그런 일들을 주관 관리들이 한다면 승상들은 무슨 일을 하오?”

“신하들을 주관합니다. 폐하께서 신이 모자란 사람이란 것을 모르시고 승상이란 자리에 앉히셨습니다. 승상이란 위로는 천자를 보좌하여 음양을 다스리고 사시를 순조롭게 하며, 아래로는 만물을 알맞게 기르고, 밖으로는 사방 오랑캐와 제후들을 어루만지며, 안으로 백성들이 서로 친목하게 하고, 경대부로 하여금 각자 그 맡은 자리에서 충실하게 일하게 하는 것입니다.”

진평의 거침없는 답에 문제는 칭찬을 아끼지 않았다. 주발은 많이 부끄러웠다. 조정을 나온 주발은 진평에게, “그대는 어째서 평소 나에게 그런 대답을 가르쳐 주지 않았단 말이오?”라며 진평을 나무랐다. 진평이 웃으며 이렇게 반박했다.

“당신이 그 자리에 있으면서 그 임무를 몰랐단 말이오? 그럼 폐하께서 장안의 도둑들 숫자를 물으면 어떻게 대답하려고 했소?”

주발은 자신이 능력 면에서 진평에 훨씬 못 미친다는 것을 알았다. 얼마 뒤 주발은 병을 핑계로 승상 자리에서 물러나길 청했고, 진평이 혼자 승상을 맡게 되었다.

진평은 어려운 상황에서 기발한 꾀를 내서 위기를 넘기는 데 남다른 재능이 있었다. 이 고사 역시 그의 말솜씨와 뛰어난 대응력을 잘 보여준다.

그러나 이보다 더 중요한 것은 승상이란 자리가 갖는 의미와 역할을 정확하게 파악하고 있었던 정치적 능력이다. 특히, 승상 자리를 독차지하기 위해 한 템포 늦추어 스스로 주발 밑으로 들어가는 절묘한 수순을 밟았다. '진평의 돌아가기'가 돋보이는 장면의 하나였다.

꾀돌이 진평은 정확한 시기 파악과 적절한 진퇴의 지혜를 발휘하여 한나라 초기 정권 안정에 큰 역할을 했다.(2010년)

당신과 군대의 큰일을 상의할 수 없소

전분의 짧은 식견을 비판한 한 무제

배경

기원전 210년 진시황 사후 천하는 약 8년에 걸친 혼란기를 겪었다. 고조 유방이 기원전 202년 황제로 정식 등극하면서 다시 통일을 이루기는 했지만, 먼 변방 지역에는 여전히 힘이 미치지 못했다. 여기에 공신들의 반역까지 잇달아 터졌다. 이런 상황은 무제(재위 기원전 141~기원전 87) 통치 초반까지 이어졌다.

무제는 문제와 경제를 거치면서 축적된 국력을 바탕으로 서서히 변방의 소수 정권에 대해 영향력을 행사하기 시작했다. 북방의 흉노에 대해서는 그때까지의 화친 정책을 버리고 군사력으로 강경하게 대응하여 큰 성과를 거두었다. 또 남방 지역, 특히 지금의 절강 남부부터 복건·광동에 이르는 과거 월(越) 지역에 대해서도 통제권을 행사하려고 했다. 〈동월열전〉은 바로 한나라 초기 월 지역에 대한 상황을 기록하고 있다. 장면을 이해하기 위한 배경에 대한 설명이 좀 더 이어진다.

장면

월 지역에는 진시황 통일 이전에 월왕 구천의 후손인 민월왕(閩越王) 무저(無諸)와 월(越)의 동해왕(東海王) 요(搖)가 병립하고 있다가 통일 뒤 모두 왕위에서 폐위되었다. 땅은 민중군(閩中郡)으로 재편되었다. 진시황이 죽고 각지의 제후들이 진나라에 반기를 들자 무저와 요는 월나라 백성들을 거느리고 파양(鄱陽)의 현령으로 있는 오예(吳芮, ?~기원전 202)에게 귀순했다. 오예는 파군(鄱君)으로 불리면서 제후들을 따라 진나라를 무너뜨리는 데 힘을 보냈다.

초한쟁패 전반기 패권은 항우에게로 기울었다. 항우는 서초패왕이 되어 천하 제후들을 호령하며 이들을 왕으로 봉했다. 무저와 요는 여기에서 빠졌고, 이 때문에 이들은 항우에게 귀순하지 않았다. 이후 유방이 항우를 공격하자 이 둘은 유방을 도왔다. 항우를 꺾은 유방은 기원전 202년 무저를 다시 민월왕으로 삼고, 민중(閩中)의 옛 땅을 다스리게 했다.

유방을 이은 혜제(惠帝)는 기원전 193년 요의 공로와 월나라 사람들이 그를 잘 따르는 것을 인정하여 동해왕으로 삼았다. 도읍이 동구(東甌)였기 때문에 사람들은 그를 동구왕(東甌王)이라 불렀다. 이렇게 해서 월 지역은 평화롭게 한나라의 판도에 편입되었지만, 이 둘은 중앙의 간섭을 받지 않는 거의 독립된 정권을 유지했다. 이 지역은 이렇게 경제 때까지 별일이 없었다.

경제 즉위 3년째인 기원전 154년, 고조 유방의 조카이자 경제의 5촌 당숙뻘인 오왕 유비(劉濞)가 초나라 등 일곱 개 나라를 합쳐 중앙 황실에 반기를 들었다. 이것이 '오초칠국의 난'이다. 유비는 지리적으로 가까운 민월을 자기편으로 끌어들여 반란에 가담시키려 했다. 평화로왔던 민월 지역이 요동치기 시작했다. 민월은 동조하지 않았지만, 동구는 반란에 발을 담갔다. 그러나 동구는 반란이 평정될 막바지에 한나라 조정에 매수되어 단도(丹徒)에서 오왕 유비를 죽였다. 이 때문에 동구는 반란에 가담한 죄를 추궁 받지 않고 자기 나라를 지킬 수 있었다.

동구에게 살해당한 오왕 유비의 아들 자구(子駒)는 민월로 도망가서 아비를 죽인 동구에게 복수하려고 민월을 부추겼다. 무제 때인 서기전 138년, 민월은 마침내 군대를 움직여 동구를 포위하고 공격했다. 양식이 바닥나는 절체절명의 위기에 처한 동구는 투항을 앞두고 무제에게 사람을 보내 도움을 청했다. 〈동월열전〉에는 이 상황에 어떻게 대처할 것인가에 대한 무제와 대신들 사이의 논쟁을 기록하고 있다. 무제는 먼저 군대를 책임지는 태위(太尉) 벼슬에 있는 전분(田蚡)에게 의견을 물었다.

"월나라가 자기들끼리 공격하는 것은 늘 있던 일이고, 또 반복되어 왔습니다. 그러니 우리를 번거롭게 하면서까지 구원할 가치가 없습니다. 진나라 때부터 그들은 내버려둔 채 예속시키지 않았습니다."

중대부(中大夫) 장조(莊助, 엄조嚴助)는 이에 반대하며 다음과 같이 전분을 힐난했다.

"힘이 모자라 그들을 구하지 못하고, 은혜와 덕이 깊지 않아 그들의 허물을 덮어 주지 못하는 것이 걱정일 뿐입니다. 우리가 정말 힘이 있다면 왜 그들을 내버려 둔단 말입니까? 그리고 진나라는 다급해지자 수도 함양까지 버렸습니다. 그것을 어떻게 월나라를 내버려둔 것이라 할 수 있습니까? 지금 작은 나라가 곤경에 처해 황제께 급한 사정을 호소하는데, 구하지 않는다면 그들은 앞으로 어디다 구원을 요청할 것이며, 또 황제께서는 어떻게 만국의 백성들을 자식처럼 보살필 수 있겠습니까?"

의견이 갈리자 무제는 다음과 같이 자신의 견해를 밝히며, 결론과 대책을 제시했다.

"태위(전분)와는 군대의 큰일을 함께 논의할 수 없겠소. 그러나 짐은 즉위한 지 얼마 되지 않았기 때문에 군국(郡國)에서 군대를 동원하는 일은 피하고 싶소."

그리고는 장조를 월 지역과 가까운 회계(會稽)로 보내 그 지역의 군대를 징발하여 출정토록 했다. 회계 태수는 명을 받들지 않았다. 장조가 장교 한 사람의 목을 베어 황제의 단호한 의지를 밝히자, 회계 태수는 바로 군대를 내서 바다 건너 동구를 구원하러 나섰다. 한나라 군대가 동구에 도착하기도 전에 민월은 군대를 이끌고 철수했다.

동구는 나라의 백성들을 다 거느리고 중국으로 이주하기를 청했다. 무려 4만이 한나라 강회(江淮) 일대

한 무제는 한나라의 전성기를 구가한 군주였다. 대외 관계에서 보여준 큰 전략적 안목이 특히 남달랐다. 사진은 무제의 무덤인 무릉(茂陵)이다.(2011년)

에 거주했고, 이로써 남방 지역 대부분이 한나라의 판도로 완전 편입되었다.

생각 얹기

전분과 장조의 서로 다른 견해에 나타난 결정적 차이는 앞날을 내다보는 정치적 전략적 안목이었다. 별다른 능력 없이 외척 신분으로 요직에 오른 전분은 그 자질이 상대적으로 떨어졌다. 당장은 월 지역이 가져다 줄 이득은 적고 중앙이나 지방 정부의 손실을 각오해야 했지만, 그대로 방치했다가는 어떤 위협 세력으로 성장할지 모르는 상황이었다. 더욱이 얼마 전 동구는 오나라와 손을 잡고 반란에 동참하지 않았던가?

이런 과거사를 반면교사로 삼은 무제는 강력한 중앙집권이 필요했다. 이 때문에 전분의 의견을 일축했다. 그러면서도 무제는 중앙정부의 군대를 동원하지 않았다. 집권 초기 정권의 안정을 염두에 두어야 했기 때문이다. 그래서 중앙정부의 힘이 어느 정도 미치는 동구와 인접한 회계군을 이용한 것이다. 이래저래 한 무제라는 통치자의 정치적 역량과 자질을 잘 보여준 대목이었다.

제4장

담언미중(談言微中), 가이해분(可以解紛)
– 갈등을 해결하는 말과 글

사마천은 풍자와 유머로 권력자들에게 충고하거나 갈등과 충돌을 풀어낸 유머리스트들을 기록으로 남기는 놀라운 인식을 보여주었다. 바로 〈골계열전(滑稽列傳)〉이다. 이 기록 첫머리에서 사마천은 "담언미중(談言微中), 역가이해분(亦可以解紛)"이라는 명언을 남겼다. "말이 미묘하면 다툼도 해결할 수 있다"로 풀이된다. 즉, 오가는 말이 적절하면 갈등과 모순, 나아가 싸움도 해결할 수 있다는 뜻이다.

《사기》에는 이와 관련한 풍자와 조롱, 해학과 유머가 넘치는 장면들이 꽤 있다. 제4장에서는 이런 장면들을 한데 모아 보았다. 언어의 묘미를 만끽할 수 있을 것으로 기대한다.

'담언미중(談言微中), 역가이해분(亦可以解紛).'
'말이 미묘하면 다툼도 해결할 수 있다.'

사마천은 인간관계를 유지하고 나라를 다스리는 데는 사상과 이데올로기가 필요하지만 동시에 적절한 언어가 필수적이라고 말한다. 언어를 통해 적지 않은 문제를 해결할 수 있다고 생각했기 때문이다. 그리고 그런 언어에는 유머가 깃들어야 한다는 점을 빼놓지 않고 지적한다. 수준 높은 유머가 없으면 모든 일이 삭막해진다. 누구보다 슬픈 삶을 살았던 사마천이지만 이 점을 너무 잘 알아 기록으로 남겼다. 사마천의 삶이 더욱 애틋해지고, 사마천의 언어가 차원이 다른 까닭이기도 하다.(그림은 벽돌에 새겨진 대화를 나누는 두 사람의 모습이다.)

여색에 미련을 버리지 못하는 당신이 부끄럽다

나약해진 중이를 따끔하게 혼을 낸 제강

배경

앞서 잠깐 등장한 제나라 공실의 여자로 19년 망명의 주인공 진 문공의 아내가 된 여성 이야기이다. 춘추시대인 기원전 657년 무렵, 진나라 공자 중이(重耳, 문공의 이름)는 아버지 헌공이 젊은 첩 여희에게 홀려 형님인 태자 신생을 자살하게 만드는 등 국정을 엉망으로 만드는 통에 어쩔 수 없이 망명길에 올랐다. 여덟 개 나라를 19년 동안 전전한 중이는 갖은 고초를 겪었다. 그 과정에서 당시 동방의 강대국 제나라에서는 좋은 대접을 받고 공실의 여자 제강(齊姜)을 아내로 맞아들이기까지 했다.

중이는 그렇게 몇 년을 그 어느 때보다 편안하게 보냈다. 그러다 제나라에 큰 내란이 터졌다. 춘추시대 최초의 패주였던 환공이 말년에 간신배들의 농간에 놀아나다 굶어 죽고, 바로 이어 공자들 사이에서 권력투쟁이 터졌다. 여러 명의 공자들이 국군 자리를 놓고 싸웠고, 주변 제후국들의 군대까지 개입하는 등 어수선하기 짝이 없었다. 중이가 제나라에 머문 지 5년째였다.

상황으로 봐서 중이는 하루라도 빨리 제나라를 떠나야 했다. 그러나 편안한 생활에 빠지고 제강을 사랑하게 된 중이는 떠날 마음이 없었다. 중이를 줄곧 수행해온 조최와 구범은 뽕나무 아래에서 상의를 하였다. 뽕나무 위에서

중이는 제나라에서 얻은 아내 제강의 결단 덕분에 마음을 다 잡을 수 있었다. 사진은 귀국하여 국군의 자리에 오른 다음 천하의 패주가 된 문공 중이의 대업을 나타낸 대형 조각상이다.(2013년)

이들의 말을 듣고 있던 제강의 시종이 제강에게 이를 알렸다. 제강은 일이 새어나가지 않도록 시종을 죽이고, 중이에게 서둘러 떠날 것을 권했다. 〈진세가〉는 당시 장면을 이렇게 전하고 있다.

장면

"인생이 이렇게 편한데 다른 일을 알아서 무엇하겠소? 반드시 여기서 죽을 것이니 떠나지 않겠소!"

"당신은 한 나라의 공자로서 일이 어려워져 이곳에 오셨고, 저 사람들은 당신께 목숨을 맡겼습니다. 당신이 빨리 돌아가 신하들의 노고에 보답할 생각은 않고 여색에 미련을 버리지 못하시니 당신이 부끄러워집니다. 그리고 돌아가지 않고 언제 공을 이루려고 하십니까?"

제강의 따끔한 지적에 중이는 아무 말도 할 수 없었지만 여전히 자신의 생각을 고집했다. 생각 끝에 제강은 문공을 수행하는 조최·구범 등과 상의하여 중이를 술에 취하게 하여 수레에 실어 떠나게 했다. 일행이 한참을 가자 중이가 깨어나서는 크게 성을 내며 창을 들어 구범을 죽이려 했다. 구범은 "신을 죽여 주군이 뜻을 이룬다면 그건 제가 바라는 바입니다"라고 했다. 중이가 "일이 성사되지 못하면 내가 외삼촌을 씹어 먹을 것입니다"라고 했다. 구범은 "일이 성사되지 않더라도 이 구범의 고기는 비려서 어찌 드시렵니까?"라고 했다.

중이는 귀국하여 마침내 국군의 자리에 올랐다.(기원전 637년) 망명 생활 19년 만이었다. 이가 진 문공이다. 어수선한 정국을 안정시킨 문공은 제강을 잊지 않고 사람을 보내 그녀를 정중하게 맞아들였다.

당시 제강이 단단히 마음을 먹고 문공을 제나라에서 탈출시키지 않았더라면, 문공이 과연 국군의 자리에 오를 수 있었겠는가? 제강은 문공의 목표를 잘 알고 있었다. 문공을 수행하는 인재들의 면면도 정확하게 파악했다. 문공을 제나라에서 내보내기 위해 조최 등과 상의한 것만 보아도 알 수 있는 사실이다. 제강은 문공의 가능성을 통찰했고, 그것은 정확하게 적중했다. 제강이 사람 하나는 잘 보았던 셈이다. 아니, 반대로 문공이 사람을 제대로 얻은 셈이었다. 이래저래 문공은 인복이 많았다. 제강의 지혜와 결단, 그리고 식견이 돋보이는 역사적 사례가 아닐 수 없다.

제강의 정확한 지적에도 불구하고 중이는 마음을 정하지 못했다. 그러나 중이를 수행하던 측근들은 제강의 말에 전적으로 동의했고, 함께 상의한 끝에 중이를 탈출시켰다. 술에서 깬 중이가 불만을 터뜨리긴 했지만, 그 역시 제강의 지적에 이미 마음이 움직인 터라 한바탕 유머를 주고받으며 상황을 받아들였다. 정확하고 적절한 언어는 주변 사람들까지 감화시키는 힘을 발휘한다. 거기에 유머까지 곁들여 진다면 금상첨화이다.

자루 속에 넣어 주기나 했소

송곳 같은 모수의 반박

전국시대 말기 휘하에 수천 명의 인재를 거느리며 정치적으로 강력한 영향력을 발휘했던 네 명의 권력자들이 있었다. 흔히 '전국 4공자'로 불리는 인물로, 동방 제나라의 맹상군(孟嘗君), 중원 조나라의 평원군(平原君), 중원 위나라의 신릉군(信陵君), 남방 초나라의 춘신군(春申君)이 그들이었다. 이들 중 평원군 조승(趙勝)은 세 차례 승상을 역임했고, 겸손한 예로 인재를 대접하여 그를 찾는 식객이 수천에 이르렀다.

조 효성왕(孝成王) 8년인 기원전 258년 강국 진나라가 조나라 수도 한단(邯鄲)을 포위하는 위급한 상황이 벌어졌다. 효성왕은 평원군을 초나라에 보내 구원을 요청하게 했다. 평원군은 20명의 문무를 겸비한 수행 인원과 함께 초나라로 가서 부탁하되 안 되면 죽음을 각오하고 초왕을 압박하여 동맹을 맺고 출병하게 만들 작정이었다.

생사가 달린 중대한 임무인지라 수행인원을 자신의 식객들 중에서 뽑아야 했는데, 아무리 골라도 19명밖에 되지 않아 한 사람이 모자랐다. 이때 모수(毛遂)라는 식객이 스스로를 추천하면서 평원군을 수행하겠다고 했다.(여기서 '모수자천毛遂自薦'이라는 유명한 고사가 탄생했다.) 평원군은 그가 식객으로 3년이나 있으면서 좀체 두각을 내지 못했는데, 이번 출사를 감당할 수 있을지 의심스러웠다. 〈평원군열전〉의 다음 장면은 평원군과 모수 사이에 오가는 뼈있는 말들을 감상하는 맛이 여간 아니다.

"선생은 내 집에서 몇 년을 계셨소이까?"

"3년 있었습니다."

"유능한 사람은 마치 '자루 속의 송곳(낭중지추囊中之錐)'과 같아 바로 그 끝이 삐져나오기 마련입니다. 그런데 선생께서는 3년을 제 집에 있었지만 다른 사람들이 칭찬하는 말을 못 들었고, 또 무슨 일을 해냈다는 소리도 못 들었습니다. 이는 선생에게 별다른 능력이 없다는 말이 아닐런지요. 그러니 수행은 불가능합니다. 여기 남으십시오."

"그래서 오늘 제가 자루 속에 넣어주길 청하는 것 아닙니까? 진즉 저를 자루 속에 넣어 주셨더라면 끝은 물론 송곳이 통째로 삐져나왔을 겁니다!"

'모수자천'을 나타낸 그림이다.(2013년)

모수의 반박에 평원군은 그를 흔쾌히 수행원의 일원으로 선발했다. 모수는 남다른 재능에도 불구하고 평원군의 식객들 중 한 사람으로 3년 동안 묻혀 있었다. 평원군도 그의 진면목을 알아보지 못했다. 모수가 스스로를 추천하지 않았더라면 죽을 때까지 두각을 드러내지 못했을 수도 있었다. 뛰어난 인재들도 푸대접을 받기 일쑤였기 때문에 모수 같은 무명은 소리 소문 없이 사라졌을 가능성이 컸다. 봉건사회에서는 이런 일이 비일비재했다.

모수는 분연히 나서 자신을 추천했고, 날카로운 언변으로 평원군을 설복시켰다. 과연 모수는 수행원의 주역으로 초나라에서 큰 공을 세워 연합을 끌어냈다. 평원군은 "나의 식객이 수천이나 되니 천하의 인재를 다 거둔 줄 알았는데, 이번에 자칫 잘못했으면 선생을 잃을 뻔했소이다!"라며 탄식하면서 다시는 사람에 대해 이러쿵저러쿵 평가하지 않겠노라고 했다. 그리고 모수를 식객으로는 최고의 지위인 상경(上卿)으로 우대했다.

　사람을 뽑을 때 대부분은 그 사람의 가능성보다는 실적과 성과를 보거나 그것을 요구한다. 평원군도 3년이란 시간을 앞세우며 모수에게 실적과 성과, 또는 명성을 요구했다. 사실 실적과 성과는 그것을 낼 수 있는 조건과 기회가 주어져야만 가능한 결과물이다. 조건과 기회가 원천 봉쇄되어 있다면 아무리 뛰어난 인재라도 소용없다. 모수는 이 점에 정확하게 초점을 맞추어 날카롭지만 기분 나쁘지 않게 평원군의 말을 반박했다. 유머와 재치까지 넘치는 언변이었다.

　아무리 뛰어난 인재라도 어쩔 수 없는 한계가 있다. 사회적 조건·환경·제도가 그것이다. 이런 것들은 나라와 사회 구성원들이 합심하여 만들어야 한다. 인재가 자신의 능력을 발휘할 수 있는 꼭 필요한 최소한의 통로이기 때문이다. '언제 자루 속에 넣어주기는 했소?'라는 모수의 유머 섞인 반박이 뼈아프게 들린다.

사람보다 말을 아낀다는 사실을
만천하에 알려야

악사 우맹의 익살 넘치는 충고

배경

춘추시대 각국은 궁정에다 외빈 접대를 위한 연예인단을 별도로 두었다. 이 연예인단의 단원을 '우령(優伶)'이라 불렀다. 배우(俳優, 탤런트Talent)라는 단어의 '우(優)'가 여기서 나왔다. 당시 '우령'은 춤·음악·노래는 물론 배우(주로 풍자 코미디언) 역할까지 말 그대로 종합 엔터테이너(Entertainer)였다.

《사기》〈골계열전〉은 주로 이런 궁정 연예인들의 일화를 소개한 특별한 문장이다. 권력자 앞에서도 전혀 주눅들지 않고 날카로운 풍자로 충고하는 이들의 모습은 정말 신선하면서 통쾌하다.

장강 이남의 강대국 초나라 궁정에 우맹(優孟, 배우 맹)이라는 우령이 있었다. 그는 늘 유머와 풍자·위트·해학으로 궁중에 웃음이 넘치게 했다.

어느 날 초나라 장왕(莊王)이 아끼던 말이 죽었다. 장왕은 너무 슬픈 나머지 좋은 나무로 짠 관을 마련하여 후하게 장례를 치르라는 황당한 명령을 내렸다. 살아서는 마른고기와 대추를 먹고 침대에서 비단 이불을 덮고 자면서 호사를 누렸고, 죽어서도 웬만한 사람보다 더 호사스러운 장례를 받게 되었으니 주위의 불만이 이만저만이 아니었다. 하지만 장왕의 엄명에 누구 하나 감히 입을 열지 못했다. 여기부터 아주 흥미로운 장면이 전개된다.

이때 우맹이 장왕의 집무실로 뛰어들어와 대왕이 아끼던 말에게 그런 식의 장례를 치르게 해서는 안 된다고 목청을 높였다. 다들 놀라움과 두려움으로 우맹을 지켜보았다. 장왕의 호통이 떨어질 것이 뻔했기 때문이다. 장왕은 노기 띤 목소리로 우맹의 생각을 물었다. 우맹은 왕께서 얼마나 아끼던 말인데 그렇게 형편없이 장례를 치러서는 안 된다면서, 나무로 짠 관 대신 대리석을 깎은 석관을 마련하고 주변 제후국에 부고장을 돌려 날을 잡아 성대한 장례식을 치러주어야 마땅하다고 했다.

우맹의 어이없는 제안에 모두들 어안이 벙벙해졌다. 우맹은 단호한 목소리로 이렇게 잘라 말했다.

"그렇게 해서 우리 왕께서는 사람보다 말을 훨씬 더 아끼신다는 사실을 만천하에 확실하게 알려야 합니다."

장왕은 "내 잘못이 그렇게 크단 말이냐? 이를 어찌하면 좋겠는가?"라고 물었다. 우맹은 아주 익살맞게 이렇게 답했다.

악사 우맹은 자신을 존중했던 재상 손숙오(孫叔敖)의 후손들이 생계를 제대로 잇지 못하자 '손숙오 분장을 하고'는 장왕에게 노래를 부르며 이 사실을 알려 손숙오 집안을 돌봐주기도 했다. 여기서 '우맹의관(優孟衣冠)'이라는 유명한 고사성어가 탄생했다. 우맹의 모습이다.(가운데)

"가축에 맞게 장사를 치르십시오. 즉, 부뚜막으로 바깥 널을 삼고 구리로 만든 가마솥을 속 널로 삼으십시오. 생강과 대추를 섞은 뒤 향료를 넣어 쌀로 제사를 지내고, 불빛으로 옷을 입혀서 이를 사람의 창자 속에 장사 지내십시오."

우맹의 말인즉슨 죽은 말을 가마솥에 넣어 향료 등과 함께 삶아 여러 사람들이 나눠 먹게 하라는 뜻이었다. 장왕은 바로 사람들 몰래 죽은 말을 태관에게 처리하게 했다.

생각 엱기

우맹은 당대 최고의 권력자 장왕 앞에서 풍자·유머·익살로 장왕의 지나친 처사에 야유를 보냈다. 장왕은 우맹의 충고에 자신의 잘못을 인정하며 허심탄회하게 받아들였다. 그가 괜히 명군이 아니다.

역대로 못난 권력자들은 연예인들의 풍자와 야유에 신경질적으로 반응했고, 심지어 이들을 탄압했다. 이른바 '연예계 블랙리스트'라는 낯 뜨겁고 부끄러운 우리 시대의 일그러진 모습을 직접 목격한 바 있지 않은가? 우리 시대를 풍미할 진정한 연예인들의 모습 뒤로 2,600여 년 전 우맹의 호쾌한 웃음소리와 권력자 장왕의 너털웃음이 들리는 듯하다.

그 문제는 강에다 물어보시오

초 성왕의 재치 있는 반박

춘추시대 초기 동방의 제나라는 환공이란 걸출한 통치자가 출현하여 천하를 호령했다. 환공 곁에는 관중과 포숙 등 당대 최고의 인재들이 즐비했다. 국제적으로 당시 환공의 패권에 가장 큰 걸림돌은 남방의 강국 초나라였다.

기원전 657년 환공은 부인 채희(蔡姬)와 말다툼 끝에 채희를 친정인 채나라로 돌려보냈다. 채희의 아버지인 채나라 국군은 화가 나서 채희를 다른 나라로 시집보냈다. 이듬해인 기원전 656년 환공은 이를 구실로 채나라를 공격하여 굴복시키고, 내친김에 초나라로 공격해 들어갔다.

초나라의 성왕(成王)도 군대를 이끌고 나와 맞섰다. 성공은 사람을 보내 환공에게 "왜 아무런 까닭 없이 우리를 공격하는가?"라며 따졌다. 관중은 이에 대해 다음과 같이 말했다. 〈제태공세가〉의 관련 장면이다.

장면

"옛날 주 왕실의 소강공(召康公)께서 우리 선군 강태공(姜太公)에게 '제후들의 잘못을 징벌하여 주 왕실을 도우라'고 했소. 그래서 우리 선군이 동으로 바다, 서로 황하, 남으로 목릉(穆陵), 북으로 무체(無棣)에 이르는 땅을 밝게 하셨습니다. 그런데 초나라의 공물이 주 왕실에 오지 않아 왕의 제사를 치르지 못했기에 이렇게 꾸짖으러 온 것입니다. 또 지난날 주 천자 소왕(昭王)께서 남방을 정벌하러 가셨다가 돌아오지 않았기에 그것도 물으러 왔습니다."

관중은 초나라가 제후로서 천자의 나라인 주 왕실에 공물을 바치지 않은 것과 과거 소왕이 남쪽을 순시하러 왔다가 초나라 한수(漢水)에 빠져 죽은 사건을 따지며, 주 천자를 대신하여 초나라를 꾸짖으러 왔다고 응수한 것이다. 이에 대한 초 성왕은 대응은 다음과 같았다.

"공물을 보내지 않은 일은 있었으니, 그건 과인의 잘못이오. 당연히 바쳐야겠지. 그러나 소왕이 나왔다가 돌아가지 못한 일은 한수에 가서 물어보시오!"

성왕은 제나라가 그래도 무력으로 공격해 온다면 방성(方城)을 성으로 삼고 장강과 한수를 해자로 삼아 맞서 싸우겠다는 의지를 분명히 했다. 제나라 환공도 명분을 세웠다고 판단하여 초나라와 화해한 다음 군대를 물렸다.

생각 얹기

수단과 방법을 가리지 않고 상대를 기어코 굴복시키려 자는 무슨 구실이든 갖다 붙인다. 군대를 일으켜 다른 나라를 침공한 강대국들 대부분이 이러했고, 제나라 환공이 들이댄 이유도 비슷했다. 초 성왕으로서는 당연히 받아들일 수 없었다. 주 소왕이 남쪽을 순시하다 돌아가지 못한 사건은 초나라와 그다지 관련이 없었기 때문에 더 그랬다.

성왕은 먼저 공물을 바치지 않은 일에 대해 두말 않고 인정했다. 지금이라도 바치면 되는 일이었기 때문이다. 이로써 초나라를 꾸짖을 첫 번째 이유(구실)가 없어졌다. 다음으로 성왕은 소왕의 일은 우리와 관계가 없으니 빠져 죽었다고 하는 한수에 가서 물어보라는 재치 넘치는 대응으로 제나라의 추궁을 무색하게 만들었다. 이어 그래도

주 왕실의 권위를 빌려 초나라를 굴복시키려던 제 환공의 압박은 초 성왕의 적절한 외교적 대응 때문에 무산되었다. 사진은 춘추시대 첫 패주 제나라 환공의 석상이다.(2014년)

제나라가 힘을 쓴다면 강력하게 저항할 것임을 분명히 못 박았다. 제나라로서는 뭐라 반박할 수 없었기 때문에 하는 수 없이 조공을 바치겠다는 약속을 얻어낸 것을 명분으로 삼고 군대를 물렸다.

성왕의 대응은 외교가 무엇인가를 잘 보여주었다. 자신의 실력을 바탕으로 정확한 전략을 수립한 다음, 적절한 외교적 언어로 상황을 풀어가는 전형적인 모습이다. 힘만 믿고 압박해 들어오는 상대를 꺾기 위해서는 외교와 군사 두 방면에서의 투쟁을 효과적으로 결합해서 구사해야 뜻한 바의 효과를 거둘 수 있다.

사람의 운명을 문설주로부터 받습니까

아버지의 미신을 통렬하게 반박한 어린 맹상군

배경

치열한 무한경쟁의 시대였던 전국시대에서는 살아남기 위해, 또는 상대편을 굴복시키기 위해 여러 가지가 필요했다. 그중에서도 강력한 군대가 가장 중요했고, 그 다음이 강력한 왕권을 행사하는 리더십이었다. 그리고 이 모든 것을 가능하게 만들었던 핵심적인 요소가 다름 아닌 정보력이었다. 경쟁국의 상황을 어떻게 얼마나 정확하고 빠르게 파악하느냐가 궁극적으로 각국의 우열을 가름했기 때문이다.

그런데 전국시대 말기에 오면 이런 정보력이 최고 권력자인 왕 뿐만 아니라 왕의 통치를 돕는 유력한 친인척들로부터 나왔다. 보다 정확하게는 그런 유력자가 거느리고 있는 인재들에게서 나왔다. 이를 단적으로 보여주는 것이 바로 '인재를 기르는' '양사(養士)' 기풍이었다. 이런 '양사' 풍조를 주도한 실력자들이 바로 전국시대 4공자였다. 제나라의 맹상군, 초나라의 춘신군, 조나라의 평원군, 위나라의 신릉군이 그들이었다. 이들 중 제나라의 맹상군은 서자 출신으로 아버지의 뒤를 이어 권력자가 되기까지 많은 우여곡절을 겪었다.

맹상군은 어머니가 천한 출신인 데다가 음력 5월 5일 단오에 태어났다. 단오에 태어난 아이는 재수가 없다는 미신을 믿었던 아버지 전영(田嬰)은 맹상군을 내다 버리게 했다. 어머니는 차마 아들을 버리지 못하고 몰래 키웠다.

어머니는 아들이 10대가 되자 다른 형제들을 통해 아버지 전영을 만나게 했다. 어느 날 갑자기 다 큰 녀석이 나타나 아버지라고 부르니 전영은 당황스럽고 화가 났던 것 같다. 그래서 내다 버리라고 했는데 어찌 된 일이냐고 다그쳤다. 두 사람의 대화가 〈맹상군열전〉에 보이는데, 10대의 서자와 권위적인 아버지의 설전이 여간 흥미롭지 않다.

장면

아들 왜 내다 버리라고 하셨습니까?

아버지 음력 5월 5일에 태어난 아들이 문설주만큼 키가 크면 아버지를 잡아먹는다고 한다. 그런 위험한 자식을 어떻게 키울 수 있겠느냐?

아들 사람의 운명이 하늘로부터 받는 것입니까? 아니면 문설주로부터 받습니까?

어린 아들의 대거리에 아버지는 말문이 막혔다. 아들은 한 걸음 더 나아가 "사람의 운명이 천명에 달렸다면 어찌해 볼 도리가 없겠지만, 문설주로부터 받는 것이라면 문을 높이면 되지 않겠습니까?"라고 쐐기를 박았다. 미신과 편견을 가차 없이 깨 버리는 소년의 논리가 참으로 산뜻하고 통쾌하다.

문설주를 높이면 될 일을 미신 때문에 자식을 버리라고 한 것이 말이 되느냐는 아들의 당돌하고 당찬 대응에 전영은 알았으니 돌아가라며 손을 내저었지만, 한편으로는 아들이 대견했을 것이다. 그로부터 얼마 뒤 맹상군은 다시 아버지를 찾아와 이렇게 말했다.

"아버지께서 권력을 잡고 세 분의 왕을 모시며 재상을 지냈지만 제나라는 땅을 넓히지 못했습니다. 아버지께서는 만금의 부를 축적하셨지만 문하에는 잘난 인재 하나 없습니다. 제가 듣기에 장수 집안에 장수가 있고, 재상 집안에 재상이 있다고 합니다. 지금 아버지의 처첩들은 땅에 끌리는 수를 놓은 비단옷을 입고 다니지만 인재들은 반바지도 얻어 입지 못하고, 하인과 처첩들은 쌀밥에 고기반찬을 남기도록 먹지만 인재들은 '조강불염(糟糠不厭)'입니다."

'조강불염'이란 '술지게미도 마다하지 않는다'는 뜻으로, 인재들의 처지가 술을 거르고 남은 지게미조차 감지덕지할 정도로 형편없다는 말이었다. 맹상군은 아버지에게 나라를 위해 공도 세우지 못하면서 엄청난 부를 축재하고, 별 쓸모없는 처첩들은 배불리 먹이면서 인재들은 밥도 제대로 얻어먹지 못하고 있으니 이 때문에 인심을 다 잃는다면 장차 무엇을 가지고 행세할 것이냐고 직격탄을 날렸다.

이 일로 전영은 아들을 다시 보게 되었고, 아들에게 식객들을 접대하는 인재 관리의 일을 맡겼다. 맹상군은 자신의 생각대로 식객들을 끌어모으기 시작했고, 제후급 인재들을 비롯하여 범법자까지 다양한 인재들을 두루 포섭했다.

당돌한 기개로 아버지를 탄복하게 만든 맹상군의 무덤이다.(2013년)

난쟁이인 내가 잘난 너희들보다
복이 많은가 보다

난쟁이 배우 우전의 해학

통일 제국 진나라 궁정에서 자란 우전(優旃)이란 이름의 난쟁이 연극배우가 있었다. 그는 진시황을 가까이서 모셨다. 하루는 진시황이 거창하게 연회를 열었는데 공교롭게 큰비가 내렸다. 실내의 대신들은 비에는 아랑곳하지 않고 더욱 신나게 마시고 떠들었다. 그러나 연회장 밖 계단에 서서 호위를 하는 수비병들은 비 때문에 완전히 몸이 젖었고, 추위에 몸까지 부들부들 떨고 있었다. 우전은 이 병사들을 쉬게 해주어야겠다고 마음을 먹고는 이런 꾀를 냈다. 〈골계열전〉의 장면이다.

장면

이 모습을 본 우전은 수비병들에게 "너희들이 쉬고 싶으면 내가 너희들을 큰 소리로 부를 때 일제히 '여기 있습니다'라고 고함을 지르면 된다. 알겠느냐?"라고 말했다. 수비병들은 영문을 몰랐지만 그래도 쉬게 해준다는 말에 좋다고 대답했다.

이윽고 빗줄기가 더 굵어졌다. 난간에 기대어 있던 우전은 수비병들을 향해 큰 소리로 "수비병들아!"라고 고함을 질렀다. 수비병들은 기다렸다는 듯이 "여기 있습니다!"라며 일제히 고함으로 대응했다. 우전은 수비병들을 향해 이렇게 말했다.

"너희들은 키도 아주 크고 덩치도 좋다만 아무런 대접을 못 받는구나. 이렇게 비가 많이 내리는 데도 아무 소리 못하고 그렇게 서 있구나. 나는 보잘것없는 난쟁이인데

왕조체제에서 궁정에는 연회의 분위기를 살리는 연예인들이 있었다. 대개 이름 앞에 배우를 뜻하는 '우(優)'를 붙인다. 앞서 소개한 춘추시대 초나라의 우맹(優孟)과 이곳의 우전이 대표적이었다. 그림은 공연 배우들 모습을 그린 것이다.(출처 : 바이두)

도 이 안에서 편하게 쉬고 있으니 잘난 너희들보다 내가 훨씬 복이 많은가 보다."

이 말을 들은 진시황은 우전이 수비병들을 대신해서 그들의 고충을 암시하는 것임을 알아채고는 바로 수비병들을 반반씩 돌아가면서 쉬게 했다. 난쟁이 연예인 우전의 익살과 재치뿐만 아니라 독재자의 대명사 진시황에게도 그 나름 인간미가 있었다는 사실을 전하는 이 대목은 권력자들에게 풍자와 해학으로 충고한 연예인들의 기록인 〈골계열전〉에 나오는 이야기다.('골계'란 미학에서 말하는 풍자와 해학, 그리고 유머에 가까운 뜻을 가진 단어다.)

생각 얹기

풍자와 야유, 충고와 비판에도 격이 있고 수준이 있다. 비를 맞고 있는 수비병들을 쉬게 하려고 난쟁이 배우 우전은 서슬이 퍼런 진시황의 면전에서 자신의 신체적 장애까지 들먹이며 비유와 우회의 방법으로 간청을 했다. 얼마나 갸륵한 마음인가? 상관과 지도자에 대한 충고와 비판도 격과 품위에 신경을 써야 한다.

이 이야기는 맞상대가 있는 설전은 아니다. 하지만 난쟁이 우전의 언어에는 지금 우리가 배울 것이 많다. 자신을 낮추어 상대를 높이면서도 날카로움을 잃지 않는 애정 어린 충고와 비판의 문화가 우리에게는 남의 집 떡인가? 천하의 독재자로 이름난 진시황의 마음을 녹인 난쟁이 배우의 마음씀씀이에서 많은 것을 생각하게 된다.

도적이 와도 못 기어오를 겁니다

우전의 풍자와 익살

배경

바로 앞에서 독재자 진시황에게도 풍자와 익살로 바른말하는 궁정 연예인 우전(優旃)이 있었다고 했다. 궁중 술자리 때 비를 흠뻑 맞고 있는 병사들을 위해 익살맞은 말로 진시황의 마음을 움직여 교대로 쉬게 한 이야기였다. 우전은 진시황의 아들이자 2세 황제가 된 호해 때도 황제 곁에서 재미난 비유로 권력자에게 충고했고, 진나라 망한 뒤에는 한나라로 귀순했다가 죽었다. 〈골계열전〉에 실린 그에 관한 재미난 에피소드 두 가지를 마저 소개한다.

장면1

진시황이 황제의 놀이터인 원유(苑囿)를 동쪽 함곡관(函谷關)에서 서쪽 옹(雍)과 진창(陳倉)에까지 크게 넓히려 했다. 우전은 이렇게 익살을 떨었다.

"좋은 생각이십니다. 짐승들을 그 안에 잔뜩 풀어 놓아 동쪽에서 도적들이 오면 고라니와 사슴의 뿔로 막게 하면 되겠습니다."

진시황은 공사를 중단시켰다.

장면2

2세 황제 호해가 즉위하여 성벽에 비싼 옻칠을 하려고 했다. 이번에도 우전은 익살스럽게 이렇게 꼬집었다.

"잘하셨습니다. 주상께서 명령 안 하셔도 신이 청을 드리려 했습니다요. 성벽에 옻칠을 하면 백성들이 거기에 드는 돈을 걱정하긴 하겠지만 좋은 일이니 괜찮습니다. 또 번질번질 옻칠을 한 성벽이 있으면 적이 와도 기어오르지 못할 것입니다."

이렇게 말한 우전은 잠시 생각에 잠기더니 곤란한 표정을 지으며, 이렇게 덧붙였다.

"옻칠을 하면 햇볕에 말리지 못하고 그늘에 말리는 수밖에 없는데… 옻칠이 다 떨어져 나갈 테니 폐하께서는 먼저 성 전체를 덮는 큰 지붕을 만드신 다음 옻칠을 해야 안 벗겨질 겁니다요."

2세 황제는 웃으며 일을 중단시켰다.

생각 얹기

사마천이 〈골계열전〉에서 소개하고 있는 궁중 연예인들의 유머와 풍자, 그리고 해학과 익살 및 조롱은 문학과 미학에서 말하는 '골계미(滑稽美)'란 단어를 탄생시켰다. '골계'란 원래 물에 띄워 흘려보내는 술잔을 가리키는 단어였다. 그로부터 말을 막힘없이 유창하게 잘하는 것을 비유하게 되었다. 이것이 다시 유머나 해학의 의미로까지 발전하고, 거기서 또 문학이나 예술 방면에서 말하는 '골계미'가 나왔다. '유머나 해학, 그리고 익살 따위에서 느껴지는 미'를 말한다. 골계극·골계소설·골계화란 단어 등도 파생되었다.

궁정에서 악기를 연주하는 사람들을 나타낸 한나라 때 벽돌 그림이다.

〈골계열전〉의 주인공인 고대 궁중 연예인의 언어는 그 의미가 매우 깊다. 듣는 사람의 마음을 상하게 하지 않고, 또 기분 나쁘게 만들지 않으면서 요즘 말로 뼈를 때리는 비유로 마음을 흔들어 놓는다. 독재자의 상징인 진시황과 그 아들 2세조차 웃게 만든 이들은 그 존재만으로도 아주 특별한 사람들이었다.

개의 공로와 사람의 공로

단순명쾌한 논리로 일거에 논쟁을 잠재운 유방

배경

기원전 202년, 유방은 항우를 꺾고 천하를 평정한 뒤 논공행상을 벌였다. 신하들은 저마다 자신의 공을 앞세우며 큰 상과 벼슬을 받고자 다투었다. 유방은 소하를 일등 공신으로 봉하고 가장 많은 땅을 주었다. 공신들은 불만을 터트렸다. 특히 무장들은 후방에만 있던 소하가 일등 공신이 된 사실을 인정할 수도, 이해할 수도 없었다. 무장들은 하나 같이 이렇게 불만을 토했다.

"신들은 단단한 갑옷을 입고 날카로운 무기를 든 채 많게는 100번이 넘게, 적어도 수십 번 전투를 치르며 크고 작은 차이는 있지만 모두 성과 땅을 공략했습니다. 지금 소하는 '말이 땀을 흘리는 노고(한마지로汗馬之勞)'도 없이 그저 글로써 이러쿵저러쿵했을 뿐입니다. 싸우지도 않았는데 오히려 신들보다 윗자리를 차지하니 왜 그렇습니까?"

후방의 일이 얼마나 중요한지 모르는 무장들인지라 이런 불평은 충분히 이해할 수 있는 반응이었다. 정권 수립 후 진행되는 논공행상은 예민하면서 미묘한 문제가 아닐 수 없다. 자칫 잘못하면 반발을 넘어 반란으로 비화될 가능성이 있기 때

고조 유방은 논공행상에 불만을 품은 공신들을 '사냥꾼과 사냥개' 논리로 설득하여 소하를 일등 공신으로 봉했다. 논공행상도를 나타낸 그림이다.

문이다. 사마천도 당시 조정 분위기가 마치 반란이라도 일어날 것 같았다고 했다. 정작 유방은 태연했다. 유방은 공신들을 향해 이런 질문을 던지며 대화를 유도했다. 이 장면은 소하의 일대기를 다룬 〈소상국세가〉에 기록되어 있다.

장면

"너희들, 사냥에 대해서 알고 있지?"

"알지요."

"그럼 사냥개도 알지?"

"알지요."

"사냥에서 짐승이나 토끼 따위를 뒤쫓아 잡는 것은 사냥개다. 그러나 사냥개를 풀어 잡을 짐승이 있는 곳을 지시하는 것은 사람이다. 지금 너희들은 그저 짐승을 뒤쫓았을 뿐이니 말하자면, '사냥개의 공(구공狗功)'을 세운 것이다. 그러나 소하는 사냥개를 풀어 (사냥감이) 있는 곳을 지시했으니, '사람의 공(인공人功)'을 세운 것이야. 그리고 너희들은 혼자의 몸으로 나를 따랐거나 많아야 두세 사람이었지만, 소하는 집안사람 수십 명을 모두 내게 딸려 보냈으니 그 공을 잊을 수 있겠나!"

공신들은 모두 아무 말도 못하고 말문을 닫았다. 이 장면이 저 유명한 유방의 '구공(狗功)'과 '인공(人功)' 논리다. 유방의 말인 즉은 '인공'과 '구공' 중 어느 쪽이 큰 상을 받아야 하냐는 간결하고 명쾌한 추궁이었다.

생각 얹기

대화에는 상대가 있다. 따라서 대화는 상대에 맞추어 구사해야 한다. 말하자면 상대의 직업·신분·교육·성격 등에 맞출 줄 알아야 한다. 대화와 논쟁에서는 말솜씨만 필요한 것이 아니다. 함께 대화하는 상대의 의중과 문제의 본질을 정확하게 분석하고 인식하는 일이 더 중요하다.

　유방과 함께 싸웠던 공신들은 대부분 젊은 날 별다른 직업 없이 작당하여 술이나 마시던 건달들이었다. 정권이 막 수립된 초기 이들의 관심사는 벼슬과 땅 뿐이었다. 관리 출신으로 유방을 보좌했던 소하와는 차원이 달랐다. 이런 자들을 고상한 정치 이론으로 설득하기란 여간 어려운 일이 아니었다. 더욱이 유방 자신도 이들과 비슷한 출신이었다. 유방은 이들에게 맞는 언어와 단순명쾌한 논리로 불만을 단숨에 잠재웠다. 최고 리더로서 유방의 진면목을 잘 보여주는 명장면의 하나로 손색이 없다.

폐하께서 아직도 당신 젖을 먹고 계시는 줄 아는가

황제의 깊은 동정심을 공략하여 유모를 도운 곽사인

배경

사마천은 유머로 권력자들에게 충고한 궁중 연예인들의 언행을 〈골계열전〉으로 남겼다고 몇 차례 말한 바 있다. 그런데 사마천보다 조금 뒤인 한 성제(成帝, 기원전 51~기원전 7) 때의 저소손(褚少孫, 생졸 미상)이란 학자가 이 기록 뒤에다 주로 한나라 때 익살꾼들의 행적들을 덧붙였다. 사마천의 언어는 아니지만 나름 흥미가 있다. 다음은 무제 때 총애를 받은 연예인 곽사인(郭舍人)과 무제의 유모와 관련한 재미난 일화다.

장면

무제가 어렸을 적에 무제를 길러준 유모가 있었다. 동무후(東武侯)의 어머니였는

한나라시대 궁중 여성의 모습을 빚은 인형이다.(2017년)

데, 장년이 되자 무제는 이 유모를 '대유모(大乳母)'라 높여 불렀다. 대유모는 한 달에 두 번 정도 궁에 들어왔는데, 그때마다 무제는 총애하는 신하 마유경(馬游卿)을 시켜 비단 등 선물을 내리고, 좋은 음식으로 대유모를 모시게 했다.

한번은 대유모가 "어디 어디에 공전(公田)이 있는데, 이를 빌려주십시오"라고 청탁하자 무제는 두말 않고 그 땅을 주었다. 이렇게 무제는 대유모가 원하는 것은 무엇이든 들어주었다. 심지어 황제가 다니는 길로 대유모가 수레를 타고 다닐 수 있게 했다. 궁중 대신들

은 대유모를 극진히 대할 수밖에 없었고, 대유모는 말 그대로 권력이 되었다. 급기야 대유모의 집 식구들과 노비들이 길에서 사람들에게 행패를 부리는 등 그 횡포가 여간 아니었다.

이 이야기가 어찌어찌 궁중에까지 들어갔지만 차마 법으로 다스리지 못했다. 담당 관리가 고심 끝에 대유모의 집을 교외로 옮길 것을 청했고, 무제는 이를 허락했다. 대유모는 무제에게 작별 인사를 드리기 위해 궁중으로 들어와서는 먼저 곽사인을 만났다. 곽사인을 만난 대유모는 눈물을 줄줄 흘리며 하소연했다. 곽사인은 대유모에게 이렇게 일렀다.

"들어가 뵙고 작별하고 나올 때 잰걸음으로 걷되, 자주 뒤를 돌아보도록 하시오."

대유모는 곽사인의 말대로 작별 인사를 올리고 잰걸음으로 나가면서 자꾸 뒤를 돌아다보았다. 무제를 모시던 곽사인이 급한 말투로 이렇게 핀잔을 주었다.

"쯧쯧, 이 늙은이가 빨리 나가지 않고 뭐하는가? 폐하께서는 이미 장년이신데, 아직도 당신 젖을 먹는 줄 아는가? 뭘 자꾸 뒤돌아보고 뒤돌아보고 하는가?"

곽사인의 이 말에 무제는 대유모가 불쌍하다는 생각이 확 들어 마음이 여간 슬프지 않았다. 무제는 바로 대유모 집을 옮기란 명령을 취소하고, 이를 건의한 자를 귀양 보냈다.

생각 얹기

궁중 연예인 곽사인은 인간의 본성인 동정심을 유발하여 유모를 도왔다. 어릴 때부터 유모의 젖을 먹고 자란 무제에게는 유모에 대한 정이 깊게 남아 있을 수밖에 없었고, 곽사인은 바로 그 부분을 건드리도록 유모에게 요령을 가르쳐 주었다. 거기에 자신의 한마디를 더 얹어 무제의 마음을 결정적으로 흔들어 놓았다.

　가만히 이 장면을 되감아 보면 곽사인의 대상이 무제가 아니라 유모 집안의 사건과 이를 법에 따라 처벌, 즉 유모의 집을 다른 곳으로 옮기자고 건의한 관리가 아니었나 하는 생각을 지울 수 없다. 이 관리와 곽사인이 어떤 관계인지는 알 수 없지만, 곽사인은 황제의 동정심을 이용하여 법을 죽였을 뿐이다. 쓴웃음과 함께 야릇한 웃음마저 터져 나온다.

권125 〈영행열전〉은 권력자의 비위를 맞추어 총애를 얻은 '영행' 인물들에 관한 전기다. 서한 몇몇 군주가 '남총(동성애)'에 빠진 것에 대한 신랄한 풍자로 통치자들을 난감하게 만든다. 무제 때는 외척 중에서 '남총'을 고르는 '영행' 인물들의 조직적 변화에 주목하여 이들과 황실의 유착관계에 따른 정치사회의 막대한 폐단을 꼬집었다. 위청·곽거병·이광리 등 막강한 권세의 외척들까지 이 대열에 편입시킨 사마천의 정치사상이 남다르다. 사진은 한중 석문에 조성되어 있는 한 무제와 그의 총신이었던 위청·곽거병의 석상이다.(왼쪽이 위청, 2014년)

사마천과 《사기》를 다룬 드라마와 영화들

사마천이 중국 역사에서 차지하는 비중은 어떤 인물 못지않게 크다. 그러나 그를 주인공으로 한 드라마나 영화는 상대적으로 빈약하다. 특히 사마천을 주인공으로 한 영화는 아쉽게도 지금까지 단 한 편이 만들어지지 않고 있다. 이 사실을 먼저 말씀 드리고 사마천을 주인공으로 하거나 그가 등장하는 드라마를 비롯하여 사마천이나 《사기》와 관련된 영화 몇 편을 간략하게 소개해둔다. (감독과 배우 이름 등은 생략했다.)

사마천이 직접 등장하는 중국 드라마는 크게 두 축으로 나눌 수 있다. 첫째는 1997년 CCTV에서 제작한 전기 드라마 〈사마천(司馬遷) : 사마천과 한 무제〉로, 어린 시절부터 궁형, 《사기》 완성에 이르기까지 사마천의 개인사를 전면에 내세운 작품이다. 둘째는 2005년 방영된 대형 역사극 〈한무대제(漢武大帝)〉다. 이 작품은 한 무제를 주인공으로 삼되, 이릉(李陵) 사건과 궁형 장면을 통해 '역사를 기록하는 사관'으로서 사마천을 강렬한 조연으로 배치했다.

이 밖에 장건과 이릉을 다룬 드라마, 한 무제와 관련한 시리즈 등에서도 사마천이 조연 또는 단역으로 등장하는 사례가 보이지만, 공개된 자료가 제한적이어서 등장 여부와 분량을 확정적으로 말하기는 어렵다. 한편, 〈대진제국〉이나 〈대한풍

대하드라마 〈사마천〉을 촬영했던 세트장(2002년 무렵)

〈大漢風〉)과 같이 《사기》를 원전으로 삼은 작품들에서는 사마천이 화면에 등장하지 않더라도, 그의 시각과 기록 방식이 드라마의 구조와 장면 구성에 반영되어 있어, '보이지 않는 서사 조연'으로 기능하고 있다고 볼 수 있다.

이에 따라 먼저 사마천이 등장하거나 언급되는 중국의 드라마와 영화 등에 대한 정리 기준을 아래와 같이 둘로 나누어 소개한다.

드라마의 원작인 장편소설 《사마천전기》의 작가인 장천은 선생의 생전 모습(오른쪽에서 두 번째)과 한성시 사마천학회 분들의 모습(2002년 무렵)

첫째, 배우가 직접 사마천을 연기하는 작품.

둘째, 사마천 캐릭터가 직접 등장하지는 않지만 《사기》와 사마천의 시각이 뼈대를 이루고 있는 작품.

먼저 사마천이 '주인공'으로 직접 등장하는 작품으로는 위에서 말한 대하드라마 **〈사마천 : 사마천과 한 무제〉**(1997, CCTV 18부작)가 단연 대표작이다. 특히 이 드라마의 원작이 사마천과 같은 고향 한성(韓城) 출신인 장천은(張天恩) 선생의 대하소설 《사마천전기(司馬遷傳奇)》라는 점에서 큰 의미를 갖는다. 당시 이 드라마는 한성시 사마천 사당과 무덤 주변에 세트장을 짓고 촬영했다.

이 작품은 사마천의 어린 시절부터 아버지 사마담(司馬談)에게서 역사와 천문을 배우는 과정 → 각지 답사 → 태사령으로 궁정 출사 → 이릉 사건 → 궁형 → 《사기》 집필까지 전 생애를 따라가는 전기 드라마이다. 이 작품에는 역사가 사마천의 집필 정신을 나타내는 명대사가 눈길을 사로잡는다.

드라마 〈사마천〉의 한 장면(세트장 자료실, 2002년)

몇 개를 인용해본다.

"황제의 노여움은 잠시지만, 글은 천 년을 갑니다."
"제 몸은 이미 꺾였습니다. 그러나 기록은 꺾지 않겠습니다."
"역사는 황제가 쓰는 것이 아니라, 후대가 증명하는 것입니다."
"제가 두려워한 것은 죽음이 아니라, 미완의 기록입니다."
"궁형이 나를 부끄럽게 할 수는 있어도, 붓을 멈추게 하지는 못합니다."

다음으로 사마천이 조연이지만 상당한 비중으로 등장하는 드라마로 2005년 CCTV의 58부작 대형 대하사극 〈한무대제〉가 있다. 주인공은 한 무제이지만 이릉 사건, 궁형, 《사기》 집필의 동기 등을 다루는 대목에서 사마천이 매우 비중 있는 조연으로 반복 등장한다. 드라마에 등장하는 사마천의 명대사 몇 개를 인용해본다.

"사실을 말한 죄라면, 그 죄를 제가 짊어지겠습니다."
"역사는 누구의 기분이 아니라, 사실 위에 서야 합니다."
"폐하, 저는 황명을 거역한 것이 아니라, 사실을 거역하지 않았을 뿐입니다."
"신의 몸은 이미 황실의 것이지만, 기록은 후대의 것입니다."

"언젠가 누군가, 오늘의 일을 있는 그대로 읽게 될 것입니다."
"치욕은 제 몸에 남지만, 기록은 천 년 뒤 사람에게 남습니다."
"저는 아직 쓰지 못한 이야기가 많습니다. 이 몸이 부서져도 끝내겠습니다."

대형 대하사극 〈한무대제〉의 주요 포스터의 하나이다.(출처:바이두)

참고할 자료가 제한적이지만 사마천이 등장하는 것으로 알려진 드라마들도 몇 편 있다. 작품들에 관한 공개 정보가 제한적이고 '사마천이 조연 또는 단역으로 등장한다'는 언급은 있으나, 세부 캐스팅이나 장면 자료가 부족한 편이라 '가능성 / 전언' 정도로만 언급해둔다.

먼저 2020년 무렵 제작된 것으로 보이는 드라마 〈장건(張騫)〉

실크로드의 주요 오아시스 도시인 돈황(燉煌) 명사산(鳴砂山)의 모습이다.(2001년)

은 장건을 주인공으로 한 사마천 당대 서역과 실크로드 개척을 다룬 작품이다. 서역과 실크로드 개척의 역사는 《사기》 〈대완열전〉이 기본 자료이다. 주요 대사 몇 대목을 인용해둔다.

"저 먼 서역의 길을 연 사람들의 발자국을, 나는 죽간 위에 새기고자 했다."

"길이 없던 곳에 길을 내는 자들, 그들의 이야기가 바로 역사가 된다."

"그 길 끝에 무엇이 있는지 알지 못했지만, 그걸 알아내는 것이 우리의 사명입니다."

"길이 멀어도 기록은 더 멀리 갑니다."

"낯선 땅의 노래와 풍습조차 기록해 두어야 한다. 이것이 훗날 세상이 다시 통할 때 길잡이가 될 것이다."

'이릉지화'는 사마천 일생에서 가장 중대하고 심각한 사건이었다. 이릉을 소재로 한 〈이릉(李陵)〉이란 드라마도 찾을 수 있었다. 제작 연도는 확실치 않다. 주요 내용은 이릉이 흉노에게 패하고 투항하는 사건, 그 결과로 일어난 한 무제의 분노와 조정의 파장을 다룬 것이다.

실제 역사에서 이릉 사건은 사마천 궁형의 직접적인 계기가 되었으므로, 드라마화된 작품들에도 대부분 사마천이 이릉을 변호하다가 벌을 받는 장면을 포함하는 것으로 소개된다. 다만 작품별로 제목이 단순히 〈이릉〉으로만 소개되거나, 편집

이릉을 변호하다 무제의 심기를 건드려 옥으로 끌려가는 사마천의 모습을 그린 기록화이다.

본/해설 영상이 섞여 있어 정확한 제작 연도나 배우 이름은 확인이 어렵다. 대사 몇 곳을 인용해둔다.

"이릉은 도망친 적이 없습니다. 저는 전장에서 그가 한 일을 있는 그대로 말할 뿐입니다."

"패배가 곧 죄는 아닙니다. 저는 사실을 말했을 뿐입니다."

"조정의 감정이 역사를 좌우해서는 안 됩니다. 기록은 그날의 기분이 아니라, 그 사건의 진실을 따라야 합니다."

"패배한 장군의 고통을 아는가? 나는 그의 절망조차 기록해야 한다고 믿는다."

"그의 선택이 옳았는지 틀렸는지는 천 년 뒤의 독자들이 판단할 것이다."

다음으로 〈한무대제〉와 비슷하게 한 무제의 일대기를 다룬 작품인 **〈무제전기(武帝傳奇)〉**는 대략 1990년대 초에 제작된 것으로 추정된다. 줄거리는 한 무제의 공과 과를 비롯하여 서한 궁정 내의 후궁과 신하들을 중심으로 서사를 구성한다. 한 무제의 시대를 다루는 만큼 일부 자료에서 이릉과 사마천 부분이 포함되어 있다고 언급되지만, 현재 공개된 배우나 역할 등과 관련한 자료에는 사마천이 명시되어 있지 않다. '사마천이 등장한다는 증언이 있으나, 캐릭터 비중과 분량은 확인은 제한적'으로 정리해둔다. 참고로 감동적인 대사 몇 곳을 인용해둔다.

"황제의 말은 이 시대를 다스리지만, 기록은 그 시대를 넘어서 머무릅니다."

"폐하의 뜻은 오늘을 움직이지만, 그 선택의 무게는 후대가 판단할 것입니다."

"승리와 패배는 장군의 몫이지만, 그 결과를 남기는 것은 사관의 책임입니다."

“저는 이릉을 옹호한 것이 아니라, 그가 겪은 일을 있는 그대로 말한 것입니다.”

다음으로는 2003년에서 2005년 사이에 20여 편으로 제작된 TV 영화 시리즈물 〈대한풍〉이 있다. 주요 내용은 항우와 유방의 초한쟁패, 항우와 우희 패왕별희, 한 고조와 여태후, 한 무제 등 서한 초기의 큰 사건들을 따로 따로 다룬 TV 영화 시리즈물이다.

사마천과 관련하여 이 시리즈는 사마천의 《사기》를 기본 원전으로 삼았다고 명시되어 있다. 다만, 실제 상영본에서 ‘배우가 연기하는 사마천’ 캐릭터가 고정적으로 등장하는지는 편별로 차이가 있어, ‘《사기》를 시각화한 시리즈로, 사마천의 서술 시점이 작품 전체의 보이지 않는 조연 역할을 한다’는 정도로 정리해둔다. 참고로 작품을 소개하는 해설 한 대목과 대사 몇 대목을 소개해둔다.

사마천의 일생을 시·공간적으로 대부분 공유했던 무제는 그런 만큼 사마천의 일생에 크고 깊은 영향을 남겼다. 한 무제의 초상화이다.(2004년)

〈대한풍〉 ‘초한쟁패’ 부분의 포스터(출처:바이두)

“궁정에서의 선택 하나가 한 왕조의 운명을 바꾼다. 그 기록을 남기는 것이 사관의 일이다.”

“나라의 경계는 칼끝에서 정해지지만, 그 경계의 의미는 글로 남겨진다.”

“이 길은 장군의 길이 아니라, 후대에 기록될 길이다.”

“사람의 삶은 잠시이지만, 그 자취는 오랫동안 이어진다.”

“나는 한 시대의 모습이 사라지지 않도록 기록한다.”

대하사극 〈대진제국〉의 포스터(출처: 바이두)

다음으로는 사마천 캐릭터가 직접 나오지는 않지만 《사기》의 내용이 뼈대인 몇 작품을 소개한다. 사마천이 직접 화면에는 등장하진 않지만 작품의 설계와 내레이션 차원에서 조연처럼 기능하고 있는 작품들이 할 수 있다.

먼저 대하사극으로 〈대진제국(大秦帝國)〉이다. 대체로 2009년에서 2017년까지 장기간에 걸쳐 제작 방영된 것으로 보인다. 〈열변(裂變)〉, 〈종횡(縱橫)〉, 〈굴기(崛起)〉의 3부작으로 구성되어 있다. 중국 역사상 최고의 개혁가 상앙의 변법을 시작으로 통일제국으로 나아가는 진나라의 역사를 장편 드라마로 재현한 작품이다. 등장 인물에 사마천은 없지만 《사기》의 기록이 뼈대를 이루고 있다. 따라서 '사마천이 인물로 등장하지는 않지만 서사의 상당 부분이 《사기》의 기록에 의존하고 있으며, 사실상 사마천의 시각을 시청각적으로 재구성한 드라마' 정도로 정리할 수 있겠다. 장면 설명과 해설 및 주요 대사 몇 곳을 인용해둔다.

- 죽간은 사마천이 《사기》를 기록한 실제 매체다. 한대(漢代)의 전형적인 기록 형태로, 역사·천문·군사 기록 대부분이 이렇게 남았다.
- 사마천의 기록은 단순한 종이가 아니라, 수천 개의 죽간을 꿰어 만든 '생의 흔적'이었다.

"권력은 한 시대를 움직이고, 기록은 그 시대를 넘어 남는다."
"강한 나라였으나, 그 강함이 멸망의 씨앗이 되었다."
"기록이 없다면, 권력은 그저 사라진 그림자일 뿐이다."
"천하를 손에 넣었으나, 천하의 마음까지 얻지는 못했다."
"하나의 죽간은 하루의 기록이고, 수천의 죽간은 한 시대의 숨결이다."

"기록이 남았기에 역사가 이어졌다."

"한 시대가 사라져도, 글자는 남는다."

"나는 이 작은 글자를 통해, 한 시대의 진실
을 전하고자 했다."

다음으로는 《사기》의 〈자객열전〉의 내용을
기반으로 하여 제작된 대표적인 영화 두 편을
소개한다. 1998년 나온 〈형가자진왕(荊軻刺秦
王, The Emperor and the Assassin)〉과 2002년에 나
온 〈영웅(英雄, Hero)〉이다. 영화에 사마천이 인

장예모 감독의 작품인 영화 〈영웅〉의 포스
터로 2002년 중국 탐방 때 찍은 사진이다.

물로 직접 등장하지는 않지만, 주요 내용과 작품의 여러 장면에 사마천과 《사기》의
서사가 강하게 반영되어 있는 작품이라 할 수 있다.

참고로 이상의 내용에 소개한 명대사를 몇 항목으로 나누어 한데 소개하고, 드라
마와 영화를 하나의 표로 제시해둔다.

사마천 관련 드라마, 영화 작품 목록표

구분	작품명	연도 · 형식	사마천과의 관계
A	〈司馬遷(사마천) / 司馬遷與漢武帝(사마천과 한무제)〉	1997, 18부작 드라마	주인공 – 생애 전체를 따라가는 전기 드라마
B	〈漢武大帝(한무대제)〉	2005, 58부작 역사 드라마	중요 조연 – 이릉 사건·궁형·《사기》의 동기를 보여주는 핵심 인물
C	〈張騫(장건)〉	2010년경 드라마	장건의 서역 개척을 기록하는 사관 / 기록자로 잠시 등장했다는 전언(자료 제한, 확정 곤란)
D	〈李陵(이릉)〉 관련 드라마들	연도 · 제작 다수	이릉 사건을 다룬 작품에서 사마천이 이릉을 변호하다 처벌받는 인물로 자주 재현된다고 소개되나, 개별 작품 정보는 제한적.
E	〈大漢風(대한풍)〉 시리즈	2000년대, 20여 편 TV 영화	《사기》를 기본 원전으로 삼은 시리즈. 화면에는 잘 드러나지 않지만, 사마천의 기록이 전체 이야기 구조를 지탱.

| F | 〈大秦帝国(대진제국)〉 시리즈 | 2009~2017, 장편 드라마 | 진나라 관련 《사기》 및 정사에 기반한 사실 재현극. 사마천은 인물로 등장하지 않지만, 그의 시각이 서사의 뼈대. |
| G | 《荊軻刺秦王(형가자진왕)》, 〈英雄(영웅)〉 등 | 1998, 2002 영화 | 진시황·자객 서사를 다루며, 《사기》의 기록을 적극 참고한 영화. '사마천의 텍스트를 영상 언어로 옮긴 사례'로 볼 수 있음. |

※ A, B는 직접 출연한 작품. C, D는 등장한다는 증언 / 해설은 있으나, 공식 크레딧·대본이 공개되지 않은 작품. E, F, G는 직접 나오지 않지만 사마천이 사실상 '서사 조연'인 작품.

사마천 관련 드라마의 명대사 모음

1. 생사·기록·사관의 사명

– 이 몸은 꺾였어도, 내가 남길 기록은 꺾이지 않는다.

– 황제의 노여움은 잠시지만, 글은 천 년을 간다.

– 사람은 누구나 한 번은 죽지만, 그 죽음의 무게는 각자 다르다.

– 나는 내 죽음이 새털처럼 가볍게 흩어지는 것을 원치 않는다.

– 패배는 장군의 것이지만, 그 의미를 남기는 것은 사관의 몫이다.

2. 이릉 사건

– 저는 황명을 거역한 것이 아니라, 사실을 거역하지 않았을 뿐입니다.

– 이릉은 도망친 적이 없습니다. 저는 그의 행적을 그대로 말했을 뿐입니다.

– 조정의 감정이 역사를 삼켜선 안 됩니다.

– 패배한 장군의 절망조차 기록해야 후대가 판단할 수 있습니다.

3. 《사기》 집필의 의미와 고뇌

– 이 기록을 끝내지 못하는 것이, 죽음보다 더 큰 두려움이었다.

– 천 년 뒤 누군가 이 글을 읽는다면, 그걸로 내 삶은 충분하다.

– 역사는 권력의 말이 아니라, 세월의 증언이다.

– 나는 하늘과 사람 사이의 이치를 밝히고, 옛날과 지금의 변화를 잇고자 한다.

– 글 한 줄이 한 시대의 빛이 되기도 하고, 어둠이 되기도 한다.

4. 아버지 사마담의 유언과 가업

– 사마씨의 붓은 여기서 끊기지 않는다. 너는 반드시 이 일을 끝내야 한다.

– 아버지가 남긴 건 벼슬도, 재물도 아니었다. 오직 미완의 기록뿐이었다.

– 나는 우리 집안의 역사관을 완성해야 한다. 그것이 남겨진 마지막 의무다.

5. 역사관·철학·집필원칙

– 역사는 오늘의 기분이 아니라, 사실 위에 세워져야 한다.

– 사람의 삶은 짧지만 기록은 길다.

– 흥망은 천하의 일이고, 그걸 남기는 건 한 글자의 힘이다.

– 나는 한 시대의 숨결을 글로 남기려 한다.

– 통치자는 시대를 움직이지만, 기록은 시대를 넘는다.

6. 장건·서역·변방 관련

– 길이 없던 곳에 길을 낸 사람들, 그들의 발자국을 기록해야 한다.

– 서역의 풍습도 기록해야 하는 이유는, 언젠가 다시 통할 날이 오기 때문이다.

– 길은 멀지만, 글은 그보다 더 멀리 간다.

※ 이 특별 참고자료는 사마천을 존경하고 《사기》를 애독하는 독자 주미진 씨가 수집한 자료를 바탕으로 정리한 것이다. 주미진 씨에게 감사의 말씀을 전한다.

참고문헌

1. 기본 사료

- 《史記》(中華書局標點校勘本)
- 《漢書》(동상)
- 《史記會注考證》(瀧川龜太郎)

기타 25사 목록은 생략함

2. 《사기》 주석서, 현대문 번역서 및 기본 연구서

- 王利器主編, 《史記注譯》(全四冊), 三秦出版社, 1988.
- 張大可, 《史記研究》, 華文出版社, 2002.
- 韓兆琦編著, 《史記箋證》(全九冊), 江西人民出版社, 2004.
- 張大可主編, 《史記研究集成》(全14卷), 華文出版社, 2005.
- 《白話史記》(白話全譯本), 新世界出版社, 2007.
- 褚玉蘭, 《史記新解》, 山東大學出版社, 2007.
- 《史記菁華錄》, 新世界出版社, 2007.
- 韓兆琦主譯, 《史記》(傳世經典文白對照), 中華書局, 2008.
- 王嗣敏, 《史記之魂》(上·下), 華夏出版社, 2008.
- 韓兆琦譯著, 《新白話史記》(上·下), 中華書局, 2009.

3. 공구서

- 《中國史稿地圖集》(上), 地圖出版社, 1979.
- 譚其驤主編, 《中國歷史地圖集》(第1冊), 地圖出版社, 1982.
- 王恢, 《中國歷史地理》(下冊), 臺灣學生書局, 1984.
- 《中國歷代名人勝蹟大辭典》, 三聯書店, 1995.

• 《中國文物地圖集》(陝西分冊), 西安地圖出版社, 1998.

• 《中華秦文化辭典》, 西北大學出版社, 2000.

• 中國歷史博物館編著,《華夏文明史》(第1卷), 朝華出版社, 2002.

• 中國國家博物館編,《文物中國史》(2), 山西教育出版社, 2003.

• 《話說中國》(創世在東方), 上海文藝出版社, 2003.

• 《話說中國》(詩經里的世界), 上海文藝出版社, 2003.

• 《話說中國》(春秋巨人), 上海文藝出版社, 2004.

• 《話說中國》(列國爭雄), 上海文藝出版社, 2004.

• 《話說中國》(大風一曲振河山), 上海文藝出版社, 2004.

• 《中國歷史大辭典》, 上海辭書出版社, 2007.

• 《中國戰爭史地圖集》, 星球地圖出版社, 2007.

• 白楊,《中國帝王皇后親王公主世系錄》, 山西人民出版社, 2008.

4. 도판, 사진 관련 참고서

• 明, 張居正編,《帝鑑圖說》, 1573年.

• 淸, 孫家鼎·張百熙編,《欽定書痙圖說》, 交京師大學堂編書局, 光緒31年(1905).

• 馬承源,《中國古代靑銅器》, 上海人民出版社. 1982.

• 《中國歷代名人圖鑑》, 蘇州大學圖書館編著, 上海書畵出版社, 1987.

• 《三才圖會》, 上海古籍出版社, 1988.

• 《孔子像》, 山東友誼書社, 1988.

• 張習孔·田珏主編,《中國歷史大事編年》(第1卷), 北京出版社, 1989.

• 《中國文物精華大辭典》(靑銅器卷), 上海辭書出版社, 1995.

• 《中國歷代帝王名臣像眞迹》, 河北美術出版社, 1996.

• 《山東文物精華》, 山東美術出版社, 1996.

• 盧嘉錫主編,《中國科學技術史》, 中國科學技術出版社, 1997.

• 《巴蜀漢代畵像集》, 文物出版社, 1998.

• 李淞編著,《漢代人物彫刻藝術》, 湖南美術出版社, 2001.

• 劉煒,《中華文明傳眞》(春秋戰國), 上海辭書出版社, 2001.

• 金其楨,《中國碑文化》, 重慶出版社, 2002.

• 張福林編, 《歷代碑碣圖輯》, 山西人民出版社, 2002.

• 《古籍善本卷》(北京文物精粹大系), 北京出版社, 2002.

• 《靑銅器卷》(北京文物精粹大系), 北京出版社, 2002.

• 陳根遠, 《瓦當留眞》, 遼寧畫報出版社, 2002.

• 《中國歷代人物像傳》(全4卷), 齊魯書社, 2002.

• 馬世之, 《中國史前古城》, 湖北教育出版社, 2003.

• 侯幼彬·李婉貞編, 《中國古代建築歷史圖說》, 中國建築工業出版社, 2003.

• 《中國歷代人物像傳》, 上海古籍出版社, 2003.

• 《中國歷代名人畫像譜》, 中國歷史博物館保管部編, 海峽文藝出版社, 2003.

• 熊治祁主編, 《中國近現代名人圖鑑》, 湖南人民出版社, 2003.

• 《歷代珍稀板本經眼圖錄》, 中國書店, 2003.

• 馬永嬴編著, 《五陵原與西漢帝陵》, 西安地圖出版社, 2003.

• 《文物中國史》(1~4), 山西教育出版社, 2003.

• 《山東重大考古新發見》(1990~2003), 山東文化音像出版社, 2003.

• 《圖讀經典孫子兵法》, 上海辭書出版社, 2003.

• 鄭峰主編, 《淄博名人》, 山東文藝出版社, 2003.

• 張滿弓編著, 《古典文學版畫》(人物像傳), 河南大學出版社, 2004.

• 《中國歷代人物圖像集》(全3卷), 上海古籍出版社, 2004.

• 《中國文明的形成》, 新世界出版社, 2004.

• 周心慧編著, 《中國古籍挿圖精鑒》, 中國靑年出版社, 2005.

• 周心慧主編, 《中國古籍挿圖精鑒》, 中國靑年出版社, 2006.

• 《漢畫解讀》, 文化藝術出版社, 2006.

• 朱士光, 《中國八代古都》, 人民出版社, 2007.

• 張珍, 《話說古都群》, 吉林文史出版社, 2009.

• 《河南省博物館》, 長征出版社, 2009.

• 《小北京韓城》, 中國旅遊出版社, 2009.

• 《中國國家博物館》, 長征出版社, 2011.

• 《中國人物畫全集》(上·下), 外文出版社, 2011.

• 陝西省文物局/陝西省考古研究院, 《留住文明》, 陝西出版集團/三秦出版社, 2011.

• 程全庭画册, 《司馬遷著史記画集》, 廣西美術出版社, 2012.

5. 전문, 대중 연구서

• 楊育彬, 《河南考古》, 中州古籍出版社, 1985.

• 楊寬, 《戰國史》, 谷風出版社, 1986.

• 魏昌, 《楚國簡史》, 中國地質大學出版社, 1989.

• 晁福林, 《覇權迭興》, 三聯書店, 1992.

• 葛劍雄, 《統一與分裂》, 三聯書店, 1994.

• 徐了然, 《人與神》, 中國國際廣播出版社, 1995.

• 王子今, 《史記的文化發掘》, 湖北人民出版社, 1997.

• 戈春源, 《刺客史》, 上海文藝出版社, 1999.

• 翦伯贊, 《秦漢史》, 北京大學出版社, 1999(2판).

• 董立章, 《三皇五帝史斷代》, 暨南大學出版社, 1999.

• 楊寬, 《西周史》, 上海人民出版社, 1999.

• 夏商周斷代工程專家組, 《夏商周斷代工程1996-2000年階段成果報告》, 世界圖書出版公司, 2000.

• 王玉哲, 《中華遠古史》, 上海人民出版社, 2000.

• 莫曰達, 《先秦·秦漢統計思想史》, 中國統計出版社, 2001.

• 陳旭, 《夏商考古》, 文物出版社, 2001.

• 張豈之主編, 《中國歷史》(先秦卷), 高等教育出版社, 2001.

• 顧音海, 《甲骨學發現與研究》, 上海書店出版社, 2002.

• 朱順龍·顧德融, 《春秋史》, 上海人民出版社, 2002.

• 吳銳, 《中國思想的起源》(全3卷), 山東教育出版社, 2002.

• 朱順鏞·顧德融, 《春秋史》, 上海人民出版社, 2003.

• 林劍鳴, 《秦漢史》, 上海人民出版社, 2003.

• 張弘, 《戰國秦漢時期商人和商業資本研究》, 齊魯書社, 2003.

• 胡厚宣·胡振宇, 《殷商史》, 上海人民出版社, 2003.

• 曲英杰, 《古代城市》, 文物出版社, 2003.

- 馬永嬴編著, 《五陵原與西漢帝陵》, 西安地圖出版社, 2003.
- 任偉, 《西周封國考疑》, 社會科學文獻出版社, 2004.
- 徐杰令, 《春秋邦交研究》, 中國社會科學出版社, 2004.
- 許順湛, 《五帝時代研究》, 中州古籍出版社, 2005.
- 楊寬, 《先秦十講》, 復旦大學出版社, 2006.
- 呂靜, 《春秋時期盟誓研究》, 上海古籍出版社, 2007.
- 葉志衡, 《戰國學術文化編年》, 浙江大學出版社, 2007.
- 黃朴民, 《秦漢統一戰略研究》, 中國人民大學出版社, 2007.
- 雷虹霽, 《秦漢歷史地理與文化分區研究》, 中國民族大學出版社, 2007.
- 馮立鰲, 《千年的遺恨》, 上海三聯書店, 2007.
- 馮立鰲, 《歷史的心智》, 上海三聯書店, 2007.
- 王宇編著, 《品讀漢代風雲》, 海潮出版社, 2007.
- 郭燦金·許暉, 《趣讀史記》, 崇文書局, 2007.
- 焦安南·李建義, 《姜太公》, 國際文化出版公司, 2007.
- 王宇編著, 《超越帝王名臣和名將(名臣篇)》, 團結出版社, 2008.
- 嚴超編著, 《完全圖解諸子百家》, 南海出版公司, 2008.
- 鄭劭榮·劉麗娟, 《俠客》, 中國社會出版社, 2009.
- 韓兆琦譯著, 《新白話史記》(上·下), 中華書局, 2009.
- 老鐵手, 《戰國那些事兒》(1~3), 亞洲圖書, 2009.
- 梁啟超外, 《史記二十講》, 華夏出版社, 2009.
- 陳建明主編, 《馬王堆漢墓陳列》, 湖南省博物館.
- 李開元, 《秦崩—從秦始皇到劉邦》, 研經, 2010.
- Thomas R. Martin, 《Herodotus and Sima Qian》, BEDFORD, 2010.
- 林屋公子, 《吳越春秋》, 民主與建設出版社, 2016.
- 余世存, 《先知中國》, 廣東人民出版社, 2017.
- 曾國藩·李景星評議, 《史記》, 作家出版社, 2017.
- 侯旭東, 《寵》, 北京師範大學出版社, 2018.

6. 성어 사전류

- 《고사성어대사전》, 임종욱 엮음(시대의창), 2008.
- 《속담사전》, 이기문 조남호 공편(일조각), 2014.(제3판)
- 《史記辭典》, 倉修良主編, 山東敎育出版社, 1991.
- 《史記語林》, 倉修良編著, 三秦出版社, 2000.
- 《中國成語典故總集》(전4권), 巴城主編, 內蒙古大學出版社, 2001.
- 《史記硏究集成》(제4권 史記論贊與世情硏究), 華文出版社, 2005.
- 《史記硏究集成》(제5권 史記精言妙語), 華文出版社, 2005.
- 《中華成語故事》(전4권), 彭朝丞·王秀芬編著, 北方文藝出版社, 2007.
- 《中國成語大辭典》, 上海辭書出版社, 2007.
- 《中國格言大辭典》, 上海辭書出版社, 2008.
- 《中華成語典故》(전4권), 中國戲劇出版社, 2008.
- 《中國成語故事》(전2권), 王成綱, 王其方著, 新世界出版社, 2008.
- 《中國典故大辭典》, 上海辭書出版社, 2012.

※참고사항

중국의 대표적이고 분량이 많은 성어사전 몇 종을 골라 전체 항목에서 《사기》의 성어가 차지하는 비율을 조사한 결과 아래와 같았다. 정도의 차이는 있지만 대체로 평균 10% 이상의 비율을 차지하고 있음을 확인할 수 있었다. 이 비율은 인용된 모든 서적들 중 가장 높았다. 사마천이라는 개인이 편찬한 역사서 《사기》의 언어와 문장이 후대에 얼마나 큰 영향을 미쳤는가를 잘 보여준다.

- 《中國典故大辭典》은 성어와 전고 관련 사전으로, 중대 국가 출판물 계획에 따라 출간된 가장 방대한 사전으로 주요 항목 약 4천여 개 중 《사기》가 차지하는 비율은 409 항목으로 전체의 약 10%를 차지한다.
- 《中國成語典故總集》(전4권)의 약 2천 항목 중 《사기》가 차지하는 비율은 206 항목으로 전체의 약 10%를 차지한다.
- 《中華成語故事》(전4권) 총 1,001 항목 중 《사기》가 차지하는 비율은 166 항목으로 17%를 조금 넘는다.
- 《中華成語典故》(전4권) 총 568 항목 중에서 《사기》가 차지하는 비율은 83 항목으로 약 15%를 차지하고 있다.
- 《中國成語故事》(전2권) 총 1,481 항목 중에서 《사기》가 차지하는 비율은 115 항목으로 약 8%를 차지하고 있다.

－우리나라에서 출간된 대표적인 고사성어 사전인 임종욱의 《고사성어대사전》 약 1,500 항목 중에 《사기》가 차지하는 비중은 약 190 항목으로 역시 약 13%를 차지하고 있다.

7. 국내 참고서

- 《중국의 역사인식》, 민두기 편역(창작과 비평사, 1985)
- 《사기 이야기》, 최범서 엮음(지경사, 1986)
- 《사마천의 역사인식》, 박혜숙 편역(한길사, 1988)
- 《강좌중국사》(1) (지식산업사, 1989)
- 《갑골문》, 심재훈 엮음(민음사, 1990)
- 《史記》(전4권), 왕술영 주편, 이훈종 역(교문사, 1992)
- 《갑골학 60년》, 董作賓 저, 이형구 역(민음사, 1993)
- 《대륙에 뜨는 별》, 김아리 편역, 이희재 그림(웅진출판, 1993)
- 《사기1 : 토끼사냥이 끝나면 사냥개를 잡아먹는다》, 김진연 편역(서해문집, 1993~1995/8쇄)
- 《사기열전》(전3권), 박정수 엮음(청목사, 1994)
- 《사기2 : 진실로 용기있는 자는 가볍게 죽지 않는다》, 김진연 편역(서해문집, 1994)
- 《사기3 : 참으로 곧은 길은 굽어 보이는 법이다》, 김진연 편역(서해문집, 1994)
- 《사기/열전1》, 김병총 평역(집문당, 1994)
- 《사마천의 사기열전 : 허리를 굽히면 반드시 줍고 하늘을 보면 반드시 취한다》, 김영진 편역(나라사랑, 1994)
- 《위대한 역사가 사마천》, 버튼 왓슨 저, 박혜숙 역(한길사, 1995)
- 《한중일 삼국사상의 보수와 개혁》, 이춘식 편저(신서원, 1995)
- 《이야기 사기열전》, 최범서 엮음(청솔출판사, 1995)
- 《사기선》, 방원성 역(한국문화사, 1996)
- 《史記》, 최진규 역해(고려원, 1996)
- 《사기》(전3권), 김진연 편역(서해문집, 1996~1997)
- 《한 권으로 정리한 이야기 사기열전》, 최범서 엮음(청아출판사, 1997)
- 《인간 사마천》, 하야시다 신노스케 저, 심경호 역(강, 1997)
- 《한서열전》, 홍대표 역(범우사, 1997)
- 《사기》(전7권), 정범진 외 공역(까치, 1997/4판)

- 《중국사학사》, 高國抗 저, 오상훈 외 공역(풀빛, 1998)
- 《목숨을 걸고 싸우는 자만이 위기를 기회로 바꾼다》, 엄광용 엮음(새로운사람들, 1998)
- 《수레를 높이려면 문지방부터 높여라》, 엄광용 엮음(새로운사람들, 1998)
- 《힘으로 제압하면 변방을 얻고 덕을 행하면 천하를 얻는다》, 엄광용 엮음(새로운사람들, 1998)
- 《이야기 사기열전》(전3권), 사기열전강독회 역(청아출판사, 1988~1989)
- 《세계의 사상 17·18 : 사기열전》(전2권), 김원중 역(을유문화사, 1999)
- 《사기열전》, 홍석보 역(삼성출판사, 1999)
- 《열정의 천재들 광기의 천재들》, 안승일 저(을유문화사, 2000)
- 《중국사학사》, 신승하 저(고려대학교출판부, 2000)
- 《중국사학사 강의》, 劉節 저, 신태갑역(신서원, 2000)
- 《춘추전국의 패자와 책사들》, 박인수 저(석필, 2001)
- 《사기 열전》(전2권), 김원중 역(을유문화사, 2002)
- 《사마천의 사기》(전3권), 유소림·이주훈 공역(사사연, 2002)
- 《춘추전국시대의 법치사상과 세·술》, 이춘식 저(아카넷, 2002)
- 《춘추전국의 리더십》, 채수연 저(중명출판사, 2002)
- 《역사학의 역사》, 한영우 저(지식산업사, 2002)
- 《역사의 혼, 사마천》, 陳桐生 저, 김은희·이주노 공역(이끌리오, 2002)
- 《공자세가·중니제자열전 : 사마천의 '사기'속에 비친 공자와 그 제자들의 행적》, 김기주·황지원·이기훈 공역주(예문서원, 2003)
- 《어린이 사기 열전》(전3권), 오수 글·그림(대원씨아이, 2003)
- 《사마천과 삼국시대》, 이범기·조봉업·김영규 [공] 글·그림(한국데카르트, 2003)
- 《사기》(전3권), 이영무 저(범우사, 2003)
- 《사마천의 사기 : 동양의 지혜와 용기를 중국역사에서 배운다》, 김학선 편역(평단문화사, 2004)
- 《사기(본기)》, 이인호 저(사회평론, 2004)
- 《천하를 낚아올린 영웅들》, 김아리 역, 이희재 그림(웅진닷컴, 2004)
- 《오월춘추》, 박광민 저(경인문화사, 2004)
- 《춘추전국의 정치사상》, 최명 저(박영사, 2004)
- 《史記를 탄생시킨 사마천의 여행》, 후지타 가쓰히사 저, 주혜란 역(이른아침, 2004)
- 《사기》, 김학선 편역(평단문화사, 2005)

- 《사기(본기)》, 김원중 역(을유문화사, 2005)
- 《한 권으로 보는 : 사기》, 김진연·김창 공편역(서해문집, 2005)
- 《사마천, 애덤스미스의 뺨을 치다》, 오귀환 저(한겨레신문사, 2005)
- 《사기》, 이인호 저(살림, 2005)
- 《사기열전》, 호승희 편역(타임기획, 2005)
- 《사기 : 역사와 삶의 철학이 만나는 살아 있는 기록》, 고은수 역(풀빛, 2006)
- 《사기 열전》(전3권), 김영수·최인욱 역해(신원문화사, 2006)
- 《어린이 사기열전》, 박영선 역, 정준용 그림(현암사, 2006)
- 《사기 속의 인물 이야기 : 읽기만 해도 저절로 극복되는 논술 텍스트》, 엄광용 엮음(고래실, 2006)
- 《사기열전 : 사마천, 궁형의 치욕 속에서 역사를 성찰하다》, 연변대학고적연구소 편역(서해문집, 2006)
- 《세 치 혀로 세상을 주무르네》, 김아리 역, 이희재 그림(웅진씽크빅, 2006)
- 《한 권으로 읽는 사기 : 궁형을 무릅쓰고 저술한 불후의 중국 역사》, 김도훈 편저(아이템북스, 2007)
- 《만들어진 민족주의 : 황제 신화》, 김선자(책세상, 2007)
- 《동북공정너머 요하문명론》, 우실하 저(소나무, 2007)
- 《한 권으로 읽는 사기열전 : 중국 고대 인물들이 펼치는 파란만장한 역사》, 박성연 역(아이템북스, 2007)
- 《중국문명대시야》(전4권), 베이징대학교중국전통문화연구중심 편저, 장연·김호림 공역(김영사, 2007)
- 《유방》, 사타케 야스히코 저, 권인용 역(이산, 2007)
- 《사기》, 송철규 편역(위너스초이스, 2007)
- 《사마천의 경영지모》, 余鑫炎 저, 유수경 역(새론북스, 2007)
- 《사기 : 일만년 중국역사의 장대한 드라마》(전3권), 유소림·이주훈 공역(사사연, 2007)
- 《사마천 사기 : 중국 고대사회의 형성》, 이성규 편역(서울대학교출판부, 2007/수정판)
- 《사기 이야기》, 이인호 저(천지인, 2007)
- 《소설 사마천》, 柯文輝 저, 김윤진 역(서해문집, 2007)
- 《하상주단대공정》, 김경호 외 공저(동북아역사재단, 2008)
- 《소설보다 재미있는 사기열전 : 인재경영, 성공전략, 리더십에 관한 인간 군상들의 드라

마틱한 이야기》, 김민수 편역(평단문화사, 2008)

- 《귀곡자 : 귀신 같은 고수의 승리비결》, 박찬철·공원국 공저(위즈덤하우스, 2008)

- 《사기》(전2권), 소준섭 편역(서해문집, 2008)

- 《초한지 : 이문열의 史記 이야기》(전10권), 이문열(민음사, 2008)

- 《만화, 사마천 사기열전》, 정연 글, 진선규 그림(김영사, 2008)

- 《사기》, 정하영 편역(다락원, 2008)

- 《가오광 장편소설 : 사마천》(전2권), 가오광 저, 허유영 역(21세기북스, 2009)

- 《사기본기》, 드림아이 그림·스토리(태동출판사, 2009)

- 《청소년을 위한 사마천의 사기 : 동양의 지혜와 용기를 중국역사에서 배운다》, 김학선 편
  역(평단문화사, 2009)

- 《왼손에는 사기, 오른손에는 삼국지를 들어라》, 明德 저, 홍순도 역(더숲, 2009)

- 《사마천 사기 : 그림으로 쉽게 풀어쓴 인간학 교과서》, 史進 편저, 노만수 역(일빛, 2009)

- 《불멸의 인간학, 사기》(전5권), MOIM 역(서해문집, 2009)

- 《사기열전》(전2권), 이상옥 역(명문당, 2009)

- 《사기열전(상)》, 이인호 저(천지인, 2009)

- 《사기 교양강의 : 사마천의 탁월한 통찰을 오늘의 시각으로 읽는다》, 韓兆琦 저, 이인호
  역(돌베개, 2009)

- 《사기 : 사마천의 인물 열전》, 고산·고명 공편저, 김하나 역(팩컴북스, 2010)

- 《김원중 교수의 : 청소년을 위한 사기》, 김원중 저(민음인, 2010)

- 《사기(본기)》, 김원중 역(민음사, 2010)

- 《사기(세가)》, 김원중 역(민음사, 2010)

- 《史記 : 상상할 수 있는 모든 인간의 백과사전》, 무라야마 마코토 외 공편저, MOIM 역(서
  해문집, 2010)

- 《사마천의 화식열전1 : 2000년 전의 비밀! 부를 이룬 사람들》, 우승택 저(참글세상, 2010)

- 《꿈꾸는 20대, 사기에 길을 묻다》, 이수광 편저, 이도헌 그림(추수밭, 2010)

- 《춘추전국이야기》(전10권), 공원국 저(역사의아침/위즈덤하우스, 2010~2016)

- 《어린이를 위한 사기열전》(전5권), 김기정 각색, 유대수 그림(고릴라박스, 2011~2013)

- 《사기(열전)》(전2권), 김원중 역(민음사, 2011)

- 《사기(서)》, 김원중 역(민음사, 2011)

- 《사기(표)》, 김원중 역(민음사, 2011)
- 《사마천 경제학 : 2천 년의 경제 바이블 「사기(史記)」가 전하는 부의 법칙, 경영의 지혜》, 소준섭 저(서해문집, 2011)
- 《사마천, 인간 경영의 숲을 거닐다》, 신장용 편저(일송북, 2011)
- 《한무제 강의》, 王立群 저, 홍순도·홍광훈 공역(김영사, 2011)
- 《사기백과사전 : 명언으로 만나는 史記백서》, 王壽波 저, 한정선 역(휘닉스Dream, 2011)
- 《사기(본기·표·서)》, 박일봉 역(육문사, 2012)
- 《사마천의 사기열전》, 김혁 저, 조정림 그림(웅진씽크빅, 2012)
- 《사기 성공학 : 사마천에게 배우는 인생 경영 비법》, 김원중 저(민음사, 2012)
- 《중학생이 보는 사기 열전》(전3권), 김영수·최인욱 역해, 성낙수·오은주·김선화 엮음(신원문화사, 2012)
- 《사마천평전 : 가장 낮은 곳에서 가장 높이 보다》, 김이식·박정숙 공역(글항아리, 2012)
- 《사마천의 부자경제학 :「사기」화식열전》, 신동준 저(위즈덤하우스, 2012)
- 《사기영선 : 정조 대왕이 가려 뽑은 사기의 백미》, 정조 편, 노만수 역(일빛, 2012)
- 《오자서병법》, 공원국 저(위즈덤하우스, 2014)
- 《사기열전 : 동양 최고의 역사서》, 김흥식 저, 김옥재 그림(파란자전거, 2014)
- 《단숨에 읽는 사기》, 시마자키 스스무 저, 전형배 역(창해, 2014)
- 《Why? 사기》, 김주원 엮음, 정석호 글구성/그림(예림당, 2014)
- 《사마천 사기 : 중국 역사학의 최고, 불후의 걸작!》, 장개충 편저, 주훈 그림(너도밤나무/범한, 2014)
- 《춘추전국의 전략가들》, 장박원 저(행간, 2014)
- 《사기열전》(전3권), 최익순 역(백산서당, 2014)
- 《사마천이 찾아낸 사람들》, 황효순(글마당, 2014)
- 《청소년을 위한 사기》(전2권), 소준섭 편저(서해문집, 2014~2016)
- 《사기열전 : 고전에서 배우는 지략과 처세》(전2권), 김치영 역(마인드북스, 2015)
- 《중국인은 어떻게 부를 축적하는가 : 사마천 「화식열전」에서 샤오미 스마트폰까지》, 소준섭 저(한길사, 2015)
- 《완역사기(본기) : 오제부터 한무제까지 제왕의 역사》, 신동준 역(위즈덤하우스, 2015)
- 《완역사기(서) : 고대 중국의 예악·역법·치수·경제》, 신동준 역(위즈덤하우스, 2015)
- 《완역사기(세가) : 역대 제후와 공신들의 연대기》, 신동준 역(위즈덤하우스, 2015)

• 《완역사기(열전) : 인물들의 흥망사》, 신동준 역(위즈덤하우스, 2015)

• 《완역사기(표) : 역대 황제와 왕후장상의 연표》, 신동준 역(위즈덤하우스, 2015)

• 《사기의 숲에서 사람을 배우다 : 사마천이 가르쳐주는 거의 모든 인간사의 해법》, 신동준 저(위즈덤하우스, 2015)

• 《사마천과 사기》, 楊乾坤 저, 장세후 역(연암서가, 2015)

• 《사마천, 아웃사이더가 되다》, 이문영 저(탐, 2015)

• 《사기, 각자도생을 논하다》, 중국고전연구회 편저(북에디션, 2015)

• 《사기열전》(전2권), 홍문숙·박은교 공편역(청아출판사, 2016)

• 《사마천 사기 56 : 본기·세가·열전·서의 명편들》, 소준섭 평역(현대지성, 2016)

• 《역사의 쉼터 이야기 박물관 : 사기》, 유강하 저(단비, 2016)

• 《사기열전 : 청고고한 문자의 향기를 찾아서》, 조장연 역주(삼양미디어, 2016)

• 《새로운 세대를 위한 사기 : 미래를 준비하는 당신에게 권하는 인간학의 고전》, 김원중 역(휴머니스트출판그룹, 2017)

• 《사마천 스캔하기 : 철학하는 외교관이 자녀와 함께 읽는 중국 이야기》, 방민수 저(책과나무, 2017)

• 《사기열전》(전3권), 장세후 역(연암서가, 2017)

• 《사마천의 마음으로 읽는 「사기」》, 이승수 저(돌베개, 2018)

• 《진시황을 겁쟁이로 만든 단 한 사람 : 「사기열전」 단단히 읽기》, 이양호 저(평사리, 2018)

• 《장자화의 사기》(전5권), 張嘉驊 저, 전수정 역(사계절, 2018)

• 《사기 인문학 : 3천 년 역사에서 찾은 사마천의 인간학 수업》, 한정주 저(다산초당/다산북스, 2018)

• 《사기열전》(전2권), 홍문숙·박은교 평역(청아출판사, 2018)

• 《경찰이 사기를 가르치다 : 史記 속에서 경찰의 길을 묻다》, 박화진 저(지식공감, 2019)

• 《사기열전》, 최익순 역(옥천, 2019)

• 《사기 인문학 : 3천 년 역사에서 찾은 사마천의 인간학 수업(큰글자도서)》, 한정주 저(다산초당/다산북스, 2019)

• 《만화로 읽는 사마천의 사기》 (전5권), 이희재 저(휴머니스트 출판그룹, 2020)

• 《사마천 사기 산책》, 이석연 저(범우사, 2020)

• 《하룻밤에 읽는 사기 본기 : 제왕들의 세계》, 이언호 평역(모든북/2020)

• 《사마천 「사기」 명언명구 : 본기》, 이해원 저(글로벌콘텐츠, 2020)

- 《화식열전 : 시대를 초월하는 깨달음》, 최윤서 역(부크크, 2020)
- 《사마천 평전》, 張大可 저, 장세후 옮김(연암서가, 2023)
- 《사마천에게 인생을 묻다》, 문규선(미다스북스, 2024)
- 《청소년을 위한 사기》(1,2)(서해문집, 2024)
- 《사마천과 사기》(2권), 강창훈(휴먼어린이, 2025)

8. 김영수의 사마천 《사기》 관련 발행 도서목록과 저역서

- 《간신열전》, 김영수/김경원 엮음(선녀와나무꾼, 1997)
- 《지혜로 읽는 史記》, 김영수 저(푸른숲, 1999)
- 《간신론》, 김영수 편역(아이필드, 2002)
- 《간신은 비를 세워 영원히 기억하게 하라》, 김영수 편저(아이필드, 2002)
- 《고전으로 배우는 사람을 보는 지혜》, 김영수 엮음(SPC, 2003)
- 《모략》(전3권), 차이위치우 저, 김영수 편역(들녘, 2003)
- 《강호를 건너 무협의 숲을 거닐다》, 량셔우쭝 저, 김영수·안동준 공역(김영사, 2004)
- 《맨얼굴의 중국사》(전5권), 보양 저, 김영수 역(창해, 2005)
- 《추악한 中國人》, 보양 저, 김영수 역(창해, 2005)
- 《명문가의 자식교육》, 김영수 편저(아이필드, 2005)
- 《사진과 그림으로 보는 : 중국사 강의》, 저우스펀 저, 김영수 역(돌베게, 2006)
- 《역사를 훔친 첩자》, 김영수 저(김영사, 2006)
- 《역사의 등불 사마천, 피로 쓴 사기》, 김영수 저(창해, 2006)
- 《황제들의 중국사》, 史式 저, 김영수 역(돌베게, 2006)
- 《사기의 인간경영법 : 천하를 얻으려면 사람의 마음을 먼저 구하라!》, 김영수 저(김영사, 2007)
- 《중국사의 수수께끼 : 흥미진진한 15가지 쟁점으로 현대에 되살아난 중국 역사》, 김영수 저(랜덤하우스코리아, 2007)
- 《제왕지사 : 절대권력이 만들어낸 괴물, 중국 제왕들의 삶과 죽음》, 보양 저, 김영수 역(창해, 2007)
- 《청렴과 탐욕의 중국사 : 중국 관료 열전》, 史式 저, 김영수 역(돌베게, 2007)
- 《난세에 답하다 : 사마천의 인간 탐구》, 김영수 저(알마, 2008)
- 《용인 : 사람을 얻고 세상을 얻는 인재활용의 지혜》, 리수시 편저, 김영수 편역(랜덤하우스

코리아, 2008)

- 《치명적인 내부의 적, 간신 : 중국 간신 19인이 우리 사회에 보내는 역사의 경고》, 김영수 저(추수밭, 2009)

- 《사기의 경영학 : 리더가 알아야 할 모든 것》, 김영수 저(원앤원북스, 2009)

- 《만화 사기 : 사람을 알고 세상을 논하다》, 김영수 저, Hitoon.com 만화(애니북스, 2009~2012)

- 《사마천 인간의 길을 묻다》, 김영수 저(왕의서재, 2010 초판)

- 《사기의 리더십 : 시대를 뛰어넘는 리더십 바이블》, 김영수 저(원앤원북스, 2010)

- 《성찰 : 김영수의 「사기史記」 경영학》, 김영수 저(위즈덤하우스, 2010)

- 《완역 사기 본기》(전2권), 사마천 저, 김영수 역(알마, 2010)

- 《간신론, 인간의 부조리를 묻다 : 인간 성찰의 5천 년 간신 고증》, 징즈웬·황징린 공저, 김영수 편역(왕의서재, 2011)

- 《중국 : 소프트파워 전략으로 부활하는 큰 나라》, 김영수 외 공저(한국출판마케팅연구소, 2011)

- 《현자들의 평생 공부법》, 김영수 저(위즈덤하우스, 2011)

- 《간신들은 어떻게 정치를 농락하는가? : 권력에 빌붙어 나라를 망친 천태만상 간신들 이야기》, 김영수 저(추수밭, 2012)

- 《1일 1구 : 내 삶에 힘이 되는 고전명언 365》, 김영수 편저(유유, 2013)

- 《나를 세우는 옛 문장들 : 언어의 소금, 「사기」 속에서 길어 올린 천금 같은 삶의 지혜》, 김영수 저(한국물가정보, 2013)

- 《백양 중국사》, 백양 저, 김영수 역(위즈덤하우스, 2013)

- 《사마천과의 대화》, 김영수 저(새녘, 2013)

- 《단숨에 읽는 사기 : 사기 속 3천 년 역사를 한 권에 담다》, 시마자키 스스무 저, 전형배 역, 김영수 감수(창해, 2014)

- 《사기를 읽다 : 중국과 사마천을 공부하는 법》, 김영수 저(유유, 2014)

- 《완역 사기세가》(전2권), 사마천 저, 김영수 역(알마, 2014~2019)

- 《36계 : 신묘한 병법서인가, 사악한 기서인가》, 김영수 편저(사마천, 2015)

- 《태산보다 무거운 죽음 새털보다 가벼운 죽음》, 김영수 저(어른의시간, 2015)

- 《사기를 읽다, 쓰다 : 3천 년을 내려온 촌철살인의 명언 명구 고전필독필사》, 김영수 저(위즈덤하우스, 2016)

- 《사마천 인간의 길을 묻다 : 사기 130권을 관통하는 인간통찰15》, 김영수 저(위즈덤하우스,

2016 개정판)

- 《사마천과 사기에 대한 모든 것》(전2권), 김영수 저(창해, 2016)
- 《역사의 경고 : 우리 안의 간신 현상》, 김영수 저(위즈덤하우스, 2017)
- 《중국 3천년, 명문가의 자녀교육법》, 김영수 편저(스마트비즈니스, 2017)
- 《비본 간서 : 가장 오래된 첩자 이야기》, 김영수 편저(위즈덤하우스, 2018)
- 《대륙의 거상 : 자본주의의 토대를 만든 중국 상인들》, 김영수 저(매일경제신문사/매경출판, 2018)
- 《인간의 길 : 나를 바로세우는 사마천의 문장들》, 김영수 저(창해, 2018)
- 《나는 사기로 경영을 배웠다 : 사기가 어떻게 경영의 무기가 될 수 있을까?》, 김영수 저(메이트북스/원앤원콘텐츠그룹, 2019)
- 《제자백가, 경제를 말하다 : 고대 현자들의 경제치국 방법론》, 김영수 편저(아이필드, 2019)
- 《리더의 역사 공부 : 역사책을 읽는 자가 승리한다》, 김영수 저(창해, 2020)
- 《사마천과 노블레스 오블리주》, 김영수 저(아이필드, 2020)
- 《리더의 망치》, 김영수 저(창해, 2021)
- 《리더와 인재, 제대로 감별해야 한다》, 김영수 저(창해, 2021)
- 《사마천 다이어리 366》, 김영수 편저(창해, 2021)
- 《백전기략》, 김영수 편역(창해, 2022)
- 《삼십육계》, 김영수 편역(창해, 2022)
- 《용인 : 제왕의 사람들》, 김영수 지음(유노북스, 2023)
- 《오십에 읽는 사기》, 김영수 지음(유노북스, 2023)
- 《사마천 사기 100문 100답》, 김영수 지음(창해, 2024)
- 《간신론》, 김영수 지음(창해, 2023)
- 《간신전》, 김영수 편저(창해, 2023)
- 《막료학》, 김영수 옮김(들녘, 2023)
- 《모략학》, 김영수 옮김(들녘, 2023)
- 《간신학》, 김영수 편저(창해, 2024)
- 《모략고》, 김영수 옮김(들녘, 2024)
- 《성공하는 리더의 역사공부》, 김영수 지음(창해, 2024)
- 《한 번만 읽으면 여한이 없을 한비자》, 김영수 편저(창해, 2025)
- 《큰 나라 중국, 쩨쩨한 중국인》, 김영수 지음(바틀비, 2025)

- 《리더십 학습노트 66계명》, 김영수 지음(창해, 2025)

- 《용인 66계명》, 김영수 지음(창해, 2025)

- 《사마천 사기 성어대사전》, 김영수 엮고 지음(창해, 2026)

9. 국내 석사학위 논문 목록

- 〈司馬遷 《史記》의 史論에 관한 硏究(사마천 《사기》의 사론에 관한 연구)〉, 박정진 저(전북대학교, 1994)

- 〈司馬遷의 士 觀念과 立言意識 硏究(사마천의 사 관념과 입언의식 연구)〉, 한재환 저(연세대학교, 2000)

- 《《史記》를 통해 본 司馬遷의 문학비평(《사기》를 통해 본 사마천의 문학비평)〉, 권운영 저(숙명여자대학교, 2003)

- 〈司馬遷의 人間觀 硏究(사마천의 인간관 연구)〉, 강현정 저(울산대학교, 2007)

- 〈司馬遷의 生涯와 作品 硏究 : 飜譯 論文(사마천의 생애와 작품 연구 : 번역 논문)〉, 노윤희 저(성균관대학교, 2007)

- 〈司馬遷의 《史記》 著作에 관한 硏究(사마천의 《사기》 저작에 관한 연구)〉, 이하정 저(전주대학교, 2010)

- 〈韓國語와 中國語 程度副詞 比較硏究 : 司馬遷 《史記·三十世家》에 나오는 程度副詞를 중심으로(한국어와 중국어 정도부사 비교연구 : 사마천 《사기·삼십세가》에 나오는 정도부사를 중심으로)〉, 최순희 저(강원대학교, 2016)

10. 국내 박사학위 논문 목록

- 〈司馬遷經濟思想硏究(사마천 경제사상 연구)〉, 김영인 저(경상대학교, 2009)

- 〈子長司馬遷의 貨殖思想에 나타난 行政理念 硏究(자장 사마천의 화식사상에 나타난 행정이념 연구)〉, 권영득 저(가천대학교, 2017)

《사기(史記)》의 '言', 사마천(司馬遷)의 '語'

인연(因緣)

많은 분들의 도움을 받았다. 일일이 말씀을 드리지 못함을 양해해주시길 바란다. 이 말씀 바로 뒤에 고마운 분들을 위해 작은 앨범을 만들어 두었다. 이것으로 면피하고자 한다. 쑥스럽지만 이 방대한 사전을 편찬하게 된 인연과 경과를 조금 길게 말씀 드린다. 인간사 대부분의 일은 인연에서 시작해서 인연으로 끝난다는 평범한 이치를 이 작업을 통해 또 한 번 실감했기 때문이다.

《사기》는 고등학교 고전문고를 통해 알게 되었다. 중국 역사책이라는 정도였다. 사마천은 이름만 보았다. 대학 때는 시국이 어수선하여 접할 기회조차 없었다. 휴교 때 《논어(論語)》를 가지고 한문을 공부하면서 《사기》〈공자세가(孔子世家)〉를 수박 겉핥기로 읽었다. 대학 때는 미술사에 흥미가 생겨 미대에 가서 동양미술사, 한국미술사를 수강했다. 졸업 후 2년 반 교편을 잡으면서는 전공인 역사보다 문학과 글쓰기에 더 많은 관심을 가졌다. 이 무렵 중국어를 공부하기 시작했다. 쫓겨나다시피 교편을 접고 1년 반에 걸쳐 대학원 준비에 들어갔다. 이때 한국 고대사 중에서도 '한중관계사' 공부로 방향을 잡았다. 대학원을 준비하면서 중국어를 1년 가까이 학원에서 본격적으로 공부하여 고급반 과정에서 노신(魯迅)을 비롯한 중국을 대표하는 소설가들의 작품을 수십 편 읽었다. 이 정도 공부로 한때 중국서를 번역하여 생계를 꾸리게 될 줄은 꿈에도 몰랐다.

대학원 석사과정은 《사기》와의 본격적인 만남이었다. 고대 한중관계사 연구에는 기본 사료이자 1차 사료인 《사기》 권115 〈조선열전〉이 절대적으로 중요하다. 고조선 멸망사 기록이자, 고조선이 망한 기원전 108년 바로 그해에 사마천은 아버지 사마담(司馬談)의 뒤를 이어 태사령(太史令)에 취임했기 때문이다. 혹자는 사마천이 한나라의 고조선 정벌에 종군했을 것이라는 주장도 한다. 종군 여부를 떠나 〈조선열전〉은 한국 고대사의 가장 예민한 문제이자 여전히 논쟁 중인 고조선의 강역, 한사군의 위치 등을 해결하는 데 가장 중요한 기록이다.

그럼에도 이 기록의 중요성은 어찌 된 일인지 여전히 거의 부각되지 않고 있다. 아니 일부러 회피하는 듯한 인상마저 들 정도다. 석사과정에서 만난 《사기》는 이런 예민한 문제에 대한 첫 도전 과목과도 같았다. 여기에 사마천과 《사기》 및 〈조선열전〉에 대한 국내 학계의 평가는 널을 뛰고 있었다. 학점으로 비유하자면 A⁺에서 F학점까지 천양지차였다. 〈조선열전〉에 대한 평가는 더 심각했다. 한 역사서와 그 역사서에 수록된 한 편의 기록에 대한 평가가 이렇게 편파적이고 갈라질 수 있을까? 평균 점수라는 것이 있지 않나? 이런 의문을 시작으로 《사기》와 사마천에 대한 긴 탐구와 숙명과도 같은 인연의 여정이 시작되었다.

석사 논문은 고조선 멸망 이후 고구려 건국까지의 한중관계를 다룬 〈고구려 초기 대외관계의 성격〉이었다. 당연히 고조선 멸망이 주요한 키워드였다. 박사과정은 사마천과 본격적으로 만나는 시간이기도 했다. 이와 함께 중국이란 존재에 대한 관심이 커졌다. 대출도 안 되는 '불온문서'로 분류된 서고에서 많은 중국서를 탐독했다. 〈문물(文物)〉, 〈고고(考古)〉 등과 같은 고고학 잡지를 통해 중국 고대사의 주요 발굴 성과를 확인했다. 놀라움 그 자체였다. 박사과정 중에 《고구려간사(高句麗簡史)》를 번역해서 출간했다. 이전복(李殿福, 1934~), 손옥량(孫玉良, 1936~) 두 선생이 방한하여 강연하면서 손으로 직접 쓴 원고를 번역한, 국내 최초의 고구려 통사였다. 이 책을 번역하는 과정에서 글자 확인을 위해 두 선생과 국제 우편으로 수십 통의 편지를 주고받아야 했다.

박사과정을 수료할 무렵에는 《고대 동북아시아의 민족과 문화》라는 1천 쪽 가까운 편저를 출간했다. 고대 동북아시아와 관련한 조선시대 실학자들의 문장을 비롯하여 중국 내의 중요한 논문과 보고서, 일본의 관련한 주요 논문들을 번역하고, 뒤에다 고조선의 주된 유물로 알려진 비파형 청동단검에 관한 편찬자의 긴 논문을 함께 실어 출간했다.

1992년 박사과정을 수료하면서 학위를 포기하고 공부 분야를 중국으로 완전히 바꾸었다. 그리고 그 핵심 텍스트로 《사기》를 선택했다. 본격적인 중국 공부와 《사기》 공부가 시작되었다. 생계를 위해 중국서를 번역하면서 《사기》를 완역하는 작업에 착수했다. 당시는 우리 출판계가 호황기라 완역 작업이 충분히 가능하리라 예상했다. 10대 출판사에 완역과 그에 따라 나올 수 있는 부수적인 성과로서 현장 사진을 비롯하여 도판·지도 등 입체적인 중국사 사전 작업까지 포함한 당시로서는 꽤 방대한 기획서를 보냈다. 반송 봉투와 함께. 그러나 출판계는 이를 철저히 외면했다. 기획서를 반송한 출판사는 열에 둘밖에 되지 않았다.

1996년 여름, 첫 중국 탐방이 시작되었다. 백두산과 고구려 유적을 둘러보는 프로그램이었다. 《사기》와는 연관이 없는 여행이었지만 중국 땅을 밟았다는 것만으로도 의미는 충분했다. 무엇보다 30년 지기 동포 문석빈(文石斌) 선생을 만난 것은 일생에 둘도 없는 큰 행운이었다. 이듬해 닥친 IMF 위기는 막 시작된 중국 현장 탐방에 찬물을 끼얹었다. 1998년 사마천과 《사기》에 관한 첫 원고를 마무리했다. 무엇보다 사마천의 고향인 섬서성 한성시(韓城市), 그의 무덤과 사당을 가보고 싶었다. 아내의 도움과 10명의 동행자들이 모여 중국 역대 도읍지를 집중 탐방하는 프로그램을 직접 짰다. 한성시 방문 일정도 포함되어 있었다. 그런데 국내 여행사 어디에서도 한성시 일정을 맞추지 못했다. 한성시 자체를 몰랐고, 따라서 교통편을 짤 수 없었다. 문득 문석빈 선생이 생각이 나서 팩스를 보냈다. 12박 13일 일정이 날아왔다. 기쁘기가 말로 할 수 없었다. 그렇게 1998년 8월 어느 날 새벽 한성시 기차역에 내려 한성의 땅, 사마천의 고향 땅을 처음 디뎠다.

1999년 6월, 사마천과 《사기》에 관한 첫 책《지혜로 읽는 사기》를 출간했다. 사마천과 《사기》를 다룬 대중 역사서로는 국내 첫 책이 아니었을까 한다. 사마천 고향 한성시, 사마천 사당과 무덤 등 관련 유적지 사진이 국내에 처음으로 소개되었다.

내용은 지금 보면 부끄럽지만 사마천과 《사기》의 진면목에 한 걸음 다가가는 동기 부여가 되었다.

그해 여름, 출판사는 독자들과 함께 한성시를 한 번 더 다녀오라는 부탁을 했다. 사실 1998년 첫 탐방 후 언제 또 사마천 고향을 가겠으며, 또 갈 필요가 있겠느냐는 생각이었다. 그러나 1999년 두 번째 방문은 나의 삶을 완전히 송두리째 바꾸는 계기가 되었다. 이에 대해서는 이 사전의 특별부록 '한성시, 사마천 사묘, 관련 유적 − 법왕행궁, 궁행왕법' 쪽에서 상세히 소개해두었다.

1999년 이후로 공부와 삶의 방향이 완전히 바뀌었다. 2, 3년 사마천 고향을 집중 방문하여 사마천의 일생과 관련된 유적을 찾고, 한성시 관계자, 한성시 사마천학회와 회원들, 한성시민들을 만났다(2002년에는 한성시 사마천학회의 유일한 외국인 정식 회원이 되었다). 사마천과 《사기》에 관한 연구서들을 집중적으로 읽고 정리했다. 그렇게 사마천의 후손들과 서촌 '법왕행궁' 패방을 만난 지 7년 만에 사마천과 《사기》 공부와 연구의 이정표가 되는 《역사의 등불 사마천, 피로 쓴 사기》를 2006년에 출간할 수 있었다.

《역사의 등불 사마천, 피로 쓴 사기》는 공부와 연구에 이정표가 되었을 뿐만 아니라 삶도 바꾸어 놓았다. 2007년 EBS에서 강연 요청을 해왔다. TV 출연 경험도 없고, 또 많은 대중을 상대로 사마천과 《사기》의 진면목을 제대로 전달할 자신이 없어 사양했다. EBS는 포기하지 않고 다시 요청을 해왔고, 《역사의 등불 사마천, 피로 쓴 사기》에 기대어 고민 끝에 출연을 결정했다. 당초 16회로 예정되었던 강연은 32회로 늘어났다. 이 TV 강연이 〈김영수의 사기와 21세기〉였다. 그리고 그해 사마천의 고향인 한성시 서촌의 명예촌민이 되었다.

시청률 3.4%의 위력은 놀라웠다. 대기업을 시작으로 각계각층에서 강의 요청이 쇄도했다. 기왕에 시작한 일, 가능한 많은 사람들에게 사마천과 《사기》를 알려야겠다는 마음으로 열심히 요청에 응했다. 그러면서 역사의 대중화에 눈을 돌려 사마천과 《사기》를 바탕으로 한 대중 역사서 출간도 꾸준히 해냈다. 물론 중국 탐방도 열심히 다녔다. 10차례 이상 다닌 해도 있었다. 이렇게 30년 한 세대에 걸쳐 약 150차례의 중국 내 사마천 《사기》와 관련한 현장 탐방이 이루어졌다. 그리고 그 30년 동안 많은 분들의 도움과 지원을 받았다. 다시 한 번 고개 숙여 감사드린다. 이분들이 없었더라면 지금 이 사전도 없었을 것이다.

《사기》에서 사마천으로

본격적인 사마천과 《사기》의 공부는 《사기》, 구체적으로는 〈조선열전〉으로부터 시작되었다. 이는 앞에서 말씀 드렸다. 1987년 석사과정부터 따지자면 2007년 TV 출연까지 20년이었다. 이 20년은 대부분 《사기》를 본격적으로 읽고 관련 연구서들을 섭렵하던 시간이었다.

그러던 중 《사기》 130권의 마지막 권인 〈태사공자서〉의 두 구절이 새삼 강하게 눈에 밟혔다. 하나는 사마천 스스로가 밝힌 《사기》의 총 글자 수 526,500자였고, 또 하나가 자신의 역사서(《사기》)를 2부 써서 1부는 명산에 감추고, 나머지 한 부는 세상에 내놓겠다는 대목이었다.

이 두 대목은 나의 관심을 《사기》에서 사마천으로 돌리는 결정적인 계기가 되었다. 먼저 526,500자는 세계 최초로 저자 자신이 밝힌 책의 글자 수다. 이런저런 자료를 통해 지금 가장 많이 보급되어 있는 중화서국의 표점본 《사기》의 글자 수는 53만 자가 넘어 사마천이 밝힌 수보다 1만 자가 많다는 사실을 확인했다(연구자나 자료에 따라 글자 수는 차이가 제법 나지만, 다 52만 6,500자보다는 1만 자 이상 많았다).

원문에 적어도 1만 자 이상이 보태졌다는 뜻이다. 또 《사기》 원문 중 10권 약 1만 자가 없어졌다는 연구 결과도 있다. 여기에 《사기》를 보면 저소손(褚少孫, 생졸 미상)이란 인물이 보탠 대목이 여러 곳 있다. 저소손은 대략 기원전 30년 무렵 《사기》에서 없어진 부분을 보충했다고 한다(저소손이 보충해 넣은 편은 〈골계열전〉, 〈귀책열전〉, 〈일자열전〉, 〈전숙열전〉, 〈양효왕세가〉, 〈외척세가〉이다).

그렇다면 사마천은 왜 글자 수를 밝혔을까? 이런 질문이 당연히 따라 나왔다. 폐기되었거나 보태진 사실로 미루어 보면, 사마천은 훗날 누군가 자신의 역사서에 손을 댈 것을 예견하고 글자 수를 밝히지 않았을까? 만약 사마천이 글자 수를 밝혀 놓지 않았다면, 보태어지거나 없어진 부분을 밝혀내기가 훨씬 더 힘들었을 것이다. 사마천은 왜 자신의 역사서에 누군가 손을 댈 것으로 예견했을까? 이 질문도 자연스럽게 따라 나왔다.

이 질문 때문에 《사기》의 문장을 다시 읽고 음미했다. 먼저 《사기》에는 황제를 정점으로 하는 권력자들을 불편하게 할 내용이 적지 않다. 실제로 사마천이 모셨던 무제의 기록인 〈효무본기〉에는 무제의 치적은 아예 없고, 무제의 미신 활동으로만 채워져 있다. 본문은 앞부분 몇 줄을 제외하고 〈봉선서〉의 그것과 완전히 일치한다. 이 때문에 〈효무본기〉의 내용이 무제의 심기를 건드려 〈효무본기〉의 원문 자체가 폐기되었다는 것이다. 이런 부분이 여럿이었다.

그렇다! 사마천은 그것이 황제가 되었건 누군가 자신의 역사서에 손을 댈 것으로 확신했다. 이 배경이 바로 사마천의 '문화복수(文化復讐)'였다(이에 대해서는 사전의 '일반 천금' 항목 특별 부록인 '중국인의 은원관'에서 자세히 살펴보았다). 죽음보다 치욕스러운 궁형의 억울함을 자신의 필생의 업인 역사서를 통해 풀고자 했던 '문화복수'라는 사마천의 '복수관(復讐觀)'을 확인하는 순간이었다. 일찍이 어느 누구도 생각해내지 못하고 해낼 수도 없었던, 역사서를 통해 복수하려는 사마천의 놀라운 창안이 아닐 수 없었다. 얼마나 억울했으면……. 사마천의 삶을 새삼 다시 복기하고 그 의미에 한 걸음 더 다가가는 계기였다.

이렇게 글자 수의 의미를 인식하고 보니 2부를 써서 1부는 감추고, 1부를 세상에 내놓겠다고 한 그 대목도 자연스럽게 이해가 되었다. 자신의 역사서가 폐기될 수도 있겠다는 가능성을 염두에 둔 대비였다. 인간 사마천, 역사가 사마천, 비운의 사마천이 겪었던 삶의 아픔과 비애가 성큼 내 곁으로 다가왔다. 46세에 황제에게 밉보여 옥에 갇히고, 47세에 반역죄에 몰려 사형선고를 받고, 48세에 치욕스러운 궁형을 자청하고, 49세에 옥에서 풀려나 혼신의 힘을 다해 역사서를 완성하고, 55세 무렵 세상을 떠날 때까지 10년, 사마천 최후의 10년이 그렇게 나의 마음을 강하게 휘감고 들어왔다.

사마천에서 《사기》로

몇 년 동안 나는 사마천 최후의 10년에 빙의되어 있었다. 글을 쓰고 강의의 주요 주제로 삼았다. 그러던 중 공부와 연구에 또 하나의 전환점이 발생했다. 그간의 공부가 얼마나 허술했는가를 절실하게 느꼈던 부끄러운 경험이었지만, 이로부터 정말 소중한 선물을 받았다. 이 일을 계기로 사마천에서 다시 《사기》로 눈을 돌렸다. 물론 사마천의 슬픈 삶은 여전히 마음에 천형처럼 깊이 박혀 있었다.

굴원(屈原)은 사마천이 누구보다 사랑하고 존경했던 인물이다. 굴원은 전국시대 초나라의 정치가이자 외교가이자 애국 시인이었다. 당시 초나라는 무능한 왕은 간신들에 휘둘리고 국정은 엉망이 되어 멸망의 길을 걷고 있었다. 굴원은 충정으로 왕에게 충고했으나 도리어 조정에서 쫓겨났다. 그는 비참한 심정으로 자결을 선택했다. 강렬한 저항의 표시였다. 초나라는 굴원 자결 이후 반세기 뒤에 멸망했다.

사마천은 〈굴원가생열전〉에서 굴원의 자결 장면을 "회석수자침멱라이사(懷石遂自沈汨羅以死)"라 표현했다. 대개 줄여서 '회석자침'으로 많이 쓴다. 우리말로 풀이하자면 "돌을 품고 마침내 멱라수에 스스로 가라앉아 죽었다"가 된다. 이 얼마나 비장한 장면인가?

그런데 《사기》를 20년 넘게 읽고 공부하면서 이 장면을 정확하게 제대로 알고 있지 못했다. 그저 멱라수에 빠져 죽은 것으로만 알았다. 국내 대부분의 번역서나 책들도 그냥 멱라수에 빠져 죽었다고 했다. 심지어 중국의 관련 기록화에도 바위 위에서 멱라수로 뛰어내리는 모습으로 그려져 있었다. 하지만 이것으로 나의 안이하고 허술한 공부의 변명이 될 수는 없었다.

몹시 부끄러웠다. 그냥 풍덩 멱라수에 빠져 죽는 것과 돌을 몸에 묶고 서서히 걸어 들어가 자신의 몸을 멱라수에 가라앉혀 죽는 것의 차이는 정말이지 하늘과 땅 차이 아닌가? 게다가 사마천은 돌을 '묶었다'는 물리적 표현을 쓰지 않고 '품었다'는 추상적 뜻을 가진 '懷(회)'라는 글자를 썼다. 굴원의 처연한 심경이 품은 돌 안에 고스란히 응축되어 있지 않은가?

그런데 뜻밖에 역대로 이 대목에 대한 비판적 견해가 적지 않았다. 굴원이 이렇게 자결했다는 기록이 〈굴원가생열전〉 외에는 찾을 수가 없기 때문이다. 말하자면 사마천이 직접 목격하지 않고서야 나올 수 없는 묘사였기 때문이다. 속된 말로 '네가 봤냐' 바로 이런 힐난이었다. 이런 비판 아닌 비판을 접하면서 나는 사마천이 왜 이렇게 굴원의 죽음을 묘사했을까? 이런 의문을 갖고 사마천을 위한 해명에 나섰다.

〈굴원가생열전〉을 다시 읽었다. 관련한 논문과 책들을 찾았다. 가장 눈에 들어온 것은 사마천이 굴원의 작품을 여러 편 실었다는 사실이었다. 또 굴원의 사당과 무덤 및 굴원의 고향을 사마천이 직접 찾았다는 사실도 새삼스럽게 보였다. 나도 직접 굴원의 사당과 고향을 찾았다. 사마천은 굴원의 정신세계를 누구보다 제대로 인식하고 있었다. 굴원의 대표작을 여러 편 수록한 것도 이 때문이었다. 사마천은 굴원의 고향을 찾아 굴원과 관련한 사실과 전설 등을 탐문했다. 그 모든 것들을 종합한 끝에 사마천은 그의 자결 장면을 "돌을 품고 마침내 멱라수에 스스로 가라앉아 죽었다"고 썼다. 가장 굴원다운 죽음이 아닐까?

사마천은 모든 기록, 굴원의 작품, 탐문한 자료, 굴원의 정신세계와 가장 굴원다운 죽음에 대한 자신의 생각과 판단을 종합한 끝에 그렇게 기록으로 남겼다. 나는 이 장면이야말로 굴원의 죽음에 가장 가까운 것 아니겠냐고 스스로에게 반문했다. 그러면서 사마천의 이 기록을 비판하는 사람들에게 '당신 같으면 굴원의 죽음을 어떻게 묘사하겠는가'라고 물었다. 그저 무덤덤하게 멱라수에 빠져 죽었다고 기록하고 말겠는가? 이런 뜻에서였다.

굴원의 죽음 장면을 다시 접하면서 나는 '역사에 상상을 허락하라'는 참으로 귀중한 선물을 얻을 수 있었다. 진정한 역사가는 기록, 즉 사료에만 매달리는 사람이 결코 아니다. 기록은 아무리 사실에 입각했다 하더라도 왜곡을 피할 수 없다. 일어난 사실을 어떤 단어로 나타내느냐에 따라 사실과는 많이 달라진다. 사마천은 남은 기록의 이면, 즉 기록 안에 감추어진 진실을 찾으려 했던 역사가였다. 그를 위해 그는 사실에 의문을 품었다. 즉, 합리적 의심을 통해 진실에 다가서려고 무던 애를 썼다. 합리적 의심이 무엇인가? 바로 역사적 상상력 아닌가? 역사가는 기록에 의문을 품는 품어야 하는 사람이다. 굴원의 죽음에 대한 사마천의 묘사로부터 얻은 가치를 따질 수 없는 엄청난 선물이었다.

사마천과 《사기》로

코로나 팬데믹(pandemic)은 인류의 생활에 엄청난 충격과 변화를 가져왔다. 나 역시 예외가 아니었다. 무엇보다 시간이 남았다. 한동안 갈피를 잡지 못하고 방황했다. 그러다 결국 제자리, 즉 공부하고 글을 쓰는 자리로 돌아갔다. 그렇게 몇 년을 거의 하루 종일 일하고, 밤에는 술로 스트레스를 푸는 생활로 보냈다. 그러면서 이 사전을 구상하고 본격적으로 자료를 정리한 다음 집필에 들어갔다. 수록된 항목들 대부분이 지난 30년 동안 수집하고 써둔 것이라 집필은 그다지 힘들지도 어렵지도 않았다. 그보다는 지난 30년 가까이 현장을 다니면서 찍어둔 현장 사진들을 정리하는 작업이었다. 작업은 팬데믹이 끝난 뒤로도 계속되었다. 팬데믹 몇 년이 거의 모든 외부활동을 끊어버렸기 때문에 선택의 여지없이 작업에 집중할 수 있었다.

이 작업은 《사기》에서 출발하여 《사기》에서 사마천으로, 사마천에서 《사기》로 몇 차례 큰 고비와 전환점을 겪은 나의 공부와 연구 방향을 '사마천과 《사기》'로 돌아가게 했다. 다시 말해, '사마천이 곧 《사기》'였고, '《사기》가 곧 사마천'이었다는 깨달음 아닌 깨달음이었다. 이 시시한 깨달음은 '《사기》의 문장(언어)이 사마천의 언어 그 자체'라는 아주 평범한 사실을 새삼 인식했기 때문이었다.

사마천은 자신이 궁형을 자청한 까닭을 '미처 못 다한 말'이 남아 있기 때문이라고 했다. 그 '못 다한 말'이 곧 《사기》였다. 그는 《사기》에 자신의 모든 것을 담았다. 자신의 처절한 고통과 고뇌 및 고독을 비롯한 희로애락은 물론 강렬한 복수심도 투영했다. 자신이 하고 싶었던 말(언어)을 《사기》에 아로새겼다. 이 사전 작업이 갖는 의미도 바로 사마천의 말이 곧 《사기》의 말이기 때문이다. 《사기》의 '말(言)'이 곧 사마천의 '말(語)'였고, 사마천의 '말(言)'이 곧 《사기》의 '말(語)'였다.

이 작업을 하는 동안 나는 인간의 말과 글, 즉 언어에 대해 많은 생각을 하게 되었다. 지금 우리 사회의 '언어 타락' 현상이 너무 심각하기 때문에 더 그랬다. 자연스럽게 사마천과 《사기》의 언어가 갖는 의미와 가치에 눈길이 갔고, 이 작업의 주안점을 여기에 둘 수 있었다. 사전의 제목은 《사마천사기성어대사전》이지만 그 내용은 '사마천과 《사기》의 언어'라는 점을 방점을 찍어 말씀드린다. 독일의 철학자 마르틴 하이데거(1889~1976)의 말씀으로 편찬자의 말을 마무리한다.

"언어는 구획된 성역, 다시 말해 존재의 집이다. 그 언어의 집에 인간이 산다. 사색하는 자들과 창조하는 자가 이 집의 지킴이들이다. …… 인간은 마치 자신이 언어의 창조자이고 주인인 것처럼 행동하지만 사실은 언어가 인간의 주인으로 군림하고 있다."(《언어로의 도상道上에서》 중에서)

2025년 11월 25일 20시 50분경

편찬자 김영수(金瑛洙) 마무리하다

사진_권혁재(중앙일보)

《史记》之"言"，司马迁之"语"

因缘

承蒙学界师友鼎力相助，隆情高谊，铭感于心。虽未能一一具名致谢，还望各位海涵。特于文末制作纪念相册，略表寸心。在此，愿将编纂始末娓娓道来。此番耕耘让我愈发确信：世间万事，皆起于缘，终于缘。

与《史记》的初次邂逅，是在高中古典文选课堂上。彼时仅知这是部中国史籍，"司马迁"三字亦不过是陌生名姓。大学时期，时局纷扰，连静心阅读的机缘都难求得。学校停课期间，我手持《论语》学习古文，对《史记·孔子世家》的阅读，不过是"舐舐瓜皮寻瓢"般的浅尝辄止。其后因对美术史产生兴趣，特地前往美术学院研修东方美术史与韩国美术史。毕业后执教的两年半时光里，对专业史学的热忱竟逐渐消褪，反而对文学与写作投注更多心力。恰在此时，我开启了中文研习之旅。卸任教职后，经过一年半潜心准备，我明确以"韩中关系史"为研究方向。备考期间，在语言学院接受了近一年的系统中文训练，至高级班时已品读鲁迅等现代作家的数十篇作品。当时全然不曾料想，这段学习经历竟会成为日后以译书为业的根基。

硕士阶段，是我与《史记》正式结缘的起点。研究古代韩中关系史时，《史记·朝鲜列传》作为核心史料展现出独特价值——它不仅是古朝鲜灭亡的原始记载，更因司马迁恰在公元前108年（古朝鲜灭亡当年）继任父亲司马谈的太史令之职而更显深意。无论其是否亲历战场，这篇列传始终是破解古朝鲜疆域、汉四郡位置等史学难题的关键文献。

然而不知何故，其重要性至今未获应有重视，甚至给人以刻意回避之感。硕士期间对《史记》的研读，犹如一场直面这些敏感议题的学术探险。当时韩国学界对司马迁与《史记》的评价呈现两极分化，若以学分喻之，竟从A+至F判若霄壤。对《朝鲜列传》的争议尤为尖锐，该史籍及其中的单篇记载，何以引发如此悬殊的评判？难道不存在相对公允的"基准线"吗？怀揣此问，我开启了与《史记》、司马迁宿缘的篇章。

我的硕士论文《高句丽初期对外关系的性质》，聚焦于古朝鲜灭亡至高句丽建国期间的韩中关系。博士阶段则深化了对司马迁的专研，同时对中国文化的兴致与日俱增。在图书馆那些列为"禁书"的典藏中，我系统研读了大量中国文献，并通过《文物》《考古》等期刊追踪中国考古前沿，每一次发现都令人惊叹不已。博士期间，我译介了李殿福(1934-)、孙玉良(1936-)合著的《高句丽简史》——这是韩国首部将二位老师的演讲稿翻译出版的高句丽通史。为辨识两位学者手稿字迹，我们通过国际书信往复数十封。

临近博士结业时，我编纂出版了近千页的《古代东北亚民族与文化》，其中汇集了朝鲜王朝时代实学者的精辟论述，并选译中、日重要论文，另附上我对古朝鲜代表性文物——琵琶形青铜短剑的专题研究。

1992年博士结业后，我放弃了学位，全心转向中国研究，以《史记》为轴心文本，由此开启系统的中国研究征程。为维持生计，我一面从事中国典籍译介，一面着手《史记》全译工作。时值韩国出版业黄金时代，我曾一度认为全译工作能够顺利推进，并向十家出版社提交了包含全译本、实地影像与地图的立体化中国史辞典策划书，却尽数遭拒，最终仅有两家退还策划书。

1996年夏，我首次踏上中国土地，参与白头山与高句丽遗迹考察。此行虽与《史记》无直接关联，但亲临华夏大地本身就蕴含深意。更令人欣慰的是，见到了相交三十载的同胞文石斌先生。次年爆发的IMF金融危机虽为考察蒙上阴影，我仍于1998年完成了关于司马迁与《史记》的第一篇手稿。探访司马迁故里——陕西韩城太史公祠墓，成为我魂牵梦萦的期盼。在妻子鼎力相助下，我策划了"中国历代都城巡礼"行程，邀请十位同好参与，路线特意涵盖韩城。然而，韩国旅行社皆无法安排韩城行程——他们甚至不知此地，遑论路线规划。焦急之中，我传真求助文石斌先生，终于获得了一份精心设计的十二日行程方案。1998年8月的某个黎明，我终于踏上韩城厚土，生平第一次触摸到司马迁的故乡。

1999年6月,我出版了首部关于司马迁与《史记》的专著《用智慧品读史记》。书中首次向韩国读者展现了司马迁故里韩城、太史公祠墓等遗迹真容。内容虽显稚嫩,却成为我走近太史公真实面貌的重要开端。

同年盛夏,出版社邀请我带领读者重访韩城。初始未曾料想再度前往,而这第二次韩城之行,竟彻底逆转了我的人生轨迹。有关这段故事的详情,敬请参阅本书附录《韩城、司马迁祠墓及相关遗迹——法王行宫、宫行王法》。

自1999起,我的学术和生活轨迹发生了根本性的转折。随后两三年间,我多次探访司马迁故里,追寻其精神足迹,结识了韩城市府人员、司马迁学会会员与当地市民(2002年,我成为该会唯一的外籍正式会员)。我系统研读司马迁相关著述,并对研究文献进行了梳理。在结识司马迁后裔"法王行宫"家族七年后,2006年我出版了里程碑式的著作《历史的明灯司马迁,呕心沥血写史记》。

这部著作不仅是学术上的突破,更深切地重塑了我的生命历程。2007年,韩国EBS电视台邀请我录制讲座节目。虽然缺乏电视经验,且对向大众阐释司马迁心存忐忑并最初婉拒,但在EBS的执意相邀下,我最终以《历史的明灯司马迁》为蓝本参与制作,原定十六讲的讲座最终扩展为三十二讲的《金瑛洙的史记与21世纪》系列节目。同年,我被授予韩城市徐村"荣誉村民"称号。

节目取得了3-4%收视率,引发了广泛的社会回响。自大型企业至各领域机构,演讲邀约纷至沓来。我立下志向,要将司马迁精神传递给更多人,同时致力《史记》的普及工作,持续推出面向大众的历史读物。我对中国实地考察未曾间断,甚至曾有一年往返十余次。三十年间,我进行的与司马迁和《史记》相关的实地调查总计约一百五十次。在此,谨向所有支持者致以最诚挚的谢意——若非诸君鼎力,这部辞典断无问世之机。

从《史记》到司马迁

系统研究司马迁与《史记》,始于《史记》文本自身,更确切而言,始于《朝鲜列传》。若从1987年硕士阶段起算,至2007年电视讲座,整整二十载春秋。这二十年间,我多沉浸在精读《史记》及关联研究之中。

《太史公自序》篇末两句话尤其引人深省：一为司马迁自陈全书"凡五十二万六千五百字"，二为其"藏之名山，副在京师"的夙愿。

这两句话，成为我将研究视角从著作转向作者本人的关键转折点。首先，"五十二万六千五百字"是中国历史上首部由作者亲自标明字数的著作。经过考证，今中华书局点校本的文字数量已逾五十三万字，较太史公所言多出万余字（不同版本差异显著，然皆远超原数）。

这意味着原作在传承中被增添了不少内容。据考证，《史记》原文约缺十卷、万余字。现今《史记》中多处有褚少孙（生卒年不详）增补的内容。褚少孙约在公元前30年前后对《史记》散佚部分进行了补撰（其补撰篇目包括：《滑稽列传》《龟策列传》《日者列传》《田叔列传》《梁孝王世家》《外戚世家》等）。

那么，司马迁缘何要明确标示全书字数呢？由此引发了我的新思考。从部分内容散佚与后人增补的事实来推究，太史公是否早已预见后人将改易其书，故而特意标明字数，为后世提供勘辨的基础？若无此数，后世欲辨增删必更为艰难。由此又引出一个问题：司马迁又何以确信其史书必遭改窜？此问亦自然浮现。

正是带着这个疑问，我重新细读《史记》的每一字句。首先，《史记》确存诸多令以帝王为首的权贵不悦之载。譬如，关乎其侍奉的汉武帝的《孝武本纪》，竟完全不录武帝文治武功，通篇仅载其祀神求仙之事。除开篇数行，余者皆与《封禅书》高度重合。因此有学者推测，《孝武本纪》原文或因触怒武帝而遭毁弃。类似情形实非鲜见。

诚然！司马迁确信——无论帝王或将相——皆可能篡改其史册。这种清醒的认知，正源自他内心"文化复仇"的坚定意志（相关详述请见本辞典"一饭千金"条目中特载的《中国人的恩怨观》）。这正是太史公的"复仇观"：他愿以毕生心力铸就的史籍，来涤清比死亡更加屈辱的宫刑之冤。彼时我顿悟：这是前无古人、后无来者的创举——以青史为戈矛的文化复仇。这其中所蕴含的沉冤，该是何等的椎心泣血啊……由此，我重新追溯司马迁的生命轨迹，借此更深入地体悟其精神境界。

领会了字数背后的深刻用意后，他"善写两部，一藏之名山，一传于京师"的举措，也就显得顺理成章。此乃其防患史籍被毁的深谋远虑。凡躯司马迁、史笔司马迁、悲运司马迁所历经的伤痛与憾恨，倏忽间越千载而直抵我心。四十六岁见恶于武帝下狱，四十七岁获判死罪，四十八岁忍辱自请宫刑，四十九岁出狱后倾注生命完成史著，直至五十五岁左右离世——这十年，太史公生命中最后的十年，就这般深深镌刻于我的血脉中。

从司马迁回到《史记》

数年间，我的精神仿佛完全寄托在司马迁最后的那段岁月里。无论是著书还是讲演，都以此为根本宗旨。然而在深入研究的过程中，出现了另一个转折点。那是一段让我深刻感觉到自己过去所学是多么粗浅而惭愧的经历，却从中获得了一份无价的厚礼。借此契机，我的视线从司马迁身上，再度回归到《史记》文本本身。诚然，太史公的悲壮人生，已然深深烙印于我的心底。

屈原，是司马迁极为敬仰的人物。这位战国时期楚国的政治家、外交家和爱国诗人，身处昏君佞臣当道、国政日益衰败的困境之中。屈原忠诚耿直地进谏，反而遭到放逐，最终怀着悲愤之情自沉于江，这是一种极其强烈的抗争。楚国在屈原投江后大约半个世纪，终于走向了覆灭。

司马迁在《屈原贾生列传》中，以"怀石遂自沉汨罗以死"这一句，精准地勾勒出屈原生命的最终结局。后世常简称为"怀石自沉"，在韩语的解读中，此句意为"怀抱石头，最终自沉于汨罗江而死"。这是何等决绝而悲壮的景象！

作为一名研读《史记》二十余载的学人，我曾长久地停留在对这一场景的浅层认知上。在过去，我与韩国坊间多数译本及著述的理解并无二致，只知其"投汨罗江而死"。即便是中国流传的历史画卷，也大多描绘诗人自高处纵身跃入江心的瞬间。然而，这外在认知的局限，绝不能成为我为自身学养疏浅开脱的理由。

每思及此，常感惭愧。"扑通"一声的即时性投水，与怀抱石头、缓步走入深流以确保沉没的"怀石自沉"，其间的意蕴之别，实在是天壤之别。尤为重要的是，太史公用字极其精妙，他未用具象的"绑系"，而是选用了这个意味深长的"怀"字。一个"怀"字，仿佛将屈原全部的孤愤、眷恋与绝望，都凝结于胸前那块冰冷的石头之中，使它成为一种精神的象征与情感的载体，而非单纯的物理重物。

值得玩味的是，历来学界对此段记述的质疑之声从未停止。其核心论据在于，除了司马迁的这篇列传，其他现存史料中再难寻得屈原以此种方式自尽的旁证。由此引发的诘问便显得格外尖锐:太史公若非亲眼得见,何以能作此具体的描摹?这近乎是一种"汝安知之?"式的考据学责难。面对此种质疑,我不禁陷入深思:司马迁为何要如此书写屈原之死?正是带着这一疑问,我开启了一场为太史公笔法寻求理解与辩明的探索。

我重新深入研读《屈原贾生列传》,并广涉相关学术研究。一个突出的发现是,司马迁在文中收录了屈原的诸多作品。同时,我再次注意到一个关键细节:司马迁曾亲至屈原的祠庙、坟墓与故里进行实地探访。我本人亦有幸循着前贤的足迹,造访过那些寄托着千古哀思的场所。我深信,正是基于这种深切的"了解之同情",司马迁才比任何人都更能深入理解屈原那复杂而深邃的精神世界。他不仅收录其文,更亲访其地,探寻其人其事在当地流传的遗闻旧说。在综合了所有这些文献、作品、实地见闻以及他自身的精神共鸣之后,他才最终提笔,写下"怀石遂自沉汨罗以死"这震撼人心的一幕。这难道不是最具屈原风骨的死法吗?

这是司马迁在整合了所有可知信息后,对于"何为最契合屈原气质与精神的终结方式"这一命题,所做出的深思熟虑的历史判断与文学呈现。在此,我愿向那些质疑者提出反问:若易地而处,诸君将如何记述屈原之死?难道仅是冷漠地、不掺杂任何理解地记下一句"投江而死"便算尽责了吗?答案不言自明。

经由这番对屈原之死场景的重新审视,我获得了一份宝贵的启示:我们应当"允许历史书写中存在合理的想象"。真正的史学家,绝非刻板照搬档案的誊录员。任何历史记录,即使它本质上是真实的,在被转化为文字的过程中亦不可避免地经历选择与重构。措辞的不同,立场的差异,都足以让呈现出的历史面貌与纯粹的事实产生距离。司马迁的伟大之处,正在于他超越了单纯的文献堆砌。他是一位执着于探求记录背后那更为深邃"真相"的史学家。为此,他勇于对既有材料提出疑问,运用其"历史想象力"进行"合理怀疑",并在此基础上,构建起最能传达历史人物精神内核的叙事方式。何为"合理怀疑"?这正是历史学家不可或缺的"历史想象力"。一个优秀的史家,必须是那个能够对凝固的历史记录发出鲜活追问的人。这份从司马迁对屈原之死的描绘中获得的领悟,已然成为我人生中最为珍贵的礼物之一。

司马迁与《史记》

新冠疫情这场全球性的大流行病，为人类生活带来了前所未有的冲击与改变。我也未能置身事外。最显著的变化，是时间突然变得宽裕。曾有一段时间，我颇感无所适从，在迷惘中任凭光阴流驶。然而，我终究还是回到了那个最熟悉的原点——读书与写作的位置。数年光阴，便在近乎日夜不辍的劳作中度过；长夜漫漫，则借杯中物以遣幽怀。在此期间，逐步构建起这部辞典的框架，系统地整理资料，并开始了撰述工作。由于所收录的条目大多是我过去三十年间陆续收集并已撰写成文，真正的写作过程反而不觉十分艰辛。相比之下，整理近三十年来走访各地所拍摄的照片，倒是耗费了更多心神。尽管全球大流行已告终结，这项工作仍延续了下去——毕竟在那与世隔绝的几年间，几乎所有外部活动都被迫中断，我别无选择，唯有将全副精力投入研究之中。

我的这项工作，始终围绕着《史记》。它曾经历过数次重要的转折：从《史记》延伸到司马迁其人，又从司马迁其人复归于《史记》其书。最终，我的学习和研究方向被彻底带回到"司马迁与《史记》"这一核心命题。仿佛顿悟般，我猛然意识到：司马迁就是《史记》，《史记》就是司马迁。这一看似浅显的领悟，实则源自我重新认识到一个极其朴素的真相："《史记》的文字（语言）本身就是司马迁的语言。"

司马迁曾坦言，他之所以甘受宫刑之辱，是因为胸中尚有"恨私心有所不尽（未竟之言）"亟待抒发。那"未竟之言"，正是《史记》。他将自己的全部生命——个人的惨痛、内心的苦闷、深切的孤独，乃至喜怒哀乐与那股强烈的复仇之志——尽数倾注于这部史书。他要诉说的全部心声（语言），都已镌刻在这部不朽著作中。因此，这部辞典的意义也就在于此：司马迁的话语，就是《史记》的话语。《史记》的"言"，即是司马迁的"语"；司马迁的"言"，也即是《史记》的"语"。

在进行这项工作的过程中，我对人类的言语与文字——即"语言"本身——进行了诸多思考。尤其在这个"语言堕落"日益严重的时代，我不由自主地将目光投向司马迁与《史记》的语言，专注探究其承载的深远意蕴与独特价值，并将此确立为本辞典的编纂核心。本书虽题名为《司马迁史记成语大辞典》，但请允许我在此郑重强调，其精髓始终在于"司马迁与《史记》的语言"。

最后，谨以德国哲学家马丁·海德格尔（Martin Heidegger, 1889–1976）的哲思作为编者的结语:"语言是划界的圣域,即存在的家。人类栖居于此语言之家中。思想者与诗人乃是此家园的守护者。……人类总是表现得仿佛自己是语言的创造者和主人,但实际上,语言才是君临于人类之上的主人。"(摘自《通向语言之路》)

2025年11月25日20时50分许,编者金瑛洙 谨识

中文翻译:梨花女子大学高级翻译研究生院讲师 金天香

中韩人民　友谊万岁

清明民祭史聖司馬遷典禮
清明祭拜百脈通流司馬血
薪火傳承萬民齊誦史聖文

한국사마천학회 韓國司馬遷學會
中國 山東省 歷史文化 探訪·諸子百家를 찾아서
일시 : 2015년 8월 1일 ~ 8월 7일　장소 : 중국 산동성 일대

중국 역사, 문화,
인문학 전문 강연
'달마토'

주관 : (사)한국사마천학회
일시 : 매월 마지막 토요일
오후 1시
장소 : 성남 모란역
엠스퀘어빌딩
지하 갤러리
대상 : 원하는 모든 분
참고 : 주최측
사정에따라
일정 변경 가능

한국사마천학회
驛馬司馬運通술

인문강좌 사마천 정신과 호남 정신의 만남

달마토

1. 송경애 선생님 : 판소리 사설 속의 중국 고전과 司馬遷의 史記
2. 한홍구 작가님 : 〈민주주의를 걷다〉 국내민주올레길 소개
3. 김영수 교수님 : 사마천의 정의관

驛馬司馬運通술   주관 화순인문학교육협회

수요포럼의
인문의숲

김영수 교수와 함께하는 중국 섬서성 역사문화탐방
중국의 천년고도를 걷다

주관 : 수요포럼 인문의 숲   일자 : 2014년 9월 25일 ~ 9월 29일

김영수 교수와 함께하는 중국 섬서성 역사문화탐방
인문의숲
중국의 천년고도를 걷다
주관 : 수요포럼 인문의 숲   일자 : 2014년 9월 25일 ~ 9월 29일

김영수 교수와 떠나는
사기경영 장강 역사기행
2012. 10. 25 ~ 31   KSA 한국표준협회

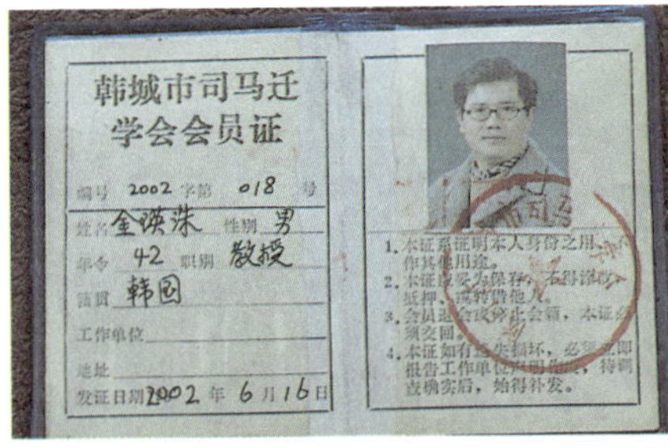

作歌剧《司马迁》公演新闻发布会

한국기업의 중국연계를 위한 세미나

2016년 김영수 교수와 함께하는
이유있순
중국 전통상방탐방

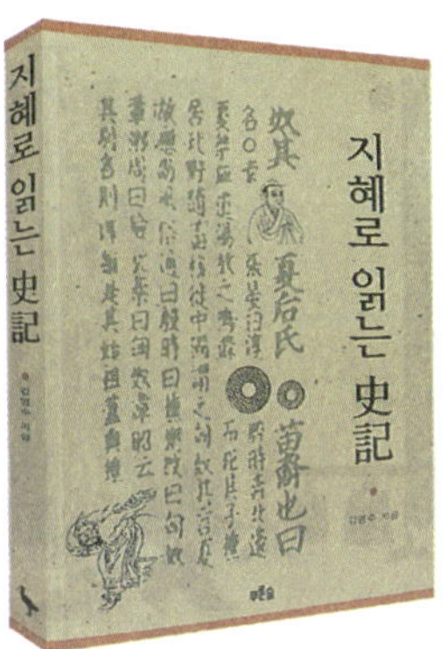

지혜로 읽는 사기

역사의 등불 사마천, 피로 쓴 사기

사기의 인간경영법

맨얼굴의 중국사

난세에 답하다

사마천, 인간의 길을 묻다

사마천 인간의 길을 묻다

제국의 빛과 그늘

나를 세우는 옛 문장들

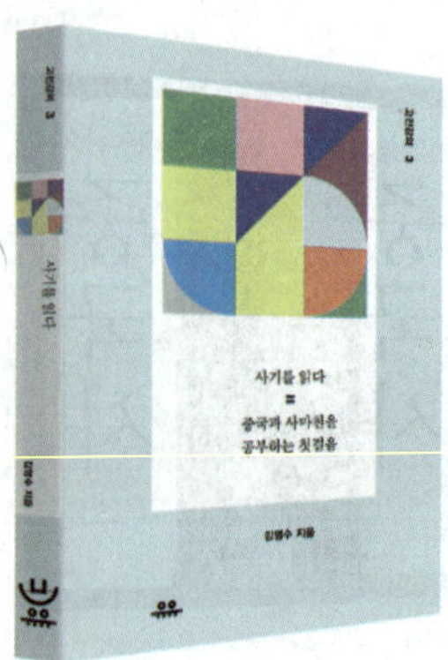

사마천과의대화

사기를 읽다(개정판)

사마천과 사기에 대한 모든 것

절대역사서 사기

인간의 길

나는 사기로 경영을 배웠다

사마천과 노블레스 오블리주

사마천 다이어리북 366

사기,정치와 권력을 말하다

리더의 망치

오십에 읽는 사기

성공하는 리더의 역사공부

사마천 《사기》 100문 100답

큰 나라 중국, 쩨쩨한 중국인

리더십 학습노트 66계명

사마천사기성어대사전

가

가거도사벽립(家居徒四壁立)
가공송덕(歌功頌德)
가관(嘉觀)
가급인족(家給人足)
가누천금(家累千金), 좌불수당(坐不垂堂).
가도벌괵(假道伐虢)
가도사벽(家徒四壁)
가빈즉사양처(家貧則思良妻), 국난즉사양상(國亂則思良相).
가수우인(假手于人)
가여동환(可與同患), 난여처안(難與處安).
가중연성(價重連城)
가탁왕명(假托王命)
가화안국(嫁禍安國)

각

각득기소편(各得其所便), 민개락기생(民皆樂其生).
각여기의(各如其意)
각자위전(各自爲戰)
각종기지(各從其志)
각포소은(刻暴少恩)

간

간뇌도지(肝腦塗地)
간신재조(奸臣在朝), 국지잔야(國之殘也) ; 참신재중(讒臣在中), 주지두야(主之蠹也).
간자복야(諫者福也), 유자적야(諛者賊也).

갈

갈석궁(碣石宮)
갈의불완(褐衣不完)
갈택후어(竭澤涸漁), 복소훼란(覆巢毀卵).

감

감라작상(甘羅作相)
감문지양(監門之養)
감사지사(敢死之士)
감심(甘心)

감어수자견면지용(鑑於水者見面之容), 감어인자지길여흉(鑑於人者知吉與凶).
감언호사(甘言好辭)
감조유적(減灶誘敵)
감천묘수(甘泉妙手)

강

강간약지(强干弱枝)
강노지말(强弩之末)
강동부형(江東父兄)
강려자용(剛戾自用)
강본간(强本干), 약지엽(弱枝葉).
강본약말(强本弱末)
강안(强顏)
강장대옥(康莊大屋)
강태공조어(姜太公釣魚)

개

개과자신(改過自新)
개과회정(改過悔正)
개목(丐沐)
개심(槪心)
개원천리(豈遠千里)
개위리(皆爲利)
개포과야재(豈匏瓜也哉), 언능계이불식(焉能繫而不食)?

갱

갱뇨(更溺)
갱힐후(羹頡侯)

거

거가즉치천금(居家則致千金), 거관즉지경상(居官則至卿相), 차포의지극야(此布衣之極也).
거관수법(居官守法)
거기양단(去其兩短), 습기양장(襲其兩長).
거상(据床)
거세혼탁(擧世混濁), 유아독청(唯我獨清) ; 중인개취(衆人皆醉), 유아독성(唯我獨醒).

거시기소친(居視其所親)

거실(居室)

거열(車裂)

거일반삼(擧一反三)

거정(擧鼎)

거정절빈(擧鼎絶臏)

거종사모(擧踵思慕), 약고한지망우(若枯旱之望雨).

거지일세(居之一歲), 종지이곡(種之以穀) ; 십세(十歲), 수지이목(樹之以木) ; 백세(百歲), 내지이덕(來之以德).

거직착제왕(擧直錯諸枉), 즉왕자직(則枉者直).

거취지분(去就之分)

걸

걸견폐요(桀犬吠堯)

걸해골(乞骸骨)

검

검수(黔首)

게

게간이기(揭竿而起)

격

격부가오오(擊缶歌烏烏)

견

견미이지청탁(見微而知淸濁)

견미지저(見微知著)

견아상제(犬牙相制)

견양파모(牽羊把茅)

견인질직(堅忍質直)

견자(犬子)

견직염정(堅直廉正), 무소아피(無所阿避).

견호모이불견기첩(見毫毛而不見其睫)

결

결말(結袜)

결목현문(抉目懸門)

결승천리(決勝千里)

결일자웅(決一雌雄)

겸

겸용병포(兼容幷包)

경

경개여고(傾蓋如故)

경국(傾國)

경려자불가이치국(輕慮者不可以治國), 독지자불가이존군(獨智者不可以存君).

경려천모(輕慮淺謀)

경사방급(耕事方急), 일일부작(一日不作), 백일불식(百日不食).

경상(傾商)

경위지사(傾危之士)

경지상형(景之象形), 향지응성(響之應聲).

경행행지(景行行止)

계

계구우후(鷄口牛後)

계구지성상문(鷄狗之聲相聞), 노사불상왕래(老死不相往來).

계명구도(鷄鳴狗盜)

계문(戒門)

계상(計相)

계심여원(計深慮遠)

계연지책(計然之策)

계장안출(計將安出)

계찰괘검(季札掛劍)

계출무료(計出無聊)

계포일낙(季布一諾)

계해(計偕)

고

고굉(股肱)

고굉불량(股肱不良), 만사타고(萬事墮壞).

고목후주(枯木朽株)

고산앙지(高山仰止), 경행행지(景行行止).

고소이망대(顧小而忘大), 후필유해(後必有害).

고양주도(高陽酒徒)

고옥건령(高屋建瓴)

고유지지(膏腴之地)

고재질족(高材疾足)

고종우궁(鼓鐘于宮), 성문우외(聲聞于外).

고침이와(高枕而臥)

곡

곡량(谷量)

곡이불읍(哭而不泣)

곡종주아(曲終奏雅)

곡학아세(曲學阿世)

골

골개이후(骨皆已朽), 독기언재이(獨其言在耳).

골경지신(骨鯁之臣)

골계(滑稽)

공

공거상서(公車上書)

공고진주(功高震主)

공손목시(公孫牧豕)

공의퇴식(公儀退食)

공인공구(功人功狗)

공자난성이이패(功者難成而易敗), 시자난득이이실(時者難得而易失).

공화(共和)

과

과가진이간가각(過可振而諫可覺)

과기가문이불입(過其家門而不入)

과시(瓜時)

과염선치(寡廉鮮恥)

과진론(過秦論)

과하지욕(胯下之辱)

관

관구이랑(灌口二郎)

관리도치(冠履倒置)

관부매좌(灌夫罵座)

관수폐(冠雖敝), 필가우수(必加于首) ; 이수신(履雖新), 필관우족(必關于足).

관언불청(諫言不聽), 간내불생(奸乃不生).

관포지교(管鮑之交)

관혈(管穴)

관후속진(貫朽粟陳)

광

광부지언성인택언(狂夫之言聖人擇焉)

광양자자(洸洋自恣)

광일장구(曠日長久)

굉

굉대불경(閎大不經)

교

교군필호리(驕君必好利), 이망국지신필탐어재(而亡國之臣必貪於財).

교동(狡童)

교발기중(巧發奇中)

교자유여(巧者有餘), 졸자부족(拙者不足).

교족이대(翹足以待)

교주고슬(膠柱鼓瑟)

교지(咬指)

교토삼굴(狡兔三窟)

구

구가이강국(苟可以强國), 불법기고(不法其故).

구감유양(狗監揄揚)

구과불섬(救過不贍)

구덕(九德)

구막대우비천(垢莫大于卑賤), 비막심우궁곤(悲莫甚于窮困).

구문견속(拘文牽俗)

구사부상(救死扶傷)

구설(口舌)

구수존명불상(久受尊名不祥)

구수힐갱(丘嫂頡羹)

구양(驅羊)

구양공호(驅洋攻虎)

구우일모(九牛一毛)

구절회장(九折回腸)

구정(九鼎)

구정대려(九鼎大呂)

구정윤사(九鼎淪泗)

구주(九主)

구천인지제(究天人之際), 통고금지변(通古今之變), 성일가지언(成一家之言).

구합제후(九合諸侯), 일광천하(一匡天下).

구합취용(苟合取容)

구화양비(救火揚沸)

구화호명(篝火狐鳴)

구회모인(久懷慕藺)

구회장(九回腸)

구흘(口吃)

국

국군강대(國君强大), 유덕자창(有德者昌) ; 약소(弱小), 식사자망(飾詐者亡).

국사무쌍(國士無雙)

국유현상양장(國有賢相良將), 민지사표야(民之師表也).

국지장흥(國之將興), 필유정상(必有禎祥).

군

군경절축(群輕折軸)

군능제명위의(君能制命爲義), 신능승명위신(臣能承命爲信).

군명유소불수(君命有所不受)

군욕리즉대부욕리(君欲利則大夫欲利)

군유소불격(軍有所不擊)

군자교절불출악성(君子交絶不出惡聲), 충신거국불결기명(忠臣去國不潔其名).

군자굴어부지기이신어지기자(君子詘於不知己而信於知己者).

군책군력(群策群力)

군호지즉신위지(君好之則臣爲之), 상행지즉민종지(上行之則民從之).

굴

굴묘편시(掘墓鞭屍)

굴수수서(屈首受書)

굴원침상(屈原沉湘)

궁

궁곤불능욕신하지(窮困不能辱身下志), 비인야(非人也).

궁수저서(窮愁著書)

궁형(宮刑)

권

권토중래(捲土重來)

귀

귀불가언(貴不可言)

귀상극즉반천(貴上極則反賤), 천하극즉반귀(賤下極則反貴).

귀소(龜巢)

귀이위교자(貴而爲交者), 위천야(爲賤也).

귀촉망(龜觸網)

귀출여분토(貴出如糞土), 천취여주옥(賤取如珠玉).

규

규소절자불능성영명(規小節者不能成榮名), 오소치자불능입대공(惡小耻者不能立大功).

규합지중(糾合之衆)

균

균천광락(鈞天廣樂)

근

근근간간(勤勤懇懇)

근수관약(勤守管籥)

금

금도문군(琴挑文君)

금상(今上)

금성천리(金城千里)

금심상도(琴心相挑)

금옥장교(金屋藏嬌)

급

급봉이시(及鋒而試)

급인지곤(急人之困)

급찰(給札)

기

기기애애(期期艾艾)

기기언(奇其言)

기도임술(棄道任術)

기사회생(起死回生)

기서연검(棄書捐劍)

기시(棄市)

기신광초(紀信誑楚)

기해지거(祁奚之擧)

기화가거(奇貨可居)

기회지형(棄灰之刑)

낙

낙극생비(樂極生悲)

낙락대자(犖犖大者)

낙백(落魄)

낙선호시(樂善好施)

낙이망반(樂而忘返)

난

난공입사(欒公立社)

남

남비(攬轡)

낭

낭사(囊沙)

낭중지추(囊中之錐)

낭혈사천(囊血射天)

노

노고공고(勞苦功高)

노련도해(魯連蹈海)

노련사상(魯連辭賞)

노룡(老龍)

노발충관(怒髮冲冠)

노신초사(勞身焦思)

노이요지(怒而撓之)

녹

녹록무위(碌碌無爲)

녹사수수(鹿死誰手)

논

논공행봉(論功行封)

논열시비(論列是非)

논육가지요지(論六家之要旨)

농

농천하지본(農天下之本)

누

누란지위(累卵之危)

누망지어(漏網之魚)

능

능잡미염(凌雜米鹽)

능행지자(能行之者), 미필능언(未必能言) ; 능언지자(能言之者), 미필능행(未必能行).

다

다다익선(多多益善)

다재다예(多材多藝)

단

단대(丹臺)

단소정한(短小精悍)

단수(斷袖)

단이감행(斷而敢行)

담

담언미중역가이해분(談言微中亦可以解紛).

당

당단부단(當斷不斷), 반수기란(反受其亂).

당소위천도시야비야(儻所謂天道是邪非邪).

대

대거불교(大車不較), 불능재기상임(不能載其常任).

대계패돈(戴鷄佩豚)

대류불연(大謬不然)

대명지하(大名之下), 난이구거(難以久居).

대분망천(戴盆望天)

대소절영(大笑絶纓)

대역무도(大逆無道)

대음인(大陰人)

대직약굴(大直若詘), 도고위사(道固委蛇).

대풍가(大風歌)

대행불고세근(大行不顧細謹), 대례불사소양(大禮不辭小讓).

대희과망(大喜過望)

덕

덕지휴명(德之休明), 수소필중(雖小必重), 기간회혼란(其姦回昏亂), 수대필경(雖大必輕).

도

도거지여(刀鋸之餘)

도고익안(道高益安)

도궁비수현(圖窮匕首見)

도동해이사이(蹈東海而死耳)

도로이목(道路以目)

도리불언(桃李不言), 하자성혜(下自成蹊).

도백지자(陶白之資)

도부동(道不同), 불상위모(不相爲謀).

도부지용(陶缶之勇)

도불습유(道不拾遺)

도비불고(掉臂不顧)

도삼촌설(掉三寸舌)

도유소불유(途有所不由)

도인(道引)

도주지부(陶朱之富)

도치간과(倒置干戈)

도필지리(刀筆之吏)

도행역시(倒行逆施)

도행포시(倒行暴施)

도혹교우(導惑敎愚), 언불염다(言不厭多).

도회인생(韜晦人生)

독

독당일면(獨當一面)

독배천금(牘背千金)

독비곤(犢鼻褌)

독서격검(讀書擊劍)

독약고우구이우병(毒藥苦于口利于病)

독취귀선(獨取貴善)

동

동고락(同苦樂)

동공일체(同功一體)

동곽리(東郭履)

동귀이수도(同歸而殊途)

동남동녀(童男童女)

동명상조(同明相照), 동류상구(同類相求).

동문황견(東門黃犬)

동시조의(東市朝衣)

동심병력(同心幷力)

동엽희(桐葉戱)

동오상조(同惡相助), 동호상류(同好相留).

동조정변(東朝廷辯)

동지(僮指)

두

두구회족(杜口裹足)

두문불출(杜門不出)

두우지육(杜郵之戮)

두족이처(頭足異處)

두회기렴(頭會箕斂)

득

득국오난(得國五難)

득시무태(得時無怠)

득인자흥(得人者興), 실인자붕(失人者崩).

등

등가동산(鄧家銅山)

등단배장(登壇拜將)

등용문(登龍門)

마

마릉서수(馬陵書樹)

마상득지(馬上得之), 마상치지(馬上治之).

마생각(馬生角)

마치도증(馬齒徒增)

만

만부실일(萬不失一)

만사일생(萬死一生)

만석군(萬石君)

만인지적(萬人之敵)

말

말혈음읍(沫血飮泣), 갱장공권(更張空拳).

망

망개삼면(網開三面)

망라천하방실구문(罔羅天下放失舊聞)

망루탄주(網漏吞舟)

망명(亡命)

망전필위(忘戰必危)

망진삼호(亡秦三戶)

매

매국(賣國)

매반불망(每飯不忘)

매사이문(昧死以聞)

맥

맥수지탄(麥秀之嘆)

멱

멱라수(汨羅水)

면

면여관옥(面如冠玉)

면유습(俛有拾), 앙유취(仰有取).

면유퇴방(面諛退謗)

면절(綿蕝)

면절정쟁(面折廷爭)

명

명당(明堂)

명독탄(鳴犢嘆)

명불허립(名不虛立)

명산사업(名山事業)

명성과실(名聲過實)

명수잔도(明修棧道), 암도진창(暗渡陳倉).

명자원견어미맹(明者遠見於未萌)

명주불오절간이박관(明主不惡切諫以博觀)

명주암투(明珠暗投)

명주입정(明主立政), 유공자부득불상(有功者不得不賞).

모

모설(毛薛)

모수자천(毛遂自薦)

모언화야(貌言華也), 지언실야(至言實也) ; 고언약야(苦言藥也), 감언질야(甘言疾也).

모원부실(謀遠不失)

모초지간(茅焦之諫)

목

목도심초(目挑心招)

목론(目論)

목불규원(目不窺園)

목앵부도(木罌瓨渡)

목자진열(目眥盡裂)

목후이관(沐猴而冠)

몽

몽득부열(夢得傅說)

무

무가내하(無可奈何)

무국요맹자(無國要孟子)

무금(廡金)

무단향곡(武斷鄉曲)

무망지복(毋望之福)

무면목(無面目)

무문교저(舞文巧詆)

무문농법(舞文弄法)

무방지민(無方之民)

무쌍(無雙)

무위자화(無爲自化)

무입추지지(無立錐之地)

무편무당(毋偏毋黨), 왕도탕탕(王道蕩蕩).

문

문가라작(門可羅雀)

문경지교(刎頸之交)

문군당로(文君當壚)

문동무서(文東武西)

문무병용(文武幷用)

문불야관(門不夜關)

문성(文成)

문소미문(聞所未聞)

문신단발(文身斷髮)

문익(文鷁)

문정(問鼎)

물

물금태성(物禁太盛)

물성이쇠(物盛而衰), 시극이전(時極而轉).

물천지징귀(物賤之徵貴), 귀지징천(貴之徵賤).

미

미녀자(美女者), 악녀지구(惡女之仇).

미방(弭謗)

미생지신(尾生之信)

미수염(美鬚髯)

미여관옥(美如冠玉)

미연향풍(靡然鄕風)

미인(美人)

민

민불료생(民不聊生)

민이식위천(民以食爲天)

박

박랑사(博浪沙)

박물세고(薄物細故)

박우지맹불가이파기슬(搏牛之虻不可以破蟣蝨)

박이과요(博而寡要), 노이소공(勞而少功).

박지소이귀효자(博之所以貴梟者), 편즉식(便則食), 불편즉지(不便則止).

박호무위(泊乎無爲), 담호자지(澹乎自持).

반

반경행권(反經行權)

반석지종(盤石之宗)

반청지위총(反聽之謂聰), 내시지위명(內視之謂明), 자승지위강(自勝之謂强).

발

발검논공(拔劍論功)

발기역치(拔旗易幟)

발난세반지정(撥亂世反之正)

발몽진락(發蒙振落)

발산강정(拔山扛鼎)

발종지시(發踪指示)

발지목렬(發指目裂)

발치역치(拔幟易幟)

방

방민지구(防民之口), 심어방수(甚於防水).

방약무인(傍若無人)

방예원착(方枘圓鑿)

방우리이행(放于利而行), 다원(多怨).

방이류취(方以類聚), 물이군분(物以群分)

배

배난해분(排難解紛)

배반낭자(杯盤狼藉)

배수지진(背水之陣)

백

백구과극(白駒過隙)

백규지점(白圭之玷), 상가마야(尙可磨也) ; 사언지점(斯言之玷), 불가위야(不可爲也).

백두여신(白頭如新), 경개여고(傾蓋如故).

백량연(柏梁宴)

백리불판초(百里不販樵), 천리불판적(千里不販糴).

백모인(白茅人)

백발백중(百發百中)

백아절현(伯牙絶絃)

백어입주(白魚入舟)

백이산하(百二山河)

백인(柏人)

백인교전(白刃交前), 불구유시(不救流矢).

백홍관일(白虹貫日)

벌

벌가자기칙불원(伐柯者其則不遠)

벌공긍능(伐功矜能)

법

법령이도민(法令以導民), 형벌이금간(刑罰以禁奸).

법자천자소여천하공공야(法者天子所與天下公共也).

법자치지정야(法者治之正也)

법정즉민각(法正則民愨), 죄당즉민종(罪當則民從).

법지불행자상범야(法之不行自上犯也)

법지불행자우귀척(法之不行自于貴戚)

변

변고난상(變古亂常)

변명역성(變名易姓)

변법(變法)

변장자자호(卞莊子刺虎)

변치지성(變徵之聲)

변풍역속(變風易俗)

변협(骿脅)

변화유시(變化有時)

병

병구즉변생(兵久則變生), 사고즉려역(事苦則慮易).

병상태자(兵相駘藉)

병연이불해(兵連而不解), 천하고기노(天下苦其勞).

병유언지적(屛流言之迹), 새붕당지문(塞朋黨之門).

병자흉기(兵者凶器), 전자역덕(戰者逆德), 쟁자사지말(爭者事之末).

병좌지삭(兵挫地削)

보

보과습유(補過拾遺)

보임안서(報任安書)

복

복비(腹誹)

복사석수(蝮蛇螫手), 장사해완(壯士解腕).

복상지음(濮上之音)

복생장벽(伏生藏壁)

복식수재(卜式輸財)

복심(腹心)

복심지질(腹心之疾)

복자다언과엄이득인정(卜者多言夸嚴以得人情)

본

본말상순(本末相順)

봉

봉공수법(奉公守法)

봉복대소(捧腹大笑)

봉선(封禪)

봉수대고(烽燧大鼓)

부

부곽전(負郭田)

부귀다사(富貴多士), 빈천과우(貧賤寡友).

부귀자송인이재(富貴者送人以財), 인인자송인이언(仁人者送人以言).

부귀즉친척외구지(富貴則親戚畏懼之), 빈천즉경이지(貧賤則輕易之).

부기미(附驥尾)

부노선구(負弩先驅)

부당불편(不黨不偏), 왕도편편(王道便便).

부득요령(不得要領)

부로휴약(扶老携弱)

부륜추각(扶輪推穀)

부모국(父母國)

부부단서(剖符丹書)

부부지제(夫婦之際), 인도지대륜(人道之大倫).

부상대고(富商大賈)

부상십즉비하지(富相什則卑下之)

부신독서(負薪讀書)

부신지병(負薪之病)

부심탁간(剖心坼肝)

부열관중(富埒関中)

부열천자(富埒天子)

부유고세지명(夫有高世之名), 필유유속지루(必有遺俗之累).

부의숙당(扶義俶儻), 불령이실시(不令已失時), 입공명우천하(立功名于天下).

부이무교(富而無驕), 빈이무첨(貧而無諂).

부이불교(富而不驕), 귀이불서(貴而不舒).

부인지인(婦人之仁)

부자필용기승(富者必用奇勝)

부자혹루거만(富者或累巨萬), 빈자불염조강(貧者不厭糟糠).

부정조(負鼎俎)

부족괘치(不足掛齒)

부족여모(不足與謀)

부지기인(不知其人), 시기우(視其友).

부지불의(不知不疑)

부진일등(不盡一等)

부현사지처세야(夫賢士之處世也), 비약추지처낭중(譬若錐之處囊中), 기말입견(其末立見).

부형(腐刑)

부형지교불선(父兄之教不先), 자제지솔불근(子弟之率不謹).

부형청죄(負荊請罪)

북

북면칭신(北面稱臣)

북비지음(北鄙之音)

북주호(北走胡), 남주월(南走越).

분

분불고신(奮不顧身)

분서갱유(焚書坑儒)

분섬지중(分陝之重)

분아일배갱(分我一杯羹)

분정항례(分庭抗禮)

불

불가동년이어(不可同年而語)

불가승계(不可勝計)

불가승도(不可勝道)

불강기지(不降其志), 불욕기신(不辱其身).

불경지담(不經之談)

불교이민종기화(不敎而民從其化)

불궤우법(不軌于法)

불기이회(不期而會)

불능찬일구(不能贊一句)

불명일전(不名一錢)

불모지지(不毛之地)

불별친소(不別親疎), 불수귀천(不殊貴賤), 일단우법(一斷于法).

불봉공즉법소(不奉公則法消), 법소즉국약(法消則國弱).

불분불계(不憤不啓)

불비불명(不飛不鳴)

불비우마지력(不費牛馬之力)

불상지공(不賞之功)

불성삼와(不成三瓦)

불수소절이치공명불현우천하(不羞小節而恥功名不顯于天下)

불승배표(不勝杯杓)

불식대체(不識大體)

불식마간(不食馬肝)

불식주속(不食周粟)

불약이동회(不約而同會)

불염조강(不厭糟糠)

불오절간이박관(不惡切諫以博觀), 불피중주이직간(不避重誅以直諫).

불원천리(不遠千里)

불유여력(不遺餘力)

불입언이복비(不入言而腹誹)

불측지연(不測之淵)

불치일전(不直一錢)

불치하교(不恥下交)

불편부당(不偏不黨), 왕도탕탕(王道蕩蕩).

불한이율(不寒而栗)

비

비가강개(悲歌慷慨)

비권양력(比權量力)

비기엽이상기지(庇其葉而傷其枝)

비기위이거지왈탐위(非其位而居之曰貪位), 비기명이유지왈탐명(非其名而有之曰貪名).

비기지(非其地), 수지불생(樹之不生) ; 비기의(非其意), 교지불성(敎之不成).

비량지흔(卑粱之釁)

비례후폐(卑禮厚幣)

비론제속(卑論儕俗), 여세침부(與世沈浮).

비목지어(比目之魚), 비익지조(比翼之鳥).

비물연류(比物連類)

비방지목(誹謗之木)

비법불언(非法不言), 비도불행(非道不行).

비신후폐(卑身厚幣)

비아막능위(非我莫能爲)

비연성장(斐然成章)

비영등무(蜚英騰茂)

비예구립(睥睨久立)

비장군(飛將軍)

비조진(蜚鳥盡), 양궁장(良弓藏) ; 교토사(狡兔死), 주구팽(走狗烹).

비지무심고론(卑之無甚高論)

비지지난야(非知之難也), 처지즉난의(處知則難矣).

비항도허(批亢搗虛)

비호비비(非虎非羆)

빈

빈각(臏脚)

빈계지신(牝鷄之晨), 유가지색(惟家之索).

빈녀분광(貧女分光)

빈부지도(貧富之道), 막지탈여(莫之奪與).

빈천자교인(貧賤者驕人)

빙

빙청옥결(氷淸玉潔)

사

사구호보(射鉤呼父)

사단(事端)

사마씨(司馬氏)

사면초가(四面楚歌)

사미이지박(辭微而指博)

사분오열(四分五裂)

사양장랑(使羊將狼)

사위지기자사(士爲知己者死), 여위열기자용(女爲悅己者容).

사이밀성(事以密成), 어이설패(語以泄敗).

사쟁추연(士爭趨燕)

사전지국(四戰之國)

사족(蛇足)

사주(使酒)

사직지신(社稷之臣)

사통오달(四通五達)

사평득재천하(使平得宰天下), 역여시육의(亦如是肉矣).

사현능이불용(士賢能而不用), 유국자지치(有國者之恥).

사회부연(死灰復燃)

삭

삭목위리(削木爲吏)

산

산시(刪詩)

살

살계언용우도(殺鷄焉用牛刀)

살신성명(殺身成名)

살처구장(殺妻求將)

삼

삼걸(三杰)

삼귀(三歸)

삼년불관우사원(三年不觀于舍園)

삼년불언(三年不言)

삼득상이불희(三得相而不喜), 삼거상이불회(三去相而不悔).

삼령오신(三令五申)

삼분천하(三分天下)

삼불기(三不欺)

삼불여(三不如)

삼사(三舍)

삼세위장(三世爲將)

삼신산(三神山)

삼약격지(三躍擊之)

삼유시(三遺矢)

삼인의지(三人疑之), 기모구의(其母懼矣).

삼전삼주(三戰三走)

삼착(三捉)

삼척검(三尺劍)

삼천객(三千客)

삼천독(三千牘)

삼천제자(三千弟子)

삼천주리(三千珠履)

삼촌설(三寸舌)

삼촌지설(三寸之舌), 강우백만지사(强于百萬之師).

삼치천금(三致千金), 삼취삼산(三聚三散).

삼토(三吐)

삼패지욕(三敗之辱)

상

상가지견(喪家之犬)

상견한만(相見恨晚)

상군지배(相君之背)

상득익창(相得益彰)

상문쇄소(相門洒掃)

상문유상(相門有相)

상산사호(商山四皓)

상앙사목(商鞅徙木)

상여병갈(相如病渴)

상인위중(相引爲重)

상제병론(相提幷論)

상지불하(相持不下)

상지한만(相知恨晚)

상채견황견(上蔡牽黃犬)

생

생아자부모(生我者父母), 지아자포자야(知我者鮑子也).

서

서문투무(西門投巫)

서수(犀首)

서수획린(西狩獲麟)

서옥(鼠獄)

서절구도(鼠竊狗盜)

서하지통(西河之痛)

석

석교지의(石交之義)

석권(席卷)

석실금궤(石室金櫃)

선

선국가지급이후사구야(先國家之急而後私仇也)

선산누각(仙山樓閣)

선삽(先歃)

선선오악(善善惡惡)

선성후실(先聲後實)

선시선종(善始善終)

선우(單于)

선자인지(善者因之)

선작자불필선성(善作者不必善成), 선시자불필선종(善始者
不必善終).

선장장(善將將)

선종외시(先從隗始)

선즉제인(先卽制人)

설

설권제성(舌卷齊城)

설상재부(舌尙在不)

섭

섭족봉(躡足封)

성

성공지하(成功之下), 불가구처(不可久處).

성명낭자(聲名狼藉)

성식입조자불이오의(盛飾入朝者不以利汚義)

성야소하(成也蕭何), 패야소하(敗也蕭何).

성패재우결단(成敗在于決斷)

성패지전(成敗之轉), 비약규묵(譬若糾墨).

세

세류영(細柳營)

세지난(說之難), 재지소세지심(在知所說之心).

세한연후지송백지후조야(歲寒然後知松柏之後凋也).

소

소거백마(素車白馬)

소규조수(蕭規曹隨)

소녀현(素女弦)

소년감라(少年甘羅)

소문구견(掃門求見)

소봉가(素封家)

소언공(所言公), 공언지(公言之).

소왕구주(素王九主)

소택(蕭宅)

소하월하추한신(蕭何月下追韓信)

소향피미(所向披靡)

손

손선(損膳)

송

송고비금(頌古非今)

송석(頌石)

송양지인(宋襄之仁)

수

수견불선(數見不鮮)

수과읍불입문(數過邑不入門)

수도동귀(殊途同歸)

수서양단(首鼠兩端)

수선지지(首善之地)

수시양(隨厮養)

수여쾌오(羞與噲伍)

수유(豎儒)

수의야행(繡衣夜行)

수이호구(垂餌虎口)

수자부족여모(豎子不足與謀)

수족이처(手足異處)

수즉자거(水則資車), 한즉자주(旱則資舟).

수취조산(獸聚鳥散)

수파축류(水波逐流)

수풍미미(隨風靡靡)

수화불사(水火不辭)

숙

숙흥야매(夙興夜寐)

순

순도불순이우민함언(馴道不純而愚民陷焉)

순망치한(脣亡齒寒)

순법지공(循法之功), 부족이고세(不足以高世).

순주부인(醇酒婦人)

순지자창(順之者昌), 역지자망(逆之者亡).

술

술왕사(述往事), 사래자(思來者).

숭

숭론굉의(崇論閎議)

슬

슬지전어석(膝之前於席)

슬행이전(膝行而前)

승

승견구량(乘堅驅良)

승수기미(蠅隨驥尾)

승의관색(承意觀色)

승인지거자재인지환(乘人之車者載人之患)

승임유쾌(勝任愉快)

시

시간(尸諫)

시난득이이실(時難得而易失)

시사여귀(視死如歸)

시석지난(矢石之難)

시언의(詩言意), 가장언(歌長言), 성의영(聲依永), 율화성(律和聲).

시이즉사이(時異則事異)

시일하시상(是日何時喪), 여여여개망(予與女皆亡).

시장(市長)

시지불행(時至不行), 반수기앙(反受其殃).

시출거영(時絀擧贏)

식

식객삼천(食客三千)

식묘(食昴)

식부중미(食不重味), 의부중채(衣不重采).

식양지서(息壤之誓)

식언(食言)

식여도(食餘桃)

신

신선사졸(身先士卒)

신유대사이군불문(臣有大事而君不聞), 시무군야(是無君也).

신정(神鼎)

신지불신(臣之不信), 왕지복야(王之福也).

신취요식(晨炊褥食)

신칙백관(信飭百官), 중공개흥(衆功皆興).

실

실신(失身)

실지호리(失之毫厘), 차이천리(差以千里).

심

심도(甚都)

심문교저(深文巧詆)

심비항의(心非巷議)

심장약허(深藏若虛)

심중은후(深中隱厚)

심향왕지(心向往之)

십

십가지산(十家之産)

십년생취(十年生聚), 십년교훈(十年敎訓).

아

아방궁(阿房宮)

아부지질(亞夫之疾)

아위어육(我爲魚肉)

아호지혜(餓虎之蹊)

악

악발토포득현사(握髮吐哺得賢士)

안

안가위야(安可危也), 위가안야(危可安也).

안민가여행의(安民可與行義), 이위민이여위비(而危民易與爲非).

안위재출령(安危在出令), 존망재소용(存亡在所用).

안유(安劉)

안차연륜(安車軟輪)

암

암도진창(暗渡陳倉)

암오질타(暗噁叱咤)

암투(暗投)

암혈지사(巖穴之士)

앙

앙수신미(仰首伸眉)

애

애자필보(睚眦必報)

애지욕기부(愛之欲其富), 친지욕기귀(親之欲其貴).

액

액항부배(扼亢拊背)

야

야랑자대(夜郎自大)

약

약기사문(約其辭文), 거기번중(去其煩重).

약법삼장(約法三章)

약속불명(約束不明), 신령불숙(申令不熟), 장지죄야(將之罪也).

양

양고심장약허(良賈深藏若虛), 군자성덕(君子盛德), 용모약우(容貌若愚).

양농능가이불능위장(良農能稼而不能爲穡)

양득의(楊得意)

양반양장(讓畔讓長)

양서투혈(兩鼠鬪穴)

양약고구(良藥苦口)

양옥상서(梁獄上書)

양현상액(兩賢相厄)

양호상투(兩虎相鬪)

양호유환(養虎遺患)

어

어복단서(魚腹丹書)

어복장도(魚腹藏刀)

억

억만지중(億萬之衆)

언

언인인수(言人人殊)

언청계종(言聽計從)

여

여무미오(女無美惡), 입궁견투(入宮見妒) ; 사무현불초(士無賢不肖), 입조견질(入朝見嫉).

여세부침(與世浮沈)

여실좌우수(如失左右手)

여집좌권(如執左券)

여태후연석(呂太后筵席)

여회청대(女懷淸臺)

역

역린(逆鱗)

역발산기개세(力拔山氣蓋世)

역수가(易水歌)

역자이식(易子而食)

역전불여봉년(力田不如逢年), 선사불여우합(善仕不如遇合).

역취순수(逆取順守)

역행근호인(力行近乎仁), 호문근호지(好問近乎智), 지치근호용(知恥近乎勇).

연

연성지벽(連城之璧)

연시비가(燕市悲歌)

연작안지홍곡지지(燕雀安知鴻鵠之志)

염

염금주거인(斂金鑄巨人)

염리(廉吏)

염치(廉恥)

염파객(廉頗客)

염파선반(廉頗善飯)

영

영견유호(寧見乳虎), 무치영성지노(無値寧成之怒).

영어(囹圄)

영위계구(寧爲鷄口), 물위우후(勿爲牛後).

영작무조(寧爵毋刁)

영지불행(令之不行), 정지불립(政之不立) ; 행이불순(行而不順), 민장기상(民將棄上).

영천호객(潁川豪客)

영항(永巷)

예금미연(禮禁未然)

예생어유이폐어무(禮生於有而廢於無)

예실즉혼(禮失則昏)

예정(銳精)

예항만승(禮抗萬乘)

오

오(鰲)

오고대부(五羖大夫)

오궤(五跪)

오녕투지(吾寧鬪智), 불능투력(不能鬪力).

오대부(五大夫)

오대부송(五大夫松)

오두백(烏頭白)

오반(五反)

오성십이루(五城十二樓)

오시취소(吳市吹簫)

오원결목(伍員抉目)

오원편시(伍員鞭尸)

오유선생(烏有先生)

오정식(五正食)

오종(汚種)

오천언(五千言)

옥

옥결(玉玦)

옥당금마(玉堂金馬)

온

온량거(輼輬車)

온조좌권(穩操左券)

옹

옹수(擁樹)

옹용한아(雍容閑雅)

옹치봉후(雍齒封侯)

옹폐지(雍蔽之), 상국야(國傷也).

옹혜(擁篲)

와

와리회양(臥理淮陽)

와신상담(臥薪嘗膽)

와해운산(瓦解雲散)

완

완벽(完璧)

완약(宛若)

완협(緩頰)

왕

왕공대인(王公大人)

왕후장상영유종호(王侯將相寧有種乎)

외

외관내심(外寬內深)

요

요령(堯齡)

요령(要領)

요미구식(搖尾求食)

요유관(溺儒冠)

요지(瑤池)

욕

욕부국자무광기지(欲富國者務廣其地).

욕불필강해(浴不必江海), 요지거구(要之去垢) ; 마불필기기(馬不必騏驥), 요지선주(要之善走).

욕이부지지족(欲而不知止足), 실기소이욕(失其所以欲).

용

용겁세야(勇怯勢也), 강약형야(强弱形也).

용략진주자신위(勇略震主者身危), 이공개천하자불상(而功蓋天下者不賞).

용문(龍門)

용안(龍顏)

용은궁추(龍隱弓墜)

용주상소애이벌소오(庸主賞所愛而罰所惡).

용호기(龍虎氣)

우

우경쌍벽(虞卿雙璧)

우구지하(牛口之下)

우맹간장마(優孟諫葬馬)

우맹의관(優孟衣冠)

우복서(牛腹書)

우생일진(又生一秦)

우어기시(偶語棄市)

우익(羽翼)

우자암성사(愚者暗成事), 지자도미형(智者睹未形).

우전풍칠성(優旃諷漆城)

우정지의(牛鼎之意)

우창주유(優倡侏儒)

운

운몽함흉(雲夢涵胸)

운양(雲陽)

운주책(運籌策)

운중태수(雲中太守)

운합무집(雲合霧集)

원

원교근공(遠交近攻)

원서(爰書)

원수명재(元首明哉), 고굉양재(股肱良哉), 서사강재(庶事康哉).

원입골수(怨入骨髓)

원하구(轅下駒)

위

위덕부졸(爲德不卒)

위민청명(爲民請命)

위법지폐(爲法之敝), 일지차재(一至此哉)!

위서삼절(韋書三絶)

위우누란(危于累卵)

위위구조(圍魏救趙)

위정필이덕(爲政必以德), 무망소이립(毋忘所以立).

위졸연농(爲卒吮膿)

위치자부재다언(爲治者不在多言), 고역행하여이(顧力行何如耳).

위편삼절(韋編三絶)

유

유곤(留髡)

유랑옥두(劉郞玉斗)

유명능신(維明能信)

유민입군(有民立君), 장이리지(將以利之).

유양(游梁)

유언비어(流言蜚語)

유이천리(謬以千里)

유자가교(孺子可教)

유잠타이(遺簪墮珥)

유중불하(留中不下)

유차지욕(楡次之辱)

유촉문(諭蜀文)

유한공자(遊閑公子)

유후모적송(留侯慕赤松)

유후차저(留侯借箸)

육

육고분금(陸賈分金)

육단(肉袒)

육인(六印)

육출기계(六出奇計)

윤

윤형피면(尹邢避面)

융

융준(隆準)

은

은유(殷羑)

은해(銀海)

음

음릉실도(陰陵失道)

음상지(飮上池)

음월지두(飮月氏頭)

의

의기양양(意氣揚揚)

의기자여(意氣自如)

의문매소(倚門賣笑)

의부득예지(衣不得曳地)

의부중채(衣不重彩)

의불반고(義不反顧)

의불완채(衣不完采)

의불취용(義不取容)

의수야행(衣繡夜行)

의식족이지영욕(衣食足而知榮辱)

의자즉궐(疑者則闕)

의행무성(疑行無成), 의사무공(疑事無功)

의형(倚衡)

이

이고비금(以古非今)

이광난봉(李廣難封)

이교삼진리(圯橋三進履)

이구첩급(利口捷給)

이군돌기(異軍突起)

이권리합자(以權利合者), 권리진이교소(權利盡而交疏).

이기하제국(食其下齊國)

이령지혼(利令智昏)

이릉지화(李陵之禍)

이말치재(以末致財), 용본수지(用本守之).

이모취인(以貌取人), 실지자우(失之子羽).

이목욕극성색지호(耳目欲極聲色之好)

이목지신(移木之信)

이무일체(以武一切), 용문지지(用文持之).

이문(夷門)

이불백(利不百), 불변법(不變法) ; 공불십(功不十), 불역기(不易器).

이사혼서(李斯溷鼠)

이상(圯上)

이색사인자(以色事人者), 색쇠이애이(色衰而愛弛).

이서어자부진마지정(以書御者不盡馬之情), 이고제금자부달사지변(以古制今者不達事之變).

이석추호(利析秋毫)

이식지담(耳食之談)

이십병농(二十病農), 구십병말(九十病末).

이언취인(以言取人), 실지재여(失之宰予).

이일당십(以一當十)

이족부전(裹足不前)

이진교소(利盡交疏)

이폭역폭(以暴易暴)

이풍역속(移風易俗)

인

인고미이지(人固未易知), 지인역미이야(知人亦未易也).

인고유일사(人固有一死)

인공(人功), 구공(狗功)

인국유성인(隣國有聖人), 적국지우야(敵國之憂也).

인궁즉반본(人窮則反本)

인기아취(人棄我取), 인취아여(人取我與).

인두축명(人頭畜鳴)

인모영명(人貌榮名), 개유기호(豈有旣乎).

인미권경(人微權輕)

인서지탄(人鼠之嘆)

인세이도(因勢利導)

인승비근(引繩批根)

인시수견형(人視水見形), 시민지치부(視民知治不).

인심난측(人心難測)

인어고(人魚膏)

인완폐(印刓敝)

인위도조(人爲刀俎)

인인성사(因人成事)

인인자위(人人自危)

인자위전(人自爲戰)

인중자승천(人衆者勝天)

인지소병(人之所病), 병질다(病疾多) ; 의지소병(醫之所病), 병도소(病道少).

인차매장(引車賣漿)

인체(人彘)

인화위복(因禍爲福)

일

일가지언(一家之言)

일거불반(一去不返)

일거양마(一車兩馬)

일거천리(一擧千里)

일광천하(一匡天下)

일구천금(一裘千金)

일국지정유일신지치(一國之政猶一身之治)

일낙백금(一諾百金)

일득지우(一得之愚)

일모도원(日暮途遠)

일목삼착(一沐三捉), 일반삼토(一飯三吐).

일반두미(一飯斗米)

일반삼유시(一飯三遺矢)

일반천금(一飯千金)

일배갱(一杯羹)

일부토(一抔土)

절감분소(絶甘分少)

절부구조(竊符救趙)

절치부심(切齒腐心/切齒拊心)

접사(跕屣)

정견세굴(情見勢屈)

정공위신(丁公爲臣)

정금위좌(正襟危坐)

정역유빈(鄭驛留賓)

정우일존(定于一尊)

정유기출(政由己出)

정족지세(鼎足之勢)

제국사(齊國社)

제국유상(制國有常), 이민위본(利民爲本).

제노(齊虜)

제위과보(齊魏夸寶)

제자백가(諸子百家)

제팽(齊烹)

제포지의(綈袍之義)

제후이교인즉실기국(諸侯而驕人則失其國)

조걸위학(助桀爲虐)

조대여과(棗大如瓜)

조룡(雕龍)

조룡(祖龍)

조모(趙母)

조사문질(弔死問疾)

조상소제(灶上騷除)

조승지주(照乘之珠)

조씨고아(趙氏孤兒)

조인광중(稠人廣衆)

조준(曹槫)

조진모초(朝晉暮楚)

조진장궁(鳥盡藏弓)

종명정식(鐘鳴鼎食)

종불이천하지병이이일인(終不以天下之病而利一人)

종선여류(從善如流), 시혜불권(施惠不倦).

종선왕거(從先王居)

종신불부고금(終身不復鼓琴)

종실지화(鐘室之禍)

좌건외역(左建外易)

좌관성패(坐觀成敗)

좌단(左袒)

좌불수당(坐不垂堂)

좌영우불(左縈右拂)

좌제우설(左提右挈)

좌지우출(左支右絀)

주가(朱家)

주감(酒酣)

주극생난(酒極生亂)

주남유체(周南留滯)

주산자해(鑄山煮海)

주소국의(主少國疑)

주재(主宰)

주조조(誅晁錯)

주중적국(舟中敵國)

주지육림(酒池肉林)

주해수추(朱亥袖椎)

주호주월(走胡走越)

중구삭금(衆口鑠金)/중구연금(衆口鍊金)

중노여수화(衆怒如水火), 불가구야(不可救也).

중석몰촉(中石沒鏃)

중원축록(中原逐鹿)

중족이립(重足而立), 측목이시(側目而視).

중후소문(重厚少文)

증체(證逮)

증판지사(繒販之士)

천부(天府)

천붕지탁(天崩地坼)

천양지피(千羊之皮), 불여일호지액(不如一狐之掖).

천여불취(天與不取), 반수기구(反受其咎).

천인지낙낙(千人之諾諾), 불여일사지악악(不如一士之諤諤).

천자(天子)

천자무희언(天子無戲言). 언즉사서지(言則史書之), 예성지(禮成之), 악가지(樂歌之).

천하만물지음생(天下萬物之蔭生), 미불유사(靡不有死).

천하무쌍(天下無雙)

천하안(天下安), 주의상(注意相) ; 천하위(天下危), 주의장(注意將).

천하양양(天下壤壤), 개위이왕(皆爲利往).

천하제일(天下第一)

천하지환재어토붕(天下之患在於土崩), 부재어와해(不在於瓦解).

천하흉흉(天下洶洶)

천하희희(天下熙熙), 개위이래(皆爲利來).

철

철식토포(輟食吐哺)

첨

첨병감조(添兵減灶)

첨운취일(瞻雲就日)

첩

첩족선득(捷足先得)/질족선득(疾足先得).

첩혈승승(喋血乘勝)

청

청금(靑琴)

청실(請室)

청운자치(靑雲自致)

청자사지후야(聽者事之候也) ; 계자사지기야(計者事之機也).

청제(靑帝)

청채출우람(靑采出于藍), 이질청우람(而質靑于藍).

초

초복(初伏)

초수삼호(楚雖三戶), 망진필초(亡秦必楚).

초요과시(招搖過市)

촌

촌유소장(寸有所長)

총

총명심찰이근우사자(聰明深察而近于死者), 호의인자야(好議人者也).

총이지원(聽以知遠), 명이찰미(明以察微).

총자청우무성(聰者聽于無聲), 명자견우무형(明者見于無形).

추

추살수토자구야(追殺獸兔者狗也), 이발종지시수처자인야(而發蹤指示獸處者人也).

추생(鯫生)

추수동장(秋收冬藏)

추처낭중(錐處囊中)

추호(秋毫)

축

축객령(逐客令)

축금대(築金臺)

춘

춘생하장(春生夏長), 추수동장(秋收冬藏).

충

충신거국불결기명(忠臣去國不潔其名)

충언역이(忠言逆耳)

취

취사유시(趣舍有時)

취수부동술(取守不同術)

취이대지(取而代之)

측

측목이시(側目而視)

측은이애인(惻隱而愛人), 낙선이호시(樂善而好施).

측행별석(側行撇席), 옹혜선구(擁彗先驅).

치

치국지도(治國之道), 부민위시(富民爲始).

치생(治生)

치세불일도(治世不一道), 편국불법고(便國不法古).

치아위화(齒牙爲禍)

치연격축(置鉛擊筑)

치이자피(鴟夷子皮)

치천하종불이사난공(治天下終不以私亂公)

칠

칠국삼변(七國三邊)

칠년변재(七年辨材)

칠신탄탄(漆身吞炭)

칠십이현(七十二賢)

칠원리(漆園吏)

칠일칠야(七日七夜), 진정지곡(秦庭之哭), 진정곡사(秦庭哭師).

칠책오성(七策五成)

칭

칭문소이기지극대(稱文小而其指極大), 거유이이견필원(擧類迩而見必遠).

탁

탁몽용부열(托夢用傅說)

탁발난수(擢髮難數)

탄

탄위관지(嘆爲觀止)

탄협무어(彈鋏無魚)

탄환지지(彈丸之地)

탈

탈영이출(脫穎而出)

탐

탐고삼지(貪賈三之), 염고오지(廉賈五之).

탐부순재(貪夫徇財), 열사순명(烈士徇名), 과자사권(誇者死權), 중서빙생(衆庶馮生).

태

태공망(太公望)

태산불양토양(泰山不讓土壤), 하해불택세류(河海不擇細流).

태산홍모(泰山鴻毛)

택

택인이임시(擇人而任時)

택지이도(擇地而蹈)

토

토붕와해(土崩瓦解)

토사구팽(兎死狗烹)

통

통견증결(洞見症結)

통인달재(通人達才)

퇴

퇴피삼사(退避三舍)

투

투계주구(鬪鷄走狗)

투지(鬪智)

투합취용(偸合取容)

투현질능(妬賢嫉能)

파

파고이위환(破觚而爲圜), 착조이위박(斲雕而爲朴).

파부침주(破釜沉舟)

파슬감현(破瑟減弦)

파조회식(破趙會食)

판

판축반우(版築飯牛)

팔

팔공(八公)

팔백제후(八百諸侯)

팔원팔개(八元八愷)

패

패군지장(敗軍之將), 불가이언용(不可以言勇).

패왕별희(覇王別姬)

패자회황(佩紫懷黃)

편

편의시행(便宜施行)

편청생간(偏聽生奸), 독임성난(獨任成亂).

평

평생환(平生歡)

평양가무(平陽歌舞)

평원십일음(平原十日飮)

평이근인(平易近人)

폐

폐사입공(廢私立公)

폐서이탄(廢書而嘆)

포

포득자필폭망(暴得者必暴亡), 강취자필후무공(强取者必後無功).

포락(炮烙)

포려자수(暴戾恣睢)

포신구화(抱薪救火)

포어사취(鮑魚死臭)

포의검수(布衣黔首)

포의지교(布衣之交)

포통서하(抱痛西河)

표

표모반신(漂母飯信)

풍

풍기운증(風起雲烝)

풍당이로(馮唐易老)

풍소소혜역수한(風蕭蕭兮易水寒), 장사일거혜불부환(壯士一去兮不復還).

풍일권백(諷一勸百)

풍지소피(風之所被), 망불피미(罔不被靡).

풍패(豐沛)

풍환시의(馮驩市義)

피

피견집예(被堅執銳)

피발양광(被發佯狂)

피세조정지간(避世朝廷之間)

필

필로남루(篳露藍蔞)

필부전리(匹夫專利), 유위지도(猶謂之盜), 왕이행지(王而行之), 기귀선의(其歸鮮矣).

필부지용(匹夫之勇)

필유비상지인(必有非常之人), 연후유비상지사(然後有非常之事).

하

하견지만(何見之晚)

하대(夏臺)

하산대려(河山帶礪)

하세(下世)

하유독서(下帷讀書)

하자(瑕疵)

하족괘치(何足掛齒)

하해불택세류(河海不擇細流)

하희(夏姬)

한

한계야창(寒溪夜漲)

한마(汗馬)

한문유미(漢文遺美)

한상지만(恨相知晚)

한신낭사(韓信囊沙)

한신등단(韓信登壇)

한입골수(恨入骨髓)

한자이수갈이기자감조강(寒者利裋褐而饑者甘糟糠)

한출첨배(汗出沾背)

함

함양일거(咸陽一炬)

함치대각지수견범즉교(含齒戴角之獸見犯則校), 이황우인회호오희노지기(而況于人懷好惡喜怒之氣).

함혈연창(含血吮瘡)

합

합부부산(合符釜山)

합종연횡(合縱連橫)

항

항장무검(項莊舞劍), 의재패공(意在沛公).

해

해의추식(解衣推食)

해하가(垓下歌)

향

향곡지예(鄉曲之譽)

향리배의(向利背義)

찾아보기는 가나다순의 성어 항목과 역시 가나다순의 인명을 통한 항목 찾기의 두 부분으로 구성되어 있다. 관련 인물도 함께 표기한다. 예를 들어 첫 항목인 '가거도사벽립'의 주인공은 사마상여이지만, 직접 관련된 인물은 그 아내인 탁문군이 있고, 간접적으로 탁문군의 아버지 탁왕손, 사마상여를 탁씨 집안 잔치에 초대한 임공의 현령 왕길 등이 있다. 여기에 직접 관련된 다른 항목도 표기한다. 아래에 예시한다.

예) 가거도사벽립(家居徒四壁立)

사마상여, 탁문군, 탁왕손, 왕길 / 곡종주아, 금도문군, 금심상도, 문군당로, 심도, 용용한아, 일좌진경 / 권117 〈사마상여열전〉

＊인명으로 찾아보기는 간략한 소개와 관련 인물 및 인명 아래에 직접 관련된 항목 모두를 표기한다. 해당 인물의 시대(왕조), 생졸 연도도 함께 표기한다. 아래에 예시한다.

예) 사마상여(司馬相如, 기원전 179~기원전 118)

서한(경제, 무제)의 문장가.(→ 탁문군, 한 경제, 한 무제)

가거도사벽립 ; 거종사모 ; 견자 ; 겸용병포 ; 계심여원 ; 고목후주 ; 곡종주아 ; 과렴선치 ; 구감유양 ; 구회모인 ; 구흘 ; 금도문군 ; 금심상도 ; 급찰 ; 독비곤 ; 독서격검 ; 명자원견어미맹 ; 문군당로 ; 박호무위 ; 부노선구 ; 부형지교불선 ; 비영등무 ; 숭론굉의 ; 심도, 야랑자대 ; 양득의 ; 옹용한아 ; 운몽함흉 ; 유양 ; 유촉문 ; 의불반고 ; 일좌진경 ; 자랑 ; 자허오유 ; 좌불수당 ; 주감 ; 칠년변재 ; 풍지소피 ; 헌부 ; 흉용팽배

＊성어에 해당하는 인물이 없을 경우는, 맨 아래에 모두 기타 항목으로 처리했다. 생졸 연도와 재위 연도는 《중국역사대사전(中國歷史大辭典)》(上海辭書出版社, 2007)에 의거했다.

가

가거도사벽립(家居徒四壁立)

사마상여, 탁문군, 탁왕손, 왕길 / 곡종주아 ; 금도문군 ; 금심상도 ; 문군당로 ; 심도 ; 용용한아 ; 일좌진경 / 권117 〈사마상여열전〉

가공송덕(歌功頌德)

고공단보 / 부로휴약 ; 유민입국 ; 권4 〈주본기〉

가관(嘉觀)

진시황 / 갈석궁 ; 송석 / 권6 〈진시황본기〉

가급인족(家給人足)

상앙 / 도불습유 ; 기회지형 ; 권68 〈상군열전〉

가누천금(家累千金), 좌불수당(坐不垂堂).

사마상여 / 좌불수당 / 권117 〈사마상여열전〉

가도벌괵(假道伐虢)

순식, 진 헌공 / 마치도증 ; 순망치한 / 권39 〈진세가〉

가빈즉사양처(家貧則思良妻), 국난즉사양상(國亂則思良相).

이극, 위 문후 / 거기소친 / 권44 〈위세가〉

가수우인(假手于人)

석작, 위 환공, 주우, 석후 / 권37 〈위강숙세가〉

가여동환(可與同患), 난여처안(難與處安).

범려, (월왕) 구천, 문종 / 대명지하, 난이구거 ; 토사구팽 / 권41 〈월왕구천세가〉

가중연성(價重連城)

인상여, 조 혜문왕, 진 소왕 / 화씨지벽 ; 완벽 / 권81 〈염파인상여열전〉

가탁왕명(假托王命)

정 장공, 제족, 주 환왕, 제 환공, 진 문공 / 협천자이령제후 / 권42 〈정세가〉

가화안국(嫁禍安國)

장의, 소진 / 고침이와 ; 합종연횡 / 권70 〈장의열전〉

각

각득기소편(各得其所便), 민개락기생(民皆樂其生).

손숙오 / 불교이민종기화 / 권119 〈순리열전〉

각여기의(各如其意)

가의 / 권84 〈굴원가생열전〉

각자위전(各自爲戰)

장량, 유방, 항우, 한신, 팽월 / 사면초가 / 권7 〈항우본기〉

각종기지(各從其志)

백이, 숙제, 공자 / 도부동, 불상위모 / 권61 〈백이열전〉

각포소은(刻暴少恩)

오기, 상앙 / 살처구장 / 권65 〈손자오기열전〉

간

간뇌도지(肝腦塗地)

유경(누경), 유방 / 액항부배 ; 제노 / 권99 〈유경숙손통열전〉

간신재조(奸臣在朝), **국지잔야**(國之殘也) ; **참신재중**(讒臣在中), **주지두야**(主之蠹也).

비의, 조 무령왕 / 권43 〈조세가〉

간자복야(諫者福也), **유자적야**(諛者賊也).

송 원왕 / 귀촉망 / 권128 〈귀책열전〉

갈

갈석궁(碣石宮)

진시황, 연 소왕, 추연 / 옹혜 / 권74 〈맹자순경열전〉

갈의불완(褐衣不完)

이동, 평원군 / 감사지사 / 권76 〈평원군우경열전〉

갈택후어(竭澤涸漁), **복소훼란**(覆巢毀卵).

공자, 자공, 두명독, 순화, 조간자 / 명독탄 / 권47 〈공자세가〉

감

감라작상(甘羅作相)

감라, 여불위 / 소년감라 / 권71 〈저리자감무열전〉

감문지양(監門之養)

요임금 / 첨운취일 ; 요령 / 권6 〈진시황본기〉

감사지사(敢死之士)

이동, 평원군 / 갈의불완 / 권76 〈평원군우경열전〉

감심(甘心)

장의, 초 회왕 / 구양공호 ; 불비우마지력 / 권40 〈초세가〉

감어수자견면지용(鑒於水者見面之容), **감어인자지길여흉**(鑒於人者知吉與凶).

채택, 범수, 진 소왕 / 성공지하, 불가구처 ; 욕이부지지족, 실기소이욕 / 권79 〈범수채택열전〉

감언호사(甘言好辭)

장의 / 권70 〈장의열전〉

감조유적(減灶誘敵)

손빈, 방연 / 빈각 ; 위위구조 ; 인세이도 ; 비항허도 ; 형격세금 / 권65 〈손자오기열전〉

감천묘수(甘泉妙手)

신군, 한 무제 / 권12 〈효무본기〉

강

강간약지(强干弱枝)

한 무제 / 추은령 / 권17 〈한흥이래제후왕연표〉

강노지말(强弩之末)

한안국, 왕회, 한 무제 / 심중은후 / 권108 〈한장유열전〉

강동부형(江東父兄)

항우, 우희, 오강 정장 / 패왕별희 ; 해하가 / 권7 〈항우본기〉

강려자용(剛戾自用)

후생, 노생, 진시황 / 형단양서 / 권6 〈진시황본기〉

강본간(强本干), **약지엽**(弱枝葉).

한 무제 / 강간약지 ; 견아상제 ; 추은령 / 권17 〈한흥이래제후왕연표〉

강본약말(强本弱末)

유경, 유방 / 고침이와 ; 농천하지본 / 권99 〈유경숙손통열전〉

강안(强顔)

무염녀, 제 선왕 / 〈보임안서〉

강장대옥(康莊大屋)

제 위왕, 순자 / 조룡 ; 직하학궁 / 권74 〈맹자순경열전〉

강태공조어(姜太公釣魚)

강태공, 주 문왕 / 태공망 ; 백어입주 / 권32 〈제태공세가〉

개

개과자신(改過自新)

한 문제 / 비방지목 / 권10 〈효문본기〉

개과회정(改過悔正)

곽광, 태자 단 / 개과자신 / 권60 〈삼왕세가〉

개목(丐沐)

한 문제, 두황후, 두광국 / 권49 〈외척세가〉

개심(槪心)

범수, 진 소왕 / 권79 〈범수채택열전〉

개원천리(豈遠千里)

연 소왕, 곽외 / 선종외시 ; 사쟁추연 / 권34 〈연소공세가〉

개위리(皆爲利)

사마천 / 화식 ; 천하희희, 개위리 ; 희희양양 / 권129 〈화식열전〉

개포과야재(豈匏瓜也哉), **언능계이불식**(焉能繫而不食)?

공자, 필힐, 자로 / 상가지견 / 권47 〈공자세가〉

갱

갱뇨(更溺)

범수, 위제 / 원교근공 ; 일반필상~ / 권79 〈범수채택열전〉

갱힐후(羹頡侯)

유신, 유방 / 권50 〈초원왕세가〉

거

거가즉치천금(居家則致千金), 거관즉지경상(居官則至卿相), 차포의지극야(此布衣之極也).

범려, (월왕) 구천, 문종 / 구수존망불상 ; 토사구팽 / 권41 〈월왕구천세가〉

거관수법(居官守法)

상앙, 진 효공, 감용, 두지 / 변법 ; 구가이강국, 불법기고 ; 치세불일도 / 권68 〈상군열전〉

거기양단(去其兩短), 습기양장(襲其兩長).

진평, 유방, 항우 / 홍문연 ; 명수잔도, 암도진창 / 권56 〈진승상세가〉

거상(据床)

유방, 역이기 / 고양주도 / 권97 〈역생육고열전〉

거세혼탁(擧世混濁), 유아독청(唯我獨淸) ; 중인개취(衆人皆醉), 유아독성(唯我獨醒).

굴원 / 멱라수 ; 회사 ; 회석자침 / 권84 〈굴원가생열전〉

거시기소친(居視其所親)

이극, 위 문후 / 가빈즉사양처 / 권44 〈위세가〉

거실(居室)

사마천, 계포 / 청실 / 〈보임안서〉

거열(車裂)

상앙, 진 혜왕 / 위법지폐, 일지차재 ; 작법자폐 / 권5 〈진본기〉 ; 권68 〈상군열전〉

거일반삼(擧一反三)

공자 / 불분불계 / 권47 〈공자세가〉

거정(擧鼎)

진 무왕, 임비, 오획, 맹렬, 항우 / 거정절빈 ; 발산강정 / 권5 〈진본기〉

거정절빈(擧鼎絶臏)

진 무왕 / 거정 / 권5 〈진본기〉

거종사모(擧踵思慕), 약고한지망우(若枯旱之望雨).

사마상여 / 유촉문 / 권117 〈사마상여열전〉

거지일세(居之一歲), 종지이곡(種之以穀) ; 십세(十歲), 수지이목(樹之以木) ; 백세(百歲), 내지이덕(來之以德).

사마천 / 백리불판초 ; 화식 / 권129 〈화식열전〉

거직착제왕(擧直錯諸枉), 즉왕자직(則枉者直).

공자, 계강자, 노 애공 / 안위재출령, 존망재소용 / 권47 〈공자세가〉

거취지분(去就之分)

사마천, 임안 / 〈보임안서〉

걸

걸견폐요(桀犬吠堯)

추양, 양 효왕, 하 걸왕, 요임금 / 척객자유 ; 백두여신 / 권83 〈노중련추양열전〉

걸해골(乞骸骨)

범증, 항우, 항량 / 권7 〈항우본기〉

검

검수(黔首)

진시황, 이사 / 권6 〈진시황본기〉 ; 권87 〈이사열전〉

게

게간이기(揭竿而起)

진섭(진승), 가의 / 과진론 ; 왕후장상영유종호 / 권48 〈진섭세가〉

격

격부가오오(擊缶歌烏烏)

정국, 이사 / 권87 〈이사열전〉

견

견미이지청탁(見微而知淸濁)

기자, 은 주왕 / 견미지저 / 권31 〈오태백세가〉

견미지저(見微知著)

기자, 은 주왕 / 견미이지청탁 / 권38 〈송미자세가〉

견아상제(犬牙相制)

송창, 한 문제 / 권10 〈효문본기〉

견양파모(牽羊把茅)

주 무왕, 은 주왕, 미자 / 육단 / 권38 〈송미자세가〉

견인질직(堅忍質直)

주창, 유방, 척희, 여의 / 기기애애 / 권96 〈장승상열전〉

견자(犬子)

사마상여 / 독서격검 ; 모인상여 / 권117 〈사마상여열전〉

견직염정(堅直廉正), 무소아피(無所阿避).

석사 / 권119 〈순리열전〉

견호모이불견기첩(見毫毛而不見其睫)

월왕 무강, 제 위왕 / 목론 / 권41 〈월왕구천세가〉

결

결말(結袜)

장석지, 왕생 / 법자천자소여천하공공야 / 권102 〈장석지풍당열전〉

결목현문(抉目懸門)

오자서, 부차 / 굴묘편시 ; 무면목 / 권66 〈오자서열전〉

결승천리(決勝千里)

장량, 유방 / 운주책 / 권8 〈고조본기〉

결일자웅(決一雌雄)

항우, 유방 / 분아일배갱 ; 오녕투지, 불능투력 / 권7 〈항우본기〉

겸

겸용병포(兼容幷包)

사마상여 / 유촉문 ; 거종사모, 약고한지망우 / 권117 〈사마상여열전〉

경

경개여고(傾蓋如故)

추양, 양 효왕 / 백두여신 / 권83 〈노중련추양열전〉

경국(傾國)

후공, 항우, 이연년, 한 무제, 이부인 / 권7 〈항우본기〉

경려자불가이치국(輕慮者不可以治國), 독지자불가이존군(獨智者不可以存君).

자영, 호해 / 권88 〈몽염열전〉

경려천모(輕慮淺謀)

이태, 조 무령왕 / 권43 〈조세가〉

경사방급(耕事方急), 일일부작(一日不作), 백일불식(百日不食).

조 숙후 / 일일부작, 백일불식 / 권40 〈초세가〉

경상(傾商)

강태공, 은 주왕 / 권31 〈제태공세가〉

경위지사(傾危之士)

사마천, 소진, 장의 / 권70 〈장의열전〉

경지상형(景之象形), 향지응성(響之應聲).

권24 〈악서〉

경행행지(景行行止)

공자, 사마천 / 고산앙지 / 권47 〈공자세가〉

계

계구우후(鷄口牛後)

소진, 한 선혜왕 / 영위계구, 물위우후 / 권69 〈소진열전〉

계구지성상문(鷄狗之聲相聞), 노사불상왕래(老死不相往來).

노자 / 권129 〈화식열전〉

계명구도(鷄鳴狗盜)

맹상군, 진 소왕 / 권75 〈맹상군열전〉

계문(戒門)

주보언 / 오정식 / 권112 〈평진후주보열전〉

계상(計相)

장창 / 호비 / 권96 〈장승상열전〉

계심여원(計深慮遠)

사마상여 / 유촉문 ; 거종사모, 약고한지망우 ; 겸용병포 / 권117 〈사마상여열전〉

계연지책(計然之策)

계연, 범려 / 귀상즉반천 ; 물천즉징귀 / 권129 〈화식열전〉

계장안출(計將安出)

역이기, 유방 / 거상 / 권97 〈역생육고열전〉

계찰괘검(季札掛劍)

계찰, 수몽 / 권31 〈오태백세가〉

계출무료(計出無聊)

한 문제, 오왕 비 / 권106 〈오왕비열전〉

계포일낙(季布一諾)

계포, 조구, 두장군 / 일낙백금 / 권100 〈계포난포열전〉

계해(計偕)

공손홍 / 권121 〈유림열전〉

고

고굉(股肱)

제 환공, 관중 / 권24 〈악서(樂書)〉 ; 권2 〈하본기〉 외

고굉불량(股肱不良), 만사타괴(萬事墮壞).

권24 〈악서(樂書)〉

고목후주(枯木朽株)

사마상여, 한 무제 / 권117 〈사마상여열전〉

고산앙지(高山仰止), 경행행지(景行行止).

공자, 사마천 / 권47 〈공자세가〉

고소이망대(顧小而忘大), 후필유해(後必有害).

조고, 호해 / 단이감행 / 권87 〈이사열전〉

고양주도(高陽酒徒)

역이기, 유방 / 권97 〈역생육고열전〉

고옥건령(高屋建瓴)

전긍, 유방, 한신 / 권8 〈고조본기〉

고유지지(膏腴之地)

가의 / 권6 〈진시황본기〉

고재질족(高材疾足)

유방, 한신, 괴통 / 권92 〈회음후열전〉

굉

굉대불경(閎大不經)

추연 / 권74 〈맹자순경열전〉

교

교군필호리(驕君必好利), 이망국지신필탐어재(而亡國之臣必貪於財).

소대 / 권69 〈소진열전〉

교동(狡童)

기자, 은 주왕 / 맥수지탄 / 권38 〈송미자세가〉

교발기중(巧發奇中)

이소군, 한 무제 / 권30 〈봉선서〉

교자유여(巧者有餘), 졸자부족(拙者不足).

사마천 / 빈부지도, 막지탈여 / 권129 〈화식열전〉

교족이대(翹足以待)

역이기, 여태후 / 권8 〈고조본기〉

교주고슬(膠柱鼓瑟)

조사, 조괄, 조 효성왕 / 지상담병 / 권81 〈염파인상여열전〉

교지(嚙指)

장오, 유방, 관고, 조오 / 백인 / 권89 〈장이진여열전〉

교토삼굴(狡兎三窟)

맹상군, 풍환 / 계명구도 / 권75 〈맹상군열전〉

구

구가이강국(苟可以强國), 불법기고(不法其故).

상앙 / 변법 / 권68 〈상군열전〉

구감유양(狗監揄揚)

양득의, 사마상여 / 권117 〈사마상여열전〉

구과불섬(救過不贍)

사마천 / 권122 〈혹리열전〉

구덕(九德)

순임금, 고요 / 권2 〈하본기〉

구막대우비천(垢莫大于卑賤), 비막심우궁곤(悲莫甚于窮困).

이사, 순자 / 동문황견 / 권87 〈이사열전〉

구문견속(拘文牽俗)

사마상여 / 유촉문 / 권117 〈사마상여열전〉

구사부상(救死扶傷)

이릉 / 〈보임안서〉

구설(口舌)

장량, 여태후, 상산사호, 염파, 인상여 / 상산사호 / 권55 〈유후세가〉; 권81 〈염파인상여열전〉

구수존명불상(久受尊名不祥)

범려, 구천 / 토사구팽 / 권41 〈월왕구천세가〉

구수힐갱(丘嫂頡羹)

유방 / 갱힐후 / 권50 〈초원왕세가〉

구양(驅羊)

황제 / 권1 〈오제본기〉

구양공호(驅洋攻虎)

장의, 초 회왕 / 권70 〈장의열전〉

구우일모(九牛一毛)

사마천 / 〈보임안서〉

구절회장(九折回腸)

사마천 / 회장구전 / 〈보임안서〉

구정(九鼎)

문정 / 권4 〈주본기〉; 권12 〈효무본기〉

구정대려(九鼎大呂)

평원군, 모수 / 구정; 문정 / 권76 〈평원군우경열전〉

구정윤사(九鼎淪泗)

진시황 / 구정 / 권28 〈봉선서〉

구주(九主)

이윤, 탕임금 / 소왕구주 / 권3 〈은본기〉

구천인지제(究天人之際), 통고금지변(通古今之變), 성일가지언(成一家之言).

사마천 / 전사지불망, 후사지사야 / 권130 〈태자공자서〉

구합제후(九合諸侯), 일광천하(一匡天下).

관중, 제 환공 / 권32 〈제태공세가〉; 권129 〈화식열전〉

구합취용(苟合取容)

사마천 / 대분망천 / 〈보임안서〉

구화양비(救火揚沸)

사마천 / 예금미연 / 권122 〈혹리열전〉

구화호명(篝火狐鳴)

진섭 / 게간이기 / 권48 〈진섭세가〉

구회모인(久懷慕藺)

사마상여, 인상여 / 견자; 독서격검 / 권117 〈사마상여열전〉

구회장(九回腸)

사마천 / 구절회장; 회장구전 / 〈보임안서〉

구흘(口吃)

한비자, 사마상여 / 기기애애 / 권63 〈노자한비열전〉; 권117 〈사마상여열전〉

노신초사(勞身焦思)

우임금, 곤, 순임금 / 홍수도천 / 권2 〈하본기〉

노이요지(怒而撓之)

진 문공, 자옥, 역이기, 사마흔 / 퇴피삼사 / 권39 〈진세가〉 ; 권7 〈항우본기〉

녹

녹록무위(碌碌無爲)

사마천 / 권122 〈혹리열전〉

녹사수수(鹿死誰手)

유방, 한신, 팽월 / 권7 〈항우본기〉 ; 권8 〈고조본기〉

논

논공행봉(論功行封)

유방 / 삼불여 ; 공인공구 / 권53 〈소상국세가〉

논열시비(論列是非)

사마천 / 앙수신미 / 〈보임안서〉

논육가지요지(論六家之要旨)

사마담 / 권130 〈태사공자서〉

농

농천하지본(農天下之本)

한 문제 / 권10 〈효문본기〉

누

누란지위(累卵之危)

범수, 진 소왕 / 원교근공 / 권79 〈범수채택열전〉

누망지어(漏網之魚)

탕임금 / 망개삼면 ; 약법삼장 / 권122 〈혹리열전〉

능

능잡미염(凌雜米鹽)

사마천 / 권27 〈천관서〉

능행지자(能行之者), 미필능언(未必能言) ; 능언지자(能言之者), 미필능행(未必能行).

손빈, 오기, 사마상여, 한비자, 이광, 주창 / 구흘 ; 기기애애 / 권65 〈손자오기열전〉

다

다다익선(多多益善)

유방, 한신 / 선장장 ; 장상지장 / 권92 〈회음후열전〉

다재다예(多材多藝)

주공(희단), 주 무왕(희발) / 권33 〈노주공세가〉

단

단대(丹臺)

청, 진시황 / 여회청대 / 권129 〈화식열전〉

단소정한(短小精悍)

곽해, 사마천 / 인모영명~ / 권124 〈유협열전〉

단수(斷袖)

한 애제, 동현 / 식여도 / 《한서(漢書)》 〈동현전(董賢傳)〉

단이감행(斷而敢行)

조고, 호해 / 고소이망대, 후필유해 / 권87 〈이사열전〉

담

담언미중역가이해분(談言微中亦可以解紛)

사마천 / 골계 / 권125 〈골계열전〉

당

당단부단(當斷不斷), 반수기란(反受其亂).

소평, 위발 / 권52 〈제도혜왕세가〉 ; 권78 〈춘신군열전〉

당소위천도시야비야(儻所謂天道是邪非邪)

사마천, 도척 / 채미가 / 권61 〈백이열전〉

대

대거불교(大車不較), 불능재기상임(不能載其常任).

순우곤, 제 위왕 / 주극생란 / 권46 〈전경중완세가〉

대계패돈(戴鷄佩豚)

자로 / 권67 〈중니제자열전〉

대류불연(大謬不然)

사마천 / 대분망천 / 〈보임안서〉

대명지하(大名之下), 난이구거(難以久居).

범려, 구천 / 가여동환, 난여처안 ; 구수존명불상 / 권41 〈월왕구천세가〉

대분망천(戴盆望天)

사마천 / 보임안서 ; 대류불연 / 〈보임안서〉

대소절영(大笑絶纓)

순우곤, 제 위왕 / 권126 〈골계열전〉

대역무도(大逆無道)

유방, 항우 / 권8 〈고조본기〉 ; 권124 〈유협열전〉

대음인(大陰人)

여불위, 노애, 조희 / 권85 〈여불위열전〉

대직약굴(大直若詘), 도고위사(道固委蛇).

사마천, 노자, 유경, 숙손통 / 권99 〈유경숙손통열전〉

대풍가(大風歌)

유방, 영포(경포) / 권8 〈고조본기〉

대행불고세근(大行不顧細謹), 대례불사소양(大禮不辭小讓).

번쾌, 유방 / 홍문연 / 권7 〈항우본기〉

대희과망(大喜過望)

경포(영포), 유방 / 권101 〈경포열전〉

덕

덕지휴명(德之休明), 수소필중(雖小必重), 기간회혼란(其姦回昏亂), 수대필경(雖大必輕).

초 장왕, 왕손만 / 문정 / 권40 〈초세가〉

도

도거지여(刀鋸之餘)

진 문공, 위제 / 궁형 ; 잠실 / 권39 〈진세가〉

도고익안(道高益安)

가의, 송충 / 권127 〈일자열전〉

도궁비수현(圖窮匕首見)

형가, 진시황 / 역수가 / 권86 〈자객열전〉

도동해이사이(蹈東海而死耳)

노중련 / 노련도해 ; 노련사상 / 권83 〈노중련추양열전〉

도로이목(道路以目)

주 여왕, 소공 / 우어기시 ; 복비 / 권4 〈주본기〉

도리불언(桃李不言), 하자성혜(下自成蹊).

이광, 사마천 / 이광난봉 ; 풍당이로 / 권109 〈이장군열전〉

도백지자(陶白之資)

범려, 백규 / 권129 〈화식열전〉

도부동(道不同), 불상위모(不相爲謀).

공자, 사마천 / 세한연후지송백지후조야 / 권61 〈백이열전〉

도부지용(陶缶之勇)

인상여, 진 소왕(소양왕), 조 혜왕(혜문왕) / 권81 〈염파인상여열전〉

도불습유(道不拾遺)

상앙 / 변법 ; 기회지형 / 권47 〈공자세가〉 ; 권68 〈상군열전〉

도비불고(掉臂不顧)

풍환, 맹상군 / 교토삼굴 / 권75 〈맹상군열전〉

도삼촌설(掉三寸舌)

괴통, 한신 / 삼촌설 ; 삼촌지설 / 권92 〈회음후열전〉

도유소불유(途有所不由)

주아부 / 권57 〈강후주발세가〉

도인(道引)

장량 / 권55 〈유후세가〉

도주지부(陶朱之富)

범려 / 삼취삼산 / 권129 〈화식열전〉

도치간과(倒置干戈)

장량, 역이기, 유방 / 유후차저 / 권55 〈유후세가〉

도필지리(刀筆之吏)

소하 / 권53 〈소상국세가〉

도행역시(倒行逆施)

오자서, 신포서 / 일모도원 ; 도행포시 / 권66 〈오자서열전〉

도행포시(倒行暴施)

주보언 / 도행역시 / 권112 〈평진후주보열전〉

도혹교우(導惑教愚), 언불염다(言不厭多).

가의 / 도고익안 / 권127 〈일자열전〉

도회인생(韜晦人生)

한 경제, 주문, 동방삭 / 권103 〈만석장숙열전〉 ; 권126 〈골계열전〉

독

독당일면(獨當一面)

장량, 한신 / 권55 〈유후세가〉

독배천금(牘背千金)

주발 / 권57 〈강후주발세가〉

독비곤(犢鼻褌)

사마상여, 탁문군 / 문군당로 / 권117 〈사마상여열전〉

독서격검(讀書擊劍)

항우, 사마상여, 동방삭 / 권7 〈항우본기〉 ; 권117 〈사마상여열전〉

독약고우구이우병(毒藥苦于口利于病)

유안(회남왕), 유건, 장지 / 양약고구 / 권118 〈회남형산열전〉

독취귀선(獨取貴善)

선곡 임씨 / 권129 〈화식열전〉

동

동고락(同苦樂)

구천 / 와신상담 / 권41 〈월왕구천세가〉

동공일체(同功一體)

영포(경포), 등공 / 권91 〈경포열전〉

동곽리(東郭履)

동곽, 위청 / 권126 〈골계열전〉

동귀이수도(同歸而殊途)

사마담 / 논육가요지 / 권130 〈태사공자서〉

망전필위(忘戰必危)

주보언, 한 무제 / 권112 〈평진후주보열전〉

망진삼호(亡秦三戶)

범증, 항량 / 권7 〈항우본기〉

매

매국(賣國)

소진 / 권69 〈소진열전〉

매반불망(每飯不忘)

한 문제, 풍당 / 권 102 〈장석지풍당열전〉

매사이문(昧死以聞)

촉룡, 조 효성왕, 제태후, 성안군 / 권43 〈조세가〉

맥

맥수지탄(麥秀之嘆)

기자, 은 주왕 / 권38 〈송미자세가〉

멱

멱라수(汨羅水)

굴원 / 거세혼탁 ; 회사 ; 회석자침 / 권84 〈굴원가생열전〉

면

면여관옥(面如冠玉)

진평 / 진평분육 / 권56 〈진승상세가〉

면유습(俛有拾), 앙유취(仰有取).

병씨 / 권129 〈화식열전〉

면유퇴방(面諛退謗)

순임금, 고요 / 재지인, 재안민 / 권2 〈하본기〉

면절(綿蕝)

숙손통, 유방(한 고조) / 문동무서 / 권99 〈유경숙손통열전〉

면절정쟁(面折廷爭)

진평, 주발, 왕릉 / 권9 〈여태후본기〉

명

명당(明堂)

권130 〈태사공자서〉

명독탄(鳴犢嘆)

공자, 두명독, 순화 / 권47 〈공자세가〉

명불허립(名不虛立)

유협, 사마천 / 권121 〈유협열전〉

명산사업(名山事業)

사마천 / 장지명산 / 권130 〈태사공자서〉

명성과실(名聲過實)

진희, 신릉군 / 권93 〈한신노관열전〉

명수잔도(明修棧道), 암도진창(暗渡陳倉).

한신, 유방 / 권8 〈고조본기〉

명자원견어미맹(明者遠見於未萌)

사마상여, 한 무제 / 좌불수당 / 권117 〈사마상여열전〉

명주불오절간이박관(明主不惡切諫以博觀)

주보언, 한 무제 / 계문 / 권112 〈평진후주보열전〉

명주암투(明珠暗投)

추양 / 권83 〈노중련추양열전〉

명주입정(明主立政), 유공자부득불상(有功者不得不賞).

범수, 진 소왕 / 오궤 ; 원교근공 / 권79 〈범수채택열전〉

모

모설(毛薛)

신릉군, 모공, 설공 / 허좌이대 / 권77 〈위공자열전〉

모수자천(毛遂自薦)

모수, 평원군 / 낭중지추 / 권76 〈평원군우경열전〉

모언화야(貌言華也), 지언실야(至言實也) ; 고언약야(苦言藥也), 감언질야(甘言疾也).

조량, 상앙 / 권68 〈상군열전〉

모원부실(謀遠不失)

조고, 이사 / 권87 〈이사열전〉

모초지간(茅焦之諫)

모초, 진시황 / 권6 〈진시황본기〉

목

목도심초(目挑心招)

사마천 / 권129 〈화식열전〉

목론(目論)

월왕 무강 / 견호모이불견기첩 / 권41 〈월왕구천세가〉

목불규원(目不窺園)

동중서 / 하유독서 / 권121 〈유림열전〉

목앵부도(木罌缻渡)

한신, 위왕 표 / 권92 〈회음후열전〉

목자진열(目眥盡裂)

번쾌, 항우 / 홍문연 ; 노발충관 / 권7 〈항우본기〉

목후이관(沐猴而冠)

항우, 한생 / 권7 〈항우본기〉

몽

몽득부열(夢得傅說)

무정, 부열 / 탁몽용부열 / 권3 〈은본기〉

무

무가내하(無可奈何)

주 유왕, 포사, 백양(태사) / 권4 〈주본기〉

무국요맹자(無國要孟子)

맹자, 제 선왕, 양(위) 혜왕 / 권74 〈맹자순경열전〉

무금(廡金)

두영(위기후), 한 경제 / 권107 〈위기무안후열전〉

무단향곡(武斷鄉曲)

사마천 / 권30 〈평준서〉

무망지복(毋望之福)

춘신군(황헐), 이원, 주영, 고열왕 / 권78 〈춘신군열전〉

무면목(無面目)

부차, 오자서 / 강동부형 / 권66 〈오자서열전〉; 권31 〈오태
백세가〉; 권7 〈항우본기〉

무문교저(舞文巧詆)

사마천 / 무문농법 / 권122 〈혹리열전〉

무문농법(舞文弄法)

사마천 / 무문교저 / 권129 〈화식열전〉

무방지민(無方之民)

사마천 / 권23 〈예서〉

무쌍(無雙)

한신 / 국사무쌍 / 권92 〈회음후열전〉

무위자화(無爲自化)

노자 / 권63 〈노자한비열전〉

무입추지지(無立錐之地)

유안(회남왕), 오피 / 권118 〈회남형산열전〉; 권55 〈유후세가〉

무편무당(毋偏毋黨), 왕도탕탕(王道蕩蕩).

주 무왕, 기자 / 권38 〈송미자세가〉

문

문가라작(門可羅雀)

급암, 정당시 / 후래거상 / 권120 〈급정열전〉

문경지교(刎頸之交)

인상여, 염파, 장이, 진여 / 관포지교 / 권81 〈염파인상여열
전〉; 권89 〈장이진여열전〉

문군당로(文君當墟)

탁문군, 사마상여 / 가거도사벽립, 금심상도, 독비곤 / 권117
〈사마상여열전〉

문동무서(文東武西)

숙손통 / 면절 / 권99 〈유경숙손통열전〉

문무병용(文武幷用)

육고, 유방 / 마상득지 / 권97 〈역생육고열전〉

문불야관(門不夜關)

정자산 / 삼불기 / 권119 〈순리열전〉

문성(文成)

소옹(문성장군), 한 무제 / 권12 〈효무본기〉; 권28 〈봉선서〉

문소미문(聞所未聞)

육고, 위타(남월왕) / 권97 〈역생육고열전〉

문신단발(文身斷髮)

오 태백, 중옹 / 권31 〈오태백세가〉

문익(文鷁)

사마상여, 양 효왕 / 자허오유 / 권117 〈사마상여열전〉

문정(問鼎)

초 장왕, 왕손만 / 구정 / 권4 〈주본기〉; 권40 〈초세가〉

물

물금태성(物禁太盛)

이사, 이유 / 동문황견 / 권87 〈이사열전〉

물성이쇠(物盛而衰), 시극이전(時極而轉).

사마천 / 권30 〈평준서〉

물천지징귀(物賤之徵貴), 귀지징천(貴之徵賤).

사마천 / 권129 〈화식열전〉

미

미녀자(美女者), 악녀지구(惡女之仇).

저소손 / 여무미오, 입실견투 / 권49 〈외척세가〉; 권83 〈노
중련추양열전〉; 권105 〈편작창공열전〉

미방(弭謗)

주 유왕 / 도로이목 / 권4 〈주본기〉

미생지신(尾生之信)

미생 / 권69 〈소진열전〉

미수염(美鬚髯)

유방 / 융준; 용안 / 권8 〈고조본기〉

미여관옥(美如冠玉)

진평, 주발, 관영 / 권56 〈진승상세가〉

미연향풍(靡然鄉風)

권121 〈유림열전〉

미인(美人)

권9 〈여태후본기〉

백발백중(百發百中)

양유기, 초 장왕, 두월초 / 좌지우출 / 권4 〈주본기〉

백아절현(伯牙絶絃)

백아, 종자기 / 지음 / 〈보임안서〉

백어입주(白魚入舟)

주 무왕 / 권4 〈주본기〉

백이산하(百二山河)

유방, 한신, 전긍 / 권12 〈고조본기〉

백인(柏人)

유방, 장오, 관고 / 교지 / 권89 〈장이진여열전〉

백인교전(白刃交前), 불구유시(不救流矢).

노중련, 전파 / 권83 〈노중련추양열전〉

백홍관일(白虹貫日)

전제, 섭정, 형가, 연 태자 단 / 권83 〈노중련추양열전〉

벌

벌가자기즉불원(伐柯者其則不遠)

범려, 구천, 부차 / 권41 〈월왕구천세가〉

벌공긍능(伐功矜能)

사마천 / 자긍공벌 / 권130 〈태사공자서〉; 권119 〈순리열전〉; 권124 〈유협열전〉

법

법령이도민(法令以導民), 형벌이금간(刑罰以禁奸).

사마천 / 예금미연 / 권119 〈순리열전〉

법자천자소여천하공공야(法者天子所與天下公共也).

장석, 한 문제 / 권102 〈장석지풍당열전〉

법자치지정야(法者治之正也)

한 문제 / 법정즉민각, 죄당즉민종 / 권10 〈효문본기〉

법정즉민각(法正則民愨), 죄당즉민종(罪當則民從).

한 문제 / 법자치지정야 / 권10 〈효문본기〉

법지불행자상범야(法之不行自上犯也)

상앙 / 변법; 법지불행자우귀척 / 권68 〈상군열전〉

법지불행자우귀척(法之不行自于貴戚)

상앙 / 변법; 법지불행자상범야 / 권5 〈진본기〉

변

변고난상(變古亂常)

조조, 사마천 / 권101 〈원앙조조열전〉

변명역성(變名易姓)

범려 / 치이자피; 도주지부 / 권129 〈화식열전〉

변법(變法)

상앙 / 법지불행자상범야; 법지불행자우귀척 / 권5 〈진본기〉

변장자자호(卞莊子刺虎)

진진, 진 혜왕 / 권70 〈장의열전〉

변치지성(變徵之聲)

형가, 연 태자 단 / 역수가 / 권86 〈자객열전〉

변풍역속(變風易俗)

엄안, 서악, 주보언 / 권112 〈평진후주보열전〉

변협(骿脇)

진 문공, 조 공공, 희부기 / 권39 〈진세가〉

변화유시(變化有時)

가의 / 관진론 / 권6 〈진시황본기〉

병

병구즉변생(兵久則變生), 사고즉려역(事苦則慮易).

주보언, 한 무제 / 권112 〈평진후주보열전〉

병상태자(兵相駘藉)

권27 〈천관서〉

병연이불해(兵連而不解), 천하고기노(天下苦其勞).

권30 〈평준서〉

병유언지적(屛流言之迹), 새붕당지문(塞朋黨之門).

소진, 조 숙후 / 권69 〈소진열전〉

병자흉기(兵者凶器), 전자역덕(戰者逆德), 쟁자사지말(爭者事之末).

범려, 구천 / 권41 〈월왕구천세가〉

병좌지삭(兵挫地削)

사마천, 초 회왕, 굴원, 장의 / 권84 〈굴원가생열전〉

보

보과습유(補過拾遺)

급암, 한 무제 / 와리회양 / 권120 〈급정열전〉

보임안서(報任安書)

사마천 / 《한서》 〈사마천전〉

복

복비(腹誹)

사마천 / 방민지구, 심어방수 / 권30 〈평준서〉

복사석수(蝮蛇螫手), 장사해완(壯士解腕).

전영 / 권94 〈전담열전〉

복상지음(濮上之音)

사마천, 진 평공, 사광, 은 주왕 / 권24 〈악서〉

부자혹루거만(富者或累巨萬), 빈자불염조강(貧者不厭糟糠).
권30 〈평준서〉

부정조(負鼎俎)
이윤, 탕임금 / 오반 / 권3 〈은본기〉

부족괘치(不足掛齒)
숙손통, 진 2세(호해) / 권99 〈유경숙손통열전〉

부족여모(不足與謀)
범증, 항우, 유방 / 홍문연 / 권7 〈항우본기〉

부지기인(不知其人), 시기우(視其友).
사마천, 장석지 / 권102 〈장석지풍당열전〉

부지불의(不知不疑)
조 무령왕, 공자 성 / 권43 〈조세가〉

부진일등(不盡一等)
공자 / 권47 〈공자세가〉

부현사지처세야(夫賢士之處世也), 비약추지처낭중(譬若錐之處囊中), 기말입견(其末立見).
평원군, 모수 / 모수자천 ; 낭중지추 / 권76 〈평원군우경열전〉

부형(腐刑)
사마천 / 궁형 ; 잠실 / 〈보임안서〉

부형지교불선(父兄之敎不先), 자제지솔불근(子弟之率不謹).
사마상여, 한 무제 / 유촉문 ; 과염선치 / 권117 〈사마상여열전〉

부형청죄(負荊請罪)
염파, 인상여 / 문경지교 / 권81 〈염파인상여열전〉

북

북면칭신(北面稱臣)
육고, 위타 / 권97 〈역생육고열전〉

북비지음(北鄙之音)
은 주왕 / 권24 〈악서〉

북주호(北走胡), 남주월(南走越).
계포, 주가, 등공(여음후) / 권100 〈계포난포열전〉

분

분불고신(奮不顧身)
사마천, 이릉 / 〈보임안서〉

분서갱유(焚書坑儒)
이사, 진시황 / 우어기시 / 권6 〈진시황본기〉

분섬지중(分陝之重)
주 성왕, 소공, 주공 / 권34 〈연소공세가〉

분아일배갱(分我一杯羹)
항우, 유방 / 권7 〈항우본기〉

분정항례(分庭抗禮)
자공 / 권129 〈화식열전〉

불

불가동년이어(不可同年而語)
진섭 / 과진론 ; 취수부동술 / 권6 〈진시황본기〉

불가승계(不可勝計)
권7 〈항우본기〉 ; 권92 〈회음후열전〉 ; 권112 〈평진후주보열전〉

불가승도(不可勝道)
양 효왕 / 권58 〈양효왕세가〉

불강기지(不降其志), 불욕기신(不辱其身).
공자 / 권47 〈공자세가〉

불경지담(不經之談)
사마천, 추연 / 권74 〈맹자순경열전〉

불교이민종기화(不敎而民從其化)
사마천 / 권119 〈순리열전〉

불궤우법(不軌于法)
사마천 / 권17 〈한흥이래제후왕연표〉

불기이회(不期而會)
주 무왕, 은 주왕 / 권16 〈진초지제월표〉

불능찬일구(不能贊一句)
공자, 자하 / 권47 〈공자세가〉

불명일전(不名一錢)
등통, 한 문제 / 권125 〈영행열전〉

불모지지(不毛之地)
초 장왕, 정 양공 / 권42 〈정세가〉

불별친소(不別親疎), 불수귀천(不殊貴賤), 일단우법(一斷于法).
사마담 / 논육가요지 / 권130 〈태사공자서〉

불봉공즉법소(不奉公則法消), 법소즉국약(法消則國弱).
평원군, 조사 / 권81 〈염파인상여열전〉

불분불계(不憤不啓)
공자 / 거일반삼 / 권47 〈공자세가〉

불비불명(不飛不鳴)
초 장왕, 오거 / 삼년불언 / 권126 〈골계열전〉 ; 권40 〈초세가〉

불비우마지력(不費牛馬之力)
장의, 초 회왕 / 구양공호 / 권70 〈장의열전〉

불상지공(不賞之功)
괴통, 한신 / 삼분천하 ; 용략진주자신위 / 권92 〈회음후열전〉

불성삼와(不成三瓦)
권128 〈귀책열전〉

불수소절이치공명불현우천하(不羞小節而恥功名不顯于天下)
포숙, 관중 / 관포지교 / 권62 〈관안열전〉

불승배표(不勝杯杓)

유방, 장량, 항우 / 홍문연 / 권7 〈항우본기〉

불식대체(不識大體)

사마천, 평원군 / 권76 〈평원군우경열전〉

불식마간(不食馬肝)

원고생, 황생, 유승(청하왕) / 곡학아세 / 권121 〈유림열전〉

불식주속(不食周粟)

백이, 숙제 / 채미가 ; 당소위천도시야비야 / 권61 〈백이열전〉

불약이동회(不約而同會)

엄안, 한 무제 / 권112 〈평진후주보열전〉

불염조강(不厭糟糠)

권30 〈평준서〉

불오절간이박관(不惡切諫以博觀), **불피중주이직간**(不避重誅以直諫).

주보언, 한 무제 / 명주불오절간이박관 / 권112 〈평진후주보열전〉

불원천리(不遠千里)

평원군 / 권76 〈평원군우경열전〉

불유여력(不遺餘力)

조 효성왕, 누창, 우경 / 권76 〈평원군우경열전〉

불입언이복비(不入言而腹誹)

장탕, 안이, 한 무제 / 복비 ; 우어기시 / 권30 〈평준서〉

불측지연(不測之淵)

회남왕, 한 문제, 원앙 / 권101 〈원앙조조열전〉

불치일전(不直一錢)

관부, 정불식, 임여후 / 권107 〈위기무안후열전〉

불치하교(不恥下交)

신릉군 / 허좌이대 / 권77 〈위공자열전〉

불편부당(不偏不黨), **왕도탕탕**(王道蕩蕩).

부당불편, 왕도편편 / 권102 〈장석지풍당열전〉

불한이율(不寒而栗)

의종 / 권122 〈혹리열전〉

비

비가강개(悲歌慷慨)

항우 / 해하가 ; 패왕별희 / 권7 〈항우본기〉 ; 권129 〈화식열전〉

비권양력(比權量力)

가의, 진시황 / 과진론 / 권6 〈진시황본기〉

비기엽이상기지(庇其葉而傷其枝)

급암, 한 무제, 혼야왕 / 권120 〈급정열전〉

비기위이거지왈탐위(非其位而居之日貪位), **비기명이유지왈탐명**(非其名而有之日貪名).

조량, 상앙 / 권68 〈상군열전〉

비기지(非其地), **수지불생**(樹之不生) ; **비기의**(非其意), **교지불성**(教之不成).

저소손 / 권127 〈일자열전〉

비량지흔(卑梁之釁)

태자 건, 공자 광 / 권40 〈초세가〉

비례후폐(卑禮厚弊)

위(양) 혜왕, 맹자, 추연, 순우곤 / 사쟁추연 / 권44 〈위세가〉

비론제속(卑論儕俗), **여세침부**(與世沈浮).

사마천 / 권124 〈유협열전〉

비목지어(比目之魚), **비익지조**(比翼之鳥).

권28 〈봉선서〉

비물연류(比物連類)

추양, 사마천 / 권83 〈노중련추양열전〉

비방지목(誹謗之木)

한 문제 / 진선지정 / 권10 〈효문본기〉

비법불언(非法不言), **비도불행**(非道不行).

양 효왕, 저소손 / 권58 〈양효왕세가〉

비신후폐(卑身厚幣)

연 소공 / 사쟁추연 / 권34 〈연소공세가〉

비아막능위(非我莫能爲)

근상, 굴원 / 거세혼탁, 유아독청 / 권84 〈굴원가생열전〉

비연성장(斐然成章)

공자 / 권47 〈공자세가〉

비영등무(蜚英騰茂)

사마상여, 탁문군, 한 무제 / 권117 〈사마상여열전〉

비예구립(睥睨久立)

신릉군(위무기), 후영 / 허좌이대 / 권77 〈위공자열전〉

비장군(飛將軍)

이광 / 도리불언, 하자성혜 / 권109 〈이장군열전〉

비조진(蜚鳥盡), **양궁장**(良弓藏) ; **교토사**(狡兎死), **주구팽**(走狗烹).

범려 / 토사구팽 / 권41 〈월왕구천세〉

비지무심고론(卑之無甚高論)

한 문제, 장석지 / 권102 〈장석지풍당열전〉

비지지난야(非知之難也), **처지즉난의**(處知則難矣).

한비자 / 권63 〈노자한비열전〉

비항도허(批亢搗虛)

손빈 / 위위구조 / 권65 〈손자오기열전〉

비호비비(非虎非羆)

주 문왕(서백), 강태공(여상) / 태공망 / 권32 〈제태공세가〉

삼분천하(三分天下)

괴통, 한신 / 공고진주 / 권92 〈회음후열전〉

삼불기(三不欺)

정자산, 복자천, 서문표 / 권126 〈골계열전〉

삼불여(三不如)

유방, 장량, 소하, 한신 / 삼걸 / 권8 〈고조본기〉

삼사(三舍)

진 문공, 초 성왕 / 퇴피삼사 / 권39 〈진세가〉

삼세위장(三世爲將)

왕전, 왕분, 왕리 / 권73 〈백기왕전열전〉

삼신산(三神山)

진시황, 서불 / 권6 〈진시황본기〉

삼약격지(三躍擊之)

예양, 조양자 / 권86 〈자객열전〉

삼유시(三遺矢)

염파, 곽개 / 염파선반 ; 일반삼유시 / 권81 〈염파인상여열전〉

삼인의지(三人疑之), 기모구의(其母懼矣).

감무, 진 무왕 / 식양지서 / 권71 〈저리자감무열전〉

삼전삼주(三戰三走)

포숙, 관중 / 관포지교 ; 생아자부모~ / 권62 〈관안열전〉

삼착(三捉)

주공(단), 백금 / 일목삼착, 일반삼토 / 권33 〈노주공세가〉

삼척검(三尺劍)

유방 / 마상득지, 마상치지 / 권8 〈고조본기〉

삼천객(三千客)

신릉군, 맹상군, 평원군, 춘신군 / 권78 〈춘신군열전〉 외

삼천독(三千牘)

동방삭, 한 무제 / 피세조정지간 / 권126 〈골계열전〉

삼천제자(三千弟子)

공자 / 권47 〈공자세가〉

삼천주리(三千珠履)

춘신군, 평원군 / 권78 〈춘신군열전〉

삼촌설(三寸舌)

장량, 괴통, 역이기 / 삼촌지설, 강우백만지사 / 권55 〈유후세가〉 ; 권76 〈평원군우경열전〉 ; 권92 〈회음후열전〉

삼촌지설(三寸之舌), 강우백만지사(强于百萬之師).

모수, 평원군 / 삼촌설 ; 모수자천 / 권76 〈평원군우경열전〉

삼치천금(三致千金), 삼취삼산(三聚三散).

범려 / 권129 〈화식열전〉

삼토(三吐)

주공 단, 백금 / 삼착 ; 일목삼참, 일반삼토 / 권33 〈노주공세가〉

삼패지욕(三敗之辱)

제 환공, 조말 / 권32 〈제태공세가〉

상

상가지견(喪家之犬)

공자 / 권47 공자세가

상견한만(相見恨晚)

한 무제 주보언, 서악, 엄안 / 한상지만 / 권112 〈평진후주보열전〉

상군지배(相君之背)

괴통, 한신 / 삼분천하 / 권92 〈회음후열전〉

상득익창(相得益彰)

백이, 숙제, 안연, 공자 / 권61 〈백이열전〉

상문쇄소(相門洒掃)

위발, 관영, 조참 / 권52 〈제도혜왕세가〉

상문유상(相門有相)

전문(맹상군) / 권75 〈맹상군열전〉

상산사호(商山四皓)

장량, 여태후, 혜제(유영) / 권55 〈유후세가〉

상앙사목(商鞅徙木)

상앙, 진 효공 / 변법 ; 법지불행자상범야 / 권68 〈상군열전〉

상여병갈(相如病渴)

사마상여 / 권117 〈사마상여열전〉

상인위중(相引爲重)

두영(위기후), 관부 / 한상지만 / 권107 〈위기무안후열전〉

상제병론(相提幷論)

한 경제, 상수, 두영 / 권107 〈위기무안후열전〉

상지불하(相持不下)

항우, 한신 / 권7 〈항우본기〉 ; 권92 〈회음후열전〉

상지한만(相知恨晚)

두영(위기후), 관부 / 한상지만 / 권107 〈위기무안후열전〉

상채견황견(上蔡牽黃犬)

이사 / 동문황견 / 권87 〈이사열전〉

생

생아자부모(生我者父母), 지아자포자야(知我者鮑子也).

관중, 포숙 / 관포지교 / 권62 〈관안열전〉

서

서문투무(西門投巫)

서문표 / 삼불기 / 권126 〈골계열전〉

서수(犀首)

진진, 서수 / 권70 〈장의열전〉

서수획린(西狩獲麟)

공자 / 획린 / 권130 〈태사공자서〉

서옥(鼠獄)

장탕 / 원서 / 권122 〈혹리열전〉

서절구도(鼠竊狗盜)

숙손통, 진2세(호해) / 부족괘치 / 권99 〈유경숙손통열전〉

서하지통(西河之痛)

공자, 자하, 위 문후 / 권67 〈중니제자열전〉

석

석교지의(石交之義)

소진 / 권69 〈소진열전〉

석권(席卷)

가의, 진 효공 / 과진론 / 〈진시황본기〉

석실금궤(石室金櫃)

사마담, 사마천 / 권130 〈태사공자서〉

선

선국가지급이후사구야(先國家之急而後私仇也)

염파, 인상여 / 문경지교 ; 양호공투 ; 부형청죄 / 권81 〈염파인상여열전〉

선산누각(仙山樓閣)

제 위왕, 제 선왕, 연 소왕 / 삼신산 / 권28 〈봉선서〉

선삽(先歃)

진 정공, 오 부차 / 권5 〈진본기〉

선선오악(善善惡惡)

사마천, 호수 / 권130 〈태사공자서〉

선성후실(先聲後實)

한신, 광무군 / 권92 〈회음후열전〉

선시선종(善始善終)

선작자불필선성, 선시자불필선종 / 권80 〈악의열전〉

선우(單于)

〈보임안서〉 ; 권110 〈흉노열전〉 ; 《한서》〈흉노전〉

선자인지(善者因之)

사마천 / 권129 〈화식열전〉

선작자불필선성(善作者不必善成), 선시자불필선종(善始者不必善終).

악의, 연 혜왕 / 군자교절불출악성 ; 선시선종 / 권80 〈악의열전〉

선장장(善將將)

유방, 한신 / 다다익선 ; 장상지장 / 권92 〈회음후열전〉

선종외시(先從隗始)

곽외, 연 소왕 / 황금대 ; 사쟁추연 / 권34 〈연소공세가〉

선즉제인(先卽制人)

은통, 항량 / 권7 〈항우본기〉

설

설권제성(舌卷齊城)

역이기, 전광 / 삼촌지설 ; 이기하제국 / 권92 〈회음후열전〉

설상재부(舌尙在不)

장의 / 합종연횡 / 권70 〈장의열전〉

섭

섭족봉(躡足封)

한신, 유방, 장량, 진평 / 권92 〈회음후열전〉

성

성공지하(成功之下), 불가구처(不可久處).

채택, 범수 / 욕이부지지족, 실기소이욕 / 권79 〈범수채택열전〉

성명낭자(聲名狼藉)

몽의, 조고, 진2세(호해) / 권88 〈몽염열전〉

성식입조자불이오의(盛飾入朝者不以利汚義)

추양, 양 효왕 / 권83 〈노중련추양열전〉

성야소하(成也蕭何), 패야소하(敗也蕭何).

소하, 한신 / 소하월하추, 한신 / 권92 〈회음후열전〉

성패재우결단(成敗在于決斷)

괴통, 한신, 무섭 / 삼분천하 / 권92 〈회음후열전〉

성패지전(成敗之轉), 비약규묵(譬若糾墨).

사마천, 양복, 노박덕 / 권113 〈남월열전〉

세

세류영(細柳營)

주아부, 한 문제 / 장재군군명유소불수 / 권57 〈강후주발세가〉

세지난(說之難), 재지소세지심(在知所說之心).

한비자, 진시황 / 구흘 / 권63 〈노자한비열전〉

세한연후지송백지후조야(歲寒然後知松柏之後凋也).

공자, 백이, 사마천 / 권61 〈백이열전〉

소

소거백마(素車白馬)

유방, 자영 / 권6 〈진시황본기〉

소규조수(蕭規曹隨)

소하, 조참 / 획일지법 / 권53 〈소상국세가〉 ; 권54 〈조상국세가〉

소녀현(素女弦)

이연년, 한 무제, 태제, 소녀 / 권12 〈효무본기〉

소년감라(少年甘羅)

감라, 여불위, 장당 / 권71 〈저리자감무열전〉

소문구견(掃門求見)

위발, 조참 / 상문쇄소 / 권52 〈제도혜왕세가〉

소봉가(素封家)

사마천 / 권129 〈화식열전〉

소언공(所言公), 공언지(公言之).

송창, 한 문제(유항), 주발 / 권10 〈효문본기〉

소왕구주(素王九主)

이윤, 탕임금 / 구주 / 권3 〈은본기〉

소택(蕭宅)

소하 / 소규조수 / 권53 〈소상국세가〉

소하월하추한신(蕭何月下追韓信)

소사, 한신 / 국사무쌍 / 권92 〈회음후열전〉

소향피미(所向披靡)

항우, 사마천 / 권7 〈항우본기〉

손

손선(損膳)

한 무제, 흉노 / 권30 〈평준서〉

송

송고비금(頌古非今)

이사, 진시황 / 분서갱유 / 권6 〈진시황본기〉

송석(頌石)

진시황 / 권6 〈진시황본기〉

송양지인(宋襄之仁)

송 양공, 목이 / 권38 〈송미자세가〉

수

수견불선(數見不鮮)

육고 / 육고분금 / 권97 〈역생육고열전〉

수과읍불입문(數過邑不入門)

사사 / 권129 〈화식열전〉

수도동귀(殊途同歸)

사마담 / 논육가요지 ; 동귀이수도 / 〈보임안서〉

수서양단(首鼠兩端)

한 경제, 두영, 전분, 한안국, 정불식 / 권107 〈위기무안후열전〉

수선지지(首善之地)

공손홍, 한 무제 / 권121 〈유림열전〉

수시양(隨廝養)

장이, 진여, 무신 / 권89 〈장이진여열전〉

수여쾌오(羞與噲伍)

번쾌, 한신 / 다다익선 ; 토사구팽 / 권92 〈회음후열전〉

수유(豎儒)

유방, 역이기 / 추생 / 권55 〈유후세가〉

수의야행(繡衣夜行)

항우 / 의수야행 / 권7 〈항우본기〉

수이호구(垂餌虎口)

이릉, 사마천 / 이릉지화 / 〈보임안서〉

수자부족여모(竪子不足與謀)

범증, 항우 / 옥결 ; 항장무검, 의재패공 ; 홍문연 / 권7 〈항우본기〉

수족이처(手足異處)

공자, 노 정공, 제 경공 / 권47 〈공자세가〉

수즉자거(水則資車), 한즉자주(旱則資舟).

계연 / 계연지책 / 권129 〈화식열전〉

수취조산(獸聚鳥散)

유방, 어사 성 / 권112 〈평진후주보열전〉

수파축류(水波逐流)

굴원, 어부 / 거세혼탁, 유아독청 / 권84 〈굴원가생열전〉

수풍미미(隨風靡靡)

장석지, 한 문제 / 권102 〈장석지풍당열전〉

수화불사(水火不辭)

손무, 합려 / 삼령오신 / 권65 〈손자오기열전〉

숙

숙흥야매(夙興夜寐)

진시황 / 형단양서 / 권6 〈진시황본기〉

순

순도불순이우민함언(馴道不純而愚民陷焉)

한 문제, 순우공, 제영 / 권10 〈효문본기〉

순망치한(脣亡齒寒)

진 헌공, 순식, 궁지기 / 가도벌괵 / 권39 〈진세가〉

순법지공(循法之功), 부족이고세(不足以高世).

조 무령왕, 상앙 / 권43 〈조세가〉

순주부인(醇酒婦人)

신릉군, 안리왕 / 권77 〈위공자열전〉

순지자창(順之者昌), 역지자망(逆之者亡).

사마담 / 논육가요지 / 권130 〈태사공자서〉

술

술왕사(述往事), 사래자(思來者).

사마천 / 구천인지제~ / 〈보임안서〉

심문교저(深文巧詆)

무문교저 ; 무문농법 / 권120 〈급정열전〉

심비항의(心非巷議)

진시황, 주청신, 순우월, 이사 / 우어기시 ; 분서갱유 / 권6 〈진시황본기〉

심장약허(深藏若虛)

공자, 노자 / 노룡 / 권63 〈노자한비열전〉

심중은후(深中隱厚)

한안국, 호수 / 권108 〈한장유열전〉

심향왕지(心向往之)

공자, 사마천 / 고산앙지 / 권47 〈공자세가〉

십

십가지산(十家之産)

한 문제 / 권10 〈효문본기〉

십년생취(十年生聚), **십년교훈**(十年教訓).

구천 / 와신상담 ; 식부중미 / 권31 〈오태백세가〉

아

아방궁(阿房宮)

진시황 / 권6 〈진시황본기〉

아부지질(亞夫之疾)

주아부 / 권57 〈강후주발세가〉

아위어육(我爲魚肉)

번쾌, 유방 / 홍문연 ; 대행불고세근~ / 권7 〈항우본기〉

아호지혜(餓虎之蹊)

연 태자 단, 번오기, 국무 / 권86 〈자객열전〉

악

악발토포득현사(握髮吐哺得賢士)

주공 단, 백금 / 일목삼착, 일반삼토 / 권4 〈주본기〉

안

안가위야(安可危也), **위가안야**(危可安也).

조고, 이사 / 단이감행 / 권87 〈이사열전〉

안민가여행의(安民可與行義), **이위민이여위비**(而危民易與爲非).

가의, 진시황 / 과진론 / 권7 〈진시황본기〉

안위재출령(安危在出令), **존망재소용**(存亡在所用).

주보언, 흉노 / 권112 〈평진후주보열전〉

안유(安劉)

유방, 주발 / 권8 〈고조본기〉

안차연륜(安車軟輪)

한 무제 / 권112 〈평진후주보열전〉

암

암도진창(暗渡陳倉)

한신 / 명수잔도, 암도진창 / 권8 〈고조본기〉

암오질타(暗噁叱咤)

항우, 한신 / 부녀지인 ; 필부지용 ; 인완폐 / 권92 〈회음후열전〉

암투(暗投)

추양 / 명주암투 / 권83 〈노중련추양열전〉

암혈지사(巖穴之士)

사마천, 한비자, 조 무령왕, 이자 / 권61 〈백이열전〉

앙

앙수신미(仰首伸眉)

임안 / 대분망천 / 〈보임안서〉

애

애자필보(睚眦必報)

범수, 위제, 정안평 / 탁발난수 / 권79 〈범수채택열전〉

애지욕기부(愛之欲其富), **친지욕기귀**(親之欲其貴).

사마천 / 권60 〈삼왕세가〉

액

액항부배(扼亢拊背)

유경, 유방 / 권99 〈유경숙손통열전〉

야

야랑자대(夜郎自大)

야랑 / 권116 〈서남이열전〉

약

약기사문(約其辭文), **거기번중**(去其煩重).

공자 / 권14 〈십이제후연표〉

약법삼장(約法三章)

유방 / 권8 〈고조본기〉

약속불명(約束不明), **신령불숙**(申令不熟), **장지죄야**(將之罪也).

손무, 합려 / 삼령오신 / 권65 〈손자오기열전〉

양

양고심장약허(良賈深藏若虛), **군자성덕**(君子盛德), **용모약우**(容貌若愚).

노자, 공자 / 권63 〈노자한비열전〉

양농능가이불능위장(良農能稼而不能爲穡)

공자, 자공 / 권47 〈공자세가〉

양득의(楊得意)

양득의, 사마상여, 한 무제 / 권117 〈사마상여열전〉

양반양장(讓畔讓長)

서백(주 문왕), 순임금 / 권4 〈주본기〉 ; 〈오제본기〉

양서투혈(兩鼠鬪穴)

조사, 평원군 / 봉공수법 / 권81 〈염파인상여열전〉

양약고구(良藥苦口)

장량, 유방 / 조걸위학 / 권55 〈유후세가〉

양옥상서(梁獄上書)

추양, 양 효왕 / 명주암투 / 권83 〈노중련추양열전〉

양현상액(兩賢相厄)

정공, 유방 / 권100 〈계포난표열전〉

양호상투(兩虎相鬪)

춘신군, 진 소왕 / 권78 〈춘신군열전〉

양호유환(養虎遺患)

유방, 진평, 장량 / 권7 〈항우본기〉

어

어복단서(魚腹丹書)

진섭(진승) / 구화호명 / 권48 〈진섭세가〉

어복장도(魚腹藏刀)

전제, 오자서, 오왕 요, 공자 광 / 권86 〈자객열전〉

억

억만지중(億萬之衆)

권20 〈건원이래후자연표〉

언

언인인수(言人人殊)

조참, 개공 / 소규조수 / 권54 〈조상국세가〉

언청계종(言聽計從)

한신, 항우, 무섭 / 권92 〈회음후열전〉

여

여무미오(女無美惡), 입궁견투(入宮見妒) ; 사무현불초(士無賢不肖), 입조견질(入朝見嫉).

권49 〈외척세가〉 ; 권83 〈노중련추양열전〉 ; 권105 〈편작창공열전〉

여세부침(與世浮沈)

사마천 / 권124 〈유협열전〉

여실좌우수(如失左右手)

유방, 소하, 한신 / 권92 〈회음후열전〉

여집좌권(如執左券)

소대, 진진 / 권46 〈전경중완세가〉

여태후연석(呂太后筵席)

여태후, 혜제, 도혜왕(유비) / 권9 〈여태후본기〉 ; 권52 〈제도혜왕세가〉

여회청대(女懷淸臺)

과부 청, 진시황 / 권129 〈화식열전〉

역

역린(逆鱗)

한비자 / 권63 〈노자한비열전〉

역발산기개세(力拔山氣蓋世)

항우 / 해하가 / 권7 〈항우본기〉

역수가(易水歌)

형가, 연 태자 단 / 풍소소혜역수한 / 권86 〈자객열전〉

역자이식(易子而食)

백기, 조괄 / 지상담병 ; 교주고슬 ; 조모 / 권43 〈조세가〉

역전불여봉년(力田不如逢年), 선사불여우합(善仕不如遇合).

사마천 / 식여도 / 권125 〈영행열전〉

역취순수(逆取順守)

육고, 유방 / 마상득지 / 권97 〈역생육고열전〉

역행근호인(力行近乎仁), 호문근호지(好問近乎智), 지치근호용(知恥近乎勇).

공손홍, 한 무제 / 권112 〈평진후주보열전〉

연

연성지벽(連城之璧)

인상여 / 가중연성 ; 완벽 ; 화씨지벽 / 권81 〈염파인상여열전〉

연시비가(燕市悲歌)

형가, 고점리, 전광, 연 태자 단 / 방약무인 / 권84 〈자객열전〉

연작안지홍곡지지(燕雀安知鴻鵠之志)

진섭(진승) / 왕후장상영유종호 / 권48 진섭세가

염

염금주거인(斂金鑄巨人)

진시황 / 권6 〈진시황본기〉

염리(廉吏)

권126 〈골계열전〉

염치(廉恥)

사마상여 / 과염선치 / 권117 〈사마상여열전〉

염파객(廉頗客)

염파, 백기, 조 효성왕 / 권81 〈염파인상여열전〉

염파선반(廉頗善飯)

염파, 곽개, 조 도양왕, 악승 / 삼유시 / 권81 〈염파인상여열전〉

영

영견유호(寧見乳虎), 무치영성지노(無値寧成之怒).

영성, 공손홍 / 권122 〈혹리열전〉

영어(囹圄)

사마천 / 〈보임안서〉

영위계구(寧爲鷄口), 물위우후(勿爲牛後).

소진, 한 혜왕 / 권69 〈소진열전〉

영작무조(寧爵毋刁)

조한 / 권129 〈화식열전〉

영지불행(令之不行), 정지불립(政之不立) ; 행이불순(行而不順), 민장기상(民將棄上).

주 선왕, 번중산보 / 권33 〈노주공세가〉

영천호객(潁川豪客)

두영, 관부 / 권107 〈위기무안후열전〉

영항(永巷)

여태후, 척희 / 인체 / 권9 〈여태후본기〉

예

예금미연(禮禁未然)

사마천 / 권130 〈태사공자서〉

예생어유이폐어무(禮生於有而廢於無)

관중 / 창름실이지예절~ / 권129 〈화식열전〉

예실즉혼(禮失則昏)

공자, 노 애공, 자공 / 권47 〈공자세가〉

예정(銳精)

괴통, 유방 / 권92 〈회음후열전〉

예항만승(禮抗萬乘)

오지 나씨, 과부 청, 자공 / 분정항례 / 권129 〈화식열전〉

오

오(獒)

아오, 장아오 / 권39 〈진세가〉

오고대부(五羖大夫)

백리해, 진 목공 / 권39 〈진세가〉

오궤(五跪)

범수, 진 효공 / 권79 〈범수채택열전〉

오녕투지(吾寧鬪智), 불능투력(不能鬪力).

유방, 항우 / 분아일배갱 / 권7 〈항우본기〉

오대부(五大夫)

권68 〈상군열전〉 ; 권73 〈백기왕전열전〉

오대부송(五大夫松)

진시황 / 권6 〈진시황본기〉

오두백(烏頭白)

마생각 / 권86 〈자객열전〉

오반(五反)

이윤, 상 탕임금 / 부정조 / 권3 〈은본기〉

오성십이루(五城十二樓)

한 무제 / 권12 〈효무본기〉

오시취소(吳市吹簫)

오자서 / 권79 〈범수채택열전〉

오원결목(伍員抉目)

오자서, 부차 / 결목현문 ; 권66 〈오자서열전〉

오원편시(伍員鞭尸)

오자서, 초 평왕 / 굴묘편시 / 권66 〈오자서열전〉

오유선생(烏有先生)

사마상여 / 자허오유 / 권117 〈사마상여열전〉

오정식(五正食)

주보언 / 권112 〈평진후주보열전〉

오종(汚種)

군왕후, 태사 교 / 권46 〈전경중완세가〉

오천언(五千言)

노자 / 권63 〈노자한비열전〉

옥

옥결(玉玦)

범증, 항우 / 홍문연 / 권7 〈항우본기〉

옥당금마(玉堂金馬)

한 무제, 용지 / 권12 〈효무본기〉

온

온량거(輻輬車)

진시황 / 권6 〈진시황본기〉

온조좌권(穩操左券)

소대, 진진 / 권46 〈전경중완세가〉

옹

옹수(擁樹)

하후영, 유방 / 권95 〈번역등관열전〉

옹용한아(雍容閑雅)

사마상여 / 심도 ; 일좌진경 / 권117 〈사마상여열전〉

옹치봉후(雍齒封侯)

옹치, 유방, 장량 / 인공, 구공 / 권55 〈유후세가〉

옹폐지(雍蔽之), 상국야(傷國也).

가의 / 과진론 / 권6 〈진시황본기〉

옹혜(擁篲)

연 소왕, 추연 / 선종외시 ; 황금대 ; 사쟁추연 / 권74 〈맹자순경열전〉

와

와리회양(臥理淮陽)

급암 / 후래거상 / 권120 〈급정열전〉

와신상담(臥薪嘗膽)

구천 / 식부중미 ; 십년교훈, 십년생취 / 권41 〈월왕구천세가〉

와해운산(瓦解雲散)

흉노 / 권110 〈흉노열전〉

완

완벽(完璧)

인상여 / 하자 / 권81 〈염파인상여열전〉

완약(宛若)

완약 / 권12 〈효무본기〉

완협(緩頰)

유방, 역생(역이기), 위표 / 권90 〈위표팽월열전〉

왕

왕공대인(王公大人)

추연 / 권74 〈맹자순경열전〉

왕후장상영유종호(王侯將相寧有種乎)

진섭 / 연작안지홍곡지지 ; 게간이기 / 권48 〈진섭세가〉

외

외관내심(外寬內深)

공손홍 / 곡학아세 ; 공손목시 / 권112 〈평진후주보열전〉

요

요령(堯齡)

요임금 / 권1 〈오제본기〉

요령(要領)

부득요령 / 권123 〈대완열전〉

요미구식(搖尾求食)

사마천 / 〈보임안서〉

요유관(溺儒冠)

유방, 역이기 / 거상 / 권97 〈역생육고열전〉

요지(瑤池)

주 목왕, 서왕모 / 권123 〈대완열전〉

욕

욕부국자무광기지(欲富國者務廣其地).

사마조, 장의, 진 혜왕 / 권70 〈장의열전〉

욕불필강해(浴不必江海), 요지거구(要之去垢) ; 마불필기기(馬不必騏驥), 요지선주(要之善走).

저소손 / 권49 〈외척세가〉

욕이부지지족(欲而不知止足), 실기소이욕(失其所以欲).

범수, 채택 / 권79 〈범수채택열전〉

용

용겁세야(勇怯勢也), 강약형야(强弱形也).

사마천 / 〈보임안서〉 ; 《손자병법》

용략진주자신위(勇略震主者身危), 이공개천하자불상(而功蓋天下者不賞).

괴통, 한신 / 공고진주 ; 토사구팽 / 권92 〈회음후열전〉

용문(龍門)

사마천 / 등용문 / 권130 〈태사공자서〉

용안(龍顔)

유방 / 융준 / 권8 〈고조본기〉

용은궁추(龍隱弓墜)

황제 / 권28 〈봉선서〉

용주상소애이벌소오(庸主賞所愛而罰所惡)

범수, 진 소왕 / 명주입정~ / 권79 〈범수채택열전〉

용호기(龍虎氣)

범증, 항우, 유방 / 권7 〈항우본기〉

우

우경쌍벽(虞卿雙璧)

우경, 조 효성왕 / 권76 〈평원군우경열전〉

우구지하(牛口之下)

상앙, 조량, 백리해 / 오고대부 / 권68 〈상군열전〉

우맹간장마(優孟諫葬馬)

우맹, 초 장왕 / 우맹의관 / 권126 〈골계열전〉

우맹의관(優孟衣冠)

우맹, 손숙오, 초 장왕 / 우맹간장마 / 권126 〈골계열전〉

우복서(牛腹書)

소옹(문성장군), 한 무제 / 권12 〈효무본기〉 ; 권28 〈봉선서〉

우생일진(又生一秦)

진시황, 진섭, 무신, 방군 / 권89 〈장이진여열전〉

우어기시(偶語棄市)

진시황 / 복비 / 권6 〈진시황본기〉 ; 권8 〈고조본기〉

우익(羽翼)

유방, 유영(혜제), 척희(척부인) / 권55 〈유후세가〉

우자암성사(愚者暗成事), **지자도미형**(智者睹未形).

조 무령왕, 비의 / 호복기사 / 권43 〈조세가〉 ; 권68 〈상군열전〉

우전풍칠성(優旃諷漆城)

우전, 진시황 / 골계 / 권126 〈골계열전〉

우정지의(牛鼎之意)

추연, 백리해, 이윤 / 판축반우 / 권74 〈맹자순경열전〉

우창주유(優倡侏儒)

골계 / 권47 〈공자세가〉

운

운몽함흉(雲夢涵胸)

사마상여 / 자허오유 / 권117 〈사마상여열전〉

운양(雲陽)

한비자, 이사, 요고 / 권6 〈진시황본기〉

운주책(運籌策)

장량 / 결승천리 ; 삼불여 / 권129 〈화식열전〉 ; 권8 〈고조본기〉

운중태수(雲中太守)

한 문제, 위상, 풍당 / 권102 〈장석지풍당열전〉

운합무집(雲合霧集)

권92 〈회음후열전〉

원

원교근공(遠交近攻)

범수, 진 소왕 / 합종연횡 / 권79 〈범수채택열전〉 ; 《전국책》

원서(爰書)

장탕 / 서옥 / 권122 〈혹리열전〉

원수명재(元首明哉), **고굉양재**(股肱良哉), **서사강재**(庶事康哉).

순임금, 우임금, 고요 / 권2 〈하본기〉

원입골수(怨入骨髓)

진 목공, 맹명시, 진 양공, 진 문공 부인 / 권5 〈진본기〉

원하구(轅下駒)

한 무제, 정당시 / 권107 〈위기무안후열전〉

위

위덕부졸(爲德不卒)

한신 / 권92 〈회음후열전〉

위민청명(爲民請命)

괴통, 한신 / 공고진주 / 권92 〈회음후열전〉

위법지폐(爲法之敝), **일지차재**(一至此哉)!

상앙 / 작법자폐 / 권68 〈상군열전〉

위서삼절(韋書三絶)

공자 / 위편삼절 / 권47 〈공자세가〉

위우누란(危于累卵)

범수, 진 소왕 / 권79 〈범수채택열전〉

위위구조(圍魏救趙)

손빈, 방연 / 감조유적 / 권65 〈손자오기열전〉

위정필이덕(爲政必以德), **무망소이립**(毋忘所以立).

정자산 / 권42 〈정세가〉

위졸연농(爲卒吮膿)

오기 / 함혈연창 / 권65 〈손자오기열전〉

위치자부재다언(爲治者不在多言), **고역행하여이**(顧力行何如耳).

신공, 한 무제, 두태후 / 권121 〈유림열전〉

위편삼절(韋編三絶)

공자 / 위서삼절 / 권47 〈공자세가〉

유

유곤(留髡)

순우곤, 제 위왕 / 골계, 주극생란 / 권126 〈골계열전〉

유랑옥두(劉郎玉斗)

유방, 장량, 항우, 범증 / 홍문연 ; 옥결 / 권8 〈고조본기〉

유명능신(維明能信)

순임금 , 고요 / 권1 〈오제본기〉

유민입군(有民立君), **장이리지**(將以利之).

고공단보 / 권4 〈주본기〉

유양(游梁)

사마상여, 양 효왕, 추양 / 권117 〈사마상여열전〉

유언비어(流言蜚語)

두영(위기후), 관부 / 권107 〈위기무안후열전〉

유이천리(謬以千里)

사마천 / 실지호리, 차이천리 / 《한서(漢書)》 〈사마천전〉

유자가교(孺子可敎)

장량 / 박랑사 ; 이교 / 권55 〈유후세가〉

유잠타이(遺簪墮珥)

순우곤, 제 위왕 / 유곤 / 권126 〈골계열전〉

유중불하(留中不下)

권60 〈삼왕세가〉

유차지욕(楡次之辱)

형가, 개섭 / 권86 〈자객열전〉

인어고(人魚膏)

진시황 / 은해 / 권6 〈진시황본기〉

인완폐(印刓敝)

항우, 한신, 유방 / 필부지용 ; 부인지인 / 권92 〈회음후열전〉 ; 권97 〈역생육고열전〉

인위도조(人爲刀俎)

번쾌 / 홍문연 ; 아위어육 / 권7 〈항우본기〉

인인성사(因人成事)

모수, 평원군 / 모수자천 / 권76 〈평원우경열전〉

인인자위(人人自危)

조고, 진2세(호해) / 지록위마 / 권87 〈이사열전〉

인자위전(人自爲戰)

한신 / 배수지진 / 권92 〈회음후열전〉

인중자승천(人衆者勝天)

신포서, 오자서 / 도행역시 ; 일모도원 ; 진정지곡 / 권66 〈오자서열전〉

인지소병(人之所病), 병질다(病疾多) ; 의지소병(醫之所病), 병도소(病道少).

편작, 제 환후 / 권105 〈편작창공열전〉

인차매장(引車賣漿)

신릉군, 모공, 설공 / 허좌이대 / 권77 〈위공자열전〉

인체(人彘)

여태후, 척희, 혜제 / 권8 〈여태후본기〉

인화위복(因禍爲福)

소진 / 전화위복 / 권69 〈소진열전〉

일

일가지언(一家之言)

사마천 / 구천인지제~ / 권130 〈태사공자서〉

일거불반(一去不返)

형가, 연 태자 단 / 역수가 / 권86 〈자객열전〉

일거양마(一車兩馬)

공자, 남궁경숙, 노자 / 권47 〈공자세가〉

일거천리(一擧千里)

유방, 척희 / 권55 〈유후세가〉

일광천하(一匡天下)

구합제후~ / 권62 〈관안열전〉 ; 권32 〈제태공세가〉 ; 권129 〈화식열전〉

일구천금(一裘千金)

천양지피~ / 권43 〈조세가〉, 권68 〈상군열전〉

일국지정유일신지치(一國之政猶一身之治)

진 목공, 유여 / 인국유성인~ / 권5 〈진본기〉

일낙백금(一諾百金)

계포, 조구생 / 권100 〈계포난포열전〉

일득지우(一得之愚)

이좌거, 한신 / 지자천려필유일실~ / 권92 〈회음후열전〉

일모도원(日暮途遠)

오자서, 신포서 / 도행역시 / 권66 〈오자서열전〉

일목삼착(一沐三捉), 일반삼토(一飯三吐).

주공 단, 백금 / 삼착 / 권33 〈노주공세가〉

일반두미(一飯斗米)

염파, 곽개 / 염파선반 ; 삼유시 / 권81 〈염파인상여열전〉

일반삼유시(一飯三遺矢)

염파, 곽개 / 삼유시 ; 일반두미 ; 염파선반 / 권81 염파인상여열전

일반천금(一飯千金)

한신, 표모 / 표모반신 / 권92 〈회음후열전〉

일배갱(一杯羹)

유방, 항우 / 분아일배갱 / 권7 〈항우본기〉

일부토(一抔土)

장석지, 한 경제 / 권102 〈장석지풍당열전〉

일불가급(日不暇給)

사마천 / 봉선 / 권28 〈봉선서〉

일비충천(一飛冲天), 일명경인(一鳴驚人).

초 장왕, 오거, 제 위왕, 순우곤 / 삼년불언 / 권40 〈초세가〉 ; 권126 〈골계열전〉

일사일생(一死一生), 내지교정(乃知交情).

책공 / 문가라작 / 권120 〈급정열전〉

일시지리(一時之利)

진 무공, 호언, 선진 / 퇴피삼사 / 권39 〈진세가〉

일언구정(一言九鼎)

평원군, 모수 / 모수자천 ; 낭중지추 ; 삼촌설, 삼촌지설~ / 권76 〈평원군우경열전〉

일언반어(一言半語)

신릉군, 후영 / 이문 ; 허좌이대 / 권77 〈위공자열전〉

일음무하(日飲毋何)

원앙, 종 / 권101 〈원앙조조열전〉

일의고행(一意孤行)

조우 / 권122 〈혹리열전〉

일이관지(一以貫之)

공자, 증자(증삼) / 권47 〈공자세가〉

일인유경(一人有慶), 천하뢰지(天下賴之).

권20 〈건원이래왕자후자연표〉

일일부작(一日不作), 백일불식(百日不食).

대무오, 조 숙후 / 권40 〈조세가〉

일일천리(一日千里)

전광, 연 태자 단, 형가 / 권86 〈자객열전〉

일자천금(一字千金)

여불위 / 권85 〈여불위열전〉

일좌진경(一坐盡傾)

사마상여 / 심도 ; 옹용한하 / 권117 〈사마상여열전〉

일중불가식이대사(日中不暇食以待士)

주공 단, 주 문왕 / 일목삼착, 일반삼토 / 권4 〈주본기〉

일패도지(一敗塗地)

유방 / 권7 〈고조본기〉

일한여차(一寒如此)

범수, 수고 / 권79 〈범수채택열전〉

일호지액(一狐之腋)

천양지피불여일호지액 / 권43 〈조세가〉

입

입추여지(立錐餘地)

장량 / 권55 〈유후세가〉

입표(立表)

사마양저, 장고 / 군명유소불수 / 권64 〈사마양저열전〉

자

자긍공벌(自矜功伐)

항우 / 벌공긍능 / 권7 〈항우본기〉

자랑(資郞)

사마상여, 탁문군, 탁왕손 / 권117 〈사마상여열전〉

자부입시(子夫入侍)

위자부, 평양공주, 한 무제 / 평양가무 / 권49 〈외척세가〉

자속(自贖)

사마천 / 궁형 / 〈보임안서〉

자신(自新)

제영, 순우공, 한 문제 / 권10 〈효문본기〉

자원조화(資怨助禍)

국무, 연 태자 단, 번오기 / 아호지혜 / 권86 〈자객열전〉

자허오유(子虛烏有)

사마상여 / 양득의 ; 오유선생 / 권117 〈사마상여열전〉

작

작법자폐(作法自斃)

상앙 / 변법 ; 위법지폐, 일지차재 ; 거열 / 권68 〈상군열전〉

작벽상관(作壁上觀)

항우 / 권7 〈항우본기〉

잠

잠실(蠶室)

사마천 / 궁형 ; 영어 / 〈보임안서〉

장

장경조훼(長頸鳥喙)

구천, 범려 / 토사구팽 / 권91 〈월왕구천세가〉

장궁(藏弓)

범려 / 조진장궁 ; 토사구팽 / 권91 〈월왕구천세가〉

장상지장(將上之將)

한신, 유방 / 다다익선 ; 선장장 / 권92 〈회음후열전〉

장수선무(長袖善舞), 다전선고(多錢善賈).

사마천, 범수, 채택 / 권97 〈범수채택열전〉

장야지음(長夜之飮)

은 주왕, 하 걸왕 / 주지육림 / 권3 〈은본기〉

장이진여(張耳陳餘)

장이, 진여 / 문경지교 ; 좌제우설 / 권89 〈장이진여열전〉

장일일이구회(腸一日而九回)

사마천 / 구우일모 ; 회장구전 / 〈보임안서〉

장자방택류(張子房擇留)

장량 / 권55 〈유후세가〉

장자철(長者轍)

진평, 장씨 / 진평분육 ; 주재 / 권56 〈진승상세가〉

장재군(將在軍), 군명유소불수(君命有所不受).

사마양저, 주아부 / 군명유소불수 / 권64 〈사마양저열전〉 ; 권65 〈손자오기열전〉

장지명산(藏之名山)

사마천 / 〈보임안서〉

재

재기무쌍(才氣無雙)

이광, 공손곤야, 한 경제 / 이광난봉 / 권109 〈이장군열전〉

재덕부재험(在德不在險)

오기, 위 무후 / 권65 〈손자오기열전〉

재지공언(載之空言), 불여견지우행사지심절저명야(不如見之于行事之深切著明也).

사마천, 호수, 공자 / 권130 〈태사공자서〉

재지인(在知人), 재안민(在安民).

고요, 순임금, 우임금 / 구덕 / 권2 〈하본기〉

재현불위(才賢不爲), 시불충야(是不忠也).

권127 〈일자열전〉

쟁

쟁명우조(爭名于朝), 쟁리우시(爭利于市).

장의, 사마조 / 권70 〈장의열전〉

저

저우죽백(著于竹帛)

동방삭 / 삼천독 / 권126 〈골계열전〉

저이사(沮貳師)

사마천, 이광리 / 〈보임안서〉

적

적국파(敵國破), 모신망(謀臣亡).

한신, 여태후 / 토사구팽 / 권92 〈회음후열전〉

적우침주(積羽沈舟), 군경절축(群輕折軸), 중구삭금(衆口鑠金), 적훼소골(積毀銷骨).

장의, 위 애왕 / 중구삭금 ; 적훼소골 / 권70 〈장의열전〉

적제자(赤帝子)

유방 / 권8 〈고조본기〉

적현신주(赤縣神州)

추연 / 권74 〈맹자순경열전〉

적훼소골(積毀銷骨)

장의, 위 애왕 / 중국삭금 / 권70 〈장의열전〉

전

전거후공(前倨後恭)

소진 / 권69 〈소진열전〉

전격이정(傳檄而定)

한신, 유방 / 권92 〈회음후열전〉

전광쇄혈(田光洒血)

전광, 형가, 연 태자 단 / 권86 〈자객열전〉

전문비반(田文比飯)

맹상군(전문) / 식객삼천 / 권75 〈맹상군열전〉

전사지불망(前事之不忘), 후사지사야(後事之師也).

사마천 / 권6 〈진시황본기〉

전승이불여인공(戰勝而不予人功)

왕릉, 유방, 항우 / 인완폐 / 권8 〈고조본기〉〉

전승이장교졸타자패(戰勝而將驕卒惰者敗)

항량, 송의 / 권7 〈항우본기〉

전화위복(轉禍爲福), 인패성공(因敗成功).

소진 / 권69 〈소진열전〉

절

절감분소(絶甘分少)

사마천, 이릉 / 〈보임안서〉

절부구조(竊符救趙)

신릉군, 후영, 주해, 안리왕, 진비 / 허좌이대 / 권77 〈위공자열전〉

절치부심(切齒腐心/切齒拊心)

번오기, 형가 / 권86 〈자객열전〉 ; 《전국책(戰國策)》

접

접사(跕屣)

권129 〈화식열전〉

정

정견세굴(情見勢屈)

광무군, 한신 / 광부지언성인택언 / 권92 〈회음후열전〉

정공위신(丁公爲臣)

정공, 유방 / 권100 〈계포난포열전〉

정금위좌(正襟危坐)

가의, 송충 / 도고익안 / 권127 〈일자열전〉

정역유빈(鄭驛留賓)

정당시 / 권120 〈급정열전〉

정우일존(定于一尊)

이사, 진시황 / 분서갱유 / 〈진시황본기〉

정유기출(政由己出)

사마천, 항우 / 권7 〈항우본기〉

정족지세(鼎足之勢)

구정, 문정 / 권92 〈회음후열전〉

제

제국사(齊國社)

석분, 석건, 석갑, 석을, 석경 / 권103 〈만석장숙열전〉

제국유상(制國有常), 이민위본(利民爲本).

조 무령왕, 왕설, 공자 성 / 호복기사 / 권43 〈조세가〉

제노(齊虜)

유경(누경), 유방, 한왕 신 / 권99 〈유경숙손통열전〉

제위과보(齊魏夸寶)

제 위왕, 위 혜왕 / 권46 〈전경중완세가〉

제자백가(諸子百家)

사마천 / 권84 〈굴원가생열전〉

제팽(齊烹)

역이기(약생) / 설권제성 / 권97 〈역생육고열전〉

제포지의(綈袍之義)

범수, 수고 / 권79 〈범수채택열전〉

제후이교인즉실기국(諸侯而驕人則失其國)

위 문후, 자격(위 무후), 전자방 / 권44 〈위세가〉

조

조걸위학(助桀爲虐)

장량, 유방 / 권55 〈유후세가〉

조대여과(棗大如瓜)

이소군, 한 무제 / 권12 〈효무본기〉 ; 권28 〈봉선서〉

조룡(雕龍)

사마천, 추석 / 권74 〈맹자순경열전〉

조룡(祖龍)

진시황 / 권6 〈진시황본기〉

조모(趙母)

조괄, 조사 / 지상담병 ; 교주고슬 / 권81 〈염파인상여열전〉

조사문질(弔死問疾)

구천 / 와신상담 ; 식부중미 / 권66 〈오자서열전〉

조상소제(灶上騷除)

조사, 진왕(진시황) / 권87 〈이사열전〉

조승지주(照乘之珠)

제 위왕, 위 혜왕 / 제위과보 / 권46 〈전경중완세가〉

조씨고아(趙氏孤兒)

조최, 조돈, 조삭, 조무, 장희, 조영제, 도안고, 공손저구, 정영, 한궐 / 권43 〈조세가〉

조인광중(稠人廣衆)

관부 / 권107 〈위기무안후열전〉

조준(曹樽)

조참, 소하 / 소규조수 / 권54 〈조상국세가〉

조진모초(朝晉暮楚)

권39 〈조세가〉

조진장궁(鳥盡藏弓)

범려, 한신 / 토사구팽 ; 장경조훼 / 권41 〈월왕구천세가〉 ; 권92 〈회음후열전〉

종

종명정식(鐘鳴鼎食)

질씨 / 소봉가 / 권129 〈화식열전〉

종불이천하지병이이일인(終不以天下之病而利一人)

요임금, 순임금, 단주 / 권1 〈오제본기〉

종선여류(從善如流), 시혜불권(施惠不倦).

환공 / 권40 〈초세가〉

종선왕거(從先王居)

사마천 / 권3 〈은본기〉

종신불부고금(終身不復鼓琴)

백아, 종자기 / 백아절현 ; 지음 / 〈보임안서〉

종실지화(鐘室之禍)

한신 / 성야소하, 패야소하 / 권92 〈회음후열전〉

좌

좌건외역(左建外易)

조양, 상앙, 맹란고 / 권68 〈상군열전〉

좌관성패(坐觀成敗)

임안, 강충, 한 무제 / 권104 〈전숙열전〉

좌단(左袒)

진평, 주발, 여태후, 염파, 인상여 / 부형청죄 / 권9 〈여태후본기〉 ; 권81 〈염파인상여열전〉

좌불수당(坐不垂堂)

사마상여, 한 무제 / 권117 〈사마상여열전〉 ; 권101 〈원앙조조열전〉

좌영우불(左縈右拂)

초 경양왕 / 권40 〈초세가〉

좌제우설(左提右挈)

장이, 진여 / 권89 〈장이진여열전〉

좌지우출(左支右絀)

소려, 주 난왕, 양유기 / 권4 〈주본기〉

주

주가(朱家)

주가, 곽해 / 권124 〈유협열전〉

주감(酒酣)

사마상여, 안영 / 권117 〈사마상여열전〉

주극생난(酒極生亂)

순우곤 / 권126 〈골계열전〉

주남유체(周南留滯)

사마천, 사마담 / 권130 〈태사공자서〉

주산자해(鑄山煮海)

오왕 유비, 초왕 유무, 한 경제 / 권106 〈오왕비열전〉

주소국의(主少國疑)

전문, 오기 / 권65 〈손자오기열전〉

주재(主宰)

진평 / 진평분육 ; 사평득재천하, 역여시육의 / 권56 〈진승상세가〉

주조조(誅晁錯)

조조 / 권101 〈원앙조조열전〉; 권106 〈오왕비열전〉

주중적국(舟中敵國)

오기, 위 무후 / 권65 〈손자오기열전〉

주지육림(酒池肉林)

하 걸왕, 은 주왕 / 장야지음 / 권3 〈은본기〉

주해수추(朱亥袖椎)

주해, 진비, 신릉군, 후영 / 절부구조 / 권77 〈위공자열전〉

주호주월(走胡走越)

주가, 하후영, 계포 / 권100 〈계포난포열전〉

중

중구삭금(衆口鑠金)/중구연금(衆口鍊金)

적훼소골 / 권70 〈장의열전〉

중노여수화(衆怒如水火), 불가구야(不可救也).

초 영왕, 기질(초 평왕), 공자 비 / 권40 〈초세가〉

중석몰촉(中石沒鏃)

이광 / 권109 〈이장군열전〉

중원축록(中原逐鹿)

괴통, 유방 / 권92 〈회음후열전〉

중족이립(重足而立), 측목이시(側目而視).

급암, 장탕 / 후래거상 / 권120 〈급정열전〉

중후소문(重厚少文)

유방, 주발, 여태후 / 권8 〈고조본기〉

증

증체(證逮)

장건, 유발 / 권59 〈오종세가〉

증판지사(繒販之士)

관영(영음후), 부기지미 / 권95 〈번역등관열전〉

지

지강급미(舐糠及米)

응고, 교서왕 / 권106 〈오왕비열전〉

지고기양(志高氣揚)

소진, 제 선왕 / 권69 〈소진열전〉

지광인희(地廣人希)

사마천 / 권129 〈화식열전〉

지기일부지기이(知其一不知其二)

유방 / 삼불여 / 권8 〈고조본기〉

지량설비(持梁齧肥)

채택, 범수 / 장수선무, 다전선고 / 권70 〈범수채택열전〉

지록위마(指鹿爲馬)

조고, 진2세 / 권6 〈진시황본기〉

지상귀(支床龜)

권128 〈귀책열전〉

지상담병(紙上談兵)

조괄, 조사 / 교주고슬 ; 조모 / 권81 〈염파인상여열전〉

지여지위취(知與之爲取), 정지보야(政之寶也).

관중, 환공, 조말 / 권62 〈관안열전〉

지(智)·용(勇)·인(仁)·강(彊)

백규, 이윤, 여상(강태공), 손자(손무), 오자(오기) / 치생 / 권129 〈화식열전〉

지음(知音)

백아, 종자기 / 백아절현 / 〈보임안서〉

지인즉지(知人則智), 능관인(能官人) ; 능안민즉혜(能安民則惠), 여민회지(黎民懷之).

고요, 우임금 / 제2 〈하본기〉

지자결지단야(知者決之斷也) ; 의자사지해야(疑者事之害也).

괴통, 한신 / 시지불행, 반수기앙 / 권92 〈회음후열전〉

지자불배시이기리(智者不倍時而棄利)

노중련, 악의, 전단 / 권83 〈노중련추양열전〉

지자천려필유일실(智者千慮必有一失), 우자천려필유일득(愚者千慮必有一得).

이좌거(광무군), 한신 / 권92 〈회음후열전〉

지족이거간(知足以距諫), 언족이식비(言足以飾非).

은 주왕 / 주지육림 ; 포락 / 제3 〈은본기〉

지진능색(智盡能索)

권129 〈화식열전〉

지투수비(知鬪修備)

계연 / 귀상극즉반천 / 권129 〈화식열전〉

지하(指瑕)

인상여 / 화씨지벽 ; 하자 ; 완벽 / 권81 〈염파인상여열전〉

지행입명(砥行立名)

사마천 / 권61 〈백이열전〉

직

직언극간(直言極諫)

조조, 원앙 / 권101 〈원앙조조열전〉

직하(稷下)

제 환공, 제 선왕, 제 위왕, 맹자, 순자 / 권46 〈전경중완세가〉, 권74 〈맹자순경열전〉

진

진목장담(瞋目張膽)

진섭(진승) / 권89 〈장이진여열전〉

진목질지(瞋目叱之)

항우, 유방, 누번 / 오녕투지 / 권7 〈항우본기〉

진보(陳寶)

진 문공 / 권6 〈진본기〉

진선지정(進善之旌)

한 문제 / 비방지목 / 권10 〈효문본기〉

진실기록(秦失其鹿)

괴통, 유방 / 권92 〈회음후열전〉

진왕사어(秦王射魚)

진시황, 서불 / 권6 〈진시황본기〉

진인(眞人)

노생, 진시황 / 권6 〈진시황본기〉

진정지곡(秦庭之哭)

진포서, 오자서 / 굴묘편시 ; 도행역시 ; 일모도원 / 권66 〈오자서열전〉

진지우우(秦智虞愚)

백리해, 건숙, 유여, 진 목공 / 권5 〈진본기〉

진진상인(陳陳相因)

사마천 / 권30 〈평준서〉

진평분육(陳平分肉)

진평 / 주재 ; 사평득재천하,~ / 권56 〈진승상세가〉

질

질도창응(郅都蒼鷹)

질도 / 권122 〈혹리열전〉

질족선득(疾足先得)

괴통, 유방 / 권92 〈회음후열전〉

질현투능(嫉賢妒能)

왕릉, 항우, 유방 / 권8 〈고조본기〉

찰

찰능이수관자(察能而授官者), 성공지군야(成功之君也).

악의, 연 혜왕 / 군자교절불출악성,~ / 권80 〈악의열전〉

참

참목게간(斬木揭竿)

가의 / 과진론 ; 게간이기 / 권6 〈진시황본기〉

참첨지폐명(讒諂之蔽明), 사곡지해공(邪曲之害公).

굴원 / 거세혼탁,~ ; 회석자침 / 권84 〈굴원가생열전〉

창

창견(蒼犬)

여태후, 여의 / 권9 〈여태후본기〉

창름실이지예절(倉廩實而知禮節), 의식족이지영욕(衣食足而知榮辱).

관중 / 권62 〈관안열전〉

창명교저(彰明較著)

사마천 / 세한연후지송백지후조야 / 권61 〈백이열전〉

창시(蒼兕)

사상보(강태공), 주 무왕 / 권32 〈제태공세가〉

채

채미가(采薇歌)

백이, 숙제 / 불식주속 / 권61 〈백이열전〉

채택연수(蔡澤年壽)

채택, 당거 / 권70 〈범수채택열전〉

척

척객자유(跖客刺由)

도척, 허유 / 척구폐요 ; 걸견폐요 / 권83 〈노중련추양열전〉

척구폐요(跖狗吠堯)

도척, 요임금 / 척객자유 ; 걸견폐요 / 권92 〈회음후열전〉

척단촌장(尺短寸長)

굴원, 사마천 / 권73 〈백기왕전열전〉

척촌지병(尺寸之柄)

사마천, 위표, 팽월 / 권90 〈위표팽월열전〉

척촌지지(尺寸之地)

서악, 한 무제 / 토붕와해 / 권112 〈평진후주보열전〉

척포두속(尺布斗粟)

유장(회남왕), 한 문제 / 권118 〈회남형산열전〉

천

천견과문(淺見寡聞)

사마천 / 권1 〈오제본기〉

천고청비(天高聽卑)

송 경공, 자위 / 권38 〈송미자세가〉

천관지리(天冠地履)

가의, 송충 / 도고익안 / 권127 〈일자열전〉

천금(千金)

포사, 주 유왕, 한신, 표모 / 천금매소 ; 일반천금 ; 천금지자,~ / 권92 〈회음후열전〉; 권129 〈화식열전〉 외

천금매소(千金買笑)

주 유왕, 포사 / 권5 〈주본기〉

천금지자(千金之子), 불사우시(不死于市).

사마천 / 권129 〈화식열전〉

천려일실(千慮一失), 천려일득(千慮一得).

이좌거, 한신 / 지자천려필유일실,~ / 권92 〈회음후열전〉

천리마(千里馬)

주 목왕, 서안왕 / 권43 〈조세가〉

천망아비전지죄야(天亡我非戰之罪也)

항우 / 사면초가 ; 강동부형 ; 권토중래 / 권7 〈항우본기〉

천무이일(天無二日), 지무이왕(地無二王).

유방, 태공 / 권7 〈고조본기〉

천문만호(千門萬戶)

한 무제, 간장궁 / 권12 〈효무본기〉

천부(天府)

유경, 유방 / 권99 〈유경숙손통열전〉

천붕지탁(天崩地坼)

노중련, 신원연 / 권83 〈노중련추양열전〉

천양지피(千羊之皮), 불여일호지액(不如一狐之掖).

조량, 상앙, 조간자, 주사 / 권68 〈상군열전〉; 권43 〈조세가〉

천여불취(天與不取), 반수기구(反受其咎).

범려, 구천, 부차 / 권41 〈월왕구천세가〉

천인지낙낙(千人之諾諾), 불여일사지악악(不如一士之諤諤).

조량, 상앙 / 천양지피,~ / 권68 〈상군열전〉

천자(天子)

권1 〈오제본기〉

천자무희언(天子無戲言). 언즉사서지(言則史書之), 예성지(禮成之), 악가지(樂歌之).

당숙우, 주 성왕 / 동엽희 / 권39 〈진세가〉

천하만물지음생(天下萬物之蘊生), 미불유사(靡不有死).

한 문제 / 권10 〈효문본기〉

천하무쌍(天下無雙)

평원군, 신릉군, 공손곤야, 이광 / 권77 〈위공자열전〉; 권109 〈이장군열전〉

천하안(天下安), 주의상(注意相) ; 천하위(天下危), 주의장(注意將).

육고, 진평 / 가빈즉사양처,~ / 권97 〈역생육고열전〉

천하양양(天下壤壤), 개위이왕(皆爲利往).

사마천 / 개위리 ; 천하희희 / 권129 〈화식열전〉

천하제일(天下第一)

한 문제, 오공 / 권84 〈굴원가생열전〉

천하지환재어토붕(天下之患在於土崩), 부재어와해(不在於瓦解).

서악 / 권112 〈평진후주보열전〉

천하흉흉(天下洶洶)

항우, 유방 / 오녕투지,~ / 권7 〈항우본기〉

천하희희(天下熙熙), 개위이래(皆爲利來).

사마천 / 개위리 ; 천하양 / 권129 〈화식열전〉

철

철식토포(輟食吐哺)

장량 / 유후차저 / 권55 〈유후세가〉

첨

첨병감조(添兵減灶)

손빈, 방연 / 감조유적 / 권65 〈손자오기열전〉

첨운취일(瞻雲就日)

요임금 / 권1 〈오제본기〉

첩

첩족선득(捷足先得)/질족선득(疾足先得)

괴통, 유방 / 진실기록 ; 질족선득 / 권92 〈회음후열전〉

첩혈승승(喋血乘勝)

사마천, 위표, 팽월 / 권90 〈위표팽월열전〉

청

청금(靑琴)

사마상여, 한 무제 / 권117 〈사마상여열전〉

청실(請室)

주발 / 거실 / 〈보임안서〉; 권56 〈강후주발세가〉

청운자치(靑雲自致)

수고, 범수 / 탁발난수 / 권79 〈범수채택열전〉

청자사지후야(聽者事之候也) ; 계자사지기야(計者事之機也).

괴통, 한신 / 삼분천하 / 권92 〈회음후열전〉

청제(靑帝)

진 선공 / 권28 〈봉선서〉

청채출우람(靑采出于藍), 이질청우람(而質靑于藍).

순자 / 권60 〈삼왕세가〉

투현질능(妬賢嫉能)

항우 / 사불여 / 권7 〈항우본기〉

파

파고이위환(破觚而爲圜), 착조이위박(斲雕而爲朴).

사마천 / 권122 〈혹리열전〉

파부침주(破釜沉舟)

항우 / 권7 〈항우본기〉

파슬감현(破瑟減弦)

이연년, 소녀, 한 무제 / 권28 〈봉선서〉

파조회식(破趙會食)

한신 / 배수지진 / 권92 〈회음후열전〉

판

판축반우(版築飯牛)

부열, 영척 / 권112 〈평진후주보열전〉

팔

팔공(八公)

유안(회남왕) / 권118 〈회남형산열전〉

팔백제후(八百諸侯)

은 주왕, 주 무왕 / 권3 〈은본기〉

팔원팔개(八元八愷)

고양씨, 고신씨 / 권1 〈오제본기〉

패

패군지장(敗軍之將), 불가이언용(不可以言勇).

이좌거, 한신 / 지자천려일실,~ / 권92 〈회음후열전〉

패왕별희(覇王別姬)

항우, 우희 / 사면초가 ; 해하가 / 권7 〈항우본기〉

패자회황(佩紫懷黃)

채택, 당거 / 권79 〈범수채택열전〉

편

편의시행(便宜施行)

소하, 유방 / 권53 〈소상국세가〉

편청생간(偏聽生奸), 독임성난(獨任成亂).

추양, 양 효왕 / 권83 〈노중련추양열전〉

평

평생환(平生歡)

관고, 설공, 유방 / 권89 〈장이진여열전〉

평양가무(平陽歌舞)

평양공주, 위자부(위황후) / 자부입시 / 권49 〈외척세가〉

평원십일음(平原十日飮)

평원군, 진 소왕, 범수, 위제 / 권79 〈범수채택열전〉

평이근인(平易近人)

주공, 백금, 강태공 / 권33 〈노주공세가〉

폐

폐사입공(廢私立公)

연 소왕 / 선국가지급이후사구야 / 권34 〈연소공세가〉

폐서이탄(廢書而嘆)

사마천, 맹자 / 권74 〈맹자순경열전〉

포

포득자필폭망(暴得者必暴亡), 강취자필후무공(强取者必後無功).

송 원왕 / 권128 〈귀책열전〉

포락(炮烙)

은 주왕, 달기 / 주지육림 ; 장야지음 / 권3 〈은본기〉

포려자수(暴戾恣睢)

사마천, 도척 / 권61 〈백이열전〉

포신구화(抱薪救火)

소대, 단간자 / 권44 〈위세가〉

포어사취(鮑魚死臭)

진시황, 조고, 이사 / 온량거 / 권6 〈진시황본기〉

포의검수(布衣黔首)

이사, 진시황 / 권87 〈이사열전〉

포의지교(布衣之交)

인상여, 진 소왕 / 권81 〈염파인상여열전〉

포통서하(抱痛西河)

자하, 위 문후 / 권67 〈중니제자열전〉

표

표모반신(漂母飯信)

한신, 표모 / 일반천금 / 권92 〈회음후열전〉

풍

풍기운증(風起雲烝)

사마천, 진섭 / 권130 〈태사공자서〉

찾아보기는 가나다순의 성어 항목과 역시 가나다순의 인명을 통한 항목 찾기의 두 부분으로 구성되어 있다. 관련 인물도 함께 표기한다. 예를 들어 첫 항목인 '가거도사벽립'의 주인공은 사마상여이지만, 직접 관련된 인물은 그 아내인 탁문군이 있고, 간접적으로 탁문군의 아버지 탁왕손, 사마상여를 탁씨 집안 잔치에 초대한 임공의 현령 왕길 등이 있다. 여기에 직접 관련된 다른 항목도 표기한다. 아래에 예시한다.

예) 가거도사벽립(家居徒四壁立)

사마상여, 탁문군, 탁왕손, 왕길 / 곡종주아, 금도문군, 금심상도, 문군당로, 심도, 용용한아, 일좌진경 / 권117 〈사마상여열전〉

＊인명으로 찾아보기는 간략한 소개와 관련 인물 및 인명 아래에 직접 관련된 항목 모두를 표기한다. 해당 인물의 시대(왕조), 생졸 연도도 함께 표기한다. 아래에 예시한다.

예) 사마상여(司馬相如, 기원전 179〜기원전 118)

서한(경제, 무제)의 문장가.(→ 탁문군, 한 경제, 한 무제)

가거도사벽립 ; 거종사모 ; 견자 ; 겸용병포 ; 계심여원 ; 고목후주 ; 곡종주아 ; 과렴선치 ; 구감유양 ; 구회모인 ; 구흘 ; 금도문군 ; 금심상도 ; 급찰 ; 독비곤 ; 독서격검 ; 명자원견어미맹 ; 문군당로 ; 박호무위 ; 부노선구 ; 부형지교불선 ; 비영등무 ; 숭론굉의 ; 심도, 야랑자대 ; 양득의 ; 옹용한아 ; 운몽함흥 ; 유양 ; 유촉문 ; 의불반고 ; 일좌진경 ; 자랑 ; 자허오유 ; 좌불수당 ; 주감 ; 칠년변재 ; 풍지소피 ; 헌부 ; 흉용팽배

＊성어에 해당하는 인물이 없을 경우는, 맨 아래에 모두 기타 항목으로 처리했다. 생졸 연도와 재위 연도는 《중국역사대사전(中國歷史大辭典)》(上海辭書出版社, 2007)에 의거했다.

가의(賈誼, 기원전 200〜기원전 168)

서한 초기(문제)의 정치가이다.(→ 한 문제, 송충, 사마계주)

각여기의 ; 과진론 ; 고유지지 ; 금성천리 ; 도고익안 ; 도혹교우, 언불염다 ; 동심병력 ; 변화유시 ; 불기동년이어 ; 비권양력 ; 석권 ; 안민가여행의〜 ; 옹폐지, 국상야 ; 정금위좌 ; 참목게간 ; 천관지리 ; 취수부동술 ; 탐부순재, 열사순명 ; 한자이수갈이기자감조강 ; 홀이자실

감라(甘羅, 생졸 미상)

전국시대 초 상채(上蔡) 출신으로 여불위(呂不韋)의 식객으로 있다가 진시황에 의해 어린 나이에 상경(上卿)에 임명되었다.(→ 감무, 여불위, 진시황)

감라작상 ; 소년감라

감룡(甘龍, 생졸 미상)

진 효공과 상앙의 개혁에 반대하고 저항한 수구파의 대표적 인물이다.(진 효공, 상앙, 두지)

이불백, 불변법〜

감무(甘茂, 생졸 미상)

전국시대 중기 진나라의 명장으로 장의와 저리질의 추천을 받아 혜문왕이 기용했다.(장의, 소대, 저리질, 혜문왕)

빈녀분광 ; 삼인의지, 기모구의 ; 식양지서

강태공(姜太公, 기원전 11세기)

말기의 인물로 주 문왕과 무왕을 도와 은을 멸하고 주를 건국하는 데 결정적인 공을 세워 제나라의 시조가 되었다.(→ 은 주왕, 주 태공, 주 문왕, 주 무왕)

강태공조어 ; 경상 ; 비호비비 ; 시난득이이실 ; 창시 ; 태공망

경포(黥布, ?〜기원전 196)

초한쟁패 시기의 무장으로 항우 밑에 있다가 유방에게 귀순했다가 서한 건국 후 반란을 일으키다가 죽었다.(→ 한 고조)

대희과망 ; 동공일체

계연(計然, 생졸 미상)

춘추시대 경제 전문가로 월왕 구천에게 경제 관련 정책을 제

시한 바 있다. 범려의 스승으로도 알려져 있다.(→ 범려, 구천)

계연지책 ; 귀상극즉반천 ; 귀출여분토 ; 물천지징귀~ ; 수즉자거~ ; 이심병농~ ; 지투수비 ; 칠책오성

계찰(季札, 생졸 미상)

춘추시대 오나라 왕 수몽(壽夢, 재위 기원전 585~기원전 561)의 막내아들. 어질고 유능하기로 천하에 이름을 떨친 명사이다.

계찰괘검 ; 탄이관지

계포(季布, 생졸 미상)

서한 초기의 인물로 초한쟁패 때 항우 편에서 유방을 여러 차례 괴롭혔으나 유방이 그를 포용하여 벼슬까지 받았다.(→ 한 고조, 항우, 여태후, 번쾌, 조구, 두 장군)

계포일낙 ; 일낙백금 ; 횡행장

고공단보(古公亶父, 기원전 약 12세기)

주 왕조의 선조이자 주 문왕의 조부이다.

가공송덕 ; 부로휴약 ; 유민입국~

고요(皐陶, 전설시대)

전설시대의 순임금 당시 형벌과 감옥을 관리하여 남다른 정치론을 내세운 인물이다.(→ 순임금, 하우)

구덕 ; 원수명재~ ; 유명능신 ; 재지인, 재안민

고점리(高漸離, 생졸 미상)

전국 말기의 음악가로 자객 형가와 어울리다 형가의 진시황 암살이 실패한 다음 진시황을 암살하려다가 실패하여 죽었다.(→ 형가, 진시황)

방약무인 ; 변치지성 ; 치연격축

공손곤야(公孫昆邪, 생졸 미상)

한 경제 때 전속국 벼슬에 있었던 인물이다.

재기무쌍 ; 천하무쌍

공손홍(公孫弘, 기원전 200~기원전 121)

한나라 초기의 유학자이자 관료로 남다른 처세술로 이름을 남기고 있다.(→ 원고생, 급암, 한 무제)

계해 ; 곡학아세 ; 공손목시 ; 발몽진락 ; 부신지병 ; 수선지지 ; 역행근호인~ ; 외관내심

공씨(孔氏, 생졸 미상)

진·한 교체기 하남성 남양(南陽) 지역에 야철업으로 크게

치부한 인물로 남다른 사업수완과 치부법을 남겼다.

유한공자

공의휴(公儀休, 생졸 미상)

춘추시대 노나라의 박사 출신으로 재상을 지낸 순리(循吏, 청백리)로 명망이 높다.

공의퇴식

공자(孔子, 기원전 551~기원전 479)

춘추시대 노나라의 사상가, 교육가로 유가를 창시하여 후대에 큰 영향을 남겼다.(→ 자공, 안연, 재여, 백이, 노 애공)

갈택후어, 복소훼란 ; 개포과야재, 언능계이불식 ; 거일반삼 ; 거직착제왕, 즉왕자직 ; 고산앙지, 경행행지 ; 노룡 ; 명독탄 ; 부모국 ; 부진일등 ; 불강기지, 불욕기신 ; 불능찬일구 ; 불분불계 ; 비연성장 ; 산시 ; 살계언용우도 ; 삼귀 ; 삼천제자 ; 상가지견 ; 서수획린 ; 세한연후지송백지후조야 ; 수족이처 ; 심향왕지 ; 약기사문, 거기번중 ; 양농능가이불능위장 ; 예실즉혼 ; 위서삼절 ; 위편삼절 ; 이모취인, 실지자우 ; 이언취인, 실지재여 ; 일거양마 ; 일이관지 ; 칠십이현 ; 통일달재, 획린

공자 광(光) → 합려(闔閭)

과부 청(淸, 생졸 미상)

진시황 때의 여성 사업가로 정조를 지키면서 사업을 잘 해내 진시황의 존경을 받았다.(→ 진시황)

단대 ; 여회청대 ; 예항만승

곽거병(霍去病, ?~기원전 117)

한 무제 때의 장수로 흉노 정벌에 공을 세워 무제의 총애를 받았다.

개과회정

곽광(霍光, ?~기원전 68)

한 무제 때의 대신으로 명장 곽거병(霍去病)의 배다른 동생으로 무제 사후 대장군의 신분으로 어린 소제(昭帝)를 보필하며 국정을 주도했다.

개과회정

곽외(郭隗, 생졸 미상)

전국시대 연 소왕(昭王)의 개혁정치를 도운 은자로 소왕은 곽외를 황금으로 치장한 집에 모셨다.(→ 연 소왕)

개원천리 ; 선종외시 ; 황금대

곽해(郭解, 생졸 미상)

한 무제 때의 유협이다. 사마천이 19세 무렵 그를 직접 보고 강한 인상을 받아 〈유협열전〉을 구상하는 계기를 마련해 주었다.

단소정한 ; 인모영명, 개유기호

관고(貫高, ?~기원전 198)

한 고조의 사위 조왕 장오를 모시던 신하로 장오를 욕보인 고조를 암살하려 했던 인물이다.

백인 ; 평생환

관부(灌夫, ?~기원전 131)

서한의 공신 관영의 가신으로 '관' 성을 받아 '오초칠국의 난'을 평정하는 공을 세워 중랑장이 되었다.(→ 두영, 전분, 정불식, 한 경제)

관부매좌 ; 동조정변 ; 불직일전 ; 사주 ; 상인위중 ; 상지한만 ; 영천호객 ; 인승비근 ; 조인광중 ; 한상지만

관영(灌嬰, ?~기원전 176)

한 고조와 동향 출신의 서한 개국공신으로 옷감 장수 출신이다.(→ 소하, 번쾌, 한 고조)

증판지사

관중(管仲, ?~기원전 645)

춘추시대 명재상으로 제나라를 일약 강대국으로 끌어올리는 데 큰 역할을 했다.(→ 포숙, 제 환공)

관포지교 ; 구합제후 ; 불수소절이치공명불현우천하 ; 사구호부 ; 삼귀 ; 삼전삼주 ; 생아자부모~ ; 의식족이지영욕 ; 지여지위취~ ; 창름실이지예절

괴통(蒯通, 생졸 미상)

초한쟁패 당시 한신의 책사로 활동하여 '삼분천하'를 권유한 인물이다. 서한 건국 후 수배령이 내려져 붙잡혔으나 논리로 유방을 설득하여 목숨을 건졌다.(→ 한신, 한 고조)

고재질족 ; 공고진주 ; 공자난성이이패 ; 도삼촌설 ; 만부일실 ; 불상지공 ; 삼분천하 ; 삼촌설 ; 상군지배 ; 성패재우결단 ; 사지불행, 반수기앙 ; 예정 ; 용략진주자신위 ; 운합무집 ; 위민청명 ; 인심난측 ; 일어쌍관 ; 정족지세 ; 중원축록 ; 지자결지단야~ ; 진실기록 ; 질족선득 ; 첩족선득 ; 청자사지후야~ ; 환생우다욕

구천(勾踐, ?~기원전 465 / 재위 기원전 497~기원전 465)

춘추시대 월나라의 왕으로 오나라의 합려, 부차와 수십 년에 걸친 오월쟁패 끝에 오나라를 멸망시켰다.(합려, 부차, 범려, 문종, 오자서, 백비)

가여동환 ; 동고락 ; 식부중미 ; 십년생취 ; 와신상담 ; 의부중채 ; 조사문질

국무(鞠武, 생졸 미상)

전국 말기 연나라의 태부 벼슬을 지낸 인물로 태자 단의 진시황 암살에 반대했다.(연 태자 단, 번오기, 형가)

광일장구 ; 아호지혜 ; 자원조화

군왕후(君王后, ?~기원전 249)

전국 말기 제나라 양왕의 부인으로 몰락한 제나라를 잘 이끌었다는 평가를 받고 있다.(→ 제 양왕, 태사 교)

오종

굴원(屈原, 기원전 339~기원전 약 278)

전국시대 초나라의 애국시인으로 혼군과 간신의 박해로 멱라수에 몸을 가라앉혀 자결하였다.(→ 초 회왕, 근상, 장의)

거세혼탁, 유아독청 ; 굴원침상 ; 멱라수 ; 병좌지삭 ; 비아막능위 ; 수파축류 ; 인궁즉반본 ; 참첨지폐명~ ; 칭문소이기지극대~ ; 호색불음 ; 회근악유 ; 회사 ; 회석자침

굴의구(屈宜臼, 생졸 미상)

전국시대 한 소후의 신하로 소후의 미래를 예견한 인물이다.(→ 한 소후)

시출거영

근상(靳尙, 생졸 미상)

전국시대 초나라 회왕 때의 간신으로 충직한 굴원을 모함하여 내쳤다.(→ 굴원, 초 회왕)

비아막능위

급암(汲黯, ?~기원전 112)

서한 경제와 무제 때의 관리로 강직하고 청렴한 성품으로 '사직지신'으로 불린 인물이다.(→ 한 경제, 한 무제, 공손홍, 책공)

문가라작 ; 발몽진락 ; 보과습유 ; 비기엽이상기지 ; 사직지신 ; 와리회양 ; 중족이립~ ; 후래거상 ; 휘지즉거

기신(紀信, ?~기원전 204)

초한쟁패 때 형양성에서 최대의 위기에 빠진 유방을 대신

하여 희생한 인물이다.
기신광초

기자(箕子, 기원전 약 12세기)
은나라 말기 미자·비간과 함께 세 명의 현자로 알려져 있
다. 은 주왕의 폭정에 은의 멸망을 예견했다.(→ 은 주왕, 미
자, 비간)
견미이지청탁 ; 견미지저 ; 교동 ; 맥수지탄 ; 무편무당~ ; 피
발양광

기질(棄疾) → 초 평왕

기해(祁奚, 생졸 미상)
춘추시대 진 도공 때의 인물로 사람을 쓰는 용인(用人)의
원칙을 제기했다.(진 도공)
기해지거

난대(欒大, ?~기원전 112)
한 무제 때 오리장군, 천도장군 등으로 불리며 우대를 받
은 방사이다.(→ 한 무제)
백모인

난포(欒布, ?~기원전 145)
초한쟁패 때 유방을 여러 차례 곤경에 빠뜨렸다. 그 뒤 팽월
을 섬기다가 유방에 붙잡혔으나 당당하게 맞서 풀려났다.
궁곤불능욕신하지~ ; 난공입사

남양 공씨(孔氏, 생졸 미상)
진한 교체기 하남성 남양에서 남다른 수완으로 크게 치부
한 상인이다.
유한공자

낭야왕(琅琊王) 유택(劉澤, ?~기원전 178)
한 고조의 먼 친척 형제로 진희의 반란을 진압하는 데 공
을 세운 인물이다.(→ 한 고조, 제왕 유양, 한 문제 유항)
호의미유소정 ; 호이관자

노생(盧生, 생졸 미상)
진시황 때의 방사들 중 한 사람으로 '진인' 이야기를 올려
진시황을 홀렸다.(→ 진시황)
진인

노애(嫪毐, ?~기원전 238)
전국 말기 진나라의 권력자 여불위가 진왕(훗날 진시황)의
생모인 조희의 음욕을 충족시키기 위해 궁으로 들여보낸
자이다.(→ 여불위, 조희)
대음인

노자(老子, 생졸 미상)
춘추시대 공자의 유가와 쌍벽을 이룬 도가의 창시자로 중
국 정치와 사상에 깊은 영향을 남겼다.(→ 공자, 한비자)
계구지성상문, 노사불상왕래 ; 골개이후, 독기언재이 ; 노
룡 ; 무위자화 ; 벌공긍능 ; 부귀자송인이재~ ; 심장약허 ; 양
고심장약허~ ; 오천언 ; 총명심찰이근우시자~

노중련(魯仲連, 생졸 미상)
전국시대 제나라의 유세가로 뛰어난 언변과 강직한 성품
으로 유명하다.(→ 전파, 서겁, 평원군)
규소절자불능성영명~ ; 노련도해 ; 노련사상 ; 도동해이사
이 ; 배난해분 ; 백인교전~ ; 지자불배시이기리 ; 천붕지탁

동곽(東郭, 생졸 미상)
한 무제 때 제나라 출신의 방사이다.(→ 위청)
동곽리

동방삭(東方朔, 기원전 154~기원전 93)
한 무제 때의 문장가이자 익살꾼으로 무제의 정신적 멘토
에 가까운 인물이다.(→ 한 무제)
고종우궁, 성문우외 ; 공거상서 ; 도회인생 ; 삼천독 ; 시이즉
사이 ; 저우죽백 ; 피세조정지간

동중서(董仲舒, 기원전 179~기원전 104)
한 무제 때의 유학자로 당시 통치 이데올로기를 확립하는
데 큰 역할을 한 인물이다.(→ 한 무제, 공안국)
목불규원 ; 삼년불관우사원 ; 하유독서

두광국(竇廣國, ?~기원전 150)
서한 문제의 황후인 두황후의 동생. 어려서 생이별한 두황
후를 만나 재능과 덕으로 조야의 존경을 받고 '문경지치'
에 중요한 역할을 해냈다.(→ 두황후)
개목

두영(竇嬰, ?~기원전 131)
서한 초기 한 문제 두황후의 조카이고, 경제 오초칠국의

난을 평정하는 데 공을 세워 위기후에 봉해진 인물이다.(→
한 문제, 한 경제, 관부, 전분)
동조정변 ; 무금 ; 상인위중 ; 상제병론 ; 상지한만 ; 유언비
어 ; 인승비근 ; 한상지만

두(竇)황후(?~기원전 135)

젊어서 여태후를 모시다가 대왕(代王) 유항(劉恒, 한 문제)
의 왕비가 되었다가 유항이 황제가 됨으로써 황후가 되었
다.(→ 두광국, 한 문제, 양 효왕)
개목 ; 불가승도 ; 위치자부재다언

등통(鄧通, 생졸 미상)

한 문제 때 배를 몰던 황두랑으로 문제의 총애를 입어 권
세를 떨친 인물이다.(→ 한 문제)
등가동산 ; 불명일전

마범(馬氾, 생졸 미상)

전국 말기 진나라가 명맥만 남은 서주를 공격하려 하자 위
나라를 개입시켜 이를 막은 인물로 유세가로 추정한다.
사단

만성연(曼成然, 생졸 미상)

초 평왕의 부하로 영왕을 협박하여 자살하게 만들었다.(→
초 평왕, 초 영왕)
중노여수화, 불가구야

맹상군(孟嘗君, 생졸 미상)

3천의 식객을 거느렸던 전국시대 제나라의 유력자로 위
나라의 신릉군, 조나라의 평원군, 초나라의 춘신군과 함께
'전국 사공자'로 명성을 떨쳤다.(→ 풍환, 진 소왕)
계명구도 ; 교토삼굴 ; 도비불고 ; 삼천객 ; 상문유상 ; 식객삼
천 ; 전문비반

맹자(孟子, 기원전 약 372~기원전 289)

전국시대 노나라 추(鄒) 출신의 유가 사상가로 공자의 법
통을 이은 것으로 평가한다.(위 혜왕, 공자)
군욕리즉대부욕리 ; 무국요맹자 ; 방우리이행, 다원 ; 폐서이탄

모수(毛遂, 생졸 미상)

전국시대 조나라의 실력자 평원군의 식객으로 뛰어난 언
변과 용기로 외교에서 큰 공을 세운 인물이다.(→ 평원군, 조
혜문왕)

낭중지추 ; 모수자천 ; 부현사지처세야 ; 삼촌지설~ ; 인인성
사 ; 일언구정 ; 추처낭중

모초(茅焦, 생졸 미상)

제나라 지역 출신으로 진시황 때 과감하게 직언한 대신으
로 이름을 남기고 있다.(→ 진시황, 노애)
모초지간

몽염(蒙恬, ?~기원전 210)

진시황 때의 제나라 출신 명장으로 간신 조고의 모함으로
태자 부소와 함께 억울하게 자결했다.(→ 조고, 몽의, 진2세)
과가진이간가각

몽염(蒙毅, ?~기원전 210)

진나라 말기의 명장 몽염의 동생으로 조고의 모함으로 처
형당했다.(→ 몽염, 조고)
성명낭자

무염씨(無鹽氏, 생졸 미상)

오초칠국의 난 때 조정에 막대한 돈을 빌려주어 원금의 10
배를 돌려받아 그 부가 관중과 맞먹었다는 사업가이다.
부열관중

문종(文種, 생졸 미상)

춘추시대 월나라의 공신으로 범려와 함께 구천을 보좌하
여 기원전 473년 오나라를 멸망시키는 데 절대적인 공을
세웠으나 구천의 강요로 자결했다.
장경조훼 ; 토사구팽

미자(微子, 기원전 약 12세기)

은나라 말기 기자, 비간과 함께 '삼인'으로 불린 현자로 주
나라에 항복하는 의식을 치렀다.(기자, 비간, 은 주왕)
견양파모 ; 육단

미자하(彌子瑕, 생졸 미상)

춘추시대 위(衛) 영공의 총애를 받았던 미소년이다.(→ 위 영공)
식여도

반고(班固, 32~92)

동한의 역사가로 《사기》의 기전체를 본받아 최초의 단대
사인 《한서》를 편찬했다.
인두축명

방군(房君, 생졸 미상)

진시황 사후 봉기한 진섭의 상국으로 집성이 조왕 무신을 공격하려는 것을 막았던 인물이다.(→ 진섭, 무신)

우생일진

방연(龐涓, ?~기원전 342)

전국시대 위나라의 군사가로 동문수학한 손빈을 모함했으나 끝내 손빈에게 패해 자결했다.(→ 손빈, 귀곡자)

감조유적 ; 마릉서수 ; 빈각 ; 위위구조

백규(白圭, 생졸 미상)

전국시대 낙양의 상인으로 훗날 상인의 시조로까지 받들어졌다.

도백지자 ; 인기아취, 인취아여 ; 지인용강 ; 치생

백기(白起, ?~기원전 257)

전국 말기 진나라의 명장으로 장평전투에서 조나라 병사 40만을 생매장한 인물이다.(→ 범수, 소양왕, 조괄)

군유소불격 ; 두우지육 ; 투합취용

백리해(百里奚, 생졸 미상)

춘추시대 우(虞) 나라의 대신이었으나 포로가 되었다가 진 목공에게 임용되었다.(→ 진 목공, 건숙)

오고대부 ; 우구지하 ; 우정지의 ; 진지우우

백아(伯牙, 생졸 미상)

춘추시대 진(晉)의 대부로 음악을 매개로 한 농부 종자기(鍾子期)와의 신분을 초월한 우정으로 널리 알려졌다.(→ 종자기)

백아절현 ; 종신불부고금 ; 지음

백양(伯陽, 생졸 미상)

주 유왕 때 태사 벼슬에 있으면서 주와 유왕의 위기를 예견한 인물이다.(→ 주 유왕, 포사)

무가내하

백이(伯夷, 기원전 11세기)

주나라 초기 고죽국의 왕자로 은의 멸망과 주의 건국을 받아들이지 못하고 동생 숙제와 함께 수양산에 들어가 죽었다.(→ 숙제, 주 무왕)

불식주속 ; 채미가 ; 이폭역폭

번오기(樊於期, ?~기원전 227)

연으로 망명한 진의 장수로 형가의 진시황 암살을 돕기 위해 자신의 목을 바쳤다.(→ 형가, 연 태자 단)

아호지혜 ; 절치부심

번중산보(樊仲山父, 기원전 9세기)

서주 선왕 때의 대신으로 고공단보의 후손으로 알려져 있다.(→ 주 선왕)

영지불행, 정지불립~

번쾌(樊噲, ?~기원전 189)

서한의 개국공신으로 유방(한 고조)과 동향 출신이다. 홍문연의 위기에서 유방을 구해내는 데 큰 역할을 했다.(→ 유방, 항우, 한신)

노고공고 ; 대행불고세근 ; 목자진열 ; 발지목렬 ; 수여쾌오 ; 승수기미 ; 아위어육 ; 인위도저 ; 항장무검, 의재패공 ; 횡행장

범려(范蠡, 생졸 미상)

춘추시대 월나라의 군사가, 정치가, 상인이다.(→ 구천, 문종, 오자서, 부차)

가여동환, 난여처안 ; 거가즉치천금,~ ; 구수존망불상 ; 대명지하, 난이구거 ; 도백지자 ; 도주지부 ; 벌가자기즉불원 ; 변명역성 ; 병자흉기, 전자역덕 ; 비조진, 양궁장~ ; 삼치천금, 삼취삼산 ; 승견구량 ; 장경조훼 ; 조진장궁 ; 장궁 ; 천여불취, 반수기구 ; 치이자피 ; 칠책오성 ; 택인이심시

범수(范睢, ?~기원전 255)

위(魏) 나라 출신의 유세가. 조국에서 박해를 받고 진(秦) 나라로 망명하여 소양왕(昭襄王)을 도와 '원교근공(遠交近攻)'이란 외교정책을 제안하여 천하 통일에 기여함.(→ 진 소양왕, 채택, 위제, 수고)

개심 ; 갱뇨 ; 누란지위 ; 두구회족 ; 명주입정, 유공자부득불상 ; 복심 ; 살신성명 ; 시사여귀 ; 애자필보 ; 오궤 ; 욕이부지지족~ ; 용주상소애이벌소오 ; 원교근공 ; 위우누란 ; 일한여차 ; 제포지의 ; 청우자치 ; 탁발난수

범증(范增, 기원전 277~기원전 204)

초한쟁패 때 항우의 핵심 참모로 활약했으나 항우와 사이가 틀어져 낙향하던 중 사망했다.(→ 항우, 유방, 장량)

걸해골 ; 망진삼호 ; 부족여모 ; 수자부족여모 ; 옥결 ; 용호기 ; 유랑옥두 ; 초수삼호, 망진필초

병씨(邴氏, 생졸 미상)

춘추시대 조 지역의 사업가로 대장장이로 크게 치부했다.

면유습, 양유취

복생(伏生, 생졸 미상 100세)

진나라 때 박사를 지낸 인물로 유가 경전을 벽에 숨겨 놓았다가 한나라 건국 후 조정에 올렸다.

복생장벽

복식(卜式, 생졸 미상)

목축으로 치부하여 한 무제 때 거금을 내서 농민들을 도운 인물이다.

복식수재

부열(傅說, 기원전 약 13세기)

은 무정이 꿈을 꾸고 발탁한 인재로 은나라를 중흥시킨 주역이기도 하다.(→ 은 무정)

몽득부열 ; 탁몽용부열 ; 판축반우

부차(夫差, ?~기원전 473 / 재위 기원전 495~기원전 473)

춘추시대 오나라의 왕으로 월왕 구천과의 오월쟁패에서 패하여 나라는 망하고 자결했다.(→ 합려, 오자서, 백비, 구천, 범려, 문종, 서시)

무면복 ; 선삽 ; 와신상담

비간(比干, 기원전 11세기)

은(상) 마지막 임금인 주왕에게 직언하다 죽임을 당한 은말 삼인(三仁)의 한 사람이다.(은 주왕, 기자, 미자)

시간

비의(肥義, ?~기원전 295)

전국시대 조나라 숙후(肅侯)와 무령왕(武靈王) 때의 신하(→ 조 무령왕)

간신재조, 국지잔야 ; 우자암성사, 지자도미형

사광(師曠, 생졸 미상)

춘추시대 도공과 평공 때의 대신이자 음악가이다.

복상지음

사마계주(司馬季主, 생졸 미상)

한나라 초기의 점쟁이로 가의와 송충을 만나 나눈 이야기가 〈일자열전〉에 기록되어 있다.(→ 가의, 송충)

도혹교우, 언불염자 ; 복자단어과엄이득인정 ; 봉복대소

사마담(司馬談, ?~기원전 110)

사마천의 부친으로 역사서 저술을 위한 관련 자료를 널리 수집하여 사마천의 집필에 큰 역할을 했다.

관언불청, 간내불생 ; 논육가요지 ; 동귀이수도 ; 박이과요, 노이소공 ; 불별친소, 불수귀천~ ; 수도동귀 ; 순지자창, 역지자망 ; 주남유체 ;

사마상여(司馬相如, 기원전 179~기원전 117)

서한 경제, 무제 시기의 문장가이다.(→ 탁문군, 탁왕손, 왕길, 한 경제, 한 무제)

가거도사벽립 ; 거종사모,~ ; 견자 ; 겸용병포 ; 계심여원 ; 고목후주 ; 곡종주아 ; 과렴선치 ; 구감유양 ; 구문견속 ; 구회모인 ; 구흘 ; 금도문군 ; 금심상도 ; 급찰 ; 독비곤 ; 독서격검 ; 명자원견어미맹 ; 문군당로 ; 문익 ; 박호무위~ ; 백리불판초~ ; 부노선구 ; 부형지교불선 ; 비영등무 ; 상여병갈 ; 숭론굉의 ; 심도, 야랑자대 ; 양득의 ; 염치 ; 오유선생 ; 옹용한아 ; 운몽함흥 ; 유양 ; 유촉문 ; 의불반고 ; 일좌진경 ; 자랑 ; 자허오유 ; 좌불수당 ; 주감 ; 청금 ; 칠년변재 ; 풍지소피~ ; 필유비상지언~ ; 헌부 ; 화위오유 ; 흉용팽배

사마양저(司馬穰苴, 생졸 미상)

춘추시대 제나라의 명장으로 병사들을 제 몸처럼 아꼈고, 《사마병법》을 남겼다.(안영, 제 경공, 장고)

군명유소불수 ; 망전필위 ; 인미권경 ; 입표 ; 장재군, 군명유소불수

사마조(司馬錯, 생졸 미상)

전국시대 유세가로 장의와 치열한 논쟁을 벌인 인물이다.(→ 장의, 진 혜왕)

욕부국자무광기지 ; 쟁명우조~ ;

사마천(司馬遷, 기원전 145~기원전 약90)

서한 무제 때의 역사가로 3천 년 통사 《사기(史記)》를 남김.(→ 사마담, 한 무제, 이릉, 호수, 이광, 곽해)

각종기지 ; 강안 ; 개위리 ; 거실 ; 거지일세, 종지이곡~ ; 거취지분 ; 경위지사 ; 경지상형, 향지응성 ; 경행행지 ; 고산앙지 ; 고산앙지, 경행행지 ; 광양자자 ; 교자유여 ; 구사부상 ; 구우일모 ; 구합취용 ; 구화양비 ; 국군강대, 유덕자창 ; 국유현상양장, 민지사표야 ; 국지장흥, 필유정상 ; 궁형 ; 근근간간 ; 논열시비 ; 능행지자, 미필능언 ; 담언미중,

역가이해분 ; 당소위천도시야비야 ; 대류불연 ; 대분망천 ; 대직약굴~ ; 도부동, 불상위모 ; 동명상조, 동류상구 ; 등용문 ; 만사일생 ; 말혈음읍 ; 망라천하방실구문 ; 망루탄주 ; 명사사업 ; 물성이쇠, 시극이전 ; 물천지징귀, 귀지칭천 ; 반경행권 ; 방예원착 ; 벌공긍능 ; 법령이도민~ ; 변고난상 ; 병좌지삭 ; 보임안서 ; 본말상순 ; 부기미 ; 부당불편~ ; 부부단서 ; 부자필용기승 ; 부상십즉비하지 ; 부의숙당, 불령이실시~ ; 부자혹루거만, 빈자불염조강 ; 부형 ; 분불고신 ; 불경지담 ; 불교이민종기화 ; 불궤우법 ; 불식대체 ; 비론제속, 여세침부 ; 비물연류 ; 빈부지도, 막지탈여 ; 빙청옥결 ; 사미이지박 ; 사현이불능용, 유국자지치 ; 삭목위리 ; 상득익창 ; 석실금궤 ; 선선오악 ; 소봉가 ; 수이호구 ; 승임유쾌 ; 시장 ; 실지호리, 차이천리 ; 암혈지사 ; 앙수신미 ; 여세부침 ; 영어 ; 예금미연 ; 예생어유이폐어무 ; 요미구식 ; 용겁세야, 강약형야 ; 용문 ; 이권리합자~ ; 이령지혼 ; 이무일체, 용문지지 ; 이식지담 ; 인고유일사~ ; 인모영명, 개유기호 ; 자속 ; 잠실 ; 장일일이구회 ; 장지명산 ; 재지공언~ ; 저이사 ; 전사지불망~ ; 조룡 ; 주남유체 ; 지행입명 ; 척단촌장 ; 척촌지병 ; 천견과문 ; 천하양양, 개위이왕 ; 취사유시 ; 치아위화 ; 탐고삼지, 염고오지 ; 태산홍모 ; 폐서이탄 ; 향곡지예 ; 호색불음 ; 호학심사, 심지기의 ; 화막참우욕리~ ; 화지위뢰 ; 회장구전

삼려대부(三閭大夫) → 굴원

사사(師史, 생졸 미상)

서한 초기의 상인으로 공적인 일과 개인적인 일을 엄격하게 구분했던 인물이다.

수과읍불입문

상산사호(商山四皓, 생졸 미상)

진말한초 네 명의 은자로 장량의 초청으로 태자 유영(훗날 혜제)을 모시게 함으로써 고조의 태자 폐위를 막았다.

사양장랑 ; 상산사호 ; 우익

상수(商遂, 생졸 미상)

한 경제 때 태자 폐위 사건에서 두영을 설득하여 입조케 한 인물이다.

상제병론

상앙(商鞅, 기원전 약 390~기원전 338)

전국시대 위(衛)나라 출신으로 진(秦)으로 망명하여 진의 개혁을 주도한 정치가이다.(→ 진 효공, 진 혜왕, 조량)

가급인족 ; 거관수법 ; 거열 ; 구가이강국, 불법기고 ; 기도임술 ; 기회지형 ; 도불습유 ; 모언화야, 지언실야~ ; 법지불행자상범야 ; 법지불행자우귀척 ; 변법 ; 상앙사목 ; 위법자폐 ; 의행무성~ ; 이목지신 ; 일구천금 ; 작법자폐 ; 천인지낙낙~ ; 치세불일도, 편법불법고

상홍양(桑弘羊, 기원전 155~기원전 80)

한 무제 때 공근 등과 함께 재정 전문가로 기용되어 염철의 전매와 세금을 관장했던 인물이다.(→ 한 무제, 공근, 정당시)

이석추호

서문표(西門豹, 생졸 미상)

전국시대 초기 위나라의 정치가이다. 과감하고 엄격한 정치로 이름을 남기고 있다.(→ 위 문후)

삼불기 ; 서문투무

서불(徐市, 또는 서복徐福 / 생졸 미상)

진시황 때의 방사로 3천 동남동녀를 배에 태워 바다로 나가서는 돌아오지 않았다고 한다.

동남동녀 ; 삼불기 ; 삼신산

서수(犀首, 생졸 미상)

전국시대 유세가로 장의와 사이가 좋지 않은 인물이다.(→ 진진, 장의)

서수

서악(徐樂, 생졸 미상)

한 무제 때의 대신으로 대책을 올려 발탁되었다.(→ 한 무제, 주보언, 엄안)

상견한만 ; 척촌지지 ; 천하지환재어토붕~ ; 토붕와해

서왕모(西王母)

곤륜산에 살고 있다는 여신으로 목천자, 즉 주 목왕과 놀았다는 신화가 전한다.(→ 주 목왕)

요지

석보(析父, 생졸 미상)

초 영왕 때의 시종 추정한다.

필로남위

석분(石奮, ?~기원전 124)

한 문제와 경제 때 여러 벼슬을 거친 인물로 권력자의 눈

치를 잘 보는 처세로 이름이 나 있다.(→ 석건, 석갑, 석을, 석경, 공광)

곡학아세 ; 만석군 ; 제국사 ; 휘수수마

석사(石奢, 생졸 미상)

춘추시대 초 소왕(昭王, 기원전 약 523~기원전 489) 때의 청백리이다.

견직염정, 무소아피

석작(石碏, 생졸 미상)

춘추시대 위(衛)나라 대부이다.

가수우인

선곡(宣曲) 임씨(任氏, 생졸 미상)

진말한초 선곡 지방의 사업가로 시세를 잘 파악하여 크게 치부했다.

독취귀선

섭정(聶政, ?~기원전 397)

전국시대 한나라 사람으로 춘추전국 4대 자객의 한 사람이다.(→ 섭영, 엄중자, 협루)

백홍관일 ; 사위지기자사~ ; 하세

성탕(成湯, 또는 상탕商湯 / 기원전 17세기)

은(상)을 개국한 군주로 덕정으로 인심을 얻었다.(→ 이윤)

누망지어 ; 망개삼면 ; 식언 ; 오반 ; 인시수견형~ ; 입현무방 ; 하대

소공(召公, 기원전 9세기)

주 여왕의 폭정을 비판하고 민심의 사나움을 경고한 주 왕실의 대신이다.(→ 주 여왕)

방민지구, 심어방수

소대(蘇代, 생졸 미상)

전국시대 최고 유세가 소진과는 형제이고, 그 역시 유세가로 이름을 떨쳤다.(소진, 소려, 감무, 안리왕)

교군필호리~ ; 박지소이귀효자~ ; 빈녀분광 ; 여집좌권 ; 온조좌권 ; 포신구화 ; 호랑지국

소려(蘇厲, 생졸 미상)

전국 말기의 유세가로 소진, 소대와 형제 사이이다.(→ 소진, 소대)

좌지우출

소옹(少翁, ?~기원전 117)

서한 무제 때의 방사로 무제의 총애를 입어 문성장군(文成將軍)으로 봉해졌다.(→ 한 무제)

문성 ; 우복서

소진(蘇秦, 생졸 미상)

전국시대 주나라의 유세가로 강국 진나라에 대항하기 위한 연국 연합책인 '합종'을 제안하여 6국 공동재상이 되어 한 시대를 풍미했다.(→ 장의, 진 혜왕, 제 선왕, 한 혜왕, 조 숙후)

경위지사 ; 계구우후 ; 굴수수서 ; 매국 ; 미생지신 ; 병유어지적, 새붕당지문 ; 부곽전 ; 부귀즉친척외구지~ ; 석교지의 ; 신지불신, 왕지복야 ; 영위계구, 물위우후 ; 육인 ; 인화위복 ; 전거후공 ; 전화위복, 인패성공 ; 지고기양 ; 측목이시 ; 합종연횡

소평(召平, 생졸 미상)

한 혜제 때 제나라 애왕의 재상을 지낸 인물로 여씨 세력 축출 때 자결했다.(→ 제 애왕, 위발)

당단부단, 반수기란

소하(蕭何, ?~기원전 193)

서한의 개국공신으로 첫 승상을 지내면서 한나라 초기 정국 안정에 크게 기여했다.(→ 유방, 한신, 장량, 조참, 혜제)

국사무쌍 ; 근수관약 ; 논공행봉 ; 도필지리 ; 삼불여 ; 성야소하, 패야소하 ; 소규조수 ; 소택 ; 소하월하추한신 ; 승수기미 ; 여실좌우수 ; 인공, 구공 ; 추살수토자구야 ; 편의시행 ; 한계야창 ; 획일지법

손무(孫武, 생졸 미상)

춘추시대 최고의 군사 전문가로 역사상 최초의 병법서 《손자병법》을 남겼다.(→ 합려, 오자서)

삼령오신 ; 수화불사 ; 약속불명~ ; 약속불명~ ;

손빈(孫臏, 기원전 약 378~기원전 310)

전국시대 제나라의 군사전문가로 강국 위나라와의 전투에서 거듭 승리를 거두었다.(→ 방연, 제 위왕, 전기)

감조유적 ; 능행지자, 미필능언 ; 마릉서수 ; 비항허도 ; 빈각 ; 위위구조 ; 인세이도 ; 첨병감조 ; 형격세금

손숙오(孫叔敖, 생졸 미상)

춘추시대 초 장왕 때의 재상(→ 초 장왕, 우맹)

각득기소편, 민개락기생 ; 불교이민종기화 ; 삼득상이불희
~ ; 우맹의관

송 강왕(康王, ?~기원전 286 / 재위 기원전 329~기원전 286년)

전국시대 소국 송의 폭군으로 상 무을을 흉내 내서 하늘을
쏜다는 '사천(射天)' 놀이에 탐닉했다.

낭혈사천

송 양공(襄公, ?~기원전 637 / 재위 기원전 650~기원전 637)

춘추시대 송나라의 군주로 체면과 의리만 앞세우다 전투
에서 패하여 조롱거리가 된 인물이다.(→ 목이)

송양지인

송(宋) 원왕(元王)

춘추시대 송 원공(元公, ?~기원전 517 / 재위 531~기원전 517)
으로 추정된다. 〈귀책열전〉에만 보이는 인물이다.

간자복야, 유자적야 ; 귀촉망 ; 포득자필폭망, 강취자필후무공

송의(宋義, ?~기원전 208)

진말 전국 각지에서 봉기에서 초나라 상장군을 맡았다가
항우에게 살해된 인물이다.(→ 항우, 항량, 초 회왕 심)

박우지맹불가이파기슬 ; 전승이장교졸타자패 ; 피견집예

송창(宋昌, 생졸 미상)

서한 초기 대왕(代王)으로 있던 유항(劉恒)을 황제(한 문제)
로 세우는데 큰 역할을 한 대신이다.(한 문제)

견아상제 ; 반석지종 ; 소언공, 공언지

송충(宋忠, 생졸 미상)

한나라 초기의 정치가로 가의와 함께 사마계주라는 점쟁
이를 만난 기록을 남기고 있다.(→ 가의, 사마계주)

도고익안 ; 정금위좌

수고(須賈, 생졸 미상)

위나라의 중대부로 범수가 모셨던 인물이다.(→ 범수, 위제)

제포지의 ; 청운자치 ; 탁발난수

숙손통(叔孫通, 생졸 미상)

진말한초 노나라 출신의 유학자로 서한 건국 후 조정의 예
절을 정하는 데 큰 역할을 했다.

대직약굴, 도고위사 ; 면절 ; 문동무서 ; 부족괘치 ; 서절구
도 ; 하족괘치 ; 헌과

숙향(叔向, 생졸 미상)

춘추시대 진(晉) 나라의 대부로 제나라의 안영, 정나라의
자산과 함께 뛰어난 정치가로 이름을 남기고 있다.(→ 한선
자, 정자산)

득국오난 ; 종선여류 ; 호학불권

순식(荀息, 생졸 미상)

춘추시대 진(晉) 헌공(獻公) 시기의 대부이다.(→ 진 헌공)

가도벌괵 ; 마치도증 ; 백규지점, 상가마야 ; 순망치한

순우곤(淳于髡, 생졸 미상)

전국시대 제나라 위왕(?~기원전 320) 때의 외교관으로 왕
에게 늘 유머와 풍자로 직간했던 인물이다.(→ 제 위왕)

골계 ; 견토지쟁 ; 낙극생비 ; 대거불교~ ; 대소절영 ; 배반낭
자 ; 승의관색 ; 유곤 ; 유잠타이 ; 주극생란

순(舜)임금(전설시대)

중국 역사상 최고의 성군으로 추앙 받는 제왕의 한 사람이
다.(요임금, 하우, 백이, 고요)

면유퇴방 ; 시언의, 가장언~ ; 유명능신 ; 팔원팔개 ; 회계

순자(荀子, 기원전 약 313~기원전 238)

유가사상을 집대성한 사상가로 법가의 인물인 이사와 한
비자가 그의 문하에서 배웠다.(→ 이사, 한비자)

구막대우비천~

신공(申公, 생졸 미상)

한 무제 때의 학자로 이름은 배(培)이고, 《시(詩)》의 권위자
였다.(→ 한 무제, 두태후)

위치자부재다언~ ; 의자즉궐

신군(神君, 생졸 미상)

한 무제 때의 여성 방사(무당)로 무제의 존중을 받은 인물
이다.(→ 한 무제)

감천묘수 ; 완약

신릉군(信陵君, ?~기원전 243)

전국시대 위나라의 실력자이자 전국 4공자의 한 사람으로
신분을 막론하고 인재를 우대했던 인물이다.(→ 후영, 평원군)

급인지곤 ; 모설 ; 불치하교 ; 비예구립 ; 삼천객 ; 순주부인 ; 식객삼천 ; 인차매장 ; 일언반어 ; 절부구조 ; 허좌이대

신포서(申包胥, 생졸 미상)

춘추시대 초나라 대신으로 오자서가 오나라 군대를 이끌고 초를 공격하자 이를 비판했다.(→ 오자서)

인중자승천 ; 진정지곡 ; 칠일칠야~

심이기(審食其, ?~기원전 177)

유방과 동향 출신의 공신으로 여태후의 측근이 되어 권세를 누리다가 회남왕 유장이 보낸 자객에게 피살되었다.

교족이대

악의(樂毅, 생졸 미상)

전국시대 중산의 명장으로 연 소왕의 초빙으로 연나라로 건너와 제나라 정벌에 큰 공을 세웠으나 연 혜왕에 의해 쫓겨났다.(연 소왕, 연 혜왕, 기겁)

군자교절불출악성~ ; 충신거국불결기명 ; 찰능이수관자~ ; 선작자불필선성~ ; 사전지국 ; 선시선종

안영(晏嬰, ?~기원전 500)

춘추시대 제나라의 명재상으로 쇠퇴기의 제나라를 잘 이끌었던 뛰어난 정치가이자 외교가로서 남다른 언변으로 명성을 남기고 있다.(제 영공, 장공, 경공, 월석보, 사마양저)

군자굴어부지기이신어지기자 ; 의기양양 ; 인산인해 ; 주감

양유기(養由基, 생졸 미상)

춘추시대 초 장왕 때의 장수로 명사수로 이름을 떨쳤다.(→ 초 장왕)

백발백중

양(梁) 효왕(孝王, ?~기원전 144 / 재위 기원전 168~기원전 144)

한 문제의 둘째 아들이자 경제의 동생으로 이름은 유무(劉武)다. 오초칠국의 난을 평정하는 데 공을 세워 권세를 휘둘렀다.(→ 추양, 한안국, 한 문제, 한 경제)

걸견폐요 ; 불가승도 ; 비법불언, 비도불행 ; 치천하종불이사난공

엄안(嚴安, 기원전 약 156~기원전 87)

한 무제 때 주보언, 서악 등과 대책을 올려 발탁된 인물이다.(→ 한 무제, 주보언, 서악)

변풍역속 ; 불약이동회 ; 상견한만

여불위(呂不韋, ?~기원전 235)

전국시대 말기 위(衛) 지역의 상인으로 자초(장양왕)를 왕으로 세우는 데 결정적인 역할을 하여 진시황 초기까지 큰 위세를 떨쳤다.(→ 자초, 화양부인, 조희, 노애, 진시황)

기화가거 ; 이색사인자~ ; 일자천금

여의(如意, 기원전 201~기원전 194)

한 고조 유방과 후비 척희(戚姬) 사이에서 태어난 어린 아들로 여태후에 의해 독살당했다.

기기애애

여태후(呂太后, ?~기원전 180)

한 고조 유방의 아내로 고조 사후 실권을 휘두르며 국정을 주도했다.(한 고조, 혜제, 장량, 척희)

백구과극 ; 안유 ; 여태후연석 ; 영항 ; 인체 ; 창견

역상(酈商, ?~기원전 180)

서한 초기의 장수로 초한쟁패 때 유방에게 귀의하여 공을 세웠다.(→ 심이기, 유방)

교족이대

역이기(酈食其, ?~기원전 203)

초한쟁패 때 유방을 도와 큰 역할을 한 유세가. 역생(酈生)이란 존칭으로도 불렸다.(→ 한 고조, 한신, 괴통, 위표)

거상 ; 계장안출 ; 고양주도 ; 규합지중 ; 노이요지 ; 민이식위천 ; 사통오달 ; 설권제성 ; 수유 ; 완협 ; 요유관 ; 이기하제국 ; 제팽

연 소공(召公, 기원전 11세기)

주나라 건국 후 제후에 봉해진 연나라의 시조이다.

분섬지중 ; 회당수

연 소왕(昭王, ?~기원전 279 / 재위 기원전 311~기원전 279)

전국시대 약소국 연나라의 군주로 각국의 인재를 우대하여 연나라를 중흥시켰다.(→ 곽외, 악의, 추연)

개원천리 ; 비신후폐 ; 사쟁추연 ; 선종외시 ; 옹혜 ; 축금대 ; 폐사입공 ; 황금대

연 태자 단(丹, ?~기원전 226)

자객 형가를 보내 진시황을 암살하려다 실패한 뒤 요동으로 달아났다가 진나라 군대에 잡혀 죽고 연나라를 얼마 뒤 망했다.(→ 형가, 국무, 번오기)

광일장구 ; 역수가

염파(廉頗, 생졸 미상)

전국시대 조나라의 무장으로 진나라와의 전투 때 이간계
에 넘어간 효성왕에 의해 파직되어 위나라로 망명했다.(인
상여, 조 혜문왕, 조 효성왕, 조괄, 곽개)

교주고슬 ; 구설 ; 문경지교 ; 부형청죄 ; 삼유시 ; 염파선
반 ; 염파객 ; 육단 ; 일반두미 ; 일반삼유시 ; 좌단

영성(寧成, 생졸 미상)

한 무제 때의 관리로 권력자의 구미에 맞추어 법을 집행하
는 추악한 혹리의 선두주자로 평가받고 있다.(→ 한 무제, 공
손홍)

영견유호~ ;

영척(寧戚, 생졸 미상)

춘추시대의 현자로 소를 키우다 관중의 추천으로 환공에
의해 기용되었다.

판축반우

예량부(芮良夫, 생졸 미상)

주 여왕 때의 대부로 여왕의 폭정에 대해 직언한 사람이
다.(→ 주 여왕, 영이공)

필부전라~

예양(豫讓, 생졸 미상)

춘추시대 자객의 한 사람으로 자신을 우대한 지백을 위해
조양자를 두 차례 죽이려다 실패하여 자살했다.(→ 지백, 조
양자)

사위지기자사, 여위열기자용 ; 삼약격지 ; 칠신탄탄

오공(吳公, 생졸 미상)

한 문제 하남태수를 지낸 인물로 치적이 아주 뛰어났다고
한다.

천하제일

오기(吳起, ?~기원전 381)

전국시대 위(衛)나라 출신의 군사 전문가이자 개혁가로 위
(魏)·초(楚)에서 개혁을 주도하였다.(→ 위 문후, 초 도왕)

각포소은 ; 능행지자, 미필능언 ; 살처구장 ; 위졸연농 ; 재덕
부재험 ; 주중적국 ; 함혈연창

**오왕(吳王) 유비(劉濞, 기원전 215~기원전 154/재위 기원전
195~기원전 154)**

한 고조의 조카로 오초칠국의 난을 일으킨 주동자였다.(→
한 경제)

계출무료 ; 동오상조, 동호상류 ; 부열천자 ; 주산자해 ; 지강
급미

오자서(伍子胥, ?~기원전 484)

춘추시대 초나라 사람으로 아버지와 형님을 죽인 평왕(平
王)의 박해를 피해 오나라로 망명하여 오왕 합려를 왕으로
세우고, 오나라 군대로 초나라를 공격하여 죽고 없는 평왕
의 무덤을 파헤쳐 시신에 채찍질을 가한 원한과 복수의 화
신으로 남아 있다.(→ 초 평왕, 합려, 전제, 부차, 백비, 범려, 구
천, 신포서)

결목현문 ; 굴묘편시 ; 도행역시 ; 동고락 ; 무면목 ; 복심지
질 ; 식부중미 ; 어복장검 ; 오시취소 ; 오원결목 ; 오원편
시 ; 인중자승천 ; 일모도원 ; 치이자피

오지(烏氏) 나(倮, 생졸 미상)

진시황 때 변경에서 대규모 목축업을 경영하여 치부한 여
성 사업가로 추정된다.

곡량

오피(伍被, ?~기원전 122)

서한 초기 회남왕 유안이 반역을 일으키려고 자기 편으로
끌어들이려 했던 장수이다.(→ 회남왕 유안)

총자청우무성~

오(吳) 태백(太伯, 생졸 미상)

동생 중옹(仲雍)과 함께 왕위를 양보하고 동남으로 이주하
여 오나라의 시조가 된 인물이다.

문신단발

옹치(雍齒, ?~기원전 192)

초한쟁패 때 유방을 몇 차례 배신했던 인물이다. 유방은
논공행상 때 그를 공신에 봉하여 불만들을 가라앉혔다.(→
한 고조, 장량)

옹치봉후

왕릉(王陵, ?~기원전 181)

한 고조와 동향 출신의 개국공신으로 상국 조참이 죽은 다
음 우승상을 맡았다.(→ 주발, 진평, 여태후)

면절정쟁 ; 전승이불여인공 ; 질현투능

왕손만(王孫滿, 생졸 미상)

춘추시대 주 왕실의 대신으로 초 장왕의 중원에 야심을 막아냈다.(→ 초 장왕)

덕지휴명~ ; 문정

왕전(王翦, 생졸 미상)

전국 말기 진나라의 명장으로 천하통일에 큰 공을 세운 인물이다.(→ 진시황, 백기, 왕분, 왕리)

삼세위장 ; 투합취용 ;

요(堯)임금(전설시대)

전설시대 오제(五帝)의 한 사람으로 순임금과 함께 성군(聖君)의 상징으로 추앙받았다.(→ 순임금, 고요)

감문지양 ; 걸견폐요 ; 부이불교, 귀이불서 ; 신칙백관, 중공개흥 ; 요령 ; 종불이천하지병이이일인 ; 척구폐요 ; 첨운취일 ; 팔원팔개 ; 홍수도천

우경(虞卿, 생졸 미상)

전국시대 조나라의 유력자 평원군의 식객으로 있다가 곤경에 처했으나 이를 극복하고 《우씨춘추(虞氏春秋)》를 저술했다.(평원군, 위제)

궁수저서 ; 불유여력 ; 우경쌍벽

우맹(優孟, 생졸 미상)

춘추시대 초나라의 궁정 연예인으로 유머와 풍자로 장왕에게 충고를 잘했던 인물이다.(초 장왕, 손숙오)

우맹간장마 ; 우맹의관 ; 우창주유

우전(優旃, 생졸 미상)

진시황 때의 궁중 연예인으로 유머와 풍자로 그 이름을 〈골계열전〉에 남겼다.(→ 진시황)

우전풍칠성 ; 우창주유

원고생(轅固生, 생졸 미상)

서한 경제 때 시경 박사를 지낸 학자로 강직한 직언과 지식인에 대한 날카로운 비판으로 명성이 높았다.(→ 한 경제, 공손홍, 황생)

곡학아세 ; 관리도치 ; 관수폐, 필가우수~ ; 불식마간

원앙(袁盎, ?~기원전 148)

서한 문제, 경제 때의 신하로 많은 대책과 충언을 올렸다.(→ 한 문제, 한 경제, 조조)

남비 ; 불측지연 ; 의형 ; 일음무하 ; 좌불수당 ; 직언극간 ; 투계주구

월왕 무강(無彊, 생졸 미상)

전국시대 월나라 왕(제 위왕)

견호모이불견기첩 ; 목록

위(魏) 문후(文侯, ?~기원전 396 / 재위 기원전 445~기원전 396)

전국시대 초기 오기, 이극 등 인재를 적극 기용하여 위나라를 강국으로 끌어올린 개혁 군주이다.(→ 오기, 이극, 자하, 단간목)

가빈즉사양처 ; 거시기소친 ; 군호지즉신위지, 상행지즉민종지

위발(魏勃, 생졸 미상)

서한 초기 여씨 세력을 제거하는 데 큰 역할을 했던 대신이다.(→ 관영, 조참)

상문쇄소 ; 소문구견

위상(魏尙, ?~기원전 157)

서한 초기의 명장이다. 운중태수로서 그 명성을 널리 알렸다.(→ 한 문제, 풍당)

운중태수

위(衛) 영공(靈公, 기원전 540~기원전 493 / 재위 기원전 534~기원전 493)

춘추시대 위나라의 군주로 역사적 평가가 엇갈리는 인물이다.(→ 미자하)

식여도 ; 초요과시

위자부(衛子夫, ?~기원전 91)

한 무제의 두 번째 황후다. 평양 공주의 시녀로 있다가 무제의 눈에 들어 황후가 되었다.(→ 한 무제, 평양 공주)

자부입시 ; 평양가무

위청(衛靑, ?~기원전 106)

한 무제 때의 무장으로 누이인 위자부가 황제의 총애를 받으면서 시중 벼슬을 받고 대사마 자리까지 올랐다.

도리불언, 하자성혜 ; 동곽리 ; 평양가무 ; 휘지즉거

위평(衛平, 생졸 미상)

송 원왕 때의 인물로 〈귀책열전〉에만 보인다.

간자복야, 유자적야 ; 귀촉망

위(魏) 혜왕(惠王, 기원전 400~기원전 319 / 재위 기원전 369~기원전 319)

전국시대 위나라의 군주로 맹자와 나눈 대화가 《맹자》에 잘 남아 있다.(→ 맹자, 제 위왕)

비례후폐 ; 제가위보 ; 조승지주

유경(劉敬, 생졸 미상 / 누경婁敬)

서한 초기의 정치가로 고조 유방으로부터 유(劉)씨 성을 하사받음.(→ 한 고조)

간뇌도지 ; 강본약말 ; 고참이와 ; 대지약굴, 도고위사 ; 액항부배 ; 제노 ; 천부

유계(劉啓) → 한 경제

유방(劉邦) → 한 고조

유비(劉濞) → 오왕 비

유신(劉信, 생졸 미상) 한 고조 유방의 큰 형인 유백(劉伯)의 아들로 갱힐후에 봉해졌다.(→ 한 고조)

갱힐후 ; 구수갱힐

유안(劉安) → 회남왕 유안

유여(由余, 생졸 미상)

춘추시대 융의 사람으로 진 목공이 공을 들여 모셔온 인재이다.(→ 진 목공)

인국유성인~

유철(劉徹) → 한 무제

육고(陸賈, 기원전 약 240~기원전 170)

서한 초기의 대신으로 고조에게 문무 조화의 중요성을 제기했던 인물이다.(한 고조, 위타, 진평)

마상득지, 마상치지 ; 문무병용 ; 문소미문 ; 북면칭신 ; 수견불선 ; 역취순수 ; 육고분금 ; 천하안, 주의상~

은 무을(武乙, ?~기원전 1113)

은(상)의 제28대 왕으로 해괴한 폭정으로 악명이 높은 인

물이다.

낭혈사천

은 무정(武丁, ?~기원전 1192)

은(상)의 제22대 군주로 쇠퇴해가던 은을 중흥시킨 중흥주로 이름을 남기고 있다.(→ 부열)

몽득부열 ; 삼년불언 ; 탁몽용부열

은 주왕(紂王, ?~기원전 1046년?)

은(상)의 마지막 임금으로 하의 마지막 임금인 걸과 함께 폭정으로 악명이 높다.(→ 달기, 비간, 기자, 미자, 주 무왕)

견미지저 ; 북비지음 ; 장야지음 ; 주지육림 ; 지족이거간 ~ ; 포락

은(상) 탕(湯) → 성탕

은통(殷通, ?~기원전 209)

진 말기 회계군의 군주로 항량에게 봉기를 권한 인물이다.(항량)

선즉제인

응고(應高, 생졸 미상)

서한 초기 오왕 비의 중대로 교서왕 유앙에게 반란 동참을 권하는 전한 인물이다.(오왕 비, 교서왕 유앙)

동오상조, 동호상류

의돈(猗頓, 생졸 미상)

전국시대 상인으로 소금업으로 큰 부를 축적하여 명성을 떨쳤다. 범려와 함께 자주 거론된다.

도주지부

의종(義縱, ?~기원전 117)

한 무제 때의 혹리로 죄인을 마구 죽이는 잔혹한 법 집행으로 악명을 떨쳤던 인물이다.

불한이율

이광(李廣, ?~기원전 119)

서한 초기의 명장으로 흉노 방어에 큰 공을 세웠다. 이릉은 그의 손자이다.(이릉, 사마천)

도리불언, 하자성혜 ; 비장군 ; 의기자여 ; 이광난봉 ; 재기무쌍 ; 중석몰촉 ; 천하무쌍

이광리(李廣利, ?~기원전 89)

한 무제 때의 장수로 무제가 총애한 이부인의 오라버니이다. 후에 흉노에 항복했다.

한마

이극(李克, 기원전 4세기)

전국시대 위(魏) 문후(文侯) 시기의 중산상(中山相)을 지낸 정치가이다.(→ 위 문후)

가빈즉사양처, 국난즉사양상 ; 거시기소친

이동(李同, ?~기원전 약 209)

전국시대 조나라 한단의 말단 관리의 아들로 평원군에게 직언한 인물이다.(→ 평원군)

갈의불완 ; 감사지사

이릉(李陵, ?~기원전 74)

한 무제 때의 장수로 흉노와의 전투에 나섰다가 중과부적으로 항복함으로써 사마천의 '이릉지화'에 단초를 제공했다.(→ 사마천)

말혈음읍, 갱장공권 ; 분불고신 ; 이릉지화 ; 절감분소

이목(李牧, ?~기원전 229)

전국시대 조나라의 명장으로 진나라와 흉노와의 전투에서 많은 공을 세웠으나, 진의 이간계에 넘어간 조왕에게 피살되었다. 진나라의 백기(白起)와 왕전(王翦), 조나라의 염파(廉頗)와 함께 전국시대 4대 명장으로 꼽힌다.

두문불출

이빙(李氷, 생졸 미상)

전국시대 진 소왕(昭王, 기원전 325~기원전 251) 때의 수리 전문가로 도강언(都江堰)을 쌓아서 사천 평원의 엄청난 식량을 확보했다.(이랑, 진 소왕)

관구이랑

이사(李斯, ?~기원전 208)

진시황을 도와 천하통일에 역할을 한 정치가. 진시황 사후 조고의 쿠데타에 동참했으나 그에 의해 허리가 잘리는 참형으로 최후를 마쳤다.(진시황, 조고, 진2세, 순자, 한비자, 이유)

검수 ; 격부가오오 ; 구막대우비천~ ; 단이감행 ; 동문황견 ; 득시무태 ; 모원부실 ; 물금태성 ; 상채견황견 ; 송고비금 ; 심비항의 ; 이고비금 ; 이사혼서 ; 이족부전 ; 인서지탄 ; 정우일존 ; 조상소제 ; 축객령 ; 포의검수 ; 하견지만 ; 하

해불택세류 ; 황견

이소군(李少君, 생졸 미상)

서한 무제 때의 방사로 불로장생으로 무제를 홀렸다.(→ 한 무제)

교발기중 ; 조대여과

이연년(李延年, ?~기원전 101)

한 무제 때의 음악가로 무제가 총애한 이부인의 오라비다. 누이의 치마끈 덕에 무제의 총애를 받았다.(한 무제, 이 부인)

경국 ; 소녀현 ; 파슬감현

이윤(伊尹, 기원전 17세기)

요리사 출신으로 상탕을 도와 하나라를 멸망시키고 은(상)을 개국하는 데 큰 공을 세운 인물이다.(→ 상탕)

구주 ; 부정조 ; 소왕구주 ; 오반 ; 우정지의

이제(履鞮, 생졸 미상)

춘추시대 진(晉) 문공 때의 환관으로 문공 즉위 후 문공에 대한 시해 음모를 알렸다.(진 문공)

도거지여

이좌거(李左車, 생졸 미상)

초한쟁패 때 조왕 헐(歇)을 돕다가 한신에 패해 포로가 되어 자문 역할을 했다.(한신, 조왕 헐)

광부지언성인택언 ; 선성후실 ; 일득지우 ; 정견세굴 ; 지자천려필유일실~ ; 패군지장, 불가이언용

이태(李兌, 생졸 미상)

전국시대 조나라 무령왕 때의 신하로 무령왕이 어린 아들에게 왕위를 물려주자 조나라의 내분을 예견했다.(조 무령왕, 비의, 전불례)

간신재조, 국지잔야 ; 경려천모

인상여(藺相如, 생졸 미상)

전국시대 조나라의 외교가로 무장 염파와 힘을 합쳐 강력한 진나라에 맞서 외교무대에서 큰 공을 세웠다.(염파, 조 혜문왕, 진 소양왕, 조괄)

가중연성 ; 교주고슬 ; 구회모인 ; 노기충천 ; 노발충관 ; 도부지용 ; 문경지교 ; 부형청죄 ; 선국가지급이후사구야 ; 완벽 ; 지하 ; 포의지교

임안(任安, ?~ 기원전 91)

한 무제 때의 대신으로 사마천과 입사 동기이다. 강충의 무고 때 처신이 문제가 되어 사형을 받았다.(→ 사마천, 강충, 한 무제)
좌관성패

자공(子貢, 기원전 520~?)

춘추시대 위(衛)나라 출신의 공자 수제자이다. 제자들 중 유일한 국제적인 거상이다.(→ 공자)
부이무교, 빈이무첨 ; 분정항례 ; 양농능가이불능위장 ; 예실즉혼 ; 예항만승 ; 오교이위지자

자로(子路, 기원전 542~기원전 480)

춘추시대 노나라 사람으로 공문 72현의 한 사람이다.
대계패돈

자영(子嬰, ?~기원전 206)

진2세를 죽게 한 조고를 제거한 인물로 진시황의 큰아들 부소의 아들로 알려져 있다. 기원전 206년 유방에게 항복함으로써 진나라는 망했다.(진2세, 조고, 부소, 한 고조 ; 항우)
경려자불가이치국, 독지자불가이존군 ; 소거백마

자유(子游, 기원전 506~ ?)

춘추시대 오나라(일설에는 노나라) 사람으로 공자의 수제자들 중 한 사람이었다.
살계언용우도

자위(子韋, 생졸 미상)

춘추시대 송나라 경공 때 천문과 기상을 담당한 관리다.(→ 송 경공)
천고청비

자하(子夏, 기원전 507~ ?)

춘추시대 유가 사상가로서 공문 72현, 공문 10철의 한 사람이다.(위 문후)
군호지즉신위자~ ; 서하지통 ; 포통서하

장건(張騫, ?~기원전 114)

한 무제 때 서역을 개척하여 비단길의 역사를 연 인물이다.
부독요령 ; 증체

장량(張良, ?~기원전 190)

소하(蕭何), 한신(韓信)과 함께 '서한삼걸(西漢三杰)'로 불리는 개국공신이다.(→ 한 고조, 소하, 한신, 여태후, 상산사호, 혜제)
각자위전 ; 결승천리 ; 구설 ; 도인 ; 도치간과 ; 독당일면 ; 박랑사 ; 불승배표 ; 삼촌설 ; 섭족봉 ; 양약고구 ; 양호유환 ; 옹치봉후 ; 운주책 ; 유량옥두 ; 유자가교 ; 유후모적송 ; 유후차저 ; 이교삼진리 ; 이모취인, 실지자우 ; 이상 ; 장자방택류 ; 조걸위학 ; 충언역이 ; 철식토포 ; 항장무검, 의재패공

장리(張理, 생졸 미상)

한나라 초기 아픈 말을 고치는 수의사로 큰돈을 인물이다.
종명정식

장석지(張釋之, 생졸 미상)

서한 문제 때의 강직한 사법관이다.(한 문제, 왕생)
결말 ; 법자천자소여천하공공야 ; 부지기인~ ; 비지무심고론 ; 수풍미미 ; 이구첩급 ; 일부토

장오(張敖, ?~기원전 182)

초한쟁패 때 진섭 밑에 있다가 유방을 도운 조왕 장이의 아들로 유방의 사위가 되었다.(→ 장이, 유방, 노원공주, 관고, 조오)
교지 ; 백인 ; 평생환

장의(張儀, ?~기원전 309)

전국시대 위(魏)나라 출신의 유세가, 정치가로 진나라를 위해 라이벌 소진의 합종(合縱)을 깨는 연횡(連橫)을 제기했다.(→ 소진, 진진, 사마조)
가화안국 ; 감심 ; 감언호사 ; 경위지사 ; 고침이와 ; 구양공호 ; 군경절축 ; 불비우마지력 ; 사분오열 ; 설상재부 ; 적우침주 ; 적훼소솔 ; 중구삭금 ; 합종연횡 ; 협천자이령어천자

장이(張耳, ?~기원전 202)

진 말기 군웅의 하나로 진여와 함께 봉기했다가 유방을 도와 공신이 되었다.(진여, 진섭, 한 고조, 장오, 노원공주)
망명 ; 문경지교 ; 수시양 ; 장이진여 ; 좌제우설

장자(莊子, 기원전 약 369~기원전 286)

전국시대 도가를 대표하는 인물로 사상 면에서 현실도피와 허무주의 경향을 드러냈다.
광양자자 ; 칠원리

장지(莊芷, 생졸 미상)

서한 초기 회남왕 유안의 손자인 건(建)이 태자를 해치기 위해 조정으로 보낸 인물이다.(회남왕 유안, 불해)

독약고우구이우병

장창(張蒼, ?~기원전 152)

초한쟁패 때 유방을 도운 공으로 북평후에 봉해졌다.(→ 한 고조, 왕릉)

계상 ; 호비

장탕(張湯, 기원전 115)

한 무제 때의 혹리로서 특히 가혹한 법 적용과 악법 제정으로 악명이 높았다.(→ 한 무제)

복비 ; 불입언이복비 ; 서옥 ; 원서

저소손(褚少孫, 생졸 미상)

서한 중후기 박사를 지낸 사학자로 《사기》에 부분적으로 자신의 이름을 밝히고 글을 보탰다.

미녀자, 악녀지구 ; 비기지수지부생 ; 욕불필강해, 요지거구 ~ ; 윤형피면

전광(田光, ?~기원전 227)

전국시대 연나라 태자 단에게 자문했던 원로의 한 사람이다.(→ 연 태자 단)

일일천리 ; 전광쇄혈

전긍(田肯, 생졸 미상)

한 고조 때 대부를 지낸 인물로 추정한다.(→ 한 고조)

고옥건령 ; 백이산하

전단(田單, 생졸 미상)

전국시대 제나라의 명장으로 악의가 이끄는 제나라 군대의 공격으로 거의 망할 뻔한 제나라를 살려낸 인물이다.(→ 악의, 기겁, 연 혜왕)

화우진

전문(田文) → 맹상군(孟嘗君)

전문(田文, ?~기원전 387)

전국 초기 위나라 문후 때의 대신으로 무후 때 재상을 지낸 인물이다.(→ 오기, 위 문후)

주소국의

전생(田生, 생졸 미상)

한 혜제 사후 여씨 세력들의 집권에 도움을 준 유세가로

추정한다.(→ 장자경, 여태후)

부륜추각

전영(田榮, ?~기원전 205)

진 말기 과거 제나라 지역에서 일어난 봉기군의 우두머리 중 한 사람이다.(→ 전가, 전각)

복사석수, 장사해완

전자방(田子方, 생졸 미상)

공자의 수제자인 자공의 학생으로 알려진 인물로 위 문후의 우대를 받았다.(→ 위 문후, 위 무후)

빈천자교인 ; 제후이교인즉실기국

전제(專諸, ?~기원전 515)

춘추시대 오나라의 자객으로 오자서의 추천을 받아 오왕 요를 죽임으로써 공자 광(합려)이 오나라 왕이 되었다.(→ 오자서, 공자 광, 오왕 요, 합려)

골경지신 ; 어복장도

정공(丁公, 생졸 미상)

계포의 외삼촌으로 항우 편에 서서 유방을 위기에 몰았다가 살려 주었으나 훗날 유방은 주군(항우)에게 충성하지 않은 자라며 정공을 죽였다.

양현상액 ; 정공위신

정당시(鄭當時, 생졸 미상)

한 경제, 무제 때의 대신으로 평생 재산을 남기지 않은 청렴한 관직 생활을 보낸 인물이다.

문가라작 ; 원하구 ; 정역유빈

정 양공(襄公, ?~기원전 587 / 재위 기원전 604~기원전 587)

춘추시대 정나라 제13대 군주로 남북의 강국인 초와 진 사이에서 시달림을 많이 당했다.(→ 초 장왕)

불모지지

정자산(鄭子産, ?~기원전 522)

춘추시대 정나라 목공의 손자로 40년 정치 생애를 백성과 나라를 위해 헌신한 인물이다.

문불야관 ; 삼불기 ; 위정필이덕~

정(鄭) 장공(莊公, ?~기원전 701 / 재위 기원전 743~기원전 701)

춘추시대 정나라를 강국으로 끌어올린 국군이다.

제곡(帝嚳, 전설시대)

전설시대 오제의 한 사람으로 총명함과 사리 분별로 이름난 제왕이었다고 한다.
총이지원, 명이찰미

제 선왕(宣王, ?~기원전 301 / 재위 기원전 319~기원전 301)

전국시대 제나라 국군으로 제나라의 국력을 부흥시킨 인물로 평가하고 있다.
강안

제 양공(襄公, ?~기원전 686 / 재위 기원전 697~기원전 686)

춘추시대 제나라의 군주로 문란한 사생활과 국정운영으로 정변을 초래하여 피살되었다.(→ 연칭, 관지보, 제 환공)
과시

제영(緹縈, 생졸 미상)

한 문제 때 태창령 순우공의 딸로 아버지를 위해 육형의 문제를 지적하는 글을 올려 문제로 하여금 육형을 폐지하게 만든 효녀이다.(→ 한 문제, 순우공)
자신

제 위왕(威王, ?~기원전 320 / 재위 기원전 356~기원전 320)

전국시대 제나라의 군주로 직하(稷下)에 학궁을 지어 학자들을 우대하여 제자백가의 번성에 기여함.(→ 순우곤)
강장대옥 ; 견호모이불견기첩 ; 낙극생비 ; 목론 ; 불비불명 ; 유곤 ; 제위과보 ; 조승지주 ; 주극생란

제 환공(桓公, ?~기원전 643 / 재위 기원전 685~기원전 643)

춘추시대 제나라의 군주로 관중과 포숙 등의 보좌를 받아 첫 패주로 군림했다.(→ 관중, 포숙)
구합제후, 일광천하 ; 종선여류 ; 일광천하

조간자(趙簡子, ?~기원전 476)

춘추시대 후기 진(晉) 나라의 실권자로 훗날 전국시대 조나라 건국의 기틀을 놓은 인물이다.
균천광락 ; 일호지액 ; 천양지피, 불여일호지액

조고(趙高, ?~기원전 207)

진시황이 급사하자 유서를 조작하여 큰아들 부소 대신 작은아들 호해를 2세 황제로 세우는 쿠데타를 일으키고, 결국 진나라를 멸망으로 몰아넣었다.(→ 진시황, 호해, 부소, 이사, 자영)
고소이망대, 후필유해 ; 단이감행 ; 모원부실 ; 안가위야 ~ ; 인인자위 ; 지록위마 ; 하견지만

조괄(趙括, ?~기원전 260)

전국시대 말기 조나라의 장수로 장평전투에서 조나라 병사 40만 명이 생매장을 당해 죽는 참패를 초래한 인물이다.(→ 백기, 조 효성왕, 조사)
교주고슬 ; 조모 ; 지상담병

조돈(趙盾, ?~기원전 602)

춘추시대 진(晉)나라 조씨 집안의 유력자로 폭정을 일삼던 영왕이 시해당하자 실권을 장악하여 약 20년 동안 정권을 주도했다.
오 ; 조씨고아

조량(趙良, 생졸 미상)

전국시대 진 효공 때 개혁을 주도하던 상앙을 찾아가 그 득실을 지적한 인물이다.(→ 상앙)
득인자흥, 실인자붕 ; 반청지위총~ ; 비기위이거지왈탐위 ~ ; 우구지하 ; 좌건외역

조말(曹沫, 생졸 미상)

춘추시대 노나라의 장수로 제나라 환공을 협박하여 제나라에 빼앗긴 땅을 돌려받은 사례를 남겼다.(→ 제 환공, 관중)
삼패지욕

조무(趙武, 기원전 약 595~기원전 541)

춘추시대 진나라 조씨 집안의 인물로 정쟁의 와중에 살아남아 집안을 다시 일으켰다.(조삭, 도안고, 정영, 공손저구, 한궐)
조씨고아

조 무령왕(武靈王, ?~기원전 295 / 재위 기원전 325~기원전 298)

'호복기사'로 대변되는 전국시대 조나라의 개혁군주다.(→ 비의, 공자 성, 이태)
경려천모 ; 부유고세지명~ ; 부지불의 ; 순법지공~ ; 우자암성사~ ; 이서어자부진마지정 ; 제국유상, 이민위본 ; 호복기사

조사(趙奢, 생졸 미상)

전국시대 조나라의 실력자 평원군에게 직언한 세금 징수관이다. 평원군의 추천으로 승진하고 명장으로도 명성을

남겼다.(→ 평원군)

봉공수법 ; 불봉공즉법소~ ; 양서투혈

조 숙후(肅侯, ?~기원전 326 / 재위 기원전 349~기원전 326)

전국시대 조나라의 제5대 군주로 개혁군주 무령왕의 아버지이다.(→ 조 무령왕)

경사방급, 일일부작, 백일불식 ; 일일부작, 백일불식

조우(趙禹, ?~기원전 약 100)

서한 경제와 무제 때 청렴으로 그 명성이 높았던 혹리의 한 사람이다.

일의고행

조조(鼂錯, 기원전 약 200~기원전 154)

한 경제 때의 대신으로 지방 세력을 약화시키는 '삭번(削藩)'을 주장하여 오초칠국의 난을 초래했다.(→ 한 경제, 원앙)

동시조의 ; 변고난상 ; 주조조 ; 칠국삼변

조참(曹參, ?~기원전 190)

서한의 개국공신으로 소하에 이어 두 번째 승상이 되어 정권 안정에 큰 역할을 했다.(→ 한 고조, 소하)

소규조수 ; 언인인수 ; 조준

조학(趙郝, 생졸 미상)

전국 말기 조나라 사람으로 진나라에 땅을 떼어주고 강화해야 한다는 강화파 인물이었다.(→ 우경)

탄환지지

조한(刁閑, 생졸 미상)

전국시대 제나라 지역의 상인으로 노예를 기용하여 크게 성공했다.

영작무조

조 효성왕(孝成王, ?~기원전 245 / 재위 266~기원전 245)

전국시대 조나라의 왕으로 진나라와의 장평전투에서 참패하여 나라를 거의 멸망 직전까지 몰았다.

교주고슬 ; 조모 ; 지상담병

주가(朱家, 생졸 미상)

서한 초기의 유협으로 고조를 설득하여 계포의 체포령을 철회하게 했다.(→ 계포, 등공)

북주호, 남주월 ; 의불완채 ; 주가 ; 주호주월

주건(朱健, ?~기원전 177)

초나라 지역 출신의 서한 초기 인물로 뛰어난 언변과 강직한 성품의 소유자였다. 평원군(平原君)으로도 불렸다.(→ 심이기)

의불취용

주공(周公) 단(브, 기원전 11세기)

주나라를 건국한 무왕의 동생으로 주나라 초기 문물 정비에 큰 업적을 남겼다.(주 무왕, 주 문왕)

다재다예 ; 분섬지중 ; 삼토 ; 악발토포득현사 ; 일목삼착 ~ ; 평이근인

주매신(朱買臣, ?~기원전 115)

한 무제에게 동월을 평정할 수 있는 대책을 올려 발탁된 인물이다.(→ 한 무제, 엄조, 공손홍, 장탕)

부신독서 ; 부신지병

주 목왕(穆王, 기원전 10세기)

서주 제5대 천자로 재위 기간이 가장 길었고, 기록상 맨 먼저 나오는 여행가이기도 하다.(→ 서왕모, 조보)

낙이망반 ; 요지 ; 천리마

주(周) 무왕(武王, 기원전 11세기)

은(상)을 멸망시키고 주나라를 건국한 군주다.(→ 주 문왕, 강태공, 주공 단)

백어입주 ; 불기이회 ; 비호비비 ; 빈계지신, 유가지색 ; 팔백제후

주문(周文, 생졸 미상)

한 문제의 어의를 지내다 경제 때 세속을 버리고 낙향하여 자신을 감추고 살았던 인물이다.(한 문제, 한 경제, 동방삭)

도회인생

주 문왕(文王, 기원전 12세기~11세기)

강태공 등 좋은 인재들을 얻어 아들 주 무왕이 은(상)을 멸망시키고 주나라를 건국할 수 있는 기틀을 놓은 군주이다.(→ 주 무왕, 강태공)

비호비비 ; 양반양장 ; 일중불가식이대사 ; 은유

주발(周勃, ?~기원전 169)

서한의 개국공신으로 여씨 세력을 축출하고 유항(한 문제)을 옹립하여 정권을 안정시키는 데 큰 역할을 했다.(한 문제, 진평, 왕릉)

독배천금 ; 면절정쟁 ; 반경행권 ; 중후소문 ; 청실 ; 한출점배

주보언(主父偃, ?~기원전 126)

한 무제 때의 대신으로 제후왕의 힘을 약화시키는 '추은령(推恩令)' 등 각박한 정책과 법 집행으로 권세를 떨쳤다.(→ 한 무제)

계문 ; 도행포시 ; 망전필위 ; 명주불오절간이박관 ; 병구즉변생~ ; 불오절간이박관 ; 상견한만 ; 안위재출령~ ; 오정식 ; 호전필망

주 선왕(宣王, ?~기원전 782 / 재위 기원전 828~기원전 782)

주의 제11대 왕이자 국인 반정으로 쫓겨난 여왕(厲王)의 아들로 쇠퇴해가던 주 왕조를 부흥시켰다.

영지불행, 정지불립~

주 성왕(成王, ?~기원전 1021/재위 기원전 1043~기원전 1021)

주 왕조 제2대 군주로 숙부 주공 단의 보좌를 받아 정권을 안정시키는데 기여했다.(→ 주공 단, 당숙우)

동엽희 ; 천자무희언~

주아부(周亞夫, ?~기원전 143)

한 문제와 경제 때의 명장이다. 개국공신 주발의 아들로 오초칠국의 난을 평정하는 데 큰 공을 세웠다.(→ 한 문제, 한 경제, 주발)

군명유소불수 ; 도유소불유 ; 세류영 ; 아부지질

주 여왕(厲王, ?~ 기원전 828 / 재위 기원전 877~기원전 842)

폭정으로 왕위에서 쫓겨난 주나라의 국왕이다.(→ 소공)

공화 ; 도로이목 ; 미방 ; 방민지구, 심어방수

주 유왕(幽王, ?~기원전 771 / 재위 기원전 781~기원전 771)

서주의 마지막 왕으로 총애하는 포사를 웃기려 봉화 놀이를 일삼다 나라를 망쳤다.

봉수대고 ; 천금매소

주영(朱英, 생졸 미상)

전국시대 초나라의 실력자 춘신군 밑에서 오랫동안 식객으로 있었던 인물이다.

무망지복

주창(周昌, ?~기원전 192)

서한 초기의 공신으로 강직한 성품으로 척희의 어린 아들

여의를 보좌했다.(한 고조, 척희, 여의)

견인질직 ; 기기애애

주해(朱亥, 생졸 미상)

전국시대 위나라 사람이다. 저잣거리에 백정 노릇을 하면 숨어 있던 용사로 은자 후영의 친구로서 신릉군을 위해 큰 일을 해냈다.(→ 후영, 신릉군, 진비)

절부구조 ; 주해수추

진(秦) 목공(穆公, ?~기원전 621 / 재위 기원전 659~기원전 621)

춘추시대 진나라의 개혁 군주로 춘추오패의 한 사람이다.(→ 백리해, 유여)

인국유성인 ; 한골입수

진(秦) 무왕(武王, 기원전 328~기원전 307 / 재위 기원전 311~기원전 307)

진의 27대 군주로 호전적인 성격 때문에 정에 깔려 젊은 나이에 사망했다.

거정 ; 거정절빈

진(秦) 문공(文公, ?~기원전 716)

춘추시대 진나라 국군으로 성읍을 쌓고 영토를 확장하여 중원 진출의 기틀을 마련했다.

진보

진(晉) 문공(文公, 기원전 약 697~기원전 628 / 재위 기원전 636~기원전 628)

춘추시대 진나라 제22대 군주로 19년 망명 끝에 국군 자리에 올라 춘추오패의 한 사람이 되었다.(→ 조 공공, 이제, 초 성왕)

도거지여 ; 변협 ; 삼사 ; 시석지난 ; 일시지리 ; 진보 ; 퇴피삼사

진(秦) 선공(宣公, ?~기원전 664 / 재위 기원전 676~기원전 664)

춘추시대 진나라의 군주로 신화 속의 신인 청제에게 제사를 지냈다고 한다.

청제

진섭(陳涉, ?~기원전 208)

진 말기 농민봉기군의 우두머리로 최초의 통일제국 진나라의 멸망에 결정적인 작용을 했다.(진시황, 장이, 진여)

계간이기 ; 구화호명 ; 어복단서 ; 연작안지홍곡지지 ; 왕후장상영유종호 ; 우생일진 ; 진목장담 ; 참목계간 ; 풍기운증

진 소양왕(昭襄王, 기원전 324~기원전 251 / 재위 기원전 306~기원전 251)

전국말기 진나라의 군주로 천하통일의 기반을 단단히 다졌다.(→ 범수)

오궤 ; 용주상수애이벌소오 ; 평원십일음

진승(陳勝) → 진섭(陳涉)

진시황(秦始皇, 기원전 259~기원전 210 / 재위 기원전 247~기원전 210)

최초의 통일 제국 진의 개국 황제이다.(→ 이사, 조고, 진2세, 몽염, 부소)

가관 ; 갈석궁 ; 강려자용 ; 검수 ; 구정윤사 ; 금성천리 ; 동남동녀 ; 모초지간 ; 분서갱유 ; 송석 ; 숙흥야매 ; 염금주거인 ; 오대부송 ; 온량거 ; 은해 ; 인어고 ; 조룡 ; 진왕사어 ; 진인 ; 축객령 ; 포어사취 ; 포의검수 ; 형단양서

진여(陳餘, ?~기원전 205)

장이와 함께 봉기했으나 서로 원수가 되어 장이에 의해 죽임을 당했다.(→ 장이, 무신)

문경지교 ; 수시양 ; 장이진여 ; 좌제우설

진영(陳嬰, ?~기원전 183)

진 말기 봉기군 우두머리의 한 사람으로 푸른 모자를 쓴 창두군을 이끌었다.

이군돌기

진(晉) 영공(靈公, ?~기원전 607 / 재위 기원전 620~기원전 607)

춘추시대 진나라의 군주로 폭정을 일삼다가 조천(趙穿)에게 시해당했다.

오

진이세(秦二世, ?~기원전 207 / 재위 기원전 210~기원전 207)

진시황의 작은아들로 간신 조고에게 놀아나 진나라를 멸망으로 이끌었다.(→ 이사, 조고, 자영)

경려자불가이치국 ; 지록위마

진진(陳軫, 생졸 미상)

전국시대 유세가로 장의와 논쟁하다 밀려난 인물이다.(→ 장의, 진 혜왕)

변장자자호 ; 사족 ; 서수 ; 화사첨족

진평(陳平, ?~기원전 178)

서한 개국공신의 한 사람으로 고조 유방이 위기 때마다 꾀를 내어 잘 넘겼다는 일화를 남겼다.(→ 한 고조, 항우, 주발, 육고)

거기양단, 습기양장 ; 면절정쟁 ; 미여관옥 ; 사평득재천하, 역여시육의 ; 섭족봉 ; 양호유환 ; 육출기계 ; 장자철 ; 좌단 ; 주재 ; 진평분육

진(晉) 헌공(獻公, ?~기원전 651 / 재위 기원전 677~기원전 651)

춘추시대 진나라의 국군으로 대외확장에 업적을 남겼다.

가도벌괵 ; 순망치한

진(秦) 혜문왕(惠文王, 기원전 356~기원전 311 / 재위 기원전 338~기원전 311)

전국시대 진나라 국왕, 개혁군주 효공의 아들이다.

감심(甘心)

진(秦) 효공(孝公, 기원전 381~기원전 338 / 재위 기원전 361~기원전 338)

전국시대의 개혁 군주로 상앙을 기용하여 진나라를 전면 개혁하여 천하통일의 기틀을 닦았다.(→ 상앙)

슬지전어석

진희(陳豨, ?~기원전 206)

서한 개국공신의 한 사람이었으나 흉노, 한왕 신과 함께 반란을 일으켰다가 토벌당했다.(→ 한 고조, 한왕 신, 신릉군)

명성과실

질도(郅都, 생졸 미상)

한 경제 때의 혹리로서 가혹하지만 공정한 법 집행으로 이름을 남겼다.(→ 한 경제)

질도창응

질씨(郅氏, 생졸 미상)

한나라 초기 칼을 가는 사업으로 큰돈을 번 인물이다.

종명정식

채택(蔡澤, 생졸 미상)

전국시대 연나라 출신의 유세가로 진나라에 와서 범수의 추천을 받아 소양왕(昭襄王)의 상이 되어 효문왕 – 장양왕 – 진시황 때까지 자리를 지켰다.(→ 범수)

감어수자견면지용, 감어인자지길여흉 ; 성공지하, 불가구

처 ; 욕이부지지족, 실기소이욕 ; 지랑설비 ; 채택연수 ; 패자
회황

책공(翟公, 생졸 미상)

한 무제 때 정위 벼슬을 지낸 인물이다.(→ 급암)

문가라작 ; 일사일생, 내지교정

척희(戚姬, ?~기원전 194)

한 고조가 총애한 후궁으로 여의를 낳자 고조는 이 아들을
태자로 삼으려 했다. 여태후가 집권한 뒤 잔인하게 척희와
여의를 죽였다.(→ 여태후, 여의)

인체

초 경양왕(頃襄王, ?~기원전 263 / 재위 기원전 298~기원전 263)

전국 말기 초나라의 군주로 진나라에 도성을 공격당해 천
도했다.

좌영우불

초 영왕(靈王, ?~기원전 529 / 재위 기원전 540~기원전 529)

춘추시대 초나라의 국군으로 폭정과 무리한 대외원정 등
으로 민심을 잃고 굶어 죽었다.(자살했다는 설도 있다.)

중노여수화, 불가구야

초 장왕(莊王, ?~기원전 591 / 재위 기원전 613~기원전 591)

춘추시대 초나라의 왕이다. 춘추오패의 하나로 군림할 정
도로 초나라를 강국으로 끌어올렸다.(→ 오거, 손숙오, 해양)

군명제능위의 ; 문정 ; 불비불명 ; 삼년불언 ; 일비충천~

초 평왕(平王, ?~기원전 516 / 재위 기원전 529~기원전 516)

춘추시대 초나라의 군주이다. 오자서 일가를 박해하여 그
아버지와 형님을 죽임으로써 큰 화를 불러 온 인물이다.(→
오자서, 비무극)

굴묘편시 ; 중노여수화, 불가구야

초 회왕(懷王, ?~기원전 296 / 재위 기원전 329~기원전 299)

전국시대 초나라의 왕으로 어리석은 통치와 간신들에게
휘둘려 나라를 망쳤다. 진나라에 갔다가 억류되어 죽었
다.(→ 굴원, 근상)

거세혼탁~

촉룡(觸龍, 생졸 미상)

전국시대 조나라의 대신으로 장안군을 제나라에 인질로

보내게 태후를 설득한 인물이다.(→ 조 효성왕, 조태후)

매사이문

추석(騶奭, 생졸 미상)

전국 말기의 음양가의 한 사람이다.

조룡

추양(鄒陽, 생졸 미상)

제나라 출신의 유세가이자 문장가로 옥중에서 양 효왕에
게 올린 〈옥중상양왕서(獄中上梁王書)〉는 역대 명문의 하
나로 꼽힌다.(→ 양 효왕)

걸견폐요 ; 경개여고 ; 명주암투 ; 방예원착 ; 백두여신~ ; 부
심탁간 ; 비물연류 ; 암투 ; 양옥상서 ; 성식입조자불이오
의 ; 식묘 ; 척객자유 ; 척구폐요 ; 편청생간

추연(鄒衍, 기원전 약 305~기원전 240)

전국시대 제나라 출신으로 제자백가 중 음양가를 대표하
는 인물로 명성을 떨쳤다.(→ 연 소왕)

광대불경 ; 불경지담 ; 옹혜 ; 왕공대인 ; 적현신주 ; 환영

춘신군(春申君, ?~기원전 238)

전국시대 초나라의 실력자로 전국 4공자의 한 사람으로
명성을 떨쳤다.(→ 이원, 주영)

무망지복 ; 민불료생 ; 삼천객 ; 삼천추리 ; 식객삼천 ; 양호상투

탁문군(卓文君, 생졸 미상)

서한 초기 촉 지역의 부상 탁왕손의 딸로 문장가 사마상여
와 첫눈에 눈이 맞아 야반도주하는 극적인 애정 고사를 남
겼다.(→ 사마상여, 탁왕손)

금도문군 ; 금심상도 ; 문군당로 ; 독비곤 ; 실신

태사(太史) 교(敫, 생졸 미상)

전국 말기 제나라의 태사로 그 딸 군왕후가 민왕의 태자
(훗날 양왕)와 결혼하여 몰락하는 제나라를 잘 이끌었다.(→
제 양왕 ; 태사 교)

오종

팽월(彭越, ?~기원전 196)

초한쟁패 때 유방을 도운 공신으로 양왕에 봉해졌으나 반
란을 꾀하다 죽임을 당했다.

공곤불능욕신하지, 비인야 ; 첩혈승승

편작(扁鵲, 생졸 미상)

전국시대의 명의로 죽은 사람도 살린다는 '신의'라는 별칭
으로도 불렸다.

관혈 ; 기사회생 ; 음상지 ; 인지소병, 병질다~ ; 통견증결요

평양공주(平陽公主, 생졸 미상)

한 무제의 누이로 무제를 위해 가녀 등 여러 여성을 소개
하여 입궁시킨 인물이다.(→ 한 무제, 위자부)

자부입시 ; 평양가무

평원군(平原君, ?~기원전 251)

전국시대 조나라의 실력자였던 인물로 전국 4공자 중 한
사람이자 식객 3천으로 이름을 알렸다.(→ 모수, 신릉군)

구정대려 ; 귀이위교자, 위천야 ; 급인지곤 ; 낭중지추 ; 노련
사상 ; 봉공수법 ; 부현사지처세야 ; 불식대체 ; 불봉공즉법
소~ ; 불원천리 ; 삼천객 ; 삼천주리 ; 삼촌지설~ ; 식객삼
천 ; 일언구정 ; 천하무쌍 ; 측행별석~ ; 평원십일음

포사(褒姒, ?~기원전 771?)

주 유왕이 총애한 후궁이다. 그녀를 웃기려고 유왕은 봉화
를 피우고 천금을 상으로 내걸었다.(주 유왕, 신씨, 평왕)

봉수대고 ; 천금매소

포숙(鮑叔, 생졸 미상)

춘추시대 제나라의 정치가로 관중에게 재상 자리를 양보
하는 큰 미덕을 발휘하여 '관포지교'라는 천고의 미담을
남겼다.(→ 관중, 제 환공)

관포지교 ; 생아자부모~ ; 삼전삼주

풍당(馮當, 생졸 미상)

서한 초기의 장수로 한 문제를 오랫동안 모신 인물이다.(→
한 문제)

매반불망 ; 부지기인, 시기우 ; 풍당이로

풍환(馮驩, 생졸 미상)

전국시대 제나라의 실력자였던 맹상군의 식객으로 여러
조언을 했다.(→ 맹상군)

교토삼굴 ; 도비불고 ; 부귀다사, 빈천과우 ; 탄협무어 ; 풍환
시의

하걸(夏桀, 기원전 18세기)

하나라의 마지막 임금으로 은(상)의 마지막 임금인 주왕과
함께 폭군의 대명사로 꼽히는 인물이다.(→ 말희)

시일하시상, 여여여개망 ; 주지육림 ; 하대

하우(夏禹, 기원전 21세기)

13년에 걸친 황하의 치수 사업을 성공하여 하나라의 시조
가 된 우임금을 말한다.(→ 순임금, 곤, 고요)

과기가문이불입 ; 구정 ; 노신초사 ; 지인즉지~

하후영(夏侯嬰, ?~기원전 172)

서한의 개국공신으로 유방과 동향이며, 봉기 후 유방의 마
차와 가족을 관리했다.(→ 한 고조, 혜제, 노원)

기기언 ; 옹수 ; 주호주월

하희(夏姬, 생졸 미상)

춘추시대 정나라 목공의 딸로 여러 나라를 어지럽히고 여
러 남자들의 신세를 망친 희대로 요부로 평가하고 있다.(→
하어숙, 하징서, 무신)

하희

**한 경제(景帝, 기원전 188~기원전 141 / 재위 기원전 157~기원
전 141)**

서한 제6대 황제로 기원전 154년 '오초칠국의 난'이란 병
목 위기를 넘기고 '문경지치'의 전성기를 구가했다.(한 문제,
원고생, 왕생 ; 공손홍, 오왕 비 ; 한안국)

곡학아세 ; 불식마간 ; 수서양단

**한 고조(高祖, 기원전 256~기원전 195 / 재위 기원전 202~기원
전 195)**

서한의 개국군주이자 평민 출신으로 처음으로 황제가 된 인
물이다.(→ 항우, 장량, 소하, 한신, 여태후, 진평, 역이기, 육고 등)

갱힐후 ; 거상 ; 결승천리 ; 결자일웅 ; 계장안출 ; 공인공
구 ; 구상유취 ; 구수힐갱 ; 군책군력 ; 귀불가언 ; 급봉이
시 ; 기신광초 ; 논공행봉 ; 대역무도 ; 대풍가 ; 두족이처 ; 마
상득지 ; 미수염 ; 발난세반지정 ; 발종지시 ; 백인 ; 분아일
배갱 ; 불승배표 ; 삼걸 ; 삼불여 ; 삼척검 ; 선장장 ; 소거백
마 ; 수유 ; 승수기미 ; 안유 ; 약법삼장 ; 여실좌우수 ; 오녕투
지 ; 옹치봉후 ; 요유관 ; 용안 ; 용호기 ; 우익 ; 융준 ; 인공, 구
공 ; 이거천리 ; 일배갱 ; 일패도지 ; 장상지장 ; 적제자 ; 정공
위신 ; 제노 ; 지기일부지기이 ; 천무이일 ; 철식토포 ; 추살수
토자구야~ ; 추생 ; 투지 ; 편의시행 ; 풍패 ; 호주색 ; 홍문연

한궐(韓厥, 생졸 미상)

춘추시대 진 영공의 신하로 조씨 가문을 회생시키는 데 도움을 준 인물이다.(→ 도안고, 조무, 정영, 공손저구)

신유대사이군불문, 시무군야 ; 조씨고아

한 무제(武帝, 기원전 156~기원전 87 / 재위 기원전 141~기원전 87)

서한 제7(5)대 황제로 서한의 전성기를 구가한 통치자이다.(→ 사마천, 동중서, 동방삭, 급암, 주보언, 엄안, 서악 등)

감천모수 ; 강간약지 ; 강본간, 약지엽 ; 고목후주 ; 금옥장교 ; 급찰 ; 문성 ; 미연향풍 ; 백량연 ; 삼천독 ; 상견한만 ; 소녀현 ; 손선 ; 신정 ; 안차연륜 ; 오성십이루 ; 옥당금마 ; 우복서 ; 원하구 ; 좌관성패 ; 천문만호 ; 파슬감현 ; 한마 ; 호자가

한 문제(文帝, 기원전 202~기원전 157 / 재위 180~기원전 157)

서한의 제3대 황제로 각종 악법 폐지 등 선정을 베푼 명군이다.(→ 송창, 제영)

개과자신 ; 농천하지본 ; 매반불망 ; 박물세고 ; 법자치지정야 ; 법정즉민각, 죄당즉민종 ; 비방지목 ; 비지무심고론 ; 순도불순이우민함언 ; 십가지산 ; 억만지중 ; 의부득예지 ; 의형 ; 일부토 ; 천하만물지음생, 미불유사 ; 한문유미 ; 환과고독

한비자(韓非子, 기원전 약 280~기원전 233)

전국시대 한나라 왕실의 서자로 법가사상을 집대성한 법가의 대표적인 인물이다.(→ 진시황, 이사, 왕료)

구흘 ; 비지지난야, 처지즉난의 ; 사이밀성, 어이설패 ; 세지난~ ; 암혈지사 ; 역린 ; 운양 ; 장수선무, 다전선고

한신(韓信, ?~기원전 196)

초한쟁패 시기의 명장으로 유방을 도와 항우를 물리치는 데 결정적인 공을 세운 '서한삼걸'의 한 사람이다.(→ 유방, 항우, 괴통, 소하, 여태후, 표모, 이좌거, 번쾌)

과하지욕 ; 국사무쌍 ; 급봉이시 ; 기기언 ; 낭사 ; 다다익선 ; 대지부지 ; 독당일면 ; 등단배장 ; 만부일실 ; 명수잔도 ; 목앵부도 ; 무쌍 ; 발기역치 ; 발치역치 ; 배수지진 ; 부인지인 ; 선성후실 ; 선장장 ; 성야소하, 패야소하 ; 소하월하추한신 ; 수여쾌오 ; 승인지거자재인지환 ; 시지불행, 반수기앙 ; 신취요식 ; 암도진창 ; 암오질타 ; 언청계종 ; 위덕부졸 ; 인위자전 ; 일득지우 ; 일반천금 ; 일어쌍관 ; 장상지장 ; 적국파, 모신망 ; 전격이정 ; 조진장궁 ; 종실지화 ; 천금 ; 천려일실 ; 파조회식 ; 표모반신 ; 필부지용 ; 한계야창 ; 한신낭사 ; 한신등단 ; 해의추식 ; 향리배의 ; 회식

한안국(韓安國, ?~기원전 127)

서한 경제, 무제 때의 유명한 대신이자 장수로 흉노와의 화친을 주장하였다.(→ 양 효왕, 왕회, 한 경제)

강노지말 ; 사회부연 ; 수서양단 ; 심중은후 ; 치천하종불이공난사

한 애제(哀帝, 기원전 25~기원전 1 / 재위 기원전 7~기원전 1)

서한 제14대 황제로 어린 나이에 병으로 사망했다.(→ 동현)

단수

한 혜제(惠帝, 기원전 210~기원전 188 / 재위 기원전 195~기원전 188)

서한 제2대 황제 유영(劉盈)으로 생모 여태후의 눌려 일찍 세상을 떴다.

기기애애

합려(闔閭, ?~기원전 496 / 재위 기원전 514~기원전 496)

춘추시대 오나라의 군주로 망명해온 오자서의 도움을 받아 왕 료를 죽이고 왕이 되었다. 오나라의 국력을 크게 키운 군주다.(→ 오자서, 전제, 부차, 오왕 료)

어복장도

항량(項梁, ?~기원전 208)

항우의 숙부로 기원전 208년 진승의 봉기가 좌절되자 그 뒤를 이어 봉기했다. 그러다 진의 장수 장한에게 패하여 전사했고, 조카 항우가 그의 뒤를 이었다.

선즉제인 ; 피견집예

항우(項羽, 기원전 232~기원전 202)

진나라 말기 농민봉기군의 우두머리로 7년에 걸친 초한쟁패를 주도했으나 유방에게 패함.(→ 한 고조, 항량, 범증, 우희, 번쾌, 송의 등)

강동부형 ; 거정 ; 결일자웅 ; 군책군력 ; 권토중래 ; 기서연검 ; 만인지적 ; 목후이관 ; 무면목 ; 발산강정 ; 분아일배갱 ; 비가강개 ; 사면초가 ; 소향피미 ; 슬행이전 ; 암오질타 ; 역발산기개세 ; 오녕투지 ; 음릉실도 ; 의수야행 ; 이일당십 ; 인완폐 ; 자긍공벌 ; 작벽상관 ; 정유기출 ; 진목질지 ; 질현투능 ; 천망아비전지죄야 ; 천하흉흉 ; 취이대지 ; 투현질능 ; 파부침주 ; 패왕별희 ; 필부지용 ; 함양일거 ; 항장무검, 의재패공 ; 해하가 ; 홍문연

항적(項籍) → 항우

해양(解揚, 생졸 미상)

춘추시대 진(晉) 나라의 대부로 송나라를 공격한 초 장왕을 설득하여 물러가게 했다.(→ 초 장왕)

군능제명위의, 신능승명위신

형가(荊軻, ?~기원전 227)

전국 말기 연 태자 단과 공모하여 진시황을 암살하려 했던 자객이다.(→ 연 태자 단, 진시황, 고점리, 전광, 번오기, 진무양)

도궁비수현 ; 마생각 ; 방약무인 ; 백홍관일 ; 변치지성 ; 역수가 ; 연시비가 ; 오두백 ; 유차지욕 ; 일거불반 ; 전광쇄혈 ; 풍소소혜역수한~

호해(胡亥) → 진2세

화씨(和氏, 생졸 미상)

춘추시대 초 여왕(厲王, ?~기원전 741) 때의 인물로 '화씨벽'으로 불리는 옥석의 발견자.

가중연성 ; 화씨벽

황생(黃生, 생졸 미상)

한 경제 때 원고생과 경제 앞에서 설전을 벌인 기록이 보인다.(→ 원고생, 한 경제)

관리도치 ; 관수폐, 필가우수~

황제(黃帝, 전설시대)

전설시대 오제의 첫 제왕으로 염제와 함께 중국인의 시조로 꼽힌다.

용은궁추 ; 합부부산

회남왕(淮南王) 유안(劉安, 기원전 179~기원전 122 / 재위 기원전 164~기원전 122)

한 고조 유방의 손자로 아버지 회남왕 유장의 자리를 이었다. 학문에 깊은 관심을 가져 《회남자》 편찬을 주관했다.(→ 유장, 오피)

무입추지지 ; 신선사졸 ; 총자청우무성 ; 팔공

회남왕 유장(劉長, 기원전 198~기원전 174 / 재위 기원전 196~기원전 174)

한 고조의 막내아들이자 문제의 동생으로 반역을 꾀하다 유배되어 가던 중 먹기를 거부하고 죽었다.(→ 한 고조, 회남왕 유안)

척포두속

후생(侯生, 생졸 미상)

전국시대 한(韓) 나라의 출신의 방사로 진시황을 비난하고 속이는 바람에 '분서갱유'를 초래하는 원인을 제공했다.(→ 진시황, 노생)

강려자용

후영(侯嬴, ?~기원전 257)

전국시대 위나라 도성 대량성 동문의 문지기로 숨어 살다가 신릉군의 초빙을 받아 큰 역할을 해낸 인물이다.(→ 신릉군, 주해)

비예구립 ; 이문 ; 인고미이지~ ; 일언반어 ; 허좌이대 ; 후영포관

기타 항목

고굉 ; 고굉불량, 만사타괴 ; 골계 ; 관후속진 ; 굉대불경 ; 교자유여, 졸자부족 ; 구가불섭 ; 구양 ; 구화양비 ; 국군강대, 유덕자창~ ; 국유현상양장, 민지사표야 ; 국지장흥, 필유정상, 군자용이소인퇴~ ; 군유소불격 ; 군책군력 ; 귀소 ; 근근간간 ; 근수관약 ; 금상 ; 기시 ; 낙락대자 ; 낙선호시 ; 녹록무위 ; 녹사수수 ; 논열시비 ; 누망지어 ; 능잡미염 ; 담언미중역가이해분 ; 당소위천도시야비야 ; 대직약굴, 도고위사 ; 도부동, 불상위모 ; 도유소불유 ; 동명상조, 동류상구 ; 동지 ; 두족이처 ; 두회기렴 ; 망루탄주 ; 망명 ; 명당 ; 명불허립 ; 명성과실 ; 목도심초 ; 무단향곡 ; 무문교저 ; 무문농법 ; 무방지민 ; 문가라작 ; 미녀자, 악녀지구 ; 미생지신 ; 미연향풍 ; 미인 ; 발검논공(발검격주) ; 방이류취, 물이군분 ; 백리불판초, 천리불판적 ; 법령이도민, 형벌이금간 ; 병상태자 ; 병연이불해, 천하고기노 ; 복비 ; 복자다언과엄이득인정 ; 본말상순 ; 봉선 ; 부기미 ; 부단불편, 왕도편편 ; 부부지제, 인도지대륜 ; 부상대고 ; 부상십즉비하지 ; 불가승계 ; 불교이민종기화 ; 불성삼와 ; 불염조강 ; 비기지, 수지불생~ ; 비량지흔 ; 비목지어, 비익지조 ; 비법불언, 비도불행 ; 사마씨 ; 사미이지박 ; 상지불하 ; 선사누각 ; 선삽 ; 선시선종 ; 선우 ; 성패지전, 비약규묵 ; 소녀현 ; 소봉가 ; 소향피미 ; 손선 ; 수시양 ; 승임유쾌 ; 시언의, 가장언, 성의영, 율화성 ; 시일하시상, 여여여개망 ; 시장 ; 신정 ; 심문교저 ; 애지욕기부, 친지소기귀 ; 억만지중 ; 여무미오, 입궁견투~ ; 여세부침 ; 역자이식 ; 역전불여봉년~ ; 연성지벽 ; 영항 ; 오대부 ; 와해운산 ; 원입골수 ; 유언비어 ; 유이천리 ; 유중불하 ; 음월지두 ; 의문매소 ; 이권리합자, 권리진이교소 ; 이말치재, 용본수지 ; 이목욕극성색지호 ; 이무일체, 용문지지 ; 이풍역속 ; 인궁즉반본 ; 일불가급 ; 일인유경 ; 천하뢰

지 ; 입추여지 ; 재현불위, 시불충야 ; 전사지불망, 후사지사
야 ; 접사 ; 제자백가 ; 조진모초 ; 종선왕거 ; 중원축록 ; 지광
인희 ; 지상귀 ; 지진능색 ; 진진상인 ; 창명교저 ; 천금 ; 천금
지자, 불사우시 ; 천무이일, 지무이왕 ; 천문만호 ; 천자 ; 천
하희희, 개위이래 ; 첩혈승승 ; 청채출우람, 이질청우람 ; 초
복 ; 촌유소장 ; 추수동장 ; 추호 ; 춘생하장, 추수동장 ; 측은

이애인, 낙선히호시 ; 치국지도, 부민위시 ; 치생 ; 칠국삼
변 ; 탐고삼지, 염고오지 ; 택지이도 ; 파고이위환, 착조이
위박 ; 폐사입공 ; 폐서이탄 ; 포려자수 ; 풍기운증 ; 풍일권
백 ; 하산대려 ; 함치대각지수견범즉교, 이황우인회호오희
노지기 ; 호고추리 ; 화경누수 ; 화식 ; 황로 ; 희희양양

■ 내용별 분류 · 본문항목 특별 참고자료 목록 ■

1. 송 원왕(元王)의 실체 – '간자복야, 유자적야'

2. 은작산(銀雀山) · 금작산(金雀山) 한묘(漢墓) – '감조유적'

3. 메세나(Mecenat) – '강장대옥'

3. 소진과 장의를 둘러싼 논쟁 – '경위지사'

4. 노자를 둘러싼 논쟁들 – '계구지성상문'

5. 춘추필법 – '고산앙지, 경행행지'

6. 우정 관련 고사성어 – '관포지교'

7. 소진과 장의의 사망 연도 논쟁 – '구양공호'

8. 중국 청동기문화 – '구정'

9. 시인 이청조와 항우 – '군책군력'

10. 명장 이광의 생애1 – '도리불언, 하자성혜'

11. 이사의 탄식과 최후 – '동문황견'

12. 모수자천, 그 뒷이야기 – '모수자천'

13. 공자와 노자의 만남 – '부귀자송인이재, 인인자송인이언'

14. 속일 수 없었던 정자산 – '삼불기'

15. 유방의 인재관 – '삼불여'

16. 한비자의 생애 – '세지난, 재지소세지심'

17. 계연칠책 – '수즉자거, 한즉자주'

18.. 아방궁 – '아방궁'

19. 공자입주문례비 – '양고심장약허, 군자성덕, 용모약우'

20. 진시황릉 동마차갱 – '온량거'

21. 공자의 공부법 – '위편삼절'

22. 진시황릉 – '인어고'

23. 중국인의 '은원관' – '일반천금'

24. 제자백가 – '제자백가'

25. 두아원 –'조씨고사'

26. 은허 – '종선왕거'

27. 괴통과 한신 – '지자결지단야 ; 의자사지해야'

28. 지낭 진평의 야심과 '진평분육' – '진평분육'

29. '척포두속'과 칠보성시 – '척포두속'

30. 춘추시대를 뒤흔든 하희의 성 추문 – '하희'

31. 고조 유방의 일생과 주요 술자리 – '호주색'

31. '홍문연'에 대한 정밀 분석 – '홍문연'

32. 황로학 – '황로'

내용별 분류 · 도면 목록

- 전체 찾아보기는 사전 전체의 내용에 따라 인명, 지명(민족), 서명(문장, 학문), 기타로 나누어져 있다.
- 인명의 경우는 찾아보기 항목과 찾아보기 인명에 표기된 인물은 처음 보일 때 한 번만 쪽수를 언급했다. 해당 인물과 관련한 내용을 좀 더 찾아보려면 찾아보기 인명 쪽에서 인물을 찾아 그에 딸린 항목을 검색하면 된다.
- 인명의 경우는 주요 인물로 등장하는 곳의 쪽수 위주로 표기했다. 다만, 사전 항목에 등장하는 인명이 부록에도 등장할 경우는 주요 부분의 쪽수를 표기했다.(부록은 1,962쪽 이후)
- 한 항목에 같은 인명이 여러 차례 나올 경우는 첫 쪽수만 표기했다.
- 지명은 간단하게 이름만 표기했다. 현재 지명은 본문에서는 표기해두었다.
- 민족(부족) 이름도 지명에 포함시켰다.(예 : 흉노, 월지)
- 지역도 지명에 포함하여 표기했다.(예 : 관중, 삼진, 하동, 산동)
- 특정 장소도 지명에 포함하여 표기했다.(예 : 갈석궁, 사구궁)
- 기타 항목은 특별한 용어를 비롯하여 사전 항목의 내용 맞추어 추렸다.
- 기타는 사전 본문에 한정했다.
- 여러 차례 등장하는 같은 지명은 중요한 곳, 꼭 필요하다고 생각되는 내용의 쪽수만 표기했다.
- 이하 서명(문장, 학문)과 기타 찾아보기 항목도 위와 같이 적용했다. 서명에는 책, 문장, 학문, 잡지, 신문 등을 표기했다. 책과 논문을 나타내는 기호인 《 》와 〈 〉는 생략했다. 《사기》와 130권 편명은 수록하지 않았다. 기타 찾아보기에는 독자들에게 도움이 될 만한 항목들을 선별했다.
- 일부 중복되는 항목들이 있다.
- 한자 표기는 생략했다.

인명 목록

ㅅ

사경천(조너선 스펜스)	2121~
사균	1890
사량용(김용)	935
사량좌	711
사마계주	738, 742, 842, 1900, 1939
사마관	2129
사마광	999
사마근	2121
사마담	265 → 찾아보기 인명·항목 1965~, 2164
사마무택	1072
사마상여	42 → 찾아보기 인명·항목 2424
사마소	385
사마앙	1904
사마양저	334 → 찾아보기 인명·항목
사마임	2129
사마장경(→사마상여)	1092
사마정	557, 1718, 1840, 1958, 2000, 2092
사마조	65 → 찾아보기 인명·항목 2396
사마창	1072, 2121
사마천	42 → 찾아보기 인명·항목 1964~, 2199~, 2327, 2388, 2432, 2433, 2435~
사마흔	424, 593, 1904
사마희	2121
사사	783, 1029
사상보(→강태공)	1672
사안	357
사어	1064
사철	2098
상산사호	295 → 찾아보기 인명·항목
상수	949
상앙	47 → 찾아보기 인명·항목 2339, 2390, 2394, 2568~, 2571~
상용	1410
상탕(→성탕)	129
상홍양	1325, 1379
서겁	700
서기	572
서기술	1859
서문표	233 → 찾아보기 인명·항목
서백 창(→주 문왕)	183, 1071
서복(→서불)	923

서불(서복)	523 → 찾아보기 인명·항목
서수	652
서악	717 → 찾아보기 인명·항목 2309~, 2423
서언왕	404, 1690
서왕모	1240
석갑	560, 1525
석건	560, 1525, 1956
석경	560, 1525, 1957
석록	426
석보	1835
석분	559 → 찾아보기 인명·항목
석사	165, 705
석을	560, 1525
석작	56 → 찾아보기 인명·항목
석후	56
선곡 임씨	514 → 찾아보기 인명·항목
선공	1939
선진	423, 1450
설	1557
설공	601, 1423, 1706
설공	1808
설선	2110
설위	2113
설인생	2
설택	240
섭영	881, 1842
섭정	471 → 찾아보기 인명·항목
성(어사)	1043
성삼문	69, 2381
성보(왕자)	1067
성안군	686
성자	135
성탕(상탕, 탕)	129 → 찾아보기 인명·항목 2333
셰익스피어	537
소광	1264
소녀	1009
소대	276 → 찾아보기 인명·항목 2395
소동파(소식)	424, 1227, 1361, 1698, 1825, 2093
소려	276 → 찾아보기 인명·항목
소림	699
소백(→제 환공)	252
소사	1592

지명(지역, 민족) 목록

서명(문장, 학문) 목록

사마천 사기 성어대사전(司馬遷史記成語大辭典)

편저자 김영수
펴낸이 황인원

펴낸곳 도서출판 창해
신고번호 제2019-000317호

초판 1쇄 인쇄 2026년 02월 22일
초판 1쇄 발행 2026년 02월 27일

우편번호 04037
주소 서울특별시 마포구 양화로 59, 601호(서교동)
전화 (02)322-3333(代)
팩스 (02)333-5678
이메일 dachawon@daum.net

지업사 (주)명동지류유통(T.010-7668-6611)
인쇄소 (주)신우피엔비(T.031-949-2448)
제본소 (주)가원문화(T.031-942-8555)

ISBN 979-11-7174-064-2 (91910)

값 450,000원

© 김영수, 2026, Printed in Korea

※ 잘못 만들어진 책은 구입하신 곳에서 교환해드립니다.

司馬遷《史記》成語大辭典

編著者 金瑛洙　**發行人** 黃仁沅

發行處 圖書出版 滄海　**申告番號** 第 2019-000317號

初版 1刷 印刷 2026年 02月 22日　**初版 1刷 發行** 2026年 02月 27日

郵便番號 04037　**住所** 大韓民國 漢城特別市 麻浦區 楊花路 59, 601號(西橋洞)

電話 (02)322-3333(代)　**Fax** (02)333-5678　**E-mail** | dachawon@daum.net

ISBN 979-11-7174-064-2 (91910)　**定價** 450,000元

© 金瑛洙, 2026, Printed in Korea

※ 破本圖書 購入處 交換 可能

값 450,000원